北京大學《儒藏》編纂與研究中心 編

藏》精華編選刊

春秋左傳正義（一）

〔西晉〕杜預 注
〔唐〕孔穎達 疏
浦衛忠 校點

北京大學出版社
PEKING UNIVERSITY PRESS

圖書在版編目(CIP)數據

春秋左傳正義：全五册 /（西晉）杜預注；（唐）孔穎達疏；北京大學《儒藏》編纂與研究中心編. --北京：北京大學出版社，2025.4. --（《儒藏》精華編選刊）. --ISBN 978-7-301-36110-8

Ⅰ.K225.04

中國國家版本館CIP數據核字第2025A1D600號

書　　名	春秋左傳正義 CHUNQIU ZUOZHUAN ZHENGYI
著作責任者	〔西晉〕杜預 注　〔唐〕孔穎達 疏 浦衛忠 校點 北京大學《儒藏》編纂與研究中心 編
策劃統籌	馬辛民
責任編輯	王　應
標準書號	ISBN 978-7-301-36110-8
出版發行	北京大學出版社
地　　址	北京市海淀區成府路205號　100871
網　　址	http://www.pup.cn　新浪微博：@北京大學出版社
電子郵箱	編輯部 dj@pup.cn　總編室 zpup@pup.cn
電　　話	郵購部 010-62752015　發行部 010-62750672 編輯部 010-62756449
印 刷 者	三河市北燕印裝有限公司
經 銷 者	新華書店
	650毫米×980毫米　16開本　132.25印張　1818千字
	2025年4月第1版　2025年4月第1次印刷
定　　價	498.00元（全五册）

目録

校點説明

《左傳》是中國文化的一部寶貴典藏，在經學文獻中，它又是一部大書，歷代研究者衆多。在流行的《左傳》傳本中，前有阮刻本，後有楊伯峻先生的注解本，在文化傳播中起到了重要的作用，有功於世甚偉。但從版本的意義上説，阮刻本並非最佳，行世之後也遭到不少批評。本次整理校點《春秋左傳正義》三十六卷本，所據底本乃宋慶元六年（一二〇〇）紹興府刻宋元遞修本，是著名的宋刻越州本六經之一，爲經、傳、注、疏合刻本之祖本，價值遠在阮刻本之上。

南宋黄唐等刻五經，經、傳、注、疏乃萃爲一編，並由此而流行。黄唐之後，紹興府刊刻《春秋左傳正義》，與兩浙東路茶鹽司萃刻《尚書》、《周易》、《周禮》、《毛詩》、《禮記》「合五爲六」，成爲流傳下來的年代最早的注疏合刻本之一。

慶元本《春秋左傳正義》今藏中國國家圖書館，李致忠先生在《宋版書敘録》中定爲「宋元遞修本」。其版式每半頁八行，行十五六字不等。小字雙行，行二十二字，白口，左右雙邊。由於年代久遠，有漫漶不清之處。書名除卷一卷端題名「春秋左傳正義」外，卷一卷末及其他卷均作「春秋正義」，無「左傳」二字。（此次整理爲統一體例，卷端、卷末題名皆改作「春秋左傳正義」。）全書末有杜預後序及淳化元年（九九〇）校勘進書銜名。書中時常可見補版之痕跡，蓋此書板流傳過程中曾有闕失，後人曾有修補，又因此本爲世所珍，人所罕見，各家藏書志少有記述，故其補版情況不可詳知。此本原有紹興府知府沈作賓慶元六年跋，今佚。清張金吾《愛日精廬藏書志》卷五録其全文，今附於書末，以資參看。

阮元重刻十三經注疏，曾據此本校勘，《校勘記》中所稱「宋本」即是。然其《校勘記》所載，多與此本不合。张元濟《涵芬樓燼餘書録》曾以此書與阮校相勘，並列引數例以明，云：「略舉數事，已見乖違，頗疑阮氏所見多爲補版，故有不同也。」

《春秋正義》單疏本亦世所罕見之珍，今有抄本存日本宫内廳圖書寮。該書首載唐永徽四年（六五三）長孫無忌等《上五經正義表》。一九三一年，日本影印此抄本，張元濟又據之影印，收入《四部叢刊續編》。單疏本與慶元本同爲三十六卷本，不同於一般所見的六十卷注疏附釋音本。惟單疏本卷十爲閔公元年至僖公五年，與慶元本閔、僖各自爲卷不同（參張元濟單疏本跋）。

本次校點，以《中華再造善本》影印國家圖書館藏慶元本《春秋左傳正義》爲底本，對校中華書局一九七九年影印世界書局縮印阮刻本《附釋音春秋左傳注疏》（以下簡稱「阮本」),參校《四部叢刊續編》之《春秋正義》單疏本(上海涵芬樓景印海鹽張氏涉園藏日本覆印景鈔正宗寺本,上海書店一九八四年,以下簡稱「正宗寺本」)、《四部叢刊》本《春秋經傳集解》(上海涵芬樓借玉田蔣氏藏宋刊巾箱本影印,以下簡稱「《四部叢刊》本」)、影印日本足利學校遺蹟圖書館藏《附釋音春秋左傳註疏》(《日本足利學校藏國寶及珍稀漢籍十四種》,北京大學出版社二〇二一年,以下簡稱「足利學本」)、京都大學人文科學研究所東洋學文獻中心藏《附釋音春秋左傳註疏》(元覆宋劉叔剛刊本,唐孔穎達等疏,陸德明釋文。共十三册。缺卷一至卷十一,存卷十二至卷六十,凡四十九卷,以下簡稱「京都本」)、影印文淵閣《四庫全書》本《春秋左傳注疏》(清人齊召南、陳浩等考證,以下簡稱「文淵閣本」)、《四部備要》本《春秋經傳集解》(上海中華書局據相臺岳氏家塾本校刊,中華書局一九九八年,以下簡稱「《四部備要》本」)、洪亮吉《春秋左傳詁》(《四部備要》本,上海中華書局據南菁書院續經解本校刊,中華書局一九八九年),以及唐陸德明《經典釋文》(上海古籍出版社一九八五年影印北京圖書館藏宋元遞修本,以下簡稱「《經典釋文》」)、《國語正義》(清董增齡撰,巴蜀書社一九八五年影印版)。 參考了北京大學出版社《十三經注疏》繁體豎排本(二〇〇〇年)、楊伯峻先生《春秋左傳注》修訂本(一九九〇年五月第二版),並在校勘中引録了阮元《十三經注疏校勘記》(簡稱「阮校」)、孫詒讓《十三經注疏校記》(簡稱「孫校」)和王引之《經義述聞》（江蘇古籍出版社一九八五年）等，又參考野間文史《評李學勤主編之〈標點本十三經注疏〉》（載《古史考》第九卷，海南出版社二〇〇三年）等文章，汲取了他們有益的研究成果。校記中凡所曰「唐石經」、「宋本」、「纂圖本」、「淳熙本」、「岳本」、「明翻岳本」、「足利本」、「閩本」、「監本」、「毛本」、「補十行本」等諸本，均來自阮元《校勘記》。他校諸書，「十三經」採用中華書局影印世界書局縮印阮元刻本。其他則於校記首見處注明版本。爲方便讀者閱讀，將阮本書前之《四庫全書總目提要》、《春秋左傳注疏校勘記序》作爲附録收入。

本人多年來一直從事《春秋》三傳的研究工作，曾參與北京大學出版社《十三經注疏》校點工作，但由於較爲倉促，留有遺憾。此次以五年之功校點慶元本，雖然十分辛苦，終究完畢了多年的夙願。只是才識淺陋，難免有疏漏之處，乞望海内外大家指正。五年來，也得到了北京大學《儒藏》編纂與研究中心李峻岫老師的許多幫助，謹此致謝。

校點者　浦衛忠

春秋正義序

國子祭酒上護軍曲阜縣開國子臣孔穎達等奉勑撰❶

夫《春秋》者，紀人君動作之務，是左史所職之書。王者統三才而宅九有，順四時而治萬物。四時序則玉燭調於上，三才協則寶命昌於下，故可以享國永年，令聞長世。然則有爲之務，可不慎與？國之大事，在祀與戎，祀則必盡其敬，戎則不加無罪，盟會協於禮，興動順其節，失則貶其惡，得則褒其善：此《春秋》之大旨，爲皇王之明鑒也。若夫五始之目，章於帝軒，六經之道，光於《禮記》，然則此書之發，其來尚矣。但年祀縣邈，無得而言。暨乎周室東遷，王綱不振，楚子北伐，神器將移，鄭伯敗王於前，晉侯請隧於後，竊僭名號者何國不然，專行征伐者諸侯皆是，下陵上替，内叛外侵，九域騷然，三綱遂絶。夫子内韞大聖，逢時若此，欲垂之以瀍則無位，正之以武則無兵，賞之以利則無財，説之以道則不用，虛歎銜書之鳳，乃似喪家之狗。既不救於已往，冀垂訓於後昆，因魯

❶「等」，阮本無。

史之有得失，據周經以正褒貶，一字所嘉，有同華衮之贈，一言所黜，無異蕭斧之誅，所謂不怒而人威，不賞而人勸，實永世而作則，歷百王而不朽者也。

至於秦滅典籍，鴻猷遂寢，漢德既興，儒風不泯。其前漢傳《左氏》者，有張蒼、賈誼、尹咸、劉歆，後漢有鄭衆、賈逵、服虔、許惠卿之等，各爲詁訓，然雜取《公羊》、《穀梁》以釋《左氏》，此乃以冠雙屨，將絲綜麻，方鑿圓枘，其可入乎？晉世杜元凱又爲《左氏集解》，專取丘明之傳，以釋孔氏之經，所謂子應乎母，以膠投漆，雖欲勿合，其可離乎？今校先儒優劣，杜爲甲矣，故晉宋傳授，以至于今。其爲義疏者，則有沈文何、❶蘇寬、劉炫。然沈氏於義例粗可，於經傳極疎。蘇氏則全不體本文，唯旁攻賈、服，使後之學者鑽仰無成。劉炫於數君之内實爲翹楚，然聰惠辨博，固亦罕儔，而探賾鉤深，未能致遠。其經注易者，必具飾以文辭，其理致難者，乃不入其根節。又意在矜伐，性好非毁，規杜氏之失凡一百五十餘條。習杜義而攻杜氏，猶蠹生於木而還食其木，非其理也。雖規杜過，義又淺近，所謂捕鳴蟬於前，不知黄雀在其後。案，僖公三十三年經云：「晉人敗狄于箕。」杜注云：「郤缺稱人者，未爲卿。」劉炫規云：「晉侯稱人，與殽戰同。」案殽戰在葬晉文公之前，可得云「背喪用兵，以賤者告」，箕戰在葬晉文公之後，非是背喪用兵，何得云「與殽戰同」？此則一年之經，數行而已，曾不勘省上下，妄規得失。又襄公二十一年傳云：「邾庶其以漆、閭丘來奔。」以公姑

❶「文何」，阮校：「按，《隋書·經籍志》作『文阿』。」

姊妻之。」❶杜注云：「蓋寡者二人。」劉炫規云：「是襄公之姑，成公之姊，只一人而已。」案成公二年，成公之子公衡爲質，及宋，逃歸。案，《家語·本命》云：「男子十六而化生。」公衡已能逃歸，則十六七矣。公衡之年如此，則於時成公三十三四矣，計至襄二十一年，成公七十餘矣，何得有子而妻庶其？❷此等皆其事歷然，猶尚妄説，況其餘錯亂？良可悲矣！然比諸義疏，猶有可觀。今奉勑删定，據以爲本，其有踈漏，以沈氏補焉。若兩義俱違，則特申短見。雖課率庸鄙，仍不敢自專，謹與朝請大夫國子博士臣谷那律、❸故四門博士臣楊士勛、四門博士臣朱長才等對共參定。至十六年，又奉勑與前脩疏人及朝散大夫行太學博士上騎都尉臣馬嘉運、朝散大夫行太學博士上騎都尉臣王德韶、給事郎守四門博士上騎都尉臣蘇德融、登仕郎守太學助教雲騎尉臣隨德素等，對勑使趙弘智覆更詳審，爲之正義，凡三十六卷。冀貽諸學者，以裨萬一焉。

---

❶「以」上，《左傳》襄公二十一年有「季武子」三字。

❷「子」，阮本作「姊」。阮校：「宋本誤『子』。」

❸「大夫」下，阮校：「浦鏜《正誤》據《文苑英華》增『守』字。」

春秋左傳正義卷第一❶

國子祭酒上護軍曲阜縣
開國子臣孔穎達等奉勑撰

春秋左氏傳序❷

【疏】正義曰：此序題目，文多不同，或云「春秋序」，或云「左氏傳序」，或云「春秋經傳集解序」，或云「春秋左氏傳序」。案晉宋古本及今定本並云「春秋左氏傳序」，今依用之。南人多云此本「釋例序」，後人移之於此，具有題曰「春秋釋例序」，❸置之《釋例》之端。今所不用。晉大尉劉寔與杜同時人也，宋大學博士賀道養去杜亦近，俱爲此序作注，題並不言「釋例序」，明非「釋例序」也。又

---

❶ 「春秋左傳正義卷第一」，足利學本、阮本作「附釋音春秋左傳注疏卷第一」。正宗寺本作「春秋正義卷第一」。後仿此，不再出校。

❷ 「春秋左氏傳序」，足利學本、阮本作「春秋序」。《經典釋文》作「春秋序」，曰：「此元凱所作，既以釋經，故依例音之。本或題爲『春秋左傳序』者，沈文何以爲釋例序，今不用。」

❸ 「具」，正宗寺本、足利學本、文淵閣本、阮本作「且」。

晉宋古本，序在《集解》之端。徐邈以晉世定五經音訓，❶爲此序作音。且此序稱「分年相附，隨而解之，名曰《經傳集解》」，是言爲《集解》作序也。「又別集諸例，從而釋之，名曰《釋例》。異同之説，《釋例》詳之」，是其據《集解》而指《釋例》，安得爲「釋例序」也？序與敘，音義同。《爾雅·釋詁》云：「敘，緒也。」然則舉其綱要，若繭之抽緒。孔子爲《書》作序，爲《易》作《序卦》，子夏爲《詩》作序，故杜亦稱序，序《春秋》名義、經傳體例及己爲解之意也。此序大略，凡有十一段明義。以「春秋」是此書大名，先解立名之由。自「春秋」至「所記之名也」，明史官記事之書名曰「春秋」之義。自「周禮有史官」至「其實一也」，明天子諸侯皆有史官，必須記事之義。自「韓宣子適魯」至「舊典禮經也」，言周史記事，褒貶得失，本有大法之意。自「周德既衰」至「從而明之」，言典禮廢缺，善惡無章，故仲尼所以脩此經之意。自「左丘明受經於仲尼」至「所脩之要故也」，言丘明作傳，務在解經，而有無傳之意。自「身爲國史」至「然後爲得也」，言經旨之表不應，須傳有通經之意。自「其發凡以言例」至「非例也」，言丘明傳有三等之體。自「故發傳之體有三」至「三叛人名之類是也」，言仲尼脩經有五種之例。自「推此五體」至「人倫之紀備矣」，揔言聖賢大趣足以周悉人道，所説經、傳理畢，故以此言結之。自「或曰《春秋》以錯文見義」至「《釋例》詳之也」，言己異於先儒，自明作《集解》、《釋例》之意。自「或曰《春秋》之作」，下盡「亦無取焉」，大明《春秋》之早晚，始隱終麟，先儒錯謬之意。賈逵大史公《十二諸侯年表序》

❶ 「定」，足利學本、文淵閣本、阮本作「言」。

云：❶「魯君子左丘明作傳。」據劉向《別録》云：「左丘明授曾申，申授吴起，起授其子期，期授楚人鐸椒，鐸椒作《抄撮》八卷，授虞卿，虞卿作《抄撮》九卷，授荀卿，荀卿授張蒼。」此經既遭焚書，而亦廢滅。及魯共王壞孔子舊宅，於壁中得古文逸《禮》有三十九篇，《書》十六篇。天漢之後，孔安國獻之，遭巫蠱倉卒之難，未及施行，及《春秋左氏》丘明所脩，皆古文舊書，多者二十餘通，藏於祕府，伏而未發。漢武帝時，河間獻《左氏》及古文《周官》。光武之世，議立《左氏》學，公羊之徒上書訟《公羊》抵《左氏》，《左氏》之學不立。成帝時，劉歆校祕書，見府中古文《春秋左氏傳》，歆大好之。時丞相尹咸以能治《左氏》，❷與歆共校傳。❸歆略從咸及丞相翟方進受，❹質問大義。初，《左氏傳》多古字古言，學者傳訓詁而已。及歆治《左氏》，引傳文以釋經，轉相發明，由是章句義理備焉。歆以爲左丘明好惡與聖人同，親見夫子，而公羊、穀梁在七十二弟子後，傳聞之與親見，其詳略不同。歆數以問向，向不能非也。及歆親近，欲建立《左氏春秋》及《毛詩》、逸《禮》、古文《尚書》，皆列於學官。哀帝令歆與五經博

---

❶「逵」下，阮校：「浦鏜《正誤》云：脱『云』字。」

❷「丞相尹咸」，阮校：「天台齊召南云：尹咸爲丞相史，未嘗爲丞相也。『相』下脱『史』字。」

❸「校」下，阮校：「浦鏜《正誤》增『經』字。」

❹「略」，阮校：「日本西條掌書記山井鼎《七經孟子考文》無『略』字。」按，足利學本無此字。

士講論其義，諸儒博士或不肯置對，歆因移書於大常博士，責讓之。和帝元興十一年，❶鄭興父子及歆創通大義奏上，《左氏》始得立學，遂行於世。至章帝時，賈逵上《春秋大義》四十條，以抵《公羊》、《穀梁》，帝賜布五百匹。又與《左氏》作《長義》。至鄭康成，箴《左氏膏肓》，發《公羊墨守》，起《穀梁廢疾》。❷自此以後，二傳遂微，《左氏》學顯矣。

「春秋」者，魯史記之名也。人臣奉主，❸品目不同。掌事曰司，掌書曰史。史官記事，爲書立名，以「春秋」二字爲記事之書名也。【疏】正義曰：❹從此以下至「所記之名也」，明史官記事之書名曰「春秋」之意。「春秋」之名，經無所見，唯傳記有之。昭二年，韓起聘魯，稱「見《魯春秋》」。《外傳·晉語》司馬侯對晉悼公云「羊舌肸習於《春秋》」，《楚語》申叔時論傳大子之法云「教之以《春秋》」。❺《禮·坊記》云：「《魯春秋》記晉喪曰『殺其

❶「和帝元興十一年」，阮校：「案，宋王應麟《困學紀聞》云：『愚考和帝元興止一年，安得有十一年？一誤也。鄭興子衆終於章帝建初八年，不及和帝時，二誤也。章帝之子爲和帝，先後失序，三誤也。』盧文弨云：此七字改作『建武初元』便可通。」

❷「廢」，阮校：「當作『癈』。」

❸「人臣」上，阮本有「疏春秋至名也」標起訖語。阮校：「凡序中『某至某也』，宋本無，下並同。」下序文類此，不再出校。

❹「疏」，正宗寺本、足利學本無此字，空格。阮本作「○」。下類此，不再出校。

❺「以」，阮校：「明道本《國語》無。」

君之子奚齊』。」又《經解》曰：「屬辭比事，《春秋》教也。」凡此諸文所説，皆在孔子之前，則知未脩之時，舊有「春秋」之目。其名起遠，亦難得而詳。《禮記・内則》稱五帝有史官，既有史官，必應記事，但未必名爲「春秋」耳。據周世法則，每國有史記，當同名「春秋」，獨言「魯史記」者，仲尼脩魯史所記，以爲《春秋》，止解仲尼所脩《春秋》，故指言魯史，言脩魯史《春秋》以爲褒貶之法也。**記事者，以事繫日，以日繫月，以月繫時，以時繫年，所以紀遠近、別同異也。**既辨「春秋」之名，又言記事之法。繫者，以下綴上、以末連本之辭。言於此日而有此事，故以事繫日。月統日，故以日繫月。時統月，故以月繫時。年統時，故以時繫年。所以紀理年月遠近，分別事之同異也。若隱三年「春，王二月，己巳，日有食之」，二年「秋，八月，庚辰，公及戎盟于唐」之類，是事之所繫年時月日四者皆具文也。史之所記，皆應具文，而《春秋》之經文多不具，或時而不月，月而不日，亦有日不繫月、月而無時者。史之所記，日必繫月，月必繫時，《春秋》二百四十二年之間，有日無月者十四，有月無時者二，或史文先闕而仲尼不改，或仲尼備文而後人脱誤。四時必具，乃得成年，桓十七年五月無夏，昭十年十二月無冬，二者皆有月而無時。既得其月，時則可知，仲尼不應故闕其時，獨書其月，當是仲尼之後寫者脱漏。其日不繫於月，或是史先闕文，若僖二十八年冬下無月，而有壬申、丁丑，計一時之間再有此日，雖欲改正，何以可知？仲尼無以復知，當是本文自闕，不得不因其闕文，使有日而無月。如此之類，蓋是史文先闕，未必後人脱誤。其時而不月、月而不日者，史官立文，亦互自有詳略，何則？案經朝聘、侵伐、執殺大夫、土功之屬，或時或月，❶未有書

❶「時」，原漫漶不清，今據足利學本、正宗寺本、阮本補。

日者；其要盟、戰敗、崩薨、卒葬之屬，雖不盡書日，而書日者多，是其本有詳略也。計記事之初日月應備，但國史揔集其事，書之於策，簡其精麤，合其同異，量事而制法，率意以約文，史非一人，辭無定式，故日月參差，不可齊等。及仲尼脩改，❶因魯史成文，史有詳略，日有具否，不得不即因而用之。案經傳書日者，凡六百八十一事，自文公以上書日者二百四十九，宣公以下亦俱六公，書日者四百三十二。計年數略同，而日數向倍，此則久遠遺落，不與近同。且他國之告有詳有略，若告不以日，魯史無由得其日而書之，如是，則當時之史亦不能使日月皆具。當時已自不具，仲尼從後脩之，舊典參差，日月不等，仲尼安能盡得知其日月，皆使齊同？去其日月，則或害事之先後，備其日月，則古史有所不載，自然須舊有日者因而詳之，舊無日者因而略之，亦既自有詳略，不可以爲褒貶，故《春秋》諸事皆不以日月爲例。其以日月爲義例者，唯卿卒、日食二事而已。故隱元年冬十有二月「公子益師卒」，傳曰：「公不與小斂，故不書日。」桓十七年「冬，十月，朔，日有食之」，傳曰：「不書日，官失之也。」丘明發傳，唯此二條。明二條以外，皆無義例。既不以日爲例，獨於此二條見義者，君之卿佐，是謂股肱，股肱或虧，何痛如之？病則親問，斂則親與。卿佐之喪，公不與小斂，則知君之恩薄。但是事之小失，不足以貶人君。君自不臨臣喪，亦非死者之罪，意欲垂戒於後，無辭可以寄文，而人臣輕賤，死日可略，故特假日以見義也。日食者，天之變。甲乙者，歷之紀。朔是日月之會，其食必在朔日，是故史書日食必記月朔。朔有甲乙，乃可推求，故日有食之，須書朔日。日與不日，唯此而已。月與不月，傳本無義。《公羊》、《穀梁》之書，道聽塗説之學，或日或

❶ 「改」，阮本作「故」。

月，妄生褒貶。先儒溺於二傳，横爲《左氏》造日月褒貶之例，故杜於大夫卒例備詳説之。仲尼刊定日無褒貶，❶而此序言史官記事必繫日月時年者，自言記事之體須有所繫，不言繫之具否皆有義例也。《春秋感精符》曰：「日者，陽之精，耀魄光明，所以察下也。」《淮南子》曰：「積陽之熱氣生火，火氣之精者爲日。」劉熙《釋名》曰：「日，實也，光明盛實。」是説日之義也。日之在天，隨天轉運，出則爲晝，入則爲夜，故每一出謂之一日。日之先後，無所分別，故聖人作甲乙以紀之。《世本》云：「容成造歷，大橈作甲子。」❷宋忠注云：❸「皆黄帝史官也。」《感精符》曰：「月者，陰之精，地之理也。」《淮南子》曰：「積陰之寒氣久者爲水，水氣之精者爲月。」劉熙《釋名》曰：「月，闕也，滿而闕缺。」❹是説月之義也。月之行天，其疾於日十三倍有餘，積二十九日過半而行及日，與日相會。張衡《靈憲》曰：「日譬火，月譬水，火外光，水含景，故月光生於日之所照，魄生於日之所蔽。當日則光盈，就日則明盡。」然則以明一盡謂之一月，所以揔紀諸月也。❺三月乃爲一時，四時乃爲一年，故遞相統攝，紀理庶事。「紀遠近」者，前年遠於後年，後月近於前月，異其年月，則遠近明也。「别同異」者，共在月下，則同月之事，各繫其月，則異月之事，觀其月則異同别矣。若然，言正月二月則知是春，四月五月則知是夏，不須以月繫時，足明遠近

---

❶「日」下，阮校：「段玉裁云：有『月』字。」

❷「橈」，阮校：「宋本、監本、毛本作『撓』。」

❸「忠」，阮校：「浦鏜《正誤》作『衷』。」

❹「滿而闕缺」，阮校：「浦鏜《正誤》『缺』作『也』。」《釋名·釋天》（《四部叢刊》影印明嘉靖翻宋本）作「滿則缺也」。

❺「月」，阮校：「浦鏜《正誤》作『日』。」

同異。❶必須以月繫時者，但以日月時年各有統屬，史官記事，唯須順叙，時既管月，不得不以月繫時。案經未有重書月者，日則有之。桓十二年冬十有一月「丙戌，公會鄭伯，盟于武父。丙戌，衛侯晉卒」。一日再書者，史本異文，仲尼從而不改，故杜云：「重書丙戌，非義例，因史成文也。」**故史之所記，必表年以首事，年有四時，故錯舉以爲所記之名也。**將解名曰「春秋」之意，先説記事主記當時之事。事有先後，須顯有事之年。表，顯也。首，始也。事繫日下，年是事端，故史之所記必先顯其年，以爲事之初始也。年有四時，不可偏舉四字以爲書號，故交錯互舉，取「春秋」二字，以爲所記之名也。春先於夏，秋先於冬，舉先可以及後，言春足以兼夏，言秋足以見冬，故舉二字以包四時也。「春秋」二字是此書之揔名，雖舉「春秋」二字，其實包冬夏四時之義。四時之内，一切萬物生殖孕育盡在其中。❷《春秋》之書，無物不包，無事不記，與四時義同，故謂此書爲《春秋》。《孝經》云：「《春秋》祭祀，以時思之。」《詩·魯頌》云：「春秋匪解，享祀不忒。」鄭箋云：「春秋，猶言四時也。」是舉春秋足包四時之義。年、歲、載、祀，異代殊名，而其實一也。《爾雅·釋天》云：「載，歲也。夏曰歲，商曰祀，周曰年，唐虞曰載。」李巡曰：「夏歲，商祀，周年，唐虞載，各自紀事，堯舜三代示不相襲也。」孫炎曰：「載，始也，取物終更始也。歲取歲星行一次也，祀取四時祭祀一訖也，年取年穀一熟也。」❸是其名别而實同也。此四者，雖代有所尚，而名興自遠，非夏代始有歲名，周時始有年稱。何則？《堯典》云：「期三百有六旬有六日，以閏月定四

---

❶「足」，阮校：「《考文》作『是』。」

❷「殖」，正宗寺本、阮本作「植」。

❸「年取年穀一熟也」，阮校：「按，《詩補傳》引孫炎云：年取禾穀一熟。」

時，成歲。」《禹貢》：「作十有三載，❶乃同。」是於唐虞之世，已有年歲之言。記事者，則各從所尚，常語者，則通以爲言，故虞亦稱年，周亦稱歲。周詩《唐風》稱「百歲之後」，是周之稱歲也。四時之名，春夏秋冬，皆以時物爲之號也。《禮記・鄉飲酒義》曰：「春之爲言蠢也，夏之爲言假也，秋之爲言揫也，冬之爲言中也。中者藏也。」《漢書・律歷志》云：「春，蠢也，物蠢生也。夏，假也，物假大也。秋，䵮即由反。也，物䵮斂也。冬，終也，物終藏之也。」是解四時異名之義也。史之記事，一月無事不空舉月，一時無事必空舉時者，蓋以四時不具，不成爲歲，故時雖無事，必虛録首月，其或不録，皆是史之闕文。隱六年空書「秋，七月」，注云：「雖無事而書首月，具四時以成歲。」桓四年不書秋、冬，注云：「國史之記，必書年以集此公之事，書首時以成此年之歲，故《春秋》有空時而無事者。今不書秋、冬首月，史闕文。」是其説也。然一時無事則書首月，莊二十二年書「夏，五月」者，杜雖於彼無注，《釋例》以爲闕謬。「春秋」之名，錯舉而已，後代儒者妄爲華葉。賈逵云：「取法陰陽之中。春爲陽中，萬物以生。秋爲陰中，萬物以成。欲使人君動作不失中也。」賀道養云：「春貴陽之始，秋取陰之初。」計「春秋」之名，理包三統，據周以建子爲正言之，則春非陽中，秋非陰中，據夏以建寅爲正言之，則春非陽始，秋非陰初，乃是竅混沌而畫蛇足，必將夭性命而失卮酒。❷**《周禮》有史官，掌邦國四方之事，達四方之志。諸侯亦各有國史。**既解名曰「春秋」之意，又顯記事之人。春官宗伯之屬有「大史下大夫二人」、「小史中士八人」、「内史中大夫一人」、「外史上士四人」、「御史中士八人」。雖復各有所職，俱是掌書之官。【疏】正義曰：《周禮・春官・小史》職曰：

---

❶「載」，阮校：「浦鏜《正誤》云：『《釋文》：馬、鄭《書》注「載」作「年」。故下云「唐虞之世已有年歲之言」。』」

❷「夭」，原作「天」，據正宗寺本、足利學本、阮本改。

「掌邦國之志。」《內史》職曰：「凡四方之事書，內史讀之。」《外史》職曰：「掌四方之志，掌達書名于四方。」今杜氏序云「掌邦國四方之事」者，「掌邦國」取《小史》職文，「四方之事」取《內史》職文，杜揔括兩史，共成此語。諸侯官屬雖難備知，要傳記每説諸侯之史，知諸侯亦各有國史也。《周禮》言「邦國」者，乃謂畿外諸侯之國也。國在四表，故言「四方」。云「凡四方之事書，內史讀之」者，謂四方有書來告，內史讀以白王也。告王之後，則小史主掌之，故云「掌邦國之志」。內史雖云讀四方之事書，其實國內史策皆內史所掌，故其職掌八柄及策命之事也。然則內史、小史，既主國內，又主四方來告之事，故僖二十三年杜注云「國史承告而書」是也。杜此序又云「達四方之志」，取《外史》職文。案《外史》職云「掌四方之志，掌達書名四方」，今移「達」字於「四方之志」上，如杜之意，外史達此國內之志，以告四方，故僖二十三年杜注云「同盟然後告名，赴者之禮」是也。然則「掌邦國四方之事」者，據此承受他國之赴也，「達四方之志」者，據己國有事赴告他國也。《春秋》既有內外二種，故杜翦撮天子之史，取外史、內史兩文。《周禮》諸史雖皆掌書，仍不知所記《春秋》定是何史。蓋天子則內史主之，外史佐之，諸侯蓋亦不異。但春秋之時不能依禮，諸侯史官多有廢闕，或不置內史，其策命之事多是大史，則大史主之，小史佐之。劉炫以爲《尚書》周公封康叔，戒之《酒誥》，其經曰「大史友，內史友」。如彼言之，似諸侯有大史、內史矣。但偏檢記傳，諸侯無內史之文。何則？《周禮·內史》職曰「凡命諸侯及孤卿大夫，則策命之」，僖二十八年傳説襄王使「內史叔興父策命晉侯爲侯伯」，是天子命臣，內史掌之。襄三十年傳稱鄭「使大史命伯石爲卿」，是諸侯命臣，大史掌之。諸侯大史當天子內史之職，以諸侯兼官無內史故也。鄭公孫黑强與薰隧之盟，使大史書其名，齊大史書崔杼弑其君，晉大史書趙盾弑其君，是知諸侯大史主記事也。南史聞大史盡死，執簡以往，明南史是佐大史者，當是小史也。若然，襄二十三年傳稱「季孫召外史掌惡臣」，言外史，則似有內史矣。必言諸侯無內史者，閔二年傳稱史華龍滑與禮孔曰「我，大史也」，文十八年傳稱魯有大史克，哀十四年傳稱齊有大史子餘，諸國皆言大史，安得有内史也？季孫召外史者，蓋史官身居在外，季孫從内召之，故曰外史，猶史居在南，謂之南史耳。南史、外史，非官名也。《藝文志》云：「古之王者，世有史官，君舉必書，所以慎言行，昭法戒。左史記言，右史記事，事爲《春秋》，言爲《尚書》，帝王靡不同之。」《禮記·玉藻》云：「動則左史書之，言則右史書之。」雖左右所記二文相反，要此二者皆言左史右史。《周禮》無左右之名，得稱左右者，直是時君之意，處之左右，則史掌之事因爲立名，故傳有「左史倚相」。掌記左事，謂之左史，左右非史官之名也。左是陽道，陽氣施生，故令之記動。右是陰道，陰氣安静，故使之記言。《藝文志》稱「左史記言，右史記動」，誤耳。上言「魯史記」，則諸侯各有史可知，又言諸侯各有國史者，方説諸侯各有《春秋》，重詳其文也。**大事書之於策，小事簡牘而已。** 既言尊卑皆有史官，❶又論所記簡策之異。《釋器》云「簡謂之畢」，郭璞云「今簡札也」。許慎《説文》曰：「簡，牒也。」「牘，書版也。」蔡邕《獨斷》曰：「策者，簡也。其制，長二尺，短者半之。其次一長一短，兩編下附。」鄭玄注《中庸》亦云「策，簡也」。由此言之，則簡、札、牒、畢，同物而異名。單執一札謂之爲簡，連編諸簡乃名爲策，故於文「策」或作「册」，象其編簡之形。以其編簡爲策，故言策者簡也。鄭玄注《論語》，序以《鉤命決》云「《春秋》二尺四寸書之，《孝經》一尺二寸書之」，故知六經之策皆稱長二尺四寸。蔡邕言二尺者，謂漢世天子策書所用，故與六經異也。簡之所容，一行字耳，牘乃方版，版廣於簡，可以並容數行。凡爲書，字有多有少，一行可盡者書之於簡，數行乃盡者書之於方，方所不容者乃書於策。《聘禮·記》曰：「若有故則加書將命，百名以上書於策，不及百名書於

❶「卑」，阮校：「監本、毛本作『幼』。」

方。」鄭玄云：「名，書文也，今謂之字。策，簡也。方，版也。」是其字少則書簡，字多則書策。此言大事小事，乃謂事有大小，非言字有多少也。大事者，謂君舉告廟及鄰國赴告，經之所書皆是也。小事者，謂物不爲災及言語文辭，傳之所載皆是也。大事後雖在策，其初亦記於簡。何則？弑君大事，南史欲書崔杼，執簡而往，董狐既書趙盾，以示於朝，是執簡而示之，非舉策以示之，明大事皆先書於簡，後乃定之於策也。其有小事，文辭或多，如呂相絶秦，聲子説楚，字過數百，非一牘一簡所能容者，則於衆簡牘以次存録也。杜所以知其然者，以隱十一年傳例云「滅不告敗，勝不告克，不書于策」。明是大事來告，載之策書也。策書不載，丘明得之，明是小事傳聞，記於簡牘也。以此知仲尼脩經皆約策書成文，丘明作傳皆博采簡牘衆記。故隱十一年注云「承其告辭，史乃書之于策。若所傳聞行言非將君命，則記在簡牘而已，不得記於典策。此蓋周禮之舊制」也。又莊二十六年經皆無傳，傳不解經，注云「此年經、傳各自言其事者，或策書雖存，而簡牘散落，不究其本末，故傳不復申解」。是言經據策書，傳憑簡牘，經之所言其事大，傳之所言其事小，故知小事在簡，大事在策也。**孟子曰：楚謂之「檮杌」，晉謂之「乘」，而魯謂之「春秋」，其實一也。** 既言簡、策之異，又説諸國别名。孟子，姓孟，名軻，字子輿，鄒邑人也。當六國之時，師事孔子之孫子思，脩儒術之道，著書七篇。其第四《離婁》篇云：「王者之迹息而《詩》亡，《詩》亡然後《春秋》作。晉謂之『乘』，楚謂之『檮杌』，魯謂之『春秋』，一也。」其言與此小異，是杜足「其實」二字，使成文也。彼趙岐注云：「『乘』者，興於田賦乘馬之事，因以爲名。『檮杌』者，嚚凶之類，興於記惡之戒，❶因以爲名。

---

❶「之」，阮校：「閩本、監本、毛本作『垂』。」

『春秋』，以二始舉四時，記萬事之名。」是三者立名雖異，記事則同，故云「其實一也」。序發首云「『春秋』者，魯史記之名也」，故引此以爲證，且明諸侯之國各有史記，故魯有《春秋》，仲尼得因而脩之也。案《外傳》：申叔時、司馬侯乃是晉、楚之人，其言皆云「春秋」，不言「乘」與「檮杌」，然則「春秋」是其大名，晉、楚私立別號，魯無別號，故守其本名。賈逵云：「周禮盡在魯矣，史法最備，故史記與周禮同名。」然則晉、楚豈當自知不備，故別立惡名？

韓宣子適魯，見《易》象與魯《春秋》，曰：「周禮盡在魯矣。吾乃今知周公之德與周之所以王。」❶既言諸國有書，欲明魯最兼備，故云此。【疏】正義曰：此昭二年傳文也。宣子，晉卿，名起，食邑於韓，因以爲氏。謚曰宣子者，有德之稱。爲昭公新立，身新爲政，故來聘魯，因觀書於大史氏，見此書而發言。杜注彼以爲《易》象即今《周易》上下經之象辭也，《魯春秋》謂魯史記之策書也。《春秋》遵周公之典以序事，故曰「周禮盡在魯矣」。《易》象、《春秋》是文王、周公之所制，故見《春秋》知周公之德，見《易》象知周之所以王也。文王能制此典，即是身有聖德，聖不空生，必王天下。周室之王，文王之功，故觀其書，知周之所以得王天下之由也。文王身處王位，故以王言之。周公不王，故以德屬之。人異，故文異。傳言觀書大史，則所觀非一，而獨言《易》象、《魯春秋》者，韓子主美文王、周公，故特言之。《易》象，魯無增改，故不言「魯易象」。《春秋》雖是周法，所記乃是魯事，故言「魯春秋」也。《春秋》、《易》象，晉應有之，韓子至魯方乃發歎者，味其義，善其人，以其舊所未悟，故云今始知，示其歎美之深，非是素不見也。《易·下繫辭》云《易》之興也，其當殷之末世，周之盛德，當文王與紂之事，則謂《易》象，爻象之辭也。鄭玄案據此文，以爲《易》是文王所作。鄭衆、賈逵、虞翻、陸績之徒，以《易》有「箕子之

❶「王」下，阮校：「按，《文選》有『也』字，與昭二年傳合。」

明夷」、「東鄰殺牛」，皆以爲《易》之爻辭周公所作。杜雖無明解，似同鄭説。**韓子所見，蓋周之舊典禮經也。**序言史官所書，舊有成法，故引韓子之事，以此言結之。韓子所見《魯春秋》者，蓋是周之舊日正典，禮之大經也。韓子之言，并歎《易》象，此之所見，唯謂《春秋》者，指説《春秋》，不須《易》象故也。知是舊典禮經者，傳於隱七年「書名」例云「謂之禮經」，十一年「不告」例云「不書于策」，明書於策必有常禮。未脩之前，舊有此法。韓子所見而説之，即是周之舊典，以無正文，故言「蓋」爲疑辭也。制禮作樂，周公所爲，明策書禮經亦周公所制，故下句每云周公，正謂五十發凡是周公舊制也。必知史官所記有周公舊制者，以聖人所爲，動皆有法，以能立官紀事，❶豈得全無憲章？定四年傳稱備物典策以賜伯禽，典策則史官記事之法也。若其所記無法，何足以賜諸侯？諸侯得之，何足以爲光榮而子魚稱爲美談也？且仲尼脩此《春秋》以爲一經，若周公無法，史官妄説，仲尼何所可馮，斯文何足爲典，得與諸《書》、《禮》、《樂》、《詩》、《易》並稱經哉？以此知周公舊有定制，韓子所見是也。

周德既衰，官失其守。上之人不能使《春秋》昭明，赴告策書，諸所記注，多違舊章。【疏】正義曰：此明仲尼脩《春秋》之由，先論史策失宜之意。計周公之垂法典策具存，豈假仲尼更加筆削？但爲官失其守，褒貶失中，赴告策書多違舊典，是故仲尼脩成此法，垂示後昆。襄三十一年傳稱卿大夫「能守其官職」，昭二十年傳曰「守道不如守官」，是言人臣爲官，各有所守。周德既衰，邦國無法，羣小在位，故官人失其所守也。雖廣言衆官失職，要其本意是言史官失其所掌也。昭三十一年傳曰：「《春秋》之稱，微而顯，婉而辨。上之人能使

❶「能」，阮校：「監本、毛本『能』改『爲』。」「紀」，阮校：「閩本、監本、毛本作『記』。」

《春秋》昭明。」注云：「上之人謂在位者也。」彼謂賢德之人在天子諸侯之位，能使《春秋》褒貶勸戒昭明。周德既衰，主掌之官已失其守，在上之人又非賢聖，故不能使《春秋》褒貶勸戒昭明，致令赴告記注多違舊章也。文十四年傳曰「崩薨不赴，禍福不告」，然則鄰國相命，凶事謂之赴，他事謂之告，對文則別，散文則通。昭七年傳「衛齊惡告喪于周」，則是凶亦稱告也。赴告之中違舊章者，若隱三年，平王以壬戌崩，赴以庚戌；桓五年，陳侯鮑卒，再赴以甲戌、己丑；及不同盟者而赴以名，同盟而赴不以名之類是也。策書記注多違舊章者，仲尼既已脩改，不可復知。正以仲尼脩之，故知其多違也。**仲尼因魯史策書成文，考其真僞，而志其典禮，上以遵周公之遺制，下以明將來之法。**此明仲尼所因并制作之意。所脩之經，以魯爲主，是因魯史策書成定之舊文也。「考」謂校勘，「志」謂記識。考其真僞，真者因之，僞者改之。志其典禮，合典法者褒之，違禮度者貶之。上以遵周公之遺制，使舊典更興，下以明將來之法，令後世有則，以此故脩《春秋》也。前代後代，事終一揆，所賞所罰，理必相符。仲尼定《春秋》之文，制治國之法，文之所褒，是可賞之徒，文之所貶，是可罰之類。後代人主，誠能觀《春秋》之文，揆當代之事，辟所惡而行所善，順褒貶而施賞罰，則法必明，而國必治，故云「下以明將來之法」也。不教當時而爲將來制法者，孔子之時，道不見用，既知被屈，冀範將來。將來之與今時，其法亦何以異，但爲時不見用，故指之將來，其實亦以教當代也。**其教之所存，文之所害，則刊而正之，以示勸戒。**此說仲尼改舊史之意。教之所存，謂名教善惡義存於此事。若文無褒貶，無以懲勸，則是文之害教。若僖二十八年「天王狩于河陽」，傳云：「晉侯召王，以諸侯見，且使王狩。仲尼曰：『以臣召君，不可以訓。』故書曰『天王狩于河陽』。」杜以晉文之意本欲尊周，將率諸侯共朝天子，自嫌彊大，不敢至周，喻王出狩，得盡臣禮。尋其蹤緒，心是跡非。又昭十九年，「許世子止弒其君買」，傳云：「許悼公瘧。五月，戊辰，飲大子止之藥，卒。書曰：『弒其君。』君子曰：『盡心力以事君，舍藥物可也。』」許止進藥，不由於醫，其父飲之，因茲而卒。名教善惡須存於此，若也不罪許止，❶不没晉文，無以息篡逆之端，勸事君之禮，故隱其召王之名，顯稱弒君之惡。如此之例，皆是文之害教，則刊削本策，改而正之，以示後人，使聞善而知勸，見惡而自戒。諸仲尼所改新意，皆是刊而正之也。**其餘則皆即用舊史，❷史有文質，辭有詳略，不必改也。**此說仲尼不改舊史之意。「其餘」，謂新意之外皆即用舊史也。始隱終麟，二百餘載，史官遷代，其數甚多，人心不同，屬辭必異，自然史官有文有質，致使其辭有詳有略，既無所害，故不必改也。「史有文質」，謂居官之人。「辭有詳略」，謂書策之文。史文則辭華，史質則辭直，華則多詳，直則多略，故《春秋》之文詳略不等也。螟螽蜚蜮，皆害物之蟲，蜚蜮言「有」，螟螽不言「有」。諸侯反國，或言自某歸，或言歸自某。晉伐鮮虞，吴入郢，直舉國名，不言將帥。及郊與用郊，皆無所發。諸侯出奔，或名或不名。明是立文乖異，是其史舊有詳略，義例不存於此，故不必皆改也。**故傳曰：「其善志。」又曰：「非聖人孰能脩之？」**上傳，昭三十一年，言《春秋》之書其是善志記也。下傳，成十四年，言若非聖人，誰能脩《春秋》，使成五例也。下傳既非同年，而云「又」者，言又重上事之辭，止又其傳，非又其年也。**蓋周公之志，仲尼從而明之。**既以「蓋」爲疑辭，而知事必然者，案傳，君子論《春秋》之美而云「善志」。《春秋》既是舊名，明稱舊記爲善，故知上傳之言，蓋

---

❶「若」，阮本作「者」，則「者也」當從上讀。

❷「則」，阮校：「按《文選》無『則』字。」

言周公之志也。脩者，治舊之名。傳善聖人而言脩舊，明脩前聖之道，故知下傳之言，蓋仲尼之明周公也。上已言「蓋周之舊典禮經」，此復重云「蓋周公之志」者，上明《春秋》記事之法舊史之遵周公也，此明仲尼因舊史之文還脩周公之法，故重言「蓋」。敘此以上論經，以下論傳。

左丘明受經於仲尼，以爲經者不刊之書也，故傳或先經以始事，或後經以終義，或依經以辯理，或錯經以合異，隨義而發。【疏】正義曰：丘明爲經作傳，故言受經於仲尼，未必面親授受使之作傳也。此説作傳解經而傳文不同之意。丘明以爲經者聖人之所制，是不可刊削之書也，非傳所能亂之。假使傳有先後，不畏經因錯亂，故傳或先經爲文以始後經之事，或後經爲文以經前經之義，❶或依經之言以辨此經之理，或錯經爲文以合此經之異，皆隨義所在而爲之發傳，期於釋盡經意而已，是故立文不同也。大史公《十二諸侯年表序》云：自孔子論史記，次《春秋》，七十子之徒口受其傳。魯君子左丘明懼弟子各有妄其意，❷失其真，故具論其語，成《左氏春秋》。沈氏云：《嚴氏春秋》引《觀周篇》云：「孔子將脩《春秋》，與左丘明乘如周，觀書於周史，歸而脩《春秋》之經，丘明爲之傳，共爲表裏。」《藝文志》云：「左丘明，魯史也。」❸是言丘明爲傳，以其姓左，故號爲《左氏傳》也。先經者，若隱公不書即位，先發仲子歸于我；衛州吁弒其君完，先發莊公娶于齊。如此之類，是先經以始事

---

❶「經前經」，此當誤，正宗寺本、阮本作「終前經」。

❷「各有妄其意」，阮校：「按《史記・十二諸侯年表序》『妄』作『安』，無『有』字。盧文弨校本『有』作『自』字。按，如今本《史記》作『安其意』爲善。」

❸「魯」，阮校：「按《漢書・藝文志》『魯』下有『大』字。」

也。後經者，昭二十二年王室亂，定八年乃言劉子伐盂以定王室；哀二年晉納蒯聵于戚，哀十五年乃言蒯聵自戚入衛。如此之類，是後經以終義也。依經者，經有其事，傳辯其由。隱公不書即位，而求好於邾，故爲蔑之盟。案其經文，明其歸趣，如此之類，是依經以辯理也。錯經者，若地有兩名，經傳互舉，及經「侵」傳「伐」，經「伐」傳「侵」，於文雖異，於理則合。如此之類，是錯經以合異也。傳文雖多，不出四體，故以此四句明之也。**其例之所重，舊史遺文，略不盡舉，非聖人所脩之要故也。**此説有經無傳之意。例之所重者，若桓元年，「秋，大水」，傳云「凡平原出水爲大水」。莊七年，「秋，大水」。此則例之所重，皆是舊史遺餘策書之文。丘明略之，不復發傳，非聖人所脩之要故也。言遺者，舊史已没，策書遺留，故曰遺文。**身爲國史，躬覽載籍，必廣記而備言之。其文緩，其旨遠，將令學者原始要終，尋其枝葉，究其所窮。**此説無經有傳之意。【疏】正義曰：《説文》云：「籍，部書也。」❶張衡《東京賦》曰「多識前世之載」，載亦書也。躬覽載籍，所見者博，以義有所取，必廣記而備言之。非直解經，故其文緩。遥明聖意，故其旨遠。將令學者本原其事之始，要截其事之終，尋其枝葉，盡其根本，則聖人之趣雖遠，其賾可得而見。是故經無其事，而傳亦言之，爲此也。「原始要終」及「其旨遠」並《易·下繫辭》文也。尋其枝葉，以樹木喻也。究亦窮也，言窮盡其所窮之處也。**優而柔之，使自求之。饜而飫之，使自趨之。若江海之浸，膏澤之潤，涣然冰釋，怡然理順，然後爲得也。**此又申説無經之傳有利益

---

❶ 「籍部書也」，阮校：「按，今本《説文》作『籍，簿書也』。」

之意。「優而柔之，使自求之」，《大戴禮·子張問入官學》之篇有此文也。❶其「饜而飫之」，則未知所出。優、柔，俱訓爲安，寬舒之意也。饜、飫，俱訓爲飽，饒裕之意也。謂丘明富博其文，優游學者之心，使自求索其高意，精華其大義，飽足學者之好，使自奔趨其深致，言其廣記備言，欲令使樂翫不倦也。❷江海以水深之故，所浸者遠；膏澤以雨多之故，所潤者博。以喻傳之廣記備言，亦欲浸潤經文，使義理通洽。如是而求之，然後涣然解散，如春冰之釋，怡然心説，而衆理皆順，然後爲得其所也。江海，水之大者，故舉以爲喻。脂之釋者爲膏，❸言雨之爲潤若脂膏然，故稱膏澤也。**其發凡以言例，皆經國之常制，周公之垂灋，史書之舊章。仲尼從而脩之，以成一經之通體。**【疏】正義曰：自此至「非例也」，辯説傳之三體。此一段説舊發例也，言發凡五十皆是周公舊法。先儒之説《春秋》者多矣，皆云丘明以意作傳，説仲尼之經，凡與不凡無新舊之例。杜所以知發凡言例是周公垂法、史書舊章者，以諸所發凡皆是國之大典，非獨經文之例。隱七年始發凡例，特云「謂之禮經」，十一年又云「不書于策」，建此二句於諸例之端，明書於策者，皆是經國之常制，非仲尼始造策書自制此禮也。何則？「天災，無牲」，「卒哭，作主」，「諸侯薨于朝會，加一等」，「夫人不薨于寢，則不致」，豈是仲尼始造此言也？公行告廟，侯伯分災，二「凡」之末，皆云「禮也」，豈是丘明自制禮乎？又公女嫁之送人尊卑，哭諸侯之親踈等級，王喪之稱「小童」，分至之書雲物，皆經無其事，傳亦發凡。若丘明以意作傳，主説仲尼之經，此既無經，何須

---

❶「學」，阮校：「盧文弨校本云：『學』字衍。」

❷「今」，正宗寺本、足利學本、阮本作「令」，當是。

❸「釋」，阮校：「閩本、監本、毛本『釋』作『澤』。」

發傳？以是故知發凡言例，皆是周公垂法、史書舊章，仲尼從而脩之，以成一經之通體也。國之有史，在於前代，非獨周公立法，史始有章。而指言周公垂法者，以三代異物，節文不同，周公必因其常文而作，以正其變者，非是盡變其常也。但以一世大典，周公所定，故《春秋》之義，史必主於常法，而以周公正之。然「凡」是周公之禮經，今案《周禮》竟無凡例，爲當禮外别自有凡，爲當凡在禮内。今者所據，禮内有凡。知者，案《周禮·大宰》職於「八法」之内有「官成」、「官法」，鄭衆注云：「官成者，謂官府之有成事品式。官法者，謂職所主之法度。」然則此凡者，是史官之策書，成事法式也。《釋例·終篇》云「稱凡者五十，其别四十有九」，蓋以母弟二凡，其義不異故也。計周公垂典，應每事設法，而據經有例，於傳無凡多矣。《釋例》四十部，無凡者十五。然則周公之立凡例，非徒五十而已。蓋作傳之時已有遺落，丘明采而不得故也。且凡雖舊例，亦非全語，丘明采合而用之耳。《終篇》云：「諸凡雖是周公之舊典，丘明撮其體義，約以爲言，非純寫故典之文也。蓋據古文覆逆而見之，此丘明會意之微致。」是其説也。然丘明撮凡爲言，體例不一，於一凡之内，事義不同，亦有因經所有，連釋經之所無，如「王曰小童，公侯曰子」是也；亦有略其經之所無，直釋經之所有，如「凡祀，啓蟄而郊，龍見而雩」，不言初祀，❶以經無故也，如此之類是也。所以然者，蓋以舊凡語少，經雖無事，則亦連文引之，所以兼引「王曰小童」。若舊凡語多，經無者則略之，經有者則載之，所以略其礿祀，獨舉郊雩。故莊十一年「王師敗績于某」，杜注云「事列於經，則不得不因申其義」。是舊凡多者，唯舉經文也。發凡之體，凡有二條，一是特爲策書，一是兼載國事。特爲策書者，凡告以名則書之類是也。兼載國事者，凡嫁女于敵國之類是也。雖爲國事，但他書有者，亦不在凡例，

---

❶「初」，正宗寺本、足利學本、文淵閣本、阮本作「礿」，當是。

如天子七月而葬，既於禮文備有，故丘明作傳不在凡例也。此諸凡者，自是天下大例，其言非獨爲魯。故哭諸侯之條，既發凡例，乃云「故魯爲諸姬」，明知正凡所言，非止魯事。且送女例云「於天子，則諸卿皆行」，魯無嫁女於天子之理。祭祀例云「啓蟄而郊」，自非魯國不得有郊天之事，明是采合故典，裁約爲文也。**其微顯闡幽，裁成義類者，皆據舊例而發義，指行事以正褒貶。**此下盡「曲而暢之」，説新意也。「微顯闡幽」，《易・下繫辭》文也。微謂纖隱，闡謂著明。舊説云：「下云『經無義例』，此釋經有義例。謂孔子脩經，微其顯事，闡其幽理，裁節經之上下，以成義之般類。其善事顯者，若秦穆悔過，貶四國大夫，以例稱人，觀文與常文無異。惡事顯者，若諸侯城緣陵，叔孫豹違命，城緣陵依例稱諸侯，與無罪文同，叔孫豹去氏，與未賜族者文同，皆是微其顯事。闡幽者，謂闡其幽理，使之宣著。若晉趙盾、鄭歸生、楚比、陳乞及許大子止，皆非親弒其君，是其罪幽隱，孔子脩經加『弒』，使罪狀宣露，是闡幽也。❶諸《春秋》褒貶之例並是也。」蓋以爲「皆據舊例而發義」以下論丘明之傳，微顯闡幽乃是經事，故賀、沈諸儒皆悉同此。劉炫以微顯闡幽皆説作傳之意。經文顯者，作傳本其纖微；經文幽者，作傳闡使明著。顯者，若「天王狩于河陽」，觀經文，足知王是天子，狩是出獵，但不知天子何故出畿外狩耳，故傳發「晉侯召王」，是其微顯也。幽者，若「鄭伯克段于鄢」，觀經不知段是何人，何故稱克，故傳發「武姜愛段」，是闡其幽也。丘明作傳，其有微經之顯，闡經之幽，以裁制成其義理比類者，皆據舊典凡例而起發經義，指其人行事是非，以正經之褒貶，例稱「得儁曰克」，傳言「如二君，故曰克」，是其據舊例發義也。晉侯召王使狩，鄭伯不教其

---

❶「也」下，阮校：「浦鏜《正誤》云：當脱『其裁成義類』五字。」

弟，仲尼没其召王，顯稱鄭伯，丘明正述其事，先解經文，是指其行事以正褒貶也。此二事尤明者耳，其餘皆是新意也。此序主論作傳，而賀、沈諸儒皆以爲經解之，是不識文勢而謬失杜旨。**諸稱「書」、「不書」、「先書」、「故書」、「不言」、「不稱」、「書曰」之類，皆所以起新舊，發大義，謂之變例。**上既言據舊例而發義，故更指發義之條，諸傳之所稱「書」、「不書」、「先書」、「故書」、「不言」、「不稱」及「書曰」七者之類，皆所以起新舊之例，令人知發凡是舊，七者是新，發明經之大義，謂之變例。以「凡」是正例，故謂此爲變例，猶《詩》之有變《風》、變《雅》也。自杜以前，不知有新舊之異，今言「謂之變例」，是杜自明之以曉人也。稱「書」者，若文二年「書士縠，堪其事」，襄二十七年「書先晉，晉有信」，如此之類是也。「不書」者，若隱元年春「正月，不書即位，攝也」，「邾子克，未王命，故不書爵」，如此之類是也。「先書」者，若桓二年「君子以督爲有無君之心，故先書弑其君」，僖二年虞師、晉師「滅下陽，先書虞，賄故也」，如此之類是也。「故書」者，若隱三年「壬戌，平王崩，赴以庚戌，故書之」，成八年「杞叔姬卒，來歸自杞，故書」，如此之類是也。「不言」者，若隱元年「鄭伯克段于鄢。不言出奔，難之也」，莊十八年「公追戎于濟西。不言其來，諱之也」，如此之類是也。「不稱」者，若僖元年「不稱即位，公出故也」，莊元年「不稱姜氏，絶不爲親」，如此之類是也。「書曰」者，若隱元年「書曰鄭伯克段于鄢」，隱四年「書曰衛人立晉，衆也」，如此之類是也。案：襄元年「圍宋彭城。非宋地，追書也」，隱元年「稱鄭伯，譏夫教也」，❶昭三十一年「公在乾侯。言不能外内也」。「先書」、「故書」既是新意，則「追書」亦是新意。「書」與「不書」俱是新意，則「稱」與「不

❶「夫」，正宗寺本、足利學本、阮本作「失」，當是。

稱」，「言」與「不言」亦俱是新意，豈得「不言」、「不稱」獨爲新意，「言」也、「稱」也便即非乎？《釋例·終篇》云「諸雜稱二百八十有五」，止有其數，不言其目，就文而數，又復參差。竊謂「追書」也，「言」也，「稱」也，亦是新意。序不言者，蓋諸類之中足以包之故也。有田僧紹者，亦注此序，以爲序言「諸稱」，「稱」亦即是新意，與下七者合爲八名。斯不然矣。案「書」與「不書」，其文相次，若「稱」字即是新意，但當言「稱」與「不稱」相次，何以分爲別文？明知杜言「諸稱」，自謂諸傳所稱，不以「稱」爲新意。但以理而論之，「稱」亦當是新意耳。**然亦有史所不書，即以爲義者，此蓋《春秋》新意，故傳不言「凡」，曲而暢之也。**此說因舊爲新也。仲尼脩《春秋》者，欲以上遵周制，下明世教，其舊史錯失，則得刊而正之，以爲變例。其舊史不書，則無可刊正，故此又辨之。亦有史所不書，正合仲尼意者，仲尼即以爲義。改其舊史及史所不書，此二者蓋是《春秋》新意，故傳亦不言凡，每事別釋，曲而通暢之也。「此蓋《春秋》新意」，其言揔上，通變例與不別書也。舉一凡而事同者，諸理盡見，是其直也。不言凡而每事發傳，是其曲暢。暢訓通，故言曲而暢之也。若然，隱公實不即位，史無由得書即位。郗克實未有爵，史無由得書其爵。然則傳言不書，自是舊史不書。而以不書爲仲尼新意者，《釋例·終篇》杜自問而釋之，云：「丘明之爲傳，所以釋仲尼《春秋》。仲尼《春秋》皆因舊史之策書，義之所在，則時加增損，或仍舊史之無，亦或改舊史之有。雖因舊文，固是仲尼之書也。丘明所發，固是仲尼之意也。❶雖是舊文不書，而事合仲尼之意，仲尼因而用之，即是仲尼新意。若宣十年『崔氏出奔衛』，傳稱『書曰崔氏，非其罪也，且告以族，不以名』。是告不以

❶「固」，原作「故」，據正宗寺本、足利學本、文淵閣本、阮本改。

名，故知舊史無名，及仲尼脩經，無罪見逐，例不書名，此舊史之文，適當孔子之意，不得不因而用之。因舊爲新，皆此類也。」然杜唯言史所不書，即以爲義，不云史所書爲義者，但夫子約史記而脩《春秋》，史記之文皆是舊史所書，因而褒貶，理在可見，不須更言，但恐舊史不書，而夫子不用，故特言之。**其經無義例，因行事而言，則傳直言其歸趣而已，非例也。**此一段説經無義例者。國有大事，史必書之，其事既無得失，其文不著善惡，故傳直言其指歸趣向而已，非褒貶之例也。《春秋》此類最多，故隱元年「及宋人盟于宿」，傳曰「始通也」，杜注云：「經無義例，故傳直言其歸趣而已。他皆放此。」是如彼之類，皆非例也。**故發傳之體有三，而爲例之情有五。**

【疏】正義曰：傳體有三，即上文發凡正例、新意變例、歸趣非例是也。爲例之情有五，則下文「五曰」是也。書經有此五情，緣經以求義爲例，言傳爲經發例，其體有此五事。下文五句，成十四年傳也。案彼傳上文云「《春秋》之稱」，下云「非聖人，誰能脩之」，聖人指謂孔子，美孔子所脩，成此五事，五事所攝，諸例皆盡。下句釋其顯者以屬之耳。此發傳之體有三，上文三言「其」以別之，觀文足可知耳。劉寔分變例新意以爲二事。《釋例·終篇》曰：「丘明之傳有稱周禮以正常者，諸稱凡以發例者是也。有明經所立新意者，諸顯義例而不稱凡者是也。」稱古典則立凡以顯之，釋變例則隨辭以讚之。杜言甚明，尚不能悟，其爲暗也，不亦甚乎？**一曰「微而顯」，文見於此，而起義在彼，「稱族，尊君命，舍族，尊夫人」、「梁亡」、「城緣陵」之類是也。**「文見於此」，謂彼注云「辭微而義顯」也。「稱族，尊君命，舍族，尊夫人」，成十四年傳爲叔孫僑如發也。經曰：「秋，叔孫僑如如齊逆女。九月，僑如以夫人婦姜氏至自齊。」「叔孫」是其族也。褒賞稱其族，貶責去其氏。銜君命出使稱其族，所以爲榮；與夫人俱還去其氏，所以爲辱。出稱「叔孫」，舉其榮名，所以尊君命也；入舍「叔孫」，替其尊稱，所以尊夫人也。族自卿家之族，稱舍别有所尊。是文見於此，而起義在彼。僖十九年經書「梁亡」，是秦亡之也。傳曰：「不書其主，自取之也。」僖十四年經書「諸侯城緣陵」，是齊率諸侯城之，以遷杞也。傳曰：「不書其人，有闕也。」秦人滅梁而曰「梁亡」，文見於此，「梁亡」見取者之無罪。齊桓城杞而書「諸侯城緣陵」，文見於此，「城緣陵」見諸侯之有闕。亦是文見於此，而起義在彼。皆是辭微而義顯，故以此三事屬之。**二曰「志而晦」，約言示制，推以知例，參會不地、與謀曰「及」之類是也。** 彼注云：「志，記也。晦亦微也。謂約言以記事，事叙而文微。」桓二年，秋，「公及戎盟于唐」。冬，「公至自唐」。傳例曰：「特相會，往來稱地，讓事也。自參以上，則往稱地，來稱會，成事也。」其意言會必有主，二人共會，則莫肯爲主，兩相推讓，會事不成，故以地致。三國以上，則一人爲主，二人聽命，會事有成，故以會致。宣七年「公會齊侯伐萊」，傳例曰：「凡師出，與謀曰及，不與謀曰會。」其意言同志之國，共行征伐，彼與我同謀計議，議成而後出師，則以相連及爲文。彼不與我謀，不得已而往應命，則以相會合爲文。此二事者，義之所異，在於一字。約少其言，以示法制，推尋其事，以知其例。是所記事有叙，而其文晦微也。**三曰「婉而成章」，曲從義訓，以示大順，諸所諱辟、璧假許田之類是也。** 彼注云：「婉，曲也。謂屈曲其辭，有所辟諱，以示大順，而成篇章。」言「諸所諱辟」者，其事非一，故言「諸」以摠之也。若僖十六年，公會諸侯于淮，未歸而取項，齊人以爲討而止公。十七年，九月，得釋始歸。諱執止之恥，辟而不言，經乃書「公至自會」。諸如此類，是諱辟之事也。諸侯有大功者，於京師受邑，爲將朝而宿焉，謂之朝宿之邑。方岳之下，亦受田邑，爲從巡守備湯水以共沐浴焉，謂之湯沐之邑。魯以周公之故，受朝宿之邑於京師許田是也，鄭以武公之勳，受湯沐之邑於泰山祊田是也。隱桓之世，周德既衰，魯不朝周，王不巡守，二邑皆無所用，因地勢之便，欲相與易，祊薄不足以當許，鄭人加璧以易許田。諸侯不得專易天子之田，文諱其事。桓元年，經書「鄭伯以璧假許田」，言若進璧以假田，非久易也。掩惡揚善，臣子之義，可以垂訓於後，故此二事皆屈曲其辭，從其義訓，以示大順之道。是其辭婉曲而成其篇章也。**四曰「盡而不汙」，直書其事，具文見意，丹楹刻桷、天王求車、齊侯獻捷之類是也。**彼注云：「謂直言其事，盡其事實，無所汙曲。」禮制，宫廟之飾，楹不丹，桷不刻。莊二十三年「秋，丹桓宫楹」，二十四年春「刻桓宫桷」。禮，諸侯不貢車服，天子不私求財。桓十五年「天王使家父來求車」。禮，諸侯不相遺俘，莊三十一年「齊侯來獻戎捷」。三者皆非禮而動，直書其事，不爲之隱，具爲其文，以見譏意。是其事實盡而不有汙曲也。**五曰「懲惡而勸善」，求名而亡，欲蓋而章，書齊豹「盜」、三叛人名之類是也。**彼注云：「善名必書，惡名不滅，所以爲懲勸。」昭二十年「盜殺衛侯之兄縶」，襄二十一年「邾庶其以漆、閭丘來奔」，昭五年「莒牟夷以牟婁及防兹來奔」，昭三十一年「邾黑肱以濫來奔」，是謂盜與三叛人名也。齊豹，衛國之卿。《春秋》之例，卿皆書其名氏，齊豹忿衛侯之兄，起而殺之，欲求不畏彊禦之名，《春秋》抑之，書曰「盜」。盜者，賤人有罪之稱也。邾庶其、黑肱、莒牟夷三人，皆小國之臣，並非命卿，其名於例不合見經，竊地出奔，求食而已，不欲求其名聞，《春秋》故書其名，使惡名不滅。若其爲惡求名而有名章徹，則作難之士誰或不爲？若竊邑求利而名不聞，則貪冒之人誰不盜竊？故書齊豹曰「盜」、三叛人名，使其求名而名亡，欲蓋而名章，所以懲創惡人，勸獎善人。昭三十一年傳具説此事，其意然也。盜與三叛俱是惡人，書此二事，唯得懲惡耳，而言「勸善」者，惡懲則善勸，故連言之。**推此五體，以尋經、傳，觸類而長之，附于二百四十二年行事，王道之正、人倫之紀備矣。**【疏】正義曰：上云「情有五」，此言「五體」者，言其意謂之情，指其狀謂之體，體情一也，故互見之。一曰微而顯者，是夫子脩改舊文以成新意，所脩《春秋》以新意爲主，故爲五例之首。二曰志而晦者，是周公舊凡，經國常制。三曰婉而成章者，夫子因舊史大順，義存君親，揚善掩惡，夫子因而不改。四曰盡而不汙者，夫子亦因舊史，有正直之士，直言極諫，不掩君惡，欲成其美，夫子因而用之。此婉而成章，盡而不汙，雖因舊史，夫子即以爲義。揔而言之，亦是新意之限，故傳或言「書曰」，或云「不書」。五曰懲惡而勸善者，與上微而顯不異，但勸戒緩者，在微而顯之條，貶責切者，在懲惡勸善之例，故微而顯居五例之首，懲惡勸善在五例之末。五者《春秋》之要，故推此以尋經、傳，觸類而增長之，附於二百四十二年時人所行之事，觀其善惡，用其褒貶，則王道之正法，人理之紀綱，皆得所備矣。從首至此，説經、傳理畢，故以此言結之。「觸類而長之」，《易・上繫辭》文也。二百四十二年，謂獲麟以前也。以後經則魯史舊文，傳終説前事，辭無褒貶，故不數之也。觸類而長之者，若隱四年經書「翬帥師」，傳稱羽父固請，「故書曰『翬帥師』，疾之也」。十年經亦書「翬帥師」，傳雖不言「書曰」、「故書」，是知與上同爲新意。❶又隱元年傳「曰『儀父』，貴之也」，則桓十七年云「儀父」，亦是貴之是也。

或曰：《春秋》以錯文見義。若如所論，❷則經當有事同文異而無其義也。先儒所傳，皆不其然。【疏】正義曰：自此至「《釋例》詳之」，言己爲作注解之意。論經、傳之下，即是自述己懷，於文不次，言無由發，❸故假稱或問而答以釋之。《春秋》之經，侵伐會盟及戰敗克取之類，文異而義殊，錯文以見義。先儒知其如

---

❶「是」，阮校：「盧文弨校本作『足』。」

❷「如」，阮校：「案《文選》作『此』。」

❸「言」，阮校：「監本、毛本作『爲』。」

是，因謂苟有異文，莫不著義。杜以爲仲尼所述，據史舊文，文害者則刊而正之，不害者因其詳略。此其異於先儒，故或人據上文杜之異旨，執先儒以問曰：《春秋》以錯文見義，其文異者，必應有義存焉。❶若如所論，辭有詳略，不必改也，則經當有事同文異而無其義意者也。先儒所傳，皆不其然，今何以獨異？欲令杜自辯之。**答曰：《春秋》雖以一字爲褒貶，然皆須數句以成言，非如八卦之爻，可錯綜爲六十四也，固當依傳以爲斷。**莊二十五年「陳侯使女叔來聘」，傳曰「嘉之，故不名」。僖二十五年「衛侯燬滅邢」，傳曰「同姓也，故名」。褒則書字，貶則稱名，褒貶在於一字。褒貶雖在一字，不可單書一字以見褒貶，故答或人曰「《春秋》雖以一字爲褒貶，皆須數句以成言語，非如八卦之爻，可錯綜爲六十四也」。卦之爻也，一爻變，則成爲一卦，經之字也，一字異，不得成爲一義，故經必須數句以成言，義則待傳而後曉，不可錯綜經文，以求義理，故當依傳以爲斷。文異者，丘明不爲發傳，仲尼必無其義，安得傳旨之表妄説經文？以此知經有事同文異而無其義者也。「數句」者，謂若隱元年「秋，七月，天王使宰咺來歸惠公、仲子之賵」及昭十三年「夏，四月，楚公子比自晉歸于楚，弑其君虔于乾谿」。此皆三句以上。《春秋》一部，未必皆然。杜欲盛破賈、服一字，故舉多言之。或以爲數其文句，義亦得通。「錯綜其數」，《易・上繫辭》文，謂交錯綜理之。**古今言《左氏春秋》者多矣，今其遺文可見者十數家。**《漢書・儒林傳》云：「漢興，北平侯張蒼及梁大傅賈誼、京兆尹張敞、大中大夫劉公子皆脩《左氏傳》。誼爲《左氏傳訓詁》，

❶ 「存」，阮校：監本作「在」。

授趙人貫公，公傳子長卿，長卿傳清河張禹，禹授尹更始，更始傳子咸及丞相翟方進，方進授清河胡常，❶常授黎陽賈護，護授蒼梧陳欽，而劉歆從尹咸及翟方進受。由是言《左氏》者本之賈護、劉歆。」是前漢言《左氏》者也。漢武帝置五經博士，《左氏》不得立於學官。至平帝時，❷王莽輔政，方始立之，後漢復廢。雖然，學者浸多矣。中興以後，陳元、鄭衆、賈逵、馬融、延篤、彭仲博、許惠卿、服虔、潁容之徒，皆傳《左氏春秋》。魏世則王肅、董遇爲之注。此等比至杜時，或在或滅，不知杜之所見十數家定是何人也。**大體轉相祖述，進不成爲錯綜經文以盡其變，退不守丘明之傳。於丘明之傳，有所不通，皆没而不説，而更膚引《公羊》、《穀梁》，適足自亂。**《禮記·中庸》云：「仲尼祖述堯舜。」祖，始也，謂前人爲始而述脩之也。經之詳略，本不著義，强爲之説，理不可通，故「進不成爲錯綜經文以盡其變」。於傳之外，别立異端，故「退不守丘明之傳」。傳有不通，則没而不説，謂諸家之注多有此事，但諸注既亡，不可指摘。若觀服虔、賈誼之注，❸皆没而不説者衆矣，謂若文二年「作僖公主」，傳於僖三十三年云「作主，非禮也。凡君薨，卒哭而祔，祔而作主」，及襄九年「閏月，戊寅，濟于陰阪」之類是也。膚謂皮膚，言淺近引之也。《公羊》、《穀梁》口相傳授，因事起問意，與《左氏》不同，故引之以解《左氏》，適足以自錯亂也。**預今所以爲異，專脩丘明之傳以釋經。經之條貫，必出於傳。傳之義例，摠歸諸凡。推變例以**

---

❶「方進授清河胡常」，阮校：「按《漢書·儒林傳》云：更始傳子咸及翟方進、胡常。」

❷「平」，原作「乎」，據正宗寺本、足利學本、阮本改。

❸「賈誼」，阮校：「齊召南云：賈誼《解詁》，晉時未必尚有其書。杜於服虔、賈逵時多駁正，此當作『賈逵』。」

正褒貶，簡二傳而去異端，蓋丘明之志也。丘明與聖同恥，❶爲經作傳，經有他義，無容不盡，故專脩丘明之傳以釋經也。作傳解經，則經義在傳，故「經之條貫，必出於傳」也。發凡言例，則例必在凡，故「傳之義例，揔歸諸凡」也。若有例無凡，則傳有變例，如是則「推尋變例以正褒貶」。若《左氏》不解，二傳有説，有是有非，可去可取，如是則簡選二傳，取其合義而去其異端。杜自言以此立説，蓋是丘明之本意也。昭三年「北燕伯款出奔齊」，傳云「書曰『北燕伯款出奔齊』，罪之也」，則知昭二十一年「蔡侯朱出奔楚」，亦是「罪之也」。《釋例》曰：「朱雖無罪，據失位而出奔，亦其咎也。」宣十年「崔氏出奔衛」，傳云：「書曰『崔氏』，非其罪也。」不書名者非其罪，則書名者是罪也。襄二十一年「晉欒盈出奔楚」，杜注云：「稱名，罪之。」如此之類，是推變例以正褒貶也。莊十九年「公子結媵陳人之婦于鄄」，杜注云：「《公羊》、《穀梁》皆以爲魯女媵陳侯之婦。」僖九年「伯姬卒」，杜注云：「《公羊》、《穀梁》曰『未適人』，故不稱國。」如此之類，是簡二傳也。先儒取二傳多矣，杜不取者，是去異端也。**其有疑錯，則備論而闕之，以俟後賢。**《集解》與《釋例》每有論錯闕疑之事，非一二也。《釋例·終篇》云：「去聖久遠，古文篆隸歷代相變，自然當有錯誤，亦不可拘文以害意，故聖人貴聞一而知二，賢史之闕文也。今《左氏》有無傳之經，亦有無經之傳。無經之傳，或可廣文。無傳之經，則不知其事。又有事由於魯，魯君親之而復不書者，先儒或强爲之説，或没而不説，疑在闕文，誠難以意理推之。」是備論闕之之事也。**然劉子駿創通大義，賈景伯父子、許惠卿，皆先儒之美者也，末有潁子嚴者，雖淺近，亦復名家，故特舉劉、賈、許、潁之違，以見同異。**《漢

❶「恥」，阮校：「宋本、監本、毛本『恥』作『時』。」

書・楚元王傳》稱，劉歆字子駿，劉德孫，劉向少子也。哀帝時，歆校秘書，見古文《春秋左氏傳》，大好之。初，《左氏傳》多古字古言，學者傳訓詁而已，及歆治《左氏》，引傳文以解經，經、傳相發明，由是章句義理備焉。是其創通大義也。後漢賈逵，字景伯，扶風人也。父徽，字元伯，授業於歆，❶作《春秋條例》。逵傳父業，作《左氏傳訓詁》。❷許惠卿，名淑，魏郡人也。潁子嚴，名容，陳郡人也，比於劉、賈之徒，學識雖復淺近，然亦注述《春秋》，名爲一家之學。杜以爲先儒之内四家差長，故特舉其違，以見異同。自餘服虔之徒，殊劣於此輩，故棄而不論也。**分經之年，與傳之年相附，比其義類，各隨而解之，名曰《經傳集解》。**丘明作傳，不敢與聖言相亂，故與經別行。何止丘明，公羊、穀梁及毛公、韓嬰之爲《詩》作傳，莫不皆爾。經傳異處，於省覽爲煩，故杜分年相附，別其經傳，聚集而解之。杜言「集解」，謂聚集經傳爲之作解，何晏《論語集解》乃聚集諸家義理以解《論語》，言同而意異也。**又別集諸例及地名、譜第、歷數，相與爲部，凡四十部，十五卷，皆顯其異同，從而釋之，名曰《釋例》。將令學者觀其所聚，異同之説，《釋例》詳之也。**《春秋》，記事之書。前人後人行事相類，書其行事，不得不有比例。而散在他年，非相比校，則善惡不章，褒貶不明，故杜別集諸例，從而釋之，將令學者觀其所聚，察其同異，則於其學易明故也。言諸例及地名、譜第、歷數三者，雖《春秋》之事，於經傳無例者繁多，以特爲篇卷，不與諸例相同，故言「及」也。事同則爲部，小異則附出，孤經不及例者，聚於《終篇》，故言「相與爲部」也。其四十部次第，從隱即位爲

---

❶「授」，阮校：「浦鏜《正誤》云：『授』當『受』誤。按，《後漢書・賈逵傳》云：父徽從劉歆受《左氏春秋》。」

❷「訓詁」，阮校據《後漢書・賈逵傳》云逵「尤明《左氏傳》，爲之解詁」，以爲「訓」當作「解」。

首，先有其事，則先次之。唯世族土地，事既非例，故退之於後。《終篇》宜最處末，故次《終篇》之前，《終篇》處其終耳。土地之名起於宋、衛「遇于垂」，《世族譜》起於「無駭卒」，「無駭卒」在遇垂之後，故地名在世族之前也。

或曰：《春秋》之作，《左傳》及《穀梁》無明文，説者以爲仲尼自衛反魯，脩《春秋》，立素王。丘明爲素臣。言《公羊》者，亦云黜周而王魯，危行言孫，以辟當時之害，故微其文，隱其義。《公羊》經止獲麟，而《左氏》經終孔丘卒，敢問所安？【疏】正義曰：上一問一答，説作注理畢，而更問《春秋》作之早晚及仲尼述作大意。先儒所説，並皆辟謬，須於此明之。亦以於文不次，故更假問答以明之。一問之間，凡有四意：其一，問作之早晚；其二，問先儒言孔子自爲素王，其事虛實；其三，問《公羊》説孔子黜周王魯，其言是非；其四，問《左氏》獲麟之後乃有餘經，問杜於意安否？據杜云《左傳》及《穀梁》無明文，則指《公羊》有其顯説。今驗何休所注《公羊》，亦無作《春秋》之事。案：孔舒元《公羊》傳本云「十有四年，春，西狩獲麟。何以書？記異也。今麟非常之獸，其爲非常之獸奈何？有王者則至，無王者則不至，然則孰爲而至？爲孔子之作《春秋》」，是有成文也。《左傳》及《穀梁》則無明文，故説《左氏》者，言孔子「自衛反魯」，則便撰述《春秋》，三年文成，乃致得麟。孔子既作此書，麟則爲書來，應言麟爲孔子至也。麟是帝王之瑞，故有素王之説。言孔子自以身爲素王，故作《春秋》，立素王之法。丘明自以身爲素臣，故爲素王作左氏之傳。漢魏諸儒，皆爲此説。董仲舒對策云：「孔子作《春秋》，先正王而繫以萬事，是素王之文焉。」❶賈逵《春秋序》云：「孔子覽史記，就是非之説，立素王之

❶「是」，阮校：「山井鼎云：《漢書》元文『是』作『見』。」

法。」鄭玄《六藝論》云：「孔子既西狩獲麟，自號素王，爲後世受命之君制明王之法。」盧欽《公羊序》云：「孔子自因魯史記而脩《春秋》，制素王之道。」是先儒皆言孔子立素王也。《孔子家語》稱齊大史子餘歎美孔子，言云：「天其素王之乎！」素，空也。言無位而空王之也。彼子餘美孔子之深，原上天之意，故爲此言耳，非是孔子自號爲素王。先儒蓋因此而謬，遂言《春秋》立素王之法。左丘明述仲尼之道，故復以爲素臣。其言丘明爲素臣，未知誰所説也。「言《公羊》者」，謂何休之輩。「黜周王魯」，非《公羊》正文，説者推其意而致理耳。以杞是二王之後，本爵爲上公，而經稱「杞伯」，以爲孔子黜之。宣十六年「成周宣榭火」，《公羊傳》曰「外災不書，此何以書？新周也」。其意言周爲王者之後，比宋爲新。緣此故謂《春秋》託王於魯，以周、宋爲二王之後，黜杞同於庶國。何休隱元年注云「唯王者然後改元立號，《春秋》託新王受命於魯」，宣十六年注云「孔子以《春秋》當新王，上黜杞，下新周，而故宋」，黜周爲王者之後，是「黜周王魯」之説也。定元年《公羊傳》曰：「定、哀多微辭，主人習其讀而問其傳，則未知己之有罪焉爾。」何休云：「此假設而言之，❶主人謂定、哀也。習其經而讀之，問其傳解詁，則不知己之有罪於是。此孔子畏時君，上以諱尊隆恩，下以辟害容身，慎之至也。」是其孫言辟害，微文隱義之説。「自衛反魯」，「危行言孫」，皆《論語》文也。鄭玄以爲據時高言高行者皆見危，謂高行爲危行也。何晏以危爲厲，厲，言行不隨俗也。未知二者誰當杜旨。《公羊》之經獲麟即止，而《左氏》之經終於孔子卒，先儒或以爲麟後之經亦是孔子所書，故問其意之所安也。**答曰：異乎余所聞！仲尼曰：「文王既没，文不在兹乎？」此制作之本**

❶「設」，阮校：監本、毛本作「説」。

意也。歎曰：「鳳鳥不至，河不出圖。吾已矣夫！」蓋傷時王之政也。此盡末以來，答上問四意。但所答或先或後，而其文不次，欲令先有案據，乃得遞相發明，故不得以次而答問者。先問作之早晚，杜意定以獲麟乃作，故從「仲尼曰」至「所以爲終」，明作之時節，兼明白本意自欲制作，感麟方始爲之，非是先作《春秋》，乃後致麟也。既言止麟之意，須説始隱之由，且欲取平王周正驗其非「黜周王魯」之證。但既言其終，倒言其始，則於文不次，故答前義未了，更起一問，自「曰然則」以下盡「此其義也」，明《春秋》始隱之意，答「黜周王魯」之言。既言王魯爲非，遂并辯《公羊》之謬。自「若夫制作」盡「非隱之也」，答微文隱義之爲非也。自「聖人包周身之防」盡「非所聞也」，答孫言辟害之爲虚也。先儒以爲未獲麟而已作《春秋》，過獲麟而經猶未止，故既答《公羊》之謬，然後却辯素王爲虚，并説引經爲妄。自「子路欲使門人」盡「又非通論也」，答素王素臣之問。自「先儒以爲」盡「得其實」，答經止獲麟之意。「至於反袂」以下，言其不可采用。此章分段大意，❶其文旨如此。問者以所聞而問，其「異乎余所聞」一句，歎其所據非理，故言「異乎余所聞」。「仲尼曰」與「歎曰」二者，皆《論語》文也。孔子過匡，匡人以兵遮而脅之，從者驚怖，故設此言以强之。文王雖身既没，其爲文王之道，豈不在兹身乎？孔子自此其身，❷言己有文王之道也。其下文又云：「天之將喪斯文也，後死者不得與於斯文也。天之未喪斯文也，匡人其如予何？」其意言天若未喪文王之道，必將使我制作，匡人不能違天以害己。此言是有制作之本意也。聖人受命而王，則鳳鳥至，河出圖。仲尼歎曰：「鳳鳥不至，河不出圖，吾已矣夫！」此言蓋傷時王之政，不能致此瑞也。

---

❶「分」，阮校：監本作「各」。

❷「此」，足利學本、阮本作「比」，當是。

先有制作之意，而恨時無嘉瑞，明是既得嘉瑞，❶即便制作。杜欲明得麟乃作，故先表此二句。鄭玄以爲河圖洛書，龜龍銜負而出，如《中候》所説，龍馬銜甲，赤文緑色，甲似龜背，袤廣九尺，上有列宿斗正之度，帝王録紀興亡之數是也。孔安國以爲河圖即八卦是也。未知二者誰當杜旨。**麟鳳五靈，王者之嘉瑞也。今麟出非其時，虚其應而失其歸，此聖人所以爲感也。絶筆於獲麟之一句者，所感而起，固所以爲終也。**麟、鳳與龜、龍、白虎五者，神靈之鳥獸，王者之嘉瑞也。今麟出於衰亂之世，是非其時也。上無明王，是虚其應也。爲人所獲，是失其歸也。夫此聖人而生非其時，道無所行，功無所濟，與麟相類，故所以爲感也。先有制作之意，復爲外物所感，既知道屈當時，欲使功被來世，由是所以作《春秋》。「絶筆於獲麟之一句者」，麟是仲尼所感，而書爲感麟而作，既以所感而起，固所以爲終也。答上《春秋》之作《左傳》無明文之問，又言己所以爲獲麟乃作之意。獨舉「麟鳳」而云「五靈」，知二獸以外爲龜、龍、白虎者，以鳥獸而爲瑞，不出五者，經傳讖緯莫不盡然。《禮記·禮器》曰：「升中于天而鳳皇降，龜龍假。」《詩序》曰「《麟趾》，《關雎》之應」，「《騶虞》，《鵲巢》之應」，騶虞即白虎也。是龜、龍、白虎並爲瑞應。只言「麟鳳」便言「五靈」者，舉「鳳」配「麟」，足以成句，略其三者，故曰「五靈」。其「五靈」之文出《尚書緯》也。《禮記·禮運》曰「麟鳳龜龍，謂之四靈」，不言五者，彼稱「四靈以爲畜」，則「飲食有由也」。其意言四靈與羞物爲羣，四靈既擾，則羞物皆備。龍是魚鮪之長，鳳是飛鳥之長，麟是走獸之長，龜是甲蟲之長。飲食所須，唯此四物。四物之内，各舉一長。虎、麟皆是走獸，故略云「四靈」。杜欲徧舉諸瑞，故備言

---

❶「嘉」，監本、毛本作「佳」。

故顯言之，以明一句是其所感也。

「五靈」也。直云「絶筆獲麟」，則文勢已足，而言「之一句者」，以《春秋》編年之書，必應盡年乃止，入年唯此一句，故顯言之，以明一句是其所感也。**曰：然則《春秋》何始於魯隱公？答曰：周平王，東周之始王也。隱公，讓國之賢君也。考乎其時則相接，言乎其位則列國，本乎其始則周公之祚胤也。若平王能祈天永命，紹開中興，隱公能弘宣祖業，光啓王室，則西周之美可尋，文武之迹不墜，是故因其歷數，附其行事，采周之舊，以會成王義，垂灋將來。**上既解終麟之意，未辯始隱之由，故又假問以釋之。不言「或問」而直言「曰」者，以答前未了，須更起此問，若言問者猶是前人，且既解絶筆，即因問初起，以此不復言「或」，欲示二問共是一人故也。「然」者，然上語，「則」者，陳下事，乘前起後之勢。問者言絶筆於獲麟，既如前解，然則《春秋》初起，何獨始於魯隱公，不始於他國餘公，何也？答曰：「周平王，東周之始王也。」遷居洛邑，平王爲首，是始王也。「隱公，讓國之賢君也」，於第當立，委位讓桓，是賢君也。「考乎其時則相接」，隱公之初當平王之末，是相接也。「言乎其位則列國」，其爵爲侯，其土則廣，是大國也。「本乎其始，則周公之祚胤也」，魯承周公之後，是其福祚之胤也。若使平王能撫養下民，求天長命，紹先王之烈，開中興之功；隱公能大宣聖祖之業，光啓周王之室，君臣同心，照臨天下，如是則西周之美猶或可尋，文武之迹不墜於地。而平王、隱公居得致之地，有得致之資，而竟不能然，只爲無法故也。仲尼愍其如是，爲之作法，其意言若能用我道，豈致此乎？是故因其年月之歷數，附其時人之行事，采周公之舊典，以會合成一王之大義。雖前事已往，不可復追，冀得垂法將來，使後人放習。以是之故，作此《春秋》。此序一段，大明作《春秋》之深意。問者不直云「隱公」而言「魯隱公」者，言「魯」決其不始於他國，言「隱」決其不始於餘公。挾此二意，故并魯言之也。其答直言「隱公」不云「魯」者，以魯之《春秋》已爲韓起所説可知故也。周自武王伐紂定天下，恒居鎬地，是爲西都。周公攝政，營洛邑於土中，謂之東都。成王雖暫至洛邑，還歸鎬京。及幽王滅於西周，平王東遷洛邑，因謂洛邑爲東周，謂鎬京爲西周。平王始居東周，故云「東周之始王也」。平王四十九年而隱公即位，隱公三年而平王崩，是其相接也。《詩·既醉》云「永錫祚胤」，言福祚及後胤也。《尚書·召誥》云「用供王能祈天永命」，言用善德治民得長命也。襄十年傳曰「而以偪陽光啓寡君」，《論語》曰「文武之道未墜於地」，是杜所用之文也。《春秋》據魯而作，即是諸侯之法，而云「會成王義」者，《春秋》所書，尊卑盡備，王使來聘，錫命賵含，有天子撫邦國之義，公如京師，拜賜會葬，有諸侯事王者之法。雖據魯史爲文，足成王者之義也。以其「會成王義」，故得「垂法將來」，將使天子法而用之，非獨遺將來諸侯也。**所書之王即平王也，所用之歷即周正也，所稱之公即魯隱也，安在其黜周而王魯乎？子曰：「如有用我者，吾其爲東周乎？」此其義也。**既言作《春秋》之意，然後答黜周王魯之言。經書「春王正月」，王即周平王也，月即周正也。「公及邾儀父」，公即魯隱公也。魯用周正，則魯事周矣。天子稱王，諸侯稱公，魯尚稱公，則號不改矣。《春秋》之文，安在黜周王魯乎？若黜周王魯，則魯宜稱王，周宜稱公，此言周王而魯公，知非黜周而王魯也。孔子之作《春秋》，本欲興周，非黜周也，故引《論語》以明之。公山弗擾召孔子，孔子欲往，子路不説，夫子設此言以解之，其意言彼召我者，而豈空然哉？必謂我有賢能之德故也。既謂我有賢德，或將能用我言。如其能用我言者，吾其爲東方之周乎？言將欲興周道於東方也。原其此意，知非黜周，故云此其興周之義也。注《論語》者，其意多然，唯鄭玄獨異，以東周爲成周，則非杜所用也。**若夫制作之文，所以章往考來，情見乎辭。言高則旨遠，辭約則義微。此理之常，非隱之也。**此一段答説《公羊》者言微其文、隱其義之意。「若夫」者，發端之辭。既答「王魯」，更起言端，故云若夫聖人制作之文，所以章明已往，考校方來，欲使將來之人鑒見既往之事，聖人之情見乎文辭。若使發語卑雜，則情趣瑣近；立言高簡，則旨意遠大；章句煩多，則事情易顯；文辭約少，則義趣微略。此乃理之常事，非故隱之也。文王演《易》，則亦文高旨遠，辭約義微，豈復孫辭辟害？以彼無所辟，其文亦微，知理之常，非爲所隱也。❶其「章往考來」，「情見乎辭」，皆《易·下繫辭》之文。彼作「彰往而察來」，意不異耳。**聖人包周身之防，既作之後，方復隱諱以辟患，非所聞也。**此一段答孫言辟害之意。若成湯繫於夏臺，文王囚於羑里，周公留滯於東都，孔子絕糧於陳蔡，自古聖人幽囚困厄，則嘗有之，未聞有被殺害者也。包周身之防者，謂聖人防慮必周於身，自知無患方始作之。既作之後，方復隱諱以辟患害，此事實非所聞也。云「非所聞」者，言前訓未之有也。**子路欲使門人爲臣，孔子以爲欺天。而云仲尼素王，丘明素臣，又非通論也。**此一段答素王素臣爲非也。案《論語》稱「孔子疾病，子路使門人爲臣。病間，曰：久矣哉，由之行詐也！無臣而爲有臣，吾誰欺？欺天乎？」其意言子路以孔子將死，使門人爲臣，欲令以臣禮葬君，冀其顯榮夫子。夫子瘳而責之：我實無臣，何故而爲有臣？吾之於人也，於誰嘗欺？我尚不敢欺人，何故使吾欺天乎？子路使門人爲臣，纔僭大夫禮耳，孔子尚以爲欺天，況神器之重，非人臣所議，而云「仲尼爲素王，丘明爲素臣」，又非通理之論也。聖人之生，與運隆替，運通則功濟當時，運閉則道存身後。雖復富有天下，無益於堯舜，賤爲匹庶，何損於仲尼？道爲升降，自由聖與不聖，言之立否，乃聞賢與不賢，❷非復假大位以

❶「爲所」，阮校：「浦鏜《正誤》疑『爲所』二字誤倒。盧文弨云：『所』字衍。」
❷「聞」，阮本作「關」。

宣風，藉虚名以範世，稱王稱臣，復何所取？　若使無位無人，虚稱王號，不爵不禄，妄竊臣名，是則羡富貴而恥貧賤，長僭踰而開亂逆，聖人立教，豈當爾也？❶　臧文仲山節藻棁，謂之不知；管仲鏤簋朱紘，稱其器小；見季氏舞八佾，云「孰不可忍」？　若仲尼之竊王號，則罪不容誅，而言「素王」、「素臣」，是誣大賢而負聖人也。　嗚呼！孔子被誣久矣，賴杜預方始雪之。　**先儒以爲制作三年，文成致麟，既已妖妄，又引經以至仲尼卒，亦又近誣。**　此下至「爲得其實」，皆明麟後之經非仲尼所脩之意。　直言「先儒」，無可尋檢，未審是誰先生此意。　案今《左氏》之經，仍終孔丘之卒，雖杜氏之注此經亦存，而尤責先儒引經至仲尼卒者，蓋先儒以爲夫子自衛反魯即作《春秋》，作三年而後致麟，雖得麟而猶不止，比至孔丘之卒，皆是仲尼所脩。　以是辨之，謂之近誣，明先儒有此説也。　服虔云：「夫子以哀十一年自衛反魯而作《春秋》，約之以禮，故有麟應而至。」是其宗舊説也。　服虔又云：「《春秋》終於獲麟，故小邾射不在三叛人中也。　弟子欲明夫子作《春秋》以顯其師，故書小邾射以下至孔子卒。」案杜於此下及哀十四年注，皆取服義爲説，則服氏於此一事已改先儒矣。　麟是王者之瑞，非爲制作而來，而云仲尼致之，是其妖且妄也。　經是魯史之文，非仲尼之所述，而云仲尼脩之，是其近誣罔也。　言「近誣」者，心所不悟，非故誣之，故云「近誣」也。　**據《公羊》經止獲麟，而《左氏》小邾射不在三叛之數，故余以爲感麟而作，作起獲麟，則文止於所起，爲得其實。**　《穀梁》之經亦止獲麟，而獨據《公羊》者，《春秋》之作，《穀

---

❶ 「豈」，阮本作「直」。

梁》無明文。杜以獲麟乃作，義取《公羊》，故獨據之耳。小邾射以句繹來奔，與黑肱之徒義無以異。❶傳稱書三叛人名，❷不通數此人以爲四叛，知其不入傳例。麟下之經，傳不入例，足知此經非復孔旨，故余以爲感麟而作《春秋》，其意起於獲麟，則文止於所起。自此而談「爲得其實」，重明經止獲麟，并自成己説起麟之意也。❸**至於「反袂拭面」，稱「吾道窮」，亦無取焉。**《公羊傳》稱「孔子聞獲麟」，「反袂拭面，涕沾袍，曰吾道窮矣」。杜既取《公羊》經止獲麟，而《公羊》獲麟之下即有此傳，嫌其并亦取之，故云「亦無取焉」。不取之者，以聖人盡聖窮神，❹樂天知命，生而不喜，死而不戚，困於陳蔡，則絃琴而歌，❺夢奠兩楹，則負杖而詠，寧復畏懼死亡，下沾衿之泣，愛惜性命，發道窮之歎？若實如是，何異凡夫俗人，而得稱爲聖也？《公羊》之書，鄉曲小辯，致遠則泥，故無取焉。此則上文所謂「簡二傳而去異端」，豈有反袂拭面，涕下沾袍？以虛而不經，故不取也。

---

❶「與」下，阮校：「浦鏜《正誤》增『邾』字。」

❷「三」，原作「二」，據足利學本、文淵閣本、阮本改。

❸「起」下，阮校：「浦鏜《正誤》增『獲』字。」

❹下「聖」字，阮本作「性」。

❺「絃」，閩本、監本、毛本、阮本作「援」。

春秋左傳正義卷第二

國子祭酒上護軍曲阜縣
開國子臣孔穎達等奉勑撰❶

春秋經傳集解❷【疏】正義曰：五經題篇，皆出注者之意，人各有心，故題無常準。此本經傳别行，則經傳各自有題注者，以意裁定，其本難可復知。據今服虔所注，題云「隱公左氏傳解誼第一」，不題「春秋」二字，然則「春秋」二字，蓋是經之題也，服言「左氏傳」三字，蓋本傳之題也。杜既集解經傳，《春秋》此書之大名，故以「春秋」冠其上。序説《左氏》言已備悉，故略去「左氏」，而爲此題焉。「經傳集解」四字是杜所加，其餘皆舊本也。經者，常也，言事有典法可常遵用也。傳者，傳也，博釋經意，傳示後人。分年相附，集而解之，故謂之「經傳集解」。

❶「國子祭酒上護軍曲阜縣開國子臣孔穎達等奉勑撰」，足利學本、阮本作「杜氏注孔穎達疏」。
❷「春秋經傳集解」，正宗寺本作「春秋經傳集解隱公第一」，足利學本、阮本作「春秋經傳集解隱第一」。

隱公第一❶【疏】

正義曰：魯君，侯爵。杜君采《大史公書》、《世本》，旁引傳記，以爲《世族譜》，略記國之興滅。《譜》云：「魯，姬姓，文王子周公旦之後也。周公股肱周室，成王封其子伯禽於曲阜，爲魯侯，今魯國是也。自哀以下，九世二百一十七年，而楚滅魯。」依《魯世家》，伯禽至隱公凡一十三君，❷兄弟相及者五人。隱公，名息姑，伯禽七世孫，惠公弗皇子，聲子所生，平王四十九年即位，是歲歲在豖韋。《禮記·檀弓》曰：「死謚，周道也。」周法，天子至於大夫，既死，則累其德行而爲之謚。《周書·謚法》云：「隱拂不成曰隱。」魯實侯爵，而稱公者，五等之爵雖尊卑殊號，臣子尊其君父，皆稱爲公，是禮之常也。字書云：「第訓次也。」一者，數之始。此卷於次第當其一也。**杜氏**【疏】正義曰：杜氏，名預，字元凱，畿之孫，恕之子也。陳壽《魏志》云：「杜畿，字伯侯，京兆杜陵人也。」漢御史大夫杜延年之後。文帝時爲尚書僕射，封樂亭侯。❸試船溺死，追贈大僕，謚戴侯也。❹恕，字務伯，官至幽州刺史。預，司馬宣王女婿也。王隱《晉書》云：「預知謀深博，明於治亂，當稱德者非所企及，❺立言立功，預所庶幾也。大觀羣典，謂《公羊》、《穀梁》詭辯之言，又非

---

❶「隱公第一」，正宗寺本、足利學本、阮本作「隱公」，爲小字，無「第一」二字。以下凡刊本格式、題注等不另出校。

❷「一」，正宗寺本、足利學本、阮本無此字。

❸「封」下，阮校：「案《魏志》有『豐』字。」

❹「也」，阮校：「浦鏜《正誤》改作『子』，是也。」今案：作「子」則屬下讀。

❺「當」，阮校：「閩本、監本、毛本作『嘗』。盧文弨校改作『常』字。按明末避諱，多改『常』爲『嘗』。」

先儒説《左氏》，未究丘明之意，横以二傳亂之，乃錯綜微言，著《春秋左氏經傳集解》。又參考衆家，爲之釋例。又作《盟會圖》、《春秋長歷》，備成一家之學，至老乃成。預有大功名於晉室，位至征南大將軍開府，封當陽侯，荆州刺史，食邑八千户。時人號爲武庫。」不言名而言氏者，注述之人，義在謙退，不欲自言其名，故但言杜氏。毛君、孔安國、馬融、王肅之徒，其所注書皆稱爲傳，鄭玄則謂之爲注。而此於「杜氏」之下更無稱謂者，以《集解》之名已題在上，故止云「杜氏」而已。劉炫云：「不言名而云氏者，漢承焚書之後，諸儒各載學名，不敢布於天下，但欲傳之私族，自題其氏，爲謙之辭。」

【傳】惠公元妃孟子。❶言「元妃」，明始適夫人也。子，宋姓。**孟子卒，**不稱薨，不成喪也。無謚，先夫死，不得從夫謚。**繼室以聲子，生隱公。**聲，謚也。蓋孟子之姪娣也。諸侯始娶，則同姓之國以姪娣媵。元妃死，則次妃攝治内事，猶不得稱夫人，故謂之繼室。**宋武公生仲子，仲子生而有文在其手，**❷**曰爲「魯夫人」，故仲子歸于我。**婦人謂嫁曰歸。以手理自然成字，有若天命，故嫁之於魯。**生桓公而惠公薨，**言歸魯而生男，惠公不以桓生之年薨。**是以隱公立而奉之。**隱公，繼

---

❶ 此本凡《春秋》、《左傳》的「經」、「傳」上原無標誌，爲有所區别，今全書在「經」、「傳」上統加注符號爲「【經】」、「【傳】」。

❷ 「有文在其手」，阮校：「陳樹華云：王充《論衡·雷虚篇》、《紀妖篇》並作『文在其掌』，唯《自然篇》仍作『手』。」

室之子，當嗣世，以禎祥之故，追成父志。爲桓尚少，是以立爲大子，帥國人奉之，爲經「元年春」不書即位傳。【疏】「惠公元妃孟子」。❶　正義曰：惠公，名弗皇，孝公之子也。《謚法》：「愛民好與曰惠。」《釋詁》云：「元，始也。妃，匹也。」始匹者，言以前未曾娶，而此人始爲匹，故注云：「言元妃，明始適夫人也。」妃者名通適妾，故傳云「陳哀公元妃鄭姬生悼大子偃師，二妃生公子留，下妃生公子勝」。元者，始也，長也。一元之字，❷兼始、適兩義，故云「始適夫人也」。然則有始而非適，若孟任之類是也。亦有適而非始，若哀姜之類是也。妃者配匹之言，非有尊卑之異。其尊卑殊稱，則《曲禮》所云「天子之妃曰后，諸侯曰夫人，大夫曰孺人，士曰婦人，庶人曰妻」是也。鄭玄以爲后之言後，蓋執治内事，在夫之後也。夫之言扶，言能扶成人君之德也。孺之言屬，言其繫屬人也。婦之言服，言其服事人也。妻之言齊，言與夫齊等也。庶人之賤，見其齊等也。以上因其爵之尊卑爲立別號，其實皆配夫，通以妃爲稱。《少牢饋食禮》云「以某妃配某氏」，是大夫之妻亦稱妃也。孟仲叔季，兄弟姊妹長幼之別字也。孟、伯俱長也，《禮緯》云「庶長稱孟」，然則適妻之子長者稱伯，妾子長於妻子，則稱爲孟，所以別適庶也。故杜注文十五年及《釋例》皆云：「慶父爲長庶，故或稱孟氏。」沈氏亦然。案傳趙莊子之妻，晉景公之姊，則趙武適妻子也，而武稱趙孟。荀偃之卒也，士匄請後，曰「鄭甥可」，則荀吴妾子也，而吴稱知伯。豈知氏常爲適而稱伯，趙氏恒爲庶而稱孟者也？蓋以趙氏趙盾之後，盾爲庶長，故子孫恒以孟言之，與慶父同也。推此言之，知知氏荀首之後，傳云「中行伯之季弟」，則俱是適妻之子，但林父、荀首並得立家，故荀首子

❶「惠」上，正宗寺本、足利學本、阮本有「傳」字。阮本以下正義七節分疏於傳文各節下。

❷「一元之字」，阮校：「浦鏜《正誤》疑作『元之一字』，或『之』字衍。」

孫亦從適長稱伯也。或可春秋之時不能如禮，孟伯之字無適庶之異，❶蓋從心所欲而自稱之耳。契姓子，宋是殷後，故子爲宋姓。婦人以字配姓，故稱孟子。　注「不稱」至「夫謚」。　正義曰：魯之夫人皆稱薨舉謚，此獨無謚言卒，❷故特解之。定十五年「姒氏卒」，傳曰「不成喪」，則知此不稱薨，亦不成喪也。案傳例「不赴則不稱薨」，然則此云不成喪者，正謂不赴於諸侯也。《周禮·小史》「卿大夫之喪，賜謚，讀誄」，止賜卿大夫，不賜婦人，則婦人法不當謚，故號當繫夫。《釋例》曰：「謚者，興於周之始王，變質從文，於是有諱焉。傳曰『周人以諱事神，名終將諱之』，故易之以謚。末世滋蔓，降及匹夫，爰暨婦人。婦人無外行，於禮當繫夫之謚，以明所屬。《詩》稱莊姜、宣姜，即其義也。」是言婦人於法無謚，故取其夫謚冠於姓之上。生以夫國冠之，韓姞、秦姬是也；死以夫謚冠之，莊姜、定姒是也。直見此人是某公之妻，故從夫謚，此謚非婦人之行也。夫謚已定，妻即從而稱之。先夫而死，則夫未有謚，或隨宜稱字，故云「無謚」，言婦人法無謚也。「先夫死，不得從夫謚」，解其不稱「惠」也。此言其正法耳。其末世滋蔓，則爲之作謚。景王未崩，妻稱穆后，如此之類，皆非禮也。重言孟子者，服虔云「嫌與惠公俱卒」，故重言之。下仲子亦然。　注「聲謚」至「繼室」。　正義曰：《謚法》：「不生其國曰聲。」是「聲」爲謚也。襄二十三年傳稱「臧宣叔娶于鑄，生賈及爲而死，繼室以其姪」，則姪之與娣皆得繼室。此既無文，故設疑辭云「蓋孟子之姪娣也」。成八年傳曰：「凡諸侯嫁女，同姓媵之，異姓則否。」莊十九年《公羊傳》曰：「諸侯娶一國，則二國往媵之，以姪娣從。姪者何？兄之子也。娣者何？弟也。諸侯壹聘九女。」然則諸侯娶於三國，國別各

❶「字」，阮校：「浦鏜云：當作『氏』。」

❷「言卒」，阮本作「公卒」。阮校：「閩本、監本、毛本作『先公卒』。」

有三女。此言諸侯始娶，則同姓之國以姪娣媵者，欲言媵者亦有姪娣，❶省略爲文耳，其實夫人與媵皆有姪娣。但聲子或是孟子姪娣，或是同姓之國媵者姪娣，以其難明，故杜兩解之，初云「孟子之姪娣」，又云「同姓之國以姪娣媵」是也。故《釋例》曰「古者諸侯之娶，適夫人及左右媵各有姪娣，皆同姓之國，國三人，凡九女，參骨肉至親，所以息陰訟。陰訟息，所以廣繼嗣」，是其義也。然宋之同姓國，依《世本》「子姓，殷、時、來、宋、空同、黎、比、髦、自夷、蕭」，但《春秋》不載其國，未知宋之同姓者是何。《釋言》云：「媵，送也。」言妾送適行，故夫人姪娣亦稱媵也。經傳之説諸侯，唯有繼室之文，皆無重娶之禮，故知元妃死，則次妃攝治内事。次妃謂姪娣與媵諸妾之最貴者。《釋例》曰「夫人薨，不更聘，必以姪娣媵繼室」，是夫人之姪娣與二媵皆可以繼室也。適庶交争，禍之大者，禮所以别嫌明疑，防微杜漸，故雖攝治内事，猶不得稱夫人，又異於餘妾，故謂之繼室。妻處夫之室，故書傳通謂妻爲室，言繼續元妃在夫之室。　「宋武」至「于我」。　正義曰：宋國，公爵。《譜》云：「宋，子姓。其先契，佐唐虞爲司徒，封於商。成湯受命，王有天下。及紂無道，周武王滅之，而封其子武庚以紹殷後。武庚作亂，周公伐而誅之，更封紂兄帝乙之元子微子啓爲宋公，都商丘，今梁國睢陽縣是也。微子卒，其弟微仲代立。穆公七年，魯隱公之元年也。景公三十六年，魯哀公之十四年，獲麟之歲也。昭公得之元年，《春秋》之傳終矣。其後五世百七十年，而齊、魏、楚共滅宋。」依《宋世家》，微子至武公凡十二君，兄弟相及者二人，武公是微仲九世孫。《謚法》：「克定禍亂曰武。」　注「婦人」至「於魯」。　正義曰：「婦人謂嫁曰歸」，隱二年《公羊傳》文也。以其手之文理自然成字，有若天之所命使爲魯夫人然，故嫁之於魯也。成季、唐叔亦有文在其手，曰友、曰虞，「曰」下不言

❶「亦」，阮校：「監本、毛本作『又』。」

「爲」。此傳言「爲魯夫人」者，以宋女而作他國之妻，故傳加「爲」以示異耳，非爲手文有「爲」字，故「魯夫人」之上有「爲」字也。仲子手有此文，自然成字，似其天命使然，故云「有若天命」也。隸書起於秦末，手文必非隸書。石經古文「虞」作「㤅」，「魯」作「衣」，手文容或似之。其「友」及「夫人」，固當有似之者也。傳重言「仲子生」者，詳言之，與上重言「孟子卒」其義同也。舊説云：「若河圖洛書天神言語，真是天命。」此雖手有文理，更無靈驗，又非夢天，故言「有若」。　注「言歸」至「年薨」。　正義曰：杜知不以桓生之年薨者，以元年傳曰「惠公之薨也，有宋師，大子少，葬故有闕」。少者，未成人之辭，非新始生之稱。又改葬惠公而隱公不臨，使桓爲主，若薨年生則纔二歲，未堪爲喪主。又羽父弒隱，與桓同謀，若年始十二，亦未堪定弒君之謀。以此知桓公之生，非惠公薨之年也。年之長幼，理無所異，杜言此者，欲明慶父爲莊公庶兄，故顯言此以張本也。《釋例》曰：「今推案傳之上下，羽父之弒隱公，皆諮謀於桓，然則桓公已成人也。❶傳云『生桓公而惠公薨』，指明仲子唯有此男，非謂生在薨年也。桓以成人而弒隱，即位乃娶於齊，自應有長庶，長庶，故氏曰孟。」是杜張本之意也。　注「隱公」至「位傳」。　正義曰：繼室雖非夫人，而貴於諸妾。惠公不立大子，母貴則宜爲君。隱公當嗣父世，正以禎祥之故，仲子手有夫人之文，其父娶之，有以仲子爲夫人之意，故追成父志，以位讓桓。但爲桓尚少，❷未堪多難，是以立桓爲大子，帥國人而奉之。已則且攝君位，待其年長，故於歲首不即君位。傳於「元年」之前預發此語者，爲經不書「公即

❶「然」，阮校：「浦鏜《正誤》作『公』。」今案：作「公」則屬上讀。
❷「尚」，阮本作「年」。

位」，傳是謂先經以始事也。凡稱「傳」者，皆是爲經。❶唯文五年霍伯、臼季等卒，注云「爲六年蒐於夷傳」者，以「蒐於夷」與此文次相接，故不得言張本也。或言張本，或言起本，或言起，檢其上下，事同文異，疑杜隨便而言也。鄭衆以爲隱公攝立爲君，奉桓爲大子。案傳言「立而奉之」，是先立後奉之也。若隱公先立，乃後奉桓，則隱立之時未有大子，隱之爲君復何所攝？若先奉大子，乃後攝立，不得云「立而奉之」。是鄭之謬也。賈逵以爲隱立桓爲大子，奉以爲君。隱雖不即位，稱公改元，號令於臣子，朝正於宗廟，言立桓爲大子可矣，安在其奉以爲君乎？是賈之妄也。襄二十五年齊景公立，傳云「崔杼立而相之」，以此知「立而奉之」謂立爲大子，帥國人奉之，正謂奉之以爲大子也。元年傳曰「大子少」，是立爲大子之文也。大子者，父在之稱，今惠公已薨，而言立爲大子者，以其未堪爲君，仍處大子之位故也。《禮記・曾子問》曰「君薨而世子生」，是君薨之後仍可以稱大子也。

【經】元年，春，王正月。隱公之始年，周王之正月也。凡人君即位，欲其體元以居正，故不言一年一月也。隱雖不即位，然攝行君事，故亦朝廟告朔也。告朔朝正例在襄二十九年，即位例在隱、莊、閔、僖元年。【疏】「經元年春王正月」。正義曰：此「經」字并下「傳」字亦杜氏所題，以分年相附。若不有「經」字，何以異傳？不有「傳」字，何以別經？又《公羊》、《穀梁》二傳，年上皆無「經」、「傳」字，故知杜所題也。

---

❶ 「經」下，阮校：「陳樹華云：當有『張本』二字。」

《釋詁》云「元，始也」，「正，長也」。此公之始年，故稱元年。此年之長月，故稱正月。言「王正月」者，王者革前代，馭天下，必改正朔，易服色，以變人視聽。夏以建寅之月爲正，殷以建丑之月爲正，周以建子之月爲正，三代異制，正朔不同，故《禮記·檀弓》云：「夏后氏尚黑，殷人尚白，周人尚赤。」鄭康成依據緯候以正朔三而改，自古皆相變。如孔安國以自古皆用建寅爲正，唯殷革夏命而用建丑，周革殷命而用建子。杜無明説，未知所從。「正」是時王所建，故以「王」字冠之，言是今王之正月也。「王」不在「春」上者，月改則春移，春非王所改，故「王」不先「春」。「王」必連月，故「王」處「春」下。周以建子爲正，則周之二月三月皆是前世之正月也，故於春每月書「王」。王二月者，言是我王之二月，乃殷之正月也。王三月者，言是我王之三月，乃夏之正月也。既有正朔之異，故每月稱「王」以别之。何休云：「二月三月皆有王者，二月殷之正月也，三月夏之正月也。王者存二王之後，使統其正朔，服其服色，行其禮樂，所以尊先聖，通三統，師法之義，恭讓之禮。」服虔亦云：「孔子作《春秋》，於春每月書『王』，以統三王之正。」其意以爲「王二月」、「王三月」，王是夏、殷之王，謂大禹、成湯也。爲周室之臣民，尊夏、殷之舊主，每月書「王」，敬奉前代。揆之人情，未見其可。杞、宋，二王之後，各行己祖正朔。宋不行夏，杞不行殷，而使天下諸侯徧視二代，考諸典籍，未之或聞。杞、宋不奉周正，周人悉尊夏、殷，則是重過去而忽當今，尊亡國而慢時主，其爲顛倒，不亦甚乎？且經之所言「王二月」、「王三月」，若是夏、殷之王，當自皆言正月，何以言「王二月」、「王三月」乎？謂之二月三月，其王必是周王，安得以爲夏、殷王也？若如《公羊》之説，《春秋》黜周王魯，則杞非王後，夏無可尊，復通夏正何也？但春之三月，不必月皆有事，若入年已有「王正月」者，則二月不復書「王」，若已有「王二月」者，則三月不復書「王」。以其上月已是此王之月，則下月從而可知，故每年之春唯一言「王」耳。《春秋》之例，竟時無事，乃書首月以記時，此下三月有會盟之事，則不得空書首月也。正月無事而空書首月者，以人君於始年初月必朝廟告朔，因即人君之位，以繼臣子之心，❶故君之始年，必書曰「元年春，王正月，公即位」，史策之正法也。隱公攝行君事，雖不即位，而亦改元朝廟，與人更始，異於常年之正月，故史特書其事，見此月公宜即位，而自不即位。莊、閔、僖元年皆書「春王正月」，與此同也。定公元年不書「正月」者，正月之時定公未立，即位在於六月，歲首未得朝正，公之即位別見下文，正月無所可見，故不書也。然則定以六月即位，即位乃可改元。正月已稱元年者，未改之日，必乘前君之年，既改之後，方以元年紀事。及其史官定策，須有一統，不可半年從前，半年從後，雖非年初，❷亦統此歲，故入年即稱元也。《釋例》曰：「『癸亥，公之喪至自乾侯。戊辰，公即位』，喪在外，踰年乃入，故因五日改殯之節，國史用元年即位之禮，因以此年爲元年也。」古法既然，故漢魏以來，雖秋冬改元，史於春夏即以元年冠之，是有因於古也。受命之王必改正朔，繼世之王奉而行之，每歲頒於諸侯，諸侯受王正朔，故言「春王正月」，王即當時之王。序云「所書之王即平王」，是其事也。《公羊傳》曰：「王者孰謂？謂文王也。」始改正朔，自是文王所爲，頒於諸侯，非復文王之歷，受今王之歷，稱文王之正，非其義也。

注「隱公」至「元年」。正義曰：傳云「王周正月」，知是周王之正月也。説《公羊》者云：「元者氣之始，春者四時之始，王者受命之始，正月者政教之始，公即位者一國之始。」《春秋緯》稱黄帝受圖有五始，謂此五事也。杜於《左氏》之義，雖無此文，而五始之理亦於杜無害。此非《左氏》褒貶之要，自是史官記事之體，故晉宋諸史皆言元年春王正月帝即位是也。元年正月，實是一年一月，而别立名，故解之云「凡人君即位，欲其體元以居正，故

---

❶「繼」，阮校：「浦鏜疑『繫』。」

❷「非」，阮校：「武進臧禮堂據定元年疏引《釋例》改作『則』。」

不言一年一月也」。言「欲其體元以居正」者，元正實是始長之義，但因名以廣之，元者，氣之本也，善之長也。人君執大本，長庶物，欲其與元同體，故年稱元也。❶ 正者，直方之間語也，直其行，方其義。人君當執直心，杖大義，❷欲其常居正道，故月稱正也。以其君之始年，歲之始月，故特假此名以示義。其餘皆即從其數，不復改也。《書》稱「月正元日」，意同於此。又解無事而書正月之意。隱雖不即位，然攝行君事，而亦朝廟告朔，改元布政，故書首年始月，以明其應即位而不爲也。天子之封諸侯也，割其土壤，分之臣民，使之專爲己有，故諸侯於其封内各得改元。傳説鄭國之事云「僖之元年，朝於晉」「簡之元年，士子孔卒」，是諸侯皆改元，非獨魯也。劉炫爲《規過》云「元正唯取始長之義，❸不爲體元居正」，規釋杜云「欲其體元以居正」謂「人君體是元長以居正位，不欲在下陵奪，處位不終」。是劉妄解杜意，不爲體其元善居於正道，以規杜氏，其理非也。劉炫又難何休云：「『唯王者然後改元立號，《春秋》託新王受命於魯，故因以録即位。』若然，新王受命，正朔必改，是魯得稱元，亦應改其正朔，仍用周正，何也？既託王於魯，則是不事文王，仍奉王正，何也？諸侯改元，自是常法，而云託王改元，是妄説也。」説《公羊》者云：「元者氣之始，春者四時之始，王者受命之始，正月者政教之始，公即位者一國之始。」《春

---

❶「也」，阮本作「年」。
❷「杖」，阮校：「監本、毛本作『仗』。」
❸「唯」，阮本作「爲」。

秋緯》云「黄帝坐於玄扈閣，鳳皇銜書致帝前，❶其中得五始之文」，謂此五事。何休又云：❷「公即位者一國之始，政莫大於正始，故《春秋》以元之氣正天之端，以天之端正王之政，以王之政正諸侯之即位，以諸侯之即位正竟内之治。諸侯不上奉王之政，則不得即位，故先言正月，而後言即位。政不由王出，則不得爲政，故先言王而後言正月。王者不承天以制號令，❸則無法，故先言春而後言王。天不深正其元，則不能成其化，故先言元而後言春。五者同日並見，相須成體。」非此辭也。❹何休自云諸侯不得改元，則元者王之元年，非公之元年，公即位不在王之元年，安得同日並見共成體也？❺即以託王於魯史之改元，❻元既爲魯所改，則政不出王出，安得以王之政正諸侯？元尊而王卑，年大而月小，年之有元，改而無忌，王之立政必云須奉，舍其大而事其細，敬所卑而慢所尊，以此立教，必不可行。聖人有作，豈當爾也？黄帝之作五始者，爲天子法乎？爲諸侯法乎？諸侯不得改元，必非諸侯法。若非諸侯法，安得有公即位乎？無公即位，則闕一始，何得爲五始也？若是天子法，不得言王正月王即位。何休言以王之政正諸侯之即位，❼然王者豈復以己之政正己即位？不通若此，何以行

❶「致」，阮校：毛本作「至」。
❷「又」，阮校：毛本作「亦」。
❸「承」，閩本、監本、毛本、阮本作「奉」。阮校：「補十行本初刻『承』，後改作『奉』。」
❹「此」，阮本作「比」。
❺「共」，阮本作「其」。
❻「史」，阮校：「浦鏜云：疑作『使』。」
❼「言」，阮本作「云」。

之？言《左氏》者，或取爲説，是逐狂東走也。隱、莊、閔、僖四公元年，傳皆説不書即位之由，故指以爲例。隱不行即位，又謙不告至，而歲首告朔朝正，所以尊敬祖考也。若不行即位，又不朝正，則與臣子無别，不成爲君，故告朔朝廟也。

三月，公及邾儀父盟于蔑。 附庸之君，未王命，例稱名。能自通於大國，繼好息民，故書字貴之。名例在莊五年。邾，今魯國鄒縣也。蔑，姑蔑，魯地。魯國卞縣南有姑城。❶【疏】「三月」至「于蔑」。正義曰：公，隱公也。及，與也。與彼邾君字儀父者盟于蔑地。《譜》云：「邾，曹姓。顓頊之後有六終，産六子，其弟五子曰安，邾即安之後也。周武王封其苗裔邾俠爲附庸，居邾，今魯國鄒縣是也。自安至儀父十二世，❷始見《春秋》。齊桓行霸，❸儀父附從，進爵稱子。文公徙於繹。桓公以下，《春秋》後八世而楚滅之。」諸侯俱受王命，各有寰宇，上事天子，旁交鄰國。天子不信諸侯，諸侯自不相信，則盟以要之。凡盟禮，殺牲歃血，告誓神明，若有背違，欲令神加殃咎，使如此牲也。《曲禮》曰：「約信曰誓，涖牲曰盟。」《周禮・天官・玉府》職曰：「若合諸侯，則共珠槃玉敦。」《夏官・戎右》職曰：「盟則以玉敦辟盟，遂役之，贊牛耳、桃茢。」《秋官・司盟》職曰：「掌盟載之法，凡邦國有疑會同，則掌其盟約之載及其禮儀，北面詔明神。」鄭玄以爲槃、敦皆器名也，珠玉以

---

❶「姑城」，阮校：「杜氏《釋例・土地名》『姑』下有『蔑』字。《史記・孔子世家》正義引杜注亦作『姑蔑城』。」

❷「安」，阮校：「《釋例》作『俠』。」

❸「行霸」，阮校：「《釋例》作『公伯』。」

爲飾。合諸侯者，必割牛耳，取其血，歃之以盟，敦以盛血，槃以盛耳。將歃，則戎右執其器，爲衆陳其載辭，使心皆開辟，司盟之官乃北面讀其載書，以告日月山川之神。既告，乃尊卑以次歃，戎右傳敦血，以授當歃者，令含其血。既歃，乃坎其牲，加書於上而埋之。此則天子會諸侯，使諸侯聚盟之禮也。凡天子之盟諸侯，十二歲於方岳之下，故傳云：「再會而盟，以顯昭明。」若王不巡守，及諸侯有事朝王，即時見曰會，殷見曰同，亦爲盟禮。其盟之法，案《覲禮》爲「壇十有二尋，深四尺，加方明于其上。方明者，木也，方四尺。設六玉，上圭下璧，南方璋，西方琥，北方璜，東方圭」。朝諸侯於壇訖，乃加方明於壇而祀之。列諸侯於庭，玉府共珠槃玉敦，戎右以玉敦辟盟，遂役之，贊牛耳、桃茢。司盟北面詔告明神，諸侯以次歃血。鄭注《覲禮》云：「王之盟，其神主日。王官之伯盟，其神主月。諸侯之盟，其神主山川。」是盟禮之略也。若諸侯之盟亦有壇，知者，故柯之盟，❶《公羊傳》稱曹子以手劍刼桓公于壇是也。其盟神則無復定限，故襄十一年傳稱「司慎司盟，名山名川，羣神羣祀，先王先公，七姓十二國之祖」是也。其盟用牛牲，故襄二十六年傳云「歃用牲」，又哀十七年傳云「諸侯盟，誰執牛耳」是也。其殺牛，必取血及耳，以手執玉敦之血進之於口，知者，定八年「涉佗捘衛侯之手及捥」，又襄九年傳云「與大國盟，口血未乾」是也。既盟之後，牲及餘血并盟載之書加於牲上，坎而埋之，故僖二十五年傳云「宵，坎血加書」是也。春秋之世，不由天子之命，諸侯自相與盟，則大國制其言，小國尸其事，官雖小異，禮則大同。故《釋例》曰：「盟者，殺牲載書，大國制其言，小國尸其事，珠槃玉敦，以奉流血而同歃。」❷是其事也。其盟載之辭，則傳多有之。

---

❶「故」，阮校：「浦鏜《正誤》作『於』。」
❷「奉」，阮校：「《釋例》作『承』。」

此時公求好於邾，邾君來至蔑地，公出與之盟。史書魯事，以公爲主，言「公及」，及者，言自此及彼，據魯爲文也。桓十七年「公會邾儀父盟于趡」，彼言「會」，此言「及」者，彼行會禮，此不行會禮故也。故劉炫云：「策書之例，先會後盟者，上言『會』，下言『盟』。唯盟不會者，直言『及』。」此爲不行會禮，故言「及」也。或可史異辭，非先會而盟，則稱會。知者，文七年公會諸侯、晉大夫盟于扈，傳云「公後至」，則是不及其會，而經稱「會」，故知盟稱「會」者，未必先行會禮也。　注「附庸」至「姑城」。　正義曰：傳言「未王命」，知是附庸也。莊五年「郳犂來來朝」，傳曰「未王命」，解其稱名之意，是知附庸之君例稱名也。《禮記·王制》云：「不合於天子，附於諸侯，曰附庸。」鄭玄云：「不合謂不朝會也。小城曰附庸。附庸者，以國事附於大國，❶未能以其名通。」是説附庸之義也。《王制》又云「天子之元士視附庸」，然則附庸貴賤與天子之元士同也，其禮則四命。知者，天子大夫視子男，卿視伯，三公視公侯，所視皆多一命，明知附庸多於元士一命。又諸侯世子未誓，執皮帛，視小國之君，公之孤四命亦執皮帛，及附庸亦執皮帛，故知四命也。然則天子大夫四命稱字，附庸稱名者，以王朝之臣故特尊之而稱字。《釋例》曰：「名重於字，故君父之前自名，朋友之接自字。是以《春秋》之義，貶責書其名，斥所重也；褒厚顯其字，辟所諱也。」然則應字而名則是貶，應名而字則是貴，故宰咺書名以貶之，儀父書字以貴之。傳文唯言「貴之」，不説可貴之狀。賈、服以爲儀父嘉隱公有至孝謙讓之義而與結好，故貴而字之，善其慕賢説讓。知不然者，案傳云「公攝位而欲求好於邾」，是公先求邾，非邾先慕公，復何足貴？且書曰「儀父」，乃是新意，仲尼以事有可善，乃得書字善之，不是緣魯之意以爲褒貶，安得以其慕賢便足貴之？又桓十七年「公及邾儀父盟于趡」，桓公不賢不讓，彼

❶「事」，阮本無此字。

經亦書「儀父」，故知「貴之」之言，不爲慕賢説讓也。附庸不能自通，不與盟會，今能自通大國，繼好息民，故知爲此貴而字之，不貴來朝而貴其盟者，朝事大國，則附庸常道，齊盟結好，非附庸所能，故盟則貴之，朝從常法。

夏，五月，鄭伯克段于鄢。不稱國討，而言鄭伯，譏失教也。段不弟，故不言弟，明鄭伯雖失教，而段亦凶逆。以君討臣，而用二君之例者，言段强大雋傑，❶據大都以耦國，所謂「得雋曰克」也。國討例在莊二十二年，得雋例在莊十一年，母弟例在宣十七年。鄭在滎陽宛陵縣西南。鄢，今潁川鄢陵縣。【疏】「夏五月」至「于鄢」。正義曰：鄭國，伯爵。《譜》云：「鄭，姬姓，周厲王子、宣王母弟桓公友之後也。宣王封友於鄭，今京兆鄭縣是也。及幽王無道，友徙其民於虢鄶，❷虢鄶之君分其地，遂國焉。今河南新鄭縣是也。莊公二十二年，魯隱公之元年也。聲公二十年，獲麟之歲也。三十三年而《春秋》之傳終矣。聲公三十七年卒。自聲公以下，五世八十七年，而韓滅鄭。」此鄭伯，莊公也。《謚法》：「勝敵克壯曰莊。」注「不稱」至「陵縣」。正義曰：國討者，謂稱國若人。稱國稱人，則明其爲賊，言一國之人所欲討也。今稱鄭伯，指言君自殺弟，若弟無罪然，譏其失兄之教，不肯早爲之所，乃是養成其惡，及其作亂，則必欲殺之，故稱「鄭伯」，所以罪鄭伯也。傳例母弟稱弟，段實母弟，以其不爲弟行，故去弟以罪段也。兩罪之者，明兄雖失教，而段亦凶逆也。

---

❶「雋」，《四部叢刊》本、阮本作「儁」。阮校：「陳樹華云：莊十一年傳『得雋曰克』，已作『雋』字，不必定作『雋』也。」

❷「友徙」，阮本作「方遷」。阮校：「十行本初刻『方』，後改『友』。」

《釋例》曰：「兄而害弟者，稱弟以章兄罪。❶弟又害兄，則去弟以罪弟身。統論其義，兄弟二人交相殺害，各有曲直，存弟則示兄曲也。鄭伯既失教，若依例存弟，則嫌善段，故特去弟，兩見其義。」是其説也。襄三十年「天王殺其弟佞夫」，傳曰「罪在王」，則與鄭伯同譏。而佞夫不去弟者，《釋例》曰：「佞夫稱弟，不聞反謀也。鄭段去弟，身爲謀首也。」然則佞夫不與反謀，罪王而不罪佞夫，故稱弟也。傳例戰敗克取，兩國之文，段實鄭臣，而言克段，故申明傳意以解之。「得儁曰克」，莊十一年傳例也。國討例在莊二十二年者，彼經書「陳人殺其公子御寇」，實君殺大子，而稱「陳人」者，陳人惡其殺大子之名，故不稱君父，以國討公子告也。傳稱「陳人殺其大子御寇」，以實言之，明經所書國討之例也。彼無凡例而言例者，正以此傳云「稱鄭伯，譏失教也」，言稱是仲尼之變例也。稱君爲罪君，則知稱人爲國討。序云「推變例以正褒貶」，即此類也。推以爲例，故言例在彼年。諸注言「例在」者，未必皆有凡例也。《地理志》河南郡有宛陵縣，又有新鄭縣，於漢則宛陵、新鄭各自爲縣。❷晉世分河南而立熒陽，廢新鄭而入宛陵，故鄭在宛陵西南也。又《地理志》潁川郡有鄢陵縣。

秋，七月，天王使宰咺來歸惠公、仲子之賵。宰，官。咺，名也。咺贈死不及尸，弔生不及哀，豫凶事，故貶而名之。此天子大夫稱字之例。仲子者，桓公之母。婦人無謚，故以字配姓。來者，自外之文。歸者，不反之辭。【疏】「秋七月」至「之賵」。正義曰：天王，周平王也。《譜》云：「周，黃帝之

---

❶「兄而害弟者稱弟以章兄罪」，阮校：「案，《釋例》作『兄害弟者，則稱弟以彰兄罪』。」

❷「宛陵縣又有新鄭縣於漢則」十一字，阮本無。阮校：「按《漢志》『宛』作『苑』。」

苗裔，姬姓，后稷之後也。后稷封於邰。及夏之衰，后稷之子不窋失其官，竄於西戎。至大王，爲狄所逼，去邠居岐。❶文王受命，武王克殷，而王有天下。幽王爲犬戎所殺，平王遷都王城，今河南縣是也。平王四十九年，魯隱公之元年也。敬王又遷成周，今洛陽是也。敬王三十九年，獲麟之歲也。四十三年而敬王崩。敬王子元王九年，❷《春秋》之傳終矣。元王以下，十一世二百二十六年而周亡也。」《周本紀》武王至平王凡十三王，兄弟相及者一人，平王是武王十一世孫也。惠公薨在往年，明年仲子始薨，蓋於時有疾，王聞其疾，謂之已薨，故使大宰大夫名咺者來至於魯，并歸惠公、仲子之賵。賵者，助喪之物。文五年注云：「車馬曰賵。」《士喪既夕禮》云：「公賵，玄纁束帛兩馬。」士之制，只得駕兩馬，故云賵兩馬。大夫以上，皆駕四馬。此宰咺來賵，蓋用四馬也。《公羊傳》曰「喪事有賵，賵者蓋以馬，以乘馬束帛。車馬曰賵」，《穀梁傳》曰「乘馬曰賵」，皆謂宰咺用乘馬來也。惠公、仲子不言及者，是并致二賵，或是史異辭，蓋二者各以乘馬，不宜以一乘之馬賵二人也。服虔云：「賵，覆也。天王所以覆被臣子。」案《士喪既夕禮》，兄弟所知，悉皆致賵，非獨君之賵臣。以賵爲覆則可矣，其言「覆被臣子」則非也。何休亦云「賵猶覆也」，蓋謂覆被亡者耳。　注「宰官」至「之辭」。　正義曰：傳言「緩，且子氏未薨，故名」，是不應名而名之也。貶乃書名，知法應書字，故云「此天子大夫稱字之例」。傳無明例，故推此以爲例也。《周禮·天官》：「大宰卿一人，小宰中大夫二人，宰夫下大夫四人。」宰夫、小宰皆是大夫，未知宰咺是何宰也。《宰夫》職曰：「凡邦之弔事，掌其戒令與其幣器財用。」鄭玄云：「弔事，弔諸侯諸臣。幣，所用賻也。」既掌弔事，

❶「居」，阮校：「《釋例》作『至』。」
❷「九年」，阮校：「《釋例》作『十年』。」

或即充使，此蓋宰夫也。仲子乃惠公妾耳，王使賵之者，隱立桓爲太子，成桓母爲夫人，天王知其然，故遣賵惠公，因即賵之。杜言「仲子者桓公之母」，正見此意。不然，仲子爲桓母，傳有明文，不須解也。男子之有謚者，人君則配王、配公，大夫或配子，或配字，皆不以字配姓。婦人於法無謚，故以字配姓，言其正法然也。《釋例》曰：「婦人無外行，於禮當繫夫之謚，以明所屬。」是言婦人不合謚也。繫夫謚者，夫人而已，衆妾不合繫夫，正當以字配姓也。其聲子、戴嬀有謚者，皆越禮妄作也。

九月，及宋人盟于宿。客主無名，皆微者也。宿，小國，東平無鹽縣也。凡盟以國地者，國主亦與盟，例在僖十九年。宋，今梁國睢陽縣。【疏】注「客主」至「陽縣」。　正義曰：《春秋》之例，若是命卿，則名書於經。此盟客主無名，故知皆是微者。《公羊傳》曰：「孰及之？內之微者也。」《穀梁傳》曰：「及者何？內卑者也。宋人，外卑者也。」卑微，言非卿也。客謂宋，主謂魯。直言「及」者，他國可言某人，魯史不得自言魯人，直言及彼，是魯及可知。其微人與他國聚會，亦直言會，與此同也。會盟之地，地必有主。舉地者，地主之國或與或否，故地主之國亦序於列。❶其經舉國名以爲盟地者，國主與在其中，不復序之於列，以其可知故也。例在僖十九年者。彼經書「會陳人、蔡人、楚人、鄭人，盟于齊」，傳曰：「陳穆公請脩好於諸侯，以無忘齊桓之德。冬，盟于齊，脩桓公之好也。」言脩桓公之好，齊人必與可知也。齊人不序於列而以齊爲盟地，是其盟以國地者，國主與盟之例。此亦推以爲例，非凡例也。然則桓十四年「公會鄭伯于曹」，即亦是例，而遠指僖十九年者，

❶「亦序於列其」，阮校：「閩本、監本、毛本『列其』作『其列』。按，『列』字句絕。」

此既是盟，故取盟爲例。其實會亦然也，故彼注云「以曹地，曹與會」是也。僖二十七年「楚人、陳侯、蔡侯、鄭伯、許男圍宋。公會諸侯盟于宋」。宋不與盟亦地以宋者，彼注云：「宋方見圍，無嫌於與盟，故直以宋地。」然則宣十四年「楚子圍宋」，十五年「公孫歸父會楚子于宋」，亦是不嫌宋與，故地以宋也。《地理志》：「梁國睢陽縣，故宋國，微子所封也。」

冬，十有二月，祭伯來。祭伯，諸侯爲王卿士者。祭國，伯爵也。傳曰「非王命也」，釋其不稱使。【疏】注「祭伯」至「稱使」。　正義曰：僖二十四年傳富辰説周公封建親戚以蕃屏周，而云「邢、茅、胙、祭」，則祭之初封畿外之國也。穆王之時有祭公謀父，今有祭伯，世仕王朝，蓋本封絶滅，食采於王畿也。莊二十三年「祭叔來聘」，注以爲祭叔爲祭公，來聘魯，「天子内臣，不得外交」。是祭於此時爲畿内之國，仍有封爵，故言諸侯爲王卿士也。《釋例》曰：「王之公卿皆書爵，祭伯、凡伯是也。大夫稱字，南季、榮叔是也。元士、中士稱名，劉夏、石尚是也。下士稱人，『公會王人于洮』是也。其或稱祭公，舉官而言之，此其定例也。」然春秋之世有王之卿士無采地者，若王叔陳生、伯輿之屬是也，但未知書經其稱云何。杜既云公卿稱爵，而王子虎及劉卷卒稱名者，彼是天王爲赴，以名告魯，如諸侯之例，薨則稱名。此云公卿稱爵者，謂聘使往還，與彼爲異也。又襄十五年注云「天子卿書字」者，以傳云「劉夏逆王后于齊，卿不行，非禮也」。以劉夏非卿書名，若卿則應書字，以名字相對，故舉以言焉，其實卿書爵也。此祭伯若王使來，當云天王使祭伯來聘，亦如天王使凡伯來聘。今以自來爲文，明非王命而私行也。劉炫云：「卿而無爵，或亦書字，大夫有爵，或亦書爵。」傳稱王叔陳生與伯輿争政，俱是卿士，並不言爵。又滕侯之先爲周卜正，《書》稱齊侯吕伋爲虎賁氏，則大夫或有爵也。然則大夫有爵，不可舍爵而書字，卿而無爵，不可越字而書名，蓋有卿士亦書字，大夫亦書爵也。王臣之見經者衆，祭伯、凡伯、毛伯、單伯、召伯、尹子、單子、劉子，其間未必無大夫。榮叔、南季、家父、叔服，其間未必無卿。但無明證，故依例解之。襄十五年注云「天子卿書字」，是言天子卿有書字之理。

公子益師卒。傳例曰：「公不與小斂，故不書日，所以示薄厚也。」❶《春秋》不以日月爲例，唯卿佐之喪獨託日以見義者，❷事之得失，既未足以褒貶人君，然亦非死者之罪，無辭可以寄文，而人臣輕賤，死日可略，故特假日以見義。【疏】注「傳例」至「見義」。　正義曰：傳文與上下作例者，注皆謂之傳例。《釋例》曰：「君之卿佐，是謂股肱，股肱或虧，何痛如之？疾則親問焉，喪則親與小斂大斂，❸慎終歸厚之義也。」故仲尼脩《春秋》，卿佐之喪，公不與小斂，則不書日，示薄厚戒將來也。❹即以新死小斂爲文，❺則但臨大斂及不臨其喪，亦同不書日也。襄五年冬十二月「辛未，季孫行父卒」，傳曰：「大夫入斂，公在位。」是公與小斂則書日之事也。其翬、柔、溺等生見經、傳，死而不書卒者，皆不以卿禮終也。文十四年秋「九月，甲申，公孫敖卒于齊」，已絶卿位，公不與小斂而書日卒者，《釋例》曰：「公孫敖縱情棄命，既已絶位，非大夫也。而備書於經者，惠叔毁請於朝，感子以赦父，敦公族之恩，崇仁孝之教，故傳曰：『爲孟氏，且國故也。』」是言雖不與斂，恩實過厚，

❶「薄厚」，阮本作「厚薄」。
❷「託」，《四部叢刊》本、阮本作「記」。
❸「喪」，阮校云《釋例》作「死」。「與」，阮校云《釋例》作「其」。
❹「薄厚」，阮本作「厚薄」。
❺「以」，阮校：「《釋例》作『親』。」

故書日也。莊三十二年「秋，七月，癸巳，公子牙卒」，時公有疾。昭二十五年「冬，十月，戊辰，叔孫婼卒」，二十九年「夏，四月，庚子，叔詣卒」，時公孫在外。成十七年冬十一月「壬申，公孫嬰齊卒于貍脤」，在外而卒，皆公不與斂而書日者。《釋例》曰：「其或公疾在外，大夫不卒於國，而猶存其日者，君子不責人以所不得備，非不欲臨也。」然則爲其有故，不得以責公，故皆書日也。公孫嬰齊書所卒之地，餘皆不書地者，《釋例》曰：「魯大夫卒其竟内，則不書地，傳稱『季平子行東野，卒于房』是也。」而先儒以爲雖以卿禮終，而不臨其喪，皆没而不書。杜知不臨其喪亦同不書日者，案慶父之死，不以卿禮終，而經不書，足知唯據不以卿禮終者經始不書，明以卿禮終，雖全不臨喪，亦同書卒，但不書日耳。《春秋》諸事，日與不日，傳皆不發，唯此發傳，故特解之云：「《春秋》不以日月爲例，唯卿佐之喪獨託日以見義也。」言事之得失未足以褒貶人君者，《春秋》之文，褒爲厚賞，貶爲大罰，君之於臣，有恩則常事不足以加賞，無恩則小失不足以致罰，故云「未足以褒貶」也。止欲貶責死者，君自無恩，然亦非死者之罪，意欲以爲勸戒，無辭可以寄文，而人臣對君爲輕賤，死日可略去，故於此一條特假日以見義，其餘則不以日月爲例，故無傳也。

【傳】元年，春，王周正月。言周以别夏殷。**不書即位，攝也。**假攝君政。不脩即位之禮，故史不書於策，傳所以見異於常。【疏】傳「不書即位攝也」。　正義曰：攝訓持也。隱以桓公幼少，且攝持國政，待其年長，所以不行即位之禮。史官不書即位，仲尼因而不改，故發傳以解之。公實不即位，史本無可書。莊、閔、僖不書即位，義亦然也。舊説賈、服之徒以爲四公皆實即位，孔子脩經，乃有不書，故杜詳辨之。《釋例》曰：「遭喪繼位者，每新年正月，必改元正位，百官以序，故國史皆書即位於策以表之。隱既繼室之子，於第應立，而尋父娶仲子之意，委位以讓桓。天子既已定之，諸侯既已正之，國人既已君之，而隱終有推國授桓之心，❶所以不行即位之禮也。隱、莊、閔、僖，雖居君位，皆有故而不脩即位之禮，或讓而不爲，或痛而不忍，或亂而不得，禮廢事異，國史固無所書，非行其禮而不書於文也。潁氏説以爲『魯十二公國史盡書即位，仲尼脩之，乃有所不書』。若實即位，則爲隱公無讓；若實有讓，則史無緣虚書。」是言實不即位，故史不書也。傳於隱、閔云「不書即位」，於莊、僖云「不稱即位」者，《釋例》曰：「丘明於四公發傳，以『不書』、『不稱』起文，其義一也。劉、賈、潁爲傳文生例云：『恩深不忍，則傳言不稱。恩淺可忍，則傳言不書。』博據傳辭，殊多不通。案：殺欒盈則云『不言大夫』，殺良霄則云『不稱大夫』，君氏卒則云『不曰薨』，『不言葬，不書姓』，鄭伯克段則云『稱鄭伯』，此皆同意而别文之驗也。傳本意在解經，非曲文以生例。」是言「不書」、「不稱」義同之意也。《膏肓》何休以爲：古制，諸侯幼弱，天子命賢大夫輔相爲政，無攝代之義。昔周公居攝，死不記崩，今隱公生稱侯，死稱薨，何因得爲攝者？周公攝政，仍以成王爲主，直攝其政事而已，所有大事稟王命以行之，致政之後乃死，故卒稱薨，不稱崩。隱公所攝，則位亦攝之，以桓爲大子，所有大事皆專命以行，攝位被殺，在君位而死，故生稱公，死稱薨，是與周公異也。且《公羊》以爲諸侯無攝。❷鄭康成引《公羊》難云：「宋穆公云：『吾立乎此，攝也！』以此言之，何得非《左氏》？」是鄭意亦不從何説也。下傳曰「公攝位而欲求好於邾」，是位亦攝也。又曰「惠公之薨也，大子少」，是以桓爲大子也。所以異於正君者，元年不即位，行還不告廟，不臨惠公之葬，不成聲子之喪，尊仲子爲夫人，薨則赴

---

❶「推」，阮校：「閩本、監本、毛本作『讓』。」

❷「公羊」，阮校：「浦鏜《正誤》作『何休』。」

於諸侯，又爲之立廟，此是謙之實也。隱公讓位賢君，故爲《春秋》之首。所以不入頌者，魯僖公之時，周王歲二月東巡守至于岱宗，柴。季孫行父爲之請於周，大史克爲之作頌，故得入頌。隱公無人爲請，故不入頌也。

三月，公及邾儀父盟于蔑，邾子克也。克，儀父名。**未王命，故不書爵。**❶**曰「儀父」，貴之也。**王未賜命以爲諸侯，其後儀父服事齊桓，以獎王室，王命以爲邾子，故莊十六年經書「邾子克卒」。**公攝位而欲求好於邾，故爲蔑之盟。**解所以與盟也。【疏】注「王未」至「克卒」。❷　正義曰：莊十三年，齊桓會諸國于北杏，邾人在焉，及十六年而書「邾子克卒」，故知由事齊桓乃得王命也。賈、服以爲北杏之會時已得王命，蓋以北杏之會邾人在列，故謂其已得命也。列與不列，在於主會之意，不由有爵與否。襄二十七年宋之盟，齊人請邾，宋人請滕，邾、滕不列於會，故不書邾、滕。襄五年戚之會，穆叔以屬鄫爲不利，使鄫大夫聽命于會，故經書「鄫人」。然則爲人私屬則不列於會，不爲人私屬則列於會，不可據列會以否以明有爵也。❸　昭四年申之會，淮夷列焉，未必有爵也。邾今無爵，得與魯盟，北杏會齊，何須有爵？莊十五年會于鄄，傳曰「齊始霸」，則齊桓爲霸自鄄會始耳。北杏之時，諸侯未從，霸功未立，桓尚未有殊勳，儀父何足可紀？且齊桓未有功於王，焉能使王命之？其得王命，必在北杏之後，但未知定是何年耳。服虔云：「爵者，醮也，所以醮盡其材也。」

---

❶「故」，《經典釋文》曰：「一本無『故』字。」

❷「注王未至克卒」，阮本此節正義在注「故莊十六年經書邾子克卒」下。

❸上「以」字，阮校：「閩本、監本、毛本改『與』。按唐人正義多作『以』，否。」

夏，四月，費伯帥師城郎。不書，非公命也。❶費伯，魯大夫。郎，魯邑。高平方與縣東南有郁郎亭。傳曰「君舉必書」，然則史之策書皆君命也。今不書於經，亦因史之舊法，故傳釋之。諸魯事，傳釋不書，他皆放此。【疏】注「費伯」至「放此」。❷ 正義曰：史之策書皆君命者，謂君所命爲之事，乃得書之於策，非謂君命遺書方始書也。又解史策不書經亦不書之意，仲尼書於經者，亦因史之舊法，舊史不書，則亦不書，故傳發此事，釋經不書之意。「諸魯事，傳釋不書，他皆放此」，謂下「盟于翼」、「作南門」之類是也。

初，鄭武公娶于申，曰武姜。中國，今南陽宛縣。**生莊公及共叔段。**段出奔共，故曰共叔，猶晉侯在鄂，謂之鄂侯。**莊公寤生，驚姜氏，故名曰「寤生」，遂惡之。**寐寤而莊公已生，故驚而惡之。**愛共叔段，欲立之。**欲立以爲大子。**亟請於武公，公弗許。及莊公即位，爲之請制。公曰：「制，巖邑也，虢叔死焉。他邑唯命。」**虢叔，東虢君也。恃制巖險而不脩德，鄭滅之。恐段復然，故開以他邑。虢國，今滎陽縣。**請京，使居之，謂之京城大叔。**公順姜請，使段居京，謂之「京城大叔」，言寵異於衆臣。京，鄭邑，今滎陽京縣。**祭仲曰：「都城過百雉，國之害也。**祭仲，鄭大夫。方丈曰堵，三堵曰雉。一雉之牆，長三丈，高一丈。侯伯之城，方五里，徑三百雉，故其大都不得過百雉。**先王之制，大都不過參國之一。**三分國城之一。**中，五之一。小，九之一。今京不度，非制也。**不合

❶「公」，阮校：「纂圖本、閩本、監本、毛本作『君』。」

❷「費伯」下，阮本有「魯大夫」三字。

法度，非先王制。**君將不堪。」公曰：「姜氏欲之，焉辟害？」對曰：「姜氏何厭之有？不如早爲之所，使得其所宜。**無使滋蔓！蔓，難圖也。**蔓草猶不可除，況君之寵弟乎？」公曰：「多行不義必自斃，**❶**子姑待之。」**斃，踣也。姑，且也。**既而大叔命西鄙、北鄙貳於己。**鄙，鄭邊邑。貳，兩屬。**公子呂曰：「國不堪貳，君將若之何？**公子呂，鄭大夫。**欲與大叔，臣請事之；若弗與，則請除之。無生民心。」**叔久不除，則舉國之民當生他心。**公曰：「無庸，將自及。」**言無用除之，禍將自及。**大叔又收貳以爲己邑，**前兩屬者，今皆取以爲己邑。**至于廩延。**言轉侵多也。廩延，鄭邑。陳留酸棗縣北有延津。**子封曰：「可矣，厚將得衆。」**子封，公子呂也。厚謂土地廣大。**公曰：「不義不暱，厚將崩。」**不義於君，不親於兄，非衆所附，雖厚必崩。**大叔完聚，**完城郭，聚人民。**繕甲兵，具卒乘，**步曰卒，車曰乘。**將襲鄭。夫人將啓之。**啓，開也。**公聞其期，曰：「可矣！」命子封帥車二百乘以伐京。**古者兵車一乘，甲士三人，步卒七十二人。**京叛大叔段，段入于鄢，公伐諸鄢。五月，辛丑，大叔出奔共。**共國，今汲郡共縣。**書曰：「鄭伯克段于鄢。」段不弟，故不言弟。如二君，故曰「克」。稱「鄭伯」，譏失教也，謂之鄭志。不言出奔，難之也。**傳言夫子作《春秋》，改舊史以明義。不早爲之所，而養成其惡，故曰「失教」。段實出奔，而以「克」爲文，明鄭伯志在於殺，難言其奔。

---

❶「斃」，阮校：「《釋文》：『斃，本又作獘字。』按《說文》作『獘』，從犬。諸書改從大、從廾，而又別造『斃』字訓死。」

遂寘姜氏于城潁，城潁，鄭地。而誓之曰：「不及黄泉，無相見也！」地中之泉，故曰黄泉。既而悔之。潁考叔爲潁谷封人，封人，典封疆者。聞之，有獻於公。公賜之食。食舍肉。公問之，對曰：「小人有母，皆嘗小人之食矣，未嘗君之羹，請以遺之。」食至不啜羹，❶欲以發問也。宋華元殺羊爲羹饗士，蓋古賜賤官之常。公曰：「爾有母遺，繄我獨無！」繄，語助。潁考叔曰：「敢問何謂也？」據武姜在，設疑也。公語之故，且告之悔。對曰：「君何患焉？若闕地及泉，隧而相見，其誰曰不然？」隧若今延道。公從之。公入而賦：「大隧之中，其樂也融融！」賦，賦詩也。融融，和樂也。姜出而賦：「大隧之外，其樂也洩洩！」❷洩洩，舒散也。遂爲母子如初。君子曰：「潁考叔，純孝也。純猶篤也。愛其母，施及莊公。《詩》曰：『孝子不匱，永錫爾類。』其是之謂乎？」不匱純孝也。莊公雖失之於初，孝心不忘，考叔感而通之，所謂「永錫爾類」。詩人之作，各以情言，君子論之，不以文害意，故《春秋傳》引《詩》不皆與今説《詩》者同，他皆放此。❸【疏】「初鄭」至「武姜」。❹　正義

❶ 「至」，《四部叢刊》本、阮本作「而」。

❷ 「洩洩」，阮校：「當作『泄泄』。《考文提要》作『泄泄』，石經避太宗諱改。宋以後本皆仍唐刻。」

❸ 「他」，阮本作「後」。

❹ 「初鄭至武姜」，阮本以下正義廿節分疏於上文各傳注之下。

曰：杜以爲凡倒本其事者，❶皆言初也。賈逵云：「凡言初者，隔其年，後有禍福，將終之，乃言初也。」注「申國」至「宛縣」。正義曰：《外傳》説伯夷之後曰「申、吕雖衰，齊、許猶在」，則申、吕與齊、許俱出伯夷，同爲姜姓也。《國語》曰「齊、許、申、吕由大姜」，言由大姜而得封也。然則申之始封，亦在周興之初，其後中絶，至宣王之時，申伯以王舅改封於謝。《詩·大雅·崧高》之篇，美宣王襃賞申伯，云「王命召伯，定申伯之宅」，是其事也。《地理志》：「南陽郡宛縣，故申伯國。」宛縣者，謂宣王改封之後也。以前，則不知其地。注「段出」至「鄂侯」。正義曰：賈、服以共爲謚。《謚法》：「敬長事上曰共。」作亂而出，非有共德可稱，餬口四方，無人與之爲謚，故知段出奔共，故稱共，猶下晉侯之稱鄂侯也。「莊公」至「惡之」。正義曰：謂武姜寐時生莊公，至寤始覺其生，故杜云「寐寤而莊公已生」。注「虢叔」至「陽縣」。正義曰：僖五年傳曰：「虢仲、虢叔，王季之穆也。」《晉語》稱文王「敬友二虢」，則虢國本有二也。晉所滅者，其國在西，故謂此爲東虢也。《鄭語》：史伯爲桓公設謀云：❷「虢叔恃勢，鄶仲恃險，皆有驕侈怠慢之心。君以成周之衆，奉辭伐罪，無不克矣。」桓公從之。是其恃險而不脩德，爲鄭滅之之事也。云「虢叔封西，❸虢仲封東」，而此云「虢叔，東虢君」者，言所滅之君字叔也。傳云虢仲譖其大夫，謂叔之子孫字曰仲也。案傳燕國有二，則一稱北燕。邾國有二，則一稱小邾。此虢國有二，而經傳

---

❶「倒」，原作「例」，據正宗寺本、足利學本、阮本改。

❷「設」，足利學本、阮本作「詐」。

❸「云」上，阮校：「浦鏜《正誤》據僖五年正義上增『賈逵』二字，是也。」

不言東、西者，於時東虢已滅，故西虢不稱西。其並存之日，亦應以東、西別之。《地理志》云「河南郡滎陽縣」，❶應劭云：「故虢國，今虢亭是也。」❷

注「祭仲」至「百雉」。

正義曰：注諸言「大夫」者，以其名氏顯見於傳，更無卑賤之驗者，皆以大夫言之。其實是大夫以否，❸亦不可委知也。定十二年《公羊傳》曰：「雉者何？五板而堵，五堵而雉。」何休以爲堵四十尺，雉二百尺。許慎《五經異義》、《戴禮》及《韓詩》說：八尺爲板，五板爲堵，五堵爲雉。板廣二尺，積高五板爲一丈。五堵爲雉，雉長四丈。古《周禮》及《左氏》說：一丈爲板，板廣二尺，五板爲堵。一堵之牆，長丈高丈。三堵爲雉，一雉之牆，長三丈高一丈。以度其長者用其長，以度其高者用其高也。諸說不同。必以雉長三丈爲正者，以鄭是伯爵，城方五里，大都三國之一，其城不過百雉，則百雉是大都定制。因而三之，則侯伯之城當三百雉，計五里積千五百步，步長六尺，是九百丈也。以九百丈而爲三百雉，則雉長三丈。賈逵、馬融、鄭玄、王肅之徒爲古學者，皆云雉長三丈，故杜依用之。侯伯之城方五里，亦無正文。《周禮・冬官考工記》「匠人營國，方九里，旁三門」，謂天子之城。天子之城方九里，諸侯禮當降殺，則知公七里，侯伯五里，子男三里，以此爲定說也。但《春官・典命》職乃稱上公九命，侯伯七命，子男五命，其國家、宮室、車旗、衣服、禮儀皆以命數爲節。鄭玄以爲「國家，國之所居，謂城方也」。如《典命》之言，則公當九里，侯伯七里，子男五里，故鄭玄兩解之。其注《尚書大傳》以天子九里爲正說，又云或者天子之城方十二里。《詩・文王有聲》箋言文王城「方

---

❶「滎」，正宗寺本、阮本作「熒」。

❷「今」，原作「令」，據正宗寺本、足利學本、阮本、《漢書・地理志》注（中華書局校點本）改。

❸「以」，阮校：「閩本、監本、毛本作『與』。」

十里，大於諸侯，小於天子之制」，《論語》注以爲公「大都之城方三里」，❶皆以爲天子十二里，公九里也。其《駁異義》又云「鄭伯城方五里」。以《匠人》、《典命》俱是正文，因其不同，故兩申其説。今杜無二解，以侯伯五里爲正者，蓋以《典命》所云國家者，自謂國家所爲之法，禮儀之度，未必以爲城居也。「大都」至「九之一」。正義曰：定以王城方九里，依此數計之，則王城長五百四十雉。其大都方三里，長一百八十雉。中都方一里又二百四十步，❷長一百八雉也。❸小都方一里，長六十雉也。公城方七里，長四百二十雉。其大都方二里又一百步，長一百四十雉也。中都方一里又一百二十步，長八十四雉也。小都方二百三十三步二尺，長四十六雉又二丈也。侯伯城方五里，長三百雉。其大都方一里又二百步，長百雉也。中都比王之小都。其小都方一百六十六步四尺，長三十三雉又一丈也。子、男城比王之大都，其大都比侯伯之中都，其中都方一百八十步，長三十六雉也，小都方百步，長二十雉也。《考工記》曰：「王宫門阿之制五雉，宫隅之制七雉，城隅之制九雉。門阿之制以爲都城之制，宫隅之制以爲諸侯之城制。」然則王之都城隅高五丈，城蓋高三丈。諸侯城隅高七丈，城蓋高五丈也。三丈以下，不復成城，其都城蓋亦高三丈也。周禮四縣爲都，周公之設法耳，但土地之形不可方平如圖，其邑竟廣狹無復定準，隨人多少而制其都邑，故有大都小都焉。下邑謂之都，都亦一名邑。莊二十八年傳曰「宗邑無主」，閔元年傳曰「分之都城」，俱論曲沃，而都、邑互言，是其名相通也。「無使滋蔓」。正義曰：此以草喻也。草

❶「三」，阮校：「浦鏜《正誤》作『九』。」孫校：「『三里』是，浦鏜誤。」
❷「一」，文淵閣本作「二」。當是。
❸「八」上，阮校：「浦鏜《正誤》云：『八』上脱『六十』二字。」

之滋長引蔓，則難可芟除，喻段之威勢稍大，難可圖謀也。　注「蘖踣也」。　正義曰：《釋言》文也。孫炎曰：「前覆曰踣。」　「國不堪貳」。　正義曰：兩屬，則賦役倍。賦役倍，則國人不堪也。　「厚將崩」。　正義曰：以牆屋喻也。厚而無基必自崩，喻衆所不附將自敗也。高大而壞謂之崩。　注「完城郭聚人民」。　正義曰：服虔以聚爲聚禾黍也。段欲輕行襲鄭，不作固守之資，故知聚爲聚人，非聚糧也。完城者，謂聚人而完之，非欲守城也。　「如二君故曰克」。　正義曰：謂實非二君，儁傑彊盛如似二君，❶伐而勝之，然後稱「克」，非謂真是二君也。若真是二君，則以「戰」、「襲」、「敗」、「取」爲文。然既非二君，而杜注經云「以君討臣，而用二君之例」，又似真二君者，但杜於彼應云「以君討臣，而用如二君之例」，略其「如」字，但云「而用二君」耳。準獲麟之後史文，夫子未脩之前，應云「鄭伯之弟段出奔共」，與「秦伯之弟鍼出奔晉」同也。以其不弟，故不言弟。志在於殺，故不言奔。然則鄭伯亦是舊史之文，而得爲新意者，段以去弟爲貶，宜以國討爲文。仍存鄭伯，見其失教，其文雖是舊史，即是仲尼新意也。　注「傳言」至「其奔」。　正義曰：經皆孔子所書，此事特言「書曰」，必是舊史不然，❷夫子始然，❸故知傳之此辭，言夫子作《春秋》，改舊史以明義也。「克」者，戰勝獲賊之名。公伐諸鄢，段即奔共，既不交戰，亦不獲段，段實出奔，而以「克」爲文者，此非夫子之心，謂是鄭伯本志，不欲言其出奔，難言其奔，志在於殺，故夫子承其本志而書「克」也。鄭伯之於段也，以其母所鍾愛，順母私情，分之大邑，恣其榮寵，實

❶「似」，阮本作「是」。
❷「史」，阮本作「文」。
❸「然」，文淵閣本、阮本作「改」。

無殺心。但大叔無義，恃寵驕盈，若微加裁貶，則恐傷母意，故祭仲欲早爲之所，子封請往除之，公皆不許，是其無殺心也。言「必自斃」、「厚將崩」者，止謂自損其身，不言惡能害國。及其謀欲襲鄭，禍將逼身，自念友愛之深，遂起切心之恨，由是志在必殺，難言出奔。此時始有殺心，往前則無殺意。傳稱「公曰『姜氏欲之，焉辟害』」，《詩序》曰「不勝其母，以害其弟」，經曰「父母之言，亦可畏也」，是迫於母命，不得裁之，非欲待其惡成，乃加誅戮也。服虔云：「公本欲養成其惡而加誅，使不得生出，此鄭伯之志意也。」言鄭伯本有殺意，故爲養成其惡。斯不然矣。傳曰「稱鄭伯，譏失教也」，止責鄭伯失於教誨之道，不謂鄭伯元有殺害之心。若從本以來即謀殺害，乃是故相屠滅，何止失教之有？且君之討臣，遏其萌漸，惡雖未就，足得誅之，何須待其惡成，方始殺害？服言本意欲殺，乃是誣鄭伯也。劉炫云：「以『克』爲文，非其實狀，故傳解之，謂之鄭志。」言仲尼之意書「克」者，謂是鄭伯本志也。注又申解傳意，言鄭伯志在於殺，心欲其克，難言其奔，故仲尼書「克」，不書奔，如鄭伯之志爲文，所以惡鄭伯也。　注「封人典封疆者」。　正義曰：《周禮·封人》掌「爲畿封而樹之」，鄭玄云：「畿上有封，若今時界也。」天子封人職典封疆，知諸侯封人亦然也。傳言祭仲足爲祭封人，宋高哀爲蕭封人，《論語》有儀封人，此言潁谷封人，皆以地名封人。蓋封人職典封疆，居在邊邑。潁谷、儀、祭，皆是國之邊邑也。　注「食而」至「之常」。　正義曰：《禮·公食大夫》及《曲禮》所記大夫、士與客燕食，皆有牲體殽胾，非徒設羹而已。此與華元饗士唯言有羹，故疑是古賜賤官之常。　注「賦賦」至「樂也」。　正義曰：賦詩謂自作詩也。中、融，外、洩，各自爲韻。蓋所賦之詩有此辭，傳略而言之也。融融和樂，洩洩舒散，皆是樂之狀，以意言之耳。服虔云：「入」言公，「出」言姜，明俱出入互相見。　注「純猶篤也」。　正義曰：《爾雅·釋詁》訓純爲大，則純孝純臣者，謂大孝大忠也。此純猶篤者，言孝之篤厚也。　「詩曰」至「謂乎」。　正義曰：《詩》毛傳及《爾雅》之訓匱，竭；永，長；錫，予；爾，女也。此《詩・大雅・既醉》之五章，言孝子爲孝不有竭極之時，故能以此孝道長賜予女之族類。言行孝之至，能延及旁人，其是此事之謂乎？　族類者，言俱有孝心，則是其族類也。　注「不匱」至「放此」。　正義曰：潁考叔有純孝之行，能錫莊公，莊公雖失之於初，孝心不忘，則與潁考叔同是孝之般類也。今考叔能感而通之，是謂「永錫爾類」也。詩人之作，各以情言，君子論之，不以文害意，出《孟子》文也。此云《春秋傳》引《詩》不皆與今說《詩》者同，何以昭八年注云「叔向時《詩》義如此」？　所以不同者，此是丘明作傳，稱君子之言，容可引《詩》斷章，評論得失，彼是叔向之語，事近前代，當時譏刺，故云「叔向時《詩》義如此」也。《詩》注意類謂子孫族類，此傳意以爲事之般類也。

秋，七月，天王使宰咺來歸惠公、仲子之賵。 **緩，且子氏未薨，故名。** 惠公葬在春秋前，故曰「緩」也。子氏，仲子也，薨在二年。賵，助喪之物。**天子七月而葬，同軌畢至。** 言「同軌」，以別四夷之國。**諸侯五月，同盟至。** 同在方嶽之盟。**大夫三月，同位至。** 古者，行役不踰時。**士踰月，外姻至。** 踰月，度月也。姻猶親也。此言赴弔各以遠近爲差，因爲葬節。**贈死不及尸，** 尸，未葬之通稱。**弔生不及哀，** 諸侯已上，既葬則縗麻除，❶無哭位，諒闇終喪。**豫凶事，非禮也。** 仲子在而來賵，故曰「豫凶事」。【疏】「天王」至「故名」。❷　正義曰：緩賵惠公，生賵仲子，事由於王，非咺之過。所以貶

❶「縗」，阮校：「《釋文》作『衰』。」

❷「天王至故名」，阮本以下正義七節分疏於傳文各節下。

咺者，天王至尊，不可貶責，貶王之使，足見王非。且緩賵惠公，專是王過，生賵仲子，咺亦有愆。使者受命不受辭，欲令遭時設宜，臨機制變。王謂仲子已薨，令咺并致其賵，仲子尚存，賵事須止。宰咺知其未薨，猶尚致賵，是則不達時宜，恥辱君命。王則任非其人，咺爲辱命之使，君臣一體，好惡同之，貶咺亦所以責王也。文五年，「王使榮叔歸含且賵」，不指所賵之人。此指言惠公、仲子者，彼成風未葬，不言可知，此則惠公已葬，子氏未薨，若不言其人，則不知爲誰來賵。文九年，「秦人來歸僖公、成風之襚」，亦爲年月已遠，故指其所襚，與此同也。季文子求遭喪之禮以行，亦豫凶事，不貶者，宰咺無喪致賵，文子乃量時制宜，備豫不虞，古之善教，與此不同。

「天子」至「姻至」。　正義曰：天子、諸侯、大夫、士，位既不同，禮亦異數，赴弔遠近，各有等差，因其弔答，以爲葬節。且位高則禮大，爵卑則事小。大禮踰時乃備，小事累月即成。聖王制爲常規，示民軌法，欲使各脩其典，無敢忒差。資父事君，生民之所極，哀死送終，臣子之所盡，是以未及期而葬謂之不懷，過期而葬謂之緩慢。《春秋》從實而録，以示是非。天子七月，諸侯五月者，死月葬月皆通數之也。文八年八月「天王崩」，九年二月「葬襄王」，是天子之七月也。成十八年八月「公薨于路寢」，十二月「葬我君成公」，是諸侯之五月也。宣八年傳云：「禮，卜葬，先遠日，辟不懷也。」是卜遠日不吉，乃卜近日，辟不思親之嫌也。則未及期而葬者，不思其親，理在可見，故傳皆不言其事，唯過期乃葬者，傳言緩以示譏耳。桓王以桓十五年崩，莊三年乃葬，積七年也。僖公以其三十三年十一月薨，文元年四月乃葬，薨葬中有閏，積七月也。二者並過於期，故傳皆言緩以譏之也。衛桓公以隱四年三月爲州吁所弒，五年四月乃葬，積十四月也。莊公以其三十二年八月薨，閔元年六月乃葬，積十一月也。二者雖亦過期，而國有事難，故傳皆言「亂故，是以緩」，原其非慢，不以責臣子也。然則諸侯五月而葬，自是正法，得禮可知，不假發傳。而葬成公之下，傳特云「書順」者，《釋例》曰：「魯君薨葬，多不順制，唯成公薨于路寢，五月而葬，國家安静，世適承嗣，故傳見莊之緩，舉成『書順』以包之。」然則特發此傳，欲以包羣公之得失，於莊見亂故而緩，於僖見無故而緩，於成見順禮。傳發三者，則其餘皆可知也。士踰月者，通死月亦三月也。襄十五年十一月晉侯周卒，十六年正月「葬晉悼公」。杜云「踰月而葬速」，是踰月亦三月也。此注云「踰月，度月」者，言從死月至葬月，其間度一月也。士與大夫不異，而别設文者，以大夫與士名位既異，因其名異，示爲等差，故變其文耳，其實月數同也。「同軌」、「同盟」至者，謂遣使來至，非諸侯身至。《釋例》曰：「萬國之數至衆，封疆之守至重，故天王之喪，諸侯不得越竟而奔，脩服於其國，卿共弔葬之禮。魯侯無故而穆伯如周弔，此天子崩，諸侯遣卿共弔葬之經傳也。」是言禮天子之喪，諸侯不親奔也。其諸侯相弔，則昭三十年傳云「先王之制，諸侯之喪，士弔，大夫送葬」，是正禮也。同位至，待其使還也。外姻至，親戚畢集也。於天子言「畢至」，以下不言「畢」者，天子貴在尊極，海内爲家，天下聞喪，無敢不至，故言「畢」也。諸侯同盟，或來或否。大夫出使，本奉君命，雖或聞喪，未必盡來，故不言「畢」也。此亦例而不言凡者，序已解訖。何休《膏肓》以爲：「禮，士三月葬，今云『踰月』，《左氏》爲短。」鄭康成云：「人君殯數來日，葬數往月，大夫殯葬皆數來日來月，士殯葬皆數往日往月。士之三月，大夫之踰月也。」鄭之此言天子諸侯葬數往月，於《左氏》無害，云大夫葬數來月，恐非杜旨。蘇寬之意，以古禮大夫以上殯葬皆數來日來月，士殯葬數往日往月。空云古禮，事無所出，不可依用也。劉炫云：「此亦例不言凡者，諸所發凡，皆爲經張例，此舉葬之大期，以譏宰咺之緩，非是爲葬發例，故不言凡也。」注「言同」至「之國」。

正義曰：鄭玄、服虔皆以軌爲車轍也。王者馭天下，必令車同軌，書同文。「同軌畢至」，謂海内皆至也。四夷異俗，不可同其文軌，天子之喪，不能以時赴弔，故言「同軌」，以别四夷之國也。《周禮·巾車》木路「以封蕃國」，蕃國即四夷也。既受王命，車亦應同軌，而言别四夷者，四夷來朝天子，天子賜之車服，行於中國，自然同軌，其在本國，軌必不同。若以《巾車》之文，即言與華夏同軌，豈亦能同文也？　注「同在方嶽之盟」。　正義曰：《周禮・司盟》：「凡邦國有疑會同，則掌其盟約之載。」然則天子之合諸侯，有使諸侯共盟之禮也。王合諸侯，唯有巡守，其非巡守，則有事而會，會之多少，唯王所命，不得有同盟常禮，禮之同盟，唯方嶽耳。故《左氏》舊説，十二年三考，黜陟幽明既分，天子展義巡守，柴望既畢，諸侯遂朝，退相與盟，同好惡，奬王室。是其當方諸侯，同有方嶽之盟。同盟情親，吉凶相告，故遣使會葬也。　注「古者」至「踰時」。　正義曰：同位謂同爲大夫、共在列位者。待其來至三月待之，故知古者於法行役不踰時也。隱五年《穀梁傳》曰「伐不踰時」，明行役聘問亦不踰時也。　注「尸未葬之通稱」。　正義曰：《曲禮下》云：「在牀曰尸，在棺曰柩。」是其相對言耳。今以既葬乃來，而云「不及尸」，知尸是未葬之通稱也。葬則尸不復見，未葬猶及見之，故以葬爲限也。《釋例》曰：「喪贈之幣，車馬曰賵，貨財曰賻，衣服曰襚，珠玉曰含。然而揔謂之贈，故傳曰『贈死不及尸』也。」然則此文雖爲賵發，其實賵、賻、含、襚，揔名爲贈，但及未葬，皆無所譏也。襚以衣尸，含以實口，大斂之後，無所用之。既殯之後，猶致之者，示存恩好，不以充用也。《今讃》曰：❶「《雜記》弔含襚賵臨之等，未葬則葦席，既葬則蒲席。」是葬後得行。此言緩者，《禮記》後人雜録，不可與傳同言也。或可初葬之後則可，久則不許。　注「諸侯」至「終喪」。　正義曰：昭十五年傳稱穆后崩，王既葬，除喪。叔向曰：「三年之喪，雖貴遂服，禮也。」杜云「天子諸侯除喪，當在卒哭。今王既葬而除，故譏其不遂」也。案僖三十三年傳云「卒哭而祔」，杜云：「既葬反虞則免喪，故曰『卒哭』，哭止也。」如杜此

---

❶「今讃」，阮校：「閩本、監本、毛本並作『合讃』。按，《今讃》，正義屢引之。浦鏜《正誤》改作『令』，蓋皆非是。襄傳元年正義『讃』作『賛』。」

言，則卒哭與葬相去非遠，同在一月。《儀禮》士三虞，則天子諸侯皆同於此。必知然者，以卒哭是葬之餘事，共在一月之中，故杜云「既葬則衰麻除」。或云：「既葬卒哭衰麻除，以其相近故也。」若據《雜記》云「諸侯五月而葬，七月而卒哭」，中間既賒，或有國事，稱號云何？是知葬與卒哭相連，間無事也。然《雜記》云「諸侯五月而葬，七月而卒哭」者，案《釋例》曰「《禮記》，後人所作，不與《春秋》同」，是杜所不用也。既葬除喪，唯杜有此説，正以《春秋》之例，皆既葬成君，明葬是人君之大節也。昭十二年傳曰：「齊侯、衛侯、鄭伯如晉。晉侯享諸侯，子産相鄭伯，辭於享，請免喪而後聽命。晉人許之，禮也。」於時鄭有簡公之喪未葬，故請免喪。其下傳又云：「六月，葬鄭簡公。」丘明作傳，未嘗虚舉經文，而虚言此葬，得非終前免喪之言也？以此知諸侯既葬則免喪，喪服既除，則無哭位。諸侯既然，知天子亦爾。《尚書》「高宗亮陰，三年不言」，《論語》云「何必高宗，古之人皆然」。是天子諸侯除服之後皆諒陰終喪也。《晉書·杜預傳》云：大始十年，❶元皇后崩。依漢魏舊制，既葬，帝及羣臣皆除服。疑皇大子亦應除否，詔諸尚書會僕射盧欽論之。唯預以爲古者天子諸侯三年之喪，始服齊斬，既葬除喪服，諒闇以居，心喪終制，不與士庶同禮。於是盧欽、魏舒問預證據，預曰：《春秋》晉侯享諸侯，子産相鄭伯，時簡公未葬，請免喪以聽命。君子謂之得禮。宰咺歸惠公、仲子之賵，傳曰「弔生不及哀」，此皆既葬除服諒闇之證也。書傳之説既多，學者未之思耳。《喪服》諸侯爲天子亦斬衰，豈可謂終服三年也？預又作議曰：「周景王有后、世子之喪，既葬除喪而宴樂。晉叔向譏之曰：『三年之喪，雖貴遂服，禮也。王雖不遂，宴樂以早。』此亦天子喪事見於古也。稱高宗不言喪服三年，而云『亮陰三年』，此釋服心喪之文也。譏景王，不譏其除喪，而譏其宴樂早，則既葬

❶「大」，阮校：「當作『泰』。」

應除，而違諒闇之節也。堯喪，舜諒闇三年，故稱『遏密八音』。由此言之，天子居喪，齊斬之制，菲杖絰帶，當遂其服。既葬而除，諒闇以終之，三年無改於父之道，故曰『百官總己以聽冢宰』。喪服既除，故更稱不言之美，明不復寢苫枕凷以荒大政也。《禮記》云：『三年之喪，自天子達。』又云：『父母之喪，無貴賤一也。』又云：『端衰喪車皆無等。』此通謂天子居喪，衣服之制同於凡人，心喪之禮終於三年，亦無服喪三年之文。天子之位至尊，萬幾之政至大，羣臣之衆至廣，不得同之於凡人，故大行既葬，祔祭於廟，則因疏而除之。己不除則羣臣莫敢除，故屈己以除之，而諒闇以終制，天下之人皆曰我王之仁也；屈己以從宜，皆曰我王之孝也。既除而心喪，我王猶若此之篤也，凡我臣子，亦安得不自勉以崇禮？此乃聖制移風易俗之本也。」議奏，皇太子遂除衰麻而諒闇終喪。於時內外卒聞預議，多怪惑者，乃謂其違禮以合時。預謂鄉人段暢曰：❶兹事體大，本欲宣明古典，知未合於當今也。宜博采典籍，爲之證據，全大分明，❷足以垂示將來。暢遂敷通危疑，以弘指趣，其論具存焉。杜議引《尚書傳》云：亮，信也。陰，默也。爲聽於冢宰，信默而不言。鄭玄以諒闇爲凶廬，杜所不用。

八月，紀人伐夷。夷不告，故不書。夷國在城陽莊武縣，❸紀國在東莞劇縣。隱十一年傳例曰：「凡諸侯有命，告則書，不然則否。」史不書於策，故夫子亦不書于經。傳見其事，以明《春秋》

---

❶「段暢」，阮校：「按《晉書·禮志》作『殷暢』。」

❷「全大分明」，阮校：「按《晉書·禮志》作『令大義著明』。」

❸「城陽莊武縣」，阮校：「齊召南云：城陽有壯武，無莊武，漢封宋昌，晉封張華，皆以壯武。各本誤作『莊』。」

例也。他皆放此。【疏】「紀人伐夷」。　正義曰：《世族譜》：「紀，姜姓，侯爵。莊四年，齊滅之。」《世本》：「夷，妘姓。」傳無其人，不知爲誰所滅。《釋例・土地名》：「夷國在城陽莊武縣。」莊十六年「晉武公伐夷，執夷詭諸」，杜云：「詭諸，周大夫。夷，采地名。」《釋例・土地名》注爲闕，則二夷別也。《世族譜》於「夷詭諸」之下注云「妘姓」，更無夷國，則以二夷爲一。計莊武之縣，遠在東垂，不得爲周大夫之采邑，而晉取其地，是《譜》誤也。

有蜚。不爲災，亦不書。蜚，負蠜也。莊二十九年傳例曰：「凡物，不爲災，不書。」又於此發之者，明傳之所據，非唯史策，兼采簡牘之記。他皆放此。【疏】注「蜚負」至「放此」。　正義曰：《釋蟲》云：「蜚，蠦蜰。」舍人、李巡皆云：「蜚蠦，一名蜰。」郭璞云：「蜚即負盤，臭蟲。」《洪範五行傳》云：「蜚，負蠜，夷狄之物，越之所生。其爲蟲臭惡，南方淫女氣之所生也。」《本草》曰：「蜚，厲蟲也。」然則蜚是臭惡之蟲，害人之物，故或爲災，或不爲災也。經傳皆云「有蜚」，則此蟲直名「蜚」耳，不名「蜚蠦」。《爾雅》所釋，當言「蜚」一名「蠦蜰」。說《爾雅》者言「蜚蠦，一名蜰」，非也。此蟲一名「負盤」，《漢書》及此注多作「負蠜」者，《釋蟲》云：「草螽，負蠜。」彼則歲時常有，非災蟲也，蓋相涉誤爲蠜耳。又明下有成例，此不合書，而傳發之者，明傳之所據，非獨正史之策，亦兼采簡牘所有，故傳據而言之。案上傳「紀人伐夷」，注云「傳見其事，以明春秋例」，則此有蜚，亦明《春秋》例。此云「傳之所據，非唯史策，兼采簡牘」，則上「紀人伐夷」，亦是兼采簡牘。但「紀人伐夷」，他國不告，故以明例解之。蜚是魯國之有，故以兼采簡牘言之。其實二注互以相通。他如此類。

惠公之季年，敗宋師于黄。黄，宋邑。陳留外黄縣東有黄城。**公立，而求成焉。九月，及宋人盟于宿，始通也。**經無義例，故傳直言其歸趣而已。他皆放此。

冬，十月，庚申，改葬惠公。公弗臨，故不書。以桓爲大子，故隱公讓而不敢爲喪主。隱攝君政，故據隱而言。**惠公之薨也，有宋師，大子少，葬故有闕，是以改葬。**【疏】「有宋」至「改葬」。❶　正義曰：上云：「惠公之季年，敗宋師于黄。公立，而求成焉。」則隱公未立之前，惠公敗宋師也。今云「惠公之薨也，有宋師」，蓋是報黄之敗來伐魯也，隱公將兵禦宋，委葬事於大子，故有闕也。服虔以爲宋師即黄之師也。是時宋來伐魯，公自與戰，然則隱自敗宋，還自求成，傳何當屬敗於惠公而别言公立也？❷且薨之與葬相去既遠，豈有宋師薨時已來，葬時未去？**衛侯來會葬，不見公，亦不書。**諸侯會葬，非禮也。不得接公成禮，故不書於策。他皆放此。衛國在汲郡朝歌縣。【疏】「衛侯來會葬」。　正義曰：衛國，侯爵。《譜》云：「姬姓，文王子康叔封之後也。周公既誅禄父，以其地封康叔爲衛侯，居殷虚，今朝歌是也。狄滅衛，文公居楚丘，成公徙帝丘，今東郡濮陽是也。桓公十三年，魯隱公之元年也。出公輒十二年，獲麟之歲也。悼公二年，《春秋》之傳終矣。悼公三年卒。自悼以下，十一世二百五十五年，而秦滅衛也。」《衛世家》：桓公，康叔十一世孫。《尚書·顧命》稱康叔爲「衛侯」，則初封侯爵也。《世家》康叔子則稱伯，至頃侯復爲侯，故今桓公爲侯爵。　注「諸侯」至「放此」。　正義曰：昭三十年傳云「先王之制，諸侯之喪，士弔，大夫送葬」，昭三年傳稱文襄之霸，「君薨，大夫弔，卿共葬事」，皆不言諸侯親會葬，是諸侯會葬非禮也。不得接公成禮，故不書。此云「不見公，不書」，介

❶「疏」，原無，據文例補。

❷「别」，阮本作「猶」。

葛盧亦不見公而書者，此則公在國而不與衛侯相見，故不書，彼則公身在會，國人賓禮之，又欲見其一年再來，故書之也。

鄭共叔之亂，公孫滑出奔衛。❶公孫滑，共叔段之子。**衛人爲之伐鄭，取廩延。鄭人以王師、虢師伐衛南鄙。**虢，西虢國也。弘農陝縣東南有虢城。**請師於邾，邾子使私於公子豫。**公子豫，魯大夫。私請師。**豫請往，公弗許，遂行。及邾人、鄭人盟于翼。**翼，邾地。**不書，非公命也。**

新作南門。不書，亦非公命也。非公命，「不書」三見者，皆與作大事，各舉以備文。

十二月，祭伯來，非王命也。

衆父卒。衆父，公子益師字。**公不與小斂，故不書日。**禮，卿佐之喪，小斂大斂，君皆親臨之，崇恩厚也。始死，情之所篤，禮之所崇，故以小斂爲文。至於但臨大斂及不臨其喪，亦同不書日。

【疏】注「禮卿」至「書日」。　正義曰：《喪大記》君臨臣喪之禮云：「君於大夫，大斂焉。爲之賜，則小斂焉。」卿是大夫之尊者也，明小斂大斂君皆親之，所以崇恩厚也。小斂大斂皆應親之，獨以小斂爲文，故知始死情之所篤故也。賈逵云：「不與大斂，則不書卒。」然則在殯又不往者，復欲何以裁之？　且傳無其事，❷不宜妄説，故杜以爲「但臨大斂及不臨其喪，亦同不書日」也。

---

❶「出」，阮校：「石經無『出』字。」

❷「且」，阮本作「經」。

春秋左傳正義卷第三　隱公

國子祭酒上護軍曲阜縣
開國子臣孔穎達等奉勑撰

【經】二年，春，公會戎于潛。戎狄夷蠻，皆氐羌之別種也。戎而書會者，順其俗以爲禮，皆謂居中國若戎子駒支者。陳留濟陽縣東南有戎城。潛，魯地。【疏】注「戎狄」至「魯地」。正義曰：《曲禮》云東夷、西戎、南蠻、北狄，然則四者是九州之外別名也。《詩·商頌》曰「自彼氐羌」，氐羌，西戎之國名也。杜欲明其在遠，無以相形，故云「氐羌之別種」，謂是相類之物耳，非謂四者是羌内之別也，其實氐羌乃是戎内之別耳。戎子駒支云「我諸戎飲食衣服，不與華同，贄幣不通，言語不達」，計應不堪會盟，故解云「言順其俗以爲禮」也。沈氏云：「會據公往，戎爲主人，故得隨主人之俗以爲會禮。朝據戎來，魯爲主人，戎不能從主人之俗，故朝禮不成。」戎是西方之夷，必不遠來會魯，故知謂居中國若戎子駒支者也。駒支事見襄十四年。

夏，五月，莒人入向。向，小國也。譙國龍亢縣東南有向城。莒國，今城陽莒縣也。將卑師少稱「人」，弗地曰「入」。例在襄十三年。【疏】「莒人入向」。正義曰：《世本》：「莒，己姓。向，姜姓。」此傳云「莒人入向，以姜氏還」，文八年傳稱穆伯「奔莒，從己氏」，是莒己、向姜見於傳也。《譜》云：「莒，嬴姓，少昊之後。周武王封兹輿於莒。❶初都計，後徙莒。今城陽莒縣是也。」《世本》：「自紀公以下爲己姓。」不知誰賜之姓者。十一世兹丕公方見《春秋》，共公以下微弱不復見。四世楚滅之。向則唯此見經，不能知其終始。注「向小」至「三年」。正義曰：將卑師少稱「人」者，《周禮》：「萬二千五百人爲軍，二千五百人爲師，五百人爲旅。」用兵多少，其數無常，重其舉大事，動大衆，滿師則書之，不滿則不書。輕其衆少，故經皆不書旅也。師者，衆也。雖復五軍三軍，悉皆以師爲名，取其衆義，故經亦不書軍也。《釋例》曰：「《春秋》不書軍旅，壹皆曰『師』，從衆辭。」是其義也。經之大例，君自將者，言君不言師；卿將者，滿師則師將並書，不滿則空舉將名；大夫將者，滿師則稱師，不滿則稱人。所以然者，定四年傳曰「君行師從，卿行旅從」，則君行必有師，卿行必有旅，文雖不見，理足可明。君將不言帥師，卿將不言帥旅，以其可知故也。卿行不合師從，今乃帥領一師，若不言師，則師文不見。卿尊自合書名，師文又須别見，故師將並舉，言某帥師也。其師少者，卿自須見，唯舉將名，不云帥旅，言衆少不足録也。大夫爵位卑下，名氏不合見經，但所帥滿師，師自須見，故言師不言將也。若不滿師者，一旅之衆，則例所不書。大夫位卑，又名不當見，則空舉其將，謂之爲人，人即大夫身也。其將尊師少及將卑師衆，若其序列，則將卑師衆者在上，襄二年「晉師、宋師、衛甯殖侵鄭」是也。隱五年《公羊傳》曰：「曷爲或言率師，或不言率師？將尊師衆稱某率師，將尊師少稱將，將卑師衆稱師，將卑師少稱人。君將不言率師，書其重者也。」《釋例》曰：「大夫將滿師稱師，不滿稱人而已。卿將滿師則兩書，不滿則直書名氏。君將不言帥師，卿將不言帥旅。此史策記注之常。」此用《公羊》爲説也。劉炫云：「盟會例，卿則書名氏，非卿則書人。人當名氏之處，由是將卑師少則書

❶「輿」，足利學本、文淵閣本、阮本作「與」。

人，亦與盟會同。」

無駭帥師入極。❶無駭，魯卿。極，附庸小國。無駭不書氏，未賜族。賜族例在八年。【疏】注「無駭」至「八年」。　正義曰：《春秋》之例，卿乃見經。今名書於經，傳言「司空」，故知無駭是魯卿。諸名書於經，皆是卿也，故於此一注，以下不復言之。又《王制》云「上大夫卿」，則卿亦大夫也，故注多以大夫言卿。下注云「裂繻，紀大夫」，如此之類，皆是卿也。其名見於傳，而注云大夫者，則其爵真大夫也。《穀梁》以極爲國，杜云「附庸」者，沈云：「以費伯帥師城郎，因得勝極，則極是竟内，故云『附庸』。」凡卿出使，必具其名氏，以尊君命。今不書氏，故解云「未賜族」，無族可稱故也。賈云：「極，戎邑也。」極爲戎邑，傳無文焉。戎之於魯，本無怨惡，言脩惠公之好，則是求與魯親。公未信戎心，故辭其盟耳。秋即與盟，復脩戎好。若已共戎會，故不與盟，旋令師入其都，然後結好，其爲惡行，亦不是過，讓位賢君，固應不爾，良史直筆，焉得無譏？傳乃本其勝之所由，而歸功於費伯也。

秋，八月，庚辰，公及戎盟于唐。高平方與縣北有武唐亭。❷八月無庚辰，庚辰，七月九日也。日月必有誤。【疏】注「高平」至「有誤」。　正義曰：杜勘檢經傳上下月日，制爲《長歷》。此年八月壬寅朔，其月三日甲辰，十五日丙辰，二十七日戊辰，其月無庚辰也。七月壬申朔，則九日有庚辰。杜觀上下，若月不容誤，則指言日誤，若日不容誤，則指言月誤。此則上有秋，下有九月，則日月俱得有誤，故云「日月必有誤」也。

---

❶「無駭」，阮校：「案，《漢書·古今人表》作『亡駭』。」

❷「高平方與縣北有武唐亭」，阮校：「案，劉昭《續漢書·郡國志》注引杜説云：武唐亭在方輿縣西南。」

九月，紀裂繻來逆女。裂繻，紀大夫。傳曰「卿爲君逆也」，以別卿自逆也。逆女或稱使，或不稱使。昏禮不稱主人，史各隨其實而書，非例也。他皆放此。【疏】注「裂繻」至「放此」。　正義曰：此書「逆女」，傳曰：「卿爲君逆也。」宣五年「齊高固來逆叔姬」，傳曰：「書曰『叔姬』，❶卿自逆也。」是爲君之則稱女，❷自逆則書字，故云以別卿自逆也。《釋例》曰：「天子娶，則稱『逆王后』。卿爲君逆，則稱『逆女』。其自爲逆，則稱所逆之字，尊卑之別也。」此不言紀侯使裂繻，而成八年經書「宋公使公孫壽來納幣」，俱是昏禮，而立文不同，故解之也。言昏禮不稱主人者，主人謂壻也。爲有廉恥之心，不欲自言娶婦，故卿爲君昏行者，必稟君母之命。婦人之命不得通於鄰國，若言卿，輒自來，非君所命，故裂繻不言使也。其無母者，臣無所稟，不得不稱君命，故公孫壽言宋公使也。史皆隨其實事而書之，非襃貶之例也。《公羊傳》曰：「何以不稱使？昏禮不稱主人。然則曷稱？稱諸父兄師友。宋公使公孫壽來納幣，則其稱主人何？辭窮也。辭窮者何？無母也。然則紀有母乎？曰：『有。』有則何以不稱母？母不通也。」是婦人之言不通外國，故不言君使，亦不言母命，作自來之文也。《公羊》言無母者稱父兄師友，宋公不稱父兄者，諸侯臣其父兄，故不得稱也。《昏禮·記》曰：「宗子無父，母命之。親皆没，己躬命之。」以宗子之尊尚不稱父兄，況諸侯也？其稱父兄師友，謂大夫以下非宗子者耳。《昏禮·記》所云「支子則稱其宗，弟稱其兄」是也。❸

---

❶「曰」下，宣公五年傳有「逆」字。

❷「之」，正宗寺本、足利學本、文淵閣本、阮本作「逆」，當是。

❸「弟」下，阮校：「浦鏜《正誤》補『則』字。」

冬，十月，伯姬歸于紀。無傳。伯姬，魯女，裂繻所逆者。

紀子帛、莒子盟于密。子帛，裂繻字也。莒魯有怨，紀侯既昏于魯，使大夫盟莒以和解之。❶子帛爲魯結好息民，故傳曰「魯故也」。比之内大夫而在莒子上，稱字以嘉之也。字例在閔元年。密，莒邑。城陽淳于縣東北有密鄉。【疏】注「子帛」至「密鄉」。正義曰：杜云「比之内大夫而在莒子上」者，案諸經文，魯大夫出會他國，皆先書魯大夫，下即云及某人。今子帛之下不云及者，不可全同魯大夫故也。

十有二月，乙卯，夫人子氏薨。無傳。桓未爲君，仲子不應稱夫人。隱讓桓以爲太子，成其母喪，以赴諸侯，故經於此稱夫人也。不反哭，故不書葬，例在三年。【疏】注「桓未」至「三年」。正義曰：妾子爲君，其母成爲夫人，敬嬴、❷齊歸是也。仲子實妾，桓未爲君，故仲子不應稱夫人也。今稱夫人薨，是隱成之，讓桓爲太子，成其母喪。傳例曰「不赴則不曰薨」，故知稱「薨」是赴於諸侯，故經於此稱夫人也。五年，「考仲子之宫」，《公羊傳》曰：「桓未君，則曷爲祭仲子？隱爲桓立，故爲桓祭其母也。然則何言爾？成公意也。」是言隱公成仲子爲夫人也。

鄭人伐衛。凡師，有鍾鼓曰伐。❸例在莊二十九年。

---

❶「夫」，原作「大」，據《四部叢刊》本、文淵閣本、阮本改。

❷「嬴」，原作「羸」，據正宗寺本、足利學本、文淵閣本、阮本改。

❸「鍾」，《四部叢刊》本、岳本、文淵閣本作「鐘」，當是。

【傳】二年，春，公會戎于潛，脩惠公之好也。戎請盟，公辭。許其脩好，而不許其盟。禦夷狄者不壹而足。【疏】注「許其」至「而足」。正義曰：戎貪而無信，盟或背之。公未得戎意，恐好不久成，故不許其盟也。「禦夷狄者不壹而足」，文九年《公羊傳》文，言制禦夷狄，當以漸教之，不一度而即使足也。

莒子娶于向，向姜不安莒而歸。夏，莒人入向，以姜氏還。傳言失昏姻之義。凡得失小故，經無異文，而傳備其事，案文則是非足以爲戒。他皆放此。

司空無駭入極，費庈父勝之。魯司徒、司馬、司空皆卿也。庈父，費伯也。前年城郎，今因得以勝極，故傳於前年發之。

戎請盟。秋，盟于唐，復脩戎好也。

九月，紀裂繻來逆女，卿爲君逆也。

冬，紀子帛、莒子盟于密。魯故也。

鄭人伐衛。討公孫滑之亂也。治元年取廩延之亂。

【經】三年，春，王二月，己巳，日有食之。❶無傳。日行遲，一歲一周天。月行疾，一月一周天。

---

❶「食」，阮校：「《釋文》：『食如字，本或作蝕，音同。』案，《詩》『日有食之』，《漢書・劉向傳》引作『日有蝕之』，是蝕與食通。」

一歲凡十二交會。然日月動物，雖行度有大量，不能不小有盈縮，故有雖交會而不食者，或有頻交而食者。唯正陽之月，君子忌之，故有伐鼓用幣之事。今《釋例》以《長歷》推經、傳，明此食是二月朔也。不書朔，史失之。書朔日例在桓十七年。【疏】注「日行」至「七年」。正義曰：古今之言歷者，大率皆以周天爲三百六十五度四分度之一。日行比月爲遲，每日行一度，故一歲乃行一周天。月行比日爲疾，每日行十三度十九分度之七，故一月内則行一周天又行二十九度過半，乃逐及日。言一月一周天者，略言之耳，其實及日之時，不啻一周天也。日月雖共行於天，而各有道，每積二十九日過半，行道交錯，而相與會集，以其一會，謂之一月。每一歲之間凡有十二會，故一歲爲十二月。日食者，月掩之也。日月之道，互相出入，或月在日表，從外而入内，或月在日裏，從内而出外。道有交錯，故日食也。二十九日過半，月及日者，以歷家一度分爲九百四十分，則四百七十分爲半。今月來及日，凡二十九日又四百九十九分，是過半校二十九分也。「日有食之」，言有物來食之也。日月同處，則日被月映，而形魄不見，聖人不言日被月食，而云「日有食之」者，以其月不可見，作不知之辭。《穀梁傳》曰：「其不言食之者何也？知其不可知，知也。」是言慎疑，故不言月也。朔則交會，故食必在朔。然而每朔皆會，應每月常食，故解之。言「日月動物，雖行度有大量，不能不小有盈縮，故有雖交會而不食者，或有頻交而食者」，自隱之元年，盡哀二十七年，積二百五十五年，凡三千一百五十四月，唯三十七食，是「雖交而不食」也。襄二十一年九月、十月頻食，二十四年七月、八月頻食，是「頻交而食」也。食無常月，唯正陽之月，君子忌之，以日食者陰侵陽也。當陽盛之月，不宜爲弱陰所侵，故有伐鼓用幣之事。餘月則否。其日食例皆書「朔」，「己巳」之下經無「朔」字，《長歷》推此己巳實是朔日，而不書朔，史失之也。此注作大判言耳。戰國及秦，歷紀全廢，❶漢來漸候天時，始造其術。劉歆《三統》以爲五月二十三分月之二十而日一食，空得食日而不得加時。漢末會稽都尉劉洪作《乾象歷》，❷始推月行遲疾，求日食加時。後代脩之，漸益微密。❸今爲歷者，推步日食，莫不符合，但無頻月食法。故漢初以來，❹殆將千歲，爲歷者皆一百七十三日有餘而始一交會，❺未有頻月食者。今頻月而食，乃是正經，不可謂之錯誤。世考之歷術，❻事無不驗，不可謂之踈失。由是注不能定，故未言之也。又《漢書·高祖本紀》：高祖即位三年十月、十一月晦，日頻食。則日有頻食之理。其解在襄二十四年。《穀梁傳》曰：「言日不言朔，食晦日也。朔日並不言，食晦夜也。❼朔日並言，食正朔也。言朔不言日，食既朔也。」

三月，庚戌，天王崩。周平王也。實以壬戌崩，欲諸侯之速至，故遠日以赴。《春秋》不書實崩日，而書遠日者，即傳其僞以懲臣子之過也。❽襄二十九年傳曰：「鄭上卿有事」，「使印段如周」會

---

❶「廢」，文淵閣本、阮本作「差」。
❷「象」，原作「家」，據正宗寺本、文淵閣本、阮本改。
❸「微」，文淵閣本、阮本作「詳」。
❹「初」，閩本、監本、毛本、文淵閣本作「興」，阮本作「朝」。
❺「皆」下，阮校：「浦鏜《正誤》增『以爲』二字。」
❻「世」，監本、毛本、文淵閣本作「也」，屬上讀。
❼「食晦夜」，阮校：「浦鏜云：此三字本作『夜食』。」
❽「懲」下，阮校：「岳本有『創』字，與《正義》合。」

葬。今不書葬，魯不會。【疏】「天王崩」。　正義曰：《曲禮下》曰：「天子死曰崩，諸侯曰薨，大夫曰卒，士曰不禄，庶人曰死。」鄭玄云：「異死名者，爲人褻其無知，若猶不同然也。自上顛壞曰崩。薨，顛壞之聲。卒，終也。不禄，不終其禄。死之言澌也，精神澌盡也。」是由天子尊，若山崩然，諸侯卑，取崩之聲，以爲尊卑之差也。不書天王名者，以海内之主至尊之極，故敬而不敢名也。《穀梁傳》云：「高曰崩，厚曰崩，尊曰崩。天子之崩，以尊也。❶以其在民上，故崩之。其不名何也？大上，故不名也。」蘇氏云：「王后崩，大子卒，不書者，赴不及魯也。今以爲略之，例所不書也。」告喪，《禮》云：「告王喪，曰天王登假。」此言崩者，魯史裁約爲文，不道當時赴，不言登假也。　注「周平」至「不會」。　正義曰：今檢杜注，無葬者皆顯言其謚。此爲無葬，故言周平王也。仲尼脩經，當改正真僞以爲褒貶。周人赴不以實，孔子從僞而書者，周人欲令諸侯速至，❷故遠其崩日以赴也。不書其實而從其僞，言人知其僞，則過足章矣，故即傳其僞，以懲創臣子之過。《釋例》曰：「天王僞赴，遂用其虚，明日月闕否，亦從赴辭。君子不變其文，以慎其疑。且實虚相生，❸隨而長之，真僞之情可以兩見。承赴而書之，亦所以示將來也。」

夏，四月，辛卯，君氏卒。隱不敢從正君之禮，故亦不敢備禮於其母。【疏】「君氏卒」。　正義曰：

---

❶「以尊也」下，《穀梁傳》有「其崩之何也」五字。

❷「速」，原作「遠」，據正宗寺本、足利學本、文淵閣本、阮本改。

❸「實虚」，正宗寺本、足利學本、文淵閣本、阮本作「虚實」。阮校：「段玉裁校作『實虚相生』。」

君氏者，隱公之母聲子也。謂之君氏者，言是君之母氏。❶母之與子，氏族必異，故經典通呼母、舅爲母氏、舅氏，言其與己異氏也。

秋，武氏子來求賻。武氏子，天子大夫之嗣也。平王喪在殯，新王未得行其爵命，聽於冢宰，故傳曰「王未葬」，釋其所以稱父族，又不稱使也。魯不共奉王喪，致令有求。經直文以示不敬，故傳不復具釋也。【疏】注「武氏」至「釋也」。正義曰：武氏者，天子大夫之姓。直云「武氏子」，不書其字，則其人未成爲大夫也。若是上士，例當書名，又不應繫之父族。謂之爲「子」，明其是大夫之子也。又王使至魯，皆言天王使某。此復不言王使，明其不稱王命也。以此知此人父喪已終，宜嗣父位。但平王未命而崩，新王居喪，未得行其爵命，政事聽於冢宰，使之適魯。❷冢宰不得專命，故作自來之文。傳言「王未葬」者，意兼兩事：王喪在殯，新王不得加臣爵位，故此人仍繫父族；王又不得命臣出行，故此人不稱王使。以未葬之故，闕此二事，故傳以未葬解之。

八月，庚辰，宋公和卒。稱卒者，略外以别内也。元年大夫盟於宿，故來赴以名。例在七年。

冬，十有二月，齊侯、鄭伯盟于石門。來告，故書。石門，齊地。或曰，濟北盧縣故城西南濟水之門。

---

❶「氏」下，正宗寺本、足利學本、文淵閣本、阮本有「也」字。

❷「使之」上，正宗寺本、足利學本、文淵閣本、阮本有「冢宰」二字。

癸未，葬宋穆公。無傳。魯使大夫會葬，故書。始死書卒之，❶在國承赴，爲君故，惡其薨名，改赴書也。書葬則舉謚稱公者，會葬者在外，據彼國之辭也。書葬例在昭六年。【疏】注「魯使」至「六年」。正義曰：文九年「叔孫得臣如京師」，「葬襄王」，昭三年「叔弓如滕葬滕成公」，如此之類，遣卿行者，皆書其使名。此不書使名，知是大夫往也。大夫奉命出使，位賤不合書名，故直書其所爲之事而已。盟則云及其盟，❷會則云會某人，葬則云葬某公，舉其所爲之事，明有使往可知也。《釋例》曰：「先王之制，諸侯之喪，士弔，大夫送葬。及其失也，禮過於重。文、襄之伯，因而抑之。諸侯之喪，大夫弔，卿共葬事。夫人之喪，士弔，大夫送葬。猶過古制。故公子遂如晉葬襄公，傳不言禮。葬秦景公，傳曰『大夫如秦葬景公』，特稱『禮也』。一以示古制，二以示書他國之葬必須魯會，三以示奉使非卿，則不書於經，此丘明之微文也。」是言大夫得正而卿過禮也。諸侯曰薨，禮之正名。魯史自書君死曰薨，若鄰國亦同書薨，❸則與己君無別。國史自在己國，承他國赴告，爲與己君同故，惡其薨名，雖赴稱薨，皆改赴書卒，略外以別内也。至於書葬，則五等之爵皆舉謚稱公者，會葬者在於國外，據彼國之辭。彼國臣子稱君曰公，書使之行，不得不稱公也。又云「惡其薨名，改赴書」者，《釋例》曰：「天子曰崩，諸侯曰薨，大夫曰卒，古之制也。《春秋》所稱，曲存魯史之義，内稱公而書薨，所以自尊其君，

---

❶「之」，《四部叢刊》本、足利學本、文淵閣本、阮本作「史」。今案：正義下文曰「國史自在己國，承他國赴告」，則作「史」是，屬下讀。

❷「其」，正宗寺本、足利學本、文淵閣本、阮本作「某」，義爲長。

❸「若」，原作「君」，據正宗寺本、足利學本、阮本改。

則不得不略外，諸侯書卒以自異也。至於既葬，雖邾、許子男之君，皆稱謚而言公，各順臣子之辭，兩通其義。」是其説也。案《禮・雜記》赴告之辭云：「君訃於他國之君，曰：寡君不禄，敢告於執事。」然則赴辭本無薨語，而云「惡其薨名」者，以夫人薨例云「不赴於諸侯」，則「不曰薨」，❶明其以薨告人，故書薨也。是知王侯喪者，其通國命，皆以崩、薨相告。記之所稱，謂答主人之問，飾其文辭耳。若以記文無「薨」，即疑不以薨告，記稱大夫、士赴人之辭，皆云「不禄」，豈大夫無「卒」名也？以此知相赴，策書必以薨爲文，但擯者口傳赴辭，義在謙退，從士之「不禄」，故《禮記》言之，赴則必以薨，但改赴書卒耳。史之書事，莫不在國，會葬者自可在外，書策者國内書之，而云「據彼國之辭」者，書使行之事，言使爲此事行，故文從彼稱，不謂書不在國也。卿爲君逆，謂之逆女，亦是書己之使，據彼稱女，與此同也。

【傳】三年，春，王三月，壬戌，平王崩。赴以庚戌，故書之。

夏，君氏卒。聲子也。不赴于諸侯，❷不反哭于寢，不祔于姑，故不曰薨。不稱夫人，故不言葬。夫人喪禮有三：薨則赴於同盟之國，一也；既葬，日中自墓反虞於正寢，❸所謂反哭于寢，二也；卒哭而祔於祖姑，三也。若此，則書曰夫人某氏薨，葬我小君某氏。此備禮之文也。其或不

❶ 「則」，阮校：「閩本作『故』。」
❷ 「赴」，阮校：「纂圖本作『祔』。」
❸ 「墓」，原作「基」，據《四部叢刊》本、足利學本、文淵閣本、阮本改。

赴、不祔，則爲不成喪，故死不稱夫人薨，葬不言葬我小君某氏。反哭則書葬，不反哭則不書葬。今聲子三禮皆闕，❶《釋例》論之詳矣。【疏】注「夫人」至「詳矣」。　正義曰：僖八年「致夫人」，傳曰「不赴於同」，「則弗致」，故知赴者，赴於同盟之國也。《禮・檀弓》記葬禮云：「既封，有司以几筵舍奠於墓左，❷反，日中而虞。」《士喪禮》：「既葬，乃反哭於廟，遂適殯宫而虞。」是既葬，日中自墓反，虞於正寢。正寢即殯宫也。僖三十三年傳與《檀弓》記皆云：「卒哭而祔。」《喪服小記》曰：「婦祔於祖姑。」《雜記》曰：「妾祔於妾祖姑。」是祔於姑者，祔於祖姑也。此三者，皆夫人之喪禮。夫人喪禮有三，史策所書有二，唯卒、葬故事而已。❸其卒之異者，或云夫人某氏薨，仲子、文姜之類是也，或云某氏卒，定姒、孟子是也。葬之異者，或云葬我小君某氏，文姜、敬嬴之類是也，或云葬某氏，葬定姒是也，或則不書葬也。今聲子三禮皆闕，經異常辭，必是闕二事則變一文。❹但傳既并釋，注不顯配，雖言《釋例》詳之，例亦未甚分明。此傳「故」上三事，「故」下三事。若以次相配，則不赴於諸侯，故不曰薨；不反哭於寢，故不稱夫人；❺不祔於姑，故不言葬。文次相屬，事乃似然。但顧下傳，義則不爾。定十五年「姒氏卒」，傳曰：「不稱夫人，不赴，且不祔也。」哀十二年「孟子卒」，傳曰：「死不赴，故不稱夫人。不反

❶「子」，原作「君」，據《四部叢刊》本、足利學本、文淵閣本、阮本改。
❷「墓」，原作「基」，據正宗寺本、足利學本、文淵閣本、阮本改。
❸「故」，正宗寺本、足利學本、文淵閣本、阮本作「兩」。
❹「二」，正宗寺本、足利學本、文淵閣本、阮本作「一」。
❺「故」，閩本、監本、毛本、文淵閣本作「則」。

哭，故不言葬小君。」彼二傳皆以「不赴」解「不稱夫人」，以「不反哭」解「不書葬」。然則由不赴，故不曰薨，由不反哭，故不書葬也。二事既然，則由不祔，故不稱夫人，斷可知矣。傳文不以次相配者，初死即赴，❶葬乃反哭，反哭之後始祔。三者依事之先後爲文也。至於書經，❷則夫人與薨共文，故先言不稱夫人，後言不書葬，順經之先後爲文也。禮之本意，必赴乃稱薨，祔乃稱夫人，反哭乃書葬者，夫人與君同體，死必赴於鄰國。若不以赴告於鄰國，則夫人之禮不成。尊成以否，義由赴告，成尊之狀，在於書薨，故赴則稱薨，不赴則不稱薨也。《禮》：適祔於適祖姑，妾祔於妾祖姑。亦既不祔於姑，便是適、妾莫辨，故祔則稱夫人，不祔則不稱夫人也。既葬於墓，反哭於寢，哀之尤極，情之最切。既葬而不反哭，全是不念其親，葬與不葬，殆無以異。故不反哭，❸則不書葬也。皆所以懲臣子，責其不行禮也。人之行禮，有勤有惰，未必廢則俱廢，行則皆行。此聲子自三禮皆闕，其餘或可一行一否。《釋例》曰：「夫人子氏赴而不反哭，故不書葬。定姒則反哭而不赴，故書葬而不言小君。」以此二者，據傳則然，理在不惑，但不知赴而不祔，祔而不赴者，辭當云何耳。薨者，夫人之死號，不稱夫人，必不得稱薨也。❹小君者，夫人之別號，不稱夫人，必不得稱小君也。「孟子卒」下注云：「不稱夫人，故不言薨。」是夫人與薨文相將也。「葬定姒」，傳曰：「不稱小君，不成喪也。」注云：「不赴不祔，故不稱小君。」傳以「不赴不祔」解「不稱夫人」，

---

❶「即」，阮本作「乃」。
❷「於書」，文淵閣本、阮本作「書於」。
❸「不」，原作「下」，據正宗寺本、足利學本、文淵閣本、阮本改。
❹「得稱」，原作「稱得」，據正宗寺本、文淵閣本、阮本改。

注以「不赴不祔」解「不稱小君」，是夫人、小君文相將也。夫人也，薨也，小君也，三者相將之物，不可致詰。蓋赴、祔二禮，課行一事，則具此三文。二事並廢，則三文皆去耳。何則？檢此傳相配，不赴則不曰薨，不祔則不稱夫人。是稱夫人由祔不由赴也。孟子之傳乃云：「不赴，故不稱夫人。」是稱夫人由於赴，不由於祔也。定姒之傳云：❶「不稱夫人，不赴且不祔。」又以二事並解不稱夫人。注云：「赴同祔姑，夫人之禮。二者皆闕，故不曰夫人。」明是二者俱闕，乃去夫人，課行一事，則稱夫人，稱夫人則必書薨，書薨則必稱小君。所異者，不反哭則不書葬，若不書葬，則小君之文無所施耳，即仲子是也。赴同祔姑皆是夫人之禮，故赴而不祔，祔而不赴，則皆曰夫人某氏薨。惠公自有元妃，別爲仲子立廟，則仲子未必祔姑，蓋以赴同之故得稱夫人薨也。**不書姓，爲公故，曰「君氏」。**不書姓，辟正夫人也。隱見爲君，故特書於經，稱曰「君氏」，以別凡妾媵。【疏】注「不書」至「妾媵」。正義曰：辟正夫人，謂辟仲子耳。何則？妾子爲君，則其母得爲夫人，不須辟孟子也。但公以讓位之故，不從正君之禮，故亦不備禮於其母，使之辟仲子也。《釋例》曰：「凡妾子爲君，其母猶爲夫人。雖先君不命其母，母以子貴，其適夫人薨，則尊德加於臣子，❷外内之禮皆如夫人矣。故姒氏之喪，責以小君不成。成風之喪，王使會葬，傳曰『禮也』。隱以讓桓攝位，故不成禮於聲子，假稱君氏，以別凡妾媵。蓋是一時之宜，隱之至義也。」是其辟仲子之意也。

鄭武公、莊公爲平王卿士。卿士，王卿之執政者。言父子秉周之政。**王貳于虢。**虢，西虢公，

---

❶「定姒」，阮校：「浦鏜云：『姒氏』誤『定姒』。」

❷「德」，正宗寺本、足利學本、文淵閣本、阮本作「得」。

亦任王朝。❶王欲分政於虢，不復專任鄭伯。**鄭伯怨王，王曰：「無之。」故周、鄭交質，王子狐爲質於鄭，鄭公子忽爲質於周。**王子狐，平王子。**王崩，周人將畀虢公政。**周人遂成平王本意。**四月，鄭祭足帥師取温之麥。秋，又取成周之禾。**四月，今二月也。秋，今之夏也。麥、禾皆未熟，言取者，蓋芟踐之。温，今河内温縣。成周，洛陽縣也。【疏】注「四月」至「陽縣也」。正義曰：此直言秋，秋有三月，若是季秋，則今之七月。杜必知「秋，今之夏」者，以此傳在武氏之上。案經，武氏之下有「八月，宋公和卒」，則知此是七月，故爲今之夏，謂今之五月也。麥孰在夏，而云麥、禾皆未孰者，謂四月之時麥未孰，七月之時禾未孰，二者異時，故言皆也。**周、鄭交惡。**兩相疾惡。**君子曰：「信不由中，質無益也。明恕而行，要之以禮，雖無有質，誰能間之？苟有明信，**❷**澗谿沼沚之毛，**❸谿亦澗也。沼，池也。沚，小渚也。毛，草也。**蘋蘩薀藻之菜，**❹蘋，大蓱也。蘩，皤蒿。薀藻，聚藻也。【疏】「澗谿」至「之菜」。正義曰：毛即菜也。而重其文者，谿沼言地之陋，蘋藻言菜之薄，❺故文重也。注「谿亦」至「毛草」。正義曰：《爾

---

❶「任」，《四部叢刊》本、足利學本、文淵閣本、阮本作「仕」。

❷「信」，阮校：「《詩・采蘩》正義引作『德』。」

❸「沚」，阮校：「《釋文》作『時』，云『本又作沚』。疏云：『沚』與『時』音義同。」

❹「薀藻」，阮校：「《詩・采蘋》正義引作『蘊藻』，《文選・蜀都賦》注引同，宋張有《復古篇》以『蘊』爲『薀』之俗體。」

❺「蘋」，阮校：「山井鼎云：作『蘊』。」

雅・釋山》云：「山夾水，澗。」李巡曰：「山間有水。」《釋名》曰：「言水在兩山間也。」《釋水》曰：「水注川曰谿。」李巡曰：「水出於山，入於川。」《釋山》又云：「山瀆無所通，谿。」李巡曰：「山中水瀆，雖無所通，與水注川同名。」宋均曰：「無水曰谷，有水曰谿。」然谿亦山間有水之名，❶是澗之類，故云「谿亦澗也」。沼者，池之別名。張揖《廣雅》亦云：「沼，池也。」應劭《風俗通》云：「池者，陂池。從水，也聲。」沚與時音義同。《釋水》曰：「小渚曰沚。」❷《釋名》曰：「沚，止也，小水可止息其上。」草是地之毛。《周禮》「宅不毛」，謂宅內無草木也，故杜以毛爲草。草即下句蘋蘩薀藻是也。蘩，陸菜，而云沼沚之毛者，或采之水旁，非皆水內也。注「蘋大」至「聚藻也」。正義曰：《釋草》云：「苹，蓱，其大者蘋。」舍人曰：「苹，一名蓱，大者名蘋。」郭璞曰：「水中浮蓱，江東謂之薸。」陸璣《毛詩義疏》云：❸「今水上浮蓱是也。其麤大者謂之蘋，小者曰蓱。季春始生。可糝烝爲茹，又可苦酒淹以就酒。」《釋草》又云：「蘩，皤蒿。」孫炎曰：「白蒿也。」陸璣《疏》曰：「凡艾白色爲皤蒿，今白蒿，春始生，及秋香美。

---

❶「然」下，正宗寺本、文淵閣本、阮本有「則」字。

❷「渚」，阮校：「陳樹華云：南宋本作『陼』。按，今本《爾雅》作『陼』，《釋文》云：『陼』，字又作『渚』。」

❸「陸璣」，正宗寺本或作「璣」，或作「機」。阮本作「陸機」，阮校：「宋本、毛本『機』作『璣』。按，嘉定錢大昕云：古書『機』與『璣』通，馬、鄭《尚書》『璿璣』字皆作『機』。《隋書・經籍志》『烏程令吴郡陸機』，本從木旁，元恪與士衡同時又同姓名，古人不以爲嫌也。自李濟翁《資暇集》强作解事，謂元恪名當從玉旁，晁公武《讀書志》承其説，以或題陸機者爲非，自後經史刊本遇元恪名輒改從玉旁。予謂考古者但當知《艸木疏》爲元恪撰，非士衡撰，若其名則皆從木。而士衡名字與《尚書》相應，果欲依今本《尚書》，何不改士衡名邪？」下「陸璣」同，不再出校。

可生食，又可烝。一名遊胡，北海人謂之旁勃。故《大戴禮·夏小正》傳曰：『蘩，遊胡。遊胡，旁勃也。』」許慎《説文》云：「薻，❶水草。從艹，從水，巢聲。或作藻，從澡。」《毛詩傳》曰：「藻，聚藻也。」然則此草好聚生。蕰訓聚也，故云「蕰藻，聚藻也」。陸璣《疏》云：「生水底，有二種：其一種葉如雞蘇，莖大如箸，長四五尺。其一種莖大如釵股，葉如蓬，謂之聚藻。」又云：「扶風人謂之藻，聚爲發聲也。此二藻皆可食，煮熟挼去腥氣，米麪糝烝爲茹，嘉美，揚州人饑荒可以當穀食。」**筐筥錡釜之器，**方曰筐，圓曰筥，無足曰釜，有足曰錡。**潢汙行潦之水，**潢汙，停水。行潦，流潦。**可薦於鬼神，可羞於王公。**羞，進也。**而況君子結二國之信，行之以禮，又焉用質？**通言盟約彼此之情，故云二國。**《風》有《采蘩》、《采蘋》，**《采蘩》、《采蘋》，《詩·國風》。義取於不嫌薄物。**《雅》有《行葦》、《泂酌》，**《詩·大雅》也。《行葦》篇義取忠厚也，《泂酌》篇義取雖行潦可以共祭祀也。**昭忠信也。」**明有忠信之行，雖薄物皆可爲用。【疏】注「方曰」至「曰錡」。❷　正義曰：此皆《詩》毛傳、鄭箋之文也。❸《説文》云：「筥，飯牛筐也。」《廣雅》云：「錡，釜也。」　注「潢汙」至「流潦」。　正義曰：停水，謂水不流也。行，道也。雨水謂之潦，言道上聚流者也，服虔云「畜小水謂之潢，水不流謂之汙。行潦，道路之水」是也。此水用爲飲食，故引《泂酌》之篇。藻雖潦水所生，要此潦非生菜處也。「可薦」至「王公」。　正義曰：上言鬼神，此言王公，是生王公也。或以爲王公亦謂鬼神，非生王公也。此傳之

❶「薻」，阮校：「諸本作『藻』。」

❷「注方曰至曰錡」，阮本以下正義四節分疏於傳文各節下。

❸「詩毛傳」，文淵閣本、阮本作「毛詩傳」。「鄭箋之文」，阮校：「浦鏜《正誤》云：『鄭箋之』三字衍文。」

意，取《詩》爲言。《泂酌》論天子之事，是羞於王也。《采蘩》云公侯之事，是羞於公也。言薦又言羞者，鄭玄注《庖人》云：「備品物曰薦，致滋味乃爲羞。」「雅有行葦」。正義曰：《采蘩》、《采蘋》、《泂酌》，上傳所言皆有彼篇之事，其言未及《行葦》。今言《行葦》者，其意別取忠厚，非以結上也。

武氏子來求賻，王未葬也。【疏】「武氏」至「葬也」。❶ 正義曰：蘇氏云：案文九年「毛伯來求金」，傳曰：「不書王命，未葬也。」此傳直云「王未葬」。不同者，毛伯直釋不稱使，故云「不書王命」，此武氏子非但不稱使，又稱父族，二事皆由未葬，故直云「王未葬也」。

宋穆公疾，召大司馬孔父而屬殤公焉，曰：「先君舍與夷而立寡人，先君，穆公兄宣公也。與夷，宣公子，即所屬殤公。【疏】「而立寡人」。正義曰：《曲禮下》曰：「諸侯見天子曰臣某、侯某，其與民言自稱曰寡人。」今與臣言亦云寡人，則知其對臣民自稱同也。《老子》曰：「孤寡不穀，王侯之謙稱。」故以下諸侯自稱，亦多言不穀。**寡人弗敢忘。若以大夫之靈，得保首領以没，先君若問與夷，其將何辭以對？請子奉之，以主社稷，寡人雖死，亦無悔焉。」對曰：「羣臣願奉馮也。」**馮，穆公子莊公也。**公曰：「不可。先君以寡人爲賢，使主社稷，若棄德不讓，是廢先君之舉也，豈曰能賢？**言不讓則不足稱賢。**光昭先君之令德，可不務乎？吾子其無廢先君之功。」**先君以舉賢爲功，我若不賢是廢之。**使公子馮出居于鄭。**辟殤公也。**八月，庚辰，宋穆公卒，殤公即位。君子曰：「宋宣公可謂知人矣。立**

---

❶「武氏至葬也」，阮本此節正義在下文「先君舍與夷而立寡人」句注下。

穆公，其子饗之，命以義夫。命出於義也。夫，語助。【疏】「命以義夫」。正義曰：義者宜也。錯心方直，動合事宜，乃謂之爲義。宣公之立穆公，知穆公之賢，必以義理，不棄其子。今穆公方卒，命孔父以義事而立殤公，是穆公命立殤公，出於仁義之中，故杜云「命出於義也」。必知「命以義夫」謂穆公命立殤公者，以杜注云「帥義而行，則殤公宜受此命，宜荷此禄」。「公子馮不帥父義」，「終傷咸宜之福」。明知殤公受穆公之命與殷湯、武丁同有「咸宜」，是知穆公命殤公是爲義也。**《商頌》曰：『殷受命咸宜，百禄是荷。』其是之謂乎？」**《詩·頌》。言殷湯、武丁受命皆以義，故任荷天之百禄也。帥義而行，則殤公宜受此命，宜荷此禄。公子馮不帥父義，忿而出奔，因鄭以求入，終傷咸宜之福，故知人之稱唯在宣公也。殷禮有兄弟相及，不必傳子孫，宋其後也，故指稱《商頌》。【疏】「商頌」至「謂乎」。正義曰：《商頌·玄鳥》之卒章，言殷湯、❶武丁此二王者，受天之命，皆得其宜，故天之百種之禄，於是乎荷負之。言天禄皆歸，故得而荷負也。今穆公立殤公，亦得其宜，故殤公宜荷此禄，《詩》之意其是此事之謂乎？注「詩頌」至「商頌」。正義曰：唐虞之代，契爲司徒，封於商。十四世至湯，王有天下，遂以商爲代號。後世有武丁者，中興賢君，時有作詩頌之者，謂之《商頌》，美湯與武丁能荷天禄。今殤公亦荷天禄，與《詩》義同，故引以證之。《公羊傳》言宋之禍，宣公爲之，尤其舍子立弟，果令馮有争心。以馮之争，爲宣公之過。今此傳善宣公，故申明其事，若使帥義而行，則殤公宜受此命，宜荷此禄，但公子馮不帥父義，失其咸宜，故知人之稱唯在宣公，止善宣公知穆公耳。馮自争

---

❶「殷」，文淵閣本、阮本作「成」。

國，非宣公之罪，故善之。傳言使公子馮出居于鄭，則是父使之出。注言「忿而出奔」者，四年傳曰：「公子馮出奔鄭，鄭人欲納之。」又衛告宋曰：「君若伐鄭，以除君害。」是馮出奔鄭，求入，欲害宋國也。父使居鄭，欲以辟殤公，馮乃因鄭，欲以害殤公，故據父言之，則云使之「出居」，據馮言之，則云「忿而出奔」，各從其實而爲之文也。《謚法》：「短折不成曰殤」，「布德執義曰穆」。

冬，齊、鄭盟于石門。尋盧之盟也。盧盟在春秋前。盧，齊地，今濟北盧縣故城。**庚戌，鄭伯之車僨于濟。**既盟而遇大風，傳記異也。十二月無庚戌，日誤。**【疏】**注「既盟」至「日誤」。　正義曰：《釋言》云：「僨，僵也。」舍人曰：「背踣意也。」車踣而入濟，是風吹之隊濟水，非常之事，故云『傳記異也』。《禹貢》：「導沇水東流爲濟，入于河，溢爲滎。」❶《釋例》曰：「濟自滎陽卷縣東經陳留至濟陰，北經高平，東經濟北，東北經濟南，至樂安博昌縣入海。」案檢水流之道，今古或殊。杜既考校元由，據當時所見，載於《釋例》，今一皆依杜。雖與《水經》乖異，亦不復根尋也。庚戌無月，而云十二月者，以經盟于石門在十二月，知此亦十二月也。經書十二月，下云「癸未，葬宋穆公」，計庚戌在癸未之前三十三日，不得共在一月，故《長歷》推此年十二月甲子朔，十一日有甲戌，二十三日有丙戌，不得有庚戌。而月有癸未，則月不容誤，知日誤也。

衛莊公娶于齊東宮得臣之妹，曰莊姜。得臣，齊大子也。大子不敢居上位，故常處東宮。**【疏】**「衛莊」至「莊姜」。　正義曰：齊國，侯爵。《譜》云：「姜姓，大公望之後，其先四岳，佐禹有功，或封於呂，或封於

---

❶「滎」，阮本作「榮」。阮校：「宋本、閩本、監本、毛本『榮』作『滎』，亦非。案，當作『熒』，《周禮·職方氏》注引作『洪爲熒』也。今『熒』作『滎』，衛包所改。」

申，故太公曰吕望也。大公股肱周室，成王封之於營丘，今臨淄是也。僖公九年，魯隱公之元年也。簡公四年，獲麟之歲也。簡公弟平公十三年，《春秋》之傳終矣。平公二十五年卒。後二世七十年而田氏奪齊，大公之後滅矣。」案《齊世家》，莊公生僖公。東宫得臣，未知何公大子。案《史記·十二諸侯年表》，衛莊公之立在春秋前三十五年，齊僖公之立在春秋前八年，然則莊姜必非齊僖公之女，蓋是莊公之女，僖公姊妹也。得臣爲大子，早死，故僖公立也。不言僖公姊妹，而繫得臣者，見其是適女也。得臣爲大子，云「常處東宫」者，四時東爲春，萬物生長在東，西爲秋，萬物成就在西。以此君在西宫，大子常處東宫也。或可據《易》象：❶西北爲乾，乾爲君父，故君在西。東方震，震爲長男，故大子在東宫也。❷ **美而無子，衛人所爲賦《碩人》也。**《碩人》，詩義取莊姜美于色，賢于德，而不見荅，終以無子，國人憂之。【疏】「所爲賦碩人也」。 正義曰：此賦謂自作詩也。班固曰：「不歌而誦亦曰賦。」鄭玄云：「賦者，或造篇，或誦古。」然則賦有二義。此與閔二年鄭人賦《清人》，許穆夫人賦《載馳》，皆初造篇也。其餘言賦者，則皆誦古詩也。 **又娶于陳，曰厲嬀。生孝伯，早死。**陳，今陳國陳縣。 **其娣戴嬀，生桓公，莊姜以爲己子。**嬀，陳姓也。厲、戴皆謚。雖爲莊姜子，然大子之位未定。【疏】「又娶于陳」。❸ 正義曰：陳國，侯爵。《譜》云：「嬀姓，虞舜之後。當周之興，有虞遏父者爲周陶正。武王賴其利器用，與其先聖之後，以元女大姬妃遏父之子滿，封於陳，賜姓曰嬀，號胡公。桓公二十三年，魯隱公

❶「易」，阮校：「《考文》作『見』。」
❷「宫」，正宗寺本、足利學本、文淵閣本、阮本無此字。
❸「又娶于陳」，阮本以下正義二節分疏於傳文各節下。

之元年也。滑公二十一年，獲麟之歲也。二十四年，楚滅陳。」此當桓公時，二嬀蓋桓公姊妹也。注「嬀陳」至「未定」。正義曰：《謚法》：「暴慢無親曰厲。」「典禮無愆曰戴。」是皆謚也。石碏言：「將立州吁，乃定之矣。」請定州吁，明大子之位未定。《衛世家》言立完爲大子，非也。**公子州吁，嬖人之子也，**嬖，親幸也。**有寵而好兵。公弗禁。莊姜惡之。石碏諫曰：❶「臣聞愛子，教之以義方，**石碏，衛大夫。**弗納於邪。驕奢淫泆，所自邪也。四者之來，寵禄過也。將立州吁，乃定之矣。若猶未也，階之爲禍。**言將立爲大子，則宜早定。若不早定，州吁必緣寵而爲禍。【疏】「弗納」至「過也」。正義曰：驕謂恃己陵物，奢謂夸矜僭上，淫謂嗜欲過度，泆謂放恣無藝。此四者之來，從邪而起，故服虔云「言此四者過從邪起」是也。劉炫云：「此四者所以自邪己身，言爲之不已，將至於邪。邪謂惡逆之事。」劉又難服云：「邪是何事，能起四過？若從邪起，何須云『四者之來，寵禄過也』？寵禄豈是邪事，四者得從而來乎？且言『弗納於邪』，懼其緣驕以至於邪，非先邪而後驕也。」**夫寵而不驕，驕而能降，降而不憾，憾而能眕者，鮮矣。**如此者少也。降其身則必恨，恨則思亂，不能自安自重。【疏】「夫寵而」至「鮮矣」。正義曰：恃君寵愛，未有不驕。亦既驕矜，必不能自降其心。强降其心，未有不恨。亦既怨恨，必不能自重其身。《釋言》云：「眕，重也。」言恨則思亂，必不能自安自重也。寵而必驕，降而必憾，言其勢必自然，故言其能不然者少也。驕而不能降，憾而不能眕，言其心難自抑，故言其能然者少也。鮮訓少，以一鮮揔四事，言四事皆鮮也。**且夫賤妨貴，少陵長，遠間親，新間舊，**

❶「碏」，阮校：「漢石經《公羊》殘碑『碏』從足，作『踖』。」

小加大，小國而加兵於大國，如息侯伐鄭之比。**淫破義，所謂六逆也。君義，臣行，父慈，子孝，兄愛，弟敬，所謂六順也。**臣行君之義。【疏】「賤妨」至「破義」。正義曰：賤妨貴，謂位有貴賤。少陵長，謂年有長幼。楚公子申多受小國之賂，以偪子重、子辛，是賤人而妨貴人也。郲捷菑以弟而欲奪兄位，是年少而陵年長也。齊東郭偃、棠無咎專崔氏之政，而侮崔成、崔彊，是踈遠而間親戚也。晉胥童、夷羊五得君寵，而去三郤，是新臣而間舊臣也。息伐鄭，曹奸宋，是小國而加大國也。陳靈、蔡景姦穢無度，是邪淫而破正義也。妨謂有所害，陵謂加尚之，間謂居其間使彼踈遠也，加亦加陵，破謂破散，淫義不兩立，行惡則破善，故言破也。**去順效逆，所以速禍也。君人者，將禍是務去，而速之，無乃不可乎？」弗聽。其子厚與州吁游，禁之，不可。桓公立，乃老。**老，致仕也。四年經書州吁弒其君，故傳先經以始事。【疏】「去順效逆」。正義曰：州吁於逆則少陵長，於順則弟不敬，是去順效逆也。六順六逆，❶因事廣言，非謂州吁徧犯之也。注「老致」至「始事」。正義曰：禮，七十而致事，言還其所掌之事於君也。傳之初始有此，故言傳先經以始事。餘不注，從可知也。

【經】四年，春，王二月，莒人伐杞，取牟婁。無傳。書「取」，言易也。例在襄十三年。杞國本都陳留雍丘縣。推尋事跡，桓六年淳于公亡國，杞似并之，遷都淳于，僖十四年又遷緣陵，襄二十九

❶「六逆」，原爲二空格，據正宗寺本、足利學本、文淵閣本、阮本補。

年晉人城杞之淳于，杞又遷都淳于。牟婁，杞邑，城陽諸縣東北有婁鄉。【疏】「莒人」至「牟婁」。　正義曰：《譜》云：「杞，姒姓，夏禹之苗裔。武王克殷，求禹之後，得東樓公，而封之於杞，今陳留雍丘縣是也。九世及成公，遷緣陵，文公居淳于。成公始見《春秋》。湣公六年，獲麟之歲也。湣公弟哀公三年，《春秋》之傳終矣。哀公十年卒，自哀公以下二世十三年而楚滅杞。」❶檢杞於此歲已見於經，桓二年有「杞侯來朝」，莊二十七年有「杞伯來朝」，於傳並無號謚，又不書其卒。僖二十三年杞成公卒，其謚乃見於傳。未知此年杞國定是何君，當是成公之父祖耳。牟婁，杞邑，莒伐取之，自是以後，常爲莒邑，昭五年「莒牟夷以牟婁來奔」是也。文三年秦人伐晉，傳稱取王官及郊，襄二十三年齊侯伐晉，傳稱取朝歌，並書伐不書取。此伐、取兩書者，彼告伐不告取，此伐、取並告故也。昭元年伐莒取鄆，書「取」不書「伐」，昭十年伐莒取郠，書「伐」不書「取」者，元年兵未加莒而鄆逆服，故書取不書伐，十年晉以取郠討公，故書伐不書取。其伐國圍邑，書圍以否，亦從告也。　注「書取」至「婁鄉」。　正義曰：襄十三年傳例曰：「凡書取，言易也。」知此書取亦言易也。《地理志》云：「陳留郡雍丘縣，故杞國，武王封禹之後東樓公。」是杞本都陳留雍丘縣也。《志》又云：「北海郡淳于縣。」應邵曰：❷「《春秋》州公如曹，《左氏傳》曰：淳于公如曹。」臣瓚案：「州，國名，淳于，國之所都。」此淳于縣於漢屬北海郡，晉時屬東莞郡。故《釋例·土地名》云：「州國都於東莞淳于縣。」以雍丘、淳于雖郡別而竟連也。桓五年傳稱：「淳于公如曹，度其國危，遂不復。」六年春「實來」，雖知其國必滅，不知何國取之。襄二十九年晉帥諸侯城杞，昭元年祁午數趙文

---

❶「杞」，阮校：「按，《釋例》『杞』作『之』。」

❷「邵」，正宗寺本、足利學本、文淵閣本、阮本作「劭」。

子之功云「城淳于」，是知淳于即杞國之都也。僖十四年「諸侯城緣陵而遷杞」，不知從何而遷，故云「淳于公亡國，杞似并之」，而遷居其地。僖十四年又從淳于而遷於緣陵，襄二十九年又從緣陵而遷於淳于。以無明文，疑不敢質，故言「推尋事跡」，似當然也。雖然，❶淳于爲杞所并，定似不虚，而還都淳于，未有事跡，自雍丘而遷緣陵，亦可知矣。而杜必言遷都淳于，又從淳于遷緣陵者，以桓六年淳于公亡國，襄二十九年又杞都淳于，則淳于始末是杞之所有，又杞之所都，故疑未都緣陵之前，亦都淳于也。取國易者則直言「取」，若取邿、取鄟之類是也，❷故不須加「伐」於上。若其伐國取邑，其邑既小，不得名通，若不加「伐」於上，不知得何國之邑，是以雖易亦加「伐」文，則「伐杞取牟婁」、「伐邾取須句」之類是也。成二年「取汶陽田」，乞師盟主，興兵伐齊，得邑既難，而亦書「取」者，因其伐齊，晉使還汶陽之田，魯不加兵，故書「取」，從易也。劉君或疑此意，遂云「上言伐，下言取者，非易」，以規杜氏，非也。

戊申，衛州吁弑其君完。稱臣弑君，臣之罪也。例在宣四年。戊申，在三月十七日，❸有日而無月。【疏】注「稱臣」至「無月」。　正義曰：宣四年傳例曰：「凡弑君，稱君，君無道也，稱臣，臣之罪也。」注云：「稱君，謂唯書君名。而稱國以弑，言衆所共絶也。稱臣者，謂書弑者之名，以示來世，終爲不義。」然則此稱州吁之名，稱臣弑君，是臣之罪也。言完非無道，而州吁爲賊也。州吁實公子，而不稱公子者，傳文更無褒貶，直

❶「雖」，文淵閣本、阮本作「若」。
❷「鄟」，原作「剸」，據正宗寺本、足利學本、文淵閣本、阮本改。
❸「在」，《四部叢刊》本、足利學本、文淵閣本、阮本無此字。

是告辭不同，史有詳略耳。公子雖復非族，而文當族處，《春秋》書族以否，大有乖異，故杜備言之。《釋例》曰：「尋案《春秋》諸氏族之稱，甚多參差，而先儒皆以爲例。欲託之於外赴，則患有人身自來者，例不可合，因以辟陋未賜族爲説。弑君不書族者四事，州吁、無知，不稱公子、公孫，賈氏以爲弑君取國，故以國言之。案公子商人亦弑君取國，而獨稱公子。宋督，賈氏以爲督有無君之心，故去氏。案傳自以先書弑君見義，不在於氏也。宋萬，賈氏以爲未賜族。案傳稱南宫長萬，則爲已氏南宫，不得爲未賜族也。執殺大夫不書族者二事，楚殺得臣與宜申，賈氏皆以爲陋。案楚殺大夫公子側、大夫成熊之等六七人，皆稱氏族，無爲獨於此二人陋也。欲以爲通例，則有若此之錯。欲以爲無義例，則傳曰『嘉之，故不名』，『書曰仲孫，嘉之』，『書曰崔氏，非其罪』，翬、溺帥師皆曰『疾之』，『稱族，尊君命』，『舍族，尊夫人』，『尊晉罪己』之文，炳然著明。以此推之，知亦非仲尼所遺也。斯蓋非史策舊法，故無凡例。當時諸國，以意而赴，其或自來聘使者，辭有詳略。仲尼脩《春秋》，因采以示義。義之所起，則刊而定之，不者即因而示之，不皆刊正也。故蔡人嘉赴，而經從稱季，傳曰：『蔡人嘉之。』書崔氏，傳亦曰『且告以族』，明皆從其本也。書司馬華孫來盟，亦無他比，知非大例也。然則揔而推之，《春秋》之義，諸侯之卿當以名氏備書於經，其加貶損，則直稱人，若有褒異，則或稱官，或稱氏。若内卿有貶，則特稱名，文不宜言魯人，故異於外也。若無褒無貶，傳所不發者，則皆就舊文，或未賜族，或時有詳略也。推尋經文，自莊公以上，諸弑君者皆不書氏，閔公以下皆書氏，亦足明時史之異同，非仲尼所皆刊也。」是杜解州吁不稱公子之意。杜知然者，正以經之所書無常比例，褒則或書官，或書氏，貶則或稱人，或去族。既無定例，明非舊典。仲尼有所起發，則刊正舊史，無所褒貶，則因循故策。仲尼改者，傳辨其由，傳所不言，則知無義，正是史官自有詳略故耳。戊申在癸未之後二十五日，更盈一周，則八十五日。往年十二月癸未葬宋穆公，則此年二月不得有戊申。雖承二月之下，未必是二月之日。故《長歷》推此年二月癸亥朔，十日壬申，二十二日甲申，不得有戊申也。三月壬辰朔，則十七日有戊申也。此經上有二月，下有夏，得在三月之内，不是字誤，故云「有日而無月」。僖二十八年「冬」下無月，而經有「壬申，公朝于王所」，有日而無月，經有比類，故知此亦同之。凡如此者，有十四事。

夏，公及宋公遇于清。遇者，草次之期，二國各簡其禮，若道路相逢遇也。清，衛邑，濟北東阿縣有清亭。【疏】注「遇者」至「清亭」。　正義曰：《曲禮下》云：「諸侯未及期相見曰遇，相見於郤地曰會。」然則會者，豫謀間地，克期聚集，訓上下之則，制財用之節，示威於衆，各重其禮。雖特會一國，若二國以上，皆稱會也。遇者，或未及會期，或暫須相見，各簡其禮，若道路相逢遇然。此時宋、魯特會，欲尋舊盟，未及會期，衛來告亂，故二國相遇。若三國簡禮亦曰遇，故莊四年「齊侯、陳侯、鄭伯遇于垂」是也。《曲禮》稱「未及期而相見」，指此類也。《周禮》「冬見曰遇」，則與此別。劉、賈以遇者用冬遇之禮，故杜難之。《釋例》曰：「遇者，倉卒簡儀，若道路相逢遇者耳。《周禮》『諸侯冬見天子曰遇』，劉氏因此名以説《春秋》，自與傳違。案《禮》『春曰朝，夏曰宗，秋曰覲，冬曰遇』，此四時之名，今者《春秋》不皆同之於《禮》。冬見天子，當是百官備物之時，而云遇禮簡易；經書『季姬及鄫子遇于防』，此婦呼夫共朝，豈當復用見天子之禮？於理皆違。」是言《春秋》之遇與《周禮》冬遇異也。草次，猶造次。造次，倉卒，皆迫促不暇之意。

宋公、陳侯、蔡人、衛人伐鄭。

秋，翬帥師會宋公、陳侯、蔡人、衛人伐鄭。公子翬，魯大夫，不稱公子，疾其固請，强君以不義也。諸外大夫貶，皆稱人，至於内大夫貶，則皆去族稱名。於記事之體，他國可言某人，而己魯之卿佐，❶不得言魯人，此所以爲異也。翬、溺去族，傳曰「疾之」，叔孫豹則曰「言違命」，此其例也。

【疏】注「他國」至「魯人」。正義曰：案「鄭伯使宛來歸祊，庚寅，我入祊」，及「齊侯伐我北鄙」，及「我師敗績」，然魯事皆得稱「我」，則己之卿佐被貶，亦可稱「我人」。所以不然者，凡云「我」者，皆上有他國之辭，故對他稱我，魯人出會他國，上未有他國之文，不可發首言「我人」故也。❷

九月，衛人殺州吁于濮。州吁弑君而立，未列於會，故不稱君。例在成十六年。濮，陳地水名。

【疏】注「州吁」至「水名」。正義曰：春秋之世，王政不行，賞罰之柄，不在天子。弑君取國，❸爲罪雖大，若已列於諸侯會者，則不復討也，其有臣子殺之，即與弑君無異。未必禮法當然，要其時俗如是。宣公殺惡取國，納賂於齊以請會，傳曰：「會于平州，以定公位。」杜云：「簒立者，諸侯既與之會，則不得復討，臣子殺之，與弑君同，故公與齊會而位定。」是其義也。《釋例》又云：「諸侯簒立，雖以會諸侯爲正，此列國之制也。至於國内，策名委質，即君臣之分已定，❹故諸殺不成君者，亦與成君同義。」然杜前注云：「簒立者，諸侯既與之會，臣子殺之，與弑君同。」則若未會諸侯，臣子殺之，不與弑君同。似與《釋例》違者，《釋例》所云「諸弑不成君，亦與成君同義」者，即莊九年齊人殺無知，及此年衛人殺州吁，以其未會諸侯，故不書爵，猶不從兩下相殺之例，故云亦與成君同

❶「魯」，《四部叢刊》本無此字。阮校：「岳本『魯』作『國』，連上文『而已』爲句，案，岳本是也。」
❷「首」，閩本、監本、毛本、文淵閣本作「例」。
❸「弑」，閩本、監本、毛本、文淵閣本作「殺」。
❹「已」，阮本無此字。

義。若既會諸侯，則臣弑稱爵，則文十八年「齊人弑其君商人」是也。曹伯負芻殺其大子而自立，成十五年諸侯「同盟于戚」。曹伯既列於會，然後晉人執之。十六年傳稱「曹人請于晉曰，若有罪，則君列諸會矣」，是列會即成君矣。此州吁未列於會，故不稱君。曹人之辭，即是成例，故云例在成十六年。殺之於濮，謂死於水旁也。《釋例・土地名》此濮下注云「闕」。哀二十七年傳濮下注云：「濮自陳留酸棗縣受河，東北經濟陰，至高平鉅野縣入濟。」彼濮與此名同實異，故杜於此不言闕，直云「濮，陳地水名」。

冬，十有二月，衛人立晉。衛人逆公子晉而立之。善其得衆，故不書入於衛，變文以示義。例在成十八年。【疏】注「衛人」至「八年」。　正義曰：成十八年傳例曰：「凡去其國，國逆而立之曰入。」此公子晉去衛居邢，衛人迎而立之，於法正當書「入」，宜與齊小白同文。傳言：「書曰『衛人立晉』，衆也。」是仲尼善其得衆，故改常例，變文以示義也。

【傳】四年，春，衛州吁弑桓公而立。公與宋公爲會，將尋宿之盟。未及期，衛人來告亂。

夏，公及宋公遇于清。❶宿盟在元年。

宋殤公之即位也，公子馮出奔鄭，鄭人欲納之。及衛州吁立，將脩先君之怨於鄭，謂二年鄭人伐衛之怨。【疏】注「謂二」至「之怨」。　正義曰：二年伐衛見經，故以屬之，未必往前更無怨也。《衛世家》稱，

❶「宋公」，纂圖本、閩本、監本、毛本、文淵閣本作「宋人」。

桓公十六年，乃爲州吁所弑，則隱之二年，當桓之世。服虔以先君爲莊公，非也。何則？宣公烝夷姜生急子，公納急子之妻生壽及朔，朔能搆兄，壽能代死，則是年皆長矣。宣公以此年即位，桓十二年卒，終始二十年矣。雖壽之死未知何歲，急子之娶當在宣初。若隱之二年莊公猶在，豈於父在之時已得烝父妾生急子也？《史記》雖多謬誤，此當信然。而求寵於諸侯，以和其民。諸簒立者，諸侯既與之會，則不復討，故欲求此寵。使告於宋曰：「君若伐鄭以除君害，害謂宋公子馮。君爲主，敝邑以賦與陳、蔡從，則衛國之願也。」言舉國之賦調。宋人許之。於是陳、蔡方睦於衛，蔡，今汝南上蔡縣。【疏】注「蔡今」至「蔡縣」。正義曰：蔡國，侯爵。《譜》云：「蔡，姬姓，文王子叔度之後也。武王封之於汝南上蔡，爲蔡侯，作亂見誅。其子蔡仲，成王復封之於蔡。至平侯，徙新蔡，昭侯徙九江下蔡。宣侯二十八年，魯隱公之元年也。昭侯子成侯十年，獲麟之歲也。成侯子聲侯四年，《春秋》之傳終矣。聲侯十四年卒。自聲侯以下，二世二十八年，而楚滅蔡。」《地理志》云：「汝南上蔡縣，故蔡國，周武王弟叔度所封。」故宋公、陳侯、蔡人、衛人伐鄭，圍其東門，五日而還。公問於衆仲曰：「衛州吁其成乎？」衆仲，魯大夫。對曰：「臣聞以德和民，不聞以亂。亂謂阻兵而安忍。以亂，猶治絲而棼之也。絲見棼緼，益所以亂。夫州吁阻兵而安忍，阻兵無衆，安忍無親，衆叛親離，難以濟矣。恃兵則民殘，民殘則衆叛，安忍則刑過，刑過則親離。夫兵，猶火也，弗戢，將自焚也。夫州吁弑其君，而虐用其民，於是乎不務令德，而欲以亂成，必不免矣。」【疏】「阻兵而安忍」。❶

---

❶「阻兵而安忍」，阮本此節正義在注「刑過則親離」下。

正義曰：阻訓恃也，❶恃兵以求勝，而征伐不已，安忍行虐事，刑殺過度也。

秋，諸侯復伐鄭。宋公使來乞師，乞師不書，非卿。公辭之。從衆仲之言。**羽父請以師會之，公弗許。固請而行。故書曰「翬帥師」，疾之也。諸侯之師敗鄭徒兵，取其禾而還。**羽父，公子翬。時鄭不車戰。【疏】「故書」至「疾之也」。❷ 正義曰：案元年傳：「邾人、鄭人盟于翼。公子豫請往，公不許，遂行。」彼則不書，又不加貶責。此公子翬之行，公亦不許，而書於經，又加貶責者，公子豫，公不許，私竊而行，翬則强梁，固請公，事不獲已，令其出會，故以君命而書，又加貶責。

州吁未能和其民，厚問定君於石子。石子，石碏也，以州吁不安諮其父。**石子曰：「王覲爲可。」曰：「何以得覲？」曰：「陳桓公方有寵於王，陳、衛方睦，若朝陳使請，必可得也。」厚從州吁如陳。石碏使告于陳曰：「衛國褊小，老夫耄矣，無能爲也。此二人者，實弑寡君，敢即圖之！」**八十曰耄。稱國小己老，自謙以委陳，使因其往就圖之。**陳人執之，而請涖於衛。**請衛人自臨討之。**九月，衛人使右宰醜涖殺州吁于濮，石碏使其宰獳羊肩涖殺石厚于陳。君子曰：「石碏，純臣也。惡州吁而厚與焉，大義滅親，其是之謂乎？」**子從弑君之賊，國之大逆，不可不除，故曰「大義滅

---

❶ 「阻訓恃也恃兵以求勝」，文淵閣本、阮本作「阻恃諸國之兵以求勝」。

❷ 「故書至疾之也」，阮本此節正義在「翬帥師疾之也」句下。

親」。明小義則當兼子愛之。❶【疏】「王覲爲可」。❷ 正義曰：於王處行覲禮，此事是爲可也。

衛人逆公子晉于邢。冬，十二月，宣公即位。公子晉也。書曰「衛人立晉」，衆也。【疏】「宣公即位」。❸ 正義曰：賊討乃立，自繼前君，故不待踰年也。

【經】五年，春，公矢魚于棠。書陳魚，以示非禮也。書棠，譏遠地也。今高平方與縣北有武唐亭魯侯觀魚臺。❹【疏】注「書陳」至「魚臺」。 正義曰：陳魚者，獸獵之類，謂使捕魚之人陳設取魚之備，觀其取魚以爲戲樂，非謂既取得魚而陳列之也。其實觀魚，而書陳魚者，國君爵位尊重，非蒐狩大事則不當親行，公故遣陳魚而觀其捕獲，主譏其陳，故書陳魚，以示非禮也。傳曰「非禮也，且言遠地」，故知書棠譏遠地也。

夏，四月，葬衛桓公。

秋，衛師入郕。將卑師衆，但稱師，此史之常也。

九月，考仲子之宫，初獻六羽。成仲子宫，安其主而祭之。惠公以仲子手文娶之，欲以爲夫人。諸侯無二嫡，蓋隱公成父之志，爲別立宫也。公問羽數，故書羽。婦人無謚，因姓以名宫。

---

❶「當」，足利學本、文淵閣本、阮本作「常」。

❷「王覲爲可」，阮本此節正義在「王覲爲可」句下。

❸「宣公即位」，阮本此節正義在注「公子晉也」下。

❹「唐」，阮校：「《史記正義》引杜注『唐』作『棠』，『魚』作『漁』。《釋例》亦云：唐即棠，本宋地。」

【疏】「九月」至「六羽」。　正義曰：三年之内，木主特祀於寢宫。廟初成，木主遷入其中，設祭以安神也。祭則有樂，故初獻六羽。初，始也。往前用八，今乃用六也。獻者奏也，奏進聲樂以娱神也。六羽謂六行之人秉羽舞也。　注「成仲」至「名宫」。　正義曰：「考，成」，《釋詁》文也。言「初獻六羽」者，謂初始而獻，非在後恒用。知者，案宣十五年「初税畝」，杜云「遂以爲常，故云初」。杜於此不解「初」義，明不與彼同。故《春秋》之經有文同事異，如此之類是也。注以祭文不見，故辨之云：「成仲子宫，安其主而祭之。」以其與「獻羽」連文，知「考」謂祭以成之，非謂始築宫成也。又解立宫之意，惠公以仲子手有「夫人」之文，因即娶之，雖不以爲夫人，有欲以爲夫人之意。禮，諸侯不再娶，於法無二適。孟子入惠公之廟，仲子無享祭之所，蓋隱公成父之志，爲别立宫。仲子以二年十二月薨，四年十二月已再期矣。喪畢即應入廟，至此始成宫者，仲子立廟本非正法，喪服既終，將爲吉祭，主無祭處，始議立之，故晚成也。傳云「始用六佾」，不書「佾」而書「羽」者，以公問羽數，故書羽也。婦人法不當謚，仲子無謚，故因姓以名宫也。立宫必書於策，羽則非當所書，善其復正，故書之。傳載衆仲之對，而言「公從之」，是其善之意也。爲書六羽，故言考宫，言其因考以獻羽也。若不爲羽，當云「立仲子之宫」，如立武宫、煬宫然，不須言考也。《禮·雜記下》云「成廟則釁之」，「路寢成則考之而不釁」，似廟則當釁，❶寢則當考。此廟言考者，考是成就之義。廟者鬼神所居，祭祀以成之，寢則生人所宅，飲食以成之。《雜記》注云「路寢者，生人所居。不釁者，不神之也。考之者，設盛食以落之」，是也。廟成釁之者，尊而神之，蓋木主未入之前已行釁禮也。案《雜記》釁廟之禮云：「祝、宗人、宰夫、雍人皆爵弁純衣，雍人拭羊，宗人視之。宰夫北面于碑南，東上，雍人舉羊升屋，自

❶「似」，足利學本、文淵閣本、阮本作「以」。

中，中屋南面，刲羊，血流于前，乃降。門、夾室皆用雞，先門而後夾室。其衈皆於屋下。割雞，門，當門；夾室，中室。有司皆鄉室而立，門則有司當門北面。既事，宗人告事畢，乃皆退。」是釁廟之禮。此言考宮獻羽，自爲主已入廟，則祭以成之，非釁禮，與彼異也。故《公羊傳》曰：「考宮者何？考猶入室也，始祭仲子也。」是謂祭爲考也。服虔云：「宮廟初成，祭之，名爲考。將納仲子之主，故考成以致其五祀之神，以堅之。」其意謂考即是釁也。案《雜記》釁廟之禮，止有雞羊，既不用樂，何由獻羽？言將納仲子之主，則是仍未入宮。然則作樂獻羽，敬事何神？考仲子之宮，唯當祭仲子耳，又安得致五祀之神乎？蘇氏云：「不稱夫人宫者，桓宮、僖宮不言公，則仲子例不合稱夫人宮也。」不稱廟而言宮者，於經例周公稱大廟，羣公稱宮，故仲子依例稱宮也。若然，案文十三年「大室屋壞」，大廟稱室者，謂大廟之室屋壞耳。若傳文，則大廟或稱宮，即「大宮之椽」是也，羣公或稱廟，即「同宗於祖廟」，「同族於禰廟」，是也。

邾人、鄭人伐宋。邾主兵，故序鄭上。【疏】注「邾主」至「鄭上」。　正義曰：❶天下有道，諸侯不得專行征伐。春秋之時，專行征伐，以其不禀王命，故以主兵爲首。雖小國主兵，即序於大國之上，欲見伐由其國，善惡所歸故也。雖大夫爲主，國君從之，亦序主兵於上。僖二十七年「楚人、陳侯、蔡侯、鄭伯、許男圍宋」，注云：「傳言楚子使子玉去宋。經書『人』者，恥不得志。以微者告，猶序諸侯之上，楚主兵故。」是微人主兵，亦序國君之上，史策之常法也。

---

❶「正」，原作「至」，據正宗寺本、足利學本、阮本改。

螟。無傳。蟲食苗心者爲災，故書。【疏】注「蟲食」至「故書」。　正義曰：《釋蟲》云：「食苗心，螟。食葉，蟘。食節，賊。食根，蟊。」舍人曰：「食苗心者名螟，言冥冥然難知也。」李巡曰：「食禾心爲螟，言其姦冥冥難知也。食禾葉者，言其假貣無厭，故曰蟘也。食其節者，❶言其貪狼，❷故曰賊也。食其根者，言其税取萬民財貨，故曰蟊也。」孫炎曰：「皆政貪所致，因以爲名。」郭璞曰：「分別蟲啖食禾所在之名耳。」李巡、孫炎以政致爲名，舍人、郭璞以食處爲名。陸璣《疏》云：「舊説螟、蟘、蟊、賊，一種蟲也，如言寇、賊、姦、宄，内外言之耳。故犍爲文學曰：此四種蟲皆蝗也。實不同，故分別釋之。」然則螟，非以蟲名，以食苗之處爲名耳。

冬，十有二月，辛巳，公子彄卒。大夫書卒不書葬。葬者臣子之事，非公家所及。【疏】注「大夫」至「所及」。　正義曰：《檀弓下》云：「君於大夫，將葬，弔於宫。」君親弔之而不書者，弔喪問疾，人君之常，❸假有得失，不足襃貶，如此小事，例皆不書。葬若國家所營，則亦不可不書。大夫之葬，皆臣子自爲，非公家所及，事不關國，無以得書葬也。他國之君書葬者，遣使往會，須書君命故耳。

宋人伐鄭，圍長葛。潁川長社縣北有長葛城。

【傳】五年，春，公將如棠觀魚者，臧僖伯諫曰：「凡物不足以講大事，臧僖伯，公子彄也。僖，謚

---

❶「食其節者」，阮校：「案，《詩正義》引李巡云作『食禾節者』，下『其根』亦作『禾根』。」

❷「狼」，毛本、文淵閣本及《毛詩正義》所引作「狠」。

❸「君」，文淵閣本、阮本作「道」。

也。大事，祀與戎。**其材不足以備器用，則君不舉焉。**材謂皮革齒牙、骨角毛羽也。器用，軍國之器。**君將納民於軌物者也，故講事以度軌量謂之軌，取材以章物采謂之物，不軌不物謂之亂政。亂政亟行，所以敗也。**言器用衆物不入法度，則爲不軌不物，亂敗之所起。**故春蒐、夏苗、秋獮、冬狩，**蒐，索，擇取不孕者。苗，爲苗除害也。獮，殺也，以殺爲名，順秋氣也。狩，圍守也，冬物畢成，獲則取之，無所擇也。**皆於農隙以講事也。**各隨時事之間。**三年而治兵，入而振旅，**雖四時講武，猶復三年而大習。出曰治兵，始治其事，入曰振旅，治兵禮畢，整衆而還。振，整也。旅，衆也。**歸而飲至，以數軍實，**飲於廟，以數車徒、器械及所獲也。**昭文章，**車服旌旗。**明貴賤，辨等列，**等列，行伍。**順少長，**出則少者在前，還則在後，所謂順也。**習威儀也。鳥獸之肉不登於俎，**❶俎，祭宗廟器。**皮革、齒牙、骨角、毛羽不登於器，**謂以飾法度之器。**則公不射，古之制也。若夫山林川澤之實，器用之資，皁隸之事，官司之守，非君所及也。」**士臣皁，皁臣輿，輿臣隸。言取此雜猥之物以資器備，是小臣有司之職，非諸侯之所親也。**公曰：「吾將略地焉。」**孫辭以略地。略，揔攝巡行之名。傳曰：「東略之不知，西則否矣。」**遂往，陳魚而觀之。**陳，設張也。公大設捕魚之備而觀之。**僖伯稱疾不從。書曰「公矢魚于棠」，非禮也，且言遠地也。**矢亦陳也。棠實他竟，❷故曰遠地。

---

❶「鳥獸之肉」，《經典釋文》：「一本作『其肉』。」

❷「實他」，阮本作「魯地」。

【疏】「觀魚者」。❶　正義曰：《説文》云：「漁，❷捕魚也。」然則捕魚謂之魚。《天官・𩺰人》：「掌以時𩺰爲梁。凡𩺰者，掌其政令。」是謂捕魚爲魚。魚者猶言獵者也。　「臧僖」至「敗也」。　正義曰：「凡物不足以講大事」者，物謂事物，旌旗車服之屬。若其爲教戰祭祀等大事故，布設陳列則可。如其細碎盤遊，雖陳其物，不堪足以講習大事。止謂不爲大事而陳此物，故云「不足以講大事」也。「其材不足以備器用」者，材謂皮革齒牙之屬。若其爲飾器用故，狩獵取材則可。如其因遊宴戲樂，所得之材不堪足以備飾器用。止謂不爲器用而取此材，故云「不足以備器用」也。人君一國之主，在民之上，當直己而行之，以法敺民而納之於善，故云「人君將納民於軌物者也」。言當爲軌爲物，納民於其中也。既言民歸軌物，更解軌物之名。故講習大事，以準度軌法度量，謂之爲軌。準度軌量，即謂習戰、治兵、祭祀之屬是也。取鳥獸之材，以章明物色采飾，謂之爲物。章明物采，即取材以飾軍國之器是也。劉炫云：「捕魚獵獸，其事相類。此諫大意，言人君可觀獵獸，不可觀捕魚。凡物者，廣言諸物，鳥獸魚鼈之類也。材謂所有皮革毛羽之類也。器謂車馬兵甲，軍國所用之物也。凡此諸物，捕之不足以講習兵事，其材不足以充備器用，如此者，則人君不親舉焉。其意言獵之坐作進退，可以教戰陳，獸之齒牙皮革，足以充器用，人君可以觀之。捕魚不足以教戰陳，鱗甲不足以爲器用，人君不宜觀之。人君以下云云同。今若人君所行不得其軌，舉動不順，器服不當其物，上下無章，如是則謂之荒亂之政也。亂政數行，國家之所以禍敗也。其意言魚非講事，是不軌，材不充用，是不物。今君觀魚，是爲亂國之政，禍敗之本，故不用使公行也。事度軌

❶「觀魚者」，阮本以下正義十四節分疏於傳文各節下。

❷「漁」，閩本、監本、毛本、文淵閣本作「魚」。

量，正謂順時狩獵以教習戎事也。材章物采，正謂取其皮革以脩造器物也。下云四時田獵，治兵振旅，以習威儀，覆此講事也。肉不登俎，材不登器，則公不射，覆此章物也。別言川澤之實，非君所及，指言不可觀魚，辭有首引，自相配成也。」注「臧僖」至「與戎」。正義曰：僖伯名彄，字子臧。《世本》云「孝公之子」，即此冬書「公子彄卒」是也。《謚法》：「小心畏忌曰僖。」是僖爲謚也。諸侯之子稱公子，公子之子稱公孫，公孫之子不得祖諸侯，乃以王父之字爲氏。計僖伯之孫始得以臧爲氏，今於僖伯之上已加臧者，蓋以僖伯是臧氏之祖，傳家追言之也。成十三年傳曰：「國之大事，在祀與戎。」故知大事，祀與戎也。必知兼祀者，以下云「鳥獸之肉不登於俎」故也。劉炫云：「田獵止教戎，而言祀者，獵狩主以祭祀，故并祀言之。下注云『俎，祭宗廟器』，見此意也。」注「言器」至「所起」。正義曰：車馬、旌旗、衣服、刀劍，無不皆有法度。器用衆物不入法度，廣言之也。器不當法，用非其物，則爲不軌不物。政不在君，則亂敗之所起也。注「蒐索」至「擇也」。正義曰：《爾雅·釋天》四時之獵名與此同，說者皆如此注，故杜依用之。《周禮·大司馬》職：「中春教振旅，遂以蒐田。中夏教茇舍，遂以苗田。中秋教治兵，遂以獮田。中冬教大閱，遂以狩田。」其名亦與此同。鄭玄解苗田與此小異，言「擇取不孕任者，若治苗去不秀實者」。孫炎亦然。桓四年《公羊傳》曰：「春曰苗，秋曰蒐，冬曰狩。」三名既與《禮》異，又復夏時不田。《穀梁傳》曰：「四時之田，皆爲宗廟之事也，春曰田，夏曰苗，秋曰蒐，冬曰狩。」皆與《禮》異者，良由微言既絶，曲辯妄生，丘明親受聖師，故獨與《禮》合。漢代古學不行，明帝集諸學士作《白虎通義》，❶因《穀梁》之文爲之生説，曰：「王者、諸侯所以田獵何？❷爲

---

❶「明帝」，阮校：「《困學紀聞》云：『章帝會諸儒於白虎觀，《正義》謂「明帝」，誤。』」

❷「王者」至「集士衆也」，孫校：「今《白虎通》無此文，蓋在逸篇中。」

苗除害，上以共宗廟，下以簡集士衆也。春謂之田何？春，歲之本，舉本名而言之也。夏謂之苗何？擇其懷任者也。❶秋謂之蒐何？蒐索肥者也。冬謂之狩何？守地而取之也。四時之田，揔名爲田何？爲田除害也。」

案：苗非懷任之名，何云「擇去懷任」？秋獸盡皆不瘦，何云「蒐索取肥」？雖名通義，義不通也。故先儒皆依《周禮》、《左傳》、《爾雅》之文而爲之説，其名亦有意焉。雖復春獵，獲則取之，不能擇取不孕，夏獵所取無多，不能爲苗除害。爲因時異而變文耳。謂之獵者，蔡邕《月令章句》云：「獵者，捷取之名也。」注「各隨時事之間」。

正義曰：隙訓間也。四仲之月，自是常期，就其月中，簡選間日。雖則農月，必有間時，故曰隨時事之間也。仲冬，農之最隙，故大備禮也。注「雖四」至「衆也」。正義曰：雖每年常四時講武，猶復三年而一大習，猶如四時常祀，三年而復爲禘祭，意相類也。出曰治兵者，以其初出，始治其事也。入曰振旅者，以治兵禮畢，整衆而還。振訊是整理之義，故振爲整也。「旅，衆也」，《釋詁》文。治兵振旅，坐作進退，其禮皆同，所異者唯長幼先後耳。《釋天》云：「出爲治兵，尚威武也。入爲振旅，反尊卑也。」孫炎曰：「出則幼賤在前，貴勇力也。入則尊老在前，復常法也。」莊八年《穀梁傳》曰：「出曰治兵，習戰也，入曰振旅，習戰也。」《公羊傳》曰：「出曰治兵，入曰振旅，其禮一也，皆習戰也。」是其禮同也。何休《公羊》爲「出曰祠兵」，休云：「殺牲饗士卒。」鄭玄《詩》箋引《公羊》亦作「治兵」，是其所見本異也。此治兵、振旅，亦四時教之，但於三年大習，詳其文耳。《周禮》「春教振旅」、「秋教治兵」者，四時教民各以其宜，春即止兵收衆，專心於農，秋即繕甲厲兵，將威不軌，故異其文耳。注「飲於」至「獲也」。正義曰：桓二年傳例曰：「凡公行，告于宗廟，反行飲至。」彼飲至在廟，知此言飲至，亦飲於廟也。

❶「擇其懷任者也」，阮校：「浦鏜《正誤》：『其』疑『去』。盧文弨校本作『擇去其懷任者也』。」

軍之資實，唯有車徒、器械，❶獵則有所獲。《詩序》：《車攻》，美宣王「脩車馬，備器械」，「因田獵而選車徒」。故知數軍實者，數車徒、器械及所獲也。《説文》云：「械，器之揔名。」虞喜云：「器械謂鎧甲、兜鍪也。」宣十二年傳言楚國「無日不討軍實而申儆之」，襄二十四年傳曰「齊社蒐軍實，使客觀之」，二注並云「軍實」、「軍器」，不言車徒及所獲者，彼無獵事，故不言也。

注「車服旌旗」。

正義曰：《周禮·巾車》職曰：革路「建大白以即戎」，木路「建大麾以田」。《司服》職曰：「凡兵事，韋弁服。凡甸，冠弁服。」鄭玄云：「甸，田獵也。」計田獵當乘木路，服冠弁，但三年治兵，乃習兵大禮，不宜乘田車，服田服，天子蓋乘革路，服韋弁也。在軍君臣同服，公卿以下蓋亦乘兵車，服兵服也。其旌旗，則尊卑異建。治兵之禮，爲辨旗物，必不建大白、大麾。《大司馬》職曰：「中秋教治兵，辨旗物之用，王載大常，諸侯載旂，軍吏載旗，師都載旜，鄉遂載物，郊野載旐，百官載旟，遂以獮田。」鄭玄云：「軍吏，諸軍帥也。師都，遂大夫也。鄉遂，鄉大夫也。或載旜，或載物。衆屬軍吏，無所將也。郊謂鄉遂之州長縣正以下也，野謂公邑大夫。載旐者，以其將羡卒也。百官，卿大夫也。載旟者，以其屬衛王也。凡旌旗，有軍衆者畫異物，無者帛而已。」然則治兵旌旗，當如《司馬》職文也。按《司常》職云：「及國之大閲，贊司馬頒旗物。王建大常，諸侯建旂，孤卿建旜，大夫士建物，師都建旗，州里建旟，縣鄙建旐，道車載旞，斿車載旌。」計大閲、治兵俱是教戰，而旌旗之物所建不同者，鄭玄云：「凡頒旗物，以出軍之旗則如秋，以尊卑之常則如冬。大閲備軍禮，而旌旗不如出軍之時空辟實。」❷然則大閲所建，尊卑之常，治兵所建，出軍之禮。此「三年治兵」與「秋教治

---

❶「唯」，阮校：閩本、監本、毛本作「雖」。

❷「軍」，閩本、監本、毛本、文淵閣本作「師」。

兵」，其名既同，建當不異，故服虔解此亦引《司馬》職文，明是旌旗所建，用秋辨旗物之法。案《大司馬》職「教治兵」，「王載大常」，所以《巾車》云「大麾以田」，又云「大白以即戎」者，先儒以爲王田，春夏則大麾，秋冬則大常，旌旗所用雖如治兵之時，然王若親軍，則建大白。

「鳥獸」至「於器」。正義曰：《説文》云：「革，獸皮治去其毛，革更之。」然則有毛爲皮，去毛爲革。《周禮·掌皮》「秋斂皮，冬斂革」，以其小異，❶故别時斂之，散文則皮、革通也。頷上大齒謂之爲牙，鳥翼長毛謂之爲羽。齒、牙、毛、羽各自小異，故歷言之也。「登於俎」，謂升俎以共祭。「登於器」，謂在器以爲飾。諸器之飾有用此材者。

注「俎祭宗廟器」。正義曰：饗燕之饌，莫不用俎，獨言宗廟器者，明田獵取禽，主爲祭祀，若止共燕食，則公亦不爲。下注云「法度之器」，其義亦然，非法之器，公亦不舉。登訓爲升。服虔以上「登」爲「升」，下「登」爲「成」。二「登」不容異訓，且云「不成於器」，爲不辭矣。又器以此物爲飾，寧復待之乃成也？《周禮·𠭥人》：「凡祭祀，共其魚之鱻薧。」《特牲》、《少牢》，祭祀之禮，皆有魚爲俎實。「肉登於俎，公則射之」，而以觀魚爲非禮者，此言不登於俎者，謂妄出遊獵，雖取鳥獸，元不爲祭祀。不登於器，亦謂盤遊元不爲取材以飾器物。今公觀魚，乃是遊戲，故以非之。然登俎、登器之物，雖君所親，至於庶羞雜物，細小之倫，雖爲祭祀，亦君不射。禮，水土之品，籩豆之物，苟可薦者，莫不咸在，豈皆公親之也？劉炫云：「此言田獵之時，小鳥小獸，❷則公不射。雖講事而田，尚不射小物，況魚非講事，不宜輒舉，不謂登俎之物皆公所親射。」祭祀水土云云同。

「若夫」至「及也」。正義曰：山林之實，謂材木樵薪之類。川澤之實，謂蔆芡魚蟹之

❶ 「小」，閩本、監本、毛本、文淵閣本作「少」。
❷ 「鳥」，阮校：「浦鏜《正誤》作『禽』。」

屬。此皆器用之所資，須賤人之所守掌，非人君所宜親及之也。此雖意諫觀魚，而廣言小事，故注云取此雜猥之物以資器備，非諸侯所親也。雜猥，謂諸雜猥碎也。資，謂器之資財待此而備，器之所用及所盛皆是也。《穀梁傳》曰：「禮，尊不親小事，卑不尸大功。魚，卑者之事也，公觀之，非正。」與此同也。若然，《月令》：季冬「命漁師始漁，天子親往嘗魚，先薦寢廟」。彼禮「天子親往」，此譏公者，彼以時魚絜美，取之以薦宗廟，特重其事。天子親行，意在敬事鬼神，非欲以爲戲樂。隱公觀魚，志在遊戲，故譏之也。　注「孫辭」至「否矣」。　正義曰：僖九年傳曰：「東略之不知，西則否矣。」又十六年傳曰：「謀鄫，且東略也。」略者，巡行之名也。公曰「吾將略地焉」，言欲案行邊竟，是孫辭也。若國竟之内，不應譏公遠遊，且言「遠地」，明是他竟也。《釋例》曰：「舊説：棠，魯地。據傳公辭欲略地，則非魯竟也。」《釋例·土地名》：「棠在魯部内，云本宋地，蓋宋、魯之界上也。」　注「矢亦陳也」。　正義曰：《釋詁》云：「矢，陳也。」**曲沃莊伯以鄭人、邢人伐翼**，曲沃，晉別封成師之邑，在河東聞喜縣。莊伯，成師子也。翼，晉舊都，在平陽絳邑縣東。邢國在廣平襄國縣。**王使尹氏、武氏助之。翼侯奔隨。**尹氏、武氏，皆周世族大夫也。晉内相攻伐，❶不告亂，故不書。傳具其事，爲後晉事張本。曲沃及翼本末見桓二年。隨，晉地。【疏】注「曲沃」至「國縣」。❷　正義曰：晉國，侯爵。《譜》云：「姬姓，武王子唐叔虞之後也。成王滅唐而封之。今大原晉陽縣是也。燮父改之曰晉。燮父孫成侯徙都曲沃，今河東聞喜縣是

---

❶「相」，原作「桓」，據《四部叢刊》本、足利學本、文淵閣本、阮本改。

❷「注曲沃至國縣」，阮本此節正義在注「邢國在廣平襄國縣」下。

也。穆侯徙都絳。鄂侯二年，魯隱公之元年也。定公三十一年，獲麟之歲也。出公八年，而《春秋》之傳終矣。出公十七年卒。自出公以下，五世八十二年，而韓、趙、魏滅晉也。」《地理志》云：「河東聞喜縣，故曲沃也。武帝元鼎六年行過，改名。」應邵曰：「武帝於此聞南越破，改曰聞喜。」《志》又曰：「趙國襄國縣，故邢國。」然則於漢屬趙國，於晉屬廣平。

夏，葬衛桓公。衛亂，是以緩。有州吁之亂，十四月乃葬。傳明其非慢也。

四月，鄭人侵衛牧，牧，衛邑。經書「夏四月葬衛桓公」，今傳直言夏而更以四月附鄭人侵衛牧者，於下事宜得月，以明事之先後，故不復備舉經文。三年「君氏卒」，其義亦同，他皆放此。**以報東門之役。**東門役在四年。**衛人以燕師伐鄭。**南燕國，今東郡燕縣。**鄭祭足、原繁、洩駕以三軍軍其前，使曼伯與子元潛軍軍其後。燕人畏鄭三軍，而不虞制人。**北制，鄭邑，今河南成皋縣也，一名虎牢。**六月，鄭二公子以制人敗燕師于北制。**二公子，曼伯、子元也。**君子曰：「不備不虞，不可以師。」**【疏】注「南燕」至「燕縣」。❶ 正義曰：燕有二國，一稱北燕，故此注言南燕以別之。《世本》：「燕國，姞姓。」《地理志》：東郡燕縣，「南燕國，姞姓，黄帝之後」也。小國無世家，不知其君號謚，唯莊二十年燕仲父見傳耳。

曲沃叛王。秋，王命虢公伐曲沃，而立哀侯。❷春，翼侯奔隨，故立其子光。

---

❶「注南燕至燕縣」，阮本此節正義在注「南燕國今東郡燕縣」下。

❷「侯」下，《四部叢刊》本、阮本有「于翼」二字。

衛之亂也，郕人侵衛，故衛師入郕。郕，國也，東平剛父縣西南有郕鄉。【疏】注「郕國」至「郕鄉」。正義曰：《史記・管蔡世家》稱：郕叔武，文王子，武王之母弟，「後世無所見」。既無世家，不知其君號謚。唯文十二年郕大子朱儒奔魯，書曰「郕伯來奔」，見於經、傳，則郕國伯爵也。

九月，考仲子之宮，將萬焉。萬，舞也。**公問羽數於衆仲。**問執羽人數。**對曰：「天子用八，**八八六十四人。**諸侯用六，**六六三十六人。**大夫四，**四四十六人。**士二。**二二四人。士有功，賜用樂。**夫舞，所以節八音而行八風，**八音，金、石、絲、竹、匏、土、革、木也。八風，八方之風也。以八音之器，播八方之風，手之舞之，足之蹈之，節其制而序其情。❶**故自八以下。」**唯天子得盡物數，故以八爲列。諸侯則不敢用八。**公從之。於是初獻六羽，始用六佾也。**魯唯文王、周公廟得用八，而他公遂因仍僭而用之。今隱公特立此婦人之廟，詳問衆仲，衆仲因明大典，故傳亦因言始用六佾。其後季氏舞八佾於庭，❷知唯在仲子廟用六。【疏】注「萬舞也」。❸正義曰：案《公羊傳》曰：「萬者何？干舞也。籥者何？羽舞也。」則萬與羽不同。今傳云「將萬焉」，「問羽數於衆仲」，是萬與羽爲一者，萬、羽之異，自是《公羊》之説。今杜直云「萬，舞也」，則萬是舞之大名也。何休云：所以仲子之廟唯有羽舞無干舞

---

❶「序」，《四部叢刊》本作「叙」。阮校：「宋本、淳熙本作『叙』。」按，足利學本作「序」。

❷「庭」，阮校：「淳熙本『庭』作『是』。」

❸「注萬舞也」，阮本以下正義五節分疏於傳文各節下。

者，「婦人無武事，獨奏文樂」也。劉炫云：「《公羊傳》曰萬者云云，籥者云云，羽者爲文，萬者爲武。武則左執朱干，右秉玉戚，文則左執籥，右秉翟。此傳將萬問羽，即似萬、羽同者，以當此時萬、羽俱作，但將萬而問羽數，非謂羽即萬也。經直書羽者，與傳互見之。」 注「六六三十六人」。 正義曰：何休説如此。服虔以「用六」爲六八四十八，「大夫四」爲四八三十二，「士二」爲二八十六。杜以舞勢宜方，行列既減，即每行人數亦宜減，故同何説也。或以襄十一年鄭人賂晉侯以「女樂二八」爲二佾之樂，知自上及下，行皆八人。斯不然矣。彼傳見晉侯減樂之半以賜魏絳，因「歌鐘二肆」，遂言「女樂二八」，爲下半樂張本耳，非以二八爲二佾。若二八即是二佾，鄭人豈以二佾之樂賂晉侯，晉侯豈以一佾之樂賜魏絳？ 「夫舞」至「八風」。 正義曰：舞爲樂主，音逐舞節，八音皆奏，而舞曲齊之，故舞所以節八音也。八方風氣寒暑不同，樂能調陰陽，和節氣，八方風氣由舞而行，故舞所以行八風也。 注「八音」至「其情」。 正義曰：八音爲金、石、土、革、絲、木、匏、竹，《周禮・大師》職文也。鄭玄云：「金，鍾鎛也。石，磬也。土，塤也。革，鼓鼗也。絲，琴瑟也。木，柷敔也。匏，笙也。竹，管簫也。」八風，八方之風者，服虔以爲八卦之風。乾音石，其風不周。坎音革，其風廣莫。艮音匏，其風融。震音竹，其風明庶。巽音木，其風清明。离音絲，其風景。坤音土，其風涼。兑音金，其風閶闔。《易緯通卦驗》云：立春調風至，春分明庶風至，立夏清明風至，夏至景風至，立秋涼風至，秋分閶闔風至，立冬不周風至，冬至廣莫風至。風體一也，逐天氣、隨八節而爲之立名耳。調與融一風二名。昭十八年傳曰「是謂融風」，是其調、融同也。沈氏云：「案《樂緯》云，坎主冬至，樂用管。艮主立春，樂用塤。震主春分，樂用鼓。巽主立夏，樂用笙。离主夏至，樂用絃。坤主立秋，樂用磬。兑主秋分，樂用鍾。乾主立冬，樂用柷敔。」此八方之音，既有二説，未知孰是，故兩存焉。更説制樂之本，節音行風之意，以八音之器，宣播八方之風，使人用手以舞之，用足以蹈之，節其禮制，使不荒淫，次序人情，使不蘊結也。《蟋蟀》詩曰：「無已大康，職思其居。」是節其制也。舜歌《南風》曰：「南風之時兮，可以阜吾人之財兮。南風之薰兮，可以解吾人之慍兮。」是序其情也。　注「魯唯」至「用六」。　正義曰：襄十二年傳曰魯爲諸姬「臨於周廟」，是魯立文王之廟也。文王天子，自然用八。《禮記·祭統》曰：「昔者周公旦有勳勞於天下，❶成王、康王賜之以重祭，朱干、玉戚以舞《大武》，八佾以舞《大夏》。此天子之樂也，康周公，故以賜魯。」《明堂位》曰「命魯公世世祀周公以天子之禮樂」，是周公之廟用八也。傳曰「始用六佾」，則知以前用八。何休云：「僭，齊也。下傚上之辭。」魯之僭傚必有所因，故本其僭之所由，言由文王、周公廟用八佾，他公之廟遂因仍僭而用之。今隱公詳問衆仲，衆仲因明大典，公從其言，於仲子之廟初獻六羽，故傳亦因言始用六佾。謂仲子之廟用六佾，他公則仍用八也。❷至襄、昭之時，魯猶皆亦用八，故昭二十五年《公羊傳》稱，昭公謂子家駒曰：「吾何僭哉？」答曰：「朱干、玉戚以舞《大夏》，八佾以舞《大武》，此皆天子之禮也。」是昭公之時僭用八也。此減從正禮，尚書於經，若更僭非禮，無容不書。自此之後，不書僭用八佾，知他廟僭而不改，故杜自明其證「其後季氏舞八佾於庭，知唯在仲子廟用六」也。

宋人取邾田。邾人告於鄭曰：「請君釋憾於宋，敝邑爲道。」釋四年再見伐之恨。**鄭人以王師會之。**王師不書，不以告也。**伐宋，入其郛，以報東門之役。**郛，郭也。東門役在四年。**宋人使來告命。**告命，策書。**公聞其入郛也，將救之，問於使者曰：「師何及？」對曰：「未及國。」**忿公知而

❶「下」，閩本、監本、毛本作「子」。
❷「仍」，阮校：「閩本、監本、毛本作『因』。」

故問，責窮辭。**公怒，乃止，辭使者曰：「君命寡人同恤社稷之難，今問諸使者，曰『師未及國』，非寡人之所敢知也。」**爲七年公伐邾傳。

冬，十二月，辛巳，臧僖伯卒。公曰：「叔父有憾於寡人，諸侯稱同姓大夫，長曰伯父，少曰叔父。有恨，恨諫觀魚不聽。**寡人弗敢忘。」葬之，加一等。**加命服之等。【疏】注「諸侯」至「不聽」。❶正義曰：《詩・伐木》篇毛傳曰：「天子謂同姓諸侯，諸侯謂同姓大夫，皆曰父，異姓則稱舅。」《覲禮》載天子呼諸侯之稱，曰：「同姓大國則曰伯父，其異姓則曰伯舅，同姓小邦則曰叔父，其異姓則曰叔舅。」然則諸侯之國有大小之異，大夫無地之大小，明以年之長少爲異。莊十四年傳稱鄭厲公謂原繁爲伯父，《禮記・祭統》稱衛莊公呼孔悝爲叔舅。諸侯呼異姓大夫爲伯舅，同姓大夫爲叔父者，雖則無文，明亦然矣。僖伯者，孝公之子，惠公之弟。惠公立四十六年而薨，則子臧此時年非幼少，呼曰叔父者，是隱公之親叔父也。此注自言呼臣之大法耳。

宋人伐鄭，圍長葛，以報入郛之役也。

❶「注諸侯至不聽」，阮本此節正義在注「恨諫觀魚不聽」下。

春秋左傳正義卷第四　隱公

國子祭酒上護軍曲阜縣
開國子臣孔穎達等奉勑撰

【經】六年，春，鄭人來渝平。和而不盟曰平。【疏】注「和而不盟曰平」。　正義曰：宣十五年宋人及楚人平，傳載其盟辭。昭七年燕暨齊平，傳稱「盟于濡上」。似平皆有盟，而云不盟者，平實解怨和好之辭，非要盟也。彼自既平之後，別爲盟耳。此與定十年「及齊平」皆傳無盟事，定十一年「及鄭平」下乃云「叔還如鄭涖盟」，平後乃盟，知平非盟也。

夏，五月，辛酉，公會齊侯，盟于艾。泰山牟縣東南有艾山。

秋，七月。雖無事而書首月，具四時以成歲，❶他皆放此。【疏】注「雖無」至「放此」。　正義曰：《公羊傳》曰：「此無事，何以書？《春秋》雖無事，首時過則書。首時過則何以書？《春秋》編年，四時具，然後爲年。」此注用《公羊》爲說。《釋例》曰：「年之四時，雖或無事，必空書首月，以紀時變，以明歷數也。」

❶「歲」下，阮校：「岳本有『也』字。」

冬，宋人取長葛。秋取，冬乃告也。上有「伐鄭，圍長葛」，長葛鄭邑可知，故不言鄭也。前年冬圍，不克而還，今冬乘長葛無備而取之，言易也。【疏】注「秋取」至「易也」。　正義曰：經書「冬」，傳言「秋」。丘明爲傳，例不虛舉經文，獨以秋言此事，明是以秋取，冬乃告也。冬告者，告言冬始取耳，故書之於冬。若其使以冬至告，言秋取，亦當追書於秋。八年傳曰：「冬，齊侯使來告，成三國。」秋成冬告，書之於秋，明此以冬取告，故書於冬也。賈、服以爲長葛不繫鄭者，刺不能撫有其邑。凡邑爲他國所取，皆是不能撫有之，何故於此獨爲惡鄭？故杜以爲上有伐鄭圍長葛，則長葛鄭邑可知，故不言鄭也。既言秋取，取實在秋，因其經文在冬，遂言冬乘無備。襄十三年傳例曰：「凡書『取』，言易也。」知此乘其無備而取之也。杜知長葛不繫鄭，非大都以名通者，以前年云「伐鄭，圍長葛」，長葛之文繫於鄭故也。劉炫以大都名通而規杜氏，❶非也。

【傳】六年，春，鄭人來渝平，更成也。渝，變也。公之爲公子，戰於狐壤，爲鄭所執，逃歸，怨鄭。鄭伐宋，公欲救宋，宋使者失辭，公怒而止。忿宋則欲厚鄭，鄭因此而來，故經書「渝平」，傳曰「更成」。【疏】注「渝變」至「更成」。　正義曰：「渝，變也」，《釋言》文。變平者，變更前惡而復爲和好。變即更之義，成則平之訓，故傳解「渝平」謂之「更成」。自狐壤以來與鄭不和，今日復和，故曰「更成」，言更復狐壤以前之好也。服虔云：「公爲鄭所獲，釋而不結平，於是更爲約束以結之，故曰渝平。」案傳公賂尹氏而與之逃歸，非鄭

❶「名通」，阮本作「通名」。

所釋，安得釋而結平也？

翼九宗、五正、頃父之子嘉父逆晉侯于隨，翼，晉舊都也。唐叔始封，受懷姓九宗，職官五正，遂世爲晉强家。五正，五官之長。九宗，一姓爲九族也。頃父之子嘉父，晉大夫。**納諸鄂，晉人謂之鄂侯。**鄂，晉别邑。諸地名疑者皆言有，以示不審，闕者不復記其闕。他皆放此。前年桓王立此侯之子於翼，故不得復入翼，别居鄂。【疏】注「翼晉」至「大夫」。❶ 正義曰：唐叔始封，受懷姓九宗，職官五正者，謂周成王滅唐，始封唐叔，以懷氏一姓九族，及是先代五官之長子孫賜之。言五官之長者，謂於殷時爲五行官長，今褒寵唐叔，故以其家族賜之耳。今云頃父之子嘉父者，以頃父舊居職位，名號章顯，嘉父新爲大夫，未甚著見，故繫之於父。諸繫父爲文者，義皆同此也。注「諸地」至「放此」。正義曰：杜言「不復記其闕」者，謂但言某邑而已，下不云「闕」。若鄂直云「晉别邑」，及「翼侯奔隨」，注云「隨，晉地」，「鄭人侵衛牧」，注云「牧，衛邑」，如此之類，皆不言「闕」是也。若不知何國之地者，則言「闕」，若虞公出奔共池，公孫嬰齊卒于貍脤，並注云「闕」是也。亦有雖知某國之地，注亦云「闕」，則隱十一年蘇忿生十二邑，注「陘」云「闕」者，以餘邑皆知所在，唯此獨闕故也。

夏，盟于艾，始平于齊也。春秋前，魯與齊不平，今乃棄惡結好，故言始平于齊。

五月，庚申，鄭伯侵陳，大獲。往歲鄭伯請成于陳，成猶平也。**陳侯不許。**五父諫曰：「親仁善

❶「注翼晉至大夫」，阮本以下正義二節分入注「晉大夫」、「别居鄂」下。

鄭，國之寶也。君其許鄭。」五父，陳公子佗。**陳侯曰：「宋、衛實難，**可畏難也。**鄭何能爲？」遂不許。君子曰：「善不可失，惡不可長，其陳桓公之謂乎？長惡不悛，從自及也。**悛，止也。從，隨也。**雖欲救之，其將能乎？**《商書》曰：『惡之易也，如火之燎于原，不可鄉邇，**《商書·盤庚》。言惡易長，如火焚原野，不可鄉近。**其猶可撲滅？』**言不可撲滅。**周任有言，**周任，周大夫。**曰：『爲國家者，見惡，如農夫之務去草焉，❶芟夷蘊崇之，絕其本根，勿使能殖，則善者信矣。』」**芟，刈也。夷，殺也。蘊，積也。崇，聚也。【疏】「五月庚申」。❷　正義曰：案經盟于艾亦在五月，傳略不言月。庚申之日，須月以統之，故別言五月。他皆放此。

秋，宋人取長葛。

冬，京師來告饑。公爲之請糴於宋、衛、齊、鄭，禮也。告饑不以王命，故傳言「京師」，而不書於經也。雖非王命，而公共以稱命，己國不足，旁請鄰國，故曰禮也。傳見隱之賢。【疏】注「告饑」至「之賢」。　正義曰：王使至魯，皆應書經，此獨不書，故解之。以人情恕之，不得自不輸粟，空告他人，故知己國不足，旁請鄰國，故曰禮也。定五年「歸粟于蔡」尚書於經，此不書者，魯以往歲螟災，故己國饑困，所輸不多，宋、

---

❶「焉」，阮校：「《周禮·秋官·序官》『薙氏』注引傳文無『焉』字，賈疏同，《文選·東京賦》注引亦無『焉』字。」孫校：「《地官·稻人》疏仍有『焉』字。」

❷「五月庚申」，阮本此節正義在注「成猶平也」之下。

鄭輸粟，不復告魯，故皆不書。此事無經而發，故解傳意，見隱之賢。諸無經之傳，皆意有所見，悉皆放此。

鄭伯如周，始朝桓王也。桓王即位，周、鄭交惡，至是乃朝，故曰始。**王不禮焉。周桓公言於王曰：「我周之東遷，晉、鄭焉依。**❶周桓公，周公黑肩也。周，采地，扶風雍縣東北有周城。幽王爲犬戎所殺，平王東徙，晉文侯、鄭武公左右王室，故曰「晉、鄭焉依」。**善鄭以勸來者，猶懼不蔇，**蔇，至也。**況不禮焉？鄭不來矣！」**爲桓五年諸侯從王伐鄭傳。【疏】注「周桓」至「焉依」。❷　正義曰：桓公是周公黑肩，❸事見桓十八年傳也。幽王娶申女爲后，生大子宜臼。❹後得褒姒，嬖之，生子伯服。廢申后，逐大子。以褒姒爲后，伯服爲大子。宜臼奔申。申侯乃與犬戎共攻幽王，殺幽王於驪山之下。於是諸侯乃與申侯共立宜臼，是爲平王。以西都偪戎，❺晉文侯、鄭武公夾輔平王，東遷洛邑。《毛詩》、《尚書》、《國語》、《史記》皆略有其事。

【經】七年，春，王三月，叔姬歸于紀。無傳。叔姬，伯姬之娣也。至是歸者，待年於父母國，不

---

❶「焉」，阮校：「《水經·渭水注》引傳文作『是』，與《外傳》合。」

❷「注周桓至焉依」，「桓」，原作「相」，據正宗寺本、阮本改。阮本此節正義在注「故曰晉鄭焉依」下。

❸「肩」，原作「育」，據正宗寺本、文淵閣本、阮本改。

❹「臼」，原作「曰」，據正宗寺本、文淵閣本、阮本改。下「宜臼奔申」同。

❺「偪」，原作「福」，據正宗寺本、文淵閣本、阮本改。

與嫡俱行，故書。【疏】注「叔姬」至「故書」。　正義曰：女嫁於他國，皆有姪、娣與適俱行，則所尊在適，書適不書姪、娣。叔姬，待年之女，年滿特行，故書其歸。魯女嫁於他國之卿，皆書之。夫人之娣，尊與卿同，其書固是常例。賈云：「書之者，刺紀貴叔姬。」傳無其事，是妄説也。

滕侯卒。傳例曰：「不書名，未同盟也。」滕國在沛國公丘縣東南。【疏】「滕侯卒」。　正義曰：《譜》云：「滕，姬姓，文王子錯叔繡之後，武王封之居滕，今沛郡公丘縣是也。自叔繡至宣公十七世，乃見《春秋》。隱公以下，《春秋》後六世，而齊滅之。」《世本》云：「齊景公亡滕。」案齊景之卒在滕隱之前，《世本》言隱公之後仍有六世爲君，而云「齊景亡滕」，爲謬何甚？服虔昭四年注亦云「齊景亡滕」，是不考校而謬言之。《地理志》云：「沛郡公丘縣，故滕國也，周文王子錯叔繡所封，三十一世爲齊所滅。」

夏，城中丘。城例在莊二十九年。中丘在琅邪臨沂縣東北。

齊侯使其弟年來聘。諸聘皆使卿執玉帛以相存問，例在襄元年。【疏】注「諸聘」至「元年」。　正義曰：《聘禮》：「使者執圭以致命，束帛加璧以致享。」鄭玄云：「享，獻也。既聘又獻，所以厚恩惠也。」是執玉帛以相存問也。《玉人》職云：「瑑圭璋、璧琮八寸，以覜聘。」注云：「八寸者，據上公之臣。」案《聘禮》：圭以聘君，璋以聘夫人。既行聘之後，璧以享君，琮以享夫人。又鄭玄注《小行人》云「使卿大夫覜聘，降其君瑞一等」，則侯伯之臣圭璋璧琮皆六寸，子男之臣皆四寸。又《小行人》云：「圭以馬，璋以皮，璧以帛，琮以錦，琥以繡，璜以黼。」鄭玄注云：二王之後享天子圭以馬，享后璋以皮。其餘諸侯享天子璧以帛，享后琮以錦。子男享大國之君琥以繡，享大國夫人璜以黼。是玉帛之文也。

秋，公伐邾。

冬，天王使凡伯來聘。凡伯，周卿士。凡，國。伯，爵也。汲郡共縣東南有凡城。❶ **戎伐凡伯于楚丘以歸。**戎鳴鐘鼓以伐天子之使，見夷狄强虣。不書凡伯敗者，單使無衆，非戰陳也。但言以歸，非執也。楚丘，衛地，在濟陰城武縣西南。❷【疏】注「戎鳴」至「西南」。　正義曰：傳例：「有鐘鼓曰伐。」此既言「伐」，知其鳴鐘鼓也。杜意言「以歸」者，以彼隨己而已，非囚執之辭，故云「但言以歸，非執也」。杜必知「以歸非執」者，《穀梁傳》云：「以歸，猶愈乎執也。」又昭十三年「晉人執季孫意如以歸」，若「以歸」是「執」，何須別起「執」文？明直言「以歸」者，非「執」也。至如定四年「以沈子嘉歸」，經云「殺之」，哀七年「以邾子益來」，傳云「囚諸負瑕」，既有「囚」、「殺」之文，容或是「執」。若直言「以歸」，無「囚」、「殺」之事者，則非執者也。《春秋》有文同事異，此即其類也。劉君引沈子、邾子云「以歸者皆執」，以規杜氏，非其義也。

【傳】**七年，春，滕侯卒。**不書名，未同盟也。**凡諸侯同盟，於是稱名，故薨則赴以名，**盟以名告神，故薨亦以名告同盟。**告終、稱嗣也，以繼好息民，**告亡者之終，稱嗣位之主。嗣位之主當奉而

❶「凡」，阮校：「《釋文》作『汎』。《續漢・郡國志》：『共縣有汎亭，周凡伯國。』案，『汎』與『凡』通。」

❷「城」，阮校：「岳本『城』作『成』，與《水經注》所引合。《漢書・地理志》、《續漢・郡國志》亦並作『成武』。此本作『城』，非也。」

不忘，故曰繼好。好同則和親，故曰息民。**謂之禮經。**此言凡例，乃周公所制禮經也。十一年不告之例，又曰「不書於策」，明禮經皆當書於策。仲尼脩《春秋》，皆承策爲經。丘明之傳博采衆記，故始開凡例，特顯此二句。他皆放此。【疏】「凡諸」至「禮經」。正義曰：諸侯者，公侯伯子男五等之揔號。侯訓君也。五等之主，雖爵命小異，而俱是國君，故揔稱諸侯也。諸發凡者，皆周公之垂法，史書之舊章。丘明采合舊語，以發明史例。雖意是舊典，而辭出丘明，非全寫舊語。同盟稱名，薨則赴以名，是周公之舊典。其「告終稱嗣」以下，乃是解釋「赴」意，非舊語也。僖二十三年又發例曰：「凡諸侯同盟，死則赴以名，禮也。」直言赴名是禮，不言繼好是禮。「繼好息民」是禮之大意，非禮之實，明是丘明言此以解赴名之意。彼云「禮也」，此云「謂之禮經」，其事一也，言謂此赴名爲禮之常法。丘明之意，言周公謂之然也。「謂之禮經」雖指此一事，諸發凡者莫不盡然。以此爲例之初，故特言之。注「此言」至「放此」。正義曰：凡例是周公所制，其來亦無所出。以傳言「謂之禮經」，則是先聖謂之，非丘明自謂之也。史之書策，必有舊法。一代大典，周公所制，故知凡例亦是周公所制。此言凡例則云「謂之禮經」，下言凡例則云「不書于策」，以此明所謂「禮經」，皆當書策。從傳之首至此，始開凡例，故特顯此二句。二句者，「謂之禮經」是一句，與「不書于策」爲二句也。然則九年「凡雨，自三日以往爲霖」，不以爲始，而遠取十一年，云「始開凡例」者，以九年唯記當國雨雪之事，史策舊文，非是赴告國家大事之例。

夏，城中丘。書不時也。

齊侯使夷仲年來聘，結艾之盟也。艾盟在六年。

秋，宋及鄭平。七月，庚申，盟于宿。公伐邾，爲宋討也。公距宋而更與鄭平，欲以鄭爲援。今鄭復與宋盟，故懼而伐邾，欲以求宋，故曰「爲宋討」。

初，戎朝于周，發幣于公卿，凡伯弗賓。朝而發幣於公卿，如今計獻詣公府卿寺。**冬，王使凡伯來聘。還，戎伐之于楚丘以歸。**傳言凡伯所以見伐。【疏】注「朝而」至「卿寺」。❶　正義曰：朝於天子，獻國之所有，亦發陳財幣於公卿之府寺。如今者，如晉時諸州年終遣會計之吏獻物於天子，因令以物詣公府卿寺。然自漢以來，三公所居謂之府，九卿所居謂之寺。《風俗通》曰：「府，聚也。公卿牧守府，❷道德之所聚也。藏府，私府，財貨之所聚也。寺，司也，庭有法度，令官所止皆曰寺。」❸《釋名》曰：「寺，嗣也，治事者相嗣續於其內。」

陳及鄭平。六年，鄭侵陳，大獲。今乃平。

---

❶「注朝而至卿寺」，阮本此節正義在注「如今計獻詣公府卿寺」下。

❷「府」上，依阮校，當有「曰」字。

❸「令」，阮校：「毛本作『今』，『今』字是也。謂漢時稱謂如此。」

十二月，陳五父如鄭涖盟。涖，臨也。壬申，及鄭伯盟，歃如忘。❶志不在於歃血。❷洩伯曰：「五父必不免，不賴盟矣。」洩伯，鄭洩駕。

鄭良佐如陳涖盟。良佐，鄭大夫。辛巳，及陳侯盟，亦知陳之將亂也。入其國，觀其政治，故揔言之也。皆爲桓五年、六年陳亂，蔡人殺陳佗傳。

鄭公子忽在王所，故陳侯請妻之。以忽有王寵故。❸鄭伯許之，乃成昏。爲鄭忽失齊昏援以至出奔傳。【疏】「歃如忘」。❹　正義曰：歃謂口含血也。當歃血之時，如似遺忘物然，故注云志不在於歃血也。服虔云：「如，而也。臨歃而忘其盟載之辭，言不精也。」盟載之辭在於簡策，祝史讀以告神，非歃者自誦之，何言忘載辭也？且忘否在心，五父終不自言己忘，洩伯安知其忘而譏之？

【經】八年，春，宋公、衛侯遇于垂。垂，衛地。濟陰句陽縣東北有垂亭。

---

❶「如」，阮校：「《説文》引作『而』。惠棟云：『服虔曰：如，而也，臨歃而忘其盟載之辭。古「如」、「而」字多通用。』」

❷「血」下，纂圖本、閩本、監本、毛本、文淵閣本有「也」字。

❸「有」，足利學本、文淵閣本、阮本作「爲」。「故」，阮校：「毛本作『妻』。」

❹「歃如忘」，阮本此節正義在注「志不在於歃血」下。

三月，鄭伯使宛來歸祊。❶宛，鄭大夫。不書氏，未賜族。祊，鄭祀泰山之邑，在琅邪費縣東南。

庚寅，我入祊。桓元年乃卒易祊田，知此入祊，未肯受而有之。【疏】注「宛鄭」至「東南」。❷　正義曰：內卿貶則去族，外卿貶則稱人。外無去族之理。今宛無族，傳無譏文，故知未賜族也。傳言鄭釋泰山之祀，使來歸祊，知祊是鄭祀泰山之邑。鄭以桓公之故，受邑泰山之下，天子祭泰山必從往助祭，使共湯沐焉，故《公羊》謂之「湯沐之邑」。既有此邑，因立別廟。劉炫云：「言祀泰山之邑者，謂泰山之旁有此邑。邑內有鄭宗廟之祀，蓋祀桓、武之神。」

夏，六月，己亥，蔡侯考父卒。無傳。襄六年傳曰：「杞桓公卒，始赴以名，同盟故也。」諸侯同盟稱名者，❸非唯見在位二君也。嘗與其父同盟，則亦以名赴其子，亦所以繼好也。蔡未與隱盟，蓋春秋前與惠公盟，故赴以名。【疏】注「襄六」至「以名」。　正義曰：同盟赴名，自有成例，而引杞桓公者，蔡自春秋以來未與魯盟，疑與惠公同盟，故引杞桓爲例。杞桓與成公同盟，而以名赴襄公，傳曰「同盟故也」，則與其父盟得以名赴其子，故疑蔡與惠盟，故以名赴隱也。同盟稱名，則兩君相知。君既知之，則國內皆知。故彼

---

❶「祊」，阮校：「《漢書・五行志》引作『邴』。案，《公羊》、《穀梁》作『邴』。」

❷「注宛鄭至東南」，阮本此節正義在注「在琅邪費縣東南」下。

❸「侯」，阮校：「足利本無此字。」按：足利學本有此字。

父雖薨，得以名赴彼子，以此名嘗與彼父對稱故也。若父與彼盟，❶彼君雖在，此子不得以其名赴，以此名未與彼君對稱故也。

辛亥，宿男卒。無傳。元年，宋、魯大夫盟于宿，宿與盟也。晉荀偃禱河，稱齊、晉君名，然後自稱名，知雖大夫出盟，亦當先稱己君之名以啓神明，故薨皆從身盟之例，當告以名也。傳例曰：「赴以名，則亦書之，不然則否，辟不敏也。」今宿赴不以名，故亦不書名。諸例或發於始事，或發於後者，因宜有所異同，亦或丘明所得記注本末不能皆備故。【疏】注「元年」至「備故」。正義曰：於例，盟以國地，則地主與之。元年「盟于宿」，知宿與盟也。魯、宋俱是微人，宿君必不親與，知宿亦大夫盟也。盟、禱雖異，俱是告神，荀偃之禱，先稱君名，知大夫聚盟亦各稱君名。臣盟既稱君名，則君薨得以名赴。宿君之卒，宜以名赴魯，今宿男不名，自不以名赴，非法不得也，故引僖二十三年傳例以明之，言其赴不以名，雖知亦不得書也。「諸君不親盟而以名赴魯」，注云：「大夫盟於某者，義皆出此。」衛冀隆難杜云：「周人以諱事神，臣子何得以君之名告神？又荀偃禱河，一時之事耳，非正禮也，何得知大夫盟先稱君名乎？」杜必爲此解者，以諱事神，謂諱神之名以事其神，若祭祖而諱祖之類。山川之神尊於諸侯，故《尚書·武成》告名山大川云「有道周王發」，則荀偃禱河自稱君名，於理何怪？杜云「諸例或發於始事，或發於後者」，若七年「滕侯卒」，傳曰：「凡諸侯同盟，於是稱名。」及桓二年「公至自唐」，凡公行，告于宗廟，是「或發於始事」也。宣四年「凡弑君稱君」，及僖二十六年

❶「父」下，阮校：「盧文弨校本增『不』字。」

「凡師能左右之曰以」，是「或發於後」也。云「因宜有所異同」者，宣四年「鄭公子歸生弑君」，嫌歸生無罪，及宣五年「高固來逆叔姬」，嫌「見偪成昏」，故傳因以明之是也。云「亦或丘明所得記注本末不能皆備」者，但杜又自疑，以爲諸例皆應從始事而發，在後發者，以記注周公舊凡不繫於始事，繫於後事，丘明作傳，因記注所繫，遂以發之。如杜此言，則周公舊凡於記注之文散在諸事，丘明作傳，因記注之文發例，故或先或後也。

秋，七月，庚午，宋公、齊侯、衛侯盟于瓦屋。齊侯尊宋，使主會，故宋公序齊上。瓦屋，周地。

【疏】注「齊侯」至「周地」。　正義曰：《春秋》之例，國以大小爲序。《外傳·鄭語》云：「齊莊、僖於是乎小伯。」此齊侯即僖公也。此盟平宋、衛也。齊爲會主，則齊宜在上。今宋在齊上，故特解之，由宋敬齊侯與衛先遇，故齊侯尊宋使爲會主。瓦屋既闕，知是周地者，以其會于温，盟于瓦屋，會、盟不得相遠，温是周地，知瓦屋亦周地也。

八月，葬蔡宣公。無傳。三月而葬，速。

九月，辛卯，公及莒人盟于浮來。莒人，微者，不嫌敵公侯，故直稱公，例在僖二十九年。浮來，紀邑。東莞縣北有邳鄉，❶邳鄉西有公來山，號曰邳來間。【疏】注「莒人」至「來間」。　正義曰：僖二十九年公會王子虎及諸侯之卿，盟于翟泉，没「公」不言，貶卿稱「人」，直言會某人某人。傳曰：「卿不書，罪之也。在禮，卿不會公侯，會伯子男可也。」此莒人乃對會公侯，故解之，莒是小國，卿當稱「人」，非貶辭也。微者不嫌能敵公侯，故直稱公也。

---

❶「莞」，阮校：「毛本作『菀』。」

螟。無傳。爲災。

冬，十有二月，無駭卒。公不與小斂，故不書日。卒而後賜族，故不書氏。

【傳】八年，春，齊侯將平宋、衛，平宋、衛於鄭。**有會期。宋公以幣請於衛，請先相見。**宋敬齊命。**衛侯許之，故遇于犬丘。**犬丘，垂也。地有兩名。【疏】注「犬丘」至「兩名」。正義曰：地有兩名，新舊改易者，傳則言實以明之。若二名俱存者，傳則錯經以見之。此犬丘與垂兩名俱存，故傳不言實。《釋例》曰：「若一地二名，❶當時並存，❷則直兩文互見，黑壤、犬丘、❸時來之屬是也。猶卿大夫名氏互見，非例也。」

鄭伯請釋泰山之祀而祀周公，以泰山之祊易許田。三月，鄭伯使宛來歸祊，不祀泰山也。成王營王城，有遷都之志，故賜周公許田，以爲魯國朝宿之邑，後世因而立周公別廟焉。鄭桓公，❹周宣王之母弟，封鄭，有助祭泰山湯沐之邑在祊。鄭以天子不能復巡狩，故欲以祊易許田，各從本國所近之宜。恐魯以周公別廟爲疑，故云已廢泰山之祀，而欲爲魯祀周公，孫辭以有求也。許田，近

❶「一地」，據阮校，《釋例》無此二字。

❷「存」，宋本、閩本、監本、毛本、文淵閣本作「有」。

❸「犬」，原作「大」，據正宗寺本、文淵閣本、阮本改。

❹「公」下，阮校：「《史記·周本紀》正義引注有『友』字。」

許之田。【疏】注「成王」至「之田」。　正義曰：成王營邑於洛，以爲居土之中，貢賦路均，將於洛邑受朝。許田近於王城，故賜周公許田，以爲魯國朝宿之邑。《詩·魯頌》曰：「居常與許，復周公之宇。」是周公得許田也。《公羊傳》曰：「許田者何？魯朝宿之邑也。」是許田爲魯朝宿之邑。鄭請易許田而求祀周公，故知後世因在許田之中而立周公别廟焉。鄭桓公以周宣王之母弟，故於泰山之下亦受祊田，以爲湯沐之邑，祊邑内亦有鄭先君别廟。此時周室既衰，王不巡守。鄭以天子不復巡守，則泰山之祀既廢，祊無所用，故欲以祊易許。許田近鄭，祊田近魯，各從本國所近之宜也。魯以許田奉周公之祀，易其田則廢其祀。恐魯以周公别廟爲疑慮，將不許，云已廢泰山之祀，而欲爲魯祀周公，言鄭得許田，周公之祀不絶也。云已廢泰山之祀者，謂天子不復巡守，鄭家已廢此助祭泰山祭祀之事，無所祭祀，故欲爲魯祀周公。其實廢來已久，今始云已廢者，欲爲魯祀周公，故云已廢耳。方便遜辭，以求於魯也。定四年祝佗言康叔之受分物云：「取於有閻之土以共王職，取於相土之東都以會王之東蒐。」有閻之土，猶魯之許田也。相土之東都，猶鄭之祊邑也。鄭近京師，無假朝宿，魯近泰山，不須湯沐，各受其一。衛以道路並遠，故兩皆有之。《禮記·王制》曰：「方伯爲朝天子，皆有湯沐之邑於天子之縣内。」然則朝宿之邑亦名湯沐。但向京師，主爲朝王。從王巡守，主爲助祭。祭必沐浴，隨事立名，朝宿、湯沐，亦互言之耳。《異義》：「《左氏》説諸侯有大功德，乃有朝宿、湯沐之邑，《公羊》説以爲諸侯皆有朝宿、湯沐之邑。」許慎以《公羊》爲非，則杜意亦從許慎也。《公羊傳》曰：「此魯朝宿之邑也，則曷爲謂之許田？諱取周田也。諱取周田則曷爲謂之許田？繫之許也。曷爲繫之許？近許也。」杜言近許之田，是用《公羊》爲説。杜依《公羊》之傳邑實近許，故以許爲名。劉君更無所馮，直云「别有許邑，邑自名許，非由近許國始名爲許」，以規杜氏，非其義也。

夏，虢公忌父始作卿士于周。周人於此遂畀之政。

四月，甲辰，鄭公子忽如陳逆婦嬀。辛亥，以嬀氏歸。甲寅，入于鄭。陳鍼子送女，先配而後祖。鍼子曰：「是不爲夫婦，誣其祖矣。非禮也，何以能育？」鍼子，陳大夫。禮，逆婦必先告祖廟而後行，故楚公子圍稱告莊、共之廟。鄭忽先逆婦而後告廟，故曰「先配而後祖」。【疏】注「鍼子」至「後祖」。　正義曰：先配後祖多有異説，賈逵以「配」爲「成夫婦」也。禮，齊而未配，三月廟見，然後配。案《昏禮》，親迎之夜，衽席相連，是士禮不待三月也。禹娶塗山，四日即去，而有啓生焉，亦不三月乃配，是賈之謬也。鄭衆以「配」爲同牢食也，先食而後祭祖，無敬神之心，故曰「誣其祖也」。案《昏禮》婦既入門，即設同牢之饌，其間無祭祀之事。先祭乃食，禮無此文，是鄭之妄也。鄭玄以「祖」爲軷道之祭也，❶先爲配匹，而後祖道，言未去而行配。案傳既言「入于鄭」，乃云「先配而後祖」，寧是未去之事也？若未去先配，則鍼子在陳譏之，何須云送女也？此三説皆滯。故杜引楚公子圍告廟之事，言「鄭忽先逆婦而後告廟，故曰先配而後祖」。此時忽父見在，計告廟以否，當是莊公之事，而譏忽者，楚公子圍亦人臣矣，而自布几筵，告於莊、共之廟，不言稟君之命。知逆者雖受父命，當自告廟。且忽先爲配匹而後告祖，見其告祖方始譏之，知忽自告祖也。或可鄭伯爲忽娶妻，先逆而後告廟，鍼子見而譏之。公子圍告廟者，專權自由耳，非正也。

齊人卒平宋、衛于鄭。秋，會于溫，盟于瓦屋，以釋東門之役，禮也。會溫不書，不以告也。定

---

❶「軷」，阮校：「閩本、監本、毛本作『祓』。《説文》云：出將有事於道，必先告其神，立壇四通，樹茅以依神，爲軷。《詩·大雅·生民》篇：『取羝以軷。』毛傳云：『軷，道祭也。』字或作祓。」

國息民，故曰禮也。平宋、衛二國忿鄭之謀。鄭不與盟，故不書。

八月，丙戌，鄭伯以齊人朝王，禮也。言鄭伯不以虢公得政而背王，故禮之。齊稱人，略從國辭。上有七月庚午，下有九月辛卯，則八月不得有丙戌。【疏】注「言鄭」至「丙戌」。正義曰：庚午之後十六日而有丙戌，二十一日而有辛卯。七月有庚午，九月有辛卯，其間不容一月，是八月不得有丙戌。更遥一周，則丙戌去庚午七十七日，八月亦不得有丙戌，是明丙戌爲日誤。《長歷》推七月丁卯朔，四日庚午，至二十日是丙戌，九月丙寅朔，二十六日辛卯，其月二十一日是丙戌。八月小，丁酉朔，十日丙午，二十日丙辰，二日戊戌，十四日庚戌，二十六日壬戌。未知丙戌二字孰爲誤也。不直云日誤，而撿上下者，因傳明文，故顯言之。他皆放此。

公及莒人盟于浮來，以成紀好也。二年，紀、莒盟于密，爲魯故。今公尋之，故曰「以成紀好」。

冬，齊侯使來告成三國。齊侯冬來告，稱秋和三國。**公使衆仲對曰：「君釋三國之圖，以鳩其民，君之惠也。寡君聞命矣，敢不承受君之明德。」**鳩，集也。

無駭卒，羽父請謚與族。公問族於衆仲。衆仲對曰：「天子建德，立有德以爲諸侯。**因生以賜姓，**因其所由生以賜姓，謂若舜由嬀汭，故陳爲嬀姓。**胙之土而命之氏。**❶報之以土而命氏曰陳。

---

❶「胙之土而命之氏」，阮校：「《文選・陸士衡詩》注引『胙』作『祚』，『土』上有『以』字。案，『胙』者，『祚』之俗。」

諸侯以字諸侯位卑，不得賜姓，故其臣因氏其王父字。為謚，因以為族。或便即先人之謚稱以為族。**官有世功，則有官族，邑亦如之。**」謂取其舊官舊邑之稱以為族，皆禀之時君。**公命以字為展氏。**諸侯之子稱公子，公子之子稱公孫，公孫之子以王父字為氏。無駭，公子展之孫，故為展氏。

【疏】注「因其」至「嬀姓」。❶　正義曰：《陳世家》云：陳胡公滿者，虞帝舜之後也。昔舜為庶人時，居于嬀汭，其後因為氏姓，姓嬀氏。武王克殷，得嬀滿，封之於陳。是舜由嬀汭，故陳為嬀姓也。案《世本》，帝舜姚姓，哀元年傳稱虞思妻少康以二姚，是自舜以下猶姓姚也。昭八年傳曰：「及胡公不淫，故周賜之姓。」是胡公始姓嬀耳。《史記》以為胡公之前已姓嬀，非也。　注「報之」至「曰陳」。　正義曰：胙訓報也。有德之人，必有美報。報之以土，謂封之以國名，以為之氏。諸侯之氏，則國名是也。《周語》曰：帝嘉禹德，「賜姓曰姒，氏曰有夏」，「胙四岳國，賜姓曰姜，氏曰有呂」。亦與賜姓曰嬀，命氏曰陳，其事同也。姓者，生也，以此為祖，令之相生，雖下及百世，而此姓不改。族者，屬也，與其子孫共相連屬，其旁支別屬則各自立氏。《禮記·大傳》曰：「繫之以姓而弗別，百世而昏姻不通者，周道然也。」是言子孫當共姓也。其上文云：「庶姓別於上，而戚單於下。」是言子孫當別氏也。氏猶家也。傳稱「盟于子皙氏」、「逐瘈狗入於華臣氏」，如此之類，皆謂家為氏。氏、族一也，所從言之異耳。《釋例》曰：「別而稱之謂之氏，合而言之則曰族。」例言別、合者，若宋之華元、華喜皆出戴公，向、魚、鱗、蕩共出桓公。獨舉其人，則云華氏、向氏；并指其宗，則云戴族、桓族，是其別、合之異也。《記》謂之「庶姓」者，以始祖為正姓，

❶「注因其至嬀姓」，阮本以下正義三節分疏於傳文各節下。

高祖爲庶姓，庶姓亦氏、族之别名也。姓則受之於天子，族則稟之於時君。天下之廣，兆民之衆，非君所賜皆有族者，人君之賜姓賜族，爲此姓此族之始祖耳。其不賜者，各從父之姓族，非復人人賜也。《晉語》稱「黄帝之子二十五人，其得姓者十二人」。天子之子尚不得姓，況餘人哉？固當從其父耳。黄帝之子，兄弟異姓，周之子孫皆姓姬者，古今不同，質文代革。周代尚文，欲令子孫相親，故不使别姓。其賜姓者亦少，唯外姓嬀滿之徒耳。賜族者，有大功德，宜世享祀者，方始賜之。無大功德，任其興衰者，則不賜之。不賜之者，公之同姓蓋亦自氏祖字，其異姓則有舊族可稱，不世其禄，不須賜也。衆仲以天子得封建諸侯，故云胙土命氏，據諸侯言耳。其王朝大夫不封爲國君者，亦當王賜之族。何則？春秋之世，有尹氏、武氏之徒，明亦天子賜之，與諸侯之臣義無異也。此無駭是卿，羽父爲之請族，蓋爲卿乃賜族，大夫以下或不賜也。諸侯之臣，卿爲其極。既登極位，理合建家。若其父祖微賤，此人新升爲卿，以其位絶等倫，其族不復因故，身未被賜，無族可稱。魯挾、鄭宛，皆未賜族，故單稱名也。或身以才舉暫升卿位，❶功德猶薄，未足立家，則雖爲卿，竟不賜族。羽父爲無駭請族，知其皆由時命，❷非例得之也。華督生立華氏，知其恐慮不得，故早求之也。由此而言，明有竟無族者，魯之翬、挾、柔、溺，名見於經，而其後無聞，是或不得族也。其士會之帑，處秦者爲劉氏。伍員之子，在齊爲王孫氏。《外傳》稱知果知知伯之將滅，自别其族爲輔氏。如此之類，皆是身自爲之，非復君賜。《釋例》曰：「子孫繁衍，枝布葉分，始承其本，末取其別，故其流至於百姓萬姓。」其言自有百姓萬姓，未必皆君賜也。《晉語》稱炎帝姓姜，則伯夷炎

---

❶ 「暫」，阮本作「者」。

❷ 「時」，阮校：「浦鏜《正誤》：疑作『特』。」

帝之後，姜自是其本姓，而云「賜姓曰姜」者，黄帝之後，别姓非一，自以姜姓賜伯夷，更使爲一姓之祖耳，非復因舊姓也。猶后稷别姓姬，不是因黄帝姓也。

「諸侯」至「爲族」。　正義曰：杜意「諸侯以字」，言賜先人字爲族也。「爲謚，因以爲族」，謂賜族雖以先人之字，或用先人所爲之謚，因將爲族。以謚爲族者，衛齊惡、宋戴惡之類是也。而劉君乃稱「以謚爲族，全無一人」，妄規杜氏，非其義也。死後賜族，乃是正法。春秋之世，亦有非禮生賜族者，華督是也。《釋例》曰：「舊説以爲大夫有功德者，則生賜族，非也。至於鄭祭仲爲祭封人，後升爲卿，經書『祭仲』，似生賜族者，❶撿傳既無同華氏之文，則祭者是仲之舊氏也。」諸侯以字，字有二等。《檀弓》曰：「幼名冠字，五十以伯仲，周道也。」然則二十有加冠之字，又有伯、仲、叔、季爲長幼之字，二者皆可以爲氏矣。服虔云：「公之母弟則以長幼爲氏，貴適統，伯、仲、叔、季是也。庶公子則以配字爲氏，尊公族，展氏、臧氏是也。」案鄭子人者，鄭厲公之弟。桓十四年，鄭伯使其弟語來盟，即其人也。而其後爲子人氏，不以仲、叔爲氏，則服言「公之母弟以長幼爲氏」，其事未必然也。杜以慶父、叔牙與莊公異母，自然仲、叔非母弟族矣。其或以二十之字，或以長幼之字，蓋出自時君之命也。叔肸稱叔不稱孫，而三桓皆稱孫，俱氏長幼之字，自不同也。臧氏稱孫，展氏不稱孫，俱氏二十之字，自不同也。然則稱孫與不稱孫，蓋出其家之意，未必由君賜也。以字爲族者，謂公之曾孫以王父之字爲族也。諸侯之子稱公子，公子之子稱公孫。公子、公孫，繫公之常言，非族也。其或貶責，則亦與族同。成十四年「叔孫僑如如齊逆女」，傳曰：「稱族，尊君命也。」僑如「以夫人婦姜氏至自齊」，傳曰：「舍族，尊夫人也。」宣元年「公子遂如齊逆女」「遂以夫人至」，事與僑如正同，其傳直云「尊君命」、「尊夫人」，不言「稱族」、

---

❶「似」，文淵閣本、阮本作「以」。

「舍族」。既非氏族，則不待君賜，自稱之矣。至於公孫之子，不復得稱公曾孫，如無駭之輩直以名行，及其死也則賜之族，以其王父之字爲族也。此無駭是公之曾孫，公之曾孫必須有族，故據曾孫爲文，言以王父字耳。公之曾孫，正法死後賜族，亦有未死則有族者，則叔孫得臣是也。公子、公孫，於身必無賜族之理。經書季友、仲遂、叔肸者，皆是以字配名連言之，故杜注並云「字也」。其蕩伯姬者，公子蕩之妻，不可言公子伯姬，故繫於夫字，言蕩伯姬。蕩非當時之氏。其傳云立叔孫氏、臧僖伯、臧哀伯、叔孫戴伯之徒，皆傳家據後追言之耳。其公孟彄，《世本》以爲靈公之子，字公孟，名彄，與季友、仲遂相似，俱以字配名。劉炫不達此旨，妄規杜過，非也。必如劉解，生賜族之文證在何處？其公之曾孫玄孫以外，爰及異姓，有新升爲卿，君賜之族，蓋以此卿之字即爲此族。案《世本》宋督是戴公之孫好父説之子，華父是督之字，計督是公孫耳，未合賜族，應死後其子乃賜族，故杜云：「督未死而賜族，督之妄也。」沈亦云：「督之子方可有族耳。」　注「謂取」至「時君」。　正義曰：舊官謂若晉之士氏，舊邑若韓、魏、趙氏，非是君賜，則不得爲族。嫌其居官邑不待公命，故云「皆稟之時君」。此謂同姓異姓皆然也。服虔止謂異姓，又引宋司城、韓、魏爲證。韓與司城非異姓，司城又自爲樂氏，不以司城爲族也。

【經】九年，春，天王使南季來聘。無傳。南季，天子大夫也。南，氏。季，字也。

三月，癸酉，大雨震電。庚辰，大雨雪。三月，今正月。**【疏】**「大雨震電」。　正義曰：《説文》云「震，劈歷震物者」，「電，陰陽激曜也」，《河圖》云「陰陽相薄爲雷，陰激陽爲電」，然則震是雷之劈歷，電是雷光。僖十五年「震夷伯之廟」，是劈歷破之。雷之甚者爲震。故何休云：「震，雷也。」　「大雨雪」。　正義曰：《説文》云：「雨，水從雲下也。」然則雨者，天上下水之名。既見雨從天下，自上下者因即以雨言之。「雨螽」亦稱爲「雨」，故下雪稱「雨雪」也。平原出水爲大水，直書大水，「平地尺爲大雪」，不直書大雪，而云「大雨雪」者，水則從天入地，出地乃爲多，見其在地之多，言其出水之大，故不言大雨水。雪則自天而下，下即委之於地，見其自上而下，言其下雪之多，故言大雨雪。水則俯視，雪則仰觀，故立文有異。其大雨雹亦與雪同。

挾卒。無傳。挾，魯大夫，未賜族。

夏，城郎。

秋，七月。

冬，公會齊侯于防。防，魯地，在琅邪華縣東南。

【傳】**九年，春，王三月，癸酉，大雨霖以震。書始也。**書癸酉，始雨日。**庚辰，大雨雪，亦如之，書時失也。**夏之正月，微陽始出，未可震電，既震電，又不當大雨雪，故皆爲時失。❶ **凡雨，自三日以往爲霖。**此解經書「霖」也，而經無「霖」字，經誤。**平地尺爲大雪。**【疏】注「此解」至「經誤」。❷ 正義曰：傳發凡以解經，若經無「霖」字，則傳無由發，故知經誤。然則經當如傳言「大雨霖以震」，不當云「大雨震電」。是經脱「霖以」二字，而妄加「電」也。

---

❶「失」下，阮校：「淳熙本有『也』字。」

❷「注此解至經誤」，阮本此節正義在注「經誤」下。

夏，城郎。書不時也。

宋公不王。不共王職。❶**鄭伯爲王左卿士，以王命討之，伐宋。宋以入郛之役怨公，不告命。**入郛在五年，公以七年伐邾，欲以説宋，而宋猶不和也。**公怒，絶宋使。**

秋，鄭人以王命來告伐宋。遣使致王命也。伐宋未得志，故復更告之。

冬，公會齊侯于防，謀伐宋也。

北戎侵鄭。鄭伯禦之，患戎師，曰：「彼徒我車，懼其侵軼我也。」徒，步兵也。軼，突也。**公子突曰：「使勇而無剛者嘗寇而速去之，**公子突，鄭厲公也。嘗，試也。勇則能往，無剛不恥退。**君爲三覆以待之。**覆，伏兵也。**戎輕而不整，貪而無親，勝不相讓，敗不相救。先者見獲，必務進。**❷**進而遇覆，必速奔。後者不救，則無繼矣。乃可以逞。」**逞，解也。**從之。戎人之前遇覆者奔，祝聃逐之。**祝聃，鄭大夫。**衷戎師，前後擊之，盡殪。**爲三部伏兵，祝聃帥勇而無剛者先犯戎而速奔，以遇二伏兵，至後伏兵起，戎還走，祝聃反逐之。戎前後及中三處受敵，故曰「衷戎師」。殪，死也。**戎師大奔。**後駐軍不復繼也。**十一月，甲寅，鄭人大敗戎師。**此皆春秋時事，雖經無正文，所謂

---

❶「共」，《經典釋文》：「本亦作『供』。」

❷「必務進」，阮校：「石經初刻作『後必務進』，改刊去『後』字，後又加於『必』字之上旁。按，石經旁加字多不可從。」

「必廣記而備言之，將令學者原始要終，尋其枝葉，究其所窮」。他皆放此。【疏】「先者」至「以逞」。❶正義曰：嘗寇速去，知戎必逐之。逐其去者，必有所獲。獲謂獲鄭人也。在先者見逐有所獲，不復顧後，必務在速進。謂棄其後者，獨自先進。進而遇覆，必速迴奔走。後者不救，則是無繼續矣。無繼則易敗，如是乃可以解患。服虔云：「先者見獲，言必不往相救，各自務進，言其貪利也。」其言見獲者，當謂戎被鄭獲也。鄭人速去以誘之，安得獲戎也？在先者已被鄭獲，重進者將復爲虜，各自務進，欲何所貪，而云貪利也？此則不言可解，無故以解亂之。注「爲三」至「死也」。正義曰：「前後及中三處受敵」者，前謂第一伏逆其前也，後謂祝聃與後伏逐其後也，中謂第二伏擊其中也。「衷戎師」者，謂戎師在三伏之中。「殪，死也」，《釋詁》文。「十一月」至「戎師」。正義曰：此即上傳所説擊戎之事。史官得其戰狀，乃裁約爲之辭。經之所陳，皆是此類。既不書經，故準經爲文以摠之。

【經】**十年，春，王二月，公會齊侯、鄭伯于中丘。**傳言正月會，癸丑盟。《釋例》推經、傳日月，癸丑是正月二十六日，知經二月誤。

夏，翬帥師會齊人、鄭人伐宋。公子翬不待公命，而貪會二國之君，疾其專進，故去氏。齊、鄭以公不至，故亦更使微者從之伐宋。不言「及」，明翬專行，非鄧之謀也。「及」例在宣七年。【疏】注

❶ 「先者至以逞」，阮本以下正義三節分疏於傳文各節下。

「公子」至「七年」。　正義曰：傳稱羽父先會齊侯、鄭伯，是「不待公命」也。貪會二國之君，自求其名，時史疾其專進，故貶去公子。公子義與氏同，故以氏言之。中丘之會，計君自親行，今齊、鄭稱「人」，是使微者從之也。於例，師出與謀曰「及」，傳稱「盟于鄧，爲師期」，公既與謀，計當書「及」。今乃言「會」，明其以翬專行，非鄧之謀。《釋例》曰：「王命伐宋，羽父不匡君以速進，而先會二國，自以爲名，故貶去其族。齊爲侯伯，鄭伯又爲王卿士，二君奉王命以討宋。惡羽父之專進，故使與微者同伐，動而無功，故無成敗也。」案四年翬「固請而行」，故貶去其氏。此直言羽父先會齊侯、鄭伯，無「固請」之文，亦貶之者。又公子豫會邾人、鄭人，以不待公命，而經不書，此翬亦不待公命而經書者，翬於四年傳稱「固請」，明此「先會」亦「固請」也。傳於四年其文已詳，故於此而略耳。豫會邾人、鄭人，本非公命，❶故不書，此則公會齊、鄭于中丘，已爲師期，翬又請公先會，先會則是君命，故以書之。

六月，壬戌，公敗宋師于菅。齊、鄭後期，故公獨敗宋師。書「敗」，宋未陳也。敗例在莊十一年。菅，宋地。【疏】注「齊鄭」至「宋地」。　正義曰：案傳公會齊侯、鄭伯于老桃，然後公敗宋師，則知老桃之會，謀與宋戰。彼與公謀戰，而公獨敗宋師，知齊、鄭後期也。**辛未，取郜。辛巳，取防。**鄭後至，得郜、防二邑，歸功于魯，故書取，明不用師徒也。濟陰城武縣東南有郜城。❷高平昌邑縣西南有西防城。

---

❶「命」，阮本作「卿」。

❷「城武」，阮校：「岳本作『成武』，是也。」

秋，宋人、衛人入鄭。宋人、蔡人、衛人伐戴。❶鄭伯伐取之。三國伐戴，鄭伯因其不和，伐而取之。書伐，用師徒也。書取，克之易也。戴國，今陳留外黃縣東南有戴城。【疏】注「三國」至「戴城」。正義曰：案傳例，克邑不用師徒曰取，然則「取」者，據克邑之易。今此克得軍師亦稱「取」者，但取者雖據克邑之文，其克得師衆而易者亦曰「取」。是以莊十一年注云：「威力兼備，若羅網所掩覆，一軍皆見禽制。」若非前敵之易，何能覆而取之？故《釋例》曰：「如取，如攜。」然則凡言「取」者，皆易辭。劉君以取之非易而規杜氏，非也。沈氏亦云：「今日圍，明日取，故知易也。」《公羊傳》曰：「其言伐取之何？易也。」是杜所用之義。《地理志》云：「梁國甾縣，故戴國。」❷應劭曰：「章帝改曰考城。」古者甾、戴聲相近，故鄭玄《詩》箋讀「俶戴」爲「熾菑」，是其音大同，故漢於戴國立甾縣，於晉屬陳留。

冬，十月，壬午，齊人、鄭人入郕。

【傳】十年，春，王正月，公會齊侯、鄭伯于中丘。癸丑，盟于鄧，爲師期。尋九年會于防，謀伐宋也。公既會而盟，盟不書，非後也，蓋公還告會而不告盟。鄧，魯地。【疏】注「尋九」至「魯地」。正義

❶「戴」，《經典釋文》作「載」。阮校：「陳樹華云：昭廿三年《正義》引亦作『戴』，石經初刻作『戴』，後改『載』。傳文同。案，作『載』與《釋文》合，《公羊》、《穀梁》同此本，《正義》作『載』，是也。」

❷「戴」，正宗寺本、阮本作「載」，下「戴聲」、「俶戴」、「於戴國」同。

曰：九年傳稱會于防，謀伐宋。未及伐宋而更爲此會，爲師伐宋之期，知是尋防會也。《釋例》曰：「盟于鄧，盟于犖，盟于戚，公既在會而不書盟者，以理推之，會在盟前，知非後盟也，蓋公還告會而不告盟。」

夏，五月，羽父先會齊侯、鄭伯伐宋。言先會，明非公本期，釋翬之去族。**六月，戊申，公會齊侯、鄭伯于老桃。**會不書，不告於廟也。老桃，宋地。六月無戊申，戊申，五月二十三日。日誤。【疏】注「會不」至「日誤」。　正義曰：六月無戊申者，下有辛巳取防，亦在六月之内。戊申在辛巳之前三十三日，不得共在一月。上有五月，今別言六月，知日誤月不誤。《長歷》推六月丙辰朔，三日戊午，五日庚申，未知二者孰誤。❶**壬戌，公敗宋師于菅。庚午，鄭師入郜。辛未，歸于我。庚辰，鄭師入防。辛巳，歸于我。**壬戌，六月七日。庚午，十五日。庚辰，二十五日。鄭伯後期而公獨敗宋師，故鄭頻獨進兵以入郜、防。入而不有，命魯取之，推功上爵，讓以自替，不有其實，故經但書魯取，以成鄭志，善之也。**君子謂鄭莊公於是乎可謂正矣，以王命討不庭，下之事上，皆成禮於庭中。不貪其土，以勞王爵，正之體也。**勞者，敘其勤以答之。諸侯相朝，逆之以饔餼，謂之郊勞。魯侯爵尊，鄭伯爵卑，故言以勞王爵。【疏】注「勞者」至「王爵」。　正義曰：《聘禮》「賓至于近郊，君使卿朝服，用束帛勞」，《覲禮》「至于郊，王使人皮弁，用璧勞」，《周禮·司儀》曰「諸公相爲賓」，「主君郊勞」，皆不言以饔餼勞。案禮，饔餼乃是既相見致大禮，不應於郊以設之。杜意蓋以孰食曰饔，生牲曰餼。以勞客於郊，必有牲饌，故以饔餼言之，非謂大禮

❶「誤」，阮本作「是」。

之饔餼也。勞禮，《大行人》云：上公三勞，近郊勞，一也。遠郊勞，二也。竟首勞，三也。侯伯再勞，去竟首。子男一勞，去遠郊。凡近郊勞，皆君自行，遠郊使卿，❶竟首使大夫。《掌客》又云：「上公五積，皆眡飧牽」，「侯伯四積」，「子男三積」。是賓入竟之後，有致積之禮。積雖是牽，亦或有孰，或在郊致積，故謂之郊勞。沈依《聘禮注》其郊之遠近，上公遠郊五十里，侯伯三十里，子男十里，近郊各半之。

蔡人、衛人、郕人不會王命。不伐宋也。**秋，七月，庚寅，鄭師入郊。猶在郊，**鄭師還，駐兵於遠郊。**宋人、衛人入鄭。**宋、衛奇兵，乘虛入鄭。**蔡人從之，伐戴。**從宋、衛伐戴也。**八月，壬戌，鄭伯圍戴。癸亥，克之，取三師焉。**三國之軍在戴，故鄭伯合圍之。師者，軍旅之通稱。**宋、衛既入鄭，而以伐戴召蔡人。**伐戴乃召之。**蔡人怒，故不和而敗。**言鄭取之易也。【疏】注「三國」至「通稱」。❷ 正義曰：三國之軍在戴城下，故鄭伯合圍之。不言圍戴者，本意圍三師，不圍戴也。不言圍三師者，今日圍，明日取，圍之不久。經以「取」告，❸不以「圍」告。三國經皆稱「人」，於例爲「將卑師少」，而傳言「三師」，故辨之，「師者，軍旅之通稱」。

九月，戊寅，鄭伯入宋。報入鄭也。九月無戊寅。戊寅，八月二十四日。【疏】注「報入」至「四日」。 正義曰：九月無戊寅者，經有十月壬午，《長歷》推壬午十月二十九日，戊寅在壬午之前四日耳，故九月不

❶ 「卿」，原作「鄉」，據正宗寺本、文淵閣本、阮本改。

❷ 「注三國至通稱」，阮本此節正義在注「伐戴乃召之」下。

❸ 「經」，閩本、監本、毛本、文淵閣本作「徑」。

得有戊寅。上有八月，下有冬，則誤在日也。

冬，齊人、鄭人入郕，討違王命也。

【經】**十有一年，春，滕侯、薛侯來朝。**諸侯相朝，例在文十五年。【疏】「十有一年」至「來朝」。正義曰：「十」下言「有」者，干寶云：「十盈則更始，以奇從盈數，故言有也。」經備文，傳從略，故傳不言「有」。桓七年穀伯、鄧侯别言「來朝」，此兼言「來朝」者，彼别行禮，此同行禮。由同時行禮，當長者在先，故争之。

夏，公會鄭伯于時來。時來，郲也。滎陽縣東有釐城，鄭地也。

秋，七月，壬午，公及齊侯、鄭伯入許。與謀曰及。還使許叔居之，故不言滅也。許，潁川許昌縣。【疏】注「與謀」至「昌縣」。正義曰：「與謀曰及」，宣七年傳例也。傳稱「會于郲，謀伐許」，是公與謀也。《譜》云：「許，姜姓，與齊同祖，堯四嶽伯夷之後也。周武王封其苗裔文叔于許，今潁川許昌是也。靈公徙葉，悼公遷夷，一名城父。又居析，一名白羽。許男斯處容城。自文叔至莊公十一世始見《春秋》。元公子結元年，獲麟之歲也，當戰國初，楚滅之。」《地理志》云：「潁川郡許縣，故許國，文叔所封，二十四世爲楚所滅也。漢世名許縣耳，魏武作相，改曰許昌。」

冬，十有一月，壬辰，公薨。實弑，書薨，又不地者，史策所諱也。【疏】注「實弑」至「諱也」。正義曰：他君見弑則書弑，魯君見弑則書薨。公薨例皆地，此公又不地，故解之，言魯史策書所諱也。不忍言君之見弑，又不忍言其僵尸之處，諱而不書，故夫子因之。傳不言「書曰」，知是舊史諱之也。董狐書「趙盾弑君」，仲尼謂之「良史」，不書君弒，則是史之不良。夫子不改其文而因之者，爲人臣者，或心實愛君，爲諱愆過，或志在疾惡，故章賊名，雖事跡不同，而俱是爲國。聖賢兩通其事，欲見仁非一涂。僖元年傳曰：「諱國惡，禮也。」以仲尼之善董狐，知爲史必須直也。以丘明之禮諱惡，知爲史又當諱也。《釋例》曰：「臣之事君，猶子事父。微諫見志，造膝詭辭，執其是而諫其非，不必其得，蓋匡救將然，而將順其已然，故有隱諱之義焉。至於激節之士則不然，南史執簡而累進，董狐書法而不隱，鬻拳執君而自刖，❶晏嬰端委而引直，聖賢亦録而善之，所以廣義訓，博大道。殷有三仁，此之謂也。」是言聖賢兩通之意也。鄭伯髠頑、楚子麇、齊侯陽生之徒，俱實見弒，而以「卒」赴魯，是他國之臣亦有諱國惡者，非獨魯史也。

【傳】十一年，春，**滕侯、薛侯來朝，争長。**薛，魯國薛縣。**薛侯曰：「我先封。」**薛祖奚仲，夏所封，在周之前。**滕侯曰：「我，周之卜正也。**卜正，卜官之長。**薛，庶姓也。我不可以後之。」**庶姓，非周之同姓。**公使羽父請於薛侯曰：「君與滕君，辱在寡人。周諺有之曰：『山有木，工則度之；**❷**賓有禮，主則擇之。』**擇所宜而行之。**周之宗盟，異姓爲後。**盟載書皆先同姓，例在定四年。**寡人若朝于薛，不敢與諸任齒。**薛，任姓。齒，列也。**君若辱貺寡人，則願以滕君爲請。」薛侯許之，乃長**

---

❶「執」，正宗寺本、文淵閣本、阮本作「劫」。

❷「度」，阮校：「陳樹華云：《爾雅·釋器》注引傳作『剫』。案，張參《五經文字》云『剫音度，見《周禮》注及《爾雅》』，不云見《春秋傳》，知唐時已作『度』，不作『剫』也。」

滕侯。【疏】注「薛魯國薛縣」。❶　正義曰：《譜》云：「薛，任姓，黄帝之苗裔奚仲封爲薛侯，今魯國薛縣是也。奚仲遷于邳，仲虺居薛，以爲湯左相，武王復以其胄爲薛侯。齊桓霸諸侯，黜爲伯。獻公始與魯同盟。小國無記，世不可知，亦不知爲誰所滅。」《地理志》云：「魯國薛縣，夏車正奚仲所國，後遷于邳，湯相仲虺居之。」注「薛祖」至「之前」。　正義曰：定元年傳曰：「薛之皇祖奚仲居薛，以爲夏車正。」是夏所封也。　注「卜正卜官之長」。　正義曰：《周禮・春官》：「大卜，下大夫二人。」其下有卜師、卜人、龜人、筮人，大卜爲之長。正訓長也，故謂之卜正。　注「庶姓」至「姓也」。❷　正義曰：《周禮・司儀》職云：「詔王儀，南鄉見諸侯。土揖庶姓，時揖異姓，天揖同姓。」鄭玄云：「庶姓，無親者也。異姓，昏姻者也。」是庶姓非同姓也。　「周之」至「爲後」。　正義曰：賈逵以宗爲尊，服虔以宗盟爲同宗之盟，孫毓以爲宗伯屬官，掌作盟詛之載辭，故曰宗盟。杜無明解。盟之尊卑，自有定法，不得言尊盟也。《周禮》司盟之官乃是司寇之屬，非宗伯也。唯服之言得其旨矣。❸　而孫毓難服云：「同宗之盟，則無與異姓，何論先後？　若通共同盟，則何稱於宗？」斯不然矣。天子之盟諸侯，令其共獎王室，未聞離逖異姓，獨與同宗者也。但周人貴親，先敘同姓。以其篤於宗族，是故謂之「宗盟」。魯人之爲此言，見其重宗之義，執其宗盟之文，即云「無與異姓」，然則公與族燕，則異姓爲賓，復言「族燕」不得有異姓也？　孟軻所云説《詩》者「不以辭害意」，此之謂也。「異姓爲後」者，謂王官之伯降臨諸侯，以王命而盟者耳。其春秋之世，

---

❶ 「注薛魯國薛縣」，阮本以下正義六節分疏於傳文各節下。

❷ 「姓也」，阮本作「同姓」。阮校：「各本注文皆無『也』字。」

❸ 「矣」，阮本作「也」。

狎主齊盟者，則不復先姬姓也。踐土之盟，其載書云「王若曰晉重魯申」，是用王命而盟也。召陵之會，劉子在焉，故祝佗引踐土爲比，爲有王官故也。宋之盟，楚屈建先於趙武，明是大國在前，不先姬姓。若姬姓常先，則楚不得競也。且言周之宗盟，是唯周乃然。故《釋例》曰：「斥周而言，指謂王官之宰臨盟者也。其餘雜盟，未必皆然。」是言餘盟不先姬姓，盟則同姓在先，朝則各從其爵。故鄭康成注《禮記》云：「朝覲爵同同位。」若然，案《覲禮》曰：「諸侯前朝，皆受舍于朝，同姓西面北上，異姓東面北上。」鄭玄云：「言諸侯，明來朝者衆矣，顧其入覲不得並耳。分別同姓異姓，受之將有先後也。」若如此言，則似朝覲不以爵者。但朝覲實以爵同同位，就爵同之中先同姓後異姓。若盟，則爵雖不同，先同姓也。《禮記》：「周公朝諸侯于明堂之位，三公中階之前，北面東上。諸侯之位，阼階之東，西面北上。諸伯之國，西階之西，東面北上。諸子之國，門東，北面東上。諸男之國，門西，北面東上。」《覲禮》於方明之壇，鄭言諸侯見王之位，亦引《明堂位》爲説。是則諸侯揔見皆以爵爲班，雖不分別同姓異姓，其受禮之時爵同者，猶先同姓也。其王官之伯臨諸侯之盟，雖羣后咸在，常先同姓，故此言「宗盟」耳。取重宗之事，以喻己也。取譬之事，聊舉一邊。「寡人若朝于薛，不敢與諸任齒」，朝於彼國，自可下主國之宗，諸侯聚盟，不肯先盟主之宗也。　注「薛任姓齒列也」。　正義曰：《世本·氏姓篇》云：「任姓：謝、章、薛、舒、呂、祝、終、泉、畢、過。」言此十國皆任姓也。《禮記·文王世子》曰：「古者謂年齡，齒亦齡也。」然則齒是年之别名。人以年齒相次列，以爵位相次列亦名爲齒，故云「齒列」也。

夏，公會鄭伯于郲。❶謀伐許也。

❶「郲」，阮校：「陳樹華云：《水經注》引《左傳》作『釐』。」

鄭伯將伐許，五月，甲辰，授兵於大宮。大宮，鄭祖廟。**公孫閼與潁考叔爭車，**公孫閼，鄭大夫。**潁考叔挾輈以走，**輈，車轅也。**子都拔棘以逐之。**子都，公孫閼。棘，戟也。**及大逵，弗及，子都怒。**逵，道方九軌也。**秋，七月，公會齊侯、鄭伯伐許。庚辰，傅于許。**傅於許城下。**潁考叔取鄭伯之旗蝥弧以先登，**蝥弧，旗名。**子都自下射之，顛。**顛隊而死。**瑕叔盈又以蝥弧登，**瑕叔盈，鄭大夫。**周麾而呼曰：「君登矣！」**周，偏也。麾，招也。❶**鄭師畢登。壬午，遂入許。許莊公奔衛。**奔不書，兵亂遁逃，未知所在。

齊侯以許讓公。公曰：「君謂許不共，不共職貢。❷**故從君討之。許既伏其罪矣，雖君有命，寡人弗敢與聞。」乃與鄭人。**

鄭伯使許大夫百里奉許叔以居許東偏，許叔，許莊公之弟。東偏，東鄙也。**曰：「天禍許國，鬼神實不逞于許君，而假手于我寡人。**借手于我寡德之人以討許。**寡人唯是一二父兄不能共億，**父兄，同姓羣臣。共，給。億，安也。**其敢以許自爲功乎？寡人有弟，不能和協，而使餬其口於四方，**弟，共叔段也。餬，鬻也。段出奔在元年。**其況能久有許乎？吾子其奉許叔以撫柔此民也，吾將使獲也佐吾子。**獲，鄭大夫公孫獲。**若寡人得没于地，**以壽終。**天其以禮悔禍于許，**言天加

---

❶「招」，原作「切」，據《四部叢刊》本、文淵閣本、阮本改。

❷「共」，《經典釋文》：「本亦作『供』。」

禮於許而悔禍之。無寧茲許公復奉其社稷。無寧，寧也。茲，此也。唯我鄭國之有請謁焉，如舊昏媾，謁，告也。婦之父曰昏，重昏曰媾。其能降以相從也。降，降心也。無滋他族，實偪處此，以與我鄭國爭此土也。吾子孫其覆亡之不暇，而況能禋祀許乎？絜齊以享謂之禋。祀，謂許山川之祀。寡人之使吾子處此，不唯許國之爲，亦聊以固吾圉也。」圉，邊垂也。乃使公孫獲處許西偏，曰：「凡而器用財賄，無寘於許。我死，乃亟去之！吾先君新邑於此，此，今河南新鄭。舊鄭在京兆。❶王室而既卑矣，周之子孫日失其序。鄭亦周之子孫。夫許，大岳之胤也，大岳，神農之後，堯四岳也。胤，繼也。天而既厭周德矣，吾其能與許爭乎？」君子謂鄭莊公於是乎有禮。禮，經國家，定社稷，序民人，利後嗣者也。許無刑而伐之，服而舍之，刑，法也。度德而處之，量力而行之，相時而動，無累後人，「我死，乃亟去之」，無累後人。可謂知禮矣。

鄭伯使卒出豭，行出犬雞，以詛射潁考叔者。百人爲卒，二十五人爲行，行亦卒之行列。疾射潁考叔者，故令卒及行間皆詛之。君子謂鄭莊公失政刑矣。政以治民，刑以正邪。既無德政，又無威刑，是以及邪。大臣不睦，又不能用刑於邪人。邪而詛之，將何益矣？【疏】「挾輈以走」。❷正義曰：廟内授車，未有馬駕，故手挾以走。輈，轅也。《方言》云：「楚、衛謂轅爲輈。」服虔云：「考叔挾車轅，箠

❶「兆」，原作「先」，據《四部叢刊》本、文淵閣本、阮本改。

❷「挾輈以走」，阮本以下正義十一節分疏於傳文各節下。

馬而走。」古者兵車一轅，服馬夾之。若馬已在轅，不可復挾。且箠馬而走，非捷步所及，子都豈復乘車逐之？

注「逵道方九軌也」。　正義曰：《冬官考工記》「匠人營國」，「經涂九軌」。軌，車轍。謂王城之内，道廣並九車也。《爾雅·釋宫》云：「一達謂之道路，二達謂之岐旁，三達謂之劇旁，四達謂之衢，五達謂之康，六達謂之莊，七達謂之劇驂，八達謂之崇期，九達謂之逵。」説《爾雅》者，皆以爲「四道交出，復有旁通」，故劉炫《規過》以逵爲九道交出也。今以爲「道方九軌」者，蓋以九出之道，世俗所希，不應城内得有此道，以記有九軌，故以「逵」當之。言並容九軌，皆得前達，亦是九達之義，故李巡注《爾雅》亦取「並軌」之義。又涂方九軌，天子之制，諸侯之國不得皆有，唯鄭城之内獨有其涂，故傳於鄭國每言「逵」也。故桓十四年「焚渠門，入及大逵」，莊二十八年「衆車入自純門，及逵市」，宣十二年「入自皇門，至于逵路」，劉君以爲國國皆有逵道，以規杜氏，其義非也。　注「蝥弧旗名」。　正義曰：《周禮》：「諸侯建旂，孤卿建旜。」而《左傳》鄭有蝥弧，❶齊有靈姑銔，皆諸侯之旗也。趙簡子有蜂旗，卿之旗也。其名當時爲之，其義不可知也。　注「弟共」至「元年」。　正義曰：莊公之弟逃於四方，故知唯是共叔段也。《説文》云：「餬，寄食也。」以此傳言「餬口四方」，故以「寄食」言之。昭七年傳云：「饘於是，鬻於是，以餬余口。」《釋言》云：「餬，饘也。」則餬是饘、鬻别名。今人以薄鬻塗物謂之餬紙、餬帛，則餬者，以鬻食口之名，故云「餬其口」也。　注「謁告」至「曰媾」。　正義曰：「謁，告也」，《釋詁》文。「婦之父曰昏」，《釋親》文也。「媾」與「昏」同文，故先儒皆以爲「重昏曰媾」。　注「絜齊」至「之祀」。　正義曰：《釋詁》云：「禋，祭也。」孫炎曰：「禋，絜敬之祭。」《周語》曰：「精意以享，禋也。」是絜齊以享謂之禋。享訓獻也，言絜清齊敬以酒食獻神也。

---

❶「蝥弧」，孫校：「疑即《考工記》之『弧旌』。」

禮，諸侯祭山川之在其地者。若其受許之土，則當祭許山川，故知「祀謂許山川之祀」。注「圉邊垂也」。正義曰：《釋詁》云：「圉，垂也。」舍人曰：「圉，邊垂也。」注「此今」至「京兆」。正義曰：《地理志》云：「河南郡新鄭縣，《詩》鄭國，鄭桓公之子武公所國。」是知「新邑於此」，謂河南新鄭也。且《志》又云：「京兆鄭縣，周宣王弟鄭桓公邑。」是知舊鄭在京兆也。《志》又云：「本周宣王弟友爲周司徒，食采於宗周畿内，是爲鄭桓公。桓公問於史伯曰：『王室多故，何所可以逃死？』」史伯爲桓公謀取虢、鄶之地，令「寄帑與賄，而虢、鄶受之。後三年，❶幽王敗，桓公死，其子武公與平王東遷，卒定虢、鄶之地」。然則傳云「先君新邑於此」，謂武公始居此也。《史記·鄭世家》稱虢、鄶自分十邑獻於桓公，桓公「竟國之」。案《鄭語》，桓公始謀，未取之也，武公始國，非桓公也，全滅虢、鄶，非獻邑也。馬遷之言皆謬耳。昭十六年傳子産謂韓宣子，曰「我先君桓公與商人皆出自周，以艾殺此地而共處之」者，謂「寄帑與賄」之時，商人即與俱行耳，非桓公身至新鄭。注「大岳」至「繼也」。正義曰：《周語》稱「共工、伯鮌二者，❷皆黄、炎之後」，言鮌爲黄帝之後，共工爲炎帝之後。炎帝則神農之别號。《周語》又稱堯命禹治水，「共之從孫四岳佐之」，「胙四岳國，命爲侯伯，賜姓曰姜，氏曰有吕」。賈逵云：「共，共工也。從孫，同姓末嗣之孫。四岳，官名，大岳也，主四岳之祭焉。姜，炎帝之姓，其後變易，至於四岳，帝復賜之祖姓，以紹炎帝之後。」以此知「大岳」是神農之後，堯四岳也。以其主岳之祀，尊之，故稱大岳，許國是其後也。「胤，繼也」，《釋詁》文。舍人云：「胤，繼世也。」「禮經」至「嗣者也」。正義曰：經謂紀理之，若《詩》之經營、經始也。國

❶「三年」，阮校：「監本、毛本作『二年』，與《漢書》合。」

❷「伯鮌」，閩本、監本、毛本、文淵閣本作「伯鯀」，下同。

家非禮不治，社稷得禮乃安，故禮所以經理國家，安定社稷。以禮教民則親戚和睦，以禮守位則澤及子孫，故禮所以次序民人，利益後嗣。「經國家」，猶《詩序》之言「經夫婦」也。　注「百人」至「詛之」。　正義曰：《周禮·夏官·序》制軍之法，「百人爲卒」，「二十五人爲兩」。此言「二十五人爲行」者，以傳先「卒」後「行」，「豭」大於「犬」，知「行」之人數少於「卒」也。軍法百人之下唯有二十五人爲「兩」耳。又大司馬之屬官行司馬是中士，軍之屬官兩司馬亦中士，知《周禮》之「兩」即此「行」是也。《周禮》之行謂軍之行列，知此行亦卒之行列也。詛者，盟之細，殺牲告神，令加之殃咎。疾射潁考叔者，令卒及行間祝詛之，欲使神殺之也。一卒之内已用一豭，又更令一行之間或用雞，或用犬，重祝詛之。犬、雞者，或雞或犬，非雞、犬並用。何則？盟詛例用一牲，不用二也。豭謂豕之牡者。《爾雅·釋獸》：「豕牝曰豝。」豝者是牝，知豭者是牡。祭祀例不用牝，且宋人謂宋朝爲艾豭，明以雄豬喻也。

王取鄔、劉、二邑在河南緱氏縣，西南有鄔聚，西北有劉亭。**蔿、邘之田于鄭，**蔿、邘，鄭二邑。**而與鄭人蘇忿生之田：**蘇忿生，周武王司寇蘇公也。【疏】注「蘇忿」至「公也」。　正義曰：成十一年傳曰：「昔周克商，使諸侯撫封，蘇忿生以温爲司寇。」《尚書·立政》稱「周公告大史曰司寇蘇公」，是其事也。**温、**今温縣。**原、**在沁水縣西。**絺、**在野王縣西南。**樊、**一名陽樊，野王縣西南有陽城。**隰郕、**❶在懷縣西南。**欑茅、**在脩武縣北。**向、**軹縣西有地名向上。**盟、**今盟津。**州、**今州縣。**陘、**闕。**隤、**在脩武

❶「隰郕」，阮校：「惠棟云：『司馬彪曰：懷有隰城。劉昭引傳亦作城。』陳樹華云：僖二十五年傳作『隰城』。」

縣北。**懷。**今懷縣。凡十二邑，皆蘇忿生之田。欑茅、隤屬汲郡，餘皆屬河内。**君子是以知桓王之失鄭也。恕而行之，德之則也，禮之經也。己弗能有，而以與人，人之不至，不亦宜乎？**蘇氏叛王，十二邑王所不能有，爲桓五年從王伐鄭張本。

鄭、息有違言，以言語相違恨。**息侯伐鄭。**❶**鄭伯與戰于竟，息師大敗而還。**息國，汝南新息縣。【疏】注「息國」至「息縣」。正義曰：《世本》：「息國，姬姓。」此「息侯伐鄭」，責其不親親，知與鄭國同姬姓也。莊十四年傳楚文王滅息。其初則不知誰之子，何時封也。《地理志》汝南郡有新息縣，故息國也。應劭云：「其後東徙，故加新云。」若其後東徙，當云「故息」，何以反加「新」字乎？蓋本自他處而徙此也。**君子是以知息之將亡也。不度德，**鄭莊賢。**不量力，**息國弱。**不親親，**鄭、息，同姓之國。**不徵辭，不察有罪。**言語相恨，當明徵其辭，以審曲直，不宜輕鬬。**犯五不韙，而以伐人，其喪師也，不亦宜乎？**韙，是也。

冬，十月，鄭伯以虢師伐宋。壬戌，大敗宋師，以報其入鄭也。入鄭在十年。**宋不告命，故不書。凡諸侯有命，告則書，不然則否。**命者，國之大事政令也。承其告辭，史乃書之于策。若所傳聞行言，非將君命，則記在簡牘而已，不得記於典策。此蓋周禮之舊制。**師出臧否，亦如之。**臧否，謂善惡得失也。滅而告敗，勝而告克，此皆互言，不須兩告乃書。**雖及滅國，滅不告敗，勝不告克，不書于策。**【疏】「凡諸」至「于策」。正義曰：此傳雖因宋不告敗而發此例，其言「諸侯有命」，非獨爲被伐

❶「息」，《經典釋文》作「鄎」，云：「一本作『息』。」阮校：「案《說文》云：鄎，姬姓之國，在淮北，今汝南新鄎。」

之命，故注云：「命者，國之大事政令也。」謂諸是大事，崩卒會盟，戰伐克取，君臣乖離，水火災害。經書他國之事，皆是來告則書，不告則否。來告則書者，或彼以實告，改其告辭而書之。或彼以虛告，因其虛言而記之。立文褒貶，章示善惡，雖復依告者多，不必盡皆依告。衛獻公之出奔也，傳稱「孫林父、甯殖出其君」，「名在諸侯之策」。及其書經，則云「衛侯出奔齊」。如此之類，是改告辭也。晉人之敗秦也，傳稱「潛師夜起，以敗秦于令狐」。秦實未陳，不與晉戰。晉人諱背前言，妄以戰告。及其書經，乃言「晉人及秦人戰于令狐」。如此之類，是因虛言也。雖復或因其虛，或改其實，終是歸於勸戒，得告乃書也。「不然則否」者，雖復傳聞行言，實知其事，但非故遣來告知亦不書，所以慎謬誤，辟不審。若楚滅六、蓼，臧文仲歎而爲言，魯非不知，但無命來告，故不書也。「師出臧否亦如之」者，傳因被兵發例，嫌出師伐人，不必須告，故重明之。「雖及滅國」者，既據侵伐發例，又嫌滅國事重，不待告命，故更明之。言「不書于策」者，明告命大事，皆書於國史正策，以見仲尼脩定，悉因正策之文。注「臧否」至「乃書」。正義曰：不言「勝敗」而言「臧否」者，明其臧否之言，非徒勝敗之謂，故知是「善惡得失」，揔謂理有曲直，兵有彊弱也。狄伐邢之類，非狄能告也，楚滅庸之徒，非庸能告也，故知敗克互言，不須兩告乃書也。且哀元年傳曰：「吳入越，不書，吳不告慶，越不告敗也。」吳、越並言，知其不待兩告。

羽父請殺桓公，將以求大宰。 大宰，官名。 **公曰：「爲其少故也，吾將授之矣。** 授桓位。 **使營菟裘，吾將老焉。」** 菟裘，魯邑，在泰山梁父縣南。不欲復居魯朝，故別營外邑。 **羽父懼，反譖公于桓公，而請弒之。❶公之爲公子也，與鄭人戰于狐壤，止焉。** 內諱獲，故言止。狐壤，鄭地。 **鄭人囚**

---

❶「弒」，《經典釋文》作「殺」。

諸尹氏，尹氏，鄭大夫。**賂尹氏而禱於其主鍾巫**，主，尹氏所主祭。**遂與尹氏歸，而立其主。立鍾巫於魯。十一月，公祭鍾巫，齊于社圃**，社圃，園名。**館于寪氏。**❶館，舍也。寪氏，魯大夫。**壬辰，羽父使賊弒公于寪氏，立桓公，而討寪氏，有死者。**欲以弒君之罪加寪氏，而復不能正法誅之。傳言進退無據。**不書葬，不成喪也。**桓弒隱篡立，❷故喪禮不成。【疏】注「大宰官名」。❸ 正義曰：《周禮》：天子六卿，天官爲大宰，諸侯則并六爲三而兼職焉。昭四年傳稱季孫爲司徒，叔孫爲司馬，孟孫爲司空，則魯之三卿無大宰也。羽父名見於經，已是卿矣，而復求大宰，蓋欲令魯特置此官以榮已耳。以後更無大宰，知魯竟不立之。

「討寪氏有死者」。 劉炫云：❹「羽父遣賊弒公，❺公非寪氏所弒。公在寪氏而死，遂誣寪氏弒君，欲以正法誅之。君非寪氏所弒，故討寪氏之家，僅有死者而已，言不揔誅之。」

注「欲以」至「無據」。 正義曰：劉炫云：「欲以弒君之罪加寪氏，則君非寪氏所弒，而復不能以正法誅之。正法謂滅其族，汙其宮也。傳言此者進退無據：進誅寪氏，則實非寪氏弒君；退舍寪氏，則無弒君之人。是其進退無據也。」

---

❶「寪氏」，阮校：「《史記·魯世家》作『蔿氏』。」
❷「立」，文淵閣本、阮本作「位」。
❸「注大宰官名」，阮本以下正義三節分疏於傳文各節下。
❹「劉」上，文淵閣本、阮本有「正義曰」三字。
❺「弒」，監本、毛本、文淵閣本作「殺」。

春秋左傳正義卷第五

國子祭酒上護軍曲阜縣
開國子臣孔穎達等奉勅撰

桓公【疏】正義曰：《魯世家》：「桓公名允，惠公之子，隱公之弟，仲子所生。以桓王九年即位，莊王三年薨。」《世本》：「桓公名軌。」《世族譜》亦爲軌。《謚法》：「辟土服遠曰桓。」謚法非一，略舉一耳，亦不知本以何行而爲此謚。他皆放此。是歲，歲在玄枵。

【經】元年，春，王正月，公即位。❶嗣子位定於初喪而改元必須踰年者，繼父之業，成父之志，不忍有變於中年也。諸侯每首歲必有禮於廟，諸遭喪繼位者因此而改元正位，百官以序，故國史亦書即位之事於策。桓公篡立而用常禮，欲自同於遭喪繼位者。《釋例》論之備矣。【疏】注「嗣子」

❶「公即位」，阮校引惠棟云：「鄭衆曰：古文《春秋》經『公即位』爲『公即立』，云古『位』、『立』同字。棟案：鄭注《周禮·小宗伯》之職云：故書『位』作『立』。」

至「備矣」。　正義曰：《顧命》曰：「乙丑，成王崩，使齊侯吕伋以二干戈逆子釗于南門之外，延入翼室，恤宅宗。」孔安國云：「明室，路寢。延之使居憂，爲天下宗主。」天子初崩，嗣子定位，則諸侯亦當然也。《釋例》曰：「《尚書·顧命》，天子在殯之遺制也，推此亦足以準諸侯之禮矣。」是知嗣子位定於初喪，孝子緣生以事死，歲之首日，必朝事宗廟，因即改元。《釋例》曰：「襄二十九年經書『春，王正月，公在楚』，傳曰：『釋不朝正于廟也。』然則諸侯每歲首必有禮於廟，今遭喪繼位者，❶每新年正月亦改元正位，百官以序，故國史因書即位於策以表之。」此新君之常禮也。桓之於隱，本無君臣之義，計隱公之死，桓公即合改元，不假踰年方行即位，猶如晉厲被弒，悼公即位改元。今桓雖實篡立，歸罪寪氏，詐言不與賊謀而用常禮，自同於遭喪繼位者，亦既實即其位。國史依實書之，仲尼因而不改，反明公實篡立而自同於常，亦足見桓之篡也。

三月，公會鄭伯于垂，鄭伯以璧假許田。

夏，四月，丁未，公及鄭伯盟于越。 公以篡立而脩好於鄭，鄭因而迎之，成禮於垂，終易二田，然後結盟。垂，犬丘，衛地也。越，近垂地名。鄭求祀周公，魯聽受祊田，令鄭廢泰山之祀，知其非禮，故以璧假爲文，時之所隱。【疏】注「公以」至「所隱」。　正義曰：成會禮於垂，既易許田，然後盟以結之。故先會，次假田，然後書盟也。言迎之成禮於垂者，垂是衛地，沈以爲公迎鄭伯於垂，知時史之所隱諱者，傳不言

❶「位」，正宗寺本、文淵閣本、阮本作「立」。

「書曰」，知非仲尼新意也。❶

秋，大水。書災也。傳例曰：「凡平原出水爲大水。」

冬，十月。

【傳】**元年，春，公即位，脩好于鄭。鄭人請復祀周公，卒易祊田。**事在隱八年。**公許之。三月，鄭伯以璧假許田。爲周公、祊故也。**魯不宜聽鄭祀周公，又不宜易取祊田。犯二不宜以動，故隱其實。不言祊，稱璧假，言若進璧以假田，非久易也。【疏】注「魯不」至「易也」。正義曰：祊薄於許，加之以璧，易取許田，非假借之也。今經乃以璧假爲文，故傳言爲周公、祊故，解經璧假之言也。注又解傳之意，周公非鄭之祖，魯不宜聽鄭祀周公。天子賜魯以許田，義當傳之後世，不宜易取祊田。於此一事，犯二不宜以動，故史官諱其實，不言以祊易許，乃稱以璧假田，言若進璧於魯以權借許田，非久易然，所以諱國惡也。不言以祊假而言以璧假者，此璧實入於魯，但諸侯相交，有執圭璧致信命之理，今言以璧假，似若進璧以致辭然，故璧猶可言，祊則不可言也。何則？祊、許俱地，以地借地，易理已章，非復得爲隱諱故也。

夏，四月，丁未，公及鄭伯盟于越。結祊成也。結成易二田之事也。傳以經不書祊，故獨見祊。**盟曰：「渝盟無享國！」**渝，變也。【疏】注「渝變也」。正義曰：《釋言》文也。傳載其盟辭者，以易田

❶「新」，正德本、閩本、阮本作「本」。阮校：「作『本』，是也。」

惡事，而誓不變改，見其終無悔心，所以深惡魯也。此時許田已入於鄭，而《詩》頌僖公云：「居常與許，復周公之宇。」蓋僖公之時復得之也。齊人取讙及闡，及其歸也，經復書之，自此以後不書鄭人來歸許田者，此經書假，言若暫以借鄭，地仍魯物，不得書鄭人歸之。

秋，大水。凡平原出水爲大水。廣平曰原。【疏】「凡平原」至「大水」。正義曰：《洪範》云：「水曰潤下。」言雨自上而下浸潤於土，陂鄣下地，可使水潦停焉，平原高地則不宜有也。凡平原出水則爲大水。平原出水，言水不入於土而出於地上，非湧泉出也。注「廣平曰原」。正義曰：《釋地》文也。李巡曰：「謂土地寬博而平正，名之曰原。」

冬，鄭伯拜盟。鄭伯若自來，則經不書，若遣使，則當言鄭人，不得稱鄭伯。疑繆誤。【疏】注「鄭伯」至「繆誤」。正義曰：六年傳云：「魯爲其班後鄭。」注云「魯親班齊饋」，則亦使大夫戍齊矣。經不書，蓋史闕文。然則經所不書，自有闕文之類。注既疑此事，不云闕文而云繆誤者，師出征伐，貴賤皆書，經所不書，必是文闕。若其事重，❶使人雖賤亦書。鄭人來渝平，齊人歸讙及闡是也。今以拜盟事輕，若其使賤，則例不合書。故杜云，若遣使來，傳當云鄭人，疑傳繆誤，知非實是鄭伯，爲不見公不書者，以魯鄭相親，易田結好，鄭伯既拜盟而來，魯君無容不見，故知非實是鄭伯，止是鄭人而已。

宋華父督見孔父之妻于路，華父督，宋戴公孫也。孔父嘉，孔子六世祖。【疏】注「華父」至「世

❶「其」，阮本作「使」。

祖」。　正義曰：案《世本》云：「華父督，宋戴公之孫，好父説之子。孔父嘉生木金父，木金父生祁父，其子奔魯爲防叔，防叔生伯夏，伯夏生叔梁紇，叔梁紇生仲尼。」是孔父嘉爲孔子六世祖。**目逆而送之，曰：「美而豔。」**色美曰豔。【疏】「目逆」至「而豔」。　正義曰：未至則目逆，既過則目送，俱是目也，故以目冠之。美者，言其形貌美，豔者，言其顏色好，故曰「美而豔」，爲二事之辭。「色美曰豔」，《詩》毛傳文也。

【經】二年，春，王正月，戊申，宋督弑其君與夷，及其大夫孔父。稱督以弑，罪在督也。孔父稱名者，内不能治其閨門，外取怨於民，身死而禍及其君。【疏】「宋督」至「孔父」。　正義曰：凡言「其」者，是其身之所有，君是臣之君，故臣弑君，則云弑其君；臣是君之臣，故君殺臣，則云殺其大夫；子亦君之子，故云殺其世子。稱國稱人以殺亦言「其」者，人與國並舉一國之辭，君與大夫皆是國人所有，故亦言「其」也。若兩臣相殺，死者非殺者所有，則兩書名氏，不得言「其」，則王札子殺召伯、毛伯是也。與夷是督之君，言弑其君則可，孔父非督之大夫，而言「及其大夫」者，與君俱死，據君爲文。言「宋督弑其君」，據督爲文，而上弑其君也。言「及其大夫孔父」，據君爲文，而下及其大夫，言及與夷之大夫，非督之大夫也。仇牧、荀息其意亦同。　注「稱督」至「其君」。　正義曰：宣四年傳例曰：「弑君稱君，君無道也。稱臣，臣之罪也。」故知稱督以弑，罪在督也。諸言父者，雖或是字，而春秋之世有齊侯禄父、蔡侯考父、季孫行父、衛孫林父，乃皆是名，故杜以孔父爲名。文七年「宋人殺其大夫」，傳曰：「不稱名，衆也，且言非其罪也。」不名者非其罪，則知稱名者皆有罪矣。杜既以孔父爲名，因論爲罪之狀，内不能治其閨門，使妻行於路，令華督見之，外取怨於民，使君數攻戰而國人恨之，身死而禍及其君，故書名以罪孔父也。《釋例》曰：「經書『宋督弑其君與夷及其大夫孔父』，仲尼、丘明唯以先後見義，無善孔父之文。孔父爲國政則取怨於民，治其家則無閨閫之教，身先見殺，禍遂及君，既無所善，仇牧不警而遇賊，又死無忠事。晉之荀息，期欲復言，本無大節。先儒皆隨加善例，又爲不安。經書臣蒙君弑者有三，直是弑死相及，即實爲文。仲尼以督爲有無君之心，改書一事而已，無他例也。」是以孔父行無可善，書名罪之也。案《公羊》、《穀梁》及先儒皆以善孔父而書字。知不然者，案「宋人殺其大夫司馬」，傳稱「握節以死，故書其官」。又「宋人殺其大夫」，傳以爲無罪，「不書名」。今孔父之死，傳無善事，故杜氏之意，以父爲名，言若齊侯禄父、宋公兹父之等。父既是名，孔則爲氏，猶仇牧、荀息被殺皆書名氏。蓋孔父先世以孔爲氏，故傳云「督攻孔氏」也。婦人之出，禮必鄣蔽其面，❶孔父妻行，令人見其色美，是不能治其閨門。又殤公之好攻戰，❷孔父須伏死而争，乃從君之非，是取怨於百姓。事由孔父，遂禍及其君，似公子比刼立加弑君之罪。杜君積累其惡，故以書名責之。劉君不達此旨，妄爲規過，非也。

滕子來朝。無傳。隱十一年稱侯，今稱子者，蓋時王所黜。【疏】注「隱十」至「所黜」。正義曰：杞行夷禮，傳每發之，此不發傳，非爲夷禮。自是以下，滕常稱子，❸故疑爲時王所黜。於時周桓王也，東周雖則微弱，猶爲天下宗主，尚得命邾爲諸侯，明能黜滕爲子爵。

---

❶「鄣」，文淵閣本、阮本作「擁」。

❷「又」，阮本作「及」。

❸「常」，阮本作「當」。

三月，公會齊侯、陳侯、鄭伯于稷，以成宋亂。成，平也。宋有弑君之亂，故爲會欲以平之。稷，宋地。【疏】注「成平」至「宋地」。　正義曰：「成，平」，《釋詁》文也。宣十五年傳「晉侯治兵于稷」，治兵欲以禦秦，明其不出晉竟，故以稷爲河東之稷山。此欲平宋，故以稷爲宋地。

夏，四月，取郜大鼎于宋。戊申，納于大廟。宋以鼎賂公。大廟，周公廟也。始欲平宋之亂，終於受賂，故備書之。戊申，五月十日。【疏】注「宋以」至「十日」。　正義曰：《禮記・明堂位》稱魯君「季夏六月以禘禮祀周公於大廟」，文十三年《公羊傳》曰「周公稱大廟」，故知大廟，周公廟也。始欲平宋亂，故會于稷，終舍宋罪而受其賂，故得失備書之。始書成宋亂，終書取郜鼎，是其備書之也。鄭衆、服虔皆以成宋亂爲成就宋亂，故以此言正之。《長歷》此年四月庚午朔，其月無戊申，五月己亥朔，十日得戊申，是有日而無月也。

秋，七月，杞侯來朝。公即位而來朝。

蔡侯、鄭伯會于鄧。潁川召陵縣西南有鄧城。【疏】注「潁川」至「鄧城」。　正義曰：賈、服以鄧爲國，言蔡、鄭會於鄧之國都。《釋例》以此潁川鄧城爲蔡地，其鄧國則義陽鄧縣是也。以鄧是小國，去蔡路遠，蔡、鄭不宜遠會其都。且蔡、鄭懼楚，始爲此會，何當反求近楚小國而與之結援？故知非鄧國也。

九月，入杞。不稱主帥，❶微者也。弗地曰入。

公及戎盟于唐。

---

❶「帥」，《經典釋文》：「或作『師』。」

冬，公至自唐。傳例曰：告于廟也。特相會，故致地也。凡公行還不書至者，皆不告廟也。隱不書至，謙不敢自同於正君書勞策勳。【疏】注「傳例」至「策勳」。正義曰：《釋例》曰：「凡盟有一百五，公行一百七十六，書至者八十二，其不書至者九十四，皆不告廟也。隱公之不告，謙也。餘公之不告，慢於禮也。」是言不告不書之意也。知隱不書至爲謙者，以隱是讓位賢君，必不慢於宗廟，假使惰慢宗廟，止可時或失禮，不應終隱之身竟不書至，知其以謙之故，勞非所憚，勳無可紀，不敢自同於正君書勞策勳，故不告至也。

【傳】二年，春，宋督攻孔氏，殺孔父而取其妻。公怒，督懼，遂弒殤公。君子以督爲有無君之心，而後動於惡，雖有君若無也。**故先書弒其君。**【疏】「君子」至「其君」。❶　正義曰：諸傳言君子者，或當時賢者，或指斥仲尼，或語出丘明之意而記諸賢者，❷期於明理而已，不復曲爲義例。唯河陽之狩，趙盾之弒，泄冶之罪，危疑之理，須取聖證，故特稱仲尼以明之，其餘皆託諸君子。君子者，言其可以居上位，子下民，有德之美稱也。此言先書弒君，則是仲尼新意。不言仲尼而言君子者，欲見君子之人意皆然，非獨仲尼也。督有無君之心，而先書弒君者，君人執柄，臣人畏威，每事稟命而行，不敢妄相殺害，督乃專殺孔父而取其妻，非有忌君

---

❶「君子至其君」，阮本此節正義在下注「督之妄也」句下。

❷「記」，正宗寺本、文淵閣本、阮本作「託」。阮校：「宋本作『記』，非。」

之心，全無敬上之意，不臣之迹在心已久，非爲公怒始興毒害。若先書孔父，後書弒君，便似既殺孔父，始有惡心。今先書弒君，後書孔父，見其先有輕君之心，以著不義之極故也。

會于稷，❶以成宋亂，爲賂故，立華氏也。 經稱平宋亂者，蓋以魯君受賂立華氏，貪縱之甚，惡其指斥，故遠言始與齊、陳、鄭爲會之本意也。傳言「爲賂故，立華氏」，明經本書平宋亂，爲公諱，諱在受賂立華氏也。猶璧假許田爲周公、祊故，所謂「婉而成章」。督未死而賜族，督之妄也。

【疏】注「經稱」至「妄也」。　正義曰：傳言「爲賂故，立華氏」，解經以成宋亂之言也。成宋亂者，欲殺賊臣定宋國，今乃受貨賂，立華氏，非是平亂之狀，而傳以解經，故注申通其義。「以成宋亂」者，是四國爲會之本謀，及其既會，違背前謀，非徒不討宋督，乃更爲立華氏。宋亂實不平，而經書平宋亂者，蓋以魯君受賂立華氏，貪貨縱賊，爲惡之甚，時史惡其指斥，不可言四國爲會縱賊取財，故遠言爲會之本意，言會于稷，欲以平宋亂也。傳以經文不實，解其諱之所由。所諱者，諱其受賂立華氏故也。「爲周公、祊故」，文與此同，故以類相明。然案「爲周公、祊故」，「故」字在下，而向上結之，此亦應云「爲賂立華氏故」也。何以此文「故」字乃在「立華氏」之上、「爲賂」之下者，以「周公、祊故」其文約少，得以「故」字在下，摠而結之，此則文句長緩，不可摠而結之，先舉爲賂惡重，所以云「爲賂故」也，然後始言立華氏，備詳其事。今定本有「故」字，檢晉、宋古本往往無「故」字者，妄也。襄三十年，諸侯之卿會于澶淵，謀歸宋財。既而無歸，書曰「宋災故」，尤之也。此書「成宋亂」，知非譏受賂尤四國者，澶淵之會，貶卿稱人，是尤之文，此則具序

---

❶「會于稷」至下傳文「督之妄也」，阮本此文在傳文「故先書弒其君」下。

君爵，辭無貶責，非尤過之狀，知爲諱故，而本其會意，從其平文也。文十七年，晉會諸侯于扈，欲以平宋之亂，既而不討，受賂而還，其事與此正同，而經書「諸侯會于扈」，傳曰「書曰『諸侯』，無功也」。此亦無功，不言諸侯會于稷，而歷序諸國者，扈之會晉爲伯，會諸侯以討亂，乃受賂而還，猶如僖十四年「諸侯城緣陵」，齊桓爲伯，城而不終，故貶稱諸侯。此則齊、陳、鄭自相平亂，故不加貶文。知不爲公諱、不貶諸侯者，以狄泉之諱，唯没公文，其餘皆貶，此若必諱，唯須没公而已，何須不貶諸國？宣四年「公及齊侯平莒及郯」，成、平同義，而彼言平，此言成者，史官非一，置辭不同，猶「暨」之與「及」，更無他義，所謂史有文質，不必改也。文十三年傳稱衛侯、鄭伯「請平于晉，公皆成之」，是知成、平義無異也。**宋殤公立，十年十一戰，**殤公以隱四年立，十一戰皆在隱公世。

【疏】注「殤公」至「公世」。正義曰：服虔云：「與夷，隱四年即位，一戰伐鄭，圍其東門，再戰取其禾，皆在隱四年。三戰取邾田，四戰邾、鄭，入其郛，五戰伐鄭，圍長葛，皆在隱五年。六戰，鄭伯以王命伐宋，在隱九年。七戰，公敗宋師于菅，八戰，宋、衛入鄭，九戰，宋人、蔡人、衛人伐戴，十戰，戊寅，鄭伯入宋，皆在隱十年。十一戰，鄭伯以虢師大敗宋師，在隱十一年。」是皆在隱公世也。**民不堪命。孔父嘉爲司馬，督爲大宰，故因民之不堪命，先宣言曰：「司馬則然。」**言公之數戰，則司馬使爾。嘉，孔父字。**已殺孔父，而弑殤公，召莊公于鄭而立之，以親鄭。**莊公，公子馮也。隱三年出居于鄭。馮入宋，不書，不告也。**以郜大鼎賂公，**郜國所造器也，故繫名於郜。濟陰成武縣東南有北郜城。❶【疏】注「郜國」至「郜城」。正義

❶「成」，四部叢刊本、文淵閣本、阮本作「城」。「北」，阮校：《續漢·郡國志》、《釋例》無此字。

曰：《穀梁傳》曰：「郜鼎者，郜之所爲也。孔子曰：『名從主人，故曰郜大鼎也。』」《公羊傳》曰：「器從名，地從主人。」其意言器從本主之名，地從後屬主人。是知郜國所造，故繫名於郜。劉君難杜注：「郜國，『濟陰成武縣東南有北郜城』，郜，宋邑，『濟陰成武縣東南有郜城』，俱是成武縣東南，相去不遠，何得所爲郜國，所爲宋邑？」劉以南郜、北郜並宋邑，别有郜國，以規杜氏。知不然者，以許田、許國相去非遥，則郜國、郜邑何妨相近？且杜言有者，皆是疑辭，何得執杜之疑，以規其過？如劉所解，郜國竟在何處？**齊、陳、鄭皆有賂，故遂相宋公。**

夏，四月，取郜大鼎于宋。戊申，納于大廟。非禮也。臧哀伯諫曰：臧哀伯，魯大夫，僖伯之子。**「君人者，將昭德塞違，以臨照百官，猶懼或失之，故昭令德以示子孫。**【疏】「君人」至「子孫」。❶正義曰：君人，謂與人爲君也。昭德，謂昭明善德，使德益章聞也。塞違，謂閉塞違邪，使違命止息也。德者，得也。謂内得於心，外得於物。在心爲德，施之爲行。德是行之未發者也，而德在於心，不可聞見，故聖王設法以外物表之。儉與度、數、文、物、聲、明，皆是昭德之事，故傳每事皆言昭，是昭其德也。自「不敢易紀律」以上言昭德耳，都無塞違之事。自「滅德立違」以下言違德之事。德之與違，義不並立，德明則違絶，故「昭德」之下言「塞違」，違立則德滅，故「立違」之上言「滅德」。立違，謂建立違命之臣，知塞違謂遏絶違命之人也。「國家之敗」，謂邦國喪亡，知「猶懼或失之」，謂恐失國家。此諫辭有首尾，故理互相見。**是以清廟茅屋，**以茅飾屋，著

---

❶「疏君人至子孫」，阮本此節正義在注「肅然清静之稱」下。

儉也。清廟，肅然清静之稱。【疏】注「以茅」至「之稱」。　正義曰：《冬官考工記》有葺屋、瓦屋，則屋之覆蓋或草或瓦。傳曰「清廟茅屋」，❶其屋必用茅也，但用茅覆屋更無他文。《明堂位》曰：「山節，藻棁，復廟，重檐，刮楹，達鄉，反坫出尊，崇坫康圭，疏屏，天子之廟飾也。」其飾備物盡文，不應以茅爲覆。得有茅者，杜云「以茅飾屋，著儉也」。以茅飾之而已，非謂多用其茅揔爲覆蓋。猶童子垂髦及蔽膝之屬，示其存古耳。《白虎通》曰：「王者所以立宗廟何？緣生以事死，敬亡若存，❷故以宗廟而事之，此孝子之心也。宗者，尊也。廟者，貌也。象先祖之尊貌。」然則象尊之貌，享祭之所，嚴其舍宇，簡其出入，其處肅然清静，故稱清廟。清廟者，宗廟之大稱。《詩·頌·清廟》者，祀文王之歌，故鄭玄以文王解之，言天德清明，文王象焉，故稱清廟。此則廣指諸廟，非獨文王，故以清静解之。**大路越席，**大路，玉路，祀天車也。越席，結草。【疏】注「大路」至「結草」。　正義曰：路訓大也。君之所在，以大爲號，門曰路門，寢曰路寢，車曰路車，故人君之車通以路爲名也。《周禮·巾車》「掌王之五路」，鄭玄云：「王在焉曰路。」彼解天子之車，故云「王在」耳。其實諸侯之車亦稱爲路。大路，路之最大者，《巾車》五路，玉路爲大，故杜以玉路爲大路。《巾車》云：「玉路，鍚，樊纓十有再就，建大常，十有二斿，以祀。」故云「祀天車也」。越席，結蒲爲席，置於玉路之中以茵藉，示其儉也。經、傳言大路者多矣，注者皆觀文爲説。《尚書·顧命》陳列器物有大輅、綴輅、先輅、次輅。孔安國以爲玉、金、象以飾車，以其偏陳諸路，故以《周禮》次之。僖二十八年王賜晉文公以大輅之服，定四年祝佗言先王分魯、衛、晉以大路，注皆以爲金路。以《周禮》，金

❶「曰」，正宗寺本、文淵閣本、阮本作「言」。

❷「若」下，阮校：「盧文弨校本有『事』字。」

路同姓以封，玉路不可以賜，故知皆金路也。襄十九年王賜鄭子蟜以大路，二十四年王賜叔孫豹以大路，二注皆云「大路，天子所賜車之摠名」。以《周禮》孤乘夏篆，卿乘夏縵，《釋例》以所賜穆叔、子蟜當是革、木二路，故杜以大路爲賜車之摠名。服虔云：「大路，木路。」杜不然者，以「大路越席」，猶如「清廟茅屋」，清廟之華，以茅飾屋，示儉；玉路之美，以越席示質。若大路是木，則與越席各爲一物，豈清廟與茅屋又爲別乎？故杜以大路爲玉路，於玉路而施越席，是方可以示儉。故沈氏云：「玉路雖文，亦以越席示儉。」而劉君横生異義，以大路爲木路，妄規杜氏，非也。

大羹不致，大羹，肉汁。不致五味。【疏】注「大羹」至「五味」。　正義曰：《郊特牲》云：「大羹不和，貴其質也。」《儀禮·士虞》、《特牲》皆設大羹湇，鄭玄云：「大羹湇，煑肉汁也。不和，貴其質，設之所以敬尸也。」是祭祀之禮有大羹也。大羹者，大古初食肉者煑之而已，未有五味之齊，祭神設之，所以敬而不忘本也。記言「大羹不和」，故知不致者，不致五味。五味，即《洪範》所云酸、苦、辛、鹹、甘也。**粢食不鑿**，黍稷曰粢，不精鑿。【疏】注「黍稷」至「精鑿」。　正義曰：《釋草》云：「粢，稷。」舍人曰：「粢，一名稷。稷，粟也。」郭璞云：「今江東人呼粟爲粢。」《士虞·記》云「明齊」，鄭云：「今文曰明粢。粢，稷也。」然則粢是稷之别名。但稷是諸穀之長，粢亦諸穀摠名。《周禮·小宗伯》「辨六粢之名物」，鄭玄云：「六粢，謂黍、稷、稻、粱、麥、苽。」是諸穀皆名粢也。祭祀用穀，黍稷爲多，故云「黍稷曰粢」。飯謂之食。傳云「粢食不鑿」，謂以黍稷爲飯，不使細也。《九章筭術》：「粟率五十，鑿二十四。」言粟五斗爲米二斗四升，是則米之精鑿。**昭其儉也**。此四者皆示儉。**衮、冕、黻、珽**，衮，畫衣也。冕，冠也。黻，韋韠，**以蔽膝也**。珽，玉笏也，若今吏之持簿。【疏】注「衮畫」至「持簿」。　正義曰：畫衣，謂畫龍於衣。祭服玄衣纁裳，《詩》稱玄衮，是玄衣而畫以衮龍。衮之言卷也，謂龍首卷然。《玉藻》曰：「龍卷以祭。」知謂龍首卷也。《尚書·益稷》云：「帝曰：予欲觀古人之象，日、月、星辰、山、龍、華蟲，作會，宗彝、藻、火、粉米、黼、黻，絺繡。」言觀古人之象，謂觀衣服所象，日月以至黼黻十二物，皆衣服之所有也。華蟲以上言作會，宗彝以下言絺繡，則二者雖在於服，而施之不同。《冬官考工記》畫繢與繡布采異次，知在衣則畫之，在裳則刺之，故鄭玄《禮》注及《詩》箋皆云「衣繢而裳繡」，以此知衮是畫文，故云「衮，畫衣也」。衮衣以下章數，鄭玄注《司服》云：有虞氏十二章，自日月而下。至周，而日、月、星辰畫於旌旗，又登龍於山，登火於宗彝。冕服自九章而下。如鄭此言，九章者，龍一，山二，華蟲三，火四，宗彝五，在衣；藻六，粉米七，黼八，黻九，在裳。鷩冕者，去龍去山，自華蟲而下七章，華蟲一，火二，宗彝三，在衣，餘四章在裳。毳冕者，去華蟲去火，五章，自宗彝而下，宗彝一，藻二，粉米三，在衣，餘二章在裳。希冕者，去宗彝去藻，三章，自粉米而下，粉米一，在衣，餘二章在裳。玄冕者，其衣無畫，裳上刺黻而已。杜昭二十五年數九文，不取宗彝，則與鄭異也。冠者首服之大名，冕者冠中之別號，故云「冕，冠」也。《世本》云「黄帝作冕」，宋仲子云：「冕，冠之有旒者。」禮文殘缺，形制難詳。《周禮·弁師》「掌王之五冕，皆玄冕朱裏」，止言玄朱而已，不言所用之物。《論語》云：「麻冕，禮也。」蓋以木爲幹，而用布衣之，上玄下朱，取天地之色，其長短廣狹，則經傳無文。阮諶《三禮圖·漢禮器制度》云：「冕制，皆長尺六寸，廣八寸，天子以下皆同。」沈引董巴《輿服志》云「廣七寸，長尺二寸」。應劭《漢官儀》云「廣七寸，長八寸」。沈又云：「廣八寸、長尺六寸者，天子之冕。廣七寸，長尺二寸者，諸侯之冕。廣七寸，長八寸者，大夫之冕。」但古禮殘缺，未知孰是，故備載焉。司馬彪《漢書·輿服志》云：「孝明帝永平二年初，詔有司采《周官》、《禮記》、《尚書》之文制冕，皆前圓後方，朱裏，玄上，前垂四寸，後垂三寸。天子白玉珠十二旒，三公、諸侯青玉珠七旒，卿大夫黑玉珠五旒，皆有前無後。」此則漢法耳。

其古禮，❶鄭玄注《弁師》云：天子衮冕以五采繅，前後各十二斿，斿有五采玉十有二，鷩冕前後九斿，毳冕前後七斿，希冕前後五斿，玄冕前後三斿，斿皆五采玉十有二。上公衮冕三采繅，前後九斿，斿有三采玉九。侯伯鷩冕三采繅，前後七斿，斿有三采玉七。子男毳冕三采繅，前後五斿，斿有三采玉五。孤卿以下，皆二采繅，二采玉，其斿及玉各依命數耳。謂之冕者，冕，俛也，以其後高前下，有俛俯之形，故因名焉。蓋以在上位者，失於驕矜，欲令位彌高而志彌下，故制此服，令貴者下賤也。韍韠制同而名異。鄭玄《詩》箋云：「芾，大古蔽膝之象也。冕服謂之芾，其他服謂之韠，以韋爲之。」故云「韍，韋韠」也。《詩》云「赤芾在股」，則芾是當股之衣，故云以蔽膝也。鄭玄《易緯乾鑿度》注云：「古者田漁而食，因衣其皮，先知蔽前，後知蔽後。後王易之以布帛，而獨存其蔽前者，重古道而不忘本也。」是説韍韠之元由也。《易·下繫辭》曰：「包犧氏之王天下也，作爲網罟，以佃以漁。」則田漁而食，伏犧時也。《禮運》説上古之時云：「昔者先王食鳥獸之肉，衣其羽皮。」是「田漁而食，因衣其皮」也。又曰「後聖有作，治其麻絲，以爲布帛」，《易·繫辭》曰「黄帝、堯、舜垂衣裳而天下治」，然則易之布帛自黄帝始也。垂衣裳，服布帛，初必始於黄帝，其存蔽膝之象，未知始自何代也。《禮記·明堂位》云：「有虞氏服韍。」言舜始作韍也，尊祭服而異其名耳，未必此時始存象也。知冕服謂之韍者，《易》云：「朱紱方來，利用享祀。」知他服謂之韠者，案《士冠禮》「士服皮弁、玄端，皆服韠」，是他服謂之韠，以冕爲主，非冕謂之他。此欲以兩服相形，故謂韍爲韋韠。韍之與韠，祭服他服之異名耳，其體制則同。《玉藻》説玄端服之韠云：「韠，君朱，大夫素，士爵，韋。」發首言韠，句末言韋，明皆以韋爲之。凡韠，皆象裳色，言「君朱，大夫素」，則尊卑之韠，直色別而已，無他飾也。其韍

❶「其」，正宗寺本、文淵閣本、阮本無此字。

則有文飾焉，《明堂位》曰：「有虞氏服韍，夏后氏山，殷火，周龍章。」鄭玄云：「韍，冕服之韠也，舜始作之，以尊祭服。禹湯至周，增以畫文，後王彌飾也。山取其仁可仰也，火取其明也，龍取其變化也。天子備焉，諸侯火而下，卿大夫山，士靺韋而已。」是説韍之飾也。《玉藻》曰：「韠，下廣二尺，上廣一尺，長三尺。其頸五寸，肩革帶博二寸。」鄭玄云：「頸五寸亦謂廣也，頸中央，肩兩角，皆上接革帶以繫之，肩與革帶廣同。」是説韠之制也。記傳更無韍制，皆是韠義，明其制與韠同。經傳作韍，或作韨，或作芾，音義同也。徐廣《車服儀制》曰：「古者韨，如今蔽膝。戰國連兵，以韨非兵飾，去之。漢明帝復制韨，天子赤皮蔽膝。」蔽膝，古韨也。然則漢世蔽膝，猶用赤皮，魏晉以來，用絳紗爲之，是其古今異也。以其用絲，故字或有爲紱者。天子之笏以玉爲之，故云「珽，玉笏也」。《管子》云「天子執玉笏以朝日」，是有玉笏之文也。禮之有笏者，《玉藻》云：「凡有指畫於君前，用笏，造受命於君前，則書於笏。」《釋名》曰：「笏，忽也。君有命則書其上，備忽忘也。或曰簿，❶可以簿疏物也。」❷徐廣《車服儀制》曰：「古者貴賤皆執笏，即今手板也。」然則笏與簿，手板之異名耳。《蜀志》稱秦宓見太守以簿擊頰，❸則漢魏以來皆執手板，故云「若今吏之持簿」。《玉藻》云：「笏，畢用也，因飾焉。」言貴賤盡皆用笏，因飾以示尊卑。其上文云：「笏，天子以球玉，諸侯以象，大夫以魚須文竹，士竹本，象可也。」鄭玄云：「球，美玉也。文猶飾也。大夫士飾竹以爲笏，不敢與君並用純物。」是其尊卑異也。大夫與士笏俱用竹，大夫以魚須飾之，士以象骨爲飾，不敢純

---

❶「簿」，阮本作「笏」。

❷「可」，阮校：「《釋名·書契》『可』上有『言』字。」

❸「密」，阮校：「今《三國志》作『宓』。」

用一物，所以下人君也。用物既殊，體制亦異。《玉藻》云：「天子搢珽，方正於天下也。諸侯荼，前詘後直，讓於天子也。大夫前詘後詘，無所不讓也。」鄭玄以爲謂之珽，珽之言珽然無所屈，❶前後皆方正也。荼謂舒懦，所畏在前也。圜殺其首，屈於天子也。大夫上有天子，下有己君，故首末皆圜，前後皆讓，是其形制異也。其長，則諸侯以下與天子又異。珽一名大圭，《周禮·典瑞》云「王晉大圭以朝日」是也。《冬官考工記》「大圭長三尺，天子服之」，是天子之珽長三尺也。《玉藻》云：「笏度二尺有六寸。」短於天子，蓋諸侯以下，度分皆然也。**帶、裳、幅、舄，**帶，革帶也。衣下曰裳。幅，若今行縢者。舄，複履。【疏】注「帶革」至「複履」。正義曰：下有鞶是紳帶，知此帶爲革帶。《玉藻》「革帶博二寸」，鄭云：「凡佩繫於革帶。」《白虎通》云：「男子有鞶革者，示有金革之事。」然則示有革事，故用革爲帶，帶爲佩也。昭十二年傳云「裳，下之飾也」。經傳通例，皆上衣下裳，故云「衣下曰裳」。幅與行縢，今古之異名，故云「若今行縢」。《詩》云「邪幅在下」，毛傳曰：「幅，福也。❷所以自福束也。」鄭箋云：「邪幅如今行縢也，福束其脛，自足至膝。」縢訓緘也，然則行而緘足，故名行縢，邪纏束之，故名邪幅。舄者，屨之小別。鄭玄《周禮·屨人》注云：「複下曰舄，襌下曰屨。」❸然則舄之與屨，下有襌、複爲異。履是揔名，故云「舄，複履」，謂其複下也。鄭玄又云：「天子諸侯吉事皆舄。」赤舄者，冕服之舄。白舄者，皮弁之舄。

---

❶「珽然」，阮校：「『珽然』之『珽』當作『挺』。」

❷「福」，文淵閣本作「偪」。阮校：「監本、毛本作『偪』。案：《毛傳》作『偪』。」下「福」字同。

❸「襌」，原作「禪」，據阮本改。下「襌」字同。阮校：「宋本、監本、毛本作『禪』，非。下『禪複』，宋本、毛本亦誤『禪複』。」

黑舄者，玄端之舄。其士皆著屨。纁屨者，爵弁之屨。白屨者，皮弁之屨。黑屨者，玄端之屨。其卿大夫服冕者，亦赤舄，餘服則屨。其王后，褘衣玄舄，褕狄青舄，闕狄赤舄，鞠衣黄屨，展衣白屨，禒衣黑屨。其諸侯夫人及卿大夫之妻合衣狄者皆舄，其餘皆屨。其舄之飾，用對方之色，赤舄黑飾是也。屨之飾用比方，白屨黑飾是也。

衡、❶紞、紘、綖，衡，維持冠者。紞，冠之垂者。紘，纓從下而上者。綖，冠上覆。【疏】注「衡維」至「上覆」。　正義曰：此四物者，皆冠之飾也。《周禮·追師》「掌王后之首服，追衡笄」。鄭司農云：「衡，維持冠者。」鄭玄云：「祭服有衡，垂于副之兩旁當耳，其下以紞縣瑱。」彼婦人首服有衡，則男子首服亦然。冠由此以得支立，故云「維持冠者」。追者，治玉之名。王后之衡以玉爲之，故追師掌焉。《弁師》「掌王之五冕」，弁及冕皆用玉笄，則天子之衡亦用玉，其諸侯以下衡之所用則未聞。紞者，縣瑱之繩，垂於冠之兩旁，故云「冠之垂者」。《魯語》敬姜曰「王后親織玄紞」，則紞必織線爲之，若今之絛繩。鄭玄《詩》箋云：充耳，「謂所以縣瑱者，或名爲紞，織之。人君五色，臣則三色」，是也。絛必雜色，而《魯語》獨言玄者，以玄是天色，故特言之，非謂純玄色也。紘纓皆以組爲之，所以結冠於人首也。纓用兩組，屬之於兩旁，結之於頷下，垂其餘也。紘用一組，從下屈而上，屬之於兩旁，垂其餘也。紘纓同類，以之相形，故云「紘，纓從下而上者」。《弁師》「掌王之五冕」，皆玉笄朱紘。《祭義》稱諸侯冕而青紘，《士冠禮》稱緇布冠青組纓，皮弁笄、爵弁笄緇組纓。❷鄭玄云：有笄者，屈組爲紘，垂爲飾。無笄者，纓而結其絛。以其有笄者用紘力少，故從下而上屬之，無笄者用纓力多，故從上而下結之。冕弁皆有笄，故

❶「衡」，阮校：「《文選》張平子《東京賦》作『珩』，李善引傳文及杜注同。案，『珩』與『衡』音義同。」

❷「纓」，阮校：「案，《儀禮·士冠禮》作『紘』。」

用紘，緇布冠無笄，故用纓也。《魯語》稱公侯夫人織紘綖，知紘亦織而爲之。《士冠禮》言組纓、組紘，知天子諸侯之紘亦用組也。綖，冠上覆者，冕以木爲幹，以玄布衣其上，謂之綖。《論語》、《尚書》皆云麻冕，知其當用布也。《弁師》「掌王之五冕」皆玄冕，知其色用玄也。孔安國《論語》注言「績麻三十升布以爲冕」，即是綖也。鄭玄《玉藻》注云「延，冕上覆也」，此云冠上覆者，冠、冕通名，故此注衡及綖皆以冠言之，其實悉冕飾也。**昭其度也。**尊卑各有制度。【疏】注「尊卑各有制度」。　正義曰：此上十二物者，皆是明其制度，哀伯思及則言，無次第也。鄭玄《覲禮》注云「上公衮無升龍」，「天子有升龍，有降龍」，是衮有度也。冕則公自衮以下，侯伯自鷩以下，是冕有度也。黻則諸侯火以下，卿大夫山，是黻有度也。珽則玉象不同，長短亦異，是珽有度也。衮冕、鷩冕，裳四章，毳冕、希冕，裳二章，是裳有度也。鄭玄《屨人》注云：王吉服，「舄有三等，赤舄爲上，冕服之舄，下有白舄、黑舄」。王后祭服，舄有三等，「玄舄爲上，褘衣之舄，下有青舄、赤舄」。是舄有度也。紞則人君五色，臣則三色，是紞有度也。天子朱紘，諸侯青紘，是紘有度也。其帶、幅、衡、綖則無以言之。傳言「昭其度也」，明其尊卑各有制度。**藻率、鞞、鞛，**❶藻率，以韋爲之，所以藉玉也。王五采，公、侯、伯三采，子、男一采。鞞，佩刀削上飾。鞛，下飾。【疏】注「藻率」至「下飾」。　正義曰：鄭玄《覲禮》注云：「繅所以藉玉，以韋衣木，廣袤各如其玉之大小。」《典瑞》注云：「繅有五采文，所以薦玉，木爲中榦，用韋衣而畫之。」此言以韋爲之，指木上之韋，其實木爲榦也。禮之言繅，皆有玉共文。《大行人》謂之「繅藉」，《曲禮》單稱「藉」，故知所以藉玉也。《大行人》

❶「鞛」，阮校：「《詩·公劉》正義引作『琫』。」

云公「執桓圭九寸，繅藉九寸」，知大小各如其玉也。《大行人》注云：「繅藉以五采韋衣板，若奠玉，則以藉之。」是由有奠之時，須有繅以之藉玉，故小大如玉耳。《典瑞》職曰：「王執鎮圭，繅藉五采五就，以朝日。公執桓圭，侯執信圭，伯執躬圭，繅皆三采三就。子執穀璧，男執蒲璧，繅皆二采再就，以朝覲宗遇會同于王。」是王五采，公、侯、伯三采，子、男二采也。凡言五采者，皆謂玄、黄、朱、白、蒼。三采，朱、白、蒼。二采，朱、緑。就，成也。五就，謂五帀，每一帀爲一就也。禮之言藻，其文雖多，《典瑞》、《大行人》、《聘禮》、《覲禮》皆單言藻，❶或云繅藉，未有言繅率者，故服虔以藻爲畫藻，率爲刷巾。杜以藻率爲一物者，以拭物之巾無名率者，服言禮有刷巾，事無所出，且哀伯謂之昭數，固應禮之大者，寧當舉拭物之巾與藻藉爲類？故知藻率正是藻之複名。藻得稱爲藻藉，何以不可名爲藻率也？《玉藻》説帶之制曰：「士練帶，率下辟。凡帶有率無箴功。」鄭玄云：「士以下皆禪不合而繂積。❷如今作幧頭爲之也。」然則禪而不合，縷繂其邊，謂之爲率。此以韋衣木，蓋亦繂積其邊，故稱率也。鄭司農《典瑞》注讀繅爲藻率之藻，似亦藻率共爲藻也。《詩》曰「鞞琫容刀」，故知鞞、鞛，佩刀削之飾也。《少儀》云：「刀授穎，削授拊。」❸削是刀之類，故與刀連言之。鞞、鞛二名，明飾有上下，先鞞後鞛，故知鞞爲上飾，鞛爲下飾。劉君以《毛詩傳》下曰鞞，上曰琫，而規杜氏，但鞞、鞛或上或下俱是，無正文，不可以規杜過也。

鞶、厲、游、纓，鞶，紳帶也，一名大帶。厲，大帶之垂者。游，旌旗之游。纓，在馬膺前，如索帬。

---

❶「藻」，正宗寺本、文淵閣本、阮本作「繅」。

❷「繂」，文淵閣本、阮本作「率」。

❸「拊」，正宗寺本、文淵閣本、阮本作「柎」。阮校：「宋本作『拊』，與《禮記·少儀》合。」

【疏】注「鞶紳」至「索帬」。　正義曰：《易・訟卦》上九「或錫之鞶帶」，知鞶即帶也。以帶束要，垂其餘以爲飾，謂之紳。上帶爲革帶，故云「鞶，紳帶」，所以別上帶也。《玉藻》説帶，云「大夫大帶」，是「一名大帶」也。《詩》毛傳云：「厲，帶之垂者。」故用毛説以爲「厲，大帶之垂者」也。大帶之垂者，名之爲紳，而復名爲厲者，紳是帶之名，厲是垂之貌。《詩》稱「垂帶而厲」，是厲爲垂貌也。《玉藻》稱「天子素帶朱裏，終辟」，諸侯素帶不朱裏，大夫玄華辟垂，❶帶皆博四寸，士帶博二寸，再繚四寸，緇辟下垂。賈、服等説鞶、厲皆與杜同，唯鄭玄獨異。《禮記・内則》注以鞶爲小囊，讀厲如裂繻之裂，言鞶囊必裂繒緣之以爲飾。案《禮記》稱「男鞶革，女鞶絲」，鞶是帶之别稱，遂以鞶爲帶名，言其帶革、帶絲耳，鞶非囊之號也。《禮記》又云「婦事舅姑施縏袠」，袠是囊之别名，今人謂裹書之物爲袠，❷言其施帶、施囊耳，其縏亦非囊也。若以縏爲小囊，則袠是何器？若袠亦是囊，則不應帶二囊矣。以此知鞶即是紳帶爲得其實。游是旒之垂者，旆之别名。九旗雖各有名，而旌旗爲之揔號，故云旌旗之游也。案《巾車》「王建大常，十有二斿」，又《大行人》云：上公九斿，侯、伯七斿，子、男五斿。其孤卿建旜，大夫、士建物，其斿各如其命數。其鳥旟則七斿，熊旗則六斿，龜旐則四斿。故《考工記》云「鳥旟七斿，以象鶉火。熊旗六斿，以象伐。龜旐四斿，以象營室」是也。鄭司農《巾車》注云：「禮家説曰，纓當胷，以削革爲之。」鄭玄云：「纓，今馬鞅。」是纓在馬膺前也。服虔云：「纓如索帬，今乘輿大駕有之。」然則漢魏以來，大駕之馬膺有索帬，是纓之遺象，故云「如索帬」也。案《巾車》「玉路樊纓，十有再就」，鄭玄注云：「樊及纓皆以五采罽飾之。」「金路樊纓九就，象路

❶「華」，阮校：「閩本、監本、毛本誤『革』。」
❷「裹」，原作「裏」，正宗寺本、文淵閣本作「裹」。野間文史曰：「『裏』字是『裹』字的誤刻。」今據改。

樊纓七就，革路條纓五就」，❶鄭玄云：「其樊及纓，以絛絲飾之。」「木路翦樊鵠纓」，❷鄭玄云：「以淺黑飾韋爲樊，鵠色飾韋爲纓。不言就數，飾與革路同。」**昭其數也。**尊卑各有數。【疏】注「尊卑各有數」。　正義曰：藻有五采、三采之異，是藻率有數也。《毛詩傳》説容刀之飾，云「天子玉琫而珧珌，諸侯璗琫而璆珌」，❸是鞞鞛有數也。《玉藻》云「紳長制，士三尺，有司二尺有五寸」，又大夫以上帶廣四寸，士廣二寸，是鞶厲有數也。玉路十二斿，金路九斿，是斿有數也。玉路纓十有二就，金路纓九就，是纓有數也。數之與度，大同小異，度謂限制，數謂多少，言其尊卑有節數也。**火、龍、黼、黻，**火，畫火也。龍，畫龍也。白與黑謂之黼，形若斧。黑與青謂之黻，兩己相戾。【疏】注「火畫」至「相戾」。　正義曰：《考工記》記畫繢之事云「火以圜」，鄭司農云：「爲圜形，似火也。」鄭玄云：「形如半環然。」又曰「水以龍」，鄭玄云：「龍，水物。」畫水者并畫龍，是衣有畫火畫龍也。「白與黑謂之黼，黑與青謂之黻」，《考工記》文也。其言形若斧，兩己相戾，相傳爲説。孔安國《虞書》傳亦云：黼若斧形，黻爲兩己相背。是其舊説然也。周世衮冕九章，傳唯言火、龍、黼、黻四章者，略以明義，故文不具舉。衣之所畫，龍先於火，今火先於龍，知其言不以次也。**昭其文也。**以文章明貴賤。**五色比象，昭其物也。**車服器械之有五色，皆以比象天地四方，以示器物不虛設。【疏】注「車服」至「虛設」。　正義曰：

❶「條」，阮校：「《周禮》作『絛』。此因鄭注『絛』讀爲『條』，遂改作『條』。」

❷「翦」，阮校：「《周禮》作『前』。此因鄭注『前』讀爲『緇翦』之『翦』，遂改作『翦』。」

❸「璆珌」，阮校：「《説文》云：琫，佩刀上飾；珌，佩刀下飾。天子以玉，諸侯以金。惠棟云：《爾雅》者，六經之訓詁也，其《釋器》云：『黃金謂之璗，其美者謂之鏐。』是『璆珌』當作『鏐珌』也。」

《考工記》云：畫繢之事雜五色，東青，南赤，西白，北黑，天玄，地黃。是其比象天地四方也。比象有六而言五者，玄在赤黑之閒，非别色也。昭二十五年傳云「九文六采」，言采色有六，故注以天地四方六事當之。五行之色爲五色，加天色則爲六，故五色六采互相見也。昭其物者，以示物不虚設，必有所象，其物皆象五色，故以五色明之。**錫、鸞、和、鈴，昭其聲也。**錫在馬額，鸞在鑣，和在衡，鈴在旂。動皆有鳴聲。【疏】注「錫在」至「鳴聲」。正義曰：鄭玄《巾車》注云：「錫，馬面當盧，刻金爲之，所謂鏤錫也。」《詩》箋云：「眉上曰錫，刻金飾之，今當盧也。」然則錫在眉上，故云在馬額也。《詩》稱「輶車鸞鑣」，知鸞在鑣也。鑣在馬口兩旁，衡在服馬頸上，鸞、和亦鈴也。以處異，故異名耳。《爾雅·釋天》説旂旗「有鈴曰旂」，李巡曰：「以鈴置旐端。」是鈴在旂也。錫在馬額，鈴在旂，先儒更無異説。其鸞、和所在，則舊説不同。《毛詩傳》曰：「在軾曰和，在鑣曰鸞。」《韓詩内傳》曰：「鸞在衡，和在軾前。」鄭玄《經解》注取《韓詩》爲説。《秦詩》箋云：「置鸞於鑣，異於乘車也。」其意言乘車之鸞在衡，田車之鸞在鑣。及《商頌·烈祖》之箋又云「鸞在鑣」，是疑不能定，故兩從之也。案《考工記》「輪崇，車廣，衡長，參如一」，則衡之所容唯兩服馬耳。《詩》辭每言八鸞，當謂馬有二鸞。鸞若在衡，衡唯兩馬，安得置八鸞乎？以此知鸞必在鑣。鸞既在鑣，則和當在衡。經傳不言和數，未知和有幾也。四者皆以金爲之，故動則皆有鳴聲也。**三辰旂旗，昭其明也。**三辰，日、月、星也。畫於旂旗，象天之明。【疏】注「三辰」至「之明」。正義曰：《春官·神士》「掌三辰之法」，❶鄭玄亦以爲日、月、星也。謂之辰，辰，時也。日以照晝，月以照

❶「士」，文淵閣本作「仕」。阮校：「案《周禮》『士』作『仕』。」

夜，星則運行於天，昏明遞帀而正，所以示民早晚，民得取爲時節，❶故三者皆爲辰也。三辰是天之光明照臨天下，故畫於旌旗，象天之明也。九旗之物，唯日月爲常。不言畫星者，蓋大常之上，又畫星也。《穆天子傳》稱「天子葬盛姬，建日月七星」，蓋畫北斗七星也。案《司常》「交龍爲旂，熊虎爲旗」，不畫三辰，而云三辰旂旗者，旂旗是九旗之揔名，可以統大常，故舉以爲言也。**夫德，儉而有度，登降有數，**登降，謂上下尊卑。**文物以紀之，聲明以發之，以臨照百官。百官於是乎戒懼，而不敢易紀律。今滅德立違，**謂立華督違命之臣。**而寘其賂器於大廟，以明示百官。百官象之，其又何誅焉？國家之敗，由官邪也。官之失德，寵賂章也。郜鼎在廟，章孰甚焉？武王克商，遷九鼎于雒邑，**九鼎，殷所受夏九鼎也。武王克商，乃營雒邑，而後去之，又遷九鼎焉。時但營雒邑，未有都城，至周公乃卒營雒邑，謂之王城，即今河南城也。故傳曰：「成王定鼎於郟鄏。」【疏】注「九鼎」至「郟鄏」。正義曰：據宣三年傳，知九鼎是殷家所受夏九鼎也。《戰國策》稱齊救周，求九鼎，顔率謂齊王曰：「昔周伐殷，而取九鼎，一鼎九萬人挽之，九鼎八十一萬人挽之。」挽鼎人數或是虚言，要知其鼎有九，故稱九鼎也。知武王遷九鼎於洛邑，欲以爲都者，鼎者，帝王所重，相傳以爲寶器。戎衣大定之日，自可遷置西周，乃徙九鼎處于洛邑，故知本意欲以爲都。又以《尚書·洛誥》説周公營洛邑，則知武王但有遷意，周公乃卒營之。《地理志》云：「河南縣，故郟鄏地也。武王遷九鼎焉。周公致大平，營以爲都，是爲王城，至平王居之。」言「即今河南城」者，晉時猶

---

❶「取」，阮本作「以」。

以爲河南縣。「成王定鼎」，宣三年傳文。**義士猶或非之，蓋伯夷之屬。**【疏】注「蓋伯夷之屬」。　正義曰：《史記・伯夷列傳》曰：伯夷、叔齊，孤竹君之二子也，讓國，俱逃歸周。及至，西伯卒，武王東伐紂，「伯夷、叔齊叩馬諫曰：『父死不葬，爰及干戈，可謂孝乎？以臣伐君，❶可謂仁乎？』左右欲兵之。大公曰：『此義人也。』扶而去之」。武王既平殷，夷、齊恥之，不食周粟，隱於首陽山，采薇而食之。作歌曰：「登彼西山兮，爰采薇矣。❷以暴易暴兮，不知其非矣。」檢書傳之説，非武王者唯此人，故知是伯夷之屬。**而況將昭違亂之賂器於大廟，其若之何？」公不聽。周内史聞之，曰：「臧孫達其有後於魯乎？君違，不忘諫之以德。」**内史，周大夫官也。僖伯諫隱觀魚，其子哀伯諫桓納鼎，積善之家必有餘慶，故曰「其有後於魯」。【疏】注「内史」至「於魯」。　正義曰：《周禮・春官》：「内史，中大夫。」是周大夫官也。「積善之家必有餘慶」，《易・文言》文也。

秋，七月，杞侯來朝，不敬。杞侯歸，乃謀伐之。

蔡侯、鄭伯會于鄧。始懼楚也。楚國，今南郡江陵縣北紀南城也。楚武王始僭號稱王，欲害中國。蔡、鄭姬姓，近楚，故懼而會謀。【疏】注「楚國」至「會謀」。　正義曰：《地理志》云：「南郡江陵縣，故楚郢都，楚文王自丹陽徙此。」《世本》云：「楚鬻熊居丹陽，武王徙郢。」宋仲子云：「丹陽在南郡枝江縣，今南郡

---

❶「伐」，阮校：「《史記・伯夷列傳》作『弑』。」

❷「爰采」，阮校：「《史記・伯夷列傳》作『采其』。」

江陵縣北有郢城。」《史記》稱文王徙都于郢，《地理志》依《史記》爲説。此時當楚武王也。《譜》云：「楚，芈姓，顓頊之後也。其後有鬻熊，事周文王，早卒。成王封其曾孫熊繹於楚，以子男之田居丹陽，今南郡枝江是也。熊達始稱武王。武王十九年，魯隱公之元年也。武王居郢，今江陵是也。昭王徙鄀。惠王八年，獲麟之歲也。惠王二十一年，《春秋》之傳終矣。惠王五十七年卒。自惠王以下十一世，二百九年，而秦滅之。」《楚世家》稱武王使隨人請王室尊吾號，王弗聽。還報楚，楚王怒，乃自立爲楚武王。是楚武王始僭號稱王也。劉炫云：「號爲武，武非謚也。」

九月，入杞。討不敬也。

公及戎盟于唐。脩舊好也。惠、隱之好。

冬，公至自唐。告于廟也。凡公行，告于宗廟，反行，飲至，舍爵策勳焉，禮也。爵，飲酒器也。既飲置爵，則書勳勞於策，言速紀有功也。【疏】「冬公」至「禮也」。正義曰：凡公行者，或朝或會，或盟或伐，皆是也。孝子之事親也，出必告，反必面，事死如事生，故出必告廟，反必告至。❶不言告禰廟，而言告宗廟者，諸廟皆告，非獨禰也。《禮記·曾子問》曰：「諸侯適天子，必告于祖，奠于禰」，命祝史告于宗廟。「諸侯相見，必告于禰」，命祝史告于五廟。「反，必親告于祖禰，乃命祝史告至于前所告者」。由此而言，諸侯朝天子則親告祖禰，祝史告餘廟。朝鄰國則親告禰，祝史告餘廟。其路遠者，亦親告祖。故於其反也，言告于祖禰，明出時

---

❶「告」，閩本、監本、毛本、文淵閣本作「面」。

亦告祖也。出時不言祖者，鄭玄云：「道近，或可以不親告祖。」明道遠者亦親告祖矣。雖親與不親，而諸廟皆告，故摠言「告于宗廟」也。《曾子問》曰：「凡告用制幣，反亦如之。」則出入皆以幣告也。但出則告而遂行，反則告訖又飲至，故行言告廟，反言飲至，以見至有飲，而行無飲也。飲至者，嘉其行至，故因在廟中飲酒爲樂也。襄十三年傳曰：「公至自晉，孟獻子書勞于廟，禮也。」書勞、策勳，其事一也。舍爵乃策勳，策勳當在廟，❶知飲至亦在廟也。彼公至自晉朝，還告廟也。此公至自唐盟，還告廟也。十六年「公至自伐鄭」，傳曰「以飲卒之禮」，伐還告廟也。三者傳皆言禮，知朝、會、盟、伐，告廟禮同，傳所以反覆凡例也。朝還告至，而獻子書勞，則策勳者，非唯討伐之勳，雖常事有以安國寧民，或亦書功于廟也。公行告至，必以嘉會昭告祖禰，有功則舍爵策勳，無功則告事而已，無不告也。反行必告，而《春秋》公行一百七十六，書至者唯八十二耳。其餘不書者，《釋例》曰：「凡公之行不書至者九十有四，皆不告廟也。隱公之不告，謙也。餘公之不告，慢於禮也。」慢於禮者，舉大例言耳，其中亦應有心實非慢而不宜告者，若行有恥辱，不足爲榮，則克躬罪己，不以告廟，非爲慢於禮也。若事實可恥，而不以爲恥，反行告廟，則史亦書之。宣五年傳曰：「公如齊，高固使齊侯止公，請叔姬焉。夏，公至自齊。書過也。」《釋例》曰：「執止之辱，厭尊毀列，所以累其先君，忝其社稷，固當克躬罪己，不以嘉禮自終。宣公如齊，既已見止，連昏於鄰國之臣，而行飲至之禮，故傳曰『書過也』。是不應告而告，故書之以示過也。」《釋例》又曰：「桓公之喪至自齊，此則死還告廟而書至者也。莊公違禮，如齊觀社，用飲至之禮，此則失禮之書至者也。宣公黑壤之會，以賂免，諱不書盟，而復書至，亦諱不以見止告廟也。襄公至自晉，此則榮還而書至者也。昭公至自齊，居于鄆，此

---

❶「當」，阮本作「常」。

則宜告而書至者也。諸書至，皆告廟啓反，或即實而言，或有所諱辟。傳於伐見飲至之禮，於宜見書過之譏，於朝見書勞于廟，舉此三者，以包其他行也。」僖十六年公會諸侯于淮，未歸而取項，齊人以爲討，而止公。十七年秋「聲姜以公故，會齊侯于卞」，公始得歸，而書「公至自會」，是諱其見止，而以會告廟。故傳曰：「猶有諸侯之事焉，且諱之。」是諱止而以會告也。諸侯盟者必在會後，皆書公至自會，不言公至自盟者，以盟是因會而爲之，初必以會徵衆。公行以會告廟，故還以會告至。雖并以盟告，亦不云至自盟，爲行時不以盟告故也。僖二十八年公會諸侯于温，遂圍許，經書「公至自圍許」。襄十年公會諸侯于柤，「遂滅偪陽」，經書「公至自會」。二文不同。《釋例》曰：「諸若此類，事勢相接，或以始致，或以終致，蓋時史之異耳，無他義也。」定十二年「公至自圍成」，行不出竟而亦告廟者，《釋例》曰：「陪臣執命，大都偶國，仲由建墮三都之計，而成人不從，故公親伐之。雖不越竟，動衆興兵，大其事，故出入皆告于廟也。」注「爵飲」至「功也」。正義曰：《韓詩》說：「一升曰爵。爵，盡也，足也。二升曰觚。觚，寡也。飲當寡少。三升曰觶。觶，適也。飲當自適。四升曰角。角，觸也。飲不自適，觸罪過也。五升曰散。散，訕也。飲不自節，爲人謗訕也。揔名曰爵，其實曰觴。觴，餉也。」然則飲酒之器，其名有五，而揔稱爲爵。案《燕禮》，爵用觚觶，此飲至之爵不過用觚觶而已。爲人君者，賞不踰月，欲民速覩爲善之利，故舍爵即書勞於策，言速紀有功也。**特相會，往來稱地，讓事也。**特相會，公與一國會也。會必有主，二人獨會，則莫肯爲主，兩讓，會事不成，故但書地。**自參以上，則往稱地，來稱會，成事也。**成會事。

初，晉穆侯之夫人姜氏以條之役生大子，命之曰仇。❶條，晉地。大子，文侯也。意取於戰相仇怨。**其弟以千畝之戰生，命之曰成師。**❷桓叔也。西河界休縣南有地名千畝。意取能成其衆。**師服曰：「異哉，君之名子也！**師服，晉大夫。**夫名以制義，名之必可言也。義以出禮，**禮從義出。**禮以體政，**政以禮成。**政以正民，是以政成而民聽，易則生亂。**反易禮義，則亂生也。

【疏】「千畝之戰」。正義曰：案《周本紀》，宣王三十九年，王與姜戎戰于千畝。取此戰事以爲子名也。

【疏】「夫名」至「生亂」。正義曰：出口爲名，合宜爲義。人之出言，使合於事宜，故云「名以制義」。杖義而行，所以生出禮法，故云「義以出禮」。復禮而行，❸所以體成政教，故云「禮以體政」。以禮爲政，以正下民，故云「政以正民」。今晉侯名子不得其宜，禮教無所從出，政不以禮，則民各有心，故爲「始兆亂」也。

嘉耦曰妃，怨耦曰仇，古之命也。今君命大子曰仇，弟曰成師，始兆亂矣。兄其替乎？」穆侯愛少子桓叔，俱取於戰以爲名，所附意異，故師服知桓叔之黨必盛於晉，以傾宗國，故因名以諷諫。【疏】注「穆侯」至「諷

❶「命之曰仇」，阮校：「《漢書・五行志中》引作『名之曰仇』。案，『名』即『命』也。《説文》云：『名，自命也。』閔元年傳『今名之大，以從盈數』，《史記・魏世家》引『名』作『命』。《禮記・祭法》『黄帝正名百物』。《國語・魯語》作『成命百物』。《史記・天官書》『免七命』，索隱曰：『謂免星凡有七名也。』是『命』、『名』古同聲同義。」

❷「命」，阮校：「《史記・晉世家》、《漢書・五行志》並作『名』。」

❸「復」，文淵閣本、閩本、監本、毛本作「履」。

諫」。　正義曰：大子與桓叔雖並因戰爲名，而所附意異，「仇」取於戰相仇怨，「成師」取能成師衆。緣名求義，則大子多怨仇，❶而成師有徒衆。穆侯本立此名，未必先生此意，但寵愛少子，於時已著。師服知桓叔將盛，故推出此理，因解其名以爲諷諫，欲使之强幹弱枝耳。人臣規諫，若無端緒，憑何致言以申己志？非謂人之立名必將有驗。而何休謂《左氏》後有興亡，由立名善惡，引后稷名棄，爲《膏肓》以難《左氏》，非也。**惠之二十四年，晉始亂，故封桓叔于曲沃。**惠，魯惠公也。晉文侯卒，子昭侯元年，危不自安，封成師爲曲沃伯。**靖侯之孫欒賓傅之。**靖侯，桓叔之高祖父，言得貴寵公孫爲傅相。【疏】注「靖侯」至「傅相」。正義曰：案《晉世家》，靖侯生僖侯，僖侯生獻侯，獻侯生穆侯，穆侯生桓叔。靖侯是桓叔之高祖也。史傳稱祖皆云祖父，故謂高祖爲高祖父，非高祖之父也。特云「靖侯之孫」，則知傳意言其得貴寵公孫爲傅相也。此人之後，遂爲欒氏，蓋其父字欒。**師服曰：「吾聞國家之立也，本大而末小，是以能固。故天子建國，**立諸侯也。**諸侯立家，**卿大夫稱家。**卿置側室，**側室，衆子也，得立此一官。【疏】注「側室」至「一官」。　正義曰：《禮記·文王世子》云：「公若有出疆之政，庶子守公宮，正室守大廟。」鄭玄云：「正室，適子也。」正室是適子，故知側室是衆子，言其在適子之旁側也。文十二年傳曰：「趙有側室曰穿。」是卿得立此官也。卿之家臣，其數多矣，獨言「立此一官」者，其餘諸官，事連於國，臨時選用，異姓皆得爲之，其側室一官必用同族，是卿廕所及，唯知宗事，故特言之。案《世族譜》，趙穿是夙之庶孫，於趙盾爲從父昆弟，而爲盾側室。然選其宗之庶者而爲之，未必立卿

❶「怨仇」，阮校：監本、毛本作「仇怨」。

之親弟。**大夫有貳宗，**適子爲小宗，次者爲貳宗，❶以相輔貳。【疏】注「適子」至「輔貳」。正義曰：禮有大宗、小宗。天子諸侯之庶子謂之別子，及異姓受族爲後世之始祖者，世適承嗣，百世不遷，謂之大宗。爲父後者，諸弟宗之，五世則遷，謂之小宗。五世遷者，謂高祖以下，喪服未絶。其繼高祖之適，則緦服之内共宗之。其繼曾祖之適，則小功之内共宗之。繼祖、繼禰所宗及亦然。故鄭玄《喪服小記》注云：「小宗有四，或繼高祖，或繼曾祖，或繼祖，或繼禰，皆至五世則遷。」以緦服既窮，不相宗敬，故疏即遞遷也。《禮記·大傳》曰：「有百世不遷之宗，有五世則遷之宗。百世不遷者，別子之後也，宗其繼別子之所自出者，百世不遷者也。宗其繼高祖者，五世則遷者也。」是言大宗、小宗之別也。大夫身是適子，爲小宗，故其次者爲貳宗，以相輔助爲副貳，亦立之爲此官也。杜知非大宗而云小宗者，以其大夫不必皆是大宗，據爲小宗者多，故杜言之也。若大夫身爲大宗，亦止得立貳宗官耳。《禮記》據公族爲説，故言別子爲祖，主説諸侯庶子耳。其實異姓受族，亦爲始祖，其繼者亦是大宗，但記文不及之耳。沈云：「適子爲小宗，謂是大夫之身爲小宗。次者爲貳宗，謂大夫庶弟貳宗，與側室爲例，❷皆是官名，與五宗別。」**士有隸子弟，**士卑，自以其子弟爲僕隸。**庶人、工、商，各有分親，皆有等衰。**庶人無復尊卑，以親疏爲分別也。衰，殺也。**是以民服事其上，而下無覬覦。**下不冀望上位。❸**今晉，甸侯也，而建國，本既弱矣，其能久乎？」**諸侯而在甸服者。【疏】注「諸侯」至「服者」。

---

❶「次者」，文淵閣本、阮本作「次子」。阮校：「纂圖本、閩本、監本、毛本作『次子』。」

❷「與」，阮本作「以」。

❸「冀」，阮校：「《文選·王命論》李注引作『敢』。」

正義曰：周公斥大九州，廣土萬里，制爲九服，邦畿方千里。其外每五百里謂之一服。侯、甸、男、采、衛、要六服爲中國，夷、鎮、蕃三服爲夷狄。《大司馬》謂之「九畿」，言其有期限也。《大行人》謂之「九服」，言其服事王也。如其數計，甸服内畔，尚去京師千里，晉距王城不容此數，而得在甸服者，《周禮》設法耳。土地之形，不可方平如圖，未必每服皆如其數也。《地理志》云：「初雒邑與宗周通封畿，東西長，南北短，短長相覆爲千里。」是王畿不正方也。《志》又云東都方六百里，半之爲三百里，外有侯服五百里，爲八百里。計晉都在大原，去洛邑近八百里也。畿既不方，服必差改，故晉在甸服也。**惠之三十年，晉潘父弑昭侯而納桓叔，**❶**不克。**潘父，晉大夫也。昭侯，文侯子。**晉人立孝侯。**昭侯子也。**惠之四十五年，曲沃莊伯伐翼，弑孝侯。**莊伯，桓叔子。翼，晉國所都。**翼人立其弟鄂侯。鄂侯生哀侯。**鄂侯以隱五年奔隨。其年秋，王立哀侯于翼。**哀侯侵陘庭之田，**❷陘庭，翼南鄙邑。**陘庭南鄙啓曲沃伐翼。**

---

❶ 「納」，阮本作「立」。

❷ 「庭」，阮校：「《史記·晉世家》作『廷』。」

春秋左傳正義卷第六　桓公

國子祭酒上護軍曲阜縣開國子臣孔穎達等奉勅撰

【經】三年，春，正月，公會齊侯于嬴。經之首時必書「王」，明此歷天王之所班也。其或廢法違常，失不班歷，故不書「王」。嬴，齊邑，今泰山嬴縣。【疏】注「經之」至「嬴縣」。　正義曰：桓公元年、二年、十年、十八年，凡四年於春有王。九年春，無王無月。其餘十三年，雖春有月，悉皆無王。《穀梁傳》曰：「桓無王，其曰王何也？謹始也。其曰無王何也？桓弟弑兄，臣弑君，天子不能定，諸侯不能救，百姓不能去，以爲無王之道，遂可以至焉爾。元年有王，所以治桓也。二年有王，正與夷之卒也。十年有王，正終生之卒也。」十八年書王，范甯注云：「此年書王，以王法終始治桓之事。」先儒多用《穀梁》之説。賈逵云：「不書王，弑君，易祊田，成宋亂，無王也。」元年治桓，二年治督，十年正曹伯，十八年終始治桓。杜以正是王正，歷從王出，故以爲王者班歷，史乃書王，明此歷天王之所班也，其或廢法違常，失不班歷，則諸侯之史不得書王。言此十三年無王，皆王不班歷故也。劉炫《規過》云：「然天王失不班歷，經不書王，乃是國之大事，何得傳無異文？又昭二十三年以後，王室有子朝之亂，經皆書王，豈是王室猶能班歷？又襄二十七年再失閏，杜云『魯之司歷頓置兩閏』。又哀十三年十二月螽，杜云『季孫雖聞仲尼之言，而不正歷』。如杜所注，歷既天王所班，魯人何得擅改？又子朝奔楚，其年王室方定，王位猶且未定，諸侯不知所奉，復有何人尚能班歷？昭二十三年秋，乃書『天王居于狄泉』，則其春未有王矣。時未有王，歷無所出，何故其年亦書王也？若《春秋》之歷必是天王所班，則周之錯失不關於魯。魯人雖或知之，無由輒得改正。襄二十七年傳稱『司歷過，再失閏』者，是周司歷也？魯司歷也？而杜《釋例》云：魯之司歷『始覺其謬，頓置兩閏，以應天正』。若歷爲王班，當一論王命，寧敢專置閏月，改易歲年？哀十二年十二月螽，仲尼曰：『火猶西流，司歷過也。』杜於《釋例》又云：『季孫雖聞此言，猶不即改。明年復螽，於是始悟。十四年春，乃置閏，欲以補正時歷。』既言歷爲王班，又稱魯人輒改，改之不憚於王，亦復何須王歷？杜之此言自相矛楯，以此立說，難得而通。又案《春秋》經之闕文甚多，其事非一。亦如夫人有氏無姜，有姜無氏，及『大雨霖』、『癚咎如潰』之類也。此無王者，正是闕文耳。」今删定，知此不書王，非是經之闕文，必以爲失不班歷者，杜之所據，雖無明文，若必闕文，止應一事兩事而已，不應一公之内十四年並闕王字。杜以《周禮》有「頒告朔于邦國都鄙」，以有成文，故爲此説。但齊桓、晉文以前，翼戴天子，王室雖微，猶能班歷。至靈王、景王以後，王室卑微，歷或諸侯所爲，亦遥稟天子正朔，所以有子朝之亂，經仍稱王，不責人所不得也。猶如大夫之卒，公疾在外，雖不與小斂，亦同書日之限。然則司歷之過，魯史所改，據此而言，有何可責？劉君不尋此旨，横生異同，以規杜過，恐非其義也。

夏，齊侯、衛侯胥命于蒲。申約言以相命而不歃血也。蒲，衛地，在陳留長垣縣西南。

六月，公會杞侯于郕。

秋，七月，壬辰，朔，日有食之，既。無傳。既，盡也。歷家之説，謂日光以望時遥奪月光，故月食。日月同會，月奄日，故日食。食有上下者，行有高下，日光輪存而中食者，相奄密，故日光溢出。皆既者，正相當而相奄間疏也。然聖人不言月食日，而以自食爲文，❶闕於所不見。【疏】注「既盡」至「不見」。正義曰：食既者，謂日光盡也，故云「既，盡也」。月體無光，待日照而光生，半照即爲弦，全照乃成望。望爲日光所照，反得奪月光者，歷家之説，當日之衝，有大如日者謂之闇虚。闇虚當月，則月必滅光，故爲月食。張衡《靈憲》曰：「當日之衝，光常不合，是謂闇虚。在星則星微，遇月則月食。」是言日奪月光，故月食也。若是日奪月光，則應每望常食，而望亦有不食者，由其道度異也。日月異道，有時而交，交則相犯，故日月遞食。交在望前，朔則日食，望則月食。交在望後，望則月食，後月朔則日食。交正在朔，則日食既前，後望不食。交正在望，則月食既前，後朔不食。大率一百七十三日有餘而道始一交，非交則不相侵犯，故朔望不常有食也。道不正交，則日斜照月，故月光更盛。道若正交，則日衝當月，故月光即滅。譬如火斜照水，日斜照鏡，則水鏡之光旁照他物。若使鏡正當日，水正當火，則水鏡之光不能有照。日之奪月，亦猶是也。日月同會，道度相交，月揜日光，故日食。日奪月光，故月食。言月食是日光所衝，日食是月體所映，故日食常在朔，月食常在望也。「食有上下者，行有高下」，謂月在日南，從南入食，南下北高，則食起於下。月在日北，從北入食，則食發於高，是其行有高下，故食不同也。故《異義》云「月高則其食虧於上，月下則其食虧於下」也。日月之體，大小正同。相揜密者，二體相近，正映其形，故光得溢出而中食也。相揜疏者，二體相遠，月近而日遠，自人望之，則月之所映者廣，故

❶「文」下，阮校：「岳本有『者』字。」

日光不復能見而日食既也。日食者，實是月映之也，但日之所在，則月體不見。聖人不言月來食日，而云有物食之，以自食爲文，闕於所不見也。

公子翬如齊逆女。禮，君有故則使卿逆。【疏】注「禮君」至「卿逆」。　正義曰：天子尊，無與敵，不自親逆，使卿逆而上公臨之。諸侯則親逆，有故得使卿。八年「祭公逆王后于紀」，傳曰「禮也」。是當使人，天子不親逆也。襄十五年傳曰：「官師從單靖公逆王后于齊，卿不行，非禮也。」是知天子之禮，當使卿逆而上公臨之也。《禮記・哀公問》曰：「冕而親迎，不已重乎？」孔子對曰：「合二姓之好，以繼先聖之後，以爲天地宗廟社稷之主，君何謂已重乎？」此對哀公指言魯事，是諸侯正禮當親逆也。莊二十四年「公如齊逆女」，丘明不爲之傳，以其得禮故也。文四年「逆婦姜于齊」，傳曰：「卿不行，非禮也。」以卿不行爲非禮，知君有故得使卿逆也。

九月，齊侯送姜氏于讙。讙，魯地。濟北蛇丘縣西有下讙亭。已去齊國，故不言女。未至於魯，故不稱夫人。

公會齊侯于讙。無傳。

夫人姜氏至自齊。無傳。告於廟也。不言翬以至者，齊侯送之，公受之於讙。

冬，齊侯使其弟年來聘。

有年。無傳。五穀皆熟書「有年」。【疏】「有年」。　正義曰：年訓爲稔。謂歲爲年者，取其歲穀一熟之義。故禾稼既收，農功畢入，以其歲豐於常，故史書「有年」於策。此書「有年」，宣十六年書「大有年」，《穀梁傳》曰：「五穀皆熟爲有年」，「五穀大熟爲大有年」。杜取《穀梁》爲説，其義亦當然也。《周禮・疾醫》以五穀養病，鄭玄云「五穀，麻、黍、稷、麥、豆」，即《月令》五時所食穀也。賈云：「桓惡而有年豐，異之也。言有，非其所宜有。」案昭元年傳曰：「國無道而年穀和熟，天贊之也。」是言歲豐爲佐助之非，妖異之物也。君行既惡，澤不下流，遇有豐年，輒以爲異，是則無道之世，唯宜有大饑，不宜有豐年，非上天祐民之本意也。且言「有，不宜有」，傳無其說。《釋例》曰：「劉、賈、許因有年、大有年之經，有鸜鵒來巢，書所無之傳，以爲經諸言『有』，皆不宜有之辭也。據經螟螽不書『有』，傳發於魯之無鸜鵒，不以『有』字爲例也。經書十有一年、十有一月，不可謂不宜有此年，不宜有此月也。螟螽俱是非常之災，亦不可謂其宜有也。」

【傳】三年，春，曲沃武公伐翼，次于陘庭。韓萬御戎，梁弘爲右。武公，曲沃莊伯子也。韓萬，莊伯弟也。御戎，僕也。右，戎車之右。【疏】傳注「武公」至「之右」。❶　正義曰：「武公，莊伯子」，「韓萬，莊伯弟」，《世本·世家》文也。《周禮·戎僕》「掌馭戎車」，《戎右》「掌戎車之兵革使」，故知御爲戎僕，右是戎車之右也。**逐翼侯于汾隰，**汾隰，汾水邊。【疏】注「汾隰汾水邊」。　正義曰：《釋例》曰：「汾水出大原故汾陽縣，東南至晉陽縣，西南經西河平陽，至河東汾陰縣入河。」《爾雅·釋地》云：「下溼曰隰。」知汾隰，汾水邊也。**驂絓而止，**驂，騑馬。【疏】注「驂騑馬」。　正義曰：《說文》云：「騑，驂，旁馬。」是騑、驂爲一也。　初駕馬者，以二馬夾轅而已，又駕一馬，與兩服爲參，故謂之驂。又駕一馬，乃謂之駟。故《說文》云「驂，駕三馬也」，「駟，一

---

❶「傳」，阮本無此字。

乘也」。兩服爲主，以漸參之，兩旁二馬遂名爲驂。故揔舉一乘則謂之駟，指其騑馬則謂之驂。《詩》稱「兩驂如舞」，二馬皆稱驂。《禮記》稱「説驂而賻之」，一馬亦稱驂。是本其初參，遂以爲名也。驂馬在衡外挽靷，每紲於木，由頸不當衡故也。名騑者，以騑馬有騑騑之容，故《少儀》云「騑騑翼翼」是也。❶ **夜獲之，及欒共叔。** 共叔，桓叔之傅欒賓之子也，身傅翼侯。父子各殉所奉之主，故并見獲而死。

會于嬴，成昏于齊也。 公不由媒介，自與齊侯會而成昏，非禮也。【疏】注「公不」至「禮也」。正義曰：此成昏謂聘文姜也。《詩》刺魯桓公不能禁制文姜，云：「取妻如之何？匪媒不得。既曰得止，曷又極止。」言桓公以媒得文姜。此云不由媒者，公親會齊侯，必無媒也。《詩》舉正法以刺上，傳據實事以解經，故不同耳。

夏，齊侯、衛侯胥命于蒲，不盟也。

公會杞侯于郕，杞求成也。 二年入杞，故今來求成。

秋，公子翬如齊逆女，脩先君之好，故曰「公子」。 昏禮雖奉時君之命，其言必稱先君以爲禮辭，故公子翬逆女，傳稱「脩先君之好」，公子遂逆女，傳稱「尊君命」，互舉其義。【疏】注「昏禮」至「其義」。正義曰：公子遂逆女，傳言「尊君命」，是奉時君之命也。此言「脩先君之好」，是稱先君爲辭也。翬、遂俱是逆女，傳文各言其一，是互舉其義。昏禮納采辭曰：「某有先人之禮使某也，請納采。」其納徵辭曰：「某有先人

❶「騑騑」，阮校：「《禮記》作『匪匪』。此因鄭注『匪讀如四牡騑騑』，遂改作『騑』。」

之禮使某也，請納徵。」是男家辭也。主人醴賓辭曰：「子爲事故至於某之室，某有先人之禮，請醴從者。」是女家辭也。彼士禮也，故稱先人，若諸侯，則稱先君，以此知其言必稱先君以爲禮辭。

齊侯送姜氏，❶**非禮也。凡公女嫁于敵國，姊妹則上卿送之，以禮於先君，公子則下卿送之。於大國，雖公子，亦上卿送之。於天子，則諸卿皆行，公不自送。於小國，則上大夫送之。**【疏】「凡公」至「送之」。正義曰：昏以相敵爲耦，先以敵國爲文，然後於大國、小國辨其所異。姊妹於敵國，猶上卿送之，於大國，則上卿必矣。且姊妹禮於先君，不以所嫁輕重，雖則小國，亦使上卿送也。「於小國，則上大夫送之」，文承「公子」之下，謂送公子，非送姊妹也。《周禮》序官唯有中大夫，無上大夫也。《禮記·王制》曰「諸侯之上大夫卿」，鄭玄云「上大夫曰卿」，則上大夫即卿也。又無上大夫矣，而此云上大夫者，諸侯之制，三卿五大夫。五人之中，又復分爲上下。成三年傳曰：「次國之上卿，當大國之中，中當其下，下當其上大夫。小國之上卿，當大國之下卿，中當其上大夫，下當其下大夫。」是分大夫爲上下也。

冬，齊仲年來聘，致夫人也。古者女出嫁，又使大夫隨加聘問，存謙敬，序殷勤也。在魯而出，則曰致女。在他國而來，則揔曰聘。故傳以「致夫人」釋之。【疏】注「古者」至「釋之」。正義曰：經書「來聘」，傳言「致夫人」，是行聘禮而致之也。故知使大夫隨加聘問，得所以存謙敬，序殷勤也。其意言不堪事宗

---

❶「齊侯送姜氏」，《經典釋文》：「本或作『送姜氏于讙』。」阮校：「《水經注·汶水篇》引傳文作『齊侯送姜氏于下讙』。」

廟，則欲以之歸也。成九年，「季孫行父如宋致女」，與此事同而文異，故辨之，云「在魯而出，則曰致女，在他國而來，則揔曰聘」，是詳内略外之文。傳嫌其不同，故以「致夫人」釋之。

芮伯萬之母芮姜惡芮伯之多寵人也，故逐之，出居于魏。 爲明年秦侵芮張本。芮國在馮翊臨晉縣。魏國，河東河北縣。【疏】注「爲明」至「北縣」。 正義曰：《地理志》云「馮翊臨晉縣芮鄉，故芮國也」，「河東郡河北縣，《詩》魏國也」。《世本》芮、魏皆姬姓。《尚書·顧命》成王將崩，有芮伯爲卿士，名謚不見。魏之初封，不知何人？閔元年晉獻公滅魏，芮則不知誰滅之。

【經】四年，春，正月，公狩于郎。 冬獵曰狩，行三驅之禮，得田狩之時，故傳曰：「書時，禮也。」周之春，夏之冬也。田狩從夏時。郎非國内之狩地，故書地。【疏】注「冬獵」至「書地」。 正義曰：「冬獵曰狩」，《爾雅·釋天》文也。《易·比卦》九五：「王用三驅，失前禽。」鄭玄云：「王者習兵於蒐狩，驅禽而射之三，則已法軍禮也。失前禽者，謂禽在前來者，不逆而射之，旁去又不射，唯背走者順而射之，不中則已，是其所以失之。用兵之法亦如之，降者不殺，奔者不禦，皆爲敵不敵，已加以仁恩，養威之道。」是説三驅之事也。狩獵之禮，唯有三驅，故知行三驅之正禮，得田獵之常時。故傳曰：「書時，禮也。」善其得時明禮，皆無違矣。❶周之春正月建子，即是夏之仲冬也。《周禮·大司馬》「中冬教大閱，遂以狩田」，是田狩從夏時也。《釋例》曰：「三王

---

❶「矣」，阮校：「浦鏜《正誤》作『失』。」

異正朔，而夏數爲得天。雖在周代，於言時舉事，皆據夏正。故公以春狩，而傳曰：『書時，禮也。』」隱五年「公矢魚于棠」，傳曰：「言遠地也。」僖二十八年「天王狩于河陽」，傳曰：「言非其地也。」舉地名者，皆言其非地，故知此郎，非國内之狩地，故書地也。若國内狩地，大野是也。哀十四年傳曰「西狩於大野」，經不書大野，明其得常地，故不書耳。由此而言，則狩于禚，蒐于紅，及比蒲、昌間，皆非常地，故書地也。田狩之地須有常者，古者民多地狹，唯在山澤之間乃有不殖之地，故天子、諸侯必於其封内擇隙地而爲之。僖三十三年傳曰：「鄭之有原圃，猶秦之有具囿也。」是其諸國各有常狩之處。違其常處則犯害居民，故書地以譏之。

夏，天王使宰渠伯糾來聘。宰，官。渠，氏。伯糾，名也。王官之宰，當以才授位，而伯糾攝父之職，出聘列國，故書名以譏之。國史之記，必書年以集此公之事，書首時以成此年之歲，故《春秋》有空時而無事者。今不書秋冬首月，史闕文。他皆放此。【疏】注「宰官」至「放此」。正義曰：《周禮·天官》有大宰、小宰、宰夫，知宰是官也。傳言「父在，故名」，知伯糾是名，自然渠爲氏矣。《周禮》：大宰，卿；小宰，中大夫；宰夫，下大夫。未知伯糾是何宰也。貶之乃書名，則於法當書字。但中、下大夫例皆書字，則此宰高下猶未可量。故注直言「王官之宰」，不指小宰、宰夫，慎疑故也。《詩》稱「濟濟多士」，《書》戒「無曠庶官」。爲政有三，擇人爲急。王官之宰，當以才授位，今其父居官而使子攝職，是王者輕侮爵位，遣人則可，故書名以譏之。糾之出聘，事由於王，而貶糾者，王不應授糾，糾不應受使，二者俱有其過，貶糾亦所以責王，如宰咺之比也。《春秋》編年之書，四時畢具，乃得爲年。此無秋、冬，知是史闕文也。舊史先闕，故仲尼因之。《膏肓》何休以爲：「《左氏》宰渠伯糾『父在，故名』，仍叔之子何以不名？又仍叔之子，以爲『父在，稱子』，伯糾父在，何以不稱子？」鄭箴之云：「仍叔之子者，譏其幼弱，故略言子，不名之。至於伯糾，能堪聘事，私覿又不失子道，故名且字也。」鄭氏所箴與杜同，云伯糾名且字，非杜義。

【傳】四年，春，正月，公狩于郎。書時，禮也。郎非狩地，故書時合禮。【疏】注「郎非」至「合禮」。

正義曰：春秋之世，狩獵多矣，見於經者無數事焉，良由得時得地則常事不書故也。以獲麟在於大野，得地則不書其地，知地、時並得，則例皆不書。此書「公狩于郎」，必是有所譏刺。所刺之意，在於失常地也。但傳於棠與河陽，已云「言非其地」，則非地之責於理已見，而此狩得時，恐并時亦刺，駮出合禮，而非禮自明，故注申其意，言郎非狩地，唯時合禮。以時合禮，知地非禮也。《公羊傳》曰：「常事不書，此何以書？譏，何譏爾？遠也。」《公羊》説諸侯遊戲不得過郊，故有遠近之言。《左氏》無此義。要言遠者，亦是譏其失常地也。

夏，周宰渠伯糾來聘。父在，故名。

秋，秦師侵芮，敗焉，小之也。秦以芮小，輕之，故爲芮所敗。

冬，王師、秦師圍魏，執芮伯以歸。三年，芮伯出居魏，芮更立君。秦爲芮所敗，故以芮伯歸，將欲納之。

【經】五年，春，正月，甲戌，己丑，陳侯鮑卒。未同盟而書名者，來赴以名故也。甲戌，前年十二月二十一日。己丑，此年正月六日。陳亂，故再赴。赴雖日異，而皆以正月起文，故但書正月。

慎疑審事，故從赴兩書。【疏】注「未同」至「兩書」。正義曰：僖二十三年傳例曰：「赴以名，則亦書之。」檢經、傳，魯未與陳盟而書鮑名，知其來赴以名故也。隱八年「蔡侯考父卒」，注云：「蓋春秋前與惠公盟，故赴以名。」案《史記·年表》，隱之元年是陳桓公之二十三年，則桓公亦得與惠公盟。而云未同盟者，以蔡侯之卒去惠尚近，故疑與惠公盟。此去惠公年月已遠，且自隱公以來，陳、魯未嘗交好，於惠公之世亦似無盟，故以未同盟解之也。以《長歷》推之，知甲戌、己丑別月，而赴者並言正月，故兩書其日，而共言正月。若其各以月赴，亦應兩書其月。但此異年之事，設令兩以月赴，則當於四年云十二月甲戌陳侯鮑卒，❶五年正月己丑陳侯鮑卒。

夏，齊侯、鄭伯如紀。外相朝皆言如。齊欲滅紀，紀人懼而來告，故書。【疏】注「外相」至「故書」。正義曰：傳言「朝」，經言「如」，知「如」即「朝」也。下文「州公如曹」與此相類，故云「外相朝皆言如」也。魯出朝聘，例亦言如，❷獨言外朝者，經有「公朝王所」，以不盡云「公如」，故獨云外也。朝聘而謂之如者，《爾雅·釋詁》云：「如，往也。」朝者，兩君相見，揖讓兩楹之間。聘者，使卿通問鄰國，執圭以致君命，據行禮而爲言也。魯之君臣出適他國，始行即書於策，未知成禮以否。❸經每有在塗乃復，是禮夫必成，❹故直云如，言其往彼國耳，不果必成朝聘也。公朝王所，則朝訖乃書，故指朝言之。此齊、鄭朝紀，亦應朝訖乃告，但略外，故言「如」耳。外相朝

❶「於」，阮本作「以」。
❷「亦」，正宗寺本、阮本無此字。
❸「以」，阮本作「與」。
❹「夫」，正宗寺本、文淵閣本、阮本作「未」，當是。

例不書，而此獨書者，傳言「欲以襲紀，紀人知之」，明其懼而告魯，故書也。

天王使仍叔之子來聘。仍叔，天子之大夫。稱「仍叔之子」，本於父字，幼弱之辭也。譏使童子出聘。【疏】注「仍叔」至「出聘」。　正義曰：天子大夫例皆書字，仍氏叔字，知是天子大夫也。《公羊》、《穀梁》皆以仍叔之子爲父老代父從政，《左氏》直云弱也，言其幼弱，不言父在，則是代父嗣位，非父在也。伯糾身未居官，攝行父事，故稱名以貶之。此子雖已嗣位，而未堪從政，故繫父以譏之，譏王使童子出聘也。蘇氏用《公羊》、《穀梁》之義，以爲父老來聘，非父没。義或當然。

葬陳桓公。無傳。

城祝丘。無傳。齊、鄭將襲紀故。

秋，蔡人、衛人、陳人從王伐鄭。王自爲伐鄭之主，君臣之辭也。王師敗不書，不以告。

大雩。傳例曰：「書不時也。」失龍見之時。

螽。無傳。蚣蝑之屬爲災，故書。【疏】注「蚣蝑」至「故書」。　正義曰：《釋蟲》云：「蜇螽，蜙蝑。」楊雄《方言》云：「春黍謂之蚣蝑。」陸機《毛詩疏》云：「幽州人謂之春箕。春箕即春黍，蝗類也。長而青，股鳴者。或謂似蝗而小，班黑，其股狀如瑇瑁又，❶五月中，以兩股相切作聲，聞十數步。」《爾雅》又有蠜螽、土螽。樊光云

---

❶「又」，阮校：「浦鏜《正誤》作『文』。案，《廣雅疏證》引作『文』。段玉裁曰：此當作『乂』，『乂』者，今之『釵』字。或爲『又』，或爲『文』，皆非也。」

皆蚣蝑之屬。然則螽之種類多，故言屬以包之。傳稱「凡物不爲災，不書」，知此爲災故書。

冬，州公如曹。不書奔，以朝出也。爲下「寔來」書也。❶曹國，今濟陰定陶縣。【疏】「州公如曹」。正義曰：《周禮》：公之地封疆方五百里，侯四百里，伯三百里，子二百里，男一百里。隱五年《公羊傳》曰：「天子三公稱公，王者之後稱公，其餘大國稱侯，小國稱伯、子、男。」然則三公之外，爵稱公者，唯二王之後杞與宋耳。此「州公」及僖五年「晉人執虞公」並是小國而得稱公者，鄭玄《王制》注以爲殷地三等：百里，七十里，五十里。武王克殷，雖制五等之爵，而因殷三等之地。及周公制禮，大國五百里，小國百里。所因殷之諸侯，亦以功黜陟之。其不滿者，皆益之地爲百里焉。是以周世有爵尊而國小，爵卑而國大者。言爵尊國小，蓋指此州公、虞公也。案虞是克商始封，非爲殷之餘國。鄭玄之言，不可通於此矣。杜之所解，亦無明言。唯《世族譜》云：「虞，姬姓。武王克商，封虞仲之庶孫以爲虞仲之後，處中國爲西吴，後世謂之虞公。」服虔云：「春秋前，以黜陟之法進爵爲公。」未知孰是。或可嘗爲三公之官，若虢公之屬，故稱公也。以其無文，故備言之。劉炫難服云：「周法，二王之後乃得稱公。雖復周公、大公之勳，齊桓、晉文之霸，位止通侯，未升上等。州有何功，得遷公爵？若其爵得稱公，土亦應廣，安得爵爲上公，地仍小國？若地被兼黜，爵亦宜減，安得地既削小，爵尚尊崇？此則理之不通也。」　注「不書」至「陶縣」。正義曰：如者，朝也。以朝出國，不得書奔。外朝不書，以因來向魯，故書其本也。《世本》：「州國，姜姓。曹國，伯爵。」《譜》云：「曹，姬姓，文王子叔振鐸之後也。武王封之陶丘，今濟陰

---

❶「寔」，《四部叢刊》本、阮本作「實」。

定陶縣是也。桓公三十五年，魯隱公之元年也。伯陽立十五年，魯哀公之八年，而宋滅曹。」《地理志》云：❶濟陰郡定陶縣，《詩》曹國是也。❷

【傳】五年，春，正月，甲戌，己丑，陳侯鮑卒。再赴也。於是陳亂，文公子佗殺大子免而代之。佗，桓公弟五父也。稱文公子，明佗非桓公母弟也。免，桓公大子。**公疾病而亂作，國人分散，故再赴。**【疏】「公疾病」。正義曰：鄭玄《論語》注云：「病謂疾益困也。」

夏，齊侯、鄭伯朝于紀，欲以襲之。紀人知之。

王奪鄭伯政，鄭伯不朝。奪不使知王政。【疏】注「奪不使知王政」。正義曰：隱三年傳稱「王貳于虢」，謂欲分政於虢，不復專任鄭伯也。及平王崩，周人將畀虢公政，即周鄭交惡，未得與之。八年傳曰：「虢公忌父始作卿士于周。」於是始與之政，共鄭伯分王政矣。九年傳曰：「鄭伯爲王左卿士。」然則虢公爲右卿士，與鄭伯夾輔王也。此年王奪鄭伯政，❸全奪與虢，不使鄭伯復知王政，故鄭伯積恨，不復朝王。**秋，王以諸侯伐鄭，**❹**鄭伯禦之。王爲中軍。虢公林父將右軍，蔡人、衛人屬焉。**虢公林父，王卿士。**周公黑肩將左軍，**

❶「云」，文淵閣本、阮本無此字。
❷「詩」，《漢書·地理志》（中華書局校點本）作「故」。
❸「年」，阮本作「言」。
❹「侯」字，原闕，據《四部叢刊》本、文淵閣本、阮本補。

陳人屬焉。黑肩，周桓公也。**鄭子元請爲左拒，以當蔡人、衛人，**子元，鄭公子。拒，方陳。**爲右拒，以當陳人。曰：「陳亂，民莫有鬭心。若先犯之，必奔。王卒顧之，必亂。蔡、衛不枝，固將先奔。**不能相枝持也。❶**既而萃於王卒，可以集事。」從之。**萃，聚也。集，成也。**曼伯爲右拒，**曼伯，檀伯。【疏】注「曼伯檀伯」。　正義曰：十五年傳曰：「鄭伯因櫟人殺檀伯。」昭十一年傳曰：「鄭京、櫟實殺曼伯。」知一人也。**祭仲足爲左拒，原繁、高渠彌以中軍奉公，**❷**爲魚麗之陳。先偏後伍，伍承彌縫。**《司馬法》：車戰，二十五乘爲偏，以車居前，以伍次之，承偏之隙，而彌縫闕漏也。五人爲伍。此蓋魚麗陳法。【疏】注「司馬」至「陳法」。　正義曰：《史記》稱齊景公之時，有田穰苴善用兵，景公尊之，位爲大司馬。六國時，齊威王用兵行威，大放穰苴之法，乃使大夫追論古者司馬兵法，而附穰苴其中，凡一百五十篇，號曰《司馬法》。「車戰，二十五乘爲偏」，是彼文也。「五人爲伍」，《周禮·司馬》序官文也。**戰于繻葛。**繻葛，鄭地。**命二拒曰：「旝動而鼓！」**❸旝，旃也，通帛爲之，蓋今大將之麾也，執以爲號令。【疏】注「旝旃」至「號令」。　正義曰：旝之爲旃，事無所出，説者相傳爲然。成二年傳張侯曰：「師之耳目，在吾旗鼓，進退從之。」是在軍之士，視將旗以進退也。今命二拒，令旝動而鼓，望旗之動，鼓以進兵。明旝是可觀之物。又旝字從

❶「枝」，阮校：「毛本作『支』。《文選》李善注《魏文帝與吴質書》引杜注亦作『支』。」
❷「彌」，阮校：「《史記·秦本紀》作『眯』。」
❸「旝」，《經典釋文》：「《説文》作『檜』。」

㫃，旌旗之類，故知旜爲旝也。《周禮·司常》「通帛爲旜」，故云「通帛爲之」。謂通用一絳帛，無畫飾也。鄭玄云：「凡旌旗，有軍衆者畫異物，無者帛而已。鄉遂大夫，或載旜，或載物，衆屬軍吏無所將。」如鄭之意，則將不得建旃。而此軍得有旃者，僖二十八年傳曰：「城濮之戰，晉中軍風于澤，亡大旆之左旃。」是知戰必有旃，故以旝爲旃也。鄭氏之言，自謂治兵之時出軍所建，不廢戰陳之上猶自用旃指麾。今時爲軍，猶以旌麾號令，故云「蓋今大將之麾，執以爲號令也」。賈逵以旝爲發石，一曰飛石，引《范蠡兵法》作飛石之事以證之。《說文》亦云「建大木，置石其上，發以機以追敵」，❶與賈同也。案《范蠡兵法》雖有飛石之事，不言名爲旝也。發石非旌旗之比。《說文》載之㫃部，而以飛石解之，爲不類矣。且三軍之衆，人多路遠，發石之動，何以可見，而使二拒準之爲擊鼓候也？注以旃說爲長，故從之。 **蔡、衛、陳皆奔，王卒亂，鄭師合以攻之，王卒大敗。祝聃射王中肩，王亦能軍。** 雖軍敗身傷，猶殿而不奔，故言能軍。 **祝聃請從之。公曰：「君子不欲多上人，況敢陵天子乎？苟自救也，社稷無隕，多矣！」** 鄭於此收兵自退。 **夜，鄭伯使祭足勞王，且問左右。** 祭足即祭仲之字，蓋名仲，❷字仲足也。「勞王」，「問左右」，言鄭志在苟免，王討之非也。❸【疏】注「祭足」至「非也」。 正義曰：隱元年傳稱「祭仲」，上云祭仲足，此云祭足，十一年傳云「祭封人仲足」，此人雖名字互見，而

❶ 上「以」字，文淵閣本無，阮本作「其」。「追」，閩本、監本、毛本、文淵閣本作「磓」。

❷ 「名仲字仲足」，《經典釋文》作「名仲字足」，又云：「一本作『字仲足』。」今案：本節正義引《釋例》曰：「或偏稱仲，或偏稱足，蓋名仲，字足也。」下「仲」字蓋衍。

❸ 「非」，阮校：「足利本後人記云：『非』，異本作『罪』。」

不知孰字孰名。《公羊》以仲爲字，《左氏》先儒亦以爲字。但《春秋》之例，諸侯之卿嘉之乃書字。十一年經書祭仲，而事無可嘉。注意以仲爲名，故云「名仲，字仲足」。《釋例》曰：「伯、仲、叔、季，固人字之常，然古今亦有以爲名者，而《公羊》守株，專謂祭氏以仲爲字。既謂之字，無辭以善之，因託以行權。人臣而善其行權逐君，是亂人倫壞大教也。説《左氏》者，知其不可，更云鄭人嘉之，以字告，故書字。此爲因有告命之例，❶欲以苟免，未是《春秋》之實也。宰渠伯糾、蕭叔大心皆以伯、叔爲名，則仲亦名也。傳又曰祭仲足，或偏稱仲，或偏稱足，蓋名仲，字足也。」是辨其名仲之意也。凡傳所記事，必有意存焉。此丁寧説鄭，言其志在苟免，知其意言王討之非也。

仍叔之子，❷弱也。 仍叔之子來聘，童子將命，無速反之心，久留在魯，故經書夏聘，傳釋之於末秋。【疏】注「仍叔」至「末秋」。　正義曰：此子來聘，傳雖不言聘意，蓋爲將伐鄭而遣告魯也。經在伐鄭之上，傳在伐鄭之下，明其必有深意，故注者原之，以爲「童子將命，無速反之心，久留在魯。故經書夏聘，傳釋之於末秋」，譏其夏至而秋末反也。下句更言「秋，大雩」，則秋末爲末。注云末秋者，上有「秋，王以諸侯伐鄭」，此仍叔之文在秋事之末，故云末秋也。下文更云秋者，自爲欲顯天時，更別言秋。

秋，大雩。書不時也。 十二公傳唯此年及襄二十六年有兩秋，此發雩祭之例，欲顯天時以指

❶「爲」，阮校：「毛本作『謂』，非。」
❷「子」，阮校：「石經『子』字下增『來聘』二字，非唐刻也。」

事，❶故重言秋，異於凡事。【疏】注「十二」至「凡事」。正義曰：上既言「秋，王以諸侯伐鄭」，而此復言秋，故解之方發雩祭之例，須辨雩祭之月，欲顯言天時，以指怠慢之事，故重言秋，異於凡事，凡事則不須每事重舉時也。襄二十六年重言秋者，彼注自釋「中閒有『初』」，不言秋，則嫌楚客過在他年」。**凡祀，啓蟄而郊，**言凡祀，通下三句天地宗廟之事也。**啓蟄，夏正建寅之月，祀天南郊。**【疏】注「言凡」至「南郊」。正義曰：下三句謂雩、嘗、烝也。雩是祭天，嘗、烝祭宗廟。此無祭地，而言祭地者，因天連言地耳。《周禮》天神曰祀，地祇曰祭，人鬼曰享。對則别爲三名，散則揔爲一號。禮，諸侯不得祭天。魯以周公之故，得郊祀上帝，故雩亦祀帝。書傳皆不言魯得祭地，蓋不祭地也。魯不祭地，而注言天地者，以發凡言例，雖因魯史經文，然凡之所論，揔包天子及諸國，則「凡公嫁女於天子，諸卿皆行」及「王曰小童」之例是也。此凡祀，亦揔包天子及諸國，則有祭地之文，故杜連言之。《釋例》云：「凡祀，舉郊、雩、烝、嘗，則天神地祇人鬼之祭皆通，其他羣祀不録可知也。礿祠及地祇，經無其事，故不備言，亦約文以相包也。」礿祠之祭，過則亦書，但無過時者，故經不書耳。《夏小正》曰「正月啓蟄」，其傳曰「言始發蟄也」。故漢氏之始，以啓蟄爲正月中，雨水爲二月節。及大初以後，更改氣名，以雨水爲正月中，驚蟄爲二月節，以迄于今，踵而不改。今歷正月雨水中，四月小滿中，八月秋分中，十月小雪中，注皆以此四句爲建寅、建巳、建酉、建亥之月，則啓蟄當雨水，龍見當小滿，始殺當秋分，閉蟄當小雪。晉世之歷，亦以雨水爲正月中。而《釋例》云「歷法，正月節立春，啓蟄爲中氣」者，因傳有啓蟄之文，故遠取漢初氣名，欲令傳與

❶「指」，阮本作「相」。

歷合。其餘三者不可强同。其名雖則不同，其法理亦不異，故《釋例》云：「案歷法，有啓蟄、驚蟄，而無龍見、始殺、閉蟄。比古人所名不同，然其法推不得有異。傳曰：『火伏而後蟄者畢。』此謂十月始蟄也，至十一月則遂閉之。猶二月之驚蟄，既啓之後，遂驚而走出，始蟄之後又自閉塞也。」是言啓蟄爲正月中，閉蟄爲十月中也。注以閉蟄爲十月，而《釋例》云「十一月遂閉之」者，以正月半蟄蟲啓户，二月初則驚而走出。十月半蟄蟲始閉，十一月初則遂閉之。傳稱四者皆舉中氣，言其至此中氣，則卜此祭，次月初氣仍是祭限，次月中氣乃爲過時。既以閉蟄爲建亥之月，又言十一月則遂閉之，欲見閉蟄以後、冬至以前皆得烝祭也。故《釋例》云：「孟獻子曰：『啓蟄而郊，郊而後耕。』耕謂春分也，言得啓蟄當卜郊，不應過春分也。」春分以前皆得郊，則冬至以前皆得烝也。《釋例》又曰：「僖公、襄公夏四月卜郊，但譏其非所宜卜，而不譏其四月不可郊也。」以建卯之月猶可郊，知建子之月猶可烝也。正由節卻月前，未涉後月中氣故耳。傳本不舉月爲限，而舉候以言者，《釋例》曰：「凡十二月而節氣有二十四，共通三百六十六日，分爲四時，間之以閏月，故節未必恒在其月初，而中氣亦不得恒在其月之半，是以傳舉天宿、氣節爲文，而不以月爲正也。土功作者，不必月日，❶故亦言『龍見而畢務，戒事也。火見而致用，水昏正而栽，日至而畢』，此其大準也。」是言凡候天時，皆不以月爲其節，有參差故也。若《周禮》不舉天象，故以月爲正。《大司馬》職曰「中夏，獻禽以享礿」，「中冬，獻禽以享烝」，言四時之祭不得後仲月，非謂孟月不得祭也。《釋例》曰：「周禮祭宗廟以四仲，蓋言其下限也。」下限至於仲月，則上限起於孟月。烝起建亥之月，則嘗起建申之月。此言「始殺而嘗」，謂建酉之月亦是下限也。若仲是下限，則周之正月得爲烝祭。春秋之例，得常不書，而八

---

❶「月日」，阮本作「日月」。

年書正月烝者，《釋例》云：「經書正月烝，得仲月之時也。其夏五月復烝，此爲過烝。若但書夏五月烝，則唯可知其非時，故先發正月之烝，而繼書五月烝，以示非時，并明再烝瀆也。」然仲月雖不過時，而月節有前有卻，若使節前月卻，即爲非禮，此秋大雩，是建午之月耳，而傳言「不時」，明涉其中氣，❶故譏之。《釋例》云：「龍星之體畢見，謂立夏之月，得此月則當卜祀，過涉次節，則以過而書。故秋雩書不時，此涉周之立秋節也。」言涉立秋節者，謂涉立秋之月中氣節也。過涉次節，亦謂中節，非初節也。若始涉初節，則不譏之矣。如此傳注，必是建寅之月方始郊天，周之孟春未得郊也。《禮記·明堂位》曰：「魯君孟春乘大輅，載弧韣，以祀帝於郊。季夏六月，以禘禮祀周公於大廟。」季夏，周之六月，即孟春是周之正月矣。又《雜記》云：「孟獻子曰：『正月日至，可以有事於上帝，七月日至，可以有事於祖。』七月而禘，獻子爲之。」如彼記文，則魯郊以周之孟春，而傳言「啓蟄而郊」者，《禮記》後人所録，其言或中或否，未必所言皆是正禮。襄七年傳孟獻子曰「啓蟄而郊」，《禮記》、《左傳》俱稱獻子，而記言「日至」，傳言「啓蟄」，一人兩説，必有謬者。若「七月而禘，獻子爲之」，時應有七月禘矣。烝嘗過則書，禘過亦應書，何以獻子之時不書七月禘也？是知獻子本無此言，不得云《禮記》是而《左傳》非也。《明堂位》言正月郊者，蓋春秋之末，魯稍僭侈，見天子冬至祭天，便以正月祀帝。記者不察其本，遂謂正月爲常。《明堂位》後世之書，其末章云：魯君臣「未嘗相弑也，禮樂刑法政俗未嘗相變也」。春秋之世，三君見弑，髽而弔，士有誄，俗變多矣，尚云無之，此言既誣，則郊亦難信。以此知記言孟春非正禮也。鄭玄注書，多用讖緯，言天神有六，地祇有二，天有天皇大帝，又有五方之帝，地有崐崘之山神，又有神州之神。《大司樂》冬至祭於圜丘者，祭天皇大帝北

❶「氣」，文淵閣本、阮本作「節」。

辰之星也。《月令》四時迎氣於四郊，所祭者祭五德之帝。大微宮中，五帝坐星也。《春秋緯文耀鉤》云：「大微宮有五帝坐星，蒼帝其名曰靈威仰，赤帝曰赤熛怒，黄帝曰含樞紐，白帝曰白招拒，黑帝曰汁光紀。」五德之帝謂此也。其夏正郊天，祭其所感之帝焉。周人木德，祭靈威仰也。魯無冬至之祭，唯祭靈威仰耳。唯鄭玄立此爲義，❶而先儒悉不然，故王肅作《聖證論》，引羣書以證之，言郊則圜丘，圜丘即郊，天體唯一，安得有六天也？晉武帝，王肅之外孫也，泰始之初，定南北郊祭，一地一天，用王肅之義。杜君身處晉朝，共遵王説，《集解》、《釋例》都不言有二天。然則杜意天子冬至所祭，魯人啓蟄而郊，猶是一天，但異時祭耳。此注直云祀天南郊，不言靈威仰，明與鄭異也。劉炫云：「夏正郊天，后稷配也。冬至祭天圜丘，以帝嚳配也。」**龍見而雩**，龍見，建巳之月。蒼龍宿之體，昏見東方，萬物始盛，待雨而大，故祭天，遠爲百穀祈膏雨。【疏】注「龍見」至「膏雨」。正義曰：天官東方之星盡爲蒼龍之宿。見，謂合昏見也。雩之言遠也，遠爲百穀祈膏雨。遠者，豫爲秋收，言意深遠也。穀之種類多，故《詩》每言「百穀」，舉成數也。雨之潤物，若脂膏然，故謂甘雨爲膏雨，襄十九年傳曰「百穀之仰膏雨」是也。傳直言「雩」，而經書「大雩」者，賈逵云：「言大，别山川之雩。」蓋以諸侯雩山川，魯得雩上帝，故稱「大」。《月令》云：「大雩帝用盛樂。」是雩帝稱大雩也。此龍見而雩，定在建巳之月，而《月令》記於仲夏章者，鄭玄云：「雩之正當以四月。凡周之秋五月之中而旱，❷亦脩雩祀而求雨，因著正雩於此月。」失之矣。杜君

---

❶「立此爲義」，阮校：「案，《文獻通考》『祀后土門』引作『立爲此義』。」

❷「五月」，阮校：「諸本作『五月』，惠棟校本作『三月』。按，依《月令》注，作『三』是也。『秋三月』三字連讀，謂夏正之五月、六月、七月。」

以爲《月令》秦法，非是周典。潁子嚴以龍見即是五月。《釋例》曰：「《月令》之書出自呂不韋，其意欲爲秦制，非古典也。潁氏因之以爲龍見五月。五月之時，龍星已過於見，此爲强牽天宿以附會呂不韋之《月令》，❶非所據而據，既以不安，且又自違。《左氏傳》稱『秋，大雩。書不時』，此秋即潁氏之五月，而忘其不時之文，而欲以雩祭。」是言《月令》不得與傳合也。鄭玄《禮》注云：「雩之言吁也，言吁嗟哭泣以求雨也。」郊、雩俱是祈穀，何獨雩爲吁嗟？旱而脩雩，言吁嗟可矣，四月常雩，於時未旱，何當已吁嗟也？❷賈、服以雩爲遠，故杜從之也。**始殺而嘗，建酉之月，陰氣始殺，嘉穀始熟，故薦嘗於宗廟。**【疏】注「建酉」至「宗廟」。　正義曰：嘗者，薦於宗廟，以嘗新爲名，知必待嘉穀熟乃爲之也。《詩》稱「八月其穫」，穫刈嘉穀在於八月，知始殺爲建酉之月陰氣始殺也。《釋例》引《詩》「蒹葭蒼蒼，白露爲霜」，以證始殺百草也。《月令》「孟秋白露降」，「季秋霜始降」，然則七月有白露，八月露結，九月乃成霜，時寒有漸，❸歲事稍成。八月嘉穀熟，所薦之物備，故以建酉之月薦嘗於宗廟。案，《月令》孟秋「農乃登穀，天子嘗新，先薦寢廟」，則似七月穀熟矣。七月當嘗祭，而云建酉之月乃嘗祭者，以上下準之，始殺嘗祭，實起於建申之月，今云建酉者，言其下限。然杜獨於嘗祭舉下限者，以秋物初熟，孝子之祭必待新物，故特舉下限而言之。哀十三年，子服景伯謂吴大宰曰：「魯將以十月上辛有事於上帝先公，季辛而畢。」彼雖恐吴之辭，亦是八月嘗祭之驗也。何則？於時會吴在夏，公至在秋，景伯言然之時，秋之初也，若嘗在建

❶「呂」，文淵閣本、阮本無此字。

❷「已」，閩本、監本、毛本、文淵閣本作「言」，阮本作「也」。

❸「有」，阮本作「乃」。

申，當言九月，不應遠指十月。知十月是嘗祭之常期，周之十月是建酉之月也，建酉是下限耳。若節前月卻，孟秋物成，亦可以孟秋嘗祭。故《釋例》云：「《周禮》四仲月，言其下限。」若建申得嘗，何以《釋例》又云始殺而嘗？謂建酉之月「蒹葭蒼蒼，白露爲霜」，又以始殺唯建酉之月者，以賈、服始殺，唯據孟秋，不通建酉之月，故《釋例》破賈、服而爲此言也。先此則不可。十四年八月乙亥嘗，乃是建未之月，故注云「先其時，亦過也」。**閉蟄而烝。**建亥之月，昆蟲閉户，萬物皆成，可薦者衆，故烝祭宗廟。《釋例》論之備矣。【疏】注「建亥」至「備矣」。

正義曰：傳稱「火伏而後蟄者畢」，《周禮》「季秋内火」，則火以季秋入而孟冬伏，是蟲以孟冬蟄，❶故知閉蟄是建亥之月也。《王制》云：「昆蟲未蟄，不以火田。」鄭玄云：「昆，明也。明蟲者得陽而生，得陰而藏。」陰陽即寒温也。《祭統》注云：「昆蟲，謂温生寒死之蟲也。」是蟄蟲謂之昆蟲也。《月令》仲春云：「蟄蟲咸動，啓户始出。」出言啓户，故蟄言閉户。《爾雅·釋詁》云：「烝，衆也。」知萬物皆成，可薦者衆，故名此祭爲烝。**過則書。**卜日有吉否，過次節則書，以譏慢也。【疏】注「卜日」至「慢也」。　正義曰：祭必當卜，卜有吉否，不吉則當改卜次旬，故不可期以一日。卜不過三，故限以一月，過涉次月之節，則書之以譏其慢。

冬，淳于公如曹。度其國危，遂不復。淳于，州國所都，城陽淳于縣也。國有危難，不能自安，故出朝而遂不還。

❶「是」，文淵閣本、阮本作「昆」。

【經】六年，春，正月，寔來。寔，實也。不言州公者，承上五年冬經「如曹」。間無異事，省文從可知。

夏，四月，公會紀侯于成。❶成，魯地，在泰山鉅平縣東南。

秋，八月，壬午，大閱。齊爲大國，以戎事徵諸侯之戍，嘉美鄭忽，而忽欲以有功爲班，怒而訴齊。魯人懼之，故以非時簡車馬。【疏】「大閱」。正義曰：「公狩于郎」、「公狩于禚」皆書公，「大蒐」、「大閱」不書公者，《周禮》雖四時教戰，而遂以田獵。但蒐閱車馬，未必皆因田獵，田獵從禽，未必皆閱車馬。何則？怠慢之主，外作禽荒，豈待教戰方始獵也？公及齊人狩于禚，乃與鄰國共獵，必非自教民戰。以矢魚于棠，非教戰之事，主爲遊戲，而斥言公，則狩于郎、禚，亦主爲遊戲，故特書公也。「大蒐」、「大閱」，國之常禮，❷公身雖在，非爲遊戲，如此之類，例不書公。定十四年「大蒐于比蒲，邾子來會公」，公身在蒐，而經不書公，知其法所不書。以其國家大事，非公私欲故也。且比蒲、昌閒皆舉蒐地，此不言地者，蓋在國簡閱，未必田獵。昭十八年，鄭人簡兵大蒐在於城內，此亦當在城內。　注「齊爲」至「車馬」。　正義曰：大閱之禮在於仲冬，今農時閱兵，必有所爲。傳不言其意，故注者原之：於時四鄰與魯無怨，又竟無征伐之處。諸侯戍齊，經所不見，而傳説鄭忽怒事於大閱之上，及十年鄭與齊、衛來戰于郎，知此大閱是懼鄭忽而畏齊人，故以非時簡車馬也。

---

❶「紀侯」，阮校：「陸氏《穀梁音義》曰：『《左氏》作杞侯。』陳樹華云：三年書『公會杞侯於郕』，此作『紀侯』，疑傳寫之誤。」

❷「國」下，閩本、監本、毛本、文淵閣本有「家」字。阮本「之」字重文。

蔡人殺陳佗。 佗立踰年不稱爵者，篡立，❶未會諸侯也。傳在莊二十二年。❷【疏】注「佗立」至「二年」。 正義曰：殺陳佗，傳無文，不言無傳者，以傳説此事在莊二十二年，不是全無其事，故不言無傳。

九月，丁卯，子同生。 桓公子莊公也。十二公唯子同是適夫人之長子，備用大子之禮，故史書之於策。不稱大子者，❸書始生也。【疏】注「桓公」至「生也」。 正義曰：適妻長子，於法當爲大子，故以大子之禮舉之。由舉以正禮，故史書於策。古人之立大子，其禮雖則無文，蓋亦待其長大，特加禮命，如今之臨軒策拜。始生之時，未得即爲大子也，以其備用正禮，故書其生。未得命，故不言大子也。杜云「十二公唯子同是適夫人之長子」，又云文公、哀公其母並無明文，未知其母是適以否。蓋其父未爲君之前已生，縱令是適，亦不書也。《釋例》云：「據公衡之年，成公又非穆姜所生。」杜此注云「子同是適夫人之長子，備用大子之禮，故史書之」，然則雖適夫人之長子，不用大子之禮，亦不書也。

冬，紀侯來朝。

---

❶「立」，阮校：「足利本後人説云：『異本作位。』」

❷「在」上，《四部叢刊》本、文淵閣本、阮本有「例」字。

❸「不稱大子者書始生也」，阮校：「案，《禮記·内則》正義引作『不云世子，書始生』。」

【傳】六年，春，自曹來朝。書曰「寔來」，❶**不復其國也。**亦承五年冬傳「淳于公如曹」也。言奔，則來行朝禮，言朝，則遂留不去，故變文言實來。❷ **楚武王侵隨，**隨國，今義陽隨縣。【疏】注「隨國」至「隨縣」。 正義曰：《世本》：「隨國，姬姓。」不知始封爲誰。隨以此年見傳。僖二十年經書「楚人伐隨」，自是以後遂爲楚之私屬，不與諸侯會同。至定四年，「吴入郢」，昭王奔隨，隨人免之，卒復楚國。楚人德之，使列諸侯。哀元年隨侯見經，其後不知爲誰所滅。**使薳章求成焉，**薳章，楚大夫。**軍於瑕以待之。**瑕，隨地。**隨人使少師董成。**少師，隨大夫。董，正也。**鬭伯比言於楚子曰：「吾不得志於漢東也，我則使然。**鬭伯比，楚大夫，令尹子文之父。**我張吾三軍而被吾甲兵，以武臨之，彼則懼而協以謀我，故難閒也。漢東之國，隨爲大。隨張，必棄小國。**張，自侈大也。**小國離，楚之利也。少師侈，請羸師以張之。」**羸，弱也。**熊率且比曰：「季梁在，何益？」**熊率且比，楚大夫。季梁，隨賢臣。**鬭伯比曰：「以爲後圖。少師得其君。」**言季梁之諫不過一見從，隨侯卒當以少師爲計，故云「以爲後圖」。

❶ 「寔來」，阮校：「《詩·韓奕》正義云：春秋桓六年，州公寔來，而《左傳》作『實來』。惠棟云：『「寔」當作「實」，石經傳作「寔」，宋本同，誤也。』陳樹華云：『案，傳解經不容立異，且《公羊》、《穀梁》皆作「寔來」，「寔」訓「是」，是杜注乃云「寔，實也」。《詩》正義似未足據。』非也。案，錢大昕云：孔氏所據乃服虔本，非杜本也。《覲禮》『伯父實來』，注：『今文實作寔。』是『實』即『寔』之古文。《春秋公羊》、《穀梁》爲今文，《左氏》爲古文，故二傳作『寔來』，《左氏》作『實來』。杜氏改從二傳，失古文之舊矣。」

❷ 「實」，岳本、纂圖本、閩本、監本、毛本、文淵閣本作「寔」。

二年，蔡侯、鄭伯會于鄧，始懼楚。楚子自此遂盛，終於抗衡中國，故傳備言其事以終始之。【疏】「以爲」至「其君」。　正義曰：言此計今雖無益，以爲在後圖謀也。言季梁之諫，不過一見從耳，少師得其君心，君將必用其計。若用少師，則此謀必合。故請示弱，以希後日之利。**王毁軍而納少師。**從伯比之謀。

少師歸，請追楚師，隨侯將許之。信楚弱也。**季梁止之曰：「天方授楚。楚之羸，其誘我也。君何急焉？**【疏】「天方授楚」。❶　正義曰：楚之先君熊繹始封於楚，在蠻夷之間，食子男之地。至此君始彊盛，威服鄰國，似有天助，故云「天方授楚」。**臣聞小之能敵大也，小道大淫。所謂道，忠於民而信於神也。上思利民，忠也。祝史正辭，信也。**正辭，不虚稱君美。**今民餒而君逞欲，**逞，快也。**祝史矯舉以祭，臣不知其可也。」**詐稱功德，以欺鬼神。【疏】「臣聞」至「可也」。　正義曰：臣聞小國之能敵大國也，必小國得道，大國淫辟，如是乃得爲敵也。其意言隨未有道，而楚未爲淫辟，隨不能敵楚也。既言隨未有道，更說爲道之事。❷道猶道路，行不失正，名之曰道。施於人君，則治民事神，使之得所，乃可稱爲道矣。故云所謂道者，忠恕於民而誠信於神也。此覆説忠信之義，於文，中心爲忠，言中心愛物也，人言爲信，謂言不虚妄也。在上位者，思利於民，欲民之安飽，是其忠也。祝官、史官正其言辭，不欺誑鬼神，是其信也。今隨國民皆飢餒，而君快情欲，是不思利民，是不忠也。祝史詐稱功德以祭鬼神，是不正言辭，是不信也。無忠無信，不可謂道。小

---

❶「天方授楚」，阮本此節正義在注「以欺鬼神」下。

❷「爲」，阮本作「有」。

而無道，何以敵大？君欲敵之，臣不知其可也。欲君之下楚也。**公曰：「吾牲牷肥腯，粢盛豐備，**❶**何則不信？」**牲，牛、羊、豕也。牷，純色完全也。腯亦肥也。黍稷曰粢，在器曰盛。【疏】注「牲牛」至「曰盛」。

正義曰：諸侯祭用大牢，祭以三牲爲主。知牲爲三牲，牛、羊、豕也。《周禮·牧人》：「掌共祭祀之牲牷，祭用純色。」故知牷謂純色完全，言毛體全具也。《曲禮》曰：「豚曰腯肥。」肥腯共文，知腯亦肥也。重言肥腯者，古人自有複語耳。服虔云：「牛、羊曰肥，豕曰腯。」案《禮記》豚亦稱肥，非獨牛、羊也。粢是黍稷之別名，亦爲諸穀之摠號。祭之用米，黍稷爲多，故云「黍稷曰粢」，粢是穀之體也。盛謂盛於器，故云「在器曰盛」。**對曰：「夫民，神之主也，**言鬼神之情，依民而行。**是以聖王先成民而後致力於神。**❷**故奉牲以告，曰『博碩肥腯』，謂民力之普存也，**❸博，廣也。碩，大也。**謂其畜之碩大蕃滋也，謂其不疾瘯蠡也，**❹**謂其備腯**

---

❶「粢盛」，阮校：「案，惠棟云：禹廟殘碑作『資盛』，《說文》作『𪗉』，云：『稷也。』又云『𪗉，或從次』，作『粢』字。按，凡經典言『粢盛』，皆『粢盛』之誤。齍、𪗉、粢三字古通用，爲祭祀之黍稷，餈、粢二字同用爲《周禮》之粉餈，不知何時淆亂而莫有正之者。」

❷「民」，阮校：「《詩·旱麓》篇、《思齊》篇正義引傳文『民』上並有『於』字。」

❸「謂」下，阮校：「《詩·我將》篇正義引傳文有『其』字。」

❹「瘯蠡」，阮校：「《釋文》云：『瘯，本又作蔟，同。』蠡，葉抄《釋文》引《說文》作『彖』，云『族彖，皮肥也』。錢大昕云：《說文》歺部『𣩻』字注云：『畜産疫病也。』此『瘯蠡』之正字。『蠡』、『𣩻』聲相近，故假借爲『蠡』耳。『瘯』亦俗字，當爲『族』，六畜之疫曰『族𣩻』，或作『族彖』。彖、𣩻亦聲相近。」

咸有也。雖告神以博碩肥腯，其實皆當兼此四謂，民力適完，則六畜既大而滋也，皮毛無疥癬，兼備而無有所闕。**奉盛以告，曰『絜粢豐盛』，謂其三時不害而民和年豐也。**三時，春、夏、秋。**奉酒醴以告，曰『嘉栗旨酒』，**嘉，善也。栗，謹敬也。**謂其上下皆有嘉德而無違心也。所謂馨香，無讒慝也。**馨，香之遠聞。**故務其三時，脩其五教，**父義、母慈、兄友、弟共、❶子孝。**親其九族，以致其禋祀，**禋，❷絜敬也。九族謂外祖父、外祖母、從母子及妻父、妻母、姑之子、姊妹之子、女子之子并己之同族，皆外親有服而異族者也。**於是乎民和而神降之福，故動則有成。今民各有心，而鬼神乏主，**民飢餒也。**君雖獨豐，其何福之有？君姑脩政，而親兄弟之國，庶免於難。」隨侯懼而脩政，楚不敢伐。**【疏】「對曰夫民」至「於難」。正義曰：鬼神之情，依人而行，故云「夫民，神之主也」。以民和乃神説，故聖王先成其民，而後致力於神。言養民使成就，然後致孝享。由是告神之辭，各有成百姓之意。祭之所用，有牲，有食，有酒耳，聖人文飾辭義，爲立嘉名以告神。季梁舉其告辭，解其告意，故奉牲以告神，曰「博碩肥腯」者，非謂所祭之牲廣大肥充而已，乃言民之畜産盡肥充，皆所以得博碩肥腯者。由四種之謂，故又申説四種之事。四謂者，第一謂民力普偏安存，故致第二畜之碩大滋息。民力普存所以致之者，由民無勞役，養畜以時，故六畜碩大，蕃多滋息。民力普存又致第三不有疾病疥癬。所以然者，由民力普存，身無疲苦，故所養六畜飲食

❶「共」，《四部叢刊》本、阮本作「恭」。
❷「禋」，阮校：「足利本後人記云：『禋下，異本有祀字。』」

以理，埽刷依法，故皮毛身體無疥癬疾病。民力普存又致第四備腯咸有。所以然者，由民力普存，人皆逸樂，種種養畜，羣牲備有也。奉盛以告神，曰「絜粢豐盛」者，非謂所祭之食絜淨豐多而已，乃言民之糧食盡豐多也。言豐絜者，謂其春、夏、秋三時農之要節，爲政不害於民，得使盡力耕耘，自事生産，故百姓和而年歲豐也。奉酒醴以告神，曰「嘉栗旨酒」者，非謂所祭之酒栗善味美而已，乃言百姓之情，上下皆善美也。言嘉旨者，謂其國内上下，羣臣及民皆有善德，而無違上之心。若民心不和，則酒食腥穢。由上下皆善，故酒食馨香。非言酒食馨香，無腥膻臭穢，乃謂民德馨香，無讒諛邪惡也。所謂馨香，揔上三者。由是王者將説神心，先和民志，故務其三時，使農無廢業；脩其五教，使家道協和；親其九族，使内外無怨，然後致其絜敬之祀於神明矣，於是民俗大和而神降之福。故動則有成，戰無不克。今民各有心，或欲從主，或欲叛君，不得爲無違上之心。而鬼神乏主，百姓飢餒，民力彫竭，不得爲年歲豐也。民既不和，則神心不説，君雖獨豐，其何福之有？神所不福，民所不與，以此敵大，必喪其師。君且脩政，撫其民人，而親兄弟之國，以爲外援，如是，則庶幾可以免於禍難也。告牲肥碩，言民畜多，告粢豐絜，言民食多，告酒嘉旨，不言民酒多，而言民德善者，酒之與食俱以米粟爲之，於盛已言年豐，故於酒變言嘉德，重明民和之意。注「雖告」至「所闕」。正義曰：劉炫云：杜以博碩肥腯據牲體而言，季梁推此出理，❶嫌其不實，故云「其實皆當兼此四謂」。又民力普存非畜之形貌，而季梁以之解情，又申之民力適完則得生養六畜，故六畜既大而滋息也。博碩言其形狀大，蕃滋言其生乳多，碩大、蕃滋皆複語也。瘯蠡，畜之小病，故以爲疥癬之疚也。不疾者，猶言不患此病也。注「嘉善」至「敬也」。正義曰：「嘉，善」，《釋詁》文也。杜訓栗

❶「此出」，閩本、監本、毛本、文淵閣本作「出此」。

爲謹敬，言善敬爲酒。案《詩》「實穎實栗」，與田事相連，故栗爲穗貌。此栗與嘉善旨酒相類，故栗爲謹敬之心，即《論語》云「使民戰栗」，與此相似。劉炫以栗爲穗貌而規杜過，於理恐非。　注「父義」至「子孝」。　正義曰：父母於子並爲慈，但父主教訓，母主撫養。撫養在於恩愛，故以慈爲名。教訓愛而加教，故以義爲稱。義者，宜也。教之義方，使得其宜。弟之於兄，亦宜爲友，但兄弟相於，❶乃有長幼尊卑，故分出其弟，使之爲共，言敬其兄而友愛。❷　注「禋絜」至「族者也」。　正義曰：《釋詁》云：「禋，敬也。」故以禋爲絜敬。隱十一年注云「絜齊以享，謂之禋」，意亦與此同也。漢世儒者説九族有二，《異義》：「今《禮》戴、《尚書》歐陽説九族，乃異姓有屬者，❸父族四：五屬之内爲一族，父女昆弟適人者與其子爲一族，己女昆弟適人者與其子爲一族，己之女子子適人者與其子爲一族。母族三：母之父姓爲一族，母之母姓爲一族，母女昆弟適人者與其子爲一族。妻族二：妻之父姓爲一族，妻之母姓爲一族。古《尚書》説九族者，從高祖至玄孫凡九，皆同姓。謹案，禮，緦麻三月以上，恩之所及。禮，爲妻父母有服。明在九族中，九族不得但施於同姓。」鄭駁云：「玄之聞也，婦人歸宗，女子雖適人，字猶繫姓，明不得與父兄爲異族。其子則然。《昬禮》請期辭曰：『唯是三族之不虞。』欲及今三族未有不億度之事，而迎婦也。如此所云，三族不當有異姓，異姓其服皆緦麻。❹《禮・雜記下》：緦麻之服不禁嫁女取婦。是爲

---

❶「於」，文淵閣本、阮本作「敬」。

❷「愛」下，阮校：「浦鏜《正誤》云：疑脱『其弟』二字。」

❸「屬」，阮校：「《詩・葛藟》正義引『屬』上有『親』字。」

❹「麻」，正宗寺本、文淵閣本、阮本無此字。

異姓不在族中明矣。《周禮・小宗伯》：「掌三族之别名。」❶《喪服小記》説服之義曰：「親親以三爲五，以五爲九。」以此言之，知高祖至玄孫，昭然察矣。」是鄭從古《尚書》説，以九族爲高祖至玄孫也。此注所云猶是《禮》戴、歐陽等説，以鄭玄駁云女子不得與父兄爲異族，故簡去其母，唯取其子，以服重者爲先耳，其意亦不異也。不從古學與鄭説者，此言「親其九族」，《詩》刺「不親九族」，必以九族者疏遠，恩情已薄，故刺其不親而美其能親耳。高祖之父，❷己之所稟承也，子至玄孫，己之所生育也，人之於此，誰或不親而美其能親也？《詩》刺棄其九族，豈復上遺父母、下棄子孫哉？若言棄其九族謂棄其出高祖、出曾祖者，然則豈亦棄其出曾孫、出玄孫者乎？又鄭玄爲昏必三十而娶，則人年九十始有曾孫，其高祖玄孫無相及之理，則是族終無九，安得九族而親之？三族、九族，族名雖同，而三九數異，引三族以難九族，爲不相值矣。若緣三及九，則三、九不異。設使高祖喪，玄孫死，亦應不得爲昏禮，何不言「九族之不虞」也？以此知九族皆外親有服而異族者也。

夏，會于成。❸紀來諮謀齊難也。齊欲滅紀，故來謀之。

北戎伐齊，齊侯使乞師于鄭。❹鄭大子忽帥師救齊。六月，大敗戎師，獲其二帥大良、少良，甲首三百，以獻於齊。甲首，被甲者首。**於是諸侯之大夫戍齊，齊人饋之餼，**生曰餼。**使魯爲其班，後**

❶「名」，阮校：「浦鏜云：『名』字衍。」

❷「之」，正宗寺本、文淵閣本、阮本作「至」。

❸「成」，阮校：「山井鼎云：足利本後人記云作『郕』。」

❹「侯」，文淵閣本、阮本無此字。

鄭。班，次也。魯親班齊饋，則亦使大夫戍齊矣。經不書，蓋史闕文。【疏】注「班次」至「闕文」。正義曰：劉炫云：「在戍受饋，而使魯爲班，明魯人在矣。襄五年戍陳書經，此戍齊亦宜書，今不書經，疑史闕文。」以史策本闕，仲尼不得書之。十年説此云「北戎病齊，諸侯救之」，或可魯亦往救，但傳無魯事之驗，魯必不救，不須解之。**鄭忽以其有功也，怒，故有郎之師。**郎師在十年。

公之未昏於齊也，齊侯欲以文姜妻鄭大子忽。大子忽辭。人問其故，大子曰：「人各有耦，齊大，非吾耦也。《詩》云：『自求多福。』《詩・大雅・文王》。言求福由己，非由人也。**在我而已，大國何爲？」**君子曰：「善自爲謀。」言獨絜其身，謀不及國。**及其敗戎師也，齊侯又請妻之。**欲以他女妻之。**固辭。人問其故，大子曰：「無事於齊，吾猶不敢。今以君命奔齊之急，而受室以歸，是以師昏也。民其謂我何？」**言必見怪於民。**遂辭諸鄭伯。**假父之命以爲辭，爲十一年鄭忽出奔衛傳。

秋，大閲，簡車馬也。

九月，丁卯，子同生。以大子生之禮舉之：接以大牢，大牢，牛、羊、豕也。以禮接夫人，重適也。【疏】注「大牢」至「適也」。正義曰：大牢，牢之大者，三牲牛、羊、豕具爲大牢。《儀禮》少牢饋食之禮以羊、豕爲少牢，以牲多少稱大、少也。《詩・公劉》曰：「執豕于牢。」《周禮・充人》：「掌繫祭祀之牲牷。祀五帝，則繫于牢，芻之三月。」是牢者養牲之處，故因以爲名。鄭玄《詩》箋云「繫養曰牢」，是其義也。《禮記・内則》曰：「國君世子生，告于君，接以大牢。」文在「三日負子」之上，則三日之内接之矣。記云：「凡接子擇日。」鄭云：「雖三日之内，必選其吉焉。」是三日之内擇日接之。爲子接母，故記稱「接子」。此傳「舉之」之下，即云「接以大牢」，亦以接子爲文。其實接母，故云：「以禮接夫人，重適也。」鄭玄云：「接，讀爲捷。捷，勝也，謂食其母，使補虛强氣也。」此言以禮接之，則與鄭異也。《内則》又云：接子，「庶人特豚，士特豕，大夫少牢，國君世子大牢」。其非冢子，則皆降一等。❶**卜士負之，士妻食之，**禮，世子生三日，卜士負之，射人以桑弧蓬矢射四方，❷卜士之妻爲乳母。【疏】注「禮世」至「乳母」。正義曰：「四方」以上，皆《内則》文也。《内則》又云：「卜士之妻，大夫之妾，使食子。」食謂乳也，故以乳母言之。鄭玄云：「桑弧蓬矢，本大古也。天地四方，男子所有事也。」士妻、大夫之妾，謂時自有子者。定本直云「射四方」，無「天地」。案《禮》云「桑弧蓬矢六」，今無「天地」，誤也。賈逵云：「桑者，木中之衆，蓬者，草中之亂，取其長大統衆而治亂。」**公與文姜、宗婦命之。**世子生三月，君夫人沐浴於外寢，立於阼階，西鄉。世婦抱子升自西階，君命之，乃降。蓋同宗之婦。【疏】注「世子」至「之婦」。正義曰：「乃降」以上，皆《内則》文也。鄭玄云：「子升自西階，則人君見世子於路寢也，見妾子就側室，凡子生皆就側室。」以其生於側室，見於路寢，故從外而升階也。襄二年葬齊姜，傳曰：「齊侯使諸姜宗婦來送葬。」諸姜是同姓之女，知宗婦是同宗之婦也。公與夫人共命之，故使宗婦侍夫人。

公問名於申繻。對曰：「名有五，有信，有義，有象，有假，有類。申繻，魯大夫。**以名生爲**

---

❶「一」，文淵閣本、阮本無此字。

❷「四」上，《經典釋文》、足利學本、文淵閣本、阮本有「天地」二字。阮校：「宋本、淳熙本、足利本無『天地』二字，與定本合。孔沖遠云：今『天地』，無誤也。」

信，❶若唐叔虞、魯公子友。**以德命爲義，**❷若文王名昌，武王名發。【疏】注「若文」至「名發」。 正義曰：《周本紀》稱：大王見季歷「生昌，有聖瑞」，乃言曰：「我世當有興者，其在昌乎？」則是大王見其有瑞，度其當興，故名之曰昌，欲令昌盛周也。其度德命發，則無以言之。服虔云：「謂若大王度德命文王曰昌，文王命武王曰發。」似其有舊説也。舊説以爲「文王見武王之生，以爲必發兵誅暴，故名曰發」。**以類命爲象，**若孔子首象尼丘。【疏】注「若孔」至「尼丘」。 正義曰：《孔子世家》云：叔梁紇與顔氏禱於尼丘，得孔子。孔子生而首上汙頂，❸故因名曰丘，字仲尼。是其象尼丘也。**取於物爲假，**若伯魚生，人有饋之魚，因名之曰鯉。【疏】注「若伯」至「曰鯉」。 正義曰：《家語·本姓篇》云：孔子年十九娶於宋并官氏，❹一歲而生伯魚。伯魚生，魯昭公以鯉魚賜孔子，孔子榮君之賜，因名子曰鯉，字伯魚。此注不言昭公賜而云人有饋之者，如《家語》，則伯魚之生，當昭公九年。昭公庸君，孔子尚少，未必能尊重聖人，禮其生子。取其意而遺其人，疑其非昭公故。**取於父爲類。**若子同生，有與父同者。**不以國，**國君之子，不自以本國爲名也。【疏】注「國君」至「名也」。 正義曰：下云「以國則廢名」，以國不可易，須廢名不諱。若以他國爲名，則不須自廢名也。且春秋之世，晉侯

---

❶「名生」，阮校：「《論衡·詰術篇》『生』字在『名』字上。按：以生名、以德名、以類名，語言一例，《論衡》爲長。」

❷「德命」，阮校：「《論衡》作『德名』。案：『命』、『名』古同聲同義。」

❸「汙頂」，阮校：「案：《史記·孔子世家》作『圩頂』，索隱謂：圩音烏，窊也，故孔子頂若反宇。」

❹「并官氏」，阮校：「監本、毛本作『开』。宋本作『幵』。段玉裁云：作『幵』，與漢禮器碑合。」

周、衛侯鄭、陳侯吴、衛侯晉之徒，皆以他國爲名。以此知不以國者，謂國君之子不得自以本國爲名。不以山川者，亦謂國内之山川。下云「以山川則廢主」，謂廢國内之所主祭也。若他國山川，則非其主，不須廢也。此雖因公之問而對以此法，《曲禮》亦云：「名子者，不以國，不以日月，不以隱疾，不以山川。」則諸言「不以」者，臣民亦不得以也。此注以其言國，故特云國君子耳，其實雖非國君之子，亦不得以國爲名。其言廢名、廢禮之徒，唯謂國君之子，若使臣民之名，國家不爲之廢也。然則臣民之名，亦不以山川。而孔子魯人，尼丘，魯山，得以丘爲名者，蓋以其有象，故特以類命，非常例也。**不以官，不以山川，不以隱疾，**隱，痛。疾，患。辟不祥也。

【疏】注「隱痛」至「祥也」。　正義曰：鄭玄云：「隱疾，衣中之疾也。」謂若黑臀、黑肱矣。疾在外者，雖不得言，尚可指擿。❶此則無時可辟。俗語云：『隱疾難爲醫。』」案《周語》單襄公曰：「吾聞成公之生也，其母夢神規其臀以黑，曰『使有晉國』，故命之曰『黑臀』。」此與叔虞、季友復何以異而云不得名也？且黑臀、黑肱本非疾病，以證隱疾，非其類矣。《詩》稱「如有隱憂」，是隱爲痛也。以痛疾爲名，則不祥之甚，故以爲辟不祥。**不以畜牲，**畜牲，六畜。【疏】注「畜牲六畜」。　正義曰：《爾雅·釋畜》於馬、牛、羊、豕、狗、雞之下，題曰六畜，故鄭衆、服虔皆以六畜爲馬、牛、羊、豕、犬、雞。《周禮·牧人》「掌牧六牲」，鄭玄亦以馬、牛等六者爲之。❷然則畜牲一物，養之則爲畜，共用則爲牲，故并以六畜解六牲。**不以器幣。**幣，玉帛。【疏】注「幣玉帛」。　正義曰：《周禮·小

---

❶「擿」，阮本作「摘」。

❷「爲」，阮校：「浦鏜《正誤》：『爲』疑『當』字誤。」

行人》：「合六幣，圭以馬，璋以皮，璧以帛，琮以錦，琥以繡，璜以黼。」然則「幣，玉帛」者，謂此圭、璋、璧、琮、帛、錦、繡、黼之屬也。以幣爲玉帛，則器者非徒玉器。服虔以爲俎豆、罍彝、犧象之屬，皆不可以爲名也。**周人以諱事神，名終將諱之。**君父之名，固非臣子所斥。然禮既卒哭，以木鐸徇曰：「舍故而諱新！」謂舍親盡之祖而諱新死者，故言「以諱事神，名終將諱之」。自父至高祖，皆不敢斥言。【疏】「周人」至「諱之」。正義曰：自殷以往，未有諱法。諱始於周，周人尊神之故，爲之諱名，以此諱法敬事明神，故言「周人以諱事神」。子生三月，爲之立名，終久必將諱之，故須豫有所辟，爲下諸廢張本也。「終將諱之」，謂死後乃諱之。注「君父」至「斥言」。正義曰：「君父之名，固非臣子所斥」，謂君父生存之時，臣子不得指斥其名也。禮稱「父前子名，君前臣名」，鄭玄云：「對至尊，無大小皆相名。」是對父，則弟可以名兄，對君，則子可以名父，非此則不可也。文十四年傳曰：「齊公子元不順懿公之爲政也，終不曰『公』，曰『夫己氏』。」注云：「猶言某甲。」是斥君名也。彼以不順，故斥其名，知平常不斥君也。成十六年傳曰：「欒書將載晉侯，鍼曰：『書退，國有大任，焉得專之？』」注云：「在君前，故子名其父。」彼以對君，故名其父，知平常不斥父也。雖不斥其名，猶未是爲諱。《曲禮》曰：「卒哭乃諱。」鄭玄云：「敬鬼神之名也。諱，辟也。生者不相辟名。衛侯名惡，大夫有石惡，君臣同名，《春秋》不非。」是其未爲之諱，故得與君同名。但言及於君，則不斥君名耳。既言生已不斥，死復爲之加諱，欲表爲諱之節，故言然以形之。禮既卒哭，以木鐸徇曰：「舍故而諱新！」自寢門至於庫門。皆《禮記・檀弓》文也。既引其文，更解其意，謂舍親盡之祖而諱新死者也。親盡，謂高祖之父，服絶廟毁而親情盡也。卒哭之後，則以鬼神事之，故言「以諱事神」。又解「終將諱之」所諱世數，自父上至高祖皆不敢斥言，此謂天子諸侯禮也。《曲禮》曰：「逮事父母，則諱王父母。不逮事父母，則不諱王父母。」鄭玄云：「此謂庶人。適士以上廟事祖，雖不逮事父母，猶諱祖。」以其立廟事之，無容不爲之諱也。天子諸侯立親廟四，故高祖以下皆爲諱，親盡乃舍之。既言以諱事神，則是神名必諱。文王名昌，武王名發。《詩・雝》禘大祖，祭文王之廟也，其經曰：「克昌厥後。」周公制禮，《醢人》有「昌本」之菹。《七月》之詩，周公所作，經曰：「一之日觱發。」《烝民》詩曰：「四方爰發。」皆不以爲諱而得言之者，古人諱者，臨時言語有所辟耳，至於制作經典，則直言不諱。《曲禮》曰：「詩書不諱，臨文不諱。」是爲詩爲書不辟諱也。由作詩不諱，故祭得歌之。《尚書・牧誓》云「今予發」，《武成》云「周王發」。武王稱名告衆，史官録而不諱，知於法不當諱也。《金縢》云「元孫某」，獨諱者，成王啓金縢之書，親自讀之，諱其父名，口改爲「某」。既讀之後，史官始録，依王所讀，遂即云「某」。《武成》、《牧誓》則宣諸衆人，宣訖即録，❶故因而不改也。古者諱名不諱字，禮以王父字爲氏，明其不得諱也。屈原云：「朕皇考曰伯庸。」是不諱之驗也。**故以國則廢名**，國不可易，故廢名。【疏】注「國不」至「廢名」。　正義曰：國名受之天子，不可輒易。若以國爲名，終卒之後，則廢名不諱。若未卒之前，誤以本國爲名，則改其所名。晉之先君唐叔封唐，燮父稱晉。若國不可易而晉得改者，蓋王命使改之。**以官則廢職，以山川則廢主**，改其山川之名。【疏】注「改其山川之名」。　正義曰：廢主，謂廢其所主山川之名，不廢其所主之祭。知者，漢文帝諱恒，改北嶽爲常山，諱名不廢嶽是也。劉炫云：「廢主，謂廢其所主山川，不復更得共祀，❷故須改其山川之名。魯改二山，是其事也。」**以畜牲則廢祀**，名

❶「即」，阮本作「則」。

❷「共」，文淵閣本、阮本作「其」。

豬則廢豬，名羊則廢羊。以器幣則廢禮。【疏】「廢祀廢禮」。❶ 正義曰：祀以牲爲主，無牲則祀廢。器幣以行禮，器少則禮闕。祀雖用器，少一器而祀不廢，且諸禮皆用器幣，故以廢禮揔之。**晉以僖侯廢司徒，**僖侯名司徒，廢爲中軍。**宋以武公廢司空，**武公名司空，廢爲司城。**先君獻、武廢二山，**二山，具、敖也。魯獻公名具，武公名敖，更以其鄉名山。❷【疏】注「二山」至「名山」。 正義曰：《晉語》云：「范獻子聘於魯，問具、敖之山，魯人以其鄉對。獻子曰：『不爲具、敖乎？』對曰：『先君獻、武之諱也。』」是其以鄉名山也。《禮》稱「舍故而諱新」，親盡不復更諱。計獻子聘魯在昭公之世，獻、武之諱久已舍矣，而尚以鄉對者，當諱之時改其山號，諱雖已舍，山不復名，故依本改名，以其鄉對。猶司徒、司空，雖歷世多而不復故名也。然獻子言之不爲失禮，而云「名其二諱以自尤」者，禮，入國而問禁，入門而問諱。獻子入魯不問，故以之爲慙耳。**是以大物不可以命。」公曰：「是其生也，與吾同物。」命之曰同。**物，類也。謂同日。【疏】注「物類也謂同日」。 正義曰：《魯世家》云：「桓公六年，夫人生子，與桓公同日，故名之曰同。」是知同物爲同日也。言「物，類」者，辨此以爲類命也。

冬，紀侯來朝，請王命以求成于齊。公告不能。紀微弱，不能自通於天子，欲因公以請王命。公無寵於王，故告不能。

---

❶「疏廢祀廢禮」，阮本此節正義在注「廢爲中軍」下。

❷「名山」，阮校：「足利本後人記云：『名山』下，異本有『者也』二字。」

春秋左傳正義卷第七　桓公

國子祭酒上護軍曲阜縣
開國子臣孔穎達等奉敕撰

【經】七年，春，二月，己亥，焚咸丘。無傳。焚，火田也。咸丘，魯地。高平鉅野縣南有咸亭。❶譏盡物，故書。【疏】注「焚火」至「故書」。　正義曰：咸丘，地名。以火焚地，明爲田獵，故知焚是火田也。不言蒐狩者，以火田非蒐狩之法，而直書其焚，以譏其盡物也。《釋例》曰：「咸丘，魯地，非蒐狩常處，經不言蒐狩，但稱『焚咸丘』，言火田盡物，非蒐狩之義。」是言火田非狩法，故不書狩。狩既非法，雖得地亦譏，不復譏其失地也。❷咸丘，知地亦非也。《禮記・王制》云：「昆蟲未蟄，不以火田。」則是已蟄得火田也。又《爾雅・釋天》云：「火田爲狩。」似法得火田，而譏其焚者，説《爾雅》者李巡、孫炎皆云「放火燒草，守其下風」。《周禮・羅氏》「蜡則作羅襦」，鄭云：「襦，細密之羅。」此時蟄者畢矣，可以羅罔圍取禽也。今俗放火張羅，其遺教。」然則彼火田者，直

---

❶「南有咸亭」，阮校：「《續漢・郡國志》作『西有咸亭』。」

❷「也」，正宗寺本、文淵閣本、阮本作「地」，屬下，義爲長。

焚其一叢一聚，羅守下風，非謂焚其一澤也。禮，天子不合圍，諸侯不掩羣。尚不盡取一羣，豈容并焚一澤？知其譏盡物，故書也。沈氏以《周禮》仲春火弊，謂夏之仲春，今周之二月，乃夏之季冬，故譏其盡物，義亦通也。

夏，穀伯綏來朝。鄧侯吾離來朝。不揔稱朝者，各自行朝禮也。穀國在南鄉筑陽縣北。

【傳】七年，春，穀伯、鄧侯來朝。名，賤之也。辟陋小國，賤之。禮不足，故書名。以春來，夏乃行朝禮，故經書夏。**【疏】**注「辟陋」至「書夏」。正義曰：傳直云「賤之」，不言賤意。以穀、鄧是南方諸侯，近楚小國，明以辟陋小國，故賤之也。賤之者，以其朝禮不足，故書名也。《曲禮》云：「諸侯不生名。」今生書其名，欲比之附庸，但實非附庸，故仍書其爵。介葛盧言來不言朝，全不能行朝禮，此則行朝禮，但禮不足耳。傳在春，經在夏，經書實朝之日，故春來，至夏乃書之。《世本》：「鄧爲曼姓。」莊十六年，楚文王滅之。穀則不知何姓，是誰滅之。服注云：「穀、鄧密邇於楚，不親仁善鄰以自固，卒爲楚所滅。無同好之救，桓又有弑賢兄之惡，故賤而名之。」衛冀隆難杜云：「傳曰：『要結外援，好事鄰國，以衛社稷。』又云：『服於有禮，社稷之衛。』穀、鄧在南，地屬衡岳，以越棄彊楚，遠朝惡人，卒至滅亡，故書名以賤之。杜駁論先儒，自謂一凖丘明之傳，今辟陋之語，傳本無文，杜何所準馮知其辟陋？傳又稱莒之辟陋，而經無貶文，穀、鄧辟陋，何以書名？此杜義不通。」秦道静釋云：「杞桓公來朝，用夷禮，故曰子。杞文公來盟，傳云賤之，明賤其行夷禮也。然則穀、鄧二君，地接荆蠻，來朝書名，明是賤其辟陋也。此則傳有理例，故杜據而言之。若必魯桓惡人，不合朝聘，何以伯糾來聘，譏其父在？仍叔之子，譏其幼弱？又魯班齊饋，《春秋》所善，美魯桓之有禮，責三國之來伐，而言『遠朝惡人』，非其辭也。」

夏，盟、向求成于鄭，既而背之。盟、向，二邑名，隱十一年王以與鄭，故求與鄭成。

秋，鄭人、齊人、衛人伐盟、向。王遷盟、向之民于郟。郟，王城。【疏】注「盟向」至「鄭成」。❶　正義曰：此盟、向之邑必有主據之，言「求成于鄭」，是主求成也。隱十一年，王以與鄭，傳稱王不能有。然則鄭雖得之，亦不能有，故今始求成。既而背之，是背鄭歸王，故王遷于郟。若主不歸王，則王無由得遷之也。

冬，曲沃伯誘晉小子侯殺之。曲沃伯，武公也。小子侯，哀侯子。

【經】八年，春，正月，己卯，烝。無傳。此夏之仲月，非爲過而書者，爲下五月復烝見瀆也。例在五年。【疏】「春正月己卯烝」。　正義曰：衛氏難杜云：「上五年閉蟄而烝，謂十月，此正月烝，則是過時而烝。《春秋》有一貶而起二事者，若武氏子來求賻，一責天王求賻，二責魯之不共。此正月烝，一責過時，二責見瀆，何爲不可？」而云非爲過時者，秦氏釋云：「案《周禮》四時之祭，皆用四仲之月。此正月則夏之仲冬，何爲不得烝，而云過時也？又傳無過時之文，明知直爲再烝而瀆也。」

天王使家父來聘。無傳。家父，天子大夫。家，氏。父，字。

夏，五月，丁丑，烝。無傳。

---

❶「注盟向至鄭成」，阮本此節正義在注「故求與鄭成」下。

秋，伐邾。無傳。

冬，十月，雨雪。無傳。今八月也，書時失。

祭公來，遂逆王后于紀。祭公，諸侯爲天子三公者。王使魯主昏，故祭公來受命而迎也。天子無外，故因稱王后。卿不書，舉重略輕。【疏】注「祭公」至「略輕」。正義曰：隱元年云「祭伯」，今而稱「公」，知其爲天子三公。《公羊》亦云：「祭公者何？天子之三公也。」從周向紀，不由魯國。縱令因使過魯，自當假道而去，不須言來也。凡言遂者，因上事生下事之辭。既書其來，又言遂逆，是先來見魯君，然後向紀，知王使魯主昏，故祭公來受魯命而往迎也。凡昏姻，皆賓主敵體相對行禮。天子嫁女於諸侯，使諸侯爲主，令與夫家爲禮。天子聘后於諸侯，亦使諸侯爲主，令與后家爲禮。嫁女，則送女於魯，令魯嫁女與人。迎后，則令魯爲主，使魯遣使往逆，故祭公受魯命也。嫁王女者，王姬至魯，而後至夫家。其王后昏，后不來至魯者，以王姬至魯，待夫家之逆以爲禮，故須至魯，后則王命已成，於魯無事，故即歸京師。於逆稱「王后」，舉其得王之命，后禮已成。於歸稱「季姜」，申父母之尊，言子尊不加於父母。從父母之家而將歸於王，據父母之家爲文，故於歸申父母之尊也。公不獨行，必有卿從。卿不書，舉重略輕也。知非卿不行者，以傳云「禮也」。《釋例》曰：「襄十五年，劉夏逆王后于齊。傳曰：『卿不行，非禮也。』知祭公如紀時亦有卿，卿不書，舉重略輕。猶鞌、邲之戰，唯書郤克、林父。此天子使公卿之文。」是杜約彼文，知公行必卿從也。《異義》：「《公羊》說：天子至庶人，皆親迎。《左氏》說：王者至尊，無敵體之義，不親迎。」鄭玄駮之曰：「文王親迎於渭濱，即天子親迎也。天子雖尊，其於后則夫婦也，夫婦判合，禮同一體，所謂無敵，豈施於此哉？《禮記》哀公問曰：『冕而親迎，不已重乎？』孔子對曰：『合二姓之好，以繼先聖之後，以爲天地宗廟社稷之主，君何謂已重乎？』此言繼先聖之後，爲天地之主，非天子則誰乎？」是鄭以天子當親迎也。此注之意，猶以爲天子不親迎者，以此時祭公迎后，傳言「禮也」，劉夏逆后，譏「卿不行」，皆不譏王不親行，明是王不當親也。❶文王之迎大姒，身爲公子，迎在殷世，未可據此以爲天子禮也。孔子之對哀公，自論魯國之法。魯，周公之後，得郊祀上帝，故以先聖天地爲言耳，其意非説天子禮也。且鄭玄注《禮》，自以「先聖」爲「周公」，及駁《異義》則以爲「天子」，二三其德，自無定矣。

【傳】八年，春，滅翼。曲沃滅之。

隨少師有寵，楚鬭伯比曰：「可矣！讎有釁，不可失也。」釁，瑕隙也。無德者寵，國之釁也。**夏，楚子合諸侯于沈鹿。**沈鹿，楚地。**黄、隨不會。**黄國，今弋陽縣。**使薳章讓黄。**責其不會。**楚子伐隨，軍於漢、淮之間。季梁請下之：「弗許而後戰，**下之，請服也。**所以怒我而怠寇也。」少師謂隨侯曰：「必速戰！不然，將失楚師。」❷隨侯禦之，望楚師。**遥見楚師。**季梁曰：「楚人上左，君必左。**君，楚君也。**無與王遇，且攻其右，右無良焉，必敗。偏敗，衆乃攜矣。」少師曰：「不當王，非敵**

❶「親」下，阮校：「浦鏜《正誤》云：當脱『迎』字。」

❷「師」，《經典釋文》：「一本無『師』字。」

也。」弗從。不從季梁謀。❶**戰于速杞，隨師敗績。隨侯逸，**速杞，隨地。逸，逃也。**鬬丹獲其戎車，與其戎右少師。**鬬丹，楚大夫。戎車，君所乘兵車也。戎右，車右也。寵之，故以爲右。

秋，隨及楚平。楚子將不許，鬬伯比曰：「天去其疾矣，去疾，謂少師見獲而死。**隨未可克也。」乃盟而還。**【疏】「漢淮之間」。❷ 正義曰：漢、淮，二水名。漢、淮之間，漢北、淮南。《禹貢》云：「嶓冢導漾，東流爲漢。又東爲滄浪之水，過三澨，至于大別，南入于江。」孔安國云：「泉始出山爲漾水，東南流爲沔水，至漢中東行爲漢水。」《釋例》曰：「漢，一名沔水，出武都沮縣，東經漢中、魏興至南陽，東南經襄陽，至江夏安陸縣入江。」《禹貢》又云：「導淮自桐柏，東會于泗、沂，東入于海。」《釋例》曰：「淮出義陽平氏縣桐柏山，東北經汝陰、淮南、譙國、沛國、下邳，至廣陵縣入海也。」

冬，王命虢仲立晉哀侯之弟緡于晉。虢仲，王卿士虢公林父。

祭公來，遂逆王后于紀。禮也。天子娶於諸侯，使同姓諸侯爲之主。祭公來受命於魯，故曰「禮」。

---

❶「謀」，阮校：「淳熙本作『戰』。」

❷「漢淮之間」，阮本此節正義在注「下之請服也」下。

【經】九年，春，紀季姜歸于京師。季姜，桓王后也。季，字。姜，紀姓也。書字者，伸父母之尊。❶【疏】注「季姜」至「之尊」。　正義曰：時當桓王，故云「桓王后」也。《公羊傳》曰：「其稱紀季姜何？自我言紀，父母之於子，雖爲天王后，猶曰吾季姜。」是申父母之尊也。《公羊》又曰：「京師者何？天子之居也。京者何？大也。師者何？衆也。天子之居，必以衆大之辭言之。」

夏，四月。

秋，七月。

冬，曹伯使其世子射姑來朝。曹伯有疾，故使其子來朝。【疏】注「曹伯」至「來朝」。　正義曰：朝禮當君自親行，不應使大子也。當享而大子歎，明年而曹伯卒，知其有疾，故使大子來朝也。大子不合稱朝，攝行父事，故言朝也。諸經稱「世子」及「衛世叔申」，經作「世」字，傳皆爲「大」，然則古者「世」之與「大」，字義通也。

【傳】九年，春，紀季姜歸于京師。凡諸侯之女行，唯王后書。爲書婦人行例也。適諸侯，雖告魯，猶不書。

巴子使韓服告于楚，請與鄧爲好。韓服，巴行人。巴國，在巴郡江州縣。**楚子使道朔將巴客以聘於鄧。**道朔，楚大夫。巴客，韓服。**鄧南鄙鄾人攻而奪之幣，**鄾，在今鄧縣南，沔水之北。**殺**

---

❶「伸」，正義作「申」。

道朔及巴行人。楚子使薳章讓於鄧，鄧人弗受。言非鄾人所攻。**夏，楚使鬭廉帥師及巴師圍鄾。**鬭廉，楚大夫。**鄧養甥、聃甥帥師救鄾，三逐巴師，不克。**二甥，皆鄧大夫。**鬭廉衡陳其師於巴師之中，以戰，而北。**衡，横也。分巴師爲二部，鬭廉横陳於其間，以與鄧師戰，而僞北。北，走也。**鄧人逐之，背巴師，而夾攻之。**楚師僞走，鄧師逐之。背巴師，巴師攻之，楚師自前還與戰。**鄧師大敗，鄾人宵潰。**宵，夜也。【疏】注「韓服」至「州縣」。❶　正義曰：以巴所使，故言巴行人。行人謂使人也。《地理志》：巴郡，故巴國，江州是其治下縣也。昭十三年，楚共王「與巴姬埋璧」，則巴國姬姓也。此年見傳，文十六年與秦、楚滅庸，以後不見，蓋楚滅之。「三逐巴師不克」。❷　正義曰：三逐巴師，謂鄧師逐巴師也。不克，謂楚、巴不能克鄧，故鬭廉設權以誘之。

秋，虢仲、芮伯、梁伯、荀侯、❸賈伯伐曲沃。梁國在馮翊夏陽縣。荀、賈皆國名。【疏】注「梁國」至「國名」。　正義曰：《地理志》云：馮翊夏陽縣，「故少梁」也。是梁在夏陽也。僖十七年傳曰：「惠公之在梁也，梁伯妻之。梁嬴孕，過期。」既以國配嬴，則梁爲嬴姓。《世本》：「荀、賈皆姬姓。」僖十九年，秦人滅梁。荀、賈不知誰滅之。晉大夫有荀氏、賈氏，蓋晉滅之以賜大夫。

---

❶「注韓服至州縣」，阮本此節正義在注「在巴郡江州縣」下。

❷「三逐巴師不克」，阮本此節正義在注「二甥皆鄧大夫」下。

❸「荀侯」，阮校：「陳樹華云：應卲《班叔皮北征賦》注引作『郇侯』，《漢書·地里志》同。」今案：李善注引應劭曰：「《左傳》云『畢、原、酆、郇，文之昭也』，『郇侯、賈伯伐晉』，是也。」

冬，曹大子來朝。賓之以上卿，禮也。諸侯之適子，未誓於天子而攝其君，❶則以皮帛繼子、男，故賓之以上卿，各當其國之上卿。**享曹大子。初獻，樂奏而歎。**酒始獻。**施父曰：「曹大子其有憂乎？非歎所也。」**施父，魯大夫。【疏】注「諸侯」至「上卿」。❷　正義曰：「繼子、男」以上，皆《周禮・典命》職文也。鄭玄云：「誓猶命也。言誓者，明天子既命以爲之嗣，樹子不易也。」《釋例》曰：「《周禮》：『諸侯之適子，誓於天子，則下其君禮一等。未誓，則以皮帛繼子、男。』此謂公、侯、伯、子、男之世子出會朝聘之儀也。誓者，告於天子，正以爲世子受天子報命者也。未誓，謂在國正之，而未告天子者也。曹之世子未誓而來，故賓之以上卿，謂比於諸侯之上卿，繼子、男之末，命數相準故也。」是言曹大子由未誓之故，賓之以上卿，謂以賓客待之，同上卿之禮也。卿禮，飧饔積膳之數，《掌客》、《聘禮》略有其事。傳不言未誓，知曹大子必未誓者，若誓，則下其君一等而已。侯、伯之子當如子、男，不得徒以上卿之禮待之也。《釋例》揔論世子，故言比於諸侯之上卿，此指説曹國，故分明辨之，云各如其國之上卿。僖二十九年傳曰：「在禮，卿不會公侯，會伯、子、男可也。」昭二十三年傳曰：「列國之卿，當小國之君，固周制也。」然則小國之君，乃當大國之卿。小國之世子，必不得當大國之卿，故知各如其國之上卿耳。何休《膏肓》以爲《左氏》以人子安處父位，尤非衰世救失之宜，於義《左氏》爲短。鄭箴云：「必如所言，父有老耄罷病，孰當理其政預王事也？」蘇云：「誓於天子，下君一等。未誓，繼子、男，並是降下其君，寧是安居父位？」「非歎所也」。正義曰：服虔云：「古之爲享食，所以觀威儀，省福禍。無喪而

---

❶「君」下，阮校：「山井鼎云：足利本後人記云：異本有『事』字。」

❷「注諸侯至上卿」，阮本此節正義在注「各當其國之上卿」下。

戚，憂必讎焉。今大子臨樂而歎，是父將死而兆先見也。」

【經】十年，春，王正月，庚申，曹伯終生卒。未同盟而赴以名。

夏，五月，葬曹桓公。無傳。

秋，公會衛侯于桃丘，弗遇。無傳。衛侯與公爲會期，中背公，更與齊、鄭，故公獨往而不相遇也。桃丘，衛地。濟北東阿縣東南有桃城。

冬，十有二月，丙午，齊侯、衛侯、鄭伯來戰于郎。改侵伐而書來戰，善魯之用周班，惡三國討有辭。【疏】注「改侵」至「有辭」。正義曰：《周禮・大司馬》：「以九伐之法正邦國，賊賢害民則伐之，負固不服則侵之。」然則侵伐者，師旅討罪之名也。魯以周禮爲班，則魯有禮矣。三國伐有禮，是討有辭矣。《春秋》善魯之用周班，不使三國得伐之，故改侵伐而書來戰，言若三國自來戰，而魯人不與戰也。《釋例》曰：「齊侯、衛侯、鄭伯來戰于郎。夫子善魯人之秉周班，惡三國之伐有禮，故正王爵以表周制，去侵伐以見無罪，此聖人之所以扶獎王室，敦崇大教，故詭常例以特見之。」❶是其義也。

【傳】十年，春，曹桓公卒。終施父之言。

---

❶「詭」，文淵閣本、阮本作「改」。

虢仲譖其大夫詹父於王。虢仲，王卿士。詹父，屬大夫。**詹父有辭，以王師伐虢。夏，虢公出奔虞。**虞國，在河東大陽縣。【疏】注「虢仲」至「大夫」。❶　正義曰：《周禮》每卿之下，皆有大夫。傳言「譖其大夫」，知是屬己之大夫，非虢大夫者，若虢國大夫，虢仲自得加罪，無爲譖之於王。且其若是虢人，不得以王師伐虢故也。　注「虞國」至「陽縣」。　正義曰：《譜》云：「虞，姬姓也。周大王之子，大伯之弟仲雍，是爲虞仲，嗣大伯之後。武王克商，封虞仲之庶孫以爲虞仲之後，處中國爲西吳，後世謂之虞公。僖五年晉滅之。」《地理志》：「河東大陽縣，周武王封大伯後於此，是爲虞公。」《志》言大伯後者，以仲雍嗣大伯故也。

秋，秦人納芮伯萬于芮。四年圍魏所執者。

初，虞叔有玉，虞叔，虞公之弟。**虞公求旃。**旃，之也。**弗獻。既而悔之，曰：「周諺有之：❷『匹夫無罪，懷璧其罪。』**人利其璧，以璧爲罪。**吾焉用此？❸其以賈害也。」**賈，買也。**乃獻之。又求其寶劍。叔曰：「是無厭也。無厭，將及我。」**將殺我。**遂伐虞公，故虞公出奔共池。**共池，地名，闕。【疏】注「虞叔虞公之弟」。❹　正義曰：祭叔既爲祭公之弟，知虞叔亦是虞公之弟。　「匹夫無罪」。❺　正

---

❶「注虢仲至大夫」，阮本此節正義在注「詹父屬大夫」下。

❷「周諺有之」，阮校：「《文選》李善《鷦鷯賦》注引作『周在有言』。」按：《文選》注「在」實作「任」。

❸「吾焉用此其以賈害也」，阮校：「《文選》李善《鷦鷯賦》注引傳文作『吾焉用之以賈其害』。」

❹「注虞叔虞公之弟」，阮本此節正義在注「虞叔虞公之弟」下。

❺「匹夫無罪」，阮本此節正義在注「人利其璧以璧爲罪」下。

義曰：士大夫以上則有妾媵，庶人唯夫妻相匹，其名既定，雖單亦通，故書傳通謂之匹夫匹婦也。

冬，齊、衛、鄭來戰于郎，我有辭也。初，北戎病齊，在六年。諸侯救之。鄭公子忽有功焉。齊人餼諸侯，使魯次之。魯以周班後鄭，鄭人怒，請師於齊。齊人以衛師助之，故不稱侵伐。不稱侵伐，而以戰爲文，明魯直，諸侯曲，故言「我有辭」，以禮自釋，交綏而退，無敗績。**先書齊、衛，王爵也。**鄭主兵而序齊、衛下者，以王爵次之也。《春秋》所以見魯猶秉周禮。【疏】注「鄭主」至「周禮」。正義曰：傳言先書齊、衛，不合先書，❶當先書鄭也。《春秋》之例，主兵者先書，此則鄭人主兵，鄭宜在先，而先序齊、衛者，王爵齊、衛爲侯，尊於鄭伯，故以王爵尊卑爲序也。不依主兵之例，而以王爵序者，魯班諸侯之戍，以王爵爲次。鄭忽負功懷怒，致有此師，故特改常例，還以王爵次之，見魯猶秉周禮故也。

【經】十有一年，春，正月，齊人、衛人、鄭人盟于惡曹。惡曹，地闕。

夏，五月，癸未，鄭伯寤生卒。同盟於元年，赴以名。

秋，七月，葬鄭莊公。無傳。三月而葬，速。

九月，宋人執鄭祭仲。祭，氏。仲，名。不稱行人，聽迫脅以逐君，罪之也。行人例在襄十一年，《釋例》詳之。【疏】注「祭氏」至「詳之」。正義曰：莊二十五年，陳侯使女叔來聘，傳曰：「嘉之，故不名。」

---

❶「不」上，正宗寺本、文淵閣本、阮本有「則齊衛」三字。

是諸侯之卿嘉之乃不名，則於法當書名。祭仲行無可嘉，知仲非其字，故云「祭，氏。仲，名」也。祭仲，鄭卿，而至宋見執，必是行至宋也。行使被執，例稱行人，此當云「執鄭行人」。而不稱行人者，聽宋迫脅以逐出其君，罪之，故不稱行人。昭八年，楚人執陳行人干徵師殺之。傳曰：「罪不在行人也。」以罪不在，則稱行人，知祭仲罪在其身，故去行人也。《釋例》曰：「祭仲之如宋，非會非聘，與於見誘，而以行人應命，不能死節，挾僞以篡其君，故經不稱行人以罪之。」是説罪仲之意。襄十一年，「楚人執鄭行人良霄」，傳曰：「書曰『行人』，言使人也。」是變例也。傳稱「誘祭仲而執之」，則本非行人，故經不言。杜必知以行人應命，罪之，故不稱行人者，祭仲若不至宋，宋人何得執之？既往至宋，即是因事而行，亦既因事而行，便爲使人之例。杜以傳文稱誘，故序其本意，言非聘非會，聽宋迫脅，故不稱行人罪之，經與「齊人執鄭詹」文亦何異？劉君以祭仲是字，鄭人嘉之，妄規杜氏。就如劉言，既云罪其逐君，何以嘉而稱字？杜以蕭叔非字，故知祭仲是名仲。既書名爲罪，則不稱行人，是其貶責。劉云「祭仲本非行人」，未知有何所據？

突歸于鄭。突，厲公也。爲宋所納，故曰歸。例在成十八年。不稱公子，從告也。文連祭仲，故不言鄭。【疏】注「突厲」至「言鄭」。正義曰：成十八年傳例曰「諸侯納之曰歸」，知此爲宋所納，故曰歸也。突實公子，而不稱公子，傳無褒貶之例，知從告者之辭，告者不言公子，故不稱也。十五年「許叔入于許」，十七年「蔡季歸于蔡」，皆以字繫國。突不繫鄭者，以文連祭仲，祭仲之上已有鄭字，蒙上鄭文，故不言鄭也。以宋人執仲、納突乃是以事連書，❶故突得蒙上文。其鄭忽奔衛，則鄭人別告，故不連上文。

---

❶ 「以」，正宗寺本、文淵閣本、阮本作「一」，義爲長。

鄭忽出奔衛。忽，昭公也。莊公既葬，不稱爵者，鄭人賤之，以名赴。【疏】注「忽昭」至「名赴」。正義曰：僖九年傳曰：「宋桓公卒，未葬而襄公會諸侯，故曰子。里克殺奚齊于次。書曰『殺其君之子』，未葬也。」彼以未葬故繫父，知既葬則成君。此莊公既葬，則忽成君矣，宜書「鄭伯出奔」，今書忽之名，知鄭人賤之，以名赴也。其賤之意，說在忽之復歸。

柔會宋公、陳侯、蔡叔盟于折。無傳。柔，魯大夫未賜族者。蔡叔，蔡大夫。叔，名也。折，地闕。【疏】注「柔魯」至「地闕」。　正義曰：以柔不稱族，與無駭相類，是無族可稱，知其未賜族也。亦以蔡叔無善可嘉，知叔是名。叔亦無族，蓋亦未賜族也。

公會宋公于夫鐘。❶無傳。夫鐘，郕地。❷

冬，十有二月，公會宋公于闞。無傳。闞，魯地，在東平須昌縣東南。❸

【傳】十一年，春，齊、衛、鄭、宋盟于惡曹。宋不書，經闕。【疏】注「宋不書經闕」。　正義曰：丘明作傳，本以解經，經、傳不同，皆傳是其實，今傳有宋而經無宋，知是經之闕文。宋爲大國，傳處鄭下，是史文舊

---

❶ 「夫鐘」，《四部叢刊》本、阮本作「夫鍾」。阮校：「纂圖本、閩本、監本、毛本改作『夫鐘』，非。」

❷ 「郕」，阮本作「成」。

❸ 「南」下，阮校：《郡國志》引注文有「有闞城」三字。

闕，傳先舉經之所有，乃以闕者實之，故後言宋耳，非謂盟之序列宋在下也。服虔以爲「不書宋，宋後盟」。宋若後盟，盟本無宋，傳不得言齊、衛、鄭、宋爲此盟也。傳之上下，例不虛舉經文，舉此盟者，爲經闕宋故也。

楚屈瑕將盟貳、軫。貳、軫，二國名。**鄖人軍於蒲騷，將與隨、絞、州、蓼伐楚師。**❶鄖國在江夏，雲杜縣東南有鄖城。❷蒲騷，鄖邑。絞，國名。州國，在南郡華容縣東南。蓼國，今義陽棘陽縣東南湖陽城。**莫敖患之。**❸莫敖，楚官名，即屈瑕。**鬭廉曰：「鄖人軍其郊，必不誡，且日虞四邑之至也。**虞，度也。四邑，隨、絞、州、蓼也。邑亦國也。**君次於郊郢，以禦四邑。**君謂屈瑕也。郊郢，楚地。**我以鋭師宵加於鄖。鄖有虞心，而恃其城，**恃近其城。**莫有鬭志。若敗鄖師，四邑必離。」莫敖曰：「盍請濟師於王？」**盍，何不也。濟，益也。**對曰：「師克在和，不在衆。商、周之不敵，君之所聞也。**商，紂也。周，武王也。傳曰：「武王有亂臣十人，❹紂有億兆夷人。」**成軍以出，又何濟焉？」莫敖曰：「卜之。」對曰：「卜以決疑，不疑何卜？」遂敗鄖師於蒲騷，卒盟而還。**卒盟貳、軫。【疏】注「邑亦國也」。❺正義曰：《書》云「欲宅洛邑」，傳每云「敝邑」是也。注「君謂屈瑕也」。正

---

❶「蓼」，阮校：「《釋文》云：『蓼，本或作鄝，同。』陳樹華云：《詩》鄭箋引同。」

❷「鄖城」，阮校：「《釋文》作『溳』，音云，本亦作鄖。《郡國志》引『鄖城』下有『故國』二字。」

❸「莫敖患之」，阮校：「《漢書·五行志》作『莫囂』。顔師古曰：『莫囂，楚官名也。字或作敖。』」

❹「臣」，阮校：「陳樹華云『臣字疑轉寫者所增』，是也。說詳襄二十八年。」

❺「注邑亦國也」，阮本以下正義四節分疏於傳文各節下。

義曰：《禮・坊記》云：「禮，君不稱天，大夫不稱君，恐民之惑也。」然則大夫不得稱君，此謂屈瑕爲君者，楚僭王號，縣尹稱公，故呼卿爲君。大夫正法當呼爲主。昭元年傳醫和謂趙文子曰「主相晉國」，是其事也。祁盈之臣謂祁盈爲君，伯有之臣謂伯有爲公，是家臣稱其主耳。「鄖有虞心」。正義曰：鄖人日虞四邑之至，冀其與己合勢，有虞度外援之心，而又自恃近城，故無鬬志。注「商紂」至「夷人」。正義曰：古文《尚書・泰誓》曰：「受有億兆夷人，離心離德。予有亂臣十人，同心同德。」昭二十四年傳引之云「亦有離德」，已與本小殊，此注引「予」爲「武王」，❶又倒其先後者，便文耳，雖言「傳曰」，非傳本文。劉炫云：欲以證商、周之不敵，故先少而後多，非便文。

鄭昭公之敗北戎也，在六年。**齊人將妻之，昭公辭。祭仲曰：「必取之！君多内寵，子無大援，將不立。三公子，皆君也。」**子突、子亹、子儀之母皆有寵。**弗從。夏，鄭莊公卒。初，祭封人仲足有寵於莊公，**祭，鄭地，陳留長垣縣東北有祭城。封人，守封疆者，因以所守爲氏。**莊公使爲卿。爲公娶鄧曼，生昭公，故祭仲立之。**曼，鄧姓。**宋雍氏女於鄭莊公，曰雍姞，生厲公。**雍氏，姞姓，宋大夫也。以女妻人曰女。**雍氏宗有寵於宋莊公，故誘祭仲而執之，**祭仲之如宋，非會非聘，見誘而以行人應命。**曰：「不立突，將死！」亦執厲公而求賂焉。祭仲與宋人盟，以厲公歸而立之。秋，九**

---

❶「引」，正宗寺本、文淵閣本、阮本作「改」。

月，丁亥，昭公奔衛。己亥，厲公立。【疏】注「祭仲」至「應命」。❶ 正義曰：傳言誘而執之，則祭仲被誘如宋，在宋見執，執不在會，知非會也。被誘而往，知非聘也，直爲見誘而以行人應彼宋命也。行人，謂行往宋耳。劉炫云：「杜欲成不稱行人之義，故以行人言之。」

【經】十有二年，春，正月。

夏，六月，壬寅，公會杞侯、莒子，盟于曲池。曲池，魯地。魯國汶陽縣北有曲水亭。

秋，七月，丁亥，公會宋公、燕人，盟于穀丘。穀丘，宋地。燕人，南燕大夫。

八月，壬辰，陳侯躍卒。無傳。厲公也。十一年與魯大夫盟於折。不書葬，魯不會也。壬辰，七月二十三日，書於八月，從赴。【疏】注「厲公」至「從赴」。 正義曰：躍爲厲公，《世本》文也。莊二十二年傳曰：「陳厲公，蔡出也，故蔡人殺五父而立之。」五父即佗，六年殺佗而厲公立也。《陳世家》以佗與五父爲二人，言「蔡人爲佗殺五父及桓公大子免而立佗，是爲厲公。立七年，大子免之三弟躍、林、杵臼共弑厲公，而躍立，是爲利公。利公立五月卒，林立，是爲莊公」。案傳五父、佗一人，而《世家》以爲二人。案經蔡人殺佗在桓公卒之明年，不得爲佗立七年也。佗以六年見殺，躍以此年始卒，不得爲躍立五月也。既以佗爲厲公，又妄稱躍爲利公，《世本》本無利公，皆是馬遷妄說。束晳言馬遷分一人以爲兩人，以無爲有，謂此事也。壬辰是七月二十三

❶「注祭仲至應命」，阮本此節正義在注「見誘而以行人應命」下。

日，上有七月，書於八月之下，如此類者，注皆謂之日誤。今云「從赴」者，以其終不可通，蓋欲兩解故也。以五年正月甲戌己丑陳侯鮑卒，甲戌非正月之日，而以正月起文，傳言再赴，是赴以正月也。彼以十二月之日爲正月赴魯，知赴者或有以前月之日從後月而赴，故因此以示别意。

公會宋公于虚。虚，宋地。

冬，十有一月，公會宋公于龜。龜，宋地。

丙戌，公會鄭伯，盟于武父。武父，鄭地。陳留濟陽縣東北有武父城。

丙戌，衛侯晉卒。無傳。重書丙戌，非義例，因史成文也。未同盟而赴以名。【疏】注「重書」至「以名」。正義曰：《春秋》之中，唯此重書日，其餘亦應有一日兩事各書日者，但更無其日，不可復知。計赴告之體，本應皆以日告史官，書策復應各書其日，但他國之告，或有詳略，魯史記注多違舊章，致使日與不日無復定準。及其仲尼書經，不以日月褒貶，或略或詳，非此所急，故日月詳略皆依舊文。此重書丙戌，非是義例，以舊史所重，故因史成文耳。

十有二月，及鄭師伐宋。丁未，戰于宋。既書伐宋，又重書戰者，以見宋之無信也。莊十一年傳例曰「皆陳曰戰」。尤其無信，故以獨戰爲文。【疏】注「既書」至「爲文」。正義曰：《春秋》之例，戰不言伐，以其伐可知，故略其文也。伐者，討有罪之辭。言戰又言伐者，皆是罪彼所伐之國。此既書伐宋，又重書戰者，以見宋之無信，言以鐘鼓聲其罪而伐之，彼不服罪，而反與我戰，所以深責之也。莊二十八年，齊人伐衛，衛人及齊人戰，此文亦當如彼，宜云「及宋人戰」，今直言「戰于宋」者，尤其無信，故以獨戰爲文。「皆陳曰戰」，戰是敵辭，不言及宋戰，不使宋得敵也。十年，郎之戰，我有禮，彼無禮，齊、鄭無辭以罪我，不令我與彼敵，彼自獨戰爲文。此戰，我有信而宋無信，我有辭以責宋，不使宋敢敵我，我自獨戰爲文。郎戰我有辭，故言戰不言伐，此戰宋無辭，故言伐不言與宋戰。二者雖文皆獨戰，而義存彼此，俱是善惡有殊，不得相敵故也。

【傳】十二年，夏，盟于曲池。平杞、莒也。隱四年，莒人伐杞，自是遂不平。

公欲平宋、鄭。秋，公及宋公盟于句瀆之丘。句瀆之丘，即穀丘也。宋以立厲公故，多責賂於鄭。鄭人不堪，故不平。**宋成未可知也，故又會于虛。冬，又會于龜。宋公辭平，故與鄭伯盟于武父，**宋公貪鄭賂，故與公三會，而卒辭不與鄭平。**遂帥師而伐宋，戰焉，宋無信也。君子曰：「苟信不繼，盟無益也。**《詩》云：**『君子屢盟，亂是用長。』無信也。」**《詩·小雅》。言無信，故數盟，數盟則情疏，情疏而憾結，❶故云長亂。

楚伐絞，軍其南門。莫敖屈瑕曰：「絞小而輕，輕則寡謀，請無扞采樵者以誘之。」扞，衛也。樵，薪也。**從之。絞人獲三十人。**獲楚人也。**明日，絞人争出，驅楚役徒於山中。楚人坐其北門，而覆諸山下，**坐猶守也。覆，設伏兵而待之。**大敗之，爲城下之盟而還。**城下盟，諸侯所深恥。

【疏】注「城下」至「深恥」。正義曰：宣十五年，楚圍宋，傳稱華元謂子反曰：「敝邑易子而食，析骸以爨。雖然，

❶「而」，阮校：「岳本作『則』。」

城下之盟，有以國斃，不能從也。」寧以國斃，不肯從城下之盟，是其深恥也。必爲深恥者，諸侯當好事四鄰，以衛社稷，相時而動，量力而行。今乃構怨彊敵，兵臨城下，力屈勢沮，求服受盟，是其不知之甚，將爲鄰國所笑，故深恥之。

伐絞之役，楚師分涉於彭。彭水在新城昌魏縣。**羅人欲伐之，使伯嘉諜之，三巡數之。**羅，熊姓國，在宜城縣西山中，後徙南郡枝江縣。伯嘉，羅大夫。諜，伺也。巡，徧也。【疏】注「彭水」至「魏縣」。❶　正義曰：《釋例》云：「彭水出新城昌魏縣，東北至南鄉筑陽縣入漢。」　注「羅熊」至「徧也」。　正義曰：「羅，熊姓」，《世本》文也。《説文》云：❷「諜，軍中反閒也。」謂詐爲敵國之人，入其軍中，伺候間隙，以反報其主，故此訓諜爲伺，而兵書謂之「反間」也。巡，徧也，謂巡遶徧行之。

【經】**十有三年，春，二月，公會紀侯、鄭伯。己巳，及齊侯、宋公、衛侯、燕人戰。齊師、宋師、衛師、燕師敗績。**大崩曰敗績，例在莊十一年。或稱人，或稱師，史異辭也。衛宣公未葬，惠公稱侯以接鄰國，非禮也。【疏】「公會」至「敗績」。　正義曰：傳稱「宋多責賂於鄭，故以紀、魯及齊與宋、衛、燕戰」。然則此戰之興，本由宋、鄭相怨，雖復各連同好，當以宋、鄭爲主。其序紀在鄭上，宋處齊下者，若魯人不與，而鄰

---

❶「注彭水至魏縣」，阮本此節正義在注「彭水在新城昌魏縣」下。

❷「説文云諜」，閩本、監本、毛本、文淵閣本作「諜説文云」。阮本無「諜」字。

國自行，則以主兵爲先。若與魯同行，魯史所記，則當以魯爲主，不得復先主兵，亦既不先主兵，即以大小爲序，故紀先鄭也。宋使齊爲主，猶隱四年州吁伐鄭，使宋爲主，故齊先宋。此以公在會，故不以主兵爲先，尊卑爲序，故紀在鄭先。若然，莊二十六年會宋人、齊人伐徐，杜云：「宋主兵，故序齊上。」彼魯亦在，而先主兵者，彼是魯之微人，所會之國又少，此則公自在會，及所戰之國歷序又多，故不與彼同也。戰稱將，敗稱師，是史策之常法也。史所以然者，師是將之所帥，戰則舉將爲重，敗則羣師盡崩，固當舉師言敗。若其敗還書將，則是將身獨敗，無以見師之大崩，故戰則稱將，敗則稱師，言其衆師盡敗，非獨將身敗也。此燕人謂將也，楚子傷目，故稱楚子敗績，此若云燕人敗績，則是燕將身傷，以此不得不稱師敗。唯莊二十八年「衛人敗績」，違常文耳。注「大崩」至「禮也」。正義曰：言史異辭者，決莊二十八年衛人及齊人戰，衛人敗績也。此敗稱師，而彼敗稱人，是史異辭也。史非一人，立辭自異，非褒貶之例也。此二者於理則師是而人非，但不以爲義，故合各從其本耳。杜以既葬爲成君，雖則踰年，猶待葬訖，故以惠公爲非禮。《釋例》曰：「父雖未葬，喪服在身，踰年則於其國內即位稱君，伐鄭之役，宋公、衛侯是也。《春秋》書魯事，皆踰年即位稱公，不可曠年無君，則知他國亦同。然據父未葬，於其國內雖得伸其尊，若以接鄰國，則違禮失制也。」是言先君未葬，則不得稱爵成君以接鄰國也。杜言違禮失制，禮制亦無明文。案文八年八月天王崩，九年春毛伯來求金，傳曰：「不書王命，未葬也。」彼以踰年未葬，不得稱王命使，是其禮制未可，以此知接鄰國，則違禮制也。

三月，葬衛宣公。 無傳。

夏，大水。 無傳。

秋，七月。

冬，十月。

【傳】十三年，春，楚屈瑕伐羅，鬬伯比送之。還，謂其御曰：「莫敖必敗。舉趾高，心不固矣。」趾，足也。遂見楚子，曰：「必濟師。」難言屈瑕將敗，故以益師諷諫。楚子辭焉。不解其旨，故拒之。入告夫人鄧曼，鄧曼曰：「大夫其非衆之謂，鄧曼，楚武王夫人。言伯比意不在於益衆也。其謂君撫小民以信，訓諸司以德，而威莫敖以刑也。莫敖狃於蒲騷之役，將自用也，狃，忕也。❶蒲騷役在十一年。必小羅。君若不鎮撫，其不設備乎？夫固謂君訓衆而好鎮撫之，撫小民以信也。召諸司而勸之以令德，訓諸司以德也。見莫敖而告諸天之不假易也。諸，之也。言天不借貸慢易之人，威莫敖以刑也。不然，夫豈不知楚師之盡行也？」楚子使賴人追之，不及。賴國在義陽隨縣。賴人，仕於楚者。莫敖使徇于師曰：「諫者有刑！」徇，宣令也。及鄢，❷亂次以濟。鄢水，在襄陽宜城縣入漢。遂無次，且不設備。及羅，羅與盧戎兩軍之，盧戎，南蠻。大敗之。莫敖縊于荒

---

❶「忕」，文淵閣本作「忲」。阮校：「案，『忕』字從心，大聲，諸本誤多一點。唐初《説文》有之，今本《説文》改爲『愧』。聞之段玉裁云。」

❷「及鄢亂次以濟」，阮校：「《釋文》云：本或作『亂次以濟其水』。」

谷。❶羣帥囚于治父，縊，自經也。荒谷、治父，皆楚地。以聽刑。楚子曰：「孤之罪也！」皆免之。

【疏】「大夫」至「行也」。❷　正義曰：大夫伯比言濟衆者，其非益衆之謂也。其此伯比之意，當謂君宜撫慰小人士卒以言信也，教訓諸司長率以令德，而威懼莫敖以刑罰也。「莫敖狃於蒲騷之役」，狃，貫也，貫於蒲騷之得勝，遂恃勝以爲常，將自用其心，不受規諫，必輕小羅國以爲無能。君若不以言辭刑罰鎮重撫慰之，莫敖其將不設備乎？夫謂伯比。伯比之意，固當謂君教訓衆民而好以言辭鎮撫之，召軍之諸司而勸勉之以善德。見莫敖而告之，道上天之意不借貸慢易之人，不使慢易之人得勝，言其必須敬懼也。其意當如此耳。若其不然，此伯比豈不知楚師之盡行也，而更請益師乎？　注「狃忕也」。　正義曰：《説文》云：「狃，狎也」，「忕，習也」。郭璞云：「貫，忕也。」今俗語皆然，則狃、忕皆貫習之義，以貫得勝則輕易前敵，將自用其意，不復持重。　注「鄢水」至「入漢」。❸　正義曰：《釋例》曰：「鄢水出新城沶鄉縣，東南經襄陽，至宜城縣入漢。」

宋多責賂於鄭，立突賂。鄭不堪命，故以紀、魯及齊與宋、衛、燕戰。不書所戰，後也。公後地期而及其戰，故不書所戰之地。

---

❶「荒」，阮校：「《釋文》云：『荒，本或作巟。』陳樹華云：案《説文》，『荒』當作『巟』。按，『巟』當是古本古字，後人改之。」

❷「大夫至行也」，阮本以下正義三節在注「賴人仕於楚者」下。

❸「注鄢水至入漢」，阮本此節正義在注「鄢水在襄陽隨縣」之下。

鄭人來請脩好。【疏】注「公後」至「之地」。❶　正義曰：兩敵將戰，必豫期戰地。公未見紀、鄭，紀、鄭已與齊、宋先設戰期，公不及設期，唯及其戰，故言戰而不書所戰之地，言此地非公所期，故不書也。《釋例》曰：「桓十三年，戰不書所，所者，期戰所在之地也。公會戰而後其期，猶及諸侯，共其成敗，故備書諸國而不書地。成十六年傳曰：『戰之日，齊國佐至於師。』此其類也。然則諸戰書日者，日即從月，計此經當云『二月，己巳，公會紀侯、鄭伯』，今退『己巳』於『鄭伯』之下者，《春秋》之例，公之出會，例多以月，要盟、戰敗，例多以日，故『己巳』之文在『公會紀侯、鄭伯』之下。『十二年，十二月，及鄭師伐宋。丁未，戰于宋』，亦其類也。」服虔云：「下日者，公至而後定戰日。」地之與日，當同時設期，公既不及期地，安得及期日也？劉炫云：「公會紀、鄭，告廟而行，始行即書會也。其戰之日，則戰罷乃告廟。史官雖連并其文，而存其本旨，己巳是戰日，故下日以附戰。」

【經】十有四年，春，正月，公會鄭伯于曹。脩十二年武父之好。以曹地，曹與會。

無冰。無傳。書時失。

夏，五。不書月，闕文。**鄭伯使其弟語來盟。**

秋，八月，壬申，御廩災。御廩，藏公所親耕以奉粢盛之倉也。天火曰災。例在宣十六年。

【疏】注「御廩」至「六年」。　正義曰：傳稱：「御廩災。乙亥，嘗。書不害也。」明嘗之所用，是御廩之所藏也。

❶「注公後至之地」，阮本此節正義在注「故不書所戰之地」下。

《禮記·祭義》云：「天子爲藉千畝，諸侯百畝，躬秉耒，以事天地、山川、社稷、先古，敬之至也。」《穀梁傳》曰：「天子親耕，以共粢盛。王后親蠶，以共祭服。國非無良農工女也，以爲人之所盡，事其祖禰，不若以己所自親者也。」《月令》：「季秋，乃命冢宰藏帝藉之收於神倉。」鄭玄云：「重粢盛之委也。帝藉，所耕千畝也。藏祭祀之穀，故爲神倉。」以此諸文，知御廩藏公所親耕以奉粢盛之倉也。廩即倉之别名。《周禮》廩人爲倉人之長，其職曰：「大祭祀，則共其接盛。」鄭玄云：「接讀爲扱，扱以授舂人。大祭祀之穀，藉田之收藏於神倉者，不以給小用。」是公所親耕之粟，擬共祭祀，藏於倉廩，故謂之御廩。災其屋而不損其穀，故曰「書不害也」。

乙亥，嘗。先其時，亦過也。既戒日致齊，御廩雖災，苟不害嘉穀，則祭不應廢，故書以示法。

【疏】注「先其」至「示法」。正義曰：八月建未，未是始殺，故云「先其時，亦過也」。《周禮·大宰》：祀五帝，「前期十日，帥執事而卜日，遂戒。享先王，亦如之」。鄭玄云：「十日者，容散齋七日，致齋三日。」壬申在乙亥之前三日，是致齋之初日也。既已戒日致齋，御廩雖災，苟其不害嘉穀，有穀可以共祭祀，則祭不應廢，故書以示法也。若害穀，則當廢，不可苟用他穀故也。先時亦過，過則當書。但書過已有成例，故傳指言不害。故沈氏云：「杜以先時亦過，過則當書。傳何以專言不害？此丘明之意，若非先時有災，不害亦書。若非御廩有災，先時亦書，進退明例也。」服虔云：「魯以壬申被災，至乙亥而嘗，不以災害爲恐。」故衛難杜云：「若救之則息，不害嘉穀，則傳當有救火之文，若如宋災，傳舉救火。今直言不害，明知不以災爲害。」杜必爲不害嘉穀者，秦氏答云：「傳所以不載救火者，傳以指釋經文，略舉其要，所以不載救火。至於宋、鄭之災，彼由簡牘備載，詳略不等，不可相難也。」

冬，十有二月，丁巳，齊侯禄父卒。無傳。隱六年盟於艾。

宋人以齊人、蔡人、衛人、陳人伐鄭。❶凡師能左右之曰「以」，例在僖二十六年。

【傳】十四年，春，會于曹。曹人致餼，禮也。熟曰饔，生曰餼。【疏】注「熟曰饔生曰餼」。正義曰：《周禮》外、内饔皆掌割亨之事，亨人給外、内饔之爨亨煑。饔者，煑肉之名，知熟曰饔。哀二十四年傳稱晉人餼臧石牛，以生牛賜之，知生曰餼。又《聘禮》致饔餼五牢，飪一牢，腥二牢，餼二牢。飪是熟肉，腥是生肉，知餼是未殺。鄭玄以爲生牲曰餼，唯《瓠葉》箋云「腥曰餼」，欲以牽爲牽行，故餼爲已殺。非定解也，定解猶以生爲餼。傳諸言餼者，皆致生物於賓也。

夏，鄭子人來尋盟，且脩曹之會。子人即弟語也，其後爲子人氏。

秋，八月，壬申，御廩災。乙亥，嘗。書不害也。災其屋，救之則息，不及穀，故曰「書不害」。

冬，宋人以諸侯伐鄭，報宋之戰也。在十二年。**焚渠門，入，及大逵。**渠門，鄭城門。逵，道方九軌。**伐東郊，取牛首。**東郊，鄭郊。牛首，鄭邑。**以大宮之椽歸，爲盧門之椽。**大宮，鄭祖廟。盧門，宋城門。告伐而不告入、取，故不書。

---

❶「蔡人衛人」，阮校：「《公羊》『衛人』在『蔡人』上。」

【經】十有五年，春，二月，天王使家父來求車。❶

三月，乙未，天王崩。無傳。桓王也。

夏，四月，己巳，葬齊僖公。無傳。

五月，鄭伯突出奔蔡。突既篡立，權不足以自固，又不能倚任祭仲，反與小臣造賊盜之計，故以自奔爲文，罪之也。例在昭三年。【疏】注「突既」至「三年」。　正義曰：凡諸侯出奔，皆被逐而出，非自出也。舊史書臣以逐君，仲尼脩《春秋》，責其不能自固，皆以自奔爲文，以故此注迹突之惡，言其罪之之意。《釋例》曰：「諸侯奔亡，皆迫逐而苟免，非自出也。傳稱衛孫林父、甯殖出其君，名在諸侯之策，此以臣名赴告之文也。仲尼之經更没逐者主名，以自奔爲文，責其不能自安自固，所犯非徒所逐之臣也。」言其所犯處多非徒逐者，獨惡君不能君，故臣亦不臣。臣之逐君，其罪已著，没其臣名，獨見君罪，言罪不純在其臣故也。衛獻公出奔不名，鄭伯突及北燕伯款、蔡侯朱等皆書名者，從彼告辭。故《釋例》曰：「衛赴不以名，而燕赴以名，隨赴而書之，義在彼不在此也。」言責其不能自安自固，自奔即是身罪，名與不名，不復著義，故從告也。昭三年傳曰：「書曰『北燕伯款出奔齊』，罪之也。」是變例也。

鄭世子忽復歸于鄭。忽實居君位，故今還以復其位之例爲文也。稱世子者，忽爲大子，有母氏之寵，宗卿之援，有功於諸侯，此大子之盛者也。而守介節，以失大國之助，知三公子之彊，不從

---

❶ 「家父」，阮校：「《儀禮·士冠禮》注引作『家甫』。」

祭仲之言，脩小善，絜小行，從匹夫之仁，忘社稷之大計，故君子謂之善自爲謀，言不能謀國也。父卒而不能自君，鄭人亦不君之，出則降名以赴，入則逆以大子之禮。始於見逐，終於見殺，三公子更立，亂鄭國者，實忽之由。復歸例在成十八年。【疏】注「忽實」至「八年」。正義曰：成十八年傳曰：「復其位，曰『復歸』。」忽本既居君位，然後出奔，故今還以復位之例爲文也。經言復歸，明是復位之例。注言此者，以忽之出奔，不稱鄭伯，歸言世子，又非君號，非君而稱復歸，嫌其不是復位，故明之。禮，父在稱世子。忽父之喪於今五年，世子非所當稱，故迹其稱之意。鄧曼所生，立爲世子，是有母氏之寵也。宗卿，謂同姓之卿，祭仲之女曰雍姬，則祭仲姬姓，是同宗卿也。救齊敗戎，是有功也。而守介節，謂守瑣瑣狷介之節，不娶齊女也。經書鄭忽出奔，不稱鄭伯，是降名以赴也。今稱世子復歸，是逆以大子之禮也。逆以大子之禮者，以突是庶子，無道出奔，更欲擇君，莫踰於忽，以本是世子，故迎之使還。爲是世子，所以得歸。鄭以世子名告，不以嘗爲君告，時史因其告辭，書曰「世子」，實復本位，書曰「復歸」。而忽之爲君，不能自固，始於見逐，終於見殺，三公子更立爲君，亂鄭國者，實忽之由。《釋例》與此注盡同，其末云「故仲尼因以示義」，言因舊史之文，即稱世子，示鄭人本有不以爲君之義。忽於隱公之世每稱公子，六年稱大子，則救齊之時，已立爲大子故也。

許叔入于許。許叔，莊公弟也。隱十一年，鄭使許大夫奉許叔居許東偏，鄭莊公既卒，乃入居位。許人嘉之，以字告也。叔本不去國，雖稱入，非國逆例。【疏】注「許叔」至「逆例」。正義曰：入者，自外之辭，本其所自之處，言其自許東偏而入于許國，非從外國入也。鄭莊公以十一年卒，許叔今始入者，蓋鄭突不使其復。忽既得位，親仁善鄰，存許以德許人，冀其爲己之援，故此年始得入也。小白、陽生入皆稱名，此叔稱字，故云「許人嘉之，以字告也」。杜知是字者，以蔡季歸於蔡，季子來歸，亦以書字，故知之也。杜以傳例云「凡去其國，國逆而立之，曰入」，嫌此亦爲國逆之例。《釋例》曰：「諸在例外稱入，直是自外入内，記事常辭，義無所取。賈氏雖夫人姜氏之入皆以爲例。由先儒以爲國逆，故言許叔本不去國，非國逆之正例。」國逆正例，據去國而來。許叔本非去國，故云「非國逆例」。其實許始復國，許叔得還，上下交歡，同心迎逆，指其實事，有國逆之理，故於《釋例》云許叔有國逆之文，但非國逆正例耳。劉君不達此旨，妄規杜失，非也。

公會齊侯于艾。

邾人、牟人、葛人來朝。無傳。三人皆附庸之世子也，其君應稱名，故其子降稱人。牟國，今泰山牟縣。葛國在梁國寧陵縣東北。【疏】注「三人」至「東北」。　正義曰：三國俱稱人，合行禮，知其尊卑同也。以邾子未得王命，知牟、葛之等是附庸。郳犂來來朝，附庸書名，此若君自親來，則亦應稱名。若遣臣來聘，又不得稱朝。曹伯使世子射姑來朝，是世子有稱朝之義。知此三人皆附庸世子，攝行父事而來朝也。諸侯之卿稱名，大夫降稱人，是人之於名，例差一等。若附庸，其君應稱名，故其子降稱人。《釋例》曰：「王之世子不名，諸侯世子則名，『會王世子于首止』，『曹世子射姑來朝』，是也。附庸世子稱人，『邾人、牟人、葛人來朝』，是也。」是言世子稱謂之等級也。《地理志》：「泰山郡牟縣，故牟國也。」陳留郡寧陵縣，應劭曰：「故葛伯國。」然則於晉屬梁國也。

秋，九月，鄭伯突入于櫟。櫟，鄭別都也，今河南陽翟縣。未得國，直書入，無義例也。

冬，十有一月，公會宋公、衛侯、陳侯于袲，❶伐鄭。袲，宋地，在沛國相縣西南。先行會禮，而後伐也。【疏】注「先行會禮」。　正義曰：知非不與謀，言會者，以言「于袲」，故知此行會禮也。若不言地，直言會，則是不與謀例也。召陵會，杜注云「於召陵先行會禮」，與此同也。

【傳】十五年，春，天王使家父來求車，非禮也。諸侯不貢車服，車服，上之所以賜下。天子不私求財。諸侯有常職貢。

祭仲專，鄭伯患之，使其壻雍糾殺之。將享諸郊，雍姬知之，謂其母曰：「父與夫孰親？」其母曰：「人盡夫也，父一而已，胡可比也？」婦人在室則天父，出則天夫。女以爲疑，故母以所生爲本解之。遂告祭仲曰：「雍氏舍其室而將享子於郊。吾惑之，以告。」祭仲殺雍糾，尸諸周氏之汪。汪，池也。周氏，鄭大夫。殺而暴其尸以示戮也。公載以出，愍其見殺，故載其尸共出國。曰：「謀及婦人，宜其死也。」

夏，厲公出奔蔡。

六月，乙亥，昭公入。

---

❶「公會宋公衛侯陳侯于袲」，阮校：「《公羊》『宋公』上有『齊侯』二字。《説文》『袳』字注引《春秋傳》曰：『公會齊侯于袳。』陳樹華云：是『袲』乃『袳』之變體，而『宋公』上當有『齊侯』也。」

許叔入于許。

公會齊侯于艾。謀定許也。

秋，鄭伯因櫟人殺檀伯，而遂居櫟。檀伯，鄭守櫟大夫。

冬，會于袲，謀伐鄭，將納厲公也。弗克而還。

【經】十有六年，春，正月，公會宋公、蔡侯、衛侯于曹。

夏，四月，公會宋公、衛侯、陳侯、蔡侯伐鄭。春既謀之，今書會者，魯諱議納不正。蔡常在衛上，今序陳下，蓋後至。【疏】注「春既」至「後至」。正義曰：宣七年傳例云：「與謀曰『及』，不與謀曰『會』。」此春既謀之，例當言「及」，今書「會」者，魯諱與諸侯聚議納不正之人，故從不與謀之文。《釋例》曰：「魯既春會于曹，以謀伐鄭，夏遂興師，而更從不與謀之文者，厲公篡大子忽之位，謀而納之，非正，故諱之，從不與謀之例。」是其義也。諸侯之序，以大小爲次班序，《譜》稱自隱至莊十四年，四十三歲，征伐盟會者凡十六國，時無霸主，會同不并無有成序，其間蔡與衛凡七會，六在衛上，唯此處在陳下，故以爲蓋後至也。

秋，七月，公至自伐鄭。用飲至之禮，故書。

冬，城向。傳曰：「書時也。」而下有十一月，舊説因謂傳誤。此城向亦俱是十一月，但本事異，各隨本而書之耳。經書「夏，叔弓如滕。五月，葬滕成公」，傳云：「五月，叔弓如滕。」即知但稱時者，未必與下月異也。又推校此年閏在六月，則月却而節前，水星可在十一月而正也。《詩》

云：「定之方中，作于楚宫。」❶此未正中也。功役之事，皆揔指天象，不與言歷數同也。故傳之釋經，皆通言一時，不月别。【疏】注「傳曰」至「月别」。正義曰：杜以城向與下同月，故檢「叔弓如滕」經、傳之異，「如滕」與「葬」同月，知此城向與出奔同月，但本事既異，各隨本而書之。下有月而此無月耳，其實同是十一月也。但十一月，水星昏猶未正，故復推挍歷數，此年月却節前，水星可在十一月而正。又方者，未至之辭，故以「定之方中」爲方欲向中，而實未正中。十一月可以興土功，書時，非傳誤也。劉炫《規過》以爲：「案《周語》云：『辰角見而雨畢，天根見而水涸，駟見而隕霜，火見而清風戒寒，故先王之教曰：「雨畢而除道，水涸而成梁，隕霜而冬裘具，清風至而脩城郭。」故夏令曰：「九月除道，十月成梁。」營室之中，土功其始。」』先儒以爲建戌之中霜始降，❷房星見霜降之後，寒風至而心星見。鄭玄云：『辰角見謂九月本，天根見謂九月末。』天根謂氐星是也，自然火見是建亥之月。又《春秋》城楚丘是正月，而杜引《詩》云『定之方中，未正中也』。定星豈正月未正中乎？據此諸文，則火見土功，必在建亥之月，則建戌之月必無土功之理。而杜以爲建戌之月得城向者，非也。」今以爲《周語》之文，單子見陳不除道，故譏爲此言，故所舉時節並在早月也。《月令》「孟冬，天子始裘」，單子云「隕霜而冬裘具」，九月已裘，是其早也。且《周語》之文，據尋常節氣，九月而除道，十月而興土功。杜以此年閏在六月，則建戌之月二十一日已得建亥節氣，是十月節氣在九月之中，土功之事何爲不可？諸侯城楚丘，自在正月。衛人初作宫室，必在其前。杜云定星方欲正中，於理何失？劉君廣引《周語》之文以規杜，杜以月却節前，何須

❶「于」，阮校：「淳熙本、足利本『于』作『爲』。」

❷「中」，阮本作「月」。

致難？

十有一月，衛侯朔出奔齊。惠公也。朔讒構取國，故不言二公子逐，罪之也。

【傳】十六年，春，正月，會于曹，謀伐鄭也。前年冬謀納厲公不克，故復更謀。

夏，伐鄭。

秋，七月，公至自伐鄭，以飲至之禮也。

冬，城向。書時也。

初，衛宣公烝於夷姜，生急子，❶夷姜，宣公之庶母也。上淫曰烝。屬諸右公子。爲之娶於齊，而美，公取之。生壽及朔，屬壽於左公子。左右媵之子，因以爲號。夷姜縊。失寵而自經死。❷宣姜與公子朔構急子。宣姜，宣公所取急子之妻。構，會其過惡。公使諸齊，使盜待諸莘，將殺之。莘，衛地。陽平縣西北有莘亭。壽子告之，使行。行，去也。不可，曰：「棄父之命，惡用子矣！惡，安也。有無父之國則可也。」及行，飲以酒。壽子載其旌以先，盜殺之。急子至，曰：「我之求

---

❶「急」，阮校：「《釋文》云：『急，《詩》作伋。』《詩·芄蘭》篇正義引傳亦作『伋』。《史記》、《漢書·古今人表》並同。」

❷「經」，足利學本、文淵閣本、阮本作「縊」。

也，此何罪？請殺我乎！」又殺之。二公子故怨惠公。十一月，左公子洩、❶**右公子職立公子黔牟。**黔牟，羣公子。**惠公奔齊。**【疏】注「夷姜」至「曰烝」。❷　正義曰：晉獻公烝於齊姜，惠公烝於賈君，皆是淫父之妾。知此亦父妾，故云庶母也。成二年傳稱楚莊王以夏姬「予連尹襄老，襄老死，其子黑要烝焉」。淫母而謂之烝，知烝是上淫。蓋訓烝爲進，言自進與之淫也。《世家》云「初，宣公愛夫人夷姜」，烝淫而謂之夫人，馬遷謬耳。　注「左右」至「爲號」。　正義曰：公子法無左右，明其因母爲號。《公羊》稱諸侯取一國，則二國往媵之。以有二媵，故分爲左右。説《公羊》者，言右媵貴於左媵，義或當然。此左右公子，蓋宣公之兄弟也。「載其旌」。　正義曰：代之而載其旌，蓋旌有志識故也。❸《世家》云：「與大子白旄，而告盜曰，見白旄者殺之。」或當以白旄爲旌，但馬遷演此文而爲之説，其辭至鄙，未必其言可信也。

【經】十有七年，春，正月，丙辰，公會齊侯、紀侯，盟于黄。黄，齊地。

二月，丙午，公會邾儀父，盟于趡。趡，魯地。稱字，義與蔑盟同。二月無丙午，丙午，三月四日也。日月必有誤。

---

❶「洩」，阮校：「《漢書·古今人表》作『泄』，是也。」

❷「注夷姜至曰烝」，阮本以下正義三節分疏於傳文各節下。

❸「志」，文淵閣本、閩本、監本無此字。

五月，❶丙午，及齊師戰于奚。奚，魯地。皆陳曰戰。

六月，丁丑，蔡侯封人卒。十一年，大夫盟于折。

秋，八月，蔡季自陳歸于蔡。季，蔡侯弟也。言歸，爲陳所納。**癸巳，葬蔡桓侯。**無傳。稱侯，蓋謬誤。三月而葬，速。【疏】注「稱侯蓋謬誤」。正義曰：五等諸侯，卒則各書其爵，葬則舉謚稱公，禮之常也。此無貶責而獨稱侯，故云蓋謬誤也。《釋例》曰：「卒而外赴者，皆正爵而稱名。慎死考終，不敢違大典也。書葬者，皆從主人私稱。客主之人，敬各有本，謙敬各得其所，而後二國之禮成也。葬蔡桓侯，獨不稱公，劉、賈、許曰：『桓卒而季歸，無臣子之辭也。』蔡侯無子，以弟承位，羣臣無廢主，社稷不乏祀，故傳稱蔡人，嘉之，非貶所也。杞伯稱子，傳爲三發，蔡侯有貶，傳亦宜說。史書謬誤，疑有闕文。」是其疑之意也。

及宋人、衛人伐邾。

冬，十月，朔，日有食之。甲乙者，歷之紀也。晦朔者，日月之會也。日食不可以不存晦朔，晦朔須甲乙而可推，故日食必以書朔日爲例。

【傳】十七年，春，盟于黄，平齊、紀，且謀衛故也。齊欲滅紀，衛逐其君。

及邾儀父盟于趡。尋蔑之盟也。蔑盟在隱元年。

---

❶「五」上，《四部叢刊》本、文淵閣本、阮本有「夏」字。阮校：「石經、宋本無『夏』字，與序疏合。」

夏，及齊師戰于奚。疆事也。爭疆界也。**於是齊人侵魯疆，疆吏來告。公曰：「疆埸之事，慎守其一，而備其不虞，**虞，度也。不度猶不意也。**姑盡所備焉。事至而戰，又何謁焉？」**齊背盟而來，公以信待，故不書侵伐。【疏】傳「疆埸」至「不虞」。❶ 正義曰：疆埸，謂界畔也。至此易主，故名曰埸。典封疆者，不得已往侵人，無使人來侵己，謹慎守其一家之所有，以備不意度之事。

蔡桓侯卒，蔡人召蔡季于陳。桓侯無子，故召季而立之。季内得國人之望，外有諸侯之助，故書字，以善得衆。稱歸，以明外納。**秋，蔡季自陳歸于蔡，蔡人嘉之也。**嘉之，故以字告。

伐邾，宋志也。邾、宋爭疆，魯從宋志，背趡之盟。

冬，十月，朔，日有食之。不書日，官失之也。天子有日官，諸侯有日御。日官、日御，典歷數者。**日官居卿以底日，**❷**禮也。**日官，天子掌歷者，不在六卿之數，而位從卿，故言居卿也。底，平也，謂平歷數。**日御不失日，以授百官于朝。**日官平歷以班諸侯，諸侯奉之，不失天時，以授百官。【疏】注「日官」至「歷數」。❸ 正義曰：《周禮·大史》「掌正歲年以序事」，「頒告朔于邦國」，然則天子掌歷者，謂

---

❶「傳疆埸至不虞」，阮本無「傳」字。阮本此節正義在注「不度猶不意也」下。

❷「底」，《四部叢刊》本、文淵閣本、阮本、《經典釋文》作「底」。

❸「注日官至歷數」，阮本此節正義在「諸侯有日御」注之下。阮校：「此節正義，閩本、監本、毛本在注『底，平也，謂平歷數』之下。」

大史也。大史，下大夫，非卿，故不在六卿之數。傳言居卿，則是尊之若卿，故知非卿而位從卿，故言居卿也。平歷數者，謂掌作歷數，平其遲速，而頒於邦國也。晦、朔、弦、望交會有期，日月五星行道有度，歷而數之，故曰歷數也。

初，鄭伯將以高渠彌爲卿，昭公惡之，固諫，不聽。昭公立，懼其殺己也，辛卯，弒昭公而立公子亹。❶公子亹，昭公弟。**君子謂昭公知所惡矣。公子達曰：**❷公子達，魯大夫。**「高伯其爲戮乎？復惡已甚矣！」**❸復，重也。本爲昭公所惡，而復弒君，❹重爲惡也。【疏】「君子」至「惡矣」。❺ 正義曰：弒君者，人臣之極惡也。昭公惡其人，其人果行大惡，是昭公知所惡矣，言昭公惡之不妄也。《韓子》以爲君子言知所惡者，非多其知之明，而嫌其心不斷也，曰知之若是其明也，而不如早誅焉，以及於死，故言「知所惡」，以見其無權也。昭公知其惡而不能行其誅，致使渠彌含憎懼死以徼幸，故昭公不免於弒，戒人君使彊於斷也。注「公子達魯大夫」。 正義曰：知非鄭人者，若是鄭人，當在君子之前言之。傳先載君子之議，後陳子達之

---

❶「子亹」，阮校：「《韓子·難篇》作『子亶』。」

❷「達」，阮校：「《韓子·難篇》作『圉』。」

❸「復惡」，阮校：「惠棟云：《韓非子》『復惡』作『報惡』。鄭注《周禮·大司寇》云：『復猶報也。』杜訓爲『重』，失之。」

❹「弒」，阮校：「《文選》李善注《長笛賦》引『弒』作『殺』。」

❺「君子至惡矣」，阮本以下正義二節在「公子達曰」注下。

言，是達聞其言而評之，與臧文仲聞蓼、六之滅，其事相類，故知魯人也。❶

【經】十有八年，春，王正月，公會齊侯于濼。濼水在濟南歷城縣西北入濟。**公與夫人姜氏遂如齊。**公本與夫人俱行，至濼，公與齊侯行會禮，故先書會濼，既會而相隨至齊，故曰遂。【疏】「公與」至「如齊」。正義曰：僖十一年「公及夫人會齊侯于陽穀」，彼言「及」，此不言「及」者，《公羊傳》曰：「公何以不言『及夫人』？夫人外也。」言夫人淫於齊侯而疎外公，故不言及也。《穀梁傳》曰：「不言『及夫人』何也？以夫人之伉不稱數也。」言夫人驕伉不可及，故舍而不數也。杜無明解。傳載申繻之言，譏公男女相瀆，蓋以相褻瀆之故，果致大禍。時史譏其男女無別，故不書及也。注「公本」至「曰遂」。正義曰：據傳文，知其嚮會之時，即與夫人俱行至於濼水之上，不言及夫人會者，夫人從公行耳。其會之時，夫人不與。既會，乃相隨嚮齊，故如齊之上始書夫人。❷公自因會而行，故言「遂」耳。

夏，四月，丙子，公薨于齊。不言戕，諱之也。戕例在宣十八年。

丁酉，公之喪至自齊。無傳。告廟也。丁酉，五月一日，有日而無月。

秋，七月。

---

❶「知」下，正宗寺本、文淵閣本、阮本有「是」字。

❷「始」，閩本、監本、毛本、文淵閣本作「加」。

冬，十有二月，己丑，葬我君桓公。無傳。九月乃葬，緩慢也。

【傳】十八年，春，公將有行，遂與姜氏如齊。始議行事。申繻曰：❶「女有家，男有室，無相瀆也，謂之有禮。易此必敗。」女安夫之家，夫安妻之室，違此則爲瀆。今公將姜氏如齊，故知其當致禍亂。【疏】「女有家男有室」。　正義曰：沈氏云：「卿大夫稱家，家者，内外之大名，户内曰室，但男子一家之主，職主内外，故曰家。婦人主閨内之事，故爲室也。」劉炫云：「《釋宫》云：『宫謂之室，其内謂之家。』則家之與室，義無以異，欲見男女之别，故以室屬之，其實室、家同也。」公會齊侯于濼，遂及文姜如齊。齊侯通焉，公讁之。讁，譴也。以告。夫人告齊侯。夏，四月，丙子，享公。齊侯爲公設享燕之禮。使公子彭生乘公，公薨于車。上車曰乘。彭生多力，拉公幹而殺之。魯人告于齊曰：「寡君畏君之威，不敢寧居，來脩舊好，禮成而不反，無所歸咎，惡於諸侯。請以彭生除之。」除恥辱之惡也。齊人殺彭生。不書，非卿。【疏】注「上車」至「殺之」。❷　正義曰：莊元年《公羊傳》曰：「夫人譖公於齊侯，齊侯怒，與之飲酒。於其出焉，使公子彭生送之，於其乘焉，搚幹而殺之。」何休云：「搚，折聲也。」《齊世家》云：「襄公使力士彭生抱上魯君車，因摺殺魯桓公，下車則死矣。」搚、摺、拉，音義同也。

---

❶「申繻」，阮校：「陳樹華云：《管子·大匡篇》作『申俞』。」

❷「注上車至殺之」，阮本此節正義在「公薨于車」注之下。

秋，齊侯師于首止。陳師首止，討鄭弒君也。首止，衛地，陳留襄邑縣東南有首鄉。**子亹會之，高渠彌相。**不知齊欲討己。**七月，戊戌，齊人殺子亹而轘高渠彌。**車裂曰轘。**祭仲逆鄭子于陳而立之。**❶鄭子，昭公弟子儀也。**是行也，祭仲知之，故稱疾不往。人曰：「祭仲以知免。」仲曰：「信也。」**時人譏祭仲失忠臣之節。仲以子亹爲渠彌所立，本既不正，又不能固位安民，宜其見除，故即而然譏者之言，以明本意。【疏】注「車裂曰轘」。❷ 正義曰：襄二十二年傳稱「轘觀起於四竟」，又曰「觀起車裂」，是其事也。《周禮·滌狼氏》：❸「誓僕右曰殺，誓馭曰車轘。」然則周法有此刑也。

周公欲弒莊王而立王子克。莊王，桓王大子。王子克，莊王弟子儀。**辛伯告王，遂與王殺周公黑肩。王子克奔燕。**辛伯，周大夫。**初，子儀有寵於桓王，桓王屬諸周公。辛伯諫曰：「並后，**妾如后。**匹嫡，**庶如嫡。**兩政，**臣擅命。**耦國，**都如國。**亂之本也。」周公弗從，故及。**及於難也。

---

❶「祭仲逆鄭子于陳而立之」，阮校：「陳樹華云：《史記》作『公子嬰於陳而立之，是爲鄭子』。《索隱》曰：『《左傳》以鄭子名「子儀」，此云「嬰」，蓋別有所見也。』按，『儀』同『倪』，『倪』即『兒』，小兒也，故《左》作『儀』，《史》作『嬰』。」

❷「注車裂曰轘」，阮本此節正義在注「車裂曰」下。

❸「滌」，文淵閣本、《周禮》作「條」。

春秋左傳正義卷第八

國子祭酒上護軍曲阜縣開國子臣孔穎達等奉勑撰

莊公【疏】正義曰：《魯世家》云：莊公名同，桓公之子。文姜所生，即桓六年「子同生」者也。❶以莊王四年即位。《謚法》：「勝敵克壯曰莊。」是歲，歲在鶉火。

【經】元年，春，王正月。【疏】「王正月」。❷ 正義曰：此月無事，而空書月者，莊雖不即君位，而亦改元朝廟，與民更始。史書其事，見此月公宜即位，而父弒母出，不忍即位，故空書其文。閔、僖亦然。

三月，夫人孫于齊。 夫人，莊公母也。魯人責之，故出奔，内諱奔謂之孫，猶孫讓而去。【疏】注「夫人」至「而去」。 正義曰：夫人孫意，傳文不明，故云「魯人責之」。蓋責其訴公於齊侯，而使公見殺，故慙懼

---

❶ 「者」，阮校：「浦鏜《正誤》：『者』疑『是』字之誤，或下脱『是』字。盧文弨校本『者』作『是』字。按，不當作『是』。」

❷ 「王正月」，阮本此節正義在「三月夫人孫于齊」下。

而出奔也。《公羊傳》曰：「孫者何？孫猶孫也。内諱奔謂之孫。」《穀梁傳》曰：「孫之爲言猶孫也，諱奔也。」杜用彼爲説。昔帝堯孫位以讓虞舜，故假彼美事而爲之名，猶孫讓而去。《釋例》曰：「使若不爲臣子所逐，自孫位而去者。」

夏，單伯送王姬。無傳。單伯，天子卿也。單，采地。伯，爵也。王將嫁女于齊，既命魯爲主，故單伯送女，不稱使也。王姬不稱字，以王爲尊，且別於内女也。天子嫁女於諸侯，使同姓諸侯主之，不親昏，尊卑不敵。【疏】注「單伯」至「不敵」。　正義曰：檢經上下，公卿書爵，大夫書字。單伯書爵，故爲卿也。單者，天子畿内地名。人君賜臣以邑，令采取賦税，謂之采地。《禮運》曰：「諸侯有國以處其子孫，大夫有采以處其子孫。」是謂食邑爲采地。單氏世仕王朝，此及文公之世皆云單伯，成公以下常稱單子，知伯、子皆爵也。此時稱伯，後降爲子耳。又解不稱王使之意，王於時將遣魯主昏，必先有命，豈得未嘗命魯，徑送女來？故知王已命魯爲主，魯已承受王命，單伯送女，付魯而已，不復重宣王命，故不稱使也。十一年王姬不云王使送者，爲送者微也。以姬繫王，不稱女字，以王爲尊，故繫之於王，且以別於内女。内女則以字配姓，謂之伯姬、叔姬是也。《公羊傳》曰：「使我主之，曷爲使我主之？天子嫁女乎諸侯，必使諸侯同姓者主之。諸侯嫁女于大夫，必使大夫同姓者主之。」所以然者，昏之行禮，必賓主相敵。天子於諸侯，諸侯於大夫，不親昏者，尊卑不敵故也。二王之後，雖王所賓客，示崇先代而已，不得即與王敵。嫁於二王之後，亦使諸侯主之。秦漢以來，使三公主之，呼爲公主。

秋，築王姬之館于外。公在諒闇，慮齊侯當親迎，不忍便以禮接於廟，又不敢逆王命，故築舍於外。【疏】注「公在」至「於外」。正義曰：《穀梁傳》曰：「築之外，變之正也。仇讎之人，非所以接昏姻也。衰麻，非所以接弁冕也。」其意言公與齊爲讎，又身有重服，不得與齊侯爲禮，故築于外也。《左氏》先儒亦用此爲說。杜案傳文稱「請以彭生除之」，齊人雖爲殺彭生，心實讎齊，但不敢逆王命，故以諒闇爲辭，故築館于外。杜謂諸侯之喪，既葬，則衰麻除矣，不得以喪服爲言也。若讎不除，服未釋，則諸侯之國同姓多矣，天王不應强使魯侯冒斬衰接父讎，與之行吉禮也，以此益明杜諒闇之言爲得其實。徒以昏姻吉禮行事在廟，公在諒闇之內，慮齊侯當來親迎，不可便以全吉之禮接賓於廟。又讎除服釋，不敢逆王命辭主昏，故築舍於外，使齊侯從外迎之。

冬，十月，乙亥，陳侯林卒。無傳。未同盟而赴以名。

王使榮叔來錫桓公命。無傳。榮叔，周大夫。榮，氏。叔，字。錫，賜也。追命桓公，褒稱其德，若昭七年王追命衛襄之比。【疏】注「榮叔」至「之比」。正義曰：《公羊傳》曰：「錫者何？賜也。命者何？加我服也。」又《詩·唐風·無衣》之篇，晉人爲其君請命於天子之使，以無衣爲辭，則王賜諸侯當有服也。傳稱王賜晉惠公命，受玉惰，則王賜又有玉也。但賜諸侯以玉者，欲使執而朝覲，所以合瑞。今追命桓公，若追命衛襄之比，止應褒稱其德，賜之策書，或當有服以表尊卑，不復合瑞，未必有玉也。《釋例》曰：「天子錫命，其詳未聞。諸侯或即位而見錫，或歷年乃加錫，或已薨而追錫。魯桓薨後見錫，則亦衛襄之比也。魯文即位見錫，則亦晉惠之比也。魯成八年、齊靈二十三年乃見錫，隨恩所加，得失存乎其事。」言存乎其事者，觀其錫之早晚，知恩之厚薄，觀其人之善惡，知事之得失，故傳不復顯言其是非也。杜於追命衛襄之下注云：「命，如今之哀策。」魏晉以來，唯天子崩乃有哀策，將葬，於是遣奠讀之，陳大行功德，敘臣子哀情，非此類也。人臣之喪，不作哀策，良臣既卒，或贈之以官，褒德敘哀，載之於策，將葬，賜其家以告柩，「如今哀策」蓋此謂也。

王姬歸于齊。無傳。不書逆，公不與接。【疏】注「不書逆公不與接」。　正義曰：成九年伯姬歸于宋，杜云：「宋不使卿逆，非禮。」以逆者非卿，故不書。此云「公不與接」者，杜意以公不與接，雖卿亦不書也。所以知者，十一年齊侯來逆共姬，而經不書故也。又嫁伯姬于宋，魯與宋無故，此時有故，知不與接也。《春秋》之例，送女不書者，取受我而厚之，此單伯書者，爲送至於魯，不至於齊故也。

齊師遷紀郱、鄑、郚。無傳。齊欲滅紀，故徙其三邑之民而取其地。郱在東莞臨朐縣東南，郚在朱虛縣東南，北海都昌縣西有訾城。【疏】注「齊欲」至「訾城」。　正義曰：齊人遷此三邑，非三邑之人自遷也。故知齊欲滅紀，故徙其三邑之民而取其地也。蘇氏云：「直取其地，不取其民，故云遷，不云取。不言所往之處者，志在去之而已，非欲安存其人，故與宋人遷宿文同，其文異於邢遷也。」《釋例》曰：「邢遷于夷儀，則以自遷爲文。宋人遷宿，齊人遷陽，則以宋、齊爲文，各從彼此所遷之實，記注之常辭，亦非例也。」郱在東莞言郡，郚在朱虛不言郡者，《釋例·土地名》：「朱虛亦屬東莞，使之蒙上郡。」

【傳】元年，春。不稱即位，文姜出故也。文姜與桓俱行，而桓爲齊所殺，故不敢還。莊公父弑母出，故不忍行即位之禮。據文姜未還，故傳稱文姜出也。姜於是感公意而還，不書，不告廟。

【疏】注「文姜」至「告廟」。　正義曰：不稱即位，爲文姜出故也。則即位之日，文姜未還，故知莊公以父弑母出，不忍行其即位之禮也。經書「三月，夫人孫于齊」，則是夫人來而復去，故知文姜於是感公意而還也。三月以來，❶經、傳皆無夫人還事，故解之：還不書，「不告廟」。《釋例》曰：「文姜之身，終始七如齊，再如莒，皆以淫行，書行而不書反，則元年之還，亦不告廟，推此可知也。」《公羊傳》曰：「夫人固在齊矣，其言孫于齊何？念母也。正月以存君，念母以首事。」《穀梁傳》曰：「接練時，録母之變，始人之也。」其意言文姜往年如齊，至此年三月猶尚不反，三月練祭念及其母，乃書其出奔，非三月始從魯去也。《左氏》先儒皆用此説。杜不然者，史之所書，據實而録，未有虚書其事者也。夫人若遂不還，則孫已久矣，何故至是三月始言孫于齊乎？公若念及於母，自可迎使來歸，何以反書其孫？豈莊公召命史官使書其母孫乎？又禮三年之喪，期月而練。桓公以往年四月薨，至今年三月未得一期，何故已得爲練，而云接練録變存君念母也？若以經無還文，即言留齊不反，則自是以後亦無還文，二年「夫人會齊侯于禚」，豈復自齊會之哉？以此知三月始從魯去也。

三月，夫人孫于齊。不稱「姜氏」，絶不爲親，禮也。姜氏，齊姓。於文姜之義，宜與齊絶，而復奔齊，故於其奔，去「姜氏」以示義。【疏】注「姜氏」至「示義」。正義曰：文姜終始皆稱姜氏，唯此一文獨異，故傳解其意云：「不稱姜氏，絶不爲親。」言於夫人之義，宜與齊絶，不復爲親也。姜氏者，齊之姓也。禮，婦人在家則天父，出嫁則天夫。爲夫斬衰三年，爲兄大功九月。今兄殺己夫，於文姜之義宜與齊絶，姜意不與齊絶，而復奔之，故於其奔也特去「姜氏」。去「姜氏」者，若言夫人不是齊女，不姓姜氏，以示應絶之義。應絶不絶，所

❶「來」，阮校：「浦鏜《正誤》『來』作『前』。」

以刺文姜也。傳言「禮」者，爲夫絶兄禮之意也。《公羊傳》曰：「夫人何以不稱姜氏？貶。曷爲貶？與弒公也。其與弒公奈何？夫人譖公於齊侯：『公曰，同非吾子，齊侯之子也。』齊侯怒，使公子彭生搚幹而殺之。」《穀梁傳》亦云：「不言氏姓，貶之也。」《左氏》先儒取二傳爲説，言傳稱「絶不爲親，禮也」，謂莊公絶母，不復以之爲親。爲父絶母，得禮尊父之義，故曰「禮也」。杜不然者，《釋例》曰：「文姜與公如齊，以淫見謫，懼而歸訴於襄公。襄公殺公，而委罪於彭生。弒公之謀，姜所不與，疑懼而自留於齊。莊公感其不反，以闕即位之禮。故姜氏自齊而還魯，魯人探情以責之，故復出奔。夫子以爲姜氏罪不與弒，於莊公之義，當以母淫於齊而絶其齊親，内全母子之道，故經不稱姜氏。傳曰『絶不爲親，禮也』，明絶之於齊也。文姜稱夫人，明母義存也。哀姜外淫，故孫稱姜氏，明義異也。」觀此解之意，夫人宜與齊絶。《釋例》之文，言莊公宜與齊絶者，夫人猶尚宜絶，莊公固宜絶矣。先儒謂莊公宜與母絶，杜意莊公宜與齊絶，故偏據莊公爲文，所以排舊説耳，其實夫人及公俱當與齊絶也。

秋，築王姬之館于外。爲外，禮也。齊彊魯弱，又委罪於彭生，魯不能讎齊，然喪制未闋，故異其禮，得禮之變。【疏】注「齊彊」至「之變」。　正義曰：傳不直言禮，而云「爲外，禮」者，築之是常，未足褒美，正爲築之于外，是應變之禮，故解其意：齊彊魯弱，又委罪彭生，魯既不能讎齊，雖内實深讎，外若無怨，既不敢辭王命，又不欲見齊侯，因其喪制未闋，故異其禮，爲之於外，是其得禮之變也。樂息爲闋，則「闋」訓爲「息」也。未闋，言其未止息也。王姬之館，必築之者，《公羊傳》曰：「主王姬者，必爲之改築，於路寢則不可，小寢則嫌，羣公子之舍則以卑矣，其道必爲之改築者也。」《穀梁傳》曰：「於廟則已尊，於寢則已卑，爲之築，節矣。」鄭《箴膏肓》云：「宮廟朝廷各有定處，無所館天子之女，故宜築于宮外。」是言須築之意也。但杜意若其内不恨齊，非有喪制，不須築於城之外耳。此言外者，謂城之外，説《公羊》、《穀梁》者亦以爲城外。然王姬來嫁，必須築館，所以十一年王姬不築館者，或因其舊館，或築而不書也。

【經】二年，春，王二月，葬陳莊公。無傳。魯往會之，故書。例在昭六年。

夏，公子慶父帥師伐於餘丘。無傳。於餘丘，國名也。莊公時年十五，則慶父，莊公庶兄。

【疏】注「於餘」至「庶兄」。　正義曰：《公羊》、《穀梁》皆以於餘丘爲邾之別邑，《左氏》無傳，正以《春秋》上下未有伐人之邑而不繫國者，❶此無所繫，故知是國。《釋例》注闕，不知其處，蓋近魯小國也。莊公時年十五者，以桓六年生，至此二年爲十五。莊二十七年《公羊傳》曰：「公子慶父、公子牙、公子友，皆莊公之母弟也。」《左氏》先儒用此爲説，杜以不然，故明之。《釋例》曰：「經書『公子慶父伐於餘丘』，而《公羊》以爲莊公母弟，計其年歲，既未能統軍，又無晉悼、王孫滿幼知之文，此蓋《公羊》之妄，而先儒曾不覺悟，取以爲《左氏》義。」今推案傳之上下，羽父之弑隱公，皆諮謀於桓公，則桓公已成人也。傳曰：「生桓公，而惠公薨。」指明仲子唯有此男，非謂生在薨年也。桓以成人而弑隱，即位乃娶於齊，自應有長庶，故氏曰孟，此明證也。公疾，問後於叔牙，牙稱慶父材，疑同母也。傳稱季友，文姜之愛子，與公同生，故以死奉般，情義相推，考之《左氏》，有若符契，是杜明其異母之意也。氏曰孟氏，傳文實然，而經稱仲孫，杜無明釋。八年傳稱仲慶父，其舉謚稱之，則謂之共仲。蓋慶父雖爲庶長，而以仲爲字，其後子孫以字爲氏，是以經書仲孫。時人以其庶長稱孟，故傳稱孟孫。其以謚配字，而謂之共仲，猶

---

❶「上下」，毛本、文淵閣本作「之旨」，阮本作「之至」。正宗寺本作「上下」，旁加「之旨」二小字。

臧僖伯、管敬仲之類也。劉炫云：「蓋慶父自稱仲，欲同於正適，言己少次莊公，爲三家之長，故以莊公爲伯，而自稱仲。」《春秋》之例，皆傳言實而經順其意，經稱當時之事，書其自稱之辭，其人自稱仲孫，不得不書爲仲。傳序已適之事，舉其時人之語，時人呼爲孟氏，不得不以孟録。《論語》云「孟孫問孝於我」，是時人呼云孟氏也。楚公子棄疾弑君取國，改名爲居，經書楚子居卒，是從其自稱也。

秋，七月，齊王姬卒。無傳。魯爲之主，比之内女。【疏】注「魯爲」至「内女」。正義曰：他國夫人之卒，例皆不書，唯魯女爲諸侯之妻書其卒耳。王姬非是内女，亦書其卒，爲比之内女故也。《檀弓》曰：「齊告王姬之喪，魯莊公爲之大功。」或曰：由魯嫁，故爲之服姊妹之服。」是其比内女也。

冬，十有二月，夫人姜氏會齊侯于禚。夫人行不以禮，故還皆不書，不告廟也。禚，❶齊地。

乙酉，宋公馮卒。無傳。再與桓同盟。【疏】注「再與桓同盟」。正義曰：桓十一年盟于折，十二年于穀丘，是再也。

【傳】二年，冬，夫人姜氏會齊侯于禚。書姦也。文姜前與公俱如齊，後懼而出奔，至此始與齊好會。會非夫人之事，顯然書之，傳曰「書姦」，姦在夫人。文姜比年出會，其義皆同。

❶「禚」，阮校：「按，《玉篇》禾部『䅐』云『齊地名』，而示部『禚』字不云地名，蓋顧希馮所據《春秋》字從禾。《説文》無『禚』。」

【經】三年，春，王正月，溺會齊師伐衛。溺，魯大夫。疾其專命而行，故去氏。【疏】注「溺魯」至「去氏」。　正義曰：隱四年，翬會宋公、陳侯、蔡人、衛人伐鄭。傳曰：「羽父請以師會之，公弗許，固請而行。故書曰『翬帥師』，疾之也。」彼不稱公子，傳言疾之。今溺亦不稱公子，傳亦言疾之，知其事與翬同，疾其專命而行，故去氏也。公子非氏，貶與氏同，故言氏也。

夏，四月，葬宋莊公。無傳。

五月，葬桓王。

秋，紀季以酅入于齊。❶季，紀侯弟。酅，紀邑。在齊國東安平縣。齊欲滅紀，故季以邑入齊爲附庸。先祀不廢，社稷有奉，故書字貴之。【疏】注「季紀」至「貴之」。　正義曰：《公羊傳》曰：「紀季者何？紀侯之弟也。何以不名？賢也。何賢乎紀季？請後五廟以存姑姊妹。」《穀梁傳》曰：「酅，紀之邑也。入于齊者，以酅事齊也。」杜取彼爲説，知季是紀侯之弟，以酅邑入齊，爲附庸之君，附屬齊國也。諸侯之卿，例當書名，善其能自存立，故書字貴之也。《釋例》曰：「齊侯、鄭伯詐朝于紀，欲以襲之，❷紀人大懼，而謀難於魯，請王命以求成于齊。公告不能，齊遂偪之，遷其三邑。國有旦夕之危，而不能自入爲附庸，故分季以酅，使請事于齊。大去之後，季爲附庸，先祀不廢，社稷有奉，季之力也，故書字不書名，書入不書叛也。判，分也。傳曰始分，爲紀

---

❶「酅」，《經典釋文》：「本又作『攜』。」

❷「欲」，阮本作「侯」，屬上讀。

侯大去張本也。劉、賈謂紀季以酅奔齊，不言叛，不能專酅也。傳稱『紀侯不能下齊，以與紀季』，季非叛也。紀亡之後，叔姬歸于酅，明爲附庸，猶得專酅，故可歸也。」是杜具説貴之意也。以叔姬歸酅，知酅爲附庸。附庸之君，雖無爵命，而分地建國，南面之主，得立宗廟，守祭祀。僖二十一年傳曰：「任、宿、須句、顓臾，皆風姓也，實司大皥與有濟之祀。」❶《論語》云：「夫顓臾，昔者先王以爲東蒙主。」須句、顓臾，皆附庸也。得祀所出之祖，主其竟內山川，明得祀先君、奉社稷。

冬，公次于滑。滑，鄭地，在陳留襄邑縣西北。傳例曰：「凡師，過信爲次。」兵未有所加，所次則書之。既書兵所加，則不書其所次，以事爲宜，非虚次。」【疏】注「滑鄭」至「虚次」。正義曰：此解略，而《釋例》詳。《釋例》曰：「凡師，一宿爲舍，再宿爲信，過信爲次。此周公之典，以詳録師出入行止遲速，因爲之名也。兵事尚速，老師費財，不可以久，故《春秋》告命三日以上，必記其次。舍之與信不書者，輕碎不以告也。兵未有所加，所次則書之，以示遲速。『公次于滑』，『師次于郎』，是也。既書兵所加，則不書其所次，以事爲宜，非虚次。諸久兵而不書次，是也。既書兵所加，而又書次者，義有取於次。『遂伐楚，次于陘』，『盟于牡丘，遂次于匡』，是也。所記或次在事前，次以成事也。或次在事後，事成而次也。皆隨事實，無義例也。」杜言既書兵所加，則不書其次者，或伐或戰，曠日持久，其間必有三日之次。既書戰伐，則不書次。雖次在事前，次在事後，皆不書也。既書兵所加，而又書次者，義在取於次。齊侯伐楚，楚彊，齊欲綏之以德，故不速進，而次于陘。盟于牡

---

❶「皥」，阮校：「『皥』當作『皞』，从日，不从白也。説詳僖廿一年傳。」

丘，本爲救徐，各使大夫救徐，次匡以爲之援，義取於次，故書兵所加，而又書其次。次在事前，謂僖元年齊師、宋師、曹師次于聶北，救邢也。次在事後，謂襄二十三年叔孫豹帥師救晉，次于雍榆也。聶北之下，《公羊傳》曰：「曷爲先言次，而後言救？君也。」雍榆之下，《公羊傳》曰：「曷爲先言救，而後言次？先通君命也。」《左氏》先儒取彼爲説，言齊桓，君也，進止自由，故先次後救。叔孫，臣也，先通君命，故先救後次。杜以傳無此言，故改正其謬，言此二事，或次以成事，或事成而次，皆隨事實先後而書之，無義例也。先儒又言書次者，皆善之辭。❶《釋例》曰：「叔孫救晉，次于雍榆，傳曰『禮』者，善其宗助盟主，非以次爲禮也。齊桓次于聶北，救邢，亦以存邢，具其器用，師人無私，見善不在次也。而賈氏皆即以爲善次。次之與否，自是臨時用兵之宜，非禮之所素制也。」言非素制者，非禮家制此次名以爲善號也。沈氏云：「將會鄭伯，非軍旅而書次者，古者君行師從，卿行旅從，故亦從師行之例也。」

【傳】三年，春，溺會齊師伐衛。疾之也。傳重明上例。

夏，五月，葬桓王。緩也。以桓十五年三月崩，七年乃葬，故曰緩。

秋，紀季以酅入于齊。紀於是乎始判。判，分也，言分爲附庸始於此。

冬，公次于滑。將會鄭伯，謀紀故也。鄭伯辭以難。厲公在櫟故。**凡師，一宿爲舍，再宿爲信，**

---

❶「善」，阮本作「美」。

過信爲次。 爲經書次例也。舍、宿不書，輕也。言凡師，通君臣。【疏】注「爲經」至「君臣」。　正義曰：舍者，軍行一日止而舍息也。信者，住經再宿得相信問也。《穀梁傳》曰：「次，止也。」則次亦止舍之名。過信以上，雖多日亦爲次，不復別立名也。通君臣者，「公次于滑」，君也；「叔孫豹次于雍榆」，臣也。但是師行，皆從此例。君將不言帥師，故止云「公次」，亦師次也。非師之次，則不在此例。《釋例》譏賈氏云：「若魯公次乾侯之比，非爲用師，不應在例，而復例之，亦爲濫也。」

【經】四年，春，王二月，夫人姜氏享齊侯于祝丘。 無傳。享，食也，❶兩君相見之禮，非夫人所用，直書以見其失。祝丘，魯地。【疏】注「享食」至「魯地」。　正義曰：鄭玄《儀禮》注云：「饗謂亨大牢以飲賓。」則享是飲酒大禮，與會小別。而以享爲會者，言夫人與齊侯會而設享禮，故書「享齊侯」也。定十年夾谷之會，傳稱「齊侯將享公」，孔丘拒之，乃不果享。是享者，兩君相見之禮。二年《穀梁傳》曰：「婦人不言會，言會，非正也。饗，甚矣。」是享非夫人所當用也，禮不合用，而夫人用之，故直書以見其失也。定本「享會」作「享食」。❷

三月，紀伯姬卒。 無傳。隱二年裂繻所逆者。內女唯諸侯夫人卒葬皆書，恩成於敵體。【疏】注「隱二」至「敵體」。　正義曰：《穀梁傳》曰：「外夫人不卒，此其言卒何也？吾女也。適諸侯，則尊同，以吾爲

---

❶ 「食」，《經典釋文》云：「本或作會。」阮校：「正義引定本云：『享會』作『享食』。」

❷ 「食」下，阮本有「也」字。

之變，卒之也。」爲之變者，爲之服也。禮，諸侯絕期，尊同，則爲之變服，服大功九月，恩成於敵體，故書其卒。適大夫則略之。《釋例》曰：「内女唯諸侯夫人卒乃書，恩成於敵體。其非適諸侯，則略之，以服制相準也。生書其來，而死不録其卒，從外大夫之比也。」

夏，齊侯、陳侯、鄭伯遇于垂。無傳。

紀侯大去其國。以國與季，季奉社稷，故不言滅。不見迫逐，故不言奔。大去者，不反之辭。

【疏】注「以國」至「之辭」。　正義曰：傳稱「紀侯不能下齊，以與紀季」，是往年分酅與之，紀國猶在，今則全以紀國與之，故云「以國與季」。《釋例》曰：「紀侯力弱慮窮，自以列國，不忍屈臣於齊，使季以酅求安，而脱身外寓。季果爲附庸，社稷有奉，故不言滅。不見迫逐，故不言奔。大去者，不反之辭。蓋時史即實而言，仲尼弗改，故傳不言『故書』、『書曰』也。」是説「大去」之意也。滅人國者，皆毁其宗廟，遷其社稷。紀季雖降爲附庸，得自立廟社，而其國不滅也。諸侯之奔，皆被逐而出，此則不見迫逐，故不言奔。時史謂之大去，仲尼以爲得理，故因而用之。十二年，「叔姬歸于酅」，則紀季雖全得紀國，亦不移就紀都，紀之宗廟、社稷皆遷之於酅，承祀如本，故爲不滅。雖云國祚不滅，其實爲齊所吞，紀之器物財賄亦應爲齊所得。成二年傳稱「紀甗、玉磬」，目之以紀，得非滅紀所得也？季既入臣於齊，縱使齊不自取，必應以之爲賂，假令季以賂齊，亦是滅紀所得也。

六月，乙丑，齊侯葬紀伯姬。無傳。紀季入酅，爲齊附庸，而紀侯大去其國，齊侯加禮初附，以崇厚義，故攝伯姬之喪，而以紀國夫人禮葬之。【疏】注「紀季」至「葬之」。　正義曰：紀侯由齊大去，則是齊爲紀讎，而葬其夫人，故解其意云云。雖爲齊侯所葬，亦由魯往會之，故書。《釋例》曰：「紀侯大去其國，令弟納邑附齊，齊侯嘉而愍之，恩及伯姬。伯姬，魯女，故以來告，大夫會葬，故書『齊侯葬紀伯姬』也。不書謚者，亡國之婦，夫妻皆降，莫與之謚。而賈、許方以諸侯禮説，又失之也。」

秋，七月。

冬，公及齊人狩于禚。無傳。公越竟與齊微者俱狩，失禮可知。

【傳】四年，春，王三月。❶**楚武王荆尸，授師孑焉，以伐隨。**尸，陳也。荆亦楚也，更爲楚陳兵之法。楊雄《方言》：「孑者，戟也。」然則楚始於此參用戟爲陳。**將齊，入告夫人鄧曼曰：「余心蕩。」**將授兵於廟，故齊。蕩，動散也。**鄧曼歎曰：「王禄盡矣！盈而蕩，天之道也。先君其知之矣，故臨武事，將發大命，而蕩王心焉。**楚爲小國，辟陋在夷，❷至此武王始起其衆，僭號稱王，陳兵授師，志意盈滿，臨齊而散，故鄧曼以天地鬼神爲徵應之符。**若師徒無虧，王薨於行，國之福也。」**王薨於行，不死於敵。**王遂行，卒於樠木之下。**樠木，木名。**令尹鬬祁、莫敖屈重除道梁溠，營軍臨隨。隨人懼，行成。**時秘王喪，故爲奇兵，更開直道。溠水在義陽厥縣西，東南入鄖水。梁，橋

---

❶「三」，阮本作「正」。

❷「辟」，《四部叢刊》本、文淵閣本、阮本、《經典釋文》作「僻」。阮校：「《釋文》云：『僻，匹亦反。』案，陳樹華云：《釋文》當作『辟』，若本作『僻』，無煩音切矣。此皆傳寫之誤。」

也。隨人不意其至，故懼而行成。**莫敖以王命入盟隨侯，且請爲會於漢汭而還。**汭，内也，謂漢西。**濟漢而後發喪。**【疏】注「尸陳」至「爲陳」。❶　正義曰：「尸，陳也」，《釋詁》文。荆即楚之舊邑，故云「荆亦楚」也。楚本小國，地狹民少，雖時復出師，未自爲法式，今始言「荆尸」，則武王初爲此楚國陳兵之法，名曰「荆尸」，使後人用之。宣十二年傳稱「荆尸而舉」，是遵行之也。楊雄以《爾雅》釋古今之語，作書擬之，采異方之語，謂之《方言》。《方言》云：「戟謂之孑。」郭璞云：「取名於鉤孑也。」戟是擊刺之兵，有上刺之刃，又有下鉤之刃，故以鉤孑爲名也。始云「授師孑焉」，是往前未以此器授師，故云「然則楚始於此參用戟爲陳」。言參用之者，參雜用之。陳之所用，非專用戟。　注「樠木木名」。　正義曰：此字之音，或爲曼，或爲朗。若以㒼爲聲，當作「曼」，以兩爲聲，當作「朗」。字體難定，故兩爲之音。❷　杜直云木名，不知木何所似。木有似榆者，俗呼爲朗榆，蓋爲朗也。　注「時祕」至「行成」。　正義曰：除道，謂除治新路，故知更開直道。梁溠，爲作梁於溠，故爲橋也。《釋例》曰：「義陽厥縣西有溠水，源出縣北，從縣西東南至隨縣入鄖水。」杜以溠解溠，蓋聲相近而字轉耳。　「且請」至「發喪」。　正義曰：莫敖既與隨侯盟，且又請隨侯與楚爲會禮於漢水之汭，而我還楚也。隨侯畏楚，遂從莫敖爲會禮。會訖，隨侯因濟漢還國，而後發王喪也。

紀侯不能下齊，以與紀季。不能降屈事齊，盡以國與季，明季不叛。**夏，紀侯大去其國。違齊**

---

❶「注尸陳至爲陳」，阮本以下正義四節分疏於傳文各節下。
❷「故」，文淵閣本、阮本作「或」。

難也。違，辟也。

【經】五年，春，王正月。

夏，夫人姜氏如齊師。無傳，書姦。【疏】「夫人」至「齊師」。　正義曰：於時齊無征伐之事，不知師在何處。蓋齊侯疆理紀地，有師在紀。杜云「書姦」，姦發夫人，當向紀地從之。不言會者，往其軍内就齊侯耳，不行會禮。

秋，郳犂來來朝。附庸國也。東海昌慮縣東北有郳城。犂來，名。

冬，公會齊人、宋人、陳人、蔡人伐衛。

【傳】五年，秋，郳犂來來朝。名，未王命也。未受爵命爲諸侯，傳發附庸稱名例也。其後數從齊桓，以尊周室，王命以爲小邾子。【疏】注「未受」至「邾子」。　正義曰：郳者，附庸之國。犂來，其君之名。傳言未王命者，解其稱名之意，由未得爵命爲諸侯，故稱名也。經書其名，傳言未王命，此傳所發，即是附庸稱名之例。例當稱名，故儀父稱字爲貴之也。郳之上世出於邾國。《世本》云：「邾顔居邾，肥徙郳。」宋仲子注云：「邾顔别封小子肥於郳，爲小邾子。」則顔是邾君，肥始封郳。《譜》云：「小邾，邾俠之後也。夷父顔有功於周，其子友别封爲附庸，居郳。曾孫犂來，始見《春秋》，附從齊桓，以尊周室，命爲小邾子。穆公之孫惠公以下，《春秋》後六世，而楚滅之。」《世本》言肥，杜《譜》言友，當是一人。僖七年經書「小邾子來朝」，知齊桓請王命命之。

冬，伐衛，納惠公也。惠公，朔也。桓十六年出奔齊。

【經】六年，春，王正月，❶王人子突救衛。王人，王之微官也，雖官卑而見授以大事，故稱人而又稱字。【疏】注「王人」至「稱字」。正義曰：昭十二年傳稱「叔孫昭子三命踰父兄」，則昭子之父叔孫豹再命也。再命而名見於經，知諸侯之卿再命、三命皆書名，一命乃稱人。諸侯之臣既然，則王朝之臣亦然。《周禮》王之上士三命，中士再命，下士一命。故杜以爲劉夏、石尚稱名氏者，上士、中士也，稱王人者，下士也。僖八年《公羊傳》曰：「王人，微者。」知此王人亦微者，故云「王人，王之微官也」。春秋之世，二字而子在上者，皆是字，故知子突是字。救衛必以師救，而文不稱師，於例爲將卑師少，以卑官而帥少師救衛，不能使衛侯不入，是無功也。無功而稱字者，以朔既讒構取國，而又不能於民，王意即定黔牟，不欲使朔得入，故遣師救之。時史惡諸侯逆王命，故尊王使，言子突雖則官卑，蒙王授以大事，故稱人而又稱字，貴王人所以責諸侯也。《釋例》曰：「莊六年，五國諸侯犯逆王命，以納衛朔，大其事，故字王人，謂之子突。」是説進之意也。進之不稱名而越稱字者，王之上士、下士爵同而命異耳，進之同中士，未足以爲榮，故超從大夫之例，稱字以貴之也。文二年垂隴之會，晉士縠堪其事，即書名氏，似若真爲卿然，故不復稱人。此貴子突，止爲敦責諸侯，❷非是人實堪進，故稱人，依其本班稱字，

❶「正」，阮校：「《公羊》、《穀梁》作『三』。」

❷「責」，原作「貴」，據正宗寺本、文淵閣本、阮本改。

見其別有所爲耳。《穀梁傳》曰：「王人，卑者也，稱名，貴之也，善救衛也。救者善，則伐者不正矣。」杜意取彼爲説，唯以子突爲字耳。范甯注《穀梁》，亦云此「名」當爲「字」誤爾。

夏，六月，衛侯朔入于衛。朔爲諸侯所納，不稱歸而以國逆爲文，朔懼失衆心，以國逆告也。歸入例在成十八年。【疏】注「朔爲」至「八年」。正義曰：去年齊、宋、陳、蔡伐衛，傳曰：「納惠公也。」此年衛侯得入，則是諸侯納之，當言「歸」，而經書「入」。成十五年宋華元奔晉，宋人迎而反之，當言「復歸」，而經書「歸」。《釋例》曰：「朔懼有違衆之犯，而以國逆告。華元實國逆，欲挾晉以自助，故以外納赴。《春秋》從而書之，示二子之情也。」凡諸侯外納有三：一者，以言語告請得入，「蔡季歸于蔡」是也；二者，興師送入其國，「楚人圍陳，納頓子于頓」是也；三者，所納之君別在他國，而諸侯師伐彼國，令其得入，今公及諸侯伐衛是也。

秋，公至自伐衛。無傳。告於廟也。

螟。無傳。爲災。

冬，齊人來歸衛俘。《公羊》、《穀梁》經傳皆言「衛寶」，此傳亦言「寶」，唯此經言「俘」，疑經誤。俘，囚也。【疏】注「公羊」至「囚也」。正義曰：《釋例》曰：「『齊人來歸衛寶』，《公羊》、《穀梁》經、傳及《左氏》傳皆同，唯《左氏》經獨言『衛俘』。考三家經傳有六，而其五皆言『寶』，此必《左氏》經之獨誤也。案《説文》：『保，從人，𤓽省聲。古文保不省。』然則古字通用，『寶』或作『𤓽』字，與『俘』相似，故誤作『俘』耳。」杜既以爲誤，而又解俘爲囚，是其不敢正決，故且從之。

【傳】六年，春，王人救衛。

夏，衛侯入，放公子黔牟于周，放甯跪于秦，殺左公子洩、右公子職，甯跪，衛大夫。宥之以遠曰放。乃即位。君子以二公子之立黔牟爲不度矣。夫能固位者，必度於本末而後立衷焉。不知其本不謀，知本之不枝弗强。本末，終始也。衷，節適也。譬之樹本，❶本弱者其枝必披，非人力所能强成。《詩》云：「本枝百世。」《詩·大雅》，言文王本枝俱茂，蕃滋百世也。【疏】「君子」至「百世」。正義曰：君子以二公子之立黔牟也，爲不知揆度形勢矣。夫立人爲君，使能自堅固其位者，必當揆度於本末。度其本者，謂其人才德賢善，根本牢固；度其末者，謂其人終能保有邦國，蕃育子孫，知其堪能自固而後立其衷焉。衷謂節適，言使得節適時，乃立之也。若不能知其本之可立與否，則不當謀之。如似樹木，知其根本之弱，不能生長枝葉，以喻所立之人材力劣弱，不能保有邦國，蕃育子孫，則不須自强立之。《詩》以樹木本幹喻適，枝葉喻庶，言文王子孫，本幹枝葉，適子庶子，皆傳國百世，由文王之德堪使蕃滋故也。劉炫云：「度其本，謂思所立之人，有母氏之寵，有先君之愛，有彊臣之援，爲國人所信服也。度其末，謂思所立之人，有度量，有知謀，有治術，爲下民所愛樂也。」

冬，齊人來歸衛寶，文姜請之也。公親與齊共伐衛，事畢而還。文姜淫於齊侯，故求其所獲珍寶，使以歸魯，欲說魯以謝慙。

❶「本」，《四部叢刊》本、文淵閣本、阮本作「木」。

楚文王伐申，過鄧。鄧祁侯曰：「吾甥也。」祁，謚也。姊妹之子曰甥。**止而享之。騅甥、聃甥、養甥請殺楚子，**皆鄧甥，仕於舅氏也。**鄧侯弗許。三甥曰：「亡鄧國者，必此人也。若不早圖，後君噬齊，**❶若齧腹齊，❷喻不可及。**其及圖之乎？圖之，此爲時矣！」鄧侯曰：「人將不食吾餘。」**言自害其甥，必爲人所賤。**對曰：「若不從三臣，抑社稷實不血食，而君焉取餘？」**言君無復餘。**弗從。還年，楚子伐鄧。**伐申還之年。**十六年，楚復伐鄧，滅之。**魯莊公十六年，楚終强盛，爲經書楚事張本。【疏】注「祁謚」至「曰甥」。❸正義曰：《謚法》：「經典不易曰祁。」衛有石祁子，亦謚也。《釋親》云：「謂我舅者，吾謂之甥。」是姊妹之子曰甥。「人將不食吾餘」。正義曰：食謂噉之。爲甥設享，而因享害之，所有餘食，更爲人設之，將賤吾，不肯復食噉吾之餘食也。《膏肓》以爲楚、鄧彊弱相縣，若從三甥之言，楚子雖死，鄧滅曾不旋踵，若刳腹去疾，炊炭止沸，《左氏》爲短。鄭箴云：「楚之彊盛，從滅鄧以後。於時楚未爲彊，何得云『彊弱相縣』？」蘇氏云：「三甥既有此語，《左氏》因史記之文，録其實事，非君子之論，何以非之？」注「魯莊公十六年」。正義曰：知非楚文王十六年者，以文王莊五年即位，至十九年卒，唯十五年耳。

---

❶「齊」，阮校：「淳熙本『齊』作『臍』，《玉篇》引亦作『臍』。」

❷「若齧腹齊」，阮校：「《釋文》標『齧也』兩字，臧禮堂云：『若』上當有『噬齧也』三字。」

❸「注祁謚至曰甥」，阮本以下正義三節分疏於傳文各節下。

【經】七年，春，夫人姜氏會齊侯于防。防，魯地。

夏，四月，辛卯，夜，恒星不見。恒，常也，謂常見之星。辛卯，四月五日，月光尚微，蓋時無雲，日光不以昏没。【疏】注「恒常」至「昏没」。　正義曰：「恒，常」，《釋詁》文。夜者，自昏至旦之揔名。但此經下言「夜中」，則此言「夜」者，夜未至中，謂初昏之後耳，非竟夜不見星也。《穀梁》「夜」作「昔」。傳曰：「日入至於星出謂之昔。不見者，可以見也。」必如彼言，星出以前名之曰昔，則名昔之時法當未有星矣，何以怪其不見而書爲異也？明經所言夜者，夜昏之後，星應見之時，而不見耳。《公羊傳》曰：「恒星者何？列星也。」言天官列宿常見之星也。於時周之四月，則夏之仲春。《月令》：「仲春之月，日在奎，昏弧中。」鄭玄云：「弧在輿鬼南。」則於時南方之星，盡當列見，謂常見之星者，謂南方星也。杜以《長歷》校之，知辛卯是四月五日也。杜以五日月光尚微，不能奄星使不見，若有雲蔽，當時復無雲，蓋日光不以昏没，是故以爲異也。**夜中，星隕如雨。**如，而也。夜半乃有雲，星落而且雨，其數多，皆記異也。日光不匿，恒星不見，而云「夜中」者，以水漏知之。【疏】注「如而」至「知之」。　正義曰：《公羊》説「如雨」者，言其狀似雨也。此傳言「星隕如雨，與雨偕也」。偕訓爲俱，與雨俱下，不得爲狀似雨也。故轉如爲而，謂星落而且雨，其數多，與雨雜下，所落非一星也。非常爲異，害物爲災，此二事雖是天之變異，不見物被災害，皆記異也。星隕非常，固可記異。雨乃常事，亦言之者，見星之隕，其勢宜明，時乃陰雨，雨内見星，所以爲異。主言星之異，不言雨之爲異也。夜之早晚，以星爲驗。日光不匿，恒星不見，而云夜中者，以水漏知之。漏者，晝夜百刻。於時春分之月夜當五十刻，二十五刻而夜半也。

秋，大水。無傳。**無麥、苗。**今五月，周之秋。平地出水，漂殺熟麥及五稼之苗。【疏】注「今五」

至「之苗」。　正義曰：直言無麥、苗，似是麥之苗，而知麥、苗别者，《公羊傳》曰：「曷爲先言無麥，而後言無苗？待無麥，然後書無苗。」如彼傳文，知麥、苗别也。且此秋，今之五月，麥已熟矣，不得方云麥之無苗，故知熟麥及五稼之苗皆爲水漂殺也。種之曰稼，斂之曰穡。《月令》五時食穀，黍、稷、麻、麥、豆，《周禮》謂之五穀，故云五稼之苗。何休云：「禾初生曰苗，秀曰禾。」

冬，夫人姜氏會齊侯于穀。無傳。穀，齊地，今濟北穀城縣。

【傳】七年，春，文姜會齊侯于防，齊志也。文姜數與齊侯會，至齊地，則姦發夫人，至魯地，則齊侯之志，故傳略舉二端以言之。**【疏】**注「文姜」至「言之」。　正義曰：文姜數與齊侯會者：二年于禚，四年于祝丘，五年如齊師，此年于防、于穀是也。哀十五年傳稱「齊致禚、媚、杏於衛」，則禚是齊地。定五年傳稱「季平子行東野，卒于房」，則防是魯地。傳於齊地言書姦，於魯地言齊志，故知至齊地則姦發夫人，至魯地則齊侯之志也。二年會之始，此年會之末，故傳略舉二端以言之，明其餘意同也。杜于禚、于穀皆言齊地，于祝丘言魯地，見其有二意。若其不然，桓五年經書「城祝丘」，祝丘魯地，不須解之。《釋例》曰：「婦人無外事，見兄弟不踰閾。故其他行，非禮所及，亦例所不存。而當其時實有出入，或以事宜，或以淫縱，小君之行，不得不書，故直書其行，而其善惡各繫於本。會于禚，傳稱書姦，夫人入齊地也。會于防，傳稱齊志，齊侯入魯地也。於經無例，傳以實言之。」

夏，恒星不見，夜明也。星隕如雨，與雨偕也。偕，俱也。

秋，無麥、苗，不害嘉穀也。黍稷尚可更種，故曰「不害嘉穀」。

【經】八年，春，王正月，師次于郎，以俟陳人、蔡人。無傳。期共伐郕，陳、蔡不至，故駐師于郎以待之。【疏】注「期共」至「待之」。　正義曰：唯言以俟陳、蔡，不知何故待之。下有「師及齊師圍郕」，或與陳、蔡同計，故云「期共伐郕，陳、蔡不至，故待之」。賈逵及説《穀梁》者皆云陳、蔡欲伐魯，故待之。陳、蔡於魯竟絶路遥，《春秋》以來未嘗構怨，何因輒伐魯也？又俟者，相須同行之辭，非防寇拒敵之稱，若是畏其來伐，當謂之禦，不得稱俟，故知「期共伐郕」耳。何休、服虔亦言欲共伐郕。

甲午，治兵。治兵於廟，習號令，將以圍郕。【疏】注「治兵」至「圍郕」。　正義曰：《周禮》：「中春，教振旅，中秋，教治兵。」《穀梁傳》曰：「出曰治兵，習戰也，入曰振旅，習戰也。」《公羊傳》曰：「出曰祠兵，入曰振旅，其禮一也，皆習戰也。」《釋天》云：「出爲治兵，尚威武也，入爲振旅，反尊卑也。」孫炎云：「出則幼賤在前，貴勇力也。入則尊老在前，復常法也。」彼言治兵、振旅，皆謂因田獵而選車徒，教戰法，習號令，知此治兵亦是習號令也，❶此治兵於廟，欲就尊嚴之處，使之畏威用命耳。但軍旅之衆非廟内所容，止應告於宗廟，出在門巷習之。昭十八年傳稱：「鄭人簡兵大蒐，將爲蒐除。」杜云：「治兵於廟，城内地迫，故除廣之。」是告於廟，習於巷也。下有圍郕，知治兵爲圍郕也。沈云：「《周禮》『中秋治兵』，《月令》孟春令云『是月也，不可以稱兵』，所以甲午治兵

---

❶「也」，阮本無此字。

者，以爲圍郕，故非時治兵，猶如備難而城，雖非時不譏。」沈又云：「治兵之禮，必須告廟。告廟雖是内事，治兵乃是外事，故雖告廟，仍用甲午。且治兵則征伐之類，又爲圍郕，雖在郊内，亦用剛日。」甲午治兵，《公羊》以爲祠兵，謂殺牲饗士卒。

夏，師及齊師圍郕，郕降于齊師。二國同討，而齊獨納郕。【疏】「師及」至「齊師」。　正義曰：於例，將卑師衆稱師，此直言師，則公不自將。傳稱「仲慶父請伐齊師」，聞郕降齊師，在國請耳，非是軍中請也。

秋，師還。時史善公克己復禮，全軍而還，故特書師還。【疏】注「時史」至「師還」。　正義曰：《春秋》之例，公行征伐，還則書至，命將出師未有書「師還」者也。慶父請伐齊師，欲以自圍郕之師，迴伐齊師。若用其言，則方相戰鬬，師或喪敗，公乃自責無德，引罪歸己。時史善公克己復禮，全軍而還，喜其得還，故特書師還也。傳言「君子是以善魯莊公」，君子謂當時之史，書此師還，以善魯莊公也。仲尼以爲得理，故因而用之。「克己復禮」，《論語》文也。克，勝也。己雖恨齊，勝情而止，責己而不責於人，❶合於禮意。僖三十年「秦、晉圍鄭」，傳稱「秦人竊與鄭盟，子犯請擊秦師，晉侯不許」，與此事同。而彼無善文者，魯莊中平之主，能有善事，故爲可嘉。晉文身爲霸主，而私自恨鄭，引秦共伐，而秦人背之，失其所與，則爲不知，得免不知之譏已爲幸矣，雖不從子犯，未足可尚。時史不善其事，故仲尼亦無褒文。

冬，十有一月，癸未，齊無知弑其君諸兒。❷稱臣，臣之罪也。

---

❶「人」下，正宗寺本、阮本有「合於人」三字。

❷「弑」，阮校：「纂圖本、閩本、監本、毛本『弑』作『殺』。」

【傳】八年，春，治兵于廟，禮也。

夏，師及齊師圍郕。郕降于齊師。仲慶父請伐齊師。齊不與魯共其功，故欲伐之。公曰：「不可！我實不德，齊師何罪？罪我之由。《夏書》曰：『皋陶邁種德，《夏書》，逸《書》也。稱皋陶能勉種德。邁，勉也。德，乃降。』姑務脩德，以待時乎！」言苟有德，乃爲人所降服。姑，且也。

秋，師還。君子是以善魯莊公。傳言經所以即用舊史之文。【疏】「夏書」至「乃降」。❶ 正義曰：此《虞書·皋陶謨》之文，❷以述禹事，故傳謂之《夏書》。孔安國以爲：「邁，行。種，布。降，下也。言皋陶能行布其德，德乃下洽於民，故民歸之。」今引之斷章，取證降義，當言皋陶能布行其德，由其有德，乃爲人降服也。杜不見古文，故以爲逸《書》，以邁爲勉，言皋陶能勉力種樹功德，不知「德乃降」亦是《書》文，謂爲莊公之語，故隔從下注，言能慕皋陶之種德，乃人自降服之。自恨不能如皋陶也。

齊侯使連稱、管至父戍葵丘。連稱、管至父，皆齊大夫。戍，守也。葵丘，齊地，臨淄縣西有地名葵丘。瓜時而往，曰：「及瓜而代。」期戍，公問不至。問，命也。請代，弗許，故謀作亂。僖公之母弟曰夷仲年，生公孫無知，有寵於僖公，衣服禮秩如適，適，大子。襄公絀之。二人因之以作亂。

---

❶「夏書至乃降」，阮本此節正義在「德乃降」注下。

❷「皋陶謨」，阮校：「陳樹華云：當作『大禹謨』。」

二人，連稱、管至父。連稱有從妹在公宮，無寵。使間公，伺公之間隙。曰：「捷，吾以女爲夫人。」捷，克也。宣無知之言。冬，十二月，❶齊侯游于姑棼，遂田于貝丘。姑棼、貝丘，皆齊地。田，獵也。樂安博昌縣南有地名貝丘。見大豕。從者曰：「公子彭生也。」公見大豕，而從者見彭生，皆妖鬼。公怒，曰：「彭生敢見！」射之，豕人立而啼。公懼，隊于車，傷足喪屨。反，誅屨於徒人費，誅，責也。弗得。鞭之，見血。走出，遇賊于門，劫而束之。費曰：「我奚御哉？」袒而示之背，信之。費請先入，詐欲助賊。伏公而出，鬭死于門中。石之紛如死于階下。石之紛如，齊小臣，亦鬭死。遂入，殺孟陽于牀。孟陽，亦小臣，代公居牀。曰：「非君也，不類。」見公之足于户下，遂弑之。而立無知。經書十一月癸未，《長歷》推之，月六日也。❷傳云十二月，傳誤。

初，襄公立，無常。政令無常。鮑叔牙曰：「君使民慢，亂將作矣！」奉公子小白出奔莒。鮑叔牙，小白傅。小白，僖公庶子。亂作，管夷吾、召忽奉公子糾來奔。管夷吾、召忽，皆子糾傅也。子糾，小白庶兄。來不書，皆非卿也。爲九年公伐齊，納子糾，齊小白入于齊傳。初，公孫無知虐于雍廩。雍廩，齊大夫。爲殺無知傳。

❶「十二月」，阮校：「石經『十』下有『有』字。」
❷「月六日」，阮校：「山井鼎云：『足利本後人記云：月六日，異本作「十一月六日。」』」

【經】九年，春，齊人殺無知。無知弒君而立，未列於會，故不書爵，例在成十六年。【疏】注「無知」至「六年」。　正義曰：無知弒君自立，則是爲齊君矣，而不言弒其君者，爲未列於會，故不書爵。不書爵者，正謂不書弒其君也。《釋例》曰：「諸侯不受先君之命而簒立，得與諸侯會者，則以成君書之。齊商人、蔡侯般之屬是也。若未得接於諸侯，則不稱爵。楚公子棄疾殺公子比，蔡人殺陳佗，齊人殺無知，衛人殺州吁、公子瑕之屬是也。諸侯簒立，雖以會諸侯爲正，此列國之制也。至於國內，策名委質，即君臣之分已定，故雖殺不成君，亦與成君同義也。」是言殺而不稱君之意也。❶曹伯負芻殺大子而自立，成十五年晉侯討而執之，十六年曹人請于晉，曰：「若有罪，則君列諸會矣。」是列會則成君，故指彼以爲例。

公及齊大夫盟于蔇。齊亂無君，故大夫得敵於公，蓋欲迎子糾也。來者非一人，故不稱名。蔇，魯地，琅邪繒縣北有蔇亭。【疏】注「齊亂」至「蔇亭」。　正義曰：僖二十九年傳曰：「在禮，卿不會公、侯，會伯、子、男可也。」是大夫不得敵公也。若敵公，則經没公不書，而貶卿稱人，翟泉之盟是也。此不没公者，齊亂無君，故大夫得敵公。既得敵公，當書名氏，而直言齊大夫者，來者非一人，故不稱名也。文七年「宋人殺其大夫」，傳曰：「不稱名，衆也。」是衆則不得書名。

夏，公伐齊，納子糾。❷【疏】「公伐齊納子糾」。　正義曰：《公羊傳》曰：「糾者何？公子糾也。何以不

---

❶「意」，阮本作「義」。

❷「子糾」，阮校：「臧琳云：『子』字衍文，沿唐定本之誤。正義於此引賈逵云：『不言公子，次正也。』又於後『九月，齊人取子糾，殺之』下引賈逵云『稱子者，愍之』，可證賈景伯本於此無『子』字。」

稱公子？君前臣名也。」何休云：❶「嫌當爲齊君，在魯君前不爲臣禮，故去公子，❷見臣於魯也。」賈逵云：「不言公子，次正也。」《公羊》之説不可通於《左氏》，次正不稱公子，其事又無所出。案今定本經文「糾」之上且有「子」字。自外入内不稱公子者多，唯有楚公子比稱公子，蓋告辭有詳略，故爲文不同。此有伐齊之文，故不須言「于齊」。納捷菑于邾，爲無伐邾之文，故須言「于邾」。

齊小白入于齊。二公子各有黨，故雖盟而迎子糾，當須伐乃得入，又出在小白之後。小白稱入，從國逆之文，本無位。【疏】注「二公」至「無位」。正義曰：傳稱鮑叔牙以小白奔莒，管夷吾、召忽奉子糾來奔，則二子在國寵均勢敵，故國内各有其黨。今齊大夫來盟于蔇，直是子糾之黨來迎子糾耳，小白之黨猶自向莒迎小白也。若其舉國同心共推子糾，來迎即宜付之，不須以盟要之。今既與之盟，而興師送糾，是二公子各自有黨，須伐乃得入，故公伐齊也。昭十三年傳稱「桓公有國、高以爲内主」，則國子、高子是小白之黨也。彼迎小白既早，公送子糾又遲，公伐齊納子糾始行即書，小白入齊得告乃書，故至齊之時，出小白之後也。傳例曰：「凡去國，國逆而立之曰入。」小白稱入，從國逆之文，以其本無位也，若本有位，則當云復歸。賈、服以爲齊大夫來迎子糾，公不亟遣，而盟以要之。齊人歸，迎小白。謂迎小白者，還是盟蔇大夫，故杜言各自有黨以排之。❸

秋，七月，丁酉，葬齊襄公。無傳。九月乃葬，亂故。

---

❶「云」，文淵閣本、阮本作「曰」。
❷「公」，原作「父」，正宗寺本、文淵閣本、阮本作「公」，《公羊傳》注亦作「公」，今據改。
❸「排」，阮本作「解」。

八月，庚申，及齊師戰于乾時，我師敗績。小白既定，而公猶不退師，歷時而戰，戰遂大敗。不稱公戰、公敗，諱之。乾時，齊地，時水在樂安界歧流，旱則竭涸，故曰乾時。【疏】注「小白」至「乾時」。

正義曰：公以夏伐齊，已出小白之後。齊人得葬襄公，便是國寧位定。公可退而不退，戰而敗績，是公之罪。時史書策不稱公戰、公敗，爲公諱也。若言此戰非公，是將卑師衆，故直言師戰師敗耳。此戰雖諱，猶書敗。升陘之戰，敗亦不書者，彼爲獲公胄，恥，諱之深，故不書敗也。

九月，齊人取子糾，殺之。公子爲賊亂則書。齊實告殺而書齊取殺者，時史惡齊志在譎以求管仲，非不忍其親，故極言之。【疏】「取子糾殺之」。　正義曰：此名糾耳，稱子者，《公羊傳》曰：「其稱子糾何？貴也。其貴奈何？宜爲君者也。」何休云：「以『君薨稱子某』言之者，著其宜爲君，從未踰年君例。」賈逵云：「稱子者，愍之。」案定本上「納子糾」已稱子，則此言子，非愍之也。沈云：「齊人稱子糾，故魯史從其所稱，而經書子糾。知者，傳云『子糾，親也，請君討之』，豈復是愍之乎？」劉與賈同。　注「公子」至「言之」。　正義曰：諸侯之臣，爲卿乃見經。公子爲賊亂者，則書其名，不問位之貴賤。《釋例》曰：「禍福不告則不書，然則國之大事見告，則皆承告而書，貴賤各以所告爲文也。福莫大於享國有家，禍莫甚於骨肉相殘，故公子取國及爲亂見殺者，亦皆書之，不必繫於爲卿，故子糾、意恢以公子見書於經也。」是説公子書經之意也。

冬，浚洙。無傳。洙水在魯城北，下合泗。浚深之，爲齊備。【疏】注「洙水」至「齊備」。　正義曰：《釋例》云：「洙水出魯國東北，西南入沇水，下合泗。」《公羊傳》曰：「洙者何？水也。浚之者何？深之也。曷爲深之？畏齊也。」是畏齊，故深之爲阻固也。

【傳】九年，春，雍廩殺無知。

公及齊大夫盟于蔇。齊無君也。

夏，公伐齊，納子糾。桓公自莒先入。桓公，小白。**秋，師及齊師戰于乾時，我師敗績，公喪戎路，傳乘而歸。**戎路，兵車。傳乘，乘他車。**秦子、梁子以公旗辟于下道，**二子，公御及戎右也，**以誤齊師。是以皆止。**止，獲也。**鮑叔帥師來言曰：「子糾，親也，請君討之。**鮑叔乘勝而進軍，志在生得管仲，故託不忍之辭。**管、召，讎也，請受而甘心焉。」**管仲射桓公，故曰讎。甘心，言欲快意戮殺之。**乃殺子糾于生竇，**生竇，魯地。**召忽死之。管仲請囚，鮑叔受之，及堂阜而稅之。**❶堂阜，齊地。東莞蒙陰縣西北有夷吾亭。或曰：鮑叔解夷吾縛於此，因以爲名。**歸而以告曰：「管夷吾治於高傒，**高傒，齊卿高敬仲也。言管仲治理政事之才，多於敬仲。**使相可也。」公從之。**【疏】「鮑叔」至「可也」。❷　正義曰：此傳大略，世有《管子》書者，或是後人所録，其言甚詳。其《小匡》篇曰：「桓公自莒反於齊，使鮑叔牙爲宰。鮑叔辭曰：『君有加惠於臣，使臣不凍餒，則是君之賜也。若必治國家，則非臣之所能也，其唯管夷吾乎？臣之所不如夷吾者五：寬惠愛民，臣不如也；治國不失秉，臣不如也；忠信可結於諸侯，臣不如也；制禮義可法於四方，臣不如也；介冑執枹，立於軍門，使百姓皆知勇，臣不如也。夫管子，民之父母也，將

---

❶「稅」，阮校：「案，《文選·解嘲》注引作『脱』。《釋文》亦作『稅』，云：『本又作說。』」

❷「鮑叔至可也」，阮本此節正義在「使相可也」句下。

欲治其子，不可棄其父母。』公曰：『管夷吾親射寡人，中鉤，殆於死，今乃用之，可乎？』鮑叔曰：『彼爲其君勤也，君若宥而反之，其爲君猶是也。』公曰：『然則爲之奈何？』鮑叔曰：『君使人請之魯。』公曰：『夫施伯，魯之謀臣也。彼知吾將用之，必不吾與。』鮑叔曰：『君詔使者曰，寡君有不令之臣在君之國，願請之以戮於羣臣。魯君必諾。且施伯之知夷吾之才，必將致魯之政。夷吾受之，則魯能弱齊矣。夷吾不受，彼知其將反齊，必殺之。君亟請之，不然無及。』公乃使鮑叔行成，曰：『公子糾，親也，請君討之。』魯人爲殺公子糾。又曰：『管仲，讎也，請受而戮之。』魯君許諾。施伯謂魯侯曰：『勿與！非戮之也，將用其政也。管仲，天下之賢人，今齊求而得之，則必長爲魯國憂，君何不殺之而授其屍？』魯君曰：『諾。』將殺管仲。鮑叔進曰：『殺之齊，是戮齊也。殺之魯，是戮魯也。寡君願生得之，以徇於國，爲羣臣戮。若不生得，是君與寡君之賊比也，非敝邑之所請也，使臣不敢受命。』於是乎魯君乃不殺，遂生束縛而以與齊。❶鮑叔受而哭之，三舉。施伯從而笑之，謂大夫曰：『管仲必不死矣！鮑叔之不忍戮賢人，其知知稱賢以自成也。』❷至於堂阜之上，鮑叔祓而浴之三。桓公親迎於郊，遂與歸，禮之於廟，三酌而問爲政焉。」《外傳·齊語》與《管子》大同，《管子》當是本耳。《管子》無「治於高傒」之言。鮑叔之美管子，其言非一，說者各記所聞，故不同耳。

【經】十年，春，王正月，公敗齊師于長勺。齊人雖成列，魯以權譎稽之，列成而不得用，故以未

---

❶「以」上，阮校：浦鏜《正誤》據《管子》增「柙」字。

❷「知知」，阮校：「案，《管子》『知』字不重。」

陳爲文。例在十一年。長勺，魯地。【疏】注「齊人」至「魯地」。　正義曰：例稱：「敵未陳曰敗某師，皆陳曰戰。」此傳稱齊人成陳擊鼓，不應稱「敗齊師」，故解之。《孫子兵書》曰：「誓稽之，使失其先後。」謂稽留彼敵，不時與戰，使先後失其次第。魯以曹劌之語，設權謀譎詐以稽留之，列成而不得用，與未陳相似，故以未陳爲文。《釋例》曰「長勺之役，雖俱陳，而鼓音不齊。檇李之役，越人患吴之整，以死士亂吴，雖皆已陳，猶以獨克爲文，舉其權詐」，是也。此注「稽」或作「掩」，誤耳，今定本作「稽」。

二月，公侵宋。無傳。侵例在二十九年。

三月，宋人遷宿。無傳。宋强遷之而取其地，故文異於邢遷。

夏，六月，齊師、宋師次于郎。不言侵伐，齊爲兵主，背蔇之盟，義與長勺同。【疏】注「不言」至「勺同」。　正義曰：此春敗齊師于長勺，傳稱「齊師伐我」，則今次于郎，亦是欲來伐我，而經並不稱侵伐。侵伐者，責罪之文也。桓十年，齊侯、鄭伯來戰于郎，傳曰：「我有辭也。」故不稱侵伐，則知此與長勺不書侵伐，亦爲「我有辭也」。我有辭者，齊來伐我，爲公伐齊納子糾來報伐也。公之伐齊，大夫來盟于蔇，許以子糾爲君，令魯伐齊，納子糾。彼自背盟伐魯，非責魯也，魯有此辭，故齊人不合伐也。杜言二公子各有黨，則迎子糾者，非小白之徒，而責齊背盟者，言彼蔇盟，大夫背盟而從小白，誤公使伐齊耳，不言桓公背盟也。杜以傳於長勺之役有「伐我」之語，故就傳爲解，而以此同之。

公敗宋師于乘丘。乘丘，魯地。

秋，九月，荆敗蔡師于莘。荆，楚本號，後改爲楚。楚辟陋在夷，於此始通上國，然告命之辭猶未合典禮，故不稱將帥。❶ 莘，蔡地。【疏】注「荆楚」至「蔡地」。 正義曰：荆、楚，一木二名，故以爲國號亦得二名。終莊公之世，經皆書荆。僖之元年，乃書楚人伐鄭，蓋於爾時始改爲楚，以後常稱楚也。他國雖將有尊卑，師有多少，或稱師，或稱將，不得直書國名，史之書策，承彼告辭。此直稱國，知其告命之辭，未合典禮，故不稱將帥也。**以蔡侯獻舞歸。** 獻舞，蔡季。【疏】「以蔡侯獻舞歸」。 正義曰：《穀梁傳》曰：「以歸，猶愈乎執也。」杜於隱七年注云：「但言以歸，非執也。」則以歸者，直將與共歸，不被囚執，其恥輕於執也。《釋例・得獲例》曰：「敵國交兵，亦有兵器之獲，欲殊别君臣，故於君曰滅，於臣曰獲。國君者，社稷之主，百姓之望，當與社稷宗廟共其存亡者也，而見獲於敵國，雖存若亡，死之與生皆與滅同。至於偏軍元帥，君之臣僕，出身致命，榮辱得失，自其常事。故傳曰『胡子髡、沈子逞滅，獲陳夏齧』，君臣之辭也。」如杜此言，師敗身虜亦應稱滅。此不言滅，而云以歸者，《釋例》所云據宗廟社稷已亡，而君見獲於敵，君身雖在，與亡無異，皆以滅爲文，則定六年「鄭遊速帥師滅許，以許男斯歸」是也。若社稷宗廟不亡，君身見獲於敵，則云「以歸」，此蔡侯獻舞歸是也。劉炫云「在陳死，則稱滅，以還者，則言以歸」，以規杜氏，非也。

冬，十月，齊師滅譚。 譚國在濟南平陵縣西南。傳曰：「譚無禮。」此直釋所以見滅。經無義例，他皆放此。滅例在文十五年。**譚子奔莒。** 不言出奔，國滅無所出。【疏】注「不言」至「所出」。 正義曰：《公羊傳》曰：「何以不言出？國已滅矣，無所出也。」

---

❶「帥」，《經典釋文》作「率」，云：「又作帥。」

【傳】十年，春，齊師伐我。不書侵伐，齊背蔇之盟，我有辭。公將戰，曹劌請見。曹劌，魯人。其鄉人曰：「肉食者謀之，又何間焉？」肉食，在位者。間猶與也。劌曰：「肉食者鄙，未能遠謀。」乃入見。問：「何以戰？」公曰：「衣食所安，弗敢專也，必以分人。」對曰：「小惠未徧，民弗從也。」分公衣食，所惠不過左右，故曰「未徧」。公曰：「犧牲玉帛，弗敢加也，必以信。」祝辭不敢以小爲大，以惡爲美。對曰：「小信未孚，神弗福也。」孚，大信也。公曰：「小大之獄，雖不能察，必以情。」必盡己情。察，審也。對曰：「忠之屬也，上思利民，忠也。可以一戰，戰則請從。」公與之乘。共乘兵車。

戰于長勺。公將鼓之，劌曰：「未可。」齊人三鼓，劌曰：「可矣。」齊師敗績。公將馳之，劌曰：「未可。」下視其轍，視車跡也。登軾而望之，曰：「可矣。」遂逐齊師。既克，公問其故。對曰：「夫戰，勇氣也。一鼓作氣，再而衰，三而竭。彼竭我盈，故克之。夫大國，難測也，懼有伏焉。恐詐奔。吾視其轍亂，望其旗靡，故逐之。」旗靡轍亂，怖遽。❶【疏】注「曹劌魯人」。❷　正義曰：《史記》作「曹沫」，亦云「魯人」。　注「肉食」至「與也」。　正義曰：《孟子》論庶人云：「五畝之宅，樹之以桑，五十者可以衣

❶「遽」下，《經典釋文》有「也」字。
❷「注曹劌魯人」，阮本以下正義七節分疏於傳文各節下。

帛。雞豚狗彘之畜，無失其時，七十者可以肉食。」❶是賤人不得食肉，故云「在位者」也。襄二十八年傳説子雅、子尾之食云「公膳日雙雞」，昭四年傳説頒冰之法云「食肉之禄，冰皆與焉，大夫命婦喪浴用冰」。蓋位爲大夫，乃得食肉也。間謂間雜，言不應間其中而爲之謀，故云「間猶與也」。「衣食所安」。正義曰：公意衣食二者，雖所以安身，然亦不敢專己有之，必以之分人。「犧牲玉帛」。正義曰：四者皆祭神之物。《曲禮》曰：「天子以犧牛，諸侯以肥牛。」鄭玄云：「犧，純毛也。肥，養於滌也。」然則牲謂三牲，牛、羊、豕也。犧者，牲之純色也。魯自得用天子之禮，要犧牲相配之語，未必爲得用乃言之也。注「孚大信也」。正義曰：孚亦信耳，以言「小信未孚」，故解孚爲大信以形之。注「上思利民忠也」。正義曰：桓六年傳文也。言以情審察，不用使之有枉，則是思欲利民，故爲忠之屬也。「登軾而望之」。正義曰：❷《考工記》云：兵車之廣，六尺有六寸三分，車廣去一以爲隧，隧謂輿內，前後深四尺四寸也。三分其隧，一在前，二在後，以揉其式。式在輿間，從前量之，深一尺四寸三分寸之二也。以其廣之半爲之式崇，崇三尺三寸也。謂當車輿之內，去前軫一尺四寸三分寸之二，下去車板三尺三寸，横施一木名之曰軾，得使人立於其後，時依倚之。曹劌登軾，得臣云「君馮軾」，皆謂此也。

夏，六月，齊師、宋師次于郎。公子偃曰：「宋師不整，可敗也。公子偃，魯大夫。**宋敗，齊必還。請擊之！」公弗許。自雩門竊出，蒙皋比而先犯之。**雩門，魯南城門。皋比，虎皮。**公從之，大**

---

❶ 「肉食」，文淵閣本、阮本作「食肉」。

❷ 「正」，原重文，據正宗寺本、阮本删。

敗宋師于乘丘。齊師乃還。【疏】注「雩門」至「虎皮」。❶　正義曰：雩門爲魯南城門，蓋時人猶以名之，故知也。僖二十八年傳稱「胥臣蒙馬以虎皮」，此云「蒙皋比而先犯之」，事與彼同，知皋比是虎皮也。以胥臣之事譬之，必知定是虎皮，其名曰皋比，則其義未聞。《樂記》云：「倒載干戈，包之以虎皮，名之曰建櫜。」鄭玄以爲兵甲之衣曰櫜。櫜，韜也。而其字或作建皋，故服虔引以解此。

蔡哀侯娶于陳，息侯亦娶焉。息嬀將歸，過蔡。蔡侯曰：「吾姨也。」妻之姊妹曰姨。**止而見之，弗賓。**不禮敬也。**息侯聞之，怒，使謂楚文王曰：「伐我，吾求救於蔡而伐之。」楚子從之。秋，九月，楚敗蔡師于莘，以蔡侯獻舞歸。**【疏】注「妻之姊妹曰姨」。❷　正義曰：《釋親》云：「妻之姊妹同出爲姨。」孫炎云：「同出，俱已嫁也。」

齊侯之出也，過譚，譚不禮焉。及其入也，諸侯皆賀，譚又不至。以九年入。**冬，齊師滅譚，譚無禮也。譚子奔莒，同盟故也。**傳言譚不能及遠，所以亡。

【經】**十有一年，春，王正月。**無傳。**夏，五月，戊寅，公敗宋師于鄑。**鄑，魯地。傳例曰：「敵未陳曰敗某師。」【疏】「公敗宋師于鄑」。

---

❶「注雩門至虎皮」，阮本此節正義在注「皋比虎皮」下。
❷「注妻之姊妹曰姨」，阮本此節正義在「吾姨也」注下。

正義曰：往年公敗宋師于乘丘，今爲乘丘之役侵我，則是報復前怨，魯當無辭，亦不稱侵伐者，莊立以來，未嘗犯宋，宋黨齊伐我，故敗于乘丘。今復重來，更是宋之可責，非魯罪也。

秋，宋大水。公使弔之，故書。

冬，王姬歸于齊。魯主昏，不書齊侯，逆不見公。

【傳】十一年，**夏，宋爲乘丘之役故侵我。公禦之，宋師未陳而薄之，敗諸鄑。凡師，敵未陳曰敗某師，**通謂設權譎變詐以勝敵，彼我不得成列，成列而不得用，故以未陳獨敗爲文。**皆陳曰戰，**堅而有備，各得其所，成敗決於志力者也。**大崩曰敗績，**師徒橈敗，若沮岸崩山，喪其功績，故曰敗績。**得儁曰克，**❶謂若大叔段之比，才力足以服衆，威權足以自固。進不成爲外寇强敵，退復狡壯，有二君之難，而實非二君，克而勝之，則不言彼敗績，但書所克之名。**覆而敗之曰取某師，**覆謂威力兼備，若羅網所掩覆，一軍皆見禽制，故以取爲文。**京師敗曰王師敗績于某。**王者無敵於天下，天下非所得與戰者。然春秋之世，據有其事，事列於經，則不得不因申其義。有時而敗，則以自敗

---

❶「儁」，阮校：「淳熙本、足利本『儁』作『雋』。《釋文》云：『本或作俊。』諸本皆作『儁』。案，《漢書·陳湯傳》注引作『俊』。《玉篇》云：『儁』同『俊』。」

爲文，明天下莫之得校。【疏】注「通謂」至「爲文」。❶　正義曰：設權譎變詐以勝敵者，謂若長勺之役，待齊人三鼓氣衰，乃擊之。定十四年檇李之役，越子患吴之整，使罪人屬劍自剄，吴師屬之目，越子因而伐之。此二者，敵雖已陳，設權勝之，成列而不得用也。此及昭元年晉荀吴敗狄于大鹵，傳皆云「未陳而薄之」，是其未成列也。彼我不得成列，與成列而不得用，皆以未陳獨敗爲文，言彼不能拒，而此獨克之也。昭五年，叔弓敗莒師于蚡泉，傳曰「莒未陳也」。此已發例，彼復發者，《釋例》曰：「魯敗宋、莒，再發未陳之例者，嫌君臣有異也。」　注「堅而」至「者也」。　正義曰：戰者，共鬭之辭。彼此成列，權無所施，故爲各得其所，成敗決於志力者也。兩國交戰，必有勝負。或有未至成敗，各自收斂，故有言戰不言敗者。桓十年「齊侯、鄭伯來戰于郎」，十二年「及鄭師伐宋，丁未，戰于宋」，如此之類，交戰而未至於敗，故不書敗也。或有彼實未陳，應從未陳之例，亦書戰者，或有實敗而不書敗者，皆從告辭也。《釋例》曰：「令狐之役，晉人潛師夜起，而書戰者，晉諱背其前意，而夜薄秦師，以戰告也。河曲之戰，秦、晉交綏，長岸之戰，吴、楚兩敗，交綏並退，軍士未憖，吴、楚俱病，莫肯以告，故皆書戰而不書敗也。邲之戰，上軍先陳，林父乃敗，故書戰又書敗也。　注「師徒」至「敗績」。　正義曰：「師徒橈敗」，成二年傳文。《穀梁傳》曰：「高曰崩，厚曰崩。」解其師非高厚而稱崩意。沮訓壞也，沮岸，謂河岸崩也。師旅大敗，似岸崩、山崩也。績訓爲功，喪其功績，故曰敗績。諸言敗績者，❷皆云某師敗績，唯成十六年言「楚子、鄭師敗績」者，《釋例》曰：「鄢陵之戰，楚師徒未大崩，楚子傷目而退，故指事而言也，言楚子身敗，非師敗也，故言楚子敗

❶「注通謂至爲文」，阮本以下正義六節分疏於傳文各節下。

❷「諸言敗績者皆云某師敗績」十一字，正宗寺本、文淵閣本、阮本無。

績。」僖十五年「晉侯及秦伯戰于韓，獲晉侯」，其君被獲，而不書敗者，晉侯戎馬還濘而止，爲秦所獲，師不大崩，故不書敗也。城濮之戰，傳稱楚左右師潰，子玉收其卒而止，故不敗。是二軍敗，而經書「敗績」。鄢陵之戰，傳稱子反曰「臣之卒實奔」，是一軍敗，而杜云師未大崩。然則敗績者是大崩之名，敗多存少，乃稱敗績，敗少存多，則不稱敗績也。

注「謂若」至「之名」。正義曰：克訓勝也。戰勝其師，獲得其軍内之雄儁者，故云「得儁曰克」。《春秋》稱「克」者，唯有叔段一事而已，既非敵國相伐，又非君之討臣，而於戰陳之例別立此名。彼傳復云：「如二君，故曰克。」故具迹叔段之事以充之。❶凡例乃是舊典，非獨爲段發，故云「叔段之比」。《釋例》與此盡同。

注「覆謂」至「爲文」。正義曰：取謂盡取，無遺漏之意也。哀九年「宋皇瑗取鄭師于雍丘」，傳稱：「皇瑗圍鄭師，每日遷舍，壘合，鄭師哭。」是自知盡死，無逃逸之路也。又曰「使有能者無死」，是其合軍之内，死生在宋也。取狀如此，而云「覆而敗之」，知其如羅網掩覆，一軍皆見禽制，故以取爲文。服虔云：「覆，隱也，設伏而敗之。謂攻其無備，出其不意，敵人不知，敗之易，故曰取。」即如服言，與未陳何異，而別以爲例，謂之取也？荀吴敗狄于大原，於越敗吴于檇李，並攻其無備，出其不意，而經不言取。鄭二公子敗燕師于北制，鄭人大敗戎師，是設伏敗之，而傳不言取。服謂此爲取何也？宋圍鄭師，壘合而哭，自知必敗，非敵人不知，而書取何也？

注「王者」至「得校」。正義曰：此亦周公舊凡，杜解舊凡之意。得有王師敗績者，以周公制禮，理包盛衰，故《周禮》載大喪及王師不功之事，故舊凡例有敗績之文。杜以尊卑逆順言之，天王不應有戰敗之事，遂申説凡例，故云：「無敵於天下，天下非所得與戰者。然春秋之世，據有其事。」成元年，王師敗績于茅戎，是事列於經，丘明不

❶「迹」，阮校：浦鏜《正誤》作「述」。

得不因申舊凡之義。蘇氏之説，義亦如此。沈氏不解杜意，以京師敗績非周公舊凡，是孔子新意，丘明爲傳，不得不因申孔子新意之義。劉炫亦不達杜旨，謂杜與沈氏意同，非也。

秋，宋大水。公使弔焉，曰：「天作淫雨，害於粢盛，若之何不弔？」不爲天所愍弔。**對曰：「孤實不敬，天降之災，又以爲君憂，拜命之辱。」**謝辱厚命。**臧文仲曰：「宋其興乎？**臧文仲，魯大夫。**禹、湯罪己，其興也悖焉。**悖，盛貌。**桀、紂罪人，其亡也忽焉。**忽，速貌。**且列國有凶，稱孤，禮也。**列國，諸侯。無凶則常稱寡人。**言懼而名禮，其庶乎？」**言懼，罪己。名禮，稱孤。其庶，庶幾於興。**既而聞之曰，公子御説之辭也，**❶宋莊公子。❷**臧孫達曰：「是宜爲君，有恤民之心。」**【疏】「禹湯罪己桀紂罪人」。❸　正義曰：《湯誥》云：「其爾萬方有罪，在予一人。」是罪己也。《泰誓》數紂之罪，云：「焚炙忠良，刳剔孕婦。」是罪人也。禹、桀之時，書多亡矣，固亦應有此事。沈引《帝王世紀》云：「禹見罪人，下車泣之。」是罪己也。桀殺關龍逢，是罪人也。　注「列國」至「寡人」。　正義曰：列國，謂大國也。《曲禮》曰：「庶方小侯，自稱曰孤。諸侯與民言，自稱曰寡人。其在凶服，曰適子孤。」鄭玄云：「與臣言亦自謂寡人。」是無凶則常稱寡人，有凶則稱孤也。　「既而」至「之心」。　正義曰：謂御説明年爲君之後，方始聞之，聞之時已爲君，故云是人宜其爲君也。傳以御説有禮，故以此言實之。

---

❶「御」，阮校：「《釋文》云：『御，本或作禦。』與《史記》、《漢書·古今人表》同。」

❷「莊公」，原作「公莊」，據《四部叢刊》本、文淵閣本、阮本乙正。

❸「禹湯罪己桀紂罪人」，阮本以下正義三節分疏於傳文各節下。

冬，齊侯來逆共姬。齊桓公也。

乘丘之役，在十年。**公以金僕姑射南宮長萬，**金僕姑，矢名。南宮長萬，宋大夫。**公右歂孫生搏之。**搏，取也。不書獲，萬時未爲卿。**宋人請之。宋公靳之，**戲而相愧曰靳。魯聽其得還。**曰：「始吾敬子，今子魯囚也，吾弗敬子矣！」病之。**萬不以爲戲，而以爲己病。爲宋萬弑君傳。【疏】注「金僕姑矢名」。❶　正義曰：用之射人，必知是矢。其名僕姑，其義未聞。　「公右歂孫生」。❷　正義曰：《檀弓》云：「魯莊公及宋人戰于乘丘，縣賁父御，卜國爲右。」車右與此不同者，《禮記》後人所録，聞於所聞之口，其事未必實也。案傳云：「公子偃先犯宋師，公從而大敗之。」則本非交戰。《禮記》稱「馬驚，敗績，公隊，佐車授綏，御與車右皆死之」。必如記言，則是魯師敗績，經安得稱「公敗宋師于乘丘」？傳、記不同，固當記文妄耳。　注「戲而」至「得還」。　正義曰：服虔云：「恥而惡之曰靳。」傳稱「宋人請之」，若是恥惡其人，不應爲之請魯，故杜以爲「戲而相愧曰靳」。鄭玄注《禮記·儒行》云：「遭人名爲儒，而以儒靳故相戲。」俗有靳故之語，知是戲而相愧之名也。《公羊傳》以爲，宋萬「與閔公博，婦人皆在側。萬曰：『甚矣！魯侯之淑，魯侯之美！』閔公矜此婦人，妒其言，曰：『此虜也。魯侯之美惡乎至？』」何休云：「惡乎至，猶何所至。」「萬怒，搏閔公，絶其脰」，是其靳之事也。

---

❶「注金僕姑矢名」，阮本以下正義三節分疏於傳文各節下。

❷「歂孫生」下，阮本有「搏之」二字。

【經】十有二年，春，王三月，**紀叔姬歸于酅**。無傳。紀侯去國而死，叔姬歸魯，紀季自定於齊而後歸之。全守節義，以終婦道，故繫之紀而以初嫁爲文，賢之也。來歸不書，非寧，且非大歸。

【疏】注「紀侯」至「大歸」。　正義曰：《公羊傳》曰：「其言歸于酅何？隱之也。何隱爾？其國亡矣，徒歸于叔爾。」《穀梁傳》曰：「其曰歸何？吾女也。失國，喜得其所，故言歸焉爾。」杜略取彼意爲説，《釋例》與此盡同，大意以其賢，愍其國亡，乃依附於叔，故書之耳。

夏，四月。

秋，八月，甲午，宋萬弒其君捷及其大夫仇牧。捷，閔公。不書葬，亂也。萬及仇牧皆宋卿，仇牧稱名，不警而遇賊，無善事可褒。

【疏】注「捷閔」至「可褒」。　正義曰：隱十一年《公羊傳》曰：「君弒，臣不討賊，非臣也；子不復讎，非子也。葬，生者之事也。《春秋》君弒，賊不討，不書葬，以爲不繫乎臣子也。」《左氏》無此義，故杜明之：不書葬，爲亂故也。凡葬，魯不會則不書，若使宋亂不葬，魯本無可會之理，兼見此義，故言亂也。萬及仇牧，並名見於經，知皆卿也。萬不書氏者，《釋例》曰：「宋萬，賈氏以爲未賜族。案傳稱南宮長萬，則爲已氏南宮，不得爲未賜族也。推尋經文，自莊公以上諸弒君者，皆不書氏，閔公以下皆書氏，亦足明時史之異同，非仲尼所皆貶也。」是杜意以爲史有詳略，無義例也。文八年，宋人殺其大夫司馬，傳曰：「司馬握節以死，故書以官。」然則有善可褒，當變文以見義。此仇牧書名，不警而遇賊，無善可褒，故不變其文。《公羊》善其「不畏彊禦」，❶故言此以異之。

---

❶ 「善」，阮本作「書」。

冬，十月，宋萬出奔陳。奔例在宣十年。

【傳】十二年，秋，宋萬弑閔公于蒙澤。蒙澤，宋地。梁國有蒙縣。遇仇牧于門，批而殺之。手批之。❶遇大宰督于東宫之西，又殺之。殺督不書，宋不以告。立子游，子游，宋公子。羣公子奔蕭，公子御説奔亳。蕭，宋邑，今沛國蕭縣。亳，宋邑，蒙縣西北有亳城。❷南宫牛、猛獲帥師圍亳。牛，長萬之子。猛獲，其黨。

冬，十月，蕭叔大心叔，蕭大夫名。及戴、武、宣、穆、莊之族，宋五公之子孫。以曹師伐之，殺南宫牛于師，殺子游于宋，立桓公。桓公，御説。猛獲奔衛。南宫萬奔陳，以乘車輦其母，一日而至。乘車，非兵車。駕人曰輦。宋去陳二百六十里，言萬之多力。

宋人請猛獲于衛。衛人欲勿與，石祁子曰："不可！石祁子，衛大夫。天下之惡一也，惡於宋而保於我，保之何補？得一夫而失一國，與惡而棄好，非謀也。"宋、衛本同好國。衛人歸之。亦請南宫萬于陳，以賂。陳人使婦人飲之酒，而以犀革裹之。比及宋，手足皆見。宋人皆醢之。醢，肉

❶ 「之」下，文淵閣本、阮本有「也」字。

❷ 「亳城」，阮校："「案，《郡國志》、《水經注》廿三引作『薄城』，古字通。」"

醬。并醢猛獲，故言「皆」。【疏】注「蒙澤」至「蒙縣」。❶　正義曰：昭十三年，楚公子比自晉歸于楚，弑其君虔于乾谿，書地。此弑閔公于蒙澤，不書地者，《釋例》曰：「先儒旁采二傳，横生異例。宋之蒙澤，楚之乾谿，俱在國内。閔公之弑，則以不書蒙澤國内爲義，楚弑靈王，復以地乾谿爲失所，明仲尼本不以爲義例，則丘明亦無異文也。」是亦言史自詳略，無義例也。　注「子游宋公子」。　正義曰：《世族譜》：「子游，雜人，不知何公之子。」注「叔蕭大夫名」。　正義曰：卿大夫采邑之長則謂之宰，公邑之長則曰大夫，此則是宋蕭邑大夫也。以此年有功，宋人以蕭邑别封其人爲附庸。二十三年經書「蕭叔朝公」，附庸例稱名，故杜以叔爲名。　「于陳以賂」。正義曰：繼「以賂」爲句，❷言用賂請于陳也。請猛獲于衛，不言以賂，蓋於衛無賂。

【經】十有三年，春，齊侯、宋人、陳人、蔡人、邾人會于北杏。北杏，齊地。

夏，六月，齊人滅遂。遂國在濟北蛇丘縣東北。

秋，七月。

冬，公會齊侯，盟于柯。此柯，今濟北東阿，齊之阿邑。猶祝柯今爲祝阿。

---

❶ 「注蒙澤至蒙縣」，阮本以下正義四節分疏於傳文各節下。

❷ 「繼」，正宗寺本、文淵閣本、阮本作「斷」，義爲長。

【傳】十三年，春，會于北杏，以平宋亂。宋有弑君之亂，齊桓欲脩霸業。**遂人不至。夏，齊人滅遂而戍之。**戍，守也。【疏】注「宋有」至「霸業」。❶ 正義曰：桓二年「會于稷，以成宋亂」者，爲會之意，欲平除宋督弑君之賊。此云「平宋亂」者，宋萬已誅，宋新立君，其位未定，齊桓欲脩霸業，爲會以安定之，非欲平除新君，故宋人聽命，來列於會也。

冬，盟于柯，始及齊平也。始與齊桓通好。

宋人背北杏之會。

【經】十有四年，春，齊人、陳人、曹人伐宋。背北杏會故。

夏，單伯會伐宋。既伐宋，單伯乃至，故曰會伐宋。單伯，周大夫。【疏】注「既伐」至「大夫」。 正義曰：傳稱「諸侯伐宋，齊請師于周」，則伐事已成，單伯始至，故云「會伐宋」，言來就宋地會之也。元年注云「單伯，天子卿也」，此云「周大夫」者，大夫亦卿之摠號，故兩言之。

秋，七月，荆入蔡。入例在文十五年。

---

❶ 「注宋有至霸業」，阮本此節正義在「以平宋亂」句注下。

冬，單伯會齊侯、宋公、衛侯、鄭伯于鄄。鄄，衛地，今東郡鄄城也。❶齊桓脩霸業，卒平宋亂，宋人服從，欲歸功天子，故赴以單伯會諸侯爲文。【疏】「單伯」至「于鄄」。正義曰：《春秋》因魯史之文，魯史自書其事，會他國者皆言己往會之，不問君之與臣，會諸侯者，皆魯人在會字之上。若微人往會，則會上無字，直言其會，明魯往會之微人，不合書名，書其所爲之事而已，十六年「會齊侯、宋公、陳侯、衛侯、鄭伯、許男、滑伯、滕子同盟于幽」是也。若魯人不與，而諸侯自會，則并序諸侯，言會于某，十五年「齊侯、宋公、陳侯、衛侯、鄭伯會于鄄」是也。雖霸主召會諸侯，霸主之身列在諸侯之上耳，不言霸主會諸侯，以其俱是王臣，不得與諸侯爲主故也。若霸主之國遣大夫往會諸侯，雖政在霸國，大夫名列諸侯之下，由非諸侯之主，列位從其班爵，文十四年「公會宋公、陳侯、衛侯、鄭伯、許男、曹伯、晉趙盾，同盟于新城」是也。若王臣在會，不問尊卑，皆列諸侯之上，僖八年「公會王人、齊侯、宋公、衛侯、許男、曹伯、陳世子款盟于洮」，九年「公會宰周公、齊侯、宋子、衛侯、鄭伯、許男、曹伯于葵丘」，是也。此會魯人不與，單伯宜列在諸侯之上，下言會于鄄耳。今會字乃在齊侯之上，是齊桓歸功天子，故赴以單伯會諸侯爲文，所以尊天子、示名義也。此會魯自不與，魯所與者，皆魯人在上，史文以魯爲主耳。當會之時，以大小爲序，魯不在上也。《釋例》曰：「魯爲《春秋》主，常列諸侯上，非其實次也。子帛，卿也，依魯大夫之比，列於莒上，故傳曰『魯故也』。叔孫豹曰『宋、衛，吾匹也』，又曰『諸侯之會，寡君未嘗後衛君』，是魯在衛上也。宋既先代之後，又襄公一合諸侯，以紹齊桓之伯，或在齊上，則魯次宋也。」

---

❶「鄄城」，文淵閣本作「甄」。阮校：「淳熙本、閩本、纂圖本、監本、毛本『鄄城』作『甄城』，《釋文》亦作『甄』，云：『或作鄄。』案，《集韻》云：鄄，地名，在衛。通作『甄』。」

【傳】十四年，春，諸侯伐宋，齊請師于周。齊欲崇天子，故請師，假王命以示大順。經書人，傳言諸侯者，揔衆國之辭。**夏，單伯會之，取成于宋而還。**【疏】注「齊欲」至「之辭」。❶ 正義曰：齊既以諸侯伐宋，而更請師于周者，齊桓始脩霸業，方欲尊崇天子，故請師，假王命以示大順耳，非慮伐不克而藉王威也。經書人，而傳言諸侯，先儒以爲諸如此輩皆是諸侯之身。《釋例》曰：「傳滅入例，『衛侯燬滅邢，同姓，故名』。又云『穀伯綏、鄧侯吾離來朝，名，賤之也』。又云『不書蔡、許之君，乘楚車也，謂之失位』。此皆貶諸侯之例，例不稱人也。諸侯在事，傳有明文，而經稱人者，凡十一條，丘明不示其義，而諸儒皆據案生意，原無所出。貶諸侯而去爵稱人，是爲君臣同文，非止等差之謂也。又澶淵大夫之會，傳曰『不書其人』，案經皆去名稱人。至諸侯親城緣陵，傳亦曰『不書其人』，而經揔稱諸侯，此大夫及諸侯經、傳所以爲別也。通校《春秋》，自宣公五年以下百數十年，諸侯之咎甚多，而皆無貶稱人者，益明此蓋當時告命記注之異，非仲尼所以爲例故也。」是言諸侯之貶，或書名，或没而不書，必不得稱人，故以此經書人，傳言諸侯，爲揔衆國之辭。僖元年，齊師、宋師、曹師救邢，於例將卑師衆稱師，則三國皆大夫帥也，傳稱諸侯救邢，亦是揔衆國之辭，與此同也。

鄭厲公自櫟侵鄭，厲公以桓十五年入櫟，遂居之。**及大陵，獲傅瑕。**大陵，鄭地。傅瑕，鄭大夫。**傅瑕曰：「苟舍我，吾請納君。」與之盟而赦之。六月，甲子，傅瑕殺鄭子及其二子，而納厲公。**

❶「注齊欲至之辭」，阮本此節正義在「齊請師于周」注下。

鄭子，莊四年稱伯會諸侯，今見殺，不稱君，無謚者，微弱，臣子不以君禮成喪告諸侯。

初，内蛇與外蛇鬭於鄭南門中，内蛇死。六年而厲公入。公聞之，問於申繻曰：「猶有妖乎？」對曰：「人之所忌，其氣燄以取之。❶妖由人興也。《尚書·洛誥》：「無若火始燄燄。」未盛而進退之時，以喻人心不堅正。人無釁焉，妖不自作。人棄常，則妖興，故有妖。」

厲公入，遂殺傅瑕。使謂原繁曰：「傅瑕貳，言有二心於己。周有常刑，既伏其罪矣。納我而無二心者，吾皆許之上大夫之事，吾願與伯父圖之。上大夫，卿也。伯父謂原繁，疑原繁有二心。且寡人出，伯父無裏言。無納我之言。入又不念寡人，不親附己。寡人憾焉！」對曰：「先君桓公命我先人典司宗祏，桓公，鄭始受封君也。宗祏，宗廟中藏主石室。言己世爲宗廟守臣。社稷有主，而外其心，其何貳如之？苟主社稷，國内之民其誰不爲臣？臣無二心，天之制也。子儀在位十四年矣，子儀，鄭子也。而謀召君者，庸非貳乎？庸，用也。莊公之子，猶有八人，若皆以官爵行賂勸貳而可以濟事，君其若之何？臣聞命矣。」乃縊而死。【疏】「六年而厲公入」。❷正義曰：服虔云：「蛇，北方水物，水成數六，故六年而厲公入。」「猶有」至「有妖」。正義曰：公聞厲公之入，問於申繻曰：

---

❶「燄」，阮校：「石經初刻『燄』作『炎』，是也，改作『燄』，大誤。《釋文》亦作『炎』。案，《漢書·五行志》、《藝文志》引傳文並作『其氣炎以取之』，顔師古注：『炎』讀與『燄』同。」

❷「六年而厲公入」，阮本以下正義三節分疏於傳文各節下。

猶有蛇妖，而厲公得入乎？ 古者由、猶二字義得通用。 申繻對公曰：人之所忌，謂子儀畏懼厲公，心不堅正，其畏忌之氣燄燄未盛而進退之時，以取此妖來應人也。 蛇鬭之事，由人興也。 若使人無釁隙焉，則妖孽不能自作。 人棄其常，則妖自興，以此故有妖。 棄常，謂既不能彊，又不能弱，失常度也。 注「桓公」至「守臣」。 正義曰：桓公初封西鄭，蓋是畿内之國。 周禮，王子母弟有功者，得立祖王之廟，故桓公始封爲君，即命臣使典宗祏。 宗祏者，慮有非常火災，於廟之北壁内爲石室，以藏木主，有事則出而祭之，既祭，納於石室。 祏字從示，神之也。

蔡哀侯爲莘故，繩息嬀以語楚子。❶莘役在十年。 繩，譽也。 **楚子如息，以食入享，遂滅息，**僞設享食之具。 **以息嬀歸。 生堵敖及成王焉，未言。** 未與王言。 **楚子問之，對曰：「吾一婦人，而事二夫，縱弗能死，其又奚言？」楚子以蔡侯滅息，遂伐蔡。** 欲以説息嬀。 **秋，七月，楚入蔡。 君子曰：「《商書》所謂『惡之易也，如火之燎于原，不可鄉邇，其猶可撲滅』者，其如蔡哀侯乎？」**《商書·盤庚》，言惡易長而難滅。**【疏】**注「繩譽也」。❷ 正義曰：字書「繩」作「譝」字，從言，訓爲譽。

冬，會于鄄。 宋服故也。

【經】十有五年，春，齊侯、宋公、陳侯、衛侯、鄭伯會于鄄。

---

❶ 「繩」，阮校：「《釋文》『繩』，《説文》作『譝』。《廣雅》云：譝，譽也。」

❷ 「注繩譽也」，阮本此節正義在「繩息嬀以語楚子」注下。

夏，夫人姜氏如齊。無傳。夫人，文姜，齊桓公姊妹。父母在則禮有歸寧，没則使卿寧。【疏】注「夫人」至「卿寧」。正義曰：文姜，僖公之女，故爲桓公姊妹。《詩》美后妃之德云「歸寧父母」，是父母在則禮有歸寧。襄十二年傳曰：「秦嬴歸于楚。楚司馬子庚聘于秦，爲夫人寧，禮也。」是父母没則使卿寧兄弟，不得自歸也。但不知今桓公有母以否，故杜不明言得失。

秋，宋人、齊人、邾人伐郳。宋主兵，故序齊上。

鄭人侵宋。

冬，十月。

【傳】十五年，春，**復會焉，齊始霸也。**始爲諸侯長。

秋，諸侯爲宋伐郳。郳，附庸，屬宋而叛，故齊桓爲之伐郳。**鄭人間之而侵宋。**

春秋左傳正義卷第九

莊公

國子祭酒上護軍曲阜縣
開國子臣孔穎達等奉勑撰

【經】十有六年，春，王正月。

夏，宋人、齊人、衛人伐鄭。宋主兵也。班序上下，以國大小爲次，征伐則以主兵爲先，《春秋》之常也。他皆放此。【疏】注「宋主」至「放此」。正義曰：往年齊桓治霸，❶未敢即尸其任，救患討罪。今爲宋伐鄭，仍使宋自報怨，故宋主兵，序於齊上也。諸侯會，許男在曹、滑之上，班序上下，以國大小爲次，不以爵之尊卑也。隱五年，邾人、鄭人伐宋，附庸在伯爵之上，是以主兵爲先也。歷檢上下皆然，知是《春秋》常法。《禮記·祭義》云：「有虞氏貴德而尚齒，夏后氏貴爵而尚齒，殷人貴富而尚齒，周人貴親而尚齒。」而《春秋》序會，不先同姓，而大國在上者，孔子脩《春秋》，有變周之文從殷之質故也。

秋，荆伐鄭。

---

❶「治」，正宗寺本、阮本作「始」。阮校以爲作「治」者非。

冬，十有二月，會齊侯、宋公、陳侯、衛侯、鄭伯、許男、滑伯、滕子，同盟于幽。書會，魯會之。不書其人，微者也。言同盟，服異也。陳國小，每盟會皆在衛下，齊桓始霸，楚亦始彊，陳侯介於二大國之間，而爲三恪之客，故齊桓因而進之，遂班在衛上，終於《春秋》。滑國都費，河南緱氏縣。幽，宋地。

【疏】注「書會」至「宋地」。　正義曰：《公羊傳》曰：「同盟者何？同欲也。」《穀梁傳》曰：「同者，同尊周也。」杜云服異者，亦是同其欲、同尊周也。書同盟者，當盟之時，告神稱同。《釋例》曰：「盟者，假神明以要不信，故載辭或稱同，以服異爲言也。」是言載辭稱同也。二十七年同盟于幽，傳曰：「陳、鄭服也。」文十四年同盟于新城，傳曰：「從於楚者服，且謀邾也。」成五年同盟于蟲牢，傳曰：「鄭服也。」七年同盟于馬陵，傳曰：「尋蟲牢之盟，且莒服故也。」襄三年同盟于雞澤，傳曰：「晉爲鄭服，故合諸侯。」二十五年同盟于重丘，傳曰：「齊成故也。」昭十三年同盟于平丘，傳曰：「齊服也。」如此之類，皆是服異，故稱同也。《喪服》「繼父不同居」，傳曰：「嘗同居，乃爲異居。未嘗同居，則不爲異居。」《春秋》同盟亦猶是也。嘗同盟而異，乃稱服異。未嘗同盟，則不爲服異，故盟不稱同也。僖二年齊侯、宋公、江人、黄人盟于貫，傳曰：「服江、黄也。」定四年陳、許、頓、胡、楚之屬國，皆來會于召陵，其下云：「公及諸侯盟于皋鼬。」二盟並不稱同，皆爲未嘗同盟，非服異，故不稱同也。應稱同而不稱同者，僖五年首止之盟，鄭伯逃歸。七年盟于甯母，鄭伯使大子華聽命於會，而不稱同者，鄭心未服，故傳稱子華請去三族，管仲曰：「君其勿許！鄭必受盟。」是甯母之時，鄭未服也。八年盟于洮，鄭伯乞盟，傳稱「請服也」，而洮盟不稱同者，鄭伯始請服耳，未列於會，故不稱同也。文十五年夏晉郤缺帥師伐蔡，戊申，入蔡。其冬，諸侯盟于扈。傳稱「晉侯、宋公、衛侯、蔡侯、陳侯、鄭伯、許男、曹伯盟于扈」，則是蔡新來服，不稱同者，傳稱郤缺入蔡，以城下之盟而還。是則蔡已先服，故不稱同也。宣十二年同盟于清丘，傳曰：「恤病討貳。」十七年同盟于斷道，傳曰：「討貳也。」成九年同盟于蒲，傳曰：「爲歸汶陽之田故，諸侯貳於晉。晉人懼，會於蒲，以尋馬陵之盟。」十五年同盟于戚，傳曰：「討曹成公也。」十七年同盟于柯陵，傳曰：「尋戚之盟也。」十八年同盟于虛朾，傳曰：「謀救宋也。」此六盟皆非服異，稱同盟者，清丘、斷道與蒲，於時諸侯已有二心，同心討貳，故稱同盟；戚與虛朾同心疾惡，故稱同盟；柯陵之盟，鄭人不服，欲令諸侯同心伐鄭，故稱同盟，猶襄十八年諸侯同心疾齊，稱同圍齊。自此以前，陳在衛下，今在上，知齊桓始進之。《釋例・班序譜》，自隱至莊十四年四十三歲，衛與陳凡四會，衛在陳上。自莊十五年盡僖十七年三十五歲，凡八會，陳在衛上。故知是齊桓進之，遂班在衛上，終於《春秋》也。

郳子克卒。無傳。克，儀父名。稱子者，蓋齊桓請王命以爲諸侯。再同盟。【疏】注「克儀」至「同盟」。　正義曰：北杏之會，郳人在焉，今而稱子，故云「蓋齊侯請王命以爲諸侯」，得爲子爵見經也。隱元年盟于蔑，桓十七年盟于趡，是再同盟也。

【傳】十六年，夏，諸侯伐鄭，宋故也。❶鄭侵宋故。

鄭伯自櫟入，在十四年。**緩告于楚。秋，楚伐鄭，及櫟，爲不禮故也。**

❶「宋故也」，《經典釋文》：「本或作『爲宋故』。」

鄭伯治與於雍糾之亂者，在桓十五年。**九月，殺公子閼，**❶**刖强鉏。**二子，祭仲黨。斷足曰刖。**公父定叔出奔衛。**共叔段之孫。定，謚也。**三年而復之，曰：「不可使共叔無後於鄭。」使以十月入，曰：「良月也，就盈數焉。」**數滿於十。**君子謂「强鉏不能衛其足」。**言其不能早辟害。【疏】注「二子」至「曰刖」。❷ 正義曰：《周禮·司刑》：「刖罪五百。」《尚書·吕刑》：「剕罰之屬五百。」孔安國云：「刖足曰剕。」《釋言》云：「剕，刖也。」李巡曰：「斷足曰刖也。」《説文》云：「刖，絶也。」則剕、刖是斷絶之名，斬足之罪，故云「斷足曰刖」。 注「數滿於十」。❸ 正義曰：《易·繫辭》云：「天一，地二，天三，地四，天五，地六，天七，地八，天九，地十。」至十而止，是數滿於十也。閔元年傳曰：「萬，盈數也。」數至十則小盈，至萬則大盈。傳具載定叔事者，服虔云：「定叔之祖共叔段有伐君之罪，宜世不長，而云『不可使共叔無後於鄭』，言其刑之偏頗。鄭厲公以孽篡適，同惡相恤，故黨於共叔，欲令其後不絶，傳所以惡厲公也。」

冬，同盟于幽。鄭成也。

王使虢公命曲沃伯以一軍爲晉侯。曲沃武公遂并晉國，僖王因就命爲晉侯。小國，故一軍。

【疏】注「曲沃」至「一軍」。 正義曰：桓八年傳稱曲沃武公滅翼。其年冬，王命虢仲立晉哀侯之弟緡于晉，至是

---

❶「公子閼」，《經典釋文》：「案隱十一年，鄭有公孫閼，距此三十五年，不容復有公子閼。若非『閼』字誤，則『子』當爲『孫』。」

❷「注二子至曰刖」，阮本此節正義在「刖强鉏」注下。

❸「數滿於十」，阮本此節正義在「就盈數焉」注下。

乃并之也。《晉世家》云：「曲沃武公伐晉侯緡，滅之，盡以其寶器賂獻於周僖王。僖王命曲沃武公爲晉君，列爲諸侯，於是盡并晉地而有之。曲沃武公已即位三十七年矣。自桓叔始封曲沃以至武公滅晉，凡六十七歲，而卒代晉爲諸侯。」是僖王命之事也。周禮，小國一軍。晉土地雖大，以初并晉國，故以小國之禮命之。

初，晉武公伐夷，執夷詭諸。夷詭諸，周大夫。夷，采地名。**蔿國請而免之。**蔿國，周大夫。**既而弗報，**詭諸不報施於蔿國。**故子國作亂，謂晉人曰：「與我伐夷而取其地。」**使晉取夷地。**遂以晉師伐夷，殺夷詭諸。周公忌父出奔虢。**周公忌父，王卿士，辟子國之難。**惠王立而復之。**魯桓十五年，經書「桓王崩」。魯莊三年，經書「葬桓王」。自此以來，周有莊王，又有僖王，崩、葬皆不見於經傳。王室微弱，不能復自通於諸侯，故傳因周公忌父之事而見惠王。惠王立在此年之末。

【疏】注「魯桓」至「之末」。正義曰：《史記・十二諸侯年表》云：莊王元年，當魯桓十六年，即位十五年而崩。僖王元年，當魯莊十三年，即位五年而崩。惠王元年，當魯莊十八年。即位在十八年，而此年傳説惠王之立者，杜云「傳因周公忌父之事而見惠王，立在此年之末」，是杜以周公忌父此年出奔，至惠王立而得復，與《史記》不違。

【經】十有七年，春，齊人執鄭詹。齊桓始霸，❶鄭既伐宋，又不朝齊。詹爲鄭執政大臣，詣齊見

❶「霸」，阮校：「閩本、監本、毛本『霸』作『伯』，《釋文》亦作『伯』，音霸，云：『本又作霸』。」

執，不稱行人，罪之也。行人例在襄十一年。諸執大夫，皆稱人以執之，大夫賤故。【疏】注「齊桓」至「賤故」。　正義曰：僖七年傳曰「鄭有叔詹、堵叔、師叔」，先言詹，是詹最貴也。且傳稱鄭不朝也，以君不朝而詹被執，明詹是執政大臣，爲不道君使朝，故執之也。若詹不至齊，則無由被執，知是詣齊見執，蓋聘齊也。昭八年，楚人執陳行人干徵師，殺之。傳曰：「罪不在行人也。」無罪乃稱行人，知不稱行人罪之也。襄十一年，楚人執鄭行人良霄。傳曰：「書曰『行人』，言使人也。」言使人者，言非使人之罪也。「書曰」者，是仲尼新意，故指以爲例也。執諸侯，有稱人稱侯之異，執大夫者，悉皆稱人以執之，爲大夫賤故也。劉炫以此注云「詣齊見執」，《釋例》曰「詹本非出使」，謂二者自相矛楯。今知非者，齊以鄭不朝而責於鄭，鄭令詹詣齊謝罪，齊人執之，故《釋例》云元非出聘之使。《集解》云「詣齊被執」，二文雖異，事實同耳。劉炫不尋此意，乃爲規過，非也。

夏，齊人殲于遂。❶殲，盡也。齊人戍遂，翫而無備，遂人討而盡殺之，故時史因以自盡爲文。

【疏】注「殲盡」至「爲文」。　正義曰：「殲，盡也」，《釋詁》文。舍人曰：「殲，衆之盡也。」時史惡其輕敵，而以自盡爲文，罪齊戍也。《釋例》曰：「齊人殲于遂，鄭棄其師，亦時史即事以安文，或從赴辭，故傳亦不顯明義例也。」

秋，鄭詹自齊逃來。無傳。詹不能伏節守死以解國患，而遁逃苟免，書逃以賤之。【疏】注「詹不」至「賤之」。　正義曰：伏節守死以解國患，當如昭元年叔孫豹之居位待罪也。逃若匹夫逃竄，故云「書逃以賤之」。鄭詹自齊逃來，過魯而後歸鄭，故書之。

---

❶「遂」，阮校：「《漢書·地理志》注引『遂』作『隧』。」

冬，多麋。無傳。麋多則害五稼，故以災書。【疏】注「麋多」至「災書」。正義曰：麋是澤獸，魯所常有，是年暴多，多則害五稼，故言多，以災書也。

【傳】十七年，春，齊人執鄭詹。鄭不朝也。

夏，遂因氏、頜氏、工婁氏、須遂氏饗齊戍，❶醉而殺之，齊人殲焉。饗，酒食也。四族，遂之彊宗。齊滅遂，戍之，在十三年。

【經】十有八年，春，王三月，日有食之。無傳。不書日，官失之。【疏】注「不書日官失之」。正義曰：經亦無「朔」字，當云「不書朔與日」，注不言「朔」，脱也。

夏，公追戎于濟西。戎來侵魯，公逐之於濟水之西。

秋，有蜮。❷蜮，短狐也。❸蓋以含沙射人爲災。【疏】注「蜮短」至「爲災」。正義曰：《穀梁傳》

---

❶「饗」，《經典釋文》：「本又作『享』。」

❷「蜮」，阮校：「《釋文》：『蜮，本又作蜮。』《漢書》引經文作『蜮』。」

❸「短狐」，阮校：「盧文弨曰：『按，弧字是也，能含沙射人，故名之短弧。』《釋文》亦作『短弧』，云『本又作狐』。《釋文》：短，本又作斷。」

曰：「蜮，射人者也。」《洪範五行傳》曰：「蜮如鼈，三足，生於南越。南越婦人多淫，故其地多蜮，淫女惑亂之氣所生也。」陸璣《毛詩義疏》云：「蜮，短狐也，一名射景，如鼈，三足，在江淮水中，人在岸上，景見水中，投人景則殺之，故曰射景。或謂含沙射人，入皮肌，❶其創如疥。」服虔云：「偏身濩濩或或，故爲災。」沈氏云：「此有蜮，傳重發例者，以螟螽與蜚同是害禾稼，此蜮則害人，故傳特發之。」

冬，十月。

【傳】十八年，春，虢公、晉侯朝王，王饗醴，命之宥。 王之覲羣后，始則行饗禮，先置醴酒，示不忘古。飲宴則命以幣物。宥，助也，所以助歡敬之意。言備設。 **皆賜玉五瑴，**❷**馬三匹。非禮也。** 雙玉爲瑴。 **王命諸侯，名位不同，禮亦異數，不以禮假人。** 侯而與公同賜，是借人禮。【疏】注「王之至「備設」。❸ 正義曰：「王饗醴，命之宥」者，王爲之設饗禮，置醴酒，命之以幣物，所以助歡也。「宥，助」，《釋詁》文。《周禮·掌客》：王待諸侯之禮，上公三饗三食三燕，侯伯三饗再食再燕，子男壹饗壹食壹燕。三禮先言

❶「皮肌」，阮校：「浦鏜《正誤》云：皮當作人。盧文弨云：《穀梁》疏作『射人，入人皮肌』。」孫校：「宜依《穀梁》疏增人字。」

❷「瑴」，阮本作「瑴」。阮校：「《釋文》云：『瑴』字又作珏。正義引《倉頡篇》瑴作珏，雙玉爲瑴，故字從兩玉。《説文》『瑴』字云：『珏，或從㱿。』岳本作瑴，是也。」

❸「注王之至備設」，阮本此節正義在「命之宥」注下。

饗，是王之覲羣后，始則行饗禮也。《酒正》：「辨五齊之名，一曰泛齊，二曰醴齊，三曰盎齊，四曰緹齊，❶五曰沈齊。」鄭注云：「泛者，成而滓浮泛泛然。醴猶體也，成而汁滓相將，如今恬酒矣。盎猶翁也，成而翁翁然，葱白色。緹者，成而紅赤。沈者，成而滓沈，如今造清矣。自醴以上尤濁。」然則以其尤濁，故先置之，示不忘古也。知者，《禮運》云「燔黍捭豚」，下即云「以燔以炙，以爲醴酪」，是醴酒在先而有，故曰「先置醴酒，示不忘古」也。《詩序》曰：「《鹿鳴》，燕羣臣嘉賓也。既飲食之，又實幣帛筐篚，以將其厚意。」《聘禮》云：「若不親食，使大夫朝服致之以侑幣，致饗以酬幣，亦如之。」是饗禮有酬幣也。禮，主人酌酒於賓曰「獻」，賓答主人曰「酢」，主人又酌以酬賓曰「酬」。謂之酬幣，蓋於酬酒之時賜之幣也。所賜之物，即下玉、馬是也。傳稱饗醴、命宥，言其備設盛禮也。此注命之宥者，命在下以幣物宥助。僖二十八年「命晉侯宥」，注云：「命晉侯助以束帛，以將厚意。」皆命不同者，以彼有命晉侯之事故也。　注「雙玉爲瑴」。❷　正義曰：《倉頡篇》「瑴」作「珏」，雙玉爲瑴，故字從兩玉。　注「侯而」至「人禮」。　正義曰：虢君不知何爵，稱公，謂爲三公也。《周禮》，王之三公八命，侯伯七命，是其名位不同也。其禮各以命數爲節，是禮亦異數也。今侯而與公同賜，是借人禮也。假、借同義，取者假爲上聲，借爲入聲，與者假、借皆爲去聲。

虢公、晉侯、鄭伯使原莊公逆王后于陳。陳媯歸于京師，虢、晉朝王，鄭伯又以齊執其卿故求王爲援，皆在周，倡義爲王定昏，陳人敬從。得同姓宗國之禮，故傳詳其事。不書，不告。**實惠后。**

❶「緹」，阮本作「醍」。阮校：「《周禮》作『緹』。按，緹正字，醍俗字。」

❷「雙玉爲瑴」，阮本此節正義在「非禮也」注下。

陳嬀後號惠后，寵愛少子，亂周室，事在僖二十四年，故傳於此並正其后稱。

夏，公追戎于濟西。不言其來，諱之也。戎來侵魯，魯人不知，去乃追之，故諱不言其來。【疏】注「戎來」至「其來」。正義曰：傳例，有鐘鼓曰伐，無曰侵。戎之來也，魯人不知，宜無鐘鼓，故以侵言之。《釋例》曰：「戎之入魯，魯人不知，去而遠追，又無其獲。邊竟不備，候不在疆，所以爲諱。諱此君之闕，亦所以示戒將來之君也。」

秋，有蜮。爲災也。

初，楚武王克權，使鬬緡尹之。權，國名，南郡當陽縣東南有權城。鬬緡，楚大夫。**以叛，圍而殺之。**緡以權叛。**遷權於那處，**❶那處，楚地，南郡編縣東南有那口城。**使閻敖尹之。**閻敖，楚大夫。**及文王即位，與巴人伐申，而驚其師。**驚巴師。**巴人叛楚而伐那處，取之，遂門于楚。**攻楚城門。**閻敖游涌而逸，**涌水在南郡華容縣。閻敖既不能守城，又游涌水而走。**楚子殺之，其族爲亂。冬，巴人因之以伐楚。**【疏】「鬬緡尹之」。❷正義曰：尹訓正也。楚官多以尹爲名，此滅權爲邑，使緡爲長，故曰尹也。

---

❶「那」，阮校：「石經初刻同，改刻『鄀』。岳本作『邦』，與《釋文》合，下並同。」

❷「鬬緡尹之」，阮本此節正義在「使鬬緡尹之」注下。

【經】十有九年，春，王正月。

夏，四月。

秋，公子結媵陳人之婦于鄄，遂及齊侯、宋公盟。無傳。公子結，魯大夫。《公羊》、《穀梁》皆以爲魯女媵陳侯之婦。其稱陳人之婦，未入國，略言也。大夫出竟，有可以安社稷、利國家者，則專之可也。結在鄄聞齊、宋有會，權事之宜，去其本職，遂與二君爲盟，故備書之。本非魯公意，而又失媵陳之好，故冬各來伐。【疏】注「公子」至「來伐」。正義曰：《公羊傳》曰：「媵者何？諸侯娶一國，則二國往媵之。媵不書，此何以書？爲其有遂事書。大夫無遂事，此其言遂何？聘禮，大夫受命不受辭，出竟有可以安社稷、利國家者，則專之可也。」《穀梁》文雖不明，其意亦爲魯女。《左氏》無傳，取彼爲説，故云《公羊》、《穀梁》皆以爲魯女媵陳侯之婦。《穀梁傳》曰：「其曰陳人之婦，略之也。」以未入國，略而不言陳侯夫人。成九年，伯姬歸于宋，晉、衛、齊三國來媵，然則爲人媵者，皆送至嫁女之國，使之從適而行。此鄄是衛之東地，蓋陳取衛女爲婦，魯使公子結送媵向衛，至鄄聞齊、宋爲會，將謀伐魯，故權事之宜，去其本職，不復送女至衛，遂與二君會盟，故備書之也。送女至鄄，停女會盟，鄄是盟處，故言「于鄄」，非本期送女使至鄄也。既盟之後，遂不復送女。其盟本非公意，又失媵陳之好，故至冬而三國來伐。結之此盟，於魯無益，故無嘉善之文。文八年冬十月壬午，公子遂會晉趙盾盟于衡雍。乙酉，公子遂會雒戎盟于暴。四日之間，不容反報，亦是專命而盟，患難俱解，故再稱名氏，珍而貴之，與此異也。宣十二年，宋華椒承羣僞之言以誤其國，宋人被伐而貶華椒。今三國伐魯，不貶公子結者，結之爲盟，本欲安社稷、利國家，與華椒事異，故不貶。

夫人姜氏如莒。無傳。非父母國而往，書姦。【疏】注「非父」至「書姦」。正義曰：此既無傳，不知何爲如莒。婦人不以禮出爲姦，故曰「書姦」。

冬，齊人、宋人、陳人伐我西鄙。無傳。幽之盟魯使微者會，鄄之盟又使滕臣行，所以受敵。鄙，邊邑。

【傳】十九年，春，楚子禦之，大敗於津。禦巴人，爲巴人所敗。津，楚地，或曰江陵縣有津鄉。還，鬻拳弗納。遂伐黄，鬻拳，楚大閽。黄，嬴姓國，今弋陽縣。敗黄師于踖陵。踖陵，黄地。還，及湫，有疾。南郡鄀縣東南有湫城。夏，六月，庚申，卒。鬻拳葬諸夕室，夕室，地名。亦自殺也，❶而葬於絰皇。絰皇，冢前闕。生守門，故死不失職。初，鬻拳强諫楚子，楚子弗從，臨之以兵，懼而從之。鬻拳曰：「吾懼君以兵，罪莫大焉。」遂自刖也。楚人以爲大閽，謂之大伯，若今城門校尉官。使其後掌之。使其子孫常主此官。君子曰：「鬻拳可謂愛君矣，諫以自納於刑，刑猶不忘納君於善。」言愛君，明非臣法也。楚能盡其忠愛，所以興。【疏】注「黄嬴姓」。❷正義曰：《世本》文。注「絰皇」至「失職」。正義曰：鬻拳自殺以殉，當是近墓之地。宣十四年傳稱楚子聞宋殺申舟，投袂而起，屨及於

---

❶ 「亦」，原重文，據《四部叢刊》本、文淵閣本、阮本删。

❷ 「注黄嬴姓」，阮本以下正義四節分疏於傳文各節下。

窒皇，劍及於寢門之外，則窒皇近於門外，當是寢門闕也，知此經皇亦是冢前闕也。且此人生爲大閽，職掌守門，明此亦是守門，示死不失職也。餘書無經皇之名，蓋唯楚有此號也。「以爲大閽謂之大伯」。正義曰：《周禮・天官・閽人》「掌守王宮之中門之禁」，鄭玄云：「閽人，司昏晨以啓閉者，刑人墨者使守門。」《秋官・掌戮》「墨者使守門，刖者使守囿」，則閽不使刖，而鬻拳得爲閽者，《周禮・地官》之屬有司門，下大夫二人，掌授管鍵以啓閉國門。鄭玄云：「若今城門校尉，主王城十二門。」此注亦云「若今城門校尉官」，然則鬻拳本是大臣，楚人以其賢而使典此職，非爲刑而役之。其爲大閽者，當如《地官》之司門，非《天官》之閽人，亦主晨昏開閉，通以閽爲名焉。「謂之大伯」，伯，長也，爲門官之長也。注「言愛君明非臣法也」。正義曰：何休《膏肓》云：「人臣諫君，非有死亡之急，而以兵臨君，開篡弒之路，《左氏》以爲愛君。於義《左氏》爲短。」故注言此以釋何休之難。

初，王姚嬖于莊王，生子頹。王姚，莊王之妾也，姚姓。❶**子頹有寵，蔿國爲之師。及惠王即位，**周惠王，莊王孫。**取蔿國之圃以爲囿。**圃，園也。囿，苑也。**邊伯之宮近於王宮，王取之。**邊伯，周大夫。**王奪子禽、祝跪與詹父田，**三子，周大夫。**而收膳夫之秩。**膳夫，石速也。秩，禄也。**故蔿國、邊伯、石速、詹父、子禽、祝跪作亂，因蘇氏。**蘇氏，周大夫，桓王奪其十二邑以與鄭，自此以來遂不和。**秋，五大夫奉子頹以伐王，**石速，士也，故不在五大夫數。**不克，出奔温。**温，蘇氏

❶「姓」下，阮本有「也」字。

邑。**蘇子奉子穨以奔衛。衛師、燕師伐周。**燕，南燕。**冬，立子穨。**【疏】注「圃園也囿苑也」。❶　正義曰：《冢宰》職云：「園圃毓草木。」鄭玄云：「樹果蓏曰圃，園其樊也。」《詩》云「折柳樊圃」，成十八年「築鹿囿」。然則圃以蕃爲之，所以樹果蓏，囿則築牆爲之，所以養禽獸。二者相類，故取圃爲囿。

【經】二十年，春，王二月，夫人姜氏如莒。無傳。

夏，齊大災。無傳。來告以火，❷故書。天火曰災，例在宣十六年。

秋，七月。

冬，齊人伐戎。無傳。【疏】注「來告」至「六年」。❸　正義曰：襄九年、三十年宋災，昭九年陳災，十八年宋、衛、陳、鄭災，皆不言大，知此來告以大，故書大也。

【傳】二十年，春，鄭伯和王室，不克。克，能也。**執燕仲父。**燕仲父，南燕伯，爲伐周故。**夏，鄭伯遂以王歸，王處于櫟。秋，王及鄭伯入于鄔。**鄔，王所取鄭邑。**遂入成周，取其寶器而還。**

---

❶「注圃園也囿苑也」，阮本此節正義在「取蔿國之圃以爲囿」句注下。
❷「火」，阮校：「岳本、纂圖本、閩本、監本、毛本『火』作『大』，是也。按，正義亦作『大』。」
❸「注來告至六年」，此節正義在「齊大災」句注下。

冬，王子穨享五大夫，樂及徧舞。皆舞六代之樂。**鄭伯聞之，見虢叔，**叔，虢公字。**曰：「寡人聞之：哀樂失時，殃咎必至。今王子穨歌舞不倦，樂禍也。夫司寇行戮，**司寇，刑官。**君爲之不舉，**去盛饌。**而況敢樂禍乎？奸王之位，禍孰大焉？臨禍忘憂，憂必及之。盍納王乎？」虢公曰：「寡人之願也。」**【疏】注「燕仲父南燕伯」。❶　正義曰：《譜》亦云南燕伯爵，不知所出。服虔亦云南燕伯爵。

注「皆舞六代之樂」。　正義曰：言樂及徧舞，則樂之所有，舞悉周徧，故知皆舞六代之樂也。《周禮·大司樂》：「以樂舞教國子，舞《雲門》、《大卷》、《大咸》、《大磬》、《大夏》、《大濩》、《大武》。」鄭玄云：「此周所存六代之樂也。」傳記所説《雲門》、《大卷》，黄帝也。《大咸》，堯也。《大韶》，舜也。《大夏》，禹也。《大濩》，湯也。《大武》，周武王也。是爲六代。奏黄鍾，❷歌大吕，舞《雲門》，以祀天神。奏大蔟，歌應鍾，舞《咸池》，以祭地示。奏姑洗，歌南吕，舞《大磬》，以祀四望。奏蕤賓，歌林鐘，舞《大夏》，以祭山川。奏夷則，歌中吕，舞《大濩》，以享先妣。奏無射，歌夾鍾，舞《大武》，以享先祖。　注「去盛饌」。　正義曰：《周禮·膳夫》職曰：「王日一舉，鼎十有二，物皆有俎，以樂侑食。大喪則不舉，大荒則不舉，大札則不舉，天地有災則不舉，邦有大故則不舉。」鄭玄云：「殺牲盛饌曰舉。」襄二十六年傳曰：「古之治民者，將刑，爲之不舉，不舉則徹樂。」是不舉者，貶膳食，徹聲樂也。

---

❶「注燕仲父南燕伯」，阮本以下正義三節分疏於傳文各節下。

❷「鍾」，阮校：「閩本、監本『鍾』作『鐘』，下同。」

【經】二十有一年，春，王正月。

夏，五月，辛酉，鄭伯突卒。十六年與魯大夫盟于幽。

秋，七月，戊戌，夫人姜氏薨。無傳。薨寢祔姑，赴於諸侯，故具小君禮書之。【疏】注「薨寢」至「書之」。正義曰：經無所闕，禮具可知。杜爲此注者，以先儒之説使莊公絶母子之親，故於此明之，知母子不絶。下葬注亦然。

冬，十有二月，葬鄭厲公。無傳。八月乃葬，緩慢也。

【傳】二十一年，春，胥命于弭。夏，同伐王城。鄭、虢相命。❶弭，鄭地。鄭伯將王自圉門入，虢叔自北門入，殺王子穨及五大夫。

鄭伯享王于闕西辟，樂備。闕，象魏也。樂備，備六代之樂。王與之武公之略，自虎牢以東。略，界也。鄭武公傅平王，平王賜之自虎牢以東，後失其地，故惠王今復與之。虎牢，河南成皋縣。原伯曰：「鄭伯效尤，其亦將有咎！」原伯，原莊公也。言效子穨舞徧樂。

五月，鄭厲公卒。

---

❶「命」下，阮校：岳本有「也」字。

王巡虢守。❶巡守於虢國也。天子省方，謂之巡守。**虢公爲王宮于玤，**玤，虢地。**王與之酒泉。**酒泉，周邑。**鄭伯之享王也，王以后之鞶鑑予之。**后，王后也。鞶，帶，而以鏡爲飾也。❷今西方羌胡猶然，❸古之遺服。**虢公請器，王予之爵。**爵，飲酒器。**鄭伯由是始惡於王。**爲僖二十四年鄭執王使張本。

冬，王歸自虢。傳言王之偏也。【疏】注「闕象魏也」。❹ 正義曰：定二年，雉門及兩觀災，注云：「兩觀，闕也。」《禮運》云：「昔者仲尼與於蜡賓，事畢，出遊於觀之上。」鄭玄云：「觀，闕也。」《釋宮》云：「觀謂之闕。」郭璞云：「宮門雙闕。」《周禮·大宰》：「正月之吉，縣治象之法于象魏，使萬民觀治象。」鄭衆云：「象魏，闕也。」哀三年魯災，傳稱季桓子御公立于象魏之外，命藏象魏，曰：「舊章不可亡也。」由此言之，則觀、闕、象魏，其事一也。劉熙《釋名》云：「闕，在門兩旁，中央闕然爲道也。」然則其上縣法象，其狀巍巍然高大，謂之象魏，使人觀之，謂之觀也。闕西辟者，辟是旁側之語也。服虔云：「西辟，西偏也。」當謂兩觀之内道之西也。 注「略界」至「阜縣」。 正義曰：《孟子》云：「仁政必自經界始。」昭七年傳曰：「天子經略，諸侯正封，封略之内，何非君土？」《孟子》「經界」即傳之「經略」。且云「封略之内」，封是竟，則知略是界也。武公，東鄭之始封君也。言武公之略，

---

❶「守」，阮校：「《釋文》云：『守，本或作狩，後放此，注同。』」

❷「鏡」，阮本作「鑑」。

❸「猶」，阮本作「爲」。

❹「闕象魏也」，阮本以下正義五節分疏於傳文各節下。

則是武公舊竟，若其由來不失，不須今日復與，故知後失其地，惠王今復與之。隱十一年，王取鄔、劉、蔿、邘之田于鄭，蓋桓王之世失之也。　注「巡守」至「巡守」。　正義曰：《孟子》云：「諸侯適天子曰述職，❶天子適諸侯曰巡守。」守者，守也，言諸侯爲天子守土，天子時巡行之。《易》稱「后不省方」，故云「天子省方，謂之巡守」。　注「后王」至「遺服」。　正義曰：鞶是帶也，鑑是鏡也，此與定六年傳皆鞶、鑑雙言，則鞶、鑑一物，故知以鏡飾帶，舉今羌胡之服以明之。　注「虢公」至「於王」。　正義曰：鄭伯謂厲公子文公也。服虔云：「鞶鑑，王后婦人之物，非所以賜有功。爵，飲酒器，王爵也，❷一升曰爵。爵，人之所貴者。言鄭伯以其父得賜不如虢公，爲是始惡於王，積而成怨，僖二十四年遂執王使，此爲彼張本。」

【經】二十有二年，春，王正月，肆大眚。無傳。赦有罪也。《易》稱「赦過宥罪」，《書》稱「眚災肆赦」，傳稱「肆眚圍鄭」，皆放赦罪人，蕩滌衆故，❸以新其心。有時而用之，非制所常，故書。【疏】注「赦有」至「故書」。　正義曰：「肆大眚」者，肆，緩也；眚，過也。緩縱大過，是赦有罪也。大罪猶赦，則小罪亦赦之，猶今赦書大辟罪以下悉皆原免也。《易·解卦·象》云：「雷雨作，解。君子以赦過宥罪。」解卦坎下震上，

---

❶「適」，阮本作「朝」。

❷「王」，阮本作「玉」。

❸「蕩」，阮校：「宋本、岳本、纂圖本、閩本、監本、毛本『蕩』作『盪』。《釋文》亦作『盪』，云『本又作蕩』。案，正義作『蕩』。」「衆」下，阮校：「山井鼎云：足利本有『惡』字。」

震爲雷，坎爲雨，雷動雨下，而萬物解散，故君子以此卦象而放赦有過、寬宥罪人也。《書》稱「眚災肆赦」，《舜典》文。孔安國云：「眚，過。災，害。肆，緩也。過而有害，當緩赦之。」「肆眚圍鄭」，襄九年傳文也。此諸言肆眚者，皆是放赦罪人，蕩滌衆故，除其瑕穢，以新其心也。必其國有大患，非赦不解，或上有嘉慶，須布大恩，如是乃行此事。故《釋例》曰：「天有四時，得以成歲。雷霆以振之，霜雪以齊之，春陽以煖之，雲雨以潤之，然後能相育也。天且弗違，而況於人乎？物不可終否，故受之以『同人』。同人者，與人同也。解天下之至結，成天下之亹亹，肆大眚之謂也。堯曰：『咨！爾舜！有罪不敢赦。』所以須待革命，有時而用之，非制所常，故書之也。」杜唯言有時用之，亦不知此時何以須赦。《穀梁傳》曰：「肆大眚，爲嫌天子之葬也。」其意言文姜有罪，不合以禮而葬。若不赦，不復書葬，嫌天子許之，明須赦而後得葬，故爲赦也。賈逵以文姜爲有罪，故赦而後葬，以説臣子也。魯大赦國中罪過，欲令文姜之過因是得除，以葬文姜。杜不明説。要文姜出奔之日，尚稱夫人，夫人之名，未嘗有貶，何須以赦除之？此赦必不爲文姜也。❶但夫人以去年七月薨，十一月則當合葬，乃至此年正月經七月始葬，如此遲緩，必是國家有事，須赦解之，但不知其所由耳。

癸丑，葬我小君文姜。無傳。反哭成喪，故稱小君。

陳人殺其公子御寇。❷宣公大子也。陳人惡其殺大子之名，故不稱君父，以國討公子告。

【疏】注「宣公」至「子告」。正義曰：傳言大子，必是大子也。僖五年，晉侯殺其世子申生，稱君、稱世子，此不然者，《釋例》曰：「古者討殺其大夫，各以罪狀宣告諸侯，所以懲不義，重刑戮也。晉侯使以殺大子申生之故來告，

---

❶「也」字，正宗寺本、阮本無。

❷「御」，阮校：「《釋文》云：『御，本亦作禦。』案，《公羊》、《穀梁》皆作『禦』。」

衛殺孔達，傳載其辭，辭雖有臨時之狀，其告則常也。」然則殺大夫、公子，當以罪狀告人。此傳不説御寇之罪，則陳人不以罪告，而經書公子，是惡殺大子之名，故不稱君父，以國討公子告。

夏，五月。【疏】「夏五月」。正義曰：《釋例》曰：「年之四時，雖或無事，必空書首月，以紀時變，以明歷數。莊公獨稱『夏五月』，及經四時有不具者，丘明無文，皆闕繆也。」

秋，七月，丙申，及齊高傒盟于防。無傳。高傒，齊之貴卿，而與魯之微者盟，齊桓謙接諸侯，以崇霸業。

冬，公如齊納幣。無傳。公不使卿而親納幣，非禮也。母喪未再期而圖昏，二傳不見所譏，《左氏》又無傳，失禮明故。【疏】注「公不」至「明故」。正義曰：《釋例》曰：「宋公使華元來聘，聘不應使卿，故傳但言聘共姬也。使公孫壽來納幣，納幣應使卿，故傳明言其得禮也。」是納幣當使卿，公不使卿，親納幣，非禮也。

【傳】**二十二年，春，陳人殺其大子御寇，**傳稱大子，以實言。**陳公子完與顓孫奔齊。**公子完、顓孫，皆御寇之黨。**顓孫自齊來奔。**不書，非卿。**齊侯使敬仲爲卿，**敬仲，陳公子完。**辭曰：「羈旅之臣，**羈，寄也。旅，客也。**幸若獲宥，及於寬政，**宥，赦也。**赦其不閑於教訓，而免於罪戾，弛於負擔，**弛，去離也。**君之惠也，所獲多矣。敢辱高位，以速官謗？**敢，不敢也。**請以死告。**以死自誓。**《詩》云：『翹翹車乘，招我以弓。豈不欲往？畏我友朋。』」**逸《詩》也。翹翹，遠貌。古者聘士以弓。言雖貪顯命，懼爲朋友所譏責。**使爲工正。**掌百工之官。

飲桓公酒，樂。齊桓賢之，故就其家會。據主人之辭，故言飲桓公酒。**公曰：「以火繼之。」辭曰：「臣卜其晝，未卜其夜，不敢！」君子曰：「酒以成禮，不繼以淫，義也。**夜飲爲淫樂。**以君成禮，弗納於淫，仁也。」**

初，懿氏卜妻敬仲。懿氏，陳大夫。龜曰卜。**其妻占之，曰：「吉！**懿氏妻。**是謂『鳳皇于飛，和鳴鏘鏘。**雄曰鳳，雌曰皇。雄雌俱飛，相和而鳴鏘鏘然，猶敬仲夫妻相隨適齊，有聲譽。**有嬀之後，將育于姜。**嬀，陳姓。姜，齊姓。**五世其昌，並于正卿。八世之後，莫之與京』。」**京，大也。**陳厲公，蔡出也，**姊妹之子曰出。**故蔡人殺五父而立之。**五父，陳佗也。殺陳佗在桓六年。**生敬仲。其少也，周史有以《周易》見陳侯者，**周大史也。**陳侯使筮之。**蓍曰筮。**遇觀䷓**坤下巽上，觀。**之否䷋。**坤下乾上，否。觀六四變而爲否。❶**曰：「是謂『觀國之光，利用賓于王』。**此《周易·觀卦》六四爻辭。《易》之爲書，六爻皆有變象，又有互體，聖人隨其義而論之。**此其代陳有國乎？不在此，其在異國，非此其身，在其子孫。光遠而自他有耀者也。坤，土也。巽，風也。乾，天也。風爲天於土上，山也。**巽變爲乾，故曰風爲天。自二至四，有艮象。艮爲山。**有山之材，而照之以天光，於是乎居土上，**山則材之所生。上有乾，下有坤，故言居土上，照之以天光。**故曰：『觀國之光，**

❶「四」下，阮本有「爻」字。

利用賓于王。』四爲諸侯，變而之乾，有國朝王之家。❶**庭實旅百，奉之以玉帛，天地之美具焉，故曰：『利用賓于王。』**艮爲門庭，乾爲金玉，坤爲布帛。諸侯朝王，陳贄幣之象。❷旅，陳也。百，言物備。**猶有觀焉，故曰：『其在後乎？』**因觀文以博占，故言「猶有觀」，非在己之言，故知在子孫。**風行而著於土，故曰：『其在異國乎？』若在異國，必姜姓也。姜，大嶽之後也。**姜姓之先爲堯四嶽。**山嶽則配天。物莫能兩大，陳衰，此其昌乎？」**變而象艮，故知當興於大嶽之後。得大嶽之權，則有配天之大功，故知陳必衰。**及陳之初亡也，**昭八年，楚滅陳。**陳桓子始大於齊。**桓子，敬仲五世孫陳無宇。**其後亡也，**哀十七年，楚復滅陳。**成子得政。**成子，陳常也，敬仲八世孫。陳完有禮於齊，子孫世不忘德，德協於卜，故傳備言其終始。卜筮者，聖人所以定猶豫，決疑似，因生義教者也。《尚書·洪範》通龜筮以同卿士之數。南蒯卜亂而遇元吉，惠伯答以忠信則可。臧會卜僭，遂獲其應。丘明故舉諸縣驗於行事者，以示來世，而君子志其善者、遠者。他皆放此。【疏】注「齊桓」至「公酒」。❸正義曰：春秋之世，設享禮以召君者，皆大臣擅寵，如衛公叔文子、宋桓魋之徒始爲之耳，

---

❶「家」，《四部叢刊》本、阮本作「象」，當是。
❷「贄」，阮校：「纂圖本、閩本、監本、毛本『贄』作『摯』，《釋文》亦作『摯』，云『本又作贄，同』。」
❸「注齊桓至公酒」，阮本以下正義二十二節分疏於傳文各節下。

爲之非禮法也。敬仲，羈旅之臣，且知禮者也，必不召公臨己，知是桓公賢之，自就其家會也。據敬仲爲主人之辭，❶故言飲公酒耳。　「臣卜」至「不敢」。　正義曰：服虔云：「臣將享君，必卜之，示戒慎也。」此桓公自就其家，非敬仲發心請享，不得言將享必卜也。蓋桓公告其往日，乃卜之耳。言未卜其夜者，《詩》云：「厭厭夜飲，在宗載考。」鄭玄云：「考，成也。夜飲之禮，在宗室同姓則成，於庶姓讓之則止。」引此敬仲之事，云「此之謂不成」，是言敬仲非齊同姓，故不敢也。　注「龜曰卜」。　正義曰：《曲禮》文也。《周禮·大卜》：「掌三兆之法：一曰玉兆，二曰瓦兆，三曰原兆。其經兆之體，皆百有二十，其頌皆千有二百。」鄭玄云：「兆者，灼龜發於火，其形可占者，其象似玉、瓦、原之璺罅，是用名之焉。原，原田也。頌謂繇也，每體十繇。」然則卜人所占之語，古人謂之爲繇，其辭視兆而作，出於臨時之占，或是舊辭，或是新造，猶如筮者引《周易》，或別造辭，卜之繇辭未必皆在其頌千有二百之中也。此傳「鳳皇于飛」下盡「莫之與京」；襄十年傳稱衛卜禦寇，姜氏問繇，曰「兆如山陵，有夫出征，而喪其雄」；哀九年傳稱晉趙鞅卜救鄭，遇水適火，史龜曰「是謂沈陽，可以興兵，利以伐姜，不利子商」，三者皆是繇辭，其辭並韻，則繇辭法當韻也。郭璞撰自所卜事，謂之「辭林」，❷其辭皆韻，習於古也。　注「雄曰」至「聲譽」。　正義曰：《釋鳥》云：「鶠、鳳，其雌皇。」郭璞云：「瑞應鳥。」《說文》云：「鳳，神鳥也。天老曰：鳳之象也，鴻前麐後，蛇頸魚尾，鸛顙鴛思，龍文龜背，燕頷雞喙，五色備舉，出於東方君子之國，翱翔四海之外，過崐崘，飲

❶「之」，阮本無此字。

❷「辭林」，阮校：「按，《隋書·經籍志》有《周易新林》、《易洞林》，皆郭璞撰，此作『辭』，誤。」

砥柱，濯羽弱水，莫宿丹穴，❶見則天下大安寧。從鳥，凡聲。鳳飛則羣鳥從之以萬數，故古文鳳作朋字。」《山海經》云：「丹穴之山有鳥焉，其狀如鶴，五采而文，名曰鳳皇。首文曰德，翼文曰順，背文曰義，膺文曰仁，腹文曰信。是鳥也，飲食則自歌自舞。」是説鳳皇之狀也。鳳皇雄雌俱飛，喻敬仲夫妻相隨。鏘鏘，鳴之聲，故以喻有聲譽也。　「五世」至「與京」。　正義曰：「五世其昌」，言其始昌盛也。「並于正卿」，位與卿並得爲上大夫也。「莫之與京」，謂無與之比大，言其位最高也。五世、八世，當是卜兆之間有其象。傳言其占之辭，不言其知之意，固非後學所得詳之。　注「姊妹之子曰出」。　正義曰：《釋親》云：「男子謂姊妹之子爲出。」言姊妹出嫁而生子也。　注「周大史也」。　正義曰：直言周史，知是大史者，《周禮》大史掌書，昭二年傳稱韓宣子觀書於大史氏，此以《周易》見陳侯，故知是大史也。以《周易》見者，自以知《周易》見陳侯，言己明《易》能筮，故陳侯使之筮也。　注「蓍曰筮」。　正義曰：《曲禮》文也。其揲蓍求卦之法，則《易・繫辭》具焉。　「遇觀之否」。　正義曰：此注「坤下巽上，觀」，「坤下乾上，否」，及六四爻變，諸如此輩，皆據《周易》之文知之。劉炫《規過》云：「觀之否者，爲觀卦之否爻，屯之比者，屯卦之比爻，皆不取後卦之義。」今删定以爲不然。何者？以閔元年畢萬筮仕，遇屯之比，云「屯固比入」。僖十五年晉獻公筮嫁伯姬，得歸妹之睽，云「士刲羊，亦無衁」，《歸妹》上六爻辭。又云「歸妹、睽孤，寇張之弧」，《睽》之上九爻辭。又云「歸妹之睽，猶無相也」。昭五年明夷之謙，云「明夷于飛」，「垂其翼」，又云「謙不足，飛不翔」。此之等類，皆取前後二卦以占吉凶，今人之筮亦皆如此。故賈、服及杜並皆同焉。劉炫苟異前儒，好爲别見，以規杜氏，非也。沈云：「遇者，不期而會之名。筮者所得卦之吉凶，非有宿契，逢遇而

---

❶「丹穴」，阮校：「案，《説文》『丹』作『風』，《淮南子》作『風穴』。」

已，故謂之遇。」劉炫云：「下體坤，坤爲地爲衆。上體巽，巽爲風爲木。互體有艮，艮爲門闕。地上有木而爲門闕，宫室之象。宫室而可風化，使天下之衆觀焉，故謂之觀也。下體坤，坤爲地，上體乾，乾爲天，天不下降，地不上騰，天地不通其氣，上下否塞，故謂之否也。」　「是謂」至「子孫」。　正義曰：「觀國之光，利用賓于王」二句，《周易》文也。此先云「不在此，其在異國」，後云「非此其身，在其子孫」，所以在下覆結，先云「其在後乎」，後云「在異國」者，「其在異國」之下，更欲演説異國是大嶽姜姓，其言稍多，且須以結末，故進「其在後乎」於上，先解之也。「庭實旅百」以下，方解「利用賓于王」，則上句「故曰觀國」之下，未須賓王之句，而再言「利用賓于王」者，蓋以「觀國之光」即是朝王之事，直言觀光，於文不足，故連言賓王，但未解賓王之義，故於下更重解之。傳稱引《詩》斷章，則引《易》論事亦未必如本。此言「觀國之光」，謂所爲筮者觀他人有國之光榮也，此有國之人利用爲賓客於王朝也，其意言見其子孫有國，作賓於王家耳，非其身也。「代陳有國」，言代陳正適子孫有其國家，陳滅此興，是代之也。　注「此周」至「論之」。　正義曰：《易》之爲書，揲蓍求爻，重爻爲卦，爻有七、八、九、六。其七、八者，六爻並皆不變，卦下揔爲之辭，名之曰「彖」。彖者，才也，揔論一卦之才德，若《乾》「元亨利貞」之類皆是也。其九、六者，當爻有變，每爻別爲其辭，名之曰「象」，象者，像也，指言一爻所像，若《乾》「初九，潛龍勿用」之類皆是也。不變者聚而爲彖，其變者散而爲象。計每於一卦，當畫兩體，但以此爻陰陽既同，唯變否有異，且每爻異辭，不可爻作二畫，從上可知，故不畫二也。傳之筮者指取《易》義，不爲論卦，丘明不畫卦也。諸爲注者皆言上體下體，若其畫卦示人，則當不煩此注，注亦不畫卦也。今書有畫卦者，當是後之學者自恐不識，私畫以備忘，遂傳之耳。每爻各有象辭，是六爻皆有變象。二至四，三至五，兩體交互，各成一卦，先儒謂之互體，聖人隨其義而論之，或取爻象，或取互體，言其取義無常也。　「光遠」至「耀者也」。　正義曰：《易》稱「觀國之光」，故解其光義，言光在此處，遠照於他物，從他物之上而有明耀者也。謂光能遠照，於他物有明，故下云「照之以天光」是也。　「於土上山也」。　正義曰：六四之爻，位在坤上，坤爲土地，山是地之高者，居於土上，是爲土上山也。又巽變爲乾，六四變爲九四，從二至四，互體有艮之象，艮爲山，故言山也。　「有山」至「于王」。　正義曰：山則材之所生，此人有山之材，言其必大富也。上天以明臨下，照之以天光，言天子臨照之也。於是乎又居於土上，既富矣，而被天照，又復居有土地，是爲國君之象也。易位四爲諸侯，變而爲乾，乾爲天子，是有國朝王之象，故曰「觀國之光，利用賓于王」。　「庭實」至「于王」。　正義曰：《覲禮》，侯氏執圭見王，王受圭，禮成乃出。又入行享禮，獻國之所有。此説行享禮也。旅，陳也。庭之所實，陳有百品，百品言物備也。「奉之以玉帛」，謂執玉帛而致享禮也。❶被天之照，有地之材，天子賜之土田，國君獻國所有，天地之美備具焉，朝王之儀畢足矣，故曰「利用賓于王」。　注「艮爲」至「物備」。　正義曰：《易·説卦》：艮爲門闕，乾爲金玉，坤爲布帛。杜以門内有庭，傳言庭實，故改言艮爲門庭耳。杜言「諸侯朝王，陳贄幣之象」者，謂陳之以行享禮也。《覲禮》，侯氏既見王，乃云：「四享皆束帛加璧，庭實唯國所有。」鄭玄云：「四當爲三，《大行人》職曰，諸侯廟中將幣，皆三享，其禮差又無取於四也。初享或用馬，或用虎豹之皮。其次享三牲魚腊，籩豆之實，龜也，金也，丹、漆、絲、纊、竹、箭也，其餘無常貨。此物非一國所能有，惟國所有分爲三享，皆以璧帛致之。」《禮器》云：「大饗其王事與？三牲魚腊，四海九州之美味也。籩豆之薦，四時之和氣也。内金，示和也。束帛加璧，尊德也。龜爲前列，先知也。金次之，見情也。丹、漆、絲、纊、竹、箭，與衆共財也。其餘無常貨，各以其國之所有，則致遠物也。」《郊特牲》曰：

❶「也」字，正宗寺本、阮本無。

「旅幣無方，所以別土地之宜，而節遠邇之期也。龜爲前列，先知也。以鐘次之，以和居參之也。虎豹之皮，示服猛也。束帛加璧，往德也。」鄭玄《覲禮》之注所言出於彼也。杜言「贄幣」，即鄭所謂「璧帛」也，此「奉之以玉帛」，執以致庭實耳，其玉帛不入王也。《覲禮》侯氏致享，執玉致命，王撫之而已，不受之也。又曰侯氏降授宰幣，是庭實之幣皆庭受之，唯馬受之於門外耳。「旅，陳」，《釋詁》文也。百者，言其物備也。　注「因觀」至「子孫」。正義曰：以卦名觀，故因觀文以博占也。觀者，視他之辭。此賓王之事，若所爲筮者身自當有，則不應觀他。此卦猶有觀焉，觀非在己之言，其人觀他有之，故知在其子孫也。　「風行而著於土」。　正義曰：服虔云：「巽在坤上，故爲著土也。一曰巽爲風，復爲木，風吹木實落去，更生他土而長育，是爲在異國。」　注「姜姓」至「四嶽」。

正義曰：《周語》稱堯命禹治水，「共之從孫四嶽佐之，胙四嶽國，命爲侯伯，賜姓曰姜，氏曰有吕」。賈逵云：「共，共工也。從孫，同姓末嗣之孫。四岳，官名，大岳也，主四岳之祭焉。」然則以其主嶽之祀尊之，故稱大也。

注「變而」至「必衰」。　正義曰：六四爻變爲九四，與二共爲艮象，艮爲山，故知興於山嶽之國。姜姓，大岳之後，知其將育于姜。地之高者，莫過於山，《詩》云「崧高維嶽，駿極于天」，言其大能至天，故山嶽則配天也。且乾在上，艮在下，亦是山嶽配天之象。此人子孫養於大嶽之後，官尊位貴，得大嶽之權，則其功德有配天之大。然天子其功配天，今縱得大嶽之權，唯諸侯耳，言配天者，以其功大，故甚言之。物莫能兩大，此有興兆，故知陳必衰也。　注「桓子」至「無宇」。　正義曰：《史記·田完世家》：完卒，謚爲敬仲。仲生穉孟夷，夷生湣孟莊，莊生文子須無，文子生桓子無宇，是爲敬仲五世孫也。　注「成子」至「放此」。　正義曰：沈氏云：「《世家》：『桓子生武子啓及僖子乞。乞卒，子常代之，是爲田成子。』是於敬仲爲七世，言八世者，據其相代在位爲八世也。」成子弑簡公，專齊政，是莫之與大也。成子生襄子磐，磐生莊子白，白生大公和，和遷齊康公於海上，和立爲齊侯。和孫威王稱王，四世而秦滅之。作傳之時，完之子孫已盛，故傳備言其終始也。《世家》云：「敬仲之如齊，以陳字爲田氏。」《左傳》終始稱陳，田必非敬仲所改，未知何時改耳。《左傳》之初，至此始有卜筮，故杜於此通説之。《曲禮》曰：「卜筮者，先聖王之所以使民決嫌疑，定猶與也。」是先王立之本意也。因而生義教，謂教人以行義行善，則德協於卜，行惡則遇吉反凶，必以行義乃可卜也。《洪範》曰：「汝則有大疑，謀及乃心，謀及卿士，謀及庶人，謀及卜筮。」謀及卿士而以卜筮同之，是通龜筮以同卿士之數也。南蒯卜爲亂，不信則不可，臧會卜爲僭，不信乃遂吉，二事相反，故特引之，言卜筮應人行也。南蒯在昭十二年，臧會在昭二十五年。南蒯筮而言卜者，卜筮通言耳。杜引《洪範》者，欲明龜筮未必神靈，故云「以同卿士之數」，言龜筮所見，纔與卿士同耳。又引南蒯者，明吉凶由行，不由卜筮，欲使人脩德行，不可純信卜筮也。又引臧會者，吉凶亦由卜筮，不可專在於行，欲使人敬卜筮也。故丘明舉縣驗於行事者，以示來世脩德行，敬龜筮。言「驗於行事」者，南蒯則行驗而龜筮不驗，臧會則行不驗而龜筮驗。言「君子志其善者、遠者」，善者謂勸人脩德行、敬龜筮是也，遠者謂舉其大綱，勸人爲善，長久遠道，非有臨時應驗。此遠者即上善者，指其事謂之善，指其教謂之遠。劉炫云：「計春秋之時，卜筮多矣，丘明所載唯二十許事，舉其縣驗於行事者，其不驗者不載之。」君子之人，當記其忠之善者，❶知之遠者。他皆放此。

【經】二十有三年，春，公至自齊。無傳。

❶「忠」，阮校：監本、毛本作「志」。

祭叔來聘。無傳。《穀梁》以祭叔爲祭公來聘魯。天子内臣不得外交，故不言使，不與其得使聘。【疏】注「穀梁」至「使聘」。　正義曰：諸言聘者，皆言某侯使某來聘，此不言使，《左氏》無傳，故取《穀梁》爲説。《穀梁傳》云：「其不言使，何也？　天子之内臣也，不正其外交，故不與使也。」然則言内臣不得外交，必是畿内之國，畿内之國非唯祭耳。傳不言爲祭公來聘，杜言爲祭公來聘者，但祭叔連祭爲文，必是祭人。虞叔是虞公之弟，此祭叔或是祭公之弟，故以爲爲祭公來聘。天子内臣不得外交諸侯，故不言使，不與其得使聘也。魯受其聘，行其禮，故書聘耳。二十五年陳女叔來聘，嘉之，故不名，此無可嘉，亦稱叔者，杜意叔爲名爲字，無以可知，故不明言。

夏，公如齊觀社。齊因祭社蒐軍實，故公往觀之。【疏】注「齊因」至「觀之」。　正義曰：《魯語》説此事云：「夫齊棄太公之法，而觀民於社。」孔晁云：「聚民於社，觀戎器也。」襄二十四年傳稱楚子使薳啓彊如齊，齊社蒐軍實，使客觀之。知此亦然，故公往觀之。《釋例》曰：「凡公出朝聘、奔喪、會葬，皆但書『如』，不言其事，此《春秋》之常。」然則喪葬常事，故不書，觀社非常，故特書。

公至自齊。無傳。

荆人來聘。無傳。不書荆子使某來聘，君臣同辭者，蓋楚之始通，未成其禮。【疏】注「不書」至「其禮」。　正義曰：《釋例》曰：「楚之君臣最多混錯，此乃楚之初興，未閑周之典禮，告命之辭自生同異。楚武王熊達始居江漢之間，然猶未能自同列國，故稱『荆敗蔡師』、『荆人來聘』，從其所居之稱而揔其君臣。」是言楚之始通，未成其禮之意。言君臣同辭者，此云「荆人來聘」，是臣來也。僖二十一年「楚人使宜申來獻捷」，言「使」，則是君也，而經亦書「楚人」，是君臣同辭。

公及齊侯遇于穀。無傳。

蕭叔朝公。無傳。蕭，附庸國。叔，名。就穀朝公，故不言來。凡在外朝，則禮不得具，嘉禮不野合。【疏】注「蕭附」至「野合」。　正義曰：無爵而稱朝，知是附庸國也。邾儀父貴之，乃書字，此無所貴，知叔爲名也。《公羊傳》曰：「其言朝公何？公在外也。」文連「遇于穀」，是就穀朝公，穀是齊地，故不言「來」也。定十四年「大蒐于比蒲。邾子來會公」，比蒲，魯地，故言「來」也。《穀梁傳》曰：「朝於廟，正也，於外，非正也。」是言在外行朝，則禮不得具。定十年傳稱嘉樂不野合，知嘉禮亦不野合。嘉禮謂善禮，非五禮之嘉也，朝於五禮屬賓。

秋，丹桓宮楹。桓公廟也。楹，柱也。

冬，十有一月，曹伯射姑卒。無傳。未同盟而赴以名。

十有二月，甲寅，公會齊侯盟于扈。無傳。扈，鄭地，在滎陽卷縣西北。❶

【傳】二十三年，夏，公如齊觀社，非禮也。曹劌諫曰：「不可！夫禮，所以整民也。故會以訓上下之則，制財用之節，貢賦多少。**朝以正班爵之義，帥長幼之序，征伐以討其不然。**不然，不用

---

❶「滎」，阮校：「足利本作『熒』，從火，是也。說詳隱元年。」

命。**諸侯有王，從王事。王有巡守，**❶**省四方。以大習之。**大習會朝之禮。**非是，君不舉矣。君舉必書。**書於策。**書而不法，後嗣何觀？」**【疏】「夫禮」至「不然」。❷　正義曰：夫禮者，所以整理天下之民，民謂甿庶貴賤者皆是也。諸侯會聚，所謀皆是尊王室，脩臣禮，故會以訓上下之則。以諸侯事天子，訓在下事其君也。於會必號令諸國，出貢賦多少，即是制財用之節度也。禮使小國朝大國，是朝以正班爵之等義也。爵同則小國在下，是帥長幼之次序也。諸侯之序以爵不以年，此言長幼，謂國大小也。沈氏云：「爵同者，據年之長幼，故云『帥長幼之序』。不朝不會，則征討之，故言『征伐以討其不然』。」

晉桓、莊之族偪，桓叔、莊伯之子孫强盛，偪迫公室。**獻公患之。士蔿曰：「去富子，則羣公子可謀也已。」**士蔿，晉大夫。富子，二族之富强者。**公曰：「爾試其事。」士蔿與羣公子謀，譖富子而去之。**以罪狀誣之，同族惡其富强，故士蔿得因而間之。用其所親爲譖則似信，離其骨肉則黨弱，羣公子終所以見滅。

秋，丹桓宮之楹。

【經】**二十有四年，春，王三月，刻桓宮桷。**刻，鏤也。桷，椽也。將逆夫人，故爲盛飾。【疏】注

---

❶ 「守」，阮校：纂圖本、毛本作「狩」。

❷ 「夫禮至不然」，阮本此節正義在「征伐以討其不然」句注下。

「刻鏤」至「盛飾」。　正義曰：《釋器》云：「金謂之鏤，木謂之刻。」刻木鏤金，其事相類，故以刻爲鏤也。桷謂之榱，榱即椽也。《穀梁傳》曰：「刻桷，非正也。夫人所以崇宗廟也，取非禮與非正而加之於宗廟，以飾夫人，非正也。刻桓宮桷，丹桓宮楹，斥言桓宮，以惡莊也。」是言丹楹刻桷皆爲將逆夫人，故爲盛飾。

葬曹莊公。無傳。

夏，公如齊逆女。無傳。親逆，禮也。【疏】注「親逆禮也」。　正義曰：《公羊傳》曰：「何以書？親迎，禮也。」親逆是正禮，有故得使卿逆，亦無譏也。

秋，公至自齊。無傳。

八月，丁丑，夫人姜氏入。哀姜也。《公羊傳》以爲姜氏要公，不與公俱入，蓋以孟任故，丁丑入而明日乃朝廟。【疏】注「哀姜」至「朝廟」。　正義曰：《公羊傳》曰：「其言入何？難也。其難奈何？夫人不可使入，與公有所約，然後入。」唯言有所要，不知要何事，故云「蓋以孟任故」也。明日戊寅，大夫宗婦覿，用幣，夫人若未朝廟，不得受臣覿禮。知明日乃朝廟，既朝，乃見大夫宗婦。杜言朝廟者，爲「覿，用幣」發也。書「入」不書「至」者，《釋例》曰：「莊公顧割臂之盟，崇寵孟任，故即位二十三年乃娶元妃。」雖丹楹刻桷，身自納幣，而有孟任之嫌，故與姜氏俱反而異入，經所以不以至禮書也。

戊寅，大夫宗婦覿，用幣。宗婦，同姓大夫之婦。禮，小君至，大夫執贄以見，明臣子之道。莊公欲奢夸夫人，故使大夫、宗婦同贄俱見。【疏】注「宗婦」至「俱見」。　正義曰：襄二年葬齊姜，傳稱齊侯使諸姜宗婦來送葬。諸姜是同姓之女，知宗婦是同姓大夫之婦也。禮，小君至，大夫執贄以見，明臣子之道。禮亦無此文。《士相見禮》稱大夫始見于君，執贄。夫人尊與君同，臣始爲臣，有見君之禮，明小君初至，亦當有禮以見也。且傳唯譏婦贄不宜用幣，不言覿之爲非，知其禮當然也。大夫當用羔鴈，用幣亦爲非禮也。莊公欲奢夸夫人，故使男女同贄。惡其男女無別，且譏僭爲失禮，故書之。

大水。無傳。

冬，戎侵曹。無傳。

曹羈出奔陳。無傳。羈蓋曹世子也。先君既葬而不稱爵者，微弱不能自定，曹人以名赴。

【疏】注「羈蓋」至「名赴」。　正義曰：此事《左氏》、《穀梁》並無傳。《公羊》以曹羈爲曹大夫，三諫不從而出奔。杜以此經書「曹羈出奔陳，赤歸于曹」，與「鄭忽出奔衛，突歸于鄭」其文相類，故附彼爲之説，稱蓋，爲疑辭，微弱不能自定，曹人以名赴，亦如鄭忽之出奔。

赤歸于曹。無傳。赤，曹僖公也。蓋爲戎所納，故曰歸。【疏】注「赤曹」至「曰歸」。　正義曰：《史記·曹世家》與《年表》皆云「僖公名夷」，三家經傳有五而皆言赤，杜以鄭突類之，知赤是曹君，故以赤爲僖公。書有舛誤，何必《史記》是而杜説非也？傳例曰「諸侯納之曰歸」，以戎侵曹而赤歸，故云「蓋爲戎所納」也。賈逵以爲羈是曹君，赤是戎之外孫，故戎侵曹，逐羈而立赤，亦以意言之，無所據也。

郭公。無傳。蓋經闕誤也。自曹羈以下，《公羊》、《穀梁》之説既不了，又不可通之於《左氏》，故不采用。【疏】注「蓋經」至「采用」。　正義曰：《公羊》、《穀梁》並以「赤歸于曹郭公」連文爲句，言郭公名赤，失國而歸于曹，是爲説不了，故不采用。

【傳】二十四年，春，刻其桷，皆非禮也。并非丹楹，故言皆。**御孫諫曰：**❶**「臣聞之：『儉，德之共也。侈，惡之大也。』御孫，魯大夫。先君有共德，而君納諸大惡，無乃不可乎？」**以不丹楹刻桷爲共。【疏】注「并非丹楹故言皆」。❷　正義曰：《穀梁傳》曰：「禮，楹，天子諸侯黝堊，大夫倉，❸士黈。丹楹，非禮也。」注云：「黝堊，黑色。黈，黄色。」又曰：「禮，天子之桷，斲之礱之，加密石焉。諸侯之桷，斲之礱之。大夫斲之，士斲本。刻桷，非正也。」「加密石」，注云：「以細石磨之。」《晉語》云：「天子之室，斲其椽而礱之，加密石焉。諸侯礱之，大夫斲之，士首之。」言雖小異，要知正禮楹不丹，桷不刻，故云「皆非禮也」。

秋，哀姜至，公使宗婦覿，用幣，非禮也。傳不言大夫，唯舉非常。**御孫曰：「男贄，大者玉帛，**公、侯、伯、子、男執玉，諸侯世子、附庸、孤卿執帛。**小者禽鳥，**卿執羔，大夫執鴈，士執雉。**以章物也。**章所執之物，別貴賤。**女贄不過榛、栗、棗、脩，以告虔也。**榛，小栗。脩，脯。虔，敬也。皆取其名以示敬。**今男女同贄，是無別也。男女之別，國之大節也，而由夫人亂之，無乃不可乎？」**【疏】注「傳不」至「非常」。❹　正義曰：《士相見禮》云：「下大夫相見以鴈，上大夫相見以羔，如士相見之禮。始見於

---

❶「御」，阮校：「《釋文》：『御，本亦作禦。』《漢書・古今人表》同。」

❷「注并非丹楹故言皆」，阮本此節正義在「皆非禮也」句注下。

❸「倉」，阮本作「蒼」。阮校：「《穀梁傳》作『倉』。」

❹「注傳不至非常」，阮本以下正義四節分疏於傳文各節下。

君，執摯。」❶鄭玄云：「士、大夫一也。」如彼禮文，大夫始見於君用羔鴈，始見夫人亦當然。然則大夫用幣亦非常，而以大夫爲常者，禮，孤執皮帛，則諸侯之臣有執帛者矣。大夫執帛，唯上僭耳，其帛猶是男子所執，婦人執幣，則全非常事。御孫唯諫婦人不宜執幣，丘明爲諫發傳，故唯舉非常也。《左傳》諸爲諫者，或言「諫曰」，或不言諫，意在載辭，不爲例也。

注「公侯」至「執帛」。 正義曰：《周禮·大宗伯》職云：「公執桓圭，侯執信圭，伯執躬圭，子執穀璧，男執蒲璧。」是公、侯、伯、子、男皆執玉也。《典命》職曰：「凡諸侯之適子，誓於天子，攝其君，則下其君之禮一等。未誓，則以皮帛繼子男。公之孤四命，以皮帛眡小國之君。」是諸侯世子與孤卿執帛也。附庸雖則無文，而爲一國之主，來則謂之爲朝，未有爵命，不合執玉，明與世子同執帛也。且哀七年傳稱：「禹合諸侯於塗山，執玉帛者萬國。」附庸是國，明執帛者附庸也。鄭玄《周禮》注云：「皮帛者，束帛而表以皮，爲之飾。皮，虎豹皮。帛，如今璧色繒也。」《周禮》以王作六瑞，❷以禽作六摯，則瑞、贄有異，而此傳玉帛同言贄者，鄭玄《曲禮》注云：「摯之言至也，當謂執之見人，以表至誠也。」《典瑞》注云：「瑞，節信也。」禮，天子執冒以見諸侯，諸侯執圭璧以朝天子，天子以冒，冒之以爲信，故以瑞爲名。皮帛以下無此合信之事，故以贄爲名。其實皆以表至誠，故傳通以贄言之。凡贄，皆以爵，不以命數也。❸

注「卿執」至「執雉」。 正義曰：《周禮·大宗伯》職文也。鄭玄云：「羔取其羣而不失其類，鴈取其候時而行，雉取其守介而死，不失其節，鶩取其不飛遷，雞取其守時

---

❶ 「摯」，阮校：「閩本、監本、毛本『摯』作『贄』。」下節正義「以禽作六摯則瑞摯」同。

❷ 「王」，正宗寺本、阮本作「玉」。

❸ 「命」，阮校：閩本、監本、毛本作「名」。

而動。」《曲禮》曰：「飾羔鴈者以繢。」言天子之臣飾羔鴈以布，又畫之，諸侯之臣飾以布，不畫之，自雉以下無飾。注「榛小」至「示敬」。　正義曰：《曲禮》云：「婦人之摯，椇、榛、脯、脩、棗、栗。」鄭玄云：「婦人無外事，見以羞物也。椇、榛，木名。椇，枳也，有實，今邳剡之東食之。❶榛實似栗而小。」鄭又注《周禮·腊人》云：「薄析曰脯，捶之而施薑桂曰鍛脩。」然則脩脯大同，故以脩爲脯也。「虔，敬」，《釋詁》文。皆取其名以示敬者，先儒以爲栗取其戰栗也，棗取其早起也，脩取其自脩也，唯榛無説，蓋以榛聲近虔，取其虔於事也。

晉士蔿又與群公子謀，使殺游氏之二子。游氏二子，亦桓、莊之族。**士蔿告晉侯曰：「可矣。不過二年，君必無患。」**

【經】二十有五年，春，陳侯使女叔來聘。女叔，陳卿。女，氏。叔，字。

夏，五月，癸丑，衛侯朔卒。無傳。惠公也。書名，十六年與内大夫盟于幽。

六月，辛未，朔，日有食之。鼓，用牲于社。鼓，伐鼓也。用牲以祭社。傳例曰：非常也。**【疏】**注「鼓伐」至「常也」。　正義曰：《尚書·召誥》云：「用牲于郊，牛二。」如此之類言用牲者，皆用之以祭，知此用牲以祭社也。鼓之所用，必是伐之，伐理可見，故不言伐鼓。牲不言用，則牲無所施，於文不足，故言「用牲」。傳稱：「正月之朔，慝未作，日有食之，於是乎用幣于社，伐鼓于朝。」正月，謂周六月也。此經雖書六月，杜以《長歷》

---

❶「剡」，正宗寺本、阮本作「郯」。阮校：「案，《禮記》注亦作『郯』，宋本作『剡』，非也。」

校之，❶此是七月，七月用鼓，非常月也。鼓當于朝，而此鼓于社，非其處也。社應用幣，而於社用牲，非所用也。一舉而有三失，故譏之。

伯姬歸于杞。無傳。不書逆女，逆者微。

秋，大水。鼓，用牲于社，于門。門，國門也。傳例曰：「亦非常也。」【疏】注「門國門也」。　正義曰：《祭法》云：「天子立七祀，諸侯立五祀，其門皆曰國門。」知此門亦國門，國門謂城門也。傳稱天災有幣無牲，非日月之眚不鼓，則鼓與牲二事皆失，故譏之。

冬，公子友如陳。無傳。報女叔之聘。諸魯出朝聘，皆書「如」。不果彼國必成其禮，故不稱朝聘，《春秋》之常也。公子友，莊公之母弟，稱公子者，史策之通言。母弟至親，異於他臣，其相殺害，則稱弟以示義。至於嘉好之事，兄弟篤睦，非例所興，或稱弟，或稱公子，仍舊史之文也。母弟例在宣十七年。【疏】注「報女」至「七年」。　正義曰：魯出朝聘，多有在道復者，假令得到彼國，尚不知受之以否，故皆書「如」，如者，往也，直言往彼而已，不果彼國必成其禮，故不稱朝聘，爲《春秋》之常也。僖二十八年，公朝于王所，朝訖乃書，故即稱爲朝。此公子友，莊公之母弟也，於莊世稱公子。昭元年陳公子招，陳哀公母弟也，於哀世稱公子。故解之「稱公子者，史策之通言」也。《釋例》曰：「庶弟不得稱弟，而母弟得稱公子。秦伯之弟鍼適晉，女叔齊曰：『秦公子必歸。』此公子亦國之常言，得兩通之證也。」是言公子、母弟得通言之意也。《釋例》又

❶「杜」，原作「社」，據正宗寺本、阮本改。

曰：「兄而害弟，則稱弟以章兄罪。弟又害兄，則去弟以罪弟身。統論其義，兄弟二人，交相殺害，各有曲直，存弟則示兄曲也。」是言其相殺害，則稱弟以示義也。《釋例》又曰：「若夫朝聘盟會，嘉好之事，此乃兄弟之篤睦，非義例之所興，故仍舊史之策，或稱弟，或稱公子。踐土之盟，叔武不稱弟，此其義也。」案經桓三年「齊侯使其弟年來聘」，十四年「鄭伯使其弟語來盟」，成十年「衛侯之弟黑背帥師侵鄭」，彼皆稱弟，季友、陳招並稱公子，俱無褒貶，所稱不同，知是史文之異，不爲義例。仲尼無所見義，故仍舊史耳。

【傳】二十五年，春，陳女叔來聘，始結陳好也。嘉之，故不名。季友相魯，原仲相陳，二人有舊，故女叔來聘，季友冬亦報聘，嘉好接備。卿以字爲嘉，則稱名其常也。

夏，六月，辛未，朔，日有食之。鼓，用牲于社，非常也。非常鼓之月，《長歷》推之，辛未實七月朔，置閏失所，故致月錯。**唯正月之朔，慝未作，**正月，夏之四月，周之六月，謂正陽之月。今書六月，而傳云「唯」者，明此月非正陽月也。慝，陰氣。**日有食之，於是乎用幣于社，伐鼓于朝。**日食，歷之常也。然食於正陽之月，則諸侯用幣于社，請救於上公，伐鼓于朝，退而自責，以明陰不宜侵陽，臣不宜掩君，以示大義。【疏】注「非常」至「月錯」。❶　正義曰：此及文十五年、昭十七年皆書「六月朔，日有食之」。昭十七年傳稱「祝史請所用幣，昭子許之。平子禦之，曰：『止也。唯正月朔，慝未作，日有食之，於

---

❶「注非常至月錯」，阮本以下正義三節分疏於傳文各節下。

是乎有伐鼓用幣，禮也。其餘則否。』大史曰：『在此月也。』」經書「六月」，而史言「在此月」，則知傳言「正月之朔，慝未作」者，謂此周之六月，夏之四月也。文十五年傳直説天子諸侯鼓幣異禮，不言「非常」，知彼言六月，直六月也。此亦六月而云「非常」，下句始言唯正月之朔有用幣伐鼓之禮，明此經雖書六月，實非六月，故云「非常鼓之月」。《長歷》推此辛未爲七月之朔，由置閏失所，故致月錯，不應置閏而置閏，誤使七月爲六月也。《釋例》曰：「莊二十五年經書『六月辛未朔，日有食之』，實是七月朔，非六月，故傳云『非常也』。唯正月之朔，有用幣伐鼓，明此食非用幣伐鼓常月，因變而起，歷誤也。文十五年經文皆同，而更復發傳曰非禮者，明前傳欲以審正陽之月，後傳發例，欲以明諸侯之禮。此乃聖賢之微旨，而先儒所未喻也。」劉炫云：「知非五月朔者，昭二十四年五月日有食之，傳云日過分而未至，此若是五月，亦應云過分而未至也。今言『慝未作』，則是已作之辭，故知非五月。」案二十四年八月丁丑，夫人姜氏入，從彼推之，則六月辛未朔，非有差錯。杜云置閏失所者，以二十四年八月以前誤置一閏，非是八月以來始錯也。　注「正月」至「陰氣」。　正義曰：昭十七年傳大史論正月之事，云：「當夏四月，是謂孟夏。」知正月是夏之四月，周之六月也。《詩》云「正月繁霜」，鄭玄云：「夏之四月建巳，純陽用事。」是謂正月爲正陽之月。慝，惡也。人情愛陽而惡陰，故爲陰爲惡，❶故云：❷「慝，陰氣也。」「未作」，謂陰氣未起也。　注「日食」至「大義」。　正義曰：古之歷書亡矣，漢興以來，草創其術，《三統》以爲五月二十三分月之二十而日月交會。近世爲歷者，皆以爲一百七十三日有餘而日一食。是日食者，歷之常也。古之聖王因事設

---

❶ 上「爲」字，正宗寺本、阮本作「謂」。阮校以爲作「爲」者誤。

❷ 「云」，阮校：「毛本作『曰』。」

戒，夫以昭昭大明，照臨下土，忽爾殲亡，俾晝作夜，其爲怪異，莫斯之甚，故立求神請救之禮，責躬罪己之法。正陽之月，陽氣尤盛，於此尤盛之月，而爲弱陰所侵，故尤忌之。社是上公之神，尊於諸侯，故用幣于社，請救於上公，伐鼓于朝，退而自攻責也。日食者，月揜之也。日者，陽之精。月者，陰之精。日，君道也。月，臣道也。以明陰不宜侵陽，臣不宜揜君，以示大義也。昭二十九年傳曰：「故有五行之官，是謂五官，實列受氏姓，封爲上公，祀爲貴神，社稷五祀，是尊是奉。」故杜以社爲上公之神。

秋，大水。鼓，用牲于社，于門。亦非常也。失常禮。**凡天災，有幣，無牲。**天災，日月食、大水也。祈請而已，不用牲也。**非日月之眚，不鼓。**眚猶災也。月侵日爲眚，陰陽逆順之事，賢聖所重，故特鼓之。【疏】注「天災」至「牲也」。❶　正義曰：傳言「亦非常」，亦上日食也。但日食之鼓非常月，伐鼓于社非常禮，大水用牲亦非常禮，俱是非常，故亦前也。傳既亦前，即發凡例，知天災之言，兼日食、大水也。天之見異，所以譴告人君，欲令改過脩善，非爲求人飲食。既遇天災，隨時即告，唯當告請而已，是故有幣無牲。若乃亢旱歷時，霖雨不止，然後禱祀羣神，求弭災沴者，設禮以祭，祭必有牲。《詩·雲漢》之篇美宣王爲旱禱請，自郊徂宫，無所不祭，云：「靡神不舉，靡愛斯牲。」是其爲旱禱，祭皆用牲也。《祭法》曰：「埋少牢於泰昭，祭時也。相近於坎壇，祭寒暑也。王宫，祭日也。夜明，祭月也。幽禜，❷祭星也。雩禜，祭水旱也。」鄭玄云：「凡此以下，皆祭用少牢，寒暑不時，則或禳之，或祈之。」是説祈禱之祭皆用牲。　注「眚猶」至「鼓之」。　正義曰：《易》稱

---

❶ 「注天災至牲也」，阮本此節正義在「有幣無牲」句注下。

❷ 二「禜」字，阮校：「《禮記》『禜』作『宗』。鄭注云：『「宗」當爲「禜」之誤。』正義遂改爲『禜』。」

「是謂災眚」，《書》稱「眚災肆赦」，是眚災相類，故云「眚猶災也」。月侵日爲眚，陰犯陽爲逆，逆順之事，賢聖所重，故見其逆事，而特鼓之。此據日食爲説耳。傳稱「日月之眚」，日月並言，則月食亦有鼓。《周禮·大僕》職云：「凡軍旅田役，贊王鼓，救日月亦如之。」是日食、月食皆有鼓也。《穀梁傳》曰：「天子救日，置五麾，陳五兵五鼓。諸侯置三麾，陳三鼓三兵。大夫擊門，士擊柝。」《左氏》雖無傳，義或然也。

晉士蔿使羣公子盡殺游氏之族，乃城聚而處之。聚，晉邑。**冬，晉侯圍聚，盡殺羣公子。**卒如士蔿之計。

【經】二十有六年，春，公伐戎。無傳。

夏，公至自伐戎。無傳。

曹殺其大夫。無傳。不稱名，非其罪。例在文七年。

秋，公會宋人、齊人伐徐。無傳。宋序齊上，主兵。

冬，十有二月，癸亥，朔，日有食之。無傳。**【疏】**注「不稱」至「七年」。❶ 正義曰：文七年傳稱「書曰『宋人殺其大夫』，不稱名，衆也，且言非其罪也」，是仲尼新意，變例也。

❶ 「注不稱至七年」，阮本此節正義在「曹殺其大夫」注下。

【傳】二十六年，春，晉士蔿爲大司空。❶大司空，卿官。夏，士蔿城絳，以深其宫。絳，晉所都也，今平陽絳邑縣。【疏】注「大司空卿官」。❷　正義曰：傳於比年以來説士蔿爲獻公設計，晉國以安。今又言大司空，明任以卿位也。直言司空者，是大夫即司空亞旅，皆受一命之服是也。晉自文公以後，世爲盟主，征伐諸國，卿以軍將爲名，司空非復卿官，故文二年司空士縠非卿也。雖則非卿，職掌不異，成十八年傳曰「右行辛爲司空，使脩士蔿之法」，是其典事同也。

秋，虢人侵晉。

冬，虢人又侵晉。爲傳明年晉將伐虢張本。此年經、傳各自言其事者，或經是直文，或策書雖存而簡牘散落，不究其本末，故傳不復申解，但言傳事而已。【疏】注「爲傳」至「而已」。　正義曰：此年傳不解經，經、傳各自言事。伐戎、日食體例已舉，或可經是直文，不須傳説。曹殺大夫，宋、齊伐徐，或須説其所以。此去丘明已遠，或是簡牘散落，不復能知故耳。上二十年亦傳不解經，彼經皆是直文，故就此一説，言下以明上。

【經】二十有七年，春，公會杞伯姬于洮。伯姬，莊公女。洮，魯地。【疏】注「伯姬莊公女」。　正義

❶「爲」，原脱，據《四部叢刊》本、文淵閣本、阮本補。
❷「注大司空卿官」，阮本此節正義在「晉士蔿爲大司空」注下。

曰：上二十五年始歸于杞，莊公無母，而此來寧，知是莊公女也。會女非常，故於此言女以辯之。

夏，六月，公會齊侯、宋公、陳侯、鄭伯，同盟于幽。

秋，公子友如陳，葬原仲。原仲，陳大夫。原，氏。仲，字也。禮，臣既卒不名，故稱字。季友違禮會外大夫葬，❶具見其事，亦所以知譏。【疏】注「原仲」至「知譏」。正義曰：《玉藻》記云：「士於君所言大夫，没矣則稱謚若字。」桓二年《穀梁傳》曰：「子既死，父不忍稱其名。臣既死，君不忍稱其名。」是禮臣卒不名。陳人不稱其名，故魯史亦書其字。

冬，杞伯姬來。傳例曰：「歸寧。」

莒慶來逆叔姬。無傳。慶，莒大夫。叔姬，莊公女。卿自爲逆則稱字。例在宣五年。

杞伯來朝。無傳。杞稱伯者，蓋爲時王所黜。

公會齊侯于城濮。無傳。城濮，衛地，將討衛也。【疏】注「杞稱」至「所黜」。❷正義曰：桓二年杞侯來朝，十二年公會杞侯、莒子盟于曲池，自爾以來不見經、傳，從此稱伯，終於《春秋》，故云「蓋爲時王所黜」。於時周王當桓、莊、僖、惠，不知何王黜之。

❶「夫」，原作「大」，據《四部叢刊》本、阮本改。

❷「注杞稱至所黜」，阮本此節正義在「杞伯來朝」注下。

【傳】二十七年，春，公會杞伯姬于洮。非事也。非諸侯之事。**天子非展義不巡守，**天子巡守，所以宣布德義。**諸侯非民事不舉，卿非君命不越竟。**

夏，同盟于幽。陳、鄭服也。二十二年，陳亂而齊納敬仲。二十五年，鄭文公之四年，獲成於楚。皆有二心於齊，今始服也。【疏】注「二十」至「服也」。正義曰：比年以來，陳、鄭無不服之狀。此言其服，故注者原之。二十一年，鄭厲公卒，二十五年，是鄭文公之四年也。文十七年傳稱鄭子家與趙宣子書，云：「文公四年二月壬戌，爲齊侵蔡，亦獲成於楚。」是二十五年既與楚平，故至此始服也。

秋，公子友如陳，葬原仲。非禮也。原仲，季友之舊也。

冬，杞伯姬來。歸寧也。寧，問父母安否。**凡諸侯之女，歸寧曰來，出曰來歸。**歸，不反之辭。**夫人歸寧曰如某，出曰歸于某。**【疏】「凡諸」至「于某」。正義曰：《釋例》曰：「歸寧者，女子既嫁，有時而歸，問父母之寧否。父母没，則使卿歸問兄弟也。出者，謂犯七出而見絶者也。歸者，有所往之稱。來者，有所反之言。故嫁謂之歸，而寧謂之來。見絶而出，則以來歸爲辭，來而不反也。如某者，非終安之稱，歸于某者，亦不反之辭。」是解其文異之意也。此杞伯姬來，寧也，宣十六年郯伯姬來歸，出也。文九年夫人姜氏如齊，歸寧也。魯之夫人無被出者，文十八年夫人姜氏歸于齊，雖子死自去，歸而不反，亦出之類，故與出同文。

晉侯將伐虢，士蔿曰：「不可！虢公驕，若驟得勝於我，必棄其民。棄民不養之。**無衆而後伐之，欲禦我，誰與？夫禮、樂、慈、愛，戰所畜也。夫民，讓事、樂和、愛親、哀喪，而後可用也。**上之使民，以義讓哀樂爲本，言不可力强。**虢弗畜也，亟戰，將饑。」**言虢不畜義讓而力戰。【疏】「夫禮」至

「用也」。❶　正義曰：禮、樂、慈、愛，謂國君教民，民間有此四者，畜聚此事，然後可與人戰，故云「戰所畜也」。士蔿既言其自，❷更以其義覆之，禮尚謙讓，「讓事」謂禮也。樂以和親，「樂和」謂樂也。慈謂愛之深也，「愛親」謂慈也。愛極然後哀喪，「哀喪」謂愛也。民間有此四事，然後可用以戰。

王使召伯廖賜齊侯命，召伯廖，王卿士。賜命爲侯伯。**且請伐衛，以其立子穨也。**立子穨，在十九年。【疏】注「召伯」至「侯伯」。❸　正義曰：召伯稱爵，如是王之卿士。❹召康公之封召也，當在西都畿内。《釋例》曰：「扶風雍縣東南有召亭也。春秋時召伯猶是召公之後，西都既已賜秦，則東都别有召地，不復知其所在。」僖二十八年傳稱王命尹氏及王子虎策命晉侯爲侯伯，則知此賜齊侯命者，亦賜命爲侯伯也。彼注云「《周禮》九命作伯」，則此亦九命之伯，謂九州之長，爲二伯也。僖元年傳曰：「凡侯伯救患分災討罪，禮也。」注云：「侯伯，州長也。」彼主説齊桓之事，亦謂九州之長，非州牧也。言州長者，兼見州牧之事耳。

【經】二十有八年，春，王三月，甲寅，齊人伐衛。衛人及齊人戰，衛人敗績。齊侯稱人者，諱取

---

❶「夫禮至用也」，阮本此節正義在「而後可用也」注下。

❷「自」，正宗寺本、阮本作「目」。阮校：「按，『目』字是也。『目』謂禮樂慈愛四者，下以讓事、樂和、愛親、哀喪分釋之。」

❸「注召伯至侯伯」，阮本此節正義在「王使召伯廖賜齊侯命」注下。

❹「如」，正宗寺本、阮本作「知」，當是。

賂而還，以賤者告。不地者，史失之。【疏】注「齊侯」至「失之」。　正義曰：傳稱「齊侯」，而經書「人」，知其諱取賂，以賤者告也。《詩》美僖公之伐淮夷，得其元龜象齒，大賂南金。襄十一年傳稱晉侯伐鄭，受鄭之賂，告于諸侯。皆不以爲諱。而此諱之者，彼服罪致賂，乃以得賂爲榮，此舍罪受賂，故以受之爲恥。會于稷，舍宋督，取郜鼎，亦此之類也。戰皆書地，此獨不地，知是史失之也。莊十年《公羊傳》曰：「戰不言伐，圍不言戰，入不言圍，滅不言入，書其重者。」《左氏》無此義，而泓、韓、鞌、邲、令狐、河曲、鄢陵、城濮、大棘、彭衙、長岸、柏舉之屬，皆書戰，不書伐。此書伐，又書戰。襄十八年「諸侯同圍齊」，言圍不言伐。文十五年「晉郤缺伐蔡，戊申入蔡」，書伐，又書入。丘明無文，杜不爲説，皆是從告而書，史有詳略，無義例也。此經既言齊人伐衛，不言齊及衛戰，而言衛人及齊人戰者，《公羊》以爲伐人者爲客，被伐者爲主，以主及客，故使衛人主齊。尋案經、傳，令狐、河曲、大棘、彭衙、長岸、泓、韓之屬，皆以主及客也。乾時、升陘及鞌，皆魯與人戰，以魯爲主。城濮、鄢陵與邲，外楚而内晉也，柏舉内蔡而外楚也。被伐爲主，或如《公羊》之説。

夏，四月，丁未，邾子瑣卒。無傳。未同盟而赴以名。

秋，荆伐鄭，公會齊人、宋人救鄭。

冬，築郿。郿，魯下邑。傳例曰：「邑曰築。」【疏】注「郿魯」至「曰築」。　正義曰：國都爲上，邑爲下，故云「魯下邑」。成十八年築鹿囿，傳曰：「書不時也。」此傳唯發城築之例，不言時與不時者，《春秋》重土功，無備而興作者，傳每事各言時與不時，以別有所備禦，如書旱雩之別過雩也。其有所畏懼而興作者，唯一發而已。襄十九年城西郛，傳曰「懼齊也」，是其事也。此年大無麥禾，時歲饑虚，恐或侵伐，故築之以備難，從西郛之例，故不發傳也。

大無麥禾。書於冬者，五穀畢入，計食不足而後書也。【疏】注「書於」至「書也」。　正義曰：麥孰於夏，禾成在秋，而書於冬者，計食不足而後總書之。此年不言水旱，而得無麥禾者，服虔曰：「陰陽不和，土氣不養，故禾麥不成也。」傳言饑，而經不書者，得齊之糴，救民之急，不至於饑也。傳言饑者，指未糴之前，説告糴之意，故言饑也。

臧孫辰告糴于齊。臧孫辰，魯大夫臧文仲。【疏】「臧孫」至「于齊」。　正義曰：何休云：「買穀曰糴。」告糴者，將貨財告齊以買穀。《魯語》云：「文仲以鬯圭與玉磬如齊告糴，曰：『不腆先君之敝器，敢告滯積以紓執事。』齊人歸其玉而與之糴。」《公羊傳》曰：「何以不稱使？以爲臧孫辰之私行也。君子之爲國也，必有三年之委，一年不孰，告糴，譏也。」《穀梁》亦然。據經，魯臣出使，例不言使，何以當怪此也？傳言告糴「禮也」，必不得如二傳之説。服虔云：「不言『如』，重穀急辭，以其情急於糴，故不言『如齊告糴』，乞師則情緩於穀，故云『如楚乞師』。」　注「臧孫」至「文仲」。　正義曰：《世本》：「孝公生僖伯彄，彄生哀伯達，達生伯氏缾，缾生文仲辰。」辰是臧僖伯曾孫。

【傳】二十八年，春，齊侯伐衛，戰，敗衛師，數之以王命，取賂而還。

晉獻公娶于賈，無子。賈，姬姓國也。**烝於齊姜，**齊姜，武公妾。**生秦穆夫人及大子申生。又娶二女於戎，大戎狐姬生重耳，**大戎，唐叔子孫別在戎狄者。**小戎子生夷吾。**小戎，允姓之戎。

子，女也。晉伐驪戎，驪戎男女以驪姬。驪戎在京兆新豐縣。其君姬姓，其爵男也。納女於人曰女。歸，生奚齊。其娣生卓子。驪姬嬖，欲立其子，賂外嬖梁五與東關嬖五，姓梁名五，在閨闥之外者。東關嬖五，別在關塞者，亦名五。皆大夫，爲獻公所嬖幸，視聽外事。使言於公曰：「曲沃，君之宗也。曲沃，桓叔所封，先君宗廟所在。蒲與二屈，君之疆也。蒲，今平陽蒲子縣。二屈，今平陽北屈縣。或云：二當爲北。不可以無主。宗邑無主，則民不威。疆場無主，❶則啓戎心。戎之生心，民慢其政，國之患也。若使大子主曲沃，而重耳、夷吾主蒲與屈，則可以威民而懼戎，且旌君伐。」旌，章也。伐，功也。使俱曰：「狄之廣莫，於晉爲都。晉之啓土，不亦宜乎？」廣莫，狄地之曠絶也。即謂蒲子北屈也。❷言遣二公子出都之，則晉方當大開土界。獻公未決，故復使二五俱說此美。晉侯說之。夏，使大子居曲沃，重耳居蒲城，夷吾居屈。羣公子皆鄙，鄙，邊邑。❸唯二姬之子在絳。二五卒與驪姬譖羣公子而立奚齊，晉人謂之「二五耦」。二耜相耦，廣一尺，共起一伐。言二人俱共墾傷晉室若此。【疏】注「大戎」至「狄者」。❹正義曰：《晉語》云：「狐氏出自唐叔，狐伯行之

---

❶「場」，蓋誤，《四部叢刊》本、阮本、《經典釋文》作「埸」，當是。
❷「子」，阮本作「于」，阮校：「浦鏜《正誤》『子』作『與』，是也。」
❸「邊」上，阮校：「山井鼎云：『邊』上足利本後人補『在』字。」
❹「注大戎至狄者」，阮本此節正義在「大戎狐姬生重耳」注下。

子，實生重耳。」又曰：「狐偃，其舅也。」　注「小戎」至「女也」。❶　正義曰：昭九年傳稱晉率陰戎伐潁，王使辭於晉，曰：「先王居檮杌于四裔，故允姓之姦居于瓜州。」知戎爲允姓也。凡言子者，通男女也，知子謂女也，二戎相對爲大小也。

楚令尹子元欲蠱文夫人，文王夫人，息嬀也。子元，文王弟。蠱，惑以淫事。**爲館於其宮側，而振《萬》焉。**振，動也。《萬》，舞也。**夫人聞之，泣曰：「先君以是舞也，習戎備也。今令尹不尋諸仇讎，而於未亡人之側，不亦異乎？」**尋，用也。婦人既寡，自稱未亡人。**御人以告子元。**御人，夫人之侍人。**子元曰：「婦人不忘襲讎，我反忘之！」秋，子元以車六百乘伐鄭，入于桔柣之門。**桔柣，鄭遠郊之門也。**子元、鬬御彊、鬬梧、耿之不比爲旆。**子元自與三子特建旆以居前。廣充幅，❷長尋曰旐，繼旐曰旆。**鬬班、王孫游、王孫喜殿。**三子在後爲反禦。**衆車入自純門，及逵市。**純門，鄭外郭門也。逵市，郭内道上市。**縣門不發，楚言而出。子元曰：「鄭有人焉。」**縣門施於内城門。鄭示楚以閒暇，故不閉城門，出兵而效楚言，故子元畏之，不敢進。**諸侯救鄭，楚師夜遁。鄭人將奔桐丘，**許昌縣東北有桐丘城。❸　**諜告曰：「楚幕有烏。」乃止。**諜，間也。幕，帳也。【疏】「蠱

---

❶「注小戎至女也」，阮本此節正義在「小戎子生夷吾」注下。

❷「廣」，阮校：「閩本、明監本、毛本『廣』上有『縕』字，與正義合。」

❸「許昌」，阮校：「案，《水經注》廿二引注『許昌』上有『潁川』二字。」

文夫人」。❶　正義曰：昭元年傳稱《周易》「女惑男謂之蠱」，知蠱謂惑以淫事。　注「桔柣」至「門也」。　正義曰：此已入一門矣，又云「入自純門」，又是入一門矣。復言「縣門不發」，則更有一門矣。不發是城門，則知純門外郭門，桔柣遠郊門也。《尚書・費誓・序》云「東郊弗開」，是郊有門也。　注「子元」至「曰旆」。　正義曰：軍行之次，旆最在先。故宣十二年傳稱令尹南轅反旆，是旆居前而殿在後也。《釋天》云：「緇廣充幅，長尋曰旐，繼旐曰旆。」郭璞云：「旐，帛全幅長八尺。旆，帛續旐末爲燕尾者。」

冬，饑。臧孫辰告糴于齊，禮也。　經書「大無麥禾」，傳言「饑」。傳又先書「饑」在「築郿」上者，説始糴，經在下，須得糴，嫌或諱饑，故曰禮。

築郿，非都也。凡邑，有宗廟先君之主曰都，無曰邑。邑曰築，都曰城。　《周禮》：四縣爲都，四井爲邑。然宗廟所在，則雖邑曰都，尊之也。言凡邑，則他築非例。【疏】注「周禮」至「非例」。　正義曰：《周禮・小司徒》職云：「九夫爲井，四井爲邑，四邑爲丘，四丘爲甸，四甸爲縣，四縣爲都。」注引此者，以證都大邑小耳。經、傳之言都邑者，非是都則四縣，邑皆四井。此傳所發，乃爲小邑發例。大者皆名都，都則悉書曰城。小邑有宗廟，則雖小曰都，無乃爲邑。邑則曰築，都則曰城。爲尊宗廟，故小邑與大都同名。《釋例》曰：「若邑有先君宗廟，雖小曰都，尊其所居而大之也。」然則都而無廟，固宜稱城，「城漆」是也。而潁氏唯繫於有先君之

---

❶「蠱文夫人」，阮本以下正義三節分疏於傳文各節下。

廟，患漆本非魯邑，因説曰漆有邾之舊廟。曩使魯人尊邾之廢廟，❶與先君同，非經、傳意也。❷又解傳言「凡邑」，則主爲邑言，則他築非例也。若築臺、築囿、築王姬之館，則皆稱爲築，無大小之異。

【經】二十有九年，春，新延廄。傳例曰：「書不時。」言新者，皆舊物不可用，更造之辭。【疏】注「傳例」至「之辭」。正義曰：馬之所處謂之廄。延是廄之名，名之曰延，其義不可知也。《公羊傳》曰：「新延廄者何？脩舊也。」謂舊廄敝壞不可，因而補治，故言「新」，爲更造之辭也。傳言「新作延廄」，而經無「作」字。僖二十年「新作南門」，定二年「新作雉門及兩觀」，皆言「新作」，而此獨無「作」，是作傳之後轉寫闕文也。《釋例》曰：「言新，意所起。言作，以興事，通謂興起功役之事。❸摠而言之，不復分別因舊而與造新也。經書『延廄』，稱新而不言作。傳言『新作延廄，書不時也』，此稱經文，而以不時爲譏，義不在作也，然尋傳足以知經闕『作』字也。而劉、賈云：『言新有故木，言作有新木，延廄不書作，所用之木非公命也。』凡諸興造，固當有新，固當有因。今爲《春秋》微義，直記別此門此觀有新木故木，既已鄙近，且材木者，立廄之具也，公命立廄，則衆用皆隨之矣，焉有所用之木非公命也？此爲匠人受命立廄，而盜共其用，豈然乎哉？」

夏，鄭人侵許。傳例曰：「無鐘鼓曰侵。」

---

❶「曩」，正宗寺本、阮本作「是」。

❷「意」，阮校：毛本改「義」。

❸「事」下，阮本有「也」字。

秋，有蜚。傳例曰：「爲災。」

冬，十有二月，紀叔姬卒。無傳。紀國雖滅，叔姬執節守義，故繫之紀，賢而録之。

城諸及防。諸、防，皆魯邑。傳例曰：「書時也。」諸非備難而興作，傳皆重云時以釋之。他皆放此。諸，今城陽諸縣。【疏】「城諸及防」。正義曰：此言「城諸及防」，文十二年「城諸及鄆」，定十四年「城莒父及宵」，襄十年傳「晉師城梧及制」，同時城二邑者皆言「及」。❶《穀梁傳》曰：「以大及小也。」何休云：「諸，君邑。防，臣邑。言『及』，别君臣之義。」賈逵云：「言『及』，先後之辭。」杜不爲注，先後之辭是也。

【傳】二十九年，春，新作延廄，書不時也。經無「作」字，蓋闕。**凡馬，日中而出，日中而入。**日中，春秋分也。治廄當以秋分，因馬向入而脩之，今以春作，故曰不時。【疏】注「日中」至「不時」。正義曰：中者，謂日之長短與夜中分，故春秋二節謂之春分、秋分也。《釋例》曰：「春秋分而晝夜等，謂之日中。凡馬，春分百草始繁，則牧於坰野。秋分農功始藏，水寒草枯，則皆還廄。此周典之制也。今春而作廄，已失民務，又違馬節，故曰『書不時也』。」

夏，鄭人侵許。凡師，有鐘鼓曰伐，聲其罪。**無曰侵，**鐘鼓無聲。**輕曰襲。**掩其不備。【疏】「凡師」至「曰襲」。正義曰：《釋例》曰：「侵、伐、襲者，師旅討罪之名也。鳴鐘鼓以聲其過曰『伐』，寢鐘鼓以入其

---

❶「二」，原作「一」，據正宗寺本、阮本改。

竟曰『侵』，掩其不備曰『襲』，此所以別興師用兵之狀也。」然則春秋之世，兵加於人，唯此三名。擊鼓、斬木俱名爲伐，鳴鐘鼓聲其罪，往討伐之，若擊鼓斬木然。侵者，加陵之意，寢其鐘鼓，潛入其竟，往侵陵之。襲者，重衣之名，倍道輕行，掩其不備，忽然而至，若披衣然。❶立此三名，制討罪之等級也。《周禮》大司馬掌九伐之法，「賊賢害民則伐之，負固不服則侵之」。天子討罪，無掩襲之事，唯侵伐二名，名與禮合。而禮更有七名：「馮弱犯寡則眚之，暴内陵外則壇之，野荒民散則削之，賊殺其親則正之，放弑其君則殘之，犯令陵政則杜之，内外亂，❷鳥獸行，則滅之。」彼謂王者行兵，此據當時實事，時無其事，則傳不爲例。其滅與入爲例，故不列於此。

秋，有蜚。爲災也。凡物不爲災，不書。

冬，十二月，城諸及防。書時也。凡土功，龍見而畢務，戒事也。謂今九月，周十一月，龍星角、亢晨見東方，三務始畢，戒民以土功事。**火見而致用，**大火，心星，次角、亢。見者，致築作之物。**水昏正而栽，**❸謂今十月，定星昏而中，於是樹板幹而興作。**日至而畢。**日南至，微陽始動，故土功息。【疏】「凡土」至「而畢」。❹ 正義曰：《釋例》曰：「都邑者，人之聚也，國家之藩衛，百姓之保鄣，不固則敗，不脩則壞，故雖不臨寇，必於農隙備其守禦，無妨民務。傳曰『龍見而畢務，戒事也』，謂夏之九月，周之十一月，

---

❶「披」，阮校：閩本、監本、毛本作「被」。
❷「内外亂」，阮校：「案，《周禮》作『外内亂』。」
❸「栽」下，阮校：蔡氏《月令章句》引傳有「築」字。
❹「凡土至而畢」，阮校：「毛本『而畢』作『畢務』。」阮本以下正義四節分疏於傳文各節下。

龍星角、亢晨見東方，於是納其禾稼，三務始畢，而戒民以土功事也。『火見而致用』，大火星次角、亢而晨見，於是致其用也。『水昏正而栽』，謂夏之十月，定星昏而中，於是樹板榦而興作焉。『日至而畢』，謂日既南至，微陽始動，故土功息。傳既顯稱凡例，而書時書不時各重發者，皆以别無備而興作，如書旱雩之别過雩也。若城西鄆，傳特曰『懼齊』，此其意也。」然則此發例者，止謂預脩備禦，非有當時之急，故擇間月而爲之。若當時交急，❶則不拘此制。畢者，竟也。畢務，謂農務竟而民間也。日至而畢，謂土功竟也。冬至之後，當更脩來年農事，不得復興土功也。　注「謂今」至「功事」。　正義曰：今之九月，則季秋也。《月令》：「季秋之月，日在房。」《漢書·律歷志》論星之度數，云：「角十二，亢九，氐十五，自角之初至房初三十六度。」晨謂夜之將旦，於晨之時，日體在房，故角、亢見在東方也。東方之宿盡爲龍星，角即蒼龍角也，故角、亢專得龍名。戒謂令語之也。春、夏、秋三時之務始畢，民將間暇，故預令語民，將有土功之事，使自備也。　注「大火」至「之物」。　正義曰：襄九年傳曰：「心爲大火。」星度心五尾十八。《月令》：「孟冬之月，日在尾。」自心初至於尾末，二十三度。十月之初，心星次角、亢之後而晨見東方也。致築作之物，謂板榦畚挶，❷諸是城之所用，皆致之於作所也。　注「謂今」至「興作」。　正義曰：五行，北方水，故北方之宿爲水星。言「水昏正」者，夜之初昏，水星有正中者耳，非北方七宿皆正中也。《詩》云：「定之方中，作于楚宫。」《釋天》云：「營室謂之定。」孫炎云：「定，正也。天下作宫室者，皆

---

❶「交」，阮本作「有」。

❷「挶」，正宗寺本、阮本作「梮」。阮校：「按，『梮』字，《説文》所無，乃《周禮》『輂』字之俗體。此處當用『梮』。」

以營室爲正。」《周語》曰：❶「營室之中，土功其始。」是定星昏而正，爲土功之大候，故知「水昏正」謂十月定星昏而正中時也。鄭玄《詩》箋云：「定星昏中而正，謂小雪時。」小雪，十月之中氣。《月令》：「仲冬之月，昏東壁中。」室十六度，日行一度，是十月半而室中，十一月初而壁中。《禮記·中庸》云：「栽者培之。」栽者，樹立之語，故知樹板榦而起首興作也。《釋詁》云：「楨、翰，榦也。」舍人曰：「楨，正也，築牆所立兩木也。翰，所以當牆之兩邊鄣土者也。」然則榦在牆之兩端，當樹立之，即楨是也。翰則在兩邊鄣土，即板是也。板榦既異，而云「樹板榦」者，因類連言耳。

樊皮叛王。樊皮，周大夫。樊，其采地。皮，名。

【經】三十年，春，王正月。

夏，次于成。無傳。將卑師少，故直言次。齊將降鄣，故設備。【疏】注「將卑」至「設備」。　正義曰：於例，將卑師少稱人，人謂大夫身也。大夫卑，名氏不見，故稱人。他國可言某人，魯事不得自稱魯人，故魯之大夫使出者，皆言其所爲之事而已。此大夫帥師而次于成，故直言次也。《穀梁傳》曰：「次，止也。有畏也，欲救鄣而不能。」是爲降鄣，故設備也。

秋，七月，齊人降鄣。無傳。鄣，紀附庸國。東平無鹽縣東北有鄣城。小國孤危，不能自固，

❶「曰」，阮本作「云」。

蓋齊遥以兵威脅使降附。【疏】注「鄣紀」至「降附」。　正義曰：《公羊》、《穀梁傳》並云：鄣，紀之遺邑也。《釋例》曰：「劉、賈依二傳，以爲『鄣，紀之遺邑』。計紀侯去國，至此二十七年，紀侯猶不堪齊而去，則邑不得獨存。此蓋附庸小國，若邿、鄟者也。」是言鄣爲附庸之意。不言鄣降于齊，而云「齊人降鄣」，又不言侵伐，故云蓋以兵威脅使降附。

八月，癸亥，葬紀叔姬。無傳。以賢録也。無臣子，故不作謚。

九月，庚午，朔，日有食之，鼓，用牲于社。無傳。

冬，公及齊侯遇于魯濟。濟水歷齊、魯界，在齊界爲齊濟，在魯界爲魯濟，蓋魯地。【疏】注「濟水」至「魯地」。　正義曰：《釋例》曰：「濟水自滎陽卷縣東經陳留至濟陰，北經高平、東平至濟北，東北經濟南至樂安博昌縣入海。」案高平、東平，魯西界也。濟南、樂安，齊竟内也。指言魯濟，故疑魯地，遇于魯地濟水之邊。

齊人伐山戎。山戎，北狄。

【傳】三十年，春，王命虢公討樊皮。

夏，四月，丙辰，虢公入樊，執樊仲皮，歸于京師。

楚公子元歸自伐鄭，而處王宫。欲遂蠱文夫人。鬭射師諫，則執而梏之。射師，鬭廉也。足曰桎，手曰梏。秋，申公鬭班殺子元。申，楚縣也。❶楚僭號，縣尹皆稱公。鬭穀於菟爲令尹，自毁

❶「也」，阮本無此字。

其家，以紓楚國之難。鬬穀於菟，令尹子文也。毀，滅。紓，緩也。【疏】注「射師」至「曰梏」。❶　正義曰：杜此注與《譜》並以射師與鬬廉爲一人，不知何據也。服虔云：「射師，若敖子鬬班也。」射師被梏，不言舍之，何以得殺子元也？知射師與班必非一人也。杜《譜》以爲，鬬射師，若敖子。鬬班，若敖孫。《周禮·掌囚》：「上罪梏拲而桎，中罪桎梏，下罪梏。」梏、拲共文，拲施於手，知梏亦手也。鄭玄亦云：「在手曰梏，在足曰桎。」是先儒同此説也。《易·大畜》：「六四，童牛之梏。」牛云「梏」者，牛雖無手，謂梏前足也。

冬，遇于魯濟，謀山戎也。以其病燕故也。齊桓行霸，故欲爲燕謀難。燕國，今薊縣。

【經】三十有一年，春，築臺于郎。無傳。刺奢，且非土功之時。

夏，四月，薛伯卒。無傳。未同盟。

築臺于薛。無傳。薛，魯地。

六月，齊侯來獻戎捷。❷傳例曰：「諸侯不相遺俘。」捷，獲也。獻，奉上之辭。齊侯以獻捷禮來，故書以示過。

秋，築臺于秦。無傳，東平范縣西北有秦亭。

---

❶「注射師至曰梏」，阮本此節正義在注「手曰梏」下。

❷「齊侯」，阮校：「《説文》引作『齊人』。」

冬，不雨。無傳。不書旱，不爲災，例在僖三年。【疏】注「傳例」至「示過」。❶　正義曰：捷，勝也。戰勝而有獲，獻其所獲，故以捷爲獲也。《釋例》曰：「歸者，遺也。獻者，自下奉上之稱。遺者，敵體相與之辭。傳曰：『諸侯不相遺俘。』齊侯、楚人失辭稱獻，失禮遺俘，故因其來辭，見自卑也。以其大卑，故書以示過。」此經言獻捷，傳言遺俘，則是獻捷獻囚俘也。襄八年邢丘之會，傳稱「鄭伯獻捷于會」，又曰「獲司馬燮，獻于邢丘」，是獻俘謂之捷也。襄二十五年鄭公孫舍之帥師入陳，傳稱「司空致地，司徒致民」，是不以俘囚歸也，亦云「子産獻捷于晉」，然則無囚而獻其功，空有器物亦稱捷也。

【傳】三十一年，夏，六月，齊侯來獻戎捷。非禮也。凡諸侯有四夷之功，則獻于王，王以警于夷，以警懼夷狄。**中國則否。諸侯不相遺俘。**雖夷狄俘，猶不以相遺。

【經】三十有二年，春，城小穀。小穀，齊邑，濟北穀城縣城中有管仲井。❷　大都以名通者，則不繫國。【疏】注「小穀」至「繫國」。　正義曰：傳稱「爲管仲」，知是齊邑，管仲所食采邑也。吴滅州來，晉滅下陽，如此之類，皆不繫國，知大都以名通者，則不繫國也。華亥、向寧入于宋南里以叛，南里非大都，不得以名通，故

---

❶「注傳例至示過」，阮本此節正義在「齊侯來獻戎捷」句注下。

❷「北」，阮本作「地」。

繫之宋耳。賈逵云：「不繫齊者，世其禄。」然則彼不繫者，豈皆世其禄乎？

夏，宋公、齊侯遇于梁丘。齊善宋之請見，故進其班。梁丘，在高平昌邑縣西南。

秋，七月，癸巳，公子牙卒。牙，慶父同母弟僖叔也。飲酖而死，不以罪告，故得書卒。書日者，公有疾，不責公不與小斂。

八月，癸亥，公薨于路寢。路寢，正寢也。公薨皆書其所，詳凶變。【疏】注「路寢」至「凶變」。正義曰：《公羊傳》曰：「路寢者何？正寢也。」《喪大記》曰：「男子不死於婦人之手，婦人不死於男子之手，君夫人卒于路寢。」鄭玄云：「言死必於正處也。」是薨于路寢，得其正也。言詳凶變者，《釋例》云：「詳内事，謹凶變。」

冬，十月，己未，子般卒。子般，莊公大子。先君未葬，故不稱爵。不書殺，諱之也。【疏】注「子般」至「諱之也」。正義曰：傳稱「公疾，問後於叔牙」，若已有大子，則不應須問。當問之時，似未有大子也。季友以死奉般，酖殺叔牙，蓋於爾時始命爲大子。公薨而般立，知其爲大子也。子惡之死也，直書子卒，不書名。此子般及子野皆書名者，《釋例》曰：「公子惡，魯之正適嗣位，免喪則魯君也。襄仲倚齊而弑之，國以爲諱，故不稱君，若言君之子也。及子般、子野，或見殺，或不勝喪，言罪則不足成貶，爲孝而滅性，故直略而書卒也。」又曰：「未成君而卒，若君未葬，則嗣子書名，在喪之禮也。既葬，則嗣君諒闇，羣臣復吉，免喪則成君也。文公既葬，襄仲殺惡及視，書曰『子卒』，與未成君同文，所以爲諱也。」如杜此言，未葬之前，生則直稱爲子，死則書曰「子某卒」，猶外諸侯生稱其爵，死書其名，以爲禮之常也。既葬，則嗣子成君，以理而卒當稱「公薨」，❶全成君也。子

❶「理」，阮校：閩本、監本、毛本作「禮」。

惡父既葬，魯人諱其弑，不得稱君，其實已葬，不得從子般、子野未葬之例，故書「子卒」而不稱名，以示似未成君，其實已成爲君，上不得同閔公，下不得同般、野，故直書爲子，繫之於父，若言君之子也。《公羊》以爲君存稱世子，君薨稱子某，既葬稱子，踰年稱公。據子般、子野卒，似欲當然。但《左氏》稱「宋桓公卒，未葬，而襄公會諸侯，故曰子」，即發例曰：「凡在喪，公侯曰子。」是未葬稱子，傳之明文，不得如《公羊》説也。

公子慶父如齊。無傳，慶父既殺子般，季友出奔，國人不與，故懼而適齊，欲以求援。時無君，假赴告之禮而行。

狄伐邢。無傳。邢國在廣平襄國縣。【疏】「狄伐邢」注「無傳」。正義曰：明年有傳，而言無者，明年自爲管仲之言發端耳，非説此年伐邢之事，故言「無傳」。

【傳】三十二年，春，城小穀，❶爲管仲也。公感齊桓之德，故爲管仲城私邑。

齊侯爲楚伐鄭之故，請會于諸侯。楚伐鄭在二十八年，謀爲鄭報楚。**宋公請先見于齊侯。**

---

❶「小穀」，阮校：「顧炎武《日知録》據范甯《穀梁解》以小穀爲魯邑，而疑《左氏》之誤。孫志祖云：《春秋》之言『穀』者，除炎武所引外，尚有宣十四年『公孫歸父會齊侯于穀』，襄十九年『晉士匄侵齊至穀』，又成十七年傳『齊國殺慶克以穀叛』，則齊地之名『穀』，而不名『小穀』灼然矣。小穀應屬魯邑，《左氏》不應謬誤若此。後讀《公羊疏》云：『一傳作「小穀」，與《左氏》異。』始悟《左氏》經本作『城穀』，此與申無宇所言『齊桓公城穀而寘管仲焉』語正合，故杜注以爲『齊邑』，又引『濟北穀城縣中有管仲井』以實之。今經傳及注俱作『小穀』者，乃後人據二傳之文而誤加之《左氏》也。惜杜氏手定本已亡，無從是正。」

夏，遇于梁丘。

秋，七月，有神降于莘。有神聲以接人，莘，虢地。惠王問諸内史過曰：「是何故也？」内史過，周大夫。對曰：「國之將興，明神降之，監其德也。❶將亡，神又降之，觀其惡也。故有得神以興，亦有以亡，虞、夏、商、周皆有之。」亦有神異。王曰：「若之何？」對曰：「以其物享焉。其至之日，亦其物也。」享，祭也。若以甲乙日至，祭先脾，玉用蒼，服上青，以此類祭之。王從之。内史過往，聞虢請命，聞虢請於神，求賜土田之命。反曰：「虢必亡矣，虐而聽於神。」

神居莘六月，虢公使祝應、宗區、史嚚享焉。神賜之土田。祝，大祝。宗，宗人。史，大史。應、區、嚚皆名。史嚚曰：「虢其亡乎？吾聞之：國將興，聽於民。政順民心。將亡，聽於神。求福於神。神，聰明正直而壹者也，依人而行。唯德是與。虢多涼德，其何土之能得？」涼，薄也。爲僖二年晉滅下陽傳。【疏】注「有神」至「虢地」。❷ 正義曰：《易》稱：「神也者，妙萬物而爲言者也。」雖復鬼神之神，亦無形象可見。今言神降，則人皆聞知，故知有神謂有神聲以接人也。吴孫權時，有神自稱王表，言語與人無異，而形不可見。今此神降于莘，蓋亦王表之類。神者，氣也，當在人上，今下接人，故稱降也。《國語》説此事，稱内史過對王云：「昔昭王娶於房曰房后，實有爽德，協於丹朱。丹朱馮身以儀之，生穆王焉。若由是觀

---

❶「監」，阮校：「《釋文》：『監本又作鑑。』案，古『鑑』字多作『監』。」

❷「注有神至虢地」，阮本以下正義五節分疏於傳文各節下。

之，其丹朱之神乎？」下説神居莘而虢公請土，内史過往，聞虢請命，知莘是虢地。　「虞夏商周皆有之」。　正義曰：《國語》：「内史過曰：『夏之興也，祝融降於崇山。其亡也，回禄信於黔隧。❶商之興也，檮杌次於丕山。其亡也，夷羊在牧。周之興也，鸑鷟鳴於岐山。其衰也，杜伯射宣王於鎬。』」是夏、商、周之所有也。其虞則《國語》不言焉，未知其所謂也。服虔云：「虞舜：祖考來格，鳳皇來儀，百獸率舞。」案《虞書》夔説舜樂所致，非神降也。必其傳會《尚書》以爲得神以興，則虞舜得神以亡者，又安在也？　注「享祭」至「祭之」。　正義曰：此降莘之神，非祀典所載。神必須祭，故内史過令以其物享之。其物不知所謂，更以至日釋之，謂此神初降之日，以其至日之物也。《月令》：春，其日甲乙。夏，其日丙丁。中央土，其日戊己。秋，其日庚辛。冬，其日壬癸。所用之物，《月令》具有其文。注引甲乙所用，舉一隅也。丙丁日至，祭用肺，玉、服皆赤也。戊己日至，祭用心，玉、服皆黄也。庚辛日至，祭用肝，玉、服皆白也。壬癸日至，祭用腎，玉、服皆玄也。　「神居莘六月」。　正義曰：《國語》稱惠王十五年神降于莘，《年表》惠王元年是魯莊公之十八年，則此年惠王十五年也。上云七月神降，則今年七月降也。居莘六月，虢公使祝、史享焉，則今年十二月也。内史過往，已聞虢請命，則過至虢亦十二月也。傳先説王事使了，後論虢事，以終内史之言，故文倒耳。　「神聽」至「能得」。　正義曰：《國語》曰：「耳目，心之樞機也，故必聽和而視正。聽和則聰，視正則明。」然則所謂聰明者，不聽淫辭，不視邪人之謂也。襄七年傳曰：「正直爲正，正曲爲直。」言正者，能自正，直者，能正人曲。而壹者，言其一心不二意也。依人而行，謂善則就之，惡則去之。虢多薄德，神所不依，其何土之能得？言賜之土田，必虚妄也。若神所不依，則不應賜土，而言「神賜

❶「黔」，阮校：「今《國語·周語》作『聆』，與《説文》同。」

之土田」者，神厭其人，不告以實，猶晉獻公筮以驪姬爲夫人，亦云吉耳。

初，公築臺，臨黨氏，黨氏，魯大夫。築臺不書，不告廟。見孟任，從之，閟。孟任，黨氏女。閟，不從公。而以「夫人」言，許之，許以爲夫人。割臂盟公。生子般焉。

雩，講于梁氏，女公子觀之。雩，祭天也。講，肄也。梁氏，魯大夫。女公子，子般妹。圉人犖自牆外與之戲。圉人，掌養馬者，以慢言戲之。子般怒，使鞭之。公曰：「不如殺之，是不可鞭！」犖有力焉，能投蓋于稷門。蓋，覆也。稷門，魯南城門。走而自投，接其屋之桷，反覆門上。

公疾，問後於叔牙，對曰：「慶父材。」蓋欲進其同母兄。問於季友，對曰：「臣以死奉般。」季友，莊公母弟，故欲立般。公曰：「鄉者牙曰『慶父材』。」成季使以君命命僖叔待于鍼巫氏，成季，季友也。鍼巫氏，魯大夫。使鍼季酖之。酖，鳥名，其羽有毒，以畫酒，飲之則死。曰：「飲此，則有後於魯國。不然，死且無後。」飲之，歸，及逵泉而卒。立叔孫氏。逵泉，魯地。不以罪誅，故得立後，世其禄。

八月，癸亥，公薨于路寢。子般即位，次于黨氏。即喪位。次，舍也。

冬，十月，己未，共仲使圉人犖賊子般于黨氏。共仲，慶父。成季奔陳。出奔不書，國亂，史失之。立閔公。閔公，莊公庶子，於是年八歲。【疏】「從之閟」。❶ 正義曰：服虔云：「從之，言欲與通也。」

❶ 「從之閟」，阮本以下正義六節分疏於傳文各節下。

注「雩祭」至「肄也」。　正義曰：魯以周公之故，得郊祀上天，故雩亦祭天也。文四年傳曰「臣以爲肄業及之也」，肄謂習業，故講爲肄。　注「圉人掌養馬者」。　正義曰：《周禮》：圉人掌養馬芻牧之事。昭七年傳曰：「馬有圉，牛有牧。」　注「蓋覆」至「門上」。　正義曰：稷門爲魯南城門，蓋時人猶以名之，故知也。投蓋者，謂自投其身以蓋物，故以爲走而自投，反覆門上。劉炫《規過》云：「公言『犖有力焉』，如杜此說，勁捷耳，非有力也。當謂投車蓋過於稷門。」今知不然者，《周禮》車蓋以物帛爲之，輕而帆風，非可投之物。且傳直云「投蓋于稷門」，不云「過稷門」，明知自投反覆稷門之上，今時猶然。且游楚超乘而出，女曰：「子南，夫也。」則勁捷之人，亦是勇力之事。劉君以勁捷非力，而規杜氏，非也。　注「酖鳥」至「則死」。　正義曰：《說文》云：「鴆，毒鳥也，一名運日。」《廣雅》云：「鴆鳥，雄曰運日，雌曰陰諧。」《廣志》曰：❶「鴆鳥，形似鷹，大如鴞，毛黑，喙長七八寸，黄赤如金，食蛇及橡實，常居高山巔。《晉語》諸公讚云：『鴆鳥食蝮，以羽翮櫟酒水中，❷飲之則殺人。』舊制，鴆不得渡江，有重法。石崇爲南中郎，得鴆，以與王愷，養之，大如鵝，喙長尺餘，純食蛇虺。司隸傅祗於愷家得此鳥，奏之，宣示百官，燒於都街。」是說鴆鳥之狀也。以其因酒毒人，故字或爲「酖」。　注「閔公」至「八歲」。　正義曰：傳稱閔公，哀姜之娣叔姜之子。哀姜以二十四年八月始入，娣必與適俱行，當以二十五年生子，故云八歲。

❶「曰」，阮校：監本、毛本作「云」。
❷「櫟」，阮本作「擽」。

北京大學《儒藏》編纂與研究中心 編

《儒藏》精華編選刊

春秋左傳正義

（二）

〔西晉〕杜　預　注
〔唐〕孔穎達　疏
浦衛忠　校點

北京大學出版社
PEKING UNIVERSITY PRESS

春秋左傳正義卷第十

國子祭酒上護軍曲阜縣
開國子臣孔穎達等奉勑撰

閔公【疏】正義曰：《魯世家》：閔公，名開，莊公之子，惠王十六年即位。杜《世族譜》云：「名啓方。漢景帝諱啓，啓、開因是而亂。」杜《譜》云「啓方」，從《世本》文。《謚法》：「在國逢難曰閔。」是歲，歲在大梁。

【經】**元年，春，王正月。齊人救邢。**

夏，六月，辛酉，葬我君莊公。

秋，八月，公及齊侯盟于落姑。落姑，齊地。**季子來歸。**季子，公子友之字。季子忠於社稷，爲國人所思，故賢而字之。齊侯許納，故曰歸。【疏】注「季子」至「曰歸」。正義曰：季是友之字也。子者，男子之美稱。國人賢而思之，得其還魯，喜而呼曰「季子來歸」，史因其言而書之。傳稱「請復季友，齊侯許之」，是得齊之力，齊侯許納，故曰歸也。

冬，齊仲孫來。仲孫，齊大夫，以事出疆，因來省難，非齊侯命，故不稱使也。還使齊侯務寧魯難，故嘉而字之。來者事實，省難其志也，故經但書仲孫之來，而傳尋仲孫之志。【疏】注「仲孫」至「之志」。　正義曰：傳稱「仲孫湫」，則名湫而字仲孫也。杜言以事出疆，或使向他國，因來省魯難，非齊侯命之使來，來而不稱君命，故不言齊侯使也。諸侯之卿，例當書名。此人還國，使齊侯務寧魯難，明年即有高子來盟，是齊侯用其言。魯人知其事，不書其名，嘉而字之。杜云稱字嘉之，則仲孫是字，猶楚之孫伯，或亦以孫爲字也。來者，身來至魯，是事實也。省難，心自省之，是其志也。雖志在省難，不告魯人云已省其難，故經據實事，但書仲孫之來，傳尋仲孫之志，言其來省難也。

【傳】元年，春，**不書即位，亂故也。**國亂不得成禮。

狄人伐邢。狄伐邢在往年冬。**管敬仲言於齊侯曰：「戎狄豺狼，不可厭也。**敬仲，管夷吾。**諸夏親暱，不可棄也。**諸夏，中國也。暱，近也。**宴安酖毒，不可懷也。**以宴安比之酖毒。**《詩》云：『豈不懷歸？畏此簡書。』**《詩·小雅》也，❶文王爲西伯，勞來諸侯之詩。**簡書，同惡相恤之謂也。**同恤所惡。**請救邢，以從簡書。」齊人救邢。**【疏】「戎狄」至「簡書」。❷　正義曰：戎狄之心，若豺狼之獸，

❶「也」，阮本作「美」，屬下爲句。
❷「戎狄至簡書」，阮本以下正義三節在「畏此簡書」句注下。

不可厭足也，言其當伐戎狄也。諸夏之國，皆親近之人，不可遺棄也，言其當救邢也。宴安自逸，若酖毒之藥，不可懷戀也，言其當自勞也。《詩・小雅・出車》之篇，美文王勞來諸侯，令賢臣出使，此臣在外思歸，而以王事自勉，言：我豈不思歸乎？誠思歸也，但畏此簡書來告急耳。諸侯有事，則書之於簡，遣使執簡以告命，告則須救，故畏而不歸也。此簡書者，同有所惡，則相憂之謂也，請救邢以從簡書。傳稱勤則不匱，安則敗名，齊侯縱心宴安，不欲征伐，安則自損其身，故言酖毒以勸之。《釋獸》云：「豺，狗足。」郭璞云：「腳似狗。」《說文》云：「豺，狼屬，狗聲。」《釋獸》又云：「狼，牡貛牝狼。」舍人曰：「牡名貛，牝名狼。」陸璣《毛詩義疏》云：「狼鳴能小能大，善爲小兒啼聲以誘人，去數十步，其猛健者，雖善用兵者不能免也。」二者皆貪殘之獸，故比戎狄也。　注「敬仲管夷吾」。　正義曰：敬，謚。《謚法》：「夙夜勤事曰敬。」仲，字。管，氏。夷吾，名也。　注「諸夏」至「近也」。　正義曰：此言諸夏，襄四年傳魏絳云：「諸華必叛。」華、夏皆謂中國也。中國而謂之華夏者，夏，大也，言有禮儀之大，有文章之華也。「暱，近」，《釋詁》文。舍人曰：「暱，戚之近也。」言中國諸侯情親而路近。

夏，六月，葬莊公。亂故，是以緩。十一月乃葬。

秋，八月，公及齊侯盟于落姑。請復季友也。閔公初立，國家多難，以季子忠賢，故請霸主而復之。**齊侯許之，使召諸陳，公次于郎以待之。**非師旅之事，故不書次。

季子來歸。嘉之也。

冬，齊仲孫湫來省難。湫，仲孫名。**書曰「仲孫」，亦嘉之也。仲孫歸曰：「不去慶父，魯難未已。」**時慶父亦已還魯。**公曰：「若之何而去之？」對曰：「難不已，將自斃，**斃，踣也。**君其待之。」**

公曰：「魯可取乎？」對曰：「不可。猶秉周禮。周禮，所以本也。臣聞之：『國將亡，本必先顛，而後枝葉從之。』魯不棄周禮，未可動也。君其務寧魯難而親之。親有禮，因重固，能重能固，則當就成之。【疏】注「能重」至「成之」。 正義曰：服虔云：「重不可動，因其不可動而堅固之。」杜以此傳四句相類，「閒攜貳」，攜貳皆閒之，「覆昏亂」，昏亂皆敗之，知此重固皆因之，則非因重而固之。**閒攜貳，**離而相疑者，則當因而閒之。**覆昏亂，**覆，敗也。**霸王之器也。」**霸王所用，故以器爲喻。

晉侯作二軍。晉本一軍，見莊十六年。**公將上軍，大子申生將下軍，趙夙御戎，畢萬爲右。**爲公御右也。夙，趙衰兄。畢萬，魏犨祖父。【疏】注「爲公」至「祖父」。 正義曰：《史記·趙世家》：「夙生共孟，孟生趙衰。」《晉語》云：「趙衰，先君之戎御趙夙之弟也。」杜以夙爲衰兄，從《晉語》也。《魏世家》：「畢萬生武子。」《世本》：「畢萬生芒季，季生武仲州。」州即犨也。杜以萬爲犨之祖父，依《世本》也。**以滅耿，滅霍，滅魏。**平陽皮氏縣東南有耿鄉。永安縣東北有霍大山。三國皆姬姓。**還，爲大子城曲沃，賜趙夙耿，賜畢萬魏，以爲大夫。士蔿曰：「大子不得立矣！分之都城，而位以卿，先爲之極，又焉得立？**位以卿，謂將下軍。**不如逃之，無使罪至。爲吴大伯，不亦可乎？**大伯，周大王之適子，知其父欲立季歷，故讓位而適吴。【疏】注「大伯」至「適吴」。 正義曰：《史記·吴世家》云：「吴大伯、弟仲雍，皆周大王之子，而王季歷之兄也。季歷賢而有聖子昌，大王欲立季歷以及昌，於是大伯、仲雍二人乃奔荆蠻，以辟季歷。季歷果立，是爲王季。」是大伯讓位適吴之事。**猶有令名，與其及也。**言雖去猶有令名，勝於留而及禍。【疏】「猶有」至「及也」。 正義曰：言逃雖失國，猶有善名，與其留而及禍也，何者爲勝？勸之使逃。**且諺曰：**

『心苟無瑕，何恤乎無家？』天若祚大子，其無晉乎？」爲晉殺申生傳。

卜偃曰：「畢萬之後必大。卜偃，晉掌卜大夫。**萬，盈數也。魏，大名也。**【疏】「萬盈」至「名也」。

正義曰：以筭法從一至萬，每十則改名，至萬以後稱一萬，十萬，百萬，千萬，萬萬始名億。從是以往，皆以萬爲極，是至萬則數滿也。《論語》云：「巍巍乎，其有成功。」是魏爲高大之名。❶**以是始賞，天啓之矣。天子曰兆民，諸侯曰萬民。今名之大，以從盈數，其必有衆。」**以魏從萬，有衆象。**初，畢萬筮仕於晉，遇屯**䷂震下坎上，屯。**之比**䷇。坤下坎上，比。屯初九變而爲比。【疏】「遇屯之比」。　正義曰：震下坎上爲屯。《説卦》云：「震，動也。」《坎・象》云：「坎，險也。」動而遇險，有屯難之象。坤下坎上爲比。《説卦》：「坎爲水，坤爲地。」水潤下而地受之，相親比之象也。**辛廖占之，曰：「吉。**辛廖，晉大夫。【疏】注「辛廖晉大夫」。　正義曰：杜云：「辛廖，晉大夫。」則以畢萬筮仕，在晉國而筮。劉炫云：「若在晉國而筮，何得云『筮仕於晉』？又辛甲、辛有並是周人，何故辛廖獨爲晉大夫？」今知不然者，傳以畢萬是畢國子孫，今乃筮仕於晉。言『於晉』，以對畢耳，非謂筮時在他國也。案昭十五年傳云：「及辛有之二子董之晉，於是乎有董史。」注云：「辛有，周人，二子適晉爲大史。」則辛氏雖出於周，枝流於晉。劉炫用服氏之説，以爲畢萬在周，筮仕於晉，又以晉國不得有姓辛，而規杜過，其義非也。**屯固比入，吉孰大焉？其必蕃昌。**屯險難，所以爲堅固。比親密，所以得入。**震爲土，**震變爲坤。**車從馬，**震爲車，坤爲馬。【疏】注「震爲車坤爲馬」。　正義曰：《晉語》

❶「魏」，阮本作「巍」。阮校：「『巍』、『魏』二字，一正一俗，今人分别其音，古人則字形字音皆不别。」

云：「司空季子占公子重耳之筮，云：『震，車也。《坤·象》云：「利牝馬之貞。」』」是坤爲馬也。下注「震爲足」、「震爲長男」、「坤爲母」、「坤爲衆」，皆《説卦》文也。**足居之，**震爲足。**兄長之，**震爲長男。**母覆之，**坤爲母。**衆歸之，**坤爲衆。**六體不易，**初一爻變，有此六義，不可易也。**合而能固，安而能殺，公侯之卦也。**比合屯固，坤安震殺，故曰公侯之卦。【疏】注「比合」至「之卦」。　正義曰：震之爲殺，傳無明文。《晉語》云：「震，車也。」車有威武。昭二十五年傳云：「爲刑罰威獄，以類其震曜殺戮。」是震爲威武殺戮之意，故震爲殺也。**公侯之子孫，必復其始。」**萬，畢公高之後。傳爲魏之子孫衆多張本。【疏】「必復其始」。正義曰：萬是畢公之後，公侯之子孫，必當復其初始，言此人子孫又將爲公侯也。及春秋之後三家分晉，而魏爲諸侯，是其筮之驗也。

【經】二年，春，王正月，齊人遷陽。無傳。陽，國名。蓋齊人偪徙之。【疏】注「陽國」至「徙之」。正義曰：《世本》無有陽國，不知何姓。杜《世族譜》、《土地名》闕，不知所在。與「宋人遷宿」文同，知陽是國名，蓋齊人偪遷之。

夏，五月，乙酉，吉禘于莊公。三年喪畢，致新死者之主於廟，廟之遠主當遷入祧，因是大祭以審昭穆，謂之禘。莊公喪制未闋，時別立廟，廟成而吉祭，又不於大廟，故詳書以示譏。【疏】注「三年」至「示譏」。　正義曰：僖三十三年傳曰：「凡君薨，卒哭而祔，祔而作主，特祀於主，烝、嘗、禘於廟。」禘祀爲吉祭，説喪事而言禘，知禘是喪終而吉祭也。襄十五年晉悼公卒，十六年傳稱晉人答穆叔云「以寡君之未禘祀」，知三年喪畢乃爲禘也。喪畢而爲禘祭，知致新死之主於廟也。新主入廟，則遠主當遷。知其遷入祧者，《祭法》云：「天子七廟，有二祧。」則祧是遠祖廟也。《周禮·守祧》：「掌守先王先公之廟祧，其遺衣服藏焉。」廟之遠主，其廟既遷，主無所處，固當遷入祧也。鄭玄以二祧爲文王、武王之廟，遷主入廟，當各從其班，穆入文祧，昭入武祧。禮，諸侯五廟，更無别祧，則當謂大祖之廟爲祧也。遠主初始入祧，新死之主又當與先君相接，故禮因是而爲大祭，以審序昭穆，故謂之禘。禘者，諦也，言使昭穆之次審諦而不亂也。莊公以其三十二年八月薨，至此年五月唯二十二月，故喪制未闋也。《公羊傳》曰：「其言于莊公何？未可以稱宫廟也。曷爲未可以稱宫廟？在三年之中矣。」三年之中，未得以禮遷廟，而特云「莊公」，知爲莊公别立廟，廟成而吉祭也。僖八年禘于大廟，文二年大事于大廟，宣八年有事于大廟，彼言「大事」、「有事」，亦禘祭也，則禘禮必于大廟。今未可以吉祭，而爲吉祭，又不于大廟，故詳書以示譏也。既云「吉禘」，又云「于莊公」，是其詳也。

秋，八月，辛丑，公薨。 實弑，書薨又不地者，皆史策諱之。

九月，夫人姜氏孫于邾。 哀姜外淫，故孫稱姜氏。【疏】注「哀姜」至「姜氏」。　正義曰：此決莊元年夫人孫于齊，不稱姜氏也。賈、服之説，皆以爲文姜殺夫罪重，故去姜氏，哀姜殺子罪輕，故不去姜氏。故杜爲此言以異之，言「外淫」者，謂與外姓爲淫。

公子慶父出奔莒。 弑閔公故。

冬，齊高子來盟。 無傳。蓋高傒也。齊侯使來平魯亂。僖公新立，因遂結盟，故不稱使也。魯人貴之，故不書名。子，男子之美稱。【疏】注「蓋高」至「美稱」。　正義曰：莊二十二年，及齊高傒盟于防，自爾以來，不見經、傳，故云「蓋高傒也」。往年仲孫湫勸齊侯，使寧魯難，今而高子適魯，知齊侯使來平魯亂也。當齊侯初命高子之時，慶父未出，僖公未立。及其至魯，值僖公新立，因遂與魯結盟而立之。不云齊侯使者，盟非齊侯之命，故不稱使也。齊侯不使之盟，而高子輒爲盟者，齊侯使之來平魯亂，新君既立，遂盟而安之，亦足稱齊侯之意，其盟非專擅也。魯人不能自安，高子盟以安之，魯人貴之，故不書其名。子者，男子之美稱，故呼之曰「高子」。《穀梁傳》曰：「其曰『來』，喜之也。其曰『高子』，貴之也，盟立僖公也。」然則盟立僖公，必僖公共盟，不言公及齊高子盟者，桓十四年鄭伯使其弟語來盟，文十五年宋華孫來盟，皆不言「公及」，則不書公者，《春秋》之常也。晉荀庚、衛孫良夫並爲來聘，既行聘禮，更與公盟，非是直爲盟來，故聘後別言「及」耳。

十有二月，狄入衛。書入，不能有其地。例在襄十三年。

鄭棄其師。高克見惡，久不得還，師潰而克奔陳，故克狀其事以告魯也。【疏】注「高克」至「魯也」。正義曰：此事《詩序》具焉。大夫出奔，多是本國來告，傳稱晉侯使以殺大子申生之故來告，又衛殺孔達告於諸侯，是其本國告也。宣十年傳例曰：「凡諸侯之大夫違，告於諸侯曰：『某氏之守臣某，失守宗廟，敢告。』」是大夫私家之告辭。昭二十六年王子朝奔楚，傳稱「告于諸侯」，是奔者自告也。此鄭文公心惡高克，而欲得遠之，克既奔陳，無罪可告，故杜以爲高克自狀其事以告魯。魯史以爲克若將師出奔，是爲棄師之道。不書高克出奔，而書「鄭棄其師」者，案《詩序》云：「公子素惡高克進之不以禮，文公退之不以道，危國亡師之本。」是棄其師也。《穀梁傳》曰：「『鄭棄其師』，惡其長也。兼不反其衆，則是棄其師也。」

【傳】二年，春，虢公敗犬戎于渭汭。犬戎，西戎別在中國者。渭水出隴西，東入河。水之隈曲曰汭。【疏】注「犬戎」至「曰汭」。　正義曰：西方曰戎，知犬戎是西戎別在中國者也。《釋例》曰：「渭水出隴西狄道縣鳥鼠同穴山，東經南安、天水、洛陽、扶風、始平、京兆，至弘農華陰縣入河。」《釋丘》云：「隩隈，厓内爲隩，外爲隈。」李巡曰：「厓内近水爲隩。」孫炎云：「内隈曲裏也。」彼雖不言汭，汭即隩也。而汭字以内爲聲，明是水之隈曲之内也。**舟之僑曰：「無德而禄，殃也。殃將至矣。」遂奔晉。**舟之僑，虢大夫。

夏，吉禘于莊公。速也。

初，公傅奪卜齮田，公不禁。卜齮，魯大夫也。公即位，年八歲，知愛其傅而遂成其意，以奪齮田。齮忿其傅，并及公，故慶父因之。【疏】注「卜齮」至「因之」。　正義曰：莊公三十二年注云「閔公於是年八歲」，此云「即位年八歲」者，閔公之年歲傳文不明，服虔於莊三十二年注云「閔公於是年九歲」，於此注云「公即位時年九歲」，僖二年注云「閔公死時年九歲」。杜知其不可，故於莊公之末注言「年八歲」以異之。嗣子位定於初喪，言即位者，亦謂初立之年也。**秋，八月，辛丑，共仲使卜齮賊公于武闈。**宮中小門謂之闈。【疏】注「宮中小門謂之闈」。　正義曰：《釋宮》云：「宮中之門謂之闈，其小者謂之閨，小閨謂之閤。」彼就小門之内，更別以爲二名。大率宮中之門皆小，故云「宮中小門」也。名之曰「武」，則其義未聞。**成季以僖公適邾。**僖公，閔公庶兄，成風之子。**共仲奔莒，乃入，立之。以賂求共仲于莒，莒人歸之。及密，使公子魚請。**密，魯地。琅邪費縣北有密如亭。公子魚，奚斯也。**不許，哭而往。共仲曰：「奚斯之聲也。」乃縊。**慶父之罪雖重，季子推親親之恩，欲同之叔牙，存孟氏之族，故略其罪，不書殺，又不書卒。【疏】注

「慶父」至「書卒」。　正義曰：叔牙云「慶父材」者，始有黨慶父之心，本其惡未顯見，故季子隱之，而書其卒，若自死然。慶父弑二君，其罪已章著，計當書其誅殺，季子推親親之恩，欲同之叔牙，存孟氏之族，故略其罪，不書殺也，又不可全同叔牙，故又不書卒。慶父子孫終爲孟氏，是季子推親親之恩枉正法耳。

閔公，哀姜之娣叔姜之子也，故齊人立之。共仲通於哀姜，哀姜欲立之。閔公之死也，哀姜與知之，故孫于邾。齊人取而殺之于夷，以其尸歸，僖公請而葬之。哀姜之罪已重，而僖公請其喪還者，外欲固齊以居厚，内存母子不絶之義，爲國家之大計。夷，魯地。**僖公請而葬之。**

成季之將生也，桓公使卜楚丘之父卜之。卜楚丘，魯掌卜大夫。**曰：「男也。其名曰友，在公之右。**在右，言用事。**間于兩社，爲公室輔。**兩社，周社、亳社。兩社之間，朝廷執政所在。

【疏】注「兩社」至「所在」。　正義曰：王者取五色之土，封以爲社。若封諸侯，隨方割其土，包之以白茅，賜之，使立國社。魯是周之諸侯，故國社謂之周社。哀四年「亳社災」，是魯國有亳社。《穀梁傳》曰：「亳社者，亳之社也。亳，亡國也，亡國之社以爲廟屏，戒也。」則亳社在宗廟之前也。《周禮·小宗伯》：「掌建國之神位，右社稷，左宗廟。」則諸侯亦當然。定二年「雉門及兩觀災」，則兩觀在雉門外也。《禮運》云：「昔者仲尼與於蜡賓，事畢，出遊於觀之上。」蜡祭在廟，故出廟而遊於觀也。由此言之，宗廟社稷在雉門之外，分左右廂也。鄭玄考校禮文，以爲魯制三門，庫、雉、路。天子諸侯皆三朝，圖宗人之嘉事，則有路寢庭朝；日出視朝，則在路門之外；其詢國危、詢國遷、詢立君，《周禮》朝士所掌外朝之位者，乃在雉門之外耳。雉門之外，左有亳社，右有周社。間于兩社，是在兩社之間。朝廷詢謀大事，則在此處，是執政之所在也。**季氏亡，則魯不**

昌。」【疏】正義曰：❶服虔云：「謂季友出奔，魯弑二君。」案傳，子般既死，乃云「成季奔陳」。閔公既死，乃云「成季適邾」。皆君死乃出奔，非由出奔乃致君死。杜雖無注，義必不然，當謂季友子孫與魯升降，從此以後，季氏世爲上卿，終於春秋。《禮記》稱「悼公之喪，季昭子問『爲君何食』」。以後雖則無文，當是與魯俱滅也。**又筮之，遇大有䷍**乾下離上，大有。**之乾䷀**，乾下乾上，❷乾。大有六五變而爲乾。**曰：「同復于父，敬如君所。」**筮者之辭也。乾爲君父，離變爲乾，故曰「同復於父」，見敬與君同。【疏】注「筮者」至「君同」。正義曰：此雖六五爻變，不取《周易》之文，筮者推演卦意，自爲其辭也。離是乾子，還變爲乾，故云「同復于父」，言其尊與父同也。國人敬之，其敬如君之處所，言其貴與君同也。《說卦》：「乾爲君父。」言其身之尊，則云「同復于父」。言其爲人所敬，則云「敬如君所」。屬意異，故分爲二也。**及生，有文在其手曰「友」，遂以命之。**遂以爲名。

冬，十二月，狄人伐衛。衛懿公好鶴，【疏】正義曰：❸陸璣《毛詩義疏》云：「鶴，形狀大如鵝，長脚，青翼，高三尺餘，❹赤目，赤頰。喙長四寸餘，多純白，或有蒼色。蒼色者，今人謂之赤頰。常夜半鳴，故《淮南子》曰：『雞知將旦，鶴知夜半。』其鳴高亮，聞八九里，雌者聲差下。今吳人園囿中及士大夫家皆養之。」**鶴有乘軒**

---

❶「正義曰」上，正宗寺本、阮本有「季氏亡則魯不昌」七字。今案：此標起訖，當有此七字。

❷「上」，原作「之」，據《四部叢刊》本、阮本改。

❸「正義曰」上，正宗寺本、阮本有「衛懿公好鶴」五字。今案：此標起訖，當有此五字。

❹「尺」，原作「赤」，據正宗寺本、阮本改。

者。軒，大夫車。【疏】注「軒大夫車」。　正義曰：定十三年傳稱「齊侯斂諸大夫之軒」，故杜云「軒，大夫車」也。服虔云：「車有藩曰軒。」**將戰，國人受甲者皆曰：「使鶴！鶴實有禄位，余焉能戰？」公與石祁子玦，與甯莊子矢，使守，**莊子，甯速也。玦，玉玦。**曰：「以此贊國，擇利而爲之。」**贊，助也。玦，示以當決斷。矢，示以禦難。**與夫人繡衣，曰：「聽於二子。」**取其文章順序。**渠孔御戎，子伯爲右，黄夷前驅，孔嬰齊殿。**傳言衛侯失民有素，雖臨事而戒，猶無所及。**及狄人戰于熒澤，衛師敗績。遂滅衛。**此熒澤當在河北。君死國散，經不書滅者，狄不能赴，衛之君臣皆盡，無復文告，齊桓爲之告諸侯，言狄已去，言衛之存，故但以入爲文。【疏】注「熒澤當在河北」。❶　正義曰：《禹貢》：「豫州，滎波既豬，導沇水，入于河，溢爲滎。」在河南。❷此時衛都河北，爲狄所敗，乃東徙渡河，故知此熒澤當在河北。但沇水入河，乃泆被河南多，故專得滎名，其北雖少，亦稱滎也。**衛侯不去其旗，是以甚敗。狄人囚史華龍滑與禮孔，以逐衛人。二人曰：「我，大史也，實掌其祭。不先，國不可得也。」**夷狄畏鬼，故恐言當先白神。**乃先之。至，則告守曰：「不可待也。」**守，石、甯二大夫。**夜與國人出。狄入衛，遂從之，又敗諸河。**衛將東走渡河，狄復逐而敗之。

初，惠公之即位也少，蓋年十五六。【疏】注「蓋年十五六」。　正義曰：衛宣公以隱四年立，桓十二年

---

❶「注」下，正宗寺本、阮本有「此」字，與注文合。

❷「在」上，正宗寺本、阮本有「是熒」二字，當是。

卒，終始二十年耳。即位之後，乃納急子之妻，生壽及朔。朔既有兄，知其蓋年十五六耳。**齊人使昭伯烝於宣姜，不可，强之。**昭伯，惠公庶兄，宣公子頑也。昭伯不可。**生齊子、戴公、文公、宋桓夫人、許穆夫人。文公爲衛之多患也，先適齊。及敗，宋桓公逆諸河，**迎衛敗衆。**宵濟。**夜渡，畏狄。**衛之遺民男女七百有三十人，益之以共、滕之民，爲五千人。**共及滕，衛別邑。**立戴公，以廬于曹。**廬，舍也。曹，衛下邑。戴公名申，❶立其年卒，❷而立文公。【疏】注「廬舍」至「文公」。正義曰：《周禮・秋官・野廬氏》：「掌道路、宿息。」《地官・遺人》云：「凡國野之道，十里有廬，廬有飲食。」是廬爲舍也。廬于曹者，言隨宜寄舍耳。曹邑雖闕，不知其處，當在河東，近楚丘也。「戴公名申」，《世本・世家》文。經、傳皆云十二月狄入衛，衛人東徙渡河，收集離散，乃立戴公。此年之末，文公即位。計戴公爲君不過十數日耳。言一年卒者，❸滅而復興，不是嗣位，故成喪爲謚。文公繼世而立，明年始爲元年，故戴公雖復日少，亦稱一年。《年表》亦以此年爲戴公元年。今定本云「以其年卒」。**許穆夫人賦《載馳》。**《載馳》，《詩・衛風》也。許穆夫人痛衛之亡，思歸唁之，不可，故作詩以言志。**齊侯使公子無虧帥車三百乘、甲士三千人以戍曹。**❹無虧，齊

---

❶「申」，原作「甲」，據《四部叢刊》本、阮本及下疏文改。

❷「立其年卒」，阮校：「正義云：『今定本作「以其年卒」。』按，『其年卒』，據正義，則孔本作『一年卒』，故發明之。今本作『其』，誤。」

❸「一年」上，正宗寺本、阮本有「立」字。

❹「戍」，原作「成」，據《四部叢刊》本、阮本改。

桓公子武孟也。車甲之賦異於常，故傳別見之。**歸公乘馬，祭服五稱，牛、羊、豕、雞、狗皆三百，與朋材。**❶歸，遺也。四馬曰乘。衣單複具曰稱。門材，使先立門户。【疏】注「歸遺」至「門户」。正義曰：歸者，不反之辭，故爲遺也。《周禮·校人》云：「乘馬一師四圉。」圉養一馬，故云「四馬曰乘」。以乘車并師五人，必駕四馬故也。《喪大記》曰：「袍必有表，不襌，❷衣必有裳，謂之一稱。」是衣襌複具曰稱。**歸夫人魚軒，**魚軒，夫人車，以魚皮爲飾。【疏】注「魚軒」至「爲飾」。正義曰：《詩》云「象弭魚服」，此云「魚軒」，則用魚爲飾，其皮可以飾器物者，唯魚獸耳，故云「以魚皮爲飾」。陸機《毛詩義疏》云：「魚獸似豬，東海有之，其皮背上有班文，腹下有純青，今人以爲弓鞬步又者也。❸其皮雖乾燥，❹爲弓鞬矢服，經年海水將潮及天陰，毛皆起水，潮還及晴，則毛復如故。雖在數千里外，可以知海水之潮，自相感也。」❺**重錦三十兩。**重錦，❻錦之熟細

---

❶「朋」，《四部叢刊》本、阮本作「門」。今案：注亦作「門」，則作「門」當是。

❷「襌」，原作「禪」，據阮本改。下「衣襌」同。

❸「又」，正宗寺本作「乂」，阮本作「叉」。今案：《釋名·釋兵》：「步叉，人所帶，以箭叉其中也。」作「叉」近是。

❹「雖乾燥爲弓鞬」，阮校：「浦鏜據《詩》正義『雖』改『難』，『爲』上增『以』字。」

❺「自」上，阮校：「浦鏜據《詩》正義『自』上增『氣』字。」

❻「重」，原作「以」，據《四部叢刊》本、阮本改。

者。以二丈雙行，❶故曰兩。三十兩，三十匹也。【疏】注「重錦」至「匹也」。　正義曰：服虔云：「重，牢也。」杜以其遺夫人，貴美不貴牢，故以爲「錦之孰細者」。❷《雜記》曰：「納幣一束，束五兩，兩五尋。」八尺曰尋，則五尋四丈。謂之兩者，分爲兩段故也。謂之匹者，兩兩合卷，若匹偶然也。

鄭人惡高克，使帥師次于河上，久而弗召。師潰而歸，高克奔陳。高克，鄭大夫也，好利而不顧其君，文公惡之而不能遠，故使帥師而不召。**鄭人爲之賦《清人》。**《清人》，《詩·鄭風》也，刺文公退臣不以道，危國亡師之本。

晉侯使大子申生伐東山皐落氏。赤狄別種也。皐落，其氏族。【疏】注「赤狄」至「氏族」。　正義曰：狄有赤狄、白狄。成十三年傳晉侯使吕相絶秦云：「白狄及君同州。」則白狄與秦相近，當在晉西。此云東山，當在晉東。宣十五年晉師滅赤狄潞氏，潞則上黨潞縣，在晉之東，此云伐東山皐落氏，知此亦在晉東，是赤狄別種也。皐落，其氏族也，此族之人，狄之渠帥也。**里克諫曰：「大子奉冢祀、社稷之粢盛，**里克，晉大夫。冢，大也。**以朝夕視君膳者也，**膳，厨膳。【疏】注「膳厨膳」。　正義曰：鄭玄《膳夫》注云：「膳之言善也，今時美物曰珍膳。」是膳者美食之名，厨者造食之處，故云「膳，厨膳」也。《禮記》云：「文王之爲世子，食上，必在視寒煖之節。食下，問所膳，命膳宰。然後退。」是大子朝夕視君膳者也。**故曰冢子。君行則守，有守則從。**

---

❶「以」，原作「重」，據《四部叢刊》本、阮本改。

❷「孰」，阮本作「熟」，與注合。

從曰撫軍，守曰監國，古之制也。夫帥師，專行謀，帥師者必專謀軍事。誓軍旅，宣號令也。君與國政之所圖也，非大子之事也。國政，正卿。師在制命而已，命，將軍所制。稟命則不威，專命則不孝，故君之嗣適不可以帥師。君失其官，帥師不威，將焉用之？大子統師，是失其官也。專命則不孝，是爲帥必不威也。且臣聞皐落氏將戰，君其舍之！」公曰：「寡人有子，未知其誰立焉！」不對而退。見大子。大子曰：「吾其廢乎？」對曰：「告之以臨民，謂居曲沃。教之以軍旅，謂將下軍。不共是懼，何故廢乎？【疏】「對曰告之」至「廢乎」。正義曰：克謂大子還曲沃，告百姓以臨示下民之事，并教之軍旅之法，不共是二事爲懼矣，何故憂其廢乎？且子懼不孝，無懼弗得立。脩己而不責人，則免於難。」

大子帥師，公衣之偏衣，偏衣，左右異色，其半似公服。【疏】注「偏衣」至「公服」。正義曰：下云「服其身則衣之純」，言此偏衣不純，知其左右異色也。又云「衣身之偏」，言公以身衣之偏半衣大子，知其半似公服也。佩之金玦。以金爲玦。狐突御戎，先友爲右。狐突，伯行，重耳外祖父也，爲申生御。申生以大子將上軍。梁餘子養御罕夷，先丹木爲右。罕夷，晉下軍卿也。梁餘子養爲罕夷御。羊舌大夫爲尉。羊舌大夫，叔向祖父也。尉，軍尉。先友曰：「衣身之偏，偏，半也。握兵之要，謂佩金玦，將上軍。在此行也，子其勉之！偏躬無慝，分身衣之半，非惡意也。兵要遠災，威權在己，可以遠害。親以無災，又何患焉？」狐突歎曰：「時，事之徵也。歎以先友爲不知君心。衣，身之章也。章貴賤。佩，衷之旗也。旗，表也，所以表明其中心。故敬其事，則命以始。賞以春夏。服其身，則

衣之純。必以純色爲服。**用其衷，則佩之度。**衷，中也。佩玉者，士君子常度。**今命以時卒，閟其事也。**冬十二月，閟盡之時。**衣之尨服，遠其躬也。**尨，雜色。**佩以金玦，棄其衷也。服以遠之，時以閟之，尨凉，冬殺，金寒，玦離，胡可恃也？**寒、凉、殺、離，言無温潤。玦如環而缺，不連。**雖欲勉之，狄可盡乎？」梁餘子養曰：「帥師者，受命於廟，受脤於社，**❶脤，宜社之肉，盛以脤器。**有常服矣。不獲而尨，命可知也。**韋弁服，軍之常也。尨，偏衣。**死而不孝，不如逃之。」罕夷曰：「尨奇無常，**雜色奇怪，非常之服。**金玦不復。雖復何爲？君有心矣！」**有害大子之心。**先丹木曰：「是服也，狂夫阻之。**阻，疑也。言雖狂夫猶知有疑。**曰：『盡敵而反！』**曰，公辭。**敵可盡乎？雖盡敵，猶有内讒，不如違之。」**違，去也。**狐突欲行，**行，亦去也。**羊舌大夫曰：「不可。違命不孝，棄事不忠。雖知其寒，惡不可取。子其死之！」**寒，薄也。【疏】「狐突」至「死之」。　正義曰：傳之上下諸言某御戎、某爲右者，謂國君自將。此太子亦然者，攝君之事，故與君同文也。傳歷言將帥御右者，以下各有言，故此舉其目。先友不知君有害大子之心，故推此衣佩以爲善事勸之。狐突歎先友不知君意，乃極言時、衣、佩三

---

❶「受脤於社」，阮校：「《詩・大明》、《緜》鄭箋云：『《春秋傳》曰：蜃，宜社之肉。』正義曰：『《左傳》無此文，而言「傳曰」，衍字也。閔二年《左傳》曰「帥師者，受命於廟，受蜃於社」也。』按，據《説文》『祳，社肉也』，以蜃爲器盛之，則亦可謂肉爲脤，故《左傳》直云『受蜃於社』也。此云『受脤於社』，『脤』乃『祳』之俗字耳，其古本必作『祳』，或作『蜃』也。」

者，反覆以答之。罕夷唯舉服、佩二事，故云「尨奇無常，金玦不復」也。其梁餘子養、先丹木唯言服，舉其重者，故子養云「不獲而尨，命可知也」，先丹木云「是服也，狂夫阻之」，是皆勸大子之行也。狐突以衆言同己，故決意欲行。羊舌大夫乃以忠孝之事勸之使留，各以意之所見，故其言或深或淺。　注「羊舌」至「軍尉」。　正義曰：羊舌，氏也，爵爲大夫，號曰「羊舌大夫」，不知其名何也。此人生羊舌職，職生叔向，故爲叔向祖父。《譜》云：「羊舌氏，晉之公族，羊舌，其所食邑也。或曰：羊舌氏姓李，名果，有人盜羊而遺其頭，不敢不受，受而埋之。後盜羊事發，辭連李氏，李氏掘羊頭而示之，以明己不食，唯識其舌，舌存得免，號曰羊舌氏也。」「或曰」者，不知誰爲此言。杜所不從，記異聞耳。　「服以」至「恃也」。　正義曰：「服以遠之」，覆上「衣之尨服」也。「時以閟之」，覆上「命以時卒」也。上先時後服，此先服後時者，以下連「尨涼冬殺」之文，又欲使「冬殺」與「金寒」相近，「冬殺」是時，故退之在下。言「尨涼」，則申上「衣之尨服」也，「冬殺」，則申上「命以時卒」也。尨涼據服，冬殺據時耳。「金寒玦離」，申上「佩以金玦」也。金是秋之寒氣，故言「金寒」也。　注「脤宜」至「脤器」。　正義曰：《釋天》云：「起大事，動大衆，必先有事乎社而後出，謂之宜。」知出兵必祭社，祭社名爲宜。《周禮·大宗伯》：「以脤膰之禮，親兄弟之國。」定十四年天王使石尚來歸脤，知脤是器物，可執之以賜人也。今言受脤於社，明是祭社之肉，盛以脤器，賜元帥也。《地官·掌蜃》：「祭祀共蜃器之蜃。」鄭玄云：「蜃，大蛤。蜃之器以蜃飾，❶因名焉。」　注「阻疑也」。　正義曰：劉炫云：「阻，疑，以意訓耳。　今言猶云阻疑，是阻得爲疑也。言雖狂夫猶知於此服有疑也。」服虔云：「阻，止也。方相之士蒙玄衣朱裳，主索室中毆疫，號之爲狂夫。止此服，言君與大子以狂夫所止之服衣

---

❶ 二「蜃」字，阮校：「監本、毛本『蜃』作『脤』，不誤。案，《周禮》注作『蜃』。」

之。」《晉語》云：「且是之衣也，狂夫阻之衣也。」韋昭云：「狂夫，方相氏之士也。阻，古詛字也。將服是衣，必先詛之。」是由無正訓，各以意解。劉以爲方相氏狂夫所服玄衣朱裳，左右同色，不得爲偏衣也，當服此衣，非是意所止也。詛乃服之，文無所出，故杜別爲此解。　注「曰公辭」。　正義曰：言「公辭」者，當以公賜之偏衣、金玦，推其義理，原公之意而爲之作辭，非公出言作此辭也。

大子將戰，狐突諫曰：「不可！昔辛伯諗周桓公，諗，告也。事在桓十八年。**云：『內寵並后，外寵二政，❶嬖子配適，大都耦國，亂之本也。』周公弗從，故及於難。今亂本成矣。**驪姬爲內寵，二五爲外寵，奚齊爲嬖子，曲沃爲大都，故曰「亂本成」。❷**立可必乎？**【疏】注「驪姬」至「本成」。❸　正義曰：辛伯之語，先有成文，其內寵之徒不爲晉發，故劉炫云：「二五嬖賤，不得爲二政。大子不以曲沃作亂，不得爲大都。」而杜云「驪姬爲內寵，二五爲外寵，奚齊爲嬖子，曲沃爲大都」者，今删定以爲辛伯之言雖不爲晉，要晉國之亂，事理相當，故杜以事託之。二五爲耦，壑傷晉室，曲沃彊大，大子奔之，又築屈與蒲，終爲禍難。但此據大子，故以曲沃爲文，劉君不達此旨而爲規過，違傳意也。　**孝而安民，子其圖之！**奉身爲孝，不戰爲安民。**與其危身以速罪也。」**有功益見害，故言孰與危身以召罪。【疏】「孝而」至「罪也」。　正義曰：去則孝而安民，留則危身召罪，等與其危身以召罪也，豈若孝而安民乎？勸使逃也。

---

❶「二」，阮校：「案，惠棟云：『「二」讀爲「王貳于虢」之「貳」，《韓非子》引此正作「貳」。』」

❷「成」下，《四部叢刊》本、阮本有「矣」字。

❸「注驪姬至本成」，阮本此節正義在「今亂本成矣」句注下。

成風聞成季之繇，乃事之，成風，莊公之妾，僖公之母也。繇，卦兆之占辭。**而屬僖公焉，故成季立之。**

僖之元年，齊桓公遷邢于夷儀。二年，封衛于楚丘。邢遷如歸，衛國忘亡。忘其滅亡之困。**衛文公大布之衣，大帛之冠，**大布，麤布。大帛，厚繒。蓋用諸侯諒闇之服。**務材訓農，通商惠工，**加惠於百工，賞其利器用。**敬教勸學，授方任能。**方，百事之宜也。【疏】「務材」至「任能」。正義曰：務材，務在植材用也。訓農，訓民勤農業也。通商，通商販之路，令貨利往來也。惠工，加恩惠於百工，賞其利器用也。敬教，敬民五教也。勸學，勸民學問也。授方，授民以事，皆有方法也。任能，其所委任，信用能人也。**元年，革車三十乘。季年，乃三百乘。**衛文公以此年冬立，齊桓公始平魯亂，故傳因言齊之所以霸，衛之所由興。革車，兵車。季年，在僖二十五年。蓋招懷迸散，故能致十倍之衆。

春秋左傳正義卷第十一

國子祭酒上護軍曲阜縣
開國子臣孔穎達等奉勑撰

僖公❶【疏】正義曰：《魯世家》：僖公名申，莊公之子，閔公庶兄，其母成風所生也。惠王十八年即位。《謚法》：「小心畏忌曰僖。」是歲，歲在鶉首。

【經】元年，春，王正月，齊師、宋師、曹伯次于聶北，❷**救邢。**齊帥諸侯之師救邢，次于聶北者，案兵觀釁，以待事也。次例在莊三年。聶北，邢地。【疏】「齊帥」至「邢地」。正義曰：《公羊》、《穀梁》皆以爲齊師、宋師、曹師皆是侯伯之身。《公羊》稱「不與諸侯專封」，故變稱師耳。此時方始救邢，邢本不滅，何以言其封也？《左氏》無此義。將卑師衆稱師，此三國皆師多而大夫將，故名氏不見，並稱師。《公羊》以爲此言

---

❶「僖」，阮校：「《史記》、《漢書·五行志》、《律曆志》『僖』並作『釐』。案，《史》、《漢》多作『釐』。」

❷「曹伯」，阮校：「石經『曹伯』作『曹師』，不誤。案，莊三年經『冬，公次于滑』正義、襄廿三年傳『八月，叔孫豹帥師救晉，次于雍榆』正義並作『曹師』。」

「次于聶北，救邢」，與襄二十三年「叔孫豹救晉，次于雍榆」二事相反，爲之作説，言此是君也，進止自由。彼是臣也，先通君命。賈、服取以爲説。杜以傳無此事，故不用其言。《釋例》曰：「所記或次在事前，次以成事也。或次在事後，事成而次也。皆隨事實，無義例也。」此時狄人尚彊，未可即擊，案兵觀釁，以待其事，須可擊乃擊之，故次在事前。

夏，六月，邢遷于夷儀。邢遷如歸，故以自遷爲辭。夷儀，邢地。【疏】注「邢遷」至「邢地」。　正義曰：傳稱「師逐狄人，具邢器用而遷之」，則是諸侯遷邢也。而文作邢自遷者，以邢遷如歸，故以自遷爲文。《公羊傳》曰：「遷者何？其意也。遷之者何？非其意也。」言邢遷于夷儀，許遷于白羽者，皆是其國之意自欲遷之。宋人遷宿，齊人遷陽者，他人强遷，其國之意不欲遷也。

齊師、宋師、曹師城邢。傳例曰：「救患、分災，禮也。」一事而再列三國，於文不可言諸侯師故。【疏】注「傳例」至「師故」。　正義曰：《春秋》之例，先會而後盟者，會則具序諸國，盟則揔稱諸侯，《公羊》謂之「前目而後凡」。此上文已列三國之師救邢，救邢與城邢猶是一事相連耳，而再列三國之師，不依前目後凡者，於文不可言諸侯師故也。案此十五年歷序諸侯盟于牡丘，下書諸侯之大夫救徐，襄二十七年歷序諸國大夫會于宋，下云諸侯大夫盟于宋，此不言諸侯之師城邢者，此與會盟小異。十四年諸侯城緣陵，爲其事有闕，故揔稱諸侯，此若云諸侯之師城邢，似爲其事有闕，揔書爲貶，故雖則煩文，而再列三國。

秋，七月，戊辰，夫人姜氏薨于夷，齊人以歸。傳在閔二年。不言齊人殺，諱之。書地者，明在外薨。【疏】注「傳在」至「外薨」。　正義曰：傳在閔二年者。彼因孫于邾，遂終言之，實齊人殺之，諱，故不言殺也。夫人之薨，例不書地。書地者，明其在外而薨，若言夫人自行至夷，遇疾而薨，齊人乃以其喪歸耳。

楚人伐鄭。荆始改號曰楚。【疏】注「荆始改號曰楚」。 正義曰：此前常呼爲荆，此後遂稱爲楚。據其見經爲言，故云「荆始改號」。莊二十八年仍書「荆伐鄭」，自爾至今，不知何年改。

八月，公會齊侯、宋公、鄭伯、曹伯、邾人于檉。檉，宋地。陳國陳縣西北有檉城。公及其會而不書盟，還不以盟告。【疏】注「檉宋」至「盟告」。 正義曰：經書會于檉，傳言盟于犖，犖即檉也，而經不書盟。《釋例》曰：「盟于鄧，盟于犖，盟于戚，公既在會，而不書其盟，以理推之，會在盟前，知非後盟也。蓋公還告會而不告盟也。」

九月，公敗邾師于偃。偃，邾地。

冬，十月，壬午，公子友帥師敗莒師于酈，獲莒挐。酈，魯地。挐，莒子之弟。不書弟者，非卿，非卿則不應書。嘉季友之功，故特書其所獲。大夫生死皆曰獲。獲例在昭二十三年。【疏】注「酈魯」至「三年」。 正義曰：傳言「莒子之弟」，而經不書弟者，諸侯之臣爲卿乃見經，見經則備書名氏。若言莒子之弟挐，則是爲卿之備文。此不書弟，見其非卿也。傳曰「非卿也，嘉獲之也」，以非卿，不應書經，嘉季友之功，能獲莒之大將，故特書所獲，以美季子。《公羊》亦云：「此何以書？大季子之獲也。」《釋例》曰：「莒挐非卿，非卿則不應書。今嘉獲，故特書之。特書猶不稱弟，明諸書弟者皆卿也。」

十有二月，丁巳，夫人氏之喪至自齊。僖公請而葬之，故告於廟而書喪至也。齊侯既殺哀姜，以其尸歸，絶之於魯。僖公請其喪而還，不稱姜，闕文。【疏】注「僖公」至「闕文」。 正義曰：齊人治哀姜之罪，取而殺之，則位絶於魯，非復魯之夫人，其死不合書之於策。以僖公請而葬之，外欲固齊以居厚，內存母子不絶之義，故具書於經。薨葬備禮，諱之，若言無罪而自死，然既諱其殺，不宜有貶。《公羊傳》曰：「夫人何以不稱姜氏？貶。曷爲貶？與弒公也。」《穀梁傳》曰：「其不言姜，以其殺二子貶之也。❶或曰：爲齊桓諱殺同姓也。」賈逵云：「殺子輕，故但貶姜。」然則姜氏者，夫人之姓，二字共爲一義，不得去姜存氏，去氏存姜。若其必有所貶，自可替其尊號，去一姜字，復何所明？於薨於葬，未嘗有貶，何故喪至獨去一姜？《公羊傳》又曰：「曷爲不於弒焉貶？貶必於其重者，莫重乎其以喪至也。」案禮之成否，在於薨葬，何以喪至獨得爲重？喪至已加貶責，於葬不應備文，何故葬我小君，復得成禮？正以薨葬備禮，知其無所貶責，故杜以經無「姜」字，直是闕文。《公羊》、《穀梁》見其文闕，妄爲之説耳。

【傳】元年，春。不稱即位，公出故也。國亂，身出復入，故即位之禮有闕。**公出復入，不書，諱之也。諱國惡，禮也。**掩惡揚善，義存君親，故通有諱例，皆當時臣子率意而隱，故無深淺常準。聖賢從之以通人理，有時而聽之可也。【疏】「元年」至「禮也」。　正義曰：去年八月，閔公死，僖公出奔邾。九月，慶父出奔莒，公即歸魯。言「公出故」者，公出而復歸，即位之禮有闕，爲往年公出奔之故，非言應即位之時公在外也。齊小白、陽生之徒，皆出而復入，經書其入，僖公類之，亦應書入。往年公出復入，不書，諱之。國內

---

❶「殺」，阮本作「弒」。

有亂，致令公出，不書公出復入，諱國亂也。國亂，國之惡事，諱國惡，是禮也。時史諱而不書，仲尼因而不改，嫌諱非禮，故以禮居之。

注「掩惡」至「可也」。 正義曰：《坊記》曰：「善則稱君，過則稱己，則民作忠。善則稱親，過則稱己，則民作孝。」是掩惡揚善之義，義存君與親也。君親之惡，務欲掩之，是故聖賢作法，通有諱例。諱雖有例，而事無定體，或諱大不諱小，或諱小不諱大，皆當時臣子率己之意而爲之隱，故無深淺常準。隱十年《公羊傳》曰：「於外大惡書，小惡不書。於內大惡諱，小惡書。」必如彼言，是有常準。歷檢《春秋》，都無定例。納鼎惡於易田，諱田而不諱鼎；公入小於公出，諱入而不諱孫，是其無常準也。既無常準，隨諱深淺，舊史有所辟諱，聖賢因而從之，以通人事之理，故容有掩惡之法。《釋例》曰：「有時而聽之則可也。」正以爲後法則不經，故不奪其所諱，亦不爲之定制。言若正爲後法，每事皆諱，則爲惡者無復忌憚，居上者不知所懲，不可盡令諱也。人之所極，唯君與親，纔有小惡，即發其短，非復臣子之心，全無愛敬之義，是故不抑不勸，有時聽之。以爲諱惡者，禮也，無隱者，直也。二者俱通，以爲世教也。

諸侯救邢。 實大夫而曰諸侯，揔衆國之辭。【疏】注「實大」至「之辭」。 正義曰：於例，將卑師衆稱師。三國並稱爲師，皆是大夫將也。實大夫也，而曰諸侯，揔衆國之辭也。桓五年蔡人、衛人、陳人從王伐鄭，傳曰：「王以諸侯伐鄭。」彼亦大夫將，揔衆國而稱諸侯也。先儒以爲此役諸侯身行，故言此以異之。

邢人潰，出奔師。 奔聶北之師也。邢潰不書，不告也。**師遂逐狄人，具邢器用而遷之，師無私焉。** 皆撰具還之，無所私取。【疏】注「皆撰」至「私取」。 正義曰：邢人潰而奔師，棄其家之器物。師逐狄人，爲之斂聚，皆撰具以還邢人，師人無所私取。善齊桓委任得人，用兵嚴整也。

夏，邢遷于夷儀。諸侯城之，救患也。凡侯伯，救患、分災、討罪，禮也。侯伯，州長也。分穀帛。【疏】注「侯伯」至「穀帛」。　正義曰：此因齊侯發例，齊侯之爲侯伯，當是王之二伯，此言州長，必是九州之長，但州牧於其竟内，❶亦當救患討罪，以州牧亦掌此事，故言州長以包之。有災害者，分之財物，知分者，分穀帛也。

秋，楚人伐鄭，鄭即齊故也。盟于犖，謀救鄭也。犖即檉也，地有二名。

九月，公敗邾師于偃，虚丘之戍將歸者也。虚丘，邾地。邾人既送哀姜還，齊人殺之，因戍虚丘，欲以侵魯。公以義求齊，齊送姜氏之喪。邾人懼，乃歸，故公要而敗之。【疏】注「虚丘」至「敗之」。

正義曰：犖之盟也，邾人在焉。公既盟而敗其師，傳不明言其故，直云「虚丘之戍」，不知虚丘誰地？何故戍之？服虔云：「虚丘，魯邑。魯有亂，邾使兵戍虚丘。魯與邾無怨，因兵將還，要而敗之，所以惡僖公也。邾之於魯，本無怨惡，僖公奔邾，則爲之外主；國亂，則戍其内邑。無故而敗其師，亡信背義，莫斯之甚，非僖公作頌之主所當行也。」杜以爲不然，故别爲此説。此説亦無所據，要其理當然也。案十二月夫人之喪始至，此九月敗邾師，而云「以義求齊，齊送姜氏之喪」者，夫人以七月薨，公即求齊，齊既許之，邾聞許而將歸，魯得許而敗邾師耳。

冬，莒人來求賂，求還慶父之賂。**公子友敗諸酈，獲莒子之弟挐。非卿也，嘉獲之也。**莒既不能爲魯討慶父，受魯之賂，而又重來，其求無厭，故嘉季友之獲而書之。**公賜季友汶陽之田及費。**

---

❶「其」，京都本、阮本作「是」。

汶陽田，汶水北地。汶水出泰山萊蕪縣西，入濟。【疏】注「汶陽」至「入濟」。　正義曰：水北曰陽，故知汶水北地。《釋例》曰：「汶水出泰山萊蕪縣西南，經濟北，至東平須昌縣入濟。」

夫人氏之喪至自齊。君子以齊人之殺哀姜也，爲已甚矣，女子從人者也。言女子有三從之義，在夫家有罪，非父母家所宜討也。

【經】二年，春，王正月，城楚丘。楚丘，衛邑。不言城衛，衛未遷。【疏】注「楚丘」至「未遷」。　正義曰：此決城邢也。彼既遷訖，乃爲城之，不言城夷儀而言城邢，邢已遷也。此則先城楚丘，將以封衛，言城楚丘，不言城衛，衛未遷也。

夏，五月，辛巳，葬我小君哀姜。無傳。反哭成喪，故稱小君。例在定十五年。

虞師、晉師滅下陽。下陽，虢邑，在河東大陽縣。晉於此始赴見經。滅例在襄十三年。

秋，九月，齊侯、宋公、江人、黄人盟于貫。貫，宋地。梁國蒙縣西北有貰城。貰與貫，字相似。江國在汝南安陽縣。【疏】「江人黄人」。　正義曰：《公羊》、《穀梁》皆云：「江人、黄人，遠國之辭。」言其實是君也，以其遠國，降而稱人。賈云：「江、黄稱人，刺不度德善鄰，恃齊背楚，終爲楚所滅。」其意雖異，皆以江人、黄人爲國君親來。杜以諸侯之貶，不至稱人，則此稱人者，皆是其國之大夫耳。齊桓威德稍盛，遠國來服，齊桓謙以接遠，故與宋公會之。

冬，十月，不雨。傳在三年。

楚人侵鄭。

【傳】二年，春，諸侯城楚丘而封衛焉。君死國滅，故傳言封。【疏】注「君死」至「言封」。　正義曰：封者，聚土之名也。天子之建諸侯，必分之土地，立其疆界，聚土爲封以記之，故建國謂之封國。衛是舊國，今云封者，以其君死國滅，更封建之，故云封也。**不書所會，後也。**諸侯既罷，而魯後至，諱不及期，故以獨城爲文。

晉荀息請以屈産之乘與垂棘之璧假道於虞，以伐虢。荀息，荀叔也。屈地生良馬，垂棘出美玉，故以爲名。四馬曰乘。自晉適虢，途出於虞，故借道。❶【疏】「假道於虞」。❷　正義曰：《聘禮》云：「若過他邦，至于竟，使次介假道，束帛將命于朝，下大夫取以入告，出許。」是禮過他國必假道也。聘尚假道，況乎伐國？故請以璧、馬假借也。《穀梁傳》曰：「借道乎虞。」**公曰：「是吾寶也。」對曰：「若得道於虞，猶外府也。」公曰：「宫之奇存焉。」**宫之奇，虞忠臣。**對曰：「宫之奇之爲人也，懦而不能彊諫。**懦，弱也。**且少長於君，君暱之，雖諫，將不聽。」**親而狎之，必輕其言。**乃使荀息假道於虞，曰：「冀爲不**

❶「借」，閩本、纂圖本、監本、毛本、文淵閣本作「假」。

❷「假道於虞」，阮本此節正義在「假道於虞」句下。

道，入自顛軨，❶**伐鄍三門。**前是冀伐虞至鄍。鄍，虞邑。河東大陽縣東北有顛軨坂。【疏】注「前是」至「軨坂」。　正義曰：服虔以爲「冀爲不道」、「伐鄍三門」，謂冀伐晉也；「冀之既病」、「亦唯君故」，謂虞助晉也。將欲假道，稱前恩以誘之。案傳荀息以寶假道，公尚慮虞不許，則晉之於虞，舊非與國。若其嘗經助晉，則是昔來通好，何憂乎不許而請進國之美寶，尚畏宫之奇諫乎？故杜以爲冀自伐虞，虞自報冀。以虞能報冀，晉不能報虢，言己弱以示其恥，言虞彊以説其心。此雖無文，理必然也。**冀之既病，則亦唯君故。**言虞報伐冀使病。將欲假道，故稱虞彊以説其心。冀，國名，平陽皮氏縣東北有冀亭。**今虢爲不道，保於逆旅，**逆旅，客舍也。虢稍遣人分依客舍，以聚衆抄晉邊邑。❷【疏】注「逆旅」至「邊邑」。　正義曰：《晉語》云：「陽處父過甯，舍於逆旅甯嬴氏。」知逆旅是客舍也。逆，迎也，旅，客也，迎止賓客之處也。保者，固守之語，知其分依客舍，伺候抄晉邊邑，既又入而保之。觀其此語，則虢、晉接鄰，但向其都邑，須過虞竟，當以從彼詣虢，路遥山險，易來難往故也。**以侵敝邑之南鄙。敢請假道，以請罪于虢。」**問虢伐己以何罪。**虞公許之，且請先伐虢。**喜於厚賂，而欲求媚。**宫之奇諫，不聽，遂起師。夏，晉里克、荀息帥師會虞師，伐虢，滅下陽。**晉猶主兵，不信虞。【疏】注「晉猶」至「信虞」。　正義曰：如傳之言，直云會虞伐虢，未知誰爲兵主。但下云「先書虞，賄故也」，若虞爲兵主，自當在先，不須云「先書虞」也。明晉實爲主，而仲尼先書虞，故知

---

❶「顛軨」，阮校：「《水經注》四引作『巔軨』。」

❷「衆」，阮校：「《釋文》無『衆』字。」

晉猶主兵，不信虞也。**先書虞，賄故也。**虞非倡兵之首，而先書之，惡貪賄也。

秋，盟于貫。服江、黄也。江、黄，楚與國也，始來服齊，故爲合諸侯。

齊寺人貂始漏師于多魚。寺人，内奄官豎貂也。❶多魚，地名，闕。齊桓多嬖寵，内則如夫人者六人，外則幸豎貂、易牙之等，終以此亂國。傳言貂於此始擅貴寵，漏洩桓公軍事，爲齊亂張本。

【疏】注「寺人」至「張本」。　正義曰：《周禮》内宰之屬有内小臣奄上士四人。寺人，王之正内五人。内豎，倍寺人之數。寺人「掌王之内人及女宫之戒令」，内豎「掌内外之通令」，皆掌婦人之事。是自内小臣以下皆用奄人爲官也。鄭玄云：「豎，未冠者之官名。」然則此人名貂，幼童爲内豎之官，以爲齊侯所寵，後雖年長，遂呼爲「豎貂」焉。此時爲寺人之官，故稱「寺人貂」也。言「漏師」者，漏泄師之密謀也。漏師已是大罪，此云「始」者，言其終又甚焉，故言「始」，以爲齊亂張本。

虢公敗戎于桑田。桑田，虢地，在弘農陝縣東北。**晉卜偃曰：「虢必亡矣。亡下陽不懼，而又有功，是天奪之鑒，**鑒，所以自照。**而益其疾也。**驕則生疾。**必易晉而不撫其民矣。不可以五稔。」**稔，熟也，爲下五年晉滅虢張本。

冬，楚人伐鄭，鬭章囚鄭聃伯。經書「侵」，傳言「伐」。本以伐興，權行侵掠，爲後年楚伐鄭，鄭伯欲成張本。

---

❶「豎」，原作「豎」，據《四部叢刊》本、文淵閣本、阮本、《經典釋文》改。本節傳注及正義下「豎」字同。

【經】三年，春，王正月，不雨。

夏，四月，不雨。一時不雨，則書首月。傳例曰：「不曰旱，不爲災。」【疏】注「一時」至「爲災」。

正義曰：「一時不雨，則書首月」者，解去冬今春也。「書首月」者，皆竟時不雨，次月不雨不復書也。故夏四月不雨、五月不雨不復書，六月得雨乃書之。此由不雨日久，方始追書其事。每時一書，所以詳其文也。不於去年「冬十月」及今年「正月不雨」注，必於「夏四月不雨」注者，以下有「六月雨」，既備書，則五月不雨亦應備書，今唯云「夏四月不雨」，故杜云「一時不雨則書首月」，❶以解五月不書不雨之意。文二年，自十有二月不雨至于秋七月，十三年，自正月不雨至于秋七月，二者皆摠書不雨，又不書得雨之月，與此年書不雨文異者，《穀梁傳》曰：「一時言不雨者，閔雨也。閔雨者，有志乎民者也。六月，雨。雨云者，喜雨也。喜雨者，有志乎民者也。」文二年傳曰：「歷时而言不雨，文不憂雨也。不憂雨者，無志乎民也。」言僖有憂民之志，故每時一書，文無憂民之志，是以歷時摠書。賈逵取以爲説。杜既不注，或亦史異辭也。

徐人取舒。無傳。徐國在下邳僮縣東南。舒國，今廬江舒縣。勝國而不用大師，亦曰取。例在襄十三年。【疏】注「徐國」至「三年」。正義曰：諸侯相滅亡者，多是土壤鄰接，思啓封疆。今檢杜注，徐在下邳，舒在廬江，相去甚遥，而越竟滅國，無傳無注，不知所以。襄十三年傳例曰：「凡書取，言易也。用大師焉曰

❶「杜」，阮本作「注」。

滅。」然則滅之與取，俱是絶其國家，有其土地，難則稱滅，易則爲取。《釋例》曰：「用大師，起大衆，重力以陷敵，因而有之，故曰勝國，❶通以滅爲文也。取者，乘其衰亂，或受其潰叛，或用小師而不頓兵勞力，❷則直言取。如取如攜，言其易也。」是勝國而不用大師，亦爲取也。

六月，雨。示旱不竟夏。

秋，齊侯、宋公、江人、黄人會于陽穀。陽穀，齊地，在東平須昌縣北。

冬，公子友如齊涖盟。涖，臨也。【疏】注「涖臨也」。正義曰：公羊傳曰：「涖盟者何？往盟乎彼也。來盟者何？來盟于我也。」盟者，殺牲歃血，告誓神明，人臨其上。從我去者，出我之意，故言往彼臨視。從外至者，我共臨視，故直舉其來。

楚人伐鄭。

【傳】**三年，春，不雨。**

夏，六月，❸雨。自十月不雨，至于五月。不曰旱，不爲災也。周六月，夏四月，於播種五稼

❶「曰」，阮校：「《釋例》『曰』作『名』。」

❷「小」，阮校：「浦鏜《正誤》『小』作『少』。」

❸「六」，阮校：「石經『六』作『四』，是也。」

無損。❶

秋，會于陽穀，謀伐楚也。二年楚侵鄭故。齊侯爲陽穀之會，來尋盟。

冬，公子友如齊涖盟。公時不會陽穀，故齊侯自陽穀遣人詣魯求尋盟。魯使上卿詣齊受盟，謙也。

楚人伐鄭，鄭伯欲成。孔叔不可，曰：「齊方勤我，孔叔，鄭大夫。勤，恤鄭難。棄德不祥。」祥，善也。

齊侯與蔡姬乘舟于囿，蕩公。蔡姬，齊侯夫人。蕩，搖也。囿，苑也。蓋魚池在苑中。公懼，變色。禁之，不可。公怒，歸之，未之絶也。❷蔡人嫁之。爲明年齊侵蔡傳。

【經】四年，春，王正月，公會齊侯、宋公、陳侯、衛侯、鄭伯、許男、曹伯侵蔡，蔡潰。民逃其上曰潰。例在文三年。遂伐楚，次于陘。遂，兩事之辭。楚彊，齊欲綏之以德，故不速進而次陘。陘，楚地，潁川召陵縣南有陘亭。❸【疏】注「遂兩事之辭」。正義曰：桓八年：「祭公來，遂逆王后于紀。」《公羊

---

❶「種」，阮校：「足利本無此字。」

❷「之絶」，京都本、文淵閣本、阮本作「絶之」。

❸「潁」，《四部叢刊》本、文淵閣本作「穎」，當是。下不另出。

傳》曰：「遂者何？生事也。」謂本無向紀之心，至魯始生意也。《穀梁傳》曰：「遂，繼事之辭也。」此云「兩事之辭」，謂既有上事，復爲下事，不以本謀有心無心爲異也。此齊侯先有伐楚之心，因行而侵蔡耳。三十年「襄仲將聘于周，遂初聘于晉」，桓十八年「公將有行，遂與姜氏如齊」，如此之類，本謀爲二事也。六年諸侯伐鄭，「楚人圍許，諸侯遂救許」，莊十九年「公子結媵陳人之婦于鄄，遂及齊侯、宋公盟」，如此之類，本無謀而因事便行也。但是兩事，皆稱爲遂，故曰「兩事之辭」，不别本謀與否。

夏，許男新臣卒。未同盟，而赴以名。【疏】「許男新臣卒」。　正義曰：成十三年「曹伯盧卒于師」，此不言「于師」者，《穀梁傳》曰：「諸侯死於國，不地。死於外，地。死於師，何爲不地？内桓師也。」注云：「齊桓威德洽著，諸侯安之，雖卒於外，與其在國同。」賈逵云：「不言於師，❶善會主加禮，若卒於國。」《左氏》無此義。《釋例》曰：「若卒于朝會，或書師，或書地者，史之成文，非義所存。」然則或言于師，或不言于師，亦是史有詳略，無義例也。注稱「赴以名」者，公雖在軍，死須相赴，史得赴乃書耳。

楚屈完來盟于師，盟于召陵。屈完，楚大夫也。楚子遣完如師以觀齊。屈完覩齊之盛，因而求盟，故不稱使，以完來盟爲文。齊桓退舍以禮楚，故盟召陵。召陵，潁川縣也。【疏】注「屈完」至「縣也」。　正義曰：《公羊傳》曰：「屈完者何？楚大夫也。何以不稱使？尊屈完也。曷爲尊屈完？以當桓公也。」其意言屈完，楚之貴者，尊之以敵齊侯，若屈完足以自專，無假君命，不爲楚子所使，故作自來之文。服虔

❶「言」，《春秋左傳詁》「言」下有「卒」字。

取以爲説。案孔子曰：「君使臣以禮，臣事君以忠。」此聖人之明訓也。今乃尊人之臣，許其不爲君使，輕人之主，以爲不合使臣，是乃縱羣下以覬覦，❶教彊臣以專恣，約之以禮，豈當然乎？故杜别爲此解。楚子本使屈完如師，以觀齊師之彊弱，彊則欲服，弱則欲拒。屈完覩齊之盛，因則求盟，❷盟非楚子之意，故不稱使，以屈完自來盟爲文。《穀梁傳》曰：「其不言使，權在屈完也。」是其權盟之宜，❸自求與齊盟也。❹完之本意，欲即盟於軍，齊桓喜其來服，退舍以禮楚。言「來盟于師」，書屈完之意也。「盟于召陵」，書實盟之所也。成二年齊侯使國佐如師，不言「來」，而此言「來」者，彼既云「如師」，不須稱「來」，此不言「如師」，故云「來」耳。此既云「來盟」，不復須言「及屈完盟」，彼無「來盟」之文，故别言「及國佐盟」，意異於此，故文不同。服虔云：「言來者，外楚也。嫌楚無罪，言來以外之。」來者，目外之文，❺非别罪之所在。若以言來即爲罪楚，❻則仲孫、高子之來也，復外齊而罪之乎？且惡楚者，當惡其辟在蠻夷，負固不服。不服之日，容可外之，服而又外，欲何爲也？

---

❶「以覬覦」，原作「次覬覬」，據正宗寺本、京都本、文淵閣本、阮本改。

❷「則」，文淵閣本、阮本作「而」。

❸「權盟之宜」，正宗寺本作「權時之宜」，京都本、文淵閣本、阮本作「權時之便」。

❹「求」，京都本、文淵閣本、阮本作「來」。

❺「目」，正宗寺本、京都本、文淵閣本、阮本作「自」。阮校：「作『目』，非也。」

❻「若」，原作「君」，據正宗寺本、京都本、文淵閣本、阮本改。

齊人執陳轅濤塗。❶轅濤塗，陳大夫。

秋，及江人、黃人伐陳。受齊命討陳之罪，而以與謀爲文者，時齊不行，使魯爲主。與謀例在宣七年。【疏】注「受齊」至「七年」。　正義曰：直言及江、黃者，將卑師少，❷故不言主師，言微者及之。宣七年傳例曰：「凡師出，與謀曰及，不與謀曰會。」而《春秋》征伐受命於盟主者，實是與謀，皆不言「及」。《釋例》曰：「盟主之令，則上行乎下，非匹敵和成之類，故雖或先謀，皆從不與謀之例。」然則此伐陳者，受齊之命，討陳之罪，亦是上行乎下，而經書「及」者，於時齊師不行，使魯爲主，魯與江、黃謀之，然後共伐，故以與謀爲文。

八月，公至自伐楚。無傳。告于廟。

葬許穆公。

冬，十有二月，公孫茲帥師會齊人、宋人、衛人、鄭人、許人、曹人侵陳。公孫茲，叔牙子叔孫戴伯。

【傳】四年，春，齊侯以諸侯之師侵蔡，蔡潰，遂伐楚。楚子使與師言曰：「君處北海，寡人處南

---

❶「轅」，阮校：「《釋文》『轅』作『袁』，云：『本多作轅。』案：《公羊》、《穀梁》作『袁』。宋王應麟云：『轅』與『袁』同。」

❷「卑」，原作「思」，據正宗寺本、京都本、文淵閣本、阮本改。

海，唯是風馬牛不相及也，楚界猶未至南海，因齊處北海，遂稱所近。牛馬風逸，蓋末界之微事，故以取喻。【疏】注「楚界」至「取喻」。　正義曰：襄十三年傳稱楚子囊述共王之德，「撫有蠻夷，❶奄征南海」，唯言「征南海」耳，其竟未必至南海也。因齊實處北海，遂稱所近，言其相去遠也。服虔云：「風，放也。牝牡相誘謂之風。」❷《尚書》稱：「馬牛其風。」此言「風馬牛」，謂馬牛風逸，牝牡相誘，蓋是末界之微事，言此事不相及，故以取喻不相干也。**不虞君之涉吾地也何故？」管仲對曰：「昔召康公命我先君大公，**召康公，周大保召公奭也。**曰：『五侯九伯，女實征之，以夾輔周室。』**五等諸侯，九州之伯，皆得征討其罪。齊桓因此命以夸楚。【疏】「召康公」。❸　正義曰：《謚法》：「安樂撫民曰康。」　注「五等」至「夸楚」。　正義曰：大公爲王官之伯，得以王命征討天下，隨罪所在，各致其罰，故五等諸侯，九州之伯，皆得征討其罪。齊桓因大公有此王命，言己上世先公得征討有罪，所以夸楚也。鄭玄以爲，周之制，每州以一侯爲牧，二伯佐之，九州有九侯十八伯。大公爲東西大伯，中分天下者，當各統四侯半，一侯不可分，故言五侯，其伯則各有九耳。侯爲牧，伯佐之，言是周制，其事無所出也。且征者，征其所統之國，非征侯伯之身，何當校計人數，以充五九之言？即如其言，使伯佐牧，二伯共佐治而已，非是分州之半，復安得征九伯也？校數煩碎，非復人情，故先儒無同之者。**賜我**

---

❶「蠻」，原作「變」，正宗寺本、文淵閣本、阮本並作「蠻」，與襄十三年傳合，今據改。

❷「牝」，原作「牡」，據正宗寺本、京都本、文淵閣本、阮本改。

❸「召康公」，阮本此節正義在傳「昔召康公命我先君大公」句注下。

先君履，東至于海，西至于河，南至于穆陵，北至于無棣。穆陵、無棣，皆齊竟也。履，所踐履之界。齊桓又因以自言其盛。【疏】「東至于海西至于河」。❶　正義曰：《釋例》曰：「海自遼西、北平、漁陽、章武、渤海、樂陵、樂安、北海、東萊、城陽、東海、廣陵、吴郡、會稽十四郡之東界以東。河出西平西南二千里，從西平東北經金城、故北地、朔方、五原，至故雲中，南經平陽、河東之西界，東經河東、河内之南界，東北經汲郡、頓丘、陽平、平原、樂陵之東南入海。」杜之此言，據其當時之河耳。《禹貢》：「導河積石，至于龍門。南至于華陰，東至于底柱，❷又東至于孟津。東過洛汭，至于大伾。北過降水，至于大陸。又北播爲九河，同爲逆河，入于海。」案驗其地，自大伾以上，河道不改；大伾以下，即是汲郡以東，河水東流，秦漢以來始然也。古之河道，自大伾而北過降水，故迹不可復知，其大陸則趙地之廣澤也。大陸以北，播爲九河。九河故道，河間成平以南，平原鬲縣以北。其九河者：徒駭一，大史二，馬頰三，覆釜四，胡蘇五，簡六，潔七，❸鉤盤八，鬲津九。徒駭最西，以次而東，故鄭注《禹貢》河間弓高縣往往有其處。《中候》云：「齊桓霸，遏八流以自廣。」計桓公之時，齊之西竟當在九河之最

---

❶「東至于海西至于河」，阮本此節正義在「西至于河」句注下。

❷「底」，阮本作「厎」，與《禹貢》同。

❸「潔」，正宗寺本、足利學本、文淵閣本、阮本作「絜」。

西，徒駭蓋是齊之西界。其東至于海，當盡樂安、北界之東界也。❶**爾貢包茅不入，❷王祭不共，無以縮酒，❸寡人是徵。**包，裹束也。茅，菁茅也。束茅而灌之以酒爲縮酒。《尚書》：「包匭菁茅。」❹茅之爲異未審。【疏】注「包裹」至「未審」。　正義曰：《禹貢》：「荆州：包匭菁茅。」孔安國云：「其所包裹而致者，匭，匣也。菁以爲菹，茅以縮酒。」《郊特牲》云：「縮酌用茅。」鄭玄云：「泲之以茅，縮去滓也。」《周禮・甸師》：「祭祀，共蕭茅。」鄭興云：「蕭字或爲茜，茜讀爲縮。束茅立之祭前，沃酒其上，酒滲下去，若神飲之，故謂之縮。縮，滲也。故齊桓公責楚不貢包茅，王祭不共，無以縮酒。」杜用彼鄭興之説也。孔安國以菁與茅别。杜云「茅，菁茅」，則以菁、茅爲一。特令荆州貢茅，必當異於餘處，但更無傳説，故云「茅之爲異未審」也。沈氏云：「大

---

❶「北界」，正宗寺本、京都本、文淵閣本、阮本作「北海」。阮校：「宋本『海』作『界』，非也。」

❷「包茅不入」，阮校：「《詩・伐木》正義、《後漢書・公孫瓚傳》注、李善注《藉田賦》、《册魏公九錫文》並作『苞茅不入』。《文選・六代論》作『苞茅不貢』，高誘注《淮南子》同，『茅』作『茆』。案，作『苞』是也。《史記・樂書》『苞之以虎皮』，字從艸。自石經始去艸頭，後人往往仍之。」

❸「縮」，阮校：「正義曰：『《郊特牲》云：「縮酒用茅。」鄭玄云：「泲之以茅，縮去滓也。」《周禮・甸師》：「祭祀，共蕭茅。」鄭興云：「蕭字或爲茜，茜讀爲縮。」』臧琳云：《説文》引《春秋》作『無以茜酒』，又《詩・伐木》『有酒湑我』，傳：『湑，茜之也。』箋云：『王有酒則泲茜之。』據《説文》，知《左傳》作『無以茜酒』；據《甸師》注，知《周禮》作『祭祀，共茜茅』。蓋《毛詩》、《周禮》、《左傳》皆古文，故與六書之旨合。」

❹「包匭菁茅」，阮校：「《釋文》：『匭，本或作軌。』『包』作『苞』，云『或作包』。段玉裁云：《穀梁傳》疏、《文選・吴都賦》劉注引《書》亦作『苞匭菁茅』。」

史公《封禪書》云：『江淮之間，一茅三脊。』」杜云「未審」者，以三脊之茅，比目之魚，比翼之鳥，皆是靈物，不可常貢，故杜云「未審」也。**昭王南征而不復，寡人是問。**」昭王，成王之孫，南巡狩，涉漢，舡壞而溺。周人諱而不赴，諸侯不知其故，故問之。【疏】注「昭王」至「問之」。　正義曰：昭王，成王之孫，《周本紀》文也。《吕氏春秋・季夏紀》云：「周昭王親將征荆蠻，辛餘靡長且多力，爲王右。還反涉漢，梁敗，王及祭公隕于漢中。❶辛餘靡振王北濟，反振祭公。」高誘注引此傳云：「昭王之不復，君其問諸水濱。」由此言之，昭王爲没於漢，辛餘靡焉得振王北濟也？振王爲虚，誠如高誘之注，又稱「梁敗」，復非船壞。舊説皆言漢濱之人以膠膠船，故得水而壞，昭王溺焉。不知本出何書。**對曰：「貢之不入，寡君之罪也，敢不共給？昭王之不復，君其問諸水濱！**」昭王時，漢非楚竟，故不受罪。【疏】注「昭王」至「受罪」。　正義曰：《楚世家》：成王封熊繹於楚以子男之田，國居丹陽。宋仲子云：「丹陽，南郡枝江縣也。」枝江去漢，其路甚遥，昭王時漢非楚竟，故不受罪也。

師進，次于陘。楚不服罪，故復進師。

夏，楚子使屈完如師。如陘之師，觀彊弱。**師退，次于召陵。**完請盟故。**齊侯陳諸侯之師，與屈完乘而觀之。**乘，共載。**齊侯曰：「豈不穀是爲？先君之好是繼。與不穀同好，如何？」**言諸侯之附從非爲己，乃尋先君之好，謙而自廣，因求與楚同好。孤、寡、不穀，諸侯謙稱。【疏】注「言諸」至

---

❶「隕」，阮校：「浦鏜《正誤》據《吕氏春秋・音初篇》『隕』作『抎』。」

「謙稱」。　正義曰：諸侯之交，必稱先君以相接。此時諸侯有魯、宋、陳、衛、鄭、許、曹，桓公以前，皆嘗與齊交接，故齊侯稱繼先君之好，謙以自廣也。《老子》曰：「孤、寡、不穀，王侯之謙稱也。」《曲禮》云：諸侯與民言，自稱寡人。庶方小侯自稱曰孤。其在四夷，雖大曰子。於内，自稱不穀。《禮記》雖爲定例，事在臨時所稱。此齊侯自稱「不穀」，襄王出奔亦稱「不穀」，皆出自當時之意耳。《爾雅》訓穀爲善。穀是養人之物，言我不似穀之養人，是謙也。　**對曰：「君惠徼福於敝邑之社稷，**❶**辱收寡君，寡君之願也。」齊侯曰：「以此衆戰，誰能禦之？以此攻城，何城不克？」對曰：「君若以德綏諸侯，誰敢不服？君若以力，楚國方城以爲城，漢水以爲池，**❷方城山在南陽葉縣南，以言竟土之遠。漢水出武都，至江夏南入江，言其險固以當城池。**雖衆，無所用之。」屈完及諸侯盟。**

陳轅濤塗謂鄭申侯曰：「師出於陳、鄭之間，國必甚病。申侯，鄭大夫。當有共給之費故。**若出於東方，觀兵於東夷，循海而歸，其可也。」**東夷，郯、莒、徐夷也。觀兵，示威。**申侯曰：「善。」濤塗以告齊侯，許之。**許出東方。**申侯見曰：「師老矣，若出於東方而遇敵，懼不可用也。若出於陳、鄭之間，共其資糧屝屨，其可也。」**屝，草屨。【疏】「資糧屝屨」。　正義曰：《少儀》云：「君將適他，臣如致

---

❶「徼」，阮校：「《釋文》『徼』作『儌』，是。」

❷「漢水」，阮校：「《釋文》無『水』字，云：『或作「漢水以爲池」，「水」字衍。』案，臧琳云：杜注云：方城山在南陽葉縣南，漢水出武都至江夏南入江。則方城者，山名，漢者，水名，傳文『漢』不云『水』，猶之『方城』不言『山』也。」

金玉貨貝於君，則曰致馬資於有司。」鄭玄云：「資猶用也。」然則諸所費用之物皆爲資也。糧謂米粟，行道之食也。屝屨俱是在足之物，善惡異名耳。楊雄《方言》云：「屝，麤屨也。絲作之曰履，麻作之曰屝，不借粗者謂之屨。」《喪服傳》曰：「疏屨者，藨蒯之菲也。」是屝用草爲之也。注云「草屨」者，❶履、屨通言耳，相形以曉人也。定本爲「草屨」。**齊侯説，與之虎牢。**還以鄭邑賜之。**執轅濤塗。**

秋，伐陳，討不忠也。以濤塗爲誤軍道。

許穆公卒于師，葬之以侯，禮也。男而以侯禮，加一等。**凡諸侯薨于朝、會，加一等。**諸侯命有三等：公爲上等，侯、伯爲中等，子、男爲下等。**死王事，加二等，**謂以死勤王事。**於是有以衮斂。**衮衣，公服也，謂加二等。【疏】「諸侯薨」至「二等」。❷　正義曰：沈氏云：「朝、會亦王事，而别言死王事者，謂因王事或戰陳而死，故别其文也。」

冬，叔孫戴伯帥師會諸侯之師侵陳。陳成，歸轅濤塗。陳服罪，故歸其大夫。戴，謚也。

初，晉獻公欲以驪姬爲夫人，卜之，不吉。筮之，吉。【疏】「卜之不吉筮之吉」。　正義曰：《曲禮》云：「卜筮不相襲。」鄭玄云：「卜不吉，則又筮，筮不吉，則又卜，是瀆龜筴也。❸　晉獻公卜娶驪姬，不吉，公曰『筮

---

❶「屨」，阮校：「案，『屨』當作『履』，故下云『履、屨通言耳』。今注文作『屨』，從定本也。」
❷「諸侯薨至二等」，阮本此節正義在「死王事加二等」句注下。
❸「筴」，京都本、文淵閣本、阮本作「筮」。阮校：「作『筴』，與鄭注《曲禮》合。」

之』是也。」如彼記文，卜之不吉，不合更筮，但獻公既愛驪姬，欲必尊其位，故卜既不吉，更令筮之，冀乎筮而得吉，所以遂己心也。《詩》云：「我龜既厭，不我告猶。」鄭玄云：「卜筮數而瀆龜，龜靈厭之，不復告其所圖之吉凶。」由是貫瀆龜筮，不復告之以實，故終實不吉，而筮稱其吉，❶是筮非不知，而不以實告也。《周禮·筮人》云：「凡國之大事，先筮而後卜。」鄭玄云：「當用卜者先筮之，即事漸也。於筮之凶，則止不卜。」而傳稱桓公卜季友，晉獻公卜驪姬，晉文公卜納王，趙鞅卜救鄭，皆先卜而後筮者，《周禮》言其正法耳。春秋之世，臨時請問者，或卜或筮，出自當時之心，不必皆先筮後卜。崔靈恩以爲國之大事，先筮而後卜，筮凶則止不卜者，筮必以三代之法，若三法皆凶，則止不卜，若兩法是凶，一法爲吉，名爲筮逆，猶是疑限，故更卜以決之，則《洪範》「筮逆龜從」是也。故大卜掌三兆、三易，《儀禮·特牲》、《少牢》筮皆旅占，是筮有衆占之法，則靈恩之説，義亦可通。**公曰：「從筮。」卜人曰：「筮短龜長，不如從長。**物生而後有象，象而後有滋，滋而後有數。龜象筮數，故象長數短。【疏】注「物生」至「數短」。　正義曰：「筮數」以上皆十五年傳文。象者，物初生之形。數者，物滋息之狀。凡物皆先有形象，乃有滋息，是數從象生也。龜以本象金、木、水、火、土之兆以示人，故爲長。筮以末數七、八、九、六之策以示人，故爲短。《周禮·占人》「掌占龜」，鄭玄云：「占人亦占筮，言『掌占龜』者，筮短龜長，主於長者。」亦用此傳爲説。案《易·繫辭》云：「蓍之德，圓而神。卦之德，方以知。神以知來，知以藏往。」然則知來藏往，是爲極妙，雖龜之長，無以加此。聖人演筮以爲《易》，所知豈短

---

❶「吉」，原作「告」，據正宗寺本、足利學本、京都本、文淵閣本、阮本改。

於卜？卜人欲令公舍筮從卜，故云「筮短龜長」，非是龜能實長。杜欲成「筮短龜長」之意，故引傳文以證之。若至理而言，卜、筮實無長短。**且其繇曰：『專之渝，攘公之羭。**繇，卜兆辭。渝，變也。攘，除也。羭，美也。言變乃除公之美。**一薰一蕕，十年尚猶有臭。』**薰，香草。蕕，臭草。十年有臭，言善易消，惡難除。【疏】「專之」至「有臭」。正義曰：言公若專心愛之，公心必將改變，變乃除公之美。公先有美，此人將除去之。薰是香草，蕕是臭草，一薰一蕕，言分數正等，使之相和，雖積十年，尚猶有臭氣。香氣盡而臭氣存，言善惡聚而多少敵，善不能止惡，而惡能消善。注「繇卜」至「之美」。正義曰：筮卦之辭，亦名爲繇，但此是卜人之言，知是卜兆辭也。卜人舉此辭以止公，則兆頌舊有此辭，非卜人始爲之也。卜人言其辭而不言其意，不知得何兆，此義何所出也。「渝，變」、「攘，除」，皆《釋言》文也。《釋畜》云：「夏羊、牡羭、牝羖。」則羭是羊之名，美善之字皆從羊，故羭爲美也。「變乃除公之美」，言公心必變，而除公美也。注「薰香」至「難除」。正義曰：此傳之意，言善惡相雜，二字皆從草，知是香草、臭草也。《月令》五時各言其臭，中央土云「其臭香」，《易·繫辭》云「其臭如蘭」，傳稱「在君之臭味」，則臭是氣之揔名，元非善惡之稱。但既謂善氣爲香，故專以惡氣爲臭耳。十是數之小成，故舉以爲言焉。十年香氣盡矣，惡氣尚存，言善易消，而惡難滅也。杜知蕕是臭者，《内則》云：「牛夜鳴則庮。」彼「庮」亦是臭義，其字雖異，其意亦同。「尚猶有臭」，「猶」則「尚」之義，重言之耳，猶《尚書》云「弗遑暇食」，「遑」則「暇」也。**必不可！」弗聽，立之。生奚齊，其娣生卓子。**

及將立奚齊，既與中大夫成謀，姬謂大子曰：「君夢齊姜，必速祭之！」齊姜，大子母，言求食。

大子祭于曲沃，歸胙于公。胙，祭之酒肉。❶公田，姬寘諸宫六日，公至，毒而獻之。毒酒經宿輒敗，而經六日，明公之惑。公祭之地，地墳。與犬，犬斃。與小臣，小臣亦斃。【疏】「公田」至「亦斃」。正義曰：《晉語》説此事云：「公田，驪姬受胙，乃寘酖於酒，寘堇於肉。公至，召申生獻。公祭地，地墳。申生恐而出。驪姬與犬肉，犬斃。飲小臣酒，亦斃。」此傳既略，當如《國語》也。賈逵云：「堇，烏頭也。」《穀梁傳》曰：「以酖爲酒，藥脯以毒。」　注「毒酒」至「之惑」。　正義曰：毒酒經宿便敗，而公不怪其六日仍得如故，明公之惑於驪姬，不以六日爲怪也。　姬泣曰：「賊由大子。」大子奔新城。新城，曲沃。公殺其傅杜原款。或謂大子：「子辭，君必辯焉。」以六日之狀自理。大子曰：「君非姬氏，居不安，食不飽。我辭，姬必有罪。君老矣，吾又不樂。」吾自理則姬死，姬死則君必不樂。不樂，爲由吾也。曰：「子其行乎？」大子曰：「君實不察其罪，被此名也以出，人誰納我？」十二月，戊申，縊于新城。姬遂譖二公子曰：「皆知之。」重耳奔蒲，夷吾奔屈。二子時在朝，爲明年晉殺申生傳。

【經】五年，春，晉侯殺其世子申生。稱晉侯，惡用讒。書春，從告。【疏】注「稱晉」至「從告」。　正義曰：《公羊傳》曰：「曷爲直稱晉侯以殺？殺世子、母弟直稱君者，甚之也。」言父子相殘，惡之甚者，是惡其用

❶「肉」，原作「曰」，據《四部叢刊》本、文淵閣本、阮本改。

譖殺大子，❶故斥言晉侯以罪之。罪晉侯，則申生無罪也。傳稱「晉侯使以殺大子申生之故來告」，實以去年死，告稱今年殺，❷故以今年書也。《釋例》曰：「晉、魯久不交使，而告殺申生，則所告不必嘗有玉帛之使，但欲廣聲其罪耳。」言「廣聲其罪」，則晉侯謂譖言爲實，誣加大子以罪，時史知其實，改告而書之。此傳不言「書曰」，則是舊史然也。

杞伯姬來，朝其子。無傳。伯姬來寧，寧成風也。朝其子者，時子年在十歲左右，因有諸侯子得行朝義，而卒不成朝禮，故繫於母而曰「朝其子」。【疏】注「伯姬」至「其子」。　正義曰：伯姬未必是成風所生，但哀姜既死，成風得爲夫人，縱非其母，亦得歸寧也。沈氏云：「伯姬以莊二十五年六月歸于杞，假令後年生子，則其年十四矣。」杜云「十歲左右」者，以其從母言朝，故云「十歲左右」也。桓九年曹伯使世子射姑來朝，是諸侯之子得有攝君之禮行朝之義。但此子幼弱，而卒不成朝，故繫於母而曰「朝其子」也。若其能行朝禮，則世子當如射姑，伯姬別言來耳。

夏，公孫茲如牟。叔孫戴伯娶於牟。卿非君命不越竟，故奉公命聘於牟，因自爲逆。【疏】注「叔孫」至「爲逆」。　正義曰：牟是附庸之國，唯桓十五年邾人、牟人、葛人來朝，自爾以來，更不朝聘於魯。魯不應使卿聘此小國，當是叔孫聘妻已定，但卿非君命不得越竟，故咨公請使奉君命以聘，因自爲逆婦，故傳稱「娶焉」，明其因娶而聘。

---

❶「其」，原作「甚」，據正宗寺本、京都本、文淵閣本、阮本改。

❷「今」，原作「令」，據正宗寺本、京都本、文淵閣本、阮本改。

公及齊侯、宋公、陳侯、衛侯、鄭伯、許男、曹伯會王世子于首止。惠王大子鄭也。不名而殊會，尊之也。首止，衛地。陳留襄邑縣東南有首鄉。

秋，八月，諸侯盟于首止。間無異事，復稱諸侯者，王世子不盟故也。王之世子尊與王同，齊桓行霸，翼戴天子，尊崇王室，故殊貴世子。【疏】注「間無」至「世子」。　正義曰：《公羊傳》曰：「諸侯何以不序？一事而再見者，前目而後凡也。」言此諸侯還是上會之諸侯，故從省文，不復序也。昭十三年秋，公會劉子、晉侯云云于平丘，八月甲戌，同盟于平丘，不言諸侯者，爲間無異事故也。九年夏，公會宰周公、齊侯云云于葵丘，九月，諸侯盟于葵丘，言諸侯者，爲其間有伯姬卒故也。此會盟之間，無他異事，復稱諸侯者，爲王世子不盟故也。《穀梁傳》曰：「復舉諸侯何也？尊王世子，而不敢與盟也。」《釋例》曰：「未有臣而盟君。臣而盟君，是子可盟父，故《春秋》王世子以下會諸侯者，皆同會而不同盟。」是解復言諸侯者，見王世子不與盟也。王世子者，王之儲副。《周禮・膳夫》掌「養王及后、世子，歲終則會，唯王及后、世子之膳不會」，是其尊與王同也。齊桓行霸，翼戴天子，尊崇王室，故殊貴王之世子。於會則歷序諸侯，言會王世子，則王世子不序諸侯之列也。盟則諸侯自盟，世子不與，是殊貴世子也。

鄭伯逃歸不盟。逃其師而歸也。❶逃例在文三年。【疏】注「逃其」至「三年」。　正義曰：禮，君行師從，卿行旅從。雖則會盟，必有師旅。鄭伯棄其師衆，輕身逃歸。《釋例》曰：「國君而逃師棄盟，違其典儀，棄

---

❶「也」，京都本、阮本作「之」。

其章服，羣臣不知其謀，社稷不保其安，此與匹夫逃竄無異，故例在上曰逃。」是言稱逃之意也。逃在盟前，辟盟而逃，故云「逃歸不盟」。公還，先告會盟，故後書鄭伯。

楚人滅弦，弦子奔黄。 弦國在弋陽軑縣東南。❶

九月，戊申，朔，日有食之。 無傳。

冬，晉人執虞公。 虞公貪璧、馬之寶，距絶忠諫，稱人以執，同於無道於其民之例。例在成十五年。所以罪虞，且言易也。晉侯脩虞之祀，而歸其職貢於王，故不以滅同姓爲譏。【疏】注「虞公」至「爲譏」。 正義曰：書「晉人執虞公」，則從無道於民之例。虞公於傳未有不道之狀，但虞公貪璧、馬之寶，拒絶忠諫。諫者，所以安存社稷，保祐下民。志在貪寶，無恤民之意，即爲不道於民，是故稱人以執之也。實是滅其國，而言執其君者，所以罪虞公，且言執之易。《釋例》曰：「虞公昧於貨賄，貪以自亡，國非其國，臣非其臣，晉人取之，若執一夫，故稱人以執，而不言滅，罪虞且言易也。二十五年衛侯燬滅邢，傳曰：『同姓也，故名。』虞亦晉之同姓，不言晉侯名者，傳稱晉侯『脩虞祀，且歸其職貢於王』，以是之故，不以滅同姓爲譏。」謂不書晉侯名也。

【傳】五年，春，王正月，辛亥，朔，日南至。 周正月，今十一月。冬至之日，日南極。**公既視朔，**

---

❶ 「軑」，阮本、《經典釋文》作「軑」。阮校：「案，《漢書·地理志》江夏郡有軑縣，《後漢書·王霸傳》『子符徙封軑侯』，即是此地。」

遂登觀臺以望。而書，禮也。視朔，親告朔也。觀臺，臺上構屋，可以遠觀者也。朔旦冬至，歷數之所始，治歷者因此則可以明其術數，審別陰陽，敘事訓民。魯君不能常脩此禮，故善公之得禮。**凡分、至、啓、閉，必書雲物，**分，春、秋分也。至，冬、夏至也。啓，立春、立夏。閉，立秋、立冬。雲物，氣色災變也。傳重申周典。不言公者，日官掌其職。**爲備故也。**素察妖祥，逆爲之備。【疏】「辛亥」至「備故也」。正義曰：辛亥朔者，月一日也。日南至者，冬至日也。天子班朔於諸侯，諸侯受而藏之於大祖廟，每月之朔，告廟受而行之。諸侯有觀臺，所以望氣祥也。公既親自行此視朔之禮，遂以其日往登觀臺之上，以瞻望雲及物之氣色，而書其所見之物，是禮也。凡春、秋分，冬、夏至，立春、立夏爲啓，立秋、立冬爲閉。用此八節之日，必登觀臺，書其所見雲物氣色。若有雲物變異，則是歲之妖祥，既見其事，後必有驗。書之者，爲豫備故也。視朔者，月朔之禮也。登臺者，至日之禮也。公常以一日視朔，至日登臺。但此朔即是至日，故視朔而遂登臺也。注「周正」至「南極」。正義曰：日之行天，有南有北，常立八尺之表以候景之短長。夏至之景，尺有五寸，日最長而景最短，是謂日北至也。自是以後，日稍近南。冬至之景，一丈三尺，日最短而景最長，是謂日南至也。冬至者，十一月之中氣。中氣者，月半之氣也。月朔而已得中氣，是必前月閏。閏前之月，則中氣在晦。閏後之月，則中氣在朔。閏者，聚殘餘分之月，其月無中氣，半屬前月，半屬後月。是去年閏十二月，十六日已得此年正月朔大雪節，故此正月朔得冬至也。而杜《長歷》僖元年閏十一月，此年閏十二月。又閏之相去，歷家大率三十二月耳。❶ 杜

❶「二」，阮校：「毛本『二』作『三』。」

於此閏相去凡五十月，不與歷數同者，杜推勘《春秋》日月上下置閏，或稀或概，自準春秋時法，故不與常歷同。

注「視朔」至「得禮」。　正義曰：視朔者，公既告廟受朔，即聽視此朔之政，是其親告朔也。禮，天子曰靈臺，諸侯曰觀臺。《釋宫》云：「四方而高曰臺。」臺上構屋，可以遠觀望，故謂之觀臺也。古之爲歷者，皆舉其大數。周年有三百六十五日四分日之一分，爲十二月，則一月各有三十日十六分日之七，是故從前月初節至後月初節必三十日有餘也。其日月之行天也，日行遲，月行疾，每二十九日過半而月及日，謂之一月，故從朔至朔，唯二十九日過半耳。計一歲則有餘十一日，而不得周年，故作閏月以補之。計十九年而有七閏，古歷十九年爲一章，以其閏餘盡故也。步歷之始，以朔旦冬至爲首歷之上元，其年是十一月朔旦冬至，至十九年閏餘盡，復得十一月朔旦冬至，故以十九年爲一章。積章成部，積部成紀。治歷者以此章、部爲法，因此可以明其術數，推之而知氣朔也，審别陰陽寒暑，不失其時也，所以陳敘時事，教訓下民。魯君不能常脩此事，故善公之得禮也。　注「分春」至「其職」。　正義曰：一年分爲四時，時皆九十餘日。春之半、秋之半，晝夜長短等，晝夜中分百刻，故春、秋之半稱春、秋分也。冬之半、夏之半，晝夜長短極，極訓爲至，故冬、夏之半稱冬、夏至也。四時之氣，寒暑不同，春夏生物，秋冬殺物。生物則當啓，殺物則當閉，故立春、立夏爲啓，立秋、立冬爲閉。言物謂氣色者，❶謂非雲而别有氣色，杜恐與雲相亂，故别云氣色也。《周禮·保章氏》「以五雲之物辨吉凶水旱降豐荒之祲象」，鄭玄云：「物，色也，視日旁雲氣之色。降，下也，知水旱所下之國。」鄭衆云：「以二至二分觀雲色，青爲蟲，白爲喪，赤爲兵荒，

---

❶「言物謂氣色者」，阮校：「浦鏜《正誤》『言』作『雲』，『色』下有『災變也』三字，依注增補也。」

黑爲水，黄爲豐。」衆之此言，蓋出占候之書，討雲氣之占，不啻盡此而已，但世絶其學，❶故莫能知焉。《左傳》諸所發凡，皆是周之舊典，既言「禮也」，更復發凡，是重申周典也。直言「必書雲物」，不更云「公」，❷是日官掌其職，非公所當親也。劉炫規云：「書雲物亦是公親爲之，但上文有『公既視朔』，故下文去『公』字耳。」今删定知不然者，上言「公既視朔」，是傳家之語，下云「必書雲物」，是周公舊凡。舊凡之文，包諸侯、天子，若諸侯稱「公書雲物」，則天子當稱「王書雲物」。是知舊凡元無「王」、「公」之文，日官掌其事。若以上文有「公既視朔」，故去「公」字，然則周公舊凡豈豫知有公既視朔，没去「公」字乎？苟生異見，妄規杜氏，非也。

晉侯使以殺大子申生之故來告。釋經必須告乃書。

初，晉侯使士蔿爲二公子築蒲與屈，不慎，寘薪焉。不謹慎。【疏】注「不謹慎」。正義曰：不謹慎所爲，多寘薪於中焉，若今梌木。❸**夷吾訴之。公使讓之。**譴讓之。**士蔿稽首而對，曰：**【疏】「士蔿稽首」。正義曰：《周禮·大祝》：「辨九拜，一曰稽首，二曰頓首，三曰空首。」鄭玄云：「稽首，拜頭至地也。頓首，拜頭叩地也。空首，拜頭至手，所謂拜手也。」鄭唯解此三者，拜之形容所以爲異也。稽首，❹頭至地，頭下緩

❶「世」，原作「出」，據正宗寺本、京都本、文淵閣本、阮本改。

❷「公」字，原爲墨丁，據正宗寺本、京都本、文淵閣本、阮本補。下「書雲物亦是公親爲之」同。

❸「梌」，正宗寺本作「梌」，阮本作「榷」。

❹「稽首頭至地」至「乃成稽首」，孫校：「《書·太甲》疏與此悉同，『頭不至地』作『頭下至地』，是也。《太祝》注云『頓首，拜頭叩地也』，則非不至地明矣。『乃成稽首』，疑當依《太甲》疏作『乃後稽首』。」

至地也。頓首，頭不至地，暫一叩之而已。《尚書》每稱拜手稽首者，初爲拜頭至手，乃復申頭以至地，至手是爲拜手，至地乃爲稽首。然則凡爲稽首者，皆先爲拜手，乃成稽首，故《尚書》拜手稽首連言之。傳雖不言拜手，當亦先爲拜手，乃爲稽首，稽首拜手共成一拜之禮。此其爲敬之極，故臣於君乃然。孔安國以爲盡禮致敬，知此是禮之極盡也。《大祝》「九拜」又云：❶「四曰振動，五曰吉拜，六曰凶拜，七曰奇拜，八曰襃拜，九曰肅拜。」鄭玄云：「振動，戰栗變動之拜。吉拜，拜而後稽顙，謂齊衰不杖以下者。凶拜，稽顙而後拜，謂三年服者。奇拜謂一拜，答臣下拜。襃拜，再拜，拜神與尸。肅拜，今時擅也。介者不拜。」説者又以爲，稽首，臣拜君也；頓首，謂敵者相拜也；空手，❷謂君答臣拜也。「臣聞之：無喪而慼，憂必讎焉。讎猶對也。無戎而城，讎必保焉。保而守之。寇讎之保，又何慎焉？守官廢命，不敬。固讎之保，不忠。失忠與敬，何以事君？《詩》云：『懷德惟寧，宗子惟城。』《詩·大雅》。懷德以安，則宗子之固若城。【疏】「詩云」至「惟城」。正義曰：《詩·大雅·板》之七章。懷，和也。寧，安也。和其德以撫民，則其國惟安矣。但能以德安國，則宗子之固若城。君其脩德而固宗子，何城如之？言城不如固宗子。三年將尋師焉，焉用慎？」尋，用也。退而賦曰：「狐裘尨茸，一國三公，吾誰適從？」士蔿自作詩也。尨茸，亂貌。公與二公子爲三，言城不堅，則爲公子所訴，爲公所讓。堅之，則爲固讎不忠，無以事君，故不知所從。

---

❶「又」字，原爲墨丁，據正宗寺本、京都本、文淵閣本、阮本補。

❷「手」，文淵閣本作「首」。野間文史曰：「『手』字是『首』字的誤刻。」

及難，公使寺人披伐蒲。重耳曰：「君父之命不校。」乃徇曰：「校者，吾讎也。」踰垣而走，披斬其袪。遂出奔翟。袪，袂也。【疏】注「袪袂也」。　正義曰：《禮・深衣》記云：「袂之長短，反詘之及肘。」《喪服》云：「袂屬幅，袪尺二寸。」幅謂衣之身也。袂屬於幅，長於手，反屈至肘，則從幅盡於袖口，揔名爲袂。其袂近口又别名爲袪，此斬其袪，斬其袖之末也。《詩・唐風・羔裘》傳云：「袪，袂末。」鄭玄《玉藻》注云：「袪，袂口也。」但袂是揔名，得以袂表袪，故云袪袂。

夏，公孫茲如牟，娶焉。因聘而娶，故傳實其事。

會于首止，會王大子鄭，謀寧周也。惠王以惠后故，將廢大子鄭而立王子帶，故齊桓帥諸侯會王大子，以定其位。【疏】注「惠王」至「其位」。　正義曰：二十四年傳曰：「不穀不德，得罪于母氏之寵子帶。」書曰『天王出居于鄭』，辟母弟之難也。」如彼傳文，則襄王與子帶俱是惠后所生，但其母鍾愛其少子，故欲廢大子而立之。《周本紀》云：「襄王母早死，後母曰惠后，生叔帶。」與傳不同，《史記》繆也。七年，惠王崩，襄王畏子帶，不敢發喪。知此時有廢大子之意，故齊桓帥諸侯會大子，定其位，安王國也。

陳轅宣仲怨鄭申侯之反己於召陵，宣仲，轅濤塗。**故勸之城其賜邑，**齊桓所賜虎牢。**曰：「美城之，大名也，子孫不忘。吾助子請。」乃爲之請於諸侯而城之，美。**樓櫓之備美設。**遂譖諸鄭伯曰：「美城其賜邑，將以叛也。」申侯由是得罪。**爲七年鄭殺申侯傳。

秋，諸侯盟。王使周公召鄭伯，曰：「吾撫女以從楚，輔之以晉，可以少安。」周公，宰孔也。王恨齊桓定大子之位，故召鄭伯使叛齊也。晉、楚不服於齊，故以鎮安鄭。**鄭伯喜於王命，而懼其不**

朝於齊也，故逃歸不盟。孔叔止之，曰：「國君不可以輕，輕則失親。孔叔，鄭大夫。親，黨援也。**失親，患必至。病而乞盟，所喪多矣。君必悔之。」弗聽，逃其師而歸。**

楚鬬穀於菟滅弦，弦子奔黄。於是江、黄、道、栢方睦於齊，❶皆弦姻也。姻，外親也。道國在汝南安陽縣南。栢，國名，汝南西平縣有栢亭。**弦子恃之，而不事楚，又不設備，故亡。**

晉侯復假道於虞以伐虢。宫之奇諫曰：「虢，虞之表也。虢亡，虞必從之。晉不可啓，寇不可翫。翫，習也。**一之謂甚，其可再乎？**爲二年假晉道滅下陽。❷**諺所謂『輔車相依，❸脣亡齒寒』者，其虞、虢之謂也。」**輔，頰輔。車，牙車。【疏】注「輔頰輔車牙車」。正義曰：《易·咸卦》：「上九，❹咸其輔、頰、舌。」三者並言，則各爲一物。《廣雅》云：「輔，頰也。」則輔、頰爲一。《釋名》曰：「頤，或曰輔車，其骨彊，可以輔持其口。或謂牙車，牙所載也。或謂頷車也。」《衛風·碩人》云：「巧笑倩兮。」毛傳云：「好口輔也。」如此諸文，牙車、頷車，牙下骨之名也。頰之與輔，口旁肌之名也。蓋輔車一處，分爲二名耳。輔爲外表，車是内骨，故云「相依」也。**公曰：「晉，吾宗也，豈害我哉？」對曰：「大伯、虞仲，大王之昭也。大伯不從，是**

---

❶「栢」，阮校：「岳本、足利本『栢』作『柏』。案，《六經正誤》云：興國本作『柏』。」

❷「爲」，阮校：「齊召南云：『爲』字訛，當作『謂』。」

❸「輔車相依」，阮校：「案，《玉篇》引作『酺車相依』。」

❹「上九」，當依《周易·咸卦》作「上六」。

以不嗣。大伯、虞仲皆大王之子，不從父命，俱讓適吴。仲雍支子别封西吴，虞公其後也。穆生昭，昭生穆，以世次計，故大伯、虞仲於周爲昭。**虢仲、虢叔，王季之穆也。**王季者，大伯、虞仲之母弟也。虢仲、虢叔，王季之子，文王之母弟也。仲、叔皆虢君字。【疏】注「王季」至「君字」。　正義曰：大伯、虞仲辟季歷適荆蠻，若有適庶，不須相辟，知其皆同母也。《周本紀》云：「古公有長子曰大伯，次曰虞仲。大姜生季歷。」如《史記》之文，似王季與大伯别母，馬遷之言疏繆耳。此言「虢仲、虢叔，王季之穆」，《國語》稱「文王敬友二虢」，故亦以爲文王母弟。母弟之言，事無所出。仲、叔皆文王之時虢君字也。據傳文，鄭滅一虢，晉滅一虢，不知誰是仲後，誰是叔後。賈逵云：「虢仲封東虢，制是也。虢叔封西虢，虢公是也。」馬融云：「虢叔同母弟，虢仲異母弟。虢仲封下陽，虢叔封上陽。」案傳上陽、下陽同是虢國之邑，不得分封二人也。若二虢共處，鄭復安得虢國而滅之？雖賈之言亦無明證，各以意斷，❶不可審知。**爲文王卿士，勳在王室，藏於盟府。**盟府，司盟之官。【疏】注「盟府司盟之官」。　正義曰：《周禮·司盟》：「掌盟載之法，會同則掌其盟約之載，既盟則貳之。」鄭玄云：「貳之者，寫副當以授六官。」唯言會同之盟，不掌勳功之事。而得有二虢之勳藏在盟府者，凡諸侯初受封爵，必有盟誓之言。《檀弓》云：衛大史柳莊死，公與之邑裘氏與縣潘氏，書而納諸棺，曰：「世世萬子孫毋變也。」其言即盟誓之辭也。《漢書·功臣侯表》記高祖即位八載，天下乃平，始論功而定，封侯者一百四十三人，封爵之誓曰：「使黄河如帶，泰山若礪，國以永存，爰及苗裔。」其誓即盟之類。事必有因於古，明知以勳

❶「斷」，閩本、監本、毛本、文淵閣本作「解」。

受封必有盟，要其辭當藏於司盟之府也。將虢是滅，何愛於虞？且虞能親於桓、莊乎，其愛之也。【疏】「其愛之也」。正義曰：愛之謂愛虞也。虞豈能親於桓、莊乎，其當愛此虞也。服虔「其」作「甚」。注云：「愛之甚，當謂愛桓、莊之族甚也。」愛之若甚，何以誅之？且文勢不順，又改字失真，繆之甚也。桓、莊之族何罪，而以爲戮，不唯偪乎？桓叔、莊伯之族，晉獻公之從祖昆弟，獻公患其偪，盡殺之。事在莊二十五年。親以寵偪，猶尚害之，況以國乎？」【疏】注「桓叔」至「五年」。❶ 正義曰：莊伯之族，從父昆弟也。桓叔之族，從祖昆弟也。唯言從祖昆弟，舉疏者而略言耳。公曰：「吾享祀豐潔，神必據我。」據猶安也。對曰：「臣聞之，鬼神非人實親，惟德是依。故《周書》曰：『皇天無親，惟德是輔。』《周書》，逸《書》。又曰：『黍稷非馨，明德惟馨。』馨，香之遠聞。又曰：『民不易物，惟德繄物。』黍、稷、牲、玉，無德則不見饗，有德則見饗，言物一而異用。【疏】「周書」至「繄物」。正義曰：「皇天無親，惟德是輔」，《蔡仲之命》文也。「黍稷非馨，明德惟馨」，《君陳》文也。「人不易物，惟德其物」，《旅獒》文也。杜不見古文，故以爲逸《書》。此傳與《書》異者，「其」作「繄」，師授不同，字改易耳，其意亦不異也。「民不易物」者，設有二人，俱以物祭，其祭相似，不改易此物，唯有德者繄此乃是物，無德而薦，神所不享，則此物不是物也。如是，則非德民不和，神不享矣。神所馮依，將在德矣。若晉取虞，而明德以薦馨香，神其吐之乎？」弗聽，許晉使。

---

❶「注桓叔至五年」，阮本此節正義在「不唯偪乎」句注下。

宫之奇以其族行，行，去也。**曰：「虞不臘矣，**臘，歲終祭衆神之名。【疏】「以其族行」。❶ 正義曰：《晉語》云：「宫之奇諫而不聽，出謂其子曰：『將亡矣。吾不去，懼及焉。』以其帑適西山。」韋昭云：「西山，國西界也。」「虞不臘矣」。 正義曰：《月令》：「孟冬臘門閭及先祖五祀。」臘之見於傳記者，唯《月令》與此二文而已。《秦本紀》：惠王十二年初臘，始皇三十一年更改臘曰嘉平。蔡邕《獨斷》云：「臘者，歲終大祭，縱吏民宴飲，非迎氣，故但送不迎。」應劭《風俗通》云：「案禮傳，❷夏曰嘉平，殷曰清祀，周曰大蜡，漢改曰臘。臘者，獵也，田獵取獸祭先祖也。」此言「虞不臘矣」，明當時有臘祭。周時臘與大蜡各爲一祭，言漢改曰臘，不蜡而爲臘耳。❸

在此行也，晉不更舉矣。」不更舉兵。

八月，甲午，晉侯圍上陽。上陽，虢國都，在弘農陜縣東南。**問於卜偃曰：「吾其濟乎？」對曰：「克之。」公曰：「何時？」對曰：「童謡云：『丙之晨，龍尾伏辰，**龍尾，尾星也，日月之會曰辰。日在尾，故尾星伏不見。**均服振振，**❹**取虢之旂。**戎事上下同服。振振，盛貌。❺旂，軍之旌旗。

---

❶「以其族行」，阮本此節正義在「宫之奇以其族行」句注下。

❷「傳」，京都本、文淵閣本、阮本無此字。

❸「耳」，京都本、文淵閣本、阮本作「矣」。

❹「均」，阮校：「《釋文》：『均，如字，同也。字書『均』作袀。』《周禮·司几筵》疏引傳文作『均』。段玉裁云：賈、服、杜君等皆爲『袀』，『袀』，同也。今本疏『袀』字訛『均』。」

❺「盛」，阮校：「段玉裁云：李善注《閒居賦》『盛』作『威』。」

鶉之賁賁，天策焞焞，火中成軍，虢公其奔。』鶉，鶉火星也。賁賁，鳥星之體也。天策，傅説星。時近日，星微。焞焞，無光耀也。❶言丙子平旦，鶉火中，軍事有成功也。此已上皆童謡言也。童齔之子，未有念慮之感，而會成嬉戲之言，似若有馮者，其言或中或否。博覽之士，能懼思之人，兼而志之，以爲鑒戒，以爲將來之驗，有益於世教。**其九月、十月之交乎？**以星驗推之，知九月、十月之交，謂夏之九月、十月也。交，晦朔交會。**丙子旦，日在尾，月在策，**是夜日月合朔於尾，月行疾，故至旦而過在策。**鶉火中，必是時也。」**【疏】「童謡」至「時也」。正義曰：《釋樂》云：「徒歌謂之謡。」言無樂而空歌，其聲逍遥然也。於時有童稺之子，爲此謡歌之辭，故卜偃取以對公也。夜之向明爲晨，日月聚會爲辰，星宿不見爲伏。言乙日夜半之後，丙日將旦之時，龍尾之星伏在合辰之下，當是之時，軍人上下均同其服，振振然而盛。旂者，晉軍旂也，而往取虢，故云「取虢之旂」。南方鶉鳥之星，其體賁賁然見於南方。天策之星近日，焞焞然無光耀，甚微也。鶉火之次正中於南方，爾時其當成軍事也，虢公其當奔走也。既引童謡之言，乃復指其時日，在夏之九月、十月之交乎？謂九月、十月晦朔之交也。十月朔，丙子之日，平旦時，日體在尾星，月在天策星，鶉火正中於南方，必是時克之。注「龍尾」至「不見」。正義曰：東方七宿皆爲蒼龍之宿，其龍南首北尾，角是龍角，尾即龍尾，故云：「龍尾，尾星也。」「日月之會爲辰」，昭七年傳文。於時日體在尾，尾星與日同處，共日俱出入，故常伏不見也。「丙之晨」者，《説文》云：「晨，早昧爽也。」謂夜將旦，雞鳴時也。注「戎事上下同

❶「耀」，阮校：「陳樹華云：『耀』當作『燿』。」

服」。　正義曰：《周禮・司服》職云：「凡兵事，韋弁服。」鄭玄云：「韋弁，以韎韋爲弁，又以爲衣裳，今時五伯緹衣，❶古兵服之遺色。」然則在兵之服皆韋弁。「均服」者，謂兵戎之事，貴賤上下，均同此服也。　注「鶉鶉」至「世教」。　正義曰：南方七宿皆爲朱鳥之宿，其鳥西首東尾，故未爲鶉首，午爲鶉火，巳爲鶉尾。鶉火星者，謂柳星張也。「天策，傅說星」，《史記・天官書》之文。《莊子》云：「傅說得之，以騎箕尾。」傅說，殷高宗之相，死而託神於此星，故名爲傅說星也。傅說之星在尾之末，合朔在尾，故其星近日，星微，焞焞然無光耀也。《說文》云：「齔，毁齒也。男八月齒生，八歲而齔。女七月齒生，七歲而齔。」童齔之子，未有念慮之感，不解自爲文辭，而羣聚集會，成此嬉遊遨戲之言，其言韻而有理，似若有神馮之者，其言或中或否，不可常用。博覽之士及能懼思之人，兼而志之，以爲鑒戒，以爲將來之驗，有益於世教，故書傳時有采用之者。文三年傳曰：「孟明之臣也，其不解也，能懼思也。」「能懼思之人」，謂孟明之類也。　注「是夜」至「在策」。　正義曰：以《三統歷》推之，此夜是月小餘盡，夜半合朔在尾十四度，從乙夜半至平旦，日行四分度之一，月行三度有餘，故丙子旦日在尾星，月在天策，鶉火之次正中也。《月令》：「孟冬之月，日在尾，昏危中，旦七星中。」七星，則鶉火次之星也。

冬，十二月，丙子，朔，晉滅虢，虢公醜奔京師。不書，不告也。周十二月，夏之十月。**師還，館于虞，遂襲虞，滅之。執虞公及其大夫井伯，以媵秦穆姬，**秦穆姬，晉獻公女。送女曰媵，以屈辱之。**而脩虞祀，且歸其職貢於王。**虞所命祀。**故書曰「晉人執虞公」，罪虞，且言易也。**【疏】注「虞所

---

❶「五」，正宗寺本、京都本、文淵閣本、阮本作「伍」。阮校：「按，段玉裁校《周禮・司服》注云：《玉海》引作『伍伯』，賈疏訓『伍』爲『行』，疑與《宰夫》注『五伯』本異。」

命祀」。❶　正義曰：虞受王所命之祀，謂天子命虞使祀其竟内山川之神也。既滅其國，故代虞祭之。

【經】六年，春，王正月。

夏，公會齊侯、宋公、陳侯、衛侯、曹伯伐鄭，圍新城。新城，鄭新密，今滎陽密縣。❷

秋，楚人圍許。楚子不親圍，以圍者告。**諸侯遂救許。**皆伐鄭之諸侯，故不復更敘。

冬，公至自伐鄭。無傳。【疏】「公至自伐鄭」。　正義曰：二十八年公會晉侯云云于温，諸侯遂圍許，二十九年公至自圍許。此年會伐鄭，遂救許，不稱「至自救許」，而云「至自伐鄭」，與温會反者，《釋例》曰：「諸若此類，事勢相接，或以始致，或以終致，蓋時史之異也。」此事當由公至自告廟，所告不同，史依告而書，不爲義例。

【傳】六年，春，晉侯使賈華伐屈。夷吾不能守，盟而行。賈華，晉大夫。非不欲校，力不能守，言不如重耳之賢。**將奔狄，郤芮曰：「後出同走，罪也。**嫌與重耳同謀而相隨。**不如之梁，梁近秦而幸焉。」乃之梁。**以梁爲秦所親幸，秦既大國，且穆姬在焉。故欲因以求入。

夏，諸侯伐鄭，以其逃首止之盟故也。首止盟在五年。**圍新密，鄭所以不時城也。**實新密而經

---

❶「注虞所命祀」，阮本此節正義在「且歸其職貢於王」句注下。

❷「滎」，阮校：「淳熙本、足利本『滎』作『熒』，是也。」

言新城者，鄭以非時興土功，齊桓聲其罪，以告諸侯。【疏】注「實新」至「諸侯」。　正義曰：密是邑名，鄭人新築密邑，故傳稱「新密」。經不稱圍新密，言「圍新城」，傳云「鄭所以不時城也」，解經言「新城」之意。鄭以非時築城，違禮害民，齊桓聲其罪，以告諸侯，故書「新城」，以「新城」爲鄭之罪狀。劉炫云：「先王之制，諸侯無故不造城，造城則攻其所造。《司馬法》曰『産城，攻其所産』是也。」

秋，楚子圍許以救鄭，諸侯救許，乃還。

冬，蔡穆侯將許僖公以見楚子於武城。楚子退舍武城，猶有忿志，而諸侯各罷兵，故蔡侯將許君歸楚。武城，楚地，在南陽宛縣北。**許男面縛，銜璧，大夫衰絰，士輿櫬。**縛手於後，唯見其面，以璧爲贄。❶手縛，故銜之。櫬，棺也。將受死，故衰絰。**楚子問諸逢伯，**逢伯，楚大夫。**對曰：「昔武王克殷，微子啓如是。**微子啓，紂庶兄，宋之祖也。【疏】注「微子」至「祖也」。　正義曰：案《宋世家》云：「微子開者，殷帝乙之首子而帝紂之庶兄。周武王克殷，微子乃持其祭器，造於軍門，肉袒面縛，左牽羊，右把茅，膝行而前以告。於是武王乃釋微子，復其位。成王誅武庚，乃命微子代殷之後，國於宋。」《史記》之言，多有錯謬。微子手縛於後，故以口銜璧，又焉得牽羊把茅也？此皆馬遷之妄耳。**武王親釋其縛，受其璧而祓之。**祓，除凶之禮。**焚其櫬，禮而命之，使復其所。」楚子從之。**【疏】注「祓除凶之禮」。❷　正義曰：

---

❶「贄」，《經典釋文》作「爲質，如字，一音置。本又作『贄』，音至」，則《釋文》本作「質」。

❷「注祓除凶之禮」，阮本此節正義在「受其璧而祓之」句注下。

《周禮》：「女巫掌歲時祓除。」謂之「祓除」，明是除凶之禮也。襄二十九年稱「公臨楚喪，使巫以桃茢先祓殯」，此亦當以桃茢祓之。

【經】七年，春，齊人伐鄭。

夏，小邾子來朝。無傳。郳犂來始得王命而來朝也。邾之别封，故曰小邾。

鄭殺其大夫申侯。申侯，鄭卿。專利而不厭，故稱名以殺，罪之也。例在文六年。

秋，七月，公會齊侯、宋公、陳世子款、鄭世子華，盟于甯母。高平方與縣東有泥母亭，音如甯。

曹伯班卒。無傳。五年同盟于首止。

公子友如齊。無傳。罷盟而聘，謝不敏也。

冬，葬曹昭公。無傳。

【傳】七年，春，齊人伐鄭。孔叔言於鄭伯曰：「諺有之曰：『心則不競，何憚於病？』競，彊也。**既不能彊，又不能弱，所以斃也。國危矣，請下齊以救國。」公曰：「吾知其所由來矣，姑少待我。」**欲以申侯説。【疏】「心則」至「於病」。❶ 正義曰：競，彊也。言心則不能彊盛，則當須屈服於人，

❶ 「心則至於病」，阮本此節正義在「何憚於病」句注下。

何得難於屈弱之病而不下齊？　「吾知其所由來矣」。❶　正義曰：孔叔既請鄭伯下齊，公初欲下齊，不知何事而來得説於齊，後更云「吾知其説齊所由來矣」，謂由殺申侯説齊之事得來矣。　**對曰：「朝不及夕，何以待君？」夏，鄭殺申侯以説于齊，且用陳轅濤塗之譖也。**　濤塗譖在五年。

初，申侯，申出也，姊妹之子爲出。　**有寵於楚文王。　文王將死，與之璧，使行，曰：「唯我知女。女專利而不厭，予取予求，不女疵瑕也。**　從我取，從我求，我不以女爲罪釁。❷　**後之人將求多於女，**謂嗣君也。　求多，以禮義大望責之。　**女必不免。　我死，女必速行，無適小國，將不女容焉！」**政狹法峻。　**既葬，出奔鄭，又有寵於厲公。　子文聞其死也，曰：「古人有言曰：『知臣莫若君。』弗可改也已。」**

秋，盟于甯母，謀鄭故也。　管仲言於齊侯曰：「臣聞之：招攜以禮，懷遠以德。　攜，離也。　**德、禮不易，無人不懷。」齊侯脩禮於諸侯，諸侯官受方物。**　諸侯官司，各於齊受其方所當貢天子之物。

【疏】注「諸侯」至「之物」。　正義曰：《周禮·大行人》云：「侯服貢祀物，甸服貢嬪物，男服貢器物，采服貢服物，衛服貢材物，要服貢貨物。」鄭玄云：「祀貢者，犧牲之屬。　嬪物，絲枲也。　器物，尊彝之屬。　服物，玄纁絺纊也。　材物，八材也。　貨物，龜貝也。」如彼禮文，諸侯所貢之物皆以服數爲差。《尚書·禹貢》：「任土作貢。」皆貢土地

---

❶「吾知其所由來矣」，阮本此節正義在「吾知其所由來矣」句下。

❷「我」，纂圖本、閩本、監本、毛本、文淵閣本無此字。

所生，不計路之遠近。然則《周禮》雖依服數，亦貢土地所生，不宜遠求他方之物以貢王也。王室盛明之時，每國貢有常職。天子既衰，諸侯惰慢，貢賦之事無復定準，故霸主揔帥諸侯，尊崇天子，量其國之大小，號令所出之物。傳言諸侯各使官司取齊約束，受其方所當貢天子之物。言其一聽齊令，美齊侯能以禮服諸侯。

鄭伯使大子華聽命於會，言於齊侯曰：「洩氏、孔氏、子人氏三族，實違君命。三族，鄭大夫。君若去之以爲成，我以鄭爲内臣，君亦無所不利焉。」以鄭事齊，如封内臣。齊侯將許之。管仲曰：「君以禮與信屬諸侯，而以姦終之，無乃不可乎？子父不奸之謂禮，守命共時之謂信，守君命，共時事。違此二者，姦莫大焉。」公曰：「諸侯有討於鄭，未捷。今苟有釁，從之，不亦可乎？」子華犯父命，是其釁隙。對曰：「君若綏之以德，加之以訓辭，而帥諸侯以討鄭，鄭將覆亡之不暇，豈敢不懼？若揔其罪人以臨之，揔，將領也。子華奸父之命，即罪人。鄭有辭矣，何懼？以大義爲辭。且夫合諸侯以崇德也，會而列姦，何以示後嗣？列姦，用子華。【疏】注「列姦用子華」。正義曰：經書「齊侯、宋公、陳世子款、鄭世子華盟于甯母」，則已列於會矣，管仲方云「會而列姦，何以示後嗣」者，桓公列之於會，直是列其身耳，管仲言「列姦」者，謂將用其姦謀。故杜云「列姦，用子華」也。不受子華之請，即是會不列姦，他國無事可記，齊史無所可隱。故下句言他國記姦，則廢君盟，齊史隱諱，則損盛德也。夫諸侯之會，其德刑禮義，無國不記。記姦之位，位，會位也。子華爲姦人，而列在會位，將爲諸侯所記。君盟替矣。替，廢也。作而不記，非盛德也。君舉必書，雖復齊史隱諱，亦損盛德。君其勿許，鄭必受盟。夫子華既爲大子，而求介於大國，以弱其國，亦必不免。介，因也。鄭有叔詹、堵叔、師叔三良爲政，未可聞也。」齊侯辭焉。子華由是得罪於鄭。

冬，鄭伯使請盟于齊。以齊侯不聽子華故。

閏月，惠王崩。襄王惡大叔帶之難，襄王，惠王大子鄭也。大叔帶，襄王弟，惠后之子也，有寵於惠后，惠后欲立之，未及而卒。懼不立，不發喪，而告難于齊。爲八年盟洮傳。

【經】八年，春，王正月，公會王人、齊侯、宋公、衛侯、許男、曹伯、陳世子款，盟于洮。王人與諸侯盟，不譏者，王室有難故。洮，曹地。【疏】注「王人」至「曹地」。正義曰：《公羊傳》曰：「王人，微者，曷爲序乎諸侯之上？先王命也。」《穀梁傳》曰：「王人之先諸侯何也？貴王命也。弁冕雖舊，必加於首。周室雖衰，必先諸侯。」《釋例》以爲，中士稱名，下士稱人，此言「王人」，是天子之下士也。諸侯相與爲盟，所以同獎王室。天子之臣，不與諸侯共盟。❶《釋例》曰：「未有臣而盟君。臣而盟君，是子可盟父，故《春秋》王世子以下會諸侯者，皆同會而不同盟。」是言王臣正法，不與諸侯盟也。二十八年踐土之盟，傳稱「王子虎盟諸侯于王庭」，杜云：「王子虎臨盟，不同歃，故不書。」宣七年傳曰：「諸侯盟于黑壤，王叔桓公臨之，以謀不睦。」杜云：「王叔桓公銜天子之命以監臨諸侯，不同歃，尊卑之別也。」哀十三年傳曰：「公會單平公、晉定公、吴夫差于黄池。」杜云：「平公，周卿士也。不書，尊之，不與會。」此三者，王臣皆不與盟，是其正法然也。若天子初立，王室不安，命臣使

❶「共」，京都本、文淵閣本、阮本作「同」。

結盟諸侯，以安王室，雖非正法，事勢宜然，既無褒美，亦無貶責。❶此王人與諸侯盟，不譏者，王室有難，王勑使來盟故也。文十年及蘇子盟于女栗，傳曰：「頃王立故也。」襄三年公會單子、晉侯云云盟于雞澤，杜云：「周靈王新即位，使王官伯出與諸侯盟，以安王室。」皆事與此同，以情義可許，故都無貶責。二十九年翟泉之盟，於時諸侯輯睦，❷王室無虞，而王子虎下盟列國，以瀆大典，故貶稱「王人」，是依禮不合，故據法貶之。《春秋》王臣與諸侯會盟，凡十有餘事，譏與不譏，皆從此例。

鄭伯乞盟。新服，未與會，故不序列，别言乞盟。【疏】注「新服」至「乞盟」。　正義曰：鄭伯往年使子華聽命，心猶未服。齊桓拒子華之請，故今始服從。齊桓以其新服，尚未與之會，故不序列，而别言乞盟。止言乞盟，不知與盟以否。傳稱「鄭伯乞盟，請服也」，既言「請服」，義無不受。當是既盟之後，而别與之盟。諸言乞師，皆乞得其師，知此乞盟，亦乞得其盟，但盟理可見，不復别言盟耳。

夏，狄伐晉。

秋，七月，禘于大廟，用致夫人。禘，三年大祭之名。大廟，周公廟。致者，致新死之主於廟，而列之昭穆。夫人淫而與殺，不薨於寢，於禮不應致，故僖公疑其禮。歷三禘，今果行之，嫌異常，故書之。【疏】注「禘三」至「書之」。　正義曰：《釋天》云：「禘，大祭也。」言其大於四時之祭，故爲三年大祭之

❶「亦」，閩本、監本、毛本、文淵閣本作「又」。

❷「輯」，文淵閣本作「新」。阮校：「閩本、監本、毛本作『新』。按，廿九年杜注作『輯』。」

名。言每積三年而一爲此祭也。大廟，廟之大者，故爲周公廟。《釋例》曰：「三年喪畢，致新死之主以進於廟，廟之遠主當遷入祧，於是乃大祭於大廟，以審定昭穆，謂之禘。」是説致者，致新死之主於廟，而列之昭穆也。此致，致哀姜也。哀姜薨已多年，非復新死，而於今始致者，傳發凡例：「夫人不薨于寢則不致。」哀姜例不應致，故僖公疑其禮，喪畢之日，不作禘祭之禮以致之。既不爲哀姜作喪畢禘祭，其禘自從閔公數之，二年除閔喪爲禘，至五年復禘，今八年復禘，姜死以來已歷三禘，今因禘祭，果復行之。三年一禘，禘自是常，不爲夫人禘祭。因禘而致夫人，嫌其異於常禮，故史官書之。若其不致夫人，則此禘得常不書，爲「用致夫人」而書之耳。

冬，十有二月，丁未，天王崩。實以前年閏月崩，以今年十二月丁未告。

【傳】八年，春，盟于洮，謀王室也。鄭伯乞盟，請服也。襄王定位而後發喪。王人會洮，還而後王位定。

晉里克帥師，梁由靡御，虢射爲右，以敗狄于采桑。傳言前年事也。平陽北屈縣西南有采桑津。**梁由靡曰：「狄無恥，從之，必大克。」**不恥走，故可逐。**里克曰：「懼之而已，無速衆狄。」**恐怨深，而羣黨來報。**虢射曰：「期年狄必至，示之弱矣。」**

夏，狄伐晉，報采桑之役也。復期月。明期年之言驗。

秋，禘而致哀姜焉，非禮也。凡夫人，不薨于寢，不殯于廟，不赴于同，不祔于姑，則弗致也。寢，小寢。同，同盟。將葬，又不以殯過廟。據經哀姜薨葬之文，則爲殯廟、赴同、祔姑，今當以不薨于寢不得致也。【疏】「凡夫」至「致也」。正義曰：夫人薨葬之禮，有赴同、祔姑、反哭三事而已，此説致之禮，加以薨寢、殯廟，而不言反哭者，蓋以致於廟者終始成，其尊死生之禮畢。不薨于寢，死不得其所也。不殯于廟，葬之不以禮也。死、葬非禮，則先神恥之。故不具四事，皆不合致。反哭者，直爲書葬以否，假使不書其葬，夫人之禮亦成，自是生者之可譏，非爲死者之有失，雖不反哭，亦得致之，故於此不言反哭也。注「寢小」至「致也」。正義曰：《喪大記》云：「男子不死於婦人之手，婦人不死於男子之手。君、夫人卒於路寢。」既言「婦人不死於男子之手」，必不得死於君之路寢。言「夫人卒於路寢」，謂卒於夫人之大寢，對君路寢爲小，故云「小寢」也。同者，同盟之國也。《檀弓》曰：「喪之朝也，順死者之孝心也。其哀離其室也，故至於祖考之廟而後行。殷朝而殯於祖，周朝而遂葬。」《士喪禮》「朝而遂葬」，與記正同，知周法不殯於廟。而此傳及襄四年皆云「不殯于廟」，以爲失禮，知其將葬之時，不以殯過廟耳。殯過廟者，將葬之時，從殯宮出，告廟乃葬，非是殯尸於廟中也。據經哀姜薨葬之文，知其赴同、祔姑可矣，亦知其殯於廟者，以元年十二月喪，至二年五月始葬，明至則殯於寢也，既殯於寢，自然葬當朝廟，故據葬文亦知殯廟。唯當以不薨於寢，不得致耳。

冬，王人來告喪。難故也，是以緩。有大叔帶之難。

宋公疾，大子茲父固請曰：「目夷長且仁，君其立之。」茲父，襄公也。目夷，茲父庶兄子魚也。**公命子魚。子魚辭曰：「能以國讓，仁孰大焉？臣不及也，且又不順。」**立庶不順禮。**遂走而退。**

【經】九年，春，王三月，丁丑，宋公御說卒。四同盟。【疏】注「四同盟」。正義曰：御說以莊十三年即位，十六年盟于幽，十九年于鄄，二十七年于幽，僖元年于檉，四年于召陵，五年于首止，七年于甯母，八年于洮，皆魯、宋俱在，是爲八同盟。不數莊公之盟，檉盟經不書，亦不數，故云「四同盟」。劉君乃數莊公之盟，又不數召陵，以爲六同盟，而規杜，非也。

夏，公會宰周公、齊侯、宋子、衛侯、鄭伯、許男、曹伯于葵丘。周公，宰孔也。宰，官。周，采地。天子三公不字。宋子，襄公也。傳例曰：「在喪，公侯曰子。」陳留外黄縣東有葵丘。【疏】注「周公」至「葵丘」。　正義曰：傳稱「王使宰孔賜齊侯胙」，知周公即宰孔也。其官爲大宰，采地名爲周，天子三公，故稱「公」，孔則其名也。《穀梁傳》曰：「天子之宰，通於四海。」其意言宰者，六官之長，官名通於海内，是故書其官名也。通于四海者，當謂大宰之長官耳，其屬官不應得通。而宰咺、宰渠伯糾則必非長官，亦稱爲宰者，蓋自宰夫以上皆通也。《釋例》曰：「今案《春秋》以考之，其稱公者皆三公，非五等之公也。」是言祭公、周公皆三公也。《釋例》又曰「王之公卿皆書爵」，則卿亦不字。杜云「三公不字」者，以入春秋以來，家父、南季皆大夫稱字，宰周公文承其後，❶故云「不字」。不於「祭公逆王后」注者，因歷序諸國而言之。莊八年傳曰：「連稱、管至父戍葵丘。」杜云：「齊地，臨淄縣西有地名葵丘。」知此葵丘與彼異者，傳稱「齊侯不務德而勤遠略，西爲此會」，則此地遠處齊西，不得近在臨淄。故《釋例》以爲宋地，陳留外黄縣東有葵丘。或曰河東汾陰縣爲葵丘，非也。經書夏會葵丘，九月乃盟，晉爲地主，無緣欲會而不及盟也。是説不同之意。

秋，七月，乙酉，伯姬卒。無傳。《公羊》、《穀梁》曰：未適人，故不稱國。已許嫁，則以成人之

---

❶「文」，監本、毛本、文淵閣本作「又」。

禮書，不復殤也。婦人許嫁而笄，猶丈夫之冠。【疏】注「公羊」至「之冠」。　正義曰：《公羊傳》曰：「此未適人，何以卒？許嫁矣。婦人許嫁，字而笄之，死則以成人之喪治之。」《穀梁傳》意亦與之同。嫁於大夫，死不書卒。此許嫁者，嫁於國君也。但未往彼國，不成彼國之婦，故不稱國也。《喪服小記》曰「男子冠而婦人笄」，其義一也。是許嫁而笄，猶丈夫之冠也。禮，男子冠而不爲殤，婦人笄而不爲殤，故以成人之喪治之，爲之服成人之服。禮，姊妹在室，期；出嫁，大功。《檀弓》曰「姑姊妹之薄也，蓋有受我而厚之者」，爲夫厚之，故我降之也。《曾子問》云：「取女有吉日，而女死，如之何？孔子曰：『壻齊衰而弔，既葬而降之。』」❶其夫不爲服，則兄弟不爲降。禮，諸侯絶旁期。此爲將嫁於諸侯，故書其卒，既書其卒，當服其本服，爲之齊衰期也。但於時服否，不可知耳。

九月，戊辰，諸侯盟于葵丘。夏會葵丘，次伯姬卒，文不相比，故重言諸侯。宰孔先歸，不與盟。【疏】注「夏會」至「與盟」。　正義曰：平丘會後即盟，不言諸侯，爲閒無異事故也。此亦會後爲盟，閒有伯姬卒，盟、會文不相比，故重言諸侯。又傳稱「宰孔先歸」，則宰孔不盟。杜云「宰孔先歸，不與盟」者，欲見縱無伯姬之卒，亦當重言諸侯。

甲子，晉侯佹諸卒。未同盟而赴以名。甲子，九月十一日。戊辰，十五日也。書在盟後，從赴。【疏】注「未同」至「從赴」。　正義曰：甲子在戊辰之前，而書在盟後，從赴。從赴者，赴在盟後也。春秋之

❶「降」，正宗寺本、京都本、文淵閣本、阮本作「除」。

世，史失其守，赴告之文，多違禮制。計諸侯之薨，當具以薨之月日告於鄰國。隱三年傳曰：「壬戌，平王崩。赴以庚戌，故書之。」是赴者妄稱日也。襄二十八年傳曰：「王人來告喪，問崩日，以甲寅告，故書之。」是元赴不以日，被問乃稱日也。文十四年傳曰：「七月，乙卯，夜，齊商人弒舍。齊人定懿公，使來告難，故書以『九月』。」是赴者不言死月，魯史不復審問，即書以來告之月也。此甲子晉侯卒，蓋赴以日而不以月，魯史不復審問，書其來告之日，唯稱甲子而已，不知甲子是何月之日，故在戊辰後也。若赴以九月告魯，魯史當推其日之先後，不得甲子在戊辰後也。明告不以月，故書其日耳。

冬，晉里克殺其君之子奚齊。獻公未葬，奚齊未成君，故稱「君之子」。奚齊受命繼位，無罪，故里克稱名。

【傳】九年，春，宋桓公卒。未葬而襄公會諸侯，故曰子。凡在喪，王曰小童，公、侯曰子。在喪，未葬也。小童者，童蒙幼末之稱。子者，繼父之辭。❶公、侯位尊，上連王者，下絶伯、子、男。周康王在喪，稱「予一人釗」。禮稱亦不言小童，或所稱之辭，各有所施。此謂王自稱之辭，非諸下所得書，故經無其事，傳通取舊典之文，以事相接。【疏】注「在喪」至「相接」。正義曰：既言桓公未葬，即發在喪之例，知其在喪謂未葬也。童者，未冠之名，童而又小，故爲童蒙幼末之稱。《易・蒙卦》云：「匪我求童

❶「繼」，阮校：「按，正義作『繫』。」

蒙，童蒙求我。」蒙謂闇昧也。幼童於事多闇昧，是以謂之童蒙焉。《曲禮》曰：「夫人自稱於其君曰小童。」鄭玄云：「小童，若云未成人也。」王崩未葬，嗣王自稱，亦言己未成人也。子者，對父之名，故云「繫父之辭」，以未成君，故繫於父，不忍絶之稱也。諸侯爵有五等，唯言「公、侯曰子」，以公、侯尊也。傳稱：「在禮，卿不會公、侯，會伯、子、男可也。」又子産云：「鄭伯，男也，使從公、侯之貢，懼弗給也。」是公、侯之尊絶於伯、子、男也。此既言王，即云公、侯，是其與王相連，特爲公、侯立稱，伯、子、男不得同之也。《春秋》無伯、子、男在喪之事，既不爲立稱，又不得成君，不知其當何所稱也。然案桓十一年鄭忽出奔衛，莊二十四年曹羈出奔陳，杜云：「先君既葬，不稱爵者，國人賤之，以名赴。」則既葬稱爵，未葬稱名也。周康王在喪，稱「予一人釗」，《尚書·康王之誥》也。《曲禮》云：「君天下者曰天子，朝諸侯，分職授政，曰余一人。天子未除喪，曰余小子。」是禮天子自稱亦不言小童也。此言「王曰小童」，必有稱之時，或所稱之辭各有所施，但不知施何處耳。如《曲禮》之文，天子未除喪曰「余小子」，則是未得稱「一人」，而康王在喪稱「予一人釗」者，當以諸侯列土之君，將欲各歸其國，故正其成君之稱，以答諸侯也。此小童者，王謙自稱之辭，非諸下所得書，故經無其事。其「公、侯曰子」，乃是史書之文，二者非相類之事，而并爲一凡，是傳通取舊典之文，以事類相接耳，非言小童是策書之例也。《釋例·郊雩烝嘗例》：「不云地祇及礿祠者，經無其事，故傳略而不言。」此「王曰小童」，亦經無其事，所以言之者，郊雩例多，故經無者略之，此「王曰小童」與公、侯相接，其文簡約，經雖無事，亦連而言之。《釋例》曰：「位彌高者事彌重，重慮周於經遠，故儀制異於凡人，存其實，篤其志，足以敘親踈之情，通萬事之理而已。故諸列國之君在喪，或不得已而脩會盟之事，唯公、侯特稱子以别尊卑。」是言獨爲公、侯立稱之意。《春秋》公、侯稱子，皆是其父未葬，唯二十五年「公會衛子、莒慶盟于洮」，於時衛文公已葬，而成公稱子。《釋例》曰：「衛文公欲平莒於魯，未終而薨，故衛子尋父之志，魯人由此亦脩文公之好，此孝子之至，感人情之所篤，故成公雖已免喪，至於此盟，降從在喪之名，故經隨而書子，傳從而釋之，云脩文公之好也。」

夏，會于葵丘。尋盟，且脩好，禮也。

王使宰孔賜齊侯胙，胙，祭肉。❶ 尊之，比二王後。【疏】注「胙祭」至「王後」。 正義曰：傳稱「大子祭于曲沃，歸胙于公」，此言天子有事于文、武，❷賜齊侯以胙，知胙是祭肉也。《周禮·大宗伯》：「以脤膰之禮，親兄弟之國。」鄭玄云：「脤膰，社稷宗廟之肉，以賜同姓之國，同福禄也。」脤膰即胙肉也。言親兄弟之國，則異姓不合賜也。二十四年傳曰：「宋，先代之後也，於周爲客，天子有事膰焉。」是言二王之後，禮合得之，今賜齊侯，是尊之比二王後也。**曰：「天子有事于文、武，**有祭事也。**使孔賜伯舅胙。」**天子謂異姓諸侯曰伯舅。**齊侯將下拜。孔曰：「且有後命。天子使孔曰：『以伯舅耋老，加勞，賜一級，無下拜！』」**七十曰耋。級，等也。**對曰：「天威不違顔咫尺，**言天鑒察不遠，威嚴常在顔面之前。八寸曰咫。**小白余敢貪天子之命無下拜？**小白，齊侯名。余，身也。**恐隕越于下，**隕越，顛隊也。據天王居上，故言「恐顛隊于下」。**以遺天子羞。敢不下拜？」下拜，登受。**拜堂下，受胙於堂上。【疏】注「天子」至「伯

❶「祭肉」，阮校：「案，《周禮·大宗伯》職疏引作『膰肉』。」

❷「言」，正宗寺本、京都本、文淵閣本、阮本無此字。

舅」。❶　正義曰：《曲禮》曰：「五官之長曰伯。天子同姓謂之伯父，異姓謂之伯舅。」鄭玄云：「謂爲三公者。《周禮》：『九命作伯。』」齊桓是九命之伯，故以伯舅呼之。　注「七十曰耋級等也」。　正義曰：《釋言》云：「耋，老也。」舍人云：「年六十稱也。」郭璞云：「八十爲耋。」《釋名》云：「八十曰耋。耋，鐵也。皮黑如鐵。」彼説或云六十，或云八十，杜云「七十曰耋」者，耋之年齒既無明文，《曲禮》云「七十曰老」，《爾雅》以耋爲老，故以爲七十。《曲禮》升階之法云「涉級聚足」，❷是級爲等也。　法當下拜，賜之勿下，是進一等。　注「言天」至「曰咫」。　正義曰：顔謂額也。楊雄《方言》云：「顔，額，謂顙也。中夏謂之額，東齊謂之顙，河、潁、淮、泗之間謂之顔。」《魯語》云：「肅慎氏貢楛矢，長尺有咫。」賈逵亦云：「八寸曰咫。」《説文》云：「周制寸、尺、咫、尋，皆以人之體爲法。中婦人手長八寸謂之咫，周尺也。」　注「小白」至「身也」。　正義曰：諸自稱余者，當稱名之處耳。　齊侯既稱小白，而復言余，故解之。「余，身」，《釋詁》文。　舍人曰：「余，卑謙之身也。」孫炎曰：「余，舒遲之身也。」郭璞曰：「今人亦自呼爲身。」　「下拜登受」。　正義曰：《覲禮》：「天子賜侯氏以車服。諸公奉篋服，加命書于其上，升自西階東面，大史氏右，侯氏升西面立，大史述命，侯氏降兩階之閒，北面再拜稽首，升，成拜。」彼侯氏降階再拜，是此「下拜」也。「升成拜」，是此「登受」也。

秋，齊侯盟諸侯于葵丘，曰：「凡我同盟之人，既盟之後，言歸于好。」義取脩好，故傳顯其盟辭。**宰孔先歸，**既會，先諸侯去。**遇晉侯，曰：「可無會也。**晉侯欲來會葵丘。**齊侯不務德而勤遠**

❶「注天子至伯舅」，阮本以下正義五節分疏於傳文各節下。

❷「涉」，阮校：「案，《禮記·曲禮》『涉』作『拾』。鄭注：『拾』當爲『涉』，聲之誤。孔氏因改爲『涉』。」

略，故北伐山戎，在莊三十一年。南伐楚，在四年。西爲此會也。東略之不知，西則否矣。言或向東，必不能復西略。其在亂乎？君務靖亂，❶無勤於行！」在，存也。微戒獻公，言晉將有亂。晉侯乃還。不復會齊。

九月，晉獻公卒。里克、丕鄭欲納文公，故以三公子之徒作亂。丕鄭，晉大夫。三公子：申生、重耳、夷吾。初，獻公使荀息傅奚齊。公疾，召之，曰：「以是藐諸孤，言其幼賤，與諸子縣藐。【疏】注「言其」至「縣藐」。正義曰：藐者，縣遠之言。諸子皆長，而奚齊獨幼，是小大相去縣藐也。藐諸孤者，言年既幼穉，縣藐於諸子之孤。辱在大夫，其若之何？」欲屈辱荀息，使保護之。稽首而對曰：「臣竭其股肱之力，加之以忠貞。其濟，君之靈也；不濟，則以死繼之。」公曰：「何謂忠貞？」對曰：「公家之利，知無不爲，忠也。送往事居，耦俱無猜，貞也。」往，死者。居，生者。耦，兩也。送死事生，兩無疑恨，❷所謂正也。及里克將殺奚齊，先告荀息曰：「三怨將作，三公子之徒。秦、晉輔之，子將何如？」荀息曰：「將死之。」里克曰：「無益也。」荀叔曰：「吾與先君言矣，不可以貳。能欲復言而愛身乎？荀叔，荀息也。復言，言可復也。雖無益也，將焉辟之？【疏】「能欲復言而愛身乎」。❸正義

---

❶「君務靖亂無勤於行」，阮校：「李注《文選・三國名臣序贊》引『靖』作『静』，『勤』作『懃』。」

❷「疑」，纂圖本、閩本、監本、毛本、文淵閣本作「猜」。

❸「能欲復言而愛身乎」，阮本此節正義在「能欲復言而愛身乎」句注下。

曰：意能欲使前言可反復而行之，得愛惜身命不死乎？且人之欲善，誰不如我？我欲無貳，而能謂人已乎？」言不能止里克使不忠於申生等。

冬，十月，里克殺奚齊于次。次，喪寢。書曰「殺其君之子」，未葬也。荀息將死之，人曰：「不如立卓子而輔之。」荀息立公子卓，以葬。十一月，里克殺公子卓于朝。荀息死之。君子曰：「《詩》所謂『白圭之玷，尚可磨也。斯言之玷，不可爲也』，《詩・大雅》。言此言之闕，❶難治甚於白圭。荀息有焉。」有此詩人重言之義。

齊侯以諸侯之師伐晉，及高梁而還，討晉亂也。高梁，晉地，在平陽縣西南。❷令不及魯，故不書。前已發不書例，今復重發，嫌霸者異於凡諸侯。

晉郤芮使夷吾重賂秦以求入，郤芮，郤克祖父，從夷吾者。曰：「人實有國，我何愛焉？言國非己之有，何愛而不以賂秦。入而能民，土於何有？」從之。能得民，不患無土。齊隰朋帥師會秦師，納晉惠公。隰朋，齊大夫。惠公，夷吾。秦伯謂郤芮曰：「公子誰恃？」對曰：「臣聞亡人無黨，有黨必有讎。言夷吾無黨，無黨則無讎，易出易入，以微勸秦。【疏】注「言夷」至「勸秦」。正義曰：秦

---

❶「闕」，《四部叢刊》本、京都本、阮本作「缺」。阮校：「陳樹華云：《史記正義》引作『玷』字。」

❷「平陽縣」，阮校：「案，二十四年注『縣』上有『楊氏』二字。案，《釋地》作『楊縣』，『氏』亦衍文。《晉書・地理志》楊縣屬平陽郡可證也。」

伯問「公子誰恃」，問公子於晉國之臣，倚恃誰爲內主也。對言夷吾無黨無讎者，由無黨，故往前易出；無讎，故此時易入。言易出易入，以微勸秦，使納之。**夷吾弱不好弄，**弄，戲也。**能鬭不過，**有節制。**長亦不改，不識其他。」公謂公孫枝曰：「夷吾其定乎？」**公孫枝，秦大夫子桑也。**對曰：「臣聞之，唯則定國。《詩》曰：『不識不知，順帝之則。』文王之謂也。**《詩·大雅》。帝，天也。則，法也。言文王闇行自然，合天之法。**又曰：『不僭不賊，鮮不爲則。』**僭，過差也。賊，傷害也。皆忌克也。能不然，則可爲人法則。**無好無惡，不忌不克之謂也。今其言多忌克，**既僭而賊。**難哉！」**言能自定難。**公曰：「忌則多怨，又焉能克？是吾利也。」**其言雖多忌，適足以自害，不能勝人也。秦伯慮其還害己，故曰「是吾利」。【疏】「唯則」至「利也」。正義曰：唯身有則者，乃能定國也。《詩》美文王之德，不記識古事，不學知今事，常順天之法則而行之。爲此行者，文王之謂也。又曰：人行不僭差，不賊害，能如此者，少不爲人所法則。言必爲人所法則也。此二詩所云者，無所偏好，無所私惡，不爲忌差，不好勝人之謂也。今其此夷吾之言多有所忌，多欲陵人，以此而求安定，難哉！「今其言多忌克」，覆上「不忌不克」。上既有「無好無惡」，不覆之者，以身行忌克，則有私好私惡之心，舉忌克足以包好惡也。公曰：「多忌於人，則多爲人怨，又焉能勝人？此乃是吾之利也。」無好無惡，言文王之行也。不忌不克，述《抑》篇之義也，引二詩於前，以此言結之。注「詩大」至「之法」。正義曰：《詩·大雅·皇矣》之篇也。「則，法」，《釋詁》文。彼鄭箋云：「其爲人，不識古，不知今，順天之法而行之。」是言闇行自然，合天地之法也。《禮記》稱「天無私覆，地無私載」，合天地法者，即無偏好，無私惡之謂也。注「僭過」至「法則」。正義曰：《詩·大雅·抑》之篇也。彼毛傳云：「僭，差也。」鄭玄云：「不殘賊，是賊爲害也。」心有所忌，則多過差。志在陵人，必多爲賊害。下云「不忌不克」，覆述此文，故言僭賊者，皆忌克也。注「其言」至「吾利」。正義曰：心忌前人，則人亦忌己。志在陵人，則人亦陵己。若使人皆忌之，人皆陵之，是適足以自害，不能勝人也。秦伯聞其忌克，慮其還來害己，故以不能勝人爲是吾利也。

宋襄公即位，以公子目夷爲仁，使爲左師以聽政，於是宋治。故魚氏世爲左師。

【經】十年，春，王正月，公如齊。無傳。

狄滅温，温子奔衛。蓋中國之狄，滅而居其土地。

晉里克弒其君卓及其大夫荀息。弒卓在前年，而以今春書者，從赴也。獻公既葬，卓已免喪，❶故稱君也。荀息稱名者，雖欲復言，本無遠謀，從君於昏。【疏】注「弒卓」至「於昏」。正義曰：傳於前年甚詳，經以今年書之，明赴以今年弒也。傳稱「立公子卓，以葬」，是免喪始死，故稱君也。文七年宋人殺其大夫，傳曰：「不稱名，衆也，且言非其罪也。」死者不稱名，非其罪，故知稱名者，皆有罪也。荀息稱名者，不知奚齊、卓子之不可立，又不能誅里克以存君，是其雖欲復言，本無遠謀也。襄十九年齊殺其大夫高厚，傳稱「從君於昏」，獻公惑於驪姬，殺適立庶，荀息知其事，而爲之傳奚齊，是其「從君於昏」也。

夏，齊侯、許男伐北戎。無傳。北戎，山戎。

---

❶「已」，京都本、文淵閣本、阮本作「以」。

晉殺其大夫里克。奚齊者，先君所命，卓子又以在國嗣位，罪未爲無道，而里克親爲三怨之主，累弒二君，故稱名以罪之。【疏】注「奚齊」至「罪之」。正義曰：宣四年傳例曰：「弒君，稱君，君無道也；稱臣，臣之罪也。」里克殺奚齊，弒卓子，皆書里克之名，是奚齊與卓子未爲無道也。殺大夫，傳言不稱名者爲無罪，則稱名爲有罪，故今稱里克之名以罪之。

秋，七月。

冬，大雨雪。無傳。平地尺爲大雪。

【傳】十年，春，狄滅温。蘇子無信也。蘇子叛王即狄，又不能於狄，狄人伐之，王不救，故滅。蘇子奔衛。蘇子，周司寇蘇公之後也。國於温，故曰温子。叛王事在莊十九年。【疏】注「蘇子」至「九年」。正義曰：《尚書·立政》云「司寇蘇公」，成十一年傳曰：「昔周克商，蘇忿生以温爲司寇。」以此知蘇子，司寇蘇公之後也。國名爲蘇，所都之邑名爲温，故温、蘇遞見於經，是得兩稱故也。

夏，四月，周公忌父、王子黨會齊隰朋立晉侯。周公忌父，周卿士。王子黨，周大夫。晉侯殺里克以說。自解說不篡。將殺里克，公使謂之曰：「微子，則不及此。雖然，子弒二君與一大夫，❶爲子君者，不亦難乎？」對曰：「不有廢也，君何以興？欲加之罪，其無辭乎？言欲加己罪，不患

❶「弒」，阮校：「宋本、纂圖本『弒』作『殺』字。按，宋本是也。實舉其事，故曰『殺二君與一大夫』。」

無辭。臣聞命矣。」伏劍而死。於是丕鄭聘于秦，且謝緩賂，故不及。丕鄭，里克黨，以在秦，故不及里克俱死。【疏】「欲加」至「辭乎」。❶　正義曰：言君今欲加臣之罪，其畏無辭以罪臣乎？言必方便有辭耳。

晉侯改葬共大子。共大子，申生也。

秋，狐突適下國，下國，曲沃新城。**遇大子。大子使登僕，**忽如夢而相見，狐突本爲申生御，故復使登車爲僕。**而告之曰：「夷吾無禮，余得請於帝矣，**請罰夷吾。**將以晉畀秦，秦將祀余。」對曰：「臣聞之：『神不歆非類，民不祀非族。』君祀無乃殄乎？**歆，饗也。殄，絶也。**且民何罪？失刑乏祀，君其圖之！」**❷**君曰：「諾！吾將復請。七日，新城西偏，將有巫者而見我焉。」**新城，曲沃也。將因巫而見。**許之，遂不見。**狐突許其言，申生之象亦没。**及期而往，告之曰：「帝許我罰有罪矣，敝於韓。」**敝，敗也。韓，晉地。獨敝惠公，故言「罰有罪」。明不復以晉畀秦。夷吾忌克多怨，終於失國，雖改葬加謚，申生猶忿。傳言鬼神所馮，有時而信。【疏】注「下國曲沃新城」。❸　正義

---

❶「欲加至辭乎」，阮本此節正義在「其無辭乎」句注下。

❷「君其圖之」，阮校：《考文》引足利本有「乏祀爲無主祭也」七字，「在『君其圖之』句下，盧文弨校本『爲』疑『謂』」。

❸「注下國曲沃新城」，阮本以下正義五節分疏於傳文各節下。

曰：曲沃，邑也，而稱國者，晉昭侯嘗以此邑封桓叔，桓叔國之，三世，❶武公始并晉國，遷居而就之。此曲沃，晉之舊國，故謂之爲下國也。「夷吾無禮」。正義曰：賈逵云：「烝於獻公夫人賈君，故曰無禮。」馬融云：「申生不自明而死，夷吾改葬之，章父之過，故曰無禮。」杜不爲注，當以鬼神之意，難得而知，夷吾無禮，或非一事，不可指言，故不説也。「神不」至「非族」。正義曰：傳稱「非我族類，其心必異」，則族、類一也，❷皆謂非其子孫，妄祀他人父祖，則鬼神不歆享之耳。《祭法》云：「聖王之制祭祀也，法施於民則祀之，以死勤事則祀之，以勞定國則祀之，能禦大菑則祀之，能捍大患則祀之。」若農棄爲稷，后土爲社，社、稷功被天下，乃令率土報功。如此之徒，非獨歆己之族。若功不被於下民，名不載於祀典，唯其子孫祀之，神亦不歆他族。然則秦非晉類，而使祀申生，祀之大失也。晉無罪，而滅以畀秦，刑之濫也。天豈不達此事，而待狐突之言方改圖者？民之與神，不相雜擾，雖理有大歸，非曲爲小惠，豈有一人冤枉，即能訴天，天受人訴辭，便將滅國？此事本是妖夢，假託上天，非天實爲之，人能改易。「傳言鬼神所馮，有時而信」，非言此事實是天心，不可執其言，而以人事爲難也。「七日」至「我焉」。正義曰：申生謂狐突云：更經七日，於新城西偏，將有巫者而與之俱見我焉，故杜云「將因巫而見」。注「敝敗」至「而信」。正義曰：《晉語》云：「惠公即位，出共世子而改葬之，臭徹於外。國人誦之曰：『貞之不報，孰是人斯，而有是臭也？貞爲不聽，信爲不誠，不更厥正，大命其傾！猗兮違兮，心之哀兮，歲之二七，其靡有徵兮！』郭偃曰：『甚哉！善之難也。君改葬共君以爲榮也，而惡滋章。十四年，君之冢祀其替

❶「世」，原作「七」，據正宗寺本、文淵閣本、阮本改。

❷「族類」，京都本、阮本作「類族」。

乎？』」亦是申生猶忿之事。

丕鄭之如秦也，言於秦伯曰：「吕甥、郤稱、冀芮實爲不從，若重問以召之，三子，晉大夫。不從，不與秦賂。問，聘問之幣。臣出晉君，君納重耳，蔑不濟矣。」蔑，無也。冬，秦伯使泠至報問，且召三子。泠至，秦大夫。郤芮曰：「幣重而言甘，誘我也。」遂殺丕鄭、祁舉祁舉，晉大夫。及七輿大夫：侯伯七命，副車七乘。左行共華、右行賈華、叔堅、騅歂、纍虎、特宫、山祁，皆里、丕之黨也。七子，七輿大夫。丕豹奔秦，丕豹，丕鄭之子。言於秦伯曰：「晉侯背大主而忌小怨，民弗與也。伐之，必出。」大主，秦也。小怨，里、丕。公曰：「失衆，焉能殺？謂殺里、丕之黨。違禍，誰能出君？」謂豹辟禍也。爲明年晉殺丕鄭傳。【疏】注「三子」至「之幣」。❶　正義曰：《曲禮》云「凡以弓劍苞苴簞笥問人者」，鄭玄云：「問猶遺也。」重問，謂多以財貨遺之也。下云「幣重而言甘」，故云「問，聘問之幣」也。「七輿大夫」。　正義曰：《周禮·大行人》云：❷「侯伯七命，貳車七乘。」貳即副也。每車一大夫主之，謂之七輿大夫。服虔云：「上軍之輿帥七人屬申生者，❸襄二十三年下軍輿帥七人，往前申生將上軍，今七輿大夫爲申生報怨，欒盈將下軍，故七輿大夫與欒氏。」炫謂服言是。

❶「注三子至之幣」，阮本以下二節正義分疏於傳文各節下。
❷「周禮大行人」，當誤，下「侯伯七命」爲《周禮·典命》之文。
❸「上」，阮校：「陳樹華云：『上』當作『下』。『前申生將上軍』句，『上』亦當作『下』也。按，閔二年傳云『公將上軍，大子申生將下軍』，陳樹華所訂是也。」

【經】十有一年，春，晉殺其大夫丕鄭父。❶以私怨謀亂國，書名罪之。書春，從告。

夏，公及夫人姜氏會齊侯于陽穀。無傳。婦人送迎不出門，見兄弟不踰閾。與公俱會齊侯，非禮。

秋，八月，大雩。無傳。過時，故書。

冬，楚人伐黄。

【傳】十一年，春，晉侯使以丕鄭之亂來告。釋經書在今年。

天王使召武公、内史過賜晉侯命。天王，周襄王。召武公，周卿士。内史過，周大夫。諸侯即位，天子賜之命圭爲瑞。受玉惰。過歸告王曰：「晉侯其無後乎？王賜之命，而惰於受瑞，先自棄也已，其何繼之有？禮，國之幹也。敬，禮之輿也。不敬則禮不行，禮不行則上下昏，何以長世？」爲惠公不終張本。【疏】「天王」至「長世」。正義曰：召武公亦名過。《周語》云：「襄王使召公過及内史過賜晉惠公命，晉侯執玉卑，拜不稽首。内史過歸以告王曰：『晉不亡，其君必無後。不敬王命，棄其禮也。執玉卑，替其質也。拜不稽首，無其王也。替質無鎮，無王無人。晉侯無王，人亦將無之。欲替其鎮，人亦將替之。』」其

❶「父」，阮校：「《公羊》疏云：『《左氏》經無『父』字。』然則今諸本有『父』者，衍文也。」

言多而小異。孔晁云：「左丘明集其典雅令辭，與經相發明者，以爲《春秋傳》。其高論善言，別爲《國語》。凡《左傳》、《國語》有事同而辭異者，以其詳於《左傳》而略於《國語》，詳於《國語》而略於《左傳》。」

夏，揚、拒、泉、皐伊、雒之戎同伐京師，【疏】「伊雒之戎」。❶　正義曰：「《釋例》曰：諸雜戎居伊水、雒水之間者。河南雒陽縣西南有戎城。伊水出上雒盧氏縣熊耳山，東北至河南雒陽縣入雒。雒水出上雒縣冢領山，東北經弘農至河南鞏縣入河。」**入王城，焚東門。**揚、拒、泉、皐皆戎邑，及諸雜戎居伊水、雒水之間者。今伊闕北有泉亭。**王子帶召之也。**王子帶，甘昭公也。召戎欲因以篡位。**秦、晉伐戎以救周。秋，晉侯平戎于王。**爲二十四年天王出居鄭傳。**黄人不歸楚貢。冬，楚人伐黄。**黄人恃齊故。

【經】**十有二年，春，王三月，庚午，日有食之。**無傳。不書朔，官失之。

夏，楚人滅黄。

秋，七月。

冬，十有二月，丁丑，陳侯杵臼卒。無傳。遣世子與僖公同盟甯母及洮。

---

❶「伊雒之戎」，阮本此節正義在「揚拒泉皐伊雒之戎」句下。

【傳】十二年，春，諸侯城衛楚丘之郛，懼狄難也。楚丘，衛國都。郛，郭也。爲明年春狄侵衛傳。【疏】注「楚丘」至「衛傳」。 正義曰：衛以二年遷於楚丘，諸侯爲之築其城，至此爲之築其郛。《公羊傳》曰：「郛者何？郭也。」不單言衛，而言衛楚丘者，見楚丘未有郛也。諸侯不告，魯不與，故不書。無經而爲傳者，其言必有所爲，故云爲狄侵衛傳。

黄人恃諸侯之睦于齊也，不共楚職，曰：「自郢及我九百里，焉能害我？」夏，楚滅黄。郢，楚都。

王以戎難故，討王子帶。子帶前年召戎伐周。秋，王子帶奔齊。冬，齊侯使管夷吾平戎于王，使隰朋平戎于晉。平，和也。前年晉救周伐戎，故戎與周、晉不和。王以上卿之禮饗管仲，管仲辭曰：「臣，賤有司也。有天子之二守國、高在，國子、高子，天子所命，爲齊守臣，皆上卿也。莊二十二年高傒始見經，僖二十八年國歸父乃見傳。歸父之父曰懿仲，高傒之子曰莊子，不知今當誰世。若節春秋，來承王命，何以禮焉？節，時也。陪臣敢辭。」諸侯之臣曰陪臣。王曰：「舅氏，伯舅之使，故曰舅氏。余嘉乃勳，應乃懿德，謂督不忘。往踐乃職，無逆朕命。」功勳美德，可謂正而不可忘者。不言位而言職者，管仲位卑而執齊政，故欲以職尊之。【疏】「余嘉」至「朕命」。 正義曰：余、朕，皆我也。乃，女也。應，當也。懿，美也。督，正也。言我善女功勳，當女美德，謂女功德正而不可忘，宜受此禮。往居女職，無得逆我之命。欲令受上卿之禮。管仲受下卿之禮而還。管仲不敢以職自高，卒受本位之禮。君子曰：「管氏之世祀也宜哉！讓不忘其上。《詩》曰：

『愷悌君子，❶神所勞矣。』」《詩·大雅》。愷，樂也。悌，易也。言樂易君子，爲神所勞來，故世祀也。管仲之後，於齊没不復見，傳亦舉其無驗。【疏】「君子」至「宜哉」。❷　正義曰：丘明之意，假稱君子論管氏應合世祀也宜哉，而遂不世祀，子孫絶滅，是行善無驗，故杜注云「傳亦舉其無驗」是也。　注「詩大」至「無驗」。　正義曰：《詩·大雅·旱麓》之篇。「愷，樂」，「悌，易」，皆《釋詁》文。樂易言志度弘簡，忻樂而和易也。《世族譜》：「管氏出自周穆王。」成十一年傳有齊管于奚，《譜》以爲雜人，則非管仲之子孫也。哀十六年傳稱「楚白公殺齊管脩」，杜云：「管脩，楚賢大夫，故齊管仲之後。」是管仲之後，於齊没不復見也。

【經】十有三年，春，狄侵衛。傳在前年春。

夏，四月，葬陳宣公。無傳。

公會齊侯、宋公、陳侯、衛侯、鄭伯、許男、曹伯于鹹。鹹，衛地。東郡濮陽縣東南有鹹城。

秋，九月，大雩。無傳。書過。

冬，公子友如齊。無傳。

---

❶「愷悌」，阮校：「《釋文》『愷』作『凱』，注同，云『本亦作愷』，『悌，本亦作弟』。」

❷「君子至宜哉」，阮本此節正義在「管氏之世祀也宜哉」句注下。

【傳】十三年，春，齊侯使仲孫湫聘于周，且言王子帶。前年王子帶奔齊，言欲復之。**事畢，不與王言。**不言子帶事。**歸，復命曰：「未可。王怒未怠，其十年乎？不十年，王弗召也。」**

夏，會于鹹，淮夷病杞故，且謀王室也。

秋，爲戎難故，諸侯戍周。齊仲孫湫致之。戍，守也。致諸侯戍卒于周。❶

冬，晉荐饑，麥、禾皆不熟。**使乞糴于秦。秦伯謂子桑：「與諸乎？」對曰：「重施而報，君將何求？**言不損秦。**重施而不報，其民必攜，攜而討焉，無衆，必敗。」**不義故民離。**謂百里：「與諸乎？」**百里，秦大夫。**對曰：「天災流行，國家代有。救災恤鄰，道也。行道有福。」丕鄭之子豹在秦，請伐晉。**欲爲父報怨。**秦伯曰：「其君是惡，其民何罪？」秦於是乎輸粟于晉，自雍及絳相繼，**雍，秦國都。絳，晉國都。**命之曰「汎舟之役」。**從渭水運入河、汾。【疏】「晉荐饑」。❷ 正義曰：《釋天》云：「穀不熟爲饑，仍饑爲荐。」李巡曰：「穀不成熟曰饑，連歲不熟曰荐。」 注「從渭水運入河汾」。 正義曰：秦都雍，雍臨渭。晉都絳，絳臨汾。渭水從雍而東，至弘農華陰縣入河。從河逆流而北上，至河東汾陰縣乃東入汾，逆流東行而通絳，故杜云「從渭水運入河、汾」也。

---

❶「戍」，《經典釋文》作「戎」。

❷「晉荐饑」，阮本此節正義在「晉荐饑」句注下。

【經】十有四年，春，諸侯城緣陵。緣陵，杞邑。辟淮夷，遷都於緣陵。

夏，六月，季姬及鄫子遇于防，❶使鄫子來朝。季姬，魯女，鄫夫人也。鄫子本無朝志，爲季姬所召而來，故言「使鄫子來朝」。鄫國，今琅邪鄫縣。

秋，八月，辛卯，沙鹿崩。沙鹿，山名。平陽元城縣東有沙鹿土山，❷在晉地。災害繫於所災所害，故不繫國。【疏】注「沙鹿」至「繫國」。正義曰：《公羊傳》曰：「沙鹿者何？河上之邑也。」《穀梁傳》曰：「林屬於山爲鹿。沙，山名也。」服虔云：「沙，山名。鹿，山足。林屬於山曰鹿。」取《穀梁》爲説也。《漢書·元后傳》稱，后祖翁孺自東平陵徙魏郡元城委粟里，元城建公曰：「昔春秋沙鹿崩，晉史卜之曰：『陰爲陽雄，土火相乘，故有沙鹿崩。崩後六百四十五年，宜有聖女興。』今王翁孺徙，正值其地，日月當之。」元城郭東有五鹿之虚，即沙鹿地。計爾時去聖猶近，所言當得其實，故以沙鹿爲山名，依《漢書》爲義也。沙鹿實是晉地，不言晉沙鹿者，凡有災害，繫於所災所害之處，不繫於所屬之國，故不繫晉也。《釋例》曰：「陳既已滅，降爲楚縣，而書陳災者，猶晉之梁山、沙鹿崩，不書晉也。災害繫於所災所害，故以所在爲名。」災爲陳災、成周宣榭火，害爲梁山、沙鹿崩，山崩必有所害，故所災所害别言之。

---

❶「鄫」，阮校：「《釋文》云：『鄫，本或作繒。』案，《公羊》、《穀梁》作『繒』。」

❷「平陽」，文淵閣本作「陽平」。阮校：「案，《晉書·地里志》元城屬陽平郡，此本及諸本並誤作『平陽』。二十三年傳『出於五鹿』注亦云『陽平元城縣』。」

狄侵鄭。無傳。

冬，蔡侯肸卒。無傳。未同盟而赴以名。

【傳】十四年，春，諸侯城緣陵，而遷杞焉。不書其人，有闕也。闕謂器用不具，城池未固而去，爲惠不終也。澶淵之會，既而無歸，大夫不書，而國別稱人，今此揔曰諸侯，君臣之辭。不言城杞，杞未遷也。【疏】注「闕謂」至「遷也」。正義曰：元年齊師、宋師、曹師城邢，傳稱：「具邢器用而遷之，師無私焉。」是器用具而城池固，故具列三國之師，詳其文以美之也。今此揔云「諸侯城緣陵」，不言某侯某侯，與城邢文異，不具書其所城之人，爲其有闕也。知闕爲器用不具，城池不固而去，爲惠不終，故揔言諸侯以譏之。凡諸侯盟會，不歷序其人，揔言諸侯者，皆是譏之辭。文十五年諸侯盟于扈，傳曰：「書曰諸侯，無能爲也。」十七年諸侯會于扈，傳曰：「書曰諸侯，無功也。」是其揔言諸侯，皆譏辭也。十六年會于淮，傳稱：「城鄫，役人病，不果城而還。」亦是爲惠不終，而淮會具書其人者，淮之會爲謀鄫，且東略，非爲城鄫而聚會，既會之後，乃欲城鄫而不果，本意不城鄫，無可貶也。先儒以爲諸侯有過，貶而稱人。杜據澶淵之會與此傳文，知諸侯之貶，不至稱人。故《釋例》曰：「傳滅入例，『衛侯燬滅邢，同姓故名』。又云：『不書蔡、許之君，乘楚車也，謂之失位。』此皆諸侯貶之例，例不稱人也。諸侯在事，傳有明文，而經稱人者，凡十一條，丘明不示其義，而諸儒皆據案生意，原無所出。貶諸侯而去爵稱人，是爲君臣同文，非正等差之謂也。又澶淵大夫之會，傳曰『不書其人』，案經皆去名稱人。至諸侯親城緣陵，傳亦曰『不書其人』，而經揔稱諸侯，此大夫及諸侯經、傳所以爲别也。通校《春秋》，自宣公五年以下百數十年，諸侯之咎甚多，而皆無貶稱人者，益明此蓋當時告命注記之異，非仲尼所以爲例故也。」

鄫季姬來寧，公怒，止之，以鄫子之不朝也。來寧不書，而後年書歸鄫，更嫁之文也。明公絶鄫昏，既來朝而還。**夏，遇于防，而使來朝。**

秋，八月，辛卯，沙鹿崩。晉卜偃曰：「期年將有大咎，幾亡國。」國主山川，山崩川竭，亡國之徵。【疏】注「國主」至「之徵」。正義曰：成五年傳曰：「國主山川，故山崩川竭，君爲之不舉。」《周語》：「幽王二年，西周三川皆震。伯陽父曰：『昔伊、雒竭而夏亡，河竭而商亡。國必依山川，山崩川竭，亡國之徵也。』」卜偃明達災異，以山崩爲亡國之徵，知其將有大咎，不言知之意，非末學者所得詳也。《釋例》曰：「天人之際，或異而無感，或感而不可知。沙鹿崩，因謂『期年將有大咎』，梁山崩，則云『山有朽壤而自崩』，此皆聖賢之讜言，達者所宜先識。」是説卜偃之言非後人所能測。

冬，秦饑，使乞糴于晉，晉人弗與。慶鄭曰：「背施無親，慶鄭，晉大夫。**幸災不仁，貪愛不祥，怒鄰不義。四德皆失，何以守國？」虢射曰：「皮之不存，毛將安傅？」**虢射，惠公舅也。皮以喻所許秦城，毛以喻糴。言既背秦施，爲怨以深，雖與之糴，猶無皮而施毛也。❶【疏】注「虢射惠公舅」。正義曰：《晉語》云：「秦饑，惠公命輸之粟，虢射請勿與，慶鄭請與之。公曰：『非鄭之所知也。』遂不與。秦侵

❶「也」，《四部叢刊》本、京都本、文淵閣本、阮本無此字。

晉，至于韓，公謂慶鄭曰：『寇深矣，奈何？』慶鄭曰：『非鄭之所知也，君其訊射也。』公曰：『舅所病也。』」是虢射爲惠公之舅也。**慶鄭曰：「棄信背鄰，患孰恤之？無信患作，失援必斃，是則然矣。」虢射曰：「無損於怨，而厚於寇，不如勿與。」**言與秦粟不足解怨，適足使秦彊。**慶鄭曰：「背施幸災，民所棄也。近猶讎之，況怨敵乎？」弗聽。退曰：「君其悔是哉！」**

【經】十有五年，春，王正月，公如齊。無傳。諸侯五年再相朝，禮也。例在文十五年。【疏】注「諸侯」至「五年」。正義曰：文十五年曹伯來朝，傳曰：「禮也。諸侯五年再相朝，以脩王命，古之制也。」杜云：「十一年曹伯來朝，雖至此乃來，亦五年也。」此十年，公如齊，至此則六年，非五年再朝之事。杜引之者，以去朝歲亦五年，故引證之。劉炫云：「杜云禮者，謂文十五年傳爲禮，此仍非禮也。」

楚人伐徐。

三月，公會齊侯、宋公、陳侯、衛侯、鄭伯、許男、曹伯，盟于牡丘。牡丘，地名，闕。**遂次于匡。**匡，衛地，在陳留長垣縣西南。

公孫敖帥師及諸侯之大夫救徐。公孫敖，慶父之子。諸侯既盟，次匡，皆遣大夫將兵救徐，故不復具列國別也。

夏，五月，日有食之。

秋，七月，齊師、曹師伐厲。厲，楚與國。義陽隨縣北有厲鄉。

八月，螽。無傳。爲災。

九月，公至自會。無傳。

季姬歸于鄫。無傳。來寧不書，此書者，以明中絶。

己卯，晦，震夷伯之廟。夷伯，魯大夫展氏之祖父。夷，謚。伯，字。震者，雷電擊之。大夫既卒書字。【疏】注「夷伯」至「書字」。　正義曰：《公羊》、《穀梁傳》皆以「晦」爲「冥」，謂晝日闇冥也。杜以《長歷》推「己卯，晦」，九月三十日。《春秋》值朔書朔，值晦書晦，無義例也。傳稱「於是展氏有隱慝焉」，知此夷伯展氏之祖父也。大夫之謚，多連字稱之，不知夷伯其名爲何，又不知今之展氏其人是誰，故漫言祖父耳。《謚法》：「安人好静曰夷。」是夷爲謚也，伯是其字也。《説文》云「震，劈歷振物者」，❶「電，陰陽激曜也」，然則震是劈歷，而言雷電擊之者，劈歷有聲、有光，雷電之大者耳，故言雷電以明之。《玉藻》云：「士於君所言大夫，没矣則稱謚若字。」是大夫既没，禮當書其字也。

冬，宋人伐曹。楚人敗徐于婁林。婁林，徐地，下邳僮縣東南有婁亭。

十有一月，壬戌，晉侯及秦伯戰于韓，獲晉侯。例得大夫曰獲。晉侯背施無親，愎諫違卜，故貶絶，下從衆臣之例，而不言以歸。不書敗績，晉師不大崩。【疏】注「例得」至「大崩」。　正義曰：諸侯與大夫因戰而被殺者，昭二十三年傳例：君死曰滅，大夫死曰獲。其被囚虜者，大夫生死同名，皆稱爲獲。國君

❶「劈歷」，閩本、監本、毛本、文淵閣本作「霹靂」。

生獲則曰以歸，蔡侯獻舞、沈子嘉、胡子豹之類皆是也。今此晉侯稱獲，故解之。不書敗績，晉侯之車還濘而被執耳，其師不大崩也。

【傳】十五年，春，楚人伐徐，徐即諸夏故也。

三月，盟于牡丘。尋葵丘之盟，且救徐也。葵丘盟在九年。**孟穆伯帥師及諸侯之師救徐，諸侯次于匡以待之。**

夏，五月，日有食之。不書朔與日，官失之也。【疏】「夏五」至「失之」。正義曰：桓十七年已有例，此重發者，沈氏云：「彼直不書日，今朔、日皆不書，故重發之。」

秋，伐厲，以救徐也。

晉侯之入也，秦穆姬屬賈君焉，晉侯入在九年。穆姬，申生姊秦穆夫人。賈君，晉獻公次妃，賈女也。**且曰：「盡納羣公子。」**羣公子，晉武、獻之族。宣二年傳曰：「驪姬之亂，詛無畜羣公子。」**晉侯烝於賈君，又不納羣公子，是以穆姬怨之。晉侯許賂中大夫，**中大夫，國内執政里、丕等。**既而皆背之。賂秦伯以河外列城五，東盡虢略，南及華山，内及解梁城，既而不與。**河外，河南也。東盡虢略，從河南而東盡虢界也。解梁城，今河東解縣也。華山在弘農華陰縣西南。【疏】注「晉侯」至「女也」。❶

---

❶「注晉侯至女也」，阮本此節正義在「屬賈君焉」句注下。

正義曰：莊二十八年傳曰：「晉獻公娶于賈，無子。烝於齊姜，生秦穆夫人及大子申生。」先言穆姬，後言申生，知是申生姊也。言娶于賈，則是正妃。杜言次妃者，蓋杜別有所見也。《晉世家》云：「申生母，齊桓女也，同母女弟爲秦穆夫人。夷吾母，重耳母女弟也。」案傳，申生之母本是武公之妾，武公末年，齊桓始立，不得爲齊桓女也。虢射，惠公之舅，狐偃，文公之舅，二母不得爲姊妹也。皆馬遷之妄耳。　注「中大」至「丕等」。❶　正義曰：《晉語》稱夷吾謂秦公子縶曰：「中大夫里克與我矣，吾命之以汾陽之田百萬。丕鄭與我矣，吾命之以負蔡之田七十萬。」此外猶應更有賂也。　注「河外」至「西南」。　正義曰：河自龍門而南，至華陰而東，晉在西河之東，南河之北，以河北爲内，河南爲外。虢略，虢之竟界也。獻公滅虢而有之，今許以賂秦。列城五者，自華山而東，盡虢之東界，其間有五城也。傳稱「許君焦、瑕」，蓋焦、瑕是其二，其餘三城不可知也。列城，猶列國，言是城之大者。解梁城，則在河北，非此河外五城之數也。**晉饑，秦輸之粟**，在十三年。**秦饑，晉閉之糴**，在十四年。**故秦伯伐晉。卜徒父筮之，吉：**徒父，秦之掌龜卜者。卜人而用筮，不能通三《易》之占，故據其所見雜占而言之。【疏】注「徒父」至「言之」。　正義曰：徒父以卜冠名，知是掌龜卜者。卜人當卜，而今用筮，知其本非所掌，不能通三《易》之占。其卦遇蠱，不引《易》文，是據其所見雜占而言之。劉炫云：「案成十六年筮卦遇復，云『南國蹙，射其元王，中厥目』，亦是雜占，則筮法亦用雜占，不必皆取《易》辭。」而云「不能通三《易》之占」者，今刪定，以爲此云「涉河，侯車敗」，又云「千乘三去，❷獲其雄狐」，了無《周易》片意。又云：「卜徒父筮之。」是

❶「注中大至丕等」，阮本此節正義在「晉侯許賂中大夫」句注下。

❷「又」，原作「失」，據正宗寺本、京都本、文淵閣本、阮本改。

卜人掌筮，故杜云不能通三《易》。而成十六年非卜人爲筮，且「南國蹙」，雖非《易》辭，還是《周易》之象，不與此同。劉君以彼難此，而規杜過，非也。**「涉河，侯車敗。」詰之。**秦伯之軍涉河，則晉侯車敗也。秦伯不解，謂敗在己，故詰之。**對曰：「乃大吉也，三敗，必獲晉君。其卦遇蠱**䷑，巽下艮上，蠱。**曰：『千乘三去，三去之餘，獲其雄狐。』夫狐蠱，必其君也。**於《周易》，「利涉大川，往有事也」，亦秦勝晉之卦也。今此所言，蓋卜筮書雜辭，以狐蠱爲君，其義欲以喻晉惠公，其象未聞。**蠱之貞，風也。其悔，山也。**內卦爲貞，外卦爲悔。巽爲風，秦象。艮爲山，晉象。**歲云秋矣，我落其實，而取其材，所以克也。**周九月，夏之七月，孟秋也。艮爲山，山有木，今歲已秋，風吹落山木之實，則材爲人所取。**實落材亡，不敗何待？」**

三敗，及韓。晉侯車三壞。【疏】注「秦伯」至「詰之」。❶　正義曰：如杜此意，則下「千乘三去」，謂晉侯之乘車三度敗壞而去，三去之後，而獲晉君也。劉炫以爲，侯者，五等揔名，國君大號，以「涉河，侯車敗」爲秦伯車敗。又云韓戰之前，秦、晉未有交兵，何得言晉侯車有三敗？以爲秦伯車三敗也。今刪定知不然者，以秦是伯爵，晉實是侯爵，既云「侯車敗」，故知是晉侯車敗。秦伯乍聞車敗，謂敗在己，不達其旨，故致詰問也。又以「韓戰之前，秦、晉未有交兵，何得言晉侯車有三敗」者，此謂車有敗壞，非兵敗也。劉君數生異見以規杜，非也。

注「巽下艮上，蠱」。　正義曰：艮剛巽柔，剛上而柔下，巽順艮止，既順而止，無所爭競，可以有事，故曰「蠱」。

❶「注秦伯至詰之」，阮本以下正義五節分疏於傳文各節下。

《序卦》曰：「蠱者，事也。」　注「於周」至「未聞」。　正義曰：筮者若取《周易》，則其事可推。此不引《易》，意不可知。故杜舍此傳文，而以《周易》言之。《蠱卦・象》云：「利涉大川，往有事也。」秦、晉隔河，往而有事，亦是秦勝晉之卦也。今此所言，不出於《易》，蓋卜筮之書别有雜辭。此雜辭不出《周易》，無可據而推求，故云「其象未聞」。　注「内卦」至「晉象」。　正義曰：筮之畫卦，從下而始，故以下爲内，上爲外。此言貞風、悔山，知内爲貞，外爲悔。《洪範》論筮云：「曰貞，曰悔。」是筮之二體，有貞、悔之名也。貞，正也。筮者先爲下體而以上卦重之，是内爲正也。《乾》之上九稱「亢龍有悔」，從下而上，物極則悔，是外爲悔也。凡筮者先爲其内，後爲其外，内卦爲己身，外卦爲他人，故巽爲秦象，艮爲晉象。　注「晉侯車三壞」。　正義曰：謂晉之車乘三度與秦戰而敗壞，非謂晉侯親乘之車也。杜言晉侯車壞者，成上「侯車敗」之文故也。且晉之車揔屬晉侯，亦得云晉侯車也。劉炫云：「此一句是史家序事，充卜人之語，言秦伯之車三經敗壞乃至於韓，而晉始懼。」

晉侯謂慶鄭曰：「寇深矣，若之何？」對曰：「君實深之，可若何？」公曰：「不孫。」卜右，慶鄭吉。弗使。惡其不孫，不以爲車右。此夷吾之多忌。**步揚御戎，家僕徒爲右，**步揚，郤犨之父。**乘小駟，鄭入也。**鄭所獻馬，名小駟。**慶鄭曰：「古者大事，必乘其產，生其水土而知其人心，安其教訓而服習其道，唯所納之，無不如志。今乘異產以從戎事，及懼而變，將與人易。**變易人意。**亂氣狡憤，陰血周作，張脉僨興，外彊中乾。**狡，戾也。僨，❶動也。氣狡憤於外，則血脉必周身而作，隨

❶「僨」，《四部叢刊》本、阮本作「憤」。

氣張動。外雖有彊形，而内實乾竭。【疏】「亂氣」至「中乾」。正義曰：言馬之亂氣狡戾而僨滿，❶陰血徧身而動作，❷張脉動起，外雖有彊形，内實乾竭。❸外爲陽，❹内爲陰，血在膚内，故稱陰血。血既動作，脉必張起，❺故言張脉也。❻氣憤於外，内必乾燥，内血爲力，故内潤則彊，❼内乾則弱。❽言乾竭者，竭，盡也，❾内乾則力盡。**進退不可，周旋不能，君必悔之。」弗聽。**

九月，晉侯逆秦師，使韓簡視師。韓簡，晉大夫韓萬之孫。**復曰：「師少於我，鬭士倍我。」公曰：「何故？」對曰：「出因其資，**謂奔梁求秦。**入用其寵，**爲秦所納。**饑食其粟，三施而無報，是以**

---

❶「僨」，正宗寺本、京都本、文淵閣本、阮本作「憤」。「滿」，原脱，據正宗寺本、京都本、文淵閣本、阮本補。
❷「陰」，原脱，據正宗寺本、京都本、文淵閣本、阮本補。
❸「竭」，原作「蒲」，據正宗寺本、京都本、文淵閣本、阮本改。
❹「外」，原作「陰」，據正宗寺本、京都本、文淵閣本、阮本改。
❺「起」，原作「竭」，據正宗寺本、京都本、文淵閣本、阮本改。
❻「故」，原作「外」，據正宗寺本、京都本、文淵閣本、阮本改。
❼「彊」，原作「起」，據正宗寺本、京都本、文淵閣本、阮本改。
❽「内」，原作「故」，據正宗寺本、京都本、文淵閣本、阮本改。
❾「盡」上，原衍「彊内」二字，據正宗寺本、京都本、文淵閣本、阮本删。

來也。今又擊之，我怠秦奮，倍猶未也。」公曰：「一夫不可狃，況國乎？」狃，忕也。❶言辟秦則使忕來。遂使請戰，曰：「寡人不佞，能合其衆而不能離也。君若不還，無所逃命。」秦伯使公孫枝對曰：「君之未入，寡人懼之。入而未定列，猶吾憂也。列，位也。苟列定矣，敢不承命？」韓簡退，曰：「吾幸而得囚。」得囚爲幸，言必敗。

壬戌，戰于韓原，九月十三日。晉戎馬還濘而止。濘，泥也。還，便旋也。小駟不調，故隋泥中。【疏】注「九月十三日」。❷正義曰：以經書十一月壬戌，恐與經壬戌相亂，故顯言之。下注云十一月壬戌，十四日是也。公號慶鄭。慶鄭曰：「愎諫違卜，愎，戾也。固敗是求，又何逃焉？」遂去之。梁由靡御韓簡，虢射爲右，輅秦伯，將止之。輅，迎也。止，獲也。鄭以救公誤之，遂失秦伯。

秦獲晉侯以歸。經書十一月壬戌，十四日。經從赴。晉大夫反首拔舍從之。反首，亂頭髮下垂也。❸拔草舍止，壞形毀服。秦伯使辭焉，曰：「二三子何其慼也？寡人之從君而西也，亦晉之妖夢是踐，豈敢以至？」狐突不寐而與神言，故謂之妖夢。申生言帝許罰有罪，今將晉君而西，

---

❶「忕」，原作「忕」。京都本、阮本作「忕」。阮校：「案，毛氏《六經正誤》云：『「忕」從『大小』之『大』，非從『犬堯』之『犬』也。』」今據改。下「忕」字同。

❷「注九月十三日」，阮本此節正義在注「九月十三日」下。

❸「反」，京都本、文淵閣本、阮本無此字。

以厭息此語。踐，厭也。**晉大夫三拜稽首，曰：「君履后土而戴皇天，皇天后土實聞君之言，羣臣敢在下風。」**

穆姬聞晉侯將至，以大子罃、弘與女簡、璧登臺而履薪焉。罃，康公名。弘，其母弟也。簡、璧，罃、弘姊妹。古之宮閉者，皆居之臺以抗絶之。穆姬欲自罪，故登臺而荐之以薪，左右上下者，皆履柴乃得通。**使以免服衰絰逆，且告，**免、衰、絰，遭喪之服，令行人服此服迎秦伯，且告將以恥辱自殺。【疏】注「罃康」至「得通」。❶　正義曰：文十八年秦伯罃卒，即此康公也。罃、弘連文，即言「與女簡、璧」，知弘是罃弟，簡、璧是其姊妹也。劉向《列女傳》説此事，云「與大子罃、公子弘與女簡、璧」，亦以簡、璧爲女也。此言登臺履薪，是自囚之事。哀八年傳稱「邾子又無道，吴子囚諸樓臺，栫之以棘」。以此二文，知古之宮閉者，皆居之於臺以抗絶之。俗本作「屨」者，履是在足之服，故踐者亦稱屨，是以誤焉。定本作「履薪」。注「免衰」至「自殺」。　正義曰：初死則有免服，成則衰、絰，皆爲遭喪之服。傳文於此或有「曰：上天降災，使我兩君相見不以玉帛，而以興戎。若晉君朝以入，則婢子夕以死。夕以入，則朝以死。唯君裁之」。《左傳》本無此言，後人妄增之耳。何以知其然？二十二年傳曰：「寡君之使婢子侍執巾櫛。」杜云：「婢子，婦人之卑稱。」若此有「婢子」，不當舍此而注彼也。又此注云且告夫人「將以恥辱自殺」，若有此辭，不煩此注。❷　服虔《解誼》，其文甚

---

❶「注罃康至得通」，阮本此節正義在「登臺而履薪焉」句注下。

❷「此」，京都本、文淵閣本、阮本作「彼」。

煩，傳本若有此文，服虔必應多解，何由四十餘字不解一言，亦至二十二年始解「婢子」？明是本無之也。今定本亦無。**曰：「上天降災，**❶**使我兩君匪以玉帛相見，而以興戎。若晉君朝以入，則婢子夕以死。夕以入，則朝以死。唯君裁之。」乃舍諸靈臺。**在京兆鄠縣，周之故臺。亦所以抗絶，令不得通外内。**大夫請以入。公曰：「獲晉侯，以厚歸也。既而喪歸，焉用之？**若將晉侯入，則夫人或自殺。**大夫其何有焉？**何有猶何得。**且晉人慼憂以重我，**謂反首拔舍。**天地以要我。不圖晉憂，重其怒也。**重猶益也。**我食吾言，背天地也。**食，消也。**重怒難任，背天不祥，必歸晉君。」**任，當也。**公子縶曰：「不如殺之，無聚慝焉。」**公子縶，秦大夫。恐夷吾歸，復相聚爲惡。**子桑曰：「歸之而質其大子，必得大成。晉未可滅而殺其君，祇以成惡。**祇，適也。**且史佚有言曰：『無始禍，史佚，周武王時大史，名佚。無怙亂，**恃人亂爲己利。**無重怒。』重怒難任，陵人不祥。」乃許晉平。**

晉侯使郤乞告瑕吕飴甥，且召之。郤乞，晉大夫也。瑕吕飴甥，即吕甥也，蓋姓瑕吕，名飴甥，字子金。晉侯聞秦將許之平，故告吕甥，召使迎己。**子金教之言曰：「朝國人而以君命賞，**恐國人不從，故先賞之於朝。**且告之曰：『孤雖歸，辱社稷矣。其卜貳圉也。』」**貳，代也。圉，惠公大子懷

---

❶「曰上天降災」至「唯君裁之」，《經典釋文》曰：「此凡四十一字，檢古本皆無，尋杜注亦不得有，有是後人加也。」今案：《經典釋文》作「四十一字」，阮校引葉抄《釋文》作「四十二字」，《四部叢刊》本作「四十七字」，蓋起訖不同，則計數不同。

公。**衆皆哭。**哀君不還國。**晉於是乎作爰田。**分公田之税應入公者，爰之於所賞之衆。**吕甥曰：「君亡之不恤，而羣臣是憂，惠之至也。將若君何？」衆曰：「何爲而可？」對曰：「征繕以輔孺子，**征，賦也。繕，治也。孺子，大子圉。**諸侯聞之，喪君有君，羣臣輯睦，甲兵益多，好我者勸，惡我者懼，庶有益乎？」衆説。晉於是乎作州兵。**五黨爲州，州二千五百家也，因此又使州長各繕甲兵。

【疏】「作爰田」。❶ 正義曰：服虔、孔晁皆云：「爰，易也。賞衆以田，易其疆畔。」杜言「爰之於所賞之衆」，則亦以爰爲易，謂舊入公者，今改易與所賞之衆。 「作州兵」。 正義曰：《周禮·鄉大夫》：「以歲時登其夫家之衆寡，辨其可任者。」州長則否。今以州長管人既少，督察易精，故使州長治之。

初，晉獻公筮嫁伯姬於秦，遇歸妹䷵兑下震上，歸妹。**之睽䷥。**兑下離上，睽。歸妹上六變而爲睽。**史蘇占之曰：「不吉。**史蘇，晉卜筮之史。**其繇曰：『士刲羊，亦無衁也。女承筐，亦無貺也。』**《周易·歸妹》上六爻辭也。衁，血也。貺，賜也。刲羊，士之功。承筐，女之職。上六無應，所求不獲，故下刲無血，上承無實，不吉之象也。離爲中女，震爲長男，故稱士女。**西鄰責言，不可償也。**將嫁女於西，而遇不吉之卦，故知有責讓之言，不可報償。**歸妹之睽，猶無相也。**歸妹，女嫁之卦。睽，乖離之象，故曰無相。相，助也。**震之離，亦離之震，**二卦變而氣相通。**爲雷爲火，爲嬴敗姬，**嬴，秦姓。姬，晉姓。震爲雷，離爲火，火動熾而害其母，女嫁反害其家之象，故曰「爲嬴敗

❶「作爰田」，阮本此節正義在「晉於是乎作爰田」句注下。

姬」。**車說其輹，火焚其旗，不利行師，敗于宗丘。**輹，車下縛也。丘猶邑也。震爲車，離爲火。上六爻在震則無應，故車脱輹。❶在離則失位，故火焚旗，言皆失車火之用也。車敗旗焚，故不利行師。火還害母，故敗不出國，近在宗邑。**歸妹睽孤，寇張之弧，**此睽上九爻辭也。處睽之極，故曰「睽孤」。失位孤絶，故遇寇難而有弓矢之警，皆不吉之象。**姪其從姑，**震爲木，離爲火，火從木生，離爲震妹，於火爲姑，❷謂我姪者，我謂之姑。謂子圉質秦。**六年其逋，逃歸其國，而棄其家，**逋，亡也。家，謂子圉歸懷嬴。❸**明年其死於高梁之虚。」**惠公死之明年，文公入，殺懷公于高梁。高梁，晉地，在平陽楊氏縣西南。凡筮者用《周易》，則其象可推，非此而往，則臨時占者或取於象，或取於氣，或取於時日王相，以成其占。若盡附會以爻象，則搆虚而不經，❹故略言其歸趣。他皆放此。【疏】「遇歸妹之睽」。❺正義曰：兑下震上爲歸妹。震爲長男，兑爲少女。兑，説也。震，動也。少陰而承長陽，説以動，是嫁妹之象。婦人謂嫁爲歸，故名此卦爲「歸妹」。兑下離上爲睽。兑爲澤，離爲火，火動而上，

---

❶「脱」，阮校：「案，傳文『脱』作『説』。《釋文》同，又云『注同』，則此亦當作『説』也。」

❷「火」，阮校：「沈彤云：當作『兑』。」

❸「歸」，《四部叢刊》本、京都本、文淵閣本、阮本作「婦」。阮校：「宋本『婦』作『歸』，非。」

❹「搆」，《四部叢刊》本、京都本、文淵閣本、阮本作「構」。阮校：「宋本『構』作『搆』，乃慶元合刻時避宋高宗諱。《釋文》作『講』，云：『本亦作構，依字讀。』」

❺「遇歸妹之睽」，阮本以下正義十二節分疏於傳文各節下。

澤動而下，乖離之象，故名此卦爲「睽」。睽，乖也。「史蘇」至「之虚」。正義曰：《易·歸妹》上六爻辭：「女承筐無實，士刲羊無血，無攸利。」此引彼文，而以「血」爲「衁」，「實」爲「貺」，唯倒其句，改兩字而加二「亦」耳，其意亦不異也。二句以外，皆史蘇自衍卦意而爲之辭，非《易》文也。《易》之爻辭，亦名爲「繇」，故云「其繇曰」。刲，刺也。貺，賜也。刺所以求血，士刲羊，亦無血。筐所以承賜，女承筐，亦無賜。皆所求無獲，是不吉之象。西方鄰國有責讓之言，不可報償也。嫁妹者，欲其與夫和親，而其爻變爲睽。歸妹之值睽爻，既嫁而更乖張，猶如無助者也。言夫不助妻，故乖離也。震變爲離，離還變爲震，震爲雷，離爲火，震變爲離，是雷變爲火，以其雷爲火，爲此嬴敗姬，言秦將敗晉也。震爲車，上六爻在震體，則無其應，是爲車則脱其輹。離爲火，上九爻在離體，則失其位，是爲火則焚其旗。車敗旗焚，是不利於行師，若其行師，敗於宗族之丘邑也。以其變爲睽卦，復就睽卦求之，睽卦則上九孤絶失位，是乖離而孤獨也。孤獨無助，遇寇難則張之弧。弧，弓也。遇寇張弓，怖懼警備，亦是不吉之象。「姪其從姑」，言兄子其當從至姑家，與同處也。在姑家六年，其將逋亡，逃歸其本國，而棄遺其家室，言將棄妻而獨歸也。歸家之明年，其將死於高梁之虚。筮嫁女而得此卦，是不吉之象。注「周易」至「士女」。正義曰：《易》之爻辭無二「亦」字，傳文加之。言男亦猶女，女亦猶男，其意同也。《易》言血，而此言衁，知衁是血也。「貺，賜」，《釋詁》文。刲，刺也。厨宰，男子之事，故刲羊，士之功也。筐篚，婦人所掌，故承筐，女之職也。上爻與三其位相值，一陰一陽乃爲相應，上、三俱是陰爻，是爲無應，動而無人應之，所求無獲，故下刺無血，上承無實，是不吉之象。上爻變，則是震爲離。離爲中女，故稱女承筐。震爲長男，男稱士，故爲士刲羊。王弼以兑爲羊，羊謂三也。上六處卦之窮，仰無所承，下又無應。爲女而上承，則虚筐而莫之與，爲士而下命，則刲羊而無血，不應所命也。言士發命而莫之應，女承筐而莫之與，是不吉之象。服虔以離爲戈兵，兑爲羊，震變爲離，是用兵刺羊之象也。三至五有坎象，坎爲血，血在羊上，故刺無血也。震爲竹，竹爲筐，震變爲離，離爲火，火動而上，其施不下，故筐無實也。此「士刲羊，女承筐」是《歸妹》上六爻辭，直據上六之一爻，故杜云「上六無應，所求不獲，故下刲無血，上承無實」，與王輔嗣同，則不須變爲離卦，自有士女之義。今杜云「離爲中女」，便是據變之後始有此承筐之象。❶既爲離卦，則上九有應，所以與《易·説卦》不同者，但《易》之所論，當卦爲義，此既用筮法，震變爲離，故以離、震雜説其理，與《易》不同，故服虔亦稱離爲戈兵，用變爲説也。注「將嫁」至「報償」。正義曰：如杜此言，直以遇卦不吉，則知言不可償，不知其象何所出也。服虔以爲三至五爲坎，坎爲月，月生西方，故爲西鄰。坎爲水，兑爲澤，澤聚水，故坎責之澤，澤償水則竭，故責言不可償。此取象甚迂，杜言「虚而不經」，謂此類也。注「歸妹」至「助也」。正義曰：杜意嫁女而遇睽，離之爻，即是無相助也，不知其象所出。服虔云：「兑爲金，離爲火，金火相遇而相害，故無助也。」注「二卦」至「相通」。正義曰：爲震與離通也。震既與離通，則離亦與震通，言此二卦相通者，與下張本。❷震爲雷，雷是動。離爲火。震之離，是動來適火，離之震，是火往適動，欲明火之動熾之意。注「嬴秦」至「敗姬」。正義曰：震爲雷，離爲火，《説卦》文。服虔云：「離爲日，爲火。秦嬴姓，水位。三至五有坎象，水勝火，故爲嬴敗姬。」注「輹車」至「宗邑」。正義曰：子夏《易傳》云：「輹，車下伏兔也。」今人謂之車屐，形如伏兔，以繩縛於軸，因名縛也。土之高者曰丘，衆之

❶「此」，正宗寺本、京都本、文淵閣本、阮本作「女」。
❷「與」，文淵閣本作「爲」。

所聚爲邑，故丘猶邑也。《晉語》：「震爲車也。」《説卦》：「離爲火也。」❶上爻在震則無應，故車脱輹。三亦陰爻，是無應也。在離則失位，故火焚其旗。初、三、五奇爲陽位，二、四、上耦爲陰位，在離則變爲陽而居陰位，是失位也。師行必乘車而建旗，車敗旗焚，故不利行師也。火還害母，故敗不出國，近在宗邑也。服虔云：「五至三有坎爲水象，震爲車，車得水而脱其輹也。震爲龍，龍爲諸侯旗，離之震，故火焚其旗也。震，東方木。兑，西方金。木遇金必敗。韓有先君之宗廟，故曰宗丘。」　注「此睽」至「之象」。　正義曰：《睽卦》上九云：「上九，睽孤。見豕負塗，載鬼一車。先張之弧，後説之弧。匪寇昏媾，往遇雨則吉。」彼文甚多，此略。取之「先張之弧」，謂見寇而張弓，故曰：「遇寇難而有弓矢之警，皆不吉之象。」服虔云：「坎爲寇、爲弓，故曰『寇張之弧』。」　注「震爲」至「質秦」。　正義曰：《釋親》云：「父之姊妹爲姑。女子謂晜弟之子爲姪。」是謂我姪者，我謂之姑。　注「逋亡」至「懷嬴」。　正義曰：桓十八年傳曰：「女有家，男有室。」室家通言耳。夫謂妻爲家，棄其家謂棄其妻，故爲懷嬴也。子圉以十七年質于秦，二十二年逃歸，是六年乃逋也。　注「惠公」至「放此」。　正義曰：圉以二十二年歸，二十三年惠公死，二十四年二月殺懷公于高粱，是爲惠公死之明年也。此筮之意，言六年逋，明年死，則是逃歸之明年。而云「惠公死之明年」者，以二月即死，據夏正言之，猶是逃歸之明年也。但周正已改，故以惠公證之耳。《春秋》筮事既多，此占最少其象，故杜因而明之，云「用《周易》則其象可推」，非《周易》則不可得知本意，所取不在《周易》。若盡皆附會爻象，以求其事，則象非其類，事非其實，全搆虚而不經，❷故略言歸趣而已，不能盡

❶「也」，京都本、文淵閣本、阮本無此字。
❷「搆」，正宗寺本、京都本、文淵閣本、阮本作「構」。

得其象也。陰陽書以爲春則木王、❶火相、土死、金囚、水休，「時日王相」謂此也。

及惠公在秦，曰：「先君若從史蘇之占，吾不及此夫。」韓簡侍，曰：「龜，象也。筮，數也。物生而後有象，象而後有滋，滋而後有數。先君之敗德，及可數乎？史蘇是占，勿從何益？言龜以象示，筮以數告，象數相因而生，然後有占，占所以知吉凶，不能變吉凶。故先君敗德，非筮數所生，雖復不從史蘇，不能益禍。**《詩》曰：『下民之孽，匪降自天，僔沓背憎，職競由人。』」**《詩·小雅》。言民之有邪惡，非天所降。僔沓面語，背相憎疾，皆人競所主作，因以諷諫惠公有以召此禍也。

【疏】「韓簡」至「何益」。❷　正義曰：卜之用龜灼以出兆，是龜以金、木、水、火、土之象而告人。筮之用蓍揲以爲卦，是筮以陰陽蓍策之數而告人也。凡是動植飛走之物，物既生訖，而後有其形象，既爲形象，而後滋多，滋多而後始有頭數。其意言龜以象而示人，筮以數而告人。惠公之意，以先君若從史蘇之占，不嫁伯姬於秦，己便不及此禍，尤先君不從卜筮也。韓簡之意，以爲惠公及禍，自由先君獻公廢適立庶之敗德，不由卜筮，故云先君之敗德既定，致公今及此禍，可由筮數始生之乎？敗德有其象數，龜筮從後而知，因嫁女於秦，見於蓍兆，故云史蘇是占，縱使當時不從，何能加益此禍？明禍敗既定，龜筮知之，從之不能損，不從不能益也。注「言龜」至「益禍」。正義曰：謂象生而後有數，是數因象而生也。若《易》之卦象，則因數而生，故先揲蓍而後得卦，是象從數

❶「則」下，京都本、文淵閣本、阮本有「爲」字。
❷「韓簡至何益」，阮本以下正義三節分疏於傳文各節下。

生也。上云龜象、筮數，下直言數不言象者，上摠論卜筮，故龜筮並言。當時唯筮伯姬，故下直舉數耳。「詩曰」至「由人」。正義曰：《詩·小雅·十月之交》篇也。下民之有邪惡妖孽，非是下自上天。今小人僔僔沓沓相對譚語，背則相憎，主於競逐爲惡者，由人耳。因以諷諫惠公，言善惡由公耳。

震夷伯之廟，罪之也，於是展氏有隱慝焉。隱惡，非法所得。尊貴，罪所不加。是以聖人因天地之變，自然之妖，以感動之。知達之主，則識先聖之情以自厲。中下之主，亦信妖祥以不妄。神道助教，唯此爲深。【疏】注「隱惡」至「爲深」。正義曰：慝訓惡也。隱蔽之惡，不見於外，非法令所得繩也。其人尊貴，非刑罰所能加也。忽有震破其廟，乃是幽冥加罪。聖人因天地之變，自然之妖，故章其事，以感動穢行之人，使自懲肅也。知達之主，則識先聖之情，知此欲以懼愚人也。中下之主，亦信此妖祥之事，謂身爲惡行，神必加禍，以此不妄動作。《易》稱「聖人以神道設教」，故云神道助教，唯此事爲深。因此遂汎解《春秋》諸有妖祥之事，皆爲此也。

冬，宋人伐曹，討舊怨也。莊十四年，曹與諸侯伐宋。

楚敗徐于婁林，徐恃救也。恃齊救。

十月，晉陰飴甥會秦伯，盟于王城。陰飴甥即呂甥也。食采於陰，故曰陰飴甥。王城，秦地，馮翊臨晉縣東有王城，今名武鄉。**秦伯曰：「晉國和乎？」對曰：「不和。小人恥失其君，而悼喪其親，**痛其親爲秦所殺。**不憚征繕以立圉也，曰：『必報讎，寧事戎狄！』君子愛其君而知其罪，不憚征繕以待秦命，曰：『必報德，有死無二。』以此不和。」秦伯曰：「國謂君何？」對曰：「小人慼，謂之**

不免。君子恕，以爲必歸。小人曰：『我毒秦，秦豈歸君？』毒謂三施不報。君子曰：『我知罪矣，秦必歸君。貳而執之，服而舍之，德莫厚焉，刑莫威焉。服者懷德，貳者畏刑。此一役也，言還惠公，使諸侯威服，復可當一事之功。【疏】注「言還」至「之功」。　正義曰：服虔云：「一役者，謂韓戰之役。」知不然者，吕甥之言勸秦伯而納晉侯，假稱君子之意，若納晉君，可以更當一役之功。欲深勸秦伯，若直論韓戰之役，於秦未有深利，何肯納也？故杜别爲其説。劉炫以服義規之，雖於理亦通，未爲殊絶。　秦可以霸。納而不定，廢而不立，以德爲怨，秦不其然。』」秦伯曰：「是吾心也。」改館晉侯，饋七牢焉。牛、羊、豕各一爲一牢。

蛾析謂慶鄭曰：❶「盍行乎？」蛾析，晉大夫。❷對曰：「陷君於敗，謂呼不往，誤晉師，失秦伯。敗而不死，又使失刑，非人臣也。臣而不臣，行將焉入？」十一月，晉侯歸。丁丑，殺慶鄭而後入。丁丑，月二十九日。

是歲，晉又饑，秦伯又餼之粟，曰：「吾怨其君，而矜其民。且吾聞唐叔之封也，箕子曰：『其後

---

❶「蛾析」，阮校：「《釋文》：『蛾，本或作蟻』；『析』作『晳』，『本或作析』。案，惠棟云：『婁壽曰：古「蛾」與「蟻」通。《漢書》「白蛾羣飛」、「扶服蛾伏」，《陳球後碑》「蜂聚蛾動」，《仲秋下旬碑》「蛾附」，皆與「蟻」同。』陳樹華云：『《禮記》「蛾子時術」之「蛾」音「蟻」，《後漢書·皇甫嵩傳》「時人謂之黄巾，亦名爲蛾賊」，注云：「蛾音魚綺反。」即「蟻」字也。』」

❷「夫」下，《四部叢刊》本、京都本、阮本有「也」字。

必大。』晉其庸可冀乎？唐叔，晉始封之君，武王之子。箕子，殷王帝乙之子，紂之庶兄。**姑樹德焉，以待能者。」於是秦始征晉河東，置官司焉。**征，賦也。【疏】注「唐叔」至「庶兄」。❶ 正義曰：唐叔，晉始封之君，《晉世家》文也。《宋世家》云：「箕子者，紂親戚也。」止云「親戚」，不知爲父也，兄也。鄭玄、❷王肅皆以箕子爲紂之諸父，服、杜以爲紂之庶兄。既無正文，各以其意言耳。歷檢諸書，不見箕子之名，唯司馬彪注《莊子》云「胥餘，箕子名」，不知其然否。

❶ 「注唐叔至庶兄」，阮本此節正義在「晉其庸可冀乎」句注下。

❷ 「鄭玄」，《史記·宋世家》（中華書局校點本）索隱作「馬融」。

春秋左傳正義卷第十二　僖公

國子祭酒上護軍曲阜縣
開國子臣孔穎達等奉勑撰

【經】十有六年，春，王正月，戊申，朔，隕石于宋五。隕，落也。聞其隕，視之石，數之五，各隨其聞見先後而記之。莊七年，星隕如雨，見星之隕而隊於四遠若山若水，不見在地之驗。此則見在地之驗，而不見始隕之星。史各據事而書。【疏】注「隕落」至「而書」。正義曰：「隕，落」，《釋詁》文。《公羊傳》曰：「曷爲先言霣而後言石？霣石記聞，聞其磌然，視之則石，察之則五。」是隨聞見先後而記之也。傳稱「隕星也」，則石亦是星，而與星隕文倒，故解之。彼見星之隕，不見在地之驗，此見在地之石，不見始隕之星。史各據事而書，故文異也。三十三年書隕霜者，亦見在地之霜，不見在天之驗，故霜上言隕，與此同也。星、石、霜言隕，雪、雹、螽言雨者，其狀似雨者稱雨，不似雨者即稱隕。❶**是月，六鷁**

❶「隕」下，京都本、阮本有「也」字。

退飛，❶**過宋都。**是月，隕石之月。重言「是月」，嫌同日。鷁，水鳥，高飛遇風而退，宋人以爲灾，告於諸侯，故書。【疏】注「是月」至「故書」。　正義曰：《月令》諸言「是月」，皆是前事之月，知此是隕石之月也。石隕、鷁退俱是宋事，事相類而同時告，故重言「是月」，嫌同日也。告者不以鷁退之日告，故言是月以異之。鷁，水鳥者，相傳爲然。《春秋考異郵》云：「鷁者，毛羽之蟲，生陰而屬於陽。」《洪範五行傳》曰：「鷁者，陽禽。鷁，字或作鶂。」《廣志》云：「鷁，古退飛者，今以其首爲船頭。」《莊子》云：「鷁之相視，眸子不運而風化。」《博物志》云「雄雌相視則孕，或曰雄鳴上風，雌承下風，則亦孕」是也。鳥飛不能自退，傳言「風也」，是鳥高飛，遇風而退却也。《公羊傳》曰：「視之則六，察之則鷁，徐而察之則退飛。」是亦隨見先後而書之。魯史而記宋事，知其宋人以爲灾，告於諸侯，故書。

三月，壬申，公子季友卒。無傳。稱字者，貴之。公與小斂，❷故書日。【疏】注「稱字」至「書日」。　正義曰：季是其字，友是其名，猶如仲遂、叔肸之類，皆名字雙舉。劉炫以季爲氏而規杜過，非也。炫云：「季友、仲遂皆生賜族，非字也。」

夏，四月，丙申，鄫季姬卒。無傳。

---

❶「鷁」，阮校：「案，《公羊》、《穀梁》『六鷁』作『六鶂』。《釋文》云：『本或作鶂。』《說文》引傳亦作『鶂』。《史記·宋微子世家》索隱引同。然則三傳經文本皆作『鶂』字。按，《說文》作『鶃』，引『六鶃退飛』，無『鷁』字。」

❷「小」，阮校：「《釋文》無『小』字。」

秋，七月，甲子，公孫茲卒。無傳。

冬，十有二月，公會齊侯、宋公、陳侯、衛侯、鄭伯、許男、邢侯、曹伯于淮。臨淮郡左右。【疏】注「臨淮郡左右」。　正義曰：淮水發源入海，其路甚長，會于淮者，必是會于水旁，不得會于水内。杜欲指其處，無以可明，故云「臨淮郡左右」。

【傳】十六年，春，隕石于宋五，隕星也。但言星，則嫌星使石隕，故重言隕星。【疏】注「但言」至「隕星」。　正義曰：下云「風也」，是風使鷁退。此若直言星也，則嫌是星使石隕，故重言「隕星」，以明所隕之石即是星也。《易》稱「在天成象，在地成形」，則星之在上，其形不可知也。古今之説，星隕至地，皆言爲石。經書在地之驗，故言隕石。傳本在天之時，故言「隕星」。不知星之在上，其形本是石也？爲當既隕，始變爲石？聖賢不説，難得而知。**六鷁退飛，過宋都，風也。**六鷁遇迅風而退飛，風高不爲物害，故不記風之異。

周内史叔興聘于宋，宋襄公問焉，曰：「是何祥也？吉凶焉在？」祥，吉凶之先見者。襄公以爲石隕鷁退，能爲禍福之始，故問其所在。【疏】注「祥吉」至「所在」。　正義曰：《中庸》云：「國家將興，必有禎祥。國家將亡，必有妖孽。」則事之先見，善惡異名，吉之先見謂之祥，凶之先見謂之妖。此揔云祥者，彼對文耳。《書序》云：「亳有祥，❶桑、穀共生于朝。」《五行傳》云青祥、白祥之類惡事，亦稱爲祥，祥是揔名。公問「是

❶「亳」，原作「毫」，據正宗寺本、文淵閣本、阮本改。

何祥也？吉凶焉在」，故杜并以吉凶解之，言吉凶先見皆爲祥也。襄公以爲石隕、鷁退能爲禍福之始，故問其所在。蓋當慮其在己，故問之。**對曰：「今兹魯多大喪，**今兹，此歲。**明年齊有亂，君將得諸侯而不終。」**魯喪、齊亂、宋襄不終，❶別以政刑吉凶他占知之。【疏】注「魯喪」至「知之」。正義曰：此三者，叔興止言其事，不説知之所由，或觀政教、刑法，或他事別有占驗，故云「別以政刑他占知之」，言知之不由石、鷁也。劉炫云：「政者，若周大夫入陳竟，見官職不脩，君臣南冠如夏氏，知簡夷將亂。子貢見公執玉卑，知其替死也。刑者，若夷吾忌克多怨，君子知其不終也。吉凶有二，陰陽調序，四海玉燭，時吉也。陰陽錯逆，寒暑失度，民多癘疫，五穀不登，時凶也。父慈子孝，君義臣忠，人吉也。父不父，子不子，君不君，臣不臣，人凶也。」**退而告人曰：「君失問。是陰陽之事，非吉凶所生也。**言石隕、鷁退，陰陽錯逆所爲，非人所生。襄公不知陰陽而問人事，故曰「君失問」。叔興自以對非其實，恐爲有識所譏，故退而告人。【疏】注「言石」至「告人」。正義曰：劉炫云：「言是陰陽之事也，則知事由陰陽。若陰陽順序，則物皆得性，必無妖異。故云陰陽錯逆所爲，非人吉凶所生也。傳稱天反時爲灾，地反物爲妖，人反德爲亂，亂則妖灾生。《洪範》『咎徵曰：狂恒雨若』之類，皆言人有愆失，乃致陰陽錯逆。而云陰陽錯逆非人所生者，石隕、鷁飛，事由陰陽錯逆，陰陽錯逆，乃是人行所致。襄公不問己行何失，致有此異，乃謂既有此異，將來始有吉凶。故答云：『是乃陰陽之事，非將來吉凶所生。』言將來若有吉凶，協此石、鷁之異耳，非始從石、鷁而出也。襄公不知陰陽錯逆爲既往之咎，乃謂將來吉

❶「宋襄」下，京都本、文淵閣本、阮本有「公」字。

凶出石、鷁之間，是不知陰陽而空問人事，故云『君失問』也。叔興若以實對，當云『由君愆失，致有此異』，今乃別以政刑他占橫説齊亂、魯喪，自以對非其實，恐爲有識所譏，❶故退而告人以此言也。」服虔云：「鷁退風咎，君行所致，非吉凶所從生。襄公不問己行何失，而致此變，但問吉凶焉在，以爲石隕、鷁退，吉凶所從而生，故云『君失問』。」是劉炫用服義爲説也。今刪定以杜注云：石、鷁「陰陽錯逆所爲，非人所生」，則陰陽錯逆，自然有此，非由人事之失致此錯逆。又吉凶不由石、鷁所生，故傳云「是陰陽之事，非吉凶所生」。是吉凶不由石、鷁，石、鷁不由於人，則吉凶之來，別由人行得失耳。故《釋例》云「或異而無感，或感而不可知」，如此之類是也。其傳云「亂則妖災生」，《洪範》曰「狂，恒雨若」，此皆假之陰陽以爲勸戒，神道助教，非實辭也。但聖賢之説未知孰是，故兩載其義，以俟後賢。**吉凶由人，吾不敢逆君故也。」**積善餘慶，積惡餘殃，故曰「吉凶由人」。君問吉凶，不敢逆之，故假他占以對。【疏】注「積善」至「以對」。正義曰：積善餘慶，積惡餘殃，《易·文言》文也。言將來吉凶，由人行所致。行善則有吉，行惡則有凶。吉凶自由於君，不從石、鷁而出。吾不敢逆君之心，故假他占以對之。❷

夏，齊伐厲，不克，救徐而還。十五年齊伐厲以救徐。

秋，狄侵晉，取狐廚、受鐸，涉汾，及昆都，因晉敗也。狐廚、受鐸、昆都，晉三邑。平陽臨汾縣

❶「譏」，阮本作「識」。

❷「對」，京都本、阮本作「告」。

西北有狐谷亭。汾水出大原，南入河。【疏】注「狐廚」至「入河」。　正義曰：汾水從平陽南流折而西入于河。臨汾縣在汾水北，狐谷疑是狐廚，乃在縣之西北，則狐廚、受鐸皆在汾北。狄自北而侵，南涉汾水至于昆都，昆都在汾南也。

王以戎難告于齊，齊徵諸侯而戍周。❶十一年戎伐京師以來，遂爲王室難。

冬，十一月，乙卯，鄭殺子華。終管仲之言，事在七年。

十二月，會于淮，謀鄫，且東略也。鄫爲淮夷所病故。**城鄫，役人病，有夜登丘而呼曰：「齊有亂。」不果城而還。**役人遇厲氣，不堪久駐，故作妖言。

【經】**十有七年，春，齊人、徐人伐英氏。**

夏，滅項。項國，今汝陰項縣。公在會，别遣師滅項，不言師，諱之。【疏】注「項國」至「諱之」。正義曰：知非師少不言師，而言「諱之」者，沈云：「襄十三年傳云：『用大師焉曰滅。』此既稱滅，故知用大師。」劉炫云：「案傳，『齊人以爲討』，討其滅國，非討用師，既不諱滅，何以諱師？炫謂將卑師少稱人，不可自言魯人，故不稱師。」炫不達此旨，以爲將卑師少以規杜過，非也。

秋，夫人姜氏會齊侯于卞。卞，今魯國卞縣。【疏】「夫人」至「于卞」。　正義曰：婦人送迎不出門，見

---

❶「而」，阮校：「石經無『而』字。」

兄弟不踰閾。❶ 今出會齊侯無譏文者，凡夫人之行得禮、失禮直書其事，善惡自明，故於文悉無褒貶。此時公爲齊人所止，夫人會以釋之，縱使違禮，不合貶責。

九月，公至自會。公既見執于齊，猶以會致者，諱之。

冬，十有二月，乙亥，齊侯小白卒。與僖公八同盟，赴以名。【疏】注「與僖」至「以名」。　正義曰：元年盟于犖，三年公子友如齊涖盟，五年于首止，七年于甯母，八年于洮，九年于葵丘，十五年于牡丘，四年與屈完盟于召陵，諸侯皆在，公亦與焉，故爲八也。同盟相赴以名，主謂當時兩君，但與其父盟，亦得以名赴其子耳。與僖盟既多，故不復通數莊、閔也。

【傳】十七年，春，齊人爲徐伐英氏，以報婁林之役也。英氏，楚與國。婁林役在十五年。

夏，晉大子圉爲質於秦，秦歸河東而妻之。秦征河東置官司，在十五年。**惠公之在梁也，梁伯妻之。梁嬴孕，過期，**過十月不產。懷子曰孕。【疏】注「過十」至「曰孕」。　正義曰：十月而產，婦人大期。又《家語》云「人十月而生」，故知過期，過十月也。《易》稱「婦孕不育」，《說文》云「孕，懷子也」。**卜招父與其子卜之。**卜招父，梁大卜。**其子曰：「將生一男一女。」招曰：「然。男爲人臣，女爲人妾。」故名男曰圉，女曰妾。**圉，養馬者。不聘曰妾。【疏】注「圉養」至「曰妾」。　正義曰：昭七年傳曰：「馬有圉，牛

---

❶ 「不」，原爲空格，據正宗寺本、京都本、文淵閣本、阮本補。

有牧。」《内則》云：「聘則爲妻，奔則爲妾。」是也。及子圉西質，妾爲宦女焉。宦事秦爲妾。

師滅項。師，魯師。淮之會，公有諸侯之事，未歸，而取項。淮會在前年冬。諸侯之事，會同講禮之事。齊人以爲討，而止公。内諱執，皆言止。

秋，聲姜以公故，會齊侯于卞。聲姜，僖公夫人，齊女。

九月，公至。書曰：「至自會。」猶有諸侯之事焉，且諱之也。恥見執，故託會以告廟。【疏】「猶有」至「諱之也」。正義曰：實無諸侯之事，而言「至自會」者，尚似有諸侯之事焉。

齊侯之夫人三：王姬、徐嬴、蔡姬，皆無子。齊侯好内，多内寵，❶内嬖如夫人者六人：長衛姬生武孟，武孟，公子無虧。少衛姬生惠公，公子元。鄭姬生孝公，公子昭。葛嬴生昭公，公子潘。密姬生懿公，公子商人。宋華子生公子雍。華氏之女，子姓。公與管仲屬孝公於宋襄公，以爲大子。雍巫有寵於衛共姬，因寺人貂以薦羞於公，雍巫，雍人名巫，即易牙。【疏】注「雍巫」至「易牙」。正義曰：《周禮》掌食之官，有内雍、外雍。此人爲雍官，名巫，而字易牙也。亦有寵，公許之立武孟。易牙既有寵於公，爲長衛姬請立武孟。管仲卒，五公子皆求立。冬，十月，乙亥，齊桓公卒。乙亥，月八

❶「内寵」，阮校：「案，《漢書・五行志》注、李善注《文選》范蔚宗《後漢書・皇后紀論》引無『内』字。陳樹華云：上有『齊后好内』，下有『内嬖如夫人者六人』之文，則此句『内』字似贅，疑涉後『因内寵』之文而衍，且杜氏不應舍此句而注下句也。」

日。易牙入，與寺人貂因内寵以殺羣吏，内寵，内官之有權寵者。而立公子無虧。孝公奔宋。十二月，乙亥，赴。辛巳，夜殯。六十七日乃殯。

【經】十有八年，春，王正月，宋公、曹伯、衛人、邾人伐齊。納孝公。

夏，師救齊。無傳。

五月，戊寅，宋師及齊師戰于甗，齊師敗績。無虧既死，曹、衛、邾先去，魯亦罷歸，故宋師獨與齊戰。不稱宋公，不親戰也。大崩曰敗績。甗，齊地。

狄救齊。無傳。救四公子之徒。

秋，八月，丁亥，葬齊桓公。十一月而葬，亂故。八月無丁亥，日誤。

冬，邢人、狄人伐衛。狄稱人者，史異辭，傳無義例。【疏】注「狄稱」至「義例」。　正義曰：決上狄救齊不稱人也。於例，將卑師衆稱師，將卑師少稱人，謂中夏諸侯之例。此稱邢人，是將卑師少者。夷狄既無爵命，非有君臣之别，文多稱戎、稱狄，令君臣同文，❶或單稱狄，或稱狄人，是時史異辭，非褒貶也。《穀梁傳》曰：「狄其稱人何也？善累而後進之，伐衛，所以救齊也。」其意以爲上已救齊，今復伐衛救齊，故進之稱人。《左氏》無此義，故爲史異辭。

---

❶「令」，京都本、文淵閣本、阮本作「今」。

【傳】十八年，春，宋襄公以諸侯伐齊。三月，齊人殺無虧。以説宋。

鄭伯始朝于楚，中國無霸故。楚子賜之金，既而悔之，與之盟曰：「無以鑄兵。」楚金利故。故以鑄三鐘。古者以銅爲兵，傳言楚無霸者遠略。【疏】注「楚金利」。❶正義曰：《考工記》云「吴、越之劍」是也。

齊人將立孝公，不勝四公子之徒，遂與宋人戰。無虧已死，故曰四公子。夏，五月，宋敗齊師于甗，立孝公而還。

秋，八月，葬齊桓公。孝公立而後得葬。

冬，邢人、狄人伐衛，圍菟圃。衛侯以國讓父兄子弟，及朝衆，曰：「苟能治之，燬請從焉。」燬，衛文公名。衆不可，不聽衛侯讓。而後師于訾婁。陳師訾婁。訾婁，衛邑。狄師還。獨言狄還，則邢留距衛，言邢所以終爲衛所滅。

梁伯益其國而不能實也，多築城邑，而無民以實之。命曰新里。秦取之。

【經】十有九年，春，王三月，宋人執滕子嬰齊。稱人以執，宋以罪及民告。例在成十五年。傳

❶ 「注楚金利」，阮本此節正義在注「楚金利故」下。

例不以名爲義，書名及不書名皆從赴。【疏】注「稱人」至「從赴」。　正義曰：此云「宋人執滕子」，下云「邾人執鄫子」，二君於傳無不道之狀，而皆稱人以執，是宋公欲重其罪，以罪及民告，故史從而書之，以示虚實。《釋例》曰：「凡諸侯無加民之惡，而稱人以執，皆時之赴告，欲重其罪，以加民爲辭。國史承之，書之於策，而簡牘之記具存。夫子因示虚實，故傳隨而著其本狀，以明得失也。滕子、鄫子皆稱人見執，宋欲重二國之罪，故以不道赴，或名或不名，從所告之文也。傳具載子魚之辭，以虐二國之君見義，明非罪也。」杜言書名從赴者，諸侯被執，其罪與不罪，直以執者稱人、稱侯爲異，傳例不以書名爲義。《釋例》曰：「諸見執者，已在罪賤之地，書名與否，非例所加，故但言執某侯也。」其意言被執已是罪賤，書名更無可加，故不復以名爲義。既不以爲義，而被執者有名與不名，知其皆從赴也。

夏，六月，宋公、曹人、邾人盟于曹南。無傳。曹雖與盟，而猶不服，不肯致餼，無地主之禮，故不以國地，而曰曹南，所以及秋而見圍。【疏】注「曹雖」至「見圍」。　正義曰：哀十二年傳曰：「諸侯之會，侯伯致禮，地主歸餼。」桓十四年「公會鄭伯于曹」，傳曰：「曹人致餼，禮也。」《春秋》諸會於國都者，即以國都名爲會地，地主不序於列。此會地於曹南，則在曹之都也。在曹之都而曹人在列，是曹雖與盟而心猶不服。秋，宋人圍曹，傳曰：「討不服也。」以不服而被圍，知此地以曹南，即是不服之狀，明是不肯致餼，無地主之禮，以此故不以國地，而曰曹南，所以及秋而見圍。以秋見圍，知此時不服，故注言之。

鄫子會盟于邾。不及曹南之盟。諸侯既罷，鄫乃會之於邾，故不言如會。【疏】注「不及」至「如會」。　正義曰：諸侯盟于曹南，鄫子欲往會之。未至於曹，諸侯既罷，以邾既盟訖，故如邾會之。本意欲往會盟，未至於曹，諸侯已去，其實至於邾國，故書會盟于邾，言其意欲盟也。二十八年踐土盟，下云「陳侯如會」，彼謂往至會所，此不至會所，故書其所至，而不言如會。襄七年鄬之會，下「鄭伯髡頑如會，未見諸侯，丙戌，卒于鄬」，亦不至會所，而云如會者，其意欲會，而在道身喪，故亦書其所至，義與此同，但卒執事異，故文異耳。鄫子不及曹南，而至於邾國，蓋宋公知其在邾，故使邾子執之。**己酉，邾人執鄫子，用之。**稱人以執，宋以罪及民告也。鄫雖失大國會盟之信，然宋用之，爲罰已虐，故直書「用之」，言若用畜産也。不書社，赴不及也。不書宋使邾，而以邾自用爲文，南面之君，善惡自專，不得託之於他命。【疏】注「稱人」至「他命」。正義曰：昭十一年「楚執蔡世子友，❶用之」，與此「執鄫子，用之」，皆惡其無道，直書「用之」，言其若用畜牲，所以惡楚、宋也。惡宋而以邾自用爲文者，南面之君，善惡自專，不得託之他命，事實惡宋，亦所以惡邾也。傳稱用之于社，而經不書于社，故云「赴不及」也。劉炫規過云：「執蔡世子友用之，不言岡山，此何須云『于社』？」今删定知不然者，以莊二十五年「鼓，用牲于社」，今鄫子既同畜牲而用，當云「邾人用鄫子于社」，今不云「于社」，故知赴不及，則昭十一年「執蔡世子友用之」，亦赴不及也。

秋，宋人圍曹。衛人伐邢。伐邢在圍曹前，經書在後，從赴。

冬，會陳人、蔡人、楚人、鄭人，盟于齊。地於齊，齊亦與盟。【疏】注「地於」至「與盟」。正義曰：地於齊者，言即以齊爲所盟之地也。傳稱「陳穆公請脩桓公之好」，而爲此盟，明是齊亦與盟，地於齊而齊不序。

---

❶「友」，昭公十一年經作「有」。

諸盟會以國都，而地主不列於序者，地主亦與盟會，皆以此而知之耳。

梁亡。以自亡爲文，非取者之罪，所以惡梁。【疏】注「以自」至「惡梁」。　正義曰：諸侯受命天子，分地建國，無相滅之理。此以自亡爲文，不書所取之國，以爲梁國自亡，非復取者之罪，所以深惡梁耳，非言秦得滅人國也。《釋例》曰：「作事不時，則怨讟動於民。彼梁伯者，虛興無虞之力，❶詐稱無害之寇，遂溝其宮，以遏百姓之心，開大國之志，是妖釁之先徵，自亡之實應，故不言秦滅梁，而以自亡爲文。」

【傳】十九年，春，遂城而居之。承前年傳取新里，故不復言秦也。爲此冬「梁亡」傳。

宋人執滕宣公。

夏，宋公使邾文公用鄫子于次睢之社，欲以屬東夷。睢水受汴，東經陳留、梁、譙、沛、彭城縣入泗。此水次有妖神，東夷皆社祠之，蓋殺人而用祭。【疏】「欲以屬東夷」。❷　正義曰：屬訓聚也。殺鄫子以懼東夷，使東夷聚來歸己也。齊桓以德屬諸侯，諸侯聚歸齊桓。　注「睢水」至「用祭」。　正義曰：《釋例》曰：「汴水自滎陽受河，睢水受汴，東經陳留、梁國、譙郡、沛國，至彭城縣入泗。」凡水，首從水出謂之「受」，流歸他水謂之「入」。《漢書》之例爲然，言汴從河出，睢從汴出也。次謂水旁也。下云「用諸淫昏之鬼」，則此祀不

❶「力」，正宗寺本、京都本、文淵閣本、阮本作「功」。

❷「欲」上，正宗寺本、京都本、阮本有「傳」字。

在祀典，故云「此水次有妖神」。妖神而謂之社，傳言「以屬東夷」，則此是東夷之神，故言「東夷皆社祠之」。劉炫云：「案昭十年，季平子伐莒，獻俘，始用人於亳社。彼亳社舊不用人，杜何以知此社殺人而用祭乎？」今知不然者，彼傳云「始用人於亳社」，故知舊來不用。此云「使邾文公用鄫子于次睢之社」，既不言始，明知舊俗用之。劉取彼而規杜過，非也。**司馬子魚曰：「古者六畜不相爲用，**司馬子魚，公子目夷也。六畜不相爲用，謂若祭馬先不用馬。【疏】注「司馬」至「用馬」。正義曰：《爾雅·釋畜》馬、牛、羊、豕、犬、雞，謂之「六畜」，《周禮》謂之「六牲」。養之曰畜，用之曰牲，其實一物也。此云「六畜不相爲用」，昭十一年傳曰：「五牲不相爲用。」彼注不云馬，而以其餘當之，明其俱爲祭祀所用，彼此同也。《周禮·校人》「春祭馬祖」，鄭玄云：「馬祖，天駟也。《孝經説》曰：『房爲龍馬。』」六畜之言先祖者，唯此一文而已。以外牛、羊之等，其祖不知爲何神也。「謂若祭馬先不用馬」，略舉一隅，據有文者言之耳。沈氏云：「《春秋説》天苑主牛，又有天雞、天狗、天豕。以馬祖類之，此等各有其祖。」**小事不用大牲，**【疏】「小事不用大牲」。正義曰：《雜記》言釁廟用羊，門夾室皆用雞。隱十一年傳稱鄭伯之詛，「使卒出豭，行出犬、雞」。如此之類，皆是不用大牲也。**而況敢用人乎？祭祀以爲人也，民，神之主也，用人，其誰饗之？齊桓公存三亡國以屬諸侯，**三亡國，魯、衛、邢。【疏】注「三亡國魯衛邢」。正義曰：《齊語》云「魯有夫人、慶父之亂，二君弑死，國絶無嗣，桓公使高子存之。狄人攻邢，桓公築夷儀以封之。狄人攻衛，衛人出廬于曹，桓公城楚丘以封之」，是也。衛則狄滅之矣，魯、邢不滅，而言亡者，美大齊桓之功耳。**義士猶曰薄德。**謂欲因亂取魯，緩救邢、衛。**今一會而虐二國之君，**宋公三月以會召諸侯，執滕子，六月而會盟，其月二十二日執鄫子，故云「一會而虐二國之君」。**又用諸淫昏之鬼，非**

周社故。將以求霸，不亦難乎？得死爲幸！」恐其亡國。

秋，衛人伐邢，以報菟圃之役。邢不速退，所以獨見伐。於是衛大旱，卜有事於山川，不吉。有事，祭也。甯莊子曰：「昔周饑，克殷而年豐。今邢方無道，諸侯無伯，伯，長也。天其或者欲使衛討邢乎？」從之，師興而雨。

宋人圍曹，討不服也。曹南盟，不脩地主之禮故。子魚言於宋公曰：「文王聞崇德亂而伐之，軍三旬而不降，崇，崇侯虎。退脩教而復伐之，因壘而降。復往攻之，備不改前，而崇自服。《詩》曰：『刑于寡妻，至于兄弟，以御于家邦。』《詩·大雅》。言文王之教，自近及遠。寡妻，嫡妻，謂大姒也。刑，法也。今君德無乃猶有所闕，而以伐人，若之何？盍姑内省德乎？無闕而後動。」

陳穆公請脩好於諸侯，以無忘齊桓之德。冬，盟于齊，脩桓公之好也。宋襄暴虐，故思齊桓。

梁亡。不書其主，自取之也。不書取梁者主名。初，梁伯好土功，亟城而弗處，民罷而弗堪。則曰：「某寇將至。」乃溝公宮，溝，壍。❶曰：「秦將襲我。」民懼而潰，秦遂取梁。

【經】二十年，春，新作南門。魯城南門也，本名稷門。僖公更高大之，今猶不與諸門同，改名

---

❶「壍」，阮校：「《釋文》亦作『壍』。按，《玉篇》引注作『塹』。」

高門也。❶言新以易舊，言作以興事，皆更造之文也。【疏】注「魯城」至「文也」。正義曰：魯城南門，本名稷門。今新作者，新脩彼稷門，更令高大，因改名高門。此事非有所據，魯人相傳云然，今時魯人其言猶如此也。新者易舊之意，作者興事之辭，皆是更造之文也。劉、賈先儒皆云「言新有故木，言作有新木」，故爲此言以異之。《釋例》曰：「言新，意所起。言作，以興事。通謂興起功役之事。揔而言之，不復分别因舊與造新也。」

夏，郜子來朝。無傳。郜，姬姓國。【疏】注「郜姬姓國」。正義曰：二十四年傳富辰所云，郜之初封，文王之子，聃季之弟。以後更無所聞，唯此年一見而已。無時君謚號，不知誰滅之。

五月，乙巳，西宫災。無傳。西宫，公别宫也。天火曰災，例在宣十六年。【疏】注「西宫」至「六年」。正義曰：《穀梁》以西宫爲閔公之廟。禮，宗廟在左，不得稱西宫也。《公羊傳》曰：「西宫者何？小寢也。小寢則曷爲謂之西宫？有西宫，則有東宫矣。」此注取《公羊》爲説，故云「公别宫」也。

鄭人入滑。入例在襄十三年。

秋，齊人、狄人盟于邢。

冬，楚人伐隨。

【傳】**二十年，春，新作南門。書不時也。**失土功之時。**凡啓塞從時。**門户道橋謂之啓，城郭

---

❶「改名高門也」，阮校：「案，《水經·泗水注》引作『故名南門也』。」

牆塹謂之塞，皆官民之開閉，不可一日而闕，故特隨壞時而治之。今僖公脩飾城門，非開閉之急，故以土功之制譏之。傳嫌啓塞皆從土功之時，故别起從時之例。【疏】注「門户」至「之例」。正義曰：傳唯言「啓塞從時」，不知啓塞之言意何所謂？服虔云：「闔扇，所以開。鍵閉，所以塞。《月令》：『仲春，脩闔扇。孟冬，脩鍵閉。』從時，從此時也。」傳既云作門不時，更發從時之例，則啓塞之事當是城門之類，安得以爲闔扇、鍵閉細小之物乎？若是仲春、孟冬，傳何以不言春、冬，而直云「從時」？知從何時？豈丘明作傳不了，待《月令》而後明哉？故杜更爲别説。雖杜之言亦無明證，正以門户道橋所以開人行路，故以爲啓，城郭牆塹所以障蔽往來，故以爲塞。雖言無所據，而理在可通。此二事者，皆官民之所開閉，終當須之，不可一日而闕。言從時者，特從壞時而脩之，不得拘以土功時月也。此新作南門者，當時不是傾壞，僖公欲脩飾使高大耳，非開閉之急，得待土功閒月，今以日至之後興造此門，故以土功之制譏之，云「書不時也」。傳既譏僖公作門不時，嫌門户牆塹之類交急之事亦待土功之月，故别起從時之例，言啓塞不須待時，其新作門須待時耳。杜云城郭謂之塞，亦得從壞時而治之，所以《春秋》築城，每云「書不時」者，謂非因破壞而輒脩理，故謂之不時。《釋例》曰：「門户道橋，城郭牆塹，官民之開閉，不可一日闕者也。故特隨壞時而脩之，皆當其時而訖，不必用土功之常時也。故傳既曰『書不時』，又曰『啓塞從時』，重發以明二義。其他急事，亦包之也。」魯城南面三門，隱公元年開一門，故今南有四門。僖公意更繕治高大稷門，非啓塞之義，而以日至之後興功，故經書「春」，傳曰「書不時」，言失土功之時也，啓塞之事猶得從宜而脩之。

滑人叛鄭而服於衛。夏，鄭公子士、洩堵寇帥師入滑。公子士，鄭文公子。洩堵寇，鄭大夫。

秋，齊、狄盟于邢，爲邢謀衛難也。於是衛方病邢。

隨以漢東諸侯叛楚。冬，楚鬬穀於菟帥師伐隨，取成而還。君子曰：「隨之見伐，不量力也。量力而動，其過鮮矣。善敗由己，而由人乎哉？《詩》曰：『豈不夙夜，謂行多露。』」《詩·召南》。言豈不欲早暮而行，懼多露之濡己，以喻違禮而行，必有汙辱，是亦量宜相時而動之義。

宋襄公欲合諸侯，臧文仲聞之，曰：「以欲從人則可，屈己之欲，從衆之善。以人從欲鮮濟。」爲明年鹿上盟傳。

【經】二十有一年，春，狄侵衛。無傳。爲邢故。

宋人、齊人、楚人盟于鹿上。鹿上，宋地。汝陰有原鹿縣。宋爲盟主，故在齊人上。

夏，大旱。雩不獲雨，故書旱。自夏及秋，五稼皆不收。【疏】注「雩不」至「不收」。正義曰：《春秋》之例，旱則脩雩，雩必爲旱。而經或書雩，或書旱者，雩而得雨，喜雩有益，書雩，不書旱。雩不得雨，則書旱，明災成此時，雩不獲雨，故書旱也。周之夏，即今之二月、三月、四月也，於時方欲下種，此月不雨，未能成災。而書「夏，大旱」者，此後雖得少雨，而終是不堪生殖，從夏及秋五稼悉皆不收，不收之後，擇最旱之月而書之，故書「夏，大旱」也。劉炫云：「大旱而不書饑者，傳云『是歲也，饑而不害』，故不書饑。」

秋，宋公、楚子、陳侯、蔡侯、鄭伯、許男、曹伯會于盂。盂，宋地。楚始與中國行會禮，故稱爵。

執宋公以伐宋。不言楚執宋公者，宋無德而爭盟，爲諸侯所疾，故揔見衆國共執之文。

冬，公伐邾。無傳。爲邾滅須句故。

楚人使宜申來獻捷。無傳。獻宋捷也。不言宋者，秋伐宋，冬來獻捷，事不異年，從可知。不稱楚子，使來不稱君命行禮。

十有二月，癸丑，公會諸侯盟于薄，釋宋公。諸侯既與楚共伐宋，宋服，故爲薄盟以釋之。公本無會期，聞盟而往，故書公會諸侯。【疏】注「諸侯」至「諸侯」。　正義曰：諸侯之被執者，皆不書其釋。釋而公不與，又不告，故魯史不得書之。此由公往與盟，見其得釋，故書之耳。文七年「公會諸侯、晉大夫，盟于扈」，傳曰：「公後至，故不書所會。凡會諸侯，不書所會，後也。後至，不書其國，辟不敏也。」此盟亦揔言「諸侯」，不書其國，似是公之後期，故解之。魯先不屬楚，公本無會期，聞盟而往，故書公會諸侯，非後期也。公非後期而揔書諸侯者，此則會盂之諸侯也，一事而再見者，前目而後凡，自謂前已歷序，故後揔言耳，非爲魯公變文也。

【傳】二十一年，春，宋人爲鹿上之盟，以求諸侯於楚，楚人許之。公子目夷曰：「小國爭盟，禍也。宋其亡乎？幸而後敗。」謂軍敗。

夏，大旱，公欲焚巫尫。巫尫，女巫也。主祈禱請雨者。或以爲尫非巫也，瘠病之人，其面上向，俗謂天哀其病，恐雨入其鼻，故爲之旱，是以公欲焚之。【疏】注「巫尫」至「焚之」。　正義曰：《周禮·女巫》職云：「旱暵則舞雩。」此以爲旱欲焚之，故知巫尫，女巫也。并以巫尫爲女巫，則尫是劣弱之稱，當以女巫尪弱故稱尪也。或以爲尪非巫也，巫是禱神之人，尪是瘠病之人，二者非一物也。尪是病人，天恐雨入其鼻，俗有此説，不出傳記，義或當然，故兩解之也。《檀弓》云：「歲旱，穆公召縣子而問然，❶曰：『天久不雨，吾欲暴尪而奚若？』曰：『天則不雨，而暴人之疾，子虐，無乃不可與？』」鄭玄云：「尪者面鄉天，覬天哀而雨之。」又曰：「然則吾欲暴巫而奚若？」鄭玄云：「巫主接神，亦覬天哀而雨之。」彼欲暴人疾而求雨，故鄭玄以爲覬天哀而下雨。此欲燒殺以求雨，故杜以爲天哀之而不雨，意異，故解異也。《禮記》既言暴尪，又别言暴巫，巫、尪非一物，記言「暴人之疾」，則尪是病人，或説是也。**臧文仲曰：「非旱備也。脩城郭，貶食省用，務穡勸分，**穡，儉也。勸分，有無相濟。**【疏】**注「穡儉也」。　正義曰：穡是愛惜之義，故爲儉也。襄二十四年《穀梁傳》曰：「五穀不升謂之大侵。大侵之禮，君食不兼味，臺榭不塗，弛侯，廷道不除，百官布而不制，鬼神禱而不祀。」《曲禮》云：「歲凶，年穀不登，君膳不祭肺，馬不食穀。」如此之類，皆是務爲儉也。務爲儉穡而脩城郭者，服虔云：「國家凶荒，則無道之國乘而加兵，故脩城郭爲守備也。」**此其務也。巫尪何爲？天欲殺之，則如勿生，若能爲旱，焚之滋甚。」公從之。是歲也，饑而不害。**不傷害民。

秋，諸侯會宋公于盂。子魚曰：「禍其在此乎？君欲已甚，其何以堪之？」於是楚執宋公以伐宋。冬，會于薄以釋之。子魚曰：「禍猶未也，未足以懲君。」爲二十二年戰泓傳。

任、宿、須句、顓臾，風姓也，實司大皞與有濟之祀，司，主也。大皞，伏羲。四國，伏羲之後，故

❶「然」，京都本、文淵閣本、阮本作「焉」。阮校：「案，《檀弓》作『然』。」

主其祀。任，今任城縣也。顓臾在泰山南武陽縣東北。須句在東平須昌縣西北。四國封近於濟，故世祀之。**以服事諸夏。**與諸夏同服王事。**邾人滅須句，須句子來奔，因成風也。**須句，成風家。**成風爲之言於公曰：「崇明祀，保小寡，周禮也。**明祀，大皞、有濟之祀。保，安也。**蠻夷猾夏，周禍也。**此邾滅須句而曰蠻夷。昭二十三年，叔孫豹曰：❶「邾又夷也。」然則邾雖曹姓之國，迫近諸戎，雜用夷禮，故極言之。猾夏，亂諸夏。【疏】注「此邾」至「諸夏」。正義曰：「蠻夷猾夏」，《舜典》文。猾訓爲亂，故云「亂諸夏」也。此注引昭二十三年傳，當云「叔孫婼曰」。徧檢古本，皆作「豹」字，蓋注後即寫誤。**若封須句，是崇皞、濟而脩祀紓禍也。」**紓，解也。爲明年伐邾傳。

【經】**二十有二年，春，公伐邾，取須句。**須句雖别國，而削弱不能自通，爲魯私屬，若顓臾之比，魯謂之社稷之臣，故滅、奔及反其君，皆略不備書，惟書「伐邾，取須句」。【疏】注「須句」至「須句」。正義曰：上傳云「須句子」，則須句，子爵，故云「雖别國」，而「不能自通，爲魯私屬」。若襄公之世，鄫國屬魯，故知如顓臾之比，略不備書也。

夏，宋公、衛侯、許男、滕子伐鄭。

---

❶「叔孫豹」，《經典釋文》云：「案，杜注所引是叔孫婼語，今傳本多作『豹』，恐是傳寫誤也。宜爲『婼』。」今案：昭二十三年經、傳皆作「婼」，是也。

秋，八月，丁未，及邾人戰于升陘。升陘，魯地。邾人縣公冑于魚門，故深恥之。不言公，又不言師敗績。

冬，十有一月，己巳，朔，宋公及楚人戰于泓，宋師敗績。泓，水名。宋伐鄭，楚救之，故戰也。楚告命不以主帥人數，故略稱人。

【傳】二十二年，春，伐邾，取須句，反其君焉，禮也。得恤寡小之禮。

三月，鄭伯如楚。

夏，宋公伐鄭。子魚曰：「所謂禍在此矣。」怒鄭至楚，故伐之。爲下泓戰起。

初，平王之東遷也，周幽王爲犬戎所滅，平王嗣立，❶故東遷洛邑。辛有適伊川，見被髮而祭於野者，辛有，周大夫。伊川，周地。伊，水也。曰：「不及百年，此其戎乎？其禮先亡矣。」被髮而祭，有象夷狄。【疏】「其禮先亡矣」。正義曰：其中國之禮先亡矣。秋，秦、晉遷陸渾之戎于伊川。允姓之戎居陸渾，在秦、晉西北。二國誘而徙之伊川，遂從戎號，至今爲陸渾縣也。計此去辛有過百年，而云「不及百年」，傳舉其事驗，不必其年信。【疏】注「允姓」至「年信」。正義曰：昭九年傳曰：「先王居檮杌于四裔，故允姓之姦居于瓜州。伯父惠公歸自秦，而誘以來。」是此戎爲允姓也。彼注云：「瓜州，今敦

❶「立」，《四部叢刊》本、京都本、文淵閣本、阮本作「位」。

煌。」則陸渾是敦煌之地名也。徙之伊川，復以陸渾爲名，故至今爲陸渾縣。十一年傳稱「伊、洛之戎同伐京師」，則伊、洛先有戎矣，而以今始遷戎爲辛有言驗者，蓋今之遷戎始居被髪祭野之處故耳。

晉大子圉爲質於秦，將逃歸，謂嬴氏曰：「與子歸乎？」嬴氏，秦所妻子圉，懷嬴也。**對曰：「子，晉大子，而辱於秦，子之欲歸，不亦宜乎？寡君之使婢子侍執巾櫛，**婢子，婦人之卑稱。❶【疏】注「婢子婦人之卑稱」。　正義曰：《曲禮》云：「夫人自稱於其君曰小童。世婦以下自稱曰婢子。」是婢子爲婦人之卑稱。**以固子也。從子而歸，棄君命也。不敢從，亦不敢言。」遂逃歸。**傳終史蘇之占。

富辰言於王曰：「請召大叔。富辰，周大夫。大叔，王子帶，十二年奔齊。**《詩》曰：『協比其鄰，昏姻孔云。』**《詩·小雅》。言王者爲政，先和協近親，則昏姻甚相歸附也。鄰猶近也。孔，甚也。云，旋也。【疏】「詩曰」至「孔云」。　正義曰：《詩·小雅·正月》之篇也。毛傳云：「洽，合。鄰，近。云，旋也。」言王者和合親比其近親，則昏姻甚迴旋而相歸附。其詩之意，欲令王親親以及遠。**吾兄弟之不協，焉能怨諸侯之不睦？」王說。王子帶自齊復歸于京師，王召之也。**傳終仲孫湫之言也，爲二十四年天王出居于鄭起。

邾人以須句故出師。公卑邾，不設備而禦之。卑，小也。**臧文仲曰：「國無小，不可易也。無**

❶「稱」下，《四部叢刊》本、京都本、文淵閣本、阮本有「也」字。

備，雖衆不可恃也。《詩》曰：『戰戰矜矜，❶如臨深淵，如履薄冰。』《詩·小雅》，言嘗戒懼。❷又曰：『敬之敬之，天惟顯思，顯，明也。思猶辭也。命不易哉！』《周頌》，言有國宜敬戒，天明臨下，奉承其命甚難。【疏】「敬之」至「易哉」。正義曰：《詩·周頌》，羣臣進戒成王之辭。言爲國君者宜敬之哉，敬之哉！天之道唯明見思，言天之臨下，善惡必察，奉承天命不易哉！言其承天命甚爲難。先王之明德，猶無不難也，無不懼也，況我小國乎？君其無謂邾小，蠭蠆有毒，【疏】「蠭蠆有毒」。正義曰：《說文》云「蠭，飛蟲螫人者也」，「蠆，毒蟲也」。《方言》云：「燕、趙謂蠭爲蠓螉，其小者謂之蠮螉。」《通俗文》云：「蠆，長尾謂之蠍，蠍毒傷人曰蛆。」張列反，❸字或作蜇。而況國乎？」弗聽。八月，丁未，公及邾師戰于升陘，我師敗績。邾人獲公冑，縣諸魚門。冑，兜鍪。魚門，邾城門。【疏】注「冑兜鍪」。正義曰：《說文》云：「冑，兜鍪，首鎧也。」書傳皆云冑，無兜鍪之文。言兜鍪，舉今以曉古，蓋秦漢以來語。

楚人伐宋以救鄭。宋公將戰，大司馬固諫曰：「天之棄商久矣，君將興之，弗可赦也已。」大司馬固，莊公之孫公孫固也。言君興天所棄，必不可，不如赦楚，勿與戰。弗聽。冬，十一月，己巳，

---

❶ 「矜矜」，《四部叢刊》本、京都本、文淵閣本、阮本作「兢兢」。《經典釋文》：「兢兢，居陵反，本或作『矜』。」今案：《詩經·小旻》作「兢兢」。

❷ 「嘗」，《四部叢刊》本、京都本、文淵閣本、阮本作「常」。

❸ 「張列反」，此三字，底本、正宗寺本作雙行小字。

朔，宋公及楚人戰于泓。宋人既成列，楚人未既濟。未盡渡泓水。**司馬曰：**子魚也。**「彼衆我寡，及其未既濟也，請擊之。」公曰：「不可。」既濟而未成列，又以告。公曰：「未可。」既陳而後擊之，宋師敗績。公傷股，門官殲焉。**門官，守門者，師行則在君左右。殲，盡也。【疏】注「門官」至「盡也」。

正義曰：《周禮·虎賁氏》：「掌先後王而趨以卒伍，軍旅、會同亦如之。舍則守王閑。王在國，則守王宮。國有大故，則守王門。」諸侯之禮亡，其官屬不可得而知。此門官，蓋亦天子虎賁氏之類，故在國則守門，師行則在君左右。近公，故盡死也。「殲，盡」，《釋詁》文。舍人云：「殲，衆之盡也。」

國人皆咎公。公曰：「君子不重傷，不禽二毛。二毛，頭白有二色。❶**古之爲軍也，不以阻隘也。**不因阻隘以求勝。**寡人雖亡國之餘，**宋，商紂之後。**不鼓不成列。」**恥以詐勝。【疏】「不鼓不成列」。正義曰：軍法鳴鼓以戰，因謂交戰爲鼓。彼不成列而鼓以擊之，是詐以求勝，故注云「恥以詐勝」。**子魚曰：「君未知戰！勍敵之人，隘而不列，天贊我也。**勍，强也。言楚在險隘，不得陳列，天所以佐宋。**阻而鼓之，不亦可乎？猶有懼焉。**雖因阻擊之，猶恐不勝。**且今之勍者，皆吾敵也，**【疏】「且今」至「吾敵也」。正義曰：言用兵之法，❷前敵無問彊弱，不可遺留，且復若留，彊者還爲己害，故曰且今之陳上不被損傷，材力彊者皆能與吾相敵，若其不殺，還來害我，是以雖及胡耇，獲則取之，何有恩義於二毛之人。**雖**

---

❶「色」，原爲空格，據《四部叢刊》本、京都本、文淵閣本、阮本補。

❷「言」，京都本、文淵閣本、阮本無此字。

及胡耇，【疏】「雖及胡耇」。　正義曰：《謚法》：「保民耆艾曰胡。」胡是老之稱也。《釋詁》云：「耇，壽也。」舍人曰：「耇，覯也。血氣精華覯竭，言色赤黑如狗矣。」孫炎曰：「耇，面如凍梨色，似浮垢，老人壽徵也。」**獲則取之，何有於二毛？**今之勍者，謂與吾競者。胡耇，元老之稱。**明恥教戰，求殺敵也，**明設刑戮，以恥不果。**傷未及死，如何勿重？**言尚能害己。**若愛重傷，則如勿傷。愛其二毛，則如服焉。**言苟不欲傷殺敵人，則本可不須鬬。【疏】「若愛」至「服焉」。　正義曰：如猶不如，古人之語然，猶似敢即不敢。若愛彼重傷，則不如本勿傷之。若愛其二毛，不欲傷害，則不如早服從之，何須與戰？**三軍以利用也，**爲利興。**金鼓以聲氣也，**鼓以佐士衆之聲氣。【疏】注「鼓以」至「聲氣」。　正義曰：言「金鼓以聲氣」，謂金鼓佐士衆之聲氣。下文「聲盛致志」者，謂士衆由聞金鼓，聲氣滿盛，能致勇武之志，以擊前敵，爲此前敵儳巖未陳，鼓而擊之可也。注不言金，當以金有止衆之時，不是盡以聲氣故也。《周禮》：「鼓人掌教六鼓四金之音聲，以節聲樂，以和軍旅，以正田役。以金錞和鼓，以金鐲節鼓，以金鐃止鼓，以金鐸通鼓。」是錞、鐲、鐸皆助鼓以聲氣，其鐃則鳴之以止鼓。大司馬教戰法，亦云三刺之後，「乃鼓，退，鳴鐃且卻」。哀十一年傳陳書曰：❶「此行也，吾聞鼓而已，不聞金矣。」杜云：「鼓以進軍，金以退軍。」不聞金，言將死也。是金有止鼓之時，非盡用以聲氣。注不言金，見此意也。**利而用之，阻隘可也，聲盛致志，鼓儳可也。」**儳巖未整陳。

丙子，晨，鄭文夫人芈氏、姜氏勞楚子於柯澤。楚子還，過鄭。鄭文公夫人芈氏，楚女，姜氏，

❶「陳」，正宗寺本、京都本、文淵閣本、阮本無此字。

齊女也。**柯澤，鄭地。**【疏】注「楚子」至「鄭地」。　正義曰：以芈是楚姓，姜是齊姓，故云楚女、齊女耳，亦無明文言之。二者共以夫人冠之，蓋俱是夫人。禮無二適，而有兩夫人者，當時僭恣，不如禮也。**楚子使師縉示之俘馘。師縉，楚樂師也。俘，所得囚。馘，所截耳。**【疏】注「師縉」至「截耳」。　正義曰：書傳所言師曠、師曹、師蠲、師觸之類，皆是樂師，知此師縉亦樂師也。《釋詁》云：「俘，取也。馘，獲也。」李巡云：「囚敵曰俘，伐執之曰取。」郭璞云：「今以獲賊耳爲馘。」《毛詩傳》曰：「殺而獻其耳曰馘。」鄭箋云：「馘，所格者左耳也。」然則俘者，生執囚之，馘者，殺其人，截取其左耳，欲以計功也。**君子曰：「非禮也。婦人送迎不出門，見兄弟不踰閾，閾，門限。**【疏】注「閾門限」。　正義曰：《釋宫》云：「柣謂之閾。」孫炎曰：「柣，門限也。」經、傳諸注皆以閾爲門限，謂門下横木，爲外内之限也。**戎事不邇女器。」邇，近也。器，物也。言俘馘非近婦人之物。**

丁丑，楚子入享于鄭，爲鄭所饗。九獻，用上公之禮，九獻酒而禮畢。【疏】注「用上」至「禮畢」。　正義曰：《周禮·大行人》云：「上公九獻，侯、伯七獻，子、男五獻。」案《儀禮》：主人酌以獻賓，賓酢主人，主人又酌以酬賓，❶乃成一獻之禮。九獻者，九爲獻酬而禮始畢也。楚實子爵，❷以霸主自許，故鄭以極禮待之。**庭實旅百，庭中所陳品數百也。**【疏】注「庭中」至「百也」。　正義曰：饗禮既亡，庭實所有及所加籩豆，無以言

❶「酬」，京都本、阮本作「酧」。
❷「實」，京都本、阮本作「賓」。

之。然鄭注《周禮》享禮兼燕禮食禮，與飧禮略同。《掌客》云：饔餼之禮，「其死牢如飧之陳」。上公飧五牢，飪一牢，陳在西階之前，正鼎九，牛一、羊二、豕三、魚四、腊五、腸胃六、膚七、鮮魚八、鮮腊九，從北南陳。又有陪鼎三：膷鼎一，在牛鼎之後；臐鼎一，在羊鼎之後；膮鼎一，在豕鼎之後。腥四牢，陳於東階之前，牢列九鼎，無陪鼎也。侯、伯飧四牢，飪一牢，腥三牢。子、男飧三牢，飪一牢，腥二牢，其陳列皆如上公。又上公醯六十甕從陳於庭碑東，醢六十甕從陳於碑西。侯、伯醯、醢百甕，子、男八十甕，其陳如上公。又上公米百有二十筥，橫陳於醯、醢之間，侯、伯百筥，子、男八十筥，陳如上公。此飧禮庭實之物，饔餼亦然。《掌客》：上公豆四十，侯、伯三十二，子、男二十四。鄭注云：「公四十豆，堂上十六，西夾東夾各十二。侯、伯三十二豆，堂上十二，西夾東夾各十。子、男二十四豆，堂上十二，西夾東夾各六。」然籩數亦然，其籩豆之物者，《周禮·籩人》：「掌四籩之實，朝事之籩，其實麷、蕡、白、黑、形鹽、膴、鮑魚、鱐。饋食之籩，其實棗、栗、桃、乾穮、榛實。加籩之實，蔆、芡、栗、脯。羞籩之實，糗餌、粉餈。」《醢人》：「掌四豆之實。朝事之豆，其實韭菹、醓醢、昌本、麋臡、菁菹、鹿臡、茆菹、麇臡。饋食之豆，其實葵菹、蠃醢、脾析、蠯醢、蜃、蚳醢、豚拍、魚醢。加豆之實，芹菹、兔醢、深蒲、醓醢、箈菹、鴈醢、筍菹、魚醢。羞豆之實，酏食、糝食。」此等所陳，雖爲祭祀，下云賓客「亦如之」，是賓客與祭祀不異。故三十年「饗有昌歜、白、黑、形鹽」。《公食大夫禮》亦有昌本之屬，此云「加籩豆六品」，必是此等之物，但傳文不具，無以言之。**加籩豆六品。**食物六品加於籩豆。籩豆，禮食器。**享畢，夜出，文羋送于軍，取鄭二姬以歸。**二姬，文羋女也。**叔詹曰：「楚王其不沒乎？**不以壽終。**爲禮卒於無別，無別不可謂禮，將何以沒？」諸侯是以知其不遂霸也。**言楚子所以師敗城濮，終爲商臣所弑。

【經】二十有三年，春，齊侯伐宋，圍緡。❶緡，宋邑。高平昌邑縣東南有東緡城。

夏，五月，庚寅，宋公茲父卒。三同盟。【疏】注「三同盟」。正義曰：茲父以九年即位，其年盟于葵丘，十五年于牡丘，唯與魯同此二盟而已。而云三者，并數盟于薄，釋宋公也。案經盟于薄，始云釋宋公，則盟薄之時，宋公未得與盟。而數之者，以凡盟之法，皆舍其前惡，結其後好，故宣十五年楚人圍宋，圍後始盟，及城下之盟，皆是其事。今釋宋公之後，恐楚人伐宋，宋公恨楚，故盟以結之。若未釋宋公之前，何須盟誓？但經文欲顯公會之事，故盟在釋前。劉炫以宋公不與薄盟，而規杜氏，非也。

秋，楚人伐陳。【疏】「楚人伐陳」。正義曰：傳稱「楚成得臣帥師伐陳」，則是楚之貴卿也，而稱人者，《釋例》曰：「楚之君臣，最多混錯。此乃楚之初興，未閑周之典禮，告命之書，自生異同，猶秦之辟陋，不與中國準。故成二年以上《春秋》未以入例也。」如杜彼言，楚不以得臣名告，故稱人耳。

冬，十有一月，杞子卒。傳例曰：「不書名，未同盟也。」杞入春秋稱侯，莊二十七年絀稱伯，至此用夷禮，貶稱子。

【傳】二十三年，春，齊侯伐宋，圍緡，以討其不與盟于齊也。十九年盟于齊，以無忘桓公之德，

---

❶ 「緡」，京都本、文淵閣本、阮本作「緡」。阮校：「《釋文》亦作『緡』，石經經傳皆作『緍』，避唐太宗諱。」下注文「緡」字同。

而宋獨不會，復召齊人共盟鹿上，故今討之。

夏，五月，宋襄公卒，傷於泓故也。終子魚之言，得死爲幸。

秋，楚成得臣帥師伐陳，討其貳於宋也。成得臣，子玉也。遂取焦、夷，城頓而還。焦，今譙縣也。夷，一名城父，今譙郡城父縣。二地皆陳邑。頓國，今汝陰南頓縣。子文以爲之功，使爲令尹。叔伯曰：「子若國何？」叔伯，楚大夫薳吕臣也。以爲子玉不任令尹。對曰：「吾以靖國也。夫有大功而無貴仕，貴仕，貴位。其人能靖者與有幾？」言必矜功爲亂，不可不賞。

九月，晉惠公卒。經在明年，從赴。懷公命無從亡人，懷公，子圉。亡人，重耳。期，期而不至，無赦。狐突之子毛及偃從重耳在秦，弗召。偃，子犯也。冬，懷公執狐突，曰：「子來則免。」未期而執突，以不召子故。對曰：「子之能仕，父教之忠，古之制也。策名，委質，貳乃辟也。名書於所臣之策，屈膝而君事之，則不可以貳。辟，罪也。【疏】注「名書」至「罪也」。正義曰：策，簡策也。質，形體也。古之仕者，於所臣之人，書己名於策，以明繫屬之也。拜則屈膝而委身體於地，以明敬奉之也。名繫於彼所事之君，則不可以貳心。「辟，罪」，《釋詁》文。今臣之子名在重耳，有年數矣。若又召之，教之貳也。父教子貳，何以事君？刑之不濫，君之明也，臣之願也。淫刑以逞，誰則無罪？臣聞命矣。」乃殺之。卜偃稱疾不出，曰：「《周書》有之：『乃大明服。』《周書·康誥》。言君能大明則民服。己則不明，而殺人以逞，不亦難乎？民不見德，而唯戮是聞，其何後之有？」言懷公必無後於晉，爲二十四年殺懷公張本。

十一月，杞成公卒。書曰「子」，杞，夷也。成公始行夷禮，以終其身，故於卒貶之。杞實稱伯，仲尼以文貶稱子，故傳言「書曰子」以明之。【疏】注「成公」至「明之」。正義曰：何休《膏肓》難《左氏》云：「杞子卒，豈當用夷禮死乎？」故解之，此杞成公始行夷禮，以終其身，故於卒貶之。卒者，人之終，於終貶之，見其終身行夷禮也。於時杞實稱伯，唯此獨稱子，是仲尼以文貶之稱子。貶之而曰子者，《曲禮》曰：「其在東夷、北狄、西戎、南蠻，雖大曰子。」四夷之君，爵不過子，故貶之爲子，言如夷狄之大國耳。不書名，未同盟也。凡諸侯同盟，死則赴以名，禮也。隱七年已見，今重發不書名者，疑降爵故也。此凡又爲國史承告而書例。赴以名，則亦書之，謂未同盟。不然則否，謂同盟而不以名告。辟不敏也。敏猶審也。同盟然後告名，赴者之禮也。承赴然後書策，史官之制也。內外之宜不同，故傳重詳其義。【疏】「不書」至「敏也」。正義曰：隱七年已有例矣，今重發者，《釋例》曰：「杞侯降爵，嫌有異同，故傳重發不書之例，又更發凡者，以明雖薨赴有法，若或違之，國史亦承告而書，不必改正也。赴以名則亦書之者，謂諸侯雖不同盟，或以名赴也。『不然則否，辟不敏』者，謂雖同盟，而赴不以名，則亦不書名，以審違謬也。」

晉公子重耳之及於難也，晉人伐諸蒲城。事在五年。蒲城人欲戰，重耳不可，曰：「保君父之命，而享其生禄，享，受也。保猶恃也。【疏】「享其生禄」。正義曰：人以禄生，故謂之生禄。於是乎得人。以禄致衆。有人而校，罪莫大焉。校，報也。吾其奔也。」遂奔狄。從者狐偃、趙衰、衰，趙夙弟。顛頡、魏武子、武子，魏犨。司空季子。胥臣臼季也。時狐毛、賈佗皆從，而獨舉此五人，賢而有大功。【疏】注「胥臣」至「大功」。正義曰：胥，氏也。臣，名也。晉有臼邑，蓋食采於臼邑，字季子，而爲司空之官，故名氏互見也。不言狐毛、賈佗，而獨舉此五人者，賢而有大功故也。顛頡歸晉，尋即被戮，而言大功者，當爲從亡之時有大功也。《晉語》稱公子「長事賈佗」，佗非不賢，蓋傳文意之所在，便即言之，未必五人皆賢於賈佗。**狄人伐廧咎如，**廧咎如，赤狄之别種也，隗姓。【疏】注「廧咎」至「隗姓」。正義曰：成三年「晉郤克、衛孫良夫伐廧咎如」，傳曰：「討赤狄之餘焉。」彼言「赤狄之餘」，知是赤狄之别種也。女曰叔隗、季隗，知爲隗姓也。**獲其二女叔隗、季隗，納諸公子。公子取季隗，生伯儵、叔劉。以叔隗妻趙衰，生盾。**盾，趙宣子。**將適齊，謂季隗曰：「待我二十五年，不來而後嫁。」對曰：「我二十五年矣，又如是而嫁，則就木焉。**言將死入木，不復成嫁。**請待子。」處狄十二年而行。**以五年奔狄，至十六年而去。

過衛，衛文公不禮焉。出於五鹿，五鹿，衛地。今衛縣西北有地名五鹿，陽平元城縣東亦有五鹿。**乞食於野人，野人與之塊，公子怒，欲鞭之。子犯曰：「天賜也。」**得土，有國之祥，故以爲天賜。**稽首，受而載之。**【疏】「乞食」至「載之」。正義曰：《晉語》云：「過五鹿，乞食於野人，野人舉塊以與之，公子怒，將鞭之。子犯曰：『天賜也。民以土服，又何求焉？天事必象，十二年，必獲此土。二三子志之。歲在壽星及鶉尾，其有此土乎？天以命矣，復於壽星，獲於諸侯，天之道也，由是始之。有此，其以戊申乎？所以申土也。』再拜稽首，受而載之。」

及齊，齊桓公妻之，有馬二十乘，四馬爲乘，八十匹也。**公子安之，從者以爲不可。將行，謀於桑下。**齊桓既卒，知孝公不可恃故。**蠶妾在其上，以告姜氏，姜氏殺之。**姜氏，重耳妻，恐孝公怒其去，故殺妾以滅口。【疏】「及齊」至「殺之」。正義曰：《晉語》云：「齊侯妻之，甚善焉。有馬二十乘，將死於齊而已。曰：『民生安樂，孰知其他？』桓公卒，孝公即位，諸侯叛齊。子犯知齊之不可以動，而知文公之安齊有終焉之心，欲行，而患之，與從者謀於桑下。蠶妾在焉，莫知其在也。妾告姜氏，姜氏殺之。」**而謂公子曰：「子有四方之志，其聞之者，吾殺之矣。」公子曰：「無之。」姜曰：「行也，懷與安，實敗名。」公子不可。姜與子犯謀，醉而遣之。醒，以戈逐子犯。**無去志，故怒。【疏】「醒以戈逐子犯」。正義曰：《晉語》云：「逐子犯，曰：『若無所濟，吾食舅氏肉，其知饜乎？』舅犯走，且對曰：『若無所濟，吾未知死所，誰能與豺狼爭食？若克有成，公子無亦晉之柔嘉是以甘食，偃之肉腥臊，將焉用之？』遂行。」

及曹，曹共公聞其駢脅，欲觀其裸。浴，薄而觀之。薄，迫也。駢脅，合幹。【疏】「及曹」至「觀之」。正義曰：斷「其裸」以上爲句。裸謂赤體無衣也。駢脅非裸不見，故欲觀其裸，伺其浴，乃逼迫以觀之。《晉語》云：「曹共公聞其駢脅，欲觀其狀，止其舍，諜其將浴，設微薄而觀之。」孔晁云：「諜，候也。微，蔽也。」注「薄迫」至「合幹」。正義曰：薄者，逼近之意，故爲迫也。《説文》云：「駢脅，并幹也。肋，脅骨也。」《廣雅》云：「脅幹謂之肋。」孔晁云：「聞公子脅幹是一骨，故欲觀之。」《通俗文》曰：「腋下謂之脅。」如此諸説，則脅是腋下之名，其骨謂之肋，幹是肋之別名。駢訓比也，骨相比迫，若一骨然。

僖負羈之妻曰：「吾觀晉公子之從者，皆足以相國。若以相，若遂以爲傅相。**夫子必反其國。反其國，必得志於諸侯。得志於諸侯而誅無禮，曹其首也。子盍蚤自貳焉？」**自貳，自別異於曹。**乃饋盤飧，寘璧焉。**臣無竟外之交，故用盤藏璧飧中，不欲令人見。**公子受飧反璧。**

及宋，宋襄公贈之以馬二十乘。贈，送也。**及鄭，鄭文公亦不禮焉。叔詹諫曰：「臣聞天之所**

啓，人弗及也。啓，開也。【疏】「天之所啓」。❶　正義曰：啓，開也。凡是天開道者，非人所能及，欲令鄭伯禮之。**晉公子有三焉，天其或者將建諸？**【疏】「天其或者」。❷　正義曰：天意不可必知，故言「或者」，謂天意或當然也。**君其禮焉。男女同姓，其生不蕃。**蕃，息也。【疏】「男女」至「不蕃」。　正義曰：禮，取妻不取同姓。譬違禮而取，故其生子不能蕃息昌盛也。《晉語》曰：「同姓不昏，懼不殖也。」又曰：「異姓則異德，異德則異類。異類雖近，男女相及，以生民也。同姓則同德，同德則同心，同心則同志。同志雖遠，男女不相及，畏黷故也。黷則生怨，怨亂育災，災育滅姓。是故取辟同姓，畏亂災也。」周禮不得取同姓，彼遂演説其意耳，未必取同姓者皆滅姓也。**晉公子，姬出也，而至于今，一也。**大戎狐姬之子，故曰「姬出」。**離外之患，**出奔在外。**而天不靖晉國，殆將啓之，二也。有三士足以上人而從之，三也。**《國語》：狐偃、趙衰、賈佗，三人皆卿才。【疏】注「國語」至「卿才」。　正義曰：《晉語》云：「僖負羈言於曹伯曰：『晉公子生十七年而亡，卿才三人從之，可謂賢乎！』宋公孫固言於襄公曰：❸『晉公子好善不厭，父事狐偃，師事趙衰，而長事賈佗。此三人者，實左右之。公子居則下之，動則諮焉。』」僖負羈言有卿才，公孫固説其名氏，知是一物，故并引之。**晉、鄭同儕，**儕，等也。**其過子弟，固將禮焉，況天之所啓乎？」弗聽。**

❶「天之所啓」，阮本此節正義在傳「天之所啓」句下。
❷「天其或者」，阮本此節正義在傳「天其或者」四字下。
❸「固」字，原殘泐，據正宗寺本、京都本、文淵閣本、阮本補。

及楚，楚子饗之，曰：「公子若反晉國，則何以報不穀？」對曰：「子女玉帛，則君有之。羽毛齒革，則君地生焉。其波及晉國者，君之餘也，其何以報君？」曰：「雖然，何以報我？」對曰：「若以君之靈，得反晉國，晉、楚治兵，遇於中原，其辟君三舍。若不獲命，三退不得楚止命也。其左執鞭弭，右屬櫜鞬，以與君周旋。」弭，弓末無緣者。櫜以受箭，鞬以受弓。屬，著也。周旋，相追逐也。【疏】注「弭弓」至「逐也」。　正義曰：《釋器》云：「弓有緣者謂之弓，無緣者謂之弭。」李巡曰：「骨飾兩頭曰弓，不以骨飾兩頭曰弭。」孫炎曰：「緣謂繳束而漆之，弭謂不以繳束骨飾兩頭者也。」二說雖反，俱以弭爲弓末也。《詩》云「載櫜弓矢」，則弓矢所藏，俱名櫜也。昭元年傳「伍舉請垂櫜而入」，注云：「示無弓。」則櫜亦受弓之物。《方言》云：「弓藏謂之鞬。」此櫜、鞬二物，必一弓一矢。以鞬是受弓，故云「櫜以受箭」，因對文而分之耳。孔晁云：「馬鞭及弓分在兩手，欲辟右帶櫜鞬之文，故云『左執』。」子玉請殺之。畏其志大。楚子曰：「晉公子廣而儉，志廣而體儉。文而有禮。其從者肅而寬，肅，敬也。忠而能力。【疏】「廣而」至「能力」。　正義曰：廣大者，失於奢僭，故美其能儉也。文華者，失於傲慢，故美其能有禮也。能敬者，失於褊急，故美其能寬容也。忠誠者，未必有力，故美其能勤也。此四者，每兩事相反，而美其能兼有之。晉侯無親，外內惡之。晉侯，惠公也。吾聞姬姓，唐叔之後，其後衰者也，其將由晉公子乎？天將興之，誰能廢之？違天必有大咎。」乃送諸秦。

秦伯納女五人，懷嬴與焉，懷嬴，子圉妻。子圉謚懷公，故號爲懷嬴。奉匜沃盥，既而揮之。匜，沃盥器也。揮，湔也。【疏】注「匜沃」至「湔也」。　正義曰：《說文》云「匜，似羹魁，柄中有道，可以注水」，「盥，澡手也。從臼、水，臨皿」。然則匜者，盛水器也。盥謂洗手也，沃謂澆水也。懷嬴奉匜盛水爲公子澆水，令公子洗手，既而以濕手揮之，使水湔污其衣，故云「揮，湔也」。**怒曰：「秦、晉匹也，何以卑我？」**匹，敵也。**公子懼，降服而囚。**去上服，自拘因以謝之。❶【疏】注「去上」至「謝之」。正義曰：《晉語》説此事云：「公子欲辭，司空季子、子犯、子餘勸取之，乃歸女而納幣，且逆。」孔晁云：「歸懷嬴，更以貴妾禮迎之也。」服虔云：「申意於楚子，申於知己。降服於懷嬴，屈於不知己。」**他日，公享之。子犯曰：「吾不如衰之文也，**有文辭也。**請使衰從。」公子賦《河水》，**《河水》，逸《詩》。義取河水朝宗于海，海喻秦。**公賦《六月》。**《六月》，《詩·小雅》，道尹吉甫佐宣王征伐，喻公子還晉，必能匡王國。古者禮會，因古詩以見意，故言賦。《詩》，斷章也，其全稱《詩》篇者，多取首章之義，他皆放此。【疏】注「六月」至「放此」。正義曰：杜言全引《詩》篇者，多取首章之義。劉炫《規過》云：「案《春秋》賦《詩》，有雖舉篇名，不取首章之義者。故襄二十七年公孫段賦《桑扈》，趙孟曰『匪交匪敖』，乃是卒章。又昭元年云令尹賦《大明》之首章，既特言首章，明知舉篇名者不是首章。」今刪定知不然者，以文四年賦《湛露》云「天子當陽」，又文十三年文子賦《四月》，是皆取首章。若取餘章者，傳皆指言其事，則賦《載馳》之四章、《緑衣》之卒章是也。所以令尹特言《大明》首章者，令尹意特取首章明德，故傳指言首章，與餘別也。杜言「多取首章」，言「多」，則非是摠皆如此。劉以《春秋》賦《詩》有不取首章，以規杜氏，非也。**趙衰曰：「重耳拜賜。」公子降，拜，稽首，公降一級而辭焉。**下階一級，辭

❶「因」，《四部叢刊》本、京都本、文淵閣本、阮本作「囚」。

公子稽首。**衰曰：「君稱所以佐天子者命重耳，重耳敢不拜？」**《詩》首章言匡王國，次章言佐天子，故趙衰因通言之，爲明年秦伯納之張本。

【經】二十有四年，春，王正月。

夏，狄伐鄭。

秋，七月。

冬，天王出居于鄭。襄王也。天子以天下爲家，故所在稱居。天子無外而書出者，譏王蔽於匹夫之孝，不顧天下之重，因其辟母弟之難書出，言其自絶於周。【疏】「天王出居于鄭」。正義曰：出居，實出奔也。出謂出畿内，居若移居然。天子以天下爲家，所在皆得安居，故爲天子别立此名。《釋例》曰：「天子以天下爲家，故傳曰，凡自周無出。今以出居爲名，而不書奔，殊之於别國。」❶

晉侯夷吾卒。文公定位而後告，未同盟而赴以名。

【傳】二十四年，春，王正月，秦伯納之。不書，不告入也。納重耳也。**及河，子犯以璧授公子**

❶「别」，閩本、監本、毛本、文淵閣本作「列」。

曰：「臣負羈紲，❶從君巡於天下，羈，馬羈。紲，馬繮。【疏】注「羈馬羈紲馬繮」。正義曰：《説文》云「羈，馬絡頭也」，又曰「馬絆」。「紲，係也」。《少儀》云：「犬則執紲，牛則執紖，馬則執靮。」服虔云：「一曰犬繮曰紲，古者行則有犬。」杜今正以紲爲馬繮者，紲是係之别名，係馬係狗皆得稱紲，彼對文耳，散則可以通。巡於天下，用馬爲多，故主於馬耳。臣之罪甚多矣。臣猶知之，而況君乎？請由此亡。」公子曰：「所不與舅氏同心者，有如白水。」子犯，重耳舅也。言與舅氏同心之明，如此白水，猶《詩》言「謂予不信，有如皦日」。【疏】注「子犯」至「皦日」。正義曰：諸言「有如」，皆是誓辭。有如日，有如河，有如皦日，有如白水，皆取明白之義，言心之明白如日、如水也。有如上帝、有如先君，言上帝先君明見其心，意亦同也。投其璧于河。質信於河。

濟河，圍令狐，入桑泉，取臼衰。桑泉在河東解縣西。解縣東南有臼城。二月，甲午，晉師軍于廬柳。懷公遣軍距重耳。秦伯使公子縶如晉師，師退，軍于郇。解縣西北有郇城。辛丑，狐偃及秦、晉之大夫盟于郇。壬寅，公子入于晉師。丙午，入于曲沃。丁未，朝于武宫。文公之祖武公廟。戊申，使殺懷公于高粱。不書，亦不告也。懷公奔高粱。高粱在平陽楊縣西南。再發不告者，言外諸侯入及見殺，亦皆須告，乃書于策。

❶「臣負羈紲」，阮校：「案，《説文》引作『臣負羈紲』，《水經注》四亦引作『紲』。石經避廟諱，偏傍作『絏』。」

呂、郤畏偪，呂甥、郤芮，惠公舊臣，故畏爲文公所偪害。**將焚公宮，而弒晉侯。**❶**寺人披請見，公使讓之，且辭焉，**辭不見。**曰：「蒲城之役，**❷在五年。**君命一宿，女即至。**即日至。**其後余從狄君以田渭濱，**田，獵。**女爲惠公來求殺余，命女三宿，女中宿至。雖有君命，何其速也？夫袪猶在，**披所斬文公衣袂也。【疏】「夫袪猶在」。正義曰：夫，辭也。彼時斬袪之恨，今日猶在。**女其行乎！」對曰：「臣謂君之入也，其知之矣。**知君人之道。**若猶未也，又將及難。君命無二，古之制也。除君之惡，唯力是視，蒲人、狄人，余何有焉？**當二君世，君爲蒲、狄之人，於我有何義？**今君即位，其無蒲、狄乎？**【疏】「蒲人」至「狄乎」。正義曰：言獻公之時，君爲蒲邑人。惠公之時，君爲狄國人。余未事君，何有恩義於君焉？「今君即位，其無蒲狄乎」，言有人在蒲、在狄爲君，猶是也。**齊桓公置射鉤而使管仲相，**乾時之役，管仲射桓公，中帶鉤。**君若易之，何辱命焉？**言若反齊桓，己將自去，不須辱君命。**行者甚衆，豈唯刑臣？」**披，❸奄人，故稱刑臣。【疏】「行者」至「刑臣」。正義曰：公言「女其行乎」，欲使之出奔也。公若反齊桓，念舊惡，則出奔者甚衆多矣，豈唯刑臣一人乎？言畏罪者皆將去。**公見之，以難告。**告呂、郤欲焚公宮。**三月，晉侯潛會秦伯于王城。己丑，晦，公宮火。瑕甥、郤芮不獲公，乃如河上，**

---

❶「弒」，阮校：「《釋文》『弒』作『殺』。案，李善《幽通賦》注引傳作『殺』，《後漢書·宦者傳》論注引同。」

❷「役」，《四部叢刊》本、京都本、文淵閣本、阮本作「伇」。阮校：「《説文》云：『古文役從人。』」

❸「披」，原作「被」，據《四部叢刊》本、京都本、文淵閣本、阮本改。

秦伯誘而殺之。晉侯逆夫人嬴氏以歸。秦穆公女文嬴也。**秦伯送衛於晉三千人，實紀綱之僕。**新有吕、郤之難，國未輯睦，故以兵衛文公。諸門户僕隸之事，皆秦卒共之，爲之紀綱。【疏】注「新有」至「紀綱」。正義曰：新有吕、郤之難，國未輯睦，恐晉人情不可信，故秦伯以兵衛文公也。《説文》云：「綱，維紘繩也。紀，絲别也。」則綱是維之大繩；紀者，别理絲縷。諸門户僕隸之事，皆使秦卒共之，與晉人爲紀綱，謂爲之首領主帥也。

初，晉侯之豎頭須，守藏者也。頭須，一曰里鳧須。豎，左右小吏。【疏】注「頭須」至「小吏」。正義曰：「一曰里鳧須」者，《史記》謂之里鳧須，與傳文不同，必有一謬，故辨出其别，不敢正之。鄭玄《周禮》注云：「豎，未冠者之官名。」**其出也，竊藏以逃，**文公出時。**盡用以求納之。**求納文公。**及入，求見。公辭焉以沐。謂僕人曰：「沐則心覆，**【疏】「沐則心覆」。正義曰：韋昭云：「沐則低頭，故心反覆也。」**心覆則圖反，宜吾不得見也。居者爲社稷之守，行者爲羈紲之僕，其亦可也，何必罪居者？國君而讎匹夫，懼者甚衆矣。」僕人以告，公遽見之。**言棄小怨，所以能安衆。

狄人歸季隗于晉而請其二子。二子，伯鯈、叔劉。**文公妻趙衰，生原同、屏括、樓嬰。**原、屏、樓，三子之邑。**趙姬請逆盾與母，**❶趙姬，文公女也。盾，狄女叔隗之子。**子餘辭。**子餘，趙衰字。**姬曰：「得寵而忘舊，何以使人？必逆之。」固請，許之。來，以盾爲才，固請于公，以爲嫡子，而使**

❶「母」上，《四部叢刊》本、京都本、文淵閣本、阮本有「其」字，當是。

其三子下之，以叔隗爲内子，而己下之。卿之嫡妻爲内子。皆非此年事，蓋因狄人歸季隗，遂終言叔隗。

晉侯賞從亡者，介之推不言禄，禄亦弗及。介推，文公微臣。之，語助。推曰：「獻公之子九人，唯君在矣。惠、懷無親，外内棄之。天未絶晉，必將有主。主晉祀者，非君而誰？天實置之，而二三子以爲己力，不亦誣乎？竊人之財猶謂之盜，況貪天之功以爲己力乎？下義其罪，上賞其姦，上下相蒙，蒙，欺也。難與處矣！」【疏】「下義」至「處矣」。正義曰：在下者以貪天之功爲立君之義，是下義其罪也。在上者以立君之勳賞盜天之罪，是上賞其姦也。居下者義其罪，是下欺上也。居上者賞其姦，是上欺下也。如此上下相欺蒙，難可與並居處矣！其母曰：「盍亦求之，以死誰懟？」對曰：「尤而效之，罪又甚焉。且出怨言，不食其食。」怨言，謂「上下相蒙，難與處」。其母曰：「亦使知之，若何？」既不求之，且欲令推達言於文公。對曰：「言，身之文也。身將隱，焉用文之？是求顯也。」其母曰：「能如是乎？與女偕隱。」偕，俱也。遂隱而死。晉侯求之，不獲，以緜上爲之田，曰：「以志吾過，且旌善人。」旌，表也。西河界休縣南有地名緜上。

鄭之入滑也，滑人聽命。入滑在二十年。師還，又即衛。鄭公子士、洩堵俞彌帥師伐滑。堵俞彌，鄭大夫。王使伯服、游孫伯如鄭請滑。二子，周大夫。鄭伯怨惠王之入而不與厲公爵也，事在莊二十一年。又怨襄王之與衛滑也，怨王助衛爲滑請。故不聽王命，而執二子。王怒，將以狄伐鄭。富辰諫曰：「不可。臣聞之，大上以德撫民，無親疏也。其次親親以相及也。先親以及疏，推恩以成義。❶【疏】「大上」至「及也」。　正義曰：《曲禮》云：「大上貴德，其次務施報。」鄭玄以大上爲帝皇之世，其次謂三王以來，則以大上、其次爲世代之先後也。襄二十四年傳曰：「大上立德，其次立功，其次立言。」杜以立德謂黄帝、堯、舜，立功謂禹、稷，立言謂史佚、周任，則以人之賢愚爲上次，非復年代之先後也。然則大上謂人之最，大上，上聖之人也，以德撫民，唯能是用，不簡親疎也。其次聖之人，則親其所親，以漸相及，而至於遠人，爲下周公親親之事張本也。周公亦是上聖，不以德而先親者，制法爲後，不獨爲身，聖人之身不恃親也。**昔周公弔二叔之不咸，故封建親戚以蕃屏周。**❷弔，傷也。咸，同也。周公傷夏、殷之叔世，疏其親戚，以至滅亡，故廣封其兄弟。**管、蔡、郕、霍、魯、衛、毛、聃、郜、雍、曹、滕、畢、原、酆、郇，文之昭也。**十六國皆文王子也。管國在滎陽京縣東北，雍國在河内山陽縣西，畢國在長安縣西北，酆國在始平鄠縣東。**邘、晉、應、韓，武之穆也。**四國皆武王子。應國在襄陽城父縣西南，❸韓國在河東郡界。河内野王縣西北有邘城。**凡、蔣、邢、茅、胙、祭，周公之胤也。**胤，嗣也。蔣在弋陽期思縣。高平昌邑縣西有茅鄉。❹東郡燕縣西南有胙亭。【疏】「昔周」至「胤也」。　正義曰：伯、仲、叔、季，長幼

---

❶「成」，京都本、文淵閣本、阮本作「行」。

❷「以蕃屏周」，阮校：「李善注《文選》曹子建《求通親親表》、任彦升《齊竟陵文宣王行狀》並作『以藩屏周室』。」

❸「南」，京都本、文淵閣本、阮本無此字。

❹「西」，阮校：「惠棟校本『西』下增『南』字，蓋據《後漢書·郡國志》。」

之次也，故通謂國衰爲叔世，將亡爲季世。昔周公傷彼夏、殷二國叔世，疏其親戚，令使宗族之不同心以相匡輔，至於滅亡，故封立親戚爲諸侯之君，以爲蕃籬，屏蔽周室。言封此以下文、武、周公之子孫爲二十六國也。此二十六國，武王克商之後，下及成康之世，乃可封建畢矣。非是一時封建，非盡周公所爲。富辰盡以其事屬周公者，以武王克殷，周公爲輔，又攝政制禮，成一代大法，雖非悉周公所爲，皆是周公之法，故歸之於周公耳。昭二十八年傳曰：「昔武王克商，光有天下，兄弟之國十有五人，姬姓之國四十人。」彼言由其克商，乃得封建兄弟，歸功於武王耳，亦非武王之時已建五十五國，其後不復封人也。昭二十六年傳曰：「昔武王克殷，成王靖四方，康王息民，並建母弟，以蕃屏周。」昭九年傳曰：「文、武、成、康之建母弟，以蕃屏周。」則康王之世，尚有封國，非獨周公時也。且見於經傳者，管叔、蔡叔、霍叔，周公攝政之初以流言見黜，則三叔之國已是武王封矣。《尚書·康誥》之篇，周公營洛之時，始封康叔于衛。《洛誥》之篇，周公致政之月，始封伯禽于魯。書傳稱成王削桐葉爲珪，以封唐叔。如此之類，不得爲武王封也。凡、蔣、邢、茅、胙、祭，周公之胤也，豈周公自封哉？固當成王即政之後，或至康王之時，始封之耳。　注「弔傷」至「兄弟」。　正義曰：弔、傷俱是悼往之辭。咸訓爲皆，故爲同也。昭六年傳曰：「夏有亂政，而作《禹刑》。商有亂政，而作《湯刑》。周有亂政，而作《九刑》。三辟之興，皆叔世也。」彼叔世謂三代之末世，❶知此二叔亦二代之末世也。二代之末，疏其親戚，以至滅亡。周公創其如此，故制禮設法，親其所親，廣封兄弟，以自蕃衛也。蕃屏者，分地以建諸侯，使與京師作蕃籬屏扞也。鄭衆、賈逵皆以二叔爲管叔、蔡叔，傷其不和睦而流言作亂，故封建親戚。鄭玄《詩》箋亦然。案其封建之中，方有管、蔡，豈傷其作亂，始

❶「謂」，京都本、文淵閣本、阮本作「爲」。

封建之？馬融以爲夏、殷叔世，故杜同之。　注「十六」至「縣東」。　正義曰：文之昭者，自后稷以後一昭一穆，文王於次爲穆，故文子爲昭，武子爲穆。昭二十八年傳稱「武王兄弟之國十五人」，此十六，彼十五者，人異，故説異耳，非武王時十五而周公加一也。此十六國所在之地，蔡、郕、魯、衛、郜、曹、滕七國，當時皆在，已經解訖。霍在閔元年，原在隱十一年，郇在此年春，亦已解訖。其毛、聃闕，故唯解管、雍、畢、酆也。武穆四國，晉時見在，故唯解應、韓、邘也。周公之胤，邢國見在，隱七年解訖。凡、祭闕，故唯解蔣、茅、胙也。**召穆公思周德之不類，故糾合宗族于成周而作詩，**類，善也。糾，收也。召穆公，周卿士，名虎。召，采地，扶風雍縣東南有召亭。周厲王之時，周德衰微，兄弟道缺，召穆公于東都收會宗族，特作此周公之樂歌。《常棣》詩屬《小雅》。**曰：『常棣之華，鄂不韡韡。**常棣，棣也，鄂鄂然華外發。不韡韡，言韡韡，以喻兄弟和睦，則强盛而有光輝韡韡然。**凡今之人，莫如兄弟。』**言致韡韡之盛，莫如親兄弟。**其四章曰：『兄弟鬩于牆，外禦其侮。』**鬩，訟爭貌。言内雖不和，猶宜外扞異族之侵侮。【疏】「召穆」至「其侮」。　正義曰：《常棣》之詩，周公所作。故《周語》説此事，云「周文公之詩曰」，即明是周公作也。召穆公，厲王時人。於時周德既衰，兄弟道缺，召穆公思周德之不善，致使兄弟之恩缺，收合宗族於成周，爲設燕會，而作此周公樂歌之詩，曰：常棣之木華，鄂鄂然外發之時，豈不韡韡而光明乎？以衆華俱外發，實韡韡而光明，以喻兄弟衆多而相和睦，豈不彊盛而有光輝乎？言兄弟和睦，實彊盛而有光輝，兄弟和睦則彊盛如是，然則凡今日天下之人欲致此韡韡之盛，莫如兄弟之相親也。其四章曰：兄弟或有自不相善，可爭訟于牆内，若有他人侵之，則同心合意外禦其他人之侵侮也。　注「類善」至「小雅」。　正義曰：「類，善」，《釋詁》文。糾者，聚合之意，故爲收也。召穆公，厲王、宣王之臣，《詩・江漢・序》云「命召公平淮夷」，經曰「王命召虎」是也。思周德之不善，故知是厲王之時，周德衰微，兄弟道缺也。召穆公於東都會宗族，蓋當宣王之時。若當厲王之時，天子踈之，召公雖則聚會，不能使之親也。於會之上，作此周公之樂歌，欲感切宗族，使相親也。劉炫云：「杜云《常棣》詩屬《小雅》，明是周公所作也。」　注「常棣」至「韡然」。　正義曰：「常棣，棣」，《釋木》文也。舍人曰：「常棣，一名棣。」郭璞曰：「今關西山中有棣樹，子似櫻桃，可啖。」「鄂鄂然華外發」者，華聚而發於外，鄂鄂然而光明也。不韡韡乎，言其實韡韡也。古之人語有聲而倒者，詩文多有此類。　注「鬩訟争貌」。　正義曰：《釋言》云：「鬩，很也。」孫炎云：「相很戾也。」李巡本作「恨」，注云：「相怨恨。」以心相怨恨而爲鬩，是爲争訟貌也。**如是，則兄弟雖有小忿，不廢懿親。** 懿，美也。 **今天子不忍小忿，以棄鄭親，其若之何？庸勳，親親，暱近，尊賢，德之大者也。** 庸，用也。暱，親也。 **即聾，從昧，與頑，用嚚，姦之大者也。棄德崇姦，禍之大者也。** 崇，聚也。【疏】「庸勳」至「姦之大」。❶　正義曰：親、暱、尊是愛敬之辭也，即、從、與是依就之意也。其庸即用也。用其有功勳者，親其親族親者，暱其道路近者，尊其有賢行者，此四事是德之大者也。即訓就也。就其耳聾者，從其目昧者，與其心頑者，用其口嚚者，此四事是姦之大者也。勳、親、近、賢，據事上爲名。聾、昧、頑、嚚，據身上爲名。以狄無他事，故於耳目心口之上爲惡名耳。下文各以四事覆之，唯「棄嬖寵而用三良」，是言鄭伯之賢，與上文倒，隨便言耳。杜言「三良，叔詹、堵叔、師叔，所謂尊賢」，如杜此注，則謂鄭伯尊賢，與上文尊賢乖者，

❶「庸勳至姦之大」，阮本此節正義在「姦之大者也」句下。

能用三良，則是鄭伯之賢，王則當尊此鄭伯，但杜注省略耳。**鄭有平、惠之勳，**平王東遷，晉、鄭是依。惠王出奔，虢、鄭納之。是其勳也。**又有厲、宣之親，**鄭始封之祖桓公友，周厲王之子，宣王之母弟。**棄嬖寵而用三良，**七年殺嬖臣申侯，十六年殺寵子子華也。三良，叔詹、堵叔、師叔，所謂尊賢。**於諸姬爲近。**道近，當暱之。**四德具矣。耳不聽五聲之和爲聾，目不別五色之章爲昧，心不則德義之經爲頑，口不道忠信之言爲嚚，狄皆則之，四姦具矣。周之有懿德也，猶曰『莫如兄弟』，故封建之。**當周公時，故言「周之有懿德」。**其懷柔天下也，猶懼有外侮。扞禦侮者，莫如親親，故以親屏周。召穆公亦云。**周公作詩，召公歌之，故言「亦云」。**今周德既衰，於是乎又渝周、召以從諸姦，無乃不可乎？**變周、召親兄弟之道。**民未忘禍，王又興之，**前有子頹之亂，中有叔帶召狄，故曰「民未忘禍」。**其若文、武何？」**言將廢文、武之功業。**王弗聽，使頹叔、桃子出狄師。**二子，周大夫。**夏，狄伐鄭，取櫟。**

王德狄人，將以其女爲后。【疏】「王德狄人」。❶ 正義曰：荷其恩者謂之爲德，古人有此語也。**富辰諫曰：「不可！臣聞之曰：『報者倦矣，施者未厭。』**施，功勞也，有勞則望報過甚。**狄固貪惏，王又啓之，**【疏】「狄固貪惏」。❷ 正義曰：《方言》云：「殺人取財曰惏。」**女德無極，婦怨無終，**婦女之志，近之

❶「王德狄人」，阮本此節正義在「王德狄人」之下。

❷「狄固貪惏」，阮本此節正義在「狄固貪惏」句下。

則不知止足，遠之則忿怨無已。終猶已也。**狄必爲患。」王又弗聽。**

初，甘昭公有寵於惠后，甘昭公，王子帶也，食邑於甘。河南縣西南有甘水。**惠后將立之，未及而卒。昭公奔齊，**奔齊在十二年。**王復之。**在二十二年。**又通於隗氏。**隗氏，王所立狄后。**王替隗氏。**替，廢也。**頹叔、桃子曰：「我實使狄，狄其怨我。」遂奉大叔以狄師攻王。王御士將禦之，**《周禮》：「王之御士十二人。」【疏】注「周禮」至「二人」。　正義曰：《周禮》無御士之官，唯夏官大僕之屬有御僕下士十有二人，掌王之燕令。鄭玄云：「燕居時之令。」以親近王，故欲爲王禦寇。**王曰：「先后其謂我何？**先后，惠后也。誅大叔，恐違先后志。**寧使諸侯圖之。」王遂出。及坎欿，國人納之。**坎欿，周地，在河南鞏縣東。**秋，頹叔、桃子奉大叔以狄師伐周，大敗周師，獲周公忌父、原伯、毛伯、富辰。**原、毛皆采邑。【疏】注「原毛皆采邑」。　正義曰：此原伯、毛伯，蓋是文王之子原、毛之後，世爲王臣，仍爲伯爵，或本封絶滅，食采畿内，故云「皆采邑」也。**王出適鄭，處于氾。**❶鄭南氾也，在襄城縣南。【疏】注「鄭南」至「縣南」。　正義曰：南氾是襄城縣南，則鄭之西南之竟，南近於楚，西近於周，故王處于氾。及楚伐鄭，師于氾，皆以爲南氾。其東氾在中牟縣南，去鄭城既近，三十年秦、晉圍鄭，秦軍氾南，故爲東氾。各隨其所近而言也。**大叔以隗氏居于温。**

---

❶「氾」，阮本作「汜」，當是。阮校云：「石經作『氾』，岳本作『汜』，《釋文》亦作『汜』。盧文弨云當從《釋文》。下同。」

鄭子華之弟子臧出奔宋，十六年殺子華故。好聚鷸冠。鷸，鳥名。聚鷸羽以爲冠，非法之服。【疏】注「鷸鳥」至「之服」。　正義曰：《釋鳥》云：「翠，鷸。」李巡曰：「鷸一名爲翠，其羽可以爲飾。」樊光云：「青羽出交州。」郭璞云：「似燕，紺色，生鬱林。」《説文》云：「翠，青羽雀也。」案《漢書》，尉他獻文帝翠鳥毛。❶然則鷸羽可以飾器物，聚此鷸羽以爲冠也。**鄭伯聞而惡之，**惡其服非法。**使盜誘之。八月，盜殺之于陳、宋之閒。君子曰：「服之不衷，身之災也。**衷猶適也。**《詩》曰：『彼己之子，不稱其服。』**《詩・曹風》，刺小人在位，言彼人之德，不稱其服。**子臧之服，不稱也夫。《詩》曰『自詒伊慼』，其子臧之謂矣。**《詩・小雅》。詒，遺也。慼，憂也。取其自遺憂。**《夏書》曰『地平天成』，稱也。」**《夏書》，逸《書》。地平其化，天成其施，上下相稱爲宜。【疏】注「夏書」至「爲宜」。　正義曰：此是《大禹謨》之文，以説禹事，故傳通以其篇爲《夏書》。彼孔安國云：「水土治曰平，五行序曰成。」水土既治，是「地平其化」，五行既序，是「天成其施」。杜雖不見孔傳，於義亦不相違也。

宋及楚平，宋成公如楚。還，入於鄭。鄭伯將享之，問禮於皇武子。皇武子，鄭卿。**對曰：「宋，先代之後也，於周爲客，天子有事膰焉，**有事，祭宗廟也。膰，祭肉。尊之，故賜以祭胙。**有喪拜焉，**宋弔周喪，王特拜謝之。【疏】注「宋弔」至「謝之」。　正義曰：禮，弔喪之法，皆主人拜其弔者，謝其勤勞。弔者不答拜，以其爲事而來，不自同於賓客。此皆據弔及主人敵禮以上。若其臣下來弔，則主人不拜。宋

❶「他」，文淵閣本、阮本作「佗」。

是先代之後，王以敵禮待之，故拜其來弔，其餘諸侯則否。**豐厚可也。」鄭伯從之，享宋公有加，禮也。**禮物事事加厚，善鄭能尊先代。

冬，王使來告難曰：「不穀不德，得罪于母之寵子帶，❶**鄙在鄭地汜，**鄙，野也。**敢告叔父。」**天子謂同姓諸侯曰叔父。**臧文仲對曰：「天子蒙塵于外，敢不奔問官守？」**官守，王之羣臣。**王使簡師父告于晉，使左鄢父告于秦。**二子，周大夫。**天子無出，書曰「天王出居于鄭」，辟母弟之難也。**叔帶，襄王同母弟。**天子凶服降名，禮也。**凶服，素服。降名，稱不穀。

鄭伯與孔將鉏、石甲父、侯宣多省視官具于汜，三子，鄭大夫。省官司，具器用。【疏】「省視官具」。正義曰：鄭伯與三大夫每日親自省視當國官司，令具其器用，送之於汜，而後聽其私政也。**而後聽其私政，禮也。**得先君後己之禮。

衛人將伐邢，禮至曰：「不得其守，國不可得也。禮至，衛大夫。守，謂邢正卿國子。**我請昆弟仕焉。」乃往，得仕。**爲明年滅邢傳。

【經】二十有五年，春，王正月，丙午，衛侯燬滅邢。衛、邢同姬姓，惡其親親相滅，故稱名罪之。

---

❶「母」下，《四部叢刊》本、京都本、文淵閣本、阮本有「弟」字。阮校：「《考文提要》據僖五年正義『弟』作『氏』，是也。」

【疏】注「衛邢」至「罪之」。　正義曰：《曲禮》曰：「諸侯不生名，滅同姓，名。」傳云：「同姓也，故名。」然則諸侯位貴居尊，故不斥其名。書名，則是罪絶之事，故云「罪之」也。

夏，四月，癸酉，衛侯燬卒。無傳。五同盟。【疏】注「五同盟」。　正義曰：燬以元年即位，四年盟于召陵，五年于首止，八年于洮，九年于葵丘，十五年于牡丘，皆魯、衛俱在，是五同盟也。

宋蕩伯姬來逆婦。無傳。伯姬，魯女，爲宋大夫蕩氏妻也。自爲其子來逆。稱婦，姑存之辭。婦人越竟迎婦，非禮，故書。【疏】注「伯姬」至「故書」。　正義曰：伯姬，魯女，而以宋蕩冠之，知爲宋大夫蕩氏妻也。婦者，對姑之文，姑即伯姬，故知自爲子來逆婦。《公羊傳》曰：「宋蕩伯姬者何？蕩氏之母也。其稱婦何？有姑之辭也。」《穀梁傳》曰：「婦人既嫁不踰竟。」是婦人越竟逆婦，非禮也。以非禮，故書之。紀裂繻來逆女，此云逆婦者，姑自來逆，故即稱婦也。宋有蕩氏者，宋桓公生公子蕩，蕩生公孫壽，壽生蕩意諸，意諸之後，以蕩爲氏，則此人字蕩也，❶故云「蕩氏妻」。

宋殺其大夫。無傳。其事則未聞。於例爲大夫無罪，故不稱名。

秋，楚人圍陳，納頓子于頓。頓迫於陳而出奔楚，故楚圍陳以納頓子。不言遂，明一事也。子玉稱人，從告。頓子不言歸，興師見納故。【疏】注「頓迫」至「納故」。　正義曰：圍陳而納頓子，明頓子迫於陳而出奔也。楚人納之，知其出奔楚也。《公羊傳》曰：「何以不言遂？兩之也。」一舉兵而行此兩意，非因前

---

❶「字」，阮校：「浦鏜校云：『字』作『氏』。」

生後，故不言遂，明此圍陳納頓子正是一事。《釋例》曰：「傳稱諸侯納之曰歸，今經諸稱納者，皆有興師見納之事，不待例而自明。故但言納，不復言歸。」歸納不須兩見，❶故云「頓子不言歸，興師見納故」。

葬衛文公。無傳。

冬，十有二月，癸亥，公會衛子、莒慶，盟于洮。洮，魯地。衛文公既葬，成公不稱爵者，述父之志，降名從未成君，故書子以善之。莒慶不稱氏，未賜族。【疏】注「洮魯」至「賜族」。正義曰：八年盟于洮，杜云「曹地」。三十一年魯始得曹田，此時不得爲魯地，注誤耳。禮：先君既葬，則嗣子成君。此文公既葬，成公不稱爵者，《釋例》曰：「文公欲平莒於魯，未終而薨。故衛子尋父之志，魯人由此亦脩文公之好。此孝子之至感，而人情之所篤，故成公雖已免喪，至於此盟會，降以在喪自名，猶武王伐紂，稱大子發，故經隨而書子，傳從而釋之，曰『脩文公之好也』。」是說書子善之事。

【傳】二十五年，春，衛人伐邢，二禮從國子巡城，掖以赴外，殺之。【疏】「掖以赴外」。正義曰：《說文》云：「掖，持臂也。」謂執持其臂，投之城外也。掖本持臂之名，遂謂臂下脅上爲掖，是因名轉而相生也。

正月，丙午，衛侯燬滅邢。同姓也，故名。**禮至爲銘曰：「余掖殺國子，莫余敢止。」**惡其不知恥，詐以滅同姓，而反銘功於器。

❶「歸納不須兩見」，足利學本、京都本作「納取須兩見」，文淵閣本作「納歸須兩見」。

秦伯師于河上，將納王。狐偃言於晉侯曰：「求諸侯，莫如勤王。勤，納王也。諸侯信之，且大義也。繼文之業，而信宣於諸侯，今爲可矣。」晉文侯仇爲平王侯伯，匡輔周室。【疏】「繼文之業」。❶正義曰：言欲繼文侯之功業，而使信義宣布於諸侯，今日納王，是爲可矣。使卜偃卜之，曰：「吉！遇黄帝戰于阪泉之兆。」黄帝與神農之後姜氏戰于阪泉之野，勝之。今得其兆，故以爲吉。【疏】注「黄帝」至「爲吉」。正義曰：《大戴禮·五帝德》曰：「黄帝與赤帝戰于阪泉之野。」《晉語》云：「昔少典娶於有蟜氏，生黄帝、炎帝。黄帝爲姬，炎帝爲姜，二帝用師以相濟也。」韋昭注云：「濟當爲擠。擠，滅也。」《史記》稱「黄帝伐炎帝之後于阪泉之野」。炎帝即神農也。黄帝將戰，卜得吉兆。今卜復得彼兆，故以爲吉也。公曰：「吾不堪也。」文公自以爲己當此兆，故曰「不堪」。對曰：「周禮未改，今之王，古之帝也。」言周德雖衰，其命未改。今之周王自當帝兆，不謂晉。公曰：「筮之。」筮之，遇大有䷍乾下離上，大有。之睽䷥，兑下離上，睽。大有九三變而爲睽。曰：「吉，遇公用享于天子之卦。❷《大有》九三爻辭也。三爲三公，而得位變而爲兑，兑爲説，得位而説，故能爲王所宴饗。❸戰克而王饗，吉孰大焉？言卜、筮協

❶「繼文之業」，阮本此節正義在「繼文之業」句下。
❷「卦」下，京都本、阮本有「也」字。
❸「饗」，阮校：「岳本『饗』下有『也』字。」

吉。【疏】「戰克而王饗」。❶　正義曰：卜遇黃帝吉兆，是戰克也。筮得大有，是王享也。**且是卦也，**方更揔言二卦之義，不繫於一爻。**天爲澤以當日，天子降心以逆公，不亦可乎？**乾爲天，兑爲澤，乾變爲兑，而上當離，離爲日。日之在天，垂曜在澤，天子在上，説心在下，是降心逆公之象。**大有去睽而復，亦其所也。」**言去睽卦還論大有，亦有天子降心之象。乾尊離卑，降尊下卑，亦其義也。**晉侯辭秦師而下。**辭讓秦師使還，順流故曰下。**三月，甲辰，次于陽樊。右師圍温，**大叔在温故。**左師逆王。**

夏，四月，丁巳，王入于王城，取大叔于温，殺之于隰城。戊午，晉侯朝王。王享醴，命之宥。既行享禮，而設醴酒，又加之以幣帛，以助歡也。宥，助也。**請隧，弗許，**闕地通路曰隧，王之葬禮也。諸侯皆縣柩而下。【疏】注「闕地」至「而下」。　正義曰：隱元年傳曰：「闕地及泉，隧而相見。」是闕地通路曰隧也。天子之葬，棺重禮大，尤須謹慎，去壙遠而闕地通路，從遠處而漸邪下之。❷　諸侯以下，棺輕禮小，臨壙上而直縣下之。故隧爲王之葬禮，諸侯皆縣柩而下，故不得用隧。晉侯請隧者，欲請以王禮葬也。**曰：「王章也。**章顯王者，與諸侯異。**未有代德，而有二王，亦叔父之所惡也。」與之陽樊、温、原、欑、茅之田。晉於**

❶「戰克而王饗」，阮本此節正義在注「戰克而王饗」句下。
❷「處」，阮本作「地」。

是始啓南陽。❶在晉山南河北，故曰南陽。

陽樊不服，圍之。倉葛呼曰：❷倉葛，陽樊人。「德以柔中國，刑以威四夷，宜吾不敢服也。此誰非王之親姻，其俘之也！」乃出其民。取其土而已。

秋，秦、晉伐鄀。鄀本在商密，秦、楚界上小國，其後遷於南郡鄀縣。【疏】注「鄀本」至「鄀縣」。正義曰：言「本在商密」者，據在後移都，稱舊鄀以爲本耳。其實此時在商密，後始遷於鄀縣，國至彼縣而滅，故彼縣專得鄀名。當此秦、晉伐鄀之時，國名爲鄀，所都之邑名商密。楚以申、息之師戍商密者，正謂戍鄀國也。析是鄀之別邑，戍人居析地，爲商密之援。

楚鬬克、屈禦寇以申、息之師戍商密。鬬克，申公子儀。屈禦寇，息公子邊。商密，鄀別邑，今南鄉丹水縣。戍，守也。二子屯兵於析，以爲商密援。秦人過析，隈入而係輿人，以圍商密，昏而傅焉。析，楚邑，一名白羽，今南鄉析縣。隈，隱蔽之處。係縛輿人，詐爲克析得其囚俘者。昏而傅城，不欲令商密知囚非析人。宵，坎血加書，僞與子儀、子邊盟者。掘地爲坎，❸以埋盟之餘血，加盟書其上。商密人懼曰：「秦取析矣，戍人反矣。」乃降秦師。秦師囚申公子儀、息公子邊以歸。

---

❶ 「啓」，京都本、阮本作「起」。

❷ 「倉」，《四部叢刊》本、京都本、文淵閣本、阮本作「蒼」。下注文同。

❸ 「掘」，阮校：「《釋文》亦作『掘』，云：『本又作闕字。』按，此『掘』字必淺人所改。」

商密既降，析戌亦敗，故得囚二子。**楚令尹子玉追秦師，弗及。**不復言晉者，秦爲兵主。**遂圍陳，納頓子于頓。**爲頓圍陳。

冬，晉侯圍原，命三日之糧。原不降，命去之。諜出，諜，閒也。**曰：「原將降矣。」軍吏曰：「請待之。」公曰：「信，國之寶也，民之所庇也。得原失信，何以庇之？所亡滋多。」退一舍而原降，遷原伯貫于冀。**伯貫，周守原大夫也。**趙衰爲原大夫，狐溱爲溫大夫。**狐溱，狐毛之子。

衞人平莒于我。十二月，盟于洮，脩衞文公之好，且及莒平也。莒以元年酈之役怨魯，衞文公將平之，未及而卒。成公追成父志，降名以行事，故曰脩文公之好。

晉侯問原守於寺人勃鞮。勃鞮，披也。**對曰：「昔趙衰以壺飧從徑，**❶**餒而弗食。」**言其廉且仁，不忘君也。徑猶行也。【疏】注「言其」至「行也」。正義曰：杜以徑猶行者，以傳文爲徑，故釋爲行，上讀爲義。劉炫改「徑」爲「經」，謂經歷飢餒，下屬爲句，輒改其字，以規杜氏，非也。**故使處原。**從披言也。衰雖有大功，猶簡小善以進之，示不遺勞。

【經】二十有六年，春，王正月，己未，公會莒子、衞甯速盟于向。向，莒地。甯速，衞大夫莊子也。

---

❶「飧」，阮校：「閩本、監本、毛本作『餐』。案，『飧』字當從夕從食。」

齊人侵我西鄙。公追齊師至酅，弗及。❶公逐齊師，遠至齊地，故書之。濟北穀城縣西有地名酅下。【疏】「齊人」至「弗及」。　正義曰：於例，將卑師少稱人，將卑師衆稱師。此來去一也，而師、人異文者，《穀梁傳》曰：「其侵也曰人，其追也曰師，以公之弗及，大之也。」此傳無解。或如《穀梁》之言，美公能逐其師，若言追大師然，變文以美公，猶嘉季子之獲而書莒挐也。公追戎于濟西，不言所至，此言至酅者，美公遠追能遠至齊地，❷故書之也。桓十年齊侯、衛侯、鄭伯來戰于郎，傳曰：不書侵伐，「我有辭也」。此齊人侵我，討洮、向二盟，與莒和好，我亦無罪，而書侵者，於時晉文初起，諸侯無伯，齊侯是桓公之子，欲以盟主自居，魯不告齊而私爲此盟，非有正禮可辭，齊侯容得侵伐，故從本文。

夏，齊人伐我北鄙。孝公未入魯竟，先使微者伐之。

衛人伐齊。

公子遂如楚乞師。❸公子遂，魯卿也。❹乞，不保得之辭。【疏】注「公子」至「之辭」。　正義曰：公子遂名書於經，則是卿也。而云大夫者，大夫是摠辭也。今定本爲「魯卿」。乞則自我之心，得否在於彼國。乞者，執謙之意，不保必得之辭。《釋例》曰：「凡乞者，深求過理之辭，執謙以偪成其計，故雖小國之乞大國，大國之

---

❶「弗」，京都本、阮本作「不」。

❷下「遠」字，阮本作「追」。

❸「遂」，阮校：「惠棟云：《世本》作『述』，『述』與『遂』古字通，秦大夫西乞術本亦作『遂』是也。」

❹「魯卿」，阮校：「正義本『卿』作『大夫』，云『今定本爲魯卿』。」

乞小國，亦皆從不與謀之例。臧宣叔、郤錡乞師是也。」然則與謀者，彼此合計，同謀共行。乞師者，取彼之力，我獨用之，故不從與謀之例。《公羊傳》曰：「乞者何？卑辭也。曷爲内外同辭？重師也。曷爲重師？師出不正反，戰不正勝。」《穀梁》亦同其意，以爲兵，凶器；戰，危事，用師必有死傷，不可必全得歸。本不可謂之假借，故皆以乞爲名。

秋，楚人滅夔，以夔子歸。夔，楚同姓國，今建平秭歸縣。夔有不祀之罪，故不譏楚滅同姓。

冬，楚人伐宋，圍緍。

公以楚師伐齊，取穀。傳例曰：「師能左右之曰以。」

公至自伐齊。無傳。

【傳】二十六年，**春，王正月，公會莒茲丕公、**茲丕，時君之號，莒夷無謚，以號爲稱。**甯莊子盟于向，尋洮之盟也。**洮盟在前年。❶

齊師侵我西鄙，討是二盟也。

夏，齊孝公伐我北鄙。衛人伐齊，洮之盟故也。公使展喜犒師，勞齊師。**【疏】**注「勞齊師」。正義曰：犒者，以酒食餉饋軍師之名也。服虔云：「以師枯槁，故饋之飲食，勞苦謂之勞也。」《魯語》云：「使展喜以

❶「洮」，原作「兆」，據《四部叢刊》本、京都本、文淵閣本、阮本改。

膏沐犒師。」**使受命于展禽。**柳下惠。【疏】注「柳下惠」。正義曰：《魯語》展禽對臧文仲云「獲聞之」，是其人氏展，名獲，字禽，柳下是其所食之邑名，謚曰惠。《列女傳》：「柳下惠死，門人將謚之。妻曰：『夫子之謚，宜爲惠乎？』門人從以爲謚。」《莊子》云「柳下季」者，季是五十字，禽是二十字。**齊侯未入竟，展喜從之，曰：「寡君聞君親舉玉趾，將辱於敝邑，使下臣犒執事。」**言執事，不敢斥尊。**齊侯曰：「魯人恐乎？」對曰：「小人恐矣，君子則否。」齊侯曰：「室如縣罄，野無青草，何恃而不恐？」**如，而也。時夏四月，今之二月，野物未成，故言居室而資糧縣盡，在野則無蔬食之物，所以當恐。【疏】注「如而」至「當恐」。

正義曰：服虔云：「言室屋皆發撤榱椽，在如縣罄。」孔晁曰：「縣罄，但有桷無覆。」蓋杜以下云「野無青草」，言在野無青草可食，明此在室無資糧可噉，故改「如」爲「而」，言「居室而資糧縣盡」。劉炫云：「如罄在縣，下無粟帛。」炫乃以服義規杜，非也。**對曰：「恃先王之命。昔周公、大公股肱周室，夾輔成王。成王勞之，而賜之盟，曰：『世世子孫，無相害也！』載在盟府，**載，載書也。**大師職之。**職，主也。大公爲大師，兼主司盟之官。**桓公是以糾合諸侯，而謀其不協，彌縫其闕，而匡救其災，昭舊職也。及君即位，諸侯之望曰：『其率桓之功。』**率，循也。**我敝邑用不敢保聚，**❶用此舊盟，故不聚衆保守。**曰：『豈其嗣世九年，而棄命廢職，其若先君何？君必不然。』**恃此以不恐。」**齊侯乃還。**

東門襄仲、臧文仲如楚乞師。襄仲居東門，故以爲氏。臧文仲爲襄仲副使，故不書。**臧孫見**

❶「不」，阮校：「案，石經『不』字上後人旁增『是』字，非唐刻也。」

子玉，而道之伐齊、宋，以其不臣也。言其不臣事周室，可以此罪責而伐之。

夔子不祀祝融與鬻熊。祝融，高辛氏之火正，楚之遠祖也。鬻熊，祝融之十二世孫。夔，楚之別封，故亦世紹其祀。【疏】注「祝融」至「其祀」。正義曰：《楚世家》云：「楚之先出自帝顓頊高陽。高陽生稱，稱生卷章，卷章生重黎。黎爲高辛氏火正，帝嚳命曰祝融。帝誅重黎，而以其弟吳回居火正，爲祝融。吳回生陸終，陸終生季連。季連，芈姓，楚其後也。其後中微，或在中國，或在蠻夷，不能紀其世。周文王之時，季連之苗裔曰鬻熊，事文王。曾孫熊繹，成王封於楚。」是祝融、鬻熊皆爲楚之遠祖也。自祝融至鬻熊，司馬遷不能紀其世。杜言十二世，不知出何書。故劉炫規杜云：「計其間出有一千二百年，略而言之，則百年爲一世，計父子爲十二世，何以得近千二百年乎？」今刪定知不然者，以其間或兄弟伯叔相及皆爲君，故年多而世少，或可轉寫誤。劉更無別文，以意而規杜氏，未爲得也。**楚人讓之，對曰：「我先王熊摯有疾，鬼神弗赦，而自竄于夔。**熊摯，楚嫡子，有疾不得嗣位，故別封爲夔子。【疏】注「熊摯」至「夔子」。正義曰：傳言熊摯有疾，是以失楚。明是適子有疾，不得嗣位。《楚世家》無其事，不知熊摯是何君之適，何時封夔。案《鄭語》孔晁注云：「熊繹玄孫曰熊摯，有疾，楚人廢之，立其弟熊延。熊摯自棄於夔，子孫有功，王命爲夔子。」亦不知何所據也。**吾是以失楚，又何祀焉？」**廢其常祀，而飾辭文過。**秋，楚成得臣、鬭宜申帥師滅夔，以夔子歸。**成得臣，令尹子玉也。鬭宜申，司馬子西也。

宋以其善於晉侯也，重耳之出也，宋襄公贈馬二十乘。**叛楚即晉。冬，楚令尹子玉、司馬子西帥師伐宋，圍緡。**

公以楚師伐齊，取穀。凡師，能左右之曰「以」。左右，謂進退在己。【疏】「凡師」至「曰以」。正義曰：能左右者，爲欲左則左，❶欲右則右，故注云「謂進退在己」。《釋例》曰：「凡師，能左右之曰『以』。謂求助於諸侯，而專制其用，征伐進退，帥意而行，故變會及之文而曰『以』，施於匹敵相用者。若伯主之命，則上行於下，非例所及也。吴雖大國，順蔡侯之請，自將其衆，唯蔡侯之命，故亦言『以吴子』也。傳例稱師，則諸不言師者，皆不用『以』爲例也。『以』之於言，所涉甚多。劉、賈、許、潁既不守例爲斷，又亦不能盡通諸『以』，唯雜取『晉人執季孫以歸』，『劉子、單子以王猛居于皇』，『尹氏、毛伯以王子朝奔楚』，隨示以義，數事而已。又云：諸稱『以』，皆小以大，下以上，非其宜也。尋案『晉侯以季孫歸』，又非下以上也，『荆以蔡侯歸』，亦非小以大也。」**寘桓公子雍於穀，易牙奉之，以爲魯援。**雍本與孝公爭立，故使居穀以偪齊。**楚申公叔侯戍之。**爲二十八年楚子使申叔去穀張本。**桓公之子七人，爲七大夫於楚。**言孝公不能撫公族。

---

❶「爲」，正宗寺本、京都本、文淵閣本、阮本作「謂」。

春秋左傳正義卷第十三

僖公

國子祭酒上護軍曲阜縣
開國子臣孔穎達等奉勑撰

【經】二十有七年，春，杞子來朝。

夏，六月，庚寅，齊侯昭卒。十九年與魯大夫盟于齊。

秋，八月，乙未，葬齊孝公。無傳。三月而葬，速。

乙巳，公子遂帥師入杞。弗地曰入。八月無乙巳，乙巳，九月六日。

冬，楚人、陳侯、蔡侯、鄭伯、許男圍宋。傳言楚子使子玉去宋，經書人者，恥不得志，以微者告。猶序諸侯之上，楚主兵故。【疏】注「傳言」至「兵故」。正義曰：此年傳云「楚子及諸侯圍宋」，則是楚子親自來也。十二月，「公會諸侯，盟于宋」，公爲楚子在宋而往會之，明與楚子共盟也。明年傳晉侯「執曹伯，分曹、衛之田以畀宋人」，其下始云「楚子入居于申，使子玉去宋」。由此而言，楚子初來圍宋，必親至宋國，使子玉主兵，明年見晉之盛，身始去之，獨留子玉於宋耳。杜以諸侯之貶不至稱人，今言「楚人」，不得爲楚子之身也。子玉，楚之正卿，宜書其名，今書曰「楚人」，非子玉也。故以「恥不得志，以微者告」也。若然，莊二十八年齊人伐衛，杜云：「齊侯稱人者，諱取賂而還，以賤者告。」二十二年宋公及楚人戰于泓，杜云：「楚告命，不以主帥人數，故略稱人。」則以彼二解，義亦得通。但傳有「子玉在宋」之文，故據子玉解之，所以弘通其義也。初圍宋，在此年冬，楚子入居于申，乃是明年三月，圍至明年不克，始是不得志耳，非是初圍之時爲不得志也。杜意當以此爲明年始告，❶告以今冬圍耳。下句即有公會諸侯于宋，楚未來告，而公得往會之者，公傳聞即往，非待告也。其書圍宋之事，必待專使來告，傳聞行言不得書也。然若成十三年「公會諸侯伐秦」，❷傳稱「戰于麻隧，秦師敗績」，而經無戰敗之事。杜云：「時公在師，復不須告。」蓋經文闕漏，傳文獨存。即如彼言，公見其事，不復須告，此時公會諸侯于宋，即是親見宋圍，何以不即書之，而云待楚告者，案檢上下，襄十一年「公會晉侯云云伐鄭」，傳稱「鄭人行成」，下言「晉趙武入盟鄭伯」、「鄭子展出盟晉侯」，杜云「二盟不書，不告」。二十五年「公會晉侯云云于夷儀」，傳稱伐齊，齊人「使隰鉏請成，慶封如師」，杜云「慶封獨使於晉，不通諸侯，故不書」。二十六年傳「六月，公會晉趙武、宋向戌、鄭良霄、曹人于澶淵，晉人執甯喜以歸」，杜云「歸晉而後告諸侯」，故經書在秋。此三事者，公雖在會，不告不書，所言不須告者，皆謂公親行其事。麻隧，公親在戰，故云不復須告，此時公往與盟，不與圍宋，故圍宋之事必待告乃書。既以微者來告，猶序諸侯之上者，《春秋》之例，會同以國大小爲序，征伐則以主兵在前，此序諸侯之上，由楚主兵故也。

十有二月，甲戌，公會諸侯，盟于宋。無傳。諸侯伐宋，公與楚有好，而往會之，非後期。宋方

---

❶「告」，監本、毛本、文淵閣本作「來」。

❷「若」，閩本、監本、毛本、文淵閣本作「則」。

見圍，無嫌於與盟，故直以宋地。【疏】注「諸侯」至「宋地」。　正義曰：陳、蔡、鄭、許皆是楚之屬國，楚子帥而與之圍宋。往年公使公子遂如楚乞師，始與之通和好。魯非楚之屬國，圍宋之事，公不與謀，直聞其在宋，往會之耳，非是楚來召公，公自往會之，非後期也。言此者，文七年扈之盟，爲公後期，不序其國，而揔曰諸侯。此亦揔曰諸侯，有後期之嫌，故明之非爲後期，而揔稱諸侯，即上圍宋之諸侯也。一事而再見者，前目而後凡，常例也。圍稱楚人，以微者告。魯此與諸侯盟會，必是楚子親之，不復别言楚子者，上已歷序諸侯，遂令楚子當楚人之處，即從揔文，故不復曲序之也。凡盟會以國爲地者，必國主與其盟會，此時宋方見圍，無嫌與盟，故直以宋地也。

【傳】二十七年，春，杞桓公來朝，用夷禮，故曰子。杞，先代之後，而迫於東夷，風俗雜壞，言語衣服有時而夷，故杞子卒，傳言其「夷也」。今稱朝者，始於朝禮，終而不全，異於介葛盧，故唯貶其爵。公卑杞，杞不共也。杞用夷禮，故賤之。

夏，齊孝公卒。有齊怨，前年齊再伐魯。不廢喪紀，禮也。弔贈之數不有廢。❶【疏】「不廢喪紀」。❷　正義曰：《周禮》：小司徒掌喪紀之禁令，庖人掌喪紀之庶羞。《樂記》曰：「衰麻哭泣，所以節喪紀

❶「有」，阮校：「足利本作『可』。」足利學本「廢」下有「也」字。
❷「不廢喪紀」，阮本此節正義在傳「不廢喪紀」下。

也。」言喪紀者多矣。喪紀者，喪事之摠名，諸侯相於，唯有弔贈，故注云「弔贈之數不有廢」也。

秋，入杞，責無禮也。❶責不共也。

楚子將圍宋，使子文治兵於睽，子文時不爲令尹，故云使治兵，習號令也。睽，楚邑。**終朝而畢，不戮一人。**終朝，自旦及食時也。子文欲委重於子玉，故略其事。**子玉復治兵於蔿，**子玉爲令尹故。蔿，楚邑。**終日而畢，鞭七人，貫三人耳。國老皆賀子文，子文飲之酒。**賀子玉堪其事。**蔿賈尚幼，後至，不賀。**蔿賈，伯嬴，孫叔敖之父。幼，少也。**子文問之，對曰：「不知所賀。子之傳政於子玉，曰：『以靖國也。』靖諸内而敗諸外，所獲幾何？子玉之敗，子之舉也。舉以敗國，將何賀焉？子玉剛而無禮，不可以治民，過三百乘，其不能以入矣。苟入而賀，何後之有？」**三百乘，二萬二千五百人。【疏】「貫三人耳」。❷ 正義曰：耳，助句也。 「國老皆賀」。 正義曰：《王制》云：「有虞氏養國老於上庠，養庶老於下庠。」然則國老者，國之卿、大夫、士之致仕者也。 「子之」至「國也」。 正義曰：二十三年，子玉伐陳，城頓而還。子文使爲令尹。叔伯曰：「子若國何？」對曰：「吾以靖國也。夫有大功而無貴仕，其人能靖者與有幾？」子文恐子玉矜功爲亂，故授令尹，冀以靖國家，此舉其前言以非之。 「過三」至「入矣」。 正義曰：若使爲帥，過三百乘，其必不能入前敵矣。

---

❶ 「責無禮也」，《四部叢刊》本無「無」字。阮校：「《釋文》作『責禮也』，『本或作『責無禮』者，非』。」

❷ 「貫三人耳」，阮本以下正義四節分疏於傳文各節下。

冬，楚子及諸侯圍宋，宋公孫固如晉告急。公孫固，宋莊公孫。**先軫曰：「報施救患，取威定霸，於是乎在矣。」**先軫，晉下軍之佐原軫也。報宋贈馬之施。【疏】注「先軫」至「之施」。　正義曰：劉炫云「下『蒐于被廬』，先軫始佐下軍，此時未爲下軍之佐」，以規杜氏。知不然者，以方欲救宋，即蒐被廬，先軫此語與蒐相近，不知未蒐之前，先軫身作何官，故以蒐後下軍之佐明之。然先軫後年亦爲中軍帥，不云中軍帥者，相去既遠，又隔下軍之佐，故杜不言之。**狐偃曰：「楚始得曹，而新昏於衛，若伐曹、衛，楚必救之，則齊、宋免矣。」**前年楚使申叔侯戍穀以偪齊。**於是乎蒐于被廬，**晉常以春蒐禮改政令，敬其始也。被廬，晉地。**作三軍，**閔元年晉獻公作二軍，今復大國之禮。**謀元帥。**中軍帥。**趙衰曰：「郤縠可。**❶**臣亟聞其言矣，説禮、樂而敦《詩》、《書》。**《詩》、《書》，**義之府也。禮、樂，德之則也。德、義，利之本也。**【疏】「謀元帥」。❷　正義曰：元，長也，謂將帥之長。軍行則重者居中，故晉以中軍爲尊，而上軍次之。其二軍，則上軍爲尊，故閔元年晉侯作二軍，公將上軍。「説禮」至「本也」。　正義曰：説謂愛樂之，敦謂厚重之。《詩》之大旨，勸善懲惡。《書》之爲訓，尊賢伐罪，奉上以道。禁民爲非之謂義，《詩》、《書》，義之府藏也。禮者，謙卑恭謹，行歸於敬。樂者，欣喜歡娱，事合於愛。揆度於内，舉措得中之謂德。禮、樂者，德之法則也。心説禮、樂，志重《詩》、《書》，遵禮樂以布德，習《詩》、《書》以行義，有德有義，利民之本也。《晉語》云：「文公問元帥於

---

❶「縠」，《經典釋文》作「轂」。

❷「謀元帥」，阮本此節正義在傳「謀元帥」句注下。

趙衰，對曰：『郤縠可，年五十矣，守學彌惇。夫好先王之法者，德義之府也。夫德義，生民之本也。能敦篤，不忘百姓，請使郤縠。』公從之。」**《夏書》曰：『賦納以言，明試以功，車服以庸。』**《尚書·虞夏書》也。賦納以言，觀其志也。明試以功，考其事也。車服以庸，報其勞也。賦猶取也。庸，功也。**君其試之。」**

【疏】「夏書」至「試之」。正義曰：《夏書》言用臣之法。賦，取也。取人納用以其言，察其言觀其志也。分明試用以其功，考其功觀其能也。而賜之車服，以報其庸，庸亦功也。知其有功乃賜之。古人之法如此，君其試用之。注「尚書」至「功也」。正義曰：此古文《虞書·益稷》之篇。漢、魏諸儒不見古文，因伏生之謬，從《堯典》至《胤征》，凡二十篇，揔名曰《虞夏書》，以與禹對言，故傳通謂《大禹謨》以下皆爲《夏書》也。古本作「敷納以言，明庶以功」。「敷」作「賦」，「庶」作「試」，師受不同，古字改易耳。賦稅者，取受之義，故爲取也。「庸，功」，《釋詁》文。《舜典》云：「敷奏以言，明試以功，車服以庸。」文雖略同，此引《夏書》，非《舜典》也。**乃使郤縠將中軍，郤溱佐之。使狐偃將上軍，讓於狐毛而佐之。**狐毛，偃之兄。**命趙衰爲卿，讓於欒枝、先軫。**欒枝，貞子也，欒賓之孫。**使欒枝將下軍，先軫佐之。荀林父御戎，魏犨爲右。**荀林父，中行桓子。

晉侯始入而教其民，二年欲用之，二十四年入。**子犯曰：「民未知義，未安其居。」**無義則苟生。

【疏】注「狐毛偃之兄」。❶ 正義曰：《晉語》偃辭曰：「毛之知，賢於臣，其齒又長，毛也不在位，不敢聞命。」注「無義則苟生」。正義曰：未知君臣之義，不作長久之圖，苟且爲生，以過朝夕，是未安其居。**於是乎出定襄**

---

❶「注狐毛偃之兄」，阮本此節正義在「讓於狐毛而佐之」句注下。

王，二十五年定襄王，以示事君之義。**入務利民，民懷生矣。將用之，子犯曰："民未知信，未宣其用。"**宣，明也，未明於見用之信。【疏】"入務"至"生矣"。❶　正義曰：利民之事，非止一塗。《晉語》説文公爲政云："棄責薄斂，施舍分災，救乏振滯，匡困資無。輕關易道，通賈寬農。務穡勸分，省用足財。利器明德，以厚民性。"皆是利民之事。民懷生者，謂有懷義之心，不復苟且。劉炫云："生既厚民，皆懷戀居處。"注"未明於見用之信"。　正義曰：信是人之所用，若未伐原示信，民未明於信是人用，故傳云"未宣其用"，云見用者，言信見爲人所用。**於是乎伐原以示之信。**伐原在二十五年。**民易資者，不求豐焉，**不詐以求多。**明徵其辭。**重言信。**公曰："可矣乎？"子犯曰："民未知禮，未生其共。"於是乎大蒐，以示之禮，**蒐，順少長，明貴賤。**作執秩，以正其官。**執秩，主爵秩之官。**民聽不惑，而後用之。出穀戍，釋宋圍，**楚子使申叔去穀，子玉去宋。**一戰而霸，文之教也。**謂明年戰城濮。【疏】"文之教也"。　正義曰：《論語》云："上好禮，則民莫敢不敬。上好義，則民莫敢不服。上好信，則民莫敢不用情。"今晉侯以義、信、禮教民，然後用之，是文德之教也。明年傳君子"謂晉於是役也，能以德攻"，注云："以文德教民而後用之。"謂此役也。

【經】二十有八年，春，晉侯侵曹。晉侯伐衛。再舉晉侯者，曹、衛兩來告。**公子買戍衛，不卒戍，刺之。**公子買，魯大夫子叢也。内殺大夫皆書刺，言用《周禮》三刺之

---

❶ "入務至生矣"，阮本此節正義在"民懷生矣"句下。

法，示不枉濫也。公實畏晉，殺子叢而誣叢以廢戍之罪，恐不爲遠近所信，故顯書其罪。【疏】注「公子」至「其罪」。　正義曰：經言「買」，傳言「叢」，蓋名買，字叢，或字相似而一謬也。《周禮・司刺》：「掌三刺之法，以贊司寇聽獄訟。一刺曰訊群臣，再刺曰訊羣吏，三刺曰訊萬民。」鄭玄云：「刺，殺也。訊而有罪則殺之。」訊，言也。內殺大夫，此及成十六年「刺公子偃」皆書刺者，若云用彼三刺之法，言問臣、吏、萬民，皆言合殺，乃始殺之，以示不枉濫也。此三刺之法，位在外朝，庫門之外，臯門之內，故「小司寇掌外朝之政，三公及州長百姓北面，羣臣西面，羣吏東面」，於此訊之也。魯史獨設此名，所以異於外也。《公羊》以爲「內諱殺大夫謂之刺」，以爲諸侯不得專殺，故諱言刺之，其意小異於此。公實畏晉，殺子叢以説晉，言戍衛者，叢之所爲，又歸罪於叢，言不終戍事，故殺之。恐不爲遠近所信，故顯書子叢之罪也。然魯殺子叢，本有兩意：謂楚云不卒戍，謂晉云叢欲戍衛。今經之所書，書謂楚之辭，不書謂晉之辭者，以魯先與楚同好，恐楚疑之，故顯書不卒戍之罪以告屬楚。諸侯心實畏晉，未敢宣露，故經不書告晉之辭。蘇云：「公子買不卒戍者，告晉、楚之辭也。謂晉云：『公子買比來戍衛，❶今不使終其成事，是以殺之。』謂楚云：『比令公子買爲楚戍衛，其買不終戍事，是以殺之。』」

楚人救衛。

三月，丙午，晉侯入曹，執曹伯，畀宋人。畀，與也。執諸侯當以歸京師，晉欲怒楚使戰，故以與宋，所謂「譎而不正」。【疏】注「畀與也」。　正義曰：劉炫云：「《公羊傳》曰：『畀者何？與也。』其言以畀

❶「比」，正宗寺本作「此」。下「比令」之「比」同。

宋人何？與使聽之。』何休云：『宋稱人者，明聽訟必師斷，與其師衆共之。』《穀梁傳》曰：『畀，與也。其曰人，何也？不以晉侯畀宋公也。』注云：『畀，上與下之辭，故不以侯畀公。』案傳『執曹伯，分曹、衛之田以畀宋人』，則田亦稱人，非爲斷獄故稱人也。❶若不使晉侯與宋公，自可改其畀名，何以名之爲畀，而使義不得與也？若與宋人，豈宋國卑賤之人，得獨受曹伯而治之乎？二傳之言，皆不得合《左氏》，當以人爲衆辭，舉國而稱之耳。」

夏，四月，己巳，晉侯、齊師、宋師、秦師及楚人戰于城濮，楚師敗績。宋公、齊國歸父、秦小子慭既次城濮，以師屬晉，不與戰也。子玉及陳、蔡之師不書，楚人恥敗，告文略也。大崩曰敗績。【疏】注「宋公」至「敗績」。正義曰：於例，將卑師衆稱師。此齊、宋、秦皆文稱師，則將非尊者。傳云：「宋公、齊國歸父、秦小子慭次于城濮。」及其交戰，唯言晉師陳于莘，此説晉之將帥與楚相敵，❷都不言齊、宋公卿，知其既次城濮，以師屬晉，不與戰也。沈氏云：「定四年『戰于柏舉』，傳稱『蔡侯、吴子、唐侯伐楚』，杜云：『唐侯不書，兵屬於吴、蔡。』今宋、齊、秦屬晉，而書之者，彼柏舉之戰，唐師并屬吴、蔡，❸與之同陳，故不書。此齊、宋師等雖屬晉，猶異陳，故得書之。傳稱『子玉及陳、蔡之師皆在於陳』，而不書者，楚人恥敗，告辭略，故史不得書之。」劉炫《規過》以爲晉人告略，今知不然者，但於此戰時，魯猶屬楚，凡禍福相告，必同好之國，故知楚人來告也。楚人來告，不言陳、蔡者，恥其諸國皆在，不能敵晉，故略言楚人而已。若其晉告，則應矜其勝事，以少敗多，何肯略其

❶「稱」，阮本作「云」。
❷「此」，正宗寺本、京都本、文淵閣本、阮本作「北」，屬上讀。
❸「并」，京都本、阮本作「共」。

陳、蔡而不告也？劉以爲晉人來告，而規杜氏，非也。

楚殺其大夫得臣。子玉違其君命以取敗，稱名以殺，罪之。

衛侯出奔楚。

五月，癸丑，公會晉侯、齊侯、宋公、蔡侯、鄭伯、衛子、莒子，盟于踐土。踐土，鄭地。王子虎臨盟，不同歃，故不書。衛侯出奔，其弟叔武攝位受盟，非王命所加，從未成君之禮，故稱子而序鄭伯之下。經書癸丑，月十八日也。傳書癸亥，月二十八日。經、傳必有誤。【疏】注「踐土」至「有誤」。正義曰：傳稱「王子虎盟諸侯于王庭」，而不書子虎，知子虎臨盟不與歃。定四年傳稱踐土之盟，其載書云：「王若曰：晉重、魯申、衛武、蔡甲午、鄭捷、齊潘、宋王臣、莒期。」其次與會不同者，會之班次以國大小爲序，及其盟也，王臣臨之，異姓爲後，故載書之次與會異也。定四年召陵之會，傳稱：「祝佗言於萇弘曰：『踐土之盟，衛成公不在。夷叔，其母弟也，猶先蔡。』萇弘説，告劉子，乃長衛侯於盟。」如彼傳文，則踐土、召陵二盟，衛皆先蔡。而經書諸國之序，二會皆蔡在衛先者，《釋例》曰：「周之宗盟，異姓爲後。故踐土載書，齊、宋雖大，降於鄭、衛。斥周而言，止謂王官之宰臨盟者也，其餘雜盟，未必皆然。踐土、召陵二會，蔡在衛上，時國次也。至盟，乃正其高下者，敬恭明神，本其始也。」是言盟、會異次之意也。如《釋例》之言，王官之宰臨盟，乃以異姓爲後，則二十九年翟泉之盟，王子虎在焉，宣七年黑壤之盟，王叔桓公臨之，彼二盟亦當異姓爲後，與會異次也。八年洮之盟，王人在列，杜指王官之宰，則卑者未必能別同姓、異姓。若無王官之伯，則以大小爲序。襄二十七年宋之盟，晉、楚爭先，是其餘雜盟不先同姓之文也。《周禮·典命》云：「諸侯之適子，誓於天子，攝其君，則下其君一等。未誓，則以皮帛繼子男。」叔武是衛侯之弟，未得從世子之法攝位受盟，舊無正禮，其班位高下出於主會之意，以其非王命所加，使從未成君之禮，故稱子，而序於鄭伯之下，蓋晉文之意使然。

陳侯如會。無傳。陳本與楚，楚敗，懼而屬晉，來不及盟，故曰如會。【疏】「陳侯如會」。正義曰：沈氏云：「八年，鄭伯云『乞盟』，此直云如會者，彼及其盟，故云『乞盟』。此則不及其盟，又陳侯不乞，故與彼文異。」

公朝于王所。無傳。王在踐土，非京師，故曰王所。【疏】注「王在」至「王所」。正義曰：《穀梁傳》曰：「朝不言所，言所者，非其所也。」是其由非京師，故稱王所也。《公羊傳》曰：「曷爲不言公如京師？天子在是也。曷爲不言天子在是？不與致天子也。」其意言晉文公召王來踐土。《左傳》於此無召王之事，直云「作王宮于踐土」。杜云：「襄王聞晉戰勝，自往勞之，故爲作宮。」則以王意自往，非晉召之，不同《公羊》說也。

六月，衛侯鄭自楚復歸于衛。復其位曰復歸。晉人感叔武之賢而復衛侯。衛侯之入，由于叔武，故以國逆爲文，例在成十八年。**衛元咺出奔晉。**元咺，衛大夫，雖爲叔武訟訴，失君臣之節，故無賢文。奔例在宣十年。【疏】注「元咺」至「十年」。正義曰：宣十年齊崔氏出奔衛，傳曰：「書曰『崔氏』，非其罪也。」文八年宋司城來奔，傳言：「司城效節於府人而出，故書以官，貴之也。」然書官及氏爲貴，則書名不是賢文，以元咺訴君於晉，所訴雖直，令君陷罪，失君臣之節，故無賢文。書其名，從本文也。

陳侯款卒。無傳。**凡四同盟。**【疏】注「凡四同盟」。正義曰：款以十三年即位，十五年盟于牡丘，十九年于齊，二十一年于薄，二十七年于宋，魯、陳俱在，是四同盟也。

秋，杞伯姬來。無傳。莊公女。歸寧曰來。

公子遂如齊。無傳。聘也。

冬，公會晉侯、齊侯、宋公、蔡侯、鄭伯、陳子、莒子、邾子、秦人于温。陳共公稱子，先君未葬。例在九年。宋襄公稱子，自在本班。陳共公稱子，降在鄭下。陳懷公稱子，而在鄭上。傳無義例，蓋主會所次，非褒貶也。【疏】注「陳共」至「貶也」。正義曰：陳侯款經不書葬，正以稱子，知其先君未葬也。宋襄稱子，九年葵丘會也。陳共公稱子，此會也。陳懷公稱子，定四年召陵會也。其班次上下，傳無義例，故疑主會所次，非褒貶也。桓十六年公會宋公、衛侯、陳侯、蔡侯伐鄭，杜云：「蔡常在衛上，今序陳下，蓋後至。」二十九年翟泉之盟，秦人在陳、蔡之下，傳歷序諸侯之卿，而有秦小子慭，杜云：「秦小子慭在蔡下者，若宋向戌之後會。」彼二事班失其次，杜以後至釋之，知此陳共公稱子降在鄭下，非後至者，杜以後至爲説亦無明文，正以國之大小班序先定，今乃退在小國之下，因向戌有後至之譏，故取以爲説耳。未成君者，例無定式，不知所由，故言「蓋」，爲疑辭，疑主會之意，亦未必不由後至而降之。《禮·雜記》云：「君薨，大子號稱子，待猶君也。」然則待之如君，在本班者爲得禮也。降其班者，出自主會之意。

天王狩于河陽。晉地，今河内有河陽縣。晉實召王，爲其辭逆而意順，故經以王狩爲辭。**壬申，公朝于王所。**壬申，十月十日，有日而無月，史闕文。

晉人執衛侯，歸之于京師。稱人以執，罪及民也。例在成十五年。諸侯不得相治，故歸之京師。【疏】「晉人」至「京師」。正義曰：成十五年「晉侯執曹伯，歸于京師」，彼不言「之」，此言「之」者，《公羊傳》

曰：「歸之于者，罪已定矣。歸于者，罪未定也。」《左氏》無此義，正是史異辭耳。

衛元咺自晉復歸于衛。元咺與衛侯訟，得勝而歸。從國逆例者，明衛侯無道於民，國人與元咺。

諸侯遂圍許。會温諸侯也。許比再會不至，❶故因會共伐之。❷

曹伯襄復歸于曹，晉感侯獳之言而復曹伯，故從國逆之例。❸**遂會諸侯圍許。**言遂，得復而行，不歸國也。【疏】注「晉感」至「之例」。❹　正義曰：侯獳愛君以請，此曹伯從國逆之例。成十六年曹人再請於晉，乃釋成公，而云「曹伯歸自京師」，從外納之文者，彼國人請君，自是恒事。此侯獳貨筮史致其誠心，晉侯感其言而特釋之，所以顯侯獳，故從國逆例也。

【傳】二十八年，春，**晉侯將伐曹，假道于衛，**曹在衛東故。**衛人弗許。還，自南河濟，**從汲郡南渡，出衛南而東。**侵曹伐衛。正月，戊申，取五鹿。**五鹿，衛地。

---

❶「此」，《四部叢刊》本、足利學本、京都本、文淵閣本、阮本、《經典釋文》作「比」。阮校：「宋本作『此』，非也。」

❷「會」，阮校：「足利本無此字。」

❸「之」，京都本、文淵閣本、阮本無此字。

❹「注晉感至之例」，阮本此節正義在「故從國逆之例」注下。

二月，晉郤縠卒。原軫將中軍，胥臣佐下軍，上德也。先軫以下軍佐超將中軍，故曰「上德」。胥臣，司空季子。

晉侯、齊侯盟于斂盂。斂盂，衛地。**衛侯請盟，晉人弗許。衛侯欲與楚，國人不欲，故出其君，以說于晉。衛侯出居于襄牛。**襄牛，衛地。

公子買戍衛，晉伐衛，衛，楚之昏姻，魯欲與楚，故戍衛。**楚人救衛，不克。公懼於晉，殺子叢以說焉。**召子叢而殺之，以謝晉。**謂楚人：**❶**「不卒戍也。」**詐告楚人言子叢不終戍事而歸，❷故殺之。殺子叢在楚救衛下，經在上者，救衛，赴晚至。

晉侯圍曹，門焉，多死。攻曹城門。**曹人尸諸城上，**磔晉死人於城上。**晉侯患之，聽輿人之謀曰：「稱舍於墓。」**輿，衆也。舍墓，爲將發冢。**師遷焉，曹人兇懼，**遷至曹人墓。兇兇，恐懼聲。

【疏】「輿人」至「於墓」。❸ 正義曰：此「謀」字或作「誦」，涉下文而誤耳。其云誦者，皆韻如詩賦。❹ 此稱舍於墓，直是計謀之言，不得爲「誦」。今定本作「謀」。**爲其所得者棺而出之。因其兇也而攻之。三月，丙午，**

❶「人」下，京都本、文淵閣本、阮本有「曰」字。

❷「詐」，京都本、文淵閣本、阮本作「謂」。

❸「輿人至於墓」，阮本此節正義在「稱舍於墓」注下。

❹「皆」，京都本、文淵閣本、阮本作「音」。阮校：「閩本、監本、毛本『皆』作『音』。」

入曹。數之，以其不用僖負羈而乘軒者三百人也，且曰：「獻狀。」軒，大夫車。言其無德居位者多，故責其功狀。**令無入僖負羈之宫，而免其族，報施也。**報飧璧之施。**魏犫、顛頡怒曰：「勞之不圖，報於何有？」**二子各有從亡之勞。【疏】「勞之」至「何有」。正義曰：二子有從行之勞，未得厚賞，故言勞苦之大，不嘗圖謀其報，此小惠於何有義？恨公忘己而念彼也。**爇僖負羈氏。**爇，燒也。**魏犫傷於胷，公欲殺之，而愛其材，**材，力。**使問，且視之，病將殺之。魏犫束胷見使者，曰：「以君之靈，不有寧也？」**言不以病，故自安寧。**距躍三百，曲踊三百。**距躍，超越也。曲踊，跳踊也。百猶勱也。❶**乃舍之。殺顛頡，以徇于師。**【疏】注「距躍」至「勱也」。❷正義曰：《詩》稱魚躍，《易》言龍躍，則躍是舉身向上之名。《禮記》「婦人踊不絶地」，則踊亦向上之名。《詩》云「踊躍用兵」，則踴躍一事，勢相類也。《説文》云：「躍，迅也。」「踊，跳也。」然則躍以疾生名，故以距躍爲超越，言距地向前跳而越物過也。曲踊以曲爲言，則謂向上跳而折復下，故以曲踊爲跳踊耳，言直上向下而已。以傷病之人，而再言「三百」，不可爲六百跳也。杜言「百猶勱」，亦不知勱何所謂，蓋復訓勱爲勉，言每跳皆勉力爲之。**立舟之僑以爲戎右。**舟之僑，故虢臣，閔二年奔晉，以代魏犫，爲先歸張本。

---

❶ 「勱」，《四部叢刊》本、京都本、阮本作「勵」。阮校：「《釋文》亦作『勱』字，正義同。按，『勵』者，『厲』之俗，《説文》所無。」

❷ 「注距躍至勱也」，阮本此節正義在「曲踊三百」句注下。

宋人使門尹般如晉師告急。門尹般，宋大夫。**公曰：「宋人告急，舍之則絶。**與晉絶。**告楚不許。我欲戰矣，齊、秦未可，若之何？」**未肯戰。**先軫曰：「使宋舍我而賂齊、秦，**求救於齊、秦。**藉之告楚。**假借齊、秦，使爲宋請。**我執曹君，而分曹、衛之田以賜宋人。楚愛曹、衛，必不許也。**不許齊、秦之請。**喜賂怒頑，能無戰乎？」**言齊、秦喜得宋賂，而怒楚之頑，必自戰也。不可告請，故曰頑。**公説，執曹伯，分曹、衛之田以畀宋人。**

楚子入居于申，申在方城内，故曰入。**使申叔去穀，**二十六年申叔戍穀。**使子玉去宋，曰：「無從晉師。晉侯在外十九年矣，而果得晉國。**晉侯生十七年而亡，亡十九年而反，凡三十六年，至此四十矣。**險阻艱難，備嘗之矣。民之情僞，盡知之矣。天假之年，**獻公之子九人，唯文公在，故曰「天假之年」。**而除其害，**除惠、懷、呂、郤。**天之所置，其可廢乎？《軍志》曰：『允當則歸。』**無求過分。《軍志》，兵書。**又曰：『知難而退。』又曰：『有德不可敵。』此三志者，晉之謂矣。」**謂今與晉遇，當用此三志。【疏】「軍志」至「謂矣」。正義曰：「允當則歸」，謂信當分理，則須歸還，無求過分，決戰取勝也。「知難而退」，謂知前敵之難，則須退避也。❶「有德不可敵」，謂必知敵彊，不須與競也。此三志者，與晉相遇之謂矣。劉炫云：「此志三云者，情有淺深。『允當則歸』，謂彼雖可勝，得當則還，言前人弱於己也。『知難而退』，謂勝不可必，早自收斂，言前人與己敵也。『有德不可敵』，謂必知彼彊，不須與競，言前人彊於己也。三者從弱

---

❶「避」，正宗寺本、京都本、文淵閣本、阮本作「辟」。

至彊，揔言晉之謂矣，指言晉彊於己也。」

子玉使伯棼請戰，伯棼，子越椒也，鬭伯比之孫。**曰：「非敢必有功也，願以閒執讒慝之口。」**閒執，猶塞也。讒慝，若蔿賈之言，謂子玉不能以三百乘入。**王怒，少與之師，唯西廣、東宮與若敖之六卒實從之。**楚子還申，遣此兵以就前圍宋之衆。楚有左、右廣，又大子有宮甲，分取以給之。若敖，楚武王之祖父，葬若敖者，子玉之祖也。六卒，子玉宗人之兵六百人。言不悉師以益之。【疏】注「楚子」至「益之」。正義曰：宣十二年傳欒武子説楚事，云：「其君之戎分爲二廣，廣有一卒，卒偏之兩。」是楚有左右廣也。《周禮·車僕》：「掌戎路之萃，廣車之萃。」鄭玄云：「廣車，横陳之車。」襄十一年鄭人賂晉侯以廣車，蓋兵車之名，名之爲廣，因即以車表兵，謂屬西廣之兵也。文元年商臣以宮甲圍成王，是東宮兵也。《周禮》：司馬，「凡制軍，百人爲卒」。知六卒六百人也。

子玉使宛春告於晉師曰：「請復衛侯而封曹，臣亦釋宋之圍。」衛侯未出竟，曹伯見執在宋，已失位，故言復衛封曹。**子犯曰：「子玉無禮哉！君取一，臣取二，**君取一，以釋宋圍，惠晉侯。臣取二，復曹、衛，爲己功。**不可失矣。」**言可伐。**先軫曰：「子與之！定人之謂禮，楚一言而定三國，我一言而亡之，我則無禮，何以戰乎？不許楚言，是棄宋也，救而棄之，謂諸侯何？**言將爲諸侯所怪。**楚有三施，我有三怨，怨讎已多，將何以戰？不如私許復曹、衛以攜之，**私許二國，使告絶于楚而後復之。攜，離也。**執宛春以怒楚，既戰而後圖之。」**須勝負決乃定計。**公説，乃拘宛春於衛，且私許復曹、衛。曹、衛告絶於楚。子玉怒，從晉師。晉師退。軍吏曰：「以君辟臣，辱也。且楚師老**

矣，何故退？」子犯曰：「師直爲壯，曲爲老，豈在久乎？微楚之惠不及此，重耳過楚，楚成王有贈送之惠。**退三舍辟之，所以報也。**一舍，三十里。初，楚子云：「若反國，何以報我？」故以退三舍爲報。**背惠食言，以亢其讎，**亢猶當也，讎謂楚也。**我曲楚直，其衆素飽，不可謂老。**直氣盈飽。**我退而楚還，我將何求？若其不還，君退臣犯，曲在彼矣。」退三舍。**【疏】「先軫曰子與之」。❶正義曰：以子犯言爲無理，故先言「子與之」，欲令子犯與子玉復衛封曹，既言此以答子犯，然後復言其不可之理，更別爲之立計，使私許復曹、衛以攜之。「背惠食言」。正義曰：《釋詁》云：「食，僞也。」孫炎云：「食言之僞。」❷《尚書・湯誓》云：「爾無不信，朕不食言。」孔安國云：「食盡其言，僞不實也。」哀二十五年傳孟武伯惡郭重曰：「何肥也？」公曰：「是食言多矣，能無肥乎？」然則食言者，言而不行，如食之消散，後終不行，則前言爲僞。通爲僞言爲食言，❸故《爾雅》訓食爲僞也。注「直氣盈飽」。正義曰：素訓爲空，忿怒之深，空腹不食，直氣盈飽也。**楚衆欲止，子玉不可。**

夏，四月，戊辰，晉侯、宋公、齊國歸父、崔夭、秦小子憖次于城濮。國歸父、崔夭，齊大夫也。小子憖，秦穆公子也。城濮，衛地。**楚師背酅而舍，**酅，丘陵險阻名。**晉侯患之，聽輿人之誦，**恐衆畏

---

❶「先軫曰子與之」，阮本以下正義三節分疏於傳文各節下。

❷「僞」，京都本、阮本作「爲」。

❸上「爲」字，正宗寺本、京都本、文淵閣本、阮本作「謂」。阮校：「宋本『謂』作『爲』，非。」

險，故聽其歌誦。曰：「原田每每，舍其舊而新是謀。」高平曰原。喻晉軍美盛，若原田之草每每然，可以謀立新功，不足念舊惠。公疑焉。疑衆謂己背舊謀新。子犯曰：「戰也！戰而捷，必得諸侯。若其不捷，表裏山河，必無害也。」晉國外河而内山。公曰：「若楚惠何？」欒貞子曰：「漢陽諸姬，楚實盡之。貞子，欒枝也。水北曰陽。姬姓之國在漢北者，❶楚盡滅之。思小惠而忘大恥，不如戰也。」晉侯夢與楚子搏，搏，手搏。楚子伏己而盬其腦，盬，唼也。是以懼。子犯曰：「吉！我得天，楚伏其罪，吾且柔之矣。」晉侯上向，故得天。楚子下向地，故伏其罪。腦所以柔物。子犯審見事宜，故權言以答夢。【疏】注「酅丘陵險阻名」。❷正義曰：兵法，右背山陵，前左水澤。楚師背酅而舍，知其背丘陵也。蓋所舍之處有丘陵名酅，其處有險阻也。 注「盬唼也」。正義曰：盬之爲唼，未見正訓，蓋相傳爲然。服虔云：「如俗語相罵云『唼女腦』矣。」

子玉使鬭勃請戰，鬭勃，楚大夫。曰：「請與君之士戲，君馮軾而觀之，得臣與寓目焉。」寓，寄也。晉侯使欒枝對曰：「寡君聞命矣。楚君之惠，未之敢忘，是以在此。爲大夫退，其敢當君乎？既不獲命矣，不獲止命。敢煩大夫謂二三子，煩鬭勃令戒勅子玉、子西之屬。戒爾車乘，敬爾君事，詰朝將見。」詰朝，平旦。

---

❶「之」，阮校：「山井鼎引足利本『之』作『諸』。」按，足利學本作「之」。

❷「注酅丘陵險阻名」，阮本以下正義二節分疏於傳文各節下。

晉車七百乘，韅、靷、❶鞅、靽。五萬二千五百人。在背曰韅，在胷曰靷，在腹曰鞅，在後曰靽。言駕乘脩備。【疏】注「五萬」至「脩備」。　正義曰：《說文》云「韅，著掖皮也」，「靷，引軸也」，「鞅，頸皮也」。此注與《說文》不同，蓋以時驗而爲解也。驂馬挽車，有皮在背者，有約胷者，有在腹爲帶者，有縶絆其足者，從馬上而下次之，在後正謂在足是也。傳唯舉四事，文無所結，舉其小事，皆具言其駕乘脩備，明諸事皆備也。晉侯登有莘之虚以觀師，曰：「少長有禮，其可用也。」有莘，故國名。少長，猶言大小。遂伐其木，以益其兵。伐木以益攻戰之具，輿曳柴亦是也。

己巳，晉師陳于莘北，胥臣以下軍之佐當陳、蔡。子玉以若敖之六卒將中軍，曰：「今日必無晉矣。」子西將左，子上將右。子西，鬭宜申。子上，鬭勃。胥臣蒙馬以虎皮，先犯陳、蔡。陳、蔡奔，楚右師潰。陳、蔡屬楚右師。狐毛設二旆而退之。旆，大旗也，又建二旆而退，使若大將稍却。欒枝使輿曳柴而僞遁，曳柴起塵，詐爲衆走。楚師馳之。原軫、郤溱以中軍公族橫擊之，公族，公所率之軍。狐毛、狐偃以上軍夾攻子西，楚左師潰。楚師敗績。子玉收其卒而止，故不敗。三軍唯中軍完，是大崩。

晉師三日館穀，館，舍也。食楚軍穀三日。及癸酉而還。甲午，至于衡雍，作王宮于踐土。衡雍，鄭地，今滎陽卷縣。襄王聞晉戰勝，自往勞之，故爲作宮。

❶「靷」，孫校：「當作『靳』，『在胷曰靷』正作『靳』字解。」

鄉役之三月，鄉猶屬也，城濮役之前三月。**鄭伯如楚致其師，爲楚師既敗而懼，使子人九行成于晉。**子人，氏。九，名。【疏】「鄭伯」至「而懼」。❶ 正義曰：致其師者，致其鄭國之師，許以佐楚也。戰時雖無鄭師，要本心佐楚，故既敗而懼。 注「子人氏九名」。 正義曰：桓十四年「鄭伯使其弟語來盟」，傳稱「子人來盟」，杜云：「子人即弟語也，其後爲子人氏。」七年傳子華云「泄氏、孔氏、子人氏三族，實違君命」，今子人九必是語之後也。杜《譜》以九爲雜人，謬矣。 **晉欒枝入盟鄭伯。五月，丙午，晉侯及鄭伯盟于衡雍。**【疏】「晉欒」至「衡雍」。 正義曰：此二盟及上文晉侯、齊侯盟于斂盂皆不書者，皆不告也。

丁未，獻楚俘于王，駟介百乘，徒兵千。駟介，四馬被甲。徒兵，步卒。**鄭伯傅王，用平禮也。**傅，相也。以周平王享晉文侯仇之禮享晉侯。

己酉，王享醴，命晉侯宥。❷既饗，又命晉侯助以束帛，以將厚意。**王命尹氏及王子虎、內史叔興父策命晉侯爲侯伯，**以策書命晉侯爲伯也。《周禮》：「九命作伯。」尹氏、王子虎，皆王卿士也。叔興父，大夫也。三官命之，以寵晉。**賜之大輅之服，戎輅之服，**大輅，金輅。戎輅，戎車。二輅各有服。【疏】注「以策」至「寵晉」。❸ 正義曰：《周語》稱：「晉文公初立，襄王使大宰文公及內史叔興賜文公

---

❶「鄭伯至而懼」，阮本此節正義在「爲楚師既敗而懼」句下。

❷「宥」，阮校：「纂圖本、閩本、監本、毛本『宥』作『侑』。」

❸「注以策至寵晉」，阮本此節正義在「策命晉侯爲侯伯」句注下。

命。」注《國語》者皆以爲大宰文公即王子虎也。今尹氏又在王子虎之上，故以爲皆卿士，唯叔興是大夫。或云「皆大夫」，「皆」字妄耳。九命者，《大宗伯》云：「一命受職，再命受服，三命受位，四命受器，五命賜則，六命賜官，七命賜國，八命作牧，九命作伯。」注「大輅」至「有服」。正義曰：《周禮・巾車》：「金路，鉤，樊纓九就，建大旂以賓，同姓以封。革路，龍勒，條纓五就，建大白以即戎。」金路以封同姓，知大輅是金輅也。革路以即戎，言「戎輅，戎車」，即《周禮》之革路。「二輅各有服」者，《周禮・司服》：「侯伯之服，自鷩冕而下。凡兵事，韋弁服。」金輅，祭祀所乘，其大輅之服當謂鷩冕之服，戎輅之服當謂韋弁服也。**彤弓一，彤矢百，玈弓矢千，**❶彤，❷赤弓。玈，黑弓。弓一矢百，則矢千弓十矣。諸侯賜弓矢，然後專征伐。**秬鬯一卣，**秬，黑黍。鬯，香酒，所以降神。卣，器名。**虎賁三百人。曰：「王謂叔父：『敬服王命，以綏四國，糾逖王慝。』」**逖，遠也。有惡於王者，糾而遠之。【疏】注「彤赤」至「征伐」。❸正義曰：「彤，赤」，「玈，黑」，舊説皆然。《説文》彤從丹，玈從玄，是赤黑之別也。《周禮・司弓矢》：「掌六弓。王弓、弧弓，以授射甲革椹質者。夾弓、庾弓，

---

❶「玈」，阮校：「段玉裁云：古音『旅』、『盧』無魚模斂侈之别，如『廬』即『盧』聲，可證古字假『旅』爲『黸』……《音義》云：『玈，本或作旅。』此正古本之善。《小雅・彤弓》音義亦云：『玈，或作旅字者，非。』此皆陸之疏爾。『玈』之字，魏人石經隸體不用，則起於魏以後，昧於假『旅』之指而改從『玄』旁也。《説文》無『玈』字。」

❷「彤赤弓玈黑弓」，阮校：「段玉裁校本『弓』並作『也』，是也。」

❸「注彤赤至征伐」，阮本以下正義四節分疏於傳文各節下。

以授射豻侯鳥獸者。唐弓、大弓，以授學射者、使者、勞者。」鄭玄云：「勞者，勤勞王事，若晉文侯、文公受王弓矢之賜者。」《考工記・弓人》云：「往體多，來體寡，謂之夾庾之屬。往體寡，來體多，謂之王弓之屬。往體來體若一，謂之唐弓之屬。」然則唐、大是弓彊弱之名，彤、玈是弓所漆之色，王、弧則合九而成規，唐、大合七而成規，夾、庾合五而成規。《司弓矢》又有八矢：「枉矢、潔矢利火射，❶用諸守城、車戰，殺矢、鍭矢用諸近射、田獵，矰矢、茀矢用諸弋射，恒矢、庳矢用諸散射。」鄭注約《考工記》云：「枉矢之屬，五分，二在前，三在後。殺矢之屬，三分，一在前，二在後。矰矢之屬，七分，三在前，四在後。恒矢之屬軒輖中。」其枉、殺、矰、恒弓所用，絜、鍭、茀、庳弩所用，彼《司弓矢》既云枉矢、絜矢用諸守城、車戰，此天子賜諸侯弓矢，使用之以戰，則彤矢、玈矢當彼枉矢也。但弓矢相配，彊弓用重矢，弱弓用輕矢。既唐弓、大弓彊弱中，其恒矢軒輖亦中。又《司弓矢》云：「恒矢、庳矢用諸散射。」鄭玄云：「散射，謂禮射及習射也。」此賜弓矢，則禮樂之事，彤矢、玈矢或當恒矢也。玈弓矢千，具於彤而略於玈，準之則矢千弓十也。「諸侯賜弓矢，然後專征伐」，《王制》文。注「秬黑」至「器名」。正義曰：「秬，黑黍」，《釋草》文。李巡云：「黑黍，一名秬黍。」《周禮・鬯人》「掌共秬鬯而飾之」，鄭玄云：「鬯，釀秬爲酒，芬香條暢於上下也。」《鬱人》：「掌祼器。凡祭祀之祼事，和鬱鬯以實彝而陳之。」禮，祭祀必先祼。是用之以降神也。《釋器》云：「彝、卣、罍，器也。」李巡曰：「卣，鬯之罇也。」孫炎曰：「罇彝爲上，罍爲下，卣居中也。」《詩・江漢》篇述宣王賜召穆公云：「秬鬯一卣，告于文人。」鄭箋云：賜之使「祭其宗廟，告其先祖」也。當賜之時，實之於卣，其祭，則陳之於彝也。「虎賁三百」。正義曰：《國語》云：「天子有虎賁，習武訓。諸侯有旅賁，禦災害。大夫

---

❶「潔」，正宗寺本、文淵閣本、阮本作「絜」。今案：《周禮・司弓矢》作「絜」，本疏下文亦作「絜」。

有貳車，備承事。士有陪乘，告奔走。」《周禮》司馬之屬虎賁氏，下大夫二人，虎士八百人，「掌先後王而趨以卒伍，軍旅會同亦如之，舍則守王閑」。注「逖遠」至「遠之」。正義曰：「逖，遠」，《釋詁》文。糾者，繩治之名，有惡於王者，當繩治之，而使遠於王也。**晉侯三辭，從命，曰：「重耳敢再拜稽首，奉揚天子之丕顯休命。」**稽首，首至地。丕，大也。休，美也。**受策以出，出入三覲。**出入，猶去來也。從來至去，凡三見王。

衛侯聞楚師敗，懼，出奔楚，遂適陳，自襄牛出。**使元咺奉叔武以受盟。**奉，使攝君事。**癸亥，王子虎盟諸侯于王庭，**踐土宮之庭。書踐土，別於京師。要言曰：**「皆獎王室，無相害也！有渝此盟，明神殛之！俾隊其師，無克祚國，**獎，助也。渝，變也。殛，誅也。俾，使也。隊，隕也。克，能也。**及而玄孫，無有老幼！」君子謂是盟也信，**合義信。**謂晉於是役也能以德攻。**以文德教民而後用之。【疏】注「獎助」至「能也」。❶正義曰：勸獎者，佐助之意，故爲助也。餘皆《釋言》文。

初，楚子玉自爲瓊弁玉纓，❷**未之服也。**弁以鹿子皮爲之。瓊，❸玉之別名，次之以飾弁及纓。《詩》云：「會弁如星。」【疏】注「弁以」至「如星」。正義曰：禮稱皮弁，明其用皮也。知以鹿子皮者，相傳爲

---

❶「注獎助至能也」，阮本此節正義在「無克祚國」句注下。

❷「瓊弁玉纓」，阮校：「案，《説文》引作『璿弁玉纓』，《張衡集》引同。《釋文》『弁』作『玣』，云『本又作弁』。」

❸「瓊」，阮校：「淳熙本『瓊』作『璚』。案，『璚』與『瓊』同。」

然，至今仍用之。《詩》毛傳云：「瓊，玉之美者。」則瓊亦玉也。選美者飾弁，以惡者飾纓耳。《周禮·弁師》：「掌王之皮弁，會五采玉璂。」鄭玄云：「會，縫中也。璂讀如綦，綦，結也。皮弁之縫中，每貫結五采玉以爲飾，謂之綦。」又：「諸侯及孤卿大夫之皮弁，各以其等爲之。」鄭玄云：「孤則璂飾四，三命之卿璂飾三，再命之大夫璂飾二。」是諸侯之臣其皮弁得以玉爲飾也。《弁師》又云：王五采，諸侯三采。鄭玄云：王璂飾十二，上公九，侯伯七，子男五，卿大夫皆二采，璂飾各如其命數。鄭又云：「三采，朱、白、蒼。二采，朱、緑。」其纓之飾，則無以言之，蓋以玉飾纓之末耳。《詩》云「會弁如星」，《衛風·淇奥》篇也。鄭箋云：「會謂弁之縫中，飾之以玉，皪皪而處，狀似星也。」**先戰，夢河神謂己曰：「畀余，余賜女孟諸之麋。」**孟諸，宋藪澤。水草之交曰麋。**弗致也。**

【疏】注「孟諸」至「曰麋」。❶　正義曰：《釋地》云：十藪，「宋有孟諸」。郭璞云：「今在梁國睢陽縣東北。」《周禮·職方氏》：「正東曰青州，其澤藪曰望諸。」《禹貢》：豫州，「導菏澤，❷被孟豬」。明皆是一物，而字改易耳。《釋水》云：「水草交爲湄。」李巡曰：「水中有草木交會曰湄。」古字皆得通用，故此作「麋」耳。**大心與子西使榮黄諫，**大心，子玉之子。子西，子玉之族。子玉剛愎，故因榮黄。榮黄，榮季也。**弗聽。榮季曰：「死而利國，猶或爲之，況瓊玉乎？是糞土也，而可以濟師，將何愛焉？」**因神之欲，以附百姓之願，濟師之理。【疏】注「因神」至「之理」。　正義曰：劉炫云：「神道冥昧，與人不交，楚師之敗，未必由此。但於時

---

❶「注孟諸至曰麋」，阮本此節正義在「余賜女孟諸之麋」句注下。

❷「菏澤」，正宗寺本作「荷沢」，阮本作「荷澤」。

戰在河旁，河神許助。若子玉從神所求，不惜瓊玉，則國人以爲神得所欲，必將助己，自當三軍用命，戰士争先。亦既不遂神心，人謂神必不助，則衆意皆沮，❶莫不畏敵。且兵凶戰危，必有傷殺，三軍之命，在兹一舉，猶尚愛惜此物，是無恤民之心。在軍之士，誰肯競勸？故云『因神之欲，以附百姓之願』，是『濟師之理』也。裨竈請用瓘斝禳火，非神所求，若從而與之，則驚動民意，且災不可免，徒長妖妄，故子産不與。異於此也。」**弗聽。出告二子曰：「非神敗令尹，令尹其不勤民，實自敗也。」**盡心盡力，無所愛惜爲勤。**既敗，王使謂之曰：「大夫若入，其若申、息之老何？」**申、息二邑子弟，皆從子玉而死，言何以見其父老。**子西、孫伯曰：「得臣將死，二臣止之，曰：『君其將以爲戮。』」**孫伯即大心，子玉子也。二子以此答王使，言欲令子玉往就君戮。**及連穀而死。**至連穀，王無赦命，故自殺也。文十年傳曰：「城濮之役，王使止子玉曰：『無死。』不及。」子西亦自殺，縊而縣絶，故得不死。王時别遣追前使。連穀，楚地。殺得臣，經在踐土盟上，傳在下者，説晉事畢而次及楚，屬文之宜。**晉侯聞之而後喜可知也，**喜見於顔色。**曰：「莫余毒也已！蔿吕臣實爲令尹，奉己而已，不在民矣。」**言其自守無大志。

或訴元咺於衛侯曰：「立叔武矣。」其子角從公，公使殺之。角，元咺子。**咺不廢命，奉夷叔以入守。**夷，謚。

---

❶「沮」，正宗寺本、京都本、文淵閣本、阮本作「阻」。

六月，晉人復衛侯。以叔武受盟於踐土，故聽衛侯歸。甯武子與衛人盟于宛濮，武子，甯俞也。❶陳留長垣縣西南有宛亭，近濮水。曰：「天禍衛國，君臣不協，以及此憂也。衛侯欲與楚，國人不欲，故不和也。今天誘其衷，衷，中也。使皆降心以相從也。不有居者，誰守社稷？不有行者，誰扞牧圉？牛曰牧，馬曰圉。不協之故，用昭乞盟于爾大神，以誘天衷。自今日以往，既盟之後，行者無保其力，居者無懼其罪。有渝此盟，以相及也。以惡相及。明神先君，是糾是殛。」國人聞此盟也，而後不貳。傳言叔武之賢，甯俞之忠，❷衛侯所以書復歸。衛侯先期入，不信叔武。甯子先，長牂守門，以爲使也，與之乘而入。長牂，衛大夫。甯子患公之欲速，故先入，欲安喻國人。公子歂犬、華仲前驅。衛侯遂驅，奄甯子未備。❸二子，衛大夫。叔武將沐，聞君至，喜，捉髮走出，前驅射而殺之。公知其無罪也，枕之股而哭之。公以叔武尸枕其股。歂犬走出，手射叔武故。公使殺之。元咺出奔晉。元咺以衛侯驅入，殺叔武，故至晉愬之。

城濮之戰，晉中軍風于澤，牛馬因風而走，皆失之。亡大旆之左旃。大旆，旗名。繫旐曰旆，

❶「俞」，《經典釋文》作「渝」。
❷「俞」，阮本作「武」。
❸「奄」，纂圖本、京都本、閩本、監本、毛本、文淵閣本、阮本作「掩」。

通帛曰旃。【疏】注「夷謚」。❶ 正義曰：《謚法》：「安民好靖曰夷。」 注「牛馬」至「失之」。 正義曰：劉炫《規過》以爲：「放牛馬於澤，遺失大旆左旃，不失牛馬。」今删定知不然者，若不失牛馬，唯亡左旃，罪未至重，何須殺之以徇？ 牛馬是軍之要用，於事尤重。 故《費誓》云「馬牛其風，臣妾逋逃」，「則有常刑」。 今既亡左旃，又失牛馬，爲罪至重，故殺之以徇。 若牛馬不失，又大旆在軍，何得因放牛馬而亡左旃？ 故知風于澤者，爲别失馬牛，❷又於軍中亡失大旆之左旃，故杜云掌此二事而不脩理。 劉以爲不失牛馬而規杜過，非也。 注「大旆」至「曰旃」。 正義曰：《釋天》云：「縿廣充幅，長尋曰旐，繼旐曰旆。」則旆是旗之尾也。 今别名大旆，則此旆有異於常，故以大旆爲旗名。 上云「狐毛設二旆而退之」，亦此類也。 「通帛爲旜」，《周禮·司常》文也。 鄭玄云：「通帛謂大赤，從周正色，無飾。」《釋天》云：「因章曰旃。」孫炎曰「因其繒色以爲旗章，不畫之」，是也。 謂之左旃，蓋是左軍所建者。 此亦於事難明，不可强説。 **祁瞞奸命，**掌此二事而不脩，爲奸軍令。 **司馬殺之，以徇于諸侯。使茅茷代之。師還。壬午，濟河。舟之僑先歸，士會攝右。** 權代舟之僑也。 士會，隨武子，士蔿之孫。 **秋，七月，丙申，振旅，愷以入于晉。** 愷，樂也。 **獻俘授馘，飲至大賞，**授，數也，獻楚俘於廟。 **徵會討貳。** 徵召諸侯，將冬會于温。 **殺舟之僑以徇于國，民於是大服。君子謂：「文公其能刑矣，三罪而民服。** 三罪，顛頡、祁瞞、舟之僑。 《詩》云：**『惠此中國，以綏四方。』不失賞刑之謂也。」**

---

❶ 「注夷謚」，阮本以下正義三节分疏於傳文各節下。

❷ 「馬牛」，閩本、監本、毛本、文淵閣本作「牛馬」。

《詩·大雅》。言賞刑不失，則中國受惠，四方安靖。

冬，會于温，討不服也。討衛、許。【疏】注「愷樂也」。❶　正義曰：《大司馬》云：「若師有功，則左執律，右秉鉞，以先愷樂獻于社。」注云：「律所以聽軍聲，鉞所以爲將威。兵樂曰愷。《司馬法》曰：得意則愷樂愷歌，示喜也。」

衛侯與元咺訟，争殺叔武事。**甯武子爲輔，鍼莊子爲坐，士榮爲大士。**大士，治獄官也。《周禮》：「命夫命婦，不躬坐獄訟。」元咺又不宜與其君對坐，故使鍼莊子爲主，又使衛之忠臣及其獄官質正元咺。傳曰「王叔之宰與伯輿之大夫坐獄於王庭」，各不身親，蓋今長吏有罪，先驗吏卒之義。【疏】注「大士」至「之義」。　正義曰：《周禮》獄官多以士爲名。鄭玄云：「士，察也，主察獄訟之事者。」《周禮》「命夫命婦，不躬坐獄訟」，《小司寇》職文也。鄭玄云：「爲治獄吏褻尊者也。躬，身也。不身坐，必使其屬若子弟也。」《喪服傳》曰：「命夫者，❷其男子之爲大夫者。命婦者，其婦人之爲大夫妻者。」凡斷獄訟，皆令競者坐而受其辭，故云「不躬坐」也。《大司寇》云：「以兩造禁民訟，以兩劑禁民獄。」鄭玄云：「訟謂以財貨相告者，獄謂相告以罪名者。」對文則小别，散則可以通，獄訟皆争罪之事也。元咺不宜與君對坐，故使鍼莊子代衛侯爲坐獄之主，甯子爲輔，輔莊子也。以甯子位高，故先言之。士榮亦輔莊子，舉其官名，以其主獄事，故亦使輔之，與晉

❶「注愷樂也」，阮本此節正義在「愷以入于晉」句注下。
❷「命」，《儀禮·喪服傳》作「大」。

之獄官對理質正元咺也。所引「傳曰」在襄十年。**衛侯不勝。**三子辭屈。**殺士榮，刖鍼莊子，謂甯俞忠而免之。執衛侯，歸之于京師，寘諸深室。**深室，别爲囚室。**甯子職納槖饘焉。**甯俞以君在幽隘，故親以衣食爲己職。槖，衣之囊。❶饘，糜也。言其忠主，❷所慮者深。

元咺歸于衛，立公子瑕。瑕，衛公子適也。【疏】注「甯俞」至「者深」。❸　正義曰：甯俞親以衣食爲己職者，慮君飢渴，且防酖毒也。《詩》毛傳曰：「小曰槖，大曰囊。」囊、槖所以盛衣，亦可以盛食。宣二年傳曰：「爲之簞食與肉，寘諸槖以與之。」是也。《釋言》曰：「餬，饘也。鬻，糜也。」郭璞曰：「饘，糜也。」孫炎曰：「鬻，淖糜也。」然則糜之與鬻，稠淖之異名耳。

是會也，晉侯召王，以諸侯見，且使王狩。晉侯大合諸侯，而欲尊事天子以爲名義。自嫌强大，不敢朝周，喻王出狩，因得盡羣臣之禮，皆譎而不正之事。**仲尼曰：「以臣召君，不可以訓。」故書曰：「天王狩于河陽。」言非其地也。**使若天王自狩以失地，故書河陽。實以屬晉，非王狩地。【疏】注「晉侯」至「之事」。❹　正義曰：晉侯本意止欲大合諸侯之師，共尊事天子，以爲臣之名義，實無覬覦之心。但於時周室既衰，天子微弱，忽然帥九國之師，將數十萬衆入京師，以臨天子，似有篡奪之謀，恐爲天子拒

---

❶「之」，《四部叢刊》本、京都本、文淵閣本、阮本無此字。

❷「主」，《四部叢刊》本、京都本、文淵閣本、阮本作「至」。

❸「注甯俞至者深」，阮本此節正義在「甯子職納槖饘焉」句注下。

❹「注晉侯至之事」，阮本此節正義在「且使王狩」句注下。

逆，或復天子怖懼，棄位出奔，則晉侯心實盡誠，無辭可解，故自嫌彊大，不敢朝王，故召諸侯來會于温。温去京師路近，因加諷諭，令王就會受朝。天子不可以受朝爲辭，故令假稱出狩，若言王自出狩，諸侯因會遇王，遂共朝王，得盡君臣之禮，皆孔子所謂譎而不正之事。《穀梁傳》曰：「全天王之行也，爲若將狩而遇諸侯之朝也，爲天王諱也。」是使王狩之意也。《公羊》以爲踐土與此皆是晉侯召王。何休云：「時晉文公年老，恐霸功不成，故上白天子曰：❶諸侯不可卒致，願王居踐土。下謂諸侯曰：天子在是，不可不朝。迫使正君臣，明王法。」案温去京師路無百里，晉侯已能致之於温，何故不能致之於洛？何休妄造其辭事，非晉侯之意，故杜氏正之「自嫌彊大，不敢朝周」耳。

注「使若」至「狩地」。正義曰：此傳稱仲尼之語，即云「書曰」，明是仲尼新意，非舊文也。杜以「書曰」爲仲尼新意，亦以此而知之，聖人作法，所以貽訓後世，以臣召君，不可以爲教訓，故改正舊史。舊史當依實而書，言晉侯召王，且使王狩。仲尼書曰「天王狩于河陽」，言天王自來狩獵于河陽之地，使若獵失其地，故書之以譏王然。《釋例》曰：「天子、諸侯田獵皆於其封内，不越國而取諸人。河陽實以屬晉，非王狩所，故言非其地，且明德也。義在隱其召君之闕。」是説改史之意也。討天王之狩，失地不書，因此實非王地，借之以改舊史，若譏王狩然，實不譏王也。《穀梁傳》曰：「水北爲陽，山南爲陽。温，河陽也。會于温，言小諸侯。以河陽言之，大天子也。」然河陽與温止是一地，天子來就諸侯，假辭以稱狩耳。《左氏》無此義，但會指所在之地，故言温，狩是田獵之所，故廣言其地。蘇氏云：「明晉侯之德，没其召君，書天子之狩，顯其失地，便是褒諸侯貶天子。所以然者，此亦假其失地之文，欲明王狩所在，非實貶也。若隱其召君，則全没不書，於義爲可。必書天王非地之狩者，若全

---

❶「上」字，原闕，據正宗寺本、京都本、文淵閣本、阮本補。

没其文，無以明晉侯尊崇天子之德，故書天子出狩，諸侯往朝。」**且明德也。**隱其召君之闕，欲以明晉之功德。河陽之狩，趙盾之弑，泄冶之罪，皆違凡變例，以起大義危疑之理，故特稱仲尼以明之。【疏】注「隱其」至「明之」。正義曰：晉侯所以召王，志在尊崇天子，故改舊史，隱其召君之闕，以明晉侯之功德。功德，謂尊事天子是也。丘明爲傳，所以寫仲尼之意。凡所改易，皆是仲尼，而於河陽之狩、趙盾之弑、泄冶之罪，此三事特稱「仲尼曰」者，史策所書，皆書實事，晉侯召王使狩，而作自狩之文，是言不實也。凡例，弑君稱君，君無道。靈公不君，而稱臣以弑，似君無過也。大夫無罪見殺，不書其名，泄冶忠諫而被殺，書名，乃罪合死也。此三事皆違凡典，變舊例，以起大義危疑之理，恐人不信，須聖言以爲證，故特稱仲尼以明之。

壬申，公朝于王所。執衛侯，經在朝王下，傳在上者，告執晚。【疏】「壬申公朝于王所」。正義曰：傳之上下，例不虚舉經文，此虚舉經者，終上晉侯召王以諸侯見之事。

丁丑，諸侯圍許。十月十五日，有日無月。

晉侯有疾，曹伯之豎侯獳貨筮史，豎，掌通内外者。史，晉史。**使曰以曹爲解：**以滅曹爲解故。**「齊桓公爲會而封異姓，**封邢、衛。**今君爲會而滅同姓。曹叔振鐸，文之昭也。**叔振鐸，曹始封君，文王之子。**先君唐叔，武之穆也。且合諸侯而滅兄弟，非禮也。與衛偕命，**私許復曹、衛。**而不與偕復，非信也。同罪異罰，非刑也。**衛已復故。**禮以行義，信以守禮，刑以正邪，舍此三者，君將若之何？」公説，復曹伯，遂會諸侯于許。**

晉侯作三行以禦狄，荀林父將中行，屠擊將右行，先蔑將左行。晉置上、中、下三軍，今復增置三行，以辟天子六軍之名。三行無佐，疑大夫帥。

【經】二十有九年，春，介葛盧來。介，東夷國也，在城陽黔陬縣。葛盧，介君名也。不稱朝，不見公，且不能行朝禮。雖不見公，國賓禮之，故書。

公至自圍許。無傳。

夏，六月，會王人、晉人、宋人、齊人、陳人、蔡人、秦人，盟于翟泉。翟泉，今洛陽城内大倉西南池水也。魯侯諱盟天子大夫，諸侯大夫又違禮盟公侯，王子虎違禮下盟，故不言公會，又皆稱「人」。【疏】注「翟泉」至「稱人」。　正義曰：傳曰「卿不書，罪之也。在禮，卿不會公侯」，唯言諸侯之卿會魯君罪耳，不言罪魯侯與子虎。知其亦有罪者，襄二十六年，「公會晉人、鄭良霄、宋人、曹人于澶淵」，彼爲趙武敵公，❶貶之稱「人」，而文不没公。此没公不書，明公別有罪。五年，「公及齊侯、宋公」云云，「會王世子于首止」，王世子不盟也。九年，「公會宰周公」云云于葵丘，宰周公不盟也。往年踐土之會，「王子虎盟諸侯于王庭」，宣七年黑壤之會，「王叔桓公臨之」，王之公卿皆不與諸侯共盟，則知諸侯不合盟王臣，王臣不合與於盟。今王子虎亦貶稱「人」，知魯侯諱盟天子大夫，故没公不書也。王子虎違禮下盟，故貶稱「人」。

秋，大雨雹。

---

❶「彼」，原作「被」，據正宗寺本、京都本、文淵閣本、阮本改。

冬，介葛盧來。

【傳】二十九年，春，介葛盧來朝，舍于昌衍之上。魯縣東南有昌平城。**公在會，饋之芻米，禮也。**嫌公行不當致饋，故曰「禮也」。【疏】「饋之芻米」。　正義曰：《周禮・掌客》：天子待諸侯之禮，上公「饔餼九牢」，饔五牢，餼四牢。「車禾視死牢，牢十車」，則禾五十車。「車米視生牢，牢十車」，則米四十車。侯、伯「饔餼七牢。禾四十車，米三十車」。子、男「饔餼五牢。禾三十車，米二十車。芻薪皆倍禾」也。《聘禮》：卿「饔餼五牢」，禾、米與子、男同。其附庸執帛與公之孤同，則饔餼亦五牢，禾三十車，米二十車，薪芻倍禾。則此「饋之芻米」，芻六十車，米二十車。

夏，公會王子虎、晉狐偃、宋公孫固、齊國歸父、陳轅濤塗、秦小子憖，盟于翟泉，尋踐土之盟，且謀伐鄭也。經書「蔡人」，而傳無名氏，即微者。秦小子憖在蔡下者，若宋向戌之後會。【疏】「且謀伐鄭」。　正義曰：晉侯受命，鄭伯傅王，踐土與溫二會咸在，鄭無叛晉之狀。而此會謀伐鄭者，文公昔嘗過鄭，鄭不禮焉。城濮戰前，鄭復如楚。雖以楚敗之後畏威來會，晉侯以大義受之，內實懷恨。此會鄭人不至，必有背晉之心，故謀伐之也。《晉語》城濮戰下稱「文公誅觀狀以伐鄭，及其陴。❶鄭人以名寶行成，公不許。得叔詹，將烹而舍之」。《左傳》無伐鄭之事，蓋溫會以後已嘗伐鄭，鄭至今未服，故此會謀伐，明年遂與秦圍之。傳曰「且貳

❶「及」，阮校：「浦鏜《正誤》『及』作『反』。案，《國語》作『反』。」

於楚也」，是鄭自知負晉，故有貳心也。　注「經書」至「後會」。　正義曰：經若貶卿稱「人」，傳則言其名氏，若傳無名氏，則本是微人。此經書「蔡人」，而傳無名氏，此是實蔡之微者。秦是大國，小子憖名見於傳，而在蔡微者之後，若宋向戌之後會也。襄二十六年「公會晉人、鄭良霄、宋人、曹人于澶淵」，傳曰：「趙武不書，尊公也。向戌不書，後也。鄭先宋，不失所也。」宋是大國，常在鄭先。向戌既以會公貶，又以後至退其班，使在鄭下。此小子憖既以會公貶，又退之在蔡下，若彼宋向戌之後會也。然向戌後會，傳爲發之，經書良霄以駮向戌之後。今小子憖既是後會，傳不爲發，又不書蔡人之名以駮之者，但秦辟陋西戎，未同中國，蔡人又蔡之微者，不合書名，故傳不發之，經不貶責也。公孫固序在齊上者，蓋爲大司馬，尊於歸父。歸父雖執齊政，不廢身非上卿，如管仲之類，猶文十七年陳公孫寧、襄二十七年陳孔奐，皆序在衛下，杜云「非上卿」，即此類也。**卿不書，罪之也。**晉侯始霸，翼戴天子，諸侯輯睦，王室無虞。而王子虎下盟列國，以瀆大典，諸侯大夫上敵公侯，虧禮傷教，故貶諸大夫，諱公與盟。**在禮，卿不會公、侯，會伯、子、男可也。**大國之卿，當小國之君，故可以會伯、子、男。諸卿之見貶，亦兼有此闕，故傳重發之。【疏】注「大國」至「發之」。　正義曰：昭二十三年傳叔孫婼曰：「列國之卿，當小國之君，固周制也。」是其可以會伯、子、男也。「諸卿見貶，兼有此闕」者，❶謂諸卿既上盟天子大夫，又上敵公侯，故云「兼」。案杜上注經云「諸侯大夫違禮盟公侯」，又注傳云「諸侯大夫上敵公侯」，則是惟責諸侯大夫上敵公侯，不責上盟天子之使。而言兼有此闕者，以魯君上盟天子之使已諱而不書，則

❶「者」，京都本、文淵閣本、阮本無此字。

諸侯之臣罪在可悉，故傳云「卿不書，罪之」，略言其事。故杜經、傳二注，唯言敵公侯，不云盟王使，以其可知故也。劉炫以爲直責其敵公侯，不責其盟王使，以規杜氏。必如劉義，則是君盟王使乃爲有罪，臣盟王使黜無貶責，便是君臣易位，尊卑失序。聖人垂訓，豈若是乎？

秋，大雨雹，爲災也。

冬，介葛盧來。以未見公，故復來朝。禮之，加燕好。燕，燕禮也。好，好貨也。一歲再來，故加之。**介葛盧聞牛鳴，曰：「是生三犧，皆用之矣，其音云。」問之而信。**傳言人聽或通鳥獸之情。

【疏】注「傳言」至「之情」。　正義曰：《周禮·夷隸》「掌與鳥言」，《貉隸》「掌與獸言」，鄭司農云：「夷狄之人，或曉鳥獸之言。」鄭玄云：「夷隸，征東夷所獲。貉隸，征東北夷所獲。」然則介葛盧是東夷之國，其土俗有知者，故介葛盧曉之。

【經】三十年，春，王正月。

夏，狄侵齊。

秋，衛殺其大夫元咺及公子瑕。咺見殺稱名者，訟君求直，又先歸立公子瑕，非國人所與，罪之也。瑕立經年，未會諸侯，故不稱君。

【疏】注「咺見」至「稱君」。　正義曰：咺既稱名，故知以訟君立瑕爲咺之罪狀。春秋之世，諸侯雖篡弑而立，已列於會，雖復見弑，即成爲君，齊商人、蔡侯班之屬是也。瑕立雖已經年，未會諸侯，故不稱君。既不成君，即與元咺同爲國討之辭，元咺先死，故稱「及」也。瑕若成君，當據周歂、治廛爲文，書曰「衛弒其君瑕」。

衛侯鄭歸于衛。魯爲之請，故從諸侯納之例。例在成十八年。

晉人、秦人圍鄭。晉軍函陵，秦軍氾南。各使微者圍鄭，故稱人。

介人侵蕭。無傳。

冬，天王使宰周公來聘。周公，天子三公兼冢宰也。

公子遂如京師，遂如晉。如京師報宰周公。

【傳】三十年，春，晉人侵鄭，以觀其可攻與否。

狄間晉之有鄭虞也，夏，狄侵齊。齊，晉與國。

晉侯使醫衍酖衛侯。衍，醫名。晉侯實怨衛侯，欲殺而罪不及死，故使醫因治疾而加酖毒。

【疏】注「衍醫」至「酖毒」。 正義曰：《周禮·大司馬》：「以九伐之法正邦國，賊殺其親則正之。」鄭玄云：「正之者，執而治其罪。《王霸記》曰：『正，殺之也。』《春秋》僖二十八年，晉人執衛侯，歸之于京師，坐殺其弟叔武。」如鄭彼言，則衛侯合死，而云「罪不及死」者，衛侯之心疑叔武耳，前驅歂犬卜君意而殺之，非衛侯命殺也。公知其無罪，枕股而哭，又命殺歂犬，是則殺非公意也，故不至死。若然，則是衛侯無罪。而往年衛侯與元咺訟，衛侯不勝，殺士榮，刖鍼莊子者，用讒疑賢弟，渝盟先期入，是衛侯之罪也。罪不合死，而晉侯心怨，欲得殺之，故使醫因治疾而加酖毒。若不治疾，不得使醫，故知因治疾也。《魯語》云：「晉人執衛成公歸之于周，使醫酖之，不死，醫亦不誅。臧文仲言於僖公曰：『夫衛君殆無罪矣。今晉侯酖衛侯而不死，亦不討其使者，諱而惡殺之也。』」是罪不合死之事也。**甯俞貨醫，使薄其酖，不死。**甯俞視衛侯衣食，故得知之。**公爲之請，納玉於王與晉侯，皆十瑴。王許之。**雙玉曰瑴。公本與衛同好，故爲之請。**秋，乃釋衛侯。**

衛侯使賂周歂、冶廑，曰：「苟能納我，吾使爾爲卿。」恐元咺距己，故賂周、冶。**周、冶殺元咺及子適、子儀。**子儀，瑕母弟。不書殺，賤也。**公入，祀先君。周、冶既服，將命，**服卿服，將入廟受命。**周歂先入，及門，遇疾而死。冶廑辭卿。**見周歂死而懼。【疏】注「服卿」至「受命」。❶ 正義曰：言祀先君而服。將命，知其將入廟也。必入廟者，《祭統》云：「古者，明君爵有德而禄有功，必賜爵禄於大廟，示不敢專也。」命臣必在廟。而《王制》云「爵人於朝」者，朝上詢於衆人，位定，然後入廟受命。今世受官猶然。

九月，甲午，晉侯、秦伯圍鄭，以其無禮於晉，文公亡過鄭，鄭不禮之。**且貳於楚也。晉軍函陵，秦軍氾南。**❷ 此東氾也，在滎陽中牟縣南。❸【疏】注「此東氾」。 正義曰：劉炫云：「二十四年『王出適鄭，處于氾』，注云『鄭南氾也』。」《釋例・土地名》僖二十四年「氾」下云：「此南氾也。」周王出居于氾，楚伐鄭師于氾，襄城縣南氾城是也。此年「氾」下云：「此東氾也。」秦軍氾南，晉伐鄭師于氾，滎陽中牟縣南氾澤是也。杜考

---

❶ 「注服卿至受命」，阮本此節正義在「周冶既服」句注下。

❷ 「汜」，當作「氾」。阮校：「《釋文》作『氾』，音凡。翻岳本同。是也。」本疏下同。

❸ 「滎陽」，《四部叢刊》本、京都本、阮本作「熒陽」。阮校：「按，宋本冣善，不應亦作『熒陽』，蓋慶元重刻時淺人所改也。」

校既精，當不徒爾。尋討傳文，❶未見杜意。佚之狐言於鄭伯曰：「國危矣！若使燭之武見秦君，師必退。」佚之狐、燭之武，皆鄭大夫。公從之。辭曰：「臣之壯也，猶不如人，今老矣，無能爲也已。」公曰：「吾不能早用子，今急而求子，是寡人之過也。然鄭亡，❷子亦有不利焉。」許之。夜縋而出。縋，縣城而下。見秦伯曰：「秦、晉圍鄭，鄭既知亡矣。若亡鄭而有益於君，敢以煩執事。執事，亦謂秦。越國以鄙遠，君知其難也，設得鄭以爲秦邊邑，則越晉而難保。焉用亡鄭以陪鄰？❸陪，益也。鄰之厚，君之薄也。若舍鄭以爲東道主，行李之往來，共其乏困，行李，使人。君亦無所害。

【疏】注「行李使人」。❹　正義曰：襄八年傳云「一介行李」，杜云：「行李，行人也。」昭十三年傳云「行理之命」，杜云：「行理，使人。」李、理字異，爲注則同，都不解「理」字。《周語》「行理以節逆之」，賈逵云：「理，吏也，小行人也。」孔晁注《國語》，其本亦作「李」字，注云：「行李，行人之官也。」然則兩字通用。本多作「理」，訓之爲吏，故爲行人、使人也。

且君嘗爲晉君賜矣，許君焦、瑕，朝濟而夕設版焉，君之所知也。晉君，謂惠公也。焦、瑕，晉河外五城之二邑。朝濟河而夕設版築以距秦，言背秦之速。夫晉何厭之有？既東封

---

❶「文」下，阮校：「段玉裁云：此疏有脱誤。」

❷「然」，阮校：「石經『然』上有『雖』字。案，碑文乃唐人重刻增入，必有所據。」

❸「陪」，京都本、文淵閣本、阮本作「倍」。足利學本原作「陪」，涂抹爲「倍」。

❹「注行李使人」，阮本此節正義在「共其乏困」句注下。

鄭，又欲肆其西封，封，疆也。肆，由也。❶不闕秦，焉取之？闕秦以利晉，唯君圖之。」秦伯説，與鄭人盟。【疏】「不闕秦焉取之」。❷正義曰：沈云：「不闕秦家，更何處取之？言有心取秦，先謀取鄭。言滅秦以將利晉益大疆土。」使杞子、逢孫、揚孫戍之，❸乃還。三子，秦大夫，反爲鄭守。子犯請擊之。公曰：「不可。微夫人之力不及此。請擊秦也。夫人，謂秦穆公。因人之力而敝之，不仁。失其所與，不知。以亂易整，不武。秦晉和整，而還相攻，更爲亂也。吾其還也。」亦去之。

初，鄭公子蘭出奔晉，蘭，鄭穆公。從於晉侯伐鄭，請無與圍鄭。許之，使待命于東。晉東界。鄭石甲父、侯宣多逆以爲大子，以求成于晉，晉人許之。二子，鄭大夫。言穆公所以立。

冬，王使周公閱來聘。饗有昌歜、白、黑、形鹽。昌歜，昌蒲葅。❹白，熬稻。黑，熬黍。形鹽，鹽形象虎。【疏】注「昌歜」至「象虎」。正義曰：昌歜，饗之所設，必是籩豆之實。《周禮·醢人》：「朝事之豆，其實有昌本、麋臡。」鄭玄云：「昌本，昌蒲根，切之四寸爲菹。」彼昌本可以爲菹，知此昌歜即是昌蒲菹也。齊有邴歜，魯有公甫歜，其音爲觸。《説文》云：「歜，盛氣怒也。從欠，蜀聲。」此「昌歜」之音，相傳爲在感反，不知其字與

---

❶「由」，《四部叢刊》本、京都本、文淵閣本、阮本作「申」。阮校：「宋本作『由』，非。」

❷「不闕秦焉取之」，阮本此節正義在「不闕秦焉取之」句下。

❸「揚」，京都本、文淵閣本、阮本作「楊」。

❹「葅」，《經典釋文》作「菹」。阮校：「葉抄《釋文》『葅』作『菹』，宋本、正義同，是也。」

彼爲同爲異。偏檢書傳，昌蒲之草無此别名，未知其所由也。此云「白、黑」，下云「嘉穀」，穀之白、黑唯稻、黍爲然。下云「鹽虎形」，知其形象虎也。**辭曰：「國君，文足昭也，武可畏也，則有備物之饗，以象其德。薦五味，羞嘉穀，鹽虎形，**嘉穀，熬稻、黍也，以象其文也。鹽虎形，以象武也。**以獻其功。吾何以堪之？」**【疏】「辭曰」至「堪之」。　正義曰：《周禮·掌客》：王巡守，百官從者，所過之國共其積膳，「三公眂上公之禮，卿眂侯、伯之禮，大夫眂子、男之禮」。宰周公是天子三公，其主國待之當尊於國君，但周公自謙，不敢當比國君耳。既云「備物之饗，以象其德」，及説備物之下，即云「以獻其功」，功德互見之耳。獻其功者，獻謂呈見旌表之也。備設以象德，薦獻以見功，故象獻分配爲文。

東門襄仲將聘于周，遂初聘于晉。公既命襄仲聘周，未行，故曰「將」。又命自周聘晉，故曰「遂」。自入春秋，魯始聘晉，故曰「初」。【疏】注「公既」至「曰初」。　正義曰：經書實行之事，傳説將命之初，故云命之將聘于周，未行，又命之遂聘于晉，令其從周即去，更不迴也。賈、服不曉傳意，解爲先聘晉，後聘周，故杜詳説之。

【經】三十有一年，春，取濟西田。晉分曹田以賜魯，故不繫曹。不用師徒，故曰「取」。【疏】注「晉分」至「曰取」。　正義曰：濟西之田，實是曹地。晉文分以賜魯，故不繫於曹。不繫晉者，晉本意賜諸侯，不爲己有，故亦不繫晉也。昭四年傳例曰：「凡克邑，不用師徒曰取。」取田取邑，義亦同也。

公子遂如晉。

夏，四月，四卜郊，不從，乃免牲。龜曰卜。不從，不吉也。卜郊不吉，故免牲。免猶縱也。

【疏】注「龜曰」至「縱也」。　正義曰：「龜曰卜」，《曲禮》文也。《洪範》「稽疑」云「龜從筮從」，謂從人之心也，人心欲吉，不從是不吉也。卜郊不吉，不復爲郊，牲無所用，故免牲，免猶縱放不殺之也。《穀梁傳》曰：「免牲者，爲之緇衣纁裳。❶有司玄端，奉送至于南郊。免牛亦然。」《左傳》無説，其事或然也。桓五年傳例曰：「凡祀，啓蟄而郊。」啓蟄，周之三月也。今於夏四月卜郊者，傳舉節氣，有前有却，但使春分未過，仍得爲郊，故四月得卜郊也。故《釋例》曰：「凡十二月，而節氣有二十四，共通三百六十六日，分爲四時，間之以閏月，故節不必得恒在其月初，而中氣亦不得恒在其月之半。是以傳舉天宿氣節爲文，而不以月爲正。僖公、襄公夏四月卜郊，但譏其非所宜卜，而不譏其四月不可郊也。孟獻子曰：『啓蟄而郊，郊而後耕。』耕謂春分也，言得啓蟄當卜郊，不得過春分耳。」是言四月得郊也。《周禮・大宰》職云：「祀五帝，前期十日，帥執事而卜日。」然則將祭，必十日之前豫卜之也。言「四卜郊」者，蓋三月每旬一卜，至四月上旬更一卜，乃成爲四卜也。此言「四卜郊，不從」，襄七年「三卜郊，不從」。《公羊傳》曰：「曷爲或言三卜，或言四卜？三卜，禮也。四卜，非禮也。三卜何以禮？求吉之道三。」今《左傳》以爲「禮不卜常祀」，則一卜亦非。不云四非而三是，異於《公羊》説。**猶三望。**三望，分野之星，國中山川，皆因郊祀望而祭之。魯廢郊天，而脩其小祀，故曰「猶」。猶者，可止之辭。【疏】注「三望」至「之辭」。　正義曰：《公羊傳》曰：「三望者何？望祭也。然則曷祭？祭泰山、河、海。」鄭玄以爲，望者，祭山川

---

❶「纁」，正宗寺本、京都本、阮本作「熏」。阮校：「考《穀梁傳》作『熏裳』。按據《儀禮》，則『熏』古文，『纁』今文也。」

之名。諸侯之祭山川，在其地則祭之，非其地則不祭。且魯竟不及於河，《禹貢》「海岱及淮惟徐州」，徐即魯地，三望謂淮、海、岱也。賈逵、服虔以爲，三望，分野之星，國中山川。今杜亦從之。以襄九年傳曰：「陶唐氏之火正閼伯居商丘，祀大火，相土因之，故商主大火。」昭元年傳云：「辰爲商星，參爲晉星。」《楚語》云：「天子徧祀羣神品物，諸侯、二王後祀天地三辰及其土地之山川。」注《國語》者皆云：「諸侯、二王後祀天地三辰日月星也，非二王後祀分野星辰山川也。」以此知三望，分野之星，國内山川，其義是也。昭七年「夏，四月，甲辰，朔，日有食之」，於時夏之二月，日在降婁。傳稱：「去衛地，如魯地。」於十二次，豕韋，衛地；降婁，魯地。魯祭分野之星，其祭奎婁之神也。此三望者，因郊祀天而望祭之，於法不獨祭也。魯既廢郊天，而獨脩小祀，故曰「猶」。《公羊》、《穀梁》皆云：猶者，可止之辭。

秋，七月。

冬，杞伯姬來求婦。無傳。自爲其子成昏。

狄圍衛。十有二月，衛遷于帝丘。辟狄難也。帝丘，今東郡濮陽縣，故帝顓頊之虚，故曰帝丘。【疏】注「辟狄」至「帝丘」。正義曰：傳稱：「狄圍衛，衛遷于帝丘。」蓋有阻險，❶可以辟狄難也。《釋例》曰：「帝丘，故帝顓頊之虚，故曰帝丘。昆吾氏因之，故曰昆吾之虚。東郡濮陽縣是也。」

---

❶「阻險」，閩本、監本、毛本、文淵閣本作「險阻」。

【傳】三十一年，**春，取濟西田，分曹地也。**二十八年，晉文討曹，分其地，竟界未定，至是乃以賜諸侯。**使臧文仲往，宿於重館。**高平方與縣西北有重鄉城。**重館人告曰：「晉新得諸侯，必親其共。不速行，將無及也。」從之。分曹地，自洮以南，東傅于濟，盡曹地也。**文仲不書，請田而已，非聘享會同也。濟水自滎陽東過魯之西，至樂安入海。【疏】「重館」至「曹地」。❶ 正義曰：《魯語》說此事，云：「獲地於諸侯爲多。臧文仲反，既復命，爲之請曰：『地之多，重館人之力也。臣聞之曰：善有章，雖賤，賞也。今一言而辟竟，其章大矣，請賞之。』乃出而爵之。」

襄仲如晉，拜曹田也。

夏，四月，四卜郊，不從，乃免牲，非禮也。諸侯不得郊天，魯以周公故，得用天子禮樂，故郊爲魯常祀。**猶三望，亦非禮也。禮不卜常祀，**必其時。**而卜其牲日。**卜牲與日，知吉凶。**牛卜日曰牲。**既得吉日，則牛改名曰牲。**牲成而卜郊，上怠慢也。**怠於古典，慢瀆龜策。**望，郊之細也。不郊，亦無望可也。**【疏】注「諸侯」至「常祀」。❷ 正義曰：《明堂位》稱：「成王幼弱，周公踐天子之位，以治天下，制禮作樂。七年，致政於成王。成王以周公爲有勳勞於天下，命魯公世世祀周公以天子之禮樂。是以魯君孟春乘大路，載弧韣，旂十有二旒，日月之章，祀帝于郊，配以后稷，天子之禮也。」是魯以周公之故，得用天子禮

---

❶「地」下，京都本、阮本有「也」字。阮校：「宋本無此字，非也。」

❷「注諸侯至常祀」，阮本以下正義二節分疏於傳文各節下。

樂。天子命之，則爲常祀，故郊爲魯之常祀也。記言正月，謂周正建子之月，與傳「啓蟄而郊」，其月不同。《禮記》是後儒所作，不可以難《左傳》。　注「既得」至「曰牲」。　正義曰：上云「卜其牲日」，則牲之與日俱卜之也。必當先卜牲而後卜日，卜得吉日，則改牛爲牲。然則牛雖卜吉，未得稱牲，牲是成用之名，不可改名爲牲，更卜吉凶，明知卜牛在卜日之前也。此言「免牲」，是已得吉日，牲既成矣。成七年「乃免牛」，是未得吉日，牲未成也。

秋，晉蒐于清原，作五軍，以禦狄。二十八年，晉作三行，今罷之，更爲上下新軍。河東聞喜縣北有清原。**趙衰爲卿。**二十七年，命趙衰爲卿，讓於欒枝，今始從原大夫爲新軍帥。【疏】「趙衰爲卿」。　正義曰：《晉語》云：文公命趙衰爲卿，讓於欒枝、先軫。後又使爲卿，讓於狐偃。狐毛卒，又使爲卿，讓於先且居。「公曰：『趙衰三讓，其所讓，皆社稷之衛也。廢讓，是廢德也。』以趙衰故，蒐于清原，作五軍。使趙衰將新上軍，箕鄭佐之，胥嬰將下軍，先都佐之。」如彼文，止謂趙衰作五軍，故特言趙衰爲卿以見之。於時舊三軍之將佐：先軫將中軍，郤溱佐之；先且居將上軍，狐偃佐之；欒枝將下軍，胥臣佐之。《國語》有其文也。

冬，狄圍衛，衛遷于帝丘。卜曰三百年。衛成公夢康叔曰：「相奪予享。」相，夏后啓之孫，居帝丘。享，祭也。【疏】「卜曰三百年」。❶　正義曰：案《史記·衛世家》及《年表》，衛從此年以後歷十九君，積四百二十年。衛元君乃徙于野王。元君卒，子角代立。秦滅衛，廢角爲庶人。　注「相夏」至「祭也」。　正義曰：《夏本紀》：禹生啓，啓生大康及仲康，仲康生相。是爲啓之孫也。《周禮》：祭人鬼曰享。**公命祀相。甯武子**

---

❶「卜曰三百年」，阮本此節正義在傳「卜曰三百年」句下。

不可，曰：「鬼神非其族類，不歆其祀。歆猶饗也。**杞、鄫何事？**言杞、鄫，夏後，自當祀相。**相之不享於此久矣，非衛之罪也。**言帝丘久不祀相，非衛所絶。**不可以間成王、周公之命祀，**諸侯受命，各有常祀。**請改祀命。」**改祀相之命。【疏】注「改祀相之命」。正義曰：昭七年傳稱晉居夏虚，祀鯀而晉侯疾瘳。此衛居帝丘，而不合祀相者，《祭法》云「鯀障洪水而殛死」，載在祀典。傳稱：「實爲夏郊，三代祀之。」周室既衰，晉爲盟主，當代天子祭絶祀之神，故祭鯀爲得禮。相無功德於民，惟當子孫自祭，故稱「杞、鄫何事？非衛之罪」，與鯀異也。

鄭洩駕惡公子瑕，鄭伯亦惡之，故公子瑕出奔楚。瑕，文公子。傳爲納瑕張本。洩駕亦鄭大夫。隱五年洩駕，距此九十年，疑非一人。

【經】三十有二年，春，王正月。

夏，四月，己丑，鄭伯捷卒。無傳。文公也，三同盟。【疏】注「文公也三同盟」。正義曰：經無其葬，故言其謚也。捷以莊二十二年即位至此，與魯十餘同盟。言三同盟者，但杜數同盟不例，若同盟少者，數先君之盟，或數大夫之盟，或數經不書盟而傳載盟者。若同盟多者，唯數今君，或就今君之中數其大會盟之顯著者。此言三同盟者，皆據王臣臨盟，則八年盟于洮、九年于葵丘、二十八年于踐土是也。劉炫不尋杜意而規其繆，非也。

衛人侵狄。報前年狄圍衛。

秋，衛人及狄盟。不地者，就狄廬帳盟。【疏】注「不地」至「帳盟」。正義曰：「會狄于欑函」，言地。今不言地，故云「就廬帳盟」。廬帳即是狄人所居之處。上云衛人侵狄及狄盟，猶若公如晉及晉侯盟，是指其所居之處，故不言地也。劉炫云：「春秋時戎狄錯居中國。此狄無國都處所，直云『及狄盟』，盟於狄之處也。以狄俗逐水草，無城郭宮室，故云就廬帳盟。」

冬，十有二月，己卯，晉侯重耳卒。同盟踐土、翟泉。

【傳】**三十二年，春，楚鬭章請平于晉，晉陽處父報之，晉、楚始通。**陽處父，晉大夫。晉、楚自春秋以來始交使命爲和同。

夏，狄有亂。衛人侵狄，狄請平焉。

秋，衛人及狄盟。

冬，晉文公卒。庚辰，將殯于曲沃，殯，窆棺也。❶曲沃有舊宮焉。【疏】注「殯窆」至「宮焉」。正義曰：《周禮·鄉師》職云：大喪，及葬，與匠師御柩，「及窆，執斧以涖匠師」。昭十二年傳曰「日中而堋」。《禮記》皆作「封」。封、堋、窆聲相近而字改易耳，皆謂葬時下棺之名也。殯則欑置於西序，亦是下棺於地，故殯爲窆棺也。晉武公自曲沃而兼晉國，曲沃有舊時宮廟，故公卒而往殯焉。《禮》：「諸侯五日而殯。」案經文以己卯卒，

---

❶「窆」，阮校：「《釋文》：『窆，一本作塗字。』按，『塗』是也，殯用塗，不可云窆，葬乃云窆。」

庚辰是卒之明日，即將殯者，以曲沃路遠，故早行耳。《禮》：「在牀曰尸，在棺曰柩。」下云「柩有聲」，明是斂於棺而後行也。**出絳，柩有聲如牛。**如牛呴聲。**卜偃使大夫拜，曰：「君命大事：將有西師過軼我，擊之，必大捷焉。」**聲自柩出，故曰「君命」。大事，戎事也。卜偃聞秦密謀，故因柩聲以正衆心。

杞子自鄭使告于秦，三十年，秦使大夫杞子戍鄭。**曰：「鄭人使我掌其北門之管，**管，籥也。**若潛師以來，國可得也。」穆公訪諸蹇叔，蹇叔曰：「勞師以襲遠，非所聞也。**蹇叔，秦大夫。**師勞力竭，遠主備之，無乃不可乎？師之所爲，**❶**鄭必知之。勤而無所，必有悖心。**將害良善。**且行千里，其誰不知？」公辭焉。**辭，不受其言。**召孟明、西乞、白乙，使出師於東門之外。**孟明，百里孟明視。西乞，西乞術。白乙，白乙丙。【疏】注「孟明」至「乙丙」。正義曰：《世族譜》以百里孟明視爲百里奚之子，則姓百里，名視，字孟明也。古人之言名字者，皆先字後名而連言之。其「術」、「丙」必是名，「西乞」、「白乙」，或字或氏，不可明也。《譜》云：「或以爲西乞術、白乙丙爲蹇叔子。案傳稱『蹇叔之子與師』，言其在師中而已。若是西乞、白乙，則爲將帥，不得云『與』也。或說必妄記異聞耳。」**蹇叔哭之，曰：「孟子，吾見師之出，而不見其入也！」公使謂之曰：「爾何知？中壽，爾墓之木拱矣！」**合手曰拱。言其過老，悖不可用。

---

❶「之」，原作「知」，據文淵閣本、阮本改。

蹇叔之子與師，哭而送之，曰：「晉人禦師必於殽。❶殽在弘農澠池縣西。**殽有二陵焉，**❷大阜曰陵。**其南陵，夏后皋之墓也，**皋，夏桀之祖父。**其北陵，文王之所辟風雨也。**此道在二殽之間南谷中，谷深委曲，兩山相嶔，故可以辟風雨。古道由此，魏武帝西討巴漢，惡其險，而更開北山高道。**必死是間，以其深險故。余收爾骨焉。」秦師遂東。**爲明年晉敗秦于殽傳。【疏】「中壽」。❸ 正義曰：上壽百二十歲，中壽百，下壽八十。　注「大阜曰陵」。　正義曰：《釋地》云：「高平曰陸，大陸曰阜，大阜曰陵。」李巡曰：「高平，謂土地豐正，名爲陸。大陸，謂土地高大，名曰阜。阜最高大爲陵。」　注「皋夏桀之祖父」。　正義曰：《夏本紀》文。桀父名發，桀名履癸。　注「此道」至「高道」。　正義曰：此道見在。殽是山名，俗呼爲土殽、石殽。其阨道在兩殽之間，山高而曲，兩山參差，相映其下，雨所不及，故可以辟風雨也。《公羊傳》曰：「蹇叔送其子而戒之，曰：爾即死，必於殽之嶔巖，是文王之所辟風雨者。」故此注言「兩山相嶔，❹故可以辟風雨」者，杜氏此言或取《公羊》之意。嶔字蓋從山，但嶔巖是山之貌，而云「相嶔」，文亦不順，未能審杜意也。何休云：「其處險阻隘勢，一人可要百，故文王過之，驅馳常若辟風雨。」

---

❶「殽」，阮校：「《釋文》：『殽，本又作崤。』案，《後漢書·龐參傳》云：『孟明視喪師於崤。』」

❷「殽」，阮校：「案，李善注《西都賦》引傳作『崤』。」

❸「中壽」，阮本以下正義四節分疏於傳文各節下。

❹「故」，正宗寺本、京都本、文淵閣本、阮本作「也」，屬上讀。「山」，原作「出」，據正宗寺本、京都本、文淵閣本、阮本改。

【經】三十有三年，春，王二月，秦人入滑。滅而書入，不能有其地。

齊侯使國歸父來聘。

夏，四月，辛巳，晉人及姜戎敗秦師于殽。晉侯諱背喪用兵，故通以賤者告。姜戎，姜姓之戎，居晉南鄙，戎子駒支之先也。晉人角之，諸戎掎之，不同陳，故言「及」。【疏】注「晉侯」至「言及」。正義曰：杜以諸侯之貶不至稱「人」，故知諱在喪用兵，以賤者告也。襄十四年傳戎子駒支自陳此事，云「謂我諸戎四嶽之裔胄」，且此云「姜戎」，知是姜姓之戎也。「角之」、「掎之」，皆彼傳文耳。彼云「晉禦其上，戎亢其下」，是不同陳，故言「及」也。諸戰之陳共用師，不言「及」者，皆同陳也。

癸巳，葬晉文公。

狄侵齊。

公伐邾，取訾婁。

秋，公子遂帥師伐邾。

晉人敗狄于箕。大原陽邑縣南有箕城。郤缺稱「人」者，未爲卿。【疏】注「大原」至「爲卿」。正義曰：劉炫云：「案傳晉侯親兵，先軫死敵，則將帥非郤缺也。而稱『人』者，晉諱而以微人告。」❶今知不然者，以

❶「人」，阮校：「浦鏜《正誤》『人』作『者』。」

戰于殽，文公未葬，故諱其背殯用兵。此則文公既葬之後，於禮得從戎事，又敗狄有功，又何恥諱而以微者告？❶故杜云「郤缺稱人，未爲卿」。劉以晉侯稱「人」同於殽諱而規杜氏，非也。

冬，十月，公如齊。

十有二月，公至自齊。乙巳，公薨于小寢。小寢，内寢也。乙巳，十一月十二日，經書十二月，誤。

隕霜不殺草，李梅實。無傳。書時失也。周十一月，今九月，霜當微而重，重而不能殺草，所以爲災。【疏】注「書時」至「爲災」。正義曰：此在十二月下，杜以《長歷》校之，乙巳是十一月十二日，謂經十二月爲誤，遂以此經四事皆爲十一月。夏之九月，霜不應重，重又不能殺草，所以爲災也。此云「隕霜不殺草」，定元年冬十月「隕霜殺菽」，《穀梁傳》曰：「未可以殺而殺，舉重。可殺而不殺，舉輕。」其意言菽重草輕也。

晉人、陳人、鄭人伐許。

【傳】三十三年，春，秦師過周北門，左右免胄而下。王城之北門。胄，兜鍪。兵車非大將，御者在中，故左右下，御不下。【疏】注「王城」至「不下」。正義曰：成二年傳稱：「晉解張御郤克，鄭丘緩爲右。張侯曰：『矢貫予手，及肘，左輪朱殷。』」傷手而血染左輪，是御者在左，大將居中也。宣十二年傳稱：「楚許

---

❶「又」，阮校：「浦鏜《正誤》『又』作『有』。」

伯御樂伯，攝叔爲右。樂伯云：『左射以菆。』」是射在左，而御在中也。鄭玄《詩》箋云：「兵車之法，左人持弓，右人持矛，中人御車。」故左右下，御不下。**超乘者三百乘。王孫滿尚幼，觀之，言於王曰：「秦師輕而無禮，必敗。** 謂過天子門不卷甲束兵，超乘示勇。【疏】注「謂過」至「示勇」。　正義曰：服虔云：「無禮，謂過天子門不櫜甲束兵，而但免冑。」《呂氏春秋》説此事，云：「師行過周，王孫滿曰：『過天子之城，宜櫜甲束兵，左右皆下。』」然則過天子門當卷甲束兵，以古有此禮，或出《司馬兵法》。其書既亡，未見其本。**輕則寡謀，無禮則脱。** 脱，易也。**入險而脱，又不能謀，能無敗乎？」**

及滑，鄭商人弦高將市於周，遇之，以乘韋先，牛十二犒師， 商，行賈也。乘，四韋，先韋乃入牛。古者將獻遺於人，必有以先之。【疏】注「商行」至「先之」。　正義曰：《周禮·大宰》：「以九職任萬民，六曰商賈，阜通貨賄。」鄭玄云：「行曰商，處曰賈。」《易》云「商旅不行」，是商行賈坐，而言「行賈」者，相形以曉人也。乘車必駕四馬，因以乘爲四名。禮言「乘矢」，謂四矢。此言「乘韋」，謂四韋也。遺人之物，必以輕先重後，故先韋乃入牛也。《老子》云：「雖有拱璧，以先四馬，不如坐進此道。」是古者將獻饋，必有以先之。**曰：「寡君聞吾子將步師出於敝邑，敢犒從者。不腆敝邑，爲從者之淹，居則具一日之積，** 腆，厚也。淹，久也。積，芻米菜薪。**行則備一夕之衛。」且使遽告于鄭。** 遽，傳車。【疏】注「腆厚」至「菜薪」。❶　正義曰：「腆，厚」，「淹，久」，經傳常訓也。《周禮·大行人》云：「王待諸侯之禮，上公五積，侯伯四積，子男三積。」積

❶「注腆厚至菜薪」，阮本此節正義在「居則具一日之積」句注下。

皆謂米禾芻薪，知此亦然。案《掌客》「上公五積，皆視飧牽」，鄭注云：飧牽，謂「牽牲以往，不殺也」。亦有米禾芻薪。鄭又注云：「上公飧五牢，米二十車，禾三十車。侯伯四牢，米禾皆二十車。子男三牢，米十車，禾二十車。芻薪皆倍其禾。」積既視飧，則米禾芻薪與飧同。　注「遽傳車」。　正義曰：《釋言》云：「馹、遽，傳也。」孫炎曰：「傳車，驛馬也。」

鄭穆公使視客館，視秦三大夫之舍。**則束載、厲兵、秣馬矣。**嚴兵待秦師。**使皇武子辭焉，曰：「吾子淹久於敝邑，唯是脯資餼牽竭矣。**資，糧也。生曰餼。牽謂牛羊豕。**爲吾子之將行也，**示知其情。**鄭之有原圃，猶秦之有具囿也，**❶原圃、具囿，皆囿名。**吾子取其麋鹿，以間敝邑，若何？」**使秦戍自取麋鹿，以爲行資，令敝邑得間暇。若何猶如何。滎陽中牟縣西有圃田澤。**杞子奔齊，逢孫、揚孫奔宋。❷孟明曰：「鄭有備矣，不可冀也。攻之不克，圍之不繼，吾其還也。」滅滑而還。**【疏】注「資糧」至「羊豕」。❸　正義曰：《聘禮》：歸飧，饔餼五牢，飪一牢，腥二牢，餼二牢。以飪是熟肉，腥

---

❶ 「囿」，阮校：「山井鼎云：宋本『囿』作『圃』。《考文》所謂宋本，即此本也。此本初刊似作『圃』，後改從『囿』。盧文弨《鍾山札記》云：宋時本是『具圃』，今本作『具囿』。引《初學記》、《水經注》、高誘《吕氏春秋》注並作『具圃』，爲是。」足利學本、京都本作「圃」。

❷ 「揚」，纂圖本、閩本、監本、毛本、文淵閣本作「楊」。

❸ 「注資糧至羊豕」，阮本以下正義二節分疏於傳文各節下。

是生肉，知餼是未殺，故云「生曰餼」。牛羊豕可牽行，故云「牽謂牛羊豕」也。注「原圃具囿皆囿名」。❶ 正義曰：下注云「中牟縣西有圃田澤」，則「原圃」地名，以其地爲囿，知與具囿皆囿名也。囿者，所以養禽獸，故令自取其麋鹿焉。天子曰苑，諸侯曰囿。

齊國莊子來聘，自郊勞至于贈賄，禮成而加之以敏。迎來曰郊勞，送去曰贈賄。敏，審當於事。**臧文仲言於公曰：「國子爲政，齊猶有禮，君其朝焉。臣聞之，服於有禮，社稷之衛也。」**爲公如齊傳。【疏】注「迎來」至「於事」。❷ 正義曰：《聘禮》：「賓至于近郊，君使卿朝服用束帛勞。」及聘事皆畢，乃云：「賓遂行，舍於郊，公使卿贈如覿幣。」是來有郊勞，去有贈賄也。

晉原軫曰：「秦違蹇叔，而以貪勤民，天奉我也。奉，與也。**奉不可失，敵不可縱。縱敵患生，違天不祥，必伐秦師。」欒枝曰：「未報秦施，而伐其師，其爲死君乎？」**言以君死，故忘秦施。**先軫曰：「秦不哀吾喪，而伐吾同姓，秦則無禮，何施之爲？**言秦以無禮加己，施不足顧。**吾聞之，一日縱敵，數世之患也。謀及子孫，可謂死君乎！」**言不可謂背君。**遂發命，遽興姜戎。子墨衰絰，**晉文公未葬，故襄公稱「子」。以凶服從戎，故墨之。**梁弘御戎，萊駒爲右。夏，四月，辛巳，敗秦師于殽，獲百里孟明視、西乞術、白乙丙以歸。遂墨以葬文公。晉於是始墨。**後遂常以爲俗，記禮所

❶「注原圃具囿皆囿名」，阮本此節正義在注「原圃具囿皆囿名」下。

❷「注迎來至於事」，阮本此節正義在注「審當於事」下。

由變。

文嬴請三帥，文嬴，晉文公始適秦，秦穆公所妻夫人，襄公嫡母。三帥，孟明等。曰：「彼實搆吾二君。❶寡君若得而食之，不厭，君何辱討焉？使歸就戮于秦，以逞寡君之志，若何？」公許之。先軫朝，問秦囚。公曰：「夫人請之，吾舍之矣。」先軫怒曰：「武夫力而拘諸原，婦人暫而免諸國。暫猶卒也。墮軍實而長寇讎，亡無日矣！」墮，毀也。不顧而唾。公使陽處父追之，及諸河，則在舟中矣。釋左驂，以公命贈孟明。欲使還拜謝，因而執之。孟明稽首曰：「君之惠，不以纍臣釁鼓，纍，囚繫也。殺人以血塗鼓，謂之釁鼓。使歸就戮于秦。寡君之以爲戮，死且不朽。若從君惠而免之，三年將拜君賜。」意欲報伐晉。

秦伯素服郊次，待之於郊。鄉師而哭，曰：「孤違蹇叔，以辱二三子，孤之罪也。不替孟明，孤之過也，大夫何罪？且吾不以一眚掩大德。」眚，過也。

狄侵齊，因晉喪也。

公伐邾，取訾婁，以報升陘之役。在二十二年。邾人不設備。秋，襄仲復伐邾。魯亦因晉喪以陵小國。

❶「搆」，京都本、阮本作「構」。阮校：「石經初刻作『構』，是也。後改從扌旁。」今案：作「構」或是避宋高宗趙構諱。

狄伐晉，及箕。八月，戊子，晉侯敗狄于箕。郤缺獲白狄子。白狄，狄别種也，故西河郡有白部胡。先軫曰：「匹夫逞志於君，謂不顧而唾。而無討，敢不自討乎？」免冑入狄師，死焉。狄人歸其元，元，首。面如生。言其有異於人。

初，臼季使過冀，見冀缺耨，其妻饁之。臼季，胥臣也。冀，晉邑。耨，鋤也。野饋曰饁。敬，相待如賓。與之歸，言諸文公曰：「敬，德之聚也，能敬必有德。德以治民，君請用之！臣聞之，出門如賓，如見大賓。承事如祭，常謹敬也。仁之則也。」公曰：「其父有罪，可乎？」缺父冀芮欲殺文公，❶在二十四年。對曰：「舜之罪也殛鯀，其舉也興禹。禹，鯀子。管敬仲，桓之賊也，實相以濟。《康誥》曰：『父不慈，子不祇，兄不友，弟不共，不相及也。』《康誥》，周書。祇，敬也。《詩》云：❷『采葑采菲，無以下體。』君取節焉可也。」《詩·國風》也。葑菲之菜，上善下惡，食之者不以其惡而棄其善。言可取其善節。文公以爲下軍大夫。反自箕，襄公以三命命先且居將中軍，且居，先軫之子，其父死敵，故進之。以再命命先茅之縣賞胥臣，曰：「舉郤缺，子之功也。」先茅絶後，故取其縣以賞胥臣。以一命命郤缺爲卿，復與之冀，還其父故邑。亦未有軍行。雖登卿位，未有軍列。【疏】

---

❶「殺」，纂圖本、閩本、監本、毛本、文淵閣本作「弑」。

❷「云」，《四部叢刊》本、京都本、文淵閣本、阮本作「曰」。

「郤缺獲白狄子」。❶　正義曰：宣十五年「晉師滅赤狄潞氏，以潞子嬰兒歸」，彼書於經，而此不書者，蓋略賤之不以告也。　注「臼季」至「臼饁」。　正義曰：《世本》云：「垂作耨。」《釋器》云：「斪斸謂之定。」李巡曰：「鉏也。」《廣雅》云：「定謂之耨。」《吕氏春秋》云：「耨柄尺，此其度也，其耨六寸，所以間稼也。」高誘注云：「耨，耘苗也。六寸，所以入苗間也。」《釋名》云：「耨，鋤，嫗㜸禾也。」《釋詁》云：「饁，饋也。」孫炎曰：「饁，野之饋也。」「康誥」至「及也」。　正義曰：此雖言「《康誥》曰」，直引《康誥》之意耳，非《康誥》之全文也。彼云：「子弗祗服厥父事，大傷厥考心。于父不能字厥子，乃疾厥子。于弟弗念天顯，乃弗克恭厥兄。兄亦不念鞠子哀，大不友于弟。曰：乃其速由文王作罰，刑兹無赦。」其意言不慈不祗，不友不恭，各用文王之法刑之，不是罪子又罪父，刑弟復刑兄，是其不相及也。　注「詩國」至「善節」。　正義曰：彼毛傳曰：「葑，須也。菲，芴也。」《釋草》云：「須，葑。」孫炎曰：「須，一名葑。」鄭玄《坊記》注云：「葑，蔓菁也。」《釋草》又云：「菲，芴也。」孫炎曰：「葍類也。」陸璣《毛詩義疏》云：「葑，蔓菁，幽州人或謂之芥也。菲似葍，莖麤葉厚，而長有毛。三月中蒸煮爲茹，滑美，又可以爲羹。」是也。此二菜，其根有惡時，❷故云上善下惡，食之者取善節也。　注「且居」至「進之」。　正義曰：且居父在之時已將上軍，以父死敵，故進之。

冬，公如齊，朝，且弔有狄師也。反，薨于小寢，即安也。小寢，夫人寢也。譏公就所安，不終于路寢。

---

❶「郤缺獲白狄子」，阮本以下正義五節分疏於傳文各節下。

❷「時」，京都本、文淵閣本、阮本作「詩」，下讀。

晉、陳、鄭伐許，討其貳於楚也。楚令尹子上侵陳、蔡。陳、蔡成，遂伐鄭，將納公子瑕。三十一年瑕奔楚。門于桔柣之門，瑕覆于周氏之汪。車傾覆池水中。外僕髡屯禽之以獻，殺瑕以獻鄭伯。文夫人斂而葬之鄶城之下。鄭文公夫人也。鄶城，故鄶國，在滎陽密縣東北。傳言穆公所以遂有國。

晉陽處父侵蔡，楚子上救之，與晉師夾泜而軍。泜水出魯陽縣東，經襄城定陵入汝。陽子患之，使謂子上曰：「吾聞之：『文不犯順，武不違敵。』子若欲戰，則吾退舍，子濟而陳，欲辟楚，使渡成陳而後戰。遲速唯命。不然，紓我。紓，緩也。老師費財，亦無益也。」師久爲老。乃駕以待。子上欲涉，大孫伯曰：「不可！晉人無信，半涉而薄我，悔敗何及？不如紓之。」乃退舍。楚退，欲使晉渡。陽子宣言曰：「楚師遁矣。」遂歸。楚師亦歸。大子商臣譖子上曰：「受晉賂而辟之，楚之恥也。罪莫大焉！」王殺子上。商臣怨子上止王立己，故譖之。

葬僖公，緩。文公元年經書「四月，葬僖公」，僖公實以今年十一月薨，并閏七月乃葬，故傳云「緩」。自此以下，遂因説作主祭祀之事，文相次也，皆當次在經葬僖公下。今在此，簡編倒錯。作主，非禮也。文二年乃作主，遂因葬文通譏之。【疏】注「文公」至「倒錯」。❶ 正義曰：經書十二月，下云「乙巳，公薨」，杜以《長歷》推之，十一月十二日有乙巳，乙巳非十二月。文元年傳曰「於是閏三月，非禮也」，故至

❶「注文公至倒錯」，阮本此節正義在注「簡編倒錯」下。

四月，并閏爲七月。禮當五月而葬，今乃七月始葬，故傳曰「緩」也。《左氏》爲傳，凡有譏者，皆先言所譏，乃復述其事。自此以下，不論葬緩。既言葬之緩，遂因説作主祭祀之事，皆事與葬連，故文相次耳。僖公葬在明年，而此年有傳，知其當在明年經葬僖公下。今在此者，簡編倒錯故爾。杜以此年空説葬事，而其上無經文，元年空舉經，而其下無傳，故謂此年之傳當在彼經之下。於理誠爲順序，於文失於重疊。此云「葬僖公」，彼又云「葬僖公」，重生文者，亦既錯謬，必乖其本。或由編絶之處，三字分簡，彼有「葬」無「公」，此有「公」無「葬」，後人並添足之，致使彼此共乘一文耳。若其不然，不知所以謬也。

凡君薨，卒哭而祔，祔而作主，特祀於主，既葬，反虞則免喪，故曰「卒哭」，哭止也。以新死者之神祔之於祖，尸柩已遠，孝子思慕，故造木主立几筵焉，特用喪禮祭祀於寢，不同之於宗廟。言「凡君」者，謂諸侯以上，不通於卿大夫。**烝、嘗、禘於廟。**冬祭曰烝，秋祭曰嘗。新主既特祀於寢，則宗廟四時常祀自如舊也。三年禮畢，又大禘，乃皆同於吉。

【疏】「凡君」至「於廟」。正義曰：《釋例》云：「此諸侯之禮，故稱君。君既葬，反虞則免喪，故曰『卒哭』，哭止也。以新死者之神祔之於祖，尸柩既已遠矣，神形又不可得而見矣，孝子之思彌篤，彷徨求索，不知所至，故造木主立几筵，特用喪禮祭祀於寢，不同之於宗廟。宗廟則復用四時烝、嘗之禮也。三年喪畢，致新死者之主以進於廟，廟之遠主當遷入祧，於是乃大祭於大廟，以審定昭穆，謂之禘。此皆自諸侯上達天子之制也。」其意與此注同，文少詳耳。劉炫云：「既言作主非禮，因言作主祭祀吉凶之節。凡諸侯之薨，葬日而虞。從是以後，間日一虞。七虞之後，明日而爲卒哭之祭。卒哭之明日而作祔祭，以新死之神祔於祖父。於此祔祭而作木主以依神，其主在寢，特用喪禮祭祀於在寢之主。其四時常祭礿祠烝嘗及三年喪畢爲大祀禘祭，並行之於廟。正禮當如是耳。今以葬僖公後積十月始作僖公木主，是作主大緩，故爲非禮也。」注「既葬」至「大夫」。正義曰：《檀弓》曰：「既封，有司以几筵舍奠於墓左，反，日中而虞。葬日虞，弗忍一日離也。」《雜記》曰：「士三虞，大夫五，諸侯七。」《士虞·記》曰：「始虞用柔日，再虞皆如初。三虞，卒哭，用剛日。」如士虞之禮，諸侯七虞，其六虞用柔日，最後虞改用剛日。間一日乃卒哭，卒哭亦用剛日，則諸侯卒哭在葬後十四日也。然始免喪與葬不得相遠，共在一月之内，故杜每云「既葬，卒哭，衰麻除」，是其不甚相遠。然喪事先遠日，則葬在月半之後，葬後行虞，虞後卒哭，所以得同月者，但卜葬雖先遠日，但葬是喪之大事，又有虞祔之祭，當應及早爲之，使得容其虞祔。《禮》云「喪事先遠日」，謂練祥禫除之屬。晉平公之喪，大夫欲見新君，王與文伯宴，樽以魯壺，皆是既葬之後，未卒哭之前。《雜記》曰：「天子七月而葬，九月而卒哭。諸侯五月而葬，七月而卒哭。」《釋例》曰：❶「《禮記》，後人所作，不與《春秋》同。」是七虞、九虞，杜所不用。或云「杜亦同之」，解云：「此注言虞則免喪者，謂七虞皆畢乃免喪，免喪後日爲卒哭也。」❷理亦通耳。《檀弓》曰：「葬日虞。是日也，以虞易奠。卒哭曰成事。是日也，以吉祭易喪祭。」是葬前奠而不祭，至虞乃爲喪祭，卒哭乃爲吉祭也。自初死至於卒哭，晝夜哭無時，謂之「卒哭」者，卒此無時之哭，自此以後，唯朝夕哭耳。天子諸侯則於此除喪，全不復哭也。《檀弓》於卒哭之下云「明日祔於祖父」，《士虞·記》亦云「卒哭明日，以其班祔」，是以新死之神祔之於祖也。於此之時，葬已多日，尸柩既已遠矣，孝子

❶「曰」，正宗寺本、京都本、文淵閣本、阮本作「云」。
❷「爲」，京都本、阮本作「而」。

思慕彌篤，彷徨不知所至，故造木主立几筵以依神也。作主致之於寢，❶特用喪祭之禮祭之於寢，不同祭之於宗廟也。大夫以下不得稱君，此言「凡君」者，謂諸侯以上耳，不得通於卿大夫也。文二年《公羊傳》曰：❷「主者曷用？虞主用桑，練主用栗。」鄭玄注《禮》用《公羊》之説，以爲虞已有主。此傳稱「祔而作主」者，虞而作主，禮本無文，不可以《公羊》而疑《左氏》也。注「冬祭」至「於吉」。正義曰：《周禮》、《禮記》諸文皆有之也。新主既特祀於寢，則其餘宗廟四時常祀自如舊不廢也。三年喪畢，新主入廟，廟之遠主當遷入祧，乃爲大祭於大廟，以審昭穆，謂之爲禘，於是新死者乃得同於吉也。《釋例》曰：「舊説以爲諸侯喪三年之後乃烝嘗，案傳襄公十五年冬十一月晉侯周卒，十六年春葬晉悼公，改服，脩官，烝于曲沃，會于湨梁。❸其冬，穆叔如晉，且言齊故。晉人答以『寡君之未禘祀』。其後晉人徵朝于鄭，鄭公孫僑云『湨梁之明年，公孫夏從寡君以朝于君，見於嘗酎，與執膰焉』。此皆《春秋》之明證也。」是言知諸侯卒哭以後時祭不廢之事也。《釋例》又曰：「凡三年喪畢然後禘，於是遂以三年爲節，仍計除喪即吉之月，卜日而後行事，無復常月也。是以經書禘及大事，傳唯見莊公之速，他無非時之譏也。」如例所言，除喪即吉禘，遂以三年爲常，則新君即位，二年而禘，五年又禘，八年又禘。僖八年「禘于大廟」，宣八年「有事于大廟」，定八年「從祀先公」，皆得三年之常期也。案元年「夫人姜氏薨」，當以三年喪畢而

❶「致」，閩本、監本、毛本、文淵閣本作「置」。

❷「二」，原作「一」，據正宗寺本、京都本、文淵閣本、阮本改。

❸「湨」，原作「溴」，據襄公十六年經改。下「湨」字據襄公二十二年傳改。此本下「湨梁」之「湨」誤作「溴」者皆徑改，不另出校。

禘，再經三年，則九年乃可禘耳。而得八年禘者，哀姜喪畢，不爲作禘，八年因禘祭乃致之，故計閔公之喪數之耳。昭十五年「有事于武宫」，計非禘年，而爲禘者，《釋例》曰：「禘于大廟，禮之常也。各於其宫，時之爲也。雖非三年大祭，而書『禘』，用禘禮也。昭二十五年傳曰『將禘於襄公』，亦其義也。三年之禘，自國之常，常事不書，故唯書此數事。祭雖得常，亦記仲遂、叔弓之非常也。」如杜此言，昭十五年雖非禘年，用禘禮，故稱禘也。鄭玄解《禮》三年一祫，五年一禘，杜解《左傳》都不言祫者，以《左傳》無「祫」語，則祫、禘正是一祭，故杜以審諦昭穆謂之爲禘，明其更無祫也。古禮多亡，未知孰是，且使《禮》、傳各從其家而爲之説耳。劉炫云：「以正經無『祫』文也，唯《禮記》、《毛詩》有『祫』字耳。《釋天》云『禘，大祭也』，則祭無大於禘者，若祫大於禘，禘焉得稱大乎？」

春秋左傳正義卷第十四

國子祭酒上護軍曲阜縣
開國子臣孔穎達等奉敕撰

文公【疏】正義曰：《魯世家》：文公名興，僖公之子，夫人聲姜所生。以襄王二十六年即位。《謚法》：「慈惠愛民曰文。」是歲，歲在降婁。

【經】元年，春，王正月，公即位。無傳。先君未葬，而公即位，不可曠年無君。【疏】注「先君」至「無君」。 正義曰：諸侯之禮，既葬成君。先君雖則未葬，既踰年矣，而君即位者，不可曠年無君故也。即位必於歲首，若歲首不行此禮，餘月不得行之，便是曠年無君，故雖則未葬，亦即行之。《釋例》云：❶「遭喪繼立者，每新年正月必改元正位，百官以序，故國史書『即位』於策以表之。文公、成公先君之喪未葬，而書『即位』，因三正之始，明繼嗣之正，表朝儀以固百姓之心。此乃國君明分，制之大禮，譬周康王麻冕黼裳以行事，事畢然後反喪

❶「云」，正宗寺本、京都本、文淵閣本、阮本作「曰」。

服也。雖踰年行即位之禮，名通於國内，必須既葬卒哭乃免喪，古之制也。」杜引《顧命》康王之事以譬此者，彼是既殯，此是踰年，雖時不同，取其暫服吉服，事相似耳。《康王之誥》云：「王義嗣德，答拜。」彼始殯訖，即呼爲王，知諸侯既殯，臣子亦呼爲公，既尸其位，名號即成。但先君未葬，事猶聽於冢宰，未得即成爲君。八年八月，天王崩。九年春，毛伯來求金，傳曰：「不書王命，未葬也。」是踰年未葬，不得命臣出使，必待卒哭乃免喪也。

二月，癸亥，日有食之。無傳。癸亥，月一日。不書朔，官失之。

天王使叔服來會葬。叔，氏。服，字。諸侯喪，天子使大夫會葬，禮也。【疏】注「叔氏」至「禮也」。正義曰：四年「風氏薨」，五年「王使榮叔歸含且賵，召昭公來會葬」，傳曰「禮也」。夫人之喪，會葬爲禮，知諸侯之喪，天子使大夫會葬爲得禮也。蘇氏云：「外卿來會葬不書，此書者，尊王使，故特書之。」傳稱「内史叔服」，内史於《周禮》爲中大夫。天子大夫例書字，知「叔氏服字」也。

夏，四月，丁巳，葬我君僖公。七月而葬，緩。

天王使毛伯來錫公命。毛，國。伯，爵。諸侯爲王卿士者。諸侯即位，天子賜以命圭，合瑞爲信。僖十一年「王賜晉侯命」，亦其比也。【疏】注「毛國」至「比也」。正義曰：僖二十四年傳有原伯、毛伯，杜云：「原、毛，皆采邑。」此毛與彼計是一人，而注不同者，此毛當是文王之子封爲畿外之國。於時諸侯無復有毛，或是世事王朝，本封絶滅，從此以後，常稱毛伯，國名尚存，仍爲伯爵，必受得采邑爲畿内諸侯，故注彼云「采邑」，此云「國」也。封爵既存，故云「諸侯爲王卿士者」。《周禮·大宗伯》：「以玉作六瑞，以等邦國。王執鎮圭，公執桓圭，侯執信圭，伯執躬圭，子執穀璧，男執蒲璧。」《冬官·玉人》桓圭以下皆謂之命圭，是用之以命諸侯也。諸侯即位，天子賜之以命圭，魯是侯爵，當賜之以信圭也。《玉人》又云：「天子執冒，四寸，以朝諸侯。」其冒邪刻其下，與圭頭相合。諸侯執圭以朝天子，天子執冒以冒之，觀其相當以否，所以合瑞爲信也。僖十一年「晉惠公新立，王賜之命」，此亦新立，是其比也。傳稱晉侯「受玉惰」，以此知賜命必有玉也。《公羊傳》曰：「錫者何？賜也。命者何？加我服也。」《唐風·無衣》之篇晉人爲其君「請命於天子之使」，以無衣爲辭，則賜命亦有服。杜不言服者，主於玉而略之耳。

晉侯伐衛。晉襄公先告諸侯而伐衛。雖大夫親伐，而稱「晉侯」，從告辭也。

叔孫得臣如京師。得臣，叔牙之孫。

衛人伐晉。衛孔達爲政，不共盟主，興兵鄰國，受討喪邑，故貶稱人。

秋，公孫敖會晉侯于戚。戚，衛邑，在頓丘衛縣西。禮，卿不會公侯，而《春秋》魯大夫皆不貶者，體例已舉，故據用魯史成文而已。内稱公，卒稱薨，皆用魯史。【疏】注「戚衛」至「魯史」。正義曰：僖二十九年翟泉之盟，諸侯之卿爲會魯侯，故貶稱人，則魯卿會他諸侯亦合貶，而《春秋》魯大夫皆不貶者，貶他國之卿已成體例，體例已舉，於魯不須加貶，理足可明，故據用魯史成文，不復改易也。他國君書「卒」及爵，内常稱「公」稱「薨」，亦體例已舉，皆用魯史也。

冬，十月，丁未，楚世子商臣弑其君頵。商臣，穆王也。弑君例在宣四年。

公孫敖如齊。傳例曰：「始聘焉，禮也。」

【傳】元年，春，王使内史叔服來會葬。公孫敖聞其能相人也，公孫敖，魯大夫慶父之子。**見其二子焉。叔服曰：「穀也食子，難也收子。**穀，文伯。難，惠叔。食子，奉祭祀共養者也。收子，葬子身也。**穀也豐下，必有後於魯國。」**豐下，蓋面方。爲八年公孫敖奔莒傳。

於是閏三月，非禮也。於歷法，閏當在僖公末年，誤於今年三月置閏，蓋時達歷者所譏。**先王之正時也，履端於始，舉正於中，歸餘於終。**❶步歷之始，以爲術之端首。朞之日三百六十有六日，日月之行又有遲速，而必分爲十二月，舉中氣以正月。有餘日，則歸之於終，積而爲閏，故言「歸餘於終」。**履端於始，序則不愆。**四時無愆過。**舉正於中，民則不惑。**斗建不失其次，寒暑不失其常，故無疑惑。**歸餘於終，事則不悖。**四時得所，則事無悖亂。【疏】「於是」至「不悖」。正義曰：於是年魯歷置閏，「閏三月，非禮也」，言於禮置閏不當在此月也。因論置閏之法：先王之正時也，「履端於始」，履，步也，謂推步歷之初始，以爲術歷之端首。舉月之正半在於中氣，歸其餘分置於終末，言於終末乃置閏也。更復申之：「履端於始，序則不愆」，謂四時之序不愆過也。「舉正於中」，民視瞻則不疑惑也。「歸餘於終」，於時事則不悖亂也。此年不合置閏而置閏，則不是「歸餘於終」，故爲非禮也。注「於歷」至「所譏」。正義曰：古今歷法推閏月之術，皆以閏餘減章歲，餘以歲中乘之，章閏而一，所得爲積月，命起天正，筭外閏所在也。其有進退，以中氣定之。無中氣，則閏月也。古歷十九年爲一章，章有七閏：入章三年閏九月，六年閏六月，九年閏三月，十一

---

❶「餘」，阮校：「案，《史記·歷書》『餘』作『邪』，注云：『邪』音『餘』。」

年閏十一月，十四年閏八月，十七年閏四月，十九年閏十二月。此據元首初章，若於後漸積餘分，大率三十二月則置閏，不必恒同初章閏月。僖五年「正月，辛亥，朔，日南至」，治歷者皆以彼爲章首之歲。《漢書・律歷志》云：「文公元年距僖五年辛亥二十九歲，是歲閏餘十三，閏當在十一月後，而在三月，故傳曰『非禮也』。」志之所言，閏當在此年十一月後，今三月已即置閏，是嫌閏月大近前也。杜以爲僖三十年閏九月，文二年閏正月，故言於歷法閏當在僖公末年，誤於今年置閏，嫌置閏大近後也。杜爲《長歷》，置閏疏數無復定準。凡爲歷者，閏前之月中氣在晦，閏後之月中氣在朔。僖五年正月朔旦冬至，則四年當閏十二月也。杜《長歷》僖元年閏十一月，五年閏十二月，與常歷不同者，杜以襄二十七年再失閏，司歷過。昭二十年「二月，己丑，日南至」，哀十二年「十二月螽」，云「火猶西流，司歷過」，則春秋之世，歷法錯失，所置閏月或先或後，不與常同。杜唯勘經傳上下日月以爲《長歷》，若日月同者，則數年不置閏月。若日月不同，須置閏乃同者，則未滿三十二月頻置閏，所以異於常歷，故《釋例》云：「《春秋》日有頻月而食者，有曠年不食者，理不得一一如筭，以守恒數，故歷無有不失也。始失於毫毛，尚未可覺，積而成多，以失弦望朔晦，則不得不改憲以順之。《書》所謂『欽若昊天，歷象日月星辰』，《易》所謂『治歷明時』，言當順天以求合，非苟合以驗天者也。故當脩經傳日月，以考晦朔，以推時驗。」下又云：「據經傳微旨，考日辰晦朔，以相發明，爲經傳《長歷》，未必得天，蓋春秋當時之歷也。」是杜自言不與常歷同。　注「步歷」至「於終」。　正義曰：日月轉運於天，猶如人之行步，故推歷謂之步歷。步歷之始，以爲術之端首，謂歷之上元必以日月之全數爲始，於前更無餘分，以此日爲術之端首，故言「履端於始」也。朞之日三百六十有六日，謂從冬至至冬至必滿此數，乃周天也。日月之行有遲有速，日行遲，月行速，凡二十九日過半，月行及日，謂之一月。過半者，謂一日於歷法分爲九百四十分，月行及日，必四百九十九分，是過半二十九分。今一歲氣周有三百六十五日四分日之一，其十二月一周唯三百五十四日，是少十一日四分日之一，未得氣周。細而言之，一歲止少弱十一日。所以然者，一月有餘分二十九，一年十二月有餘分三百四十八。是一歲既得三百五十四日，又得餘分三百四十八。其四分日之一，一日爲九百四十分，則四分日之一爲二百三十五分。令於餘分三百四十八内取二百三十五，❶以當郤四分日之一，餘分仍有一百一十三。其整日唯有十一日，又以餘分一百一十三減其一日九百四十分，唯有八百二十七分。是一年有餘十日八百二十七分，少一百一十三分，不成十一日也。劉炫云：「則一歲爲十二月，猶有十一日有餘未得周也。分一周之日爲十二月，則每月常三十日餘，計月及日爲一月，則每月唯二十九日餘，前朔後朔相去二十九日餘，前氣後氣相去三十日餘，每月參差氣漸不正，但觀中氣所在，以爲此月之正，取中氣以正月，故言『舉正於中』也。月朔之與月節，每月剩一日有餘，所有餘日歸之於終，積成一月，則置之爲閏，故言『歸餘於終』。」注「斗建」至「疑惑」。正義曰：閏後之月中氣在朔，則斗柄月初已指所建之辰。閏前之月中氣在晦，則斗柄月末方指所建之辰，故舉月之正在於中氣，則斗柄常不失其所指之次，如是乃得寒暑不失其常。

夏，四月，丁巳，葬僖公。傳皆不虛載經文，而此經孤見，知僖公末年傳宜在此下。

王使毛伯衛來賜公命，❷衛，毛伯字。**叔孫得臣如周拜。**謝賜命。【疏】注「衛毛伯字」。❸正義曰：知是字者，以天子公卿例書爵，不言名，大夫稱字，故毛伯雖卿，或稱字。案僖九年「公會宰周公」云云，杜云

---

❶「令」，正宗寺本、京都本、文淵閣本、阮本作「今」。

❷「賜」，京都本、文淵閣本、阮本作「錫」。阮校：「《釋文》『賜』作『錫』。」

❸「注衛毛伯字」，阮本此節正義在注「衛毛伯字」下。

「三公不字」，明卿或書字。

晉文公之季年，諸侯朝晉，衛成公不朝，使孔達侵鄭，伐緜、訾及匡。孔達，衛大夫。匡在潁川新汲縣東北。**晉襄公既祥，**諸侯雖諒闇，亦因祥祭爲位而哭。**使告于諸侯而伐衛，及南陽。**今河內地。**先且居曰：「效尤，禍也。**尤衛不朝故伐。今不朝王，是效衛致禍。時王在溫，故勸之。**請君朝王，臣從師。」晉侯朝王于溫，先且居、胥臣伐衛。五月，辛酉，朔，晉師圍戚。六月，戊戌，取之，獲孫昭子。**昭子，衛大夫，食戚邑。**衛人使告于陳。陳共公曰：「更伐之，我辭之。」**見伐求和，不競大甚，故使報伐，示己力足以距晉。**衛孔達帥師伐晉，君子以爲古。古者越國而謀。**合古之道，而失今事霸主之禮，故國失其邑，身見執辱。【疏】「晉襄公既祥」。❶ 正義曰：禮，朞而小祥。晉文公以僖三十二年十二月卒，則三十三年十二月爲小祥。此云「既祥」，謂小祥也。注「合古」至「執辱」。正義曰：《釋例》云：「衛孔達爲政，不共盟主，興兵於鄰國，受討喪邑，窘而告陳。雖從陳之謀，僅得自定，以謀而濟，故君子但言合古，而不釋其尤也。」劉炫云：「春秋之時，天子微弱，霸主秉德刑以長諸侯，諸侯從時命以事霸主，大字小，小事大，所以相保恃也。晉之與衛，小大不同，而恥於受屈，望以彊獲免，明王在上，理在可然，度時之宜，則非善計。君子以爲合古之道，失當今之宜，亦不言其謀全非理也。」

秋，晉侯疆戚田，故公孫敖會之。晉取衛田，正其疆界。

---

❶「晉襄公既祥」，阮本此節正義在「晉襄公既祥」句注下。

初，楚子將以商臣爲大子，訪諸令尹子上。子上曰：「君之齒未也，齒，年也。言尚少。而又多愛，黜乃亂也。楚國之舉，恒在少者。舉，立也。且是人也，蠭目而豺聲，忍人也，能忍行不義。不可立也。」弗聽。既又欲立王子職，而黜大子商臣。職，商臣庶弟。❶商臣聞之而未察，告其師潘崇曰：「若之何而察之？」潘崇曰：「享江芊而勿敬也。」江芊，成王妹，❷嫁於江。從之。江芊怒，曰：「呼，役夫！呼，發聲也。役夫，賤者稱。宜君王之欲殺女而立職也！」❸告潘崇曰：「信矣。」潘崇曰：「能事諸乎？」問能事職不。曰：「不能。」「能行乎？」曰：「不能。」「能行大事乎？」曰：「能。」大事，謂弑君。冬，十月，以宫甲圍成王。大子宫甲。僖二十八年王以東宫卒從子玉，蓋取此宫甲。王請食熊蹯而死，熊掌難熟，冀久將有外救。弗聽。丁未，王縊。謚之曰「靈」，不瞑，曰「成」，乃瞑。言其忍甚，未斂而加惡謚。【疏】注「言其」至「惡謚」。正義曰：既見其不瞑目，則是未斂於棺，故知未斂也。禮，葬乃加謚。未斂而加惡謚，言其忍之甚也。寃枉之人衆矣，未有能見其靈，此事特爲商臣忍甚耳。桓譚以爲自縊而死，其目未合，尸冷乃瞑，非由謚之善惡也。亂而不損曰靈，安民立政曰成。穆王立，以其

---

❶ 「庶弟」下，京都本、阮本有「也」字。

❷ 「成王妹」，《經典釋文》：「《史記》以爲成王妾。」

❸ 「殺女」，阮校：「案，《韓非子》作『廢女』，劉知幾《史通·言語篇》引同。陳樹華云：上云『黜商臣』，似作『廢』字爲是。然江芊怒，故甚其辭，讀者正不必泥也。」

爲大子之室與潘崇，使爲大師，且掌環列之尹。環列之尹，宮衛之官，列兵而環王宮。【疏】「爲大子之室」。❶　正義曰：商臣今既爲王，以其爲大子之時所居室内財物僕妾盡以與潘崇，非與其所居之宮室也。

穆伯如齊，始聘焉，禮也。穆伯，公孫敖。**凡君即位，卿出並聘，踐脩舊好，要結外援，**踐猶履行也。**好事鄰國，以衛社稷，忠信卑讓之道也。忠，德之正也。信，德之固也。卑讓，德之基也。**傳因此發凡，以明諸侯諒闇，則國事皆用吉禮。【疏】「凡君」至「並聘」。❷　正義曰：即位者，既葬除喪，即成君之吉位也。唯以既葬爲限，不以踰年爲斷。八年八月天王崩，九年春「毛伯來求金」，傳曰：「不書王命，未葬也。」是未葬雖踰年，不得命臣出使也。宣十年夏四月齊侯元卒，六月葬齊惠公，冬，齊侯使國佐來聘。是既葬未踰年，得命臣出使也。何休《膏肓》以爲三年之喪使卿出聘，於義《左氏》爲短。鄭康成箴云：「《周禮》：『諸侯邦交，歲相問，殷相聘，世相朝。』《左氏》合古禮，何以難之？」

殽之役，在僖三十三年。**晉人既歸秦帥，秦大夫及左右皆言於秦伯曰：「是敗也，孟明之罪也，必殺之。」秦伯曰：「是孤之罪也。周芮良夫之詩曰：『大風有隧，貪人敗類。**《詩·大雅》。隧，蹊徑也。周大夫芮伯刺厲王，言貪人之敗善類，若大風之行，毁壞衆物，所在成蹊徑。**聽言則對，誦言如醉。**言昏亂之君，不好典誦之言，聞之若醉。得道聽塗説之言，則喜而答對。**匪用其良，覆俾**

---

❶ 「爲大子之室」，阮本此節正義在「以其爲大子之室與潘崇」句下。

❷ 「凡君至並聘」，阮本此節正義在「卿出並聘」句下。

我悖。』覆，反也。俾，使也。不用良臣之言，反使我爲悖亂。**是貪故也，孤之謂矣。孤實貪以禍夫子，夫子何罪？」復使爲政。**爲明年秦、晉戰彭衙傳。

【經】二年，春，王二月，甲子，晉侯及秦師戰于彭衙，秦師敗績。孟明名氏不見，非命卿也。大崩曰敗績。馮翊郃陽縣西北有彭衙城。

【疏】注「孟明」至「衙城」。　正義曰：於例，將卑師衆稱「師」。今稱「秦師」，知將非尊者，故云「孟明名氏不見，非命卿也」。傳稱秦伯不廢孟明，復使爲政，則孟明秦之執政之卿也，而言非卿者，成二年注云：「曹大夫常不書，而書公子首者，首命於國，備於禮，成爲卿故也。」然則備卿禮乃成爲卿，禮不備則不書。秦是辟陋之國，不以卿禮成孟明，不言孟明非執政也。此年晉士縠堪其事，故名書於垂隴。襄二十九年，鄭公孫段攝卿以行，名見於城杞，況此真卿而不書者，以秦辟陋在戎，異於中國，禮命不足，故云「非命卿」也。

丁丑，作僖公主。主者，殷人以柏，周人以栗。三年喪終，則遷入於廟。**【疏】**注「主者」至「於廟」。正義曰：主所用木，經無正文。《公羊傳》曰：「主者曷用？虞主用桑，練主用栗。」《左傳》唯言「祔而作主」，主一而已，非虞、練再作，《公羊》之言，不可通於此也。《論語》：「哀公問社於宰我。宰我對曰：『夏后氏以松，殷人以柏，周人以栗。』」先儒舊解，或有以爲宗廟主者，故杜依用之。案古《論語》及孔、鄭皆以爲社主。社爲木主者，古《論》不行於世，且社主，《周禮》謂之「田主」，無單稱主者。以張、包、周等並爲廟主，故杜所依用。劉炫就此以規杜過，未爲得也。

三月，乙巳，及晉處父盟。處父爲晉正卿，不能匡君以禮，而親與公盟，故貶其族。族去則非卿，故以微人常稱爲耦，以直厭不直。不地者，盟晉都。【疏】注「處父」至「晉都」。正義曰：《春秋》卿則書名氏，賤者則稱人。外卿之貶，例皆稱人，魯卿之貶，乃去其族。去族與稱人相類，即是不爲卿也。處父爲晉正卿，不能匡君以禮，君使盟魯，即從君命，親與公盟，故貶去其族，若言處父是晉之賤人，則不復書「公」，直言「及晉處父盟」，若言魯之賤人往與之盟也。魯之賤人不合書名，舉其所爲之事而已。言「及」不言名，是微人之常稱也。以微人常稱與處父爲偶，若處父亦賤人也。魯以微人敵微人，直也。晉以卿敵公，不直也。如此書經者，以魯之直厭晉之不直也。然則不貶處父稱人者，貶之稱人，則惡名不見，貶其族留其名，所以惡處父也。《釋例》曰：「隨此稱人，則所罪之名不章，故特書『處父』也。」翟泉、澶淵亦會公侯，所以稱人者，以其衆卿非一，依例揔貶。不地者，盟於晉之都也。諸侯會聚，盟於他國之都者，即以國名爲盟地。魯之君臣獨往他國而與之盟者，不復舉國地。三年「冬，公如晉」，十二月「公及晉侯盟」是也。

夏，六月，公孫敖會宋公、陳侯、鄭伯、晉士縠，盟于垂隴。垂隴，鄭地。滎陽縣東有隴城。士縠出盟諸侯，受成於衛，故貴而書名氏。

自十有二月不雨，至于秋七月。無傳。周七月，今五月也。不雨足爲災。不書旱，五穀猶有收也。❶

❶「也」，《四部叢刊》本、京都本、阮本無此字。

八月，丁卯，大事于大廟，躋僖公。大事，禘也。躋，升也。僖公，閔公庶兄，繼閔而立，廟坐宜次閔下，今升在閔上，故書而譏之。時未應吉禘，而於大廟行之，其譏已明，徒以逆祀，故特大其事，異其文。【疏】注「大事」至「其文」。　正義曰：昭十五年「有事于武宮」，傳稱「禘于武宮」。有事是禘，則知大事亦是禘也。「躋，升也」，《釋詁》文。《公羊傳》曰：「躋者何？升也。」禘祭之禮，審諦昭穆，諸廟已毀未毀之主，皆於大祖廟中以昭穆爲次序。父爲昭，子爲穆。大祖東向，昭南向，穆北向，孫從王父，以次而下，祭畢則復其廟。其兄弟相代，則昭穆同班。近據春秋以來，惠公與莊公當同南面西上，隱、桓與閔、僖亦同北面西上。僖是閔之庶兄，繼閔而立，昭穆雖同，位次閔下，今升在閔上，故書而譏之。僖公以其三十三年十一月薨，至此年十一月喪服始畢，今始八月，時未應吉禘，而於大廟行之，與閔公二年吉禘于莊公，其違禮同也。彼書「吉禘」，其譏已明，則此亦從譏可知，不復更譏其速也。徒猶空也。空以逆祀之故，亂國大典，故特大其事，謂之「大事」，譏逆祀也。《釋例》曰：「文公二年，僖公之喪未終，未應行吉禘之禮，而於大廟行之，其譏已明，徒以躋僖而退閔，故特大其事，異其文。定八年亦特書『順祀』，皆所以起非常也。『有事于武宮』及『順祀』，傳皆稱『禘』，則知大事、有事于大廟，亦禘也。」

冬，晉人、宋人、陳人、鄭人伐秦。四人皆卿。秦穆悔過，終用孟明，故貶四國大夫以尊秦。

【疏】注「四人」至「尊秦」。　正義曰：四國大夫，傳皆言名氏，❶是四人皆卿也。秦穆悔過，終用孟明，仲尼特善

---

❶「言」，阮本作「稱」。

其事，無辭可以寄文，故貶四國大夫稱「人」，所以尊崇秦德。以諸侯之名無所可加，貶大夫以尊秦，大夫非有罪也。襄八年邢丘之會，晉悼霸功既就，德立刑行，貶諸侯之卿以尊晉侯，其事與此同也。《釋例》曰：「秦伯終用孟明而致敗，敗而罪己，赦其闕而養其志，孟明增脩其德，以霸西戎。夫子嘉之，故於伐秦之役貶四國大夫。四國大夫奉君命而行，今以一義變例，故稱『尊秦』，謂之崇德，明罪不在四國大夫也。」

公子遂如齊納幣。傳曰：「禮也。」僖公喪終此年十一月，則納幣在十二月也。《士昏》六禮，其一納采，納徵始有「玄纁束帛」。諸侯則謂之納幣，其禮與士禮不同，蓋公爲大子時已行昏禮。❶

【疏】注「傳曰」至「昏禮」。　正義曰：《公羊傳》曰：「此何以書？譏。何譏爾？譏喪娶也。娶在三年之外，則何譏乎喪娶？三年之内不圖昏。」其意謂此喪服未畢而行昏禮也。何休據此作《膏肓》，以《左氏》爲短。今《左氏傳》謂之「禮也」，必是喪服已終。杜以《長歷》推之，知僖公以其三十三年十一月薨，至此年十一月，喪已畢矣。納幣雖則無月，以傳言「禮」，則知納在十二月也。《士昏》六禮，其一納采，次有問名、納吉，至納徵始有玄纁束帛。士謂之納徵，諸侯則謂之納幣，以其幣帛多，其禮大，與士禮不同，故異其名也。案士之昏禮，納采、問名同日行事。納采者，納其采擇之禮。主人既許，賓即問名，將歸卜其吉凶也。卜而得吉，又遣使納吉，如納采之禮。納吉之後，方始納徵。徵，成也。使使納幣，以成昏禮也。此納幣以前已有三禮，須再度遣使，一月之内不容三遣適齊，蓋公爲大子時已行昏禮，疑在僖公之世已行納采、納吉，今續而成之也。杜言「其一納采」，欲明納徵之

❶「昏禮」下，《四部叢刊》本、京都本、阮本有「也」字。

前更有昏禮，納幣非昏禮之始，豫爲下句「公爲大子時已行昏禮」張本也。大子昏禮，理自不書，雖則公昏，唯書納幣，其納采、納吉亦不書也。《釋例》曰：「諸侯昏禮亡，以士昏禮準之，不得唯止於納幣逆女。逆女納幣二事，皆必使卿行，卿行則書之。他禮非卿則不書也。『宋公使華元來聘』，聘不應使卿，故傳但言『聘共姬也』。『使公孫壽來納幣』，納幣應使卿，故傳明言『得禮也』。魯君之昏，亦唯存納幣逆女，此其義也。」❶

【傳】二年，春，秦孟明視帥師伐晉，以報殽之役。二月，晉侯禦之。先且居將中軍，趙衰佐之。王官無地御戎，代郤溱。狐鞫居爲右。❷鞫居，續簡伯。**甲子，及秦師戰于彭衙，秦師敗績。晉人謂秦「拜賜之師」。**以孟明言「三年將拜君賜」，故嗤之。

戰於殽也，晉梁弘御戎，萊駒爲右。戰之明日，晉襄公縛秦囚，使萊駒以戈斬之。囚呼，萊駒失戈，狼瞫取戈以斬囚，禽之以從公乘，遂以爲右。箕之役，箕役在僖三十三年。**先軫黜之，而立續簡伯。**【疏】「箕之」至「黜之」。　正義曰：御與車右雖有常員，必臨戰更選定之。韓之戰卜右，慶鄭吉，❸是其事也。自殽戰之後，狼瞫爲右。箕之役，將戰選右，先軫黜之。箕戰先軫死，爲非既戰乃黜之也。❹**狼瞫怒。其**

---

❶「也」，京都本、阮本無此字。
❷「鞫」，《經典釋文》作「鞠」。
❸「吉」，原作「告」，據正宗寺本、京都本、文淵閣本、阮本改。
❹「爲」，正宗寺本、京都本、文淵閣本、阮本作「焉」，則屬上讀。

友曰：「盍死之？」瞫曰：「吾未獲死所。」未得可死處。**其友曰：「吾與女爲難。」**欲共殺先軫。**瞫曰：「周志有之：『勇則害上，不登於明堂。』**周志，周書也。明堂，祖廟也，所以策功序德，故不義之士不得升。**死而不義，非勇也。共用之謂勇。**共用，死國用。**吾以勇求右，無勇而黜，亦其所也。**言今死而不義，更成無勇，宜見退。**謂上不我知，黜而宜，乃知我矣。**言今見黜而合宜，則吾不得復言上不我知。**子姑待之。」**【疏】「周志」至「待之」。正義曰：周之志記有之，曰，有勇以害在上，則爲不義之人，不得升於明堂。若殺先軫，則必死。死而不義，非勇也。如以死共國家之用，是之謂勇。吾自以有勇之故，求爲車右。若殺先軫，則是無勇。無勇而被黜退，亦是得其所也，吾復安得爲恨？吾今恨者，謂在上不我知也，言其不知我有勇也。若殺先軫，即是成爲無勇。無勇被黜退，則黜而合其宜也，乃是在上知我矣，不得言在上不我知也。子且待之。注「周志」至「得升」。正義曰：志者，記也。謂之周志，明是周世之書，不知其書何所名也。鄭玄以爲明堂在國之陽，與祖廟別處。《左氏》舊説及賈逵、盧植、蔡邕、服虔等皆以祖廟與明堂爲一，故杜同之。《祭統》云：「古者明君必賜爵禄於大廟。」傳稱公行還告廟，舍爵策勳，是明堂之中所以策功序德，故不義之人不得升之也。害上即是不義，故不得登明堂也。**及彭衙，既陳，以其屬馳秦師，死焉。**屬，屬己兵。**晉師從之，大敗秦師。君子謂狼瞫於是乎君子。《詩》曰：「君子如怒，亂庶遄沮。」**《詩·小雅》。言君子之怒，必以止亂。遄，疾也。沮，止也。**又曰：「王赫斯怒，爰整其旅。」**《詩·大雅》。言文王赫然奮怒，則整師旅以討亂。**怒不作亂，而以從師，可謂君子矣。**

秦伯猶用孟明。孟明增脩國政，重施於民。趙成子言於諸大夫曰：成子，趙衰。**「秦師又至，**

將必辟之。懼而增德，不可當也。《詩》曰：『毋念爾祖，聿脩厥德。』《詩・大雅》。言念其祖考，則宜述脩其德以顯之。毋念，念也。**孟明念之矣。念德不怠，其可敵乎？」**爲明年秦人伐晉傳。

丁丑，作僖公主。書不時也。過葬十月，故曰不時。例在僖三十三年。**【疏】**注「過葬」至「三年」。

正義曰：僖三十三年傳已發例，言「作主，非禮」，此復云「書不時」者，彼因「葬緩」，遂通譏「作主」之失，未辯失之所由，於此又言「不時」，以明失禮之狀，接成彼義也。

晉人以公不朝來討。公如晉。夏，四月，己巳，晉人使陽處父盟公以恥之。使大夫盟公，欲以恥辱魯也。經書「三月乙巳」，經、傳必有誤也。❶ **書曰「及晉處父盟」，以厭之也。**厭猶損也。晉以非禮盟公，故文厭之以示譏。**適晉不書，諱之也。**不書「公如晉」。

公未至，六月，穆伯會諸侯，及晉司空士縠盟于垂隴，晉討衛故也。討元年衛人伐晉。士縠，士蔿子。**書士縠，堪其事也。**晉司空，非卿也。以士縠能堪卿事，故書。

陳侯爲衛請成于晉，執孔達以説。陳始與衛謀，謂可以强得免。今晉不聽，故更執孔達以苟免也。**【疏】**「公未」至「諸侯」。❷ 正義曰：沈云：「非公命不書，此穆伯會諸侯，公未至而書者，此公既在外，命正卿守國，故守國之臣亦合告廟而行，故得書之也。」 注「晉司」至「故書」。 正義曰：傳舉司空之官，云「堪

---

❶ 「也」，《四部叢刊》本、京都本、阮本無此字。

❷ 「公未至諸侯」，阮本以下正義二節分疏於傳文各節下。

其事」乃書之，明本不當書，故知非卿也。成二年傳稱魯「賜晉三帥三命之服，司空亞旅皆受一命之服」，是其知司空非卿之文也。

秋，八月，丁卯，大事于大廟，躋僖公。逆祀也。 僖是閔兄，不得爲父子。嘗爲臣，位應在下，今居閔上，❶故曰「逆祀」。**於是夏父弗忌爲宗伯，** 宗伯，掌宗廟昭穆之禮。**尊僖公，且明見曰：「吾見新鬼大，故鬼小。** 新鬼，僖公，既爲兄，死時年又長。故鬼，閔公，死時年少。弗忌明言其所見。

【疏】注「僖是」至「逆祀」。❷ 正義曰：禮，父子異昭穆，兄弟昭穆故同。❸ 僖、閔不得爲父子，同爲穆耳。當閔在僖上，今升僖先閔，故云「逆祀」。二公位次之逆，非昭穆亂也。《魯語》云：「將躋僖公。宗有司曰：『非昭穆也。』弗忌曰：『我爲宗伯，明者爲昭，其次爲穆，何常之有？』」如彼所言，以閔、僖異昭穆者，❹位次之逆如昭穆之亂，假昭穆以言之，非謂異昭穆也。若兄弟相代，即異昭穆，設令兄弟四人皆立爲君，則祖父之廟即已從毁，知其理必不然，❺故先儒無作此説。　注「宗伯」至「之禮」。　正義曰：《周禮》大宗伯掌建邦之天神、人鬼、地祇之禮，小宗伯掌建國之神位，辯廟祧之昭穆。諸侯之官所掌亦當然也。　注「新鬼」至「所見」。　正義曰：「且明

---

❶「今」，京都本、阮本、《經典釋文》作「令」。

❷「注僖是至逆祀」，阮本以下正義三節分疏於傳文各節下。

❸「故同」，閩本、監本、毛本、文淵閣本作「同故」。

❹「以」，正宗寺本、京都本、文淵閣本、阮本作「似」。

❺「理」，監本、毛本、文淵閣本作「禮」。

見」者，既尊崇僖公，且明言其意之所見，見其順大小、升聖賢也。劉炫以爲直據兄弟大小爲義，不須云死之長幼，以規杜氏。今删定知不然者，以傳云「新鬼大，故鬼小」，則大小之語揔該諸事，非直獨據兄弟，明知亦據年時也。**先大後小，順也。躋聖賢，明也。**又以僖公爲聖賢。**明順，禮也。」君子以爲失禮。**【疏】「君子以爲失禮」。正義曰：傳有評論，皆託之君子。此下盡「先姑」以來，皆是一君子之辭耳。引《詩》二文，於《詩》之下，各言君子者，君子謂作詩之人。❶此論事君子，又引彼作詩君子以爲證耳。僖公薨後始作《魯頌》，爲傳之時乃設此辭，非當時君子有此言也。弗忌之意，以先大後小爲順，故言「明順，禮也」。君子之意，以臣不先君爲順，故云「禮無不順」，各言其順，順不同也。《魯語》：「展禽云：『夏父弗忌必有天殃。』其葬也，焚，煙達于上。」孔晁云：「已葬而柩焚，煙達椁外。」**禮無不順。祀，國之大事也，而逆之，可謂禮乎？子雖齊聖，不先父食，久矣。**齊，肅也。臣繼君猶子繼父。**故禹不先鯀，湯不先契，**鯀，禹父。契，湯十三世祖。【疏】注「鯀禹」至「世祖」。正義曰：鯀，禹父，《夏本紀》文也。契，湯十三世祖，《殷本紀》文。契生昭明，昭明生相土，相土生昌若，昌若生曹圉，曹圉生冥，冥生振，振生微，微生報丁，報丁生報乙，報乙生報丙，報丙生主壬，主壬生主癸，主癸生天乙。天乙即湯也。下注云「不窋，后稷子」，《周本紀》文。服虔云：「周家祖后稷以配天，明不可先也，故言『不先不窋』。禹、湯異代之王，故言不先鯀、契也。」然則文、武大聖，后稷賢耳，非是不可先也。下句引《詩》「皇祖后稷」，不欲重文，故舉「不窋」以辟之。**文、武不先不窋。**不窋，后稷子。**宋祖帝乙，鄭祖厲王，猶**

❶「作」，原作「年」，據正宗寺本、京都本、文淵閣本、阮本改。

上祖也。帝乙，微子父。厲王，鄭桓公父。二國不以帝乙、厲王不肖而猶尊尚之。【疏】注「帝乙」至「尚之」。　正義曰：帝乙，微子父，《宋世家》文。厲王，鄭桓公父，《鄭世家》文。微子、桓公，宋、鄭始祖也。言「宋祖帝乙，鄭祖厲王」，則二國立其廟而祖祀之。微子不先帝乙，桓公不先厲王，猶上祖也，言不以不肖猶尊尚之也。宋爲王者之後，得祀殷之先王，帝乙之廟不毀者，蓋以爲其所出，故特存焉。❶周制，王子有功德出封者，得廟祀所出之王。魯以周公之故，得立文王之廟。襄十二年傳稱「魯爲諸姬臨於周廟」。周廟，文王廟也。鄭之桓武，世有大功，故得立厲王之廟。昭十八年傳稱鄭人救火，「使祝史徙主祏於周廟」。周廟，厲王廟也。**是以《魯頌》曰：「春秋匪解，享祀不忒。皇皇后帝，皇祖后稷。」**忒，差也。皇皇，美也。后帝，天也。詩頌僖公，郊祭上天，配以后稷。【疏】「魯頌」至「后稷」。　正義曰：《魯頌·閟宮》之篇，美僖公之德也。上「皇皇」爲美，下「皇」爲君，言僖公春秋祭祀非有懈惓，其所享祀不有差忒，所祀之神，有皇皇之美者爲君之上天，配之以君祖后稷也。**君子曰：「禮，謂其后稷親而先帝也。」**先稱帝也。**《詩》曰：「問我諸姑，遂及伯姊。」**《詩·邶風》也。衛女思歸而不得，故願致問於姑姊。**君子曰：「禮，謂其姊親而先姑也。」**僖親文公父，夏父弗忌欲阿時君，先其所親，故傳以此二詩深責其意。

仲尼曰：「臧文仲，其不仁者三，不知者三。下展禽，展禽，柳下惠也。文仲知柳下惠之賢，而

❶「焉」，原作「爲」，據正宗寺本、京都本、文淵閣本、阮本改。

使在下位。己欲立而立人。**廢六關，**塞關、陽關之屬，凡六關，所以禁絶末遊而廢之。❶ **妾織蒲，三不仁也。**家人販席，言其與民争利。**作虚器，**謂居蔡山節藻棁也。有其器而無其位，故曰虚。**縱逆祀，**聽夏父躋僖公。**祀爰居，三不知也。」**海鳥曰爰居，止於魯東門外，文仲以爲神，命國人祀之。

【疏】「仲尼」至「知也」。　正義曰：魯臣多矣，而獨譏文仲者，以文仲執國之政，有大知之名，爲不知之事，故特譏之，其餘則不足責矣。《論語》稱「仁者愛人，知者不惑」，故以害於物者爲不仁，闇於事者爲不知。卑下展禽而不肯舉薦，廢去六關而不設防禁，妾織蒲席而與民争利，此三事爲不仁也。無其位而作虚器，不知禮而縱逆祀，不識鳥而祀爰居，此三事爲不知也。　注「展禽」至「立人」。　正義曰：《論語》云：「臧文仲，其竊位者與？知柳下惠之賢而不與立也。」又曰：「仁者，己欲立而立人。」知賢不舉，是無恕心，故爲不仁也。　注「塞關」至「廢之」。　正義曰：昭五年傳稱孟丙、仲壬之子殺豎牛於塞關之外，襄十七年傳稱「師自陽關逆臧孫」，二關見於傳，如此之屬，凡有六也。民以田農爲本，商賈爲末，農民力以自食，商民遊以求食。《漢書》賈誼説上曰：「今歐民而歸之農，皆著其本，各食其力。末伎遊食之民，轉而緣南畝，則畜積足矣。」杜稱「末遊」者，謂此末伎遊食之民也。《周禮·司關》：「司貨賄之出入，掌其治禁。」是所以禁約末遊者，令其出入有度。今而廢之，使末遊之人無所禁約，損害農民，是不仁也。　注「家人」至「争利」。　正義曰：《家語》説此事，作「妾織席」，知「織蒲」是爲席以販賣之也。《大學》云：「食禄之家，不與民争利。」故以此爲不仁也。　注「謂居」至「曰虚」。　正義曰：《論語》云：「子

❶「絶」，阮校：「案，依正義，則『絶』當作『約』。」

曰：臧文仲居蔡，山節藻棁，何如其知也？」鄭玄云：「節，栭也，刻之爲山。棁，梁上楹也，畫以藻文。」蔡謂國君之守龜，山節藻棁，天子之廟飾，皆非文仲所當有之。有其器而無其位，故曰「虚」。君子下不僭上，其居奢如此，是不知也。　注「海鳥」至「祀之」。　正義曰：《魯語》云：「海鳥曰爰居，止於魯東門之外三日，臧文仲命國人祭之。展禽曰：『越哉，臧孫之爲政也！夫祀，國之大節也。節，政之所成也。故制祭祀，以爲國典。今無故而加典，非政之宜也。今海鳥至，己不知而祀之，以爲國典，難以言仁且知矣。無功而祀之，非仁也。弗知而不問，非知也。今兹海其有災乎？夫廣川之鳥獸，皆知辟其災。』是歲，海多大風，冬煖。」

冬，晉先且居、宋公子成、陳轅選、鄭公子歸生伐秦，取汪及彭衙而還，以報彭衙之役。卿不書，爲穆公故，尊秦也，謂之崇德。

襄仲如齊納幣，禮也。凡君即位，好舅甥，脩昏姻，娶元妃以奉粢盛，孝也。謂諒闇既終，嘉好之事通于外内，外内之禮始備。此除凶之即位也。於是遣卿申好舅甥之國，脩禮以昏姻也。元妃，嫡夫人。奉粢盛，供祭祀。**孝，禮之始也。**

【經】三年，春，王正月，叔孫得臣會晉人、宋人、陳人、衛人、鄭人伐沈，沈潰。傳例曰：「民逃其上曰潰。」沈，國名也。汝南平與縣北有沈亭。❶

❶ 「沈」，阮校：「案，《史記·管蔡世家》正義引作『邥』。」

夏，五月，王子虎卒。不書爵者，天王赴也。翟泉之盟，雖輒假王命，周王因以同盟之例爲赴。

【疏】注「不書」至「爲赴」。　正義曰：王子虎即王叔文公也。謚之爲「文」，必當有爵。不書爵者，畿内之國不得外交諸侯，其臣不敢赴魯，必天子爲之赴，赴以王子爲親，不復言其爵也。翟泉之盟，子虎在列，而貶之稱「人」。若王使來盟，則不應貶責。不假王命，則不得與盟，故知於時輒假王命，周王遂以同盟之禮爲之赴魯。傳稱「來赴，弔如同盟，禮也」，是其來赴、往弔，皆如同盟之禮。

秦人伐晉。晉人恥不出，以微者告。

秋，楚人圍江。

雨螽于宋。自上而隊，❶有似於雨。宋人以其死爲得天祐，喜而來告，故書。

冬，公如晉。十有二月，己巳，公及晉侯盟。

晉陽處父帥師伐楚以救江。

【傳】三年，春，莊叔會諸侯之師伐沈，以其服於楚也。沈潰。凡民逃其上曰潰。在上曰逃。

---

❶「隊」，《四部叢刊》本、京都本、文淵閣本、阮本作「隋」。阮校：「毛氏《六經正誤》云：潭本《釋文》作『惰』，古字借用。本作『墮』，作『隋』者後人妄改。宋本作『隊』，蓋因傳文而誤。案，當作『憜』，爲『惰』之省文。」

潰，衆散流移，若積水之潰，自壞之象也。國君輕走，羣臣不知其謀，與匹夫逃竄無異，是以在衆曰潰，在上曰逃，各以類言之。❶【疏】「凡民」至「曰逃」。正義曰：《公羊傳》曰：「潰者何？下叛上也。國曰潰，邑曰叛。」《釋例》曰：「衆保於城，城保於德。言上能以德附衆，以功庇下，民信其德，恃其固，故能交相依懷，以衛社稷。苟無固志，盈城之衆，一朝而散，如積水之敗，故曰潰。潰者，衆散流遁之辭也。國君而逃師棄盟，違其典儀，棄其車服，羣臣不知其謀，社稷不保其安，此與匹夫逃竄無異，是以在衆爲『潰』，在君爲『逃』，以別上下之名，無取於別國邑也。賈、潁以爲舉國曰潰，❷一邑曰叛。案《左氏》無此義也。傳曰『陳侯如楚，慶氏以陳叛』，此則舉國，不必言潰也。叛者，舉城而屬他，非民潰之謂也。」是解潰、逃之義也。僖五年首止之盟，「鄭伯逃歸」，襄七年鄬之會，「陳侯逃歸」，皆書於經。十年傳厥貉之會，麇子逃歸不書者，於時楚會諸侯，魯不與，楚不告，故不書也。襄十六年溴梁之會，傳稱「高厚逃歸」，不書於經者，《釋例》云：「例之潰、逃，指爲一國一軍一邑，君民相須爲用，變文以別之也。鄭詹見囚於齊，自齊逃來，此爲逸囚，無不可逃，《春秋》指事而書，所謂民逃，非在上之逃也。而賈氏復申以入例，亦不安也。」如例所言，高厚之逃，縱有師衆，止同逸囚之限，非是逃例。然鄭詹書，而高厚不書者，鄭詹爲逃來向魯，故書。高厚不別赴，故不書。

衛侯如陳，拜晉成也。二年，陳侯爲衛請成于晉。

❶ 「言」，原作「常」，據《四部叢刊》本、京都本、文淵閣本、阮本改。

❷ 「潁」，正宗寺本、京都本、阮本作「穎」。

夏，四月，乙亥，王叔文公卒，來赴，弔如同盟，禮也。王子虎與僖公同盟於翟泉，文公是同盟之子，故赴以名。傳因王子虎異於諸侯，王叔又未與文公盟，故於此顯示體例也。經書五月，又不書日，從赴也。【疏】注「王子」至「赴也」。正義曰：隱七年傳例曰「凡諸侯同盟，於是稱名，故薨則赴以名」者，指謂同盟之二君耳，不言與其父盟，得以名赴其子。但同盟稱名，則兩君相知。君既知之，則國内皆知，故彼父雖卒，得以名赴其子。此理雖爾，凡例未明。王子虎與僖同盟，文公是其同盟之子，今乃以名赴文，是其於禮合赴。此類多矣，傳因王子虎天子之臣，異於諸侯，王叔又未與文公同盟，❶故於此顯示體例，則其餘從可知也。

秦伯伐晉，濟河焚舟，示必死也。**取王官及郊。**王官、郊，晉地。**晉人不出。遂自茅津濟，封殽尸而還。**❷茅津在河東大陽縣西。封，埋藏之。❸**遂霸西戎，用孟明也。君子是以知秦穆公之爲君也，**❹**舉人之周也，**周，備也。不偏以一惡棄其善。**與人之壹也。**壹，無二心。❺**孟明之臣也，其不解也，能懼思也。子桑之忠也，其知人也，能舉善也。**子桑，公孫枝，舉孟明者。《詩》曰：「于以

---

❶「叔」，原作「子」，據正宗寺本、京都本、文淵閣本、阮本改。

❷「殽」，原作「殺」，據《四部叢刊》本、京都本、文淵閣本、阮本改。

❸「埋」，原作「理」，據《四部叢刊》本、京都本、文淵閣本、阮本改。

❹「秦穆公」，阮校：「石經無『公』字。足利本亦無『公』字。案，下文云『秦穆有焉』，四年傳『其秦穆之謂矣』，六年傳『秦穆之不爲盟主也宜哉』，皆無『公』字。諸刻本有者疑衍文。」

❺「二」，閩本、監本、毛本、文淵閣本作「貳」。

采蘩？于沼于沚。于以用之？公侯之事。」秦穆有焉。《詩·國風》。言沼沚之蘩至薄，猶采以共公侯，以喻秦穆不遺小善。**「夙夜匪解，以事一人」，孟明有焉。**《詩·大雅》。美仲山甫也。一人，天子也。**「詒厥孫謀，以燕翼子」，子桑有焉。**詒，遺也。燕，安也。翼，成也。《詩·大雅》。美武王能遺其子孫善謀，以安成子孫。言子桑有舉善之謀。【疏】注「詒遺」至「之謀」。　正義曰：「詒，遺」，《釋詁》文。燕之爲安，常訓也。翼者，贊成之義，故爲成也。《詩·大雅·文王有聲》之篇，美武王之事，言子桑有此義也。

秋，雨螽于宋，隊而死也。螽飛至宋，隊地而死，若雨。

楚師圍江，晉先僕伐楚以救江。晉救江在「雨螽」下，故使「圍江」之經隨在「雨螽」下。【疏】注「晉救」至「螽下」。　正義曰：先僕救江，經無其事，但實在「雨螽」之後。不進「救江」於前，而退「圍江」於下，欲令下與處父救江相接故也。

冬，晉以江故告于周。欲假天子之威以伐楚。**王叔桓公、晉陽處父伐楚以救江，**桓公，周卿士王叔文公之子。桓公不書，示威名不親伐。【疏】注「桓公」至「親伐」。　正義曰：王叔文公，不知何王之子，字叔，遂以叔爲氏。桓公是其子，王叔陳生是其後也。衛有公叔文子，此人蓋以王叔爲氏也。**門于方城，遇息公子朱而還。**子朱，楚大夫伐江之師也。聞晉師起而江兵解，故晉亦還。

晉人懼其無禮於公也，請改盟。改二年處父之盟。**公如晉，及晉侯盟。晉侯饗公，賦《菁菁者莪》。**《菁菁者莪》，《詩·小雅》。取其「既見君子，樂且有儀」。**莊叔以公降拜，**謝其以公比君子也。❶曰："小國受命於大國，敢不慎儀？君貺之以大禮，何樂如之？抑小國之樂，大國之惠也。"**晉侯降辭，**降階辭讓公。**登成拜。**俱還上，成拜禮。【疏】注"俱還上成拜禮"。　正義曰：《燕禮》："賓降階，再拜稽首，公命小臣辭，賓升成拜。"鄭玄云："升成拜，復再拜稽首也。先時君辭之，於禮若未成然。"此莊叔以公降拜，晉侯降辭，以禮未成，故更登成拜，是賓主俱還上成拜禮也。**公賦《嘉樂》。**《嘉樂》，《詩·大雅》，取其"顯顯令德，宜民宜人，受禄于天"。

【經】四年，春，公至自晉。無傳。

夏，逆婦姜于齊。稱婦，有姑之辭。【疏】"逆婦姜于齊"。　正義曰：桓三年"齊侯送姜氏于讙"，注云："已去齊國，故不言女。未至於魯，故不稱夫人。"然則往逆當稱逆女，入國當稱夫人。此時逆則卿不行，入復不告至，其禮輕略，異於常文。徒以有姑，故稱"婦"。以齊女，則稱"姜"。直云"逆婦姜于齊"，略賤之文也。

狄侵齊。無傳。

秋，楚人滅江。滅例在十五年。【疏】注"滅例在十五年"。　正義曰：案莊十年"齊師滅譚"，注云："滅例在文十五年。"滅弦、滅黄、滅夔皆不注，獨更於此言者，沈氏云："滅譚爲入《春秋》之初，故須指其例。弦、黄、夔等，傳皆載其見滅所由，今『滅江』傳無事跡，恐異於餘滅，故更引滅例，云在十五年。"

❶ "謝其以公比"，原作"紨疑以公他"，據《四部叢刊》本、京都本、文淵閣本、阮本改。

晉侯伐秦。

衛侯使甯俞來聘。

冬，十有一月，壬寅，夫人風氏薨。僖公母，風姓也。赴同祔姑，故稱夫人。【疏】注「僖公」至「夫人」。正義曰：杜言此者，以成風本是莊公之妾，嫌其不成夫人，故明之也。《釋例》曰：「凡妾子爲君，其母猶爲夫人，雖先君不命其母，母以子貴，其適夫人薨，則尊得加於臣子，内外之禮皆如夫人矣。故姒氏之喪，責以『小君不成』，成風之喪，王使會葬，傳曰『禮也』。」是言適夫人既死，妾母於法得成夫人也。

【傳】四年，春，晉人歸孔達于衛，以爲衛之良也，故免之。二年，衛執孔達以説晉。**夏，衛侯如晉拜。**謝歸孔達。

曹伯如晉會正。會受貢賦之政也。傳言襄公能繼文之業，而諸侯服從。

逆婦姜于齊。卿不行，非禮也。禮，諸侯有故，則使卿逆。**君子是以知出姜之不允於魯也。**允，信也。始來不見尊貴，故終不爲國人所敬信也。文公薨而見出，故曰「出姜」。**曰：「貴聘而賤逆之，**公子遂納幣，是貴聘也。**君而卑之，立而廢之，**君，小君也。不以夫人禮迎，是卑廢之。**棄信而壞其主，在國必亂，在家必亡。**主，内主也。**不允宜哉！《詩》曰：『畏天之威，于時保之。』敬主之謂也。」**《詩·頌》。言畏天威，於是保福禄。

秋，晉侯伐秦，圍邧、新城，以報王官之役。邧、新城，秦邑也。王官役在前年。

楚人滅江，秦伯爲之降服，出次，不舉，過數。降服，素服也。出次，辟正寢。不舉，去盛饌。鄰國之禮有數，今秦伯過之。【疏】注「降服」至「過之」。　正義曰：僖三十三年傳曰「秦伯素服郊次」，意與此同，知此「降服」爲素服也。「出次」，出於宮而別次舍，故云「辟正寢」也。殺牲盛饌曰舉，知「不舉」，去盛饌也。「鄰國之禮有數」，不知其數幾何，以言「過數」，知其必有數耳。哀十年傳稱「齊人弒悼公，赴於師。吳子三日哭于軍門之外」，鄰國之數，蓋三日也。**大夫諫，公曰：「同盟滅，雖不能救，敢不矜乎？吾自懼也。」**秦、江同盟。不告，故不書。**君子曰：「《詩》云：『惟彼二國，其政不獲。惟此四國，爰究爰度。』其秦穆之謂矣。」**《詩·大雅》。言夏、商之君，政不得人心，故四方諸侯皆懼而謀度其政事也。言秦穆亦能感江之滅，懼而思政。爰，於也。究、度，皆謀也。【疏】「君子」至「謂矣」。　正義曰：徧檢諸本，「君子曰」下皆無「詩云」，則傳文本自略也。《詩》意言維彼夏、商二國，其政不得民心，致使國家喪滅。維此四方之國見其亡滅，於是自謀，於是自度其政事，自懼己之滅亡也。此詩所言，其秦穆之謂也。此《詩·大雅·皇矣》之篇。

衛甯武子來聘，公與之宴，爲賦《湛露》及《彤弓》。非禮之常，公特命樂人以示意，故言「爲賦」。《湛露》、《彤弓》，《詩·小雅》。【疏】注「非禮」至「小雅」。　正義曰：諸自賦詩，以表己志者，斷章以取義，意不限詩之尊卑。若使工人作樂，則有常禮。穆叔所云《肆夏》、《樊》、《遏》、《渠》，天子所以享元侯也。《文王》、《大明》、《緜》，則兩君相見之樂也。燕禮者，諸侯燕其羣臣及燕聘問之賓禮也，歌《鹿鳴》、《四牡》、《皇皇者華》，如彼所云，蓋尊卑之常禮也。自賦者，或全取一篇，或止歌一章，未有頓賦兩篇者也。其使工人歌樂，各以二篇爲斷，此其所以異也。此時武子來聘，魯公燕之，於法當賦《鹿鳴》之三，今賦《湛露》、《彤弓》，非是禮之常法。傳特云「爲賦」，知公特命樂人歌此二篇以示意也。此二篇，天子燕諸侯之詩。公非天子，賓非諸侯，不知歌此欲示何意？蓋以武子有令名，歌此疑是試之耳。**不辭，又不答賦。使行人私焉，**私問之。**對曰：「臣以爲肄業及之也。**肄，習也。魯人失所賦，甯武子佯不知，此其愚不可及。【疏】注「肄習」至「可及」。

正義曰：《說文》肆訓爲陳，❶字從長，聿聲。肄訓爲習，❷字從聿，㣇聲。古書經傳所作字皆同耳。臣以爲工人自習詩業以及此篇，非謂歌之以爲己也。魯人失於所賦，辭則章主之失，答則己當其寵，故「不辭又不答」，佯若不知，其所爲如愚人然。《論語》云：「甯武子其知可及，其愚不可及。」此亦是愚之一事也。案燕禮賓無答賦之法，而怪其不答賦者，非常之賦，宜有對答故也。**昔諸侯朝正於王，**朝而受政教也。**王宴樂之，於是乎賦《湛露》，則天子當陽，諸侯用命也。**《湛露》曰：「湛湛露斯，匪陽不晞。」晞，乾也。言露見日而乾，猶諸侯稟天子命而行。【疏】「天子當陽」。❸

正義曰：《湛露》詩云：「湛湛露斯，匪陽不晞。」陽謂日也。言天子當日，諸侯當露也。**諸侯敵王所愾，❹而獻其功，**敵猶當也。愾，恨怒也。【疏】「諸侯」至「其功」。

正義曰：敵者相當之言，愾是恨怒之意。當王所怒，謂往征伐之，勝而獻其功也。《彤弓・序》云：「天子賜有功

---

❶「肆」，正宗寺本、京都本、文淵閣本、阮本作「肆」。阮校：「宋本『肆』作『肆』，非。」

❷「肄訓爲習字從聿㣇聲」，阮校：「浦鏜云：『肄』誤『肄』，『聿㣇』誤『聿豸』。」

❸「天子當陽」，阮本此節正義在傳「則天子當陽」句下。

❹「愾」，阮校：「《說文》引傳『愾』作『鎎』。」

諸侯也。」**王於是乎賜之彤弓一、彤矢百、玈弓矢千，以覺報宴。**覺，明也。謂諸侯有四夷之功，王賜之弓矢，又爲歌《彤弓》以明報功宴樂。【疏】注「覺明」至「宴樂」。　正義曰：覺者，悟知之意，故爲明也，使諸侯明己心也。　莊三十一年傳曰：「諸侯有四夷之功，則獻于王。中國則否。」禮，諸侯賜弓矢，然後專征伐，故有功則賜之以弓矢，又歌此《彤弓》之詩以明天子之心，知是報功宴樂也。《詩》言「一朝饗之」，則是爲設饗禮。此云「宴」者，明其爲宴樂耳，非言設宴禮也。**今陪臣來繼舊好，方論天子之樂，故自稱「陪臣」。君辱貺之，其敢干大禮以自取戾？」**貺，賜也。干，犯也。戾，罪也。

冬，成風薨。爲明年王使來含賵傳。

【經】五年，春，王正月，王使榮叔歸含且賵。❶珠玉曰含。含，口實。車馬曰賵。【疏】「王使」至「且賵」。　正義曰：《公羊傳》曰：「其言『歸含且賵』何？兼之。兼之，非禮也。」賈、服云：「含、賵當異人，今一人兼兩使，故書『且』以譏之。」案《禮·雜記》諸侯相弔之禮，含、襚、賵、臨，同日而畢，與介代有事焉，不言遣異使也。諸侯相於，則唯遣一使，而責天子於諸侯必當異人，禮何所出而非責王也？春秋之世，風教陵遲，吉凶賀弔，罕能如禮。王之崩葬，魯多不行，魯之有喪，寧能盡至？王歸含、賵，二事而已，宰咺又賵而不含，不至全無所譏，不含又無貶責，既含且賵便責兼之不可，是禮備不如不備，行禮不如不行，豈有如此之理哉？《左傳》舉

❶「含」，阮校：「《釋文》：『本亦作「唅」，《説文》作「琀」。』」

「來含且賵」、「會葬」二事，乃云「禮也」，則二事俱是得禮，無譏「兼之」之意也。言「且」者，見有二禮而已。宰咺言「來歸」，此不言「來」者，《穀梁傳》曰：「其不言『來』者，不周事之用也。賵以早，而含以晚。」其意以爲含者所以實口，當及未殯而至，以其至晚，故不言「來」，以責王也。案《雜記》：「含者執璧將命，坐委于殯東南，有葦席。既葬，蒲席。」然則含、襚者，所以助喪盡恩，示其有禮而已，既葬猶尚致之，不必以濟其用。天子之與鄰國，莫不道路長遠，赴者猶尚不至，責其未殯而來此，是理之不通也。且來者自外之文，非是褒貶之意。九年「秦人來歸僖公成風之襚」，襚衣是斂之所用，彼最晚矣，何以復言「來」乎？言「來」與不言「來」，史異文耳。宰咺、秦人歸之既晚，故舉其所爲之人。此夫人新薨，言歸含、賵，爲夫人可知，故不言歸夫人含、賵也。何休《膏肓》以爲禮尊不含卑，又不兼二禮，《左氏》以爲禮，於義爲短。鄭康成箴云：「禮，天子於二王後之喪，含爲先，襚次之，賵次之，賻次之。於諸侯含之，賵之，小君亦如之。於諸侯臣襚之。❶諸侯相於，如天子於二王後。於卿大夫，如天子於諸侯。於士，如天子於諸侯臣。何休云尊不含卑是違禮，非經意。其一人兼歸二禮，亦是爲譏。」如康成言，尊不含卑，禮無其事。康成以爲譏一人兼二事者，非《左氏》意也。注「珠玉」至「曰賵」。正義曰：《周禮·玉府》：「大喪共含玉。」《穀梁傳》曰：「貝玉曰含。」《士喪禮》：「含用米貝。」《莊子》説發冢之事云：「徐徐破其頰，無傷口中珠。」是含有用珠者也，故云「珠玉曰含」。何休云「天子以珠」，《周禮》大喪共玉，不共珠也。《莊子》所言發冢，未必發天子冢也。《雜記》云「諸侯相含以璧」，未知何人用珠耳。《公羊傳》曰：「含者何？口實也。」孝子不忍虛其親之口，故以米貝珠玉實之，謂之飯含。《檀弓》曰：「飯用米貝，弗忍虛也。不以食道，用美焉爾。」《士喪禮》用

❶「襚」上，孫校：「據《雜記》疏引《釋廢疾》説當有『賵之』二字。」

生稻米，是不以食道也。車馬曰賵，《公羊傳》文。

三月，辛亥，葬我小君成風。無傳。反哭成喪，故曰「葬我小君」。**王使召伯來會葬。**召伯，天子卿也。召，采地。伯，爵也。來不及葬，不譏者，不失五月之内。

夏，公孫敖如晉。無傳。

秦人入鄀。入例在十五年。

秋，楚人滅六。六國，今廬江六縣。

冬，十月，甲申，許男業卒。無傳。與僖公六同盟。【疏】注「與僖公六同盟」。　正義曰：業以僖五年即位，其年盟于首止，八年于洮，九年于葵丘，十五年于牡丘，二十一年于薄，二十七年于宋，魯、許俱在，是六同盟也。

【傳】五年，春，王使榮叔來含且賵，召昭公來會葬，禮也。成風，莊公之妾。天子以夫人禮贈之，❶明母以子貴，故曰「禮」。【疏】注「成風」至「曰禮」。　正義曰：傳舉二事，以一禮結之，則含、賵、會葬皆得禮也。《釋例》稱：「賵賻襚含，揔謂之贈。」言「以夫人禮贈之」，指爲賵、含也。

初，鄀叛楚即秦，又貳於楚。夏，秦人入鄀。

---

❶ 「贈」，《四部叢刊》本、京都本、文淵閣本、阮本作「賵」。阮校：「案，正義本作『贈』。」

六人叛楚即東夷。秋，楚成大心、仲歸帥師滅六。仲歸，子家。

冬，楚公子燮滅蓼。蓼國，今安豐蓼縣。**臧文仲聞六與蓼滅，曰：「皋陶、庭堅不祀忽諸，德之不建，民之無援，哀哉！」**蓼與六，皆皋陶後也。傷二國之君不能建德，結援大國，忽然而亡。

晉陽處父聘于衛，反過甯，甯嬴從之。甯，晉邑，汲郡脩武縣也。嬴，逆旅大夫。**及溫而還。其妻問之，嬴曰：「以剛。《商書》曰：『沈漸剛克，**❶**高明柔克。』**沈漸猶滯溺也，高明猶亢爽也。言各當以剛柔勝己本性，乃能成全也。此在《洪範》，今謂之《周書》。【疏】注「甯晉」至「大夫」。❷ 正義曰：《晉語》說此事云「舍於逆旅甯嬴氏」。注《國語》者賈逵、孔晁皆以甯嬴爲掌逆旅之大夫，故杜亦同之。劉炫以甯嬴直是逆旅之主，非大夫。今刪定知不然者，若是逆旅之主，則身爲匹庶，是卑賤之人，猶如重館人告文仲，重丘人罵孫蒯，止應稱人而已，何得名氏見傳？杜以傳載名氏，故爲逆旅大夫。劉炫以爲客舍主人而規杜氏，非也。　注「沈漸」至「周書」。　正義曰：此傳引《周書》，是《洪範》之「三德」也。彼說人之「三德」，乃以此言覆之。孔安國以此二句爲天地之德，故注云：「沈漸謂地，雖柔亦有剛，能出金石。高明謂天，言天爲剛德，亦有柔克，不干四時。」杜以傳證人性，即以人事解之：沈漸謂人性之沈滯濡溺也，高明謂人性之高亢明爽也。滯溺者當

---

❶「沈漸」，阮校：「案，古文《尚書》作『沈潛』。段玉裁云：《漢書·谷永傳》曰『忘湛漸之義』，『湛漸』即『沈潛』也。蓋今文《尚書》作『漸』，與《左氏》合。」

❷「注甯晉至大夫」，阮本此節正義在「甯嬴從之」句注下。

以剛勝其本性，亢爽者當以柔勝其本性。必自屈矯己，乃能成全。不然，則沈漸失於弱，高明失於剛，不能保其身也。此文在《洪範》，今謂之《周書》。箕子商人所説，故傳謂之「商書」。**夫子壹之，其不没乎？**陽子性純剛。**天爲剛德，猶不干時，**寒暑相順。**況在人乎？且華而不實，怨之所聚也。**言過其行。**犯而聚怨，不可以定身。**剛則犯人。**余懼不獲其利，而離其難，是以去之。」**爲六年晉殺處父傳。

晉趙成子、欒貞子、霍伯、臼季皆卒。成子，趙衰，新上軍帥、中軍佐也。貞子，欒枝，下軍帥也。霍伯，先且居，中軍帥也。臼季，胥臣，下軍佐也。爲六年蒐於夷傳。【疏】注「成子」至「夷傳」。

正義曰：城濮之戰，先軫、郤溱將中軍，狐毛、狐偃將上軍，欒枝、胥臣將下軍。《晉語》云：「狐毛卒，先且居將上軍。」清原之蒐，三軍如故，趙衰、箕鄭將新上軍，胥嬰、先都將新下軍。箕之役，先軫死，先且居將中軍，不知誰代且居將上軍也。此言趙衰新上軍帥、中軍佐，并舉二官。二年彭衙之役云：「先且居將中軍，趙衰佐之。」注云：「代郤溱。」是趙衰新上軍帥、中軍佐也。

【經】六年，春，葬許僖公。無傳。

夏，季孫行父如陳。行父，季友孫。

秋，季孫行父如晉。

八月，乙亥，晉侯驩卒。再同盟。【疏】注「再同盟」。正義曰：二年「及晉處父盟」，三年公及晉侯盟，是再同盟也。

冬，十月，公子遂如晉，葬晉襄公。卿共葬事，文襄之制也。三月而葬速。【疏】注「卿共」至「葬速」。　正義曰：昭三十年傳曰「先王之制，諸侯之喪，士弔，大夫送葬」，昭三年傳曰「昔文襄之霸也，其務不煩諸侯，君薨，大夫弔，卿共葬事」，是也。

晉殺其大夫陽處父。處父侵官，宜爲國討，故不言賈季殺。

晉狐射姑出奔狄。射姑，狐偃子賈季也。奔例在宣十年。

閏月不告月，猶朝于廟。諸侯每月必告朔聽政，因朝宗廟。文公以閏非常月，故闕不告朔，怠慢政事。雖朝于廟，則如勿朝，故曰「猶」。猶者，可止之辭。【疏】注「諸侯」至「之辭」。　正義曰：《周禮・大史》：「頒告朔于邦國。」鄭玄云：「天子頒朔于諸侯，諸侯藏之祖廟，至朔，朝于廟，告而受行之。」《論語》云：「子貢欲去告朔之餼羊。」是用特羊告於廟，謂之告朔。人君即以此日聽視此朔之政，謂之視朔。十六年「公四不視朔」，僖五年傳曰「公既視朔」是也。視朔者，聽治此月之政，亦謂之聽朔，《玉藻》云「天子聽朔於南門之外」是也。其日又以禮祭於宗廟，謂之朝廟，《周禮》謂之「朝享」，《司尊彝》云「追享，朝享」是也。其歲首爲之，則謂之朝正。襄二十九年正月「公在楚」，傳曰「釋不朝正于廟」是也。告朔、視朔、聽朔、朝廟、朝享、朝正，二禮各有三名，同日而爲之也。文公以閏非常月，故闕不告朔。告朔之禮大，朝廟之禮小。文公怠慢政事，既不告朔，雖朝于廟，則如勿朝，故書「猶朝于廟」，言「猶」以譏之。必於月朔爲此告朔聽朔之禮者，《釋例》曰：「人君者，設官分職以爲民極，遠細事以全委任之責，縱諸下以盡知力之用，揔成敗以效能否，執八柄以明誅賞，故自非機事，皆委心焉。誠信足以相感，事實盡而不擁，故受位居職者，思効忠善，日夜自進，而無所顧忌也。天下之細事無數，一日二日萬端，人君之明有所不照，人君之力有所不堪，則不得不借問近習，有時而用之。如此，則六鄉六遂之長，雖躬履此事，躬造此官，當皆移聽於内官，迴心於左右，政之粃亂，恒必由此。聖人知其不可，故簡其節，敬其事，因月朔朝廟，遷坐正位，會羣吏而聽大政，考其所行，而決其煩疑，非徒議將然也，乃所以考已然，又惡其密聽之亂公也，故顯衆以斷之。是以上下交泰，官人以理，萬民以察，天下以治也。文公謂閏非常月，緣以闕禮，傳因所闕而明言典制，雖朝于廟，則如勿朝，故經稱『猶朝于廟』也。經稱『告月』，傳言『告朔』，明告月必以朔也。每月之朔必朝於廟，因聽政事，事敬而禮成，故告以特羊。然則朝廟、朝正、告朔、視朔，皆同日之事，所從言之異耳。」是言聽朔朝廟之義也。《玉藻》説天子之禮云：「聽朔於南門之外，諸侯皮弁，聽朔於大廟。」鄭玄以爲明堂在國之陽，「南門之外」謂明堂也。諸侯告朔以特羊，則天子以特牛與？天子用特牛告其帝及其神，配以文王、武王，諸侯用特羊告大祖而已。杜以明堂與祖廟爲一，但明堂是祭天之處，天子告朔，雖杜之義，亦應告人帝朝享，即月祭是也。《祭法》云：「王立七廟，曰考廟、王考廟、皇考廟、顯考廟、祖考廟，皆月祭之。二祧，享嘗乃止。諸侯立五廟，曰考廟、王考廟、皇考廟，皆月祭之。顯考廟，祖考廟，享嘗乃止。」然則天子告朔於明堂，朝享於五廟。諸侯告朔於太廟，朝享自皇考以下三廟耳，皆先告朔，後朝廟。朝廟小於告朔，文公廢其大而行其小，故云「猶朝于廟」。《公羊傳》曰：「猶者，可止之辭也。」天子玄冕以視朔，皮弁以日視朝。諸侯皮弁以聽朔，朝服以日視朝。其閏月，則聽朔於明堂，闔門左扉，立於其中，聽政於路寢門，終月，故於文「王在門爲閏」。

【傳】六年，春，晉蒐于夷，舍二軍。僖三十一年晉蒐清原作五軍，今舍二軍，復三軍之制。夷，晉地。前年四卿卒，故蒐以謀軍帥。**【疏】**注「僖三」至「軍帥」。正義曰：清原之蒐，五軍十卿，有先軫、郤溱、先且居、狐偃、欒枝、胥臣、趙衰、箕鄭、胥嬰、先都。箕之役，先軫死。往歲，趙衰、欒枝、先且居、胥臣卒。八年傳説此蒐之事，云「晉侯將登箕鄭父、先都」，則郤溱、狐偃、胥嬰亦先卒矣。清原十卿，唯有箕鄭、先都在耳，故蒐以謀軍帥。服虔云：「使射姑代先且居，趙盾代趙衰也。箕鄭將上軍，林父佐也。先蔑將下軍，先都佐也。改蒐于董，趙盾將中軍，射姑奔狄，先克代佐中軍耳。」

使狐射姑將中軍，代先且居。**趙盾佐之**。代趙衰也。盾，趙衰子。**陽處父至自温**，往年聘衛過温，今始至。**改蒐于董，易中軍**。易以趙盾爲帥，射姑佐之。河東汾陰縣有董亭。**陽子，成季之屬也**，處父嘗爲趙衰屬大夫。【疏】注「處父」至「大夫」。　正義曰：僖三十一年清原之蒐，衰始爲卿。三十三年，處父已專帥侵蔡，則處父之屬成子未有多年，蓋情素相親，而黨於趙氏耳，非專以嘗爲其屬也。**故黨於趙氏，且謂趙盾能，曰：「使能，國之利也。」是以上之。宣子於是乎始爲國政**。宣，趙盾謚。**制事典**，典，常也。**正法罪**，輕重當。❶ **辟獄刑**，辟，猶理也。**董逋逃**，董，督也。**由質要**，由，用也。質要，券契也。**治舊洿**，治理洿穢。**本秩禮**，貴賤不失其本。**續常職**，脩廢官。**出滯淹**。拔賢能也。**既成，以授大傅陽子與大師賈佗，使行諸晉國，以爲常法**。賈佗以公族從文公，而不在五人之數。【疏】「宣子」至「常法」。　正義曰：制事典者，正國之百事，使有常也。正法罪者，準所犯輕重，豫爲之法，使在後依用

---

❶「當」，阮校：「《釋文》作『當也』。案上下文注應有『也』字。」

之也。辟獄刑者，有事在官未決斷者，令於令理治之也。❶董逋逃者，舊有逋逃負罪播越者，督察追捕之也。由質要者，謂斷争財之獄，用券契正定之也。治舊洿者，國之舊政洿穢不潔，理治改正之也。本秩禮者，時有僭踰，貴賤相濫，本其次秩，使如舊也。續常職者，職有廢闕，任賢使能，令續故常也。出滯淹者，賢能之人沈滯田里，拔出而官爵之也。此謂所爲制作法式者，豫爲將來使案而遵行，臨時決斷者，將爲故事，使後人放習，故得行諸晉國以爲常法也。　注「辟猶理也」。　正義曰：辟訓爲法，依法斷決，是理治之也。此與上句所以爲異者，「正法罪」謂準狀制罪，爲將來之法，若今之造律令也。「辟獄刑」謂有獄未決斷當時之罪，若昭十四年「韓宣子命斷舊獄」之類是也。　注「董督也」。　正義曰：《釋詁》云：「董、督，正也。」俱訓爲正，是董得爲督，謂督察之也。

注「由用也質要契券」。　正義曰：《周禮·小宰》：「以官府之八成經邦治，四曰聽稱責以傅別，六曰聽取予以書契，七曰聽賣買以質劑。」鄭衆云：「稱責，謂貸予也。傅別，謂券書也。聽訟責者，以券書決之。傅，傅著約束於文書也。別，別爲兩，兩家各得一也。」鄭玄云：「傅別，謂爲大手書於一札，中字別之。書契，謂出予受入之凡要也。質劑，謂兩書一札，同而別之。長曰質，短曰劑。傅別、質劑，皆今之券書也，事異其名耳。」如彼禮文，知「質要」是契券也。　注「治理洿穢」。　正義曰：洿者，穢之別名，不潔之稱也。法有不便於民事，有不利於國，是爲政之洿穢也，治理改正，使潔清也。　注「賈佗」至「之數」。　正義曰：《晉語》宋公孫固云：晉公子「長事賈佗」。又曰：「賈佗，公族也，而多識以共敬。公子居則下之，動則咨焉。」是以公族從文公也。《尚書·周官》大師、大傅、大保，天子三公也。宣十六年傳「晉侯請于王，命士會將中軍，且爲大傅」，則大傅尊於中軍之將，與大

---

❶ 下「令」字，正宗寺本、京都本、文淵閣本、阮本作「今」，當是。

師皆爲孤卿也。《周禮》上公之國有孤一人，《王制》諸侯「三卿」。晉，侯爵也，而有三軍六卿，復有孤二人者，晉爲霸主，多置羣官，共時所須，不能如禮。孤尊於卿，法由在上，故宣子法成，授二孤使行之。

臧文仲以陳、衛之睦也，欲求好於陳。夏，季文子聘于陳，且娶焉。臣非君命不越竟，故因聘而自爲娶。

秦伯任好卒。任好，秦穆公名。**以子車氏之三子奄息、仲行、鍼虎爲殉，**❶子車，秦大夫氏也。以人從葬爲殉。**皆秦之良也。國人哀之，爲之賦《黄鳥》。**《黄鳥》，《詩·秦風》。義取黄鳥止于棘桑，往來得其所，傷三良不然。**君子曰：「秦穆之不爲盟主也，宜哉！死而棄民。先王違世，猶詒之法，而況奪之善人乎？**《詩》曰：**『人之云亡，邦國殄瘁。』**《詩·大雅》。言善人亡，則國瘁病。**無善人之謂。若之何奪之？古之王者，知命之不長，是以並建聖哲，**建立聖知，以司牧民。**樹之風聲。**因土地風俗，爲立聲教之法。**分之采物，**旌旗衣服，各有分制。**著之話言。**話，善也。爲作善言遺戒。**爲之律度，**鍾律度量，所以治歷明時。**陳之藝極。**藝，準也。極，中也。貢獻多少之法。傳曰：「貢之無藝。」又曰：「貢獻無極。」**引之表儀，**引，道也。表儀猶威儀。**予之法制。告之訓典，**訓典，先王之書。**教之防利。**防惡興利。**委之常秩，**委，任也。常秩，官司之常職。**道之以禮則。**

❶「子車氏」，阮校：「案，《詩·黄鳥》正義曰『《左傳》作「子輿」』，《史記·秦本記》亦作『子輿氏』。今傳文作『車』，與孔氏所據本不同。」「仲」，阮校：「《釋文》『仲』作『中』，云『本亦作仲』。」

使毋失其土宜，衆隸賴之，而後即命。即，就也。**聖王同之。今縱無法以遺後嗣，而又收其良以死，難以在上矣。」君子是以知秦之不復東征也。**不能復征討東方諸侯爲霸主。【疏】「古之」至「不長」。❶

正義曰：「知命之不長」，知其必將有死，不得長生久視，故制法度以遺後人，非獨爲當己之世設善法也。「並建聖哲」以下，即位便爲之，非臨死始爲此也。下云「衆隸賴之，而後即命」，言其施行此事，功成乃就死耳，非謂設此法以擬死也。　注「建立」至「牧民」。　正義曰：此説王者之事，或封爲諸侯，或置之羣官。聖哲是人之儁者，❷故總言之耳。　注「因土」至「之法」。　正義曰：《漢書·地理志》云：「凡民性有剛柔緩急，聲音不同，繫水土之風氣，故謂之風。好惡取舍，動静無常，隨君上之情欲，故謂之俗。」《王制》云：「廣谷大川異制，民生其間者異俗，器械異制，衣服異宜。脩其教，不易其俗，齊其政，不易其宜。」故聖王爲教，因其土地風俗爲立善聲教也。聲教，人之所立，故言「樹之」。今杜云「因土地風俗，爲立聲教之法」，如杜此言，惟樹以聲，而傳云「樹之風聲」，而風亦樹者，其實風俗亦是人君教化，故《孝經》云「移風易俗」，孔注《尚書》云「立其善風，揚其善聲」是也。

注「旍旗」至「分制」。　正義曰：采物，謂采章物色。旍旗衣服，尊卑不同，名位高下，各有品制。天子所有，分而與之，故云「分之」。定四年傳稱「分魯公以大路大旂」之類皆是也。　注「話善」至「遺戒」。　正義曰：「著之話言」，爲作善言遺戒，著於竹帛，故言著之也。　注「鐘律」至「明時」。　正義曰：《周語》云：「先王之制鐘也，律度量衡於是乎生，小大器用於是乎出。」又曰：「古之神瞽考中聲而量之以制，度律均鐘，百官軌儀。」其意言度

---

❶「古之至不長」，阮本以下正義十一節分疏於傳文各節下。

❷「儁」，閩本、監本、毛本、文淵閣本作「雋」。

律之聲以爲鐘之均，於鐘律取法爲度量衡也。故《漢書・律歷志》云：「推歷生律，莫不用焉。度量衡皆出於黄鐘之律也。度者，分、寸、尺、丈、引，所以度長短也。本起於黄鐘之長。以子穀秬黍之中者，一黍之廣，度之九十，❶黄鐘之長。一黍爲一分，十分爲寸，十寸爲尺，十尺爲丈，十丈爲引，而五度審矣。量者，龠、合、升、斗、斛，所以量多少也。本起於黄鐘之龠。以子穀秬黍中者千有二百實其龠，合龠爲合，十合爲升，十升爲斗，十斗爲斛，而五量嘉矣。權者，銖、兩、斤、鈞、石，所以稱輕重也。本起黄鐘之重。一龠容千二百黍，重十二銖，兩之爲兩，十六兩爲斤，三十斤爲鈞，四鈞爲石，而五衡謹矣。」權衡一物，衡，平也，權，重也。稱上謂之衡，稱錘謂之權，所從言之異耳。其鐘者亦起於律，故服虔云：「凫氏爲鐘，各自計律，倍而半之。黄鐘之管長九寸，則黄鐘之鐘長二尺二寸半。餘鐘亦各自計律，倍而半之。」度量衡其本俱出於律，傳言「律度」，注言「度量」，其言不及衡者，文雖不足，理實兼之。《易・革卦・象》云：「君子以治歷明時。」此律、度、量、衡皆推歷爲之，爲此法以教天下，使之明四時也。　注「藝準」至「無極」。　正義曰：藝是準限，極是中正。制貢賦多少之法，立其準限中正，使不多不少，陳之以示民，故言「陳之」。所引「傳曰」及「又曰」，皆昭十三年子産辭也。　注「引道」至「威儀」。　正義曰：引謂在前，故爲道也。表章儀飾，故猶威儀也。威儀禮則，王者制之以道民，言「引之」、「道之」，不用重文，故異之也。　注「訓典先王之書」。　正義曰：「訓典，先王之書」，教訓之典，取其言以語之，故言「告之」。「法制」謂王者身自制作，己之所有，故言「予之」。　注「防惡興利」。　正義曰：防者，防使勿然，故爲「防惡」。利者，務生

---

❶「度之九十黄鐘之長一黍爲一分」，阮校：「毛本『十』下有『分』字，『爲』上無『黍』字，據《漢書・律曆志》改也。案，《隋志》引此文作『度之九十黍，爲黄鐘之長，一黍爲一分』。」

此利，故爲「興利」。傳言「防利」，於文不足，互見以曉人也。此最爲急，故特言「教之」。注「委任」至「常職」。正義曰：設官分職，當委任責成，故言「委之」。常秩謂職掌位次，故爲「官司之常職」。

秋，季文子將聘於晉，使求遭喪之禮以行。季文子，季孫行父也。聞晉侯疾故。**其人曰：「將焉用之？」**其人，從者。**文子曰：「備豫不虞，古之善教也。求而無之，實難。**難卒得。**過求何害？」**所謂文子三思。【疏】注「季文」至「疾故」。❶正義曰：劉炫以爲，聘使之法，自須造遭喪之禮而行，防其未然也，非是聞晉侯有疾。今知不然者，依聘禮出使，唯以幣物而行，無別齎遭喪之禮。若主國有凶，則臨時辦備。今文子聘晉，特求遭喪之禮，出聘之後，晉侯遂卒。考其情事，❷有異尋常，聞晉侯之疾，何爲不可？劉炫以不聞晉侯之疾而規杜氏，恐非其義也。

八月，乙亥，晉襄公卒。靈公少，晉人以難故，欲立長君。立少君，恐有難。**趙孟曰：「立公子雍。**趙孟，趙盾也。公子雍，文公子，襄公庶弟，杜祁之子。**好善而長，先君愛之，且近於秦。秦，舊好也。置善則固，事長則順，立愛則孝，結舊則安。爲難故，故欲立長君。有此四德者，難必抒矣。」**抒，除也。**賈季曰：「不如立公子樂。**樂，文公子。**辰嬴嬖於二君，**二君，懷公、文公也。**立其子，民必安之。」趙孟曰：「辰嬴賤，班在九人，**班，位也。**其子何震之有？**震，威也。

---

❶ 「注季文至疾故」，阮本此節正義在注「聞晉侯疾故」下。
❷ 「事」，京都本、文淵閣本、阮本作「氣」。

且爲二嬖，淫也。為先君子，不能求大，而出在小國，辟也。母淫子辟，無威。陳小而遠，無援。將何安焉？杜祁以君故，讓偪姞而上之。杜祁，杜伯之後祁姓也。偪姞，姞姓之女，生襄公爲世子，故杜祁讓，使在己上。**以狄故，讓季隗而己次之，故班在四。**以季隗是文公託狄時妻，故復讓之，然則杜祁本班在二。**先君是以愛其子，而仕諸秦，爲亞卿焉。**亞，次也。言其賢，故位尊。**秦大而近，足以爲援。母義子愛，足以威民。立之，不亦可乎？」使先蔑、士會如秦，逆公子雍。**先蔑，士伯也。士會，隨季也。**賈季亦使召公子樂于陳。趙孟使殺諸郫。**郫，晉地。【疏】注「抒除也」。❶ 正義曰：字有聲相近而爲訓者，鬼之爲言歸也，春之爲言蠢也，其類多矣。抒聲近除，故爲除也。服虔作「紓」。紓，緩也。「偪姞」。❷ 正義曰：《譜》以偪爲國名。地闕，不知所在。

賈季怨陽子之易其班也，本中軍帥，易以爲佐。**而知其無援於晉也，**少族多怨。**九月，賈季使續鞫居殺陽處父。**鞫居，狐氏之族。**書曰「晉殺其大夫」，侵官也。**君已命帥，處父易之，故曰「侵官」。

冬，十月，襄仲如晉，葬襄公。

十一月，丙寅，晉殺續簡伯。簡伯，續鞫居。十一月無丙寅。丙寅，十二月八日也。日月必有

---

❶「注抒除也」，阮本此節正義在「難必抒矣」句注下。

❷「偪姞」，阮本此節正義在「讓偪姞而上之」句注下。

誤。**賈季奔狄。宣子使臾駢送其帑。**帑，妻子也。宣子以賈季中軍之佐同官故。**夷之蒐，賈季戮臾駢。臾駢之人欲盡殺賈氏以報焉，臾駢曰：「不可。吾聞前志有之，曰：『敵惠敵怨，不在後嗣。』忠之道也。**敵猶對也。若及子孫，則爲非對，非對則爲遷怒。**夫子禮於賈季，我以其寵報私怨，無乃不可乎？**言己蒙宣子寵位。**介人之寵，非勇也。**介，因也。**損怨益仇，非知也。**殺季家，欲以除怨，宣子將復怨己，是益仇。**以私害公，非忠也。釋此三者，何以事夫子？」盡具其帑，與其器用財賄，親帥扞之，送致諸竟。**扞，衛也。【疏】注「帑妻子也」。❶ 正義曰：《詩》云：「樂爾妻帑。」文已有妻，故毛傳以帑爲子。此傳無妻，故杜并妻言之。帑者，細弱之號，妻、子俱得稱之。傳稱「以害鳥帑」，鳥尾猶尚稱帑，況妻子也？《説文》云：「帑，金幣所藏。」字書帑從子，經傳「妻帑」亦從巾。「敵惠」至「之道」。正義曰：敵惠，謂有惠於彼，不可望彼人之子報。敵怨，謂有怨於彼，不可讎彼人之子。是父祖受人之惠，❷子孫自可不忘，要有恩於其父祖，不可求報於彼子孫。子孫或時不知，❸乃是更復長怨，故惠、怨皆不在後，是爲忠恕之道也。

閏月不告朔，非禮也。經稱「告月」，傳稱「告朔」，明告月必以朔。**閏以正時，**四時漸差，則致

---

❶「注帑妻子也」，阮本此節正義在「宣子使臾駢送其帑」句注下。

❷「是」，正宗寺本、京都本、文淵閣本、阮本無此字。

❸「時」，監本、毛本、文淵閣本作「有」。

閏以正之。**時以作事，**❶順時命事。**事以厚生，**事不失時，則年豐。**生民之道，**❷**於是乎在矣。不告閏朔，棄時政也，何以爲民？**

【經】七年，春，公伐邾。三月，甲戌，取須句，須句，魯之封内屬國也。僖公反其君之後，邾復滅之。書「取」，易也。例在襄十三年。**遂城郚。**無傳。因伐邾師以城郚。❸郚，魯邑。卞縣南有郚城。備邾難。

夏，四月，宋公王臣卒。❹二年，與魯大夫盟於垂隴。【疏】注「二年」至「垂隴」。正義曰：王臣以僖二十四年即位，與僖盟于踐土、翟泉。今唯言垂隴，據與文同盟言之。杜注或兼取前世，或止取時君，不爲例也。

宋人殺其大夫。宋人攻昭公，并殺二大夫，故以非罪書。

戊子，晉人及秦人戰于令狐。趙盾廢嫡而外求君，故貶稱人。晉諱背先蔑，而夜薄秦師，以

❶「時以作事」，阮校：「《隋書·經籍志》引作『時以序事』。」

❷「生民之道」，阮校：「鄭氏注《周禮·大史》引作『生民之本』。」

❸「師」，阮校：「監本『師』作『帥』。」

❹「王臣」，阮校：「《釋文》云：『王臣，本或作壬臣。』案。《穀梁》作『壬臣』，石經仍作『王臣』，係改刻。」

戰告。

晉先蔑奔秦。不言「出」，在外奔。

狄侵我西鄙。

秋，八月，公會諸侯、晉大夫盟于扈。扈，鄭地。滎陽卷縣西北有扈亭。不分別書會人，揔言「諸侯、晉大夫盟」者，公後會而及其盟。

冬，徐伐莒。不書將帥，徐夷，告辭略。

公孫敖如莒涖盟。

【傳】七年，**春，公伐邾，閒晉難也。**公因霸國有難而侵小。**三月，甲戌，取須句，寘文公子焉，非禮也。**邾文公子叛在魯，故公使爲守須句大夫也。絶大皡之祀，以與鄰國叛臣，故曰「非禮」。

夏，四月，宋成公卒。於是公子成爲右師，莊公子。**公孫友爲左師，**目夷子。**樂豫爲司馬，**戴公玄孫。**鱗矔爲司徒，**桓公孫矔。❶ **公子蕩爲司城，**桓公子也。以武公名廢司空爲司城。**華御事爲司寇。**華元父也。傳言六卿皆公族，昭公不親信之，所以致亂。【疏】注「戴公玄孫鱗矔桓公孫」。❷

---

❶「矔」，《四部叢刊》本、京都本、文淵閣本、阮本無此字。今案：疏引起訖無「矔」字，「矔」字當衍。

❷「注戴公玄孫鱗矔桓公孫」，阮本此節正義在「鱗矔爲司徒」句注下。

正義曰：《世本》「戴公生樂甫術，術生碩甫澤，澤生季甫，甫生子僕伊與樂豫」是也。《世本》又云「桓公生公子鱗，鱗生東鄉矔」是也。　**昭公將去羣公子，樂豫曰：「不可。公族，公室之枝葉也。若去之，則本根無所庇廕矣。葛藟猶能庇其本根，**葛之能藟蔓繁滋者，以本枝蔭庥之多。**故君子以爲比，**謂詩人取以喻九族兄弟。**況國君乎？此諺所謂庇焉而縱尋斧焉者也。**縱，放也。**必不可！君其圖之。親之以德，皆股肱也，誰敢攜貳？若之何去之？」不聽。穆、襄之族率國人以攻公，**穆公、襄公之子孫，昭公所欲去者。**殺公孫固、公孫鄭于公宫。**二子在公宫，故爲亂兵所殺。

六卿和公室，樂豫舍司馬，以讓公子卬。卬，昭公弟。**昭公即位而葬。書曰「宋人殺其大夫」，不稱名，衆也，且言非其罪也。**不稱殺者及死者名，殺者衆，故名不可知。死者無罪，則例不稱名。

【疏】「葛藟」至「爲比」。❶　正義曰：此引「葛藟」，《王風·葛藟》之篇也。彼毛傳以之爲興，此云「君子以爲比」者，但比之隱者謂之興，興之顯者謂之比。比之與興，深淺爲異耳。此傳近取庇根理淺，故以爲比。毛意遠取河潤義深，故以爲興。由意不同，故比興異耳。　注「二子」至「所殺」。　正義曰：經書「宋人殺其大夫」，傳言「不稱名，非其罪」，則此二子名氏當見於經，亦卿官也。僖二十二年傳稱「大司馬固」，於時又有司馬子魚，上文「樂豫爲司馬」，下云「六卿和公室」，六卿之外，有此二子，蓋是孤卿之官也。宋是上公，禮得有孤，且春秋之時不必如禮。　注「不稱」至「稱名」。　正義曰：傳云「不稱名」，怪殺者死者並不名也。又言「衆也」，解殺者不名，言殺

❶「葛藟至爲比」，阮本以下正義三節分疏於傳文各節下。

者衆多，其名不可知也。「且言非其罪也」，解死者不名，言死者無罪，則於例不稱名也。此傳言「書曰」，是仲尼新意。殺大夫有例無凡，故每言「書曰」，所謂「曲而暢之」也。此言死者無罪故不稱名，則被殺書名皆爲有罪，故諸是大夫被殺書名者，杜皆言其罪狀，正以此傳爲例故也。《釋例》曰：「大臣相殺，死者無罪，則兩稱名氏，以示殺者之罪，『王札子殺召伯、毛伯』是也。若死者有罪，則不稱殺者名氏，『晉殺其大夫陽處父』是也。若爲賊者多，❶因亂而殺，則亦稱國人殺者，主名不分故也。主名不分，死者雖名氏可知，亦隨而去之，嫌於罪死者也。士殺大夫，則書曰『盜』，『盜殺鄭公子騑、公子發、公孫輒』是也。」若然，宋之穆、襄之族，既非六卿，於例名氏不見，亦應書盜，而不言盜者，彼殺鄭卿者知是尉止、司臣之類，故書盜以惡其人，此則不得主名，書盜不知所惡，故不書其盜耳。若知其人，則亦書盜也。

秦康公送公子雍于晉，曰：「文公之入也無衛，故有呂、郤之難。」僖二十四年文公入。**乃多與之徒衛。**

穆嬴日抱大子以啼于朝，曰：「先君何罪？其嗣亦何罪？舍適嗣不立，而外求君，將焉寘此？」穆嬴，襄公夫人，靈公母也。**出朝，則抱以適趙氏，頓首於宣子，曰：「先君奉此子也，而屬諸子，曰：『此子也才，吾受子之賜。不才，吾唯子之怨。』**欲使宣子教訓之。**今君雖終，言猶在耳，**在宣子之耳。**而棄之，若何？」宣子與諸大夫皆患穆嬴，且畏偪，**畏國人以大義來偪己。**乃背先蔑而**

❶「多」，正宗寺本、京都本、文淵閣本、阮本作「衆」。

立靈公，以禦秦師。箕鄭居守。趙盾將中軍，先克佐之。克，先且居子，代狐射姑。荀林父佐上軍。箕鄭將上軍居守，故佐獨行。先蔑將下軍，先都佐之。步招御戎，戎津爲右。及堇陰。先蔑、士會逆公子雍前還晉，晉人始以逆雍出軍，卒然變計立靈公，故車右、戎御猶在職。堇陰，晉地。【疏】注「先蔑」至「晉地」。正義曰：諸言御戎爲右，皆是君之御右，知此步招、戎津始以逆雍出軍，此擬爲雍之御、右也。改立靈公，故御、右猶在職也。十二年河曲之戰，傳稱「范無恤御戎」，注云：「代步招。」晉君不行有御戎者，成二年「楚令尹子重爲陽橋之役，王卒盡行，彭名御戎」，注云：「王卒盡行，故王戎車亦行。」然則河曲之戰，亦公卒盡行，公之戎車亦行，故御戎在職也。此時未至令狐，令狐猶是晉地，知堇陰亦是晉地也。宣子曰：「我若受秦，秦則賓也。不受，寇也。既不受矣，而復緩師，秦將生心。先人有奪人之心，奪敵之戰心也。軍之善謀也。逐寇如追逃，軍之善政也。」訓卒利兵，秣馬蓐食，潛師夜起。蓐食，早食於寢蓐也。戊子，敗秦師于令狐，至于刳首。

己丑，先蔑奔秦，士會從之。從刳首去也。令狐在河東，當與刳首相接。先蔑之使也，荀林父止之，曰：「夫人、大子猶在，而外求君，此必不行。子以疾辭，若何？不然，將及。禍將及己。攝卿以往，可也，何必子？同官爲寮，吾嘗同寮，敢不盡心乎？」弗聽。爲賦《板》之三章，《板》，《詩·大雅》。其三章義取芻蕘之言猶不可忽，況同寮乎？僖二十八年林父將中行，先蔑將左行。又弗聽。及亡，荀伯盡送其帑及其器用財賄於秦，曰：「爲同寮故也。」荀伯，林父。

士會在秦三年，不見士伯。士伯，先蔑。其人曰：「能亡人於國，言能與人俱亡於晉國。不能

見於此，焉用之？」何用如此？ **士季曰：「吾與之同罪，**俱有迎公子雍之罪。**非義之也，將何見焉？」**言己非慕先蔑之義而從之。**及歸，遂不見。**責先蔑爲正卿而不匡諫，且俱出奔，惡有黨也。士會歸在十三年。

狄侵我西鄙，公使告于晉。趙宣子使因賈季問酆舒，且讓之。酆舒，狄相。讓其伐魯。**酆舒問於賈季曰：「趙衰、趙盾孰賢？」對曰：「趙衰，冬日之日也。趙盾，夏日之日也。」**冬日可愛，夏日可畏。

秋，八月，齊侯、宋公、衛侯、陳侯、鄭伯、許男、曹伯會晉趙盾，盟于扈，晉侯立故也。公後至，故不書所會。凡會諸侯，不書所會，後也。不書所會，謂不具列公侯及卿大夫。**後至不書其國，辟不敏也。**此傳還自釋凡例之意。【疏】「凡會」至「不敏」。 正義曰：僖十四年「諸侯城緣陵」，傳曰：「不書其人，有闕也。」十五年「諸侯盟于扈」，傳曰：「書曰『諸侯』，無能爲也。」十七年「諸侯會于扈」，傳曰：「書曰『諸侯』，無功也。」然則摠稱諸侯，皆是罪諸侯也。此摠稱「諸侯」，不稱所會，爲公後也。傳還自釋凡例，云「後至不書其國」者，「辟不敏也」，不敏猶不達也。諸國皆在，❶公獨後至，是公不達於事。辟公之不達於事，諱公罪而歸責於諸侯者，❷若言諸侯無功然，故貶諸侯而摠之，所以辟公恥也。

---

❶「諸」，原作「諱」，據正宗寺本、京都本、文淵閣本、阮本改。

❷「諱」，原作「諸」，據正宗寺本、京都本、文淵閣本、阮本改。

穆伯娶于莒，曰戴己，生文伯，其娣聲己，生惠叔。穆伯，公孫敖也。文伯，穀也。惠叔，難也。戴己卒，又聘于莒。莒人以聲己辭，則爲襄仲聘焉。襄仲，公孫敖從父昆弟。冬，徐伐莒，莒人來請盟。見伐，故欲結援。穆伯如莒涖盟，且爲仲逆。及鄢陵，登城，見之美，鄢陵，莒邑。自爲娶之。仲請攻之，公將許之。叔仲惠伯諫，惠伯，叔牙孫。曰：「臣聞之，兵作於内爲亂，於外爲寇。寇猶及人，亂自及也。今臣作亂，而君不禁，以啓寇讎，若之何？」公止之。惠伯成之，平二子。使仲舍之，舍，不娶。公孫敖反之，還莒女。復爲兄弟如初。從之。爲明年公孫敖奔莒傳。

晉郤缺言於趙宣子曰：「日衛不睦，故取其地。日，往日。取衛地在元年。今已睦矣，可以歸之。叛而不討，何以示威？服而不柔，何以示懷？柔，安也。非威非懷，何以示德？無德，何以主盟？子爲正卿，以主諸侯，而不務德，將若之何？《夏書》曰：逸《書》。『戒之用休，有休則戒之以勿休。董之用威。董，督也。有罪則督之以威刑。勸之以九歌，勿使壞。』九功之德皆可歌也，謂之九歌。六府三事，謂之九功。水、火、金、木、土、穀，謂之六府。正德、利用、厚生，謂之三事。義而行之，謂之德禮。德，正德也。禮以制財用之節，又以厚生民之命。無禮不樂，所由叛也。若吾子之德，莫可歌也，其誰來之？來猶歸也。盍使睦者歌吾子乎？」宣子説之。爲明年晉歸鄭衛田張本。【疏】「夏書」至「三事」。❶ 正義曰：此《虞書·大禹謨》之文也。以其夏禹之言，故傳謂之「夏書」。

---

❶「夏書至三事」，阮本以下正義三節分疏於傳文各節下。

「勿使壞」以上，皆彼正文。唯彼言「俾勿壞」，「俾」亦「使」也，一字别耳。彼上文云：「水、火、金、木、土、穀惟修，正德利用，厚生惟和，九功惟敘，九敘惟歌。」乃次此辭。下云：❶「帝曰：六府三事允治。」郤缺令宣子修德行禮，使人歌樂，故先引「勸之以九歌」，然後郤言「六府三事」。　「無禮」至「叛也」。　正義曰：在上爲政無禮，則民不樂，是叛之所由。　注「爲明」至「張本」。　正義曰：鄭往前侵衛田，今晉令鄭歸還衛田也。言歸鄭衛田者，謂晉歸以鄭所取衛田，故杜下注云「匡本衛邑，中屬鄭，今晉令鄭還衛」是也。然晉亦還衛田，獨言鄭還衛田者，以鄭歸衛田爲主，遂略之。劉炫謂爲歸鄭及歸衛田，❷怪傳文歸衛不歸鄭，而規杜氏，非也。

【經】八年，春，王正月。

夏，四月。

秋，八月，戊申，天王崩。

冬，十月，壬午，公子遂會晉趙盾，盟于衡雍。壬午，月五日。

乙酉，公子遂會雒戎，盟于暴。乙酉，月八日也。暴，鄭地。公子遂不受命而盟，宜去族，善其解國患，故稱「公子」以貴之。【疏】注「乙酉」至「貴之」。　正義曰：以壬午、乙酉相去四日，其間不容報君，

❶「云」，原作「去」，據正宗寺本、京都本、文淵閣本、阮本改。

❷「謂」，正宗寺本、京都本、文淵閣本、阮本作「以」。

見其專命之意，故注詳其日也。衡雍，鄭地，知暴亦鄭地。臣無專命之義，故翬、溺皆去其族。❶此公子遂不受君命，因事遂行，輒與戎盟，宜去其族。傳言「書曰『公子遂』，珍之」，是善其解國患，故稱公子以貴之也。《釋例》曰：「人臣受命不受辭，出竟有可以利社稷者，專之可也。故襄仲始盟趙盾，遂盟伊洛之戎，四日之間，經再書『公子』，不可以遂事常辭顯之也。」

公孫敖如京師，不至而復。丙戌，奔莒。不言出，受命而出，自外行。

螽。無傳。爲災故書。

宋人殺其大夫司馬，宋司城來奔。司馬死不舍節，司城奉身而退，故皆書官而不名，貴之。

【傳】八年，春，晉侯使解揚歸匡、戚之田于衛，匡本衛邑，中屬鄭，孔達伐不能克。今晉令鄭還衛及取戚田，皆見元年。**且復致公壻池之封，自申至于虎牢之竟。**公壻池，晉君女壻，又取衛地以封之，今并還衛也。申，鄭地。傳言趙盾所以能相幼主而盟諸侯。**【疏】**注「公壻」至「諸侯」。正義曰：《釋親》云：「女子子之夫爲壻。」傳稱「公壻」，知是晉君之女壻。池，其名也。杜以上言歸匡、戚之田于衛，又言「且復致」，則晉亦致于衛，故言「又取衛地以封之，今并還衛也」。劉炫云「服虔以爲致之于鄭」，以「服言是」規杜，已釋之。

---

❶「族」，阮校：「閩本、監本、毛本『族』下增『也』字。」

夏，秦人伐晉，取武城，以報令狐之役。令狐役在七年。

秋，襄王崩。爲公孫敖如周弔傳。

晉人以扈之盟來討。前年盟扈，公後至。

冬，襄仲會晉趙孟，盟于衡雍，❶報扈之盟也。遂會伊雒之戎。伊雒之戎將伐魯，公子遂不及復君，故專命與之盟。**書曰「公子遂」，珍之也。**珍，貴也。大夫出竟，有可以安社稷利國家者，專之可也。【疏】注「珍貴」至「可也」。❷ 正義曰：傳多言「貴之」，而此言「珍之」，事同而文異，故以珍爲貴也。「大夫出竟」以下，皆莊十九年《公羊傳》文。

穆伯如周弔喪，不至，以幣奔莒，從己氏焉。己氏，莒女。

宋襄夫人，襄王之姊也，昭公不禮焉。昭公適祖母。**夫人因戴氏之族，**華、樂、皇皆戴族。**以殺襄公之孫孔叔、公孫鍾離及大司馬公子卬，皆昭公之黨也。司馬握節以死，故書以官。**節，國之符信也。握之以死，示不廢命。【疏】注「節國」至「廢命」。正義曰：《周禮·掌節》：「掌守邦節而辨其用。守邦國者用玉節，守都鄙者用角節。」鄭玄云：「玉節有五則。」《典瑞》云：「穀圭以和難，以聘女。牙璋以起軍旅，以治兵守。珍圭以徵守，以恤凶荒。琬圭以治德，以結好。琰圭以易行，以除慝。」其角節，鄭注云「未聞」。此司

❶ 「衡」，原作「衛」，據《四部叢刊》本、京都本、文淵閣本、阮本改。

❷ 「可也」，正宗寺本、京都本、阮本作「之可」。

馬、司城以事在官，蓋執此等之玉節。《小行人》云：「守都鄙者用管節。」此司馬、司城或食采地，即都鄙之主，此節或是管節也。《掌節》又云：「山國用虎節，❶土國用人節，澤國用龍節。」鄭注云：「鑄金爲之，謂王使之，使於土國之等。」《掌節》又云：「門關用符節，貨賄用璽節，道路用旌節。」鄭玄云：「門關者，謂司門司關也。道路者，謂天子之鄉遂大夫也。」其諸侯之國及門關鄉遂亦有節。《小行人》云：「山國用虎節，土國用人節，澤國用龍節。」謂己是山澤之國，出使用龍虎之節。《小行人》又云：「道路用旌節，門關用符節，都鄙用管節。」鄭注云：「道路謂諸侯鄉遂及諸侯司門司關都鄙之等也。」今之爲官授以此節。❷今握節以死，示己不廢命也。此夫人殺，而經書「宋人殺其大夫」者，夫人與君共有國家，尊與君同，不得爲兩下相殺，故同國討之文。雖同國討，稱「人」，實非國討之例，以其死者不稱名，無罪故也。

司城蕩意諸來奔，效節於府人而出。效猶致也。意諸，公子蕩之孫。**公以其官逆之，皆復之，亦書以官，皆貴之也。**卿違從大夫，公賢其效節，故以本官逆之，請宋而復之。司城官屬悉來奔，故言「皆復」。【疏】注「卿違」至「皆復」。　正義曰：「卿違從大夫」，昭七年傳文也。效節於府人然後出奔，示己解任而退，不敢帶官而逃。公賢其效節，故以本官逆之。爲是書「宋司城來奔」，善其人，故書其官也。「請宋復之」事在十一年。一人不得言「皆」，知司城官屬悉與來奔，還悉與皆復也。

---

❶ 「用」，原作「出」，正宗寺本、京都本、文淵閣本、阮本作「用」，與《周禮・掌節》合，今據改。

❷ 「今」，毛本、文淵閣本作「令」。

夷之蒐，晉侯將登箕鄭父、先都，登之於上軍也。夷蒐在六年。**而使士縠、梁益耳將中軍。**士縠本司空。**先克曰：「狐、趙之勳，不可廢也。」從之。**狐偃、趙衰有從亡之勳。**先克奪蒯得田于堇陰，**七年，晉禦秦師於堇陰，以軍事奪其田也。先克，中軍佐。**故箕鄭父、先都、士縠、梁益耳、蒯得作亂。**爲明年殺先克張本。【疏】注「登之」至「六年」。❶　正義曰：清原之蒐，箕鄭佐新上軍，先都佐新下軍，二人先爲卿矣，而復欲登之，知登於上軍也。然則七年令狐之戰，傳歷言諸軍將佐，箕鄭將上軍，先都佐下軍。先都不登，容可怨恨，箕鄭不失其登，而亦共作亂者，蓋先克之薦狐、趙，并亦請退箕鄭、先都。先都於時即佐下軍，箕鄭雖得不退，因此意望以成小憾。及狐射姑出奔，箕鄭位次宜佐中軍，而先克代射姑，❷箕鄭守其故職，❸蓋以此而恨也。❹

【經】九年，春，毛伯來求金。求金以共葬事。雖踰年而未葬，故不稱王使。

夫人姜氏如齊。無傳。歸寧。

---

❶「注登之至六年」，阮本此節正義在注「夷蒐在六年」下。

❷「代」，原作「伐」，據正宗寺本、京都本、文淵閣本、阮本改。「姑」，原作「始」，據正宗寺本、京都本、文淵閣本、阮本改。

❸「職」，原作「磯」，據正宗寺本、京都本、文淵閣本、阮本改。

❹「蓋」，原作「整」，據正宗寺本、京都本、文淵閣本、阮本改。

二月，叔孫得臣如京師。辛丑，葬襄王。卿共葬事，禮也。【疏】注「卿共葬事禮也」。正義曰：言禮者，以明天子之喪，卿弔，卿會葬，諸侯不親行也。《釋例》曰：「萬國之數至衆，封疆之守至重，故天王之喪，諸侯不得越竟而奔，脩服於其國，卿共弔送之禮。既葬，卒哭而除凶。魯侯無故，而穆伯如周弔焉，此天子崩，諸侯遣卿弔送之經傳也。」杜以往年穆伯弔喪，今令會葬二事，傳無譏文，知其禮當然也。昭三十年傳鄭游吉云：「靈王之喪，我先君簡公在楚。」以不在楚，❶即當親行。而言禮不親者，彼言由君在楚，上卿守國，故使少卿印段往耳，非言君當親行也。

晉人殺其大夫先都。下軍佐也。以作亂討，故書名。

三月，夫人姜氏至自齊。無傳。告于廟。【疏】「夫人」至「自齊」。正義曰：蘇氏云：「夫人歸寧書『至』，唯有此耳。餘不書者，或禮儀不備，或淫縱不告廟也。」

晉人殺其大夫士穀及箕鄭父。與先都同罪也。

楚人伐鄭。楚子師於狼淵，不親伐。

公子遂會晉人、宋人、衛人、許人救鄭。

夏，狄侵齊。無傳。

秋，八月，曹伯襄卒。無傳。七年同盟于扈。【疏】注「七年同盟于扈」。正義曰：襄以僖八年即位，

---

❶「以」，正宗寺本、京都本、文淵閣本、阮本作「似」。

其年盟于洮，九年于葵丘，十五年于牡丘，二十一年于薄。今唯言「于扈」，據文公言之。

九月，癸酉，地震。無傳。地道安静，以動爲異，故書。【疏】注「地道」至「故書」。　正義曰：《穀梁傳》曰：「震，動也。」《公羊傳》曰：「震者何？動地也。」何休曰：❶「傳先言動者，喻若物之動地以曉人也。」《周語》伯陽父曰：「陽伏而不能出，陰迫而不能烝，遂於是有地震。」孔晁云：「陽氣伏於陰下，見迫於陰，故不能升，以至於地動。」是「地道安静，以動爲異」也。

冬，楚子使椒來聘。稱君以使大夫，其禮辭與中國同。椒不書氏，史略文。【疏】注「稱君」至「略文」。　正義曰：莊二十三年「荆人來聘」，不稱楚子使某至，此稱君以使大夫，其禮與中國同。其禮既同，椒亦宜書其氏。❷今不書氏，傳無貶文，知是史辭自略，無義例也。《釋例》曰：「楚殺得臣與宜申，賈氏皆以爲陋。案楚殺大夫公子側、成熊之等六七人，皆稱氏族，無爲獨於此二人陋也。斯蓋非史策舊法，故無凡例。當時諸國以意而赴，其自來聘使者，辭有詳略。仲尼修《春秋》，因采以示義。義之所起，則刊而正之。不者即而示之，不皆刊正也。諸侯之卿，當以名氏備書於經，其加貶損，則直稱『人』。若有褒異，則或稱官，或但稱氏。若無褒無貶，傳所不發者，則皆就舊文，或未賜族，或時有詳略也。❸推尋經文，自莊公以上，諸弑君者皆不書氏，閔公以下皆書氏，亦足以明時史之同異，非仲尼所皆貶也。」

---

❶「曰」，正宗寺本、京都本、文淵閣本、阮本作「云」。

❷「氏」，京都本、文淵閣本、阮本作「某氏」。

❸「時」，文淵閣本作「史」。阮校：「浦鏜《正誤》『時』作『辭』。」

秦人來歸僖公成風之襚。衣服曰襚。秦辟陋，故不稱使。不稱夫人，從來者辭。

葬曹共公。無傳。【疏】注「衣服」至「者辭」。❶ 正義曰：隱元年《公羊傳》曰：「衣被曰襚。」《穀梁傳》曰：「衣衾曰襚。」禮稱襚者，君使臣致服，故云「衣服曰襚」也。秦處西戎，其國辟陋，故不稱君使，猶楚在莊世，稱「荆人來聘」也。成風，夫人也。來者不言夫人，從來者之辭也。先言僖公，僖公先薨也。不言及，并致之也。❷

【傳】九年，春，王正月，己酉，使賊殺先克。箕鄭等所使也。亂殺先克，不赴，故不書。**乙丑，晉人殺先都、梁益耳。**乙丑，正月十九日。經書二月，從告。

毛伯衛來求金，非禮也。天子不私求財，故曰「非禮」。**不書王命，未葬也。**

二月，莊叔如周葬襄王。【疏】「莊叔如周葬襄子也」。❸ 正義曰：虚舉此經者，嫌莊叔别以他事使周，葬王更使人會，故明之。

三月，甲戌，晉人殺箕鄭父、士縠、蒯得。梁益耳、蒯得不書，皆非卿。【疏】注「梁益」至「非卿」。正義曰：士縠書經，則是卿也。七年令狐之戰，三軍將佐無士縠。十二年河曲之戰，三軍將佐，杜注無代士縠者，

---

❶ 「注衣服至者辭」，阮本此節正義在「秦人來歸僖公成風之襚」句注下。

❷ 「也」，正宗寺本、京都本、文淵閣本、阮本作「者」。

❸ 「襄子也」，正宗寺本、京都本作「襄也」，阮本作「襄王」。今案：傳言「莊叔如周葬襄王」，此疏標起訖，當作「襄王」，阮本是也。

而士縠得爲卿者，先蔑奔秦，傳無其代。十二年「欒盾將下軍」，注云「代先蔑」者，據傳成文言之耳，未必不是士縠代先蔑，欒盾代士縠也。箕鄭，上軍將也，傳文先箕鄭，後士縠，士縠若將下軍，即是位之次也，❶其事似然。或者晉於將佐之外，猶别有散位從卿，若郤缺、趙穿之類也。傳箕鄭先士縠，經士縠先箕鄭者，經以殺之先後，傳以位次序列。傳蒯得居下，知其以位次也。賈逵云：「箕鄭稱『及』，非首謀。」案襄二十三年「陳殺其大夫慶虎及慶寅」，杜云：「言『及』，史異辭，無義例。」則此亦然也。

范山言於楚子曰：「晉君少，不在諸侯，北方可圖也。」范山，楚大夫。**楚子師于狼淵，以伐鄭，**陳師狼淵，爲伐鄭援也。潁川潁陰縣西有狼陂。**囚公子堅、公子尨及樂耳。**三子，鄭大夫。**鄭及楚平。**

公子遂會晉趙盾、宋華耦、衛孔達、許大夫救鄭，不及楚師。卿不書，緩也，以懲不恪。華耦，華父督曾孫。公子遂獨不在貶者，諸魯事，自非指爲其國褒貶，則皆從國史，不同之於他國。此《春秋》大意，他皆放此。【疏】注「華耦」至「放此」。正義曰：在禮，卿不會公侯，會則貶之稱「人」。元年公孫敖會晉侯于戚，文無所貶。此公子遂與諸國同行，諸卿皆貶，遂獨不貶。諸如此類，莫不盡然。知諸於魯事，自非指爲其國褒貶，皆從魯史，以其體例已舉，不假改正故也。

夏，楚侵陳，克壺丘，壺丘，陳邑。**以其服於晉也。**

---

❶「即」，正宗寺本、京都本、文淵閣本、阮本作「則」。

秋，楚公子朱自東夷伐陳，子朱，息公也。**陳人敗之，獲公子茷。陳懼，乃及楚平。**以小勝大，故懼而請平也。傳言「晉君少」，楚陵中國，明年所以有厥貉之會。

冬，楚子越椒來聘，執幣傲。子越椒，令尹子文從子。傲，不敬。**叔仲惠伯曰：「是必滅若敖氏之宗。傲其先君，神弗福也。」**十二年傳曰「先君之敝器，使下臣致諸執事」，明奉使皆告廟，故言「傲其先君」也，爲宣四年楚滅若敖氏張本。

秦人來歸僖公成風之襚，禮也。秦慕諸夏，欲通敬於魯，因有翟泉之盟，故追贈僖公，并及成風。本非魯方嶽同盟，無相赴弔之制，故不譏其緩，而以接好爲禮。**諸侯相弔賀也，雖不當事，苟有禮焉，書也，以無忘舊好。**送死不及尸，故曰「不當事」。書者，書於典策，垂示子孫，使無忘過厚之好。【疏】「諸侯」至「舊好」。正義曰：此雖廣言諸侯，主爲秦人發傳。隱元年「王使來賵」，尚譏其緩，若是同盟之國，必譏其緩可知。《釋例》曰：「秦之與魯，本非方嶽同盟，魯薨不赴秦，秦不賵魯，自是其常也。僖、穆二公，雖有同盟之義，二君已卒，則二子不得用同盟之禮也。今秦康公遠慕諸華，欲通敬於魯，無以爲辭，因翟泉有盟，追贈僖公，并及成風，假弔禮而行，故曰『禮也』。送死不及尸，謂不當其事。書者，書之於策，垂之子孫，以示過厚之好也。」是言此傳主爲秦也。僖公成風服除久矣，今始來弔贈，當以變禮待之。《檀弓》曰：「衛將軍文子之喪，既除喪而後越人來弔，主人深衣練冠待於廟，垂涕洟。子游曰：『將軍文氏之子，其庶幾乎！亡於禮者之禮也，其動也中。』」是古有以服終來弔者也。何休《膏肓》云：「禮主於敬，一使兼二喪，又於禮既緩，而《左氏》以之爲禮，非也。」鄭箴云：「若以爲緩，案《禮》衛將軍文子之喪，既除喪而越人來弔，子游何得善之？」是鄭不非其緩也。若譏一使兼二禮，《雜記》諸侯弔禮有含、襚、賵、臨，何以一使兼行？知休言非也。

【經】十年，春，王三月，辛卯，臧孫辰卒。 無傳。公與小斂，❶故書日。

夏，秦伐晉。 不稱將帥，❷告辭略。

楚殺其大夫宜申。 宜申，子西也。謀弒君，故書名。

自正月不雨，至于秋七月。 無傳。義與二年同。

及蘇子盟于女栗。 女栗，地名，闕。蘇子，周卿士。頃王新立，故與魯盟，親諸侯也。

冬，狄侵宋。 無傳。

楚子、蔡侯次于厥貉。 厥貉，地名，闕。將伐宋而未行，故書「次」。

【傳】十年，春，晉人伐秦，取少梁。 少梁，馮翊夏陽縣。

夏，秦伯伐晉，取北徵。 報少梁。

初，楚范巫矞似 矞似，范邑之巫。**謂成王與子玉、子西曰：「三君皆將強死。」城濮之役，王思**

---

❶「公與小斂」，阮校：「《釋文》作『公與斂』。」

❷「帥」，原作「師」，據《四部叢刊》本、京都本、文淵閣本、阮本、《經典釋文》改。

之，故使止子玉曰：「毋死。」❶不及。止子西，子西縊而縣絶，在僖二十八年。王使適至，遂止之，使爲商公。商，楚邑，今上雒商縣。沿漢泝江，將入郢。沿，順流。泝，逆流。王在渚宫，小洲曰渚。下見之。懼而辭曰：「臣免於死，又有讒言，謂臣將逃，臣歸死於司敗也。」陳、楚名司寇爲司敗。❷子西畏讒言，❸不敢之商縣。王使爲工尹，❹掌百工之官。又與子家謀弑穆王。❺穆王聞之。五月，殺鬭宜申及仲歸。仲歸，❻子家。不書，❼非卿。❽【疏】「皆將强死」。❾正義曰：强，健也。無病而死，謂被殺也。❿注「沿順流泝逆流」。正義曰：商在漢水北，漢水東流而南入江。子西既至商邑，聞讒，不敢居商縣，沿漢水順流而下至江，乃泝流逆上，渚宫當郢都之南，故「王在渚宫，下見之」也。下注云「小洲

❶「毋」，原作「母」，據京都本、文淵閣本、阮本改。
❷「楚」，原爲墨丁，據《四部叢刊》本、京都本、文淵閣本、阮本補。
❸「畏讒」，原爲墨丁，據《四部叢刊》本、京都本、文淵閣本、阮本補。
❹「王」、「工」，原分別作「三」、「二」，據《四部叢刊》本、京都本、文淵閣本、阮本改。
❺「弑」，原作「栻」，據《四部叢刊》本、京都本、文淵閣本、阮本改。
❻「歸」，原爲墨丁，據《四部叢刊》本、京都本、文淵閣本、阮本補。
❼「書」，原爲墨丁，據《四部叢刊》本、京都本、文淵閣本、阮本補。
❽「卿」，原作「物」，據《四部叢刊》本、京都本、文淵閣本、阮本改。
❾「皆將强死」，阮本以下正義三節分疏於傳文各節下。
❿「殺」，原爲墨丁，據《四部叢刊》本、京都本、文淵閣本、阮本補。

曰渚」,《釋水》文。　注「陳楚名司寇爲司敗」。　正義曰：言「歸死於司敗」,知司敗主刑之官司寇是也。《論語》有「陳司敗」,知陳、楚同此名也。

秋,七月,及蘇子盟于女栗,頃王立故也。僖十年狄滅温,蘇子奔衛。今復見,蓋王復之。

陳侯、鄭伯會楚子于息。冬,遂及蔡侯次于厥貉。陳、鄭及宋、麇子不書者,宋、鄭執卑,苟免爲楚僕任,受役於司馬,麇子恥之,遂逃而歸。三君失位降爵,故不列於諸侯。宋、鄭猶然,則陳侯必同也。**將以伐宋。宋華御事曰:「楚欲弱我也,先爲之弱乎?何必使誘我?我實不能,民何罪?」乃逆楚子,勞且聽命。**時楚欲誘呼宋共戰。御事,華元父。**遂道以田孟諸。**孟諸,宋大藪也。在梁國睢陽縣東北。**宋公爲右盂,鄭伯爲左盂。**盂,田獵陳名。**期思公復遂爲右司馬,**復遂,楚期思邑公。今弋陽期思縣。**子朱及文之無畏爲左司馬。**將獵,張兩甄,故置二左司馬,然則右司馬一人當中央。**命夙駕載燧,**燧,取火者。**宋公違命,**不夙駕載燧。**無畏抶其僕以徇。或謂子舟曰:「國君不可戮也。」子舟曰:「當官而行,何彊之有?**子舟,無畏字。**《詩》曰『剛亦不吐,柔亦不茹』,**《詩·大雅》。美仲山甫不辟彊禦。**『毋縱詭隨,以謹罔極』,**《詩·大雅》。詭人、隨人,無正心者。謹猶慎也。罔,無也。極,中也。**是亦非辟彊也。敢愛死以亂官乎?」**爲宣十四年宋人殺子舟張本。【疏】注「陳鄭」至「同也」。❶　正義曰：杜以陳、鄭會楚子于息,遂與蔡侯次于厥貉,則陳、鄭當在

❶「注陳鄭至同也」,阮本以下正義三節分疏於傳文各節下。

次也。傳稱「厥貉之會，麇子逃歸」，則麇子當在也。宋公逆楚子，則宋公亦在也。獨書楚子、蔡侯，不言陳、鄭、宋、麇，故迹其事而爲之説。言宋、陳、鄭三君降爵，麇子逃歸，故不書也。劉炫以爲告文略，故不書陳、鄭、宋。今知不然者，此楚會諸侯，必是楚人來告。若楚人來告，當以得諸侯爲榮，何以略其宋、鄭、陳乎？麇子不會，傳云「逃歸」，宋、鄭二國爲楚僕役，猶如許、蔡二君降乘楚車，許、蔡既不書於經，故知宋、鄭失位不見。此乃傳事分明，故杜爲此解。劉炫直以告文略以規杜氏，非也。　注「將獵」至「中央」。　正義曰：宋公爲右盂，無畏爲左司馬，而挟宋公之僕，自謂「當官而行」，明無畏當右，子朱當左，是其張兩甄，故置二左司馬，使各掌一甄，自然右司馬一人當中央也。　「毋縱」至「罔極」。　正義曰：無縱此詭人、隨人無正心者，以謹勑彼無中正之人。言小罪尚不赦，則大罪不敢爲也。

厥貉之會，麇子逃歸。爲明年楚子伐麇傳。

春秋左傳正義卷第十五

文公

國子祭酒上護軍曲阜縣開國子臣孔穎達等奉勑撰

【經】十有一年，春，楚子伐麇。討前年逃厥貉會。

夏，叔彭生會晉郤缺于承匡。❶承匡，宋地。在陳留襄邑縣西。彭生，叔仲惠伯。郤缺，冀缺。

秋，曹伯來朝。

公子遂如宋。

狄侵齊。

冬，十月，甲午，叔孫得臣敗狄于鹹。鹹，魯地。

【傳】十一年，春，楚子伐麇，成大心敗麇師於防渚。成大心，子玉之子，大孫伯也。防渚，麇

❶ 「匡」，《四部叢刊》本、京都本、阮本作「筐」。下傳、注同。

地。**潘崇復伐麇，至于錫穴。**❶錫穴，麇地。

夏，叔仲惠伯會晉郤缺于承匡，謀諸侯之從於楚者。九年，陳、鄭及楚平。十年，宋聽楚命。

秋，曹文公來朝，即位而來見也。

襄仲聘于宋，且言司城蕩意諸而復之，八年，意諸來奔。歸不書，史失之。**因賀楚師之不害也。**往年楚次厥貉，將以伐宋。【疏】注「八年」至「失之」。❷ 正義曰：諸侯之卿出奔而復歸者，宋華元、衛孫林父之徒皆書其歸，則蕩意諸之歸亦當書之。服虔云：「反不書者，施而不德。」衛冀隆亦同服義，而難杜云：「襄二十九年，欒氏施而不德，《春秋》所善，不書意諸之歸，則是施而不德。且經所不書，傳即發文，史失之，即『不書日，史失之』之類是也，此既無傳，何知史失？」杜必以爲史失者，案衛侯鄭之歸于衛也，僖公納賂而請之。衛侯朔之入于衛也，莊公興師而納之。歸邾子益于邾，自我而歸之。皆受魯施，並書於經，何獨意諸施而不德？若意諸施而不德，彼何故施而德之？春秋公侯大夫失位出奔，得人力而反者多矣，若皆施而不德，不應赴告諸

---

❶「錫」，《四部叢刊》本、文淵閣本、阮本作「鍚」。阮校：「案，《漢書·地理志》鍚縣屬漢中郡。應劭曰：『音陽。』師古曰：『即《春秋》所謂鍚穴。』而《後漢書·郡國志》又云：『沔陽有鐵，安陽有錫。春秋時曰錫穴。』《釋文》又曰：『錫，本或作鍚，星歷反。』劉昭《郡國志補注》引傳文亦作『錫穴』，似作『鍚』字爲當。」

❷「注八年至失之」，阮本此節正義在「且言司城蕩意諸而復之」句注下。

侯，魯以不書爲是，則書者爲非，何以無貶責之文？ 定人之謂禮，存亡之謂義，未有禮義在可諱之竟，❶故杜以爲史官失之，故不書於策。

鄋瞞侵齊，鄋瞞，狄國名，防風之後，漆姓。❷ **遂伐我。公卜使叔孫得臣追之，吉。侯叔夏御莊叔**，莊叔，得臣。**緜房甥爲右，富父終甥駟乘。** 駟乘，四人共車。【疏】注「鄋瞞」至「漆姓」。❸ 正義曰：狄是北夷大號，鄋瞞是其國名。《魯語》云：「吴伐越，墮會稽，獲骨節專車。吴子使來聘，問之仲尼。仲尼宴之，客執骨而問曰：『敢問骨何爲大？』仲尼曰：『昔禹致羣臣於會稽之山，❹防風氏後至，禹殺而戮之，其骨節專車。此爲大矣。』客曰：『防風氏何守？』仲尼曰：『汪芒氏之君，守封、隅之山者也，爲漆姓。在虞、夏、商爲汪芒氏，於周爲長狄氏，今曰大人。』客曰：『人長之極幾何？』仲尼曰：『僬僥氏長三尺，短之至也。長者不過十之，數之極也。』」此言「長狄」，狄之長者。彼言「於周爲長狄」，知鄋瞞即是防風氏之後，故以《國語》爲説。服云：「伐我不書，諱之。」**冬，十月，甲午，敗狄于鹹，獲長狄僑如。** 僑如，鄋瞞國之君，蓋長三丈。獲僑如不書，賤

---

❶「竟」，阮校：「閩本、監本、毛本『竟』作『意』。」

❷「漆」，阮校：「案，《史記·孔子世家》『漆』作『釐』，《説苑》亦作『釐』。《世本》無『漆』姓。此『漆』字當爲『淶』之訛。襄二十一年『邾庶其以漆、閭丘來奔』，《釋文》云：『漆，本或作淶。』『淶』、『釐』聲相近。」

❸「注鄋瞞至漆姓」，阮本此節正義在「鄋瞞侵齊」句注下。

❹「羣臣」，阮校：「盧文弨校本『臣』作『神』，依《國語》、《史記》改。案，《説苑》、《家語》、《博物志》並作『羣臣』。」

夷狄也。【疏】注「僑如」至「狄也」。　正義曰：經書「敗狄于鹹」，即是敗一國也。敗其國而獲此人，傳不言是其將帥，知是其國之君也。《穀梁傳》曰：「長狄，瓦石不能害。叔孫得臣，最善射者，射其目，身横九畝。斷其首而載之，眉見於軾。」何休云：「蓋長百尺。」《魯語》仲尼所云此十倍僬僥氏之長者，故云「蓋長三丈」。《魯語》言「不過十之」，是疑之言，故云「蓋」也。宣十五年「晉師滅赤狄潞氏，以潞子嬰兒歸」，彼獲嬰兒歸書之，此獲僑如不書者，潞國大，其君貴，故書之，此國小，僑如賤，不書，賤夷狄也。**富父終甥摏其喉以戈，殺之。**摏猶衝也。**埋其首於子駒之門，**子駒，魯郭門。骨節非常，恐後世怪之，故詳其處。**以命宣伯。**得臣待事而名其三子，因名宣伯曰僑如，以旌其功。【疏】「摏其喉以戈殺之」。❶　正義曰：《考工記》戈之長六尺六寸耳，得及長狄之喉者，兵車之法，皆三人共乘，魯、宋與長狄之戰，車皆四乘，改其乘，必長其兵。謂之戈，蓋形如戈也。　注「得臣」至「其功」。　正義曰：襄三十年傳説此事云：「叔孫莊叔敗狄于鹹，獲長狄僑如及虺也、豹也，皆以名其子。」定八年傳稱：「魯苦越生子，將待事而名之。陽州之役獲焉，故名之曰陽州。」❷知得臣亦待事以名其三子，以旌章其功也。此三子未必同年而生，或生訖待事，或事後始生，欲以章己功，取彼名而名之也。

初，宋武公之世，鄋瞞伐宋。在春秋前。**司徒皇父帥師禦之，❸耏班御皇父充石，**皇父，戴公

---

❶「摏其喉以戈殺之」，阮本此節正義在注「摏猶衝也」之下。

❷「故」，阮校：「浦鏜云：『故』，衍字。按，定八年傳無『故』字。」

❸「帥」，原作「師」，據《四部叢刊》本、京都本、文淵閣本、阮本改。

子。充石，皇父名。**公子穀甥爲右，司寇牛父駟乘，以敗狄于長丘，**長丘，宋地。**獲長狄緣斯，**緣斯，僑如之先。**皇父之二子死焉。**皇父與穀甥及牛父皆死，故耏班獨受賞。【疏】注「在春秋前」。❶　正義曰：《史記·十二諸侯年表》宋武公即位十八年，以魯惠公二十一年卒。卒在春秋前二十六年，不知鄋瞞以何年伐宋也。　注「皇父」至「父名」。　正義曰：「皇父，戴公子」，《世本》文。古人連言名字者，皆先字後名。且此人子孫以「皇」爲氏，知皇父字，充石名。　「獲長狄緣斯」。　正義曰：服虔云：「不言所埋，埋其身首同處於戰地可知。」　注「皇父」至「受賞」。　正義曰：賈逵云：「皇父與穀生、❷牛父三子皆死。」鄭衆以爲穀生、牛父二人死耳，皇父不死。馬融以爲皇父之二子從父在軍，爲敵所殺，名不見者，方道二子死，故得勝之。如今皆死，❸誰殺緣斯？服虔云：「殺緣斯者，未必三子之手，士卒獲之耳。」下言「宋公以門賞耏班」，班爲皇父御而有賞，三子不見賞，疑皆死。賈君爲近之。如馬之言，於傳文爲順。但班獨受賞，知三子皆死，故杜亦同之。**宋公於是以門賞耏班，使食其征，**門，關門。征，稅也。**謂之耏門。**【疏】注「門關門征稅也」。❹　正義曰：禮唯關門有征，知門是關門也。《周禮·司關》：「司貨賄之出入，掌其治禁，與其征廛。國凶札，則無關門之征。」鄭玄云：「征廛者，貨賄之稅。」《孟子》曰：「關，幾而不征，則天下行旅皆說，而願出於其塗矣。」如彼文，知出入關

---

❶「注在春秋前」，阮本以下正義四節分疏於傳文各節下。

❷「生」，阮本作「甥」。下「穀生」同。

❸「今」，阮校：「宋本、毛本『今』作『令』。」

❹「注門關門征稅也」，阮本此節正義在「使食其征」句注下。

者必有征税，但不知幾而税一也。然據禮文，城門亦有征。必知關門者，以關門征税其數既多，故昭二十年「偪介之關，暴征其私」，是關禁之重，異於城門，此云食其征税，故知關税也。

晉之滅潞也，在宣十五年。**獲僑如之弟焚如。齊襄公之二年，**魯桓之十六年。**鄋瞞伐齊，齊王子成父獲其弟榮如，**榮如，焚如之弟。焚如後死而先説者，欲其兄弟伯季相次。❶榮如以魯桓十六年死，至宣十五年一百三歲，其兄猶在。傳言既長且壽，有異於人。王子成父，齊大夫。**埋其首於周首之北門。**周首，齊邑。濟北穀城縣東北有周首亭。**衛人獲其季弟簡如，**伐齊退走，至衛見獲。**鄋瞞由是遂亡。**長狄之種絶。【疏】注「長狄之種絶」。正義曰：此時長狄種絶，仲尼猶云「今曰大人」者，言當時呼往前長狄爲「大人」，未必其時有之。若當時猶有其種，吴人不應怪其骨也。但如此傳文，長狄有種，種類相生，當有支胤，唯獲數人，云其種遂絶，深可疑之。命守封、隅之山，賜之以漆爲姓，則是世爲國主，緜歷四代，安得更無支屬，唯有四人？且君爲民心，方以類聚，不應獨立三丈之君，使牧八尺之民。又三丈之人，誰爲匹配？豈有三丈之妻爲之生産乎？人情度之，深可惑也。《國語》仲尼之談，《左傳》丘明所説，通賢大聖立此格言，不可論其是非，實疑之久矣。蘇氏云：「《國語》稱『今曰大人』，但迸居夷狄，❷不在中國，故云遂亡。」《公羊》、《穀梁》並云「長狄兄弟三人，一之齊，一之魯，一之晉。何以書？記異」，猶如《史記》所云「秦時大

❶「伯」，阮校：「足利本『伯』作『仲』。」

❷「夷狄」，文淵閣本作「四夷」。阮校：「宋本、閩本、監本、毛本『夷狄』作『四夷』。」

人見於臨洮」。

郕大子朱儒自安於夫鍾，安，處也。夫鍾，郕邑。**國人弗徇**。徇，順也。爲明年郕伯來奔傳。

【經】十有二年，春，王正月，郕伯來奔。稱爵，見公以諸侯禮迎之。【疏】注「稱爵」至「迎之」。正義曰：此實大子，公以諸侯禮逆之。❶公既尊之爲君，❷史遂從公之意。成十年「晉侯有疾，立大子州蒲爲君，會諸侯伐鄭」，經即書爲「晉侯」。史官不可反公之心，追言世子，從君所稱，更是其實故也。

杞伯來朝。復稱伯，舍夷禮。

二月，庚子，子叔姬卒。既嫁成人，雖見出棄，猶以恩録其卒。【疏】注「既嫁」至「其卒」。正義曰：天子諸侯絶期，嫁女於諸侯，則尊同，恩成於敵體，其禮不用降，❸卒則服大功九月。叔姬既爲杞之夫人，雖見出棄，猶以恩録其卒。《喪服》：女子既嫁，而反在父母之室，從本服爲之齊衰期。此既書其卒，當服其本服。杜《譜》不知此叔姬是何公之女，要姑與姊妹皆服期也。《釋例》曰：「出棄之女，反在父母之室，則與既笄成人者同，故亦書卒也。」杞叔姬卒，《穀梁》以爲公母姊妹，謂同母姊。❹

❶「逆」，京都本、文淵閣本、阮本作「迎」。

❷「君」，原作「者」，據正宗寺本、京都本、文淵閣本、阮本改。

❸「用」，正宗寺本、京都本、文淵閣本、阮本作「爲」。

❹「姊」下，正宗寺本、京都本、文淵閣本、阮本有「妹」字，當是。

夏，楚人圍巢。巢，吴楚間小國。盧江六縣東有居巢城。

秋，滕子來朝。秦伯使術來聘。術不稱氏，史略文。

冬，十有二月，戊午，晉人、秦人戰于河曲。不書敗績，交綏而退，不大崩也。稱「人」，秦、晉無功，以微者告也。「皆陳曰戰」，例在莊十一年。河曲在河東蒲坂縣南。

季孫行父帥師城諸及鄆。鄆，莒、魯所争者。城陽姑幕縣南有員亭。員即鄆也。以其遠偪外國，故帥師城之。

【傳】十二年，**春，郕伯卒，郕人立君。**大子自安於外邑故。**大子以夫鍾與郕邽來奔。**❶郕邽亦邑。**公以諸侯逆之，非禮也。**非公寵叛人。**故書曰：「郕伯來奔。」不書地，尊諸侯也。**既尊以爲諸侯，故不復見其竊邑之罪。

杞桓公來朝，始朝公也。公即位，始來朝。【疏】「始朝公也」。❷正義曰：劉炫云：「魯公新立，鄰國及時來朝，則曰『公即位而來朝』。晚，則云『始朝公也』。諸侯自新立，來及時者，則云『即位而來見』。晚，則云

❶「邽」，阮校：「惠士奇曰：服虔以『郕邽爲郕邦之家寶圭，大子以其國寶與地夫鍾來奔也』，然則『邽』不從邑。服説見《太平御覽》一百四十六。」

❷「始」上，京都本、阮本有「傳」字。

『始見』。霸主即位，魯君往朝，則曰『朝嗣君』。魯君新立，往朝大國，則曰『即位而往見』也。」**且請絶叔姬而無絶昏，公許之。**不絶昏，立其娣以爲夫人。不書大歸，❶未歸而卒。❷【疏】注「不絶」至「而卒」。　正義曰：傳言請「無絶昏」，成五年有「杞叔姬來歸」，故知立其娣爲夫人也。其娣亦字「叔」者，周之法稱「叔」也。《釋例》曰：「杞桓公以僖二十三年即位，襄六年卒，凡在位七十一年。文、成之世，經書『叔姬』二人，一人卒，一人出，皆杞桓公夫人也。傳例『出曰來歸』，不書來歸，未歸而卒也。既歸而卒，亦當書之。成五年『杞叔姬來歸』，八年書『卒』是也。宣十六年『郯伯姬來歸』，後不書『卒』者，或更嫁於大夫，故不書卒耳。」

二月，叔姬卒。不言杞，絶也。既許其絶，故不言杞。**書「叔姬」，言非女也。**女未笄而卒，❸不書。

楚令尹大孫伯卒，成嘉爲令尹。若敖曾孫子孔。**羣舒叛楚。**羣舒，偃姓，舒庸、舒鳩之屬。今廬江南有舒城，舒城西南有龍舒。**夏，子孔執舒子平及宗子，遂圍巢。**平，舒君名。宗、巢，二國，羣舒之屬。【疏】注「羣舒」至「龍舒」。❹　正義曰：《世本》：「偃姓，舒庸、舒蓼、舒鳩、舒龍、舒鮑、舒龔。」以其非一，故言「屬」以包之。

---

❶「大」，阮校：閩本、監本、毛本作「來」。

❷「歸」，《四部叢刊》本、京都本、阮本作「笄」。

❸「笄」，《四部叢刊》本、京都本作「嫁」。

❹「注羣舒至龍舒」，阮本此節正義在「羣舒叛楚」句注下。

秋，滕昭公來朝，亦始朝公也。

秦伯使西乞術來聘，且言將伐晉。襄仲辭玉，曰：「君不忘先君之好，照臨魯國，鎮撫其社稷，重之以大器，寡君敢辭玉。」大器，圭璋也。不欲與秦爲好，故辭玉。【疏】注「大器」至「辭玉」。○正義曰：聘君用圭，享用璧。聘夫人用璋，享用琮。《聘禮・記》曰：「凡四器者，❶唯其所寶，以聘可也。」故知所言大器是圭璋也。《考工記・玉人》云：「瑑圭璋八寸，璧琮八寸，以覜聘。」《聘禮・記》云：「所以朝天子，圭與繅皆九寸。問諸侯，朱綠繅八寸。」鄭玄云：「於天子曰朝，❷於諸侯曰問。記之於聘文互相備。」言「互相備」者，朝諸侯與天子同，聘天子與諸侯同也。所言朝圭九寸、聘圭八寸，謂上公禮也。使臣出聘，降君一等，故八寸，則侯伯之使當瑑圭六寸，子男之使當瑑璧四寸也。《聘義》曰：「以圭璋聘，重禮也。已聘而還圭璋，此輕財而重禮之義也。」然則玉必還其來使，而下云「致諸執事，以爲瑞節」及「襄仲辭之」者，禮聘終，雖復得還玉，初聘之時，其意欲致與主國，但主國謙退，禮終還之，且襄仲辭之者，爲不欲與秦爲好。**對曰：「不腆敝器，不足辭也。」**腆，厚也。**主人三辭。賓答曰：「寡君願徼福于周公、❸魯公以事君，**徼，要也。魯公，伯禽也。言願事君以并蒙先君之福。**不腆先君之敝器，使下臣致諸執事，以爲瑞節，**節，信也。出聘必告廟，故稱先

---

❶「者」，原作「圭」，據正宗寺本、京都本、文淵閣本、阮本改。阮校：「作『者』，與《禮記》合。」

❷「朝」，原作「聘」，據正宗寺本、京都本、閩本、監本、毛本、文淵閣本、阮本改。阮校：「作『朝』，與鄭注《聘禮・記》合。」

❸「徼」，阮校：「《釋文》『徼』作『儌』，是也。注同。」

君之器。要結好命，所以藉寡君之命，結二國之好，藉，薦也。【疏】注「藉薦也」。　正義曰：《聘禮》：「執圭所以致君命。」君命致，藉玉而後通，若坐之有薦席然，故以藉爲薦也。**是以敢致之。」襄仲曰：「不有君子，其能國乎？國無陋矣！」厚賄之。**賄，贈送也。

秦爲令狐之役故，冬，秦伯伐晉，取羈馬。令狐役在七年。羈馬，晉邑。**晉人禦之。趙盾將中軍，荀林父佐之。**林父代先克。**郤缺將上軍，**代箕鄭。**臾駢佐之。**代林父。**欒盾將下軍，**欒枝子，代先蔑。**胥甲佐之。**胥臣子，代先都。**范無恤御戎。**代步招。**以從秦師于河曲。臾駢曰：「秦不能久，請深壘固軍以待之。」從之。**【疏】「深壘固軍」。❶　正義曰：壘，壁也。軍營所處，築土自衛，謂之爲壘。深者，高也。高其壘以爲軍之阻固。案《覲禮》説「爲壇深四尺」，鄭注云「深，高也」，是其義也。

秦人欲戰，秦伯謂士會曰：「若何而戰？」晉士會七年奔秦。**對曰：「趙氏新出其屬曰臾駢，必實爲此謀，將以老我師也。**臾駢，趙盾屬大夫，新出佐上軍。**趙有側室曰穿，晉君之壻也，**側室，支子。穿，趙夙庶孫。【疏】注「側室」至「庶孫」。　正義曰：《文王世子》云：「公若有出疆之政，庶子守公宮，正室守大廟。」鄭玄云：「正室，適子也。」正室是適子，知側室是支子，言在適子之側也。《世族譜》：「穿，趙夙之孫。」則是趙盾從父昆弟之子也。盾爲正室，故謂穿爲側室。穿別爲邯鄲氏，趙旃、趙勝、邯鄲午是其後也。**有寵而弱，不在軍事，**弱，年少也，又未嘗涉知軍事。**好勇而狂，且惡臾駢之佐上軍也。若使輕者肆**

---

❶「深壘固軍」，阮本此節正義在「若何而戰」句注下。

焉，其可。」肆，暫往而退也。**秦伯以璧祈戰于河。**禱求勝。**十二月，戊午，秦軍掩晉上軍，趙穿追之，不及。**上軍不動，趙穿獨追之。**反，怒曰：「裹糧坐甲，固敵是求，敵至不擊，將何俟焉？」**【疏】「裹糧坐甲」。❶　正義曰：甲者，所以制禦非常，臨敵則被之於身，未戰且坐之於地。**軍吏曰：「將有待也。」**待可擊。**穿曰：「我不知謀，將獨出。」乃以其屬出。宣子曰：「秦獲穿也，獲一卿矣。**僖三十三年，晉侯以一命命郤缺爲卿，不在軍帥之數。然則晉自有散位從卿者。**秦以勝歸，我何以報？」乃皆出戰，交綏。**《司馬法》曰：「逐奔不遠，從綏不及。逐奔不遠則難誘，從綏不及則難陷。」然則古名退軍爲綏。秦、晉志未能堅戰，短兵未致争而兩退，❷故曰交綏。【疏】注「司馬」至「兩退」。　正義曰：魏武全引《司馬法》云「將軍死綏」，舊説：綏，卻也。言軍卻，將當死。綏必是退軍之名。綏訓爲安，蓋兵書務在進取，恥言其退，以安行即爲大罪，故以綏爲名焉。

秦行人夜戒晉師曰：「兩君之士，皆未憖也，明日請相見也。」憖，缺也。【疏】注「憖缺也」。　正義曰：憖者，缺之貌。今人猶謂缺爲憖也。沈氏云：「《方言》云：『憖，傷。』傷即缺也。下云『死傷未收』，則是已有

---

❶「裹糧坐甲」，阮本此節正義在「將有待也」句注下。

❷「致」，《四部叢刊》本、京都本、文淵閣本、阮本作「至」。

死者，但不至大崩，❶未甚喪敗，故爲『皆未缺耳』。」❷臾駢曰：「使者目動而言肆，懼我也，目動，心不安。言肆，聲放失常節。將遁矣。薄諸河，必敗之。」薄，迫也。胥甲、趙穿當軍門呼曰：「死傷未收而棄之，不惠也。不待期而薄人於險，無勇也。」乃止。晉師止，爲宣元年放胥甲傳。秦師夜遁。復侵晉，入瑕。

城諸及鄆。書，時也。

【經】十有三年，春，王正月。

夏，五月，壬午，陳侯朔卒。無傳。再同盟。【疏】注「再同盟」。正義曰：朔以僖二十九年即位，其年盟于翟泉，文二年于垂隴，七年于扈。云「再同盟」者，據文公言之。

邾子蘧蒢卒。未同盟，而赴以名。【疏】注「未同盟而赴以名」。正義曰：蘧蒢，邾子瑣之子也。莊二十九年即位，僖元年與魯盟于犖。而云「未同盟」，蓋據文公爲言，故云「未同盟」。劉炫以犖盟規之，非也。

自正月不雨，至于秋七月。無傳。義與二年同。

大室屋壞。大廟之室。【疏】注「大廟之室」。正義曰：傳稱「書不共」，則於此室當共，知大廟之室也。

---

❶「不」，京都本、阮本作「未」。

❷「耳」，阮校：「閩本、監本、毛本『耳』作『也』。」

《明堂位》曰「祀周公於大廟」，此周公之廟壞也，不直言大廟壞，而云「大室屋壞」者，大廟之制，其簷四阿而下，當其室中，❶又拔出爲重屋。《明堂位》云：「大廟，天子明堂，復廟重檐，天子之廟飾。」鄭云：「復廟，重屋也。」是天子之廟上爲重屋。此是大廟當中之室，其上之屋壞，非大廟全壞也。《公羊》經作「世室」，❷傳曰：「世室者何？魯公之廟也。周公稱大廟，魯公稱世室，羣公稱宫。此魯公之廟也，曷爲謂之世室？世室，猶世世不毁也。」《左傳》不辨此是何公之廟，而經謂之「大室」，則此室是室之最大者，故知是周公之廟，非魯公也。《明堂位》曰：「魯公之廟，文世室也。武公之廟，武世室也。」不毁則稱世室，世室非一君廟名。若是伯禽之廟，則宜舉其號謚。且《左氏》經爲「大室」，❸不作世室，故《左氏》先師賈、服等皆以爲大廟之室也。壞必更作，書其壞，而不書作者，隨即脩之，故不書也。定二年五月，「雉門及兩觀災」，十月，「新作雉門及兩觀」。啓塞從時，譏其緩作，故別書之耳。

冬，公如晉。衛侯會公于沓。沓，地闕。

狄侵衛。無傳。

十有二月，己丑，公及晉侯盟。十二月無己丑，己丑，十一月十一日。

公還自晉。鄭伯會公于棐。棐，鄭地。

---

❶「當其室中」，阮校：「閩本、監本、毛本作『室當其中』。」

❷「經」，京都本、阮本無此字。

❸「且左氏」，京都本「且」作「案」。阮校：「閩本、監本、毛本『氏』作『傳』。」

【傳】十三年，春，晉侯使詹嘉處瑕，以守桃林之塞。詹嘉，晉大夫。賜其瑕邑，令帥衆守桃林，以備秦。桃林在弘農華陰縣東潼關。【疏】注「詹嘉」至「潼關」。正義曰：桃林之塞在南河之南，遠處晉之南竟。從秦適周，乃由此路。使詹嘉守此塞者，以秦與東方諸侯遠結恩好，及西乞聘魯，亦應更交餘國，慮其要結外援，東西圖己，故使守此阨塞，欲斷其來往故也。

晉人患秦之用士會也。夏，六卿相見於諸浮。諸浮，晉地。【疏】「六卿相見於諸浮」。正義曰：六卿在朝，旦夕聚集，而特云「相見於諸浮」者，將欲密謀，慮其漏泄，故出就外野，屏人私議。諸浮當是城外之近地耳。**趙宣子曰：「隨會在秦，賈季在狄，難日至矣，若之何？」**六年賈季奔狄。**中行桓子曰：「請復賈季，**中行桓子，荀林父也。僖二十八年始將中行，故以爲氏。**能外事，且由舊勳。」**有狐偃之舊勳。【疏】「能外事」。正義曰：賈季是狐突之孫，狐偃之子，本是狄人，能知外竟之事。謂知狄之情，得豫爲之備。**郤成子曰：「賈季亂，且罪大，**殺陽處父故。**不如隨會，能賤而有恥，**【疏】「能賤而有恥」。❶ 正義曰：服虔云：「謂能處賤，且又知恥。言不可污辱。」**柔而不犯，**不可犯以不義。**其知足使也，且無罪。」乃使魏壽餘僞以魏叛者，以誘士會，執其帑於晉，使夜逸。**魏壽餘，畢萬之後。帑，壽餘子。【疏】注「魏壽餘畢萬之後」。正義曰：閔元年晉侯「賜畢萬魏」。魏犨者，萬之孫，爲魏之世適。壽餘爲魏邑之主，當是犨之

❶「能賤而有恥」，阮本此節正義在「柔而不犯」句注下。

近親，故云「畢萬之後」。**請自歸于秦，秦伯許之。**許受其邑。**履士會之足於朝。**躡士會足，欲使行。**秦伯師于河西，將取魏。魏人在東。**今河北縣，於秦爲在河之東。**壽餘曰：「請東人之能與夫二三有司言者，吾與之先。」**欲與晉人在秦者共先告喻魏有司。【疏】「請東」至「之先」。　正義曰：請舊是東方之人，并有才能堪與彼魏邑二三有司説歸秦之言者，❶吾與先行。**使士會。士會辭曰：「晉人，虎狼也。若背其言，臣死，妻子爲戮，無益於君。不可悔也。」**辭行，示己無去心。【疏】「臣死」至「悔也」。　正義曰：言身拘死於晉，妻子爲戮於秦，❷必無益於君，不可改悔。**秦伯曰：「若背其言，所不歸爾帑者，有如河。」**言必歸其妻子，明白如河。**乃行。繞朝贈之以策，**策，馬檛。臨别授之馬檛，並示己所策以展情。繞朝，秦大夫。**曰：「子無謂秦無人，吾謀適不用也。」**示己覺其情。**既濟，魏人譟而還。**喜得士會。**秦人歸其帑。其處者爲劉氏。**士會，堯後劉累之胤，别族復累之姓。【疏】注「策馬檛」。❸　正義曰：服虔云：「繞朝以策書贈士會。」杜不然者，壽餘請訖，士會即行，不暇書策爲辭。且事既密，不宜以簡贈人。傳稱「以書相與」，皆云「與書」，此獨不宜云「贈之以策」，知是馬檛。檛，杖也。「其處者爲劉氏」。　正義曰：伍員屬其子於齊，使爲王孫氏者，知己將死，豫令改族，其傳又爲而發之。士會之帑在秦不顯，於會之身復

---

❶「才」，原作「寸」，據正宗寺本、京都本、文淵閣本、阮本改。

❷「子」，正宗寺本作空格。京都本、阮本無此字。

❸「注策馬檛」，阮本此節正義在「繞朝贈之以策」句注下。

無所辟，傳説處秦爲劉氏，未知何意言此？討尋上下，其文不類，深疑此句或非本旨。蓋以爲漢室初興，捐棄古學，《左氏》不顯於世，先儒無以自申，劉氏從秦從魏，其源本出劉累，插注此辭，將以媚於世。明帝時，賈逵上疏云：「五經皆無證圖讖明劉氏爲堯後者，而《左氏》獨有明文。」竊謂前世藉此以求道通，故後引之以爲證耳。注「士會」至「之姓」。正義曰：昭二十九年傳稱陶唐氏既衰，其後曰劉累，能飲食龍，夏王孔甲賜氏曰御龍。襄二十四年傳范宣子云：「匄之祖，自虞以上爲陶唐氏，在夏爲御龍氏，在商爲豕韋氏，在周爲唐杜氏，晉主夏盟爲范氏。」《晉語》云：「昔隰叔子違周難於晉，生子輿爲司空。世及武子，佐文、襄，輔成、景，是以受隨、范。」賈逵云：「隰叔，杜伯之子。周宣王殺杜伯，其子逃奔晉。子輿，士蔿也。武子，蔿之孫，即士會也。」又《世本》：❶「士蔿生士伯缺，缺生士會，會生士燮。」會是蔿之孫，是爲堯後也。會子在秦不被賜族，故自復累之姓爲劉氏。秦滅魏，劉氏徙大梁。又高祖之祖爲豐公，❷又徙沛，故高祖爲沛人也漢。❸

邾文公卜遷于繹。繹，邾邑。魯國鄒縣北有繹山。**史曰：「利於民而不利於君。」邾子曰：「苟利於民，孤之利也。天生民而樹之君，以利之也。民既利矣，孤必與焉。」左右曰：「命可長也，君何弗爲？」邾子曰：「命在養民。死之短長，時也。民苟利矣，遷也。吉莫如之！」**左右以一人之命爲言，文公以百姓之命爲主。一人之命各有短長，不可如何，百姓之命乃傳世無窮，故從之。**遂遷于**

---

❶「又」，原作「人」，據正宗寺本、京都本、阮本改。

❷「又」，正宗寺本、京都本、阮本作「漢」。

❸「也漢」，正宗寺本、京都本、阮本無此二字。今案：「漢」字當衍。

繹。五月，邾文公卒。君子曰：「知命。」【疏】注「繹邾」至「繹山」。❶　正義曰：邾都本在鄒縣，鄒縣北有繹山，徙都於彼山旁，山旁當有舊邑，故曰「繹，邾邑」也。邾既遷都於此，竟内别有繹邑。宣十年「公孫歸父帥師伐邾，取繹」，取彼之别邑，不取邾之國都也。但邾是小國，彼繹邑亦取繹山爲名，應近邾之都耳。　注「左右」至「徙之」。　正義曰：史明卜筮，知國遷君必死，不知君命自當卒也。左右之意，謂不遷命可長。左右勸君勿遷，❷以一人之命爲言也。文公之意，人君之命在於養民，遷則民利，志在必遷，以百姓之命爲主也。一人之命各有短長，長短先定，不遷亦死，是不可如何。百姓之命利在水土，遷就善居，則民安樂，乃傳世無窮也。晉遷新田，十世之利，衛遷帝丘，卜曰三百年，是傳世也。　「君子曰知命」。　正義曰：俗人見其早卒，謂其由遷而死。死之短長有時，不遷至期亦卒。傳言「君子曰知命」，所以證俗人之惑。邾文公以莊二十九年即位，至今五十一年，享國久矣，命非短折也。

秋，七月，大室之屋壞。書不共也。簡慢宗廟，使至傾頹，故書以見臣子不共。【疏】「書不共」。正義曰：《釋例》曰：「大室之屋，國之所尊，朽而不繕，久旱遇雨，乃遂傾頹，不共之甚，故特書之。」

冬，公如晉，朝，且尋盟。衛侯會公于沓，請平于晉。公還，鄭伯會公于棐，亦請平于晉。公皆成之。鄭、衛貳于楚，畏晉，故因公請平。**鄭伯與公宴于棐，子家賦《鴻鴈》。**子家，鄭大夫，公子歸

❶ 「注繹邾至繹山」，阮本以下正義三節分疏於傳文各節下。

❷ 「勿」，阮校：「閩本、監本、毛本『勿』改『弗』。」

生也。《鴻鴈》,《詩・小雅》。義取侯伯哀恤鰥寡,有征行之勞。言鄭國寡弱,欲使魯侯還晉恤之。**季文子曰:「寡君未免於此。」**言亦同有微弱之憂。**文子賦《四月》。**《四月》,《詩・小雅》。義取行役踰時,思歸祭祀,不欲爲還晉。**子家賦《載馳》之四章。**《載馳》,《詩・鄘風》。四章以下,義取小國有急,欲引大國以救助。**文子賦《采薇》之四章。**《采薇》,《詩・小雅》。取其「豈敢定居?一月三捷」。許爲鄭還,不敢安居。**鄭伯拜,**謝公爲行。**公答拜。**【疏】注「子家」至「恤之」。❶ 正義曰:《鴻鴈》,美宣王勞來諸侯之詩也。首章云:「之子于征,劬勞于野。爰及矜人,哀此鰥寡。」之子,侯伯卿士也。存省諸侯,劬勞外野。爰,曰也。矜,憐也。王命之曰:當及此可憐之人,謂貧窮者,又當哀此鰥夫寡婦,當收斂之,使有依附。子家言鄭寡弱,欲使魯侯遠行還晉存恤之也。

注「四月」至「還晉」。正義曰:《四月》,大夫行役之怨詩也。首章云:「四月維夏,六月徂暑。先祖匪人,胡寧忍予?」大夫言己四月初夏而行,至六月往暑矣。寒暑易節,尚不得歸,我之先祖非人乎?❷ 王者何當施忍於我,不使得祭祀也?文子言己思歸祭祀,不欲更復還晉。

注「載馳」至「救助」。正義曰:《載馳》,許穆夫人閔衛之滅,思歸唁兄之詩也。其四章曰:「陟彼阿丘,言采其蝱。女子善懷,亦各有行。許人尤之,衆穉且狂。」其五章曰:「我行其野,芃芃其麥。控于大邦,誰因誰極?大夫君子,無我有尤。百爾所思,不如我所之。」此義取小國有急,控告大國。文在五章,而傳言四章,故云

---

❶「注子家至恤之」,阮本以下正義四節分疏於傳文各節下。

❷「非」,阮校:「監本、毛本『非』作『匪』。」

「四章以下」，言其并賦五章。　注「一月三捷」。　正義曰：捷，勝也。三者，謂侵也、伐也、戰也。

【經】十有四年，春，王正月，公至自晉。無傳。告於廟。

邾人伐我南鄙，叔彭生帥師伐邾。

夏，五月，乙亥，齊侯潘卒。七年，盟于扈。乙亥，四月二十九日。書「五月」，從赴。【疏】注「七年」至「從赴」。　正義曰：《齊世家》：「孝公卒，弟潘殺孝公子而立，是爲昭公。」昭公則以僖二十八年即位，其年盟于踐土。據文公言之，唯同扈之盟耳。杜以《長歷》校之，知乙亥是四月二十九日。「書五月，從赴」者，蓋赴以五月到，唯言卒日，不言其月，即書其所至之月。

六月，公會宋公、陳侯、衛侯、鄭伯、許男、曹伯、晉趙盾。癸酉，同盟于新城。新城，宋地，在梁國穀熟縣西。

秋，七月，有星孛入于北斗。孛，彗也。既見而移入北斗，非常所有，故書之。【疏】注「孛彗」至「書之」。　正義曰：《公羊傳》曰：「孛者何？彗星也。其言入于北斗何？北斗有中也。何以書？記異也。」《穀梁傳》曰：「孛之爲言猶茀也。其曰入北斗，斗有環域也。」《釋天》云：「彗星爲攙槍。」❶郭璞曰：「妖星也。亦謂之『孛』，言其形孛孛似掃彗也。」經言「入于北斗」，則從他處而入，是既見而移入北斗也。彗星長有尾，入于

❶「攙」，正宗寺本、足利學本、京都本、阮本作「欃」。今案：《爾雅·釋天》（《四部叢刊》影宋本）作「欃」。

北斗杓中。妖星非常所有，故書。

公至自會。無傳。

晉人納捷菑于邾，弗克納。邾有成君，晉趙盾不度於義，而大興諸侯之師，涉邾之竟，見辭而退。雖有服義之善，所興者廣，所害者衆，故貶稱「人」。【疏】「納捷菑于邾」。　正義曰：捷菑不言「邾」者，下有「于邾」之文。莊公伐齊納子糾不言「齊」者，上有「伐齊」之文，與此同也。僖二十五年「楚人圍陳，納頓子于頓」，昭十二年「齊高偃納北燕伯于陽」，彼舊是國君，故稱其國。哀二年「晉趙鞅納衛世子蒯聵于戚」，世子之尊，以名體國，上下又無「衛」文，故亦稱國，與此異也。齊小白、齊陽生、許叔、蔡季之屬，經無「納」文，又復得國，與此不同也。劉炫云：「已去邾國，又非邾君，故不稱邾捷菑也。得國爲君，皆舉國言之，『齊小白入于齊』是也。」

九月，甲申，公孫敖卒于齊。既許復之，故從大夫例書「卒」。【疏】注「既許」至「書卒」。　正義曰：傳稱「請葬，不許」，明年傳云「葬視共仲」，則是不得從大夫禮葬，而得從大夫例書「卒」者，卒、葬異禮，事不相連。隱公書「薨」，「不書葬，不成喪」，不以君禮成其喪也。不以君禮猶得書「公薨」，敖雖不以卿禮葬，既許其復，得從例書「卒」。

齊公子商人弒其君舍。舍未踰年而稱君者，先君既葬，舍已即位。弒君例在宣四年。【疏】注「舍未」至「四年」。　正義曰：《公羊》之例，既葬稱「子」，踰年稱「公」。《左氏》則不然。僖九年九月「晉侯詭諸卒，❶

❶「詭」，阮校：「毛本『詭』作『佹』，與僖九年經合。」

冬，晉里克殺其君之子奚齊」，傳曰：「書曰『殺其君之子』，未葬也。荀息立公子卓以葬。十一月，里克殺公子卓于朝。」經書「里克弒其君卓」。❶是未葬稱「子」，既葬稱「君」，不待踰年始稱君也。此稱「弒其君舍」，舍已成君，故云「未踰年而稱君者，先君既葬，舍已即位」也。傳云：「五月，昭公卒，舍即位。」後七月，爲商人所弒。經、傳無葬昭公之文。又齊侯以五月而卒，傳稱七月弒舍，時未合葬，知已葬者，正以舍已稱君，決知既葬。春秋之世，多不如禮，葬之早晚，時有遲速。雖復違禮而葬，後君葬訖即成君，❷非計禮之葬日始成君也。宣十年夏四月，「齊侯元卒」。六月，「葬齊惠公」。冬，「齊侯使國佐來聘」。是葬速成君之文也。杜以成君在於既葬，不以踰年爲限。此言「未踰年」者，意在排舊説也。

宋子哀來奔。大夫奔，例書名氏。貴之，故書字。【疏】注「大夫」至「書字」。正義曰：崔杼無罪，書「崔氏出奔」。此貴子哀，書其字者，於例字貴於名，故儀父、女叔之徒皆書其字，則書字是貴之常例也。「崔氏」，傳曰「且告以族」，故因稱「氏」，唯以不名爲義。

冬，單伯如齊。單伯，周卿士。爲魯如齊，故書。**齊人執單伯。**諸侯無執王使之義，故不依行人例。【疏】注「諸侯」至「人例」。正義曰：諸侯執諸侯之大夫，無罪則稱行人，以見無罪之義。王者之使，不問有罪無罪，諸侯皆不得執之，執之則爲不臣。以諸侯無執王使之義，故單伯不依行人例。言單伯身雖無罪，不依使例，故不稱行人也。諸侯不得執王使，而諸侯之史得貶王使者，史之所書，周公定法，己君有過，猶尚書之，

---

❶「弒」，阮校：「閩本、監本、毛本『弒』作『殺』。」

❷「成成」，正宗寺本、閩本、監本不重文。

王使有愆，亦得貶也。

齊人執子叔姬。叔姬，魯女，齊侯舍之母。不稱夫人，自魯録之，父母辭。【疏】注「叔姬」至「母辭」。　正義曰：傳稱「子叔姬妃齊昭公」，知舍之母也。「不稱夫人，自魯録之，父母辭」，亦不知是何公之女，魯是其父母家。不言文公是其父，稱「子叔姬」者，服云：「子殺身執，閔之，故言『子』，爲在室辭。十二年『子叔姬卒』，已被杞絶，是並在室也。」

【傳】十四年，春，頃王崩。周公閲與王孫蘇争政，故不赴。凡崩、薨，不赴，則不書。禍、福，不告，亦不書。奔、亡，禍也。歸、復，福也。**懲不敬也。**欲使怠慢者自戒。【疏】注「奔亡」至「福也」。❶　正義曰：因崩薨而言禍福，則禍亦崩薨之類，福是反禍者也。福莫大於享國有家，禍莫甚於亡家喪國。禍亦崩薨之類，相次之物。且奔、亡、歸、復，其事多矣，雖有出入之例，未見不告之義。此傳於崩薨之末言之，故知奔、亡是禍，歸、復是福也。

邾文公之卒也，在前年。**公使弔焉，不敬。邾人來討，伐我南鄙，故惠伯伐邾。**

子叔姬妃齊昭公，生舍。叔姬無寵，舍無威。公子商人驟施於國，驟，數也。商人，桓公子。**而多聚士，盡其家，貸於公有司以繼之。**家財盡，從公及國之有司富者貸。**夏，五月，昭公卒，舍即位。**

---

❶「注奔亡至福也」，阮本此節正義在注「歸復福也」下。

郳文公元妃齊姜生定公，二妃晉姬生捷菑。文公卒，郳人立定公，捷菑奔晉。

六月，同盟于新城，從於楚者服，從楚者，陳、鄭、宋。**且謀郳也。**謀納捷菑。

秋，七月，乙卯，夜，齊商人弒舍而讓元。❶元，商人兄，齊惠公也。書「九月」，從告。七月無乙卯，日誤。**元曰：「爾求之久矣。我能事爾，爾不可多蓄憾。**❷不爲君則恨多。**將免我乎？爾爲之。」**言將復殺我。【疏】「將免我乎」。　正義曰：言爾已殺君矣，我若爲君，爾將肯放免我乎？言將復殺我。劉炫云：「爾將免我爲君之事乎？」

有星孛入于北斗。周内史叔服曰：「不出七年，宋、齊、晉之君，皆將死亂。」後三年，宋弒昭公。五年，齊弒懿公。七年，晉弒靈公。史服但言事徵，而不論其占，固非末學所得詳言。【疏】注「後三」至「詳言」。　正義曰：昭十七年傳申須云：「彗所以除舊布新也，天事恒象。」又二十六年傳晏子曰：「天之有彗也，以除穢也。」宋、齊、晉三國之君，並爲無道，皆有穢德。今彗出而彼死，是除穢之事，但未測何以知此三君當之。史服但言事徵，不言其占，非末學所得詳言，故言其驗，而不推其義。

晉趙盾以諸侯之師八百乘納捷菑于郳。八百乘，六萬人。言力有餘。**郳人辭曰：「齊出貜且**

---

❶「弒」，阮校：「《釋文》『弒』作『殺』，音試。按，傳文直書其事，作『殺』是也。」

❷「可多蓄憾」，《四部叢刊》本、京都本、阮本「可」下有「使」字。阮校：「石經作『畜』，後加艹頭。《釋文》作『畜』，云『本亦作蓄』。『憾，本又作感』。按，作『感』者古字。」

長。」矍且，定公。**宣子曰：「辭順而弗從，不祥。」乃還。**立適以長，故曰「辭順」。

周公將與王孫蘇訟于晉，王叛王孫蘇，王，匡王。叛，不與。**而使尹氏與聃啓訟周公于晉。**訟，理之。尹氏，周卿士。聃啓，周大夫。**趙宣子平王室而復之。**使復和親。❶

楚莊王立，穆王子也。**子孔、潘崇將襲羣舒，使公子燮與子儀守，而伐舒蓼。**❷即羣舒。**二子作亂，城郢，而使賊殺子孔，不克而還。八月，二子以楚子出，將如商密。**《國語》曰：「楚莊王幼弱，子儀爲師，王子燮爲傅。」【疏】「國語」至「爲傅」。❸ 正義曰：《楚語》蔡聲子云：「楚莊王方弱，申公子儀父爲師，王子燮爲傅，使潘崇、子孔帥師以伐舒。燮及儀父施二帥而分其室。師還至，則以王如廬，廬戢黎殺二子而復王。」❹**廬戢黎及叔麇誘之，**❺**遂殺鬭克及公子燮。**廬，今襄陽中廬縣。戢黎，廬大夫。叔麇，其佐。鬭克，子儀也。**初，鬭克囚于秦，**在僖二十五年。**秦有殽之敗，**在僖三十三年。**而使歸求成，成而不得志，**無賞報也。**公子燮求令尹而不得，故二子作亂。**傳言楚莊幼弱，國內亂，所以不能與

---

❶「使復」，《四部叢刊》本、京都本、文淵閣本、阮本作「復使」。

❷「伐」，原作「代」，據《四部叢刊》本、京都本、文淵閣本、阮本改。

❸「國語」上，正宗寺本、京都本、阮本有「注」字，當是。

❹「王」，原作「生」，據正宗寺本、京都本、阮本及《國語・楚語》(《士禮居叢書》影宋本)改。

❺「黎」，阮校：「岳本、足利本『黎』作『棃』，注同。案，石經此處缺，下十六年傳作『使廬戢棃侵庸』，則此處亦當作『棃』也。」按，足利學本作「黎」。

晉競。

穆伯之從己氏也，在八年。**魯人立文伯。**穆伯之子穀也。**穆伯生二子於莒，而求復。文伯以爲請，襄仲使無朝聽命。復而不出，**不得使與聽政事，終寢於家，故出入不書。**三年而盡室以復適莒。文伯疾，而請曰：「穀之子弱，**子，孟獻子，年尚幼。❶**請立難也。」**難，穀弟。**許之。文伯卒，立惠叔。穆伯請重賂以求復，惠叔以爲請，許之。將來，九月，卒于齊。告喪，請葬，弗許。**請以卿禮葬。

宋高哀爲蕭封人，以爲卿。蕭，宋附庸。仕附庸，還升爲卿。**不義宋公而出，遂來奔。**出而待放，從放所來，故曰「遂」。**書曰：「宋子哀來奔。」貴之也。**貴其不食汚君之禄，辟禍遠也。❷【疏】注「蕭宋」至「爲卿」。❸　正義曰：蕭本宋邑。莊十二年「宋萬弑閔公」，蕭叔大心者，宋蕭邑之大夫也，❹平宋亂，立桓公。宋人賞其勞，以蕭邑封叔爲附庸。莊二十三年「蕭叔朝公」，❺是爲附庸，故稱「朝」。附庸宋國，❻故云「宋附庸」也。宣十二年「楚子滅蕭」，此時蕭國仍在，高哀仕於蕭國，遂被拔擢升爲宋卿。

---

❶ 「幼」，《四部叢刊》本、京都本、文淵閣本、阮本作「少」。
❷ 「遠」，《四部叢刊》本、京都本、文淵閣本、阮本作「速」。
❸ 「注蕭宋至爲卿」，阮本此節正義在「以爲卿」句注下。
❹ 「宋」，原爲空格，據正宗寺本、京都本、文淵閣本、阮本補。
❺ 「二十三」，原作「二十二」，據正宗寺本、京都本、文淵閣本、阮本改。「蕭叔朝公」在莊二十三年。
❻ 「庸」，正宗寺本、京都本作「屬」。

齊人定懿公，使來告難，故書以九月。齊人不服，故三月而後定，書以九月，明經日月皆從赴。**齊公子元不順懿公之爲政也，終不曰「公」，曰「夫己氏」。**猶言某甲。【疏】注「齊人」至「從赴」。❶正義曰：商人實以七月弑舍，❷取其位，而齊人未服，三月而後定，定訖始來告，不告舍死之月，唯言商人弑舍。魯史以其九月來告，即書之於九月。如此傳文，告以九月，即書九月，明經之日月皆從赴而書，非褒貶詳略也。杜言此者，排先儒言日月有褒貶之義。注「猶言某甲」。正義曰：心惡其政，不以爲公，凡與人言，欲稱君者，終不謂之爲「公」，曰「夫己氏」，斥懿公之名也。劉云：「甲、己俱是名，故云『猶言某甲』。」

襄仲使告于王，請以王寵求昭姬于齊。昭姬，子叔姬。**曰：「殺其子，焉用其母？請受而罪之。」冬，單伯如齊，請子叔姬，齊人執之。**恨魯恃王勢以求女故。**又執子叔姬。**欲以恥辱魯。

【經】十有五年，春，季孫行父如晉。

三月，宋司馬華孫來盟。華孫奉使鄰國，能臨事制宜，至魯而後定盟，故不稱使。其官皆從，故書「司馬」。【疏】注「華孫」至「司馬」。正義曰：成三年：「晉侯使荀庚來聘。衛侯使孫良夫來聘。丙午，及荀庚盟。丁未，及孫良夫盟。」彼先以君命行聘禮，既而別與之盟，故書「聘」，又書「盟」。此雖使來聘魯，不令

---

❶「注齊人至從赴」，阮本此節正義在「故書以九月」句注下。

❷「弑」，原作「試」，據正宗寺本、京都本、文淵閣本、阮本改。

結盟，故書「盟」，不稱使也。僖四年「楚屈完來盟于師」，即其比也。諸侯之卿，例書名氏，以華耦能率其屬官，備禮盡儀，故貴其人，書其官也。八年「宋人殺其大夫司馬，宋司城來奔」，唯言其官，不言氏族。此既書「司馬」，復曰「華孫」者，劉炫云：「或以爲華耦貴之既深，故特書族。」案傳，華耦「魯人以爲敏」，則君子不許，是魯貴之不深。蓋史有文質，故辭有詳略也。❶

夏，曹伯來朝。

齊人歸公孫敖之喪。大夫喪還不書，善魯感子以赦父，敦公族之恩，崇仁孝之教，故特録敖喪歸以示義。【疏】注「大夫」至「示義」。正義曰：桓十八年「公之喪至自齊」，僖元年「夫人氏之喪至自齊」，二注皆云：「告於廟也。」是公與夫人薨于外竟，皆啓廟告至，例書於策。宣八年「仲遂卒于垂」，成十七年「公孫嬰齊卒于貍脤」，皆不書喪至。是大夫喪還，例不書。此獨書「齊人歸公孫敖之喪」者，《釋例》曰：「公孫敖縱情棄命，既已絶位，非大夫也。而備書於經者，惠叔毁請於朝，感子以赦父，敦公族之恩，崇仁孝之教，故曰『爲孟氏，且國故』是也。」❷不言來者，魯人取之，齊人送之，非有專使特來，故不言來。哀八年「齊人歸讙及闡」，注云：「不言來，命歸之，無指使。」❸此亦彼之類也。

六月，辛丑，朔，日有食之。鼓，用牲于社。傳例曰：「非禮也。」

❶「也」，正宗寺本、京都本、文淵閣本、阮本無此字。
❷「且」，原作「月」，據正宗寺本、京都本、文淵閣本、阮本及下十五年傳文改。
❸「指」，阮校：「案，哀八年經注作『旨』。」

單伯至自齊。

晋郤缺帥師伐蔡，戊申，入蔡。傳例曰：「獲大城曰入。」

秋，❶齊人侵我西鄙。

季孫行父如晋。

冬，十有一月，諸侯盟于扈。將伐齊，晋侯受賂而止，故揔曰「諸侯」，言不足序列。

十有二月，齊人來歸子叔姬。齊人以王故來送子叔姬，故與直出者異文。【疏】注「齊人」至「異文」。正義曰：傳例：「出曰來歸。」是直出之文也。齊人以王之故來送叔姬，故與直出異文也。使者卑微，不可言「齊侯使人」，故云「齊人來歸」。九年「秦人來歸僖公成風之襚」，定十年「齊人來歸鄆、讙、龜陰之田」，成九年「晋人來媵」之類，皆是來者微賤，不得稱君命，故舉國稱人。

齊侯侵我西鄙，遂伐曹，入其郛。郛，郭也。

【傳】十五年，春，季文子如晋，爲單伯與子叔姬故也。因晋請齊。

三月，宋華耦來盟，其官皆從之。書曰「宋司馬華孫」，貴之也。古之盟會，必備威儀，崇贄幣。

❶「秋」，京都本、阮本無此字。

賓主以成禮爲敬，❶故傳曰「卿行旅從」。春秋時率多不能備儀，華孫能率其屬，以從古典，所以敬事而自重，使重而事敬，則魯尊而禮篤，故貴而不名。**公與之宴，辭曰：「君之先臣督，得罪於宋殤公，名在諸侯之策。臣承其祀，其敢辱君？**耦，華督曾孫也。督弒殤公在桓二年。耦自以罪人子孫，故不敢屈辱魯君，對共宴會。**請承命於亞旅。」**亞旅，上大夫也。**魯人以爲敏。**無故揚其先祖之罪，是不敏。魯人以爲敏，明君子所不與也。【疏】注「古之」至「不名」。❷ 正義曰：杜檢傳文，❸諸言「書曰」者，皆是仲尼新意。此云「其官皆從」，即云「書曰司馬，貴之」，明是貴其官從，故書其官也。《聘禮》之文，有上介衆介，至所聘之國，誓于其竟，則史讀書，司馬執策，賈人拭玉，有司展幣，其從羣官多矣。《詩·緜蠻》之篇，言大臣出行，微臣隨從，傳稱「卿行旅從」。昭六年楚公子棄疾聘晉，至於鄭竟而誓，知其從人多矣。盟會禮重於聘，知古之盟會，必備威儀，崇贄幣。賓之與主，以成禮爲敏，❹故傳云「其官皆從，貴之也」。春秋之時，率多不能備威儀，故傳每言「一箇行李」是也。❺ 華孫今獨能率其官屬，以從古典，所以敬其君事而自鎮重也。使人既重而承事恭敬，則魯被尊而賓禮篤也。奉使鄰國，能尊主厚禮，是可貴之事，故仲尼貴而不名。至宴，無故

---

❶「主」，原作「空」，據《四部叢刊》本、京都本、文淵閣本、阮本改。

❷「注古之至不名」，阮本以下正義三節分疏於傳文各節下。

❸「杜」，原作「社」，據正宗寺本、京都本、文淵閣本、阮本改。

❹「敏」，正宗寺本、京都本、文淵閣本、阮本作「敬」。

❺「箇」，京都本、阮本作「个」，毛本、正宗寺本、文淵閣本作「介」。

揚其先祖之罪，爲己謙辭，是不敏之極，「魯人以爲敏」，明君子所不與。言仲尼貴其官從，君子嗤其失辭，有善有惡，傳兩舉之也。《釋例》曰：「古之盟會，必備禮儀，示等威，明貴賤，各以成禮爲節制，❶兼備則名位不愆。華孫居擾攘之世，而能率由古典，所以敬事而自重，使重而事敬，則魯尊而禮篤，故貴之也。至於宴會，追稱先人之罪，爲己謙辭，謙以失辭，故傳云『魯人以爲敏』，明君子所不與也。」是言善惡兩舉之事也。襄五年傳曰：「楚殺其大夫公子壬夫，貪也。君子謂楚共王於是不刑。」言「貪也」，罪壬夫，「不刑」，責共王，亦是兩舉之文。其事類於此也。服虔云：「華耦爲卿，侈而不度，以君命脩好結盟，舉其官屬從之，空官廢職。魯人不知其非，反尊貴之。」其意以爲貴之者，魯人貴之，非君子貴之。案經儀父與魯結好，子哀不義宋公，司城效節來奔，單伯自齊致命，傳皆言「書曰『貴之』」，實善而貴之也。此亦云「書曰『司馬華孫』，貴之」，何故惡而貴之也？劉炫又難云：「此爲不知其非，儀父豈亦魯不知其非而貴之乎？孔子脩《春秋》，裁其得失，定其襃貶，善惡章於其篇，臧否示於來世。若魯人所善亦善之，所惡亦惡之，己無心於抑揚，遂逐魯人之善惡。削筆之勞，何所施用？約之以理，豈其然哉？『其官皆從』，謂共聘之官無闕，當有留治政者，豈舉朝盡行而責其空官也？若以官從即責空官，聘禮官屬不少，豈周公妄制禮乎？」注「亞旅上大夫也」。正義曰：《尚書・牧誓》：武王呼羣官而誓曰「司徒司馬司空亞旅」，孔安國云：「亞，次也。旅，衆也。衆大夫其位次卿。」成二年傳魯賜晉三帥三命之服，「候正、亞旅，受一命之服」。皆卿後即次亞旅，知是上大夫也。華孫不敢當君，請受上大夫之宴。❷「魯人」。正義曰：魯人，魯鈍之人。

---

❶「節」，正宗寺本、京都本、阮本重此字。今案：「節」字重文，則當在上「節」字下斷句。

❷「大」，原作「夫」，據正宗寺本、京都本、文淵閣本、阮本改。

夏，曹伯來朝，禮也。諸侯五年再相朝，以脩王命，古之制也。十一年「曹伯來朝」，雖至此乃來，亦五年。傳爲「冬，齊侯伐曹」張本。【疏】「諸侯」至「制也」。正義曰：《周禮·大行人》云：「凡諸侯之邦交，歲相問也，殷相聘也，世相朝也。」鄭玄云：「父死子立曰世。」凡諸侯相朝，皆小國朝於大國，或敵國相爲賓。或彼君新立，此往朝焉，❶或此君新即位，自往朝彼，皆是世相朝也。襄元年「邾子來朝」，❷傳曰：「凡諸侯即位，小國朝之。」是此新立而彼朝之也。文九年「曹伯襄卒」，十一年「曹伯來朝」，傳曰：「即位而來見也。」是彼新立而朝此也。則知春秋之時猶有世相朝法，與《周禮》合也。《周禮》諸侯邦交，唯有此法，無五年再朝之制。此云「古之制也」，必是古有此法，但禮文殘缺，未知古是何時。鄭玄云：「古者，據今而述前代之言。夏殷之時，天子蓋六年一巡狩，諸侯間而朝天子。其不朝者，朝罷朝。五年再相朝者，似如此。」然則古者據今時而道前世耳，❸不必皆道前代。傳稱「古者越國而謀」，非謂前代之人有此謀也。「古人有言」，非謂前代之人有此言也。《詩》云「我思古人」，非思夏殷之人也。此云「古」者，亦非必夏殷。鄭言夏殷禮，非也。僖十五年「公如齊」，杜云：「諸侯五年再相朝，禮也。」引此證彼，則是當時正法，非謂前代禮也。或人見僖公朝齊，杜引此爲證，遂言五年再相朝是事霸主之法。然則魯非霸主，曹伯何以朝之？曹豈推魯爲霸主而屈己以朝之也？❹且云「古之制

❶「焉」，原作「爲」，據正宗寺本、京都本、文淵閣本、阮本改。
❷「子」，原作「十」，據正宗寺本、京都本、文淵閣本、阮本改。
❸「耳」，京都本、文淵閣本、阮本作「自」，屬下讀。
❹「推」，原作「雅」，據正宗寺本、京都本、文淵閣本改。

也」，則是古之聖王制爲此法。❶ 天子不衰，諸侯無霸，明德天子豈慮世事，❷霸主威權不行，而爲之制此法，歐諸侯以朝之？ 此不達理之言耳。 然則諸侯之邦交者，將以協近鄰，結恩好，安社稷，息民人。 土宇相望，竟界連接，一世一朝，疏闊大甚，❸其於閒暇之年，必有相朝之法。《周禮》言「世相朝」者，以其一舊一新，彼此未狎，於此之際，必須往朝，舉其禮之大者，不言唯有此事。 五年再相朝，正是周禮之制，《周禮》之不具耳。❹ 文襄之霸，其務不煩，諸侯以五年再朝，往來大數，更制三年一聘，五年一朝，所以説諸侯也。 五年一朝者，亦謂朝大國耳。且彼因説弔葬，非獨霸主之喪，明使諸侯相共行此禮也。 霸主遭時制宜，非能創制改物，諸侯或從時令，或奉舊章，❺此在文襄之後，仍守舊制，故五年再相朝也，傳言「古之制」，以文襄已改故也。 昭十三年歲聘間朝，是周之諸侯朝天子之法，故《釋例》引之云：「明王之制，歲聘以志業。」❻以解朝聘之數。《尚書·周官》「六年，五服一朝」，孔傳云：「一朝會京師。」是再朝甸會，❼周之正禮也。 若然，《大行人》云：「侯服，一歲一見。 甸服，二歲一

---

❶ 「則」，京都本、文淵閣本、阮本作「即」。
❷ 「事」，正宗寺本、京都本、文淵閣本、阮本作「衰」，當是。
❸ 「大」，原作「天」，據正宗寺本、京都本、阮本改。
❹ 「之」，正宗寺本、京都本、文淵閣本、阮本作「文」。
❺ 「奉」，京都本、文淵閣本、阮本作「率」。 足利學本作「牵」。
❻ 「歲」，原作「朝」，正宗寺本、京都本、文淵閣本、阮本作「歲」。 阮校：「案，《釋例》亦作『歲』，與《左傳》正文合。 宋本作『朝』，誤也。」今據改。
❼ 「甸」，正宗寺本、京都本、文淵閣本、阮本作「而」。 阮校：「宋本『而』作『甸』，非。」

見。男服，三歲一見。采服，四歲一見。衛服，五歲一見。要服，六歲一見。」何於服數朝者，《大行人》所云，謂貢物而見，或君自至，或遣臣來。除此貢物之外，别有朝會之禮。沈氏以爲諸侯五年再相朝及昭十三年皆爲朝牧伯之法，以「間朝以講禮」與「再朝而會」是三歲之朝與六年之朝。大率言之，是五年之内再相朝也。但魯非曹之伯國，而沈云朝牧伯之禮，又昭十三年朝盟主之法，亦無明證。沈氏之言，未可從也。

齊人或爲孟氏謀，孟氏，公孫敖家。慶父爲長庶，故或稱「孟氏」。**曰：「魯，爾親也。飾棺寘諸堂阜，**堂阜，齊、魯竟上地。飾棺不殯，示無所歸。**魯必取之。」從之。卞人以告。**卞人，魯卞邑大夫。**惠叔猶毁以爲請，**敖卒，則惠叔請之，至今期年而猶未已，毁過喪禮。**立於朝以待命。許之，取而殯之。**殯於孟氏之寢，終叔服之言。**齊人送之。書曰：「齊人歸公孫敖之喪。」爲孟氏，且國故也。**爲惠叔毁請，且國之公族，故聽其歸殯而書之。**葬視共仲。**制如慶父，皆以罪降。【疏】注「孟氏」至「孟氏」。❶ 正義曰：公孫敖，慶父之子。杜以慶父與莊公異母，庶長稱孟。雖彊同於適，自稱爲仲，以其實是長庶，故時人或稱「孟氏」。 注「堂阜」至「所歸」。 正義曰：《喪大記》云：「飾棺：君龍帷，黼荒，火三列，黻三列，素錦褚，加帷荒，纁紐六。大夫畫帷，畫荒，火三列，黻三列，素錦褚，纁紐二，玄紐二。」鄭玄云：「飾棺者，以華道路及壙中，不欲使衆惡其親也。荒，蒙也。在旁曰帷，在上曰荒，皆所以衣柳也。士布帷、布荒，君、大夫加文章焉。黼荒，緣邊爲黼文；畫荒，緣邊爲雲氣，火黻爲列於其中耳。褚以襯覆棺，乃加帷荒於其上。紐所以

❶「注孟氏至孟氏」，阮本以下正義四節分疏於傳文各節下。

連結帷荒者也。」禮之飾棺，唯有此耳。齊人教之飾棺，蓋依此大夫之制而爲之飾。置諸堂阜，故爲不殯，示無所歸，冀魯人哀之也。沈氏云：「飾棺，即《雜記》云：『諸侯死於道，其輤有裧，緇布裳帷，素錦以爲屋而行。大夫死於道，以布爲輤而行。』」義或當然。注「卞人魯卞邑大夫」。正義曰：治邑大夫，例呼爲「人」。孔子父爲鄹邑大夫，謂之鄹人，知此卞人是卞邑大夫。其邑近堂阜，故見之而告魯君。注「斂卒」至「喪禮」。正義曰：斂卒已向周年，猶尚毀以爲請，知斂卒即請，至今未已也。傳言「猶毀」，是不復應毀，故知「毀過喪禮」也。劉炫云：「斂去年九月卒，至今年夏，據月未帀，不得稱期年。」今知非者，杜以傳云「惠叔猶毀」，據日月之久，欲盛言其遠，故云期年。但首尾二年亦得爲期年之義。劉以未周十二月而規杜氏，非也。

聲己不視，帷堂而哭。❶聲己，惠叔母，怨敖從莒女，故帷堂。**襄仲欲勿哭，**怨敖取其妻。**惠伯曰：「喪，親之終也。**惠伯，叔彭生。**雖不能始，善終可也。**【疏】「帷堂」。❷　正義曰：《檀弓》云：「尸未設飾，故帷堂。小斂而徹帷。」❸至大斂之節又帷堂，以至於殯，恒帷堂。《雜記》云：「朝夕哭則不帷。」今聲己恨穆伯，故朝夕哭仍帷堂。《檀弓》又云：「帷殯非古，自敬姜之哭穆伯始也。」❹與此相類也。敬姜者，穆伯妻，文伯

❶「帷」，《四部叢刊》本、京都本、文淵閣本、阮本作「帷」。此節正義下「帷」字同。
❷「帷堂」，阮本此節正義在「帷堂而哭」句注下。
❸「帷」，原作「作」，據正宗寺本、京都本、文淵閣本、阮本及《禮記·檀弓》改。
❹「敬」，原作「徹」，據正宗寺本、京都本、文淵閣本、阮本及《禮記·檀弓》改。

歜之母也。❶ 穆伯，季悼子之子公甫靖，與敖非一人。**史佚有言，曰：『兄弟致美。』**各盡其美，義乃終。**救乏、賀善、弔災、祭敬、喪哀，情雖不同，毋絶其愛，親之道也。子無失道，何怨於人？」襄仲說，帥兄弟以哭之。**【疏】「祭敬」至「道也」。❷ 正義曰：祭敬者，謂助祭於兄弟之家，盡其敬也。喪哀者，謂兄弟死喪之事，竭其哀也。情雖不同，謂内相怨恨，情雖不能和同，當無絶其愛，是相親之道也。

他年，其二子來，敖在莒所生。**孟獻子愛之，聞於國。**獻子，穀之子仲孫蔑。**或譖之曰：「將殺子。」獻子以告季文子。二子曰：「夫子以愛我聞，我以將殺子聞，不亦遠於禮乎？遠禮不如死。」一人門于句鼆，❸ 一人門于戾丘，皆死。**句鼆、戾丘，魯邑。有寇攻門，二子禦之而死。【疏】注「句鼆」至「而死」。正義曰：句鼆、戾丘有寇攻門不書者，服虔云：「魯國中小寇，非異國侵伐，故不書也。」

六月，辛丑，朔，日有食之，鼓，用牲于社，非禮也。得常鼓之月，而於社用牲爲非禮。【疏】注「得常」至「非禮」。正義曰：此與莊二十五年經文正同，彼傳云「非常」，此傳云「非禮」者，彼失常鼓之月，言鼓之爲非常，此得常鼓之月，而用牲爲非禮。彼云「六月」，實是七月。傳因日月之變，以起時歷之誤，故《釋例》曰：「文十五年與莊二十五年經文皆同，而更復發傳曰『非禮』者，明前傳欲以審正陽之月，後傳發例欲以明諸侯之禮，而

---

❶「歜」，原作「敬」，據正宗寺本、京都本、文淵閣本、阮本及《禮記》鄭注改。
❷「祭敬至道也」，阮本此節正義在「其二子來」句注下。
❸「于」，原作「子」，據《四部叢刊》本、京都本、文淵閣本、阮本改。

用牲爲非禮也。此乃聖賢之微旨，而先儒所未喻也。」是解二傳不同之意。日有食之，天子不舉，去盛饌。【疏】注「去盛饌」。正義曰：《周禮・膳夫》：「掌王之食飲膳羞，以養王及后、世子。王日一舉，鼎十有二，物皆有俎。天地有災則不舉。」鄭玄云：「殺牲盛饌曰舉。」今云「天子不舉」，是去盛饌、貶膳食也。伐鼓于社，責羣陰。伐猶擊也。【疏】注「責羣陰伐猶擊也」。正義曰：《郊特牲》云：「社祭土而主陰氣也。君南鄉於北墉下，答陰之義也。」《論語》云：「鳴鼓而攻之。」伐鼓者，是攻責之事，故云責羣陰也。日食者，陰侵陽，故責陰以救日。孔安國《尚書》傳云：「凡日食，天子伐鼓于社，責上公。」然則社以上公配食，天子伐鼓，責羣陰，亦以責上公也。諸侯用幣于社，請上公，亦以請羣陰也。互相備也。諸侯用幣于社，社尊於諸侯，故請救而不敢責之。【疏】注「社尊」至「責之」。正義曰：昭二十九年傳曰：「封爲上公，祀爲貴神。社稷五祀，是尊是奉。」是社爲上公之神，尊於諸侯。禮用幣者，皆是告請神明之事。以社尊，故用幣請救，而不敢攻責也。陰侵陽而請陰者，請止而勿侵陽也。伐鼓于朝，退自責。以昭事神、訓民、事君，天子不舉，諸侯用幣，所以事神。尊卑異制，所以訓民。【疏】注「天子」至「訓民」。正義曰：天子不舉，自貶食耳。而以爲事神者，畏敬神明，乃自貶損，徹膳不舉，亦是事神之義，故通以不舉爲事神也。示有等威，古之道也。等威，威儀之等差。

齊人許單伯請而赦之，使來致命。以單伯執節不移，且畏晉，故許之。書曰：「單伯至自齊。」貴之也。單伯爲魯拘執，既免而不廢禮，終來致命，故貴而告廟。

新城之盟，在前年。蔡人不與。不會盟。晉郤缺以上軍、下軍伐蔡，兼帥二軍。曰：「君弱，不可以怠。」怠，解也。戊申，入蔡，以城下之盟而還。凡勝國曰「滅之」，勝國，絶其社稷，有其土地。

獲大城焉曰「入之」。得大都而不有。【疏】「凡勝」至「入之」。正義曰：此傳已發凡例，襄十三年復發傳云：「用大師曰滅，弗地曰入。」再發例者，兵之所加，不可細舉，故舉舊策之典，以例而言，用大師，起大衆，重力以陷敵，因而有之，故曰「勝國」，通以「滅」爲文也。以成師重力，雖獲大城，得而弗有，故直以出入爲辭，曰「入之」而已。城不包地，國不通邑，滅邑必主大師，是故再發例也。

秋，齊人侵我西鄙，故季文子告于晉。

冬，十一月，晉侯、宋公、衛侯、蔡侯、陳侯、鄭伯、許男、曹伯盟于扈，尋新城之盟，且謀伐齊也。齊執王使，且數伐魯。**齊人賂晉侯，故不克而還。於是有齊難，是以公不會。**明今不序諸侯，不以公不會故。**書曰：「諸侯盟于扈。」無能爲故也。**惡其受賂，不能討齊。**凡諸侯會，公不與，不書，諱君惡也。**謂國無難，不會義事，故爲「惡」。不書，謂不國別序諸侯。**與而不書，後也。**謂後期也。今貶諸侯，似爲公諱，故傳發例以明之。【疏】「凡諸侯」至「後也」。正義曰：七年「公會諸侯、晉大夫盟于扈」，傳曰：「公後至，故不書所會。」因發例云：「凡會諸侯，不書所會，後也。後至，不書其國，辟不敏也。」彼乃義事，而公後期，諱君之惡，故揔稱「諸侯」。此亦揔稱「諸侯」，不會非公之罪，而經文相似，傳辯其嫌，故更復發例，而以善形惡。凡諸侯爲義事聚會，而公不與，則不歷書諸國，諱君惡也。若公實與會，而亦不書諸國，爲公後期也，即七年扈之盟是也。今於此會，受賂舍罪，致使魯有齊患，公雖不與，非公之罪。經與後期文同，似爲公諱，故傳發例以明之：此會公雖不與，非公惡也。

齊人來歸子叔姬，王故也。單伯雖見執，能守節不移，終達王命，使叔姬得歸。

齊侯侵我西鄙，謂諸侯不能也。不能討己。**遂伐曹，入其郛，討其來朝也。**此年夏朝。**季文子曰：「齊侯其不免乎？己則無禮，執王使而伐無罪。而討於有禮者，曰：『女何故行禮？』禮以順天，天之道也。**【疏】「曰女」至「道也」。❶ 正義曰：言「曰」者，原齊侯之意而爲之辭也。責曹曰：「女何故行禮？」謂責於朝魯也。天道以卑承尊，人道以小事大。禮者自卑而尊人，朝者謙順以行禮。行禮以順天，是天之道也。**己則反天，而又以討人，難以免矣。《詩》曰：『胡不相畏？不畏于天。』**《詩・小雅》。【疏】「詩曰」至「于天」。正義曰：此《詩・小雅・雨無正》之篇。胡，何也。詩人責朝廷之臣，女羣臣上下何以不相畏乎？女上下不相畏，乃是不畏于天也。**君子之不虐幼賤，畏于天也。在《周頌》曰：『畏天之威，于時保之。』**《詩・周頌》。言畏天威，于是保福禄。**不畏于天，將何能保？以亂取國，奉禮以守，猶懼不終，多行無禮，弗能在矣。」**爲十八年齊弑商人傳。

【經】十有六年，春，季孫行父會齊侯于陽穀，齊侯弗及盟。及，與也。

夏，五月，公四不視朔。諸侯每月必告朔聽政，因朝於廟。今公以疾闕，不得視二月、❷三月、四月、五月朔也。《春秋》十二公，以疾不視朔非一也，義無所取，故特舉此以表行事。因明公之實

❶「曰女至道也」，阮本以下正義二節在「不畏于天」句注下。

❷「得」，阮校：「足利本無『得』字。」

有疾，非詐齊。【疏】注「諸侯」至「詐齊」。　正義曰：天子頒朔於諸侯，諸侯受而藏之於祖廟，每月之朔，以特羊告廟，受而施行之，遂聽治此月之政，謂之視朔。因以其日，又以朝享之禮祭皇考以下，謂之朝廟。此年公疾，自二月至於五月，已經四月不得視朔，故書「公四不視朔」。傳稱「正月，及齊平。公有疾，使季文子會齊侯」，則正月公初疾，不得視二月朔，至五月而四，故知不得視二月、三月、四月、五月朔也。《春秋》十二公，二百四十二年，計有三千餘月，公以疾不視朔，當非一也，餘皆不書，而此獨書者，公身有疾，不得視朔，國事不廢，義無所取，因此齊侯疑公，故特舉此以表行事，餘皆從可知也。《釋例》曰：「魯之羣公以疾不視朔多矣，因有事而見一，比猶釋不朝正之義。」❶是其事也。又於時齊侯不信公實有疾，書此者，且明公實有疾，非詐齊也。史之所書，當書其始，不於二月書之，而以五月書者，二月公始有疾，未知來月瘳否，不得豫書其數。至六月公瘳，乃積前數之闕，故以五月書四也。昭二十三年：「公如晉，至河，有疾，乃復。」彼書有疾，此不言有疾者，在道而還，容有他故。昭十二年、十三年，公如晉，至河乃復，皆爲晉人辭公而還，非爲疾也，故須言有疾以辯之。❷公不視朔，唯有疾耳，無所分辯，故不書疾也。告朔，謂告於祖廟。視朔，謂聽治月政。視朔由公疾而廢，其告朔，或有司告之，不必廢也。《論語》云：「子貢欲去告朔之餼羊。」必是廢其禮而羊在，蓋從是以後更有不告朔者，故欲去其羊耳。六年，閏月不告月，❸書經以譏之。在後若不告朔，不復書之者，蓋以閏月不告，其譏已明，故於後不復譏之。閔二年

❶「比」，阮校：閩本、監本作「此」。
❷「言」，阮校：「監本、毛本『言』作『書』。」
❸「不告」至「譏之」，阮校：「補案：『不告月』，『月』當『朔』字之訛。『書經』，當是『經書』誤倒。」

「吉禘于莊公」，已譏其速。文二年「大事于大廟」，不復譏之，當亦如彼之類，不重譏也。

六月，戊辰，公子遂及齊侯盟于郪丘。信公疾，且以賂故。郪丘，齊地。

秋，八月，辛未，夫人姜氏薨。僖公夫人，文公母也。

毀泉臺。泉臺，臺名。毀，壞之也。

楚人、秦人、巴人滅庸。

冬，十有一月，宋人弑其君杵臼。稱君，君無道也。例在宣四年。

【傳】十六年，春，王正月，及齊平。齊前年再伐魯，魯爲受弱，故平。公有疾，使季文子會齊侯于陽穀，請盟。齊侯不肯，曰：「請俟君間。」間，疾瘳。❶

夏，五月，公四不視朔，疾也。公使襄仲納賂于齊侯，故盟于郪丘。

有蛇自泉宮出，入于國，如先君之數。伯禽至僖公十七君。秋，八月，辛未，聲姜薨，毀泉臺。

魯人以爲蛇妖所出而聲姜薨，故壞之。【疏】注「伯禽」至「七君」。❷ 正義曰：《魯世家》：魯公伯禽，子考

❶ 「瘳」，阮校：「《釋文》『瘳』下有『也』字。」

❷ 「注伯禽至七君」，阮本此節正義在「如先君之數」句注下。

公酉，弟煬公熙，子幽公圉，❶弟徽公濆，子厲公擢，弟獻公具，子順公濞，弟武公敖，子懿公戲，弟孝公稱，子惠公弗皇，子隱公息姑，弟桓公允，子莊公同，子閔公開，兄僖公申。周公不之魯，從魯公數之爲十七君也。「毀泉臺」。　正義曰：蛇自宮出而毀其臺，則臺在宮内。人見從宮而出，毀臺并毀其宮也。注「魯人」至「壞之」。正義曰：人見蛇出而姜薨，以爲臺是妖之穴，仍謂此處有妖，更將爲害，毀之所以絶其源，安民意也。故《釋例》曰：「衆蛇自泉臺出，如先君之數，入於國。聲姜之薨適與妖會，而國以爲災，遂毀泉臺。書毀而不變文以示義者，君人之心，一國之俗，須此爲安，故不譏也。」以不變文，知不譏也。不書蛇入國者，鸜鵒非魯國之有，故書其所無，蛇是魯地所有，姜薨不由此蛇，凡物不爲災，則不書也。

楚大饑，戎伐其西南，至于阜山，師于大林。又伐其東南，至于陽丘，以侵訾枝。戎，山夷也。大林、陽丘、訾枝皆楚邑。**庸人帥羣蠻以叛楚。**庸，今上庸縣，屬楚之小國。**麇人率百濮聚於選，將伐楚。**選，楚地。百濮，夷也。**於是申、息之北門不啓。**備中國。

楚人謀徙於阪高。楚險地。**蔿賈曰：「不可。我能往，寇亦能往。不如伐庸。夫麇與百濮，謂我饑不能師，故伐我也。若我出師，必懼而歸。百濮離居，將各走其邑，誰暇謀人？」乃出師。旬有五日，百濮乃罷。**濮夷無屯聚，見難則散歸。**自廬以往，振廩同食。**往，往伐庸也。振，發也。廩，

❶「圉」，阮校：「《史記·魯世家》『圉』作『宰』。」

倉也。同食，上下無異饌也。**次于句澨。**楚西界也。**使廬戢棃侵庸，**❶戢棃，廬大夫。**及庸方城。**方城，庸地，上庸縣東有方城亭。**庸人逐之，囚子揚窗。**❷窗，戢棃官屬。**三宿而逸。曰：「庸師衆，羣蠻聚焉，不如復大師，**還復句澨師。**且起王卒，合而後進。」師叔曰：「不可。**師叔，楚大夫潘尪也。**姑又與之遇以驕之。彼驕我怒，而後可克，先君蚡冒所以服陘隰也。」**蚡冒，楚武王父。陘隰，地名。**又與之遇，七遇皆北，**軍走曰北。**唯裨、鯈、**❸**魚人實逐之。**裨、鯈、魚，庸三邑。魚，魚復縣，今巴東永安縣。輕楚，故但使三邑人逐之。**庸人曰：「楚不足與戰矣。」遂不設備。**

楚子乘馹，會師于臨品。馹，傳車也。臨品，地名。**分爲二隊，**隊，部也。兩道攻之。**子越自石溪，子貝自仞，以伐庸。**子越，鬭椒也。石溪、仞，入庸道。**秦人、巴人從楚師。羣蠻從楚子盟，**蠻見楚彊故。**遂滅庸。**傳言楚有謀臣，所以興。【疏】注「戎山夷也」。❹正義曰：四夷之名，隨方定稱，則曰東夷、西戎、南蠻、北狄。其當處立名，則各從方號，故北戎病燕，齊侯伐山戎，北方得有戎，故楚西亦有戎。戎是山間之民，夷爲四方揔號，故云「戎，山夷也」。注「選楚地百濮夷也」。正義曰：將欲伐楚，聚於此地，故

---

❶「棃」，京都本、文淵閣本、阮本作「黎」。

❷「囚」，原作「因」，據《四部叢刊》本、京都本、文淵閣本、阮本改。

❸「鯈」，阮校：「淳熙本作『儵』，注亦作『儵』。《釋文》同。」

❹「注戎山夷也」，阮本以下正義五節分疏於傳文各節下。

知是楚地也。《牧誓》武王伐紂，有庸、濮從之。孔安國云：「庸、濮在江漢之南。」是濮爲西南夷也。《釋例》曰：「建寧郡南有濮夷，濮夷無君長揔統，各以邑落自聚，故稱百濮也。」下云「各走其邑」，是無君長統之。「申息之北門不啓」。正義曰：申、息北接中國，有寇必從北來，❶故二邑北門不敢開也。注「蚡冒」至「地名」。正義曰：劉炫云：「案《楚世家》，蚡冒卒，弟熊達殺蚡冒子而代立，是爲楚武王。則蚡冒是兄，不得爲父。」今知不然者，以《世家》之文多有紕繆，與經、傳異者非是一條，杜氏非不見其文，但見而不用耳。劉以《世家》而規杜，非也。言「服陘隰」，則陘隰本是他國，蚡冒始服之也。《釋例》：「陘隰與僖四年次于陘爲一地，潁川召陵縣南有陘亭。」楚自武王始居江漢之間，則蚡冒之時，未至中土，不應已能越申、息，遠服潁川之邑，疑非也。注「馹傳車也」。正義曰：《釋言》云：「馹，傳也。」舍人曰：「馹，尊者之傳也。」郭璞曰：「傳車，驛馬之名也。」

宋公子鮑禮於國人，鮑，昭公庶弟文公也。**宋饑，竭其粟而貸之。年自七十以上，無不饋詒也，時加羞珍異。**羞，進也。**無日不數於六卿之門。**數，不疏。**國之材人，無不事也，**有賢材者。**親自桓以下，無不恤也。**桓，鮑之曾祖。**公子鮑美而艷，襄夫人欲通之，**鮑適祖母。**而不可，**以禮自防閑。**乃助之施。**❷**昭公無道，國人奉公子鮑以因夫人。於是華元爲右師，**元，華督曾孫，代公子成。**公孫友爲左師，華耦爲司馬，**代公子卬。**鱗鱹爲司徒，**❸**蕩意諸爲司城，公子朝爲司寇。**代華御事。

---

❶ 「必」，京都本、阮本作「比」。

❷ 「乃」，京都本、阮本作「夫人」。

❸ 「鱹」，阮校：「石經、宋本、岳本作『矔』，《釋文》同，是也。」

初，司城蕩卒，公孫壽辭司城，壽，蕩之子。請使意諸爲之。意諸，壽之子。既而告人曰：「君無道，吾官近，懼及焉。禍及己。棄官，則族無所庇。子，身之貳也，姑紓死焉。姑，且也。紓，緩也。雖亡子，猶不亡族。」已在故也。

既，夫人將使公田孟諸而殺之。公知之，盡以寶行。蕩意諸曰：「盍適諸侯？」公曰：「不能其大夫，至于君祖母，以及國人，君祖母，諸侯祖母之稱，謂襄夫人。諸侯誰納我？且既爲人君，而又爲人臣，不如死！」盡以其寶賜左右而使行。行，去也。夫人使謂司城去公。對曰：「臣之而逃其難，若後君何？」言無以事後君。

冬，十一月，甲寅，宋昭公將田孟諸。未至，夫人王姬使帥甸攻而殺之。襄夫人，周襄王姊，故稱王姬。帥甸，郊甸之帥。❶ 蕩意諸死之。不書，不告。書曰「宋人弑其君杵臼」，君無道也。始例發於臣之罪，今稱國人，故重明君罪。

文公即位，使母弟須爲司城。代意諸。華耦卒，而使蕩虺爲司馬。虺，意諸之弟。【疏】「宋公」至「恤也」。❷ 正義曰：禮於國人，摠言接待之也。竭其粟而貸與國之飢民也。禮，與人物曰饋。詒，遺也。

---

❶「帥」，阮校：「淳熙本、纂圖本、足利本作『師』。」

❷「宋公至恤也」，阮本以下正義五節分疏於傳文各節下。

饋，詒皆是與人物之名也。民年自七十以上無有不饋遺以飲食也。❶珍異，謂非常美食。羞，進也。時加進珍異者，謂四時初出珍異之物也。無有一日不數數於六卿之門，言參請不絶也。國之賢材之人無不事公子，皆事之也。其族親自桓公以下子孫無不恤，公子皆賑恤之也。注「元華督曾孫」。正義曰：《世本》云：華督生世子家，家生華孫御事，事生華元，右師是也。注「君祖」至「夫人」。正義曰：哀十六年傳蒯聵告周云：「蒯聵得罪于君父君母。」謂母爲君母，則祖母爲君祖母矣，故云：「君祖母者，諸侯祖母之稱也。」昭公，成公之子，襄公之孫，故襄夫人是其祖母也。注「襄夫」至「之帥」。正義曰：《周禮·載師》云：「以宅田、士田、賈田任近郊之地，以官田、牛田、賞田、牧田任遠郊之地，以公邑之田任甸地，以家邑之田任稍地，以小都之田任縣地，以大都之田任疆地。❷凡任地，近郊十一，遠郊二十而三，甸、稍、縣、都皆無過十二。」彼從國都而出，計遠近節級而別爲之名。鄭玄引《司馬法》：「王國百里爲郊，二百里爲州甸，三百里爲野稍，四百里爲縣，五百里爲都。」諸侯之與天子竟雖不同，亦當近國爲郊，郊外爲甸。天子之甸爲公邑之田，則諸侯之甸亦公邑也。帥甸者，甸地之帥，當是公邑之大夫也。獨言帥甸，無以相明，故舉類言之，云郊甸之帥，其實正是甸地之帥，非郊地之帥也。注「始例」至「君罪」。正義曰：宣四年傳例曰：「凡弒君，稱君，君無道也，稱臣，臣之罪也。」彼是弒君大例，經下注云「例在宣四年」，指彼例也。彼雖在此之後，乃是例之初始，故謂彼爲始例。彼因歸生弒君而發傳例，是始例發於臣之罪也。此稱宋人弒其君，文異於彼，故重明君罪，謂與彼例爲重也。《釋例》曰：「鄭靈、宋昭，文異而例同，重發以同之。」

---

❶「自」，京都本、文淵閣本、阮本無此字。

❷「疆」，京都本、阮本作「彊」。阮校：「案，《周禮》作『畺』。」

【經】十有七年，春，晉人、衛人、陳人、鄭人伐宋。自閔、僖已下，終於《春秋》，陳侯常在衛侯上，今大夫會在衛下。傳不言陳公孫寧後至，則寧位非上卿故也。**【疏】**注「自閔」至「故也」。　正義曰：《釋例·班序譜》：「自隱至莊十四年，四十三歲，衛與陳凡四會，衛在陳上。莊十五年盡僖十七年，三十五歲，凡八會，陳在衛上。」莊十六年幽盟之下注云：「齊桓始霸，楚亦始彊，陳侯介於二大國之間，而爲三恪之客，故齊桓因而進之，遂班在衛上，終於《春秋》。」但齊桓升陳於衛上，乃在莊之中年，不得以莊爲始，故云自閔、僖以下，終於《春秋》，陳侯常在衛上也。今此大夫會伐宋，貶之稱人，而陳在衛下。襄二十六年澶淵之會，傳稱宋向戌後至，退在鄭良霄之下。此傳具歷序大夫之名，不言公孫寧以後至被退。成三年傳曰：「次國之上卿當大國之中，中當其下，下當其上大夫。」彼言大夫位有尊卑次序，以之升降，則公孫寧位非上卿，故降在衛下也。檢《春秋》上下，亦有後至無傳，而杜云後至者，則秦小子憖是也。案彼則公孫寧未必非後至，但杜弘通兩解，故云非上卿耳。

夏，四月，癸亥，葬我小君聲姜。

齊侯伐我西鄙。西當爲北，蓋經誤。**【疏】**注「西當爲北蓋經誤」。　正義曰：經言西鄙，傳言北鄙。服虔以爲再來伐魯，西鄙書，北鄙不書，諱仍見伐。案經十五年「秋，齊人侵我西鄙」，冬，「齊侯侵我西鄙」。僖二十六年，春，「齊人侵我西鄙」，「夏，齊人伐我北鄙」。皆仍見侵伐，書而不諱，此何獨諱而不書？凡言諱者，諱國惡也。齊侯無道而伐我，我非有惡而可諱，何以諱其仍伐？故知正是一事，經文誤耳。知非傳誤者，魯求與平，即盟于穀。穀是濟北穀城縣也，穀在魯北，知北鄙是也。

六月，癸未，公及齊侯盟于穀。

諸侯會于扈。昭公雖以無道見弒，而文公猶宜以弒君受討，故林父伐宋以失所稱人，晉侯平宋以無功不序，明君雖不君，臣不可不臣，所以督大教。【疏】注「昭公」至「大教」。正義曰：弒君，稱君，君之罪者，欲以懲創人君，使爲鑒戒。不書弒者之名，以見君亦合死。其君雖則合死，要非臣所得弒，故文公宜以弒君受討。林父稱人，諸侯不序，責死者，罪弒者，所以督大教。大教，謂尊君卑臣之教也。

秋，公至自穀。無傳。

冬，公子遂如齊。

【傳】十七年，春，晉荀林父、衛孔達、陳公孫寧、鄭石楚伐宋，討曰：「何故弒君？」猶立文公而還。卿不書，失其所也。卿不書，謂稱人。

夏，四月，癸亥，葬聲姜。有齊難，是以緩。過五月之例。

齊侯伐我北鄙。襄仲請盟，六月，盟于穀。晉不能救魯，故請服。

晉侯蒐于黃父，一名黑壤，晉地。遂復合諸侯于扈，平宋也。傳不列諸國而言「復合」，則如上十五年會扈之諸侯可知也。公不與會，齊難故也。書曰「諸侯」，無功也。刺欲平宋而復不能。於是晉侯不見鄭伯，以爲貳於楚也。鄭子家使執訊而與之書，以告趙宣子，執訊，通訊問之官。爲書與宣子。曰：「寡君即位三年，魯文二年。召蔡侯而與之事君。九月，蔡侯入于敝邑以行。行，朝晉也。敝邑以侯宣多之難，寡君是以不得與蔡侯偕。宣多既立穆公，恃寵專權。十一月，克減侯宣多，而隨蔡侯以朝于執事。減，損也。難未盡而行，言汲汲于朝晉。十二年六月，歸生佐寡君之嫡夷，歸生，子家名。夷，太子名。以請陳侯于楚，而朝諸君。請陳于楚，與俱朝晉。十四年七月，寡君又朝以蕆陳事。蕆，勑也。勑成前好。❶十五年五月，陳侯自敝邑往朝于君。往年正月，燭之武往朝夷也。將夷往朝晉。八月，寡君又往朝。以陳、蔡之密邇於楚，而不敢貳焉，則敝邑之故也。密邇，比近也。雖敝邑之事君，何以不免？免，免罪也。在位之中，一朝于襄，襄公。而再見于君。君，靈公也。夷與孤之二三臣相及於絳。孤之二三臣，謂燭之武、歸生自謂也。絳，晉國都。雖我小國，則蔑以過之矣。今大國曰：『爾未逞吾志。』敝邑有亡，無以加焉。古人有言曰：『畏首畏尾，身其餘幾？』言首尾有畏，則身中不畏者少。又曰：『鹿死不擇音。』音，所茠蔭之處。古字聲同，皆相假借。小國之事大國也，德，則其人也，以德加己，則以人道相事。不德，則其鹿也，鋌而走險，急何能擇？鋌，疾走貌。言急則欲蔭茠於楚，❷如鹿赴險。命之罔極，亦知亡矣，言晉命無極。將悉敝賦以待於鯈，唯執事命之！鯈，晉、鄭之竟。言欲以兵距晉。文公二年六月壬申朝于

---

❶「好」，阮校：「《釋文》云：『好，一本作事。』」

❷「茠」，阮校：「閩本、監本、毛本作『芘』，從《釋文》改也。《釋文》又云：『本或作茠字。』按，《説文》：『休，息止也，從人依木。』或作『庥』。凡作『茠』者，俗字。」

齊，鄭文二年六月壬申，魯莊二十三年六月二十日。❶ **四年二月壬戌爲齊侵蔡，**魯莊二十五年二月無壬戌，壬戌，三月二十日。**亦獲成於楚。**鄭與楚成。**居大國之間，而從於彊令，豈其罪也？**令，號令也。**大國若弗圖，無所逃命！」晉鞏朔行成於鄭，趙穿、公壻池爲質焉。**趙穿，卿也。公壻池，晉侯女婿。【疏】「使執訊而與之書」。❷ 正義曰：使執訊，使之行適晉也。與之書，與此執訊書，令持以告宣子。　注「蒇敕也」。　正義曰：蒇之爲敕，無正訓也，先儒相傳爲然。賈、服皆云：「蒇，敕也。」　「一朝」至「于君」。　正義曰：鄭穆公以僖三十三年即位，晉襄公以文公六年卒。一朝于襄，三年十一月也。再見於君，十四年七月，往年八月也。或者十四年七月「寡君又朝」，敕成陳事，再見于君，謂往年正月燭之武往朝夷，八月寡君又朝是也。　「孤之二三臣」。　正義曰：禮，諸侯與臣民言，自謂寡人，小國之君自稱曰孤。臣與他國之人言，稱己君爲寡君。此歸生對晉稱己君，當云「寡君之二三臣」。昭十九年子産對晉人云「寡君之二三臣札瘥夭昏」，是其事也。此言孤者，蓋鄭伯身自對晉，或自稱孤，歸生因即以孤言其君也。　注「音所」至「假借」。　正義曰：《釋言》云：「庇、庥，蔭也。」舍人曰：「庇，蔽也。庥，依止也。」郭璞曰：「今俗呼樹蔭爲庥。」杜意言本當作「蔭」，古字聲同，皆相假借，故傳作「音」，言鹿死不擇庇蔭之處，喻己不擇所從之國，欲從楚也。服虔云：「鹿得美草，呦呦相呼，至於困迫將死，不暇復擇善音，急之至也。」劉炫從服説，以爲音聲，謂不擇音聲而出之而難杜。❸ 今知

---

❶「二十日」，京都本、阮本作「二十四日」。

❷「使執訊而與之書」，阮本以下正義六節分疏於傳文各節下。

❸ 下「而」字，阮校：「閩本、監本無下『而』字。」

不然者，以傳云「鋌而走險，急何能擇」，言走險，論其依止之處，以其怖急，得險則停，不能選擇寬靜茠蔭之所。傳文所論，止言其出處所在，不論音聲好惡，故杜不依服義。劉以爲音聲而規杜，非也。注「鋌疾走貌」。正義曰：鋌文連走，故爲疾走貌。

秋，周甘歜敗戎于邥垂，乘其飲酒也。歜，周大夫。邥垂，周地，河南新城縣北有垂亭。爲成元年晉侯平戎于王張本。

冬，十月，鄭大子夷、石楚爲質于晉。夷，靈公也。石楚，鄭大夫。

襄仲如齊，拜穀之盟。復曰：「臣聞齊人將食魯之麥。以臣觀之，將不能。齊君之語偷。臧文仲有言曰：『民主偷，必死。』」偷猶苟且。

【經】**十有八年，春，王二月，丁丑，公薨于臺下。**

秦伯罃卒。無傳，未同盟而赴以名。

夏，五月，戊戌，齊人弑其君商人。不稱盜，罪商人。

六月，癸酉，葬我君文公。

秋，公子遂、叔孫得臣如齊。書二卿，以兩事行，非相爲介。

冬，十月，子卒。先君既葬，不稱君者，魯人諱弑，以未成君書之。子，在喪之稱。

夫人姜氏歸于齊。

季孫行父如齊。無傳。

莒弑其君庶其。稱君，君無道也。【疏】注「不稱盜罪商人」。❶　正義曰：弑君稱臣，臣之罪，賤臣弑君則稱盜。哀四年「盜殺蔡侯申」是也。盜字當臣名之處，以賤不得書名，變文謂之盜耳。此弑商人者，邴歜、閻職，亦應書盜，不稱盜弑者，罪商人，今從弑君稱君之例也。❷　注「書二」至「爲介」。　正義曰：卿爲卿介，則書使不書介。僖二十六年，公子遂、臧孫辰如楚乞師，書遂，不書辰，是其正也。襄十四年季孫宿、叔老並書之者，晉人敬之。自爾以後，晉人輕魯幣而益敬其使，故特兩書之，於法不應書也。此傳稱「惠公立故，且拜葬」，是以兩事行，非相爲介，故並書之耳。定六年「季孫斯、仲孫何忌如晉」，傳稱桓子獻鄭俘，孟孫報夫人之幣，亦以兩事行，故並書之。但彼非是同時受命，經應各自爲文，但以晉人輕之，故不各自別書，與此意少異也。　注「先君」至「之稱」。　正義曰：「齊公子商人弑其君舍」，以先君既葬，故稱君也。此亦先君既葬，不稱君者，魯人諱弑成君，以未成君書之也。子者，葬前在喪之稱也。若言猶在喪而自卒然，諱之也。《釋例》曰：「公子惡，魯之正適，嗣位免喪，則魯君也。襄仲倚齊而弑之，國以爲諱，故不稱君，若言君之子也。」　注「稱君君無道也」。　正義曰：楚世子商臣弑君言世子，此傳稱大子僕因國人以弑紀公，不稱世子而稱君者，以見君無道。傳言「多行無禮於國」，是其無道之狀。十六年「宋人弑其君杵臼」，稱國又稱人，此直云「莒弑其君庶其」，不稱人者，《釋例》曰：「劉、賈、許、潁以爲君惡及國朝，則稱國以弑，君惡及國人，則稱人以弑。案傳鄭靈、宋昭，經文異而例同，故重發

---

❶ 「注不稱盜罪商人」，阮本以下正義四節分疏於傳文各節下。

❷ 「今」，正宗寺本作「令」。阮校：「浦鏜云：『今』當『令』字誤。」

以同之。子弒其父，又嫌異於他臣，亦重明其不異。既不碎辯國之與人，而傳云：『莒紀公多行無禮於國，大子僕因國人以弒之。』經但稱國，不稱人，知國之與人，雖言別而事同也。」

【傳】十八年，春，齊侯戒師期，將以伐魯。而有疾。醫曰：「不及秋，將死。」公聞之，卜，曰：「尚無及期！」尚，庶幾也，欲令先師期死。惠伯令龜。以卜事告龜。卜楚丘占之，曰：「齊侯不及期，非疾也，君亦不聞。言君先齊侯終。令龜有咎。」言令龜者亦有凶咎，見於卜兆，爲惠伯死張本。二月，丁丑，公薨。【疏】注「以卜事告龜」。❶ 正義曰：《周禮·大卜》：「大祭祀則視高命龜。」鄭玄云：「命龜，告龜以所卜之事。」《士喪禮》卜葬命龜云：「哀子某，來日某卜葬其父某甫考降，無有近悔。」如此之類，是令龜之辭也。令者，告令使知其意，與命同也。

齊懿公之爲公子也，與邴歜之父爭田，弗勝。及即位，乃掘而刖之，斷其尸足。而使歜僕。僕，御也。納閻職之妻，而使職驂乘。驂乘，陪乘。夏，五月，公游于申池。齊南城西門名申門，齊城無池，唯此門左右有池，疑此則是。二人浴于池。歜以扑抶職。扑，箠也。抶，擊也。欲以相感激。職怒。歜曰：「人奪女妻而不怒，一抶女，庸何傷？」職曰：「與刖其父而弗能病者何如？」言不以父刖爲病恨。乃謀。弒懿公，納諸竹中。歸，舍爵而行。飲酒訖乃去。言齊人惡懿公，二人

❶ 「注以卜事告龜」，阮本此節正義在「惠伯令龜」句注下。

無所畏。齊人立公子元。桓公子惠公。

六月，葬文公。

秋，襄仲、莊叔如齊。惠公立故，且拜葬也。襄仲賀惠公立，莊叔謝齊來會葬。

文公二妃，敬嬴生宣公。敬嬴嬖，而私事襄仲，宣公長而屬諸襄仲。襄仲欲立之，叔仲不可。叔仲，惠伯。**仲見于齊侯而請之。齊侯新立，而欲親魯，許之。冬，十月，仲殺惡及視，而立宣公。**惡，大子。視，其母弟。殺視不書，賤之。書曰「子卒」，諱之也。**仲以君命召惠伯，**詐以子惡命。**其宰公冉務人止之，曰：「入必死。」叔仲曰：「死君命，可也。」公冉務人曰：「若君命，可死。非君命，何聽？」弗聽，乃入，殺而埋之馬矢之中。**惠伯死不書者，史畏襄仲，不敢書殺惠伯。**公冉務人奉其帑以奔蔡，既而復叔仲氏。**不絶其後。

夫人姜氏歸于齊，大歸也。惡、視之母出姜也。嫌與有罪出者異，故復發傳。**將行，哭而過市，曰：「天乎！仲爲不道，殺適立庶。」市人皆哭。魯人謂之哀姜。**所謂出姜不允於魯。【疏】「襄仲」至「許之」。❶　正義曰：惡是齊甥，齊侯許廢惡者，惡以世適嗣立，不受齊恩，宣以非分得國，荷恩必厚，齊侯新立，欲親魯爲援，故許之。　注「詐以子惡命」。　正義曰：傳因殺惡之下，即云「而立宣公」，其實宣公之立，當在惠伯死後。惡雖已死，未告外人，故詐以子惡之命召惠伯使入。公冉務人疑其宮内有變，謂非子惡之命，故云

❶「襄仲至許之」，阮本以下正義二節分疏於傳文各節下。

「入必死」耳，亦未是審知惡已死也。

莒紀公生大子僕，又生季佗，愛季佗而黜僕，且多行無禮於國。紀，號也。莒夷無謚，故有別號。僕因國人以弒紀公，以其寶玉來奔，納諸宣公。公命與之邑，曰：「今日必授！」季文子使司寇出諸竟，曰：「今日必達！」未見公而文子出之，故來不書。

公問其故。季文子使大史克對曰：「先大夫臧文仲教行父事君之禮，行父奉以周旋，弗敢失隊，曰：『見有禮於其君者，事之，如孝子之養父母也。見無禮於其君者，誅之，如鷹鸇之逐鳥雀也。』先君周公制周禮曰：『則以觀德，則，法也。合法則爲吉德。德以處事，處猶制也。事以度功，度，量也。功以食民。』食，養也。作誓命曰：『毁則爲賊，誓，要信也。毁則，壞法也。掩賊爲藏。掩，匿也。竊賄爲盜，賄，財也。盜器爲姦。器，國用也。主藏之名，以掩賊爲名。賴姦之用，用姦器也。爲大凶德，有常無赦。刑有常。在《九刑》不忘。』誓命以下，皆《九刑》之書。《九刑》之書今亡。行父還觀莒僕，莫可則也。還猶周旋。孝、敬、忠、信爲吉德，盜、賊、藏、姦爲凶德。夫莒僕，則其孝敬，則弒君父矣。則其忠信，則竊寶玉矣。其人，則盜賊也。其器，則姦兆也。兆，域也。保而利之，則主藏也。以訓則昏，民無則焉。不度於善，度，居也。而皆在於凶德，是以去之。昔高陽氏有才子八人，高陽，帝顓頊之號。八人，其苗裔。蒼舒、隤敳、檮戭、❶大臨、尨降、庭堅、仲容、叔達，

❶「檮戭」，阮校：「監本『檮』作『擣』，與今本《説文》引傳合。按，《釋文》云：《漢書》『戭』作『敳』。」

此即垂、益、禹、皋陶之倫。庭堅即皋陶字。**齊、聖、廣、淵、明、允、篤、誠，天下之民謂之八愷。**齊，中也。淵，深也。允，信也。篤，厚也。愷，和也。**高辛氏有才子八人，**高辛，帝嚳之號。八人，亦其苗裔。**伯奮、仲堪、叔獻、季仲、伯虎、仲熊、叔豹、季貍，**此即稷、契、朱虎、熊羆之倫。**忠、肅、共、懿、宣、慈、惠、和，天下之民謂之八元。**肅，敬也。懿，美也。宣，徧也。元，善也。**此十六族也，世濟其美，不隕其名。**濟，成也。隕，隊也。**以至于堯，堯不能舉。舜臣堯，舉八愷，使主后土，**后土，地官。禹作司空，平水土，即主地之官。**以揆百事，莫不時序，地平天成。**揆，度也。成亦平也。**舉八元，使布五教于四方，**契作司徒，五教在寬，故知契在八元之中。**父義、母慈、兄友、弟共、子孝，內平外成。**內，諸夏；外，夷狄。**昔帝鴻氏有不才子，**帝鴻，黃帝。**掩義隱賊，好行凶德，醜類惡物，頑嚚不友，是與比周，**醜亦惡也。比，近也。周，密也。**天下之民謂之渾敦。**謂驩兜。渾敦，不開通之貌。**少皞氏有不才子，**少皞，金天氏之號，次黃帝。**毀信廢忠，崇飾惡言，靖譖庸回，服讒蒐慝，以誣盛德，**❶崇，聚也。靖，安也。庸，用也。回，邪也。服，行也。蒐，隱也。慝，惡也。盛德，賢人也。**天下之民謂之窮奇。**謂共工其行窮，其好奇。**顓頊氏有不才子，**❷**不可教訓，不知話言，**

---

❶「盛德」，阮校：「正義引定本『成德』爲『盛德』。服虔云：『成德爲成就之德。』是服虔所見本『盛』作『成』也。陳樹華云：『成』、『盛』古字通，《公羊》皆以『盛』爲『成』。」

❷「氏」，京都本、阮本無此字。

話，善也。**告之則頑，**德義不入心。**舍之則嚚，**不道忠信。**傲很明德，以亂天常，天下之民謂之檮杌。**謂鯀。檮杌，頑凶無儔匹之貌。**此三族也，世濟其凶，增其惡名，以至于堯，堯不能去。**方以宣公比堯，行父比舜，故言堯亦不能去，須賢臣而除之。**縉雲氏有不才子，**縉雲，黄帝時官名。**貪于飲食，冒于貨賄，侵欲崇侈，不可盈厭，聚斂積實，不知紀極，不分孤寡，不恤窮匱，**冒亦貪也。盈，滿也。實，財也。**天下之民以比三凶，**非帝子孫，❶故别以比三凶。**謂之饕餮。**貪財爲饕，貪食爲餮。**舜臣堯，**爲堯臣。**賓于四門，**闢四門，達四聰，以賓禮衆賢。**流四凶族，**案四凶罪狀而流放之。**渾敦、窮奇、檮杌、饕餮，投諸四裔，以禦螭魅。**投，棄也。裔，遠也。放之四遠，使當螭魅之災。螭魅，山林異氣所生，爲人害者。**是以堯崩而天下如一，同心戴舜，以爲天子，以其舉十六相，去四凶也。故《虞書》數舜之功，曰『慎徽五典，五典克從』，**無違教也。徽，美也。典，常也。此八元之功。**曰『納于百揆，百揆時序』，**無廢事也。此八愷之功。**曰『賓于四門，四門穆穆』，**無凶人也。流四凶。**舜有大功二十而爲天子，**舉十六相，去四凶也。**今行父雖未獲一吉人，去一凶矣。於舜之功，二十之一也，庶幾免於戾乎？」**史克激稱以辨宣公之惑，釋行父之志，故其言美惡有過辭，蓋事宜也。

【疏】「如鷹鸇之逐鳥雀」。❷ 正義曰：《釋鳥》云：「鷹，來鳩。」郭璞曰：「『來』當爲『爽』字之誤耳。《左傳》作爽

---

❶ 「帝」，岳本作「帝者」，京都本、阮本作「帝王」。

❷ 「如鷹鸇之逐鳥雀」，阮本以下正義共三十二節分疏於傳文各節下。

鳩是也。」又云：「晨風，鸇。」舍人曰：「晨風名鸇。鸇，摯鳥名。」郭璞曰：「鷂屬也。」「先君」至「不忘」。正義曰：言「制周禮曰」，「作誓命曰」，謂制禮之時，有此語爲此誓耳。此非《周禮》之文，亦無誓命之書，在後作《九刑》者，記其誓命之言，著於《九刑》之書耳。德者，得也。自得於心，心之所得，有惡有善，欲知善惡，以法觀之，合法則爲吉德，不合法則爲凶德，故曰「則以觀德」也。既有善德，乃能制斷事宜，故曰「德以處事」也。既爲其事，務求成功，度量功勳，必功成乃善，故曰「事以度功」也。民不自治，立君牧養，作事成功，所以養食下民，故曰「功以食民」也。其意言在上位者，必有法則，乃爲養民之主。將言莒僕無可法則，故言此以張本也。又作要信誓命以戒後人，曰：有人毁法則者是爲賊，言其賊敗法也。掩匿賊人是爲藏，言其藏罪人也。竊人財賄謂之爲盜，盜人器用謂之爲姦。主爲藏匿罪人之名，恃賴姦人所盜之用，爲極大之凶德，有常刑無赦，其事在《九刑》之書，不遺忘也。以宣公容納莒僕爲主藏，受其寶玉爲賴姦，故舉此以極諫也。注「誓命」至「今亡」。正義曰：昭六年傳曰：「夏有亂政而作《禹刑》，商有亂政而作《湯刑》，周有亂政而作《九刑》，三辟之興，皆叔世也。」叔世，謂衰世。世衰民慢，作嚴刑以督之。稱其創制聖王以爲所作之法，夏作《禹刑》，商作《湯刑》，則周作《九刑》，作周公之刑也。此云周公作誓命，其事在《九刑》，知自誓命以下，皆《九刑》之書所載也。謂之「九刑」，必其諸法有九，而《九刑》之書今亡，不知九者何謂。服虔云：「正刑一，議刑八。」即引《小司寇》八議，議親、故、賢、能、功、貴、勤、賓之辟。此八議者，載於《司寇》之章，周公已制之矣，後世更作，何所復加？且所議八等之人，就其所犯正刑，議其可赦以否，八者所議，其刑一也，安得謂之八刑？杜知其不可，故不解之。注「高陽」至「苗裔」。❶正義曰：先儒舊

❶「高陽」下，京都本、阮本有「氏」字。

説，及譙周考史，皆以顓頊、帝嚳爲帝之身號，高陽、高辛皆國氏土地之號。高陽次少昊，高辛次高陽，堯承高辛之後。孔子之録《尚書》，自堯爲始。史籍之説皇帝，其言不經。《大戴禮・五帝德》、司馬遷《五帝紀》皆言顓頊、帝嚳代别一人，《春秋緯命歷序》顓頊傳九世，帝嚳傳八世。典籍散亡，無以取信。要二帝子孫至舜時始用，必非帝之親子。其八人者，不能知其出生本系、枝派遠近，故略言其苗裔耳。注「此即」至「陶字」。正義曰：司馬遷采《帝系》、《世本》以爲《史記》，其《夏本紀》稱禹是顓頊之後，《秦本紀》稱皋陶是顓頊之後，伯益則皋陶之子。垂之所出，史無其文，舊説相傳，亦出顓頊，故云此即垂、益、禹、皋陶之倫也。服虔云：「八人，禹、垂之屬也。」六年傳臧文仲聞六與蓼滅，云「皋陶庭堅不祀忽諸」，知庭堅、皋陶爲一人，其餘則不知誰爲禹，誰爲益，故云之倫、之屬，不敢斥言也。班固《漢書》有《古今人表》，銓量古人爲九等之次，雖知禹、益必在八愷，稷、契必在八元，不能識知其人，不得自相分配，故八元、八愷與皋陶、禹、稷並不出其名，❶亦爲不知故也。鄭玄注《論語》云：「皋陶爲士師，號曰庭堅。」杜云庭堅皋陶字者，古人名之與字，難得審知，言字者，明其是一人也。「齊聖」至「八愷」。

正義曰：此并序八人，揔言其德。或原其心，或據其行，一字爲一事，其義亦更相通。齊者，中也，率心由道，舉措皆中也。聖者，通也，博達衆務，庶事盡通也。廣者，寬也，器宇宏大，度量寬弘也。淵者，深也，知能周備，思慮深遠也。明者，達也，曉解事務，照見幽微也。允者，信也，終始不愆，言行相副也。篤者，厚也，志性良謹，交遊款密也。誠者，實也，秉心純直，布行貞實也。以其德行如是，天下之民爲其美目，謂之八愷。愷，和也，言其

❶「不」，阮校：「案，『不』字衍文。」

和於物也。《孟子》曰：「伊尹，❶聖人之和者也。」　注「齊中」至「和也」。　正義曰：「齊，中」，《釋言》文。「允，信」，「篤，厚」，《釋詁》文。　愷訓爲樂，樂亦和也。　深水謂之淵，故淵爲深也。　注「此即」至「之倫」。　正義曰：契後爲殷，稷後爲周。《史記》殷、周皆爲帝嚳之後也。　此言伯虎、仲熊，《尚書》有朱虎、熊羆。　二者其字相類，知此即稷、契、朱虎、熊羆之倫也。《尚書》更有夔、龍之徒，亦應有在元愷之内者，但更無明證，名字又殊，不知與誰爲一，故不復言之。《史記》稷、契皆爲帝嚳之子，而上句注云「其苗裔」者，《史記》堯亦帝嚳之子，則稷、契，堯之親弟。　以堯之聖，有大賢之弟，❷久而不知，舜始舉用。　以情而測，理必不然。　且云「世濟其美」，其間必應累世，不容高辛之下即至其身。　馬遷傳聞於人，未必盡得其實。《世族譜》取《史記》之説，又從而譏之云：「案鯀則舜之五世從祖父也，而及舜共爲堯臣，堯則舜之三從高祖，而妻其女，此《史記》之疑者。」然則以其不可悉信，故言苗裔以該之。　注「忠肅」至「八元」。　正義曰：此亦揔言其德，於義亦得相通。　忠者，與人無隱，盡心奉上也。　肅者，敬也，應機敏達，臨事恪勤也。　共者，治身克謹，當官理治也。　懿者，美也，保己精粹，立行純厚也。　宣者，偏也，應受多方，知思周偏也。　慈者，愛出於心，恩被於物也。　惠者，性多哀矜，好拯窮匱也。　和者，體度寬簡，物無乖争也。　以其德行如是，天下之民爲之美目，❸謂之八元。　元，善也，言其善於事也。《論語》曰：「善人爲邦百年，亦可以勝殘去殺矣。」　注「肅敬」至「善也」。　正義曰：「肅，敬」，《釋訓》文。「懿，美」，《釋詁》文。「宣，偏」，

---

❶「伊尹」，阮校：「案，當作『柳下惠』。」

❷「賢」，京都本、文淵閣本、阮本作「德」。

❸「之美」，阮校：「閩本、監本、毛本作『其美』。」

《釋言》文。《易・文言》曰：「元者，善之長也。」「此十六」至「其名」。正義曰：此十六人耳，而謂之族者，以其各有親屬，故稱族也。世濟其美，後世承前世之美。不隕其名，不隊前世之美名。言其世有賢人，積善而至其身也。劉炫云：「各有大功，皆賜氏族，故稱族。」注「后土」至「之官」。正義曰：后訓君也。天稱皇天，故地稱后土。《舜典》云：「伯禹作司空。」《吕刑》云：「禹平水土。」則禹是主地之官，故云「主后土」也。「以揆」至「天成」。正義曰：用禹爲主后土之官，令以揆度百事，百事無不揆度，於是皆有次序，得地平其化，天成其施。言有成功也。注「揆度也成亦平也」。正義曰：「揆，度」，《釋言》文。度百事者，令之豫自籌度，爲之數量法制，事成則平其可否，使之揔衆務也。「地平天成」，《大禹謨》之文。孔安國云：「水土治曰平，五行敘曰成。」《釋詁》云：「成，平也。」是成亦爲平，其義一也。注「契作」至「之中」。正義曰：《舜典》云：「帝曰：『契，百姓不親，五品不遜，汝作司徒，敬敷五教在寬。』」《尚書》契敷五教，此云「舉八元，使布五教」，以此故知契在八元中也。然則《尚書》禹作司空，此云「舉八愷，使主后土」，以此亦知禹在八愷中也。但不知八愷之中，何者是禹，八元之中，何者是契耳。主后土，布五教，是事之大者，故舉以爲言，非是各令八人共主一事。故主土唯禹，主教唯契，餘當别有所主，或助而爲之。《尚書》稱益佐禹治水，是其助之事也。「父義」至「外成」。正義曰：一家之内，父、母、兄、弟、子，尊平有五品。❶父不義，母不慈，兄不友，弟不共，子不孝，是五品不遜順也。故使契爲司徒，布五教於四方，教父以義，教母以慈，教兄以友，教弟以共，教子以孝，是之謂五教。此五教可常行，又謂之五典也。諸夏、夷狄皆從其教，是爲内平外成。所云「五典克從」，即此内平外成之謂也。「掩義」至「渾敦」。正

❶「平」，正宗寺本、京都本、阮本作「卑」。阮校：「宋本作『平』，非也。」

義曰：掩蓋義事而不行，隱蔽其外，而陰爲賊害也。其有凶醜之類，穢惡之物，心頑而不則德義之經，口嚚而不道忠信之言，如此惡人，不可與之親友者，此不才子於是與之相附近，相親密。言惡人所愛，愛同己者也。以其爲惡如是，故天下之民爲之惡目，謂之渾敦。渾敦，不開通之貌，言其無所知也。服虔用《山海經》，以爲驩兜人面馬喙。渾敦亦爲獸名。注「醜亦」至「密也」。正義曰：醜亦惡也，物亦類也，指謂惡人等輩，重復而言之耳。比是相近也，周是親密也。唯是親愛之義，非爲善惡之名。《論語》云：「君子周而不比，小人比而不周。」以君子、小人相對。故鄭玄云：「忠信爲周，阿黨爲比。」觀文爲説也。注「謂驩」至「之貌」。正義曰：此傳所言説《虞書》之事，彼云四罪，謂共工、驩兜、三苗、鯀也。此傳四凶，乃謂之渾敦、窮奇、檮杌、饕餮。檢其事，以識其人。《堯典》帝言共工之行，云「靖言庸違」，傳説窮奇之惡，云「靖譖庸回」，二文正同，知窮奇是共工也。《堯典》帝求賢人，驩兜舉共工應帝，是與共工相比，傳説渾敦之惡，云「醜類惡物，是與比周」，知渾敦是驩兜也。《堯典》帝言鯀行，云「咈哉，方命圮族」，傳説檮杌之罪，云告頑舍嚚，「傲狠明德」，即是咈戾圮族之狀，且鯀是顓頊之後，知檮杌是鯀也。《尚書》無三苗罪狀，既甄去三凶，自然饕餮是三苗矣。先儒盡然，更無異説，皆以行狀驗而知之也。《莊子》稱，南方之神，其名爲儵，❶北方之神，其名爲忽，❷中央之神，其名爲混沌。混沌無七竅，儵、忽爲鑿之，一日爲一竅，七日而混沌死。混沌與渾敦，字之異耳。《莊子》雖則寓言，要以無竅爲混沌，是渾敦爲不開通之貌。此四凶者，渾敦、檮杌以狀貌爲之名，窮奇、饕餮以義理爲之名，古人之意自異耳。服虔案《神異經》云：「檮杌狀

❶ 「儵」，正宗寺本、阮本作「儵」。下一「儵」字同。

❷ 「忽」，原作「忽」，據正宗寺本、京都本、文淵閣本、阮本改。

似虎，毫長二尺，人面，虎足，豬牙，尾長丈八尺，能鬭不退。饕餮，獸名，身如羊，❶人面，目在腋下，食人。」　注「少皞」至「黄帝」。　正義曰：金天，國號。少皞，身號。譙周云：「金天氏能脩大皞之法，故曰少皞也。」其次黄帝，則昭十七年傳有其事。　「毀信」至「盛德」。　正義曰：毀信者，謂信不足行，毀壞之也。廢忠者，謂忠爲無益，廢棄之也。以惡言爲善，尊崇脩飾之。安於讒譖，信用回邪，常行讒疾，陰隱爲惡，以誣罔盛德之賢人也。天下之民謂之窮奇，言其行窮困，所好奇異也。　注「崇聚」至「人也」。　正義曰：《釋詁》云：「崇，充也。」舍人曰：「威大充盛。」盛大亦集聚之義，故崇爲聚也。「庸，用」，「靖，安」，「回，邪」，「慝，惡」，常訓也。服從是奉行之義也。蒐索隱伏，是蒐得爲隱也。服虔亦以蒐爲隱。隱慝謂陰隱爲惡也，成德謂成就之德，故爲賢人也。定本「成德」爲「盛德」。　注「謂共」至「好奇」。　正義曰：孔安國云：「共工，官稱也。」其人爲此官，故《尚書》舉其官也。行惡終必窮，故云「其行窮」也。好惡，言好讒慝，是所好奇異於人也。　注「方以」至「除之」。　正義曰：宣公不能去莒僕，而行父能去之，恐宣公以不去之爲恥，行父以去之爲專，史克方以宣公比堯，行父比舜，故言堯朝有四凶，堯亦不能去，須賢臣而除之，所以雪宣公不去之恥，解行父專擅之失也。然則聖主莫過於堯，任賢王政所急，大聖之朝，不才揔萃，雖曰帝其難之，且復何其甚也！此四凶之人，才實中品，雖行有不善，未有大惡，故能仕於聖世，致位大官。自非聖舜登庸，大禹致力，則滔天之害未或可平。以舜、禹之成功，見此徒之多罪。勳業既謝，愆釁自生，爲聖所誅，其咎益大。且虞史欲盛章舜德，歸罪惡於前人。史克以宣公比堯，同四凶於莒僕，此等並非下愚，未有大惡，其爲不善，唯帝所知。《尚書》將言求舜以見帝之知人，此傳安

---

❶「羊」，京都本、閩本、監本、阮本作「牛」。足利學本作「千」。

慰宣公，故言堯不能去。辭各有爲，情頗增甚。學者當以意達文，不可即以爲實。注「縉雲黄帝時官名」。正義曰：昭十七年傳稱黄帝以雲名官，故知縉雲，黄帝時官名。字書：「縉，赤繒也。」服虔云：「夏官爲縉雲氏。」「貨賄」。正義曰：鄭注《周禮》云：「金玉曰貨，布帛曰賄。」注「貪財」至「爲饕」。正義曰：此無正文，先儒賈、服等相傳爲然。注「爲堯臣」。正義曰：昭七年傳稱「王臣公，公臣大夫」，謂王以公爲臣，公以大夫爲臣，皆是上臣下也。而此云「舜臣堯」，謂爲臣以事堯，乃是下臣上也。文同義異，意足相顧，故辯之云「爲堯臣」。注「闢四」至「衆賢」。正義曰：賓于四門是禮賢之事，而《舜典》下文云「闢四門，明四目，達四聰」，言開闢四方之門未開者，廣視聽於四方，使天下無壅塞，亦是賓禮衆賢之事。意同於上，故引以解之。注「投棄」至「害者」。正義曰：投者，擲去，故爲棄也。《舜典》云：「流共工于幽洲，放驩兜于崇山，竄三苗于三危，殛鯀于羽山。四罪而天下咸服。」孔安國云：「幽洲，北裔。崇山，南裔。三危，西裔。羽山，東裔，在海中。」是放之四方之遠處。螭魅若欲害人，則使此四者當彼螭魅之災，令代善人受害也。宣三年傳王孫滿説九鼎云：「鑄鼎象物，百物而爲之備。民入川澤、山林，不逢不若。螭魅罔兩，莫能逢之。」知螭魅是山林異氣所生，爲人害者也。「故虞」至「人也」。正義曰：此《虞書·舜典》之篇也。三事六句，《舜典》本文。其云「無違教也」，「無廢事也」，「無凶人也」，是史克解《虞書》之意也。每引一事，以一句解之，故每事言「曰」。注「史克」至「宜也」。正義曰：宣公貪寶玉而受莒僕，爲惑已大，行父違君命而逐出之，其專已甚，故史克激揚而言舜之事堯，以辯宣公之惑，以解行父之志。方欲盛談善惡，説事必當增甚，故其言美惡有大過之辭，言美則大美，言惡則大惡。禹則鯀之子也，説禹則云「世濟其美」，言鯀則云「世濟其凶」，明其餘亦有大過，非其實也，蓋事勢宜然耳。何休以爲：「孔子云：『蕩蕩乎堯之爲君，唯天爲大，唯堯則之。』今如

《左氏》，堯在位數十年，久抑元愷而不能舉，養育凶人以爲民害而不能去，則孔子稱堯，虚言也。桀、紂爲惡，一世則誅，四凶歷數千歲而無誅放，❶《易》云『積不善之家，必有餘殃』，虚言也。《左氏》爲短。」但堯之爲君，能舉十六相，去四凶，四凶之人未必世濟其惡，但史克欲明行父之志，欲辯宣公之惑，故美惡過辭，具於此注。何休之難，不足疑也。

宋武氏之族道昭公子，將奉司城須以作亂。文公弑昭公，故武族欲因其子以作亂。司城須，文公弟。**十二月，宋公殺母弟須及昭公子，使戴、莊、桓之族攻武氏於司馬子伯之館，**戴族，華樂也。莊族，公孫師也。桓族，向、魚、鱗、蕩也。司馬子伯，華耦也。**遂出武、穆之族。**穆族黨於武氏故。**使公孫師爲司城。**公孫師，莊公之孫。**公子朝卒，使樂吕爲司寇，以靖國人。**樂吕，戴公之曾孫。爲宣三年宋師圍曹傳。【疏】注「樂吕戴公曾孫」。正義曰：《世本》云：「戴公生樂甫術，術生碩甫澤，澤生夷父須，須生大司寇吕。」今云曾孫，誤也。

❶「千」，阮校：「當『十』字之訛。」

春秋左傳正義卷第十六

國子祭酒上護軍曲阜縣
開國子臣孔穎達等奉勑撰

宣公【疏】正義曰：《魯世家》云：宣公名倭，或作接。文公之子，敬嬴所生，以匡王五年即位。是歲，歲在壽星。《謚法》：「善問周達曰宣。」

【經】**元年，春，王正月，公即位。** 無傳。

公子遂如齊逆女。 不譏喪娶者，不待貶責而自明也。卿爲君逆，例在文四年。【疏】注「不譏」至「四年」。　正義曰：文公喪未期，此時已娶，違禮不譏者，此事甚惡，言不待貶責而其惡自明也。昭元年《公羊傳》曰：「《春秋》不待貶絶而罪惡見者，不貶絶以見罪惡；貶絶然後罪惡見者，貶絶以見罪惡。」是其義也。文四年「逆婦姜于齊」，傳云：「卿不行，非禮也。」是卿爲君逆之例也。

三月，遂以夫人婦姜至自齊。 稱婦，有姑之辭。不書氏，史闕文。【疏】注「稱婦」至「闕文」。　正義曰：宣公母敬嬴在，是有姑也。夫人以姜爲姓，舉姓而稱姜氏，去氏稱姜則不成文義，知不稱氏者，史闕文也。

傳言「新作延廐」，而經無「作」字，是作傳之時，經猶未闕，於後經始闕耳。此文傳亦無氏，知是本史先闕，故云「史闕文」，而不云經闕文也。史文既闕，仲尼不正之者，以無所褒貶，故因其詳略也。諸經所闕者，或史文先闕，仲尼不改，或仲尼具文，在後始闕。《公羊》、《穀梁》，漢初始爲其傳，見其闕文，妄爲之説，非其實也。《公羊傳》曰：「夫人何以不稱姜氏？貶。曷爲貶？譏喪娶。喪娶者，公也，則曷爲貶夫人？內無貶于公之道。❶內無貶于公之道，則曷爲貶夫人？夫人與公一體也。」《穀梁》之意亦然。先儒取以爲説。服虔云：「古者一禮不備，貞女不從。故《詩》云：『雖速我訟，亦不女從。』宣公既以喪娶，夫人從亦非禮，故不稱氏，見略賤之也。」杜不然者，女之出嫁，事由父母，夫來取之，父母許之，豈得問禮具否？拒逆昏姻之命，從夫喪娶，父母之咎，自可罪其父母，何以貶責夫人？若其貶責夫人，當去夫人之號，減一氏字，復何所明？夫人之稱姜氏，猶遂之稱公子也。舍遂之族而去子稱公可乎？亦知遂不可去子稱公，夫人復安可以去氏稱姜也？逆婦姜于齊，以卿不行，變文略賤，此經貶遂不稱公子，以成夫人之尊，非略賤之事也。《詩》責彊暴之男，行不由禮，陳其爭訟之辭，述其守貞之意，此豈是宣公淫掠，而欲令齊女守貞哉？

夏，季孫行父如齊。

晉放其大夫胥甲父于衛。放者，受罪黜免，宥之以遠。【疏】注「放者」至「以遠」。　正義曰：《舜典》云「流宥五刑」，孔安國云：「以流放之法寬五刑。」是放者，有罪當刑，而不忍刑之，寬其罪而放棄之也。三諫不

❶「道」下，文淵閣本有「也」字。阮校：「閩本、監本、毛本有『也』字，從《公羊傳》增也。」

從，待放而去者，彼雖無罪，君不用其言，任令自去，亦是放棄之義。放之與奔，俱是去國，而去情小異。《釋例》曰：「奔者，迫窘而去，逃死四鄰，不以禮出也。放者，受罪黜免，宥之以遠也。臣之事君，三諫不從，有待放之禮。故傳曰：『義則進，否則奉身而退。』迫窘而出奔，及以禮見放，俱去其國，故傳通以違爲文。仲尼修《春秋》，又以所稱爲優劣也。」言優劣者，放者，君舍其罪，緩步而出，是其優也。奔者，止則懼死，奔馳而去，是其劣也。昭八年「楚人執陳公子招，放之于越」，哀三年「蔡人放其大夫公孫獵于吳」，與此胥甲父等，皆甘心受罪，黜其官位，宥之以適遠方，是實放而書放也。襄二十九年傳稱：「齊公孫蠆、公孫竈放其大夫高止於北燕。」書曰『出奔』，罪高止也。高止好以事自爲功，且專，故難及之。」彼罪高止，故實放而書奔也。然則文十四年傳稱「宋高哀不義宋公而出，遂來奔」，高哀無罪，亦改放而書奔者，放者緣遣者之意爲義，奔者指去國之人立文，據其所往之處，皆是從外來耳。高哀身來至魯，自魯而稱來奔，不書宋人之意，故不得言放，此乃外內之文異耳。叛者，以地適他稱叛，入魯則稱來奔，亦此之類也。

公會齊侯于平州。平州，齊地，在泰山牟縣西。

公子遂如齊。

六月，齊人取濟西田。魯以賂齊，齊人不用師徒，故曰取。

秋，邾子來朝。無傳。

楚子、鄭人侵陳，遂侵宋。晉趙盾帥師救陳。傳言救陳、宋。經無「宋」字，蓋闕。【疏】注「傳言」至「蓋闕」。正義曰：陳、宋俱被楚侵，明其並救二國。傳稱救陳、宋，而經無「宋」字，故設疑云「蓋闕」也。服虔云：「趙盾既救陳，而楚師侵宋。趙盾欲救宋，而楚師解去。」案經、傳皆言「侵陳，遂侵宋」，陳在宋南，是先侵陳，去陳乃侵宋也。若趙盾越宋而南救陳，猶及楚師，北迴救宋，安得不及楚也？若言欲救宋而楚師解去，則救陳之時楚師已向宋矣，何以書救陳也？蓋以陳既被侵，方始告晉，晉人起師救陳，楚又移師侵宋，晉師比至於鄭，楚師既已去矣，故諸國會于棐林，同共伐鄭。棐林，鄭地。明晉始至鄭，不得與楚相遇，故竟無戰事。言救陳、宋者，皆是致其意耳。

宋公、陳侯、衛侯、曹伯會晉師于棐林，伐鄭。晉師救陳、宋，四國君往會之，共伐鄭也。不言會趙盾，取於兵會，非好會也。棐林，鄭地，滎陽宛陵縣東南有林鄉。【疏】注「晉師」至「林鄉」。 正義曰：晉本興師爲救陳、宋，但楚師已去，故四國之君往會晉師，與共伐鄭。言「于棐林」者，行會禮，然後伐。桓十五年「公會宋公、衛侯、陳侯于袲，伐鄭」，亦行會禮乃伐，與此同也。晉師趙盾爲將，不言會趙盾而言晉師者，取於兵會，非好會。言所會，會其兵，非會其人，故稱師。案定八年「公會晉師于瓦」，注云：「卿不書，禮不敵公。」知此非爲趙盾不敵公侯稱師者，沈氏云：「此會有宋公、陳侯等，猶成二年會于蜀，有蔡、許之君，故知此非爲趙盾不得敵諸侯，但取於兵會，彼會于瓦唯有公，故知與此異耳。」

冬，晉趙穿帥師侵崇。❶

晉人、宋人伐鄭。

❶「崇」，阮校：「《公羊傳》作『柳』，《釋文》作『崈』，云『本亦作崇』。」

【傳】元年，春，王正月，公子遂如齊逆女。尊君命也。諸侯之卿，出入稱名氏，所以尊君命也。傳於此發者，與還文不同，故釋之。**三月，遂以夫人婦姜至自齊。尊夫人也。**遂不言公子，替其尊稱，所以成小君之尊也。公子，當時之寵號，非族也，故傳不言舍族。《釋例》論之備矣。【疏】注「諸侯」至「釋之」。❶　正義曰：氏者，位尊乃賜，是臣之寵號。具名氏，所以尊君命，言君命重，故貴臣行，行人貴，則君命尊也。諸侯之卿，出入稱名氏者，若宋華元、衛元咺之類是也。如魯卿公孫敖喪歸尚稱氏，明生歸亦然。其歸父、意如、叔孫婼不稱氏者，各有所爲，與常例不同也。會盟征伐具名氏者，皆是尊君命也。傳獨於此發者，爲其與還文不同，故於此釋之。《釋例》曰：「昏禮雖奉時君之命，其言必稱先君以爲禮辭。故公子翬逆女，傳曰『脩先君之好』，公子遂逆女，傳稱曰『尊君命』，互發其義也。」　注「遂不」至「備矣」。　正義曰：公子亦是寵號，其事與族相似。魯臣有罪，則貶去其族，族去則非卿。今遂與夫人俱至，物無兩大，人不並尊，若從夫人者尊，則夫人卑矣，故替其尊稱，令從夫人者卑，則夫人尊矣。《釋例》曰：「往必稱族，以示其重。還雖在塗，必舍族以替之，所以成小君之尊，是其義也。」成十四年「叔孫僑如逆女」及以夫人至，其文與此正同。彼傳云：「稱族，尊君命。舍族，尊夫人。」此傳不言稱族、舍族者，《釋例》曰：「傳云：『公子遂如齊逆女，尊君命也。遂以夫人婦姜至自齊，尊夫人也。』叔孫僑如逆女，則往曰『稱族』，還曰『舍族』。然則公子、公孫，繫公之常言，非族也。」是言公子非族，故與彼異文。公子雖則非族，稱、舍亦與族同，故其言尊君命、尊夫人，與彼亦不異也。❷　所以異者，族必

---

❶「注諸侯至釋之」，阮本此節正義在「尊君命也」句注下。

❷「不」，原作「使」，據正宗寺本、京都本、文淵閣本、阮本改。

君賜乃稱之，公子、公孫繫公之常言，不須待賜乃稱之耳。

夏，季文子如齊，納賂以請會。宣公簒立，未列於會，故以賂請之。

晉人討不用命者，放胥甲父于衛，胥甲，下軍佐，文十二年戰河曲，不肯薄秦於險。**而立胥克。**克，甲之子。**先辛奔齊。**辛，甲之屬大夫。【疏】注「胥甲」至「於險」。❶　正義曰：案彼傳，胥甲與趙穿同罪，放胥甲而舍趙穿者，於時趙盾爲政，穿是晉君之壻，或本罪輕於胥甲，故得無咎。

會于平州，以定公位。簒立者，諸侯既與之會，則不得復討。臣子殺之，與弑君同，故公與齊會而位定。【疏】注「簒立」至「位定」。　正義曰：春秋之世，王政不行，諸侯自相推戴，廢立不由天子，簒弑而立，則鄰國討之，若與之會，則序之於列，成其爲君。諸侯既已爲會，則臣子不得復討，若其殺之，則與弑君罪同。宣公殺子惡而取國，常畏魯人討己，心不自安，納賂請會，故既與齊會，而公位乃定。成十五年戚之會，討曹成公，成公得列于會，後曹人請于晉曰：「先君無乃有罪乎？若有罪，則君列諸會矣。」是列會則位定也。

東門襄仲如齊拜成。謝得會也。

六月，齊人取濟西之田，爲立公故，以賂齊也。濟西，故曹地。僖三十一年晉文以分魯。

宋人之弑昭公也，在文十六年。**晉荀林父以諸侯之師伐宋，宋及晉平，宋文公受盟于晉，又會諸侯于扈，將爲魯討齊，皆取賂而還。**文十五年、十七年，二扈之盟皆受賂。**鄭穆公曰：「晉不足與**

❶「注胥甲至於險」，阮本此節正義在「放胥甲父于衛」句注下。

也。」遂受盟于楚。【疏】注「文十」至「受賂」。❶　正義曰：杜以傳言「皆取賂而還」，必有二事，乃得稱「皆」，故指二扈之盟以充「皆」義。　劉炫云：「案傳數晉罪，近發宋弒昭公前扈之盟，文所不及，何當虛指其事言皆取賂？炫謂宋及晉平，取宋賂，爲魯討齊，取齊賂也。」案此言會諸侯于扈，文承「宋人之弒昭公」下，知非十七年會于扈，既取宋賂，又取齊賂，而稱「皆」，必爲十七年、十五年二扈之盟者。　案十七年會于扈，尋檢經傳，全無爲魯討齊之事，豈得違背經傳妄指十七年乎？　但宋弒昭公，其罪既大，故先言之，爲魯討齊，其失小，故後言之。　劉炫以傳文先後顛倒，又以會于扈爲十七年之事，違背經傳而規杜，非也。「取賂而還」，書本或云「取齊賂而還」。　檢勘古本及杜注意，並無「齊」字。　文十七年宋及晉平，唯受宋賂。　十五年會扈，受齊賂耳。　傳言「皆」者，皆齊、宋也，故知皆取齊賂者非也。

陳共公之卒，楚人不禮焉，卒在文十三年。　**陳靈公受盟于晉。　秋，楚子侵陳，遂侵宋。　晉趙盾帥師救陳、宋，會于棐林，以伐鄭也。　楚蔿賈救鄭，遇于北林。**　與晉師相遇。　熒陽中牟縣西南有林亭，在鄭北。　**囚晉解揚，晉人乃還。**　解揚，晉大夫。

晉欲求成於秦，趙穿曰：「我侵崇，秦急崇，必救之。　崇，秦之與國。　**吾以求成焉。」冬，趙穿侵崇，秦弗與成。**【疏】「秦急崇」。❷　正義曰：崇是秦之與國，故秦人急於援崇。

---

❶「注文十至受賂」，阮本此節正義在「皆取賂而還」句注下。

❷「秦急崇」，阮本此節正義在注「崇秦之與國」之下。

晉人伐鄭，以報北林之役。報囚解揚。**於是晉侯侈，趙宣子爲政，驟諫而不入，故不競於楚。**競，强也。爲明年鄭伐宋張本。

【經】二年，春，王二月，壬子，宋華元帥師及鄭公子歸生帥師，戰于大棘。宋師敗績，獲宋華元。得大夫，❶生死皆曰獲。例在昭二十三年。大棘在陳留襄邑縣南。【疏】「宋華」至「生帥師」。　正義曰：此華元、歸生及哀二年趙鞅、罕達客主各言帥師者，皆是將尊師衆，故並具其文。或於「歸生」之下無「帥師」之字，脱耳。　注「得大」至「縣南」。　正義曰：此獲華元，生也。哀十一年「獲齊國書」，死也。以此知生死皆曰獲。昭二十三年傳云：「書曰『胡子髡、沈子逞滅，獲陳夏齧』，君臣之辭也。」傳言「書曰」，是仲尼變例也。

秦師伐晉。

夏，晉人、宋人、衛人、陳人侵鄭。鄭爲楚伐宋，獲其大夫，晉趙盾興諸侯之師將爲宋報恥，畏楚而還，失霸者之義，故貶稱人。【疏】注「鄭爲」至「稱人」。　正義曰：諸經貶諸侯之卿稱人者，傳皆言其名氏。此傳唯稱趙盾及諸侯之師侵鄭，諸侯之將不言名氏，則實是微者，非貶之也。趙盾畏楚而還，故貶之稱人。《釋例》曰：「鄭受楚命伐宋，大敗宋師，獲其二卿。此晉之不競也。晉於是申命衆國，大起其衆，將以雪宋之恥，取威定霸。趙盾爲政，而畏越椒之盛，不敢遂其所志，託辭班師，失宋之心，孤諸侯之望，所以致貶也。」

---

❶「得大」至「三年」，阮校：「案，僖元年注無『得』字，『例』上有『獲』字，餘並同。」

秋，九月，乙丑，晉趙盾弑其君夷皋。靈公不君，而稱臣以弑者，以示良史之法，深責執政之臣。例在四年。【疏】注「靈公」至「四年」。正義曰：《釋例》曰：「經書『趙盾弑君』，而傳云『靈公不君』，又以明於例此弑宜稱君也。弑非趙盾，而經不變文者，以示良史之意，深責執政之臣。傳故特見仲尼曰：『越竟乃免。』明盾亦應受罪也。雖原其本心，而《春秋》不赦其罪，蓋爲教之遠防。」

冬，十月，乙亥，天王崩。無傳。

【傳】**二年，春，鄭公子歸生受命于楚，伐宋。**受楚命也。**宋華元、樂吕御之。二月，壬子，戰于大棘，宋師敗績，囚華元，獲樂吕，**樂吕，司寇。獲不書，非元帥也。獲，生死通名。經言「獲」華元，故傳特護之曰「囚」，以明其生獲，故得見贖而還。**及甲車四百六十乘，俘二百五十人，馘百人。**

狂狡輅鄭人，鄭人入于井。狂狡，宋大夫。輅，迎也。**倒戟而出之，獲狂狡。君子曰：「失禮違命，宜其爲禽也。戎，昭果毅以聽之之謂禮，**聽謂常存於耳，著於心，想聞其政令。**殺敵爲果，致果爲毅。易之，戮也。」**易，反易。

將戰，華元殺羊食士，其御羊斟不與。及戰，曰：「疇昔之羊子爲政，疇昔猶前日也。**今日之事我爲政。」與入鄭師，故敗。君子謂：「羊斟非人也！以其私憾，❶敗國殄民，**憾，恨也。殄，盡也。

❶「憾」，阮校：「石經此處缺。《釋文》『憾』作『感』，云：『本又作憾，注同。』按，《釋文》作『感』，是也。」

於是刑孰大焉。《詩》所謂『人之無良』者，《詩・小雅》。義取不良之人，相怨以亡。**其羊斟之謂乎？殘民以逞。」**

宋人以兵車百乘、文馬百駟，❶畫馬爲文四百匹。**以贖華元于鄭。半入，華元逃歸，立于門外，告而入。**告宋城門而後入，言不苟。**見叔牂，曰：「子之馬然也。」**叔牂，羊斟也。卑賤得先歸，華元見而慰之。**對曰：「非馬也，其人也。」**叔牂知前言以顯，故不敢讓罪。**既合而來奔。**叔牂言畢，遂奔魯。合猶答也。

宋城，華元爲植，巡功。植，將主也。**城者謳曰：「睅其目，皤其腹，棄甲而復。**睅，出目。皤，大腹。棄甲，謂亡師。**于思于思，棄甲復來。」**于思，多鬢之貌。❷**使其驂乘謂之曰：「牛則有皮，犀兕尚多，棄甲則那？」**那猶何也。**役人曰：「從其有皮，丹漆若何？」華元曰：「去之！夫其口衆，我寡。」**傳言華元不吝其咎，寬而容衆。【疏】「君子」至「戮也」。❸　正義曰：軍法以殺敵爲上，將軍臨戰，必三令五申之。狂狡失即戎之禮，違元帥之命，曲法以拯鄭人，宜其爲禽也。昭，明也。兵戎之事，明此果毅以聽之之謂禮，能殺敵人是名爲果，言能果敢以除賊，致此果敢乃名爲毅，言能彊毅以立功。「易之，戮也」，反易此

---

❶「文馬百駟」，阮校：「案，今本《説文》引傳作『駇馬百駟』。」

❷「鬢」，阮校：「《釋文》：『鬢又作鬚。』」

❸「君子至戮也」，阮本以下正義八節分疏於傳文各節下。

道，則合刑戮也。昭謂明曉此禮，致謂達之於敵。毅，彊也。能致用此意乃爲彊人，言在軍對敵必須殺也。《尚書》成湯數桀之罪以誓衆云：「爾尚輔予一人，致天之罰，予其大賚汝。爾不從誓言，予則孥戮汝。」武王數紂之罪以誓衆云：「勖哉夫子！尚桓桓，如虎如貔，如熊如羆，于商郊。爾所不勖，其于爾躬有戮！」二王以至聖伐至惡，尚誓衆使多殺，是軍法務在多殺，殺敵乃爲禮也。《公羊》善宋襄公「不鼓不成列」，以爲文王之戰亦不過此。武王之戰既知不然，文王之戰豈當若是？審如《公羊》之言，文王未曉戰法，其不能身定天下，豈爲此乎？　注「疇昔猶前日也」。　正義曰：《禮記・檀弓》云：孔子謂子貢曰：「吾疇昔之夜，夢坐奠於兩楹之間。」鄭玄云：「疇昔猶前日也。」是相傳爲然。　注「畫馬爲文」。　正義曰：謂文飾雕畫之，若朱其尾鬣之類也。　「見叔」至「來奔」。　正義曰：叔牂卑賤，故得先歸。華元見而安慰之曰：「往奔入鄭軍者，子之馬自然，非子之罪。」叔牂自知前言已顯，不敢隱諱，乃對元曰：「非馬也，其人也。」言是己爲之。叔牂既答華元，而即來奔魯耳。服虔載三説，皆以「子之馬然」爲叔牂之語，「對曰」以下爲華元之辭。賈逵云：「叔牂，宋守門大夫。華元既見叔牂，牂謂華元曰：『子見獲於鄭者，是由子之馬使然也。』華元對曰：『非馬自奔也，其人爲之也。』謂羊斟驅入鄭也。奔，走也。言宋人贖我之事既和合，而我即來奔耳。」鄭衆云：「叔牂即羊斟也，在先得歸。華元見叔牂，牂即誣之曰：『奔入鄭軍者，子之馬然也，非我也。』華元對曰：『非馬也，其人也。』言是女驅之耳。叔牂既與華元合語，而即來奔魯。」又一説：「叔牂宋人，見宋以馬贖華元，謂元以贖得歸，謂元曰：『子之得來，當以馬贖故然。』華元曰：『非馬也，其人也。』言己不由馬贖，自以人事來耳。贖事既合，而我即來奔。」杜以傳文見叔牂而即言「曰」，則「曰」下皆當爲華元之語，不得爲叔牂之辭。且以華元與賤人交語而稱「對曰」，謂歸國而言「來奔」，皆於文不順。又羊斟與叔牂當是名字相配，故不從三家，而別爲之説，采鄭氏來奔爲奔魯耳。合是聚合言語，故云「合猶答也」。　注「植將主也」。　正義曰：《周禮・大司馬》：「大役，屬其植。」鄭司農云：「植謂部曲將吏。故宋城，華元爲植，巡功。」是植謂將領主帥監作者也。巡功，謂巡城檢作功也。　注「睅出目皤大腹」。　正義曰：《説文》云：「睅，大目也。」目大則出見，故云出目也。皤是腹之狀，腹以大爲異，故爲大腹也。　注「于思多鬢之貌」。　正義曰：賈逵以爲白頭貌。成十五年華元爲右師，距此三十二年，計未得頭白，故杜以爲多鬢貌，亦是以意言之耳。　「犀兕尚多」。　正義曰：《釋獸》云：「犀，似豕。」郭璞曰：「形似水牛，豬頭，大腹，庳腳。腳有三蹄，黑色。三角，一在頂上，一在額上，一在鼻上。鼻上者，食角也。小而不橢，好食棘。亦有一角者。」劉歆期《交州記》曰：❶『犀出九德，毛如豕，❷蹄有甲，頭似馬。』吴録《地理志》云：『武陵阮南縣以南皆有犀。』」❸《釋獸》云：「兕，似牛。」郭璞云：「一角，青色，重千斤。」《説文》云：「兕如野牛，青毛，其皮堅厚，可制鎧。」《交州記》曰：「兕出九德，有一角，角長三尺餘，形如馬鞭柄。」遍檢書傳，犀、兕二獸並出南方，非宋所有，假令波及宋國，必不能多。言「尚多」者，苟以答謳者耳。

秦師伐晉，以報崇也，伐崇在元年。**遂圍焦。**焦，晉河外邑。

夏，晉趙盾救焦，遂自陰地及諸侯之師侵鄭，陰地，晉河南山北，自上洛以東至陸渾。**以報大棘之役。楚鬬椒救鄭，曰：「能欲諸侯，而惡其難乎？」遂次于鄭，以待晉師。趙盾曰：「彼宗競于楚，殆將斃矣。**競，強也。鬬椒，若敖之族，自子文以來，世爲令尹。**姑益其疾。」乃去之。**欲示弱

❶「歆」，阮校：「宋本『歆』作『欣』。」今按：《爾雅・釋獸》疏引作「欣」。
❷「如」，京都本、阮本作「似」。
❸「阮」，阮本作「沅」。

以驕之。傳言趙盾所以稱人，且爲四年楚滅若敖氏張本。

晉靈公不君，失君道也，以明於例應稱國以弑。厚斂以彫牆。彫，畫也。從臺上彈人，而觀其辟丸也。宰夫胹熊蹯不熟，殺之，寘諸畚，使婦人載以過朝。畚，以草索爲之，筥屬。趙盾、士季見其手，問其故，而患之。將諫，士季曰：「諫而不入，則莫之繼也。會請先，不入，則子繼之。」三進，及溜，而後視之，士季，隨會也。三進三伏，公不省而又前也。公知欲諫，故佯不視。曰：「吾知所過矣，將改之。」稽首而對曰：「人誰無過，過而能改，善莫大焉。《詩》曰：『靡不有初，鮮克有終。』《詩·大雅》也。夫如是，則能補過者鮮矣。君能有終，則社稷之固也，豈惟羣臣賴之？又曰：『衮職有闕，惟仲山甫補之。』能補過也。《詩·大雅》也。衮，君之上服。闕，過也。言服衮者有過，則仲山甫能補之。君能補過，衮不廢矣。」常服衮也。猶不改。

宣子驟諫，公患之，使鉏麑賊之。鉏麑，晉力士。晨往，寢門闢矣，盛服將朝。尚早，坐而假寐。不解衣冠而睡。麑退，歎而言曰：「不忘恭敬，民之主也。賊民之主，不忠；棄君之命，不信。有一於此，不如死也。」觸槐而死。槐，趙盾庭樹。

秋，九月，晉侯飲趙盾酒，伏甲，將攻之。其右提彌明知之，❶右，車右。趨登，曰：「臣侍君宴，

---

❶「提彌明」，阮校：「《釋文》『提』作『祇』，云『本又作提』。《後漢書·郡國志》引同。案，《史記·晉世家》作『示眯明』。」

過三爵，非禮也。」遂扶以下。公嗾夫獒焉，❶明搏而殺之。獒，猛犬也。盾曰：「棄人用犬，雖猛何爲？」責公不養士，而更以犬爲己用。鬬且出，提彌明死之。

初，宣子田於首山，❷舍于翳桑，田，獵也。翳桑，桑之多蔭翳者。首山在河東蒲坂縣東南。見靈輒餓，問其病。靈輒，晉人。曰：「不食三日矣。」食之，舍其半。問之。曰：「宦三年矣，宦，學也。未知母之存否，今近焉，去家近。請以遺之。」使盡之，而爲之簞食與肉，簞，笥也。寘諸橐以與之。既而與爲公介，靈輒爲公甲士。倒戟以禦公徒而免之。問何故，對曰：「翳桑之餓人也。」問其名居，問所居。不告而退，不望報也。遂自亡也。輒亦去。

乙丑，趙穿攻靈公於桃園。穿，趙盾之從父昆弟子。乙丑，九月二十七日。宣子未出山而復。晉竟之山也。盾出奔，聞公弒而還。大史書曰「趙盾弒其君」，以示於朝。❸宣子曰：「不然。」對曰：「子爲正卿，亡不越竟，反不討賊，非子而誰？」宣子曰：「烏呼！『我之懷矣，自詒伊慼』，其我

---

❶「嗾」，阮校：「《釋文》云：『嗾，服本作㖩。』正義曰：『服虔云：嗾，㖩也。』臧琳云：依正義，則服本亦作『嗾』，但訓『嗾』爲『㖩』耳。㖩字，《説文》、《玉篇》皆無，至《集韻》始收。毛本注、疏作『取』，不從口，非也。」

❷「田」，阮校：「案，李善注《叔元爲幽州牧與彭寵書》引傳作『畋』。」

❸「示」，阮校：「纂圖本、閩本、監本、毛本作『視』，合於古文。」

之謂矣。」逸《詩》也。言人多所懷戀，則自遺憂。**孔子曰：「董狐，古之良史也，書灋不隱。**不隱盾之罪。**趙宣子，古之良大夫也，爲灋受惡。**善其爲法受屈。**惜也，越竟乃免。」**越竟，則君臣之義絶，可以不討賊。

宣子使趙穿逆公子黑臀于周而立之。黑臀，晉文公子。**壬申，朝于武宮。**壬申，十月五日。既有日而無月，冬又在壬申下，明傳文無較例。

初，麗姬之亂，❶**詛無畜羣公子，**詛，盟誓。**自是晉無公族。**無公子，故廢公族之官。**及成公即位，乃宦卿之適而爲之田，**❷**以爲公族。**宦，仕也。爲置田邑，以爲公族大夫。**又宦其餘子，亦爲餘子，**餘子，適子之母弟也，亦治餘子之政。**其庶子爲公行。**庶子，妾子也，掌率公戎行。**晉於是有公族、餘子、公行。**皆官名。

趙盾請以括爲公族，括，趙盾異母弟，趙姬之中子屏季也。**曰：「君姬氏之愛子也。**趙姬，文公女、成公姊也。**微君姬氏，則臣狄人也。」公許之。**盾，狄外孫也。姬氏逆之以爲適，事見僖二十四年。

---

❶「麗」，阮校：「《釋文》亦作『麗』，閩本、監本、毛本作『驪』。案，『麗』、『驪』字一耳。」

❷「適」，京都本、阮本「適」下有「子」字。阮校：「案，昭廿八年正義、《詩・汾沮洳》正義並引作『宦卿之適以爲公族』，亦無『子』字。『適』，《釋文》云：『又作嫡。』」

冬，趙盾爲旄車之族，旄車，公行之官。盾本卿適，其子當爲公族，辟屏季，故更掌旄車。**使屏季以其故族爲公族大夫。**盾以其故官屬與屏季，使爲衰之適。【疏】「宰夫胹熊蹯」。❶　正義曰：字書：「過孰曰胹。」命此宰夫胹熊蹯，其蹯不至於孰，以其違命，故殺之。　注「畚以」至「筥屬」。　正義曰：《周禮·挈壺氏》：「挈畚以令軍糧。」❷鄭衆云：「縣畚于廩假之處，畚所以盛糧之器，故以畚表廩。」《説文》云：「畚，蒲器，可以盛糧。」《韓詩外傳》云：「鮑焦挈畚采蔬，遇子貢於道。」是畚可以盛糧盛菜，以草索爲之。今人猶有此器，形制似筥，故爲筥屬。過朝以示人，令衆懼已。　「將諫」至「繼之」。　正義曰：言二人將欲相隨入諫。士季謂盾曰：「子是尊卿，今與子俱諫而不入，則莫之能繼續爲諫。會是卑卿，請先往諫，不入則子繼之。」　「三進及溜」。　正義曰：溜，謂簷下水溜之處。入門伏而不省，起而更進，三進而及於君之屋溜。言迫於公之前也。　「趨登」至「非禮」。　正義曰：此言飲趙盾酒，是小飲酒耳，非正燕禮。燕禮，獻酬之後，方脱屨升堂，行無筭爵，非止三爵而已。其侍君小飲，則三爵而退。《玉藻》云：「君子之飲酒也，受一爵而色洒如也，二爵而言言斯，禮已三爵而油油以退。」鄭玄云：「禮，飲過三爵則敬殺，可以去矣。」是三爵禮訖，自當退也。提彌明言此之時，未必已過三爵，假此辭以悟趙盾耳。　「遂扶」至「獒焉」。　正義曰：服虔本「扶」作「跣」。注云：「趙盾徒跣而下走。」禮，脱屨而升堂，降階乃納屨。堂上無屨，跣則是常，何須云「遂跣而下」？且遂者，因上生下之言。提彌明言訖

---

❶「宰夫胹熊蹯」，阮本以下正義十八節分疏於傳文各節下。

❷「軍」，《周禮》無此字。

而遂，不得爲趙盾遂也。杜本作「扶」，言扶盾下階也。服虔云：❶「嗾，㖩也。夫，語辭。獒，犬名。公乃㖩夫獒，❷使之噬盾也。」《釋畜》云：「狗四尺爲獒。」是大犬之名，以其使之噬盾，故云：「獒，猛犬也。」注「宦學也」。正義曰：《曲禮》云「宦學事師」，則二者俱是學也。但宦者學仕宦，學者尋經藝，以此爲異耳。注「簞笥也」。正義曰：鄭玄《曲禮》注云：「圓曰簞，方曰笥。」然則俱是竹器，方圓異名耳，故以簞爲笥。鄭玄《論語》注亦云「簞，笥也」。注「穿趙」至「弟子」。正義曰：《晉語》云：「趙衰，趙夙之弟。」《世族譜》：盾是衰子，穿是夙孫，是穿爲盾之從父昆弟之子也。《世本》：「夙爲衰祖，穿爲夙之曾孫。」《世本》轉寫多誤，其本未必然也。注「越竟」至「討賊」。正義曰：哀八年傳公山不狃云：「君子違，不適讎國，未臣而有伐之，奔命焉，死之可也。」注云：「未臣所適之國，則可還奔命，死其難。」如彼傳文，雖則出奔，臣義未絶。此注云「越竟，則君臣之義絶」者，以仲尼云「越竟乃免」，出竟則免責，明其義已絶也。襄三十年「鄭人殺良霄」，傳曰：「不稱大夫，言自外入也。」去國不稱大夫，是爲義絶之驗。且受君之命，乃得爲臣，今君欲殺己，逃奔他國，君之於臣既已絶矣，臣之於君能無絶乎？董狐云「子爲正卿，反不討賊」，明其威足討賊，卿位猶在，故責之耳。我以君寵得爲國卿，杖君之威，❸故羣下用命，亦既失位出奔，國人不復畏我，國内自有賊亂，非我所能禁之，故越竟得免，由義絶故也。不狃之言，

---

❶「服虔云嗾㖩也」，阮校：「閩本、監本、毛本『㖩』作『取』。段玉裁云：此段宋本誤，正義當云：服虔本『嗾』作『取』，注云：取，嗾也。公乃嗾夫獒，使之噬盾也。」

❷「㖩」，阮校：「監本、毛本『㖩』作『嗾』，不誤。」

❸「杖」，監本、毛本、文淵閣本作「仗」。

謂己以他故出奔，非是君欲殺己，閔其宗國，宜還救之。昭二十一年宋公子城以晉師救宋，是其事也。襄二十七年傳曰：「崔氏之亂，申鮮虞來奔，僕賃於野，以喪莊公。」彼是公之寵臣，去國而行君服，豈復責無罪而將見殺、逃竄而得免死者，❶皆令反服君乎？《禮・檀弓》曰：「穆公問於子思曰：『爲舊君反服，古與？』子思曰：『古之君子，進人以禮，退人以禮，故有舊君反服之禮也。今之君子，進人若將加諸膝，退人若將隊諸淵，無爲戎首，不亦善乎？又何反服之禮之有？』」是言去國雖同，本情有異，不可以一槩論也。注「黑臀晉文公子」。正義曰：《周語》單襄公云：「吾聞成公之生也，其母夢神規其臀以黑，❷曰『使有晉國』，故命之曰『黑臀』。」《晉世家》：「成公者，文公少子，其母周女也。」「初麗」至「公子」。正義曰：服虔云：「麗姬與獻公及諸大夫詛無畜羣公子，欲令其二子專國。」杜雖不注，義似不然。若麗姬身爲此詛，姬死即應復常，何得比至於今國無公族？豈復文襄之霸，遂踵麗姬法乎？蓋爲奚齊、卓子以庶篡適，晉國創其爲亂，不用復畜公子。案檢傳文及《國語》，文公之子雍在秦，樂在陳，黑臀在周，襄公之孫談在周，則是晉之公子悉皆出在他國，是其因行而不改，成公今始革之，故傳本其初也，則是國内因麗姬之亂，乃設此詛，非麗姬自爲詛也。若麗姬爲詛，不須言「麗姬之亂」，以言「之亂」，知其創麗姬也。自此之後，雖立公族，而顯者亦少，唯有悼公之弟揚干，悼公之子憖，二人名見於傳。昭十八年鄭人救火，「子産辭晉公子、公孫於東門」。以外更無其人，良由偪於六卿，不被任用故耳。注「無公」至「之官」。正義曰：不畜羣公子，故無公族，是公族之官，掌教公之子弟也。下注云：「餘子，適子之母弟，亦治餘子」。

---

❶「得」，阮本作「行」。

❷「黑」，文淵閣本作「墨」。阮校：「案，宋本、《國語》作『墨』。」

之政。」餘子屬餘子之官，則適子屬公族之官也。孔晁注《國語》云：「公族大夫掌公族及卿大夫子弟之官。」是卿之適子屬公族也。《晉語》云：欒伯請公族，悼公曰：「荀家惇惠，荀會文敏，黶也果敢，無忌慎靖，使茲四人者爲之。膏粱之性難正也，故使惇惠者教之，文敏者道之，果敢者諗之，慎靖者脩之。使茲四人者爲公族大夫。」是公族主教誨也。　注「餘子」至「之政」。　正義曰：下庶子爲妾子，知餘子則是適子之母弟也。言「亦爲餘子」，則知餘子之官，亦治餘子之政，令主教卿大夫適妻之次子也。下云「庶子爲公行」，掌率公之戎車，則公行不教庶子，然則卿大夫之妾子，亦是餘子之官教之矣。　注「庶子」至「戎行」。　正義曰：下句趙盾自以爲庶，❶爲旄車之族，則旄車之族即公行也。掌車而謂之公行，知其掌率公戎車之行列也。　「晉於」至「公行」。　正義曰：此晉有公族、餘子、公行，《詩·魏風》有公族、公路、公行。其公族、公行既同，公路似此餘子。但餘子不主路車，公路非餘子也，當與公行爲一，以其主君路車謂之公路，主車行列謂之公行，其實正是一官，詩人變文以韻句耳。《周禮》無此三官之名。《夏官》有「諸子」，下大夫二人，掌國子之倅，事與公族同也。《春官》有「巾車」，下大夫二人，掌王之五路，事與公行同也。無與餘子同者，❷天子、諸侯禮異耳。　注「旄車」至「旄車」。　正義曰：主公車行列謂之公行，車皆建旄，謂之旄車之族。《詩》云「孑孑干旄」，又曰「建旐設旄」，是公車必建旄也。《周禮》主車之官謂之巾車。巾者，衣也，主衣飾之車，謂之巾車。此掌建旄之車，謂之旄車之族。盾本卿之適子，其子世承正適，當爲公族。使辟屏季，故更爲旄車之族，自以身爲妾子，故使其子爲妾子之官。知非盾身自爲旄車之

---

❶「句」，阮校：「浦鏜《正誤》作『文』。」

❷「與」，正宗寺本、足利學本、京都本、文淵閣本、阮本無此字。

族，而云使其子者，旄車之族，賤官耳，盾身既爲正卿，無容退掌賤職。六年經稱「晉趙盾、衛孫免侵陳」，仍書於經，非身退位，故知使其子耳。原同長而使趙括者，沈氏云：「以其君姬氏之愛子，故使之，非正適也。」注「盾以」至「之適」。正義曰：族即屬也。故官屬者，父時舊官屬也。將父時官屬盡與屏季，使季爲衰之正適也。盾之此意，欲令身死之後，使屏季承其父後爲趙氏宗主，但晉人以盾之忠，更使其子朔承盾後耳。

【經】三年，春，王正月，郊牛之口傷，改卜牛。牛死，乃不郊。牛不稱牲，未卜日。**猶三望。**

葬匡王。無傳。四月而葬，速。

楚子伐陸渾之戎。

夏，楚人侵鄭。

秋，赤狄侵齊。無傳。

宋師圍曹。

冬，十月，丙戌，鄭伯蘭卒。再與文同盟。【疏】注「再與文同盟」。正義曰：蘭以僖三十三年即位，文二年盟于垂隴，七年于扈，十四年于新城，魯、鄭俱在，當言三同盟，而云再者，以扈之盟，經文不序諸侯，故不數。劉炫規之，非也。

葬鄭穆公。無傳。

【傳】三年，春，不郊，而望，皆非禮也。言牛雖傷死，當更改卜，取其吉者，郊不可廢也。前年冬，天王崩，未葬而郊者，不以王事廢天事。《禮記·曾子問》：「天子崩未殯，五祀不行，既殯而祭。」自啓至于反哭，五祀之祭不行，已葬而祭。**望，郊之屬也，不郊，亦無望可也。**已有例，在僖三十一年。復發傳者，嫌牛死與卜不從異。【疏】注「言牛」至「而祭」。❶　正義曰：案經，牛死在正月，郊當用三月，其間足得養牛。牛雖一傷一死，當更改卜取其吉者，郊天之禮不可廢也。牛死而遂不郊，故爲非禮也。不郊非禮，則於禮得郊。禮，諸侯爲天子斬衰，天王崩未葬，而得郊者，不以王事廢天事也。引《曾子問》者，舉輕以明重也。初死以至於殯，啓殯以至反哭，於此之間，五祀之祭不行耳。既殯之後，啓殯以前，五祀之祭猶尚不廢，郊天必不廢矣。故鄭注云「郊社亦然」。《王制》云：「喪三年不祭，唯祭天地社稷，爲越紼而行事。」鄭玄云：「不敢以卑廢尊。紼，輴車索。」禮，天子殯於西序，欑輴車而塗之，繫紼，以備火災。言「越紼而行事」，是在殯得祭也。案《曾子問》：「既殯而祭，其祭也，尸入，三飯不侑，酳不酢而已矣。」謂尸唯三飯，祝不侑勸其食。食罷，主人酌酒酳尸，尸不酢主人。《曾子問》又云：「已葬而祭，祝畢獻而已。」謂尸飯而侑勸訖，酳尸，尸酢主人。酢訖，又布祝席，祝坐，主人酌酒以獻祝，獻畢而止。故鄭注云「既葬彌吉，畢獻祝而後止」是也。鄭又注彼云：「天子七祀，言五者，關中言之。」案《禮記·祭法》云：王爲羣姓立七祀，曰司命，曰中霤，曰國門，曰國行，曰泰厲，曰户，曰竈。王自爲立七祀。諸侯爲國立五祀，曰司命，曰中霤，曰國門，曰國行，曰公厲。諸侯自爲立五祀。大夫立三

❶「注言牛至而祭」，阮本此節正義在「皆非禮也」句注下。

祀，曰族厲，曰門，曰行。適士立二祀，曰門，曰行。庶士、庶人立一祀，或立户，或立竈。是其義也。

晉侯伐鄭，及延。❶**鄭及晉平，士會入盟。**延，鄭地。爲夏楚侵鄭傳。❷

楚子伐陸渾之戎，遂至於雒，觀兵于周疆。雒水出上雒冢領山，至河南鞏縣入河。**定王使王孫滿勞楚子。**王孫滿，周大夫。**楚子問鼎之大小輕重焉。**示欲偪周取天下。**對曰：「在德不在鼎。昔夏之方有德也，**禹之世。**遠方圖物，**圖畫山川奇異之物而獻之。**貢金九牧，**使九州之牧貢金。**鑄鼎象物，**象所圖物，著之於鼎。**百物而爲之備，使民知神姦。**圖鬼神百物之形，使民逆備之。**故民入川澤、山林，不逢不若。**❸若，順也。**螭魅罔兩，**❹螭，山神，獸形。魅，怪物。罔兩，水神。**莫能**

---

❶「延」，《四部叢刊》本、足利學本、京都本、文淵閣本、阮本作「郔」。阮校：「案，《説文》『郔』字注云：『鄭地。』顧炎武云：石經誤作『延』。是也。」下注文同。

❷「侵」，原作「浸」，據《四部叢刊》本、足利學本、京都本、文淵閣本、阮本改。

❸「不逢不若」，阮校：「惠棟云：『張平子《西京賦》云「禁禦不若」，《爾雅·釋詁》云：「若，善也。」郭景純注引《左傳》曰：「禁禦不若。」今《左傳》作「不逢不若」。案，下傳云「莫能逢之」，杜云：「逢，遇也。」既云「不逢」，又云「莫逢」，文既重出，且杜氏不應舍上句注下句，此晉以後傳寫之譌。』案，惠棟説是也。」

❹「螭魅罔兩」，阮校：「《釋文》『魅，本又作鬽』，『兩，本又作蜽』。鄭氏注《周禮·家宗人》引作『螭鬽魍魎』。《説文》『鼎』字下引作『螭魅蝄蜽』。段玉裁云：螭者，轉寫之譌字。《説文》此字在厹部，作『离』，云：『山神，獸形。』」

逢之，❶逢，遇也。**用能協于上下，以承天休。**民無災害，則上下和而受天祐。**桀有昏德，鼎遷于商，載祀六百。**載、祀皆年。❷**商紂暴虐，鼎遷于周。德之休明，雖小，重也。**不可遷。**其姦回昏亂，雖大，輕也。**言可移。**天祚明德，有所底止。**底，致也。**成王定鼎于郟鄏，**郟鄏，今河南也。武王遷之，❸成王定之。**卜世三十，卜年七百，天所命也。周德雖衰，天命未改。鼎之輕重，未可問也。」**【疏】「螭山」至「水神」。❹　正義曰：螭，山神，獸形。魅，怪物。先儒相傳爲然。《魯語》仲尼云：「木石之怪，夔、罔兩。水之怪，龍、罔象。」則罔兩是木石之神。杜以爲水神者，《魯語》賈逵注云：「罔兩、罔象，言有夔、龍之形而無實體。」然則罔兩、罔象皆是虛無，當總彼之意，非神名也。上句言山、林、川、澤，則螭、魅、罔、兩四神。文十八年注：「螭魅，山林異氣所生。」螭魅既爲山林之神，則罔兩宜爲川澤之神，故以爲水神也。　注「載祀皆年」。　正義曰：《釋天》云：「唐虞曰載，商曰祀，周曰年。」孫炎云：「載，取物終更始。祀，取四時祭祀一訖。年，取年穀一孰。」是載、祀皆年之別名，複言之耳。《律歷志》云：「商三十一王，六百二十九年。」　「卜世」至「七

❶「之」，阮校：「李善《西京賦》注引作『旃』。」

❷「年」，阮校：「《釋文》引注『年』下有『也』字。」

❸「武」上，阮校：「《史記正義》、《後漢書・逸民傳》注引杜注並有『河南縣西有郟鄏陌』八字。又案，《水經注》十五引杜氏《釋地》曰：『縣西南有郟鄏陌。』」

❹「螭山至水神」，阮本以下正義三節分疏於傳文各節下。今案：「螭」上，正宗寺本、足利學本、京都本、阮本有「注」字，當是。

百」。　正義曰：《律歷志》云：周三十六王，八百六十七年。過卜數也。

夏，楚人侵鄭，鄭即晉故也。

宋文公即位三年，殺母弟須及昭公子，武氏之謀也。 武氏謀奉弟須及昭公子以作亂，❶事在文十八年。 **使戴、桓之族攻武氏於司馬子伯之館，盡逐武、穆之族。武、穆之族以曹師伐宋。秋，宋師圍曹，報武氏之亂也。**

冬，鄭穆公卒。初，鄭文公有賤妾曰燕姞， 姞，南燕姓。 **夢天使與己蘭，** 蘭，香草。 **曰：「余爲伯儵。❷余，而祖也。** 伯儵，南燕祖。 **以是爲而子。** 以蘭爲女子名。 **以蘭有國香，人服媚之如是。」** 媚，愛也。欲令人愛之如蘭。 **既而文公見之，與之蘭而御之。辭曰：「妾不才，幸而有子，將不信，敢徵蘭乎？」** 懼將不見信，故欲計所賜蘭爲懷子月數。 **公曰：「諾。」生穆公，名之曰蘭。**

文公報鄭子之妃曰陳嬀， 鄭子，文公叔父子儀也。漢律：淫季父之妻曰報。 **生子華、子臧。子臧得罪而出，** 出奔宋。 **誘子華而殺之南里，** 在僖十六年。南里，鄭地。 **使盜殺子臧於陳、宋之間。** 在僖二十四年。 **又娶于江，生公子士。朝于楚，楚人酖之，及葉而死。** 葉，楚地，今南陽葉縣。 **又**

---

❶「弟」上，足利學本、京都本、文淵閣本、阮本有「母」字。阮校：「宋本脱此字。」

❷「儵」，《四部叢刊》本、足利學本、京都本、阮本作「儵」。下一「儵」字同。

娶于蘇，生子瑕、❶子俞彌。俞彌早卒。洩駕惡瑕，文公亦惡之，故不立也。洩駕，鄭大夫。公逐羣公子，公子蘭奔晉，從晉文公伐鄭。在僖三十年。石癸曰：「吾聞姬、姞耦，其子孫必蕃。姞姓宜爲姬配耦。姞，吉人也，后稷之元妃也。姞姓之女爲后稷妃，周是以興，故曰吉人。今公子蘭，姞甥也，天或啓之，必將爲君，其後必蕃。先納之，可以亢寵。」亢，極也。與孔將鉏、侯宣多納之，盟于大宮而立之，大宮，鄭祖廟。以與晉平。

穆公有疾，曰：「蘭死，吾其死乎？吾所以生也。」刈蘭而卒。傳言穆氏所以大興於鄭，天所啓也。【疏】「夢天使與己蘭」。❷　正義曰：夢言天者，皆非天也。此既言天使與己蘭，即云「余爲伯儵」，儵即非天也。伯儵不得自稱爲天，天不得變爲伯儵，明是夢者恍惚之言耳。成五年晉趙嬰「夢天使謂己『祭余，余福女』」，上天之神，聰明正直，寧當就淫亂之人降福以求食乎？昭四年叔孫穆子「夢天壓己，弗勝」，號豎牛助而勝之。若是上天之神，寧當與豎牛争力而不勝也？明皆恍惚之言，或别有邪神，夢者不識而妄稱天耳。「朝于楚」。　正義曰：諸侯大子攝行父事稱朝。此公子士非大子亦稱朝者，以大子稱朝，故傳亦通言之，其實合稱聘耳。

---

❶「瑕」，阮校：「陳樹華云：《史記》作『溉』，徐廣云：『一作瑕。』《索隱》曰：『音蔇，《左傳》作瑕。』」

❷「夢天使與己蘭」，阮本以下正義二節分疏於傳文各節下。

【經】四年，春，王正月，公及齊侯平莒及郯。莒人不肯。公伐莒，取向。莒、郯二國相怨，故公與齊侯共平之。向，莒邑。東海承縣東南有向城。❶遠，疑也。

秦伯稻卒。無傳。未同盟。

夏，六月，乙酉，鄭公子歸生弑其君夷。傳例曰：「稱臣，臣之罪也。」子公實弑，而書子家罪，其權不足也。

赤狄侵齊。無傳。

秋，公如齊。無傳。公至自齊。無傳。告于廟。例在桓二年。

冬，楚子伐鄭。

【傳】四年，春，公及齊侯平莒及郯，莒人不肯。公伐莒，取向，非禮也。平國以禮，不以亂。伐而不治，亂也。責公不先以禮治之而用伐。以亂平亂，何治之有？無治，何以行禮？

楚人獻黿於鄭靈公。穆公大子夷也。公子宋與子家將見。宋，子公也。子家，歸生。子公之食指動，第二指也。以示子家，曰：「他日我如此，必嘗異味。」及入，宰夫將解黿，相視而笑。公問之，問所笑。子家以告。及食大夫黿，召子公而弗與也。欲使指動無效。子公怒，染指於鼎，嘗之

❶「承」，阮校：「段玉裁依《釋文》改『丞』。」

而出。公怒，欲殺子公。子公與子家謀先。先公爲難。**子家曰：「畜老，猶憚殺之，**六畜。**而況君乎？」反譖子家。子家懼而從之。**譖子家於公。**夏，弒靈公。書曰：「鄭公子歸生弒其君夷。」權不足也。**子家權不足以禦亂，懼譖而從弒君，故書以首惡。**君子曰：「仁而不武，無能達也。」**初稱畜老，仁也。不討子公，是不武也。故不能自通於仁道，而陷弒君之罪。**凡弒君，稱君，君無道也，稱臣，臣之罪也。**稱君，謂唯書君名而稱國以弒，言衆所共絶也。稱臣者，謂書弒者之名以示來世，終爲不義。改殺稱弒，辟其惡名，取有漸也。書弒之義，《釋例》論之備矣。

鄭人立子良。穆公庶子。**辭曰：「以賢，則去疾不足。**去疾，子良名。**以順，則公子堅長。」乃立襄公。**襄公，堅也。**襄公將去穆氏，**逐羣兄弟。**而舍子良。**以其讓己。**子良不可，曰：「穆氏宜存，則固願也。若將亡之，則亦皆亡，去疾何爲？」**何爲獨留。**乃舍之，皆爲大夫。**【疏】注「第二指」。❶ 正義曰：《大射》禮云「右巨指鉤弦」，鄭玄云「右巨指，右手大擘」也。又曰：「設決，朱極三。」鄭玄云：「極猶放也，所以韜指，利放弦也，以朱韋爲之。三者，食指、將指、無名指。小指短，不用。」然則手之五指之名，曰巨指、食指、將指、無名指、小指也。定十四年傳：「闔閭傷將指，取其一屨。」注云：「其足大指見斬，遂失屨。」謂大指爲將指者，將者，言其將領諸指也。足之用力，大指爲多，手之取物，中指最長，故足以大指爲將指，手以中指爲將指。其食指者，食所偏用。服虔云：「俗所謂嚏鹽指也。」「黿」。正義曰：《説文》云：「黿，大鼈

❶「注第二指」，阮本以下正義三節分疏於傳文各節下。

也。」《玄中要記》曰：「千歲之黿，能與人語。」　「凡弒」至「之罪」。　正義曰：《晉語》云：趙宣子曰：「大者天地，其次君臣。」則君臣之交，猶父子也，君無可弒之理，而云「弒君，稱君，君無道」者，弒君之人固爲大罪，欲見君之無道，罪亦合弒，所以懲創將來之君，兩見其義，非赦弒君之人，以弒之爲無罪也。《釋例》曰：「天生民而樹之君，使司牧之，羣物所以繫命，故戴之如天，親之如父母，仰之如日月，事之如神明。其或受雪霜之嚴，雷電之威，則奉身歸命，有死無貳。故傳曰：『君，天也，天可逃乎？』此人臣所執之常也。然本無父子自然之恩，末無家人習翫之愛，高下之隔縣殊，壅塞之否萬端，是以居上者，降心以察下，表誠以感之，然後能相親也。若亢高自肆，羣下絶望，情義圮隔，是謂路人，非君臣也。人心苟離，則位號雖存，❶無以自固。故傳例曰：『凡弒君，稱君，君無道，稱臣，臣之罪。』稱君者唯書君名，而稱國、稱人以弒，言衆之所共絶也。稱臣者，謂書弒者主名，❷以垂來世，終爲不義，而不可赦也。然君雖不君，臣不可以不臣，故宋昭之惡，罪及國人，晉荀林父討宋曰：『何故弒君？』猶立文公而還。深見貶削。懷諸賊亂以爲心者，固不容於誅也。若鄭之歸生、齊之陳乞、楚之公子比，雖本無其心，《春秋》之義，亦同大罪。是以君子慎所以立也。諸侯不受先君之命而篡立，得與諸侯會者，則以成君書之，齊商人、蔡侯班之屬是也。若未得接於諸侯，則不稱爵，楚公子棄疾殺公子比，蔡人殺陳他，❸齊人殺無知，衛人殺州吁、公子瑕之屬是也。諸侯篡立，雖以會諸侯爲正，此列國之制也，至於國内，策名委質，即君臣之分已定，

---

❶「存」，阮本作「有」。

❷「主」，阮校：「臧禮堂據注及隱四年正義改『主』作『之』，是也。」

❸「他」，正宗寺本、京都本、文淵閣本、阮本作「佗」。

故殺不成君者，亦與成君同義。傳曰：『會于平州，以定公位。』又云：『若有罪，則君列諸會矣。』此以會爲斷也。經書『趙盾弑君』，而傳云『靈公不君』，又以明於例此弑宜稱君也。弑非趙盾而經不變文者，以示良史之意，深責執政之臣。傳特見仲尼曰『越竟乃免』，明盾亦應受罪也。醫不三世，不服其藥，古之慎戒也。人子之孝，當盡心嘗禱而已，藥物之齊，非所習也。許止身爲國嗣，國非無醫，而輕果進藥，故罪同於弑。二者雖原其本心，而《春秋》不赦，蓋爲教之遠防也。楚靈無道於民，於例當稱國以弑，公子比首兵自立，楚衆散歸，而靈王縊死，故以比爲弑主也。❶ 比既得國，國人驚亂，棄疾從而扇之，比懼自殺，皆棄疾之由，故書『公子棄疾殺公子比』也。《左氏》義例止此而已，其餘小異，皆從赴也。劉、賈、許、潁以爲君惡及國朝，則稱國以弑，君惡及國人，則稱人以弑。案傳鄭靈、宋昭，經文異而例同，故重發以同之。子弑其父，又嫌異於他臣，亦重明其不異。既不碎別國之與人，❷而傳云：『莒紀公多行無禮於國，太子僕因國人以弑之。』經但稱國不稱人，知國之與人，雖言别而事一也。」杜言小異從赴者，宋之蒙澤，楚之乾谿，俱是國内，而弑捷不書蒙澤，齊商人、衛州吁俱是公子，而州吁不稱公子，諸如此類，所有不同，皆從赴也。此弑君之例，有君罪、臣罪之異，而諸侯出奔，皆不書逐君之人以罪臣者，以君之見弑，未必皆爲無道，故立臣罪之文，以見君有無罪死者。國君而被臣逐，悉是不能固位，其罪皆在於君，故杜「諸侯出奔」例云：「諸侯奔者，皆迫逐而苟免，非自出也。」仲尼之經更没逐者主名，以自奔爲文者，責其不能自安自固，所犯非徒所逐之臣也。蔡侯朱雖無罪，據其失位出奔，亦其咎也。是説逐君無罪臣之文意也。

---

❶「主」，足利學本、京都本、文淵閣本、阮本作「王」。

❷「碎」，閩本、監本、毛本、文淵閣本作「辭」。

初，楚司馬子良生子越椒。子文曰：「必殺之！子文，子良之兄。是子也，熊虎之狀，而豺狼之聲。弗殺，必滅若敖氏矣。諺曰：『狼子野心。』是乃狼也，其可畜乎？」子良不可，子文以爲大慼。及將死，聚其族曰：「椒也知政，乃速行矣，無及於難。」且泣曰：「鬼猶求食，若敖氏之鬼不其餒而！」而，語助，言必餒。

及令尹子文卒，鬭般爲令尹，般，子文之子子揚。子越爲司馬。蔿賈爲工正，譖子揚而殺之，子越爲令尹，己爲司馬。賈爲椒譖子揚而己得椒處。子越又惡之，惡賈。乃以若敖氏之族圄伯嬴於轑陽而殺之，圄，囚也。伯嬴，蔿賈也。轑陽，楚邑。遂處烝野，將攻王。王以三王之子爲質焉，弗受。烝野，楚邑。三王：文、成、穆。師于漳澨。漳澨，漳水邊。

秋，七月，戊戌，楚子與若敖氏戰于皋滸。皋滸，楚地。伯棼射王，汏輈，❶及鼓跗，著於丁寧。伯棼，越椒也。輈，車轅。汏，過也。箭過車轅上。丁寧，鉦也。又射，汏輈，以貫笠轂。兵車無蓋，尊者則邊人執笠，依轂而立，以禦寒暑，名曰笠轂。此言箭過車轅，及王之蓋。師懼，退。王使巡師曰：「吾先君文王克息，獲三矢焉，伯棼竊其二，盡於是矣。」鼓而進之，遂滅若敖氏。

初，若敖娶於邧，邧，國名。生鬭伯比。若敖卒，從其母畜於邧，畜，養也。淫於邧子之女，生

❶「汏」，《四部叢刊》本、足利學本、文淵閣本、阮本作「汰」。阮校：「補刊石經、宋本、岳本作『汏』，下同。《釋文》亦作『汏』，是也。」

子文焉。䢵夫人使棄諸夢中。夢，澤名。江夏安陸縣城東南有雲夢城。❶**虎乳之。䢵子田，見之，懼而歸。夫人以告。**告女私通所生。**遂使收之。楚人謂乳穀，謂虎於菟，故命之曰鬭穀於菟。以其女妻伯比。**伯比所淫者。**實爲令尹子文。**鬭氏始自子文爲令尹。**其孫箴尹克黄**箴尹，官名。克黄，子揚之子。**使於齊，還及宋，聞亂。其人曰：「不可以入矣。」箴尹曰：「棄君之命，獨誰受之？君，天也，天可逃乎？」遂歸，復命，而自拘於司敗。王思子文之治楚國也，曰：「子文無後，何以勸善？」使復其所，改命曰生。**易其名也。【疏】注「漳澨漳水邊」。❷　正義曰：《釋例》云：「漳水出新城沶鄉縣，南至荆山，東南經襄陽南郡當陽縣，入沮。」《爾雅》水邊之名，唯有厓、涘、岸、滸，無以澨爲水邊者。但此云漳澨，成十五年云「決睢澨」，睢、漳皆水名，舉水名而言澨，知澨是水邊也。「及鼓跗著於丁寧」。正義曰：車上不得置簨虡以縣鼓，故爲作跗，若殷之楹鼓也。言「著於丁寧」，則丁寧是器。《晉語》云：「伐備鐘鼓，聲其罪也。戰以淳于丁寧，儆其民也。」是丁寧，戰之用也。《周禮·鼓人》：「以金錞和鼓。」鄭玄云：「錞，淳于也。其形圓，如碓頭。」「以金鐲節鼓」，鄭玄云：「鐲，鉦也。形如小鐘，軍行鳴之，以爲鼓節。」是錞即淳于，鐲即丁寧。故先儒皆以鐲爲鉦之别名，丁寧即是鉦也。注「兵車」至「之蓋」。正義曰：服虔云：「笠轂，轂之蓋如笠，所以蔽轂上，以禦矢也。一曰車轂上鐵也，或曰兵車旁幔輪謂之笠轂。」杜以彼爲不安，故改之而爲此説。亦是以意而

---

❶「縣城」，阮校：「案，《後漢書·郡國志》注引注文『縣』下無『城』字。」

❷「注漳澨漳水邊」，阮本以下正義五節分疏於傳文各節下。

言，差於人情爲允耳。❶　「王使」至「是矣」。　正義曰：此是彊軍人之心耳。息有此矢，矢當有法，不得無人學作，唯三而已。且射中王車，由射之工，不由矢善。若其由矢，王國猶有一矢，何不一發以取越椒？　注「易其名」。　正義曰：言越椒之亂，合誅絶其族，今更存立，故命曰生，言應死而重生。

冬，楚子伐鄭，鄭未服也。前年楚侵鄭，不獲成，故曰未服。

【經】五年，春，公如齊。

夏，公至自齊。

秋，九月，齊高固來逆叔姬。高固，齊大夫。不書女歸，降於諸侯。【疏】注「高固」至「諸侯」。　正義曰：僖五年「公孫兹如牟」，注云：「娶於牟也。卿非君命不越竟，故奉公命聘於牟，因自爲逆。」然則此高固亦是因來聘而自逆也。經書「公孫兹如牟」，是以聘爲文，此高固以逆爲文，不言聘者，此二者皆以非君之命不得越竟，請君行聘，而因自逆妻，本意爲逆，不爲聘也。從魯而出，私娶輕而君命重，故書聘，不書逆。自外而來，則嫁女重，而受聘輕，故書逆不書聘，内外之異文耳。諸侯嫁女於大夫，則使大夫爲之主，而書於經者，行禮爲尊卑不敵，故使大夫爲主耳。其女適他族，以先公之遺體許人，❷必告於廟，故書之耳。嫁於諸侯者，皆書其歸，此不書

❶「允」，閩本、監本、毛本、足利學本、文淵閣本作「近」。

❷「之」，正宗寺本、足利學本、京都本、文淵閣本、阮本無此字。

歸者，差降於諸侯也。非齊夫人不得言歸于齊，若言歸于齊高氏，則下嫁於大夫，非公之敵，故不得書其歸也。

叔孫得臣卒。無傳。不書日，公不與小斂。

冬，齊高固及子叔姬來。叔姬寧，固反馬。【疏】注「叔姬寧固反馬」。　正義曰：傳言「來，反馬也」，據高固爲文耳。嫌叔姬亦爲反馬，故辨之。二者各有所爲，而相隨行耳。女既適人，當稱夫族，宋蕩伯姬是其事也。叔姬已適高氏，而猶言子叔姬者，以其新歸於夫，反馬乃成爲婦，今始來反馬，故以父母之辭言之。

楚人伐鄭。

【傳】**五年，春，公如齊。高固使齊侯止公，請叔姬焉。**留公，强成昏。

夏，公至自齊。書過也。公既見止，連昏於鄰國之臣，厭尊毁列，累其先君，而於廟行飲至之禮，故書以示過。【疏】注「公既」至「示過」。　正義曰：凡公行，還書至者，往反無咎，喜之而告廟也。公如齊見止，求與高固爲昏，方始得歸，當以恥而不告，亦復告廟飲至，故依常書之，以示過。《釋例》曰：「凡反行飲至，必以嘉會昭告祖禰，有功則舍爵策勳，無勳無勞，告事而已。若夫執止之辱，厭尊毁列，所以累其先君，忝其社稷，故當克躬罪己，不以嘉禮自終。宣公如齊，既已見止，連昏於鄰國之臣，而行飲至之禮，故傳曰『書過也』。」言書過者，書之以示公過也。

秋，九月，齊高固來逆女，自爲也。故書曰「逆叔姬」，卿自逆也。適諸侯稱女，適大夫稱字，所以别尊卑也。此《春秋》新例，故稱「書曰」，而不言「凡」也。不於莊二十七年發例者，嫌見迫而成昏，❶因明之。【疏】注「適諸」至「明之」。　正義曰：俱是外來逆女，適諸侯，諸侯遣臣來逆，則稱逆女，紀裂繻來逆女是也。適大夫，大夫自來逆，則稱所逆之字，此高固來逆叔姬是也。二文不同，所以别尊卑也。傳言卿自逆者，别其與君逆也。莊二十七年莒慶來逆叔姬，文與此同，不於彼發例者，嫌此高固見迫而成昏，與常例或異，故因此以明其不異也。

冬，來。反馬也。禮，送女留其送馬，謙不敢自安，三月廟見，遣使反馬。高固遂與叔姬俱寧，故經、傳具見以示譏。【疏】注「禮送」至「示譏」。　正義曰：禮，送女適於夫氏，留其所送之馬，謙不敢自安於夫，若被出棄，則將乘之以歸，故留之也。至三月廟見，夫婦之情既固，則夫家遣使，反其所留之馬，以示與之偕老，不復歸也。法當遣使，不合親行，高固因叔姬歸寧，遂親自反馬，與之俱來，故經、傳具見其事，以示譏也。《儀禮·昏禮》者，士之禮也，其禮無反馬，故何休據之作《膏肓》，以難《左氏》，言禮無反馬之法。鄭玄答之曰：❷「《冠義》云無大夫冠禮，而有其昏禮，則昏禮者，天子、諸侯、大夫皆異也。《士昏禮》云：『主人爵弁，纁裳緇衣。❸乘墨車，從車二乘。』婦車亦如之。此婦車出於夫家，則士妻始嫁，乘夫家之車也。《詩·鵲巢》云：『之子于歸，百兩御之。』又曰：『之子于歸，百兩將之。』將，送也。國君之禮，夫人始嫁，自乘其家之車也，則天子、諸侯嫁女，留其乘車可知也。高固，大夫也，來反馬，則大夫亦留其車也。禮雖散亡，以《詩》之義論之，大夫以上，其嫁皆有留

---

❶「迫」，《四部叢刊》本、足利學本、京都本、文淵閣本、阮本作「逼」。今案：下疏文作「迫」。

❷「答」，阮校：「盧文弨作『箴』，是也。」

❸「衣」，阮校：「浦鏜《正誤》云：『衣作袘。』案：《儀禮》作『袘』。」

車反馬之禮。留車，妻之道也，反馬，壻之義也。高固以秋九月來逆叔姬，冬來反馬，則婦入三月，祭行乃反馬，禮也。」是説禮有反馬之法，唯高固不宜親行耳。杜言三月廟見，謂無舅姑者。《士昏禮》：婦至，其夕成昏。「質明，贊見婦於舅姑。若舅姑既没，則婦入三月，乃奠菜。」鄭玄云：「奠菜者，祭菜也。」又記曰：「婦入三月，然後祭行。」鄭玄云：「謂助祭也。」《曾子問》篇端稱孔子曰：「三月而廟見，稱來婦也。擇日而祭於禰，成婦之義也。」鄭玄云：「謂舅姑没者也。」是舅姑没者，以三月而祭，因以三月爲反馬之節。舅姑存者，亦當以三月反馬也。《士昏禮》又稱：「若不親迎，則婦入三月，然後壻見於妻之父母。」此高固親迎，則不須更見，故譏其親反馬也。案杜注經云「叔姬寧，固反馬」，傳唯舉反馬，不言寧者，以寧是常事，唯反馬非禮，故傳舉其非禮者。

楚子伐鄭。陳及楚平。晉荀林父救鄭，伐陳。爲明年晉、衛侵陳傳。

【經】六年，春，晉趙盾、衛孫免侵陳。

夏，四月。

秋，八月，螽。無傳。

冬，十月。

【傳】六年，春，晉、衛侵陳，陳即楚故也。

夏，定王使子服求后于齊。子服，周大夫。

秋，赤狄伐晉，圍懷及邢丘。邢丘，今河内平皋縣。**晉侯欲伐之，中行桓子曰：「使疾其民，驕則數戰，爲民所疾。以盈其貫，將可殪也。**殪，盡也。貫猶習也。**《周書》曰『殪戎殷』，**《周書》，《康誥》也。義取周武王以兵伐殷，盡滅之。**此類之謂也。」**爲十五年晉滅狄傳。【疏】注「殪盡」至「習也」。❶正義曰：《釋詁》云「貫，習也」，「殪，死也」。言其死盡，故以殪爲盡。「盈其貫」者，杜以爲盈滿其心，使貫習來伐。劉炫云：「案《尚書·泰誓》，武王數紂之惡云：『商罪貫盈。』言紂之爲惡，如物在繩索之貫，不得爲習也。」今知不然者，以《詩》稱「射則貫兮」。先儒亦以爲習，故杜用焉，義得兩通。劉直以《尚書》之文而規杜過，恐非也。

「周書曰殪戎殷」。　正義曰：如杜所注，戎訓爲兵，謂以兵伐殷而殪盡也。「殪」字宜在下，以《周書》本文，故其字在上。

冬，召桓公逆王后于齊。召桓公，王卿士，事不關魯，故不書，爲成二年王甥舅張本。

楚人伐鄭，取成而還。九年、十一年傳所稱厲之役，蓋在此。

鄭公子曼滿與王子伯廖語，欲爲卿。二子，鄭大夫。**伯廖告人曰：「無德而貪，其在《周易》豐**䷶離下震上，豐。**之離**䷝，豐上六變而爲純離也。《周易》論變，故雖不筮，必以變言其義。《豐》上六曰：「豐其屋，蔀其家，闚其户，闃其無人，三歲不覿，凶。」義取無德而大其屋，不過三歲必滅亡。

❶「注殪盡至習也」，阮本以下正義二節分疏於傳文各節下。

弗過之矣。」不過三年。**間一歲，鄭人殺之。**【疏】注「豐上」至「滅亡」。❶　正義曰：豐卦震上離下，震爲動，離爲明，動而益明。豐，大之義。豐卦上六變而爲純離之卦，故爲豐之離也。杜以筮得此卦，爻變而爲彼卦，可言遇觀之否，遇坤之比耳。此直口語，不是揲蓍，而亦言豐之離者，《周易》論變爲義，故雖不筮，論《易》者必以變言其義，故言豐之離也。杜又引「豐上六」至「不覿凶」，皆《周易》之文也。王弼以爲上六「以陰處極，而最在外，不履於位，深自幽隱，絶跡深藏者也」。蔀者，覆蔀之物也。豐大其屋，又蔀蔽其家，闇之甚也。以甚闇而處大屋，不能久享其利。其屋雖大，其室將空，故窺其户而闃然無人也。經三歲而不能顯見則凶。伯廖引此者，義取無德而居乃屋，不過三歲必滅亡。

【經】七年，春，衛侯使孫良夫來盟。【疏】「衛侯」至「來盟」。❷　正義曰：文二年：「晉人以公不朝，使陽處父盟公以恥之。書曰：『及晉處父盟。』」去其族以厭恥也。然則公與大夫對盟則爲恥辱。此良夫來盟，無貶責者，彼公親朝晉，晉侯不與公盟，故遣大夫敵公，是爲恥辱，此不貶責者，其君不得親來，遣臣來與公盟，不對彼君，非爲恥也。

❶「注豐上至滅亡」，阮本此節正義在注「不過三歲必滅亡」句下。

❷「衛侯至來盟」，阮本此節正義在注「今東萊黄縣」下。

夏，公會齊侯伐萊。傳例曰：「不與謀也。」萊國，今東萊黄縣。

秋，公至自伐萊。無傳。

大旱。無傳。書旱而不書雩，雩無功，或不雩。

冬，公會晉侯、宋公、衛侯、鄭伯、曹伯于黑壤。

【傳】七年，春，衛孫桓子來盟，始通，且謀會晉也。公即位，衛始脩好。

夏，公會齊侯伐萊，不與謀也。凡師出，與謀曰「及」，不與謀曰「會」。與謀者，謂同志之國，相與講議利害，計成而行之，故以相連及爲文。若不獲已，應命而出，則以外合爲文，皆據魯而言。師者，國之大事，存亡之所由，故詳其舉動，以例別之。【疏】「凡師」至「曰會」。正義曰：《釋例》曰：「與謀者，同志之國，彼我之計未定，相與共謀，講議利害，計成而後行之，故以相連及爲文。不與謀而出師者，謂不得已而應命，故以外合爲文，皆據魯而言之也。公親會齊侯伐萊，而傳以師出示例，所以通卿大夫帥師者也。魯既春會于曹，以謀伐鄭，夏遂起師，而更從不與謀之文者，厲公篡大子忽之位，謀而納之，非正，故諱從不與謀之例。若夫盟主之令，則上行乎下，非匹敵和成之類，故雖或先謀，皆從不與謀之例。成八年『晉士燮來聘』，且言將伐郯，下云『會伐郯』，是也。凡乞師者，深求過理之辭，執謙以偪成其計，故雖小國乞之於大國，大國乞之於小國，亦皆從不與謀之例，臧宣叔、郤錡是也。傳以師出爲例，是唯繫於戰伐，而劉、賈、許、潁濫以經諸『及』字爲義，本不在例，今欲强合之，所以多相錯伐也。」❶杜言小乞大、大乞小者，僖二十六年公子遂如楚乞師，成二年臧宣叔如晉乞師，是小國乞於大國也。成十三年郤錡來乞師，十六年欒黶來乞師，十七年荀罃來乞師，十八年士魴來乞師，是大國乞於小國也。與謀者，心俱欲伐，彼此同謀。乞師者，非彼所欲，乞來爲己也。我乞彼者，彼不與我謀。彼乞我者，我不與彼謀，是故凡言乞者，皆從不與謀之例。宣叔是小乞大，郤錡是大乞小，除晉乞魯以外，更無大乞小者，故舉郤錡以辨乞小之事耳。晉是盟主，自是上行乎下，例無與謀之文，不由郤錡乞師乃從不與謀之例。

赤狄侵晉，取向陰之禾。此無「秋」字，蓋闕文。晉用桓子謀，故縱狄。【疏】注「此無秋字蓋闕文」。　正義曰：苗秀乃名爲禾，夏則無禾可取。知此取必在秋，此無「秋」字蓋闕文。

鄭及晉平，公子宋之謀也，故相鄭伯以會。冬，盟于黑壤。王叔桓公臨之，以謀不睦。王叔桓公，周卿士，銜天子之命以監臨諸侯。不同歃者，尊卑之別也。

晉侯之立也，在二年。**公不朝焉，又不使大夫聘，晉人止公于會。盟于黃父，公不與盟，以賂免。**黃父即黑壤。**故黑壤之盟不書，諱之也。**慢盟主以取執止之辱，故諱之。【疏】注「慢盟」至「諱之」。　正義曰：昭十三年「公會劉子、晉侯」云云「于平丘。八月，甲戌，同盟于平丘。公不與盟」。於時晉以讒慝弘多，不與公盟，公不得與，非國之恥，故書其同盟，而顯言不與。此時公實有罪，爲晉所執，不得與盟，是公之

❶「伐」，阮校：「閩本、監本、毛本作『亂』。案，『伐』疑『代』字之誤。」

恥，故諱而不書其盟，若言諸侯實不盟，公無所可與然。

【經】八年，春，公至自會。 無傳。義與五年書過同。【疏】注「義與五年書過同」。　正義曰：被執不以爲恥，而亦告廟飲至，故書之以示過也，故杜云「義與五年書過同」。

夏，六月，公子遂如齊，至黄乃復。 無傳，蓋有疾而還。大夫受命而出，雖死，以尸將事。遂以疾還，非禮也。【疏】注「蓋有」至「禮也」。　正義曰：下言其卒，故疑有疾而還也。《聘禮》曰：「賓入竟而死，遂也。若賓死未將命，則既斂于棺，造于朝，介將命。」哀十五年傳曰：「有朝聘而終，以尸將事之禮。」是入所聘之竟，則當遂行。黄是齊竟，遂以疾還，非禮也。

辛巳，有事于大廟，仲遂卒于垂。 有事，祭也。仲遂卒與祭同日，略書「有事」，爲繹張本。不言公子，因上行還間無異事，省文從可知也。稱字，時君所嘉，無義例也。垂，齊地，非魯竟，故書地。**壬午，猶繹。萬入，去籥。** 繹，又祭，陳昨日之禮，所以賓尸。萬，舞名。籥，管也。猶者，可止之辭。魯人知卿佐之喪不宜作樂，而不知廢繹，故内舞去籥，惡其聲聞。【疏】注「有事」至「書地」。❶　正義曰：「有事，祭也」者，謂禘祭也。《釋例》以昭十五年有事于武宫，傳稱「禘于武公」，則知此言「有事」，亦是禘也。祭之日仲遂卒，不言禘，而略言有事者，禘事得常，不主書禘，爲下繹祭張本耳。上言「公子遂如齊」，此言

❶「注有事至書地」，阮本此節正義在注「非魯竟故書地」下。

「仲遂卒」，不言公子者，此書「有事」，爲仲遂卒而書之，與上相連，猶是一事，因上行還間無異事，省公子之文，從可知也。衛氏難杜云：「其間有『辛巳，有事于大廟』，何得爲間無異事？」秦氏釋云：「『有事于大廟』，是爲仲遂卒起文，止是一事，故云間無異事也。」既不書公子，❶而稱仲遂者，時君所嘉寵，故稱其字，非義例也。定五年傳：「季平子行東野，卒于房。」房是魯地，卒於竟内，故不書其地。垂是齊地，非魯竟，故書地也。注「繹又」至「聲聞」。正義曰：「繹，又祭」，《釋天》文，孫炎云「祭之明日，尋繹復祭」也。《公羊傳》曰：「繹者何？祭之明日也。」《穀梁傳》云：「繹者，祭之旦日之享賓也。」天子、諸侯謂之爲繹；少牢饋食，大夫之禮也，謂之賓尸。《釋詁》云：「繹，陳也。」是陳昨日之禮，以賓敬此尸也。《公羊傳》曰：「萬者何？干舞也。籥者何？籥舞也。其言萬入去籥何？去其有聲者，廢其無聲者，知其不可而爲之也。猶者何？通可以已也。」是萬爲舞名。《禮·明堂位》曰：「朱干玉戚，冕而舞大武。」干，楯也。戚，斧也。此舞者左手執楯，右手執斧，故謂之武舞。言王者以萬人服天下，故以萬爲名。《詩》言碩人之舞云：「左手執籥，右手秉翟。」鄭玄云：「籥如管，六孔。」何休云：「吹之以節舞也。」故吹籥而舞，謂之文舞。魯人知卿佐之喪不宜作樂，故去其有聲，而不知廢繹，納舞去籥，惡其聲聞也。尋杜注意，直云「萬，舞名」，又注隱五年亦直云「萬，舞也」，下問羽數，則萬是舞之大名，不取《公羊》萬是干舞之義，則執羽吹籥是爲萬舞。故杜云：「納舞去籥，惡其聲聞。」是無干舞、籥舞之別名也。沈氏云：「案《曾子問》『嘗禘郊社，簠簋既陳，天子崩，后之喪，廢』，則卿喪不廢正祭。繹是又祭，爲輕，故當廢之。」

戊子，夫人嬴氏薨。無傳，宣公母也。

---

❶「書」，阮校：「宋本、閩本、監本、毛本作『稱』。」

晉師、白狄伐秦。

楚人滅舒蓼。

秋，七月，甲子，日有食之，既。無傳，月三十日食。

冬，十月，己丑，葬我小君敬嬴。敬，謚。嬴，姓也。反哭成喪，故稱葬小君。**雨，不克葬。庚寅，日中而克葬。**克，成也。【疏】注「敬謚」。❶ 正義曰：《謚法》：「夙夜勤事曰敬。」「雨不」至「克葬」。

正義曰：定十五年九月，「丁巳，葬我君定公，雨，不克葬。戊午，日下昃，乃克葬」。彼云「乃」，此云「而」者，《公羊傳》曰：「而者何？難也。乃者何？難也。曷爲或言而，或言乃？乃難乎而也。」何休云：「難者，臣子重難，不得以正日葬其君。言乃者，內而深。言而者，外而淺。下昃日昳久，故言乃。」《左氏》無傳，杜又不說，或如《公羊》之言，或是史家異辭。

城平陽。今泰山有平陽縣。

楚師伐陳。

【傳】八年，春，白狄及晉平。夏，會晉伐秦。經在仲遂卒下，從赴。**晉人獲秦諜，殺諸絳市，六日而蘇。**蓋記異也。

---

❶「注敬謚」，阮本此節正義在注「故稱葬小君」下。

有事于大廟，襄仲卒而繹，非禮也。

楚爲衆舒叛故伐舒蓼，滅之。舒蓼，二國名。**楚子疆之。**正其界也。**及滑汭，**滑，水名。**盟吴、越而還。**吴國，今吴郡。越國，今會稽山陰縣也。傳言楚彊，吴、越服從。【疏】注「舒蓼二國名」。❶ 正義曰：「舒蓼，二國名」者，蓋轉寫誤，當云「一國名」。案《釋例·土地名》有舒、羣舒、舒蓼、舒庸、舒鳩，以爲五名，則與文五年滅蓼同。蓋蓼滅後更復，故楚今更滅之。劉炫以杜爲二國而規之，非也。「盟吴越而還」。正義曰：《譜》云：「吴，姬姓，周大王之子大伯、仲雍之後。大伯、仲雍讓其弟季歷，而去之荆蠻，自號句吴，句或爲工，夷言發聲也。大伯無子而卒，仲雍嗣之。當武王克殷，而因封其曾孫周章於吴，爲吴子，又別封章弟虞仲於虞。自太伯五世而得封，十二世而晉滅虞，虞滅而吴始大，至壽夢而稱王。壽夢以上，世數可知，而不紀其年。壽夢元年，魯成公之六年也。夫差十五年，獲麟之歲也。二十三年，魯哀公之二十二年，而越滅吴。越，姒姓。其先，夏后少康之庶子也。封於會稽，自號於越。於者，夷言發聲也。濱在南海，不與中國通。後二十餘世至於允常，魯定公五年始伐吴。允常卒，子句踐立，是爲越王。越王元年，魯定公之十四年也。魯哀公二十二年，句踐滅吴，霸中國，卒，春秋後七世，大爲楚所破，遂微弱矣。」《外傳》曰：「芈姓歸越。」是越本楚之別封也，或非夏后之後也。

晉胥克有蠱疾，惑以喪志。郤缺爲政。代趙盾。**秋，廢胥克，使趙朔佐下軍。**朔，盾之子，代

---

❶「注舒蓼二國名」，阮本此節在注「舒蓼二國名」下。

胥克，爲成十七年胥童怨郤氏張本。

冬，葬敬嬴，旱，無麻，始用葛茀。記禮變之所由。茀所以引柩，殯則有之，以備火，葬則以下柩。**雨，不克葬，禮也。禮，卜葬，先遠日，辟不懷也。**懷，思也。【疏】注「記禮」至「下柩」。❶ 正義曰：《禮記》諸言自某始者，皆與後人爲始。此云「始用葛茀」，則自此以後常用葛，故云「記禮變之所由」。茀字，《禮》或作「紼」，或作「綍」，繩之别名也。《周禮・遂人》，大喪屬六紼，天子用六也。《喪大記》，君葬用四紼，大夫、士葬用二紼。❷是紼者所以引柩也。於殯則已有之，繫於輴車，以備火災。有災則引柩以辟火，及葬，則用之以下柩也。 「雨不」至「懷也」。 正義曰：《曲禮》云：「凡卜筮日，旬之外曰遠某日，旬之内曰近某日。喪事先遠日，吉事先近日。」鄭玄云：「喪事，葬與練祥也。❸吉事，祭祀冠取之屬也。」然則先近日，先卜上旬，不吉，卜次旬，又不吉，卜下旬。喪事則先卜下旬，❹卜葬先卜遠日，辟不思念其親，似欲汲汲而早葬之也。今若冒雨而葬，亦是不思其親，欲得早葬，故舉卜葬先遠日，以證爲雨而止，禮也。《王制》云「庶人葬，不爲雨止」者，鄭玄云：「雖雨猶葬，禮儀少也。」

城平陽，書時也。

❶「注記禮至下柩」，阮本此節正義在「始用葛茀」句注下。
❷「用」，原作「周」，據正宗寺本、足利學本、京都本、文淵閣本、阮本改。
❸「練」，原作「鍊」，據正宗寺本、足利學本、京都本、文淵閣本、阮本改。
❹「旬」，原作「自」，據正宗寺本、足利學本、京都本、文淵閣本、阮本改。

陳及晉平。楚師伐陳，取成而還。言晉、楚爭强。

【經】九年，春，王正月，公如齊。無傳。**公至自齊。**無傳。

夏，仲孫蔑如京師。

齊侯伐萊。無傳。

秋，取根牟。根牟，東夷國也。今琅邪陽都縣東有牟鄉。

八月，滕子卒。未同盟。

九月，晉侯、宋公、衛侯、鄭伯、曹伯會于扈。晉荀林父帥師伐陳。辛酉，晉侯黑臀卒于扈。卒於竟外，故書地。四與文同盟。九月無辛酉，日誤。【疏】注「卒於」至「日誤」。　正義曰：《釋例》扈是鄭地，故云「卒於竟外」。黑臀以二年始立，而云「四與文同盟」者，杜注《春秋》，又爲《釋例》，前後經、傳勘當備盡，豈晉侯二年始立，不干文公之世，而云「四與文同盟」，必是後寫之誤。蘇氏亦以爲然。劉炫以此規杜，非也。其君卒，或書地，或不書地，皆從赴。今云「卒於竟外，故書地」者，據晉侯實在竟外卒，❶非以爲例也。劉炫云：「襄七年鄭伯髡頑卒于鄵，昭二十五年宋公佐卒于曲棘，竟内亦書地，非竟外。」「九月無辛酉」者，下有十月癸酉，杜以《長歷》推之，癸酉是十月十六日，辛酉在前十二日耳，故云「九月無辛酉」。上有八月，下有十月，非月誤也。

❶「據」，正宗寺本、足利學本、京都本、文淵閣本、阮本無此字。

冬，十月，癸酉，衛侯鄭卒。無傳。三與文同盟。【疏】注「三與文同盟」。正義曰：鄭父燬以僖二十五年卒，鄭代立，其年盟于洮，二十六年于向，二十八年于踐土，文七年于扈，十四年于新城，唯二與文同盟。云三者，以二、三字體相近，轉寫之誤耳。若其不然，杜無容不委。劉炫以此規杜，非也。

宋人圍滕。

楚子伐鄭。

晉郤缺帥師救鄭。

陳殺其大夫洩冶。洩冶直諫於淫亂之朝以取死，故不爲《春秋》所貴而書名。【疏】注「洩冶」至「書名」。正義曰：文八年宋人殺其大夫司馬，貴之而不名，此書洩冶之名，是不爲《春秋》所貴，故書名。傳稱臣者，所以治煩去惑，是以伏死而争，則直諫者，臣之盡忠之事。洩冶忠諫而死，不爲《春秋》所貴者，《釋例》曰：「魯哀之可諫者甚衆，未聞仲尼之苦言。至於陳恒弑其君，孔子沐浴而朝，告於哀公，求討不義，顯事施舍足以致益者，固人臣之所當造膝也。若乃情色之惑，君不能得之於臣，父不能得之於子，臣子而欲顯直於其君父，適所以益謗而致罪也。陳靈公宣淫，悖德亂倫，志同禽獸，非盡言所救。洩冶進無匡濟遠策，退不危行言孫，安昏亂之朝，慕匹夫之直，忘蘧氏可卷之德，死而無益，故經同罪賤之文。傳特稱仲尼以明之，忠爲令德，非其人猶不可，況不令乎？此其義也。」是説不貴洩冶之意也。然則比干諫紂而死，孔子稱殷有三仁焉，善比干者，《家語》云：子貢曰：「陳靈公君臣宣淫於朝，洩冶諫而殺之，是與比干諫死同，可謂仁乎？」孔子曰：「比干於紂，親則諸父，官則少師，忠款之心，在於存宗廟而已，固當以必死争之，冀身死之後，紂當悔悟本志，存於仁者也。洩冶之於靈公，位在大夫，無骨肉之親，懷寵不去，仕於亂朝，以區區之身，欲止一國之淫昏，死而無益，可謂狷矣！《詩》云『民之多辟，無自立辟』，其洩冶之謂乎？」是言洩冶之行，不得同於比干之意也。

【傳】九年，春，王使來徵聘。徵，召也。言周徵也。徵聘不書，微加諷諭，不指斥。

夏，孟獻子聘於周。王以爲有禮，厚賄之。

秋，取根牟，言易也。

滕昭公卒。爲宋圍滕傳。

會于扈，討不睦也。謀齊、陳。**陳侯不會。**前年與楚成故。**晉荀林父以諸侯之師伐陳。**不書諸侯師，林父帥之，無將帥。**晉侯卒于扈，乃還。**【疏】注「不書」至「將帥」。❶　正義曰：僖二十八年「晉侯、齊師、宋師、秦師及楚人戰于城濮」，彼注云：「宋公、齊國歸父、秦小子憖既次城濮，以師屬晉，不與戰也。」彼以師屬晉，而經書其師，此全不書者，彼雖公卿不行，仍有大夫帥之，將卑師衆，故稱師耳。此則全無將帥，以兵付晉，并入晉軍，林父獨自帥之，故唯書林父伐陳也。

冬，宋人圍滕，因其喪也。

---

❶「注不書至將帥」，阮本此節正義在注「無將帥」下。

陳靈公與孔寧、儀行父通於夏姬，皆衷其衵服，以戲于朝。二子，陳卿。夏姬，鄭穆公女，陳大夫御叔妻。衷，懷也。衵服，近身衣。**洩冶諫曰：「公卿宣淫，民無效焉，**宣，示也。**且聞不令。君其納之！」**納藏衵服。**公曰：「吾能改矣。」公告二子。二子請殺之，公弗禁，遂殺洩冶。孔子曰：「《詩》云：『民之多辟，無自立辟。』其洩冶之謂乎？」**辟，邪也。辟，法也。《詩·大雅》。言邪辟之世，不可立法。國無道，危行言孫。

楚子爲厲之役故伐鄭。六年，楚伐鄭，取成於厲。既成，鄭伯逃歸。事見十一年。**晉郤缺救鄭。鄭伯敗楚師于柳棼。**柳棼，鄭地。**國人皆喜，唯子良憂曰：「是國之災也，吾死無日矣。」**自是晉、楚交兵伐鄭，十二年，卒有楚子入鄭之禍。

【經】**十年，春，公如齊。公至自齊。**無傳。

齊人歸我濟西田。元年以賂齊也。不言來，公如齊，因受之。

夏，四月，丙辰，日有食之。無傳。不書朔，官失之。

己巳，齊侯元卒。未同盟，而赴以名。

齊崔氏出奔衛。齊略見舉族出，因其告辭，以見無罪。【疏】注「齊略」至「無罪」。　正義曰：崔杼有寵於惠公，惠公既薨，高、國二家恐其藉前世之寵，又有寵於新君，故畏其偪己，因君薨而逐之。崔杼未有罪也，齊人疑其事，故不言其名，略言崔氏，見其舉族出奔耳。及仲尼脩之，大夫出奔，無罪不名，不名即是無罪，❶故因告稱氏而書氏，以見無罪。若貴之，或稱官，或稱字，如司城、子哀之類是也。

公如齊。五月，公至自齊。無傳。

癸巳，陳夏徵舒弑其君平國。徵舒，陳大夫也。靈公惡不加民，故稱臣以弑。

六月，宋師伐滕。

公孫歸父如齊，葬齊惠公。無傳。歸父，襄仲之子。

晉人、宋人、衛人、曹人伐鄭。鄭及楚平故。

秋，天王使王季子來聘。王季子者，《公羊》以爲天王之母弟，然則字季子。天子大夫稱字。

【疏】注「王季」至「稱字」。　正義曰：《公羊傳》曰：「王季子者何？天子之大夫也。其稱王季子何？貴也。其貴奈何？母弟也。」是《公羊》以爲天王之母弟也。母弟而稱季子，然則字季子也。天子大夫例稱字。襄三十年「天王殺其弟佞夫」，母弟稱弟。此不言王弟者，《釋例》云：「朝聘盟會嘉好之事，此兄弟之篤睦，非義例之所興，故仍舊史之策，或稱弟，或稱公子。」是由義無所見，故因其舊文，其相殺害乃稱弟，以示義耳。

公孫歸父帥師伐邾，取繹。繹，邾邑。魯國鄒縣北有繹山。【疏】注「繹邾」至「繹山」。　正義曰：文十三年傳稱「邾遷于繹」，則繹爲邾之都矣。更別有繹邑，今魯伐取之，非取邾之都也。亦因繹山爲名，蓋近在

❶「是」，京都本、阮本作「因」。

郲都之旁耳。

大水。無傳。

季孫行父如齊。

冬，公孫歸父如齊。齊侯使國佐來聘。既葬成君，故稱君命使也。

饑。無傳。有水災，嘉穀不成。

楚子伐鄭。

【傳】十年，春，公如齊。齊侯以我服故，歸濟西之田。公比年朝齊故。

夏，齊惠公卒。崔杼有寵於惠公，高、國畏其偪也，高、國二家，齊正卿。公卒而逐之，奔衛。書曰「崔氏」，非其罪也，且告以族，不以名。典策之法，告者皆當書以名，今齊特以族告，夫子因而存之，以示無罪。又言「且告以族，不以名」者，明《春秋》有因而用之，不皆改舊。凡諸侯之大夫違，違，奔、放也。告於諸侯曰：「某氏之守臣某，上某出者姓，❶下某出者名。失守宗廟，敢告。」所有

❶「上某」至「者名」，《四部叢刊》本、京都本、文淵閣本、阮本作「上某氏者姓下某名」。足利學本作「上某出者姓下某名」。阮校：「案，正義曰『故云上某出者姓』，似從宋本爲得也。」

玉帛之使者則告，玉帛之使謂聘。**不然，則否。**恩好不接，故亦不告。【疏】注「典策」至「改舊」。❶正義曰：傳言「且告以族，不以名」，知法當以名告，而齊人誤以族告也。《釋例》云：「若乃稱司城，以貴效節於府人。書歸父之還，以善復命於介。因齊人告辭，以著其無罪。蓋隨事以示襃貶也。傳既云『書曰崔氏』，以明非罪，復云『且告以族，不以名』，知典策之書，舊當以名通也。齊國雖繆以族告，適合仲尼所襃之實，因而不革，以示無罪，且明《春秋》之作，或因仍舊史成文，不必皆有改也。」何休《膏肓》以爲《公羊》譏世卿，而難《左氏》。蘇氏釋云：「崔杼祖父名不見經，則知非世卿。且春秋之時，諸侯擅相征伐，猶尚不譏世卿，雖曰非禮，夫子何由獨責？」又鄭《駮異義》引《尚書》「世選爾勞」，又引《詩》刺幽王絶功臣之世，然則興滅繼絶，王者之常，譏世卿之文其義何在？　注「違奔放也」。　正義曰：《釋例》曰：「迫窘而奔，及以禮見放，俱去其國，故傳通以違爲文。」是言違兼奔、放也。　注「上某」至「某名」。　正義曰：若言崔氏之守臣杼也。大夫受氏，當世守宗廟，❷故謂之守臣，言守宗廟之臣也。僖十二年管仲云「天子之二守高、國在」，彼謂天子命之爲守國之臣，與此異也。知此異於彼者，豈天子命者出奔乃得告於諸侯，餘臣出奔不得告也？且下句云「失守宗廟」，知守臣謂守宗廟之臣，非守國也。天子賜姓，諸侯賜族，對文則姓與族別，散文則可以通。《禮》謂族人爲庶姓，故云「上某出者姓」，其實正是族也。　注「玉帛之使謂聘」。　正義曰：《聘禮》曰：❸執玉致命，執帛

---

❶「注典策至改舊」，阮本以下正義四節分疏於傳文各節下。

❷「當」，京都本、阮本作「常」。

❸「曰」，正宗寺本、足利學本、京都本、文淵閣本、阮本無此字。

致享。故云「玉帛之使謂聘」也。下注云「恩好不接，故亦不告」，又昭二十年「曹公孫會自鄸出奔宋」，注云：「嘗有玉帛之使，來告，故書。」則杜意以爲奔者之身嘗有玉帛之使於彼國，已經相接，則告之。若奔者未嘗往聘，恩好不接，則不告。唯告奔者嘗聘之國，餘不告也。劉炫以爲玉帛之使，謂國家有交好之國皆告，非指奔者之一身。

公如齊奔喪。 公親奔喪，非禮也。公出朝會奔喪會葬，皆書如，不言其事，史之常也。

陳靈公與孔寧、儀行父飲酒於夏氏。公謂行父曰：「徵舒似女。」對曰：「亦似君。」徵舒病之。 靈公即位，於今十五年，徵舒已爲卿，年大無嫌是公子，蓋以夏姬淫放，故謂其子多似以爲戲。**公出，自其廄射而殺之。二子奔楚。**

滕人恃晉而不事宋，六月，宋師伐滕。

鄭及楚平， 前年敗楚師，恐楚深怨，故與之平。**諸侯之師伐鄭，取成而還。**

秋，劉康公來報聘。 報孟獻子之聘，即王季子也。其後食采於劉。

師伐邾，取繹。 爲子家如齊傳。

季文子初聘于齊。 齊侯初即位。

冬，子家如齊，伐邾故也。 魯侵小，恐爲齊所討，故往謝。**國武子來報聘。** 報文子也。

楚子伐鄭。晉士會救鄭，逐楚師于潁北。 潁水出河南陽城，至下蔡入淮。**諸侯之師戍鄭。**【疏】

注「潁水」至「入淮」。❶　正義曰：《釋例》曰：「潁水出河南陽城縣陽乾山，東南經潁川汝陰，至淮南下蔡縣入淮也。」

鄭子家卒。鄭人討幽公之亂，斲子家之棺，而逐其族。以四年弑君故也。斲薄其棺，不使從卿禮。**改葬幽公，謚之曰「靈」。**【疏】注「以四」至「卿禮」。❷　正義曰：《喪大記》云：「君大棺八寸，屬六寸，椑四寸。上大夫大棺八寸，屬六寸。下大夫大棺六寸，屬四寸。士棺六寸。」然則子家上大夫，棺當八寸，今斲薄其棺，不使從卿禮耳，不知斲薄之使從何禮也。「幽公」。　正義曰：《謚法》：「動静亂常曰幽。」

【經】十有一年，春，王正月。

夏，楚子、陳侯、鄭伯盟于辰陵。楚復伐鄭，故受盟也。辰陵，陳地。潁川長平縣東南有辰亭。

公孫歸父會齊人伐莒。無傳。

秋，晉侯會狄于欑函。晉侯往會之，故以狄爲會主。欑函，狄地。【疏】注「晉侯」至「狄地」。　正義曰：凡諸侯聚會魯不與者，皆歷序諸國，❸云會于某地，上「盟于辰陵」即其事也。狄從諸夏，序列亦然。僖二

---

❶「注潁水至入淮」，阮本此節正義在注「至下蔡入淮」下。
❷「注以四至卿禮」，阮本此節正義在注「不使從卿禮」下。
❸「歷」，阮校：「宋本、毛本作『列』。」

十年「齊人、狄人盟于邢」是也。此異於彼，而云「晉侯會狄」，是狄在彼地，晉往會之，故傳説晉大夫欲召狄，郤成子勸其勤，是晉侯自往，故以狄爲會主。成十五年「會吴于鍾離」，襄十年「會吴于柤」，其意與此同。

冬，十月，楚人殺陳夏徵舒。不言楚子而稱人，討賊辭也。【疏】注「不言」至「辭也」。　正義曰：討賊辭者，言弑君之賊，人人皆欲殺之，作舉國共殺之文，故不言楚子也。襄二十七年「衛殺其大夫寧喜」，亦是討賊，但衛人自殺其臣，故稱大夫。徵舒非楚之臣，不得言殺其大夫。諸放、殺及執他國之臣，皆不言某國大夫者，以人臣卑賤，故没其爵號，而空書名氏。

丁亥，楚子入陳。楚子先殺徵舒，而欲縣陳，後得申叔時諫，乃復封陳，不有其地，故書入在殺徵舒之後。【疏】注「楚子」至「之後」。　正義曰：案傳楚子爲陳討夏氏亂，遂入陳殺夏徵舒，轘諸栗門。此經先書殺夏徵舒，後書入陳者，據先後事實爲文。故杜注云：「楚子先殺徵舒，而欲縣陳，後得申叔時諫，乃復封陳，不有其地，故書入在殺徵舒之後。」是其事也。劉炫云：「楚子入陳乃殺徵舒，經先書殺徵舒，後言入陳者，以楚子本意止欲討賊，無心滅陳。及殺徵舒，滅陳爲縣，後得申叔時諫，乃復封陳，於例不有其地，故云『入陳』。言楚人既殺徵舒，楚子乃復入陳，納二子於陳，『入陳』之文爲下納張本。傳云：❶『書曰「入陳，納公孫寧、儀行父于陳」，書有禮也。』入、納連文，是入爲納也。昭八年『楚師滅陳。執公子招，放于越。殺陳孔奐』，彼心欲滅陳，此則主爲討賊，無心滅陳，而復封之，君子善其自悔，故退入陳於下，隱其縣陳之過。若其不然，當云楚子入

❶「云」，阮校：「閩本、監本、毛本作『言』。」

陳，殺夏徵舒。如此則楚子本爲入陳，因入乃討陳賊，則是惡楚子，故書入在殺徵舒之後。」**納公孫寧、儀行父于陳。**二子，淫昏亂人也。君弑之後，能外託楚以求報君之讎，内結强援於國，故楚莊得平步而討陳，除弑君之賊。於時陳成公播蕩於晉，定亡君之嗣，靈公成喪，賊討國復，功足以補過，故君子善楚復之。【疏】注「二子」至「復之」。　正義曰：二子與君淫昏，致使君死國亂，實罪人也。今楚子入陳而納之，乃是納罪人也。例應罪楚子，而傳言「書曰『入陳，納公孫寧、儀行父于陳』，書有禮也」，既善楚子有禮，則是恕彼之過，故杜迹其合恕之由，言賊討國復，是二子之力，其功足以補過，故君子善楚復之。賈逵云：「二子不繫之陳，絶於陳也。惡其與君淫，故絶之。善楚有禮也。」案子糾、捷菑皆不繫國，自是例之常，賈説非也。《釋例》云：「賈氏依放《穀梁》，云『稱納者，内難之辭』。納公孫寧、儀行父于陳，言書有禮，不可言内難也。陳縣而見復，上下交驩，二人雖有淫縱之闕，今道楚匡陳，賊討君葬，威權方盛。傳稱其禮，理無所難，此先儒説之不安也。」杜言「於時陳成公播蕩於晉」者，此傳云「陳侯在晉」，襄二十五年傳云「夏氏之亂，成公播蕩」是也。

【傳】十一年，春，楚子伐鄭，及櫟。子良曰：「晉、楚不務德而兵争，與其來者可也。晉、楚無信，我焉得有信？」乃從楚。夏，楚盟于辰陵，陳、鄭服也。傳言楚與晉狎主盟。

楚左尹子重侵宋，子重，公子嬰齊，莊王弟。**王待諸郔。**郔，楚地。

令尹蔿艾獵城沂，艾獵，孫叔敖也。沂，楚邑。**使封人慮事，**封人，其時主築城者。慮事，無慮計功。**以授司徒。**司徒掌役。**量功命日，**命作日數。**分財用，**財用，築作具。❶**平板榦，**榦，楨也。**稱畚築，**量輕重。畚，盛土器。**程土物，**爲作程限。**議遠邇，**均勞逸。**略基趾，**趾，城足。略，行也。**具餱糧，**餱，乾食也。**度有司。**謀監正。❷**事三旬而成，**十日爲旬。**不愆于素。**不過素所慮之期也。傳言叔敖之能使民。【疏】注「艾獵孫叔敖」。❸ 正義曰：服虔亦云：「艾獵，蔿賈之子孫叔敖也。」此年云「令尹蔿艾獵」，明年云「令尹孫叔敖」，明一人也。《世本》：「艾獵爲叔敖之兄。」《世本》多誤，本不必然。❹

注「封人」至「計功」。 正義曰：《周禮·封人》：「凡封國，封其四疆，造都邑之封域者亦如之。」《大司馬》：「大役，與慮事受其要，以待考而賞誅。」鄭玄云：「慮事者，封人也。於有役，司馬與之屬賦丈尺與其用人數也。」是封人主造城邑，計度人數。此云「使封人」，故云「其時主築城者」。慮事者，謀慮城築之事，無則慮之，訖則計功也。史書多有無慮之語，皆謂揆度前事也。 注「榦楨也」。 正義曰：《釋詁》云：「楨、翰，榦也。」舍人曰：「楨，正也，築牆所立兩木也。翰所以當牆兩邊鄣土者也。」彼楨爲榦，故謂榦爲楨，謂牆之兩頭立木也。板在兩旁，卧鄣土者，即彼文翰也。❺平板榦者，等其高下，使城齊也。 「稱畚築程土物」。 正義曰：畚者，盛土之器。築者，

---

❶ 「作」，阮校：「閩本、監本作『用』。」
❷ 「正」，《四部叢刊》本、京都本、文淵閣本、阮本作「主」。
❸ 「注艾獵孫叔敖」，阮本以下正義四節分疏於傳文各節下。
❹ 「不必」，阮校：「閩本、監本、毛本作『必不』。」
❺ 「翰」，京都本、文淵閣本、阮本作「榦」。

築土之杵。《司馬法》輦車所載二築是也。稱畚築者，量其輕重，均負土與築者之力也。程土物，謂鍬钁畚轝之屬，爲作程限備豫也。

晉郤成子求成于衆狄。衆狄疾赤狄之役，遂服于晉。赤狄潞氏最强，故服役衆狄。秋，會于欑函，衆狄服也。是行也，諸大夫欲召狄。郤成子曰：「吾聞之，非德，莫如勤，非勤，何以求人？能勤，有繼，其從之也。勤則功繼之。《詩》曰：『文王既勤止。』《詩·頌》。文王勤以創業。文王猶勤，況寡德乎？」

冬，楚子爲陳夏氏亂故伐陳。十年，夏徵舒弑君。謂陳人：「無動！將討於少西氏。」少西，徵舒之祖子夏之名。遂入陳，殺夏徵舒，轘諸栗門。轘，車裂也。栗門，陳城門。因縣陳。滅陳以爲楚縣。陳侯在晉。靈公子，成公午。

申叔時使於齊，反，復命而退。王使讓之，曰：「夏徵舒爲不道，弑其君，❶寡人以諸侯討而戮之，諸侯、縣公皆慶寡人，楚縣大夫皆僭稱公。女獨不慶寡人，何故？」對曰：「猶可辭乎？」王曰：「可哉！」曰：「夏徵舒弑其君，其罪大矣！討而戮之，君之義也。抑人亦有言曰：『牽牛以蹊人之田，抑，辭也。蹊，徑也。而奪之牛。』牽牛以蹊者，信有罪矣，而奪之牛，罰已重矣。諸侯之從也，曰討有罪也。今縣陳，貪其富也。以討召諸侯，而以貪歸之，無乃不可乎？」王曰：「善哉！吾未之

❶「弑其」，阮校：「監本、毛本改『殺其』。」

聞也。反之，可乎？」對曰：「可哉！吾儕小人所謂『取諸其懷而與之』也。」叔時謙言小人意淺，謂譬如取人物於其懷而還之，爲愈於不還。**乃復封陳。鄉取一人焉以歸，謂之夏州。**州，鄉屬，示討夏氏所獲也。**故書曰「楚子入陳，納公孫寧、儀行父于陳」，書有禮也。**沒其縣陳本意，全以討亂存國爲文，善其復禮。❶【疏】注「少西」至「之名」。❷ 正義曰：禮以王父字爲氏，徵舒以夏爲氏，知子夏是字，少西是名。言少西氏者，氏猶家也，言將討少西之家。「以諸侯討而戮之」。正義曰：經無諸侯，而云以諸侯討之，諸侯皆慶者，時有楚之屬國從行也。十二年邲之戰，經不書唐，而傳云唐侯爲左拒。昭十七年長岸之戰，經不書隨，而傳言使隨人守舟。明此時亦有諸侯，但爲楚私屬，不以告耳。「謂之夏州」。正義曰：謂之夏州者，討夏氏，鄉取一人以歸楚，而成一州，故謂之夏州。注「沒其」至「復禮」。❸ 正義曰：言入陳納人爲有禮也。直言入陳納人，是沒其縣陳本意，言陳國見存，入而納此人耳。是全以討亂存國爲文，所以善其得禮。

厲之役，鄭伯逃歸，蓋在六年。**自是楚未得志焉。鄭既受盟于辰陵，又徼事于晉。**❹爲明年楚圍鄭傳。十年鄭及楚平，既無其事，辰陵盟後，鄭徼事晉，又無端跡，傳皆特發以明經也。自厲之役，鄭南北兩屬，故未得志。九年，楚子伐鄭，不以黑壤興伐，遠稱厲之役者，志恨在厲役。此皆傳

---

❶「復」，阮校：「岳本、監本、毛本作『得』，與正義合。」

❷「注少西至之名」，阮本以下正義四節分疏於傳文各節下。

❸「復禮」，阮校：「監本、毛本『復』作『得』。」

❹「徼」，阮校：「《釋文》作『儌』。」

上下相包通之義也。【疏】注「爲明」至「義也」。正義曰：「十年鄭及楚平，既無其事」，謂經無之也。「鄭徼事晉，又無端跡」，亦謂經所無也。傳若不發此語，不知楚以何故明年忽然圍鄭，爲此特發此傳，以明後年圍鄭之經也。自厲役以來，鄭南北兩屬，不專心於楚，故楚未得志，而明年圍之。七年晉爲黑壤之會，鄭伯在焉。厲役在黑壤之前，九年傳言楚子爲厲之役故伐鄭，事在黑壤之後，而彼傳不以黑壤興伐，而遠稱厲之役者，楚子之志所恨在於厲役逃歸，不爲黑壤會晉故也。上指厲役，下指辰陵，中包黑壤，此皆傳上下相包通之義也。

北京大學《儒藏》編纂與研究中心 編

《儒藏》精華編選刊

春秋左傳正義 (三)

〔西晉〕杜 預 注
〔唐〕孔穎達 疏
浦衛忠 校點

北京大學出版社
PEKING UNIVERSITY PRESS

春秋左傳正義卷第十七

宣公

國子祭酒上護軍曲阜縣
開國子臣孔穎達等奉勅撰

【經】十有二年，春，葬陳靈公。無傳。賊討國復，二十一月然後得葬。

楚子圍鄭。前年盟辰陵，而又徼事晉故。❶

夏，六月，乙卯，晉荀林父帥師及楚子戰于邲，晉師敗績。晉上軍成陳，故書「戰」。邲，鄭地。

【疏】注「晉上」至「鄭地」。　正義曰：此一軍成陳，兩軍不成陳。成陳者雖少，以「戰」爲文。案昭二十三年雞父之戰，六國成陳，而楚不成陳，成陳者多，而以「敗」爲文者，六國雖衆，楚爲兵主，楚既未陳，故以獨敗爲文，與此異也。

秋，七月。

冬，十有二月，戊寅，楚子滅蕭。蕭，宋附庸國。十二月無戊寅。戊寅，十一月九日。【疏】注「蕭

❶「徼」，阮校：「《釋文》作『儌』。」

宋」至「九日」。　正義曰：莊十二年宋萬弑閔公，蕭叔大心者，宋蕭邑之大夫也，平宋亂，立桓公。宋人嘉之，以蕭邑封叔爲附庸。莊二十三年蕭叔朝公，是其事也。此年楚子滅蕭。定十一年，宋公之弟辰入于蕭以叛，則此後復爲宋邑也。杜以《長歷》校之，十二月無戊寅，戊寅乃是十一月九日。此不言月誤，《長歷》云日月必有誤者，案傳稱「師人多寒」，若是十一月，則今之九月，未是寒時。當月是而日誤也。

晉人、宋人、衛人、曹人同盟于清丘。晉、衛背盟，故大夫稱人。宋華椒承羣僞之言，以誤其國，宋雖有守信之善，而椒猶不免譏。清丘，衛地，在今濮陽縣東南。❶【疏】注「晉衛」至「東南」。　正義曰：傳云：「盟曰：『恤病討貳。』」陳貳於楚，而宋伐之，衛救陳，不討貳也。楚伐宋，而晉、衛不救，不恤病也。是晉、衛背盟，故貶其大夫而稱人。曹是小國，貶與不貶俱當稱人，故不言曹也。明年傳稱：「君子曰：『清丘之盟，唯宋可以免。』」則宋不違盟，而亦貶宋卿者，彼晉、衛、曹並皆僞妄，「華椒承羣僞之言，以誤其國」，致使宋爲盟故伐陳，衛人救之，楚人討之，伐陳怒楚，被伐無救。「宋雖有守信之善，而椒猶不免譏」者，爲諸國失信，而累及椒也。晉、衛不信，乃在盟後，非是心欲不信而妄作此盟，當盟之時，未有不信之狀。在後違約，不可豫知，而亦并責椒者，君子結交，當擇善而從之，所與不善，必將敗德。椒與不信約盟，則是不信之黨，雖獨守信，并亦貶之。戒後之人，使擇交也。

宋師伐陳，衛人救陳。背清丘之盟。

❶「在今」，《四部叢刊》本、京都本、文淵閣本、阮本作「今在」。

【傳】**十二年，春，楚子圍鄭，旬有七日。鄭人卜行成，不吉。卜臨于大宮，**臨，哭也。大宮，鄭祖廟。**且巷出車，吉。**出車於巷，示將見遷，不得安居。**國人大臨，守陴者皆哭。**陴，城上俾倪。皆哭，所以告楚窮也。**楚子退師，鄭人脩城，進復圍之，三月，克之。**哀其窮哭，故爲退師，而猶不服，故復圍之九十日。**入自皇門，至于逵路。**塗方九軌曰逵。**鄭伯肉袒，牽羊以逆，**肉袒牽羊，示服爲臣僕。**曰：「孤不天，**不爲天所祐。**不能事君，使君懷怒，以及敝邑，孤之罪也。敢不唯命是聽？其俘諸江南，以實海濱，亦唯命。其翦以賜諸侯，使臣妾之，亦唯命。**翦，削也。**若惠顧前好，**楚、鄭世有盟誓之好。**徼福於厲、宣、桓、武，不泯其社稷，**周厲王、宣王，鄭之所自出也。鄭桓公、武公，始封之賢君也。願楚要福于此四君，使社稷不滅。泯猶滅也。**使改事君，夷於九縣，**楚滅九國以爲縣，願得比之。**君之惠也，孤之願也，非所敢望也。敢布腹心，君實圖之。」左右曰：「不可許也，得國無赦。」王曰：「其君能下人，必能信用其民矣，庸可幾乎？」退三十里，而許之平。**退一舍以禮鄭。**潘尫入盟，子良出質。**潘尫，楚大夫。子良，鄭伯弟。【疏】注「臨哭」至「祖廟」。❶ 正義曰：案《雜記》，客致含賵訖請臨。襄十二年傳「吳子壽夢卒，臨于周廟」，故云「臨，哭也」。宮即廟也，象其尊貌則謂之爲廟，言其牆屋則稱之爲宮。大宮，宮之大者。鄭祖廟者，謂鄭大祖之廟也。注「陴城上俾倪」。正義曰：陴，城上小牆。俾倪者，看視之名。襄六年晏弱圍萊，「堙之環城，傅於堞」，注云：「堞，女牆也。」又二十五年吳子門

❶「注臨哭至祖廟」，京都本、文淵閣本、阮本以下正義六節分疏於傳文各節下。

于巢，「巢牛臣隱於短牆以射之」。二十七年「盧蒲嫳攻崔氏，崔氏堞其宮而守之」，注云：「堞，短垣也。」陴、堞、俾倪、短牆、短垣、女牆，皆一物也。《說文》云：「堞，城上女垣也。」《廣雅》云：「陴，俾倪，❶女牆也。」《釋名》云：「城上垣曰陴，於其孔中俾倪非常，亦言陴益也，助城之高也。或曰女牆，言其卑小，比之於城，如女子之於丈夫也。」　注「哀其」至「十日」。　正義曰：杜以三月克之，❷謂圍經三月，方始克之，故云「九十日」也。知非季春克之者，下云「六月，晉師救鄭，及河，聞鄭既及楚平，桓子欲還」，是將欲至河，鄭猶未敗，至河聞敗，猶欲還師，在國聞敗，師必不發。若是季春克之，不應比至六月而晉人不聞，❸以此知「三月」非季春也。經、傳皆言春圍鄭，不知圍以何月爲始。圍經旬有七日，爲之退師，聞其脩城，乃復更進，進圍三月方始克之，❹則從初以至於克，凡經一百二十許日。蓋以三月始圍，至六月乃克也。　注「周厲」至「滅也」。　正義曰：鄭桓公是周厲王之子，宣王母弟，又宣王封之，故僖二十四年及此皆厲、宣並言之。桓公始封西鄭，武公始居東鄭，二公是始封之賢君。若其存鄭，則四君祐楚，故願楚要福於此四君，使社稷不滅。「泯，滅也」，《釋詁》文。　注「楚滅」至「比之」。　正義曰：楚滅諸國見於傳者，哀十七年稱文王縣申、息，莊六年稱楚滅鄧，十八年稱武王克權，僖五年滅弦，十二年滅黃，二十六年滅夔，文四年滅江，五年滅六，又滅蓼，十六年滅庸，凡十一國見於傳。僖二十八年傳曰：「漢陽諸

---

❶「俾」，阮本無此字。

❷「三」，原作「二」，據正宗寺本、京都本、文淵閣本、阮本改。

❸「比」，正宗寺本、京都本、文淵閣本、阮本作「此」。

❹「進」，京都本、文淵閣本、阮本無此字。

姬，楚實盡之。」則楚之滅國多矣。言九縣者，申、息定是其二，餘不知所謂。蘇氏、沈氏以權是小國，庸先屬楚，自外爲九也。「庸可幾乎」。正義曰：庸，用也。幾讀如冀。言用可冀幸而得之乎？何必滅其國？

夏，六月，晉師救鄭。荀林父將中軍，代郤缺。先縠佐之。❶彘季代林父。士會將上軍，河曲之役，郤缺將上軍，宣八年代趙盾爲政，將中軍，士會代將上軍。郤克佐之。郤缺之子，代臾駢。趙朔將下軍，代欒盾。欒書佐之。欒盾之子，代趙朔。趙括、趙嬰齊爲中軍大夫，括、嬰齊，皆趙盾異母弟。鞏朔、韓穿爲上軍大夫，荀首、趙同爲下軍大夫。荀首，林父弟。趙同，趙嬰兄。韓厥爲司馬。韓萬玄孫。

及河，聞鄭既及楚平，桓子欲還，曰：「無及於鄭而勦民，焉用之？桓子，林父。勦，勞也。楚歸而動，不後。」動兵伐鄭。隨武子曰：「善。武子，士會。會聞用師，觀釁而動。釁，罪也。德、刑、政、事、典、禮不易，不可敵也，不爲是征。言征伐爲有罪，不爲有禮。楚君討鄭，怒其貳而哀其卑，叛而伐之，服而舍之，❷德、刑成矣。伐叛，刑也。柔服，德也。二者立矣。昔歲入陳，討徵舒。今茲入鄭，民不罷勞，君無怨讟，讟，謗也。政有經矣。經，常也。荊尸而舉，荊，楚也。尸，陳也。楚武王始更爲此陳法，遂以爲名。商、農、工、賈不敗其業，而卒乘輯睦，步曰卒，車曰乘。事不奸矣。

❶「縠」，阮校：「《釋文》云：『縠，本又作轂。』」

❷「舍之」，阮校：「李善注《文選·辨亡論》引作『赦之』。」

奸，犯也。**蒍敖爲宰，擇楚國之令典，**宰，令尹。蒍敖，孫叔敖。**軍行，右轅，左追蓐，**在車之右者挾轅爲戰備，在左者追求草蓐爲宿備。傳曰「令尹南轅」，又曰「改乘轅」，楚陳以轅爲主。**前茅慮無，**慮無，如今軍行前有斥候蹹伏，❶皆持以絳及白爲幡，見騎賊舉絳幡，見步賊舉白幡，備慮有無也。茅，明也。或曰時楚以茅爲旌識。**中權後勁。**中軍制謀，後以精兵爲殿。**百官象物而動，軍政不戒而備，**物猶類也。戒，勑令。**能用典矣。其君之舉也，内姓選於親，外姓選於舊，**言親疏並用。**舉不失德，賞不失勞，老有加惠，**賜老則不計勞。**旅有施舍。**旅客來者，施之以惠，舍不勞役。**君子小人，物有服章。**尊卑別也。**貴有常尊，賤有等威，**威儀有等差。**禮不逆矣。德立、刑行、政成、事時、典從、禮順，若之何敵之？見可而進，知難而退，軍之善政也。兼弱攻昧，武之善經也。**昧，昏亂。經，法也。**子姑整軍而經武乎，**姑，且也。**猶有弱而昧者，何必楚？仲虺有言曰『取亂侮亡』，兼弱也。**仲虺，湯左相，薛之祖，奚仲之後。**《汋》曰：『於鑠王師！遵養時晦。』**《汋》，《詩·頌》篇名。鑠，美也。言美武王能遵天之道，須暗昧者惡積而後取之。**耆昧也。**耆，致也，致討於昧。**《武》曰：『無競惟烈。』**《武》，《詩·頌》篇名。烈，業也。言武王兼弱取昧，故成無疆之業。**撫弱耆昧，以務烈所，可也。」**言當務從武王之功業，撫而取之。**彘子曰：「不可。鬷子，先縠。晉所以**

---

❶「蹹」，阮本、《經典釋文》作「蹋」。

霸，師武臣力也。今失諸侯，不可謂力。有敵而不從，不可謂武。由我失霸，不如死。且成師以出，聞敵彊而退，非夫也。非丈夫。**命爲軍帥，而卒以非夫，唯羣子能，我弗爲也。」以中軍佐濟。**佐，彘子所帥也。濟，渡河。**知莊子曰：「此師殆哉！**莊子，荀首。**《周易》有之，在師**䷆坎下坤上，師。**之臨**䷒，兑下坤上，臨。師初六變而之臨。**曰：『師出以律，否臧，凶。』**此《師》卦初六爻辭。律，法。否，不也。**執事順成爲臧，逆爲否。**今彘子逆命不順成，故應不臧之凶。❶**衆散爲弱，**坎爲衆，今變爲兑，兑柔弱。**川壅爲澤，**❷坎爲川，今變爲兑，兑爲澤，是川見壅。**有律以如己也，**如，從也。法行則人從法，法敗則法從人。坎爲法象，今爲衆則散，爲川則壅，是失法之用，從人之象。**故曰『律否臧』。且律竭也，**竭，敗也。坎變爲兑，是法敗。**盈而以竭，夭且不整，所以凶也。**水遇夭塞，不得整流，則竭涸也。**不行謂之臨，**水變爲澤，乃成臨卦。澤，不行之物。**有帥而不從，臨孰甚焉？此之謂矣。**譬彘子之違命，亦不可行。**果遇，必敗，**遇敵。**彘子尸之。**主此禍。**雖免而歸，必有大咎。」**爲明年晉人殺先縠傳。❸**韓獻子謂桓子，**獻子，韓厥。**曰：「彘子以偏師陷，子罪大矣。子爲**

---

❶「不」，《四部叢刊》本、京都本、文淵閣本、阮本作「否」。

❷「川壅爲澤」，阮校：「《釋文》云：『壅，本又作雍，注皆同。』案，《説文》『巛』字注引作『雝』，『澤』字下多『凶』字。」

❸「人」，《四部叢刊》本、京都本、文淵閣本、阮本無此字。

元帥，師不用命，誰之罪也？失屬亡師，爲罪已重，不如進也。今鄭屬楚，故曰「失屬」。彘子以偏師陷，故曰「亡師」。事之不捷，惡有所分。捷，成也。與其專罪，六人同之，不猶愈乎？」三軍皆敗，❶則六卿同罪，不得獨責元帥。師遂濟。

楚子北師次於郔。郔，鄭北地。沈尹將中軍，沈或作寢。寢，縣也，今汝陰固始縣。子重將左，子反將右，將飲馬於河而歸。子反，公子側。聞晉師既濟，王欲還，嬖人伍參欲戰。參，伍奢之祖父。令尹孫叔敖弗欲，曰：「昔歲入陳，今茲入鄭，不無事矣。戰而不捷，參之肉其足食乎？」參曰：「若事之捷，孫叔爲無謀矣。不捷，參之肉將在晉軍，可得食乎？」令尹南轅反旆。迴車南鄉。旆，軍前大旗。伍參言於王曰：「晉之從政者新，未能行令。其佐先縠剛愎不仁，未肯用命。愎，佷也。❷其三帥者，專行不獲。欲專其所行而不得。聽而無上，衆誰適從？聽彘子、趙同、趙括，則爲軍無上，令衆不知所從。此行也，晉師必敗。且君而逃臣，若社稷何？」王病之，告令尹改乘轅而北之，次于管以待之。

晉師在敖、鄗之間。滎陽京縣東北有管城。敖、鄗二山在滎陽縣西北。鄭皇戌使如晉師，曰：「鄭之從楚，社稷之故也，未有貳心。楚師驟勝而驕，其師老矣，而不設備。子擊之，鄭師爲承，承，

---

❶「皆」，阮校：「毛本作『既』。」

❷「佷」，足利學本、京都本作「恨」，《四部叢刊》本、阮本、《經典釋文》作「佷」，文淵閣本作「狠」。

繼也。楚師必敗。」彘子曰：「敗楚服鄭，於此在矣，必許之。」欒武子曰：武子，欒書。「楚自克庸以來，在文十六年。其君無日不討國人而訓之，討，治也。于民生之不易，禍至之無日，戒懼之不可以怠。于，曰也。在軍，無日不討軍實而申儆之，軍實，軍器。于勝之不可保，紂之百克而卒無後，訓之以若敖、蚡冒篳路藍縷以啓山林。若敖、蚡冒，皆楚之先君。篳路，柴車。藍縷，敝衣。言此二君勤儉以啓土。箴之曰：『民生在勤，勤則不匱。』不可謂驕。箴，誡。先大夫子犯有言曰：『師直爲壯，曲爲老。』我則不德，而徼怨于楚，我曲楚直，不可謂老。不德，謂以力争諸侯。徼，要也。其君之戎，分爲二廣，君之親兵。廣有一卒，卒偏之兩。十五乘爲一廣。《司馬法》：百人爲卒，二十五人爲兩。車十五乘爲大偏。今廣十五乘，亦用舊偏法，復以二十五人爲承副。右廣初駕，數及日中，左則受之，以至于昏。内官序當其夜，内官，近官。序，次也。以待不虞。不可謂無備。子良，鄭之良也。師叔，楚之崇也。師叔，潘尫，爲楚人所崇貴。師叔入盟，子良在楚，楚、鄭親矣。來勸我戰，我克則來，不克遂往，以我卜也！鄭不可從。」趙括、趙同曰：「率師以來，唯敵是求。克敵得屬，又何俟？必從彘子。」得屬，服鄭。知季曰：「原、屏，咎之徒也。」知季，莊子也。原，趙同。屏，趙括。徒，黨也。趙莊子曰：「欒伯善哉！莊子，趙朔。欒伯，武子。實其言，必長晉國。」實猶充也。言欒書之身行能充此言，則當執晉國之政也。

楚少宰如晉師，少宰，官名。曰：「寡君少遭閔凶，不能文。閔，憂也。聞二先君之出入此行也，二先君，楚成王、穆王。將鄭是訓定，豈敢求罪于晉？二三子無淹久！」淹，留也。隨季對曰：「昔平王命我先君文侯曰：『與鄭夾輔周室，毋廢王命！』今鄭不率，率，遵也。寡君使羣臣問諸鄭，豈敢辱候人？候人，謂伺候望敵者。敢拜君命之辱。」彘子以爲諂，使趙括從而更之，曰：「行人失辭。言誤對。寡君使羣臣遷大國之迹於鄭，遷，徙也。曰：『無辟敵！』羣臣無所逃命。」

楚子又使求成于晉，晉人許之，盟有日矣。有期日。楚許伯御樂伯，攝叔爲右，以致晉師。單車挑戰，又示不欲崇和，以疑晉之羣帥。許伯曰：「吾聞致師者，御靡旌摩壘而還。」靡旌，❶驅疾也。摩，近也。樂伯曰：「吾聞致師者，左射以菆，左，車左也。菆，矢之善者。代御執轡，御下，兩馬，❷掉鞅而還。」兩，飾也。掉，正也。示間暇。攝叔曰：「吾聞致師者，右入壘，折馘、折馘，斷耳。執俘而還。」皆行其所聞而復。晉人逐之，左右角之。張兩角，從旁夾攻之。樂伯左射馬而右射人，角不能進。矢一而已，麋興於前，射麋麗龜。麗，著也。龜，背之隆高當心者。❸晉鮑癸當其後，使攝叔奉麋獻焉，曰：「以歲之非時，獻禽之未至，敢膳諸從者。」鮑癸止之曰：「其左善射，其右有辭，

---

❶「旌」，原作「族」，據《四部叢刊》本、京都本、文淵閣本、阮本改。

❷「兩馬」，阮校：「案，惠棟云：鄭注《周禮・環人》引作『掚馬』，《釋文》引徐先民云：『或作「掚」。』案此，則『兩』本『掚』字，故服、杜訓爲飾，古文省作『兩』。」

❸「者」，京都本、文淵閣本、阮本無此字。

君子也。」既免。止不復逐。

晉魏錡求公族未得，錡，魏犨子，欲爲公族大夫。而怒，欲敗晉師。請致師，弗許。請使，許之。遂往，請戰而還。楚潘黨逐之，及熒澤，見六麋，射一麋以顧獻，曰：「子有軍事，獸人無乃不給於鮮，敢獻於從者。」熒澤在熒陽縣東。新殺爲鮮。見六得一，言其不如楚。叔黨命去之。叔黨，潘黨，潘尫之子。❶

趙旃求卿未得，旃，趙穿子。且怒於失楚之致師者，請挑戰，弗許。請召盟，許之。與魏錡皆命而往。郤獻子曰：「二憾往矣，❷獻子，郤克。弗備，必敗。」彘子曰：「鄭人勸戰，弗敢從也。楚人求成，弗能好也。師無成命，多備何爲？」士季曰：「備之善。若二子怒楚，楚人乘我，喪師無日矣。乘猶登也。不如備之。楚之無惡，除備而盟，何損於好？若以惡來，有備不敗。且雖諸侯相見，軍衛不徹，警也。」徹，去也。彘子不可。不肯設備。士季使鞏朔、韓穿帥七覆于敖前，帥，將也。覆，爲伏兵七處。故上軍不敗。趙嬰齊使其徒先具舟于河，故敗而先濟。

潘黨既逐魏錡，言魏錡見逐而退。趙旃夜至於楚軍，二人雖俱受命，而行不相隨，趙旃在後至。席於軍門之外，使其徒入之。布席坐，示無所畏也。

---

❶「子」，原作「于」，據《四部叢刊》本、京都本、文淵閣本、阮本改。

❷「憾」，阮校：「釋文『憾』作『感』，石經、宋本亦作『感』，石經改刊加『忄』旁，不可從也。」

楚子爲乘廣三十乘，分爲左右。右廣雞鳴而駕，日中而說。說，舍也。左則受之，日入而說。許偃御右廣，養由基爲右。❶彭名御左廣，屈蕩爲右。楚王更迭載之，故各有御、右。乙卯，王乘左廣以逐趙旃。趙旃棄車而走林，屈蕩搏之，得其甲裳。下曰裳。

晉人懼二子之怒楚師也，使軘車逆之。軘車，兵車名。潘黨望其塵，使騁而告曰：「晉師至矣！」楚人亦懼王之入晉軍也，遂出陳。孫叔曰：「進之！寧我薄人，無人薄我。《詩》云：『元戎十乘，以先啓行。』先人也。元戎，戎車在前也。《詩·小雅》。言王者軍行，必有戎車十乘在前開道，先人爲備。《軍志》曰：『先人有奪人之心。』薄之也！」奪敵戰心。遂疾進師，車馳卒奔，乘晉軍。桓子不知所爲，鼓於軍中曰：「先濟者有賞！」中軍、下軍爭舟，舟中之指可掬也。兩手曰掬。

晉師右移，上軍未動。言餘軍皆移去，唯上軍在。經所以書戰，言猶有陳。工尹齊將右拒卒以逐下軍。工尹齊，楚大夫。右拒，陳名。楚子使唐狡與蔡鳩居告唐惠侯，二子，楚大夫。唐，屬楚之小國。義陽安昌縣東南有上唐鄉。曰：「不穀不德而貪，以遇大敵，不穀之罪也。然楚不克，君之羞也。敢藉君靈，以濟楚師。」藉猶假借也。使潘黨率游闕四十乘，游車補闕者。從唐侯以爲左拒，以從上軍。駒伯曰：「待諸乎？」駒伯，郤克，上軍佐也。隨季曰：「楚師方壯，若萃於我，吾師必盡。萃，集也。不如收而去之，分謗生民，不亦可乎？」同奔爲分謗，不戰爲生民。殿其卒而

---

❶「由」，阮校：「《後漢書·班彪傳》作『游』，《文選·東都賦》同。」

退，不敗。以其所將卒爲軍後殿。

王見右廣，將從之乘。屈蕩户之曰：「君以此始，亦必以終。」❶户，止也。中易乘，則恐軍人惑。自是楚之乘廣先左。以乘左得勝故。

晉人或以廣隊不能進，廣，兵車。楚人惎之脱扃，❷惎，教也。扃，車上兵蘭。少進，馬還，又惎之拔旆投衡，乃出。還，便旋不進。旆，大旗也。拔旆投衡上，使不帆風，差輕。顧曰：「吾不如大國之數奔也。」

趙旃以其良馬二濟其兄與叔父，以他馬反，遇敵不能去，棄車而走林。逢大夫與其二子乘，逢，氏。謂其二子無顧。不欲見趙旃。顧曰：「趙傁在後。」傁，老稱也。怒之，使下，指木曰：「尸女於是。」授趙旃綏以免。明日，以表尸之，表所指木，取其尸。皆重獲在木下。兄弟累尸而死。

楚熊負羈囚知罃。知莊子以其族反之，負羈，楚大夫。知罃，知莊子之子。族，家兵。反，還戰。廚武子御，武子，魏錡。下軍之士多從之。知莊子下軍大夫故。每射，抽矢菆，納諸廚子之房。抽，擢也。菆，好箭。房，箭舍。廚子怒曰：「非子之求而蒲之愛，蒲，楊柳，可以爲箭。董澤之

---

❶「亦必以終」，阮校：「李善注范蔚宗《宦者論》引作『必以此終』。」

❷「惎」，阮校：「惠棟云：《説文》引作『楚人畁之』，云：『舉也。』黃顥說：廣車陷，楚人爲舉之。』案此，則『惎』當爲『畁』，杜氏所據本與許所據不同也。」

蒲，可勝既乎？」董澤，澤名，河東聞喜縣東北有董池陂。既，盡也。**知季曰：「不以人子，吾子其可得乎？吾不可以苟射故也。」射連尹襄老，獲之，遂載其尸。射公子穀臣，囚之，以二者還。**穀臣，楚王子。

及昏，楚師軍於邲，晉之餘師不能軍，不能成營屯。**宵濟，亦終夜有聲。**言其兵衆，將不能用。**丙辰，楚重至於邲，**重，輜重也。**遂次于衡雍。潘黨曰：「君盍築武軍，**築軍營以章武功。**而收晉尸以爲京觀？**積尸封土其上，謂之京觀。**臣聞克敵必示子孫，以無忘武功。」楚子曰：「非爾所知也。夫文，止戈爲武。**文，字。**武王克商，作頌曰：『載戢干戈，載櫜弓矢。**戢，藏也。櫜，韜也。詩美武王能誅滅暴亂而息兵。**我求懿德，肆于時夏，允王保之。』**肆，遂也。夏，大也。言武王既息兵，又能求美德，故遂大而信，王保天下。**又作《武》，其卒章曰：『耆定爾功。』**《武》，《頌》篇名。耆，致也。言武王誅紂，致定其功。**其三曰：『鋪時繹思，**❶**我徂惟求定。』**其三，三篇。鋪，布也。繹，陳也。時，是也。思，辭也。頌美武王能布政陳教，使天下歸往求安定。**其六曰：『綏萬邦，屢豐年。』**其六，六篇。綏，安也。屢，數也。言武王既安天下，數致豐年。此三、六之數，與今《詩·頌》篇次不同，蓋楚樂歌之次第。❷**夫武，禁暴、戢兵、保大、定功、安民、和衆、豐財者也。**此武七德。

---

❶「鋪時繹思」，阮校：「案，《詩·周頌》正義引作『敷時斁思』。」

❷「次」，阮校：「依正義及宋本標起止，皆云『之第』，則『次』字衍也。」

故使子孫無忘其章。著之篇章，使子孫不忘。今我使二國暴骨，暴矣。觀兵以威諸侯，兵不戢矣。暴而不戢，安能保大？猶有晉在，焉得定功？所違民欲猶多，民何安焉？無德而强争諸侯，何以和衆？利人之幾，幾，危也。而安人之亂，以爲己榮，何以豐財？兵動則年荒。武有七德，我無一焉，何以示子孫？其爲先君宫，告成事而已。祀先君，告戰勝。武非吾功也。古者明王伐不敬，取其鯨鯢而封之，以爲大戮，於是乎有京觀，以懲淫慝。鯨鯢，大魚名，以喻不義之人吞食小國。今罪無所，晉罪無所犯也。而民皆盡忠以死君命，又可以爲京觀乎？」❶祀于河，作先君宫，告成事而還。傳言楚莊有禮，所以遂興。【疏】注「彘季代林父」。❷　正義曰：服虔云：「食采於彘。」或當然也。文十二年河曲之戰，荀林父佐中軍，臾駢佐上軍，欒盾將下軍。自爾以來，傳無其代，知先縠代林父，郤克代臾駢，趙朔代欒盾也。八年傳趙朔佐下軍，知欒書代趙朔也。案傳文皆稱彘子，今注云彘季者，勘《譜》亦以彘子、彘季爲一人，則杜君別有所據。書傳殘缺，不可得而知也。劉炫云：「傳文皆稱彘子，何以知是彘季？」以縠非彘季以規杜。今知非者，杜以子爲男子之稱，季是幼小之辭，季之與子，是得通稱。子路或爲季路。舉其常稱謂之子，論其字謂之季，故公子友或稱季友。而劉以傳唯稱彘子，無彘季，而規杜，非也。注「韓萬玄孫」。　正義曰：《韓世家》云：韓之先事晉，得封韓原，曰韓武子，後三世有韓厥。《世本》云：「桓叔生子萬，萬生求伯，求伯生子

---

❶「可」，京都本、文淵閣本、阮本作「何」。

❷「注彘季代林父」，阮本自此以下至「注鯨鯢大魚名」正義分疏於傳文各節下。

輿，子輿生獻子厥。」《史記》所云武子，蓋韓萬也。如彼二文，厥是萬之曾孫，而服虔、杜預皆言厥韓萬玄孫，不知何所據也。　注「釁罪也」。　正義曰：釁訓爲罪者，釁是間隙之名。今人謂瓦裂、龜裂皆爲釁。既有間隙，故爲得罪也。　「德刑」至「是征」。　正義曰：既言「觀釁而動」，更説無釁之事。德、刑、政、事、典、禮，此六事行之不變易者，不可與之敵也。聖王之制，征伐者爲有罪者耳，不爲是六事不易者行征伐也。❶此舉六事之目，下文歷説楚不易六事以充之。　「君無怨讟」。　正義曰：讟，謗也。政有常則民不恨，故國君無人怨、無人謗。《擊鼓》怨州吁，鄭人謗子産，是有怨謗也。　「商農」至「其業」。　正義曰：《齊語》云：「公曰：『成民之事若何？』管子對曰：『四民者，勿使雜處。』公曰：『處士、工、商、農若何？』管子對曰：『昔聖王之制也，處士就間燕，處工就官府，處商就市井，處農就田野。』」彼四民謂士、農、工、商。此數亦四，無士而有賈者，此武子意，言舉兵動衆，四者不敗其業，發兵則以士從征，不容復就間燕，故不云士，而分商、賈爲二。行曰商，坐曰賈。雖同是販賣，而行、坐異業。發兵征伐，四者悉皆不與，故揔云「不敗其業」也。　注「宰令」至「叔敖」。　正義曰：《周禮》六卿，大宰爲長，遂以宰爲上卿之號。楚臣令尹爲長，故從他國論之，謂令尹爲宰。楚國仍別有大宰之官，但位任卑耳，傳稱大宰伯州黎是也。❷楚國名上卿爲令尹者，《釋詁》云「令，善也」，《釋言》云「尹，正也」，言用善人正此官也。楚官多以尹爲名，皆取其正直也。　注「在車」至「爲主」。　正義曰：《司馬法》：兵車一乘有甲士三人，步卒七十二人。甲士在車，不共碎役。所言左、右者，分步卒爲左、右也。兵車一轅，服馬夾之，而言「挾轅」者，步卒被分

---

❶「者」，正宗寺本、京都本、文淵閣本、阮本無此字。

❷「黎」，京都本、阮本作「犂」，當是。

在右者，當軍行之時，又分之使在兩廂，挾轅以爲戰備。楚陳以轅爲主，故以轅表車，正是挾車嚴兵，以備不虞也。其應在左者，使之追求草蓐，令離道求草，不近兵車也。蓐謂卧止之草，故云「爲宿備」也。此是在道時然，故云「軍行，右轅，左追蓐」。至於對陳之時，則各在車之左、右，故豫定左、右之分，在道分使之耳。注「慮無」至「旌識」。正義曰：茅，明也。在前者明爲思慮其所無之事，恐其卒有非常，當預告軍中兵衆，使知而爲之備也。「如今軍行」，謂當杜之時行軍有此法也。「前有斥候蹹伏」者，令人遠在軍前斥度候望，慮有伏兵，使蹹行之，持以絳及白爲幡，與軍人爲私號也。《曲禮》曰：「前有水則載青旌，前有塵埃則載鳴鳶，前有車騎則載飛鴻，前有士師則載虎皮，前有摯獸則載貔貅。」其事與此見賊舉幡相似也。「茅，明」，《釋言》文。舍人曰：「茅，昧之明也。」注「物猶」至「勑令」。正義曰：類謂旌旗畫物類也。百官尊卑不同，所建各有其物，象其所建之物而行動，軍之政教不待約勑號令而自備辦也。《周禮・大司馬》：「中秋教治兵，辨旗物之用，王載大常，諸侯載旂，軍吏載旗，師都載旜，鄉遂載物，郊野載旐，百官載旟。」鄭玄云：「軍吏，諸軍帥也。師都，遂大夫也。鄉遂，鄉大夫也。或載旜，或載物。衆屬軍吏，無所將也。郊謂鄉遂之州長縣正以下，野謂公邑大夫。載旐者，以其將羨卒也。百官，卿大夫也。載旟者，以其屬衛王也。凡旌旗，有軍衆者畫異物，無者帛而已。」是其尊卑所建，各有物類也。案《春官・司常》職云：「及國之大閱，贊司馬頒旗物。王建大常，諸侯建旂，孤卿建旜，大夫士建物，師都建旗，州里建旟，縣鄙建旐，道車載旞，斿車建旌。」俱是《周禮》而所建不同者，《大司馬》所云「中秋教治兵」之法，《司常》所云「中冬教大閱」之法，鄭玄云：「凡頒旗物，以出軍之旗則如秋，以尊卑之常建則如冬。」❶大閱備軍禮，

---

❶「建」，《周禮・大司馬》鄭注無此字。

旌旗不如出軍時，空辟實也。」是爲時不同，故所建異。此云「象物而動」，謂軍行之時，當指治兵之法也。「其君」至「施舍」。正義曰：内姓謂同姓也。其君之舉用人也，於同姓則選之於親，於外姓則選之於舊。於親内選賢，於舊内選賢，言唯賢是任，不以親以舊便即用之。所舉不失有德，所賞不失有勞，必有德乃舉，有勞乃賞，言不賞無勞，不舉無德。臣民年老，有加增恩惠。外來旅客，有施舍常法。謂羈旅之臣，以其新來，施以恩惠，舍不勞役也。注「賜老則不計勞」。正義曰：「老有恩惠」，❶當謂年老有加增恩惠，不論有勞與無勞也。劉炫云：「老者當有恩惠之賜，非勞役之限，但恩惠則賞賜之。」以文連「賞不失勞」之下，故杜云「賜老則不計勞」。劉炫以不計勞之文而規杜氏，一何煩碎。注「威儀有等差」。正義曰：言貴有常尊，則當云「賤有常卑」，而云「賤有等威」者，威儀等差文兼貴賤，既屬常尊於貴，遂屬等威於賤，使互相發明耳。「德立」至「敵之」。正義曰：功德苦其不立，刑威苦其不行，政以成就爲上，事以得時爲善，典貴其從，禮惡其逆，故云「德立、刑行、政成、事時、典從、禮順」。各以義理相配爲文，皆是不易之事。❷既歷序此事，乃云「若之何敵之」，副上「德、刑、政、事、典、禮不易，不可敵也」。注「仲虺」至「之後」。正義曰：「取亂侮亡」，《尚書·仲虺之誥》文也。定元年傳：「薛宰曰：薛之皇祖奚仲居薛，以爲夏車正。仲虺居薛，以爲湯左相。」二人皆是薛祖，是仲虺爲奚仲之後。注「汋詩」至「取之」。正義曰：《汋》，《詩經》無「汋」字。《序》云「言能汋先祖之道，❸以養天下」，故以汋爲名

---

❶「恩」，阮本作「加」，與傳文合。

❷「是」，正宗寺本、京都本、文淵閣本、阮本無此字。

❸「汋」，阮校：「案《詩序》『汋』作『酌』。」

焉。「鑠，美」，《釋詁》文。於，歎辭也。時，是也。晦，昧也。言於乎美哉，武王之用師也，能遵天之道，養是闇昧之君，待闇昧者惡積而後取之。言遵天之道者，上天誅紂之期未至，武王靖以待之，是其遵天之道也。注「耆致」至「於昧」。正義曰：耆音指，指、致聲相近，故爲致也。「致討於昧」者，言養之使昧，然後可討之。上句云「兼弱攻昧」，引仲虺之言以證「兼弱」，引武王之事以證「攻昧」。此不云「攻昧」，❶而言「耆昧」者，以《汋》詩之意，言養紂而不言伐紂，不得謂之「攻昧」，故緣詩之意，言致之於昧然後攻之。注「武詩」至「之業」。正義曰：「烈，業也」，《釋詁》文。競，彊也。詩意言無彊乎，唯武王之功業。言克商功業，實爲彊也。此引《武》詩，承兼弱攻昧之下，故杜以傳意解之，言武王兼弱取昧，故成此無彊之業。此《詩·汋》、《武》二篇，並無「兼弱」之事，因傳上文連言之。「撫弱」至「可也」。正義曰：上言「兼弱」，此云「撫弱」，言其撫養而取之，未必皆攻伐以求之也。此「撫弱」，即覆上「仲虺有言」、「兼弱」也。「耆昧」，即覆上「《汋》曰『於鑠王師』」、「耆昧」也。「以務烈所」，覆上「《武》曰『無競惟烈』」。士會言不須敵楚，兼撫餘諸侯弱者，致討諸侯昧者，以務武王烈業之所，可也。「晉所」至「佐濟」。正義曰：言晉之所以得爲霸主者，由軍師之武，羣臣有力，以有武力，成此霸功。今失諸侯，不可謂之爲力。見敵不能從，不可謂之爲武。「命爲軍帥」者，三軍將佐，皆受君命，爲軍之主帥。「以中軍佐濟」，謂一軍之内，將佐分之，各有所帥，故注云：「佐，彘子所帥也。」僖二十八年「胥臣以下軍之佐」，與此同也。「知莊子」至「大咎」。正義曰：莊子見彘子逆命，必當有禍，乃論其事云：此師之行，甚危殆哉！《周易》之書，而有此事。師之初六變而爲臨，初六爻辭云：軍師之出，當須以法。若不善，則致其凶。既引《易》文，以人從

---

❶「云」，阮本作「言」。

律，今者師出，乃以律從人，則有「不臧」之凶。又覆解「不臧」之義云：執事上下，相順和成則爲臧，若相違逆則爲不臧。既釋「不臧」之事，又釋「以律」之意。坎爲衆，今變爲兑，兑爲柔弱，是「衆散爲弱」。坎爲川，今變爲兑，兑爲澤，是「川壅爲澤」。坎爲法象，今爲衆則弱，爲川則壅，是法律破壞從人之象，故曰「律否臧」，以釋《易》文「律否臧」之義。否臧，《易》注云：「爲師之始，齊師者也。齊衆以律，失律則散。故師出以律，律不可失。失律而臧，何異於否？失令有功，法所不赦。故師出不以律，否臧皆凶。」釋「否臧」既了，又釋「凶」之一字，故云「且律竭」，言法律竭盡也。川水當盈，而以竭盡，且又被夭塞，不得整流，似法當嚴整，而以破壞，被人違逆，不得施行，所以致此凶禍。解釋「凶」義既了，以盡《易》意，然後論彘子之惡，當此初六之禍，故云水之不行，是謂臨矣。彘子有帥不從，欲論不行之臨事，誰甚於彘子？《周易》所言，是彘子之謂。若能違辟前敵，於事猶可，若果敢遇敵，必致禍敗也。此禍敗之事，彘子主受之，雖在敵免死而歸，必有大咎也。師、坎爲水，坤爲衆，衆行如水，師出之象，故名其卦爲師。服虔云：「坎爲水，坤爲衆。又互體震，震爲雷。雷，鼓類，又爲長子。長子帥衆鳴鼓，巡水而行，行師之象也。臨、兑爲澤，坤爲地，居地而俯視於澤，臨下之義，故名爲臨。」注「坎爲」至「柔弱」。正義曰：《晉語》：「文公筮『尚有晉國』，司空季子占之，曰：『震，雷也，車也。坎，水也，衆也。主雷與車，而尚水與衆。』」是坎爲衆也。《易·説卦》「兑爲少女」，故爲柔弱。衆聚則彊，散則弱。坎變爲兑，是衆散爲弱也。注「坎爲」至「見壅」。正義曰：《説卦》「坎爲溝瀆」，溝瀆即是川也。《説卦》「兑爲澤」，川是流水，今變爲澤，是川見壅也。

注「如從」至「之象」。正義曰：《釋詁》云：「如，往也。」往是相從之義，故訓爲從也。法行則人從之，率人以從法也。法敗則法從人，人各有心，棄法不用，是法從人也。《釋言》云：「坎，律，銓也。」樊光曰：「坎卦，水也，水性平，律亦平，銓亦平也。」郭璞曰：「《易》坎卦主法，法律皆所以銓量輕重。」是坎爲法象也。今坎變爲兑，爲衆則散而爲弱，爲川則壅而爲澤，是失法之所用，法敗從人之象也。　注「竭敗」至「法敗」。　正義曰：竭是水涸之名，坎爲水爲法。水之竭似法之敗，故云「竭，敗也」。坎變爲兑，則爲水不流，水不流則爲法不行，失爲坎之用，是法敗之象。　注「水遇」至「涸也」。　正義曰：哀九年傳曰：「如川之滿，不可游也。」水當盈川而以壅，故竭，是「水遇夭塞，不得整流，則竭涸也」。夭遏是壅塞之義，故云「遇夭塞」也。　注「主此禍」。　正義曰：《釋言》訓尸爲主，故云「主此禍也」。服虔亦云「主此禍也」，又引《易·師卦》六五：「長子帥師，弟子輿尸，凶。」長子帥師，以中行也。弟子輿尸，使不當也。」佐之於元帥，弟子也，而專以師濟，使不當也，軍必破敗而輿尸。案下句云「雖免而歸」，則謂彘子當在陳而死，師卦有「輿尸」之語，其言「尸之」，或容有此意。但「尸」字不可兩解，故杜略去之。　注「沈或」至「始縣」。　正義曰：楚官多名爲尹。沈者，或是邑名，而其字或作寢。哀十八年有寢尹吴由于。因解寢爲縣名，不言寢是而沈非也。　「次于管」。　正義曰：《土地名》：「滎陽京縣東北有管城，古管國也。」　注「若敖」至「啓土」。　正義曰：《楚世家》云：熊咢卒，子熊儀立，是爲若敖。若敖卒，子霄敖立。霄敖卒，子熊煦立，❶是爲蚡冒。蚡冒卒，弟熊達立，是爲楚武王。案杜注文十六年傳：「蚡冒，楚武王父。」不從《史記》也。以荆竹織門謂之篳門，則篳路亦以荆竹編車，故謂篳路爲柴車。《方言》云：「楚謂凡人貧衣破醜敝爲藍縷。」藍縷謂敝衣也。服虔云：「言其縷破藍藍然。」　「廣有」至「之兩」。　正義曰：兩廣之別，各有一卒之兵百人也。一卒之外，復有十五乘之偏，并二十五人之兩。既言「一卒」，又云「卒偏之兩」。言卒之者，成辭婉句耳。

---

❶「熊煦」，阮校：「浦鏜《正誤》『煦』作『眴』。按，浦鏜校亦非。《玉篇》口部『呴』字云：『《史記》曰：楚先有熊呴，是爲蚡冒。』則『呴』當從口。」

或解云，兩屬於偏，云「偏之兩」者，謂偏家之兩。知不然者，案成七年「以兩之一卒」，亦云「之」字，豈又是兩家之卒？且杜注云「十五乘爲大偏」，今楚亦用舊偏法，此一廣之中實有此偏，非是偏名爲兩，而出一卒，別復有偏之一兩二十五人從之。劉炫云：「兩廣之別，各有一卒百人，一卒外復有偏，一兩二十五人。兵法：十五乘爲偏，偏有一兩從之。兩是偏家之物，故謂此爲『偏之兩』。其實一廣十五乘，有一百二十五人從之。」注「十五」至「承副」。正義曰：下云「楚子爲乘廣三十乘，分爲左右」，知十五乘爲一廣也。《史記》稱齊景公時，有司馬田穰苴，善用兵。至六國時，「齊威王使大夫追論古者《司馬兵法》，附穰苴於其中」，凡一百五十篇，號曰《司馬法》。「百人爲卒」，「二十五人爲兩」，「十五乘爲偏」，皆《司馬法》之文。「百人爲卒」，「二十五人爲兩」，《周禮》亦有此文。但《周禮》無偏，故杜并引《司馬法》耳。此云「大偏」，對成七年「九乘爲小偏」，故此爲「大偏」也。桓五年二十五乘爲偏，戰時臨陳，所用不同，不可與此相對爲大小。杜注多少皆妄文也。❶言「亦用舊偏法」者，謂楚雖荆尸而舉，仍用舊偏。舊偏於穰苴前已有，則應《周禮》有文，但以亡没者多，故禮文不具。「右廣」至「其夜」。正義曰：右廣雞鳴初駕，數及日中，則左廣受而代之，以至於昏，此晝日事也。其内官親近王者，爲次序以當其夜，若今宿直遞持更也。「以我卜也」。正義曰：將我晉戰之勝負，卜其遂來遂往，猶人揲著看卦善惡，而卜其去之與住也。注「二先」至「穆王」。正義曰：莊十六年楚始伐鄭，文王之世也。二十八年子元伐鄭，成王之初也。僖五年首止之會，鄭伯逃歸，自是以後，鄭始時復從。楚成王以前，鄭未屬楚，故出入此行，唯成、穆耳。今之莊王，成王孫，穆王子。「出入此行」，猶往來於鄭。注「單車」至「羣帥」。正義曰：《周禮·環人》「掌致師」，鄭

---

❶「妄」，正宗寺本、京都本、阮本作「望」。阮校：「按，疏謂三處偏字皆各望文爲訓耳，『望』是也。」

玄云：「致師，致其必戰之志。」則致師者，致己欲戰之意於敵人，故單車揚威武以挑之，下云「趙旃請挑戰」，是也。挑彼晉師，故言「以致晉師」也。楚子既求成，而又令挑戰，示其不欲崇和，以疑誤晉之羣帥。注「左車」至「善者」。正義曰：兵車自非元帥，皆射者在左，御在中央，故云「左，車左」。樂伯居左，故稱左也。下云莊子「抽矢菆納諸廚子之房」，選好矢而留之，知菆是矢之善者。注「兩飾」至「間暇」。正義曰：「兩，飾」，「掉，正」，皆無明訓。服虔亦云：「是相傳爲然也。」飾馬者，謂隨宜刷刮馬，又正其鞅，以示間暇。注「麗著」至「心者」。正義曰：《易・離卦・彖》云：「離，麗也。日月麗乎天，百穀草木麗乎土。」是麗爲著之義。龜之形，背高而前後下。此「射麋麗龜」，謂著其高處。故杜以「龜」爲「背之隆高當心者」。服虔亦然，是相傳爲此説也。「以歲」至「從者」。正義曰：《周禮・獸人》「冬獻狼，夏獻麋，春秋獻獸物」者，謂獻之以共王之膳耳，非能徧及於百官也。禮，冬獵曰狩，言圍守而取之，獲禽多也。於時虞人所獻，或頒及羣臣，故言「歲之非時，獻禽之未至」，以爲語之辭耳。注「錡魏犨子」。正義曰：服虔亦以爲犨子。《世本》以爲犨孫。《世本》多誤，未必然也。「使其徒入之」。正義曰：使己從人入壘，以取俘馘也。注「軘車兵車名」。正義曰：襄十一年：「鄭人賂晉侯以廣車、軘車、淳十五乘，甲兵備。」甲兵從之，是兵車明矣。鄭玄云：「廣車，横陳之車。」服虔云：「軘車，屯守之車。」古名難得而知，其義或當然矣。注「元戎」至「爲備」。正義曰：元，大也。戎，車也。《詩・小雅・六月》之篇，言王者軍行，必有大車十乘，常在軍前以開道，諸軍從行，所以先人爲備也。《詩》毛傳云：「夏后氏曰鉤車，先正也。殷曰寅車，先疾也。周曰元戎，先良也。」三代行軍皆前有此車，其名，《司馬法》之文也。其先正、先疾、先良，毛解其名，鄭玄又釋其意：鉤車，備設鉤鞶，其行曲直有正，故曰先正。寅，進也，此車能進取遠道，故曰先疾。元戎，大車之善者，故曰先良也。「晉師」至「未動」。正義曰：晉之三軍，上軍在左，中軍在中，下軍在右。言晉之中軍、下軍敗走，在上軍之右者皆移，唯上軍未動，故杜云「餘軍皆移去，唯上軍在」。　「告唐惠侯」。　正義曰：此未戰之前告。經不書唐侯者，爲楚私屬，故不見也。　注「游車補闕者」。　正義曰：《周禮·車僕》有「闕車之倅」，鄭玄云：「闕車，所用補闕之車也。」此言游闕，知游車以擬補闕。今使從唐侯，是補闕也。　注「以乘左得勝故」。　正義曰：桓八年傳云「楚人尚左，君必左」者，謂置車尚左，故君在左。此言先左，謂乘廣先左耳。上文旦則右廣初駕，日中乃授左廣，則舊法先乘右廣。今楚王偶然乘左廣以逐趙旃，因是而得戰勝，以爲宜乘左廣，自是以後，乘廣先左，以乘左得勝故也。　注「廣兵車」。　正義曰：襄十一年鄭人賂晉侯以廣車，定四年「史皇以乘廣死」，是兵車稱廣也。此言晉人廣隊，下云「拔旆投衡」，軍行則旆在軍前，不是車皆有旆也。此蓋是晉人在軍之前載旆之車。　注「惎教」至「兵闌」。　正義曰：脱扃，拔旆，皆是教人之語，知惎爲教也。服虔云：「扃，横木，有木横投於輪間。一曰扃，車前横木。」張衡《西京賦》云「旗不脱扃」，薛綜注云：「扃，所以止旗。」今杜以扃爲車上兵闌，各以意言，皆無明證。而《禮》扛鼎之木其名曰扃，則扃是横木之名。教之脱扃，則扃是可脱之物。杜云兵闌，蓋横木車前，以約車上之兵器，慮其落也。隊坑，則横木有礙，故不能進。　注「還便」至「差輕」。　正義曰：旆扇風重，故馬便旋而不能進。《釋天》云：❶「緇廣充幅，長尋曰旐，繼旐曰旆。」郭璞曰：「帛續旐末爲燕尾者。」此旆能扇風使重，令馬不能進，則其制必大矣，故云「旆，大旗也」。城濮之役，「亡大旆之左旃」，此之類也。旆縣於竿，插之車上，衡是馬頸上横木，故拔取旗竿，投於衡上卧之，使不帆風，則於車差輕，故得出坑也。帆是扇風之名，今人船上張布以鄣風，名之曰帆。　注「兄弟累尸而死」。　正義曰：獲者，被殺之

❶「天」，原作「文」，據正宗寺本、阮本改。

名。並皆被殺，唯當言皆獲耳，欲見尸相重累之皆獲，故杜辨之云：「兄弟累尸而死。」累即傳之重也。　「可勝既乎」。　正義曰：重物不可舉者，謂之不勝。用之不可盡者，亦言不勝。史傳多有其事，今人無復此語，故少難解耳。既，盡也。可勝盡乎？言用之不可盡也。　「不以」至「故也」。　正義曰：言我不以好箭射楚貴人之子而質之，吾之子其可得乎？吾爲此計者，不可用惡箭苟且爲射故也。　注「重輜重也」。　正義曰：輜重，載物之車也。《説文》云：「輜，一名軿，前後蔽也。」蔽前後以載物，謂之輜車。載物必重，謂之重車。人挽以行，謂之輦。輜、重、輦，一物也。襄十年傳稱「秦堇父輦重如役」，挽此車也。輜重載器物糧食，常在軍後，故乙卯日戰，丙辰始至於邲也。《周禮・鄉師》：「大軍旅會同，正治其徒役，與其輂輦。」鄭玄云：「輂，駕馬。輦，人挽行。所以載任器也，止以爲蕃營。」《司馬法》曰：「夏后氏謂輦曰余車，殷曰胡奴車，周曰輜輦。輦一斧、一斤、一鑿、一梩、一鋤，周輦加二版、二築。」又曰：「夏后氏二十人而輦，殷十八人而輦，周十五人而輦。」説者以爲夏出師不逾時，殷逾時，周歷時，故前世輦少而後世輦多。　「武王」至「保之」。　正義曰：昔武王克商，周公爲之作頌，曰：武王誅紂之後，則戢藏其干戈，則櫜韜其弓矢。言既誅暴亂，則無復所用，故韜藏之。懿，美也。肆，遂也。時，是也。夏，大也。允，信也。武王以天下既定，又能求美德之士而任用之，故於是功業遂大，信哉！唯我武王保之。美武王能保天下也。　注「戢藏」至「息兵」。　正義曰：戢訓爲斂聚、斂藏之義，故爲藏也。櫜一名韜，盛弓矢之衣也。干戈弓矢藏而不復用，是美武王能誅滅暴亂而息兵也。此所引者，《周頌・時邁》之篇也。《詩序》云：「頌者，以其成功告於神明。」則頌詩功成乃作。此傳言「武王克商作頌」者，武王克商，後世追爲作頌，頌其克商之功，非克商即作也。《國語》引此云「周文公之頌曰」，則此周公所作也。傳言「克商作頌」者，包下三篇，皆述武王之事。　注「肆遂」至「天下」。　正義曰：肆之爲遂，相傳爲此訓也。「夏，大」，《釋詁》文。求美德，謂求而任用之。遂大者，功業遂大也。　「又作」至「爾功」。　正義曰：既作《時邁》，又作《武》篇也。頌皆一章，言「其卒章」者，謂終章之句也。言武王誅紂，致定爾武之大功也。　「其三」至「求定」。　正義曰：其三，《周頌・賚》之篇也。鋪，布也。繹，陳也。徂，往也。言武王能布陳政教，故其時之民歸武王者，皆云我往惟自求安定，❶美武王能安民，故民歸之也。　注「其三」至「安定」。　正義曰：鋪是布散之義，故爲布也。「繹，陳」，《釋詁》文。「思」是語之辭，不爲義也。　「其六」至「豐年」。　正義曰：其六，《周頌・桓》之篇也。綏，安也。屢，數也。言武王伐紂，安天下萬國，數有豐孰之年。美武王能和衆國、豐民財也。　注「其六」至「之第」。❷　正義曰：「綏，安」，《釋詁》文。「屢，數」，常訓也。杜以其三、其六與今《詩・頌》篇次不同，故爲疑辭。蓋楚樂歌之第，言楚之樂人歌《周頌》者，别爲次第，故《賚》第三，《桓》第六也。劉炫以爲其三、其六者，是楚子第三引「鋪時繹思」，第六引「綏萬邦」。今删定知非者，此傳若是舊文及傳家叙事，容可言楚子第三引「鋪時繹思」，第六引「綏萬邦」。此既引楚子之言，明知先有三、六之語，故楚子引之，得云「其三」、「其六」。若楚子始第三引詩，第六引詩，豈得自言「其三曰」、「其六曰」？劉以「其三」、「其六」爲楚子引《詩》次第，以規杜過，何僻之甚？沈氏難云：「襄二十九年『季札觀樂』，❸篇次不同，杜云『仲尼未删定』。此亦不同，而云『楚樂歌之次』者，襄二十九年雖少有篇次不同，

❶「往」，文淵閣本、阮本作「徂」。

❷「六」下，京都本、阮本有「六篇」二字。「之」，京都本、阮本作「次」。

❸「札」，原作「扎」，據正宗寺本、京都本、文淵閣本、阮本改。

大略不甚乖越，故云『仲尼未刪定』。以前此之三、六，全與《詩》次不同，故云『楚樂歌之第』。」今《周頌》篇次，❶《桓》第八，《賚》第九也。「夫武」至「財者也」。正義曰：楚子既引四篇，乃陳七德，則四篇之内有此七者之義。戢干戈，櫜弓矢，禁暴、戢兵也。「時夏」、「保之」，保大也。「耆定爾功」，定功也。「我徂求定」，安民也。「綏萬邦」，和衆也。「屢豐年」，豐財也。我徂求定，是能安民，故往求定也。綏萬國，由德能和衆，故萬國安也。注「著之」至「不忘」。正義曰：杜以「不忘其章」，謂子孫不忘上四篇之詩，故云「著之篇章，使子孫不忘」。必知然者，以文承「武王克商作頌」之後，文連四篇詩義，故以爲著之篇章。劉炫云：「能有七德，故子孫不忘章明功業。」横取下文「京觀」爲無忘其章明武功，以規杜失，非也。注「祀先君告戰勝」。正義曰：《禮記・曾子問》稱：「古者師行，必以遷廟主行，載于齊車，言必有尊也。」《尚書・甘誓》云「用命賞于祖」，謂遷廟之祖主也。「爲先君宫」，爲此遷主作宫，於此祀之。「告成事」，告戰勝也。《禮・大傳》記云「牧之野，武王之大事也」，既事而「奠於牧室」，亦是新作室而奠祭也。《曾子問》又曰：「無遷主，則何主？」孔子曰：「天子、諸侯將出，必以幣帛皮圭告于祖禰，遂奉以出，載于齊車以行，每舍奠焉，而後就舍。」注「鯨鯢大魚名」。正義曰：裴淵《廣州記》云：「鯨鯢，長百尺。雄曰鯨，雌曰鯢。目即明月珠也，故死即不見眼睛也。」周處《風土記》云：「鯨鯢，海中大魚也。俗説出入穴即爲潮水。」

是役也，鄭石制實入楚師，將以分鄭，而立公子魚臣。辛未，鄭殺僕叔及子服。僕叔，魚臣也。

❶「周」，京都本、文淵閣本、阮本無此字。

子服，石制也。君子曰：「史佚所謂『毋怙亂』者，謂是類也。言恃人之亂以要利。《詩》曰：『亂離瘼矣，爰其適歸？』《詩·小雅》。離，憂也。瘼，病也。爰，於也。言禍亂憂病，於何所歸乎？歎之。歸於怙亂者也夫！」恃亂則禍歸之。【疏】「是役」至「魚臣」。❶　正義曰：入楚師，言入此楚師於鄭國。服虔云「入楚師，使楚師來入鄭」是也。此石制引楚師入鄭，將以分鄭國，以半與楚，取半立公子魚臣爲鄭君，己欲擅其寵也。　注「詩小」至「歎之」。　正義曰：《詩·小雅·四月》之篇也。「離，憂」，「瘼，病」，「爰，於」，皆《釋詁》文。言時世禍亂，必有憂病者，於何其所適歸乎？歎此禍亂，不知將何所歸也。❷

鄭伯、許男如楚。爲十四年晉伐鄭傳。

秋，晉師歸，桓子請死，晉侯欲許之，士貞子諫曰：「不可。貞子，士渥濁。城濮之役，晉師三日穀，在僖二十八年。文公猶有憂色。左右曰：『有喜而憂，如有憂而喜乎？』言憂喜失時。公曰：『得臣猶在，憂未歇也。歇，盡也。困獸猶鬬，況國相乎？』及楚殺子玉，子玉，得臣。公喜而後可知也，喜見於顔色。曰：『莫余毒也已。』是晉再克，而楚再敗也，楚是以再世不競。成王至穆王。今天或者大警晉也，警，戒也。而又殺林父以重楚勝，其無乃久不競乎？林父之事君也，進思盡忠，退思補過，社稷之衛也，若之何殺之？夫其敗也，如日月之食焉，何損於明？」晉侯使復其位。言

❶「是役至魚臣」，阮本以下正義二節分疏於傳文各節下。

❷「所」，阮本作「以」。

晉景所以不失霸。【疏】「桓子請死」。❶　正義曰：《檀弓》云：「謀人之軍，師敗則死之。謀人之邦，邑危則亡之。」今桓子將軍，師敗，故請死。　「進思」至「補過」。　正義曰：《孝經》有此二句。孔安國云：「進見於君，則必竭其忠貞之節，以圖國事，直道正辭，有犯無隱。退還所職，思其事宜，獻可替否，以補主過。」此孔意進謂見君，退謂還私職也。或當以此二句據臣心爲文。文既據臣，君在其上，施之於君則稱進，内省其身則稱退。盡忠者，盡己之心，以進獻於君。補過者，内修己心，以補君愆失。故以盡忠爲進，補過爲退耳，非謂進見與退還也。

冬，楚子伐蕭，宋華椒以蔡人救蕭。蕭人囚熊相宜僚及公子丙。王曰：「勿殺，吾退。」蕭人殺之。王怒，遂圍蕭。蕭潰。❷**申公巫臣曰：「師人多寒。」王巡三軍，拊而勉之，**❸拊，撫慰勉之。**三軍之士皆如挾纊。**纊，緜也，言説以忘寒。**遂傅於蕭。**

還無社與司馬卯言，號申叔展。還無社，蕭大夫。司馬卯、申叔展，皆楚大夫也。無社素識叔展，故因卯呼之。**叔展曰：「有麥麴乎？」曰：「無。」「有山鞠窮乎？」**❹**曰：「無。」**麥麴，鞠窮，所以禦濕。欲使無社逃泥水中。無社不解，故曰無。軍中不敢正言，故謬語。**「河魚腹疾奈何？」**叔展

---

❶「桓子請死」，阮本以下正義二節分疏於傳文各節下。

❷「蕭潰」，阮校：「顧炎武云：下有『明日蕭潰』之文，此處疑衍。若此云『蕭潰』，下便不得言『遂傅于蕭』也。炎武説是也。」

❸「拊」，阮校：「《文選》李善注潘安仁《馬汧督誄》引作『撫』。」

❹「鞠窮」，阮校：「《羣經音辨》引作『鞠藭』。」

言無禦濕藥，將病。**曰：「目於眢井而拯之。」**無社意解，欲入井，故使叔展視虛廢井而求拯己。出溺爲拯。**「若爲茅絰，哭井則己。」**叔展又教結茅以表井，須哭乃應以爲信。**明日，蕭潰。申叔視其井，則茅絰存焉，號而出之。**號，哭也。傳言蕭人無守心。【疏】「蕭潰」。❶　正義曰：實未潰，史以實王之意，故言潰。知者，下云「明日蕭潰」是也。　注「纊緜也」。　正義曰：《玉藻》云：「纊爲繭，縕爲袍。」鄭玄云：「纊，新綿也。」　注「麥麴」至「謬語」。　正義曰：「麥麴，鞠窮，所以禦濕」，賈逵有此言，則相傳爲此説也。《尚書・説命》云：「若作酒醴，爾惟麴蘖。」則麥麴，作酒之物。《本草》有穹窮者，是藥草之名。觀傳文勢，欲使無社逃於泥水中，而問有此物以否，知是禦濕所用，但不知若爲用之耳。　「河魚」至「拯之」。　正義曰：上句是叔展之言，「曰」下是無社對語。無社頻答言「無」，叔展乃言必須入水，故以水厄告之，云如似河中之魚，久在水内，則生腹疾，無此二物，其奈濕何？　無社乃解其意，告叔展云，當目視於眢井而拯出之。「出溺爲拯」，《方言》文。　「若爲」至「則己」。　正義曰：此亦叔展之言也。無社既解其意，令展視井拯己。但廢井必多，不可知處，故教無社令結茅爲絰，置於井上。又恐無社錯應他人，更教之云，若號哭向井，則是我之己身。己，展叔自謂也。❷

晉原縠、宋華椒、衛孔達、曹人同盟于清丘。原縠，先縠。**曰：「恤病，討貳。」於是卿不書，不實其言也。**宋伐陳，衛救之，不討貳也。楚伐宋，晉不救，不恤病也。**宋爲盟故伐陳，**陳貳於楚故。

---

❶「蕭潰」，阮本以下正義五節分疏於傳文各節下。

❷「展叔」，阮校：「浦鏜《正誤》作『叔展』，是也。」

衛人救之。孔達曰：「先君有約言焉。若大國討，我則死之。」衛成公與陳共公有舊好，故孔達欲背盟救陳，而以死謝晉。爲十四年衛殺孔達傳。【疏】注「原縠先縠」。❶ 正義曰：杜《譜》以爲雜人，則不知誰之子也。案傳先軫或稱原軫，此蓋先軫之後也。傳有名號之異，杜《譜》皆並言之。「先縠」之下不言「原縠」，是杜脱也。上文稱爲彘子，服虔以爲食菜於彘。今復稱原，原其上世所食也。於時趙氏有原同，蓋分原邑而共食之也。

【經】十有三年，春，齊師伐莒。

夏，楚子伐宋。

秋，螽。無傳。爲災，故書。

冬，晉殺其大夫先縠。書名，以罪討。

【傳】十三年，春，齊師伐莒。莒恃晉而不事齊故也。

夏，楚子伐宋，以其救蕭也。救蕭在前年。君子曰：「清丘之盟，唯宋可以免焉。」宋討陳之貳，今宋見伐，晉、衛不顧盟以恤宋，而經同貶宋大夫。傳嫌華椒之罪累及其國，故曰「唯宋可以免」。

❶「注原縠先縠」，阮本此節正義在「同盟于清丘」句注下。

【疏】注「宋討」至「以免」。　正義曰：往年清丘之盟，宋卿亦貶，傳稱「不實其言」。此年宋被楚伐，而晉、衛不救，即是不實之狀。於此發傳言「唯宋可以免」者，意在責諸國耳。嫌華椒之罪累及其國，恐言宋亦有罪，宜其不救。但盟之不信，唯椒身合貶，宋國無罪。言「唯宋可以免」，見諸國皆合責也。

秋，赤狄伐晉，及清。先縠召之也。邲戰不得志，故召狄欲爲變。清，一名清原。

冬，晉人討邲之敗與清之師，歸罪於先縠而殺之，盡滅其族。君子曰：「惡之來也，己則取之，其先縠之謂乎？」盡滅其族，爲誅已甚，故曰「惡之來也」。【疏】注「盡滅」至「來也」。　正義曰：先縠之罪，不合滅族。「盡滅其族，爲誅已甚」，亦是晉刑大過，是爲大惡。君子既嫌晉刑大過，又尤先縠自招，故曰「惡之來也，己自取之」。惡之來也，言大惡之事來先縠之家。

清丘之盟，晉以衛之救陳也，討焉。尋清丘之盟以責衛。使人弗去，曰：「罪無所歸，將加而師。」孔達曰：「苟利社稷，請以我説，欲自殺以説晉。罪我之由。我則爲政，而亢大國之討，將以誰任？亢，禦也。謂禦宋討陳也。我則死之。」爲明年殺孔達傳。

【經】十有四年，春，衛殺其大夫孔達。書名，背盟于大國，罪之。

夏，五月，壬申，曹伯壽卒。無傳。文十四年盟新城。

晉侯伐鄭。

秋，九月，楚子圍宋。

葬曹文公。無傳。

冬，公孫歸父會齊侯于穀。

【傳】十四年，春，孔達縊而死，衛人以説于晉而免。以殺告，故免于伐。遂告于諸侯曰：「寡君有不令之臣達，構我敝邑于大國，既伏其罪矣，敢告。」諸殺大夫亦皆告。衛人以爲成勞，復室其子，以有平國之功，故以女妻之。❶ 使復其位。襲父禄位。【疏】注「以有」至「妻之」。❷ 正義曰：《釋詁》以「平」爲「成」，則「成」亦「平」也。男子謂妻爲室，故杜以爲衛人以其父有平定國家之勞，復以女妻之，言衛侯以女妻之也。劉炫以爲傳文無衛侯之女爲孔達之妻，「復室其子」，謂復以室家還其子。謂達既被誅，家當没入官，復以孔達財物家室還其子。今知非者，案檢傳文，上孔達云：「苟利社稷，請以我説。」是孔達忠於衛國，本實無罪。所以告於諸侯，秖欲虚以説晉。衛人荷其功力，何得没其家資？男子謂妻爲室，則室者對夫之言，故傳云「女有家，男有室」。今若以孔達之妻而還其子，便則以母還子，不得云「復室其子」。又諸國大夫之妻，傳皆不載其氏姓，何得獨責孔達之妻須言衛侯之女？既言「復室其子」，明孔達之妻則衛侯之女。可知劉以孔達之妻爲衛侯之女，於傳無文，以規杜過，於義非也。

❶ 「故」，阮本作「復」。
❷ 「注以有至妻之」，阮本此節正義在注「故以女妻之」下。

夏，晉侯伐鄭，爲郔故也。晉敗於郔，鄭遂屬楚。告於諸侯，蒐焉而還。蒐，簡閱車馬。❶中行桓子之謀也。曰：「示之以整，使謀而來。」鄭人懼，使子張代子良于楚。十二年子良質於楚。子張，穆公孫。鄭伯如楚，謀晉故也。鄭以子良爲有禮，故召之。有讓國之禮。

楚子使申舟聘于齊，❷曰：「無假道于宋。」申舟，無畏。亦使公子馮聘于晉，不假道于鄭。申舟以孟諸之役惡宋，文十年楚子田孟諸，無畏抶宋公僕。曰：「鄭昭宋聾，昭，明也。聾，闇也。晉使不害，我則必死。」王曰：「殺女，我伐之。」見犀而行。犀，申舟子。以子託王，示必死。及宋，宋人止之。華元曰：「過我而不假道，鄙我也。鄙我，亡也。以我比其邊鄙，是與亡國同。殺其使者，必伐我。伐我，亦亡也。亡一也。」乃殺之。楚子聞之，投袂而起，投，振也。袂，袖也。屨及於窒皇，❸窒皇，寢門闕。劍及於寢門之外，車及於蒲胥之市。秋，九月，楚子圍宋。【疏】注「昭明也聾闇也」。❹　正義曰：人之聽視聰明，唯在耳目而已。鄭昭，言其目明，則宋不明也。宋聾，言其耳闇，則鄭不闇也。耳目各舉一事，而對以相反。言宋不解事，必殺我也。　注「窒皇寢門闕」。　正義曰：下云「劍及於寢門之外」，

❶「車馬」，阮校：「足利本作『軍馬』。」
❷「舟」，阮校：「《呂氏春秋・行論篇》注引作『周』。案，『舟』、『周』古字通，石經此處缺。」
❸「窒皇」，阮校：「惠棟云：高誘《呂覽・行論篇》注引傳作『經皇』，與莊十九年『經皇』一也。」
❹「注昭明也聾闇也」，阮本以下正義二節分疏於傳文各節下。

則屨之所及未至於外，故以窒皇爲寢門之闕，謂至門逐及也。莊十九年鬻拳「葬於絰皇」，注云「絰皇，冢前闕」者，亦以此而知也。經傳通謂兩觀爲闕，唯指雉門，以雉門高大，爲縣舊章，而使民觀之，故雉門之觀，特得闕名。名爲闕者，以其在門兩旁，而中央闕然爲道，雖則小門亦如此耳。故杜於寢門、冢門，皆以闕言之。此作「窒」，彼作「絰」，字異音同，未知孰是。其名爲「窒皇」及市名「蒲胥」，其義皆未聞。

冬，公孫歸父會齊侯于穀。見晏桓子，與之言魯，樂。桓子告高宣子。桓子，晏嬰父。宣子，高固。**曰：「子家其亡乎？懷於魯矣。**子家，歸父字。懷，思也。**懷必貪，貪必謀人。謀人，人亦謀己。一國謀之，何以不亡？」**爲十八年歸父奔齊傳。【疏】「與之言魯樂」。❶正義曰：樂，謂樂居高位也。「懷於」至「不亡」。正義曰：懷，思也，謂思高位於魯也。既思高位，必貪。貪必計謀去他人。既謀去他人，他人亦謀去己。一國之人謀去之，何以不至亡也？

孟獻子言於公曰：「臣聞小國之免於大國也，聘而獻物，物，玉帛皮幣也。**於是有庭實旅百。**主人亦設籩豆百品，實於庭以答賓。**朝而獻功，**獻其治國若征伐之功於牧伯。**於是有容貌、采章，嘉淑而有加貨。**容貌，威儀容顏也。采章，車服文章也。嘉淑，令辭稱讚也。加貨，命宥幣帛也。言往共則來報亦備。**謀其不免也。誅而薦賄，則無及也。**薦，進也。見責而往，則不足解罪。今

---

❶「與之言魯樂」，阮本此節正義在注「宣子高固」下。

楚在宋，君其圖之！」公説。爲明年歸父會楚子傳。【疏】「孟獻」至「公説」。❶　正義曰：臣聞小國之免罪於大國也，使卿往聘大國，而獻其玉帛皮幣之物。於是主人亦禮待之，庭前所實籩豆醯醢有百品也。君自親朝於牧伯之國，而獻其治國之功，若征伐之功，於是主人敬以待之。主人之身有威儀容貌，車服之飾有物采文章。嘉、淑，皆善也，有善言辭，善稱讚。燕而送賓，有加增賄貨。言賓往既共，則主報亦厚禮。使小國如此朝聘大國者，謀其不免於罪也。若不往朝聘，待其被誅責而始薦賄貨，則無及於好事矣。今「楚子在宋，君其圖之」，勸君使往聘也。劉炫以爲皆是賓事。「聘而獻物」，謂獻其國内之物。於是所獻之物，庭中實之有百品，謂聘享之禮，龜金竹箭之屬有百品也。「朝而獻功」，言治國有功，故土饒物産，於是有玄纁璣組，羽毛齒革，乃得爲容貌之物采文章。「嘉淑」，謂美善之物。「加貨」，謂賄賂之多。多獻賄賂，以謀其不免於罪也」。　正義曰：《聘禮》：賓執圭以致命，享用束帛加璧。夫人聘用璋，享用玄纁，束帛加琮，其享幣又有皮馬。注「物玉帛皮幣也」。是聘所獻物，有玉帛皮幣也。　注「主人」至「答賓」。　正義曰：《聘禮》：「君使卿韋弁服，歸饔餼五牢。」有司入陳鼎、豆、簋、鉶，醯、醢百甕，米百筥，黍、稷、稻、粱，皆設於中庭，是「主人設籩豆百品，實於庭以答賓」也。劉炫謂治國有功，土饒云云。炫以杜注莊二十二年「庭實旅百，奉之以玉帛」，諸侯朝王陳贄幣之象，則朝聘陳幣亦實百品於庭，非獨主人也。　注「容貌」至「亦備」。　正義曰：杜謂「於是有」者，皆主人之事，故以容貌爲威儀容顏，當謂善爲威儀容顏以接賓也。采章，車服文章，謂主人陳設物采文章以接賓，《周禮》車逆之類也。嘉、淑皆訓爲善。容貌、文章以外，别言善善，故以爲令辭稱讚，謂接賓之時善言辭、善稱讚也。加貨，謂好貨加增於常，

❶「孟獻至公説」，阮本以下正義三節分疏於傳文各節下。

若僖二十九年「介葛盧來朝，禮之，加燕好」，成十三年「孟獻子爲介，王重賄之」之類，故以加貨爲「命宥幣帛」也。劉炫云：「案此勸君行聘，唯當論聘之義深，不宜言主之禮備，豈慮楚不禮而言此也？　君之威儀無時可舍，豈待朝聘賓至，乃始審威儀、正顔色，無賓客則驕容儀？　容儀非報賓之物，何言報禮備？」又「獻其治國」，劉炫云：「傳稱朝以正班爵之儀，率長幼之序，則不名獻功。　成二年王禮鞏伯，『如侯伯克敵，使大夫告慶之禮』，則侯伯克敵，秖合使大夫告王征伐之功，何故親朝獻牧伯？　禮，小朝大。　小國不合專征，復有何功可獻？　炫謂采章、加貨，則聘享獻國所有。　玄纁璣組，羽毛齒革，皆充衣服旌旗之飾，可以爲容貌、物采、文章。　嘉淑謂美善之物，加貨言賄賂之多。　皆賓所獻，亦庭實也。　於聘揔言庭實，於朝指其所有，詳於君，略於臣也。　案莊二十二年傳『庭實旅百』，則朝者庭實。　又成二年傳云：『侯伯克敵，使大夫告慶之禮。』據此文，則聘賓有庭實。　又『庭實旅百』與『容貌采章』相對，杜何知『庭實』、『容貌』之等非是賓之所有，必爲主人之物？　又君無獻征伐之功，何以知獻功於牧伯？」今知劉説非者，僖二十二年：「楚子入享于鄭，庭實旅百，加籩豆六品。」又昭五年：「燕有好貨，飧有陪鼎。」僖二十九年：「介葛盧來朝，禮之，加燕好。」此傳云：「嘉淑而有加貨。」故知「加貨」、「庭實」之等，皆是主人待賓之物。　禮傳賓之於主，無「加貨」之文，故杜爲此解。　襄八年鄭伯親獻蔡捷于邢丘，是獻征伐之功於牧伯也。　劉苟違杜義，以爲「庭實旅百」及「容貌」、「采章」、「嘉淑」、「加貨」之等，並爲賓物，又以諸侯親朝，無獻征伐之功，以規杜氏，違經背傳，於義非也。

【經】十有五年，春，公孫歸父會楚子于宋。

夏，五月，宋人及楚人平。平者，揔言二國和，故不書其人。**【疏】**注「平者」至「其人」。　正義曰：

平者，和也，言其先不平，而今始平，小服大、弱下彊之意。昭七年「暨齊平」，燕與齊平也。定十年「及齊平」，十一年「及鄭平」，魯與平也。諸言平者，皆舉國言平，揔言二國和同之意，故不書其人，謂不書公卿也。燕暨齊平不言人，此言宋人、楚人，史異辭耳。《穀梁傳》曰：「人者，衆辭也。」平稱衆，上下欲之也。賈逵云：「稱人，衆辭。善其與衆同欲。」然則彼不稱「人」者，豈唯國君欲平，而在下不欲平乎？傳載盟辭，則此平有盟，不書盟者，《釋例》曰：「宋人及楚人平，實盟，書平，從赴辭也。」

六月，癸卯，晉師滅赤狄潞氏，以潞子嬰兒歸。潞，赤狄之別種。氏，國，故稱氏。子，爵也。林父稱師，從告。【疏】注「潞赤」至「從告」。　正義曰：狄有赤狄、白狄。就其赤、白之間，各自別有種類。此潞是國名，赤狄之内，別種一國。夷狄祖其雄豪者，子孫則稱豪名爲種，若中國之始封君也。謂之赤、白，其義未聞。蓋其俗尚赤衣、白衣也。傳稱「天子建德，因生以賜姓，胙之土而命之氏」者，即以國名爲氏。但華夏不須言夏，國名不以氏配。赤狄既須言狄，單國不復成文，故以氏配之，潞氏、甲氏、皐落氏皆是也。杜言「氏，國，故稱氏」，雖指解此狄，而中國亦然。❶劉炫云：「狄稱種者，《周禮·内宰》：『上春，生穜稑之種。』賤之，同之草木，故稱種。」林父尊卿，當稱「帥師」，今從「將卑師衆」之例，直稱師者，從告也。

秦人伐晉。無傳。

王札子殺召伯、毛伯。稱殺者名，兩下相殺之辭。兩下相殺，則殺者有罪。王札子，王子札

---

❶「而中國亦然」，阮校：「按，各本同。依上文，則『亦』字當作『不』字。」

也。蓋經文倒「札」字。【疏】注「稱殺」至「札字」。正義曰：《穀梁傳》曰：「不言其，兩下相殺也。」言兩臣下自相殺，非君殺臣，不得言「其大夫」也。《釋例》曰：「大臣相殺，死者無罪，則兩稱名氏，以示殺者之罪，『王札子殺召伯、毛伯』是也。若死者有罪，不稱殺者名氏，『晉殺其大夫陽處父』是也。」傳稱此人爲王子捷，捷、札一人，而「札」在「子」上，故疑經文倒「札」字也。《公羊傳》曰：「王札子者何？長庶之號也。」何休云：「天子之庶兄也。」《左傳》言札爲王孫蘇所使，非是尊貴，不得爲王之庶兄，故《譜》以爲雜人，不知何王之子。

秋，螽。無傳。

仲孫蔑會齊高固于無婁。無傳。無婁，杞邑。

初稅畝。公田之法，十取其一。今又履其餘畝，復十收其一。故哀公曰：「二，吾猶不足。」遂以爲常，故曰初。【疏】注「公田」至「曰初」。正義曰：《公羊傳》曰：「古者什一而藉。古者曷爲什一而藉？什一者，天下之中正也。多乎什一，大桀小桀。寡乎什一，大貉小貉。什一者，天下之中正也，什一行而頌聲作矣。」何休云：「多取於民，比於桀。蠻貉無百官制度之費，稅薄。」《穀梁傳》亦云：「古什一而藉。」《孟子》云：「夏后氏五十而貢，殷人七十而助，周人百畝而徹，其實皆什一也。」趙岐注云：「民耕五十畝者，貢上五畝。耕七十畝者，以七畝助公家。耕百畝者，徹取十畝以爲賦。雖異名而多少同，故云皆什一也。」書傳言十一者多矣，故杜言「古者公田之法，十取其一」，謂十畝内取一。舊法既已十畝取一矣，今又履其餘畝，更復十收其一，❶乃是十取

❶「收」，阮校：「監本、毛本作『取』。」

其二。故《論語》云：「哀公曰：『二，吾猶不足。』」謂十内税二，猶尚不足。則從此之後，遂以十二爲常，故曰初。言初税十二，自此始也。諸書皆言十一，而《周禮・載師》云「凡任地，近郊十一，遠郊二十而三，甸稍縣都皆無過十二，漆林之征二十而五」者，彼謂王畿之内所共多，故賦税重。諸書所言十一，皆謂畿外之國，故鄭玄云：「十一而税謂之徹。」徹，通也，爲天下之通法。言天下皆十一耳，不言畿内亦十一也。《孟子》又曰：「方里爲井，井九百畝，其中爲公田。八家皆私百畝，同養公田。公事畢，然後敢治私事。」《漢書・食貨志》取彼意而爲之文，云：「井田方一里，是爲九夫。八家共之，各受私田百畝，公田十畝，是爲八百八十畝，餘二十畝爲廬舍。」諸儒多用彼爲義。如彼所言，則家别一百一十畝，是爲十外税一也。鄭玄《詩》箋云：「井税一夫，其田百畝。」則九而税一，其意異於《漢書》，不以《志》爲説也。又孟子對滕文公云：「請野九一而助，國中什一使自賦。」鄭玄《周禮・匠人》注引孟子此言，乃云：「是邦國亦異外内之法。」則鄭玄以爲諸侯郊外、郊内其法不同，郊内十一使自賦其一，郊外九而助一。是爲二十而税二。故鄭玄又云：「諸侯謂之徹者，通其率以十一爲正。」言郊内郊外相通其率爲十税一也。杜今直云「十取其一」，則又異於鄭。唯謂一夫百畝，以十畝歸公，今又履其餘畝税之，更十取一耳。「履畝」，《穀梁傳》文也。趙岐不解夏五十、殷七十之意。蓋古者人多田少，一夫唯得五十、七十畝耳。五十而貢，貢五畝。七十而助，助七畝。好惡於此。❶ 鄭注《考工記》云：「周人畿内用夏之貢法，邦國用殷之助法。」

冬，蝝生。 蝝子以冬生，遇寒而死，故不成螽。【疏】注「蝝子」至「成螽」。 正義曰：《釋蟲》云：「草螽，負蠜。蜇螽，蜙蝑。」李巡云：「皆分别蝗子，異方之語也。」《釋蟲》又云：「蝝，蝮蜪。」李巡云：「蝮蜪，一名蝝

❶「惡於」，阮校：「閩本、監本、毛本作『異如』。」

蝝，蝗子也。」郭璞云：「蝗子未有翅者。」劉歆以爲「蚍蜉有翅者」，非也。如李、郭之説，是蝝爲螽子也。上云「秋，螽」，秋而生子於地，至今其子復生，❶遇寒而死，故不成災。傳稱「凡物不爲災，不書」，此不爲災而書之者，傳云「幸之也」。此年既饑，若使蝝早生，更爲民害，則其困甚矣。喜其冬生，以爲國家之幸，故喜而書之。《公羊傳》亦云：「蝝生不書，此何以書？幸之也。」

饑。風雨不和，五稼不豐。❷【疏】注「風雨」至「不豐」。正義曰：此年「秋，螽」，知不爲螽而饑者，《春秋》書螽多矣，有螽之年皆不書饑，而此獨書饑，知年饑不專爲螽，故云「風雨不和，五稼不豐」也。❸

【傳】十五年，春，公孫歸父會楚子于宋。終前年傳。

宋人使樂嬰齊告急于晉，晉侯欲救之。伯宗曰：「不可！伯宗，晉大夫。**古人有言曰：『雖鞭之長，不及馬腹。』**言非所擊。**天方授楚，未可與争。雖晉之彊，能違天乎？諺曰：『高下在心，**度時制宜。**川澤納汙，**受汙濁。**山藪藏疾，**山之有林藪，毒害者居之。**瑾瑜匿瑕，**匿亦藏也。雖美玉之質，亦或居藏瑕穢。**國君含垢，**❹忍垢恥。**天之道也。**晉侯恥不救宋，故伯宗爲説小惡不損大德

---

❶「今」，京都本、文淵閣本、阮本作「冬」。

❷「稼」，阮校：「纂圖本、毛本作『穀』。」

❸「稼」，京都本、阮本作「穀」。

❹「垢」，阮校：「《釋文》云：『垢，本或作詬。』案，《漢書·路温舒傳》引作『詬』。」

之喻。君其待之！」待楚衰。乃止。使解揚如宋，使無降楚，曰：「晉師悉起，將至矣。」鄭人囚而獻諸楚，楚子厚賂之，使反其言。反言晉不救。不許，三而許之。登諸樓車，使呼宋人而告之。樓車，車上望櫓。遂致其君命。楚子將殺之，使與之言曰：「爾既許不穀，而反之，何故？非我無信，女則棄之，速即爾刑！」對曰：「臣聞之，君能制命爲義，臣能承命爲信，信載義而行之爲利。謀不失利，以衛社稷，民之主也。義無二信，欲爲義者，不行兩信。信無二命。欲行信者，不受二命。君之賂臣，不知命也。受命以出，有死無霣，霣，廢隊也。又可賂乎？臣之許君，以成命也。成其君命。死而成命，臣之祿也。寡君有信臣，己不廢命。下臣獲考考，成也。死，又何求？」楚子舍之以歸。

夏，五月，楚師將去宋。在宋積九月，不能服宋故。申犀稽首於王之馬前，曰：「毋畏知死，而不敢廢王命，王棄言焉。」王不能答。未服宋而去，故曰棄言。申叔時僕，僕，御也。曰：「築室，反耕者，宋必聽命。」從之。築室於宋，分兵歸田，示無去志。王從其言。宋人懼，使華元夜入楚師，登子反之牀，起之，曰：「寡君使元以病告，兵法，因其鄉人而用之，必先知其守將左右、謁者、門者、舍人之姓名，因而利道之。華元蓋用此術，得以自通。曰：『敝邑易子而食，析骸以爨。❶爨，炊也。雖然，城下之盟，有以國斃，不能從也。寧以國斃，不從城下盟。去我三十里，唯命是聽。』」子

---

❶「骸」，阮校：「《釋文》云：『骸，本又作骨。』案，《史記・宋世家》、《楚世家》、《呂氏春秋》引作『骨』。」

反懼，與之盟，而告王。退三十里，宋及楚平。華元爲質。盟曰：「我無爾詐，爾無我虞。」楚不許宋，宋不備楚。盟不書，不告。【疏】「川澤」至「藏疾」。❶　正義曰：《周禮》澤虞之官有大澤大藪，小澤小藪。《爾雅》十藪皆是大澤，則藪是澤類。鄭玄《周禮》注云：「澤，水所鍾也。水希曰藪。」是藪者，澤之少水之名也。❷川澤、山藪，相配爲文者，川是流水，澤是委水，俱是水，故揔云「納汙」，言其納汙濁也。山有木，藪有草，毒螫之蟲，在草在木，故俱云「藏疾」，言其藏毒害也。藪是澤類，而杜云「山之有林藪」者，藪雖澤類，傳文與山相連。藪是草木積聚之處，近山、近澤皆得稱藪。上既有「川澤」之文，下别云「山藪」之事，此藪近山，故杜云「山之有林藪也」。劉炫以爲「澤旁之藪」，以規杜氏，非也。注「匿亦」至「瑕穢」。　正義曰：瑾、瑜，玉之美名。《聘義》曰：「瑕不揜瑜，瑜不揜瑕。」鄭玄云：「瑕，玉之病也。瑜，其中間美者，玉之性善惡不相揜。」此云「匿瑕」，似以美匿惡，故云「匿亦藏」也。言玉質雖美，亦瑕藏其中，不言瑜能揜蓋瑕也。「子反懼與之盟」。　正義曰：服虔云：「與華元私盟，許爲退師，若孟任割臂與魯莊公盟。」下云「盟曰」，是兩國平後共盟，而楚人爲此辭耳，非此華元、子反私盟之辭也。

潞子嬰兒之夫人，晉景公之姊也。酆舒爲政而殺之，又傷潞子之目。酆舒，潞相。**晉侯將伐之，諸大夫皆曰：「不可。酆舒有三儁才，**儁，絶異也。言有才藝勝人者三。**不如待後之人。」伯宗**

---

❶「川澤至藏疾」，阮本以下正義三節分疏於傳文各節下。

❷「少」，阮校：「閩本、監本作『小』。」

曰：「必伐之！狄有五罪，儁才雖多，何補焉？不祀，一也。耆酒，二也。棄仲章而奪黎氏地，三也。仲章，潞賢人也。黎氏，黎侯國，上黨壺關縣有黎亭。**虐我伯姬，四也。傷其君目，五也。怙其儁才，而不以茂德，茲益罪也。後之人，或者將敬奉德義以事神人，而申固其命，**審其政令。**若之何待之？不討有罪，曰『將待後，後有辭而討焉』，毋乃不可乎？夫恃才與衆，亡之道也。商紂由之，故滅。**由，用也。**天反時爲災，**寒暑易節。**地反物爲妖，**羣物失性。**民反德爲亂。亂則妖災生。故文反正爲乏，**文，字。**盡在狄矣。」晉侯從之。六月，癸卯，晉荀林父敗赤狄于曲梁。辛亥，滅潞。**曲梁，今廣平曲梁縣也。書癸卯，從赴。**酆舒奔衛，衛人歸諸晉，晉人殺之。**【疏】注「儁絶」至「者三」。❶ 正義曰：《辨名記》云：❷「倍人曰茂，十人曰選，倍選曰儁，千人曰英，倍英曰賢，萬人曰桀，倍桀曰聖。」是儁爲絶異之稱也。有三儁才，知其有才藝勝人者三事耳，不知三者何事也。 「不祀」至「五也」。 正義曰：此五者，從輕至重。不祀雖爲大罪，廢祀未是害物，故先言之。耆酒則廢亂政事，有害於民，故次之。棄賢人而侵鄰國，其害已大，又次之。殺夫人，傷君目，罪之大者，故後言之。棄仲章而奪黎氏地，是爲二事，而并數爲一者，俱是爲政之惡，故并數之。奪黎氏地，已盡奪之，使黎侯失位，故下云「立黎侯而還，更復其國」也。 「商

---

❶ 「注儁絶至者三」，阮本以下正義六節分疏於傳文各節下。

❷ 「辨名記」，阮校：「案，『辨名』又作『别名』，見《白虎通·聖人篇》。」

紂由之故滅」。　正義曰：《史記・殷本紀》云：「紂賢辯捷疾，❶聞見甚敏，材力過人，手格猛獸。知足以拒諫，飾是非之端。❷矜人臣以能，高天下以聲，以爲皆出己之下。」武王伐滅之，是由恃才儁故滅也。　「天反」至「災生」。　正義曰：據其害物謂之災，言其怪異謂之妖。時由天，物在地，故屬災於天，屬妖於地。其實民有亂德，感動天地，天地謂之見變，❸妖災因民而生，天地共爲之耳，非獨天爲災而地爲妖。民謂人也，感動天地，皆是人君感之，非庶民也。昭七年傳曰：「國無政，不用善，則自取謫於日月之災。」言以政取謫，是其由君不由民。以民表人，故《釋例》引此即改民爲人，是其民謂人也。傳言天災、地妖、民亂，歷序以尊卑爲次。更言「亂則妖災生」，明妖災由民起。妖、災亦通言耳。天雖四時，氣唯寒暑，故杜以「反時」爲「寒暑易節」。物則其數無窮，故揔云「羣物失性」，反其常性即是妖也。《釋例》曰：「物者，雜而言之，則昆蟲草木之類也。大而言之，則歲時日月星辰之謂也。歲者，水旱饑饉也。時者，寒暑風雨震電雪霜也。❹日月者，薄食夜明也。星辰者，彗孛霣錯失其次也。山崩地震者，陽伏而不能出，陰迫而不能升也。凡天反其時，地反其物，以害其物性，皆爲妖災。」是言妖災皆通天地共爲之也。此傳地反物者，唯言妖耳，《洪範五行傳》則有妖、孽、禍、痾、眚、祥六者之名，以積漸爲義。《漢書・五行志》説此六名云：「凡草物之類謂之妖，妖猶夭胎，言尚微也。蟲豸之類謂之孽，孽則牙孽矣。及六

---

❶「賢」，阮校：「浦鏜《正誤》作『資』，依《史記・殷本紀》改也。」

❷「飾是非之端」，阮校：「案，《殷本紀》作『言足以飾非』。」

❸「謂」，正宗寺本、京都本、文淵閣本、阮本作「爲」。

❹「震」，京都本、文淵閣本、阮本作「雷」。

畜，謂之禍，言其著也。及人，謂之痾。痾，病類，❶言浸深也。甚則異物生，謂之眚。自外來，謂之祥。」是六名以漸爲稱，唯眚、祥有外内之異耳。大旨皆是妖也。「故文反正爲乏」。正義曰：許慎《説文序》云：「蒼頡之初作書，蓋依類象形，謂之文。其後形聲相益，謂之字。文者，物象之本。字者，孳乳而生。」是文謂之字也。制字之體，文反正爲乏。服虔云：「言人反正者，皆乏絶之道也。」人反德則妖災生，妖災生則國滅亡，是乏絶之道也。「盡在狄矣」。正義曰：言「盡在狄矣」，則狄皆有之。其「反德爲亂」，則五罪是也。天地災妖，傳不指斥，不知於時潞國有何災何妖也。

王孫蘇與召氏、毛氏争政，三人皆王卿士。**使王子捷殺召戴公及毛伯衛。**王子捷即王札子。**卒立召襄。**襄，召戴公之子。【疏】「卒立召襄」。正義曰：卒，終也，謂後終立之，非此時即立。毛氏後亦不滅，但傳不言之耳。

秋，七月，秦桓公伐晉，次于輔氏。晉地。

壬午，晉侯治兵于稷，以略狄土。略，取也。稷，晉地，河東聞喜縣西有稷山。壬午，七月二十九日。晉時新破狄，土地未安，權秦師之弱，故别遣魏顆距秦，而東行定狄地。❷**立黎侯而還。**狄奪其地，故晉復立之。**及雒，魏顆敗秦師于輔氏。**晉侯還及雒也。雒，晉地。**獲杜回，秦之力人**

---

❶「病類言浸深也」，阮校：「案，《漢書·五行志》『類』作『貌』，『浸』作『濅』。」

❷「地」，京都本、文淵閣本、阮本作「也」。

也。初，魏武子有嬖妾，無子。武子疾，命顆曰：「必嫁是！」武子，魏犫，顆之父。**疾病，則曰：「必以爲殉！」及卒，顆嫁之，曰：「疾病則亂，吾從其治也。」及輔氏之役，顆見老人結草以亢杜回，**亢，禦也。**杜回躓而顛，故獲之。夜夢之曰：「余，而所嫁婦人之父也。**而，女也。**爾用先人之治命，余是以報。」**傳舉此以示教。

晉侯賞桓子狄臣千室，千家。**亦賞士伯以瓜衍之縣。**士伯，士貞子。**曰：「吾獲狄土，子之功也。微子，吾喪伯氏矣。」**伯，桓子字。邲之敗，晉侯將殺林父，士伯諫而止。**羊舌職說是賞也，**職，叔向父。**曰：「《周書》所謂『庸庸祗祗』者，謂此物也夫！**《周書・康誥》。庸，用也。祗，敬也。物，事也。言文王能用可用，敬可敬。**士伯庸中行伯，**言中行伯可用。**君信之，亦庸士伯，此之謂明德矣。文王所以造周，不是過也。故《詩》曰『陳錫載周』，**❶**能施也。**錫，賜也。《詩・大雅》，言文王布陳大利，以賜天下，故能載行周道，福流子孫。**率是道也，其何不濟？」**

晉侯使趙同獻狄俘于周，不敬。劉康公曰：「不及十年，原叔必有大咎，劉康公，王季子也。原叔，趙同也。**天奪之魄矣。」**心之精爽，是謂魂魄。爲成八年晉殺趙同傳。【疏】注「心之」至「同傳」。

正義曰：「心之精爽，是謂魂魄，魂魄去之，何以能久。」昭二十五年傳文。

初税畝。非禮也，穀出不過藉，周法：民耕百畝，公田十畝，借民力而治之，税不過此。**以豐財**

❶「載」，京都本、阮本作「哉」。

也。【疏】「初稅」至「財也」。　正義曰：藉者，借也。民之田穀出共公者，不過取所借之田。欲以豐民之財，故不多稅也。既譏其稅畝，言「非禮」，乃舉正禮，言「穀出不過藉」，則知所稅畝者，是藉外更稅，故杜以爲十一外更十取一，且以哀公之言驗之，知十二而稅，自此始也。

冬，蝝生。饑。幸之也。蝝未爲災而書之者，幸其冬生，不爲物害，時歲雖饑，猶喜而書之。

【疏】「冬蝝生饑幸之也」。　正義曰：幸之者，爲幸蝝冬生，不幸饑也。而傳以「饑」連「蝝生」，乃云「幸之」者，以歲饑而復有災，則民彌益其困。由饑之故，乃以爲幸，故傳連饑釋之。

【經】**十有六年，春，王正月，晉人滅赤狄甲氏及留吁。**甲氏、留吁，赤狄別種。晉既滅潞氏，今又并盡其餘黨。士會稱人，從告。

夏，成周宣榭火。傳例曰：「人火之也。」成周，洛陽。宣榭，講武屋，別在洛陽者。《爾雅》曰：「無室曰榭。」謂屋歇前。【疏】注「傳例」至「歇前」。　正義曰：《楚語》云：「先王之爲臺榭也，榭不過講軍實，臺不過望氛祥。」知榭是講武屋也。名之曰宣，則其義未聞。服虔云「宣揚威武之處」，義或當然也。成周，周之下都。此榭別在洛陽，講習武事則往就之。《爾雅·釋宮》云：「無室曰榭。」又云：「闍謂之臺，有木者謂之榭。」李巡曰：「臺，積土爲之，所以觀望。臺上有屋謂之榭。」則榭是臺上之屋，居臺而臨觀講武，故無室而歇前。歇前者，無壁也，如今廳是也。《公羊》以爲「宣宮之榭」，謂宣王之廟也。以其中興，其廟不毀。與《左氏》異也。

秋，郯伯姬來歸。

冬，大有年。無傳。

【傳】十六年，春，晉士會帥師滅赤狄甲氏及留吁、鐸辰，鐸辰不書，留吁之屬。三月，獻狄俘。獻于王也。晉侯請于王。戊申，以黻冕命士會將中軍，且爲大傅。代林父將中軍，且加以大傅之官。黻冕，命卿之服。大傅，孤卿。於是晉國之盜逃奔于秦。羊舌職曰：「吾聞之：『禹稱善人，稱，舉也。不善人遠。』此之謂也夫！《詩》曰：『戰戰兢兢，❶如臨深淵，如履薄冰。』善人在上也。言善人居位，則無不戒懼。善人在上，則國無幸民。諺曰：『民之多幸，國之不幸也。』是無善人之謂也。」【疏】注「代林」至「孤卿」。❷　正義曰：晉之中軍之將，執政之上卿也，大傅又尊於上卿。且加大傅，以褒顯之禮命臣者，皆賜之以服，使服而受命。傳言「以黻冕」者，黻冕是命孤卿之服，故以之命士會也。《論語》稱「禹惡衣服而致美乎黻冕」，鄭玄云：「黻，祭服之衣。冕，其冠也。」此云「黻冕」，亦當然也。黻，蔽膝也。祭服謂之黻，其他服謂之韠，俱以韋爲之，制同而色異。韠各從裳色，黻則其色皆赤，尊卑以深淺爲異，天子純朱，諸侯黄朱，大夫赤而已。大夫以上，冕服悉皆有黻，故禹言黻冕，此亦云黻冕。但冕服自有尊卑耳。《周禮·司服》：「孤之服，自希冕而下。」此士會黻冕，當是希冕也。天子大傅，三公之官也。諸侯大傅，孤卿之官也。《周禮·典

❶「兢兢」，阮校：「《釋文》云：『兢兢，本亦作矜矜。』纂圖本、閩本、毛本作『競競』，非也。」

❷「注代林至孤卿」，阮本此節正義在注「大傅孤卿」下。

命》云：「公之孤四命。」鄭衆云：「九命上公得置孤卿一人。」春秋時晉爲霸主侯，亦置孤卿。文六年有大傅陽子，大師賈他，❶則晉嘗置二孤。

夏，成周宣榭火，人火之也。凡火，人火曰火，天火曰災。【疏】「凡火」至「曰災」。正義曰：人火，從人而起，人失火而爲害。本其火之所來，故指火體而謂之爲火。天火，則自然而起，不能本其火體，故以其所害言之，謂之爲災。聖人重天變，故異其名。《春秋》書災多矣，❷唯此言火耳。

秋，郯伯姬來歸，出也。

爲毛、召之難故，王室復亂。毛、召難在前年。**王孫蘇奔晉，晉人復之。**毛、召之黨欲討蘇氏，故出奔。

冬，晉侯使士會平王室。定王享之，原襄公相禮。原襄公，周大夫。相，佐也。**殽烝。**烝，升也。升殽於俎。**武子私問其故。**❸享當體薦，而殽烝，故怪問之。武，士會謚。季，其字。**王聞之，**

❶「他」，正宗寺本、京都本、阮本作「佗」。

❷「書災」，京都本、文淵閣本、阮本作「天變」。

❸「武子」，阮校：「宋本『子』作『季』，石經此處缺。山井鼎云：『今本後人「武子」上補足「季」字，所校諸本皆無，檢杜注，「武，士會謚，季，其字」，不爲無據也。』陳樹華云：『杜氏爲下傳文「季氏」而出此注，且內、外傳文間稱「士季」，無有稱「季武子」者，山井鼎説非也。』」

召武子曰：「季氏，而弗聞乎？ 王享有體薦，享則半解其體而薦之，所以示共儉。**宴有折俎。**❶體解節折，升之於俎，物皆可食，所以示慈惠也。**公當享，卿當宴，王室之禮也。」**公謂諸侯。**武子歸而講求典禮，以脩晉國之灋。**傳言典禮之廢久。【疏】注「烝升也升殽於俎」。❷ 正義曰：禮，升殽於俎，皆謂之烝，故烝爲升也。鄭玄《詩》箋云：「凡非穀而食之曰殽。」則殽是可食之名。切肉爲殽，乃升於俎，故謂之殽烝。 注「享當」至「其字」。 正義曰：若公侯來朝，王爲設享，則當有體薦。薦其半體，亦謂之房烝。武子謂已被王享，亦當房烝，今乃殽烝，故怪而問之。 注「享則」至「共儉」。 正義曰：王爲公侯設享，則半解其體而薦之。爲不食，故不解折，所以示共儉也。「示共儉」與下「示慈惠」，成十二年傳文。 注「體解」至「惠也」。正義曰：王爲公侯設宴禮，體解節折，升之於俎，即殽烝是也。其物解折，使皆可食，共食噉之，所以示慈惠也。其宴飲殽烝，其數無文。若祭祀體解，案《特牲饋食禮》有九體：則肩一、臂二、臑三、肫四、胳五、正脊六、横脊七、長脅八、短脅九。此謂士禮也。若大夫禮，則十一體，加脡脊、代脅。其諸侯、天子無文，或同十一。 注「公謂諸侯」。 正義曰：五等諸侯，揔名爲公，故云「公謂諸侯」。言諸侯親來，則爲之設享，又設燕也。享用體薦，燕用折俎。若使卿來，雖爲設享，仍用公之燕法，亦用折俎，是王室待賓之禮也。《周語》説此甚詳：「王召士季曰：子弗聞乎？ 禘郊之事，則有全烝。王公立飫，則有房烝。親戚宴享，則有殽烝。今叔父使士季實來，唯是先王之宴禮，欲以貽爾，體解節折，而共飲食之，於是乎有折俎，以示容合好，將安用全烝？」注《國語》者皆云：禘祭宗

❶「宴有折俎」，阮校：「《詩・伐木》正義引作『燕以折俎』。」

❷「注烝升也升殽於俎」，阮本以下正義五節分疏於傳文各節下。

廟，郊祭天地，則有全其牲體而升於俎，謂之全烝。王公立飫，即享禮也。禮之立成者名爲飫。半解其體而升於俎，謂之房烝。傳言體薦，即房烝也。親戚宴享，則宴享禮同，皆體解節折，乃升於俎，謂之殽烝。此傳略而爲文，猶是彼意，故注皆取彼解之。

【經】十有七年，春，王正月，庚子，許男錫我卒。無傳，再與文同盟。【疏】注「再與文同盟」。正義曰：錫我以文六年即位，七年盟于扈，十四年于新城，魯、許俱在，是再同盟也。

丁未，蔡侯申卒。無傳。未同盟而赴以名。丁未，二月四日。

夏，葬許昭公。無傳。葬蔡文公。無傳。

六月，癸卯，日有食之。無傳。不書朔，官失之。

己未，公會晉侯、衛侯、曹伯、邾子，同盟于斷道。斷道，晉地。

秋，公至自會。無傳。

冬，十有一月，壬午，公弟叔肸卒。傳例曰：「公母弟。」

【傳】十七年，春，晉侯使郤克徵會于齊。徵，召也。欲爲斷道會。齊頃公帷婦人，使觀之。郤子登，婦人笑於房。跛而登階，故笑之。獻子怒，出而誓曰：「所不此報，無能涉河！」不復渡河而東。獻子先歸，使欒京廬待命于齊，曰：「不得齊事，無復命矣。」欒京廬，郤克之介，使得齊之罪乃復命。郤子至，請伐齊，晉侯弗許。請以其私屬，又弗許。私屬，家衆也。爲成二年戰于鞌傳。

齊侯使高固、晏弱、蔡朝、南郭偃會。晏弱，桓子。及斂盂，高固逃歸。聞郤克怒故。

夏，會于斷道，討貳也。盟于卷楚，卷楚即斷道。辭齊人。晉人執晏弱于野王，執蔡朝于原，執南郭偃于温。執三子不書，非卿。野王，縣，今屬河内。苗賁皇使，見晏桓子。賁皇，楚鬭椒之子，楚滅鬭氏而奔晉，食邑于苗地。晏弱時在野王，故因使而見之。歸，言於晉侯曰：「夫晏子何罪？昔者諸侯事吾先君，皆如不逮，言汲汲也。舉言羣臣不信，諸侯皆有貳志。舉亦皆也。齊君恐不得禮，不見禮待。故不出，而使四子來。左右或沮之，沮，止也。曰：『君不出，必執吾使。』故高子及斂盂而逃。夫三子者曰：『若絶君好，寧歸死焉！』爲是犯難而來。吾若善逆彼，彼齊三人。以懷來者。吾又執之，以信齊沮，吾不既過矣乎？過而不改，而又久之，以成其悔，何利之有焉？使反者得辭，反者高固，謂得不當來之辭。而害來者，以懼諸侯，將焉用之？」晉人緩之，逸。緩，不拘執，使得逃去也。傳言晉不能脩禮，諸侯所以貳。【疏】注「跛而登階」。❶　正義曰：沈氏引《穀梁傳》云：「魯行父禿，晉郤克跛，衛孫良夫眇，曹公子首傴，故婦人笑之。」是以知郤克跛也。《穀梁傳》定本作「郤克眇，衛孫良夫跛」。　「以信齊沮」。　正義曰：使沮者之言信也。　「而又」至「有焉」。　正義曰：晏桓子等懼晉之命，不得已而來，恨齊侯之使也。今晉不以禮待之，而又久執之，以成其悔恨。言本恨齊，今又恨晉。齊侯見晉

❶ 「注跛而登階」，阮本以下正義三節分疏於傳文各節下。

如此，將有背晉之心。❶齊若叛晉，何利之有？言此者，勸晉侯免之耳。

秋，八月，晉師還。

范武子將老，老，致仕。初受隨，故曰隨武子，後更受范，復爲范武子。召文子曰：「燮乎！吾聞之，喜怒以類者鮮，文子，士會之子。燮，其名。易者實多。易，遷怒也。《詩》曰：『君子如怒，亂庶遄沮。君子如祉，亂庶遄已。』《詩·小雅》也。遄，速也。沮，止也。祉，福也。君子之喜怒，以已亂也。弗已者，必益之。郤子其或者欲已亂於齊乎？不然，余懼其益之也。余將老，使郤子逞其志，庶有豸乎？❷豸，解也。欲使郤子從政，快志以止亂。爾從二三子，唯敬！」二三子，晉諸大夫。乃請老。郤獻子爲政。【疏】注「豸解也」。❸正義曰：《方言》文。

冬，公弟叔肸卒。公母弟也。凡大子之母弟，公在曰公子，不在曰弟。以兄爲尊。凡稱弟，皆母弟也。此策書之通例也。庶弟不得稱公弟，而母弟或稱公子。若嘉好之事，則仍舊史之文。唯相殺害，然後據例以示義。所以篤親親之恩，崇友于之好，《釋例》論之備矣。【疏】「凡大」至「弟也」。

---

❶「將」，阮校：「宋本、毛本作『當』。」

❷「豸」，阮校：「唐石經初刻『豸』作『鳩』，後改『豸』。《釋文》亦作『鳩』，注同。案，《羣經音辨》引作『庶有鳩乎』，云『今文作豸』。《集韻》四紙引同，云『徐邈讀通作豸』。與《釋文》合。」

❸「注豸解也」，阮本此節正義在注「快志以止亂」下。

正義曰：此例再言「凡」者，前「凡」明稱母弟之人，❶適子及妾子之等。後「凡」明策書稱弟者，皆母弟之義。公之母弟見經者，鄭段、魯公子友、衛叔武，實母弟而不稱弟。陳公子招，昭元年稱公子，八年稱弟。《釋例》曰：「母弟之寵，異於衆弟，蓋緣自然之情，以養母氏之志。公在雖俱稱公子，其兄爲君，則特稱弟，殊而異之，親而睦之，既以隆友于之恩，亦以奬爲人弟之敬，成相親之益也。通庶子爲君，故不言夫人之子，而曰母弟。母弟之見於經者二十，而傳之所發，六條而已。凡稱弟皆母弟，此策書之通例也。庶弟不得稱弟，而母弟得稱公子，故傳之所發，隨而釋之。諸稱弟者，不言皆必稱弟也。秦伯之弟鍼適晉，女叔齊曰『秦公子必歸』。此公子亦國之常言，得兩通之證也。仲尼因母弟之例，據例以興義。鄭伯懷害弟之心，天王縱羣臣以殺其弟，夫子探書其志，故顯稱二兄以首惡。佞夫稱弟，不聞反謀也，鄭段去弟，身爲謀首也。然則兄而害弟，稱弟以章兄罪。弟又害兄，則去弟以罪弟身也。推此以觀其餘，秦伯之弟鍼，陳侯之弟黄，衛侯之弟鱄出奔，皆是兄害其弟者也。❷秦伯有千乘之國，而不能容其母弟，傳曰『罪秦伯』，歸罪秦伯，則鍼罪輕也。陳侯不能制禦臣下，使逐其弟，傳言『非罪』，❸非黄之罪，則罪在陳侯。此互舉之文也。至於陳招殺兄之子，宋辰率羣卿以背宗國，披大邑以成叛逆，然不推刃於其兄，故以首惡稱弟稱名，從兩下相殺也。統論其義，兄弟二人交相殺害，各有曲直，存弟則示兄曲也。鄭伯既云失教，若依例存弟，則嫌善段，故特去弟，兩見其義也。若夫朝聘盟會嘉好之事，此乃兄弟之篤睦，非義例之所

---

❶「人」，阮校：「閩本、監本、毛本作『文』。」

❷「者」，京都本、文淵閣本、阮本無此字。

❸「言」，足利學本同，京都本、閩本、監本、毛本、文淵閣本、阮本作「曰」。

興，故仍舊史之策，或稱弟，或稱公子。踐土之盟，叔武不稱弟，此其義也。莒挐非卿，非卿則不應書，今嘉獲，故特書，特書猶不稱弟，明諸書弟者皆卿也。先儒説母弟，善惡褒貶既多相錯涉，又云稱弟皆謂公子，不爲大夫者，得以君爲尊。案傳莒挐非卿，乃法所不書，書而不言弟，非得以君爲尊也。凡聘享嘉好之事，於是使卿，故夷仲年之聘，皆以卿稱弟而行。此例所謂凡稱弟皆母弟。《左傳》明文而自違之。潁氏又曰：『臣無竟外之交，故去弟以貶季友。子招樂憂，故去弟以懲過。鄭段去弟，唯以名通，故謂之貶。』今此二人皆稱公子，公子者，名號之美稱，又非貶所也。」❶劉炫云：「再言『凡』者，前『凡』據適妻子爲文，後『凡』嫌妾子爲君，母弟不得稱弟，故更言『凡』也。」

【經】十有八年，春，晉侯、衛世子臧伐齊。

公伐杞。無傳。

夏，四月。

秋，七月，邾人戕鄫子于鄫。傳例曰：「自外曰戕。」邾大夫就鄫殺鄫子。【疏】注「傳例」至「鄫子」。

正義曰：杜以會盟之例卿則書名氏，大夫則稱人，此稱邾人，故云邾大夫耳。賈逵亦云「邾使大夫往殘賊之」。

甲戌，楚子旅卒。未同盟而赴以名。吳、楚之葬，僭而不典，故絶而不書，同之夷蠻，以懲求名

---

❶「貶所」，閩本、監本、毛本、文淵閣本作「所貶」。

之僞。【疏】注「未同」至「之僞」。正義曰：諸侯之葬，魯不會則不書。知吴、楚之葬爲僭不書者，襄二十九年傳稱葬楚康王，公親送葬，經亦不書，故知其不爲魯不會也。《禮·坊記》曰：「天無二日，土無二王，示民有君臣之别，《春秋》不稱楚、越之王喪，恐民之惑也。」鄭玄云：「楚、越之君僭號稱王，不稱其喪，謂不書葬也。」《公羊傳》曰：「吴楚之君不書葬，辟其號也。」辟其號者，五等諸侯死則稱爵書卒，及葬，則從彼臣子之辭，皆稱爲公。若書楚葬，亦宜從彼所稱，當云「葬楚莊王」。❶以此僭而不典，不得稱王，故遂絶之而不書其葬，同之蠻夷。言其不足紀録，以懲創自求名號之僞。同之蠻夷者，蠻夷卒亦不書，言其不書似之也。

公孫歸父如晉。

冬，十月，壬戌，公薨于路寢。

歸父還自晉，至笙，❷遂奔齊。大夫還，不書，《春秋》之常也。今書歸父還奔，善其能以禮退。不書族者，非常所及。今特書，略之。笙，魯竟外，故不言出。

【傳】十八年，春，晉侯、衛大子臧伐齊，至于陽穀。齊侯會晉侯，盟于繒，以公子彊爲質于晉。晉師還，蔡朝、南郭偃逃歸。晉既與齊盟，守者解緩，故得逃。

❶「楚莊王」，正宗寺本、京都本、文淵閣本、阮本無「莊」字。

❷「至笙」，阮校：「《釋文》云：『笙，本作檉，亦作朾。』案，《公羊》、《穀梁》作『檉』。」

夏，公使如楚乞師，欲以伐齊。❶公不事齊，齊與晉盟，故懼而乞師于楚。不書，微者行。

秋，邾人戕鄫子于鄫。凡自虐其君曰弑，❷**自外曰戕。**弑、戕，皆殺也，所以别内外之名。弑者，積微而起，所以相測量，非一朝一夕之漸。戕者，卒暴之名。【疏】注「弑戕」至「之名」。正義曰：弑者，試也，言臣下伺候間隙，試犯其君。戕者，殘也，言外人卒暴而來，殘賊殺害也。弑、戕皆是殺也，所以别内外之名耳。《釋例》曰：「列國之君，而受害於臣子，其所由者積微而起，所以相測量，非一朝一夕之漸，故改殺爲弑。戕者，卒暴之名。有國之君，當重門設險，而輕近暴客，變起倉卒，亦因事而見戒也。臣弑其君，子弑其父，世之惡逆，君子難言。故《春秋》諸自内虐其君者，通以弑爲文也。《春秋》弑君多矣，其戕唯此一事。自弑其君，足明無道臣罪之例。戕者，外人所殺，爲無防被害，皆是君自招之，縱使君或無道，其惡不加外國，不得從弑君之例也。若戰死，則書滅。此謂在國見殺耳。」

楚莊王卒，楚師不出。既而用晉師，成二年戰于鞌是。**楚於是乎有蜀之役。**在成二年冬。蜀，魯地，泰山博縣西北有蜀亭。

公孫歸父以襄仲之立公也，有寵。歸父，襄仲子。**欲去三桓，以張公室。**時三桓强，公室弱，

---

❶「欲」，阮校：「石經作『將』，下空一字。」

❷「自」，阮校：「石經『自』下有『内』字。案，《周禮·大司馬》之職正義、李善《魏都賦》注引傳並有『内』字。」

故欲去之，以張大公室。**與公謀而聘于晉，欲以晉人去之。冬，公薨。季文子言於朝曰：「使我殺適立庶，以失大援者，仲也夫。」**適謂子惡，齊外甥，襄仲殺之而立宣公。南通於楚，既不能固，又不能堅事齊、晉，故云「失大援」也。**臧宣叔怒曰：「當其時不能治也，後之人何罪？子欲去之，許請去之。」**宣叔，文仲子，武仲父，許，其名也。時爲司寇，主行刑。言子自以歸父害己欲去者，許請爲子去之。**遂逐東門氏。**襄仲居東門，故曰東門氏。

子家還，及笙，子家，歸父。**壇帷，復命於介。**除地爲壇而張帷。介，副也。將去，使介反命於君。**既復命，袒，括髮，**以麻約髮。❶ **即位哭，三踊而出。**依在國喪禮設哭位，公薨故。**遂奔齊。書曰：「歸父還自晉。」善之也。**【疏】「復命於介」。❷ 正義曰：《聘禮》復命之禮云：「公南鄉，使者執圭，反命曰：以君命聘于某君，某君受幣于某宮。某君再拜，以享某君，某君再拜。若聘君薨于後，歸，執圭，復命于殯。升自西階，不升堂。子即位，不哭。辨復命，如聘，子臣皆哭。與介入，北鄉哭，出袒括髮。入門右，即位踊。」是君之存亡，皆有復命之法。❸ 今身將出奔，不得親自復命，故立介於位。介當南面，歸父於介前，北面執圭復命。既復命之後，北面哭。乃退，括髮訖，前即位，北面哭，三踊而出。以復命之語語介，使知令介以此言告於殯也。

---

❶「約」，京都本、阮本作「爲」。
❷「復命於介」，阮本此節正義在注「使介反命於君」下。
❸「法」，京都本、文淵閣本、阮本作「禮」。

春秋左傳正義卷第十八

國子祭酒上護軍曲阜縣開國子臣孔穎達等奉勅撰

成公【疏】正義曰：《魯世家》云：成公名黑肱，宣公之子，穆姜所生，以定王十七年即位。《謚法》：「安民立政曰成。」《釋例》曰：「計公衡之年，成公又非穆姜所生，不知其母何氏也。」案宣元年「夫人婦姜至自齊」，即穆姜也，至此始十八年耳。二年傳稱「公衡爲質於楚」。公衡，成公子也。既堪爲質，則其年已長。成公若是穆姜之子，未得有成長之男。

【經】**元年，春，王正月，公即位。**無傳。

二月，辛酉，葬我君宣公。無傳。

無冰。無傳。周二月，今之十二月，而無冰，書冬温。【疏】注「周二」至「冬温」。正義曰：襄二十八年「春，無冰」，彼春無月，則是竟春無冰。此亦應竟春無冰，而書在二月下者，以盛寒之月書之也。《穀梁傳》曰：「終時無冰，則志。此未終時而言無冰，何也？終無冰矣，加之寒之辭也。」其意言此月寒最甚，此月無冰，則終無冰矣。杜言「今之十二月」者，見此意也。冬而無冰，是時之失，故書之，記冬温也。

三月，作丘甲。《周禮》：「九夫爲井，四井爲邑，四邑爲丘。」丘十六井，出戎馬一匹，牛三頭。四丘爲甸，甸六十四井，出長轂一乘，戎馬四匹，牛十二頭，甲士三人，步卒七十二人。此甸所賦，今魯使丘出之，譏重斂，故書。【疏】注「周禮」至「故書」。　正義曰：《周禮》「九夫爲井，四井爲邑，四邑爲丘，四丘爲甸」，《小司徒》職文也。《司馬法》：「六尺爲步，步百爲畝，畝百爲夫，夫三爲屋，屋三爲井，四井爲邑，四邑爲丘。丘有戎馬一匹，牛三頭，是曰匹馬丘牛。四丘爲甸，甸六十四井，出長轂一乘，馬四匹，牛十二頭，甲士三人，步卒七十二人。戈楯具謂之乘馬。」然則杜之此注多是《司馬法》文。而獨以《周禮》冠之者，以《司馬法》祖述《周禮》，其所陳者即是周法。言此是周之禮法耳，不言《周禮》有此文也。鄭注《論語》云：《司馬法》「成方十里，出革車一乘」。與此不同者，鄭注《小司徒》云：方十里爲成。緣邊一里治溝洫，實出税者方八里，六十四井。案鄭注《小司徒》又引《司馬法》云：成出革車一乘，甲士十人，徒二十人。十成爲終，千井，革車十乘，甲士百人，徒二百人。十終爲同，萬井，革車百乘，甲士千人，徒二千人。與此車一乘，甲士三人，步卒七十二人不同者，《小司徒》辨畿内都鄙之地域，鄭所引「士十人，徒二十人」者，謂公卿大夫畿内采地之制，此之所謂諸侯邦國出軍之法，故不同也。古者用兵，天子先用六鄉，六鄉不足取六遂，六遂不足取公卿采邑及諸侯邦國。若諸侯出兵，先盡三鄉、三遂，鄉、遂不足，然後捴徵竟内之兵。案此一車，甲士、步卒捴七十五人。《周禮·大司馬》：❶「五人爲

---

❶「大司馬」，此下引文爲《周禮·小司徒》文，作「大司馬」者誤。下「大司馬」同。

伍，五伍爲兩，四兩爲卒，五卒爲旅，五旅爲師，五師爲軍。」大數不同者，《大司馬》所云，謂鄉遂出軍及臨時對敵布陳用兵之法。此甲士三人，步卒七十二人，謂徵課邦國出兵之時所徵之兵。既至臨陳，還同鄉遂之法。必知臨敵用鄉遂法者，以桓五年「戰于繻葛」，「先偏後伍」，又宣十二年「廣有一卒，卒偏之兩」，及《尚書·牧誓》云「千夫長，百夫長」，是臨時對敵皆用卒兩師旅也。長轂、馬牛、甲兵、戈楯，皆一甸之民同共此物。若鄉遂所用車馬、甲兵之屬，皆國家所共。知者，以一鄉出一軍，則是家出一人，其物不可私備故也。此言「四丘爲甸」，並據上地言之，若以上、中、下地相通，則二甸共出長轂一乘耳。甸即乘也。六十四井出車一乘，是故以甸爲名。此一乘甲兵，甸之所賦，今魯使丘出甸賦，乃四倍於常。譏其重斂，故書之也。《穀梁傳》曰：「作，爲也。丘爲甲也。丘甲，國之事也。丘作甲，非正也。古者立國家，百官具，農工皆有職以事上。古者有四民，有士民，有商民，有農民，有工民。丘作甲，非正也。」其意以爲四邑爲丘，使一丘農民皆作甲，以農爲工，失其本業，故譏之。今《左氏》經、傳並言「作丘甲」耳，重斂之事，傳無明文。而知必異《穀梁》，以爲丘作甸甲者，以傳云「爲齊難故，作丘甲」。以慮有齊難，而多作甲兵，知使丘爲甸甲而倍作之也。士卒牛馬悉倍於常，❶而獨言甲者，甲是新作之物，其餘斂充之耳，非作之也。譏其新作，故舉甲言之。初稅畝言初，此不言初者，此備齊難，暫爲之耳，非是終用，故不言初。然則築城備難，非時不譏。此亦備難，而譏之者，魯是大國，甲兵先多，僖公之世，《頌》云「公車千乘」，昭公之蒐，傳稱「革車千乘」，此時亦應然也。其甲足以拒敵，而又加之重斂，故譏之。

夏，臧孫許及晉侯盟于赤棘。晉地。

---

❶「牛馬」，阮校：「閩本、監本、毛本作『馬牛』。」

秋，王師敗績于茅戎。❶茅戎，戎別也。❷不言戰，王者至尊，天下莫之得校，故以自敗爲文。不書敗地，而書茅戎，明爲茅戎所敗。書秋，從告。

冬，十月。

【傳】元年，春，晉侯使瑕嘉平戎于王，平文十七年邥垂之役。詹嘉處瑕，故謂之瑕嘉。**單襄公如晉拜成。**單襄公，王卿士。謝晉爲平戎。**劉康公徼戎，將遂伐之。**康公，王季子也。戎平還，欲要其無備。**叔服曰：「背盟而欺大國，此必敗。**叔服，周内史。**背盟不祥，欺大國不義，神人弗助，將何以勝？」不聽，遂伐茅戎。三月，癸未，敗績于徐吾氏。**徐吾氏，茅戎之別也。【疏】注「康公」至「無備」。❸ 正義曰：宣十年經書「王季子來聘」，傳言「劉康公」，知即王季子也。傳言「平戎于王」，戎必遣使詣周受平。但康公要戎者，非要戎平還之使，單使來平，不足伐也，欲伐其國耳。以未平之日設備禦周，今既平矣，戎必無備，要其無備，將遂往伐之，故下云「遂伐茅戎」，起兵伐其國也。 「敗績于徐吾氏」。 正義曰：敗于徐吾之地也。茅戎已是戎内之別，徐吾又是茅戎之内聚落之名，王師與茅戎戰之處。

---

❶「茅戎」，阮校：「《釋文》云：『《史記》及二傳皆作「貿戎」也。』按，茅、貿，古音皆讀如矛。」

❷「戎別」，京都本、文淵閣本、阮本、《經典釋文》作「別種」。

❸「注康公至無備」，阮本此節正義在注「欲要其無備」下。

爲齊難故，作丘甲。前年魯乞師於楚，欲以伐齊，楚師不出，故懼而作丘甲。

聞齊將出楚師，夏，盟于赤棘。與晉盟，懼齊、楚。

秋，王人來告敗。解經所以秋乃書。

冬，臧宣叔令脩賦、繕完、治完城郭。具守備，曰：「齊、楚結好，我新與晉盟，晉、楚爭盟，齊師必至。雖晉人伐齊，楚必救之，是齊、楚同我也。同，共也。知難而有備，乃可以逞。」逞，解也。爲二年齊侯伐我傳。

【經】二年，春，齊侯伐我北鄙。

夏，四月，丙戌，衛孫良夫帥師及齊師戰于新築，衛師敗績。新築，衛地。皆陳曰戰，大崩曰敗績。四月無丙戌，丙戌，五月一日。

六月，癸酉，季孫行父、臧孫許、叔孫僑如、公孫嬰齊帥師會晉郤克、衛孫良夫、曹公子首，及齊侯戰于鞌，齊師敗績。魯乞師於晉，而不以與謀之例者，從盟主之令，上行於下，非匹敵和成之類。例在宣七年。曹大夫常不書，而書公子首者，首命於國，備於禮，成爲卿故也。鞌，齊地。【疏】注「魯乞」至「齊地」。正義曰：此云盟主之令，故不從與謀。《釋例》云：「乞師不得從與謀，所以不同者，以事得兩通，故互言之。魯於聘與盟會，雖二卿並行，止書一使，至於行師用兵，則並書諸將。此書四卿，昭、定之世或書三卿，或書二卿，皆謂重兵，故書之，其他國唯書元帥，詳內略外也。」書曹公子首者，《釋例》曰：「公、侯、伯、子、男及卿大夫、士命數，《周官》具有等差。當春秋時，漸以變改，是故仲尼、丘明據時之宜，從而然之，不復與《周官》同也。命者，其君正爵命之於朝，其宫室、車旗、衣服、禮義各如其命數，皆以卿禮書於經。衛之於晉，不得比次國，則邾、莒、杞、鄫之屬，固以微矣。此等諸國，當時附隨大國，不得列於會者甚衆，及其得列，上不能自通於天子，下無暇於備禮成制，故與於盟會戰伐甚多，唯曹公子首得見經，其餘或命而禮儀不備，或未加命數，故皆不書之。」是言首成爲卿，故書。

秋，七月，齊侯使國佐如師。己酉，及國佐盟于袁婁。《穀梁》曰：「鞌去齊五百里，❶袁婁去齊五十里。」【疏】注「穀梁」至「十里」。正義曰：齊之四竟不應過遥，且鞌已是齊地，未必竟上之邑，豈得去齊有五百里乎？《穀梁》又云「壹戰縣地五百里」，則是甚言之耳。《釋例·土地名》鞌與袁婁並闕，不知其處遠近，無以驗之。

八月，壬午，宋公鮑卒。未同盟而赴以名。

庚寅，衛侯速卒。宣十七年盟于斷道。據傳，庚寅，九月七日。

取汶陽田。晉使齊還魯，故書「取」。不以好得，故不言歸。【疏】注「晉使」至「言歸」。正義曰：晉使齊還魯，魯不用力，故直書取。哀八年「齊人歸讙及闡」，此不言齊人歸者，不以好得，非齊歸我，故不言歸。

冬，楚師、鄭師侵衛。子重不書，不親伐。【疏】注「子重不書不親伐」。正義曰：僖二十五年「楚人圍陳」，注云：「子玉稱人，從告。」此云「子重不書，不親伐」者，彼以路遠，或當不以實告，此傳言「侵衛，遂侵我」，

---

❶ 二「齊」字，阮校：「案，《穀梁》二『齊』字並作『國』。陳樹華云：杜氏引據恐不明白，改作『齊』也。」

道路既近，告當以實。經、傳皆言「楚師」，例是將卑師衆，故以爲子重不親伐，所以弘通其義也。

十有一月，公會楚公子嬰齊于蜀。公與大夫會，不貶嬰齊者，時有許、蔡之君故。【疏】注「公與」至「君故」。　正義曰：傳稱：「在禮，卿不會公侯。」會公侯，則貶之而稱人，翟泉之盟是也。此嬰齊會公，計亦應貶而不貶者，❶爲其會有蔡、許之君。蔡侯、許男與公相敵，嬰齊不與公敵，故不貶也。傳稱孟孫賂楚，楚人許平，即云：「十一月，公及楚公子嬰齊、蔡侯、許男、秦右大夫説、宋華元、陳公孫寧、衛孫良夫、鄭公子去疾，及齊國之大夫盟于蜀。」凡會且盟者，必先會而後盟。盟時蔡、許在列，會時必亦在焉。以二君乘楚車，謂之失位。經雖抑而不書，會時其身實在。且二君與楚同行，無容不列於會，故知二君在會，嬰齊不敵公也。或以爲於時兵將嬰齊爲主，蔡、許爲王左右，隸屬嬰齊，則二君卑於嬰齊，何由得與公敵？斯不然矣！征伐以主兵爲先，盟會以尊卑爲序，《春秋》之常也。僖二十七年「楚人、陳侯、蔡侯、鄭伯、許男圍宋」，楚既稱「人」，必非貴者，爲其主兵，猶序於上。文七年「公會諸侯、晉大夫盟于扈」，傳曰：「齊侯、宋公、衛侯、陳侯、鄭伯、許男、曹伯會晉趙盾，盟于扈。」於時晉爲盟主，召諸侯使集會，而趙盾猶序於下文，不先諸侯，則知此時行兵，楚爲其主，會則蔡、許在先，故二君自敵公，明嬰齊不敵公也。襄二十六年「公會晉人、鄭良霄、宋人、曹人于澶淵」，傳曰：「公會晉趙武、宋向戌、鄭良霄、曹人于澶淵。趙武不書，尊公也。於是衛侯會之。」然則時有衛侯，猶貶趙武者，於時衛侯雖往，晉將執之，不得與會，而趙武敵公，故貶之也。彼傳又曰：「晉人執甯喜、北宮遺，使女齊以先歸。衛侯如晉，晉人執

---

❶「計亦應貶」，京都本、文淵閣本、阮本作「乃稱公子」。阮校：「《考文》作『言亦應貶』。」按，足利學本作「言亦應貶」。

之。」於會已執其卿，衛侯如晉，晉即執之，明其不得與會，公無所敵，故趙武敵公，與此異也。

丙申，公及楚人、秦人、宋人、陳人、衛人、鄭人、齊人、曹人、邾人、薛人、鄫人盟于蜀。齊在鄭下，非卿。傳曰：「卿不書，匱盟也。」然則楚卿於是始與中國準。自此以下，楚卿不書，皆貶惡也。

【疏】注「齊在」至「惡也」。正義曰：諸會、盟同地，而間無他事者，例不重序其人。此會、盟別序者，前會之時，唯公會楚耳，蔡、許從楚而行，唯應蔡、許在列，秦、宋以下諸國未至，會、盟人別，故別序也。諸征伐會盟，實卿而貶稱「人」者，傳皆言其名氏，實是大夫而本合稱「人」者，則傳皆言大夫。此傳鄭公子去疾以上言其名氏，則皆是卿也。「齊國之大夫」，則實是大夫，故齊在鄭下，爲非卿故也。傳曰「卿不書，匱盟也」，謂匱盟之故，并貶楚卿，楚卿於是盟上始與中國相準。《釋例》曰：「楚之君臣，最多混錯。舊説亦隨文强生善惡之狀，混瀆無已。其不能得辭，則皆言惡蠻夷得志。然當齊桓之盛，而經以屈完敵之，若必有褒貶，非抑楚也。此乃楚之初興，未閑周之典禮，告命之書，自生同異，猶秦之辟陋，不與中國準，故《春秋》亦未以存例也。❶ 楚之熊繹，始封於楚，辟在荆山，蓽路藍縷，以處草莽。❷ 及武王熊達，始居江漢之間，然未能自同於列國，故經稱『荆敗蔡師』，『荆人來聘』，從其所居之稱而揔其君臣。至於魯僖，始稱楚人，而班次在於蔡下。僖二十一年，當楚成王之世，能遂其業，内列於公侯，會於盂，楚之君爵始與中國列，然其臣名氏猶多參錯。至魯成二年，楚公子嬰齊始乃具列。傳曰：『卿不書，匱盟也。』兼爲楚臣示例也。自此以上，《春秋》未以入例，自此以下，褒貶之義可得而論之也。」杜言「兼爲楚

❶「亦未」，京都本、文淵閣本、阮本作「抑秦」。

❷「處草莽」，京都本、文淵閣本、阮本作「居俗裔」。

臣示例」者，解傳言「匱盟」之意。傳言「卿不書」者，非獨言諸侯之卿不書，兼言楚卿亦不書，是「兼爲楚卿示例」。

【傳】二年，春，齊侯伐我北鄙，圍龍。❶龍，魯邑。在泰山博縣西南。**頃公之嬖人盧蒲就魁門焉，攻龍門也。龍人囚之。齊侯曰：「勿殺！吾與而盟，無入而封。」**封，竟。**弗聽，殺而膊諸城上。**膊，磔也。**齊侯親鼓，士陵城。三日，取龍。遂南侵，及巢丘。**取龍、侵巢丘不書，其義未聞。

衛侯使孫良夫、石稷、甯相、向禽將侵齊，與齊師遇。齊伐魯還，相遇於衛地。良夫，孫林父之父。石稷，石碏四世孫。甯相，甯俞子。**石子欲還，孫子曰：「不可！以師伐人，遇其師而還，將謂君何？**言無以答君。**若知不能，則如無出。今既遇矣，不如戰也。」**

夏，有闕文，失新築戰事。

石成子曰：「師敗矣。子不少須，衆懼盡。成子，石稷也。衛師已敗，而孫良夫復欲戰，故成子欲使須救。**子喪師徒，何以復命？」皆不對。又曰：「子，國卿也。隕子，辱矣。**隕，見禽獲。**子以衆退，我此乃止。」**我於此止禦齊師。**且告車來甚衆。**新築人救孫桓子，故並告令軍中。**齊師乃止，次于鞫居。**❷鞫居，衛地。**新築人仲叔于奚救孫桓子，桓子是以免。**于奚，守新築大夫。

---

❶「龍」，阮校：「案，《史記・魯世家》、《晉世家》『龍』並作『隆』。《索隱》曰：『劉氏云：隆即龍也。』」

❷「鞫」，《經典釋文》作「鞠」。

既，衛人賞之以邑，賞于奚。**辭，請曲縣、**軒縣也。《周禮》：天子樂，宫縣，四周。❶ 諸侯軒縣，闕南方。**繁纓以朝，許之。**繁纓，馬飾。皆諸侯之服。

仲尼聞之，曰：「惜也！不如多與之邑。唯器與名，不可以假人，器，車服。名，爵號。**君之所司也。名以出信，**名位不愆，爲民所信。**信以守器，**動不失信，則車服可保。**器以藏禮，**車服所以表尊卑。**禮以行義，**尊卑有禮，各得其宜。**義以生利，**得其宜，則利生。**利以平民，政之大節也。若以假人，與人政也。政亡，則國家從之，弗可止也已。」**【疏】注「膊磔也」。❷ 正義曰：《周禮·掌戮》：「掌斬殺賊諜而搏之。」鄭玄云：「搏，當爲『膊諸城上』之『膊』字之誤也。膊謂去衣磔之。」《方言》云：「膊，曝也。」

注「取龍」至「未聞」。 正義曰：外取内邑，非魯之罪，無所可諱，而此獨不書，故杜云「其義未聞」。賈逵云：「殺盧蒲就魁，不與齊盟，以亡其邑，故諱不書耳。」案楚子滅蕭，嬰齊入莒，皆殺楚人，而經不變文以加罪，此何當改文以諱惡也？哀八年「齊人取讙及闡」，以淫女見取，猶尚書之，此殺敵見取，何以當諱？ 知諱義不通，故不從也。

「皆不對」。 正義曰：子者，指斥孫子，其言並告諸將。言「皆不對」者，孫子與甯相、向禽皆不對。又曰「子，國卿也」，乃專與孫子言耳。

注「于奚守新築大夫」。 正義曰：大夫守邑，以邑冠之，呼爲某人。孔子

---

❶ 「周」，京都本、阮本作「面」。阮校：「案，《周禮·小胥》鄭司農注云『宫縣四面』，《家語·正論解》王肅注云：『禮，天子宫縣四周。』」

❷ 「注膊磔也」，阮本以下正義七節分疏於傳文各節下。

父，鄹邑大夫，傳稱鄹人紇，《論語》謂孔子爲鄹人之子，即此類也。　注「軒縣」至「南方」。　正義曰：《周禮・小胥》：「正樂縣之位，王宮縣，諸侯軒縣，卿大夫判縣，士特縣。」鄭衆云：「宮縣，四面縣。軒縣，去其一面。判縣，又去一面。特縣，又去一面。四面，象宮室四面有牆，故謂之宮縣。軒縣三面，其形曲，故《春秋傳》曰『請曲縣、繁纓以朝』，諸侯之禮也。」鄭玄云：「樂縣，謂鍾磬之屬縣於筍虡者。軒縣，去南面，辟王也。判縣，左右之合，又空北面。特縣，縣於東方，或於階間而已。」是先儒皆以闕南方，故曲也。《家語》説此事云：「請曲縣之樂，繁纓以朝。」王肅云：「軒縣，闕一面，故謂之曲縣。」　注「繁纓」至「之服」。　正義曰：《周禮・巾車》：掌王之五路。玉路，樊纓十有再就，以祀。金路，樊纓九就，同姓以封。象路，樊纓七就，異姓以封。革路，絛纓五就，以封四衛。木路，前樊鵠纓，以封蕃國。鄭玄云：「樊讀如鞶帶之鞶，謂今馬大帶也。纓，今馬鞅也。」玉路、金路、象路，其樊及纓皆以五彩罽飾之。就，成也。玉路十二成，金路九成，象路七成，革路樊纓以絛絲飾之而五成，木路以淺黑飾韋爲樊，鵠色飾韋爲纓，亦五成。是言天子諸侯樊纓之飾。繁即鞶也，字之異耳。《巾車》又云：「孤乘夏篆，卿乘夏縵，大夫乘墨車，士乘棧車。」其飾皆無樊纓，是繁纓爲馬之飾，皆諸侯之服也。案《儀禮・既夕》：士「薦馬纓三就」。又諸侯之卿，有受革輅、木輅之賜，皆有繁纓，而云「諸侯之服」者，以與「曲縣」相對。又于奚所請，故云「諸侯之服」。且諸侯之卿特賜，乃有大輅。《士喪禮》爲送葬設盛服耳，皆非正法所有也。❶　「仲尼」至「止也已」。　正義曰：仲尼在後聞之曰：此曲縣、繁纓可惜也，不如多與之邑。唯車服之器與爵號之名，不可以借人也。此名號車服，是君之所主也。名位不愆，則爲下民所信，此名所以出信也。動不失信，然後車服可保，此信

❶「也」，京都本、文淵閣本、阮本無此字。

所以守車服之器也。禮明尊卑之别，車服以表尊卑，車服之器，其中所以藏禮，言禮藏於車服之中也。義者，宜也。尊卑各有其禮，上下乃得其宜，此禮所以行其物宜也。物皆得宜，然則是利生焉，此義所以生利益也。利益所以成民，此乃政教之大節也。若以名器借人，則是與人政也。政教既亡，則國家從之而亡，不復可救止也已。言利以平民者，平，成也，每事有利，所以成就下民，使國益民，皆是利也。此以曲縣、繁纓與人，假人器耳，名、器俱是可重，故并言名。❶

孫桓子還於新築，不入，不入國。**遂如晉乞師。臧宣叔亦如晉乞師，皆主郤獻子。**宣十七年郤克至齊，爲婦人所笑，遂怒，故魯、衛因之。孫桓子、臧宣叔皆不以國命，各自詣郤克，故不書。**晉侯許之七百乘。**五萬二千五百人。**郤子曰：「此城濮之賦也。**城濮在僖二十八年。**有先君之明與先大夫之肅，故捷。克於先大夫，無能爲役。」**不中爲之役使。❷**請八百乘，許之。**六萬人。**郤克將中軍，士燮佐上軍，**范文子代荀庚。**欒書將下軍，**代趙朔。**韓厥爲司馬，以救魯、衛。臧宣叔逆晉師，且道之，季文子帥師會之。**

及衛地，韓獻子將斬人，郤獻子馳，將救之，至，則既斬之矣。郤子使速以徇，告其僕曰：「吾以分謗也。」不欲使韓氏獨受謗。

---

❶「名」，京都本、文淵閣本、阮本作「也」。

❷「不中」，京都本、文淵閣本、阮本作「無能」。

師從齊師于莘。莘，齊地。**六月，壬申，師至于靡笄之下。**靡笄，山名。**齊侯使請戰，曰：「子以君師，辱於敝邑，不腆敝賦，詰朝請見。」**詰朝，平旦。**對曰：「晉與魯、衛，兄弟也，來告曰：『大國朝夕釋憾於敝邑之地。』**❶大國謂齊。敝邑，魯、衛自稱。**寡君不忍，使羣臣請於大國，無令輿師淹於君地。**輿，衆也。淹，久也。**能進不能退，君無所辱命。」**言自欲戰，不復須君命。**齊侯曰：「大夫之許，寡人之願也。若其不許，亦將見也。」**

齊高固入晉師，桀石以投人，桀，擔也。**禽之而乘其車，**既獲其人，因釋己車，而載所獲者車。**繫桑本焉，以徇齊壘，**將至齊壘，以桑樹繫車而走，欲自異。**曰：「欲勇者，賈余餘勇。」**賈，買也。❷言己勇有餘，欲賣之。

癸酉，師陳于鞌。邴夏御齊侯，逢丑父爲右。晉解張御郤克，鄭丘緩爲右。齊侯曰：「余姑翦滅此而朝食。」姑，且也。翦，盡也。**不介馬而馳之。**介，甲也。

郤克傷於矢，流血及屨，未絶鼓音，中軍將自執旗鼓，故雖傷而擊鼓不息。**曰：「余病矣！」張侯曰：「自始合，而矢貫余手及肘，余折以御，左輪朱殷，豈敢言病？吾子忍之！」**張侯，解張也。朱，血色，血色久則殷。殷音近烟，今人謂赤黑爲殷色。言血多污車輪，御猶不敢息。**緩曰：「自**

---

❶「憾」，阮校：「宋本作『感』。石經初刊同，後人妄加忄旁。《釋文》亦作『感』，是也，云『本亦作憾』。」

❷「買」，京都本、阮本作「賣」。

始合，苟有險，余必下推車，子豈識之？ 然子病矣！」以其不識己推車。**張侯曰：「師之耳目，在吾旗鼓，進退從之。 此車一人殿之，可以集事，**殿，鎮也。集，成也。**若之何其以病敗君之大事也？擐甲執兵，固即死也。**擐，貫也。即，就也。**病未及死，吾子勉之！」左并轡，右援枹而鼓，**❶**馬逸不能止，師從之。**晉師從郤克車。**齊師敗績。逐之，三周華不注。**華不注，山名。

韓厥夢子輿謂己曰：「旦辟左右。」❷子輿，韓厥父。**故中御而從齊侯。**居中代御者。自非元帥，御者皆在中，將在左。**邴夏曰：「射其御者，君子也。」公曰：「謂之君子而射之，非禮也。」**齊侯不知戎禮。**射其左，越于車下。**越，隊也。**射其右，斃于車中。綦毋張喪車，從韓厥，曰：「請寓乘。」**綦毋張，晉大夫。寓，寄也。**從左右，皆肘之，使立於後。**以左右皆死，不欲使立其處。**韓厥俛定其右。**俛，俯也。右被射，仆車中，故俯安隱之。**逢丑父與公易位。**居公處。**將及華泉，驂絓於木而止。**驂馬絓也。**丑父寢於轏中，**轏，士車。**蛇出於其下，以肱擊之，傷而匿之，故不能推車而及。**爲韓厥所及。丑父欲爲右，故匿其傷。**韓厥執縶馬前，**縶，馬絆也。執之，示脩臣僕之職。**再拜稽首，奉觴加璧以進，**進觴璧，亦以示敬。**曰：「寡君使羣臣爲魯、衛請，曰：『無令輿師陷入君**

---

❶ 「枹」，阮校：「《釋文》『枹』作『桴』，云『鼓槌也』。案，李善注孫子荊《爲石仲容與孫浩書》引作『桴』。《禮記》云『蕢桴而土鼓』，玄應書引《詔定古文官書》云：『枹、桴二字同體。』説詳《釋文校勘記》。」

❷ 「旦」，《四部叢刊》本、京都本、文淵閣本、阮本作「且」。

地。』本但爲二國救請，不欲乃過入君地，謙辭。下臣不幸，屬當戎行，無所逃隱。屬，適。❶且懼奔辟，而忝兩君。臣辱戎士，若奔辟，則爲辱晉君，并爲齊侯羞，故言二君。此蓋韓厥自處臣僕，謙敬之飾言。敢告不敏，攝官承乏。」言欲以己不敏，攝承空乏，從君俱還。丑父使公下，如華泉取飲。鄭周父御佐車，宛茷爲右，載齊侯以免。佐車，副車。韓厥獻丑父，郤獻子將戮之，呼曰：「自今無有代其君任患者，有一於此，將爲戮乎？」郤子曰：「人不難以死免其君，我戮之，不祥。赦之，以勸事君者！」乃免之。

齊侯免，求丑父，三入三出。重其代己，故三入晉軍求之。每出齊師以帥退，入于狄卒，齊師大敗，皆有退心，故齊侯輕出其衆，以帥厲退者，遂进入狄卒。狄卒者，狄人從晉討齊者。狄卒皆抽戈楯冒之，以入于衛師。衛師免之。狄、衛畏齊之强，故不敢害齊侯，皆共免護之。

遂自徐關入。齊侯見保者，曰：「勉之！齊師敗矣。」所過城邑，皆勉勵其守者。辟女子，使辟君也。齊侯單還，故婦人不辟之。女子曰：「君免乎？」曰：「免矣。」曰：「鋭司徒免乎？」曰：「免矣。」鋭司徒，主鋭兵者。曰：「苟君與吾父免矣，可若何？」言餘人不可復如何。乃奔。走辟君。齊侯以爲有禮。先問君，後問父故也。既而問之，辟司徒之妻也，辟司徒，主壘壁者。予之石窌。石窌，邑名，濟北盧縣東有地名石窌。

---

❶「適」下，京都本、文淵閣本、阮本下有「也」字。

晉師從齊師，入自丘輿，擊馬陘。丘輿、馬陘，皆齊邑。齊侯使賓媚人賂以紀甗、玉磬與地，媚人，國佐也。甗，玉甑，皆滅紀所得。不可，則聽客之所爲。賓媚人致賂，晉人不可，曰：「必以蕭同叔子爲質，同叔，蕭君之字，齊侯外祖父。子，女也。難斥言其母，故遠言之。而使齊之封内盡東其畝。」使壟畝東西行。對曰：「蕭同叔子非他，寡君之母也。若以匹敵，則亦晉君之母也。吾子布大命於諸侯，而曰：『必質其母以爲信。』其若王命何？言違王命。且是以不孝令也。《詩》曰：『孝子不匱，永錫爾類。』《詩・大雅》。言孝心不乏者，又能以孝道長賜其志類。若以不孝令於諸侯，其無乃非德類也乎？不以孝德賜同類。先王疆理天下，物土之宜，而布其利，疆，界也。理，正也。物土之宜，播殖之物各從土宜。故《詩》曰：『我疆我理，南東其畝。』《詩・小雅》。或南或東，從其土宜。今吾子疆理諸侯，而曰『盡東其畝』而已，唯吾子戎車是利，晉之伐齊，循壟東行易。無顧土宜，其無乃非先王之命也乎？反先王則不義，何以爲盟主？其晉實有闕。闕，失。四王之王也，禹、湯、文、武。樹德而濟同欲焉。樹，立也。濟，成也。五伯之霸也，夏伯昆吾，商伯大彭、豕韋，周伯齊桓、晉文。勤而撫之，以役王命。役，事也。今吾子求合諸侯，以逞無疆之欲。疆，竟也。《詩》曰：『布政優優，❶百禄是遒。』《詩・頌》。殷湯布政優和，故百禄來聚。遒，聚也。子實

❶「布政」，阮校：「案，《詩》作『敷政』。鄭氏《儀聘・聘禮》注云：『今文布作敷。』」

不優，而棄百禄，諸侯何害焉？言不能爲諸侯害。**不然，**不見許。**寡君之命使臣則有辭矣，曰：『子以君師辱於敝邑，不腆敝賦，以犒從者。**戰而曰犒，爲孫辭。**畏君之震，師徒橈敗。**震，動。橈，曲也。**吾子惠徼齊國之福，不泯其社稷，使繼舊好，唯是先君之敝器、土地不敢愛。子又不許。請收合餘燼，**燼，火餘木。**背城借一。**欲於城下，復借一戰。**敝邑之幸，亦云從也，況其不幸，敢不唯命是聽？』」**言完全之時，尚不敢違晉，今若不幸，則從命。**魯、衛諫曰：「齊疾我矣！**諫郤克也。**其死亡者，皆親暱也。子若不許，讎我必甚。唯子則又何求？子得其國寶，**謂甗、磬。**我亦得地，**齊歸所侵。**而紓於難，**齊服則難緩。**其榮多矣。齊、晉亦唯天所授，豈必晉？」晉人許之，對曰：「羣臣帥賦輿**賦輿，猶兵車。**以爲魯、衛請，若苟有以藉口而復於寡君，**藉，薦。復，白也。**君之惠也。敢不唯命是聽？」禽鄭自師逆公。**禽鄭，魯大夫。歸逆公會晉師。

秋，七月，晉師及齊國佐盟于爰婁，使齊人歸我汶陽之田。

公會晉師于上鄍，上鄍，地闕。公會晉師不書，史闕。**賜三帥先路三命之服，**三帥：郤克、士燮、欒書。已嘗受王先路之賜，今改而易新，并此車所建所服之物。**司馬、司空、輿帥、候正、亞旅，皆受一命之服。**晉司馬、司空皆大夫，輿帥主兵車，候正主斥候，亞旅亦大夫也。皆魯侯賜。【疏】注「范文子代荀庚」。❶　正義曰：宣十二年邲之戰，傳稱：「荀林父將中軍，先縠佐之。士會將上軍，郤克佐之。

---

❶「注范文子代荀庚」，阮本以下正義廿四節分疏於傳文各節下。

趙朔將下軍，欒書佐之。」十三年晉殺先縠，當是士會佐中軍，郤克將上軍。不知誰代郤克佐上軍，疑是荀首爲之。十六年士會將中軍，則林父卒矣。當是郤克佐中軍，疑是荀首將上軍，荀庚佐之。十七年士會請老，郤克將中軍，當是荀首佐中軍，荀庚將上軍。所以知者，此年傳稱楚屈巫對莊王云：「知罃之父，中行伯之季弟也，新佐中軍。」則荀首於莊王之世已佐中軍。明士會老後，郤克遷而荀首代也。首於邲戰，尚爲大夫，不應宣之末年得佐中軍，故疑先縠死後，代郤克佐上軍也。明年「荀庚來聘」，傳稱「中行伯之於晉也，其位在三」，則此時荀庚將上軍矣。林父卒來已久，不應始用荀庚，故疑林父卒後，荀庚即佐上軍，士會老後，荀庚轉將上軍，故杜以爲士燮代荀庚也。邲戰以來，趙朔無代，今欒書將下軍，則趙朔卒矣，故知欒書代趙朔，不知此時誰代欒書佐下軍也。

注「中軍」至「不息」。　正義曰：以郤克爲中軍之將，言己之傷而未絶鼓音，明是法當自執旗鼓也。《周禮·大僕》「軍旅田役贊王鼓」，鄭玄云：「王通鼓，佐擊其餘面。」上云「齊侯親鼓」，則天子、諸侯自將兵者，亦親執旗鼓以令衆。　「若之」至「事也」。　正義曰：郤克云「余病矣」，言己不堪擊鼓，欲有退軍之意，故責之云：如之何其以身病之故，欲喪敗君之大事也？　「援枹而鼓」。❶　正義曰：《説文》云「援，引也」，「枹，擊鼓杖也」。援枹而鼓，謂引杖以擊之。　注「居中」至「在左」。　正義曰：韓厥爲司馬，亦是軍之諸將也。以夢之故，乃居中爲御，明其本不當中，先非御者。若御不在中，又不須云「代御」，以此知自非元帥，其餘軍之諸將，皆御者在中，將在左。　注「齊侯不知戎禮」。　正義曰：僖二十二年傳曰「雖及胡者，❷獲則取之」，「明恥教戰，求殺敵也」，宣二

❶「枹」，京都本、阮本作「桴」。

❷「者」，正宗寺本、足利學本作「耇」，文淵閣本、阮本作「耇」。今案：僖公二十二年傳作「耇」。

年傳曰「戎，昭果毅以聽之之謂禮，殺敵爲果，致果爲毅」，是戎事以殺敵爲禮。齊侯謂射君子爲非禮者，乃是齊侯不知戎禮也。　「皆肘之」。　正義曰：《説文》云：「肘，臂節也。」謂左右爲凶處，故以肘排退之。　「韓厥俛定其右」。　正義曰：言此者，爲下「丑父與公易位」，由厥之俯，故不覺其易。綦毋張蓋助厥定右，故並不見之。

注「轏士車」。　正義曰：《周禮・巾車》「士乘棧車」，鄭玄云：「棧車不革輓而漆之。」❶《考工記・輿人》云「棧車欲弇」，鄭玄云：「爲其無革輓，不堅，易坼壞。」然則弇者，謂上狹下闊也。轏與棧，字異音義同耳。　「韓厥」至「以進」。　正義曰：襄二十五年「鄭公孫舍之帥師入陳」，傳曰：「陳侯免，擁社，子展執縶而見，再拜稽首，承飲而進獻。」事與此同，唯無璧耳。蓋古者有此禮。彼雖敗績，猶是國君，故戰勝之將，示之以臣禮事之，不忍即加屈辱，所以申貴賤之義。《晉語》云：「靡笄之役，郤獻子伐齊。齊侯來，獻之，以得殞命之禮也。」服虔引《司馬法》：「其有殞命以行禮，如會所用儀也。若殞命，則左結旗，司馬授飲，右持苞壺，左承飲以進。」杜不引之者，蓋彼此不甚相當故也。　注「重其」至「求之」。　正義曰：劉炫以齊侯三入齊軍，又三出齊軍，以求丑父。每出之時，齊之將帥敗而怖懼，以師而退，不待齊侯，致使齊侯入于狄卒。今知不然者，以傳文三入在前，三出在後，若用此説，齊侯先在晉軍，今入齊軍，得以三入在前。今齊侯既先在齊軍，欲出求丑父，應先出後入，不應先入後出。且初時二出容有二入，在後之出，遂入狄卒，有出無入，何得云三入？又以傳文師、帥兩字分明，故杜以爲齊侯每出齊師，以帥厲退者。每出之文，別自爲義，不計上之三出。劉君不達此旨，妄規杜失，非也。　注「媢人」至「所

❶「革輓」，正宗寺本作「革鞔」，京都本、阮本作「韋鞔」。阮校：「宋本『韋』作『革』，與《周禮・巾車》注合。宋本『鞔』作『輓』，非是。」

得」。　正義曰：經書「齊侯使國佐如師」，故知賓媚人即國佐也。杜《譜》云：「國佐，賓媚人，武子，三事互見於經、傳，不知賓媚人是何等名號也。」鄭衆注《考工記》云：「甗，無底甑。」《方言》云：「甑，自關而東謂之甗。」知甗是甑也。下云「子得其國寶」，知甗亦以玉爲之。傳文「玉」在「甗」、「磬」之閒，❶明二者皆是玉也。莊四年「紀侯大去其國」，不言齊滅，而云「滅紀所得」者，紀侯被偪而去，後齊侯收其民人，又取其珍寶，❷此則與滅無異，故爲此解。　「蕭同」至「類也乎」。　正義曰：蕭同叔子非他人，是寡君之母也。若以匹敵言之，則亦晉君之母也。吾子布大命於諸侯，而曰必質其諸侯之母以爲信，其若王命何？先王之命諸侯也，使之孝於母，親其類。今輕慢其母，不愛同類，即是違王命也，奈此王命何乎？❸今輕齊侯之母，亦是輕晉侯之母。自輕其母，即是不孝。且告語諸侯云以母爲質，❹是此者以不孝之事令諸侯也。《詩》之意言孝子所以行孝，不爲匱乏之道，故以孝道長賜女之族類。諸侯皆晉侯之類，晉侯皆以孝德賜同類，若以不孝之事號令諸侯，其無乃非是以孝德賜同類乎？責其違孝道也。所引《詩》者，《大雅·既醉》之篇。　「詩曰」至「其畝」。　正義曰：此《詩·小雅·信南山》之篇。　「四王」至「之欲」。　正義曰：禹、湯、文、武四王之王天下也，立德於民，而成其同欲。民有所欲，上即同之。東畝南畝，皆順民意。五伯之霸諸侯也，唯勤勞其功，而撫順之，以奉事王命而已，不改王之制度也。

---

❶「玉」，原作「王」，據正宗寺本、京都本、文淵閣本、阮本改。
❷「珍」，京都本、文淵閣本、阮本作「國」。
❸「乎」，閩本、文淵閣本作「子」，屬下讀。
❹「語」，足利學本同，京都本、文淵閣本、阮本作「吾」。

吾子求合諸侯，以快其無疆畔之欲，止求自快己欲，不與民同，是違王霸之政也。　注「夏伯」至「晉文」。　正義曰：《鄭語》云：「祝融能昭顯天地之光明，其後八姓，昆吾爲夏伯矣，大彭、豕韋爲商伯。」《論語》云「管仲相桓公，霸諸侯」，昭九年傳曰「文之伯也，豈能改物」，是三代有五伯矣。伯者長也，言爲諸侯之長也。鄭玄云：「天子衰，諸侯興，故曰霸。」霸，把也，言把持王者之政教，故其字或作「伯」，或作「霸」也。　「詩曰」至「害焉」。　正義曰：《詩·商頌》。言成湯布政優優然而寬，故百種福禄於是聚歸之。子實不能優寬，而自棄福禄，於諸侯何害？言不能爲諸侯害也。所引《詩》者，《商頌·長發》之篇。　注「戰而曰犒爲孫辭」。　正義曰：士卒之勞於外，師衆枯槁，以酒食勞之，謂之犒師。此以師拒戰，非犒勞之義，而亦稱犒者，言以此師衆往，當待之如以酒食犒之然，爲孫順之辭耳。　注「言完」至「從命」。　正義曰：言於先完全福幸之時，尚不違晉，故言「亦云從也」，是指其實事。劉炫以爲齊人請戰，言敝邑脱或有幸戰勝，亦云從也。虚稱未然之事，乖違文勢上下，苟異杜氏，而規其過，非也。　注「藉薦復白也」。　正義曰：禮，承玉之物名爲繅藉。藉是承薦之言，故爲薦也。復者，報命於君，故爲白也。言無物則空口以爲報，少有所得，則與口爲藉，故曰藉口。服虔云：「今河南俗語，治生求利，少有所得，皆言可用藉手矣。」　注「上鄍」至「史闕」。　正義曰：定八年經書「公會晉師于瓦」，此獨不書，故云「史闕」，謂舊史先闕，故仲尼脩經無之。　「賜三」至「之服」。　正義曰：《周禮·典命》：「公之孤四命，其卿三命，其大夫再命，其士一命。侯伯之卿、大夫、士亦如之。」此三帥皆卿也，本國三命，故魯賜以三命之服。司馬、司空、輿帥、候正、亞旅，皆大夫，本國一命，故皆受一命之服。於卿言賜，於大夫言受，互相足也。《周禮》大夫再命，此司馬、司空等皆一命者，春秋之時，其事已異於《周禮》，故大夫一命。　注「三帥」至「之物」。　正義曰：三卿各統一軍，❶故揔稱三帥。魯君之賜晉臣，正可知其法所得服，改新以與之耳，不得特命他臣發初賜以此物。且彼若先無此物，則無由敢受魯賜，故杜以爲此三帥「已嘗受王先路之賜，今改而易新」，并此車所建之旌旗，所著之衣服，皆賜之也。案《釋例》：「先路者，革路，若木路。或云先，或云次，蓋以就數爲差。其受之於王則稱大。」杜言「革路若木路」者，或用革，或用木也。知「受之於王則稱大」者，鄭子蟜、叔孫穆子受之於王皆稱大是也。革、木是卿大夫車之尊者，故云大路。金路是諸侯車之尊者，亦稱大，則定四年大路、大旂是也。玉路，天子車之尊者，亦稱大，故《顧命》云「大路在賓階面」是也。言「所建所服之物」者，《周禮·巾車》：「革路，建大白以即戎。」《司服》云：「凡兵事，韋弁服。」《巾車》又云：「木路，建大麾以田。」《司服》又云：「凡田，冠弁服。」❷然則此車所建，或是大白、大麾，所服或是韋弁、冠弁。劉炫以爲既言「先路」，則是晉君之賜，杜云「受王先路之賜」，非其義也。今知不然者，杜以穆叔、子蟜嘗受王路，故杜據而言之。《釋例》應云「受王大路之賜」。言「先路」者，順傳「先路」之文故也。劉以爲嘗受晉君賜而規杜氏，非也。注「晉司」至「侯賜」。正義曰：司馬、司空，本是卿官之名。但晉之諸卿皆以三軍將佐爲號，其司馬、司空皆爲大夫之官，仍有爲卿之嫌，故云「晉司馬、司空皆大夫也」。明他國以爲卿，晉以爲大夫也。輿帥至於亞旅，本是大夫官名，故又云「亦大夫也」。軍行有此大夫從者，司馬主甲兵，司空主營壘，輿帥主兵車，候正主斥候。亞旅次於卿，是衆大夫也，無專職掌，散共軍事，故後言之。直言「受服」，嫌非魯賜，故云「皆魯侯賜」。

❶ 「各」，阮本作「皆」。
❷ 「田」，《周禮·司服》作「甸」。

八月，宋文公卒。始厚葬，用蜃炭，益車馬，始用殉。燒蛤爲炭以瘞壙，多埋車馬，用人從葬。**重器備，**重猶多也。**椁有四阿，棺有翰檜。**四阿，四注椁也。翰，旁飾。檜，上飾。皆王禮。

君子謂華元、樂舉於是乎不臣。臣，治煩去惑者也，是以伏死而爭。今二子者，君生則縱其惑，謂文十八年，殺母弟須。**死又益其侈，是棄君於惡也。何臣之爲？**若言何用爲臣。【疏】注「燒蛤」至「從葬」。❶ 正義曰：《晉語》云：「雀入于海爲蛤，雉入于淮爲蜃。」《月令》孟冬「雉入大水爲蜃」，鄭玄云：「大水，謂淮也。」大蛤曰蜃，則蜃者蛤之類也。《周禮·掌蜃》：「掌斂互物蜃物，以共闉壙之蜃。」鄭玄云：「互物，蚌蛤之屬。闉猶塞也。將井椁先塞下，以蜃禦濕也。」是用蜃以瘞壙也。《禮·檀弓》記曰：「塗車芻靈，自古有之。」鄭玄云：「芻靈，束茅爲人馬。謂之靈者，神之類也。」不解塗車，當是用泥爲車也。傳言「益車馬」者，謂用此塗車茅馬益多於常，故云「多埋車馬」也。鄭玄云「殺人以衛死者曰殉」，言殉還其左右也。言「始用殉」，則自此以後，宋君葬常用殉，故謂此爲始也。劉炫以爲用蜃炭者，用蜃復用炭。知不然者，杜以傳「用蜃炭」共文，故知燒蛤爲炭。又且炭亦灰之類，雖灰亦得稱炭。劉君以爲用蜃復用炭而規杜氏，非也。注「重猶多也」。正義曰：重謂重疊，故猶多，多爲明器也。言器備者，《士喪禮》下篇陳明器云：❷「用器：弓、矢、耒、耜，敦、杅、槃、匜。役器：甲、胄、干、笮。燕器：杖、笠、翣。」其器有共用之器，有備禦之器，故言器備。注「四阿」至「王禮」。

---

❶ 「注燒蛤至從葬」，阮本以下正義四節分疏於傳文各節下。

❷ 「士喪禮下篇」，此下引文今爲《儀禮·既夕禮》語，蓋古俗稱《儀禮·既夕禮》爲《士喪禮》下篇。下節疏同。

正義曰：《周禮・匠人》云殷人「四阿重屋」，鄭玄云：「阿，棟也，四角設棟也，是爲四注椁也。」《士喪禮》下篇陳明器云「抗木横三縮二」，謂於椁之上設此木，從二横三，以負土，則士之椁上平也。今此椁上四注而下，則其上方而尖也。禮，天子椁題湊，諸侯不題湊，不題湊則無四阿。《釋詁》云：「楨、翰，榦也。」舍人曰：「楨，正也，築牆所立兩木也。翰，所以當牆兩邊，障土者也。」翰在牆之旁，則知此翰亦在旁也。《詩》云「會弁如星」，鄭玄云「會謂弁之縫中」，言其際會之處也。會在弁之上，知此檜亦在上。棺有此物，明是其飾，故以爲旁飾、上飾也。言「椁有」、「棺有」，則是本不當有，言其厚葬，譏其奢僭。❶ 宋公所僭，必僭天子，明此四阿、翰、檜，皆是王之禮也。蜃炭言「用」，亦本不當用，其蜃炭蓋亦王之禮也。車馬、器備，法得有之，言「益」言「重」，但譏其多耳，殉則本不得然，非譏其僭。　注「若言何用爲臣」。　正義曰：言何用爲臣，是不成臣也。言雖有若無。劉君還以爲不成臣，與杜義無别，而規杜氏，非也。

九月，衛穆公卒，晉三子自役弔焉，哭於大門之外。師還過衛，故因弔之。未復命，故不敢成禮。**衛人逆之，**逆於門外設喪位。**婦人哭於門内，**喪位，婦人哭於堂。賓在門外，故移在門内。**送亦如之。遂常以葬。**至葬行此禮。【疏】「哭於」至「以葬」。　正義曰：「哭於大門之外」，謂大門外之西東面。「衛人逆之」，謂大門外之東西面。各從賓主之位。「婦人哭於門内」，謂門内之西東面，以堂上在西東面故也。至於三子之去，衛人送之，其位亦如之。自此有鄰國弔者，常行此禮，以至於葬。沈氏云：「《雜記》：『弔者

---

❶「僭」，阮校：「監本、毛本作『侈』。」

即位于門西，東面。主孤西面。相者受命曰：孤某使某請事。客曰：寡君使某，如何不淑。相者入告。出曰：孤某須矣。弔者入，主人升堂西面。弔者升自西階，東面致命。』此臣奉君命行弔之禮。今三子師行經衛竟，不敢成禮，故於大門之外。」　注「喪位婦人哭於堂」。　正義曰：《喪大記》云：君之喪，「夫人坐于西方，内命婦姑姊妹子姓立于西方，外命婦率外宗哭于堂上北面」。又曰：「婦人迎客送客不下堂。」是「喪位，婦人哭於堂」。

楚之討陳夏氏也，在宣十一年。莊王欲納夏姬，申公巫臣曰：「不可！君召諸侯，以討罪也。今納夏姬，貪其色也。貪色爲淫，淫爲大罰。《周書》曰：『明德慎罰。』《周書·康誥》。文王所以造周也。明德，務崇之之謂也。慎罰，務去之之謂也。若興諸侯，以取大罰，非慎之也。君其圖之！」王乃止。子反欲取之，巫臣曰：「是不祥人也！是夭子蠻，子蠻，鄭靈公，夏姬之兄，殺死無後。殺御叔，御叔，夏姬之夫，亦早死。弑靈侯，陳靈公也。戮夏南，夏姬子徵舒。出孔、儀，孔寧、儀行父。喪陳國，楚滅陳。何不祥如是？人生實難，其有不獲死乎？言死易得，無爲取夏姬以速之。天下多美婦人，何必是？」子反乃止。

王以予連尹襄老。襄老死於邲，不獲其尸。邲戰在宣十二年。其子黑要烝焉。黑要，襄老子。巫臣使道焉，曰：「歸，吾聘女。」道夏姬使歸鄭。又使自鄭召之，曰：「尸可得也，襄老尸。必來逆之。」姬以告王，王問諸屈巫。屈巫，巫臣。對曰：「其信！知罃之父，成公之嬖也，而中行伯之季弟也。知罃父，荀首也。中行伯，荀林父也。邲之戰，楚人囚知罃。新佐中軍，而善鄭皇戌，甚愛此子。愛知罃也。其必因鄭而歸王子與襄老之尸以求之。王子，楚公子穀臣也。邲之戰，荀首囚之。❶鄭人懼於邲之役，而欲求媚於晉，其必許之。」王遣夏姬歸。將行，謂送者曰：「不得尸，吾不反矣。」巫臣聘諸鄭，鄭伯許之。聘夏姬。

及共王即位，將爲陽橋之役，楚伐魯，至陽橋，在此年冬。使屈巫聘于齊，且告師期，巫臣盡室以行。室家盡去。申叔跪從其父，將適郢，遇之，叔跪，申叔時之子。曰：「異哉！夫子有三軍之懼，而又有《桑中》之喜，宜將竊妻以逃者也。」《桑中》，《衛風》，淫奔之詩。及鄭，使介反幣，而以夏姬行。介，副也。幣，聘物。將奔齊，齊師新敗，曰：「吾不處不勝之國。」遂奔晉，而因郤至，至，郤克族子。以臣於晉，晉人使爲邢大夫。邢，晉邑。子反請以重幣錮之，禁錮勿令仕。王曰：「止！其自爲謀也，則過矣。其爲吾先君謀也，則忠。忠，社稷之固也，所蓋多矣。蓋，覆也。且彼若能利國家，雖重幣，晉將可乎？言不許。若無益於晉，晉將棄之，何勞錮焉？」爲七年楚滅巫臣族、晉南通吴張本。【疏】「周書」至「謂也」。❷正義曰：《周書·康誥》之篇，周公述文王之事，以告康叔云：「惟乃丕顯考文王，克明德慎罰。」巫臣既引其言，乃申其意，言文王能爲此行，故所以造周國也。「務崇之」，謂務欲崇益道德。「務去之」，謂務欲去其刑罰。「夭子蠻殺御叔」。正義曰：子蠻、御叔，自以短命死耳。似天鍾美於

❶「茍首囚之」，京都本、文淵閣本、阮本作「以茍首囚也」。
❷「周書至謂也」，阮本以下正義五節分疏於傳文各節下。

是，致使物無兩大，故亦以二事爲夏姬之罪。❶　「歸吾聘女」。　正義曰：《禮記·内則》云：「聘則爲妻，奔則爲妾。」道之云：女歸鄭國，吾依禮聘女以爲妻也。　注「至郤克族子」。　正義曰：《世本》：「郤豹生冀芮，芮生缺，缺生克。」又云：「豹生義，義生步楊，楊生蒲城鵲居，居生至。」如《世本》，克是豹之曾孫，至是豹之玄孫，於克爲二從兄弟子。　注「禁錮勿令仕」。　正義曰：《説文》云：「錮，鑄塞也。」鐵器穿穴者，鑄鐵以塞之，使不漏。禁人使不得仕官者，❷其事亦似之，故謂之禁錮。今世猶然。

晉師歸，范文子後入。武子曰：「無爲吾望爾也乎？」武子，士會，文子之父。**對曰：「師有功，國人喜以逆之。先入，必屬耳目焉，是代帥受名也，故不敢。」武子曰：「吾知免矣！」**知其不益己禍。**郤伯見，公曰：「子之力也夫！」對曰：「君之訓也，二三子之力也，臣何力之有焉？」**郤伯，郤克。**范叔見，勞之如郤伯，對曰：「庚所命也，克之制也，燮何力之有焉？」**荀庚將上軍，時不出，范文子上軍佐，代行，故稱帥以讓。**欒伯見，公亦如之，對曰：「燮之詔也，士用命也，書何力之有焉？」**詔，告也。欒書下軍帥，故推功上軍。傳言晉將帥克讓，所以能勝齊。

宣公使求好于楚。莊王卒，宣公薨，不克作好。在宣十八年。**公即位，受盟于晉，**元年盟赤棘。**會晉伐齊。衛人不行使于楚，**不聘楚。**而亦受盟于晉，從於伐齊，故楚令尹子重爲陽橋之役以救**

---

❶ 「亦」，京都本、文淵閣本、阮本無此字。

❷ 「官」，阮校：「陳樹華云：『官疑宦。』是也。」

齊。將起師，子重曰：「君弱，傳曰：寡人生十年而喪先君。共王即位，至是二年，❶蓋年十二三矣。羣臣不如先大夫，師衆而後可。《詩》曰：『濟濟多士，文王以寧。』《詩·大雅》。言文王以衆士安。夫文王猶用衆，況吾儕乎？儕，等。且先君莊王屬之曰：『無德以及遠方，莫如惠恤其民而善用之。』」乃大户，閲民户口。已責，棄逋責。逮鰥，施及老鰥。救乏，赦罪。悉師，王卒盡行。彭名御戎，蔡景公爲左，許靈公爲右。王卒盡行，故王戎車亦行，雖無楚王，令二君當左右之位。二君弱，皆强冠之。

冬，楚師侵衛，遂侵我，師于蜀。公賂之而退，故不書侵。使臧孫往，臧孫，宣叔也。辭曰：「楚遠而久，固將退矣。無功而受名，臣不敢。」不敢虚受退楚名。楚侵及陽橋，陽橋，魯地。孟孫請往賂之。楚侵遂深，故孟孫請以賂往。孟孫，獻子也。以執斲、執鍼、織紝執斲，匠人。執鍼，女工。織紝，織繒布者。皆百人，公衡爲質，公衡，成公子。以請盟。楚人許平。

十一月，公及楚公子嬰齊、蔡侯、許男、秦右大夫説、宋華元、陳公孫寧、衛孫良夫、鄭公子去疾，及齊國之大夫盟于蜀。齊大夫不書其名，非卿也。卿不書，匱盟也。於是乎畏晉而竊與楚盟，故曰「匱盟」。匱，乏也。蔡侯、許男不書，乘楚車也，謂之失位。乘楚王車爲左右，則失位也。卿不書，

---

❶ 「二年」，阮校：「岳本、足利本『二』作『三』。陳樹華云：楚莊王卒於宣十八年之秋，當依岳本作『三』。山井鼎云：或云作三年。非，蓋未之審耳。」

則稱人。諸侯不書，皆不見經，君臣之别。君子曰：「位其不可不慎也乎？蔡、許之君，一失其位，不得列於諸侯，况其下乎？《詩》曰：『不解于位，民之攸塈。』《詩·大雅》。言在上者勤正其位，則國安而民息也。攸，所也。塈，息也。其是之謂矣。」

楚師及宋，公衡逃歸。臧宣叔曰：「衡父不忍數年之不宴，宴，樂也。以棄魯國，國將若之何？誰居？後之人必有任是夫！國棄矣。」居，辭也。言後人必有當此患。

是行也，晉辟楚，畏其衆也。君子曰：「衆之不可以已也。❶大夫爲政，猶以衆克，况明君而善用其衆乎？《大誓》所謂『商兆民離，周十人同』者，衆也。」《大誓》，《周書》。萬億曰兆。民離則弱，合則成衆。言殷以散亡，周以衆興。【疏】注「王卒」至「之位」。❷　正義曰：諸言「御戎」，皆御君之戎車。此云「彭名御戎」，知王戎車亦行也。若君親在軍，則君當車中，御者在左，勇力之士在右，故御戎、戎右，常連言之。此王車雖行，王身不在，故不立戎右，使御者在中，令蔡、許二君居王車上，當左右之位，若夾衛王然。下注云「乘楚王車爲左右」，是二君皆在車之上也。　注「齊大」至「卿也」。　正義曰：諸大夫盟會，經貶之稱「人」，或摠言大夫。若實是國卿，本合書名者，傳即顯其名氏。若本是大夫，不合書名者，傳直言其大夫，見其貶與不貶俱當稱「人」，故不復言其名氏。此傳言「齊國之大夫」，傳不顯其名，爲非卿故也。襄十六年溴梁之會，經

❶「以」，京都本、文淵閣本、阮本無此字。

❷「注王卒至之位」，阮本以下正義六節分疏於傳文各節下。

書「戊寅，大夫盟」，傳云：「於是叔孫豹、晉荀偃、宋向戌、衛甯殖、鄭公孫蠆、小邾之大夫盟。」於時會上，鄭之下有曹、莒、邾、薛、杞，而小邾之大夫最處其下，舉小邾而上包之。此盟鄭人之下，有齊、曹、邾、薛、鄫，俱是大夫，齊最在上，舉齊而下摠之。止爲齊若是卿，則合言名氏。此會非卿，故舉齊也。　注「匱乏也」。　正義曰：私竊爲盟，盟終不固，此盟是匱乏之道也。傳既言「匱盟」以解經，又自解名曰「匱盟」之意：於是乎畏晉而竊與楚盟，故曰此是匱乏之盟也。諸侯之卿竊與楚盟，而仲尼貶之，言其不應背晉，故責之也。責諸侯之背晉，是成晉爲盟主也。哀十二年「公會吴于橐皐」，吴子請盟，公不欲，使子貢辭之，而私與衛侯、宋皇瑗盟。彼畏吴而竊相與盟，不貶者，不與吴爲盟主，言其私盟可許，但魯自畏吴，不書其盟，其情無可責也。《釋例》曰：「諸侯畏晉而竊與楚盟，書盟而貶其卿，此所以成晉爲盟主也。吴之彊大，始於會鄫，終於黄池，凡三會、三伐、三盟，唯書會、伐而不書盟者，吴以盟主自居，而行其夷禮，禮儀不典，則盟神不蠲，非所以結信義，昭明德，故不録其盟，不與其成爲盟主也。既不與吴之爲盟主，則宋、魯、衛三國私盟可許，故無貶文。」是也。若然，僖二十一年「公會諸侯盟于薄」，二十七年「公會諸侯盟于宋」，彼二者皆顯與楚盟，並無貶責。此竊與楚盟而貶之者，當僖公之時，齊桓既卒，晉文未興，中國無伯，唯彊是與，雖遠共楚盟，無所可責。此時晉爲盟主，堪率諸侯，私竊爲盟，心實畏晉，故貶之耳。然諸侯之卿畏晉，容可貶之，楚之彊盛，恒與晉敵，非是畏晉，卿亦貶者，楚既彊盛，應顯然作盟，今私竊受盟，不敢宣露，亦是畏晉之義，且成晉爲伯，事須貶楚。　注「乘楚」至「之別」。　正義曰：小國之從大國，其征伐也，皆自乘其車，自率其軍。至戰陳之時，與同出力耳。此二君棄己之車，乘楚之乘，乃爲楚王左右，則是失位。既失其位，非復國君，故侵與盟會，並皆不序。經書「楚師、鄭師侵衛」，於時蔡、許在矣，「公會楚公子嬰齊于蜀」，蔡、許亦在也，及盟，又蔡、許之君在焉。侵也，會也，盟也，三事並失其位，經悉不書，故傳於盟下釋之，明上「侵衛」、

「會蜀」皆失位也。舊説諸侯之貶亦書爲「人」，杜意謂諸侯之貶不至於「人」，故因此而又明之，「卿不書，則稱人」。諸侯不書，則全不見經，此是君臣之别，明貶諸侯無稱「人」之法也。「詩曰」至「攸塈」。正義曰：此《大雅·假樂》之篇。「大誓」至「衆也」。正義曰：《泰誓》云：「受有億兆夷人，離心離德。予有亂臣十人，同心同德。」此言「《大誓》所謂」者，引其意，非本文也。

晉侯使鞏朔獻齊捷于周，王弗見，使單襄公辭焉，曰：「蠻夷戎狄，不式王命，式，用也。**淫湎毁常，王命伐之，則有獻捷，王親受而勞之，所以懲不敬，勸有功也。兄弟甥舅，侵敗王略，**兄弟，同姓國。甥舅，異姓國。略，經略法度。**王命伐之，告事而已，不獻其功，所以敬親暱，禁淫慝也。**告伐事而不獻囚俘。淫慝，爲虣掠百姓，❶取囚俘也。**今叔父克遂，有功于齊，**克，能也。**而不使命卿鎮撫王室，所使來撫余一人，而鞏伯實來，未有職司於王室，**鞏朔，上軍大夫，非命卿，名位不達於王室。**又奸先王之禮，**謂獻齊捷。**余雖欲於鞏伯，**欲受其獻。**其敢廢舊典以忝叔父？夫齊，甥舅之國也，而大師之後也，**齊世與周昏，故曰甥舅。**寧不亦淫從其欲以怒叔父，抑豈不可諫誨？」士莊伯不能對，**莊伯，鞏朔。**王使委於三吏，**委，屬也。三吏，三公也。**禮之如侯伯克敵使大夫告慶之禮，降於卿禮一等。王以鞏伯宴，而私賄之，使相告之曰：「非禮也，勿籍。」**相，相禮者。籍，書也。王

❶「爲」，京都本、文淵閣本、阮本作「謂」。「虣」，阮校：「《釋文》作『暴』，云『本亦作虣』。案，李善注《蕪城賦》、《洞簫賦》引《字書》云：『虣，古文暴字。』」

畏晉，故私宴賄以慰鞏朔。【疏】注「三吏三公也」。❶　正義曰：《曲禮》云：「五官之長曰伯。其擯於天子也，曰天子之吏。」鄭玄云：「謂三公也。」是三公稱吏，故知「三吏，三公也」。　「禮之」至「一等」。　正義曰：如侯伯克敵使大夫告慶之禮，則不得依獻捷之禮。其獻捷之禮，王待之必重於告慶之禮。鞏朔，晉之上軍大夫也，縱使得如獻捷之禮，亦當降卿禮一等。傳言「降於卿禮一等」，以見王待鞏朔不失常也。

【經】三年，春，王正月，公會晉侯、宋公、衛侯、曹伯伐鄭。宋、衛未葬，而稱爵以接鄰國，非禮也。【疏】注「宋衛」至「禮也」。　正義曰：僖九年傳曰：「宋桓公卒，未葬，而襄公會諸侯，故曰子。凡在喪，公侯曰子。」傳因未葬而發在喪之例。是先君未葬，嗣君不得稱爵以會諸侯也。知非踰年得成君者，文八年八月天王崩，九年春毛伯來求金，傳曰：「不書王命，未葬也。」彼王既踰年矣，猶不得稱王命臣，知諸侯雖則踰年，但是未葬，不得稱爵以接鄰國，正以王不命臣，明知其非禮也。

辛亥，葬衛穆公。無傳。

二月，公至自伐鄭。無傳。

甲子，新宮災，三日哭。無傳。三年喪畢，宣公神主新入廟，故謂之新宮。書三日哭，善得禮。宗廟，親之神靈所馮居，而遇災，故哀而哭之。【疏】注「三年」至「哭之」。　正義曰：《公羊傳》曰：「新宮

---

❶「注三吏三公也」，阮本此節正義在「王使委於三吏」句注下。

者何？宣公之宮也。宣宮則曷爲謂之新宮？不忍言也。其言三日哭何？廟災，三日哭，禮也。」《穀梁傳》曰：「新宮者，禰宮也。三日哭，哀也。其哀，禮也。迫近不敢稱謚，恭也。」二傳皆以新宮爲宣宮，三日哭爲得禮，故杜依用之。宣公以其十八年冬十月薨，至二年十月而大祥，祥而禘祭，神主新始入廟，故謂之新宮。《禮·檀弓》記曰：「有焚其先人之室，則三日哭。故曰：新宮火，亦三日哭。」鄭玄云：「謂人燒其宗廟新宮。火，人火也。」記稱「新宮火」者，指此「新宮災」耳。傳例曰：「天火曰災，人火曰火。」三家經、傳有五字皆爲災，❶鄭玄以爲人火，雖非其義，要天火、人火，其哭皆當三日，是其善得禮也。哀三年桓宮、僖宮災，不言哭，而此言三日哭者，《釋例》曰：「新宮者，宣公之廟，父廟也。諒闇始闋，而遇天災，故感而哭之以致哀，異於餘廟也。」

乙亥，葬宋文公。無傳。七月而葬，緩。

夏，公如晉。

鄭公子去疾帥師伐許。

公至自晉。無傳。

秋，叔孫僑如帥師圍棘。棘，汶陽田之邑，在濟北蛇丘縣。

大雩。無傳。以過時書。

晉郤克、衛孫良夫伐廧咎如。赤狄別種。

---

❶「五」，監本、毛本、文淵閣本作「大」。

冬，十有一月，晉侯使荀庚來聘。衛侯使孫良夫來聘。丙午，及荀庚盟。丁未，及孫良夫盟。先晉後衛，尊霸主。【疏】「及荀庚盟」。❶ 正義曰：隱元年及宋人盟于宿，魯之微者及之也。此言「及荀庚盟」，「及孫良夫盟」，十一年及郤犫盟，皆是公自及之，非臣及之也。知者，僖二十八年傳「晉欒枝入盟鄭伯」，襄十一年傳「晉趙武入盟鄭伯」，「鄭子展出盟晉侯」，臣對君者，皆君自與盟，知此使來，亦公自與盟也。上言來聘，盟又不地，盟於國都，公親可知，故不言公。

鄭伐許。無傳。不書將帥，告辭略。【疏】注「不書」至「辭略」。正義曰：直舉國名，傳無其説，知是告辭略，故史異文耳。賈逵云：「鄭，小國，與大國争諸侯，仍伐許。不稱將帥，夷狄之，刺無知也。」此年夏，鄭公子去疾帥師伐許，明年冬，鄭伯伐許，先後並無貶責，何獨此伐偏刺之？

【傳】**三年，春，諸侯伐鄭，次于伯牛，討邲之役也。**伯牛，鄭地。邲役在宣十二年。**遂東侵鄭。**晉潛軍深入。**鄭公子偃帥師禦之，**偃，穆公子。**使東鄙覆諸鄤，**覆，伏兵。❷ **敗諸丘輿。**鄤、丘輿，皆鄭地。晉偏軍爲鄭所敗，故不書。**皇戌如楚獻捷。**

夏，公如晉，拜汶陽之田。前年晉使齊歸魯汶陽田故。

---

❶「及荀庚盟」，阮本此節正義在經「及荀庚盟」下。

❷「兵」下，京都本、文淵閣本、阮本有「也」字。阮校：「《釋文》注亦作『兵也』，宋本、淳熙本脱『也』字。」

許恃楚而不事鄭，鄭子良伐許。

晉人歸楚公子穀臣與連尹襄老之尸于楚，以求知罃。邲之戰，楚獲知罃。於是荀首佐中軍矣，荀首，知罃父。故楚人許之。王送知罃，曰：「子其怨我乎？」對曰：「二國治戎，臣不才，不勝其任，以爲俘馘。執事不以釁鼓，以血塗鼓爲釁鼓。使歸即戮，君之惠也。臣實不才，又誰敢怨？」王曰：「然則德我乎？」對曰：「二國圖其社稷，而求紓其民，紓，緩也。各懲其忿，以相宥也。宥，赦也。兩釋纍囚，以成其好。纍，繫也。二國有好，臣不與及，其誰敢德？」言二國本不爲己。王曰：「子歸，何以報我？」對曰：「臣不任受怨，君亦不任受德，無怨無德，不知所報。」王曰：「雖然，必告不穀。」對曰：「以君之靈，纍臣得歸骨於晉，寡君之以爲戮，死且不朽。戮其不勝任。若從君之惠而免之，以賜君之外臣首，稱於異國君曰外臣。首其請於寡君，而以戮於宗，亦死且不朽。若不獲命，君不許戮。而使嗣宗職，嗣其祖宗之位職。次及於事，而帥偏師，以脩封疆，雖遇執事，遇楚將帥。其弗敢違，違，辟也。其竭力致死，無有二心，以盡臣禮，所以報也。」王曰：「晉未可與爭。」重爲之禮而歸之。【疏】注「以血」至「釁鼓」。❶ 正義曰：《説文》：「釁，血祭也。」《禮·雜記》釁廟之禮云：「雍人舉羊升屋，自中，中屋南面，刲羊，血流于前，乃降。」釁廟，以血塗廟，知釁鼓，以血塗鼓也。 「然則德我乎」。正義曰：德加於彼，彼荷其恩，故謂荷恩爲德。《論語》「以德報德」，傳稱「王德狄人」，皆是也。 「死且不朽」。

---

❶「注以血至釁鼓」，阮本以下正義三節分疏於傳文各節下。

正義曰：懷荷君恩，身雖死而朽腐，此恩不朽腐也。死尚不朽，以示其至死不忘也。

秋，叔孫僑如圍棘，取汶陽之田。棘不服，故圍之。僑如，叔孫得臣子。

晉郤克、衛孫良夫伐廧咎如，討赤狄之餘焉。宣十五年晉滅赤狄潞氏，其餘民散入廧咎如，故討之。**廧咎如潰，上失民也。**此傳釋經之文。而經無「廧咎如潰」，蓋經闕此四字。【疏】注「宣十」至「討之」。❶　正義曰：謂赤狄餘民散入咎如之内，今伐咎如者，來就咎如之内討彼赤狄餘黨。然廧咎如容赤狄餘民，則咎如亦赤狄矣。劉炫以爲，廧咎如之國，即是赤狄之餘。今知不然者，以赤狄之國，種類極多，潞氏、甲氏、鐸辰、皐落氏等，皆是其類，並爲建國。假令路氏、甲氏、鐸辰、皐落雖滅，自外猶存，則是不滅者多，止應言討赤狄之類，不得稱「餘」。且伐者，聲其鐘鼓，討者，責其罪狀。以廧咎如容受赤狄餘黨，故伐而討責。若以廧咎如即是赤狄之餘，應取土地，興兵絶滅，何當唯伐討而已？劉以廧咎如即是赤狄之餘，而規杜，非也。注「此傳」至「四字」。　正義曰：傳言「上失民也」，釋經「潰」文，若經無「潰」文，則傳無所解，故疑經闕此四字。《釋例》曰：「傳云『廧咎如潰，❷上失民也』，今經但言『伐廧咎如』，無『廧咎如潰』之文。若經本無此文，則丘明爲横益經文，而加失民之傳也。」是言知經闕之意也。文三年潰逃已有例矣，復發傳者，嫌夷狄異於中國，故重發也。

冬，十一月，晉侯使荀庚來聘，且尋盟。尋元年赤棘盟。荀庚，林父之子。**衛侯使孫良夫來**

❶「注宣十至討之」，阮本此節正義在注「故討之」下。

❷「云」，京都本、文淵閣本、阮本作「文」。

聘，且尋盟。尋宣七年盟。**公問諸臧宣叔曰：「中行伯之於晉也，其位在三，**下卿。**孫子之於衛也，位爲上卿，將誰先？」對曰：「次國之上卿，當大國之中，中當其下，下當其上大夫。**降一等。**小國之上卿，當大國之下卿，中當其上大夫，下當其下大夫。**降大國二等。**上下如是，古之制也。**古制：公爲大國，侯、伯爲次國，子、男爲小國。**衛在晉，不得爲次國。**春秋時以强弱爲大小，故衛雖侯爵，猶爲小國。**晉爲盟主，其將先之。」**計等則二人位敵，以盟主，故先晉。**丙午，盟晉，丁未，盟衛，禮也。**

【疏】「其位在三」。❶　正義曰：於時郤克將中軍，荀首佐之，荀庚將上軍，是其位在三也。注云「下卿」者，傳稱「小國之上卿，當大國之下卿」，又言「衛在晉，不得爲次國」，則以衛爲小國。荀庚若是中卿，自然當先晉矣，乃云「晉爲盟主，其將先之」，直以盟主先晉，明是二人位等，以此知荀庚是下卿也。晉立三軍，將佐有六，第三猶爲下卿，則其餘皆下卿也。蓋以諸侯之禮，唯合三卿，三是其正，故定以三人爲上、中、下，餘皆從下卿也。卿有上、下，往年賜晉三帥，皆以三命之服者，侯伯之卿，禮皆三命，上卿、下卿，命不異也。注「春秋」至「小國」。正義曰：古制，公爲大國，侯、伯爲次國，子、男爲小國。以土地之大小、命數爲等差也。春秋之世，彊陵弱，大吞小，爵雖不能自改，地則以力升降。諸侯聚會，彊者爲雄，史書時事，大小爲序。此事不可改易，仲尼即而用之。宋公在齊侯之下，許男在曹伯之上，不復計爵之尊卑。故衛雖侯爵，猶爲小國，以地狹小故也。襄二十五年傳子産論晉曰：「今大國多數圻矣。」圻方千里，是晉有方千里者三四也。昭五年、十三年傳皆言晉有革車

❶「其位在三」，阮本以下正義二節分疏於傳文各節下。

四千乘，計衛比於晉，不過當五六分之一耳，故不得爲次國。其爲次國者，當齊、秦乎？

十二月，甲戌，晉作六軍。爲六軍，僭王也。萬二千五百人爲軍。**韓厥、趙括、鞏朔、韓穿、荀騅、趙旃皆爲卿，賞鞌之功也。**韓厥爲新中軍，趙括佐之。鞏朔爲新上軍，韓穿佐之。荀騅爲新下軍，趙旃佐之。晉舊自有三軍，今增此，故爲六軍。【疏】注「韓厥」至「六軍」。　正義曰：杜知韓厥爲新中軍及上下新軍將佐者，以下六年傳云：「韓厥將新中軍，且爲僕大夫。」時晉更增置新中、上、下三軍，韓厥將新中軍，名居其首，故杜依名配其將佐。

齊侯朝于晉，將授玉。行朝禮。**郤克趨進曰：「此行也，君爲婦人之笑辱也，寡君未之敢任。」**言齊侯之來，以謝婦人之笑，非爲脩好，故云晉君不任當此。**晉侯享齊侯。齊侯視韓厥，韓厥曰：「君知厥也乎？」齊侯曰：「服改矣。」**戎、朝異服也。言服改，明識其人。**韓厥登，舉爵曰：「臣之不敢愛死，爲兩君之在此堂也。」**【疏】「將授玉」。❶　正義曰：玉，謂所執之圭也。凡諸侯相朝，升堂，授玉於兩楹之間。於此時郤克趨進，故記之也。《史記·齊世家》曰：「頃公十一年晉初置六軍。頃公朝晉，欲尊王晉景公，景公不敢當。」❷《晉世家》云：「景公十二年齊頃公如晉，欲上尊景公爲王，景公讓不敢。」然此時天子雖微，諸侯並盛，晉文不敢請隧，楚莊不敢問鼎。又齊弱於晉，所較不多，豈爲一戰而勝，便即以王相許？準時度勢，理

---

❶「將授玉」，阮本以下正義二節分疏於傳文各節下。

❷「當」，阮校：「案，《史記》作『受』。」

必不然。竊原馬遷之意，所以有此説者，當讀此傳「將授玉」以爲「將授王」，遂飾成爲此謬辭耳。注「戎朝異服」。正義曰：《周禮·司服》：「凡兵事，韋弁服。」《禮·玉藻》記云：「諸侯皮弁以聽朔，朝服以日視朝。」《聘禮》：「賓皮弁聘，公皮弁迎賓。」迎聘客尚以皮弁，❶迎朝賓必皮弁矣。在朝君臣同服，公當皮弁，則韓厥於時亦皮弁也。鄭玄云：「韋弁，以韎韋爲弁，又以爲衣裳。《春秋傳》曰晉郤至衣韎韋之跗注是也。」皮弁之服，十五升白布，衣素，積以爲裳。是戎、朝異服也。

荀罃之在楚也，鄭賈人有將置諸褚中以出。既謀之，未行，而楚人歸之。賈人如晉，荀罃善視之，如實出己。賈人曰：「吾無其功，敢有其實乎？吾小人，不可以厚誣君子。」遂適齊。傳言知罃之賢。

【經】四年，春，宋公使華元來聘。

三月，壬申，鄭伯堅卒。無傳。二年大夫盟于蜀。壬申，二月二十八日。

杞伯來朝。

夏，四月，甲寅，臧孫許卒。無傳。

公如晉。

---

❶「客」，阮校：「監本、毛本作『賓』。」

葬鄭襄公。無傳。

秋，公至自晉。

冬，城鄆。無傳。公欲叛晉，故城而爲備。【疏】「冬城鄆」。　正義曰：《釋例·土地名》：「魯有二鄆。」文十二年城諸及鄆，杜云：「此東鄆，莒、魯所争者，城陽姑幕縣南有員亭，或曰，鄆即員也。」成十六年傳：「晉人執季文子，公待于鄆。」杜云：「此西鄆，昭公所出居者，東郡廩丘縣東有鄆城。」然則此爲公欲叛晉，故城鄆以爲備，當西鄆也。

鄭伯伐許。

【傳】**四年，春，宋華元來聘，通嗣君也。**宋共公即位。【疏】「通嗣君也」。　正義曰：文元年公孫敖如齊，傳曰：「始聘焉，禮也。凡君即位，卿出並聘，踐脩舊好，要結外援，好事鄰國，以衛社稷，忠信卑讓之道也。」其事與此一也，謂君初即位，聘鄰國耳。在魯而出，謂之「始聘」，自外而來，謂之「通嗣君」，言彼君嗣位以來，未與魯通，於此始通之也。

杞伯來朝，歸叔姬故也。將出叔姬，先脩禮朝魯，言其故。

夏，公如晉。晉侯見公，不敬。季文子曰：「晉侯必不免。言將不能壽終也。後十年陷厠而死。**《詩》曰：『敬之敬之！天惟顯思，命不易哉！』**《詩·頌》。言天道顯明，受其命甚難，不可不敬以奉之。**夫晉侯之命在諸侯矣，可不敬乎？」**敬諸侯，則得天命。

秋，公至自晉，欲求成于楚而叛晉。季文子曰：「不可！晉雖無道，未可叛也。國大臣睦，而邇於我，邇，近也。諸侯聽焉，未可以貳。聽，服也。史佚之志有之，周文王太史。曰：『非我族類，其心必異。』楚雖大，非吾族也，與魯異姓。其肯字我乎？」公乃止。字，愛也。

冬，十一月，鄭公孫申帥師疆許田，前年鄭伐許，侵其田，今正其界。許人敗諸展陂。鄭伯伐許，取鉏任、泠敦之田。展陂，亦許地。晉欒書將中軍，代郤克。荀首佐之，士燮佐上軍，以救許伐鄭，取氾、❶祭。氾、祭，鄭地。成皋縣東有氾水。楚子反救鄭。鄭伯與許男訟焉，於子反前争曲直。皇戌攝鄭伯之辭，代之對。子反不能決也，曰：「君若辱在寡君，寡君與其二三臣共聽兩君之所欲，成其可知也。欲使自屈在楚子前決之。❷不然，側不足以知二國之成。」側，子反名。爲明年許愬鄭於楚張本。【疏】注「氾祭」至「氾水」。❸　正義曰：杜注熒陽中牟縣有東氾，襄城縣有南氾，知此氾、祭，非彼二氾，而以成皋縣東有氾水者，以傳爲晉伐鄭，取氾、祭，既爲晉人所取，當是鄭之西北界，即今之氾水也。字書水旁巳爲氾，水旁㔾爲氾，字相亂也。《漢書音義》亦爲氾。今氾水上源謂氾谷。

---

❶「氾」，阮校：「岳本、纂圖本、毛本作『氾』，是也。《釋文》亦作『氾』，『音凡，注同，或音祀』。」

❷「在楚子前」，阮校：「岳本『在』作『於』，監本、毛本作『于』，山井鼎引《考異》亦作『于』，『楚子』下多『之』字。」

❸「注氾祭至氾水」，阮本此節正義在注「成皋縣東有氾水」下。

晉趙嬰通于趙莊姬。趙嬰，趙盾弟。莊姬，趙朔妻。朔，盾之子。

【經】五年，春，王正月，杞叔姬來歸。出也。傳在前年。【疏】「杞叔姬來歸」。正義曰：杞既出之，猶稱杞者，《雜記》曰：「諸侯出夫人，夫人比至于其國，以夫人之禮行。至，以夫人入。」鄭玄云：「行道以夫人之禮者，棄妻致命其家乃義絶，不用此爲始。」

仲孫蔑如宋。

夏，叔孫僑如會晉荀首于穀。穀，齊地。

梁山崩。記異也。梁山在馮翊夏陽縣北。【疏】注「記異也」。正義曰：《公羊傳》曰：「梁山崩，何以書？記異也。」《公羊》以爲非常爲異，害物爲災。此山崩無所害，故爲異也。

秋，大水。無傳。

冬，十有一月，己酉，天王崩。

十有二月，己丑，公會晉侯、齊侯、宋公、衛侯、鄭伯、曹伯、邾子、杞伯，同盟于蟲牢。蟲牢，鄭地。陳留封丘縣北有桐牢。

【傳】五年，春，原、屏放諸齊。放趙嬰也。原同、屏季，嬰之兄。嬰曰：「我在，故欒氏不作。我亡，吾二昆其憂哉？且人各有能有不能，言己雖淫，而能令莊姬護趙氏。舍我何害？」弗聽。嬰

夢天使謂己：「祭余，余福女！」使問諸士貞伯，貞伯曰：「不識也。」既而告其人，自告貞伯從人。**曰：「神福仁而禍淫。淫而無罰，福也。祭，其得亡乎？」**以得放遣爲福。**祭之之明日而亡。**爲八年晉殺趙同、趙括傳。【疏】注「自告貞伯從人」。❶　正義曰：嫌告趙嬰使人，故云「自告貞伯從人」也。若告趙嬰使人，不得云「神福仁而禍淫」。

孟獻子如宋，報華元也。前年宋華元來聘。

夏，晉荀首如齊逆女，故宣伯餫諸穀。野饋曰餫。運糧饋之，敬大國也。【疏】注「野饋」至「大國」。　正義曰：《釋詁》云：「饁，饋也。」孫炎曰：「饁，野之饋也。」彼言野饋，饋田農在野之人，此言野饋，饋在野行路之人。俱是在野，皆以野言之。謂之餫者，言其運糧饋之。彼自逆女，而往饋之者，敬大國也。

梁山崩，晉侯以傳召伯宗。傳，驛。**伯宗辟重，曰：「辟傳！」**重載之車。**重人曰：「待我，不如捷之速也。」**捷，邪出。**問其所，曰：「絳人也。」問絳事焉，曰：「梁山崩，將召伯宗謀之。」問：「將若之何？」曰：「山有朽壤而崩，可若何？國主山川，**主，謂所主祭。**故山崩川竭，君爲之不舉，**去盛饌。**降服，**損盛服。**乘縵，**車無文。**徹樂，**息八音。**出次，**舍於郊。**祝幣，**陳玉帛。**史辭，**自罪責。**以禮焉。**禮山川。**其如此而已。雖伯宗，若之何？」伯宗請見之，**見之於晉君。**不可。**不肯見。**遂**

---

❶ 「注自告貞伯從人」，阮本此節正義在「既而告其人」句注下。

以告，而從之。從重人言。【疏】注「捷邪出」。❶　正義曰：捷亦速也。方行則遲，邪出則速。《楚辭》謂邪行小道爲捷徑，是捷爲邪出。　注「車無文」。　正義曰：《周禮·巾車》掌王之五路，皆不言車有文飾。其下「服車五乘，孤乘夏篆，卿乘夏縵，大夫乘墨車」，鄭玄云：「夏篆，五采畫轂約也。夏縵，亦五采畫，無瑑耳。墨車，不畫也。」孤之車尚有瑑約，明諸侯之車必有瑑約，《詩》所謂「約軝錯衡」，是其事也。乘縵，車無文，蓋乘大夫墨車也。《覲禮》：「侯氏乘墨車乃朝。」鄭玄云：「墨車，大夫制也。乘之者，入天子之國，車服不可盡同也。」彼爲適王，尚乘墨車，明此山崩降服，亦乘墨車也。　注「舍於郊」。　正義曰：僖三十三年傳：秦伯以師敗于殽，「素服郊次」。此言「出次」、「降服」，明亦次於郊也。文四年傳：「楚人滅江，秦伯爲之降服，出次。」注云「辟正寢」，與此文互相見也。

許靈公愬鄭伯于楚。前比年鄭伐許故。**六月，鄭悼公如楚訟，不勝。楚人執皇戌及子國。**以鄭伯不直故也。子國，鄭穆公子。**故鄭伯歸，使公子偃請成于晉。**

秋，八月，鄭伯及晉趙同盟于垂棘。垂棘，晉地。

宋公子圍龜爲質于楚而歸，圍龜，文公子。**華元享之。請鼓譟以出，鼓譟以復入。**出入輒擊鼓。**曰：「習攻華氏。」宋公殺之。**蓋宣十五年宋、楚平後，華元使圍龜代己爲質，故怨而欲攻華氏。

冬，同盟于蟲牢，鄭服也。諸侯謀復會，宋公使向爲人辭以子靈之難。子靈，圍龜也。宋公不

❶「注捷邪出」，阮本以下正義三節分疏於傳文各節下。

欲會，以新誅子靈爲辭。爲明年侵宋傳。

十一月，己酉，定王崩。經在蟲牢盟上，傳在下，月倒錯。衆家傳悉無此八字，或衍文。【疏】注「經在」至「衍文」。　正義曰：傳不虚舉經文，此無所明，又上下倒錯，諸家之傳又悉無此言，必是衍文。此杜以疑事毋質，不敢輒去之耳。

【經】六年，春，王正月，公至自會。無傳。

二月，辛巳，立武宫。魯人自鞌之功，至今無患，故築武軍，又作先君武公宫，❶以告成事，欲以示後世。【疏】注「魯人」至「後世」。　正義曰：杜以傳稱季文子以鞌之功立武宫，鞌在二年，今始立武宫，故云「魯人自鞌之功，至今無患」，追思鞌戰，以爲己功，故築武軍，又作先君武公之廟，以告戰勝之事，欲以章示後世，明己之功也。其意言築爲武軍，又作武公之廟。《公羊傳》曰：「武宫者何？武公之宫也。」是立宫爲武公廟也。武公是成公九世之祖，其廟毁已久矣，今復立之，以爲不毁之廟。《禮·明堂位》曰：「魯公之廟，文世室也。武公之廟，武世室也。」世室，言其世世不毁。劉炫以爲直立武公之宫，不築武軍。今知不然者，以下傳云：「聽於人以救其難，不可以立武。立武由己，非由人也。」是丘明譏魯立武以章武功，明非徒築宫而已。又宣十二年潘黨請築武軍，楚子云：「武有七德，我無一焉。武非吾功。」遂不敢築。武軍以明武功，此則丘明譏魯章武功，明亦築武

❶「又」，原作「文」，據《四部叢刊》本、京都本、文淵閣本、阮本改。

軍也。若其唯築武宮，傳應云不可以立武宮，不得單稱武也。劉以爲唯築武公之宮，而規杜，非也。

取鄟。附庸國也。

衛孫良夫帥師侵宋。

夏，六月，邾子來朝。無傳。

公孫嬰齊如晉。嬰齊，叔肸子。

壬申，鄭伯費卒。前年同盟蟲牢。

秋，仲孫蔑、叔孫僑如帥師侵宋。

楚公子嬰齊帥師伐鄭。

冬，季孫行父如晉。

晉欒書帥師救鄭。

【傳】六年，春，鄭伯如晉拜成，謝前年再盟。子游相，子游，公子偃。授玉于東楹之東。禮：授玉兩楹之間。鄭伯行疾，故東過。士貞伯曰：「鄭伯其死乎？自棄也已。視流而行速，不安其位，宜不能久。」視流，不端諦。【疏】注「禮授」至「東過」。❶　正義曰：《聘禮》云：「公受玉于中堂與東楹之間。」

---

❶ 「注禮授至東過」，阮本此節正義在注「故東過」下。

鄭玄云：「中堂，南北之中也。入堂之深，尊賓事也。東楹之間，亦以君行一，臣行二也。」《聘禮》大夫奉命來聘，君臣不敵，故授玉于東楹之間。國君來朝，尊卑禮敵，且傳言「東楹之東」以譏鄭伯行速，明禮當授玉于兩楹之間。

二月，季文子以鞌之功立武宮，非禮也。宣十二年潘黨勸楚子立武軍。楚子答以武有七德，非己所堪。其爲先君宮，告成事而已。今魯倚晉之功，又非霸主，而立武宮，故譏之。**聽於人以救其難，不可以立武。立武由己，非由人也。**言請人救難，勝非己功。【疏】注「宣十」至「譏之」。❶ 正義曰：服虔云：「鞌之戰，禱武公以求勝，故立其宮。」案定元年傳：「昭公出故，季平子禱于煬公，立煬宮。」此若爲禱而立，何以不言禱也？❷ 無驗之説，故不可從。

取鄟，言易也。

三月，晉伯宗、夏陽説、衛孫良夫、甯相、鄭人、伊雒之戎、陸渾、蠻氏侵宋，夏陽説，晉大夫。蠻氏，戎別種也。河南新城縣東南有蠻城。經唯書衛孫良夫，❸獨衛告也。**以其辭會也。**辭會在前年。**師于鍼，衛人不保。**不守備。**説欲襲衛，曰：「雖不可入，多俘而歸，有罪不及死。」伯宗曰：**

---

❶「注宣十至譏之」，阮本此節正義在注「而立武宮故譏之」下。

❷「何」，原作「可」，據正宗寺本、京都本、文淵閣本、阮本改。

❸「衛」，原脱，據《四部叢刊》本、京都本、文淵閣本、阮本補。

「不可！衛唯信晉，故師在其郊而不設備。若襲之，是棄信也。雖多衛俘，而晉無信，何以求諸侯？」乃止。師還，衛人登陴。聞説謀故。

晉人謀去故絳。晉復命新田爲絳，故謂此故絳。諸大夫皆曰：「必居郇瑕氏之地，郇瑕，古國名。河東解縣西北有郇城。沃饒而近盬，盬，鹽也。猗氏縣鹽池是。國利君樂，不可失也。」韓獻子將新中軍，且爲僕大夫。兼大僕。公揖而入，獻子從公立於寢庭。路寢之庭。謂獻子曰：「何如？」問諸大夫言是非。對曰：「不可。郇瑕氏土薄水淺，土薄地下。其惡易覯。惡，疾疢。❶覯，成也。易覯則民愁，民愁則墊隘，墊隘，羸困也。於是乎有沈溺重膇之疾。沈溺，濕疾。重膇，足腫。不如新田，今平陽絳邑縣是。土厚水深，居之不疾，高燥故。有汾、澮以流其惡。汾水出大原，經絳北，西南入河。澮水出平陽絳縣南，西入汾。惡，垢穢。且民從教，無災患。十世之利也。夫山澤林盬，國之寶也。國饒則民驕佚。財易致，則民驕侈。近寶，公室乃貧，不可謂樂。」近寶，則民不務本。公説，從之。夏，四月，丁丑，晉遷于新田。爲季孫如晉傳。【疏】「沃饒」至「失也」。❷ 正義曰：土田良沃，五穀饒多，民豐則國利，財多則君樂，其處不可失也。 注「盬鹽」至「池是」。 正義曰：《説文》云：「盬，河東鹽池，袤五十一里，廣七里，周揔百一十六里。字從鹽省，古聲。」然則盬是鹽之名。盬雖是鹽，

---

❶ 「疢」，足利學本同，文淵閣本、阮本、《經典釋文》作「疢」。《經典釋文》云：「本或作疢，同。」

❷ 「沃饒至失也」，阮本以下正義八節分疏於傳文各節下。

唯此池之鹽獨名爲鹽，餘鹽不名鹽也。注「路寢之庭」。正義曰：《禮·玉藻》云：「君日出而視朝，退適路寢聽政。」知寢庭是路寢之庭也。沈氏云：「《大僕》職云：『王視燕朝，則正位，掌擯相。』鄭注云：『燕朝，朝於路寢之庭。』韓獻子既爲僕大夫，故知寢庭，路寢之庭也。其路門之外朝，則司士掌焉，故司士掌治朝之儀。治朝，則路門之外每日治朝事之朝也。其庫門之外朝，則朝士掌焉，故《朝士》云：『掌外朝之法。』此是詢衆庶問罪人之處也。凡人君，内朝二，外朝一。内朝二者，路門内外之朝也。外朝一者，庫門外之朝也。若諸侯三門皋、應、路，外朝則在應門外。魯之三門庫、雉、路，則外朝在雉門外。」注「惡疾疢覯成也」。正義曰：下云「土厚水深，❶居之不疾」，此云「土薄水淺」，必居之多疾，以此知惡是疾疢也。《爾雅》訓「覯」爲「見」，杜以惡爲疾疢，疾疢非難見之物，唯苦其病成耳，故訓「覯」爲「成」，言其病易成，由水土惡故也。「易覯」至「墊隘」。正義曰：疾疢易成，則下民愁苦，民既愁苦，則必羸困。羸困而謂之墊隘者，《方言》云：「墊，下也。」地之下濕狹隘，猶人之羸瘦困苦，故杜以墊隘爲羸困也。「且民」至「利也」。正義曰：民有災患，則不暇從上，無災患，則從教化。十者，數之小成，故云「十世之利也」。注「財易」至「驕侈」。正義曰：《魯語》：「敬姜云：『昔者聖王之處民也，擇瘠土而居之，勞其民而用之，故長王天下。夫民勞則思，思則善心生。逸則淫，淫則忘善，忘善則惡心生。沃土之民不材，逸也。瘠土之民莫不向義，勞也。』」敬姜此語，自是激發之辭，未必聖王盡然，要亦有此理也。《大史公書》稱武王克殷，患殷民富侈。大史公曰：「奢昏厚葬，以破其產。」爲其富而驕佚，故設法以貧之也。《管子》曰：

❶「厚」，原作「原」，據正宗寺本、京都本、文淵閣本、阮本改。

「倉廩實而知禮節，衣食足而知榮辱。讓生於有餘，争生於不足。」《論語》稱孔子適衛，欲先富後教，❶爲其貧而無耻，欲營生以富之也。此皆觀民設教，故其理不同。若遷都近鹽，則民皆商販，則富者彌富，驕侈而難治，貧者益貧，飢寒而犯法。且貧者資富而致貧，富者削貧而爲富，惡民之富，乃是愍民之貧，欲使貧富均而勞逸等也。❷

注「近寶則民不務本」。正義曰：農業，人之本也。商販，事之末也。若民居近寶，則棄本逐末。廢農爲商，則貧富兼并。若貧富兼并，則貧多富少。貧者無財以共官，富者不可以倍税，賦税少，則公室貧也。

六月，鄭悼公卒。終士貞伯之言。

子叔聲伯如晉，命伐宋。晉人命聲伯。**秋，孟獻子、叔孫宣伯侵宋，晉命也。**

楚子重伐鄭，鄭從晉故也。前年從晉盟。

冬，季文子如晉，賀遷也。

晉欒書救鄭，與楚師遇於繞角。繞角，鄭地。**楚師還。晉師遂侵蔡。楚公子申、公子成以申、息之師救蔡，**申、息，楚二縣。**禦諸桑隧。**汝南朗陵縣東有桑里，❸在上蔡西南。**趙同、趙括欲戰，請於武子，武子將許之。**武子，欒書。**知莊子、**荀首，中軍佐。**范文子、**士燮，上軍佐。**韓獻子**韓

---

❶「富」下，京都本、文淵閣本、阮本有「而」字。

❷「逸」，阮校：「宋本、閩本、監本、毛本作『佚』。」

❸「桑里」，阮校：「案，《後漢書·郡國志》引注作『桑里亭』。」

厥，新中軍將。諫曰：「不可！吾來救鄭，楚師去我，吾遂至於此，此蔡地。是遷戮也。戮而不已，又怒楚師，戰必不克。遷戮不義，怒敵難當，故不克。雖克，不令。成師以出，而敗楚之二縣，何榮之有焉？六軍悉出，故曰成師。以大勝小，不足爲榮。若不能敗，爲辱已甚，不如還也。」乃遂還。於是軍帥之欲戰者衆。或謂欒武子曰：「聖人與衆同欲，是以濟事。子盍從衆？盍，何不也。子爲大政，中軍元帥。將酌於民者也。酌取民心以爲政。子之佐十一人，六軍之卿佐。其不欲戰者，三人而已。知、范、韓也。欲戰者可謂衆矣。《商書》曰：『三人占，從二人。』衆故也。」《商書》，《洪範》。武子曰：「善鈞，從衆。鈞，等也。夫善，衆之主也。三卿爲主，可謂衆矣。三卿，皆晉之賢人。從之，不亦可乎？」傳善欒書得從衆之義，且爲八年晉侵蔡傳。【疏】「子之佐十一人」。❶ 正義曰：服虔云：「是時欒書將中軍，荀首佐之。荀庚將上軍，士燮佐之。郤錡將下軍，趙同佐之。韓厥將新中軍，趙括佐之。鞏朔將新上軍，韓穿佐之。荀騅將新下軍，趙旃佐之。」注「商書洪範」。正義曰：武王克殷，始作《洪範》，今見在《周書》。傳謂之《商書》者，以箕子商人所陳故也。

【經】七年，春，王正月，鼷鼠食郊牛角，改卜牛。鼷鼠又食其角，乃免牛。無傳。稱牛，未卜日。免，放也。免牛可也，不郊非禮也。【疏】「鼷鼠」至「免牛」。正義曰：《釋獸》云「鼷鼠」，李巡曰：「鼱鼩鼠，

❶「子之佐十一人」，阮本以下正義二節分疏於傳文各節下。

一名鼷鼠。」孫炎曰：「有螫毒者。」蓋如今鼠狼。「改卜牛」下重言「鼷鼠又食其角」，不重言「牛」者，何休云：「言角，牛可知。後食牛者，未必故鼠，故重言鼠。」改卜被食角者，言「乃免牛」，則前食角者亦免之矣，從下免省文也。　注「稱牛」至「禮也」。　正義曰：僖三十一年傳曰「牛卜日曰牲」，今稱牛，是未卜日也。免，放也，放不殺，遂不郊也。

吳伐郯。

夏，五月，曹伯來朝。

不郊，猶三望。無傳。書不郊，間有事。三望，非禮。

秋，楚公子嬰齊帥師伐鄭。

公會晉侯、齊侯、宋公、衛侯、曹伯、莒子、邾子、杞伯救鄭。八月，戊辰，同盟于馬陵。馬陵，衛地。陽平元城縣東南有地名馬陵。

公至自會。無傳。

吳入州來。州來，楚邑。淮南下蔡縣是也。

冬，大雩。無傳。書過。

衛孫林父出奔晉。

【傳】七年，春，吳伐郯，郯成。季文子曰：「中國不振旅，蠻夷入伐，而莫之或恤。振，整也。

旅，衆也。**無弔者也夫！**言中國不能相愍恤，故夷狄内侵。《詩》曰：『不弔昊天，亂靡有定。』其此之謂乎？《詩·小雅》。刺在上者不能弔愍下民，故號天告亂。有上不弔，其誰不受亂？上謂霸主。**吾亡無日矣！」君子曰：「知懼如是，斯不亡矣！」**【疏】「詩曰」至「有定」。❶　正義曰：此《詩·小雅·節南山》之篇。

鄭子良相成公以如晉見，且拜師。謝前年晉救鄭之師。爲楚伐鄭張本。

夏，曹宣公來朝。【疏】「曹宣公來朝」。　正義曰：此文及八年傳「召桓公來賜公命」，並無所解釋，而虚載經文者，《釋例》曰：「其經、傳事同而文異者，或告命之辭有差異，或氏族名號當須互見。」此蓋須互見名號，故舉之也。

秋，楚子重伐鄭，師于氾。氾，鄭地，在襄城縣南。**諸侯救鄭。鄭共仲、侯羽軍楚師，**二子，鄭大夫。**囚鄖公鍾儀，獻諸晉。八月，同盟于馬陵，尋蟲牢之盟，且莒服故也。**蟲牢盟在五年。莒本屬齊，齊服，故莒從之。

晉人以鍾儀歸，囚諸軍府。軍藏府也。爲九年晉侯見鍾儀張本。

楚圍宋之役，在宣十四年。**師還，子重請取於申、呂以爲賞田，王許之。**分申、呂之田以自賞。**申公巫臣曰：「不可。此申、呂所以邑也，是以爲賦，以御北方。若取之，是無申、呂也，**言申、呂賴

❶「詩曰至有定」，阮本此節正義在注「故號天告亂」下。

此田成邑耳。不得此田，則無以出兵賦，而二邑壞也。晉、鄭必至于漢。」王乃止。子重是以怨巫臣。子反欲取夏姬，巫臣止之，遂取以行，子反亦怨之。及共王即位，楚共王以魯成公元年即位。子重、子反殺巫臣之族子閻、子蕩及清尹弗忌，皆巫臣之族。及襄老之子黑要，以夏姬故，并怨黑要。而分其室。子重取子閻之室，使沈尹與王子罷分子蕩之室，子反取黑要與清尹之室。巫臣自晉遺二子書，子重、子反。曰：「爾以讒慝貪惏事君，而多殺不辜，余必使爾罷於奔命以死！」巫臣請使於吴，晉侯許之。吴子壽夢説之，乃通吴于晉。壽夢，季札父。以兩之一卒適吴，舍偏兩之一焉。《司馬法》：「百人爲卒，二十五人爲兩。車九乘爲小偏，十五乘爲大偏。」蓋留九乘車及一兩二十五人，令吴習之。與其射御，教吴乘車，教之戰陳，教之叛楚。前是吴常屬楚。寘其子狐庸焉，使爲行人於吴。吴始伐楚、伐巢、伐徐，巢、徐，楚屬國。子重奔命。救徐、巢。馬陵之會，吴入州來，子重自鄭奔命。因伐鄭而行。子重、子反於是乎一歲七奔命。蠻夷屬於楚者，吴盡取之，是以始大，通吴於上國。上國，諸夏。【疏】「以兩」至「一焉」。❶ 正義曰：「以兩之一」，謂將二十五人也，又言「卒」，謂更將百人也。言「之」者，婉句耳，凡將一百二十五人適吴也。「舍偏」，謂舍一偏之車九乘也，「兩之一焉」，又舍二十五人也，凡舍九乘車二十五人與吴矣。發首言「兩之一」者，爲舍此「兩之一」，故先言之。又言「卒」者，見巫臣所將非唯有一兩也。《司馬法》：「車九乘爲小偏，十五乘爲大偏。」傳言偏不言大，當是留九乘車

❶ 「以兩至一焉」，阮本此節正義在「舍偏兩之一焉」句注下。

矣。唯言留一偏，不見元將車數，不知去時幾乘車去也。丘明爲傳，辭皆易解，此獨蹇澁，或誤本文。蘇氏云：「舍九乘車，以六乘車還，則以去時十五乘車。傳不言者，以舍既稱『偏』，明去時有車可知，從省文也。」沈氏云：「聘使未有將兵車者，今此特將兵車，爲方欲教吴戰陳，故與常不同。」

衛定公惡孫林父。冬，孫林父出奔晉。林父，孫良夫之子。**衛侯如晉，晉反戚焉。**戚，林父邑。林父出奔，戚隨屬晉。【疏】注「戚林」至「屬晉」。　正義曰：傳言「晉反戚焉」，則戚已屬晉。襄二十六年，「衛孫林父入于戚以叛」。此不言叛，故解之。戚是孫氏世所食邑，林父出奔之後，戚自從隨而屬晉，非林父入而將去，故不言叛也。

【經】八年，春，晉侯使韓穿來言汶陽之田，歸之于齊。齊服事晉，故晉來語魯，使還二年所取田。

晉欒書帥師侵蔡。

公孫嬰齊如莒。

宋公使華元來聘。

夏，宋公使公孫壽來納幣。昏聘不使卿，今華元將命，故特書之。宋公無主昏者，自命之，故稱使也。公孫壽，蕩意諸之父。【疏】注「昏聘」至「之父」。　正義曰：傳於「華元來聘」之下云「聘共姬也」，則華元新始告魯，欲圖爲昏。《昏禮》發首云「昏禮，下達」，乃言「納采」。鄭玄云：「達，通也。將欲與彼合昏姻，必先使媒氏下通其言，女氏許之，乃後使人納其采擇之禮。」此華元來聘，則彼《昏禮》所謂「下達」者也。士禮使媒，諸侯不可求媒於他國，❶自使臣行，則亦媒之義。昏有六禮：下達之後，初有納采擇之禮。既行納采，其日即行問名，問女之名，將歸卜其吉凶也。歸既卜得吉，又使使者往告，謂之納吉，納吉則昏禮定矣。復遣納徵，徵，成也，納幣以成昏禮。士禮納徵，有玄纁束帛儷皮，其諸侯謂之納幣，以其幣多，故指幣言之。納幣以後，又有請期、親迎，是之謂六禮也。計華元來聘之後，當有納采、納吉二使，二使之後，乃次納幣。今唯書納幣者，納采、納吉，其使非卿，故不書也。《釋例》曰：「諸侯昏禮亡，以士昏禮準之，不得唯止於納幣、逆女。納幣、逆女二事，皆必使卿行，卿行則書之，他禮非卿，則不書也。宋公使華元來聘，聘不應使卿，故傳但言聘共姬也。使公孫壽來納幣，納幣應使卿，故傳明言得禮也。魯君之昏，唯存納幣、逆女，此其義也。」是言聘女不應使卿，今華元以卿將命，故特書之也。隱二年《公羊傳》曰：「昏禮不稱主人，宋公使公孫壽來納幣，則其稱主人何？辭窮也。辭窮者何？無母也。」禮，有母，則母命之。宋公無主昏者，宋公自命之，故稱「宋公使公孫壽來」也。「公孫壽，蕩意諸之父」者，文十六年傳文。

晉殺其大夫趙同、趙括。 傳曰：「原、屏，咎之徒也。」明本不以德義自居，宜其見討，故從告辭而稱名。【疏】注「傳曰」至「稱名」。 正義曰：傳稱莊姬譖之，則是同、括無罪。大夫無罪見殺，例不書名，此並書名，故解之。宣十二年傳曰：「原、屏，咎之徒也。」明本不以德義自居，而妄叨高位，宜其見討，今雖實不作

❶ 「他」，京都本、文淵閣本、阮本作「其」。

亂，從告而稱其名。言從告者，凡殺大夫，必以其實有罪告，不肯言其無罪。魯史詳其曲直，乃立其文，故所書或從或否耳。

秋，七月，天子使召伯來賜公命。❶諸侯即位，天子賜以命圭，與之合瑞。八年乃來，緩也。天子、天王，王者之通稱。【疏】注「諸侯」至「通稱」。　正義曰：天子賜諸侯之命，書傳亦無正禮，唯文元年「天王使毛伯來錫公命」，僖十一年傳「王賜晉惠公命」，《周語》「王賜晉文公命」，皆是即位而賜之，又賜之以圭，擬朝而合瑞。諸侯即位，禮必朝王，明當即位即賜之命，今八年乃來，是緩也。隱元年宰咺來賵，爲其緩，書名以譏之。此亦緩也，而不譏之者，彼贈死不及尸，弔生不及哀，子氏未薨而豫凶事，所失者大，故特譏之。春秋之時，賜命禮廢，唯文公即位而賜，成公八年乃賜，桓公死後追賜，其餘皆不得賜。苟以得之爲榮，故不復譏其緩也。且賜之以圭者，爲朝而合瑞，魯尚不朝天子，不宜譏天子賜緩也。天子之見經者三十有二，稱「天王」者二十五，稱「王」者六，稱「天子」者一，即此事是也。三稱並行，傳無異説，故知天子、天王，王者之通稱也。其不同者，史異辭耳。《公羊傳》曰：「其稱天子何？元年春王正月，正也，其餘皆通矣。」杜用彼説也。賈逵云：「諸夏稱天王，畿内曰王，❷夷狄曰天子。王使榮叔歸含且賵，以恩深加禮妾母，恩同畿内，故稱王。成公八年乃得賜命，與夷狄同，故稱天子。」《左氏》無此義，故杜不從之。

冬，十月，癸卯，杞叔姬卒。前五年來歸者。女既適人，雖見出棄，猶以成人禮書之。終爲杞

---

❶「來賜公命」，阮校：「案，《曲禮》正義引作『來錫公命』，《公羊》、《穀梁》亦作『錫』。」

❷「王」，原作「主」，據正宗寺本、京都本、文淵閣本、阮本改。

伯所葬，故稱杞叔姬。

晉侯使士燮來聘。

叔孫僑如會晉士燮、齊人、邾人伐郯。先謀而稱會，盟主之命，不同之於列國。

衛人來媵。古者諸侯取適夫人及左右媵，各有姪娣，皆同姓之國，國三人，凡九女，所以廣繼嗣也。魯將嫁伯姬於宋，故衛來媵之。【疏】注「古者」至「媵之」。　正義曰：莊十九年《公羊傳》曰：「媵者何？諸侯娶一國，則二國往媵之，以姪娣從。姪者何？兄之子也。娣者何？弟也。諸侯一聘九女。」是諸侯娶適夫人及左右媵，各有姪娣也。傳曰：「同姓媵之，異姓則否。」是夫人與媵皆同姓之國也。魯、衛同姓，故來媵之。《釋例》曰：「古者諸侯之娶適夫人及左右媵，各有姪娣，皆同姓之國，國三人，凡九女。參骨肉至親，所以息陰訟，陰訟息，所以廣繼嗣也。當時雖無其人，必待年而送之，所以絶望求、塞非常也。辭稱惷愚不教，故遣大夫隨之，亦謂之媵臣，所以將謙敬之實也。夫人薨，不更聘，必以姪娣媵繼室，一與之醮，則終身不二，所以重昏姻、固人倫。人倫之義既固，上足以奉宗廟，下足以繼後世，此夫婦之義也。」

【傳】八年，春，晉侯使韓穿來言汶陽之田，歸之于齊。季文子餞之，餞，送行飲酒。**私焉，**私與之言。**曰：「大國制義，以爲盟主，是以諸侯懷德畏討，無有貳心。謂汶陽之田，敝邑之舊也，而用師於齊，使歸諸敝邑。**用師，鞌之戰。**今有二命，曰『歸諸齊』。信以行義，義以成命，小國所望而懷也。信不可知，義無所立，四方諸侯，其誰不解體？**言不復肅敬於晉。**《詩》曰：『女也不爽，士貳**

其行。士也罔極，二三其德。』爽，差也。極，中也。《詩・衛風》。婦人怨丈夫不一其行，喻魯事晉，猶女之不敢過差，❶而晉有罔極之心，反二三其德。**七年之中，一與一奪，二三孰甚焉？士之二三，猶喪妃耦，而況霸主？霸主將德是以，**以，用也。**而二三之，其何以長有諸侯乎？《詩》曰：『猶之未遠，是用大簡。』**猶，圖也。簡，諫也。《詩・大雅》。言王者圖事不遠，故用大道諫之。**行父懼晉之不遠猶而失諸侯也，是以敢私言之。」**【疏】注「餞送行飲酒」。❷　正義曰：《詩・大雅・韓奕》篇云：「韓侯出祖，出宿于屠。顯父餞之，清酒百壺。」是餞爲送行飲酒也。　「大國」至「盟主」。　正義曰：義者，宜也，事得其宜謂之爲義。汶陽之田，宜其歸魯，是歸魯爲義，歸齊不義。大國當制其義事，以爲諸侯之盟主。　「信以」至「解體」。　正義曰：言之有信，義事乃行，是「信以行義」。事必以義，命乃成就，故「義以成命」也。杖信以行義事，以義而命諸侯，故小國所望而歸之。懷，歸也。言而無信，則信不可知。所命非義，則義無所立，如是則四方諸侯其誰不解體？謂事晉之心皆疎慢也。　「詩曰」至「其德」。　正義曰：《衛風・氓》之篇。　「詩曰」至「言之」。　正義曰：《詩・大雅・板》之篇也。言王者之所圖謀，其事未能長遠，我以是故用大道諫王。行父今亦懼晉之不能遠圖，而因此以失諸侯，是以敢私言之，私布此言，即是大諫也。

晉欒書侵蔡，六年未得志故。**遂侵楚，獲申驪。**申驪，楚大夫。**楚師之還也，**謂六年遇於繞角

---

❶「之」下，京都本、文淵閣本、阮本有「事夫」二字。阮校：「宋本脱此二字。」

❷「注餞送行飲酒」，阮本以下正義五節分疏於傳文各節下。

時。**晉侵沈，獲沈子揖初，從知、范、韓也。**繞角之役，欒書從知莊子、范文子、韓獻子之言，不與楚戰。自是常從其謀，師出有功，故傳善之。沈國，今汝南平與縣。❶ **君子曰：「從善如流，宜哉！**宜有功也。如流，喻速。《詩》曰：**『愷悌君子，遐不作人？』**遐，遠也。作，用也。《詩·大雅》，言文王能遠用善人。不，語助。**求善也夫！作人，斯有功績矣。」**

是行也，鄭伯將會晉師，會伐蔡之師。**門于許東門，大獲焉。**過許，見其無備，因攻之。【疏】「楚師之還」。❷ 正義曰：還在六年，不於彼言者，因其今獲申驪，追言六年侵沈，述欒書得從善之功，故於此并言之。「詩曰」至「作人」。正義曰：《大雅·旱麓》之篇。

聲伯如莒，逆也。自爲逆婦而書者，因聘而逆。

宋華元來聘，聘共姬也。穆姜之女，成公姊妹，爲宋共公夫人。聘不應使卿，故傳發其事而已。

夏，宋公使公孫壽來納幣，禮也。納幣應使卿。【疏】注「穆姜之女」。❸ 正義曰：明年季文子如宋

---

❶ 「平與」，阮校：「閩本、監本、毛本『與』作『輿』，《釋文》亦作『輿』字。按，《釋文》當作『與』字，故曰『音餘，一音預』。宋本作『平與』，則作『與』者古本也。」按，足利學本作「與」。

❷ 「楚師之還」，正宗寺本、京都本、阮本「還」下有「也」字。阮本以下正義二節分疏於傳文各節下。

❸ 「注穆姜之女」，阮本此節正義在「聘共姬也」句注下。

致女，還稱宋土之樂，穆姜出拜謝之，知是穆姜所生之女也。

晉趙莊姬爲趙嬰之亡故，譖之于晉侯，趙嬰亡在五年。**曰：「原、屏將爲亂。」欒、郤爲徵。**欒氏、郤氏亦徵其爲亂。**六月，晉討趙同、趙括。武從姬氏畜于公宮。**趙武，莊姬之子。莊姬，晉成公女。畜，養也。**以其田與祁奚。韓厥言於晉侯曰：「成季之勳，宣孟之忠，**成季，趙衰。宣孟，趙盾。**而無後，爲善者其懼矣。三代之令王，皆數百年保天之禄。夫豈無辟王？**❶**賴前哲以免也。**言三代亦有邪辟之君，但賴其先人以免禍耳。**《周書》曰：『不敢侮鰥寡。』所以明德也。」**《周書·康誥》。言文王不侮鰥寡，而德益明。欲晉侯之法文王。❷**乃立武，而反其田焉。**【疏】注「趙武」至「養也」。❸正義曰：《史記·趙世家》云：「趙朔娶晉成公姊爲夫人。」案傳，趙衰適妻是文公之女，若朔妻成公之姊，則亦文公之女。父之從母，不可以爲妻，且文公之卒，距此四十六年，莊姬此時尚少，不得爲成公姊也。賈、服先儒皆以爲成公之女，故杜從之。《史記》又稱有屠岸賈者，有寵於靈公，此時爲司寇，追論趙盾弒君之事，誅趙氏，殺趙朔、趙同、趙括，而滅其族。案二年傳「欒書將下軍」，則於時朔已死矣。同、括爲莊姬所譖，此年見殺，趙朔不得與同、括俱死也。於時晉君明，諸臣彊，無容有屠岸賈輒厠其間，得如此專恣。又説云，公孫杵臼取他

---

❶「辟」，《經典釋文》作「僻」。

❷「晉」上，《四部叢刊》本、京都本、文淵閣本、阮本有「使」字。

❸「注趙武至養也」，阮本以下正義二節分疏於傳文各節下。

兒代武死，程嬰匿武於山中，居十五年，因晉侯有疾，韓厥乃請立武爲趙氏後，與《左傳》皆違。❶馬遷妄說，不可從也。「夫豈」至「免也」。正義曰：此趙同、趙括，謂天禄之父祖，❷若桀、紂之輩雖邪辟，子孫賴禹、湯之功而食天禄。

秋，召桓公來賜公命。❸召桓公，周卿士。

晉侯使申公巫臣如吴，假道于莒。與渠丘公立於池上，渠丘公，莒子朱也。池，城池也。渠丘，邑名，莒縣有蘧里。❹**曰：「城已惡。」莒子曰：「辟陋在夷，其孰以我爲虞？」**虞，度也。**對曰：「夫狡焉狡猾之人。思啓封疆以利社稷者，**❺**何國蔑有？唯然，故多大國矣，唯或思或縱也。**世有思開封疆者，有縱其暴掠者，莒人當唯此爲命。**勇夫重閉，況國乎？」**爲明年莒潰傳。【疏】注「渠丘」至「蘧里」。❻正義曰：十四年莒子朱卒，知渠丘公即是朱也。渠丘，莒之邑名。夷不當有謚，或作别號，此朱以邑名爲號，不知其故何也。「唯然」。正義曰：俗本「唯」作「雖」，今定本作「唯」。

❶「皆」，阮校：「閩本、監本、毛本作『背』。」
❷「謂天禄之父祖」，文淵閣本作「嗣祖父之天禄」。「謂」，阮校：「齊召南校本作『嗣』。」
❸「賜」，阮校：「閩本作『錫』。」
❹「蘧」下，阮校：「《郡國志》引注有『邱』字。」
❺「封」，阮校：「李善《潘岳關中詩》注引傳『封』上有『其』字。」
❻「注渠丘至蘧里」，阮本以下正義二節分疏於傳文各節下。

冬，杞叔姬卒。來歸自杞，故書。愍其見出來歸，故書卒也。若更適大夫，則不復書卒。

晉士燮來聘，言伐郯也，以其事吴故。七年郯與吴成。公賂之，請緩師。文子不可，文子，士燮。曰：「君命無貳，失信不立。禮無加貨，事無二成。公私不兩成。君後諸侯，是寡君不得事君也。欲與魯絶。燮將復之。」季孫懼，使宣伯帥師會伐郯。

衛人來媵共姬，禮也。凡諸侯嫁女，同姓媵之，異姓則否。必以同姓者，參骨肉至親，所以息陰訟。【疏】「衛人」至「則否」。正義曰：《膏肓》以爲：「媵不必同姓，所以博異氣。今《左傳》『異姓則否』，十年齊人來媵，何以無貶刺之文？《左氏》爲短。」鄭箴云：「禮稱納女於天子云『備百姓』，於國君云『備酒漿』，不得云『百姓』，是不博異氣也。齊是大國，今來媵我，得之爲榮，不得貶也。」

【經】九年，春，王正月，杞伯來逆叔姬之喪以歸。

公會晉侯、齊侯、宋公、衛侯、鄭伯、曹伯、莒子、杞伯，同盟于蒲。蒲，衛地，在長垣縣西南。

公至自會。無傳。

二月，伯姬歸于宋。宋不使卿逆，非禮。

夏，季孫行父如宋致女。女嫁三月，又使大夫隨加聘問，謂之致女。所以致成婦禮，篤昏姻之好。

晉人來媵。媵伯姬也。【疏】注「女嫁」至「之好」。❶　正義曰：桓三年九月夫人姜氏至自齊，冬，齊侯使其弟年來聘，傳曰：「齊仲年來聘，致夫人也。」此二月伯姬歸于宋，夏，季孫行父如宋致女，二者其間並近三月。禮：婦入三月廟見。知致女必以三月，蓋廟見之後，婦禮既成，使大夫聘問，謂之致女。致其成婦之禮，存謙敬，序殷勤，所以篤昏姻之好也。仲年、行父俱是致女，而彼言「聘」者，在魯而出，則曰「致女」，在他國而來，則但言「聘」，外内之異文也。以彼言「聘」，而實是致女，故二注皆言「使大夫隨加聘問」，爲此也。

秋，七月，丙子，齊侯無野卒。無傳。五同盟。丙子，六月一日。書七月，從赴。【疏】注「五同盟」。　正義曰：無野以宣十年即位，此二年及國佐盟于袁婁，又盟于蜀，五年于蟲牢，七年于馬陵，此年于蒲，皆魯、齊俱在，是五同盟也。

晉人執鄭伯。鄭伯既受盟於蒲，又受楚賂會於鄧，故晉執之。稱人者，晉以無道於民告諸侯。例在十五年。**晉欒書帥師伐鄭。**

冬，十有一月，葬齊頃公。無傳。

楚公子嬰齊帥師伐莒。庚申，莒潰。民逃其上曰潰。**楚人入鄆。**鄆，莒別邑也。楚偏師入鄆，故稱人。

秦人、白狄伐晉。

---

❶「注女嫁至之好」，阮本此節正義在注「篤昏姻之好」下。

鄭人圍許。

城中城。魯邑也，在東海廩丘縣西南。❶此閏月城，在十一月之後，十二月之前，故傳曰「書時」。【疏】注「魯邑」至「書時」。正義曰：《長歷》推此年閏十一月，傳「城中城」文在十二月上，而云「書時」也，即是閏月城之。閏月半後即是十二月節，故水昏已正而城之，是得時也。

【傳】九年，春，杞桓公來逆叔姬之喪，請之也。叔姬已絶於杞，魯復强請杞，使還取葬。**杞叔姬卒，爲杞故也。**還爲杞婦，故卒稱杞。**逆叔姬，爲我也。**既棄而復逆其喪，明爲魯故。

爲歸汶陽之田故，諸侯貳於晉。歸田在前年。**晉人懼，會於蒲，以尋馬陵之盟。**馬陵盟在七年。**季文子謂范文子曰：「德則不競，尋盟何爲？」**競，强也。**范文子曰：「勤以撫之，寬以待之，堅彊以御之，明神以要之，柔服而伐貳，德之次也。」是行也，將始會吴，吴人不至。**爲十五年會鍾離傳。

二月，伯姬歸于宋。爲致女復命起。

---

❶「廩丘」，阮校：「宋本、岳本、纂圖本、監本、毛本『廩』作『廪』。案，《晉書・地理志》東海郡屬有厚邱，無廩邱，而劉昭注《續漢書・郡國志》于『東海郡厚邱』條下引杜云：『縣西南有中鄉城。』又《水經・沭水注》云：『又南逕東海厚邱縣。』則『廩』當是『厚』字之誤。」

楚人以重賂求鄭，鄭伯會楚公子成于鄧。爲晉人執鄭伯傳。

夏，季文子如宋致女，復命，公享之，賦《韓奕》之五章。《韓奕》，《詩・大雅》篇名。其五章言：蹶父嫁女於韓侯，爲女相所居，莫如韓樂。文子喻魯侯有蹶父之德，宋公如韓侯，宋土如韓樂。穆姜出于房，再拜，曰：「大夫勤辱，不忘先君，以及嗣君，施及未亡人，穆姜，伯姬母，聞文子言宋樂，喜而出謝其行勞。婦人夫死，自稱未亡人。先君猶有望也。言先君亦望文子之若此。敢拜大夫之重勤。」又賦《緑衣》之卒章而入。《緑衣》，《詩・邶風》也。取其「我思古人，實獲我心」，喻文子言得己意。

晉人來媵，禮也。同姓故。

秋，鄭伯如晉。晉人討其貳於楚也，執諸銅鞮。銅鞮，晉别縣，在上黨。欒書伐鄭，鄭人使伯蠲行成，晉人殺之，非禮也。兵交，使在其間可也。明殺行人例。

楚子重侵陳以救鄭。陳與晉故。

晉侯觀于軍府，見鍾儀，問之，曰：「南冠而縶者，誰也？」南冠，楚冠。縶，拘執。有司對曰：「鄭人所獻楚囚也。」使税之，鄭獻鍾儀在七年。税，解也。召而弔之。再拜稽首。問其族，對曰：「泠人也。」泠人，樂官。公曰：「能樂乎？」對曰：「先父之職官也，敢有二事？」言不敢學他事。使與之琴，操南音。南音，楚聲。公曰：「君王何如？」對曰：「非小人之所得知也。」固問之，對曰：

「其爲大子也，師保奉之，以朝于嬰齊而夕于側也。嬰齊，令尹子重。側，司馬子反。言其尊卿敬老。不知其他。」公語范文子。文子曰：「楚囚，君子也。言稱先職，不背本也。樂操土風，不忘舊也。稱大子，抑無私也。舍其近事，而遠稱少小，以示性所自然，明至誠。名其二卿，尊君也。尊晉君也。不背本，仁也。不忘舊，信也。無私，忠也。尊君，敏也。敏，達也。仁以接事，信以守之，忠以成之，敏以行之，事雖大，必濟。言有此四德，必能成大事。君盍歸之，使合晉、楚之成？」公從之，重爲之禮，使歸求成。爲下十二月晉、楚結成張本。【疏】注「南冠楚冠」。❶ 正義曰：應劭《漢官儀》云：「法冠，一曰柱後冠。《左傳》『南冠而執』，❷則楚冠也。秦滅楚，以其冠賜近臣，御史服之，即今解豸冠也。❸古有解豸獸，觸不直者，故執憲以其角形爲冠，令觸人也。」 注「泠人樂官」。 正義曰：《詩·簡兮·序》云：「衛之賢者，仕於泠官。」鄭玄云：「泠官，樂官也。泠氏世掌樂官而善焉，故後世多號樂官爲泠官。」《呂氏春秋》稱黄帝使泠倫自大夏之西、崑崙之陰取竹，斷兩節而吹之，以爲黄鐘之宮。昭二十一年傳景王鑄無射，泠州鳩非之，是泠氏世掌樂官也。《周語》云「景王鑄鐘成，泠人告和」，《魯語》云「泠簫詠歌及《鹿鳴》之三」，此稱「泠人」，《詩》稱「泠官」，是泠爲樂官之名也。 注「舍其」至「至誠」。 正義曰：楚王既爲君矣，不言爲君時事，而遠

---

❶ 「注南冠楚冠」，阮本以下正義三節分疏於傳文各節下。

❷ 「執」，正宗寺本、京都本、文淵閣本、阮本作「縶」。

❸ 「解豸」，阮校：「閩本、監本『解』作『獬』，毛本作『獬』，『豸』作『廌』。案，《字林》亦作『廌』。」

稱大子者，若言爲君時事，嫌爲君隱惡，或疑已在君位，矯情爲善。舍其當時近事，遠稱大子少小者，未爲君時不須隱蔽，以示王性自然，言其從小如此，以明己之至誠，無所私也。禮，君前臣名，字則貴於名，此道二卿之名，不言字，是尊晉君也。

冬，十一月，楚子重自陳伐莒，圍渠丘。渠丘城惡，衆潰，奔莒。戊申，楚入渠丘。月六日。**莒人囚楚公子平。楚人曰：「勿殺，吾歸而俘。」莒人殺之。楚師圍莒。莒城亦惡，庚申，莒潰。**月十八日。**楚遂入鄆，莒無備故也。**終巫臣之言。**君子曰：「恃陋而不備，罪之大者也。備豫不虞，善之大者也。莒恃其陋，而不脩城郭，浹辰之間，而楚克其三都，無備也夫！**浹辰，十二日也。**《詩》曰：『雖有絲麻，無棄菅蒯。雖有姬姜，無棄蕉萃。凡百君子，莫不代匱。』言備之不可以已也。」**逸《詩》也。姬、姜，大國之女。蕉萃，陋賤之人。【疏】注「浹辰十二日也」。❶ 正義曰：浹爲周帀也。從甲至癸爲十日，從子至亥爲十二辰。《周禮》縣治象浹日而斂之，謂周甲癸十日。此言「浹辰」，謂周子亥十二辰，故爲十二日也。「無棄菅蒯」。正義曰：《釋草》云：「白華，野菅。」郭璞曰：「菅，茅屬。」陸璣《毛詩疏》曰：「菅似茅，滑澤無毛，肕宜爲索，漚及曝尤善。」蒯與菅連，亦菅之類。《喪服》「疏屨」者，傳曰「藨、蒯之菲也」，可以爲屨，明肕如菅，並可代絲、麻之乏，故云「無棄」也。

秦人、白狄伐晉，諸侯貳故也。

❶「注浹辰十二日也」，阮本此節正義在「無備也夫」句注下。

鄭人圍許，示晉不急君也。此秋晉執鄭伯。**是則公孫申謀之，曰：「我出師以圍許，示不畏晉。爲將改立君者，而紓晉使。**紓，緩也。勿亟遣使詣晉，❶示欲更立君。**晉必歸君。」**爲明年晉侯歸鄭伯張本。

城中城。書時也。

十二月，楚子使公子辰如晉，報鍾儀之使，請修好結成。鍾儀奉晉命歸，故楚報之。

【經】十年，春，衛侯之弟黑背帥師侵鄭。

夏，四月，五卜郊，不從，乃不郊。無傳。卜常祀，不郊，皆非禮，故書。【疏】注「卜常」至「故書」。

正義曰：《曲禮》論卜筮云：「旬之外曰遠某日，旬之内曰近某日。」則卜者每旬一卜。傳稱「啓蟄而郊」，則周之三月，郊之大期。此云「五卜」者，當是三月三卜，四月又二卜，皆不吉，乃止也。僖三十一年傳云「禮不卜常祀」，不應卜而卜，以不吉而不郊，皆非禮也。

---

❶「詣」，京都本、阮本作「請」。

五月，公會晉侯、齊侯、宋公、衛侯、曹伯伐鄭。晉侯，太子州蒲也。❶稱爵，見其生代父居位，❷失人子之禮。【疏】注「晉侯」至「之禮」。　正義曰：如傳文，知晉侯是大子也。漢末有汝南應劭作《舊君諱議》云：「昔者周穆王名滿，晉厲公名州滿，又有王孫滿，是同名不諱。」則此爲「州滿」，或爲「州蒲」，誤耳。今定本作滿。傳無譏文，知譏其生代父位，失人子之禮者，傳稱「凡在喪，公侯曰子」，父喪代位，尚不稱君，生代父位，譏之必矣。傳言立大子以爲君，若其不譏，則不須此傳，是顯其譏之意。

齊人來媵。無傳。媵伯姬也。異姓來媵，非禮也。

丙午，晉侯獳卒。六同盟。據傳，丙午，六月七日。有日無月。【疏】注「六同盟」。　正義曰：獳以宣九年即位，十七年盟于斷道，元年于赤棘，二年于袁婁，五年于蟲牢，七年于馬陵，九年于蒲，皆魯、晉俱在，是六同盟也。

秋，七月，公如晉。

冬，十月。❸

❶「州蒲」，阮校：《釋文》云：『州蒲，本或作州滿。』劉氏《史通・雜駁篇》以『蒲』爲誤。案，《史記》又作『壽曼』。梁玉繩云：曼、滿音相近，壽、州字相通。」

❷「其」，阮校：「《釋文》無此字。」

❸「冬十月」，阮校：「浦鏜云：案，《禮記・中庸》正義『成十年不書冬十月』，此有者，當是後人妄增耳。」

【傳】十年，春，晉侯使羅茷如楚，羅茷，晉大夫。報大宰子商之使也。子商，楚公子辰。使在前年。

衛子叔黑背侵鄭，晉命也。晉命衛使侵鄭。

鄭公子班聞叔申之謀。改立君之謀。三月，子如立公子繻。子如，公子班。

夏，四月，鄭人殺繻，立髡頑。子如奔許。髡頑，鄭成公大子。欒武子曰：「鄭人立君，我執一人焉何益？不如伐鄭，而歸其君，以求成焉。」

晉侯有疾。五月，晉立大子州蒲以爲君，而會諸侯伐鄭。生立子爲君，此父不父，子不子。經因書晉侯，其惡明。鄭子罕賂以襄鐘，子罕，穆公子。襄鐘，鄭襄公之廟鐘。子然盟于脩澤，子駟爲質。子然、子駟，皆穆公子。滎陽巷縣東有脩武亭。❶辛巳，鄭伯歸。鄭伯歸不書，鄭不告入。

晉侯夢大厲，被髮及地，搏膺而踊曰：「殺余孫，不義。厲，鬼也。趙氏之先祖也。八年，晉侯殺趙同、趙括，故怒。余得請於帝矣。」壞大門及寢門而入。公懼，入于室。又壞户。公覺，召桑田巫。桑田，晉邑。巫言如夢。巫云鬼怒，如公所夢。公曰：「何如？」曰：「不食新矣。」言公不得及

---

❶「巷縣東有脩武亭」，《四部叢刊》本、京都本、文淵閣本、阮本「巷」作「卷」。阮校：「案，《水經・濟水注》引『脩武』作『武脩』。《方輿紀要》云：『原武縣有武脩亭，故卷城，在今原武县北。』宋本『卷』作『巷』，誤也。」

食新麥。

公疾病，求醫于秦，秦伯使醫緩爲之。緩，醫名。爲猶治也。未至，公夢疾爲二豎子，曰：「彼良醫也，懼傷我，焉逃之？」其一曰：「居肓之上，膏之下，若我何？」肓，鬲也。心下爲膏。醫至，曰：「疾不可爲也，在肓之上，膏之下，攻之不可，達之不及，藥不至焉，不可爲也。」達，針。❶公曰：「良醫也。」厚爲之禮而歸之。

六月，丙午，晉侯欲麥，周六月，今四月，麥始熟。使甸人獻麥，甸人，主爲公田者。饋人爲之。召桑田巫，示而殺之。將食，張，如廁，陷而卒。張，腹滿也。小臣有晨夢負公以登天，及日中，負晉侯出諸廁，遂以爲殉。傳言巫以明術見殺，小臣以言夢自禍。【疏】注「厲鬼」至「故怒」。❷ 正義曰：鬼怒言「殺余孫，不義」，必是枉死者之祖也。景公即位以來，唯枉殺趙同、趙括，故知是趙氏之先祖。趙氏先祖，其人非一，鬼不自言其名，未知誰之鬼。《世本》云：「公明生趙夙。」《晉語》云：「趙衰，趙夙之弟。」則括之祖，❸公明是也。服虔又以爲公明之鬼。凡爲疫厲之鬼，皆妖邪之氣，未必真是彼人，故杜不復指斥。 注「肓鬲也心下爲膏」。 正義曰：此賈逵之言，杜依用之。古今傳文皆以爲「膏之下」，賈、服、何休諸儒等亦皆以爲膏。雖凝

---

❶「針」，阮校：「《釋文》作『鍼也，音針』。」

❷「注厲鬼至故怒」，阮本以下正義二節分疏於傳文各節下。

❸「括」上，阮校：「浦鏜云：當脱『同』字。」

者爲脂，釋者爲膏，其實凝者亦曰膏。故《内則》云「小切狼臅膏」，則此膏謂連心脂膏也。劉炫以爲釋者爲膏，連心之脂不得稱膏，以爲「膏」當爲「鬲」。改易傳文，而規杜氏，非也。

鄭伯討立君者，戊申，殺叔申、叔禽。叔禽，叔申弟。**君子曰："忠爲令德，非其人猶不可，況不令乎？"**❶言叔申爲忠，不得其人，還害身。【疏】注「叔禽叔申弟」。❷正義曰：此無文也，以禽與申俱死，當是坐其兄弟，知是弟也。「忠爲」至「令乎」。正義曰：言叔申忠誠，爲此令善之德，施之於鄭伯，施非得其善人，猶尚不可，何況不有令德者乎？言「令德」者，往年公孫申曰「我出師以圍許，爲將改立君者，而紓晉使，晉必歸君」是也。

秋，公如晉，親吊，非禮。**晉人止公，使送葬。於是糴茷未反。**是春，晉使糴茷至楚結成。晉謂魯二於楚，❸故留公，須糴茷還，驗其虛實。

冬，葬晉景公。公送葬，諸侯莫在。魯人辱之，故不書，諱之也。諱不書晉葬也。

---

❶「況不令乎」，阮校：「高注《吕覽·至忠篇》引作『況不令之尤者乎』，是所見本有異也。」

❷「注叔禽叔申弟」，阮本此節正義在注「叔禽叔申弟」下。

❸「二」，阮校：「岳本、閩本、監本、毛本作『貳』。」

春秋左傳正義卷第十九　成公

國子祭酒上護軍曲阜縣開國子臣孔穎達等奉勑撰

【經】十有一年，春，王三月，公至自晉。 正月公在晉，不書，諱見止。【疏】注「正月」至「見止」。

正義曰：襄二十九年，「正月，公在楚」，傳曰：「釋不朝正于廟也。」彼以踰年，故書「正月，公在楚」。此亦踰年，不書「正月，公在晉」者，爲諱見止，故正月不以告廟。案《春秋》上下，公之在晉，諱與不諱，悉皆不書，此言「諱見止」者，以此兼有諱義，故詳之也。宣五年傳：「公如齊，高固使齊侯止公，請叔姬焉。夏，公至自齊，書過也。」注云：「公既見止，連昏於鄰國之臣，厭尊毁列，累其先君，而於廟行飲至之禮，故書以示過。」宣七年公會晉侯云云于黑壤，傳稱晉侯以公不朝，又不聘，止公于會，不與公盟。八年公至自晉，❶注云：「義與五年書過同。」此亦見止，還而告至。杜不言義與書過同者，公實不貳於楚，晉以無罪止公，非所當諱，故依法告至。然則正月諱不告者，正月公猶被執，守臣若其告廟，當云公被晉執，故諱而不告，公還不以爲恥，故告至耳。

❶「晉」，阮校：「監本、毛本作『會』，與宣八年經合。」

晉侯使郤犨來聘，己丑，及郤犨盟。郤犨，郤克從父兄弟。❶【疏】注「郤犨」至「兄弟」。正義曰：案《世本》，郤豹生冀芮，芮生缺，缺生克也。又云：豹生義，義生步揚，揚生州，州即犨也。如彼文，則犨與克俱是豹之曾孫，當爲從祖昆弟。服虔以爲從祖昆弟，杜云從父昆弟，或「父」當爲「祖」字誤耳。❷

夏，季孫行父如晉。

秋，叔孫僑如如齊。

冬，十月。

【傳】十一年，春，王三月，公至自晉。**晉人以公爲貳於楚，故止公。公請受盟，而後使歸。**前年七月公如晉弔，至是乃得歸。

郤犨來聘，且涖盟。公請受盟，故使大夫來臨之。

聲伯之母不聘，❸聲伯之母，叔肸之妻。不聘，無媒禮。**穆姜曰：「吾不以妾爲姒。」**昆弟之妻，

❶ 「從父兄弟」，阮校：「案，正義引注『兄』作『昆』。又云：『服虔以爲從祖昆弟，或父當爲祖字誤耳。』非也。此條注文當正爲『從祖昆弟』，以《儀禮》稱爲昆弟、兄弟晝然不同言之，則定當作『昆』也。」

❷ 「爲」，京都本、文淵閣本、阮本作「是」。

❸ 「不聘」，阮校：「《釋文》作『不娉』，云『本亦作聘字』。按，作『娉』，與《説文》合。」

相謂爲姒。穆姜，宣公夫人。宣公、叔肸同母昆弟。【疏】注「昆弟之妻相謂爲姒」。正義曰：世人多疑娣姒之名，皆以爲兄妻呼弟妻爲娣，弟妻呼兄妻爲姒，因即惑於傳文，不知何以爲説。今謂母婦之號，隨夫尊卑，娣姒之名，從身長幼，以其俱來夫族，其夫班秩既同，尊卑無以相加，遂從身之少長。《喪服》小功章曰：「娣姒婦報。」傳曰：「娣姒婦者，弟長也。」以「弟長」解「娣姒」，言娣是弟，姒是長也。《公羊傳》亦云：「娣者何？弟也。」是其以弟解娣，自然以長解姒。長謂身之年長，非夫之年長也。《釋親》云：「長婦謂稚婦爲娣婦，娣婦謂長婦爲姒婦。」止言婦之長稚，不言夫之大小。今穆姜謂聲伯之母爲姒，昭二十八年傳叔向之嫂謂叔向之妻爲姒，二者皆呼夫弟之妻爲姒，豈計夫之長幼乎？《釋親》又云：「女子同出，謂先生爲姒，後生爲娣。」孫炎云：「同出，謂俱嫁事一夫也。事一夫者，以己生先後爲娣姒。」則知娣姒以己之年，非夫之年也。故賈逵、鄭玄及此注皆云「兄弟之妻相謂爲姒」，言兩人相謂，謂長者爲姒。知娣姒之名，不計夫之長幼也。**生聲伯而出之，嫁於齊管于奚，生二子而寡，以歸聲伯。聲伯以其外弟爲大夫，**外弟，管于奚之子，爲魯大夫。**而嫁其外妹於施孝叔。**孝叔，魯惠公五世孫。**郤犨來聘，求婦於聲伯，聲伯奪施氏婦以與之。婦人曰：「鳥獸猶不失儷，**儷，耦也。【疏】注「儷耦也」。正義曰：禮謂兩皮爲儷皮，儷，兩也，故爲耦。**子將若何？」曰：「吾不能死亡。」**言不與郤犨婦，懼能忿致禍。**婦人遂行。生二子於郤氏。郤氏亡，晉人歸之施氏。施氏逆諸河，沈其二子。**沈之於河。**婦人怒曰：「己不能庇其伉儷而亡之，**伉，敵也。【疏】注「伉敵也」。正義曰：伉者，相當之言，故爲敵也。伉儷者，言是相敵之匹耦。**又不能字人之孤而殺之，**字，愛也。**將何以終？」遂誓施氏。**約誓不復爲之婦也。傳言郤犨淫縱，所以亡也。

夏，季文子如晉報聘，且涖盟也。郤犫、文子交盟魯、晉之君，其意一也。故但書來盟，舉重略輕。【疏】注「郤犫」至「略輕」。　正義曰：晉臣來盟於魯，魯臣往盟於晉，俱是相要，其意一也。意既同矣，可書一以包二，宜舉重而略輕。遣使爲輕，君親爲重，故郤犫書「聘」，又書「盟」，文子直書「如晉」，略言其聘而已。衛冀隆難以爲：「他卿來敵魯君，《春秋》所諱，魯卿出敵他國，顯書名氏。則應郤犫來盟爲輕，行父盟晉爲重。今書郤犫之盟，則是舉輕略重，何得云舉重略輕？」蘇氏釋云：「所言輕重者，自謂魯之君臣，臣盟爲輕，君盟爲重，二國各稟君命奉使而行，非關敵公之義，其意不同，不得相難。」

周公楚惡惠、襄之偪也，惠王、襄王之族。**且與伯與争政，**伯與，周卿士。**不勝，怒而出。及陽樊，**陽樊，晉地。**王使劉子復之，盟于鄄而入。三日，復出奔晉。**王既復之而復出，所以自絶於周，爲明年周公出奔傳。鄄，周邑。

秋，宣伯聘于齊，以脩前好。[illegible]以前之好。

晉郤至與周争鄇田，鄇，温別邑，今河内懷縣西南有鄇人亭。❶ **王命劉康公、單襄公訟諸晉。郤至曰：「温，吾故也，故不敢失。」**言温，郤氏舊邑。【疏】注「言温郤氏舊邑」。　正義曰：鄇是温之別邑，本從温内分出，温屬晉，鄇屬周，温是郤氏舊邑，郤氏既已得温，則謂從温而分出者，亦宜從温而屬郤氏，故郤至

---

❶「鄇」，阮校：「《釋文》『鄇』作『候』，云『本又鄇字』。按，《説文》邑部引傳『争鄇田』。」

争之。其劉子、單子之言「襄王勞文公而賜之温」，❶於時郤已分矣，賜晉以温，不賜以郤也。狐氏、陽氏先處温邑，於時亦不得郤，郤本未嘗屬晉，故爲王官之邑。劉子、單子曰：「昔周克商，使諸侯撫封，各撫有其封內之地。蘇忿生以温爲司寇，與檀伯達封于河。蘇忿生，周武王司寇蘇公也。與檀伯達俱封於河內。【疏】注「蘇忿」至「公也」。正義曰：《尚書·立政》云：「周公若曰：大史、司寇蘇公。」此傳與彼俱言蘇公爲司寇，明是一人。此言克商即爲司寇，是爲武王司寇。蘇氏即狄，又不能於狄，而奔衛。事在僖十年。襄王勞文公，而賜之温，在僖二十五年。狐氏、陽氏先處之，狐溱、陽處父先食温地。而後及子。若治其故，則王官之邑也，子安得之？」晉侯使郤至勿敢爭。傳言郤至貪，所以亡。

宋華元善於令尹子重，又善於欒武子，聞楚人既許晉糴茷成，而使歸復命矣，在往年。冬，華元如楚，遂如晉，合晉、楚之成。爲明年盟宋西門外張本。

秦、晉爲成，將會于令狐，晉侯先至焉，秦伯不肯涉河，次于王城，使史顆盟晉侯于河東，史顆，秦大夫。晉郤犫盟秦伯于河西。就盟王城。范文子曰：「是盟也何益？齊盟，所以質信也。齊，一心。質，成也。會所，信之始也。始之不從，其可質乎？」❷秦伯歸而背晉成。爲十三年伐秦傳。

❶ 「其」，阮校：「閩本、監本作『則』。」

❷ 「可」，京都本、阮本作「何」。

【經】十有二年,春,周公出奔晉。

夏,公會晉侯、衛侯于瑣澤。❶瑣澤,地闕。

秋,晉人敗狄于交剛。交剛,地闕。

冬,十月。

【傳】十二年,春,王使以周公之難來告。周公奔在前年。書曰「周公出奔晉」,凡自周無出,周公自出故也。天子無外,故奔者不言「出」。周公爲王所復,而自絶於周,故書「出」以非之。【疏】注「天子」至「非之」。正義曰:凡言「出」者,謂出其封内。天子以天下爲家,本無出封之理,以無外之故,雖有出奔之人,史策皆不言「出」。昭二十六年尹氏、召伯、毛伯以王子朝奔楚,實出而不言「出」,是其事也。襄王蔽於匹夫之孝,不顧天下之重,故書云「出居于鄭」。此周公,王既復之,而又自出,故書云「出奔」。是不應言「出」而言「出」,皆所以罪責之也。鄭玄答孫皓曰:「凡自周無出者,周無放臣之法,罪大者刑之,小則宥之。」以爲實無出法。案《書》流宥五刑,則宥者流之,非不出也。舜放四罪,投之四裔,安得不出畿乎?若如《周禮》無流放之文,即云「周無放臣之法」,禮,三諫不從,待放於郊。然則周臣三諫不從,終是不蒙王放,欲令諫者何所措身?《左傳》發凡,自是書策之例,因即以爲周制,謂其實無出者,執文害意,爲蔽何甚?

❶「瑣」,《經典釋文》作「璅」,云「依字宜作『瑣』」。

宋華元克合晉、楚之成，終前年事。夏，五月，晉士燮會楚公子罷、許偃。二子，楚大夫。癸亥，盟于宋西門之外，曰：「凡晉、楚無相加戎，好惡同之，同恤菑危，備救凶患。若有害楚，則晉伐之。在晉，楚亦如之。交贄往來，道路無壅。贄，幣也。【疏】注「贄幣也」。正義曰：傳言「交贄往來」，謂聘使來去也。《聘禮》：「賓執圭以通命，執幣以致享。」故知贄是幣，謂聘享之幣也。謀其不協，而討不庭。討背叛不來在王庭者。有渝此盟，明神殛之，殛，誅也。俾隊其師，❶無克胙國。」俾，使也。隊，失也。鄭伯如晉聽成，聽猶受也。晉、楚既成，鄭往受命。會于瑣澤，成故也。晉既與楚成，合諸侯以申成好。

狄人閒宋之盟以侵晉，而不設備。秋，晉人敗狄于交剛。

晉郤至如楚聘，且涖盟。楚子享之，子反相，爲地室而縣焉。縣鐘鼓也。郤至將登，登堂。金奏作於下，擊鐘而奏樂。【疏】注「擊鐘而奏樂」。正義曰：作樂謂之奏，奏樂先擊鐘，故《周禮·大司樂》、《樂師》每事皆云「令奏鐘鼓」，以鐘先擊，故先言鐘也。鐘以金爲之，謂之金奏，故鐘師掌金奏。鄭玄云：「金奏，擊金以爲奏樂之節。金謂鐘及鎛也。」鄭玄《燕禮》注云：「以鐘、鎛播之，鼓、磬應之，所謂金奏也。」是金爲奏節之初，故傳云「金奏作於下」。❷作樂先擊鐘，故注云：「擊鐘而奏樂也。」《禮記·仲尼燕居》云：「兩君相見，入門而

❶ 「俾」，阮校：「《釋文》作『卑』，云：『本亦作俾。』」
❷ 「云」，正宗寺本、京都本、文淵閣本、阮本作「言」。

縣興，升堂而樂闋。」《郊特牲》曰：「賓入大門而奏《肆夏》，示易以敬也。」鄭玄云：「賓，朝聘者。」朝、聘連言之，則燕享朝賓聘客，皆入門即奏樂矣。其實朝賓入門而奏樂，聘客則至庭乃奏樂。此郤至將登堂始奏樂者，縣當在庭，而楚之爲地室而縣，待客將登乃奏，皆所以見異，故欲以驚賓矣。燕享聘客，皆當入門奏《肆夏》，若燕己之羣臣，則有王事之勞者，乃得以樂納賓。其常燕，唯有升歌、閒、合而已，無納賓之樂也。故《燕禮・記》云：「若以樂納賓，則賓及庭奏《肆夏》。」鄭玄云：「卿大夫有王事之勞者，則奏此樂焉。」是燕己之臣，無王事之勞者，不以樂納賓也。**驚而走出。子反曰：「日云莫矣，寡君須矣，吾子其入也！」賓曰：「君不忘先君之好，施及下臣，貺之以大禮，重之以備樂，**貺，賜也。【疏】「驚而」至「備樂」。正義曰：卒聞地下鐘聲，出其不意，故驚而走出。其出實爲驚怖，因即飾辭辭樂，言己不敢當大禮，匿其驚走之意。**如天之福，兩君相見，何以代此？下臣不敢。」**言此兩君相見之禮。【疏】注「言此」至「之禮」。正義曰：《仲尼燕居》云：「兩君相見，入門而縣興。」是賓入門作樂，爲兩君相見之禮也。而《燕禮》雖兼聘問之賓，以燕己臣爲主，而云「若以樂納賓」，燕己之臣尚有以樂納賓之法，則燕享聘客必以樂納賓矣。故鄭玄《郊特牲》注云：「賓，朝聘者。」朝聘並言，則君臣同樂。郤至不敢同君，故以之爲辭耳，非謂禮不得也。**子反曰：「如天之福，兩君相見，無亦唯是一矢以相加遺，焉用樂？**言兩君戰乃相見，無用此樂。【疏】注「言兩」至「此樂」。正義曰：子反意言晉、楚並是大國，不肯相朝，唯戰乃相見。其相見之時，唯當用是一矢以相加陵、相遺與耳，無爲用此樂也。**寡君須矣，吾子其入也！」賓曰：**傳諸交讓得賓主辭者，多曰賓主以明之。【疏】注「傳諸」至「明之」。正義曰：知傳諸交讓得賓主辭，多曰賓主者，此傳每稱郤至爲賓，文十二年傳稱西乞術爲賓，并稱「主人曰」之類是也。

「若讓之以一矢，禍之大者，其何福之爲？世之治也，諸侯間於天子之事，則相朝也，王事閒缺，則脩私好。於是乎有享宴之禮。享以訓共儉，享有體薦，設几而不倚，爵盈而不飲，肴乾而不食，所以訓共儉。【疏】注「享有」至「共儉」。正義曰：「享有體薦」，宣十六年傳文也。「設几而不倚，爵盈而不飲」，昭五年傳文也。《禮·聘義》記曰：「聘之禮，至大禮也。酒清，人渴而不敢飲也。肉乾，人飢而不敢食也。」彼言聘禮，即是享聘賓之禮，此事皆所以教訓共儉也。宴以示慈惠。宴則折俎，相與共食。【疏】注「宴則」至「共食」。正義曰：宣十六年傳云：「宴有折俎。」宴則節折其肉，升之於俎，相與共啗食之，所以表示慈惠也。共儉以行禮，而慈惠以布政。政以禮成，民是以息。百官承事，朝而不夕，不夕，言無事。【疏】「朝而不夕」。正義曰：旦見君謂之朝，莫見君謂之夕。哀十四年傳稱「子我夕」，《晉語》稱「叔向夕」，皆謂夕見君也。人息事少，故百官承奉職事，皆朝朝而莫不夕。不夕，言無事也。此公侯之所以扞城其民也。扞，蔽也。言享宴結好鄰國，所以蔽扞其民。【疏】注「扞蔽」至「其民」。正義曰：扞者，扞禦寇難，故爲蔽也。言燕享結好，與鄰國通和，甲兵不興，人得安息，所以蔽扞其民，若如城然，故云「所以扞城其民也」。故《詩》曰：『赳赳武夫，公侯干城。』《詩·周南》之風。赳赳，武貌。干，扞也。言公侯之與武夫，止于扞難而已。【疏】注「詩周」至「而已」。正義曰：《詩·周南·兔罝》之篇，言兔罝之人，亦是賢者，其人乃是赳赳然雄武之夫，與公侯共扞城其民也。引《詩》之意，言世治無事，公侯之與武夫，設共儉慈惠之禮，與人扞難而已，不侵伐他國也。「干，扞」，《釋言》文。及其亂也，諸侯貪冒，侵欲不忌，爭尋常以盡其民，八尺曰尋，倍尋曰常。言爭尺丈之地，以相攻伐。【疏】注「八尺」至「攻伐」。正義曰：《周禮·考工記》云：「人長八尺，殳長尋有四尺，崇於人四尺。車戟常崇於殳四尺。」是八尺曰「尋」，倍尋曰「常」，喻其少，故言争尺丈之地，以相攻伐，盡殺其民。《孟子》曰：「争城以戰，殺人盈城。争地以戰，殺人盈野。」是謂盡殺其民也。**略其武夫，以爲己腹心、股肱、爪牙。**略，取也。言世亂則公侯制禦武夫以從己志，使侵害鄰國，爲搏噬之用無已。【疏】注「略取」至「無已」。正義曰：武夫有武，能爲人之扞蔽。世治，則公侯同於武夫，同其腹心，相與扞己民而已，不侵犯他人也。世亂，則使武夫同於公侯，其公侯欲得拓竟寬土，則制禦武夫以從己志，使武夫爲己腹心、股肱、爪牙，令之侵害鄰國。搏，擊也。噬，齧也。犬能搏噬，譬之於犬，爲搏噬之用無已時也。**故《詩》曰：『赳赳武夫，公侯腹心。』**舉《詩》之正，以駮亂義。《詩》言治世則武夫能合德公侯，外爲扞城，內制其腹心。

【疏】注「舉詩」至「腹心」。正義曰：此亦《兔罝》之篇。美賢人之事，而引之以證世亂，故解之。此舉《詩》之正，以駮世亂之義。《詩》言治世，則武夫能合德公侯，外則扞城其民，內則制其腹心也。以其人心則本貪，縱之則害物矣。美公侯能以武夫制己腹心，自守扞難而已，不害人也。**天下有道，則公侯能爲民干城，而制其腹心。亂則反之。**略其武夫，以爲己腹心爪牙。【疏】「天下」至「反之」。正義曰：天下有道之時，則公侯能爲民扞城禦難，而使武夫制其己之腹心，不侵犯他國也。亂則反之，不復扞蔽己民，乃以武夫從己腹心，將武夫爲股肱、爪牙以侵害他國，是反治世也。晉、楚世爲仇敵，常有相害之心，子反言一矢相加，仍懷戰鬬之意，故郤至言世治則自守，世亂則相侵害，答上「一矢」之言，冀得久爲和好，故説此也。**今吾子之言，亂之道也，不可以爲法。然吾子，主也，至敢不從？」遂入，卒事。歸以語范文子，文子曰：「無禮，必食言，吾死無日矣夫！」**言晉、楚不能久和，必復相伐。爲十六年鄢陵戰張本。【疏】「無禮」至「矣夫」。正義曰：以一矢爲辭，是無禮也。食言，是其將背盟也。背盟必相伐，故爲死亡無日矣。

冬，楚公子罷如晉聘，且涖盟。報郤至。

十二月，晉侯及楚公子罷盟于赤棘。晉地。

【經】十有三年，春，晉侯使郤錡來乞師。將伐秦也。侯伯當召兵，而乞師，謙辭。【疏】注「將伐」至「謙辭」。　正義曰：晉雖是侯伯，恐魯不與，若言召兵，或容辭説，言乞，則不得不與。《釋例》曰：「乞師者，深求過理之辭，執謙以逼成其計。」是解乞爲謙意。

三月，公如京師。伐秦，道過京師，因朝王。【疏】注「伐秦」至「朝王」。　正義曰：公本爲伐秦，道過京師，因往朝王。不稱「朝」，而言「公如京師」者，以明「公朝于王所」，王不在京師，故指言王所，據王言之，不得不稱「朝」。此則王在京師，京師是國之摠號，不斥王身，不可稱朝，故依尋常朝聘鄰國之文，稱「如」而已。劉炫云：「魯朝聘皆言如，不果彼國，必成其禮，或在道而還。如者，書其始發，言往而已。言公朝王所者，發國不爲朝王，至彼遇王朝之，朝訖乃書，故稱朝也。此過京師亦宜稱朝，言如者，發雖主爲伐秦，即有朝王之意，書其初發，故言如也。」

夏，五月，公自京師，遂會晉侯、齊侯、宋公、衛侯、鄭伯，曹伯、邾人、滕人伐秦。

曹伯盧卒于師。五同盟。【疏】注「五同盟」。　正義曰：盧以宣十五年即位，十七年盟于斷道，成二年于袁婁，又于蜀，五年于蟲牢，七年于馬陵，九年于蒲，凡六同盟。不數宣公斷道爲五。

秋，七月，公至自伐秦。無傳。

冬，葬曹宣公。

【傳】十三年，春，晉侯使郤錡來乞師，將事不敬。將事，致君命。孟獻子曰：「郤氏其亡乎？禮，身之幹也。敬，身之基也。郤子無基，且先君之嗣卿也，受命以求師，將社稷是衛，而惰，棄君命也，不亡何爲？」郤錡，郤克子，故曰嗣卿。爲十七年晉殺郤錡傳。【疏】「禮身」至「無基」。❶ 正義曰：幹以樹木爲喻，基以牆屋爲喻。樹木以本根爲幹，有幹，故枝葉茂焉。牆屋以下土爲基，有基，乃牆屋成焉。人身以禮、敬爲本，必有禮、敬，身乃得存。郤子無基，則亦無幹，但言有所局，❷不復得言幹耳。

三月，公如京師。宣伯欲賜，欲王賜己。請先使。王以行人之禮禮焉。不加厚。孟獻子從。王以爲介，而重賄之。介，輔相威儀者。獻子相公以禮，故王重賜之。❸【疏】「宣伯」至「賄之」。正義曰：《周語》云：「簡王八年，魯成公來朝，使叔孫僑如先聘且告，見王孫説，與之語。説言於王曰：『魯叔孫之

❶「禮身至無基」，阮本此節正義在「郤子無基」句下。

❷「局」，阮校：「監本作『拘』。」

❸「賜」，足利學本同，京都本、文淵閣本、阮本作「賄」。

來，有異焉。其幣薄而言諂，殆請之也。若請之，必欲賜也。且其狀方上而鋭下，宜觸冒人王，❶其勿賜。若貪陵之人來而盈願，是不賞善也，且財不給。』王使私問諸魯，魯人云：『請之也。』王遂不賜，禮如行人。」孔晁云：「行人，使人也。」以使人之禮禮之，不從聘者之賜禮也。又曰：「魯侯至，仲孫蔑爲介。王孫説與之語，説讓。説以語王，王厚賄之。」

公及諸侯朝王，遂從劉康公、成肅公會晉侯伐秦。劉康公，王季子。劉、成二公不書，兵不加秦。**成子受脤于社，❷不敬。**脤，宜社之肉也，盛以脤器，❸故曰脤。宜，出兵祭社之名。【疏】注「脤宜」至「之名」。正義曰：宜者，祭社之名，脤是盛肉之器。受脤于社，受祭社之胙肉也。《周禮·掌蜃》：「祭祀共蜃器之蜃。」鄭玄云：「飾祭器之屬也。《春秋》定十四年秋『天王使石尚來歸蜃』，❹蜃之器以蜃飾，因名焉。」鄭衆云：「脤可以白器，令色白。」是盛以脤器，故曰「脤」也。既言「宜社」，又自解宜名。《釋天》云：「起大事，動大衆，必先有事乎社而後出，謂之宜。」孫炎曰：「有事，祭也。宜，求見祐也。」是宜者，出兵祭社之名。**劉子曰：**

---

❶「王」，阮校：「閩本、監本作『主』。」

❷「受脤」，阮校：「《詩·緜》正義引傳作『受蜃』。」

❸「以脤器」，阮校：「段玉裁校本『以脤』作『以蜃』。按《説文》云：盛以蜃，故謂之祳。」孫校：「《周禮·大宗伯》疏亦引作『蜃器』。」

❹「蜃」，阮校：「按，作『蜃』，與《周禮·掌蜃》注合。今《春秋》定十四年經作『脤』。」

「吾聞之：民受天地之中以生，所謂命也。是以有動作禮義威儀之則，❶**以定命也。能者養之以福，**❷**養威儀以致福，不能者敗以取禍。是故君子勤禮，小人盡力。勤禮莫如致敬，盡力莫如敦篤。敬在養神，篤在守業。國之大事，在祀與戎。祀有執膰，**膰，祭肉。**戎有受脤，神之大節也。**交神之大節。**今成子惰，棄其命矣，**惰則失中和之氣。**其不反乎？」**爲成肅公卒于瑕張本。【疏】「民受」至「反乎」。正義曰：「天地之中」，謂中和之氣也。民者，人也。言人受此天地中和之氣以得生育，所謂命也。命者，教命之意，若有所稟受之辭，故《孝經説》云「命者，人之所稟受度」是也。命雖受之天地，短長有本，順理則壽考，逆理則夭折。是以有動作禮義威儀之法則，以定此命。言有法則，命之長短得定，無法則，夭折無恒也。故人有能者，養其威儀禮法，以往適於福，或本分之外更得延長也。不能者，敗其威儀禮法，而身自取禍，或本分之内仍有減割也。爲其求福畏禍之故，君子勤禮以臨下，小人盡力以事上。勤禮莫如臨事致敬，盡力莫如用心敦篤。敬之所施，在於養神，朝廷百官，事神必敬。篤在守業，草野四民，勿使失業也。「國之大事，在祀與戎」，宗廟之祀，則有執膰，兵戎之祭，則有受脤，此是交神之大節也。今成子受脤而惰，是自棄其命矣，死必在近，此行其不得反乎？爾之往也，「養之以福」，謂將身向福也。「敗以取禍」，謂禍及身也。福則人之所欲，作往就之辭

---

❶「是以有動作禮義威儀之則」，阮校：「案，《漢書·律曆志》、《五行志》引傳『禮義』在『動作』二字上。《律曆志》『以』作『故』，『義』作『誼』，是所據本不同也。」

❷「之以」，阮校：「《漢書·五行志》、《律曆志》、《漢酸棗令劉熊碑》均作『以之』。惠棟云：杜注『養威儀以致福』，則當如《漢書》所引作『養以之福』，與下『敗以取禍』文正相對。」

也。禍則人之所惡，作自來之語也。敬則所施有處，故言「致敬」也。厚則唯在己身，無所可致，故重言「敦篤」也。執膰、受脤，俱是於祭末受而執之，互相見也。劉炫云：「命者，冥也。言其生育之性得之於冥兆也。」注「膰祭肉」。❶ 正義曰：《詩》詠祭祀之禮云：「爲俎孔碩，或燔或炙。」又曰：「旨酒欣欣，燔炙芬芬。」毛傳云：「傳火曰燔，祭肉有燔而薦者，因謂祭肉爲膰也。」

夏，四月，戊午，晉侯使呂相絶秦。呂相，魏錡子。蓋口宣己命。**曰：「昔逮我獻公及穆公晉獻公、秦穆公。相好，勠力同心，申之以盟誓，重之以昏姻。**穆公夫人，獻公之女。【疏】「勠力同心」。正義曰：孔安國以勠力爲陳力，以《論語》有「陳力就列」故也。勠力，猶言勉力、努力耳。**天禍晉國，文公如齊，惠公如秦。**辟驪姬也。❷ 不言狄、梁，舉所恃大國。**無祿，獻公即世。穆公不忘舊德，俾我惠公用能奉祀于晉。**僖十年秦納惠公。**又不能成大勳，而爲韓之師。**僖十五年秦伐晉，獲惠公。【疏】「又不」至「之師」。正義曰：言秦既納惠公，又不能遂成大功，而復伐晉，爲此韓之師也。下云「亦悔于厥心」，謂秦悔伐晉也。**亦悔于厥心，用集我文公，**集，成也。**是穆之成也。**成功於晉。**文公躬擐甲冑，跋履山川，**草行爲跋。**踰越險阻，征東之諸侯，虞、夏、商、周之胤而朝諸秦，則亦既報舊德矣。鄭人怒君之疆埸，我文公帥諸侯及秦圍鄭。**晉自以鄭貳於楚，故圍之，鄭非侵秦也，晉以此誣秦。事在僖三

❶「注膰祭肉」，阮本此節正義在注「膰祭肉」下。
❷「驪」，阮校：「《釋文》作『麗』。」

十年。**秦大夫不詢于我寡君，擅及鄭盟。**詢，謀也。盟者秦伯，謙言大夫。**諸侯疾之，將致命于秦。**致死命而討秦。時無諸侯，蓋諸侯遥致此意。【疏】注「致死」至「此意」。正義曰：劉炫以爲誣秦。今知不然者，凡誣秦者，謂加之罪，傳辭少略者，可得稱誣。今傳云：「諸侯疾之，將致命于秦。文公恐懼，綏静諸侯。」又云：「我有大造于西。」傳文既詳明諸侯實有此意，若無諸侯，何得稱爲大造？且秦師襲鄭，鄭亦疾秦，此則諸侯之義也。劉以爲實無諸侯，而規杜過，非也。**文公恐懼，綏静諸侯，秦師克還無害，則是我有大造于西也。**❶造，成也。言晉有成功於秦。**無禄，文公即世，穆爲不弔，**不見弔傷。【疏】注「不見弔傷」。正義曰：《曲禮》云：「知生者弔，知死者傷。知生而不知死，弔而不傷。知死而不知生，傷而不弔。」鄭玄云：「人恩各施於所知。弔、傷皆謂致命辭也。《雜記》：『諸侯使人弔，辭曰：寡君聞君之喪，寡君使某，如何不淑。』此施於生者。傷辭未聞也。説者有衍弔辭云：❷皇天降災，子遭罹之，如何不淑。此施於死者。蓋傷辭，❸畢退，皆哭。」是弔傷之事。**蔑死我君，寡我襄公，**寡，弱也。【疏】「蔑死」至「襄公」。正義曰：輕蔑文公，以爲死無知矣。謂襄公寡弱，而陵忽之。**迭我殽地，奸絶我好，**【疏】「奸絶我好」。❹正義曰：奸亂斷絶，不復與我和好也。**伐我保城，殄滅我費滑，**伐保城，誣之。費滑，滑國都於費，今緱氏縣。【疏】注「伐保」至「氏

---

❶「于」，阮校：「李善注陸機《弔魏武帝文》引傳作『乎』。」

❷「衍」，《禮記·曲禮》鄭注無此字。

❸「蓋傷辭畢退」，《禮記·曲禮》作「蓋本傷辭，辭畢，退」。

❹「奸絶我好」，阮本此節正義摠入注「今緱氏縣」下。

縣」。正義曰：「伐我涑川，俘我王官」，傳皆無文，獨謂此爲誣者，於時輕行襲鄭，不得在道用兵，故知此伐保城是誣之也。春秋之時，更無費國，秦唯滅滑，不滅費，知費即滑也，國都於費，國邑並舉以圓文耳。**散離我兄弟，橈亂我同盟，**❶滑，晉同姓。**傾覆我國家。我襄公未忘君之舊勳，**納文公之勳。**而懼社稷之隕，是以有殽之師。**在僖三十三年。**猶願赦罪于穆公。**晉欲求解於秦。**穆公弗聽，而即楚謀我。天誘其衷，成王隕命，**秦使鬬克歸楚求成，事見文十四年。文元年，楚弒成王。【疏】注「秦使」至「成王」。正義曰：文十四年傳云：「初，鬬克囚于秦，秦有殽之敗，使歸求成。」僖三十三年秦敗于殽，文元年楚弒成王，故謀不成也。**穆公是以不克逞志于我。**逞，快也。**穆、襄即世，康、靈即位。**文六年，晉襄、秦穆皆卒。**康公，我之自出，**晉外甥。**又欲闕翦我公室，傾覆我社稷，**【疏】「闕翦我公室」。正義曰：闕爲缺損，翦謂滅削，言欲損害晉之公室。**帥我蝥賊，以來蕩搖我邊疆，**蝥賊，食禾稼蟲名。謂秦納公子雍。【疏】注「蝥賊」至「蟲名」。正義曰：《釋蟲》云：「食根蟊，食節賊。」是食禾稼之蟲也。納雍害晉，若蟲食禾。然彼晉自召雍，非秦罪也。**我是以有令狐之役。**在文七年。**康猶不悛，入我河曲，**悛，改也。**伐我涑川，俘我王官，**涑水出河東聞喜縣，西南至蒲坂縣入河。**翦我羈馬，我是以有河曲之戰。**在文十二年。**東道之不通，則是康**

---

❶「橈」，京都本、文淵閣本、阮本作「撓」。阮校：「《六經正誤》云：『撓作橈，誤。建本從扌，非從木旁也。』按，毛説是也。《説文》：『撓，擾也。』與木旁之『橈』義別，且從手之字上聲，從木之字去聲。《釋文》云『乃卯反』，即《唐韻》之奴巧切也。」

公絶我好也。言康公自絶，故不復東通晉。**及君之嗣也，**君，秦桓公。**我君景公引領西望曰：『庶撫我乎？』**望秦撫恤晉。**君亦不惠稱盟，**不肯稱晉望而共盟。**利吾有狄難，**謂晉滅潞氏時。**入我河縣，焚我箕、郜，芟夷我農功，❶**夷，傷也。**虔劉我邊垂，**虔，劉，皆殺也。【疏】注「虔劉皆殺也」。正義曰：「劉，殺」，《釋詁》文。《方言》云：「虔，殺也。」重言殺者，亦圓文耳。**我是以有輔氏之聚。**聚，衆也。在宣十五年。【疏】注「聚衆也」。正義曰：謂聚衆以拒秦也。以上有殽之師、令狐之役、河曲之戰，不用重文，故變文言「聚」。古人爲文，亦有辟耳。**君亦悔禍之延，**延，長也。**而欲徼福于先君獻、穆，**晉獻、秦穆。**使伯車來命我景公，**伯車，秦桓公子。**曰：『吾與女同好棄惡，復脩舊德，以追念前勳。』**言誓未就，**景公即世，我寡君是以有令狐之會。❷**令狐會在十一年。申厲公之命，宜言「寡人」，稱「君」誤也。【疏】注「令狐」至「誤也」。正義曰：劉炫以爲：「臣之出使，自稱己君皆曰『寡君』，今呂相雖奉君命，兼有己語，稱『寡君』正是其理。杜何知宜爲『寡人』，稱『君』爲誤？」今删定知劉説非者，以呂相奉厲公之命而往絶秦，則皆是厲公之言，不得兼有己語。案隱十一年鄭伯告許大夫云「假手于我寡人」，今呂相稱厲公之命，還與自稱無異，亦當云「我寡人」，故知稱「君」爲誤。劉以稱「寡君」爲是，以規杜過，非也。**君又不祥，**祥，善也。**背棄盟誓。白狄及君同州，**及，與

❶「夷」，阮校：「《釋文》作『痍』，云『本又作夷』。」
❷「寡君」，阮校：「《釋文》云：『讀者亦作「寡人」。』陸粲云：「杜注云：『宜言寡人，稱君誤也。』今案，上文『我是以有令狐之役』、『我是以有河曲之戰』、『我是以有輔氏之聚』，此準上例，疑『寡君』當爲衍字。」

也。【疏】「白狄及君同州」。　正義曰：《周禮・職方氏》「正西曰雍州，其川涇汭，其浸渭、洛」，皆秦地也。「正北曰并州，其澤藪曰昭餘祁，其川虖池、嘔夷」，皆晉地也。是秦屬雍而晉屬并，白狄蓋狄之西偏，屬雍州也。**君之仇讎，而我昏姻也。**季隗，廧咎如赤狄之女也，白狄伐而獲之，納諸文公。【疏】注「季隗」至「文公」。　正義曰：三年，晉、衛伐廧咎如，傳曰「討赤狄之餘焉」，知咎如是赤狄也。文公所奔之狄，不言赤、白，以其伐赤，不應赤自相伐，知白狄伐之也。其女雖是赤狄之種，而由白狄以納文公，得以白狄爲昏姻也。且此辭多誣，欲親狄以曲秦，故引狄爲昏姻耳。晉人自數伐狄，寧復顧昏姻也？杜以傳有季隗之事，引之以證昏姻，未必晉於白狄處無昏姻。**君來賜命曰：『吾與女伐狄。』寡君不敢顧昏姻，畏君之威，而受命于吏。君有二心於狄，曰：『晉將伐女。』狄應且憎，是用告我。**言狄雖應答秦，而心實憎秦無信。**楚人惡君之二三其德也，亦來告我曰：『秦背令狐之盟，而來求盟于我，昭告昊天上帝、秦三公、楚三王，**三公，穆、康、共。三王，成、穆、莊。【疏】「昭告昊天上帝」。　正義曰：禮，諸侯不得祭天，其盟不主天神。鄭玄《覲禮》注云：「王巡守之盟，其神主日。諸侯之盟，其神主山川。」襄十一年亳城北之盟，其載書云「司慎、司盟，名山、名川」，注云：「二司，天神。」唯告天之別神，不告昊天上帝。此秦、楚爲盟，告天帝者，春秋之時，不能如禮，且此辭多誣，未必是實。晉與諸國結盟，皆不告昊天上帝，何由秦、楚獨敢告之？蓋欲示楚人恨秦之深，言其所告處重耳。**曰：「余雖與晉出入，**出入，猶往來。**余唯利是視。」不穀惡其無成德，是用宣之，以懲不壹。』**【疏】「以懲不壹」。❶

❶「以懲不壹」，阮本此節正義在「暱就寡人」句注下。

正義曰：楚道秦人用心不壹，其盟不足與固，宣示諸侯，以懲創不壹之人。**諸侯備聞此言，斯是用痛心疾首，暱就寡人。**疾亦痛也。暱，親也。**寡人帥以聽命，唯好是求。君若惠顧諸侯，矜哀寡人，而賜之盟，則寡人之願也，其承寧諸侯以退，**承君之意，以寧静諸侯。**豈敢徼亂？**徼，要也。**君若不施大惠，寡人不佞，其不能以諸侯退矣。**【疏】「寡人不佞」。❶ 正義曰：服虔云：「佞，才也。不才者，自謙之辭也。」《論語》云：「焉用佞？禦人以口給，屢憎於人。」則佞非善事。而以不佞爲謙者，佞是口才捷利之名，本非善惡之稱，但爲佞有善有惡耳，爲善敏捷是善佞，爲惡敏捷是惡佞。但君子欲訥於言而敏於行，言之雖多，情或不信，故云「焉用佞」耳。**敢盡布之執事，俾執事實圖利之。」**俾，使也。**秦桓公既與晉厲公爲令狐之盟，而又召狄與楚，欲道以伐晉，諸侯是以睦於晉。**晉辭多誣秦，故傳據此三事以正秦罪。**晉欒書將中軍，荀庚佐之。**庚代荀首。**士燮將上軍，**代荀庚。**郤錡佐之。**代士燮。**韓厥將下軍，**代郤錡。**荀罃佐之。**代趙同。**趙旃將新軍，**代韓厥。**郤至佐之。**代趙括。**郤毅御戎，欒鍼爲右。**郤毅，郤至弟。欒鍼，欒書子。**孟獻子曰：「晉帥乘和，師必有大功。」**帥，軍帥。乘，車士。**五月，丁亥，晉師以諸侯之師及秦師戰于麻隧，秦師敗績，獲秦成差及不更女父。**不更，秦爵。戰敗績不書，以爲晉直秦曲，則韓役書戰，時公在師，復不須告，克獲有功，亦無所諱，蓋經文闕漏，傳文獨存。【疏】注「不更」至「獨存」。正義曰：秦之官爵有此不更之名，知女父是人之名字，不更是官爵之號。《漢書》稱，商君爲

❶「寡人不佞」，阮本此節正義在「俾執事實圖利之」句注下。

法於秦，戰斬一首者，賜爵一級。其爵名：一爲公士，二上造，三簪褭，❶四不更，五大夫，六公大夫，七官大夫，❷八公乘，九五大夫，十左庶長，十一右庶長，十二左更，十三中更，十四右更，十五少上造，十六大上造，十七駟車庶長，十八大車庶長，十九關内侯，二十徹侯。商君者，商鞅也，秦孝公之相，封於商，號爲商君。案傳，此有不更女父，襄十一年有庶長鮑、庶長武，春秋之世已有此名，蓋後世以漸增之，商君定爲二十，非是商君盡新作也。其名之義，難得而知耳。傳言戰敗，而經不書，杜以意測之，不知其故，欲以爲秦曲晉直，不以曲者敵直，故不書戰，則僖十五年韓之戰，秦直晉曲，書「戰于韓」也。欲以爲不告，故不書，當時公親在師，復不須告也。欲以爲無功諱負，則克獲有功，亦無所諱也。再三揆度，不識所以，故云「蓋經文闕漏，傳文獨存」也。經文依史官策書，策書所無，故經文遂闕也。傳文采於簡牘，簡牘先有，故傳文獨存也。

曹宣公卒于師。師遂濟涇，及侯麗而還。涇水出安定，東南經扶風、❸京兆高陸縣入渭也。

【疏】注「涇水」至「渭也」。　正義曰：《釋例》曰：「涇水出安定朝那縣西，東南經新平、扶風，至京兆高陸縣入渭。」**迓晉侯于新楚。**迓，迎也。既戰，晉侯止新楚，故師還過迎之。麻隧、侯麗、新楚，皆秦地。

【疏】注「迓迎」至「秦地」。　正義曰：經書「公會晉侯、齊侯、宋公、衛侯、鄭伯、曹伯、邾人、滕人伐秦」，是伐時諸侯親行也。傳云「晉師以諸侯之師及秦師戰」，則知諸侯不親行也。蓋皆別次以待之，新楚當是晉侯次之處也。

❶「褭」，阮校：「段玉裁校：《漢書·百官公卿表七上》『褭』作『褭』。」

❷「六公大夫七官大夫」，阮校：「浦鏜云：『公』、『官』字互誤。是也。」

❸「經」，《四部叢刊》本、京都本、文淵閣本、阮本作「徑」。

以傳不言其次，晉侯或聞戰勝而移處，故云「止新楚」也。**成肅公卒于瑕。**終劉子之言。瑕，晉地。

六月，丁卯，夜，鄭公子班自訾求入于大宮，不能，殺子印、子羽，訾，鄭地。大宮，鄭祖廟。十年班出奔許，今欲還爲亂。子印、子羽，皆穆公子。**反軍于市。己巳，子駟帥國人盟于大宮，**子駟，穆公子。**遂從而盡焚之，**焚，燒也。**殺子如、子駹、孫叔、孫知。**子如，公子班。子駹，班弟。孫叔，子如子。孫知，子駹子。【疏】注「子如」至「駹子」。正義曰：子如即是子班，據傳可知。以外無文，見其同時被殺，必是近親，相傳爲此説耳。

曹人使公子負芻守，使公子欣時逆曹伯之喪。❶二子，皆曹宣公庶子。**秋，負芻殺其大子而自立也。**宣公大子。**諸侯乃請討之。晉人以其役之勞，請俟他年。冬，葬曹宣公。既葬，子臧將亡，**子臧，公子欣時。**國人皆將從之。**不義負芻故。**成公乃懼，**成公，負芻。**告罪，且請焉。**請留子臧。**乃反，而致其邑。**還邑於成公。爲十五年執曹伯傳。

【經】十有四年，春，王正月，莒子朱卒。無傳。九年盟于蒲。

夏，衛孫林父自晉歸于衛。晉納之，故曰歸。

---

❶「欣時」，阮校：「《釋文》云：『欣，徐云或作「款」，亦音欣。《公羊傳》作「喜時」，宜音忻。』案，《漢書·古今人表》作『曹剎時』，顏師古注云：即曹欣時也。」

秋，叔孫僑如如齊逆女。成公逆夫人，最爲得禮，而經無納幣者，文闕絶也。【疏】注「成公」至「絶也」。　正義曰：《釋例》曰：「成公逆女及夫人至，最爲得禮，故詳其文。丘明謂之『微而顯』、『婉而成章』也。」然則杜以傳文詳知其最得禮也。《釋例》又云：「成公娶夫人而不納幣，此經文闕也。貴聘而賤逆，失禮之微者，傳猶詳之，言其不終，若實不納幣，非所略也。」是言闕之意也。闕絶者，闕而文斷絶。蓋疑仲尼脩定後其文始闕，若脩時已闕，傳應言其故也。

鄭公子喜帥師伐許。

九月，僑如以夫人婦姜氏至自齊。

冬，十月，庚寅，衛侯臧卒。五同盟。【疏】注「五同盟」。　正義曰：臧父速以二年八月卒，而臧代立。其年十一月，衛大夫與公盟于蜀，三年孫良夫來盟，五年于蟲牢，七年于馬陵，九年于蒲，皆魯、衛俱在，是五同盟也。

秦伯卒。無傳。二年大夫盟於蜀，而不赴以名，例在隱七年。

【傳】十四年，春，衛侯如晉，晉侯强見孫林父焉。林父以七年奔晉。强見，欲歸之。定公不可。夏，衛侯既歸，晉侯使郤犨送孫林父而見之。衛侯欲辭，定姜曰：「不可！定姜，定公夫人。是先君宗卿之嗣也，同姓之卿。【疏】注「同姓之卿」。　正義曰：《世本》：「孫氏出於衛武公，至林父八世。」是同姓也。大國又以爲請。不許，將亡。雖惡之，不猶愈於亡乎？君其忍之！違大國，必見伐，故

亡。安民而宥宗卿，不亦可乎？」衛侯見而復之。復林父位。

衛侯饗苦成叔，成叔，郤犨。**甯惠子相。**相，佐禮。惠子，甯殖。**苦成叔傲。**❶**甯子曰：「苦成家其亡乎？**❷**古之爲享食也，以觀威儀、省禍福也，故《詩》曰：『兕觵其觩，旨酒思柔。**《詩·小雅》。言君子好禮，飲酒皆思柔德，雖設兕觵，觩然不用。以兕角爲觵，所以罰不敬。觩，陳設之貌。**彼交匪傲，萬福來求。』**彼之交於事而不惰傲，乃萬福之所求。**今夫子傲，取禍之道也。」**爲十七年郤氏亡。【疏】「詩曰」至「來求」。❸　正義曰：兕觵，罰酒之爵。言古之王者與羣臣燕飲，無失禮者，用兕觵之爵，其觩然空陳設之，無所可罰。在席飲美酒者，皆能思柔順中和，故不用也。彼飲燕君子，與人交接，非有傲慢之心，故萬種福禄求來歸之。　注「詩小」至「之貌」。　正義曰：《詩·小雅·桑扈》之章。言設爵不用之意。君子好禮，與於燕者皆思柔順之德，無過可罰，故雖設觵爵，不用之也。兕是獸名，觵是爵稱，知兕觵以兕角爲觵也。《周禮·小胥》職云「觵其不敬者」，是所以罰不敬也。《異義》：「《韓詩》說：觵五升，所以罰不敬也。觵，廓也，著明之貌，君子有過，廓然明著。《詩》毛傳說：觵大七升。許慎云：觵罰有過，一飲七升爲過多，當謂五升。」是也。《詩·良耜》云「有觩其角」，則觩是角貌。此詩之意指其角貌，言陳設不用，故云「陳設之貌」。

---

❶「傲」，阮校：「《釋文》云：『傲，本又作敖，音同，下同。』《漢書·五行志》引作『敖』。師古曰：『敖，讀曰傲。』則此字古本當作『敖』。」

❷「苦成家」，阮校：「石經『家』字上旁增『叔』字，與《初學記》所引合，然非唐刻，未敢從也。」

❸「詩曰至來求」，阮本以下正義二節分疏於傳文各節下。

秋，宣伯如齊逆女。稱族，尊君命也。【疏】「稱族尊君命」。正義曰：宣元年已發尊君命、尊夫人之例，今復發者，彼以喪娶，嫌非正禮，且公子非族，故重明之。何休《膏肓》難《左氏》：「叔孫僑如舍族爲尊夫人，案襄二十七年豹及諸侯之大夫盟，復何所尊，而亦舍族？《春秋》之例，一事再見者，亦以省文耳，《左氏》爲短。」鄭箴云：「《左氏》以豹違命，故貶之而去族。今僑如無罪而亦去族，故以爲尊夫人也。《春秋》有事異文同，則此類也。」

八月，鄭子罕伐許，敗焉。爲許所敗。**戊戌，鄭伯復伐許。庚子，入其郛。**郛，郭也。**許人平以叔申之封。**四年，鄭公孫申疆許田，許人敗之，不得定其封疆。今許以是所封田，求和於鄭。

九月，僑如以夫人婦姜氏至自齊。舍族，尊夫人也。舍族，謂不稱叔孫。**故君子曰：「《春秋》之稱，微而顯，**辭微而義顯。**志而晦，**志，記也。晦亦微也。謂約言以記事，事叙而文微。**婉而成章，**婉，曲也。謂屈曲其辭，有所辟諱，以示大順，而成篇章。**盡而不汙，**謂直言其事，盡其事實，無所汙曲。**懲惡而勸善，**善名必書，惡名不滅，所以爲懲勸。**非聖人，誰能脩之？」**脩史策成此五者。

衛侯有疾，使孔成子、甯惠子立敬姒之子衎以爲大子。成子，孔達之孫。敬姒，定公妾。衎，獻公。**冬，十月，衛定公卒。夫人姜氏既哭而息，見大子之不哀也，不内酌飲，歎曰：「是夫也，將不唯衛國之敗，其必始於未亡人。**定姜言獻公行無禮，必從己始。下言「暴妾使余」，是也。**嗚呼！天禍衛國也夫！吾不獲鱄也使主社稷。」**鱄，衎之母弟。**大夫聞之，無不聳懼。孫文子自是不敢舍其重器於衛，**寶器。**盡寘諸戚，**寘，置也。戚，孫氏邑。**而甚善晉大夫。**備亂起，欲以爲援。爲襄十四年衛侯出奔傳。

【經】十有五年，春，王二月，葬衛定公。無傳。

三月，乙巳，仲嬰齊卒。無傳。襄仲子，公孫歸父弟。宣十八年逐東門氏，既而又使嬰齊紹其後，曰仲氏。【疏】注「襄仲」至「仲氏」。正義曰：《公羊》、《穀梁》皆以嬰齊爲仲遂之子，歸父之弟也。以爲歸父之弟則同，其言稱仲之意則異。《公羊》以爲弟無後兄之義，使嬰齊爲歸父之子，則爲仲遂之孫，故以王父字爲氏。《穀梁》以爲宣八年「仲遂卒」者，爲殺子赤踈之，不使稱公子。父既見踈，不得稱公子，故其子由父亦踈之，不得稱公孫，故别言仲氏。杜之此注，其言不明，當以爲襄仲、歸父本以東門爲氏，及命嬰齊紹歸父之後，改之曰仲氏也。劉炫云：「仲遂受賜爲仲氏，故其子孫稱仲氏耳。」

癸丑，公會晉侯、衛侯、鄭伯、曹伯、宋世子成、齊國佐、邾人，同盟于戚。晉侯執曹伯，歸于京師。不稱人以執者，曹伯罪不及民。歸之京師，禮也。【疏】注「不稱」至「禮也」。正義曰：諸傳於其事之下發凡例者，杜皆於經之下引傳而言「傳例曰」。今傳因曹伯發凡，杜不引傳例者，傳據稱人以執爲例，❶却云「不然則否」，曹伯稱侯以執，從「不然」之例，故杜不得引之也。不稱人以執者，曹伯罪不及民，其稱人之例，於義爲然也。諸侯不得相治，故歸之京師，使天子治之，是禮也。《釋例》曰：「執諸侯，當歸于京師，而或以歸，或歸于

❶「傳」，京都本、文淵閣本、阮本無此字。

諸侯，皆失其所，從實而顯之，義可知也。」

公至自會。無傳。

夏，六月，宋公固卒。四同盟。【疏】注「四同盟」。　正義曰：固父鮑以二年八月卒，而固代立。其年十一月宋大夫與公盟于蜀，五年于蟲牢，七年于馬陵，九年于蒲，皆魯、宋俱在，是爲四同盟。❶

楚子伐鄭。

秋，八月，庚辰，葬宋共公。三月而葬，速。

宋華元出奔晉。宋華元自晉歸于宋。華元欲挾晉以自重，故以外納告。【疏】注「華元」至「納告」。　正義曰：案傳華元奔晉，魚石即議止之，魚石自止華元于河上，元始至河，本未至晉。既書「奔晉」，又書「自晉歸」者，華元既出，宋即來告，華元既歸，宋復來告。十八年傳例曰：「凡去其國，國逆而立之，曰『入』。復其位，曰『復歸』。諸侯納之，曰『歸』。」此是魚石止之，宜從國逆之例，而爲諸侯納之文，書曰「自晉歸」者，華元與欒書相善，怖懼桓族，欲挾晉以自重，以晉納告于諸侯，《春秋》從而書之，以示元之本情故也。

宋殺其大夫山。不書氏，明背其族。**宋魚石出奔楚。**公子目夷之曾孫。

冬，十有一月，叔孫僑如會晉士燮、齊高無咎、宋華元、衛孫林父、鄭公子鰌、邾人，會吳于鍾離。吳夷未嘗與中國會，今始來通，晉帥諸侯大夫而會之，故殊會，明本非同好。鍾離，楚邑，淮南縣。

---

❶「爲」，正宗寺本、京都本、文淵閣本、阮本無此字。

許遷于葉。許畏鄭，南依楚，故以自遷爲文。葉，今南陽葉縣也。

【傳】**十五年，春，會于戚，討曹成公也。**討其殺大子而自立，事在十三年。**執而歸諸京師。書曰「晉侯執曹伯」，不及其民也。**惡不及民。**凡君不道於其民，諸侯討而執之，則曰「某人執某侯」，**稱人，示衆所欲執。**不然則否。**謂身犯不義者。【疏】「凡君」至「則否」。正義曰：《春秋》執諸侯多矣，或名或否，此例不言之者，《釋例》曰：「諸侯見執者，已在罪賤之地，書名與否，非例所加，故但書執某侯也。天生民而樹之君，使司牧之，勿使失性。若乃肆於民上，人懷怨讎，諸侯致討，則稱某人執某侯，衆討之文也。諸侯雖身犯不義，而惡不及民，則不稱人以執之，晉侯執曹伯是也。諸無加民之惡，而稱人以執，皆時之赴告欲重其罪，以加民爲辭，國史承以書策，而簡牘之記具存，夫子因示虛實，傳隨而著其本狀，以明得失也。」

諸侯將見子臧於王而立之，子臧辭曰：「前志有之，曰：『聖達節，聖人應天命，不拘常禮。**次守節，**謂賢者。**下失節。』**愚者妄動。**爲君，非吾節也。雖不能聖，敢失守乎？」遂逃，奔宋。**【疏】「聖達」至「守乎」。正義曰：節猶分也。人生天地之閒，性命各有其分。聖人達於天命，識己知分，若以歷數在己，則當奉承靈命，不復拘君臣之交、上下之禮，舜、禹受終，湯、武革命，是言達節者也。若自知己分不合高位，得而不取，與而不受，子臧、季札、衛公子郢、楚公子閭，如此之類，皆守節者也。下愚之人，不識己分，倘張妄作，取非其理，干紀亂常，如此之輩，古今多矣，州吁、無知之等，皆失節者也。子臧自以身是庶子，不合有國，故言

「爲君，非吾節也」，雖不能爲聖，敢失其守節者乎？

夏，六月，宋共公卒。爲下宋亂起。

楚將北師，侵鄭、衛。子囊曰：「新與晉盟而背之，無乃不可乎？」子反曰：「敵利則進，何盟之有？」晉、楚盟在十二年。子囊，莊王子公子貞。申叔時老矣，在申，老歸本邑。聞之，曰：「子反必不免！信以守禮，禮以庇身。信、禮之亡，欲免，得乎？」言不得免。楚子侵鄭，及暴隧，遂侵衛，及首止。鄭子罕侵楚，取新石。新石，楚邑。欒武子欲報楚，韓獻子曰：「無庸，庸，用也。使重其罪，民將叛之。背盟數戰，罪也。無民，孰戰？」爲明年晉敗楚於鄢陵傳。

秋，八月，葬宋共公。於是華元爲右師，魚石爲左師，蕩澤爲司馬，蕩澤，公孫壽之孫。華喜爲司徒，華父督之玄孫。公孫師爲司城，莊公孫。向爲人爲大司寇，鱗朱爲少司寇，鱗矔孫。向帶爲大宰，魚府爲少宰。蕩澤弱公室，殺公子肥。輕公室以爲弱，故殺其枝黨。肥，文公子。華元曰：「我爲右師，君臣之訓，師所司也。今公室卑而不能正，不能討蕩澤。吾罪大矣。不能治官，敢賴寵乎？」乃出奔晉。二華，戴族也。華元、華喜。司城，莊族也。六官者，皆桓族也。魚石、蕩澤、向爲人、鱗朱、向帶、魚府皆出桓公。魚石將止華元，魚府曰：「右師反，必討，是無桓氏也。」恐華元還討蕩澤，并及六族。魚石曰：「右師苟獲反，雖許之討，必不敢。言畏桓族强。且多大功，國人與之，不反，懼桓氏之無祀於宋也。華元大功，克合晉、楚之成，劫子反以免宋圍。右師討，猶有戌在，向戌，桓公曾孫。言其賢，華元必不討。【疏】注「蕩澤」云云。❶　正義曰：《世本》云：「公孫壽生大司馬虺，虺生司馬澤也。」華喜，督之玄孫者，又云：「督生世子家，家生季老，老生司徒鄭，鄭生司徒喜也。」公孫師，莊公之孫者，又云：「莊公生右師戊，戊生司城師也。」鱗朱，鱗矔孫者，又云：「桓公生公子鱗，鱗生東卿矔，❷矔生司徒文，文生大司寇子奭，奭生小司寇朱也。」向戌，桓公曾孫者，又云：「桓公生向父盻，盻生司城訾守，守生小司寇鱣及合左師。」左師即向戌也。**桓氏雖亡，必偏。」**偏，不盡。**魚石自止華元于河上。請討，許之，乃反。使華喜、公孫師帥國人攻蕩氏，殺子山。**喜、師非桓族，故使攻之。**書曰「宋殺其大夫山」，言背其族也。**蕩氏，宋公族，還害公室，故去族以示其罪。**魚石、向爲人、鱗朱、向帶、魚府出舍於睢上，**睢，水名。五大夫畏同族罪及，將出奔。**華元使止之，不可。冬，十月，華元自止之，不可，乃反。五子不止，華元還。魚府曰：「今不從，不得入矣。**不得復入宋。**右師視速而言疾，有異志焉。若不我納，今將馳矣！」登丘而望之，則馳。騁而從之，**五子亦馳逐之。**則決睢澨，**澨，水涯。決，壞也。**閉門登陴矣。左師、二司寇、二宰遂出奔楚。**四大夫不書，獨魚石告。【疏】注「四大」至「石告」。　正義曰：襄元年傳謂此五人爲五大夫，故除去魚石，謂之四大夫也。彼四大夫所以不書者，宋人獨以魚石告，不以

❶「注蕩澤云云」，京都本、阮本作「注蕩澤公孫壽之孫」。阮本此節正義在注「蕩澤公孫壽之孫」下。

❷「卿」，京都本、文淵閣本、阮本作「鄉」。阮校：「宋本作『卿』，非。案，文七年正義引《世本》作『鄉』，段玉裁云：『鄉』即『向』也。」

四人告也。服虔云：「魚石，卿，故書。」以爲四人非卿，故不書。杜不然者，案文七年傳云：「宋成公卒。於是公子成爲右師，公孫友爲左師，樂豫爲司馬，鱗矔爲司徒，公子蕩爲司城，華御事爲司寇。六卿和公室。」哀二十六年傳：「宋景公無子，於是皇緩爲右師，皇非我爲大司馬，皇懷爲司徒，靈不緩爲左師，樂茷爲司城，樂朱鉏爲大司寇，六卿三族降聽政。」據彼二文，則向爲人爲大司寇，亦是卿也。若五人皆告，爲卿則書，向爲人亦當書之，何以獨書魚石？杜言獨以魚石告，正爲向爲人不書故也。或少司寇、二宰等六卿之外，亦是卿官，合書名氏，猶如魯之三卿外，別有公孫嬰齊、臧孫許，但非如六卿等世掌國政也。**華元使向戌爲左師，老佐爲司馬，樂裔爲司寇，以靖國人。**老佐，戴公五世孫。

晉三郤害伯宗，譖而殺之，及欒弗忌。欒弗忌，晉賢大夫。**伯州犁奔楚。**伯宗子。**韓獻子曰：「郤氏其不免乎？善人，天地之紀也，而驟絶之，不亡，何待？」**既殺伯宗，又及弗忌，故曰驟也。爲十七年晉殺三郤傳。**初，伯宗每朝，其妻必戒之曰：「盜憎主人，民惡其上。子好直言，必及於難。」**傳見雖婦人之言不可廢。

十一月，會吴于鍾離，始通吴也。始與中國接。

許靈公畏偪于鄭，請遷于楚。辛丑，楚公子申遷許于葉。

【經】**十有六年，春，王正月，雨木冰，**無傳。記寒過節，冰封著樹。【疏】「正月雨木冰」。正義曰：正月，今之仲冬，時猶有雨，未是盛寒。雨下即著樹爲冰，記寒甚之過其節度。《公羊》、《穀梁》皆云「雨而木冰」，是冰封著樹也。今世時有之，皆寒甚所致也。

夏，四月，辛未，滕子卒。不書名，未同盟。

鄭公子喜帥師侵宋。喜，穆公子子罕也。

六月，丙寅，朔，日有食之。無傳。

晉侯使欒黶來乞師。將伐鄭。黶，欒書子。【疏】注「黶欒書子」。正義曰：十八年悼公之入，黶尚爲公族大夫，此時欒書尚在，黶未爲卿，而得名見經者，襄二十九年鄭公孫段未爲卿而見經，杜云「蓋以攝卿行」，然則此亦當以攝卿故書。

甲午，晦，晉侯及楚子、鄭伯戰于鄢陵，楚子、鄭師敗績。楚師未大崩，楚子傷目而退，故曰「楚子敗績」。鄢陵，鄭地，今屬潁川郡。【疏】注「楚師」至「敗績」。正義曰：此戰楚師未至於敗，而楚子身傷，故書「楚子敗績」也。泓之戰宋公傷股，師亦敗績，故書師敗，而不書宋公敗也。君將不言帥師，以君重於師也。戰陳以師相敵，死亡既多，舉師爲重，故師敗君傷者，唯書師敗而已，不復書君身敗也。劉炫又云：「若君將被殺獲者，復以殺獲者爲重，既書師敗，又書殺獲，即韓之戰獲晉侯，大棘之戰獲華元，雞父之戰獲胡、沈之君是也。」

楚殺其大夫公子側。側，子反。背盟無禮，卒以敗師，故書名。

秋，公會晉侯、齊侯、衛侯、宋華元、邾人于沙隨，沙隨，宋地。梁國寧陵縣北有沙隨亭。**不見公。**不及鄢陵戰故。不諱者，耻輕於執止。【疏】注「不及」至「執止」。正義曰：諸公被執者，皆諱不書執。此會晉侯不肯見公，不諱之者，公爲國内有故，不及戰期，雖不見公，非公之罪。是爲耻輕於執止，故直書之，以示諫公之意，冀公改過，無後犯。及歸，書「公至自會」，以無罪，不諱，故依法告廟也。

公至自會。無傳。

公會尹子、晉侯、齊國佐、邾人伐鄭。尹子，王卿士。子，爵。

曹伯歸自京師。爲晉侯所赦，故書歸。諸侯歸國，或書名，或不書名，或言歸自某，或言自某歸，傳無義例，從告辭。

九月，晉人執季孫行父，舍之于苕丘。苕丘，晉地。舍之苕丘，明不以歸。不稱行人，非使人。

【疏】注「苕丘」至「使人」。正義曰：昭十三年晉人執季孫意如以歸，此言「舍之苕丘」，明其不以歸也。大夫因使被執，無罪者則書行人，以見無罪。於時行父從公伐鄭，在軍見執，雖則無罪，不稱行人，以其非使人故也。季孫意如得釋而歸，書「意如至自晉」，此行父得釋，不書「至」者，《釋例》曰：「賈氏以爲書執行父，舍于苕丘，言失其所。不書至者，刺晉聽讒執之，示己無罪也。案傳因之苕丘，以别晉都，無義例也。公待于鄆，與行父俱歸，厭於公尊，故不書行父至耳。若欲示無罪，則宜於執見義。今既直書其執處，絶不書至，乃所以示終於見執，非示無罪也。」《穀梁》以行父至不致者，爲公在故，與杜義合也。

冬，十月，乙亥，叔孫僑如出奔齊。公未歸，命國人逐之。

十有二月，乙丑，季孫行父及晉郤犨盟于扈。晉許魯平，故盟。

公至自會。無傳。伐而以會致，史異文。

乙酉，刺公子偃。魯殺大夫皆言刺，義取於《周禮》三刺之法。

【傳】十六年，春，楚子自武城使公子成以汝陰之田求成于鄭。汝水之南，近鄭地。**鄭叛晉，子駟從楚子盟于武城。**爲晉伐鄭起。

夏，四月，滕文公卒。

鄭子罕伐宋，滕，宋之與國。鄭因滕有喪而伐宋，故傳舉滕侯卒。侵、伐，經、傳異文，經從告，傳言實。他皆放此。**宋將鉏、樂懼敗諸汋陂。**敗鄭師也。樂懼，戴公六世孫。將鉏，樂氏族。【疏】注「樂懼」至「氏族」。正義曰：樂懼是戴公六世孫，《世本》有文也。將鉏爲樂氏之族，不知所出。杜《譜》於樂氏之下樂鉏、將鉏爲一人。傳無樂鉏之文，不知其故何也。**退，舍於夫渠，不儆。**宋師不儆備。**鄭人覆之，敗諸汋陵，獲將鉏、樂懼。宋恃勝也。**汋陂、夫渠、汋陵，皆宋地。

衛侯伐鄭，至于鳴鴈，爲晉故也。鳴鴈，在陳留雍丘縣西北。

晉侯將伐鄭，范文子曰：「若逞吾願，諸侯皆叛，晉可以逞。逞，快也。晉厲公無道，三郤驕，故欲使諸侯叛，冀其懼而思德。**若唯鄭叛，晉國之憂，可立俟也。」欒武子曰：「不可以當吾世而失諸侯，必伐鄭。」乃興師。欒書將中軍，士燮佐之。**代荀庚。【疏】「欒書」至「燮佐之」。正義曰：《晉語》云：「鄢陵之役，晉伐鄭，荆救之。欒武子將上軍，范文子將下軍。」與此異者，彼孔晁注云：「上、下，中軍之上、下也。傳曰：『欒書將中軍，士燮佐之。』又曰：『欒、范以其族夾公行。』」引此爲正。是彼謂分中軍爲二，將將上而佐將下。**郤錡將上軍，**代士燮。**荀偃佐之。**代郤錡。偃，荀庚子。**韓厥將下軍，郤至佐新軍。荀罃**

居守。荀罃，下軍佐。於是郤犨代趙旃將新軍，新上、下軍罷矣。【疏】注「荀罃」至「罷矣」。正義曰：十三年傳云：「韓厥將下軍，荀罃佐之。」又此年末傳云：「知武子將下軍，郤犨將新軍。」是其文也。三年作六軍，其新三軍將佐六人，皆賞鞌之功，死亡不復補，❶至此唯有韓厥在耳。郤至佐新軍，不言中、下，是新軍唯一，知新上、下軍於是罷矣。**郤犨如衛，遂如齊，皆乞師焉。欒黶來乞師，孟獻子曰：「有勝矣。」**卑讓有禮，故知其將勝楚。**戊寅，晉師起。**

鄭人聞有晉師，使告于楚，姚句耳與往。句耳，鄭大夫。與往，非使也。爲先歸張本。**楚子救鄭。司馬將中軍，**子反。**令尹將左，**子重。**右尹子辛將右。**公子壬夫。**過申，子反入見申叔時，**叔時老，在申。**曰：「師其何如？」對曰：「德、刑、詳、義、禮、信，戰之器也。**器猶用也。**德以施惠，刑以正邪，詳以事神，義以建利，禮以順時，信以守物。民生厚而德正，**財足則思無邪。**用利而事節，**動不失利，則事得其節。**時順而物成，**羣生得所。**上下和睦，周旋不逆，**動順理。**求無不具，**下應上。**各知其極。**無二心。**故《詩》曰：『立我烝民，莫匪爾極。』**烝，衆也。極，中也。《詩·頌》。言先王立其衆民，無不得中正。**是以神降之福，時無災害，民生敦厖，和同以聽，**敦，厚。厖，大也。**莫不盡力以從上命，致死以補其闕，**闕，戰死者。**此戰之所由克也。今楚內棄其民，**不施惠。**而外絕其好，**義不建利。**瀆齊盟，**不詳事神。**而食話言。**信不守物。**奸時以動，**禮不順時。周四月，今

❶「補」，京都本、文淵閣本、阮本作「存」。

二月，❶妨農業。**而疲民以逞。**刑不正邪，而苟快意。**民不知信，進退罪也。人恤所底，其誰致死？**底，至也。**子其勉之！吾不復見子矣。」**言其必敗不反。【疏】「對曰」至「子矣」。❷　正義曰：叔時此對，首尾相成。先舉六名，云「戰之器也」，言有此六事，乃可以戰，若器用然也。自「德以施惠」至「信以守物」，辨六事施用之處也。自「民生厚」至「所由克」，言能用六事得戰勝之意也。自「今楚内棄其民」至「疲民以逞」，言楚不行六事也。「民不知信」以下言楚必敗之意也。德者，得也，自得於心，美行之大名。有大德者，以德撫人，是德用之以施恩惠也。有姦邪者，斷以刑罰，是刑用之以正邪辟也。詳則祥也，❸古字同耳。《釋詁》云：「祥，善也。」李巡曰：「祥，福之善也。」事神得福，乃名爲祥。是祥用之以事神也。義者，宜也，物皆得宜，利乃生焉，故義所以生立利益也。禮者，履也，其所踐履，當適時要，故禮所以順時事也。言而無信，物將散矣，故信所以守羣物也。人君用此道以撫下民，民之生計豐厚，財用足，則民之德皆正矣。德謂人之性行。《論語》云「民德歸厚矣」，即是正也。此一句覆上「德以施惠」。由上施恩惠，故民生計豐厚也，財用有利益，而每事得節，飢則有食，寒則有衣，其事皆得節矣。此一句覆上「義以建利」也。政不擾民，時節皆順，春種夏耨，而物得成矣。此一句覆上「禮以順時」也。自上及下，和睦而相親，周旋運轉，不有違逆，上之所求，下無不具，下民自知其中，無復二心。故《詩》美先王成立我之衆民，無不於女先王得其中正，言先王善養下民，使得中也。自「上下和睦」以下，

---

❶ 「二」，原作「三」，疏云「夏之二月」，《四部叢刊》本、京都本、文淵閣本、阮本作「二」，是也。今據改。

❷ 「對曰至子矣」，阮本以下正義六節分疏於傳文各節下。

❸ 「則」，文淵閣本、阮本作「者」。

至「莫匪爾極」，揔論在上德、義、禮三事，以教於下，則在下之人皆無邪惡，以信自守，即包上「刑以正邪」、「信以守物」二句也。聖王先成於民，而後致力於神，民既如此，是以明神下之福祐，時無水旱災害。此覆上「詳以事神」也。故下民生計皆豐厚而多大，人皆和同其心以聽進止，無不盡己之力以從上命，戰陳之上，有被殺傷者，皆致其死命，以補其空闕之處，此戰之所由得而勝也。今楚内棄其國内之民，不行施惠，是無德也。外絶其鄰國之好，不得其利，是無義也。與晉結盟，而復背之，貫瀆齊同之盟，是無詳也。與人要言，今背其語，食消善言，是無信也。夏之二月，農事正煩，奸犯時節，而動兵伐人，是無禮也。晉人無罪，苟欲伐之，疲勞下民，以快己欲，是無刑也。六事皆無，是無器也。無器而戰，其可勝乎？上若有信，民知所適。上既無信，不知所從，從前言則違後令，從後令則背前言。人既不知在上之信，其進與退皆得罪也。人人憂其所至，不知己之性命將至何處，其誰肯致死而戰也？子其勉力爲之，此行也必敗，吾不復得見子矣。知其必死，與之長訣也。注「烝衆」至「中正」。

正義曰：「烝，衆」，《釋詁》文。「極，中」，常訓也。《詩·頌·思文》之篇，美后稷之德。《周語》云「昔我先王世后稷」，❶故杜以先王言之，言先王后稷立其衆人，無不得其中正也。當堯之末，洪水滔天，人不粒食，皆失其正性，后稷教人耕稼以養之，各復本性，故無不得中正也。注「敦厚庬大也」。正義曰：皆《釋詁》文也。言人之生計，若財物足，皆豐厚而多大。《管子》曰：「倉廩實而知禮節，衣食足而知榮辱。」讓生於有餘，争生於不足。」是其人生厚大，則心和而聽上命也。注「禮不」至「農業」。正義曰：沈氏云：「晉亦奸時，所以無天殃者，以鄭既有罪，晉人討之，楚黨有罪之鄭，故獨謂之奸時。」注「刑不」至「快意」。正義曰：《魯語》曰：「大刑用甲兵，

❶「王」，阮校：「浦鏜云『先』下誤衍『王』字。據俗本《國語》云也。」

其次用斧鉞，故大者陳之原野，小者致之市朝。」❶則征伐之刑，刑之大者。「刑不正邪，而苟快意」，正謂伐晉是也。此六句言楚無上六事，隨便而言，故與上不次。服虔以「外絕其好」爲刑不正邪也，「食話言」爲義不建利也，「疲民以逞」爲信不守物也。杜以「食話言」是言之不信也，快意征伐是刑之失所也，故不從舊說。注「厎至也」。正義曰：厎聲近至，故爲至也。在上之信，不著於人，號令無常，動靖恣意，或乍東乍西，或欲遲欲速，每事如此，不可測量。人不知信，進退獲罪，人人各憂其身，不知性命所至，誰肯致死戰也？

姚句耳先歸，子駟問焉。對曰：「其行速，過險而不整。速則失志，不思慮也。不整，喪列。志失列喪，將何以戰？楚懼不可用也。」

五月，晉師濟河。聞楚師將至，范文子欲反，曰：「我僞逃楚，可以紓憂。紓，緩也。夫合諸侯，非吾所能也，以遺能者。我若羣臣輯睦以事君，多矣。」武子曰：「不可！」

六月，晉、楚遇於鄢陵。范文子不欲戰。郤至曰：「韓之戰，惠公不振旅。衆散敗也。在僖十五年。箕之役，先軫不反命。死於狄也。在僖三十三年。邲之師，荀伯不復從，荀林父奔走，不復故道。在宣十二年。皆晉之耻也。子亦見先君之事矣。見先君成敗之事。今我辟楚，又益耻也。」文子曰：「吾先君之亟戰也，有故。亟，數也。秦、狄、齊、楚皆彊，不盡力，子孫將弱。今三彊服矣，齊、秦、狄。敵楚而已。唯聖人能外內無患，自非聖人，外寧必有內憂，驕亢則憂患生也。盍

❶「市朝」，阮本作「朝市」。

釋楚以爲外懼乎？」

甲午，晦，楚晨壓晉軍而陳。壓，笮其未備。軍吏患之。范匄趨進，❶匄，士燮子。曰：「塞井夷竈，陳於軍中，而疏行首。疏行首者，當陳前決開營壘爲戰道。晉、楚唯天所授，何患焉？」文子執戈逐之，曰：「國之存亡，天也，童子何知焉？」欒書曰：「楚師輕窕，固壘而待之，三日必退。退而擊之，必獲勝焉。」郤至曰：「楚有六閒，不可失也。其二卿相惡，子重、子反。王卒以舊，罷老不代。鄭陳而不整，不整列。蠻軍而不陳，蠻夷從楚者不結陳。陳不違晦，晦，月終，陰之盡，兵家以爲忌。【疏】注「晦月」至「爲忌」。正義曰：日爲陽精，月爲陰精。兵尚殺害，陰之道也，行兵貴月盛之時，晦是月終，陰之盡也，故兵家以晦爲忌，不用晦日陳兵也。昭二十三年七月，戊辰晦，吴敗楚師于雞父，吴犯兵忌而戰勝者，杜云：「違兵忌晦戰，擊楚所不意。」彼知楚有可敗之機，晦是兵家所忌，原楚之情，必以吴爲不動，故以晦日掩之，擊楚不備故也。在陳而囂，囂，喧嘩也。合而加囂，陳合宜静，而益有聲。各顧其後，莫有鬭心。人恤其所厎。舊不必良，以犯天忌，我必克之。」

楚子登巢車，❷以望晉軍。巢車，車上爲櫓。【疏】注「巢車車上爲櫓」。正義曰：《説文》云：「轈，兵高車加巢，以望敵也。」櫓，澤中守草樓也。是巢與櫓俱是樓之别名。子重使大宰伯州犂侍于王後。州犂，晉伯

❶「范匄」，阮校：「《釋文》云：『匄，本又作丐。』《史記·晉世家》注作『范丐』。」

❷「巢車」，阮校：「《説文》引傳作『轈車』。」

宗子，前年奔楚。王曰：「騁而左右，何也？」騁，走也。曰：「召軍吏也。」「皆聚於中軍矣。」曰：「合謀也。」「張幕矣。」曰：「虔卜於先君也。」虔，敬也。「徹幕矣。」曰：「將發命也。」「甚囂，且塵上矣。」曰：「將塞井夷竈而爲行也。」夷，平也。「皆乘矣，左右執兵而下矣。」曰：「聽誓也。」左，將帥。右，車右。【疏】注「左將帥右車右」。正義曰：兵車唯元帥在中，御者在左也。其餘將帥，皆御者在中，將帥在左也。左右執兵而下，唯御者持車不下耳。「戰乎？」曰：「未可知也。」「乘而左右皆下矣。」曰：「戰禱也。」禱請於鬼神。伯州犂以公卒告王。公，晉侯。苗賁皇在晉侯之側，亦以王卒告。賁皇，楚鬭椒子，宣四年奔晉。皆曰：「國士在，且厚，不可當也。」晉侯左右皆以伯州犂在楚，知晉之情。且謂楚衆多，故憚合戰。與苗賁皇意異。【疏】注「晉侯」至「意異」。正義曰：服虔以此「皆曰」之文在州犂、賁皇之下，解云：「賁皇、州犂皆言曰，晉、楚之士皆在君側，且陳厚，不可當。以爲州犂言晉彊，賁皇言楚彊，故云『皆曰』也。」若如服言，賁皇既言楚不可當，何故復請分良以擊其左右？故杜不用其說。晉侯左右皆爲此言，以憚伯州犂耳。苗賁皇言於晉侯曰：「楚之良，在其中軍王族而已。請分良以擊其左右，而三軍萃於王卒，萃，集也。必大敗之。」

公筮之。史曰：「吉。其卦遇復䷗，震下坤上，復。無變。【疏】注「震下」至「無變」。正義曰：《説卦》：「震爲雷，坤爲地。」《復·象》曰：「雷在地中，復。」服虔云：「復，反也。陰盛於上，陽動於下，以喻小人作亂於上，聖人興道於下，萬物復萌，制度復理，故曰復也。」其筮六爻無變者，故言其所遇之卦而已。曰：『南國蹙，射其元王，中厥目。』此卜者辭也。復，陽長之卦。陽氣起子，南行推陰，故曰「南國蹙」也。南國勢蹙，則離受其咎。離爲諸侯，又爲目。陽氣激南，飛矢之象。故曰：「射其元王，中厥目。」【疏】注「此卜」至「厥目」。　正義曰：此實筮也，而言卜者，卜筮通言耳。此既不用《周易》而别爲之辭，蓋卜筮之書，更有此類，筮者據而言耳。服虔以爲陽氣觸地射出，爲射之象，杜以陽氣激南，爲飛矢之象，二者無所依馮，❶各以意説，得失終於無驗，是非無以可明。今以杜言「離爲諸侯」者，案《禮器》云：「大明生於東，君西酌犧象。」鄭玄云：「象日出東方而西行也。」《詩·邶·柏舟》鄭箋云：「日，君象也。」《説卦》：「離爲日。」故爲諸侯。**國蹙、王傷，不敗何待？」公從之。**從其言而戰。

有淖於前，淖，泥也。**乃皆左右相違於淖。**違，辟也。**步毅御晉厲公，欒鍼爲右。**步毅即郤毅。**彭名御楚共王，潘黨爲右。石首御鄭成公，唐苟爲右。欒、范以其族夾公行。**二族强，故在公左右。【疏】注「二族」至「左右」。　正義曰：劉炫云：「族者，屬也。屬謂中軍，以中軍夾公耳，非謂宗族之兵。」今知非者，杜云「二族」者，順傳之文，無明言宗族之事，劉誣杜以爲宗族，妄規其過，非也。

陷於淖。欒書將載晉侯，鍼曰：「書退！國有大任，焉得專之？在君前，故子名其父。大任，謂元帥之職。【疏】「國有」至「專之」。　正義曰：言國有元帥之大任，何得專意廢之而爲御也。　注「在君」至「其父」。　正義曰：《曲禮》曰：「父前子名，君前臣名。」鄭玄云：「對至尊，無大小，皆相名。」以君至尊，爲在君前，故子名其父。**且侵官，冒也。**載公爲侵官。**失官，慢也。**去將而御，失官也。**離局，姦也。**遠其部曲爲離局。**有三罪焉，不可犯也。」乃掀公以出於淖。**掀，舉也。【疏】注「掀舉也」。　正義曰：《説

❶「二」，原作「一」，據正宗寺本、京都本、文淵閣本、阮本改。

文》云：「掀，舉出也。」公在於淖，知掀當訓爲舉也。

癸巳，潘尪之黨與養由基蹲甲而射之，徹七札焉。黨，潘尪之子。蹲，聚也。一發達七札，言其能陷堅。【疏】「潘尪之黨」。　正義曰：潘尪之子，其名爲黨。襄二十三年「申鮮虞之傅摯」，辭與此同，古人爲文略言耳。**以示王，曰：「君有二臣如此，何憂於戰？」**二子以射夸王。**王怒曰：「大辱國！**賤其不尚知謀。**詰朝爾射，死藝！」**言女以射自多，必當以藝死也。詰朝，猶明朝，是戰日。

呂錡夢射月，中之，退入於泥。呂錡，魏錡。**占之，曰：「姬姓，日也。**周世姬姓尊。**異姓，月也，**異姓卑。**必楚王也。射而中之，退入於泥，亦必死矣！」**錡自入泥，亦死象。**及戰，射共王，中目。王召養由基，與之兩矢，使射呂錡，中項，伏弢。**弢，弓衣。**以一矢復命。**言一發而中。

郤至三遇楚子之卒，見楚子，必下，免胄而趨風。疾如風。**楚子使工尹襄問之以弓，**問，遺也。【疏】注「問遺也」。　正義曰：遺人以物，謂之爲問。問弦多以琴，問子貢以弓，《論語》云「問人於他邦」，皆是也。**曰：「方事之殷也，**殷，盛也。**有韎韋之跗注，君子也。**韎，赤色。跗注，戎服，若袴而屬於跗，與袴連。【疏】注「韎赤」至「袴連」。　正義曰：鄭玄《詩》注云：❶「韎，茅蒐染也。」韎聲也。❷韋昭云：「茅蒐，今絳

---

❶「注」，阮本作「箋」。

❷「韎聲也」，阮校：「段玉裁校本『韎』字上增『茅蒐』二字，是也，謂齊人急疾呼『茅蒐』成『韎』也。」今案：正宗寺本「聲」字旁加小字「色」，蓋當作「韎色也」。

草也。急疾呼茅蒐成韎也。」茅蒐即今之蒨也。賈逵云：「一染曰韎。」《釋器》云：「一染謂之縓。」謂一入赤爲淺赤色也。跗注，兵戎之服，自要以下而注於脚，跗謂屬袴於下與跗相連。《周禮·司服》：「凡兵事，韋弁服。」鄭玄云：「韋弁，以韎韋爲弁，又以爲衣、裳。晉郤至衣韎韋之跗注是也。」鄭以跗當爲幅，❶謂裁韋若布帛之幅相縫屬。鄭言「以爲衣、裳」，則衣、裳不連。《聘禮》：「君使卿韋弁，歸饔餼。」鄭玄云：「其服蓋韎布以爲衣而素裳。」鄭以彼非戎事，當爲素裳，明衣、裳不連跗。杜言連者，謂要、脚連耳。若然，在軍之服，其色皆同。所謂「均服振振」，上下同色。郤至與衆同服，所以獨見識者，禮法雖有此服，軍士未必盡然，郤至服必鮮華，故楚王偏識之。**識見不穀而趨，❷無乃傷乎？」**恐其傷。**郤至見客，免胄承命，曰：「君之外臣至，從寡君之戎事，以君之靈，間蒙甲胄，**間猶近也。**不敢拜命。**介者不拜。【疏】注「介者不拜」。　正義曰：《曲禮》云：「介者不拜，爲其拜而蓌拜。」鄭玄云：「蓌則失容節，蓌猶詐也。」慮其筰甲折。**敢告不寧君命之辱。**以君辱賜命，故不敢自安。【疏】注「以君」至「自安」。　正義曰：劉炫以爲：「楚王云『無乃傷乎』，恐其傷也。答云『敢告不寧』，告其身不傷耳。魏犨云『不有寧也』，以傷爲寧，此與魏犨相似。」今知不然者，案僖二十八年魏犨云：「以君之靈，不有寧也。」謂不有被傷，以自寧也。知不與彼同者，以彼云「不有寧」，謂不有損傷，此直云「不寧」，既無「有」字，又先無被傷之狀，與魏犨不同也。案檢杜注，「敢告不寧君命之辱」宜連讀之，若「敢告不寧」別自爲

❶「鄭以」至「相縫屬」，孫校：「『鄭以』當作『鄭志以』。『縫』，《司服》疏引《鄭志》作『連』。」

❷「識」，阮校：「案，惠棟云：當爲『適』，《外傳》作『屬』，訓爲『適』。」

句，則「君命之辱」一句零行無所依附，故知與彼不同。劉君不尋此意，以爲與魏犨相似，而規杜，非也。**爲事之故，敢肅使者。」**言君辱命來問，以有軍事不得答，故肅使者。肅，手至地，若今撎。【疏】注「言君」至「今撎」。正義曰：《周禮·大祝》：「辨九拜，九曰肅拜。」鄭司農云：「肅拜，但俯下手，今時撎是也。」《說文》云：「撎，舉手下手也。」其勢如今揖之小別。《晉宋儀注》：「貴人待賤人，賤人拜，貴人撎。」**三肅使者而退。**

晉韓厥從鄭伯，從，逐也。**其御杜溷羅曰：「速從之！其御屢顧，不在馬，可及也。」韓厥曰：「不可以再辱國君。」乃止。**二年鞌戰，❶韓厥已辱齊侯。**郤至從鄭伯，其右茀翰胡曰：「諜輅之，余從之乘，而俘以下。」**欲遣輕兵單進，以距鄭伯車前，而自後登其車以執之。【疏】注「欲遣」至「執之」。正義曰：《說文》云：「諜，軍中反閒也。」兵書有反閒之法，謂詐爲敵國之人，入其軍中，伺候閒隙，以反告己軍，今謂之細作人也。此欲令諜迎鄭伯，則非一人細作，於時鄭伯退走，故杜以爲輕兵單進，遶鄭伯之前，逆距鄭伯，使鄭伯前視輕兵，不復顧後，得自後登其車以執之也。鄭軍亂走，輕兵獨出其閒，亦諜之類，故翰胡得以諜言之。**郤至曰：「傷國君有刑。」亦止。**

石首曰：「衛懿公唯不去其旗，是以敗於熒。」乃内旌於弢中。熒戰在閔二年。【疏】「内旌於弢中」。正義曰：旌謂鄭伯所建之旗，弢是盛旌之囊也。《周禮》「全羽爲旞，析羽爲旌」，謂空建鳥羽者也。但九旗竿首，皆有析羽，故旌爲之揔名，故此傳鄭伯與子重所建皆以旌言之，其鄭伯所建，當是交龍之旂，子重所建，

---

❶「鞌」，原作「案」，據京都本、文淵閣本、阮本改。

當是熊虎之旗。《周禮》：「中秋，教治兵，辨旗物，諸侯載旂，軍吏載旗。」鄭玄云：「軍吏，諸軍帥也。凡旌旗，有軍衆者畫異物，無者帛而已。」子重爲將，自然當建熊虎之旗。唐苟謂石首曰：「子在君側，敗者壹大。我不如子，子以君免，我請止。」乃死。敗者壹大，謂軍大崩也。言石首亦君之親臣而執御，與車右不同，故首當御君以退，己當死戰。

楚師薄於險，薄，迫也。叔山冉謂養由基曰：「雖君有命，爲國故，子必射。」王有「死藝」命。乃射，再發，盡殪。叔山冉搏人以投，中車，折軾。晉師乃止。言二子皆有過人之能。囚楚公子茷。爲郤至見譖張本。【疏】「囚楚公子茷」。正義曰：《晉語》謂之王子發鉤，蓋一名一字也。

欒鍼見子重之旌，請曰：「楚人謂夫旌，子重之麾也。彼其子重也，日臣之使於楚也，子重問晉國之勇，臣對曰：『好以衆整。』曰：『又何如？』又問其餘。臣對曰：『好以暇。』暇，閒暇。今兩國治戎，行人不使，不可謂整。臨事而食言，不可謂暇。食好整之言。請攝飲焉。」攝，持也。持飲往飲子重。公許之。使行人執榼承飲，造于子重，承，奉也。曰：「寡君乏使，使鍼御持矛，御，侍也。是以不得犒從者，使某攝飲。」子重曰：「夫子嘗與吾言於楚，必是故也。不亦識乎？」知其以往言好暇，故致飲。受而飲之，免使者而復鼓。免，脱也。旦而戰，見星未已。

子反命軍吏察夷傷，夷亦傷也。【疏】注「夷亦傷」。❶ 正義曰：服虔云：「金創爲夷。」杜以戰用五兵，

❶「傷」下，京都本、阮本有「也」字。

唯殳無刃，所言傷者，皆刃傷也，何須於此獨辨金木？故知夷亦傷也，復言之耳。**補卒乘，**補死亡。**繕甲兵，**繕，治也。**展車馬，**展，陳也。**雞鳴而食，唯命是聽。**復欲戰。**晉人患之。苗賁皇徇曰：「蒐乘補卒，**蒐，閱也。**秣馬利兵，**秣，穀馬也。**脩陳固列，**固，堅也。**蓐食申禱，**申，重也。**明日復戰！」乃逸楚囚。**逸，縱也。**王聞之，召子反謀。穀陽豎獻飲於子反，**❶**子反醉而不能見。**穀陽，子反内豎。

【疏】注「穀陽子反内豎」。　正義曰：鄭玄云：「豎，未冠者之名。」故杜以爲内豎也。案《吕氏春秋》云：「荆共王與晉厲公戰于鄢陵，荆師敗，共王傷。臨戰，司馬子反渴而求飲，豎陽穀操酒而進之，子反曰：『却！酒也。』豎陽穀曰：『非酒也。』子反曰：『却！酒也。』豎陽穀又曰：『非酒也。』子反受而飲之。子反之爲人也，嗜酒，甘而不能絶於口，醉。戰既罷，共王欲復戰而謀，使召司馬子反，子反辭以心疾。共王駕往視之，入幄中，聞酒臭而還，曰：『今日之戰，不穀親傷，所恃者司馬也。而司馬又若此，不穀無與復戰矣。』於是遂罷師去之，斬司馬子反以爲戮。」與此不同者，傳依簡牘本紀，彼采傳聞異辭，所説既殊，其文亦異。**王曰：「天敗楚也夫！余不可以待。」乃宵遁。**

晉入楚軍，三日穀。食楚粟三日也。**范文子立於戎馬之前，曰：「君幼，諸臣不佞，**佞，才也。**何以及此？君其戒之！**戒勿驕。**《周書》曰：『惟命不于常。』有德之謂。」**《周書·康誥》。言勝無常命，唯德是與。【疏】注「周書」至「是與」。　正義曰：周公稱成王之命，告康叔以此言也。唯上天之命，不

---

❶「穀陽」，阮校：「《史記》晉楚《世家》、《吕氏春秋·權勳篇》、《淮南子·人間訓》作『陽穀』，與今本異。」

常於一人也，言善則得之，惡則失之，唯有德者於是與之。

楚師還，及瑕，瑕，楚地。王使謂子反曰：「先大夫之覆師徒者，君不在。謂子玉敗城濮時，王不在軍。子無以爲過，不穀之罪也。」子反再拜稽首曰：「君賜臣死，死且不朽。王引過，亦所以責子反。臣之卒實奔，臣之罪也。」子重使謂子反曰：「初隕師徒者，而亦聞之矣。盍圖之！」聞子玉自殺。終二卿相惡。對曰：「雖微先大夫有之，大夫命側，側敢不義？言以義命己，不敢不受。【疏】「雖微」至「不義」。　正義曰：微，無也。縱使雖無先大夫有此舊事，今大夫將義命己，敢不以爲之義乎？側亡君師，敢忘其死？」王使止之，弗及而卒。

戰之日，齊國佐、高無咎至于師，無咎，高固子。衛侯出于衛，公出于壞隤。壞隤，魯邑。齊、衛皆後，非獨魯，明晉以僑如故不見公。【疏】「衛侯」至「壞隤」。　正義曰：「出于衛」者，已出衛竟也。「公出于壞隤」，始從壞隤而出，猶未出魯竟。下云「公待於壞隤」、「設守而後行」，是出國止於壞隤，更從壞隤而出。

宣伯通於穆姜，穆姜，成公母。欲去季、孟而取其室。季文子、孟獻子。將行，穆姜送公，而使逐二子。公以晉難告，會晉伐鄭。曰：「請反而聽命。」姜怒，公子偃、公子鉏趨過，二子，公庶弟。【疏】注「二子公庶弟」。　正義曰：沈氏云：「以刺公子偃不云弟故也。」指之曰：「女不可，是皆君也。」言欲廢公，更立君。

公待於壞隤，申宮儆備，❶申勑宮備。設守而後行，是以後。後晉、楚戰期。使孟獻子守于公宮。

秋，會于沙隨，謀伐鄭也。鄭猶未服。❷宣伯使告郤犨曰：「魯侯待于壞隤，以待勝者。」觀晉、楚之勝負。郤犨將新軍，且爲公族大夫，以主東諸侯。主齊、魯之屬。取貨于宣伯，而訴公于晉侯。訴，譖也。晉侯不見公。

曹人請于晉曰：「自我先君宣公即世，在十三年。國人曰：『若之何憂猶未弭？』弭，息也。既葬，國人皆將從子臧，所謂憂未息。而又討我寡君，前年晉侯執曹伯。以亡曹國社稷之鎮公子，謂子臧逃奔宋。是大泯曹也，泯，滅也。先君無乃有罪乎？言今君無罪而見討，得無以先君故。若有罪，則君列諸會矣。諸侯雖有簒弒之罪，侯伯已與之會，則不復討。前年會于戚，曹伯在列，盟畢乃執之，故曹人以爲無罪。【疏】注「諸侯」至「無罪」。正義曰：諸侯廢立，當由天子。但春秋之世，王政不行，若簒弒而立，則侯伯既列於會，便是已成爲君，臣人不得殺之，鄰國不得復討。往年爲戚之會，主爲討曹，但晉侯既列於會，盟畢乃始執之，故曹人以爲無罪也。宣元年會于平州，以定公位，齊非侯伯，而得公位定者，縱非侯伯，乃是彊鄰，既得與會，即爲黨援，晉若討魯，齊必救之，於是晉國竟不伐魯，是由會齊而公位遂定也。君唯不遺德、刑，遺，失也。以伯諸侯，豈獨遺諸敝邑？敢私布之。」爲曹伯歸不以名告傳。【疏】注「爲

---

❶「申宮儆備」，阮校：「李善注陸士衡《豪士賦序》引『儆』作『警』。《説文》『儆』下引傳『儆宮』，文異。」

❷「猶」，阮本作「伯」。

曹」至「告傳」。　正義曰：諸侯被執，及歸，或名或否，雖從告辭，傳不爲例，但諸侯尊貴，不斥其名。《曲禮》曰：「諸侯不生名，諸侯失地名，滅同姓名。」是諸侯稱名者是罪責之事，彼告者亦量其事之善否，惡之則以名告。故《釋例》曰：「蔡侯般弑父自立，楚子欲顯行刑誅，以章伯業，誘而殺之。蔡人深怨，故稱名以告。《春秋》從而書之。」是告者謂其有罪，則稱名以告，謂其無罪，則告不以名。此曹人訴君無罪，晉侯從而釋之，言其無罪而歸，故晉人不以名告。下云：「晉侯謂子臧：『反，吾歸而君。』」是晉人告其歸也。此傳說曹伯無罪，是爲經不以名告之傳也。

七月，公會尹武公及諸侯伐鄭。將行，姜又命公如初，復欲使公逐季、孟。**公又申守而行。諸侯之師次于鄭西，我師次于督揚，不敢過鄭。**督揚，鄭東地。**子叔聲伯使叔孫豹請逆于晉師，**豹，叔孫僑如弟也。僑如於是遂作亂，豹因奔齊。【疏】注「豹叔」至「奔齊」。　正義曰：此時七月也，至十月而僑如奔齊。昭四年傳稱穆子去叔孫氏，及庚宗，遇婦人，使私爲食而宿焉。後生豎牛。適齊，娶於國氏，生孟丙、仲壬。乃云宣伯奔齊，穆子饋之，則似豹在齊多年，僑如始往，故服虔以爲叔孫豹先在齊矣，此時從國佐在師，聲伯令人就齊師使豹，豹不忘宗國，聞白國佐，爲魯請逆。杜不然者，若豹以前在齊，則非復魯臣，聲伯正可因之以請，不得云聲伯使豹，聲伯安得專使背叛之臣也？　又聲伯豈無魯人可使，而崎嶇艱險，遠使他國之人乎？　今傳言聲伯使豹，明在魯軍，得爲聲伯使耳。下云聲伯「食使者而後食」，不言食豹，而言食使者，明豹因請逆，遂即不還，還者豹之介耳。於時魯師在鄭，從鄭向齊，塗出於魯，豹必過魯乃去，故得宿於庚宗。彼傳因言宿於庚宗，遂說娶於國氏，生二子耳。二子之生，必在僑如奔後。豹之還魯，雖無歸年，而襄二年始見於經，豎牛已能奉雉，故杜以爲此年去，彼年歸，故下注云：「傳因言其終。」**爲食於鄭郊，師逆以至。**聲伯戒叔孫以必須所逆晉師至乃食。**聲伯四日不食以待之，食使者，**使者，豹之介。**而後食。**❶言其忠也。

諸侯遷于制田。熒陽宛陵縣東有制澤。**知武子佐下軍，**武子，荀罃。**以諸侯之師侵陳，至于鳴鹿，**陳國武平縣西南有鹿邑。**遂侵蔡。**未反，侵陳、蔡不書，公不與。**諸侯遷于潁上。戊午，鄭子罕宵軍之，宋、齊、衛皆失軍。**將主與軍相失。宋、衛不書，後也。【疏】注「將主」至「後也」。正義曰：服虔以失軍爲失其軍糧。傳稱「諸侯遷于潁上，子罕宵軍之」，則軍諸侯之營，不軍其輜重，安得爲失軍糧也？故杜以爲「將主與軍相失」，謂夜裏迸散相失耳。此諸侯即伐鄭之諸侯也。經書「公會尹子、晉侯、齊國佐、邾人伐鄭」，不書宋、衛，傳言宋、衛皆失軍，則宋、衛在矣，在而不書，後至故也。

曹人復請于晉。晉侯謂子臧：「反！吾歸而君。」以曹人重子臧故。**子臧反，曹伯歸。**子臧自宋還。**子臧盡致其邑與卿而不出。**不出仕。

宣伯使告郤犨曰：「魯之有季、孟，猶晉之有欒、范也，政令於是乎成。今其謀曰：『晉政多門，不可從也。政不由君。**寧事齊、楚，有亡而已，蔑從晉矣！』**蔑，無也。**若欲得志於魯，請止行父而殺之，**行父，季文子也。**我斃蔑也，**蔑，孟獻子。時留守公宮。**而事晉，蔑有貳矣。魯不貳，小國必睦。不然，歸必叛矣。」**

❶「而後食」，《經典釋文》：「一本作『聲伯而後食』。」

九月，晉人執季文子于苕丘。公還，待于鄆，❶鄆，魯西邑。東郡廩丘縣東有鄆城。使子叔聲伯請季孫于晉。郤犨曰：「苟去仲孫蔑而止季孫行父，吾與子國，親於公室。」親魯甚於晉公室。對曰：「僑如之情，子必聞之矣。聞其淫慝情。若去蔑與行父，是大棄魯國，而罪寡君也。若猶不棄，而惠徼周公之福，使寡君得事晉君，則夫二人者，魯國社稷之臣也。若朝亡之，魯必夕亡。以魯之密邇仇讎，仇讎謂齊、楚。【疏】「若朝」至「夕亡」。正義曰：「朝亡之」，謂朝失蔑與行父也。「魯必夕亡」，謂亡屬他國也。下云「亡而爲讎」，是欲棄晉而屬齊、楚。亡而爲讎，治之何及？」言魯屬齊、楚，則還爲晉讎。郤犨曰：「吾爲子請邑。」對曰：「嬰齊，魯之常隸也，隸，賤官。敢介大國以求厚焉？介，因也。承寡君之命以請，承，奉也。若得所請，吾子之賜多矣，又何求？」范文子謂欒武子曰：「季孫於魯，相二君矣。二君，宣、成。妾不衣帛，馬不食粟，可不謂忠乎？信讒慝而棄忠良，若諸侯何？子叔嬰齊奉君命無私，不受郤犨請邑。謀國家不貳，謂四日不食，以堅事晉。圖其身不忘其君，辭邑、不食，皆先君而後身。若虛其請，是棄善人也。子其圖之！」乃許魯平，赦季孫。

冬，十月，出叔孫僑如而盟之，僑如奔齊。諸大夫共盟，以僑如爲戒。

十二月，季孫及郤犨盟于扈。歸，刺公子偃，偃與鉏俱爲姜所指，而獨殺偃，偃與謀。召叔孫豹于齊而立之。近此七月，聲伯使豹請逆於晉，聞魯人將討僑如，豹乃辟其難，先奔齊，生二子，而

---

❶「鄆」，阮校：「惠棟云：『京相璠曰：《公羊》作「運」字，今東郡廩邱縣東八十里有故運城，即此城也。』」

魯乃召之，故襄二年豹始見經，傳於此因言其終。

齊聲孟子通僑如，聲孟子，齊靈公母，宋女。**使立於高、國之閒。**位比二卿。**僑如曰：「不可以再罪。」奔衛，亦閒於卿。**傳亦終言僑如之佞。

晉侯使郤至獻楚捷于周，與單襄公語，驟稱其伐。伐，功也。【疏】「晉侯」至「其伐」。正義曰：《周語》稱「郤至見召桓公，與之語，召桓公以告單襄公」，非郤至自與襄公語也。襄公論郤至將死，答召桓公語耳，非語諸大夫也。其文與此小異，其意與此大同，《周語》詳而此傳略。先賢或以爲《國語》非丘明所作，爲其或有與傳不同故也。「驟稱其伐」，謂數數自伐其功，《周語》説郤至自伐之言多矣，其辭不可具載。**單子語諸大夫曰：「温季其亡乎？**温季，郤至。【疏】「温季其亡乎」。正義曰：《周語》單襄公答召桓公云：「人有言曰『兵在頸』者，其郤至之謂乎？」即具論郤至之失，乃曰：「以吾觀之，兵在其頸，不可久也。」**位於七人之下，**佐新軍，位在八。【疏】「位於七人之下」。正義曰：此時欒書將中軍，士燮佐之，郤錡將上軍，荀偃佐之，韓厥將下軍，荀罃佐之，郤犨將新軍，郤至佐之，是位在七人之下。**而求掩其上，**稱己之伐，掩上功。【疏】注「稱己」至「上功」。正義曰：《周語》曰：郤至自稱己有大功，欲求晉國之政。召桓公謂之曰：「吾子則賢矣。晉國之舉，不失其次，吾懼政之未及子也。」至謂召桓公曰：「何次之有？先大夫荀伯，下軍之佐，以爲政，趙宣子未有軍行而以爲政，今欒伯自下軍往，是三子也，吾又過之，無不及也。若佐新軍而以之爲政，不亦可乎？將必求之。」是掩上功。**怨之所聚，亂之本也。多怨而階亂，何以在位？**怨爲亂階。**《夏書》曰：『怨豈在明？不見是圖。』**逸《書》也。不見細微也。**將慎其細也。今而明之，其可乎？」**言郤至顯稱己功，所以明怨咎。【疏】「夏書」至「可乎」。❶ 正義曰：《夏書・五子之歌》第一章也。其爲人所怨者，豈必在明白之處乎？其於人所不見，當於是圖謀之。此書之言，將謂慎其細小之事者也。今乃明明言之，道己欲掩其上，此事甚明。「其可乎」，言必不可也。杜不見古文，故云逸《書》。

【經】十有七年，春，衛北宮括帥師侵鄭。括，成公曾孫。

夏，公會尹子、單子、晉侯、齊侯、宋公、衛侯、曹伯、邾人伐鄭。晉未能服鄭，故假天子威，周使二卿會之。晉爲兵主，而猶先尹、單，尊王命也。單伯稱子，蓋降爵。

六月，乙酉，同盟于柯陵。柯陵，鄭西地。

秋，公至自會。無傳。

齊高無咎出奔莒。

九月，辛丑，用郊。無傳。九月郊祭，非禮明矣。書「用郊」，從史文。【疏】「九月」至「史文」。❷ 正義曰：傳例啓蟄而郊，今九月郊祀，是非禮明矣。《公羊傳》曰：「用者何？用者，不宜用也。九月，非所用郊也。」《穀梁傳》曰：「夏之始可以承春，以秋之末，承春之始，蓋不可矣。九月用郊，用者，不宜用也。」賈逵以二傳

---

❶ 「夏書至可乎」，阮本此節正義在「不見是圖」句注下。

❷ 「九月」上，正宗寺本、京都本、阮本有「注」字，當是。

爲説：「諸書用者，不宜用也。」《釋例》曰：「辛丑用郊，文異而丘明不發傳，因時史之辭，非聖賢意也。劉、賈以爲諸言用，皆不宜用，反於禮者也。施之用郊，似若有義，至於用幣、用鄫子，諸若此比，皆當須書用，以别所用者也。若不言用，則事叙不明，所謂辭窮，非聖人故造此用以示義也。且諸過祀三望之類，奚獨皆不書用邪？案《左氏傳》，用幣于社，傳曰：『得禮。』冉有用矛於齊師，孔子以爲義，無不宜用之例也。丘明云：『我師豈欺我哉？』」

晉侯使荀罃來乞師。無傳。將伐鄭。

冬，公會單子、晉侯、宋公、衛侯、曹伯、齊人、邾人伐鄭。鄭猶未服故。❶

十有一月，公至自伐鄭。無傳。

壬申，公孫嬰齊卒于貍脤。十一月無壬申，日誤也。貍脤，闕。【疏】注「十一」至「脤闕」。正義曰：杜《長歷》推十一月丁亥朔，六日壬辰，十六日壬寅，二十六日壬子，十日丙申，二十二日戊申，不知壬申二字何者爲誤。《長歷》云：「《公羊》、《穀梁傳》及諸儒皆以爲十月十五日也。十月庚午圍鄭，十三日也，推至壬申，誠在十五日。然據傳曰十一月諸侯還自鄭，壬申，至于貍脤而卒，此非十月，分明誤在日也。」又杜於《土地》之篇，凡有地名二十六所，不知所在之國，貍脤即是其一，不知是何國之地，故直云闕也。杜又稱舊説曰：「壬申，十月十五日。貍脤，魯地也。傳曰『十月庚午圍鄭』，則二日未得及魯竟也。」《釋例》又曰：「魯大夫卒其竟内，則不書

❶「故」下，京都本、文淵閣本、阮本有「也」字。

地。傳稱『季平子行東野，卒于房』是也。」以此益明貍脤非魯地矣。以下有十二月丁巳朔，逆而推之，故諸舊説皆以壬申爲十月十五日也。《公羊》、《穀梁傳》以爲待公至，然後卒大夫，故十月之日書在十一月之下，於《左傳》則不通，故杜以爲日誤。

十有二月，丁巳，朔，日有食之。無傳。

邾子貜且卒。無傳。五同盟。【疏】注「五同盟」。　正義曰：貜且以文十四年即位，宣十七年盟于斷道，成二年于蜀，五年于蟲牢，七年于馬陵，九年于蒲，十五年于戚，此年于柯陵，凡七同盟。而云五者，沈以杜數同盟之例，但有君盟者，不數大夫之盟，此二年盟蜀，十七年盟柯陵，皆邾之大夫，故不數之。劉炫并數二盟，而規其過，非也。

晉殺其大夫郤錡、郤犨、郤至。

楚人滅舒庸。

【傳】十七年，春，王正月，鄭子駟侵晉虛、滑。虛、滑，晉二邑。滑，故滑國，爲秦所滅，時屬晉，後屬周。【疏】注「虛滑」至「屬周」。　正義曰：僖三十三年秦人滅滑，經書「入」，則是滅而不有，不知滅後屬何國也。此言侵晉，知此時屬晉耳。襄十八年傳楚公子格「侵費滑、胥靡」，注云：「胥靡，鄭邑。」不言費滑，杜意當以費滑爲周邑也。然則若是周邑，常言侵周以别之。定六年傳稱鄭伐周馮、滑、胥靡，爾時胥靡亦爲周邑。蓋費滑、胥靡，周、鄭之閒，襄時屬鄭，定時屬周。**衛北宫括救晉，侵鄭，至于高氏。**不書救，以侵告。高氏，在陽翟縣西南。

夏，五月，鄭大子髡頑、侯獳爲質於楚，侯獳，鄭大夫。**楚公子成、公子寅戍鄭。**

公會尹武公、單襄公及諸侯伐鄭，自戲童至于曲洧。今新汲縣治曲洧城，臨洧水。【疏】注「洧水」。正義曰：《釋例》云：「洧水出熒陽密縣西北陽城山，東南至潁川長平縣入潁。」

晉范文子反自鄢陵，前年鄢陵戰還。**使其祝宗祈死，**祝宗，主祭祀祈禱者。**曰：「君驕侈而克敵，是天益其疾也。難將作矣！愛我者，唯祝我使我速死，無及於難，范氏之福也。」六月，戊辰，士燮卒。**傳言厲公無道，故賢臣憂懼，因禱自裁。【疏】注「傳言」至「自裁」。正義曰：劉炫以爲士燮及昭子之卒，適與死會，非自殺。今知非者，以傳云使祝宗祈死，又云「祝我使我速死，無及於難」，是其欲死之意。叔孫昭子心懷憂懼，亦與此同。身皆並卒，故知自裁。若其二人之死，❶適與死會，《春秋》之内，唯有兩人願死，何得身死皆與相當？故杜斟酌傳文，以爲自殺。劉以爲偶然而死，以規杜失，非也。何休《膏肓》以爲人生有三命：有壽命以保度，有隨命以督行，有遭命以摘暴。未聞死可祈也，故杜以爲因禱自裁也。傳記此事者，欲見厲公無道，賢臣憂懼。

乙酉，同盟于柯陵，尋戚之盟也。戚盟在十五年。

楚子重救鄭，師于首止。諸侯還。畏楚强。

---

❶「死」，阮校：「閩本、監本、毛本作『卒』。」

齊慶克通于聲孟子，與婦人蒙衣乘輦而入于閎。慶克，慶封父。蒙衣，亦爲婦人服，與婦人相冒。閎，巷門。【疏】「于閎」。　正義曰：《釋宮》云「宮中衖，謂之壼」，「衖門謂之閎」。孫炎曰：「衖，舍間道也。」李巡曰：「閎，衖頭門也。」鮑牽見之，以告國武子，鮑牽，鮑叔牙曾孫。武子召慶克而謂之。慶克久不出，慙卧於家，夫人所以怪之。而告夫人曰：「國子讁我。」讁，譴責也。夫人怒。國子相靈公以會，會伐鄭。高、鮑處守。高無咎、鮑牽。及還，將至，閉門而索客。蒐索備姦人。孟子訴之曰：「高、鮑將不納君，而立公子角。國子知之。」角，頃公子。秋，七月，壬寅，刖鮑牽而逐高無咎。無咎奔莒，高弱以盧叛。弱，無咎子。盧，高氏邑。齊人來召鮑國而立之。國，牽之弟文子。

初，鮑國去鮑氏而來爲施孝叔臣。施氏卜宰，匡句須吉。卜立家宰。施氏之宰，有百室之邑。與匡句須邑，使爲宰。以讓鮑國，而致邑焉。施孝叔曰：「子實吉。」對曰：「能與忠良，吉孰大焉？」鮑國相施氏忠，故齊人取以爲鮑氏後。仲尼曰：「鮑莊子之知不如葵，葵猶能衛其足。」葵傾葉向日，以蔽其根，言鮑牽居亂，不能危行言孫。

冬，諸侯伐鄭。前夏未得志故。十月，庚午，圍鄭。楚公子申救鄭，師于汝上。十一月，諸侯還。不書圍，畏楚救，不成圍而還。【疏】「汝上」。　正義曰：《釋例》云：「汝水出南陽魯縣大蓋山，東北至河南梁縣，東南經襄城、潁川、汝南，至汝陰褒信縣入淮。」

初，聲伯夢涉洹，洹水出汲郡林慮縣，東北至魏郡長樂縣入清水。或與己瓊瑰，食之，瓊，玉。

瑰，珠也。**食珠玉，含象。**❶【疏】注「瓊玉」至「含象」。　正義曰：瓊是玉之美者。《廣雅》云：「玟瑰，珠也。」吕靖《韻集》云：「玟瑰，火齊珠也。」含者或用玉，或用珠，故夢食珠玉爲含象也。《詩》毛傳云：「瓊瑰，石而次玉。」《禮緯》：❷「天子含用珠，諸侯用玉，大夫用碧。」此聲伯得有瓊瑰者，案《周禮》天子含用玉，則《禮緯》之文未可全依，或可珠玉兼有，故《釋例》云：「珠玉曰含。」**泣而爲瓊瑰，盈其懷。**淚下化爲珠玉，滿其懷。**從而歌之曰：「濟洹之水，贈我以瓊瑰。歸乎！歸乎！瓊瑰盈吾懷乎！」**從，就也。夢中爲此歌。**懼不敢占也。還自鄭，壬申，至于貍脤而占之，曰：「余恐死，故不敢占也。今衆繁而從余三年矣，無傷也。」言之，之莫而卒。**繁猶多也。傳戒數占夢。【疏】「今衆」至「傷也」。　正義曰：聲伯之意，以初得此夢，謂凶在己，懼不敢占。今衆既繁多，而從余三年，余之此夢，凶災散在衆人，不在己也，故云無傷。

齊侯使崔杼爲大夫，使慶克佐之，帥師圍盧。討高弱。**國佐從諸侯圍鄭，以難請而歸。**請於諸侯。**遂如盧師，殺慶克，以穀叛。**疾克淫亂，故殺之。**齊侯與之盟于徐關而復之。十二月，盧降。使國勝告難于晉，待命于清。**勝，國佐子。使以高氏難告晉。齊欲討國佐，故留其子於外。清，陽平樂縣是。爲明年殺國佐傳。【疏】「待命于清」。　正義曰：欲遣國勝告難，故令待進止之命在于清地，非

---

❶「含」，阮校：「《釋文》云：『含，本亦作唅。』」

❷「禮緯」至「大夫用碧」，孫校：「此引《禮緯》，與《續漢志·禮儀》注引《稽命徵》文異，而與《公羊》文五年何注説正同，疑誤記。」

是使還待命。

晉厲公侈，多外嬖。外嬖，愛幸大夫。反自鄢陵，欲盡去羣大夫而立其左右。終如士燮言。胥童以胥克之廢也，怨郤氏，童，胥克之子。宣八年郤缺廢胥克。而嬖於厲公。郤錡奪夷陽五田，五亦嬖於厲公。郤犨與長魚矯争田，執而梏之，梏，械也。與其父母妻子同一轅。繫之車轅。既，矯亦嬖於厲公。欒書怨郤至，以其不從己而敗楚師也，欲廢之。鄢陵戰，欒書欲固壘，郤至言楚有六間以取勝也。使楚公子茷告公曰：「此戰也，郤至實召寡君，鄢陵戰，晉囚公子茷以歸。以東師之未至也，齊、魯、衛之師。與軍帥之不具也。曰：『此必敗！荀罃佐下軍居守，郤犨將新軍乞師，故言不具。吾因奉孫周以事君。』」孫周，晉襄公曾孫悼公。君，楚王也。【疏】注「孫周」至「悼公」。正義曰：《晉世家》云：「悼公周者，其先祖父捷，晉襄公少子也，不得立，號爲桓叔，桓叔生惠伯談，談生悼公周。」是周爲襄公曾孫也。公告欒書，書曰：「其有焉。不然，豈其死之不恤，而受敵使乎？謂鄢陵戰時，楚子問郤至以弓。君盍嘗使諸周而察之？」嘗，試也。郤至聘于周，欒書使孫周見之。公使覘之，信。覘，伺也。遂怨郤至。

厲公田，與婦人先殺而飲酒，後使大夫殺。傳言厲公無道，先婦人而後卿佐。郤至奉豕，進之於公。寺人孟張奪之，寺人，奄士。郤至射而殺之。公曰：「季子欺余！」季子，郤至。公反以爲郤至奪孟張豕。

厲公將作難，胥童曰：「必先三郤，族大，多怨。去大族，不偪。不偪公室。敵多怨，有庸。」討多怨者，易有功。公曰：「然！」郤氏聞之，郤錡欲攻公，曰：「雖死，君必危。」郤至曰：「人所以立，信、知、勇也。信不叛君，知不害民，勇不作亂。失兹三者，其誰與我？死而多怨，將安用之？言俱死，無用多其怨咎。君實有臣而殺之，其謂君何？我之有罪，吾死後矣。若殺不辜，將失其民，欲安，得乎？言不得安君位。待命而已。受君之禄，是以聚黨。有黨而争命，争死命。❶罪孰大焉？」傳言郤至無反心。

壬午，胥童、夷羊五帥甲八百，將攻郤氏。八百人。❷長魚矯請無用衆，公使清沸魋助之，沸魋，亦嬖人。抽戈結衽，衽，裳際。而僞訟者。僞與清沸魋訟。三郤將謀於榭，榭，講武堂。【疏】注「榭講武堂」。正義曰：《楚語》云「榭不過講軍實焉」，是榭爲講武堂。傳言「將謀於榭」，似仍未至榭，猶在塗也。下云「殺駒伯、苦成叔於其位」，位，所坐之處，則已至榭矣。三郤慮公殺己，謀欲自安，未及謀而已死，故云「將」耳，非謂未至榭也。或可「將謀於榭」是未至榭，故杜云：「位，所坐處也。」謂當時隨便所坐之處，故長魚矯得僞訟而殺之，若已至榭，不應就榭僞訟。矯以戈殺駒伯、苦成叔於其位。位，所坐處也。駒伯，郤錡。苦成叔，郤犨。温季曰：「逃威也。」遂趨。郤至本意欲稟君命而死，今矯等不以君命而來，故欲逃。凶賊爲害，故曰「威」，言可畏也。或曰威當爲藏。矯及諸其車，以戈殺之。皆尸諸朝。陳其尸於

---

❶「命」下，文淵閣本、阮本有「也」字。

❷「人」下，京都本、文淵閣本、阮本有「也」字。

朝。胥童以甲劫欒書、中行偃於朝。矯曰：「不殺二子，憂必及君！」公曰：「一朝而尸三卿，余不忍益也！」❶對曰：「人將忍君。人謂書與偃。【疏】「一朝而尸三卿」。正義曰：一朝謂一旦也。《晉語》説此事：「一旦而尸三卿，不可益也。」臣聞亂在外爲姦，在内爲軌。御姦以德，德綏遠。御軌以刑。刑治近。❷不施而殺，不可謂德。臣偪而不討，不可謂刑。德、刑不立，姦、軌並至，臣請行！」遂出奔狄。行，去也。公使辭於二子，辭謝書與偃。❸曰：「寡人有討於郤氏，郤氏既伏其辜矣，大夫無辱，其復職位！」胥童劫而執之，故云辱。皆再拜稽首曰：「君討有罪，而免臣於死，君之惠也。二臣雖死，敢忘君德？」乃皆歸。公使胥童爲卿。

公遊于匠麗氏，❹匠麗，嬖大夫家。欒書、中行偃遂執公焉。召士匄，士匄辭。辭不往。召韓厥，韓厥辭，曰：「昔吾畜於趙氏，孟姬之讒，吾能違兵。畜，養也。違，去也。韓厥少爲趙盾所待養，及孟姬之亂，晉將討趙氏，而厥去其兵，示不與黨。言此者，明己無所偏助。孟姬亂在八年。

---

❶「益」，阮校：「《韓子》作『盡』。」

❷「近」下，京都本、文淵閣本、阮本有「也」字。

❸「偃」下，京都本、文淵閣本、阮本有「也」字。下「故云辱」下、「辭不往」下同，不另出校。

❹「匠麗」，阮校：「盧文弨校本云：《大戴禮記·保傅篇》作『匠黎』，《史記》作『匠驪』，則『麗』當讀平聲。案，《國語·周語》韋注引作『酈』。」

古人有言曰：『殺老牛，莫之敢尸。』而況君乎？ 二三子不能事君，焉用厥也？」尸，主也。

舒庸人以楚師之敗也，敗於鄢陵。 舒庸，東夷國。 **道吳人圍巢，伐駕，圍釐、虺，**巢、駕、釐、虺，楚四邑。 **遂恃吳而不設備。 楚公子橐師襲舒庸，滅之。**

閏月，乙卯，晦，欒書、中行偃殺胥童。 以其劫己故。 **民不與郤氏，胥童道君爲亂，故皆書曰「晉殺其大夫」。** 厲公以私欲殺三郤，而三郤死不以無罪書。 書、偃以家怨害胥童，而胥童受國討文，明郤氏失民，胥童道亂，宜其爲國戮。【疏】注「厲公」至「國戮」。 正義曰：厲公以私欲殺三郤，則三郤無罪，經應直云晉殺其大夫，不應稱名也。 又胥童爲欒書、中行偃所殺，乃直是兩下相殺，今經書二者並爲國討之文，故傳解之。 言民不與郤氏，郤氏有罪也，胥童道君爲亂，胥童有罪也，故皆書曰「晉殺其大夫」。 以二者據其死狀，皆非國討，故傳正其二者之罪，解其並爲國討之意。 劉炫云：「杜言三郤不以無罪書，正謂不書盜，書盜即無罪也。 胥童之死，本非國家所殺，故特言『胥童受國討文』。 其實傳意并論郤氏受國討，故云『皆書曰晉殺其大夫』也。 杜又云『郤氏失民，胥童道亂』，乃揔釋傳，並言二者皆爲國討之意也。」

【經】十有八年，春，王正月，晉殺其大夫胥童。 傳在前年，經在今春，從告。

庚申，晉弑其君州蒲。❶ 不稱臣，君無道。

---

❶ 「蒲」，阮校：「案，『蒲』字當作『滿』。」

齊殺其大夫國佐。國武子。❶

公如晉。

夏，楚子、鄭伯伐宋。宋魚石復入于彭城。傳例曰：「以惡入也。」彭城，宋邑，今彭城縣。

公至自晉。

晉侯使士匄來聘。

秋，杞伯來朝。

八月，邾子來朝。

築鹿囿。築牆爲鹿苑。

己丑，公薨于路寢。

冬，楚人、鄭人侵宋。子重先遣輕軍侵宋，故稱人而不言伐。

晉侯使士魴來乞師。

十有二月，仲孫蔑會晉侯、宋公、衛侯、邾子、齊崔杼，同盟于虚朾。虚朾，地闕。

丁未，葬我君成公。

---

❶ 「子」下，京都本、文淵閣本、阮本有「也」字。

【傳】十八年，春，王正月，庚申，晉欒書、中行偃使程滑弒厲公，❶程滑，晉大夫。**葬之于翼東門之外，以車一乘。**言不以君禮葬。諸侯葬車七乘。【疏】注「言不」至「七乘」。　正義曰：《周禮・大行人》：「上公貳車九乘，侯伯七乘，子男五乘。」謂生時副貳之車也，其送葬亦當如之。今唯一乘，是不以君禮葬也。以晉是侯爵，故指言侯禮七乘耳。諸侯各依命數，不是皆七乘也。襄二十五年傳齊人葬莊公，下車七乘，杜以特言七乘，明七非舊制，故彼注云：「齊舊依上公禮，九乘。」以齊嘗爲侯伯，因而用九，九非侯之正法，故此以正言之。**使荀罃、士魴逆周子于京師而立之，**悼公周。❷**生十四年矣。大夫逆于清原。周子曰：「孤始願不及此，雖及此，豈非天乎？**言有命。**抑人之求君，使出命也，立而不從，將安用君？二三子用我今日，否亦今日。共而從君，神之所福也。」**傳言其少有才，所以能自固。**對曰：「羣臣之願也，敢不唯命是聽。」庚午，盟而入，**與諸大夫盟。**館于伯子同氏。**晉大夫家。館，舍也。**辛巳，**❸**朝于武宮。**武公，曲沃始命君。❹【疏】「辛巳朝于武宮」。　正義曰：服虔本作「辛未」，《晉語》亦作「辛巳」。孔晁云：「以辛未盟入國，辛巳朝祖廟，取其新也。」案《晉語》稱「庚午，大夫逆于清原」，傳云：「庚午，盟而入。」逆日即

---

❶「弒」，阮校：「李善注劉孝標《辨命論》引作『殺』。」

❷「周」下，京都本、文淵閣本、阮本有「也」字。下「言有命」注下同，不另出校。

❸「辛巳」，阮校引臧琳説以爲當作「辛未」，是也。

❹「曲」，原作「典」，據《四部叢刊》本、京都本、文淵閣本、阮本改。

盟，非辛未也。傳與《晉語》皆云辛巳朝于武宫，❶服本自誤耳，孔晁强欲合之，非也。**逐不臣者七人。**夷羊五之屬。❷**周子有兄而無慧，不能辨菽麥，故不可立。**菽，大豆也。豆、麥殊形易别，故以爲癡者之候。不慧，蓋世所謂白癡。

齊爲慶氏之難前年國佐殺慶克。❸**故，甲申，晦，齊侯使士華免以戈殺國佐于内宫之朝，**華免，齊大夫。内宫，夫人宫。【疏】注「華免」至「人宫」。正義曰：杜《世族譜》於齊國雜人之中有華免，而無士字，此注以華免爲大夫，則士者爲士官也。士官掌刑，故使殺國佐也。於夫人之宫，有朝羣妾之處，故云「内宫之朝」。蓋齊侯召入與語而殺之。**師逃于夫人之宫。**伏兵内宫，恐不勝。**書曰「齊殺其大夫國佐」，棄命、專殺、以穀叛故也。**國佐本疾淫亂，殺慶克，齊以是討之。嫌其罪不及死，故傳明言其三罪。**使清人殺國勝。**勝，國佐子，前年待命于清者。**國弱來奔。**弱，勝之弟。**王湫奔萊。**湫，國佐黨。**慶封爲大夫，慶佐爲司寇。**封、佐皆慶克子。**既，齊侯反國弱，使嗣國氏，禮也。**佐之罪不及不祀。

二月，乙酉，朔，晉悼公即位于朝，朝廟五日而即位也。厲公殺絶，故悼公不以嗣子居喪。【疏】

---

❶「云」，阮本作「言」。

❷「屬」下，京都本、文淵閣本、阮本有「也」字。

❸「前年國佐殺慶克」，阮校：「陳樹華云：注當入『故』字之下。案，宋本、淳熙本、岳本皆以『難』字爲句，非也。」

注「朝廟」至「居喪」。　正義曰：辛巳距乙酉五日，先定所脩之政，待朔旦而後施之，故五日也。《晉語》云：「正月，乙酉，公即位。」孔晁云：「二月即位，言正月者，記者誤也。」厲公被殺而嗣絶，故悼公自外而入，即位之日，即命百官，❶施布政教，與居喪即位其禮不同。《釋例》曰：「厲公見殺，❷悼公自外紹立，本非君臣，無喪制也。」若然，《禮・喪服小記》云：「與諸侯爲兄弟者服斬。」鄭玄云：「謂卿大夫以下也，與尊者爲親，不敢以輕服服之。」言諸侯者，明雖在異國，猶來爲三年也。」計厲是文公之曾孫，悼是文公之玄孫，有緦麻之親，法當服斬，而云「無喪制」者，悼之父祖去晉適周，與本親隔絶，無往來恩義，厲既見殺，悼即被迎，迎之以爲晉君，即與厲公體敵。且葬厲公以車一乘，國内尚不以爲君，不可責悼公服斬也。縱使當爲之斬，絶而別立，亦非嗣矣。**始命百官**，始爲政，**施舍已責**，施恩惠，舍勞役，止逋責。**逮鰥寡**，惠及微。**振廢滯**，起舊德。**匡乏困，救災患**，匡亦救也。**禁淫慝，薄賦斂，宥罪戾**，宥，寬也。**節器用**，節，省也。**時用民**，使民以時。**欲無犯時**。不縱私欲。**使魏相、士魴、魏頡、趙武爲卿**，相，魏錡子。魴，士會子。頡，魏顆子。武，趙朔子。此四人其父祖皆有勞於晉國。【疏】注「相魏」至「晉國」。　正義曰：《晉語》云：「使呂宣子佐下軍，曰：『邲之役，呂錡佐知莊子於下軍，獲楚公子穀臣與連尹襄老，以免其子。❸鄢陵之役，親射楚王而敗楚師，以定晉國，而無後，其子不可不崇也。』使彘共子將新軍，曰：『武子之季，文子之母弟也。武子宣法以定晉國，文子勤身以定諸

---

❶「即」，原作「印」，據正宗寺本、京都本、文淵閣本、阮本改。

❷「厲」，原作「屬」，據正宗寺本、京都本、文淵閣本、阮本改。

❸「其子」，《國語・晉語七》作「子羽」。

侯。二子之德，其可忘乎？』故以彘季屏其宗。使令狐文子佐之，曰：『昔克潞之役，秦來圖敗晉功，魏顆以其身退秦于輔氏，親止杜回，其勳銘于景鍾，至于今不忘，❶其子不可不興也。』」彼言吕宣子，魏相也。彘共子，士魴也。令狐文子，魏頡也。又曰：「吕宣子卒，公以趙文子能恤大事，使佐下軍。」❷趙武父祖功名顯著，故不復序之。是四人父祖皆有勞於晉國。**荀家、荀會、欒黶、韓無忌爲公族大夫，使訓卿之子弟共儉孝弟。**無忌，韓厥子。【疏】「荀家」至「孝弟」。正義曰：《晉語》云：「欒伯請公族大夫，公曰：『荀家惇惠，荀會文敏，黶也果敢，無忌慎靖。❸膏粱之性難正也，❹故使惇惠者教之，文敏者道之，果敢者諗之，慎靖者脩之。使茲四人者爲公族大夫也。』」公族大夫職掌教誨，故使訓卿之子弟，令之共儉孝弟也。❺《晉語》云：「韓獻子老，使公族穆子受事于朝。辭曰：『厲公之亂，無忌備公族，弗能死。』」孔晁云：「備公族大夫，則韓無忌先爲公族大夫，今言使爲之者，悼公始命百官，更改新授之。」**使士渥濁爲大傅，使脩范武子之法。**渥濁，士貞子。武子爲景公大傅。**右行辛爲司空，使脩士蔿之法。**辛將右行，因以爲氏。士蔿，獻公司空也。**弁糾御戎，校正屬**

---

❶「忘」，阮校：「監本作『育』，是也。按，韋注云：『育，遂也。』」

❷「下」，阮校：「宋本、監本、毛本作『新』，與《國語》合。」

❸「慎靖」，阮本作「鎮靖」。阮校：「監本、毛本『慎』作『鎮』，下同。按，明道本《國語》作『鎮靜』，韋注云：『鎮，重也。靜，安也。』」

❹「粱」，阮校：「浦鏜校作『粱』，是也。」

❺「弟」，京都本、文淵閣本、阮本作「悌」。

焉，弁糾，欒糾也。校正，主馬官。**使訓諸御知義。**戎士尚節義。❶**荀賓爲右，司士屬焉，**司士，車右之官。**使訓勇力之士時使。**勇力，皆車右也。勇力多不順命，故訓之以共時之使。【疏】「使士渥」至「時使」。❷　正義曰：《晉語》曰：❸「君知士貞子之帥志博聞而宣惠於教也，使爲大傅。知右行辛之能以數宣物定功也，使爲司空。知欒糾之能御以和於正也，使爲戎御。知荀賓之有功力而不暴也，❹使爲戎右。」是四人者，皆公知其能而使之耳。范武子爲大傅，孤也。士蔿爲司空，卿也。皆前世能者，其法可遵，故使二大夫居其官而脩其法也。二人皆是大夫，非孤、卿也。　注「辛將」至「爲氏」。　正義曰：僖二十八年晉作三行，三十一年即罷之以爲五軍，其置三行，無多年歲。彼云「屠擊將右行」，未知此人即屠擊之子孫也，爲是其祖代屠擊也。正以荀林父將中行，遂以中行爲氏，故謂此人之先將右行，因以爲氏耳。　注「弁糾」至「馬官」。　正義曰：以《晉語》知是欒糾也。《周禮》大御，御官之長，别有戎僕掌御戎車。春秋征伐之世，以御戎爲重，此御戎當是御之尊者。校正當《周禮》校人，校人掌王馬之政。襄九年傳曰「命校正出馬」，知是主馬之官也。《周禮》校人不屬大御，此蓋諸侯兼官，或是悼公新法，此傳所言諸官，皆不得與《周禮》同也。　注「戎士尚節義」。　正義曰：此「訓

---

❶「義」下，京都本、文淵閣本、阮本有「也」字。

❷「使士渥至時使」，阮本以下正義六節分疏於傳文各節下。

❸「曰」，阮本作「云」。

❹「功」，阮校：「監本初刻亦有，後剜去。毛本無。按，明道本《國語》無『功』字。」

諸御」，謂諸是御車之人。設令國有千乘，❶乘有一御，皆令此官教之。戎士尚節義，故訓之使知義。如羊斟之徒，是不知義也。《周禮》校人主養馬耳，不知御事。此言「校正屬焉」，乃云訓御，蓋令校正助御戎訓御。注「司士車右之官」。正義曰：《周禮·司士》「掌羣臣之版，以詔王治」，其職非車右之類，不得屬車右也。《周禮》有司右，上士也，掌羣右之政，凡國之勇力之士能用五兵者屬焉。其下更有戎右，中大夫；齊右，下大夫；道右，上士。此三右或官尊於司右，而司右掌其政令。春秋之世，車右爲尊，此司士蓋《周禮》司右之類，故爲車右屬官。服虔以爲司士主右之官，謂司右也。注「勇力」至「之使」。正義曰：所訓勇力之士，皆謂爲車右者也。設令國有千乘，乘有一右，摠使此官訓之。勇力之士，失於强暴，如魏犨之徒，不順上命，故訓之使共時之使，不犯法也。**卿無共御，立軍尉以攝之。**省卿戎御，令軍尉攝御而已。【疏】「卿無」至「攝之」。正義曰：卿謂軍之諸將也，若「梁餘子養御罕夷」，「解張御郤克」之類，往前恒有定員，掌共卿御，今始省其常員，唯立軍尉之官，臨有軍事，使兼攝之，令軍尉兼卿御也。**祁奚爲中軍尉，羊舌職佐之，魏絳爲司馬，**魏犨子也。**張老爲候奄。鐸遏寇爲上軍尉，籍偃爲之司馬，**偃，籍談父，爲上軍司馬。**使訓卒乘，親以聽命。**相親以聽上命。**程鄭爲乘馬御，六騶屬焉，使訓羣騶知禮。**程鄭，荀氏別族。乘馬御，乘車之僕也。六騶，六閑之騶。《周禮》：諸侯有六閑馬。乘車尚禮容，故訓羣騶使知禮。【疏】「祁奚」至「知禮」。正義曰：《晉語》云：「公知祁奚之果而不淫也，使爲元尉。知羊舌職之聰敏肅給也，使佐之。知魏絳之勇而不亂

❶「千」，阮校：「閩本、監本、毛本作『十』。」

也，使爲元司馬。知張老之知而不詐也，使爲元候。知鐸遏寇之共敬而信彊也，使爲輿尉。知籍偃之惇帥舊職而共儉也，使爲輿司馬。知程鄭爲端而不淫，❶且好諫而不隱也，使爲贊僕。」《晉語》皆稱其才而用之，善公之知人也。言「元尉」、「元司馬」、「元候」者，此皆中軍之官。元，大也，中軍尊，故稱大也。「輿尉」、「輿司馬」者，皆上軍官也。輿，衆也，官與諸軍同，故稱衆也。從車者爲卒，在車者爲乘，使此中軍與上軍軍尉、司馬，各教其軍之士卒，使相親以聽在上之命。　注「程鄭」至「知禮」。　正義曰：「荀氏別族」，《世本》有文。《周禮》：齊僕，下大夫，掌馭金路，以賓朝覲宗遇饗食皆乘金路。杜言「乘馬御，乘車之僕」，則當彼齊僕也。《晉語》謂之「贊僕」，當時之官名耳。《周禮》掌馬之官，無名騶者。襄二十三年傳稱豐點爲孟氏之御騶，則騶亦御之類。《月令》：「季秋，天子乃教田獵，命僕夫七騶咸駕，❷載旌旐。」則騶是主駕之官也。鄭玄云：「七騶謂趣馬，主爲諸官駕説者也。」《周禮》：趣馬，下士，「掌駕説之頒」。是騶爲主駕之官，駕車以共御者。程鄭爲乘馬御，御之貴者，故令掌駕之官亦屬之。《校人》職云：良馬「三乘爲皁，皁一趣馬」，趣馬，下士。「三皁爲繫，繫一馭夫」，馭夫，中士。「六繫爲廄，廄一僕夫」，僕夫，上士。「天子十有二閑」，「邦國六閑」。鄭玄云：「每廄爲一閑，閑有二百一十六匹。」如彼計之，每廄有趣馬十八人，六閑之騶有一百八人，皆屬程鄭，而使摠領之也。戎車貴彊力，乘車尚禮容，故訓羣騶使知禮，令教馬進退，使合禮法也。《校人》：「乘馬一師四圉，三乘爲皁，皁一趣馬。三皁爲繫，繫一馭夫。六繫爲廄，廄一僕夫。六廄成校，校有左右。天子十二閑，馬六種。邦國六閑，馬四種。家四閑，馬二種。」鄭玄云：

---

❶ 「爲」，阮校：「浦鏜《正誤》云：『爲』字衍文。是也。」

❷ 「夫」，阮校：「案，當作『及』，乃與《月令》合。」

「每廄爲一閑，二百一十六匹。」《易》「乾爲馬」，此應乾之策也。校有左右，則天子良馬五種，各有四百三十二匹，合二千一百六十匹，駑馬三之四百三十二匹，則千二百九十六匹，合三千四百五十六匹。《詩》云「騋牝三千」，舉大數也。玉路駕種馬，戎路駕戎馬，金路駕齊馬，象路駕道馬，田路駕田馬，駑馬給宮中之役。邦國六閑四種，去種、戎，其齊、道、田各用一閑，駑馬三之，則千二百九十六匹。大夫四閑二種，去齊、道，田馬一閑，駑馬三之，則八百六十四匹。四匹一師也，十二匹一趣馬也，三十六匹一馭夫也，二百一十六匹一僕夫也。**凡六官之長，皆民譽也。**大國三卿，晉時置六卿爲軍帥，故揔舉六官，則知羣官無非其人。【疏】「凡六」至「譽也」。正義曰：上已歷言諸官，特爲公所知者，更復揔言所任皆得其人。於時晉立六卿，卿下各有統領，羣官非一，凡六官之在民上爲長者，皆是有德有能之人，是民所褒譽者也。「使魏相」以下，至「程鄭爲乘馬御」以上，凡有八條之官：魏相等爲卿，一也。荀家等爲公族大夫，二也。士渥濁爲大傅，三也。右行辛爲司空，四也。弁糾爲御戎，五也。荀賓爲右，六也。祁奚爲中軍尉，至籍偃爲司馬，七也。程鄭爲乘馬御，八也。自公族大夫以下七條，各云使爲某事，而卿下不云使者，以卿揔攝羣職，非偏主一事故也。公族、大傅、司空不云某官屬焉者，以其當官自主，更無餘官來屬。其祁奚爲中軍尉，及羊舌職、張老、魏絳、鐸遏寇、籍偃雖是數官，揔爲一條，「使訓卒乘，親以聽命」。此唯有中軍、上軍，無下軍之官者，蓋時下軍無闕，不別立其官故也。其「卿無共御，立軍尉以攝之」一句，爲下祁奚爲中軍尉胤緒也。大略所叙，皆尊官在前，卑官在後。注「大國」至「其人」。正義曰：大國三卿是正法，當時晉置六卿，爲三軍之將佐，皆是帥也。於是晉又更置新軍，凡有四軍八卿，但新軍或置或廢，故傳不數之耳。「六官之長」，非獨卿身，乃謂其下凡爲人之長者，皆有民之美譽，故揔舉六官，則知羣官無非其人者也。

舉不失職，官不易方，官守其業，無相踰易。【疏】「舉不」至「易方」。正義曰：所舉用者，皆堪其官，不有失職者也。文任文官，武任武官，其用爲官，各守其業，不踰易其方也。若文人爲武，武人爲文，則違方易務，不能守其業矣。**爵不踰德，**量德授爵。**師不陵正，旅不偪師，**正，軍將命卿也。師，二千五百人之帥也。旅，五百人之帥也。言上下有禮，不相陵偪。【疏】注「正軍」至「陵偪」。　正義曰：傳言不陵不偪者，皆謂下不陵偪其上，旅卑於師，師卑於正，知正是軍將命卿也。唯舉師、旅不相陵偪，言上下有禮，皆不相陵偪也。**民無謗言，所以復霸也。**此以上通言悼公所行，未必皆在即位之年。【疏】「所以復霸」。　正義曰：霸者，把也，把持王政。鄭玄云：「天子衰，諸侯興，故曰霸。」夏有昆吾，商有豕韋、大彭，周有齊桓、晉文，此最彊者也，故書傳通謂彼五人爲五霸耳。但霸是彊國爲之，天子既衰，諸侯無主，若有彊者，即營霸業，其數無定限也。而何休以霸不過五，不許悼公爲霸，以鄉曲之學，足以忿人。傳稱文、襄之霸，襄承文後，紹繼其業，以後漸弱，至悼乃彊，故云復霸。

公如晉，朝嗣君也。

夏，六月，鄭伯侵宋，及曹門外。曹門，宋城門。❶ **遂會楚子伐宋，取朝郟。楚子辛、鄭皇辰侵城郜，取幽丘，同伐彭城，**朝郟、城郜、幽丘，皆宋邑。**納宋魚石、向爲人、鱗朱、向帶、魚府焉，**五子以十五年出奔楚。獨書魚石，爲帥告。❷ **以三百乘戍之而還，書曰「復入」。**惡其依阻大國，以兵威

---

❶ 「門」下，京都本、文淵閣本、阮本有「也」字。

❷ 「帥」，京都本、文淵閣本、阮本作「師」。

還，故書復入。**凡去其國，國逆而立之，曰「入」。**謂本無位，紹繼而立。**復其位，曰「復歸」。**亦國逆。**諸侯納之，曰「歸」。**謂諸侯以言語告請而納之，有位無位皆曰歸。**以惡曰「復入」。**謂身爲戎首，稱兵入伐，害國殄民者也。此四條所以明外内之援，辨逆順之辭，通君臣取國有家之大例。

【疏】「凡去」至「復入」。 正義曰：《釋例》曰：「凡去其國者，通謂君臣及公子、母弟也。國逆而立之，本無位，則稱入，本有位，則稱復歸。齊小白入于齊，無位也。衛侯鄭復歸于衛，復其位也。諸侯納之，有位無位皆曰歸，衛孫林父、蔡季是也。身爲戎首，則曰復入，晉欒盈是也。此所以明外内之援，辨逆順之辭，故經正魚石、衛衎，以表舊制，傳稱凡例，揔而明之也。衛人逆公子晉于邢，宜稱入，善其得衆。公子友忠於社稷，國人所思焉，故閔公爲落姑之盟以復之。夫衛公子晉，絶位而在邢，魯之季子，勢弱而出奔，咸得民望，享國有家，是以聖人貴之，殊其文也。莊六年五國諸侯犯逆王命，以納衛朔，大其事，故字王人，謂之子突。朔懼有違衆之犯，而以國逆告。華元實國迎，❶欲挾晉以自助，故以外納赴，《春秋》從而書之，以示二子之情也。韓、魏有耦國之彊，陳、蔡有復國之端，故晉趙鞅、楚公子比皆稱歸，從諸侯納之例，言非晉、楚之所能制也。侯獳愛君以請，故曹伯有國逆之辭，許始復國，故許叔有國逆之文，此皆時史因周典以起時事之情也。傳例稱諸侯納之曰歸，今檢經諸稱納者，皆有興師見納之事，不須例而自明，故但言納而不復言歸也。衛侯鄭、曹伯負芻皆見執在周，晉、魯請而復之，鄭書歸于衛，負芻稱歸自京師，所發事同而文異者，例意本在於歸，不以他文爲義也。賈氏又以爲諸歸國稱所自之

❶「迎」，京都本、文淵閣本、阮本作「逆」。

國，所自之國有力也。案楚公子比去晉而不送，是無援於外，而經書自晉。陳侯吴、蔡侯廬皆平王所封，可謂有力，而不言自楚，此既明證。又《春秋》稱入，其例有二：施於師旅，則曰不地；在於歸復，則曰國逆。國逆又以立爲例，逆而不立，則皆非例所及。鄭之良霄，以寇而入，入即見殺，而復例之，例稱凡去其國，明非夫子之制也。❶周敬王、王子猛不書出而書入，襄王書出而不書入，凡自周無出，故非《春秋》舊例也。諸在例外稱入，直是自外入内，記事者常辭，義無所取，而賈氏雖夫人姜氏之入，皆以爲例，如此甚多。又依放《穀梁》云稱納者，内難之辭，因附會諸納爲義，至於納北燕伯于陽，傳稱因其衆窮不能通，乃云時陽守距難，故稱納，此又無證。經書楚人圍陳，納頓子于頓，則頓國之所欲也。北燕伯，傳有因衆之文，不可言内難也。又書納公孫寧、儀行父于陳，陳縣而見復，上下交驩，二人雖有淫縱之闕，今道楚匡陳，賊討君葬，威權方盛，傳稱有禮，理無有難，此皆先説之不安也。」沈氏云：「國逆而立之曰入，唯謂國君。知不兼臣者，以臣而無位，本賤不書，故知臣無國逆之例也。其復入唯謂臣，知者，以君雖不君，臣不可不臣，君若入國，臣無違拒之法。且杜云身爲戎首，稱兵入伐，是戎首指臣爲文，故知不得兼君也。杜所以云四條者，通君臣取國有家之大例，即是事通君臣者，此據大略而言，不復曲細爲别也。」

宋人患之。西鉏吾曰：「何也？西鉏吾，宋大夫。**若楚人與吾同惡，以德於我，吾固事之也，**

---

❶「夫」，阮校：「監本、毛本作『天』。」

不敢貳矣。惡謂魚石。**大國無厭，❶鄙我猶憾。**言己事之，則以我爲鄙邑，猶恨不足，此吾患也。**不然，而收吾憎，使贊其政，**謂不同惡魚石，而用之使佐政。**以閒吾釁，亦吾患也。**【疏】「不然」至「吾患」。❷ 正義曰：不然，謂不與吾同惡也。而收取吾之所憎，謂魚石是也，使佐其楚國之政，以伺閒吾之釁隙，而侵伐我。如此，則亦是吾之所患，若晉用楚材，皆爲楚國之患焉是也。**今將崇諸侯之姦而披其地，**崇，長也。謂楚今取彭城以封魚石。披猶分也。**以塞夷庚。**夷庚，吴、晉往來之要道。楚封魚石於彭城，欲以絶吴、晉之道。【疏】注「夷庚」至「之道」。 正義曰：夷，平也。《詩序》云：「由庚，萬物得由其道。」是以庚爲道也。此云「以塞夷庚」，下云「而懼吴、晉」，知謂塞吴、晉往來之要道也。吴、晉往來，路由彭城。楚取彭城，以封魚石，欲以斷絶吴、晉往來之道，使其不得往來，故吴、晉所以懼耳。若其不然，何以獨云懼吴、晉也？❸ 夷庚止謂吴、晉往來之平道耳，非山川險難之名，故杜《土地名》不得指其所在。**逞姦而攜服，毒諸侯而懼吴、晉，**隔吴、晉之道，故懼。攜，離也。【疏】「逞姦而攜服」。 正義曰：逞，快也。封魚石爲快姦人也。攜，離也。諸侯見楚助賊，服從者其心皆離，是離其服從者之心。**吾庸多矣，非吾憂也。且事晉何爲？**

❶「厭」，阮校：「《釋文》作『猒』字。按，古書『猒』字，淺人多改爲『厭』，不知其義不同也。如此條，正當作『猒』。」

❷「不然至吾患」，阮本此節正義在注「披猶分也」下。

❸「以」，阮本作「其」。

晉必恤之。」言宋常事晉，何爲顧有此患難？

公至自晉。晉范宣子來聘，且拜朝也。拜謝公朝。君子謂晉於是乎有禮。有卑讓之禮。❶

秋，杞桓公來朝，勞公，且問晉故。公以晉君語之，語其德政。杞伯於是驟朝于晉，而請爲昏。爲平公不徹樂張本。【疏】「驟朝于晉」。正義曰：《詩》云「載驟駸駸」，驟是疾行之名，從魯即疾朝于晉也。

七月，宋老佐、華喜圍彭城，老佐卒焉。言所以不克彭城。

八月，邾宣公來朝，即位而來見也。

築鹿囿。書不時也。非土功時。

己丑，公薨于路寢，言道也。在路寢，得君薨之道。【疏】「言道也」。正義曰：《喪大記》云：「君夫人卒於路寢。」是在路寢，得君薨之道也。

冬，十一月，楚子重救彭城，伐宋。使偏師與鄭人侵宋，子重爲後鎮。宋華元如晉告急。韓獻子爲政，於是欒書卒，韓厥代將中軍。曰：「欲求得人，必先勤之。勤，恤其急。成霸安疆，自宋始矣。」【疏】「成霸安疆」。❷正義曰：謂文公成霸安疆，自宋爲始，言今宋有患，不可不救也。晉侯師于台谷以救宋。台谷，地闕。遇楚師於靡角之谷，楚師還。畏晉强也。靡角，宋地。

---

❶「禮」下，京都本、文淵閣本、阮本有「也」字。

❷「成霸安疆」，阮本此節正義在「晉侯師于台谷以救宋」句注下。

晉士魴來乞師。將救宋。❶**季文子問師數於臧武仲，**武仲，宣叔之子。**對曰：「伐鄭之役，知伯實來，下軍之佐也。**知伯，荀罃。**今彘季亦佐下軍，**彘季，士魴。**如伐鄭可也。**伐鄭在十七年。**事大國，無失班爵，而加敬焉，禮也。」從之。**從武仲言。

十二月，孟獻子會于虚朾，謀救宋也。宋人辭諸侯而請師以圍彭城。不敢煩諸侯，故但請其師。爲襄元年圍彭城傳。**孟獻子請于諸侯，而先歸會葬。**

丁未，葬我君成公。書順也。薨于路寢，五月而葬，國家安静，世適承嗣，故曰書順也。【疏】「書順也」。　正義曰：自此以前，莊、宣薨于路寢，桓、莊、僖、文、宣皆書葬矣。今於此「公薨」之下言「道也」，於「葬」之下言「書順也」，獨發傳者，隱、桓、閔皆爲人所殺，僖公薨于小寢，文公薨于臺下，皆其薨不得道也。莊、宣雖薨于路寢，莊則子般見殺，宣則歸父出奔，家國不安，非是得道順禮，得道順禮唯成公耳，故傳於此發之。《釋例》曰：「魯君薨葬，多不順制，唯成公薨于路寢，五月而葬，國家安静，世適承嗣，故傳見莊之緩，舉成『書順』以包之。」是也。

---

❶「宋」下，京都本、文淵閣本、阮本有「也」字。

春秋左傳正義卷第二十

國子祭酒上護軍曲阜縣
開國子臣孔穎達等奉勑撰

襄公【疏】正義曰：《魯世家》云：襄公名午，成公之子，定姒所生，以簡王十四年即位。《謚法》：「因事有功曰襄。」是歲，歲在壽星。

【經】**元年，春，王正月，公即位。**無傳。於是公年四歲。【疏】注「於是公年四歲」。正義曰：九年傳曰「會于沙隨之歲，寡君以生」，晉侯曰：「十二年矣。」知於是公年四歲。

仲孫蔑會晉欒黶、宋華元、衛甯殖、曹人、莒人、邾人、滕人、薛人，圍宋彭城。魯與謀於虛朾，而書會者，稟命霸主，非匹敵故。

夏，晉韓厥帥師伐鄭。

仲孫蔑會齊崔杼、曹人、邾人、杞人，次于鄫。鄫，鄭地，在陳留襄邑縣東南。書「次」，兵不加鄭，次鄫以待晉師。【疏】注「鄫鄭」至「晉師」。正義曰：《釋例》曰：「兵未有所加，所次則書之，以示遲速。

既書兵所加，則不書其所次。」此書「次于鄫」者，爲此魯、齊、曹、邾、杞，其兵皆不加鄭，故書「次」也。傳曰：「於是東諸侯之師次于鄫，以待晉師。」是韓厥伐鄭，此次以待之。

秋，楚公子壬夫帥師侵宋。

九月，辛酉，天王崩。 無傳。辛酉，九月十五日。【疏】注「辛酉九月十五日」。　正義曰：顯言此日者，欲明下冬聘是十月之初，爲王崩日近，赴人未至故也。

邾子來朝。

冬，衛侯使公孫剽來聘。 剽，子叔黑背子。

晉侯使荀罃來聘。 冬者，十月初也。王崩，赴未至，皆未聞喪，故各得行朝聘之禮，而傳善之。【疏】注「冬者」至「善之」。　正義曰：《禮記》：「曾子問曰：『諸侯相見，揖讓入門，不得終禮，廢者幾？』孔子曰：『六。天子崩，大廟火，日食，后、夫人之喪，雨霑服失容，則廢。』」是王崩當廢禮也。今傳釋此朝聘，皆云「禮也」，知此冬者，是十月之初，崩赴未至，由其俱未聞喪，故得以吉行禮，而傳善之。

【傳】元年，春，己亥，圍宋彭城。 下有二月，則此己亥爲正月。正月無己亥，日誤。【疏】注「下有」至「日誤」。　正義曰：《長歷》推此年正月庚戌朔，其月無己亥。圍宋彭城，經在正月之下，傳文下有二月，則己亥必是正月。月不容誤，知是日誤。**非宋地，追書也。** 成十八年楚取彭城以封魚石，故曰「非宋地」。**夫子治《春秋》，追書繫之宋。**【疏】注「成十」至「之宋」。　正義曰：《公羊傳》曰：「宋華元曷爲與諸侯圍宋彭城？爲宋誅也。其爲宋誅奈何？魚石走之楚，楚爲之伐宋取彭城，以封魚石。」成十八年傳曰：「楚伐彭城，納魚石焉，以三百乘戍之而還。西鉏吾曰：『崇諸侯之姦而披其地。』」不言取爲楚邑，而云披地長姦，是《左氏》之意亦爲楚以彭城封魚石爲國，故注言「封魚石」也。既列爲國，非復宋地。傳言「追書」，是仲尼新意，故云「夫子治《春秋》，追書繫之宋」也。言「追書」者，其地已非宋有，追來使屬宋耳，非謂夫子在後追書前事。若以追爲在後追前，則仲尼新意，皆是追書前事，非獨此爲追書也。**於是爲宋討魚石，故稱宋，且不登叛人也。**登，成也。不與其專邑叛君，故使彭城還繫宋。**謂之宋志。**稱「宋」，亦以成宋志。【疏】「於是」至「宋志」。

正義曰：魚石舊是宋人，今還取宋地以自封。若其不繫於宋，則成此魚石爲一國之君。夫子追繫於宋，乃有二意。於是爲宋討魚石，宜繫於宋，且又不成此爲叛人使得取君之邑，以爲一國之主。有此二意，故繫之於宋。「謂之宋志」者，言宋人志在攻取彭城，故以魚石繫之於宋，成此宋人之志。　注「登成」至「繫宋」。❶　正義曰：「登，成」，《釋詁》文。不與其專邑叛君，不與楚得取邑封人，故使彭城還繫於宋也。《釋例》曰：「楚人棄君助臣，取宋彭城，❷以封叛者，削正興僞，雖非復宋地，故追書繫宋，不與楚之所得。」是其義也。言「不登叛人」，則叛罪重矣。不書魚石以彭城叛者，孫林父將戚而出，故得書云「孫林父入于戚以叛」，此則因楚之力取彭城，與宋交爭，非欲出附他國，故言復入也。若揔而言之，俱是背叛於君，故云「不登叛人」也。　注「稱宋」至「宋志」。　正

---

❶ 「注登成至繫宋」，阮本此節正義在「且不登叛人也」句注下。

❷ 「城」，原作「成」，據文淵閣本、阮本改。

義曰：此與隱元年「謂之鄭志」，義勢同也。鄭伯實不獲段，而經書「克」，「謂之鄭志」，言鄭伯志在於殺，❶雖實不克段，而書之爲克，見鄭伯之志也。此彭城實非宋地，而經書爲宋，謂之宋志，言宋人志在取之，雖實非宋地，而繫之於宋，成宋人之志也。夫子脩《春秋》，而傳於此二條，特言「謂之宋志」、「謂之鄭志」者，夫子所脩《春秋》，或褒或貶，皆是夫子之志，非取國人之心。❷此宋志、鄭志者，以其雖是夫子所脩，還取二國本志故也。案下十年成鄭虎牢，傳云「非鄭地也，言將歸焉」，杜云「繫之于鄭，以見晉志」，即此類也。於此二事，傳例已明，故彼不云「謂之晉志」也。**彭城降晉，晉人以宋五大夫在彭城者歸，寘諸瓠丘。**彭城降不書，賤略之。瓠丘，晉地，河東東垣縣東南有瓠丘。❸五大夫：魚石、向爲人、鱗朱、向帶、魚府。【疏】注「彭城」至「略之」。正義曰：案莊八年郕降于齊師既書於經，則知彭城之降亦合書也。今不書者，但以其賤，故略之也。晉欒盈復入于晉，下云「晉人殺欒盈」，而書於經，此彭城降，所以賤略不書者，彼以殺之爲重，來告，故書，此以降事爲輕，故爲賤略。

❶「在」，京都本、阮本無此字。

❷「心」，阮校：「閩本、監本、毛本作『志』。」

❸「瓠丘」，《四部叢刊》本、京都本、阮本作「壺丘」，文淵閣本作「壺邱」。阮校：「《水經注·河水篇》云：『清水又東南逕陽壺城東，即垣縣之壺邱亭。』《郡國志》『河東郡有壺邱亭』注引注云：『縣東南有壺邱亭。』宋本作『瓠邱』，非也。又按，河東有垣縣，無東垣縣，《周禮》注、《説文》及此杜注皆衍『東』字，宜删。」

齊人不會彭城，晉人以爲討。二月，齊大子光爲質於晉。光，齊靈公大子。

夏，五月，晉韓厥、荀偃帥諸侯之師伐鄭，入其郛。荀偃不書，非元帥。【疏】「韓厥」至「其郛」。

正義曰：傳唯言諸侯之師，不見諸侯之國，未知諸侯之師是何國師也。「於是東諸侯之師次于鄫，以待晉師」，則次鄫之師，皆不與伐鄭。此諸侯之師，其中必無齊、魯、曹、邾、杞也。案上圍彭城，除此五國以外，猶有宋、衛、莒、滕、薛。下云「晉侯、衛侯次于戚，以爲之援」，則衛師從伐明矣。明年戚之會，知武子云：「滕、薛、小邾之不至，皆齊故。」於戚之會，始怪滕、薛不來，明此時伐鄭，滕、薛在矣。東諸侯皆次于鄫，莒在齊、魯之東，若其在此，當與東人同次。前圍彭城，亦無小邾。此時或無莒與小邾耳。諸侯之師，當是宋、衛、滕、薛也。賈逵云：「韓厥、荀偃帥諸侯之師，謂帥宋、衛、滕、薛伐鄭。齊、魯、曹、邾、杞次于鄫，故諸侯之師不序也。入郛不書者，晉人先以鄭罪令於諸侯，故書伐鄭入郛。既敗鄭，不復告，故不書。」　注「荀偃不書非元帥」。　正義曰：魯師出征，並舉諸將，他國之師，唯書元帥，詳内略外，《春秋》之常。故杜爲注，復時一言之耳。**敗其徒兵於洧上。**徒兵，步兵。❶洧水出密縣東南，至長平入潁。【疏】注「徒兵步兵」。　正義曰：《論語》云：「以吾從大夫之後，不可徒行。」徒猶空也，謂無車空行也。步行謂之徒行，故步兵謂之徒兵也。隱四年傳云：「敗鄭徒兵。」注云：「時鄭不車戰。」則此亦然也。**於是東諸侯之師次于鄫，以待晉師。**齊、魯、曹、邾、杞。**晉師自鄭以鄫之師侵楚焦、夷，及陳。**於是孟獻子自鄫先歸，不與侵陳、楚，故不書。【疏】注「於是」至「不書」。　正義曰：獻

---

❶ 「兵」，阮校引僖二十八年注云作「卒」。

子先歸，傳無其事，正以不書侵楚、侵陳，知其必先歸矣。若獻子從師，則書不待告。以獻子先歸，晉不告魯，故侵陳、楚皆不書也。然不知獻子何以先歸，傳既不言，未測其故也。今贊云則「先歸」者，以前年虚朾會，獻子先歸會葬，今公雖即位，年又幼小，君既新立，故獻子先歸。**晉侯、衛侯次于戚，以爲之援。**爲韓厥援。

秋，楚子辛救鄭，侵宋呂、留。呂、留二縣，今屬彭城郡。**鄭子然侵宋，取犬丘。**譙國酇縣東北有犬丘城。迂迴，疑。

九月，邾子來朝，禮也。邾宣公。

冬，衛子叔、晉知武子來聘，禮也。凡諸侯即位，小國朝之，❶小事大。**大國聘焉，**大事小。❷**以繼好、結信，謀事、補闕，禮之大者也。**闕猶過也。禮以安國家利民人爲大。

【經】二年，春，王正月，葬簡王。無傳。五月而葬速。

鄭師伐宋。書伐從告。

夏，五月，庚寅，夫人姜氏薨。

---

❶ 「小國朝之大國聘焉」，阮校：「鄭氏《周禮・大行人》注引作『大國朝焉，小國聘焉』，賈疏同。《王制》正義引鄭氏《周禮》注同。孔自引《左傳》仍作『小國朝之』，《儀禮・聘禮》賈疏凡兩見，俱作『小國朝焉』。」

❷ 「事」，足利學本同，《四部叢刊》本、阮本作「字」。

六月，庚辰，鄭伯睔卒。 未與襄同盟，而赴以名。 庚辰，七月九日，書六月，經誤。【疏】注「未與」至「經誤」。 正義曰：睔以成六年即位，九年盟于蒲，十五年于戚。 又七年，楚子重伐鄭，諸侯救鄭而楚退，同盟于馬陵。 諸侯雖不重序，明亦與鄭同盟，則是與成三同盟矣。 與其父盟，於法得以名赴其子。 此云「未與襄同盟，而赴以名」者，言其嘗與成同盟，於法得以名赴襄也。 此類多矣，注皆云「與其父同盟」而已，此注特言「未與襄同盟」者，以此時鄭既從楚，嫌其已背前盟，不合更以名赴，故明之也。 此經云六月庚辰鄭伯睔卒，傳言七月庚辰鄭伯睔卒，經、傳必有誤者。 杜以《長歷》校之，此年六月壬寅朔，其月無庚辰，七月壬申朔，九日得庚辰，則傳與歷合，知傳是而經誤也。 此經六月七月，其文皆具，所言誤者，非徒字誤而已，乃是書經爲誤，七月之事，錯書以爲六月，故《長歷》云：「書於六月，經誤。」言元本書之誤，非字誤也。

晉師、宋師、衛甯殖侵鄭。 宋雖非卿，師重，故敘衛上。【疏】注「宋雖」至「衛上」。 正義曰：於例，將卑師衆，稱師，將尊師少，稱將。 此晉、宋稱師不書將，非卿也。 衛甯殖書將，不稱師，師少也。 晉爲兵主，故當先書。 宋雖非卿，以師爲重，故序甯殖之上。

秋，七月，仲孫蔑會晉荀罃、宋華元、衛孫林父、曹人、邾人于戚。

己丑，葬我小君齊姜。 齊，謚也。 三月而葬，速。【疏】注「齊謚」至「葬速」。 正義曰：《謚法》：「執心克莊曰齊。」是齊爲謚也。 葬而舉謚，禮之常也。 此特云「齊，謚」者，以謚齊者少，且齊、齊同字，夫人齊女，嫌齊非謚。 晉大子申生之母稱齊姜者，齊女姓姜氏，彼齊非謚，故此須明之。

叔孫豹如宋。 豹於此始自齊還爲卿。

冬，仲孫蔑會晉荀罃、齊崔杼、宋華元、衛孫林父、曹人、邾人、滕人、薛人、小邾人于戚，遂城虎牢。以偪鄭。【疏】「遂城虎牢」。　正義曰：虎牢是鄭舊邑，此時屬晉，而不繫晉者，莊三十二年注云：「大都以名通者，則不繫國。」此以名通，故不繫晉也。十年戍鄭虎牢，❶繫於鄭者，傳曰：「非鄭地也，言將歸焉。」彼爲將歸鄭而繫之鄭也。或當虎牢雖已屬晉，晉人新得，不爲己有，故不繫晉也。

楚殺其大夫公子申。

【傳】二年，春，鄭師侵宋，楚令也。以彭城故。

齊侯伐萊。萊人使正輿子賂夙沙衛以索馬牛，❷**皆百匹。**夙沙衛，齊寺人。索，簡擇好者。

【疏】傳「馬牛皆百匹」。❸　正義曰：《司馬法》：「丘出馬一匹，牛三頭。」則牛當稱頭，而亦云匹者，因馬而名牛曰匹，并言之耳。經、傳之文，此類多矣。《易·繫辭》云：「潤之以風雨。」《論語》云：「沽酒市脯，不食。」《玉藻》云：「大夫不得造車馬。」皆從一而省文也。**齊師乃還。君子是以知齊靈公之爲「靈」也。**《謚法》：「亂而不損曰靈。」言謚應其行。

❶「牢」，原作「年」，據正宗寺本、京都本、文淵閣本、阮本改。

❷「輿」，《經典釋文》云：「本亦作與。」

❸「傳」，京都本、阮本無此字。今案：「傳」字不當有。

夏，齊姜薨。初，穆姜使擇美檟，檟，梓之屬。【疏】注「檟梓之屬」。 正義曰：《釋木》云：「槐小葉曰檟。」郭璞曰：「槐當爲楸，楸細葉者爲檟。」又云：「大而皵楸，小而皵檟。」樊光云：「大，老也。皵，棤皮也。皮老而麤棤者爲楸。❶ 小，少也。少而麤棤者爲檟。」又云：「椅梓。」郭璞曰：「即楸也。」如彼所云，楸、梓皆檟之小別，故云「梓之屬」也。**以自爲櫬與頌琴。**櫬，棺也。頌琴，琴名，猶言雅琴。皆欲以送終。【疏】注「櫬棺」至「送終」。 正義曰：以論死者言櫬，知櫬是棺也。四年注云：「櫬，櫬身棺也。」❷以親近其身，故以櫬爲名焉。《禮記·檀弓》曰：「天子之棺四重，水兕革棺一，杝棺一，梓棺二。」鄭玄云：「杝，椵也，所謂椑棺也。❸ 梓棺二，所謂屬與大棺也。」記文從内向外，水兕革棺，最近尸也。次椑，以椵爲之。次屬與大棺，乃以梓爲之。《檀弓》又云：「君即位而爲椑。」鄭玄云：「椑謂杝棺，親尸者。椑，堅著之言也。」天子椑内，又有水兕革棺。《喪大記》云：「君大棺八寸，屬六寸，椑四寸。」如彼記文，諸侯之棺三重，親身之棺名之爲椑，椑即櫬是也，其椑用椵爲之。屬與大棺，乃用梓耳。此以梓爲櫬者，名之曰櫬，其内必無棺也。擇檟爲櫬，其櫬必用梓也。記唯言即位爲椑，不言椑所用木。鄭玄據天子之棺，其椑用杝，即云「椑謂杝棺」也。天子之椑自用杝，則諸侯不必然。據此傳文，諸侯之椑，必用梓也。「頌琴」者，《詩》爲樂章，琴瑟必以歌《詩》，《詩》有《雅》、《頌》，故以「頌」爲琴名，猶如言「雅琴」也。櫬、琴同文，知皆欲以送終也。**季文子取以葬。君子曰：「非禮也，禮無所逆。婦，養姑者**

---

❶「棤」，阮校：「浦鏜《正誤》『棤』作『皵』，與《爾雅》疏引樊注合。下同。」

❷「櫬」，正宗寺本、京都本、文淵閣本、阮本作「親」。阮校：「作『櫬』，非也。案，四年注作『親』。」

❸「椑」，足利學本同，京都本、文淵閣本、阮本作「椵」。阮校：「宋本作『椑』，與《檀弓》注合。」

也，虧姑以成婦，逆莫大焉。穆姜，成公母。齊姜，成公婦。**《詩》曰：『其惟哲人，告之話言，順德之行。』**《詩·大雅》。哲，知也。話，善也。言知者行事無不順。**季孫於是爲不哲矣。**言逆德。【疏】「詩曰」至「哲矣」。　正義曰：《詩·大雅·抑》之篇也。其惟有知之人，告之以善言，則順從之，爲美德之行矣。言知者行事，無有不順從者。今季孫逆之，於是爲不知矣。「哲，知」，《釋言》文也。**且姜氏，君之妣也。**襄公適母，故曰君之妣。【疏】注「襄公」至「之妣」。　正義曰：《曲禮》曰：「生曰父曰母，死曰考曰妣。」襄公是成公之妾定姒所生，齊姜是其適母，故曰君之妣也。**《詩》曰：『爲酒爲醴，烝畀祖妣。以洽百禮，降福孔偕。』」**《詩·周頌》。烝，進也。畀，與也。偕，徧也。言敬事祖妣，則鬼神降福。季孫葬姜氏不以禮，是不敬祖妣。【疏】「詩曰」至「孔偕」。　正義曰：《詩·周頌·豐年》之篇也。豐有之年，多稻多黍，釀之爲酒爲醴，以進與祖妣，以洽百種之禮，爲烝嘗之祭，鬼神享之，則下與福祐甚周徧。言今事妣失禮，神將不福祐之也。「烝，進」，「畀，與」，皆《釋詁》文。「偕」訓爲「俱」，「俱」亦「徧」之義也。《釋言》云：「孔，甚也。」

齊侯使諸姜、宗婦來送葬。宗婦，同姓大夫之婦。婦人越疆送葬，非禮。【疏】注「宗婦」至「非禮」。　正義曰：諸姜，同姓之女也。宗婦，同姓之婦也。夫人齊姜是齊國之女，故使其宗親之婦女來會葬也。齊爲姜姓，歷世多矣，不可姜姓之女、姜姓之婦令其皆來魯國。莊二十四年大夫宗婦覿用幣者，宗婦是同姓大夫之婦，知此宗婦亦是同姓大夫之婦。然則諸姜是齊同姓之女，嫁與齊大夫之爲妻者也。《禮記·檀弓》云：「婦人不越疆而弔人。」是越疆送葬，非禮也。**召萊子，萊子不會，故晏弱城東陽以偪之。**爲六年滅萊傳。東陽，齊竟上邑。【疏】「召萊子萊子不會」。　正義曰：《世族譜》不知萊國之姓。齊侯召萊子者，不爲其姓姜也，以其比鄰小國，意陵蔑之，故召之，欲使從送諸姜宗婦來向魯耳。萊子以其輕侮，故不肯會。

鄭成公疾，子駟請息肩於晉。欲辟楚役，以負擔喻。**公曰：「楚君以鄭故，親集矢於其目，**謂鄢陵戰，晉射楚王目。**非異人任，寡人也。**言楚子任此患，不爲他人，蓋在己。**若背之，是棄力與言，其誰暱我？**❶言，盟誓之言。**免寡人，唯二三子。」**【疏】「集矢」至「三子」。正義曰：《説文》云：鳥之短尾者，揔名爲隹。隹在木上爲集。集是鳥止之名。矢有羽似鳥，故亦稱集也。楚君被射目者，非是爲異人也，任此患者，爲寡人也。今若背之，棄其助鄭之力與盟誓之言，他人其誰肯親我乎？免寡人此棄力背言之責，唯二三子耳。

秋，七月，庚辰，鄭伯睔卒。於是子罕當國，攝君事。【疏】「子罕當國」。正義曰：禮，君薨，聽於家宰，不須攝行君事。此令子罕當國者，鄭國閒於晉、楚，國家多難，喪代之際，或致傾危，蓋成公顧命使之當國，非常法也。子駟爲政，已是正卿，知當國者，爲攝君事矣。沈氏云：「魯襄四歲，國家無虞。今僖公年雖長大，爲偪於晉、楚，故令子罕當國也。」**子駟爲政，**爲政卿。**子國爲司馬。晉師侵鄭，**晉伐喪，非禮。**諸大夫欲從晉。子駟曰：「官命未改。」**成公未葬，嗣君未免喪，故言「未改」。不欲違先君意。【疏】「官命未改」。正義曰：先君既葬，嗣君正位，乃得建官命臣。十六年晉侯改服脩官，是其事也。先君未葬，皆因舊事，不得建

❶「是棄力與言其誰暱我」，阮校：「《釋文》云：『棄力，服本又作棄功。暱，本又作昵。』案，臧琳云：當從服本作『棄功』，言楚有功于鄭也。」

官命臣，故云「官命未改」。庶事悉皆未改，不可即違先君。言此者，不用從晉之意故也。

會于戚，謀鄭故也。鄭久叛晉，謀討之。孟獻子曰：「請城虎牢以偪鄭。」虎牢，舊鄭邑，今屬晉。知武子曰：「善！鄫之會，吾子聞崔子之言，今不來矣。元年，孟獻子與齊崔杼次于鄫。崔杼有不服晉之言，獻子以告知武子。【疏】注「元年」至「武子」。正義曰：元年伐鄭，次于鄫，唯有韓厥、荀偃，於時武子未必在軍，當是此會始告之耳。滕、薛、小邾之不至，皆齊故也。三國，齊之屬。寡君之憂不唯鄭。言復憂齊叛。罃將復於寡君，而請於齊。以城事白晉君，而請齊會之，欲以觀齊志。得請而告，吾子之功也。得請，謂齊人應命，告諸侯會築虎牢。若不得請，事將在齊。將伐齊。吾子之請，諸侯之福也，城虎牢，足以服鄭，息征伐。豈唯寡君賴之？」傳言荀罃能用善謀。

穆叔聘于宋，通嗣君也。

冬，復會于戚。齊崔武子及滕、薛、小邾之大夫皆會，知武子之言故也。武子言「事將在齊」，齊人懼，帥小國而會之。遂城虎牢。鄭人乃成。如孟獻子之謀。

楚公子申爲右司馬，多受小國之賂，以偪子重、子辛，偪奪其權勢。楚人殺之。故書曰：「楚殺其大夫公子申。」言所以致國討之文。

【經】三年，春，楚公子嬰齊帥師伐吳。

公如晉。

夏，四月，壬戌，公及晉侯盟于長樗。晉侯出其國都，與公盟于外。【疏】注「晉侯」至「于外」。正義曰：文三年公如晉，公及晉侯盟。盟不書地，在晉都也。此時晉侯出其國都，與公盟于長樗，蓋近城之地，盟訖還入於晉，故公歸，書曰「公至自晉」也。文三年盟于晉都，此盟出城外者，出與不出，皆由晉侯意耳。此或是悼公謙以待人，不敢使國君就己，出盟于外，若似相就然，故出城也。

公至自晉。無傳。不以長樗至，本非會。【疏】注「不以」至「非會」。正義曰：假令公朝於晉，更與晉侯餘處別會，即從會所而歸，亦得書曰「公至自晉」。何則？一行而有二事者，或以始致，或以終致，出自當時之意，書其所告之事而已，所告先後無定例也。但此盟于長樗，晉侯爲盟之故，暫出城耳，本非刻期聚會之處，唯得以自晉告廟，不得以長樗告也。注言「本非會」，解其必不得以長樗致之意也。

六月，公會單子、晉侯、宋公、衛侯、鄭伯、莒子、邾子、齊世子光。己未，同盟于雞澤。雞澤，在廣平曲梁縣西南。周靈王新即位，使王官伯出與諸侯盟，以安王室，故無譏。【疏】注「雞澤」至「無譏」。正義曰：諸侯不得盟天子之臣，天子之臣不得與諸侯聚盟，盟則加以貶責。僖二十九年翟泉之盟，貶王子虎稱人，是其事也。僖八年洮之盟，王人在列，傳曰：「謀王室也。」諸侯共謀王室，不譏。王人在盟，是由襄王新立，命遣與盟故耳。此盟單子在列，於經亦無譏文。靈王以往年新立，明是王新即位，使王官之伯出與諸侯結盟，以安王室，故無所譏，與洮之盟同也。《釋例》曰：「未有臣而盟君。臣而盟君，是子可盟父。故《春秋》王世子以下會諸侯者，皆同會而不同盟。洮之盟，王室有子帶之難，襄王懼不得立，告難于齊，遣王人與諸侯盟，故傳釋之曰『謀王室』，以明王勑其來盟，非諸侯所敢與也。踐土之盟，王子虎臨諸侯，而不與同歃，故經但列諸侯，❶而傳具載其實。此實聖賢之垂意，以爲將來之永法也。一年之閒，諸侯輯睦，翼戴天子。而翟泉之盟，子虎在列，君子以爲非天子之命，虧上下常節，故不存魯侯而人子虎，以示篤戒也。今雞澤之會，單子與盟，亦王所命也。」杜言「王使盟」者，傳無其文，正以經無貶責，知是命使盟也。

陳侯使袁僑如會。陳疾楚政，而來屬晉，本非召會而自來，故言「如會」。【疏】注「陳疾」至「如會」。　正義曰：凡盟主召其同好之國，刻期而與結盟，來不及期，則加貶責。他國後期，則沒其國，而不序於列。魯君後期，則揔稱諸侯，不復國別歷序。文七年公會諸侯、晉大夫，盟于扈是也。僖二十八年踐土之盟，陳侯如會，此袁僑如會，皆本非同好，慕義而來，喜其來而不責其晚，故言「陳疾楚政，而來屬晉」。本非召會而袁僑自來，故言「如會」，解其後至特書而不貶之意也。七年鄭伯髡頑如會，自是被召而來，其人未見諸侯，在道而卒，故書「如會」，爲卒張本，與此異也。

戊寅，叔孫豹及諸侯之大夫及陳袁僑盟。諸侯既盟，袁僑乃至，故使大夫別與之盟。言「諸侯之大夫」，則在雞澤之諸侯也。殊袁僑者，明諸侯大夫所以盟，盟袁僑也。據傳，盟在秋。《長曆》推戊寅七月十三日，經誤。【疏】注「諸侯」至「經誤」。　正義曰：諸侯盟會，歷序國君。其下云某人某人，皆是大夫也，若卿來，則書卿名氏。文十四年公會宋公、陳侯、衛侯、鄭伯、許男、曹伯、晉趙盾于新城，如此之類，其事多矣。此袁僑來，若及盟，即序於列，當在世子光下。今諸侯既盟，袁僑乃至，不可特爲袁僑更復重盟。若其

❶「但」，阮校：「案，《釋例》作『唯』。」

不與之盟，則又逆陳來意。以袁僑是大夫，故使大夫盟之。若其陳侯自來，諸侯雖則盟訖，亦當更與之盟，不得使大夫也。凡諸侯盟會，皆先目後凡。上文雞澤之會，既以具序諸侯，此揔言諸侯大夫，則雞澤諸侯足以明矣，故不復具序諸國，從省文耳。諸侯大夫既以揔書，而獨見叔孫豹者，經據魯史，魯史所記，詳内略外。僖十五年牡丘之盟下，公孫敖帥師及諸侯之大夫救徐，獨書魯臣，亦此類也。言諸侯之大夫，其内可以兼袁僑，而殊袁僑，言「及陳袁僑盟」者，明此諸侯之大夫所以爲此盟者，止爲盟陳袁僑耳。且上文雞澤之會，其内未有陳侯，直言諸侯之大夫，則不得包陳袁僑，故殊之也。

秋，公至自會。無傳。

冬，晉荀罃帥師伐許。

【傳】**三年，春，楚子重伐吴，爲簡之師。**簡，選練。**克鳩茲，至于衡山。**鳩茲，吴邑，在丹陽無湖縣東，❶今皋夷也。衡山，在吴興烏程縣南。**使鄧廖帥組甲三百，被練三千，**組甲、被練，皆戰備也。組甲，漆甲成組文。被練，練袍。【疏】注「組甲」至「練袍」。　正義曰：賈逵云：「組甲，以組綴甲，車士服之。被練，帛也，以帛綴甲，步卒服之。凡甲所以爲固者，以盈竅也。帛盈竅而任力者半，卑者所服。組盈竅而盡任力，尊者所服。」馬融云：「組甲，以組爲甲裹，公族所服。被練，以練爲甲裹，卑者所服。」然則甲貴牢固，

❶「無」，阮校：「淳熙本作『芜』。」足利學本、京都本、文淵閣本、阮本作「蕪」。

組、練俱用絲也，練若不固，宜皆用組，何當造不牢之甲，而令步卒服之？豈欲其被傷，故使甲不牢也？若練以綴甲，何以謂之被也？又組是條繩，不可以爲衣服，安得以爲甲裹？杜言「組甲，漆甲成組文」，今時漆甲有爲文者。被練，文不言甲，必非甲名。被是被覆衣著之名，故以爲練袍，被於身上。雖並無明證，而杜要愜人情。**以侵吴。吴人要而擊之，獲鄧廖。其能免者，組甲八十，被練三百而已。子重歸，既飲至，三日，吴人伐楚，取駕。駕，良邑也。鄧廖，亦楚之良也。君子謂子重於是役也，所獲不如所亡。**當時君子。【疏】注「當時君子」。　正義曰：傳言君子多矣，獨此言當時君子者，諸言君子論議往事，多是丘明自言，託之君子。此傳君子謂子重亡多於獲，楚人以君子之言咎責子重，不得爲後世君子，故云當時君子。**楚人以是咎子重，子重病之，遂遇心疾而卒。**憂恚故成心疾。

公如晉，始朝也。公即位而朝。

夏，盟於長樗，孟獻子相，公稽首。相儀也。稽首，首至地。【疏】注「稽首首至地」。　正義曰：《周禮》九拜，一曰稽首，諸侯事天子之禮也。**知武子曰：「天子在，而君辱稽首，寡君懼矣。」**稽首，事天子之禮。**孟獻子曰：「以敝邑介在東表，密邇仇讎，**仇讎，謂齊、楚與晉爭。**寡君將君是望，敢不稽首？」**傳言獻子能固事盟主。

晉爲鄭服故，且欲脩吴好，鄭服在前年。**將合諸侯。使士匄告于齊曰：「寡君使匄，以歲之不易，不虞之不戒，寡君願與一二兄弟相見，**不易，多難也。虞，度也。戒，備也。列國之君，相謂兄弟。以謀不協。請君臨之，使匄乞盟。」齊侯欲勿許，而難爲不協，乃盟於耏外。❶與士匄盟。耏，水名。【疏】「盟於耏外」。　正義曰：此是士匄適齊，齊侯與盟，其盟不離城之左右。若是地名、山名，不得有外内之異。《爾雅》云：「厓内爲隩，外爲隈。」李巡曰：「厓内近水爲隩，外爲隈。」孫炎曰：「内曲，裏也。外曲，表也。」是水有内外之異。知此耏爲水名，其水蓋曲而近城，故稱「耏外」。

祁奚請老，老，致仕。晉侯問嗣焉。嗣，續其職者。稱解狐，其讎也，將立之而卒。解狐卒。【疏】「讎也」。❷　正義曰：讎者，相負挾怨之名。奚負狐，狐負奚，皆謂之讎。此是奚負狐也，不是舉之以解怨，故下云「稱其讎，不爲諂」也。又問焉，對曰：「午也可。」午，祁奚子。於是羊舌職死矣，晉侯曰：「孰可以代之？」對曰：「赤也可。」赤，職之子伯華。於是使祁午爲中軍尉，羊舌赤佐之。各代其父。君子謂：「祁奚於是能舉善矣。稱其讎，不爲諂；立其子，不爲比；舉其偏，不爲黨。諂，媚也。偏，屬也。【疏】「稱其」至「爲黨」。　正義曰：設令他人稱其讎，則諂以求媚也。立其子，則心在親比也。舉其偏，則情相阿黨也。今祁奚以其人實善，故舉薦之。人見彼善，知奚不諂、不比、不黨也。諂者，阿順曲從，以求彼意，故以諂爲媚。媚，愛也，言爲諂以求愛也。偏者，半廂之名，故傳多云東偏、西偏。軍師屬己，分之別行，謂之偏師。傳云「彘子以偏師陷」，是偏爲廂屬之名也。祁奚爲中軍尉，羊舌職佐之，職屬祁奚，復舉其子，是舉其偏屬

---

❶「於」，阮校：「石經、纂圖本、毛本作『于』，《釋文》亦作『于』。」

❷「讎也」，阮本此節正義接「盟於耏外」正義之下。

也。《商書》曰：『無偏無黨，王道蕩蕩。』《商書·洪範》也。蕩蕩，平正無私。**其祁奚之謂矣！解狐得舉，**未得位，故曰得舉。**祁午得位，伯華得官，建一官而三物成，**一官，軍尉。物，事也。【疏】「建一官而三物成」。正義曰：尉、佐同掌一事，故爲「建一官」也。三事成者，成其得舉、得位、得官也。官、位一也，變文相辟耳。服虔云：「所舉三賢，各能成其職事。」案解狐得舉而死，身未居職，何成事之有？**能舉善也夫！唯善，故能舉其類。《詩》云：『惟其有之，是以似之。』祁奚有焉。」**《詩·小雅》。言唯有德之人，能舉似己者。【疏】「詩云」至「似之」。正義曰：此《小雅·裳裳者華》之篇也。其卒章云：「右之右之，君子有之。維其有之，是以似之。」

六月，**公會單頃公及諸侯。己未，同盟于雞澤。**單頃公，王卿士。**晉侯使荀會逆吳子于淮上，吳子不至。**道遠多難。

楚子辛爲令尹，侵欲於小國。陳成公使袁僑如會求成，患楚侵欲。袁僑，濤塗四世孫。【疏】「侵欲於小國」。正義曰：多有所欲，求索無厭，侵害小國，故小國怨也。**晉侯使和組父告于諸侯。**告陳服。**秋，叔孫豹及諸侯之大夫及陳袁僑盟，陳請服也。**其君不來，使大夫盟之，匹敵之宜。

晉侯之弟揚干亂行於曲梁，行，陳次。**魏絳戮其僕。**僕，御也。【疏】「魏絳戮其僕」。正義曰：以車亂行，是御者之罪，故戮其僕也。《周禮》司寇之屬有掌戮之官。鄭玄云：「戮猶辱也，既斬殺，又辱之。」其職云：「掌斬殺賊諜而膊之。凡殺其親者，焚之。殺王之親者，辜之。殺人者，踣諸市肆之三日。」鄭玄云：「膊，謂去衣磔之。焚，燒也。辜謂磔之。踣，僵尸也。肆猶申也，陳也。」彼膊、焚、辜、肆，皆謂陳以示人。然則此言戮者，非徒殺之而已，乃殺之以徇諸軍。昭四年楚戮慶封，負之斧鉞，以徇於諸侯，先徇乃殺之也。成二年韓獻子既斬人，郤子使速以徇，是殺之而後徇也。此戮即彼徇之謂也。文十年楚申舟抶宋公之僕以徇，或曰：「國君不可戮也。」彼抶以徇，亦稱爲戮。下云「至於用鉞」，當是殺之，乃以徇也。**晉侯怒，謂羊舌赤曰：「合諸侯，以爲榮也。揚干爲戮，何辱如之？必殺魏絳，無失也！」對曰：「絳無貳志，事君不辟難，有罪不逃刑，其將來辭，何辱命焉？」言終，魏絳至，授僕人書，**僕人，晉侯御僕。【疏】「事君」至「逃刑」。正義曰：此言絳之宿心舊行耳，非獨爲此事而言也。服虔云：「謂敢斬揚干之僕，是不辟獲死之難。」然則斬僕，依軍法也，豈是絳之罪，而得謂之有罪不逃刑乎？不逃，不辟此事，自亦是矣，要本其宿心，非是專爲此事耳。❶**將伏劍。士魴、張老止之。公讀其書曰：「日君乏使，使臣斯司馬。**斯，此也。【疏】「將伏劍」。正義曰：謂仰劒刃，身伏其上，而取死也。**臣聞師衆以順爲武，**順，莫敢違。**軍事有死無犯爲敬。**守官行法，雖死不敢有違。**君合諸侯，臣敢不敬？君師不武，執事不敬，罪莫大焉。臣懼其死，以及揚干，無所逃罪，**懼自犯不武不敬之罪。**不能致訓，至於用鉞。**用鉞斬揚干之僕。【疏】「臣聞」至「用鉞」。正義曰：臣聞師旅兵衆，順從上命，莫敢違逆，是爲威武。此據在軍之衆也。軍旅之事，守官行法，欲討罪人，雖有死難，不敢辟死，犯違法令，而從舍罪人，❷是爲共敬也。君命既合諸侯，臣豈敢畏懼死罪，放舍罪人，不爲共

❶「耳」，京都本、文淵閣本、阮本作「也」。

❷「從」，阮校：「毛本作『放』。」

敬也？今君之師衆違命亂行，既已不武，謂揚干也。執事之臣畏懼其死罪，不戮罪人，是爲不敬，魏絳自謂也。不武不敬，罪莫大焉。是揚干與己，皆有大罪。臣若不討，非直臣有死罪，揚干亦合有死罪。臣懼身之死罪連及揚干，是臣罪更重，無所逃辟重罪也，不能以禮漸致教訓，至於用鉞以斬其僕，是臣之罪重也。**臣之罪重，敢有不從，以怒君心？**言不敢不從戮。**請歸死於司寇。」**致尸於司寇，使戮之。**公跣而出，曰：「寡人之言，親愛也。吾子之討，軍禮也。寡人有弟，弗能教訓，使干大命，寡人之過也。子無重寡人之過，聽絳死為重過。敢以爲請。」**請使無死。**晉侯以魏絳爲能以刑佐民矣，反役，與之禮食，使佐新軍。**羣臣旅會，今欲顯絳，故特爲設禮食。【疏】「與之禮食」。正義曰：「與之禮食」者，若公食大夫禮以大夫爲賓，公親爲之特設禮食。「使佐新軍」。正義曰：服虔云：「於是魏頡卒矣，使趙武將新軍代魏頡，升魏絳佐新軍代趙武也。」《世族譜》，魏顆、魏絳，俱是魏犫之子。顆長，生頡，則絳是頡之叔父。顆別爲令狐氏，絳爲魏氏，蓋顆長而庶，絳幼而適故也。《魏世家》，武子生悼子，悼子生絳。則絳是犫孫。計其年世，孫應是也。先儒悉皆不然，未知何故。**張老爲中軍司馬，代魏絳。士富爲候奄。**代張老。士富，士會別族。

楚司馬公子何忌侵陳，陳叛故也。

許靈公事楚，不會于雞澤。冬，晉知武子帥師伐許。

【經】四年，春，王三月，己酉，陳侯午卒。前年大夫盟雞澤。三月無己酉，日誤。

夏，叔孫豹如晉。

秋，七月，戊子，夫人姒氏薨。成公妾，襄公母。姒，杞姓。【疏】注「成公」至「杞姓」。正義曰：二年齊姜薨葬者，是成公夫人，故此爲成公之妾也。據傳匠慶之言，知是襄公之母。以子既爲君，故得稱夫人而言薨也。於時諸國杞、鄫之徒皆姒姓，據大者言之，故云「姒，杞姓」，疑是杞女，而未審故也。

葬陳成公。無傳。

八月，辛亥，葬我小君定姒。無傳。定，謚也。赴同祔姑，反哭成喪，皆以正夫人禮，母以子貴。踰月而葬速。【疏】注「定謚」至「葬速」。正義曰：《謚法》：「純行不爽曰定。」舊說：「妾子爲君，其母不得成爲夫人。」故杜詳言之，於例赴同稱薨也，祔姑稱小君也，反哭成喪書葬也。今定姒三禮皆具，薨葬備文，皆以正夫人之禮者，由母以子貴故也。《釋例》曰：「凡妾子爲君，其母猶爲夫人，雖先君不命其母，母以子貴。其適夫人薨，則尊得加於臣子，而内外之禮皆如夫人矣。故姒氏之喪，責以小君不成。成風之喪，王使來會葬，傳曰『禮也』。夫人姒氏薨葬皆以禮備爲文，明季文子雖議從略賤，聞匠慶之言，懼而備禮，殯葬無闕也。禮，公子爲其母練冠縓緣，既葬除之。及其嗣位爲君，非復公子，適母薨，則申其母尊。而先儒同之公子，亦謬矣。」是杜言妾母得爲夫人之意也。季孫初議，欲不成定姒之喪，匠慶以君長懼之，乃略取季孫之木，君子謂之「多行無禮必自及」也。則季孫初議，是無禮也。既季孫議爲無禮，明知於禮得成，是知妾母成尊，是爲正法。但尊無二上，適母若在，君尚不得盡禮於其母，臣民豈得以夫人之禮事之哉？適母既薨，則君得盡禮。君既盡夫人之禮事其母，臣民豈得以妾意遇之哉？故適母薨，則妾母尊也。哀姜既薨，成風乃正。出姜既出，敬嬴乃正。齊姜既薨，定姒乃正。襄公一世，無娶夫人之文，故齊歸得正也。鄭玄以爲「正夫人有以罪廢，妾母得成爲夫人也」。哀姜雖被齊殺，僖公請而葬之，案經薨、葬備文，安得以罪黜也？又齊姜非以罪黜，定姒薨、葬成尊，成風、定姒並無譏文，知其法得成也。

冬，公如晉。

陳人圍頓。

【傳】四年，春，楚師爲陳叛故，猶在繁陽。前年，何忌之師侵陳，今猶未還。繁陽，楚地，在汝南鮦陽縣南。**韓獻子患之，言於朝曰：「文王帥殷之叛國以事紂，唯知時也。**知時未可爭。**今我易之，難哉！」**晉力未能服楚，受陳爲非時。**三月，陳成公卒。楚人將伐陳，聞喪乃止。**軍禮不伐喪。

【疏】注「軍禮不伐喪」。正義曰：十九年晉士匄侵齊，至穀，聞齊侯卒，乃還。傳曰：「聞喪而還，禮也。」是軍禮不伐喪。

陳人不聽命。不聽楚命。**臧武仲聞之，曰：「陳不服於楚，必亡。大國行禮焉，而不服，在大猶有咎，而況小乎？」**

夏，楚彭名侵陳，陳無禮故也。爲下陳圍頓傳。

穆叔如晉，報知武子之聘也。武子聘在元年。**晉侯享之，金奏《肆夏》之三，不拜。**《肆夏》，樂曲名。《周禮》以鐘鼓奏九夏，其二曰《肆夏》，一名《樊》。❶三曰《韶夏》，一名《遏》。四曰《納夏》，一名《渠》。蓋擊鐘而奏此三夏曲。**工歌《文王》之三，又不拜。**工，樂人也。《文王》之三，《大雅》之首：《文王》、《大明》、《緜》。**歌《鹿鳴》之三，三拜。**《小雅》之首：《鹿鳴》、《四牡》、《皇皇者華》。

【疏】「金奏」至「三拜」。　正義曰：奏謂作樂也。作樂先擊鐘，鐘是金也，故稱金奏。《周禮・鐘師》「掌金奏」，鄭玄云：「金奏，擊金以爲奏樂之節。金謂鐘及鏄也。」❷又《燕禮》注云：「以鐘鏄播之，鼓磬應之，所謂金奏也。」此晉人作樂，先歌《肆夏》。《肆夏》是作樂之初，故於《肆夏》先言金奏也。次，工歌《文王》。樂已先作，非復以金爲始，故言工歌也。於《文王》已言工歌，《鹿鳴》又略不言工，互見以從省耳。其實金奏《肆夏》，亦是工人歌之，工歌《文王》，擊金仍亦不息，其歌《鹿鳴》，亦是工歌之耳。　注「肆夏」至「夏曲」。　正義曰：《周禮・鐘師》：「凡樂事，以鐘鼓奏九夏：《王夏》、《肆夏》、《昭夏》、❸《納夏》、《章夏》、《齊夏》、《族夏》、《陔夏》、《鶩夏》。」言以鐘鼓奏之也。又以《文王》類之，知是樂曲名也。杜子春云：「王出入奏《王夏》，尸出入奏《肆夏》，牲出入奏《昭夏》，四方賓來奏《納夏》，臣有功奏《章夏》，夫人祭奏《齊夏》，族人侍奏《族夏》，賓醉而出奏《陔夏》，公出入奏《鶩夏》。」定本《納夏》爲「夏納」。此傳直言「之三」，不辨其三之名。《魯語》同說此事而云：「金奏《肆夏》《繁》、《遏》、《渠》，天

---

❶「樊」，阮校：「閩本、監本作『繁』。案，《國語》作『繁』。」孫校：「《國語》明道本作『樊』，宋氏《補音》作『繁』，此未析。」

❷「鏄」，京都本、文淵閣本、阮本作「鎛」。下同。

❸「昭」，阮校：「閩本、監本、毛本作『韶』，下同。案，《周禮・鍾師》作『昭』。」

子所以享元侯也。《文王》、《大明》、《緜》，則兩君相見之樂也。」《文王》之三，盡《文王》、❶《大明》、《緜》，以《文王》爲首，并取其次二篇以爲三，則知《肆夏》之三，以《肆夏》爲首，亦并取其次二夏以爲三也。且下云：「三夏，天子所以享元侯也。」三者皆名爲夏，知是其次二夏并《肆夏》爲三也。《周禮》謂之《肆》、《昭》、《納》，《魯語》謂之《繁》、《遏》、《渠》，故杜以爲每夏而有二名，《肆夏》一名《樊》，《韶夏》一名《遏》，❷《納夏》一名《渠》。先儒所説，義多不同。《周禮》注載杜子春云：「《肆夏》與《文王》、《鹿鳴》俱稱三，謂其三章也，以此知《肆夏》詩也。」吕叔玉云：「《肆夏》、《繁》、《遏》、《渠》，皆《周頌》也。《肆夏》，《時邁》也。《繁》、《遏》，《執競》也。《渠》，《思文》也。肆，遂也。夏，大也。言遂於大位，謂王位也。故《時邁》曰：『肆于時夏，允王保之。』繁，多也。遏，止也。言福禄止於周之多也。故《執競》曰：『降福穰穰，降福簡簡，福禄來反。』渠，大也。言以后稷配天，王道之大也。故《思文》曰：『思文后稷，克配彼天。』」鄭玄云：「以《文王》、《鹿鳴》言之，則九夏皆《詩》篇名，《頌》之族類也。此歌之大者，載在樂章，樂崩亦從而亡，是以《頌》不能具。」數家之説，各以意言，經典散亡，無以取正。劉炫云：「杜爲此解頗允，三夏之名而分字配篇不甚愜當。何則？《文王》之三，即《文王》是其一，《大明》、《緜》是其二。《鹿鳴》之三，則《鹿鳴》是其一，《四牡》、《皇皇者華》是其二。然則《肆夏》之三，亦當《肆夏》是其一，《樊》、《遏》、《渠》是其二，安得復以《樊》爲《肆夏》之別名也？若《樊》即是《肆夏》，何須重舉二名？雖恥習前蹤，亦未踰先哲。」今删定知不然者，以此文云「《肆夏》之三」，是自《肆夏》以下有三，故爲《韶夏》、《納夏》，凡爲三夏。但此三夏各有別

❶「盡」，阮校：「閩本、監本、毛本作『蓋』。」

❷「韶」，阮本作「昭」。

名，故《國語》謂之《繁》、《遏》、《渠》，是一字以當一夏。若《國語》直云「金奏《繁》、《遏》、《渠》」，則三夏之名，没而不顯，故於「繁」字之上，特以「肆夏」冠之，云「肆夏繁」。《樊》既是《肆夏》，明《遏》是《韶夏》，《渠》是《納夏》也。《國語》舉其難明，以會《左氏》「三夏」之義。劉不曉杜之深意，遂欲妄從先儒。先儒之説，何所馮準？先儒以樊、遏二字共爲《執競》，以渠之一字獨爲《思文》，分字既無定限，文句多少任意，則杜以「樊」共「肆夏」爲句，何爲不可？劉君乃與奪恣情，不顧曲直，妄規杜過，於義深非也。**韓獻子使行人子員問之，**行人，通使之官。【疏】注「行人通使之官」。正義曰：《周禮·大行人》「掌大賓之禮，大客之儀」，《小行人》「掌使適四方，協賓客之禮」。諸侯行人當亦通掌此事，故爲通使之官也。此言「韓獻子使行人問」，《魯語》云「晉侯使行人問」者，彼孔晁注云「韓獻子白晉侯，使行人問」也。**曰：「子以君命辱於敝邑，先君之禮，藉之以樂，以辱吾子，**藉，薦也。**吾子舍其大，而重拜其細，敢問何禮也？」對曰：「三夏，天子所以享元侯也，使臣弗敢與聞。**元侯，牧伯。【疏】注「元侯牧伯」。正義曰：《周禮·大宗伯》云：「八命作牧，九命作伯。」鄭玄云：「牧謂侯伯有功德者，加命得專征伐於諸侯也。伯謂上公有功德者，加命爲二伯，❶得征五侯九伯者也。」鄭司農云：「牧，一州之牧也。伯，長諸侯爲方伯也。」然則牧是州長，伯是二伯，雖命數不同，俱是諸侯之長也。元，長也。謂之長侯，明是牧伯。**《文王》，兩君相見之樂也，臣不敢及。**及，與也。《文王》之三，皆稱文王之德，受命作周，故諸侯會同以相樂。【疏】注「及與」至「相樂」。正義曰：「及，與也。」《釋詁》文。言不敢與

---

❶「加」，原漫漶不清，據正宗寺本、京都本、文淵閣本、阮本補。

在其閒而聞之。《魯語》并陳兩事，乃揔云：皆昭令德以合好，非使臣之所敢聞。彼俱不敢聞，此分之爲等級耳。《詩序》：「《文王》，言文王受命作周。《大明》，言文王有明德，故天復命武王伐紂。《緜》，言文王之興，本由大王。」是《文王》之三，皆稱文王之德，能受天命，造立周國，故諸侯會同，歌此以相燕樂也。朝而設享，是亦二君聚會，故以會同言之。《肆夏》既亡，不知其篇之義，故唯取《詩》意以解《文王》、《鹿鳴》耳。《詩》是樂章，樂歌詩篇，聖王因其尊卑，定其差等。《詩》有四始：《風》也，《小雅》也，《大雅》也，《頌》也。鄭玄以《肆夏》爲《頌》之族類，其差與《頌》同矣。天子享元侯，歌《肆夏》，則於其餘諸侯，不得用《肆夏》矣，當歌《文王》，與兩君相見同也。然則兩元侯相見，與天子享之禮同，亦歌《肆夏》之類。《仲尼燕居》：「兩君相見，升歌《清廟》。」謂元侯也。不歌《肆夏》，辟天子也。諸侯來朝，乃歌《文王》，遣臣來聘，必不得同矣，當歌《鹿鳴》也。傳言「《文王》，兩君相見之樂」，則其臣來聘，不得與其君同，亦當歌《鹿鳴》也。《燕禮》雖以己臣爲主，兼燕四方之賓，其樂歌《鹿鳴》，是其定差也。《燕禮》：升歌訖，乃爲笙歌三篇，堂下吹笙，以播《詩》也。笙歌訖，乃爲閒歌六篇，堂上歌一篇，堂下吹一篇，相閒代也。故《燕禮》云「乃閒歌《魚麗》，笙《由庚》。歌《南有嘉魚》，笙《崇丘》。歌《南山有臺》，笙《由儀》」是也。閒歌訖，遂合鄉樂，《周南·關雎》、《葛覃》、《卷耳》，《召南·鵲巢》、《采蘩》、《采蘋》。合樂，謂堂上堂下合作樂也。鄉樂者，《風》詩也。《燕禮》歌《小雅》而合鄉樂，以合卑於歌一等，則知諸所歌者，其合樂用《詩》，皆卑於升歌一等。故鄭玄《詩譜》云：「天子享元侯，歌《肆夏》，合《文王》。於諸侯，歌《文王》，合《鹿鳴》。諸侯於鄰國之君，與天子於諸侯同。」天子、諸侯燕其羣臣及聘問之賓，皆歌《鹿鳴》合鄉樂，笙閒所用，則鄭玄云「未聞也」。《燕禮》升歌《小雅》，笙歌閒歌亦用《小雅》，則笙閒用《詩》與升歌差同，而云「未聞」者，升歌合樂，其用《風》、《雅》，皆用發首二篇，笙用《南陔》，閒用《魚麗》，不復更用其首篇。❶「未聞」者，未知其用何篇也。此傳言「三夏，天子所以享元侯」，則《文王》，兩君相見之樂，亦謂享也。雖不言燕，燕亦當然。此傳晉侯享穆叔，爲歌《鹿鳴》，穆叔以己所當得，三拜而受。燕禮也，工歌《鹿鳴》，則是享燕同樂，明享之與燕用樂，各自同矣。若然，《肆夏》之爲樂章，樂之最尊者，兩君相見猶尚不得用之。而燕禮者，諸侯燕己羣臣之禮，而記云：「若以樂納賓，則賓及庭奏《肆夏》。」鄭玄云：「卿大夫有王事之勞者，則奏此樂。」所以得用之者，彼謂納賓之樂。《郊特牲》云：「賓入大門，而奏《肆夏》，示易以敬也。」鄭玄云：「賓，朝聘者。」是朝賓聘客，俱得用之，與此升歌異也。**《鹿鳴》，君所以嘉寡君也，敢不拜嘉？**晉以叔孫爲嘉賓，故歌《鹿鳴》之詩，取其「我有嘉賓」。叔孫奉君命而來，嘉叔孫，乃所以嘉魯君。【疏】注「晉以」至「魯君」。正義曰：《詩序》言「《鹿鳴》，燕羣臣嘉賓」，正謂燕己之臣，以己臣爲嘉賓耳。叔孫以晉歌此篇者，以己爲嘉賓，故拜受之也。《燕禮·記》云：「若與四方之賓燕，則公迎之于大門內。」鄭玄云：「四方之賓，謂來聘者也。」是燕聘客，唯君迎爲異，餘悉與己臣同也。**《四牡》，君所以勞使臣也，敢不重拜？**《詩》言使臣乘四牡，騑騑然行不止。勤，勞也。晉以叔孫來聘，故以此勞之。【疏】注「詩言」至「勞之」。正義曰：《詩序》曰：「《四牡》，勞使臣之來。」謂遣臣出使來歸，乃勞之也。叔孫以晉歌此篇，勞己來聘，故重拜受之也。《魯語》云：「《四牡》，君之所以章臣之勤也，❷敢不拜章？」**《皇皇者華》，君教使臣曰『必諮於周』。**《皇皇者華》，

---

❶「篇」下，京都本、文淵閣本、阮本有「者」字。

❷「臣」上，阮校引《國語》有「使」字。「勤」，正宗寺本、京都本、阮本作「覲」。

君遣使臣之詩。言忠臣奉使，能光輝君命，如華之皇皇然。又當諮于忠信，以補己不及。忠信爲周，其詩曰：「周爰諮諏」，❶「周爰諮謀」，「周爰諮度」，「周爰諮詢」。言必於忠信之人，諮此四事。【疏】注「皇皇」至「四事」。　正義曰：此《詩》本意，文王教出使之臣，使遠而有光華，又當諮問善道於忠信之人。今晉君歌此以寵穆叔，穆叔執謙以爲晉侯所教，故云「君教使臣」。下云「臣獲五善，敢不重拜」，與《詩》本意異也。「忠信爲周」，《魯語》文也。爰，於也。若遇忠信之人，於是訪問詢度諏謀等四事也。《魯語》云：「《皇皇者華》，君教使臣曰：『每懷靡及，諏謀度詢，必咨於周。』❷敢不拜教？」**臣聞之，訪問於善爲咨，**問善道。**咨親爲詢，**問親戚之義。**咨禮爲度，**問禮宜。**咨事爲諏，**問政事。**咨難爲謀。**問患難。【疏】「咨親」至「爲謀」。　正義曰：《魯語》言此四事，唯「咨親爲詢」與此文同，其餘咨材爲諏，咨事爲謀，咨義爲度三者，與此皆異。韋昭改從此傳，注云：「材當爲事，事當爲難。」孔晁注云：「材謂政幹也。」**臣獲五善，敢不重拜？」**五善，爲諮、詢、度、諏、謀。❸【疏】「臣獲五善」。　正義曰：教之咨人，即得一善，故并咨爲五。《魯語》云：「君貺使臣以大禮，重之以六德。」孔晁云：「既有五善，又自謂無及，成爲六德。」言自謂知所無及，❹懷謙以問知者，此亦即是一德，故爲六德也。皆是受君之教，乃知如此亦是君之所賜，故云「臣獲」也。

---

❶「諮」，阮校：「《釋文》作『咨』，與《毛詩》合。」

❷「咨」，阮校：「閩本、監本、毛本作『諮』。」

❸「爲」，文淵閣本、阮本作「謂」。

❹「所無」，阮校：「當作『無所』，乃與《詩》傳、箋合。」

秋，定姒薨，不殯于廟，無櫬，不虞。櫬，親身棺。季孫以定姒本賤，既無器備，議其喪制，欲殯不過廟，又不反哭。【疏】注「櫬親」至「反哭」。　正義曰：櫬者，親身之棺，初死即當有之。將葬，以殯過廟，葬訖乃爲虞祭。今定姒初薨，匠慶以君長懼之，乃始作櫬。知此是季孫以定姒本賤，素無器備，議其喪制，欲如此耳，非是終久遂無之也。《檀弓》曰：「君即位而爲椑。」夫人尊與君同，亦當生已有櫬。今議欲不爲，是素無器備，故始議之也。《檀弓》又曰：「喪之朝也，順死者之孝心也，其哀離其室也，故至於祖考之廟而後行。殷朝而殯於祖，周朝而遂葬。」《士喪禮》「朝而遂葬」，與記正同，知周法不殯于廟。而此及僖八年傳皆云「不殯于廟」，以爲非禮，知其將葬之時，不以殯過廟耳，非是殯尸於廟中也。葬訖，日中反虞於正寢，謂之反哭。今欲不虞者，欲不爲反哭也。**匠慶謂季文子**匠慶，魯大匠。**曰：「子爲正卿，而小君之喪不成，**謂如季孫所議，則爲夫人禮不成。**不終君也。**慢其母，是不終事君之道。**君長，誰受其咎？」**言襄公長，將責季孫。**初，季孫爲己樹六檟於蒲圃東門之外，**蒲圃，場圃名。季文子樹檟，欲自爲櫬。【疏】注「蒲圃」至「爲櫬」。　正義曰：《詩》云：「九月築場圃。」毛傳云：「春夏爲圃，秋冬爲場。樹菜蔬爲圃，治禾黍爲場。」場圃同地耳。故杜以場明圃，圃名蒲也。檟是爲櫬之木，知季孫樹之，欲自爲櫬也。**匠慶請木，**爲定姒作櫬。**季孫曰：「略。」**不以道取爲略。**匠慶用蒲圃之檟，季孫不御。**御，止也。傳言遂得成禮，❶故經無異文。**君子曰：「志所謂『多行無禮，必自及也』，其是之謂乎？」**【疏】「季孫」至「謂乎」。　正義曰：不以道取爲略。

❶「言」，京都本、阮本作「曰」。

今律「略人」、「略賣人」是也。季孫言「略」，令匠慶略他木也。官非無木可用，意欲不成其喪，請木不順其意，怒慶此請，令略木爲之也。匠慶又忿季孫未必無木可用，故取季孫之櫝，其意言遣我略人，我止略女。季孫令之爲略，匠慶奉命而略，雖自被略，不得止之。季孫此議，自是無禮也，被匠慶略木，是自及也。君子言古之志記，「所謂多行無禮必自及」者，其季孫之謂乎？而《釋例》論此云：「議從略，賤彼。」自是解正義之語，與此「不以道取爲略」別也。　注「御止」至「異文」。❶　正義曰：止寇謂之禦。御即禦也，故訓爲止。季孫本議欲無櫬，不虞，今傳唯言取木爲櫬而已，尚不知得殯廟虞祭以否。不虞即是不反哭，不反哭，則不得書葬。今定姒薨、葬備文，則因匠慶之言，遂得每事成禮，是故經無異文。

冬，公如晉聽政。 受貢賦多少之政。**晉侯享公，公請屬鄫。** 鄫，小國也，欲得使屬魯，如須句、顓臾之比，使助魯出貢賦。公時年七歲，蓋相者爲之言。鄫，今琅邪鄫縣。【疏】注「鄫小」至「鄫縣」。　正義曰：附庸，附大國耳。鄫乃子爵，而欲得屬魯者，春秋之世，小國不能自通，❷多附於大國。二十七年齊人請邾，宋人請滕。邾、滕猶尚附人，況鄫又小也。故杜譬之如須句、顓臾之比。須句亦子爵，使助魯出貢賦耳。時公年七歲，未能自謀，蓋國內共爲此計，使相者代公言之。**晉侯不許。孟獻子曰：「以寡君之密邇於仇讎，而願固事君，無失官命。** 晉官徵發之命。【疏】注「晉官徵發之命」。　正義曰：二年鄭子駟以君初喪，

❶「注御止至異文」，阮本此節正義在「季孫不御」句注下。
❷「能」，監本、毛本、文淵閣本作「得」。

云「官命未改」。此魯以國小賦重，恐失官命。二者官命雖同，而主意有異，故杜彼以未葬解之，此以徵發解之，觀文爲説。鄫無賦於司馬，晉司馬又掌諸侯之賦。爲執事朝夕之命敝邑，敝邑褊小，闕而爲罪，闕，不共也。寡君是以願借助焉。」借鄫以自助。晉侯許之。爲明年叔孫豹、鄫世子巫如晉傳。

楚人使頓閒陳而侵伐之，故陳人圍頓。閒，伺閒缺。

無終子嘉父使孟樂如晉，無終，山戎國名。孟樂，其使臣。因魏莊子納虎豹之皮，以請和諸戎。欲戎與晉和。莊子，魏絳。晉侯曰：「戎狄無親而貪，不如伐之。」魏絳曰：「諸侯新服，陳新來和，將觀於我。我德則睦，否則攜貳。勞師於戎，而楚伐陳，必弗能救，是棄陳也，諸華必叛。諸華，中國。戎，禽獸也。獲戎失華，無乃不可乎？《夏訓》有之曰：『有窮后羿。』」《夏訓》，《夏書》。有窮，國名。后，君也。羿，有窮君之號。【疏】注「夏訓」至「之號」。　正義曰：《夏書・五子之歌》云：「太康尸位以逸豫，畋于有洛之表，十旬弗反。有窮后羿因民弗忍，距于河。厥弟五人御其母以從，五子咸怨。」述大禹之戒以作歌，其一曰《皇祖有訓》。是大禹立言以訓後，故傳謂此書爲「夏訓」也。羿居窮石之地，故以窮爲國號，以有配之，猶言有周、有夏也。后，君也。窮國之君曰羿，羿是有窮君之號。公曰：「后羿何如？」怪其言不次，故問之。對曰：「昔有夏之方衰也，后羿自鉏遷于窮石，因夏民以代夏政。禹孫大康，淫放失國，夏人立其弟仲康。仲康亦微弱。仲康卒，子相立，羿遂代相，號曰「有窮」。鉏，羿本國名。【疏】注「禹孫」至「國名」。　正義曰：《夏本紀》禹生啓，啓生太康，是禹孫也，爲羿所距。《書序》云「太康失邦」，是爲淫放失國也。《本紀》又云：「太康崩，弟仲康立。」《尚書・胤征》云：「惟仲康肇位四海。」孔安國云：「羿廢太康，而立其弟仲康爲天子。」則仲康，羿之所立，但羿握其權，仲康不能除去之耳。哀元年傳稱「有過澆殺斟灌以滅后相」，相依斟灌，故澆滅之。是相立爲天子，乃出依斟灌。則相之立也，蓋亦羿立之矣。此傳言羿代夏政，云「不脩民事」，寒浞殺羿，言取其國家，則羿必自立爲天子也。當是逐出后相，羿乃自立。相依斟灌、斟尋，夏祚猶尚未滅，蓋與羿並稱王也。及寒浞殺羿，因羿室而生澆。澆已長大，自能用師，始滅后相。相死之後，始生少康。少康生杼，杼又年長，已堪誘豷，方始滅浞而立少康。計太康失邦及少康紹國，向有百載，乃滅有窮。據此傳文，夏亂甚矣，而《夏本紀》云：「仲康崩，子相立。相崩，子少康立。」都不言羿、浞之事，是馬遷説之踈也。**恃其射也，**羿善射。【疏】注「羿善射」。　正義曰：《尚書》云：「太康尸位以逸豫。有窮后羿因民弗忍，距于河。」孔安國云：「羿，諸侯名。」杜云：「有窮君之號。」則與孔不同也。「羿善射」，《論語》文也。《説文》云：「羿，帝嚳射官也。」賈逵云：「羿之先祖，世爲先王射官，故帝嚳賜羿弓矢，使司射。」《淮南子》云：「堯時十日並出，堯使羿射九日而落之。」《楚辭·天問》云「羿彈日，❶烏焉解羽」，《歸藏易》亦云「羿彈十日」也。❷言雖不經，難以取信，要言嚳時有羿，堯時亦有羿，則羿是善射之號，非復人之名字。信如彼言，則不知此羿名爲何也。**不脩民事，而淫于原獸。**淫放原野。**棄武羅、伯因、❸熊髡、尨圉，**四子皆羿之賢臣。**而用寒浞。寒浞，伯明氏之讒**

---

❶ 「羿彈日」，阮校：「段玉裁校本作『羿焉彈日』，與《楚辭》合。」

❷ 「羿彈十日」，阮校：「段玉裁校本『彈』作『彈』，是也。浦鏜據《尚書》及《論語》疏『日』字下增『説文云彈者射』六字。」

❸ 「伯因」，阮校：「案，《漢書·古今人表》作『柏因』，《史記正義》作『伯姻』。」

子弟也，寒國，北海平壽縣東有寒亭。伯明，其君名。**伯明后寒棄之，夷羿收之，**夷，氏。【疏】「伯明后寒棄之」。❶　正義曰：寒是國名。伯明，寒君之名也。后，君也。伯明君此寒國之時，而棄不收采也。　注「夷氏」。　正義曰：此傳再言「夷羿」，故以夷爲氏也。**信而使之，以爲己相。浞行媚于内，**内，宫人。**而施賂于外，愚弄其民，**欺罔之。**而虞羿于田，**樂之以游田。**樹之詐慝，以取其國家，**樹，立也。**外内咸服。**信浞詐。**羿猶不悛，**悛，改也。**將歸自田，**羿獵還。**家衆殺而亨之，以食其子。**食羿子。【疏】「家衆殺而亨之」。　正義曰：家衆，謂羿之家衆人，反羿以從浞，爲浞而殺羿也。《孟子》云：「逢蒙學射於羿，盡羿之道，思天下唯羿爲愈己，於是殺羿。」則殺羿者，逢蒙也。**其子不忍食諸，死于窮門。**殺之於國門。**靡奔有鬲氏。**靡，夏遺臣事羿者。有鬲，國名，今平原鬲縣。**浞因羿室，**就其妃妾。**生澆及豷。恃其讒慝詐僞，而不德于民。使澆用師，滅斟灌及斟尋氏。**二國，夏同姓諸侯，仲康之子后相所依。樂安壽光縣東南有灌亭，北海平壽縣東南有斟亭。【疏】注「二國夏同姓諸侯」。　正義曰：《世本》文也。**處澆于過，處豷于戈。**過、戈皆國名。東萊掖縣北有過鄉。戈在宋、鄭之閒。【疏】注「戈在宋鄭之閒」。　正義曰：哀十二年傳曰：「宋、鄭之閒有隙地焉，曰嵒、戈、鍚。」是也。❷ **靡自有鬲氏收二國之燼，**燼，遺民。【疏】注「燼遺民」。　正義曰：樵燭既燒之餘，名之曰燼。二國之燼，謂澆之所殺死亡之餘，遺脱

---

❶「伯明后寒棄之」，阮本此節正義在傳「浞行媚于内」句注下。

❷「鍚」，阮校：「浦鏜《正誤》作『錫』。案，哀十二年傳作『錫』。」

之民也。思報父兄之讎，故靡得收而用之。**以滅浞而立少康。**少康，夏后相之子。**少康滅澆于過，后杼滅豷于戈，**后杼，少康子。【疏】注「后杼少康子」。　正義曰：《夏本紀》「少康崩，子帝杼立」是也。**有窮由是遂亡，失人故也。**浞因羿室，故不改有窮之號。【疏】「有窮」至「故也」。　正義曰：有窮遂亡，謂浞亡也。武羅、伯因、熊髡、尨圉本羿棄之，浞亦不用。失人是國之大患，故言之以規悼公也。

「昔周辛甲之爲大史也，命百官官箴王闕，辛甲，周武王大史。闕，過也。使百官各爲箴辭戒王過。【疏】注「辛甲」至「王過」。　正義曰：《晉語》稱文王訪于辛、尹，賈逵以爲辛甲、尹佚。則辛甲，文王之臣，而下及武王。但文王之時，天命未改，不得命百官官箴王闕，故以爲武王時大史也。闕謂過失也。大史號令百官，每官各爲箴辭以戒王，❶若箴之療疾，故名箴焉。言官箴者，各以其官所掌而爲箴辭。虞人掌獵，故以獵爲箴也。漢成帝時，揚雄愛《虞箴》，遂依放之，作十二州二十五官箴，後亡失九篇。後漢崔駰，駰子瑗，瑗子寔，世補其闕。及臨邑侯劉騊駼、大傅胡廣，各有所增，凡四十八篇。廣乃次而題之，署曰「百官箴」，皆放此《虞箴》爲之。**於虞人之箴，**虞人掌田獵。【疏】注「虞人掌田獵」。　正義曰：《周禮·山虞》：「大田獵則萊山田之野。」《澤虞》：「大田獵則萊澤野。」萊謂芟其草萊以爲殺圍之處，《詩》毛傳云「大艾草以爲防」是也。**曰：『芒芒禹迹，畫爲九州，**芒芒，遠貌。畫，分也。【疏】注「芒芒」至「分也」。　正義曰：畫分者，言畫地分之，以爲竟也。《禹貢》唯冀州帝都不言竟界，以餘州所至，則冀州可知也。八州各言竟界，云：「濟、河惟兖州，海、岱惟青

❶「爲」，京都本、文淵閣本作「以」。

州，海、岱及淮惟徐州，淮、海惟楊州，荊及衡陽惟荆州，荆、河惟豫州，華陽、黑水惟梁州，黑水、西河惟雍州。」是禹所畫分也。**經啓九道。**啓開九州之道。【疏】注「啓開九州之道」。　正義曰：既分海内以爲九州，遂皆以九言之。《禹貢》云：「九州攸同，九山刊旅，九川滌源，九澤既陂。」故此亦言「九道」，言禹開通九州之道也。**民有寢廟，獸有茂草，各有攸處，德用不擾。**人神各有所歸，❶故德不亂。**在帝夷羿，冒于原獸，**冒，貪也。【疏】「在帝夷羿」。　正義曰：帝王之號，當時所稱。三代稱王，自以德劣於前，謙而不稱爲帝。其統天下，實與帝同。所謂今之王，古之帝也。後人之稱先代，或以王言帝，或以帝言王。《史記》於夏、殷諸王，皆稱爲帝。此羿簒立爲王，故以帝稱焉。**忘其國恤，而思其麀牡。**言但念獵。**武不可重，**重猶數也。【疏】注「重猶數也」。　正義曰：杜讀爲重累之重，故爲數也。服虔云：「重猶大也。言武事不可大任。」**用不恢于夏家。**羿以好武，雖有夏家，而不能恢大之。**獸臣司原，敢告僕夫。』**獸臣，虞人。告僕夫，不敢斥尊。**《虞箴》如是，可不懲乎？」於是晉侯好田，故魏絳及之。**及后羿事。【疏】「於是」至「及之」。　正義曰：魏絳本意主勸和戎，忽云「有窮后羿」，以開公問，遂説羿事以及《虞箴》，乃與初言不相應會，故傳爲此二句以解魏絳之意。

公曰：「然則莫如和戎乎？」對曰：「和戎有五利焉：戎狄荐居，貴貨易土，荐，聚也。易猶輕也。【疏】注「荐聚也」。　正義曰：《釋言》云：「荐，再也。」孫炎曰：「荐，草生之再也。」即荐是聚也。服虔云：

❶「人神」，阮校：「沈彤云：當作『人獸』。」

「薦，草也。言狄人逐水草而居，徙無常處。」劉炫案：「《莊子》云『麋鹿食荐』，即荐是草也。服言是。」**土可賈焉，一也。邊鄙不聳，民狎其野，穡人成功，二也。**聳，懼。狎，習也。**戎狄事晉，四鄰振動，諸侯威懷，三也。以德綏戎，師徒不勤，甲兵不頓，四也。**頓，壞也。【疏】注「頓壞也」。正義曰：頓謂挫傷折壞，今俗語云「委頓」是也。**鑒于后羿，而用德度，**以后羿爲鑒戒。**遠至邇安，五也。君其圖之！」公説，使魏絳盟諸戎，脩民事，田以時。**傳言晉侯能用善謀。

冬，十月，邾人、莒人伐鄫。臧紇救鄫，侵邾，敗於狐駘。臧紇，武仲也。鄫屬魯，故救之。狐駘，邾地。魯國番縣東南有目台亭。❶【疏】注「番縣」。正義曰：《魯國地理志》曰：「番讀如藩屏之藩，言魯國南藩也。汝南陳子游爲魯相。子游者，藩之子也。國人辟諱，遂改皮音而爲番，❷字因而不改也。」**國人逆喪者皆髽，魯於是乎始髽。**髽，麻髮合結也。遭喪者多，故不能備凶服，髽而已。【疏】注「髽麻」至「而已」。正義曰：髽之形制，禮無明文，先世儒者各以意説。鄭衆以爲枲麻與髮相半結之。馬融以爲屈布爲巾，高四寸，著於額上。鄭玄以爲去纚而紒。案《檀弓》記稱：「南宮縚之妻，孔子之兄女也。縚母喪，孔子誨之髽曰：『爾毋從從爾，爾毋扈扈爾。』」鄭玄云：「從從謂大高，扈扈謂大廣。」若布高四寸，則有定制，何當慮其從從、扈扈而誨之哉？如鄭玄去纚而空露其紒，則髮上本無服矣。《喪服》：「女子在室，爲父髽衰三年。」空露紒髮，安

---

❶「番」，阮本作「蕃」。阮校：「《釋文》亦作『番』，云：『本又作蕃。』」

❷「皮」，《漢書補注》曰：當爲「反」字之訛。

得與衰共文，而謂之髽衰也？魯人逆喪皆髽，豈直露紒迎喪哉？凶服以麻表，髽字從髟，是髮之服也。杜以鄭衆爲長，故用其説。言麻髪合結，亦當麻髪半也。於時魯師大敗，遭喪者多，婦人迎子迎夫，不能備其凶服，唯髽而已。同路迎喪，以髽相弔。傳言「魯於是始髽」者，自此以後，遂以髽爲弔服。雖有吉者，亦髽以弔人。《檀弓》曰：「魯婦人之髽而弔也，自敗於壺駘始也。」鄭玄云：「時家家有喪，髽而相弔。」知於是始髽者，始用髽相弔也。髽者，依《喪服》，婦人爲斬衰三年者髽。故《喪服》云「女子子在室，箭笄髽衰三年」是也。其齊衰期亦髽，故《檀弓》云南宫縚之妻之姑之喪，夫子誨之髽是也。其婦人弔服，則鄭注《檀弓》云「大夫之妻錫衰，士之妻則疑衰」，皆吉笄，無首素總也。**國人誦之曰：「臧之狐裘，敗我於狐駘。**臧紇時服狐裘。**我君小子，朱儒是使。朱儒朱儒，使我敗於邾。」**襄公幼弱，故曰「小子」。臧紇短小，故曰「朱儒」。敗不書，魯人諱之。

【經】五年，春，公至自晉。

夏，鄭伯使公子發來聘。發，子産父。

叔孫豹、鄫世子巫如晉。比魯大夫，故書「巫如晉」。

仲孫蔑、衛孫林父會吳于善道。魯、衛俱受命於晉，故不言及。吳先在善道，二大夫往會之，故曰「會吳」。善道，地闕。【疏】注「魯衛」至「地闕」。　正義曰：諸言及者，皆魯君命之使與彼行，故稱及彼。此傳稱晉將爲吳合諸侯，使魯、衛先會之。魯、衛俱受命於晉，非是魯君命蔑，使與林父會吳，故不言「及」也。下文戚之會，序吳於列，書「公會晉侯」云云、吳人、鄫人于戚。此不序吳於林父之下，而別云「會吳」者，爲吳人先在善道，蔑與林父往彼會之，故云「會吴」也。十年會吴于柤，成十五年會吴于鍾離，皆是吴在彼地，往彼會之，故殊會吴也。《公羊》以爲「外吴」，言《春秋》内其國而外諸夏，内諸夏而外夷狄，故殊會以外之。《左氏》無此義。杜不從《公羊》，故皆云吴在彼也。下戚會不殊吴者，來會于戚，故與諸國同序列也。

秋，大雩。

楚殺其大夫公子壬夫。書名，罪其貪。

公會晉侯、宋公、陳侯、衛侯、鄭伯、曹伯、莒子、邾子、滕子、薛伯、齊世子光、吴人、鄫人于戚。穆叔使鄫人聽命于會，故鄫見經。不復殊吴者，吴來會于戚。

公至自會。無傳。

冬，戍陳。諸侯在戚會，皆受命戍陳，各還國遣戍，不復有告命，故獨書魯戍。【疏】注「諸侯」至「魯戍」。　正義曰：此戍陳及十年戍鄭虎牢，僖二年城楚丘，案傳皆諸國同行，而經獨書魯者，城楚丘，傳云「不書，所會後也」。彼爲魯人後期，諸侯已散，故作獨城之文。此則於戚之會受命戍陳，十年諸侯伐鄭，於伐鄭受命，戍鄭虎牢，還國各自遣戍，更無告命，故獨書魯戍也。

楚公子貞帥師伐陳。公會晉侯、宋公、衛侯、鄭伯、曹伯、齊世子光救陳。

十有二月，公至自救陳。無傳。

辛未，季孫行父卒。

【傳】五年，春，公至自晉。公在晉，既聽屬鄫，聞其見伐，遥命臧紇出救，故傳稱經「公至」以明之。

王使王叔陳生愬戎于晉，王叔，周卿士也。戎陵虣周室，❶故告愬盟主。❷**晉人執之。士魴如京師，言王叔之貳於戎也。**王叔反有二心於戎，失奉使之義，故晉執之。

夏，鄭子國來聘，通嗣君也。鄭僖公初即位。

穆叔覿鄫大子于晉，以成屬鄫。覿，見也。前年請屬鄫，故將鄫大子巫如晉以成之。【疏】注「覿見」至「成之」。　正義曰：「覿，見」，《釋詁》文也。前年魯請屬鄫，雖被晉許，而鄫人未知，故將巫至晉以成之。**書曰「叔孫豹、鄫大子巫如晉」，言比諸魯大夫也。**豹與巫俱受命於魯，故經不書「及」，比之魯大夫。【疏】注「豹與」至「大夫」。　正義曰：巫若自受鄫命，則豹當言「及」。今巫來至魯，魯侯命之，令與豹同行，❸與豹俱受魯命，故經不言「及」，比之魯大夫也。魯大夫兩人同行，皆不言「及」。文十八年公子遂、叔孫得臣如齊，定六年季孫斯、仲孫何忌如晉，其類皆是也。

吴子使壽越如晉，壽越，吴大夫。**辭不會于雞澤之故，**三年會雞澤，吴不至，今來謝之。**且請**

---

❶「陵」，阮校：「《釋文》作『淩』。」

❷「愬」下，纂圖本、足利學本、京都本、毛本、文淵閣本、阮本有「於」字。

❸「令」，阮本作「命」。

聽諸侯之好。更請會。**晉人將爲之合諸侯，使魯、衛先會吳，且告會期，**以其道遠，故使魯、衛先告期。**故孟獻子、孫文子會吳于善道。**二子皆受晉命而行。

秋，大雩，旱也。雩，夏祭，所以祈甘雨。若旱則又脩其禮，故雖秋雩，非書過也。然經與過雩同文，是以傳每釋之曰「旱也」。雩而獲雨，故書雩而不書旱。【疏】注「雩夏」至「書旱」。正義曰：例稱「龍見而雩」，是夏祭常禮，所以祈甘雨也。過時則書。若值歲旱，則又脩此雩禮，而爲祈禱，故雖秋雩，非書過也。此是爲旱而雩，非常雩過時也。但經書大雩，則過雩、旱雩無以相別，故爲旱而雩，傳皆言旱以釋之。《釋例》曰：「始夏而雩者，爲純陽用事，防有旱災而祈之也。至於四時之旱，又因用此禮而求雨，❶故亦曰雩。」經書雩而傳不以旱釋之者，皆過雩也。經書過雩，則與旱雩不別，故傳皆發之，是解發傳言旱之意也。雩爲旱禱而不書旱者，雩而獲雨，故書雩而不書旱。雩不得雨，則書旱以明災成。僖二十一年夏大旱，是也。雩而獲雨，則書雩，《穀梁傳》文也。

楚人討陳叛故，討，治也。**曰：「由令尹子辛實侵欲焉。」乃殺之。書曰「楚殺其大夫公子壬夫」，貪也。**君子謂：**「楚共王於是不刑。**陳之叛楚，罪在子辛。共王既不能素明法教，陳叛之日又不能嚴斷威刑，以謝小國，而擁其罪人，興兵致討。加禮於陳，而陳恨彌篤，乃怨而歸罪子辛。子辛之貪，雖足以取死，然共王用刑爲失其節，故言不刑。【疏】注「陳之」至「不刑」。正義曰：《釋例》

❶「又因」，文淵閣本作「則又」。阮校：「案，杜氏《釋例》作『則又』。」

曰：「陳之叛楚，罪在子辛。共王既不能明法示教，以肅大臣，陳叛之日又不能嚴斷威刑，以謝小國，而擁其罪人，以興兵致討，暴師經年。加禮於陳，陳恨彌篤，乃慍而歸罪子辛。子辛之貪，雖足以取死，然共王用刑爲失其節，故君子論之以爲不刑也。」「加禮於陳」者，謂四年楚將伐陳，聞喪乃止是也。不刑者，言不得用刑之道也。**《詩》曰：『周道挺挺，我心扃扃。講事不令，集人來定。』**逸《詩》也。挺挺，正直也。扃扃，明察也。講，謀也。言謀事不善，當聚致賢人以定之。**己則無信，而殺人以逞，不亦難乎？**共王伐宋封魚石，背盟敗于鄢陵，殺子反、公子申及壬夫，八年之中，戮殺三卿，欲以屬諸侯，故君子以爲不可。【疏】注「共王」至「不可」。　正義曰：《釋例》以君子此言，止爲殺公子申與壬夫二人而已，此注又兼言殺子反者，傳言己則無信，尤共王也。背盟而敗于鄢陵，及殺子反，皆是共王無信之事，故追言之也。殺此三卿，欲令諸侯息忿，還來屬己，故言「欲以屬諸侯」。「以屬諸侯」者，僖十九年傳文也。逞訓解也。共王殺此三人，望解己意，而諸侯不從，意竟不解，故云「殺人以逞，不亦難乎」。**《夏書》曰：『成允成功。』」**亦逸《書》也。允，信也，言信成然後有成功。【疏】注「亦逸」至「成功」。　正義曰：此《虞書·大禹謨》之文。禹是夏王，故傳稱《夏書》。杜不見古文，故稱逸《書》。「亦」，亦前逸《詩》也。彼舜謂禹能成聲教之信，成治水之功，爲二事。此傳引之，言共王無信，故無成功。杜順傳意，言信成然後有成功，爲一事也。

九月，丙午，盟于戚，會吴，且命戍陳也。公及其會，而不書盟，非公後會，蓋不以盟告廟。【疏】注「公及」至「告廟」。　正義曰：凡諸侯會而盟者，皆先會而後盟，非先盟而後會。既及其會，知非後盟。《釋例》曰：「盟于鄧，盟于犖，盟于戚，公既在會而不書其盟者，以理推之，會在盟前，知非後盟也。蓋公還告會而不告盟也。」

穆叔以屬鄫爲不利，使鄫大夫聽命于會。鄫近魯竟，故欲以爲屬國。既而與莒有忿，魯不能救，恐致譴責，故復乞還之。傳言鄫人所以見於戚會。

楚子囊爲令尹。公子貞。**范宣子曰：「我喪陳矣，楚人討貳而立子囊，必改行，**改子辛所行。**而疾討陳。**疾，急也。**陳近於楚，民朝夕急，能無往乎？有陳，非吾事也。無之而後可。」**言晉力不能及陳，故七年陳侯逃歸。

冬，諸侯戍陳。備楚。**子囊伐陳。十一月，甲午，會于城棣以救之。**公及救陳而不及會，故不書城棣。城棣，鄭地，陳留酸棗縣西南有棣城。【疏】注「公及」至「城棣」。正義曰：桓十五年公會宋公、衛侯、陳侯于袲，伐鄭。既會而伐，并會書之。計此亦當書會，故解之，公及救陳而不及其會，故不書會。

季文子卒，大夫入斂，公在位。在阼階西鄉。【疏】注「在阼階西鄉」。正義曰：《喪大記》云：「大夫之喪，將大斂，既鋪絞紟衾衣，君至，主人迎，先入門右。巫止于門外。君釋菜。祝先入，升堂。君即位于序端。」《士喪禮》：「君若有賜焉，則視斂。既布衣，君至，君升自阼階，西鄉。」以君臨士喪西鄉，知臨大夫之喪即位于序端者，亦西鄉也。鄭玄《士冠禮》注云：「阼猶酢也。東階，所以答酢賓客也。堂東西牆謂之序。」劉炫又引《記》云：「君既即位于序端，卿、大夫即位于堂廉楹西，北面東上，主人房外南面，主婦尸西東面，遷尸，卒斂，宰告。主人降，北面于堂下，君撫之。主人拜稽顙。君降，升，主人馮之，命主婦馮之。士之喪，將大斂，君不在，其餘禮猶大夫也。」宰庀家器爲葬備，庀，具也。無衣帛之妾，無食粟之馬，無藏金玉，❶無重器備。器備，謂珍寶甲兵之物。君子是以知季文子之忠於公室也。相三君矣，而無私積，可不謂忠乎？【疏】「相三君矣」。正義曰：季孫行父以文六年見經，則爲卿久矣。宣公之初，襄仲執政，宣八年仲遂卒，後始文子得政，故至今爲相三君也。

【經】六年，春，王三月，壬午，杞伯姑容卒。

夏，宋華弱來奔。華椒孫。

秋，葬杞桓公。無傳。

滕子來朝。

莒人滅鄫。

冬，叔孫豹如邾。

季孫宿如晉。❷行父之子。

---

❶「玉」，原作「王」，據《四部叢刊》本、京都本、文淵閣本、阮本改。

❷「宿」，阮校：「《外傳》作『夙』。鄭氏《檀弓》注亦作『夙』，正義引《世本》云：『行父生夙。』案，『宿』乃古文『夙』字。」

十有二月，齊侯滅萊。書十二月，從告。

【傳】六年，春，杞桓公卒。始赴以名，同盟故也。杞入《春秋》，未嘗書名。桓公三與成同盟，故赴以名。【疏】注「杞入」至「以名」。　正義曰：杞入春秋以來，唯僖二十三年杞成公卒，用夷禮，書「杞子卒」，未嘗書杞君之名也。《世本》，杞桓公是成公之弟，成公卒而桓公立，至此七十一年，唯成五年盟于蟲牢，七年于馬陵，九年于蒲，魯、杞俱在，未嘗與襄同盟。嫌其不合以名赴，故傳發之。《釋例》曰：「杞伯姑容未與襄同盟，而事逮其父，用同盟之禮，蓋繼好之義也。」嫌於赴非所盟之君，故傳曰「始赴以名，同盟故也」。

宋華弱與樂轡少相狎，長相優，又相謗也。狎，親習也。優，調戲也。【疏】注「狎親」至「戲也」。正義曰：《論語》云：「雖狎必變。」《曲禮》云：「賢者狎而敬之。」狎是相褻慢、相貫習之名也。二十八年傳稱慶氏之徒觀優至於魚里，是優爲戲名也。《晉語》有優施，《史記・滑稽傳》有優孟、優旃，皆善爲優，遂以優著名，是優爲調戲也。**子蕩怒，以弓梏華弱于朝。**子蕩，樂轡也。張弓以貫其頸，若械之在手，故曰梏。【疏】注「子蕩」至「曰梏」。　正義曰：貫者，穿也。張弓以貫沓其頸，頸穿於弓之中，故曰「貫其頸」。《周禮・掌囚》有梏桎，在手曰梏，在足曰桎。頸貫於弓，若手在梏，故云「以弓梏」也。桎梏俱名爲械，《釋名》云：「械者，戒也，戒止人使不得遊行也。」**平公見之，曰：「司武而梏於朝，難以勝矣。」**司武，司馬。言其懦弱，不足以勝敵。**遂逐之。夏，宋華弱來奔。司城子罕曰：「同罪異罰，非刑也。專戮於朝，罪孰大焉？亦逐子蕩。」子蕩射子罕之門，曰：「幾日而不我從？」**言我射女門，女亦當以不勝任見逐。**子罕善之如初。**言子罕雖見辱，不追忿，所以得安。【疏】「司城」至「如初」。　正義曰：子罕以華弱奔後而發此言，蓋以告諸大夫，非告君也。「亦逐子蕩」一句，亦是子罕之語，説子蕩之罪，言亦宜逐子蕩也。子蕩恐即被逐，故射子罕之門，宋亦不復逐之。子蕩作被逐之意，故云「幾日而不我從」也。宋人不復更逐，故子罕善之如初，不恨其射門也。或當實逐子蕩，故子蕩云「幾日而不我從」，理亦通也。　注「言子」至「得安」。　正義曰：服虔云：「言子罕不阿同族，亦逐樂轡以正國法，忠之至也。及樂轡射其門，畏從華弱之罰，復善樂轡如初，是爲茹柔吐剛，喪其志矣。傳故舉之，明《春秋》之義，善惡俱見。」杜以春秋之世，君弱臣彊，莫不蓋失掩罪，以相忍爲國。向戌欲蓋華臣，子罕不怨樂轡，皆忍忿求安之事，不足以爲大尤。知傳載此言，是善其得安，非尤其從惡，故異於服也。

秋，滕成公來朝，始朝公也。

莒人滅鄫，鄫恃賂也。鄫有貢賦之賂在魯，恃之而慢莒，故滅之。

冬，穆叔如邾聘，且脩平。平四年狐駘戰。

晉人以鄫故來討，曰：「何故亡鄫？」鄫屬魯，恃賂而慢莒。魯不致力輔助，無何以還晉，尋便見滅，故晉責魯。**季武子如晉見，且聽命。**始代父爲卿見大國，且謝亡鄫，聽命受罪。【疏】注「始代」至「受罪」。　正義曰：昭二年晉韓宣子來聘，傳曰「告爲政而來見也」。❶大國政卿尚來見小國，知此傳言見者，是始代父爲政卿往見於大國也。

---

❶「見」下，阮校：「盧文弨校本增『禮』字。」今案：昭二年傳有「禮」字。

十一月，齊侯滅萊，萊恃謀也。賂夙沙衛之謀也。事在二年。**於鄭子國之來聘也，四月，晏弱城東陽，而遂圍萊。**子國聘在五年。二年晏弱城東陽，至五年四月復託治城，因遂圍萊。**甲寅，堙之，環城，傅於堞。**堞，女牆也。堙，土山也。周城爲土山及女牆。【疏】注「堞女」至「女牆」。正義曰：兵書攻城有爲堙之法。宣十五年《公羊傳》曰：「子反乘堙而窺宋城。」是堙爲土山，使高與城等而攻之也。言環城，是環遶其城，知周帀其城爲土山也。**及杞桓公卒之月，**此年三月。**乙未，王湫帥師及正輿子、棠人軍齊師。**王湫，故齊人，成十八年奔萊。正輿子，萊大夫。棠，萊邑也，北海即墨縣有棠鄉。三人帥別邑兵來解圍。**齊師大敗之。**敗湫等。**丁未，入萊。萊共公浮柔奔棠。正輿子、王湫奔莒，莒人殺之。四月，陳無宇獻萊宗器于襄宮。**無宇，桓子，陳完玄孫。襄宮，齊襄公廟。**晏弱圍棠，十一月，丙辰，而滅之，遷萊于郳。**❶遷萊子于郳國。【疏】「遷萊于郳」。正義曰：郳即小邾也。二年傳曰：「滕、薛、小邾之不至，皆齊故也。」小邾附屬於齊，故滅萊國而遷其君於小邾，使之寄居以終身也。**高厚、崔杼定其田。**定其疆界。高厚，高固子。

【經】七年，春，郯子來朝。

---

❶「萊」，阮校：「《釋文》無『萊』字，云：『本或作「遷萊于郳」，萊，衍字。』案，石經『萊』字下改刊，此行十一字，蓋初刻時本無『萊』字也。」

夏，四月，三卜郊，不從，乃免牲。稱牲，既卜日也。卜郊，又非禮也。【疏】「夏四月」至「免牲」。正義曰：《周禮·大宰》職云：「祀五帝，前期十日，帥執事而卜日。」然則將祭十日之前預卜之，蓋一旬一卜也。例稱啓蟄而郊，建寅之月也。此四月三卜，蓋三月二卜，四月又一卜也。春分之前，猶是啓蟄節内，於法仍可以郊。據傳獻子之言，三卜在春分之後，則初卜即已大晚，故三卜而涉於春分也。人心欲其吉，不吉是不從，不從則不郊，故免牲而不殺也。注「稱牲」至「禮也」。正義曰：僖三十一年，「夏，四月，四卜郊，不從，乃免牲」，傳曰：「禮，不卜常祀，而卜其牲日。牛卜日曰牲。牲成而卜郊，上怠慢。」此經與彼正同，唯四卜、三卜爲異耳。彼言其非，則此亦非也。牛已稱牲，是既卜日矣。牲既成矣，而又卜郊，與僖同譏，故云「又非禮也」。

小邾子來朝。

城費。南遺假事難而城之。【疏】注「南遺」至「城之」。正義曰：此傳唯説南遺請城之由，不言時與不時，則知南遺假託言有事難而請城之。

秋，季孫宿如衛。

八月，螽。無傳。爲災故書。

冬，十月，衛侯使孫林父來聘。壬戌，及孫林父盟。楚公子貞帥師圍陳。

十有二月，公會晉侯、宋公、陳侯、衛侯、曹伯、莒子、邾子于鄬。謀救陳，陳侯逃歸，不成救，故不書救也。鄬，鄭地。【疏】注「謀救」至「鄭地」。正義曰：楚既圍陳，而陳侯亦列於會者，當是圍之不密，故陳侯得出會求救也。陳侯逃歸，陳遂屬楚。諸侯不與楚戰，各自罷歸，不成爲救，故不書救也。

鄭伯髡頑如會，未見諸侯，丙戌，卒于鄵。實爲子駟所弑，以瘧疾赴，故不書弑。稱名爲書卒，同盟故也。如會，會於鄬也。「未見諸侯」，未至會所而死。鄵，鄭地。不欲再稱鄭伯，故約文上其名於會上。【疏】注「實爲」至「會上」。　正義曰：魯之隱、閔，實被弑而書「薨」，諱而不言弑，則亦不以被弑赴諸侯。此鄭伯實爲子駟所弑，而以瘧疾赴於諸侯，亦如隱、閔之類，諱而不言弑，故魯史不得書弑也。《穀梁傳》曰：「禮，諸侯不生名，此其生名何也？卒之名也。卒之名則何爲加之『如會』之上？見以如會卒也。」是言書名爲書卒而稱之也。三年盟于雞澤，五年盟于戚，魯、鄭俱在同盟，故赴以名。法當書名，故進名於上。其名本爲下卒，非是生名之也。如會者，會諸侯於鄬，欲往赴其會也。《公羊傳》曰：「未見諸侯，其言如會何？致其意也。」原其意本欲往會，故書之也。」未見諸侯，言其未至會所而死，非至會而不見也。書「卒于鄵」者，赴以所卒之地，故書之。

陳侯逃歸。畏楚，逃晉而歸。

【傳】七年，春，郯子來朝，始朝公也。

夏，四月，三卜郊，不從，乃免牲。孟獻子曰：「吾乃今而後知有卜筮。夫郊祀后稷，以祈農事也。郊祀后稷以配天。后稷，周始祖，能播殖者。【疏】注「郊祀」至「殖者」。　正義曰：言后稷，周之始祖，能播殖者，辨知后稷是何人，不爲能播殖，故祀以祈農事，自謂郊天以祈農耳。案《孝經》云：「孝莫大於嚴父，嚴父莫大於配天，則周公其人也。昔者周公郊祀后稷以配天，宗祀文王於明堂，以配上帝。」止云配天而祀之，不言祈農也。《郊特牲》説郊天之義曰：「萬物本乎天，人本乎祖，此所以配上帝也。郊之祭也，大報本反始也。」宣三年《公羊傳》曰：「郊則曷爲必祭稷？王者必以其祖配。王者則曷爲必以其祖配？自内出者無匹不行，自外至者無主不止。」何休云：「天道闇昧，故推人道以接之。不以文王配者，重本尊始之義也。」據此諸文，則郊祭天者，爲物本於天，故祭天以報本。神必須配，故推祖以配天，止報生成之恩，非求未來之福。此傳專言郊祀后稷主爲祈農事者，斯有旨矣。祭祀者，爲報已往，非求將來之福也，但祭爲明神所享，神以將來致福，將來而獲多福，乃由祭以得之。《禮器》稱君子曰「祭祀不祈」，祭者意雖不祈，其實福以祭降，以祭獲福，即祈之義也。宗廟之祭，緣生事死，盡其孝順之心，非求耕稼之利。「少牢饋食」者，大夫之祭禮也。其祭之末，尸嘏主人：「使女受福于天，宜稼于田。」彼豈爲田而祭哉？神以宜田福之耳。郊天之義，亦猶是也。神以人爲主，人以穀爲命，人以精意事天，天以宜稼祐人，以此謂之祈農，本意非祈農也。《詩·噫嘻·序》曰：「春夏祈穀于上帝。」《禮》孟春之月《月令》曰：「是月也，天子乃以元日祈穀于上帝。」即是郊天之祭也。其下即云：「乃擇元辰，天子親載耒耜，躬耕帝籍。」❶是郊而後耕也。獻子此言，正與《禮》合。《孝經》止言尊嚴其父，主述孝子之志，本意不説郊天之祭，無由得有祈穀之言。何休《膏肓》執彼難此，追而想之，亦可以歎息也。**是故啓蟄而郊，郊而後耕。今既耕而卜郊，宜其不從也。**啓蟄，夏正建寅之月。耕謂春分。【疏】注「啓蟄」至「春分」。　正義曰：《釋

---

❶「籍」，正宗寺本作「藉」。阮校：「案，《月令》作『藉』。」

例》曰：「歷法，正月節立春，啓蟄爲中氣。二月節驚蟄，❶春分爲中氣。」是啓蟄爲夏正建寅之月中氣也。《月令》祈穀之後，即擇日而耕，初耕亦在正月。傳言「既耕而卜郊，宜其不從」，是此卜之時，已涉春分之節，時過不復可郊，故言「耕謂春分」，指釋獻子言耕是春分之節，不謂春分始可耕也。《釋例》又曰：「僖公、襄公夏四月卜郊，但譏其非所宜卜，不譏其四月不可郊也。孟獻子曰『啓蟄而郊，郊而後耕』，耕謂春分也，言得啓蟄，即當卜郊，不得過春分也。」是言此卜在春分之後，故獻子譏之。據傳，獻子此言郊天之禮，必用周之三月。而《雜記》云：「孟獻子曰：『正月日至，可以有事於上帝。七月日至，可以有事於祖。』七月而禘，獻子爲之也。」此與《禮記》俱稱獻子，二文不同，必有一謬。《禮記》後人所録，《左傳》當得其真。若七月而禘，獻子爲之，則當獻子之時，應有七月禘者。烝、嘗過則書，禘過亦宜書，何以獻子之時不書七月禘也？足知《禮記》之言，非獻子矣。

南遺爲費宰，費，季氏邑。**叔仲昭伯爲隧正**，隧正，主役徒。昭伯，叔仲惠伯之孫。【疏】注「隧正主役徒」。正義曰：九年注云：「隧正，官名，五縣爲隧。」則隧正當《周禮》之遂人也，掌諸遂之政令，徒役出諸遂之民，故爲主役徒者。**欲善季氏，而求媚於南遺。謂遺：「請城費，使遺請城。吾多與而役。」故季氏城費。**傳言禄去公室，季氏所以强。

小邾穆公來朝，亦始朝公也。亦郯子也。

---

❶「驚蟄」，阮本作「雨水」。阮校：「沈彤『驚蟄』改作『雨水』。按，沈彤改是也，與古曆合，不然，驚蟄即啓蟄，不當重複。」

秋，季武子如衛，報子叔之聘，且辭緩報，非貳也。子叔聘在元年。言國家多難，故不時報。**冬，十月，晉韓獻子告老。公族穆子有廢疾，**❶穆子，韓厥長子，成十八年爲公族大夫。**將立之。**代厥爲卿。**辭曰：**「**《詩》曰：『豈不夙夜，謂行多露。』**《詩》言雖欲早夜而行，懼多露之濡己。義取非禮不可妄行。【疏】「詩曰」至「多露」。正義曰：《詩·國風·召南·行露》之首章也。言人行者，豈不欲早夜而行乎？謂早夜而行，則多露濡己。義取非禮不可以妄行。穆子引之，言非其才，不可以妄居官位。**又曰：『弗躬弗親，庶民弗信。』**《詩·小雅》。譏在位者，❷不躬親政事，則庶民不奉信其命。言己有疾，不能躬親政事。【疏】「弗躬」至「弗信」。正義曰：此《詩·小雅·節南山》之篇。《詩》注云：「言王之政不躬而親之，則恩澤不信於衆民矣。」**無忌不才，讓其可乎？請立起也。**無忌，穆子名。起，無忌弟宣子也。**與田蘇游，而曰好仁。**田蘇，晉賢人。蘇言起好仁。**《詩》曰：『靖共爾位，好是正直。神之聽之，介爾景福。』**靖，安也。介，助也。景，大也。《詩·小雅》。言君子當思不出其位，求正直之人，與之並立。如是，則神明順之，致大福也。**恤民爲德，**靖共其位，所以恤民。**正直爲正，**正己心。**正曲爲直，**正人曲。**參和爲仁。**德、正、直三者備，乃爲仁。**如是，則神聽之，介福降之，立之，**

---

❶「廢」，阮校：「石經、宋本、岳本『廢』作『癈』，是也。案，《説文》：『癈，固病也。』與『廢興』字有別。凡經典『癈疾』字，宋後俗本多作『廢』。」

❷「譏」上，《四部叢刊》本、京都本、文淵閣本、阮本有「言」字。

不亦可乎？』」言起有此三德，故可立。【疏】「詩曰」至「可乎」。❶　正義曰：《詩·小雅·小明》之篇。言人能安靖共敬，以居爾之職位，愛好正直之人，與之共處於朝，則神明聽順之，當助女以大福也。既引《詩》文，又述其意，能憂念下民，是爲德也。正直己心，是爲正也。能以己正正人之曲，是爲直也。此德也、正也、直也三者和備，是爲仁也。人能如是，則神明聽順之，大福降與之。田蘇是知人者也，田蘇言起好仁，起必備有此行，立之不亦可乎？　注「介助也景大也」。　正義曰：定本「介」、「景」皆爲「大也」。　注「靖共」至「恤民」。　正義曰：天生烝民，立君以牧之。君不獨治，爲臣以佐之。君之與臣，皆爲恤民而設之也。能安靖共敬，在其職位，是其所以憂民也。**庚戌，使宣子朝，遂老。**韓厥致仕。**晉侯謂韓無忌仁，使掌公族大夫。**爲之師長。【疏】注「爲之師長」。　正義曰：無忌先爲公族大夫，今言「使掌」，是與諸公族大夫爲師長也。

衛孫文子來聘，且拜武子之言，緩報非貳之言。**而尋孫桓子之盟。**盟在成三年。**公登亦登。**禮，登階，臣後君一等。【疏】注「禮登」至「一等」。　正義曰：《聘禮》：「公迎賓于大門内，及廟門，公揖入，立于中庭，納賓。賓入，三揖，至于階，三讓，公升二等。」鄭玄云：「先賓升二等，亦欲君行一，臣行二。」言君先升二等，然後臣始升一等。是禮，登階，臣當後君一等。**叔孫穆子相，趨進曰：「諸侯之會，寡君未嘗後衛君。**敵體並登。**今吾子不後寡君，寡君未知所過。吾子其少安！」**安，徐也。**孫子無辭，亦無悛容。**悛，改也。**穆叔曰：「孫子必亡！爲臣而君，過而不悛，亡之本也。《詩》曰：『退食自公，委蛇委蛇。』**

❶「詩曰至可乎」，阮本以下正義三節分疏於傳文各節下。

委蛇，順貌。《詩·召南》。言人臣自公門入私門，無不順禮。**謂從者也。**從，順也。**衡而委蛇，必折。」**衡，横也。横不順道，必毁折。爲十四年林父逐君起本。【疏】「詩曰」至「必折」。正義曰：《詩·國風·召南·羔羊》之篇。言大夫賢者，退朝而食，從公門入私門，委蛇委蛇然。委蛇，順從之貌。《詩》之此意，謂順者也。今孫子爲臣，而君自處，是横不順道。以横道而爲委蛇，其人必將毁折，不得終其職位。

楚子囊圍陳，會于鄬以救之。晉會諸侯。

鄭僖公之爲大子也，於成之十六年，魯成公。【疏】注「魯成公」。正義曰：杜必言魯成公者，欲明非鄭成公也。知非者，以鄭成公成七年即位，至襄二年卒，唯十四年，無十六年故也。**與子罕適晉，不禮焉。又與子豐適楚，亦不禮焉。**子豐，穆公子。**及其元年，朝于晉，**鄭僖元年，魯襄三年。**子豐欲愬諸晉而廢之。子罕止之。及將會于鄬，子駟相，又不禮焉。侍者諫，不聽。又諫，殺之。及鄵，子駟使賊夜弒僖公，而以瘧疾赴于諸侯。**傳言經所以不書弒。**簡公生五年，奉而立之。**僖公子。

陳人患楚，楚圍陳故。**慶虎、慶寅謂楚人曰：「吾使公子黄往，而執之。」**二慶，陳執政大夫。公子黄，哀公弟。【疏】「使公子黄往」。正義曰：於時楚師圍陳，使公子黄往入楚軍也。**楚人從之。**爲執黄。**二慶使告陳侯于會，**鄬之會。**曰：「楚人執公子黄矣！君若不來，羣臣不忍社稷宗廟，懼有二圖。」**背君屬楚。**陳侯逃歸。**鄬會所以不書救。

【經】八年，春，王正月，公如晉。

夏，葬鄭僖公。無傳。

鄭人侵蔡，獲蔡公子燮。鄭子國稱人，刺其無故侵蔡，以生國患。燮，蔡莊公子。【疏】注「鄭子」至「公子」。　正義曰：此決舍之入。陳、鄭有宿怨，此時與蔡無怨，晉復無命使侵，無故興師以生國患，以其動而無謀，故貶之。《釋例》曰：「陳、蔡，楚之與國，鄭欲求親於晉，故伐而入之。晉士莊伯詰其侵小，且問陳之罪，子產答以東門之役，故免於譏。及其侵蔡，既無晉令，又無直辭，君死主少，興師以求媚於晉，不能以德懷親，以直報怨，故二大夫異於子產也。陳之見伐，本以助晉，晉不逆勞，而以法詰之，得盟主遠理。❶ 故仲尼曰：『晉爲伯，鄭入陳，非文辭不爲功。』善之也。」

季孫宿會晉侯、鄭伯、齊人、宋人、衛人、邾人于邢丘。時公在晉。晉悼難勞諸侯，唯使大夫聽命，故季孫在會，而公先歸。【疏】注「時公」至「先歸」。　正義曰：公以正月如晉，此會之下，始云「公至」，則晉侯適會，公乃歸魯。季孫蓋從公朝晉，即從晉赴會，故季孫在會而公先歸。

公至自晉。無傳。

莒人伐我東鄙。

秋，九月，大雩。

冬，楚公子貞帥師伐鄭。

---

❶「遠」，閩本、監本、毛本、文淵閣本作「道」。

晉侯使士匄來聘。

【傳】八年，春，公如晉朝，且聽朝聘之數。晉悼復脩霸業，故朝而稟其多少。【疏】注「晉悼」至「多少」。　正義曰：昭三年鄭子大叔云：「文、襄之霸也，令諸侯三歲而聘，五歲而朝。」自襄以後，晉德少衰，諸侯朝聘無復定準，今晉悼復脩霸業，更合諸侯，故公朝晉而稟其多少。如公朝者，蓋亦非一，晉侯謙，不敢在國約束，故出外合之。又難煩諸侯，使大夫聽命，故爲邢丘之會，以命朝聘之數。數之多少，傳亦無文。據子大叔之言，不說悼公之法，而遠陳文、襄之令，則悼公此命，還同文、襄耳，非復別制法也。

鄭羣公子以僖公之死也，謀子駟。子駟先之。夏，四月，庚辰，辟殺子狐、子熙、子侯、子丁。辟，罪也，加罪以戮之。【疏】注「辟罪」至「戮之」。　正義曰：「辟，罪」，《釋詁》文也。不直言殺而云「辟殺」，明是加誣以罪而殺之。子駟知其謀己，不以罪殺，恐動衆心，故加誣以罪，言其罪自當死，非爲己討，所以自解說也。**孫擊、孫惡出奔衛。**二孫，子狐之子。【疏】注「二孫子狐之子」。　正義曰：賈逵云：「然未必有文可據，相傳爲此說也。」

庚寅，鄭子國、子耳侵蔡，獲蔡司馬公子燮。鄭侵蔡，欲以求媚於晉。子耳，子良之子。不言敗，唯以獲告。【疏】注「鄭侵」至「獲告」。　正義曰：於時鄭無蔡怨，又無晉令，鄭自發心侵蔡，知欲求媚於晉也。獲其將，必與之戰，戰敗乃獲之，不言敗者，唯以獲告，不告敗也。**鄭人皆喜，唯子產不順，**子產，子國子，不順衆而喜。**曰：「小國無文德而有武功，禍莫大焉。楚人來討，能勿從乎？從之，晉師必至。**

晉、楚伐鄭，自今鄭國不四、五年弗得寧矣。」子國怒之，曰：「爾何知！國有大命，而有正卿。童子言焉，將爲戮矣。」大命，起師行軍之命。

五月，甲辰，會于邢丘，以命朝聘之數，使諸侯之大夫聽命。季孫宿、齊高厚、宋向戌、衛甯殖、邾大夫會之。晉難重煩諸侯，故使大夫聽命。鄭伯獻捷于會，故親聽命。獻蔡捷也。大夫不書，尊晉侯也。晉悼復文、襄之業，制朝聘之節，儉而有禮，德義可尊，故退諸侯大夫以崇之。【疏】注「晉悼」至「崇之」。正義曰：禮，卿不會公侯，會則貶之稱人，自是常例。而云「尊晉侯」者，此有鄭伯在會，自與晉侯相敵。諸卿不敵晉侯，無罪不合貶也。但欲尊晉侯，無辭以見之，故貶大夫以尊之，大夫非有罪也。文二年晉、宋、陳、鄭四國之卿伐秦，皆貶稱人，尊秦謂之「崇德」，其意與此同也。諸侯之卿皆貶，而獨不貶季孫宿者，文元年公孫敖會晉侯于戚，注云：「禮，卿不會公侯。而《春秋》魯大夫皆不貶者，體例已舉，故據用魯史成文。」是其義也。言「儉而有禮，德義可尊」者，難煩諸侯，使大夫聽命，即亦是有禮之事也。❶

莒人伐我東鄙，以疆鄫田。莒既滅鄫，魯侵其西界，故伐魯東鄙，以正其封疆。

秋，九月，大雩，旱也。

冬，楚子囊伐鄭，討其侵蔡也。子駟、子國、子耳欲從楚，子孔、子蟜、子展欲待晉。待晉來救。子孔，穆公子。子蟜，子游子。子展，子罕子。子駟曰：「《周詩》有之曰：『俟河之清，人壽幾何？

❶「即」，京都本、文淵閣本、阮本無此字。

逸《詩》也。言人壽促而河清遲，喻晉之不可待。兆云詢多，職競作羅。』兆，卜。詢，謀也。職，主也。言既卜且謀多，則競作羅網之難，無成功。【疏】「兆云詢多」。正義曰：杜云：「兆，卜。詢，謀也。」既卜且謀多。如杜此言，則「云」是語辭。謀之多族，民之多違，族，家也。事滋無成。滋，益也。民急矣，姑從楚，以紓吾民。晉師至，吾又從之。敬共幣帛，以待來者，小國之道也。犧牲玉帛，待於二竟，二竟，晉、楚界上。以待彊者，而庇民焉。寇不爲害，民不罷病，不亦可乎？」子展曰：「小所以事大，信也。小國無信，兵亂日至，亡無日矣。五會之信，謂三年會雞澤，五年會戚，又會城棣，七年會鄬，八年會邢丘。【疏】注「謂三」至「邢丘」。正義曰：鄬之會，鄭伯未至而卒。亦數之者，鄭伯雖身死耳，其會與鄭同謀，故數之。今將背之，雖楚救我，將安用之？言失信得楚，不足貴。親我無成，晉親鄭。鄙我是欲，楚欲以鄭爲鄙邑，而反欲與成。不可從也。言子駟不可從。不如待晉。晉君方明，四軍無闕，八卿和睦，必不棄鄭。四軍，謂上、中、下、新軍也。軍有二卿。【疏】「八卿和睦」。正義曰：八卿者，據九年傳，荀罃將中軍，士匄佐之；荀偃將上軍，韓起佐之；欒黶將下軍，士魴佐之；趙武將新軍，魏絳佐之。楚師遼遠，糧食將盡，必將速歸，何患焉？舍之聞之：舍之，子展名。『杖莫如信。』完守以老楚，杖信以待晉，不亦可乎？」子駟曰：「《詩》云：『謀夫孔多，是用不集。』《詩·小雅》。孔，甚也。集，就也。言人欲爲政，是非相亂而不成。發言盈庭，誰敢執其咎？言謀者多，若有不善，無適受其咎。❶如匪行

❶「咎」下，阮校：「《考文補遺》有『也』字。」

邁謀，是用不得于道。』匪，彼也。行邁謀，謀於路人也。不得于道，衆無適從。【疏】「詩云」至「于道」。正義曰：《詩・小雅・小旻》之三章也。言謀事之夫甚多，是非相奪，無可適從。爲是之故，其事用此，益不成也。發言詾詾，而盈滿於庭，無能決當是非。事若不成，誰敢執其咎責者？如彼道上行人，每得人即與之謀，意無所從。爲是之故，用此不得于正道也。注「匪彼」至「適從」。正義曰：鄭玄以「匪」爲「非」，如非行邁之謀，言止而不行，坐圖遠近也。杜以「如」者，如似他物，故以「匪」爲「彼」，言如彼行人，逢值歧路，問其所從也。鄭以行爲道，邁爲行，言道上行人。杜亦當然。請從楚，騑也受其咎。」騑，子駟名。乃及楚平。使王子伯駢告于晉，伯駢，鄭大夫。曰：「君命敝邑：『脩而車賦，儆而師徒，以討亂略。』蔡人不從，敝邑之人不敢寧處，悉索敝賦，索，盡也。以討于蔡，獲司馬燮，獻于邢丘。今楚來討，曰：『女何故稱兵于蔡？』稱，舉也。焚我郊保，郭外曰郊。保，守也。馮陵我城郭。馮，迫也。敝邑之衆，夫婦男女，不皇啓處，以相救也。皇，暇也。啓，跪也。【疏】注「皇暇也啓跪也」。正義曰：皆《釋言》文也。舍人曰：「閒暇無事也。」李巡曰：「啓，小跪也。」翦焉傾覆，無所控告。翦，盡也。控，引也。民死亡者，非其父兄，即其子弟。夫人愁痛，夫人，猶人人也。不知所庇。民知窮困，而受盟于楚。孤也與其二三臣不能禁止，孤，鄭伯。不敢不告。」知武子使行人子員對之，曰：「君有楚命，見討之命。亦不使一个行李告于寡君。❶一个，獨使也。行李，行人也。而即安于楚，君之所欲也，誰敢違君？寡君將

❶「个」，京都本、文淵閣本、阮本作「介」。下注同。

帥諸侯以見于城下，唯君圖之！」爲明年晉伐鄭傳。

晉范宣子來聘，且拜公之辱，謝公此春朝。**告將用師于鄭。公享之。宣子賦《摽有梅》。**《摽有梅》，《詩·召南》。摽，落也。梅盛極則落。詩人以興女色盛則有衰，衆士求之，宜及其時。宣子欲魯及時共討鄭，取其汲汲相赴。**季武子曰：「誰敢哉？**言誰敢不從命。**今譬於草木，寡君在君，君之臭味也。**言同類。**歡以承命，何時之有？」**遲速無時。**武子賦《角弓》。**《角弓》，《詩·小雅》。取其兄弟昏姻，無相遠矣。❶**賓將出，武子賦《彤弓》。**《彤弓》，天子賜有功諸侯之詩。欲使晉君繼文之業，復受彤弓於王。**宣子曰：「城濮之役，**在僖二十八年。**我先君文公獻功于衡雍，受彤弓于襄王，以爲子孫藏。**❷藏之以示子孫。**匄也，先君守官之嗣也，敢不承命？」**言己嗣其父祖爲先君守官，不敢廢命，欲匡晉君。**君子以爲知禮。**《彤弓》之義，義在晉君。故范匄受之，所謂「知禮」。

【疏】注「彤弓」至「知禮」。　正義曰：文四年甯俞來聘，爲賦《彤弓》。甯俞不敢當。此賦《彤弓》，而宣子受之，故解其意。彼以《彤弓》當甯俞，故甯俞不敢受。此賦《彤弓》，其義在於晉君，非當范匄，故范匄受之，而爲知禮也。

---

❶「矣」，阮本作「也」。

❷「藏」，阮校：「《釋文》作『臧』。案，『懷藏』字古皆作『臧』。」

春秋左傳正義卷第二十一　　襄公

國子祭酒上護軍曲阜縣開國子臣孔穎達等奉勅撰

【經】九年，春，宋災。天火曰災。來告，故書。【疏】注「天火」至「故書」。　正義曰：得告則書，史之常例。於此須言告者，《公羊傳》曰：「外災不書，此何以書？爲王者之後記災也。曷爲或言災？或言火？大者曰災，小者曰火。然則内何以不言火？内不言火者，甚之也。」《公羊》此言，不可通於《左氏》，故杜明爲此注以異之。

夏，季孫宿如晉。

五月，辛酉，夫人姜氏薨。成公母。

秋，八月，癸未，葬我小君穆姜。無傳。四月而葬，速。

冬，公會晉侯、宋公、衛侯、曹伯、莒子、邾子、滕子、薛伯、杞伯、小邾子、齊世子光伐鄭。十有二月，己亥，同盟于戲。伐鄭而書同盟，則鄭受盟可知。傳言「十一月己亥」，以《長歷》推之，十二月無己亥，經誤。戲，鄭地。【疏】注「伐鄭」至「鄭地」。　正義曰：成十七年夏「公會尹子」云云伐鄭，六月乙酉，同盟于柯陵。於時鄭實不服，諸侯自同盟耳，鄭不與盟也。此注云「伐鄭而書同盟，則鄭受盟可知」者，此盟鄭與，傳文分明，不是準約同盟之文，始知鄭與盟也。杜言此解經於盟不書鄭伯之意耳。經若重序諸侯，必當鄭伯在列，但經已前目諸侯，不復重序，鄭伯不見，故特解之，以其伐鄭而書「同盟」，則鄭與盟可知。同盟之文，足以包鄭，故不復見鄭伯耳，非謂因伐而同盟者，所伐之國必與也。柯陵之盟，鄭實不服，諸侯自相與盟，非同鄭也。文同事異，不可執彼以難此。十一年諸侯伐鄭，同盟于亳城北，其文與此同矣。此經書十二月己亥同盟于戲，傳言十一月己亥同盟于戲，經、傳不同，必有一誤。而傳於戲盟之下，更言「十二月癸亥，門其三門」。己亥在癸亥之前二十四日，杜以《長歷》推之，十一月庚寅朔，十日得己亥，十二月己未朔，五日得癸亥。故《長歷》參校上下，己亥在十一月十日。又十二月五日有癸亥，則其月不得有己亥。經書十二月，誤也。此誤者，唯以「一」字誤爲「二」，非書經誤也。

楚子伐鄭。

【傳】九年，春，宋災。樂喜爲司城以爲政。樂喜，子罕也，爲政卿，知將有火災，素戒爲備火之政。【疏】注「樂喜」至「之政」。正義曰：文七年及成十五年，二傳言宋六卿之次，皆云右師、左師、司馬、司徒、司城、司寇。其右師最貴，故華元曰：「我爲右師，君臣之訓，師所司也。」然則宋國之法，當右師爲政卿。今言司城爲政卿者，蓋宋以華閱是華元之子，以元有大功，使閱繼其父耳，子罕賢知，故特使爲政。齊任管夷吾，❶魯任

❶「任」，阮校：「宋本、毛本作『用』。」

叔孫婼，皆位卑而執國政，此亦當然也。此傳言「以爲政」者，以爲救火之政耳。但從此以後，歷檢傳文，鄭人請賊，❶宋人獻玉，抶築臺之謳，削向戌之賞，皆是政卿之任，故言「爲政卿」也。下晉侯云「宋災，於是乎知有天道」，是宋人自知天道當有火災，故子罕素相戒勅爲備火之政也。自「伯氏司里」以下，「巷伯儆宫」以上，皆是子罕素戒之也。其享祀之事，是二卿命之，❷非子罕也。**使伯氏司里。**伯氏，宋大夫。司里，里宰。【疏】注「伯氏」至「里宰」。正義曰：《釋言》云：「里，邑也。」李巡云：「里，居之邑也。」是里爲邑居之名也。《周禮》「五鄰爲里」，以五鄰必同居，故以里爲名。里長謂之宰。《周禮·里宰》，每里下士一人。謂六遂之内，二十五家之長也。此言司里，謂司城内之民，若今城内之坊里也。里必有長，不知其官之名，《周禮》有里宰，故以宰言之，非是郊外之民二十五家之長也。使伯氏司此城内諸里之長，令各率里内之民，「表火道」以來，皆使此伯氏率里民爲之。**火所未至，徹小屋，塗大屋，**大屋難徹，就塗之。**陳畚挶，具綆缶，**畚，簣籠。❸挶，土轝。❹綆，汲索。缶，汲器。【疏】注「畚簣」至「汲器」。正義曰：《説文》云：「畚，蒲器，所以盛糧也。」宣二年注云：「畚以草索爲之。」其器可以盛糧，又可以盛土也。《論語》稱「爲山用簣」，是簣爲盛土之器，故以畚爲簣籠也。《説文》云：「挶，戟持也。」戟持者，執持此轝，其臂如戟形故也。其字從手，謂以手持物也。與畚共文，畚是盛土

❶「請」，京都本、文淵閣本、阮本作「討」。
❷「二」，京都本、文淵閣本、阮本作「政」。
❸「簣」，《經典釋文》作「蕢」。
❹「轝」，《經典釋文》作「輿」。

之器，則揭是轝土之物也。綆者，汲水之索，《儀禮》謂之繘。《方言》云：「自關而東，周、洛、韓、魏之閒謂之綆，關西謂之繘。」《釋器》云：「盎謂之缶。」《説文》云：「缶，瓦器，所以盛酒漿，亦謂之罌。」罌可以汲水，故云「汲器」也。《易・井卦》亦謂取井水爲汲也。**備水器，**盆䍌之屬。【疏】注「盆䍌之屬」。正義曰：《周禮・凌人》：「春始治䍌。」❶鄭玄云：「䍌如甀，大口，以盛冰。」則䍌是盛水之器。知備水器者，備盆䍌之屬。**量輕重，**計人力所任。**蓄水潦，**❷**積土塗，巡丈城，繕守備，**巡，行也。丈，度也。繕，治也。行度守備之處，恐因災有亂。【疏】「巡丈城」。正義曰：十尺爲丈。巡行其城，以丈度之，故云「丈城」。**表火道。**火起，則從其所趣摽表之。**使華臣具正徒，**❸華臣，華元子，爲司徒。正徒，役徒也，司徒之所主也。【疏】注「華臣」至「主也」。正義曰：《周禮・大司徒》掌「徒庶之政令」，《小司徒》「凡用衆庶，則掌其政教，凡國之大事致民」，是司徒掌役徒也。言「具正徒」，司里所使，遂正所納，❹皆是臨時調民而役之，若今之夫役也。司徒所具正徒者，常共官役，若今之正丁也。**令隧正納郊保，奔火所。**隧正，官名也。五縣爲隧。納聚郊野保守之民，使隨火所起，往救之。【疏】注「隧正」至「救之」。正義曰：此隧正當天子之遂大夫。故《遂大夫》職云：「各掌其遂之政令。」《遂人》職云：「五家爲鄰，五鄰爲里，四里爲酇，五酇爲鄙，五鄙爲縣，五縣爲遂。」鄭司農云：「王

---

❶「䍌」，阮校：「案，《周禮》作『鑑』。」
❷「蓄」，阮校：「《釋文》作『畜』，『本又作蓄』。《漢書・五行志》引傳作『畜』。顔師古云：『蓄，讀曰畜。』」
❸「具正徒」，阮校：「案，《漢書・五行志》引作『儲正徒』。」
❹「遂」，阮校：「山井鼎云：『遂』恐『隧』誤。」

國百里，内爲六鄉，外爲六遂。」鄭玄云：「郊内比、閭、族、黨、州、鄉，郊外鄰、里、酇、鄙、縣、遂。」異其名者，示相變耳。《尚書·費誓》云：「魯人三郊三遂。」然則諸侯之有鄉遂，亦以郊内、郊外別之也。郊内屬鄉者，近於國都，司徒自率之以入城矣。郊外屬遂者，是郊野保守之民，不可全離所守，司徒令遂正量其多少，納之於國，隨火所起，而奔往救之。華臣直言具正徒，不言其事者，以是郊内之民共救火，百役即上畚水潦、積土塗之類，非唯救火而已。若郊保之民既遠，故使隨火所起，奔往救之，直救火而已。**使華閲討右官，官庀其司。**亦華元子，代元爲右師。討，治也。庀，具也。使具其官屬。**向戌討左，亦如之。**向戌，左師。**使樂遄庀刑器，亦如之。**樂遄，司寇。刑器，刑書。【疏】注「樂遄」至「刑書」。　正義曰：此人掌具刑器，知其爲司寇也。恐其爲火所焚，當是國之所重，必非刑人之器，故以刑器爲刑書也。哀三年魯人救火，云「出禮書、御書」。書不名器，此言刑器，必載於器物。鄭鑄刑鼎而叔向責之，晉鑄刑鼎而仲尼譏之，彼鑄之於鼎，以示下民，故譏其使民知之。此言刑器，必不在鼎，當書於器物，官府自掌之，不知其在何器也。或書之於版，號此版爲刑器耳。**使皇鄖命校正出馬，**❶**工正出車，備甲兵，庀武守。**皇鄖，皇父充石之後。校正主馬，工正主車，使各備其官。

【疏】注「皇鄖」至「其官」。　正義曰：服虔云：「皇鄖，皇父充石之後，十世宗卿爲人之子，❷大司馬椒也。」車馬甲兵，司馬之職。使皇鄖掌此事，皇鄖必是司馬也。校正主馬，於《周禮》爲校人，是司馬之屬官也。《周禮》司馬

---

❶ 「鄖」，《經典釋文》：「本亦作『員』，音同。」

❷ 「宗卿」，孫校：「當作『東鄉』。東鄉爲人，見《周禮·大司馬》注。此傳寫之誤，詳余所著《周禮正義》。」

之屬，無主車之官。巾車、車僕，職皆掌車，乃爲宗伯之屬。昭四年傳云：「夫子爲司馬，與工正書服。」是諸侯之官，司馬之屬有工正主車也。國有火災，恐致姦寇，故使司馬命此二官出車馬，備甲兵，以防非常也。傳言「庀武守」者，甲兵器械藏於府庫，若今武庫，使具其守，守此武庫也。此事輕於車馬，故後言之。**使西鉏吾庀府守，**鉏吾，大宰也。府，六官之典。【疏】注「鉏吾」至「之典」。　正義曰：鉏吾，大宰，傳無其文。賈逵云：「然相傳説耳，不知其本何所出也。」《周禮·大宰》之職：「掌建邦之六典，以佐王治邦國：一曰治典，二曰教典，三曰禮典，四曰政典，五曰刑典，六曰事典。」六官之典，謂此也。杜以府爲六官之典，當謂六官之典，其事載之於書，故使具其守。❶劉炫以爲「府守」，謂府庫守藏。今知不然者，以百司府藏，已屬左右二師。上華閲討右官，官庀其司，向戌討左，亦如之，則是府庫之物，二師摠令羣官所主。案哀三年魯遭火災，出禮書、御書，藏象魏，皆以典籍爲重，明此府守是六官之典。若以爲府庫財物，便是不重六典，唯貴財物。劉以爲府庫而規杜，非也。**令司宮、巷伯儆宮，**司宮，奄臣。巷伯，寺人。皆掌宮内之事。【疏】注「司宮」至「之事」。　正義曰：昭五年傳：「楚子欲以羊舌肸爲司宮，欲加宮刑。」以此知司宮奄臣，謂奄人爲臣，主司宮内。《周禮》無司宮、巷伯之官，唯有内小臣奄上士四人掌王后之命，正其服位。鄭玄云：「奄稱士者，異其賢也。」奄人之官，此最爲長，則司宮當天子之内小臣也。《周禮》又云：「寺人，王之正内五人。」鄭玄云：「正内，路寢也。」《釋宮》云：「宮中巷謂之壼。」孫炎曰：「巷，舍閒道也。」王肅云：「今後宮稱永巷。」是巷者，宮内道名。伯，長也。是宮内門巷之長也。《周禮》内小

❶「其」，阮校：「監本、毛本作『官』。」

臣，其次即有寺人，故知巷伯是寺人也。又以《詩》篇名《巷伯》，經云：「寺人孟子，作爲此詩。」故知巷伯、寺人一也。鄭以巷伯爲内小臣，既無明文，各以意説。**二師令四鄉正敬享，**二師，左右師也。鄉正，鄉大夫。享，祀也。【疏】注「二師」至「祀也」。正義曰：《周禮・大司徒》云：「五家爲比，五比爲閭，四閭爲族，五族爲黨，五黨爲州，五州爲鄉。」鄉大夫，每鄉卿一人，天子六鄉，即以卿爲之長。此傳云「二師令四鄉正」，則别立鄉正，非卿典之，但其所職掌，當天子之鄉大夫耳。《周禮・鄉大夫》：「各掌其鄉之政教，正月之吉，受教法于司徒，退而頒之于其鄉。」則鄉正當屬司徒。此傳言二師命之者，上文右師討右，左師討左，則宋國之法，二師分掌其方，左右各掌其二鄉，并言其事，故云「二師命四鄉正」也。《費誓》云「魯人三郊三遂」，則魯立三鄉。此云「命四鄉正」，則宋立四鄉也。《周禮》，鄉爲一軍，大國三軍。宋是大國，不過三軍，而有四鄉者，當時所立，非正法也。於是宋置六卿，況四鄉乎？《周禮》祭人鬼曰享，故享爲祀也。止令敬享，不知所享何神。《周禮・大祝》：「國有天災，彌祀社稷禱祠。」鄭玄云：「天災，疫癘水旱也。彌猶徧也，徧祀社稷及諸所禱。」又《大司徒》「以荒政十有二聚萬民」，其十有一曰索鬼神。鄭衆云：「索鬼神，求廢祀而脩之。《雲漢》之詩所謂『靡神不舉，靡愛斯牲』者也。」彼凶荒之年，水旱之災，尚索鬼神而祭之，此遇天火爲災，亦當徧祀羣神，其所合祭皆應祭之也。蓋火起始命之祭耳。**祝、宗用馬于四墉，祀盤庚于西門之外。**❶祝，大祝。宗，宗人。墉，城也。用馬祭于四城以

❶「盤庚」，阮校：「《釋文》『盤』作『般』，『字亦作盤』。案，洪氏《隸釋》載蔡邕石經殘碑，於《盤庚》下篇首句作『般』，則知『盤』本作『般』也。」

禳火。盤庚，殷王，宋之遠祖。城積陰之氣，故祀之。凡天災，有幣無牲，用馬祀盤庚，皆非禮。

【疏】注「祝大」至「非禮」。　正義曰：《周禮·大祝》：「掌六祝之辭，以事鬼神祇，祈福祥。」《小宗伯》：「掌建國之神位。」特牲、少牢，士大夫之祭祀也，皆宗人掌其事。然則諸是祭神，言辭大祝掌之，禮儀宗人掌之。故所有祭祀，皆祝、宗同行。此事別命祝、宗，使奉此祭，非鄉正所爲也。文承「二師命」下，亦是二師命之。不復言命者，亦從上省文也。用馬者，以馬爲牲，祭於四面之城，以禳火也。禳，卻也，卻火使滅也。盤庚，湯之九世孫，殷之第十九王也。自盤庚至紂，又十二王而殷滅。盤庚弟小乙，是宋微子之八世祖也。盤庚之爲殷王，無大功德，而祀盤庚者，當時之意，不知何故特祀之也。祀盤庚不別言牲，明其祀亦用馬也。城以積土爲之，土積則爲陰積，積陰之氣，或能制火，故祭城以禳火，禮亦無此法也。莊二十五年傳例曰：「凡天災，有幣無牲。」「用馬祀盤庚，皆非禮」，言用馬祭城、祭盤庚，皆非禮也。此備火災，所使羣官，急者在前，緩者在後，故先伯氏司里，次華臣具正徒，次到隧正納郊保，然後二師摠庀羣官，先右後左，尊卑之次也。以刑器車馬甲兵典法，國之所重，故特命三官庀具其物。先外官備具救火，然後及內，故次司宮、❶巷伯。人事既畢，乃祭享鬼神，故次敬享、祀盤庚之事也。

晉侯問於士弱，弱，士渥濁之子莊子。**曰：「吾聞之，宋災，於是乎知有天道，何故？」**問宋何故

---

❶「宮」，原作「官」，據正宗寺本、京都本、文淵閣本、阮本改。

自知天道將災。對曰：「古之火正，或食於心，或食於咮，以出内火。❶是故咮爲鶉火，心爲大火。謂火正之官，配食於火星。建辰之月，鶉火星昏在南方，則令民放火。建戌之月，大火星伏在日下，夜不得見，則令民内火，禁放火。【疏】注「謂火」至「放火」。正義曰：昭二十九年傳：「五行之官有木正、火正、金正、水正、土正。」立此五官，各掌其職，封爲上公，祀爲貴神。謂能其事者，後世祀之。火正之官，居職有功，祀火星之時，以此火正之神配食也。五行之官，每歲五時祀之，謂之五祀。《月令》云：「其神句芒、祝融、后土、蓐收、玄冥。」配五帝而食其神矣。而火正又「配食於火星」者，以其於火有功，祭火星又祭之。后稷得配天，又配稷，火正何故不得配帝，又配星也？有天下者，祭百神。天子祭天之時，因祭四方之星，諸侯祭其分野之星。其祭火星，皆以火正配食也。火正配火星而食，有此傳文。其金、木、水、土之正，不知配何神而食，經典散亡，不可知也。《周禮·司爟》：「掌行火之政令。季春出火，民咸從之。季秋内火，民亦如之。」鄭玄云：「火所以用陶冶，民隨國而爲之。」鄭司農云：「以三月本時昏，心星見於辰上，使民出火。九月本黄昏，心星伏在戌上，使民内火。故《春秋傳》曰『以出内火』。」《周禮》所言，皆據夏正。故杜以《周禮》之意，解其心咮爲火之由。建辰之月，即《月令》季春之月，日在胃昏七星中。南方七星，有井、鬼、柳、星、張、翼、軫七者，共爲朱鳥之宿星，即七

❶「以出内火」，阮校：「《漢書·五行志》引傳作『以出入火』。惠棟云：《周毛伯鄭敦》云『毛伯内門立中庭』，『内』讀爲『入』，『立』讀爲『位』。古文《春秋》經『公即位』爲『公即立』，『出入火』爲『出内火』，皆古文也。《尚書》『九江納錫大龜』，《史記》『内』作『入』，是古『入』字皆作『内』。」

星也。咮謂柳也。《春秋緯文耀鉤》云：「咮謂鳥陽，七星爲頸。」宋均注云：「陽猶首也。柳謂之咮，咮，❶鳥首也。七星爲朱鳥頸也。咮與頸共在於午者，鳥之止宿，口屈在頸，七星與咮體相接連故也。」鶉火星昏而在南方，於此之時，令民放火。咮星爲火之候，故於十二次，咮爲鶉火也。建戌之月，即《月令》季秋之月，日在房。東方七宿，角、亢、氐、房、心、尾、箕七者，共爲蒼龍之宿。《釋天》云：「大辰，房心尾也，大火謂之大辰。」孫炎曰：「龍星明者，以爲時候大火心也。在中最明，故時候主焉。」以是，故此傳心爲大火。九月，日體在房，房、心相近，與日俱出俱没，伏在日下，不得出見，故令民内火，禁放火也。火官合配其人，蓋多不知誰食於心，誰食於咮也。此傳鶉火、大火共爲出火之候。《周禮》之注，不言咮者，以咮非内火之候，故唯指大火，以解出内之文，故其言不及咮也。**陶唐氏之火正閼伯居商丘**，陶唐，堯有天下號。閼伯，高辛氏之子。傳曰「遷閼伯于商丘，主辰」。辰，大火也，今爲宋星。然則商丘在宋地。【疏】注「陶唐」至「宋地」。正義曰：《史記·五帝本紀》云：「帝堯爲陶唐氏。」是堯有天下，以陶唐爲代號也。氏猶家也。古言高辛氏、陶唐氏，猶言周家、夏家也。閼伯，高辛氏之子。「遷閼伯于商丘，主辰」，皆昭元年傳文也。《爾雅》以大火爲大辰，是辰爲大火也。昭十七年傳云：「宋，大辰之虚。」是大火爲宋星也。閼伯已居商丘，祀大火。今大火爲宋星，則知宋亦居商丘。以此明之，故云「然則商丘在宋地」也。《釋例》云：「宋、商、商丘，三名一地，梁國睢陽縣也。」傳曰：『陶唐氏之火正閼伯居商丘，祀大火。』又曰：『宋，大辰之虚也。』然則商丘在宋，或以爲漳水之南故殷虚爲商丘，非也。」是由商丘所在不

❶「咮」，孫校：「當作『朱』。」今案：作「朱」則屬下讀。

明，故《釋例》與此注俱以閼伯明之。**祀大火，而火紀時焉。**謂出、内火時。**相土，契孫，商之祖也，始代閼伯之後居商丘，祀大火。**【疏】「祀大火」至「大火」。　正義曰：祀大火者，閼伯祀此大火之星，居商丘而祀火星也。相土因之，復主大火，是商丘之地屬大火也。然則在地之土，各有上天之分。《周禮·保章氏》：「以星土辯九州之地所封，封域皆有分星。」鄭玄云：「星土，星所主土也。封猶界也，大界則曰九州，州中諸國之封域於星亦有分焉，其書亡矣。今其存可言者，十二次之分也。星紀，吳越也。玄枵，齊也。娵訾，衛也。降婁，魯也。大梁，趙也。實沈，晉也。鶉首，秦也。鶉火，周也。鶉尾，楚也。壽星，鄭也。大火，宋也。析木，燕也。」是言地屬於天，各有其分之事也。鄭唯云「其存可言」，不知存者本是誰説。其見於傳記者，則此云「商主大火」，昭元年傳云「參爲晉星」，二十八年傳云「龍，宋、鄭之星」，則蒼龍之方有宋、鄭之分也。又曰「以害鳥帑，周、楚惡之」，則朱鳥之方有周、楚之分也。昭七年四月，日食，傳稱「魯、衛惡之，去衛地，如魯地」，則春分之日，在魯、衛之分也。又十年傳曰：「今兹歲在顓頊之虚，姜氏、任氏實守其地。」則於時歲星在齊、薛之分也。又三十二年傳曰：「越得歲而吳伐之，凶。」則於時歲星在吳、越之分也。《晉語》云：「實沈之虚，晉人是居。」《周語》云：「歲在鶉火，我有周之分野。」是有分野之言也。天有十二次，地有九州，以此九州，當彼十二次，《周禮》雖云「皆有分星」，不知其分誰分之也，何必所分能當天地？星紀在於東北，吳、越實在東南。魯、衛東方諸侯，遥屬戌亥之次。又三家分晉，方始有趙，而韓、魏無分，趙獨有之。《漢書·地理志》：「分郡國以配諸次。」其地分或多或少，鶉首極多，鶉火甚狹，徒以相傳爲説，其源不可得而聞之。於其分野，或有妖祥而爲占者，多得其効。蓋古之聖哲有以度知，非後人所能測也。　注「相土」至「大火」。　正義曰：《殷本紀》：「契生昭明，昭明生相土。」相土是契孫也。《本紀》云：「帝舜封契於商。」鄭玄云：「商國在大華之陽。」皇甫謐云「今上洛商縣」是也。如鄭玄意，契居上洛之商，至相土而遷於宋之商。及湯有天下，遠取契所封商，以爲一代大號。服虔云：「相土居商丘，故湯以爲天下號。」王肅《書序》注云：「契孫相土居商丘，故湯以爲國號。」案《詩》述后稷云：「即有部家室。」述契云：「天命玄鳥，降而生商。」即稷封部而契封商也。若契之居商，即是商丘，則契已居之，不得云相土因閼伯也。若別有商地，則湯之爲商，不是因相土矣。且經、傳言商，未有稱商丘者。《釋例》云：「宋之先，契佐唐、虞，封於商。武王封微子啓爲宋公，都商丘。」是同鄭玄説也。傳言「商主大火」，商謂宋也，宋主大火耳，成湯不主火也。宋是商後，謂宋爲商。昭八年傳曰「自根牟至于商、衛」，是名宋爲商之驗，《釋例》曰「商、宋一地」，謂此商也。相土，商之祖者，是湯之祖亦宋之祖也。堯封閼伯於商丘，比及相土，應歷數世，故云「代閼伯之後居商丘，祀大火」也。**商人閱其禍敗之釁，必始於火，是以日知其有天道也。」**閱猶數也。商人數所更歷，恒多火災。宋是殷商之後，故知天道之災必火。【疏】「商人」至「道也」。　正義曰：閱猶數也。釁謂間隙也。商人，謂殷商之人。爲王之時，數其禍敗之釁隙，必始於火，言其政教有失，將欲致禍。既開禍敗之釁，必有火災應之也。今宋是商後，亦如商世，欲有禍敗，必初始於火。是以言「日知其有天道也」。然殷商不居商丘，必有火者，以商是相土子孫，相土居商丘，祀火之故，故火之爲災，連及殷商之世也。傳唯言此而已，亦不知爾時宋有何失而致此災。**公曰：「可必乎？」對曰：「在道。國亂無象，不可知也。」**言國無道，則災變亦殊，故不可必知。【疏】「公曰」至「知也」。　正義曰：公曰：此事可必乎？但有愆失，必致火乎？對曰：在其君之所行道耳。若時政小失，天未棄之，或下災異，冀其覺悟，或可常有火災也。若國家昏亂，無復常象，不可知也。象謂妖祥有所象似，以戒人也。國若無道，災變亦殊。既無所象，故不可必知也。

夏，季武子如晉，報宣子之聘也。宣子聘在八年。

穆姜薨於東宮。大子宮也。穆姜淫僑如，欲廢成公，故徙居東宮。事在成十六年。**始往而筮之，遇艮之八䷳，**艮下艮上，艮。《周禮》：「大卜掌三易。」然則雜用《連山》、《歸藏》、《周易》。二易皆以七八爲占，故言「遇艮之八」。【疏】注「艮下」至「之八」。　正義曰：《周禮·大卜》：「掌三易之法：一曰《連山》，二曰《歸藏》，三曰《周易》。」鄭玄云：「易者，揲蓍變易之數可占者也。名曰《連山》，似山之出内雲氣也。《歸藏》者，萬物莫不歸而藏於其中也。」《洪範》言卜筮之法，云：❶「三人占，則從二人之言。」孔安國云：「夏、殷、周卜筮各異，三法並卜，從二人之言。」是言筮用三易之事也。大卜，周官，而職掌三易，然則周世之卜雜用《連山》、《歸藏》、《周易》也。《周易》之爻，唯有九六，此筮乃言「遇艮之八」，二易皆以七八爲占，故此筮遇八，謂艮之第二爻不變者是八也。揲蓍求爻，《繫辭》有法，其揲所得，有七八九六。說者謂七爲少陽，八爲少陰，其爻不變也。九爲老陽，六爲老陰，其爻皆變也。《周易》以變爲占，占九六之爻，傳之諸筮，皆是占變爻也。其《連山》、《歸藏》以不變爲占，占七八之爻。二易並亡，不知實然以否。世有《歸藏易》者，僞妄之書，非殷易也。假令二易俱占七八，亦不知此筮爲用《連山》，爲用《歸藏》？所云「遇艮之八」，不知意何所道？以爲先代之易，其言亦無所據，賈、鄭先儒相傳云耳。先儒爲此意者，此言「遇艮之八」，下文穆姜云「是於《周易》」，《晉語》公子重耳筮得貞屯悔豫，皆八，其下司空季子云「是在《周易》」，並於遇八之下別言《周易》，知此遇八非《周易》也。**史曰：**

---

❶「云」，京都本、文淵閣本、阮本無此字。

「是謂艮之隨䷐，震下兑上，隨。史疑古易遇八爲不利，故更以《周易》占，變爻得隨卦而論之。【疏】注「震下」至「論之」。　正義曰：震爲雷，兑爲澤。《象》曰：「澤中有雷，隨。」鄭玄云：「震，動也。兑，説也。内動之以德，外説之以言，則天下之民慕其行而隨從之，故謂之隨也。」史疑古易遇八者爲不利，故更以《周易》占變，變其爻，乃得隨卦而論之，所以説姜意也。**隨，其出也。**史謂隨非閉固之卦。**君必速出。」姜曰：「亡！**亡猶無也。**是於《周易》曰：『隨，元亨利貞，無咎。』**《易》筮皆以變者占，遇一爻變義異，則論彖，故姜亦以彖爲占也。史據《周易》，故指言《周易》以折之。【疏】注「易筮」至「折之」。　正義曰：《易》筮皆以變者爲占，傳之諸筮皆是也。若一爻獨變，則得指論此爻。遇一爻變以上，或二爻、三爻皆變，則每爻義異，不知所從，則當揔論彖辭，故姜亦以彖爲占。此「元亨利貞，無咎」，是《隨》卦之彖辭也。史言「是謂艮之隨」者，據《周易》而言，故姜亦指言《周易》以折之也。《周易》卦下之辭謂之爲彖。彖者，統論一卦之體，明其所由之主。《隨·彖》云「元亨利貞，無咎」者，元，長也，長亦大也。亨，通也。貞，正也。隨卦震下兑上，以剛下柔動而適説，故物皆隨之，而不能大通於事，逆於時也。相隨而不爲利正，共適邪淫，則災之道也。必有此「元亨利貞」四德，乃得無咎過耳。無此四德，則不免於咎。**元，體之長也。亨，嘉之會也。利，義之和也。貞，事之幹也。體仁足以長人，嘉德足以合禮，利物足以和義，貞固足以幹事。然故不可誣也，是以雖隨無咎。**言不誣四德，乃遇隨無咎。明無四德者，則爲淫而相隨，非吉事。**今我婦人，而與於亂，固在下位，**婦人卑於丈夫。**而有不仁，不可謂元。不靖國家，不可謂亨。作而害身，不可謂利。棄位而姣，**姣，淫之别名。**不可謂貞。有四德者，隨而無咎。我皆無之，豈隨也哉？我則取惡，能無咎**

乎？必死於此，弗得出矣！」傳言穆姜辯而不德。【疏】「元體」至「出矣」。　正義曰：自「幹事」以上，與《周易·文言》正同。彼云「元者善之長」，此云「體之長」，彼云「嘉會足以合禮」，此云「嘉德」，唯二字異耳，其意亦不異也。元者，始也，長也。物得其始，爲衆善之長。於人，則謂首爲元。元是體之長，以善爲體，知亦善之長也。亨，通也。嘉，善也。物無不通，則爲衆善之會，故通者，善之會也。物得裁成，乃名爲義。義理和協，乃得其利，故利者，義之和也。貞，正也。物得其正，乃成幹用，故正者，事之幹也。體仁，以仁爲體也。君子體是仁人，堪得與人爲長，體仁足以長人也。身有美德，動與禮合，嘉德足以合禮也。以己利物，義事和協，利物足以和義也。正而牢固，事得幹濟，貞固足以幹事也。此四德者在，身必然固，不可誣罔也，是以雖得隨卦，而其身無咎。今我婦人也，而與於僑如之亂，婦人卑於男子，固在下位，而有不仁之行，不可謂之元也。不安靖國家，欲除去季、孟，不可謂之亨也。作爲亂事，而自害其身，使放於東宮，不可謂之利也。棄夫人之德位，而與僑如淫姣，不可謂之貞也。有此元、亨、利、貞四德，乃得隨而無咎。四德我皆無之，豈當隨卦也哉？我則自取此惡，其身能無咎乎？必死於此宮，不能出矣。　注「言不」至「吉事」。❶　正義曰：不誣四德者，四德實有於身，不可誣罔，以無爲有也。如是乃遇隨卦，可得身無咎耳。明其無此四德，而遇隨卦者，乃是淫而相隨，非是善事，故得隨必有咎也。穆姜自以身無四德，遇隨爲惡，其意謂隨爲惡卦，故云「雖隨無咎」。　注「姣淫之别名」。❷　正義曰：服虔讀「姣」爲「放效」之「效」，言效小人爲淫。淫自出於心，非效人也。今時俗語謂淫爲姣，故以姣爲淫之

❶「注言不至吉事」，阮本此節正義在「是以雖隨無咎」句注下。
❷「姣淫之别名」，阮本此節正義在「棄位而姣」句注下，且無「注」字。

別名。

秦景公使士雅乞師于楚，將以伐晉，楚子許之。子囊曰：「不可，當今吾不能與晉爭。晉君類能而使之，隨所能。舉不失選，得所選。官不易方。方猶宜也。其卿讓於善，讓勝己者。其大夫不失守，各任其職。其士競於教，奉上命。其庶人力於農穡，種曰農，收曰穡。【疏】注「種曰農收曰穡」。正義曰：農是力田之名。《詩》毛傳云：「種之曰稼，斂之曰穡。」稼者，言如嫁女之有所生也。穡，愛也，言愛惜而收斂之也。此文穡無所對，故以農爲種名。其實農是營田之名，種曰稼也。商工皁隸，不知遷業。四民不雜。【疏】注「四民不雜」。正義曰：《齊語》：「四民者，士、農、工、商。」此傳言其士競於教，是說士也。庶人力於農穡，是說農也。士、農已訖，唯有工、商在耳，故以皁隸賤官足成其句。杜言「四民不雜」，通上士庶爲四，非以皁隸工商爲四也。韓厥老矣，知罃稟焉以爲政。代將中軍。范匄少於中行偃而上之，使佐中軍。使匄佐中軍，偃將上軍。韓起少於欒黶，而欒黶、士魴上之，使佐上軍。黶、魴讓起，起佐上軍，黶將下軍，魴佐之。魏絳多功，以趙武爲賢而爲之佐。武，新軍將。君明臣忠，上讓下競。尊官相讓，勞職力競。當是時也，晉不可敵，事之而後可。君其圖之！」王曰：「吾既許之矣，雖不及晉，必將出師。」秋，楚子師于武城，以爲秦援。秦人侵晉。晉饑，弗能報也。爲十年晉伐秦傳。

冬，十月，諸侯伐鄭。鄭從楚也。庚午，季武子、齊崔杼、宋皇鄖從荀罃、士匄門于鄟門。鄭城門也。三國從中軍。衛北宮括、曹人、邾人從荀偃、韓起門于師之梁。師之梁，亦鄭城門。三國從上軍。滕人、薛人從欒黶、士魴門于北門。二國從下軍。杞人、郳人從趙武、魏絳斬行栗。二國從

新軍。行栗，表道樹。【疏】「斬行栗」。　正義曰：行，道也。謂之行栗，必是道上之栗。《周語》云：「列樹以表道。」知此行栗是表道之樹。**甲戌，師于汜，**❶衆軍還聚汜。汜，鄭地，東汜。**令於諸侯曰：「脩器備，**兵器戰備。**盛餱糧，**❷餱，乾食。**歸老幼，**示將久師。**居疾于虎牢，**諸侯已取鄭虎牢，故使諸軍疾病息其中。**肆眚圍鄭。」**肆，緩也。眚，過也。不書圍鄭，逆服不成圍。【疏】注「肆緩」至「成圍」。　正義曰：肆訓爲緩，緩從罪人，謂放赦之也。將求民力，開恩赦罪，赦諸侯之軍内犯法者。服虔以爲放鄭囚。案傳未與鄭戰，無囚可放。設使有囚可放，鄭人以戰而獲，非有所犯，不得謂之「肆眚」也。不書圍鄭者，此「肆眚圍鄭」，是號令之辭耳。鄭人聞而逆服，不成圍故也。**鄭人恐，乃行成。**與晉成也。**中行獻子曰：「遂圍之，以待楚人之救也，而與之戰。不然，無成。」**獻子，荀偃也。恐楚救鄭，鄭復屬之。**知武子曰：「許之盟而還師，以敝楚人。**敝，罷也。**吾三分四軍，**分四軍爲三部。【疏】注「分四軍爲三部」。　正義曰：賈逵以爲三分四軍爲十二部，鄭衆以爲分四軍爲三部。杜以分爲十二，則一部人少，不足亢敵，故從鄭説，分四軍爲三部。晉各一動而楚三來，欲罷楚，使不能也。**與諸侯之鋭，以逆來者，**來者，楚也。**於我未病，楚不能矣。**晉各一動，而楚三來，故曰「不能」。**猶愈於戰。**勝聚戰。**暴骨以逞，不可以争。**言争當以謀，不可以暴骨。**大勞未艾，君子勞心，小人勞力，先王之制也。」**艾，息也。言當從勞心之勞。**諸侯皆不欲**

❶「汜」，文淵閣本、阮本作「氾」，《經典釋文》作「汎」。作「氾」是。下同。
❷「餱」，《經典釋文》作「糇」。

戰，乃許鄭成。十一月，己亥，同盟于戲，鄭服也。鄭服，故言同。❶

將盟，鄭六卿公子騑、子駟。公子發、子國。公子嘉、子孔。公孫輒、子耳。公孫蠆、子蟜。公孫舍之子展。及其大夫、門子，皆從鄭伯。門子，卿之適子。【疏】注「門子卿之適子」。正義曰：《周禮・小宗伯》：「掌三族之別，以辯親疏。其正室皆謂之門子。」鄭玄云：「正室，適子也。將代父當門者也。」是卿之適子爲門子也。晉士莊子爲載書，莊子，士弱。載書，盟書。曰：「自今日既盟之後，鄭國而不唯晉命是聽，而或有異志者，有如此盟。」如違盟之罰。公子騑趨進，曰：「天禍鄭國，使介居二大國之閒。介猶閒也。大國不加德音，而亂以要之，謂以兵亂之力强要鄭。使其鬼神不獲歆其禋祀，其民人不獲享其土利，夫婦辛苦墊隘，無所厎告。墊隘，猶委頓。厎，至也。自今日既盟之後，鄭國而不唯有禮與彊可以庇民者是從，而敢有異志者，亦如之！」亦如此盟。荀偃曰：「改載書！」子駟亦以所言載於策，故欲改之。公孫舍之曰：「昭大神要言焉，要誓以告神。若可改也，大國亦可叛也。」知武子謂獻子曰：「我實不德，而要人以盟，豈禮也哉？非禮，何以主盟？姑盟而退，脩德息師而來，終必獲鄭，何必今日？我之不德，民將棄我，豈唯鄭？若能休和，遠人將至，何恃於鄭？」乃盟而還。遂兩用載書。

晉人不得志於鄭，以諸侯復伐之。十二月，癸亥，門其三門。三門，鄟門、師之梁、北門也。癸

❶「同」下，《四部叢刊》本、京都本、文淵閣本、阮本有「盟」字。阮校：「案，《文章正宗》引注亦無『盟』字。」

亥，月五日。晉果三分其軍，各攻一門。**閏月，戊寅，濟于陰阪，侵鄭**，以《長歷》參校上下，此年不得有閏月戊寅，戊寅是十二月二十日。疑「閏月」當爲「門五日」。「五」字上與「門」合爲「閏」，則後學者自然轉「日」爲「月」。晉人三番四軍，更攻鄭門，門各五日，晉各一攻，鄭三受敵，欲以苦之。癸亥去戊寅十六日，以癸亥始攻，攻輒五日，凡十五日，鄭故不服而去。明日戊寅，濟于陰阪，復侵鄭外邑。陰阪，洧津。【疏】注「以長」至「洧津」。正義曰：杜以《長歷》推之，此年無閏，故知此「閏」字當爲「門五」，又「月」當爲「日」也。晉人分四軍爲三番，以二番爲待楚之備，一番以攻鄭之門。一番一門，以癸亥初攻，每門五日，積十五日，欲以苦鄭而來楚也。楚不敢來，鄭猶不服。至明日戊寅，濟于陰阪，復侵鄭外邑，而後歸也。鄭都洧水之旁，故知陰阪，洧津也。衛氏難云：「案昭二十年朔旦冬至，其年云『閏月，戊辰，殺宣姜』，又二十二年云『閏月，取前城』，並不應有閏，而傳稱閏，是史之錯失，不必皆在應閏之限，杜豈得云『此年不得有閏』，而改爲『門五日』也？若然，閏月殺宣姜，閏月取前城，皆爲『門五日』乎？」秦氏釋云：「以傳云『三分四軍』，又云『十二月癸亥，門其三門』，既言三分，則三番攻門，計癸亥至戊寅十六日，番别攻門五日，三五十五日，明日戊寅，濟于陰阪，上下符合，故杜爲此解。」蘇氏又云：「案《長歷》襄十年十一月丁未是二十四日，十一年四月己亥是十九日。據丁未至己亥一百七十三日。計十年十一月之後，十一年四月之前，除兩箇殘月，唯置四箇整月。用日不盡，尚餘二十九日，故杜爲《長歷》於十年十一月後置閏。既十年有閏，明九年無閏也。」**次于陰口而還**。陰口，鄭地名。**子孔曰：「晉師可擊也，師老而勞，且有歸志，必大克之。」子展曰：「不可。」**傳言子展能守信。

公送晉侯。晉侯以公宴于河上，問公年。季武子對曰：「會于沙隨之歲，寡君以生。」沙隨在成十六年。**晉侯曰：「十二年矣，是謂一終，一星終也。**歲星十二歲而一周天。【疏】注「歲星」至「周天」。正義曰：直言「一星終」，知是歲星者，以古今歷書推步五星，金、水日行一度，土三百七十七日，行星十二度；火七百八十日，行星四百一十五度。四者皆不得十二年而一終。唯木三百九十八日，行星三十三度，十二年而彊一周。舉其大數，十二年而一終，故知是歲星。**國君十五而生子，冠而生子，禮也。**冠，成人之服，故必冠而後生子。**君可以冠矣。大夫盍爲冠具？」武子對曰：「君冠，必以裸享之禮行之，**❶裸謂灌鬯酒也。享，祭先君也。**以金石之樂節之，**以鐘磬爲舉動之節。**以先君之祧處之。**諸侯以始祖之廟爲祧。【疏】「君冠」至「處之」。正義曰：冠是嘉禮之大者，當祭以告神，故有裸享之禮，以祭祀也。國君無故不徹縣，故有金石之樂，行冠禮之時，爲舉動之節也。冠必在廟，故先君之祧處之也。既行裸享，祭必有樂。所言金石節之，謂冠時之樂，非祭祀之樂也。諸侯之冠禮亡，唯有《士冠禮》在耳，其禮亦行事於廟，而不爲祭祀。士無樂可設，而唯處祧同耳。士冠必三加：始加緇布冠，次加皮弁，次加爵弁。公則四，《大戴禮·公冠》篇於士三冠後，更加玄冕是也。案此傳文，則諸侯十二加冠也。文王十三生伯邑考，則十二加冠，親迎于渭，用天子禮，則天子十二冠也。《晉語》柯陵會，趙武冠見范文子，冠時年十六七，則大夫十六冠也。士庶則二十而冠，故《曲

---

❶「裸享」，孫校：「『裸享』疑謂『灌饗』，冠者若士冠之醴，杜、劉、孔義未塙。」

禮》云「二十曰弱冠」是也。　注「裸謂」至「君也」。❶　正義曰：《周禮・大宗伯》：「以肆獻裸享先王。」《鬱人》：「凡祭祀之裸事，和鬱鬯以實彝而陳之。」鄭玄云：「鬱，鬱金香草也。鬯，釀秬爲酒，芬香條暢於上下也。築鬱金煑之，以和鬯酒。」《郊特牲》云：「灌用鬯臭。」鄭玄云：「灌謂以圭瓚酌鬯，始獻神也。」然則裸即灌也，故云「裸謂灌鬯酒也」。裸是祭初之禮，故舉之以表祭也。《周禮》「祭人鬼曰享」，故云「享，祭先君也」。劉炫云：「冠是大禮，當徧告羣廟。」　注「諸侯」至「爲祧」。　正義曰：《祭法》云「遠廟爲祧」，天子有二祧。鄭玄云：「祧之言超也，超上去意也。諸侯無祧。」《聘禮》云：「不腆先君之祧。」是謂始祖廟也。《聘禮》注云：「天子七廟，文、武爲祧。」諸侯五廟。則祧始祖也，是亦廟也。言祧者，祧尊而廟親，待賓客者上尊者，然則彼以始祖之尊，故特言祧耳。昭元年傳云「敢愛豐氏之祧」，大夫之廟，亦以祧言之，是尊之意也。不待至魯而假於衛者，及諸侯賓客未散故也。**今寡君在行，未可具也。請及兄弟之國而假備焉。」晉侯曰：「諾。」公還，及衛，冠于成公之廟。**成公，今衛獻公之曾祖。從衛所處。【疏】注「成公」至「所處」。　正義曰：成公是獻公曾祖，《衛世家》文也。服虔以成公是衛之曾祖，即云「祧謂曾祖之廟」也。曾祖之廟，何以獨有祧名？《王制》：「大夫三廟，一昭一穆，與大祖之廟爲三。」鄭之豐氏，豈得立曾祖之廟乎？而亦謂之祧也。杜言「從衛所處」，❷意在排舊説也。以晉悼欲速，故寄衛廟而假鐘磬。其裸享之禮，歸魯乃祭耳。**假鐘磬焉，禮也。**

---

❶「注裸謂至君也」，京都本、阮本「君」上有「祭先」二字。阮本此節正義在「必以裸享之禮行之」句注下。

❷「言」，阮校：「閩本、監本、毛本作『意』。」

楚子伐鄭。與晉成故。子駟將及楚平，子孔、子蟜曰：「與大國盟，口血未乾而背之，可乎？」子駟、子展曰：「吾盟固云『唯彊是從』。今楚師至，晉不我救，則楚彊矣。盟誓之言，豈敢背之？且要盟無質，神弗臨也。質，主也。【疏】注「質主也」。正義曰：質之爲主，以意言耳，無正訓也。晉云「唯晉命是聽」，鄭云「唯彊是從」，二辭俱以告神，是其無定主也。服虔云：「質，誠也。無忠誠之信，故神弗臨也。」所臨唯信。信者，言之瑞也，瑞，符也。善之主也，是故臨之。神臨之。明神不蠲要盟，蠲，絜也。❶背之可也。」乃及楚平。公子罷戎入盟，同盟于中分。中分，鄭城中里名。罷戎，楚大夫。【疏】注「中分鄭城中里名」。正義曰：言入盟，是入城盟也。入城而言盟地，知是城内里名。

楚莊夫人卒，共王母。王未能定鄭而歸。

晉侯歸，謀所以息民。魏絳請施舍，施恩惠，舍勞役。輸積聚以貸。輸，盡也。自公以下，苟有積者，盡出之。國無滯積，散在民。亦無困人。不匱乏。公無禁利，與民共。亦無貪民。禮讓行。祈以幣更，不用牲。賓以特牲。務崇省。器用不作，因仍舊。車服從給。足給事也。行之期年，國乃有節，三駕而楚不能與争。三駕，三興師，謂十年師於牛首，十一年師於向，其秋觀兵於鄭東門。自是鄭遂服。

❶「絜」，《四部叢刊》本、京都本、文淵閣本、阮本作「潔」。

【經】十年，春，公會晉侯、宋公、衛侯、曹伯、莒子、邾子、滕子、薛伯、杞伯、小邾子、齊世子光，會吳于柤。吳子在柤，晉以諸侯往會之，故曰「會吳」。吳不稱子，從所稱也。柤，楚地。❶【疏】注「吳子」至「楚地」。　正義曰：成十五年諸侯大夫會吳于鍾離，五年魯、衛會吳于善道，皆大夫來也。此傳云「會吳子壽夢」，則吳子自來也。五年戚之會，吳序鄫上。此殊吳者，亦如鍾離、善道。晉以諸侯往彼會之，故曰「會吳」也。哀十三年公會晉侯及吳子于黃池，彼稱吳子，此不稱子者，從其所稱也。蘇氏云：「謂諸侯直稱之曰吳，故從諸侯之所稱也。至於黃池之會，自去其僭號而稱子，以告令諸侯，故諸侯亦從而稱之也。」劉炫云：「從所稱者，諸侯盟會，會則必自言其爵，盟則自言其名。故盟得以名告神，會得以爵書策。」吳是東夷之君，未閑諸夏之禮，於此自稱爲吳，不知以爵告衆，故從所稱書吳也。故《釋例》云：「吳晚通上國，故其君臣朝會，不同於例，亦猶楚之初始。」是言吳未知稱爵也。

夏，五月，甲午，遂滅偪陽。偪陽，妘姓國，今彭城傅陽縣也。因柤會而滅之，故曰遂。【疏】注「偪陽」至「曰遂」。　正義曰：偪陽，妘姓，傳文也。《鄭語》云：「妘姓，鄔、鄶、路、偪陽也。」遂者，因上事生下事之辭。此因柤會而遂滅偪陽，雖復隔以日月，文猶繫於會柤，因會柤而始謀滅之，故言遂也。

---

❶「柤楚地」，阮校：「惠棟云：『柤』是宋地，非楚地也。晉楚方爭，而與諸侯會於其地，必無是理也。案，京相璠云：柤，『宋地，今彭城偪陽縣西北有柤水溝，去偪陽八十里，東南流逕偪陽縣故城東北。又南，亂於沂，而注於沭，謂之柤口城』。此云楚地，乃轉寫之誤。或以昭六年注『柤，鄭地』當之，其説更非。」今案：「又南，亂於沂」，據《水經注》（武英殿聚珍本）當作「又東南，亂於沂」，阮校引有誤。

公至自會。無傳。

楚公子貞、鄭公孫輒帥師伐宋。

晉師伐秦。荀罃不書，不親兵也。【疏】注「荀罃」至「兵也」。　正義曰：傳稱荀罃伐秦，而經不書罃，知罃不親兵，以師告也。

秋，莒人伐我東鄙。

公會晉侯、宋公、衛侯、曹伯、莒子、邾子、齊世子光、滕子、薛伯、杞伯、小邾子伐鄭。齊世子光先至於師，爲盟主所尊，故在滕上。【疏】注「齊世」至「滕上」。　正義曰：《周禮·典命》：「諸侯之適子誓於天子，攝其君，則下其君之禮一等。未誓，則以皮帛繼子男。」鄭玄云：「誓猶命也。言誓者，明天子既命，以爲之嗣也。」十九年傳云：「光之立也，列於諸侯矣。」則光是未誓者也，法當繼於子男之下。相之會，列於小邾之下，是其正也。於此伐也，傳稱「崔杼使大子光先至于師，故長於滕」。晉悼以齊是大國，光復先至，心善其共，遂進其班。爲盟主所尊，故在滕上。言其非正法也。

冬，盜殺鄭公子騑、公子發、公孫輒。非國討，當兩稱名氏。殺者非卿，故稱盜。以盜爲文，故不得言「其大夫」。【疏】注「非國」至「大夫」。　正義曰：若國家討而殺之，則舉國名，言「殺其大夫」。若非國討，兩下相殺，則兩書名氏，王札子殺召伯、毛伯是也。此非國討，亦當兩書名氏，但殺之者，尉止、司臣之徒，皆非卿也。非卿，則名氏不合見經，故稱之爲盜。凡言「其」者，是其所有也。君是臣之君，故書弑其君。臣是君之臣，故書「殺其大夫」。盜者，寇賊之名，賤之不繫於國。被殺者非盜之所有，既以盜爲文，故不得言「其大夫」，若如他物殺之然。哀四年「盜殺蔡侯申」，注云：「賤者，故稱盜。不言弒其君，賤盜也。」文十六年《公羊傳》曰：「大夫弒君稱名氏，賤者窮諸人。大夫相殺稱人，賤者窮諸盜。」其義雖不可通於《左氏》，其言賤盜之意則同。

戍鄭虎牢。伐鄭諸侯各受晉命戍虎牢，不復爲告命，故獨書魯戍而不叙諸侯。

楚公子貞帥師救鄭。

公至自伐鄭。無傳。

【傳】十年，春，會于柤，會吴子壽夢也。壽夢，吴子乘。【疏】注「壽夢吴子乘」。正義曰：十二年「吴子乘卒」是也。服虔云：「壽夢，發聲。吴，蠻夷，言多發聲，數語共成一言。壽夢一言也。經言乘，傳言壽夢，欲使學者知之也。」然壽夢與乘，聲小相涉，服以經、傳之異，即欲使同之，然則餘祭、戴吴，豈復同聲也？當是名字之異，故未言之。

三月，癸丑，齊高厚相大子光，以先會諸侯于鍾離，不敬。吴子未至，光從東道與東諸侯會遇，非本期地，故不書會。高厚，高固子也。癸丑，月二十六日。【疏】注「吴子」至「六日」。正義曰：言「先會諸侯」，則是會期未到，故知吴子未至而諸侯自會也。柤與鍾離相近，地在宋之東南，知光從東道與東方諸侯遇，蓋邾、莒、滕、薛之徒，自相會遇也。本非期會之地，會亦不以告魯，故不書也。如杜此注，則吴子未至，亦未赴於柤。而上注云：「吴子在柤，諸侯往會之」者，吴子元遣告晉，言己至柤而已，非晉侯自期於柤，召吴子使赴也。戚之會，則吴子在善道，召使赴戚，故與諸國同序於列也。杜明言癸丑是三月二十六日，下四月戊午云「月一日」，五月庚寅云「月四日」，甲午云「月八日」。所以明言日者，欲證成九年「閏月」爲「門五日」，❶於上下日月相當，故杜備言其日也。劉炫曰：「杜言癸丑二十六日者，見與下四月一日會相近，知非二會也。」**士莊子曰：**❷**「高子相大子以會諸侯，將社稷是衛，而皆不敬，**厚與光俱不敬。**棄社稷也，其將不免乎？」**爲十九年齊殺高厚、二十五年弑其君光傳。

夏，四月，戊午，會于柤。經書春，書始行也。戊午，月一日。【疏】注「經書春書始行」。正義曰：傳言夏會，而經書春，知經書始行，傳言會日也。諸赴盟會者，初去告行而已。盟會必行還乃書，何則？初去之時，未知所會幾國，豈得即書會也？明其皆是行還告廟，乃書之耳。但所書者，或追記發國之初，或即書所會之日。此會柤，以其經、傳不同，乃知春行、夏會。其餘傳無會日，亦應有如此者。如此之類，是追記初行也。二十年六月庚申公會晉侯云云于澶淵，成五年十二月己丑公會晉侯云云于蟲牢，如此之類，是即書會日也。此蓋舊無定法，史官不同，故立文異耳。**晉荀偃、士匄請伐偪陽，而封宋向戌焉。**以宋常事晉，而向戌有賢行，故欲封之爲附庸。**荀罃曰：「城小而固，勝之不武，弗勝爲笑。」固請。丙寅，圍之，弗克。**丙寅，四

---

❶「成」，文淵閣本、阮本作「前」。

❷「士莊子」，阮校：「惠棟云：服虔本作『士莊伯』，見《太平御覽》。」今案：「士莊伯」又見《左傳》成公二年、襄公二十五年。

月九日。**孟氏之臣秦堇父輦重如役。**堇父，孟獻子家臣。步挽重車以從師。【疏】「輦重如役」。正義曰：重者，車名也。載物必重，謂之重。人挽以行，謂之輦。軍行以載器物，止則以爲藩營。此人挽此重車以從役也。宣十二年解已具之。**偪陽人啓門，諸侯之士門焉。**見門開，故攻之。**縣門發，郰人紇抉之，以出門者。**門者，諸侯之士在門内者也。紇，郰邑大夫，仲尼父叔梁紇也。郰邑，魯縣東南莝城是也。言紇多力，抉舉縣門，出在内者。【疏】「縣門」至「門者」。正義曰：縣門者，編版廣長如門，施關機以縣門上，有寇則發機而下之。諸侯之士攻偪陽之門，已有入者，縣門乃發，郰人紇抉而舉之，以出門者。門者，謂攻門者也。紇爲郰邑大夫，公邑大夫皆以邑名冠之，呼爲某人。孔子之父名紇，字叔梁。古人名字並言者，皆先字而後名，故《史記·孔子世家》稱爲「叔梁紇」也。服虔云：「抉，撅也。謂以木撅抉縣門使舉，令下容人出也。門者下屬爲句。」**狄虒彌建大車之輪，而蒙之以甲，以爲櫓，**狄虒彌，魯人也。蒙，覆也。櫓，大楯。**左執之，右拔戟，以成一隊。**百人爲隊。❶【疏】「狄虒」至「一隊」。正義曰：鄭玄云：「大車，平地載任之車也。」《考工記》：「車人爲車，柯長三尺。」大車轂長半柯，輪崇三柯。是輪高九尺，其車罔圓周二丈七尺。建，立也。立此大車之輪，而覆之以甲，以爲櫓也。《考工記》：「殳長尋有四尺，車戟常崇於殳四尺。」八尺曰尋，倍尋曰常，則戟長一丈六尺也。隊是行列之名，百人爲隊，相傳爲然。成一隊者，言其當百人也。**孟獻子曰：「《詩》所謂『有力如虎』者也。」**《詩·邶風》也。**主人縣布，堇父登之，及堞而絶之，**偪陽人縣布，以試外勇

❶「百人爲隊」，阮校：「《文選·東都賦》注引作『百人爲一隊』。」

者。隊，則又縣之，蘇而復上者三，主人辭焉，乃退。主人嘉其勇，故辭謝不復縣布。【疏】「蘇而復上」。正義曰：宣八年傳曰：「晉人獲秦諜，殺諸絳市，六日而蘇。」則蘇者，死而更生之名也。堇父隊而悶絶，似若死，然得蘇悟，而復緣布上。**帶其斷以徇於軍三日。**帶其斷布以示勇。

諸侯之師久於偪陽，荀偃、士匄請於荀罃曰：「水潦將降，懼不能歸，向夏恐有久雨。從丙寅至庚寅二十五日，故曰久。**請班師。」**班，還也。**知伯怒，**知伯，荀罃。**投之以机，出於其閒，**出偃、匄之閒。**曰：「女成二事，而後告余。**二事：伐偪陽，封向戌。**余恐亂命，以不女違。**既成改之爲亂命。**女既勤君，而興諸侯，牽帥老夫以至于此，既無武守，**無武功可執守。**而又欲易余罪，曰：『是實班師，不然，克矣。』**謂偃、匄將言爾。**余羸老也，可重任乎？**不任受女此責。**七日不克，必爾乎取之！」**言當取女以謝不克之罪。**五月，庚寅，**月四日。**荀偃、士匄帥卒攻偪陽，親受矢石，**躬在矢石閒。【疏】注「躬在矢石閒」。正義曰：服虔云：「古者以石爲箭鏑。」引《國語》「有隼集於陳侯之庭，楛矢貫之石砮」，以證石爲箭鏃。若石是箭鏃，則猶是矢也，何須矢、石並言？杜言在矢石閒，則不以石爲矢也。《周禮・職金》：「凡國有大故，而用金石，則掌其令。」鄭玄云：「用金石者，作槍雷之屬。」雷即礧也。兵法，守城用礧石以擊攻者，陳思王《征蜀論》云「下礧成雷，榛殘木碎」是也。**甲午，滅之。**月八日。**書曰「遂滅偪陽」，言自會也。**言其因會以滅國，非之也。【疏】注「言其」至「之也」。正義曰：僖四年公會齊侯云云侵蔡，蔡潰，遂伐楚。二十三年齊侯伐衛，遂伐晉。如此之類，一行而有二事者，法當言「遂」。「遂」非善惡之名，而此傳特云「書曰『遂滅偪陽』，言自會也」，則知此言「遂」者，有非之之意。所以然者，彼因伐遂伐，本謀伐行兵，容可一舉而伐兩國，會非征伐之事，荀偃、士匄於會始請，則偪陽無大罪，諸侯無宿謀，因會滅人，情在可責。傳稱「言自會也」，是尤其從會行也。《釋例》云：「會以訓上下，叙德刑，『遂滅偪陽』，言滅生於會，非本意也。」是言因會以滅國，非之事也。「書曰」者，是仲尼新意，則舊史不然。本蓋别書諸侯滅偪陽，仲尼改之，而言「遂」耳。

以與向戌，向戌辭曰：「君若猶辱鎮撫宋國，而以偪陽光啓寡君，羣臣安矣，其何貺如之？言見賜之厚無過此。【疏】「光啓寡君」。 正義曰：光昭宋國，開其疆竟，以賜寡君。**若專賜臣，是臣興諸侯以自封也，其何罪大焉？敢以死請。」乃予宋公。**

宋公享晉侯於楚丘，請以《桑林》。《桑林》，殷天子之樂名。【疏】注「桑林」至「樂名」。 正義曰：若非天子之樂，則宋人不當請，荀罃不須辭。以宋人請而荀罃辭，明其非常樂也。宋是殷後，得用殷樂，知《桑林》是殷天子之樂名也。經典言樂，❶殷爲《大護》，而此復云《桑林》者，蓋殷家本有二樂，如周之《大武》、《象舞》也。名爲《大護》，則傳記有説。湯以寬政治民，除其邪虐，言能覆護下民，使得其所，故名其樂爲《大護》。其曰「桑林」，先儒無説。唯《書傳》言「湯伐桀之後，大旱七年，史卜曰：『當以人爲禱。』湯乃翦髮斷爪，自以爲牲，而禱於桑林之社，而雨大至，方數千里」。或可禱桑林以得雨，遂以《桑林》名其樂也。皇甫謐云：「殷樂一名《桑林》。」以《桑林》爲《大護》别名，無文可憑，未能察也。**荀罃辭。**辭，讓之。**荀偃、士匄曰：「諸侯宋、魯，於是觀**

❶「樂殷」，阮校：「盧文弨校本作『殷樂』。」

禮。宋，王者後，魯以周公故，皆用天子禮樂，故可觀。**魯有禘樂，賓祭用之。**禘，三年大祭，則作四代之樂。別祭羣公，則用諸侯樂。【疏】注「禘三」至「侯樂」。正義曰：《明堂位》云：「季夏六月，以禘禮祀周公於大廟。朱干玉戚，冕而舞《大武》。皮弁素積，裼而舞《大夏》。」彼禘祭唯用《大武》、《大夏》，而不言《韶》、《護》。以二十九年魯爲季札舞四代之樂，知四代之樂魯皆有之。《明堂位》云：「凡四代之服、器，魯兼用之。」禘是三年大祭，禮無過者，知禘祭於大廟，則作四代之樂也。禮，唯周公之廟得用天子之禮，知其別祭羣公，則用諸侯之樂。諸侯之樂，謂時王所制之樂，《大武》是也。然則禘是禮之大者，羣公不得與同，而於賓得同禘者，敬鄰國之賓，❶故得用大祭之樂也。其天子享諸侯，亦同祭樂。故《大司樂》云：「大祭祀：王出入，奏《王夏》；尸出入，奏《肆夏》；牲出入，奏《昭夏》。大饗不入牲，其他如祭祀。」鄭注云：「不入牲，不奏《昭夏》。王出入，賓出入，亦奏《王夏》奏《肆夏》。」又《禮記·祭統》云：「大嘗禘，升歌《清廟》，下管《象》。」❷《仲尼燕居》云：「兩君相見，亦升歌《清廟》，下而管《象》。」是祭與享賓用樂同也。而荀罃云「我辭禮矣」，沈氏云「嘉樂不野合故也」。魯之禘祭，用四代樂，則天子禘用六代樂也。鄭康成義以爲禘祫各異，祫大禘小。天子祫用六代之樂，禘用四代之樂。魯有禘樂，謂有周之禘祭之樂，非《左氏》義也。劉炫云：「禘是大禮，賓得與同者，享賓用樂，禮傳無文。但賓禮既輕，必異於禘。魯以享賓，當時之失，用之已久，遂以爲常。荀偃、士匄引過謬之事，以謟晉侯，使聽宋耳。魯以禘樂享賓，猶以十一牢爲士鞅，吴以引徵百牢，亦非正也。」**宋以《桑林》享君，不亦可乎？」**

---

❶「敬」上，正宗寺本、京都本、阮本有「禘者」二字。

❷「管」上，文淵閣本有「而」字。阮校：「閩本、監本、毛本有『而』字，與《祭統》合。」

言俱天子樂也。**舞師題以旌夏**，師，帥也。❶ 旌夏，大旌也。❷ 題，識也。以大旌表識其行列。【疏】「舞師題以旌夏」。 正義曰：舞師，樂人之帥，主陳設樂事者也。謂舞初入之時，舞師建旌夏，以引舞人而入，以題識其舞人之首，故晉侯卒見，懼而退入于房也。謂之旌夏，蓋形制大，而別爲之名也。**晉侯懼而退入于房。**旌夏非常，卒見之，人心偶有所畏。**去旌，卒享而還。及著雍，疾。**晉侯疾也。著雍，晉地。**卜，桑林見。**祟見於卜兆。**荀偃、士匄欲奔請禱焉。**奔走還宋禱謝。**荀罃不可，曰：「我辭禮矣，彼則以之。**以，用也。❸ **猶有鬼神，於彼加之。」**言自當加罪於宋。**晉侯有間。**間，疾差也。**以偪陽子歸，獻于武宮，謂之夷俘。**諱俘中國，故謂之夷。【疏】「謂之夷俘」。 正義曰：昭十七年晉荀吳滅陸渾之戎，獻俘于文宮，不言謂之夷俘，彼真是戎也。此言「謂之夷俘」，明非夷而謂之夷，知其諱俘中國，改名之也。莊三十一年傳例曰：「凡諸侯有四夷之功，則獻于王。中國則否。」中國之俘，既不合獻王，故獻廟亦諱。知其無罪，內慙於心，故諱之，謂之夷俘。**偪陽，妘姓也。使周內史選其族嗣，納諸霍人，禮也。**霍，晉邑。內史，掌爵祿廢置者，使選偪陽宗族賢者，令居霍，奉妘姓之祀。善不滅姓，故曰「禮也」。使周史者，示有王命。【疏】注「霍晉」至「王命」。 正義曰：霍是舊國，閔元年晉獻公滅之，以爲晉邑也。「內史掌爵祿廢置」，

---

❶ 「帥」，《四部叢刊》本、京都本、文淵閣本、阮本作「樂師」。

❷ 「大旌」，阮校：「案，《後漢書·馬融傳》《廣成頌》注引『大旌』作『大旗』。」

❸ 「也」，京都本、阮本作「之」。

《周禮·内史》職文也。禮：天子不滅國，諸侯不滅姓。其身有罪宜廢者，選其親而賢者，更紹立之。《論語》所云「興滅國，繼絶世」者，謂此也。晉侯以偪陽之罪不合絶祀，故歸諸天子，使周内史選偪陽宗族賢者，繼嗣偪陽之後，令居晉之霍邑，以奉妘姓之祀。依《鄭語》及《世本》皆云，偪陽，妘姓，是祝融之孫，陸終第四子求言之後。虞夏以來，世祀不絶。今復繼之，善其不滅姓，故曰「禮也」。晉侯不自選其人，而使周内史者，諸侯不得專封，示有王命，不自專也。言納諸霍人者，此霍邑或稱霍人，猶如晉邑謂之柏人也。必知霍人爲霍邑者，班固《漢書·樊噲傳》云「攻霍人」，是霍人，邑名也。劉炫云：「霍，晉邑。人，掌霍邑大夫，猶鄒邑大夫稱鄒人紇，蓋使爲晉附庸也。」

師歸，孟獻子以秦堇父爲右。嘉其勇力。**生秦丕兹，**❶**事仲尼。**言二父以力相尚，子事仲尼，以德相高。

六月，楚子囊、鄭子耳伐宋，師于訾毋。宋地。**庚午，圍宋，門于桐門。**不成圍而攻其城門。

晉荀罃伐秦，報其侵也。侵在九年。

衛侯救宋，師于襄牛。鄭子展曰：「必伐衛！不然，是不與楚也。得罪於晉，又得罪於楚，國將若之何？」子駟曰：「國病矣。」師數出，疲病也。**子展曰：「得罪於二大國，必亡。病，不猶愈於**

❶「秦丕兹」，阮校：「《釋文》云：『一本作秦不兹。』《家語》：秦商字不慈。案，『丕』、『不』經典中每多互用。」

亡乎？」諸大夫皆以爲然，故鄭皇耳帥師侵衛，楚令也。亦兼受楚之勑命也。皇耳，皇戌子。孫文子卜追之，獻兆於定姜。姜氏問繇，繇，兆辭。【疏】注「繇兆辭」。　正義曰：《周禮·大卜》：「掌三兆之法：一曰玉兆，二曰瓦兆，三曰原兆。其經兆之體皆百有二十，其頌皆千有二百。」鄭玄云：「頌謂繇也。」是言灼龜得兆，其兆各有繇辭，即下三句是也。此傳唯言兆有此辭，不知卜得何兆，但知舊有此辭，故卜者得據以荅姜耳。其千有二百，皆此類也。此繇辭皆韻。古人讀雄與陵爲韻，《詩·無羊》、《正月》皆以雄韻蒸韻陵，是其事也。曰：「兆如山陵，有夫出征，而喪其雄。」姜氏曰：「征者喪雄，禦寇之利也。大夫圖之！」衛人追之，孫蒯獲鄭皇耳于犬丘。蒯，孫林父子。

秋，七月，楚子囊、鄭子耳侵我西鄙。於魯無所恥，諱而不書，其義未聞。【疏】注「於魯」至「未聞」。　正義曰：服虔云：「不書，諱從晉不能服鄭，旋復爲楚、鄭所伐，恥而諱之也。」杜以從盟主而不能服叛國，於魯未足爲恥，被伐無所可諱，故云「其義未聞」。還，圍蕭，八月，丙寅，克之。蕭，宋邑。

九月，子耳侵宋北鄙。孟獻子曰：「鄭其有災乎？師競已甚。競，争競也。周猶不堪競，況鄭乎？周謂天王。有災，其執政之三士乎？」鄭簡公幼少，子駟、子國、子耳秉政，故知三士任其禍也。爲下盗殺三大夫傳。

莒人閒諸侯之有事也，故伐我東鄙。諸侯有討鄭之事。

諸侯伐鄭。齊崔杼使大子光先至于師，故長於滕。大子宜賓之以上卿，而今晉悼以一時之宜，令在滕侯上，故傳從而釋之。己酉，師于牛首。鄭地。

初，子駟與尉止有争，將禦諸侯之師，而黜其車。禦牛首師也。黜，減損。**尉止獲，又與之争。**獲，囚俘。**子駟抑尉止曰：「爾車，非禮也。」**言女車猶多過制。【疏】注「言女」至「過制」。正義曰：前已減損其車，復云「爾車非禮」，明是仍嫌車多，言其過制。大夫之制，不知車當幾乘，從軍之車未必制有定限，子駟心憎尉止，嫌其豪富，本意不爲過禮制也。**遂弗使獻。**不使獻所獲。**初，子駟爲田洫，司氏、堵氏、侯氏、子師氏皆喪田焉。**洫，田畔溝也。子駟爲田洫，以正封疆，而侵四族田。【疏】注「洫田」至「族田」。正義曰：《考工記》：「匠人爲溝洫。耜廣五寸，二耜爲耦。一耦之伐，廣尺深尺，謂之甽。田首倍之，廣二尺、深二尺，謂之遂。九夫爲井。井閒廣四尺、深四尺，謂之溝。方十里爲成。成閒廣八尺、深八尺，謂之洫。方百里爲同。同閒廣二尋、深二仞，謂之澮。」然則溝洫俱是通水之路，相對大小爲異耳。皆於田畔爲之，故云「田畔溝也」。爲田造洫，故稱「田洫」。此四族皆是富家，占田過制。子駟爲此田洫，正其封疆，於分有剩，則減給他人，故正封疆而侵四族田也。《小司徒》云：「九夫爲井，四井爲邑，四邑爲丘，四丘爲甸，四甸爲縣，四縣爲都。」注云：「此謂都鄙采地之制也。」**故五族聚羣不逞之人，因公子之徒以作亂。**八年子駟所殺公子熙等之黨。**於是子駟當國，**攝君事也。**子國爲司馬，子耳爲司空，子孔爲司徒。冬，十月，戊辰，尉止、司臣、侯晉、堵女父、子師僕帥賊以入，晨攻執政于西宮之朝，**公宮。**殺子駟、子國、子耳，劫鄭伯以如北宮。子孔知之，故不死。**子孔，公子嘉也。知難不告，利得其處也。爲十九年殺公子嘉傳。**書曰「盜」，言無大夫焉。**尉止等五人皆士也。大夫，謂卿。

子西聞盜，不儆而出，子西，公孫夏，子駟子。**尸而追盜。**先臨尸而逐賊。**盜入於北宮，乃歸，**

授甲。臣妾多逃，器用多喪。子産聞盜，子國子。**爲門者，**置守門。**庀羣司，**具衆官。**閉府庫，慎閉藏，完守備，成列而後出，兵車十七乘，**千二百七十五人。**尸而攻盜於北宮。子蟜帥國人助之，殺尉止、子師僕，盜衆盡死。侯晉奔晉，堵女父、司臣、尉翩、司齊奔宋。**尉翩，尉止子。司齊，司臣子。

子孔當國，代子駟。**爲載書，以位序，聽政辟。**自羣卿諸司，各守其職位，以受執政之法，不得與朝政。【疏】注「自羣」至「朝政」。正義曰：於時鄭伯幼弱，政在諸卿，國事相與議之，不得一人獨決。子孔性好專權，自以身既當國，望其一聽於己。新經禍亂，與大夫設盟，爲盟載之書曰：「自羣卿諸司以下，皆以位之次序，一聽執政之法，悉皆稟受成旨，不得干與朝政。」令其權柄在己也。大夫、諸司、門子不順，子産謂之「專欲難成」，謂此也。服虔云：「鄭舊，世卿父死子代。今子孔欲擅改之，使以次先爲士、大夫，乃至卿也。」若如服言，唯當門子恨耳，何由大夫諸司亦不順也？子孔若爲此法，即是自害其子，子孔之子亦當恨，何獨他家門子乎？焚書倉門，則還依舊法。舊法若父死子代，子産即應代父，何由十九年始立爲卿？**大夫、諸司、門子弗順，將誅之。**子孔欲誅不順者。**子産止之，請爲之焚書。**既止子孔，又勸令燒除載書。**子孔不可，曰：「爲書以定國，衆怒而焚之，是衆爲政也，國不亦難乎？」**難以至治。**子産曰：「衆怒難犯，專欲難成，合二難以安國，危之道也。不如焚書以安衆，子得所欲，**欲爲政也。**衆亦得安，不亦可乎？專欲無成，犯衆興禍，子必從之！」乃焚書於倉門之外，衆而後定。**不於朝内燒，欲使遠近見所燒。

諸侯之師城虎牢而戍之。晉師城梧及制，欲以偪鄭也。不書城，魯不與也。梧、制，皆鄭舊地。**士魴、魏絳戍之。書曰「戍鄭虎牢」，非鄭地也，言將歸焉。**二年，晉城虎牢而居之。今鄭復叛，故脩其城而置戍。鄭服，則欲以還鄭，故夫子追書，繫之于鄭，以見晉志。【疏】「諸侯」至「歸焉」。

正義曰：如此傳文，諸侯戍虎牢，士魴、魏絳戍梧與制耳。其虎牢之内，亦應更有晉戍也。二年晉城虎牢，則虎牢久已屬晉，非復鄭有。今繫鄭者，晉侯之意，鄭人若服，將歸之焉。善晉侯，故探其心而繫之鄭也。《釋例》曰：「虎牢，鄭之郊竟。晉人既有之矣，又城而居之，將以脅鄭。鄭畏而强服，遇楚而復叛，八年之閒，一南一北，至於數四。晉悼慮其未已，故大城置戍，先以示威，鄭服之日，釋戍而歸之。德立刑行，故能終有鄭國。《春秋》探書其本心，善之也。」

鄭及晉平。楚子囊救鄭。

十一月，諸侯之師還鄭而南，❶至於陽陵。還，繞也。陽陵，鄭地。楚師不退。知武子欲退，曰：「今我逃楚，楚必驕。驕則可與戰矣。」武子，荀罃。欒黶曰：「逃楚，晉之恥也。合諸侯以益恥，不如死！我將獨進。」師遂進。己亥，與楚師夾潁而軍。潁水出城陽，至下蔡入淮。子蟜曰：「諸侯既有成行，必不戰矣。言有成去之志。從之將退，不從亦退。從猶服也。退，楚必圍我，猶將退也，不如從楚，亦以退之。」以退楚。宵涉潁，與楚人盟。夜渡，畏晉知之。欒黶欲伐鄭師，伐涉潁者。荀罃不可，曰：「我實不能禦楚，又不能庇鄭，鄭何罪？不如致怨焉而還。致怨，爲後伐之資。今伐其師，楚必救之，戰而不克，爲諸侯笑。克不可命，勝負難要，不可命以必克。不如還也。」

❶「還」，《經典釋文》：「本又作環。」

丁未，諸侯之師還，侵鄭北鄙而歸。欲以致怨。楚人亦還。鄭服故也。

王叔陳生與伯輿争政。二子，王卿士。王右伯輿。右，助也。❶王叔陳生怒而出奔，及河，王復之，欲奔晉。殺史狡以説焉。説王叔也。不入，遂處之。處叔河上。晉侯使士匄平王室，王叔與伯輿訟焉。争曲直。王叔之宰宰，家臣。與伯輿之大夫瑕禽瑕禽，伯輿屬大夫。坐獄於王庭，獄，訟也。《周禮》：命夫命婦不躬坐獄訟。故使宰與屬大夫對争曲直。士匄聽之。王叔之宰曰：「篳門閨竇之人，❷而皆陵其上，其難爲上矣。」篳門，柴門。閨竇，小户，穿壁爲户，上鋭下方，狀如圭也。言伯輿微賤之家。瑕禽曰：「昔平王東遷，吾七姓從王，牲用備具。王賴之，而賜之騂旄之盟。平王徙時，大臣從者有七姓，伯輿之祖皆在其中，主爲王備犧牲，共祭祀。王恃其用，故與之盟，使世守其職。騂旄，赤牛也。舉騂旄者，言得重盟，不以犬雞。【疏】注「平王」至「犬雞」。正義曰：「七姓從王」，從王之大臣有七姓也。瑕禽言伯輿之祖是七姓之一，言其世貴也。其祖爲王主備犧牲，以共祭祀。王家牲用備具，王恃賴之，言其世有功也。平王初遷，國家未定，故與大臣結盟，令使世掌其職也。《周禮·牧人》：「陽祀用騂牲。」《檀弓》云：「周人尚赤，牲用騂。」《尚書·洛誥》云：「文王騂牛一，武王騂牛一。」諸言騂，

---

❶「也」，京都本、文淵閣本、阮本無此字。

❷「篳門閨竇」，阮校：「《釋文》：『閨，本亦作圭。』案，《文選》李注謝元暉《拜中軍記室辭隨王牋》引作『篳門圭竇』。《玉篇》云：『蓽，亦作篳。』惠棟云：《説文》引作『篳門圭窬』。《玉篇》亦引作『窬』。」

皆是赤牛，則知此騂旄是赤牛也。旄謂尾也，共旌旗之用，故其字從㫃，㫃者，旌旗行而從風偃也。**曰：『世世無失職。』若篳門閨竇，其能來東底乎？且王何賴焉？**言我若貧賤，何能來東，使王恃其用而與之盟邪？底，至也。**今自王叔之相也，政以賄成，**隨財制政。**而刑放於寵。**寵臣專刑，不任法。【疏】「刑放於寵」。正義曰：刑罰放赦之事，在於寵臣。**官之師旅，不勝其富。**師旅之長皆受賂。【疏】「不勝其富」。❶　正義曰：勝訓堪也。言財多，故不可用盡，不能堪此富。**吾能無篳門閨竇乎？**言王叔之屬富，故使吾貧。**唯大國圖之。**圖猶議也。**下而無直，則何謂正矣？」**正者，不失下之直。【疏】「下而」至「正矣」。正義曰：凡在上，正定在下，須明在下曲直。瑕禽自云己有直理，不被上知，則是使下無直，在上何謂正矣。故云「正者，不失下之直」也。劉炫云：「七年傳云『正直爲正，正曲爲直』。晉斷王朝之獄，乃以下正上。宣子若在下而無直心，何以謂之爲正也？勸宣子使心正矣。」**范宣子曰：「天子所右，寡君亦右之，所左，亦左之。」**宣子知伯輿直，不欲自專，故推之於王。【疏】「天子」至「左之」。正義曰：人有左右，右便而左不便，故以所助者爲右，不助者爲左。宣子知伯輿直，故從王之所助也。**使王叔氏與伯輿合要，**合要辭。**王叔氏不能舉其契。**要契之辭。【疏】「使王」至「其契」。正義曰：《周禮·鄉士》職云：「辯其獄訟，異其死刑之罪而要之。」鄭玄云：「要之爲其罪辭，如今劾矣。」彼謂官人略取罪狀，爲其要約之辭，如今斷事也。漢世名斷獄爲劾，故云「如今劾矣」。此言要辭，亦是辭之要約，如今辯答也。合要者，使其各爲要約言語，兩相

---

❶「不勝其富」，阮本此節正義在「吾能無篳門閨竇乎」句注下。

辨答。伯輿辭直，王叔無以應之，故不能舉其要契之辭也。❶ **王叔奔晉。不書，不告也。單靖公爲卿士以相王室。代王叔。**

【經】十有一年，春，王正月，作三軍。增立中軍。萬二千五百人爲軍。【疏】注「增立」至「爲軍」。正義曰：昭五年云「舍中軍」，明此年作而彼年舍，故知舊有二軍，今增立中軍也，然則正是作中軍耳，而云「作三軍」者，傳言「三子各毀其乘」，則舊時屬己之乘毀之以足成三軍，是舊軍盡廢而全改作之，故云「作三軍」也。杜見其以三改二，❷復據彼中軍之文，故言「增立中軍」耳，「萬二千五百人爲軍」，《周禮·夏官·序》文。

夏，四月，四卜郊，不從，乃不郊。無傳。【疏】「夏四」至「不郊」。 正義曰：此四月四卜，與僖三十一年文同，蓋亦三月三卜，而四月又一卜也。止言「不郊」，❸不云免牲免牛，❹蓋不以其禮免，直使歸其本牧而已，故不書也。

鄭公孫舍之帥師侵宋。

---

❶ 「契」，阮本作「約」。

❷ 「以三改二」，文淵閣本作「以二改三」。阮校：「閩本、監本、毛本改作『以二改三』。按，『以三改二』，謂以今之三改昔之二，亦通。」

❸ 「止」，正宗寺本無此字。

❹ 「云」，阮本作「言」。

公會晉侯、宋公、衛侯、曹伯、齊世子光、莒子、邾子、滕子、薛伯、杞伯、小邾子伐鄭。世子光至，復在莒子之先，故晉悼亦進之。【疏】注「世子」至「進之」。　正義曰：劉炫以爲序莒上者，直是先至，非爲先莒。今知不然者，往年傳云「齊大子光先至于師，故長於滕」，是前經爲先滕至，序在滕子之上，今經序在莒子之先，明知亦先莒而至也。若非先莒而至，唯當還序滕子上耳。劉炫無所依馮，直云「先至」更長之而規杜氏，非也。**秋，七月，己未，同盟于亳城北。**❶亳城，鄭地。伐鄭而書「同盟」，鄭與盟可知。

公至自伐鄭。無傳。

楚子、鄭伯伐宋。

公會晉侯、宋公、衛侯、曹伯、齊世子光、莒子、邾子、滕子、薛伯、杞伯、小邾子伐鄭，會于蕭魚。鄭服而諸侯會。蕭魚，鄭地。

公至自會。無傳。以會至者，觀兵而不果侵伐。【疏】注「以會」至「侵伐」。　正義曰：劉炫云：「杜《釋例》自言事勢相接，或以始致，或以終致，是時史異辭，何爲此注而云『不果侵伐』？」今知劉説非者，凡云「或以始致，或以終致」，皆據實有伐事。今據傳文云「觀兵于鄭東門」，是則實無伐事，故云「不果侵伐」。劉不達此

❶「亳城北」，阮校：「《公羊》、《穀梁》『亳』作『京』。《公羊》疏云：『《穀梁》與此同，《左傳》經作「亳城北」，服氏之經亦作「京城北」，乃與此傳同之也。』惠棟云：『案，「亳城」，當依服氏作「京」。京，鄭地，在滎陽，隱元年傳謂之「京城」是也。』」

意而規杜，非也。

楚人執鄭行人良霄。良霄，公孫輒子伯有也。

冬，秦人伐晉。

【傳】十一年，春，季武子將作三軍，魯本無中軍，唯上、下二軍，皆屬於公。有事，三卿更帥以征伐。季氏欲專其民人，故假立中軍，因以改作。**【疏】**注「魯本」至「改作」。　正義曰：以昭五年「舍中軍」，知此時作者，作中軍，是魯本無中軍也。以閔元年晉侯「作二軍」，謂之上軍、下軍，知魯有二軍，亦名上、下軍也。此言請爲三軍，各征其軍，知往前二軍，皆屬公也。明其有事，則三卿更互帥之以征伐耳，三卿不得專其民也。此時襄公幼弱，季氏世秉魯政，因公之少，欲專其民，故假立中軍，因以改作也。《禮·明堂位》云：「成王封周公於曲阜，地方七百里。」其時必有三軍也。《詩·魯頌·閟宮》頌僖公能復周公之宇，云「公徒三萬」。鄭玄云：「大國三軍，合三萬七千五百人。」言三萬者，舉成數也。則僖公復古制，亦三軍矣。蓋自文公以來，霸主之令，軍多則貢重，自減爲二軍耳，非是魯衆不滿三軍也。若然，昭五年「舍中軍」書之於經，往前若減一軍，亦應書之，而經不書者，作三軍與舍中軍，皆是變故改常，卑弱公室，季氏秉國權，專擅改作，故史特書之耳。若國家自量彊弱，其軍或減或益，國史不須書也。何則？僖公復古，始有三萬，則以前無三萬矣。僖公作亦不書，何怪舍不書也？蘇氏亦云：「僖公之時，實有三軍，自文以後，舍其一軍。不書者，非是故有，所舍故不書。」蘇氏又云：「鄭注《詩》『公徒三萬』，以爲三軍。鄭答臨碩之問，云『公徒三萬』爲二軍者，鄭隨問而答，當以《詩》箋爲正。」蘇氏又云：「『蒐于紅，革車千乘』，所以今不滿三軍者，以當時采地衆多，公邑民少，故不能滿三軍，三子各毁其乘以足之。」與前解異也。《周禮・小司徒》云：「凡起徒役，無過家一人。」是家出一人，故鄉爲一軍。天子六軍，出自六鄉，則大國三軍，出自三鄉。其餘公邑采地之民，不在三軍之數。季武子今爲三軍，則異於是矣，以魯國屬公之民皆分爲三，亦謂之三軍。其軍之民，不啻一萬二千五百家也。何則？魯國合竟之民，屬公者，豈唯有三萬七千五百家乎？明其決不然矣。由此言之，此作三軍，與禮之三軍，名同而實異也。春秋之世，兵革遞興，出軍多少，量敵彊弱。勍寇未息，卒士盡行。士卒之數，無復定準。成二年鞌之戰，晉車八百乘，計有六萬人，唯三卿帥之。昭十三年平丘之會，晉叔向云：「寡君有甲車四千乘在。」計四千士卒，成二十四軍爾。時晉國唯立三軍，則甲車四千，屬三軍耳，其軍豈止一萬二千五百人乎？昭八年魯蒐于紅，傳稱「革車千乘」，千乘之衆，充三軍之數，明知此分合竟之民以爲三軍，軍之所統，其數異於禮也。《膏肓》何休以爲：❶「《左氏》説云『尊公室』，休以爲與『舍中軍』義同。於義《左氏》爲短。」鄭康成箴云：「《左氏傳》云『作三軍』，三分公室各有其一。謂三家始專兵甲，卑公室。云《左氏》説者『尊公室』，失《左氏》意遠矣。」義符杜説也。**告叔孫穆子曰：「請爲三軍，各征其軍。」**征，賦税也。三家各征其軍之家屬。【疏】注「征賦」至「家屬」。　正義曰：《周禮・大司徒》：「以土均之法，制天下之地征。」《王制》云：「市廛而不税，關譏而不征。」經典之文，通謂賦税爲征，故云「征，賦税也」。往前民皆屬公，公税其民，以分賜羣臣。今武子欲令民即屬己，己所應得，自税取之。恐穆子不從，故先告之，❷請

❶「膏肓何休」，阮校：「當作『何休膏肓』，各本誤倒。」
❷「告」，京都本、文淵閣本、阮本作「言」。

分國内之民以爲三軍，三家各自征税其軍之家屬，冀望穆子亦便於己而從其計也。言軍之家屬者，丁壯從軍者，官無所税，其家屬不入軍者，乃税之耳。**穆子曰：「政將及子，子必不能。」**政者，霸國之政令。禮，大國三軍。魯次國而爲大國之制，貢賦必重，故憂不能堪。【疏】注「政者」至「能堪」。正義曰：於時天子衰微，政在霸主。霸主量國大小，責其貢賦，若爲二軍，則是次國，若作三軍，則爲大國。大國之制，貢賦必重，故云霸主重貢之政將及於子，子必不能堪之。憂其不能堪之，言三軍不可爲也。魯爲三軍、二軍，國之大小同耳，但作三軍，則自同大國，自同大國，則霸主必依大國責其貢重也。**武子固請之。穆子曰：「然則盟諸？」**穆子知季氏將復變易，故盟之。**乃盟諸僖閎。**僖宫之門。【疏】注「僖宫之門」。正義曰：《釋宫》云：「衖門謂之閎。」孫炎曰：「巷舍閒道也。」李巡曰：「閎，巷頭門也。」以此知僖閎是僖公之廟門也。❶**詛諸五父之衢。**五父衢，道名，在魯國東南。詛，以禍福之言相要。

正月，作三軍，三分公室而各有其一，三分國民衆。**三子各毁其乘。**壞其軍乘，分以足成三軍。【疏】注「壞其」至「三軍」。正義曰：往前民皆屬公，國家自有二軍，若非征伐，不屬三子，故三子自以采邑之民以爲己之私乘，如子産出兵車十七乘之類，是其私家車乘也。今既三分公室，所分得者即是己有，不須更立私乘，故三子各自毁壞舊時車乘部伍，分以足成三軍也。壞者，壞其部伍將領也。令使各自屬其軍，不復立私乘故也。**季氏使其乘之人以其役邑入者無征，**使軍乘之人率其邑役入季氏者，无公征。**不入者倍征。**

❶「之廟」，阮校：「宋本作『廟之』，是也。」

不入季氏者，則使公家倍征之。設利病，欲驅使入己，故昭五年傳曰「季氏盡征之」。民辟倍征，故盡屬季氏。【疏】「季氏」至「倍征」。　正義曰：其乘之人，即所分得者，國内三分有一之人也。役謂共官力役，則今之丁也。邑謂賦税，若今之租調也。以其役之與邑皆來入季氏者，則無公征也。若不以入季氏者，則使公家倍征之，當輸一而責其二也。設利害以懼民，毆之使入己耳。民畏倍征，故盡歸季氏。所分得者，無一入公也。知邑是賦税者，以言役邑入，則役之與邑皆從民而入官也。從民入官，唯在力役與賦税耳，❶故知邑是賦税也。賦税而謂之邑者，賦税所入，若私邑然，故以邑言之。**孟氏使半爲臣，若子若弟。**取其子弟之半也。四分其乘之人，以三歸公，而取其一。**叔孫氏使盡爲臣。**盡取子弟，以其父兄歸公。【疏】「孟氏」至「爲臣」。　正義曰：昭五年傳追説此事云：「季氏盡征之，叔孫氏臣其子弟，孟氏取其半焉。」叔孫氏臣其子弟，不臣父兄，謂取二分，而二歸公也。孟氏取其半，又如叔孫所取其中更取其半，又以半歸公，謂取一分，而三歸公也。彼傳順序，此文顛倒。傳意以叔孫爲主，而先説孟氏，言孟氏如叔孫所得，使其半爲己之臣，叔孫所得，子與弟也。此孟氏「若子若弟」，是子弟中課取其一，又分半以歸公也。叔孫使子弟盡爲己臣，唯以父兄歸公耳。**「不然不舍」。**制軍分民，不如是，則三家不舍其故而改作也。此蓋三家盟詛之本言。【疏】「制軍」至「本言」。❷　正義曰：如上所分，三家所得又各分爲四，季氏盡取四分，叔孫取二分，而二分歸公，孟氏取一分，而三

---

❶「在」，足利學本、正宗寺本作「有」。阮校：「宋本作『有』，是也。」

❷「制」上，正宗寺本、京都本、阮本有「注」字，當是，此脱。

分歸公。分國民以爲十二，三家得七，公得五也。舍謂舍故也。制三軍分國民，若不如是，則三家不肯舍其故法而別改作也。「使盡爲臣」以上，是序事之辭。「不然不舍」一句，是要契之語，故云「此蓋三家盟詛之本言」。盟詛本言，不必應詳具，❶但史家畧取其意而爲之立文，不復如本辭耳。

鄭人患晉、楚之故，諸大夫曰：「不從晉，國幾亡。幾，近也。**楚弱於晉，晉不吾疾也。**疾，急也。**晉疾，楚將辟之。何爲而使晉師致死於我，**言當作何計。**楚弗敢敵，而後可固與也。」**固與晉也。**子展曰：「與宋爲惡，諸侯必至，吾從之盟。楚師至，吾又從之，則晉怒甚矣。晉能驟來，楚將不能，吾乃固與晉。」大夫説之，使疆場之司惡於宋。**❷使守疆場之吏侵犯宋。**宋向戌侵鄭，大獲。子展曰：「師而伐宋可矣。若我伐宋，諸侯之伐我必疾，吾乃聽命焉，且告於楚。楚師至，吾又與之盟，❸而重賂晉師，乃免矣。」**言如此乃免於晉、楚之難。**夏，鄭子展侵宋。**欲以致諸侯。**四月，諸侯伐鄭。己亥，齊大子光、宋向戌先至于鄭，門于東門。**傳釋齊大子光所以序莒上也。向戌不書，宋公在會故。**其莫，晉荀罃至于西郊，東侵舊許。**許之舊國，鄭新邑。【疏】「東侵舊許」。正義曰：昭十二年傳楚子云：「我伯父昆吾，舊許是宅。鄭人貪賴其田，而不我與。」是舊許爲鄭邑也。

---

❶「不」，正宗寺本、京都本、文淵閣本、阮本無此字，當是。

❷「場」，原作「塲」，據《四部叢刊》本、京都本、文淵閣本、阮本改。注同。

❸「又」，京都本、阮本作「乃」。

謂之舊許，明是許之舊國，許南遷而鄭得之。**衛孫林父侵其北鄙。六月，諸侯會于北林，師于向，**向地在潁川長社縣東北。**右還，次于瑣，**北行而西爲「右還」。滎陽宛陵縣西有瑣侯亭。**圍鄭，觀兵于南門，**觀，示也。**西濟于濟隧。**濟隧，水名。**鄭人懼，乃行成。**

秋，七月，同盟于亳。范宣子曰：「不慎，必失諸侯。慎，敬威儀，謹辭令。**諸侯道敝而無成，能無貳乎？」**數伐鄭，皆罷於道路。**乃盟。載書曰：「凡我同盟，毋蘊年，**蘊積年穀，而不分災。**毋壅利，**專山川之利。**毋保姦，**藏罪人。**毋留慝，**速去惡。**救災患，恤禍亂，同好惡，奬王室。**奬，助也。**或閒兹命，司慎、司盟，名山、名川，**二司，天神。【疏】注「二司天神」。正義曰：盟告諸神，而先稱二司，知其是天神也。《覲禮》：諸侯覲于天子，爲宮方三百步，壇十有二尋，深四尺，加方明于其上。方明者，木也，方四尺，設六色，青、赤、白、黑、玄、黄。設六玉，圭、璋、琥、璜、璧、琮。公、侯、伯、子、男皆就其旂而立。天子祀方明，禮日月、四瀆、山川丘陵。彼文雖不言盟，其所陳設，盟之禮也。鄭玄云：「方明者，上下四方神明之象也。會同而盟，明神監之，則謂之天之司盟。有象者，猶宗廟之有主乎？」天子巡守之盟，其神主日。諸侯之盟，其神主山川。王官之伯會諸侯而盟，其神主月。是言盟之所告，告天神也。鄭云明神監之，❶謂之司盟，司盟非一神也。其司慎，亦不知指斥何神，但在山川之上，知其是天神耳。名山，山之有名者，謂五嶽、四鎮也。名川，謂四瀆也。**羣神羣祀，**羣祀，在祀典者。**先王先公，**先王，諸侯之大祖，宋祖帝乙，鄭祖厲王之比也。先

---

❶「鄭云」至「神也」，正宗寺本作「鄭云神監之之司盟司盟非一謂神也」。足利學本無「明」字。

公，始封君。**七姓十二國之祖，**七姓：晉、魯、衛、鄭、曹、滕，姬姓。邾、小邾，曹姓。宋，子姓。齊，姜姓。莒，己姓。杞，姒姓。薛，任姓。實十三國，言「十二」，誤也。【疏】注「七姓」至「誤也」。　正義曰：十三國爲七姓，《世本·世家》文也。姬即次曹，意及則言，不以大小爲次也。實十三國，而言「十二」，服虔云：「晉主盟，不自數。」知不然者，案定四年祝佗稱踐土之盟云「晉重、魯申」，於是晉爲盟主，❶自在盟內，何因晉今主盟，乃不自數？故知字誤也。劉炫難服虔云：「案宣子恐失諸侯，謹慎辭令，告神要人，身不自數，已不在盟，彼叛必速，豈有如此理哉？」**明神殛之。**殛，誅也。**俾失其民，隊命亡氏，踣其國家。」**踣，斃也。

楚子囊乞旅于秦。乞師旅於秦。**秦右大夫詹帥師從楚子，將以伐鄭。鄭伯逆之。丙子，伐宋。**鄭逆服，故更伐宋也。秦師不書，不與伐宋而還。

九月，諸侯悉師以復伐鄭。此夏諸侯皆復來，故曰「悉師」。**鄭人使良霄、大宰石㚖如楚，告將服于晉，曰：「孤以社稷之故，不能懷君。君若能以玉帛綏晉，不然，則武震以攝威之，孤之願也。」楚人執之。書曰「行人」，言使人也。**書行人，言非使人之罪。古者兵交，使在其閒，所以通命示整。或執殺之，皆以爲譏也。既成而後告，故書在蕭魚下。石㚖爲介，故不書。【疏】注「書行」至「不書」。　正義曰：《釋例》曰：「使以行言，言以接事。信令之要，於是乎在。舉不以怒，則刑不濫。刑不濫，則兩國之情得通。兵有不交而解者，皆行人之勳也，是以雖飛矢在上，走驛在下。及其末節，不統大理，遷怒肆忿，快

❶「是」，阮校：「盧文弨校本作『時』。」

意於行人，譬諸豺狼，求食而已。傳曰：『鄭人使伯蠲行成，晉人殺之，非禮也。』兵交，使在其間可也，故夫子特顯行人之文。行人有六，而傳發其三者，因良霄以顯其稱行人之事，因干徵師以示其非罪，因叔孫婼以同外内大夫，則餘三人皆隨例而爲義也。諸以行人爲名，通及外内，以卿出使，義取於非其罪也。若濤塗、甯喜之屬，罪在其身，鄭叔詹、魯行父之等，以執政受罪，本非使出，故不稱行人。從實而書，皆以罪之也。鄭祭仲之如宋也，非會非聘，與於見誘，而以行人應命，不能死節，挾僞以簒其君，故經不稱行人，以罪之也。」是言罪之故不稱行人，則稱行人，若皆無罪也。❶鄭人先遣告楚，乃從諸侯，故傳在會先也。經在會後，既成而後告執，故書執在蕭魚會下。

諸侯之師觀兵于鄭東門。鄭人使王子伯駢行成。甲戌，晉趙武入盟鄭伯。冬，十月，丁亥，鄭子展出盟晉侯。二盟不書，不告。**十二月，戊寅，會于蕭魚。**經書秋，史失之。【疏】注「經書秋史失之」。正義曰：會于蕭魚，經雖無月，但會下有冬，故以爲會在秋也。傳言日月，次第分明，是經繆，史官失之也。**庚辰，赦鄭囚，皆禮而歸之。納斥候，**不相備也。**禁侵掠。晉侯使叔肸告于諸侯。**叔肸，叔向也。告諸侯，亦使赦鄭囚。**公使臧孫紇對曰：「凡我同盟，小國有罪，大國致討。苟有以藉手，鮮不赦宥。寡君聞命矣。」**言晉討小國，有藉手之功，則赦其罪人。德義如是，不敢不承命。

鄭人賂晉侯以師悝、師觸、師蠲，悝、觸、蠲，皆樂師名。【疏】注「悝觸蠲皆樂師名」。正義曰：樂師

---

❶「若」，正宗寺本、京都本、文淵閣本、阮本作「者」，屬上讀。

稱師，下稱賂以樂，知此三人皆樂師，悝、觸、蠲是其名也。服虔見下有鐘、鎛、磬，即云「三師：鐘師、鎛師、磬師。謂悝能鐘，觸能鎛，蠲能磬也」。然則鄭人以師茷、師慧賂宋者，又能鐘乎？能鎛乎？三師必是能鐘磬者，要不可即以名次配言之。**廣車、軘車淳十五乘，甲兵備。**廣車、軘車，皆兵車名。淳，耦也。【疏】注「廣車」至「耦也」。正義曰：皆是兵車，而别爲之名，蓋其形制殊、用處異也。鄭玄云：「廣車，橫陳之車也。」服虔云：「軘車，屯守之車也。」或可因所用遂爲名，及其用之亦無常也。《射禮》：數射筭，「二筭爲純，一筭爲奇」。是淳爲耦也。**凡兵車百乘，**他兵車及廣、軘共百乘。【疏】注「他兵」至「百乘」。正義曰：偏見服本，皆云「淳十五乘」，則凡兵車百乘者，更合言軘、廣。或軘、廣之外别有百乘。杜本軘十五乘，❶更以他兵車七十乘增軘、廣，共爲百乘耳。知非軘、廣之外更有百乘，而云兼軘、廣者，以上既言「廣車、軘車」，下云「凡兵車百乘」，言「凡」，是揔攝之辭，故知揔上軘、廣也。若然，直言兵車百乘，於理自足。上别云「廣車、軘車」者，以廣車、軘車甲兵備足，自外之車甲兵不備。又别有車，名非軘、廣也。**歌鐘二肆，**肆，列也。縣鐘十六爲一肆。二肆，三十二枚。【疏】注「肆列」至「二枚」。正義曰：以肆爲列者，鐘磬皆編縣之，在簨虡而各有行列也。《周禮·小胥》云：「凡縣鐘磬，半爲堵，全爲肆。」鄭玄云：「鐘磬者，編縣之，二八十六枚，而在一虡，謂之堵。鐘一堵，磬一堵，謂之肆。半之者，謂諸侯之卿大夫士也。諸侯之卿大夫，半天子之卿大夫，西縣鐘，東縣磬。士亦半天子之士，縣磬而已。」如鄭彼言，鐘與磬全，乃成爲肆。此傳於鐘即言肆者，十六枚而在一虡，古今皆同，其虡不可分也。虡不可

❶「軘」，阮校：「臧禮堂云：杜訓『淳』爲『耦』，耦爲十五，則三十乘，故下云『更以他兵車七十乘共爲百乘』，是杜本當作『淳』，不作『軘』也。」

分，而云有全有半，明如鄭言鐘磬相對，肆爲全，單爲半也。❶傳言「歌鍾二肆」，則兼有磬矣。若其無磬，不得成肆。杜以傳唯云「歌鐘」，故但解鐘數云「三十二枚」，其磬數亦同矣。此二肆，皆爲編縣也。下云「及其鎛、磬」者，鎛是大鐘，磬是大磬，皆特縣之，非編縣也。據鄭玄禮圖如此也。言歌鐘者，歌必先金奏，故鐘以歌名之。《晉語》孔晁注云：「歌鐘，鐘以節歌也。」劉炫云：「傳言『歌鐘二肆，及其鎛、磬』，則鎛、磬亦二肆。肆之爲名，實由鐘磬相對。但傳於磬下不復更言其數，於鐘則言二肆，明鎛、磬數與之同，乃成肆。若磬無二肆，則『半賜魏絳』，無磬矣，安得有金石也？知色别各三十二枚也。」歌必先云云同。**及其鎛、磬，**鎛、磬，皆樂器。**女樂二八。**十六人。**晉侯以樂之半賜魏絳，曰：「子教寡人和諸戎狄，以正諸華，**在四年。**八年之中，九合諸侯。如樂之和，無所不諧。**諧亦和也。【疏】「八年」至「之和」。❷正義曰：服虔云：「八年，從四年以來至十一年也。九合諸侯者，五年會于戚，一也；其年又會于城棣救陳，二也；七年會于鄬，三也；八年會于邢丘，四也；九年會于戲，❸五也；十年會于柤，六也；又戍鄭虎牢，七也；十一年同盟于亳城北，八也；又會于蕭魚，九也。」《晉語》説此事云：「於今八年，七合諸侯。」孔晁云：「不數救陳與戍鄭虎牢，餘爲七也。」「如樂之和」，謂諸侯和同，如樂之相應和也。**請與子樂之。」**共此樂。**辭曰：「夫和戎狄，國之福也。八年之中，九合諸侯，諸侯無慝，君之靈也，二三子之勞也，臣何力之有焉？抑臣願君安其樂而思其終也。《詩》**

---

❶「也」，京都本、文淵閣本、阮本作「此」，屬下讀。

❷「八年至之和」，阮本此節正義在「如樂之和」句注下。

❸「會」，文淵閣本作「盟」。阮校：「浦鏜《正誤》作『盟』，是也。」

曰：『樂旨君子，❶**殿天子之邦。**《詩・小雅》也。謂諸侯有樂美之德，可以鎮撫天子之邦。殿，鎮也。**樂旨君子，福禄攸同。**攸，所也。**便蕃左右，亦是帥從。』**便蕃，數也。言遠人相帥來服從，便蕃然在左右。【疏】「詩曰」至「帥從」。正義曰：《詩・小雅・采菽》之篇也。旨，美也，言樂美之德。君子以有樂美之德，可以鎮撫天子之邦國也。以有樂美之德政，故爲福禄之所同歸也。既能鎮邦國，受福禄，雖復疏遠之人，便蕃然數來，在其左右，亦於是相帥而來從之也。**夫樂以安德，**和其心也。**義以處之，**處位以義。**禮以行之，**行教令。**信以守之，**守所行。**仁以厲之。**厲風俗。**而後可以殿邦國，同福禄，來遠人，所謂樂也。**言五德皆備，乃爲樂，非但金石。**《書》曰：『居安思危。』**❷逸《書》。**思則有備，有備無患。敢以此規。」**規正公。**公曰：「子之教，敢不承命？抑微子，寡人無以待戎，**待遇接納。**不能濟河。**渡河南服鄭。**夫賞，國之典也，藏在盟府，**司盟之府有賞功之制。【疏】注「司盟」至「之制」。正義曰：《周禮・司盟》：「會同則掌其盟約之載，既盟則貳之。」貳之者，寫兩本盟書，一埋盟處，一藏盟府也。唯言會同之盟，不掌功勳之事，而得有賞功之制者，僖五年傳曰：「虢仲、虢叔爲文王卿士，勳在王室，藏於盟府。」是司盟之府

---

❶「旨」，《四部叢刊》本、京都本、阮本作「只」。阮校：「淳熙本、閩本、足利本亦作『只』，與《詩》合，下同。」今案：正義曰「旨，美也」，則正義所據本原作「旨」。

❷「居安思危」，阮校：「惠棟云：《周書・程典》作『於安思危』，《楚策》虞卿謂春申君曰：『臣聞之《春秋》：於安思危。』所謂《春秋》，即《左傳》也。虞卿傳《左氏春秋》於鐸椒，轉授荀卿，然則傳文『居安』當作『於安』。案，『居』、『於』音相近。」

掌藏功勳典策，故有賞功之制也。**不可廢也。子其受之！」魏絳於是乎始有金石之樂，禮也。**禮，大夫有功則賜樂。【疏】注「禮大」至「賜樂」。　正義曰：以魏絳蒙賜，始有金石之樂，知未賜不得有也。賜之而云「禮也」，知禮法得賜之也。《周禮·小胥》云：「大夫判縣，士特縣。」《鄉飲酒禮》云：「笙入堂下，磬南北面。」《鄉射禮》云：「縣于洗東北，西面。」《喪大記》云：「疾病，君大夫徹縣。」是大夫得有鐘磬之樂。有功乃賜之，正禮也。唯言魏絳有金石之樂，不言女樂。女樂，房中私宴之樂，或不以賜之。

秦庶長鮑、庶長武帥師伐晉以救鄭。庶長，秦爵也。不書「救鄭」，已屬晉，無所救。**鮑先入晉地，士魴禦之，少秦師而弗設備。壬午，武濟自輔氏，**從輔氏渡河。**與鮑交伐晉師。己丑，秦、晉戰于櫟，晉師敗績，易秦故也。**不書「敗績」，晉恥易秦而敗，故不告也。櫟，晉地。

【經】十有二年，春，王三月，莒人伐我東鄙，圍台。琅邪費縣南有台亭。**季孫宿帥師救台，遂入鄆。**鄆，莒邑。

夏，晉侯使士魴來聘。

秋，九月，吳子乘卒。五年會於戚，公不與盟，而赴以名。【疏】注「五年」至「以名」。　正義曰：劉炫云：「杜於五年注以爲公及其盟，還而不以盟告廟也。今注云『會於戚，公不與盟，而赴以名』，何爲兩注自相矛楯？」今知劉難非者，以戚盟經既不書公之與否，又傳無其事，杜弘通其義，故爲兩解。劉不尋杜旨而規其過，非也。

冬，楚公子貞帥師侵宋。

公如晉。

【傳】十二年，春，莒人伐我東鄙，圍台。季武子救台，遂入鄆，乘勝入鄆，報見伐。**取其鐘以爲公盤。**

夏，晉士魴來聘，且拜師。謝前年伐鄭師。

秋，吴子壽夢卒。壽夢，吴子之號。**臨於周廟，禮也。**周廟，文王廟也。周公出文王，故魯立其廟。吴始通，故曰「禮」。【疏】注「周廟」至「曰禮」。正義曰：杜以下文周廟尊於周公之廟，知是文王廟也。以鄭祖厲王，立所出王廟，知爲周公出文王，故魯立其廟也。哀二年蒯聵禱云：「敢昭告皇祖文王。」衛亦立文王廟也。《郊特牲》曰：「諸侯不敢祖天子，大夫不敢祖諸侯，而公廟之設於私家，非禮也。」而諸侯得立王廟者，彼謂無功德，非王命而輒自立之，則爲非禮。魯、衛有大功德，王命立之，是其正也。鄭祖厲王，亦然。此是常禮，特於吴子而傳發例者，以吴始通，公能依禮，故於此言「禮也」。**凡諸侯之喪，異姓臨於外，**於城外，向其國。【疏】注「於城外向其國」。正義曰：《禮奔喪》之記云：「哭父之黨於廟，母妻之黨於寢，師於廟門外，朋友於寢門外，所識於野張帷。」此傳言「於外」，與彼「於野」同，於城外，向其國，張帷而哭之耳。**同姓於宗廟，**所出王之廟。【疏】「同姓於宗廟」。正義曰：此即周廟也。但發大例，意通古今，故不復斥言周耳。其實於周之世，亦周廟也。異姓之國，無所出王之廟者，其哭同姓，必不得同諸異姓，亦當於祖廟。**同宗於祖廟，**始封君之廟。**同族於禰廟。**父廟也。同族，謂高祖以下。**是故魯爲諸姬臨於周廟，**諸姬，同姓國。**爲邢、凡、蔣、茅、胙、祭臨於周公之廟。**即祖廟也。六國皆周公之支子，別封爲國，共祖周公。

冬，楚子囊、秦庶長無地伐宋，師于揚梁，❶**以報晉之取鄭也。**取鄭在前年。梁國睢陽縣東有地名揚梁。

靈王求后于齊，齊侯問對於晏桓子。桓子對曰：「先王之禮辭有之。天子求后於諸侯，諸侯對曰：『夫婦所生若而人，不敢譽，亦不敢毁，故曰若如人。**妾婦之子若而人。』**言非適也。❷**無女而有姊妹及姑姊妹，則曰『先守某公之遺女若而人』。」**【疏】「及姑姊妹」。❸　正義曰：《釋親》云：「父之姊妹爲姑。」樊光曰：「《春秋傳》云『姑姊妹』，然則古人謂姑爲姑姊妹。蓋父之姊爲姑姊，父之妹爲姑妹。」《列女傳》：「梁有節姑妹，入火取其兄子。」❹是謂父妹爲姑妹也。後人從省，故單稱爲姑也。古人稱祖父，近世單稱祖，亦此類也。**齊侯許昏，王使陰里結之。**陰里，周大夫。結，成也。爲十五年劉夏逆王后傳。

---

❶「揚」，京都本、文淵閣本、阮本作「楊」。阮校：「《郡國志》『梁國』下有『陽梁聚』，引傳文作『楊』。案，《廣雅》云：『楊，揚也。』《詩·王風·揚之水》釋文云：『或作楊。』二字古多通用。」

❷「適」下，京都本、阮本有「世」字。今案：「世」疑「出」之訛。

❸「及姑姊妹」，阮本此節正義在「無女而有姊妹及姑姊妹」句下。

❹「取其」，京都本、阮本作「而救」。

公如晉朝，且拜士魴之辱，禮也。士魴聘在此年夏，嫌君臣不敵，故禮之。❶

秦嬴歸于楚。秦景公妹，爲楚共王夫人。**楚司馬子庚聘于秦，爲夫人寧，禮也。**子庚，莊王子午也。諸侯夫人，父母既没，歸寧使卿，故曰「禮」。【疏】「秦嬴」至「禮也」。正義曰：此事不見於經，而傳自廣記備言，以明禮之事耳。楚共王以成元年即位，秦嬴歸楚，蓋應多年。傳因子庚之聘，發其歸楚，非此年歸，而即使歸寧。案昭元年秦鍼奔晉，傳云其母曰「弗去懼選」。鍼則景公之弟，昭元年其母猶在，此注云「父母既没，歸寧使卿」者，父母並在，則身自歸寧，若父没母存，身不自歸，則亦使卿寧也。杜云「父母既没」，連言之耳。

❶ 「故禮之」，《四部叢刊》本、京都本作「故曰禮之」，文淵閣本、阮本作「故曰禮也」。

春秋左傳正義卷第二十二

襄公

國子祭酒上護軍曲阜縣開國子臣孔穎達等奉勑撰

【經】**十有三年，春，公至自晉。**

夏，取邿。邿，小國也。任城亢父縣有邿亭。傳例曰：「書取，言易也。」

秋，九月，庚辰，楚子審卒。共王也。成二年大夫盟于蜀。

冬，城防。

【傳】**十三年，春，公至自晉，孟獻子書勞于廟，禮也。**書勳勞於策也。桓二年傳曰：「公至自唐，告於廟也。凡公行，告於宗廟。反行，飲至，舍爵，策勳焉，禮也。」桓十六年傳又曰：「公至自伐鄭，以飲至之禮也。」然則還告廟及飲至及書勞三事，偏行一禮，則亦書至，悉闕乃不書至。傳因獻子之事，以發明凡例。《釋例》詳之。【疏】注「書勳」至「詳之」。正義曰：其書勞與策勳，一也。《周禮》：「王功曰勳，事功曰勞。」對則勳大而勞小，故傳變文以包之。注云「書勳勞於策」，明其不異也。桓二年傳發凡例，有告廟也，飲至也，策勳也。桓十六年傳言「飲至」，此年傳言「書勞」，二者各舉其一，所以反覆凡例，以此知三事偏行一禮，則亦書至，悉闕乃不書至耳。所云「偏行一禮」，謂偏行告至。其飲至、策勳，則不可偏行也。何則？告廟因行飲至，舍爵而即策勳。策勳、飲至，並行之於廟，豈得不告至而在廟聚飲乎？不告至而入廟書勞乎？明其決不然矣。但告至已後，或飲至而不書勞，或書勞而不飲至，二事或有闕其一者，傳因獻子書勞，復言「禮也」，所以發明凡例。《釋例》曰：「公行，或朝或會，或盟或伐，得禮失禮，其事非一，故傳隨而釋之。於盟釋告廟，嫌他例不通，故復揔云『凡公行，告于宗廟。反行，飲至、舍爵、策勳焉，禮也』。此以明公之出竟，當無不告。及其反也，則必飲至，有功則策勳。故公至自伐鄭，傳重言以飲至之禮，孟獻子書勞于廟，傳復云『禮』，所以反覆凡例也。公朝於晉，而獻子書勞，知策勳非唯討伐之功，雖或常行，有以定國安民，亦書功於廟也。然則凡反行飲至，必以嘉會昭告祖禰，有功則舍爵策勳，無勞告事而已。」

夏，邿亂，分爲三。國分爲三部，志力各異。**師救邿，遂取之。**魯師也。經不稱師，不滿二千五百人。傳通言之。**凡書取，言易也。**不用師徒，及用師徒而不勞，雖國亦曰「取」。**用大師焉曰滅。**敵人距戰，斬獲俘馘，用力難重，雖邑亦曰滅。**弗地曰入。**謂勝其國邑，不有其地。【疏】注「魯師」至「言之」。❶　正義曰：莊八年「師及齊師圍郕」，彼是大夫將滿師，故稱「師」。此亦大夫將，所將不滿二千五百人，故直言取邿，而不得言師也。傳言師者，師是衆人之揔名，❷雖少，亦通言之。　注「不用」至「曰取」。

❶「注魯師至言之」，阮本以下正義四節分疏於傳文各節下。

❷「之」，京都本、阮本無此字。

正義曰：宣九年取根牟，傳曰「言易也」。成六年取鄟，傳曰「言易也」。昭四年取鄫，傳曰：「言易也。莒亂，著丘公立而不撫鄫，鄫叛而來，故曰取。凡克邑，不用師徒曰取。」與此四發取例，傳皆云「言易也」。取鄫之下，又發凡例云「克邑不用師徒曰取」者，不用師徒，即是易得之狀，所以覆明凡例也。若用而不勞，則與不用相似，故杜云用而不勞亦曰取也。凡例克邑，邿乃是國，知雖國亦曰取。《釋例》曰：「取者，乘其衰亂，或受其潰叛，或用小師而不頓兵勞力，❶則直言取。如取如攜，言其易也。傳四發取例者，邿以師徒，鄫叛而來，根牟東夷，鄟附庸國，名各不同故也。邿爲小國，非邑非夷，故以凡例附之。」注「敵人」至「曰滅」。正義曰：國大邑小，嫌邑易國難，「滅」、「取」止見難易，不由國邑大小，故注辯之。上云易，則雖國亦曰取。此取邿，邿是國也。此言用力難重，則雖邑亦曰滅。僖二年虞師、晉師滅下陽，昭十三年吴滅州來，皆邑而言滅是也。注「謂勝」至「其地」。正義曰：入謂入其都邑，制其民人。當入之日，與滅亦同，但尋即去之，不爲己有，故云勝其國邑，不即有其土地。如此之類，謂之爲「入」。國、邑雙舉者，國、邑皆稱入也。文十五年晉郤缺入蔡，是入國也。成七年吴入州來，九年楚人入鄆，是入邑也。若然，閔二年狄入衛，哀八年宋公入曹，二者傳皆言滅，而經書「入」者，《釋例》曰：「狄滅衛，而書『入』者，狄無文告。衛之君臣死盡，齊桓存之，以告諸侯，言狄已去，不能有其土地也。曹背晉而奸宋，是以致討。宋公既還，而不忍褚師之詬，怒而反兵，一舉滅曹，滅非本志，故以入告也。」

荀罃、士魴卒。晉侯蒐于緜上，以治兵，爲將命軍帥也，必蒐而命之，所以與衆共。**使士匄將**

---

❶「小」，閩本、監本、毛本、文淵閣本作「少」。

中軍，辭曰：「伯游長。伯游，荀偃。昔臣習於知伯，是以佐之，非能賢也。七年，韓厥老，知罃代將中軍，士匄佐之。匄今將讓，故謂爾時之舉，不以己賢。事見九年。請從伯游。」荀偃將中軍，代荀罃。士匄佐之。位如故。使韓起將上軍，辭以趙武。又使欒黶，以武位卑，故不聽，更命黶。辭曰：「臣不如韓起。韓起願上趙武，君其聽之。」使趙武將上軍，武自新軍超四等，代荀偃。韓起佐之。位如故。欒黶將下軍，魏絳佐之。黶亦如故。絳自新軍佐超一等，代士魴。新軍無帥，將佐皆遷。晉侯難其人，使其什吏率其卒乘官屬，以從於下軍，禮也。得慎舉之禮。晉國之民，是以大和，諸侯遂睦。君子曰：「讓，禮之主也。范宣子讓，其下皆讓。欒黶爲汏，❶弗敢違也。晉國以平，數世賴之。刑善也夫！刑，法也。一人刑善，百姓休和，可不務乎？《書》曰：『一人有慶，兆民賴之，其寧惟永。』其是之謂乎？《周書・吕刑》也。一人，天子也。寧，安也。永，長也。義取上有好善之慶，則下賴其福。周之興也，其《詩》曰：『儀刑文王，萬邦作孚。』《詩・大雅》。言文王善用法，故能爲萬國所信。孚，信也。言刑善也。及其衰也，其《詩》曰：『大夫不均，我從事獨賢。』《詩・小雅》。刺幽王役使不均，故從事者怨恨，稱己之勞，以爲獨賢，無讓心。言不讓也。世之治也，君子尚能而讓其下，能者在下位，則貴尚而讓之。小人農力以事其上，是以上下有禮，而讒慝黜遠，

---

❶「汏」，《四部叢刊》本、京都本、文淵閣本、阮本作「汰」。阮校：「石經、宋本作『汏』，是也，與葉抄《釋文》合。」下同，不另出校。

由不争也，謂之懿德。及其亂也，君子稱其功以加小人，加，陵也。君子，在位者。**小人伐其技以馮君子，**馮亦陵也。自稱其能爲伐。**是以上下無禮，亂虐並生，由争善也，**争自善也。**謂之昏德。國家之敝，恒必由之。」**傳言晉之所以興。【疏】「晉侯」至「禮也」。❶　正義曰：什吏，謂十人長也。從車曰卒，在車曰乘。新軍將佐皆選，晉侯選賢未得，難用其人，使其軍内十人之長率其步卒車士與其新軍官屬軍尉司馬之類，以從於下軍，令下軍將佐兼領之，得慎舉之禮也。《周禮·夏官·序》云：「凡制軍，萬有二千五百人爲軍，軍將皆命卿。二千有五百人爲師，師帥皆中大夫。五百人爲旅，旅帥皆下大夫。百人爲卒，卒長皆上士。二十五人爲兩，❷兩司馬皆中士。五人爲伍，伍皆有長。」不言十人有長，而此傳云「什吏」者，《夏官》所云，《周禮》之正法耳，其量時制事，未必盡然。《尚書·牧誓》有千夫長、百夫長。《齊語》：「管子設法，五人爲伍，五十人爲小戎，二百人爲卒，二千人爲旅，萬人爲軍。」《吴語》：「王孫雄設法，百人爲行，十行一旌，十旌一將軍。」引《司馬法》云：「十人之帥執鈴，百人之帥執鐸，千人之帥執鼓，萬人之將執大鼓。」三者數人置帥，皆以什計之，異於《周禮》，則晉人爲軍，或十人置吏也。　「詩曰」至「善也」。　正義曰：此《大雅·文王》之篇。儀，善也。刑，法也。孚，信也。善用法者，文王也。言文王善用法，故能爲萬國所信。言文王之法善也。❸　「詩曰」至「讓也」。　正義曰：《詩·小雅·北山》之篇。刺幽王役使不均平，被使之人自稱己之功勞，我所以特從王事者，在上獨以我

---

❶ 「晉侯至禮也」，阮本以下正義三節分疏於傳文各節下。

❷ 「二」，原作「一」，據正宗寺本、京都本、阮本改。

❸ 「之」，阮校：「毛本作『用』。」

爲賢。自云己賢，是不讓也。

楚子疾，告大夫曰：「不穀不德，少主社稷。生十年而喪先君，未及習師、保之教訓，而應受多福，多福謂爲君。是以不德，而亡師于鄢，鄢在成十六年。以辱社稷，爲大夫憂，其弘多矣。弘，大也。若以大夫之靈，獲保首領，以没於地，❶唯是春秋窀穸之事，窀，厚也。穸，夜也。厚夜猶長夜。春秋謂祭祀，長夜謂葬埋。所以從先君於禰廟者，從先君代爲禰廟。請爲『靈』若『厲』。欲受惡謚，以歸先君也。亂而不損曰靈，戮殺不辜曰厲。大夫擇焉。」莫對。及五命，乃許。秋，楚共王卒。子囊謀謚。大夫曰：「君有命矣。」子囊曰：「君命以共，若之何毁之？赫赫楚國，而君臨之，撫有蠻夷，奄征南海，以屬諸夏，而知其過，可不謂共乎？請謚之『共』。」大夫從之。傳言子囊之善。【疏】注「窀厚」至「葬埋」。❷　正義曰：《晉語》云：「屯，厚也。」《説文》云：「夕，暮也。從月半。」是夜字從夕，❸知是以夕爲夜也。厚、長意同，故厚夜猶長夜也。《孝經》云：「春秋祭祀，以時思之。」故春秋謂祭祀也。長夜者，言夜不復明，死不復生，故長夜謂葬埋也。以其事施於葬，故今字皆從穴。王意自貶，祭之與葬皆不敢從

❶「没」，《四部叢刊》本、京都本、文淵閣本、阮本、《經典釋文》作「殁」。

❷「注窀厚至葬埋」，阮本以下正義二節分疏於傳文各節下。

❸「是」，正宗寺本、京都本、文淵閣本、阮本作「見」，屬上讀。阮校：「宋本作『是』，非也。」今案：當作「見」，《説文》（清陳昌治刻本）「夕」字下云：「莫也，從月半見。」

先君之禮。　注「從先」至「禰廟」。　正義曰：《祭法》云：「諸侯立五廟，曰考廟，王考廟，皇考廟，顯考廟，祖考廟。」此云「禰廟」，即彼「考廟」也。《曲禮》云：「生曰父，死曰考。」考，成也，言有成德也。禰，近也，於諸廟，父最爲近也。禮，三年喪畢，❶遠祖遞遷，❷新主入廟，是從先君代爲禰廟也。計昭穆之次，昭次入昭廟，穆次入穆廟，皆代爲祖廟。而言代爲禰廟者，謂與見在生者爲禰廟。❸

吴侵楚，養由基奔命，子庚以師繼之。子庚，楚司馬。**養叔曰：「吴乘我喪，謂我不能師也，**養叔，養由基也。**必易我而不戒。**戒，備也。**子爲三覆以待我，**覆，伏兵。**我請誘之。」子庚從之。戰于庸浦，**庸浦，楚地。**大敗吴師，獲公子黨。君子以吴爲不弔，**不弔，不用天道相弔恤。**《詩》曰：「不弔昊天，亂靡有定。」**言不爲昊天所恤，則致罪也。❹爲明年會向傳。【疏】「不弔」至「有定」。　正義曰：《詩·小雅·節南山》之篇。

冬，城防。書事，時也。土功雖有常節，通以事閒爲時。**於是將早城。臧武仲請俟畢農事，禮也。**【疏】注「土功」至「爲時」。❺　正義曰：莊二十九年傳例曰：「凡土功，龍見而畢務，戒事也。火見而致用，

---

❶「年」下，京都本、文淵閣本、阮本有「之」字。

❷「遠祖遞遷」，京都本、文淵閣本、阮本作「則以遷」。

❸「謂與見在生者爲禰廟」，京都本、文淵閣本、阮本作「是從先君之近也」。

❹「罪」，阮校：「陸粲附注云：『罪』字誤，當作『亂』字。」

❺「注土功至爲時」，阮本此節正義在注「通以事閒爲時」句下。

水昏正而栽。」是土功之常節也。本設此節，以爲農事既閒，故以此時興土功。❶今此冬城防，經、傳皆不言月，當在火見致用之前。此歲農收差早，❷雖天象未至，而民事已閒，故云土功雖有常節，通以事閒爲時。言時節未是時，而事以得時，故言「書事，時也」。《釋例》曰：「冬城防，臧武仲請畢農事，故傳曰『書事，時也』。言興作出火見致用之前，亦得兼以事時而禮之。」

鄭良霄、大宰石㚖猶在楚。十一年，楚人執之至今。**石㚖言於子囊曰：「先王卜征五年，**先征五年而卜吉凶也。征謂巡守征行。**而歲習其祥，祥習則行，**❸五年五卜，皆同吉，乃巡守。**不習，則增脩德而改卜。**不習，謂卜不吉。**今楚實不競，行人何罪？**不能脩德與晉競。**止鄭一卿，以除其偪，**一卿，謂良霄。**使睦而疾楚，以固於晉，焉用之？**位不偪則大臣睦，怨疾楚則事晉固。**使歸而廢其使，**行而見執於楚，鄭又遂堅事晉，是鄭廢本見使之意。**怨其君以疾其大夫，而相牽引也，不猶愈乎？」楚人歸之。**【疏】注「先征」至「征行」。❹正義曰：「先征五年而卜其吉凶」，❺謂征前五年而預

❶「以此時興」，京都本、閩本、監本、毛本、文淵閣本作「得用力於」。
❷「此歲」，京都本、閩本、監本、毛本、文淵閣本作「當時」。
❸「習」，阮校：「鄭注《禮記·表記》、《周禮·大卜》正義引傳作『襲』。」
❹「注先征至征行」，阮本以下正義五節分疏於傳文各節下。
❺「凶」下，京都本、文淵閣本、阮本有「也者以」三字。

卜之也。征訓行也。先王之行謹慎，❶而卜必是禮之大者。大禮遠行，莫過巡守，故知「征謂巡守」也。「征，行」，《釋言》文也。傳言卜征五年，未知何代之禮。案《尚書·舜典》云：「五載一巡守。」孔安國云：「堯、舜同道，舜攝則然，堯又可知。」《周禮·大行人》云：「十有二歲，王巡守殷國。」《王制》云：「天子五年一巡守。」鄭玄云：「天子以海内爲家，時一巡省之。五年者，虞、夏之制也。周則十二歲一巡守。」如孔、鄭之言，唐、虞及夏，皆五年一巡守。然則卜征五年，虞、夏法也。在周之世，而遠陳虞、夏法者，蓋重古而言之。或周之巡守，不必十二年也。周十二年一巡守，法歲星行天一周也。虞、夏五年一巡守，取五行遞王而徧也。　「而歲」至「則行」。　正義曰：《禮記》云：「卜筮不相襲。」鄭玄云：「襲，因也。」《釋詁》云：「祥，善也。」歲因其善，謂去年吉，今年又吉也。善因則行，謂五年五吉，善善相因，❷則先王然後行巡守也。傳稱卜不習吉，而得五年五卜者，卜不習吉，謂不可一時再卜耳。此則每年一卜，非相習也。　注「不習謂卜不吉」。　正義曰：其善不因往年，是謂不習吉也。脩德改卜，更以卜吉爲始，又得五吉，乃行也。　「止鄭」至「用之」。　正義曰：貴者多則勢相偪。今止鄭一卿於楚，以除其國内相偪之患。位不偪則大臣和睦，使鄭在家之人和睦而疾楚，以牢固事於晉。焉用之，何須用此良霄留之於楚？　「使歸」至「愈乎」。　正義曰：往者，鄭使良霄向楚，其意欲得楚執良霄，❸鄭得堅事晉國，是鄭本遣良霄，其意如此。今若放良霄使歸於鄭，則鄭不得堅事晉國，是廢其本使之意。蘇氏之説亦然也。良霄被

---

❶「慎而卜必」，京都本、閩本、監本、毛本、文淵閣本作「敬之至況」。
❷「善善相因」，京都本、閩本、監本、毛本、文淵閣本作「歲歲因襲」。
❸「得」，京都本、閩本、監本、毛本、文淵閣本作「使」。

執，久留在楚，今若歸之，則怨恨其君，以憎疾其大夫，而相牽引，令鄭國大臣不和，則事晉之心不固，不猶少差乎？《方言》云：「病差謂之愈。」後年注以愈爲差，此亦當爲差也。服虔云：「愈猶病愈。」是愈爲差之義也。鄭玄《論語》注云：「愈猶勝也。」

【經】十有四年，春，王正月，季孫宿、叔老會晉士匄、齊人、宋人、衛人、鄭公孫蠆、曹人、莒人、邾人、滕人、薛人、杞人、小邾人，會吴于向。 叔老，聲伯子也。魯使二卿會晉，敬事霸國。晉人自是輕魯幣，而益敬其使，故叔老雖介，亦列於會也。齊崔杼、宋華閱、衛北宮括在會惰慢不攝，故貶稱「人」，蓋欲以督率諸侯，奬成霸功也。吴來在向，諸侯會之，故曰「會吴」。向，鄭地。**【疏】**注「叔老」至「鄭地」。❶ 正義曰：叔老，聲伯子，叔肸孫，故以叔爲氏也。卿出聘使及盟會，皆以大夫爲介，禮之常也。此會，魯使季孫宿與叔老二卿會晉，敬事霸國，故以卿爲介。於例唯征戰重兵，詳内略外，魯師出征伐，則諸將並書，其聘與會，唯書使主，其介不合書也。晉人自是輕魯幣，而益敬其使。叔老雖則爲介，而晉爲盟主，亦列之於會。魯人以其並列於會，故並書之也。傳稱「宋華閱、仲江會伐秦，向之會亦如之」，則此會宋亦二卿，華閱猶尚被貶，仲江固不在列。若二卿並敬其事，俱得列會，亦當並書於策。何則？盟主列之於會，魯史無容略之也。故傳言「崔杼、華閱會伐秦，不書，惰也。向之會亦如之。北宮括不書於向，書於伐秦，攝也」。是齊、宋、衛三國

❶ 「注」上，正宗寺本、京都本、阮本有「十四年」三字。

之卿，於此會也，惰慢不自整攝，故貶稱「人」。罪其身，故去名氏。猶序鄭卿之上，從其大小舊次也。在會惰慢，未是大尤，即加貶責者，此是仲尼新意，蓋欲督率諸侯，奬成晉悼霸功故也。以吴來在向，諸侯就向會之，故不序吴於列。而云「會吴于向」，與鍾離、善道同也。

二月，乙未，朔，日有食之。無傳。

夏，四月，叔孫豹會晉荀偃、齊人、宋人、衛北宮括、鄭公孫蠆、曹人、莒人、邾人、滕人、薛人、杞人、小邾人伐秦。齊、宋大夫不書，義與向同。

己未，衛侯出奔齊。諸侯之策，書孫、甯逐衛侯。《春秋》以其自取奔亡之禍，故諸侯失國者，皆不書逐君之賊也。不書名，從告。【疏】注「諸侯」至「從告」。正義曰：二十年，甯子疾，召悼子曰「諸侯之策」云云，甯殖自爲此言，明知諸國策書皆云「孫林父、甯殖逐衛侯」，不言衛侯自出奔也。仲尼脩《春秋》，以其自取奔亡之禍，故諸失國者，❶皆是被臣逐之，悉非其君自出。仲尼尤其不能自安，皆不書逐君之賊，所以責其君也。北燕伯款出奔齊，蔡侯朱出奔楚，並書名，此不書名，從告也。《釋例》曰：「諸侯奔亡，皆迫逐而苟免，非自出也。傳稱『孫林父、甯殖出其君』，名在諸侯之策。此以臣名赴告之文也。仲尼之經，更没逐者之名，主以自奔爲文，責其君不能自安自固，所犯非徒所逐之臣也。衛赴不以名，而燕赴以名，各隨赴而書之，義在於彼，不在此也。」杜言在彼不在此者，義在自出爲罪，不在名與不名，以其失國，已足罪賤，不假復以名責，故史記隨赴而書，

❶「諸」下，閩本、監本、毛本、文淵閣本有「侯」字。

仲尼依舊爲定也。《曲禮》云：「諸侯失地名。滅同姓名。」記之所言，當據《春秋》爲義。「滅同姓名」，《春秋》既依用之，則失地書名，亦是大例。而杜云「名與不名無義例」者，案經書衛侯燬滅邢，傳云「同姓也，故名」，其言與記符同，《左氏》本有此例也。失地書名，則傳無其事。且記言失地者，謂國被人奪，非棄位出奔者也。州公如曹，紀侯大去，皆是失地之君，經不書名，亦不發傳，知失地之君不以名爲貶也。穀伯綏、鄧侯吾離來朝，《公羊傳》皆云：「何以名？失地之君也。」則《禮記》之文，或據《公羊》之義，不可通於《左氏》，故杜不爲此説。

莒人侵我東鄙。無傳。報入鄆。

秋，楚公子貞帥師伐吴。

冬，季孫宿會晉士匄、宋華閲、衛孫林父、鄭公孫蠆、莒人、邾人于戚。

【傳】十四年，春，吴告敗于晉。前年爲楚所敗。**會于向，爲吴謀楚故也。**謀爲吴伐楚。**范宣子數吴之不德也，以退吴人。**吴伐楚喪，故以爲不德。數而遣之，卒不爲伐楚。**執莒公子務婁，**在會不書，非卿。**以其通楚使也。**莒貳於楚，故此年伐魯。❶ **將執戎子駒支，**駒支，戎子名。**范宣子親**

❶「此」，《四部叢刊》本、足利學本、京都本、文淵閣本、阮本作「比」。阮校：「按，『此』字非是。十年秋『莒人伐我東鄙』，十二年春『莒人伐我東鄙，圍台』，十四年夏『莒人侵我東鄙』，故曰『比年伐魯』。」

數諸朝，行之所在，亦設朝位。曰：「來！姜戎氏！昔秦人迫逐乃祖吾離于瓜州，四嶽之後皆姜姓，❶又别爲允姓。瓜州地在今燉煌。乃祖吾離，被苫蓋，蓋，苫之别名。蒙荆棘，以來歸我先君。蒙，冒也。我先君惠公有不腆之田，腆，厚也。與女剖分而食之。中分爲剖。今諸侯之事我寡君不如昔者，蓋言語漏洩，則職女之由。職，主也。詰朝之事，爾無與焉。詰朝，明旦。不使復得與會事。與，將執女。」對曰：「昔秦人負恃其衆，貪于土地，逐我諸戎。惠公蠲其大德，蠲，明也。謂我諸戎是四嶽之裔胄也，四嶽，堯時方伯，姜姓也。裔，遠也。胄，後也。毋是翦棄，翦，削也。賜我南鄙之田，狐貍所居，豺狼所嘷。我諸戎除翦其荆棘，驅其狐貍豺狼，以爲先君不侵不叛之臣，至于今不貳。不内侵，亦不外叛。昔文公與秦伐鄭，秦人竊與鄭盟，而舍戍焉，在僖三十年。於是乎有殽之師。在僖三十三年。晉禦其上，戎亢其下，亢猶當也。秦師不復，我諸戎實然。譬如捕鹿，晉人角之，諸戎掎之，掎其足也。與晉踣之。踣，僵也。戎何以不免？自是以來，晉之百役，與我諸戎相繼于時，言給晉役不曠時。以從執政，猶殽志也，意常如殽，無中二也。豈敢離逷？今官之師旅，無乃實有所闕，以攜諸侯，而罪我諸戎。我諸戎飲食衣服不與華同，贄幣不通，言語不達，何惡之能爲？不與於會，亦無瞢焉。」瞢，悶也。賦《青蠅》而退。《青蠅》，《詩·小雅》。取其「愷

---

❶「姜姓」，京都本、文淵閣本、阮本作「姓姜」。

悌君子，❶無信讒言」。**宣子辭焉，**辭，謝。**使即事於會，成愷悌也。**成愷悌，不信讒也。不書者，戎爲晉屬，不得特達。**於是子叔齊子爲季武子介以會，自是晉人輕魯幣，而益敬其使。**齊子，❷叔老字也。言晉敬魯使，經所以並書二卿。【疏】注「四嶽」至「燉煌」。❸　正義曰：《周語》稱：「堯遭洪水，使禹治之，共之從孫四嶽佐之。胙四嶽國，命爲侯伯，賜姓曰姜。」賈逵云：「共，共工也。從孫，同姓末嗣之孫。四嶽，官名，大嶽也，主四嶽之祭焉。姜，炎帝之姓，其後變易，至於四嶽，帝復賜之祖姓，以紹炎帝之後。」是四嶽爲姜姓也。下傳云「謂我諸戎，四嶽之裔胄」，是姜戎爲四嶽之後。姜姓，故稱姜戎也。昭九年傳云：「先王居檮杌于四裔，故允姓之姦居于瓜州。伯父惠公歸自秦，而誘以來。」同説此事，而云「允姓」，知姜姓之後又別爲允姓也。其姜姓是帝堯所賜，允姓不知誰賜之也。《周語》云「胙四嶽國爲侯伯」，謂爲諸侯之長。下注云「四嶽，堯時方伯」，據彼文而知之。　「被苦蓋蒙荊棘」。　正義曰：被苦蓋，言無布帛可衣，唯衣草也。蒙荊棘，言無道路可從，冒榛藪也。説其窮困之極耳。　注「蓋苦之別名」。　正義曰：《釋器》云：「白蓋謂之苫。」孫炎曰：「白蓋，茅苫也。」郭璞曰：「白茅苫也。今江東呼爲蓋。」　「昔秦」至「諸戎」。　正義曰：僖二十二年傳云：「秦、晉遷陸渾之戎于伊川。」則秦、晉共遷之也。昭九年傳云：「惠公歸自秦，而誘以來。」又似晉侯獨誘之也。此云秦人逐之，惠公與田，乃是被秦逐而自歸晉也。三文不同者，此戎本處瓜州，明遠在秦之西北。秦貪其土，晉貪其人，二

---

❶「愷」，阮校：「《釋文》作『凱』，下及注同。」

❷「齊子叔老字也」，阮校：「顧炎武云：齊子，叔老謚也，注作『字』，蓋傳寫之誤。」

❸「注四嶽至燉煌」，阮本以下正義五節分疏於傳文各節下。

國共誘而使還，僖傳是其實也。昭傳王專責晉，故指言晉耳。此傳宣子施恩於戎，故言被逐歸晉。駒支順宣子之言，故云「秦貪土地，逐我諸戎」。秦本實貪其土地而還之也。❶「譬如」至「踣之」。正義曰：角之，謂執其角也。掎之，言戾其足也。前覆謂之踣，言與晉共倒之。

吴子諸樊既除喪，諸樊，吴子乘之長子也。乘卒，至此春十七月，既葬而除喪。**將立季札。**札，諸樊少弟。**季札辭曰：「曹宣公之卒也，諸侯與曹人不義曹君，**曹君，公子負芻也，殺大子而自立。事在成十三年。**將立子臧，子臧去之，遂弗爲也，以成曹君。君子曰：『能守節。』君，義嗣也，**諸樊，適子，故曰「義嗣」。**誰敢奸君？有國，非吾節也。札雖不才，願附於子臧，以無失節。」固立之。棄其室而耕，乃舍之。**傳言季札之讓，且明吴兄弟相傳。

夏，諸侯之大夫從晉侯伐秦，以報櫟之役也。櫟役在十一年。**晉侯待于竟，使六卿帥諸侯之師以進。**言經所以不稱晉侯。**及涇，不濟。**諸侯之師不肯渡也。涇水出安定朝那縣，至京兆高陸縣入渭。**叔向見叔孫穆子，穆子賦《匏有苦葉》。**《詩·邶風》也。義取於「深則厲，淺則揭」。言己志在於必濟。**叔向退而具舟，魯人、莒人先濟。鄭子蟜見衛北宫懿子，曰：「與人而不固，取惡莫甚焉，若社稷何？」懿子説。二子見諸侯之師而勸之濟，濟涇而次。**傳言北宫括所以書於伐秦。**秦人毒涇上流，師人多死。**飲毒水故。**鄭司馬子蟜帥鄭師以進，師皆從之，至于棫林，**棫林，秦地。**不獲**

---

❶「實」，京都本、文淵閣本、阮本無此字。「之」，京都本、阮本無此字。足利學本無「貪」「之」兩字。

成焉。秦不服。荀偃令曰：「雞鳴而駕，塞井夷竈，示不反。唯余馬首是瞻。」言進退從己。欒黶曰：「晉國之命，未是有也。余馬首欲東。」乃歸。黶惡偃自專，故棄之歸。下軍從之。左史謂魏莊子曰：「不待中行伯乎？」中行伯，荀偃也。莊子，魏絳也。左史，晉大史。❶莊子曰：「夫子命從帥。夫子，謂荀偃。欒伯，吾帥也，吾將從之。從帥，所以待夫子也。」以從命爲待也。欒黶，下軍帥，莊子爲佐，故曰「吾帥」。伯游曰：「吾令實過，❷悔之何及，多遺秦禽。」軍帥不和，❸恐多爲秦所禽獲。乃命大還。晉人謂之「遷延之役」。遷延，却退。欒鍼曰：「此役也，報櫟之敗也。役又無功，晉之恥也。吾有二位於戎路，欒鍼，欒黶弟也。二位，謂黶將下軍，鍼爲戎右。敢不恥乎？」與士鞅馳秦師，死焉。士鞅反，鞅，士匄子。欒黶謂士匄曰：「余弟不欲往，而子召之。余弟死，而子來，是而子殺余之弟也。弗逐，余亦將殺之。」士鞅奔秦。欒黶汏侈，誣逐士鞅也。而，女也。

於是齊崔杼、宋華閱、仲江會伐秦，不書，惰也。臨事惰慢不脩也。仲江，宋公孫師之子。向之會亦如之。衛北宮括不書於向，亦惰。書於伐秦，攝也。能自攝整，從鄭子蟜俱濟涇。

秦伯問於士鞅曰：「晉大夫其誰先亡？」對曰：「其欒氏乎？」秦伯曰：「以其汏乎？」對曰：

---

❶「史」，《四部叢刊》本、京都本、文淵閣本、阮本作「夫」。

❷「令」，《四部叢刊》本、京都本、阮本作「今」。

❸「帥」，京都本、阮本作「師」。

「然。欒黶汏虐已甚，猶可以免，其在盈乎？」盈，黶之子。秦伯曰：「何故？」對曰：「武子之德在民，如周人之思召公焉，愛其甘棠，況其子乎？武子，欒書，黶之父也。召公奭聽訟，舍於甘棠之下，❶周人思之，不害其樹，而作勿伐之詩，在《召南》。欒黶死，盈之善未能及人，武子所施没矣，而黶之怨實章，將於是乎在。」秦伯以爲知言，爲之請於晉而復之。爲傳二十一年晉滅欒氏張本。

【疏】注「詩邶」至「必濟」。❷　正義曰：此詩本文云：「匏有苦葉，濟有深涉。深則厲，淺則揭。」《釋水》全引下三句而釋之，云：「揭者，揭衣也。以衣涉水爲厲。繇膝以下爲揭，繇膝以上爲涉，繇帶以上爲厲。」李巡云：「濟，渡也。水深則厲，水淺則揭衣渡也。不解衣而渡水曰厲。」孫炎曰：「揭，褰衣裳也。以衣涉水濡褌也。」詩意言遇水深淺，期之必渡。穆子賦此詩，言己志在於必濟也。《魯語》云：「叔向見叔孫穆子。穆子曰：『豹之業在《匏有苦葉》矣。』叔向退，召舟虞與司馬曰：『夫苦匏不材，於人共濟而已。魯叔孫賦《匏有苦葉》，必將涉矣。』」彼叔向之意，取「匏有苦葉」爲義，此注取深厲淺揭爲義者，穆子止賦此詩，不言所取之意，未必叔向曲得其情。杜以厲、揭爲義，切於取「匏有苦葉」，故不從《國語》而别爲此解。　「不獲成焉」。　正義曰：此役止爲報櫟之敗，非欲求與秦成，而云「不獲成」者，凡興師伐國，彼若服罪謝過，即當相與和平，故注解其意，「不獲成焉」者，正謂「秦不服」也。服虔云：「不得成戰陳之事。」案傳諸伐國者，皆服之而已，不是皆成戰陳之事，此何以獨云不獲成戰也？

❶「舍」，《四部叢刊》本、京都本、文淵閣本、阮本無此字。
❷「注詩邶至必濟」，阮本以下正義三節分疏於傳文各節下。

注「欒黶」至「女也」。　正義曰：欒鍼自以家有二位，恥其無功，與士鞅共馳秦師，非鞅召之，是誣逐士鞅也。

衛獻公戒孫文子、甯惠子食，勑戒二子，欲共宴食。**皆服而朝。**服朝服，待命於朝。**日旰不召，**旰，晏也。**而射鴻於囿。二子從之，**從公於囿。**不釋皮冠而與之言。**皮冠，田獵之冠也。既不釋冠，又不與食。**二子怒，孫文子如戚。**戚，孫文子邑。**孫蒯入使，**孫蒯，孫文子之子。**公飲之酒，使大師歌《巧言》之卒章。**《巧言》，《詩·小雅》。其卒章曰：「彼何人斯，居河之麋。無拳無勇，職爲亂階。」戚，衛河上邑。公欲以喻文子居河上而爲亂。**大師辭。師曹請爲之。**師曹，樂人。**初，公有嬖妾，使師曹誨之琴，**誨，教也。**師曹鞭之。公怒，鞭師曹三百。故師曹欲歌之，以怒孫子，以報公。公使歌之，遂誦之。**恐孫蒯不解故。**蒯懼，告文子。文子曰：「君忌我矣。弗先，必死。」**欲先公作亂。**并帑於戚，**帑，子也。**而入見蘧伯玉，曰：「君之暴虐，子所知也。大懼社稷之傾覆，將若之何？」**伯玉，蘧瑗。**對曰：「君制其國，臣敢奸之？**奸猶犯也。**雖奸之，庸知愈乎？」**言逐君更立，未知當差否？**遂行，從近關出。**懼難作，欲速出竟。**公使子蟜、子伯、子皮與孫子盟于丘宮，孫子皆殺之。**三子，衛羣公子。疑孫子，故盟之。丘宮，近戚地。

四月，己未，子展奔齊。子展，衛獻公弟。**公如鄄，**鄄，衛地。**使子行於孫子，孫子又殺之。**使往請和也。子行，羣公子。**公出奔齊，孫氏追之，敗公徒于阿澤，**❶濟北東阿縣西南有大澤。**鄄人**

❶「阿」，京都本、阮本作「河」。阮校：「案，《水經·河水注》引傳作『柯澤』。」

執之。公徒因敗散還，故爲公執之。

初，尹公佗學射於庚公差，庚公差學射於公孫丁。二子追公，二子，佗與差，爲孫氏逐公。**公孫丁御公。**爲公御也。**子魚曰：「射爲背師，不射爲戮，射爲禮乎？」**❶子魚，庚公差。禮，射不求中。**射兩軥而還。**軥，車軶卷者。**尹公佗曰：「子爲師，我則遠矣。」乃反之。**佗不從丁學，故言「遠」。始與公差俱退，悔而獨還射丁。**公孫丁授公轡而射之，貫臂。**貫佗臂。

子鮮從公。子鮮，公母弟。**及竟，公使祝宗告亡，且告無罪。**告宗廟也。❷**定姜曰：「無神，何告？若有，不可誣也。**誣，欺也。定姜，公適母。**有罪，若何告無？舍大臣而與小臣謀，一罪也。先君有冢卿以爲師、保，而蔑之，二罪也。**謂不釋皮冠之比。**余以巾櫛事先君，而暴妾使余，三罪也。告亡而已，無告無罪！」**時姜在國，故不使得告無罪。

公使厚成叔弔于衛，❸**曰：「寡君使瘠，聞君不撫社稷，而越在他竟，**越，遠也。瘠，厚成叔名。

---

❶「射爲禮乎」，《經典釋文》云：「或一讀『射而禮乎』。」

❷「也」，京都本、文淵閣本、阮本無此字。

❸「厚成叔」，阮校：「《釋文》：『厚，本或作郈。』案，李注《文選》嵇康《哀憤詩》引作『郈成叔』。惠棟云：《吕氏春秋》有郈成子，與右宰穀同時。以傳考之，即厚成叔也。『厚』與『郈』通，《世本》作『厚』，《外傳》作『郈』，《禮記》作『后』，《左氏》或作『厚』，或作『郈』，字異而實同。」

若之何不弔？以同盟之故，使瘠敢私於執事，執事，衛諸大夫。曰：有君不弔，弔，恤也。有臣不敏。敏，達也。君不赦宥，臣亦不帥職，增淫發洩，其若之何？」衛人使大叔儀對，大叔儀，衛大夫。曰：「羣臣不佞，得罪於寡君。寡君不以即刑而悼棄之，以爲君憂。君不忘先君之好，辱弔羣臣，又重恤之。重恤，謂愍其不達也。敢拜君命之辱，重拜大貺。」謝重恤之賜。厚孫歸，復命。語臧武仲曰：「衛君其必歸乎？有大叔儀以守，守於國。有母弟鱄以出，或撫其内，或營其外，能無歸乎？」齊人以郲寄衛侯。郲，齊所滅郲國。及其復也，以郲糧歸。言其貪。右宰穀從而逃歸，衛人將殺之。穀，衛大夫也。以其從君，故欲殺之。辭曰：「余不説初矣。言初從君，非説之，不獲已耳。余狐裘而羔袖。」言一身盡善，唯少有惡。喻己雖從君出，其罪不多。乃赦之。

衛人立公孫剽，剽，穆公孫。孫林父、甯殖相之，以聽命於諸侯。聽盟會之命。衛侯在郲，臧紇如齊唁衛侯，與之言，❶虐。退而告其人曰：「衛侯其不得入矣，其言糞土也。亡而不變，何以復國？」武仲不書，未爲卿。子展、子鮮聞之，見臧紇，與之言，道。順道理。臧孫説，謂其人曰：「衛君必入。夫二子者，或輓之，或推之，欲無入，得乎？」爲二十六年衛侯歸傳。【疏】注「勑戒」至「宴

---

❶「與」上，阮校：「淳熙本、岳本有『衛侯』二字，與石經合。」

食」。❶ 正義曰：君之於臣，有禮食、宴食。《儀禮·公食大夫禮》者，主國之君食聘賓之禮也。其食己之大夫，亦當放之，而迎送答拜之儀，有差降耳。《曲禮》云：「凡進食之禮，左殽右胾。」鄭玄云：「此大夫、士與賓客燕食之禮。其禮食，則宜放公食大夫禮也。」如鄭之言，大夫與客禮食，尚放公食大夫禮，明知國君與臣禮食，亦當放之公食大夫之禮。其禮甚大，衛侯雖則無道，不應與臣禮食而得棄之射鴻。知是公自勑戒二子，欲共爲宴食。宴食者，間燕無事，召臣與之共食耳。

注「服朝服」。 正義曰：言「服而朝」，明朝服也。諸侯每日視朝，其君與臣皆服玄冠、緇布衣，素積以爲裳，禮通謂此服爲朝服。宴食雖非大禮，要是以禮見君，故服朝服。公食大夫之禮，賓朝服，則臣於君，雖非禮食，亦當服朝服也。

注「皮冠」至「與食」。 正義曰：此公射鴻於囿，而冠皮冠，明皮冠是田獵之冠也。且虞人掌獵，昭二十年傳曰：「皮冠以招虞人。」又十二年傳言：「雨雪，楚子皮冠以出。」出田獵也。是諸侯之禮，皮冠以田獵。《周禮·司服》云：「凡甸，冠弁服。」鄭玄云：「甸，田獵也。冠弁，委貌也。其服緇布衣，素積以爲裳。」是服諸侯視朝之服也。彼天子之禮，故以諸侯朝服而田，異於此也。昭十二年傳又云：「右尹子革夕，王見之，去皮冠。」❷杜云：「敬大臣。」是君敬大臣，宜釋皮冠。既不釋皮冠，又不與食，二子所以怒也。

「并帑於戚」。 正義曰：孫子，衛朝大臣，食邑於戚，其子先分兩處。將欲作亂，慮禍及其子，故令并帑處於戚。

「從近關出」。 正義曰：《聘禮》：「及竟，謁關人。」鄭玄云：「古者竟上爲關，以譏異服，識異言。」又《周禮·司關》注云：「關，界上之門也。」衛都不當竟中，其界有遠有近，欲速出竟，故從近關出也。

注

❶「注勑戒至宴食」，阮本以下正義十二節分疏於傳文各節下。

❷「去皮冠」，阮校：「案，昭十二年傳作『去冠被』。」

「公徒」至「執之」。　正義曰：服虔云：「執追公徒者。公如鄄，故鄄人爲公執之。」計孫氏追公，徒衆必盛，鄄人爲公，可言與之戰耳，不得言「執之」也。且文承「敗公徒」下，豈敗公徒之後乃執之乎？下文方説二子追公，豈復是鄄人執二子也？故杜以爲公徒因敗而散亡，鄄人爲公執散走者。　「初尹」至「貫臂」。　正義曰：《孟子》云：「鄭人使子濯孺子侵衛，衛使庾公之斯追之。子濯孺子疾作，庾公之斯至，曰：『夫子何爲不執弓？』曰：『今我疾作，❶不可以執弓。』庾公之斯曰：『小子學射於尹公之佗，尹公之佗學射於夫子。我不忍以夫子之道反害夫子，雖然，今日之事，君事也，我不敢廢。』抽矢叩輪，去其金，發乘矢而後反。」其姓名與此略同，行義與此正反，不應一人之身，有此二行。《孟子》辯士之説，或當假爲之辭，此傳應是實也。　注「軥車軛」。　正義曰：《説文》云：「軥，軛下曲者。」❷服虔云：「車軛兩邊叉馬頸者。」　「暴妾使余」。　正義曰：言暴虐使余如妾。　「有臣不敏」。　正義曰：不敏，不達於禮也。　「余不説初矣」。　正義曰：言余之不説於君，初即然矣，不得已而從之出耳，非是愛君而從，在道始悔而反也。　「狐裘而羔袖」。　正義曰：《玉藻》云：「君衣狐白裘，錦衣以裼之。」又曰：「錦衣狐裘，諸侯之服也。」是裘之用皮，狐貴於羔也。

師歸自伐秦。晉侯舍新軍，禮也。成國不過半天子之軍。成國，大國。**周爲六軍，諸侯之大者，三軍可也。於是知朔生盈而死，**朔，知罃之長子。盈，朔弟也。盈生而朔死。**盈生六年而武子卒，彘裘亦幼，皆未可立也。新軍無帥，故舍之。**裘，士魴子也。十三年荀罃、士魴卒，其子皆幼，

❶「今」下，京都本、文淵閣本、阮本有「日」字。

❷「軛」上，足利學本、京都本、文淵閣本、阮本有「車」字。阮校：「宋本無『車』字，與今《説文》同。」

未任爲卿，故新軍無帥，遂舍之。【疏】注「成國大國」。❶　正義曰：《周禮・大宗伯》：「以九儀之命，正邦國之位，五命賜則，七命賜國。」鄭玄云：「則，地未成國之名。王之下大夫四命，出封加一等，五命，賜之以方百里、二百里、三百里之地者。❷方四百里以上爲成國。」如鄭之言，成國者，唯公與侯耳。伯雖與侯同命，地方三百里，未得爲成國也。成國乃得半天子之軍，未成則不得也。《夏官・序》云：「大國三軍，次國二軍，小國一軍。」當以公、侯爲大國，伯爲次國，子、男爲小國也。諸侯五等，唯有三等之命，伯之命數可以同於侯，其軍則計地大小，故伯國之軍不得同於侯也。此據禮正法耳。春秋之世，鄭置六卿，未必不爲三軍。

師曠侍於晉侯。師曠，晉樂大師子野。晉侯曰：「衛人出其君，不亦甚乎？」對曰：「或者其君實甚。良君將賞善而刑淫，養民如子，蓋之如天，容之如地。民奉其君，愛之如父母，仰之如日月，敬之如神明，畏之如雷霆。其可出乎？夫君，神之主，而民之望也。❸若困民之主，❹匱神乏祀，百姓絶望，社稷無主，將安用之？弗去何爲？天生民而立之君，使司牧之，勿使失性。有君而爲之

❶「注成國大國」，阮本此節正義在「成國不過半天子之軍」句注下。

❷「賜之」至「爲成國」，阮校：「按，此與今《周禮》注不同，而不可據改。」今案：《周禮》鄭注作：「賜之以方百里、二百里之地者。方三百里以上爲成國。」

❸「而」，京都本、文淵閣本、阮本作「也」，屬上讀。

❹「困民之主匱神乏祀」，阮校：「沈彤云：『主』當作『生』，『乏』當作『之』。按，《國語》亦有此文。」《春秋左傳詁》云：「劉向《新序》及《説苑》皆引作『困民之性，乏神之祀』。」

貳，貳，卿佐。**使師保之，勿使過度。是故天子有公，諸侯有卿，卿置側室，**側室，支子之官。**大夫有貳宗，**貳宗，宗子之副貳者。**士有朋友，庶人、工、商、皁、隸、牧、圉皆有親暱，以相輔佐也。善則賞之，**賞謂宣揚。**過則匡之，**匡，正也。**患則救之，**救其難也。**失則革之。**革，更也。**自王以下，各有父兄子弟以補察其政。**補其愆過，察其得失。**史爲書，**謂大史，君舉則書。**瞽爲詩，**瞽，盲者，爲詩以風刺。**工誦箴諫，**工，樂人也，誦箴諫之辭。**大夫規誨，**規正諫誨其君。**士傳言，**士卑不得徑達，聞君過失，傳告大夫。❶**庶人謗，**庶人不與政，聞君過得誹謗。❷**商旅于市，**旅，陳也，陳其貨物，以示時所貴尚。**百工獻藝。**獻其技藝，以喻政事。**故《夏書》曰：『遒人以木鐸徇於路，**逸《書》。遒人，行人之官也。木鐸，木舌金鈴。❸徇於路，求歌謠之言。**官師相規，**官師，大夫。自相規正。**工執藝事以諫。』**所謂獻藝。**正月孟春，於是乎有之，諫失常也。**有遒人徇路之事。**天之愛民甚矣，豈其使一人肆於民上，**肆，放也。**以從其淫，而棄天地之性？必不然矣！」**傳善師曠能因問盡言。

【疏】注「賞謂宣揚」。❹正義曰：賞者，善善之名也。但上之善下，則賜之以財，故遂以賞爲賜財之號。此言天

❶「大」，原作「人」，據《四部叢刊》本、京都本、文淵閣本、阮本改。
❷「得」，《四部叢刊》本、京都本、文淵閣本、阮本作「則」。
❸「鈴」下，阮校：「《釋文》有『也』字。」
❹「注賞謂宣揚」，阮本以下正義十節分疏於傳文各節下。

子以下，皆有臣僕以輔佐其上。而下之賞上，不得奉以貨財，唯當延其譽耳，故知賞謂宣揚也。　注「謂大」至「則書」。　正義曰：《周禮》有大史、小史、内史、外史、御史。史官有五名，知此史謂大史者，以傳稱齊崔杼弑其君，云「大史書之」，知「君舉則書」，皆大史書也。　注「瞽盲」至「風刺」。　正義曰：《周禮》樂官、大師之屬，有瞽矇之職。鄭玄云：「凡樂之歌，必使瞽矇爲焉。命其賢知者以爲大師、小師。」鄭衆云：「無目眹謂之瞽，有目眹而無見謂之矇。」無目是盲者也。詩者，民之所作。采得民詩，乃使瞽人爲歌以風刺，非瞽人自爲詩也。《周語》云：「天子聽政，公卿至於列士獻詩，瞽陳曲。」韋昭云：「公以下至上士，各獻諷諫之詩，瞽陳樂曲，獻之於王。」是言瞽爲歌詩之事也。❶　注「工樂」至「之辭」。　正義曰：《儀禮》通謂樂人爲工，工亦瞽也。詩辭自是箴諫，而箴諫之辭或有非詩者，如《虞箴》之類，其文似詩而别。且諫者萬端，非獨詩箴而已。詩必播之於樂，餘或直誦其言，以歌、誦小别，❷故使工、瞽異文也。《周語》云「師箴瞍賦矇誦」，亦是因事而異文耳。　注「規正諫誨其君」。　正義曰：規亦諫也。鄭玄《詩》箋云：「規者，正圓之器。以恩親正君曰規。」然則物有不圓者，規之使圓，行有不周者，正之使備，猶規正物然，故云「規正諫誨其君」。❸　「庶人」至「誹謗」。❹　正義曰：庶人卑賤，不與政教，聞君過失，不得諫争，得在外誹謗之。謗謂言其過失，使在上聞之而自改，亦是諫之類也。昭四年傳「鄭人謗子

❶「也」，京都本、文淵閣本、阮本無此字。
❷「以」，京都本、閩本、監本、毛本、文淵閣本、阮本作「與」。
❸「君」下，京都本、文淵閣本、阮本有「也」字。
❹「庶」上，正宗寺本、京都本、阮本有「注」字。今案：「注」字當有，此本脱。

産」,《周語》「厲王虐,國人謗王」,皆是言其實事,謂之爲謗。但傳聞之事,有實有虚,或有妄謗人者,今世遂以謗爲誣類,是俗易而意異也。《周語》云「庶人傳語」,是庶人亦得傳言以諫上也。此有「士傳言」,故別云「庶人謗」爲等差耳。　注「旅陳」至「貴尚」。　正義曰:「旅,陳」,《釋詁》文也。商旅于市,謂商人見君政惡,陳其不正之物,以諫君也。《易》云「商旅不行」,旅亦是商。此云「陳」者,彼云「商旅不行」,故以「旅」爲「商」,此文連于市,若以「旅」爲「商」,直云「商旅于市」,❶則文不成義,故以旅爲陳也。劉炫云:「《王制》言巡守之事云:『命市納賈,以觀民之所好惡,志淫好辟。』鄭玄云:『市,典市者。賈,謂物貴賤厚薄也。質則用物貴,淫則侈物貴。』此亦彼類。彼上觀民,此民觀上。商陳此物,自爲求利,非欲諫君,但觀其所陳,❷則貴尚可見。在上審而察之,其過足以自改,故亦爲諫類,則齊鬻踊之比是也。」　「百工獻藝」。　正義曰:《周禮・考工記》云:「審曲面勢,以飭五材,以辨民器,謂之百工。」鄭玄云:「五材各有工。言百,衆言之也。」則工是巧人,能用五材金、木、水、火、土者也。此百事之工,各自獻其藝能,以其所能,譬喻政事,因獻所造之器,取喻以諫上,即《夏書》所云「工執藝事以諫」是也。　注「逸書」至「之言」。　正義曰:此在《胤征》之篇。其本文云:「每歲孟春,遒人以木鐸徇于路,官師相規,工執藝事以諫。其或不共,邦有常刑。」此傳引彼,略去「每歲孟春」,直引「遒人」以下,乃以「正月孟春」結之,殷勤以示歲首恒必然也。孔安國云:「遒人,宣令之官。木鐸,金鈴木舌,所以振文教也。」《周禮》無遒人之官。彼云「其或不共,邦有常刑」,是號令羣臣百工,使之諫也。木鐸徇路,是號令之事。孔言「宣令之官」,杜必

❶ 「直」,京都本、阮本作「且」。
❷ 「其」,正宗寺本、京都本、文淵閣本、阮本無此字。

以爲「行人之官」者，以其云「徇於道路」，故以爲行人之官，采訪謌謡者，與孔「宣令之官」，其事不異。劉炫以爲杜不見古文，以「遒人」爲「宣令之官」，徇路求諫，而規杜氏。不見古文，誠如劉説，然杜之所解，於義自通。苟生異見，其義非也。　注「官師」至「規正」。　正義曰：杜意謂師爲長，故以官師爲大夫。言大夫是羣官之長，大夫自相規正。案孔安國云：「官衆，衆官也，更相規闕。」其意以師爲衆。杜必知官師是大夫者，此云「官師相規」，上云「大夫規誨」，規文既同，故以爲大夫。《尚書》文無所對，故孔云「官衆，衆官也」。

秋，楚子爲庸浦之役故，在前年。**子囊師于棠以伐吴，吴不出而還。子囊殿，**殿軍後。**以吴爲不能而弗儆，吴人自臯舟之隘要而擊之，**臯舟，吴險阨之道。**楚人不能相救，吴人敗之，獲楚公子宜穀。**傳言不備不可以師。

王使劉定公賜齊侯命，將昏於齊故也。定公，劉夏。位賤，以能而使之。傳稱謚，舉其終。**曰：「昔伯舅大公右我先王，股肱周室，師保萬民。世胙大師，以表東海。**胙，報也。表，顯也。謂顯封東海，以報大師之功。**王室之不壞，緊伯舅是賴。**緊，發聲。**今余命女環，**環，齊靈公名。**兹率舅氏之典，纂乃祖考，無忝乃舊。敬之哉！無廢朕命！」**纂，繼也。因昏而加褒顯，傳言王室不能命有功。【疏】「師保萬民」。❶　正義曰：師，法也。保，安也。言大公與民爲法，而民得以安也。《尚書·泰誓》武王數紂之罪云「放黜師保」，孔安國云：「可法以安者，反放退之。」是謂良臣爲民之師保也。　「王室」至

---

❶「師保萬民」，阮本以下正義二節分疏於傳文各節下。

「是賴」。　正義曰：服虔本「壞」作「懷」，解云：「懷，柔也。繄，蒙也。賴，恃也。王室之不懷柔諸侯，恃蒙齊桓之匡正也。」孫毓云：「案舊本及賈氏皆作『壞』。」杜雖不注，當謂王室之不傾壞者，唯伯舅大公是賴也。上文不言桓公，不得爲賴桓公也。

晉侯問衛故於中行獻子，問衛逐君當討否。獻子，荀偃。**對曰：「不如因而定之。衛有君矣，**謂剽已立。**伐之，未可以得志，而勤諸侯。史佚有言曰：『因重而撫之。』**重不可移，就撫安之。**仲虺有言曰：『亡者侮之，亂者取之。推亡固存，國之道也。』**仲虺，湯左相。**君其定衛以待時乎！」**待其昏亂之時乃伐之。**冬，會于戚，謀定衛也。**定立剽。

范宣子假羽毛於齊而弗歸，❶**齊人始貳。**析羽爲旌，王者游車之所建。❷齊私有之，因謂之羽毛。宣子聞而借觀之。【疏】「仲虺」至「道也」。❸　正義曰：《尚書·仲虺之誥》云：「兼弱攻昧，取亂侮亡。推亡固存，邦乃其昌。」孔安國云：「弱則兼之，闇則攻之，亂則取之，有亡形則侮之，有亡道則推而亡之，有存道則輔而固之。王者如此，國乃昌盛。」此傳取彼之意而改爲之辭，其言非本文也。　注「析羽」至「觀之」。　正義曰：《周禮·司常》：「掌九旗之物名，全羽爲旞，析羽爲旌，道車載旞，游車載旌。」❹鄭玄云：「全羽、析羽，皆五

❶「毛」，阮校：「案，『毛』乃『旄』之誤，當改正，注同。經典『旄』誤爲『毛』者不止此一處也。」
❷「游車」，阮校：「案，《孟子·梁惠王》疏引注文作『斿車』。」
❸「仲虺至道也」，阮本此節正義在「推亡固存國之道也」句注下。
❹「游」，阮校：「案，《周禮》作『斿』。」

采，繫之於旞、旌之上，所謂注旄於干首也。凡九旗之帛，皆用絳。道車，象路也，王以朝夕燕出入。游車，木路也，王以田、以鄙。」是其「析羽爲旌，王者游車之所建」也。鄭玄唯言全羽、析羽有五采耳，猶不辨羽是何羽。《周禮》有夏采之官，鄭玄云：「夏采，夏翟羽色。《禹貢》徐州貢夏翟之羽，有虞氏以爲緌。後世或無，故染鳥羽，象而用之，謂之夏采。」其職云：「掌大喪，以乘車建綏，復于四郊。」鄭玄云：「《明堂位》曰：『有虞氏之旂，夏后氏之綏。』則旌旗有是緌者，❶或以旄牛尾爲之，綴於橦上，所謂注旄於干首者。」《釋天》云：「注旄首曰旌。」李巡曰：「以旄牛尾著旌首者也。」孫炎曰：「析五采羽注旌上也。下亦有旒縿。」據彼諸文言之，則羽旄者，有五色鳥羽，又有旄牛尾也。言全羽、析羽者，蓋有全取其翅，或析取其翮，故有全、析二名也。繫此鳥羽、牛尾而於干首，猶自別有絳爲旒縿，縣之於干，今之旗韣尚然也。此傳直言羽耳，注不引全羽，而以析羽解之者，以全羽尊於析羽，齊人建以赴會，當是羽之賤者，故以爲析羽。不然，則無以知之。計羽毛所用，其費無多，晉人自應有之。而此年范宣子假羽毛於齊，定四年晉人假羽旄於鄭，皆假之他國者，或當制作巧異，故聞而借觀之。

楚子囊還自伐吳，卒。將死，遺言謂子庚：「必城郢。」楚徙都郢，未有城郭。公子燮、公子儀因築城爲亂，事未得訖。子囊欲訖而未暇，❷故遺言見意。**君子謂子囊忠：「君薨不忘增其名，**謂前年謚君爲共。**將死不忘衛社稷，可不謂忠乎？忠，民之望也。《詩》曰：『行歸于周，萬民所望。』忠**

---

❶「是緌」，阮校：「段玉裁《周禮漢讀考》云：『「是緌」乃「徒緌」之誤。』」

❷「未」，原作「來」，據《四部叢刊》本、京都本、文淵閣本、阮本改。

也。」《詩・小雅》。忠信爲周。言德行歸於忠信，即爲萬民所瞻望。【疏】「行歸于周」。　正義曰：此《詩・小雅・都人士》之篇也。注云：❶「城郭之域曰都。」言都人之士所行，要歸於忠信，其餘萬民寡識者，咸瞻望而法傚之。

【經】十有五年，春，宋公使向戌來聘，二月，己亥，及向戌盟于劉。

劉夏逆王后于齊。劉，采地。夏，名也。天子卿書字，劉夏非卿，故書名。天子無外，所命則成，故不言逆女。【疏】「及向戌盟于劉」。❷　正義曰：荀庚、孫良夫、郤犨等來聘，且尋盟，皆直云及某盟，不言地者，由在國與之盟也。此言「盟于劉」者，出國與盟，故書其盟地，猶如晉侯與公出盟于長樗也。《釋例》劉地闕，蓋魯城外之近地也。　注「劉采」至「逆女」。　正義曰：宣十年天王使王季子來聘，傳稱劉康公來聘，是王季子食采於劉，遂爲劉氏。此劉夏當是康公之子，即前年傳稱劉定公是也。《釋例》曰「天子公卿書爵」，此言「天子卿書字」，又云「劉夏非卿」，其實非大夫，而云「非卿」者，以名相配，以劉夏非卿稱名，故云「天子卿書字」以決之。傳稱「卿不行」，故云「劉夏非卿」以對之，皆望經、傳爲義也。或以爲無爵卿書字，杜何意於此獨舉無爵之卿也？諸侯之娶言逆女，此與桓八年皆言「逆王后」者，天子無外，所命則已成后矣，故不言逆女也。劉炫云：「例云『天

---

❶「注」，阮校：「浦鏜《正誤》云：『注』當作『箋』，是也。」

❷「及向戌盟于劉」，阮本此節正義在「及向戌盟于劉」句下。

子公卿書爵』，此言『卿書字』者，以其有爵則書爵，無則書字。傳稱官師，即此劉夏。《釋例》以夏爲士，則夏此時似未有爵。若夏是卿，當書字。傳言『卿不行非禮』，則此禮本當使卿，故以卿決之。卿當書字，夏非卿，故書名。例稱天子大夫書字，但此禮不使大夫，故不以大夫決之。」

夏，齊侯伐我北鄙，圍成。公救成，至遇。無傳。遇，魯地。書「至遇」，公畏齊，不敢至成。

季孫宿、叔孫豹帥師城成郛。備齊，故夏城，非例所譏。

秋，八月，丁巳，日有食之。無傳。八月無丁巳。丁巳，七月一日也。日月必有誤。

邾人伐我南鄙。

冬，十有一月，癸亥，晉侯周卒。四同盟。【疏】注「四同盟」。正義曰：周以成十八年即位，其年盟于虚朾，襄三年于雞澤，五年于戚，九年于戲，十一年于亳城北，凡五同盟。言四者，唯數襄公盟也。

【傳】十五年，春，宋向戌來聘，且尋盟。報二年豹之聘，尋十一年亳之盟。**見孟獻子，尤其室，**尤，責過也。**曰：「子有令聞，而美其室，非所望也。」對曰：「我在晉，吾兄爲之。毁之重勞，且不敢間。」**傳言獻子友于兄，且不隱其實。【疏】注「傳言」至「其實」。正義曰：間，非也。不敢非兄，是友于兄也。不隱其實者，謂恕情實言，無所隱諱，❶故云「不隱其實」也。

---

❶「無所隱諱」下，京都本、文淵閣本、阮本有「也」字。

官師從單靖公逆王后于齊。卿不行，非禮也。官師，劉夏也。天子官師，非卿也。劉夏獨過魯告昏，故不書單靖公。天子不親昏，使上卿逆而公監之，故曰「卿不行，非禮」。【疏】注「官師」至「非禮」。正義曰：《祭法》云：「官師一廟。」鄭玄云：「官師，中士、下士也。」《釋例》云：「元士、中士稱名，劉夏、石尚是也。下士稱人，公會王人于洮是也。」是天子之官師非卿，故劉夏從單靖公，而譏卿不行也。桓八年「祭公來，遂逆王后于紀」，經書「祭公」。此云「官師從單靖公」，唯書「劉夏」，知劉夏獨過魯告昏，靖公不至魯也。祭公言來遂逆，此劉夏不言來遂逆者，彼祭公命魯主昏，則是因來遂逆，此不命魯主昏，直過魯告耳，故不言來遂也。《公羊》、《穀梁》亦皆直云「過我也」。此公既行矣，唯譏卿之不行，不譏王不親逆，是知於禮天子不親昏，使上卿逆而公臨之，故唯言「卿不行，非禮也」。《釋例》據此傳知天子當使公卿，天子不親逆也。

楚公子午爲令尹，代子囊。公子罷戎爲右尹，蔿子馮爲大司馬，子馮，叔敖從子。公子橐師爲右司馬，公子成爲左司馬，屈到爲莫敖，屈到，屈蕩子。公子追舒爲箴尹，追舒，莊王子子南。屈蕩爲連尹，養由基爲宫廄尹，以靖國人。君子謂：「楚於是乎能官人。官人，國之急也。能官人，則民無覦心。無覬覦以求幸。《詩》云：『嗟我懷人，寘彼周行。』能官人也。《詩·周南》也。寘，置也。行，列也。周，徧也。詩人嗟歎，言我思得賢人，置之徧於列位，是后妃之志，以官人爲急。王及公、侯、伯、子、男、甸、采、衛、大夫，各居其列，所謂『周行』也。」言自王以下，諸侯大夫各任其職，則是詩人周行之志也。甸、采、衛，五服之名也。天子所居，千里曰圻，其外曰侯服，次曰甸服，次曰男服，次曰采服，次曰衛服。五百里爲一服。不言侯、男，略舉也。【疏】注「子馮叔敖從子」。❶正義曰：案《世本》，蔿艾獵是孫叔敖之兄，馮是艾獵之子，則馮是叔敖兄之子也。杜《集解》及《釋例》皆以蔿艾獵、叔敖爲一人，馮是叔敖之子。《世本》轉寫多誤，杜當考得其真。「屈蕩爲連尹」。正義曰：服虔云：「連尹，射官，言射相連屬也。」若是主射，當使養由基爲之，何以使由基爲宮廄尹，棄能不用，豈得爲「能官人」也？官名臨時所作，莫敖之徒，並不可解，故杜皆不解之。注「詩周」至「爲急」。正義曰：《周南·卷耳》之篇也。序云：「后妃之志，又當輔佐君子，求賢審官。」故詩人述其意，后妃嗟嘆，言我思得賢人，置之使徧於列位。是后妃之志，以官人爲急，故嗟嘆思之。「王及」至「行也」。正義曰：后妃之志，志在輔王求賢，置之於公卿以下之位耳，非欲更別求賢，置之於王位也。但公卿以下，尚欲使之皆賢，豈欲王之不賢乎？雖不欲他賢代王，而欲使王行益賢也。以周訓爲徧，言徧在列位，故自王以下，及六服之內，大夫以上，皆言之，各以賢能居其列位，是詩人所謂周行者也。計后妃之意，亦下及士，但傳以士卑，故指言大夫耳。《詩》注以周行謂周之列位，❷此注云「周，徧」者，斷章爲義，與《詩》說不同也。此云「能官人」者，謂能官用賢人，爲公侯以下。王則天之所命，非人所用。兼言王者，王居天位，脩行善政，則是爲能官人，故杜云「自王以下，各任其職」。

鄭尉氏、司氏之亂，其餘盜在宋。亂在十年。**鄭人以子西、伯有、子產之故，納賂于宋，三子之**

---

❶「注子馮叔敖從子」，阮本以下正義四節分疏於傳文各節下。

❷「注」，阮本作「傳」。阮校：「浦鏜云：『注』當作『傳』，是也。」

父皆爲尉氏所殺故。**以馬四十乘，**百六十匹。**與師茷、師慧。**樂師也，茷、慧，其名。**二月，**❶**公孫黑爲質焉。**公孫黑，子晳。**司城子罕以堵女父、尉翩、司齊與之，良司臣而逸之，**賢而放之。**託諸季武子，武子寘諸卞。**子罕以司臣託季氏。**鄭人醢之三人也。**三人，堵女父、尉翩、司齊。

師慧過宋朝，將私焉。私，小便。**其相曰：「朝也。」**相師者。**慧曰：「無人焉。」相曰：「朝也，何故無人？」慧曰：「必無人焉。若猶有人，豈以其千乘之相易淫樂之矇？**❷**必無人焉故也。」**千乘相，謂子産等也。言不爲子産殺三盜，得賂而歸之，是重淫樂而輕國相。**子罕聞之，固請而歸之。**言子罕能改過。【疏】「鄭人醢之三人」。❸ 正義曰：以文承司臣之下，嫌其亦醢司臣，故言「三人」。❹

夏，齊侯圍成，貳於晉故也。不畏霸主，故敢伐魯。**於是乎城成郛。**郛，郭也。

秋，邾人伐我南鄙。亦貳於晉故。**使告于晉，晉將爲會以討邾、莒。**十二年、十四年莒人伐魯，未之討也。**晉侯有疾，乃止。冬，晉悼公卒，遂不克會。**爲明年會溴梁傳。

鄭公孫夏如晉奔喪，子蟜送葬。夏，子西也。言諸侯畏晉，故卿共葬。

---

❶「二」，《四部叢刊》本、京都本、文淵閣本、阮本作「三」。

❷「以其」，《四部叢刊》本、京都本、文淵閣本、阮本作「其以」。阮校：「宋本作『以其』，誤。」

❸「鄭人醢之三人」，阮本此節正義在「鄭人醢之三人也」句注下。

❹「三」上，京都本、文淵閣本、阮本有「之」字。

宋人或得玉，獻諸子罕，子罕弗受。獻玉者曰：「以示玉人，玉人，能治玉者。玉人以爲寶也，故敢獻之。」子罕曰：「我以不貪爲寶，爾以玉爲寶。若以與我，皆喪寶也。不若人有其寶。」稽首而告曰：「小人懷璧，不可以越鄉，言必爲盜所害。納此以請死也。」請免死。子罕寘諸其里，使玉人爲之攻之，攻，治也。富而後使復其所。賣玉得富。【疏】「不若人有其寶」。❶ 正義曰：我得不貪，女得其玉，是我與女二人各有其寶。❷

十二月，鄭人奪堵狗之妻，而歸諸范氏。堵狗，堵女父之族。狗娶於晉范氏，鄭人既誅女父，畏狗因范氏而作亂，故奪其妻歸范氏，先絶之。傳言鄭之有謀。

【經】十有六年，春，王正月，葬晉悼公。踰月而葬，速也。【疏】注「踰月而葬速」。正義曰：四年七月夫人姒氏薨，八月葬我小君定姒，纔别月耳，杜云「踰月而葬，速也」。今晉悼往年十一月卒，此年正月葬，積三月也，杜亦云「踰月而葬」者，踰，越也，所越有多有少，俱是踰越之義，故杜弘通兩解也。❸

三月，公會晉侯、宋公、衛侯、鄭伯、曹伯、莒子、邾子、薛伯、杞伯、小邾子于溴梁。不書高厚，逃

---

❶ 「不若人有其寶」，阮本此節正義在「不若人有其寶」句下。

❷ 「與」，京都本、文淵閣本、阮本無此字。

❸ 「也」，京都本、文淵閣本、阮本作「之」。

歸故也。湨水出河内軹縣，東南至温入河。**戊寅，大夫盟。**諸大夫本欲盟高厚，高厚逃歸，故遂自共盟。雞澤會重序諸侯，今此間無異事，即上諸侯大夫可知。【疏】注「不書」至「故也」。❶　正義曰：傳於會湨梁之下，晉侯與諸侯宴，乃言「高厚逃歸」，則高厚會訖乃逃也。於會不書齊者，以高厚逃歸，晉人怒之，諸侯即有伐齊之志，不與高厚得爲來會。公歸告廟，歷告所會，不告高厚，故不書也。　注「諸大」至「可知」。正義曰：《公羊》以爲湨梁之盟，君若贅旒然。《穀梁》云：「不曰諸侯之大夫，大夫不臣也。」皆以爲此時諸侯微弱，權在大夫。諸侯皆在而大夫自盟，政教約信在於大夫，其事不由君也。不曰諸侯之大夫者，刺大夫不臣也。賈、服取以爲説，言惡大夫專，而君失權也。案傳荀偃怒，「使諸侯大夫盟高厚」，以君臣不敵，故使大夫盟之。君使之盟，非自專也。以齊人既有二心，高厚歌詩不類，知小國必有從齊者也。諸侯大夫本意欲盟高厚，高厚雖已逃歸，仍恐餘國有二，故大夫遂自共盟，使同會之國，皆一其志也。雞澤之會，又隔袁僑如會，故重言諸侯之大夫。今此間無異事，直言大夫，即是上會諸侯之大夫。不言諸侯，以可知故也。**晉人執莒子、邾子以歸。**邾、莒二國數侵魯，又無道於其民，故稱「人」以執。不以歸京師，非禮也。【疏】注「邾莒」至「禮也」。　正義曰：十二年莒人伐我東鄙，十四年莒人侵我東鄙，十五年邾人伐我南鄙，是邾、莒二國數侵伐魯也。凡例云：「君不道於其民，則稱『人』以執。」知此二國君又皆無道於民，故稱「人」以執之也。諸侯不得相治，故成十五年晉侯執曹伯，僖二十八年晉人執衛侯，皆書歸于京師。此言「以歸」，乃是自歸晉國，故非禮也。

---

❶「注不書至故也」，阮本此節正義在注「東南至温入河」下。

齊侯伐我北鄙。無傳。齊貳晉故。

夏，公至自會。無傳。

五月，甲子，地震。無傳。

叔老會鄭伯、晉荀偃、衛甯殖、宋人伐許。荀偃主兵，當序鄭上。方示叔老可以會鄭伯，故荀偃在下。【疏】注「荀偃」至「在下」。　正義曰：《春秋》之例，征伐則主兵者爲先。雖大夫爲將，諸侯從之，亦以主兵爲先。僖二十七年楚人、陳侯、蔡侯、鄭伯、許男圍宋，是其事也。但禮，卿不會公、侯，會伯、子、男可也。方示叔老可以會鄭伯，故退荀偃於下，所以特見此義，故發傳云「爲夷故也」。宋大於衛，❶稱人而在衛下，宋使大夫爲將故也。

秋，齊侯伐我北鄙，圍成。❷

大雩。無傳。書過。

冬，叔孫豹如晉。

---

❶「大」，原作「太」，據正宗寺本、京都本、文淵閣本、阮本改。

❷「成」，京都本、文淵閣本、阮本作「郕」。下傳注同。阮校：「案，《公羊》、《穀梁》皆作『成』。」

【傳】十六年，春，葬晉悼公。平公即位。平公，悼公子彪。❶羊舌肸爲傅，肸，叔向也，代士渥濁。張君臣爲中軍司馬，張老子，代其父。祁奚、韓襄、欒盈、士鞅爲公族大夫，祁奚去中軍尉，爲公族大夫，去劇職，就閒官。韓襄，無忌子。❷虞丘書爲乘馬御。代程鄭。改服脩官，烝于曲沃。既葬，改喪服。脩官，選賢能。曲沃，晉祖廟。烝，冬祭也。諸侯五月而葬，既葬，卒哭作主，然後烝、嘗於廟。今晉踰月葬，作主而烝祭。傳言晉將有湨梁之會，故速葬。警守而下，會于湨梁，順河東行，故曰下。命歸侵田。諸侯相侵取之田。以我故，執邾宣公、莒犂比公，犂比，莒子號也。十二年、十四年莒人侵魯，前年邾人伐魯。晉將爲魯討之，悼公卒，不克會，故平公終其事。且曰「通齊、楚之使」。邾、莒在齊、楚往來道中，故并以此責之。經書「執」在大夫盟下，既盟而後告。

晉侯與諸侯宴于溫，使諸大夫舞，曰：「歌詩必類。」歌古詩，當使各從義類。齊高厚之詩不類，齊有二心故。荀偃怒，且曰：「諸侯有異志矣。」使諸大夫盟高厚，高厚逃歸。齊爲大國，高厚若此，知小國必當有從者。於是叔孫豹、晉荀偃、宋向戌、衛甯殖、鄭公孫蠆、小邾之大夫盟，曰：「同討不庭。」自曹以下，大夫不書，故傳舉小邾以包之。

許男請遷于晉，許欲叛楚。諸侯遂遷許。許大夫不可，晉人歸諸侯。唯以其師討許之不肯

---

❶「彪」下，阮校：「《釋文》有『也』字，諸本脱。」

❷「子」下，京都本、文淵閣本、阮本有「也」字。

還。**鄭子蟜聞將伐許，遂相鄭伯以從諸侯之師。**鄭與許有宿怨，故其君親行。**穆叔從公，**從公歸。**齊子帥師會晉荀偃。書曰「會鄭伯」，爲夷故也。**夷，平也。《春秋》於魯事，所記不與外事同者，客主之言，所以爲文，固當異也。魯卿每會公侯，《春秋》無譏，故於此示例。不先書主兵之荀偃，而書後至之鄭伯，時皆諸侯大夫，義取皆平，得會鄭伯。❶

夏，六月，次于棫林。庚寅，伐許，次于函氏。棫林、函氏，皆許地。

晉荀偃、欒黶帥師伐楚，以報宋揚梁之役。晉師獨進。揚梁役在十二年。**楚公子格帥師及晉師戰于湛阪，**襄城昆陽縣北有湛水，東入汝。**楚師敗績。晉師遂侵方城之外，**不書，不告。**復伐許而還。**許未遷故。

秋，齊侯圍成，成，魯孟氏邑。貳晉，故伐魯。**孟孺子速徼之。**孟獻子之子莊子速也。徼，要也。**齊侯曰：「是好勇，去之以爲之名。」速遂塞海陘而還。**海陘，魯隘道。【疏】「羊舌肸爲傳」。❷正義曰：成十八年傳士渥濁爲大傅。此代士渥濁，亦當爲大傅也。宣十六年士會將中軍，且爲大傅，注云：「大傅，孤卿。」彼以中軍之將兼之，故知是孤卿也。士渥濁以大夫居之，今此復代渥濁，亦是大夫也。昭五年傳楚子稱叔向爲上大夫，明此以上大夫爲傅也。諸侯之有孤卿，猶天子之有三公，無人則闕，故隨其本官高下而兼攝之

❶「得」上，京都本、文淵閣本、阮本有「故」字。

❷「羊舌肸爲傳」，阮本以下正義四節分疏於傳文各節下。

也。而衛冀隆不達此意，以士渥濁、叔向等皆爲卿，故爲大傅。若是大夫，何得居孤卿之任？妄以難杜，於義非也。　注「齊有二心故」。　正義曰：歌古詩，各從其恩好之義類。高厚所歌之詩，獨不取恩好之義類，故云「齊有二心」。　劉炫云：「歌詩不類，知有二心者，不服晉，故違其令，違其令，是有二心也。」　注「齊爲」至「從者」。　正義曰：荀偃不言齊有異志，而云諸侯有異志，故解之以「高厚若此，故知小國必當有從者」。揔疑諸侯有異志，不獨疑齊，故高厚雖逃，猶自諸國共盟也。　注「夷平」至「鄭伯」。　正義曰：《春秋》於魯事，所記不與外事同者，於外則依實而言，於魯則言不以實。不實者，魯國大小，是宋、衛之匹，其常會序列當在宋下衛上。及其書策，皆云公會某侯，雖會霸主，亦魯在其上。大夫出會，魯亦在先。如此者，客主之言，所以爲文，其言固當有異耳。以主客之故，先魯而後他國，魯非實在先也。傳稱在禮卿不會公侯，而魯卿每會公侯，《春秋》無譏，文元年公孫敖會晉侯于戚是也。杜云體例已舉，據用魯史成文，是《春秋》無譏。既常不譏，無以示可否之義，故於此變文以示例。特言「書曰」，是仲尼新意。舊史當書荀偃在前，今仲尼改之，不先書主兵之荀偃，而書後至之鄭伯，以當時共伐許者，皆是諸侯之大夫，義取與鄭伯尊卑皆平，得會鄭伯故也。言「後至之鄭伯」者，三月會于溴梁，夏，公至自會，則鄭伯亦已歸矣。五月之下，始書伐許，鄭伯聞將伐許，乃從諸侯之師，是諸侯謀伐已定，鄭伯始來從之，故杜言後至也。

冬，穆叔如晉聘，且言齊故。言齊再伐魯。**晉人曰：「以寡君之未禘祀，**禘祀，三年喪畢之吉祭。**與民之未息，**新伐許及楚。**不然，不敢忘。」穆叔曰：「以齊人之朝夕釋憾於敝邑之地，是以大請。敝邑之急，朝不及夕，引領西望曰：『庶幾乎！』**庶幾晉來救。**比執事之間，恐無及也。」見中行獻子，賦《圻父》。**《圻父》，《詩·小雅》。周司馬掌封畿之兵甲，故謂之圻父。詩人責圻父爲王爪牙，不脩其職，使百姓受困苦之憂，而無所止居。**獻子曰：「偃知罪矣。敢不從執事以同恤社稷，而使魯及此？」**及此憂。**見范宣子，賦《鴻鴈》之卒章。**《鴻鴈》，《詩·小雅》。卒章曰：「鴻鴈于飛，哀鳴嗸嗸。唯此哲人，謂我劬勞。」言魯憂困，嗸嗸然若鴻鴈之失所。大曰鴻，小曰鴈。**宣子曰：「匄在此，敢使魯無鳩乎？」**鳩，集也。【疏】注「禘祀」至「吉祭」。❶ 正義曰：僖三十三年傳云：「凡君薨，卒哭而祔，祔而作主，特祀於主，烝、嘗、禘於廟。」如彼傳文，則既祔之後，可以爲烝、嘗也。閔二年五月「吉禘于莊公」，以其時未可吉，書「吉」以譏之。此年正月，晉已烝于曲沃，仍云「未得禘祀」，知此禘祀是三年喪畢之吉祭也。「圻父」。正義曰：此《詩·小雅》篇，刺宣王也。云：「圻父，予王之爪牙。胡轉予于恤，靡所止居？」注云：「宣王之末，司馬職廢。此勇力之士，責司馬云，我乃王之爪牙之士，當爲王閑守之衛。女何移我於憂，使我無所止居乎？謂見使從軍，與姜戎戰於千畝而敗之時也。」注「鳩集也」。正義曰：《釋詁》云：「鳩，聚也。」聚亦集之義。國有兵寇，則民人不得集聚也。

【經】十有七年，春，王二月，庚午，邾子牼卒。無傳。宣公也，四同盟。【疏】注「宣公也四同盟」。正義曰：經不書葬，故詳言其謚。牼以成十八年即位，其年盟于虚朾，襄三年于雞澤，五年于戚，九年于戲，十一年于亳城北，十六年于溴梁，皆魯、邾俱在，凡六同盟。沈氏云：「去虚朾之盟，又不數溴梁，故爲四。」劉炫以爲

---

❶「注禘祀至吉祭」，阮本以下正義三節分疏於傳文各節下。

杜氏誤，非也。

宋人伐陳。

夏，衛石買帥師伐曹。買，石稷子。

秋，齊侯伐我北鄙，圍桃。

高厚帥師伐我北鄙，圍防。弁縣東南有桃虚。

九月，大雩。無傳。書過。

宋華臣出奔陳。暴亂宗室，懼而出奔。實以冬出，書秋者，以始作亂時來告。【疏】注「暴亂」至「來告」。正義曰：傳説此事，文在冬下，知其實以冬出。經書在秋，故知追以秋告。實冬出而告以秋，明以華臣始作亂時來告也。但傳因華臣之出，本其懼罪之由，故於冬之下，追言華閱卒耳。其實華閱之卒，或在九月之前。華臣弱其室，殺其宰，當在九月内耳。

冬，邾人伐我南鄙。

【傳】**十七年，春，宋莊朝伐陳，獲司徒卬，卑宋也。**司徒卬，陳大夫。卑宋，不設備。**衛孫蒯田于曹隧，**越竟而獵。孫蒯，林父之子。**飲馬于重丘，**❶重丘，曹邑。**毁其瓶。重丘人**

❶「飲」上，阮校：「《釋文》有『遂』字。」

閑門而詢之，❶詢，罵也。**曰：「親逐而君，爾父爲厲。**厲，惡鬼。林父逐君在十四年。**是之不憂，而何以田爲？」夏，衛石買、孫蒯伐曹，取重丘。**孫蒯不書，非卿。**曹人愬于晉。**爲明年晉人執石買傳。【疏】傳「親逐」至「爲厲」。❷ 正義曰：蒯與其父共逐其君，則是身親爲惡，故言「親逐而君」。「爾父爲厲」者，父爲惡首，故以惡鬼罵之。 注「孫蒯不書非卿」。 正義曰：經書他國征伐，例書元帥而已。此經已書石買，縱蒯是卿亦不書。杜爲此注者，蘇氏云「孫氏世爲上卿」，蒯若是上卿，應書蒯，不書石買，故云「非卿」也。或可事由孫蒯，❸故決之。

齊人以其未得志于我故，前年圍成，❹辟孟孺子。**秋，齊侯伐我北鄙，圍桃。高厚圍臧紇于防。**防，臧紇邑。**師自陽關逆臧孫，至于旅松。**陽關，在泰山鉅平縣東。旅松，近防地也。魯師畏齊，不敢至防。**郰叔紇、臧疇、臧賈帥甲三百，**❺**宵犯齊師，送之而復。**郰叔紇，叔梁紇。臧疇、臧賈，臧紇之昆弟也。三子與臧紇共在防，故夜送臧紇於旅松，而復還守防。**齊師去之。**失臧紇故。**齊人獲臧堅。**堅，臧紇之族。**齊侯使夙沙衛唁之，且曰：「無死。」**使無自殺。**堅稽首曰：「拜命之辱，抑**

---

❶「閑」，《四部叢刊》本、京都本、文淵閣本、阮本作「閉」。
❷「傳親逐至爲厲」，阮本以下正義二節分疏於傳文各節下。又案：「傳」，疑衍。
❸「可」，閩本、監本、毛本、文淵閣本作「曰」。
❹「成」，阮校：「毛本改『郕』。」
❺「郰」，阮校：「岳本作『鄹』，《釋文》同。」

君賜不終，姑又使其刑臣禮於士。」以杙抉其傷而死。❶言使賤人來唁己，是惠賜不終也。夙沙衛，奄人，故謂之刑臣。【疏】「君賜不終」。　正義曰：來唁，是君之恩賜。使賤者唁，是爲惠不終也。服虔云：「言君義己，故來唁之，是惠賜也。謂己無死，不以義望己，是不終也。」

冬，邾人伐我南鄙，爲齊故也。齊未得志於魯，故邾助之。

宋華閱卒，華臣弱皐比之室，臣，閱之弟。皐比，閱之子。弱，侵易之。使賊殺其宰華吴，賊六人以鈹殺諸盧門合左師之後。盧門，宋城門。合，向戌邑。後，屋後。左師懼，曰：「老夫無罪。」賊曰：「皐比私有討於吴。」遂幽其妻，幽吴妻也。曰：「畀余而大璧。」畀，與也。宋公聞之，曰：「臣也，不唯其宗室是暴，大亂宋國之政，必逐之。」左師曰：「臣也，亦卿也。大臣不順，國之恥也。不如蓋之。」乃舍之。左師爲己短策，苟過華臣之門，必騁。惡之。十一月，甲午，國人逐瘈狗，瘈狗入於華臣氏，❷國人從之。華臣懼，遂奔陳。華臣心不自安，見逐狗而驚走。【疏】「不如蓋之」。❸　正義曰：服虔云：「蓋，覆蓋之。言左師無鷹鸇之志，而蓋不義之人，故尤之。」此未必然。正是左師諱國惡，恥聞於

---

❶「傷」，阮校：「《釋文》云：『一本作瘍。』」

❷「瘈」，阮校：「《釋文》云：『瘈，《字林》作狾。』案，《説文》『狾』字下引《春秋傳》曰：『狾犬入華臣氏之門。』《漢書・五行志》引亦作『狾』，是《左傳》古文本作『狾』也。諸本無『之門』字，惟《論衡・感類篇》引與《説文》同。」

❸「不如蓋之」，阮本以下正義二節在「苟過華臣之門必騁」句注下。

外，故蓋之耳，非是畏華臣也。「爲己短策」。正義曰：服虔云：「策，馬捶也。自爲短策，過華臣之門，助御者擊馬而馳，惡之甚也。必爲短策者，私助御者，不欲使人知也。」

宋皇國父爲大宰，爲平公築臺，妨於農收。❶周十一月，今九月，收斂時。**子罕請俟農功之畢，公弗許。築者謳曰：「澤門之晳，實興我役。**澤門，宋東城南門也。皇國父白晳而居近澤門。**邑中之黔，實慰我心。」**子罕黑色，而居邑中。**子罕聞之，親執扑，**扑，杖。**以行築者，而抶其不勉者，曰：「吾儕小人皆有闔廬以辟燥濕寒暑。**闔謂門户閉塞。**今君爲一臺而不速成，何以爲役？」**役，事也。**謳者乃止。或問其故，子罕曰：「宋國區區，而有詛有祝，禍之本也。」**傳善子罕分謗。【疏】注「闔謂門户閉塞」。❷正義曰：《月令》：「仲春脩闔扇。」鄭玄云：「用木曰闔，用竹葦曰扇。」是闔爲門扇，所以閉塞廬舍之門户也。

齊晏桓子卒，晏嬰父也。**晏嬰麤縗斬，**斬，不緝之也。縗在胷前。麤，三升布。**苴絰、帶、杖，菅屨，**苴，麻之有子者，取其麤也。❸杖，竹杖。菅屨，草屨。**食鬻，居倚廬，寢苫，枕草。**此禮與《士喪禮》略同，其異唯枕草耳。然枕凷亦非《喪服》正文。**其老曰：「非大夫之禮也。」**時之所行，士及

---

❶「收」，京都本、阮本作「功」。

❷「注闔謂門户閉塞」，阮本此節正義在注「闔謂門户閉塞」下。

❸「其」，京都本、阮本作「甚」。

大夫縗服各有不同。晏子爲大夫而行士禮，其家臣不解，故譏之。曰：「唯卿爲大夫。」晏子惡直己以斥時失禮，故孫辭略答家老。❶【疏】注「斬不」至「升布」。❷　正義曰：《喪服》：「斬衰裳。」傳曰：「斬者何？不緝也。」馬融云：「不緝，不緶也。謂斬布用之，不緶其端也。」衰用布爲之，廣四寸，長六寸，當心，故云「在胷前」也。《喪服傳》曰：「衰三升。」鄭玄云：「布八十縷爲升。」然則傳以三升之布，布之最麤，故謂之麤也。以麤布爲衰而斬之，故以「麤縗斬」爲文之次。「苴絰帶杖菅屨」。　正義曰：《喪服》云：「苴絰、杖、絞帶。」此傳帶不言絞，亦當爲絞帶也。若要帶，則謂之絰。故《喪服》注云：「麻在首在要皆曰絰。」《喪服傳》曰：「苴絰者，麻之有蕡者也。苴杖，竹杖也。絞帶者，繩帶也。」馬融云：「蕡者，枲實。枲麻之有子者，其色麤惡，故用之。苴者，麻之色。」鄭玄《士喪禮》注云：「苴麻者，其貌苴。服重者，尚麤惡。」《喪服》及此傳絰、帶、杖三者皆在「苴」下，言其色皆苴也。絰帶用麻，杖用竹，麻竹雖異，而其苴則同，故三者共蒙苴也。鄭玄云：「麻在首在要皆曰絰。」此言絰者，謂首絰也。凡喪服，冠纓帶屨皆象吉時常服，但變之使麤惡耳。其衰與絰，是新造以明義，故特爲立其名。衰之言摧也，絰之言實也。明孝子之心實摧痛，故制此服，立此名也。衰當心，絰在首，獨立名於心、首者，心是發哀之主，首是四體所先，❸故制服以表之。要絰之下，又有絞帶。要絰殺首絰五分之一，絞帶殺要絰亦然。雖大小有三等，而同用苴麻。《喪服》杖在帶上，此傳杖在帶下者，《喪服》具明其服，故杖在上，然後言絞帶、

❶「老」，原作「者」，《四部叢刊》本、京都本、文淵閣本、阮本作「老」，疏引起訖亦作「老」，作「老」是，據改。
❷「注斬不至升布」，阮本以下正義五節分疏於傳文各節下。
❸「所」，閩本、監本、毛本、文淵閣本作「之」。

冠繩纓；此傳略言其禮，欲明帶與絰俱用麻，故杖在帶下。《喪服傳》云：「菅屨者，菅菲也。」菲者，屨之别名，故杜注云「草屨也」。　注「此禮」至「正文」。　正義曰：《喪服傳》文及《士喪禮・記》皆云：「居倚廬，寢苫，枕凷。歠粥，朝一溢米，夕一溢米。」是此禮與《士喪禮》略同。其異者，唯彼言「枕凷」，此言「枕草」耳。然枕凷者，乃是《禮・記》及《喪服傳》耳，亦非《喪服》正文，杜意言古禮未必無枕草之法也。居倚廬、寢苫者，鄭玄云：「倚木爲廬，在中門外東方，北户。苫，編稾也。」此初喪爲然，其既虞之後，則每事有變，具於禮文。鄭玄云：「二十兩曰溢，爲米一升二十四分升之一。」知者，古者一斛百二十斤，一斗十二斤，十二斤百九十二兩。一升十九兩二分，少八分未充二十兩。更取一升分作百九十二分，二十四分取一得八分，添前十九兩二分，是爲二十兩也。　注「時之」至「譏之」。　正義曰：《雜記》云：「大夫爲其父母兄弟之未爲大夫者之喪服，如士服。士爲其父母兄弟之爲大夫者之喪服，如士服。」如彼記文，則大夫與士喪服不同。記是後人所記，記當時之事。今此晏子之老亦譏晏子所爲非大夫之禮，是時之所行，士及大夫喪服各有不同也。晏子實爲大夫而行當時之士禮，晏子反時以從正，其家老不解，謂晏子爲失，故據時所行而譏之也。晏子其父始卒，則晏子未爲大夫。言晏子爲大夫者，禮，喪服，大夫之子，得從大夫之法。❶　注「晏子」至「家老」。　正義曰：《檀弓》云：「魯穆公之母卒，使人問於曾申。曾申對曰：『哭泣之哀，齊斬之情，饘粥之食，自天子達。』」然則天子以下，其服父母，尊卑皆同，無大夫士之異。晏子所行，是正禮也。言唯卿得服大夫服，我是大夫，得服士服。又言己位卑，不得從大夫之法者，是惡其直己以斥時之失禮，故孫辭略答家老也。《家語》曾子問此事，孔子云：「晏平仲可謂能辟害也，不以己是而駮人

❶「得」，京都本、阮本作「行」。

之非，孫辭以辟咎，義也。」夫《家語》雖未必是孔子之言，要其辭合理，故王肅與杜皆爲此説。鄭玄注《雜記》，引此傳言晏子云：「『唯卿爲大夫』，此平仲之謙也。」言喪服服布，麤衰斬衰三升，義服斬衰三升半。爲母服齊衰四升，正服齊衰五升，義服齊衰六升。降服大功七升，正服大功八升，義服大功九升。降服小功十升，正服小功十一升，義服小功十二升。緦麻十五升，去其半。鄭注《雜記》云：「士爲父斬衰，縷如三升半，而三升不緝。」言縷之精麤，如三升半成布，而縷三升，故云「麤衰在齊、斬之間」。鄭又云：「士爲母，衰五升，縷而四升。爲兄弟，衰六升，縷而五升。」鄭玄以《雜記》之文，士爲父母兄弟之服，不得與大夫同，皆縷細降一等，其縷數與大夫同。但《雜記》之文，記當時之制，以當時大夫與士有異，故爲此解，非杜義也。

【經】十有八年，春，白狄來。不言朝，不能行朝禮。

夏，晉人執衛行人石買。石買即是伐曹者，宜即懲治本罪，而晉因其爲行人之使執之，故書「行人」以罪晉。

秋，齊師伐我北鄙。不書齊侯，齊侯不入竟。

冬，十月，公會晉侯、宋公、衛侯、鄭伯、曹伯、莒子、邾子、滕子、薛伯、杞伯、小邾子同圍齊。齊數行不義，諸侯同心俱圍之。**曹伯負芻卒于師。**無傳。禮當與許男同。三同盟。【疏】注「禮當」至「同盟」。　正義曰：僖四年許男新臣卒，傳曰：「葬之以侯，禮也。」凡諸侯薨于朝會，加一等。諸侯命有三等，男加一等，葬之以侯禮。此曹是伯爵，與許男同，當葬以公禮也。彼許男之卒，不書于師，此言「卒于師」者，《釋例》

曰：「若卒于朝會，或書師，或書地者，史之成文，非義例所存也。」負芻以成十四年即位，十五年盟于戚，十七年于柯陵，襄五年于戚，九年于戲，十一年于亳城北，十六年于溴梁，凡六同盟。不數成公之盟，溴梁是大夫，去之，是爲三。劉炫以杜爲誤，非也。

楚公子午帥師伐鄭。

【傳】**十八年，春，白狄始來。**白狄，狄之别名，未嘗與魯接，故曰始。

夏，晉人執衛行人石買于長子，執孫蒯于純留，長子、純留二縣，今皆屬上黨郡。孫蒯不書，父在位，蒯非卿。**爲曹故也。**前年衛伐曹。

秋，齊侯伐我北鄙。中行獻子將伐齊，夢與厲公訟，弗勝。厲公，獻子所弑者。❶**公以戈擊之，首隊於前，跪而戴之，奉之以走，見梗陽之巫皋。**梗陽，晉邑，在太原晉陽縣南。皋，巫名也。夢并見之。**他日，見諸道，與之言，同。**巫亦夢見獻子與厲公訟。**巫曰：「今兹主必死。若有事於東方，則可以逞。」**巫知獻子有死徵，故勸使快意伐齊。**獻子許諾。晉侯伐齊，將濟河，獻子以朱絲係玉**

---

❶「弑」，阮校：「《釋文》作『殺』。」

二瑴❶雙玉曰瑴。而禱曰：「齊環怙恃其險，❷負其衆庶，環，齊靈公名。負，依也。棄好背盟，陵虐神主。神主，民也。謂數伐魯，殘民人。曾臣彪將率諸侯以討焉，彪，晉平公名。稱臣者，明上有天子，以謙告神。曾臣，猶末臣。其官臣偃實先後之。守官之臣。偃，獻子名。苟捷有功，無作神羞，羞，恥也。官臣偃無敢復濟。偃信巫言，故以死自誓。唯爾有神裁之。」沈玉而濟。

冬，十月，會于魯濟，尋溴梁之言，同伐齊。溴梁在十六年，盟曰：「同討不庭。」

齊侯禦諸平陰，塹防門而守之，廣里。平陰城在濟北盧縣東北。❸其城南有防，防有門。於門外作塹橫行，廣一里，❹故經書「圍」。夙沙衛曰：「不能戰，莫如守險。」謂防門不足爲險。弗聽。諸侯之士門焉，齊人多死。范宣子告析文子，析文子，齊大夫子家。曰：「吾知子，敢匿情乎？魯人、莒人皆請以車千乘，自其鄉入，既許之矣。若入，君必失國。子盍圖之？」子家以告公，公恐。晏嬰聞之，曰：「君固無勇，而又聞是，弗能久矣。」不能久敵晉。

齊侯登巫山以望晉師。巫山，在盧縣東北。晉人使司馬斥山澤之險，雖所不至，必旆而疏陳

---

❶「瑴」，阮校：「岳本『瑴』作『瑴』，與《釋文》合。」

❷「齊」下，阮校：「石經『齊』下後人旁增『侯』字。」

❸「縣」下，阮校：「陳樹華云：案，酈道元《水經注》八引注文『縣』下有『故城』二字。」

❹「一」，原爲空格，據《四部叢刊》本、京都本、文淵閣本、阮本補。

之。斥，候也。疏建旌旗以爲陳，示衆也。**使乘車者左實右僞，以旆先，**僞以衣物爲人形也。❶**建旆以先驅。輿曳柴而從之。**以揚塵。**齊侯見之，畏其衆也，乃脱歸。**脱，不張旗幟。**丙寅，晦，齊師夜遁。師曠告晉侯曰：「鳥烏之聲樂，齊師其遁。」**鳥烏得空營，故樂也。**邢伯告中行伯**邢伯，晉大夫邢侯也。中行伯，獻子。**曰：「有班馬之聲，**夜遁，馬不相見，故鳴。班，別也。**齊師其遁。」叔向告晉侯曰：「城上有烏，齊師其遁。」**

十一月，丁卯，朔，入平陰，遂從齊師。夙沙衛連大車以塞隧而殿。此衛所欲守險。**殖綽、郭最曰：「子殿國師，齊之辱也。**奄人殿師，故以爲辱。**子姑先乎！」乃代之殿。衛殺馬於隘以塞道。**恨二子，故塞其道，欲使晉得之。**晉州綽及之，射殖綽，中肩，兩矢夾脰。**脰，頸也。**曰：「止，將爲三軍獲。不止，將取其衷。」**不止，復欲射兩矢中央。**顧曰：「爲私誓。」州綽曰：「有如日！」**言必不殺女，明如日。**乃弛弓而自後縛之。**❷反縛之。❸**其右具丙**州綽之右。**亦舍兵而縛郭最。皆衿甲面縛，**衿甲，不解甲。**坐于中軍之鼓下。**

晉人欲逐歸者，魯、衛請攻險。險，固城守者。**己卯，荀偃、士匄以中軍克京茲。**在平陰城東

---

❶「物」，《四部叢刊》本、足利學本、京都本、文淵閣本、阮本作「服」。

❷「弛」，阮校：「《釋文》云：『弛，本又作施，音同。』」

❸「之」，阮校：「岳本作『也』。」

南。**乙酉，魏絳、欒盈以下軍克邿。**欒黶死，其子盈佐下軍。平陰西有邿山。**趙武、韓起以上軍圍盧，弗克。十二月，戊戌，及秦周伐雍門之萩。**秦周，魯大夫。趙武及之共伐萩也。雍門，齊城門。**范鞅門于雍門，其御追喜以戈殺犬于門中，**殺犬示閒暇。**孟莊子斬其櫾以爲公琴。**莊子，孺子速也。櫾，木名。**己亥，焚雍門，及西郭、南郭。劉難、士弱率諸侯之師焚申池之竹木。**二子，晉大夫。**壬寅，焚東郭、北郭。范鞅門于揚門。**齊西門。**州綽門于東閭，**齊東門。**左驂迫，還于門中，**❶**以枚數闔。**枚，馬檛也。闔，門扇也。數其板，❷示不恐。

齊侯駕，將走郵棠。郵棠，齊邑。**大子與郭榮扣馬，**大子，光也。榮，齊大夫。**曰：「師速而疾，略也。**言欲略行其地，無久攻意。**將退矣，君何懼焉？且社稷之主，不可以輕，輕則失衆。君必待之！」將犯之，大子抽劍斷鞅，乃止。甲辰，東侵及濰，南及沂。**濰水在東莞東北，至北海都昌縣入海。沂水出東莞蓋縣，至下邳入泗。【疏】注「彪晉」至「末臣」。❸　正義曰：《王制》云：「五嶽視三公，四瀆視諸侯。」則諸侯於河神，其辭不得稱臣。故解其意，稱臣者，以明上有天子，言己是天子之臣，以謙告神也。曾祖、曾孫者，曾爲重義。諸侯之於天子，無所可重。曾臣猶末臣，謙卑之意耳。　注「平陰」至「書圍」。　正義

---

❶「門」上，京都本、文淵閣本、阮本有「東」字。

❷「板」，京都本、阮本作「枚」。

❸「注彪晉至末臣」，阮本以下正義四節分疏於傳文各節下。

曰：平陰城南有防者，地形猶在，❶杜觀其跡而知之也。言「塹防門而守之」，明是齊人自於門外作塹以固守也。此平陰，齊邑，而言圍齊者，沈氏云：「君在，故稱圍。」劉炫云：「案下傳范鞅門于雍門，又門于揚門，州綽門于東閭。既門其三門，即是圍事，杜何知不以門于三門爲圍，必以禦諸平陰爲圍乎？」今删定知不然者，案上九年諸侯伐鄭，傳稱門其三門，而經不稱圍，則攻門非圍也。此傳云「塹防門而守之」，則是被圍之道。劉以門其三門爲圍而規杜氏，非也。　注「脰頸也」。　正義曰：《説文》云：「脰，項也。」《考工記》云「以脰鳴者」，又曰「大體短脰」，「數目顧脰」。《公羊傳》稱「宋萬搏閔公，絶其脰」。鄭玄、何休皆以脰爲頸，頸之與項，亦一物也。　「乃弛弓」。　正義曰：下云「其右具丙亦舍兵」，則此是州綽弛弓也。

鄭子孔欲去諸大夫，欲專權。**將叛晉而起楚師以去之。使告子庚，子庚弗許。**子庚，楚令尹公子午。**楚子聞之，使揚豚尹宜告子庚曰：❷「國人謂不穀主社稷而不出師，死不從禮。**不能承先君之業，死將不得從先君之禮。❸**不穀即位，於今五年，師徒不出，人其以不穀爲自逸而忘先君之業矣。**謂己未嘗統師自出。**大夫圖之，其若之何？」子庚歎曰：「君王其謂午懷安乎？吾以利社稷也。」見使者，稽首而對曰：「諸侯方睦於晉，臣請嘗之。**嘗，試其難易也。**若可，君而繼之。不可，**

❶「地」，京都本、文淵閣本、阮本無此字。
❷「揚」，京都本、文淵閣本、阮本作「楊」。
❸「得從」，京都本、阮本作「能」，文淵閣本作「能從」。

收師而退，可以無害，君亦無辱。」子庚帥師治兵於汾。襄城縣東北有汾丘城。**於是子蟜、伯有、子張從鄭伯伐齊，**子張，公孫黑肱。**子孔、子展、子西守。二子知子孔之謀，**二子，子展、子西。**完守入保，**完城郭，内保守。**子孔不敢會楚師。**

楚師伐鄭，次於魚陵。魚陵，魚齒山也，在南陽犨縣北，鄭地。**右師城上棘，遂涉潁，次于旃然。**將涉潁，故於水邊權築小城，以爲進退之備。旃然水出滎陽城皋縣，❶東入汴。**蔿子馮、❷公子格率鋭師侵費滑、胥靡、獻于、雍梁，**胥靡、獻于、雍梁，皆鄭邑。河南陽翟縣東北有雍氏城。**右回梅山，**在滎陽密縣東北。❸**侵鄭東北，至于蟲牢而反。子庚門于純門，信于城下而還。**信，再宿也。**涉於魚齒之下，**魚齒山之下有滍水，故言涉。**甚雨及之，楚師多涷，❹役徒幾盡。**

晉人聞有楚師，師曠曰：「不害。吾驟歌北風，又歌南風，南風不競，歌者，吹律以詠八風。南風音微，故曰「不競」也。師曠唯歌南北風者，聽晉、楚之强弱。**多死聲。楚必無功。」董叔曰：「天**

---

❶「城」，文淵閣本作「成」。阮校：「宋本、纂圖本、監本作『成』。按，《水經注》引同。」

❷「蔿子馮」，阮校：「《釋文》『蔿』作『薳』，云：『本又作蔿。』案，二字同。張參《五經文字·序例》云：『蔿』、『薳』同姓，《春秋》互出。是也。」

❸「東北」，阮校：「案，劉昭《郡國志》引作『西北』。」

❹「涷」，石經、淳熙本、《四部叢刊》本作「凍」。阮校：「案，毛氏《六經正誤》云：作『凍』誤。『涷』音東，夏月暴雨曰涷，非『凍冱』之『凍』。」

道多在西北。歲在豕韋，月又建亥，故曰「多在西北」。**南師不時，必無功。」**不時，謂觸歲月。**叔向曰：「在其君之德也。」**言天時、地利不如人和。【疏】「甚雨及之」。❶　正義曰：楚師南行，有大雨從北而南，逐及楚師。❷　注「歌者」至「彊弱」。　正義曰：律呂雖有十二，其風有八。八風者，乾風不周，坎風廣莫，艮風調，震風明庶，巽風清明，離風景，坤風涼，兑風閶闔。八方之風，風別先有音曲，揔吹律呂，以詠八方音曲。今師曠以律呂歌南風音曲，南風音微，不與律聲相應，故云「不競」。服虔以爲卯酉以北律呂爲北風，以南爲南風，與杜八風義違，非杜義也。　「多死聲」。　正義曰：服虔云：「南風律氣不至，故聲多死。」　注「歲在」至「西北」。　正義曰：歲星右行於天，大率一歲行一次。二十八年歲在星紀，距此十一年。卻而數之，此年在豕韋。豕韋一名娵訾，當亥之次也。周十二月，夏之十月，其月又建亥，故曰「多在西北」。　注「言天」至「人和」。　正義曰：《孟子》云：「天時不如地利，地利不如人和。」

【經】十有九年，春，王正月，諸侯盟于祝柯。前年圍齊之諸侯也。祝柯縣今屬濟南郡。**晉人執邾子。**稱人以執，惡及民也。

公至自伐齊。無傳。【疏】「公至自伐齊」。　正義曰：往年圍齊，今以伐致，傳既不説，杜亦不解。《公羊

---

❶「甚雨及之」，阮本以下正義五節分疏於傳文各節下。

❷「逐」，閩本、監本、毛本、文淵閣本作「遂」。

傳》曰：「此同圍齊也，何以致伐？未圍齊也。未圍齊，則其言圍齊何？抑齊也。曷爲抑齊？爲其亟伐也。」❶其意言往年同圍齊者，實非圍齊，故以伐致。案傳「攻平陰，齊侯塹防門而守之」，則是兵實圍齊，不得如《公羊》説也。賈逵云：「圍齊而致伐，以策伐勳也。」伐者，加兵之名，圍則伐内之別，圍伐終是一事，不得各有其勳，何言策伐勳也？但圍是伐内之別，此言「至自伐齊」，僖二十九年言「至自圍許」，史異辭，無義例。

取邾田，自漷水。取邾田，以漷水爲界也。漷水出東北合鄉縣，❷西南經魯國至高平湖陸縣入泗。

季孫宿如晉。

葬曹成公。無傳。

夏，衛孫林父帥師伐齊。

秋，七月，辛卯，齊侯環卒。世子光三與魯同盟。【疏】注「世子」至「同盟」。正義曰：環以成十年即位，十五年國佐盟于戚，十七年自盟于柯陵，❸十八年崔杼于虛朾。襄三年世子光于雞澤，五年世子光于戚，九年世子光于戲，十一年世子光于亳城北。不數成公之世，世子光猶四同盟，言三者，襄五年戚盟不書經，故杜

---

❶「也」，京都本、文淵閣本、阮本無此字。

❷「北」，《四部叢刊》本、京都本、文淵閣本、阮本作「海」。阮校：「宋本誤作『北』。」

❸「自」，文淵閣本作「同」。阮校：「閩本、監本、毛本作『同』，是也。」

不數。劉炫以爲杜誤，非也。

晉士匄帥師侵齊，至穀，聞齊侯卒，乃還。詳録所至及還者，善得禮。

八月，丙辰，仲孫蔑卒。無傳。

齊殺其大夫高厚。

鄭殺其大夫公子嘉。

冬，葬齊靈公。無傳。

城西郛。魯西郭。

叔孫豹會晉士匄于柯。魏郡内黄縣東北有柯城。

城武城。泰山南武城縣。❶

【傳】十九年，春，諸侯還自沂上，盟于督揚，曰：「大毋侵小。」督揚即祝柯也。**執邾悼公，以其伐我故。**伐魯在十七年。**遂次于泗上，疆我田。**正邾、魯之界也。泗，水名。**取邾田，自漷水歸之**

❶「南武城」，阮校：「錢大昕云：《續漢志》、宋、齊、隋《志》皆作『南城』，《晉書》列傳中亦無『武』字，唯《志》有之，係誤衍。杜注哀十四年傳作『南城』，劉昭注《續漢志》引注文亦是『南城』。此『武』字必後人誤加也。」

于我。邾田在漷水北，今更以漷爲界，故曰「取邾田」。

晉侯先歸。公享晉六卿于蒲圃，六卿過魯。賜之三命之服，軍尉、司馬、司空、輿尉、候奄皆受一命之服。如鞌戰還之賜，唯無先輅。賄荀偃束錦、加璧、乘馬，先吳壽夢之鼎。荀偃，中軍元帥，故特賄之。五匹爲束，四馬爲乘。壽夢，吳子乘也。獻鼎於魯，因以爲名。古之獻物，必有以先，今以璧馬爲鼎之先。

荀偃瘅疽，生瘍於頭。瘅疽，惡創。濟河，及著雍，病，目出。大夫先歸者皆反。士匄請見，弗內。請後，曰：「鄭甥可。」士匄，中軍佐，故問後也。鄭甥，荀吳，其母鄭女。二月，甲寅，卒，而視，不可含。目開口噤。宣子盥而撫之，曰：「事吳，敢不如事主？」猶視。大夫稱主。欒懷子曰：「其爲未卒事於齊故也乎？」懷子，欒盈。乃復撫之，曰：「主苟終，所不嗣事于齊者，有如河！」乃瞑，受含。嗣，續也。宣子出，曰：「吾淺之爲丈夫也！」自恨以私待人。

晉欒魴帥師從衛孫文子伐齊。爲懷子之言故也。欒魴，欒氏族。不書，兵并林父，不別告也。經書夏，從告。

季武子如晉拜師，謝討齊。晉侯享之。范宣子爲政，代荀偃將中軍。賦《黍苗》。《黍苗》，《詩·小雅》。美召伯勞來諸侯，如陰雨之長黍苗也。喻晉君憂勞魯國，猶召伯。季武子興，再拜稽首，曰：「小國之仰大國也，如百穀之仰膏雨焉！若常膏之，其天下輯睦，豈唯敝邑？」賦《六月》。《六月》，尹吉甫佐天子征伐之詩。以晉侯比吉甫，出征以匡王國。【疏】注「邾田」至「邾田」。❶ 正義曰：邾在魯南，田在漷水北，今更以漷水爲界，取邾漷北之田，歸于魯也。十六年「命歸侵田」，此年正邾魯之界，則此田舊是魯界，邾人取以爲己有，今日使之歸魯，故曰「取邾田」也。《公羊傳》曰：「其言自漷水何？以漷爲竟也。何言乎以漷爲竟？漷移也。」其意言邾、魯以漷水爲竟，漷水移入邾界，魯隨而有之。賈、服取以爲説，言刺晉偏而魯貪。案傳晉命歸侵田，此田邾先侵魯，追令反本，何晉偏而魯貪？《公羊》之説，不可通也。　注「荀偃」至「之先」。　正義曰：《雜記》云：「納幣一束，束五兩，兩五尋。」鄭玄云：「納幣謂昏禮納徵也。十箇爲束，貴成數。兩兩者合其卷，是謂五兩。八尺曰尋。一兩五尋，則每卷二丈也，合之則四十尺。今謂之匹，猶匹偶之云。」彼雖主説昏幣，但經、傳所言束帛、束錦者，其束多少皆與彼同，故云「五匹爲束」也。吴子乘以十二年卒，乘獻此鼎於魯，魯人因以其人名之，謂之「吴壽夢之鼎」。今以此鼎賄荀偃也。古之獻物，必有以先之。《老子》云：「雖有拱抱之璧，以先駟馬。」謂以璧爲馬先也。僖三十三年「鄭商人弦高以乘韋先牛十二犒師」，謂以韋爲牛先也。二十六年「鄭伯賜子展先路、三命之服，先八邑」，謂以車服爲邑之先也。皆以輕物先重物。此錦璧可執，馬可牽行，皆輕於鼎，故璧、馬爲鼎之先，❷以輕先重，非以賤先貴，鼎價未必貴於璧、馬也。　「癉疽生瘍於頭」。　正義曰：《説文》云：「癉，勞病也。疽，癰也。癰，腫也。瘍，頭創也。」然則傳言荀偃病此疽腫，腫潰，遂生創於頭。杜云「癉疽，惡創」，略言其病創耳。「百穀」。　正義曰：穀之種類多，言百，舉

---

❶「注邾田至邾田」，阮本以下正義四節分疏於傳文各節下。

❷「故」下，正宗寺本、京都本、文淵閣本、阮本有「以」字。

成數也。

季武子以所得於齊之兵作林鐘，而銘魯功焉。林鐘，律名。鑄鐘聲應林鐘，因以爲名。**臧武仲謂季孫曰：「非禮也！夫銘，天子令德，**天子銘德不銘功。**諸侯言時計功，**舉得時，動有功，則可銘也。**大夫稱伐。**銘其功伐之勞。**今稱伐則下等也，**從大夫故。**計功則借人也，**借晉力也。**言時則妨民多矣，何以爲銘？且夫大伐小，取其所得以作彝器，**彝，常也。謂鐘鼎爲宗廟之常器。**銘其功烈，以示子孫，昭明德而懲無禮也。今將借人之力以救其死，若之何銘之？小國幸於大國，以勝大國爲幸。而昭所獲焉以怒之，亡之道也。」**爲城西郛武城傳。【疏】注「林鐘」至「爲名」。❶ 正義曰：《月令》：季夏，「律中林鐘」。是林鐘，六月之律名也。《周語》云：「景王將鑄無射，問律於冷州鳩。❷ 對曰：『律所以立，均出度也。古之神瞽考中聲而量之以制，度律均鐘，百官軌儀。』」賈逵云：「律謂六律、六呂，以均鐘大小清濁也。考，成也。成，平也。平中和之聲，度律呂之長短，以立均鐘，以成和平之聲，而百官之道得象而儀之。」是言度律呂長短，然後鑄鐘，鐘聲應律，遂以律名鐘。此鐘聲應林鐘，故以林鐘爲名。「稱伐則下等也」。❸ 正義曰：諸侯之銘，當言時計功。魯之伐齊也，借人之力，功非己有。妨民農務，不可謂時。二者既無

❶「注林鐘至爲名」，阮本以下正義二節分疏於傳文各節下。

❷「冷」，正宗寺本、京都本、文淵閣本、阮本作「泠」。今案：《國語·周語下》作「伶」。

❸「稱」上，京都本、阮本有「今」字，當是。

可稱，唯有從行征伐，可得稱伐勞耳。伐雖可稱，若稱伐，則從大夫之例，於三者爲下等，不足爲功美也。

齊侯娶于魯，曰顔懿姬，無子。其姪鬷聲姬生光，以爲大子。兄子曰姪。顔、鬷皆二姬母姓，因以爲號。懿、聲皆謚。**諸子仲子、戎子，戎子嬖。**諸子，諸妾姓子者。二子皆宋女。**仲子生牙，屬諸戎子。**屬，託之。**戎子請以爲大子，許之。**齊侯許之。**仲子曰：「不可！廢常不祥，**廢立嫡之常。**間諸侯難。**事難成也。**光之立也，列於諸侯矣。**列諸侯之會。**今無故而廢之，是專黜諸侯，**謂光已有諸侯之尊。**而以難犯不祥也。君必悔之！」公曰：「在我而已。」遂東大子光。**廢而徙之東鄙。**使高厚傅牙以爲大子，夙沙衛爲少傅。齊侯疾，崔杼微逆光。疾病，而立之。光殺戎子，**終言之。**尸諸朝。非禮也。婦人無刑，**無黥、刖之刑。**雖有刑，不在朝市。**謂犯死刑者，猶不暴尸。**夏，五月，壬辰，晦，齊靈公卒。**經書七月辛卯，光定位而後赴。**莊公即位，**大子光也。**執公子牙於句瀆之丘。以夙沙衛易己，衛奔高唐以叛。**光謂衛教公易己。高唐在祝柯縣西北。

晉士匄侵齊，及穀，聞喪而還，禮也。禮之常，不必待君命。【疏】注「終言之」。❶　正義曰：知終言之者，以云「尸諸朝，非禮」，下始云五月「齊靈公卒，莊公即位」。若非即位之後，豈得尸戎子於朝？故知傳終言之。❷　注「無黥刖之刑」。　正義曰：婦人淫，則閉之於宮，犯死不得不殺，而云「婦人無刑」，知其於五刑之

❶「注終言之」，阮本以下正義三節分疏於傳文各節下。

❷「故知」，正宗寺本作「於」，京都本、文淵閣本、阮本無「知」字。

中無三等刑耳。三等，墨、劓、刖也。三等之刑，墨輕，刖重，故舉其輕重而略其劓也。《周禮》謂之「墨」，《尚書》謂之「黥」，黥、墨爲一，故依《尚書》言黥也。服虔云：「婦人從人者也，故不爲制刑。及犯惡，從男子之刑也。」若與男子俱受黥、刖、劓，亦是婦人刑矣，何獨主男子而婦人從之也？劉難服云：「犯淫，則男子割勢，婦人閉宫，豈得從男子乎？」注「禮之」至「君命」。正義曰：傳言「禮也」，則兵不伐喪，必有常禮，禮有此法，故「聞喪即還」。《公羊傳》曰：「還者何？善辭也。何善爾？大其不伐喪也。此受命乎君而伐齊，則何大乎其不伐喪？大夫以君命出，進退在大夫也。」何休云：「禮，兵不從中御外，臨事制宜，唯義所在，故善之。」是與《左氏》同也。《穀梁傳》曰：「還者，事未畢之辭也。不伐喪，善之也。善之則何爲未畢也？君不尸小事，臣不專大名。善則稱君，過則稱己，則民作讓矣。士匄外專君命，故非之也。然則爲士匄者宜奈何？宜墠帷而歸命乎介。」其意言待命乃還，故杜言不必待君命，所以排《穀梁》也。

於四月，丁未，於此年四月。**鄭公孫蠆卒，赴於晉大夫。范宣子言於晉侯，以其善於伐秦也。**十四年晉伐秦，子蟜見諸侯師，而勸之濟涇。❶ **六月，晉侯請於王，王追賜之大路，使以行禮也。**大路，天子所賜車之揔名，以行葬禮。傳言大夫有功，則賜服路。【疏】注「大路」至「服路」。正義曰：二十四年「穆叔如周，王嘉其有禮，賜之大路」，與此並賜諸侯之卿，其文皆云「大路」，知大路，天子所賜車之揔名也。《周禮·巾車》「王之五路」，有玉路、金路、象路、革路、木路，又有「服車五乘，孤乘夏篆，卿乘夏縵，大夫乘墨

❶「濟」，原爲空格，據《四部叢刊》本、京都本、文淵閣本、阮本補。

車，士乘棧車，庶人乘役車」。又曰：「凡良車、散車不在等者，其用無常。」《周禮》有此文耳。其封諸侯，賜之以車，則同姓以金路，異姓以象路，四衛以革路，蕃國以木路。其賜諸侯之卿，則無文。《釋例》曰：「《周官》王之五路，及卿、大夫、士服車各有名，又有良車、散車不在等者，其用無常。」謂此上五路之良、散，當以出賜，故言「其用無常」也。❶傳通稱玉路、金路爲大路，及賜魯穆叔、鄭子蟜，當是革路。若木路，所以封四衛及蕃國之君也，而亦曰大路者，據受王之殊錫，皆舉其摠名，或云先，或云次，當各自以就數爲差也。杜言當是革路若木路者，雖疑不敢質，謂當是此二路也。必疑然者，以服車稱車，不稱路，王若賜之夏篆、夏縵，不應謂之爲大路。名之曰大路，必在五路之中矣。金路、象路乃賜同姓、異姓之國君，不可以賜其臣，而傳稱列國之卿當小國之君，固周制也。位當小國之君，則車亦可以同之，故疑是革路若木路也。革路、木路，路之卑者，亦稱大路者，以受王殊賜，皆舉其摠名也。若受之於君，或稱先，或稱次。杜云以就數爲差者，三命之卿就數三，再命之卿就數二，故鄭賜子展先路、三命之服，子產次路、再命之服是也。若其不然，王賜叔孫穆子其車若是夏篆、夏縵，即與常車無異，何故生弗敢乘，及死乃請以葬也？《鄉飲酒禮》者，大夫之禮也，工人卒歌，「主人獻工」，「大師則爲之洗」。鄭玄云：「大夫若君賜之樂，謂之大師。爲之洗，尊之也。」彼尊君賜樂，謂工師爲大師，此尊王賜車，謂王車爲大路，其意類於彼也。《膏肓》何休以「天子車稱大路，❷諸侯車稱路車，大夫稱車，今鄭子蟜，諸侯之大夫耳，當與天子士同，賜其車而名之曰大路，非正也。孔子曰：『唯器與名不可以假人，名不正，則言不順。』於義《左氏》爲短」。案

---

❶「無」，原作「非」，據正宗寺本、京都本、文淵閣本、阮本改。

❷「膏肓何休」，阮校：「案，一本改作『何休膏肓』，是也。」

《周禮》「天子袞冕」，上公亦稱袞冕，天子析羽爲旌，諸侯及大夫亦稱旌。又天子樂官稱大師，《鄉飲酒禮》君賜樂亦稱大師，此皆名同於上。則卿大夫大路，何獨不可同之於天子大路之名乎？何休之難，非也。

秋，八月，齊崔杼殺高厚於灑藍，而兼其室。灑藍，齊地。**書曰「齊殺其大夫」，從君於昏也。**傳解經不言崔杼殺，而爲國討文。

鄭子孔之爲政也專，專權。**國人患之，乃討西宮之難**十年，尉止等作難西宮，子孔知而不言。**與純門之師，**前年，子孔召楚師至純門。**子孔當罪，以其甲及子革、子良氏之甲守。**以自守也。**甲辰，子展、子西率國人伐之，殺子孔而分其室。書曰「鄭殺其大夫」，專也。**亦以國討爲文。**子然、子孔，宋子之子也。**子然，子革父。**士子孔，圭嬀之子也。**宋子、圭嬀，皆鄭穆公妾。❶士子孔，子良父。**圭嬀之班亞宋子，而相親也，**亞，次也。**二子孔亦相親也。僖之四年，子然卒。**鄭僖四年，魯襄六年。**簡之元年，士子孔卒。**魯襄八年。**司徒孔實相子革、子良之室，**司徒孔與二父相親，故相助其子。**三室如一，**言同心。**故及於難。**故二子并及難。**子革、子良出奔楚。子革爲右尹。**子革即鄭丹。**鄭人使子展當國，子西聽政，立子產爲卿。**簡公猶幼，故大夫當國。

齊慶封圍高唐，弗克。夙沙衛以叛，故圍之。**冬，十一月，齊侯圍之，見衛在城上，號之，乃下。**衛下與齊侯語。**問守備焉，以無備告。揖之，乃登。**齊侯以衛告誠，揖而禮之，欲生之也。衛志於

---

❶「妾」，原作「妄」，據《四部叢刊》本、京都本、文淵閣本、阮本改。

戰死，故不順齊侯之揖，而還登城。聞師將傳，食高唐人。殖綽、工僂會夜縋納師，因其會食。二子，齊大夫。**醢衛于軍。**【疏】「見衛」至「乃登」。❶　正義曰：杜於此注皆用賈逵之説。服虔引彭仲博云：齊欲誅衛，呼而下，與之言，因可取之，❷無爲揖之復令登城。仲博以爲齊侯號衛，衛慙而下，云「問守備焉」，問衛之守高唐者。衛無恩信，故令守者以無備告。齊侯善其言，故揖之，乃命士卒登城。服虔謂此説近之。案傳之次第，「衛在城上，號之，乃下」，是衛下也。「問守備焉」，問衛也。若其别問餘人，當云問其守者，不得云「問守備」也。若齊侯揖之，而命士卒登城，則士於此時已登矣，何故下文方云「殖綽、工僂會夜縋納師」也？❸衛已下城，齊侯不即執取者，或有所隔礙，不得取之。漢末曹操與馬超對語，徐晃與關羽對語，皆讎敵交言，而不能相取，亦何怪古之人乎？　「夜縋納師」。　正義曰：二子因其無備，先往城上，乃從城上縣繩納師。

城西郛，懼齊也。前年與晉伐齊，又鑄其器爲鐘，故懼。

齊及晉平，盟于大隧，大隧，地闕。**故穆叔會范宣子于柯。**齊、晉平，魯懼齊，故爲柯會以自固。**穆叔見叔向，賦《載馳》之四章。**四章曰：「控于大邦，誰因誰極？」控，引也。取其欲引大國以自救助。**叔向曰：「肸敢不承命？」**叔向度齊未肯以盟服，故許救魯。**穆叔歸曰：**❹**「齊猶未也，不**

---

❶「見衛至乃登」，阮本以下正義二節分疏於傳文各節下。

❷「因」，阮本作「固」。

❸「云」，京都本、文淵閣本、阮本作「曰」。

❹「歸」，足利學本、京都本、文淵閣本、阮本無此字。

可以不懼。」乃城武城。【疏】注「四章」至「救助」。❶ 正義曰：「控于大邦」，乃是《載馳》五章，而云四章者，文十三年鄭子家賦《載馳》之四章，❷義取「控于大邦」，意在五章，而并賦四章，彼注已云四章以下，故於此略之。《詩》注云：「極，至也。今衛侯欲求援引之力，助於大國之諸侯，亦誰因乎？由誰至乎？閔之，故欲歸問之。」

衛石共子卒，石買。**悼子不哀。**買之子石惡。**孔成子曰：「是謂蹷其本，**蹷猶拔也。**必不有其宗。」**爲二十八年石惡出奔傳。【疏】注「蹷猶拔也」。❸ 正義曰：蹷者，倒也。樹倒必拔根，故云「蹷猶拔也」。父是親之極，孝爲德之本，於父尚猶不哀，必是不能愛人也。己不愛人，人亦不愛己。人皆不愛，必將喪家，知其不能保有宗嗣也。

【經】二十年，春，王正月，辛亥，仲孫速會莒人，盟于向。向，莒邑。

夏，六月，庚申，公會晉侯、齊侯、宋公、衛侯、鄭伯、曹伯、莒子、邾子、滕子、薛伯、杞伯、小邾子，❹盟于澶淵。澶淵在頓丘縣南，今名繁汙。❺此衛地，又近戚田。

---

❶「注四章至救助」，阮本此節正義在「賦載馳之四章」句注下。

❷「文」下，京都本、阮本有「一」字。

❸「注蹷猶拔也」，阮本此節正義在「是謂蹷其本」句注下。

❹「小邾子」，原作「小邾于」，據《四部叢刊》本、京都本、文淵閣本、阮本改。

❺「繁汙」，阮校：「《水經注》五引注文作『繁淵』，云：『澶淵即繁淵也。』」

秋，公至自會。無傳。

仲孫速帥師伐邾。

蔡殺其大夫公子燮。莊公子。**蔡公子履出奔楚。**燮母弟也。

陳侯之弟黄出奔楚。稱弟，明無罪也。【疏】注「稱弟明無罪也」。　正義曰：傳言「非其罪也」，則無罪之文明矣。而云「稱弟，明無罪」者，賈逵以爲稱名，罪其偪。杜以鄭段有罪，去弟以罪段，今此存弟，非是罪黄之文也，言此以排賈氏也。

叔老如齊。

冬，十月，丙辰，朔，日有食之。無傳。

季孫宿如宋。

【傳】二十年，春，及莒平。孟莊子會莒人，盟于向，督揚之盟故也。莒數伐魯，前年諸侯盟督揚以和解之，故二國自復共盟，結其好。

夏，盟于澶淵，齊成故也。齊與晉平。【疏】「盟于」至「故也」。❶　正義曰：於經，服異則稱同盟，此齊成而盟，不言同者，往年齊與晉平，盟于大隧，是齊已服於晉矣，非於此始服，故不言同也。晉以齊既平和，而召

❶「盟于至故也」，阮本此節正義在「督揚之盟故也」句注下。

諸侯以爲此會。傳解其爲盟之意，故云「齊成」也。

邾人驟至，以諸侯之事弗能報也。驟，數也。謂十五年、十七年伐魯。**秋，孟莊子伐邾以報之。**既盟而又伐之，非。

蔡公子燮欲以蔡之晉，背楚。**蔡人殺之。公子履，其母弟也，故出奔楚。**與兄同謀故。**陳慶虎、慶寅畏公子黄之偪，**二慶，陳卿。恐黄偪奪其政。**愬諸楚曰：「與蔡司馬同謀。」**同欲之晉。**楚人以爲討。**討，責陳。**公子黄出奔楚。**奔楚自理。**初，蔡文侯欲事晉，曰：「先君與於踐土之盟，**先君，文侯父莊侯甲午也。踐土盟在僖二十八年。**晉不可棄，且兄弟也。」畏楚，不能行而卒。**宣十七年，文侯卒。**楚人使蔡無常，**徵發無准。❶**公子燮求從先君以利蔡，不能而死。書曰「蔡殺其大夫公子燮」，言不與民同欲也。**罪其違衆。**「陳侯之弟黄出奔楚」，言非其罪也。**稱弟，罪陳侯及二慶。**公子黄將出奔，呼於國曰：「慶氏無道，求專陳國，暴蔑其君，而去其親，五年不滅，是無天也。」**爲二十三年陳殺二慶傳。【疏】注「稱弟」至「二慶」。❷ 正義曰：稱弟者，止爲罪陳侯。但陳侯之罪，罪在信二慶，故杜兼言二慶耳，稱弟不爲罪二慶也。《釋例》曰：「兄而害弟者，稱弟以章兄罪。弟又害兄，則去弟以罪弟身。推此以觀其餘，秦伯之弟鍼，陳侯之弟黄，皆是兄害其弟者也。秦伯有千乘之國，而不能容其母弟，傳曰『罪

---

❶「准」，京都本、文淵閣本、阮本作「準」。

❷「注稱弟至二慶」，阮本此節正義在「言非其罪也」句注下。

秦伯也』，歸罪秦伯，則鍼罪輕也。陳侯不能制禦臣下，使逐其弟，傳曰『言非其罪也』，非黃之罪，則罪在陳侯。示互舉之文也。」

齊子初聘于齊，禮也。齊、魯有怨，朝聘禮絶，今始復通，故曰初。繼好息民，故曰禮。

冬，季武子如宋，報向戌之聘也。向戌聘在十五年。**褚師段逆之以受享，**段，共公子子石也。逆以入國，受享禮。**賦《常棣》之七章以卒。**武子賦也。七章以卒，盡八章，取其「妻子好合，如鼓瑟琴。宜爾室家，樂爾妻帑」。言二國好合，宜其室家，相親如兄弟。**宋人重賄之。歸，復命，公享之，賦《魚麗》之卒章。**《魚麗》，《詩·小雅》。卒章曰：「物其有矣，維其時矣。」喻聘宋得其時。**公賦《南山有臺》。**《南山有臺》，《詩·小雅》。取其「樂只君子，邦家之基」，「邦家之光」。喻武子奉使能爲國光煇。**武子去所，曰：「臣不堪也。」**去所，辟席。【疏】「賦魚麗之卒章」。❶ 正義曰：《魚麗》，《詩·小雅》。「物其有矣」者，謂言魚有鱨鯊魴鯉，并有旨酒也。「維其時矣」者，注云：「大平而後，微物衆多，取之有時，用之有道，則萬物莫不多也。」

衛甯惠子疾，召悼子，悼子，甯喜。**曰：「吾得罪於君，悔而無及也。名藏在諸侯之策，曰：『孫林父、甯殖出其君。』君入則掩之。**掩惡名。**若能掩之，則吾子也。若不能，猶有鬼神，吾有餒而已，不來食矣。」**餒，餓也。**悼子許諾，惠子遂卒。**爲二十六年衛侯歸傳。

---

❶「賦魚麗之卒章」，阮本此節正義在「賦魚麗之卒章」句注下。

【經】二十有一年，春，王正月，公如晉。

邾庶其以漆、閭丘來奔。❶二邑在高平南平陽縣，東北有漆鄉，西北有顯閭亭。以邑出爲叛，適魯而言來奔，内外之辭。【疏】注「二邑」至「之辭」。　正義曰：杜解地邑，自爲其例，言「在」者，指知其處，言「有」者，以示不審。此言「二邑在高平」者，知其在高平郡界耳。又言「有」者，並不審其處也。《釋例》曰：「漆，高平南平陽縣東北有漆鄉。閭丘，高平南平陽縣西北有顯閭亭。」是二邑知在高平，而不審其地，故言「有」也。諸侯之臣入其私邑而以之出奔者，皆書爲叛，衛孫林父、宋華亥、宋公之弟辰、晉趙鞅、❷荀寅等皆書爲叛。叛者，背其本國之大辭也。此及莒牟夷、邾黑肱亦以邑叛本國，但叛來歸魯，據其至魯爲文，❸而言來奔，内外之辭，言俱是叛，而辭異耳。且傳謂庶其等爲三叛人，明其亦是叛也。

夏，公至自晉。無傳。

秋，晉欒盈出奔楚。盈不能防閑其母，以取奔亡。稱名，罪之。【疏】注「盈不」至「罪之」。　正義曰：宣十年「齊崔氏出奔衛」，書其族也。文八年「宋司城來奔」，舉其官也。又十四年「宋子哀來奔」，稱其字也。

---

❶「漆」，阮校：「《釋文》云：『本或作湶。』」

❷「晉」，京都本、文淵閣本、阮本無此字。

❸「文」，京都本、阮本作「奔」。

皆爲無罪，不書其名，則書名爲罪之文。據傳盈無大罪，故辨之，不能防閑其母，以取奔亡，稱其名，罪之也。「不能防閑其母」，《詩序》文也。《周禮·虎賁氏》「舍則守王閑」，又《校人》謂「馬廐爲閑」，則閑是欄衛禁防之名也。禮之防失，若彼閑然。《論語》云：「大德不踰閑。」閑謂禮法，言不能以禮法禁防母也。

九月，庚戌，朔，日有食之。無傳。

冬，十月，庚辰，朔，日有食之。無傳。

曹伯來朝。

公會晉侯、齊侯、宋公、衛侯、鄭伯、曹伯、莒子、邾子于商任。商任，地闕。

【傳】二十一年，春，公如晉，拜師及取邾田也。謝十八年伐齊之師、漷水之田。

邾庶其以漆、閭丘來奔。庶其，邾大夫。季武子以公姑姊妻之，計公年不得有未嫁姑姊，蓋寡者二人。皆有賜於其從者。於是魯多盜。季孫謂臧武仲曰：「子盍詰盜？」詰，治也。武仲曰：「不可詰也，紇又不能。」季孫曰：「我有四封，而詰其盜，何故不可？子爲司寇，將盜是務去，若之何不能？」武仲曰：「子召外盜而大禮焉，何以止吾盜？吾謂國中。子爲正卿，而來外盜，使紇去之，將何以能？庶其竊邑於邾以來，子以姬氏妻之，而與之邑，使食漆、閭丘。其從者皆有賜焉。若大盜，禮焉以君之姑姊與其大邑，其次皁牧輿馬，給其賤役，從皁至牧，凡八等之人。其小者衣裳劍帶，是賞盜也。賞而去之，其或難焉。紇也聞之，在上位者洒濯其心，壹以待人，軌度其信，可

明徵也。徵，驗也。**而後可以治人。夫上之所爲，民之歸也。上所不爲，而民或爲之，是以加刑罰焉，而莫敢不懲。若上之所爲，而民亦爲之，乃其所也，又可禁乎？《夏書》曰：『念兹在兹，**逸《書》也。兹，此也。謂行此事，當念使可施之於此。**釋兹在兹，**釋，除也。謂欲有所治除於人，亦當顧己得無亦有之。**名言兹在兹，**名此事，言此事，亦皆當令可施於此。**允出兹在兹，**允，信也。信出於此，則善亦在此。**惟帝念功。』**言帝念功，則功成也。**將謂由己壹也。信由己壹，而後功可念也。」**言非但意念而已，當須信己誠至。

庶其非卿也，以地來，雖賤必書，重地也。重地，故書其人，其人書，則惡名彰，以懲不義。【疏】注「計公」至「二人」。❶ 正義曰：杜以姑爲父之女昆弟，姊是己之女昆，故計公之年，以爲寡者二人。劉炫云：「案十二年傳云『無女而有姊妹及姑姊妹』，則古人謂姑爲姑姊妹也。而知此姑姊是襄公父之姊，止一人耳，不得云寡者二人。」今知不然者，以襄公，成公之子，成公即位二年，已令大子公衡爲質於楚，及宋逃歸，則公衡年十五六矣。成公即位之初，已三十有餘，計至於今七十許歲，其姊雖存，年極老矣，安可以妻庶其？❷ 劉以爲成公之姊而規杜氏，非也。「子盍」。正義曰：鄭玄、服虔皆以「盍」爲「何不」也。注「給其」至「之人」。正義曰：昭七年傳曰：「皁臣輿，輿臣隸，隸臣僚，僚臣僕，僕臣臺，馬有圉，牛有牧。」自皁至牧有八等也。其次，謂庶

❶「二」，原作「一」，據正宗寺本、京都本、阮本改。阮本以下正義六節分疏於傳文各節下。

❷「庶其」，正宗寺本、京都本、阮本「其」作「期」。阮校：「案，《漢書·地理志》作『邾庶期』。」

其從者，魯給之以八等之人。　「軌度」至「徵也」。　正義曰：謂使其臣信有軌，則法度可明，以爲徵驗也。　劉炫云：「軌，法也。行依法度，而言有信也。」　「夏書」至「念也」。　正義曰：「念茲在茲」，謂念此所行之事，欲施於他，得可施之在於此身，然後行之。「釋茲在茲」，釋，除也，謂有所除治於此前人之上，亦當在此身無有罪過，然後除之。「名言茲在茲」，謂名此事、言此事，亦皆當令可施於此，猶若名此除盜，言此除盜，己能除盜，是除盜之事可施於此，若己不能除盜，遣人除盜，是不可施於此也。「允出茲在茲」，允，信也，謂誠信之心出於此身，則善亦誠在此身也。「信由己壹」，謂信實由己專壹，然後善功可念。此斷章爲義，故與《尚書》本文稍殊。❶　「庶其非卿也」。　正義曰：《公羊》、《穀梁》皆以邾、莒之徒，小國不合有卿。《釋例》曰：「公、侯、伯、子、男及其卿、大夫、士命數，《周官》具有等差，當春秋時，漸已變改，是以仲尼、丘明據時之宜，仍其行事，從而然之，不復與《周官》同。而先儒考合《周官》、《禮記》，各致異端。今詳推經、傳，國之大小，皆據當時土地人民，不復依爵，故書秦、楚之卿，而略於滕、薛也。諸侯大國之卿，皆必有命，固無所疑，其揔名亦曰大夫也。故經、傳卿、大夫之文相涉，晉殺三卿，而經書大夫，邢丘之會，傳稱大夫，亦皆卿也。蜀之盟，齊國之大夫，溴梁之盟，小邾之大夫，此不命、一命之大夫，故不書也。命者，謂其君正爵命之於朝，其宮室、車旗、衣服、禮儀各如其命數，則皆以卿禮書之於經。衛之於晉，不得比次國，則邾、莒、杞、鄫之屬，❷固以微矣。此等諸國，當時附隨大國，不得列於會者甚衆，及其得列，上不能自通於天子，下無暇於備禮成制，故與於會盟戰伐甚多，唯曹之公子首得見於經，其餘或命

---

❶「殊」下，京都本、文淵閣本、阮本有「也」字。

❷「鄫」，正宗寺本、京都本、文淵閣本、阮本作「鄫」。

而禮儀不備，或未加命數，故皆不書之也。郳卑我之等，❶其奔亡亦多，所書唯數人而已，知其合制者少也。又郳庶其等，傳皆言『非卿，以地來，雖賤必書』。紀裂繻來逆女，傳曰『卿爲君逆』。知此等微國，亦應有卿。有卿則應書於經，徒以卑陋，制不合禮。失禮之例，杞降爲夷。華耦具官，君子貴之。至於此等卿而不備禮，亦所以見其略賤也。諸儒以爲郳、莒無命卿，既自違傳。劉、賈又云，春秋之序，三命以上，乃書於經。潁氏以爲再命稱人。傳曰：『叔孫昭子三命，踰父兄。』昭公十年昭子始加三命，而先此叔孫皆自見經，知所書皆再命也。」是杜大明《春秋》書卿名氏之例，以郳、莒自當有卿，若有再命，則書名氏，其不書於經，皆爲禮不備，故庶其非卿，謂非再命之卿也。

齊侯使慶佐爲大夫，慶佐，崔杼黨。**復討公子牙之黨，執公子買于句瀆之丘。公子鉏來奔。叔孫還奔燕。**三子，齊公族。言莊公斥逐親戚，以成崔、慶之勢，終有弑殺之禍。❷

夏，楚子庚卒。楚子使薳子馮爲令尹，訪於申叔豫。叔豫，叔時孫。**叔豫曰：「國多寵而王弱，**弱，政教微而貴臣强。**國不可爲也。」遂以疾辭。方暑，闕地，下冰而牀焉，重繭衣裘，鮮食而寢。**繭，緜衣。**楚子使醫視之，復曰：「瘠則甚矣！**瘠，瘦也。**而血氣未動。」**言無疾。**乃使子南爲令**

❶「卑」，閩本、監本、文淵閣本作「畀」。

❷「弑殺」，阮校：「盧文弨云：『弑殺』不成文，當本是『見殺』，而後人注『弑』字於『殺』字旁，傳寫者誤以改『見』爲『弑』也。《釋文》『殺』音申志反。陳樹華以《釋文》爲『或有誤』，非也。」

尹。子南，公子追舒也。爲二十二年殺追舒傳。【疏】注「繭緼衣」。❶ 正義曰：《玉藻》曰：「纊爲繭，緼爲袍。」鄭玄云：「衣有著之異名也。纊謂今之新緜，緼謂今纊及舊絮也。」然則繭是袍之别名，謂新緜著袍，故云緜衣也。置冰牀下，使有寒氣，其上加緜衣，暑月多衣，所以示疾。

欒桓子娶於范宣子，生懷子。桓子，欒黶。懷子，盈也。范鞅以其亡也，怨欒氏，十四年欒黶强逐范鞅使奔秦。故與欒盈爲公族大夫而不相能。桓子卒，欒祁與其老州賓通，欒祁，桓子妻，范宣子女，盈之母也。范氏，堯後，祁姓。幾亡室矣。言亂甚。懷子患之。祁懼其討也，愬諸宣子曰：「盈將爲亂，以范氏爲死桓主而專政矣。桓主，欒黶。曰：『吾父逐鞅也，不怒而以寵報之，謂宣子不爲黶責怒鞅，而反與鞅寵位。又與吾同官而專之，同爲公族大夫，而鞅專其權勢。吾父死而益富。死吾父而專於國，有死而已，吾蔑從之矣。』言宣子專政，盈欲以死作難。其謀如是，懼害於主，吾不敢不言。」范鞅爲之徵。證其有此。懷子好施，士多歸之，宣子畏其多士也，信之。懷子爲下卿，下軍佐。宣子使城著而遂逐之。著，晉邑。在外易逐。

秋，欒盈出奔楚。宣子殺箕遺、黄淵、嘉父、司空靖、邴豫、董叔、邴師、申書、羊舌虎、叔羆，❷十子，皆晉大夫，欒盈之黨也。羊舌虎，叔向弟。囚伯華、叔向、籍偃。籍偃，上軍司馬。人謂叔向

❶「注繭緜衣」，阮本此節正義在「鮮食而寢」句注下。
❷「羆」，阮校：「監本作『罷』，《釋文》同。」

曰：「子離於罪，其爲不知乎？」譏其受囚而不能去。叔向曰：「與其死亡若何？言雖囚，何若於死亡。《詩》曰：『優哉游哉，聊以卒歲。』知也。」《詩・小雅》。言君子優游於衰世，所以辟害，卒其壽，是亦知也。《詩・小雅》，❶案今《小雅》無此全句，唯《采菽》詩云：「優哉游哉，亦是戾矣。」樂王鮒見叔向曰：「吾爲子請！」叔向弗應。出，不拜。樂王鮒，晉大夫樂桓子。其人皆咎叔向。叔向曰：「必祁大夫。」祁大夫，祁奚也。食邑於祁，因以爲氏。祁縣今屬大原。室老聞之，曰：「樂王鮒言於君，無不行，其言皆得行。求救吾子，❷吾子不許。謂不應，出不拜。祁大夫所不能也，不能動君。而曰『必由之』，何也？」叔向曰：「樂王鮒，從君者也，何能行？祁大夫外舉不棄讎，内舉不失親，其獨遺我乎？《詩》曰：『有覺德行，四國順之。』《詩・大雅》。言德行直，則天下順之。夫子，覺者也。」覺，較然正直。

晉侯問叔向之罪於樂王鮒，對曰：「不棄其親，其有焉。」言叔向篤親親，必與叔虎同謀。於是祁奚老矣，老，去公族大夫。聞之，乘馹而見宣子，曰：「《詩》曰：『惠我無疆，子孫保之。』《詩・周

---

❶ 「詩小雅」至「戾矣」，此爲《經典釋文》語，誤入注中。《四部叢刊》本「詩小雅」前有「釋文」二字。又案，「全句」，《經典釋文》作「全語」。

❷ 「救」，《四部叢刊》本、京都本、文淵閣本、阮本作「赦」。

頌》也。言文、武有惠訓之德，加於百姓，故子孫保賴之。**《書》曰：『聖有謨勳，❶明徵定保。』**逸《書》。謨，謀也。勳，功也。言聖哲有謀功者，當明信定安之。**夫謀而鮮過、惠訓不倦者，叔向有焉，**謀鮮過，有謨勳也。惠訓不倦，惠我無疆也。**社稷之固也。猶將十世宥之，以勸能者，今壹不免其身，**壹以弟故。**以棄社稷，不亦惑乎？鯀殛而禹興，**言不以父罪廢其子。**伊尹放大甲而相之，卒無怨色，**大甲，湯孫也。荒淫失度，伊尹放之桐宮，三年，改悔而復之，而無恨心。言不以一怨妨大德。**管、蔡爲戮，周公右王。**言兄弟罪不相及。**若之何其以虎也棄社稷？子爲善，誰敢不勉？多殺何爲？」宣子説，與之乘，以言諸公而免之。**共載入見公。**不見叔向而歸。**言爲國，非私叔向也。**叔向亦不告免焉而朝。**不告謝之，明不爲己。

初，叔向之母妬叔虎之母美而不使。不使見叔向父。**其子皆諫其母。其母曰：「深山大澤，實生龍蛇。**言非常之地多生非常之物。**彼美，余懼其生龍蛇以禍女。女敝族也。**敝，衰壞也。龍蛇，喻奇怪。**國多大寵，**六卿專權。**不仁人間之，不亦難乎？余何愛焉？」使往視寢，生叔虎，美而有勇力，欒懷子嬖之，故羊舌氏之族及於難。**

❶「勳」，阮校：「《釋文》云：《書》作『訓』。」

欒盈過於周，❶**周西鄙掠之。**劫掠財物。**辭於行人，**王行人也。**曰：「天子陪臣盈，**諸侯之臣，稱於天子曰陪臣。**得罪於王之守臣，**范宣子爲王所命，故曰守臣。**將逃罪。罪重於郊甸，**重得罪於郊甸，謂爲郊甸所侵掠也。郭外曰郊，郊外曰甸。**無所伏竄，敢布其死：**布，陳也。**昔陪臣書能輸力於王室，王施惠焉。**輸力，謂輔相晉國以翼戴天子。**其子黶不能保任其父之勞。大君若不棄書之力，亡臣猶有所逃。**大君，謂天王。**若棄書之力，而思黶之罪，臣戮餘也，**罪戮之餘。**將歸死於尉氏，**尉氏，討姦之官。**不敢還矣。敢布四體，唯大君命焉。」**布四體，言無所隱。**王曰：「尤而效之，其又甚焉。」**尤晉逐盈，而自掠之，是效尤。**使司徒禁掠欒氏者歸所取焉，使候出諸轘轅。**候，送迎賓客之官也。轘轅關在緱氏縣東南。【疏】「以范」至「政矣」。❷ 正義曰：桓是黶之謚，大夫稱主，誣欒盈，言盈以范氏爲死桓主，道范氏之意以桓主已死，其家衰弱，故陵侮欒氏而專晉國之政矣。「秋欒」至「叔羆」。正義曰：如此傳文，則欒盈出奔之後，宣子始殺十子也。《晉語》云：「平公六年，箕遺及黄淵、嘉父作亂，不克而死。公乃問陽畢，陽畢對曰：『論逞志而虧君以亂國者之後而去之，❸是遂威而遠權也。欒氏之誣晉國久

---

❶「欒盈過於周」，阮校：「石經『過』字上有『奔楚』二字，『盈』字下旁有『出』字。案，《周禮・侯人》正義引作『晉欒盈出奔楚，過周』，此『出』字似非後人所加也。」

❷「以范至政矣」，阮本以下正義十一節分疏於傳文各節下。

❸「論」，文淵閣本作「掄」。阮校：「浦鏜《正誤》作『掄』。案，《晉語》作『掄』。」

矣，欒書實覆宗，殺厲公，以厚其家，若滅欒氏，則民威矣。』公許諾，盡逐羣賊，而使祁午及陽畢適曲沃逐欒盈。」如《國語》，則先殺十子，後逐欒盈。與此異者，賈逵云：「十子皆欒盈之黨，知范氏將害欒氏，故先爲之作難，討范氏不克而死。」然則欒盈城著，十子在國謀殺宣子不克，宣子先殺之，乃使適著逐欒盈。此傳先言欒盈，後言其黨耳，非是欒盈既奔之後殺十子也。此傳言「城著而遂逐之」，則是就著逐欒盈。《國語》言適曲沃逐欒盈者，曲沃是欒氏之采邑，蓋就著逐其身，適曲沃逐其家也。「優哉游哉」。正義曰：此《小雅·采菽》之篇。案彼《詩》云：「優哉游哉，亦是戾矣。」與此不同者，蓋師讀有異。「有覺」至「順之」。正義曰：此《詩·大雅·抑》之篇。「惠我」至「保之」。正義曰：此《詩·周頌·烈文》之篇。注「逸書」至「安之」。正義曰：此引「《書》曰」，《夏書·胤征》之文也。彼作「聖有謨訓」，此云「惠訓不倦」，則本當作「訓」，但杜以傳作「聖有謩勳」，故順傳文解之。劉背傳文而規杜氏，非也。「鯀殛而禹興」。正義曰：《尚書》稱堯使鯀治水，九載績用不成，乃求得舜而徵用之，歷試三年，乃禪以位。《舜典》美舜之功，「象以典刑」之下，始云：「流共工于幽洲，❶放驩兜于崇山，竄三苗于三危，殛鯀于羽山，四罪而天下咸服。」孔安國云：「作者先敘典刑，❷而連引四罪，明皆徵用所行，於此揔見之。」是言舜初被徵用，先誅鯀而後舉禹，故言「鯀殛而禹興」。僖三十三年傳曰：「舜之罪也殛鯀，其舉也興

---

❶「洲」，京都本、文淵閣本、阮本作「州」。阮校：「宋本作『洲』，非。案，文十八年正義及《孟子·萬章》篇、《禮記·射義》注引《書》皆作『州』。段玉裁云：今《尚書》作『洲』者，衛包以俗字改也。」

❷「先」，京都本、文淵閣本、阮本無此字。

禹。」《洪範》云：「鯀則殛死，禹乃嗣興。」皆言誅鯀乃舉禹。❶而鄭玄注《尚書》以爲禹治水既畢，乃流四凶。言其先舉禹而後誅鯀，既違經傳之文，且復於理不當。故王肅難云：「禹治水而後以鯀爲無功而殛之，是爲用人子之功而流放其父，則爲禹之勤勞，適使父殛。舜失五典克從之義，禹陷三千莫大之罪，進退無據，迂亦甚哉！」注「大甲」至「大德」。正義曰：大甲，湯孫，《世本·紀》文也。《書序》云：「大甲既立，不明，伊尹放諸桐宮，三年，復歸于亳。思庸，伊尹作《大甲》三篇。」是大甲能自改悔，伊尹復之之事也。注「大君謂天王」。正義曰：進言於王而稱大君，知大君謂天王也。大君，君之大者，故以爲天子。《易》云「大君有命」，亦謂天子也。注「尉氏討姦之官」。正義曰：歸死尉氏，猶言歸死於司敗，明尉氏主刑人，故爲討姦之官。《周禮》司寇之屬，無尉氏之官，蓋周室既衰，官名改易，於時有此官耳。其司敗亦非《周禮》之官名也。「使司」至「氏者」。正義曰：《周官》司寇掌詰姦慝，刑暴亂，當使司寇，而此云司徒者，以司徒掌會萬民之卒伍，以起徒役，以比追胥，以此追寇盜，是其所掌獲得罪人，乃使司寇刑之耳。

冬，曹武公來朝，始見也。即位三年始來見公。

會於商任，錮欒氏也。禁錮欒盈，使諸侯不得受。**齊侯、衛侯不敬。叔向曰：「二君者必不免。會朝，禮之經也。禮，政之輿也。**政須禮而行。**政，身之守也。**政存則身安。**怠禮失政，失政不立，是以亂也。」**爲二十五年齊弒光，二十六年衛弒剽傳。【疏】「會朝」至「亂也」。正義曰：經訓常也，法

❶ 「乃」，閩本、監本、毛本、文淵閣本作「而」。

也。會以訓上下之則，朝以正班爵之義，是會朝爲禮之常法也。政待禮而行，❶猶人須車以載，禮是政之車輿也。《禮運》云：「政者，君之所以藏身也。」言政行於外，身藏其中，政是身之所守也。怠慢於禮，則政無車，無車則政不行，是失政也。君既失政，則身無所守，失政則身不立，是其所以亂也。

知起、中行喜、州綽、邢蒯出奔齊，四子，晉大夫。皆欒氏之黨也。樂王鮒謂范宣子曰：「盍反州綽、邢蒯？勇士也。」宣子曰：「彼欒氏之勇也，余何獲焉？」言不爲己用。王鮒曰：「子爲彼欒氏，乃亦子之勇也。」言子待之如欒氏，亦爲子用也。

齊莊公朝，指殖綽、郭最曰：「是寡人之雄也。」州綽曰：「君以爲雄，誰敢不雄？然臣不敏，平陰之役，先二子鳴。」十八年晉伐齊，及平陰，州綽獲殖綽、郭最，故自比於雞，鬭勝而先鳴。莊公爲勇爵，設爵位以命勇士。殖綽、郭最欲與焉。自以爲勇。州綽曰：「東閭之役，臣左驂迫，還於門中，識其枚數。識門版數，❷亦在十八年。其可以與於此乎？」公曰：「子爲晉君也。」對曰：「臣爲隸新。言但爲僕隸尚新耳。然二子者，譬於禽獸，臣食其肉而寢處其皮矣。」言嘗射得之。【疏】注

❶「待」，閩本、監本、毛本、文淵閣本作「恃」。

❷「版」，阮校：「淳熙本、岳本作『板』。」

「四子晉大夫」。❶　正義曰：《國語》陽畢對公，「公許諾，盡逐羣賊」，謂此也。❷　「子爲」至「勇也」。　正義曰：子斥宣子也。子能爲彼欒氏，待遇其人如欒氏，彼荷子之恩，乃亦爲子之勇矣。　「識其枚數」。　正義曰：十八年傳云「以枚數闔」，枚謂馬撾，以馬枚數門扇之板。此云「識其枚數」，枚謂門扇之板。彼時數得其數，則二枚不同。今人數物，猶云一枚、二枚也。

【經】二十有二年，春，王正月，公至自會。無傳。

夏，四月。

秋，七月，辛酉，叔老卒。無傳。子叔齊子。

冬，公會晉侯、齊侯、宋公、衛侯、鄭伯、曹伯、莒子、邾子、薛伯、杞伯、小邾子于沙隨。

公至自會。無傳。

楚殺其大夫公子追舒。書名者，寵近小人，貪而多馬，爲國所患。

【傳】二十二年，春，臧武仲如晉，公頻與晉侯外會，今各將罷還，魯之守卿遣武仲爲公謝不敏，

❶「注四子晉大夫」，阮本以下正義三節分疏於傳文各節下。

❷「謂此也」，正宗寺本作「謂此之」，京都本、文淵閣本、阮本作「此謂也」。

故不書。**雨，過御叔。御叔在其邑，將飲酒，**御叔，魯御邑大夫。**曰：「焉用聖人？**武仲多知，時人謂之聖。**我將飲酒而已，雨行，何以聖爲？」穆叔聞之，曰：「不可使也，而傲使人，**言御叔不任使四方。**國之蠹也。」令倍其賦。**古者家其國邑，❶故以重賦爲罰。傳言穆叔能用教。【疏】注「公頻」至「不書」。❷　正義曰：經書「正月，公至自會」，則武仲初發，公仍未至。傳言「武仲如晉」，正爲御叔傲使，不論聘晉之意，故杜原公之未歸而遣使，使又不書於經，知是魯之守臣使適晉也。二十六年鄭伯朝晉而歸，使公孫夏謝不敏，知此亦是爲公謝不敏，非公命，故不書也。服虔云：「武仲非卿，故不書。」前年傳武仲爲司寇，後年出奔，書於經，此年不得云非卿也。　注「武仲」至「之聖」。　正義曰：《周禮·大司徒》：「以鄉三物教萬民，一曰六德：知、仁、聖、義、忠、和。」❸鄭玄云：「聖，通而先識也。」《尚書·洪範》云「睿作聖」，是聖者通識之名，❹時人見其多知，故以聖人言之，非爲武仲實是大聖人也。❺《尚書》稱「惟狂克念作聖，惟聖罔念作狂」，《詩》稱「人之齊聖」、「皇父孔聖」、「母氏聖善」，皆非大聖也。　注「古者」至「用教」。　正義曰：《周禮·大司徒》云：「凡建邦國，諸公之地方五百里，其食者半。諸侯之地方四百里，諸伯之地方三百里，其食者三之一。諸子之地方二百里，諸男

❶「其」，《四部叢刊》本、京都本、阮本作「有」。
❷「注公頻至不書」，阮本以下正義三節分疏於傳文各節下。
❸「忠」，監本、毛本、文淵閣本作「中」。
❹「是聖」，京都本、文淵閣本、阮本無此二字。
❺「爲」，阮校：「浦鏜云：『爲』當『謂』字誤。」「人」，京都本、文淵閣本、阮本無此字。

之地方百里，其食四之一。」鄭玄云：「其食者半、三之一、四之一者，土均均邦國地貢輕重之等，必足其國禮俗喪紀祭祀之用，乃貢其餘。大國貢重，正之也，小國貢輕，字之也。」此是諸侯之國貢王之差也。《司勳》職云：「凡頒賞地，三之一食。」鄭玄云：「賞地之税，三分計税，王食其一，二全入於臣。」此采邑貢王之數也。然則諸侯之臣受其采邑者，亦當三分之一而歸於公，故云「古者家其國邑」，言以國邑爲己之家，有貢於公者，是減己而貢之，故以重賦爲罰，言重倍其賦，當以三分而二入公也。

夏，晉人徵朝于鄭。召鄭使朝。**鄭人使少正公孫僑對，**少正，鄭卿官也。公孫僑，子產。**曰：「在晉先君悼公九年，我寡君於是即位。**魯襄八年。**即位八月，**即位年之八月。**而我先大夫子駟從寡君以朝于執事。**言朝執事，謙不敢斥晉侯。**執事不禮於寡君。寡君懼，因是行也，我二年六月朝于楚，**因朝晉不見禮，生朝楚心。**晉是以有戲之役。**在九年。**楚人猶競，而申禮於敝邑。敝邑欲從執事，而懼爲大尤，曰『晉其謂我不共有禮』，是以不敢攜貳於楚。我四年三月，先大夫子蟜又從寡君以觀釁於楚，**實朝，言觀釁，飾辭也。言欲往視楚，知可去否。**晉於是乎有蕭魚之役。**在十一年。**謂我敝邑，邇在晉國，譬諸草木，吾臭味也，**晉、鄭同姓故。**而何敢差池？**差池，不齊一。**楚亦不競，寡君盡其土實，**土地所有。**重之以宗器，**宗廟禮樂之器，鐘磬之屬。**以受齊盟。**齊，同也。**遂帥羣臣隨于執事，以會歲終。**朝正。**貳於楚者，子侯、石盂，歸而討之。**石盂，石臭。**湨梁之明年，**湨梁在十六年。**子蟜老矣，公孫夏從寡君以朝于君，見於嘗酎，**酒之新熟，重者爲酎。嘗新飲酒爲嘗酎。**與執燔焉。**❶助祭。**閒二年，聞君將靖東夏，**謂二十年澶淵盟。**四月又朝，以聽事期。**先澶淵二月往朝，以聽會期。**不朝之間，無歲不聘，無役不從。以大國政令之無常，國家罷病，不虞荐至，**荐，仍也。**無日不惕，豈敢忘職？**惕，懼也。**大國若安定之，其朝夕在庭，何辱命焉？**言自將往，不須來召。**若不恤其患，而以爲口實，**口實，但有其言而已。**其無乃不堪任命，而翦爲仇讎，**翦，削也。謂見剥削不堪命，則成仇讎。**敝邑是懼，其敢忘君命？委諸執事，執事實重圖之！」**傳言子産有辭，所以免大國之討。【疏】注「少正鄭卿官也」。❷正義曰：十九年傳云「立子産爲卿」，知少正是鄭之卿官名也。春秋之時，官名變改，《周禮》無此名也。注「朝正」。正義曰：言「以會歲終」，則歲事終以至正月朝正也。「朝正」，二十九年傳文也。注「酒之」至「嘗酎」。正義曰：《月令》：「孟夏，天子飲酎，用禮樂。」鄭玄云：「酎之言醇也，謂重釀之酒也。春酒至此始成，與羣臣以禮樂飲之於朝，正尊卑也。」彼言「飲酎」，當是夏祭之後。此言「嘗酎」，謂見於夏祭，故云「與執膰焉」，謂祭未受胙肉也。❸注「口實」至「而

---

❶「燔」，阮校：「《釋文》云：『燔，本有作膰。』案，惠棟云：僖廿四年傳及成十三年傳皆作『膰』。《説文》曰：『鐇，宗廟火孰肉，從炙番聲。《春秋傳》曰：天子有事鐇焉，以饋同姓諸侯。』此傳『燔』字當作『鐇』，轉寫誤爲『燔』耳。」

❷「注少正鄭卿官也」，阮本以下正義四節分疏於傳文各節下。

❸「未」，文淵閣本、阮本作「末」。阮校：「浦鏜《正誤》『未』作『末』，是也。」

已」。　正義曰：但有徵責之言實於口也。❶服虔云：「口實謂譴讓也。」❷

秋，欒盈自楚適齊。晏平仲言於齊侯曰：「商任之會，受命於晉。受錮欒氏之命。**今納欒氏，將安用之？**小所以事大，信也。失信，不立。**君其圖之！」弗聽。退告陳文子曰：「君人執信，臣人執共，忠信篤敬，上下同之，天之道也。君自棄也，弗能久矣。」**爲二十五年齊弒其君光傳。

九月，鄭公孫黑肱有疾，歸邑于公。黑肱，子張。**召室老、宗人立段，**段，子石，黑肱子。**而使黜官薄祭，**黜官，無多受職。**祭以特羊，殷以少牢，**四時祀以一羊，三年盛祭以羊豕。殷，盛也。**足以共祀，盡歸其餘邑，曰：「吾聞之，生於亂世，貴而能貧，民無求焉，可以後亡。敬共事君，與二三子。生在敬戒，不在富也。」己巳，伯張卒。君子曰：「善戒！《詩》曰：『慎爾侯度，用戒不虞。』鄭子張其有焉。」**《詩·大雅》。侯，維也。義取慎法度，戒未然。【疏】注「四時」至「盛也」。❸　正義曰：少牢饋食禮者，諸侯之大夫時祭之禮也。是時祭用少牢，今公孫黑肱使黜官薄祭，故時祭用特羊，殷祭乃少牢。諸侯之大夫止用少牢，而《禮器》云：「君子大牢而祭，謂之禮。匹士大牢而祭，謂之攘。」鄭玄云：「君子謂大夫以上。」是大夫之祭有用大牢時也。又《雜記》云：「上大夫之虞也，少牢。卒哭成事，祔，皆大牢。」據此二文，大夫得

---

❶「實」下，京都本、文淵閣本、阮本有「出」字。

❷「口」，正宗寺本、京都本、文淵閣本、阮本無此字。

❸「注四時至盛也」，阮本此節正義在「殷以少牢」句注下。

用大牢者，《禮器》之文，據天子大夫故也。《雜記》據喪祭故進用一等。❶《士喪禮》士遣奠用少牢是也。大夫無禘祫，而云殷三年祭者，《禮記》言大夫有善於君，祫及五世，是大夫有功或得禘祫也。劉炫云：「《禮器》云：『君子大牢而祭，謂之禮。匹士大牢而祭，謂之攘。』鄭玄云：『君子謂大夫以上。』是大夫祭有用大牢時也。《雜記》云大夫之虞也皆少牢，卒哭與祔皆大牢。喪祭有大牢，明吉祭亦有也。此言特羊，必是時祭，殷以少牢，明是三年一爲大祭，猶天子諸侯禘也。禮，大夫時祭少牢，大祭大牢，今黑肱全減之也。」「詩曰」至「有焉」。正義曰：《詩·大雅·抑》之篇。侯，維也。言謹慎爾身，唯在依法度，用此以戒不億度之事。鄭子張其有此詩之義焉。言「生在敬戒」，是慎法度也。「貴而能貧」，是戒不虞也。

冬，會于沙隨，復錮欒氏也。晉知欒盈在齊，故復錮也。**欒盈猶在齊。晏子曰：「禍將作矣！齊將伐晉，不可以不懼。」**爲明年齊伐晉傳。

楚觀起有寵於令尹子南，未益禄而有馬數十乘。言子南偏寵觀起，令富。**楚人患之，王將討焉。子南之子棄疾爲王御士，**御王車者。**王每見之，必泣。棄疾曰：「君三泣臣矣，敢問誰之罪也？」王曰：「令尹之不能，爾所知也。國將討焉，爾其居乎？」**問能止事我否？**對曰：「父戮子**

❶「一」，京都本、阮本無此字。

居，君焉用之？洩命重刑，❶臣亦不爲。」漏洩君命，罪之重。王遂殺子南於朝，轘觀起於四竟。轘，車裂以徇。子南之臣謂棄疾：「請徙子尸於朝。」欲犯命取殯。曰：「君臣有禮，唯二三子。」不欲犯命移尸。三日，棄疾請尸，王許之。既葬，其徒曰：「行乎？」行，去也。曰：「吾與殺吾父，行將焉入？」曰：「然則臣王乎？」曰：「棄父事讎，吾弗忍也！」於事是讎，於實是君，故雖謂讎，而不敢報。遂縊而死。傳譏康王與人子謀其父，失君臣之義。

復使薳子馮爲令尹，公子齮爲司馬，屈建爲莫敖。屈建，子木也。有寵於薳子者八人，皆無祿而多馬。他日朝，與申叔豫言，弗應而退。從之，入於人中。申叔辟薳子，不欲與語。又從之，遂歸。退朝，見之，薳子就申叔家見之。曰：「子三困我於朝，吾懼，不敢不見。吾過，子姑告我，何疾我也？」對曰：「吾不免是懼，何敢告子？」言恐與子并罪，故不敢與子語。曰：「何故？」對曰：「昔觀起有寵於子南，子南得罪，觀起車裂，何故不懼？」自御而歸，不能當道。薳子惶懼，意不在御。至，謂八人者曰：「吾見申叔，夫子所謂生死而肉骨也。已死復生，白骨更肉。知我者，如夫子則可。夫子，謂申叔也。如夫子，謂以義匡己。不然，請止。」止，不相知。辭八人者，而後王安之。辭，遣之。

❶「洩」，阮校：「《釋文》作『泄』。陳樹華云：注內『漏泄君命』『泄』字，唯宋本作『洩』，此外諸本皆作『泄』，與《釋文》合。此刻本本字之僅存者。」

十二月，**鄭游眅將如晉**，❶游眅，公孫蠆子。**未出竟，遭逆妻者，奪之，以館于邑。**舍止其邑，不復行。**丁巳，其夫攻子明，殺之，以其妻行。**十二月無丁巳。丁巳，十一月十四日也。**子展廢良而立大叔，**良，游眅子。大叔，眅弟。**曰：「國卿，君之貳也，民之主也，不可以苟。請舍子明之類。」**子明有罪，而良又不賢故。**求亡妻者，使復其所。使游氏勿怨，**鄭國不討專殺之人，所以抑强扶弱，臨時之宜。**曰：「無昭惡也。」**交怨，則父之不脩益明也。【疏】注「交怨」至「明也」。正義曰：若游氏報殺此人，則人知其父被殺。其父所以見殺，爲奪人妻故也。報殺則人知其父非，是父之行不脩益明也。

❶「如」，《四部叢刊》本、京都本、阮本作「歸」。

北京大學《儒藏》編纂與研究中心 編

《儒藏》精華編選刊

春秋左傳正義（四）

〔西晉〕杜 預注
〔唐〕孔穎達疏
浦衛忠 校點

北京大學出版社
PEKING UNIVERSITY PRESS

春秋左傳正義卷第二十三　　襄公

國子祭酒上護軍曲阜縣
開國子臣孔穎達等奉勑撰

【經】二十有三年，春，王二月，癸酉，朔，日有食之。無傳。

三月，己巳，杞伯匄卒。五同盟。【疏】注「五同盟」。　正義曰：匄以七年即位，九年盟于戲，十一年于亳城北，十六年于溴梁，十九年于祝柯，二十年于澶淵，皆魯、杞俱在，是五同盟。

夏，邾畁我來奔。❶無傳。畁我是庶其之黨，同有竊邑叛君之罪，來奔，故書。【疏】注「畁我」至「故書」。　正義曰：杜從賈説，以爲庶其之黨，同有竊邑叛君之罪。劉炫規過云：「杜此注云『庶其之黨』，庶其奔魯三年，若是其黨，邾人即應討之，何因至今始奔？庶其以邑奔魯，魯人還以賜之，畁我不得彼邑，竊邑之狀

---

❶「畁我」，《四部叢刊》本、京都本、文淵閣本、阮本作「畀我」。阮校：「石經亦作『畁我』。按，《釋文》凡『畀』字皆云『必利反』，以音理言之，『畁』在五支，『畀』在六脂，『畁』字不可代『畀』音必利反。石經始譌，而宋本仍之，非也。」

復何在焉？《釋例》又曰：『小國之卿，或命而禮儀不備，或未加命數，故不書之。邾卑我之等，其奔亡亦多，所書唯數人而已，知其合制者少也。』如彼所説，又以卑我是卿，何爲兩説自相矛楯乎？」炫以爲《釋例》是，《集解》非。今删定知不然者，原杜之意，以二十一年邾庶其竊邑來奔，去此既近，邾更無事，今卑我來奔，必是庶其之黨，同有竊邑叛君之罪。《春秋》之例，命卿有罪出奔皆書名。卑我書名，罪其與庶其同黨，非謂卑我非命卿，與《釋例》不違。劉不曉杜旨，妄爲規過，❶非也。

葬杞孝公。無傳。

陳殺其大夫慶虎及慶寅。書名，皆罪其專國叛君。言及，史異辭，無義例。

陳侯之弟黄自楚歸于陳。諸侯納之曰歸。黄至楚自理得直，故爲楚所納。❷【疏】注「書名」至「義例」。❸　正義曰：被殺書名，是罪之文，故以專國叛君爲二慶罪狀。成十七年晉殺其大夫郤錡、郤犨、郤至，哀四年蔡殺其大夫公孫姓、公孫霍，皆不言「及」。文九年晉殺其大夫士縠及箕鄭父，與此並言「及」，傳無其説，知是史異辭，無義例也。

晉欒盈復入于晉，以惡入曰復入。**入于曲沃。**兵敗奔曲沃。據曲沃衆，還與君爭，非欲出附他國，故不言叛。【疏】注「兵敗」至「言叛」。　正義曰：案傳欒盈潛入曲沃，乃率曲沃之甲以入晉都，及敗，又

❶「過」，京都本、文淵閣本、阮本無此字。
❷「故」，京都本、阮本作「欲」。
❸「注書名至義例」，阮本此節正義在「陳殺其大夫慶虎及慶寅」句注下。

入于曲沃。潛入之時，晉人不覺，及敗後更入，晉人以其狀告，故先書「復入于晉」，後言「入于曲沃」，謂其敗而後入，故云「兵敗奔曲沃」也。不言叛者，叛謂以邑叛屬他國，欒盈既入曲沃，據曲沃之衆與君戰争，兵敗而死，終亦不附他國，故不言叛也。然則昭二十一年宋華亥入于宋南里以叛，定十一年宋公之弟辰入于蕭以叛，十三年晉趙鞅入于晉陽以叛，荀寅入于朝歌以叛，皆非叛屬他國，而並書「叛」者，彼皆與國相拒不勝而即出奔，得歸乃言復國，皆有叛屬他國之意，故本國皆以叛告。此欒盈與君争勝，不勝即死，未有叛屬他國之意，故晉人不以叛告也。

秋，齊侯伐衛，遂伐晉。兩事，故言遂。

八月，叔孫豹帥師救晉，次于雍榆。豹救晉，待命于雍榆，故書次。雍榆，晉地。汲郡朝歌縣東有雍城。【疏】注「兩事故言遂」。❶ 正義曰：遂者，因上事生下事之辭，是兩事故曰「遂」。僖二十八年晉侯侵曹，晉侯伐衛，亦是一舉而爲兩事，不言遂者，於彼注云：「再舉晉侯者，曹、衛兩來告。」然則此言「遂」者，齊人來告，以齊告爲文，故言「遂」也。❷

己卯，仲孫速卒。孟莊子也。

冬，十月，乙亥，臧孫紇出奔邾。書名者，阿順季氏，爲之廢長立少，以取奔亡，罪之。【疏】注「書

---

❶「注兩事故言遂」，阮本此節正義在注「兩事故言遂」下。

❷「故」下，京都本、文淵閣本、阮本有「乃」字。

名」至「罪之」。正義曰：書名，是罪之文。案傳紇爲孟氏所譖，其奔非紇之罪，故杜以阿順季氏，廢長立少，爲紇之罪狀也。

晉人殺欒盈。

齊侯襲莒。輕行掩其不備曰襲。因伐晉還襲莒，不言遂者，間有事。【疏】注「輕行」至「有事」。正義曰：莊二十九年傳例曰：「凡師，有鐘鼓曰伐，無曰侵，輕曰襲。」是輕者，舍其輜重，信道輕行，❶掩其不備曰襲。傳言「齊侯還自晉，不入，遂襲莒」，經不言「遂」者，間有他事故也。若然，僖六年夏公會齊侯云云伐鄭，秋，楚人圍許，諸侯遂救許。二十八年公會晉侯云云于温，天王狩于河陽云云，諸侯遂圍許。彼亦間有他事，而言「遂」者，兩事言遂，取其省文，彼二者公皆親在，事不待告，故遠承上事，揔言諸侯遂行。此書齊事，雖告稱遂行襲莒，亦不可書遂，爲間有數事，與前文隔絶故也。

【傳】二十三年，春，杞孝公卒，晉悼夫人喪之。悼夫人，晉平公母，杞孝公姊妹。**平公不徹樂，非禮也。**徹，去也。**禮，爲鄰國闕。**禮，諸侯絶期，故以鄰國責之。【疏】注「禮諸」至「責之」。正義曰：杞孝公，晉平公之舅也，尊同則相爲不降，平公於禮爲舅，當服緦麻三月。但緦服既輕，其恩不過鄰國，故傳言「禮，爲鄰國闕」也。杜言「諸侯絶期」者，據禮之正法，言諸侯尊降其親，雖有本服期者，亦當爲之闕，故以鄰國

❶「信」，正宗寺本、京都本、文淵閣本、阮本作「倍」。阮校：「宋本作『信』，非。」

責之。禮，父在，爲母服期。喪絶旁期，非母也。

陳侯如楚。朝也。**公子黄愬二慶於楚，楚人召之。**二慶，虎及寅也。二十年二慶譖黄，黄奔楚自理。今陳侯往，楚乃信黄，爲召二慶。**使慶樂往，殺之。**慶樂，二慶之族。二慶畏誅，故不敢自往。**慶氏以陳叛。**因陳侯在楚而叛之。不書叛，不以告。

夏，屈建從陳侯圍陳。陳人城，治城以距君。屈建，楚莫敖。**板隊而殺人。役人相命，各殺其長，**慶氏忿其板隊，遂殺築人，故役人怒而作亂。**遂殺慶虎、慶寅。楚人納公子黄。君子謂：「慶氏不義，不可肆也。**肆，放也。**故《書》曰：『惟命不于常。』」**《周書·康誥》。言有義則存，無義則亡。

【疏】「君子」至「于常」。　正義曰：杜言慶氏以陳叛，叛不書，不以告，則傳載君子之言，其意不爲經也。君子自論慶氏之罪，所爲不義，不可放肆，以爲宜其誅滅，故引《尚書·康誥》，言天命之不于常，有義則存，無義則亡。慶氏族有二卿，爲不義之故，而並喪亡，故君子論其事，傷之也。服虔以爲傳發此言爲不書慶氏以陳叛，爲楚所圍，稱國以殺，不成惡人肆其志也。服意見元年「圍宋彭城」，追書繫宋，不登叛人，謂此亦宜然，故爲此解。然叛是大罪，若書爲叛，其惡益明，何當匿其罪名謂之不可肆也？若慶氏不可放肆，故不書其叛，則林父、華亥、趙鞅、荀寅之徒，豈皆可使放肆而書其叛乎？且傳文不言書經之意，知其不爲經也。故杜以爲叛不告，故不書耳。

晉將嫁女于吴，齊侯使析歸父媵之，以藩載欒盈及其士，藩，車之有障蔽者，使若媵妾在其中。**納諸曲沃。**欒盈邑也。**欒盈夜見胥午而告之。**胥午，守曲沃大夫。**對曰：「不可！天之所廢，誰**

能興之？子必不免！吾非愛死也，知不集也。」集，成也。盈曰：「雖然，因子而死，吾無悔矣。我實不天，子無咎焉。」言我雖不爲天所祐，子無天咎，❶故可因。許諾，伏之，而觴曲沃人。胥午匿盈而飲其衆。樂作，午言曰：「今也，得欒孺子何如？」孺子，欒盈。對曰：「得主而爲之死，猶不死也！」皆歎，有泣者。爵行，又言。皆曰：「得主，何貳之有？」盈出，徧拜之。謝衆之思己。❷

四月，欒盈帥曲沃之甲，因魏獻子以晝入絳。獻子，魏舒。絳，晉國都。初，欒盈佐魏莊子於下軍，莊子，魏絳，獻子之父。獻子私焉，故因之。私，相親愛。趙氏以原、屏之難怨欒氏，成八年莊姬譖之，欒、郤爲徵。韓、趙方睦。韓起讓趙武，故和睦。中行氏以伐秦之役怨欒氏，十四年晉伐秦，欒黶違荀偃命，曰：「余馬首欲東。」而固與范氏和親。范宣子佐中行偃於中軍。知悼子少，而聽於中行氏。悼子，知罃之子荀盈也。少，年十七。知氏、中行氏同祖，故相聽從。程鄭嬖於公。鄭亦荀氏宗。唯魏氏及七輿大夫與之。七輿，官名。

樂王鮒侍坐於范宣子。或告曰：「欒氏至矣！」宣子懼。桓子曰：「奉君以走固宮，必無害也。桓子，樂王鮒。且欒氏多怨，子爲政，欒氏自外，子在位，其利多矣。既有利權，又執民柄，賞罰爲民

❶ 「天」，阮本作「大」。
❷ 「思」，阮本作「忠」。

柄。將何懼焉？欒氏所得，其唯魏氏乎？而可强取也。夫克亂在權，子無懈矣。」❶公有姻喪，夫人有杞喪。王鮒使宣子墨縗冒絰，晉自殺戰還，遂常墨縗。二婦人輦以如公，恐欒氏有内應距之，故爲婦人服而入。❷奉公以如固宫。固言宫之有臺觀備守者。❸

范鞅逆魏舒，用王鮒計，欲强取之。則成列既乘，將逆欒氏矣。趨進，曰：「欒氏帥賊以入，鞅之父與二三子在君所矣，二三子，諸大夫。使鞅逆吾子。鞅請驂乘。」持帶，驂乘必持帶，備隋隊。遂超乘。跳上獻子車。右撫劍，左援帶，劫之。命驅之出。僕請，請所至。鞅曰：「之公。」宣子逆諸階，逆獻子也。執其手，賂之以曲沃。恐不與己同心。

初，斐豹，隸也，著於丹書。蓋犯罪没爲官奴，❹以丹書其罪。欒氏之力臣曰督戎，國人懼之。斐豹謂宣子曰：「苟焚丹書，我殺督戎。」宣子喜，曰：「而殺之，所不請於君焚丹書者，有如日！」言不負要明如日。❺乃出豹而閉之。閉著門外。督戎從之。踰隱而待之，隱，短牆也。督戎踰入，豹

---

❶「懈」，阮校：「石經、宋本作『解』，與《釋文》合。」

❷「入」下，阮校：「淳熙本有『之』字。」

❸「言」，《四部叢刊》本、京都本、文淵閣本、阮本作「宫」。

❹「犯」上，阮校：「《漢書·張衡傳》注引注文『犯』上有『豹』字。」

❺「明」，足利學本同，京都本、文淵閣本、阮本作「盟」。

自後擊而殺之。范氏之徒在臺後，公臺之後。**欒氏乘公門。**乘，登也。**宣子謂鞅曰：「矢及君屋，死之！」鞅用劍以帥卒，**用劍短兵接敵，❶欲致死。**欒氏退，攝車從之。**鞅攝宣子戎車。**遇欒樂，**樂，盈之族。**曰：「樂免之，死將訟女於天！」**言雖死猶不舍女罪。**樂射之，不中，又注，**注，屬矢於弦也。**則乘槐本而覆。**欒樂車轢槐而覆。**或以戟鉤之，斷肘而死。欒魴傷。欒盈奔曲沃，晉人圍之。**魴，欒氏族。【疏】「晉將」至「媵之」。❷　正義曰：晉將嫁女爲吴之夫人，齊以女爲媵，使析歸父送媵女於晉，令與適俱行也。禮，媵同姓，適異姓。今晉嫁女於同姓，齊以異姓爲媵，皆非禮也。而不言非禮者，但傳本主説欒盈，不言事之可否。　注「悼子」至「聽從」。　正義曰：十三年傳云「荀罃卒」，十四年傳言「盈生六年而武子卒」，是其少也。知悼子，荀首之孫。中行吴，荀林父之曾孫。首是林父之弟，首爲知氏，林父爲中行氏，是同祖也。悼子是荀吴二從叔父，故相聽從計。悼子年十六，不得爲十七，是故沈氏云後人傳寫誤。劉炫以此而規杜氏，非也。　「程鄭嬖於公」。　正義曰：鄭雖非卿，亦是彊族。言嬖於公，見其不助欒氏。　注「七輿官名」。　正義曰：僖十年傳言「七輿大夫」，杜云：「侯伯七命，副車七乘。」謂副車，每車有一大夫主之，則此七輿大夫，杜亦爲主副車之官也。劉炫云：「若是主公車，則當情親於公，不應曲附欒氏。服虔云『下軍輿帥七人』，炫謂服言是。」　「且欒」至「民柄」。　正義曰：欒氏多怨，言易克，既有爲利之權，又執民之八柄。❸　注「賞罰爲民柄」。

---

❶「劒短」，京都本、文淵閣本、阮本作「短劒」。

❷「晉將至媵之」，阮本以下正義十一節分疏於傳文各節下。

❸「柄」下，京都本、文淵閣本、阮本有「也」字。

正義曰：《周禮·大宰》：「以八柄詔王馭羣臣：一曰爵，二曰禄，三曰予，四曰置，五曰生，六曰奪，七曰廢，八曰誅。」此八者，爵、禄、予、置、生是賞也，奪、廢、誅是罰也。賞罰二事，分爲八名。此時臨與敵戰，唯賞罰而已，故以賞罰言之。鄭玄云：「柄，所秉執以起事者也。」然則柄以器物爲喻，若用斧之執其柄也。注「夫人有杞喪」。正義曰：隱元年傳説葬之節云「士踰月，外姻至」，則姻是外親之揔名。杞孝公卒，夫人有兄弟之服，是有杞喪也。傳言「公有姻喪」，注言「夫人有杞喪」者，下文欒王鮒「使宣子墨縗冒絰」，詐爲夫人故也。案經「葬杞孝公」之下，始書「欒盈復入于晉」，則欒盈之入，在孝公葬後。杜解諸侯既葬除服，而夫人猶有服者，葬杞孝公，書魯使去之日，欒盈入晉當在葬杞孝公之前，故夫人猶有服，故得詐爲之也。注「墨縗冒絰」。正義曰：夫人爲其兄弟，當大功喪服，大功布衰裳牡麻絰。冒絰者，言以絰冒其首也。欒王鮒使宣子詐爲夫人孝服也。注「奉公以如固宫」。正義曰：《晉語》云：「范宣子以公入于襄公之宫。」蓋襄公有别宫牢固，故謂之固宫。注「蓋犯」至「其罪」。正義曰：《周禮·司厲》職云：「其奴，男子入于罪隸，女子入于舂槀。」鄭玄云：「奴，從坐而没入縣官者，男子同名。」❶杜用鄭説。以無正文，故云「蓋」。以斐豹請焚丹書，知以丹書其籍。近世《魏律》緣坐配没爲工樂雜户者，皆用赤紙爲籍，其卷以鉛爲軸。此亦古人丹書之遺法。注「魴欒氏族」。正義曰：服虔云「魴，盈之子」，俱無文也。計欒盈，宣子之外孫，胥午謂爲孺子，未得有子已堪戰。十九年欒魴已帥師伐齊，必非欒盈子，故杜以爲欒氏族。《世族譜》：欒魴爲欒氏族，以欒樂爲雜人。不知杜意何故也。

秋，齊侯伐衛。先驅，穀榮御王孫揮，召揚爲右。先驅，前鋒軍。**申驅，成秩御莒恒，申鮮虞之**

❶「子」，正宗寺本、京都本、文淵閣本、阮本作「女」。阮校：「宋本作『子』，非也。」

傅摯爲右。中驅，次前軍。傅摯，申鮮虞之子。曹開御戎，晏父戎爲右。公御右也。貳廣，上之登御邢公，盧蒲癸爲右。貳廣，公副車。啓，牢成御襄罷師，狼蘧疏爲右。左翼曰啓。胠，商子車御侯朝，桓跳爲右。右翼曰胠。大殿，商子游御夏之御寇，崔如爲右，大殿，後軍。燭庸之越駟乘。四人共乘殿車也。傳具載此，言莊公廢舊臣，任武力。自衛將遂伐晉。晏平仲曰：「君恃勇力，以伐盟主，若不濟，國之福也。不德而有功，憂必及君。」崔杼諫曰：「不可！臣聞之：『小國間大國之敗而毀焉，必受其咎。』君其圖之！」弗聽。

陳文子見崔武子，文子，陳完之孫須無。武子，崔杼也。曰：「將如君何？」武子曰：「吾言於君，君弗聽也。以爲盟主，而利其難。羣臣若急，君於何有？言有急不能顧，❶欲弒之以説晉。子姑止之。」文子退，告其人曰：「崔子將死乎？謂君甚，而又過之，弒君之惡，過於背盟主。不得其死。過君以義，猶自抑也，況以惡乎？」自抑損。【疏】「申鮮虞之傳摯爲右」。❷正義曰：俗本多云「申鮮虞之子」。今案注云：「傳摯，申鮮虞之子。」若傳先有子字，無煩此注，故今定本皆無。注「左翼曰啓」。正義曰：左翼曰啓，右翼曰胠，賈逵以爲此言或當有成文也。且此傳上下，先驅、申驅是前軍也，大殿是後軍也，明啓、胠是在旁之軍。《説文》云：「胠，掖下也。」胠是在旁明矣。凡言左右，以左爲先，知啓是左也。名之曰啓，或

❶「顧」下，《四部叢刊》本、京都本、文淵閣本、阮本有「君」字。

❷「申鮮虞之傳摯爲右」，阮本以下正義二節分疏於傳文各節下。

使之先行。《詩》云：「以先啓行。」服虔引《司馬法・謀帥篇》曰：「大前驅啓乘車，大晨倅車屬焉。」大晨，大殿也，音相似。如服言，古人有名軍爲啓者。

齊侯遂伐晉，取朝歌。朝歌，今屬汲郡。**爲二隊，入孟門，登大行，**二隊，分兵爲二部。孟門，晉隘道。大行山在河内郡北。**張武軍於熒庭。**張武軍，謂築壘壁。❶ 熒庭，晉地。**戍郫邵，**取晉邑而守之。**封少水，**封晉尸於少水，以爲京觀。**以報平陰之役，乃還。**平陰役在十八年。**趙勝帥東陽之師以追之，獲晏氂。**趙勝，趙旃之子。東陽，晉之山東，魏郡廣平以北。晏氂，齊大夫。

八月，叔孫豹帥師救晉，次于雍榆，禮也。救盟主，故曰禮。【疏】注「張武軍謂築壘壁」。❷ 正義曰：宣十二年傳稱楚既戰勝，潘黨請築武軍。昭十三年傳子干帥陳、蔡之師入楚，❸陳、蔡請爲武軍。蔡公曰：「欲速，❹且役病矣，❺請藩而已。」乃藩爲軍。以此知武軍謂築壘壁也。張謂張設築作之具。服虔云：「張設旗鼓也。」❻ 注「趙勝」至「大夫」。正義曰：昭二十二年傳曰：「荀吴略東陽，遂襲鼓滅之。」鼓在鉅鹿，居山之

---

❶「壁」，阮校：「《釋文》作『辟也，音壁』。各本脱『也』字。」

❷「注張武軍謂築壘壁」，阮本、京都本作「注張武至壘壁」。阮本以下正義三節分疏於傳文各節下。

❸「干」，原作「于」，據京都本、阮本改。

❹「速」，原作墨丁，據正宗寺本、京都本、文淵閣本、阮本補。

❺「且」，原作「曰」，據正宗寺本、京都本、文淵閣本、阮本改。

❻「鼓」，原作「此」，據正宗寺本、京都本、文淵閣本、阮本改。

東。山東曰朝陽，知東陽是寬大之語，揔謂晉之山東，故爲魏郡廣平以北。二年齊晏弱城東陽以偪萊，❶哀八年吳伐魯克東陽，而晉、齊、魯皆有東陽，名同而實異。服虔以東陽爲魯邑，繆之甚矣。東陽之師，謂下文叔孫豹所帥者也。　注「救盟主故曰禮」。　正義曰：《公羊傳》曰：「曷爲先言救而後言次？先通君命也。」僖元年「齊師、宋師、曹師次于聶北，救邢」，《公羊傳》曰：「曷爲先言次而後言救君也？」其意言君則進止自由，故先次後救。臣則先通君命，故先救後次。賈氏取以爲説，謂此傳云「禮」者，言其先救後次爲得禮也。《釋例》曰：「所記或次在事前，次以成事也。或次在事後，事成而次也。皆隨事實，無義例也。叔孫豹次于雍榆，傳曰『禮』者，善其宗助盟主，非以次爲禮也。齊桓次于聶北，救邢，亦以存邢，具其器用，師人無私，見善不在次也。」杜以此故，言救盟主故曰禮，所以明異舊説也。

季武子無適子，公彌長，而愛悼子，欲立之。公彌，公鉏。悼子，紇也。**訪於申豐，曰：「彌與紇，吾皆愛之，欲擇才焉而立之。」申豐趨退，歸，盡室將行。**申豐，季氏屬大夫。**他日，又訪焉，對曰：「其然，將具敝車而行。」**其然，猶必爾。**乃止。**止不立紇。**訪於臧紇，臧紇曰：「飲我酒，吾爲子立之。」季氏飲大夫酒，臧紇爲客。**爲上賓。**既獻，**已獻酒。**臧孫命北面重席，新樽絜之。**❷酒樽

---

❶「偪」，原作「福」，據正宗寺本、京都本、文淵閣本、阮本改。

❷「樽」，阮校：「《釋文》云『本或作尊』，是也。案，《五經文字》有『尊』無『樽』。《左氏》凡作『樽』者，皆爲後人所加。唯昭九年『請佐公使尊』不誤。惠棟云：『案，曹憲《文字指歸》云：「檢字無此從缶從木者。」《説文》曰：「字從酋寸，酒官法度也。」今之尊卑從此得名，故尊亦爲君父之稱。』」

既新，復絜澡之。召悼子，降，逆之。大夫皆起。臧孫下迎悼子。及旅，而召公鉏，獻酬禮畢，而通行爲旅。❶使與之齒。使從庶子之禮，列在悼子之下。季孫失色。恐公鉏不從。

季氏以公鉏爲馬正，馬正，家司馬。慍而不出。閔子馬見之，閔子馬，閔馬父。曰：「子無然！禍福無門，唯人所召。爲人子者，患不孝，不患無所。所，位處。敬共父命，何常之有？言廢置在父，無常位也。若能孝敬，富倍季氏可也。父寵之，則可富。姦回不軌，禍倍下民可也。」禍甚於貧賤。公鉏然之，敬共朝夕，恪居官次。次，舍也。季孫喜，使飲己酒，而以具往，盡舍旃。具，饗燕之具。故公鉏氏富，又出爲公左宰。出季氏家，臣仕於公。

孟孫惡臧孫，不相善。季孫愛之。愛其成己志。孟氏之御騶豐點好羯也，羯，孟莊子之庶子，孺子秩之弟孝伯也。曰：「從余言，必爲孟孫。」爲孟孫後。再三云，羯從之。孟莊子疾，豐點謂公鉏：「苟立羯，請讎臧氏。」使孟氏與公鉏共憎臧孫。

公鉏謂季孫曰：「孺子秩固其所也。固自當立。若羯立，則季氏信有力於臧氏矣。」臧氏因季孫之欲而爲定之，猶爲有力。今若專立孟氏之少，則季氏有力過於臧氏。弗應。己卯，孟孫卒，公鉏奉羯立于户側。户側，喪主。季孫至，入哭，而出，曰：「秩焉在？」公鉏曰：「羯在此矣！」季孫

❶「而」，《四部叢刊》本、京都本、文淵閣本、阮本無此字。

曰：「孺子長。」公鉏曰：「何長之有？唯其才也。季孫廢鉏立紇，云欲擇才，故以此答之。**且夫子之命也。」**遂誣孟孫。**遂立羯。秩奔邾。**

臧孫入哭，甚哀，多涕。出，其御曰：「孟孫之惡子也，而哀如是，季孫若死，其若之何？」臧孫曰：「季孫之愛我，疾疢也。常志相順從，身之害。**孟孫之惡我，藥石也。**常志相違戾，猶藥石之療疾。**美疢不如惡石。夫石猶生我，**愈己疾也。**疢之美，其毒滋多。孟孫死，吾亡無日矣！」**

孟氏閉門，告於季孫曰：「臧氏將爲亂，不使我葬。」欲爲公鉏讎臧氏。**季孫不信。臧孫聞之，戒。**戒，爲備也。

冬，十月，孟氏將辟，藉除於臧氏。辟，穿藏也。於臧氏借人除葬道。**臧孫使正夫助之，**正夫，遂正。❶**除於東門，甲從己而視之。**畏孟氏，故從甲士視作者。**孟氏又告季孫。季孫怒，命攻臧氏。**見其有甲故。**乙亥，臧紇斬鹿門之關以出，奔邾。**魯南城東門。

初，臧宣叔娶于鑄，生賈及爲而死。鑄國，濟北蛇丘縣所治。**繼室以其姪，**女子謂兄弟之子爲姪。**穆姜之姨子也。**姪，穆姜姨母之子，與穆姜爲姨昆弟。**生紇，長於公宮。姜氏愛之，故立之。**立爲宣叔嗣。**臧賈、臧爲出在鑄。**還舅氏也。**臧武仲自邾使告臧賈，且致大蔡焉，**大蔡，大龜。**曰：「紇不佞，失守宗祧，**遠祖廟爲祧。**敢告不弔。**不爲天所弔恤。**紇之罪，不及不祀。**言應有後。

---

❶「正」，原漫漶不清，據《四部叢刊》本、京都本、文淵閣本、阮本補。

子以大蔡納請，其可。」請爲先人立後。賈曰：「是家之禍也，非子之過也。賈聞命矣。」再拜受龜。使爲以納請，賈使爲爲己請。遂自爲也。爲自爲請。臧孫如防，防，臧孫邑。使來告曰：「紇非能害也，知不足也。言使甲從己，但慮事淺耳。非敢私請，爲其先人請也。苟守先祀，無廢二勳，二勳，文仲、宣叔。敢不辟邑？」據邑請後，故孔子以爲要君。乃立臧爲。

臧紇致防而奔齊。其人曰：「其盟我乎？」謂陳其罪惡，盟諸大夫以爲戒。臧孫曰：「無辭。」廢長立少，季孫所忌，故謂無辭以罪己。將盟臧氏，季孫召外史掌惡臣而問盟首焉，惡臣，謂奔亡者。❶盟首，載書之章首。對曰：「盟東門氏也，曰：『毋或如東門遂，不聽公命，殺適立庶。』文公命立子惡，公子遂殺之，立宣公。盟叔孫氏也，曰：『毋或如叔孫僑如，欲廢國常，蕩覆公室。』謂譖公與季、孟於晉。季孫曰：「臧孫之罪，皆不及此。」孟椒曰：「盍以其犯門斬關？」季孫用之，乃盟臧氏，曰：「無或如臧孫紇，❷干國之紀，犯門斬關！」干亦犯也。臧孫聞之，曰：「國有人焉，誰居？其孟椒乎？」孟椒，孟獻子之孫子服惠伯。居猶與也。【疏】注「獻酬」至「爲旅」。❸ 正義曰：案《鄉飲酒禮》：主人席於阼階上，西面，賓席於堂户西，南面，介席於西階上，東面，衆賓席於上賓之西，南面。初，賓、介

❶「謂」，阮校：「淳熙本、足利本作『諸』。」
❷「無」，阮校：「《釋文》作『毋』，音無，下同。案，上文作『毋』，此則不應獨異。《釋文》是也。」
❸「注獻酬至爲旅」，阮本以下正義十四節分疏於傳文各節下。

及衆賓至，立於門外，東面，主人出迎于門外，西面。主人延賓入，及介、衆賓等立於西階下。主人揖賓升，主人酌酒於阼階上，拜獻賓。賓西階上，拜受，飲卒爵，酌酒以酢主人。主人阼階上飲卒爵，又酌酒先自飲以酬賓，賓拜受酬酒，奠于薦東，賓降。主人又酌酒於西階上，獻介。介於西階上受爵，飲卒爵，酌以酢主人。主人於西階上受爵，飲卒爵，介降。主人又酌酒於西階上，獻衆賓。衆賓飲訖，降。引樂工入歌詩，主人獻樂工。又引笙入，立於堂下，主人獻笙師。訖，主人及賓、介、衆賓等皆升就席，乃立相者爲司正。使弟子一人舉觶於賓，賓酬主人，主人酬介，介酬衆賓，是爲旅也。杜言獻酬禮畢者，謂獻酬賓、介及衆賓禮畢也。言通行爲旅者，謂一人舉觶於賓，旅衆相酬，通至於下。案《鄉飲酒禮》未旅以前，賓、介皆立，此傳云「大夫皆起」，則季氏飲大夫酒，未必純如《鄉飲酒禮》，則獻酬事訖，大夫皆坐，然則「既獻」，「召悼子」者，謂獻臧紇及大夫訖，而召悼子，至旅酬之時，而召公鉏。　「若能」至「民可也」。　正義曰：悼子既爲適子，將承季氏之後，故謂悼子爲季氏。下言「爲孟孫」，其意亦然。「富倍季氏」，言可過悼子也。「姦回不軌」，更獲罪戾，非徒貧賤而已，是爲「倍下民」，故杜云「禍甚於貧賤」也。　「孟氏之御騶」。　正義曰：成十八年傳曰：「程鄭爲乘馬御，六騶屬焉，使訓羣騶知禮。」注云：「六騶，六閑之騶。」則騶是掌馬之官。蓋兼掌御事，謂之御騶。　「信有力於臧氏矣」。　正義曰：不應得而得之，則彼荷其恩，故功力多也。　「立于户側」。　正義曰：《喪大記》云：「大夫之喪，主人坐于東方。」此立于户側，則在室户之東西面立也。《禮記》云「坐」，此云「立」者，以季孫來，故立耳。　「孟孫」至「石也」。　正義曰：治病藥分用石，《本草》所云鍾乳、礬、磁石之類多矣。　「夫石猶生我」。　正義曰：服虔云：「夫謂孟孫也。」桓十三年傳「夫固謂君」，「夫豈不知」，服虔云：「夫謂鬬伯比也。」二十六年傳「夫不惡女乎」，服、杜並云：「夫謂大子也。」其年又曰：「夫獨無族姻乎？」杜云：「夫謂晉也。」三十一年傳「夫亦愈知治矣」，杜云：「夫謂尹何。」皆謂所斥前人爲夫，此言之類也。　注「正夫遂正」。　正義曰：七年傳稱「叔仲昭伯爲隧正，謂南遺：請城費，吾多與而役」，是役夫，遂正所主，知此正夫是遂正也。遂正當屬司徒，臧氏爲司寇，而借之於臧氏者，蓋當時臧氏兼主掌之。　注「魯南城東門」。　正義曰：蓋舊名猶在，相傳如此也。且郕在魯之東南，奔郕出此門爲便。❶　注「姪穆」至「昆弟」。　正義曰：《釋親》云：「妻之姊妹同出爲姨。」孫炎曰：「同出，俱已嫁也。」然則據父言之謂之姨，據子言之當謂之從母。但子效父語，亦呼爲姨。姨子昆弟即《喪服》「從母昆弟」是也，故曰「姨昆弟」。　注「大蔡大龜」。　正義曰：《漢書·食貨志》云「元龜爲蔡」，《論語》云「臧文仲居蔡」。《家語》稱漆彫平對孔子云：「臧氏有守龜，其名曰蔡。文仲三年而爲一兆，武仲三年而爲二兆。」是大蔡爲大龜，蔡是龜之名耳。鄭玄云「出蔡地，因以名焉」，❷非也。　注「言應有後」。　正義曰：禮，天子封諸侯以國，諸侯賜大夫以族。天子不滅國，諸侯不滅族。有小罪則廢其身，擇立次賢，使紹其先祀。《論語》云「興滅國，繼絶世」，謂此也。必有大罪，乃得滅之。《周禮·大司馬》云「外内亂，鳥獸行，則滅之」，是也。武仲自言罪輕，不及於不祀，言其應有後也。　注「二勳文仲宣叔」。　正義曰：哀二十四年傳曰：「晉侯將伐齊，使來乞師，曰：『昔臧文仲以楚師伐齊，取穀。臧宣叔以晉師伐齊，取汶陽。寡君欲徼福於周公，願乞靈於臧氏。』」是二勳謂文仲、宣叔也。　「季孫召外史」。　正義曰：《周禮·外史》：「掌書外令，掌四方之志。」今季孫召外史，蓋魯亦立此官也。

晉人克欒盈于曲沃，盡殺欒氏之族黨。欒魴出奔宋。書曰：「晉人殺欒盈。」不言大夫，言自外

---

❶「門」下，京都本、文淵閣本、阮本有「以」字。

❷「以」下，阮本有「爲」字。

也。自外犯君而入，非復晉大夫。

齊侯還自晉，不入，不入國。**遂襲莒，門于且于，**且于，莒邑。**傷股而退。**齊侯傷。**明日，將復戰，期于壽舒。**壽舒，莒地。**杞殖、華還載甲，**❶**夜入且于之隧，宿於莒郊。**二子，齊大夫。且于隧，狹路。**明日，先遇莒子於蒲侯氏。**蒲侯氏，近莒之邑。**莒子重賂之，使無死，曰：「請有盟。」**欲以盟要二子，無致死戰。**華周對曰：「貪貨棄命，亦君所惡也。**華周，即華還。**昏而受命，日未中而棄之，何以事君？」莒子親鼓之，從而伐之，獲杞梁。**杞梁，即杞殖。**莒人行成。**勝大國益懼，故行成。

齊侯歸，遇杞梁之妻於郊。梁戰死，妻行迎喪。**使弔之。辭曰：「殖之有罪，何辱命焉？**言若有罪，不足弔。**若免於罪，猶有先人之敝廬在，下妾不得與郊弔。」**婦人無外事故。下猶賤也。**齊侯弔諸其室。**傳善婦人有禮。【疏】「夜入且于之隧」。❷正義曰：既入而又得出宿，知所入非城邑也，故杜以爲狹道。《檀弓》説此事云：「齊莊公襲莒于奪，杞梁死焉。」言「于奪」，則當爲地名。鄭玄引此傳云：「隧、奪聲相近。」言其與此一事，則謂此亦爲地名。❸若是地名，不得云「且于之隧」，即如記文，蓋當「且于」之旁別有奪

---

❶「杞殖華還」，阮校：「案，李注《文選・洞簫賦》引作『芑梁殖』，云：『芑』與『杞』同。《孟子・告子》正義引『還』作『旋』。」

❷「夜入且于之隧」，阮本以下正義二節分疏於傳文各節下。

❸「謂」，京都本、文淵閣本、阮本無此字。

地，非此「且于之隧」也。　注「婦人」至「賤也」。　正義曰：《檀弓》云：「哀公使人弔蕢尚，遇諸道，辟於路，畫宮而受弔焉。曾子曰：『蕢尚不如杞梁之妻之知禮也。』」鄭玄云：「行弔禮於野，非也。」然則男子亦不得受野弔。而言「婦人無外事」者，《檀弓》云：「君遇柩於路，必使人弔之。」鄭玄云：「君於民臣有父母之恩。」是男子從柩在野，則得野受弔。婦人無外事，雖從柩，亦不得野受弔耳。若男子得受野弔，而曾子非蕢尚者，以蕢尚在朝顯著，故宜弔於其家。若君遇柩於路，使人弔之者，謂庶人及微小之臣也。《檀弓》因蕢尚而說此事，云「杞梁死，其妻迎其柩於路，而哭之哀」。則杞梁之妻於時從杞梁柩，雖從柩而辭不受弔，是由異於男子故也。服虔以「下」從上讀，言「敝廬在下」，《禮記》無「下」，知「下」猶賤，謙言賤妾也。

齊侯將爲臧紇田，與之田邑。**臧孫聞之，見齊侯，與之言伐晉。**齊侯自道伐晉之功。**對曰：「多則多矣，抑君似鼠。夫鼠晝伏夜動，不穴於寢廟，畏人故也。今君聞晉之亂而後作焉，**作，起兵也。**寧將事之，非鼠如何？」乃弗與田。**臧孫知齊侯將敗，不欲受其邑，故以比鼠，欲使怒而止。**仲尼曰：「知之難也，有臧武仲之知，**謂能辟齊禍。**而不容於魯國，抑有由也，作不順而施不恕也。《夏書》曰：『念兹在兹。』**逸《書》也。念此事，在此身。言行事當常念如在己身也。**順事、恕施也。」**

【疏】「不穴於寢廟」。❶　正義曰：一解鼠不敢穿寢廟墉以爲穴者，即畏人故也。但寢則近人，廟則幽静，鼠不穿廟，豈是畏人？故知寢廟間雅，鼠不即以爲穴，必須穿壁，始敢安處，止爲畏人故也。計燕巢鼠穴，自是其常，假

❶「不穴於寢廟」，阮本以下正義二節分疏於傳文各節下。

喻言之，不可執此爲難也。「作不」至「恕也」。正義曰：服虔云：「不順，謂阿季氏廢長立少也。不恕，謂惡孟氏立庶也。」然則作而不順，當如服言。傳無惡孟氏之事，故不取，當謂知其不可而爲之，是不恕也。

【經】二十有四年，春，叔孫豹如晉。 賀克欒氏。

仲孫羯帥師侵齊。

夏，楚子伐吴。

秋，七月，甲子，朔，日有食之，既。 無傳。【疏】「秋七」至「之既」。正義曰：《漢書·律歷志》載劉歆三統之術，以爲五月二十三分月之二十，乃爲一交。以爲交在望前，朔則日食，望則月食。交在望後，望則月食，後月朔則日食。交正在朔，則日食既，前後望不食。交正在望，則月食既，前後朔不食。而二十一年九月、十月頻月日食，此年七月、八月頻月日食。❶凡交前十五度，交後十五度，並是食竟，去交遠則日食漸少，去交近則日食漸多，正當交則日食既。若前月在交初一度日食，則至後月之朔日，猶在交之末度，未出食竟，月行天既帀，來及於日，或可更食。若前月日在交初二度以後，則後月復食無理。今七月日食既，而八月又食，於推步之術，必無此理。蓋古書磨滅，致有錯誤。劉炫云：「漢末以來八百餘載，考其注記，莫不皆爾，都無頻月日食之事，計天道轉運，古今一也。後世既無其事，前世理亦當然。而今有頻食，於術不得有。交之所在，日月必食，日食在朔，

❶「頻月」，京都本、文淵閣本、阮本無此二字。

月食在望。日月共盡一體，日食少則月食多，日食多則月食少。日食盡，則前後望月不食，月食盡，則前後朔日不食，以其交道既不復相揜故也。此與二十一年頻月日食，理必不然。但其字則變古爲篆，改篆爲隸，書則縑以代簡，紙以代縑。多歷世代，年數遥遠，喪亂或轉寫誤失其本真，先儒因循，莫敢改易，執文求義，理必不通。後之學者，宜知此意。」❶

齊崔杼帥師伐莒。

大水。無傳。

八月，癸巳，朔，日有食之。無傳。

公會晉侯、宋公、衛侯、鄭伯、曹伯、莒子、邾子、滕子、薛伯、杞伯、小邾子于夷儀。

冬，楚子、蔡侯、陳侯、許男伐鄭。

公至自會。無傳。

陳鍼宜咎出奔楚。陳鍼子八世孫，慶氏之黨。書名，惡之也。【疏】注「陳鍼子八世孫」。正義曰：《世本》文也。

叔孫豹如京師。

大饑。無傳。

❶「意」下，京都本、文淵閣本、阮本有「也」字。

【傳】二十四年，春，穆叔如晉。范宣子逆之，問焉，曰：「古人有言，曰『死而不朽』，何謂也？」穆叔未對。宣子曰：「昔匄之祖，自虞以上爲陶唐氏，陶唐，堯所治地，大原晉陽縣也。終虞之世以爲號，故曰「自虞以上」。在夏爲御龍氏，謂劉累也。事見昭二十九年。在商爲豕韋氏，豕韋，國名。東郡白馬縣東南有韋城。在周爲唐杜氏，唐杜，二國名。殷末，豕韋國於唐。周成王滅唐，遷之於杜，爲杜伯。杜伯之子隰叔奔晉，四世及士會，食邑於范，復爲范氏。杜，今京兆杜縣。晉主夏盟爲范氏，其是之謂乎？」晉爲諸夏盟主，范氏復爲之佐。言己世爲興家。穆叔曰：「以豹所聞，此之謂世禄，非不朽也。魯有先大夫曰臧文仲，既没，❶其言立。立，謂不廢絶。其是之謂乎？豹聞之，大上有立德，黄帝、堯、舜。其次有立功，禹、稷。其次有立言，史佚、周任、臧文仲。雖久不廢，此之謂不朽。若夫保姓受氏，以守宗祊，祊，廟門。世不絶祀，無國無之。禄之大者，不可謂不朽。」傳善穆叔之知言。【疏】注「陶唐」至「以上」。❷　正義曰：如杜此注，陶唐共爲一名，即是晉陽縣也。《釋例》云：「晉、大鹵、大原、大夏、參虚、晉陽，六名，大原晉陽縣也。」唯載六名，而言不及唐。《釋例》又别記小國

---

❶ 「既没其言立」，阮校：「案，《禮記・禮器》正義引作『其言立於後世』。《釋文》云：『今俗本皆作「其言立於世」。檢元熙以前本，則無「於世」二字。』《禮》疏所引，疑即陸氏所謂俗本而增損之。」

❷ 「注陶唐至以上」，阮本以下正義六節分疏於傳文各節下。

所都唐，大原晉陽縣也，亦云「唐是晉陽」，而言不及陶，則以陶與唐別，不是共爲一名也。《史記》云「帝堯爲陶唐氏」，韋昭云：「陶、唐皆國名，猶湯稱殷、商也。」案經傳「契居商」，故湯以商爲國號。後盤庚遷殷，故殷、商雙舉。歷檢書傳，未聞帝堯居陶。而以陶冠唐，蓋地以二字爲名，所稱或單或複也。張晏云：「堯爲唐侯，國於中山唐縣。」然則唐是中山縣名，非晉陽也。堯自唐侯而升爲天子，既爲天子，乃治於晉陽，故杜於晉陽六名，言不及唐，記其諸國之都，乃云「唐是晉陽」。言堯爲天子，號曰陶唐，其治在晉陽耳，唐非晉陽縣内之地名也。舜受堯禪，封堯子丹朱爲王者之後，猶稱爲唐，其名不易，終虞之世，以陶唐爲號，故曰「自虞以上」也。　注「謂劉」至「九年」。　正義曰：昭二十九年傳曰：「陶唐氏既衰，其後有劉累，學擾龍于豢龍氏，以事孔甲。夏后嘉之，賜氏曰御龍。」　注「豕韋」至「韋城」。　正義曰：《鄭語》云：祝融之後八姓，「大彭、豕韋爲商伯矣」。又曰：「彭姓彭祖、豕韋，則商滅之矣。」賈逵云：「大彭、豕韋爲商伯，其後世失道，殷德復興而滅之。」然則商之初，豕韋國君爲彭姓也。其後乃以劉累之後代之，亦不知殷之何王滅彭姓而封累後也。昭二十九年傳稱夏王孔甲嘉劉累，「賜氏曰御龍，以更豕韋之後」。則賜劉累身封豕韋。而此云「在商爲豕韋氏」者，杜於彼注云：「劉累代彭姓之豕韋，累尋遷魯縣。豕韋復國，至商而滅。累之後世，復承其國爲豕韋氏。」是杜解劉累及其後世再封豕韋之事。　注「唐杜」至「杜縣」。　正義曰：以《國語》杜伯文不連唐，知唐、杜二國名。又以豕韋爲一，嫌唐、杜亦一，故辨之也。昭元年傳稱：「堯遷實沈于大夏，唐人是因，以服事夏、商。其季世曰唐叔虞。及成王滅唐，而封大叔。」是言周成王滅唐也。《周語》曰：「周之衰也，杜伯射宣王於鎬。」是周有杜國。故杜以爲成王滅唐，遷之於杜爲杜伯也。《晉語》訾祏對范宣子云：「昔隰叔子違周難奔於晉，生子輿爲司空。世及武子，佐文、襄爲卿，以輔成、景。後之人可則，是以受隨、范。」賈逵云：「宣王殺杜伯，其子逃而奔晉。」子輿，士蔿字。武子，士會也。會，士蔿之孫，是隰叔四世及士會，食邑於范，爲范氏也。劉炫云：「案杜於昭元年注云：『唐人若劉累之等。累遷魯縣，此在大夏。』即如彼言，則居唐之人非累之裔，此注何云「豕韋國於唐」也？又據何文，知初封於唐，後封於杜乎？」今知劉説非者，彼注雖似有異，其義與此不殊。彼傳云「唐人是因」，杜以唐人非一人之稱，故云「劉累之等」，謂累之子孫，故云「之等」也。累遷魯縣，傳云「唐人是因」，因居大夏，則累之子孫遷居大夏也。杜知殷末封之於唐者，以周成王滅唐故也。知後封於杜者，以宣王時有杜伯故也。是成王之時，有唐無杜，宣王之時，有杜無唐，故杜爲此解。劉炫又規云：「唐非豕韋之胤，杜亦未必是後，安知滅唐遷於杜也？賈逵注《國語》，云武王封堯後爲唐、杜二國，以爲並時爲國，非滅唐封杜。」劉以爲唐非劉累之後，又取賈逵注《國語》武王封堯後爲唐、杜二國，以爲二國並封，而規杜氏，非也。炫謂宣子歷言己之宗族，於上世有國有家，未必繼體相承，炫於「處秦爲劉」，謂非丘明之筆，豕韋、唐、杜，不信元凱之言，己之遠祖，數自譏訐，或聞此義，必將見嗤。但傳言於人，懼誤後學，意之所見，不敢有隱，唯賢者裁之。　「大上」至「立言」。　正義曰：大上、其次，以人之才知淺深爲上、次也。大上謂人之最上者，上聖之人也。其次，次聖者，謂大賢之人也。其次，又次大賢者也。立德，謂創制垂法，博施濟衆，聖德立於上代，惠澤被於無窮，故服以伏羲、神農，杜以黄帝、堯、舜當之，言如此之類，乃是立德也。《禮運》稱禹、湯、文、武、成王、周公，後代人主之選，計成王非聖，但欲言周公，不得不言成王耳。禹、湯、文、武、周公與孔子皆可謂立德者也。立功，謂拯厄除難，❶功濟於時，故服、杜皆以禹、稷當之，言如此之類，乃是立功也。《祭法》云：「聖王之制祭祀也，法施於民則祀之，以死勤事則祀之，以勞定國則祀之，能禦大菑則祀之，能捍大患則祀

---

❶「厄」，閩本、監本、毛本、文淵閣本作「危」。

之。」法施於民，乃謂上聖，當是立德之人。其餘勤民定國，禦災捍患，皆是立功者也。立言，謂言得其要，理足可傳，記傳稱「史逸有言」，《論語》稱「周任有言」，及此臧文仲既没，其言存立於世，皆其身既没，其言尚存，故服、杜皆以史佚、周任、臧文仲當之，言如此之類，乃是立言也。老、莊、荀、孟、管、晏、楊、墨、孫、吴之徒，制作子書，屈原、宋玉、賈逵、楊雄、馬遷、班固以後，❶撰集史傳及制作文章，使後世學習，皆是立言者也。此三者雖經世代，常不朽腐，❷故穆子歷言之。注「祊廟門」。正義曰：《釋宫》云：「祊謂之門。」李巡曰：「祊，故廟門名也。」❸孫炎曰：「《詩》云：『祝祭於祊。』謂廟門也。」

范宣子爲政，諸侯之幣重，鄭人病之。二月，鄭伯如晉，子産寓書於子西，以告宣子，寓，寄也。**曰：「子爲晉國，四鄰諸侯不聞令德，而聞重幣，僑也惑之。僑聞君子長國家者，非無賄之患，而無令名之難。夫諸侯之賄聚於公室，則諸侯貳。**貳，離也。**若吾子賴之，則晉國貳。**賴，恃用之。**諸侯貳，則晉國壞。晉國貳，則子之家壞。何没没也！**没没，沈滅之言。❹**將焉用賄？夫令名，德之輿也。**德須令名以遠聞。**德，國家之基也。有基無壞，無亦是務乎？有德則樂，樂則能久。《詩》云『樂旨君子，邦家之基』，有令德也夫！**《詩·小雅》。言君子樂美其道，爲邦家之基，所以

❶「逵」，阮校：「段玉裁校本作『誼』。」
❷「常」，京都本、阮本作「當」。
❸「故」，阮校：「浦鏜《正誤》云：『「故」字衍。』」
❹「沈」，阮校：「淳熙本作『滅』。」

濟令德。『上帝臨女，無貳爾心』，有令名也夫！《詩・大雅》。言武王爲天所臨，不敢懷貳心，所以濟令名。恕思以明德，則令名載而行之，是以遠至邇安。毋寧使人謂子『子實生我』，無寧，寧也。而謂子『浚我以生』乎？浚，取也。言取我財以自生。象有齒以焚其身，賄也。」焚，斃也。宣子説，乃輕幣。是行也，鄭伯朝晉，爲重幣故，且請伐陳也。鄭伯稽首，宣子辭。子西相，曰：「以陳國之介恃大國而陵虐於敝邑，介，因也。大國，楚也。寡君是以請罪焉。❶請得罪施陳也。敢不稽首？」爲明年鄭入陳傳。【疏】「詩云」至「名也夫」。❷正義曰：《詩・小雅・南山有臺》之篇。旨，美也，言有樂美之德。君子以有樂美之德，故爲邦家之基本也。此詩所言，言此君子有令德也夫。又引《詩・大雅・大明》之篇，詩人謂武王云，上天之意，臨視女武王矣。言武王爲天所臨，不敢懷貳於女之心。此詩所言，言武王有令名也夫。樂美君子者，言君子有可樂可美之德也。劉炫云：「詩人謂武王云，上天之意，臨視女武王，故在下臣民，無懷貳於女之心也。」「毋寧」至「生乎」。正義曰：無寧，寧也。言人等作二事，爲不取人財，寧使人謂子實能生養我民也，爲多取人財，使人言子不能自活，而須我民財以生活乎？此二者孰勝也？注「焚斃也」。正義曰：焚是燒也。象不燒死，故訓爲斃。服虔云：「焚，讀曰僨，僨，僵也。爲生齒牙，僵仆其身。」

---

❶「是以請罪焉」，阮校：「《釋文》作『是以請請罪焉』，請，並七井反，徐上『請』字音『情』」。案，石經『罪焉』二字刓缺，不重『請』字，脱文也，而各本仍其誤。」

❷「詩云至名也夫」，阮本以下正義三節分疏於傳文各節下。

孟孝伯侵齊，晉故也。前年齊伐晉，魯爲晉報侵。

夏，楚子爲舟師以伐吴，舟師，水軍。不爲軍政，不設賞罰之差。無功而還。爲下吴召舒鳩起本。

齊侯既伐晉而懼，將欲見楚子。楚子使薳啓彊如齊聘，且請期。請會期。齊社，蒐軍實，使客觀之。祭社，因閱數軍器，以示薳啓彊。陳文子曰：「齊將有寇。吾聞之，兵不戢，必取其族。」戢，藏也。族，類也。取其族，還自害也。

秋，齊侯聞將有晉師，夷儀之師。使陳無宇從薳啓彊如楚辭，且乞師。辭有晉師，未得相見。崔杼帥師送之，遂伐莒，侵介根。介根，莒邑。今城陽黔陬縣東北計基城是也。齊既與莒平，因兵出侵之，言無信也。

會于夷儀，將以伐齊，水，不克。晉合諸侯，以報前年見伐。

冬，楚子伐鄭以救齊，門于東門，次于棘澤。以齊無宇乞師故也。諸侯還救鄭。夷儀諸侯。

晉侯使張骼、輔躒致楚師，❶求御于鄭。欲得鄭人自御，知其地利故也。鄭人卜宛射犬吉。射犬，鄭公孫。子大叔戒之曰：「大國之人，不可與也。」言不可與等也。欲使卑下之。大叔，游吉。

❶「輔躒」，阮校：「《説文》引《春秋傳》作『輔𨅊』。」

對曰：「無有衆寡，其上一也。」言在己上者有常分，無大小國之異。**大叔曰：「不然，部婁無松栢。」**❶部婁，小阜。松栢，大木。喻小國異於大國。

二子在幄，坐射犬于外，二子，張骼、輔躒。幄，帳也。**既食，而後食之。使御廣車而行，**廣車，兵車。**己皆乘乘車。**乘車，安車。**將及楚師，而後從之乘，皆踞轉而鼓琴。**轉，衣裝。❷**近，不告而馳之。**射犬恨，故近敵不告而馳。**皆取冑於櫜而冑，入壘，皆下，搏人以投，收禽挾囚。**禽，獲也。**弗待而出。**射犬又不待二子。**皆超乘，抽弓而射。既免，復踞轉而鼓琴，曰：「公孫！同乘，兄弟也。**言同乘義如兄弟。**胡再不謀？」**謂不告而馳，不待而出。**對曰：「曩者志入而已，今則怯也。」皆笑，曰：「公孫之亟也。」**亟，急也。言其性急不能受屈。【疏】「無有」至「一也」。❸　正義曰：射犬之意，言我與彼俱是大夫，無有國土大小、人民衆寡之異。其在我上，彼此一也。其意言我下鄭卿，亦下晉卿，彼若是卿，我當下之，彼是大夫，我不下之。　注「部婁」至「大國」。　正義曰：《釋地》云：「大陸曰阜，大阜曰陵。」李巡曰：「大陸，謂土地高大，名曰阜，阜最大爲陵。」則阜，地之高者，是丘陵之類也。部婁，小阜，相傳爲然。大山

---

❶「部婁」，阮校：「案，説文『附』字注云：『附婁，小土山也。』引傳作『附婁無松柏』。『部』與『附』蓋古字通。北宋刻《釋文》：『婁，本或作塿。』應邵《風俗通義》、李注《文選・魏都賦》引並作『培塿』。周伯琦《六書正譌》云『俗用培塿』，非也。」

❷「衣裝」，阮校：「正義本作『衣囊』，即《釋文》以爲『一作』之本也。」

❸「無有至一也」，阮本以下正義四節分疏於傳文各節下。

有松栢，小阜無松栢，小阜異於大山，喻小國異於大國，不得與大國之人等也。服虔云：「喻小國無賢材知勇之人，而與大國等也。」 注「轉衣裝」。 正義曰：踞謂坐其上也。戰車所有，可坐其上，明是衣囊耳。當是盛衣甲之囊也。下云「取胄於櫜」，當别有小囊盛胄。定本作「衣裝」。 「曩者」至「怯也」。 正義曰：曩猶向也。向者志入，前敵而馳，馳入遇，怯而出，非是故不告也。

楚子自棘澤還，使薳啓彊帥師送陳無宇。傳言齊、楚固相結也。

吴人爲楚舟師之役故，在此年夏。**召舒鳩人，舒鳩人叛楚。**舒鳩，楚屬國。召欲與共伐楚。**楚子師于荒浦，**荒浦，舒鳩地。**使沈尹壽與師祁犂讓之。**二子，楚大夫。**舒鳩子敬逆二子，而告「無之」，且請受盟。二子復命，王欲伐之。薳子曰：「不可。**令尹薳子馮。**彼告不叛，且請受盟，而又伐之，伐無罪也。姑歸息民，以待其卒。**卒，終也。**卒而不貳，吾又何求？若猶叛我，無辭有庸。」乃還。**彼無辭，我有功。爲明年楚滅舒鳩傳。

陳人復討慶氏之黨，鍼宜咎出奔楚。言宜咎所以稱名。

齊人城郟。郟，王城也。於是穀、雒鬬，毁王宫。齊叛晉，欲求媚於天子，故爲王城之。**穆叔如周聘，且賀城。王嘉其有禮也，賜之大路。**大路，天子所賜車之揔名。爲昭四年叔孫以所賜路葬張本。【疏】注「郟王」至「城之」。❶ 正義曰：傳稱成王定鼎于郟鄏，周公就而營之，謂之洛邑，亦

❶ 「注郟王至城之」，阮本此節正義在注「故爲王城之」下。

名王城。其地舊名爲郟，故以郟爲城名。《周語》云：「靈王二十二年，穀、洛鬭，毀王宫。」計靈王以二年即位，往年爲二十二年。往年毁壞其城，故齊人今歲爲王城之也。

晉侯嬖程鄭，使佐下軍。代欒盈也。**鄭行人公孫揮如晉聘，**揮，子羽也。**程鄭問焉，曰：「敢問降階何由？」**問自降下之道。**子羽不能對。歸以語然明，**然明，鬷蔑。**然明曰：「是將死矣，不然將亡。貴而知懼，懼而思降，乃得其階。**階猶道也。**下人而已，又何問焉？**言易知。**且夫既登而求降階者，知人也，不在程鄭，其有亡釁乎？不然，其有惑疾，將死而憂也。」**言鄭本小人。爲明年程鄭卒張本。【疏】注「問自降下之道」。❶ 正義曰：下注「階猶道也」，知問降階者，問自降下之道。程鄭既得爲卿，以卿是高位，欲降意下人，故問自降下之道。　「其有」至「憂也」。　正義曰：程鄭忽問降階，然明議其將死，故云此程鄭身有罪禍，懼奔亡之釁，而輒問降階也。若不然，則有迷惑之疾，將死而憂乎？何休難此云：「善言者，君子所尚，有小人道之，輒爲死徵，是善言不可出口。」此未得傳之意也。然明者，鄭之知人，知程鄭以佞媚嬖幸得升卿位，非有謙退止足之心。今忽問降階，是改其常度。以其改常，知其將死，故疑其知將有亡釁，惑疾而憂，故能出此語耳。善言非其常，所以知其死，非謂口出善言即當死也。趙文子，賢人也，將死，其語偷。程鄭，小人也，將死，其言善。俱是失常，無所怪惑也。

❶「注問自降下之道」，阮本此節正義在「敢問降階何由」句注下。

【經】二十有五年，春，齊崔杼帥師伐我北鄙。

夏，五月，乙亥，齊崔杼弑其君光。齊侯雖背盟主，未有無道於民，故書臣，罪崔杼也。

公會晉侯、宋公、衛侯、鄭伯、曹伯、莒子、邾子、滕子、薛伯、杞伯、小邾子于夷儀。

六月，壬子，鄭公孫舍之帥師入陳。子産之言陳以不義見入，故舍之無譏。《釋例》詳之。【疏】注「子産」至「詳之」。　正義曰：《釋例》曰：「陳、蔡，楚之與國，鄭欲求親於晉，故伐而入之。晉士莊伯詰其侵小，問陳之罪，❶子産答以東門之役，故免於譏。及其侵蔡，既無晉命，又無直辭，君死主少，興師以求媚於晉，義取亂略，不能以德懷親，又不能以直報怨，故二大夫異於子産也。陳之見伐，本以助晉，晉不逆勞，而以法詰之，得盟主遠理。❷故仲尼曰：『晉爲伯，鄭入陳，非文辭不爲功。』善之也。」

秋，八月，己巳，諸侯同盟于重丘。夷儀之諸侯也。重丘，齊地。己巳，七月十二日，經誤。【疏】注「夷儀」至「經誤」。　正義曰：僖五年公及齊侯云云「會王世子于首止」，「秋，八月，諸侯盟于首止」。《公羊傳》曰：「諸侯何以不序？一事而再見者，前目而後凡也。」是言前序後揔，取省文之義，故此直言諸侯，猶是上夷儀之諸侯也。劉炫云：「定四年公會劉子云云于召陵，『五月，公及諸侯盟于臯鼬』。杜云：『復稱公者，會、盟異處故。』此亦異處，而不言公者，炫謂史異辭於彼，有規。」傳云七月，經言八月，杜以《長歷》校之，七月十二日有

❶「問」，阮校：「浦鏜《正誤》云：『問』上脱『且』字。」

❷「遠」，文淵閣本、阮本作「道」。

己巳，知是經誤也。

公至自會。無傳。

衛侯入于夷儀。夷儀本邢地，衛滅邢而爲衛邑。晉愍衛衎失國，使衛分之一邑。書入者，自外而入之辭，非國逆之例。【疏】注「夷儀」至「之例」。　正義曰：僖元年「邢遷于夷儀」，是夷儀本是邢地。僖二十五年衛滅邢而有之，還名其地爲夷儀，故爲衛之邑也。《釋例》曰：「《春秋》稱入，其例有二：施於師旅，則曰不地；在於歸復，則曰國逆。國逆又以立爲例，逆而不立，則皆非例所及。諸在例外稱入，直是自外入内，記事者常辭，義無所取。而賈氏雖夫人姜氏之入，皆以爲例，如此甚多。」是杜以先儒妄以入例，故顯言非國逆也。於時剽爲衛君，非國逆，又不得位，而稱侯者，晉人稱爲衛侯以告魯，故書侯也。桓十五年「鄭伯突入于櫟」，與此同也。

楚屈建帥師滅舒鳩。傳在衛侯入夷儀上，經在下，從告。

冬，鄭公孫夏帥師伐陳。陳猶未服。

十有二月，吴子遏伐楚，門于巢，卒。遏，諸樊也。爲巢牛臣所殺。不書滅者，楚人不獲其尸。吴以卒告，未同盟而赴以名。【疏】「吴子」至「巢卒」。　正義曰：諸侯不生名，此吴子名在「伐楚」上者，爲卒書名，上之以省文，猶「鄭伯髡頑如會，丙戌，卒于鄵」也。

【傳】二十五年，春，齊崔杼帥師伐我北鄙，以報孝伯之師也。前年魯使孟孝伯爲晉伐齊。公患之，使告于晉。孟公綽曰：❶「崔子將有大志，志在弒君。孟公綽，魯大夫。不在病我，必速歸，何患焉？其來也不寇，不爲寇害。使民不嚴，欲得民心。異於他日。」齊師徒歸。徒，空也。

齊棠公之妻，東郭偃之姊也。棠公，齊棠邑大夫。東郭偃臣崔武子。棠公死，偃御武子以弔焉。見棠姜而美之，美其色也。使偃取之。爲己取也。偃曰：「男女辨姓，辨，別也。今君出自丁，齊丁公，崔杼之祖。臣出自桓，不可。」齊桓公小白，東郭偃之祖。同姜姓，故不可昏。武子筮之，遇困䷮坎下兑上，困。之大過䷛。巽下兑上，大過。困六三變爲大過。史皆曰：「吉！」阿崔子。示陳文子，文子曰：「夫從風，坎爲中男，故曰「夫」。變而爲巽，故曰「從風」。風隕，妻不可娶也。風能隕落物者，變而隕落，故曰「妻不可娶」。且其繇曰：『困于石，據于蒺棃，❷入于其宮，不見其妻，凶。』《困》六三爻辭。『困于石』，往不濟也。坎爲險、爲水。水之險者石，不可以動。❸『據于蒺棃』，所恃傷也。坎爲險，兑爲澤。澤之生物而險者蒺棃，恃之則傷。『入于其宮，不見其妻，凶』，

---

❶「孟公綽」，阮校：「《釋文》云：『綽，徐本作卓。』案，《漢成陽令唐扶頌》曰：『朝有公卓，家有參騫。』洪适曰：『公卓即孟公綽也。』」

❷「棃」，《四部叢刊》本作「蔾」，文淵閣本作「藜」。阮校：「岳本、監本、毛本作『藜』，與《釋文》合。宋本作『蔾』，從《易》本文也。」

❸「動」下，京都本、文淵閣本、阮本有「也」字。

無所歸也。」《易》曰：非所困而困，名必辱。非所據而據，身必危。既辱且危，死其將至，❶妻其可得見邪？今卜昏而遇此卦，六三失位無應，則喪其妻，失其所歸也。**崔子曰：「嫠也，何害？先夫當之矣。」**寡婦曰嫠。言棠公已當此凶。**遂取之。**

莊公通焉，驟如崔氏，以崔子之冠賜人。侍者曰：「不可。」公曰：「不爲崔子，其無冠乎？」言雖不爲崔子，猶自應有冠。**崔子因是，**因是怒公。**又以其間伐晉也，**間晉之難而伐之。**曰：「晉必將報。」欲弑公以説于晉，❷而不獲間。**伺公間隙。**公鞭侍人賈舉，而又近之，乃爲崔子間公。**

夏，五月，莒爲且于之役故，莒子朝于齊。且于役在二十三年。**甲戌，饗諸北郭。崔子稱疾不視事。**欲使公來。**乙亥，公問崔子，**問疾。**遂從姜氏。姜入于室，與崔子自側户出。公拊楹而歌。**歌以命姜。**侍人賈舉止衆從者，而入閉門。**爲崔子閉公也。重言侍人者，别下賈舉。**甲興，公登臺而請，弗許。**請免。**請盟，弗許。請自刃於廟，勿許。**求還廟自殺也。**皆曰：「君之臣杼疾病，不能聽命。**不能親聽公命。**近於公宫，**言崔子宫近公宫，或淫者詐稱公。**陪臣干掫有淫者，不知二**

---

❶「其」，阮本作「期」。阮校：「浦鏜《正誤》『其』作『期』，是也。」

❷「弑」，阮校：「《釋文》『弑』作『殺』，云『申志反』。按，杼但知欲殺公耳，豈自知爲弑哉？弑者，定其罪之辭也。凡若此等，可以意求之。」

命。」干掫，行夜。❶言行夜得淫人，受崔子命討之，不知他命。公踰牆，又射之，中股，反隊，遂弒之。賈舉、州綽、邴師、公孫敖、封具、鐸父、襄伊、僂堙皆死。八子皆齊勇力之臣，爲公所嬖者，與公共死於崔子之宫。

祝佗父祭於高唐，高唐有齊别廟也。至，復命，不說弁而死於崔氏。爵弁，祭服。申蒯，侍漁者，侍漁，監取魚之官。退謂其宰曰：「爾以帑免，帑，宰之妻子。我將死。」其宰曰：「免，是反子之義也。」與之皆死。反死君之義。崔氏殺鬷蔑于平陰。鬷蔑，平陰大夫，公外嬖。傳言莊公所養非國士，故其死難，皆嬖寵之人。

晏子立於崔氏之門外，聞難而來。其人曰：「死乎？」曰：「獨吾君也乎哉，吾死也？」言己與衆臣無異。曰：「行乎？」曰：「吾罪也乎哉，吾亡也？」自謂無罪。曰：「歸乎？」曰：「君死安歸？言安可以歸。君民者，豈以陵民？社稷是主。臣君者，豈爲其口實？社稷是養。言君不徒居民上，臣不徒求禄，皆爲社稷。故君爲社稷死則死之，爲社稷亡則亡之。謂以公義死亡。若爲己死，而爲己亡，非其私暱，誰敢任之？私暱，所親愛也。非所親愛，無爲當其禍。且人有君而弒之，吾焉得死之，而焉得亡之？言己非正卿，見待無異於衆臣，故不得死其難也。將庸何歸？」將用死

❶「夜」下，阮校：「《釋文》有『也』字，諸本脱。」

亡之義，何所歸趣。門啓而入，枕尸股而哭，以公尸枕己股。興，三踊而出。人謂崔子：「必殺之！」崔子曰：「民之望也！舍之，得民。」舍，置也。

盧蒲癸奔晉，王何奔莒。二子，莊公黨。爲二十八年殺慶舍張本。

叔孫宣伯之在齊也，宣伯，魯叔孫僑如，成十六年奔齊。叔孫還納其女於靈公，嬖，生景公。還，齊羣公子。納宣伯女於靈公。丁丑，崔杼立而相之，慶封爲左相。盟國人於大宫，大宫，大公廟。曰：「所不與崔、慶者。」晏子仰天歎曰：「嬰所不唯忠於君、利社稷者是與，有如上帝！」乃歃。盟書云「所不與崔、慶者，有如上帝」，讀書未終，晏子杪答易其辭，❶因自歃。辛巳，公與大夫及莒子盟。莒子朝齊，遇崔杼作亂，未去，故復與景公盟。

大史書曰：「崔杼弑其君。」崔子殺之。其弟嗣書，而死者二人。嗣，續也。并前有三人死。其弟又書，乃舍之。南史氏聞大史盡死，執簡以往。聞既書矣，乃還。傳言齊有直史，崔杼之罪所以聞。

閭丘嬰以帷縳其妻而載之，❷與申鮮虞乘而出。二子，莊公近臣。鮮虞推而下之，下嬰妻也。曰：「君昏不能匡，危不能救，死不能死，而知匿其暱，匿，藏也。暱，親也。其誰納之？」行及弇中，

---

❶「杪」，《四部叢刊》本、京都本、文淵閣本、阮本作「抄」。

❷「縳」，石經、《四部叢刊》本、京都本、岳本、閩本、監本、文淵閣本、阮本及《經典釋文》作「縛」。

將舍，弇中，狹道。**嬰曰：「崔、慶其追我！」**鮮虞曰：「一與一，誰能懼我？」**言道狹，雖衆無所用。**
遂舍，枕轡而寢，恐失馬也。**食馬而食。駕而行，出弇中，謂嬰曰：「速驅之！崔、慶之衆，不可當也。」遂來奔。**道廣，衆得用，故不可當。

崔氏側莊公于北郭。側，瘞埋之。不殯於廟。**丁亥，葬諸士孫之里，**士孫，人姓，因名里。死十三日便葬，不待五月。**四翣，**喪車之飾，諸侯六翣。**不蹕，**蹕，止行人。**下車七乘，不以兵甲。**下車，送葬之車。齊舊依上公禮，九乘，又有甲兵。今皆降損。【疏】注「棠公」至「大夫」。❶ 正義曰：楚僭號稱王，故縣尹稱公。齊不僭號，亦邑長稱公者，蓋其家臣僕呼之曰公，傳即因而言之，猶伯有之臣云：「吾公在壑谷也。」 注「丁公」。 正義曰：《謚法》：「遠義不克曰丁。」 「遇困之大過」。 正義曰：坎下兑上爲困，兑爲澤，坎爲水，水在澤下，則澤中無水也。《易・困・象》曰：「澤無水，困。」澤以鍾水，潤生萬物，今澤無水，則萬物困病，故名其卦爲困也。巽下兑上爲大過，《象》曰：「大過，大者過也。」陽大陰小，二陰而夾四陽，大者過也。 「史皆曰吉」。 正義曰：史者，筮人也。史有多人，皆言爲吉，阿崔子之意也。服虔云：「皆，二卦。」妄也。 注「坎爲」至「以動」。 正義曰：《坎・象》云：「習坎，重險也。」《説卦》：「坎爲水。」水之險者爲石也，石不可動，往而遇石，是往不濟也。 注「坎爲」至「則傷」。 正義曰：「兑爲澤」，《説卦》文也。《釋草》云：「茨，蒺棃。」❷

---

❶ 「注棠公至大夫」，阮本以下正義十三節分疏於傳文各節下。
❷ 「棃」，正宗寺本、京都本、監本、毛本、文淵閣本作「蔾」，阮本作「藜」，下同。

郭璞曰：「布地蔓生，細葉，子有三角，刺人。」蒺棃有刺，是草之險者，踐之則被刺，故恃之則傷也。　注「易曰」至「所歸」。　正義曰：所引「《易》曰」，《易·下繫辭》文也。孔子引此爻之辭，而以此言述之。非所困而困者，謂六三是坎，坎爲水，水之險者爲石，遇石當須辟之，非合所困，而乃困之，❶故名必辱也。非所據而據，謂六三在坎之上，澤之下，於蒺棃之間，應當辟之，非合所據，而乃據之，故身必危也。石未即害身之物，所以云「名必辱」。蒺棃害體之物，故云「身必危」。既有困辱，且復傾危，此死時其將至矣，妻其可得見乎？孔子述此爻之義如是。今卜昏而遇此卦，是不吉之象也。六三以陰居陽位，是失位也。三應在上，上亦陰爻，是無應也。動而無應，是喪失所歸，故不見其妻也。劉炫云：「困卦六三上承九四，四非三應，而三欲附之，附之不入，自取其困。不應爲此困而爲之，名必辱也。六三失位，而下乘九二，以柔乘剛，非安身之道。不應據而據之，身必危也。」「不爲」至「冠乎」。　正義曰：公意言冠易得，不足惜，縱使餘人不爲崔子者，其可無冠乎？況崔子富貴，其當自有冠也。劉炫云：「冠是首服之大名。《周禮·司服》『卿玄冕』，此崔子之冠蓋玄冕也。」今知非者，以《禮運》云「冕弁兵革，藏於私家，非禮也」。崔子冕在公府，非助君祭，不得用之，將以賜人，人非是卿，何處施用？案傳云「驟如崔氏，以崔子之冠賜人」，當謂就崔子家以崔子冠賜人，當是玄冠也。或冠模制作有異，故以賜人也。❷　注「干掫」至「他命」。　正義曰：昭二十年傳説齊公孫青聘衛之事，云：「賓將掫，主人辭。賓曰：『若不獲扞外役，是不有寡君也。』乃親執鐸，終夕與於燎。」燎即是掫之事，扞外役即是干之義也。故先儒相傳，皆以干掫爲行夜。

---

❶「乃」，京都本、文淵閣本、阮本無此字。

❷「也」，京都本、文淵閣本、阮本無此字。

《說文》云：「掫，夜戒守有所擊，從手取聲。」夜扞寇盜，手有所擊，故以干掫爲行夜官名也。服虔云：「一曰干，❶扞也。諏，謀也。言受崔子命，扞禦謀淫之人。」有此謬説，故掫字或誤從言也。今定本作「干掫」。受崔子之命，又受公命，是爲二命，故云「受崔子命討之，不知他命」也。　「又射之中股」。　正義曰：上未有射公之文，而云「又射之」者，以公未踰牆，必已射公，但射公不中，傳文不載。以踰牆射之中股，故傳言其事，而云「又」也。　注「喪車」至「六翣」。　正義曰：《周禮·縫人》：「掌衣翣柳之材。」鄭玄云：「必先纏衣其木，乃以張飾也。」《喪大記》云：「飾棺，君黼翣二，黻翣二，畫翣二。」鄭玄云：「漢禮，翣以木爲筐，廣三尺，高二尺四寸，方兩角高，衣以白布。畫者，畫雲氣，其餘各如其象，柄長五尺，車行使人持之而從。既窆，樹於壙中。《檀弓》曰：『周人牆置翣。』是也。」是説翣之制也。《方言》云：「自關而東謂扇爲翣。」則翣是扇之類也。《禮器》云：「天子八翣，諸侯六翣，大夫四翣。」鄭玄云：「八翣者，加龍翣二。」　「不蹕」。　正義曰：禮，喪車乘人專道而行，無貴賤一也。蹕者，止行人也。此不止行人，略賤之。　注「下車」至「降損」。　正義曰：服虔云：「下車，遣車也。」《雜記》云：「遣車視牢具。」鄭玄云：「言車多少，各如所包遣奠牲體之數也。然則遣車，載所包遣奠而藏之者與？遣奠，天子大牢，包九箇。諸侯亦大牢，包七箇。大夫亦大牢，包五箇。士少牢，包三箇。大夫以上乃有遣車。」如鄭之所言，遣車者乃是明器，塗車芻靈，載所包遣奠藏之於壙中。下車若是明器，則甲兵亦是明器，當云「無甲兵」，不得云「不以甲兵」也。杜言送葬之車，則謂此爲貳車，非遣車也。言下車者，蓋謂麤惡之車，非良車也。《周禮·大行人》云：「上公貳車九乘，侯、伯貳車七乘，子、男貳車五乘。」則齊是侯爵，法當車七乘耳。今傳舉七乘，言其不依

❶「一」，原爲空格，據正宗寺本、京都本、文淵閣本、阮本補。

舊法，知齊舊依上公之禮，貳車九乘。其送葬又有甲兵，今皆降損也。用甲兵者，葬是送終大禮，法當備列軍陳，若漢葬霍光，發材官輕車，比軍伍校士，軍陳至茂陵，以送其葬，所以榮之也。

晉侯濟自泮，泮，闕。**會于夷儀，伐齊，以報朝歌之役。**朝歌役在二十三年。不書伐齊，齊人逆服，兵不加。**齊人以莊公說，**以弒莊公說晉也。**使隰鉏請成，慶封如師，**慶封獨使於晉，不通諸侯，故不書。鉏，隰朋之曾孫。**男女以班，賂晉侯以宗器、樂器。**宗器，祭祀之器。樂器，鐘磬之屬。**自六正、**三軍之六卿。**五吏、三十帥、**五吏，文職。三十帥，武職。皆軍卿之屬官。**三軍之大夫、百官之正長、師旅**百官正長，羣有司也。師旅，小將帥。**及處守者，皆有賂。**皆以男女爲賂。處守，守國者。**晉侯許之，**晉侯受賂還，不譏者，齊有喪，師自宜退。**使叔向告於諸侯。**告齊服。**公使子服惠伯對曰：「君舍有罪，以靖小國，君之惠也。寡君聞命矣。」**【疏】注「以弒莊公說晉也」。❶正義曰：劉炫云：「杜意晉謀伐齊，齊人乃弒莊公以說晉也。炫謂莊公死後晉始謀伐齊，齊人以莊公伐晉，晉欲報伐莊公，既以此說晉，言晉讎既死，今新君服從晉也。」「男女以班」。正義曰：劉炫云：「哀元年『蔡人男女以辨』，與此同。杜意男女分別將以賂晉也。炫謂男女分別示晉以恐懼服罪，非以爲賂也。」注「五吏」至「屬官」。正義曰：此齊以晉將來伐，就會賂之。則五吏、三十帥皆軍内之官也。三軍將佐有六，與六正數同，故以六正爲六卿也。其五吏、三十帥皆是軍内之官。以三軍與六正數同，必是在軍之官，但軍官不復可知，下句言三

---

❶「注以弒莊公說晉也」，阮本以下正義五節分疏於傳文各節下。

軍之大夫、百官之正長，則軍内羣官足包之矣。於大夫之上言五吏、三十帥，此吏、帥未必貴於大夫，當以有所掌，故先言之耳。以吏者治也，故爲文職。帥者，有所率領，故爲武職。杜氏以意而解，不能審悉，故云「皆軍卿之屬官」，略言之耳。既以帥爲武職，則帥是大帥，下句復云「師旅」，明當小於此帥，故杜以下「師旅」爲「小將帥」。董遇云：「五吏，謂一正有五吏，爲三十帥之長。」亦以意言之耳。俗本「三十帥」爲「三十師」，非也。　注「皆以男女爲賂」。正義曰：杜以上句「男女以班」與「賂」連文，故云「皆以男女爲賂」。劉炫以爲「男女以班」，示降服於晉。有賂者，皆有貨財賂之，非以男女爲賂，與杜異也。　注「晉侯」至「宜退」。正義曰：案傳「會于夷儀，伐齊，以報朝歌之役。齊人以莊公説」，則晉初伐齊之日，未知莊公已死，齊人以説，方始知之。齊既有喪，師自須退。縱令受賂，未合致譏，故杜爲此解。而劉以爲齊弑君之後，晉始來伐，而規杜氏，非也。

晉侯使魏舒、宛没逆衛侯，衛獻公以十四年奔齊。**將使衛與之夷儀。崔子止其帑，以求五鹿。**崔杼欲得衛之五鹿，故留衛侯妻子於齊以質之。【疏】「崔子」至「五鹿」。正義曰：衛侯本以妻子奔齊，今衛侯將入夷儀，崔子止其帑於齊。所以止之，以求五鹿故也。衛侯若得衛國，望以五鹿與齊，故止其妻子以質之也。

初，陳侯會楚子伐鄭，在前年。**當陳隧者，井堙木刊。**隧，徑也。堙，塞也。刊，除也。**鄭人怨之。六月，鄭子展、子産帥車七百乘伐陳，宵突陳城，**突，穿也。**遂入之。陳侯扶其大子偃師奔墓，**欲逃冢間。**遇司馬桓子，曰：「載余！」**陳之司馬。**曰：「將巡城。」**不欲載公，以巡城辭。**遇賈獲，**賈獲，陳大夫。**載其母、妻，下之而授公車。公曰：「舍而母！」辭曰：「不祥。」**雖急，猶不欲男女無

別。與其妻扶其母以奔墓，亦免。子展命師無入公宮，與子產親御諸門。欲服之而已，故禁侵掠。**陳侯使司馬桓子賂以宗器。**

陳侯免，擁社。免，喪服。擁社，抱社主，示服。**使其衆男女別而纍，以待於朝。**纍，自囚係以待命。**子展執縶而見，**見陳侯。**再拜稽首，承飲而進獻。**承飲，奉觴，示不失臣敬。**子美入，數俘而出。**子美，子產也。但數其所獲人數，不將以歸。**祝祓社，司徒致民，司馬致節，司空致地，乃還。**祓，除也。節，兵符。陳亂，故正其衆官，脩其所職，以安定之，乃還也。【疏】注「纍自」至「待命」。❶ 正義曰：宣十二年「楚子入鄭，鄭伯肉袒牽羊」。所以不別以男女囚繫以待命者，此雖降服，猶望國存，故以囚繫男女，擬爲鄭之僕隸，彼則恐其遂滅，請俘江南，國已亡滅，男女非己之有，故與此不同。　注「祓除」至「還也」。　正義曰：《周禮·女巫》：「掌歲時祓除釁浴。」鄭玄云：「歲時祓除，如今三月上巳，如水上之類，釁浴謂以香薰草藥沐浴。」彼言祓除，知此祓社是祓除也。其祓除之事，當如鄭之言也。《周禮》有掌節之官，節爲兵符，若今之銅虎符、竹使符也。陳國既亂，致使官司廢闕，民人分散，符節失亡，故令陳之司徒招致民人，司馬集致符節，司空檢致土地，使各依其舊，師乃迴還也。劉炫云：「陳國既亂，民、節與地非復陳有，子展、子產心不滅陳，各使己之官屬，各依其職事，致之於陳，使民依職領受，具其衆官，備其所職，以安定之，乃還也。」諸官皆鄭人，在軍有此官者，蓋權使攝爲之，未必是正官。服虔以爲祝與司徒等皆是陳人，各致其所主於子產。案傳陳侯

---

❶「注纍自至待命」，阮本此節正義在「以待於朝」句注下。

擁社自抱以逆，又何須祝袚之？子美數俘獲尚不取，何當取其民地，使陳致之？既致，乃還，則是滅矣，何以云入陳也？」

秋，七月，己巳，同盟于重丘，齊成故也。伐齊而稱同盟，以明齊亦同盟。【疏】注「伐齊」至「同盟」。正義曰：杜以經言「同盟」，傳言「伐齊」，直書諸侯同盟，齊人不序於列，故據同盟之言，以明齊亦與盟。劉炫以爲齊直遣慶封如師，齊侯不與盟。今知非者，以五月齊弒莊公之後即立景公，及七月始盟，傳言「齊成故也」，明齊侯在會。莊十六年「同盟于幽」，傳云「鄭成也」，二十七年「同盟于幽」，傳云「陳、鄭服也」，並與此文同。又傳稱「重丘之盟，未可忘也」，故知齊亦同盟。劉以爲齊侯不與盟而規杜氏，非也。

趙文子爲政，趙武代范匄。**令薄諸侯之幣而重其禮。**以重禮待諸侯。**穆叔見之。謂穆叔曰：「自今以往，兵其少弭矣！**弭，止也。**齊崔、慶新得政，將求善於諸侯。武也知楚令尹。**令尹，屈建。**若敬行其禮，道之以文辭，以靖諸侯，兵可以弭。」**爲二十七年晉、楚盟于宋傳。【疏】注「令尹屈建」。❶ 正義曰：趙文子初始爲政，與令尹相知，望其在後兵息，知是新令尹也。下文始言屈建爲令尹者，因伐舒鳩而追序之。其實蔿子馮卒在此盟前，故服、杜皆以令尹爲屈建也。

楚蔿子馮卒，屈建爲令尹。屈建，子木。**屈蕩爲莫敖。**代屈建。宣十二年邲之役，楚有屈蕩，爲左廣之右。《世本》，屈蕩，屈建之祖父。今此屈蕩與之同姓名。

---

❶「注令尹屈建」，阮本此節正義在「武也知楚令尹」句注下。

舒鳩人卒叛。前年辭不叛。楚令尹子木伐之，及離城。離城，舒鳩城。吳人救之。子木遽以右師先，先至舒鳩。子彊、息桓、子捷、子駢、子盂帥左師以退。五人不及子木，與吳相遇而退。吳人居其間七日。居楚兩軍之間。子彊曰：「久將墊隘，隘乃禽也。不如速戰。墊隘，慮水雨。請以其私卒誘之，簡師，陳以待我。簡閱精兵，駐後爲陳。❶我克則進，奔則亦視之，視其形勢而救助之。乃可以免。不然，必爲吳禽。」從之。五人以其私卒先擊吳師，吳師奔，登山以望，見楚師不繼，復逐之，傅諸其軍。吳還逐五子，至其本軍。簡師會之，吳師大敗。遂圍舒鳩，舒鳩潰。八月，楚滅舒鳩。五子既敗吳師，遂前及子木，共圍滅舒鳩。【疏】注「墊隘慮水雨」。❷正義曰：成六年注云：「墊隘，羸困也。」《方言》云：「墊，下也。」吳地下溼，久駐於此，慮水雨大至，民將困病，故恐爲人所禽制也。

衛獻公入于夷儀。爲下自夷儀與甯喜言張本。

鄭子產獻捷于晉，獻入陳之功，而不獻其俘。戎服將事。戎服，軍旅之衣，異於朝服。晉人問陳之罪，對曰：「昔虞閼父爲周陶正，以服事我先王。閼父，舜之後。當周之興，閼父爲武王陶正。我先王賴其利器用也，與其神明之後也，舜聖，故謂之神明。庸以元女大姬配胡公，❸庸，用也。元

❶「駐後」，阮校：「《釋文》作『後駐』。」

❷「注墊隘慮水雨」，阮本此節正義在「不如速戰」句注下。

❸「配」，阮校：「《釋文》作『妃』，云『本亦作配』。」

女，武王之長女。胡公，閼父之子滿也。**而封諸陳，以備三恪。**周得天下，封夏、殷二王後，又封舜後，謂之恪。并二王後爲三國。其禮轉降，示敬而已，故曰三恪。**則我周之自出，至于今是賴。**言陳，周之甥，至今賴周德。**桓公之亂，蔡人欲立其出。**陳桓公鮑卒，於是陳亂，事在魯桓五年。蔡出，桓公之子厲公也。**我先君莊公奉五父而立之，**五父佗，桓公弟。殺大子免而代之，鄭莊公因就定其位。**蔡人殺之。**欲立其出故。**我又與蔡人奉戴厲公，**奉戴猶奉事。**至於莊、宣，皆我之自立。**陳莊公、宣公，皆厲公子。**夏氏之亂，成公播蕩，又我之自入，君所知也。**播蕩，流移失所。宣十一年陳夏徵舒弒靈公，❶靈公之子成公奔晉，自晉因鄭而入也。**今陳忘周之大德，蔑我大惠，棄我姻親，介恃楚衆，以馮陵我敝邑，不可億逞。**億，度也。逞，盡也。**我是以有往年之告。**謂鄭伯稽首告晉，請伐陳。**未獲成命，**未得伐陳命。**則有我東門之役。**前年陳從楚伐鄭東門。**當陳隧者，井堙木刊。敝邑大懼不競，而恥大姬。**上辱大姬之靈。**天誘其衷，啓敝邑心。**❷啓，開也。開道其

---

❶ 「宣十一年」，阮校：「諸本並衍『一』字。山井鼎云：宋板『十』字下闕，後人補入二字，非也。徵舒弒靈公在宣十年，諸本作『十一年』，誤也。」

❷ 「心」上，阮本有「之」字。

心，故得勝。**陳知其罪，授手于我。**❶**用敢獻功！」晉人曰：「何故侵小？」對曰：「先王之命，唯罪所在，各致其辟。**辟，誅也。**且昔天子之地一圻，**方千里。**列國一同，**方百里。**自是以衰。**衰，差降。**今大國多數圻矣，若無侵小，何以至焉？」晉人曰：「何故戎服？」對曰：「我先君武、莊，爲平、桓卿士。**鄭武公、莊公爲周平王、桓王卿士。**城濮之役，文公布命曰：『各復舊職！』**晉文公。**命我文公戎服輔王，以授楚捷，不敢廢王命故也。」**城濮在僖二十八年。**士莊伯不能詰，**士莊伯，士弱也。**復於趙文子。文子曰：「其辭順，犯順不祥。」乃受之。**

冬，十月，子展相鄭伯如晉，拜陳之功。謝晉受其功。**子西復伐陳，陳及鄭平。**前雖入陳，服之而已，故更伐以結成。**仲尼曰：「志有之：**志，古書。**『言以足志，文以足言。』**足猶成也。**不言，誰知其志？言之無文，行而不遠。**雖得行，猶不能及遠。**晉爲伯，鄭入陳，非文辭不爲功。慎辭哉！」**樞機之發，榮辱之主。【疏】注「獻入」至「其俘」。❷ 正義曰：上云「數俘而出」，不將以歸，知其空獻功，不獻俘也。　注「戎服」至「朝服」。　正義曰：《周禮·司服》云：「凡兵事，韋弁服。」鄭玄云：「韋弁，以韎韋爲弁，又以爲衣裳也。」諸侯之朝服，玄冠緇布衣，素積以爲裳。是戎服異於朝服也。　注「庸用」至「滿也」。

---

❶「授手于我」，阮校：「案，《家語》作『授首于我』。惠棟云：手，古『首』字。《儀禮·大射儀》、《士喪禮》並以『手』爲古文『首』字。沈彤云『「手」當爲「首」，聲同而誤』，非也。」

❷「注獻入至其俘」，阮本以下正義八節分疏於傳文各節下。

正義曰：庸聲近用，故爲用也。《史記·陳世家》云：「陳胡公滿者，虞帝舜之後也。舜傳禹，而舜子商均爲封國。夏后之時，或失或續，❶周武王克殷，求舜後，得嬀滿，封之於陳，以奉帝舜祀，是爲胡公。」

注「周得」至「三恪」。正義曰：《樂記》云：「武王克殷，未及下車，而封黄帝之後於薊，封帝堯之後於祝，封帝舜之後於陳。下車而封夏后氏之後於杞，封殷之後於宋。」《郊特牲》云：「天子存二代之後，猶尊賢也。尊賢不過二代。」鄭玄以此謂杞、宋爲二代之後，薊、祝、陳爲三恪。杜今以周封夏、殷之後爲二王後，又封陳，并二王後爲三恪。杜意以此傳言「以備三恪」，則以陳備三恪而已。若遠取薊、祝，則陳近矣，何以言備？以其稱備，知其通二代而備其數耳。二代之後，則各自行其正朔，用其禮樂，王者尊之深也。舜在二代之前，其禮轉降。恪，敬也。封其後，示敬而已，故曰恪。雖通二代爲三，其二代不假稱恪，唯陳爲恪耳。

「何故侵小」。正義曰：陳大於鄭，而謂之侵小者，言陳對晉爲小，不言小於鄭也。子展伐陳，此言侵，謂侵陵之，非用兵之侵也。

「列國一同」。正義曰：周法，大國五百里。此爲一同者，引夏、殷時國小，以譏晉國之寬大，權以拒晉耳。

注「衰差降」。正義曰：中國七十，小國五十，是降差。

注「樞機」至「之主」。正義曰：《易·繫辭》文也。鄭玄云：「樞，户樞也。機，弩牙也。」户樞之發或明或闇，弩牙之發或中或否，以譬言語之發有榮有辱。傳言子産善爲文辭，於鄭有榮也。

楚蔿掩爲司馬。蔿子馮之子。**子木使庀賦，**庀，治。**數甲兵。**閲數之。**甲午，蔿掩書土田，**書土地之所宜。**度山林，**度量山林之材，以共國用。**鳩藪澤，**鳩，聚也。聚成藪澤，使民不得焚燎壞

❶ 下「或」字，正宗寺本、京都本、文淵閣本、阮本無此字。

之，❶欲以備田獵之處。**辨京陵**，辨，别也。絶高曰京，大阜曰陵。别之以爲冢墓之地。**表淳鹵**，淳鹵，埆薄之地。表異，輕其賦税。**數疆潦**，疆界有流潦者，計數減其租入。**規偃豬**，偃豬，下濕之地。規度其受水多少。**町原防**，廣平曰原。防，隄也。隄防間地，不得方正如井田，别爲小頃町。**牧隰皋**，隰皋，水岸下濕，爲芻牧之地。**井衍沃**，衍沃，平美之地。則如《周禮》制以爲井田。六尺爲步，步百爲畝，畝百爲夫，九夫爲井。**量入脩賦**。量九土之所入，而治理其賦税。**賦車籍馬**，籍，疏其毛色歲齒，以備軍用。**賦車兵**、車兵，甲士。**徒兵**、步卒。**甲楯之數**。使器杖有常數。❷**既成**，**以授子木，禮也**。得治國之禮。傳言楚之所以興。【疏】注「庀治」。❸　正義曰：庀訓爲具，而言治者，以下説治賦之事，治之使具，故以庀爲治也。　注「鳩聚」至「之處」。　正義曰：「鳩，聚」，《釋詁》文也。《釋地》有「十藪」。李巡曰：「藪，澤之别名也。」《周禮·澤虞》有大澤大藪，小澤小藪，鄭玄云：「澤，水所鍾也。水希曰藪。」其職云：「若大田獵，則萊澤野。」是藪爲田獵之處。❹　或焚其草，則散失澤藪之用，故聚成，使不得焚燎之也。　注「辨别」至「之地」。　正義曰：《釋丘》云：「絶高爲之京，非人爲之丘。」李巡曰：「丘高大者爲京也。」孫炎曰：「爲之人所作也。」則京爲丘類，人力所作也。《釋地》云：「大陸曰阜，大阜曰陵。」李巡曰：「大陸，謂土地

---

❶「壞」，阮校：「浦鏜《正誤》云：『壞』，衍字。以《續通解》校。案，正義無『壞』字。」

❷「杖」，阮校：「宋本作『仗』，是正字。」

❸「注庀治」，阮本以下正義十二節分疏於傳文各節下。

❹「田」，原作「曰」，據正宗寺本、京都本、文淵閣本、阮本改。

高大，名曰阜，阜最大爲陵也。」《檀弓》稱「趙文子與叔譽觀于九原」，觀晉諸大夫之墓也。僖三十二年傳云：「殽有二陵焉，其南陵，夏后臯之墓也。」故知別丘陵以爲葬墓之地。　注「淳鹵」至「賦税」。　正義曰：賈逵云：「淳，鹹也。」❶《説文》云：「鹵，西方鹹地也。從西省，象鹽形，安定有鹵縣，東方謂之斥，西方謂之鹵。」《吕氏春秋》稱：「魏文侯時，吴起爲鄴令，❷引漳水以灌田。民歌之曰：『決漳水以灌鄴旁，終古斥鹵生稻粱。』」是鹹薄之地名爲斥鹵。《禹貢》云「海濱廣斥」是也。淳鹵地薄，收穫常少，故表之輕其賦税。　注「疆界」至「租入」。　正義曰：賈逵以疆爲彊檕墝埆之地，鄭衆以爲疆界内有水潦者。案《周禮・草人》：「凡糞種，彊檕用蕡。」鄭玄云：「彊檕，强堅者。」則疆地猶堪種植，非水潦之類，故從鄭衆之説，數其疆界有水潦者，❸計數減其租税也。　孫毓讀爲疆潦，注云：「砂礫之田也。」　注「偃豬」至「多少」。　正義曰：《禹貢》，徐州「大野既豬」，孔安國云：「水所停曰豬。」《檀弓》云：「有弑其父者，洿其宫而豬焉。」是豬者，停水之名。偃豬，謂偃水爲豬，故爲下溼之地。規度其地受水多少，得使田中之水注之。　注「廣平」至「頃町」。　正義曰：「廣平曰原」，《釋地》文。李巡曰：「謂土地寬博而平正，名曰原。」《釋丘》云：「墳，大防。」孫炎曰：「謂隄也。」隄防之間，或有平地，不得平正以爲井田，取其可耕之處，別爲小頃町也。《説文》云：「町，田踐處曰町。」史游《急就篇》云：「頃町界畝。」是町亦頃類，故連言

❶「也」，阮校：「浦鏜《正誤》作『地』。」

❷「吴起」，文淵閣本作「史起」。阮校：「案，高誘注《吕氏春秋・樂成篇》云：『西門豹，文侯用爲鄴令，史起亞之。』『吴』乃『史』字之誤。」

❸「有」字，原爲空格，據正宗寺本、京都本、文淵閣本、阮本補。

之也。謂廣平爲原者，因《爾雅》之文，其實此原謂隄防之閒也。劉炫云：「廣平曰原，土地寬平，當與隰相配，非是不得爲井田也。《釋地》於陸阜陵阿之下云『可食者曰原』，孫炎曰：『可食，謂有井田也。』陵阿山田可種穀者，亦曰原也。謂彼陵阿之閒可食之地，非廣平也。」注「隰皋」至「之地」。正義曰：《釋地》云：「下溼曰隰。」李巡曰：「下溼，謂土地窊下，名爲隰也。」《詩》云：「鶴鳴于九皋。」毛、鄭皆以皋爲澤之坎，是皋爲水岸也。下溼與水岸不任耕作，故使牧牛馬於中，以爲芻牧之地。注「衍沃」至「爲井」。正義曰：《周禮・大司徒》：「以土會之法，辨五地之物生。四曰墳衍，五曰原隰。」衍地高於原也。❶傳稱「郇瑕氏之地沃饒」，《魯語》云「沃土之民逸」，則衍沃俱是平美之地，衍是高平而美者，沃是下平而美者，二者並是良田，故如《周禮》之法，制之以爲井田。賈逵云：「下平曰衍，有溉曰沃。」所指雖異，俱謂良美之田也。「六尺爲步」以下皆《司馬法》之文。自「度山林」以下至此有九事，賈逵以爲賦税差品。其注云：「山林之地，九夫爲度，九度而當一井也。藪澤之地，九夫爲鳩，八鳩而當一井也。京陵之地，九夫爲辨，七辨而當一井也。淳鹵之地，九夫爲表，六表而當一井也。疆潦之地，九夫爲數，五數而當一井也。偃豬之地，九夫爲規，四規而當一井也。原防之地，九夫爲町，三町而當一井也。隰皋之地，九夫爲牧，二牧而當一井也。衍沃之地，畝百爲夫，九夫爲井。」《周禮・小司徒》云：「乃經土地，而井牧其田野。」鄭玄云：「隰皋之地，九夫爲牧，二牧而當一井。今造都鄙授民田，有不易，有一易，有再易，通率二而當一，是之謂井牧。」是鄭、賈同此説也。案《周禮》所授民田，不過再易，唯有三當一耳，不得有九當一也。山林、藪澤、京陵、偃豬，本非可食之地，不在授民之限，雖九倍與之，何以充税，而使之當一井也？且以度、鳩之等皆爲

❶「也」，京都本、文淵閣本、阮本無此字。

九夫之名，經、傳未有此目，故杜不用其説。「量入脩賦」。正義曰：量其九土所宜，觀其收入多少，乃準其所入，脩其賦税。其九土之内，偃豬、京陵無物可入，而言九土之所入者，揔言之。「賦車籍馬」。正義曰：賦與籍俱是税也。税民之財，使備車馬，因車馬之異，故別爲其文。「賦車兵徒兵」。正義曰：車兵者，甲士也。徒兵者，步卒也。知非兵器者，上云「數甲兵」，下云「甲楯之數」，故知此兵謂人也。劉炫云：「兵者，戰器，車上甲士與步卒所執兵各異也。《司兵》『掌五兵』，鄭衆云：『五兵者，戈、殳、戟、酋矛、夷矛。』又曰『軍事，建車之五兵』，鄭玄云：『車之五兵，鄭司農所云者是也。步卒之五兵，無夷矛，而有弓矢。』事或當然。」

十二月，吴子諸樊伐楚，以報舟師之役。舟師在二十四年也。門于巢。攻巢門。巢牛臣曰：「吴王勇而輕，若啓之，將親門。啓，開門也。我獲射之，必殪。殪，死也。是君也死，疆其少安。」從之。吴子門焉，牛臣隱於短牆以射之，卒。

楚子以滅舒鳩賞子木，辭曰：「先大夫蔿子之功也。」以與蔿掩。往年楚子將伐舒鳩，蔿子馮請退師以須其叛，楚子從之，卒獲舒鳩，故子木辭賞，以與其子。

晉程鄭卒，子産始知然明，前年然明謂程鄭將死，今如其言，故知之。問爲政焉。對曰：「視民如子。見不仁者誅之，如鷹鸇之逐鳥雀也。」子産喜，以語子大叔，且曰：「他日吾見蔑之面而已，蔑，然明名。今吾見其心矣。」

子大叔問政於子産。子産曰：「政如農功，日夜思之，思其始而成其終。朝夕而行之，行無越思，思而後行。如農之有畔，言有次。其過鮮矣。」

衛獻公自夷儀使與甯喜言，求復國也。**甯喜許之。大叔文子聞之，**大叔儀也。**曰：「嗚呼！《詩》所謂『我躬不說，**❶**皇恤我後』者，甯子可謂不恤其後矣。**皇，暇也。《詩·小雅》。言今我不能自容說，何暇念其後乎？　謂甯子必身受禍，不得恤其後也。**將可乎哉？**殆必不可。**君子之行，思其終也，**思使終可成。**思其復也。**思其可復行。**《書》曰：『慎始而敬終，終以不困。』**逸《書》。**《詩》曰：『夙夜匪解，以事一人。』**一人以喻君。**今甯子視君不如弈棋，**弈，圍棋也。**其何以免乎？弈者舉棋不定，不勝其耦，而況置君而弗定乎？必不免矣。九世之卿族，一舉而滅之，可哀也哉！」**甯氏出自衛武公，及喜九世也。【疏】「我躬」至「我後」。❷　正義曰：《詩·小雅·小弁》之篇。

「書曰」至「不困」。　正義曰：《尚書·蔡仲之命》云：「慎厥初，惟厥終，終以不困。」此所引者蓋是彼文，學者各傳所聞，而字有改易，或引其意，而不全其文，故不同也。　注「弈圍棋」。　正義曰：《方言》云：「圍棋謂之弈，自關東齊、魯之間皆謂之弈。」蓋此戲名之曰弈，故《說文》弈從廾，言竦兩手而執之。孟子稱弈秋善弈，秋人自以善弈而著名也。❸　棋者，所執之子，故云「弈者舉棋不定，不勝其耦」，謂舉子下之不定，則不勝其耦，是棋爲子也。以子圍而相殺，故謂之圍棋。沈氏云：「圍棋稱弈者，取其落弈之義也。」

---

❶「說」，阮校：「石經初刻作『閱』，後改『說』。《經典釋文》云：『《詩》作閱。』」

❷「我躬至我後」，阮本以下正義三節分疏於傳文各節下。

❸「人」，阮校：「浦鏜《正誤》云：『人』疑『蓋』字誤。」

春秋左傳正義卷第二十四

襄公

國子祭酒上護軍曲阜縣
開國子臣孔穎達等奉勑撰

【傳】❶會于夷儀之歲，齊人城郟。在二十四年。不直言會夷儀者，别二十五年夷儀會。其五月，秦、晉爲成。晉韓起如秦涖盟，秦伯車如晉涖盟，伯車，秦伯之弟鍼也。成而不結。不結固也。傳爲後年脩成起本。當繼前年之末，而特跳此者，傳寫失之。❷【疏】注「在二」至「儀會」。❸正義曰：凡傳却言前事者，皆舉時事爲驗。二十四年、二十五年，頻年會于夷儀，恐其事無以相别，故復言「齊人城郟」，以明秦、晉爲成在二十四年也。不直言「齊人城郟」者，以其非經故也。此已連經舉之，故下文烏餘奔晉，直舉城郟

❶ 「傳」，《經典釋文》：「此傳本爲後年修成，當續前卷二十五年之傳後，簡編爛脱，後人傳寫，因以在此耳。」今案：此段經前傳文下至「故杜以跳言之」，足利學本、京都本、閩本、監本、毛本、阮本在上卷之末。

❷ 「傳」，阮校：「《釋文》云：『一本作轉。』」

❸ 「注在二至儀會」，阮本此節正義在「齊人城郟」句注下。

之歲，不言會于夷儀。　注「不結」至「失之」。　正義曰：《漢書·藝文志》云「《左氏傳》三十卷」，則丘明自分爲三十也。丘明作傳，使文勢相接，爲後年之事，而年前發端者多矣。文十年傳云「厥貉之會，麇子逃歸」，十一年云「楚子伐麇」，宣十一年傳云「厲之役，鄭伯逃歸」，十二年而云「楚子圍鄭」，皆傳在前卷之末，豫爲後卷之始。此爲後年脩成，發其前成不結，其事與彼相類，不宜獨載卷首，知其當繼前年之末也。而特跳出在於此卷之首者，是傳寫失之也。學者以此語字多，欲令與下相接，故輒斷彼末寫於此首，後人因循不敢改易，故失之，言失其本真也。《説文》云：「跳，躍也。」謂足絶地而高舉也。魏晉《儀注》寫章表別起行頭者，謂之跳出，故杜以跳言之。

【經】二十有六年，春，王二月，辛卯，衛甯喜弑其君剽。衛孫林父入于戚以叛。衎雖未居位，林父專邑背國，猶爲叛也。

甲午，衛侯衎復歸于衛。復其位曰復歸，名與不名，傳無義例。【疏】注「衎雖」至「叛也」。❶　正義曰：叛者，背君之名。嫌無君不得爲叛，故注明之。林父畏衎入殺己，以邑先叛。故衎今雖未居位，林父以背國之故，猶爲叛也。　注「復其」至「義例」。　正義曰：復其位曰復歸，成十八年傳例也。僖二十八年「衛侯鄭復歸于衛」，「曹伯襄復歸于曹」，與此衛侯衎皆書其名。成十六年「曹伯歸自京師」，不書名。俱是歸國，立文不同，傳無義例，史異辭也。

---

❶「注衎雖至叛也」，阮本此節正義在注「猶爲叛也」下。

夏，晉侯使荀吴來聘。吴，荀偃子。

公會晉人、鄭良霄、宋人、曹人于澶淵。卿會公侯皆應貶，方責宋向戌後期，故書良霄以駮之。若皆稱人，則嫌向戌直以會公貶之。【疏】注「卿會」至「貶之」。　正義曰：僖二十九年傳曰：「在禮，卿不會公、侯，會伯、子、男可也。」是卿會公、侯皆合貶，良霄亦當貶也。但向戌會公已自當貶，而又有後期之責。仲尼書經方責向戌後期，故書良霄以駮之。書良霄所以責向戌，非是舍霄罪也。若良霄與晉、宋皆貶稱人，則嫌向戌直以會公被貶，其後期之責不見，故書良霄名，退宋班，明向戌有二罪也。案春秋諸國之會後至者多，唯退班在下，不褒進先至之人，此直退宋人在鄭人之下，於文自足，必特書良霄以駮向戌者，以向戌宋之執政上卿，魯公親自在會，後期而至，惰慢之甚，故特書良霄，深責向戌，異於他例也。

秋，宋公殺其世子痤。稱君以殺，惡其父子相殘害。

晉人執衛甯喜。

八月，壬午，許男甯卒于楚。未同盟而赴以名。【疏】注「未同盟而赴以名」。　正義曰：宣十七年「許男錫我卒」，甯即錫我之子，嗣立以來，未與魯會盟而赴以名也。

冬，楚子、蔡侯、陳侯伐鄭。

葬許靈公。

【傳】二十六年，春，秦伯之弟鍼如晉脩成，脩會夷儀歲之成。**叔向命召行人子員。**欲使答秦

命。行人子朱曰：「朱也當御。」御，進也。言次當行。**三云，叔向不應。子朱怒，曰：「班爵同，同爲大夫。何以黜朱於朝？」**黜，退也。**撫劍從之。**從叔向也。**叔向曰：「秦、晉不和久矣！今日之事幸而集，**集，成。**晉國賴之，不集，三軍暴骨。子員道二國之言無私，子常易之。姦以事君者，吾所能御也。」拂衣從之。**拂衣，褰裳也。❶**人救之。平公曰：「晉其庶乎？**庶幾於治。**吾臣之所爭者大。」師曠曰：「公室懼卑，臣不心競而力爭，**謂二子不心競爲忠，而撫劍拂衣。**不務德而爭善，**爭謂所行爲善。**私欲已侈，能無卑乎？」**私欲侈，則公義廢。【疏】注「御進」至「當行」。❷ 正義曰：言當進待君，受君命也。行人非一，更遞進御。此日次朱當御，次而不使，是黜之也。 注「拂衣褰裳也」。 正義曰：拂者，振迅之義，❸以其將鬬，知拂衣即褰裳也。對則上衣下裳，散則可以相通，故以褰裳解拂衣。 「平公」至「卑乎」。 正義曰：平公見其臣鬬，而言「其庶乎」者，以其臣爭爲國，國事必興，故庶幾於治也。劉炫云：「不心競而力爭，不務德而爭善，皆道子朱之心，非叔向之罪。杜言『二子不心競』，似亦并責叔向者，以鬬雖一曲一直，乃是兩人爭理，故以二子言之，據其鬬而言力爭，則叔向亦爭，爭善則叔向無之。叔向以子員無私，欲令應

---

❶「褰裳」，阮校：「《釋文》作『騫裳』，云：『本或作褰。音雖同，義非也。』按，依《說文》『攐，摳衣也』，此爲正字，騫、褰皆假借字。褰，袴也。」

❷「注御進至當行」，阮本以下正義三節分疏於傳文各節下。

❸「振」，京都本、阮本作「披」。

客，縱子員應客，❶亦非叔向争善，❷叔向無可争。杜云『争謂所行爲善』，唯言子朱之心也。」

衛獻公使子鮮爲復，使爲己求反國。**辭。**辭不能。**敬姒强命之。**敬姒，獻公及子鮮之母。**對曰：「君無信，臣懼不免。」敬姒曰：「雖然，以吾故也。」許諾。初，獻公使與甯喜言，**言復國。**甯喜曰：「必子鮮在，不然，必敗。」**子鮮賢，國人信之，必欲使在其間。**故公使子鮮。子鮮不獲命於敬姒，**不得止命。**以公命與甯喜言曰：「苟反，政由甯氏，祭則寡人。」甯喜告蘧伯玉，伯玉曰：「瑗不得聞君之出，敢聞其入？」**十四年孫氏欲逐獻公，瑗走，從近關出。**遂行，從近關出。告右宰穀。**衛大夫。**右宰穀曰：「不可。獲罪於兩君，**前出獻公，今弑剽。**天下誰畜之？」**畜猶容也。**悼子曰：「吾受命於先人，不可以貳。」**悼子，甯喜也。受命在二十年。**穀曰：「我請使焉而觀之。」**觀知可還否。**遂見公於夷儀。反，曰：「君淹恤在外十二年矣，**淹，久也。**而無憂色，亦無寬言，猶夫人也。**言其爲人猶如故。**若不已，死無日矣。」**已，止也。**悼子曰：「子鮮在。」右宰穀曰：「子鮮在何益？多而能亡，於我何爲？」**言子鮮爲義，多不過亡出。**悼子曰：「雖然，弗可以已。」**❸

孫文子在戚，孫嘉聘於齊，孫襄居守。二子，孫文子之子。**二月，庚寅，甯喜、右宰穀伐孫氏，不**

❶「縱子員應客」，京都本、阮本無此五字。
❷「叔向争善」，京都本、阮本無此四字。
❸「弗」，阮本作「不」。

克。伯國傷。伯國，孫襄也。父兄皆不在，故乘弱攻之。甯子出舍於郊。欲奔。伯國死，孫氏夜哭。國人召甯子，甯子復攻孫氏，克之。辛卯，殺子叔及大子角。子叔，衛侯剽。言子叔，剽無謚故。書曰「甯喜弒其君剽」，言罪之在甯氏也。嫌受父命納舊君無罪，故發之。孫林父以戚如晉。以邑屬晉。書曰「入于戚以叛」，罪孫氏也。臣之祿，君實有之。義則進，否則奉身而退，專祿以周旋，戮也。林父事剽而衎入，義可以退。唯以專邑自隨爲罪，故傳發之。

甲午，衛侯入。書曰「復歸」，國納之也。本晉納之夷儀，今從夷儀入國，嫌若晉所納，故發國納之例，言國之所納而復其位。大夫逆於竟者，執其手而與之言。道逆者，自車揖之。逆於門者，頷之而已。❶頷，摇其頭。言衎驕心易生。公至，使讓大叔文子曰：「寡人淹恤在外，二三子皆使寡人朝夕聞衛國之言，二三子，諸大夫。吾子獨不在寡人。在，存問之。公聞文子答甯喜之言，故忿之。古人有言曰：『非所怨，勿怨。』寡人怨矣。」所怨在親親。對曰：「臣知罪矣！臣不佞，不能負羈絏以從扞牧圉，臣之罪一也。有出者，有居者，出謂衎，居謂剽也。臣不能貳通外内之言以事君，臣之罪二也。有二罪，敢忘其死？」乃行，從近關出。公使止之。傳言衛侯不能安和大臣。

---

❶「頷」，阮校：「葉抄《釋文》作『頷』，云『本又作顉』。案，惠棟云：《説文》引作『顉』，云『低頭也』。《玉篇》引杜氏注亦作『顉』，『又音欽，曲頤也』。《列子》云『巧夫顉其頤而歌合律』，張湛注云：『顉猶摇頭也。』以顉爲頷，此古文假借耳。」

衛人侵戚東鄙，以林父叛故。**孫氏愬于晉，晉戍茅氏。**茅氏，戚東鄙。**殖綽伐茅氏，殺晉戍三百人。**殖綽，齊人，今來在衛。**孫蒯追之，弗敢擊。文子曰：「厲之不如。」**厲，惡鬼也。**遂從衛師，敗之圉。**蒯感父言，更還逐殖綽。圉，衛地。**雍鉏獲殖綽。**雍鉏，孫氏臣。**復愬于晉。**爲下晉討衛張本。【疏】「殺子叔及大子角」。正義曰：服虔云：「殺大子角不書，舉重者。」案晉侯、宋公殺其世子及陳侯之弟招殺陳世子，皆書經，則世子不輕於大夫也。孔父、荀息之徒，弒君之下并亦言大夫，大夫既書於經，則弒君并殺世子，世子亦當書，不得爲舉重也。杜既不解，當以不告故耳。注「子叔」至「謚故」。正義曰：此剽是穆公之孫，黑背之子，於獻公爲從父昆弟。成十年「衛侯之弟黑背帥師侵鄭」，傳云：「衛子叔黑背侵鄭。」是黑背字子叔，即以子叔爲族也。元年「衛侯使公孫剽來聘」，傳云：「衛子叔來聘。」是舉族而稱之也。今云「殺子叔」，亦是舉其族，爲剽無謚，故稱族也。「書曰」至「戮也」。正義曰：《春秋》書叛者，有此孫林父與宋華亥、宋公之弟辰、晉趙鞅、晉荀寅，五者經皆書叛。邾庶其、莒牟夷、邾黑肱皆以地來奔，雖文不稱叛，傳謂此三人爲三叛人，則三者亦是叛也。所言叛者，或據邑而距其君，或竊地他國，皆爲有地隨己，故稱爲叛。昭二十二年「宋華亥、向寧、華定自宋南里出奔楚」，定十四年「宋公之弟辰自蕭來奔」，地不隨己，則不稱叛。是叛雖反背之辭，皆由地以生名也。叛者，判也，欲分君之地以從他國，故以叛爲名焉。叛無凡例，傳言「書曰」，是仲尼書爲叛也。人君賜臣以邑以爲禄食，臣之禄謂所食邑也。「君實有之」，言其不得專以爲己有也。君臣以義而合，義則進以事君，受此禄食，否則奉身而退，當身奔他國，而以禄歸君。專君之禄，以周旋從己，於法爲罪戮之人，故書「入於戚以叛」，罪孫氏也」。《釋例》曰：「古之大夫，或錫之田邑，或分之都城，故有千室之邑，百乘之家。君之禄，義則進，否則奉身而退。若專禄以周旋，雖無危國害主之實，皆書曰叛。叛者，反背之辭也。庶賤之人，不齒於列，故雖有善惡，不章顯名氏。若乃披邑害國，則以地重，必書其名，且終顯其惡也。適魯則書地曰來奔，來奔則叛可知，蓋記事外內之辭也。劉、賈説三叛人以地來奔，不書叛，謂不能專也。此直外內之辭，既以地來，妻公之姑姊，還其大邑，不得復言不能專也。」是杜以庶其之等皆爲叛也。專禄者，謂專君之禄，以爲己有，東西隨己，謂之爲專。服虔云：「專禄，謂以戚叛也。既叛衛，亦不臣於晉，自謂若小國，是爲專禄。」其意言專獨有之，不屬人也。若不屬晉，何爲被衛侵而愬於晉？地若不入晉，晉復何以戍之？傳言以戚如晉，服言不臣於晉，是反丘明以解傳也。　注「公聞」至「之言」。　正義曰：沈氏云：「大叔文子聞甯喜許公之言而發歎，本非面答甯喜之言，而云答者，時聞甯喜之言，遂自評論，❶不許於甯子，與對面相答無異，故言答也。」

鄭伯賞入陳之功。入陳在前年。**三月，甲寅，朔，享子展，賜之先路、三命之服，**先路、次路，皆王所賜車之揔名。蓋請之於王。**先八邑。**以路及命服爲邑先。八邑，三十二井。**賜子産次路、再命之服，先六邑。子産辭邑，曰：「自上以下，降殺以兩，禮也。臣之位在四，**上卿子展，次卿子西。十一年良霄見經，十九年乃立子産爲卿，故位在四。**且子展之功也，臣不敢及賞禮，請辭邑。」**賞禮，以禮見賞，謂六邑也。**公固予之，乃受三邑。**位次當受二邑，以公固與之，故受三邑。**公孫揮**

---

❶「評」，阮校：「《考文》云：『評』作『討』。」按，足利學本作「討」。

曰：「子産其將知政矣！知國政。**讓不失禮。」**【疏】注「先路」至「於王」。❶　正義曰：《周禮·巾車》云：「服車五乘，孤乘夏篆，卿乘夏縵，大夫乘墨車。」則禮於卿大夫所當乘者，名車不名路也。而傳稱王賜叔孫豹、鄭子蟜者皆云大路，知此「先路」、「次路」，皆王所賜車之揔名也。賜車稱路，從王賜之名，必是稟王之命，故云「蓋請之於王」也。宣十六年傳云「晉侯請于王，以黻冕命士會」，知諸侯命臣有請王之法，故云「蓋」也。　注「以路」至「二井」。　正義曰：禮，遺人以物，皆以輕先重後，故以路及命服爲邑之先也。《周禮·小司徒》「四井爲邑」，故杜以八邑爲三十二井。劉炫云：「案《論語》有千室之邑，❷又杜注免餘邑爲一乘之邑，又宋、鄭之間六邑咢、戈、錫等，杜何以知此邑非彼等之邑，必以爲四井之邑？」今知不然者，邑之爲名，大小無定。子展、子産爲卿日久，先有采邑，今以入陳有功加賜田土，不應更以八箇大邑而又與之。至於免餘辭邑，云「唯卿備百邑」，故杜以爲一乘之邑，合《論語》百乘之家。其實一乘稱邑，文無所出。《周禮》稱「四井爲邑」，杜以正邑解之，故云三十二井，得爲漸賜土田之義。又八邑、六邑爲節級之差，劉以爲大邑而規杜氏，非也。　注「上卿」至「在四」。　正義曰：十五年傳云：「鄭人以子西、伯有、子産之故，納賂于宋。」是伯有在子西之下也。十九年傳曰：❸「子展當國，子西聽政。」當國謂攝君事，聽政謂爲上卿，是子西次子展，故此注以子西爲二，良霄爲三。二十七年「鄭伯享趙孟于垂隴，子展、伯有、子西、子産、子大叔、二子石從」。如彼文次，伯有在子西之上。二十九年裨諶論子産位

❶「注先路至於王」，阮本以下正義三節分疏於傳文各節下。
❷「千」，文淵閣本、阮本作「十」。今案：《論語》有「千室之邑」，亦有「十室之邑」。此當作「千室之邑」。
❸「曰」，文淵閣本、阮本作「云」。

次，云：「天又除之，奪伯有魄。子西即世，政焉辟之？」❶先言伯有，後言子西，又是子西在伯有之下者。據十九年傳，子西必在伯有之上，蓋其後更有進退，杜據傳上文以次之耳。❷

晉人爲孫氏故，召諸侯，將以討衛也。夏，中行穆子來聘，召公也。召公爲澶淵會。

楚子、秦人侵吴，及雩婁，聞吴有備而還。雩婁縣，今屬安豐郡。遂侵鄭。五月，至于城麇。鄭皇頡戍之。皇頡，鄭大夫。守城麇之邑。出與楚師戰，敗。穿封戌囚皇頡，公子圍與之争之。公子圍，共王子，靈王也。正於伯州犂。正曲直也。伯州犂曰：「請問於囚。」乃立囚。伯州犂曰：「所争，君子也，其何不知？」言王子圍及穿封戌皆非細人，易别識也。上其手，曰：「夫子爲王子圍，寡君之貴介弟也。」介，大也。下其手，曰：「此子爲穿封戌，方城外之縣尹也。誰獲子？」上下手以道囚意。囚曰：「頡遇王子，弱焉。」弱，敗也。言爲王子所得。戌怒，抽戈逐王子圍，弗及。楚人以皇頡歸。印堇父與皇頡戍城麇，印堇父，鄭大夫。楚人囚之，以獻於秦。鄭人取貨於印氏以請之，子大叔爲令正，主作辭令之正。以爲請。子産曰：「不獲。謂大叔辭以貨請堇父，必不得。受楚之功，而取貨於鄭，不可謂國。秦不其然。受楚獻功，大名也。以貨免之，小利。故謂秦不爾。若曰：『拜君之勤鄭國。微君之惠，楚師其猶在敝邑之城下。』其可。」辭如此，堇父可得。弗從，遂

---

❶「政」，阮校：「按，傳作『將』。」

❷「耳」，京都本、文淵閣本、阮本無此字。

行。秦人不予。更幣，從子產，而後獲之。更遣使執幣，用子產辭，乃得堇父。傳積子產之善。❶

【疏】「秦不其然」。正義曰：秦不肯其如是也。

六月，公會晉趙武、宋向戌、鄭良霄、曹人于澶淵，以討衛，疆戚田，正戚之封疆。取衛西鄙懿氏六十以與孫氏。戚城西北五十里有懿城。因姓以名城，取田六十井也。趙武不書，尊公也。罪武會公侯。向戌不書，後也。後會期。鄭先宋，不失所也。如期至。於是衛侯會之。晉將執之，不得與會，故不書。晉人執甯喜、北宮遺，使女齊以先歸。討其弒君伐孫氏也。遺，北宮括之子。女齊，司馬侯。歸晉而後告諸侯，故經書在秋。衛侯如晉，晉人執而囚之於士弱氏。士弱，晉主獄大夫。

秋，七月，齊侯、鄭伯爲衛侯故如晉，欲共請之。晉侯兼享之。晉侯賦《嘉樂》。《嘉樂》，《詩·大雅》。取其「嘉樂君子，顯顯令德。宜民宜人，受禄於天」。國景子相齊侯，景子，國弱。賦《蓼蕭》。《蓼蕭》，《詩·小雅》。言大平澤及遠，若露之在蕭。以喻晉君恩澤及諸侯。子展相鄭伯，賦《緇衣》。《緇衣》，《詩·鄭風》。義取「適子之館兮，還予授子之粲兮」。言不敢違遠於晉。叔向命晉侯拜二君，曰：「寡君敢拜齊君之安我先君之宗祧也，敢拜鄭君之不貳也。」《蓼蕭》、《緇衣》二詩，所趣各不同，故拜二君辭異。國子使晏平仲私於叔向，私與叔向語。曰：「晉君宣其明德於諸侯，

---

❶「積」，《四部叢刊》本、京都本、文淵閣本、阮本作「稱」。阮校：「宋本、宋殘本作『積』，非也。」

恤其患而補其闕，正其違而治其煩，所以爲盟主也。今爲臣執君，若之何？」謂晉爲林父執衛侯。**叔向告趙文子，文子以告晉侯。晉侯言衛侯之罪，使叔向告二君。**言自以殺晉戍三百人爲罪，不以林父故。**國子賦《轡之柔矣》，**逸《詩》，見《周書》。義取寬政以安諸侯，若柔轡之御剛馬。**子展賦《將仲子兮》，**❶《將仲子》，《詩·鄭風》。義取衆言可畏。言衛侯雖别有罪，❷而衆人猶謂晉爲臣執君。**晉侯乃許歸衛侯。叔向曰：「鄭七穆，罕氏其後亡者也。子展儉而壹。」**子展，鄭子罕之子。居身儉而用心壹。鄭穆公十一子，子然、二子孔三族已亡，子羽不爲卿，故唯言七穆。【疏】注「戚城」至「井也」。❸正義曰：傳言西鄙懿氏，則西鄙之地以懿氏爲名也。謂之懿氏，則以懿爲氏族之名，蓋上世有大夫姓懿氏，食邑於此地，因以其姓名其城也。杜以懿氏既爲邑名，而云取其六十，故以爲取田六十井。服虔云「六十邑」，劉炫以服言爲是。今知非者，此六十之文摠屬懿氏，懿氏不見經傳，則卑細可知，既非卿大夫，何得廣有土地，分六十之邑而與孫氏？且直言六十，本無邑文，故杜以爲六十井。劉從服説，以規杜氏，非也。「趙武」至「所也」。正義曰：僖二十九年諸侯之卿會公于翟泉，皆貶之稱人。傳曰：「卿不書，罪之也。」八年諸侯之卿會晉侯于邢丘，亦貶稱人。傳曰：「大夫不書，尊晉侯也。」然則尊公侯，罪大夫，其義一也，傳文互相見耳。

---

❶「兮」，《經典釋文》：「本亦無『兮』字，此依《詩序》。」

❷「言」，《四部叢刊》本、京都本、文淵閣本、阮本無此字。

❸「注戚城至井也」，阮本以下正義七節分疏於傳文各節下。

此言「趙武不書，尊公也」，亦是罪武也，故杜云「罪武會公侯」也。其會公侯之罪，向戌、良霄與趙武亦同，但爲別有見義，不貶良霄，不得揔云「卿不書，罪之」，故特言「趙武不書，尊公」，明良霄、向戌亦爲尊公不應書也。「向戌不書，後也」，言既爲會公侯，❶復爲後會期，故不得如良霄書名氏也。會之班次，以國大小爲序，諸會鄭在宋後，此會鄭先於宋，爲鄭依期而至，不失所也。如不失其所，自是常事，非有善可褒，而得進其班者，鄭班常在衛下，此會齊、衛不至，無常班，宋自當次晉，此直退宋耳，非進鄭也。言其不失所，直是不失常，亦非褒文也。計良霄會公，亦應合貶，所以得書名者，方責向戌後期，故書良霄以駮向戌，非爲舍霄罪也。《釋例》曰：「澶淵之會，趙武、向戌、良霄以大夫而會魯侯，違在禮之制，其罪一也。戌加後會之尤，霄有不失所之進，文不得並言『卿不書，罪之』，故特言尊公，明公尊，非三人之所敵，三人之罪既正，而二人獨以他義別敘也。」以是杜言良霄會公，亦合貶也。言霄有不失所之進者，正謂不使與宋俱退，得進復其本班耳，非有升進異於常也。宋以後至退班，不在曹人下者，宋是大國，退居鄭下，足以爲責，故令仍在曹上。此會曹國最小，其班正當居末，曹人非後至也。案翟泉之盟，諸卿敵公，則没公。此亦諸卿敵公，不没公者，翟泉之盟，杜注云「魯侯諱盟天子大夫」，是以没公，然則此大夫敵公，非公有罪，是以不没公也。注「晉將」至「不書」。正義曰：下云「衛侯如晉，晉人執而囚之」，是於此會爲將執之，不得與會也。不得與會，而傳云「衛侯會之」，言其至會所耳。注「嘉樂」至「於天」。正義曰：「嘉樂君子」以下皆《詩》之文也。晉侯賦此，言己嘉樂二君也。二君以晉侯樂己之故，故齊賦《蓼蕭》，言澤及於己，鄭賦《緇衣》，言不敢遠晉，所以答《嘉樂》也。服虔云「晉侯自《嘉樂》」，愚之甚也。「叔向」至「貳也」。正

❶「公」，阮本作「諸」。

義曰：沈氏云：「賦《蓼蕭》，喻晉侯德澤及諸侯，言晉侯有德，是安我宗廟也。」其言與注合。《緇衣》首章云：「緇衣之宜兮，敝予又改爲兮。適子之館兮，還予授子之粲兮。」欲常進衣服，獻飲食，是其不二心也。劉炫云：「《蓼蕭》首章云『既見君子，燕笑語兮，是以有譽處兮』，言晉侯有聲譽，常處位，是得宗廟安也。」注「逸詩」至「剛馬」。正義曰：《漢書・藝文志》無《周書》篇目，❶其書今在。或云是孔子删《尚書》之餘。案其文非《尚書》之類，彼引《詩》云：「馬之剛矣，轡之柔矣。馬亦不剛，轡亦不柔。志氣麃麃，取與不疑。」此詩餘無所見，故謂彼文是也。注「子展」至「七穆」。正義曰：居身儉而用心壹，叔向自以察貌觀言而知之，其知不由賦《詩》也。「子然、二子孔三族已亡」，十九年傳文也。子羽不爲卿者，案成十三年「鄭公子班自訾求入于大宮，不能，殺子印、子羽」，不書於經，故知不爲卿也。杜注彼云：「皆穆公子也。」又《世族譜》云：「子羽，穆公子，其後爲羽氏，即羽師頡是其孫。此非行人子羽公孫揮也。」《世族譜》以公孫揮爲雜人，自外唯有罕、駟、豐、游、印、國、良七族，見於經、傳，皆出穆公，故稱七穆也。

初，宋芮司徒生女子，芮司徒，宋大夫。**赤而毛，棄諸堤下。共姬之妾取以入，**共姬，宋伯姬也。**名之曰棄。長而美。平公入夕，**平公，共姬子也。**共姬與之食，公見棄也而視之尤。**尤，甚也。**姬納諸御，嬖，生佐。**佐，元公。❷**惡而婉。**佐貌惡而心順。**大子痤美而很，**貌美而心很戾。**合左**

---

❶「無」，阮本作「有」。今案：《漢書・藝文志》載《周書》七十一篇，曰「周史記」，作「有」字是。

❷「元公」下，阮校：閩本有「名」字。

師畏而惡之。合左師，向戌。寺人惠牆伊戾爲大子內師而無寵。惠牆，氏。伊戾，名。秋，楚客聘於晉，過宋。上已有秋，復發傳者，中間有初，不言秋，則嫌楚客過在他年。大子知之，請野享之。公使往，伊戾請從之。公曰：「夫不惡女乎？」夫謂大子也。對曰：「小人之事君子也，惡之不敢遠，好之不敢近。敬以待命，敢有貳心乎？縱有共其外，莫共其內。伊戾爲大子內師，不行，恐內侍廢闕。臣請往也。」遣之。至，則欿，用牲，加書，徵之。詐作盟處，爲大子反徵驗也。而騁告公，騁，馳也。曰：「大子將爲亂，既與楚客盟矣。」公曰：「爲我子，又何求？」對曰：「欲速。」言欲速得公位。公使視之，則信有焉。有盟徵也。❶問諸夫人與左師，夫人，佐母棄也。則皆曰：「固聞之。」公囚大子。大子曰：「唯佐也能免我。」以其婉也。召而使請，曰：「日中不來，吾知死矣。」左師聞之，聒而與之語。聒，讙也。欲使佐失期。過期，乃縊而死。佐爲大子。公徐聞其無罪也，乃亨伊戾。

左師見夫人之步馬者，步馬，習馬。問之，對曰：「君夫人氏也。」左師曰：「誰爲君夫人？余胡弗知？」圉人歸，以告夫人。夫人使饋之錦與馬，先之以玉，以玉爲錦、馬之先。曰：「君之妾棄，使某獻。」左師改命曰：「君夫人。」而後再拜稽首受之。左師令使者改命也。傳言宋公闇，左師諂，

❶「盟」，阮校：纂圖本、監本、毛本作「明」。「也」，足利學本、京都本、文淵閣本、阮本作「焉」。

大子所以無罪而死。【疏】注「惠牆氏伊戾名」。❶　正義曰：服虔云：「惠、伊皆發聲，實爲牆戾。」杜以下文單稱伊戾，是舍族稱名，故以惠牆爲氏，伊戾爲名也。內師者，身爲寺人之官，公使之監知大子內事，爲在內人之長也。　「大子知之」。　正義曰：知之，謂與楚客舊相知，故請野享之。　注「聒讙也」。　正義曰：聲亂耳謂之聒。多爲言語讙譁亂其耳，故聒爲讙也。　「左師」至「受之」。　正義曰：夫人氏者，氏猶家也。言夫人家之馬也。痤死，佐爲大子，棄即正爲夫人，步馬之時，夫人名已定矣，故對云「君夫人氏也」。但棄本是妾，左師欲令夫人重己，故佯不知之。夫人聞之，懼己不得爲夫人，故自稱爲妾，饋之錦馬也。左師喜得其賜，故令使者改命曰君夫人，而後拜受之，使棄成爲夫人。傳言左師之諛也。

鄭伯歸自晉，請衛侯歸。**使子西如晉聘，辭曰：「寡君來煩執事，懼不免於戾。**言自懼失敬於大國而得罪。**使夏謝不敏。」**夏，子西名。**君子曰：「善事大國。」**將求於人，必先下之。言鄭所以能自安。

初，楚伍參與蔡大師子朝友，其子伍舉與聲子相善也。聲子，子朝之子。伍舉，子胥祖父椒舉也。**伍舉娶於王子牟，王子牟爲申公而亡，**獲罪出奔。**楚人曰：「伍舉實送之。」**❷**伍舉奔鄭，將遂**

❶「注惠牆氏伊戾名」，阮本以下正義四節分疏於傳文各節下。

❷「送」，阮校：「臧琳云：下文聲子曰『子牟得戾而亡，君大夫謂椒舉：女實遣之』，又《國語·楚語上》『子牟有罪而亡，康王以湫舉爲遣之』，又『子牟得罪而亡，執政弗是，謂湫舉曰：女實遣之』，則『伍舉實送之』，『送』乃『遣』字之譌。楚之君臣以子牟出奔爲伍舉遣之，行將罪及於起謀者，故伍舉亦懼禍出奔。若但送子牟之行，則伍舉罪輕，當不至於出奔也。」

奔晉。聲子將如晉，遇之於鄭郊，班荆相與食，而言復故。班，布也。布荆坐地，共議歸楚事。朋友世親。聲子曰：「子行也！吾必復子。」及宋向戌將平晉、楚，平在明年。聲子通使於晉。爲國通平事。還如楚，令尹子木與之語，問晉故焉，故，事。且曰：「晉大夫與楚孰賢？」對曰：「晉卿不如楚，其大夫則賢，皆卿材也。如杞梓皮革，自楚往也。杞、梓皆木名。雖楚有材，晉實用之。」言楚亡臣多在晉。子木曰：「夫獨無族姻乎？」夫，謂晉。對曰：「雖有，而用楚材實多。歸生聞之：歸生，聲子名。『善爲國者，賞不僭而刑不濫。』賞僭，則懼及淫人。刑濫，則懼及善人。若不幸而過，寧僭無濫。與其失善，寧其利淫。無善人，則國從之。從之亡也。《詩》曰：『人之云亡，邦國殄瘁。』無善人之謂也。《詩・大雅》。殄，盡也。瘁，病也。故《夏書》曰：『與其殺不辜，寧失不經。』懼失善也。逸《書》也。不經，不用常法。《商頌》有之，曰：『不僭不濫，不敢怠皇，命于下國，封建厥福。』《詩・商頌》。言殷湯賞不僭差，刑不濫溢，不敢怠解自寬暇，故能爲下國所命爲天子。❶此湯所以獲天福也。古之治民者，勸賞而畏刑，樂行賞而憚用刑。恤民不倦。賞以春夏，刑以秋冬。順天時。是以將賞，爲之加膳，加膳則飫賜，飫，饜也。❷酒食賜下，無不饜足，所謂加膳也。此以

---

❶「故」，京都本、閩本、監本、毛本、文淵閣本、阮本作「則」。

❷「饜」，阮校：「《釋文》云：『本亦作厭。』案，李注《文選》王仲宣《從軍詩》引作『厭』。依《說文》，則當作『猒』。」

知其勸賞也。將刑，爲之不舉，不舉則徹樂，不舉盛饌。此以知其畏刑也。夙興夜寐，朝夕臨政，此以知其恤民也。三者，禮之大節也。有禮無敗。今楚多淫刑，其大夫逃死於四方，而爲之謀主，以害楚國，不可救療，所謂不能也。療，治也。所謂楚人不能用其材也。子儀之亂，析公奔晉。在文十四年。晉人寘諸戎車之殿，以爲謀主。殿，後軍。繞角之役，晉將遁矣，析公曰：『楚師輕窕，易震蕩也。若多鼓鈞聲，以夜軍之，鈞同其聲。楚師必遁。』晉人從之，楚師宵潰。晉遂侵蔡，襲沈，獲其君，敗申、息之師於桑隧，獲申麗而還。成六年晉欒書救鄭，與楚師遇於繞角，楚師還。晉侵沈，獲沈子。八年復侵楚，敗申、息，獲申麗。鄭於是不敢南面。楚失華夏，則析公之爲也。雍子之父兄譖雍子，君與大夫不善是也，不是其曲直。雍子奔晉，晉人與之鄐，鄐，晉邑。以爲謀主。彭城之役，晉、楚遇於靡角之谷。在成十八年。晉將遁矣。雍子發命於軍曰：『歸老幼，反孤疾，二人役，歸一人，簡兵蒐乘，簡擇蒐閱。秣馬蓐食，師陳焚次，次，舍也。焚舍，示必死。明日將戰。』行歸者而逸楚囚，欲使楚知之。楚師宵潰。晉降彭城而歸諸宋，以魚石歸。在元年。楚失東夷，子辛死之，則雍子之爲也。楚東小國及陳，見楚不能救彭城，皆叛。五年，楚人討陳叛故，殺令尹子辛。子反與子靈爭夏姬，子靈，巫臣。而雍害其事，子反亦雍害巫臣，不使得取夏姬。子靈奔晉。晉人與之邢，邢，晉邑。以爲謀主。扞禦北狄，通吳於晉，教吳叛楚，教之乘車、射御、驅侵，使其子狐庸爲吳行人焉。吳於是伐巢，取駕，克棘，入州來。駕、棘皆楚邑。譙國酇縣東北有棘亭。❶楚罷於奔命，至今爲患，則子靈之爲也。事見成七年。若敖之亂，伯賁之子賁皇奔晉。晉人與之苗，若敖亂在宣四年。苗，晉邑。以爲謀主。鄢陵之役，在成十六年。楚晨壓晉軍而陳，晉將遁矣。苗賁皇曰：『楚師之良，在其中軍王族而已。言楚之精卒，唯在中軍。若塞井夷竈，成陳以當之，塞井夷竈以爲陳。欒、范易行以誘之，欒書時將中軍，范燮佐之。易行，謂簡易兵備。欲令楚貪己，不復顧二穆之兵。中行、二郤必克二穆。郤錡時將上軍，中行偃佐之。郤至佐新軍。令此三人分良以攻二穆之兵。楚子重、子辛，皆出穆王，故曰二穆。吾乃四萃於其王族，必大敗之。』四萃，四面集攻之。晉人從之，楚師大敗，王夷師熸，夷，傷也。吳、楚之間謂火滅爲熸。子反死之。鄭叛吳興，楚失諸侯，則苗賁皇之爲也。」子木曰：「是皆然矣。」聲子曰：「今又有甚於此。椒舉娶於申公子牟，子牟得戾而亡，君大夫謂椒舉：『女實遣之！』懼而奔鄭，引領南望，曰：『庶幾赦余！』亦弗圖也。言楚亦不以爲意。今在晉矣，晉人將與之縣，以比叔向。以舉材能比叔向。彼若謀害楚國，豈不爲患？」子木懼，言諸王，益其禄爵而復之。聲子使椒鳴逆之。椒鳴，伍舉子。傳言聲子有辭，伍舉所以得反，子孫復仕於楚。【疏】注「聲子」至「舉也」。❷正義曰：聲子則經、傳所云蔡公孫歸生是也。傳言「其子伍舉」，足明舉爲參之子。聲子文不繫朝，故云「子朝

❶「酇」，《經典釋文》：「或作『贊』。」

❷「注聲子至舉也」，阮本以下正義十四節分疏於傳文各節下。

之子」，以辨明之。　「伍舉」至「復故」。　正義曰：《楚語》云：「椒舉將奔晉，蔡聲子遇之於鄭郊，饗之以璧賄，❶曰：『子尚良食，尚能事晉君以爲諸侯主。』辭曰：『非所願也，若得歸骨於楚，死且不朽。』聲子曰：『子尚良食，吾歸子。』故椒舉降，❷三拜，納其乘馬，聲子受之。」是杜所云共議歸楚之事。傳云「言復故」，謂此也。　注「平在明年」。　正義曰：明年聲子始説子氏，❸傳於此言之者，蓋伍舉以此年去楚，故傳記之於此年也。　「賞不僭而刑不濫」。　正義曰：僭謂僭差，濫謂濫佚。賞不僭，所賞必有功，不僭差也。刑不濫，所刑必得罪，不濫佚也。　「詩曰」至「謂也」。　正義曰：《詩·大雅·瞻卬》之篇也。言國内賢人之既云已喪亡矣，則邦國盡皆困病。此詩之意，言無善人之謂也。　「故夏」至「善也」。　正義曰：此在《大禹謨》之篇，臯陶論用刑之法也。經，常也。言若用刑錯失，等與其殺不罪之人，寧失於不常之罪，謂實有罪而失於妄免也。此《書》之意，懼失善也。　注「爲下」至「天子」。　正義曰：此《商頌·殷武》之篇。《詩》注謂天命湯於在下之國，此云爲下國所命，謂下國諸侯推命湯爲天子，則《商書》云「東征西夷怨，南征北狄怨」，又云「室家相慶，曰，後來其蘇」是也。　「將刑」至「徹樂」。　正義曰：《周禮·膳夫》職云：「王日一舉，鼎十有二，物皆有俎，以樂侑食。」鄭玄云：「殺牲盛饌曰舉。」又曰：「大喪則不舉，大荒則不舉，大札則不舉，天地有災則不舉，邦有大故則不舉。」鄭衆云：「大故，刑殺也。」莊二十年傳曰：「司寇行戮，君爲之不舉。」是禮法將刑，爲之不舉也。舉則以樂勸食，不

---

❶「賄」，足利學本同，文淵閣本作「侑」。阮校：「宋本作『侑』，與《楚語》合。」

❷「故」，阮校：「浦鏜云：『故』衍字。按，明道本《國語》無『故』字。」

❸「氏」，正宗寺本、京都本、文淵閣本、阮本作「木」，當是。

舉故徹去樂縣。《大司樂》云：「大札、大凶、大災、大臣死，凡國之大憂，令弛縣。」鄭玄云：「弛，釋下之。」釋下即是徹縣也。《大司樂》弛縣之内，不言刑殺大故，文不具耳。　「射御驅侵」。　正義曰：教之驅車，侵伐人也。　注「塞井夷竈以爲陳」。　正義曰：成十六年傳説此事云：「范匄趨進曰：『塞井夷竈，陳於軍中。』」則此謀范匄所爲，今以爲苗賁皇之計者，鄭衆云：「此范匄所言，苗賁皇亦言之，故聲子引以爲喻。」　「欒范易行以誘之」。　正義曰：賈逵、鄭衆皆讀「易」爲變易之「易」。賈以行爲道也。欒爲將，范爲佐，二人分中軍別將之，欲使欒與范易道，令范先誘楚，欒以良卒從而擊之。鄭謂易行，中軍與下軍易卒伍也。計設謀之時，軍既未動，❶道未定分，❷何以言改道也？將卒相附繫屬久矣，無容臨戰而改易將卒。且言易行，行非卒伍之名，安得爲易卒伍也？二者之説，皆不可通。杜以傳言「誘之」，則謂羸師毁軍示弱以誘敵，故讀「易」爲簡易之「易」，謂簡易行陳，少其兵備，❸令楚貪己，不復顧二穆之兵，使中行、二郤得克二穆也。《楚語》説此事云：「雍子謂欒書曰：『楚師可料也，在中軍王族而已，若易中下，楚必歆之。』」韋昭云：「中下，中軍之上下也。歆猶貪也。簡易欒、范之行，示之弱，以誑楚也。」是韋昭已讀爲簡易之「易」，故杜從之也。此與《楚語》俱述聲子之言，傳言鄢陵之敗，苗賁皇之爲，《楚語》亦論鄢陵之役，而云「雍子之爲」，二文不同，或丘明傳聞兩説兩記之也。劉炫以爲《國語》非丘明所作，爲有此類，往往與《左傳》不同故也。　注「四萃四面集攻之」。　正義曰：《楚語》云：「三萃以

❶「未」，原作「夫」，據正宗寺本、京都本、文淵閣本、阮本改。
❷「未」，原作「木」，據正宗寺本、京都本、文淵閣本、阮本改。
❸「兵」，原作「丘」，據正宗寺本、京都本、文淵閣本、阮本改。

攻其王族，必大敗之。」韋昭云：「時晉有四軍，言三集者，中軍見入，❶而上、下及新軍乃三集以致攻之。」韋昭見彼爲「三」字，故説之使通耳。蓋二文不同，必有一誤。　注「夷傷」至「爲熸」。　正義曰：《月令》云「瞻夷察傷」，❷知夷亦傷也。於時吕錡射王中目，是王傷也。吴、楚之間謂火滅爲熸，相傳有此語也。言軍師之敗，若火滅然。　「子木」至「逆之」。　正義曰：《楚語》説此事云：「子木愀然，曰：『夫子何如，召之其來乎？』對曰：『亡人得復，何爲不來？』子木曰：『不來，則若之何？』對曰：『資東陽之盜殺之，其可乎？』子木曰：『不可。我爲楚卿，而賂盜以賊一夫於晉，非義也。子爲我召之，吾倍其室。』乃使椒鳴召其父而復之。」

許靈公如楚，請伐鄭，十六年晉伐許，他國皆大夫，獨鄭伯自行，故許恚，欲報之。**曰：「師不興，孤不歸矣！」八月，卒于楚。楚子曰：「不伐鄭，何以求諸侯？」冬，十月，楚子伐鄭。**爲許。**鄭人將禦之，子産曰：「晉、楚將平，諸侯將和，**和在明年。**楚王是故昧於一來。**昧猶貪冒。**不如使逞而歸，乃易成也。**逞，快也。**夫小人之性，釁於勇，嗇於禍，以足其性，而求名焉者，非國家之利也。若何從之？」**釁，動也。嗇，貪也。言鄭之欲與楚戰者，皆釁勇貪名之人，非能爲國計慮久利，不可從也。**子展説，不禦寇。十二月，乙酉，入南里，墮其城。**南里，鄭邑。**涉於樂氏，**樂氏，津名。**門于**

❶「見」，文淵閣本作「先」。阮校：「監本、毛本作『先』。按，韋注作『先』。」

❷「瞻夷察傷」，阮校：「按，《月令》作『瞻傷察創』。依《説文》，『夷』當作『痍』，傷也。」

師之梁。鄭城門。縣門發，獲九人焉。涉于汜而歸，❶於汜城下涉汝水南歸。**而後葬許靈公。卒靈公之志，而後葬之。**【疏】「夫小」至「從之」。❷　正義曰：於時鄭國勇夫皆貪，欲禦寇，望敗楚以成己名，❸故子產爲此言以破之。夫此鄭國欲得戰者，小人之性，奮動於勇，貪於禍亂，冀得戰鬭以足滿其性，而自求成武勇之名焉。欲得禦寇者，皆自爲其身，非國家之利也。若何得從之？言禦寇之計，不可從也。　注「釁動」至「從也」。　正義曰：賈、鄭先儒皆以釁爲動也。王肅云：釁謂自矜奮以夸人。王延壽《魯靈光殿賦》云「仡奮釁以軒鬌」，是釁爲奮動之意也。嗇是吝惜之名，故爲貪也。《詩》云：「民之貪亂，寧爲荼毒。」是小人之性，貪禍亂也。言鄭人欲得與楚戰者，皆是奮動於勇，貪求名譽之人，欲望因有禍亂以成己名，非能爲國家計慮，希長久之利，不可從也。定本云「嗇，養也」，非也。　注「於汜」至「南歸」。　正義曰：杜檢汜是地名，非水名。而云「涉于汜」，是於汜地涉水耳。《釋例·土地名》云：「楚伐鄭，師于汜，襄城縣南汜城是也。汝水出南陽魯縣，東南經襄城。」是知於汜城下涉汝水而南歸也。

衛人歸衛姬于晉，乃釋衛侯。衛侯以女說晉，而後得免。**君子是以知平公之失政也。**傳言晉之衰。

---

❶「汜」，阮本作「氾」，《經典釋文》曰：「氾，音凡。」作「汜」是，下同。

❷「夫小至從之」，阮本以下正義三節分疏於傳文各節下。

❸「望」，京都本、文淵閣本、阮本無此字。

晉韓宣子聘于周，王使請事。問何事來聘。**對曰：「晉士起將歸時事於宰旅，**❶**無他事矣。」**起，宣子名。禮，諸侯大夫入天子國稱士。時事，四時貢職。宰旅，冢宰之下士。言獻職貢於宰旅，不敢斥尊。**王聞之，曰：「韓氏其昌阜於晉乎？辭不失舊。」**阜，大也。傳言周衰，諸侯莫能如禮，唯韓起不失舊。【疏】注「起宣」至「斥尊」。❷　正義曰：《周禮》，大國之卿三命，天子上士亦三命。《曲禮》云：「列國之大夫入天子之國曰某士。」是諸侯大夫入天子之國，禮法當稱士也。以其人官卑，故下士獨得旅稱。《周禮》大宰之屬官有旅下士三十有二人，是知宰旅爲冢宰之下士也。劉炫云：「知時事四時貢職者，《小行人》云：『春入貢，秋獻功，王親受之。』鄭玄云：『貢謂六服所貢，功謂考績之功。』是諸侯大夫貢時事之義也。」

齊人城郟之歲，在二十四年。**其夏，齊烏餘以廩丘奔晉。**烏餘，齊大夫。廩丘，今東郡廩丘縣故城是。**襲衛羊角，取之。**今廩丘縣所治羊角城是。**遂襲我高魚。**高魚城在廩丘縣東北句。❸**有大雨，自其竇入，**雨，故水竇開。**介于其庫，**入高魚庫而介其甲。**以登其城，克而取之。**取魯高魚，無所諱而不書，其義未聞。**又取邑于宋。於是范宣子卒，**宣子，范匄。❹**諸侯弗能治也，及趙文子**

---

❶「對曰晉士起」，阮校：「《禮記·曲禮》正義引作『擯者曰晉士起』，與今本異。」

❷「注起宣至斥尊」，阮本此節正義在「無他事矣」句注下。

❸「句」，《四部叢刊》本、京都本、文淵閣本、阮本無此字，此本蓋誤衍。

❹「匄」，原作「句」，據《四部叢刊》本、京都本、文淵閣本、阮本改。

爲政，乃卒治之。文子言於晉侯曰：「晉爲盟主，諸侯或相侵也，則討而使歸其地。今烏餘之邑皆討類也，言於比類宜見討。**而貪之，是無以爲盟主也。請歸之！」公曰：「諾。孰可使也？」對曰：「胥梁帶能無用師。」晉侯使往。**胥梁帶，晉大夫。能無用師，言有權謀。【疏】注「烏餘」至「城是」。❶

正義曰：《釋例·土地名》以廩丘爲齊地。案廩丘地在東郡，則是衛之邦域，齊竟不至此也。羊角、高魚皆在東郡，廩丘與之相近，齊不得别有廩丘。烏餘，齊之大夫，得以廩丘奔晉者，蓋齊人往前取得衛邑，以賜烏餘，如鄭公孫段之得州，宋樂大心之有原也。宋、鄭大夫得以晉地爲采邑，是知齊大夫得以衛地爲采邑。杜見齊人以之奔晉，故《釋例》以爲齊地。明年討烏餘，皆取其邑而歸諸侯，蓋以廩丘歸齊也。注「取魯」至「未聞」。正義曰：服虔云：「取魯高魚及反之皆不書，蓋諱之。」杜以被人取邑無所可諱，故云「其義未聞」。莊十八年「公追戎于濟西」，傳云：「不言其來，諱之也。」戎來不覺，國以爲諱，盜竊魯邑，而云無可諱者，所言諱者，諱國惡，禮也。侯不在疆，戎來不覺，是國無政令，故諱之。此守高魚者不覺，介於其庫，直是守者罪耳，非國之恥，故諸被伐取魯邑，皆不諱也。昭二十五年「齊侯取鄆」，書而不諱，知失邑無可諱也。此亦戰于麻隧之類，蓋經文脱漏耳。

「於是」至「治之」。正義曰：烏餘以二十四年奔晉，二十五年范宣子卒，趙文子代之爲政，至明年始討烏餘，故云「乃卒治之」。傳先言治之，下乃述其治之事也。

---

❶「注烏餘至城是」，阮本以下正義三節分疏於傳文各節下。

【經】二十有七年，春，齊侯使慶封來聘。景公即位，通嗣君也。

夏，叔孫豹會晉趙武、楚屈建、蔡公孫歸生、衛石惡、陳孔奐、鄭良霄、許人、曹人于宋。案傳會者十四國，齊、秦不交相見，邾、滕爲私屬，皆不與盟。宋爲主人，地於宋，則與盟可知。故經唯序九國大夫。楚先晉歃，而書先晉，貴信也。陳于晉會常在衛上，❶孔奐非上卿，故在石惡下。**【疏】**注「案傳」至「惡下」。　正義曰：案傳諸國大夫及諸侯之身至宋者，有晉、楚、齊、秦、魯、衛、陳、蔡、鄭、許、曹、邾、滕，并宋爲主人，凡十四國也。齊、秦不交相見，邾、滕爲人私屬，皆不與於盟。爲盟而爲此會，故不盟者，會亦不序也。宋爲地主，法當不序於列，故經唯序九國大夫也。案傳楚先晉歃，則當先書楚。傳言「書先晉，晉有信也」，是仲尼貴晉有信，故先書趙武也。《釋例·班序譜》：「晉合諸侯二十國，起僖二十八年，盡哀十四年，大率皆陳後次蔡，蔡後次衛。」是陳于晉會常在衛上也。今孔奐乃降於蔡、衛，在石惡之下，故知奐非上卿故也。成三年傳曰：「次國之上卿，當大國之中，中當其下。」是計卿位爲班也。知非奐後至者，以傳稱與蔡公孫歸生同至故也。案傳七月之下乃云「庚辰，子木等至自陳。陳孔奐、蔡公孫歸生至」，則諸侯大夫七月始集於宋，而此會書在夏者，事雖在秋，行還乃告，追以叔孫豹發時書之。十年夏會于相，而經書在春。注云：「經書春，書始行。」此亦彼之類也。

衛殺其大夫甯喜。甯喜弒剽立衎，衎今雖不以弒剽致討，於大義宜追討之，故經以國討爲文

---

❶「晉會」，阮校：「足利本後人記云：『晉會』，異本作『盟會』。」

書名也。書在宋會下，從赴。

衛侯之弟鱄出奔晉。衛侯始者云「政由甯氏，祭則寡人」，而今復患其專，緩荅免餘，既負其前信，且不能友于賢弟，使至出奔，故書弟以罪兄。【疏】注「甯喜」至「從赴」。❶　正義曰：大夫見殺書名者，皆是罪之文。案此殺喜之傳，乃爲專而殺之，喜之於衎，未爲罪當死也，故杜跡其應死之狀，弑君之賊，於法當誅，衎雖不以弑剽致討，其於大義宜追討之，故雖非國人討賊，因其被殺，亦以國討爲文，書其名，以罪喜也。不以弑君之罪討之，❷故言追也。　注「衛侯」至「罪兄」。　正義曰：《釋例》曰：「仲尼因母弟之例以興義，鄭伯懷害弟之心，天王縱羣臣以殺其弟，❸夫子探書其志，故顯書二兄以首惡。佞夫稱弟，不聞反謀也。鄭段去弟，身爲謀首也。然則兄而害弟者，稱弟以章兄罪。弟又害兄，則去弟以罪弟身也。推此以觀其餘，秦伯之弟鍼，陳侯之弟黄，衛侯之弟鱄，皆是兄害其弟者也。統論其義，兄弟二人交相殺害，各有曲直，書弟則示兄曲也。」❹是杜以鱄之出奔，非鱄之罪，故跡其事以爲衛侯罪狀也。衛侯始者使鱄與甯喜言云，苟得反國，政由甯氏，祭則寡人。如是則甯喜專權，未爲負約。而今公患其專政，故免餘請殺，公復緩荅免餘，任令殺喜，既負其言信，又不能友于賢弟，使至出奔，故書其弟以罪兄也。昭元年秦伯之弟鍼出奔晉，傳曰「罪秦伯」，知此亦罪衛侯也。

---

❶「注甯喜至從赴」，阮本此節正義在注「書在宋會下從赴」下。

❷「罪」，阮校：「浦鏜《正誤》云：『罪』當『時』字誤。」

❸「王」，原作「正」，據正宗寺本、京都本、文淵閣本、阮本改。

❹「示」，閩本、監本、毛本、文淵閣本作「是」。

秋，七月，辛巳，豹及諸侯之大夫盟于宋。夏會之大夫也。豹不倚順，以顯弱命之君，而辨小是以自從，故以違命貶之。《釋例》論之備矣。【疏】注「夏會」至「備矣」。正義曰：杜云「夏會之大夫」者，因經書在夏，故云「夏會」，其實會在秋耳。諸國朝會，而因有他事者，皆前目而後凡，故此不復序，而摠云「諸侯之大夫」，還是「夏會之大夫」也。豹去叔孫者，傳言季孫以公命命豹使視邾、滕，而叔孫不從，不書其族，言違公命，故貶之也。從公之命，於理順也，不視邾、滕，其是小也，順君之命其禮大，不視邾、滕爲是小，豹不倚此順道以顯弱命之君，而辨小是以自從，故以違命貶之也。於時魯國君弱臣彊，政令出於季氏，魯君不得有命臣之理，臣之小者，季氏以己意命之，皆不敢不從也。叔孫豹秉心彊直，季氏所憚，恐不從己意，故假以公命命之。諸傳言以公命者，實非公命，而假稱公耳。其時魯君未嘗有命，此稱公命是假可知，豹雖心知是假，若其即以爲真，共敬從命，則國内義士皆將生心，必相告云：豹是國之大賢，我等仰以取法。聞是公命，雖非亦從，則知公之所命，悉不可違，豈不使季氏懼而公室尊也？從公之命是爲順也，如此，雖實非公命，豹但倚此順道，以從公命，則弱命之君命得顯矣。尊君卑臣，在此一舉。比視邾、滕，未爲大失，豹乃辨其小是，以從己心，違君之命，故貶之。《釋例》曰：「季氏專魯，祿之去公室三世矣，制命出於私門，非國所知也。叔孫豹，魯之賢臣，欲匡難以矯時，故季孫憚之，不敢以己意，假公命以敕叔孫也。邾、滕之班，不列於會，豹不登朝固請，受命而行。邾、滕降次，事非機危，既不馳請，又不辭會，而率意改命，失命之甚。其君民食於深宮，❶今一出命，共命之使，所宜崇長，雖有小

❶「民」，文淵閣本、阮本作「眠」，當是。

失，遂而伸之。國内固知我君之命不可以違，則季氏有懼，而義士生心。君子以豹不倚順以顯弱命之君，而辨小是以自從，故以違命貶之也。」杜言辨小是者，豹云宋、衛吾匹，不視邾、滕，於理是也，但比於申弱君之命，使臣卑而君尊，此爲小耳。

冬，十有二月，乙亥，朔，日有食之。今《長歷》推十一月朔，非十二月。傳曰：「辰在申，再失閏。」若是十二月，則爲三失閏，故知經誤。【疏】注「今長」至「經誤」。　正義曰：此經言十二月，而傳言十一月，今杜以《長歷》推之，乙亥是十一月朔，非十二月也。傳曰：「辰在申，再失閏矣。」若是十二月，當爲辰在亥，以申爲亥，則是三失閏，非再失也。推歷與傳合，知傳是而經誤也。

【傳】二十七年，春，胥梁帶使諸喪邑者具車徒以受地，必周。諸喪邑，謂齊、魯、宋也。周，密也。必密來，勿以受地爲名。**使烏餘具車徒以受封，**烏餘以地來，故詐許封之。**烏餘以其衆出，**出受封也。**使諸侯僞效烏餘之封者，**效，致也。使齊、魯、宋僞若致邑封烏餘者。**而遂執之，盡獲之。**皆獲其徒衆。**皆取其邑而歸諸侯，**❶**諸侯是以睦於晉。**傳言趙文子賢，故平公雖失政，而諸侯猶

---

❶ 二「諸侯」，阮校：「案，劉炫云『晉、宋古本皆不重言「諸侯」』。正義曰『定本重有「諸侯」』，今石經及諸本皆重『諸侯』二字。細玩傳文，當以『使諸侯』至『皆取其邑而歸』爲句，下文『諸侯是以睦於晉』爲句。若此處重『諸侯』字，則文理有礙，然則晉宋古本是，定本非也。」

睦。【疏】「使烏餘具車徒」。❶ 正義曰：必使烏餘具車徒者，以三國皆具車徒，若不使亦具車徒，恐其驚而覺也。且烏餘竊邑，諸侯不能治之，則烏餘之衆彊也。慮其逃散，欲聚以執之，下云「盡獲之」是也。「皆取」至「於晉」。正義曰：古本亦有不重言「諸侯」者，今定本重有「諸侯」。若重言「諸侯」，則天下諸侯以此事故皆睦於晉也。劉炫云：「晉、宋古本皆不重言『諸侯』，則唯謂齊、魯、宋三國睦耳，不重是也。」

齊慶封來聘，其車美。孟孫謂叔孫曰：「慶季之車，不亦美乎？」季，慶封字。叔孫曰：「豹聞之：『服美不稱，必以惡終。』美車何爲？」叔孫與慶封食，不敬。爲賦《相鼠》，亦不知也。《相鼠》，《詩·鄘風》。曰：「相鼠有皮，人而無儀。人而無儀，不死何爲？」慶封不知此詩爲己，言其闇甚。爲明年慶封來奔傳。

衛甯喜專，公患之。公孫免餘請殺之。免餘，衛大夫。公曰：「微甯子，不及此，及此，反國也。吾與之言矣。言政由甯氏。事未可知，恐伐之未必勝。祇成惡名，止也。」祇，適也。對曰：「臣殺之，君勿與知。」乃與公孫無地、公孫臣謀，二公孫，衛大夫。使攻甯氏，弗克，皆死。無地及臣皆死。公曰：「臣也無罪，父子死余矣。」獻公出時，公孫臣之父爲孫氏所殺。夏，免餘復攻甯氏，殺甯喜及右宰穀，尸諸朝。穀不書，非卿也。石惡將會宋之盟，受命而出，衣其尸，枕之股而哭之。欲斂以亡，懼不免，且曰：「受命矣。」乃行。行會于宋。爲明年石惡奔傳。子鮮曰：「逐我者出，謂孫林

❶「使烏餘具車徒」，正宗寺本、京都本、阮本「使」上有「傳」字。阮本以下正義二節分疏於傳文各節下。

父。**納我者死，**謂甯喜。**賞罰無章，何以沮勸？君失其信，而國無刑，不亦難乎？**難以治國。**且鱄實使之。」**使甯喜納君。**遂出奔晉。公使止之，不可。**不肯留。**及河，又使止之，止使者而盟於河，**誓不還。**託於木門，**木門，晉邑。**不鄉衛國而坐。**怨之深也。**木門大夫勸之仕，不可，曰：「仕而廢其事，罪也。從之，昭吾所以出也。將誰愬乎？**從之，謂治其事也。事治則明己出欲仕，無所自愬。**吾不可以立於人之朝矣！」終身不仕。**自誓不仕終身。**公喪之，如稅服，終身。**稅即繐也。《喪服》：繐，縗裳，縷細而希，非五服之常，本無月數。痛愍子鮮，故特爲此服。此服無月數，而獻公尋薨。故言終身。**公與免餘邑六十，辭曰：「唯卿備百邑，臣六十矣，下有上禄，亂也。**此一乘之邑，非四井之邑。《論語》稱千室，❶又云十室，❷明通稱。**臣弗敢聞。且甯子唯多邑，故死。臣懼死之速及也。」公固與之，受其半。以爲少師。公使爲卿，辭曰：「大叔儀不貳，能贊大事。**贊，佐也。**君其命之！」乃使文子爲卿。**文子，大叔儀。【疏】注「獻公」至「所殺」。❸正義曰：十四年傳曰：「公使子蟜、子伯、子皮與孫子盟于丘宫，孫子皆殺之。」彼所殺者，皆是公子。而此臣是公孫，公言「臣也無罪，父子死余」，知是爾時死耳，亦不知彼所殺者誰是臣之父也。「子鮮」至「難乎」。正義曰：逐我者應死，而

❶「千」，京都本、阮本作「十」。
❷「十」，阮本作「千」。
❸「注獻公至所殺」，阮本以下正義五節分疏於傳文各節下。

得生出，納我者有功，而更身死。章，明也。沮，止也。罰有罪，所以止人爲惡。賞有功，所以勸人爲善。今賞罰既無章明，何以得爲止勸乎刑法也？君失其信，違信而殺甯喜，而國無法，賞罰無所章明，以此爲國，不亦難乎？言治國難也。注「自誓不仕終身」。正義曰：終身不仕，敘事辭也。言自誓不仕，以終其身，故傳言終身不仕也。此終身者，子鮮之身終也。下云公喪之終身者，獻公之身終也。獻公以二十九年夏卒，其子鮮之卒蓋差在獻公之前耳，故公喪服以終身也。注「稅即」至「終身」。正義曰：傳云「公喪之」者，言公爲之服喪服也。禮無稅服之名，「如稅服」者，不知何服也。服虔云：「衰麻已除，日月已過，乃聞喪而服，是爲稅服。稅服，❶服之輕者。」案《禮記》過而追服，實名爲稅。以聞凶之日爲服喪之始，其服追過，而服之衰麻，不爲有異，何云「服之輕者」？公若依彼稅服法，其兄弟之服，則還是齊衰期耳，何以得云「如」也？杜以其義不通，故云「稅即繐也」，當是聲相近而字改易耳。《喪服》有「繐衰裳、牡麻絰，既葬除之」，其章唯有諸侯大夫爲天子以外，無人服此服也。《喪服傳》曰：「繐衰者，小功之繐也。」鄭玄云：「治縷如小功，而成布四升半，細其縷者，以恩輕。升數少者，以服至尊。凡布細而疎者謂之繐。」是繐者，縷細而希疎也。《喪服》之文，在大功之下，小功之上，是非五服之常也。「既葬除之」，是本無月數也。禮，天子諸侯絶旁期，計公於子鮮不應爲之服，獻公痛愍子鮮，特爲服此服也。此服既無月數，獻公服之，不自云幾月當止，獻公尋自身薨，至死未釋此服，故云「終身」也。兄弟之服，本服期耳，獻公驕淫之君，不應過其常月。杜言獻公尋薨，謂此子鮮之卒差在獻公前耳。注「此一」至「通稱」。

---

❶「稅服」，京都本、文淵閣本、阮本無此二字。

正義曰：《司馬法》：「成方十里，出革車一乘。」❶此一乘之邑，每邑方十里也。《論語》云「百乘之家」，大夫稱家，邑有百乘，是百乘爲采邑之極。此云「唯卿備百邑」，知所言邑者，皆是一乘之邑，非四井之邑也。杜以一乘名邑，書傳無文，故引《論語》千室、十室，明其大小通稱邑也。

宋向戌善於趙文子，又善於令尹子木，欲弭諸侯之兵以爲名。欲獲息民之名。如晉，告趙孟。趙孟謀於諸大夫，韓宣子曰：「兵，民之殘也，財用之蠹，蠹，害物之蟲。小國之大菑也。將或弭之，雖曰不可，必將許之。言雖知兵不得久弭，今不可不許。弗許，楚將許之，以召諸侯，則我失爲盟主矣。」晉人許之。如楚，楚亦許之。如齊，齊人難之。陳文子曰：「晉、楚許之，我焉得已？且人曰『弭兵』，而我弗許，則固攜吾民矣！將焉用之？」齊人許之。告於秦，秦亦許之。皆告於小國，爲會於宋。

五月，甲辰，晉趙武至於宋。丙午，鄭良霄至。六月，丁未，朔，宋人享趙文子，叔向爲介。司馬置折俎，禮也。折俎，體解節折，升之於俎，合卿享宴之禮，故曰禮也。《周禮》：司馬掌會同之事。仲尼使舉是禮也，以爲多文辭。宋向戌自美弭兵之意，敬逆趙武。趙武、叔向因享宴之會，展賓主之辭。故仲尼以爲多文辭。戊申，叔孫豹、齊慶封、陳須無、衛石惡至。須無，陳文子。甲寅，晉荀盈從趙武至。趙武命盈追己，故言從趙武。後武遣盈如楚。丙辰，邾悼公至。小國，故君自來。

❶「車」，原作「單」，據正宗寺本、京都本、文淵閣本、阮本改。

壬戌，楚公子黑肱先至，成言於晉。時令尹子木止陳，遣黑肱就晉大夫成盟載之言，兩相然可。丁卯，宋向戌如陳，❶從子木成言於楚。就於陳，成楚之要言。戊辰，滕成公至。亦小國，君自來。子木謂向戌：「請晉、楚之從交相見也。」使諸侯從晉、楚者，更相朝見。庚午，向戌復於趙孟。趙孟曰：「晉、楚、齊、秦，匹也。晉之不能於齊，猶楚之不能於秦也。不能服而使之。楚君若能使秦君辱於敝邑，寡君敢不固請於齊！」請齊使朝楚。壬申，左師復言於子木。子木使馹謁諸王。馹，傳也。謁，告也。王曰：「釋齊、秦，他國請相見也。」經所以不書齊、秦。秋，七月，戊寅，左師至。從陳還。是夜也，趙孟及子皙盟，以齊言。子皙，公子黑肱。素要齊其辭，至盟時不得復訟争。庚辰，子木至自陳。陳孔奐、蔡公孫歸生至。二國大夫與子木俱至。曹、許之大夫皆至。以藩爲軍，示不相忌。晉、楚各處其偏。晉處北，楚處南。伯夙謂趙孟曰：「楚氛甚惡，懼難。」氛，氣也。言楚有襲晉之氣。趙孟曰：「吾左還，入於宋，若我何？」營在宋北，東頭爲上，故晉營在東。有急，可左廻入宋東門。

辛巳，將盟於宋西門之外。楚人衷甲。甲在衣中，欲因會擊晉。伯州犂曰：「合諸侯之師，以爲不信，無乃不可乎？夫諸侯望信於楚，是以來服。若不信，是棄其所以服諸侯也。」固請釋甲。

---

❶「宋向戌」，阮校：「石經初刻『向』上有『宋』字，後刊去，故『向』字一行九字。案，錢大昕云：上文已書『向戌』，此不當更言『宋』，石經刊去是也。」

子木曰：「晉、楚無信久矣，事利而已。苟得志焉，焉用有信？」大宰退，大宰，伯州犁。告人曰：「令尹將死矣，不及三年。求逞志而棄信，志將逞乎？志以發言，言以出信，信以立志，參以定之。志、言、信三者具，而後身安存。信亡，何以及三？」爲明年子木死起本。趙孟患楚衷甲，以告叔向。叔向曰：「何害也？匹夫一爲不信，猶不可，單斃其死。單，盡也。斃，踣也。若合諸侯之卿，以爲不信，必不捷矣！食言者不病，不病者，單斃於死。非子之患也。楚食言當死。晉不食言，故無患。夫以信召人，而以僭濟之，濟，成也。必莫之與也。安能害我？且吾因宋以守病，爲楚所病，則欲入宋城。則夫能致死。與宋致死，❶雖倍楚可也。宋爲地主，致死助我，則力可倍楚。子何懼焉？又不及是。曰弭兵以召諸侯，而稱兵以害我，稱，舉也。吾庸多矣，非所患也。」晉獨取信，故其功多。

季武子使謂叔孫以公命，曰：「視邾、滕。」兩事晉、楚，則貢賦重，故欲比小國。武子恐叔孫不從其言，故假公命以敕之。既而齊人請邾，宋人請滕，皆不與盟。私屬二國故。叔孫曰：「邾、滕，人之私也。我，列國也，何故視之？宋、衛，吾匹也。」乃盟。故不書其族，言違命也。季孫專政於國，魯君非得有命。今君唯以此命告豹，豹宜崇大順以顯弱命之君，而遂其小是，故貶之。

---

❶「與宋致死」，阮校：「岳本無此四字。沈彤云：此疑因疏文誤增，舊本無之。」

晉、楚爭先。爭先歃血。晉人曰：「晉固爲諸侯盟主，未有先晉者也。」楚人曰：「子言晉、楚匹也，若晉常先，是楚弱也。且晉、楚狎主諸侯之盟也久矣！狎，更也。豈專在晉？」叔向謂趙孟曰：「諸侯歸晉之德只，只，辭。非歸其尸盟也。尸，主也。子務德，無爭先！且諸侯盟，小國固必有尸盟者。小國主辨具。楚爲晉細，不亦可乎？」欲推使楚主盟。乃先楚人。書先晉，晉有信也。蓋孔子追正之。

壬午，宋公兼享晉、楚之大夫，趙孟爲客。客，一坐所尊，故季孫飲大夫酒，臧紇爲客。子木與之言，弗能對。使叔向侍言焉，子木亦不能對也。乙酉，宋公及諸侯之大夫盟于蒙門之外。前盟，諸大夫不敢敵公，禮也。今宋公以近在其國，故謙而重盟。重盟，故不書。蒙門，宋城門。【疏】注「蠹害物之蟲」。❶ 正義曰：《釋蟲》云：「蝎，桑蠹。」李巡云：「蝎，木中蟲也。」❷《穆天子傳》云「天子蠹書於羽陵」，曝去書内簡中之蟲。❸ 是蟲在木中謂之爲蠹。昭三年傳云：「公聚朽蠹。」則在諸物之中皆名爲蠹，故云「害物之蟲」也。害物之蟲既名爲蠹，故害於物者皆以蠹言之。《孫子兵書》云：「興軍十萬，❹日費千金。」是兵爲財

---

❶ 「注蠹害物之蟲」，阮本以下正義十七節分疏於傳文各節下。

❷ 「中」，京都本、文淵閣本、阮本無此字。

❸ 「曝」，京都本、阮本作「㬥」。《經典釋文》曰：「本又作㬥。」

❹ 「軍」，阮本作「師」。

用之蠹也。　注「折俎」至「之事」。　正義曰：折俎謂體解節折，升之於俎，《周語》文也。宣十六年傳曰：「王享有體薦，宴有折俎。公當享，卿當宴，王室之禮也。」彼傳之意，言享公當依享法有體薦也，享卿當如宴法有折俎也。彼王自言之，故云王室禮耳。其諸侯之待公卿，禮法亦當然也。故此享趙孟而置折俎，合卿享宴之禮，故曰「禮也」。《周禮·大司馬》云：「大會同，則帥士庶子，而掌其政令。大祭祀饗食，羞牲魚。」是司馬掌會同、薦羞之事，故宋人此享令司馬置折俎也。　「仲尼」至「文辭」。　正義曰：此文甚略，本意難知。蓋於此享也，賓主多有言辭，時人跡而記之。仲尼見其事，善其言，使弟子舉是宋享趙孟之禮，以爲後人之法。丘明述其意，仲尼所以特舉此禮者，以爲此享多文辭，以文辭可爲法，故特舉而施用之。　注「宋向」至「文辭」。　正義曰：杜以賓主之辭，禮有定式，於此享也，何以獨多？故解其多辭之意。服虔云：「以其多文辭，故特舉而用之，後世謂之孔氏聘辭，以孔氏有其辭，故傳不復載也。」所言「孔氏聘辭」，不知事何所出。實享禮而謂之爲「聘」，舉舊辭而目曰「孔氏」，事亦不必然也。　注「趙武命盈追己」。　正義曰：沈氏曰：「知非晉侯命者，若是晉侯，應云『甲寅，荀盈至』，今云『從武至』，故知趙武命也。」杜云「後武遣盈如楚」，見此意耳。　「以藩爲軍」。　正義曰：古人行兵，止則築爲壘塹，以備不虞。此以藩籬爲軍者，方欲弭兵，以示不相忌也。　注「伯夙荀盈」。　正義曰：伯夙即是荀盈，於傳亦無明據，未測何以知之？服虔云：「伯夙，晉大夫。」其意以爲別有伯夙，非荀盈也。　「志將」至「及三」。　正義曰：「志將逞乎」，言其不得逞也。在心爲志，出口爲言，志有所之，言乃出口，故志以發言也。與人爲信，必言以告之，故言以出信也。於人有信，志乃得立，故信以立志也。人之處身於世，常恐不得安定。參即三也，言也，信也，志也。三者俱備，然後身得安定。欲安其身，用此三者以定之。信亡則志不立，失志必死不久，何以得及三年？　「匹夫」至「其死」。　正義曰：匹夫謂賤人也。賤人一爲不信，猶尚不可，況國卿也？不信之人盡踣其死，言無得生者。前覆曰踣，謂倒地死也。「食言者不病」。正義曰：不病者，不唯病害而已，必至於死也。言之不用，若食之消散，故謂無信爲食言也。「夫能」至「及是」。正義曰：夫謂宋也。宋能致死助我，今晉師與宋致死，不但唯敵於楚，雖更力倍於楚可也，子何須懼焉？又想楚人之情，不應及是之惡。注「兩事」至「敦之」。正義曰：案傳上文，六月戊申叔孫豹至，丁卯向戌如陳，從子木成言於楚。子木乃請晉、楚之從交相見，則叔孫發魯之時，未有此交相見之議也。子木既有此請，季孫在國聞之，季孫使謂叔孫者，使人就宋謂之也。於時季氏專魯國之利害，季孫所量自慮兩屬貢賦必重，疑邾、滕將爲人之私，故令豹比視小國。此直季孫意耳，非公意也。若是餘人爲使，季孫以己意命之，無敢違者，但叔孫彊直，季孫所憚，告以己意，恐不見從，故假稱公命以敦勸之，望其敬公命而遂己志也。《長歷》丁卯是六月二十一日也，辛巳是七月五日也。丁卯已有此議，辛巳方始結盟，則叔孫既得公命，其去盟日猶遠，反魯覆請，足得往來。但叔孫知非公命，不復更請，臨盟則率己之意，自從所欲，故《釋例》云：「豹不登朝固請，受命而行，邾滕降次，事非機危，既不馳請，又不辭會，率意改命，失命之甚。」是言其間足得反請，而叔孫不請，故責之也。注「季孫」至「貶之」。正義曰：季孫專政於國，魯君非得有命，此「以公命」，非公可知。叔孫亦知非公命，故不肯從之。其實叔孫違命，止違季孫意耳。但季孫假以公命謂之，叔孫雖内知非公，而其辭稱公，即須從命。叔孫既得此命，宜應内自思省，我君由來無命，今君唯以此命命我，事雖非理，亦宜聽從。如是則敬君之情深矣。豹宜崇此大順之道，以顯弱命之君，而乃校計公言是非，不肯同於小國，遂其小是，以忘大順，故貶之。此義至妙，唯杜始得之矣。賈逵云：「叔孫義也，魯疾之非也。」服虔云：「叔孫欲尊魯國，不爲人私，雖以違命見貶，其於尊國之義得之。」案經去其族，是文貶也。傳言「違命」，是實惡也。賈、服違經反傳，背左氏，異孔子。孔子貶之，賈逵賞之，丘明言其「違命」，服虔善其尊國，是不以丘明之言解《左傳》，不以孔子之意説《春秋》也。　「且晉」至「久矣」。　正義曰：陳、蔡、鄭、許，乍南乍北。成二年楚公子嬰齊爲蜀之盟，諸夏之國大夫皆在，是晉、楚更代主諸侯之盟實久也。　注「小國主辨具」。　正義曰：盟實大國爲主，而此云小國主盟，知其主辨具也。哀十七年「公會齊侯，盟于蒙。孟武伯問於高柴曰：『諸侯盟，誰執牛耳？』季羔曰：『鄫衍之役，吴公子姑曹。發陽之役，衛石魋。』武伯曰：『然則彘也。』」所言主辨具者，如彼執牛耳之類，皆小國主備之法。當小國執牛耳，鄫衍、吴公子執之者，於時吴爲盟主，夷不知禮，故自使其人執之也。盟法，大國制其言，小國尸其事。此盟争先歃，不争主備，叔向以小國主盟爲言者，叔向以久争不決，或將戰鬬，因盟時小國有所主，欲令趙孟下楚，假此以勸之耳。　注「客一」至「爲客」。　正義曰：享宴之禮，賓旅雖多，特以一人爲客。燕禮者，諸侯燕臣之禮也。經云：「小臣納卿大夫，卿大夫皆入門右，北面東上，乃云射人請賓。公曰：『命某爲賓。』賓出，立于門外，更使射人納賓。公降一等，揖之。」賓即客也，是客一坐所尊也。「季孫飲大夫酒，臧紇爲客」，二十三年傳也。《魯語》云：「公父文伯飲南宫敬叔酒，路堵父爲客。❶羞鼈小，堵父怒。相延食鼈，辭曰：『將使鼈長而食之。』遂出。文伯母聞之，怒曰：『吾聞之先子曰：祭養上尸，享養上賓。鼈於何有？而使夫人怒也！』」是一坐所尊敬之事也。案《燕禮·記》曰：「公與卿燕，則大夫爲賓。與大夫燕，亦大夫爲賓。」又《聘禮》：燕聘賓，則以上介爲賓。此宋公享大夫，以趙孟爲客者，《燕禮》謂與己之臣子燕，嫌卿敵公，故以大夫爲賓。《聘禮》據特來聘者，敬其使人，故使介爲賓。此則兼享晉、楚大夫，異於常禮，以尊敬霸主之國，故令趙孟爲客。服虔云：「楚君恒以大夫爲賓者，大夫卑，雖尊之，猶遠君也。楚先歃爲盟主，故尊趙孟爲

---

❶「路」，阮校：「浦鏜《正誤》作『露』，與《國語》合。」

客。」案此享宋爲主，非楚爲主，服之妄也。劉炫云：「兼享晉、楚之大夫，不以屈建爲賓者，賓唯一人，出自當時意耳。」「子木」至「對也」。正義曰：上云晉卿不如楚，其大夫則賢，是也。

子木問於趙孟曰：「范武子之德何如？」士會賢，聞於諸侯，故問之。**對曰：「夫子之家事治，言於晉國無隱情，其祝史陳信於鬼神無愧辭。」**❶祝陳馨香，德足副之，故不愧。**子木歸，以語王。王曰：「尚矣哉！**尚，上也。**能歆神、人，**歆，享也。使神享其祭，人懷其德。**宜其光輔五君以爲盟主也！」**五君，謂文、襄、靈、成、景。**子木又語王曰：「宜晉之伯也！有叔向以佐其卿，楚無以當之，不可與爭。」**【疏】注「五君謂文襄靈成景」。❷正義曰：《晉語》：「訾祏對范宣子曰：『武子佐文、襄，諸侯無貳心。爲卿以輔成、景，軍無敗政。及爲元帥，❸居大傅，國無姦民，是以受隨、范。』」是其光輔五君也。服虔云：「文公爲戎右，襄、靈爲大夫，成公爲卿，景公爲大傅。」❹

晉荀盈遂如楚涖盟。重結晉、楚之好。

---

❶「愧」，阮校：「《釋文》作『媿』。按，依《説文》，則當作『媿』。」

❷「五君謂文襄靈成景」，阮本此節正義在「宜其光輔五君以爲盟主也」句注下。

❸「元帥」，京都本、阮本作「元師」。今按，《國語》作「成師」，唐固注云：「爲成公軍師，兼大傅官。」韋昭注曰：「此『成』字當爲『景』字誤耳。魯宣九年，晉成公卒，至十六年，晉景公請於王，以黻冕命士會將中軍，且爲大傅。」據韋昭注，則此「元」字當爲「景」字之誤。

❹「傅」下，京都本、文淵閣本、阮本有「也」字。

鄭伯享趙孟于垂隴，自宋還，過鄭。**子展、伯有、子西、子産、子大叔、二子石從。**二子石，印段、公孫段。**趙孟曰：「七子從君，以寵武也。請皆賦，以卒君貺，武亦以觀七子之志。」**詩以言志。**子展賦《草蟲》，**《草蟲》，《詩・召南》。曰：「未見君子，憂心忡忡。亦既見止，亦既覯止，我心則降。」以趙孟爲君子。**趙孟曰：「善哉！民之主也。**在上不忘降，故可以主民。**抑武也，不足以當之。」**辭君子。**伯有賦《鶉之賁賁》，**《鶉之賁賁》，《詩・鄘風》。衛人刺其君淫亂，鶉鵲之不若。義取「人之無良，我以爲兄，我以爲君」也。**趙孟曰：「牀第之言不踰閾，況在野乎？非使人之所得聞也。」**第，簀也。此詩刺淫亂，故云「牀第之言」。閾，門限。使人，趙孟自謂。**子西賦《黍苗》之四章，**《黍苗》，《詩・小雅》。四章曰：「肅肅謝功，召伯營之。列列征師，召伯成之。」比趙孟於召伯。**趙孟曰：「寡君在，武何能焉？」**推善於其君。**子産賦《隰桑》，**《隰桑》，《詩・小雅》。義取思見君子，盡心以事之。曰：「既見君子，其樂如何？」**趙孟曰：「武請受其卒章。」**卒章曰：「心乎愛矣，遐不謂矣，中心藏之，❶何日忘之。」趙武欲子産之見規誨。**子大叔賦《野有蔓草》，**《野有蔓草》，《詩・鄭風》。取其「邂逅相遇，適我願兮」。**趙孟曰：「吾子之惠也。」**大叔喜於相遇，故趙孟受其惠。**印段賦《蟋蟀》，**《蟋蟀》，《詩・唐風》。曰：「無以大康，職思其居。好樂無荒，良士瞿瞿。」言瞿瞿然顧

---

❶「藏」，阮校：「山井鼎云：二本後人改『藏』作『臧』。案，作『臧』是也。」按，足利學本天頭批注改「臧」。

禮儀。**趙孟曰：「善哉！保家之主也。吾有望矣。」**能戒懼不荒，所以保家。**公孫段賦《桑扈》，**《桑扈》，《詩·小雅》。義取君子有禮文，故能受天之祜。**趙孟曰：「『匪交匪敖』，福將焉往？**此《桑扈》詩卒章，趙孟因以取義。**若保是言也，欲辭福禄，得乎？」卒享。文子告叔向曰：「伯有將爲戮矣！詩以言志，志誣其上，而公怨之，以爲賓榮，**言誣，則鄭伯未有其實。趙孟倡賦詩以自寵，故言「公怨之，以爲賓榮」。**其能久乎？幸而後亡。」**言必先亡。**叔向曰：「然，已侈，所謂不及五稔者，夫子之謂矣。」**稔，年也。爲三十年鄭殺良霄傳。**文子曰：「其餘皆數世之主也。子展其後亡者也，在上不忘降。**謂賦《草蟲》，曰「我心則降」。**印氏其次也，樂而不荒。**謂賦《蟋蟀》，曰「好樂無荒」。**樂以安民，不淫以使之，後亡，不亦可乎？」**【疏】注「鶉之」至「君也」。❶正義曰：伯有賦此詩者，義取人之無善行者，我以此爲君，是有嫌君之意。於時，鄭簡公是穆公之玄孫，良霄是穆公之曾孫，君非良霄之兄。杜言并取「人之無良，我以爲兄」者，因詩成文，故連言之。劉君以爲非兄而規杜，非也。注「第簀也」。正義曰：《釋器》云：「簀謂之第。」孫炎曰：「牀也。」郭璞曰：「牀版也。」然則牀是大名，簀是牀版。《檀弓》云：「大夫之簀與？」簀名亦得統牀，故孫炎以爲牀也。「保家之主也」。正義曰：大夫稱主，言是守家之主，不亡族也，下云「數世之主」亦然。「詩以」至「賓榮」。正義曰：在心爲志，發言爲詩，是詩所以言人之志意也。鄭君實未有罪，伯有稱人之無良，是誣其上也。但伯有不臣，被公之所怒，以公怨怒，當自須掩蓋，而賦詩道公無

---

❶「注鶉之至君也」，阮本以下正義五節分疏於傳文各節下。

良，反將公之所怨以爲賓之榮寵。劉炫云：「而公顯然將比來之怨，以爲對賓之榮樂也。」「樂以」至「可乎」。正義曰：印段賦《蟋蟀》，義取好樂無荒，無荒即不淫也，好樂則用樂以安民也。其使民也，又不淫以使之，民皆愛之。守位必固，在人後亡，不亦可乎？

宋左師請賞，❶**曰：「請免死之邑。」**欲宋君稱功加厚賞，故謙言免死之邑也。**公與之邑六十，以示子罕。子罕曰：「凡諸侯小國，晉、楚所以兵威之。畏而後上下慈和，慈和而後能安靖其國家，以事大國，所以存也。無威則驕，驕則亂生，亂生必滅，所以亡也。天生五材，**金、木、水、火、土也。**民並用之，廢一不可，誰能去兵？兵之設久矣，所以威不軌而昭文德也，聖人以興，**謂湯、武。**亂人以廢，**謂桀、紂。**廢興存亡，昏明之術，皆兵之由也，而子求去之，不亦誣乎？以誣道蔽諸侯，**❷**罪莫大焉。縱無大討，而又求賞，無厭之甚也！」削而投之。**削賞左師之書。**左師辭邑。向氏欲攻司城，**司城，子罕。**左師曰：「我將亡，夫子存我，德莫大焉，又可攻乎？」君子曰：「『彼己之子，邦之司直』，**《詩·鄭風》。司，主也。**樂喜之謂乎？**樂喜，子罕也。善其不阿向戌。**『何以恤**

---

❶「宋左師請賞」，阮本此節經文在「後亡不亦可乎」句下。

❷「蔽」，阮校：「石經及諸本作『蔽』。《釋文》云：服虔、王肅、董遇並作『弊』。案，正義云：『董遇、王肅本皆作「蔽」，謂以誣人之道掩諸侯也。』與陸氏異。惠棟云：『敝』與『弊』通。昭十四年傳云『叔魚蔽罪邢侯』，《周禮·大司寇》職云『以邦成弊之』，鄭衆曰：『弊之，斷其獄訟也。』服虔又作『獘』，字異而音義實同也。」

我，我其收之』，逸《詩》。恤，憂也。收，取也。**向戌之謂乎？」**善向戌能知其過。【疏】注「欲宋」至「邑也」。❶　正義曰：服虔云：「向戌自以止兵，民不戰鬭，自矜其功，故求免死之賞也。」如服此言，免死謂止兵不鬭，民免死也。杜以爲謙，則向戌自以爲己免死也。若使計謀不當，則罪合死。自矜其功，言己得免死，故請賞邑也。　「廢興」至「諸侯」。　正義曰：言「之術」者，謂德、刑、禮、義，是興存盛明之法術也。驕、淫、殘、虐，是廢亡昏闇之法術也。「皆兵之由」者，謂皆畏懼此兵，行善不行惡，畏之則興，不畏則亡，故云「皆兵之由」也。言「不亦誣乎」者，謂廢興存亡悉皆由兵。向戌之意，以廢興存亡不須用兵，是實須而誣罔云不須，故云「不亦誣乎」。服虔云：❷「斃，❸踣也，一曰罷也。」則知服本作「弊」，❹王肅、董遇本皆作「蔽」，謂以誣人之道掩諸侯也。杜本作「蔽」，當如王、董爲蔽掩之也。　「削而投之」。　正義曰：宋公賞邑，書之於札，向戌執之，以示子罕，子罕削其字，而又投之於地也。向戌初謀此事，子罕不即止之，而至此始怒者，蓋初謀子罕不知，或子罕初亦不覺，久思乃知其非也。

---

❶「注欲宋至邑也」，阮本以下正義三節分疏於傳文各節下。
❷「云」，京都本、文淵閣本、阮本作「曰」。
❸「斃」，阮校：閩本、監本、毛本作「敝」。
❹「弊」，阮本作「斃」。

齊崔杼生成及彊而寡。偏喪曰寡。寡，特也。娶東郭姜，生明。東郭姜以孤入，曰棠無咎，❶無咎，棠公之子。與東郭偃相崔氏。東郭偃，姜之弟。崔成有疾而廢之，❷有惡疾也。而立明。成請老于崔，濟南東朝陽縣西北有崔氏城。成欲居崔邑以終老。崔子許之，偃與無咎弗予，曰：「崔，宗邑也，必在宗主。」宗邑，宗廟所在。宗主，謂崔明。成與彊怒，將殺之，告慶封曰：「夫子之身，亦子所知也，唯無咎與偃是從，父兄莫得進矣。大恐害夫子，敢以告。」夫子，謂崔杼。慶封曰：「子姑退，吾圖之。」告盧蒲嫳。嫳，慶封屬大夫。封以成、彊之言告嫳。盧蒲嫳曰：「彼，君之讎也，天或者將棄彼矣。彼實家亂，子何病焉？君謂齊莊公，爲崔杼所弑。崔之薄，慶之厚也。」崔敗，則慶專權。他日又告。成、彊復告。慶封曰：「苟利夫子，必去之。難，吾助女。」九月，庚辰，崔成、崔彊殺東郭偃、棠無咎於崔氏之朝。崔子怒而出，其衆皆逃，求人使駕，不得。使圉人駕，寺人御而出。圉人，養馬者。寺人，奄士。且曰：「崔氏有福，止余猶可。」恐滅家，禍不止其身。遂見慶封。慶封曰：「崔、慶一也。言如一家。是何敢然？請爲子討之。」使盧蒲嫳帥甲以攻崔氏，❸崔氏堞其宮

---

❶「無」，阮校：「石經、宋本、宋殘本作『无』，與《釋文》合。惠棟云：『无』見衛宏《古文奇字》，今《易》『无咎』字皆從此。」

❷「疾」，阮本作「病」。

❸「帥」，阮校：「足利本作『率』。」

而守之，堞，短垣。使其衆居短垣内以守。**弗克。使國人助之，遂滅崔氏，殺成與彊，而盡俘其家，其妻縊。**妻，東郭姜。**嬖復命於崔子，且御而歸之。**嬖爲崔子御。**至，則無歸矣，乃縊。**終「入於其宫，不見其妻，凶」。**崔明夜辟諸大墓。**開先人之冢以藏之。**辛巳，崔明來奔。慶封當國。**當國，秉政。【疏】注「有惡疾也」。❶ 正義曰：若非惡疾，猶堪爲後，以疾而廢，明是惡疾。惡疾，❷疾之惡者也，不知其何疾也。《論語》稱「伯牛有疾，不欲見人」，《淮南子》云「伯牛癩」，此崔成猶能作亂，未必是癩也。彊無疾亦不得立者，❸愛後妻，欲立明故也。「父兄莫得進矣」。正義曰：成、彊是崔杼之子，而云「父兄」者，成、彊之意，以崔杼任無咎與偃，棄遠宗族，不可自斥於己，故舉宗族父兄也。「崔氏堞其宫」。正義曰：謂新築女牆而守之。

楚薳罷如晉涖盟，罷，令尹子蕩。**報荀盈也。晉侯享之。將出，賦《既醉》。**《既醉》，《詩·大雅》。曰：「既醉以酒，既飽以德。君子萬年，介爾景福。」以美晉侯，比之大平君子也。**叔向曰：「薳氏之有後於楚國也，宜哉！承君命，不忘敏。子蕩將知政矣！敏以事君，必能養民。政其焉往？」**言政必歸之。

❶「注有惡疾也」，阮本以下正義三節分疏於傳文各節下。
❷「惡疾」，京都本、文淵閣本、阮本無此二字。
❸「疾」，阮本作「病」。

崔氏之亂，在二十五年。**申鮮虞來奔，僕賃於野，以喪莊公。**爲齊莊公服喪。**冬，楚人召之，遂如楚，爲右尹。**傳言楚能用賢。

十一月，乙亥，朔，日有食之。辰在申，司歷過也，再失閏矣。謂斗建指申。周十一月，今之九月，斗當建戌而在申，故知再失閏也。文十一年三月甲子，至今年七十一歲，應有二十六閏。今《長歷》推得二十四閏，通計少再閏。《釋例》言之詳矣。【疏】注「謂斗」至「詳矣」。正義曰：斗建從甲至癸十者謂之日，從子至亥十二者謂之辰。傳言「辰在申」者，謂其日昏時，斗柄所指於十二辰爲在申也。九月當建戌，而建申，故爲再失閏也。文十一年三月至今七十一歲，應有二十六閏者，歷法十九年爲一章，❶章有七閏，從文十一年至襄十三年，凡五十七年，已成三章，當有二十一閏。又從襄十四年至今爲十四年，又當有五閏，故爲應有二十六閏也。《長歷》推得二十四閏者，杜以《長歷》實於其間分置二十四閏。《釋例》云：「閏者，會集數年餘日，因宜以安之，故閏月無中氣，斗建斜指兩辰之間也。魯之司歷，漸失其閏，至此年日食之月，以儀審望，知斗建之在申。斗建在申，乃是周家九月也，而其時歷稱十一月，故知再失閏也。於是始覺其謬，遂頓置兩閏，以應天正，以敘事期。然則前閏月爲建酉，後閏月爲建戌，十二月爲建亥，而歲終焉。是故明年經書『春，無冰』，傳以爲時災也。若不復頓置二閏，則明年春是今之九月、十月、十一月也。今之九月、十月、十一月無冰，非天時之異，無緣揔書春也。尋案今世所謂魯歷者，不與《春秋》相符，殆來世好事者爲之，非真也。今俱不知其法術，

---

❶「一」，原爲空格，據正宗寺本、京都本、文淵閣本、阮本補。

具依《春秋》經、傳，❶反覆其終始以求之，近得其實矣。」杜言以儀審望者，大史鑄銅作渾天儀，列二十八宿之度，設機關候望以測七曜所在，故於彼鑄銅儀而審望之，知此月斗建申也。《長歷》稱大凡經、傳有七百七十九日，漢末宋仲子集七歷以考春秋魯歷，得五百二十九日，失二百五十日，是其不與《春秋》相符也。劉炫云：「遠取文十一年三月甲子者，以三十年絳縣老人云，臣生之歲正月甲子朔，以全日故。」又云：「言通計者，若據前閏以來短計，不得有再失之理，今遠從文十一年以來計之，是爲通計也。」

【經】二十有八年，春，無冰。前年知其再失閏，頓置兩閏以應天正，故此年正月建子，得以無冰爲災而書。

夏，衛石惡出奔晉。甯喜之黨，書名，惡之。

邾子來朝。

秋，八月，大雩。

仲孫羯如晉。告將朝楚。

冬，齊慶封來奔。崔杼之黨，耆酒荒淫而出。書名，罪之。自魯奔吴不書，以絶位不爲卿。

十有一月，公如楚。爲宋之盟故朝楚。

---

❶「具」，閩本、監本、毛本、文淵閣本作「俱」。

十有二月，甲寅，天王崩。靈王也。

乙未，楚子昭卒。❶康王也。十二月無乙未，日誤。【疏】注「十二」至「日誤」。　正義曰：甲寅之後四十二日，始得乙未，則甲寅、乙未不得同月。《長曆》推此年十二月戊戌朔，甲寅是十七日，其月無乙未也。經有十一月、十二月，月不容誤，知日誤也。

【傳】二十八年，春，無冰。梓慎曰：「今兹宋、鄭其饑乎？梓慎，魯大夫。今年鄭游吉、宋向戌言之，明年饑甚，傳乃詳其事。**歲在星紀，而淫於玄枵，**歲，歲星也。星紀在丑，斗牛之次。玄枵在子，虚危之次。十八年晉董叔曰：「天道多在西北。」是歲，歲星在亥。至此年十一歲，故在星紀，明年乃當在玄枵。今已在玄枵，淫行失次。**以有時菑，陰不堪陽。**時菑，無冰也。盛陰用事，而温無冰，是陰不勝陽，地氣發洩。**蛇乘龍。**蛇，玄武之宿，虚危之星。龍，歲星。歲星，木也。木爲青龍，失次出虚危下，爲蛇所乘。**龍，宋、鄭之星也，**歲星本位在東方。東方房心爲宋，角亢爲鄭，故以龍爲宋、鄭之星。**宋、鄭必饑。玄枵，虚中也。**玄枵三宿，虚星在其中。**枵，秏名也。土虚而民秏，不饑何爲？」**歲爲宋、鄭之星，今失常，淫入虚秏之次。時復無冰，地氣發洩，故曰土虚民秏。

❶「昭」，阮校：「案，《史記》、《論衡·吉驗篇》作『招』。」

【疏】注「梓慎」至「其事」。❶　正義曰：此年傳鄭游吉云「歲之不易」，宋向戌云「飢寒之不恤」，是今年言之也。明年傳云「鄭饑，子皮餼國人粟。於是宋亦饑，子罕請於平公，出公粟以貸」，是詳其事也。　注「歲歲」至「失次」。　正義曰：《左傳》及《國語》所云「歲在」者，皆謂歲星所在，故云「歲，歲星也」。五星者，五行之精也。歷書稱木精曰歲星，火精曰熒惑，土精曰鎮星，金精曰大白，水精曰辰星。此五者皆右行於天，二十八宿則著天不動，故謂二十八宿爲經，五星爲緯，言若織之經緯然也。天有十二次，地有十二辰，丑、子、亥，北方之辰也，次之與辰上下相值，故云「星紀在丑」，「玄枵在子」。《釋天》云：「星紀，斗牽牛也。玄枵，虚也。」孫炎曰：「星紀，日月五星之所終始也，故謂之星紀。虚在正北，北方色玄，故曰『玄枵』。枵之言秏，秏虚之意也。」《漢書·律歷志》云：「星紀，初斗十二度，終於婺女七度。玄枵，初婺女八度，終於危十五度。」是星紀爲斗牛之次，玄枵爲虚危之次也。九年傳稱晉侯問公生歲，乃曰「十二年矣！是謂一終，一星終也。」言歲星大率十二年而一周天也。十八年晉董叔曰：「天道多在西北。」是言其年歲星在亥也。歲星右行於天，至此年十一年耳，行未及周，故此年歲星常法當在星紀，明年乃當在玄枵，今年已在玄枵，是其淫行失次也。《漢書·律歷志》載劉歆《三統歷》，歆以爲歲星一百四十四年行天一百四十五次，一千七百二十八年爲歲星歲數。❷言數滿此年剩得行天一周也。三統之歷，以庚戌爲上元，此年距上元積十四萬二千六百八十六歲。置此歲數，以歲星歲數一千七百二十八除之，得積終八十二去之，歲餘九百九十，以一百四十五乘歲餘，得十四萬三千五百五十。以一百四十四除之，得九百九十六爲積

---

❶「注梓慎至其事」，阮本以下正義六節分疏於傳文各節下。

❷「一」上，阮校：「浦鏜《正誤》云：『一』上脱『計』字，從昭卅二年疏校。」

次，不盡一百二十六爲次餘。以十二除之，得八十三去之盡，是爲此年更發初在星紀也。欲知入次度者，以次餘一百二十六乘一次三十度，以百四十四除之，得二十六度餘，是歲星本平行，此年之初已入星紀之次，二十六度餘當在婺女四度，於法未入於玄枵也。傳言「淫於玄枵」，未知已在玄枵幾度，此舉其大率耳。而五星之次行有遲有疾，有留伏逆順，於歷法更自别有推步之術，此不可詳也。　注「時菑」至「發洩」。　正義曰：傳先言「無冰」，乃載梓慎之語，則梓慎之語爲無冰而發，知時菑謂春無冰也。言以有時菑者，以此歲星淫行之年，而有天時温暖之菑。四時之序，冬月當寒，故温則爲菑害也。冬月盛陰用事，陰寒在地，當遏陽，使不出，時應寒而温無冰，是陰陽相競，陰氣不能勝陽，故陽氣出地，地氣發洩，而使時温無冰也。歲星自淫行，天時自温暖，其温不由歲星。梓慎以其年有二事，而揔言其占耳。服虔云：「歲爲陽，玄枵爲陰，歲乘陰，進至玄枵，陰不勝陽，故温無冰。」案下云「蛇乘龍」，乃謂玄枵乘歲星，非歲星乘玄枵也。若必以此無冰謂歲乘玄枵所致，則成元年「春無冰」者，豈謂歲星乘玄枵乎？成十六年雨木冰者，復是玄枵乘歲星也。　注「蛇玄」至「所乘」。　正義曰：蟲獸在地，而有象在天，二十八宿分在四方，方有七宿，共成一象。東方爲青龍之象，西方爲白虎之象，皆南首北尾也。南方爲朱鳥之象，北方爲玄武之象，皆西首東尾也。《曲禮》説軍陳象物云：「行，前朱鳥後玄武，左青龍右白虎。」是玄武在北方也。龜、蛇二蟲共爲玄武，❶故蛇是玄武之宿，虚危之星也。七星共爲玄武，但歲星淫行，在虚危之分，故特指虚危言之耳。傳言「蛇乘龍」，龍即歲星也。歲星木精，木位在東方，❷東方之宿爲青龍之象，故歲

❶「共」，阮本作「其」。
❷「木」，原作「未」，據正宗寺本、京都本、文淵閣本、阮本改。

星亦以龍爲名焉。龍行疾而失次，出於虚危宿下，龍在下而蛇在上，是龍爲蛇所乘也。歲星，天之貴神，福德之星，今被乘勢屈，是不能祐其本國之象，故知宋、鄭饑也。注「歲星」至「之星」。正義曰：歲星屬木，木位在東方，東方之次皆是龍分。天之分野，卯爲大火，辰爲壽星，大火房心爲宋分，壽星角亢爲鄭分，故龍爲宋、鄭之星也。然則寅爲析木之津，析木，燕之分野，梓慎言不及燕，別當有以知之，非吾徒所能測也。「枵秏」至「何爲」。正義曰：枵聲近秏，故枵是秏之名也。次有三宿，虚爲其中，土虚不實，而人民秏損，不饑何爲也？地氣發洩，而使時温無冰，即是土虚之事也。於時魯國無冰，是魯亦地氣發洩。下子服惠伯云「飢寒之不恤」，是魯亦饑矣。經不書饑，饑當差於宋、鄭，故梓慎唯言宋、鄭饑耳。

夏，齊侯、陳侯、蔡侯、北燕伯、杞伯、胡子、沈子、白狄朝于晉，宋之盟故也。陳侯、蔡侯、胡子、沈子，楚屬也。宋盟曰「晉、楚之從交相見」，故朝晉。燕國，今薊縣。

齊侯將行，慶封曰：「我不與盟，何爲於晉？」以宋盟釋齊、秦。**陳文子曰：「先事後賄，禮也。**事大國，當先從其政事，而後薦賄，以副己心。**小事大，未獲事焉，從之如志，禮也。**言當從大國請事，以順其志。**雖不與盟，敢叛晉乎？重丘之盟，未可忘也。子其勸行！」**重丘盟在二十五年。

【疏】注「陳侯」至「薊縣」。❶ 正義曰：傳言宋之盟，故雖文在諸國之下，止爲楚屬發傳，故杜明之。陳、蔡、胡、沈爲宋盟朝晉，其齊、燕、杞、狄先非楚屬，其朝不爲宋之盟也。《譜》云：「北燕，姬姓，召公奭之後也。周武王封

❶「注陳侯至薊縣」，阮本以下正義二節分疏於傳文各節下。

之於燕，居漁陽薊縣。其國辟小，不通諸夏，自召公至簡公款二十九世始見經。簡公子獻公十二年，獲麟之歲也。獻公子孝公七年，《春秋》之傳終矣。孝公立十五年卒。孝公以下六世始大稱王，十二世，二百二十五年，秦滅之。」「小事」至「禮也」。正義曰：言小國之事大國也，當每事順從。若未獲大國所命之事，但如其志之所欲，即不待彼命，逆即從之，如其志意，禮也。禮者，自卑而尊人，故先承意志，是事大之禮也。

衛人討甯氏之黨，故石惡出奔晉。衛人立其從子圃以守石氏之祀，禮也。石惡之先石碏，有大功於衛國。惡之罪不及不祀，故曰禮。

邾悼公來朝，時事也。傳言來朝，非宋盟，宋盟唯施於朝晉、楚。

秋，八月，大雩，旱也。

蔡侯歸自晉，入于鄭。鄭伯享之，不敬。子産曰：「蔡侯其不免乎？不免禍。**日其過此也，**往日至晉時。**君使子展迋勞於東門之外，而傲。**迋，往也。**吾曰：『猶將更之。』今還，受享而惰，乃其心也。君小國事大國，❶而惰傲以爲己心，將得死乎？若不免，必由其子。其爲君也，淫**

❶「君小國事大國」，阮校：「案《漢書・五行志》引傳亦作『君小國』。《釋文》云『古本無小字』。案，臧琳云：案正義知孔本作『君國事大國』，晉、宋古本及王肅本並同，蓋君國猶言君人，正義云『君國謂爲國君』是也。唐定本因『君國』字古，因改『君』字爲『小』。陸氏更參合古今，古作『君小國事大國』，則愈改而愈失其真，猶幸有『古本無小字』一言，考之正義爲合，而陸氏參合之迹亦不求而自見矣。正義標起至『君小國』，『小』字亦因《釋文》誤衍也。」

而不父。通大子班之妻。**僑聞之，如是者，恒有子禍。」**爲三十年蔡世子班弑其君傳。❶【疏】「君小國事大國」。❷正義曰：晉宋古本及王肅注，其文皆如此。君國謂爲國君，言其爲君之難也。今定本作「小國」。

孟孝伯如晉，告將爲宋之盟故如楚也。魯，晉屬，故告晉而行。

蔡侯之如晉也，鄭伯使游吉如楚。及漢，楚人還之，曰：「宋之盟，君實親辱。君謂鄭伯。**今吾子來，寡君謂吾子姑還，吾將使馹奔問諸晉而以告。」**問鄭君應來朝否。**子大叔曰：「宋之盟，君命將利小國，而亦使安定其社稷，鎮撫其民人，以禮承天之休，**休，福禄也。**此君之憲令，而小國之望也。**憲，法也。**寡君是故使吉奉其皮幣，**聘用乘皮束帛。**以歲之不易，聘於下執事。**言歲有饑荒之難，故鄭伯不得自朝楚。**今執事有命曰：『女何與政令之有？必使而君棄而封守，跋涉山川，**❸**蒙犯霜露，以逞君心。』小國將君是望，敢不唯命是聽？無乃非盟載之言，以闕君德，而執事有不利焉，小國是懼。不然，其何勞之敢憚？」子大叔歸，復命，告子展曰：「楚子將死矣！不脩其政德，而貪昧於諸侯，以逞其願，欲久，得乎？《周易》有之，在復**䷗震下坤上，復。**之頤**䷚，震下艮上，頤。

❶「班」，阮校：「經文作『般』」。

❷「君小國事大國」，阮本此節正義在「其爲君也淫而不父」句注下。

❸「跋」，阮校云：《儀禮·聘禮》注引作「軷」。

復上六變得頤。**曰：『迷復，凶。』**復上六爻辭也。復，反也。極陰反陽之卦，上處極位，迷而復反，失道已遠，遠而無應，故凶。**其楚子之謂乎？欲復其願，**謂欲得鄭朝，以復其願。**而棄其本，**不脩德。**復歸無所，是謂迷復。**失道已遠，又無所歸。**能無凶乎？君其往也！送葬而歸，以快楚心。**言楚子必死，君往當送其葬。**楚不幾十年，未能恤諸侯也。**幾，近也。言失道遠者，復之亦難。**吾乃休吾民矣。」**❶休，息也。言楚不能復爲害。**裨竈曰：「今兹周王及楚子皆將死。**裨竈，鄭大夫。**歲棄其次，而旅於明年之次，以害鳥帑。周、楚惡之。」**旅，客處也。歲星棄星紀之次，客在玄枵。歲星所在，其國有福，失次於北，禍衝在南。南爲朱鳥，鳥尾曰帑。鶉火、鶉尾，周、楚之分，故周王、楚子受其咎。俱論歲星過次，梓愼則曰宋、鄭饑，裨竈則曰周、楚王死。傳故備舉，以示卜占惟人所在。【疏】「今執」至「敢憚」。❷　正義曰：執事，謂楚也。楚人詰大叔，唯有止還之語耳，令游吉還，使鄭伯來，故游吉原其意爲此辭作甚之言耳。「而執事有不利焉」，違盟，言「闕君德」，是於楚爲不利也。「小國是懼」，懼楚不利耳，不敢自憚勞也。　注「復上」至「故凶」。　正義曰：卦從下起，從下而畫，陰爻至上六爲純坤，又將從下變之，故復爲極陰反陽之卦也。上處極位，位極更無所往，故爲迷也。既迷而後反本，從下積而至迷，是爲失道已遠。上應在三，三亦陰爻，遠而無應，故凶也。復，《易》注云：「復，反也，還也。」陰氣侵陽，陽失其位，至此

---

❶「矣」，阮校：「淳熙本、足利本作『也』。」

❷「今執至敢憚」，阮本以下正義五節分疏於傳文各節下。

始還，反起於初，故謂之復。陽，君象，君失國而還反，道德更興也。頤，養也。《易》注云：「頤者，口車輔之名。震動於下，艮止於上，口車動而上，因輔嚼物以養人，故謂頤爲養也。」注「謂欲」至「其願」。正義曰：楚子本意願鄭伯來朝，全不顧道理，唯欲復其本願。注「幾近」至「亦難」。正義曰：「幾，近」，《釋詁》文也。十者，數之小成。言「失道遠者，復之亦難」，故舉成數以言之。《周易·復卦》上六爻云：「迷復，凶，有災眚。用行師，終有大敗，以其國君凶，至于十年不克征。」是《易》有十年之語，故游吉期之以十年。服虔云：「此行也，楚康王卒。至昭四年，楚靈王合諸侯于申，距今八年，故曰『不幾十年』。是謂十年不克征也。」注「旅客」至「所在」。正義曰：《易》有旅卦。傳言羇旅，旅皆是客，故爲客處也。歲星常行之度，此年當在星紀。星紀是其所居之次也。今歲星棄其所居星紀之次，乃客處在於明年所居之次。言其未應往而往，向彼玄枵之次，爲客寄也。昭三十二年傳云：「越得歲而吴伐之，必受其凶。」是歲星所在，其國有福。當福之衝，其國有禍。今失次於北，故禍衝在南，子午之位，南北相衝，淫於玄枵，衝當鶉火。南方爲朱鳥之宿。帑者，細弱之名。於人則妻子爲帑，於鳥則鳥尾曰帑，妻子爲人之後，鳥尾亦鳥之後，故俱以帑爲言也。天之分野，鶉火周分，鶉尾楚分，歲星之衝，當此周、楚之分，故周王、楚子受其咎也。歲星客在玄枵，唯衝鶉火，而鶉尾亦有咎者，蓋以歲星漸西，衝則漸東，尾之於鳥猶是一身，故衝其身而及其尾，此則裨竈能知，亦非吾徒所測也。此與上文俱論歲星過次，所占不同，其事俱驗，而丘明兩載之，是傳故備舉，以示卜占效驗，惟人所在，言其知之在於人，各自有意見也。

九月，鄭游吉如晉，告將朝于楚，以從宋之盟。子産相鄭伯以如楚，舍不爲壇。至敵國郊，除地封土爲壇，以受郊勞。**外僕言曰：「昔先大夫相先君適四國，未嘗不爲壇。**外僕，掌次舍者，自是至

今，亦皆循之。今子草舍，無乃不可乎？」子産曰：「大適小，則爲壇。小適大，苟舍而已，焉用壇？僑聞之，大適小有五美：宥其罪戾，赦其過失，救其菑患，賞其德刑，刑，法也。**教其不及。小國不困，懷服如歸。是故作壇以昭其功，宣告後人，無怠於德。**怠，解也。**小適大有五惡：説其罪戾，**自解説也。**請其不足，行其政事，**奉行大國之政。**共其職貢，從其時命。**從朝會之命。**不然，則重其幣帛，以賀其福而弔其凶，皆小國之禍也，焉用作壇以昭其禍？所以告子孫，無昭禍焉可也。」**無昭禍以告子孫。【疏】注「至敵」至「郊勞」。❶　正義曰：《聘禮》：「賓至于近郊，君使卿用束帛勞。」無設壇之法。下云「先君適四國，未嘗不爲壇」，蓋以朝禮君親行，事重，故有之也。禮有壇、墠者，先儒以爲除地曰墠，封土曰壇。此并言除地、封土者，《尚書・金縢》云「三壇同墠」，是作壇在除地之內，故除地、封土并言之。服虔本作「墠」，解云「除地爲墠」。王肅本作「壇」，而解云「除地坦坦」者，則讀爲墠也。案下云「作壇以昭其功」，「以昭其禍」，若是除地，草穢尋生，不足以昭示後人。杜言壇是也。下言「草舍」者，不爲壇則不除地，故爲草舍耳。

「亦皆循之」。　正義曰：言因循不廢也。❷

齊慶封好田而耆酒，與慶舍政。舍，慶封子。慶封當國，不自爲政以付舍。**則以其內實遷于盧蒲嫳氏，易內而飲酒。**內實，寶物、妻妾也。移而居嫳家。**數日，國遷朝焉。**就於盧蒲氏朝見

---

❶「注至敵至郊勞」，阮本以下正義二節分疏於傳文各節下。

❷「言」，京都本、文淵閣本、阮本無此字。

封。**使諸亡人得賊者，以告而反之，**亡人，辟崔氏難出奔者。**故反盧蒲癸。**癸臣子之，子之，慶舍。**有寵，妻之。**子之以其女妻癸。**慶舍之士謂盧蒲癸曰：「男女辨姓，子不辟宗，何也？」**辨，别也。别姓而後可相取。慶氏、盧蒲氏皆姜姓。**曰：「宗不余辟，**言舍欲妻己。**余獨焉辟之？賦詩斷章，余取所求焉，惡識宗？」**言己苟欲有求於慶氏，不能復顧禮，譬如賦詩者，取其一章而已。**癸言王何而反之，二人皆嬖，**二子皆莊公黨。二十五年崔氏弑莊公，癸、何出奔，今還求寵於慶氏，欲爲莊公報讎。**使執寢戈而先後之。**寢戈，親近兵杖。❶

公膳日雙雞，卿大夫之膳食。**饔人竊更之以鶩，御者知之，則去其肉，而以其洎饋。**御，進食者。饔人、御者欲使諸大夫怨慶氏，減其膳。蓋盧蒲癸、王何之謀。**子雅、子尾怒。**二子皆惠公孫。**慶封告盧蒲嫳。**以二子怒告嫳。**盧蒲嫳曰：「譬之如禽獸，吾寢處之矣。」**言能殺而席其皮。**使析歸父告晏平仲。**欲與共謀子雅、子尾。**平仲曰：「嬰之衆不足用也，知無能謀也，**言弗敢出，不敢洩謀。**有盟可也。」子家曰：「子之言云，**子家，析歸父。**又焉用盟？」告北郭子車。**子車，齊大夫。**子車曰：「人各有以事君，非佐之所能也。」**佐，子車名。**陳文子謂桓子**桓子，文子之子無宇。**曰：「禍將作矣！吾其何得？」對曰：「得慶氏之木百車於莊。」**慶封時有此木，積於六軌之道。**文**

❶「近」，阮校：「淳熙本作『迫』。」

子曰：「可慎守也已！」善其不志於貨財。

盧蒲癸、王何卜攻慶氏，示子之兆，龜兆。曰：「或卜攻讎，敢獻其兆。」子之曰：「克，見血。」

冬，十月，慶封田于萊，陳無宇從。丙辰，文子使召之。請曰：「無宇之母疾病，請歸。」慶季卜之，季，慶封。示之兆，曰：「死。」奉龜而泣。無宇泣。乃使歸。慶嗣聞之，嗣，慶封之族。曰：「禍將作矣！」謂子家：「速歸！子家，慶封字。禍作必於嘗，嘗，秋祭。歸猶可及也。」子家弗聽，亦無悛志。悛，改寤也。子息曰：「亡矣！幸而獲在吴、越。」子息，慶嗣。陳無宇濟水而戕舟發梁。戕，殘壞也。不欲慶封得救難。盧蒲姜謂癸曰：「有事而不告我，必不捷矣。」姜，癸妻，慶舍女。癸告之。告欲殺慶舍。姜曰：「夫子愎，莫之止，將不出。我請止之。」夫子，謂慶舍。癸曰：「諾。」

十一月，乙亥，嘗于大公之廟，慶舍涖事。臨祭事。盧蒲姜告之，且止之。弗聽，曰：「誰敢者？」遂如公。至公所。麻嬰爲尸，爲祭尸。慶奊爲上獻。❶上獻，先獻者。盧蒲癸、王何執寢戈，慶氏以其甲環公宫。廟在宫内。陳氏、鮑氏之圉人爲優。優，俳。慶氏之馬善驚，士皆釋甲束馬束，絆之也。而飲酒，且觀優，至於魚里。魚里，里名。優在魚里，就觀之。欒、高、陳、鮑之徒介慶氏之甲。欒，子雅。高，子尾。陳，陳須無。鮑，鮑國。子尾抽桷，擊扉三，桷，椽也。扉，門闔也。

---

❶「奊」，《經典釋文》作「隽」。

以桷擊扉爲期。盧蒲癸自後刺子之，王何以戈擊之，解其左肩，猶援廟桷，動於甍，甍，屋棟。**以俎、壺投殺人而後死。**言其多力。**遂殺慶繩、麻嬰。**慶繩，慶奊。**公懼，鮑國曰：「羣臣爲君故也。」**言欲尊公室，非爲亂。**陳須無以公歸，稅服而如内宫。**言公懼於外難。

慶封歸，遇告亂者。丁亥，伐西門，弗克。還伐北門，克之。入，伐内宫，陳、鮑在公所故。**弗克。反，陳于嶽，**嶽，里名。**請戰，弗許，遂來奔。獻車於季武子，美澤可以鑑。**光鑑形也。**展莊叔見之，**魯大夫。**曰：「車甚澤，人必瘁，宜其亡也。」叔孫穆子食慶封，慶封氾祭。**禮，食有祭，示有所先也。氾祭，遠散所祭，不共。**穆子不説，❶使工爲之誦《茅鴟》。**工，樂師。《茅鴟》，逸《詩》。刺不敬。**亦不知。既而齊人來讓，**讓魯受慶封。**奔吴。吴句餘予之朱方，**句餘，吴子夷末也。朱方，吴邑。**聚其族焉而居之，富於其舊。子服惠伯謂叔孫曰：「天殆富淫人，慶封又富矣！」穆子曰：「善人富謂之賞，❷淫人富謂之殃。天其殃之也，其將聚而殲旃？」**殲，盡也。旃，之也。爲昭四年殺慶封傳。

【疏】「國遷朝焉」。❸ 正義曰：慶封雖與舍政，使舍知政事耳，封猶有當國之重，故國之卿大夫皆遷就嫳家朝焉。

「使諸」至「反之」。正義曰：崔氏之亂，但是莊公之黨，崔氏以之爲賊，當時辟難並悉出奔。崔氏

---

❶「不説」，阮校：「石經、宋本作『弗説』，與《釋文》合。」

❷「賞」，阮校云：《後漢書・方術傳》注引作「幸」。

❸「國遷朝焉」，阮本以下正義十五節分疏於傳文各節下。

既亡，慶封召令還國，故言使諸逃亡之人得賊名而出者，以己情告而悉反之。　「宗不余辟」。　正義曰：男女辨姓，則女亦辟宗。❶癸謂慶舍爲宗，言彼宗不於我處相辟也。　「公膳日雙雞」。　正義曰：案《禮記·玉藻》云：「天子日食少牢，朔月大牢。諸侯日食特牲，朔月少牢。其大夫則日食特豚，朔月特牲。」今膳日雙雞者，齊國臨時之事，不如禮也。　「更之以鶩」。　正義曰：《釋鳥》云：「舒鳧，鶩。」舍人曰：「鳧，野名也。鶩，家名也。」李巡曰：「野曰鳧，家曰鶩。」郭璞曰：「鴨也。」然則謂之舒者，舒，遲也。家養馴，不畏人，故飛行遲，以遲别野名耳，其爲鴨一也。　「以其洎饋」。❷　正義曰：《説文》云：「洎，灌釜也。」《周禮·士師》職云：「祀五帝，則洎鑊水。」鄭玄云：「洎謂增其沃汁也。」然則洎者，添釜之名，添水以爲肉汁，遂名肉汁爲洎。去肉而空以汁饋，欲其怨之深也。　注「二子皆惠公孫」。　正義曰：昭三年傳云：「二惠競爽，猶可。」又十年傳曰：「齊惠欒、高氏皆耆酒。」是知皆惠公孫也。　注「慶封」至「之道」。　正義曰：《釋宫》云：「六達謂之莊。」注《爾雅》者皆以爲六道旁出。杜以九達並九軌，故亦以莊爲六軌也。　「慶奊爲上獻」。　正義曰：祭祀之禮，主人先獻。下文慶舍死，公懼而歸，則於時公親在矣。又此祭慶舍涖事，公與慶舍不爲上獻，而奊爲上獻者，慶舍使爲之，不可以禮責也。奊即繩也，爲下殺慶繩張本。　注「優俳」。　正義曰：優者，戲名也。《晉語》有優施，《史記·滑稽傳》有優孟、優旃，皆善爲優戲，而以優著名。史游《急就篇》云「倡優俳笑」，是優、俳一物而二名也。今之散樂戲爲可笑之語，而令人之笑是也。宋大尉袁淑取古之文章令人笑者，次而題之，名曰《俳諧集》。　「慶氏之馬善驚」。　正

❶「女」，京都本、閩本、監本、毛本、文淵閣本、阮本作「妻」。

❷「以」上，京都本、文淵閣本、阮本有「而」字。

義曰：善驚謂數驚，古人有此語。今人謂數驚爲好驚，好亦善之意也。注「魚里」至「觀之」。正義曰：杜以優在魚里，士往觀之。劉炫以爲國人從旁爲優引行以至魚里，以規杜氏。但傳文不顯，古事難知，劉輒以爲規，一何煩碎！注「甍屋棟」。正義曰：先儒相傳爲然也。張衡《西京賦》曰「甍宇齊平」，言諸屋棟簷高下等也。《説文》云：「甍，棟梁也。」是又名爲梁。此是屋上之長材，椽所以馮依者也，今俗謂之屋脊。注「禮食」至「不共」。正義曰：禮法，食必先祭，祭古之先，食以示有所先也。《公食大夫禮》云：「賓升席，坐，取韭菹，以偏擩于醢，❶上豆之間祭。」又言：祭鉶羹於上鉶之間，「祭飲食於上豆之間」。❷是祭食之禮，各有其處。《論語》云「汎愛衆」，汎是寬博之語，故知「汎祭」爲遠散所祭，言其不共也。注「句餘」至「吴邑」。正義曰：此時吴君是餘祭也。明年餘祭死，乃夷末代立。昭十五年吴子夷末卒，是也。服虔以句餘爲餘祭。杜以爲夷末者，以慶封此年之末始來奔魯，齊人來讓，方更奔吴，明年五月而閽弑餘祭，計其閒未得賜慶封以邑，故以句餘爲夷末也。

癸巳，天王崩。未來赴，亦未書，禮也。嫌時已聞喪當書，故發例。

崔氏之亂，喪羣公子，故鉏在魯，叔孫還在燕，賈在句瀆之丘。在二十五年。**及慶氏亡，皆召之，具其器用，而反其邑焉。**反，還也。**與晏子邶殿其鄙六十，**邶殿，齊別都。以邶殿邊鄙六十邑

❶「偏」，正宗寺本、京都本、文淵閣本、阮本作「偏」。阮校：「按，《儀禮》作『辯』。」「擩」，阮校：「段玉裁校本『擩』作『㨎』，云：古音『耎』聲在十四部，『需』聲在四部，其音畫然分别。後人乃或淆亂，其偏旁本從『耎』者，譌而爲『需』，而音由是亂矣。説詳《説文注》。」

❷「食」，正宗寺本、京都本、阮本作「酒」。

與晏嬰。弗受。子尾曰：「富，人之所欲也，何獨弗欲？」對曰：「慶氏之邑足欲，故亡。吾邑不足欲也，益之以邶殿，乃足欲。足欲，亡無日矣，在外不得宰吾一邑。不受邶殿，非惡富也，恐失富也。且夫富，如布帛之有幅焉。爲之制度，使無遷也。遷，移也。夫民，生厚而用利，於是乎正德以幅之，言厚利皆人之所欲，唯正德可以爲之幅。使無黜嫚，黜猶放也。謂之幅利。利過則爲敗。吾不敢貪多，所謂幅也。」與北郭佐邑六十，受之。與子雅邑，辭多受少。與子尾邑，受而稍致之。致還公。公以爲忠，故有寵。釋盧蒲嫳于北竟。釋，放也。求崔杼之尸，將戮之，不得。叔孫穆子曰：「必得之。武王有亂十人，❶亂，治也。崔杼其有乎？不十人，不足以葬。」葬必須十人，崔氏不能令十人同心，故必得。既，崔氏之臣曰：「與我其拱璧，崔氏大璧。❷吾獻其柩。」於是得之。十二月，乙亥，朔，齊人遷莊公，殯于大寢。更殯之於路寢也。十二月戊戌朔，乙亥誤。以其棺尸崔杼於市，崔氏弑莊公，又葬不如禮，故以莊公棺著崔杼尸邊，以章其罪。國人猶知之，皆曰：「崔

❶ 「亂」下，《四部叢刊》本、足利學本、京都本、文淵閣本、阮本有「臣」字。阮校：「宋本、宋殘本、淳熙本、岳本、足利本無『臣』字，與石經合。案，石經此行止九字，蓋初刻有『臣』字，後改正也。惠棟云：石經《論語》亦然。又昭廿四年傳引《大誓》亦無『臣』字，後人皆據晉時所出古文《大誓》以益之，非也。顧炎武云『石經脱臣字』，失之。」今案：疏引起訖亦有「臣」字。

❷ 「大」，阮校：「宋殘本作『之』。」

子也。」始求崔杼之尸不得，故傳云國人皆知之。【疏】注「六十邑」。❶　正義曰：傳直言六十，杜知六十邑者，下云「與北郭佐邑六十」，則此亦是六十邑也。　「外不得宰」。　正義曰：外猶以外，宰猶益也。以邶殿爲外也。言吾先有邑，更不得益邶殿耳。　「夫民」至「幅之」。　正義曰：人皆欲生計重厚而多財用，利益心既無厭，於是乎用正德以幅之。言用正德以爲邊幅，使有度也。　「武王有亂臣十人」。　正義曰：《尚書·泰誓》文也。亂，治也。以武王自言我有治理政事者十人，鄭玄《論語》注云：「十人謂文母、周公、大公、召公、畢公、榮公、大顛、閎夭、散宜生、南宫适。」　「不十人不足以葬」。　正義曰：案武王有亂臣十人，而得天下，崔子若有十人，唯得葬者：武王聖人，十人皆大德，故有天下，崔子是罪人，又有十人是凡人，故唯可以葬也。所引武王十人者，唯取同心之義。　「與我其拱璧」。　正義曰：其者，其崔杼也，故云崔氏大璧。拱謂合兩手也。此璧兩手拱抱之，故爲大璧。　注「始求」至「知之」。　正義曰：始求崔杼尸不得，嫌以他尸代之。傳言「國人猶知之，皆曰崔子」，言猶尚識其形，知是真崔子也。

爲宋之盟故，公及宋公、陳侯、鄭伯、許男如楚。公過鄭，鄭伯不在。已在楚。**伯有迋勞於黄崖，**❷**不敬。**滎陽宛陵縣西有黄水，西南至新鄭城西入洧。**穆叔曰：「伯有無戾於鄭，鄭必有大咎。伯有不受戮，必還爲鄭國害。**敬，民之主也，而棄之，何以承守？**言無以承先祖，守其家。**鄭人不討，**

---

❶「注六十邑」，阮本以下正義七節分疏於傳文各節下。

❷「崖」，《經典釋文》云：「本又作涯。」

必受其辜。濟澤之阿，言薄土。行潦之蘋藻，言賤菜。寘諸宗室，薦宗廟。季蘭尸之，敬也。言取蘋藻之菜於阿澤之中，使服蘭之女而爲之主，神猶享之，以其敬也。敬可棄乎？」爲三十年鄭殺良霄傳。

及漢，楚康王卒。公欲反，叔仲昭伯曰：「我楚國之爲，豈爲一人？行也！」昭伯，叔仲帶。子服惠伯曰：「君子有遠慮，小人從邇。邇，近也。飢寒之不恤，誰遑其後？遑，暇也。不如姑歸也。」叔孫穆子曰：「叔仲子專之矣，言足專任。子服子始學者也。」言未識遠。榮成伯曰：「遠圖者，忠也。」成伯，榮鴐鵝。❶ 公遂行。從昭伯謀。宋向戌曰：「我一人之爲，非爲楚也。飢寒之不恤，誰能恤楚？姑歸而息民，待其立君而爲之備。」宋公遂反。【疏】「濟澤」至「敬也」。❷ 正義曰：此意取《采蘋》之詩也。《詩》云：「于以采蘋，南澗之濱。于以采藻，于彼行潦。于以奠之，宗室牖下。誰其尸之，有齊季女。」彼詩采蘋於澗，采藻於潦，此并言「行潦之蘋藻」，又別言「濟澤之阿」者，以其亦是出菜之處，故先言之也。獨言濟者，以濟在魯國，故穆叔獨舉所見而言也。女將行嫁，就宗子之家，教之以四德。三月教成，設祭於宗子之廟。此詩述教成之祭，寘諸宗室，謂薦於宗子之家廟也。《詩》言季女，而此言季蘭，謂季女服蘭草也。案

❶ 「鴐」，《四部叢刊》本、京都本、文淵閣本、阮本作「駕」。

❷ 「濟澤至敬也」，阮本此節正義在「季蘭尸之敬也」句注下。

宣三年傳曰：「蘭有國香，人服媚之如是。」是女之服蘭也。❶「向戌」至「楚也」。正義曰：魯、宋俱是朝楚，向戌與叔仲昭伯言不同者，二者並爲楚是大國，故朝其君，昭伯欲令公行，故以國大勸公，言大國可畏也。向戌欲令公還，故以君身規公，言君死宜反也。意異，故言異耳。

楚屈建卒。趙文子喪之如同盟，禮也。宋盟有衷甲之隙，不以此廢好，故曰禮。

王人來告喪。問崩日，以甲寅告，故書之，以徵過也。徵，審也。此緩告非有事宜，直臣子怠慢，故於此發例。【疏】注「徵審」至「發例」。正義曰：昭三十年傳云：「非公，且徵過。」杜云：「徵，明也。」則此徵之訓亦爲明，明審此緩告者，非有事故宜緩，直是臣子怠慢耳。杜序以「故書」爲新意，故於此發新例，以明諸無事故而緩來告者，皆是譏其怠慢也。

---

❶「是」，京都本、阮本無此字。「之」，阮校：「宋本作『子』。」

春秋左傳正義卷第二十五

襄公

國子祭酒上護軍曲阜縣
開國子臣孔穎達等奉勑撰

【經】二十有九年，春，王正月，公在楚。公在外，闕朝正之禮甚多，而唯書此一年者，魯公如楚，既非常，此公又踰年，故發此一事以明常。【疏】注「公在」至「明常」。正義曰：僖十六年冬公會諸侯于淮，十七年秋九月公至自會。宣七年冬公會諸侯于黑壤，八年春公至自會。成十年秋公如晉，十一年春公至自晉。十二年冬公如晉，十三年春公至自晉。此等正月，公皆不在，其類多矣。是公在外，闕朝正之禮甚多，而皆不書。唯書此一年者，魯公如楚云云。《釋例》曰：「襄二十九年，春，正月，公在楚。凡公之行，始則書所如，還則書公至。今中復書『公在楚』者，明國之守臣每月亦以公不朝之故告於廟也。每月必告，而特於正月釋之者，蓋歲之正也，月之正也，日之正也。三始之正，嘉禮所重，人理所以自新，故特顯以通他月也。公之在外，所以闕朝正之禮甚多，唯書此一年，釋此一事者，斯禮有常，非義例所急，故因公遠出踰年，存此一事，以示法也。」

夏，五月，公至自楚。

庚午，衛侯衎卒。無傳。四同盟。【疏】注「四同盟」。　正義曰：衎以成十五年即位，❶其年盟于戚，十七年于柯陵，十八年于虛朾，襄三年于雞澤，五年于戚，七年及孫林父盟，九年于戲，十一年于亳城北，二十七年于宋。衎自前即位及後復歸，凡與魯九同盟。劉炫以爲杜云「四同盟」者誤。今知不然者，以其與成公三盟，不數；五年盟戚，經不書，不數；七年林父是大夫，又特共魯盟，亦不數，故爲四同盟也。劉不尋此理而規杜過，非也。

閽弒吴子餘祭。❷閽，守門者，下賤非士，故不言盜。【疏】注「閽守」至「言盜」。　正義曰：《周禮》：「閽人，王宮每門四人。」鄭玄云：「閽人，司昏晨以啓閉者。刑人墨者使守門。」既服墨刑，使之守門，是下賤人也。哀四年「盜殺蔡侯申」，此爲下賤，非士，故不言盜也。《穀梁傳》曰：「不稱名姓，閽不得齊於人。不稱其君，閽不得君其君也。」

仲孫羯會晉荀盈、齊高止、宋華定、衛世叔儀、鄭公孫段、曹人、莒人、滕人、薛人、小邾人城杞。公孫段，伯石也。三十年伯有死，乃命爲卿。今蓋以攝卿行。【疏】注「公孫」至「卿行」。　正義曰：公孫段即伯石也。據三十年傳，「伯有死，始命伯石爲卿」，則此時未爲卿矣。未爲卿，而得書其名，故疑之云「蓋以攝卿行」也。以隱公攝位爲君，而國人君之，諸侯與之，知攝位爲卿者，諸侯亦即以爲卿，序之於列，故史得以卿

---

❶「衎」，原作「行」，據正宗寺本、京都本、文淵閣本、阮本改。

❷「弒」，阮校：「《釋文》作『殺』，申志反。《禮記·曲禮》『刑人不在君側』正義引同。」

書也。文七年傳稱晉使先蔑如秦，逆公子雍，荀林父謂蔑曰：「攝卿以往可也，何必子？」是知有使大夫攝卿之法也。

晉侯使士鞅來聘。

杞子來盟。杞復稱子，用夷禮也。【疏】注「杞復」至「禮也」。　正義曰：杞入《春秋》，書爵稱侯，又稱伯，僖二十三年、二十七年稱子。傳曰：「用夷禮，故曰子。」自爾以來，常稱爲伯。今復稱子，傳云：「書曰『子』，賤之也。」明爲用夷禮，故賤之。知杞復稱「子」，用夷禮也。

吴子使札來聘。吴子，餘祭，既遣札聘上國而後死。札以六月到魯，未聞喪也。不稱公子，其禮未同於上國。【疏】注「吴子」至「上國」。　正義曰：上云「閽弑吴子」，此言吴子使聘，傳曰：「其出聘也，通嗣君也。」不知通嗣君，通誰嗣也。賈逵、服虔皆以爲夷末新即位，使來通聘。案隱三年「武氏子來求賻」，文九年「毛伯來求金」，並不言王使，傳皆云「王未葬也」，是知先君未葬，嗣君不得命臣。此與閽弑吴子文不隔月，吴、魯相去，經塗至遠，豈以君死之月即命臣乎，而得書「吴子使」也？且傳稱季札至魯，徧觀周樂，至戚聞鐘聲，譏孫文子云「君又在殯，而可以樂乎」？自請觀樂，譏人聽樂，曠世大賢，豈當若是？故杜以爲通嗣君，通餘祭嗣也。二十五年遏爲巢牛臣所殺，餘祭嗣立，至此始使札通上國。吴子未死之前，命札出使，既遣札聘，而後身死。札以六月到魯，未及聞喪，故每事皆行吉禮也。經、傳皆無札至之月，知以六月到者，以「城杞」在五月之下，城杞既訖，乃有士鞅來聘，杞子來盟。若共在月中，則不容此事下文有「秋」，知札以六月至也。札去之後，吴始告喪，告以五月被弑，故追書在聘上耳。札實公子，不書公子者，吴是東夷，其禮未同於上國，故史不書氏。以札是卿，故書其名耳。《釋例》曰：「吴晚通上國，故其君臣朝會，不同於例，亦猶楚之初始也。」昭二十七年傳稱「延州來季子聘于上國」，是吴謂諸夏爲上國也。

秋，九月，葬衛獻公。無傳。

齊高止出奔北燕。止，高厚之子。

冬，仲孫羯如晉。

【傳】二十九年，春，王正月，公在楚。釋不朝正于廟也。釋，解也。告廟在楚，解公所以不朝正。**楚人使公親襚，**諸侯有遺使賵襚之禮。今楚欲依遺使之比。**公患之。穆叔曰：「祓殯而襚，則布幣也。」**先使巫祓除殯之凶邪，而行襚禮，與朝而布幣無異。**乃使巫以桃茢先祓殯。**茢，黍穰。**楚人弗禁，既而悔之。**禮，君臨臣喪乃祓殯，故楚悔之。【疏】注「釋解」至「朝正」。❶　正義曰：公本在國，每月之朔，常以朝享之禮親自祭廟。今以在外之故，闕於此禮。國之守臣於此朔日告廟云「公在楚」，史官因書於策。傳解其告廟之意，告云「公在楚」者，解釋公所以不得親自朝正也。　「楚人使公親襚」。　正義曰：《檀弓》云：「襄公朝于荆。康王卒，荆人曰：『必請襲。』魯人曰：『非禮也。』荆人强之，巫先拂柩。荆人悔之。」記之所言，即是此事，所異者，此言「請襚」，彼言「請襲」，此言「祓殯」，彼言「拂柩」，雖俱説此事，先後不同。禮，死而

❶「注釋解至朝正」，阮本以下正義五節分疏於傳文各節下。

浴，浴即襲。襲後始小斂、大斂，乃殯。案往年傳公及漢，聞康王卒，公欲反。則康王之卒，公未至楚。「楚人使公親襚」，傳在此年言之，則此年始令公親襚，襚不得爲襲也。卒已踰月，不得柩仍在地，足知殯是而柩非，記虚而傳實也。然則襚衣所以衣尸，既殯而使公襚者，致襚所以結恩好，其衣不必充用。《雜記》記致襚之禮云「委衣于殯東」，是既殯猶致襚也。文九年秦人來歸僖公成風之襚，僖薨十年猶致之，況既殯也？　注「諸侯」至「之比」。　正義曰：《雜記》云：「弔者含襚賵臨。」是諸侯之臣使於鄰國之禮也。楚人以諸侯相於有遺使賵襚之禮，今以公身既在，意在輕魯，欲以公依遺使之比，使公親行之也。　「祓殯」至「幣也」。　正義曰：案：《雜記》諸侯使臣致襚之禮，云「委衣于殯東」，今楚人以公身在，意欲輕魯，令公依遺使之比。公以楚人輕己，所以患之。故穆叔云：若使巫人先往祓殯，則是君臨臣喪之禮。祓除既了，而行襚禮，布陳衣物，與行朝之時布陳幣帛無異，有何可患？　劉炫云：「朝禮，兩君相見，先授玉，然後致享，乃布陳幣帛於庭也。祓殯者，君臨臣喪之禮，先使祓殯，行臨喪之禮，然後致襚，則全是布幣之禮。言與朝而布幣無異也。君臨臣喪者，由先見臣，故以祓殯比行朝禮，自然致襚似布幣。❶楚以親襚屈魯，魯以祓殯自尊。」今贊曰：❷疏云，以殯有凶邪，畏惡患之，不肯親襚。穆叔云，先使巫人祓除殯之凶邪，凶邪既無，❸而行襚禮，布陳衣物，與行朝之時布陳幣帛無異。言俱無咎，有何可患？　「乃使」至「祓殯」。　正義曰：巫者，接神之官。《周禮》：「男巫，王弔則與祝前。」《檀弓》云：「君臨臣

---

❶「似」，阮校：「毛本作『以』。」

❷「今」，京都本、阮本作「令」。

❸「凶邪」，京都本、文淵閣本、阮本無此二字。

喪，以巫祝桃茢執戈，惡之也。」鄭玄云：「爲有凶邪之氣在側。桃，鬼所惡。茢，萑苕，可掃不祥。」君臨臣喪，禮有此法，故使巫以桃茢先祓殯，若以楚子爲臣然，所以屈楚也。茢是帚，蓋桃爲棒也。《詩》毛傳曰：❶「薍爲萑，萑苕謂薍穗也。」杜云「茢，黍穰」者，今世所謂苕帚者，或用薍穗，或用黍穰，是二者皆得爲之也。

二月，癸卯，齊人葬莊公於北郭。兵死不入兆域，故葬北郭。【疏】注「兵死」至「北郭」。　正義曰：《周禮·冢人》：「掌公墓之地，辨其兆域，凡死於兵者，不入兆域。」

夏，四月，葬楚康王。公及陳侯、鄭伯、許男送葬，至于西門之外。諸侯之大夫皆至于墓。

楚郟敖即位，郟敖，康王子熊麇也。**王子圍爲令尹。**圍，康王弟。**鄭行人子羽曰：「是謂不宜，必代之昌。松柏之下，其草不殖。」**言楚君弱，令尹强，物不兩盛。爲昭元年圍弒郟敖起本。

公還，及方城。季武子取卞，取卞邑以自益。**使公冶問，**問公起居。公冶，季氏屬大夫。**璽書追而與之，**❷璽，印也。**曰：「聞守卞者將叛，臣帥徒以討之。既得之矣，敢告。」公冶致使而退，**致季氏使命。**及舍而後聞取卞。**發書乃聞之。**公曰：「欲之而言叛，祇見疏也。」**❸言季氏欲得卞，而

---

❶「詩毛」，阮本作「毛詩」。

❷「與」，阮校：「石經、宋本作『予』。案，《外傳》亦作『予』。」

❸「疏」，阮校：「惠棟云：『「疏」當爲「詤」字之誤也。《呂覽·知接篇》云『無由接而言見詤』，高誘曰：『詤讀誣妄之誣。』下云『欺其君，何必使余』，明疏爲誣，欲之而言叛，非誣乎？陳樹華云：杜氏好改古文，故古文古義存者少矣。詤，呼光切，見《說文》。」

欺我言叛，益疏我。公謂公冶曰：「吾可以入乎？」以季氏疏己，故不敢入。對曰：「君實有國，誰敢違君？」公與公冶冕服，以卿服玄冕賞之。固辭，强之而後受。公欲無入，榮成伯賦《式微》，乃歸。《式微》，《詩·邶風》。曰：「式微式微，胡不歸？」式，用也。義取寄寓之微陋，勸公歸。❶

五月，公至自楚。公冶致其邑於季氏，本從季氏得邑，故還之。而終不入焉。不入季孫家。曰：「欺其君，何必使余？」季孫見之，則言季氏如他日。不見，則終不言季氏。及疾，聚其臣，大夫家臣。曰：「我死，必無以冕服斂，非德賞也。言公畏季氏而賞其使，非以我有德。且無使季氏葬我！」【疏】注「璽印也」。❷ 正義曰：蔡邕《獨斷》云：「璽，印也，信也。❸ 天子璽白玉螭，虎紐。古者尊卑共之。」《月令》曰：「周封璽。」❹季武子使公冶問璽書，此諸侯大夫印稱璽也。衛宏云：「秦以前，民皆以金玉爲印，唯其所好。自秦以來，唯天子之印獨稱璽，又以玉，❺羣臣莫敢用也。」案《周禮·掌節》「貨賄用璽節」，鄭玄云：「今之印章也。」則周時印已名璽，但上下通用。「公曰」至「疏也」。正義曰：武子書云「聞卞將叛」，則是叛形未著，故公猜之。言武子自欲得之，而誣言其叛，多見疏外我也。「多見疏」，猶《論語》云「多見其不知量」也。服

❶「歸」下，京都本、文淵閣本、阮本有「也」字。
❷「注璽印也」，阮本以下正義三節分疏於傳文各節下。
❸「信」上，阮校：「浦鏜《正誤》云脱『印』字，是也。」
❹「周封璽」，阮校：「段玉裁校本『周』作『固』。按，今《月令》作『固封疆』。」
❺「以」上，阮校：「今本《獨斷》有『獨』字。」

虔本作「衹見疏」，解云：「衹，適也。」晉宋杜本皆作「多」。古人多、衹同音。張衡《西京賦》云：「炙炮夥，清酤多。皇恩溥，洪德施。」施與多爲韻。此類衆矣。　注「以卿」至「賞之」。　正義曰：公冶先爲大夫，公今以恩加賜，知以卿服玄冕賞之也。《周禮·司服》云：「卿大夫之服，自玄冕而下。」是卿與大夫同服玄冕也，其旒當以命數爲異耳。

葬靈王。不書，魯不會。**鄭上卿有事，子展使印段往。伯有曰：「弱，不可。」**印段年少官卑。**子展曰：「與其莫往，弱不猶愈乎？《詩》云：『王事靡盬，不皇啓處。』**《詩·小雅》。盬，不堅固也。啓，跪也。言王事無不堅固，故不暇跪處。**東西南北，誰敢寧處？**謂上卿。**堅事晉、楚，以蕃王室也。**言我固事晉、楚，乃所以蕃屏王室。**王事無曠，何常之有？」遂使印段如周。**傳言周衰，卑於晉、楚。【疏】「葬靈」至「段往」。❶　正義曰：鄭之上卿，即子展也。有事，謂君適楚而代守國也。計於時鄭卿在國，猶有子西、伯有。不使彼行而使印段者，蓋別有所掌，共子展守國，故不得行也。　注「詩小」至「跪處」。　正義曰：《小雅·四牡》之章。盬亦蠱也。昭元年傳曰：「於文皿蟲爲蠱，穀之飛亦爲蠱。」蠱是蟲之害物，故爲不牢固也。《釋言》云：「皇，❷暇也。啓，跪也。」李巡曰：「皇，閒暇也。啓，小跪也。」言王事無有不牢固，已當牢固之，故不得閒暇而跪處也。

---

❶「葬靈至段往」，阮本以下正義二節分疏於傳文各節下。

❷「皇」下，阮校：「宋本有『閒』字。按，今本《爾雅》作『偟，暇也』。」

吴人伐越，❶獲俘焉，以爲閽，使守舟。吴子餘祭觀舟，閽以刀弑之。言「以刀」，明近刑人。

鄭子展卒，子皮即位。子皮代父爲上卿。於是鄭饑，而未及麥，民病。子皮以子展之命餼國人粟，户一鍾，在喪故以父命也。六斛四斗曰鍾。是以得鄭國之民，故罕氏常掌國政，以爲上卿。宋司城子罕聞之，曰：「鄰於善，民之望也。」民亦望君爲善。

宋亦饑，請於平公，出公粟以貸，使大夫皆貸。司城氏貸而不書，施而不德。爲大夫之無者貸。宋無飢人。叔向聞之，曰：「鄭之罕，宋之樂，其後亡者也。二者其皆得國乎？得掌國政。民之歸也。施而不德，樂氏加焉，其以宋升降乎？」升降，隨宋盛衰。【疏】「以子展之命」。❷ 正義曰：蓋死日近，死時民已饑，故假其生時之遺命也。「鄰於善民之望也。」 正義曰：鄰，近也。近於善，民亦望君爲善也。

晉平公，杞出也，故治杞。治，理其地，脩其城。六月，知悼子合諸侯之大夫以城杞，孟孝伯會之。鄭子大叔與伯石往。大叔不書，不親事。子大叔見大叔文子，文子，衛大叔儀。與之語。文子曰：「甚乎，其城杞也！」子大叔曰：「若之何哉！晉國不恤周宗之闕，而夏肄是屏，周宗，諸姬也。夏肄，杞也。肄，餘也。屏，城也。其棄諸姬，亦可知也已。諸姬是棄，其誰歸之？吉也聞

---

❶「越」，京都本、阮本作「楚」。

❷「以子展之命」，阮本以下正義二節分疏於傳文各節下。

之，棄同即異，是謂離德。《詩》曰：『協比其鄰，昏姻孔云。』《詩·小雅》。言王者和協近親，則昏姻甚歸附。❶ 晉不鄰矣，其誰云之？」云猶旋旋歸之。

齊高子容與宋司徒見知伯，❷女齊相禮。子容，高止也。司徒，華定也。知伯，荀盈也。女齊，司馬侯也。相禮，侍威儀也。賓出，司馬侯言於知伯曰：「二子皆將不免。子容專，專，自是也。司徒侈，皆亡家之主也。」知伯曰：「何如？」對曰：「專則速及，速及禍也。侈將以其力斃，力盡而自斃。專則人實斃之，將及矣。」爲此秋高止出奔燕，昭二十年華定出奔陳傳。

范獻子來聘，拜城杞也。謝魯爲杞城。公享之，展莊叔執幣。公將以酬賓。射者三耦，二人爲耦。公臣不足，取於家臣。家臣展瑕、展王父爲一耦，公臣公巫召伯、仲顔莊叔爲一耦，鄫鼓父、黨叔爲一耦。言公室卑微，公臣不能備於三耦。

晉侯使司馬女叔侯來治杞田，使魯歸前侵杞田。所歸少，故不書。弗盡歸也。晉悼夫人愠

---

❶ 「附」下，京都本、文淵閣本、阮本有「也」字。

❷ 「齊高子容」，阮校：「石經本有『齊』字，後磨去改刊『高子容』三字，故此行九字。案，錢大昕云：此『齊』字後人妄加，石經磨改本是也。傳於列國諸卿，或書國，或不書國，皆有義例，如此篇大叔文子不書『衛』，高子容不書『齊』，已見經文故也。經不書游吉，故子大叔稱『鄭』以別之。華定書官不書族，故稱『宋』以別于他國。《左氏傳》不可增損一字如此。」

曰：「齊也取貨，夫人，平公母，杞女也。謂叔侯取貨於魯，故不盡歸杞田。先君若有知也，不尚取之。」不尚叔侯之取貨。公告叔侯。叔侯曰：「虞、虢、焦、滑、霍、揚、韓、魏，皆姬姓也，八國皆晉所滅。焦在陝縣。❶揚屬平陽郡。晉是以大。若非侵小，將何所取？武、獻以下，兼國多矣，武公、獻公，晉始盛之君。誰得治之？杞，夏餘也，而即東夷。行夷禮。魯，周公之後也，而睦於晉。以杞封魯猶可，而何有焉？何有盡歸之。魯之於晉也，職貢不乏，玩好時至，公卿大夫相繼於朝，史不絶書，書魯之朝聘。府無虚月。無月不受魯貢。如是可矣，何必瘠魯以肥杞？且先君而有知也，毋寧夫人，❷而焉用老臣？」言先君毋寧怪夫人之所爲，無用責我。

杞文公來盟，魯歸其田，故來盟。書曰「子」，賤之也。賤其用夷禮。【疏】注「治理」至「其城」。❸正義曰：經書「城杞」，謂築杞城耳。下「使女叔侯來治杞田」，知治杞，治杞之地，非獨脩其城也。　「夏肆是屏」。　正義曰：《方言》云：「肆，枿，餘也。秦晉之間曰肆。」鄭玄云：❹「斬而復生曰肆。」杞是夏後，滅而復存，猶木之枿生小栽也。　「射者三耦」。　正義曰：《燕禮》云：「若射，則大射正爲司射，如鄉射之禮。」是燕有爲射

---

❶「陝」，阮校：「淳熙本作『郟』。」

❷「夫」，原作「天」，據《四部叢刊》本、京都本、阮本及下疏文所引改。

❸「注治理至其城」，阮本以下正義四節分疏於傳文各節下。

❹「鄭玄云」，阮校：「案，當作『毛傳云』。」

之時也。此云「公享之」，則享法亦有射也。《周禮・射人》云：「諸侯之射以四耦。」此三耦者，彼是畿内諸侯，故四耦。此及《儀禮・大射》畿外諸侯，故三耦。或當臣與君異也。　注「不尚」至「取貨」。　正義曰：服虔云：「不尚，尚也。尚當取女叔侯殺之。」下文叔侯云「先君而有知也，❶毋寧夫人，而焉用老臣」，服虔云：「毋寧，寧也。寧自取夫人，將焉用老臣乎？」杜以其言大爵，❷欲復君臣之禮，故改之以爲夫人云「不尚取之」者，先君不高尚此叔侯之取貨也。❸「毋寧夫人」，謂先君當怪夫人之所爲也。劉炫以「夫人愠而出辭，則其言當悖。直言『不尚』此事，所譏大輕淺，非是愠之意。昭八年穿封戌云『若知君之及此』，追欲不殺靈王，❹其意乃悖於此。蓋古者不諱之言，服虔之説未必非也」。

吴公子札來聘，見叔孫穆子，説之。謂穆子曰：「子其不得死乎？不得以壽死。❺**好善而不能擇人。吾聞君子務在擇人。吾子爲魯宗卿，而任其大政，不慎舉，何以堪之？禍必及子！」**爲昭四年竪牛作亂起本。

請觀於周樂。魯以周公故，有天子禮樂。**使工爲之歌《周南》、《召南》。**此皆各依其本國歌所

---

❶「文」，京都本、文淵閣本、阮本無此字。

❷「爵欲」，正宗寺本、京都本、文淵閣本、阮本作「悖無」。阮校：「宋本『悖無』作『爵欲』，非也。」

❸「此」，原作「地」，據正宗寺本、京都本、文淵閣本、阮本改。

❹「欲」，正宗寺本、京都本、文淵閣本、阮本作「恨」。阮校：「宋本作『欲』，非也。」

❺「死」，京都本、文淵閣本、阮本作「終」。

常用聲曲。**曰：「美哉！**美其聲。**始基之矣，**《周南》、《召南》，王化之基。**猶未也，**猶有商紂，未盡善也。**然勤而不怨矣。」**未能安樂，然其音不怨怒。**爲之歌《邶》、《鄘》、《衛》。**武王伐紂，分其地爲三監。三監叛，周公滅之。更封康叔，并三監之地，故三國盡被康叔之化。**曰：「美哉，淵乎！憂而不困者也。**淵，深也。亡國之音哀以思，其民困。衛康叔、武公德化深遠，雖遭宣公淫亂，懿公滅亡，民猶秉義，不至於困。**吾聞衛康叔、武公之德如是，是其《衛風》乎？」**康叔，周公弟。武公，康叔九世孫。皆衛之令德君也。聽聲以爲别，故有疑言。**爲之歌《王》。**《王》，《黍離》也。幽王遇西戎之禍，平王東遷，王政不行於天下，風俗下與諸侯同，故不爲《雅》。**曰：「美哉！思而不懼，其周之東乎？」**宗周隕滅，故憂思。猶有先王之遺風，故不懼。**爲之歌《鄭》。**《詩》第七。**曰：「美哉！其細已甚，民弗堪也，是其先亡乎？」**美其有治政之音，譏其煩碎，知不能久。**爲之歌《齊》。**《詩》第八。**曰：「美哉，泱泱乎，大風也哉！**泱泱，弘大之聲。**表東海者，其大公乎？**大公封齊，爲東海之表式。**國未可量也。」**言其或將復興。**爲之歌《豳》。**《詩》第十五。豳，周之舊國，在新平漆縣東北。**曰：「美哉，蕩乎！樂而不淫，其周公之東乎？」**蕩乎，蕩然也。樂而不淫，言有節。周公遭管、蔡之變，東征三年，爲成王陳后稷、先公不敢荒淫，以成王業，故言其「周公之東乎」。**爲之歌《秦》。**《詩》第十一。後仲尼删定，故不同。**曰：「此之謂夏聲。夫能夏則大，大之至也，其周之舊乎？」**秦本在西戎汧、隴之西，秦仲始有車馬、禮樂。去戎狄之音而有諸夏之聲，故謂之「夏聲」。

及襄公佐周平王東遷，而受其故地，故曰「周之舊」。**爲之歌《魏》。**《詩》第九。魏，姬姓國。閔元年晉獻公滅之。**曰：「美哉，渢渢乎！大而婉，險而易行，❶以德輔此，則明主也。」**渢渢，中庸之聲。婉，約也。「險」當爲「儉」字之誤也。大而約，則儉節易行。惜其國小無明君也。**爲之歌《唐》。**《詩》第十。《唐》，晉詩。**曰：「思深哉！其有陶唐氏之遺民乎？❷不然，何憂之遠也？❸**晉本唐國，故有堯之遺風。憂深思遠，情發於聲。**非令德之後，誰能若是？」爲之歌《陳》。**《詩》第十二。**曰：「國無主，其能久乎？」**淫聲放蕩，無所畏忌，故曰「國無主」。**自《鄶》以下，無譏焉。**《鄶》，第十三。《曹》，第十四。言季子聞此二國歌，不復譏論之，以其微也。

爲之歌《小雅》。《小雅》，小正，亦樂歌之常。**曰：「美哉！思而不貳，**思文武之德，無貳叛之心。

---

❶「險」，阮校：「注云：『「險」當爲「儉」字之誤也。』惠士奇云：險，《史記》作『儉』，古文也。古文《易》云：『動乎儉中。』又云：『儉德辟難。』皆讀爲『險』。『險而易行』，即《易》之『易以知險』。杜云『當爲「儉」誤』，是也。惠棟云：《漢劉脩碑》云『動乎儉中』，今《易》作『險』。案，《文選》張載《魏都賦》注引傳作『儉』，是也。《釋文》依注音『儉』。」

❷「遺民」，阮校：「杜注云：晉本唐國，故有堯之遺風。《詩·唐風》正義、《史記·吴世家》引傳作『遺風』。」

❸「何憂之遠也」，阮校：「石經『何』下有『其』字。案，《詩·唐風》正義引傳作『何其憂之遠也』。『之遠』上，石經旁加『思』字，非唐刻也。」

怨而不言，有哀音。其周德之衰乎？衰，小也。**猶有先王之遺民焉。」**謂有殷王餘俗，故未大。❶

爲之歌《大雅》。《大雅》，陳文王之德，以正天下。**曰：「廣哉，熙熙乎！**熙熙，和樂聲。**曲而有直體，**論其聲。**其文王之德乎？」**《雅》、《頌》，所以詠盛德形容，故但歌其美者，不皆歌變《雅》。

爲之歌《頌》。「頌」者，以其成功告於神明。**曰：「至矣哉！**言道備。**直而不倨，**倨傲。**曲而不屈，**屈，橈。**邇而不偪，**謙退。**遠而不攜，**攜貳。**遷而不淫，**淫，過蕩。**復而不厭，**常日新。**哀而不愁，**知命。**樂而不荒，**節之以禮。**用而不匱，**德弘大。**廣而不宣，**不自顯。**施而不費，**因民所利而利之。**取而不貪，**義然後取。**處而不底，**守之以道。**行而不流。**制之以義。**五聲和，**宮、商、角、徵、羽謂之五聲。**八風平，**八方之氣謂之八風。**節有度，守有序，**八音克諧，節有度也。無相奪倫，守有序也。**盛德之所同也。」**《頌》有殷、魯，故曰「盛德之所同」。

見舞《象箾》、《南籥》者，象箾，舞所執。❷南籥，以籥舞也。皆文王之樂。**曰：「美哉！猶有憾。」**美哉，美其容也。文王恨不及己致太平。**見舞《大武》者，**武王樂。**曰：「美哉！周之盛也，其**

---

❶「大」下，京都本、文淵閣本、阮本有「衰」字。阮校：「宋本、淳熙本無『衰』字，《史記集解》引注文同。正義云『故使周德未得大也』，亦無『衰』字。」

❷「舞」下，阮校：「足利本有『者』字，李善注《文選・長笛賦》引同。」孫校：「疏引注亦有『者』字。」按，足利學本地腳注補「者」字。

若此乎？」見舞《韶濩》者，殷湯樂。曰：「聖人之弘也，❶而猶有慙德，聖人之難也。」慙於始伐。見舞《大夏》者，禹之樂。曰：「美哉！勤而不德，非禹，其誰能脩之？」盡力溝洫，勤也。見舞《韶箾》者，舜樂。曰：「德至矣哉，大矣！如天之無不幬也，幬，覆也。如地之無不載也。雖甚盛德，其蔑以加於此矣。觀止矣！若有他樂，吾不敢請已。」魯用四代之樂，故及《韶箾》，而季子知其終也。季札賢明才博，在吳雖已涉見此樂歌之文，然未聞中國雅聲，故請作周樂，欲聽其聲，然後依聲以參時政，知其興衰也。聞《秦》詩，謂之夏聲，聞《頌》，曰「五聲和，八風平」，皆論聲以參政也。舞畢，知其樂終，是素知其篇數。

其出聘也，通嗣君也。吳子餘祭嗣立。故遂聘于齊，說晏平仲，謂之曰：「子速納邑與政。納，歸之公。無邑無政，乃免於難。齊國之政，將有所歸，未獲所歸，難未歇也。」歇，盡也。故晏子因陳桓子以納政與邑，是以免於欒、高之難。難在昭八年。

聘於鄭，見子産，如舊相識，與之縞帶，子産獻紵衣焉。大帶也。吳地貴縞，鄭地貴紵，故各獻己所貴，示損己而不爲彼貨利。謂子産曰：「鄭之執政侈，難將至矣！政必及子。子爲政，慎之以禮。不然，鄭國將敗。」侈，謂伯有。

---

❶「弘」，阮校云：蔡邕注《典引》引作「治」。

適衛，説蘧瑗、蘧伯玉。史狗、史朝之子文子。史鰌、史魚。公子荆、公叔發、公叔文子。公子朝，曰：「衛多君子，未有患也。」

自衛如晉，將宿於戚，戚，孫文子之邑。聞鐘聲焉，曰：「異哉！吾聞之也：『辯而不德，必加於戮。』辯猶争也。夫子獲罪於君以在此，孫文子以戚叛。懼猶不足，而又何樂？夫子之在此也，猶燕之巢于幕上。言至危。君又在殯，而可以樂乎？」獻公卒，未葬。遂去之。不止宿。文子聞之，終身不聽琴瑟。聞義能改。

適晉，説趙文子、韓宣子、魏獻子，曰：「晉國其萃於三族乎？」言晉國之政，❶將集於三家。説叔向，將行，謂叔向曰：「吾子勉之！君侈而多良，大夫皆富，政將在家。富必厚施，故政在家。吾子好直，必思自免於難。」【疏】「好善而不能擇人」。❷ 正義曰：昔有當塗貴邳國公蘇威嘗問曰：「知人是善，然後好之，何以言其不能擇人？」有曰：「好善，仁。擇人，鑒。雖有仁心，鑒不周物，故好而不能擇也。」劉炫以此言亦有所切於彼。 注「魯以」至「禮樂」。 正義曰：《明堂位》云：「成王以周公爲有勳勞於天下，是以封周公於曲阜，命魯公世世祀周公以天子之禮樂。」又曰：「凡四代之服器，魯兼用之。」是魯以周公故，有天子之禮樂也。 「歌周南召南」。 正義曰：歌《周南》、《召南》之詩，而以樂音爲之節也。《周南》、《召南》，皆文王之詩

❶「政」，阮校：「《史記正義》引作『祚』。」

❷「好善而不能擇人」，自此節正義至「君侈而多良」，阮本分疏於傳文各節下。

也。周、召者，岐山之陽地名。周之先公曰大王者，自豳始遷焉，而脩德建王業。大王生王季，王季生文王。於時雍、梁、荆、豫、徐、揚之民皆歸文王，文王三分天下有其二，以服事殷。文王改都於豐，乃分岐邦周、召之地賜周公旦、召公奭，以爲采邑，使此二公施教於己所職之國，爲文王行先公賢化，與己聖化，使二公雜而施行之。但南土感化，有深有淺，其作詩也，或感聖化，或感賢化。及武王伐紂，定天下，巡守述職，❶陳諸國之詩，以觀民風俗。其六州所作詩，其得聖人之化者，謂之《周南》，其得仁賢之化者，謂之《召南》。其實皆是文王之化，而分繫周、召二公耳。必分繫者，文王以諸侯之身，行王者之化，詩人述其本志，爲作聖賢之風。此詩體實是風，不可以雅名之。文王身有王號，不可以風繫之。名無所繫，詩不可棄，因二公爲王行化，是故繫之二公。周公聖，以聖化繫之。召公賢，以賢化繫之。《周南》十一篇，《召南》十四篇。季札此時徧觀周樂，《詩》篇三百，不可歌盡，或每詩歌一篇、兩篇以示意耳，未必盡歌之也。劉炫云：「不直言周、召者，以其實非二公身化也。言南者，《詩序》云：『言化自北而南也。』謂從岐周南被江、漢也。」注「此皆」至「聲曲」。正義曰：詩人觀時政善惡，而發憤作詩。其所作文辭，皆準其樂音，令宮商相和，使成歌曲。樂人采其詩辭以爲樂章，述其詩之本音以爲樂之定聲。其聲既定，其法可傳。雖多歷年世，而其音不改。今此爲季札歌者，各依其本國歌所常用聲曲也。由其各有聲曲，故季札聽而識之。言本國者，變風諸國之音各異也。注「美其聲」。正義曰：先儒以爲季札所言，觀其詩辭而知，故杜顯而異之。季札所云「美哉」者，皆美其聲也。《詩序》稱：「詩者，志之所之也。在心爲志，發言爲

❶「守」，阮本作「狩」。

詩。情動於中，而形於言。言之不足，故嗟歎之。」長歌以申意也。及其八音俱作，歌詩爲章，❶則人之情意，更復發見於樂之音聲。出言爲詩，各述己情。聲能寫情，情皆可見。聽音而知治亂，觀樂而曉盛衰。神瞽、大賢師曠、季札之徒，其當有以知其趣也。　注「未能」至「怨怒」。　正義曰：《詩序》云：「治世之音安以樂，亂世之音怨以怒。」此作《周》、《召》之詩，其時猶有紂存音，雖未能安樂，已得不怨怒矣。　注「武王」至「之化」。　正義曰：邶、鄘、衛者，商紂畿内之地名也。《漢書・地理志》云：「周既滅殷，分其畿内爲三國。《詩・風》邶、鄘、衛國是也。邶以封紂子武庚。鄘，管叔尹之。衛，蔡叔尹之。以監殷民，謂之『三監』。故《書序》曰：『武王崩，三監叛。』周公誅之，盡以其地封弟康叔。故邶、鄘、衛三國之詩，相與同風。」此注取《漢志》爲説也。漢世大儒孔安國、賈逵、馬融之徒，皆以爲然，故杜亦同之。鄭玄《詩譜》云：「武王伐紂，以其京師封紂子武庚爲殷後。庶殷頑民，被紂化日久，未可以建諸侯，乃三分其地，置三監，管叔、蔡叔、霍叔，使尹而監教之。自紂城而北謂之邶，南謂之鄘，東謂之衛。武王崩後五年，周公居攝，三監導武庚叛。成王既黜殷命，殺武庚，復伐三監，更於此三國建諸侯，以殷餘民封康叔於衛，使爲之長。後世子孫稍彊，兼并彼二國，混其地而名之。」先儒唯鄭言然。康叔以後，七世至頃侯，仁人不遇，邶人作《柏舟》之詩以刺之。以後繼作，十九篇爲《邶風》，十篇爲《鄘風》，十篇爲《衛風》，皆美刺衛君而分爲三耳。此三國之風，實同是衛詩，而必分爲三者，鄭玄云：「作者各有所傷，從其本國，分而異之，故爲邶、鄘、衛之詩焉。」其意以爲邶、鄘、衛各是大國，土風不同。作者雖俱有美刺，而各述土風，故大師各從其本分而異之。　注「康叔」至「疑言」。　正義曰：「康叔，周公弟。武公，康叔九世孫」，《世本・世家》文

❶「歌」，正宗寺本、京都本、阮本作「取」。

也。魯爲季札作樂，爲之歌聲曲耳，不告季札以所歌之樂名也。札言「吾聞康叔、武公之德如是」，是先聞其善，今聲合其意，雖不知其名，而疑是《衛風》也。言「是其《衛風》乎」，疑之辭也。直聽聲以爲别，不因名而後知，故有疑言焉。

注「王黍」至「爲雅」。　正義曰：《王》詩，《黍離》爲首。王非國名，故舉首篇以表之。王者，周東都王城畿内方六百里之地也。始武王作邑于鎬，是爲西都。周公攝政，營洛邑，謂之王城，是爲東都。成王既居洛邑，復還歸西都。十一世至幽王，遇西戎之禍，平王東遷王城。於時王政不行於天下，其風俗下同諸侯。王畿内之人怨刺者，以其政同諸侯，皆作風詩，不復爲雅。其音既是風體，故大師别之，謂之王國之變風也。謂之王者，以王當國，猶《春秋》之王人，天命未改，尚尊之，故不言周也。

「爲之歌鄭」。　正義曰：周宣王封母弟友於西都畿内，是爲鄭桓公。於漢則京兆郡鄭縣，❶是其都也。幽王之時，桓公爲大司徒，見幽王政荒，問於史伯曰：「王室多故，余懼及焉。其何所可以逃死？」史伯教之濟、洛、河、潁之間，有虢、鄶之國，取而守之，唯是可以少固。及幽王爲犬戎所殺，❷桓公死之。其子武公與晉文侯定平王於東都王城，卒取史伯所云虢、鄶之地而居之。於漢則河南郡新鄭縣，是其都也。武公又作卿士，❸國人作《緇衣》之篇以美之。以後凡二十一篇，皆《鄭風》也。

---

❶ 「京兆郡」，阮校：「齊召南云：西漢京兆稱『尹』不稱『郡』。鄭氏《詩譜》本無『郡』字，河南郡同，『扶風』下亦衍『郡』字。」

❷ 「犬」，原作「夫」，據正宗寺本、京都本、文淵閣本、阮本改。

❸ 「又」，文淵閣本、阮本作「入」。今案：作「入」義爲長。《緇衣》正義曰：「諸侯有德，乃能入仕王朝。武公既爲鄭國之君，又復入作司徒。」

「曰美」至「亡乎」。　正義曰：樂歌詩篇，情見於聲。「美哉」者，美其政治之音有所善也。鄭君政教煩碎，情見於詩，以樂播詩，見於聲内。言其細碎已甚矣，下民不能堪也。民不堪命，國不可久，是國其將在先亡乎？居上者，寬則得衆，爲政細密，庶事煩碎，故民不能堪也。　「爲之歌齊」。　正義曰：齊者，古少皞之世爽鳩氏之虚也。武王伐紂，封大師吕望於齊，是爲齊大公。其封域在《禹貢》青州、岱山之陰，濰、淄之野。於漢則齊郡臨淄縣，是其都也。大公後五世，哀公荒淫怠慢，國人作《雞鳴》之詩以刺之。以後凡十一篇，皆《齊風》也。　「爲之歌豳」。　正義曰：豳者，《禹貢》雍州、岐山之北，原隰之野。其地西近戎，北近狄，豳是彼土之地名。於漢則扶風郡栒邑縣，是其都也。周室之先，后稷之曾孫曰公劉者，自邰而遷彼焉。由能脩后稷之業，教民以農桑，民咸歸之而成國。積九世至大王，乃入處於岐山。世世脩德，卒成王業。武王崩，成王幼，周公攝政，管、蔡流言云：❶「公將不利於孺子。」周公於是舉兵東伐之，乃陳后稷、先公風化之所由，致王業之艱難，作《七月》之詩以表志。大師以其主意於先公在豳時之事，故别其詩以爲豳國之變風，凡七篇，皆是周公之事也。　「曰美」至「東乎」。　正義曰：「美哉」，亦美其聲也。蕩蕩，寬大之意。好樂不已，則近於荒淫，故美其樂而不淫也。先聞周公之德，此聲同於所聞，故疑之云「其周公之在東乎」，言在東之時爲此聲也。　「爲之歌秦」。　正義曰：秦者，隴西山谷之名，於漢則隴西郡秦亭秦谷是也。堯時有伯益者，佐禹治水有功，帝舜賜之姓曰嬴氏。其後世之孫曰非子，事周孝王。孝王使之養馬於汧、渭之閒，封之爲附庸，邑之於秦谷。非子曾孫秦仲，宣王又命以爲大夫，始

❶「蔡」，阮本作「叔」。

有車馬、禮樂、侍御之好。❶國人作《車鄰》之詩以美之。秦仲之孫襄公，平王之初，興兵討西戎以救周，王既東遷，乃以岐、豐之地賜之，始列爲諸侯。更有《駟驖》以下凡十篇，皆《秦風》也。　注「詩第」至「不同」。　正義曰：此爲季札歌《詩》，《風》有十五國，其名皆與《詩》同，唯其次第異耳。則仲尼以前，篇目先具，其所刪削，蓋亦無多。記傳引《詩》，亡逸甚少，知本先不多也。《史記·孔子世家》云：「古者詩三千餘篇，孔子去其重，取三百五篇。」蓋馬遷之謬耳。　「爲之歌魏」。　正義曰：魏者，虞舜、夏禹所都之地，在《禹貢》冀州雷首之北，析城之西。於漢則河東郡河北縣，是其都也。周以封同姓。《世本》無魏君名謚，不知始封之君何所名也。鄭玄以爲周王平、桓之世，魏君儉嗇，且褊急，不務施德，國人作《葛屨》之詩以刺之。後凡七篇，皆《魏風》也。　「爲之歌唐」。　正義曰：唐者，帝堯舊都之地。於漢，則太原郡晉陽縣是也。周成王封母弟叔虞於堯之故虚，曰唐侯。其地南有晉水。虞子燮父改爲晉侯。燮父後六世，至僖侯，甚嗇愛物，儉不中禮，國人閔之，作《蟋蟀》之詩以刺之。以後凡十二篇，皆《唐風》也。《詩序》云：「此晉也，而謂之唐，本其風俗，憂深思遠，有堯之遺風。」又叔虞初國，亦以唐爲名，故名其詩爲《唐風》。」　「曰思」至「若是」。　正義曰：陶唐之化，遺法猶在，作歌之民，與唐世民同，故察此歌曰思慮深遠哉。見其思深，故疑之云其有陶唐氏之遺民乎？若其不是唐民，何其憂思之遠也？非承令德之後，誰能如此深慮也？令德，謂唐堯也。　「爲之歌陳」。　正義曰：陳者，大皞、伏犧氏之虚也。於漢則淮陽郡陳縣，是其都也。帝舜之胄，有虞遏父者，爲周武王陶正。武王賴其利器用，又以其人是聖舜神明之後，乃封其子滿於陳，使奉虞舜之祀，賜姓曰嬀，是爲陳胡公。後五世至幽公，荒淫無度，國人作《宛丘》之詩以刺之。以

❶「侍」，足利學本同，京都本作「傳」，阮本作「射」。

後凡十篇，皆《陳風》也。　注「鄶第」至「微也」。　正義曰：言「以下」，知兼有《曹》也。鄶者，古高辛氏火正祝融之虚也。國在《禹貢》豫州外方之北，滎波之南，居溱、洧之間。於漢則河南郡密縣竟内，有其都也。祝融之後，分爲八姓，唯有妘姓爲鄶國者，處祝融之故地焉。鄶是小國，《世本》無其號謚，不知其君何所名也。鄭玄以爲周王夷、厲之時，鄶公不務政事，而好衣服，❶大夫作《羔裘》之詩以刺之。凡四篇，皆《鄶風》也。其後鄭武公滅其國。而處之曹者，《禹貢》兖州陶丘之地名，❷於漢則濟陰郡定陶縣，是其都也。周武王封其弟叔振鐸於曹。後十一世，當周惠王時，昭公好奢，而任小人，國人作《蜉蝣》之詩以刺之。以後凡四篇，皆《曹風》也。鄶、曹二國，皆國小政狹，季子不復譏之，以其微細故也。　「爲之歌小雅」。　正義曰：《詩序》云：「言天下之事，形四方之風，謂之雅。雅者，正也。政有小大，故有《小雅》焉，有《大雅》焉。」然則《小雅》、《大雅》，皆天子之詩也。立政所以正下，故《詩序》訓「雅」爲「正」，又以政解之。天子以政教齊正天下，故民述天子之政，還以齊正而爲名，故謂之「雅」也。王者政教有大有小，詩人述之，亦有大小，故有《小雅》、《大雅》焉。據《詩》以《小雅》所陳，有飲食賓客，賞勞羣臣，燕賜以懷諸侯，征伐以彊中國，樂得賢者，長育人材，於天子之政皆小事也。《大雅》所陳，有受命作周，代殷繼代，❸受先王之福禄，尊祖考以配天，醉酒飽德，官人用士，澤被昆蟲，仁及草木，於天子之政皆大事

❶「好」下，阮校：「浦鏜云：脱『絜』字。從《詩譜》增。」

❷「之」下，阮校：「浦鏜云：脱『北』字。從《詩譜》增也。」

❸「代殷繼代」，正宗寺本作「伐殷繼伐」，阮本作「代殷繼伐」。阮校：「宋本、監本、毛本作『伐殷繼代』，閩本惟上『伐』字作『代』。按《詩序》，《皇矣》是代殷之詩，《文王有聲》是繼伐之詩，此本是也。」

也。詩人歌其大事，制爲大體，述其小事，制爲小體。體有大小，故分爲二焉。詩體既異，樂音亦殊。其音既定，其法可傳。後之作者，各從其舊。二雅正經，述小政爲《小雅》，述大政爲《大雅》。既有《小雅》、《大雅》之體，亦有《小雅》、《大雅》之音。王道既衰，變雅並作。取《小雅》之音，歌其政事之變者，謂之「變《小雅》」。取《大雅》之音，歌其政事之變者，謂之「變《大雅》」。故變《雅》之美刺，皆由音制有大小，不復由政事之大小也。《風》述諸侯之政，非無大小，但化止一國，不足分别。《頌》則功成乃作，歸美報神，皆是大事，無復小體。❶故《風》、《頌》不分，唯《雅》分爲二也。周自文王受命，發跡肇基，武王伐紂，功成業就，及成王、周公而治致升平，頌聲乃作。此功成之《頌》，本由比《風》、《雅》而來，故録《周南》、《召南》之《風》，《鹿鳴》、《文王》之《雅》，以爲《詩》之正經。計《周南》、《召南》之《風》，《鹿鳴》、《文王》之《雅》，所述文王之事，亦有同時者也，但文王實是諸侯，而有天子之政，詩人所作，立意不同。述諸侯之政，則爲之作《風》，述天子之政，則爲之作《雅》。就《雅》之内，又爲大小二體，是由體制異，非時節異也。《詩》見積漸之義，《小雅》先於《大雅》，故魯爲季札亦先歌《小雅》。

「曰美」至「民焉」。

正義曰：杜以此言皆歎正《小雅》也。言其時之民，思文、武之德，不有二心也。雖怨時政，而能忍而不言，其是周德衰小之時乎？猶有殷先王之遺民，❷故使周德未得大也。服虔以爲，此歎變《小雅》也。其意言思上世之明聖，而不貳於當時之王，怨當時之政，而不有背叛之志也。其周德之衰微乎？疑其幽、厲之政也。劉炫以服言爲是，而謂杜解錯謬。今知不然者，以《小雅》、《大雅》，二詩相對。今歌《大雅》云「其文王之德乎」，是歌其善

---

❶「小」，阮校：「浦鏜《正誤》『小』作『别』。」

❷「王」，原作「生」，據正宗寺本、京都本、文淵閣本、阮本改。

者。以《大雅》準之，明知歌《小雅》亦歌其善者也。若其不然，何意《大雅》歌善，《小雅》歌不善？且魯爲季札歌《詩》，不應揚先王之惡，以示遠夷。劉不達此旨，以服意而規杜，非也。　注「衰小也」。　正義曰：衰者，差也。《九章筭術》謂差分爲衰分，言從大漸差而小，故杜以衰爲小也。服虔讀爲衰微之衰，謂幽、厲之時也。　注「大雅」至「天下」。　正義曰：《大雅》亦有武王、成王之詩，杜唯言文王者，以下云「其文王之德乎」故也。　注「頌者」至「神明」。　正義曰：鄭玄云：「頌之言容也。天子之德，光被四表，格于上下，無不覆燾，無不持載，此謂之容也。」《詩序》云：「頌者，美盛德之形容，以其成功告於神明者也。」言天子盛德，有形容可美。可美之形容，謂道教周備也。成功者，營造之功畢也。天之所營，在於命聖。聖之所營，在於任賢。賢之所營，在於養民。民安而財豐，衆和而事濟，如是，則司牧之功畢矣，故告於神明也。劉炫又云：「干戈既戢，夷狄來賓，嘉瑞悉臻，遠近咸服。羣生遂其性，萬物得其所，即功成之驗也。萬物本於天，人本於祖。天之所命者牧人，祖之所本者成業。人安業就，告神明使知，雖社稷、山川、四嶽、河海，皆以民爲主，欲民安樂，故作詩歌其成功，徧告神明，所以報神明恩也。王者政有興廢，未嘗不祭羣神、祖廟。❶政未大平，則神無恩力，故大平德洽，始報神功也。《頌》詩止述祭祀之狀，❷不言德神之力者，美其祭祀，是報德可知，言其降福，是荷恩可知。幽王《小雅》云：『先祖匪人，胡寧忍予？』則於時之意，豈復美其祭乎？故美其祭則報情，顯以成功告神明之意。如此止謂《周頌》也，其《商頌》則異，雖是祭祀之歌，祭先祖王廟，述其生時之功，乃是死後頌德，非以成功告神，意同《大雅》，與《周頌》異。魯

❶「祖廟」，阮校：「浦鏜《正誤》『祖廟』二字作『但』字，屬下讀。」

❷「述」，京都本、阮本作「法」。

則止頌僖公，纔如變《風》之美者，❶文體類《小雅》，又與《商頌》異也。」此當是歌《周頌》。杜解盛德所同，兼殷、魯三頌，皆歌也。

「曰至」至「同也」。　正義曰：「至矣哉」，言其美之至也。以王道周備，故爲至美也。自「直而不倨」，至「行而不流」，凡十四事，皆音有此意，明王者之德。季札或取於人，或取於物，以形見此德。每句皆下字破上字，而美其能不然也。人性直者失於倨傲，此直而能不倨也，謂王者體性質直，雖富有四海，而不倨傲慢易。在下物有曲者，失於屈橈，此曲而能不屈也，謂王者曲降情意，以尊接下，恒守尊嚴，不有屈橈。相去近者失於相偪，此邇而能不偪也，謂王者雖爲在下與之親近，能執謙退，不陵偪在下。相去遠者，失於乖離，此遠而能不攜也，謂王者雖爲在下與之踈遠，而能不有攜離猜疑在下。數遷徙者，失於淫佚，此遷而能不淫也，謂王者雖有遷動流去，能以德自守，不至放蕩。❷去而復反，則爲人所厭，此復而能使不厭也，謂王者政教日新，雖反覆而行，不爲下之厭。薄哀者近於憂愁，此哀而能不愁也，謂王者雖遇凶災，知運命如此，不有憂愁。樂者失於荒廢，此樂而能不荒廢也。用之不已，物將匱乏，此用而不可匱也。志寬大者多自宣揚，此雖廣而不自宣揚也。好施與者皆費財物，此能施而不費損也。取人之物失於貪多，此雖取而不爲貪多也。處而不動，則失於留滯，此雖久處而能不底滯也，❸謂王者相時而動，時未可行，雖復止處，意不底滯。行而不已，則失於流放，此雖常行而能不流放也，謂王者量時可行，施布政教，能制之以義，不妄流移。五等之聲皆和，八方之風皆平，八音之作有節，其

---

❶「如」，阮校：「閩本、監本、毛本作『知』。」

❷「放」，阮本作「淫」。

❸「此」，阮本作「也」，屬上讀。

節皆有常度。音之所守有分，其守各有次序。周、魯與商，皆有盛德。此上諸事，盛德之所同也。注「八音」至「序也」。正義曰：「八音克諧，無相奪倫」，《舜典》文也。倫，理也。言八音能和諧，是其音有節度也。八音不相奪道理，是音各守其分，有次序也。注「頌有」至「所同」。正義曰：杜以「爲之歌《頌》」，言其亦歌商、魯，故以「盛德之所同」，謂商、魯與周其德俱盛也。劉炫以爲：「《魯頌》只美僖公之德，本非德洽之歌。何知不直據《周頌》，而云《頌》有商、魯乎？」今知不然者，但《頌》之大體，皆述其大平祭祀告神之事，《魯頌》雖非大平，經稱「皇皇后帝，皇祖后稷」，又云「周公皇祖，亦其福女」，美其祭神獲福，與《周頌》相似。且季文子請周作頌，取其美名。又季札至魯，欲褒崇魯德，取其一善，故云「盛德所同」。若直歌《周頌》，宜加「周」字，不得唯云「歌《頌》」，故杜爲此解。劉以爲《魯頌》不得與《周頌》同，而規杜氏，非也。「見舞象箾南籥者」。正義曰：樂之爲樂，有歌有舞。歌則詠其辭而以聲播之，舞則動其容而以曲隨之。歌者樂器同而辭不一，聲隨辭變，曲盡更歌，故云「爲之歌《風》」、「爲之歌《雅》」。及其舞，則每樂別舞，其舞不同。季札請觀周樂，魯人以次而舞。每見一舞，各有所歎，故以見舞爲文，不言爲之舞也。且歌則聽其聲，舞則觀其容，歌以主人爲文，故言「爲歌」也。舞以季札爲文，故言「見舞」也。樂有音聲，唯言舞者，樂以舞爲主。《周禮·大司樂》云：「以樂舞教國子，舞《雲門》、《大卷》、《大咸》、《大磬》、《大夏》、《大濩》、《大武》。」又云：「乃分樂而序之，以祭，以享，以祀。舞《雲門》，以祀天神。舞《咸池》，以祭地祇。舞《大韶》，以祀四望。舞《大夏》，以祭山川。舞《大濩》，以享先妣。舞《大武》，以享先祖。凡六樂者，文之以五聲，播之以八音。」鄭玄云：「播之言被也。」是其以舞爲主，而被以音聲。故魯作諸樂於季札，皆云「見舞」也。禮法，歌在堂，而舞在庭，故《郊特牲》云：「歌者在上，匏竹在下，貴人聲也。」以貴人聲，樂必先歌後舞。故魯爲季札先歌諸詩，而後舞諸樂。其實舞時，堂上歌其舞曲也。注「象箾」至「之樂」。正義曰：賈逵云：「箾，舞曲名，言天下樂箾去無道。」❶杜云：「箾，舞者所執。」二者俱無所據，各以意言之耳。《詩》述碩人之善舞云：「左手執籥，右手秉翟。」籥是舞者所執，則箾亦舞者所執。杜説當得其實，但不知箾是何等器耳。杜云「皆文王之樂」，則《象箾》與《南籥》各是一舞。《南籥》既是文舞，則《象箾》當是武舞也。《詩》云：❷「《維清》，奏象舞。」則此《象箾》之舞，故鄭玄注《詩》云「象用兵時刺伐之舞」，是武舞可知。其名之曰「南」，其義未聞也。知是武王制者，以爲人子者，貴其成父之事。文王既有大功，武王無容不述。於周公之時，已象伐紂之功，作《大武》之樂，不應復象文王之伐，❸制爲别樂，故知此舞是武王制焉。王者之作禮樂，必大平乃得爲之。武王未及大平，而得作此樂者，一代大典，須待大平，此象文王之功，非爲易代大法，故雖未制禮，亦得爲之。周公大平，雖作《大武》，尊重文王之功，留播之以爲别樂，故六代之樂不數此象也。《周禮》分樂而序之，象舞不以祭祀，或當祈告所用，故魯今亦有之。劉炫云：「知是文王樂者，《詩》云『維清緝熙，文王之典』，此象樂之所舞，故知是文王樂也。」鄭玄注「象」又云：「此樂名象而已。」以其象事有舞音，故《詩序》謂之「象舞」。「舞」非此樂名，故此直言「舞」也。❹其箾、籥，是可執之物。司馬相如《上林賦》曰：「拂鷖鳥，捎鳳皇。」則捎亦拂之類。今人謂「拂」爲「拂捎」，此必傳於古，其箾、捎字同也。杜不解「南」。劉炫謂「南」如「周南」之意。「南」在箾、籥之間，蓋二者共有

---

❶「箾」，阮校：「段玉裁云：『箾』當作『削』，此以『削』訓『箾』也。」

❷「詩云維清奏象舞則此」，阮校：「浦鏜云：『詩』下脱『序』字，『則』疑『即』字誤。」

❸「應」，阮校：「浦鏜《正誤》作『言』。」

❹「舞」，阮校：「浦鏜《正誤》作『象』。」

「南」義。　注「美哉」至「大平」。　正義曰：歌聽聲而舞觀形，故知美者，美其容也。歌詩由口而出，樂音以詩爲章。人歌君德，情見於音，聽聲知政，容或可爾。計聖人之德，非舞容可象，而季札觀舞，皆知其德者，聖人之作樂也，各象當時之事，時事見於舞，故觀之可以知也。《樂記》稱賓牟賈問《大武》之樂云：「敢問遲之遲而又久，何也？」子曰：「夫樂者，象成者也。揔干而山立，武王之事也。發揚蹈厲，大公之志也。《武》亂皆坐，周、召之治也。且夫《武》，始而北出，再成而滅商，三成而南，四成而南國是疆，五成而分，周公左，召公右，六成復綴，以崇天子。夾振之而四伐，盛威於中國也。分夾而進，事早濟也。久立於綴，以待諸侯之至也。」彼言《大武》之舞，是象武王之事，則知諸樂之舞，皆象時王功德也。聖王功德，見於舉動之容，故觀其舞容，各知其德也。　「見舞大武者」。　正義曰：鄭玄《周禮》注云：「《大武》，武王樂也。武王伐紂，以除其害，言其德能成武功也。」此舞四代之樂，從後代而稍前也。《象》是文王之樂事，在《大武》之先。先舞《象》，而後舞《武》者，以《象》非一代大樂，故先舞之。　「見舞韶濩者」。　正義曰：《周禮》謂之《大濩》。鄭玄云：「《大濩》，湯樂也。湯以寬治民，而除其邪，言其德能使天下得其所也。」然則以其防濩下民，故稱「濩」也。此言《韶濩》，❶不解「韶」之義。韶亦紹也，❷言其能紹繼大禹也。　「見舞大夏者」。　正義曰：《樂記》解此樂名，云：「夏，大也。」鄭玄云：「言禹能大堯、舜之德。」又《周禮》注云：「禹治水敷土，言其德能大中國也。」季札見此舞，歎禹勤苦爲民，而不以爲恩德，則鄭《周禮》注是也。　「見舞韶箾者」。　正義曰：《樂記》解此樂名，云：「韶，繼也。」鄭玄云：「韶之言紹也，言舜能繼

---

❶ 「韶」，原作「詔」，據正宗寺本、京都本、文淵閣本、阮本改。

❷ 「亦」，阮校：「浦鏜《正誤》作『言』。」

紹堯之德。」杜不解「箾」義，箾即簫也。《尚書》曰：「《簫韶》九成，鳳皇來儀。」此云「韶箾」，即彼「簫韶」是也。孔安國云：「言簫，見細器之備也。」蓋韶樂兼簫爲名，簫字或上或下耳。　注「魯用」至「篇數」。　正義曰：《明堂位》云：「四代之服器官，魯兼用之。」是魯之所用四代而已。唯用四代之樂，不得用《雲門》、《大咸》，故舞及《韶箾》，而季札知其終也。先儒以爲季札在吴，未嘗經見此樂，爲歌諸詩，其所歎美，皆以詩辭之内求所歎之意。故杜辨之，在吴雖已見此樂歌之文，但未聞中國雅聲，其所言者，皆聽聲而知，非察其文辭，故取傳文證之，明是素知其篇數也。　注「大帶」至「貨利」。　正義曰：《玉藻》説大帶之制，大夫以素爲帶，裨其垂三尺者，外以玄，内以華。「居士錦帶，弟子縞帶」。季札，吴卿也，而以縞帶與子産者，是其當時之所有耳。吴始通上國，未必服章依禮也。杜以縞是中國所有，紵是南邊之物，非土所有，各是其貴，知其示損己耳，不爲彼貨利也。若其不然，傳不須載明其有此意也。孔安國云：「縞，白繒也。」鄭玄《禮記》注云：「白經赤緯曰縞，黑經白緯曰纖。」　注「侈謂伯有」。　正義曰：據二十七年傳，伯有次子展之下，此年子展卒，故伯有執政也。上文云「子展卒，子皮爲政」者，蓋鄭人以子展有大功，使子皮代父爲上卿耳。其父始卒，國政猶在伯有。下云「伯有使公孫黑如楚」，是伯有執政之事也。　「君侈而多良」。　正義曰：謂多以惡人爲良而善之。

秋，九月，齊公孫蠆、公孫竈放其大夫高止於北燕。蠆，子尾。竈，子雅。放者，宥之以遠。乙**未，出。書曰「出奔」，罪高止也。**實放書「奔」，所以示罪。**高止好以事自爲功，且專，故難及之。**

【疏】注「實放」至「示罪」。❶　正義曰：《釋例》云：「奔者，迫窘而去，逃死四鄰，不以禮出也。放者，受罪黜免，宥之以遠也。迫窘而奔及以禮見放，俱去其國，故傳通以違爲文。仲尼脩《春秋》，又以所稱爲優劣也。夫立功立事者，國之厚益而身之表的也。表高的明，雖婦人猶欲彎弓，而況當塗之士？是以君子慎之。道家貴善行者無轍迹，功遂而身退。高止既犯其始，又專以終之，免死爲幸。斯乃聖賢之篤戒，故變『放』言『奔』，又致其罪以示過。胥甲之放命，陳招之首惡，矯厲以篤教也。」杜以高止之罪輕於陳招、胥甲，而變「放」言「奔」，以止爲重，故原聖意，欲以申之。

冬，孟孝伯如晉，報范叔也。范叔，士鞅也。此年夏來聘。

爲高氏之難故，高竪以盧叛。竪，高止子。**十月，庚寅，閭丘嬰帥師圍盧。高竪曰：「苟使高氏有後，請致邑。」**還邑於君。**齊人立敬仲之曾孫酀，**❷敬仲，高傒。**良敬仲也。**良猶賢也。**十一月，乙卯，高竪致盧而出奔晉。晉人城緜而寘旃。**晉人善其致邑。【疏】「齊人」至「仲也」。❸　正義曰：依《世本》，敬仲生莊子，莊子生傾子，傾子生宣子，宣子生厚，厚生止。止是敬仲玄孫之子也。《世本》又云：「敬仲生莊子，莊子生傾子，傾子之孫武子偃。」據《世本》，則偃爲敬仲玄孫，今傳云「曾孫」，必有一誤也。此「酀」，即後所云高偃是也。《世族譜》以高武子爲酀，偃爲一人，蓋酀、偃聲相近而字爲二耳。董遇注此亦作「偃」。劉炫云：

---

❶「注實放至示罪」，阮本此節正義在「罪高止也」句注下。

❷「酀」，《春秋左傳詁》曰：「董遇注本作『偃』。」

❸「齊人至仲也」，阮本此節正義在「良敬仲也」句注下。

「據《世本》，高止，敬仲玄孫之子。不立止近親，遠取敬仲曾孫者，齊人賢敬仲，故繫之言敬仲曾孫，則此人祖父，皆非正適。今別立之，遠繼敬仲後。高止祖父，皆絶其祀也。」

鄭伯有使公孫黑如楚，黑，子晳。**辭曰：「楚、鄭方惡，而使余往，是殺余也。」伯有曰：「世行也。」**言女世爲行人。**子晳曰：「可則往，難則已，何世之有？」伯有將强使之，子晳怒，將伐伯有氏，大夫和之。十二月，己巳，鄭大夫盟於伯有氏。**裨諶曰：❶**「是盟也，其與幾何？**言不能久也。裨諶，鄭大夫。**《詩》曰：『君子屢盟，亂是用長。』今是長亂之道也。禍未歇也，必三年而後能紓。」**紓，解也。**然明曰：「政將焉往？」裨諶曰：「善之代不善，天命也，其焉辟子産？**言政必歸子産。**舉不踰等，則位班也。**子産位班次應知政。**擇善而舉，則世隆也。**世所高也。**天又除之，奪伯有魄。**喪其精神，爲子産驅除。**子西即世，將焉辟之？天禍鄭久矣，其必使子産息之，乃猶可以戾。**戾，定也。**不然，將亡矣。」**【疏】「裨諶曰善之代不善云云」。正義曰：案傳，伯有死後，子皮授子産政，云「虎帥以聽命」，則子皮於時位在子産上矣。❷此裨諶論鄭卿位次，其言不及子皮者，蓋以子皮非舊卿，雖繼父而居高

❶「裨諶」，阮校：「惠棟云：《漢書・古今人表》作『卑湛』。師古曰：『卑音脾，湛音諶。』《風俗通》曰：『卑氏，鄭大夫卑湛之後，後漢有卑躬，爲北池大守。』杜改『卑』爲『裨』，俗又改『湛』爲『諶』，古文盡亡矣。《釋文》猶作『湛』，云『本亦作諶』。段玉裁云：裨諶之名，蓋本是『煁』字。『煁』者，烓也。烓者，行竈也。故裨諶之字曰竈。」

❷「矣」，阮本作「也」。

位，民望政次未之許也。及伯有既死，子西亦卒，子皮位爲上卿，故鄭人使知政。❶

【經】**三十年，春，王正月，楚子使薳罷來聘。**

夏，四月，蔡世子般弑其君固。

五月，甲午，宋災，天火曰災。**宋伯姬卒。**

天王殺其弟佞夫。稱弟以惡王殘骨肉。【疏】注「稱弟」至「骨肉」。 正義曰：傳言「罪在王」，知稱弟以惡王也。 **王子瑕奔晉。**不言出奔，周無外。

秋，七月，叔弓如宋，葬宋共姬。共姬，從夫謚也。叔弓，叔老之子。卿共葬事，禮過厚。三月而葬，速。【疏】注「共姬」至「過厚」。 正義曰：《公羊傳》曰：「其稱謚何？賢也。」杜以共非夫人之謚，故注顯而異之，夫謚爲「共」，從夫謚而稱之耳，「共」非夫人之身行也。昭三十年傳曰：「先王之制，諸侯之喪，士弔，大夫送葬。」則夫人之喪，不得過之也。昭三年傳云：「文、襄之霸也，君薨，大夫弔，卿共葬事。夫人，士弔，大夫送葬。」是法皆不使卿也。伯姬，魯女，以災而死，魯人愍之，故使卿共葬事，禮過厚也。

鄭良霄出奔許。耆酒荒淫，書名，罪之。【疏】注「耆酒」至「罪之」。 正義曰：據傳，子皙伐伯有，而伯有非有罪也。《春秋》出奔書名，皆是罪之文，故杜跡其罪狀，耆酒荒淫，故書名也。**自許入于鄭。**不言復

---

❶「政」下，正宗寺本、京都本、文淵閣本、阮本有「耳」字。

入，獨還無兵。【疏】注「不言」至「無兵」。　正義曰：成十八年傳例曰「以惡曰復入」，謂還而以兵害國爲惡事而入。若魚石以楚師伐宋，取其彭城，欒盈帥曲沃之甲以入于絳，如是乃爲惡入也。良霄獨還無兵，入國始爲惡，非是以惡入，故不得書復入。直言「入」者，自外而入内耳，非彼例也。成十五年宋華元出奔晉，宋華元自晉歸于宋，奔之與歸，再書名氏。此良霄不重書名氏者，彼宋再告，此鄭一告，故連書之。**鄭人殺良霄。**

冬，十月，葬蔡景公。無傳。

晉人、齊人、宋人、衛人、鄭人、曹人、莒人、邾人、滕人、薛人、杞人、小邾人會于澶淵，宋災故。會未有言其事者，此言「宋災故」，以惡宋人不克己自責，而出會求財。【疏】注「會未」至「求財」。　正義曰：案桓二年「會于稷，以成宋亂」，則是會言其事。而此言「會未有言其事」，義相違者，彼言以成宋亂，直連言所會之事，與桓十五年「會于袲伐鄭」相似，經不明言事之意故。今此言「宋災故」，是丁寧之辭，不與彼同。案傳責諸侯之卿，并及宋人，杜此注何以唯言「惡宋人不克己自責」，不兼爲諸侯卿者，以傳云「書曰『某人某人，❶宋災故』，尤之也」，是宋災之文獨繫向戌，稱人，故知宋災特惡宋也。

【傳】三十年，春，王正月，楚子使薳罷來聘，通嗣君也。郟敖即位。**穆叔問：❷「王子之爲政何**

---

❶ 下「某人」，阮校：「浦鏜《正誤》云：『某人』下脱『會于澶淵』四字。」

❷ 「問王子之爲政何如」，阮校：「《釋文》作『問王子圍之爲政』，云『一本無圍字』。案，石經此行重刻，疑初刊有『圍』字也。」

如？」王子圍爲令尹。對曰：「吾儕小人，食而聽事，猶懼不給命而不免於戾，焉與知政？」固問焉，不告。穆叔告大夫曰：「楚令尹將有大事，子蕩將與焉，子蕩，薳罷。助之匿其情矣。」子圍素貴，郟敖微弱，諸侯皆知其將爲亂，故穆叔問之。【疏】「王子之爲政」。❶ 正義曰：傳無「圍」字，故杜云「王子圍爲令尹」也。服虔云：「王子，楚令尹王子圍也。」王肅云：「王子，楚令尹圍也。」

子産相鄭伯以如晉，叔向問鄭國之政焉，對曰：「吾得見與否，在此歲也。駟、良方争，未知所成。駟氏，子皙也。良氏，伯有也。若有所成，吾得見，乃可知也。」叔向曰：「不既和矣乎？」對曰：「伯有侈而愎，愎，很也。子皙好在人上，莫能相下也。雖其和也，猶相積惡也，惡至無日矣。」爲此年秋良霄出奔傳。

二月，癸未，晉悼夫人食輿人之城杞者。輿，衆也。城杞在往年。絳縣人或年長矣，無子，而往，與於食。有與疑年，使之年。使言其年。曰：「臣，小人也，不知紀年。臣生之歲，正月甲子朔，四百有四十五甲子矣。其季於今，三之一也。」所稱正月，謂夏正月也。三分六甲之一，得甲子甲戌，盡癸未。吏走問諸朝。皆不知，故問之。師曠曰：「魯叔仲惠伯會郤成子于承匡之歲也。在文十一年。是歲也，狄伐魯，叔孫莊叔於是乎敗狄于鹹，獲長狄僑如及虺也、豹也，而皆以名其子。七十三年矣。」叔孫僑如、叔孫豹，皆取長狄名。史趙曰：「亥有二首六身，史趙，晉大史。亥字二畫在

---

❶「王子之爲政」，正宗寺本、京都本、阮本「王」上有「傳」字。阮本此節正義在「王子之爲政何如」句注下。

上，併三六爲身，如筭之六。**下二如身，是其日數也。」**下亥上二畫，豎置身旁。**士文伯曰：「然則二萬六千六百有六旬也。」**文伯，士弱之子。**趙孟問其縣大夫，則其屬也。**屬趙武。**召之，而謝過焉，曰：「武不才，任君之大事，以晉國之多虞，不能由吾子，**由，用也。**使吾子辱在泥塗久矣，武之罪也。敢謝不才。」遂仕之，使助爲政。辭以老。與之田，使爲君復陶，**復陶，主衣服之官。**以爲絳縣師，**縣師，掌地域，辯其夫家人民。**而廢其輿尉。**以役孤老故。

於是魯使者在晉，歸以語諸大夫。季武子曰：「晉未可媮也。媮，薄也。**有趙孟以爲大夫，有伯瑕以爲佐，**伯瑕，士文伯。**有史趙、師曠而咨度焉，有叔向、女齊以師保其君，其朝多君子，其庸可媮乎？勉事之而後可。」**傳言晉所以强，不失諸侯，且明歷也。【疏】「有與」至「之年」。❶ 正義曰：有與同食者，問此老人之年，不告以實，疑其年也。使之年者，更使言其真年也。「吏走問諸朝」。正義曰：俗本「吏」作「使」。服虔云：「吏不知歷數，故走問於卿大夫。」王肅云：「吏不知歷也。」「師曠」至「歲也」。正義曰：劉炫云：「傳之敘事，自可以魯爲主。若載人語，則當如其本言。此師曠晉人，自道晉事，當云『郤成子會魯叔仲惠伯』，所以云『叔仲惠伯會郤成子于承匡之歲』者，丘明意在以魯爲主，遂使此言反耳。丘明尚不免於此，況後解説者乎？」今知非者，凡魯史所記，云「公卿會某侯」者，皆據公卿往會他。若他來會我，則以他爲文，若衛

❶「有與至之年」，此節正義至注「以役孤老故」，阮本分疏於傳文各節下。

侯會公于沓、鄭伯會公于棐是也。今郤成子在承匡，魯往會之，以晉爲主。晉人所言，❶正是其宜。劉炫以爲晉人不當稱「叔仲惠伯會郤成子」，以爲丘明之誤，恐非也。　「是歲」至「年矣」。　正義曰：敗狄于鹹，事在彼歲，未必其年頓生三子。當是欲表其功，雖在後生子，追以前事名之。　「史趙」至「數也」。　正義曰：二畫爲首，六畫爲身，下首之二畫並之，使如其身旁，則是生來日數也。因亥畫似筭位，故假之以爲言。其本作亥字，不爲此也。案字書古之亥字體殊不然，蓋春秋之時，亥字有二六之體，異於古制。其《説文》是小篆之書，又異於此。《説文》云：「亥，荄也。十月微陽起接盛陰。從二，二，古文上字。一人男，一人女也。從乙，象懷子咳咳之形也。」　「士文」至「旬也」。　正義曰：文十一年至此年爲七十四年，而上云「七十三年」。案文十一年正月甲子朔，爲夏之正月，是其年三月也。此年之二月癸未，是夏之十二月，計爲七十三年，猶尚年未終也。假作全年筭之，置七十三年，以全日三百六十五日乘之，已得二萬六千六百四十五日也。每年有四分日之一，是四年而成一日。以四除七十三年，又得十八日，并全日爲二萬六千六百六十三日。計終此十二月，盡有二萬六千六百六十三日四分日之一，今除去三日四分日之一，整取六旬，合當十二月二十七日。今杜《長歷》云「二十三日癸未」，是少四日。所以不與常歷同者，蓋杜爲《長歷》，約準《春秋》日月以爲《長歷》，與常歷不同，故置閏遠近不定。❷蓋

❶「所」，京都本、文淵閣本、阮本作「之」。

❷「閏」，原作「問」，據正宗寺本、京都本、文淵閣本、阮本改。

七十三年之内，於常歷校，四箇大月而剩用四日，❶故癸未爲二十三日。若依常歷，是二十七日也。劉炫云：「所以少三日者，❷文十一年非首章年，其閒閏有前却，故《長歷》此月辛酉朔，二十三日得癸未，來月庚寅朔，計至朔長三日。《長歷》去年閏八月，由閏近故也。」「趙孟」至「屬也」。正義曰：諸是守邑之長，公邑稱大夫，私邑則稱宰。此言「問其縣大夫」，問絳縣之大夫也。絳非趙武私邑，而云「則其屬」者，蓋諸是公邑，國卿分掌之，而此邑屬趙武也。注「復陶」至「之官」。正義曰：昭十二年傳説楚子出獵云：「皮冠，秦復陶，翠被，豹舄，執鞭以出。」復陶之文，在冠履之閒，知復陶是衣也。此言「君復陶」，知是主君衣服之官也。衣服之名「復陶」，其義未聞。「以爲絳縣師」。正義曰：既使爲主衣服之官，又以爲絳邑之縣師也。《周禮》縣師上士二人，其職「掌邦國都鄙稍甸郊里之地域，而辨其夫家人民田萊之數，及其六畜車輦之稽。凡造都邑，量其地而制其域，以歲時徵野之賦貢」。天子之縣師掌此諸事，則諸侯之縣師亦當然，故杜略引《周禮》以解之。據如《周禮》，則縣師是王朝之官，而此言「絳縣師」者，絳是晉國所都之邑，蓋以居在絳邑，故繫絳以言之。「而廢其輿尉」。正義曰：服虔云：「輿尉，軍尉，主發衆使民。」於時趙武將中軍，若是軍尉，當是中軍尉也。注「以役孤老故」。正義曰：知者，上云「無子」是孤，「年七十三」是老也。

夏，四月，己亥，鄭伯及其大夫盟。駟、良爭故。**君子是以知鄭難之不已也。**鄭伯微弱，不能制其臣下。君臣詛盟，故曰「亂未已」。

---

❶「大」，原作「夫」，據正宗寺本、京都本、文淵閣本、阮本改。

❷「三」，原作「二」，據正宗寺本、京都本、阮本改。

蔡景侯爲大子般娶于楚，通焉。大子弒景侯。終子産言有子禍也。

初，王儋季卒，儋季，周靈王弟。**其子括將見王而歎，**括除服，見靈王，入朝而歎。**單公子愆期爲靈王御士，過諸廷，**愆期行過王廷。**聞其歎而言曰：「烏乎，必有此夫！」**欲有此朝廷之權。**入以告王，且曰：「必殺之。不慼而願大，視躁而足高，心在他矣。不殺，必害。」**❶**王曰：「童子何知？」及靈王崩，儋括欲立王子佞夫。**佞夫，靈王子，景王弟。**佞夫弗知。戊子，儋括圍蔿，逐成愆。**成愆，蔿邑大夫。**成愆奔平時。**平時，周邑。**五月，癸巳，尹言多、劉毅、單蔑、甘過、鞏成殺佞夫。**五子，周大夫。**括、瑕、廖奔晉。**括、廖不書，賤也。**書曰「天王殺其弟佞夫」，罪在王也。**佞夫不知故。經書在宋災下，從赴。

或叫于宋大廟，❷叫，呼也。**曰：「譆譆！出出！」**❸譆譆，熱也。出出，戒伯姬。**鳥鳴于亳社，**

❶「必」下，阮校：「石經有『爲』字。」

❷「大」，《經典釋文》云：「一本無『大』字。」

❸「譆譆出出」，阮校：「傅遜曰：《説文》云『譆，痛也』。案《説文》『誒，可惡之辭』，引傳云『誒誒出出』，『從言矣聲』；『譆，痛也，從言喜聲』。蓋許意謂《左》作『誒誒』，即『譆譆』之假借字也。其所見《左氏》作『誒』，與他家作『譆』者異耳。鄭氏《周禮》注引作『譆譆詘詘』。」今案：《周禮·庭氏》注引作「出」，其《釋文》作「詘」，云「本亦作出」。

殷社。如曰「譆譆」。皆火妖也。**甲午，宋大災。宋伯姬卒，待姆也。**❶姆，女師。**君子謂宋共姬「女而不婦。女待人，**待人而行。**婦義事也」。**義，從宜也。伯姬時年六十左右。【疏】「鳥鳴于亳社」。❷　正義曰：哀四年亳社災，《穀梁傳》曰：「亳社者，亳之社也。亳，亡國也。亡國之社以爲廟屏，戒也。」然則此亳社，是殷社也。殷都於亳，武王伐紂而頒其社於諸侯，以爲亡國之戒。此鳥鳴于魯國之亳社也。服虔云：「殷，宋之祖也，故鳴其社。伯姬，魯女，欲使魯往悟伯姬也。」❸　「宋大災」。　正義曰：莊二十年齊大災，杜云：「來告以大，故書。」此不書「大」，告者不言大也。服虔云：「不書大，非災大及人，伯姬坐而待之耳。」然則昭十八年宋、衛、陳、鄭災，❹災皆及人，何以不言大也？　注「姆女師」。　正義曰：鄭玄《昏禮》注云：❺「姆，婦人年五十無子，出而不復嫁，能以婦道教人者，若今時乳母矣。」何休云：「選老大夫妻爲姆也。」大夫之妻，當在夫室，安得從女而嫁也？　若言既爲夫人選大夫之妻爲之，則禮言女未嫁而有姆，非至夫家始選也。　注「義從」至「左右」。　正義曰：義者，宜也。從宜，宜辟火也。成九年伯姬歸于宋，至此四十年，故爲六十左右也。

---

❶「姆」，《春秋左傳詁》作「娒」，曰：「《説文》『娒，女师也』。按，今本作『姆』，非。」
❷「鳥鳴于亳社」，阮本以下正義四節分疏於傳文各節下。
❸「悟」，《春秋左傳詁》作「語」。
❹「宋衛」，京都本、文淵閣本、阮本作「衛宋」。
❺「玄」，原作「云」，據正宗寺本、京都本、文淵閣本、阮本改。

六月，鄭子産如陳涖盟。歸，復命，告大夫曰：「陳，亡國也，不可與也。不可與結好。聚禾粟，繕城郭，恃此二者，而不撫其民。其君弱植，公子侈，大子卑，大夫敖，❶政多門，政不由一人。以介於大國，介，閒也。能無亡乎？不過十年矣。」爲昭八年楚滅陳傳。【疏】「其君弱植」。❷　正義曰：《周禮》謂草木爲植物。植謂樹立，❸君志弱，不樹立也。　「大夫敖」。　正義曰：言大夫驕敖也。服虔云「言大夫淫放」，則服本爲「大夫放」矣。故今俗本多爲「放」字。

秋，七月，叔弓如宋，葬共姬也。傷伯姬之遇災，故使卿共葬。

鄭伯有耆酒，爲窟室，窟室，地室。而夜飲酒，擊鐘焉，朝至，未已。朝者曰：「公焉在？」家臣，故謂伯有爲公。其人曰：「吾公在壑谷。」壑谷，窟室。皆自朝布路而罷。布路，分散。既而朝，伯有朝鄭君。則又將使子晳如楚，歸而飲酒。庚子，子晳以駟氏之甲伐而焚之。伯有奔雍梁，雍梁，鄭地。醒而後知之，遂奔許。大夫聚謀。子皮曰：「仲虺之志仲虺，湯左相。云：『亂者取之，亡者侮之。』推亡固存，國之利也。」罕、駟、豐同生，罕，子皮。駟，子晳。豐，公孫段也。三家本同母兄弟。伯有汏侈，故不免。三家同出，而伯有孤特，又汏侈，所以亡。人謂子産：「就直助彊。」時謂子

---

❶「敖」，《經典釋文》云：「敖，本亦作傲。服本作放，云淫放也。」

❷「其君弱植」，阮本以下正義二節在注「政不由一人」下。

❸「謂」，京都本、文淵閣本、阮本作「爲」。

晳直，三家彊。子産曰：「豈爲我徒？徒，黨也。言不以駟、良爲黨。國之禍難，誰知所敝？或主彊直，難乃不生。言能彊能直，則可弭難。今三家未能，則伯有方争。❶姑成吾所。」欲以無所附著爲所。辛丑，子産斂伯有氏之死者而殯之，不及謀而遂行。不與於國謀。印段從之。義子産。子皮止之。衆曰：「人不我順，何止焉？」子皮曰：「夫子禮於死者，況生者乎？」遂自止之。壬寅，子産入。癸卯，子石入。子石，印段。皆受盟于子晳氏。乙巳，鄭伯及其大夫盟于大宫，大宫，祖廟。盟國人于師之梁之外。師之梁，鄭城門。伯有聞鄭人之盟己也，怒。聞子皮之甲不與攻己也，喜，曰：「子皮與我矣。」癸丑，晨，自墓門之瀆入，墓門，鄭城門。因馬師頡介于襄庫，以伐舊北門。馬師頡，子羽孫。駟帶率國人以伐之。駟帶，子西之子，子晳之宗主。皆召子産。駟氏、伯有俱召。子産曰：「兄弟而及此，吾從天所與。」兄弟恩等，故無所偏助。伯有死於羊肆，羊肆，市列。子産襚之，枕之股而哭之，斂而殯諸伯有之臣在市側者，既而葬諸斗城。斗城，鄭地名。子駟氏欲攻子産，子皮怒之，曰：「禮，國之幹也。殺有禮，禍莫大焉。」乃止。斂葬伯有爲有禮。

於是游吉如晉還，聞難不入，懼禍并及。復命于介。八月，甲子，奔晉。駟帶追之，及酸棗。與子上盟，用兩珪質于河。子上，駟帶也。沈珪於河，爲信也。酸棗，陳留縣。使公孫肸入盟大夫。己巳，復歸。游吉歸也。書曰「鄭人殺良霄」，不稱大夫，言自外入也。既出，位絶，非復鄭大夫。

---

❶「則」，京都本、文淵閣本、阮本無此字。

於子蟜之卒也，子蟜，公孫蠆，卒在十九年。**將葬，公孫揮與裨竈晨會事焉。**會葬事。**過伯有氏，其門上生莠。子羽曰：「其莠猶在乎？」**子羽，公孫揮。以莠喻伯有。伯有侈，知其不能久存。**於是歲在降婁，降婁中而旦。**降婁，奎婁也。周七月，今五月，降婁中而天明。**裨竈指之，曰：「猶可以終歲，**指降婁也。歲星十二年而一終。**歲不及此次也已。」**不及降婁。**及其亡也，歲在娵訾之口。**娵訾，營室東壁。二十八年，歲星淫在玄枵，今三十年，在娵訾。是歲星停在玄枵二年。**其明年乃及降婁。**

僕展從伯有，與之皆死。僕展，鄭大夫，伯有黨。**羽頡出奔晉，爲任大夫。**羽頡，馬師頡。任，晉縣，今屬廣平郡。**雞澤之會，**在三年。**鄭樂成奔楚，遂適晉。羽頡因之，與之比而事趙文子，言伐鄭之説焉。以宋之盟故，不可。**宋盟約弭兵故。**子皮以公孫鉏爲馬師。**鉏，子罕之子，代羽頡。

【疏】注「降婁」至「天明」。❶ 正義曰：「降婁，奎婁」，《釋天》文也。孫炎曰：「降，下也。奎爲溝瀆，故稱降也。」杜以周七月，今五月，降婁中而天明。劉炫以爲五月降婁未中，而規杜失。今知非者，以三月諸星復位，❷合昏奎婁在戌，以衡反之，平旦在辰。又三月日體在胃，平旦之時，奎婁在胃昴之前，亦當在辰。既三月，平旦在辰，則四月在巳，五月在午。《月令》「旦危中」者，據夜有長短，及星度有廣狹，是細計之數。杜據大略而言，故與《月

❶「注降婁至天明」，阮本以下正義二節分疏於傳文各節下。
❷「三」，京都本、阮本作「二」。

令》不同。劉以《月令》之文而規杜氏，非也。　注「娵訾」至「二年」。　正義曰：《釋天》云：「娵觜之口，營室東壁也。」李巡曰：「娵觜，玄武宿也。營室東壁，北方宿名。」孫炎曰：「娵觜之歎，則口開方，營室東壁，四方似口，故因名云也。」❶十二次，子爲玄枵，亥爲娵訾。二十八年傳稱「歲在星紀而淫於玄枵」，二十八年已在玄枵，今三十年始在娵訾，三年始移一次，是歲星住在玄枵二年也。

楚公子圍殺大司馬蔿掩而取其室。❷薳掩，❸二十五年爲大司馬。❹**申無宇曰：「王子必不免。**無宇，芈尹。**善人，國之主也。王子相楚國，將善是封殖，而虐之，是禍國也。且司馬，令尹之偏，**偏，佐也。**而王之四體也。**俱股肱也。**絶民之主，去身之偏，艾王之體，以禍其國，無不祥大焉，何以得免？」**爲昭十三年楚弒靈王傳。

爲宋災故，諸侯之大夫會，以謀歸宋財。冬，十月，叔孫豹會晉趙武、齊公孫蠆、宋向戌、衛北宮佗、佗，北宮括之子。**鄭罕虎**虎，子皮。**及小邾之大夫，會于澶淵。既而無歸於宋，故不書其人。君子曰：「信其不可不慎乎？澶淵之會，卿不書，不信也夫。諸侯之上卿，會而不信，寵名皆棄，不信之不可也如是。**寵謂族也。**《詩》曰：『文王陟降，在帝左右。』信之謂也。**《詩·大雅》。言文王所

❶「也」，京都本、文淵閣本、阮本無此字。
❷「蔿」，阮校：「石經、宋本作『薳』。」
❸「薳」，《四部叢刊》本、京都本、文淵閣本、阮本作「蔿」。
❹「大」，原作「夫」，據《四部叢刊》本、京都本、文淵閣本、阮本改。

以能上接天，下接人，動順帝者，唯以信。又曰：『淑慎爾止，無載爾僞。』不信之謂也。」逸《詩》也。言當善慎舉止，無載行詐僞。**書曰「某人某人會于澶淵，宋災故」，尤之也。**傳云「既而無歸」，所以釋諸侯大夫之不書也。又云「宋災故，尤之」，所以釋向戌之并貶也。戌爲政卿，❶深致火災，燒殺其夫人，未聞克己之意，而以求財合諸侯，故與不歸財者同文。**不書魯大夫，諱之也。**向戌既以災求財，諸大夫許而不歸，客主皆貶。君子以尊尊之義也，君親有隱，故略不書魯大夫以示例。【疏】注「傳云」至「同文」。❷　正義曰：諸侯不歸宋財，諸國大夫合貶耳，向戌不合貶也。而向戌亦貶稱人，故傳明經所由，杜又釋傳之意。傳云「既而無歸」者，是釋上傳之文「故不書其人」是也。經又別言「宋災故」者，此一句見向戌之并貶，釋此傳「書曰『某人某人』」之文也。向戌若不求財，當顯書名氏，今貶稱「某人」，與諸國「某人」同，故云「所以釋向戌之并貶」，「與不歸財者同文」。❸

鄭子皮授子產政，伯有死，子皮知政，以子產賢，故讓之。**辭曰：「國小而偪，**偪近大國。**族大寵多，不可爲也。」**爲猶治也。**子皮曰：「虎帥以聽，誰敢犯子？子善相之。國無小，**言在治政。**小能事大，國乃寬。」**爲大所恤故也。**子產爲政，有事伯石，賂與之邑。**伯石，公孫段。有事欲使之。

---

❶「政」，《四部叢刊》本、京都本、文淵閣本、阮本作「正」。
❷「注傳云至同文」，阮本此節正義在注「故與不歸財者同文」下。
❸「文」下，京都本、文淵閣本、阮本有「也」字。

子大叔曰：「國皆其國也，奚獨賂焉？」言鄭大夫共憂鄭國事，何爲獨賂之。子產曰：「無欲實難。言人不能無欲。皆得其欲，以從其事，而要其成。非我有成，其在人乎？言成猶在我，非在他。❶何愛於邑？邑將焉往？」言猶在國。子大叔曰：「若四國何？」恐爲四鄰所笑。子產曰：「非相違也，而相從也。言賂以邑，欲爲和順。四國何尤焉？《鄭書》有之，鄭國史書。曰：『安定國家，必大焉先。』先和大族，而後國家安。姑先安大，以待其所歸。」要其成也。既，伯石懼而歸邑，卒與之。卒，終也。伯有既死，使大史命伯石爲卿，辭。大史退，則請命焉。請大史更命己。復命之，又辭。如是三，乃受策入拜。子產是以惡其爲人也，惡其虛飾。使次己位。畏其作亂，故寵之。

子產使都鄙有章，國都及邊鄙車服尊卑，各有分部。上下有服，公卿大夫，服不相踰。田有封洫，封，疆也。洫，溝也。廬井有伍。廬，舍也。九夫爲井。使五家相保。大人之忠儉者謂卿大夫。從而與之，泰侈者因而斃之。因其有罪而斃踣之。豐卷將祭，請田焉，弗許，田，獵也。曰：「唯君用鮮，鮮，野獸。衆給而已。」衆臣祭，以芻豢爲足。子張怒，子張，豐卷。退而徵役。召兵，欲攻子產。子產奔晉，子皮止之，而逐豐卷。豐卷奔晉。子產請其田里，請於公不役入。❷三年而

---

❶「他」下，京都本、文淵閣本、阮本有「也」字。

❷「役」，阮校：「明翻岳本、足利本作『没』。陳樹華云：十一年傳云『以其役邑入者無征』可證。」

復之，反其田里及其入焉。田里所收入。從政一年，輿人誦之曰：「取我衣冠而褚之，❶褚，畜也。奢侈者畏法，故畜藏。取我田疇而伍之。孰殺子產，吾其與之。」並畔爲疇。及三年，又誦之曰：「我有子弟，子產誨之。我有田疇，子產殖之。殖，生也。子產而死，❷誰其嗣之？」嗣，續也。傳言鄭所以興。

【經】三十有一年，春，王正月。

夏，六月，辛巳，公薨于楚宮。公不居先君之路寢，而安所樂，失其所也。

秋，九月，癸巳，子野卒。不書葬，未成君。

己亥，仲孫羯卒。

冬，十月，滕子來會葬。諸侯會葬，非禮。

癸酉，葬我君襄公。

---

❶「褚之」，阮校：「案，《吕覽・樂成篇》作『貯之』，玄應書引同。」

❷「而」，阮校：「《吕覽・樂成篇》作『若』。李善《東都賦》注、潘安仁《關中詩》注、《褚淵碑文》注引並作『若』。」

十有一月，莒人弑其君密州。❶不稱弑者主名，君無道也。

【傳】三十一年，春，王正月，穆叔至自會。澶淵會還。見孟孝伯，語之曰：「趙孟將死矣。其語偷，不似民主。偷，苟且。且年未盈五十，而諄諄焉如八九十者，弗能久矣。成二年戰於鞌，趙朔已死，於是趙文子始生。至襄三十年會澶淵，蓋年四十七八，故言「未盈五十」。若趙孟死，爲政者其韓子乎？韓子，韓起。吾子盍與季孫言之，可以樹善，君子也。言韓起有君子之德，今方知政，可素往立善。晉君將失政矣，若不樹焉，使早備魯，使韓子早爲魯備。既而政在大夫，韓子懦弱，大夫多貪，求欲無厭，齊、楚未足與也，魯其懼哉！」孝伯曰：「人生幾何，❷誰能無偷？朝不及夕，將安用樹？」穆叔出而告人曰：「孟孫將死矣。吾語諸趙孟之偷也，而又甚焉。」言朝不及夕，偷之甚也。又與季孫語晉故，如與孟孫言。季孫不從。及趙文子卒，在昭元年。晉公室卑，政在侈家，韓宣子爲政，不能圖諸侯。魯不堪晉求，讒慝弘多，是以有平丘之會。平丘會在昭十三年，晉人執

---

❶「密州」，阮校：「案，傳作『買朱鉏』。段玉裁云：與『密州』音相同。《左傳》經自作『買朱鉏』，疑後人以《公》、《穀》之經易此。」

❷「人生幾何」，阮校：「《漢書》引傳作『民生幾何』。《釋文》同，云『本或作民生無幾何』。案，臧琳云：陸本與《漢志》正同，當從之。本或作『無幾何』，無，衍字也。」

季孫意如。

齊子尾害閭丘嬰，欲殺之，使帥師以伐陽州。陽州，魯地。**我問師故。**魯以師往，問齊何故伐我。**夏，五月，子尾殺閭丘嬰，以説于我師。**言伐魯者，嬰所爲也。伐陽州不書，不成伐。**工僂灑、渻竈、**❶**孔虺、賈寅出奔莒。**四子，嬰之黨。**出羣公子。**爲昭十年欒、高之難復羣公子起本。

公作楚宫。適楚，好其宫，歸而作之。**穆叔曰：「《大誓》云：『民之所欲，天必從之。』**今《尚書·大誓》亦無此文，故諸儒疑之。**君欲楚也夫，故作其宫。若不復適楚，必死是宫也。」六月，辛巳，公薨于楚宫。叔仲帶竊其拱璧，**拱璧，公大璧。**以與御人，納諸其懷，而從取之，由是得罪。**得罪，謂魯人薄之，故子孫不得志於魯。【疏】注「今尚」至「疑之」。❷ 正義曰：「今《尚書·大誓》」，謂漢、魏諸儒馬融、鄭玄、王肅等所注者也。自秦焚《詩》、《書》，漢初求之，《尚書》唯得二十八篇，故大常孔臧與孔安國書云：「《尚書》二十八篇，前世以爲放二十八宿，都不知《尚書》有百篇也。」在後又得僞《大誓》一篇，通爲二十九篇。漢、魏以來，未立於學官。馬融《尚書傳·序》云：「《大誓》後得。案其文似若淺露。又《春秋》引《大誓》曰：『民之所欲，天必從之。』《國語》引《大誓》曰：『朕夢協朕卜，襲于休祥，戎商必克。』《孟子》引《大誓》曰：『我武惟揚，

---

❶ 「渻」，《經典釋文》云：「徐本作省。」

❷ 「注今尚至疑之」，阮本此節正義在注「故諸儒疑之」下。

侵于之疆，則取于凶殘。我伐用張，于湯有光。』孫卿引《大誓》曰：『獨夫紂。』《禮記》引《大誓》曰：『予克紂，非予武，惟朕文考無罪。紂克予，非朕文考有罪，惟予小子無良。』今之《大誓》，皆無此言。吾見書傳多矣，所引《大誓》而不在《大誓》者甚衆，不復悉記，略舉五事以明之，❶亦可知已。」王肅亦云：「《大誓》近非本經。」❷是諸儒疑之也。杜氏在晉之初，亦未見真本。及江東晉元帝時，其豫章内史梅賾始獻孔安國所注古文《尚書》，其内有《泰誓》三篇。記、傳所引《大誓》，其文悉皆有之。

立胡女敬歸之子子野，胡，歸姓之國。敬歸，襄公妾。**次于季氏。秋，九月，癸巳，卒，毁也。**過哀毁瘠，以致滅性。

己亥，孟孝伯卒。終穆叔言。**立敬歸之娣齊歸之子公子裯。**齊，謚。裯，昭公名。**穆叔不欲，曰：「大子死，有母弟則立之，無則立長，**❸立庶子，則以年。**年鈞擇賢，義鈞則卜，古之道也。**先人事，後卜筮也。義鈞，謂賢等。**非適嗣，何必娣之子？**言子野非適嗣。**且是人也，居喪而不哀，在慼而有嘉容，是謂不度。不度之人，鮮不爲患。若果立之，必爲季氏憂。」武子不聽，卒立之。比及葬，三易衰，衰衽如故衰。**言其嬉戲無度。**於是昭公十九年矣，猶有童心。君子是以知其不能終**

---

❶「舉」，阮校：「閩本、監本、毛本改『引』。」

❷「近非」，阮校：「段玉裁據《書》正義，『近』下增『得』字，『非』下增『其』字。」

❸「立長」，阮本作「長立」。

也。爲昭二十五年公孫於齊傳。【疏】「袵」。❶　正義曰：《喪服》注云：「袵爲兩燕尾。凡用布三尺五寸，上正一尺，兩燕尾衺袤裁二尺五寸，下廣四寸，綴於身旁，所以掩裳際也。」

冬，十月，滕成公來會葬，惰而多涕。惰，不敬也。子服惠伯曰：「滕君將死矣。怠於其位，而哀已甚，兆於死所矣。有死兆。能無從乎？」爲昭三年滕子卒傳。

癸酉，葬襄公。

公薨之月，子產相鄭伯以如晉，晉侯以我喪故，未之見也。子產使盡壞其館之垣，而納車馬焉。士文伯讓之，曰：「敝邑以政刑之不脩，寇盜充斥，充，滿。斥，見。言其多。無若諸侯之屬辱在寡君者何？是以令吏人完客所館，館，舍也。高其閈閎，❷閎，❸門也。厚其牆垣，以無憂客使。無令客使憂寇盜。今吾子壞之，雖從者能戒，其若異客何？以敝邑之爲盟主，繕完葺牆，葺，覆也。以

❶「袵」，阮本此節正義在注「言其嬉戲無度」下。

❷「閎」，阮校：「《釋文》云：『閎，或作閣字。』案，《爾雅・釋宮》郭注引作『高其閈閣』，《釋文》云云即郭氏所據本也。今本《爾雅》注作『閎』者，乃後人所改。」

❸「閎門也」，阮校：「《後漢書・馬援傳》注引杜氏《左傳》注『閈，閭門也』，此但解『閎』，疑有脱。」

待賓客。若皆毁之，其何以共命？寡君使匄請命。」❶請問毁垣之命。對曰：「以敝邑褊小，介於大國，介，閒也。誅求無時，誅，責也。是以不敢寧居，悉索敝賦，以來會時事。隨時來朝會。逢執事之不閒，而未得見，又不獲聞命，未知見時，不敢輸幣，亦不敢暴露。其輸之，則君之府實也，非薦陳之，不敢輸也。薦陳，猶獻見也。其暴露之，則恐燥濕之不時而朽蠹，以重敝邑之罪。僑聞文公之爲盟主也，僑，子産名。文公，晉重耳。宫室卑庳，無觀臺榭，以崇大諸侯之館，館如公寢。庫廄繕脩，司空以時平易道路，易，治也。圬人以時塓館宫室。❷圬人，塗者。塓，塗也。諸侯賓至，甸設庭燎，庭燎，設火於庭。僕人巡宫。巡宫，行夜。車馬有所，有所處。賓從有代，代客役。巾車

---

❶「匄」，《經典釋文》作「丐」，云：「本又作『匄』，古害反，士文伯名也。今傳本皆作此字，或作『正』字。《釋例》亦然。解者云：士文伯是范氏之族，不應與范宣子同名，作『正』是也。案：士文伯字伯瑕。又春秋時人，名字皆相配。楚令尹陽丐，字子瑕，即與文伯名字正同。又鄭有駟乞，字子瑕。『匄』與『乞』義同。則作『匄』者是。又案：魯有仲嬰齊，是莊公之孫。又有公孫嬰齊，是文公之孫。仲嬰齊於公孫嬰齊爲從祖，同時同名。鄭有公孫段字子石，又云伯石。印段字子石，傳又謂之『二子石』。然印段即公孫段從父兄弟之子，尚同名字，伯瑕與宣子何廢同乎？」今案：《經典釋文》二「正」字，依《通志堂經解》本作「丏」是。又，《釋文》經「丐」字及「楚令尹陽丐」之「丐」字，依盧文弨校《抱經堂叢書》本作「丏」是。

❷「塓」，阮校：「張載《魏都賦》注引作『幂』。《廣雅》作『摸』，而塓、摸、幂皆《説文》所無，《説文》祇有『幎』字。『圬人塗塈』，義出於此。」

脂轄，巾車，主車之官。**隸人牧圉各瞻其事**，瞻視客所當得。**百官之屬各展其物。**展，陳也。謂羣官各陳其物以待賓。**公不留賓，而亦無廢事。**賓得速去，則事不廢。**憂樂同之，事則巡之。**巡，行也。**教其不知，而恤其不足。賓至如歸，無寧菑患？**言見遇如此，寧當復有菑患邪？無寧，寧也。**不畏寇盜，而亦不患燥濕。今銅鞮之宮數里，**銅鞮，晉離宮。**而諸侯舍於隸人。**舍如隸人舍。**門不容車，而不可踰越。**門庭之內迫迮，又有牆垣之限。**盜賊公行，而天癘不戒。**❶癘猶災也，言水潦無時。**賓見無時，命不可知。若又勿壞，是無所藏幣以重罪也。敢請執事，將何所命之？**問晉命己所止之宜。**雖君之有魯喪，亦敝邑之憂也。**言鄭與魯亦有同姓之憂。**若獲薦幣，**薦，進也。**脩垣而行，**行，去也。**君之惠也。敢憚勤勞？」文伯復命。**反命於晉君。**趙文子曰：**「信。信如子産言。**我實不德，而以隸人之垣以贏諸侯，**贏，受也。**是吾罪也。」使士文伯謝不敏焉。晉侯見鄭伯，有加禮，**禮加敬。**厚其宴好而歸之。乃築諸侯之館。叔向曰：「辭之不可以已也如是夫！子**

❶「天」，京都本、阮本作「夭」。阮校：「毛誼父《六經正誤》云：『夭厲不戒』，注疏及臨川本作『天地』之『天』，興國本、監本作『夭閼』之『夭』。案，杜氏注云：『癘猶災也，言水潦無時。』據此義，則當作『天地』之『天』。然經有言『癘疫夭札』，則『夭癘』亦不爲非。陸粲《附注》云：天厲者，天之厲氣，猶《周官・司救》所謂『天患』。陳樹華云：毛氏未見石經，故不能遽定。哀元年傳云『天有菑癘』，更是一證。又按，凡經典癘疾、癘鬼字皆從疒，而轉寫傳刻多譌爲『厲』，正之不可勝正。」

產有辭，諸侯賴之，若之何其釋辭也？《詩》曰：『辭之輯矣，民之協矣。辭之繹矣，❶民之莫矣。』《詩・大雅》。言辭輯睦則民協同，辭説繹則民安定。莫猶定也。**其知之矣。」**謂詩人知辭之有益。

【疏】「高其閈閎」。❷　正義曰：《説文》云：「閈，門也。汝南平輿里門曰閈。」《釋宮》云：「衖門謂之閎。」李巡曰：「衖頭門也。」然則閈、閎皆是門名，❸言高爲其門耳。　「繕完葺牆」。　正義曰：《周禮・匠人》有葺屋、瓦屋。瓦屋以瓦覆，葺屋以草覆。此云「葺牆」，謂草覆牆也。　「寡君使匄」。　正義曰：匄，士文伯名也。晉、宋古本及《釋例》皆作「丏」，❹俗本作「匄」。此士文伯是范氏之別族，不宜與范宣子同名。今定本作「匄」，恐非。　「無觀臺榭」。　正義曰：《釋宮》云：「四方而高曰臺，有木者謂之榭。」李巡曰：「臺上有屋謂之榭。」然則臺、榭皆高，可升之以觀望。言無觀望之臺、榭也。　「館如公寢」。　正義曰：言往前文公之客館，如今日晉君之路寢也。　「圬人」至「宮室」。　正義曰：《釋宮》云：「鏝謂之杇。」李巡曰：「鏝，一名杇，塗工作具也。」郭璞云：「泥鏝也。」然則圬是塗之所用，因謂泥牆屋之人爲圬人。塓亦泥也。使此泥屋之人，以時泥塗客館之宮室也。　「庭燎」。　正義曰：《郊特牲》云：「庭燎之百，由齊桓公始也。」鄭玄云：「僭天子也。庭燎之差，公蓋五十，

---

❶「繹」，阮校：「《釋文》：『本亦作懌。』案，《詩》作『懌』，俗字。」

❷「高其閈閎」，阮本以下正義九節分疏於傳文各節下。

❸「是」，京都本、文淵閣本、阮本無此字。

❹「丏」，京都本、文淵閣本、阮本作「丐」。阮校：「按，作『丏』則當彌兗切，作『匄』則古代切，而『丐』則『匄』之俗體耳。」

侯、伯、子、男皆三十。」 注「門庭之内迫迮」。 正義曰：知非館門卑小，不得容車，而云「門庭之内迫迮」者，以傳稱「舍於隸人」，明院宇迮小也。 注「贏受也」。 正義曰：賈、服、王、杜皆讀爲「盈」。「盈」是滿也，故皆訓爲受。

鄭子皮使印段如楚，以適晉告，禮也。得事大國之禮。

莒犂比公生去疾及展輿，犂比，莒子密州之號。**既立展輿，**立以爲世子。**又廢之。犂比公虐，國人患之。十一月，展輿因國人以攻莒子，弑之，乃立。**展輿立爲君。**去疾奔齊，齊出也。**母，齊女也。**展輿，吴出也。**爲明年奔吴傳。**書曰「莒人弑其君買朱鉏」，**買朱鉏，密州之字。**言罪之在也。**罪在鉏也。傳始例申明君臣書弑，今者父子，故復重明例。

吴子使屈狐庸聘于晉，狐庸，巫臣之子也，成七年適吴爲行人。**通路也。**通吴、晉之路。**趙文子問焉，曰：「延州來季子其果立乎？**延州來，季札邑。**巢隕諸樊，**在二十五年。**閽戕戴吴，**在二十九年。戴吴，餘祭。**天似啓之，何如？」對曰：「不立。是二王之命也，非啓季子也。若天所啓，其在今嗣君乎？**嗣君，謂夷末。❶**甚德而度，德不失民，**民歸德。**度不失事，**審事情。**民親而事有序，其天所啓也。有吴國者，必此君之子孫實終之。季子，守節者也。雖有國，不立。」**言其三兄雖

---

❶「末」，足利學本、文淵閣本、阮本作「昧」，京都本作「眛」。阮校：「按，依宋本作『末』，則作『昧』之本亦當是左曰右末，非左日右未也。」

欲傳國與之，終不肯立。【疏】注「延州來季札邑」。❶正義曰：《釋例・土地名》：「延州來，闕，不知其處。」則杜謂「延州來」三字共爲一邑。服虔云：「延，延陵也。州來，邑名。季子讓王位，升延陵爲大夫，食邑州來。傳家通言之。」案：傳文謂之「延陵季子」，則是「延陵」與「州來」必不得爲一，但不知何以呼爲延陵耳。或延陵亦是邑名，蓋並食二邑，故連言之。

十二月，北宮文子相衛襄公以如楚，文子，北宮佗。襄公，獻公子。宋之盟故也。晉、楚之從交相見也。過鄭，印段迋勞于棐林，❷如聘禮而以勞辭。用聘禮，而用郊勞之辭。文子入聘，報印段。子羽爲行人，馮簡子與子大叔逆客。逆文子。事畢而出，言於衛侯曰：「鄭有禮，其數世之福也。其無大國之討乎？《詩》云：『誰能執熱，逝不以濯。』《詩・大雅》。濯，以水濯手。禮之於政，如熱之有濯也。濯以救熱，何患之有？」此以上，文子辭。

子產之從政也，擇能而使之。馮簡子能斷大事，子大叔美秀而文，其貌美，其才秀。公孫揮能知四國之爲，知諸侯所欲爲。而辨於其大夫之族姓、班位、貴賤、能否，而又善爲辭令，裨諶能謀，謀於野則獲，得所謀也。謀於邑則否。此才性之敝。❸鄭國將有諸侯之事，子產乃問

---

❶「注延州來季札邑」，阮本此節正義在「延州來季子其果立乎」句注下。

❷「棐」，《經典釋文》：「本又作斐。」

❸「敝」，阮校：「明翻岳本、足利本作『蔽』。」

四國之爲於子羽，且使多爲辭令，與裨諶乘以適野，使謀可否，而告馮簡子，使斷之。事成，乃授子大叔使行之，以應對賓客，是以鮮有敗事。北宮文子所謂有禮也。傳跡子產行事，以明北宮文子之言。

鄭人游于鄉校，鄉之學校。以論執政。論其得失。然明謂子產曰：「毀鄉校，如何？」❶患人於中謗議國政。子產曰：「何爲？夫人朝夕退而游焉，以議執政之善否。其所善者，吾則行之，其所惡者，吾則改之。是吾師也，若之何毀之？我聞忠善以損怨，爲忠善，則怨謗息。不聞作威以防怨。欲毀鄉校，即作威。豈不遽止？然猶防川，遽，畏懼也。大決所犯，傷人必多，吾不克救也。不如小決使道，道，通也。不如吾聞而藥之也。」以爲己藥石。然明曰：「蔑也，今而後知吾子之信可事也。小人實不才。若果行此，其鄭國實賴之，豈唯二三臣？」仲尼聞是語也，曰：「以是觀之，人謂子產不仁，吾不信也。」仲尼以二十二年生，於是十歲，長而後聞之。【疏】「鄉校」。❷ 正義曰：《詩序》云：「《子衿》，刺學校廢。」是校爲學之別名。 「不如」至「之也」。 正義曰：言不如不毀鄉校，使人游處其中，聞謗我之政者而即改焉，以爲我之藥石也。 注「仲尼」至「聞之」。 正義曰：《公羊傳》於二十一年下

❶「如何」，阮本作「何如」。

❷「鄉校」，阮本以下正義三節分疏於傳文各節下。

云：「十有一月，❶庚子，孔子生。」《穀梁傳》於二十一年十月之下云：「庚子，孔子生。」二十一年，賈逵注經云：「此年仲尼生，哀十六年夏四月己丑卒，七十三年。」昭二十四年，服虔載賈逵語云：「是歲孟僖子卒，屬其子使事仲尼。仲尼時年三十五，定以孔子爲襄二十一年生也。」《孔子世家》云：「魯襄公二十二年而孔子生，年七十三，魯哀公十六年夏四月己丑卒。」杜此注從《史記》也。

子皮欲使尹何爲邑。爲邑大夫。子産曰：「少，未知可否。」尹何年少。子皮曰：「愿，吾愛之，不吾叛也。愿，謹善也。使夫往而學焉，夫亦愈知治矣。」夫謂尹何。子産曰：「不可。人之愛人，求利之也。今吾子愛人則以政，以政與之。猶未能操刀而使割也，其傷實多。多自傷。子之愛人，傷之而已，其誰敢求愛於子？子於鄭國，棟也。棟析榱崩，❷僑將厭焉，敢不盡言？子有美錦，不使人學製焉。製，裁也。大官大邑，身之所庇也，而使學者製焉。其爲美錦，不亦多乎？言官邑之重，多於美錦。僑聞學而後入政，未聞以政學者也。若果行此，必有所害。譬如田獵，射御貫，則能獲禽。貫，習也。若未嘗登車射御，則敗績厭覆是懼，何暇思獲？」子皮曰：「善哉！虎不敏。吾

---

❶「十有一月庚子」，阮校：「孫志祖云：案《公羊經》上文云『十月，庚辰，朔』，則庚子爲十月二十一日，十一月不得有庚子也。《釋文》：『庚子孔子生，傳文上有十月庚辰，此亦十月也。』據此，則古本《公羊》無『十有一月』四字，有者後人妄增。《穀梁》亦作『十月』。蓋孔子以周之十月、夏正八月二十一日生，此作『十有一月』，孔沖遠所據本已誤。」

❷「析」，《四部叢刊》本、京都本、文淵閣本、阮本作「折」。

聞君子務知大者遠者，小人務知小者近者。我，小人也。衣服附在吾身，我知而慎之，大官大邑，所以庇身也，我遠而慢之。慢，易也。微子之言，吾不知也。他日我曰：『子爲鄭國，我爲吾家，以庇焉，其可也。』今而後知不足。自知謀慮不足謀其家。自今請雖吾家，聽子而行。」子産曰：「人心之不同，如其面焉。吾豈敢謂子面如吾面乎？抑心所謂危，亦以告也。」子皮以爲忠，故委政焉。子産是以能爲鄭國。傳言子産之治，乃子皮之力。【疏】「不吾叛也」。❶ 正義曰：謂尹何也。劉炫云：「叛，違也。欲令子産不於我有違，得使尹何爲邑也。」「夫亦愈知治矣」。正義曰：病差謂之愈。言不能之病愈，知治必速也。劉炫云：「尹何比未解治邑，以爲己病。今若遣往學，治邑之病差，自然以後知治邑矣。」

衛侯在楚。北宮文子見令尹圍之威儀，言於衛侯曰：「令尹似君矣，將有他志。言語瞻視行步不常。雖獲其志，不能終也。《詩》云：『靡不有初，鮮克有終。』終之實難，令尹其將不免。」公曰：「子何以知之？」對曰：「《詩》云：『敬慎威儀，惟民之則。』令尹無威儀，民無則焉。民所不則，以在民上，不可以終。」公曰：「善哉！何謂威儀？」對曰：「有威而可畏謂之威，有儀而可象謂之儀。君有君之威儀，其臣畏而愛之，則而象之，故能有其國家，令聞長世。❷臣有臣之威儀，其下畏而愛

❶「不吾叛也」，阮本以下正義二節分疏於傳文各節下。

❷「聞」，阮校：「《釋文》：『聞，本亦作問。』李善《魏都賦》注、《景福殿賦》注引並作『問』。」

之，故能守其官職，保族宜家。順是以下皆如是，是以上下能相固也。《衛詩》曰：『威儀棣棣，❶不可選也。』《詩・邶風》。棣棣，富而閑也。❷選，數也。言君臣、上下、父子、兄弟、内外、大小，皆有威儀也。《周詩》曰：『朋友攸攝，攝以威儀。』《詩・大雅》。攸，所也。攝，佐也。言朋友之道，必相教訓以威儀也。《周書》數文王之德逸《書》。❸曰：『大國畏其力，小國懷其德。』言畏而愛之也。《詩》云：『不識不知，順帝之則。』言則而象之也。《大雅》。又言文王行事，無所斟酌，唯在則象上天。紂囚文王七年，諸侯皆從之囚，紂於是乎懼而歸之，可謂愛之。文王伐崇，再駕而降爲臣，文王聞崇德亂而伐之，三旬不降，退脩教而復伐之，因壘而降。蠻夷帥服，可謂畏之。文王之功，天下誦而歌舞之，可謂則之。文王之行，至今爲法，可謂象之，有威儀也。故君子在位可畏，施舍可愛，進退可度，周旋可則，容止可觀，作事可法，德行可象，聲氣可樂，動作有文，言語有章，以臨其下，謂之有威儀也。」【疏】「令尹似君矣」。❹正義曰：言令尹威儀，已是國君之容矣。服虔云：「言令尹動作以君儀，

---

❶「威儀棣棣」，阮校：「《釋文》：『棣棣，本又作逮逮。』案，《禮記・孔子閒居》作『威儀逮逮』。」

❷「閑」，阮校：「毛本作『閒』字。按，『閒』即『嫻』字之假借。《説文》：『嫻，雅也。』按，毛傳作『棣棣，富而閒習也』。」

❸注文「書」下，阮本有「也」字。

❹「令尹似君矣」，阮本以下正義四節分疏於傳文各節下。

故云『以君矣』。」服言「以君儀」者，明年傳云「二執戈者前矣」，是用君儀也。俗本作「似君」。若云「似君」，不須言矣。今定本亦作「似君」，恐非。　「曰大」至「其德」。　正義曰：《尚書・武成》篇也。大國以威加，小國以德撫，故大畏力，小懷德也。　「不識」至「之也」。　正義曰：「不識不知」，謂不妄斟酌，以爲識知。唯順天之法則，是言則而象之，謂文王法則放象上天而行。下傳覆此，謂天下則象文王。不同者，謂文王能則象於天，故天下亦則象文王也。　「紂囚文王七年」。　正義曰：傳言「囚文王七年」，文王必七年爲囚矣。《尚書・無逸》云：「文王受命惟中身，厥享國五十年。」則文王在位歷年多矣，未知何時被囚也。《周本紀》稱：紂囚西伯於牖里，閎夭之徒求美女美寶而獻之紂。紂大悦，乃赦西伯，賜之弓矢，使之得征伐。其下乃云：「虞芮争獄，俱讓而去。諸侯聞之曰：『西伯，受命之君也。』」如馬遷所云，虞芮質獄之前被囚也。《尚書傳》稱文王一年質虞芮，二年伐邘，三年伐密須，四年伐犬夷，紂乃囚之。四友獻寶，乃得免於虎口，出而伐耆。鄭玄《尚書》注據《書傳》爲説，云：「紂聞文王斷虞芮之訟，後又三伐皆勝，始畏而惡之，拘於羑里。紂得散宜生等獻寶而釋文王，文王釋而伐黎。」以爲四年囚之，五年釋之。即如所言，被囚不盈一年，此傳不得言「紂囚文王七年」也。文王既已改元，而又專伐諸國，是則反形已露，雖紂之愚，非寶貨所能釋也。馬遷之言，當得其實，在質虞芮之前囚之，故囚之得七年也。

春秋左傳正義卷第二十六

國子祭酒上護軍曲阜縣
開國子臣孔穎達等奉勑撰

昭公【疏】正義曰：《魯世家》：「昭公名裯，❶襄公之子，齊歸所生。以周景王四年即位。」《謚法》：「威儀共明曰昭。」是歲歲在大梁。

【經】**元年，春，王正月，公即位。**無傳。

叔孫豹會晉趙武、楚公子圍、齊國弱、宋向戌、衛齊惡、陳公子招、蔡公孫歸生、鄭罕虎、許人、曹人于虢。招實陳侯母弟，不稱弟者，義與莊二十五年公子友同。今讀舊書，則楚當先晉，而先書趙武者，亦取宋盟貴武之信，故尚之也。衛在陳、蔡上，先至於會。【疏】注「招實」至「於會」。正義曰：八年經書「陳侯之弟招」，故知是陳侯母弟也。不稱弟云云，莊二十五年注云：「公子友，莊公之母弟。稱公子者，

❶「裯」，正宗寺本、京都本、阮本作「稠」。《史記索隱》曰：「《世本》作『稠』。」

史策之通言。母弟至親，異於他臣。其相殺害，則稱弟以示義。至於嘉好之事，兄弟篤睦，非例所興。或稱弟，或稱公子，仍舊史之文也。」八年，招殺世子，故稱弟以章招罪。此奉使以會諸國，非義例之所興，舊史書爲「公子」，而仲尼因之也。《公羊傳》曰：「此陳侯之弟招也，何以不稱弟？貶。曷爲貶？爲殺世子偃師貶。大夫相殺稱人，此其稱名氏以殺何？言將自是弑君也。然則曷爲不於其弑焉貶？以親者弑，然後其罪惡甚。《春秋》不待貶絶而罪惡見者，不貶絶以見罪惡也。貶絶然後罪惡見者，貶絶以見罪惡也。今招之罪已重矣，曷爲復貶乎此？著招之有罪也。何著乎招之有罪？言楚之託乎討招以滅陳也。」其意言八年楚託討於招以滅陳，著招之罪重，故於此預貶之。先儒或取《公羊》爲説。《釋例》云：「潁氏曰：『臣無竟外之交，故去弟以貶季友。子招樂憂，故去弟以懲過。鄭段去弟，唯以名通，故謂之貶。』今此二人皆書『公子』，公子者，名號之美稱，非貶所也。」❶是解招不稱弟之意也。《春秋》之初，衛在陳上。莊十六年幽之盟，衛在陳下。自爾以來，常在陳下。莊十六年注云：「陳國小，每盟會皆在衛下。齊桓始霸，楚亦始彊，陳侯介於二大國之間，而爲三恪之客，故齊桓因而進之，遂班在衛上，終於《春秋》。」是衛之班次，常在陳下。今衛乃在蔡之上，必有其故也。襄十年，諸侯伐鄭，齊世子光序在滕子之上，傳曰：「齊崔杼使大子光先至于師，故長於滕。」是先至有進班之理，故謂此爲「先至於會」故也。

三月，取鄆。不稱將帥，將卑師少。書「取」，言易也。【疏】注「不稱」至「易也」。正義曰：將卑師少，例當稱人。魯史不得自言魯人，直書所爲之事，明其有人取之也。若將卑師衆，則言「師取某」。襄十三年傳

---

❶「所」，監本、毛本、文淵閣本作「詞」。

例云：「凡書『取』，言易也。」故杜以此爲易耳。賈逵云：「楚以伐莒來討，故諱伐，不諱取。」劉炫以賈説爲是，故又規杜云：「案傳『季武子伐莒』，知非將卑師少也。稱伐，則是非易也。杜何得以爲『易』、『將卑師少』乎？」今删定知不然者，以諸稱「取」，傳皆以易釋之。此「取」文與彼同，故以爲易也。若以武子伐而取之，則致力難重，當以滅爲文，與滅項同也。❶案：滅項被討不諱滅，此亦被討，何以諱滅而言取？若必有所諱，當傳有其事。今傳云：「莒、魯争鄆，爲日久矣。」魯無大罪，亦何所諱也？傳云「武子伐莒」者，武子爲伐莒之主耳，别遣小將而行，故不書武子。猶如成二年傳言「楚子重侵衛」，經書「楚師」，杜云「子重不書，不親兵」之類是也。不書「伐」者，以兵未加鄆，鄆人逆服，與襄九年傳稱「諸侯圍鄭」，經不書，杜云「鄭人逆服不成圍」相似。劉以賈氏之注而規杜氏，非也。

夏，秦伯之弟鍼出奔晉。稱弟，罪秦伯。

六月，丁巳，邾子華卒。無傳。三同盟。【疏】注「三同盟」。　正義曰：華以襄十八年即位，十九年盟于祝柯，二十年于澶淵，二十五年于重丘，皆邾、魯俱在，是三同盟。

晉荀吴帥師敗狄于大鹵。大鹵，大原晉陽縣。

秋，莒去疾自齊入于莒。國逆而立之曰入。**莒展輿出奔吴。**❷弑君賊。未會諸侯，故不稱爵。

❶「項」，原作「預」，據正宗寺本、京都本、文淵閣本、阮本改。

❷「莒展輿」，阮校：「《釋文》無『輿』字，云『一本作莒展輿』。案，《公羊》、《穀梁》皆無『輿』字。」

【疏】注「弑君」至「稱爵」。 正義曰：《釋例》云：「諸侯不受先君之命而簒立，得與諸侯會者，則以成君書之。若未得接於諸侯，則不稱爵。傳曰『會于平州，以定公位』，又云『先君若有罪，則君列諸會矣』。此以會爲斷也。」是杜據彼傳之二文，知此爲未會諸侯，故不稱爵。❶

叔弓帥師疆鄆田。春取鄆，今正其封疆。

葬邾悼公。無傳。

冬，十有一月，己酉，楚子麇卒。❷楚以瘧疾赴，故不書「弑」。【疏】注「楚以」至「書弑」。 正義曰：傳稱「縊而弑之」，而經書「卒」者，襄七年，鄭「子駟使賊夜弑僖公，而以瘧疾赴于諸侯」，而經書爲「卒」，知此亦以瘧疾赴，故不書弑。

楚公子比出奔晉。書名，罪之。【疏】注「書名罪之」。 正義曰：齊崔氏、宋司城無罪，書氏、書官。此傳無罪狀，直以不能自固其位耳。出奔又無可善，無可善即是罪，未必犯大罪也。

【傳】元年，春，楚公子圍聘于鄭，且娶於公孫段氏，伍舉爲介。❸伍舉，椒舉。介，副也。**將入**

---

❶「故」，京都本、文淵閣本、阮本無此字。

❷「麇」，阮校：「案，《史記·楚世家》作『員』，《索隱》曰：『《左傳》作麏。』陳氏云：『麏』與『麇』通。」

❸「伍」，阮校：「石經此『伍』字係原刻，已下『伍』字皆初刻作『五』，後加人旁。惠棟云：《孫叔敖碑》作『五舉』。案，唐石經初刻亦作『五』，後改從人，非也。」

館，就客舍。鄭人惡之。知楚懷詐。**使行人子羽與之言，乃館於外。**舍城外。**既聘，將以衆逆。**以兵入逆婦。**子産患之，使子羽辭曰：「以敝邑褊小，不足以容從者，請墠聽命！」**欲於城外除地爲墠，行昏禮。**令尹命大宰伯州犁對曰：「君辱貺寡大夫圍，謂圍：『將使豐氏撫有而室。』**豐氏，公孫段。**圍布几筵，告於莊、共之廟而來。**莊王，圍之祖。共王，圍之父。**若野賜之，是委君貺於草莽也，是寡大夫不得列於諸卿也。**言不得從卿禮。**不寧唯是，又使圍蒙其先君，**蒙，欺也。告先君而來，不得成禮於女氏之廟，故以爲欺先君。**將不得爲寡君老，**大臣稱老。懼辱命而黜退。**其蔑以復矣。唯大夫圖之！」子羽曰：「小國無罪，恃實其罪。**恃大國而無備則是罪。**將恃大國之安靖己，而無乃包藏禍心以圖之，**❶**小國失恃，而懲諸侯，使莫不憾者，距違君命，而有所壅塞不行是懼。**言己失所恃，則諸侯懲恨以距君命，壅塞不行，所懼唯此。**不然，敝邑，館人之屬也，**館人，守舍人也。**其敢愛豐氏之祧？」**祧，遠祖廟。**伍舉知其有備也，請垂櫜而入。**垂櫜，示無弓。**許之。正月，乙未，入逆而出。**

【疏】「圍布」至「而來」。❷正義曰：《聘禮》臣奉君命聘於鄰國，猶尚釋幣于禰乃行，況昏是嘉禮之重，故圍自布几筵，告父祖之廟而來也。《文王世子》曰：「五廟之孫，祖廟未毀，雖爲庶人，冠、取妻必告。」鄭玄云：「告於君也。」亦既告君，必須告廟。君尊，不主臣昏，故圍自告也。

「若野」至「卿也」。正義曰：言

---

❶「包」，阮校：「李善注《文選》阮瑀《爲曹公作書與孫權》引傳作『苞』，是也。説詳僖四年注。」

❷「圍布至而來」，阮本以下正義四節分疏於傳文各節下。

我若受野賜之禮，則是委頓我君之命得既於草莽之中，則是寡大夫不得列於諸卿之位也。「不寧」至「先君」。正義曰：不寧，寧也。言寧有唯是之事，又使圍蒙其先君，連讀爲義也。告廟云，將向豐氏之家取妻，若使受之於野，不至豐氏之家，是欺先君也。言「又」者，既辱今君，又辱先君，故云「又」也。注「祧遠祖廟」。正義曰：《祭法》云：「遠廟爲祧。」鄭玄云：「祧之言超也，超上去意也。」以祧是尊遠之意，故以祧言廟耳。此公孫段是穆公之孫，子豐之子，其家唯有子豐之廟。君若特賜，或得立穆公之廟耳，其家無遠祖廟也。杜言遠祖廟者，順傳文且據正法言之。

遂會於虢，虢，鄭地。**尋宋之盟也。**宋盟在襄二十七年。**祁午謂趙文子曰：「宋之盟，楚人得志於晉。**得志，謂先歃。午，祁奚子。**今令尹之不信，諸侯之所聞也。子弗戒懼，又如宋。**恐楚復得志。**子木之信，稱於諸侯，猶詐晉而駕焉，**駕猶陵也。詐謂衷甲。**況不信之尤者乎？**尤，甚也。**楚重得志於晉，晉之恥也。子相晉國，以爲盟主，於今七年矣。**襄二十五年始爲政。以春言，故云七年。**再合諸侯，**襄二十五年會夷儀，二十六年會澶淵。**三合大夫，**襄二十七年會于宋，三十年會澶淵及今會虢也。**服齊、狄，寧東夏，**襄二十八年齊侯、白狄朝晉。**平秦亂，**襄二十六年秦、晉爲成。**城淳于，**襄二十九年城杞之淳于，杞遷都。**師徒不頓，國家不罷，民無謗讟，**讟，誹也。**諸侯無怨，天無大災，子之力也。**有令名矣，而終之以恥，午也是懼。吾子其不可以不戒！」文子曰：「武受賜矣。**受午言。**然宋之盟，子木有禍人之心，武有仁人之心，是楚所以駕於晉也。今武猶是心**

也，楚又行僭，僭，不信。**非所害也。武將信以爲本，循而行之。譬如農夫，是穮是蓘，**❶穮，耘也。壅苗爲蓘。**雖有饑饉，必有豐年。**言耕鉏不以水旱息，必獲豐年之收。**且吾聞之：『能信，不爲人下。』吾未能也。**自恐未能信也。**《詩》曰：『不僭不賊，鮮不爲則。』信也。**《詩·大雅》。僭，不信。賊，害人也。**能爲人則者，不爲人下矣。吾不能是難，楚不爲患。」**

楚令尹圍請用牲，讀舊書，加于牲上而已。舊書，宋之盟書。楚恐晉先歃，故欲從舊書，加于牲上，不歃血，經所以不書盟。**晉人許之。**

三月，甲辰，盟。楚公子圍設服離衛。設君服，二人執戈陳於前以自衛。離，陳也。**叔孫穆子曰：「楚公子美矣，君哉！」**美服似君。**鄭子皮曰：「二執戈者前矣！」**禮，國君行，有二執戈者在前。**蔡子家曰：「蒲宮有前，不亦可乎？」**公子圍在會，特緝蒲爲王殿屋屏蔽，以自殊異。言既造王宮而居之，雖服君服，無所怪也。**楚伯州犁曰：「此行也，辭而假之寡君。」**聞諸大夫譏之，故言「假」以飾令尹過。**鄭行人揮曰：「假不反矣！」**言將遂爲君。**伯州犁曰：「子姑憂子晳之欲背誕也。」**襄三十年，鄭子晳殺伯有，背命放誕，將爲國難。言子且自憂此，無爲憂令尹不反戈。**子羽曰：「當璧猶在，假而不反，子其無憂乎？」**子羽，行人揮。當璧，謂棄疾。事在昭十三年。言棄疾有當璧

---

❶「是穮是蓘」，阮校：「案，李善注《文選》張茂先《勵志詩》『穮』作『藨』，引注文同。然《說文》『穮』下引《春秋傳》則作『是穮是衮』，『衮』字不從艸。」

之命，圍雖取國，猶將有難，不無憂也。**齊國子曰：「吾代二子愍矣！」**國子，國弱也。二子，謂王子圍及伯州犁。圍此冬便簒位，不能自終，州犁亦尋爲圍所殺，故言可愍。**陳公子招曰：「不憂何成？二子樂矣。」**言以憂生事，事成而樂。**衛齊子曰：「苟或知之，雖憂何害？」**齊子，齊惡。言先知爲備，雖有憂難，無所損害。**宋合左師曰：「大國令，小國共，吾知共而已。」**共承大國命，不能知其禍福。**晉樂王鮒曰：「《小旻》之卒章善矣，吾從之。」**《小旻》，《詩·小雅》。其卒章義取非唯暴虎馮河之可畏也，不敬小人亦危殆。王鮒從斯義，故不敢譏議公子圍。

退會，子羽謂子皮曰：「叔孫絞而婉，絞，切也。譏其似君，反謂之美，故曰婉。**宋左師簡而禮，**無所臧否，故曰簡。共事大國，故曰禮。**樂王鮒字而敬，**字，愛也。不犯凶人，所以自愛敬。**子與子家持之，**子，子皮。子家，蔡公孫歸生。持之，言無所取與。**皆保世之主也。齊、衛、陳大夫其不免乎？國子代人憂，子招樂憂，齊子雖憂弗害。夫弗及而憂，與可憂而樂，與憂而弗害，皆取憂之道也，憂必及之。《大誓》曰：『民之所欲，天必從之。』**逸《書》。**三大夫兆憂，憂能無至乎？**開憂兆也。**言以知物，其是之謂矣。」**物，類也。察言以知禍福之類。八年，陳招殺大子。國弱、齊惡，當身各無患。【疏】「於今七年」。❶ 正義曰：襄二十五年傳云「趙文子爲政」，至此八年也，而云「七年」者，殷、

❶ 「於今七年」，阮本以下正義十一節分疏於傳文各節下。

周雖改正朔，常以夏正爲言，此春正月，故爲七年。年末醫和則云「八年」也。❶　「再合諸侯」。　正義曰：襄二十六年經書「公會晉人、鄭良霄、宋人、曹人于澶淵」，晉人即趙武也。時有魯公在會，雖則唯公一人，即是諸侯，不得謂之大夫也。故知再會諸侯，數澶淵也。　注「讟誹也。」　正義曰：《説文》云：「謗，毁也。誹，謗也。」然則謗、讟、誹其義同，皆是非毁人。古人重言之，猶險阻、艱難也。　注「穮耘」至「爲蓘」。　正義曰：《漢書·殖貨志》云：❷「后稷始甽田，以二耜爲耦，廣尺深尺曰甽，長終一畝。一畝三甽，一夫三百甽，而播種於甽中。苗生二葉以上，❸稍壯，耨隴草，因隤其土以附苗根。故其《詩》云『或耘或耔，黍稷薿薿』。耘，除草也。耔，附根也。言苗稍壯，每耨輒附其根，比至盛暑，隴盡平而根深，能風與旱，故薿薿而盛也。」此言「穮」、「蓘」，即《詩》之耘、耔也。故知穮是耨，以土壅苗根爲蓘也。　耨，定本作「耘」。　「雖有」至「豐年」。　正義曰：言耕鉏不息，必有豐年之收。以喻禮信不愆，必爲諸侯之長也。　注「設君」至「陳也」。　正義曰：穆子言似君，知「設服」設君服也。唯譏執戈，不言衣服，則君服即二戈是也。「離衛」之語，必爲執戈發端，但語略難明。服虔云：「二人執戈在前，在國居君離宮，陳衛在門。」然則執戈在前，國君行時之衛，非在家守門之衛也。守門之衛，其兵必多，非徒二戈而已。縱使在國，居君之離宮，即名宮門之衛，以爲離衛，其言大不辭矣。❹故杜以離衛即執戈是也。言二人執

❶「也」，京都本、文淵閣本、阮本無此字。
❷「殖」，文淵閣本作「食」。阮校：「案《漢書》，『殖』當作『食』。」
❸「二」，正宗寺本、京都本、文淵閣本、阮本作「三」。
❹「辭」，閩本、監本、毛本、文淵閣本作「侔」。

戈，陳列於前，以自防衛也。離之爲陳，雖無正訓，兩人一左一右，相離而行，故稱離衛。離亦陳之義。注「禮國」至「在前」。正義曰：《士喪禮》言君臨臣喪之禮云：「小臣二人執戈先，二人後。」是知國君之行常有二執戈者在前也。國君亦有二戈在後，子皮唯言前有二戈者，當是公子圍不設後戈故也。注「公子」至「怪也」。正義曰：服虔云：「蒲宮，楚君離宮。言令尹在國已居君之宮，出有前戈，不亦可乎？」令尹居君離宮，事無所出，且諸侯大夫見其在會之儀，不譏在國所居。伯州犁云「此行也，辭而假之寡君」，言行而借戈以衛，非在國借宮以居也。故杜以爲公子圍在會，特緝蒲爲王殿屋，以自殊異。此亦無所案據，要愜人情。注「國子」至「可慼」。正義曰：服虔云：「慼，憂也。代伯州犁憂公子圍，代子羽憂子晳。」劉炫從服言而規杜失。今知不然者，以圍不能自終，伯州犁尋爲圍所殺，是皆遇凶害，故云「吾代二子慼矣」。若以二子爲伯州犁、子羽，子羽則卒無禍害，又何可慼而代之乎？劉以服意而規杜過，非也。「小旻之卒章」。正義曰：《小旻》，《詩·小雅》，刺幽王也。注「子子」至「取與」。正義曰：持謂執持之也。子皮直云「二執戈者前矣」，雖意知不可，而辭無譏切。子家云「蒲宮有前，不亦可乎？」意雖并譏蒲宮，言乃謂之爲「可」，不如子羽之譏訐，不同伯州犁之飾辭，持其兩端，無所取與，是持之也。弈棋謂不能相害爲持，意亦同於此也。

季武子伐莒，取鄆。兵未加莒而鄆服，故書「取」而不言伐。**莒人告於會。楚告於晉曰：「尋盟未退，**尋弭兵之盟。**而魯伐莒，瀆齊盟。**瀆，慢也。**請戮其使。」**時叔孫豹在會，欲戮之。**樂桓子相趙文子。**桓子，樂王鮒。相，佐也。**欲求貨於叔孫而爲之請，使請帶焉。**難指求貨，故以帶爲辭。**弗與。梁其踁曰：「貨以藩身，子何愛焉？」**踁，叔孫家臣。**叔孫曰：「諸侯之會，衛社稷也。我以**

貨免，魯必受師。言不戮其使，必伐其國。**是禍之也，何衛之爲？人之有牆，以蔽惡也。**喻己爲國衛，如牆爲人蔽。**牆之隙壞，誰之咎也？**咎在牆。**衛而惡之，吾又甚焉。**罪甚牆。**雖怨季孫，魯國何罪？**怨季孫之伐莒。**叔出季處，有自來矣，吾又誰怨？**季孫守國，叔孫出使，所從來久。今遇此戮，無所怨也。**然鮒也賄，弗與不已。」召使者，裂裳帛而與之，曰：「帶其褊矣。」**言帶褊盡，故裂裳，示不相逆。**趙孟聞之，曰：「臨患不忘國，忠也。**謂言「魯國何罪」。**思難不越官，信也。**謂言「叔出季處」。**圖國忘死，貞也。**謂不以貨免。**謀主三者，義也。**三者，忠、信、貞。**有是四者，又可戮乎？」**并義而四。**乃請諸楚曰：「魯雖有罪，其執事不辟難，**執事，謂叔孫。**畏威而敬命矣。**謂不敢辟戮。**子若免之，以勸左右，可也。若子之羣吏，處不辟汙，**汙，勞事。**出不逃難，**不苟免。**其何患之有？患之所生，汙而不治，難而不守，所由來也。能是二者，又何患焉？不靖其能，其誰從之？**安靖賢能，則衆附從。**魯叔孫豹可謂能矣，請免之，以靖能者。子會而赦有罪，**不伐魯。**又賞其賢，**赦叔孫。**諸侯其誰不欣焉望楚而歸之，視遠如邇？疆埸之邑，一彼一此，何常之有？**言今衰世，疆埸無定主。**王伯之令也，**言三王五伯有令德時。**引其封疆，**引，正也。正封界。**而樹之官。**樹，立也。立官以守國。**舉之表旗，**旌旗以表貴賤。**而著之制令。**爲諸侯作制度法令，使不得相侵犯。**過則有刑，猶不可壹。於是乎虞有三苗，**三苗，饕餮，放三危者。**夏有觀、扈，**觀國，今頓丘衛縣。扈在始平鄠縣。《書序》曰：「啓與有扈戰於甘之野。」**商有姺、邳，**二國，商諸侯。邳，今下邳縣。**周有徐、奄。**二國皆嬴姓。《書序》曰：「成王伐淮夷，遂踐奄。」徐即淮夷。**自無令王，諸侯逐進，**逐猶競也。**狎主齊盟，其又可壹乎？**彊弱無常，故更主盟。**恤大舍小，足以爲盟主，**大謂篡弒滅亡之禍。**又焉用之？**焉用治小事。**封疆之削，何國蔑有？主齊盟者，誰能辯焉？**辯，治也。**吳、濮有釁，楚之執事，豈其顧盟？**吳在東，濮在南。今建寧郡南有濮夷。釁，過也。**莒之疆事，楚勿與知，諸侯無煩，不亦可乎？莒、魯爭鄆，爲日久矣，苟無大害於其社稷，可無亢也。**亢，禦。**去煩宥善，莫不競勸。子其圖之！」固請諸楚。楚人許之，乃免叔孫。**【疏】注「言不」至「其國」。❶

正義曰：《晉語》：「趙文子謂叔孫曰：『子盍逃之？』對曰：『豹也受命於君，以從諸侯之盟，爲社稷也。若魯有罪，受盟者逃，魯必不免，是吾出而絶之也。❷若爲諸侯戮，魯誅盡矣，必不加師，請爲戮也。』」是言「不戮其使，必伐其國」也。　注「季孫」至「怨也」。　正義曰：歷檢上世以來，季孫出使不少於叔孫，而云「叔出季處」，從來久者，季孫世爲上卿，法當上卿守國，次卿出使，以此爲從來久耳。必須使上卿者，上卿非不使也。　注「污勞事」。　正義曰：處國之所辟者，唯有辟勞事耳，故以污爲勞事也。言事之勞身，若穢之污物也。　注「言三」至「德時」。　正義曰：以傳言「王伯」，故言「三王」。下云「虞有三苗」，則帝時亦有，非獨三王也。但王亦帝也，故

---

❶「注言不至其國」，阮本以下正義八節分疏於傳文各節下。

❷「絶」，文淵閣本作「危」。阮校：「監本、毛本作『危』，與明道本《國語》合。」

傳通言王耳。❶ 「舉之表旗」。 正義曰：舉，立也，爲立表貴賤之旌旗也，故杜云「旌旗以表貴賤」。 注「二國」至「淮夷」。 正義曰：二國皆嬴姓，《世本》文也。《書序》曰：「成王伐淮夷，遂踐奄。」淮夷與奄，同時伐之，此徐、奄連文，故以爲徐即淮夷，賈逵亦然，是相傳説也。服虔云：「一曰魯公所伐徐戎也。」案：《費誓》云「淮夷、徐戎並興」，孔安國云：「淮浦之夷，徐州之戎，並起爲寇。」則徐亦非國名。此徐是國名，當謂淮浦之夷，其國名徐。《書序》舉其大號，此傳言其國名也。僖公時，楚人伐徐。杜云：「下邳僮縣東南有大徐城。」彼近淮旁，成王時徐蓋亦在彼地也。此傳所云四代有罪之國，其三苗與有扈、徐、奄，《尚書》略有其事，其觀與姺、邳，則史傳無文。傳言「王伯之令」，猶尚有此輩，則此輩皆是王道盛明時諸侯也。 「封疆」至「辯焉」。 正義曰：言封疆之相侵削，何國無有？ 此乃常事，主領齊盟者誰能一一治之焉？❷ 「去煩」至「競勸」。 正義曰：不往討魯，諸侯無煩，是去煩也。 叔孫賢人，今若赦之，是宥善也。 德義如是，餘人莫不競力勸慕爲善矣。

令尹享趙孟，賦《大明》之首章，《大明》，《詩·大雅》。首章言文王明明照於下，故能赫赫盛於上。令尹意在首章，故特稱首章以自光大。 **趙孟賦《小宛》之二章。**《小宛》，《詩·小雅》。二章取其「各敬爾儀，天命不又」，言天命一去，不可復還，以戒令尹。 **事畢，趙孟謂叔向曰：「令尹自以爲王矣，何如？」**問將能成否。 **對曰：「王弱，令尹彊，其可哉！** 言可成。 **雖可，不終。」趙孟曰：「何**

❶ 「王」上，京都本、文淵閣本、阮本有「其」字。

❷ 「焉」，京都本、文淵閣本、阮本無此字。

故？」對曰：「彊以克弱而安之，彊不義也。安於勝君，是彊而不義。**不義而彊，其斃必速。《詩》曰：『赫赫宗周，褒姒滅之。』彊不義也。**《詩·小雅》。褒姒，周幽王后。幽王惑焉，而行不義，遂至滅亡。言雖赫赫盛彊，不義足以滅之。**令尹爲王，必求諸侯。晉少懦矣，**懦，弱也。**諸侯將往。若獲諸侯，其虐滋甚，**滋，益也。**民弗堪也，將何以終？夫以彊取，**取不以道。**不義而克，必以爲道。以不義爲道。道以淫虐，弗可久已矣！」**爲十三年楚弑靈王傳。【疏】注「小宛」至「復還」。❶ 正義曰：《詩序》云：「大夫刺幽王也。」其二章云：「人之齊聖，飲酒温克。彼昏不知，壹醉日富。各敬爾儀，天命不又。」注云：「又，復也。」今女君臣，各敬慎威儀，天命所去，❷不復來也。 「道以」至「已矣」。 正義曰：以不義謂之爲道，而淫虐爲之，民所不堪，不可久矣。

夏，四月，趙孟、叔孫豹、曹大夫入于鄭，會罷過鄭。**鄭伯兼享之。子皮戒趙孟，**戒享期。**禮終，趙孟賦《瓠葉》。**受所戒，禮畢而賦《詩》。《瓠葉》，《詩·小雅》，義取古人不以微薄廢禮，雖瓠葉兔首，猶與賓客享之。**子皮遂戒穆叔，且告之。**告以趙孟賦《瓠葉》。**穆叔曰：「趙孟欲一獻，**《瓠葉》詩義取薄物而以獻酬，知欲一獻。❸**子其從之！」子皮曰：「敢乎？」**言不敢。**穆叔曰：「夫人之所**

❶「注小宛至復還」，阮本此節正義在「趙孟賦小宛之二章」句注下。
❷「所」，京都本、文淵閣本、阮本作「一」。
❸「欲」，京都本、阮本作「其」。「獻」下，阮校：「足利本有『之禮』二字。」

欲也，又何不敢？」夫人，趙孟。**及享，具五獻之籩豆於幕下。**朝聘之制，大國之卿五獻。**趙孟辭，**趙孟自以今非聘鄭，故辭五獻。**私於子產，**私語。**曰：「武請於冢宰矣。」**冢宰，子皮。請，謂賦《瓠葉》。**乃用一獻。趙孟爲客，禮終乃宴。**卿會公侯，享宴皆折俎，不體薦。**穆叔賦《鵲巢》。**《鵲巢》，《詩・召南》。言鵲有巢而鳩居之，喻晉君有國，趙孟治之。**趙孟曰：「武不堪也。」又賦《采蘩》，**亦《詩・召南》。義取蘩菜薄物，可以薦公侯，享其信，不求其厚。❶**曰：「小國爲蘩，大國省穡而用之，其何實非命？」**穆叔言小國微薄猶蘩菜，大國能省愛用之而不棄，則何敢不從命？穡，愛也。**子皮賦《野有死麕》之卒章。**❷《野有死麕》，《詩・召南》。卒章曰：「舒而脱脱兮，無感我帨兮，無使尨也吠。」脱脱，安徐。帨，佩巾。義取君子徐以禮來，無使我失節而使狗驚吠。喻趙孟以義撫諸侯，無以非禮相加陵。**趙孟賦《常棣》，**《常棣》，《詩・小雅》。取其「凡今之人，莫如兄弟」。言欲親兄弟之國。**且曰：「吾兄弟比以安，尨也可使無吠。」**受子皮之詩。**穆叔、子皮及曹大夫興拜，**三大夫，皆兄弟國。興，起也。**舉兕爵曰：「小國賴子，知免於戾矣。」**兕爵，所以罰不敬。言小國蒙趙孟德比以安，自知免此罰戮。**飲酒樂。趙孟出，曰：「吾不復此矣。」**不復見此樂。【疏】注「朝

---

❶「厚」下，阮校：「岳本有『也』字。」

❷「麕」，阮校：「《釋文》作『麏』，所據之本不同也。」

聘」至「五獻」。❶　正義曰：《周禮·大行人》稱「上公饗餼九牢，❷饗禮九獻，侯伯七獻，子男五獻」，皆獻同饗餼之數也。❸案：《聘禮》「卿聘，饔餼五牢」，故卿皆五獻。至春秋之時，大國之卿乃得從卿禮，若次國之卿，依大國大夫之制，唯三獻耳，故杜此注云「大國之卿五獻」。又昭六年傳注云「大夫三獻」，是也。　注「卿會」至「體薦」。

正義曰：傳言「禮終乃宴」，謂享禮既終，❹即因而爲宴，不待異日也。杜解享宴禮異，所以得相因者，以其殽俎同故也。宣十六年傳云：「王享有體薦，宴有折俎。」公當享，卿當宴，王室之禮也。」彼傳之意，言享公當依享法，有體薦也。享卿當如宴法，有折俎也。彼王自言之，故云「王室禮」耳，其實諸侯之待公卿，禮亦當然。以卿會公侯，享宴皆折俎，不體薦，享宴俎同，故得因行禮也。

天王使劉定公勞趙孟於潁，館於雒汭。王，周景王。定公，劉夏。潁水出陽城縣，雒汭在河南鞏縣南。水曲流爲汭。**劉子曰：「美哉禹功，見河、雒而思禹功。明德遠矣！微禹，吾其魚乎？**

---

❶「注朝聘至五獻」，阮本以下正義二節分疏於傳文各節下。

❷「牢」，原作「罕」，據《四部叢刊》本、京都本、文淵閣本、阮本改。

❸「獻」下，京都本、文淵閣本、阮本有「數各」二字。

❹「謂」下，京都本、文淵閣本、阮本有「之」字。

吾與子弁冕端委，❶**以治民臨諸侯，禹之力也。**弁冕，冠也。❷端委，禮衣。言今得共服冠冕，有國家者，皆由禹之力。**子盍亦遠績禹功，**❸**而大庇民乎？」**勸趙孟使纂禹功。**對曰：「老夫罪戾是懼，焉能恤遠？吾儕偷食，朝不謀夕，何其長也？」**言欲苟免目前，不能念長久。**劉子歸，以語王曰：「諺所謂老將知而耄及之者，**八十曰耄。耄，亂也。**其趙孟之謂乎？爲晉正卿，以主諸侯，而儕於隸人，朝不謀夕，**言其自比於賤人，而無恤民之心。**棄神人矣。**民爲神主，不恤民，故神人皆去。**神怒民叛，何以能久？趙孟不復年矣。**言將死，不復見明年。**神怒，不歆其祀。民叛，不即其事。祀事不從，又何以年？」**爲此冬趙孟卒起本。【疏】注「弁冕」至「之力」。❹正義曰：冠者，首服之揔名。弁冕，冠中之小別。弁冕是首服，端委是身服。言弁冕端委，揔舉冠衣而言，非謂定公、趙孟身所自衣也。哀七年傳云：「大伯端委以治周禮，仲雍嗣之，斷髮文身。」以文身從彼之俗，知端委是依禮之衣。杜直言「端委，禮

---

❶「弁冕端委」，阮校：「《釋文》作『弁端委』，云：『本亦作弁冕端委。』案，石經此行十一字，似初刻無『冕』字，後增入也。」

❷「冕」，阮校：「衍文也。案，《周禮·大司徒》疏引有『冕』字，非善本也。」

❸「子盍亦遠績禹功」，阮校：「北宋刻《釋文》無『禹』字，云：『本或作「亦遠績禹功」。』案，《周禮·大司徒》疏，李善注《文選》袁彥伯《三國名臣序贊》、陸士衡《五等論》引傳無『亦』字。疑《釋文》亦無『亦』字，非無『禹』字也，本或作『亦遠績禹功』。石經『子盍亦』一行十一字，似『亦』字亦初刻所無。」

❹「注弁冕至之力」，阮本以下正義四節分疏於傳文各節下。

衣」，不知是何衣也。名曰「端委」，又無所説。《周禮·司服》於士服之下云：「其齊服有玄端、素端。」鄭玄云：「謂之端者，取其正也。謂士之衣袂，皆二尺二寸而屬幅，是廣袤等也。其袪尺二寸。大夫以上侈之。侈之者，蓋半而益一焉。半而益一，則其袂三尺三寸，袪尺八寸。」如鄭此言，唯士服當端制，大夫以上不復端也。服虔云：「禮衣端正無殺，故曰端。文德之衣尚褒長，故曰委。」案：《論語·鄉黨》：「非帷裳，必殺之。」鄭康成云：「帷裳，謂朝祭之服，其制正幅如帷。非帷裳者，謂深衣削其幅，縫齊倍要。」《禮記》深衣之制，短不見膚，長不被土。然則朝祭之服當曳地，服言是也。　「遠績禹功」。　正義曰：績亦功也，重其言耳。「遠績禹功」者，勸之爲大功，使遠及後世，若大禹也。謂勸武何不遠慕大禹之績，而立大功以庇民也。　「吾儕偷食」。　正義曰：儕，等也。言吾等於彼卑賤苟且求食之人也。❶　注「言其」至「之心」。　正義曰：趙孟自言吾儕偷食，是自比於隸役賤人也。在上位者，當憂勞百姓。卑賤之人，勞身而已。自比賤人，是無憂民之心也。

叔孫歸，號會歸。**曾夭御季孫以勞之，旦及日中不出。**恨季孫伐莒，使己幾被戮。**曾夭謂曾阜，**曾阜，叔孫家臣。**曰：「旦及日中，吾知罪矣。魯以相忍爲國也，忍其外，不忍其内，焉用之？」**欲受楚戮，是忍其外。日中不出，是不忍其内。**阜曰：「數月於外，**言叔孫勞役在外數月。**一旦於是，庸何傷？賈而欲贏，而惡囂乎？」**言譬如商賈求贏利者，不得惡諠囂之聲。❷　**阜謂叔孫曰：「可以**

❶「求」，京都本、文淵閣本、阮本作「飲」。

❷「諠」，阮校：「《釋文》作『讙』，云：『或作諠。』按，《説文》：『讙，譁也，從言，雚聲。』《釋文》本作『讙』，與《説文》合。」

出矣！」叔孫指楹曰：「雖惡是，其可去乎？」乃出見之。楹，柱也。以喻魯有季孫，猶屋有柱。

【疏】注「言譬」至「之聲」。❶ 正義曰：言己伐莒求利，而不得惡日中不出，譬如商賈求利，不得惡諠譁之聲，以商賈在市，市人多諠譁之聲。

鄭徐吾犯之妹美，犯，鄭大夫。公孫楚聘之矣，楚，子南。穆公孫。公孫黑又使强委禽焉。禽，鴈也。納采用鴈。犯懼，告子産。子産曰：「是國無政，非子之患也。唯所欲與。」犯請於二子，請使女擇焉。皆許之。子皙盛飾入，布幣而出。布陳贄幣。子皙，公孫黑。子南戎服入，左右射，超乘而出。女自房觀之，曰：「子皙信美矣，抑子南，夫也。」言丈夫。夫夫婦婦，所謂順也。」適子南氏。子皙怒，既而櫜甲以見子南，❷欲殺之而取其妻。子南知之，執戈逐之，及衝，擊之以戈。衝，交道。子皙傷而歸，告大夫曰：「我好見之，不知其有異志也，故傷。」大夫皆謀之。子産曰：「直鈞，幼賤有罪，罪在楚也。」先聘，子南直也。子南用戈，子皙直也。子産力未能討，故鈞其事，歸罪於楚。乃執子南而數之，曰：「國之大節有五，女皆奸之。奸，犯也。畏君之威，聽其政，尊其貴，事其長，養其親，五者所以爲國也。今君在國，女用兵焉，不畏威也。奸國之紀，不聽政也。奸國之紀，謂傷人。子皙上大夫，女嬖大夫，而弗下之，不尊貴也。幼而不忌，不事長也。忌，畏也。兵其

❶「注言譬至之聲」，阮本此節正義在注「不得惡諠譁之聲」下。

❷「櫜」，《經典釋文》云：「本或作橐」。

從兄，不養親也。君曰：『余不女忍殺，宥女以遠。』勉速行乎，無重而罪！」五月，庚辰，鄭放游楚於吳。

將行子南，子産咨於大叔。大叔，游楚之兄子。**大叔曰：「吉不能亢身，焉能亢宗？**亢，蔽也。**彼國政也，非私難也。子圖鄭國，利則行之，又何疑焉？周公殺管叔而蔡蔡叔，**蔡，放也。**夫豈不愛？王室故也。吉若獲戾，子將行之，何有於諸游？」**爲二年鄭殺公孫黑傳。【疏】「夫夫」至「順也」。❶　正義曰：夫如夫道，當剛强也。婦如婦節，當柔弱也。如是，所謂順也。曹大家《女誡》曰：❷「生男如狼，猶恐其尪。生女如鼠，猶懼其武。」❸是男欲剛而女欲柔也。　「殺管」至「蔡叔」。　正義曰：《說文》云：「䊛，散之也。從米，殺聲。」然則「䊛」字，殺下米也。䊛爲放散之義，故訓爲放也。隸書改作，已失本體，「䊛」字不復可識，寫者全類「蔡」字，至有重爲一「蔡」字，重點以讀之者。《尚書·蔡仲之命》云：「周公乃致辟管叔于商，囚蔡叔于郭鄰，以車七乘。」孔安國云：「囚謂制其出入。郭鄰，中國之外地名。」是放蔡叔之事也。孔唯言中國之外地，不知在何方也。　「夫豈」至「故也」。　正義曰：夫，謂周公也。夫此周公，豈不愛管、蔡乎？所以䊛放之，爲王室故也。

秦后子有寵於桓，如二君於景。后子，秦桓公子，景公母弟鍼也。其權寵如兩君。**其母曰：**

---

❶「夫夫至順也」，阮本以下正義三節分疏於傳文各節下。

❷「大」，原作「入」，據正宗寺本、京都本、文淵閣本、阮本改。

❸「武」，阮校：「本作『虎』，避諱改也。」

「弗去，懼選。」選，數也。恐景公數其罪而加戮。癸卯，鍼適晉，其車千乘。書曰「秦伯之弟鍼出奔晉」，罪秦伯也。罪失教。

后子享晉侯，爲晉侯設享禮。造舟于河，造舟爲梁，通秦、晉之道。十里舍車，一舍八乘，爲八反之備。自雍及絳。雍絳相去千里，用車八百乘。歸取酬幣，備九獻之儀，始禮自齎其一，故續送其八酬酒幣。終事八反。每十里以八乘車，各以次載幣相授而還，不徑至，故言「八反」。千里用車八百乘，其二百乘以自隨，故言「千乘」。傳言秦鍼之出，極奢富以成禮，欲盡敬於所赴。司馬侯問焉，曰：「子之車，盡於此而已乎？」對曰：「此之謂多矣！若能少此，吾何以得見？」言己坐車多，故出奔。女叔齊以告公，叔齊，司馬侯。且曰：「秦公子必歸。臣聞君子能知其過，必有令圖。令圖，天所贊也。」

后子見趙孟。趙孟曰：「吾子其曷歸？」問何時當歸。對曰：「鍼懼選於寡君，是以在此。將待嗣君。」趙孟曰：「秦君何如？」對曰：「無道。」趙孟曰：「亡乎？」對曰：「何爲？一世無道，國未艾也。艾，絶也。國於天地，有與立焉。言欲輔助之者多。不數世淫，弗能斃也。」趙孟曰：「天乎？」❶對曰：「有焉。」趙孟曰：「其幾何？」對曰：「鍼聞之，國無道而年穀和熟，天贊之也，贊，佐助也。鮮不五稔。」鮮，少也。少尚當歷五年，多則不啻。趙孟視蔭曰：「朝夕不相及，誰能待五？」

❶「天」，阮校云：石經作「夭」。

蔭，日景也。趙孟意衰，以日景自喻，故言「朝夕不相及，誰能待五」。**后子出，而告人曰：「趙孟將死矣。主民，翫歲而愒日，**❶翫、愒皆貪也。**其與幾何？」**言不能久。【疏】「癸卯」至「伯也」。❷　正義曰：《釋例》曰：「秦伯有千乘之國，不能容其母弟。傳曰『罪秦伯』，則鍼罪輕也。」言其對兄爲輕耳，非無罪也。《公羊》以爲仕諸晉，謂之奔者，譏秦伯有千乘之國，不能容其母弟，故謂之出奔也。劉炫云：「奔者，迫窘而去，逃死四鄰，不以禮出也。今鍼適晉，乃與母計議，緩步而出，實非奔也。仲尼既書爲『奔』，傳釋云『罪秦伯』，秦伯不豫教戒其弟，不能早爲之所，致奢富過度，懼而去國，罪其失兄之教。鍼不自知度，亦是其罪。歸罪秦伯，言兄罪耳。」例曰以下同也。　「造舟于河」。　正義曰：《詩》云「造舟爲梁」，是比舟以爲橋也。《釋水》云：「天子造舟。」李巡曰：「比其舟而渡曰造。」孫炎曰：「比舟爲梁。」郭璞曰：「比船爲橋。」皆不解「造」義。蓋「造」爲至義，言船相至而並比也。　注「一舍」至「之備」。　正義曰：直言「十里舍車」，不知每舍幾車。以下言「八反」，知一舍八乘，爲八反之具也。　注「備九」至「酒幣」。　正義曰：僖二十二年鄭享楚子爲九獻，知此備九獻之儀也。每一獻酒，必有幣隨之。❸后子從始自齎其一，以爲初獻，故續送其八也。飲酒之禮，主人初獻於賓，賓酢主人，主人受賓之酢禮，飲訖又飲，乃酌以酬賓，如是乃成爲一獻。於酬之時，始有幣以勸飲，故以爲酬酒幣也。　注

---

❶「翫」，阮校：「葉鈔《釋文》云『又作忨』，是也。」

❷「癸卯至伯也」，阮本以下正義七節分疏於傳文各節下。

❸「幣」下，京都本、阮本有「車以」二字。

「每十」至「所赴」。　正義曰：服虔以爲每於十里置車一乘，❶千里百乘，以次相授。車率皆日行一百六十里，謂從絳向雍，去而復還，一享之間，八度至也。然則千里之路，往還八反，車率日行一百六十里計，則一萬六千里，雖追風逐日之足，猶將不逮於此。後子之馬，一何駛乎？縱令如此，纔可以章馬疾，未足以明車多。司馬侯何以怪其車多而發問也？杜以反者謂車反復其故處耳。每於十里置車八乘，後子初發，幣則續行，自齎其一，以爲初獻，餘則以次續至，至則車反。比至享終，八車皆反。以此謂之八反，非言反至雍也。此幣發雍，計已多日，故設享之初，此八車之幣去絳不過一二十里耳，使之相續而來，每獻皆到，以示己之豪富，故令漸送之也。如杜此言，則后子預前約束，使幣早發而來，非臨享始取。而云「歸取酬幣」者，后子必適晉多日，然後設享，非初至即享君也。爲享之具，酒食之屬，皆在絳備之，其幣亦應於絳備之，乃遣還取秦國之幣，故言「歸取」，不言設享之日始歸取也。上云「其車千乘」，下司馬侯問其車多，則是見車多而發問也。故杜辨其車之所在，千里用車八百乘，其二百乘以自隨，故言千乘也。傳説此車多之事者，言秦鍼之出，極奢富以成禮，盡敬於所赴之國，故爲此以示豪也。

「國無」至「五稔」。　正義曰：國無道而歲又饑，則君或早夭。年穀和熟，是天佐助之，❷故少猶五年，多或不啻也。期之五年者，后子之意耳。襄二十七年傳云「所謂不及五稔」，蓋古有此言也。　「趙孟」至「待五」。　正義曰：趙孟自比於日景。此景朝夕尚移，不能相及，人命流去，與此相似，既無常定，誰能待五？

鄭爲游楚亂故，游楚，子南。**六月，丁巳，鄭伯及其大夫盟于公孫段氏。罕虎、公孫僑、公孫段、**

---

❶「置」下，京都本、文淵閣本、阮本有「幣」字。

❷「是」，阮本作「則」。

印段、游吉、駟帶私盟于閨門之外，實薰隧。閨門，鄭城門。薰隧，門外道名。實之者，爲明年子産數子晳罪稱「薰隧盟」起本。**公孫黑强與於盟，使大史書其名，且曰「七子」。**自欲同於六卿，故曰「七子」。**子産弗討。**子晳强，討之恐亂國。

晉中行穆子敗無終及羣狄于大原，即大鹵也。無終，山戎。**崇卒也。**崇，聚也。**將戰，魏舒曰：「彼徒我車，所遇又阨，**❶地險不便車。**以什共車，必克。**更增十人，以當一車之用。**困諸阨，又克。**車每困於阨道，今去車，故爲必克。**請皆卒，**去車爲步卒。**自我始。」乃毁車以爲行，**魏舒先自毁其屬車爲步陳。**五乘爲三伍。**乘車者車三人，五乘十五人。今改去車，更以五人爲伍，分爲三伍。**荀吴之嬖人不肯即卒，斬以徇。**魏舒輒斬之，荀吴不恨，所以能立功。**爲五陳以相離，兩於前，伍於後，專爲右角，參爲左角，偏爲前拒，**皆臨時處置之名。**以誘之。翟人笑之。**笑其失常。**未陳而薄之，大敗之。**傳言荀吴能用善謀。【疏】「晉中」至「大原」。❷ 正義曰：《釋例·土地名》以北戎、山戎、無終三名爲一。北平有無終縣，大原即大原郡晉陽縣是也。計無終在大原東北二千許里，遠就大原來與晉戰，不知其何故也。蓋與諸戎近晉者相率而共來也。襄四年，無終子遣使如晉，請和諸戎，則無終是其大者，故顯言其國名也。「以什共車必克」。正義曰：《周禮》「十人爲什」，以一什之人，共一車之地，故必克也。

---

❶「阨」，《經典釋文》云：「本又作隘。」

❷「晉中至大原」，阮本以下正義三節分疏於傳文各節下。

「爲五」至「前拒」。　正義曰：五陳者，即兩、伍、專、參、偏是也。相離者，布置使相遠也。服虔引《司馬法》云：「五十乘爲兩，百二十乘爲伍，❶八十一乘爲專，二十九乘爲參，二十五乘爲偏。」彼皆準車數多少以爲別名。此傳去車用卒，而有此名，則此名不以車數爲別也。杜云「皆臨時處置之名」，其意不同服説，則名與人數不可得知也。《周禮》則「五人爲伍，二十五人爲兩」，無專、參、偏之名也。

莒展輿立，而奪羣公子秩。公子召去疾于齊。秋，齊公子鉏納去疾，齊雖納去疾，莒人先召之，故從國逆例書「入」。去疾奔齊，在襄三十一年。**展輿奔吴。**吴外孫。

叔弓帥師疆鄆田，因莒亂也。此春取鄆，今正其疆界。

於是莒務婁、瞀胡及公子滅明以大厖與常儀靡奔齊。三子，展輿黨。大厖、常儀靡，莒二邑。**君子曰：「莒展之不立，棄人也夫！**奪羣公子秩，是棄人。**人可棄乎？《詩》曰：『無競惟人。』善矣。」**《詩·周頌》。言惟得人，則國家彊。【疏】「詩曰」至「善矣」。　正義曰：《周頌·烈文》之篇也。彼注云：「競，彊也。無彊乎維得賢人也，得賢人則國家彊矣，故天下諸侯順其所爲也。」

晉侯有疾。鄭伯使公孫僑如晉聘，且問疾。叔向問焉，曰：「寡君之疾病，卜人曰『實沈、臺駘爲祟』，史莫之知，敢問此何神也？」子産曰：「昔高辛氏有二子，伯曰閼伯，季曰實沈，高辛，帝嚳。**居于曠林，不相能也。**曠林，地闕。**日尋干戈，以相征討。**尋，用也。**后帝不臧，**后帝，堯也。臧，

---

❶「百二十乘爲伍」，孫校：「《周禮·司右》疏引《司馬法》『百二十五乘爲伍』是也，此引奪一『五』字。」

善也。**遷閼伯于商丘，主辰。**商丘，宋地，主祀辰星。辰，大火也。**商人是因，故辰爲商星。**商人，湯先相土封商丘，因閼伯故國，祀辰星。**遷實沈于大夏，主參。**大夏，今晉陽縣。**唐人是因，以服事夏、商。**唐人，若劉累之等。累遷魯縣，此在大夏。**其季世曰唐叔虞。**唐人之季世，其君曰叔虞。**當武王邑姜，方震大叔，**❶邑姜，武王后，齊大公之女。懷胎爲震。大叔，成王之弟叔虞。**夢帝謂己：『余命而子曰虞，**帝，天。取唐君之名。**將與之唐，屬諸參，而蕃育其子孫。』及生，有文在其手曰『虞』，遂以命之。及成王滅唐而封大叔焉，**❷**故參爲晉星。**叔虞封唐，是爲晉侯。**由是觀之，則實沈，參神也。昔金天氏有裔子曰昧，爲玄冥師，生允格、臺駘。**金天氏，帝少皞。裔，遠也。玄冥，水官。昧爲水官之長。**臺駘能業其官，**纂昧之業。**宣汾、洮，**宣猶通也。汾、洮，二水名。**障大澤，**陂障之。**以處大原。**大原，晉陽也，臺駘之所居。**帝用嘉之，封諸汾川。**帝，顓頊。**沈、姒、蓐、**

---

❶「震」，阮校：「《釋文》云：『震，本又作娠。』案，《史記·鄭世家》、《漢書·高帝紀》應劭注、《呂覽·重言篇》高誘注引傳並作『娠』。」

❷「封」，阮校：「惠棟云：《史記·鄭世家》『封』作『國』。案，《尚書序》云『武王既胜殷，邦諸侯』，又《康誥序》云『以殷餘民邦康叔』，孔氏云：『國康叔爲衛侯。』此傳依《史記》當云『邦大叔』。古字『邦』、『封』同，见《書》正義。漢諱邦，改曰國，故曰『國大叔』也。《論语》『邦域之中』，今作『封域』，是字同之驗。下文『封諸汾川』同。」

黄，實守其祀。四國，臺駘之後。今晉主汾而滅之矣。滅四國。由是觀之，則臺駘，汾神也。❶抑此二者，不及君身。山川之神，則水旱癘疫之災，於是乎禜之。有水旱之災，則禜祭山川之神若臺駘者。《周禮》「四曰禜」祭。爲營欑，用幣，以祈福祥。日月星辰之神，則雪霜風雨之不時，於是乎禜之。星辰之神，若實沈者。若君身，則亦出入飲食哀樂之事也，山川星辰之神，又何爲焉？言實沈、臺駘不爲君疾。僑聞之，君子有四時，朝以聽政，聽國政。晝以訪聞，❷問可否。夕以脩令，念所施。夜以安身。於是乎節宣其氣，宣，散也。勿使有所壅閉湫底，以露其體。湫，集也。底，滯也。露，羸也。壹之則血氣集滯而體羸露。茲心不爽，而昏亂百度。茲，此也。爽，明也。百度，百事之節。今無乃壹之，同四時也。則生疾矣。僑又聞之，內官不及同姓，內官，嬪御。其生不殖。殖，長也。美先盡矣，則相生疾，同姓之相與，先美矣。美極則盡，盡則生疾。君子是以惡之。故志曰：『買妾不知其姓，則卜之。』違此二者，古之所慎也。壹四時，取同姓。二者，古人所慎。男女辨姓，禮之大司也。辨，別也。今君內實有四姬焉，同姓姬四人。其無乃是也乎？若由是二者，弗可爲也已。爲，治也。四姬有省猶可，無則必生疾矣。」據異姓，去同姓，故言省。叔向曰：「善哉！肸未之聞也。此皆然矣。」

---

❶「汾神也」，阮校：「案，《史記・鄭世家》作『汾洮神也』，《水經注》引傳作『汾洮之神也』。」

❷「聞」，《四部叢刊》本、京都本、文淵閣本、阮本作「問」。

叔向出，行人揮送之。送叔向。**叔向問鄭故焉，且問子晳。**❶**對曰：「其與幾何？**言將敗，不久。**無禮而好陵人，怙富而卑其上，弗能久矣。」**爲明年鄭殺公孫黑傳。

晉侯聞子產之言，曰：「博物君子也。」重賄之。【疏】注「后帝堯也」。❷　正義曰：襄九年傳稱閼伯爲陶唐氏之火正，知后帝是堯也。　注「商人」至「辰星」。　正義曰：《殷本紀》稱相土，契孫，是湯之先也。襄九年傳云：「閼伯居商丘，祀大火。相土因之，故商主大火。」辰即大火星也，故商人祀辰星。商謂宋也。宋，商後，故稱商人。❸　注「唐人」至「大夏」。　正義曰：謂之「唐人」，當是陶唐之後。二十九年傳云：「陶唐氏既衰，其後有劉累。」知此「唐人」，是彼「劉累」之等類也。言等類者，謂劉累後世子孫。累雖遷魯縣，子孫仍在大夏，故歷夏及商也。劉炫云：「彼稱累事孔甲，下云『遷于魯縣』，此云『唐人是因，以服事夏、商』，則此居於大夏子孫，終商不滅，非累子孫，是其同族等類耳。」服虔以唐人即是劉累，故杜顯而異之，云：「累遷魯縣，此在大夏。」　注「唐人」至「叔虞」。　正義曰：服虔以爲唐叔虞即下句邑姜所生者也。杜以傳説唐人，即云「季世」，明季世是唐人之末世，叔虞即唐人之末君矣。邑姜之子叔虞，乃是晉之始祖，豈得以後世始封之君，謂之前代之末世也？故云「唐人之季世，其君曰叔虞」。帝命邑姜之子曰虞者，將以唐國與之，取唐君之名以爲名耳。　注「邑姜」至「叔

---

❶「晳」，原作「晢」，據《四部叢刊》本、京都本、文淵閣本、阮本改。

❷「注后帝堯也」，阮本以下正義二十一節分疏於傳文各節下。

❸「人」下，京都本、文淵閣本、阮本有「也」字。

虞」。　正義曰：傳言「武王邑姜」，繫之武王，知是武王后也。十二年傳稱「吕級王舅」，❶級是齊大公之子丁公也。級爲王舅，知邑姜是大公之女也。《説文》云：「娠，女妊身動也。從女，辰聲。」是懷胎爲震，震取動義。字書以是女事，故今字從女耳。　叔虞，成王母弟，《晉世家》文也。　「夢帝」至「曰虞」。　正義曰：《晉世家》云：「初，武王之與叔虞母會時，夢天謂武王曰：『余命女生子名虞。』」謂此夢爲武王之夢也。若是武王之夢，此傳直云「武王方生大叔」，其文足矣，何以須言「邑姜方震」也？邑姜方震而夢，明是邑姜夢矣，安得以爲武王夢也？薄姬之夢龍據其心，❷燕姞之夢蘭爲己子，彼皆夢發於母，此何以夢發於父？是馬遷之妄言耳。服解此云：「己，武王也。」是習非而遂迷者也。　注「叔虞」至「晉侯」。　正義曰：《晉世家》云：「唐叔子燮，是爲晉侯。」杜《譜》亦云「燮父改爲晉侯」，則叔虞之身不稱晉也。叔虞爲晉之祖，故言爲晉侯也。　注「金天」至「之長」。　正義曰：金天氏，帝少皞，《帝系》、《世本》文也。金天代號，少皞身號。《月令》於冬云「其神玄冥」，是玄冥爲水官也。昧爲玄冥師，師訓長也，故云「昧爲水官之長」。二十九年傳云：「少皞氏有四叔，脩及熙爲玄冥。」昧爲金天裔子，當是脩、熙之後。《釋例》曰：「脩及熙，皆爲玄冥。未知昧爲誰之子，或是其子孫也。」　「宣汾洮」。　正義曰：《釋例》曰：「汾水出大原故汾陽縣，至河東汾陰縣入河。」其洮水闕，不知所在，當亦是晉地之水，後世竭涸，無其處耳。　注「帝顓頊」。　正義曰：顓頊爲帝，承金天之後。臺駘是金天裔孫，爲臣宜當顓頊，故以「帝用嘉之」爲顓頊嘉耳。　昧於金天已云裔子，臺駘又是昧之所生，則去少皞遠矣。而《帝系》、《世本》皆云少皞是黄帝之子，顓頊

---

❶「級」，阮校：「監本、毛本作『伋』，下同。」

❷「心」，文淵閣本作「身」。阮校：「宋本、閩本、監本、毛本『心』作『身』，是也。」

是黄帝之孫。臣世多而帝世少，史籍散亡，無可檢勘，此事未必然也。《釋例》云：「案鯀則舜之五世從祖父也，而及舜共爲堯臣。堯則舜之三從高祖，而妻其女。此《史記》之可疑者也。」是皆疑不能決，因舊説耳。「山川」至「禜之」。正義曰：水旱癘疫，在地之災。山川帶地，故祭山川之神也。雪霜風雨，天氣所降。日月麗天，故祭日月星辰之神也。此因其所在分繫之耳。其實水旱癘疫亦是天氣所致，雪霜風雨亦是在地之災。且雨之不時而致水旱，水旱與雨不甚爲異，而分言之者，據其雨不下而霖不止，是雨不時也，據其苗稼生死，則爲水與旱也。禜是祈禱之小祭耳，若大旱而雩，則徧祭天地百神，不復別其日月與山川也。❶注「有水」至「福祥」。正義曰：水旱癘疫俱祭山川，杜略癘疫而不言之耳。杜言「山川之神若臺駘者」，下云「星辰之神若實沈者」，言此禜祭，祭其先世主山川、主星辰者之神耳，非獨祭此山川星辰之神也。計日月無其主之者，以與星辰俱是天神，連言之耳。《周禮·大祝》：「掌六祈以同鬼神示，一曰類，二曰造，三曰禬，四曰禜，五曰攻，六曰説。」鄭衆云：「禜，日月星辰山川之祭也。」鄭玄云：「禜，告之以時有災變也，禜如日食以朱絲禜社也。」❷玄之此言，取《公羊》爲説。莊二十五年《公羊傳》曰：「日食，以朱絲營社，或曰脅之，或曰爲闇。恐人犯之，故營之。」然社有形質，故可朱絲營繞。日月山川，非可營之物，不得以此解禜也。賈逵以爲營欑用幣，杜依用之。日月山川之神，其祭非有常處，故臨時營其地，立欑表，用幣告之，以祈福祥也。欑，聚也，聚草木爲祭處耳。癘疫，謂害氣流行，歲多疾病。

❶「川」下，京都本、文淵閣本、阮本有「者」字。

❷下「禜」字，文淵閣本作「營」。阮校：「閩本、監本、毛本作『營』，下同。按，《周禮·大祝》注作『禜』，《公羊傳》作『以朱絲營社』，《釋文》云：『一傾反，又如字，本亦作禜，同。』營、禜皆謂規其外。」

然則君身有病，亦是癘氣。而云「不及君身」者，陳思王以爲，癘疫之氣，止害貧賤，其富貴之人，攝生厚者，癘氣所不及。其事或當然也。且子産知晉君之病不在於此，故言「二者不及君身」。以病非癘疫，故不須祭臺駘等也。

「若君」至「事也」。　正義曰：《家語》孔子曰：❶「飲食不時，逸勞過度者，病共殺之。」此云「出入」，即逸勞也。據國君之身，則朝以聽政，晝以訪問，是出也。夕以脩令，夜以安身，是入也。

「節宣其氣」。　正義曰：以時節宣散其氣也。節即四時是也。凡人形神有限，不可久用，神久用則竭，形大勞則敝，不可以久勞也。神不用則鈍，形不用則痿，不可以久逸也。固當勞逸更遞，以宣散其氣。朝以聽政，聽政久則疲，❷疲則易之以訪問。訪問久則倦，倦則易之以脩令。❸脩令久則怠，怠則易之以安身。安身久則滯，滯則易之以聽政。以後事改前心，則亦所以散其氣也。

「勿使」至「其體」。　正義曰：壅謂障而不使行，若土壅水也。閉謂塞而不得出，若閉門户也。湫謂氣聚，底謂氣止。四者皆是不散之意也。氣不散則食不消，食不消則食少，食少則肌膚瘦，肌膚瘦則骸骨露也。言人之養身，當須宣散其氣，勿使氣有壅閉集滯，以羸露其形體也。

注「湫集」至「羸露」。　正義曰：服虔云：「湫，著也。底，止也。」杜云：「湫，集也。底，滯也。」皆是以意訓耳。壅閉，言其不得散出，故以湫底爲集滯，言氣聚集而停滯也。若以湫爲著，則與止同義，故易之以爲集，其止滯亦同義也。上文所云四時之事，若其壹之，則血氣集滯，使不得宣散，氣不散則體羸露也。肥則膚肉厚骨不見，瘦則肌膚薄，故體羸露。羸露

---

❶「曰」，正宗寺本、京都本、文淵閣本、阮本作「云」。
❷「聽政」，京都本、文淵閣本、阮本無此二字。
❸「以」，原無，據正宗寺本、京都本、文淵閣本、阮本補。

是露骨之名，其義與倮相近。倮，露形也。羸，露骨也。瘦者必羸，羸亦瘦之别名。今晉侯壹之者，唯謂安身親近婦人，四時皆爾，以恒安身不動，故使氣集滯也。「兹心」至「百度」。正義曰：形之與神，相隨而有。形以神爲主，神以形爲宅。形彊則神彊，形弱則神弱，神常隨形而盛衰也。既露其體，則神識亦弱，致使此心不明，照察失宜，而昏亂百事之節度也。「其生」至「生疾」。正義曰：此句重述不及同姓之意。❶言内官若取同姓，則夫婦所以生疾，性命不得殖長。何者？以其同姓，相與先美。今既爲夫妻，又相寵愛，美之至極，在先盡矣。乃相厭患，而生疾病。非直美極惡生，疾病而已，又美極驕寵，更生妬害也。故《晉語》云：「異姓則異德，異德則異類。異類雖近，男女相及，以生民也。同姓則同德，同德則同心，同心則同志，同志雖遠，男女不相及，畏瀆故也。❷瀆則生怨，怨亂育災，災育滅性。是故取女辟同姓，畏亂災也。」《禮記·大傳》云：「百世而昏姻不通者，周道然也。」然則周法始如此耳，前代則不然也。蓋以前代敬簡，未設禁防，周人以其慢瀆，故立法以禁之。劉炫云：「違禮而娶，則人神不祐，故所生不長也。晉文姬出而霸諸侯，同姓未必皆不殖。此以禮法爲言，勸勵人耳。」注「同姓」至「生疾」。正義曰：劉炫云：「人之本心，自然有愛。愛之所及，先及近親。同姓是親之近者，其愛之美必深，是同姓之相與，先自美矣。若使又爲夫妻，則相愛之美尤極，極則美先盡矣。美盡必有惡生，故美盡則生疾。此以禮爲防，推致此意耳。」《晉語》云云同。「買妾」至「卜之」。正義曰：《曲禮》云：「取妻不取同姓，故買妾不知其姓，則卜之。」鄭玄云：「爲其近禽獸也。妾賤，或時非媵，取於賤者，世無本繫也。」「四姬」

❶「句」，京都本、文淵閣本、阮本作「僑」。按，足利學本作「向」。

❷「故」，文淵閣本作「敬」。阮校：「監本、毛本作『敬』，與《國語·晉語》合。」

至「疾矣」。正義曰：子産云：四姬之外，若有異姓之女，接御於公，減省公之寵愛於四姬之事，如此猶可。若無異姓之女減省公情，專愛四姬，則必由此故以生疾矣。劉炫云：「子産言，若於同姓不深，病猶可差。若於四姬有此省相見，稀接御，則此病猶尚可。如無稀省，耽之過度，則必生疾。」

晉侯求醫於秦。秦伯使醫和視之，曰：「疾不可爲也。是謂近女室，疾如蠱。❶蠱，惑疾。**非鬼非食，惑以喪志。**惑女色而失志。**良臣將死，天命不祐。」**良臣不匡救君過，故將死而不爲天所祐。**公曰：「女不可近乎？」對曰：「節之。**先王之樂，所以節百事也，故有五節，**五聲之節。**遲速本末以相及，中聲以降，五降之後，不容彈矣。**此謂先王之樂得中聲，聲成五降而息也。降，罷退。**於是有煩手淫聲，慆堙心耳，乃忘平和，君子弗聽也。**五降而不息，則雜聲並奏，所謂鄭衛之聲。**物亦如之，**言百事皆如樂，不可失節。**至於煩，乃舍也已，無以生疾。**煩不舍，則生疾。**君子之近琴瑟，以儀節也，非以慆心也。**爲心之節儀，使動不過度。**天有六氣，**謂陰、陽、風、雨、晦、明也。**降生五味，**謂金味辛，木味酸，水味鹹，火味苦，土味甘，皆由陰陽風雨而生。**發爲五色，**辛色白，酸色青，鹹色黑，苦色赤，甘色黄。發，見也。**徵爲五聲，**白聲商，青聲角，黑聲羽，赤聲徵，黄聲宫。徵，驗也。**淫生六疾。**淫，過也。滋味聲色所以養人，然過則生害。**六氣曰陰、陽、風、雨、晦、明**

---

❶「近女室疾如蠱」，阮校：「王念孫云：『室』乃『生』之誤。『近女』爲句，『生疾如蠱』爲句。『女』、『蠱』爲韻，下文『食』、『志』、『祐』爲韻。」

也，分爲四時，序爲五節。六氣之化，分而序之，則成四時，得五行之節。**過則爲菑：陰淫寒疾，**寒過則爲冷。**陽淫熱疾，**熱過則喘渴。**風淫末疾，**末，四支也。風爲緩急。**雨淫腹疾，**雨濕之氣爲洩注。**晦淫惑疾，**晦，夜也。爲宴寢過節，則心惑亂。**明淫心疾。**明，晝也。思慮煩多，心勞生疾。**女，陽物而晦時，淫則生内熱惑蠱之疾。**女常隨男，故言「陽物」。家道常在夜，❶故言「晦時」。**今君不節不時，能無及此乎？」出告趙孟。趙孟曰：「誰當良臣？」對曰：「主是謂矣。主相晉國，於今八年，晉國無亂，諸侯無闕，可謂良矣。和聞之，國之大臣，榮其寵禄，任其大節，有菑禍興而無改焉，**改，改行以救菑。**必受其咎。今君至於淫以生疾，將不能圖恤社稷，禍孰大焉？主不能禦，吾是以云也。」**云主將死。**趙孟曰：「何謂蠱？」對曰：「淫溺惑亂之所生也。**溺，沈没於耆欲。**於文，皿蟲爲蠱，**文，字也。皿，器也。器受蟲害者爲蠱。❷**穀之飛亦爲蠱。**穀久積則變爲飛蟲，名曰蠱。**在《周易》，女惑男，風落山，謂之蠱**䷑。巽下艮上，蠱。巽爲長女，爲風。艮爲少男，爲山。少男而説長女，非匹，故惑。山木得風而落。**皆同物也。」**物猶類也。**趙孟曰：「良醫也。」厚其禮而歸之。**贈賄之禮。【疏】「是謂」至「如蠱」。❸正義曰：女在房室，故以室言之。「是謂近女室」，説此病之由，由近女

❶「常」，京都本、阮本作「當」。
❷「害」，京都本、阮本作「書」。
❸「是謂至如蠱」，阮本以下正義十三節分疏於傳文各節下。

室爲此病也。又言「疾如蠱」，言此疾似蠱疾也。蠱者，心志惑亂之疾，若今昏狂失性，其疾名之爲蠱。公惑於女色，失其常性，如彼惑蠱之疾也。蠱是惑疾，公心既惑，即是蠱疾。而云「如蠱」者，蠱是失志之病名，❶志之所失，不獨爲女。宣八年傳「胥克有蠱疾」者，直是病而失性，不由近女爲之。此公淫而失志，未全爲蠱，故云「如蠱」。　注「蠱惑疾」。　正義曰：和言公疾如蠱，下云「惑以喪志」，知蠱是心志惑亂之疾。　「非鬼」至「喪志」。

正義曰：此説公病之狀。病有鬼爲之者，有食爲之者，此病非鬼非食，淫於女色，情性惑亂，以喪失志意也。

「先王」至「彈矣」。　正義曰：女之爲節，不可得説，故以樂譬之。先王之爲此樂也，所以限節百種之事，故爲樂有五聲之節，爲聲有遲有速，從本至末，緩急相及，使得中和之聲。其曲既了，以此罷退。五聲既成中和，罷退之後，謂爲曲已了，不容更復彈作，以爲煩手淫聲，鄭衛之曲也。劉炫云：「言五降而息罷退者，五聲一周，聲下而息。前聲罷退，以待後聲，非作樂息也。樂曲成乃息，非五聲一周得息也。」又傳「於是」至「弗聽」，劉云：「此説降後不彈之意也。五聲皆降，則聲一成。曲既未成，當更從上始，不以後聲來接前聲，而容手妄彈擊，是爲煩手。此手所擊，非復正聲，是爲淫聲。淫聲之漫，塞人心耳，乃使人忘失平和之性，故君子不聽也。」　注「五降」至「之聲」。　正義曰：五降不息，則非復正聲。手煩不已，則雜聲並奏。記、傳所謂鄭衛之聲，謂此也。《樂記》云：「鄭衛之音，亂世之音也。」又曰：「鄭音好濫淫志，衛音促速煩志。」❷是言鄭衛之聲，是煩手雜聲也。　「天有」至「六疾」。　正義曰：上既以樂譬女，乃云「物亦如之，至煩乃舍」，言用之有節也。此又本諸上天，言物皆不得過

---

❶「病」，京都本、文淵閣本、阮本作「疾」。

❷「促速」，京都本、文淵閣本、阮本作「趨數」。阮校：「鄭氏注《樂記》『趨數』讀爲『促速』。」

度也。氣皆由天，故言「天有六氣」也。五味在地，故云「降生五味」也。五味是五行之味，六氣共生五行，故杜解五味，皆由陰、陽、風、雨、晦、明而生，是言六氣共生之，非言一氣生一行也。味則嘗而可知，未有形色可視，發見而爲五色也。色既不同，其聲亦異，徵驗而爲五聲也。此味、聲、色也，皆本諸上天，所以養人，用之大過，則生六種之疾。　注「謂金」至「而生」。　正義曰：《尚書·洪範》云：「五行：一曰水，二曰火，三曰木，四曰金，五曰土。水曰潤下，火曰炎上，木曰曲直，金曰從革，土爰稼穡。潤下作鹹，炎上作苦，曲直作酸，從革作辛，稼穡作甘。」孔安國云：「鹹，水鹵所生也。苦，焦氣之味也。酸，木實之性也。辛，金之氣味也。甘味生於百穀也。」是五味爲五行之味也。以五者並行於天地之間，故《洛書》謂之五行。物皆有本，本自天來，故言五者，皆由陰、陽、風、雨而生也，是陰、陽、風、雨、晦、明合雜，共生五味。若先儒以爲雨爲木味，風爲土味，晦爲水味，明爲火味，陽爲金味，而陰氣屬天，不爲五味之主，此杜所不用也。《洪範》本文，以生數爲次，水、火、木、金、土。《大禹謨》六府之次，水、火、金、木、土、穀。《月令》於四時之次，木、火、土、金、水。杜數五味之次，金、木、水、火、土。以五行相循，更互相代，其次不以爲常，隨便言耳。此注所言五味、五色、五聲配五行者，經、傳多有之。《洪範》是其本，《月令》尤分明。❶杜所解者，皆依《月令》文也。　注「淫過」至「生害」。　正義曰：此淫生六疾，承氣、味、色、聲之下，則謂四者之過，皆生疾也，但醫和將説「晦淫惑疾」，故下句特舉六氣之淫，其言不及味與聲色。故杜解以備之，言滋味聲色所以養人，然過則生疾，以見淫生六疾，非獨六氣生疾也。但晉侯不以味、聲、色生疾，故醫和

❶「分」，閩本、監本、毛本、文淵閣本作「爲」。

不言之耳。　注「六氣」至「之節」。　正義曰：六氣並行，❶無時止息，但氣有温、暑、涼、寒，分爲四時，春、夏、秋、冬也。序此四時，以爲五行之節，計一年有三百六十五日。序之爲五行，每行得七十二日有餘。土無定方，分主四季，故每季之末有十八日，爲土正主日也。❷　「過則」至「心疾」。　正義曰：上云「淫生六疾」，揔謂氣、味、聲、色。此云「過則爲菑」，獨謂六氣過耳。過即淫也，故歷言六氣之淫，各生疾也。此六者，陰、陽、風、雨有多時，有少時，晦明則天有常度，無多少時也。今言淫者，謂人受用此氣有過度者也。陰過則冷，陽過則熱，風多則四支緩急，雨多則腹腸洩注。此四者，雖各以其氣與人爲病，若其能自防護，受之不多，則得無此病也。其晦明亦是天氣，不以病人，但人用晦明過度，則人亦爲病。晦是夜也，夜當安身，女以宣氣，近女過度，則心惑亂也。❸明是晝也，晝以營務，營務當用心思，慮煩多則心勞敝也。陰、陽、風、雨當受之有節，晦、明當用之有限，無節、無限必爲菑害，故「過則爲菑」也。　注「末四」至「緩急」。　正義曰：人之身體，頭爲元首，四支爲末，故以末爲四支，謂手足也。風氣入身，則四支有緩急。賈逵以末疾爲首疾，謂風眩也。❹　「女陽」至「之疾」。　正義曰：男爲陽，女爲陰。女常隨男，則女是陽家之物也，❺而晦夜之時用之。若用之淫過，則生内熱惑蠱之疾。

---

❶「並」，監本、毛本、文淵閣本作「共」。

❷「主」，文淵閣本作「王」。阮校：「『主』當作『王』，音旺。」

❸「惑」，阮本作「散」。

❹「謂」下，正宗寺本有「四」字。

❺「家」，阮校：「監本、毛本作『象』。」監本、毛本、文淵閣本作「象」。

以女陽物，故内熱，以晦時，故惑蠱也。《晉語》云：「文子問醫和曰：『君其幾何？』對曰：『若諸侯服，不過三年。不服，不過十年。過是，晉之殃也。』」孔晁云：『人雖有命，荒淫者必損壽。無外患，則并心於内，故三年死。諸侯不服，則思外患，損其内情，故十年。無道之君，久在民上，實國之殃也。』」「淫溺」至「生也」。正義曰：此淫謂淫於女也。没水謂之溺，没於耆欲，與溺水相似，故淫溺連言之。此論晉侯將爲蠱疾，❶故言淫溺惑亂之所生耳。人自有無故失志，志性恍惚不自知者，其疾名爲蠱，蠱非盡由淫也。以毒藥藥人，令人不自知者，今律謂之蠱毒。

楚公子圍使公子黑肱、伯州犂城犨、櫟、郟。黑肱，王子圍之弟子晳也。犨縣，屬南陽。郟縣，屬襄城。櫟，今河南陽翟縣。三邑本鄭地。**鄭人懼。子産曰：「不害。令尹將行大事，**謂將弑君。**而先除二子也。**二子，謂黑肱、伯州犂。**禍不及鄭，何患焉？」**

冬，楚公子圍將聘于鄭，伍舉爲介。未出竟，聞王有疾而還。伍舉遂聘。十一月，己酉，公子圍至，入問王疾，縊而弑之。縊，絞也。孫卿曰：「以冠纓絞之。」《長歷》推己酉十二月六日，經、傳皆言十一月，月誤也。**遂殺其二子幕及平夏。**皆郟敖子。**右尹子干出奔晉，**子干，王子比。**宮廄尹子晳出奔鄭。**因築城而去。**殺大宰伯州犂于郟。葬王于郟，謂之郟敖。**郟敖，楚子麇。**使赴于鄭，伍舉問應爲後之辭焉。**問赴者。**對曰：「寡大夫圍。」伍舉更之曰：「共王之子圍爲長。」**伍舉更赴

❶「爲」，京都本、文淵閣本、阮本無此字。

辭，使從禮。此告終稱嗣，❶不以篡弑赴諸侯。

子干奔晉，從車五乘。叔向使與秦公子同食，食禄同。**皆百人之餼。**百人，一卒也。其禄足百人。**趙文子曰：「秦公子富。」**謂秦鍼富强，秩禄不宜與子干同。**叔向曰：「底禄以德，**底，致也。**德鈞以年，年同以尊。公子以國，不聞以富。且夫以千乘去其國，彊禦已甚。**《詩》**曰：『不侮鰥寡，不畏彊禦。』**《詩·大雅》。侮，陵也。**秦、楚，匹也。」使后子與子干齒。**以年齒爲高下而坐。**辭曰：「鍼懼選，楚公子不獲，是以皆來，亦唯命。**不獲，不得自安。言俱奔，事有優劣，唯主人命所處。謙辭。**且臣與羈齒，無乃不可乎？**后子先來仕，欲自同於晉臣，爲主人。子干後來奔，以爲羈旅之客。**史佚有言曰：『非羈，何忌？』」**忌，敬也。欲謙以自别。

楚靈王即位，薳罷爲令尹，薳啓彊爲大宰。靈王，公子圍也，即位易名「熊虔」。

鄭游吉如楚，葬郟敖，且聘立君。歸，謂子産曰：「具行器矣。行器，會備。❷**楚王汏侈，而自説其事，必合諸侯。吾往無日矣。」子産曰：「不數年，未能也。」**爲四年會申傳。❸【疏】注「縊絞」至「誤也」。❹

---

❶「此」，阮校：「盧文弨云：『此』字衍。裴駰注《史記》引注無。」

❷「會」，《四部叢刊》本、京都本、阮本作「謂」。

❸「申」，原作「甲」，據《四部叢刊》本、京都本、文淵閣本、阮本改。

❹「注縊絞至誤也」，阮本以下正義四節分疏於傳文各節下。

正義曰：孫卿，姓荀名說，❶著書一部，名《荀卿子》。漢宣帝諱「詢」，故轉爲「孫」也。下有「十二月甲辰朔」，甲辰後五日得己酉，故杜以《長歷》推己酉是十二月六日。而此郟敖之卒，經、傳皆云十一月己酉，杜謂十一月誤者，止謂十一月不得有己酉，以己酉爲誤，十一月非誤也。必知然者，若以爲十二月己酉，則六日己酉子干奔晉，至晉猶見趙孟，七日庚戌趙孟卒，便是日相切迫，無相見之理，故知十一月爲是，己酉爲誤。劉炫以爲杜云誤者，以十一月爲誤，當云十二月，而規杜氏，非也。劉炫規云：「杜言十一月誤，當爲十二月。案：下文趙孟庚戌卒，便是郟敖今日死，趙孟明日卒，則子干奔晉，不得見趙孟而議其禄，故謂十一月是，己酉字誤也。」注「百人」至「百人」。正義曰：「百人爲卒」，《周禮·司馬》序官文也。「禄足百人」，謂與之田，取稅以共食，足爲百人饋也。《晉語》稱秦后子、楚公子干來仕：「叔向爲大傅，實賦禄。韓宣子問二公子之禄焉。對曰：『大國之卿，一旅之田。上大夫，一卒之田。夫二公子者，上大夫，皆一卒可也。』」「底禄」至「以尊」。正義曰：德大則官高，官高則禄厚，故致禄以德之小大爲差也。「年同以尊」，謂以官爲之尊卑也。「非羈何忌」。正義曰：忌，敬也。史佚有言云：「非是羈客，何須敬之？」言子干是客，當須敬之。我不敢與同，是謙以自別也。

十二月，晉既烝，烝，冬祭也。**趙孟適南陽，將會孟子餘。**孟子餘，趙衰，趙武之曾祖。其廟在晉之南陽温縣，往會祭之。**甲辰，朔，烝于温，**趙氏烝祭。甲辰，十二月朔。晉既烝，趙孟乃烝其家廟，則晉烝當在甲辰之前。傳言十二月，月誤。**庚戌，卒。**十二月七日。終劉定公、秦后子之言。

❶ 「說」，正宗寺本作「説」，文淵閣本作「況」。阮校：「段玉裁校本作『況』，是也。」

鄭伯如晉弔，及雍乃復。弔趙氏。蓋趙氏辭之而還。傳言大夫彊，諸侯畏而弔之。【疏】注「孟子餘趙衰」。❶　正義曰：服虔以孟爲趙盾，子餘爲趙衰。若其必然，當先衰後盾，何以先言孟也？杜以孟子餘是趙衰一人，蓋子餘是字，孟是長幼之字也。　注「趙氏」至「月誤」。　正義曰：杜以十二月晉既烝，趙孟始適南陽，則趙孟初行，已是十二月也。此句乃云「甲辰朔烝于温」。案文言之，則是來年正月朔也。服虔云：「甲辰朔，夏十一月朔也。」若是夏十一月朔，當於明年言之，而此年説之何也？杜以服言不通，故爲此解，云：「晉既烝，趙孟乃烝其家廟。」則晉烝當在甲辰之前，當言十一月，傳言十二月，月誤也。劉炫以爲：「晉烝及趙孟適南陽，並在十二月之前，文繫十二月者，欲見烝後即行，先公後私。十二月之文，爲下甲辰朔起本。舉月遥屬下，明晉烝猶在朔前，十二月非誤也。」若必如劉言，傳當云：「晉既烝，趙孟適南陽，將會孟子餘。十二月甲辰朔，烝于温。」足明先公後私之義，何須虚張十二月於上，遥爲甲辰朔起本？傳文上下未有此例。劉炫之言非也。

【經】二年，春，晉侯使韓起來聘。

夏，叔弓如晉。叔弓，叔老子。

秋，鄭殺其大夫公孫黑。書名，惡之。薰隧盟，子産不討，遂以爲卿，故書之。【疏】注「書名」至「書之」。　正義曰：傳稱子産數其罪，是書名爲惡之也。往年傳云「子皙上大夫」也，則非卿，非卿則不合書。薰

❶「注孟子餘趙衰」，阮本以下正義二節分疏於傳文各節下。

隧之盟，子皙强與卿列，子産不討，即以爲卿，故書之。

冬，公如晉，至河乃復。弔少姜也。晉人辭之，故還。

季孫宿如晉。致襚服也。公實以秋行，冬還乃書。【疏】注「致襚」至「乃書」。正義曰：傳稱「季孫宿遂致服焉」，知其致襚服也。傳説此事，文在冬上，❶而經書在冬，知公實以秋行，至冬還乃書，即書還時日月，不復追言秋，故文在冬也。

【傳】二年，春，晉侯使韓宣子來聘，公即位故。**且告爲政而來見，禮也。**代趙武爲政。雖盟主，而脩好同盟，故曰「禮」。**觀書於太史氏，見《易》象與《魯春秋》，曰：「周禮盡在魯矣。**《易》象，上下經之象辭。《魯春秋》，史記之策書。《春秋》遵周公之典以序事，故曰「周禮盡在魯矣」。**吾乃今知周公之德，與周之所以王也。」**《易》象、《春秋》，文王周公之制。當此時，儒道廢，諸國多闕，唯魯備，故宣子適魯而説之。

公享之。季武子賦《緜》之卒章。《緜》，《詩·大雅》。卒章義取文王有四臣，❷故能以緜緜致興盛。以晉侯比文王，以韓子比四輔。**韓子賦《角弓》。**《角弓》，《詩·小雅》。取其「兄弟昏姻，無

❶「文」下，京都本、文淵閣本、阮本有「正」字。

❷「義」，京都本、文淵閣本、阮本無此字。

胥遠矣」。言兄弟之國宜相親。**季武子拜曰：「敢拜子之彌縫敝邑，寡君有望矣。」**彌縫猶補合也，謂以兄弟之義。**武子賦《節》之卒章。**《節》，《詩·小雅》。卒章取「式訛爾心，以畜萬邦」，以言晉德可以畜萬邦。**既享，宴于季氏，有嘉樹焉，宣子譽之。**譽其好也。**武子曰：「宿敢不封殖此樹，以無忘《角弓》？」**封，厚也。殖，長也。**遂賦《甘棠》。**《甘棠》，《詩·召南》。召伯息於甘棠之下，詩人思之，而愛其樹。武子欲封殖嘉樹如甘棠，以宣子比召公。**宣子曰：「起不堪也，無以及召公。」**

【疏】注「公即位故」。❶　正義曰：傳言「且告爲政而來見」，則其來非獨爲爲政，故知主爲公即位故也。襄元年傳曰「凡諸侯即位，小國朝之，大國聘焉」，是也。　注「代趙武爲政」。　正義曰：五年傳曰：韓起之下，有趙成、中行吴、魏舒、范鞅、知盈。則六者，三軍之將佐也。韓起代趙武將中軍。趙成繼父爲卿，代韓起也。　「觀書」至「王也」。　正義曰：大史之官，職掌書籍，必有藏書之處，若今之祕閣也。觀書於大史氏者，氏猶家也，就其所司之處，觀其書也。「見《易》象」，《易》象魯無增改，故不言「魯易象」。其《春秋》用周公之法，書魯國之事，故言「魯春秋」也。魯國寶文王之書，遵周公之典，故云「周禮盡在魯矣」。文王、周公能制此典，因見此書，而追歎周德：吾乃於今日始知周公之德，以周公制《春秋》之法故也；與周之所以得王天下之由，由文王有聖德，能作《易》象故也。此二書，晉國亦應有之，韓子舊應經見，而至魯始歎之，乃云「今知」者，因味其義，而善其人，非爲素不見也。　注「易象」至「魯矣」。　正義曰：《易》有六十四卦，分爲上下二篇。及孔子，又作《易傳》十篇以翼成之。

❶「注公即位故」，阮本以下正義七節分疏於傳文各節下。

後世謂孔子所作爲傳，謂本文爲經，故云上下經也。《易》文推演爻卦，象物而爲之辭，故《易・繫辭》云：「八卦成列，象在其中。」又云：「易者，象也。」是故謂之「易象」。孔子述卦下揔辭，謂之爲「彖」。述爻下別辭，謂之爲「象」。以其無所分別，故別立二名以辨之。其實卦下之語亦是象物爲辭，故二者俱爲象也。定四年傳稱「分魯公以備物典策」，所言「典策」，則史官書策之法，若發凡言例，皆是周公制之。周衰之後，諸國典策各違舊章，唯《魯春秋》遵此周公之典，以序時事，故云「周禮盡在魯矣」。　注「易象」至「説之」。　正義曰：《易》象，文王所作，《春秋》，周公垂法，故杜雙舉，釋之云：《易》象、《春秋》，文王、周公之所制也。《易・繫辭》云：「《易》之興也，其當殷之末世、周之盛德邪？當文王與紂之事邪？」鄭玄云：「據此言，以《易》是文王所作，斷可知矣。」且史傳讖緯皆言文王演《易》，演謂爲其辭以演説之，《易》經必是文王作也。但《易》之爻辭，有箕子之「明夷利貞」，箕子明傷，乃在武王之世，文王不得言之。又云「王用亨于岐山」，又云「東鄰殺牛，不如西鄰之禴祭，實受其福」，二者之意，皆斥文王。若是文王作經，無容自伐其德，故先代大儒鄭衆、賈逵等，或以爲卦下之彖辭，文王所作，爻下之象辭，周公所作。雖復紛競大久，無能決當是非。杜今雙舉並釋，似同鄭説也。❶然據傳先言《易》象，後言《春秋》，則應先云周之所以王，與周公之德也。今傳乃先云「周公之德」者，《易》象諸國同有，其《春秋》獨遵周公典法，韓子美周禮在魯，故先言周公之德。❷　注「文王有四臣」。　正義曰：《緜》詩云：「予曰有疏附，予曰有先後，予曰有奔奏，予曰有禦侮。」注云：「率下親上曰疏附，相道前後曰先後，喻德宣譽曰奔奏，武臣折衝曰禦

❶「似」，京都本、阮本作「以」。
❷「言」，京都本、文淵閣本、阮本作「云」。

侮。」注「譽其好也」。正義曰：服虔云：「譽，游也。宣子游其樹下。夏諺曰：『一游一譽，爲諸侯度。』」所引夏諺，《孟子》文也。若是游於其下，宣子本自無言，武子何以輒對？故杜以爲譽其美好也。

宣子遂如齊納幣，爲平公聘少姜。**見子雅。子雅召子旗，**子旗，子雅之子。**使見宣子。宣子曰：「非保家之主也，不臣。」**志氣亢。**見子尾。子尾見彊。**彊，子尾之子。**宣子謂之如子旗。**亦不臣。**大夫多笑之。唯晏子信之，曰：「夫子，君子也。**夫子，韓起。**君子有信，其有以知之矣。」**爲十年齊欒施、高彊來奔張本。

自齊聘於衛，衛侯享之。北宫文子賦《淇澳》。《淇澳》，《詩·衛風》。美武公也。言宣子有武公之德。**宣子賦《木瓜》。**《木瓜》，亦《衛風》。義取於欲厚報以爲好。

夏，四月，韓須如齊逆女。須，韓起之子。逆少姜。**齊陳無宇送女，致少姜。少姜有寵於晉侯，晉侯謂之少齊。**爲立別號，所以寵異之。**謂陳無宇非卿，**欲使齊以適夫人禮送少姜。**執諸中都。**中都，晉邑，在西河界休縣東南。❶ **少姜爲之請曰：「送從逆班，**班，列也。**畏大國也，猶有所易，是以亂作。」**韓須，公族大夫。陳無宇，上大夫。言齊畏晉，改易禮制，使上大夫送，遂致此執辱之罪。蓋少姜謙以示譏。【疏】注「爲立」至「異之」。正義曰：婦人稱姓，姜是其常。❷ 蓋以其齊女，故以「齊」爲別

---

❶ 「界」，《經典釋文》作「介」。

❷ 「是」，京都本、阮本無此字。「常」，京都本作「當」。

號，所以寵異之。言少姜、少齊，蓋本字爲少也。服虔云：「所以寵異，不與齊衆女字等，言齊國如此好女甚少。」「送從逆班」。　正義曰：《昏禮》：「諸侯以下，法當親迎，有故得使卿。」明是使上卿也。桓三年傳例云：「凡公女嫁于敵國，姊妹則上卿送之，以禮於先君。公子則下卿送之。於大國，雖公子，亦上卿送之。」是送者與逆者，俱爲上卿，是送者依逆者班列。若公子嫁於敵國，及姊妹嫁於小國，皆下卿送之，是降逆者一等。公子嫁於小國，上大夫送之，是降逆者二等也。若晉以少姜爲夫人，當以上卿逆，齊當以上卿送，是亦送逆同班。少姜據多言之，故云「送從逆班」。或可晉使公族大夫逆少姜，元不以夫人之禮，則同妾媵之屬，送者皆從逆者班次，不與桓三年逆夫人之禮同。少姜據此而言，故云「送從逆班」也。劉炫云：「《昏禮》：『諸侯以下，法當親迎，有故得使卿。』明是使上卿也。凡例云：『凡公女嫁于敵國，姊妹則上卿送之，公子則下卿送之。』是送卑於逆者一等，故云送者從逆者之班次，言當卑於逆者也。」

叔弓聘于晉，報宣子也。此春韓宣子來聘。**晉侯使郊勞。**《聘禮》：賓至近郊，君使卿勞之。**辭曰：「寡君使弓來繼舊好，固曰『女無敢爲賓』，徹命於執事，敝邑弘矣。**徹，達也。**敢辱郊使？請辭。」**辭郊勞。**致館，辭曰：「寡君命下臣來繼舊好，好合使成，臣之禄也。**得通君命，則於己爲榮禄。**敢辱大館？」**敢，不敢。**叔向曰：「子叔子知禮哉！吾聞之曰：『忠信，禮之器也。卑讓，禮之宗也。』**宗猶主也。**辭不忘國，忠信也。**謂稱舊好。**先國後己，卑讓也。**始稱敝邑之弘，先國也。次稱臣之禄，後己也。**《詩》曰：『敬慎威儀，以近有德。』夫子近德矣。」**《詩·大雅》。

秋，鄭公孫黑將作亂，欲去游氏而代其位，游氏，大叔之族。黑爲游楚所傷，故欲害其族。**傷**

疾作而不果。前年游楚所擊創。**駟氏與諸大夫欲殺之。**駟氏，黑之族。**子産在鄙，聞之，懼弗及，乘遽而至。**遽，傳驛。**使吏數之，**責數其罪。**曰：「伯有之亂，**在襄三十一年。❶**以大國之事，而未爾討也。**務共大國之命，不暇治女罪。**爾有亂心，無厭，國不女堪。專伐伯有，而罪一也。昆弟争室，而罪二也。**謂争徐吾犯之妹。**薰隧之盟，女矯君位，而罪三也。**謂使大史書七子。**有死罪三，何以堪之？不速死，大刑將至。」再拜稽首，辭曰：「死在朝夕，無助天爲虐。」子産曰：「人誰不死？凶人不終，命也。作凶事，爲凶人。不助天，其助凶人乎？」請以印爲褚師。**印，子晳之子。褚師，市官。**子産曰：「印也若才，君將任之。不才，將朝夕從女。女罪之不恤，而又何請焉？不速死，司寇將至。」七月，壬寅，縊。尸諸周氏之衢，**衢，道也。**加木焉。**書其罪於木，以加尸上。

【疏】注「遽傳驛」。❷　正義曰：《釋言》云：「馹，遽，傳也。」孫炎曰：「傳車驛馬也。」「死在」至「爲虐」。正義曰：言我創疾見作，死在朝夕之間。天已虐我，無更助天爲虐也。注「褚師市官」。正義曰：蓋相傳説也。

晉少姜卒。公如晉，及河。晉侯使士文伯來辭曰：「非伉儷也，晉侯溺於所幸，爲少姜行夫人之服，故諸侯弔。不敢以私煩諸侯，故止之。**請君無辱！」公還，季孫宿遂致服焉。**致少姜之襚

---

❶「一」，文淵閣本無此字。阮校：「淳熙本、纂圖本、明翻岳本、監本、毛本無『一』字，是也。」

❷「注遽傳驛」，阮本以下正義三節分疏於傳文各節下。

服。公以未秋行，❶始冬還，❷乃書之，故經在冬。

叔向言陳無宇於晉侯曰：「彼何罪？彼，無宇。**君使公族逆之，齊使上大夫送之，猶曰不共，君求以貪，國則不共，逆卑於送，是晉國不共。而執其使，君刑已頗，何以爲盟主？**頗，不平。**且少姜有辭。」**謂請無宇之辭。**冬，十月，陳無宇歸。**晉侯赦之。

十一月，鄭印段如晉弔。弔少姜。【疏】「非伉儷也」。❸　正義曰：成十一年注云：「伉，敵也。儷，耦也。」言少姜是妾，非敵身對耦之人也。少姜是妾，杜言晉侯爲少姜行夫人之服者，以明年傳云「寡君在縗絰之中」，知其爲之服也。

【經】三年，春，王正月，丁未，滕子原卒。襄二十五年盟重丘。【疏】注「襄二」至「重丘」。　正義曰：杜《世族譜》滕成公是文公之子。成十六年滕子卒。自爾以來，襄五年盟于戚，九年于戲，十一年于亳城北，十九年于祝柯，二十年于澶淵，二十五年于重丘，皆魯、滕俱在，凡六同盟。但經、傳更無明文，未知皆是滕成公

❶「未」，《四部叢刊》本、文淵閣本、阮本作「末」。

❷「還」上，原有空格，阮校：「淳熙本、明翻岳本、足利本重『還』字，是也。宋本『還』上空一字，亦當作『還』字也。」

❸「非伉儷也」，阮本此節正義在注「不敢以私煩諸侯故止之」下。

以否。杜氏意疑，❶故指重丘近者而言。劉炫以爲皆是滕成公而規杜氏，非也。

夏，叔弓如滕。

五月，葬滕成公。卿共小國之葬，禮過厚。葬襄公，滕子來會，故魯厚報之。

秋，小邾子來朝。

八月，大雩。

冬，大雨雹。無傳。記災。

北燕伯款出奔齊。不書大夫逐之，而言奔，罪之也。書名，從告。【疏】注「不書」至「從告」。正義曰：傳稱「燕大夫比以殺公之外嬖，公懼，奔齊」，是被逐而出，非自去也。傳又云：「書曰『北燕伯款出奔齊』，罪之。」是仲尼新意，不書大夫逐之，而言其自奔，是罪之也。《釋例》曰：「諸侯奔亡，皆迫逐而苟免，非自出也。傳稱孫林父、甯殖出其君，名在諸侯之策，此以臣名赴告之文也。仲尼之經，更没逐者主名，以自奔爲文，責其君不能自安自固，所犯非徒所逐之臣也。衛赴不以名，而燕赴以名，各隨赴而書之，義在彼，不在此也。傳不發於蔡朱、衛衎，而發於燕款者，款罪輕於衛衎，而重於蔡朱，故舉中示例，以兼通上下也。晉悼感衛衎而發問，師曠恃其目盲，因問以極言，且明君不能君，故臣亦不能臣，罪不純在臣也。」杜言在彼不在此者，書其出奔，已是罪賤，不假書名以見罪，故名與不名，皆從本赴，不復更見義也。

❶「氏」下，京都本、文淵閣本、阮本有「之」字。

【傳】**三年，春，王正月，鄭游吉如晉，送少姜之葬。梁丙與張趯見之。**二子，晉大夫。**梁丙曰：「甚矣哉，子之爲此來也！」**卿共妾葬，過禮甚。**子大叔曰：「將得已乎？**言不得止。**昔文、襄之霸也，**晉文公、襄公。**其務不煩諸侯，令諸侯三歲而聘，五歲而朝，有事而會，不協而盟。**明王之制，歲聘問朝，在十三年，今簡之。**君薨，大夫弔，卿共葬事。夫人，士弔，大夫送葬。**先王之制，諸侯之喪，士弔，大夫送葬。在三十年。蓋時俗過制，故文、襄雖節之，猶過於古。**足以昭禮、命事、謀闕而已，**朝聘以昭禮，盟會以謀闕。**無加命矣。**命有常。**今嬖寵之喪，不敢擇位，而數於守適，**不敢以其位卑，而令禮數如守適夫人。然則時適夫人之喪，弔送之禮以過文、襄之制。**唯懼獲戾，豈敢憚煩？少齊有寵而死，**❶**齊必繼室。**繼室，復薦女。**今茲吾又將來賀，不唯此行也。」張趯曰：「善哉！吾得聞此數也。然自今子其無事矣。譬如火焉，**火，心星。**火中，**❷**寒暑乃退。**心以季夏昏中而暑退，季冬旦中而寒退。**此其極也，能無退乎？晉將失諸侯，諸侯求煩不獲。」**言將不能復煩

---

❶「少齊」，京都本、文淵閣本、阮本作「少姜」。阮校：「陳樹華云：晉侯寵異少姜，謂之少齊，大叔從而尊稱曰少齊耳，何得以爲誤？或『少齊』，一本作『少姜』，故傳本有異。今定作『齊』字。按，陳說是也。」

❷「火中寒暑乃退」，阮校：「案，《詩·豳風》正義、《禮記·檀弓》正義、李善注《文選·閒居賦》引作『火星中而寒暑乃退』，鄭氏《周禮·淩人》注作『火星中而寒暑退』，或一本有『星』字、『而』字也。」

諸侯。二大夫退。子大叔告人曰：「張趯有知，其猶在君子之後乎？」譏其無隱諱。【疏】「文襄之霸也」。❶　正義曰：襄是文公子，能繼父業，故連言之。其命朝聘之數，弔葬之使，皆文公令之，非襄公也。　注「明王」至「簡之」。　正義曰：十三年傳云：「明王之制，使諸侯歲聘以志業，間朝以講禮，再朝而會以示威，再會而盟以顯昭明。」彼謂諸侯於天子朝聘會盟之數，計十二年而有八聘、四朝、再會、一盟。此説文、襄之霸令諸侯者，❷謂令諸侯朝聘霸主、大國之法也。諸侯朝天子，因朝而爲盟會，所以同好惡，奬王室。霸主之合諸侯，不得令其同盟以奬己，故令有事而會，不協而盟，不復設年限之期。周室既衰，政在霸主。霸主不可自同天子，以明王舊制大煩諸侯，不敢依用，故設此制以簡之。　「令嬖」至「守適」。　正義曰：令嬖寵賤妾之喪，不敢計擇妾位卑賤，而令禮數即同於守適夫人也。言守適者，夫守外職，妻守内職，言夫人守内官之適長，故以守適言夫人也。文、襄之制，夫人喪，士弔，大夫送葬。今游吉卿也，而云「同於守適」，則於時適夫人喪已令卿送葬矣，故杜云「然則時適夫人之喪，弔送之禮，以過文襄之制」也。　劉炫云：「不敢擇取使人於卑賤之位，而禮數同於守内官之適夫人也。」　注「心以」至「寒退」。　正義曰：《月令》：「季夏之月，日在柳，昏心中，旦奎中。季冬之月，日在婺女，昏婁中，旦氐中。」氐後即次房心，是季冬旦火中也。

丁未，滕子原卒。同盟，故書名。同盟於襄之世，亦應從同盟之禮，故傳發之。【疏】注「同盟」至「發之」。　正義曰：文三年王子虎卒，傳曰：「弔如同盟，禮也。」杜云：「王子虎與僖公同盟于翟泉，文公是同盟

---

❶ 「文襄之霸也」，阮本以下正義四節分疏於傳文各節下。

❷ 「令諸侯者謂」，京都本、文淵閣本、阮本無此五字。

之子，故赴以名。」然則與其父盟，得以名赴其子。於子虎之卒，既已發傳，而此復發者，以子虎非諸侯，又滕入春秋以來，未嘗書滕子名，故於此重發傳也。

齊侯使晏嬰請繼室於晉，復以女繼少姜。曰：「寡君使嬰曰：『寡人願事君，朝夕不倦，將奉質幣，以無失時，則國家多難，是以不獲。不得自來。不腆先君之適，謂少姜。以備內官，焜燿寡人之望，則又無禄，早世隕命，寡人失望。君若不忘先君之好，惠顧齊國，辱收寡人，徼福於大公、丁公，徼，要也。二公，齊先君。言收恤寡人，則先君與之福也。照臨敝邑，鎮撫其社稷，則猶有先君之適，適夫人之女。及遺姑姊妹遺，餘也。若而人。言如常人，不敢譽。君若不棄敝邑，而辱使董振擇之，以備嬪嫱，❶寡人之望也。』」董，正也。振，整也。嬪嫱，婦官。韓宣子使叔向對曰：「寡君之願也。寡君不能獨任其社稷之事，未有伉儷，在縗絰之中，是以未敢請。制夫人之服，則葬訖，君臣乃釋服。君有辱命，惠莫大焉。若惠顧敝邑，撫有晉國，❷賜之內主，豈唯寡君，舉羣臣實受其貺。其自唐叔以下，實寵嘉之。」唐叔，晉之祖。

---

❶「嫱」，阮校：「《釋文》『嫱』作『嬙』，云『本又作嫱』。按，以作『嬙』爲近正。『嬙』即『牆』之或體，嬪婦敘列如牆然，故謂之牆。」

❷「國」，《四部叢刊》本作「陽」。

既成昏，許昏成。**晏子受禮，**受賓享之禮。**叔向從之宴，**❶**相與語。叔向曰：「齊其何如？」**問興衰。**晏子曰：「此季世也，吾弗知，齊其爲陳氏矣！**不知其他，唯知齊將爲陳氏。**公棄其民，而歸於陳氏。**棄民不恤。**齊舊四量：豆、區、釜、鍾。四升爲豆，各自其四，以登於釜。**四豆爲區，區斗六升。四區爲釜，釜六斗四升。登，成也。**釜十則鍾。**六斛四斗。**陳氏三量，皆登一焉，鍾乃大矣。**登，加也。加一，謂加舊量之一也。以五升爲豆，五豆爲區，❷五區爲釜，則區二斗，釜八斗，鍾八斛。**以家量貸，而以公量收之。**貸厚而收薄。**山木如市，弗加於山，魚鹽蜃蛤，弗加於海。**賈如在山、海，不加貴。**民參其力，二入於公，而衣食其一。**言公重賦斂。**公聚朽蠹，而三老凍餒。**三老，謂上壽、中壽、下壽，皆八十已上，不見養遇。**國之諸市，屨賤踊貴。**踊，刖足者屨，言刖多。❸**民人痛疾，而或燠休之。**❹燠休，痛念之聲。謂陳氏也。**其愛之如父母，而歸之如流水。欲無獲民，將焉辟之？箕伯、直柄、虞遂、伯戲，**四人皆舜後，陳氏之先。**其相胡公、大姬，已在齊矣。」**胡公，

---

❶「宴」，原作「晏」，據《四部叢刊》本、京都本、文淵閣本、阮本改。

❷「五豆爲區五區爲釜」，《經典釋文》作「四豆爲區四區爲釜」，曰：「舊本如此，直加豆爲五升，而區釜自大，故杜云『區二斗，釜八斗』是也。本或作『五豆爲區，五區爲釜』者，謂加舊豆區爲五，亦與杜注相會，非於五升之豆，又五五而加也。」

❸「刖」，阮校：「足利本作『刑』。」按，足利學本改作「刖」。

❹「休」，原作「休」，據京都本、文淵閣本、阮本、《經典釋文》改。

四人之後，周始封陳之祖。大姬，其妃也。言陳氏雖爲人臣，然將有國。其先祖鬼神已與胡公共在齊。叔向曰：「然。雖吾公室，今亦季世也。戎馬不駕，卿無軍行，言晉衰弱，不能征討救諸侯。公乘無人，卒列無長。百人爲卒。言人皆非其人，非其長。庶民罷敝，而宮室滋侈。滋，益也。道殣相望，餓死爲殣。而女富溢尤。女，嬖寵之家。民聞公命，如逃寇讎。欒、郤、胥、原、狐、續、慶、伯，降在皁隸。八姓，晉舊臣之族也。皁隸，賤官。政在家門，大夫專政。民無所依。君日不悛，以樂慆憂。慆，❶藏也。悛，改也。公室之卑，其何日之有？言今至。讒鼎之銘讒，鼎名也。曰：『昧旦丕顯，後世猶怠。』昧旦，早起也。丕，大也。言夙興以務大顯，後世猶解怠。況日不悛，其能久乎？」晏子曰：「子將若何？」問何以免此難。叔向曰：「晉之公族盡矣。肸聞之，公室將卑，其宗族枝葉先落，則公從之。肸之宗十一族，同祖爲宗。唯羊舌氏在而已，肸又無子。無賢子。公室無度，無法度。幸而得死，言得以壽終爲幸。豈其獲祀？」言必不得祀。

初，景公欲更晏子之宅，曰：「子之宅近市，湫隘囂塵，不可以居，湫，下。隘，小。囂，聲。塵，土。請更諸爽塏者。」爽，明。塏，𤏸。❷辭曰：「君之先臣容焉，先臣，晏子之先人。臣不足以嗣之，於臣侈矣。侈，奢也。且小人近市，朝夕得所求，小人之利也，敢煩里旅？」旅，衆也。不敢勞

❶「慆藏也悛改也」，阮校：「明翻岳本無上『也』字。盧文弨校本云：當作『悛改慆，藏也』。」

❷「𤏸」，《四部叢刊》本、京都本、文淵閣本、阮本、《經典釋文》作「燥」。《經典釋文》「燥」下有「也」字。

衆爲己宅。公笑曰：「子近市，識貴賤乎？」對曰：「既利之，敢不識乎？」公曰：「何貴何賤？」於是景公繁於刑，繁，多也。**有鬻踊者，故對曰：「踊貴屨賤。」**既已告於君，故與叔向語而稱之。傳護晏子，令不與張趯同譏。**景公爲是省於刑。君子曰：「仁人之言，其利博哉！晏子一言，而齊侯省刑。《詩》曰：『君子如祉，亂庶遄已。』**《詩・小雅》。如，行也。祉，福也。遄，疾也。言君子行福，則庶幾亂疾止也。**其是之謂乎？」**

及晏子如晉，公更其宅，反則成矣。既拜，拜謝新宅。**乃毁之，而爲里室，皆如其舊。**本壞里室，以大晏子之宅，故復之。**則使宅人反之：**還其故室。**「且諺曰：**❶**『非宅是卜，唯鄰是卜。』**卜良鄰。**二三子先卜鄰矣，**二三子，謂鄰人。**違卜不祥。君子不犯非禮，**去儉即奢爲非禮。**小人不犯不祥，古之制也。吾敢違諸乎？」卒復其舊宅。公弗許，因陳桓子以請，乃許之。**傳言齊、晉之衰，賢臣懷憂，且言陳氏之興。【疏】「焜燿寡人之望」。❷正義曰：服虔云：「燿，照也。焜，明也。」言得備妃嬪之列，照明己之意望也。「及遺姑姊妹」。正義曰：姑姊妹，亦先君之女也。上云「先君之適」，謂適夫人所生。「及遺姑姊妹」，謂非夫人所生者也。注「董正」至「婦官」。正義曰：「董，正」，《釋詁》文也。振爲整理之

---

❶「且諺曰」，阮校：「陳樹華曰：朱氏《日鈔》云：『且』字文義不接，或疑上有闕文，又疑『曰』字之誤。『諺曰』以下皆晏子使宅人反故室辭。」

❷「焜燿寡人之望」，阮本以下正義十七節分疏於傳文各節下。

意，言正整選擇，示精審也。《周禮》天子有九嬪，嬪是婦官，知嬙亦婦官。哀元年傳説「夫差宿有妃嬙嬪御焉」，❶蓋周末婦官有此名也。❷漢成帝時，匈奴來朝，詔以掖庭王嬙賜之，是名因於古也。「未有伉儷」。正義曰：少姜本非正夫人，而云「未有伉儷」者，蓋晉侯當時無正夫人。其繼室者，使韓起上卿逆之，鄭罕虎如晉賀之，則後娶者爲夫人也。「舉羣臣」。正義曰：舉亦皆之義，言舉朝羣臣也。「鍾乃大矣」。正義曰：陳氏三量，各登其一，則釜爲八斗。陳氏亦自依釜數，釜十爲鍾，比於齊之舊鍾，不言四而加一，故云「鍾乃大矣」。言其大於齊鍾，明亦自十其釜也。「山木」至「於海」。正義曰：如訓往也。言將山木往至市也。於木既云「如市」，魚鹽蜃蛤亦如市可知，蒙上文也。注「三老」至「養遇」。正義曰：服虔云：「三老者，工老、商老、農老。」案：民有四民，其老無别，不宜以三種之民爲三老。且士之老者，亦應須恤，不當獨遺士也。故杜以爲上、中、下壽，言皆八十以上，則上壽百年以上，中壽九十以上，下壽八十以上。此亦以意言之，釋此文耳，不通於餘文也。若秦伯謂蹇叔云：「中壽，爾墓之木拱矣。」不言九十而死，木已拱矣。注「燠休」至「氏也」。正義曰：賈逵云：「燠，厚也。休，美也。」服虔云：「燠休，痛其痛而念之。若今時小兒痛，父母以口就之，曰『燠休』，代其痛也。」杜云「燠休痛念之聲」，其意如服言也。此民人痛疾，承踊貴之下，以其傳文相連，無所分别，故言謂陳氏也。注「四人」至「之先」。正義曰：論陳氏而言此四人，知四人皆陳氏之先也。八年傳云：「舜重之以明德，寘德於遂，遂世守之，及胡公不淫。」遂在舜之後，知四人皆舜之後，世數遠近不可復知也。「其相」至「齊矣」。

---

❶「嬪」，正宗寺本、京都本、文淵閣本、阮本作「婦」。

❷「也」，京都本、文淵閣本、阮本無此字。

正義曰：杜不解相。服虔云：「相，隨也。」蓋相訓爲助，不爲隨也。言箕伯四人，其皆助胡公、大姬，神靈已在齊矣。神之在否，不可測度，而晏子爲此言者，以陳氏必興，姜姓必滅，示已審見其事，故言先神歸之。其實神歸以否，非晏子所能知也。今定本「相」作「祖」。　注「八姓」至「賤官」。　正義曰：此八姓之先，欒、郤、胥、原、狐、先皆卿也。❶續簡伯、慶鄭、伯宗，亦見於傳，先皆大夫也。　「以樂慆憂」。　正義曰：劉炫云：「慆，慢也。好音樂而慢易憂禍也。」杜以慆爲藏，當讀如弓韜之韜。言以音樂樂身，埋藏憂愁於樂中，猶古詩云「埋憂地下」也。　注「讒鼎名也」。　正義曰：服虔云：「讒鼎，疾讒之鼎，《明堂位》所云『崇鼎』是也。一云：讒，地名。禹鑄九鼎於甘讒之地，故曰『讒鼎』。」二者並無案據，其名不可審知，故杜直云「鼎名」而已。　「肸之宗十一族」。　正義曰：《世族譜》云：「羊舌氏，晉之公族也。羊舌，其所食邑名。」唯言晉之公族，不知出何公也。杜云「同祖爲宗」，謂同出一公，有十一族也。《譜》又云：「或曰羊舌氏姓李，名果。有人盜羊而遺其頭，不敢不受，受而埋之。❷後盜羊事發，辭連李氏。李氏掘羊頭示之，以明己不食，唯識其舌存，得免，號曰『羊舌氏』。」杜言「或曰」，蓋舊有此說，杜所不從，記異聞耳。　注「爽明塏𤏸」。❸　正義曰：塏是高地，❹故爲𤏸也。❺以所居下濕塵

---

❶「先」，京都本、文淵閣本、阮本無此字。
❷「受」，京都本、文淵閣本、阮本無此字。
❸「𤏸」，阮本作「燥」。
❹「是」，正宗寺本、京都本、文淵閣本、阮本無此字。
❺「𤏸」，文淵閣本、阮本作「燥」，下同。

埃，故欲更於明燥之處。《晏子春秋》云：「將更於豫章之圃。」豫章之圃，高燥之地也。 注「傳護晏子」。 正義曰：傳護晏子，故爲發此傳。而叔向亦言己國，傳雖無説，蓋亦嘗以諫君，故無譏也。

夏，四月，鄭伯如晉，公孫段相，甚敬而卑，禮無違者。晉侯嘉焉，授之以策，策，賜命之書。曰：「子豐有勞於晉國，子豐，段之父。余聞而弗忘。賜女州田，州縣，今屬河内郡。以胙乃舊勳。」伯石再拜稽首，受策以出。君子曰：「禮，其人之急也乎？伯石之汏也，汏，驕也。一爲禮於晉，猶荷其禄，況以禮終始乎？《詩》曰：『人而無禮，胡不遄死？』其是之謂乎？」

初，州縣，欒豹之邑也。豹，欒盈族。及欒氏亡，范宣子、趙文子、韓宣子皆欲之。文子曰：「温，吾縣也。」州本屬温。温，趙氏邑。二宣子曰：「自郤稱以别，三傳矣。郤稱，晉大夫，始受州。自是州與温别，至今傳三家。晉之别縣，不唯州，誰獲治之？」言縣邑既别甚多，無有得追而治取之。文子病之，乃舍之。二子曰：「吾不可以正議而自與也。」皆舍之。及文子爲政，趙獲曰：「可以取州矣。」獲，趙文子之子。文子曰：「退！使獲退也。二子之言，義也。二子，二宣子也。違義，禍也。余不能治余縣，又焉用州？其以徼禍也。君子曰：『弗知實難。』患不知禍所起。知而弗從，禍莫大焉。有言州必死！」豐氏故主韓氏，故猶舊也。豐氏至晉，舊以韓氏爲主人。伯石之獲州也，韓宣子爲之請之，爲其復取之之故。後若還晉，因自欲取之。爲七年豐氏歸州張本。【疏】「子豐」至「晉國」。❶ 正

❶「子豐至晉國」，阮本此節正義在「子豐有勞於晉國」句注下。

義曰：服虔云：「鄭僖公之爲大子，子豐與之俱適晉。」計從大子一朝於晉，不足以爲勞也，或當別有功勞，事無所見，故杜不解之。

五月，叔弓如滕，葬滕成公。子服椒爲介。及郊，遇懿伯之忌，敬子不入。忌，怨也。懿伯，椒之叔父。敬子，叔弓也。叔弓禮椒，爲之辟仇。**惠伯曰：「公事有公利，無私忌。椒請先入。」乃先受館，敬子從之。**惠伯，子服椒也。傳言叔弓之有禮。【疏】「五月」至「成公」。❶ 正義曰：經書「夏，叔弓如滕。五月，葬滕成公」。今傳文「叔弓如滕」亦在五月之下。杜於桓十六年注引此事，以爲本事異，兩書之，故或言月，或言時，事異故文異，其實叔弓亦以五月行也。劉炫云：「叔弓以四月發魯，滕以五月葬君。叔弓書始行之月，滕書實葬之月，故書經異文也。傳述遇讎之事，并就葬月言耳。」「子服」至「不入」。 正義曰：《檀弓下》云：「滕成公之喪，使子叔敬叔弔，進書。子服惠伯爲介。及郊，爲懿伯之忌，不入。惠伯曰：『政也，不可以叔父之私不將公事。』遂入。」敬叔即此敬子也。懿伯是惠伯之叔父，爲人所殺。及滕郊，「遇懿伯之忌」，逢其讎也。敬叔不入，以禮惠伯，欲使惠伯報叔父之讎，殺彼人也。惠伯以公義不可，先入受館。記文雖字有小異，意與傳同。而鄭玄注云：「敬叔有怨於懿伯，難惠伯，故不入。」又云：「敬叔於昭穆，以懿伯爲叔父。」其言差錯，不可顯解，是鄭之謬也。 注「忌怨」至「辟仇」。 正義曰：記云「不可以叔父之私」，知懿伯是椒之叔父也。叔弓不入者，禮椒也。爲椒有辟仇之恥，禮之，欲使殺之。 「惠伯」至「從之」。 正義曰：《檀弓》云：「子夏請問『居

---

❶「五月至成公」，阮本以下正義四節分疏於傳文各節下。

昆弟之仇如之何』，曰：『仕不與共國，銜君命而使，雖遇之不鬬。』」鄭玄云：「爲負而廢君命也。」叔父之與昆弟，親踈同耳，故有公利，無私忌，辟仇非耻，故椒請先入也。

晉韓起如齊逆女。爲平公逆。公孫蠆爲少姜之有寵也，以其子更公女，而嫁公子。更嫁公女。人謂宣子：「子尾欺晉，晉胡受之？」宣子曰：「我欲得齊，而遠其寵，寵將來乎？」寵，謂子尾。

秋，七月，鄭罕虎如晉，賀夫人，且告曰：「楚人日徵敝邑，以不朝立王之故。楚靈王新立。敝邑之往，則畏執事其謂寡君而固有外心。其不往，則宋之盟云。云「交相見」。進退罪也，寡君使虎布之。」布，陳也。宣子使叔向對曰：「君若辱有寡君，在楚何害？脩宋盟也。君苟思盟，寡君乃知免於戾矣。君若不有寡君，雖朝夕辱於敝邑，寡君猜焉。猜，疑也。君實有心，何辱命焉？言若有事晉心，至楚可不須告。君其往也！苟有寡君，在楚猶在晉也。」張趯使謂大叔曰：「自子之歸也，歸在此年春。小人糞除先人之敝廬，曰：『子其將來。』今子皮實來，小人失望。」大叔曰：「吉賤，不獲來，賤，非上卿。畏大國，尊夫人也。且孟曰：『而將無事。』吉庶幾焉。」孟，張趯也。庶幾如趯言。【疏】「吉賤不獲來」。❶ 正義曰：張趯自晉使告大叔，大叔在鄭遥報趯語，而云「不獲來」者，教使者報趯，作至晉時語，故云「不獲來」。今人之語猶然。❷

❶ 「吉賤不獲來」，阮本此節正義在「吉賤不獲來」句注下。

❷ 「然」下，京都本、文淵閣本、阮本有「也」字。

小邾穆公來朝。季武子欲卑之，不欲以諸侯禮待之。穆叔曰：「不可，曹、滕、二邾實不忘我好，敬以逆之，猶懼其貳，又卑一睦焉，一睦，謂小邾。逆羣好也，其如舊而加敬焉！志曰：『能敬無災。』又曰：『敬逆來者。』天所福也。」季孫從之。【疏】注「一睦謂小邾」。❶正義曰：睦，親也。言曹、滕、二邾皆親魯，小邾是親魯者之一國也。

八月，大雩。旱也。

齊侯田於莒，莒，齊東竟。盧蒲嫳見，泣，且請曰：「余髮如此種種，❷余奚能爲？」嫳，慶封之黨，襄二十八年放之於竟。種種，短也。自言衰老，不能復爲害。公曰：「諾，吾告二子。」二子，子雅、子尾。歸而告之。子尾欲復之，子雅不可，曰：「彼其髮短而心甚長，其或寢處我矣。」言不可信。九月，子雅放盧蒲嫳于北燕。恐其復作亂。【疏】「放盧蒲嫳于北燕」。正義曰：前已在竟，今復徙之遠國也。

燕簡公多嬖寵，欲去諸大夫而立其寵人。冬，燕大夫比以殺公之外嬖。比，相親比。公懼，奔齊。書曰「北燕伯款出奔齊」，罪之也。款罪輕於衛衎，重於蔡朱，故舉中示例。

十月，鄭伯如楚，子產相。楚子享之，賦《吉日》。《吉日》，《詩·小雅》，宣王田獵之詩。楚王

---

❶「注一睦謂小邾」，阮本此節正義在「又卑一睦焉」句注下。

❷「種種」，阮校：「《釋文》云：徐本作『董董』。賈氏《羣經音辨》引同，云『今本作種』。」

欲與鄭伯共田，故賦之。**既享，子產乃具田備，王以田江南之夢。**楚之雲夢，跨江南北。

齊公孫竈卒。竈，子雅。**司馬竈見晏子，**司馬竈，齊大夫。**曰：「又喪子雅矣。」晏子曰：「惜也，子旗不免，殆哉！**以其不臣。**姜族弱矣，而嬀將始昌。**嬀，陳氏。**二惠競爽，猶可，**子雅、子尾皆齊惠公之孫也。競，彊也。爽，明也。**又弱一个焉，姜其危哉！」**

春秋左傳正義卷第二十七　昭公

國子祭酒上護軍曲阜縣開國子臣孔穎達等奉勑撰

【經】四年，春，王正月，大雨雹。當雪而雹，故以爲災而書之。

夏，楚子、蔡侯、陳侯、鄭伯、許男、徐子、滕子、頓子、胡子、沈子、小邾子、宋世子佐、淮夷會于申。楚靈王始合諸侯。【疏】「楚子」至「于申」。❶　正義曰：《釋例·班序譜》稱：「齊桓既没，宋、楚争盟。起僖十八年，盡二十七年，陳與蔡凡三會，在蔡上。楚合諸侯，蔡與陳凡六會，其五在陳上。」莊十六年注云：「陳國小，每盟會皆在衛下。齊桓始霸，楚亦始彊。陳侯介於二大國之閒，而爲三恪之客，故齊桓因而進之，遂班在衛上，終於《春秋》。」然則陳實小於蔡、衛，桓公進陳班耳。楚以大小爲序，不進陳班，故蔡多在陳上。

楚人執徐子。稱人以執，以不道於其民告。

秋，七月，楚子、蔡侯、陳侯、許男、頓子、胡子、沈子、淮夷伐吴。因申會以伐吴。不言諸侯者，

---

❶「楚子至于申」，阮本此節正義在注「汝陰縣西北有胡城」下。

鄭、徐、滕、小邾、宋不在故也。胡國，汝陰縣西北有胡城。❶【疏】注「因申」至「胡城」。正義曰：傳稱「楚子以諸侯伐吴」，則因會而遂行。《春秋》一事而再見者，皆前目而後凡。計此當云「諸侯遂伐吴」，不言諸侯者，以屬晉之國鄭、徐、滕、小邾、宋皆不在行，不得揔言「諸侯」，故别序之也。傳稱「宋華費遂、鄭大夫從」，則宋、鄭在行，亦不序者，楚既慰遣，彼自義從。楚人成己意，遣不以告也。

執齊慶封，殺之。楚子欲行霸，爲齊討慶封，故稱「齊」。**遂滅賴。**

九月，取鄫。鄫，莒邑。傳例曰：「克邑不用師徒曰取。」

冬，十有二月，乙卯，叔孫豹卒。

【傳】四年，**春，王正月，許男如楚，楚子止之，**欲與俱田。**遂止鄭伯。復田江南，許男與焉。**前年楚子已與鄭伯田江南，故言「復」。**使椒舉如晉求諸侯，二君待之。**二君，鄭、許。**椒舉致命曰：「寡君使舉曰：『日君有惠，賜盟于宋，**宋盟在襄二十七年。曰：**晉、楚之從，交相見也。以歲之不易，**不易，言有難。**寡人願結驩於二三君。』**欲得諸侯，謀事補闕。**使舉請閒。君若苟無四方之虞，**虞，度也。**則願假寵以請於諸侯。」**欲借君之威寵以致諸侯。

晉侯欲勿許。司馬侯曰：「不可。楚王方侈，天或者欲逞其心，以厚其毒，而降之罰，未可知

❶「汝陰縣西北有胡城」，阮校：「《史記·楚世家》正義引『陰』作『南』，無『有』字。」

也。其使能終，亦未可知也。晉、楚唯天所相，相，助也。**不可與爭。君其許之，而脩德以待其歸。若歸於德，吾猶將事之，況諸侯乎？**若適淫虐，楚將棄之，棄不以爲君。**吾又誰與爭？」公曰：**❶**「晉有三不殆，其何敵之有？**殆，危也。**國險而多馬，齊、楚多難。**多篡弒之難。**有是三者，何鄉而不濟？」對曰：「恃險與馬，而虞鄰國之難，是三殆也。四嶽、**東嶽岱，西嶽華，南嶽衡，北嶽恒。**三塗、**在河南陸渾縣南。**陽城、**在陽城縣東北。**大室、**在河南陽城縣西南。❷**荆山、**在新城沶鄉縣南。**中南，**❸在始平武功縣南。**九州之險也，是不一姓。**雖是天下至險，無德則滅亡。**冀之北土，燕、代。馬之所生，無興國焉。恃險與馬，不可以爲固也，**❹**從古以然。是以先王務脩德音，以亨神人，**亨，通也。**不聞其務險與馬也。鄰國之難，不可虞也。或多難以固其國，啓其疆土，或無難以喪其國，失其守宇。**於國則四垂爲宇。**若何虞難？齊有仲孫之難，而獲桓公，至今賴之。**仲孫，公孫無知。事在莊九年。**晉有里、丕之難，而獲文公，是以爲盟主。**里克、丕鄭，事在僖九年。**衛、邢無**

---

❶「公」，京都本、阮本無此字。

❷下「南」字，京都本、文淵閣本、阮本作「北」。今案：正義引郭璞注亦作「西北」，則作「北」是。

❸「中南」，阮校：「案，《新序》作『終南』。《水經注》云：『《地理志》曰：「縣有大一山，古文以爲終南。」杜預以爲中南也。』陳樹華云：《左傳》本作『終』，杜氏改作『中』也。」

❹「不可」，阮校：「劉向《新序》引作『不足』。」

難，敵亦喪之。閔二年，狄滅衛。僖二十五年，衛滅邢。故人之難，不可虞也。恃此三者，而不脩政德，亡於不暇，又何能濟？君其許之。紂作淫虐，文王惠和，殷是以隕，周是以興，夫豈争諸侯？」乃許楚使。使叔向對曰：「寡君有社稷之事，是以不獲春秋時見。言不得自往，謙辭。諸侯，君實有之，何辱命焉？」椒舉遂請昏，蓋楚子遣舉時，兼使求昏。晉侯許之。

楚子問於子産曰：「晉其許我諸侯乎？」對曰：「許君。晉君少安，不在諸侯。安於小小，不能遠圖。其大夫多求，貪也。莫匡其君。在宋之盟，又曰如一。晉、楚同也。若不許君，將焉用之？」焉用宋盟。王曰：「諸侯其來乎？」對曰：「必來。從宋之盟，承君之歡，不畏大國，大國，晉也。何故不來？不來者，其魯、衛、曹、邾乎？曹畏宋，邾畏魯，魯、衛偪於齊而親於晉，唯是不來，其餘，君之所及也，誰敢不至？」言楚威力所能及。王曰：「然則吾所求者，無不可乎？」對曰：「求逞於人，不可。逞，快也。求人以快意，人必違之。與人同欲，盡濟。」爲下會申傳。【疏】「四嶽」。❶正義曰：《釋山》云：「河南華，河東岱，河北恒，江南衡。」李巡曰：「華，西嶽華山也。岱，東嶽泰山也。恒，北嶽恒山也。衡，南嶽衡山也。」《釋例・土地名》云：「東嶽泰山，奉高縣泰山也。南嶽，長沙湘南縣衡山也。西嶽，弘農華陰縣西南華山也。北嶽，中山曲陽縣西北恒山也。」郭璞注：「恒山名常山，辟漢文帝諱耳。」《爾雅》於《釋山》發首言此四山，明其即是四嶽，故注者皆以嶽解之。且諸書史傳讖緯皆以岱、衡、華、恒爲四嶽，四嶽必是此四山

❶「四嶽」，阮本以下正義八節分疏於傳文各節下。

也。《釋山》又云：「泰山爲東嶽，華山爲西嶽，霍山爲南嶽，恒山爲北嶽。」岱、泰，衡、霍，二文不同者，此二嶽者，皆一山而二名也。《白虎通》云：「嶽者何？嶽之爲言桷也。桷功德也。」應劭《風俗通》云：「嶽，桷也，桷考功德黜陟也。」然則四方，方有一山，天子巡狩至其下，桷考諸侯功德而黜陟之，故謂之嶽也。《風俗通》又云：「泰山，山之尊者，一曰岱宗。岱，始也。宗，長也。萬物之始，陰陽交代，故爲五嶽長。王者受命，恒封禪之。衡山，一名霍山，言萬物霍然大也。華，變也。萬物成變，由於西方也。恒，常也。萬物伏北方有常也。」是解衡之與霍，泰之與岱，皆一山有二名也。張揖云：「天柱謂之霍山。」《漢書·地理志》云：「天柱在廬江灊縣。」《風俗通》亦云：「霍山廟在廬江灊縣。」如彼所云，則霍山在江北，而得與江南衡山爲一者，本江南衡山，一名霍山，漢武帝移嶽神於天柱，又名天柱爲霍山，故漢、魏以來，衡、霍別耳。郭璞注《爾雅》云：「霍山，今廬江灊縣，灊水出焉。別名天柱山。漢武帝以衡山遼曠，故移其神於此。今其土俗人皆呼之爲南嶽。嶽本自以兩山爲名，❶非從近來也。而學者多以霍山不得爲南嶽，又云『從漢武帝來始有名』，即如此言，爲武帝在《爾雅》之前乎？斯不然也。」是解衡、霍二名之由也。書傳多云「五嶽」，此傳云「四嶽」者，中嶽嵩高，即大室是也。下別言之，故此云「四嶽」。❷

「三塗」。　正義曰：服虔云：「三塗，大行、轘轅、崤澠也。」謂三塗爲三處道也。杜云：「在河南陸渾縣南。」則以三塗爲一。《釋例·土地名》云：「三塗，河南陸渾縣南山名。或曰：三塗，伊闕、大谷、轘轅三道也。傳曰：晉將伐陸渾，而先有事於洛與三塗，先祭山川也。謂三道，皆非也。」是杜據彼十七年傳文，知三塗是山，非

❶「嶽」上，阮校：「段玉裁校本有『南』字，是也。」
❷「嶽」下，京都本、文淵閣本、阮本有「也」字。

三道也。「陽城」。正義曰：陽城，山名也。《土地名》云：「河南陽城縣東北山，洧水所出也。」「大室」。正義曰：大室即嵩高也。《釋山》云：「嵩高爲中嶽。」郭璞云：「大室山也，別名外方，今在河南陽城縣西北。」《土地名》云：「大室，河南陽城縣西嵩高山，中嶽也。」《地理志》云：武帝置嵩高縣，❶「以奉大室之山，是爲中嶽」。又有少室，在大室之西也。注「亨通也」。正義曰：《易·文言》云：「亨者，嘉之會也。」嘉會禮通謂之亨，是亨爲通也。言治民事神，使人神通説，故云「以亨神人」也。注「於國」至「爲宇」。正義曰：《易》稱「上棟下宇」，宇謂屋簷也。於屋則簷邊爲宇也，於國則四垂爲宇也。四垂，謂四竟邊垂。「莫匡其君」。正義曰：《釋言》云：「匡，正也。」《孝經》云：「君子之事上也，將順其美，匡救其惡。」「其餘」至「不至」。正義曰：言其餘諸侯，君之威力所能及，誰敢不來至楚者也。

大雨雹。季武子問於申豐曰：「雹可禦乎？」禦，止也。申豐，魯大夫。**對曰：「聖人在上，無雹。雖有，不爲災。古者，日在北陸而藏冰，**陸，道也。謂夏十二月，日在虚危，冰堅而藏之。**西陸朝覿而出之。**謂夏三月，日在昴畢，蟄蟲出而用冰。春分之中，奎星朝見東方。**其藏冰也，深山窮谷，固陰冱寒，於是乎取之。**冱，閉也。必取積陰之冰，所以道達其氣，使不爲災。**其出之也，朝之禄位，賓食喪祭，於是乎用之。**言不獨共公。**其藏之也，黑牡秬黍，以享司寒。**黑牡，黑牲也。秬，黑黍也。司寒，玄冥，北方之神，故物皆用黑。有事於冰，故祭其神。**其出之也，桃弧棘矢，以除其**

❶「嵩」，阮校：「段玉裁校本作『崈』。」今案：《漢書·地理志》作「崈」。

災。桃弓棘箭，所以禳除凶邪，將御至尊故。**其出入也時，食肉之禄，冰皆與焉。**食肉之禄，謂在朝廷治其職事就官食者。**大夫命婦，喪浴用冰。**命婦，大夫妻。**祭寒而藏之，**享司寒。**獻羔而啓之，**謂二月春分獻羔、祭韭，始開冰室。**公始用之。**公先用，優尊。**火出而畢賦。**火星昏見東方，謂三月、四月中。**自命夫命婦，至於老疾，無不受冰。**老，致仕在家者。**山人取之，縣人傳之，**山人，虞官。縣人，遂屬。**輿人納之，隸人藏之。**輿、隸，皆賤官。**夫冰以風壯，**冰因風寒而堅。**而以風出。**順春風而散用。**其藏之也周，**周，密也。**其用之也徧，**及老疾。**則冬無愆陽，**愆，過也。謂冬温。**夏無伏陰，**伏陰，謂夏寒。**春無淒風，**淒，寒也。**秋無苦雨，**霖雨爲人所患苦。**雷出不震，**震，霆也。**無菑霜雹，癘疾不降，**癘，惡氣也。**民不夭札。**短折爲夭，大死爲札。**今藏川池之冰，棄而不用。**既不藏深山窮谷之冰，又火出不畢賦，有餘則棄之。**風不越而殺，雷不發而震。**越，散也。言陰陽失序，雷風爲害。**雹之爲菑，誰能禦之？《七月》之卒章，藏冰之道也。」**《七月》，《詩·豳風》。卒章曰：「二之日鑿冰沖沖」，謂十二月鑿而取之。「三之日納於凌陰」，凌陰，冰室也。「四之日其蚤，獻羔祭韭」，謂二月春分，❶蚤開冰室，以薦宗廟。【疏】「聖人」至「爲災」。❷正義曰：無雹，謂無害物之雹，雖有依時小雹，不與物爲災也。劉炫云：「既云無雹，復云『雖有不爲災』者，言有相形之勢也。

---

❶「分」，阮校：「閩本、監本、毛本作『風』，是也。」

❷「聖人至爲災」，阮本以下正義二十節分疏於傳文各節下。

『聖人在上，無雹』，言必無。『雖有不爲災』，覆見無雹之意，❶猶《論語》『祭肉不出三日，出三日，不食之矣』。」

注「陸道」至「藏之」。　正義曰：《釋天》云：「北陸，虚也。西陸，昴也。」孫炎云：「陸，中也。北方之宿，虚爲中也，西方之宿，昴爲中也。」彼以陸爲中，杜以陸爲道者，陸之爲中、爲道，皆無正訓，各以意言耳。杜以「西陸朝覿」，謂「奎星朝見」。昴爲西方中宿，則昴未得見。宿是日行之道，《爾雅》「高平曰陸」，高平是道路之處，故以陸爲道也。日在北陸，謂夏之十二月也。❷十二月，日在玄枵之次，小寒節，大寒中。《漢書·律歷志》載劉歆《三統歷》云：「玄枵之初，日在婺女八度，爲小寒節。在危初度，爲大寒中。終於危十五度。」是夏之十二月，日在虚危也。於是之時，寒極冰厚，故取而藏之也。《周禮·凌人》：「正歲十有二月，令斬冰。」《詩》云：「二之日鑿冰沖沖。」《月令》：「季冬冰盛水腹，命取冰。」鄭玄云：「腹，厚也。」以此知日在北陸，謂夏之十二月也。

「西陸朝覿而出之」。　正義曰：覿，見也。西道之宿，有早朝見者，於是而出之，謂奎星晨見而出冰也。

注「謂夏」至「東方」。　正義曰：杜以西陸爲三月，日在大梁之次，清明節，穀雨中。《三統歷》云：「大梁之初，日在胃七度，爲清明節。在昴八度，爲穀雨中。終於畢十一度。」是夏之三月，日在昴畢。於是之時，蟄蟲已出，有温暑臭穢，宜當用冰，故以是時出之也。❸歷法：星去日半次，則得朝見。《三統歷》：「春分，日在婁四度，宿分奎有十六度，乃次婁。」則春分之日，奎之初度，去日已二十度矣，故春分之中，得早朝見東方也。西方凡有七宿，傳言「西陸朝

❶「覆」，京都本、文淵閣本、阮本作「復」。
❷「謂」，京都本、文淵閣本、阮本作「爲」。
❸「是」，京都本、阮本無此字。

覿」，於傳之文，未知何宿覿也。服虔以爲：「二月日在婁四度，春分之中，奎始晨見東方，❶以是時出冰。《月令》『仲春，天子乃獻羔啓冰』是也。」服虔又以此言「出之」，即是仲春啓冰，故爲此說。案下句再言其藏、其出，覆此藏、出之文，言「其出之也，朝之禄位，賓食喪祭，於是乎用之」，即是班冰之事，非初啓也，安得以「出之」爲啓冰也？如鄭玄答其弟子孫皓問云：「西陸朝覿，謂四月立夏之時。《周禮》夏班冰是也。」與杜説異，理亦通也。劉炫云：「春分奎星已見，杜以夏三月仍云『奎始朝見』，非其義也。杜、鄭及服三説，鄭爲近之。」今知非者，杜以「西陸朝覿」實是春分二月，故杜此注云：「春分之中，奎星朝見東方。」及下「獻羔啓之」，注云「謂二月春分，獻羔祭韭」是也。皆據初出其冰，公始用之時也。所以杜又注云「謂夏之三月，日在昴畢，蟄蟲出而用冰」者，以此傳云「西陸朝覿而出之」，下傳覆之云：「其出之也，朝之禄位，賓食喪祭，於是乎用之。」既云「朝之禄位，賓食喪祭」，則是普賜羣臣，故杜云「謂夏三月」。又下注云「言不獨共公」，是據普班之時也。故下傳又云「火出而畢賦」是也。然冰之初出，在西陸始朝覿之時。冰之普出，在西陸朝覿之後。揔而言之，亦得稱「西陸朝覿而出之」也。劉炫不細觀杜意，以爲杜既言「春分朝見」，又言「謂夏三月」以規杜失，非也。　「其藏」至「取之」。正義曰：此傳再言其藏其出者，上言取之用之之處，❷下言藏之出之之禮也。山則遠而難窮，故言「深山」也。谷則近而易盡，故言「窮谷」也。固，牢也。沍，閉也。牢陰閉寒，言其不得見日寒甚之處，於是乎取之。　注「沍閉」至「爲災」。正義曰：《周禮·鼈人》「掌互物」，鄭司農云：「互物，謂龜鼈有甲㒼胡。」是沍爲閉也。深山窮谷之冰，至夏猶未

❶「晨」，京都本、文淵閣本、阮本作「朝」。

❷「處」，京都本、文淵閣本、阮本作「事」。

釋，陽氣起於下，隔於冰，伏積而不能出，憤發或散而爲雹。藏冰必取此山谷之内積陰之冰，所以道達其氣，使不爲災也。藏冰凌室，所藏不多，積陰之冰，不可取盡，不取川池之冰，以示道達陽氣耳，未必陽氣皆待此而達。❶

「其出」至「用之」。　正義曰：此謂公家用之也。朝廷之臣，食禄在位，大夫以上，皆當賜之冰也。其公家有賓客享食，公家有喪有祭，於是乎用之，言其不獨共公身所用也。《周禮・凌人》云：「春始治鑑，凡内外饔之膳羞鑑焉，凡酒漿之酒醴亦如之。祭祀共冰鑑，賓客共冰，大喪共夷槃冰。」是公家所用冰也。　注「黑牡」至「其神」。　正義曰：此祭玄冥之神，非大神，且非正祭，計應不用大牲，杜言「黑牡，黑牲」，當是黑牡羊也。「秬，黑黍」，《釋草》文也。啓冰唯獻羔，祭韭，藏冰則祭用牲黍者，啓唯告而已，藏則設享祭之禮，祭禮大而告禮小故也。《月令》於冬云「其神玄冥」，故知司寒是玄冥也。北方之神，故物皆用黑，從其方色也。有事於冰，故祭其寒神。　注「桃弓」至「尊故」。　正義曰：《説文》云：「弧，木弓也。」謂空用木，無骨飾也。服虔云：「桃，所以逃凶也。棘矢者，棘赤有箴，取其名也。」蓋出冰之時，置此弓矢於凌室之户，所以禳除凶邪。將御至尊，故慎其事，爲此禮也。此傳言「其出之也」，雖覆上文「出之」之文，其實此「出之」，謂二月初出之時，公將用之，故設弓矢也。劉炫云：「此言『出之』，覆上『西陸朝覿』，知是火出時事。二月已啓，此方用弓矢者，二月啓冰，始薦宗廟，此公將用之，故設弓矢也。」　注「食肉」至「食者」。　正義曰：在官治事，官皆給食。大夫以上，食乃有肉。故魯人謂曹劌曰「肉食者謀之」，又説子雅、子尾之食云「公膳日雙雞」，是大夫得食肉也。傳言「食肉之禄」，禄即此肉是也。若依禮，

---

❶「達」下，京都本、文淵閣本、阮本有「也」字。

常所合食。案《玉藻》云：「天子日食少牢，諸侯日食特牲，大夫特豕，士特豚。」則士亦肉食。❶但彼是在家之禮，非公朝常食也。杜言「謂在朝廷治其職事就官食者」，以明在官之食有冰耳。下云「自命夫命婦，無不受冰」，謂賜之冰，受以歸，在家用之也。　「大夫」至「用冰」。　正義曰：《喪服傳》曰：「大夫弔於命婦，錫衰。命婦弔於大夫，亦錫衰。」此傳與彼命婦之文，皆與大夫相對，故杜知是大夫妻也。《喪大記》云：「君設大盤，造冰焉。大夫設夷盤，造冰焉。士併瓦盤，無冰。」鄭玄云：「禮，自仲春之後，尸既襲、既小斂，先內冰盤中，乃設牀於其上，不施席而遷尸焉。秋涼而止。」《士喪禮》，君賜冰亦用夷盤，是當喪之時，特賜之冰，浴訖乃設，故云「喪浴用冰」。

「祭寒」至「啓之」。　正義曰：上已云「其藏冰也，黑牡秬黍，以享司寒」，今復云「祭寒而藏之」，與上一事而重其文者，欲明獻羔而啓之，還是獻之於寒神，故更使「藏之」、「啓之」文相對也。　注「謂二」至「冰室」。　正義曰：《詩》云：「四之日其蚤，獻羔祭韭。」四之日，即夏之二月也。告神而始開冰室，始薦宗廟。薦神之後，公遂用之，俱在春分之月。　注「火星」至「月中」。　正義曰：十七年傳云：「火出，於夏爲三月，於商爲四月，於周爲五月。」此云「火出而畢賦」，謂以火出而後賦之，以火出爲始也。《周禮》云「夏頒冰」，謂正歲之夏，即四月是也，故杜兼言四月。　注「山人」至「遂屬」。　正義曰：《周禮·山虞》「掌山林之政令」，知山人虞官也。《周禮》「五縣爲遂」，是縣爲遂之屬也。　注「霖雨爲人所患苦」。　正義曰：《詩》云「以祈甘雨」，此云「苦雨」，雨水一也，味無甘苦之異，養物爲甘，害物爲苦耳。《月令》云：「孟夏行秋令，則苦雨數來，五穀不滋。」是霖雨爲人所患，謂之「苦」也。鄭玄云：「申之氣乘之。苦雨，白露之類，時物得而傷也。」　注「震霆也」。　正義曰：《說文》云：「震，

❶「肉食」，京都本、文淵閣本、阮本作「食肉」。

霹靂震物者。」《釋天》云：「疾雷爲霆霓。」郭璞云：「雷之急激者謂霹靂。」則霆是震之別名。「雷出不震」，言有雷而不爲霹靂也。下云「雷不發而震」，言無雷而有霹靂也。　「無菑」至「不降」。　正義曰：霜雹即是菑，言無此菑害之霜雹也。寒暑失時，則民多癘疾。癘疾，天氣爲之，故云「降」也。　注「短折」至「爲札」。　正義曰：《洪範》六極，「一曰凶短折」。孔安國曰：「短未六十，折未三十。」是短折爲少夭之名也。《周禮·膳夫》「大札則不舉」，鄭玄云：「大札，疫癘也。」謂遭疫癘而大死也。癘疾謂民病，夭札謂人死，❶故云「大死爲札」。　「風不」至「而震」。　正義曰：風不以理舒散，而暴疾殺物。雷不徐緩動發，而震擊爲害。　注「七月」至「宗廟」。　正義曰：《凌人》：「十二月，令斬冰。」《月令》十二月令取冰，當是即以其月納於凌室也。《詩》言「三之日納于凌陰」，即是正月矣。不以鑿冰之月即納之者，鄭玄云：「豳土晚寒，故可以正月納冰。」言由晚寒故也。上言將欲頒賦，「公始用之」，知蚤開冰室，唯薦宗廟。何休《膏肓》難此云：「《春秋》書『雹』，以爲政之所致，非由冰也。若今朝廷藏冰，亦不於深山窮谷，何故或無雹？天下郡縣皆不藏冰，何故或不雹？若言有之於古者，必有驗於今。此其不合於義，失天下相與之意。」鄭玄箴之曰：「雨雹，政失之所致，是固然也。國之失政，君子知其大者，其次知其小者。藏冰之禮，凌人掌之，《月令》載之，豳詩歌之，此獨非政與？故其小者耳。夫深山窮谷，固陰沍寒，極陰之處，冰凍所聚，不取其冰，則氣畜不泄，結滯而爲伏陰。凡雨水，陽也。雪雹，陰也。雨水而伏陰薄之，則凝而爲雹。雨雪而愆陽薄之，則合而爲霰。申豐見時失藏冰之禮而有雹，推之陰陽，知此伏陰所致，亦聖人之寓言也。詳載其言者，以著藏冰之禮，不可廢耳。」炫謂鄭言是也，申豐寄言於此，以諫失政，其雹不是盡由冰也。

❶「夭」，正宗寺本作「大」。

夏，諸侯如楚，魯、衛、曹、邾不會。曹、邾辭以難，公辭以時祭，衛侯辭以疾。如子產言。**鄭伯先待于申。**自楚先至會地。**六月，丙午，楚子合諸侯于申。椒舉言於楚子曰：「臣聞諸侯無歸，禮以爲歸。今君始得諸侯，其慎禮矣。霸之濟否，在此會也。夏啓有鈞臺之享，**啓，禹子也。河南陽翟縣南有鈞臺陂，蓋啓享諸侯於此。**商湯有景亳之命，**河南鞏縣西南有湯亭，或言亳即偃師。**周武有孟津之誓，**❶將伐紂也。**成有岐陽之蒐，**周成王歸自奄，大蒐於岐山之陽。岐山在扶風美陽縣西北。**康有酆宮之朝，**酆在始平鄠縣東，有靈臺，康王於是朝諸侯。**穆有塗山之會，**周穆王會諸侯於塗山。塗山在壽春東北。**齊桓有召陵之師，**在僖四年。**晉文有踐土之盟。**在僖二十八年。**君其何用？宋向戌、鄭公孫僑在，諸侯之良也，君其選焉。」**選擇所用。**王曰：「吾用齊桓。」**用會召陵之禮。

王使問禮於左師與子產。左師曰：「小國習之，大國用之，敢不薦聞？」言所聞，謙示所未行。**獻公合諸侯之禮六。**其禮六儀也。宋爵公，故獻公禮。**子產曰：「小國共職，敢不薦守？」獻伯、子、男會公之禮六。**鄭，伯爵，故獻伯、子、男會公之禮。其禮同，所從言之異。**君子謂合左師善守**

---

❶「孟津」，阮校：「《釋文》『孟』作『盟』，音孟。案，『孟』、『明』古音同用。惠棟云：《禹貢》正義曰：『杜預云：孟津，河內河陽縣南孟津也。』案，鈞臺、景亳、岐陽、酆宮、塗山皆有注，盟津獨無，自是轉寫脱卻，此條應補入。」

先代，子産善相小國。

王使椒舉侍於後，以規過。規正二子之過。卒事不規。王問其故，對曰：「禮，吾所未見者有六焉，又何以規？」左師、子産所獻六禮，楚皆未嘗行。

宋大子佐後至，王田於武城，久而弗見。椒舉請辭焉。請王辭謝之。王使往曰：「屬有宗祧之事於武城，言爲宗廟田獵。寡君將墮幣焉，敢謝後見。」恨其後至，故言將因諸侯會，布幣乃相見。經并書「宋大子佐」，知此言在會前。徐子，吴出也，以爲貳焉，故執諸申。言楚子以疑罪執諸侯。

楚子示諸侯侈。自奢侈。椒舉曰：「夫六王二公之事，六王：啓、湯、武、成、康、穆也。二公：齊桓、晉文。皆所以示諸侯禮也，諸侯所由用命也。夏桀爲仍之會，有緡叛之。仍、緡，皆國名。商紂爲黎之蒐，東夷叛之。黎，東夷國名。周幽爲大室之盟，戎狄叛之。大室，中嶽。皆所以示諸侯汰也，諸侯所由棄命也。今君以汰，無乃不濟乎？」王弗聽。子産見左師曰：「吾不患楚矣。汰而愎諫，愎，很也。不過十年。」左師曰：「然。不十年侈，其惡不遠，遠惡而後棄。惡及遠方，則人棄之。善亦如之，德遠而後興。」爲十三年楚弑其君傳。

秋，七月，楚子以諸侯伐吴，宋大子、鄭伯先歸，經所以更叙諸侯也。時晉之屬國皆歸，獨言二國者，鄭伯久於楚，宋大子不得時見，故慰遣之。宋華費遂、鄭大夫從。從伐吴，以答見慰。使屈申圍朱方，朱方，吴邑，齊慶封所封也。屈申，屈蕩之子。八月，甲申，克之。執齊慶封，而盡滅其族。慶封以襄二十八年奔吴。八月無甲申，日誤。將戮慶封。椒舉曰：「臣聞無瑕者可以戮人。慶封唯逆命，是以在此，逆命，謂性不恭順。其肯從於戮乎？言不肯默而從戮。播於諸侯，焉用之？」播，揚也。王弗聽，負之斧鉞，以徇於諸侯。使言曰：「無或如齊慶封，弑其君，弱其孤，以盟其大夫。」齊崔杼弑君，慶封其黨也，故以弑君罪責之。慶封曰：「無或如楚共王之庶子圍，弑其君兄之子麇而代之，以盟諸侯。」王使速殺之。遂以諸侯滅賴。賴子面縛銜璧，士袒，輿櫬從之，造於中軍。中軍，王所將。王問諸椒舉。對曰：「成王克許，在僖六年。許僖公如是，王親釋其縛，受其璧，焚其櫬。」王從之，從舉言。遷賴於鄢。鄢，楚邑。楚子欲遷許於賴，使鬭韋龜與公子棄疾城之而還。爲許城也。韋龜，子文之玄孫。申無宇曰：「楚禍之首，將在此矣。召諸侯而來，伐國而克，城竟莫校，謂築城於外竟，諸侯無與争。王心不違，民其居乎？言將有事，不得安也。民之不處，其誰堪之？不堪王命，乃禍亂也。」【疏】「郳不會」。❶ 正義曰：宋之盟，郳、滕爲私屬，不許交相見，而楚召郳、滕使從會者，郳、滕自欲辟役，不在宋盟，又晉合諸侯，常列於會，襄二十九年城杞，三十年會于澶淵，郳、滕皆在。楚知其事，故使召之。此申之會，滕至而郳不至。「夏啓」至「之會」。正義曰：此六王之事，唯周武王孟津之誓，《尚書》有其事，武王伐殷，作《泰誓》三篇是也。其餘五者，皆書傳無文，不能知其本末。注「周成」至「西北」。正義曰：《書序》云：「成王歸自奄，在宗周，誥庶邦，作《多方》。」其經云「告爾四國多方」，

❶「郳不會」，阮本以下正義十一節分疏於傳文各節下。

則於時諸侯大集，故謂「岐陽之蒐」，在此時也。　「吾用齊桓」。　正義曰：用會召陵之禮，出自王意也。服虔云：「召陵之役，齊桓退舍以禮。楚靈王今感其意，是以用之。」　注「其禮六儀」。　正義曰：以言「禮六」，故言「其禮六儀」。當是會上有此六儀，不知六者何謂也。　注「鄭伯」至「之異」。　正義曰：杜知「其禮同，所從言之異」者，以左師獻公合諸侯之禮六，子産獻伯子男會公之禮六，若其各異，凡十二禮。下椒舉云「禮，吾所未見者六焉」，故知其禮同也。於公言之，云「合諸侯之禮」，於伯子男言之，云「會公之禮」，是所從言之異。　「武城」。　正義曰：《土地名》：「楚之武城在南陽宛縣北也，魯之武城在泰山南武城縣也，有澹臺子羽冢。」　「將墮幣焉」。　正義曰：杜唯云「將因諸侯會，布幣乃相見」，不解墮之義。案隱六年《公羊傳》：「鄭人來輸平。輸平者何？輸平猶墮成也。」然則墮是輸之義也。朝聘之禮，客必致幣於主，據主則爲受，據客則爲輸。襄三十一年傳，子産論幣云：「其輸之，則君之府實也。非薦陳之，不敢輸也。」是謂布幣爲輸幣也。言將待輸幣之時，乃相見。見既在後，故遣我來，敢謝後見也。服虔云：「墮，輸也。言將輸受宋之幣於宗廟。」案禮之享幣，皆令宰受，不以薦宗廟，雖訓爲輸，義不當也。　「八月甲申」。　正義曰：《長歷》推此年七月己未朔，二十六日得甲申。八月己丑朔，其月無甲申。而傳上有七月，下有九月，月不容誤，故知日誤。　「弱其孤」。　正義曰：崔杼弒莊公，立其弟景公，孤謂景公也。以其幼小，輕弱之。　「以盟諸侯」。　正義曰：靈王即位以來，經傳不見與諸侯盟事。蓋楚子自與屬楚諸侯私盟，不告魯，而慶封知之。

九月，取鄫，言易也。莒亂，著丘公立而不撫鄫，鄫叛而來，故曰取。凡克邑，不用師徒曰取。著丘公，去疾也。不書奔者，潰散而來，將帥微也。重發例者，以通叛而自來。

鄭子産作丘賦。丘，十六井，當出馬一匹，牛三頭。今子産別賦其田，如魯之田賦。田賦在哀十一年。**國人謗之，**謗，毀也。**曰：「其父死於路，**謂子國爲尉氏所殺。**己爲蠆尾。**謂子產重賦，毒害百姓。**以令於國，國將若之何？」子寬以告。**子寬，鄭大夫。**子產曰：「何害？苟利社稷，死生以之。**以，用也。**且吾聞爲善者不改其度，故能有濟也。民不可逞，度不可改。**度，法也。**《詩》曰：『禮義不愆，何恤於人言？』**逸《詩》也。❶子產自以爲權制濟國，於禮義無愆。**吾不遷矣。」**遷，移也。**渾罕曰：「國氏其先亡乎？**渾罕，子寬。**君子作法於涼，其敝猶貪。**涼，薄也。**作法於貪，敝將若之何？**言不可久行。**姬在列者，**在列國也。**蔡及曹、滕其先亡乎？偪而無禮。**蔡偪楚，曹、滕偪宋。**鄭先衛亡，偪而無法。**偪晉、楚。**政不率法，而制於心。民各有心，何上之有？」**子產權時救急，渾罕譏之正道。【疏】注「丘十」至「一年」。❷　正義曰：「丘十六井，當出馬一匹，牛三頭」，《司馬法》之文也。服虔以爲：「子產作丘賦者，賦此一丘之田，使之出一馬三牛，復古法耳。丘賦之法，不行久矣，今子產復脩古法，民以爲貪，故謗之。」案：春秋之世，兵革數興，鄭在晉、楚之閒，尤當其劇，止當重於古，不應廢古法也。若往前不脩此法，豈得全無賦乎？故杜以爲今子產於牛馬之外別賦其田，如魯之田賦。田賦在哀十一年，彼注云：「丘賦之法，因其田財，通出馬一匹，牛三頭。今欲別其田及家財，各爲一賦，故言田賦。」然則此與彼同賦斂家資，使出牛馬，又別賦其田，使之出粟，若今輸租，更出馬一匹、牛三頭，是一丘出兩丘之稅。案《周禮》有

---

❶「也」，《四部叢刊》本、京都本、文淵閣本、阮本無此字。

❷「注丘十至一年」，阮本以下正義二節分疏於傳文各節下。

夫征、家征，夫征謂出税，家征謂出車徒、給徭役。此牛馬之屬，則《周禮》之家征也。其夫征，十一而税，是與家征別。❶　「姬在」至「衛亡」。　正義曰：渾罕意譏子産，將言鄭之先亡，故遂博言諸國亡之先後。杜據《世本》、《史記》作《世族譜》，説諸國滅亡之年。此下十一年楚滅蔡，十三年蔡復封，春秋後二世十八年而楚滅蔡也。哀八年宋滅曹也，滕以春秋後六世而齊滅之。鄭在春秋後五世九十一年，而韓滅鄭。衛在春秋後十一世二百五十八年，而秦滅衛也。據蔡之前亡，則渾罕之言終亦驗矣。

冬，吴伐楚，入棘、櫟、麻，棘、櫟、麻，皆楚東鄙邑。譙國酇縣東北有棘亭，汝陰新蔡縣東北有櫟亭。**以報朱方之役。**朱方役在此年秋。**楚沈尹射奔命於夏汭，**夏汭，漢水曲入江，今夏口也。吴兵在東北，楚盛兵在東南，以絶其後。**葴尹宜咎城鍾離，**宜咎本陳大夫，襄二十四年奔楚。**薳啓彊城巢，然丹城州來。**然丹，鄭穆公孫，襄十九年奔楚。**東國水，不可以城，彭生罷賴之師。**彭生，楚大夫。罷鬭韋龜城賴之師。【疏】注「棘櫟」至「櫟亭」。❷　正義曰：吴來伐楚，入此三邑，知此三邑皆楚之東鄙，故疑新蔡縣東北有櫟亭者，是此櫟也，鄭有櫟邑者，則河南陽翟縣是也。❸

初，穆子去叔孫氏，及庚宗，成十六年辟僑如之難奔齊。庚宗，魯地。**遇婦人，使私爲食而宿**

---

❶ 「別」下，京都本、文淵閣本、阮本有「也」字。

❷ 「注棘櫟至櫟亭」，阮本此節正義在注「汝陰新蔡縣東北有櫟亭」下。

❸ 「是」，京都本、文淵閣本、阮本無此字。

焉。問其行，告之故，哭而送之。婦人聞而哭之。適齊，娶於國氏，國氏，齊正卿，姜姓。生孟丙、仲壬。夢天壓己，弗勝。穆子夢也。顧而見人，黑而上僂，上僂，肩傴。深目而豭喙，口象豬。號之曰：「牛！助余！」乃勝之。旦而皆召其徒，無之。徒，從者。且曰：「志之。」志，識也。及宣伯奔齊，饋之，宣伯，僑如，穆子之兄，成十六年奔齊。穆子饋宣伯。宣伯曰：「魯以先子之故，先子，宣伯先人。將存吾宗，必召女。召女何如？」對曰：「願之久矣。」言兄始爲亂，已則有今日之願，蓋忿言。魯人召之，不告而歸。

既立，在齊生孟丙、仲壬。魯召之，立爲卿，襄二年始見經。所宿庚宗之婦人獻以雉。獻穆子。問其姓，問有子否。對曰：「余子長矣，能奉雉而從我矣。」襄二年，豎牛五六歲。召而見之，則所夢也。未問其名，號之曰「牛」，曰：「唯。」皆召其徒，使視之，遂使爲豎。豎，小臣也。傳言從夢未必吉。有寵，長使爲政。爲家政。公孫明知叔孫於齊，公孫明，齊大夫子明也，與叔孫相親知。歸，未逆國姜，子明取之。國姜，孟、仲母。故怒其子，長而後使逆之。子，孟丙、仲壬。

田於丘蕕，丘蕕，地名。遂遇疾焉。豎牛欲亂其室而有之，强與孟盟，不可。欲使從己，孟不肯。

叔孫爲孟鐘，曰：「爾未際，際，接也。孟未與諸大夫相接見。饗大夫以落之。」以豭豬血釁鐘曰落。既具，饗禮具。使豎牛請日。請饗日。入弗謁，謁，白也。出命之日。詐命日。及賓至，聞鐘聲。牛曰：「孟有北婦人之客。」北婦人，國姜也。客謂公孫明。怒，將往，牛止之。賓出，使拘而

殺諸外。殺孟丙。

牛又强與仲盟，不可。仲與公御萊書觀於公，萊書，公御士名。仲與之私遊觀於公宮。**公與之環，**賜玉環。**使牛入示之。**示叔孫。入不示，出命佩之。**牛謂叔孫：「見仲而何？」**而何，如何。**叔孫曰：「何爲？」**怪牛言。**曰：「不見，既自見矣，**言仲已自往見公。**公與之環而佩之矣。」遂逐之，奔齊。**

疾急，命召仲。牛許而不召。杜洩見，❶**告之飢渴，授之戈。**杜洩，叔孫氏宰也。牛不食叔孫，叔孫怒，欲使杜洩殺之。**對曰：「求之而至，又何去焉？」**言求食可得，無爲去豎牛。蓋杜洩力不能去，設辭以免。**豎牛曰：「夫子疾病，不欲見人。」使寘饋于个而退。**❷寘，置也。个，東西廂。❸**牛弗進，則置虚命徹。**寫器令空，示若叔孫已食，命去之。**十二月，癸丑，叔孫不食。乙卯，卒。**三日絶糧。**牛立昭子而相之。**昭子，豹之庶子，叔孫婼也。**公使杜洩葬叔孫。豎牛賂叔仲昭子與南遺，**昭子，叔仲帶也。南遺，季氏家臣。**使惡杜洩於季孫而去之。**憎洩不與己同志。**杜洩將以路葬，且盡卿禮。**路，王所賜叔孫車。**南遺謂季孫曰：「叔孫未乘路，葬焉用之？且冢卿無路，介卿**

---

❶「洩」，阮校：「《釋文》作『泄』，是也。賈公彦疏《儀禮·聘禮》引作『杜泄』。」

❷「寘」，《經典釋文》云：「本或作奠。」

❸「廂」，阮校：「《釋文》『廂』下有『也』字，諸本脱。又云：『本又作箱字。』按，廂，俗字；箱，正字。」

以葬，不亦左乎？」冢卿，謂季孫。介，次也。左，不便。**季孫曰：「然。」使杜洩舍路。**舍，置也。**不可。曰：「夫子受命於朝，而聘於王，**在襄二十四年，夫子謂叔孫。**王思舊勳而賜之路，**感其有禮，以念其先人。**復命而致之君，**豹不敢自乘。**君不敢逆王命，而復賜之，使三官書之。吾子爲司徒，實書名。**謂季孫也。書名，定位號。**夫子爲司馬，與工正書服。**謂叔孫也。服，車服之器，工正所書。**孟孫爲司空，以書勳。**勳，功也。**今死而弗以，是棄君命也。書在公府而弗以，是廢三官也。若命服，生弗敢服，死又不以，將焉用之？」乃使以葬。**

季孫謀去中軍，豎牛曰：「夫子固欲去之。」誣叔孫以媚季孫。【疏】注「襄二」至「六歲」。❶　正義曰：穆子還魯，傳無歸歲。襄二年始見於經，疑是其年新還也。成十六年傳云：「子叔聲伯使叔孫豹請逆于晉師。」於時豹猶在魯，疑其因使而遂奔齊。蓋自鄭過魯而去，故得宿於庚宗。成十六年出奔，襄二年始還，凡經五年，故豎牛五六歲，能奉雉也。計豎牛至襄二年四歲也，杜言「五六歲」者，豎牛見穆子，未必即以還年見之。「曰唯」。正義曰：《曲禮》云：「父召無諾，先生召無諾，唯而起。」鄭玄云：「應辭，『唯』恭於『諾』。」「故怒」至「逆之」。正義曰：怒者，怒其妻也。忿其母，遂及其子。其子在齊成長，而後逆之歸魯，非謂逆其妻也。「强與孟盟」。正義曰：孟雖適妻之子，叔孫未立爲嗣。豎牛欲亂其室，望己有之，未應即欲爲適，使孟事己。强與盟者，欲其與己同心，使己得專恣耳。注「際接」至「接見」。正義曰：《釋詁》云：「際、接，捷也。」郭璞曰：

❶「襄二至六歲」，阮本以下正義十一節分疏於傳文各節下。

「捷，謂相接續也。」大夫將立適子，必須接見同寮。季武子立紇，飲大夫酒，是其事也。孟丙未與大夫交接，故爲之作鐘，因落鐘令與相見。　注「以豭」至「曰落」。　正義曰：《説文》云：「釁，血祭也。」《雜記》釁廟之禮云：「雍人舉羊升屋自中，中屋南面，刲羊血流于前。」是釁祭之法，以血澆落之，知落之即是釁也。《雜記》又曰：「凡宗廟之器，其名者，成則釁之以豭豚。」是知以豭豬之血也。記稱宗廟之器成乃釁以豭豚，此叔孫爲孟作鐘，非是宗廟之器，亦釁之者，《周禮·小子》職曰：「釁邦器，及軍器。」鄭玄云：「邦器，謂禮樂之器，及祭器之屬。」此鐘是禮樂之器，故釁也。　「使豎牛」。　正義曰：孟不自請，使豎牛者，《内則》云：「由命士以上，父子皆異宫。」鄭玄云：「異宫者，崇敬也。」以其異宫，故使豎牛。　「牛謂」至「見矣」。　正義曰：「而」、「如」同是語辭，故注云「而何，如何」。牛謂叔孫曰：「以仲見君何？」問何故以仲見君也。叔孫怪其語，故曰：「何爲？」牛曰：「不將仲見君乎？若不將見，則既自見君矣。」言不待父命，所以怒叔孫也。大夫立子爲適，必自見之於君。宣十四年申舟見犀而行，定六年樂祁見溷而行，是其事也。或曰：豎牛謂叔孫曰：「今將仲見君，其事如何？」叔孫以己見病，故怪之曰「何爲」。以下同。　注「寘置」至「西廂」。　正義曰：禮，置器物於地，皆謂之寘，是寘爲置也。《月令》天子居左个、右个，是个爲東西廂也。　「吾子」至「書勳」。　正義曰：杜泄是叔孫家臣，故稱己君爲夫子。工正是司馬之屬官也。季、孟亦有屬官，共書其事。但季、孟身在，不假言屬。以叔孫已亡，取屬官爲徵，故兼言之。所以司徒書名者，《周禮·大司徒》掌十二教，「十有一曰以賢制爵」，「十有二曰以庸制禄」。故司徒書名，定位號也。「司馬與工正書服」者，《周禮·夏官司馬》其屬有司士，掌羣臣之政，❶亦「以德

❶「政」，孫校：「據《司士》職當作『版』。」

詔爵，❶以功詔祿」。工正雖不屬司馬，掌作車服，故與司馬書服也。案《周禮》司勳屬夏官，今司空書勳者，春秋之時，又是諸侯之法，不可盡與禮同。注「誣叔」至「季孫」。正義曰：季孫因叔孫之弱，欲四分公室，已取其二，故謀去中軍。豎牛云「夫子固欲去之」，是誣叔孫以媚季孫。

【經】五年，春，王正月，舍中軍。襄十一年始立中軍。

楚殺其大夫屈申。書名，罪之。

公如晉。

夏，莒牟夷以牟婁及防、兹來奔。城陽平昌縣西南有防亭。姑幕縣東北有兹亭。

秋，七月，公至自晉。

戊辰，叔弓帥師敗莒師于蚡泉。蚡泉，魯地。

秦伯卒。無傳。不書名，未同盟。

冬，楚子、蔡侯、陳侯、許男、頓子、沈子、徐人、越人伐吴。

【傳】五年，春，王正月，舍中軍，卑公室也。罷中軍。季孫稱左師，孟氏稱右師，叔孫氏則自以

---

❶「亦」，監本、毛本、文淵閣本無此字，與《周禮·司士》合。

叔孫爲軍名。毁中軍于施氏，成諸臧氏。季孫不欲親其議，勑二家會諸大夫發毁置之計，又取其令名。初作中軍，三分公室而各有其一。三家各有一軍家屬。季氏盡征之，無所入於公。叔孫氏臣其子弟，以父兄歸公。孟氏取其半焉。復以子弟之半歸公。及其舍之也，四分公室，季氏擇二，簡擇取二分。二子各一，皆盡征之，而貢于公。國人盡屬三家，三家隨時獻公而已。以書使杜洩告於殯，告叔孫之柩。曰：「子固欲毁中軍，既毁之矣，故告。」杜洩曰：「夫子唯不欲毁也，故盟諸僖閎，詛諸五父之衢。」皆在襄十一年。受其書而投之，投，擲地。❶帥士而哭之。痛叔孫之見誣。叔仲子謂季孫曰：「帶受命於子叔孫曰，葬鮮者自西門。」不以壽終爲鮮。西門，非魯朝正門。季孫命杜洩。命使從西門。杜洩曰：「卿喪自朝，魯禮也。從生存朝覲之正路。吾子爲國政，未改禮而又遷之，遷，易也。羣臣懼死，不敢自也。」自，從也。既葬而行。善杜洩能辟禍。

仲至自齊，聞喪而來。季孫欲立之。南遺曰：「叔孫氏厚，則季氏薄。彼實家亂，子勿與知，不亦可乎？」南遺使國人助豎牛，以攻諸大庫之庭。攻仲壬也。魯城内有大庭氏之虚，於其上作庫。司宫射之，中目而死。豎牛取東鄙三十邑，以與南遺。取叔孫氏邑。

昭子即位，朝其家衆，曰：「豎牛禍叔孫氏，使亂大從，使從於亂。殺適立庶，又披其邑，將以赦罪，披，析也。謂以邑與南遺。昭子不知豎牛餓殺其父，故但言其見罪。罪莫大焉。必速殺之！」

---

❶「地」，《四部叢刊》本、京都本、文淵閣本、阮本作「也」。

豎牛懼，奔齊。孟、仲之子殺諸塞關之外，齊、魯界上關。投其首於寧風之棘上。寧風，齊地。仲尼曰：「叔孫昭子之不勞，不可能也。不以立己爲功勞，據其所言善之。時魯人不以餓死語昭子。周任有言曰：『爲政者，不賞私勞，不罰私怨。』《詩》云：『有覺德行，四國順之。』」《詩・大雅》。覺，直也。言德行直，則四方順從之。

初，穆子之生也，莊叔以《周易》筮之，莊叔，穆子父得臣也。遇明夷䷣離下坤上，明夷。之謙䷎，艮下坤上，謙。明夷初九變爲謙。以示卜楚丘。楚丘，卜人姓名。曰：「是將行，行，出奔。而歸爲子祀，奉祭祀。以讒人入，其名曰牛，卒以餒死。明夷，日也。離爲日。夷，傷也。日明傷。日之數十，甲至癸。故有十時，亦當十位。自王已下，其二爲公，其三爲卿。日中當王，食時當公，平旦爲卿，雞鳴爲士，夜半爲皁，人定爲輿，黄昏爲隸，日入爲僚，晡時爲僕，日昳爲臺，❶隅中日出，闕不在第，尊王公，曠其位。日上其中，日中盛明，故以當王。食日爲二，公位。旦日爲三。卿位。明夷之謙，明而未融，其當旦乎？融，朗也。離在坤下，日在地中之象。又變爲謙，謙道卑退，故曰「明而未融」。日明未融，故曰「其當旦乎」。故曰『爲子祀』。莊叔，卿也。卜豹爲卿，故知爲子祀。日之謙當鳥，故曰『明夷于飛』。離爲日、爲鳥，離變爲謙，日光不足，故當鳥。鳥飛行，故

❶「昳」，阮校：「《釋文校勘記》：北宋本、葉抄本『昳』作『跌』，古書『日昳』字皆作『跌』，後人始造『昳』字以改古書。」

曰「于飛」。**明而未融，❶故曰『垂其翼』。**於日爲未融，於鳥爲垂翼。**象日之動，故曰『君子于行』。**明夷初九，得位有應，君子象也。在明傷之世，居謙下之位，故將辟難而行。當三在旦，**故曰『三日不食』。**旦位在三，又非食時，故曰「三日不食」。**離，火也。艮，山也。離爲火，火焚山，山敗。**離、艮合體故。**於人爲言，**艮爲言。**敗言爲讒，**爲離所焚，故言敗。**故曰『有攸往，主人有言』。言必讒也。**離變爲艮，故言有所往。往而見燒，故主人有言。言而見敗，故必讒言。**純離爲牛，**《易》：「離上離下，離，畜牝牛，吉。」故言純離爲牛。**世亂讒勝，勝將適離，故曰『其名曰牛』。**離焚山則離勝，譬世亂則讒勝，山焚則離獨存，故知名牛也。豎牛非牝牛，故不吉。**謙不足，飛不翔，**謙道冲退，故飛不遠翔。**垂不峻，翼不廣，**峻，高也。翼垂下，故不能廣遠。**故曰其爲子後乎？**不遠翔，故知不遠去。**吾子，亞卿也，抑少不終。」**旦日，正卿之位。莊叔父子世爲亞卿，位不足以終盡卦體，蓋引而致之。【疏】「舍中軍卑公室也」。❷ 正義曰：襄十一年初作三軍，十二分其國民，三家得七，公得五。國民不盡屬公，公室已是卑矣。今舍中軍，四分公室，三家自取其稅，減己稅以貢於公，國民不復屬於公，公室彌益卑矣。是「舍中軍」者，三家所以卑弱公室也。作中軍，卑公室之漸，舍中軍，卑公室之極。初作云「作三軍」，今不云「舍三軍」者，初云「作」者，舊有二軍，今更增一軍，人數不足，故揔皆渾破，各毀其乘，足成三軍，故云

❶「而」，京都本、文淵閣本、阮本作「之」。
❷「舍中軍卑公室也」，阮本以下正義二十節分疏於傳文各節下。

「作三軍」。此則唯舍中軍，分中軍之衆屬上下二軍，❶其上下二軍依舊不動，故唯云「舍中軍」也。劉炫云：「四分公室，制法别耳。還作三軍，不得言舍三軍。」注「罷中」至「軍名」。正義曰：魯之軍名，傳無其號。晉作三軍爲上、中、下，則魯之三軍亦當然也。其廢中軍之後，上下二軍分爲四分。哀十一年，齊師伐魯，傳稱「孟孺子泄帥右師，冉求帥左師」。冉求，季氏宰也。又言「叔孫武叔退而蒐乘」，更無别稱，知自以叔孫爲軍名也。注「取其令名」。正義曰：「取其令名」者，季孫實欲自厚，令諸大夫議論，似若己之不與，取其令善廉絜之名也。劉炫以爲：「施者，舍也。臧者，善也。成諸臧氏，取其令名也。其二家謂叔、孟，非謂施、臧二氏也。」「初作」至「半焉」。正義曰：將述其舍，倒本其初。「初作中軍」，謂襄十一年也。「三分公室，而各有其一」，民皆分屬三家，就中減以與公，令公自稅取也。「季氏盡征之」，不減入於公，令盡屬於己也。「叔孫氏臣其子弟」，明其更有父兄。以一家之內，有此四品，叔孫氏則以父兄之稅入公，子弟之稅入己，揔率所屬之人，悉皆如此。若揔計父兄之數不足，以子弟添父兄。若子弟不足，以父兄添子弟，大率半屬於公，半屬於己。「以父兄歸公」者，尊公室也。孟氏則於子弟之中，而取其半。於一家之內，或取其子，或取其弟。大率而言，三分歸公，一分入己也。或以爲其軍分爲四分，假以父兄子弟四分託之。若以假託爲言，何得云「若子若弟」？直云叔孫氏兩分歸公，兩分入己，孟氏三分歸公，一分入己，於文簡略，其事易知，何須以父兄子弟虚爲假託？故知不然也。魯之三卿，季彊孟弱，縱使如此差之，季氏猶應以一分歸公，言「盡征之」者，季氏專恣也。「及其」至「擇二」。正義曰：季氏因叔孫家禍，退之使同於孟孫，獨取其半，爲專己甚，又擇取善者，是專之極，故傳言「擇二」以見之。注「不

---

❶「分中軍」，京都本、文淵閣本、阮本無此三字。

以」至「正門」。　正義曰：叔孫餓死，而帶言「葬鮮」，知不得以壽終者名之爲「鮮」，言年命鮮少也。叔仲帶得以此言告季孫，則季孫知豎牛餓殺叔孫矣。而不討者，季孫利其禍，而已得專，故舍之而不討也。杜泄云「卿喪自朝」，知西門非正門。　注「從生」至「正路」。　正義曰：服虔云：「言卿葬，三辭於朝，從朝出正門。卿佐，國之楨榦，君之股肱，必過於朝，重之也。」案《檀弓》云：「君於大夫，將葬，弔於宫。及出，命引之，三步則止。如是者三，君退。」是君當就家視之，無造君朝之禮。且杜泄不欲從西門所競道路耳，假令自朝而去，猶得更從西門，不須言「自朝」也，故杜以「自朝」爲「從生存朝覲之正路」。蓋以西門幽辟，故欲從正路而出南門。　「大庫之庭」。　正義曰：十八年傳「梓慎登大庭氏之庫」，是魯城内有大庭氏之虚，於其上作庫，謂之大庭氏之庫。此言「大庫」，明是彼也。此言「之庭」，庭是堂前地名，仲壬在此庫之庭前，豎牛就攻之。此庭非大庭也。　「使亂大從」。　正義曰：杜云「使從於亂」，服虔云「使亂大和順之道」。　注「披析」至「見罪」。　正義曰：昭子若知豎牛餓殺其父，則當顯加誅戮，不應直以殺適立庶爲大罪也。若昭子知讎不殺，則昭子有大罪矣，仲尼不宜善其不以立己爲功勞也。是昭子不知豎牛餓殺其父，但言見罪，仲尼又據其見言而善之。　「遇明夷之謙」。　正義曰：離下坤上爲明夷。離爲日，坤爲地。《象》曰：「明入地中，明夷。」夷者，傷也。日在地中，光不外發，則爲明傷也。艮下坤上爲謙，艮爲山。《象》曰：「地中有山，謙。」以高下下，謙虚之義。　「楚丘」至「餒死」。　正義曰：此先略言卦意有此四事也。「是」者，是此子也。將出奔，而歸爲國卿，奉子叔孫之祭祀也。并以讒人入，而其名曰牛。然此子終以餓死也。牛在國生，云以入者，去時未有，來而有之。以讒人入其家，非從外國入。既已略論此意，乃復具釋爻辭。爻辭云：「明夷于飛，垂其翼。君子于行，三日不食。有攸往，主人有言。」此三辭之間，無爲祀之意，但卦名明夷，故先推卦名，求爲祀之義也，先行後歸，始得爲祀。然後推演爻辭，得其行去之象，又論不食讒言之事。爻辭之内，亦無名牛，故别於離卦以求牛名。推演爻之三辭既訖，乃復更推卦體，以終爲祀之言，故曰「其爲子後」，以摠結前言也。　注「日中」至「其位」。　正義曰：七年傳曰：「天有十日，人有十等。」彼即歷言從王至臺十等之目。此傳既云「十時」、「十位」，位以王、公、卿爲三，日以中、食、旦爲三。「日上其中」，知從中而右旋配之也。晡謂食也，晡時謂日西食時也。日昳謂蹉跌而下也，隅謂東南隅也。過隅未中，故爲隅中也。若據時之先後，則從旦至食，乃至於中，宜以左旋爲次。今傳以配十位，從中而右旋者，以人之道，高以下爲基，貴以賤爲本，欲從賤而漸至於貴也。若從中左旋，則位乃漸退，非進長之義，故右旋也。　注「融朗」至「旦乎」。　正義曰：明而未融，則融是大明，故爲朗也。《釋言》云：「明，朗也。」樊光云：「《詩》云『高朗令終，日月光明』，是朗爲大明也。」據卦，離下坤上，日在地中之象。又爻變爲謙，謙是卑退之意。日未出而又卑退，故曰「明而未融」。日明未融，故曰「其當旦」也。若於《易》之明夷，據日入之後，故《明夷·象》云：「初登于天，照四國也。後入于地，失則也。」此傳明夷據日未出前者，以日未出與日已入，皆日在地下，其明不見，故各取象爲義也。❶　注「離爲」至「于飛」。　正義曰：《説卦》：「離爲日，爲雉。」雉爲鳥也。離之一卦，爲日，爲鳥，日爲高明，鳥爲微細。今日之謙退，不得高明，下當微細，是日光不足，故當鳥也。　注「明夷」至「而行」。　正義曰：卦有六位，初、三、五奇數，爲陽位也；二、四、上耦數，爲陰位也。初與四、二與五、三與上，位相值爲相應。陽之所求者陰，陰之所求者陽，陽陰相值爲有應。陰還值陰，陽還值陽，爲無應。明夷初九，陽爻在奇，是得位也。所應在四，四爲陰爻，是有應也。居得位而物應之，是君子象也。初九在明傷之世，有大難也。居謙下之位，宜卑退也。以此知將辟

❶「也」，京都本、文淵閣本、阮本無此字。

難而行也。　注「旦位」至「不食」。　正義曰：位當三而時在旦，是三日象也。旦又未至食時，非食時則無可食，故曰「三日不食」也。　注「艮爲言」。　正義曰：《説卦》云「成言乎艮」，故艮爲言也。　注「易離」至「爲牛」。　正義曰：純離者，言上體下體皆是離也。《易・離卦》云：「畜牝牛，吉。」故言純離爲牛。明夷初九無此牛象，但明夷初卦下體是離，故轉於純離之卦求牛象。❶　「謙不」至「後乎」。　正義曰：其爻辭唯云「君子于行」，無還之義，故復推此爻於鳥，爲飛不翔，翼不大，知其不能遠去，行必當歸，故曰「其爲子後乎」。

楚子以屈申爲貳於吴，乃殺之。造生貳心。**以屈生爲莫敖，**生，屈建子。**使與令尹子蕩如晉逆女。過鄭，鄭伯勞子蕩于汜，**❷**勞屈生于菟氏。**汜、菟氏皆鄭地。**晉侯送女于邢丘。子産相鄭伯，會晉侯于邢丘。**傳言楚强，諸侯畏敬其使。【疏】注「傳言」至「其使」。　正義曰：《聘禮》云：「若過邦，至于竟，使次介假道，束帛將命于朝。下大夫取以入告，出許，餼之以其禮，上賓大牢，積惟芻禾。」如彼禮文，唯當餼之而已。今鄭伯親勞，是鄭畏楚也。　桓三年傳例云：「凡公女，嫁于敵國，公子則下卿送之，於天子，則諸卿皆行。」尚「公不自送」。昏禮，父母送女不下堂。今晉侯親送女至邢丘，是敬楚也。此兼顧上文，故云「諸侯畏敬其使」。

公如晉，即位而往見。**自郊勞至于贈賄，**往有郊勞，去有贈賄。**無失禮。**揖讓之禮。**晉侯謂**

❶「象」下，京都本、文淵閣本、阮本有「也」字。
❷「汜」，阮校：「岳本、閩本作『汜』，是也。」

女叔齊曰：「魯侯不亦善於禮乎？」對曰：「魯侯焉知禮？」公曰：「何爲？自郊勞至于贈賄，禮無違者，何故不知？」對曰：「是儀也，不可謂禮。禮所以守其國，行其政令，無失其民者也。今政令在家，在大夫。**不能取也。有子家羈，**❶**弗能用也。**羈，莊公玄孫懿伯也。**奸大國之盟，陵虐小國。**謂伐莒取鄆。**利人之難，**謂往年莒亂而取鄫。**不知其私。**不自知有私難。**公室四分，民食於他。**他，謂三家也。言魯君與民無異。**思莫在公，不圖其終。**無爲公謀終始者。**爲國君，難將及身，不恤其所。禮之本末，將於此乎在，**在恤民與憂國。**而屑屑焉習儀以亟。**言以習儀爲急。**言善於禮，不亦遠乎？」君子謂叔侯於是乎知禮。**時晉侯亦失政，叔齊以此諷諫。【疏】注「往有」至「贈賄」。❷

正義曰：《聘禮》：「賓至于近郊，君使卿朝服，用束帛勞。」及聘事皆畢，乃云：❸賓遂行，舍于郊，公使卿贈如覿幣。聘既如此，朝亦當然。其朝據《大行人》，上公三勞，主國使下大夫勞于畿，卿勞于遠郊，主君自勞于近郊。其去贈賄無文。聘尚有賄，明朝亦然，但禮文不具耳。其文據公去言，故云「往有」也。贈據晉言，故云「去有」也。「民食於他」。正義曰：言公如民然，求食於他也。其時四分公室，民皆屬三家。三家税以貢公，公仰他給食，❹自無食也。「思莫」至「其終」。正義曰：羣臣思慮，無在公者，不爲公圖謀其終，言其終必禍敗，無爲謀者。

---

❶「羈」，阮校：「《公羊》、《穀梁》作『駒』，《漢書・五行志》同。」

❷「注往有至贈賄」，阮本以下正義三節分疏於傳文各節下。

❸「云」，監本、毛本、文淵閣本作「去」。孫校：「『去』是，僖三十三年疏可證。」

❹「他」，京都本、文淵閣本、阮本無此字。

晉韓宣子如楚送女，叔向爲介。鄭子皮、子大叔勞諸索氏。河南城皋縣東有大索城。**大叔謂叔向曰：「楚王汏侈已甚，子其戒之！」叔向曰：「汏侈已甚，身之災也，焉能及人？若奉吾幣帛，慎吾威儀，守之以信，行之以禮，敬始而思終，終無不復。**事皆可復行。**從而不失儀，**從，順也。**敬而不失威，道之以訓辭，奉之以舊法，考之以先王，**以先王之禮成其好。**度之以二國，**度晉、楚之勢而行之。**雖汏侈，若我何？」**　**及楚，楚子朝其大夫曰：「晉，吾仇敵也。苟得志焉，無恤其他。今其來者，上卿、上大夫也。若吾以韓起爲閽，**刖足使守門。**以羊舌肸爲司宫，**加宫刑。**足以辱晉，吾亦得志矣，可乎？」大夫莫對。薳啓彊曰：「可。苟有其備，何故不可？恥匹夫不可以無備，況恥國乎？是以聖王務行禮，不求恥人。朝聘有珪，**珪以爲信。**享覜有璋，**享，饗也。覜，見也。既朝聘而享見也。臣爲君使執璋。**小有述職，**諸侯適天子曰述職。**大有巡功。**天子巡狩曰巡功。❶**設机而不倚，爵盈而不飲。**言務行禮。**宴有好貨，**宴飲以貨爲好。衣服、車馬，在客所無。**飧有陪鼎，**熟食爲飧。陪，加也，加鼎所以厚殷勤。**入有郊勞，**賓至，逆勞之於郊。**出有贈賄，**去則贈之以貨賄。**禮之至也。國家之敗，失之道也，則禍亂興。**失朝聘宴好之道。**城濮之役，**在僖二十八年。**晉無楚備，以敗於邲。**在宣十二年，言兵禍始於城濮。**邲之役，楚無晉備，以敗於鄢。**在成十六年。**自鄢以來，晉不失備，而加之以禮，重之以睦，**君臣和也。**是以楚弗能報，而求親焉。既獲姻**

❶「狩」，《四部叢刊》本、京都本、阮本、《經典釋文》作「守」。

親，又欲恥之，以召寇讎，備之若何？言何以爲備。**誰其重此？**言怨重。**若有其人，恥之可也。**謂有賢人以敵晉，則可恥之。**若其未有，君亦圖之。晉之事君，臣曰可矣，求諸侯而麇至，**麇，羣也。**求昏而薦女，**薦，進也。**君親送之，上卿及上大夫致之。猶欲恥之，君其亦有備矣。不然，柰何？韓起之下，趙成、中行吴、魏舒、范鞅、知盈，**五卿位在韓起之下，皆三軍之將佐也。成，趙武之子。吴，荀偃之子。**羊舌肸之下，祁午、張趯、籍談、女齊、梁丙、張骼、輔躒、苗賁皇，皆諸侯之選也。**言非凡人。**韓襄爲公族大夫，韓須受命而使矣。**襄，韓無忌子也，爲公族大夫。須，起之門子，年雖幼，已任出使。**箕襄、邢帶、**二人，韓氏族。**叔禽、叔椒、子羽，**皆韓起庶子。**皆大家也。韓賦七邑，皆成縣也。**成縣，賦百乘也。**羊舌四族，皆彊家也。**四族：銅鞮伯華、叔向、叔魚、叔虎兄弟四人。**晉人若喪韓起、揚肸，❶五卿八大夫**五卿，趙成以下。八大夫，祁午以下。**輔韓須、揚石，**石，叔向子食我也。**因其十家九縣，**韓氏七，❷羊舌氏四，而言十家，舉大數也。羊舌四家，共二縣，故但言彊家。**長轂九百，**長轂，戎車也。縣百乘。**其餘四十縣遺守四千，**計遺守國者，尚有四千

---

❶「揚」，《四部叢刊》本、京都本、文淵閣本、阮本作「楊」。阮校：「石經此處刓缺。段玉裁云：羊舌肸食采於楊，故亦偁楊肸，其子食我亦偁楊石。《漢書・地理志》河東郡楊縣，應仲遠謂即楊侯國。案，宋本、淳熙本作『揚』，非是。」

❷「七」，阮校：「賈公彦《周禮・縣師》疏引注『七』下有『邑』字。」

乘。奮其武怒，以報其大恥，伯華謀之，伯華，叔向兄。**中行伯、魏舒帥之，**伯，中行吳。**其蔑不濟矣。君將以親易怨，**失昏姻之親。**實無禮以速寇，而未有其備，使羣臣往遺之禽，以逞君心，何不可之有？」王曰：「不穀之過也，大夫無辱。」**謝薳啓彊。**厚爲韓子禮。王欲敖叔向以其所不知，而不能，**言叔向之多知。**亦厚其禮。**

韓起反，鄭伯勞諸圉，圉，鄭地名。**辭不敢見，禮也。**奉使君命未反故。【疏】「奉吾」至「二國」。❶正義曰：朝聘之禮，享用幣帛，致國之所有。送女雖則非聘，亦以幣帛通意，故云「奉吾幣帛，慎吾威儀」也。信當守而無失，故云「守之以信」也。禮當勉力履行，故云「行之以禮」也。禮無不敬，故以敬爲始也。始敬則終亦敬，終恐其惰，故云「思終」也。思終亦思始，終始無有不可復行之事，行必得理，❷使皆可復行也。曲從則失儀，「從而不失儀」，不曲從也。過敬則無威，「敬而不失威」，不妄敬也。聖人教訓之辭，用之以通意，故言「道之」也。聘使舊故之法，奉承以致命，故言「奉之」也。用先王之禮，以成其交好，故言「考之」也。量二國形勢，以傳通時事，故言「度之」也。皆準事爲文。注「刖足使守門」。正義曰：《周禮·掌戮》云：「墨者使守門，劓者使守關，宮者使守內，刖者使守囿，髡者使守積。」則守門者，當以墨也。知不以韓起爲墨者，楚子意在辱晉，必將加之重罪，墨是刑之輕者，知其必非墨也。且欲以叔向爲宮刑，明起刑亦次宮也。莊十九年傳稱「鬻拳自刖，楚人以

❶「奉吾至二國」，阮本以下正義十七節分疏於傳文各節下。

❷「理」，京都本、文淵閣本、阮本作「禮」。

爲大閽」，知此亦是刖也。欲以叔向爲司宫，爲奄官之長，則韓起爲閽，亦欲令爲門官之長。刑若髕拳，故以髕拳之刑解之。　「朝聘有珪」。　正義曰：《周禮・典瑞》云：「公執桓圭，侯執信圭，伯執躬圭，子執穀璧，男執蒲璧，以朝覲宗遇會同于王，諸侯相見亦如之。」是朝有珪也。又曰：「瑑圭璋璧琮，以覜聘。」是聘有珪也。聘用圭璧，其飾雖與君同，其長降君一等。《聘禮・記》曰：「所以朝天子，圭與繅皆九寸。問諸侯，朱緑繅八寸。」問即聘也。鄭玄云：「九寸，上公之圭也。於天子曰朝，於諸侯曰問，記之於聘文互相備。」鄭云「互相備」者，言諸侯相朝，與朝天子同也。遣使聘天子，與諸侯同也。彼《典瑞》及《聘禮・記》聘圭八寸，據上公爲文耳，公之使既降公一等，知侯伯之使當瑑圭六寸，子男之使當瑑璧四寸。《考功記・玉人》云：「瑑圭璋八寸，璧琮八寸，以覜聘。」亦謂上公之聘也，其實子男君臣用璧，云「朝聘有圭」者，據公侯伯言之。　注「珪以爲信」。　正義曰：鄭玄《典瑞》注云：「人執以見曰瑞，禮神曰器。瑞，符信也。」用珪朝聘，所以爲信，故執之。　「享覜有璋」。　正義曰：鄭氏、先儒以爲，朝聘之禮，使執玉以授主國之君，乃行享禮，獻國之所有。覜，見也，謂行享禮以見主國之君也。案：《小行人》：「合六幣：圭以馬，璋以皮，璧以帛，琮以錦，琥以繡，璜以黼。」鄭玄云：「上公享王，圭以馬，享后，璋以皮。侯、伯、子、男享王，璧以帛，享后，琮以錦。公、侯、伯於諸侯，則享用璧琮。子、男於大國，享君琥以繡，於夫人，璜以黼。」此云「享覜有璋」者，據上公享后言之。所以特舉享后者，舉璋與圭相對，其實享禮，圭與璧、琮、琥、璜皆有。今檢杜注意義則不然，謂主國設酒食以饗賓，賓則執璋以行禮，故云「享覜有璋」。注云「享，饗也」，破「享獻」之「享」爲「饗食」之「饗」。杜必然者，以此傳下云「設机而不倚，爵盈而不飲。宴有好貨，飱有陪鼎」，皆論饗禮及饗宴之事，故破「享」爲「饗」，即《大行人》三饗、三食、三宴之類是也。但饗禮既亡，執璋無文耳，故杜云「臣爲君使執璋」，則《詩》云「奉璋峨峨」，《尚書》「大保秉璋以酢」之類是也。　注「諸侯」至「述職」。　正義曰：《孟子》云：「天子適諸侯曰巡狩。巡狩者，巡所守也。諸侯朝天子曰述職。述職者，述所職也。」其意言諸侯職在治國家，事天子，以時入朝，述脩其所職也。天子職在立諸侯，撫下民，以時巡狩，省視其功勞也。「設机」至「不飲」。正義曰：朝聘之禮，有設几進爵之時。朝禮雖亡，而《聘禮》有其略也。《聘義》曰：「聘射之禮，至大禮也，質明而始行事，日幾中而後禮成，非强有力者，弗能行也。酒清，人渴而不敢飲也。肉乾，人飢而不敢食也。」是言務在行禮，不敢倚机，不敢飲酒也。注「宴飲」至「所無」。正義曰：謂主國宴賓，以貨財爲恩好。謂「衣服、車馬，在客所無」者，與之也。明年，晉享季武子，重其好貨。僖二十九年，介葛盧來，禮之加宴好。《詩序》云：「《鹿鳴》，燕羣臣嘉賓也。既飲食之，又實幣帛筐篚以將其厚意。」是也。注「熟食」至「殷勤」。正義曰：《聘禮》：賓始入館，「宰夫朝服設飧，飪一牢，在西鼎九，羞鼎三」。鄭玄云：「食不備禮曰飧。飪，熟也。其鼎實如饔餼，羞鼎則陪鼎也，以其實言之則曰羞，以其陳言之則曰陪。」是飧有陪鼎。鄭以飧禮小，饔餼禮大，故云「食不備禮曰飧」，言饔餼備而飧不備也。杜以餼生而飧熟，故云「熟食爲飧」。《聘禮》又云：「君使卿韋弁，歸饔餼五牢，飪一牢，鼎九，設于西階前，陪鼎當内廉。」鄭玄云：「陪鼎三牲臛：❶膷、臐、膮也。陪之庶羞，加也。」服虔云：「陪牛、羊、豕鼎，故云『陪鼎』。」《周禮・掌客》云：「凡諸侯之禮，上公飧五牢，饔餼九牢。侯伯飧四牢，饔餼七牢。子男飧三牢，饔餼五牢。」是朝聘皆有飧也。案《聘禮》「歸饔餼五牢」，於賓館，飪一牢，鼎九，設于西階前。牛鼎一、羊鼎一、豕鼎一、魚鼎一、腊鼎一、腸胃鼎一、膚鼎一、鮮魚鼎一、鮮腊鼎一，凡九鼎，從北向南而陳。又有陪鼎三，其一曰膷鼎，牛臛也，在牛鼎之西。其一曰臐鼎，羊臛也，在羊鼎之西。其一曰膮鼎，豕臛也，

❶「臛」，阮校：「監本、毛本作『臛』。《考文》作『膗』，與鄭注合。下同。」

在豕鼎之西。其陪所設，當西階之內廉。腥二牢，陳于東階之前，南陳，牢别七鼎，無鮮魚、鮮腊也。并上飪一牢，所謂死牢三。又餼二牢，陳于門內之西。是卿之饔餼五牢。案鄭注《掌客》，其子男饔餼五牢，與卿同，其腥鼎加鮮魚、鮮腊，牢别有九也，其陳設如卿之禮。侯伯饔餼七牢，死牢四，飪一牢在西，腥三牢在東，餼三牢在門西。其陳設如子男之禮。上公饔餼九牢，死五牢，飪一牢在西，腥四牢在東，餼四牢陳于門西。其陳皆如侯伯之禮也。《大行人》注云：❶「爵卿也，則飧三牢，❷饔餼五牢。爵大夫也，則飧大牢，饔餼三牢。」「以敗於鄢」。正義曰：以上文類之，當注云「言兵禍始於邲」，而不注者，從可知也。「韓須受命而使」。正義曰：三年傳云：「韓須如齊，逆少姜。」是受命出使之事。「皆韓起庶子」。❸正義曰：賈逵云然，杜依用之。杜以上箕襄、邢帶食邑於箕、邢，故爲韓氏之族。叔禽、叔椒皆連叔爲文，羽又稱子，事似兄弟，故云「皆韓起庶子」。劉炫以爲叔禽等亦是韓起之族，既無明證，而妄規杜氏，非也。「四族」至「四人」。❹正義曰：《家語》孔子曰：「銅鞮伯華不死，天下其定矣。」其人名赤，❺字伯華，食邑於銅鞮。叔魚名鮒，見於十三年傳。叔虎見於襄二十一年傳。於時虎已死，今得數叔虎者，雖身死，其族猶在，故傳不言羊舌四人，而云「四族」，明指其族也。據傳

---

❶「大行人」，阮校：「浦鏜云『注見《掌客》，云大行人，誤』，是也。」

❷「三」，正宗寺本、京都本、文淵閣本、阮本作「二」。今案：《周禮·掌客》鄭注作「二」。

❸「皆」上，正宗寺本、京都本、阮本有「注」字，此脱。

❹「四族」上，正宗寺本、京都本、阮本有「注」字，此脱。

❺「赤」，原作「亦」，據正宗寺本、足利學本、阮本改。

文，叔向兄弟四人，有叔虎。按《世本》，叔向兄弟有「季夙」，疑季夙即是虎也，故服氏數伯華、叔向、叔魚、季夙。劉炫以爲叔虎於時已死，别有季夙，而規杜氏，非也。　「韓氏」至「彊家」。❶　正義曰：杜以家、縣爲一，故并韓賦七邑，與羊舌四族，乃爲十一，而言十家，舉大數也。羊舌四族，族有一縣，則又大多，故以爲四家共二縣也。劉炫以爲：「韓須是起之門子，不必更稱家。❷去韓須之外，韓氏唯有六家，并羊舌四族，故爲十家也。」今知不然者，以傳歷序韓襄爲公族大夫，韓須受命而使，即云箕襄以下皆大家，故知韓須在其内也。又韓賦七邑，則韓須有邑。既有其邑，自然稱家。哀二年傳曰：「上大夫受縣。」《論語》云：「百乘之家。」家即縣也。劉以爲韓須不得爲家，家不得稱縣；以爲韓氏六家，羊舌四家，爲十家，而規杜氏，非也。　「長轂」。　正義曰：《考工記・車人》云，兵車、乘車輪崇六尺六寸，田車輪崇六尺三寸，兵車轂長三尺三寸。❸又云，大車半柯，長尺半。是短也。

「何不可之有」。　正義曰：啓彊發首言「可」，❹此云「何不可之有」，言其可也，紹上可之言。服虔云「何不可之有如是」，大不識文勢。　「叔向以其所不知而不能」。❺　正義曰：王欲調叔向以爲敖樂，以其所不知不解之處

❶「韓」上，正宗寺本、京都本、阮本有「注」字，此脱。「彊」，原作「疆」，正宗寺本、京都本、阮本作「彊」，與注合，據改。

❷「必」，正宗寺本、京都本、文淵閣本、阮本作「别」。阮校：「宋本、毛本誤『必』。」

❸「三寸」，孫校作「二寸」，云：「此雜采《輪人》、《車人》文。『二』，依《輪人》注改。」

❹「彊」，原作「疆」，據正宗寺本、京都本、阮本及本傳改。

❺「叔向以其所不知而不能」，正宗寺本、京都本、阮本作「王欲至不能」。

試之，而竟不能。王之所爲，叔向悉解，故杜云「叔向之多知」。

鄭罕虎如齊，娶於子尾氏。自爲逆也。晏子驟見之，陳桓子問其故，對曰：「能用善人，民之主也。」謂授子産政。

夏，莒牟夷以牟婁及防、兹來奔。牟夷非卿而書，尊地也。尊，重也。重地，故書以名。其人終爲不義。莒人愬于晉。愬魯受牟夷。晉侯欲止公，范獻子曰：「不可。人朝而執之，誘也。討不以師，而誘以成之，惰也。爲盟主而犯此二者，無乃不可乎？請歸之，閒而以師討焉。」閒，暇也。乃歸公。

秋，七月，公至自晉。莒人來討，討受牟夷。不設備。戊辰，叔弓敗諸蚡泉，莒未陳也。嫌君臣異，故重發例。

冬，十月，楚子以諸侯及東夷伐吴，以報棘、櫟、麻之役。役在四年。薳射以繁揚之師會於夏汭，會楚子。越大夫常壽過帥師會楚子于瑣。瑣，楚地。聞吴師出，薳啓彊帥師從之，從吴師也。遽不設備，吴人敗諸鵲岸。廬江舒縣有鵲尾渚。楚子以馹至於羅汭。馹，傳也。羅，水名。

吴子使其弟蹶由犒師，犒，勞。楚人執之，將以釁鼓。王使問焉，曰：「女卜來吉乎？」對曰：「吉。寡君聞君將治兵於敝邑，卜之以守龜，曰：『余亟使人犒師，請行以觀王怒之疾徐，而爲之備，尚克知之。』言吴令龜如此。龜兆告吉，曰，克可知也。君若驩焉，好逆使臣，滋敝邑休怠，休，解也。而忘其死，亡無日矣。今君奮焉，震電馮怒，馮，盛也。虐執使臣，將以釁鼓，則吴知所備矣。敝邑雖羸，若早脩完，完器備。其可以息師。息楚之師。難易有備，可謂吉矣。且吴社稷是卜，豈爲一人？使臣獲釁軍鼓，而敝邑知備，以禦不虞，其爲吉孰大焉？國之守龜，其何事不卜？言常卜。一臧一否，其誰能常之？城濮之兆，其報在邲。城濮戰，楚卜吉，其效乃在邲。今此行也，其庸有報志？」言吴有報楚意。乃弗殺。

楚師濟於羅汭，沈尹赤會楚子次於萊山。薳射帥繁揚之師先入南懷，❶楚師從之，及汝清，南懷、汝清皆楚界。吴不可入。有備。楚子遂觀兵於坻箕之山。觀，示也。是行也，吴早設備，楚無功而還，以蹶由歸。楚子懼吴，使沈尹射待命于巢，薳啓彊待命于雩婁，禮也。善有備。【疏】「今君」至「釁鼓」。❷ 正義曰：言今君奮起威嚴，如天震電，盛爲瞋怒，虐執云云是也。「難易有備」。正義曰：言知楚爲患難，則吴易有防備也。「且吴社稷是卜」。正義曰：恐楚王言女既云「吉」，何故今欲被殺？故言此以塞之。「國之守龜」。正義曰：又恐王言龜既言吉，而使人被殺，則是龜不信，故反言此以答之。❸

秦后子復歸於秦，元年奔晉。景公卒故也。終五稔之言。

❶「揚」，足利學本同，京都本、文淵閣本作「楊」。阮校：「淳熙本作『楊』。石經作『陽』，與襄四年傳合。」

❷「今君至釁鼓」，阮本以下正義四節分疏於傳文各節下。

❸「反」，正宗寺本、京都本、文淵閣本、阮本作「又」。

【經】六年，春，王正月，杞伯益姑卒。再同盟。【疏】注「再同盟」。正義曰：益姑以襄二十四年即位，二十五年盟于重丘，魯、杞俱在，二十九年又杞子來盟，是再同盟。

葬秦景公。

夏，季孫宿如晉。

葬杞文公。無傳。

宋華合比出奔衛。合比事君不以道，自取奔亡，書名罪之。【疏】注「合比」至「罪之」。正義曰：寺人柳有寵，大子佐惡之，合比請殺之，求媚於大子，而欲殺君之寵臣，是事君不以道也。以此而自取奔亡，故書名以罪之。

秋，九月，大雩。

楚薳罷帥師伐吴。

冬，叔弓如楚。

齊侯伐北燕。

【傳】六年，春，王正月，杞文公卒，弔如同盟，禮也。魯怨杞因晉取其田，而今不廢喪紀，故禮之。大夫如秦，葬景公，禮也。合先王士弔大夫送葬之禮。【疏】注「合先」至「之禮」。正義曰：「先王之制，諸侯之喪，士弔，大夫送葬」，三十年傳文也。《釋例》曰：「先王之制，諸侯之喪，士弔，大夫送葬。及其失也，禮過於重，文、襄之伯，因而抑之，諸侯之喪，大夫弔，卿共喪事。夫人之喪，士弔，大夫送葬。猶過古制，故公子遂如晉，葬襄公，傳不言禮。葬秦景公，傳曰『大夫如秦葬景公』，特稱禮也，一以示古制，二以示書他國之葬，必須魯會，三以示奉使非卿，則不書於經。此皆丘明之微文也。」

三月，**鄭人鑄刑書**。鑄刑書於鼎，以爲國之常法。**叔向使詒子産書**，詒，遺也。曰：「**始吾有虞於子**，虞，度也。言準度子産以爲己法。**今則已矣**。已，止也。**昔先王議事以制，不爲刑辟，懼民之有争心也**。臨事制刑，不豫設法也。法豫設，則民知争端。**猶不可禁禦，是故閑之以義**，閑，防也。**糾之以政**，糾，舉也。**行之以禮，守之以信，奉之以仁**。奉，養也。**制爲禄位，以勸其從**，勸從教。**嚴斷刑罰，以威其淫**。淫，放也。**懼其未也，故誨之以忠，聳之以行**，聳，懼也。**教之以務**，時所急。**使之以和**，説以使民。**臨之以敬，涖之以彊**，施之於事爲涖。**斷之以剛**。義斷恩。**猶求聖哲之上，明察之官**，上，公王也。❶官，卿大夫也。**忠信之長，慈惠之師**。**民於是乎可任使也，而不生禍亂**。**民知有辟，則不忌於上**。權移於法，故民不畏上。**並有争心，以徵於書，而徼幸以成之**，❷因危文以生争，緣徼幸以成其巧僞。**弗可爲矣**。爲，治也。**夏有亂政，而作《禹刑》**。**商有亂政，而作**

❶「公王」，文淵閣本作「公侯」。阮校：「惠棟云『公王』當作『公侯』。正義曰『更求聖哲王公之上制』，然則『公王』乃『王公』之誤倒。」

❷「徼」，阮校：「《釋文》作『儌』，云『本又作邀』。」

《湯刑》。夏、商之亂，著禹、湯之法。言不能議事以制。**周有亂政，而作《九刑》。**周之衰亦爲刑書，謂之《九刑》。**三辟之興，皆叔世也。**言刑書不起於始盛之世。**今吾子相鄭國，作封洫，**在襄三十年。**立謗政，作丘賦，**在四年。**制參辟，鑄刑書，**制參辟，謂用三代之末法。**將以靖民，不亦難乎？《詩》曰：『儀式刑文王之德，日靖四方。』**《詩・頌》。言文王以德爲儀式，故能日有安靖四方之功。刑，法也。**又曰：『儀刑文王，萬邦作孚。』**《詩・大雅》。言文王作儀法，爲天下所信。孚，信也。**如是，何辟之有？**言《詩》唯以德與信，不以刑也。**民知争端矣，將棄禮而徵於書。**以刑書爲徵。**錐刀之末，將盡争之。**錐刀末，喻小事。**亂獄滋豐，賄賂並行。❶終子之世，鄭其敗乎？肸聞之：『國將亡，必多制。』**數改法。**其此之謂乎？」復書曰：「若吾子之言，**復，報也。**僑不才，不能及子孫，吾以救世也。既不承命，敢忘大惠？」**以見箴戒爲惠。**士文伯曰：「火見，鄭其火乎？**火，心星也。周五月昏見。**火未出而作火，❷以鑄刑器，**刑器，鼎也。**藏争辟焉。火如象之，不火何爲？」**象，類也。同氣相求，火未出而用火，相感而致災。【疏】注「鑄刑書於鼎」。❸ 正義曰：傳直言「鑄刑書」，知鑄之於鼎者，二十九年傳云：「晉趙鞅、荀寅賦晉國一鼓鐵，以鑄刑鼎，著范宣子所爲刑書焉。」彼是鑄之於

---

❶「賄」，阮校云《漢書・刑法志》引作「貨」。

❷「作火」，阮校：「案，《禮記・郊特牲》正義引作『用火』。」

❸「注鑄刑書於鼎」，阮本以下正義二十一節分疏於傳文各節下。

鼎，知此亦是鼎也。　注「臨事」至「争端」。　正義曰：《尚書・伊訓》云：「先王肇修人紀，制官刑，儆于有位。」又穆王命吕侯訓夏贖刑，作《吕刑》之篇，其經云：「墨罰之屬千，劓罰之屬千，剕罰之屬五百，宫罰之屬三百，大辟之屬二百，五刑之屬三千。」《周禮・司刑》：「掌五刑之法，以麗萬民之罪，墨罪五百，劓罪五百，宫罪五百，刖罪五百，殺罪五百。」據此二文，雖王者相變，條數不同，皆是豫制刑矣。而云「臨事制刑，不豫設法」者，聖王雖制刑法，舉其大綱，但共犯一法，情有淺深，或輕而難原，或重而可恕，臨其時事，議其重輕，雖依準舊條，而斷有出入，不豫設定法，告示下民，令不測其淺深，常畏威而懼罪也。法之所以不可豫定者，於小罪之閒，或情有大惡，❶盡皆致之極刑，則本非應重之罪，悉令從其輕比，又不足以創小人也。於大罪之閒，或情有可恕，盡加大辟，則枉害良善，輕致其罰，則脱漏重辜。以此之故，不得不臨時議之，準狀加罪。今鄭鑄之於鼎，以章示下民，亦既示民，即爲定法，民有所犯，依法而斷。設令情有可恕，不敢曲法以矜之。罪實難原，不得違制以入之。法既豫定，民皆先知，於是倚公法以展私情，附輕刑而犯大惡，是無所忌而起争端也。漢、魏以來，班律於民，懼其如此，制爲比例，入罪者舉輕以明重，出罪者舉重以明輕。因小事而别有大罪者，則云所爲重，以重論，皆不可一定故也。

「閑之」至「其淫」。　正義曰：義者，宜也，合於事宜。閑謂防衛也。「閑之以義」，防衛之使合於事宜也。❷政者，正也，齊正在下。糾謂舉治也。「糾之以政」，舉治之使從於齊正也。禮當勉力履行，故「行之以禮」也。信當守而勿失，故「守之以信」也。仁心所以養物，故「奉之以仁」也。位以序德，禄以酬勤，有德能勤，則居官食禄，制

---

❶「情」，原作「惰」，據正宗寺本、京都本、文淵閣本、阮本改。

❷「防」，京都本、阮本作「曰」。「宜」下，京都本、文淵閣本、阮本有「者」字。

爲禄位，以勸其從順教令也。其有犯罪，則制之刑罰，故「嚴斷刑罰」，以威其驕淫放佚也。嚴斷，言其不放舍也。對文則加罪爲刑，收贖爲罰，散則刑、罰通也。「閑之」以下，皆言在上位者行此事治民也。「懼其」至「以剛」。

正義曰：此上言行事，此又言用心。言雖行上事，懼其未從教也，故復勞心以撫之。於文「中」、「心」爲「忠」，「如」、「心」爲「恕」，謂如其己心也。事親、事君，遠及諸物，宜恕以待之，不得虚詐。忠是萬事之本，故陳忠恕之事，以訓誨之。行善得善，行惡得惡，舉善惡之行以恐懼之。時之所急，民或不知，故教示之以當時之務。居上位者，失於以威迫人，故「使之以和」，當和説以使之。臨、涖一也，臨謂位居其上，俯臨其下，涖謂有所施爲，臨撫其事。臨謂平常之時，涖謂當事之時。居上位者，失於驕慢，「臨之以敬」，言常共敬以臨之。其監於行事者，失於懈倦，「涖之以彊」，言當彊力以臨之。柔而少決，爲政之病，故斷之以剛彊。此云「斷之以剛」，即上嚴斷之義。嚴謂威可畏，剛謂情無私。此皆論心，故重言之。注「聳懼也」。正義曰：《釋詁》文也。彼作「竦」，音義同。

注「施之於事爲涖」。正義曰：涖亦臨也，而與臨别文，故解之。《周禮·肆師》稱「涖卜」，《曲禮》云「涖官」，《春秋》書「涖盟」，皆謂當其事而臨之，故云「施之於事爲涖」，則臨謂平常，涖謂當事，以此爲異，故别文也。若散而言之，涖亦臨也。故《論語》云「不莊以涖之，則民不敬」是也。注「義斷恩」。正義曰：《喪服四制》云：「門内之治恩揜義，門外之治義斷恩。」《尚書·胤征》云：「威克厥愛允濟，愛克厥威允罔功。」是斷獄者，皆當義斷恩。

「猶求」至「使也」。正義曰：「以剛」以上，雖率意教人，猶爲未善，更求聖哲王公之上制、明察大夫之官法、忠誠信著之長則、慈愛温惠之師教。用此四法以教民，民於是乎可任使也。注「權移」至「畏上」。正義曰：刑不可知，威不可測，則民畏上也。今制法以定之，勒鼎以示之，民知在上不敢越法以罪己，又不能曲法以施恩，則權柄移於法，故民皆不畏上。注「因危」至「巧僞」。正義曰：法之設文有限，民之犯罪無窮。爲法立文，不能網羅諸罪。民之所犯，不必正與法同，自然有危疑之理。因此危文以生與上爭罪之心，緣徼幸以成其巧僞，將有實罪而獲免者也。　注「夏商」至「以制」。　正義曰：夏、商之有亂政，在位多非賢哲，察獄或失其實，斷罪不得其中，至有以私亂公，以貨枉法。其事不可復治，乃遠取創業聖王當時所斷之獄，因其故事，制爲定法。亦如鄭鼎所鑄，遵舊施行，言不能臨時議事，以制刑罪也。　注「周之」至「九刑」。　正義曰：準夏、商所作，當爲文、武、周公之制。不以聖王名刑，而謂之「九刑」者，蓋周公別爲此名，故稱之耳。　注「言刑」至「之世」。　正義曰：三辟，謂《禹刑》、《湯刑》、《九刑》也。辟，罪也。三者斷罪之書，故爲刑書，皆是叔世所爲。言刑書不起於始盛之世，始盛之世議事制罪，叔世不復能然，采取上世決事之比，作書以爲後法。其事是始盛之世，作書於衰亂之時也。❶服虔云：「政衰爲叔世，叔世踰於季世，季世不能作辟也。」　注「制參」至「末法」。　正義曰：制參辟、鑄刑書是一事也，爲其文，是制參辟；勒於鼎，是鑄刑書也。三代之辟，皆取前世故事制以爲法，子產亦取上世故事，故謂之「制參辟」。言其所制，用三代之末法，非謂子產所作還寫三代之書也，子產蓋亦采取上世所聞見斷獄善者以爲書也。　注「詩曰」至「四方」。　正義曰：《周頌·我將》之篇，祀文王之樂歌也。杜言「文王以德爲儀式」，「刑，法也」，則儀、式、刑三者皆爲法也。言以德爲儀式法者，是文王之德也。由其以德爲法，故能日日有安靖四方之功也。服虔云：「儀，善。式，用。刑，法。靖，謀也。言善用法文王之德，日日謀安四方。」此解於文便於杜也。　注「又曰」至「作孚」。　正義曰：《大雅·文王》之篇也。服虔云：「儀，善也。刑，法也。善用法者，文王也。言文王善用其法，故能爲萬國所信也。」亦便於杜。　注「民知」至「於書」。　正義曰：端謂本也。今鑄鼎示

❶「也」，京都本、文淵閣本、阮本無此字。

民，則民知争罪之本，在於刑書矣。制禮以爲民則，作書以防民罪。違禮之愆，非刑書所禁，故民將棄禮而取徵驗於書也。刑書無違禮之罪，民必棄禮而不用矣。「終子」至「敗乎」。正義曰：子産鑄刑書，而叔向責之。趙鞅鑄刑鼎，而仲尼譏之。如此傳文，則刑之輕重，不可使民知也。而李悝作法，蕭何造律，頒於天下，懸示兆民，秦、漢以來，莫之能革。以今觀之，不可一日而無律也，爲當吏不及古，民僞於昔？爲是聖人作法，不能經遠？古今之政，何以異乎？斯有旨矣。古者分地建國，作邑命家，諸侯則弈世相承，大夫亦子孫不絶，皆知國爲我土，衆實我民，自有愛吝之心，不生殘賊之意。故得設法以待刑，臨事而議罪，不須豫以告民，自令常懷怖懼，故仲尼、叔向所以譏其鑄刑書也。秦、漢以來，天下爲一，長吏以時遷代，其民非復己有，懦弱則爲殿負，彊猛則爲稱職。且疆域闊遠，户口滋多，大郡竟餘千里，上縣數以萬計，豪横者陵蹈邦邑，桀健者雄張閭里。故漢世酷吏，專任刑誅，或乃肆情好殺，成其不撓之威，違衆用己，以表難測之知。至有積骸滿穽，流血丹野，郅都被「蒼鷹」之號，延年受「屠伯」之名。若復信其殺伐，任其縱舍，必將喜怒變常，愛憎改意，不得不作法以齊之，宣衆以令之。所犯當條，則斷之以律，疑不能決，則讞之上府。故得萬民以察，天下以治。聖人制法，非不善也，古不可施於今。今人所作，非能聖也，足以周於用，所謂觀民設教，遭時制宜，謂此道也。「若吾子之言」。正義曰：若，如也。誠如吾子之言也。「吾以救世也」。正義曰：當時鄭國大夫邑長，蓋有斷獄不平，輕重失中，故作此書以令之，所以救當世也。❶ 注「象類」至「致災」。正義曰：作刑書以示民，教民使争罪，故謂之「争辟」。火出而象之，象，類也，謂以類相感而致災也。「同氣相求」，《易・文言》文也。《周禮・司爟》云：「季春出火，民

---

❶「也」，京都本、文淵閣本、阮本無此字。

咸從之。季秋内火，民亦如之。」鄭玄云：「火所以用陶冶，民隨國而爲之。」是火星未出，不得用火。今鄭火未出，而用火以鑄鼎，及火星出，則相感以致災。服虔云：「鑄鼎藏争辟，故今出火與五行之火争明，故爲災。在器，故稱藏也。」

夏，季孫宿如晉，拜莒田也。謝前年受牟夷邑不見討。**晉侯享之，有加籩。**籩豆之數，多於常禮。**武子退，使行人告曰：「小國之事大國也，苟免於討，不敢求貺。**貺，賜也。**得貺不過三獻。**《周禮》：「大夫三獻」。**今豆有加，下臣弗堪，無乃戾也？」**懼以不堪爲罪。**韓宣子曰：「寡君以爲驩也。」**以加禮致驩心。❶**對曰：「寡君猶未敢，**未敢當此加也。**況下臣，君之隸也，敢聞加貺？」固請徹加，而後卒事。晉人以爲知禮，重其好貨。**宴好之貨。【疏】注「周禮大夫三獻」。❷ 正義曰：《周禮》卿五獻，大夫三獻，故鄭注《掌客》：「爵卿也，饔餼五牢。爵大夫也，饔餼三牢。」獻視饔餼之數，故言「大夫三獻」也。若依古禮，大小國之卿皆五獻，大夫三獻。故《聘禮》侯伯之卿出聘，饔餼五牢，獻同饔餼之數。至春秋之時，唯大國得從古禮。故昭元年鄭人享趙孟，注云：「朝聘之制，大國之卿五獻。」其次國以下卿，則從大國大夫之禮，❸故今武子云「得貺不過三獻」。《周禮》無此文。《大行人》云：「上公九獻，侯伯七獻，子男五獻，獻各如其命數。」《典命》云：「公侯伯之卿皆三命。」知其當三獻也。大夫，卿之揔名，故注云「三獻」也。

「今豆有加」。

---

❶「心」，足利學本同，京都本、文淵閣本、阮本無此字。

❷「注周禮大夫三獻」，阮本以下正義三節分疏於傳文各節下。

❸「大國」，京都本、文淵閣本、阮本無此二字。

正義曰：上言「加籩」，此言「豆」者，籩豆並加，互舉其一也。「寡君猶未敢」。正義曰：魯侯爵禮當七獻。上文唯言享有加籩，止知加於常禮，不知幾獻。籩豆未必過七獻也。言「寡君猶未敢當此」者，謙耳。

宋寺人柳有寵，有寵於平公。**大子佐惡之。華合比曰：「我殺之。」**欲以求媚大子。**柳聞之，乃坎，用牲，埋書，**詐爲盟處。**而告公曰：「合比將納亡人之族，**亡人，華臣也。襄十七年奔衛。❶**既盟于北郭矣。」公使視之，有焉，遂逐華合比。合比奔衛。於是華亥欲代右師，**亥，合比弟，欲得合比處。**乃與寺人柳比，從爲之徵，曰：「聞之久矣。」**聞合比欲納華臣。**公使代之。**代合比爲右師。**見於左師，**左師，向戌。**左師曰：「女夫也，必亡！**夫謂華亥。**女喪而宗室，於人何有？人亦於女何有？**言人亦不能愛女。**《詩》曰：『宗子惟城，毋俾城壞，毋獨斯畏。』**《詩·大雅》，言宗子之固若城。俾，使也。**女其畏哉！」**爲二十年華亥出奔傳。【疏】「詩曰」至「斯畏」。❷ 正義曰：《大雅·板》之篇，凡伯刺厲王之詩也，言宗子之固惟若城也。即謂宗子爲城，言宗人當固之，毋使此城傾壞，傾壞則女獨矣。女既獨此，必有所畏懼也。

六月，丙戌，鄭災。終士文伯之言。

楚公子棄疾如晉，報韓子也。報前年送女。**過鄭，鄭罕虎、公孫僑、游吉從鄭伯以勞諸柤，辭**

---

❶「衛」，阮校：「陳樹華校作『陳』，是也。」

❷「詩曰至斯畏」，阮本此節正義在注「言宗子之固若城俾使也」下。

不敢見。不敢當國君之勞。柤，鄭地。固請，見之，見如見王，見鄭伯如見楚王，言棄疾共而有禮。以其乘馬八匹私面。私見鄭伯。見子皮如上卿，如見楚卿。以馬六匹。見子産，以馬四匹。見子大叔，以馬二匹。降殺以兩。禁芻牧采樵，不入田，不犯田種。不樵樹，不采蓺，蓺，種也。不抽屋，不强匄。誓曰：「有犯命者，君子廢，小人降。」君子則廢黜不得居位，小人則退給下劇也。舍不爲暴，主不慁賓。慁，患也。往來如是。鄭三卿皆知其將爲王也。三卿：罕虎、公孫僑、游吉。

韓宣子之適楚也，楚人弗逆。公子棄疾及晉竟，晉侯將亦弗逆。叔向曰：「楚辟我衷，❶辟，邪也。衷，正也。若何效辟？《詩》曰：『爾之教矣，民胥效矣。』《詩·小雅》，言上教下效。從我而已，焉用效人之辟？《書》曰：『聖作則。』逸《書》。則，法也。無寧以善人爲則，無寧，寧也。而則人之辟乎？匹夫爲善，民猶則之，況國君乎？」晉侯説，乃逆之。傳言叔向知禮。【疏】注「共而有禮」。❷正義曰：見如見王，是共也。辭不敢見，是禮也。「不樵樹不采蓺」。正義曰：不樵樹，不伐樹以爲樵。不采蓺，不采所種之菜果。「不抽屋不强匄」。正義曰：服虔云：「抽，裂也。言不毀裂所舍之屋也。匄，乞也。不就人强乞也。」

❶「辟」，阮校：「《釋文》作『僻』，注及下『效辟』亦皆作『僻』。」
❷「注共而有禮」，阮本以下正義三節分疏於傳文各節下。

秋，九月，大雩，旱也。

徐儀楚聘于楚。❶儀楚，徐大夫。楚子執之，逃歸。懼其叛也，使薳洩伐徐。❷薳洩，楚大夫。吴人救之。令尹子蕩帥師伐吴，師于豫章，而次于乾谿。乾谿，在譙國城父縣南，楚東竟。吴人敗其師於房鍾，房鍾，吴地。獲宫廄尹棄疾。鬭韋龜之父。子蕩歸罪於薳洩而殺之。歸罪於薳洩，不以敗告，故不書。

冬，叔弓如楚聘，且弔敗也。弔爲吴所敗。【疏】「且弔敗也」。　正義曰：如上注「不以敗告，故不書」，而得「弔敗」者，本自爲聘，聞敗，因弔之，故言「且」也。

十一月，齊侯如晉，請伐北燕也。告盟主。士匄相士鞅逆諸河，❸禮也。士匄，晉大夫。相爲介，得敬逆來者之禮。晉侯許之。十二月，齊侯遂伐北燕。將納簡公，簡公，北燕伯。三年出奔齊。晏子曰：「不入，燕有君矣，民不貳。吾君賄，左右諂諛，作大事不以信，未嘗可也。」爲明年暨齊平傳。【疏】「士匄相士鞅」。❹　正義曰：《世族譜》以王正爲雜人。諸本及王肅、董遇注皆作「王正」，俗本或

---

❶「徐儀楚」，阮校：「案，《説文》作『徐鄦楚』，云：鄦，臨淮徐地。」

❷「洩」，阮校：「《釋文》作『泄』，是也。」

❸「士匄」，阮校：「《釋文》云：『今傳本皆作「士匄」，古本或作「王正」，董遇、王肅本亦作「王正」。』陸德明、孔穎達皆以『王正』爲是，穎達以《釋例》作『王正』爲證。然則杜注當本是『王正，晉大夫』也。」

❹「士匄相士鞅」，阮本此節正義在注「得敬逆來者之禮」下。

誤爲「士匄」。此人不當與士鞅之父同姓名，而爲之介也。

【經】七年，春，王正月，暨齊平。暨，與也。燕與齊平。前年冬，齊伐燕，間無異事，故不重言燕，從可知。**【疏】**注「暨與」至「可知」。正義曰：「暨，與」，《釋詁》文也。此直言「暨齊平」，不知誰與齊平。《穀梁傳》云：「以外及内曰暨。」謂此爲魯與齊平。賈逵、何休亦以爲魯與齊平，許惠卿以爲燕與齊平。服虔云：「襄二十四年『仲孫羯侵齊』，二十五年『崔杼伐我』。自爾以來，齊、魯不相侵伐。且齊是大國，無爲求與魯平。此六年冬，齊侯伐北燕，將納簡公。齊侯貪賄，而與之平，故傳言『齊求之也』，『齊次于虢，燕人行成』。其文相比，許君近之。」案經例，即燕與齊平，當書「燕」，魯與諸侯平，皆言「暨」。下「三月，公如楚，叔孫婼如齊涖盟」，公不在國，故齊無來者。據經言之，賈君爲得。杜則從許説也，故兩載其説，意從賈，解其所疑云：「前年冬，齊伐燕」，文接此春，「間無異事，故不云燕」，省文也。又此年稱齊暨燕平之月，傳所舉經文，知此是燕與齊平也。《釋例》曰：「昭六年冬『齊侯伐北燕』，七年春而平。冬春相接，間無異事，省文，故不重言燕，猶桓五年冬『州公如曹』，六年春因書『寔來』也。傳以其不分明，故起見齊燕平之月以正之也。」

三月，公如楚。

叔孫婼如齊蒞盟。無傳。公將遠適楚，故叔孫如齊尋舊好。**【疏】**注「公將」至「舊好」。正義曰：魯與齊鄰，公遠適楚，慮其或來侵伐，遣使與之盟，尋舊好也。案經，婼之如齊，在「公如楚」下，杜言「將適楚」者，叔孫婼非公命則不得書經，明是公未發時命之，公發後始去，杜言「將」，見此意。

夏，四月，甲辰，朔，日有食之。

秋，八月，戊辰，衛侯惡卒。元年，大夫盟于虢。【疏】「衛侯惡卒」。　正義曰：《穀梁傳》曰：「鄉曰衛齊惡，今曰衛侯惡，此何爲君臣同名也？君子不奪人名，不奪親之所名，❶重其所以來也，王父名子也。」注云：「不奪人名，明臣雖欲改，君不當聽也。君不聽臣易名者，欲使人重父命也。父受名于王父，王父卒，則稱王父之命名之。」《曲禮》云：「卒哭乃諱。」鄭玄云：「敬鬼神之名也。生者不相辟名，衛侯名惡，大夫有石惡，君臣同名，《春秋》不非。」謂此事也。然則此君卒哭之後，臣當辟其諱。《曲禮》云「君子已孤不更名」，當舍名而稱字。注「元年大夫盟于虢」。　正義曰：虢會不盟，而言盟者，令尹圍請讀舊書加於牲上，雖不爲載書，亦以名告神，與盟同也。

九月，公至自楚。

冬，十有一月，癸未，季孫宿卒。

十有二月，癸亥，葬衛襄公。

【傳】七年，春，王正月，暨齊平，齊求之也。齊伐燕，燕人賂之，反從求平，如晏子言。**癸巳，齊侯次于虢。**虢，燕竟。**燕人行成，曰：「敝邑知罪，敢不聽命？先君之敝器，請以謝罪。」**敝器，瑶

❶「奪」，阮校：「浦鏜《正誤》『奪』下有『人』字，據《穀梁》增也。」

甕、玉櫝之屬。**公孫晳曰：「受服而退，俟釁而動，可也。」**晳，齊大夫。**二月，戊午，盟于濡上。**濡水出高陽縣東北，至河閒鄚縣入易水。**燕人歸燕姬，**嫁女與齊侯。**賂以瑶甕、玉櫝、斝耳，不克而還。**瑶，玉也。櫝，匱也。斝耳，玉爵。【疏】「齊求之也」。❶ 正義曰：傳云「齊求之」，自言其平之意。下云「盟于濡上」，是其平之事也。下言「齊侯次于虢，燕人行成」，則是燕先發意，而言「齊求之」者，齊若志在伐燕，不當在竟久次，久次而不行，即是求之之狀也。燕必知其意，乃行成耳。 注「濡水」至「易水」。 正義曰：今案，高陽無此水也。水源皆出於山，其出平地，皆是山中平地。燕趙之界無泉出者，未知杜言何所案據。 注「瑶玉」至「玉爵」。 正義曰：孔安國《尚書傳》云：「瑶，美石。」此云瑶甕、玉櫝，與玉別文，亦似非玉。杜以瑶爲玉者，《詩》毛傳云：「瓊瑶，美玉。」則瑶之爲物，在玉石之間，與玉小別，故或以爲石，或以爲玉。瓊是玉之美名，《詩》以瓊瑶爲玉，故毛言「美玉」耳。《周禮·醢人》：「王舉，則共醢六十甕，以齊醢菹醬實之。」則甕是小器，當以瓦爲之，以瑶爲甕，故爲寶也。《論語》云「龜玉毁於櫝中」，是櫝爲盛物之匱也。《明堂位》云：「爵，夏后氏以琖，殷以斝，周以爵。」鄭玄云：「斝，畫禾稼也。」斝是爵名，文承玉櫝之下，明亦以玉爲之。言耳者，蓋此器旁有耳，若今之杯，故名耳。

楚子之爲令尹也，爲王旌以田。析羽爲旌，王旌游至於軫。**芋尹無宇斷之，曰：「一國兩君，其誰堪之？」及即位，爲章華之宫，納亡人以實之。**章華，南郡華容縣。**無宇之閽入焉。**有罪，亡入

❶「齊求之也」，阮本以下正義三節分疏於傳文各節下。

章華宮。無宇執之，有司弗與，王有司也。曰：「執人於王宮，其罪大矣。」執而謁諸王。執無宇也。王將飲酒，遇其歡也。無宇辭曰：「天子經略，經營天下，略有四海，故曰經略。諸侯正封，封疆有定分。古之制也。封略之內，何非君土？食土之毛，誰非君臣？毛，草也。故《詩》曰：『普天之下，❶莫非王土。率土之濱，莫非王臣。』《詩・小雅》。濱，涯也。天有十日，甲至癸。人有十等，王至臺。下所以事上，上所以共神也。故王臣公，❷公臣大夫，大夫臣士，士臣皁，皁臣輿，輿臣隸，隸臣僚，僚臣僕，僕臣臺。馬有圉，牛有牧，養馬曰圉，養牛曰牧。以待百事。今有司曰：『女胡執人於王宮？』將焉執之？周文王之法曰：『有亡荒閲。』荒，大也。閲，蒐也。有亡人當大蒐其衆。所以得天下也。吾先君文王，楚文王。作《僕區》之法，《僕區》，刑書名。曰：『盜所隱器，隱盜所得器，與盜同罪。』所以封汝也。行善法，故能啓疆，北至汝水。若從有司，是無所執逃臣也。逃而舍之，是無陪臺也。言皆將逃。王事無乃闕乎？昔武王數紂之罪，以告諸侯，曰：『紂爲天下逋逃主，萃淵藪。』萃，集也。天下逋逃，悉以紂爲淵藪，集而歸之。故夫致死焉。人欲致死討紂。君王始求諸侯而則紂，無乃不可乎？若以二文之法取之，盜有所在矣。」言王亦爲盜。王曰：「取而臣

---

❶「普」，阮校：「《釋文》『普』作『溥』，云：『今之《左氏傳》本或作普。』陳樹華云：《毛詩》作『溥』，《孟子》引《詩》亦作『普』，據《釋文》，則《左傳》舊作『溥』也。」

❷「故王臣公」，阮校：「案，《後漢書・濟南安王傳》注、《袁紹傳》注引此句，下有『公臣卿』句。」

以往，往，去也。❶ **盜有寵，未可得也。」** 盜有寵，王自謂，爲葬靈王張本。**遂赦之。** 赦無宇。【疏】注「析羽」至「於軫」。❷ 正義曰：「析羽爲旌」，《周禮·司常》文也。鄭玄云：「析羽皆五采，繫之於旞旌之上，所謂注旄於干首也。凡九旗之帛皆用絳。」然則干首有羽，羽爲旌名，遂以旌爲旗。稱其垂至軫者，謂游至軫，非羽至軫也。《禮緯稽命徵》云：「禮，天子旗九刃，曳地。諸侯七刃，齊軫。大夫五刃，齊較。士三刃，齊首。」《周禮·節服氏》：「衮冕六人，維王之大常。」鄭玄云：「王旌十二旒，兩兩以縷綴連旁，三人持之。禮，天子旌曳地。」杜以楚雖僭號稱王，未必即如天子，不應建大常旌曳地，故以諸侯解之。言「王旌游至於軫」，謂楚王旌也，蓋建交龍之旗而游至軫耳。然諸侯之旌，短於王旌二刃。大夫之旌，亦短於諸侯之旌二刃。案《周禮》軫去地四尺，較去軫並五尺五寸，而《禮緯》云「諸侯齊軫，大夫齊較」，於事爲疑，不可知也。「芋尹」。正義曰：芋是草名。哀十七年陳有芋尹。蓋皆以草名官，不知其故。「天子」至「正封」。正義曰：莊二十一年注云：「略，界也。」則此「略」亦爲「界」也。經營天下，以四海爲界，界内皆爲己有，故言「略有四海」，謂有四海之内也。天子界内，天子自經營之，故言「經略」也。諸侯封内，受之天子，非己自營，故言「正封」，謂不侵人，不與人，正之使有定分。「詩曰」至「王臣」。正義曰：《北山》，大夫刺幽王也，役使不均。云「溥天之下」云云，鄭箋云：「此言王之土地廣矣，王之臣又衆矣，何求而不得，何使而不行？」「率土之濱」者，地之形勢，水多於土，民居水畔，故云循土之涯也。「王臣」至「臣臺」。正義曰：文十八年傳云「舜臣堯」者，謂舜爲臣以事堯也，此云「王臣公」者，謂上以

---

❶「也」，京都本、阮本作「之」。

❷「注析羽至於軫」，阮本以下正義八節分疏於傳文各節下。

下爲臣，文同而意異也。公者，五等諸侯之揔名。《環齊要略》云：「自營爲厶，八厶爲公，言公正無私也。大夫者，夫之言扶也，大能扶成人也。士者事也，言能理庶事也。」服虔云：「皁，造也，造成事也。輿，衆也，佐皁舉衆事也。隸，隸屬於吏也。僚，勞也，共勞事也。僕，僕豎，主藏者也。臺，給臺下，微名也。」比皆以意言之，循名求義，不必得本，故杜皆略而不説。注「僕區刑書名」。正義曰：引其言戒刑法，知是刑書名也。名曰「僕區」，未知其義。服虔云：「僕，隱也。區，匿也。爲隱亡人之法也。」❶ 注「行善」至「汝水」。正義曰：文王之法，所以得天下，言行善法，所以得爲天子也。《僕區》之法，所以封汝，言去盜賊，所以大啓封疆也。哀十七年傳曰：「彭仲爽，申俘也，文王以爲令尹，實縣申息，朝陳蔡，封畛於汝。」是文王啓疆至汝水。「昔武」至「淵藪」。正義曰：此在《尚書·武成》篇也。武王既克殷，歸至于豐，乃陳伐紂之事，告於諸侯。言將伐之時，以商之罪告于皇天后土，所過名山大川，曰：「今商王受無道，暴殄天物，害虐烝民，爲天下逋逃主，萃淵藪。」是言天下罪人逋逃者，以紂爲主，集而歸之，如魚入深淵，獸奔藪澤也。

楚子成章華之臺，願與諸侯落之。宮室始成，祭之爲落。臺今在華容城内。**大宰薳啓彊曰：「臣能得魯侯。」薳啓彊來召公，辭曰：「昔先君成公，命我先大夫嬰齊曰：『吾不忘先君之好，將使衡父照臨楚國，鎮撫其社稷，以輯寧爾民。』嬰齊受命于蜀，**蜀盟在成二年。衡父，公衡。**奉承以來，弗敢失隕，而致諸宗祧，**言奉成公此語以告宗廟。**日我先君共王，引領北望，日月以冀。**冀魯

❶「亡」上，文淵閣本有「匿」字。阮校：「案，《釋文》引服注『亡』上有『匿』字。」

朝。傳序相授，於今四王矣，四王，共、康、郟敖及靈王。嘉惠未至，唯襄公之辱臨我喪。襄公二十八年，如楚臨康王喪。孤與其二三臣，悼心失圖，在哀喪故。社稷之不皇，況能懷思君德？皇，暇也。言有大喪，多不暇。今君若步玉趾，辱見寡君，趾，足也。寵靈楚國，以信蜀之役，致君之嘉惠，是寡君既受貺矣，何蜀之敢望？言但欲使君來，不敢望如蜀復有質子。其先君鬼神，實嘉賴之，豈唯寡君？君若不來，使臣請問行期，問魯見伐之期。寡君將承質幣而見于蜀，以請先君之貺。」請，問也。

公將往，夢襄公祖。祖，祭道神。梓慎曰：「君不果行。襄公之適楚也，夢周公祖而行。今襄公實祖，君其不行。」子服惠伯曰：「行。先君未嘗適楚，故周公祖以道之。襄公適楚矣，而祖以道，君不行，何之？」

三月，公如楚，鄭伯勞于師之梁。鄭城門。孟僖子爲介，不能相儀。僖子，仲孫貜。及楚，不能答郊勞。爲下僖子病不能相禮張本。【疏】注「宮室」至「城内」。❶　正義曰：《雜記》云：成廟則釁之，「路寢成則考之而不釁。釁屋者，交神明之道也」。鄭玄云：「言露寢，❷生人所居，不釁者，不神之也。考之者，設盛食以落之爾。《檀弓》曰『晉獻文子成室，諸大夫發焉』，是也。」然則不釁似無祭，而杜言「宮室始成，祭之爲落」

❶「注宮室至城内」，阮本以下正義四節分疏於傳文各節下。

❷「露」，文淵閣本作「路」。阮校：「浦鏜《正誤》作『路』。按，鄭注作『路』。」

者，以其言落，必是以酒澆落之，雖不如廟以血塗其上，當祭中霤之神以安之。❶ 「日我」至「北望」。 正義曰：日謂往日也。嬰齊與魯盟于蜀，事在成二年。共王之初，共王即望魯朝，故言往日我先君共王引領北望也。董遇注無「日」字。《謚法》：「既過能改曰共。」 「寵靈」至「貺矣」。 正義曰：言開其恩寵，賜以威靈，以及楚國，以明受命于蜀之事，不虛致令君之嘉惠於楚，即是寡君受貺矣。 注「祖祭道神」。 正義曰：《詩》云「韓侯出祖」，「仲山甫出祖」，是出行必爲祖也。《曾子問》曰：「諸侯適天子」與「諸侯相見」，皆云「道而出」，是「祖」與「道」爲一，知「祖」是祭道神也。《周禮·大馭》：「掌馭玉路以祀。及犯軷，王自左馭，馭下祝，登受轡，犯軷，遂驅之。」鄭玄云：「行山曰軷。犯之者，封土爲山象，以菩芻棘柏爲神主。既祭，以車轢之而去，喻無險難也。」又《聘禮·記》云：「出祖，釋軷祭酒脯，乃飲酒于其側。」鄭玄云：「祖，始也。行出國門，止陳車騎，釋酒脯之奠於軷，爲行始也。《詩》傳曰：『軷，道祭也。』謂祭道路之神。《春秋傳》曰：『軷涉山川。』然則軷，山行之名也。道路以險阻爲難，是以委土爲山，或伏牲其上，使者爲軷祭酒脯祈告也。卿大夫處者於是餞之，飲酒於其側，禮畢，乘車轢之而遂行。」是説祖軷之事也。《詩》云「取羝以軷」，謂諸侯也。天子則以犬，故《犬人》云「伏瘞亦如之」。鄭司農云「伏謂伏犬，以王車轢之」，是也。大夫用酒脯。

夏，四月，甲辰，朔，日有食之。晉侯問於士文伯曰：「誰將當日食？」對曰：「魯、衛惡之，受其凶惡。衛大魯小。」公曰：「何故？」對曰：「去衛地，如魯地。衛地，豕韋也。魯地，降婁也。日食

❶ 「霤」，原作「靈」，據正宗寺本、京都本、文淵閣本、阮本改。

於豕韋之末，及降婁之始乃息，故禍在衛大，在魯小也。周四月，今二月，故日在降婁。**於是有災，魯實受之。**災發於衛，而魯受其餘禍。**其大咎，其衛君乎？魯將上卿。」**八月衛侯卒，十一月季孫宿卒。**公曰：「《詩》所謂『彼日而食，于何不臧』者，何也？」**感日食而問《詩》。**對曰：「不善政之謂也。國無政，不用善，則自取謫于日月之災。**謫，譴也。**故政不可不慎也。務三而已，一曰擇人，**擇賢人。**二曰因民，**因民所利而利之。**三曰從時。」**順四時之所務。【疏】注「衛地」至「降婁」。正義曰：《周禮·保章氏》：「以星土辨九州之地所封，封域皆有分星。」在地封域，❶必當天星之分，但古書亡失。鄭注《保章氏》引《堪餘》云：❷寅，析木，燕也。卯，大火，宋也。辰，壽星，鄭也。巳，鶉尾，楚也。午，鶉火，周也。未，鶉首，秦也。申，實沈，晉也。酉，大梁，趙也。戌，降婁，魯也。亥，娵訾，衛也。子，玄枵，齊也。丑，星紀，吴越也。秦漢以來，地分天次。娵訾，衛也；降婁，魯也。娵訾之次，一名豕韋，故云「衛地，豕韋也」。《三統歷》：「娵訾初日在危十六度，立春節在營室十四度，雨水中終於奎四度也。降婁初日在奎五度，驚蟄節在婁四度，春分中終於胃六度也。」此時周四月，今二月，故日在降婁，但閏有前却，不知日在何度而食也。言「去衛地，如魯地」，蓋始入降婁之初耳。「詩所」至「不臧」。正義曰：《十月之交》，大夫刺幽王也：「十月之交，朔月辛卯。日有食之，亦孔之醜。」注云：「日爲君，辰爲臣。辛，金也。卯，木也。又以卯侵辛，故甚惡也。」又云：「彼月而食，則維其

❶「在」上，正宗寺本、京都本、文淵閣本、阮本有「是」字。
❷「餘」，文淵閣本、阮本作「輿」，當是。鄭注《保章氏》作「堪輿」。

常。此日而食，于何不臧？」《詩》作「此」，此云「彼」者，師讀不同也。　「對曰」至「之災」。　正義曰：士文伯緣公之問，設勸戒之辭，言人君爲政不善，可以感動上天，則自取譴責於日月之災。以日食之災，由君行之所致也。《昏義》云：「天子聽男教，后聽女順。天子治陽道，后治陰德。是故男教不脩，陽事不得，適見於天，日爲之食。婦順不脩，陰教不得，適見於天，月爲之食。」此傳彼記皆是勸戒辭耳。日月之會，自有常數，每於一百七十三日有餘，則日月之道一交，交則日月必食。雖千歲之日食，皆豫筭而盡知，❶寧復由教不脩而政不善也？此時周室微弱，王政不行，非復能動天也。設有天變，當與天下爲災，何獨衛君、魯卿當其咎也？若日食在其分次，其國即當有咎，則每於日食必有君死，豈日食之歲常有一君死乎？足明士文伯言衛君、魯卿之死，不由日食而知矣。人君者，位貴居尊，志移心溢，或淫恣情慾，壞亂天下，聖人假之神靈，作爲鑒戒。夫以昭昭大明，照臨下土，忽爾殲亡，俾晝作夜，其爲怪異，莫斯之甚。故鳴之以鼓柝，射之以弓矢。庶人奔走以相從，嗇夫馳騁以告衆。降物辟寢以哀之，祝幣史辭以禮之。立貶食去樂之數，制入門廢朝之典。示之以罪己之宜，教之以脩德之法。所以重天變，警人君也。天道深遠，有時而驗，或亦人之禍釁偶與相逢，故聖人得因其變常，假爲勸戒。知達之士識先聖之幽情，中下之主信妖祥以自懼。但神道可以助教，不可專以爲教，神之則惑衆，去之則害宜，故其言若有若無，其事若信若不信，期於大通而已。世之學者，宜知其趣焉。

晉人來治杞田，前女叔侯不盡歸，今公適楚，晉人恨，故復來治杞田。**季孫將以成與之。**成，

---

❶「皆」，京都本、文淵閣本、阮本無此字。

孟氏邑，本杞田。謝息爲孟孫守，不可。謝息，僖子家臣。**曰：「人有言曰：『雖有挈缾之知，守不假器。』禮也。**挈缾，汲者，喻小知。爲人守器，猶知不以借人。**夫子從君，而守臣喪邑，**夫子，謂孟僖子，從公如楚。**雖吾子，亦有猜焉。」**言季孫亦將疑我不忠。**季孫曰：「君之在楚，於晉罪也。**言晉罪君之至楚。**又不聽晉，魯罪重矣，晉師必至。吾無以待之，不如與之，閒晉而取諸杞。**候晉間隙，可復伐杞取之。**吾與子桃。**魯國卞縣東南有桃虚。**成反，誰敢有之？是得二成也。魯無憂，而孟孫益邑，子何病焉？」辭以無山，與之萊、柞，**萊、柞，二山。**乃遷于桃。**謝息遷也。**晉人爲杞取成。**不書，非公命。【疏】注「前女」至「杞田」。❶ 正義曰：下云「君之在楚，於晉罪也」，知晉人以此故復來治杞田也。宋之盟云，晉楚之從交相見，今復恨者，於時不免楚意爲此盟耳，私心不欲諸侯向楚，又無辭可以禁之，故内懷恨而治其田。

楚子享公于新臺，章華臺也。**使長鬣者相，**鬣，鬚也，欲光夸魯侯。**好以大屈，**宴好之賜。大屈，弓名。**既而悔之。薳啓彊聞之，見公。公語之，拜賀。公曰：「何賀？」對曰：「齊與晉、越欲此久矣，寡君無適與也，而傳諸君，君其備禦三鄰，**言齊、晉、越將伐魯而取之。**慎守寶矣，敢不賀乎？」公懼，乃反之。**傳言楚靈不信，所以不終。【疏】「使長鬣者相」。❷ 正義曰：吳楚之人少鬚，故選

❶ 「注前女至杞田」，阮本此節正義在「晉人來治杞田」句注下。

❷ 「使長鬣者相」，阮本以下正義二節分疏於傳文各節下。

長鬣者相禮也。　注「大屈弓名」。　正義曰：賈逵云：「大屈，寶金，可以爲劍。大屈，金所生地名。」服虔云：「一曰：大屈，弓名。《魯連書》曰：『楚子享魯侯於章華之臺，與大曲之弓，既而悔之。薳啓彊見魯侯，魯侯歸之。』大屈即大曲也。」

鄭子産聘于晉。晉侯有疾，韓宣子逆客，私焉，私語。曰：「寡君寢疾，於今三月矣，並走羣望，❶晉所望祀山川，皆走往祈禱。有加而無瘳。今夢黄熊入於寢門，❷其何厲鬼也？」對曰：「以君之明，子爲大政，其何厲之有？昔堯殛鯀于羽山，羽山在東海祝其縣西南。其神化爲黄熊，以入于羽淵。實爲夏郊，三代祀之。鯀，禹父，夏家郊祭之，歷殷、周二代，又通在羣神之數，并見祀。晉爲盟主，其或者未之祀也乎？」言周衰，晉爲盟主，得佐天子祀羣神。韓子祀夏郊。祀鯀。晉侯有間，間，差也。賜子産莒之二方鼎。方鼎，莒所貢。【疏】「今夢」至「寢門」。❸　正義曰：諸本皆作「熊」字。賈逵云：「熊，獸也。」《説文》云：「熊，獸，似豕，山居，冬蟄。」《釋獸》云：「羆如熊，黄白文。」孫炎引《書》云：

---

❶「並走羣望」，阮校：「臧琳云：當作『並趣羣望』，字之壞也。《詩·棫樸》『左右趣之』，傳：『趣，趨也。』箋云：『文王臨祭祀，其容濟濟然，故左右之諸臣皆促疾於事，謂相助積薪。』望祀山川，雖不積薪，然諸臣之促疾祀事則同也。古『趣』字多有誤作『走』者，如《玉篇》『趣』下引《詩》『來朝趣馬』，今《詩》作『走馬』，是『趣』譌『走』之一證也。」

❷「熊」，阮校：「《釋文》作『能』，又云：『今本作能者勝。』」

❸「今夢至寢門」，阮本以下正義五節分疏於傳文各節下。

「『如熊如羆』，則熊似豕之獸，❶即今之所謂熊是也。」《釋獸》又云：「熊，虎醜，其子狗。」李巡曰：「熊，虎之類，其子名狗。」則熊獸似虎，非熊也。又《釋魚》云：「鼈，三足能。」樊光曰：「鼈皆四足，今三足，故記之。」彼是鼈之異狀。張衡《東京賦》云：「能鼈三趾。」梁主云：「鮌之所化，是能鼈也。若是熊獸，何以能入羽淵？但以神之所化，不可以常而言之。若是能鼈，何以得入寢門？先儒既以爲獸，今亦以爲熊獸。」是也。汲冢書《瑣語》云：「晉平公夢見赤熊闚屏，惡之，而有疾，使問子産。」言闚屏牆，必是獸也。張叔《皮論》云：❷「賓爵下華，❸田鼠上騰。牛哀虎變，鮌化爲熊。久血爲燐，積灰生蠅。」傅玄《潛通賦》云：「聲伯忌瓊瑰而弗占兮，晝言諸而暮終。嬴正沈璧以祈福兮，鬼告凶而命窮。黄母化而爲黿兮，鮌殛變而成熊。」二者所韻不同。或疑張叔爲「能」。著作郎王劭云：「古人讀雄與熊者，皆于陵反，張叔用舊音，傅玄用新音。張叔亦作『熊』也。」案《詩・無羊》與《正月》及襄十年衛卜禦寇之繇，皆以「雄」韻「陵」，劭言是也。注「鮌禹」至「見祀」。正義曰：《祭法》云：「夏后氏禘黄帝而郊鮌。」言郊祭天，而以鮌配，是夏家郊祭之也。殷、周二代，自以其祖配天。雖復不以鮌配郊，鮌有治水之功，又

---

❶「熊」下，正宗寺本、京都本、文淵閣本、阮本有「似羆」二字。孫校：「『羆』上『似』字疑衍。」

❷「張叔皮論」，阮校：「案，錢大昕云：李善注《文選》卷六、卷四十三引張升《反論》，卷三十一、卷四十引張叔《及論》，卷五十五引張升《反論語》，與《春秋》疏所引本是一篇，而篇名或云『反論』，或云『反論語』，或云『及論』，或云『皮論』。其人名或云『叔』，或云『升』。攷《後漢書・文苑傳》有張升，字彦真，陳留尉氏人，著賦、誄、頌、碑、書凡六十篇。梁《七録》有外黄令《張升集》二卷。《反論》殆升所撰之一篇，如《解嘲》、《釋譏》之類。曰『皮』、曰『及』，皆字形相涉而譌，『叔』與『升』亦字形相涉也。」

❸「華」，阮本作「革」。阮校：「宋本、閩本、監本、毛本誤『華』，據《潛揅堂文集》所引改正。」

通在羣神之數，并亦見祀，通夏世爲三代祀之也。《祭法》又曰：「夫聖王之制祀也，能禦大菑則祀之，能捍大患則祀之。鯀鄣鴻水而殛死，禹能脩鯀之功，非此族也，不在祀典。」是言鯀有大功，而歷代祀之也。《祭法》又云：「有虞氏禘黄帝而郊嚳，祖顓頊而宗堯。夏后氏亦禘黄帝而郊鯀，祖顓頊而宗禹。殷人禘嚳而郊冥，祖契而宗湯。周人禘嚳而郊稷，祖文王而宗武王。」《家語》：「子羔問曰『周人祖文王而宗武王，虞夏祖宗異代者』，孔子曰：『殷周祖宗，其廟可以不毁，則其他所祖宗者，功德不殊，雖在異代，亦可以無疑矣。周人愛召公，猶敬其樹，況祖宗其功德，而可以不尊奉其廟哉？』」　注「言周」至「羣神」。　正義曰：《祭法》曰：「有天下者祭百神，諸侯在其地則祭之，亡其地則不祭。」然則鯀非晉地之神，晉人不合祭之也。但周室既衰，晉爲盟主，得佐助天子祭祀羣神，故不祀鯀而鯀爲祟也。《晉語》説此事云：「昔者鯀違帝命，殛之于羽山，化爲黄熊，以入于羽淵，實爲夏郊，三代舉之。夫鬼神之所及，非其族類，則紹其同位。今周室少卑，晉實繼之，其或者未舉夏郊邪？宣子以告，祀夏郊，董伯爲尸，五日，晉侯疾間。」是言晉當繼周，得佐天子祀羣神也。僖三十一年傳云：「相之不享於此久矣，非衛之罪也，杞、鄫何事？」然則杞是夏後，自當祀相。衛不祀相，而晉祀鯀者，相無功，唯子孫當祀，鯀則列在祀典，天子祀之，故晉繼周當祀鯀。❶　「祀夏郊」。　正義曰：言祀夏家所郊者，故注云「祀鯀」。　「方鼎」。　正義曰：服虔云：「鼎三足則圓，四足則方。」

子産爲豐施歸州田於韓宣子，豐施，鄭公孫段之子。**三年，晉以州田賜段。曰：「日君以夫公**

---

❶「當祀鯀」，京都本、文淵閣本、阮本作「祀鯀也」。

孫段爲能任其事，而賜之州田。今無禄早世，不獲久享君德。其子弗敢有，不敢以聞於君，私致諸子。」此年正月，公孫段卒。宣子辭。子産曰：「古人有言曰：『其父析薪，其子弗克負荷。』荷，檐也。❶以微薄喻重貴。❷施將懼不能任其先人之禄，其況能任大國之賜？縱吾子爲政而可，後之人若屬有疆埸之言，❸敝邑獲戾，恐後代宣子者，將以鄭取晉邑罪鄭。而豐氏受其大討。吾子取州，是免敝邑於戾，而建置豐氏也。敢以爲請。」傳言子産貞而不諒。宣子受之，以告晉侯。晉侯以與宣子。宣子爲初言，病有之，初言，謂與趙文子争州田。以易原縣於樂大心。樂大心，宋大夫。原，晉邑，以賜樂大心也。【疏】注「傳言」至「不諒」。❹　正義曰：「貞而不諒」，《論語》文也。貞，正也。諒，信也。段受晉邑，卒而歸之，正也。知宣子欲之，而言畏懼後禍，是不信也。

鄭人相驚以伯有，曰「伯有至矣」，則皆走，不知所往。襄三十年，鄭人殺伯有。言其鬼至。鑄刑書之歲二月，在前年。或夢伯有介而行，介，甲也。曰：「壬子，余將殺帶也。駟帶助子晳殺伯

❶「檐」，《四部叢刊》本、京都本、文淵閣本、阮本作「擔」。阮校：「《釋文》亦作『擔』，宋本作『檐』。毛晉父《六經正誤》云：『擔』作『檐』，誤，當作『擔』。案，毛誼父云『誤』，非也。依《説文》，當作『儋』，古書多假『檐』爲之，擔，俗字。」

❷「重貴」，《四部叢刊》本、京都本、文淵閣本、阮本作「貴重」。

❸「埸」，原作「場」，據《四部叢刊》本、京都本、文淵閣本、阮本改。

❹「注傳言至不諒」，阮本此節正義在「敢以爲請」句注下。

有。壬子，六年三月三日。**明年壬寅，余又將殺段也。」**公孫段，豐氏黨。壬寅，此年正月二十八日。**及壬子，駟帶卒。國人益懼。齊、燕平之月，**此年正月。**壬寅，公孫段卒，國人愈懼。其明月，子產立公孫洩及良止以撫之，乃止。**公孫洩，子孔之子也。襄十九年，鄭殺子孔。良止，伯有子也。立以爲大夫，使有宗廟。**子大叔問其故。子產曰：「鬼有所歸，乃不爲厲，吾爲之歸也。」大叔曰：「公孫洩何爲？」**子孔不爲厲，問何爲復立洩。**子產曰：「説也，爲身無義而圖説。**伯有無義，以妖鬼故立之。恐惑民，并立洩，使若自以大義存誅絶之後者，以解説民心。**從政有所反之，以取媚也。**民不可使知之，故治政或當反道以求媚於民。**不媚不信，**説而後信之。**不信，民不從也。」**

及子產適晉，趙景子問焉，景子，晉中軍佐趙成。**曰：「伯有猶能爲鬼乎？」子產曰：「能。人生始化曰『魄』，**魄，形也。**既生魄，陽曰魂。**陽，神氣也。**用物精多，則魂魄彊。**物，權勢。**是以有精爽，至於神明。**爽，明也。**匹夫匹婦强死，其魂魄猶能馮依於人，以爲淫厲。**强死，不病也。人謂匹夫匹婦賤身。**況良霄，我先君穆公之冑，子良之孫，子耳之子，敝邑之卿，從政三世矣。鄭雖無腆，**腆，厚也。**抑諺曰『蕞爾國』，**蕞，小貌。**而三世執其政柄，其用物也弘矣，其取精也多矣，其族又大，所馮厚矣。**良霄魂魄所馮者貴重。**而强死，能爲鬼，不亦宜乎？」**傳言子產之博敏。【疏】注「公孫段豐氏黨」。❶ 正義曰：劉炫云「段即豐氏，當言駟氏黨，字之誤」，以規杜氏。今知非者，段爲豐氏，傳有

---

❶「注公孫段豐氏黨」，阮本以下正義九節分疏於傳文各節下。

明文。杜既注傳，無容不委。蓋後人轉寫之誤。劉君雖規，未必是杜之失。「子產」至「圖説」。正義曰：言立公孫泄者，所以解説民心也。伯有作亂而死，不應立其後祀。今立良止，民必怪之，爲伯有之身無義立後，而圖謀自解説於民也。解説者，以子孔、良霄俱被誅殺，今并立二人，言若國家自以大義存誅絶之後，不爲妖鬼立良止也，以此解説民心。「從政」至「媚也」。正義曰：反之，謂反正道也。媚，愛也。從其政事治國家者，有所反於正道，以取民愛也。反正道者，子孔誅絶，於道理不合立公孫泄。今既立良止，恐民以鬼神爲惑，故反違正道，兼立公孫泄，以取媚於民，令民不惑也。段與帶之卒，自當命盡而終耳，未必良霄所能殺也。但良霄爲厲，因此恐民，民心不安，義須止遏，故立祀止厲，所以安下民也。何休《膏肓》難此，言：「孔子不語怪力亂神，以鬼神爲政必惑衆，故不言也。今《左氏》以此，令後世信其然，廢仁義而祈福於鬼神，此大亂之道也。子産雖立良止，以託繼絶，此以鬼賞罰，要不免於惑衆，豈當述之，以示季末？」鄭玄答之曰：「伯有，惡人也，其死爲厲鬼。厲者，陰陽之氣相乘不和之名。《尚書・五行傳》『六厲』是也。人死體魄則降，知氣在上，有尚德者，附和氣而興利。孟夏之月，令雩祀百辟卿士有益于民者，由此也。爲厲者，因害氣而施災，故謂之厲鬼。《月令》『民多厲疾』，《五行傳》有禦六厲之禮。禮，天子立七祀，有大厲，諸侯立五祀，有國厲，欲以安鬼神，弭其害也。子産立良止，使祀伯有以弭害，乃禮與《洪範》之事也。子所不語怪力亂神，謂虚陳靈象，於今無驗也。伯有爲厲鬼，著明若此，而何不語乎？子産固爲衆愚將惑，故并立公孫泄，云『從政有所反之，以取媚也』。孔子曰：『民可使由之，不可使知之。』子産達於此也。」「人生」至「曰魂」。正義曰：人禀五常以生，感陰陽以靈。有身體之質，名之曰形。有嘘吸之動，謂之爲氣。形氣合而爲用，知力以此而彊，故得成爲人也。此將説淫厲，故遠本其初。人之生也，始變化爲形，形之靈者名之曰魄也。既生魄矣，魄内自有陽氣，氣之神者名之曰魂也。魂魄神靈之名，本從形氣而有，形氣既殊，魂魄亦異，附形之靈爲魄，附氣之神爲魂也。附形之靈者，謂初生之時，耳目心識，手足運動，啼呼爲聲，此則魄之靈也。附氣之神者，謂精神性識，漸有所知，此則附氣之神也。是魄在於前，而魂在於後，故云「既生魄，陽曰魂」。魂魄雖俱是性靈，但魄識少而魂識多。《孝經説》曰：「魄，白也。魂，芸也。白，明白也。芸，芸動也。形有體質，取明白爲名。氣唯噓吸，取芸動爲義。」鄭玄《祭義》注云：「氣謂噓吸出入者也。耳目之聰明爲魄。」是言魄附形而魂附氣也。人之生也，魄盛魂彊，及其死也，形消氣滅。《郊特牲》曰：「魂氣歸于天，形魄歸于地。」以魂本附氣，氣必上浮，故言「魂氣歸于天」。魄本歸形，形既入土，故言「形魄歸于地」。聖王緣生事死，制其祭祀，存亡既異，别爲作名，改生之魂曰神，改生之魄曰鬼。《祭義》曰：「氣也者，神之盛也。魄也者，鬼之盛也。合鬼與神，教之至也。死必歸土，此之謂鬼。其氣發揚于上，神之著也。」是故魂魄之名爲鬼神也。《檀弓》記延陵季子之哭其子云：「骨肉歸復于土，命也。若魂氣，則無不之也。」《爾雅·釋訓》云：「鬼之爲言歸也。」《易·繫辭》曰：「陰陽不測之謂神。」以骨肉必歸于土，故以「歸」言之。魂氣無所不通，故以「不測」名之。其實鬼神之本，則魂魄是也。劉炫云：「人之受生，形必有氣，氣形相合，義無先後。而此云『始化曰魄』，『陽曰魂』，是則先形而後氣，先魄而後魂。」魂魄之生有先後者，以形有質而氣無質，尋形以知氣，故先魄而後魂，其實並生，無先後也。

注「陽神氣也」。正義曰：以形有質，故爲陰，魂無形，故爲陽。既以「化」表形，故以「陽」見氣。氣爲陽，知形爲陰，互相見也。

「用物」至「魄彊」。正義曰：魂既附氣，氣又附形。形彊則氣彊，形弱則氣弱。魂以氣彊，魄以形彊。若其居高官而任權勢，奉養厚則魂氣彊，故用物精而多，則魂魄彊也。

注「物權勢」。正義曰：物非權勢之名，而以物爲權勢者，言有權勢則

物能備。❶ 物謂奉養之物，衣食所資之揔名也。「是以」至「神明」。正義曰：此言從微而至著耳。精亦神也，爽亦明也，精是神之未著，爽是明之未昭。言權勢重，用物多，養此精爽，至於神明也。「從政三世」。正義曰：子良、子耳、良霄，三世皆爲卿。

子皮之族飲酒無度，相尚以奢，相困以酒。**故馬師氏與子皮氏有惡。**馬師氏，公孫鉏之子罕朔也。襄三十年，馬師頡出奔，公孫鉏代之爲馬師，與子皮俱同一族。**齊師還自燕之月，**在此年二月。**罕朔殺罕魋。**魋，子皮弟。

罕朔奔晉。韓宣子問其位於子產。問朔可使在何位。**子產曰：「君之羈臣，苟得容以逃死，何位之敢擇？卿違，從大夫之位，**謂以禮去者，降位一等。**罪人以其罪降，**罪重則降多。**古之制也。朔於敝邑，亞大夫也，其官，馬師也。**大夫位，馬師職。**獲戾而逃，唯執政所寘之。得免其死，爲惠大矣，又敢求位？」宣子爲子產之敏也，使從嬖大夫。**爲子產故，使降一等，不以罪降。【疏】注「相尚」至「以酒」。❷ 正義曰：相尚以奢，食無度也。相困以酒，飲無度也。「罕朔殺罕魋」。正義曰：公孫鉏，子展之弟。展生子皮，鉏生罕朔。朔是子罕之孫，禮謂之從父昆弟。「使從嬖大夫」。正義曰：子產數游楚云：「子晳，上大夫，女，嬖大夫，不尊貴也。」則晉之嬖大夫，亦是下大夫。子產云朔「亞大夫也」，今晉侯使朔爲

❶「能」，京都本、文淵閣本、阮本無此字。

❷「注相尚至以酒」，阮本以下正義三節分疏於傳文各節下。

下大夫，故杜云：「爲子産故，使降一等，不以罪降。」

秋，八月，衛襄公卒。晉大夫言於范獻子曰：「衛事晉爲睦，睦，和也。**晉不禮焉，庇其賊人，而取其地，**賊人，孫林父。其地，戚也。**故諸侯貳。《詩》曰：『䳭鴒在原，兄弟急難。』**《詩·小雅》。䳭鴒，雝渠也。飛則鳴，行則搖，喻兄弟相救於急難，不可自舍。**又曰：『死喪之威，兄弟孔懷。』**威，畏也。言有死喪，則兄弟宜相懷思。**兄弟之不睦，於是乎不弔，**不相弔恤。**況遠人，誰敢歸之？今又不禮於衛之嗣，**嗣，新君也。**衛必叛我，是絶諸侯也。」獻子以告韓宣子。宣子説，使獻子如衛弔，且反戚田。**傳言戚田所由還衛。

衛齊惡告喪于周，且請命。王使成簡公如衛弔，簡公，王卿士也。**且追命襄公曰：「叔父陟恪，在我先王之左右，以佐事上帝。**陟，登也。恪，敬也。帝，天也。叔父謂襄公。命如今之哀策。**余敢忘高圉、亞圉？」**二圉，周之先也。爲殷諸侯，亦受殷王追命者。【疏】「詩曰」至「急難」。❶ 正義曰：《小雅·常棣》之篇也。以䳭鴒之在原，喻兄弟之急難也。䳭鴒，水鳥也，今而在原，失其常處。飛則鳴，行則搖，不能自舍也。喻人當居平安之世，今有兄弟在急難，相救之情亦不能自舍也。但鳥有飛行可言，人之不能自舍，無狀可言耳。　注「䳭鴒雝渠」。　正義曰：《釋鳥》文。郭璞曰：「雀屬。」　注「陟登」至「哀策」。　正義曰：「陟，登」，「恪，敬」，《釋詁》文也。《周禮》所云上帝，皆是天也。「如今之哀策」者，漢魏以來，賢臣既卒，或贈

❶「詩曰至急難」，阮本以下正義四節分疏於傳文各節下。

以本官印綬，近世或更贈以高官，褒德叙哀，載之於策，將葬，賜其家以告柩，「如今之哀策」謂此也。　注「二圉」至「命者」。　正義曰：案《周本紀》，高圉是公劉玄孫之孫。高圉生亞圉。亞圉，大王亶父之祖也。並爲殷之諸侯。今王追命襄公，而云不忘二圉，知其亦是受殷王追命。此杜以意言耳，二圉之受追命無文也。

九月，公至自楚。孟僖子病不能相禮，❶不能相儀答郊勞，以此爲己病。**乃講學之，**講習也。**苟能禮者從之。及其將死也，**二十四年孟僖子卒，傳終言之。**召其大夫，**僖子屬大夫。**曰：「禮，人之幹也。無禮，無以立。吾聞將有達者曰孔丘，**僖子卒時，孔丘年三十五。**聖人之後也，**聖人，殷湯。**而滅於宋。**孔子六代祖孔父嘉，爲宋督所殺，其子奔魯。**其祖弗父何，以有宋而授厲公。**弗父何，孔父嘉之高祖，宋閔公之子，厲公之兄。何適嗣當立，以讓厲公。**及正考父，**弗父何之曾孫。**佐戴、武、宣，**三人皆宋君。**三命茲益共。**三命，上卿也。言位高益共。**故其鼎銘云：**考父廟之鼎。**『一命而僂，再命而傴，三命而俯。**俯共於傴，傴共於僂。**循牆而走，**言不敢安行。**亦莫余敢侮。**其共如是，人亦不敢侮慢之。**饘於是，鬻於是，以餬余口。』**於是鼎中爲饘鬻。饘鬻，餬屬，言至儉。**其共也如是。臧孫紇有言，**紇，武仲也。**曰：『聖人有明德者，若不當世，其後必有達人。』**聖人之後，有明德而不當大位，謂正考父。**今其將在孔丘乎？我若獲沒，**得以壽終。**必屬說與何忌於夫**

---

❶「相禮」，阮校：「《釋文》無『相』字，云：『本或作「病不能相禮」。』」惠棟云：今本『禮』上有『相』字，下云『苟能禮者從之』，則『相』字衍，蓋襲上文『相儀』之誤。當從《釋文》。」

子，使事之説，南宮敬叔。何忌，孟懿子。皆僖子之子。**而學禮焉，以定其位。」**知禮則位安。**故孟懿子與南宮敬叔師事仲尼。仲尼曰：「能補過者，君子也。《詩》曰：『君子是則是效。』**《詩・小雅》。**孟僖子可則效已矣。」**【疏】注「孔丘年三十五」。❶　正義曰：當言三十四，而云「五」，蓋相傳誤耳。

注「孔子六代祖」。　正義曰：《家語・本姓》篇云：宋泯公熙生弗父何，❷何生宋父周，周生世子勝，勝生正考父，考父生孔父嘉，其後以孔爲氏也。孔父生木金父，金父生臯夷父，❸夷父生防叔，防叔辟華氏之偪而奔魯，生伯夏，伯夏生梁紇，梁紇即生孔子也。❹　「饘於」至「余口」。　正義曰：《釋言》云：「餬，饘也。」郭璞云：「糜也。」又云：「鬻，糜也。」孫炎曰：「淖糜也。」然則餬、饘、鬻、糜，相類之物，稠者曰糜，淖者曰鬻，餬、饘是其別名。將糜向口，故曰「以餬余口」，猶今人以粥向帛黏使相著，謂之餬帛。　注「聖人」至「考父」。　正義曰：聖人，謂殷湯也。不當世，謂不得在位爲國君也。上文具言考父之德，知此聖人之後有明德而不得在世當大位者，止謂正考父也。既是聖人之後，而又有明德，身無貴位，必慶隆子孫，故言其後必有達人，謂知能通達之人。「於夫子」，身爲大夫，乃稱夫子，此時仲尼未仕，不得稱爲夫子。以未仕之時爲仕後之語，是丘明意尊之，而失事實。陳恒未死言謚，亦此類也。　注「南宮敬叔」。　正義曰：説，南宮氏也。敬，謚也。叔，字也。又字容也，字括

---

❶「注孔丘年三十五」，阮本以下正義五節分疏於傳文各節下。

❷「泯」，阮校：「『泯』與杜注『閔』同。」

❸「臯」，阮校：「浦鏜《正誤》作『睪』。」

❹「也」，京都本、文淵閣本、阮本無此字。

也，名説，一名縉。

單獻公棄親用羈。獻公，周卿士，單靖公之子，頃公之孫。羈，寄客也。**冬，十月，辛酉，襄、頃之族殺獻公而立成公。**襄公，頃公之父。成公，獻公弟。

十一月，季武子卒。晉侯謂伯瑕伯瑕，士文伯。**曰：「吾所問日食，從矣，可常乎？」**衛侯、武子皆卒故。**對曰：「不可。六物不同，**各異時。**民心不壹，**政教殊。**事序不類，**有變易。**官職不則，**治官居職非一法。**同始異終，胡可常也？《詩》曰：『或燕燕居息，或憔悴事國。』**《詩·小雅》。言不同。**其異終也如是。」公曰：「何謂六物？」對曰：「歲、時、日、月、星、辰是謂也。」公曰：「多語寡人辰而莫同，何謂辰？」對曰：「日月之會是謂辰，**一歲日月十二會，所會謂之辰。**故以配日。」**謂以子丑配甲乙。**【疏】**「詩曰」至「事國」。❶ 正義曰：《小雅·北山》：「大夫刺幽王也，役使不均，己勞於從事，而不得養其父母焉。」「或燕燕居息」，燕燕，安息貌。「或盡瘁事國」，盡力勞病以從國事。此作「憔悴」，蓋師讀不同。

「歲時日月星辰」。 正義曰：《釋天》云：「載，歲也。夏曰歲，周曰年。」李巡曰：「載，一歲莫不覆載也。」孫炎曰：「四時一終曰歲，取歲星行一次也。年取年穀一熟。」是言歲即年也。時謂四時，春夏秋冬也。日謂十日，從甲至癸也。月，從正月至十二月也。星，二十八宿也。辰謂日月所會，一歲十二會，從子至亥也。《周禮·馮相氏》：「掌十有二歲，十有二月，十有二辰，十日，二十有八星之位。」謂此六物也。大歲所在，十二年始帀，故爲十

---

❶「詩曰至事國」，阮本以下正義四節分疏於傳文各節下。

二歲。「辰而莫同」。正義曰：東南隅有辰也，大火謂之辰也，又有日月之會辰也，又北方有辰星也。日月會謂之辰者，辰時也，言日月聚會有時也。「故以配日」。正義曰：言辰無常所，分在十二，以十幹配之，明非一所也。

衛襄公夫人姜氏無子，姜氏，宣姜。**嬖人婤始生孟縶。孔成子夢康叔謂己：「立元，**成子，衛卿，孔達之孫烝鉏也。元，孟縶弟，夢時元未生。**余使羈之孫圉與史苟相之。」**羈，烝鉏子。苟，史朝子。**史朝亦夢康叔謂己：「余將命而子苟，與孔烝鉏之曾孫圉相元。」史朝見成子，告之夢，夢協。**協，合也。**晉韓宣子爲政，聘于諸侯之歲，**在二年。**婤始生子，名之曰元。孟縶之足不良能行。**跛也。**孔成子以《周易》筮之，曰：「元尚享衛國，主其社稷。」**令蓍辭。**遇屯**䷂。震下坎上，屯。**又曰：「余尚立縶，尚克嘉之。」**嘉，善也。**遇屯**䷂**之比**䷇。坤下坎上，比。屯初九爻變。**以示史朝。史朝曰：「元亨，又何疑焉？」**《周易》曰：「屯，元亨。」**成子曰：「非長之謂乎？」**言屯之「元亨」謂年長，非謂名「元」。**對曰：「康叔名之，可謂長矣。**善之長也。**孟非人也，將不列於宗，不可謂長。**足跛非全人，不可列爲宗主。**且其繇曰『利建侯』。**繇，卦辭。**嗣吉何建？建非嗣也。**嗣子有常位，故無所卜，又無所建。今以位不定，卜嗣得吉，則當從吉而建之也。**二卦皆云，**謂再得屯卦，皆有建侯之文。**子其建之。康叔命之，二卦告之。筮襲於夢，武王所用也。弗從何爲？**《外傳》云：「《大誓》曰：『朕夢協朕卜，襲於休祥，戎商必克。』」此武王辭。**弱足者居。**跛則偏弱，居其家，不能行。**侯主社稷，臨祭祀，奉民人，事鬼神，從會朝，又焉得居？各以所利，不亦可乎？」**孟跛利居，元吉利建。**故孔成子立靈公。**

十二月，癸亥，葬衛襄公。靈公，元也。【疏】注「夢時元未生」。❶　正義曰：知者，傳曰「婤姶生孟縶」，即云「成子夢」。若已生訖，當云「婤姶生孟縶及元」，然云「孔成子夢」，且説夢以下，乃云晉韓宣子聘歲生元，明未生也。　「之足不良」。　正義曰：當斷「不良」爲句，「能行」向下讀之。知者，案二十年杜注云「縶足不良，故以官邑還豹」，是也。　「之比」。　正義曰：所以上屯無變者，皆遇少爻故也。　「二卦皆云」。　正義曰：謂前卜元之二卦，非謂後卜縶之卦也。　注「外傳云」。　正義曰：《外傳》云者，《國語》引《大誓》也。古文《尚書·大誓》具有此文。此傳之意，取《大誓》也。杜不見古文，故引《外傳》解之。

---

❶「注夢時元未生」，阮本以下正義五節分疏於傳文各節下。

春秋左傳正義卷第二十八　昭公

國子祭酒上護軍曲阜縣
開國子臣孔穎達等奉敕撰

【經】八年，春，陳侯之弟招殺陳世子偃師。以首惡從殺例，故稱弟，又稱世子。【疏】注「以首」至「世子」。　正義曰：招與公子過共殺偃師，而立公子留。及楚殺徵師，留出奔鄭，招乃歸罪於過，而使陳人殺之。及楚師來討，招又推過爲首，得免重責不死，而放之於越，是以招爲從罪也。若其從招之詐，如楚之意，則宜書過殺偃師。由是仲尼知其實狀，以招爲首。傳言：「書曰『陳侯之弟招殺陳世子偃師』，罪在招也。」是仲尼新意，以招爲首惡也。從殺例者，從兩下相殺之例也。《釋例》曰：「大臣相殺，死者無罪，則兩稱名氏，以示殺者之罪，王札子殺召伯、毛伯是也。若死者有罪，則不稱殺者名氏，晉殺其大夫陽處父是也。」然則世子雖是副主，猶是人臣，從此人臣相殺之例，故稱「弟」，以見殺者之罪也。又稱「世子」，以見世子亦人臣也。鄭段去「弟」，陳招不去「弟」者，《釋例》云：「陳招殺兄之子，然不推刃於其兄，故以首惡稱弟稱名，從兩下相殺也。」是言招罪輕於害兄，故存弟也。

夏，四月，辛丑，陳侯溺卒。襄二十七年大夫盟于宋。【疏】注「襄二」至「于宋」。　正義曰：溺以襄五年即位，爾來陳常從楚，唯有襄二十七年大夫與魯同盟于宋。劉炫云：「往年衛侯惡卒，杜云『元年大夫盟于虢』。此不數虢。」以杜爲上下自相反。今知不然者，以盟于宋經有明文，故指之。虢盟文不見經，故不數也。其衛侯惡更無盟處，唯有虢盟，故數之。劉不尋杜意，而規其過，非也。

叔弓如晉。

楚人執陳行人干徵師，殺之。稱行人，明非行人罪。**陳公子留出奔鄭。**留爲招所立，未成君而出奔。

秋，蒐于紅。革車千乘，不言大者，經文闕也。紅，魯地。沛國蕭縣西有紅亭。遠，疑。【疏】注「革車」至「闕也」。　正義曰：傳稱「革車千乘」，是大蒐也。十一年「大蒐于比蒲」，二十二年「大蒐于昌間」，定十三年、十四年「大蒐于比蒲」，皆云「大蒐」。此不云「大」，知經闕文也。《釋例》云：「紅之蒐，傳言『革車千乘』，所以示大蒐也。而經不書『大』，諸事同而文異。傳不曲言經義者，直是時史之闕略，仲尼略而從之。《春秋》不可錯綜經文，此之類也。劉、賈、潁云：❶蒐于紅不言『大』者，言公大失權在三家也。十一年『蒐于比蒲』，經書『大蒐』，復云書大者，言大衆盡在三家。隨文造意，以非例爲例，不復知其自違也。」

陳人殺其大夫公子過。與招共殺偃師。書名，罪之。

大雩。無傳。不旱而秋雩，過也。

❶「潁」，阮校：「宋本『潁』作『穎』，是也。」

冬，十月，壬午，楚師滅陳。不稱將帥，不以告。壬午，月十八日。**執陳公子招，放之于越。**無傳。復稱公子，兄已卒。**殺陳孔奂。**無傳。招之黨，楚殺之。【疏】注「招之黨楚殺之」。正義曰：孔奂之爲招黨，傳無其文。正以殺稱名氏，是有罪之文，知其是招黨也。文七年「宋人殺其大夫」，傳曰：「不稱名，衆也，且言非其罪也。」無罪不稱名，知稱名爲有罪矣。若使孔奂無罪，仲尼必當變文。但此非常例，先無定制，不知其將何所稱也。執招殺奂，皆是楚人爲之，承上「楚師滅陳」之下，是楚可知，不復每文書楚。杜以注文隔，故言「楚殺」以明之。不言「殺陳大夫」者，殺他國之臣，例不書爵。宣十一年「楚人殺陳夏徵舒」，是其類也。此執招殺奂，皆「滅陳」乃爲之，故依次而書，書在「滅陳」之下。

葬陳哀公。嬖人袁克葬之。魯往會，故書。【疏】注「嬖人」至「故書」。正義曰：賈、服以「葬哀公」之文在「殺孔奂」之下，以爲楚葬哀公，故杜辯之「袁克葬之」。案傳「克欲殺馬毁玉，楚人將欲殺克」，不得爲楚葬之。若是楚葬，宜云「楚人葬陳哀公」，當如「齊侯葬紀伯姬」，不得直言「葬」也。且諸言葬某公者，皆是魯往會葬之文，大夫不得書名，言其所爲之事而已，故云「魯往會，故書」也。案傳袁克之葬，乃是私竊葬之，而魯得會者，諸侯之卒，告卒不告葬。但葬有常期，知卒即往會之，未必得以禮從赴也。

【傳】八年，春，石言于晉魏榆。魏榆，晉地。**晉侯問於師曠曰：「石何故言？」對曰：「石不能言，或馮焉。**謂有精神馮依石而言。**不然，民聽濫也。**濫，失也。**抑臣又聞之，**抑，疑辭。**曰：『作事不時，怨讟動於民，則有非言之物而言。』今宫室崇侈，民力彫盡，**彫，傷也。**怨讟並作，莫信其**

性。❶性，命也，民不敢自保其性命。**石言，不亦宜乎？」於是晉侯方築虒祁之宫。**虒祁，地名，在絳西四十里，臨汾水。**叔向曰：「子野之言，君子哉！**子野，師曠字。**君子之言，信而有徵，故怨遠於其身。**怨咎遠其身也。**小人之言，僭而無徵，故怨咎及之。《詩》曰：『哀哉不能言，匪舌是出，唯躬是瘁。**《詩·小雅》也。不能言，謂不知言理。以僭言見退者，其言非不從舌出，以僭而無信，自取瘁病，故哀之。**哿矣能言，巧言如流，俾躬處休。』其是之謂乎？**哿，嘉也。巧言如流，謂非正言而順叙，以聽言見答者。言其可嘉，以信而有徵，自取安逸。師曠此言，緣問流轉，終歸于諫，故以比巧言如流也。當叔向時，《詩》義如此，故與今説《詩》者小異。**是宫也成，諸侯必叛，君必有咎，夫子知之矣。」**謂十年晉侯彪卒傳。❷

【疏】注「魏榆晉地」。❸正義曰：服虔云：「魏，邑。榆，州里名。」襄二十三年叔孫豹「次于雍榆」。雍榆，地名，知魏榆亦地名。❹「民聽濫」。正義曰：或民聽濫失實，無言而妄稱有言也。「詩曰」至「謂乎」。正義曰：《小雅·雨無正》之篇也。❺可哀憋哉，彼不能言之人。其所言者，

---

❶「信」，《四部叢刊》本、京都本、文淵閣本、阮本作「保」。阮校：「石經此處缺，宋本、宋殘本『保』作『信』。案，《漢書·五行志》引同。師古曰：『信』猶『保』也，一説『信』讀爲『申』。」

❷「謂」，阮本作「爲」。

❸「注魏榆晉地」，阮本以下正義四節分疏於傳文各節下。

❹「名」下，京都本、文淵閣本、阮本有「也」字。

❺「雨」，原作「南」，據正宗寺本、京都本、阮本改。

非不從舌是出，但其言僭而無徵，唯於己身是病。以不能言而自病其身，是可哀也。可嘉美矣，彼能言者，巧爲言語，如水之轉流，然其言「信而有徵」，自使其身處休美之地。以能言而自處其美地，故可嘉也。此能言處休者，其是子野之謂乎？　注「哿嘉」至「小異」。　正義曰：《詩》毛傳云：「哿，可也。」哿無正訓，以其字從加從可，故各以意訓耳。此詩上文云「聽言則答，譖言則退」，然後次此「哀哉」，故杜以「哀哉不能言」覆上「僭言見退」，謂言而不見信被黜退者也。「哿矣能言」覆上「聽言則答」，謂言可聽用見應答者也。以其言可嘉善，「信而有徵」，故「自取安逸」，處休美也。師曠因公之問，其言流轉，終歸于諫。其言實巧，故以比「巧言如流」也。據今毛、鄭解《詩》「哀哉不能言」者，賢人不能言也，不能以其正道曲從君心，故身見困病。「哿矣能言」，乃指時世。所謂「能言」者，巧言從俗，如轉流矣。阿諛順旨，不依正法，得使身居休美。與此所引意異，故言：「當叔向時，《詩》義如此，與今説《詩》者小異。」隱元年注云：「詩人之作，各以情言。君子論之，不以文害意。故《春秋傳》引《詩》，不皆與今説《詩》者同，他皆放此。」然則引《詩》斷章取義，得異於本，而云「叔向時《詩》義如此」者，但叔向此言在孔子删《詩》之前，與删《詩》之後其義或異，故云「叔向時《詩》義如此」。隱元年論《詩》者，君子之言，君子即丘明也，其言則删《詩》之後，乃與《詩》説不同，故云引《詩》斷章。此杜大略而言，其實未脩之前，有引《詩》亦有斷章者。

陳哀公元妃鄭姬生悼大子偃師，元妃，嫡夫人也。**二妃生公子留，下妃生公子勝。二妃嬖，留有寵，屬諸司徒招與公子過。**招及過皆哀公弟也。**哀公有廢疾，三月，甲申，公子招、公子過殺悼大子偃師，而立公子留。夏，四月，辛亥，哀公縊。**憂恚自殺。經書辛丑，從赴。**干徵師赴于楚，**干徵

師，陳大夫。且告有立君。公子勝愬之于楚，以招、過殺偃師告愬也。楚人執而殺之。殺干徵師。**公子留奔鄭。書曰「陳侯之弟招殺陳世子偃師」，罪在招也。「楚人執陳行人干徵師殺之」，❶罪不在行人也。**疑爲招赴楚，當同罪，故重發之。【疏】注「經書辛丑從赴」。❷ 正義曰：經云辛丑，傳言辛亥，經、傳異者，多是傳實經虛，故言從赴。《長歷》四月戊戌朔，四日辛丑，十四日辛亥。一月之內，有此二日，故不云日誤。 注「疑爲」至「發之」。 正義曰：襄十一年「楚人執鄭行人良霄」，傳稱「書曰行人，言使人也」。此復發傳，故言「重發之」也。《釋例》曰：「行人有六，而發傳有三者，❸因良霄以顯其稱行人，❹因干徵師以示其非罪，因魯叔孫婼以同外內大夫，則餘三人皆隨例而爲義也。」

叔弓如晉，賀虒祁也。賀宮成。**游吉相鄭伯以如晉，亦賀虒祁也。史趙見子大叔曰：「甚哉，其相蒙也！**蒙，欺也。**可弔也，而又賀之。」子大叔曰：「若何弔也？其非唯我賀，將天下實賀。」**言諸侯畏晉，非獨鄭。

秋，大蒐于紅，自根牟至于商、衛，革車千乘。大蒐，數軍實，簡車馬也。根牟，魯東界。琅邪

---

❶「楚人」，阮校：「纂圖本、監本、毛本作『楚子』。」

❷「注經書辛丑從赴」，阮本以下正義二節分疏於傳文各節下。

❸「而發傳有三者」，阮校：「案，襄十一年正義作『而傳發其三者』。」

❹「人」下，阮校：「案，襄十一年正義『人』下有『之事』二字。」

陽都縣有牟鄉。❶ 商，宋地，魯西竟接宋、衛也。言千乘，明大蒐，且見魯衆之大數也。

七月，甲戌，齊子尾卒，子旗欲治其室。子旗，欒施也。欲并治子尾之家政。丁丑，殺梁嬰。梁嬰，子尾家宰。八月，庚戌，逐子成、子工、子車，三子，齊大夫，子尾之屬。子成，頃公子固也。子工，成之弟鑄也。子車，頃公之孫捷也。皆來奔。不書，非卿。而立子良氏之宰。子良，子尾之子高彊也。子旗爲子良立宰。其臣曰：「孺子長矣，孺子謂子良。而相吾室，欲兼我也。」兼，并也。授甲，將攻之。陳桓子善於子尾，亦授甲，將助之。或告子旗，子旗不信，則數人告。將往，又數人告於道，遂如陳氏。桓子將出矣，聞之而還，聞子旗至。游服而逆之。去戎備，著常游戲之服。請命。問桓子所至。對曰：「聞彊氏授甲將攻子，子聞諸？」曰：「弗聞。」「子盍亦授甲？無宇請從。」無宇，桓子名。子旗曰：「子胡然？彼孺子也，吾誨之，猶懼其不濟，吾又寵秩之。謂爲之立宰。其若先人何？子盍謂之？謂之使無攻我。《周書》曰：『惠不惠，茂不茂。』《周書·康誥》也。言當施惠於不惠者，勸勉於不勉者。茂，勉也。康叔所以服弘大也。」服，行也。桓子稽顙，曰：「頃、靈福子，頃公、靈公，欒氏所事之君。吾猶有望。」望子旗惠及己。遂和之如初。和欒、高二家。【疏】「將往」至「陳氏」。❷ 正義曰：將往子良之家也，又數人告，不復敢向子良之家，遂如陳氏。服虔云

---

❶ 「邪」，阮校：「淳熙本、纂圖本、監本、毛本『邪』作『琊』字。」

❷ 「將往至陳氏」，阮本以下正義三節分疏於傳文各節下。

「將往者，欲往到陳氏問助子良攻我意」，謬甚也。　注「周書」至「勉也」。　正義曰：周公戒康叔，當施惠於不肯施惠者，勸勉其不能勉力者。今子良不能勉力爲善，欲令桓子勸勉之，故引此書也。「茂，勉也」，《釋詁》文。

「頊」。　正義曰：《謚法》：「祇動追懼曰頊。」

陳公子招歸罪於公子過而殺之。言招所以不死而得放。

九月，楚公子棄疾帥師奉孫吴圍陳，孫吴，悼大子偃師之子惠公。**宋戴惡會之。**戴惡，宋大夫。**冬，十一月，壬午，滅陳。**壬午，十月十八日。傳言十一月，誤。

輿嬖袁克殺馬毁玉以葬。輿，衆也。袁克，嬖人之貴者，欲以非禮厚葬哀公。**楚人將殺之，請寘之。**置馬、玉。**既又請私，**私盡君臣恩。**私於幄，加絰於顙而逃。**幄，帳也。逃，不欲爲楚臣。

使穿封戌爲陳公，戌，楚大夫。滅陳爲縣，使戌爲縣公。**曰：「城麇之役，不諂。」**城麇役在襄二十六年，戌與靈王争皇頡。**侍飲酒於王，王曰：「城麇之役，女知寡人之及此，女其辟寡人乎？」**及此，謂爲王。**對曰：「若知君之及此，臣必致死禮，以息楚國。」**息，寧静也。

晉侯問於史趙曰：「陳其遂亡乎？」對曰：「未也。」公曰：「何故？」對曰：「陳，顓頊之後也。❶陳祖舜，舜出顓頊。**歲在鶉火，是以卒滅，陳將如之。**顓頊氏以歲在鶉火而滅，火盛而水滅。**今在析木之津，猶將復由。**箕、斗之間有天漢，故謂之析木之津。由，用也。**且陳氏得政于齊，而後陳**

❶「後」，《四部叢刊》本、京都本、文淵閣本、阮本作「族」。

卒亡。物莫能兩盛。自幕至于瞽瞍，無違命。幕，舜之先。瞽瞍，舜父。從幕至瞽瞍間，無違天命廢絶者。**舜重之以明德，寘德於遂，**遂，舜後。蓋殷之興，存舜之後而封遂。言舜德乃至於遂。**遂世守之。及胡公不淫，故周賜之姓，使祀虞帝。**胡公滿，遂之後也，事周武王，賜姓曰嬀，封諸陳，紹舜後。**臣聞盛德必百世祀，虞之世數未也。繼守將在齊，其兆既存矣。」**言陳氏興盛於齊，形兆已見。【疏】注「壬午」至「月誤」。❶ 正義曰：杜以《長歷》校之，十月乙丑朔，十八日得壬午也。十一月無壬午。經書十月，歷與經合，知傳言十一月者，誤也。　注「輿衆」至「哀公」。　正義曰：就衆嬖之内，特舉袁克之名，知克是嬖人之貴者也。葬無殺馬毁玉之法，知欲以非禮厚葬哀公也。服虔云：「一曰：馬，陳侯所乘馬，玉，陳侯所佩玉，故殺馬毁玉，不欲使楚得之。」事亦有似。知不然者，楚既滅陳，制爲己有，克不能私藏馬玉欲殘毁之，故不從。　「對曰」至「楚國」。　正義曰：致死禮者，欲爲郟敖致死殺靈王也。穿封戌既臣事靈王，而爲此悖言，追恨不殺君者，以明在君爲君之義，見己忠直。若如今日有人欲謀靈王，己必致死殺之。此對是諂，非悖也。　注「顓頊」至「水滅」。　正義曰：顓頊崩年，歲星在鶉火之次，於時猶有書傳言之，故史趙得而知也。歲星，天之貴神，所在必昌。鶉火得歲而火益盛，火盛而水滅。顓頊水德，故以此年終也。陳是顓頊之族，故知滅將如之，亦當歲在鶉火，陳乃滅也。史趙別有以知，假此而爲言耳。不可一準此言，以驗國之興滅。　注「箕斗」至「用也」。　正義曰：析木之津，於十二次爲位在寅也。《釋天》云：「析木之津，箕斗之間漢津也。」孫炎曰：「析

❶「注壬午至月誤」，阮本以下正義九節分疏於傳文各節下。

別水木以箕、斗之間，是天漢之津也。」劉炫謂是天漢即天河也。天河在箕、斗二星之間，箕在東方木位，斗在北方水位。分析水、木，以箕星爲隔。隔河須津梁以渡，故謂此次爲析木之津也。不言析水而言析木者，此次自南而盡此，❶故依此次而名析木也。襄三十年傳稱：「歲星在娵訾之口，其明年乃及降婁。」歲星歲行一次，降婁距此九年，故此年歲在析木之津也。「由，用」，《釋詁》文。言將復用是而更興。❷　注「幕舜」至「絶者」。正義曰：《魯語》云：「幕，能師顓頊者也，❸有虞氏報焉。」孔晁云：「幕能脩道，功不及祖，德不及宗，故每於歲之大烝而祭焉，謂之報。」言虞舜祭幕，明幕是舜先，不知去舜遠近也。《帝系》云：「顓頊生窮蟬，窮蟬生敬康，敬康生句芒，句芒生蟜牛，蟜牛生瞽叟。」❹亦不知幕於蟜牛以前是誰名字之異也。「從幕至瞽叟，無違天命廢絶」，言其不絶世，繼嗣相傳，以至舜也。觀傳此文，瞽叟以前，似有國土。而《尚書序》云「虞舜側微」，孔安國云：「爲庶人，故微賤。」經云「有鰥在下，曰虞舜」，明是下賤矣。蓋至瞽叟，始失國耳。此久遠之事，不可知也。　注「遂舜」至「於遂」。　正義曰：三年傳云「箕伯、直柄、虞遂、伯戲」，則遂在直柄之後，故云蓋殷興，存舜之後而封之也。言舜有明聖之德，其德流及於遂，故言「寘德於遂」。寘，置也，置此德於遂身，令使遂有德也。　注「胡公」至「舜後」。　正義曰：胡公封陳之由，襄二十五年傳已具之矣。《世本》：「舜姓姚氏。」哀元年傳稱：夏后少康奔虞，

❶ 下「此」字，京都本、文淵閣本、阮本作「北」。

❷ 「復」，阮本無此字。

❸ 「師」，阮校：「宋本作『帥』，與外傳合。」

❹ 「叟」，閩本、監本、毛本、文淵閣本、阮本作「瞍」。

虞思妻之以二姚。虞思猶姓姚也，至胡公，周乃賜姓爲嬀耳。因昔虞舜居嬀水，故周賜以嬀爲姓也。《陳世家》言「舜居嬀汭，其後因姓嬀氏」，謂胡公之前已姓嬀矣，是馬遷之妄也。「其兆既存矣」。正義曰：陳氏世世益賢，而位漸高，有恩德而得民意，其有國之徵兆既存在矣，言可知也。

【經】九年，春，叔弓會楚子于陳。以事往，非行會禮。【疏】注「以事」至「會禮」。正義曰：此與宣十五年「公孫歸父會楚子于宋」其事同也。楚子在彼，魯敬大國，自往會之，非楚子召使會，自以小國事大國之禮往。

許遷于夷。許畏鄭，欲遷，故以自遷爲文。【疏】注「許畏」至「爲文」。正義曰：許自楚莊王以來，世屬於楚，常與鄭爲仇敵。今畏鄭，欲遷都近楚，楚從其意而遷之，故以許自遷爲文。若許不欲遷，而楚强遷之，則當爲「楚人遷許」，❶如「宋人遷宿」、「齊人遷陽」。

夏，四月，陳災。天火曰災。陳既已滅，降爲楚縣，而書「陳災」者，猶晉之梁山沙鹿崩，不書晉。災害繫於所災所害，故以所在爲名。【疏】注「天火」至「爲名」。正義曰：「天火曰災」，宣十六年傳例也。《公羊》、《穀梁》經皆作「陳火」。《公羊傳》曰：「陳已滅矣，其言陳火何，存陳也。」《穀梁傳》曰：「國曰災，邑曰火。火不志，此何以志？閔陳而存之也。」賈、服取彼爲説，言愍陳不與楚，故存陳而書之，言陳尚爲國也。杜以《左氏》無此義，故辯而異之云：陳既已滅，降爲楚縣，不言楚陳災，而直書陳災者，猶如晉之梁山沙鹿崩，不

❶「爲」，正宗寺本、京都本、文淵閣本、阮本作「云」。

書晉也。以彼不繫晉，知法自不當繫楚，非是存陳如舊國也。凡災害所及，繫於所災所害之處，故以所在爲名，不復繫其本國。大都以名通，例不繫國。陳是楚之大都，無緣當繫於楚。二傳妄説，故杜不從。所災所害者，所災謂陳災是也，所害謂梁山沙鹿崩是也。然災害繫於所災所害，而宣十六年不直云宣榭火，而以宣榭繫成周者，以宣榭其名不顯，若不繫成周，不知何處宣榭，與此别也。

秋，仲孫貜如齊。

冬，築郎囿。

【傳】九年，春，叔弓、宋華亥、鄭游吉、衛趙黶會楚子于陳。楚子在陳，故四國大夫往。非盟主所召，不行會禮，故不揔書。【疏】注「楚子」至「揔書」。　正義曰：往年楚公子棄疾帥師圍陳，楚子不親行也。既滅陳以爲縣，楚子自往巡行鎮撫之。魯、宋、鄭、衛聞其在陳，畏威加敬，各遣大夫往彼會之，非是盟主所召，至亦不行會禮，故魯史獨書己使，不復揔書諸國也。傳因叔弓所見，故歷序四國大夫，以見諸國皆行，非獨魯也。十年，叔孫婼如晉，葬晉平公，傳因歷序諸國大夫，此意與彼同也。服虔以爲此會宋、鄭、衛之大夫不書，叔弓後也。服見文七年「公會諸侯、晉大夫盟于扈」，傳歷序諸國，乃云：「公後至，故不書所會。凡會諸侯，不書所會，後也。後至不書其國，辟不後也。」❶服意準彼爲義，故云叔弓後耳。彼爲盟主所召，故諱後期。此則楚非盟

❶「後」，正宗寺本、京都本、文淵閣本、阮本作「敏」。

主，何以當諱？《春秋》之意，豈欲魯棄晉而從楚，乃爲之諱其會楚遲也？且彼不書所會，乃摠書諸侯，此若是會，經何以不摠書叔弓會諸侯之大夫，傳何以不言叔弓會楚子、宋華亥、鄭游吉、衛趙黶于陳也？今傳以四國大夫共會楚子，義非扈類，足以可明。且叔弓若後，傳當言之。傳不言後，而服以爲後，是欲代丘明爲傳，非解之也。故杜顯而異之，言「不行會禮，故不摠書」，見此意。

二月，庚申，楚公子棄疾遷許于夷，實城父，此時改城父爲夷，故傳實之。城父縣屬譙郡。**取州來淮北之田以益之。**益許田。**伍舉授許男田，然丹遷城父人於陳，以夷濮西田益之。**以夷田在濮水西者與城父人。**遷方城外人於許。**成十五年，許遷於葉，因謂之許。今許遷於夷，故以方城外人實其處。傳言靈王使民不安。【疏】注「此時」至「譙郡」。❶　正義曰：杜以地名經、傳不同，而傳言「實」者，則以爲名有改易也。傳不言「實」，則以爲二名並存也。所言「實」者，皆舉舊以「實」新。此地舊名城父，此時新改爲夷，然言城父是舊名，故傳以「實」明之。凡有二義，經書未改之名，傳以所改實之。❷　則昭十八年「許遷于白羽」，傳云「許遷於析，實白羽」。定十年「公會齊侯于夾谷」，傳云「會于祝，其實夾谷」是也。若經書已改之名，則傳亦舉其已改，實其未改之號。即此「許遷于夷」，傳云「遷許于夷，實城父」。定十三年「齊侯、衛侯次于垂葭」，傳云「次于垂葭，實郹氏」是也。此四者，或經書未改，或經書已改，傳皆上句舉其已改之名，下句實其

---

❶「注此時至譙郡」，阮本以下正義二節分疏於傳文各節下。

❷「實」下，京都本、毛本、阮本有「明」字，監本、文淵閣本有「名」字。

未改之號。凡一地前後二名者，非謂經時爲未改之名，傳時爲已改之名，乃於經、傳以前，上世之時，已有所改前後之名。夫子集史記而爲經，❶丘明采簡牘而作傳，史記或書其舊名者，即白羽、夾谷是也，或史記書其後名者，即夷與垂葭是也。丘明據簡牘爲傳，以所改後名而實之，故僖二十五年「秦取析矣」，襄二十六年聲子云「析公之亂」，皆舉白羽改爲析之後，但簡牘稱析，故杜云於傳時白羽改爲析，止謂簡牘之時，非丘明作傳時也。若其不然，孔子脩經，丘明作傳，事相連接，時日不遠，豈可脩經時爲白羽，作傳即改爲析？故杜云此四者皆爲所在之地舊名，絶於當時，史記有遺者也。劉炫不審思杜意，恠僖公、襄公之世已有析名，而規杜氏，非也。「取州」至「益之」。正義曰：《釋例》云：「州來，淮南下蔡縣汝水之南地。❷淮北之田，淮水北田。」則州來邑在淮南，邑民有田在淮北也。許國盡遷于夷，夷田少，故取以益之。

周甘人與晉閻嘉爭閻田，甘人，甘大夫襄也。閻嘉，晉閻縣大夫。**晉梁丙、張趯率陰戎伐潁。**陰戎，陸渾之戎。潁，周邑。**王使詹桓伯辭於晉**，辭，責讓之。桓伯，周大夫。**曰：「我自夏以后稷，魏、駘、❸芮、岐、畢，吾西土也。**在夏世以后稷功，受此五國爲西土之長。駘在始平武功縣所治鰲城，岐在扶風美陽縣西北。**及武王克商，蒲姑、商奄，吾東土也。**樂安博昌縣北有蒲姑城。**巴、濮、楚、鄧，吾南土也。肅慎、燕、亳，吾北土也。**肅慎，北夷，在玄菟北三千餘里。**吾何邇封之有？**

---

❶「夫」，阮校：「段玉裁校本作『孔』。」

❷「地」，京都本、阮本作「也」。

❸「駘」，阮校：「《釋文》云：依字應作『邰』。顧炎武云：《詩》作『邰』。」

邇，近也。文、武、成、康之建母弟，以蕃屏周，亦其廢隊是爲，爲後世廢隊，兄弟之國當救濟之。豈如弁髦，而因以敝之？童子垂髦始冠，必三加冠，成禮而棄其始冠，故言「弁髦因以敝之」，弁亦冠也。先王居檮杌于四裔，以禦螭魅，言檮杌，略舉四凶之一。下言四裔，則三苗在其中。故允姓之姦居于瓜州。允姓，陰戎之祖，與三苗俱放三危者。瓜州，今敦煌。伯父惠公歸自秦，而誘以來，僖十五年晉惠公自秦歸。二十二年「秦晉遷陸渾之戎於伊川」。使偪我諸姬，入我郊甸，則戎焉取之。邑外爲郊，郊外爲甸。言戎取周郊甸之地。戎有中國，誰之咎也？咎在晉。后稷封殖天下，今戎制之，不亦難乎？后稷脩封疆，殖五穀，今戎得之，唯以畜牧。伯父圖之。我在伯父，猶衣服之有冠冕，木水之有本原，民人之有謀主也。民人謀主，宗族之師長。伯父若裂冠毁冕，拔本塞原，專棄謀主，雖戎狄，其何有余一人？」伯父猶然，則雖戎狄，無所可責。晉率陰戎伐周邑，故云然。

叔向謂宣子曰：「文之伯也，豈能改物？言文公雖霸，未能改正朔，易服色。翼戴天子，而加之以共。翼，佐也。自文以來，世有衰德，而暴蔑宗周，宗周，天子。以宣示其侈，諸侯之貳，不亦宜乎？且王辭直，子其圖之！」宣子説。王有姻喪，外親之喪。使趙成如周弔，且致閻田與襚，襚，送死衣。反潁俘。王亦使賓滑執甘大夫襄以説於晉，晉人禮而歸之。賓滑，周大夫。【疏】注「甘人」至「大夫」。❶正義曰：孔子父叔梁紇爲鄹邑之長，《論語》謂孔子爲「鄹人之子」，是典邑大夫，法當以邑名冠之而稱

❶「注甘人至大夫」，阮本以下正義十六節分疏於傳文各節下。

人，知此甘人即是下文甘大夫襄也。甘人是甘縣大夫，知閻嘉是晉之閻縣大夫名嘉也。甘、閻接竟，田或相侵，故共争之。　注「在夏」至「西北」。　正義曰：《周語》云：「昔我先世后稷，以服事虞、夏。及夏之衰也，棄稷弗務，我先王不窋用失其官。」案《本紀》不窋是后稷之子，繼其父業，世爲大國，故受此五國爲西土之長也。《釋例・土地名》云：「魏，河東河北縣也。芮，馮翊臨晉縣芮鄉是也。畢在京兆長安縣西北，駘在武功，岐在美陽。」今案其地，芮在魏之西南百餘里耳，岐在駘之西北無百里也。《詩》稱后稷封邰，與岐、畢相近，爲之長可矣，計魏在邰東六百餘里，而令邰國與魏爲長，道路大遥。公劉居豳，又在岐西北四百餘里。此傳極言遠竟，而辭不及豳，並不知其故。　「及武」至「東土」。　正義曰：武王克商，光有天下，外薄四海，皆爲周地。上文既言「西土」，故以下唯説三方。其實西方所至，過於上文，自岐以西，猶是周竟，但不復重言之耳。服虔云：「蒲姑、商奄，濱東海者也。蒲姑，齊也。商奄，魯也。二十年傳曰：『蒲姑氏因之。』定四年傳曰：『因商奄之民，命以伯禽。』」　「巴濮」至「北土」。　正義曰：《土地名》云：「巴，巴郡江州縣也。楚，南郡江陵縣也。鄧，義陽鄧縣也。建寧郡南有濮夷地。」然則巴、楚、鄧，中夏之國，唯濮爲遠夷耳。《土地名》又云：「燕國，薊縣也。亳是小國，闕，不知所在。」蓋與燕相近，亦是中國也。唯肅慎爲遠夷。　注「肅慎」至「餘里」。　正義曰：《書序》云：「成王既伐東夷，肅慎來賀。」《魯語》云：「武王克商，肅慎氏貢楛矢。」韋昭云：「肅慎，東北夷之國，去扶餘千里。」晉之玄菟，即在遼東東北。杜言玄菟北三千里，是北夷之近東者，故杜言北夷，韋言東北夷。　「吾何邇封之有」。　正義曰：言我之封疆，何近之有。邇，近也。　「文武」至「是爲」。　正義曰：傳稱「虢仲、虢叔，王季之穆」，是文王母弟也。管、蔡、郕、霍、魯、衛、毛、聃，《史記》以爲武王之母弟也。唐叔，成王之母弟也。其康王之母弟，則書傳無文。文王，周之始王，故言文王。文王未得封諸侯也。弟以同母爲親，故言母弟耳，所封非同母者亦多矣。建爲國君，所以爲藩籬，屏蔽周室，使與天子蔽鄣患難，亦其慮後世子孫或有廢隊。王命望諸侯共救濟之，是爲此也。「豈如」至「敝之」。正義曰：「豈如弁髦，因以敝之」者，弁謂緇布冠，髦謂童子垂髦。凡加冠之禮，先用緇布之冠，斂括垂髦。三加之後，去緇布之冠，不復更用，故云「因以敝之」。今王自比，豈得將王室如緇布冠，加髦之後，不須復用，因以敝之？猶言以我王家封建晉國之後，因即棄而不事之也。注「童子」至「冠也」。正義曰：案禮，未髻之時必垂髦，故云童子垂髦也。《士冠禮》始冠緇布冠，次加皮弁，次加爵弁，是「始冠必三加冠」也。其記冠義云：「始冠緇布之冠，冠而敝之可也。」《玉藻》亦云：「始冠緇布冠，自諸侯下達，冠而敝之可也。」鄭玄云：「本大古耳，非時王之法服也。」是言本古而暫冠，既加而即棄。是禮成而棄其始冠，故云「弁髦而因以敝之」也。弁有爵弁、皮弁，嫌緇布之冠不得名弁，故云「弁亦冠也」。《周禮》弁師掌冕，是弁爲大名也。劉炫以爲弁、髦一物，以童子垂髦爲髧彼兩髦，又云因以敝之者，謂親没不髦。案禮加冠以後，親没以前，身即成人，猶自垂髦，何得云童子垂髦？髦既親没乃棄，杜注何以不言親没也？若三加之後，棄弁不棄髦，杜注何得云「棄其始冠，故言弁髦因以敝之」？既連髦而言，明非親没之髦也。髦之形象，鄭注《士喪禮》云「未聞」。注「言檮」至「其中」。正義曰：文十八年傳稱：舜臣堯，「流四凶族渾敦、窮奇、檮杌、饕餮，投諸四裔，以禦螭魅」。先儒皆以爲渾敦，驩兜也；窮奇，共工也；檮杌，鯀也；饕餮，三苗也。此傳以晉率陰戎伐潁，止須言饕餮耳，而云檮杌者，略舉四凶之一耳。下言四裔，則三苗在其中可知也。若直説鯀，當言居檮杌于羽山，不須言四裔也。注「允姓」至「敦煌」。正義曰：此言主責陰戎，知允姓陰戎之祖也。言「允姓之姦」者，謂其姦邪之人，惡言之也。《尚書》云「竄三苗于三危」，此言允姓居于瓜州，時同而人别，知與三苗俱放於三危也。「則戎焉取之」。正義曰：焉猶何也。若不由晉，則戎何得取周之地也？注「邑外」至「之地」。正義曰：《釋地》云：「邑外謂之郊。」《周禮·載師》

「掌任土之法」，具敘王畿之内，遠近之次，自國中以外，有近郊、遠郊、次甸、次稍、次縣、次都，是郊外爲甸也。陸渾之戎居伊洛之間，是取周郊甸之地。「我在」至「主也」。正義曰：言我周存在，於伯父有益，如衣服云云。「雖戎」至「一人」。正義曰：言伯父我親猶自如此，則雖戎狄，其何有恩義於我一人？既無恩親，侵我亦無可責。「王有姻喪」。正義曰：隱元年傳云：「士踰月，外姻至。」姻是外親，故杜云「外親之喪」也。服虔云：「婦之父曰姻。王之后喪父，於王亦有服義，故往弔。」案妻父爲姻，雖有此稱，王之納后，必取諸侯之女。后之父母，不得身在京師。往弔可耳，何以得致襚也？以致襚言之，知是外親之喪耳，不知外親喪是誰死。

夏，四月，陳災。鄭裨竈曰：「五年，陳將復封。封五十二年而遂亡。」子産問其故。對曰：「陳，水屬也。陳，顓頊之後，故爲水屬。**火，水妃也，**火畏水，故爲之妃。**而楚所相也。**相，治也。楚之先祝融，爲高辛氏火正，主治火事。**今火出而火陳，**火，心星也。火出，於周爲五月，而以四月出者，以《長曆》推，前年誤置閏。**逐楚而建陳也。**水得妃而興，陳興則楚衰，故曰逐楚而建陳。**妃以五成，故曰五年。**妃，合也。五行各相妃合，得五而成，故五歲而陳復封，爲十三年陳侯吴歸于陳傳。**歲五及鶉火，而後陳卒亡，楚克有之，天之道也，故曰五十二年。」**是歲歲在星紀，五歲及大梁，而陳復封。自大梁四歲而及鶉火，後四周四十八歲，凡五及鶉火，五十二年。天數以五爲紀，故五及鶉火，火盛水衰。❶**【疏】**

---

❶「衰」，原作「度」，據《四部叢刊》本、文淵閣本、阮本改。今案：正義釋曰「歲在鶉火，火得歲星之助，火既盛而水則衰」，則作「衰」是。

「陳水屬」。❶　正義曰：陳，顓頊之後。顓頊以水德王天下，故爲水屬也。陳是舜後，舜爲土德，不近言土屬，而遠繫顓頊爲水屬者，蓋裨竈知陳將欲復興，須取水爲占驗，假此以爲言耳，未必帝王子孫永與所承同德。楚之先世嘗爲火官，即以火爲楚象，豈復五行之官，後世皆依其行乎？此皆賢哲有以知之，非吾徒所測。　注「火畏」至「之妃」。　正義曰：陰陽之書，有五行妃合之説：甲乙，木也。丙丁，火也。戊己，土也。庚辛，金也。壬癸，水也。木克土，土克水，水克火，火克金，金克木。木畏金，以乙爲庚妃也。金畏火，以辛爲丙妃也。火畏水，以丁爲壬妃也。水畏土，以癸爲戊妃也。土畏木，以己爲甲妃也。杜用此説，故云「火畏水，故爲之妃」也。服虔云：「火，離也。水，坎也。《易》卦，離爲中女，坎爲中男，故火爲水妃。」　注「相治」至「火事」。　正義曰：相訓助也。主火而助君爲治，故以爲治也。二十九年傳曰：「火正曰祝融。」顓頊氏有子曰犂，爲祝融。《楚世家》云：高陽生稱，稱生卷章，卷章生黎。黎爲高辛氏火正，甚有功，能光融天下，帝嚳命曰祝融。共工作亂，帝使黎誅之而不盡，帝誅黎，而以其弟吴回爲後，復居火正，爲祝融。回生陸終，陸終生子六人，六曰季連，楚其後也。是楚之先爲火正，治火事。　注「火心」至「置閏」。　正義曰：襄九年傳曰「心爲大火」，十七年傳曰「火出」，「於周爲五月」。今經書「四月，陳災」，傳言「火出而火陳」。火得以四月出者，《長歷》云：閏當在此年五月後，而在前年，故火以四月出也。《長歷》以爲前年閏八月，則此年四月五日得中氣，二十日得五月節，故四月得火見。　注「水得」至「建陳」。　正義曰：杜以陳爲楚邑，楚人在陳，陳興則楚衰，故曰「逐楚而建陳」。當謂逐去楚人之在陳者，若穿封戌爲陳公者也，但敺逐楚國之人，於義甚通。劉炫乃改逐爲遁，言火逃遁，去楚而建立陳國，而規杜，非

❶「陳水屬」，阮本以下正義七節分疏於傳文各節下。

也。　注「妃合」至「陳傳」。　正義曰：「妃，合」，《釋詁》文也。《易・繫辭》云：「天一地二，天三地四，天五地六，天七地八，天九地十。天數五，地數五，五位相得，而各有合。」鄭玄云：「天地之氣各有五，五行之次，一曰水，天數也。二曰火，地數也。三曰木，天數也。四曰金，地數也。五曰土，天數也。此五者，陰無匹，陽無耦，故又合之：地六爲天一匹也，天七爲地二耦也，地八爲天三匹也，天九爲地四耦也，地十爲天五匹也，二五陰陽各有合，然後氣相得，施化行也。」是言五行各相妃合生數，以上皆得五而成，故云「五歲而陳將復封」。　注「是歲」至「水衰」。❶　正義曰：如杜所注，歲星每年而行一次，至昭三十二年，則歲星在寅，未至於丑。其傳云「越得歲而吴伐之」，故服氏以爲「有事于武宫」之歲，龍度天門，謂十五年歲星從申越未而至午。歷家以周天十二次，次別爲百四十四分。歲星每年行一百四十五分，是歲星行一次，外剩行一分，積一百四十四年乃剩行一次，故昭十五年得超一辰。今杜氏既無此義，而三十二年歲星得在丑者，但歲星之行，天之常數，超辰之義，不言自顯，故杜不注。若然，楚卒滅陳在哀十七年，則歲星當踰鶉火至鶉尾，而云「五及鶉火」者，以顓頊歲在鶉火而滅，故裨竈舉大略而言云「五及鶉火」，不復細言殘數。雖至鶉尾，亦經由鶉火。天有五星，又大微宫中有五帝坐，又四方中央亦有五，是天數以五爲紀，故「五及鶉火」也。歲星，天之貴神，所在之國必昌。歲在鶉火，火得歲星之助，火既盛而水則衰。

❶「至」，原作「是」，據京都本、阮本改。

晉荀盈如齊逆女，自爲逆。**還，六月，卒于戲陽。**❶魏郡内黄縣北有戲陽城。**殯于絳，未葬。晉侯飲酒，樂。膳宰屠蒯趨入，**❷**請佐公使尊。**公之使人執尊酌酒，請爲之佐。**許之。**公許之。**而遂酌以飲工，**工，樂師師曠也。**曰：「女爲君耳，將司聰也。**樂所以聰耳。**辰在子卯，謂之疾日。**疾，惡也。紂以甲子喪，桀以乙卯亡，故國君以爲忌日。**君徹宴樂，學人舍業，爲疾故也。君之卿佐，是謂股肱。股肱或虧，何痛如之？**言痛疾過於忌日。**女弗聞而樂，是不聰也。」**不聞是義而作樂。**又飲外嬖嬖叔，**外嬖大夫之嬖者。**曰：「女爲君目，將司明也。**職在外，故主視。**服以旌禮，**旌，表也。**禮以行事，**事，政令。**事有其物，**物，類也。**物有其容。**容，貌也。**今君之容，非其物也，**有卿佐之喪，而作樂歡會，故曰非其物。**而女不見，是不明也。」**亦自飲也，**曰：「味以行氣，氣以實志，**氣和則志充。**志以定言，**在心爲志，發口爲言。**言以出令。臣實司味，二御失官，而君弗命，臣之罪也。」**工與嬖叔，侍御君者，失官，不聽明。**公說，徹酒。初，公欲廢知氏而立其外嬖，爲是悛而止。秋，八月，使荀躒佐下軍以説焉。**躒，荀盈之子知文子也。佐下軍，代父也。説，自解説。【疏】

❶「戲陽」，阮校：「案，《後漢書・光武紀》作『羛陽』，注引《左傳》文云『戲與羛同』。按，《説文・我部》云：魏郡有羛陽縣。」

❷「屠蒯」，阮校：「《禮記》作『杜蕢』，鄭注云：『杜蕢』，或作『屠蒯』。」

注「工樂師師曠也」。❶　正義曰：《禮記・檀弓》説此事云：「知悼子卒，未葬，平公飲酒，師曠、李調侍。」知工即師曠也，外嬖叔即李調也。❷　注「樂所以聽耳」。　正義曰：樂以和心，聲從耳入，故樂者所以聽耳。大師掌樂，務使君聰，故爲君耳，將司聽也。　注「疾惡」至「忌日」。　正義曰：訓疾爲惡，言王者惡此日，不以舉吉事也。《尚書・武成》篇云：時「甲子昧爽，受率其旅若林，會于牧野。罔有敵于我師，前徒倒戈，攻于後以北，血流漂杵」。是紂以甲子喪也。《詩》云：「韋顧既伐，昆吾夏桀。」言昆吾與桀同時死也。十八年傳：「二月，乙卯，周毛得殺毛伯過而代之。萇弘曰：毛得必亡，是昆吾稔之日也。」昆吾之死與桀同日，知桀以乙卯亡也。以此二王之亡爲天誅之日，故國君以爲忌日，惡此日也。《檀弓》云：「君子有終身之憂，故忌日不樂。」鄭玄云：「謂死日也。」彼謂親亡之日，至此日而念親，故忌此日，不用舉吉事，非是惡此日也。此與忌日名同意異。　注「外都」至「嬖者」。　正義曰：此言外嬖嬖叔，即李調是也。《禮記》云：「調也，君之褻臣也。」既云褻臣，而謂之外嬖，知是外都大夫之嬖者，猶晉獻公時有外嬖梁伍，東關嬖伍。　「服以」至「不明」。　正義曰：吉有弁冕，凶有衰麻。禮有吉凶之異，作衣服以表之。如此之類，「是服以旌禮」也。《周禮・司服》：六冕以祭祀，皮弁以視朝，韋弁以即戎，冠弁以田獵。如此之類，是「禮以行事」也。傳稱「哀有哭泣，樂有歌舞」，如此之類，是「事有其物」，言行事各有其物類也。記稱衰麻則有哀色，端冕則有敬色，介胄則有不可犯之色。《周禮・保氏》教國子六儀：「一曰祭祀之容，二曰賓客之容，三曰朝廷之容，四曰喪紀之容，五曰軍旅之容，六曰車馬之容。」《少儀》曰：「言語之美，穆穆

---

❶「注工樂師師曠也」，阮本以下正義七節分疏於傳文各節下。

❷「外嬖叔」，傳言「外嬖嬖叔」，下疏亦言「外嬖嬖叔」，疑此脱一「嬖」字。

皇皇。朝廷之美，濟濟翔翔。祭祀之美，齊齊皇皇。車馬之美，騑騑翼翼。鸞和之美，肅肅雍雍。」如此之類，是「物有其容」也。君有卿佐之喪，宜有悲哀之貌，而與羣臣飲酒作樂，今君之容貌非其類也，而女不見，是不明也。　「味以」至「罪也」。　正義曰：調和飲食之味以養人，所以行人氣也。氣得和順，所以充人志也。志意充滿，慮之於心，所以定言語也。詳審言語，宣之於口，所以出號令也。臣實主掌食味，今工師不聰，叔也不明，二侍御者並失其官，而君不出令以罪之，必是食味失宜，是臣之罪也。　「公説」至「而止」。　正義曰：公心欲廢知氏，故輕悼子之喪，不廢飲酒，得蒯以禮責之，乃知君臣義重，其禮不可輒廢，爲是悛而止。悛，改也，改革前意也。《禮記》記此事，飲酒事同，而其言盡別。記是傳聞，故與此異。二者必有一謬，當傳實而記虚也。

孟僖子如齊殷聘，禮也。自叔老聘齊，至今二十年，禮意久曠，今脩盛聘，以無忘舊好，故曰禮。【疏】注「自叔」至「曰禮」。　正義曰：襄二十年叔老聘齊，至今二十年，更不遣聘，是邦交禮意久曠絶也。殷訓盛也。今脩盛聘，以無忘舊好，故禮之也。《聘禮》云：「小聘曰問，不享，有獻不及夫人，主人不延几，❶不郊勞。」然則聘禮，經之所言，是大聘也。《王制》云：「諸侯之於天子也，比年一小聘，三年一大聘。」鄭玄云：「小聘使大夫，大聘使卿。」聘禮既是大聘，使卿矣。殷聘又當盛於大聘，不知以何爲盛，或當享禮之物多矣。

冬，築郎囿，書時也。季平子欲其速成也，叔孫昭子曰：「《詩》曰：『經始勿亟，庶民子來。』《詩·大雅》。言文王始經營靈臺，非急疾之，衆民自以子義來，勸樂爲之。**焉用速成？其以勦民**

---

❶「延」，阮校：「浦鏜《正誤》『延』作『筵』，與《聘禮》合。」

也。勤，勞也。無囿猶可，無民其可乎？」【疏】「詩曰」至「子來」。❶　正義曰：《大雅·靈臺》之篇也。言文王經始靈臺之基趾，其意勿使急成之，但其衆民自以子成父事而來勸樂，而早成之耳。子成父事，不待督帥，故云「子來」，以示民樂之意。

【經】十年，春，王正月。

夏，齊欒施來奔。耆酒好内，以取敗亡，故書名。

秋，七月，季孫意如、叔弓、仲孫貜帥師伐莒。三大夫皆卿，故書之。季孫爲主，二子從之。

【疏】注「三大」至「從之」。　正義曰：成二年鞌之戰，魯四卿並書，此三卿皆書，重兵詳内，故備書之。其他國行兵，唯書元帥而已，略外也。傳云「平子伐莒取郠」，平丘又獨見執，明是季孫爲伐莒之主，二子從之。

戊子，晉侯彪卒。五同盟。

九月，叔孫婼如晉。

葬晉平公。三月而葬速。【疏】注「五同盟」。❷　正義曰：彪以襄十六年即位，其年盟于溴梁，十九年于祝柯，二十年于澶淵，二十五年于重丘，二十七年于宋，不數元年號會，是五同盟。

---

❶「詩曰至子來」，阮本此節正義在注「勸樂爲之」下。

❷「注五同盟」，阮本此節正義在「宋公成卒」句下。

十有二月，甲子，宋公成卒。❶十一同盟也。無冬，史闕文。【疏】注「十一同盟」。正義曰：成以成十六年即位，十七年盟于柯陵，十八年于虛朾，襄三年于雞澤，五年于戚，九年于戲，十一年于亳城北，十五年及向戌盟于劉，十六年于溴梁，十九年于祝柯，二十年于澶淵，二十五年于重丘，二十七年于宋，元年于虢，皆魯、宋俱在，凡十三同盟。杜意盟數多者不數特盟，襄十五年向戌盟于劉，及虢盟不數，故十一。劉炫并數以規杜過，非也。如此數盟不同者，或由轉寫誤。

【傳】十年，春，王正月，有星出于婺女。客星也，不書，非孛。**鄭裨竈言於子產曰：「七月戊子，晉君將死。今兹歲在顓頊之虛，**歲，歲星也。顓頊之虛謂玄枵。**姜氏、任氏實守其地。**❷姜，齊姓。任，薛姓。齊、薛二國守玄枵之地。**居其維首，而有妖星焉，告邑姜也。**客星居女枵之維首。❸邑姜，齊大公女，晉唐叔之母。星占，婺女爲既嫁之女，織女爲處女。邑姜，齊之既嫁女，妖星在婺女，齊得歲，故知禍歸邑姜。**邑姜，晉之妣也。天以七紀，**二十八宿，面七。**戊子，逢公以登，星斯於是乎出。**逢公，殷諸侯居齊地者。逢公將死，妖星出婺女，時非歲星所在，故齊自當禍，而以戊

---

❶「成」，阮校：「《釋文》云：『成，音城，何休音「恤」。』案，《公羊》作『戌』，《釋文》云：『宋戌，讀《左傳》者音城。何云「向恤與君同名」，則宜音恤。』」

❷「其地」，阮校：「韋昭《周語》注引作『其祀』。」

❸「女」，《四部叢刊》本、京都本、文淵閣本、阮本作「玄」。阮校：「作『女』，非也。」

子日卒。**吾是以譏之。」**爲晉侯彪卒傳。【疏】注「歲歲」至「玄枵」。❶　正義曰：《釋天》云：「玄枵，虚也。顓頊之虚，虚也。」郭璞曰：「虚在正北，顓頊水德，位在北方。」當以北方三次，以玄枵爲中。玄枵次有三宿，又虚在其中。以水位在北，顓頊居之，故謂玄枵虚星，爲顓頊之虚也。　「居其」至「姜也」。　正義曰：維者綱也，玄枵次有三宿，女爲其初，女是次之綱維也。居其維首，謂星居之也。其玄枵維首，而有妖異之星焉，以將死之妖告邑姜也。邑姜，齊女。告邑姜，言其子孫當死也。　「邑姜晉之妣也」。　正義曰：《曲禮》云：「生曰母，死曰妣。」鄭玄云：「妣之言媲，媲於考也。」邑姜，唐叔之母，故爲晉之妣也。邑姜亦是成王之母，而於周無災，任、姜共守其地，而不告薛女，此則裨竈自知，非吾徒所能測。　「戊子」至「乎出」。　正義曰：昔戊子之日，逢公死，其神以此日登天。於時有星，是此星也，於是婺女乎出。爾時妖星出於婺女，而戊子逢公死。今此星亦出婺女，知戊子晉君當死也。逢公死日，星出婺女，當時猶有書記，故裨竈得而知之。　注「逢公」至「日卒」。　正義曰：二十年，晏子説齊地云「有逢伯陵因之」，則伯陵是逢君之始祖也。《周語》説玄枵之次云：「我皇妣，大姜之姪，伯陵之後，逢公之所馮神也。」孔晁云：「大姜，大王之妃，王季之母也。女子謂昆弟之子曰姪。伯陵，大姜之祖。逢公，大姜之姪，伯陵之後。逢公，殷諸侯也。」然則伯陵之後世爲逢君，皆是逢公，未知戊子卒者何所名號也。❷　逢公死時，妖星亦出婺女，於時歲星不在齊分，故齊地之君自當其禍。此時歲在齊分，故外孫當之。

❶「注歲歲至玄枵」，阮本以下正義五節分疏於傳文各節下。

❷「所」，京都本、文淵閣本、阮本無此字。

齊惠欒、高氏耆酒，❶欒、高二族，皆出惠公。**信内多怨，**説婦人言，故多怨。**彊於陳、鮑氏而惡之。**惡陳、鮑。**夏，有告陳桓子曰：「子旗、子良將攻陳、鮑。」亦告鮑氏。桓子授甲而如鮑氏，遭子良醉而騁，**欲及子良醉，故騁告鮑文子。❷**遂見文子，**文子，鮑國。**則亦授甲矣。使視二子，**二子，子旗、子良。**則皆將飲酒。桓子曰：「彼雖不信，**彼，傳言者。**聞我授甲，則必逐我。及其飲酒也，先伐諸。」陳、鮑方睦，遂伐欒、高氏。子良曰：「先得公，陳、鮑焉往？」**欲以公自輔助。❸**遂伐虎門。**欲入，公不聽，故伐公門。**晏平仲端委立于虎門之外，**端委，❹朝服。**四族召之，無所往。**四族，欒、高、陳、鮑。**其徒曰：「助陳、鮑乎？」曰：「何善焉？」**言無善義可助。**「助欒、高乎？」曰：「庸愈乎？」**罪惡不差於陳、鮑。**「然則歸乎？」曰：「君伐，焉歸？」公召之而後入。**

公卜使王黑以靈姑銔率，吉。王黑，齊大夫。靈姑銔，公旗名。**請斷三尺焉而用之。**斷三尺，不敢與君同。**五月，庚辰，戰于稷，**稷，祀后稷之處。**欒、高敗，又敗諸莊。**莊，六軌之道。**國人追之，又敗諸鹿門。**鹿門，齊城門。**欒施、高彊來奔。**高彊不書，非卿。

---

❶「高氏」下，《四部叢刊》本、京都本、文淵閣本、阮本有「皆」字。
❷「騁」，阮校：「淳熙本、岳本、纂圖本作『驅』。」
❸「助」，阮校：「淳熙本、纂圖本、足利本作『佐』。」
❹「端委朝服」，阮校：「案，九年注作『端委禮服』。」

陳、鮑分其室。晏子謂桓子：「必致諸公。讓，德之主也，讓之謂懿德。凡有血氣，皆有争心，故利不可强，不可强取。**思義爲愈。義，利之本也，藴利生孽。**藴，❶畜也。孽，妖害也。**姑使無藴乎？可以滋長。」桓子盡致諸公，而請老于莒。**莒，齊邑。

桓子召子山，子山、子商、子周，襄三十一年子尾所逐羣公子。**私具幄幕、器用、從者之衣屨，**私具，不告公。**而反棘焉。**棘，子山故邑。齊國西安縣東有戟里亭。**子商亦如之，而反其邑。子周亦如之，而與之夫于。**子周本無邑，故更與之。濟南於陵縣西北有于亭。**反子城、子公、公孫捷，**三子，八年子旗所逐。**而皆益其禄。凡公子、公孫之無禄者，私分之邑。**桓子以己邑分之。**國之貧約孤寡者，私與之粟。曰：「《詩》云『陳錫載周』，能施也。**《詩·大雅》。言文王能布陳大利，以賜天下，行之周徧。**桓公是以霸。」**齊桓公亦能施以致霸。**公與桓子莒之旁邑，辭。**讓不受。**穆孟姬爲之請高唐，陳氏始大。**穆孟姬，景公母。傳言陳氏所以興。【疏】「齊惠欒高氏」。❷ 正義曰：齊惠公生公子欒、公子高。高生子尾，尾生子良。欒生子雅，雅生子旗。旗是欒孫，良是高孫。孫以王父字爲氏，皆出惠公，故曰「惠欒、高氏也」。「遂伐虎門」。正義曰：《周禮·師氏》：「掌以美詔王，居虎門之左，司

---

❶「藴畜也孽妖害也」，阮校曰：「宋殘本、淳熙本、岳本、纂圖本注文七字在『姑使無藴乎』句下。」阮本同阮校所列諸本。

❷「齊惠欒高氏」，阮本以下正義六節分疏於傳文各節下。

王朝。」鄭玄云：「虎門，路寢門也。王日視朝於路寢，門外畫虎焉，以明勇猛於守宜也。司猶察也，察王之視朝，若有善道可行者，則當前以詔王。」彼師氏察王得失，明其近王，故以虎門爲路寢門。此亦當然。或以虎門非路寢門，當是宮之外門，不與《周禮》同。　注「端委朝服」。　正義曰：元年傳劉定公謂趙文子云「吾與子弁冕端委」，哀七年傳曰「大伯端委以治周禮」，則端委是在公之服，故云朝服。鄭玄云：諸侯與其臣皮弁以視朔，朝服以視朝，其朝服玄冠緇布衣素積以爲裳也。　「公卜」至「用之」。　正義曰：公卜，卜與欒、高戰也。靈姑銔者，齊侯旌旗之名。卜使王黑以此靈姑銔之旗率人以戰，得吉也。禮，諸侯當建交龍之旂，此靈姑銔蓋是交龍之旂，當時爲之名，其義不可知也。知是旗者，以「請斷三尺而用之」，故知是旗。　注「莊六軌之道」。　正義曰：《釋宮》云：「六達謂之莊。」舊説皆云「六道旁出」。杜皆以一達爲一軌。　「曰詩」至「以霸」。　正義曰：「曰」者，桓子辭也。既私施與，又言己施之意。《大雅·文王》之篇。錫，賜。載，行。周，徧也。言文王能布陳大利，以賜天下，行之周徧，此言文王之能施也。桓公亦用此能施，❶是以霸諸侯，焉得不務施乎？言己多施爲此也。

秋，七月，平子伐莒，取郠，郠，莒邑。取郠不書，公見討於平丘，魯諱之。**獻俘，始用人於亳社。**以人祭殷社。**臧武仲在齊，聞之，曰：「周公其不饗魯祭乎？周公饗義，魯無義。《詩》曰：『德音孔昭，視民不恌。』**《詩·小雅》。恌，偷也。言明德君子必愛民。**恌之謂甚矣，而壹用之，將誰福哉？」**壹，同也，同人於畜牲。【疏】「詩曰」至「福哉」。　正義曰：《小雅·鹿鳴》之篇也。孔，甚。昭，

❶「施是以」，京都本、文淵閣本、阮本無此三字。

明。佻，偷也。言君子之人爲賓客，德音甚明，其視下民不偷薄苟且也。偷之已謂甚矣，而一同畜牲用之，將誰肯福祐之哉？「佻，偷」，《釋言》文。李巡曰：「佻，偷薄之偷也。」孫炎曰：「偷，苟且也。」

戊子，晉平公卒。如禆竈之言。鄭伯如晉，及河，晉人辭之。游吉遂如晉。禮，諸侯不相弔，故辭。

九月，叔孫婼、齊國弱、宋華定、衛北宮喜、鄭罕虎、許人、曹人、莒人、邾人、滕人、薛人、杞人、小邾人如晉，葬平公也。經不書諸侯大夫者，非盟會。鄭子皮將以幣行，見新君之贄。子産曰：「喪焉用幣？用幣必百兩，載幣用車百乘。百兩必千人，千人至，將不行。行，用也。不行，必盡用之。不得見新君，將自費用盡。幾千人而國不亡？」言千人之費不可數。子皮固請以行。既葬，諸侯之大夫欲因見新君，叔孫昭子曰：「非禮也。」弗聽。叔向辭之，曰：「大夫之事畢矣，送葬禮畢。而又命孤，孤斬焉在衰絰之中，既葬，未卒哭，故猶服斬衰。其以嘉服見，則喪禮未畢。其以喪服見，是重受弔也。大夫將若之何？」皆無辭以見。子皮盡用其幣。歸，謂子羽曰：「非知之實難，將在行之。言不患不知，患不能行。夫子知之矣，我則不足。言已由子産之戒，既知其不可，而遂行之，是我之不足。《書》曰：『欲敗度，縱敗禮。』逸《書》。我之謂矣。夫子知度與禮矣，我實縱欲，而不能自克也。」欲因喪以慶新君，故縱而行之，不能自勝。【疏】「百兩」。❶ 正義曰：《尚書》「武王戎車

❶ 「百兩」，阮本以下正義三節分疏於傳文各節下。

三百兩」，孔安國云：「兵車稱兩。」　「非知」至「不足」。　正義曰：《尚書·説命》云：「非知之艱，行之惟艱。」此言出彼意也。非知之實爲難，將在行之爲難也。言子産語己，己既知之，知而不行，所以自悔。夫子子産知之矣，知喪不用幣也，我則知不足。❶　「書曰」至「敗禮」。　正義曰：《尚書·太甲》篇也，孔傳云：「言己放縱情欲，毁敗禮儀法度。」

昭子至自晉，大夫皆見。高彊見而退。高彊，子良。**昭子語諸大夫曰：「爲人子，不可不慎也哉！昔慶封亡，子尾多受邑而稍致諸君，君以爲忠，而甚寵之。將死，疾于公宫，**在公宫被疾。**輦而歸，君親推之。**推其車而送之。**其子不能任，是以在此。忠爲令德，其子弗能任，罪猶及之，難不慎也。喪夫人之力，棄德曠宗，以及其身，不亦害乎？**夫人謂子尾。曠，空也。**《詩》曰：『不自我先，不自我後。』其是之謂乎？」**《詩·小雅》。言禍亂不在他，正當己身。以喻高彊身自取此禍。

【疏】「難不慎」。❷　正義曰：言人居身難，可不謹慎？　「詩曰」至「我後」。❸　正義曰：《正月》，大夫刺幽王也。❹云：「父母生我，胡俾我瘉？不自我先，不自我後。」注云：「父母，謂文武也。天使父母生我，何故不長遂我，而使我遭此暴虐之政而病？此何不出我之前，居我之後？」窮苦之情，苟欲免身。

---

❶「足」下，京都本、文淵閣本、阮本有「矣」字。

❷「難不慎」，阮本此節正義在「不亦害乎」句注下。

❸「詩曰至我後」，阮本此節正義在「冬十二月」節下。

❹「大」，原作「夫」，據正宗寺本、京都本、文淵閣本、阮本改。

冬，十二月，宋平公卒。初，元公惡寺人柳，欲殺之。元公，平公大子佐也。及喪，柳熾炭于位，以温地。將至，則去之。使公坐其處。比葬，又有寵。言元公好惡無常。【疏】「平」。❶ 正義曰：《謚法》：「内外賓服曰平。」「元」。正義曰：《謚法》：「好建國都曰元。」❷

【經】十有一年，春，王二月，❸叔弓如宋。

葬宋平公。

夏，四月，丁巳，楚子虔誘蔡侯般，殺之于申。蔡侯雖弒父而立，楚子誘而殺之，刑其羣士，蔡大夫深怨，故以楚子名告。【疏】注「蔡侯」至「名告」。正義曰：蔡侯雖弒父而立，實宜受討，但立爲君於蔡已十三年，楚子誘而殺之，又刑其羣士，不以弒父之罪討之。蔡大夫深怨楚子，故以楚子名赴告。禮，諸侯不生名，書名是罪絶之事，以其名告，欲使諸國之史書名，以罪絶之也。若是楚告，不當自罪其君，知是蔡人告也。公子圍殺君取國，改名曰虔。

楚公子棄疾帥師圍蔡。

---

❶「平」，阮本此節正義在「元公惡寺人柳欲殺之」句注下。
❷「好」，阮校：「案，《逸周書·謚法解》作『始』。」
❸「二月」，阮校：「《公羊》作『正月』。」

五月，甲申，夫人歸氏薨。昭公母，胡女，歸姓。

大蒐于比蒲。❶

仲孫貜會邾子，盟于祲祥。祲祥，地闕。

秋，季孫意如會晉韓起、齊國弱、宋華亥、衛北宮佗、鄭罕虎、曹人、杞人于厥慭。厥慭，地闕。

九月，己亥，葬我小君齊歸。齊，謚。

冬，十有一月，丁酉，楚師滅蔡，執蔡世子有以歸，用之。用之，殺以祭山。【疏】「蔡世子」。正義曰：父既死矣，猶稱世子者，君死而國被圍，未暇以禮即位，故國以世子告。

【傳】十一年，春，王二月，叔弓如宋，葬平公也。嫌以聘事行，故傳具之。

景王問於萇弘曰：「今茲諸侯，何實吉？何實凶？」萇弘，周大夫。對曰：「蔡凶。此蔡侯般弑其君之歲也，歲在豕韋，襄三十年，蔡世子般弑其君，歲在豕韋。至今十三歲，歲復在豕韋。般即靈侯也。弗過此矣。言蔡凶不過此年。楚將有之，然壅也。蔡近楚，故知楚將有之。楚無德而享大利，所以壅積其惡。歲及大梁，蔡復楚凶，天之道也。」楚靈王弑立之歲，歲在大梁，到昭十三年，歲復在大梁。美惡周必復，故知楚凶。

❶「于」，原作「千」，據京都本、文淵閣本阮本改。

楚子在申，召蔡靈侯。靈侯將往，蔡大夫曰：「王貪而無信，唯蔡於感，蔡，近楚之大國，故楚常恨其不服順。今幣重而言甘，誘我也，不如無往。」蔡侯不可。三月，丙申，楚子伏甲而饗蔡侯於申，醉而執之。夏，四月，丁巳，殺之，刑其士七十人。公子棄疾帥師圍蔡。傳言楚子無道。

韓宣子問於叔向曰：「楚其克乎？」對曰：「克哉！蔡侯獲罪於其君，謂弒父而立。而不能其民，不能施德。天將假手於楚以斃之，借楚手以討蔡。何故不克？然肸聞之，不信以幸，不可再也。楚王奉孫吴以討於陳，曰將定而國。陳人聽命，而遂縣之。事在八年。今又誘蔡而殺其君，以圍其國，雖幸而克，必受其咎，弗能久矣。桀克有緡，以喪其國。紂克東夷，而隕其身。紂爲黎之蒐，東夷叛之。桀爲仍之會，有緡叛之，故伐而克之。楚小位下，而亟暴於二王，能無咎乎？天之假助不善，非祚之也，❶厚其凶惡，而降之罰也。且譬之如天，其有五材，而將用之，力盡而敝之，是以無拯，不可没振。」金木水火土五者爲物，用久則必有敝盡，盡則棄捐，故言無拯。拯猶救助也。不可没振，猶没不可復振。【疏】「桀克」至「其身」。❷正義曰：桀身奔南巢，故云喪國也。紂首縣白旗，故云隕身也。「楚小」至「咎乎」。正義曰：亟，數也。比於桀紂，則楚小位下，而數行暴虐，甚於桀紂二王，能無咎惡乎？「是以」至「没振」。正義曰：拯音烝之上聲也。《方言》云：「出溺爲拯。」拯是救助之義。天之用

---

❶「祚」，阮校：「《釋文》作『胙』，云『本又作祚』。陳樹華云：當作『胙』爲正。」

❷「桀克至其身」，阮本此節正義在「紂克東夷而隕其身」句注下。

楚，如人用五材，力盡而敝，敝則棄之，是以無救助之者。拯是救溺之名，遂以救溺爲喻也，不可沈没之後復振救之。振亦救也。言楚如没水，不可救也。注「金木」至「棄捐」。正義曰：金木水火土五者之材皆爲物用，用久則必敝盡，敝盡則棄捐之。捐亦棄也。言天之用楚，亦如此也。

五月，齊歸薨。大蒐于比蒲。非禮也。孟僖子會邾莊公，盟于祲祥，脩好，禮也。蒐非存亡之由，故臨喪不宜爲之。盟會以安社稷，故喪盟謂之禮。

泉丘人有女，夢以其帷幕孟氏之廟，泉丘，魯邑。**遂奔僖子，其僚從之。**鄰女爲僚友者，隨而奔僖子。**盟于清丘之社，曰：「有子，無相棄也。」**二女自共盟。**僖子使助薳氏之簉。**簉，副倅也。薳氏之女爲僖子副妾，别居在外，故僖子納泉丘人女，令副助之。**反自祲祥，宿於薳氏，生懿子及南宫敬叔於泉丘人。其僚無子，使字敬叔。**字，養也，似雙生。【疏】注「簉副」至「助之」。❶　正義曰：禮有副車、倅車，皆謂副貳之車也。簉亦副倅之意。妻爲正適，妾爲副貳，薳氏之女先爲副貳，别居在外，故使泉丘人女與之聚居，令副助而爲對偶之。「於泉丘人」。正義曰：以傳直云「宿於薳氏」，即連言「生懿子及南宫敬叔」，謂薳氏所生，故傳顯云「生懿子及南宫敬叔於泉丘人」。「於泉丘人」宜上讀爲句。

楚師在蔡，向四月之師。**晉荀吴謂韓宣子曰：「不能救陳，又不能救蔡，物以無親，**物，事也。**晉之不能，亦可知也已。爲盟主，而不恤亡國，將焉用之？」秋，會于厥慭，謀救蔡也。**不書救蔡，不

---

❶「注簉副至助之」，阮本以下正義二節分疏於傳文各節下。

果救。鄭子皮將行，子産曰：「行不遠，不能救蔡也。蔡小而不順，楚大而不德，天將棄蔡以壅楚，盈而罰之，盈楚惡。蔡必亡矣，且喪君而能守者鮮矣。三年，王其有咎乎？美惡周必復，王惡周矣。」元年，楚子弒君而立，歲在大梁。後三年，十三歲，歲星周，復於大梁。晉人使狐父請蔡于楚，弗許。狐父，晉大夫。【疏】「物以無親」。❶ 正義曰：物，事也。事事如此，以是故無人肯親我晉國。

單子會韓宣子于戚，單子，單成公。視下言徐。叔向曰：「單子其將死乎？朝有著定，著定，朝内列位常處，謂之表著。會有表，野會設表以爲位。衣有襘，帶有結。襘，領會。結，帶結也。會朝之言，必聞于表著之位，所以昭事序也。視不過結襘之中，所以道容貌也。言以命之，容貌以明之，失則有闕。今單子爲王官伯，而命事於會，視不登帶，言不過步，貌不道容，而言不昭矣。不道不共，不昭不從，貌正曰共，言順曰從。無守氣矣。」爲此年冬單子卒起本。【疏】注「著定」至「表著」。❷ 正義曰：著定，謂佇立定處，故謂朝内列位常處也。《周禮·司士》：「正朝儀之位，辨其貴賤之等。王南鄉，三公北面東上，孤東面北上，卿大夫西面北上。王族故士虎士在路門之右，南面東上。大僕大右，大僕從者，在路門之左，南面西上。」鄭玄云：「此王日視朝事於路門外之位。」此是朝上之位，貴賤有定處也。「會有表」，亦是位之定處。但「著」下言「定」，則「表」亦是「定」，故直言「會有表」耳。俗本「表」下有「旗」，謬也。野會設表

❶「物以無親」，阮本此節正義在「物以無親」句注下。

❷「注著定至表著」，阮本以下正義五節分疏於傳文各節下。

爲位，亦當有物記處，如今之位版也。「謂之表著」者，杜意當以下文「表著之位」謂此也。劉炫謂下文有「著」有「表」，二文不同，以「著定」爲「朝有著」，不得謂之「表著」，而規杜氏。今知非者，杜意當以下文「會朝之言，必聞于表著」，故於「朝有著」之文并探下文「會有表」以配「著」，故云「謂之表著」，所以覆結下文，非謂「著」之一字即名「表著」也。劉炫不達杜旨，而爲規過，非也。　注「野會」至「爲位」。　正義曰：禮，諸侯建旂設旂以爲表也。《周禮・司儀》云：「將合諸侯，則令爲壇三成，宮旁一門。」《覲禮》云：「諸侯覲于天子，爲宮方三百步，四門壇十有二尋，深四尺。上介皆奉其君之旂置于宮，尚左，公侯伯子男皆就其旂而立。」鄭玄云：「置于宮者，建之豫爲其君見王之位也。諸公中階之前，北面東上。諸侯東階之東，西面北上。諸伯西階之西，東面北上。諸子門東，北面東上。諸男門西，北面東上。尚左者建旂，公東上，侯先伯，伯先子，子先男，而位皆上東方也。諸侯入壝門，或左或右，各就其旂而立，王降階南鄉見之。」是天子於野會諸侯，設表以爲位也。《周禮・大司馬》：中冬教大閱，門立四表。是亦以設表爲位也。❶盟主之會諸侯，必亦以旂表位。大夫聚會，亦應有以表位，但無文以言耳。　「言不過步」。　正義曰：言聲所聞，不過一步。　注「貌正」至「曰從」。　正義曰：《洪範》五事，「貌曰恭，言曰從」。其意云容貌當恭恪，❷言是則可從，是「貌正曰共，言順曰從」。　「無守氣」。　正義曰：言無守身之氣，將必死。

九月，葬齊歸，公不慼。晉士之送葬者歸，以語史趙，史趙曰：「必爲魯郊。」言昭公必出在郊

❶「亦」，京都本、文淵閣本、阮本無此字。

❷「云」，監本、毛本、文淵閣本作「曰」。

野，不能有國。侍者曰：「何故？」曰：「歸，姓也。不思親，祖不歸也。」姓，生也。言不思親則不爲祖考所歸祐。**叔向曰：「魯公室其卑乎？君有大喪，國不廢蒐。**謂蒐比蒲。**有三年之喪，而無一日之慼。國不恤喪，不忌君也。**忌，畏也。**君無慼容，不顧親也。國不忌君，君不顧親，能無卑乎？殆其失國。」**爲二十五年公孫於齊傳。【疏】「晉士」至「魯郊」。❶　正義曰：傳稱文襄之制，夫人喪，士弔，大夫送葬。此言晉士送葬者，蓋大夫來而士爲介，未必士獨行也。此士以公不慼語史趙，故特言士耳。「必爲魯郊」，言昭公必爲魯人所逐而出在郊。

冬，十一月，楚子滅蔡，用隱大子于岡山。蔡靈公之大子，蔡侯廬之父。**申無宇曰：「不祥。五牲不相爲用，況用諸侯乎？**五牲，牛、羊、豕、犬、雞。**王必悔之。」**悔爲暴虐。【疏】「用隱大子于岡山」。❷　正義曰：此時楚以畜牲用之，無人爲之作謚，必是蔡侯廬歸國，乃追謚其父爲隱耳。《釋例·土地名》岡山闕，不知其處。經言「以歸，用之」，必是楚地山也。「況用諸侯」。正義曰：世子雖未即位，以其父既死，則當君處，故以諸侯言之，甚之也。注「五牲」至「犬雞」。正義曰：《爾雅》以此五者并馬爲六畜，《周禮》謂之六牲，但馬非常祭所用，故去馬而以此五者當之。

十二月，單成公卒。終叔向之言。

---

❶「晉士至魯郊」，阮本此節正義在「必爲魯郊」句注下。

❷「用隱大子于岡山」，阮本以下正義三節分疏於傳文各節下。

楚子城陳、蔡、不羹。❶襄城縣東南有不羹城，定陵西北有不羹亭。**使棄疾爲蔡公。王問於申無宇曰：「棄疾在蔡，何如？」對曰：「擇子莫如父，擇臣莫如君。鄭莊公城櫟，而寘子元焉，使昭公不立。**子元，鄭公子。莊公寘子元於櫟，桓十五年厲公因之以殺櫟大夫檀伯，遂居櫟，卒使昭公不安位而見殺。**齊桓公城穀，而寘管仲焉，至于今賴之。**城穀在莊三十二年。**臣聞五大不在邊，五細不在庭。**上古金木水火土謂之五官。玄鳥氏、丹鳥氏亦有五，又以五鳩鳩民，五雉爲五工正，蓋立官之本也。末世隨事施職，是以官無常數。今無宇稱習古言，故云「五大」也。言五官之長，專盛過節，則不可居邊。細弱不勝任，亦不可居朝廷。**親不在外，羈不在內。今棄疾在外，鄭丹在內。**襄十九年丹奔楚。**君其少戒。」王曰：「國有大城，何如？」對曰：「鄭京、櫟實殺曼伯，**曼伯，檀伯也。厲公得櫟，又并京。**宋蕭、亳實殺子游，**在莊十二年。**齊渠丘實殺無知，**在莊九年。渠丘，今齊國西安縣也，齊大夫雍廩邑。**衛蒲、戚實出獻公，**蒲，甯殖邑。戚，孫林父邑。出獻公在襄十四年。**若由是觀之，則害於國。末大必折，**折其本。**尾大不掉，君所知也。」**爲十三年陳、蔡作亂傳。【疏】「不羹」。❷　正義曰：古者羹臛之字音亦爲郎，故《魯頌·閟宮》、《楚辭·招魂》與史游《急就篇》羹與房、漿、糠爲韻。但近世以來，獨以此地音爲郎耳。　注「子元」至「見殺」。　正義曰：杜以子元爲鄭公子，曼伯

---

❶「羹」，《經典釋文》：「『羹』舊音『郎』。《漢書·地理志》作『更』字。」

❷「不羹」，阮本以下正義六節分疏於傳文各節下。

與檀伯爲一人。❶「莊公城櫟，而置子元」，又使檀伯爲櫟邑大夫，故厲公得因子元而殺檀伯。劉炫以爲：「傳言『城櫟以置子元』，當謂賜元以櫟，則以元爲櫟邑之長。若其別有大夫，子元寄居於櫟，便是城櫟以置檀伯，何言『置子元』也？若厲公因子元以殺檀伯，則子元是櫟邑之一夫耳，豈是莊公城櫟之咎乎？且桓十五年傳云『鄭伯因櫟人殺檀伯』，不言因子元也。子元，鄭之公子，不得爲櫟人也。鄭衆云：『子元即檀伯也。厲公殺檀伯，居櫟，因櫟之衆偪弱昭公，使至殺死。』案桓五年傳云『子元請爲左拒』，即云『曼伯爲右拒』，則曼伯、子元近是爲一。」以規杜氏。今知劉説非者，案晉封桓叔于曲沃，而以欒賓傅之。鄭使許叔居許，而以公孫獲爲佐。楚使大子建居城父，而以奮揚助之。並是一邑之内，而有二人。則莊公城櫟而置子元，別有檀伯居櫟，何爲不可？子元共櫟邑之人而納厲公，但此因棄疾在蔡，故特指子元。桓十五年直明厲公之入，故摠言櫟人。辭有彼此，不可爲怪。劉又以子元爲曼伯。案隱五年傳云「曼伯與子元潛軍，軍其後」，又下云「鄭二公子敗燕師于北制」，是子元非曼伯也。劉妄規杜，非也。　注「上古」至「朝廷」。　正義曰：二十九年傳曰：「有五行之官，是謂五官。木正曰句芒，火正曰祝融，金正曰蓐收，水正曰玄冥，土正曰后土。」是上古金木水火土謂之五官也。十七年傳云：少皞氏「紀於鳥，爲鳥師而鳥名。鳳鳥氏，歷正也。玄鳥氏，司分者也。伯趙氏，司至者也。青鳥氏，司啓者也。丹鳥氏，司閉者也」。是玄鳥、丹鳥亦有五也。彼傳又云：「五鳩，鳩民者也。五雉，爲五工正。」數皆有五。蓋古立官之本，以五爲常，末世隨事施職，是以官無常數，不復以五耳。今無宇稱習古言，故云「五大」也。言五官之長，其人大大，專盛過節，則不可居邊城，或將據邊城以陵本國也。五官之長大細弱，則不勝其任，不能使威行於

---

❶「一」，阮校：「『一』當作『二』，諸本並誤。」

下，將爲人所陵，亦不可居朝廷也。賈逵云：「五大謂大子、母弟、貴寵公子、公孫、累世正卿也。」鄭衆云：「大子，晉申生居曲沃是也。母弟，鄭共叔段居京是也。貴寵公子，若棄疾在蔡是也。貴寵公孫，若無知食渠丘是也。累世正卿，衛甯殖居蒲、孫氏居戚是也。五細，賤妨貴，少陵長，遠閒親，新閒舊，小加大也。不在庭，不當使居朝廷爲政也。」此五大、五細，無宇唯言五耳，不知五者何謂，故先儒各自以意言之。雖杜之言，亦無明證，正以彼必不通，故改之耳。　「又并京」。❶　正義曰：厲公并京，傳無其事，正以京櫟連言，故云「又并京」。　注「在莊」至「廩邑」。　正義曰：渠丘爲雍廩之邑，傳無其文。以彼傳言「雍廩殺無知」，此云「齊渠丘實殺無知」，以此知渠丘是雍廩邑也。鄭衆以渠丘爲無知之邑，無知不坐邑死，何以言渠丘殺無知？蕭、亳非子游之邑，渠丘不得爲無知邑。　「則害」至「不掉」。　正義曰：宋殺子游，齊殺無知，乃是賴得大邑，以討篡賊，而謂之「害於國」者，以其能專廢置，則是國害。天子之建諸侯，欲令蕃屏王室，❷諸侯之有城邑，欲令指揮從己，不得使下邑制國都，故大城爲國害也。「末大必折」，以樹木喻也。「尾大不掉」，以畜獸喻也。《楚語》説此事云：「制城邑若體牲焉，❸有首領股肱，至於拇指毛脉，大能掉小，故變而不勤。夫邊境者，國之尾也，譬之如牛馬，處暑之既至，䖟蝱之既多，❹而不能掉其尾，臣亦懼之。」

❶「又」上，京都本、阮本有「注」字，是。
❷「蕃」，阮校：「毛本作『藩』。按，《説文》『蕃，艸茂也，從艸，番聲』，『藩，屏也，從艸，潘聲』，毛本是。」
❸「牲」，阮校：「案，《國語·楚語》作『性』。」
❹「蝱」，阮校：「案，《國語·楚語》作『䗈』，當攷。」

【經】十有二年，春，齊高偃帥師納北燕伯于陽。三年，燕伯出奔齊。高偃，高傒玄孫，齊大夫。陽即唐，燕別邑。中山有唐縣。不言于燕，未得國都。【疏】注「三年」至「國都」。　正義曰：劉炫云：「杜《譜》以偃與酀爲一，亦云高傒玄孫。案襄二十九年傳云『敬仲曾孫酀』，非玄孫也。」今知非者，案《世本》：「敬仲生莊子，莊子生傾子，傾子之孫酀。」是偃爲敬仲玄孫也。經言「于陽」，傳言「于唐」，知陽即唐也。不言「于燕」，未得國都，與哀二年納蒯聵于戚同。

三月，壬申，鄭伯嘉卒。五同盟。【疏】注「五同盟」。　正義曰：嘉以襄九年即位，其年盟于戲，十一年于亳城北，十六年于溴梁，二十年于澶淵，二十五年于重丘，二十七年于宋，元年于虢，皆魯、鄭俱在，凡七。云「五」者，杜以其盟既多，故皆據君在盟會而言之。襄二十七年是大夫之盟，元年虢會讀舊書，二者不數，故爲五也。或可轉寫錯誤。❶

夏，宋公使華定來聘。定，華椒孫。

公如晉，至河乃復。晉人以莒故辭公。

五月，葬鄭簡公。三月而葬速。

楚殺其大夫成熊。傳在葬簡公上，經從赴。

---

❶「可轉」，阮校：「閩本、監本、毛本『轉』作『傳』。案，『可』當作『由』。」

秋，七月。

冬，十月，公子慭出奔齊。書名，謀亂故也。

楚子伐徐。不書圍，以乾谿師告。【疏】注「不書」至「師告」。　正義曰：傳稱：「使蕩侯、潘子、司馬督、囂尹午、陵尹喜帥師圍徐，以懼吳。楚子次于乾谿，以爲之援。」如傳文，則實圍徐也，不書圍者，不以所圍之師告，以乾谿援師告也。

晉伐鮮虞。不書將帥，史闕文。【疏】注「不書」至「闕文」。　正義曰：十五年「晉荀吴帥師伐鮮虞」，定四年「晉士鞅、衛孔圉帥師伐鮮虞」，二者皆書將帥，此獨不書將帥，知是史闕，或是告辭略。史闕不得書，亦得言史闕文也。《穀梁》曰：「其曰晉，狄之也。不正其與夷狄交伐中國，故狄稱之也。」賈、服取以爲説。《左氏》無貶中國從夷狄之法。傳曰「亡者侮之，❶亂者取之」，又曰「間攜貳，覆昏亂，霸王之器也」。鮮虞，夷狄也，近居中山，不式王命，不共諸夏，不事盟主，伐而取之，唯恐知力不足，焉有以夏討夷，反狄中國？從此以後，用師多矣，何以不常狄晉，更復書其將也？杜以其言不通，故顯而異之。

【傳】十二年，春，齊高偃納北燕伯款于唐，因其衆也。言因唐衆欲納之，故得先入唐。

三月，鄭簡公卒。將爲葬除，除葬道。**及游氏之廟，**游氏，子大叔族。**將毁焉。子大叔使其除**

---

❶「曰」，原作「口」，據正宗寺本、京都本、文淵閣本、阮本改。

徒執用以立，而無庸毁。用，毁廟具。**曰：「子産過女，而問何故不毁，乃曰，不忍廟也。諾，將毁矣！」**教毁廟者之辭。**既如是，子産乃使辟之。司墓之室有當道者，**簡公别營葬地，不在鄭先公舊墓，故道有臨時迂直也。司墓之室，鄭之掌公墓大夫徒屬之家。**毁之，則朝而堋，**堋，下棺。**弗毁，則日中而堋。子大叔請毁之，曰：「無若諸侯之賓何？」**不欲久留賓。**子産曰：「諸侯之賓，能來會吾喪，豈憚日中？無損於賓，而民不害，何故不爲？」遂弗毁，日中而葬。君子謂子産於是乎知禮，禮無毁人以自成也。**【疏】「執用」至「庸毁」。❶ 正義曰：用謂毁廟之具，若今鍬、钁之類也。庸亦用也。教其除道之徒，執所用作具以佇立，而無用即毁廟也。 「司墓之室」。 正義曰：《周禮》「墓大夫，下大夫二人，中士八人」，「掌凡邦墓之地域，爲之圖，令國民族葬」。鄭之司墓亦當如彼。此是掌公墓大夫也，言「之室有當道者」，則非司墓自家之室，故注以爲「徒屬之家」，猶《尚書》注云：玄孫之親，言之以見高祖、曾祖之弟皆親親相似。 注「堋下棺」。 正義曰：《周禮》作「窆」，《禮記》作「封」，此作「堋」，皆是葬時下棺於壙之事，而其字不同，是聲相近，經篆、隸而字轉易耳。

夏，宋華定來聘，通嗣君也。宋元公新即位。**享之，爲賦《蓼蕭》，弗知，又不答賦。**《蓼蕭》，《詩·小雅》。義取「燕笑語兮，是以有譽處兮」，樂與華定燕語也。又曰「既見君子，爲龍爲光」，欲

❶「執用至庸毁」，阮本以下正義三節分疏於傳文各節下。

以寵光賓也。又曰「宜兄宜弟，令德壽凱」，言實有令德，❶可以壽樂也。又曰「和鸞雍雍，萬福攸同」，言欲與賓同福禄也。**昭子曰：「必亡。宴語之不懷，**懷，思也。**寵光之不宣，**宣，揚也。**令德之不知，同福之不受，將何以在？」**爲二十年華定出奔傳。【疏】「爲賦蓼蕭」。❷　正義曰：享燕之禮，自有常樂，今特云「爲賦蓼蕭」者，文四年「衛甯武子來聘，公與之宴，爲賦《湛露》及《彤弓》」。注云：「非禮之常，公特命樂人以示意。」則知此亦特命樂人，所以嘗試華定。　「昭子」至「不受」。　正義曰：不懷，不宣，不知，不受，皆據華定爲文也。《詩》云「燕笑語兮」，言定當思此笑語，與主相對也。《詩》云「爲龍爲光」，定當應此寵光宣揚之也。《詩》云「令德受凱」，❸定當知己有德以否，❹須辭謝之也。《詩》云「萬福攸同」，定當受此同福，荷君恩也。各準事而爲之文。

齊侯、衛侯、鄭伯如晉，朝嗣君也。晉昭公新立。

公如晉，亦欲朝嗣君。**至河乃復。取郠之役，**在十年。**莒人愬于晉，晉有平公之喪，未之治也，故辭公。公子慭遂如晉。**慭，魯大夫。如晉不書，還不復命而奔，故史不書於策。

晉侯享諸侯，子產相鄭伯，辭於享，請免喪而後聽命。簡公未葬。**晉人許之，禮也。**善晉不奪

---

❶「實」，《四部叢刊》本、京都本、文淵閣本、阮本作「賓」。

❷「爲賦蓼蕭」，阮本以下正義二節分疏於傳文各節下。

❸「受」，文淵閣本作「壽」。阮校：「當作『壽』。」

❹「以」，京都本、文淵閣本、阮本作「與」。

孝子之情。

晉侯以齊侯宴，中行穆子相。穆子，荀吳。投壺，晉侯先。穆子曰：「有酒如淮，有肉如坻。淮，水名。坻，山名。寡君中此，爲諸侯師。」中之。齊侯舉矢曰：「有酒如澠，有肉如陵。澠水出齊國臨淄縣北，入時水。陵，大阜也。寡人中此，與君代興。」代，更也。亦中之。伯瑕謂穆子伯瑕，士文伯。曰：「子失辭。吾固師諸侯矣，壺何爲焉，其以中儁也？言投壺中，不足爲儁異。齊君弱吾君，歸弗來矣。」欲與晉君代興，是弱之。穆子曰：「吾軍帥彊禦，卒乘競勸，今猶古也，齊將何事？」言晉德不衰於古，齊不事晉，將無所事。公孫傁趨進曰：「日旰君勤，可以出矣。」以齊侯出。傁，齊大夫。傳言晉之衰。【疏】注「慭魯」至「於策」。❶　正義曰：此經書「公子慭出奔齊」，名見於經，則慭是卿也。出奔既書於策，如晉亦應書之。今不書者，杜以宣十八年書「公孫歸父如晉」，「歸父還自晉，至笙，遂奔齊」。傳稱歸父還至笙，聞公薨，乃壇帷復命於介，然後出奔，書曰「歸父還自晉」，善之也。彼善之，故書其去，又書其還。此慭知己謀泄，逃介而先，不復命於君而還出奔，故史不書於策，言其爲此故不書其如晉也。劉炫云：「杜以慭還不復命於介而奔，止可不書其還，何故如晉亦不書也？此蓋謂君使臣聘，必當告廟，告廟乃得書於策。公歸告復，不告使慭，故不書如晉。」今删定，以爲慭初欲謀亂魯國，而往聘晉，魯人責其謀亂不復命，故賤而不録其聘也。出奔書者，榮其罪人斯得，故顯而書之也。劉以爲出聘不告廟，故不書，而規杜氏。案：不復命而

❶「注慭魯至於策」，阮本以下正義五節分疏於傳文各節下。

奔，傳有其事。公子慭不告廟，傳無其文。以無文之事妄規杜氏，非也。「子産」至「於享」。正義曰：僖九年，「宋桓公卒，未葬，襄公會諸侯，故曰子」。是先君未葬，有從會之禮也。鄭偪於楚，以固事晉，故父雖未葬，朝晉嗣君，不得已而行，於情可許也。諸侯相享，享必有樂，未葬不可以從吉，故辭享爲得禮。「投壺」。正義曰：《禮記》有投壺之禮，其文無相者呪辭。此中行穆子與齊侯皆有言辭者，投之中否，似若有神，故設爲此語。或可投時皆有言語，禮自不載之耳。伯瑕責穆子，唯言「壺何爲焉，其以中爲儁」，責其「失辭」，不云法不言，是投壺皆有言也。凡宴不射，即爲投壺。投壺之禮，壺去席二矢半，司射執八筭，東面，投壺如射，三而止。其矢，「室中五扶，堂上七扶，庭中九扶」。鋪四指曰扶。扶，四寸也。「筭長尺二寸。壺頸脩七寸，腹脩五寸，口徑二寸半，容斗五升。壺中實小豆焉，爲其矢之躍而出也」。小豆取滑且堅。「矢以柘若棘，毋去其皮」，取其堅且重也。舊說，矢大七分。注「淮水名坻山名」。正義曰：杜以淮爲水名，當謂四瀆之淮也。劉炫以爲淮、坻非韻，淮當作潍，又以坻爲水中之地，以規杜氏。今知不然者，以古之爲韻，不甚要切，故《詩》云：「汎彼柏舟，在彼中河。髧彼兩髦，實維我儀。」又云：「爲絺爲綌，服之無斁。」儀、河，斁、綌，尚得爲韻，淮、坻相韻，何故不可？此若齊侯之語，❶容可舉齊地潍水，此是穆子在晉，何意舉齊地水乎？又酒肉相對，多少相似。案《爾雅》：「小洲曰陼，小陼曰沚，小沚曰坻。」何得以坻之小地對淮之大水？故杜以坻爲山名。劉炫又以山無名坻者，案楚子觀兵於坻箕之山，坻非山乎？劉以此規杜失，非也。注「澠水」至「阜也」。正義曰：《釋例》云：「澠水出齊國臨淄縣北，經樂安博昌縣南界，西入時水。」《釋地》云：「大阜曰陵。」

❶「此」，原作「北」，據正宗寺本、京都本、文淵閣本、阮本改。

楚子謂成虎若敖之餘也，遂殺之。成虎，令尹子玉之孫，與鬭氏同出於若敖。宣四年，鬭椒作亂，今楚子信譖而託討若敖之餘。**或譖成虎於楚子，成虎知之而不能行。書曰：「楚殺其大夫成虎。」懷寵也。**解經所以書名。【疏】「成虎」。❶ 正義曰：經書熊，傳言虎者，此人名熊，字虎。傳言其字，經書其名，名字相覆，猶伯魚名鯉。

六月，**葬鄭簡公。**傳終子産辭享，明既葬則爲免喪。經書五月，誤。

晉荀吳僞會齊師者，假道於鮮虞，遂入昔陽。鮮虞，白狄别種，在中山新市縣。昔陽，肥國都，樂平沾縣東有昔陽城。**秋，八月，壬午，滅肥，以肥子緜皐歸。**肥，白狄也。緜皐，其君名。鉅鹿下曲陽縣西南有肥累城，爲下晉伐鮮虞起。【疏】注「鮮虞」至「陽城」。❷ 正義曰：宣十五年「晉師滅赤狄潞氏」，十六年「晉人滅赤狄甲氏及留吁」，成三年「晉郤克、衛孫良夫伐廧咎如」，傳曰「討赤狄之餘焉」，是赤狄已滅盡矣，知鮮虞與肥皆白狄之别種也。杜以昔陽爲肥國之都，樂平沾縣東有昔陽城，疑此爲都也。下注云「鉅鹿下曲陽縣西南有肥累城」，復疑肥國取彼肥爲名也。劉炫以爲：「齊在晉東，『僞會齊師』，當自晉而東行也。『假道鮮虞，遂入昔陽』，則昔陽當在鮮虞之東也。今案樂平沾縣在中山新市西南五百餘里，何當假道於東北之鮮虞，而反入西南之昔陽也？既入昔陽，而别言滅肥，則肥與昔陽不得爲一，安得以昔陽爲肥國之都也？若昔陽即

---

❶「成虎」，阮本此節正義在注「今楚子信譖而託討若敖之餘」下。

❷「注鮮虞至陽城」，阮本此節正義在「遂入昔陽」句注下。

是肥都，何以復言鉅鹿下曲陽有肥累之城，疑是肥名取於彼也？肥爲小國，竟必不遠，豈肥名取鉅鹿之城，建都於樂平之縣也？十五年『荀吴伐鮮虞，圍鼓』，杜云：『鼓，白狄之别。鉅鹿下曲陽縣有鼓聚。』炫謂肥、鼓並在鉅鹿，昔陽即是鼓都，在鮮虞之東南也。二十二年傳云晉荀吴『使師僞糴者，負甲以息於昔陽之門外，遂襲鼓，滅之』，則昔陽之爲鼓都，斷可知矣。」今杜以昔陽爲肥國都是者，以傳云「遂入昔陽」，即云「壬午滅肥」，是因入而滅之，故云「昔陽，肥國都」也。昔陽既在「樂平沾縣」，而杜又云「鉅鹿下曲陽縣西南有肥累城」，相去遠者，以肥是本封之名，後遷於昔陽，猶若杞國本都陳留，後遷緣陵，鄭本都京兆，後遷虢鄶，與此何異？且昔陽今屬廉州，去下曲陽道路非遠，在中山南二百許里。❶劉炫自云「肥之與鼓俱在曲陽」，足知肥累城與昔陽不甚懸絶。劉意欲破杜，乃云「樂平沾縣在中山新市西南五百餘里」，又自云「昔陽鼓國都，與肥相近，在中山東南」，是自相矛楯也。然鮮虞在北，昔陽在南，所以得假道鮮虞，遂入昔陽者，荀吴意欲滅肥，恐肥國防備，故從晉之北竟僞欲東南而行，往會齊師，故先迴路，假道鮮虞，南入昔陽，如湯之伐桀，迂路從陑，出其不意故也。且杜君《土地例》稱「有者皆疑辭」，故杜云「樂平沾縣東有昔陽」，是疑而不定。又且都縣移動，古今不一，則晉時樂平沾縣，何知不是今之昔陽？但肥都昔陽，與鼓相近。晉既滅得肥國，故二十二年息昔陽之門外，遂襲鼓而取之，昔陽非鼓都也。劉意好異聞，妄規杜過，非也。

周原伯絞虐，其輿臣使曹逃。原伯絞，周大夫原公也。輿，衆也。曹，羣也。**冬，十月，壬申，**

---

❶「許」，閩本、監本、毛本、文淵閣本作「餘」。

朔，原輿人逐絞而立公子䟫尋，䟫尋，絞弟。絞奔郊。郊，周地。【疏】注「原伯絞周大夫」。❶正義曰：杜以原伯絞爲周大夫，甘簡公爲周卿士。此無明據，以意言耳。

甘簡公無子，立其弟過。甘簡公，周卿士。過將去成、景之族。成公、景公皆過之先君。成、景之族賂劉獻公，欲使殺過。劉獻公亦周卿士，劉定公子。丙申，殺甘悼公，悼公即過。而立成公之孫鰌。鰌，平公。丁酉，殺獻大子之傅庾皮之子過，過，劉獻公大子之傅。殺瑕辛于市，及宮嬖綽、王孫没、劉州鳩、陰忌、老陽子。六子，周大夫，及庾過，皆甘悼公之黨。傳言周衰，原、甘二族所以遂微。

季平子立而不禮於南蒯。蒯，南遺之子，季氏費邑宰。南蒯謂子仲：子仲，公子憖。「吾出季氏，而歸其室於公，室，季氏家財。子更其位，更，代也。我以費爲公臣。」子仲許之。南蒯語叔仲穆子，且告之故。穆子，叔仲帶之子叔仲小也。語以欲出季氏，以不見禮故。季悼子之卒也，叔孫昭子以再命爲卿。悼子，季武子之子，平子父也。傳言叔孫之見命，乃在平子爲卿之前。及平子伐莒，克之，更受三命。十年，平子伐莒，以功加三命。昭子不伐莒，亦以例加爲三命。叔仲子欲構二家，欲構使相憎。謂平子曰：「三命踰父兄，非禮也。」言昭子受三命，自踰其先人。平子曰：「然。」故使昭子。使昭子自貶黜。昭子曰：「叔孫氏有家禍，殺適立庶，故婼也及此。禍在四年。

❶「注原伯絞周大夫」，阮本此節正義在「使曹逃」句注下。

若因禍以斃之，則聞命矣。言因亂討，己不敢辭。若不廢君命，則固有著矣。」著，位次。昭子朝而命吏曰：「婼將與季氏訟，書辭無頗。」頗，偏也。季孫懼，而歸罪於叔仲子。故叔仲小、南蒯、公子憖謀季氏。憖告公，而遂從公如晉。憖，子仲。南蒯懼不克，以費叛如齊。子仲還，及衛，聞亂，逃介而先。介，副使也。及郊，聞費叛，遂奔齊。言及郊，解經所以書出。

南蒯之將叛也，其鄉人或知之，過之而歎，鄉人過蒯而歎。且言曰：「恤恤乎，湫乎攸乎！恤恤，憂患。湫，愁隘。攸，懸危之貌。深思而淺謀，邇身而遠志，家臣而君圖。家臣而圖人君之事，故言思深而謀淺，身近而志遠。有人矣哉！」言今有此人，微以感之。南蒯枚筮之，不指其事，汎卜吉凶。遇坤䷁坤下坤上，坤。之比䷇，坤下坎上，比。坤六五爻變。曰：「黄裳元吉。」《坤》六五爻辭。以爲大吉也，示子服惠伯，曰：「即欲有事，何如？」惠伯曰：「吾嘗學此矣，忠信之事則可，不然必敗。外彊内温，忠也。坎險故彊，坤順故温。彊而能温，所以爲忠。和以率貞，信也。水和而土安正。和、正，信之本也。故曰『黄裳元吉』。黄，中之色也。裳，下之飾也。元，善之長也。中不忠，不得其色。言非黄。下不共，不得其飾。不爲裳。事不善，不得其極。失中德。外内倡和爲忠，不相違也。率事以信爲共，率，猶行也。供養三德爲善，三德，謂正直、剛克、柔克也。非此三者弗當。非忠、信、善不當此卦。且夫《易》，不可以占險，將何事也，且可飾乎？夫《易》，猶此《易》，謂「黄裳元吉」之卦。問其何事，欲令從下之飾。中美能黄，上美爲元，下美則裳，參成可筮。參美

盡備，吉可如筮。猶有闕也，筮雖吉，未也。」有闕，謂不參成。**將適費，飲鄉人酒。**南蒯自其家還適費。**鄉人或歌之曰：「我有圃，生之杞乎。**言南蒯在費，欲爲亂，如杞生於園圃，非宜也。杞，世所謂狗杞也。❶**從我者子乎，**子，男子之通稱。❷言從己可不失今之尊。**去我者鄙乎，倍其鄰者恥乎！**鄰猶親也。**已乎已乎，非吾黨之士乎！」**已乎已乎，言自遂不改。

平子欲使昭子逐叔仲小，欲以自解說。**小聞之，不敢朝。昭子命吏謂小待政於朝，曰：「吾不爲怨府。」**言不能爲季氏逐小，生怨禍之聚。爲明年叔弓圍費傳。【疏】「季悼」至「爲卿」。❸ 正義曰：悼子之卒不書於經，則是未爲卿也。其卒當在武子之前。平子以孫繼祖，武子卒後，即平子立也。傳言悼子卒者，欲見昭子爲卿，遠在平子之先。注「十年」至「三命」。正義曰：十年平子伐莒，名書於經，即平子於時已爲卿矣。《釋例》曰：「魯之叔孫父兄再命而書於經，晉司空亞旅一命而經不書。推此知諸侯之卿大夫，再命以上皆書於經。自一命以下大夫及士，經皆稱人，名氏不得見也。劉、賈云《春秋》之序，三命以上乃書於經，潁氏以爲再命稱人。❹傳云叔孫昭子『三命踰父兄』，昭公十年昭子始加三命，先此叔孫皆自見經，知所書皆再命也。」是杜檢傳文知再命書名。平子伐莒書名，知其已再命矣。平子伐莒克之，昭子不伐莒也，昭子無功而「更受三

---

❶「狗」，《四部叢刊》本、文淵閣本、阮本作「枸」。
❷「通」，阮校：「沈彤云：當作『美』。」
❸「季悼至爲卿」，阮本以下正義十九節分疏於傳文各節下。
❹「潁」，阮本作「穎」，是。

命」，知平子「以功加三命」，昭子「以例加爲三命」也。　注「言昭」至「先人」。　正義曰：《禮記・文王世子》云：「其朝于公，内朝，庶子治之，雖有三命，不踰父兄。」鄭玄云：「治之，治公族之禮也，唯於内朝則然，其餘會聚之事，則與庶姓同。一命齒于鄉里，再命齒于父族，三命不齒。不齒者，不在父兄行列中也。」彼言「三命不踰父兄」者，自謂在公内朝，位在父兄下耳，非謂不得受三命踰父兄也。「叔仲子欲構二家」，因禮有「三命不踰父兄」之法，遂言「昭子受三命，自踰其先人」，以此爲非禮也。平子初得其言，不甚曉解，故使昭子令自貶黜。見昭子不服，乃自知其非，故「懼而歸罪於叔仲子」也。昭子無兄，叔仲子引禮法，連言之耳。　注「言及」至「書出」。　正義曰：凡言出奔，皆自内而出。文七年「晉先蔑奔秦」，先在秦地，因即奔秦，故不言出也。歸父還自晉，至笙，遂奔齊。笙在魯之竟外，故不言出也。此言「及郊」，已入魯竟。傳言「及郊」，解經所以書「出」。　注「恤恤」至「之貌」。　正義曰：《釋詁》云：「恤，憂也。」故以恤恤爲憂患之意也。湫是湫隘，故以湫爲愁隘之意也。《詩》云「攸攸旆旌」，故以攸爲懸危之貌也。言南蒯之心若此。　「深思」至「君圖」。　正義曰：「深思而淺謀」，思慮深而知計淺，言其知小而謀大也。「邇身而遠志」，身卑近而志高遠，言其越分以求通也。「家臣而君圖」，爲家臣而謀君事，言其非己所當爲也。上二句言其心，下一句指其事。爲下句而發上句，故注倒言之。　「南蒯枚筮之」。正義曰：禮有銜枚，所銜之木大如箸也。今人數物云一枚、兩枚，則枚是籌之名也。《尚書・大禹謨》：舜禪禹，禹讓不受，請帝「枚卜功臣，惟吉之從」。孔安國云：「枚謂歷卜之，而從其吉。」彼謂人下一籌，使歷卜之也。此則不告筮者，以所筮之事空下一籌，而使之筮，故杜云「不指其事，汎卜吉凶」也。或以爲杜云「汎卜吉凶」，謂枚雷揔卜，則禮云無雷同，是揔衆之辭也。今俗諺云「枚雷」，則其義理或然也。　「以爲大吉」。　正義曰：筮遇比爻，❶而辭云「黄裳元吉」，南蒯自以爲所謀之事必大吉。　注「坎險」至「爲忠」。　正義曰：《坎·象》云「習坎重險」，是坎爲險也。《説卦》云：「坤，順也。」六五爻變，則上體爲坎，坎有險難，故爲剛彊也。　坤道和順，故爲温柔也。　剛彊以禦難，柔順以事主，故外彊而能内温，所以爲忠也。　注「水和」至「本也」。　正義曰：坎爲水，水性和柔。　坤爲土，土性安正。　率，循也。　貞，正也。　用和柔之性，以循安正。　道既和且正，信之本，故爲信也。「故曰黄裳元吉」。　正義曰：天下之事，雖則萬端，揔之諸法，大歸忠信而已。　能忠能信，無施不可。　以有忠信，故曰「黄裳元吉」，解此爻辭之意。　「黄中」至「弗當」。　正義曰：既言爻爲此辭之意，又解此辭所言之義也。　五方則爲五色，黄是中央之色也。　衣裳所以飾身，裳是在下之飾也。　元者，始也，首也，於物爲初始，於人爲頭首，元是諸善之長也。　五方之中，猶人之心中，心中不忠，則不得其黄之色也。　身體之下，猶名位之下，爲下不共，則不得其裳之飾也。　舉事不善，則不得其善之中，言爲事不中，則非善之長也。　更覆言忠、共、善三者之義，「外内倡和爲忠」，言君在内，臣在外，君倡臣和，不相乖違，是名爲忠也。　行事以信，無有虚詐，是名爲共也。　人之爲德，有正直、剛柔、供養，此三者之德，使其德無愆，乃名爲善也。　非此三者，忠也，共也，善也，則於此卦不當也。　不當此卦，雖吉不可。　注「失中德」。　正義曰：極訓爲中。　不得其中，言其失中德也。　此文以上二句類之，當云「善不極，不得爲長」。　文不然者，惠伯之語雖反覆相疊，不可字字相對，隨便而言，故與上不類。　注「率猶行也」。　正義曰：率訓循，循道而行，故率猶行也。　注「三德」至「克也」。　正義曰：《洪範》：「三德：一曰正直，二曰剛克，三曰柔克。」孔安國云：正直者，「能正人之曲直」。　剛克者，「剛能立事」。　柔克者，「和柔能

❶「比」，京都本、閩本、監本、文淵閣本作「此」。

治」。三者皆人之性也。剛則失之於彊，柔則失之於弱，故貴其能剛能柔，謂剛不苛酷，柔不滯溺也。「供養三德爲善」者，剛則抑之，柔則進之，以志意供給長養之，使合於中道，各成其德，乃爲善也。董遇注本爲「共養」，解云：「盡共，所以養成三德也。」「且夫」至「未也」。正義曰：且夫易，謂此「黄裳元吉」之易也，唯可以占忠信之事，不可以占危險之事也。問南蒯今將欲爲何事也，「且可飾乎」，言此易所占，唯且可爲在下之飾乎，不可爲餘事也。中美能黄，忠則黄也。上美爲元，善則元也。下美則裳，共則裳也。忠、善、共三者皆成，可如此筮之言吉也。❶三者猶有所闕，筮雖吉，未可用也。注「夫易」至「之飾」。正義曰：惠伯指論此卦而言「夫《易》」，非是漫言《易》，故知「夫《易》」猶言「此《易》」，謂此「黄裳元吉」之《易》卦也。險謂危險，言此卦不可以占危險之事。心疑南蒯事險，故問將何事也，且可爲下之飾也，欲令南蒯從下之飾爲共。「鄉人」至「士乎」。正義曰：鄉人以南蒯季氏家臣，而欲反害季氏，故爲歌以感切之也。圃者，所以殖菜蔬也。杞非可食之物，我有圃，生之杞，以喻南蒯在費，欲爲亂也。若能從我之言，不爲亂者，是爲子也。子者，男子之美稱，不失尊貴，得爲子也。去我而背叛者，鄙賤之行也。倍其鄰近者，恥惡之事也。若已乎已乎，自遂其心，不肯改者，則不復是吾黨之士乎。《釋木》云：「杞，枸檵。」舍人曰：「枸杞也。」注「已乎」至「不改」。正義曰：杜此解原南蒯之意。蒯若云此事已乎已乎，自遂其心，如不肯改，則此南蒯非復是吾黨之士也。服虔云：「已乎已乎，決絶之辭。」則謂歌者自言己意，可已乎已乎，此南蒯今已非是吾黨之士。

❶「如」，閩本、監本、文淵閣本作「知」。

楚子狩于州來，狩，冬獵也。次于潁尾，潁水之尾在下蔡西。使蕩侯、潘子、司馬督、❶囂尹午、陵尹喜帥師圍徐，以懼吴。五子，楚大夫。徐，吴與國，故圍之以偪吴。楚子次于乾谿，在譙國城父縣南。以爲之援。雨雪，王皮冠，秦復陶，秦所遺羽衣也。翠被，以翠羽飾被。豹舄，以豹皮爲履。執鞭以出，執鞭以教令。僕析父從。楚大夫。右尹子革夕，子革，鄭丹。夕，莫見。王見之，去冠被，舍鞭。敬大臣。與之語曰：「昔我先王熊繹，楚始封君。與吕級、❷齊大公之子丁公。王孫牟、衛康叔子康伯。燮父、晉唐叔之子。禽父周公子伯禽。並事康王，康王，成王子。四國皆有分，我獨無有。四國，齊、晉、魯、衛。分，珍寶之器。今吾使人於周求鼎以爲分，王其與我乎？」對曰：「與君王哉！昔我先王熊繹，辟在荆山。在新城沶鄉縣南。篳路藍縷，以處草莽，跋涉山林，以事天子。唯是桃弧、棘矢，以共禦王事。桃弧、棘矢，以禦不祥。言楚在山林，少所出有。齊，王舅也。成王母，齊大公女。晉及魯、衛，王母弟也。楚是以無分，而彼皆有。今周與四國，服事君王，將唯命是從，豈其愛鼎？」王曰：「昔我皇祖伯父昆吾，舊許是宅。陸終氏生六子，長曰昆吾，少

❶「督」，阮校：「《釋文》作『裻』，云『本亦作督』。案，《五經文字》云：『裻』音『督』。則石經必作『督』，不作『裻』也。」

❷「級」，文淵閣本作「伋」。阮校：「《釋文》云：『級，本又作汲。』岳本、足利本作『伋』。案，《六經正誤》云：吕級，與國本作『汲』，《尚書》作『伋』，姑兩存之。」

曰季連。季連，楚之祖，故謂昆吾爲伯父。昆吾嘗居許地，故曰「舊許是宅」。今鄭人貪賴其田，而不我與。我若求之，其與我乎？」對曰：「與君王哉！周不愛鼎，鄭敢愛田？」王曰：「昔諸侯遠我而畏晉，今我大城陳、蔡、不羹，賦皆千乘，子與有勞焉。諸侯其畏我乎？」對曰：「畏君王哉！是四國者，專足畏也，四國，陳、蔡、二不羹。又加之以楚，敢不畏君王哉？」

工尹路請曰：「君王命剝圭以爲鏚柲，鏚，斧也。柲，柄也。破圭玉以飾斧柄。敢請命。」請制度之命。王入視之。析父謂子革：「吾子，楚國之望也，今與王言如響，國其若之何？」譏其順王心如響應聲。子革曰：「摩厲以須王出，吾刃將斬矣。」以己喻鋒刃，欲自摩厲，以斬王之淫慝。❶

王出，復語。左史倚相趨過，倚相，楚史名。王曰：「是良史也，子善視之。是能讀《三墳》、《五典》、《八索》、《九丘》。」皆古書名。對曰：「臣嘗問焉。昔穆王欲肆其心，❷周穆王。肆，極也。周行天下，將皆必有車轍馬跡焉。祭公謀父作《祈招》之詩，❸以止王心。謀父，周卿士。祈父，周司

---

❶「斬」，阮校：「足利本作『斷』，與《釋文》合。」

❷「昔穆王」，阮校：「案，《家語》作『昔周穆王』。李善注《赭白馬賦》引無『昔』字，有『周』字。陳樹華云：疑作『昔周穆王』，蓋楚亦有穆王，子革對楚子言，故加『周』字。此非引書者以意增改也。」

❸「祈招」，阮校：「正義曰：『賈逵云：祈，求也；昭，明也。馬融以圻爲王圻千里。』據此，則賈逵本作『祈昭』，馬融本作『圻昭』也。」

馬，世掌甲兵之職，招其名。祭公方諫遊行，故指司馬官而言。此詩逸。王是以獲没於祇宮。獲没，不見篡弒。臣問其詩而不知也。若問遠焉，其焉能知之？」王曰：「子能乎？」對曰：「能。其詩曰：『祈招之愔愔，❶式昭德音。愔愔，安和貌。式，用也。昭，明也。思我王度，式如玉，式如金。金玉，取其堅重。形民之力，而無醉飽之心。』」言國之用民，當隨其力任，如金冶之器，❷隨器而制形。故言形民之力，去其醉飽過盈之心。王揖而入，饋不食，寢不寐，數日。深感子革之言。不能自克，以及於難。克，勝也。仲尼曰：「古也有志，克己復禮，仁也。信善哉！楚靈王若能如是，豈其辱於乾谿？」【疏】注「秦所遺羽衣」。❸ 正義曰：文在冠下舄上，知是衣也。目之以秦，明是秦所遺也。冒雪服之，知是毛羽之衣，可以禦雨雪也。「翠被」。正義曰：《釋鳥》云：「翠，鷸。」樊光云：「青羽出交州。」李巡曰：「其羽可以飾物。」郭璞曰：「似鷰，紺色，生鬱林。」鄭子臧好鷸冠，以此鳥之羽飾冠。」「僕析父從」。正義曰：劉炫以爲僕析父從右尹子革夕見於王，爲下與革語張本，以規杜。今知不然者，若僕析父共子革二人同時見王，王與之語，則二人並在，子革獨對，傳應云「子革對曰」，不得直云「對」。故杜以爲右尹子革將夕，故下即云「對」。事理分明，劉妄規杜過，非也。注「楚始封君」。正義曰：此與呂級、王孫牟、燮父、禽父，

---

❶「招」，原作「怊」，據《四部叢刊》本、京都本、文淵閣本、阮本改。下正義亦引作「招」。

❷「冶」，原作「治」，據《四部叢刊》本、文淵閣本、阮本、《經典釋文》改。

❸「注秦所遺羽衣」，阮本以下正義十四節分疏於傳文各節下。

杜所注者，皆是《世家》文也。燮父、禽父亦王孫，傳於牟言王孫，燮、禽亦蒙之。　注「四國」至「之器」。　正義曰：《書序》云：「武王既勝殷，邦諸侯，班宗彝，作分器。」《旅獒》云：「明王慎德，四夷咸賓，無有遠邇，畢獻方物，惟服食器用。王乃昭德之，致于異姓之邦，無替厥服。分寶玉于伯叔之國，❶時庸展親。」《魯語》云：「古者分同姓以珍玉，展親也。分異姓以遠方之職貢，使無忘服也。」是言諸侯皆得天子之分器也。定四年傳稱：分魯公以夏后氏之璜、封父之繁弱，分康叔以大吕之鍾，分唐叔以密須之鼓、闕鞏之甲、沽洗之鍾。其齊之所得，則無以言之。　注「陸終」至「是宅」。　正義曰：《楚世家》云：「陸終生子六人，坼剖而産焉。一曰昆吾，二曰參胡，三曰彭祖，四曰會人，五曰曹姓，六曰季連。季連，芈姓，楚其後也。」昆吾是楚之遠祖之兄也。「舊許是宅」，昆吾嘗居許地，許既南遷，故云「舊許是宅」。其地此時屬鄭，故云「鄭人貪賴其田，而不我與」。哀十七年傳，衛侯夢見人登昆吾之觀，北面而譟曰：「登此昆吾之虚。」杜云：「今在濮陽城中。」蓋昆吾居此二處，未知孰爲先後也。　注「四國」至「不羹」。　正義曰：劉炫以爲《楚語》云靈王城陳、蔡、不羹，使僕夫子晳問於范無宇曰：「今吾城三國，賦皆千乘，亦當晉矣，諸侯其來乎？」對曰：「是三城者，豈不使諸侯之惕焉？」彼再言三城，無四國也。縱使不羹有二，或當前後遷焉，非是並有二也。炫謂古四字積畫，四當爲三，以規杜過。今知不然者，以三之與四，古雖積畫，錯否難知，但古今諸儒所注《春秋傳》本並云四國，無作三者。《國語》是不傳之書，何可執以爲真而攻《左氏》？劉雖有所規，未可從也。　注「破圭以飾斧柄」。❷　正義曰：斧柯長三尺，和氏之玉長一尺二寸。圭玉

❶「玉」，原作「王」，據正宗寺本、京都本、文淵閣本、阮本改。
❷「圭」下，京都本、阮本有「玉」字。今案：傳作「圭玉」，則「玉」字當有。

非爲斧柄之物，故知破之爲飾。　注「皆古書名」。　正義曰：孔安國《尚書·序》云：「伏犧、神農、黄帝之書，謂之《三墳》，言大道也。少昊、顓頊、高辛、唐、虞之書，謂之《五典》，言常道也。八卦之説，謂之《八索》，求其義也。九州之志，謂之《九丘》。丘，聚也。言九州所有，土地所生，風氣所宜，皆聚此書也。楚左史倚相能讀《三墳》、《五典》、《八索》、《九丘》，即謂上世帝王遺書也。」《周禮·外史》「掌三皇五帝之書」，鄭玄云「楚靈王所謂《三墳》、《五典》」是也。賈逵云：「《三墳》，三皇之書。❶《五典》，五帝之典。《八索》，八王之法。《九丘》，九州亡國之戒。」延篤言張平子説：「《三墳》，三禮，禮爲人防。《爾雅》曰：『墳，大防也。』《書》曰：『誰能典朕三禮。』三禮，天、地、人之禮也。《五典》，五帝之常道也。《八索》，《周禮》八議之刑。索，空，空設之。《九丘》，《周禮》之九刑。丘，空也，亦空設之。」馬融説：「《三墳》，三氣，陰陽始生，天、地、人之氣也。《五典》，五行也。《八索》，八卦。《九丘》，九州之數也。」此諸家者，各以意言，皆無正驗，杜所不信，故云「皆古書名」。　注「謀父」至「詩逸」。　正義曰：《尚書·酒誥》云「若疇圻父」，是圻父爲官名也。《詩·小雅》有《祈父》之篇，其詩云：「祈父，予王之爪牙，胡轉予于恤。」毛傳云：「祈父，司馬也，職掌封祈之甲兵。」鄭箋云：「此司馬也，時人以其職號之，故曰祈父。」杜用彼説，故云祈父，司馬，世掌甲兵之職也。祈既是官，故以招爲其名。謂穆王之時，有司馬之官，其名曰招也。祭公方諫遊行，故指司馬官而爲言也。賈逵云：「祈，求也。昭，明也。言求明德也。」馬融以圻爲王圻千里。王者遊戲，不過圻内。昭，明也。言千里之内，足明德。　「祗宫」。　正義曰：馬融云：「圻内遊觀之宫也。」杜不解，蓋以爲王離宫之名也。　「其詩」至「之心」。　正義曰：穆王之時，有祈父官，名招，即是司馬官也，職掌兵甲，常

❶「皇」，正宗寺本、京都本、文淵閣本、阮本作「王」。

從王行。祭公諫王遊行，設言以戒司馬也。言「祈招之愔愔」，美其志性，安和愔愔然也。女當用此職掌，以明我王之德音也。思使我王之德度，用如玉然，用如金然，使之堅而且重，可寶愛也。若用民力，當隨其所能，而制其形模。依此形模，❶用民之力，而無有醉飽盈溢之心也。以王之遊行必勞損民力，故令依法用之。注「言國」至「之心」。正義曰：言國之用民，當隨其力任，量其力之所堪而任用之，不使勞役過其所堪也。如金冶之器，隨器而制形者。鑄冶之家將作器而制其模，謂之爲形，今代猶名焉。用民之力，依模用之，故言「形民之力」也。食充其腹謂之飽，酒卒其量謂之醉。醉飽者，是酒食饜足過度之名也。穆王用民之力，不知饜足，故令去其醉飽過盈之心。「克己復禮仁也」。正義曰：劉炫云：「克訓勝也，己謂身也。身有耆欲，當以禮義齊之。耆欲與禮義交戰，使禮義勝其耆欲，身得歸復於禮，如是乃爲仁也。復，反也，言情爲耆欲所逼，已離禮而更歸復之。」今刊定云：克訓勝也，已謂身也，謂身能勝去耆欲，反復於禮也。

晉伐鮮虞，因肥之役也。肥役在此年。

❶「此」，監本、毛本、文淵閣本作「其」。

春秋左傳正義卷第二十九　昭公

國子祭酒上護軍曲阜縣
開國子臣孔穎達等奉勑撰

【經】十有三年，春，叔弓帥師圍費。不書南蒯以費叛，不以告廟。【疏】注「不書」至「告廟」。正義曰：定八年傳云「陽虎入于讙、陽關以叛」，注云：「叛不書，略家臣。」則此亦爲略家臣，故不告廟也。以不告廟，故史不得書。二注互相備。

夏，四月，楚公子比自晉歸于楚，弒其君虔于乾谿。比去晉而不送，書歸者，依陳、蔡以入，言陳、蔡猶列國也。比歸而靈王死，故書弒其君。靈王無道而弒稱臣，比非首謀而反書弒，比雖脅立，猶以罪加也。靈王死在五月，又不在乾谿，楚人生失靈王，故本其始禍以赴之。【疏】注「比去」至「赴之」。正義曰：傳稱「依陳蔡人以國」，許復其國，而藉其力，故書爲歸，言是陳、蔡納之。《釋例》曰：「韓、魏有耦國之彊，陳、蔡有復國之端，故晉趙鞅、楚公子比皆稱歸，從諸侯納之例，言非晉、楚之所能制。」是其義也。計靈王無道於國，其弒不應稱臣。又比爲觀從所誑，迫脅而立，非是弒君首謀，而反書比弒君者，比歸而王死，故書比「弒其君」。比雖被脅而立，靈王爲比而死，雖非比弒，猶以弒君之罪加比。哀六年注云：「楚比劫立，陳乞流涕，子家憚老，皆疑於免罪，故《春秋》明而書之，以爲弑主。」《釋例》曰：「若鄭之歸生，齊之陳乞，楚公子比，雖本無其心，《春秋》之義，亦同大罪，是以君子慎所以立也。」其意以爲弑君之惡，惡之大者，雖則本無其心，君實由之而死，若舍而不責，則下無所忌，故書其名，成其罪，所以示來世，勵後人，爲教之遠防也。靈王見弑，實猶無道，但欲見比罪，故稱臣名，非言靈王爲有道。猶如宣二年「晉趙盾弑其君夷皐」，《釋例》曰：「傳言『靈公不君』，又以明於例此弑宜稱君也，弑非趙盾，而經不變文者，以示良史之意深，責執政之臣。」彼爲章盾之罪稱臣名，此亦爲章比之罪稱臣名，非言靈王不合弑稱君也。又傳稱「五月，王縊于芈尹申亥氏」，他年申亥以王柩告，則靈王死在五月，其死又不在乾谿，而經書四月比弑其君虔于乾谿者，楚人生失靈王，告時未知死否，但以乾谿之地失王，以爲王必死矣。本其始禍，故以四月弑君赴也。劉炫云「比以四月歸，既歸而王死，故以」云云同。

楚公子棄疾殺公子比。比雖爲君，而未列於諸侯，故不稱爵。殺不稱人，罪棄疾。【疏】注「比雖」至「棄疾」。正義曰：《釋例》曰：「諸侯不受先君之命而篡立，得與諸侯會者，則以成君書之，齊商人、蔡侯般之屬是也。若未得接於諸侯，則不稱爵，楚公子棄疾殺公子比，蔡人殺陳佗，齊人殺無知，衛人殺州吁、公子瑕之屬是也。諸侯篡立，雖以會諸侯爲正，此列國之制也，至於國内，策名委質，即君臣之分已定，故諸殺不稱君，亦與成君同義也。傳曰會于平州，以定公位，又云若有罪，則君列諸會矣。此以會爲斷也。」衛州吁、齊無知皆弑君自立，其死稱人以殺。此比亦弑君而立，不稱人以殺，而云「棄疾殺」者，棄疾利比之位而殺之，其意不得爲討賊，不稱人，所以罪棄疾也。《釋例》云：「比既得國，國人驚亂，棄疾從而扇之，比懼自殺，皆棄疾之由，故書『公子棄疾殺公子比』。」是言不稱弑其君，又説罪棄疾之意也。

秋，公會劉子、晉侯、齊侯、宋公、衛侯、鄭伯、曹伯、莒子、邾子、滕子、薛伯、杞伯、小邾子于平

丘。平丘在陳留長垣縣西南。**八月，甲戌，同盟于平丘。**書同，齊服故。**公不與盟。**魯不堪晉求，讒慝弘多，公不與盟，非國惡，故不諱。【疏】注「魯不」至「不諱」。　正義曰：宣七年，「公會晉侯」云云「于黑壤」，傳曰：「晉侯之立也，公不朝焉，又不使大夫聘，晉人止公于會。盟于黄父，公不與盟，以賂免。故黑壤之盟不書，諱之也。」彼公不與盟，諱而不書，此書之者，彼不相朝聘，公實有罪，諱國之惡，故不書其盟。此時公實無罪，非是國惡，故書而不諱。襄三十一年傳曰：「晉公室卑，政在侈家。韓宣子爲政，不能圖諸侯，魯不堪晉求，讒慝弘多，是以有平丘之會。」此年傳云：「邾人、莒人愬于晉曰：『魯朝夕伐我，幾亡矣！』」注云：「自昭公即位，邾、魯同好，又不朝夕伐莒，無故怨愬，晉人信之，所謂『讒慝弘多』。」是言晉受讒言，公無罪，非國惡，故不諱也。

晉人執季孫意如以歸。公至自會。無傳。

蔡侯廬歸于蔡。陳侯吴歸于陳。陳、蔡皆受封于楚，故稱爵。諸侯納之曰歸。【疏】注「陳蔡」至「曰歸」。　正義曰：《公羊傳》曰：「此皆滅國也，其言歸何？不與諸侯專封也。」其意言諸侯不得專封，不與楚封陳、蔡之君，❶自有國而歸之。然以是故稱爵言歸，若言各自有爵，非由楚也。杜以傳言「平王封陳、蔡」，又二君之歸再言「禮也」，則興滅繼絶，是爲得禮，無有「不與楚封」之事也。二者皆是舊國立君，紹其先祀，襲其封爵。爵是先世之爵，非楚今始立之，故言「陳、蔡皆受封于楚」。已立爲侯，故稱爵以歸國，非入國始爲君也。禮，諸侯不生名。二君皆書名者，稱爵以其受封于楚，書名以其未成爲君。稱名稱爵，兩見之也。「諸侯納之曰歸」，成十

❶「蔡」下，正宗寺本、京都本、文淵閣本、阮本有「使若陳蔡」四字，此當脱。

八年傳例。

冬，十月，葬蔡靈公。蔡復，而後以君禮葬之。

公如晉，至河乃復。晉人辭公。

吴滅州來。州來，楚邑。用大師焉曰滅。【疏】注「州來」至「曰滅」。正義曰：州來，楚邑。不繫楚者，大都以名通者，例皆不繫國。「用大師焉曰滅」，襄十三年傳例。

【傳】**十三年，春，叔弓圍費，弗克，敗焉。**爲費人所敗。不書，諱之。**平子怒，令見費人執之，以爲囚俘。冶區夫曰：「非也。**區夫，魯大夫。**若見費人，寒者衣之，飢者食之，爲之令主，而共其乏困，費來如歸，南氏亡矣。民將叛之，誰與居邑？若憚之以威，懼之以怒，民疾而叛，爲之聚也。若諸侯皆然，費人無歸，不親南氏，將焉入矣？」平子從之。費人叛南氏。**費叛南氏在明年。傳善區夫之謀，終言其效。【疏】「非也」。❶ 正義曰：非三代服叛之道也。「民疾」至「聚也」。正義曰：季氏既執費人，人皆憎疾季氏而叛之，爲南氏之積聚也。

楚子之爲令尹也，殺大司馬薳掩而取其室。在襄三十年。**及即位，奪薳居田。**居，掩之族。言薳氏所以怨。**遷許而質許圍。**遷許在九年。圍，許大夫。**蔡洧有寵於王，王之滅蔡也，其父死**

❶「非也」，阮本以下正義二節分疏於傳文各節下。

焉。楚滅蔡在十一年。洧仕楚，其父在國，故死。王使與於守而行。使洧守國，王行至乾谿。申之會，越大夫戮焉。申會在四年。王奪鬭韋龜中犨，韋龜，令尹子文玄孫。中犨，邑名。又奪成然邑，而使爲郊尹。成然，韋龜子。郊尹，治郊竟大夫。蔓成然故事蔡公。蔡公，棄疾也。故猶舊也。韋龜以棄疾有當璧之命，故使成然事之。故薳氏之族及薳居、許圍、蔡洧、蔓成然，皆王所不禮也，因羣喪職之族，啓越大夫常壽過作亂，常壽過，申會所戮者。圍固城，克息舟，城而居之。息舟，楚邑城之堅固者。

觀起之死也，其子從在蔡，事朝吴，觀起死在襄二十二年。朝吴，故蔡大夫聲子之子。曰：「今不封蔡，蔡不封矣。我請試之。」觀從以父死怨楚，故欲試作亂。以蔡公之命召子干、子晳，二子皆靈王弟。元年，子干奔晉，子晳奔鄭。及郊而告之情，告以蔡公不知謀。强與之盟，入襲蔡。蔡公將食，見之而逃。不知其故，驚起辟之。觀從使子干食，坎用牲，加書而速行。使子干居蔡公之牀，食蔡公之食，並僞與蔡公盟之徵驗以示衆。己徇於蔡，己，觀從也。曰：「蔡公召二子，將納之，與之盟而遣之矣，將師而從之。」詐言蔡公將以師助二子。蔡人聚，將執之。執觀從。辭曰：「失賊成軍，而殺余何益？」乃釋之。賊謂子干、子晳也。言蔡公已成軍，殺己不解罪。朝吴曰：「二三子若能死亡，則如違之，以待所濟。言若能爲靈王死亡，則可違蔡公之命，以待成敗所在。若求安定，則如與之，以濟所欲。言與蔡公則可得安定。且違上，何適而可？」言不可違上也。上謂蔡公。衆曰：「與之。」乃奉蔡公，召二子而盟于鄧，潁川召陵縣西南有鄧城。二子，子干、子晳。依陳、蔡人以國。國陳、蔡而依之。

楚公子比、子干。公子黑肱、子晳。公子棄疾、蔡公。蔓成然、蔡朝吴帥陳、蔡、不羹、許、葉之師，因四族之徒，四族：薳氏，許圍，蔡洧，蔓成然。以入楚。及郊，陳、蔡欲爲名，故請爲武軍。欲築壘壁，以示後人，爲復讎之名。蔡公知之，曰：「欲速，且役病矣，請藩而已。」乃藩爲軍。藩，籬也。

蔡公使須務牟與史猈先入，因正僕人殺大子禄及公子罷敵。須務牟、史猈，楚大夫，蔡公之黨也。正僕，大子之近官。公子比爲王，公子黑肱爲令尹，次于魚陂。竟陵縣城西北有甘魚陂。公子棄疾爲司馬，先除王宫。使觀從從師于乾谿，而遂告之。從乾谿之師，告使叛靈王。且曰：「先歸復所，後者劓。」劓，截鼻。師及訾梁而潰。靈王還至訾梁而衆散。

王聞羣公子之死也，自投于車下，曰：「人之愛其子也，亦如余乎？」侍者曰：「甚焉，小人老而無子，知擠于溝壑矣。」❶擠，隊也。王曰：「余殺人子多矣，能無及此乎？」右尹子革曰：「請待于郊，以聽國人。」聽國人之所與。王曰：「衆怒不可犯也。」曰：「若入於大都，而乞師於諸侯。」王曰：

---

❶「擠」，阮校：「諸本作『擠』，《書・微子》篇正義引傳作『隮』。按，《説文》『擠，排也』，『躋，登也』。『躋』亦作『隮』，訓『登』，亦訓『墜』，義之相反而相成者也。此傳宜依《尚書》正義作『隮』。」

「皆叛矣。」曰：「若亡於諸侯，以聽大國之圖君也。」王曰：「大福不再，祇取辱焉。」然丹乃歸于楚。然丹，子革。棄王歸。王沿夏，將欲入鄢。夏，漢别名。順流爲沿，順漢水南至鄢。芈尹無宇之子申亥曰：「吾父再奸王命，謂斷王旌，執人於章華宫。王弗誅，惠孰大焉？君不可忍，惠不可棄，吾其從王。」乃求王，遇諸棘闈以歸。棘，里名。闈，門也。

夏，五月，癸亥，王縊于芈尹申亥氏。癸亥，五月二十六日，皆在乙卯、丙辰後，傳終言之。經書四月，誤。申亥以其二女殉而葬之。

觀從謂子干曰：「不殺棄疾，雖得國，猶受禍也。」子干曰：「余不忍也。」子玉曰：「人將忍子，子玉，觀從。吾不忍俟也。」乃行。

國每夜駭曰：「王入矣！」相恐以靈王也。乙卯，夜，棄疾使周走而呼曰：「王至矣！」周，徧也。乙卯，十八日。國人大驚。使蔓成然走告子干、子晳，曰：「王至矣！國人殺君司馬，將來矣！司馬謂棄疾也。言司馬見殺，以恐子干。君若早自圖也，可以無辱。衆怒如水火焉，不可爲謀。」又有呼而走至者曰：「衆至矣！」二子皆自殺。不書弑，君位未定也。丙辰，棄疾即位，名曰熊居。葬子干于訾，實訾敖。不成君，無號謚者，楚皆謂之敖。殺囚，衣之王服而流諸漢，乃取而葬之，以靖國人。使子旗爲令尹。子旗，蔓成然。【疏】「楚子」至「而行」。❶ 正義曰：《易》稱：「善不積不

❶「楚子至而行」，阮本以下正義十二節分疏於傳文各節下。

足以成名，惡不積不足以滅身。小人以小善爲無益而弗爲，以小惡爲無傷而弗去也。故惡積而不可揜，罪大而不可解。」至於滅身也。　「申之」至「戮焉」。　正義曰：王肅云：「越大夫常壽過也。」申之會，經書「淮夷」，而不書越者，以常壽過有罪，不得列會，故不書越也。戮者，陳其罪惡，以徇諸軍，言將殺之，終亦不殺，過至今在楚，故怨而作亂。　「故薳」至「成然」。　正義曰：言族者，以掩既被殺，唯有族存，故言族也。韋龜、成然皆被奪邑，所以不數韋龜，而獨數成然者，以是時韋龜已死，故不言之。上言奪邑者，積王之惡，見成然怨恨之深，猶父子被奪故也。　「圍固」至「居之」。　正義曰：圍固城，城之固者。克息舟，息舟即是其一也。以圍時有所毀，故更城而居之。　注「故蔡大夫聲子之子」。　正義曰：言故蔡大夫者，此時蔡滅，見爲楚縣。吴今在蔡，其父先爲蔡國大夫，故云故蔡大夫聲子之子也。　「强與之盟」。　正義曰：二子聞非蔡公之命，❶欲還，故觀從强與之盟，遂入襲蔡。　「依陳蔡人以國」。　正義曰：二子更無兵衆，唯依倚陳、蔡人耳。以國者，許爲復其國，以此招慰之。　「蔡公」至「而已」。　正義曰：蔡公知之，知陳、蔡人之情也。蔡公，楚之公子，猶尚吝惜本國，恥有報讎之名，築壘以示後世，故請藩而已。　「正僕人」。　正義曰：大僕也，《周禮》下大夫二人。　注「棘里名闈門也」。　正義曰：《吴語》云：「昔楚靈王不君，其臣箴諫不入。其民不忍飢勞之殃，三軍叛王於乾谿。王獨行，屏營彷徨於山林之中，三日乃見其涓人疇。王呼之曰：『余不食三日矣。』疇趨而進，王枕其股以寢於地。王寐，疇枕王以塊而去之。王覺而無見也，乃匍匐將入於棘闈。棘闈不納，乃入芊尹申亥氏焉。」孔晁曰：「棘，楚邑。闈，門也。」案襄二十六年傳言「吴伐楚，克棘」，四年傳言「吴伐楚，入棘，以棘爲邑」，或是也。　注「癸亥」至「月誤」。　正

❶「聞」，原作「間」，據正宗寺本、京都本、文淵閣本、阮本改。

義曰：此癸亥之日，實在乙卯、丙辰之後，傳先言之者，因申亥求王，遂言王縊，是傳終言之也。既以五月統癸亥之日，而乙卯、丙辰亦是五月之日，雖則言有顛倒，即令蒙此五月之文也。劉炫云：「杜此注『經書四月，誤』，案上經注云，靈王實以五月死，楚人生失靈王，本其始禍以赴。兩注不同。」以爲杜非。今知不然者，以其生失靈王，不知死在五月，遂以四月始禍，言靈王之死，是其錯誤之事，於文似異，義實一也。劉以爲二注文異，而規杜氏，非也。　注「不成」至「之敖」。　正義曰：「郟敖」與此「訾敖」皆不成君，無號謚也。元年傳云「葬王于郟，謂之郟敖」，此云「葬子干于訾，實訾敖」，並以地名冠敖，未知其故。又《世家》，楚之先君有若敖、宵敖，皆在位多年，亦稱爲敖，不知敖是何義。

楚師還自徐，前年圍徐之師。**吴人敗諸豫章，獲其五帥。**定二年，楚人伐吴，師于豫章。吴人見舟于豫章，而潛師于巢，以軍楚師於豫章。又柏舉之役，吴人舍舟于淮汭，而自豫章與楚夾漢。此皆當在江北淮水南，蓋後徙在江南豫章。【疏】「楚師還自徐」。❶　正義曰：上云「師及訾梁而潰」，此又云「楚師還自徐」者，上所云者是乾谿援師，此謂蕩侯等五子伐徐師，故杜云前年圍徐之師。

平王封陳、蔡，復遷邑。復九年所遷邑。**致羣賂，**始舉事時所貨賂。**施舍寬民，宥罪舉職。**舉職，脩廢官。**召觀從，王曰：「唯爾所欲。」**觀從教子干殺棄疾，棄疾今召用之，明在君爲君之義。**對曰：「臣之先，佐開卜。」乃使爲卜尹。**佐卜人開龜兆。**使枝如子躬聘于鄭，且致犨、櫟之田。**犨、櫟

❶「楚師還自徐」，阮本此節正義在「楚師還自徐」句注下。

本鄭邑，楚中取之。平王新立，故還以賂鄭。事畢，弗致。知鄭自說服，不復須賂故。鄭人請曰：「聞諸道路，將命寡君以犨、櫟，敢請命。」對曰：「臣未聞命。」既復，王問犨、櫟。降服而對，降服，如今解冠也，謝違命。曰：「臣過失命，未之致也。」王執其手，曰：「子毋勤。姑歸，不穀有事，其告子也。」王善其有權，有事將復使之。他年，芈尹申亥以王柩告，乃改葬之。【疏】注「復九年所遷邑」。❶正義曰：成十五年「許遷于葉」，九年傳云「遷城父人於陳」，「遷方城外人於許」，今「復遷邑」，則許還復葉，方城外與城父人各復其本。「臣過」至「致也」。正義曰：言臣罪過，漏失君命，遺忘之，未之致與也。「子毋勤」。正義曰：言子毋以見使爲勤勞。

初，靈王卜曰：「余尚得天下。」尚，庶幾。不吉，投龜詬天而呼曰：「是區區者而不余畀，區區，小天下。余必自取之。」民患王之無厭也，故從亂如歸。

初，共王無冢適，冢，大也。有寵子五人，無適立焉，乃大有事于羣望，羣望，星辰山川。而祈曰：「請神擇於五人者，使主社稷。」乃徧以璧見於羣望曰：「當璧而拜者，神所立也，誰敢違之？」既乃與巴姬密埋璧於大室之庭，巴姬，共王妾。大室，祖廟。使五人齊，而長入拜。從長幼以次拜。康王跨之，過其上也。靈王肘加焉，子干、子皙皆遠之。平王弱，抱而入，再拜，皆厭紐。微見璧紐，以爲審識。鬭韋龜屬成然焉，知其將立，故託其子。且曰：「棄禮違命，楚其危哉。」棄立長之

❶「注復九年所遷邑」，阮本以下正義三節分疏於傳文各節下。

禮，違當璧之命，終致靈王之亂。【疏】「尚得天下」。❶ 正義曰：謂得爲天子也。 注「羣望星辰山川」。 正義曰：《楚語》云：「天子徧祀羣神，諸侯祀天地、三辰及其土之山川。」孔晁云：「三辰，日、月、星也。祀天地，謂二王後也。非二王後，祭分野、山川而已。」又元年傳云「辰爲商星」，「參爲晉星」，是諸侯得祭分野之星，知此羣望是星辰山川也。於十二次鶉尾爲楚，當祀翼軫之星及其國内山川。哀六年傳曰：「江、漢、雎、漳，楚之望也。」其山蓋荆山、衡山之類。 「徧以璧」。 正義曰：謂以一璧徧見諸神，若神各一璧，其璧乃多，明無不當其上。 注「巴姬共王妾」。 正義曰：知者，襄十二年傳云：「楚司馬子庚聘于秦，爲夫人寧，禮也。」彼秦女是夫人，明巴姬是妾。

子干歸，韓宣子問於叔向曰：「子干其濟乎？」對曰：「難。」宣子曰：「同惡相求，如市賈焉，何難？」宣子謂棄疾親恃子干，共同好惡，故言如市賈同利以相求。**對曰：「無與同好，誰與同惡？**言棄疾本不與子干同好，則亦不得同惡。**取國有五難，有寵而無人，一也。**寵須賢人而固。**有人而無主，二也。**雖有賢人，當須内主爲應。**有主而無謀，三也。**謀，策謀也。**有謀而無民，四也。**民，衆。❷ **有民而無德，五也。**四者既備，當以德成。**子干在晉十三年矣，晉、楚之從不聞達者，可謂無人。**晉、楚之士從子干游，皆非達人。**族盡親叛，可謂無主。**無親族在楚。**無釁而動，可謂無**

❶「尚得天下」，阮本以下正義四節分疏於傳文各節下。

❷「衆」下，阮校：「陳樹華云：《史記正義》引杜注有『也』字。」

謀。召子干時，楚未有大釁。爲羈終世，可謂無民。終身羈客在晉，是無民。亡無愛徵，可謂無德。楚人無愛念之者。王虐而不忌，靈王暴虐，無所畏忌，將自亡。楚君子干涉五難以弑舊君，誰能濟之？言楚借君子干以弑靈王，終無能成。有楚國者，其棄疾乎？君陳、蔡，城外屬焉。城，方城也。時穿封戌既死，棄疾并領陳事。苛慝不作，盜賊伏隱，私欲不違，不以私欲違民事。民無怨心。先神命之，先神謂羣望。國民信之。芈姓有亂，必季實立，楚之常也。獲神，一也。當璧拜。有民，二也。民信之。令德，三也。無苛慝。寵貴，四也。貴妃子。居常，五也。棄疾，季。有五利以去五難，誰能害之？子干之官，則右尹也。數其貴寵，則庶子也。以神所命，則又遠之。其貴亡矣，位不尊。其寵棄矣，父既没故。民無懷焉，非令德。國無與焉，無内主。將何以立？」宣子曰：「齊桓、晉文，不亦是乎？」皆庶賤。對曰：「齊桓，衛姬之子也，有寵於僖。衛姬，齊僖公妾。有鮑叔牙、賓須無、隰朋以爲輔佐，有莒、衛以爲外主，齊桓出奔莒、衛，有舅氏之助。有國、高以爲内主。國氏、高氏，齊上卿。從善如流，言其疾也。下善齊肅，齊，嚴也。肅，敬也。不藏賄，清也。不從欲，儉也。施舍不倦，施舍，猶言布恩德。求善不厭，是以有國，不亦宜乎？我先君文公，狐季姬之子也，有寵於獻。好學而不貳，言篤志。生十七年，有士五人。狐偃、趙衰、顛頡、魏武子、司空季子，五士從出。有先大夫子餘、子犯以爲腹心，子餘，趙衰。子犯，狐偃。有魏犫、賈佗以爲股肱，魏犫，魏武子也。稱五人而説四士，賈佗又不在本數，蓋叔向所賢。有齊、宋、秦、楚以爲外主，齊妻以女，宋贈以馬，楚王享之，秦伯納之。**有欒、郤、狐、先以爲内主。**謂欒枝、郤縠、狐突、先軫也。**亡十九年，守志彌篤。惠、懷棄民，**惠公、懷公，不恤民也。**民從而與之。獻無異親，民無異望，**獻公之子九人，唯文公在。**天方相晉，將何以代文？此二君者，異於子干，共有寵子，國有奧主，**謂棄疾也。**無施於民，無援於外，去晉而不送，歸楚而不逆，何以冀國？」**傳言子干所以蒙弑君之名，棄疾所以得國。【疏】「亡無愛徵」。❶ 正義曰：子干之亡，楚人無愛念之徵驗也。「先神命之」。正義曰：楚國既封，即有三望。三望起於先代，故曰先神。「其貴」至「棄矣」。正義曰：亡，無也。其貴位則無矣，其寵愛之者又棄矣。然則父死，棄疾寵亦棄，獨言子干者，以子干母賤，唯恃父寵，寵又棄矣，則無恃託，故專屬子干。注「國氏高氏」。正義曰：僖十二年傳管仲云「有天子之二守國、高在」，是也。注「魏犫」至「所賢」。正義曰：上言五人，直舉其數，下説四士，獨據有賢也。五人内不數賈佗者，佗以公族從文公，不在五人之數也。蓋叔向言之意，所將爲賢即言之。「國有奧主」。正義曰：室内西南隅謂之奥。奥是内之義。奥主，國内之主，故謂棄疾也。

晉成虒祁，在八年。**諸侯朝而歸者皆有貳心。**賤其奢也。**爲取郠故，**取郠在十年。**晉將以諸侯來討。叔向曰：「諸侯不可以不示威。」**知晉德薄，欲以威服之。**乃並徵會，告于吳。秋，晉侯會吳子于良。**下邳有良城縣。**水道不可，吳子辭，乃還。**辭不會。

❶「亡無愛徵」，阮本以下正義六節分疏於傳文各節下。

七月，丙寅，治兵于邾南，甲車四千乘，三十萬人。羊舌鮒攝司馬，鮒，叔向弟也。攝，兼官。遂合諸侯于平丘。子産、子大叔相鄭伯以會。子産以幄幕九張行。幄幕，軍旅之帳。子大叔以四十，既而悔之，每舍損焉。及會，亦如之。亦九張也。傳言子産之適宜，大叔之從善。

次于衛地。叔鮒求貨於衛，淫芻蕘者。欲使衛患之而致貨。衛人使屠伯饋叔向羹，與一篋錦，屠伯，衛大夫。曰：「諸侯事晉，未敢攜貳，況衛在君之宇下，屋宇之下，喻近也。而敢有異志？芻蕘者異於他日，敢請之。」請止之。叔向受羹反錦，受羹示不逆其意，且非貨。曰：「晉有羊舌鮒者，瀆貨無厭，瀆，數也。亦將及矣，將及禍。爲此役也。役，事也。子若以君命賜之，其已。」客從之。未退而禁之。禁芻蕘者。【疏】「水道不可」。❶　正義曰：吴地水行，故謂水道不可，謂水路不通。吴子既辭，晉侯乃還，向平丘之會。　「幄幕九張」。　正義曰：《周禮幕人》「掌帷、幕、幄、帟、綬之事」，鄭玄云：「王出宫則有是事，在旁曰帷，在上曰幕，皆以布爲之。四合象宫室曰幄，王所居之帳也。帟，王在幕若幄中坐上承塵，幄帟皆以繒爲之。凡四物者，以綬連繫焉。」然則幕與幄異，幕大而幄小，幄在幕下張之。「幄幕九張」，蓋九幄、九幕也。　「芻蕘」。　正義曰：《周禮·充人》：「掌繫祭祀之牲牷。祀五帝，則繫于牢，芻之三月。」《説文》云：「蕘，薪也，從艹。」然則芻者，飼牛馬之草也。蕘者，共燃火之草也。　「爲此役」。　正義曰：言叔鮒爲此淫芻蕘之事也。

❶「水道不可」，阮本以下正義四節分疏於傳文各節下。

晉人將尋盟，齊人不可。有貳心故。晉侯使叔向告劉獻公，獻公，王卿士劉子。曰：「抑齊人不盟，若之何？」對曰：「盟以底信。底，致也。君苟有信，諸侯不貳，何患焉？告之以文辭，董之以武師，雖齊不許，君庸多矣。董，督也。庸，功也。討之有辭，故功多也。天子之老，請帥王賦。『元戎十乘，以先啓行。』天子大夫稱老。元戎，戎車在前者。啓，開也。行，道也。遲速唯君。」欲佐晉討齊。叔向告于齊曰：「諸侯求盟，已在此矣。今君弗利，寡君以爲請。」對曰：「諸侯討貳，則有尋盟。若皆用命，何盟之尋？」託用命以拒晉。叔向曰：「國家之敗，有事而無業，事則不經。業，貢賦之業。有業而無禮，經則不序。須禮而有次序。有禮而無威，序則不共。禮須威嚴而後共。有威而不昭，共則不明。威須昭告神明，而後信義著。不明棄共，百事不終，所由傾覆也。信義不明則棄威，不威棄禮。無禮無經，無經無業，故百事不成。是故明王之制，使諸侯歲聘以志業，志，識也。歲聘以脩其職業。閒朝以講禮，三年而一朝，正班爵之義，率長幼之序。再朝而會以示威，六年而一會，以訓上下之則，制財用之節。再會而盟以顯昭明。十二年而一盟，所以昭信義也。凡八聘四朝再會，王一巡守，盟于方嶽之下。志業於好，聘也。講禮於等，朝也。示威於衆，會也。昭明於神，盟也。自古以來，未之或失也。存亡之道，恒由是興。晉禮主盟，依先王、先公舊禮，主諸侯盟。懼有不治，奉承齊犧，齊盟之犧牲。而布諸君，求終事也。終，竟也。君曰：『余必廢之，何齊之有？』唯君圖之，寡君聞命矣！」齊人懼，對曰：「小國言之，大國制之，敢不聽從？既聞命矣，敬共以往，遲速唯君。」叔向曰：「諸侯有閒矣，閒，隙也。不可以不示衆。」

八月，辛未，治兵，習戰。建而不旆。建立旌旗，不曳其旆。旆，游也。壬申，復旆之。諸侯畏之。軍將戰則旆，故曳旆以恐之。

邾人、莒人愬于晉曰：「魯朝夕伐我，幾亡矣。自昭公即位，邾、魯同好，又不朝夕伐莒，無故怨愬，晉人信之，所謂讒慝弘多。我之不共，魯故之以。」不共晉貢，以魯故也。晉侯不見公，使叔向來辭曰：「諸侯將以甲戌盟，寡君知不得事君矣，請君無勤。」託謙辭以絶魯。子服惠伯對曰：「君信蠻夷之訴，蠻夷，謂邾、莒。以絶兄弟之國，棄周公之後，亦唯君。寡君聞命矣。」叔向曰：「寡君有甲車四千乘在，雖以無道，行之必可畏也。況其率道，其何敵之有？牛雖瘠，僨於豚上，其畏不死？僨，仆也。南蒯、子仲之憂，其庸可棄乎？棄猶忘也。若奉晉之衆，用諸侯之師，因邾、莒、杞、鄫之怒，四國近魯，數以小事相忿。鄫已滅，其民猶在，❶故并以恐魯。以討魯罪，閒其二憂，因南蒯、子仲二憂爲閒隙。何求而弗克？」魯人懼，聽命。不敢與盟。

甲戌，同盟于平丘，齊服也。經所以稱同。令諸侯日中造于除。除地爲壇，盟會處。癸酉，退朝。先盟朝晉。子産命外僕速張於除，張幄幕。子大叔止之，使待明日。及夕，子産聞其未張也，使速往，乃無所張矣。地已滿也。傳言子産每事敏於大叔。

❶「在」，《四部叢刊》本、京都本、文淵閣本、阮本作「存」。

及盟，子産争承，❶承，貢賦之次。曰：「昔天子班貢，輕重以列，列，位也。列尊貢重，周之制也。公侯地廣，故所貢者多。卑而貢重者，甸服也。甸服，謂天子畿内共職貢者。鄭，伯男也，而使從公侯之貢，言鄭國在甸服外，爵列伯、子、男，不應出公侯之貢。懼弗給也。敢以爲請。諸侯靖兵，好以爲事。靖，息也。行理之命，行理，使人通聘問者。無月不至。貢之無藝，藝，法制。小國有闕，所以得罪也。諸侯脩盟，存小國也。貢獻無極，亡可待也。存亡之制，將在今矣。」自日中以争，至于昏，晉人許之。

既盟，子大叔咎之曰：「諸侯若討，其可瀆乎？」瀆，易也。子産曰：「晉政多門，政不出一家。貳偷之不暇，何暇討？貳，不壹。偷，苟且。國不競亦陵，何國之爲？」不競争，則爲人所侵陵，不成爲國。

公不與盟。信邾、莒之訴，欲討魯故。晉人執季孫意如，以幕蒙之，蒙，裹也。使狄人守之。司鐸射魯大夫。懷錦，奉壺飲冰，以蒲伏焉。守者御之，乃與之錦而入。蒲伏竊往飲季孫。冰，箭筩蓋，可以取飲。

晉人以平子歸，子服湫從。湫，子服惠伯，從至晉。

子産歸，未至，聞子皮卒，哭，且曰：「吾已！已猶決竟。無爲爲善矣，唯夫子知我。」言子皮知

❶「承」，阮校：「陳樹華曰：《禮記·經解》正義引作『丞』。」

己之善。

仲尼謂：「子產於是行也，足以爲國基矣。《詩》云：❶『樂旨君子，❷邦家之基。』《詩·小雅》。言樂與君子爲治，乃國家之基本。子產，君子之求樂者也。」且曰：「合諸侯，藝貢事，禮也。」嫌争競不順，故以禮明之。【疏】注「董督」至「多也」。❸ 正義曰：《釋詁》云：「董，督，正也。」是董爲督也。又云：「庸，勞。」勞亦功也。討之有辭，則前敵易克，故功多也。「天子之老」。正義曰：上注云「獻公，王卿士」，此注云「天子大夫稱老」，老者是大夫公卿之揔名。《詩》云「方叔元老」，毛傳云：「方叔，卿士，命而爲將。」是卿士稱老也。《曲禮》云：「五官之長曰伯，自稱於諸侯曰天子之老。」彼謂三公也。如彼文，則三公乃得稱天子之老。卿亦得稱老者，彼説三公之事，言三公之自稱耳，不言卿之自稱不得同三公也。《曲禮》又云：「諸侯使人於諸侯，使者曰寡君之老。」諸侯之使尚得稱老，明知天子之卿得稱天子之老也。「元戎」至「啓行」。正義曰：《詩·小雅·六月》之篇也。元，大也。大戎，戎車之大，在軍前者也。啓，開。行，道。常訓耳。「叔向」至「命矣」。正義曰：叔向此言，論聘、朝、會、盟四事。意在言盟，并説會、朝、聘，爲次序耳。國家之所以敗也，有交好之事，而無貢賦之業，交好之事不得常矣，有貢賦之常而無上下之禮，事雖有常，則不次序矣。有上下之禮，而無可畏之威，雖有次序，則不共敬矣。有可畏之威，而不昭告神明，雖爲共敬，則不明著矣。信義不明，棄共敬也。承事

❶ 「云」，《四部叢刊》本、京都本、文淵閣本、阮本作「曰」。

❷ 「旨」，京都本、文淵閣本、阮本作「只」。

❸ 「注董督至多也」，此節以下正義至『詩云至禮也』止，阮本分疏於傳文各節下。

不共敬，棄次序也。班位不序，棄常度也。徵命不常，棄事宜也。事既棄矣，則百事不終，國家所由傾覆，只爲此也。聖人知其不可，是故明王之制，使諸侯每歲令大夫一聘天子，以志識貢賦之業，間一歲，諸侯親自入朝，以講習上下之禮。天子於諸侯再朝而一大會，以示可畏之威。再會而一爲盟誓，以顯諸侯之昭明者也。志識貢賦之業，在於交好，故使聘也。講習上下之禮，在於等差，故使朝也。示可畏之威，在於衆聚，故爲會也。昭明德之信，在於告神，故爲盟也。自古以來，遵行此法，未之有失也。國家存亡之道，恒由是興，爲之則存，廢之則亡，存亡起於此也。今晉以先王之禮，主諸侯之盟，懼諸侯之事有不治理者，奉承齊盟所用之犧牲以來至此，而布諸齊君，求終竟盟約之事也。君言曰：「今余必廢之，何齊盟之有？」必如此語，唯君自圖謀之。寡君聞君之命矣！言晉知齊必背盟，即欲與之戰。　注「業貢賦之業」。　正義曰：下句覆述此事云：「歲聘以志業。」每年聘者，所以共貢賦耳，知此業者是貢賦之業也。下又云「志業於好」，❶説聘事而謂之好，則好謂交好。諸侯、天子雖尊卑不同，亦是交好。然則有事者，謂有交好之事也。不經者，經訓常也，謂交好不常也，或聘不以時，或貢賦不充，是不常也。　注「威須」至「義著」。　正義曰：昭亦明也。昭爲昭告神祇，明謂信義明著。言會雖示威，威猶未著，必須昭告神明，以要束其心，而後天子信義始得明著於天下矣。　注「信義」至「不成」。　正義曰：杜以信義不明，威無可畏，則是棄威也。不畏威則禮不行，是棄禮也。無禮則無經，無經則無業，故百事所以不成。劉炫以此傳四文皆緣上事而致下事，其上則事、業、禮、威，所致則經、序、共、明。傳既言「不明棄共」，自然當云「不共棄序」，「不序棄經」，「不經棄事」，今杜云「不明則棄威，不威棄禮，無禮無經，無經無業」，以杜違背傳文而規杜

❶「又」，阮校：「宋本、毛本作『文』。」

失。今知劉義非者，杜以「不明棄共」，「不共棄序」，「不序棄經」，「不經棄事」，自是傳文分明，但傳云「百事不終」，明知非徒「棄共」、「棄序」，其威、禮亦棄也。杜與傳共爲表裏，非是違傳。劉不解杜意，妄爲規過，謬矣。

注「志識」至「職業」。　正義曰：志是記識，故爲識也。歲歲使於天子，所以獻其貢賦，令諸國各自記其職貢，是脩其職業也。　注「三年」至「之序」。　正義曰：閒朝者，據聘爲言也。既云歲聘，因從聘歲爲始，更閒一年乃朝，故知閒朝是三年而一朝也。「朝以正班爵之義，率長幼之序」，與下注「會以訓上下之則，制財用之節」，皆莊二十三年傳文也。　注「十二」至「之下」。　正義曰：顯、昭、明三字，皆爲明也。十二年而爲一盟者，大明黜陟之法，諸侯之有明德者，表顯升進之於此盟，以光顯諸侯有昭明之德者。告誓神明，所以昭明王之信義，以示黜陟必有信也。計此十二年閒，凡八聘、四朝、再會、一盟方嶽之下也。《尚書·周官》曰：「六年，五服一朝。又六年，王乃時巡，考制度于四岳。諸侯各朝于方岳，大明黜陟。」如彼文，六年五服諸侯一時朝王，即此再朝而會是也。此傳之文與《尚書》正合。杜言巡守盟于方嶽，闇與彼義符同，明此是周典之舊法也。而《周禮》之文，不載此法。《大行人》云「侯服，歲壹見，其貢祀物」，「甸服，二歲壹見，其貢嬪物」，「男服，三歲壹見，其貢器物」，「采服，四歲壹見，其貢服物」，「衛服，五歲壹見，其貢材物」，「要服，六歲壹見，其貢貨物」。先儒説《周禮》者，皆以彼爲六服。諸侯各以服數來朝，與此傳文無由得合，先達通儒未有解者，古書亡滅，不可備知。然則《尚書·周官》是成王號令之辭，《尚書》之言定是正法，《左氏》復與彼合，言必不虛。《周禮》又是明文，不得不信。蓋周公、成王之時，即自有此二法也。又《周禮》每歲一見，唯言貢物，何必見者即是親朝，各計道路短長，或當遣使貢耳。先儒謂彼爲朝，未有明據。《大行人》又云：「十有二歲，王巡守殷國。」巡守之歲，《周禮》同於《尚書》，六年一朝，《尚書》何以違禮？又《大宗伯》云：「時見曰會，殷見曰同。」鄭玄以爲時見無常期也。「諸侯有不順服者，王將有征討之事」，「合諸侯而命事焉」。「十二歲王如不巡守，則六服盡朝」，謂之殷見。鄭以時見無常期者，出自鄭之意耳，非有明文可據也。「殷見」是此「再會而盟」，「時見」當此「再朝而會」，未必即如鄭説，「時見」爲「無常期」也。蓋此傳及《尚書》是正禮也。《大行人》歲一見者，是遣使貢物，非親朝也。今此上聘朝會，雖以爲諸侯於天子之禮，然諸侯相朝亦當然也，故云「志業於好，講禮於等，示威於衆」，其「昭明於神」，雖天子於諸侯之禮然，王官之伯及霸主亦得與諸侯爲盟，故晉爲盟主，以此告齊，令齊受盟也。必知此朝聘文兼諸侯者，以《釋例》引「明王之制」八聘四朝云：「文襄之制，因而簡之，三歲而聘，五歲而朝。」以諸侯爲文，明歲聘間朝兼諸侯相朝也。知盟年朝會俱行者，以傳云「再朝而會」云云，故知盟年朝會不廢也。又云「歲聘以志業」，不言再聘以行朝，故知朝年不行聘禮，但以朝聘君臣不等，盟會敵禮相當，❶故朝年不行聘，盟年得有朝會。知有盟者，傳云「同盟至」故也。「小國言之」。正義曰：申上不用尋盟之意也。其意是小國言之，可不可則大國制之也。大國謂其須盟，言己不敢違也。注「建立」至「游也」。正義曰：《釋天》云：「緇廣充幅，長尋曰旐，繼旐曰旆。」郭璞曰：「帛續旐末爲燕尾者。」然則旐謂旂身，旆謂旂尾。旆綴於旐，本是相連之物，非別體也。而不曳其旆，當纏繼於干頭。❷蓋如《禮記》所云「德車結旌」也。《釋天》又云：「練旒九。」《周禮》所謂九游、七游，游即是旆，故云「旆，游也」。然郭氏既云旆繼於旐，今之燕尾即旆是旐末。然天子十有二游，并屬於一幅之廣，於理不可，蓋游數多者，旁綴於縿，如今之旗是也。其軍前之旆，如郭璞之説。注「軍將」至「恐之」。正義曰：本作旆者，爲舒而

❶「禮」，阮校：「盧文弨校本作『體』。」

❷「繼」，阮校：「段玉裁校本作『結』。」

曳之，以爲容飾。結之爲非常，曳之爲得常。復旆之者，曳之爲復常也。軍法：戰則舒旆。晉人舒旆，似其將戰，故曳旆以恐之，諸侯見其曳旆而皆畏之。　注「自昭」至「伐莒」。　正義曰：三年傳穆子云：「曹、滕、二邾，實不忘我好。」又無相伐之事，是昭公即位，邾、魯同好也。不朝夕伐莒者，案元年、十年再伐莒耳，是不朝夕伐也。　注「僨仆也」。　正義曰：前覆曰仆。言牛倒豚上，豚必死也。言牛雖瘠者，謂魯以晉爲無德，輕之，故以瘦牛自喻。　注「承貢賦之次」。　正義曰：承者，奉上之語。後承前，下承上，故以承爲次。爭貢賦之次，言所出貢賦多少之次，當承何國之下，故言爭承也。鄭衆云：「爭所當奉承貢賦之輕重。」　注「公侯」至「者多」。　正義曰：《周禮・大司徒》云：公地方五百里，其食者半。侯地方四百里，伯地方三百里，其食者參之一。子地方二百里，男地方百里，其食者四之一。鄭康成注云：食者，「必足其國禮俗喪紀祭祀之用，乃貢其餘」。「上公之地以一易，侯伯之地以再易，子男之地以三易」。是上公優饒其半，以爲荒萊之地，侯伯優饒其三分之二，子男優饒其四分之三。是大國優饒少而出貢多，小國優饒多而出貢少。假令大國小國其地美惡一種，則地多者貢多，地少者貢少。故杜云「公侯地廣，所貢者多」，是也。　注「甸服」至「貢者」。　正義曰：《禹貢》云：「五百里甸服。」孔安國云：「規方千里之内謂之甸服，爲天子服治田，去王城面五百里。」《王制》云：「千里之内曰甸。」鄭玄云：「服治田出穀税。」是甸服，謂天子畿内也。畿内於京師路近，令其共王職貢，故貢重也。言「卑而貢重」者，畿内有公卿大夫之采邑，公八命，卿六命，大夫四命，其列位卑於畿外公侯伯子男也。《周禮・小司徒》鄭注云：井田之法備於一同，今止於都者，采地食者皆四之一，其制三等：百里之國凡四都，一都之田税入於王。五十里之國凡四縣，一縣之田税入於王。二十五里之國凡四甸，一甸之田税入於王。食采者卑與尊同，故云「卑而貢重」也。畿外之國，則卑者貢輕，尊者貢重。　注「言鄭」至「之貢」。　正義曰：「鄭伯，男也」，舊有多説。鄭衆、服虔云：「鄭伯爵，在男服也。」《周禮》男服在三，距王城千五百里，鄭去京師不容此數。賈逵云：「『男』當作『南』，謂南面之君也。」子産爭國小貢重，輒言鄭伯爲南面之君，復何所益？南面君者，豈貢得輕乎？《鄭志》云：「男謂子男也。周之舊俗，雖爲侯伯，皆食子、男之地。」鄭之此言，不知所出。鄭食子、男之地，不知復在何時。武公既遷東，鄭并十邑爲國，不得食子、男之地。若西鄭之時，食子、男之地，則今爲大國，自當貢重。子産不得遠言上世國小，以距今之貢重，晉之朝士焉肯受屈，而「自日中以爭，至于昏」乎？原此諸説，悉皆不通。《周語》云：「鄭，伯男也，❶王而卑之，是不尊貴也。」王肅注此與彼皆云：「鄭，伯爵，而連男言之，猶言曰公侯，足句辭也。」杜用王説，言鄭國在甸服之外，其爵列於伯、子、男。言己爵卑國小，不應出公侯之貢也。今使從公侯之貢，懼弗給也。諸侯地有五等，命有三等，伯居五等之中，與侯同受七命。據地小大分爲二等，則侯同於公，伯同子、男。僖九年「在喪」之例云「公侯曰子」，言不及伯，是不得同於侯也。僖二十九年大夫會國君之例云：「在禮，卿不會公侯，會伯、子、男可也。」是伯國下同子、男也。子産自言其君爵卑下，引子、男爲例，故云「鄭，伯男」也。　「行理」至「不至」。　正義曰：言晉國使人來責貢賦之命，無月不至於鄭，每月皆來也。　注「藝法制」。　正義曰：服虔云：「藝，極也，一曰常也。」二者並非正訓。杜以藝爲經藝，故爲法制也。貢有法制定數，徵求無限，則不可共也。

「貢獻無極」。　正義曰：極謂限極。無極，謂無已時。　「諸侯」至「瀆乎」。　正義曰：言諸侯若來討鄭，其可不由子輕易晉乎？　「貳偷」至「暇討」。　正義曰：政出多門，則其情不一。情既不一，則各懷苟且。各自苟且免於目前，無人爲國遠慮也。爲此二心，爲此苟且，不有閒暇，何暇來討鄭乎？　「使狄人守之」。　正義曰：有北

---

❶「男」，阮校：「按，今《周語》『男』作『南』。王肅注：『伯男猶言公侯。』亦見《家語》注。」

狄之人，從晉師來會，故使狄人守囚，猶如長岸之戰，楚使隨人守舟。　注「蒲伏」至「取飲」。　正義曰：蒲伏即匍匐也。《説文》云：❶「匍，手行也。匐，伏地也。」《詩》陳后稷之初生云：「誕實匍匐。」今司鐸射竊往飲季孫之所，似小兒伏地而手行也。❷ 冰是箭筩之蓋，相傳爲然。本作此器以蓋箭筩，脱而用之，可以取飲。此以壺盛飲，用此冰以飲之。　「無爲爲善矣」。　正義曰：子産言我此日行善，唯子皮知之，今子皮既卒，無人知我之善，故云無爲更須爲善矣。　「詩云」至「禮也」。❸　正義曰：此《詩·小雅·南山有臺》之篇。《詩》云「樂只君子」，以其能爲「邦家之基」也。今子産是君子之人所求樂者也。仲尼且復言曰：盟主會合諸侯，限藝貢賦之事，使貢賦有常，是爲禮也。盟主制定貢賦，是爲得禮，則子産争之，不爲有失。嫌争競無禮，故以禮明之。

鮮虞人聞晉師之悉起也，五年傳曰：「遺守四千。」今甲車四千乘，故爲悉起。**而不警邊，且不脩備。**言夷狄無謀。**晉荀吴自著雍以上軍侵鮮虞，及中人，驅衝競，**中山望都縣西北有中人城。驅衝車與狄争逐。**大獲而歸。**爲十五年晉伐鮮虞起。【疏】「晉荀」至「鮮虞」。❹　正義曰：上云「悉起」，得有上軍在者，晉侯從平丘會還，行至著雍，聞鮮虞不警，遂使荀吴侵之。非從本國而去，故云「自著雍以上軍侵鮮虞」也。

---

❶「云」，京都本、文淵閣本、阮本無此字。
❷「也」，京都本、文淵閣本、阮本無此字。
❸「云」，京都本、文淵閣本、阮本作「曰」。
❹「晉荀至鮮虞」，阮本此節正義在注「驅衝車與狄争逐」下。

楚之滅蔡也，靈王遷許、胡、沈、道、房、申於荆焉。平王即位，既封陳、蔡，而皆復之，禮也。滅蔡在十一年。許、胡、沈，小國也。道、房、申，皆故諸侯，楚滅以爲邑。荆，荆山也。傳言平王得安民之禮。汝南有吴防縣，❶即防國。**隱大子之子廬歸于蔡，禮也。**隱大子，大子有也。廬，蔡平侯。**悼大子之子吴歸于陳，禮也。**悼大子，偃師也。吴，陳惠公。**冬，十月，葬蔡靈公，禮也。**國復，成禮以葬也。此陳、蔡事，傳皆言禮，嫌楚所封不得比諸侯，故明之。【疏】注「得安民之禮」。❷　正義曰：此乃遷動，而云「安」者，以狐死首丘，人生戀舊，往被靈王偪徙，元情悉眷故居，平王今復從其所欲，民心獲安，故云「得安民之禮」也。

公如晉。荀吴謂韓宣子曰：「諸侯相朝，講舊好也。執其卿而朝其君，有不好焉，不如辭之。」乃使士景伯辭公于河。景伯，士文伯之子彌牟也。

吴滅州來。令尹子旗請伐吴，王弗許，曰：「吾未撫民人，未事鬼神，未脩守備，未定國家，而用民力，敗不可悔。州來在吴，猶在楚也。子姑待之。」傳言平王所以能有國。

季孫猶在晉，子服惠伯私於中行穆子，私與之語。**曰：「魯事晉，何以不如夷之小國？魯，兄弟**

---

❶「吴防」，阮校：「段玉裁校本云：前、後《漢志》及《晉志》皆作『吴房』。案，『防』與『房』古通用，『宣防』亦作『宣房』，其明徵也。」

❷「注得安民之禮」，阮本此節正義在「而皆復之禮也」句注下。

也，土地猶大，所命能具。若爲夷棄之，使事齊、楚，其何瘳於晉？瘳，差也。親親與大，賞共罰否，所以爲盟主也。子其圖之。諺曰：『臣一主二。』言一臣必有二主，道不合得去事他國。吾豈無大國？」言非獨晉可事。穆子告韓宣子，且曰：「楚滅陳、蔡不能救，而爲夷執親，將焉用之？」乃歸季孫。惠伯曰：「寡君未知其罪，合諸侯而執其老。老，尊卿稱。若猶有罪，死命可也。死晉命也。若曰無罪，而惠免之，諸侯不聞，是逃命也，何免之爲？請從君惠於會。」欲得盟會見遣，不欲私去。宣子患之，謂叔向曰：「子能歸季孫乎？」對曰：「不能。鮒也能。」鮒，叔魚。乃使叔魚。叔魚見季孫曰：「昔鮒也得罪於晉君，自歸於魯君。蓋襄二十一年坐叔虎與欒氏黨，并得罪。微武子之賜，不至於今。武子，季平子祖父。雖獲歸骨於晉，猶子則肉之，敢不盡情？歸子而不歸，鮒也聞諸吏，將爲子除館於西河，西使近河。其若之何？」且泣。泣以信其言。平子懼，先歸。惠伯待禮。待見遣之禮。

【經】十有四年，春，意如至自晉。書至者，喜得免。

三月，曹伯滕卒。無傳。四同盟。【疏】注「四同盟」。　正義曰：曹伯負芻以襄十八年冬十月卒，則武公立，十九年盟于祝柯，二十年于澶淵，二十五年于重丘，二十七年于宋，皆魯、曹俱在，是四同盟也。

夏，四月。無傳。

秋，葬曹武公。無傳。

八月，莒子去疾卒。未同盟。

冬，莒殺其公子意恢。以禍亂告，不必繫於爲卿，故雖公子亦書。意恢與亂君爲黨，故書名惡之。【疏】注「以禍」至「惡之」。　正義曰：莒是小國，其卿多不備禮，唯莊、僖之世有莒慶見經。爾來唯牟夷以竊地故書，此外更無見者。今意恢非卿亦書，故解其意云云。《釋例》曰：「福莫大於享國有家，禍莫甚於骨肉相殘。故公子取國及爲亂見殺者，亦皆書之，不必繫於爲卿。故公子糾、意恢以公子見書於經。」是解非卿而書之意也。諸公子、大夫被殺而書名，皆是惡之文。意恢與亂君爲黨，故書名惡之。

【傳】十四年，春，意如至自晉，尊晉罪己也。以舍族爲尊晉罪己。**尊晉罪己，禮也。**禮，脩己而不責人。【疏】注「以舍」至「罪己」。❶　正義曰：一命大夫，經書爲人。以卿之貴，得備名氏。若有罪過，宜貶黜者，他國之卿則稱某人，魯卿不得自稱魯人，有罪則貶去其族，族去則非卿。此舍意如之族，是爲罪己也。季孫本實伐莒，晉人討而執之，放令歸魯，荷晉恩德，罪己亦以尊晉，故云「尊晉罪己」也。文二年「晉人、宋人、陳人、鄭人伐秦」，傳稱「晉先且居、宋公子成、陳袁選、❷鄭公子歸生伐秦」，「卿不書，爲穆公故，尊秦也，謂之崇德」。注云：「秦穆悔過，終用孟明，故貶四國大夫，以尊秦也。」此貶意如以尊晉，其事與彼同也。此「意如至自晉」，傳言「尊晉罪己」。二十四年「婼至自晉」，傳直云「尊晉」，不言「罪己」。俱是去族，傳文不同者，《釋例》曰：

❶「注以舍至罪己」，阮本此節正義在注「以舍族爲尊晉罪己」下。

❷「袁」，文淵閣本作「轅」。阮校：「監本作『轅』，與文二年傳合。」

「意如至自晉，傳言『尊晉罪己』。婼至自晉，傳復重發，但言『尊晉』者，意如以罪見執，宜在罪己，婼本使人，不應見執，故尊晉而已。內大夫行還皆不書至，異於公也。今此二人執而見釋，更以書至見義也。」若然，季孫見執，爲魯有罪矣。而往年「公不與盟」，注云「非國惡，故不諱」者，魯實伐莒取鄆，若以伐莒責魯，魯則無辭。而兼受邾人之訴，妄稱「朝夕伐我」，爲此不與公盟，故言非國之惡。其執季孫，不是無罪也。子服惠伯云「寡君未知其罪，而執其老」者，拒晉之怨辭耳。

南蒯之將叛也，盟費人。司徒老祁、慮癸二人，南蒯家臣。**僞廢疾，使請於南蒯曰：「臣願受盟而疾興，若以君靈不死，請待閒而盟。」**閒，差也。**許之。二子因民之欲叛也，請朝衆而盟。**欲因合衆以作亂。**遂劫南蒯曰：「羣臣不忘其君，**君謂季氏。**畏子以及今，三年聽命矣。子若弗圖，費人不忍其君，將不能畏子矣。**不能復畏子。**子何所不逞欲？請送子。」**送使出奔。**請期五日。**南蒯請期，冀有變。**遂奔齊。**

侍飲酒於景公。公曰：「叛夫！」戲之。**對曰：「臣欲張公室也。」**張，强也。**子韓皙曰：**齊大夫。**「家臣而欲張公室，罪莫大焉。」**言越職。**司徒老祁、慮癸來歸費。**歸魯。**齊侯使鮑文子致之。**南蒯雖叛，費人不從，未專屬齊。二子逐蒯而復其舊，故經不書歸費。齊使文子致邑，欲以假好，非事實也。【疏】注「二人南蒯家臣」。❶　正義曰：《世族譜》司徒老祁爲一人，慮癸爲一人。服虔云：「司徒，

---

❶「注二人南蒯家臣」，阮本以下正義三節分疏於傳文各節下。

姓也，老祁，字也。慮癸，亦姓字也。二子，季氏家臣也。」杜以下句「請於南蒯曰，臣願受盟」，知是南蒯家臣。

注「君謂季氏」。正義曰：費是季氏之邑，南蒯已是季氏家臣。此南蒯之下羣臣還欲歸邑季氏，知君謂季氏。

注「南蒯」至「實也」。正義曰：經書叔弓「圍費」，則「歸費」亦應書經。經不書歸，故解其意也。南蒯雖以費叛降齊，費人不從，未專屬齊。叔弓圍費，齊人不救，是其未專屬齊也。❶二子逐蒯，而費復其舊，便是本未去魯，故經不書歸費。是二子自以費歸，非齊人來歸也。齊人因其自歸，而使文子致邑，施恩於魯，欲以假好，非事實也。

夏，楚子使然丹簡上國之兵於宗丘，且撫其民。上國在國都之西。西方居上流，故謂之上國。宗丘，楚地。**分貧振窮，**分，與也。振，救也。**長孤幼，養老疾，收介特，**介特，單身民也。收聚不使流散。**救災患，宥孤寡，**寬其賦税。**赦罪戾，詰姦慝，**詰，責問也。**舉淹滯。**淹滯，有才德而未敘者。**禮新敘舊，**新，羈旅也。**禄勳合親，**勳，功也。親，九族。**任良物官。**物，事也。**使屈罷簡東國之兵於召陵，**兵在國都之東者。**亦如之。**如然丹。**好於邊疆，**結好四鄰。**息民五年，而後用師，禮也。**【疏】「夏楚子」至「物官」。❷正義曰：《周禮·司兵》「掌五兵」，鄭衆云：「五兵者，戈、殳、戟、酋矛、夷矛。」鄭玄云：「步卒之五兵，則無夷矛，而有弓矢。」然則兵者，戰器之名。戰必令人執兵，因即名人爲兵也。此「簡上國之兵」，謂料簡人丁之彊弱於宗丘之地，集而簡之，且即慰撫其民也。大體貧、窮相類，細言窮困於貧。貧者家

---

❶「其」，京都本、閩本、監本、毛本、文淵閣本作「費」。

❷「夏楚子至物官」，阮本以下正義七節分疏於傳文各節下。

少貨財，窮謂全無生業。分財貨以與貧者，授生業以救窮者，孤弱幼少無父母，有賜與以長成之。老疾乏於藥膳，有饋餼以養育之。孤介特獨者收斂之，不使流散。有水火之災、寇盜之患者，救助之。孤子寡妻，寬其賦稅。雖有罪戾，原情可恕者赦放之。姦邪慝惡，爲民害者，詰治之。賢才淹滯，未蒙任用者，舉用之。外人新來者，禮待之。舊人未用者，進敘之。施禄於功勳，使有功必得禄也。和合其親戚，使宗族皆相親也。任賢良以職事，使野無遺賢。準事能以任官，皆令才職相當，不使違方易務。此皆撫民之事也。　注「上國」至「楚地」。　正義曰：下云簡東國之兵亦如之，知此是簡西國之兵也。西國，東國，皆是楚人在國之東西者。以水皆東流，西方居上流，故謂之上國。西爲上，則東爲下。下言東，則此是西，互相見也。　注「分與也振救也」。　正義曰：分減富者之財以與貧者，則分爲施與之名，故分爲與也。窮者全無生業，或授之田宅，賜之器物，以救濟之。　注「介特」至「流散」。　正義曰：傳稱「一介行李」，「逢澤有介麋焉」，則「介」亦「特」之義也。介特謂單身特立，無兄弟妻子者，無所附著，或將轉移收聚之，令有附依，不使流散。　注「寬其賦稅」。　正義曰：服虔以宥爲寬赦其罪。杜以下云「赦罪戾」，則此宥非寬罪，故以爲「寬其賦稅」也。《王制》云：「少而無父謂之孤，老而無子謂之獨，老而無妻謂之矜，❶老而無夫謂之寡。此四者，天民之窮而無告者也，皆有常餼。」然則孤寡常有餼賜，本無賦稅，而云寬賦稅者，正以不責賦稅，即是寬之也。孤寡之貧者有餼賜，能自給者免賦稅，文雖不言鰥獨，宥與孤寡必同。　注「物事也」。　正義曰：任良，謂選賢而任之也。物官，謂量事而官之也。賈逵云：「物官，量能授官也。」鄭

❶「矜」，監本、毛本、文淵閣本作「鰥」。

衆云「物官，相其才之所宜而官之」，是也。「息民五年」。❶ 正義曰：謂從此簡兵之後，息民不征，既滿五年，而後用師征伐，是爲禮也，即十九年「城州來以挑吴」是也。案十七年與吴「戰于長岸」，未滿五年，而云「息民五年」者，平王之意息民五年，長岸之戰吴來伐，楚被伐，不可不戰，雖戰，非王本心也。

秋，八月，莒著丘公卒，郊公不慼。 郊公，著丘公子。**國人弗順，欲立著丘公之弟庚輿。** ❷庚輿，莒共公。**蒲餘侯惡公子意恢而善於庚輿，** 蒲餘侯，莒大夫茲夫也。意恢，莒羣公子。**郊公惡公子鐸而善於意恢。** 鐸亦羣公子。**公子鐸因蒲餘侯，而與之謀曰：「爾殺意恢，我出君，而納庚輿。」許之。** 爲下冬殺意恢傳。

楚令尹子旗有德於王， 不知度，有佐立之德。**與養氏比，而求無厭。** 養氏，子旗之黨，養由基之後。**王患之。九月，甲午，楚子殺鬭成然，而滅養氏之族。使鬭辛居鄖，以無忘舊勳。** 辛，子旗之子鄖公辛。

冬，十二月，蒲餘侯茲夫殺莒公子意恢，郊公奔齊。公子鐸逆庚輿於齊。齊隰黨、公子鉏送之，有賂田。 莒賂齊以田。

晉邢侯與雍子爭鄐田， 邢侯，楚申公巫臣之子也。雍子，亦故楚人。**久而無成。士景伯如楚，**

❶ 「息民五年」，阮本此節正義在「郊公不慼」句注下。

❷ 「輿」，京都本、阮本作「與」，下同。《經典釋文》亦作「與」，云「本亦作輿」。

士景伯，晉理官。**叔魚攝理。**攝，代景伯。**韓宣子命斷舊獄，罪在雍子。雍子納其女於叔魚，叔魚蔽罪邢侯。**蔽，斷也。**邢侯怒，殺叔魚與雍子於朝。宣子問其罪於叔向。叔向曰：「三人同罪，施生戮死可也。**施，行罪也。**雍子自知其罪，而賂以買直，鮒也鬻獄，邢侯專殺，其罪一也。己惡而掠美爲昏，**掠，取也。昏，亂也。**貪以敗官爲墨，**墨，不絜之稱。**殺人不忌爲賊。**忌，畏也。**《夏書》曰：『昏、墨、賊，殺。』**逸《書》。三者皆死刑。**皋陶之刑也。請從之。」乃施邢侯，而尸雍子與叔魚於市。**

仲尼曰：「叔向，古之遺直也。言叔向之直，有古人遺風。**治國制刑，不隱於親，**謂國之大問，己所答當也。至於他事，則宜有隱。**三數叔魚之惡，不爲末減。**末，薄也。減，輕也。皆以正言之。**曰義也夫，**❶**可謂直矣。**於義未安，直則有之。**平丘之會，數其賄也，**謂言瀆貨無厭。**以寬衛國，晉不爲暴。歸魯季孫，稱其詐也，**謂言鮒也能。**以寬魯國，晉不爲虐。邢侯之獄，言其貪也，以正刑書，晉不爲頗。三言而除三惡，加三利，**三惡，暴、虐、頗也。三惡除，則三利加。**殺親益榮，**榮名益己。**猶義也夫！」**三罪唯答宣子問，不可以不正，其餘則以直傷義，故重疑之。【疏】注「邢侯」至「楚人」。❷　正義曰：巫臣、雍子皆故楚人也。襄二十六年傳稱「巫臣奔晉，晉人與之邢」，「雍子奔晉，晉人與之

---

❶「曰」，阮校：「王引之云：『曰』當爲『由』字之脱誤，下文『猶義也夫』，『猶』讀爲『由』字之假借也。」

❷「注邢侯至楚人」，阮本以下正義七節分疏於傳文各節下。

鄐」，則鄐是雍子之田也。邢侯，巫臣之子，而得與之争鄐者，孔晁注《晉語》云：「邢與鄐比争疆界。」「叔魚攝理」。正義曰：《晉語》云：「士景伯如楚，叔魚爲贊理。」孔晁云：「景伯，晉理官，叔魚佐之。景伯聘楚，叔魚專斷。」注「蔽斷也」。正義曰：《周禮・大司寇》云：「凡庶民之獄訟，以邦成蔽之。」鄭衆云：「蔽之，斷其獄訟也。」《尚書・康誥》云：「服念五六日，至于旬時，丕蔽要囚。」孔安國云：「服膺思念五六日，至於十日，至于三月，乃大斷之。」皆以蔽爲斷，是相傳爲説。「乃施」至「於市」。正義曰：《晉語》説此事云：「叔向既對宣子，邢侯聞之而逃，遂施邢侯氏。」孔晁云：「廢其族也。」則《國語》讀爲「弛」，訓之爲廢。《家語》説此事亦爲「弛」。王肅注云：「弛，宜爲施。施，行也。」服虔云：「施罪於邢侯。施猶劾也。邢侯亡，故劾之。」杜無注，當從施也。成十七年晉殺三郤，皆尸於朝。此尸於市者，以其賤故也。「三數」至「末減」。正義曰：三度數叔魚之惡，不爲薄輕。言皆重厚，極言之也。三者，即下云「數其賄也」、❶「稱其詐也」、「言其貪也」是也。服虔讀減爲咸，下屬爲句。不爲末者，不爲末槩隱蔽之也。咸曰義也，言人皆曰叔向是義。妄也。注「三惡暴虐頗」。正義曰：《尚書》武王數紂之罪，《泰誓》云「敢行暴虐」，《牧誓》云「俾暴虐于百姓」，《武成》云「暴殄天物，害虐烝民」，然則暴是亂下之稱，虐是殺害之名，大同而小異。注「三罪」至「疑之」。正義曰：杜讀此文，言猶義也夫，言不是義也，故言以直傷義，謂叔向非是義也。劉炫云「直則是義」，而規杜氏。今知不然者，義者於事合宜，所爲得理。直者，唯無阿曲，未能圓通，故《書》云「直而温」。若直而無温，則非德非義。是義之與直，二者不同。故上傳云「義也夫」，此傳云「猶義也夫」，於「義」之下並云「夫」。「夫」是疑怪之辭，故杜以爲非義，裁可謂之直矣。故仲尼

❶「云」，閩本、監本、毛本、文淵閣本作「文」。

云「叔向，古之遺直」，不云「遺義」，是直與義別。劉以直、義爲一而規杜氏，非也。

【經】十有五年，春，王正月，吴子夷末卒。無傳，未同盟。

二月，癸酉，有事于武宫。籥入，叔弓卒，去樂卒事。略書有事，爲叔弓卒起也。武宫，魯武公廟，成六年復立之。【疏】「有事」至「卒事」。　正義曰：有事，謂有祭事于武公之宫廟也。祭必有樂，樂有文舞、武舞。文執羽籥，武執干鏚。其入廟也，必先文而後武。當籥始入，叔弓暴卒，故於是去樂不用，而終卒祭事也。叔弓之卒，當籥入之時，故舉籥入也。及其去之，則諸樂皆去，故云去樂。鐘、鼓、管、磬悉皆去之，非獨去籥舞也。祭禮，鼎俎既陳，籩豆既設，然後舞樂始入。緣先祖之心，以大臣之卒必聞樂不樂，又孝子之心不忍徹已設之饌，故去樂卒事。　注「略書」至「立之」。　正義曰：閔二年「吉禘于莊公」，僖八年「禘于大廟」，彼皆書禘，此傳言「禘于武公」，則亦是禘。不書爲「禘」，而言「有事」者，此經所書不論禘祭是非，略書有祭事者，本爲叔弓卒起也。止爲叔弓之卒，須道當祭之時，所書不爲禘也。《釋例》曰：「三年之禘，自國之常。常事不書，故唯書此數事。祭雖得常，亦記仲遂、叔弓之非常也。」是言叔弓之卒非常，故書之也。《釋例》又云：❶「凡三年喪畢然後禘，於是遂以三年爲節。當仍計除喪即吉之月，卜日而後行事，無復常月也。是以經書禘及大事，傳唯見莊公之速，他無非時之譏也。」即如例言，三年一禘，若計襄公之薨，則禘當在二年、五年、八年、十一年、十四年，此年非

❶「又」，正宗寺本、京都本、文淵閣本、阮本作「亦」。

禘年也。若計齊歸之薨，則禘當在十三年、十六年，此年亦非禘年也。而云「祭雖得常」者，《釋例》曰：「禘于大廟，禮之常也，各于其宫，時之爲也。雖非三年大祭，而書禘，用禘禮也。昭二十五年傳曰『將禘於襄公』，亦其義也。」是言「于武宫」者，時之所爲，實非禘年用禘禮。此實非常，但經之所書，唯譏莊公之速，其餘不復譏耳。既不以爲譏，即是得常，故云「祭雖得常」，叔弓爲非常也。武宫者，魯武公廟，毁已久矣，成六年復立之，遂即不毁。《明堂位》云：「魯公之廟，文世室也。武公之廟，武世室也。」鄭玄云：「此二廟象周有文武之廟也。世室者，不毁之名。」是魯以武公爲不毁之廟，故禘于其宫，不于大廟，亦非常也。

夏，蔡朝吳出奔鄭。朝吳不遠讒人，所以見逐而書名。

六月，丁巳，朔，日有食之。無傳。

秋，晉荀吳帥師伐鮮虞。

冬，公如晉。

【傳】十五年，春，將禘于武公，戒百官。齊戒。**梓慎曰：「禘之日其有咎乎？吾見赤黑之祲，非祭祥也，喪氛也。**祲，妖氛也。蓋見於宗廟，故以爲非祭祥也。氛，惡氣也。**其在涖事乎？」**涖，臨也。**二月，癸酉，禘，叔弓涖事，籥入而卒，去樂卒事，禮也。**大臣卒，故爲之去樂。**【疏】**「戒百官」。❶

❶「戒百官」，阮本以下正義三節分疏於傳文各節下。

正義曰：《周禮・大宰》：「祀五帝，前期十日，帥執事而卜日，遂戒。享先王亦如之。」鄭玄云：「前期，前所諏之日也。十日，容散齊七日，致齊三日也。執事，宗伯、大卜之屬。既卜，又戒百官以始齊。」此「戒百官」，亦謂戒之令齊，故杜云「齊戒」，言是齊之戒也。《祭統》云：「及時將祭，君子乃齊。齊之爲言齊也，齊不齊，以致齊也。是故君子之齊也，專致其精明之德也。故散齊七日以定之，致齊三日以齊之。定之之謂齊，齊者，精明之至也。」是將祭必齊，祭前豫戒之也。　注「祲妖」至「氣也」。　正義曰：《周禮》有眡祲之官，鄭玄云：「祲，陰陽氣相侵漸成祥者。」其職「掌十煇之法」，「一曰祲，二曰象」。鄭衆云：「煇爲日光氣也。」然則祲是陰陽之氣相祲之名。❶日光之氣，有名爲祲。祲之所見，非獨見於日光，故直云「祲，妖氛也」。梓慎唯言見祲，不言祲之所在。爲祭而言，故疑云「蓋見於宗廟，故以爲非祭祥也」。《月令》云「氛霧冥冥」，則氛亦氣也。以言「喪氛」，故以氛爲「惡氣也」。見赤黑之祲以爲喪氛，則赤黑是喪象，梓慎有以知之。服虔云「水黑火赤，水火相遇」云云。　「其在涖事乎」。　正義曰：既見喪氛，又言喪之所在，其在涖事之人乎？意疑涖事者當其咎也。

楚費無極害朝吴之在蔡也，❷朝吴，蔡大夫，有功於楚平王，故無極恐其有寵，疾害之。**欲去之。乃謂之曰：「王唯信子，故處子於蔡。子亦長矣，而在下位辱。必求之，吾助子請。」**請求上位。**又謂其上之人**蔡人在上位者。**曰：「王唯信吴，故處諸蔡，二三子莫之如也。而在其上，不亦難**

❶ 下「祲」字，正宗寺本、京都本、文淵閣本、阮本作「侵」。阮校：「宋本『侵』作『祲』，非。」當作「侵」。

❷ 「極」，阮校：「《史記・楚世家》作『忌』，《索隱》曰『《左傳》作無極』。『極』、『忌』聲相近。《伍子胥傳》同。」

乎？弗圖，必及於難。」夏，蔡人逐朝吴。朝吴出奔鄭。王怒曰：「余唯信吴，故寘諸蔡。且微吴，吾不及此。女何故去之？」無極對曰：「臣豈不欲吴？非不欲善吴。然而前知其爲人之異也。言其多權謀。吴在蔡，蔡必速飛。去吴，所以翦其翼也。」以鳥喻也。言吴在蔡，必能使蔡速强而背楚。【疏】「在下位辱」。❶ 正義曰：言在下位，可恥辱也。服虔以「辱」從下讀，訓之爲欲，「欲必求之，吾助子請」。妄也。 「二三子莫之如也」。 正義曰：言二三子無如吴之見信。 「然而」至「異也」。 正義曰：然此朝吴於事，必豫前知其爲人之有異於餘人也。

六月，乙丑，王大子壽卒。周景王子。

秋，八月，戊寅，王穆后崩。大子壽之母也。傳爲晉荀躒如周葬穆后起。

晉荀吴帥師伐鮮虞，圍鼓。鼓，白狄之别。鉅鹿下曲陽縣有鼓聚。鼓人或請以城叛，穆子弗許。左右曰：「師徒不勤，而可以獲城，何故不爲？」穆子曰：「吾聞諸叔向曰：『好惡不愆，民知所適，事無不濟。』愆，過也。適，歸也。或以吾城叛，吾所甚惡也。人以城來，吾獨何好焉？賞所甚惡，若所好何？無以復加所好。若其弗賞，是失信也，何以庇民？力能則進，否則退，量力而行。吾不可以欲城而邇姦，所喪滋多。」使鼓人殺叛人，而繕守備。

圍鼓三月，鼓人或請降，使其民見，曰：「猶有食色，姑脩而城。」軍吏曰：「獲城而弗取，勤民而

❶「在下位辱」，阮本以下正義三節分疏於傳文各節下。

頓兵，何以事君？」穆子曰：「吾以事君也。獲一邑而教民怠，將焉用邑？邑以賈怠，不如完舊。完猶保守。**賈怠無卒，**卒，終也。**棄舊不祥。鼓人能事其君，我亦能事吾君。率義不爽，**爽，差也。**好惡不愆，城可獲而民知義所，**知義所在也。荀吴必其能獲，故因以示義。**有死命而無二心，不亦可乎？」鼓人告食竭力盡，而後取之。克鼓而反，不戮一人，以鼓子鳶鞮歸。**鳶鞮，鼓君名。【疏】「好惡」至「所適」。❶正義曰：所好必善，所惡必惡。在上者所好所惡，不有愆過，則下民知所適歸。言皆知歸於善也。　「獲一邑而教民怠」。　正義曰：若不受其降，民皆一心事其本國，不敢怠惰，以叛其主。今若受其降人，便是許其叛主，則是教我國人令其外叛。是雖獲一邑，而教民怠惰，不守死事君，是所得少，所失多。　「鼓人」至「吾君」。　正義曰：言今不聽降叛，使鼓人能事其君也。教民不怠，是我亦能事吾君也。　注「知義」至「示義」。　正義曰：知義所在，在於事君，不怠惰，不苟求生也。十七年荀吴詐祭于雒以滅六渾，❷二十二年負甲僞糴以入昔陽，而此時獨得降而不納者，此時荀吴自度己力，必其能獲，故因以示義。

冬，公如晉，平丘之會故也。平丘會，公不與盟，季孫見執。今既得免，故往謝之。

十二月，晉荀躒如周葬穆后，籍談爲介。既葬除喪，以文伯宴，樽以魯壺。文伯，荀躒也。魯壺，魯所獻壺樽。**王曰：「伯氏，諸侯皆有以鎮撫王室，晉獨無有，何也？」**感魯壺而言也。鎮撫王

❶「好惡至所適」，阮本以下正義四節分疏於傳文各節下。
❷「六」，正宗寺本、文淵閣本、阮本作「陸」。

室，謂貢獻之物。文伯揖籍談，文伯無辭，揖籍談使對。對曰：「諸侯之封也，皆受明器於王室，謂明德之分器。以鎮撫其社稷，故能薦彝器於王。薦，獻也。彝，常也。謂可常寶之器，若魯壺之屬。晉居深山，戎狄之與鄰，而遠於王室。王靈不及，拜戎不暇，言王寵靈不見及，故數爲戎所加陵。其何以獻器？」王曰：「叔氏而忘諸乎？叔，籍談字。叔父唐叔，成王之母弟也，其反無分乎？密須之鼓，與其大路，文所以大蒐也。密須，姞姓國也，在安定陰密縣。文王伐之，得其鼓路以蒐。闕鞏之甲，武所以克商也。闕鞏國所出鎧。唐叔受之，以處參虛，匡有戎狄。參虛，實沈之次，晉之分野。其後襄之二路，周襄王所賜晉文公大路、戎路。鏚鉞、秬鬯，鏚，斧也。鉞，金鉞。秬，黑黍。鬯，香酒。彤弓、虎賁，文公受之，以有南陽之田，事在僖二十八年。撫征東夏，非分而何？夫有勳而不廢，加重賞。有績而載，書功於策。奉之以土田，有南陽。撫之以彝器，弓鉞之屬。旌之以車服，襄之二路。明之以文章，旌旗。子孫不忘，所謂福也。福祚之不登叔父，焉在？言福祚不在叔父，當在誰邪？且昔而高祖孫伯黶，司晉之典籍，以爲大政，故曰籍氏。孫伯黶，晉正卿，籍談九世祖。及辛有之二子董之晉，於是乎有董史。辛有，周人也。其二子適晉爲大史，籍黶與之共董督晉典，因爲董氏，董狐其後。女，司典之後也，何故忘之？」籍談不能對。賓出，王曰：「籍父其無後乎？數典而忘其祖。」忘祖業。

籍談歸，以告叔向。叔向曰：「王其不終乎？吾聞之，所樂必卒焉。今王樂憂，若卒以憂，不可謂終。王一歲而有三年之喪二焉，天子絕期，唯服三年。故后雖期，通謂之三年喪。於是乎以喪賓宴，❶又求彝器，樂憂甚矣，且非禮也。彝器之來，嘉功之由，非由喪也。三年之喪，雖貴遂服，禮也。天子諸侯除喪當在卒哭，今王既葬而除，故譏其不遂。王雖弗遂，宴樂以早，亦非禮也。言今雖不能遂服，猶當靜嘿，而便宴樂，又失禮也。禮，王之大經也。一動而失二禮，無大經矣！失二禮，謂既不遂服，又設宴樂。言以考典，考，成也。典以志經，忘經而多言舉典，將焉用之？」爲二十二年王室亂傳。

【疏】注「魯壺魯所獻壺樽」。❷　正義曰：《周禮・司尊彝》云：「秋嘗冬烝，其饋獻用兩壺罇。」鄭玄云：「壺者，以壺爲尊。」《燕禮》云「司宮尊于東楹之西，兩方壺，左玄酒」，是禮法有以壺爲樽。「拜戎不暇」。　正義曰：數爲戎所侵陵，拜謝戎師，不有間暇。　注「參虛」至「分野」。　正義曰：實沈之次，晉之分野。上繫參之虛域，故云參虛。　注「鍼斧」至「香酒」。　正義曰：《廣雅》云：「鍼、鉞，斧也。」俱是斧也，蓋鉞大而斧小。《大公六韜》云：「大柯斧重八斤，一名天鉞。」是鉞大於斧也。《尚書・牧誓》云「武王左杖黃鉞」，孔安國云：「以黃金飾斧。」是鉞以金飾也。「秬，黑黍」，《釋草》文也。《周禮》有鬯人之官，鄭玄云：「鬯，釀秬爲酒，芬香條暢於上下也。」是鬯爲香酒也。賜之鍼鉞者，使之專殺戮也。賜之秬鬯者，使之祭先祖也。《王制》云：「諸侯賜弓矢，然後征。賜鈇鉞，然後殺。賜圭瓚，然後爲鬯。」《詩》陳宣王賜召穆公云「秬鬯一卣，告于文人」，是也。

---

❶「宴」，阮校：「《漢書・五行志》引作『燕』，下『宴樂』同。」

❷「注魯壺魯所獻壺樽」，阮本以下正義十七節分疏於傳文各節下。

「撫征東夏」。　正義曰：服者撫之，叛者征之。晉於諸夏國差近西，故令主東夏。　「福祚」至「焉在」。　正義曰：言福祚之不在叔父，此福祚更焉所在乎？　言其不在他也。登，陟，即是在之義也。　注「孫伯」至「世祖」。　正義曰：孫伯黶爲晉之正卿，世掌典籍，有功，故曰籍氏，是籍談九世祖也。其九世之次，《世本》云：「黶生司空頡，頡生南里叔子，子生叔正官伯，伯生司徒公，公生曲沃正少襄，襄生司次大伯，❶伯生候季子，❷子生籍游，游生談，談生秦。」是也。九世之祖稱高祖者，言是高遠之祖也。郯子以少皞爲高祖，意與此同。　注「辛有」至「其後」。　正義曰：僖二十一年傳曰：❸「平王之東遷也，辛有適伊川。」則辛有平王時人也。此王因籍説董，言晉國唯有籍、董二族世掌典籍。　「籍父其無後乎」。　正義曰：定十四年：「晉人敗范、中行氏之師於潞，獲籍秦。」秦即談之子，是無後。　「王其」至「謂終」。　正義曰：言王其不得以壽終乎？　言將夭命而横死也。吾聞之，心之所樂，必卒於此焉。今王在憂而樂，是爲樂憂也。亦既樂憂，必以憂卒。若性命之卒以憂而死，不可謂之終也。言以憂死，是不終其天年也。　注「天子」至「年喪」。　正義曰：《喪服》「斬衰三年」章内有「父爲長子」，傳曰：「何以三年也？　正體於上，又乃將所傳重也。」「齊衰杖期」章内有「夫爲妻」，傳曰：「爲妻何以期也？妻至親也。」《服問》曰：「君所主夫人妻、大子、適婦。」鄭玄云：「言妻，見大夫以下亦爲此三人爲喪主。」《記》言君者，主謂諸侯，而天子亦與妻爲喪主也，然則妻服齊衰期耳。而傳以后崩大子卒爲三年之喪二者，《喪服》「杖期」

---

❶「次」，正宗寺本、京都本、文淵閣本、阮本作「功」。

❷「候」，閩本、監本、毛本、文淵閣本作「侯」。

❸「一」，正宗寺本、京都本、文淵閣本、阮本作「二」。今案：作「二」是也，「平王」句在僖公二十二年。

章内有「父在爲母」，傳曰：「何以期？屈也。至尊在，不敢申其私親也。父必三年然後娶，達子之志也。」父以其子有三年之戚，爲之三年不娶，則夫之於妻有三年之義，故可通謂之三年之喪。　「於是」至「喪也」。　正義曰：弔喪送葬之賓，不合與之宴樂。王於是乎以喪賓共宴樂，又求常寶之器，在憂而爲此樂，其爲樂憂甚矣。且求器又非禮也，諸侯有常器之來獻王者，乃爲嘉功之由。諸侯自有善功，乃作常器以獻其功。獻非由喪也，言王不可責喪賓獻器也。　「三年」至「非禮」。　正義曰：遂由申也，竟也。其意言三年之喪，雖貴爲天子，由當申遂其服，❶使終日月，乃是禮也。除喪大速，是非禮也。王雖不能遂竟其服，猶當静嘿而已，不宜宴樂。而宴樂以早，亦非禮也。　注「天子」至「不遂」。　正義曰：禮，葬日爲虞。既虞之後，乃爲卒哭之祭。《喪服傳》稱：成服之後，晝夜哭無時。既虞之後，朝夕各一哭而已。卒哭者，謂卒此無時之哭，故鄭玄《士喪禮》注云：「卒哭，虞後祭名。始者，朝夕之閒哀至即哭，至此祭止，唯朝夕哭而已。」傳稱「既葬除喪」，譏王不遂其服，知天子、諸侯除喪，當在卒哭。今王既葬而除，故譏其不遂也。杜云「卒，止也，止哭」，與鄭不同。若如此言，除喪當在卒哭，而上下杜注多云「既葬除喪」者，以葬日即虞，虞即卒哭，卒哭去葬相去不遠，共在一月，葬是大禮，事書於經，故成君以否，皆舉葬言之。　注「言今」至「禮也」。　正義曰：王不能遂服，乃與喪賓宴，又失禮也。以其喪服將終，早除猶可，宴事必不可也。襄十六年葬晉悼公，平公即位，會于湨梁，「與諸侯宴于温」。又九年八月「葬我小君穆姜」，其年十二月「晉侯以公宴于河上」，傳皆無譏，則卒哭之後得宴樂。　「禮王之大經」。　正義曰：經者，綱紀之言也。傳稱「經國家」、「經德義」，《詩序》云「經夫婦」，《中庸》云「凡爲天下國家有九經」，言禮是王之大經紀

---

❶「由」，原作「申」，據正宗寺本、京都本、文淵閣本、阮本改。

也。服虔云：「經，常也，常所當行也。」「言以」至「用之」。　正義曰：人之出言，所以成典法也。典法，所以記禮經也。王一動而失二禮，忘己大經矣，而多爲言語，舉先王分器之典，將焉用之？

【經】十有六年，春，齊侯伐徐。

楚子誘戎蠻子，殺之。【疏】「楚子」至「殺之」。　正義曰：四夷之名，在西曰戎，春秋之時，錯居中國。杜言「河南新城縣東南有蠻城」，則是內地之戎，在楚北也。戎是種號，蠻是國名，子爵也。十一年「楚子虔誘蔡侯般，殺之」，彼書楚子之名，此不書楚子名者，彼注云：「蔡大夫深怨，故以楚子名告。」此非蠻人所告，蓋楚人不以其君名告，故不得書其名也。《公羊傳》曰：「楚子何以不名？夷狄相誘，君子不疾也。曷爲不疾？若不疾，乃疾之也。」言其不足疾，更是深責之也。賈逵云：「楚子不名，以立其子。」二說異於杜也。蔡侯般書名，蠻子不名者，《釋例》曰：「諸見執者，已在罪賤之地，書名與否，非例所加，或名不名，從所赴之文。」

夏，公至自晉。

秋，八月，己亥，晉侯夷卒。　未同盟。

九月，大雩。

季孫意如如晉。

冬，十月，葬晉昭公。　三月而葬速。

【傳】十六年，春，王正月，公在晉，晉人止公。不書，諱之也。猶以取鄆故也。公爲晉人所執止，故諱不書。【疏】「公在」至「之也」。　正義曰：禮，君不在國，則守國之臣每月告廟云「公在某處」，釋君不得親自朝廟之意。若於歲首不在，則或史書之於策。襄二十九年春王正月，「公在楚」，傳曰「釋不朝正於廟」，是也。此年正月公在晉，計亦應告廟書策，但爲晉人執止，公不以被執告廟，故史不書，諱之。

齊侯伐徐。【疏】「齊侯伐徐」。❶　正義曰：虛舉經文者，經在楚誘戎蠻上，傳依經文，故先舉之。下有「徐人行成」之事，非虛舉，但行成在誘蠻後，故先依次舉經於上，爲下「徐人行成」起本也。不下此經文就徐人者，出自史意。

楚子聞蠻氏之亂也，與蠻子之無質也，質，信也。**使然丹誘戎蠻子嘉，殺之，遂取蠻氏。既而復立其子焉，禮也。**詐之，非也。立其子，禮也。河南新城縣東南有蠻城。【疏】「楚子」至「禮也」。　正義曰：蠻子雖與楚舊交，元無誠信，故云與蠻子之無信也。誘而殺之，誠爲不可，楚能復立其子，大勝遂滅其國。嫌其殺父立子，猶爲非禮，故禮之也。大舜之刑也，鯀殛而禹興。周公之誅也，放蔡叔而立蔡仲，是立子爲得禮。

二月，丙申，齊師至于蒲隧。蒲隧，徐地。下邳取慮縣東有蒲如陂。❷ **徐人行成。徐子及郯人、莒人會齊侯，盟于蒲隧，賂以甲父之鼎。**甲父，古國名。高平昌邑縣東南有甲父亭。徐人得甲

---

❶ 「齊侯伐徐」，阮本此節正義在注「河南新城縣東南有蠻城」下。

❷ 「蒲如」，阮校：「劉昭《續漢書·郡國志》作『蒲姑』，注引杜説同。」

父鼎以賂齊。叔孫昭子曰：「諸侯之無伯，害哉！爲小國害。**齊君之無道也，興師而伐遠方，會之有成而還，莫之亢也。**無亢禦。**無伯也夫！《詩》曰：『宗周既滅，靡所止戾。正大夫離居，莫知我肄。』**《詩·小雅》。戾，定也。肄，勞也。言周舊爲天下宗，今乃衰滅，亂無息定，執政大夫離居異心，無有念民勞者。❶**其是之謂乎？」**傳言晉之衰。【疏】「詩曰」至「謂乎」。正義曰：《詩·小雅·雨無正》之篇也。周家舊爲天下所宗，今既衰滅矣，其亂無所止定也。執政大夫離散其居處，人各異心，無有知我民之勞苦者，其是此事之謂乎？言今晉衰微，不能止亂，晉之諸卿異心，不憂民之勞苦，如詩人之所云。

三月，**晉韓起聘于鄭，鄭伯享之。子産戒曰：「苟有位於朝，無有不共恪。」孔張後至，立於客間，**孔張，子孔之孫。**執政禦之。**執政，掌位列者。禦，止也。**適客後。又禦之。適縣間。**縣，樂肆。**客從而笑之。事畢，富子諫**富子，鄭大夫，諫子産也。**曰：「夫大國之人，不可不慎也，幾爲之笑而不陵我？**言數見笑，則心陵侮我。**我皆有禮，夫猶鄙我，**鄙，賤也。**國而無禮，何以求榮？孔張失位，吾子之恥也。」子産怒曰：「發命之不衷，**衷，當也。**出令之不信，刑之頗類，**緣事類以成偏頗。**獄之放紛，**放，縱也。紛，亂也。**會朝之不敬，**謂國無禮敬之心。**使命之不聽，**下不從上命。**取陵於大國，罷民而無功，罪及而弗知，僑之恥也。孔張，君之昆孫，子孔之後也，**昆，兄也。子孔，鄭襄公兄，孔張之祖父。**執政之嗣也。**子孔嘗執鄭國之政。**爲嗣大夫，承命以使，周於諸侯，國人**

❶「者」下，京都本、文淵閣本、阮本有「也」字。

所尊，諸侯所知。立於朝而祀於家，卿得自立廟於家。有祿於國，受祿邑。有賦於軍，軍出，卿賦百乘。喪祭有職，有所主。受脤歸脤，受脤，謂君祭以肉賜大夫。歸脤，謂大夫祭，歸肉於公。皆社之戎祭也。其祭在廟，已有著位，在位數世，世守其業，而忘其所，僑焉得恥之？其祭在廟，謂助君祭。辟邪之人，而皆及執政，是先王無刑罰也。言爲過謬者，自應用刑罰。子寧以他規我。」規，正也。

宣子有環，其一在鄭商。玉環，同工共朴，❶自共爲雙。宣子謁諸鄭伯，謁，請也。子産弗與，曰：「非官府之守器也，寡君不知。」子大叔、子羽謂子産曰：「韓子亦無幾求，言所求少。晉國亦未可以貳，晉國、韓子不可偷也。偷，薄也。若屬有讒人交鬭其間，鬼神而助之，以興其凶怒，悔之何及？吾子何愛於一環，其以取憎於大國也？盍求而與之？」子産曰：「吾非偷晉而有二心，將終事之，是以弗與，忠信故也。僑聞君子非無賄之難，立而無令名之患。僑聞爲國非不能事大字小之難，無禮以定其位之患。夫大國之人，令於小國，而皆獲其求，將何以給之？一共一否，爲罪滋大。滋，益也。大國之求，無禮以斥之，何饜之有？吾且爲鄙邑，則失位矣。不復成國。若韓子奉命以使，而求玉焉，貪淫甚矣，獨非罪乎？出一玉以起二罪，吾又失位，韓子成貪，將焉用之？且吾以玉賈罪，不亦鋭乎？」鋭，細小也。

---

❶「朴」，阮校：「按，『朴』當作『樸』，俗作『璞』。」

韓子買諸賈人，既成賈矣，商人曰：「必告君大夫。」韓子請諸子産曰：「日起請夫環，執政弗義，弗敢復也。復重求也。今買諸商人，商人曰『必以聞』，敢以爲請。」子産對曰：「昔我先君桓公，與商人皆出自周。鄭本在周畿内，桓公東遷，并與商人俱。庸次比耦，庸，用也。用次更相從耦耕。以艾殺此地，斬之蓬蒿藜藋，而共處之。世有盟誓，以相信也，曰：『爾無我叛，我無强賈，無强市其物。毋或匄奪。爾有利市寶賄，我勿與知。』恃此質誓，故能相保，以至于今。今吾子以好來辱，而謂敝邑强奪商人，是教敝邑背盟誓也，毋乃不可乎？吾子得玉而失諸侯，必不爲也。若大國令而共無藝，藝，法也。鄭鄙邑也，亦弗爲也。不欲爲鄙邑之事。僑若獻玉，不知所成，敢私布之。」布，陳也。韓子辭玉，曰：「起不敏，敢求玉以徼二罪，敢辭之。」傳言子産知禮，宣子能改過。

夏，四月，鄭六卿餞宣子於郊。餞，送行飲酒。宣子曰：「二三君子請皆賦，起亦以知鄭志。」《詩》言志也。子齹賦《野有蔓草》。❶子齹，子皮之子嬰齊也。《野有蔓草》，《詩·鄭風》。取其「邂逅相遇，適我願兮」。宣子曰：「孺子善哉，吾有望矣。」君子相願，己所望也。子産賦鄭之《羔裘》。言鄭，别於唐《羔裘》也。取其「彼己之子，❷舍命不渝」，「邦之彦兮」，以美韓子。宣子曰：「起不堪也。」不堪國之司直。子大叔賦《褰裳》。《褰裳》詩曰：「子惠思我，褰裳涉溱。子不我思，豈無他

❶ 「齹」，阮校：「案，《説文》『𪗋』字下云：『《春秋傳》曰：鄭有子𪗋。』」

❷ 「己」，《詩·羔裘》作「其」。

人。」言宣子思己，將有《褰裳》之志。如不我思，亦豈無他人。**宣子曰：「起在此，敢勤子至於他人乎？」**言己今崇好在此，不復令子適他人。**子大叔拜。**謝宣子之有鄭。**宣子曰：「善哉，子之言是。**是《褰裳》。**不有是事，其能終乎？」**韓起不欲令鄭求他人，子大叔拜以答之，所以晉、鄭終善。**子游賦《風雨》，**子游，駟帶之子駟偃也。《風雨》詩取其「既見君子，云胡不夷」。**子旗賦《有女同車》，**子旗，公孫段之子豐施也。《有女同車》，取其「詢美且都」，❶愛樂宣子之志。**子柳賦《蘀兮》。**子柳，印段之子印癸也。《蘀兮》詩取其「倡予和女」，言宣子倡，己將和從之。**宣子喜曰：「鄭其庶乎？**庶幾於興盛。**二三君子以君命貺起，賦不出鄭志，**六詩皆《鄭風》，故曰「不出鄭志」。**皆昵燕好也。**昵，親也。賦不出其國，以示親好。**二三君子，數世之主也，可以無懼矣。」宣子皆獻馬焉，而賦《我將》。**《我將》，《詩・頌》。取其「日靖四方」，「我其夙夜，畏天之威」，言志在靖亂，畏懼天威。**子產拜，使五卿皆拜，曰：「吾子靖亂，敢不拜德？」宣子私覲於子產，以玉與馬，曰：「子命起舍夫玉，是賜我玉而免吾死也，敢不藉手以拜？」**以玉馬藉手拜謝子產。【疏】「孔張」至「縣閒」。❷正義曰：諸侯享賓之禮亡，唯有公食大夫禮存耳。其禮云：「大夫納賓，賓入門左。」鄭玄云：「左，西方，賓位也。」又云：「及廟門，公揖入。賓入，三揖，至于階，三讓。公升二等，賓升。大夫立于東夾南，西面北上。士立于

---

❶「詢」，京都本、文淵閣本、阮本作「洵」，與《詩・有女同車》合。按，足利學本圈改爲「詢」。

❷「孔張至縣閒」，自此節以下正義至「我將」節止，阮本分疏於傳文各節下。

門東，北面西上。」鄭玄云「自卿大夫至此，不先即位從君而入者，明助君饗食，賓自無事」也。享食事俱在廟，❶鄭玄饗食並言，則享位亦當然也。孔張後至，蓋賓入廟門，乃始來至，當從大夫適東夾之南，西面位也，張乃立於客間。賓入未升階，立于西方，孔張入客行間也。執政禦之，適客後，張乃移立於客之西也。又禦之，適縣間，適鐘磬樂肆之間也。大射禮者，亦諸侯之禮也。「樂人宿縣于阼階東，笙磬西面，其南笙鐘，其南鑮，皆南陳。西階之西，頌磬東面，其南鐘，其南鑮，皆南陳」。張初立客間，已在西方。被禦適客後，又益西也。又被禦，適縣間，蓋又復益西，入於頌磬鐘鑮之間也。「幾爲」至「陵我」。正義曰：幾度爲之笑，而不於我加陵。言數被笑，必陵侮我也。服虔云：「幾，近也。孔張失位，近爲所笑。」近者，未至之辭，客已笑訖，何言近也？注「緣事」至「偏頗」。正義曰：事有相類，真僞難明。緣此事類，以致偏頗，雖非故心，亦爲罪也。服虔讀類爲纇，解云：「頗，偏也。纇，不平也。」「會朝之不敬」。正義曰：此孔張失位，則是於朝不敬，而子產不以爲恥者，此謂出外會朝大國，非謂在本國，故注云「謂無禮敬大國之心」。「使命之不聽」。正義曰：謂若伯有，使子晳如楚，不肯行，是也。注「子孔」至「之政」。正義曰：襄十年「盜殺鄭公子騑、公子發、公孫輒」，傳曰「子孔當國」。至十九年，鄭殺子孔。注「卿得」至「於家」。正義曰：士以上皆得立廟，則孔張雖是大夫，亦得立廟。而云卿得立廟者，以子孔是卿，故以卿言之。服虔云：「祀其所自出之君於家，以爲大祖。」案《禮記·郊特牲》曰：「諸侯不敢祖天子，大夫不敢祖諸侯。而公廟之設於私家，非禮也。」安得祀所出之君爲大祖也？❷ 注「受脤」至「祭

---

❶「享」，京都本、文淵閣本、阮本作「饗」。

❷「也」，正宗寺本、京都本、文淵閣本、阮本作「乎」。

也」。　正義曰：《周禮・掌蜃》云「祭祀共蜃器之蜃」，鄭玄云：蜃，大蛤，「飾祭器之屬也」，「蜃之器以蜃飾，因名焉」。鄭衆云：「蜃可以白器，令色白。」是蜃爲器名。祭肉盛之脤器，以獻遺人，因名祭肉爲脤。孔張是大夫也，而云「受脤歸脤」，故知受脤爲君祭以肉賜大夫，歸脤謂大夫祭，以肉歸於公也。故《周禮・祭僕》：「凡祭祀致福者，展而受之。」是在下之祭，有歸脤之義。又傳有「成子受脤于社」，前代諸儒皆以脤爲祭社之肉，故云皆社之戎祭也。劉炫故違傳證，以破先儒，以爲脤亦祭廟之肉，以規杜氏，文無所出，其義非也。然大夫不得私自出軍，自祭私社，而得歸脤於公者，謂大夫奉君命以戎事攝祭於社，故杜直言祭歸肉於公，❶亦不謂家祭也。　注「其祭」至「君祭」。　正義曰：謂鄭伯其祭在先君之廟，孔張有助祭著位在廟中，以有事爲業，言其所掌有常也。服虔以爲其祭在廟，謂孔張先祖配廟食。案《周禮・司勳》云：「凡有功者，銘書於王之大常，祭於大烝，司勳詔之。」則配廟食者，皆是有功之臣。子孔作亂而死，公孫泄因妖鬼而立，❷不得有配食在廟。　注「玉環」至「爲雙」。　正義曰：下云「韓子奉命以使而求玉焉」，知環是玉環也。《釋器》云：「肉倍好謂之璧，好倍肉謂之瑗，肉好若一謂之環。」李巡云：「好，孔也。肉倍好，邊肉大，其孔小也。好倍肉，其孔大，邊肉小也。肉好若一，其孔及邊肉大小適等曰環。」是環亦璧之類也。言其一在鄭商，則其一在韓子。知其同工共朴，相與爲雙，故韓子欲得而雙之。

「僑聞」至「之患」。　正義曰：僑聞君子非無賄之難，家貧無賄不爲難，立於職位而無善名，是爲身之大患。言韓子當患無令名，不宜患家無賄也。僑聞爲國家者，非不能事大字小之難。事大國，愛小國，不爲難也。無禮以

❶「直」，正宗寺本作「並」。
❷「泄」，閩本、監本、毛本、文淵閣本作「洩」。

定其位，是國之大患。言鄭當患位不定，不宜患事晉之難也。下句自「大國之人」至「則失位矣」，此覆「無禮定位」也。自「若韓子」至「獨非罪乎」，此覆「無令名」也。此辭一爲韓子，一爲鄭國，故再言「僑聞」。服虔斷「字小之難」以下爲義，解云：「字，養也，言事大國易，養小國難。」然則鄭人豈憂養小國乎？尚未能離經辨句，復何須注述大典？且字爲愛，不爲養也。「吾且」至「位矣」。正義曰：若晉之大夫，求無不獲，❶則鄭國乃爲晉之邊鄙之邑，不復成國，謂失國君之位矣。「出一玉以起二罪」。正義曰：一共一否，爲鄭國之罪也，貪淫爲韓子之罪也。注「鋭細小」。正義曰：《説文》云：「鋭，芒也。鋒，芒尖。」故爲細小，言得利小也。服虔云：「鋭，折也。」鋭是鋒芒，不得爲折。「買諸」至「商人」。正義曰：賈人即商人也。行曰商，坐曰賈，對文雖别，散則不殊，故商賈並言之。注「鄭本」至「人俱」。正義曰：《世本》云「鄭桓公封棫林」，即漢之京兆鄭縣是也，本在周之西都畿内也。《鄭語》稱史伯爲桓公謀，使桓公寄帑與賄於虢、鄶之國，桓公從之，其子武公遂滅虢、鄶而國之。當桓公東遷帑賄之時，并與商人俱來也。「毋或匄奪」。正義曰：六年傳稱楚公子棄疾之過鄭也，「不强匄」，則匄是乞也。乞則可也，唯不得强耳。此言「毋或匄奪」，亦謂不得强匄乞奪取也。乞之與乞一字也，取則入聲，與則去聲也。此匄亦有取與，此傳言匄，謂取也，詔書稱租調匄民，謂與民。「强奪商人」。正義曰：上云「買諸賈人」，則是和買。而子産謂之强奪者，韓子以威偪之，其賈必賤，故商人欲得告君。大夫子産知其非和買，故云然也。「徼二罪」。正義曰：謂晉失諸侯，鄭爲邊邑。注「餞送行飲酒」。正義曰：《詩》云「飲餞于禰」，毛傳云：「祖而舍軷，飲酒於其側曰餞。」「野有蔓草」。正義曰：《野有蔓草》，

❶「獲」，正宗寺本、京都本、文淵閣本、阮本作「得」。

「思遇時也。君之澤不下流，民窮於兵革，男女失時，思不期而會焉」。其詩云：「野有蔓草，零露漙兮。有美一人，清揚婉兮。❶邂逅相遇，適我願兮。」注云：「清揚，眉目之間婉然美好。邂逅不期而會，適其時願。」注「言鄭」至「韓子」。正義曰：《羔裘》，「刺朝也，言古之君子以風其朝焉」。《釋訓》云：「之子者，是子也。」斥韓子也。鄭玄云：「已，語辭也。舍猶處也。渝，變也。處命不變，謂守死善道，見危授命之類也。」《釋訓》云：「美士爲彥。」言一邦之美士，以美韓子也。注「褰裳」至「他人」。正義曰：《褰裳》，「思見正也。狂童恣行，國人思大國之正己也」。其詩云：「子惠思我，褰裳涉溱。」注云：「子者，斥大國之正卿。子若愛而思我，我國有突篡國之事而可征而正之，我則揭衣涉溱水，往告難也。」又云：「子不思我，豈無他人。」注云：「言他人者，先鄉齊、晉、宋、衛，後之荆楚。」注「是褰裳」。正義曰：是猶此也。子之言此《褰裳》之詩也，不有是告他人之事，其能終相善乎？「風雨」。正義曰：《風雨》，「思君子也。亂世則思君子，不改其度焉」。其詩云：「風雨淒淒，雞鳴喈喈。」注云：「風且雨，淒淒然，雞猶守時而鳴，喈喈然。喻君子雖居亂世，不變改其節度。」又云：「既見君子，云胡不夷。」注云：「胡，何也。夷，說也。思而見之，云何而心不說。」注「詢美且都」。正義曰：詢，信也。都，閑也。❷言信美好且閑習於威儀，是愛樂宣子之志。「蘀兮」。正義曰：《蘀兮》，「刺忽也，君弱臣强，不

---

❶「揚」，原作「楊」，正宗寺本、文淵閣本、阮本作「揚」。此節正義下引注亦作「揚」。又，《詩·野有蔓草》作「揚」。據改。

❷「閑」，阮校：「按，當爲『嫺』。」

倡而和也」。❶其詩云：「蘀兮蘀兮，風其吹女。」注云：「蘀，槁也。槁謂木葉也。木葉槁，待風乃落。喻君有政教，臣乃行之。言此者，刺今不然。」又云：「叔兮伯兮，倡予和女。」注云：「叔伯，言羣臣長幼也。羣臣無其君而行，自以強弱相服。女倡矣，我則將和之。言此者，刺其自專也。」「我將」。正義曰：《我將》，「祀文王於明堂也」。云：「儀式刑文王之典，日靖四方。」「我其夙夜，畏天之威，于時保之」，注云：「早夜敬天，於是得安文王之道。」

公至自晉。晉人聽公得歸。**子服昭伯語季平子**昭伯，惠伯之子子服回也，隨公從晉還。**曰：「晉之公室，其將遂卑矣。君幼弱，六卿彊而奢傲，將因是以習。習實爲常，能無卑乎？」平子曰：「爾幼，惡識國？」**昭伯尚少，❷平子不信其言。【疏】「將因」至「卑乎」。正義曰：言將因是君幼弱，以習奢傲之事。既習奢傲，實以爲常。常行輕君之禮，能無卑乎？

秋，八月，晉昭公卒。爲下「平子如晉葬」起。

九月，大雩，旱也。**鄭大旱，使屠擊、祝款、豎柎有事於桑山。**三子，鄭大夫。有事，祭也。**斬其木，不雨。子産曰：「有事於山，蓺山林也。**蓺，養護令繁殖。**而斬其木，其罪大矣。」奪之官邑。**

❶「倡」，阮校：「閩本、監本、毛本作『唱』，下『倡予』同。」

❷「少」，閩本、監本、毛本、文淵閣本作「幼」。

冬，十月，季平子如晉，葬昭公。平子曰：「子服回之言猶信，身往見之，❶乃信回言。子服氏有子哉！」有賢子也。

【經】十有七年，春，小邾子來朝。

夏，六月，甲戌，朔，日有食之。

秋，郯子來朝。

八月，晉荀吳帥師滅陸渾之戎。

冬，有星孛于大辰。大辰，房心尾也。妖變非常，故書。【疏】注「大辰」至「故書」。正義曰：《釋天》云：「大辰，房心尾也。大火謂之大辰。」李巡云：「大辰，蒼龍宿之體，最爲明，故曰房心尾也。大火，蒼龍宿心，以候四時，故曰辰。」孫炎曰：「龍星明者，以爲時候，故曰大辰，大火也，心在中，❷最明，故時候主焉。」《公羊傳》曰：「孛者何？彗星也。」彗爲箒也，言其狀似埽箒，光芒孛孛然。妖變之星，非常所有，故書之。傳稱「孛于大辰西」，經直書「于大辰」者，雖在其星之西，仍在大辰分度之内，故直云「于大辰」。

楚人及吳戰于長岸。吳、楚兩敗，莫肯告負，故但書戰而不書敗也。長岸，楚地。【疏】注「吳楚」

---

❶ 「身」，《四部叢刊》本、京都本、文淵閣本、阮本作「自」。

❷ 「大火也心在中」，阮校：「段玉裁據《爾雅》校本『也心』作『心也』。」則斷句當爲：「大火，心也，在中。」

至「楚地」。　正義曰：傳稱「大敗吴師」，又云「大敗楚師」，是兩皆大敗也。縱使兩皆來告，無肯自云負敗者，故但書戰而不書敗也。傳稱令尹陽匄，則是楚之貴臣，而云楚人者，楚人恥其敗，以賤者告也。

【傳】十七年，春，小邾穆公來朝，公與之燕。季平子賦《采叔》，《采叔》，《詩·小雅》。取其「君子來朝，何錫與之」，以穆公喻君子。**穆公賦《菁菁者莪》。**《菁菁者莪》，亦《詩·小雅》，取其「既見君子，樂且有儀」，以答《采叔》。**昭子曰：「不有以國，其能久乎？」**嘉其能答賦，言其賢，故能久有國。【疏】「采叔」。❶　正義曰：《采叔》，刺幽王慢諸侯也。云：「采叔采叔，筐之筥之。君子來朝，何錫予之。雖無予之，路車乘馬。」注云：「賜諸侯以車馬。言雖無予之，尚以爲薄。」「菁菁者莪」。正義曰：《菁菁者莪》云：「既見君子，樂且有儀。」既見君子者，官爵之而得見也。見則心既喜樂，又以禮儀見接。「不有」至「久乎」。
正義曰：言不有學問之人以治其國，其國能長久乎？❷

夏，六月，甲戌，朔，日有食之。祝史請所用幣。禮，正陽之月日食，當用幣於社，故請之。**昭子曰：「日有食之，天子不舉，**不舉盛饌。**伐鼓於社。**責羣陰。**諸侯用幣於社，**謂上公。❸**伐鼓於**

❶「采叔」，阮本以下正義三節分疏於傳文各節下。
❷「其國」，京都本、文淵閣本、阮本無此二字。
❸「謂」，《四部叢刊》本、京都本、阮本作「請」，淳熙本作「責」。今案：下正義引作「請」，當作「請」是。

朝。退自責。**禮也。」平子禦之，**禦，禁也。**曰：「止也。唯正月朔，慝未作，日有食之，於是乎有伐鼓用幣，禮也。其餘則否。」大史曰：「在此月也。**正月，謂建巳正陽之月也。於周爲六月，於夏爲四月。慝，陰氣也。四月純陽用事，陰氣未動而侵陽，災重，故有伐鼓用幣之禮也。平子以爲六月非正月，故大史答言在此月也。**日過分而未至，**過春分而未夏至。**三辰有災，**三辰，日、月、星也。日月相侵，又犯是宿，故三辰皆爲災。**於是乎百官降物，**降物，素服。**君不舉，辟移時，**辟正寢過日食時。**樂奏鼓，**伐鼓。**祝用幣，**用幣於社。**史用辭。**用辭以自責。**故《夏書》曰：『辰不集于房，**逸《書》也。集，安也。房，舍也。日月不安其舍則食。**瞽奏鼓，**瞽，樂師。**嗇夫馳，庶人走。』**車馬曰馳，步曰走，爲救日食備也。**此月朔之謂也。當夏四月，是謂孟夏。」**言此六月當夏家之四月。**平子弗從。昭子退曰：「夫子將有異志，不君君矣。」**安君之災，故曰「有異志」。【疏】注「禮正」至「請之」。❶　正義曰：陰陽之氣，運行於天，一消一息，周而復始。十一月建子，爲陽始。五月建午，爲陰始。以《易》爻卦言之，從建子之後，每月一陽息，一陰消。至四月建巳，六陰消盡，六陽並盛，是爲純乾之卦，正陽之月也。從建午之後，每月一陰息，一陽消。至十月建亥，六陽消盡，六陰並盛，是爲純坤之卦，正陰之月也。此年六月日食，是夏之四月，正陽之月也。禮，正陽之月日食，諸侯當用幣於社，故魯之祝史依禮法請所用之幣。「昭子」至「禮也」。　正義曰：昭子雖不言正月，而云日食之禮，明此月即是正月也。文十五年傳與此昭子之言正

---

❶「注禮正至請之」，阮本以下正義十節分疏於傳文各節下。

同，是正法有此禮也。殺牲盛饌曰舉，故「天子不舉」，謂去盛饌也。《郊特牲》云：「社所以神地之道也，祭土而主陰氣也。」則社是羣陰所聚。《論語》云「鳴鼓而攻之」，伐鼓者是攻責之事，故爲「責羣陰」，亦以責上公也。二十九年傳曰：「封爲上公，祀爲貴神。社稷五祀，是尊是奉。」是社爲上公之神，尊於諸侯。故諸侯用幣於社，請上公，亦所以請羣陰，請令勿侵陽也。然伐鼓於社，云「責羣陰」，用幣於社，云「請上公」。社文是一，二注不同者，以天子之尊，無所不責，故云「責羣陰」也。諸侯南面之君，於諸侯之内唯請上公，故云「請上公」也。「平子」至「則否」。正義曰：平子聞有此禮，而不知正月是周之六月，故止其請幣，仍說正禮。慝，惡也。人情愛陽而惡陰，故謂陰爲慝。五月陰始生，故四月陰未作也。平子亦不識慝爲陰義，故語雖得禮，而心不肯從。平子蓋以正月爲歲首之月，故云「其餘則否」。「大史曰在此月也」。正義曰：大史以平子不識正月，故爲辨之。所言慝未作，所以行伐鼓用幣之禮，正當在此月也。因爲說日食之禮，引《夏書》以證之。注「降物素服」。正義曰：降物，謂減其物采也。《昏義》曰「日食則天子素服」，知百官降物亦素服也。古之素服，禮無明文，蓋象朝服而用素爲之，如今之單衣也。近世儀注：日食，則擊鼓於大社，天子單衣介幘，辟正殿，坐東西堂，百官白服坐本司，大常率官屬繞大廟，過時乃罷。「樂奏鼓」。正義曰：「樂奏鼓」與下「瞽奏鼓」一也。樂謂作樂之人，即瞽矇也，奏訓進也。孔安國《尚書》傳云：「瞽，樂官。」樂官進鼓則伐之，故杜云「伐鼓也」。其日食，王或有至社親伐鼓之時，故《周禮·大僕》云：「凡軍旅田役，贊王鼓，救日月食亦如之。」❶鄭玄云：「王通鼓，佐擊其餘面。」則日食，王有親鼓之時也。「故夏」至「人走」。正義曰：此《尚書·胤征》文也。彼云：「乃季秋月朔，辰弗集于房。」彼

❶「食」，孫校：「《大僕》職無『食』字，此孔所增。」

季秋日食，亦以此禮救之。傳言唯正月朔日食，乃有伐鼓用幣，餘月則否。引《夏書》而與《夏書》違者，蓋先代尚質，凡有日食，皆用鼓幣。《周禮》極文，周家禮法，見事有差降，唯正陽之月特用鼓幣，餘月則否。注「逸書」至「則食」。正義曰：杜以鳥止謂之集，故訓集爲安也。孔安國云：「房，所舍之次。集，合也。不合則日食可知。」與杜少異。注「車馬」至「備也」。正義曰：杜以馳是馬疾行，故云車馬曰馳，步曰走。孔安國云：「嗇夫，主幣之官，馳取幣，禮天神。」嗇夫於《周禮》無文，鄭注《覲禮》云：「嗇夫，蓋司空之屬也。」則官屬司空，庶人在官，若胥徒之屬，使之取幣而禮天神也，衆人走，共救日食之百役也。嗇夫取幣未必馳車，蓋馳、走相對，變其文耳。言「禮天神」者，謂天子之禮。傳無天子禮天神之事，文不具。「不君君矣」。正義曰：日食，陰侵陽，臣侵君之象。救日食，所以助君抑臣也。平子不肯救日食，乃是不君事其君也。劉炫云：「乃是不復以君爲君矣。」

秋，郯子來朝，公與之宴。昭子問焉，曰：「少皞氏鳥名官，何故也？」少皞，金天氏，黃帝之子，己姓之祖也。問何故以鳥名官。**郯子曰：「吾祖也，我知之。昔者黃帝氏以雲紀，故爲雲師而雲名。**黃帝，軒轅氏，姬姓之祖也。黃帝受命有雲瑞，故以雲紀事。百官師長皆以雲爲名，號縉雲氏，蓋其一官也。**炎帝氏以火紀，故爲火師而火名。**炎帝，神農氏，姜姓之祖也。亦有火瑞，以火紀事，名百官。**共工氏以水紀，故爲水師而水名。**共工，以諸侯霸有九州者，在神農前，大皞後。亦受水瑞，以水名官。**大皞氏以龍紀，故爲龍師而龍名。**大皞，伏羲氏，風姓之祖也。有龍瑞，故以龍命官。**我高祖少皞摯之立也，鳳鳥適至，故紀於鳥，爲鳥師而鳥名。鳳鳥氏，歷正也。**鳳鳥知天時，故以名歷正之官。**玄鳥氏，司分者也。**玄鳥，燕也，以春分來，秋分去。**伯趙氏，司至者也。**伯趙，伯勞也。以夏至鳴，冬至止。**青鳥氏，司啓者也。**青鳥，鶬鷃也。❶以立春鳴，立夏止。**丹鳥氏，司閉者也。**丹鳥，鷩雉也。以立秋來，立冬去，入大水爲蜃。上四鳥皆歷正之屬官。**祝鳩氏，司徒也。**祝鳩，鷦鳩也。❷鷦鳩孝，故爲司徒，主教民。**鴡鳩氏，司馬也。**鴡鳩，王鴡也。鷙而有別，故爲司馬，主法制。**鳲鳩氏，司空也。**鳲鳩，鴶鵴也。鳲鳩平均，故爲司空，平水土。**爽鳩氏，司寇也。**爽鳩，鷹也。鷙，故爲司寇，主盜賊。**鶻鳩氏，司事也。**鶻鳩，鶻鵰也。❸春來冬去，故爲司事。**五鳩，鳩民者也。**鳩，聚也。治民上聚，故以鳩爲名。**五雉爲五工正，**五雉，雉有五種，西方曰鷷雉，東方曰鶅雉，南方曰翟雉，北方曰鵗雉，伊洛之南曰翬雉。**利器用，正度量，夷民者也。**夷，平也。**九扈爲九農正，**扈有九種也。春扈鳻鶞，夏扈竊玄，秋扈竊藍，冬扈竊黃，棘扈竊丹，行扈唶唶，宵扈嘖嘖，桑扈竊脂，老扈鷃鷃。以九扈爲九農之號，各隨其宜，以教民事。**扈民無淫者也。**扈，止也。止民使不淫放。**自顓頊以來，不能紀遠，乃紀於近。爲民師而命以民事，則不能故**

---

❶「鷃」，京都本、文淵閣本、阮本作「鴳」。阮校：「《釋文》亦作『鴳』，云：『本亦作鷃。』」

❷「鷦」，阮校：「北宋刻《釋文》『鷦』作『鵻』，『本又作隹，本或作鵻』。宋本、宋殘本、淳熙本作『鵻』，《説文》『鵻』字注云：『祝鳩也，從鳥，隹聲。』按，當作『鵻』，『鷦』乃桃蟲，非作『鳩』也。」

❸「鵰」，阮校：「《爾雅·釋鳥》疏引作『鶌』。」

也。」顓頊氏，代少皞者，德不能致遠瑞，而以民事命官。

仲尼聞之，見於郯子而學之。於是仲尼年二十八。**既而告人曰：「吾聞之，天子失官，學在四夷，猶信。」**失官，官不脩其職也。傳言聖人無常師。【疏】注「少皞」至「名官」。❶　正義曰：《帝系》云「黄帝生玄囂」也。《史記》云：「黄帝正妃生二子，其後皆有天下，其一曰玄囂，是爲青陽，降居江水。」言降居江水，謂不爲帝也。此傳言其以鳥名官，則是爲帝明矣。故《世本》及《春秋緯》皆言青陽即是少皞，黄帝之子，代黄帝之有天下，❷號曰金天氏。少皞氏，身號，金天氏，代號也。《晉語》稱青陽與黄帝同德，故爲姬姓。黄帝之子十四人，爲十二姓。其十二有姬，有己。青陽既爲姬姓，則己姓非青陽之後。而《世本》己姓出自少皞，非青陽也。事遠書亡，不可委悉耳。　注「黄帝」至「官也」。　正義曰：《史記》云：「黄帝者，少典之子，名曰軒轅，爲天子，代神農氏，是爲黄帝。」《晉語》云：「黄帝以姬水成，爲姬姓。」是姬姓之祖也。以少皞氏之立有鳳鳥之瑞，而以鳥紀事。黄帝以雲紀事，明其初受天命，有雲瑞也。雲之爲瑞，未能審也。《史記・天官書》曰：「若煙非煙，若雲非雲，郁郁紛紛，蕭索輪囷，是謂卿雲。」或作慶雲，或作景雲。《孝經援神契》曰：「德至山陵，則景雲出。」服虔云：「黄帝受命，得景雲之瑞，故以雲紀事。」黄帝雲瑞，或當是景雲也。百官師長皆以雲爲名號，即是以雲紀綱諸事也。雲爲官名，更無所出，唯文十八年傳云「縉雲氏有不才子」，疑是黄帝時官，故云縉雲氏，蓋其一官也。　注「炎帝」至「百官」。　正義曰：《帝系》、《世本》皆爲炎帝即神農氏。炎帝，身號，神農，代號也。譙周考古史，以爲

❶「注少皞至名官」，阮本以下正義廿二節分疏於傳文各節下。

❷「之」，文淵閣本、阮本作「而」。

炎帝與神農各爲一人，非杜義。《晉語》云：「炎帝以姜水成，爲姜姓。」是爲姜姓之祖也。火之爲瑞，亦未審也。

注「共工」至「名官」。　正義曰：共工氏霸有九州，《祭法》文也。此傳從黄帝向上逆陳之，知共工在神農前，大皞後也。水之爲瑞，亦未審也。

注「大皞」至「命官」。　正義曰：《月令》「孟春」云：「其帝大皞。」《易·下繫》云：「包犧氏之王天下也。」即大皞，身號，伏羲，代號也。僖二十一年傳云：「任、宿、須句，❶風姓也，實司大皞。」知大皞是風姓之祖也。龍之爲瑞，亦未審也。此黄帝以上四代，用雲、火、水、龍紀事。其官之名，必用雲、火、水、龍爲之，但書典散亡，更無文紀其名，不可復知，故杜不復委説，唯有縉雲見傳，疑是黄帝官耳。服虔云：「黄帝以雲名官，蓋春官爲青雲氏，夏官爲縉雲氏，秋官爲白雲氏，冬官爲黑雲氏，中官爲黄雲氏。炎帝以火名官，春官爲大火，夏官爲鶉火，秋官爲西火，冬官爲北火，中官爲中火。共工以水名官，春官爲東水，夏官爲南水，秋官爲西水，冬官爲北水，中官爲中水。大皞以龍名官，春官爲青龍氏，夏官爲赤龍氏，秋官爲白龍氏，冬官爲黑龍氏，中官爲黄龍氏。」此皆事無所見，苟出肺腸。少皞鳥紀，不以五方名官，焉知彼四代者皆以四時五方名官乎？以縉爲赤色，則云夏官爲縉雲，焉知餘方不更爲之目，而直指青、黄爲名也？以天文有大火、鶉火，即云春爲大火，夏爲鶉火，其餘何故直以西、北名火也？此皆虚而不經，故不可采用。

注「鳳鳥」至「之官」。　正義曰：《釋鳥》云：「鶠，鳳，其雌皇。」則此鳥雄曰鳳，雌曰皇。《説文》云：「鳳，神鳥也。」《山海經》云：「丹穴之山有鳥焉，其狀如鶴，❷五采而文，名曰鳳皇，見則天下大安寧。」《運斗樞》云：「天樞德見，則鳳皇翔。」《中候握河紀》

---

❶「須句」下，僖公二十一年傳有「顓臾」二字。

❷「如」，正宗寺本、京都本作「而」。「鶴」，監本、毛本、文淵閣本作「雞」。

云：「堯即政七十年，鳳皇止庭。伯禹拜曰：昔帝軒提象，鳳巢阿閣。」《白虎通》云：「黄帝時，鳳皇蔽日而至，止於東園，終身不去。」諸書皆言君有聖德，鳳皇乃來，是鳳皇知天時也。歷正，主治歷數，正天時之官，故名其官爲鳳鳥氏也。當時名官，直爲鳥名而已，其所職掌，與後代名官所司事同。所言歷正以下，及司徒、司寇、工農之屬，皆以後代之官所掌之事託言之。言爾時鳥名，如今之此官也。注「玄鳥」至「分去」。正義曰：《説文》云：「燕，玄鳥也。」《釋鳥》云：「燕燕，鳦。」郭璞曰：「《詩》云『燕燕于飛』，一名玄鳥，齊人呼鳦。」《詩》云「天命玄鳥」，《月令》云「玄鳥至之日」，是一名玄鳥也。或單呼爲燕，或重名燕燕，異方語也。此鳥以春分來，秋分去，故以名官，使之主二分。注「伯趙」至「至止」。正義曰：《釋鳥》云：「鵙，伯勞也。」樊光曰：「《春秋》云：『伯趙氏司至。』伯趙，鵙也，以夏至來，冬至去。」郭璞曰：「似鶷鶡而大。」此鳥以夏至來鳴，冬至止去，❶故以名官，使之主二至也。《月令》，仲夏之月，「鵙始鳴」。蔡邕云：「鵙，伯勞也，一曰伯趙，應時而鳴，爲陰候也。」《詩》云「七月鳴鵙」者，鄭玄云：「豳地晚寒，鳥物之候，從其氣焉。」王肅云：「七當爲五。古文五字似七，故誤。」注「青鳥」至「夏止」。正義曰：青鳥，鶬鴳，《爾雅》無文，先儒相傳説耳。立春、立夏謂之啓。此鳥以立春鳴，立夏止，故以名官，使之主立春、立夏。注「丹鳥」至「屬官」。正義曰：《釋鳥》雉之類有鷩雉。樊光曰：「丹雉也。少皞氏以鳥名官，丹鳥氏司閉，以立秋來，立冬去，入水爲蜃。《周禮》：王享先公服鷩冕。」郭璞曰：「似山雞而小，冠背毛黄，腹下赤，項緑，色鮮明。」是解丹鳥爲鷩雉也。立秋、立冬謂之閉。此鳥以秋來冬去，故以名官，使之主立秋、立冬也。分、至、啓、閉立四官，使主之。鳳皇氏爲之長，故云四鳥皆歷正之屬官也。注「祝鳩」至「教民」。

❶「止」，阮校：「浦鏜云：『止』疑衍字。」

正義曰：《釋鳥》云：「隹其，鳺鴀。」舍人云：「隹，一名夫不。今楚鳩也。」❶樊光曰：「《春秋》云：『祝鳩氏，司徒。』祝鳩即隹其。夫不孝，故爲司徒。」郭璞曰「今鵓鳩」也。《詩》云「翩翩者隹」，❷毛傳云：「鵻夫不也，一宿之鳥。」鄭玄云：「一宿者，一意於其所宿之木。」又云：「夫不，鳥之慤謹者，人皆愛之。」則此是謹慤孝順之鳥，故名司徒之官，教人使之孝也。　注「鶻鳩」至「法制」。　正義曰：《釋鳥》云：「鶻鳩，王鶻。」李巡云：「王鶻，一名鶻鳩。」郭璞云：「鵰類，今江東呼之爲鶚，好在江渚山邊食魚。《毛詩傳》曰：『鳥鷙而有別。』」則鶻鳩是鷙擊之鳥，又能雄雌有別也。司馬主兵，又主法制，擊伐又當法制分明，故以此鳥名官，使主司馬之職。　注「鳲鳩」至「水土」。　正義曰：《釋鳥》云：「鳲鳩，鴶鵴。」樊光曰：「《春秋》云：『鳲鳩氏，司空。』心平均，故爲司空。」郭璞曰：「今之布穀也。」孫炎曰：「《方言》云：『鳲鳩，自關而東謂之戴勝。』」陸璣《毛詩義疏》云：「今梁宋之間謂布穀爲鴶鵴。」則布穀是鳲鳩明矣，而揚雄云鳲鳩是戴勝也。❸今戴勝自生穴中，不巢生，雄言非也。《詩》云：「鳲鳩在桑，其子七兮。」毛傳云：「鳲鳩之養其子，朝從上下，莫從下上，平均如一。」是鳲鳩平均，故爲司空。《尚書·舜典》云：「伯禹作司空，帝曰：禹，汝平水土，惟時懋哉。」是司空主平水土也。　注「爽鳩」至「盜賊」。　正義曰：《釋鳥》云：「鷹，鶆鳩。」樊光曰：「來鳩，爽鳩也。《春秋》曰：『爽鳩氏，司寇。』鷹鷙，故爲司寇。」郭璞曰：「鶆當爲

---

❶「今」上，《爾雅·釋鳥》疏有「李巡曰」三字。

❷「隹」，《詩·南有嘉魚》、《四牡》均作「鵻」。

❸「揚」，閩本、監本、文淵閣本、阮本作「楊」。阮校：「作『楊』，不誤。段玉裁有辨，詳《尚書撰異》。」「鳲」，原作「鳴」，據正宗寺本、京都本、文淵閣本、阮本改。

爽字之誤耳。《左傳》作爽鳩，是也。」鷹是鷙擊之鳥，司寇主擊盜賊，故爲司寇。　注「鶻鳩」至「司事」。　正義曰：《釋鳥》云：「鶌鳩，鶻鵃。」舍人曰：「鶌鳩，一名鶻鵃，今之班鳩也。」樊光曰：「《春秋》云：『鶻鳩氏，司事。』春來冬去。」孫炎曰：「鶻鳩，一名鳴鳩。《月令》云：『鳴鳩拂其羽。』」郭璞云：「今江東亦呼爲鶻鵃，似山鵲而小，短尾，青黑色，多聲。」即是此也。舊說及《廣雅》皆云班鳩，非也。所論班鳩、鳴鳩，雖有異同，其言春來冬去，舊有此說。國家營事，繕治器物，一年之間，無時暫止，故以此鳥名司事之官也。司事謂營造之事，於六官皆屬司空。此司空、司事各爲一官者，古今代異，猶如《舜典》司空與共工各爲一官也。　注「鳩聚」至「爲民」。　正義曰：「鳩，聚」，《釋詁》文也。治民尚其集聚，惡其流散，故以鳩爲官名，欲其聚斂民也。　注「五雉」至「翬雉」。　正義曰：《釋鳥》雉之屬十有四，其說四方之雉，西方曰鷷，東方曰鶅，南方曰翯，北方曰鵗。舍人曰：「釋四方之雉名也。」杜言四方之雉，唯南方不同也。《釋鳥》又云：「鸐，山雉。」樊光曰：「其羽可持而舞。《詩》云：『右手秉翟。』」郭璞云：「長尾者。」《爾雅》之文，翟與翯別。而賈逵亦云：「南方曰翟雉。」則先儒相傳爲說，杜從之也。《釋鳥》又云：「伊洛而南，素質，五采皆備成章曰翬。」李巡曰：「素質五采備具，文章鮮明曰翬。」孫炎曰：「翬雉，白質，五采爲文也。」傳言五雉，必取五方，伊、洛，土之中區，明其取翬雉，與四方之雉爲五也。賈逵云：「西方曰鷷雉，攻木之工也。東方曰鶅雉，搏埴之工也。南方曰翟雉，攻金之工也。北方曰鵗雉，攻皮之工也。伊洛而南曰翬雉，設五色之工也。」樊光注《爾雅》四方之雉，配工亦與賈同，唯翬雉不配工耳。案賈、樊所言之工，出於《考工記》耳，而《考工記》更有刮摩之工，凡有六工，非唯五也。且記是後世之書，少皞時工未必如記所說。又以工配雉，無所馮據，不可采用，故杜不言。　「利器」至「民者」。　正義曰：雉聲近夷，雉訓夷，夷爲平，故以雉名工正之官，使其利便民之器用，正丈尺之度，斗斛之量，所以平均下民也。樊光、服虔云：「雉者，夷也。夷，平也。

使度量、器用平也。」　注「扈有」至「民事」。　正義曰：《釋鳥》自「春鳸鳻鶞」至「宵鳸嘖嘖」，凡七鳸，其文相次，與此注正同。李巡揔釋之云：「諸扈別春、夏、秋、冬四時之名。喈喈、嘖嘖，鳥聲貌也。」郭璞曰：「諸鳸皆因其毛色、音聲以爲名。竊藍，青色。」《釋鳥》又云：「鴱，鵙老。鳸，鴳。桑鳸，竊脂。」注《爾雅》者，舍人、李巡、孫炎、郭璞皆斷「老」上屬，「鳸」下屬，解云：「鴱，一名鵙老。鴳，一名鳸。鳸，雀也。」唯樊光斷「鴱鵙」爲句，以「老」下屬，注云：「《春秋》云：『九扈爲九農正。』九扈者，春扈，夏扈，秋扈，冬扈，棘扈，行扈，宵扈，桑扈，老扈。」是以「老」爲下屬，唯「鴳」不重耳。李巡云：「竊脂，一名桑扈。」郭璞曰：「俗謂之青雀，觜曲，食肉，好盗脂膏，因名云。」鄭玄《詩》箋云：「竊脂，肉食。」陸璣《毛詩義疏》云：「竊脂，青雀也，好竊人脯肉及筩中膏，故以名竊脂也。」諸儒説竊脂，皆謂盗人脂膏也。即如此言，竊玄、竊黄者，豈復盗竊玄黄乎？　案《爾雅・釋獸》云：❶「虎竊毛，謂之虦貓。魋，如小熊，竊毛而黄。」竊毛皆謂淺毛，竊即古之淺字，但此鳥其色不純。竊玄，淺黑也。竊藍，淺青也。竊黄，淺黄也。竊丹，淺赤也。四色皆具，則竊脂爲淺白也。其喈喈、嘖嘖，則聲音爲之名矣。其春扈鳻鶞，樊光云：「鳻鶞，言分循也。春扈分循五土之宜。」乃以人事名鳥，其義未必然也。《爾雅》老扈鴳字不重，賈、服皆云「鷃鷃」，亦聲音爲名也。賈逵云：「春扈分循，相五土之宜，趣民耕種者也。夏扈竊玄，趣民耘苗者也。秋扈竊藍，趣民收斂者也。冬扈竊黄，趣民蓋藏者也。棘扈竊丹，爲果驅鳥者也。行扈喈喈，晝爲民驅鳥者也。宵扈嘖嘖，夜爲農驅獸者也。桑扈竊脂，爲蠶驅雀者也。老扈鷃鷃，趣民收麥令不得晏起者也。」舍人、樊光注《爾雅》，其言亦與賈同，其意皆謂以扈爲官，還令依此諸扈而動作也。然則趣民耕耘，及收斂蓋藏，其事可得召民使聚，而揔號

❶「案」，正宗寺本、京都本、文淵閣本、阮本無此字。

令之，其爲果驅鳥，爲蠶驅雀，豈得多置官方，使之就果樹、入蠶室，爲民驅之哉？又晝驅鳥，夜驅獸，不可竟日通宵常在田野，❶溥天之下，何以可周？且其言不經，難可據信也。杜云「以九扈爲九農之號，各隨其宜，以教民事」，以舊説不可采用，又不能知其職掌，故末言之。「自顓」至「故也」。正義曰：傳言「少皞摯之立也，鳳鳥適至」，則鳳鳥以初立時至也。因其初立而有此瑞鳥，遂即以鳥紀事。雲、火、水、龍亦以初立而有此瑞，用之以紀庶事。自顓頊以來，初立之時，既無遠瑞，不能紀以遠，❷而乃紀於近，天瑞遠，民事近，爲民之師長，而命其官，以民事則爲不能致遠瑞故。注「年二十八」。正義曰：沈文何云：❸「襄三十一年注云：仲尼年十歲。計至此年二十七，今云二十八，誤。」「失官學在四夷」。正義曰：王肅云：「郯，中國也，故吴伐郯，季文子歎曰：『中國不振旅，蠻夷入伐，吾亡無日矣。』孔子稱學在四夷，疾時學廢也。郯，少皞之後，以其世則遠，以其國則小矣。魯，周公之後，以其世則近，以其國則大矣。然其禮不如郯，故孔子發此言也。」失官爲所居之官不脩其職也。仲尼學樂於萇弘，問禮於郯子，是聖人無常師。

晉侯使屠蒯如周，請有事於雒與三塗。屠蒯，晉侯之膳宰也。以忠諫見進。雒，雒水也。三塗，山名，在陸渾南。**萇弘謂劉子曰：「客容猛，非祭也。其伐戎乎？陸渾氏甚睦於楚，必是故也。君其備之！」乃警戎備。**警戒以備戎也。欲因晉以合勢。**九月，丁卯，晉荀吴帥師涉自棘津，**河津

---

❶「可」，監本、毛本、文淵閣本作「免」。

❷「以」，阮本作「於」。

❸「何」，文淵閣本作「阿」，是也。

名。使祭史先用牲于雒。陸渾人弗知，師從之。庚午，遂滅陸渾，數之以其貳於楚也。陸渾子奔楚，其衆奔甘鹿。甘鹿，周地。周大獲。先警戎備，故獲。宣子夢文公攜荀吴而授之陸渾，故使穆子帥師，獻俘于文宮。欲以應夢。

冬，有星孛于大辰，西及漢。夏之八月，辰星見在天漢西。今孛星出辰西，光芒東及天漢。申須曰：「彗所以除舊布新也。申須，魯大夫。天事恒象，天道恒以象類告示人。今除於火，火出必布焉。諸侯其有火災乎？」今火向伏，故知當須火出，乃布散爲災。梓慎曰：「往年吾見之，是其徵也。徵，始有形象而微也。火出而見。前年火出時。今兹火出而章，必火入而伏。❶隨火没也。其居火也久矣，歷二年。其與不然乎？言必然也。火出，於夏爲三月，謂昏見。於商爲四月，於周爲五月。夏數得天，得天正。若火作，其四國當之，在宋、衛、陳、鄭乎？❷宋，大辰之虚也。大辰，

---

❶「必火入而伏」，阮校：「正義曰：服虔注本『火出而章，必火，火入而伏』，重『火』別句。孫毓云：『賈氏舊本無重「火」字。』臧琳云：當從服氏本，有重『火』字爲是。梓慎以火彗之隱顯占諸侯之有災，下云『其居火也久矣，其與不然乎』，言彗星隨火行已二年矣，諸侯之有火災必然而無疑也。若作『必火入而伏』，爲火星入而彗伏，則下文『其與不然』何所指乎？賈景伯不重『火』字，與《漢志》同。」

❷「在」，阮校：「石經『在』字上旁增『六物之占』四字。案，惠棟云：『當是晁公武據蜀石經增入，《御覽》所引亦有此四字。蜀時賈、服《左氏》猶存，此蓋據賈、服本也。』按，范成大《石經始末記》有此一條，然則惠云據蜀石經者是也。」

大火，宋分野。陳，大皞之虚也。大皞居陳，木火所自出。**鄭，祝融之虚也。**祝融，高辛氏之火正，居鄭。**皆火房也。**房，舍也。**星孛及漢，漢，水祥也。**天漢，水也。**衛，顓頊之虚也，故爲帝丘。**衛，今濮陽縣，昔帝顓頊居之，其城内有顓頊冢。**其星爲大水，**衛星營室，營室，水也。**水，火之牡也。**牡，雄也。**其以丙子若壬午作乎？水火所以合也。**丙午火，壬子水，水火合而相薄，水少而火多，故水不勝火。**若火入而伏，必以壬午，**尚未知今孛星當復隨火星俱伏不，故言若。**不過其見之月。」**火見周之五月。**鄭裨竈言於子産曰：「宋、衛、陳、鄭將同日火，若我用瓘斝玉瓚，鄭必不火。」**瓘，珪也。斝，玉爵也。瓚，勺也。欲以禳火。**子産弗與。**以爲天災流行，非禳所息故也。爲明年宋衛陳鄭災傳。【疏】注「夏之」至「天漢」。❶　正義曰：星孛文在冬下，經、傳皆無其月。但冬以十月爲初，故以夏之八月解之也。《月令》：「仲秋之月，日在角，昏牽牛中。」大辰是房心尾也，其星處於東方之時，在角星之北，故以八月之昏，角星與日俱没，大辰見於西方也。天漢在箕、斗之間，於是時天漢西南東北邪列於天，大辰之星見在天漢之西也。今孛星又出於大辰之西，而尾東指光芒，歷辰星而東及天漢也。「彗所」至「新也」。　正義曰：彗，埽箒也，其形似彗，故名焉。箒所以埽去塵，彗星象之，故所以除舊布新也。言此星見，必有除舊之事。「今兹」至「而伏」。　正義曰：梓慎云：「往年吾見之，是其徵也。」當時火出之時，而彗星已見，是隨火而行也。今年火星之出，而彗星章明，是彗漸益長，未即消滅，必當火入之時，與火俱伏也。服虔注本「火出而章，必火，火

❶「注夏之至天漢」，阮本以下正義九節分疏於傳文各節下。

入而伏」，重「火」别句。孫毓云：「賈氏舊文無重『火』字。」　注「得天正」。　正義曰：斗柄所指，一歲十二月，分爲四時。夏以建寅爲正，則斗柄東指爲春，南指爲夏，是爲得天四時之正也。若殷、周之正，則不得正。　「宋大辰之虚」。　正義曰：虚者，舊居之處也。陳爲大皞之虚，鄭爲祝融之虚，衛爲顓頊之虚，皆先王先公嘗居此地，謂之虚可矣。大辰，星名，非人居也，而亦謂之虚者，以天之十二次，地之十二域，大辰爲大火之次，是宋之區域，故謂宋爲大辰之虚，猶謂晉地爲參虚。　「水火之牡」。　正義曰：獸曰牝、牡，牡是雄也。陰陽之書有五行嫁娶之法，火畏水，故以丁爲壬妃，是水爲火之雄。　注「丙午」至「勝火」。　正義曰：丙是火日，午是火位。壬是水日，子是水位。故丙午爲火，壬子爲水。水火合而相薄，則是夫妻合而相親。親則將行其意，或水從火，或火從水。但彗在大辰爲多，及漢爲少，水少而火多，故水不勝火。火行其意，水必助之，故此丙子、壬午之日，當有火災。　「若火」至「壬午」。　正義曰：劉炫云：「丙子、壬午雖俱是水、火合日，但二字之内先言者彊。若火入而伏，則連秋至春歷大陰，水用事。雖同其欲，水當先火，故疑火入而伏，則必以壬午也。」劉炫雖爲此釋，杜既無注，其壬午之事理則未詳。　注「瓘珪」至「禳火」。　正義曰：瓘是玉名。此傳所云皆是成就之器，故知瓘是珪也。斝是爵名，玉字在斝、瓚之間，知斝亦以玉爲之，故云「斝，玉爵也」。《周禮·典瑞》云「祼圭有瓚」，鄭司農云：「於圭頭爲器，可以挹鬯祼祭，謂之瓚。」《國語》謂之鬯瓚。鄭玄云：「漢禮，瓚槃大五升，口徑八寸，下有槃，口徑一尺。」《考工記·玉人》云：「祼圭尺有二寸，有瓚，以祀廟。」鄭玄云：「瓚如槃，其柄用圭，有流前注。」鄭玄《詩》箋云：「圭瓚之狀，以圭爲柄，黄金爲勺，青金爲外，朱中央。」是瓚爲勺，共祭祀之器也。裨竈欲用此三物以禳火。

吴伐楚。陽匄爲令尹，卜戰，不吉。陽匄，穆王曾孫令尹子瑕。**司馬子魚曰：「我得上流，何故**

不吉？子魚，公子魴也。順江而下，易用勝敵。且楚故，司馬令龜，我請改卜！」令曰：「魴也以其屬死之，楚師繼之，尚大克之！」吉。得吉兆。戰于長岸。子魚先死，楚師繼之，大敗吳師，獲其乘舟餘皇。餘皇，舟名。使隨人與後至者守之，環而塹之，及泉，環，周也。盈其隧炭，陳以待命。隧，出入道。

吳公子光光，諸樊子闔廬。請於其衆曰：「喪先王之乘舟，豈唯光之罪，衆亦有焉。請藉取之，以救死。」藉衆之力以取舟。衆許之。使長鬣者三人，長鬣，多顐須。與吳人異形狀，詐爲楚人。潛伏於舟側，曰：「我呼餘皇，則對。」師夜從之。師，吳師也。三呼，皆迭對。迭，更也。楚人從而殺之。楚師亂，吳人大敗之，取餘皇以歸。傳言吳光有謀。【疏】「卜戰不吉」。❶　正義曰：陽匄心不決，死戰必殺將，將死是不吉也。司馬子魚志在必死，不以將死爲凶，故卜之得吉。敗吳之後，吳人敗之，終是不吉。　注「穆王曾孫」。　正義曰：依《世本》，穆王生王子揚，揚生尹，尹生令尹匄。　注「隧出入道」。　正義曰：守舟者雖環而塹之，塹猶不合，有出入之路，故滿路置火以防吳人也。

❶「卜戰不吉」，阮本以下正義三節分疏於傳文各節下。

北京大學《儒藏》編纂與研究中心　編

《儒藏》精華編選刊

春秋左傳正義

（五）

〔西晉〕杜　預　注

〔唐〕孔穎達　疏

浦衛忠　校點

北京大學出版社
PEKING UNIVERSITY PRESS

春秋左傳正義卷第三十 昭公

國子祭酒上護軍曲阜縣
開國子臣孔穎達等奉勑撰

【經】十有八年，春，王三月，曹伯須卒。未同盟而赴以名。

夏，五月，壬午，宋、衛、陳、鄭災。來告，故書。天火曰災。【疏】注「來告」至「曰災」。正義曰：傳稱「皆來告火」，知是來告，故書也。《春秋》書他國之災，皆是來告而書。《公羊傳》曰：「宋、衛、陳、鄭災，何以書？記異也。何異爾？異其同日而俱災。外異不書，此何以書？爲天下記異也。」《穀梁》亦云：「其志，以同日也。」杜因此傳有「來告」之文，故顯而異之。「天火曰災」，宣十六年傳例也。

六月，邾人入鄅。鄅國，今琅邪開陽縣。

秋，葬曹平公。

冬，許遷于白羽。自葉遷也。畏鄭而樂遷，故以自遷爲文。【疏】注「自葉」至「爲文」。正義曰：成十五年許遷于葉。自是以後，許常以葉爲都。九年許遷于夷，是自葉遷于夷也。十三年傳曰：「楚之滅蔡也，靈王遷許、胡、沈、道、房、申於荆焉。平王即位，既封陳、蔡，而皆復之，禮也。」注云：「荆，荆山也。」滅蔡在十一年，許又從夷遷於荆山。平王復之，復其本國，許又歸於葉也。故知此年遷于白羽，是其自葉遷也。且傳云「葉在楚方城外之蔽」，明其欲遷之時，許在葉也。案傳王子勝言於楚子，使之遷許，則是楚人遷許，非許自遷。楚雖發意遷許，許亦畏鄭樂遷，故以自遷爲文。若許不樂遷，楚强遷之，當云「楚人遷許」，如「宋人遷宿」、「齊人遷陽」之類，不得云「許遷于白羽」。以其自遷爲文，知許人自樂遷也。

【傳】十八年，春，王二月，乙卯，周毛得殺毛伯過毛伯過，周大夫。得，過之族。**而代之。**代居其位。**萇弘曰：「毛得必亡，是昆吾稔之日也，侈故之以。**昆吾，夏伯也。稔，熟也。侈惡積熟，以乙卯日與桀同誅。**而毛得以濟侈於王都，不亡何待？」**爲二十六年毛伯奔楚傳。【疏】注「代居其位」。❶ 正義曰：毛氏世有采地，爲畿内之國。於時天子微弱，故自殺自代，不能禁之。「是昆」至「何待」。正義曰：是乙卯者，昆吾之君惡熟之日也。由其侈故，以此日死也。而毛得以此日成其侈惡於王都，不亡何待？　注「昆吾」至「同誅」。正義曰：《鄭語》云：「黎爲高辛氏火正，命之曰祝融。其後八姓，昆吾爲夏伯。」《楚世家》云：顓頊生稱，稱生卷章，卷章生黎，黎爲高辛氏火正。共工氏作亂，帝使黎誅之而不盡，帝誅黎，使其弟吴回居火正，爲祝融。回生陸終。終生子六人，坼剖而産焉。其長曰昆吾。虞翻曰：「昆吾爲己姓，封昆吾。」《世本》云：「昆吾者，衛是也。」然則昆吾，國名。言昆吾夏伯者，以表昆吾國君，其上世嘗爲夏伯。其惡熟誅者，

---

❶「注代居其位」，阮本以下正義三節分疏於傳文各節下。

非此爲伯之身，當是後世之孫耳。❶《詩》云「韋顧既伐，昆吾夏桀」，共桀同文，又傳云「乙卯亡」，知以乙卯日與桀同時誅。

三月，曹平公卒。爲下會葬見原伯起本。

夏，五月，火始昏見。火，心星。**丙子，風。梓慎曰：「是謂融風，火之始也。**東北曰融風。融風，木也。木，火母，故曰火之始。**七日，其火作乎？」**從丙子至壬午七日。壬午，水火合之日，故知當火作。**戊寅，風甚。壬午，大甚。宋、衛、陳、鄭皆火。梓慎登大庭氏之庫以望之，**大庭氏，古國名，在魯城内。魯於其處作庫，高顯，故登以望氣，參近占以審前年之言。**曰：「宋、衛、陳、鄭也。」數日，皆來告火。**言經所以書。

裨竈曰：「不用吾言，鄭又將火。」前年裨竈欲用瓘斝禳火，子産不聽。今復請用之。**鄭人請用之。子産不可。子大叔曰：「寶以保民也。若有火，國幾亡。可以救亡，子何愛焉？」子産曰：「天道遠，人道邇，非所及也，何以知之？竈焉知天道？是亦多言矣，豈不或信？」**多言者或時有中。**遂不與，亦不復火。**傳言天道難明，雖裨竈猶不足以盡知之。

鄭之未災也，里析告子産曰：「將有大祥，里析，鄭大夫。祥，變異之氣。**民震動，國幾亡。吾身泯焉，弗良及也。**言將先災死。**國遷，其可乎？」子産曰：「雖可，吾不足以定遷矣。」**子産知天災

❶「耳」，阮本作「以」，屬下讀。

不可逃，非遷所免，故託以知不足。及火，里析死矣，未葬，子産使輿三十人遷其柩。以其嘗與己言故。❶

火作，子産辭晉公子、公孫于東門，晉人新來，未入，故辭不使前也。使司寇出新客，新來聘者。禁舊客勿出於宮。爲其知國情，不欲令去。使子寬、子上巡羣屏攝，至于大宮。二子，鄭大夫。屏攝，祭祀之位。大宮，鄭祖廟。巡行宗廟，不得使火及之。使公孫登徙大龜，登，開卜大夫。使祝史徙主祏於周廟，告于先君。祏，廟主石函。周廟，厲王廟也。有火災，故合羣主於祖廟，易救護。使府人、庫人各儆其事。儆，備火也。商成公儆司宮，商成公，鄭大夫。司宮，巷伯寺人之官。出舊宮人，寘諸火所不及。舊宮人，先公宮女。司馬、司寇列居火道，備非常也。行火所焮。焮，炙也。城下之人，伍列登城。爲部伍登城，備姦也。明日，使野司寇各保其徵。野司寇，縣士也。火之明日，四方乃聞災，故戒保所徵役之人。郊人助祝史除於國北，爲祭處於國北者，就大陰禳火。禳火于玄冥、回禄，玄冥，水神。回禄，火神。祈于四鄘。鄘，城也。城積土，陰氣所聚，故祈祭之，以禳火之餘災。書焚室而寬其征，與之材。征，賦税也。三日哭，國不市。示憂戚，不會市。使行人告於諸侯。宋、衛皆如是。陳不救火，許不弔災，君子是以知陳、許之先亡也。不義，所

❶「嘗」，《四部叢刊》本、京都本、文淵閣本、阮本作「常」。

以亡。【疏】注「東北」至「之始」。❶　正義曰：東北曰融風，《易緯》作調風，俱是東北風，一風有二名。東北，木之始，故融風爲木也。木是火之母，火得風而盛，故融爲火之始。　「戊寅」至「大甚」。　正義曰：甚者，益盛之言也。丙子初風，連日不息，至戊寅而風益甚，至壬午而風又大甚。初言融風，是東北風也。蓋自丙子至壬午，風不迴而稍益盛。傳雖主言魯國之風，彼四國亦當然也。　注「大庭」至「之言」。　正義曰：大庭氏，古天子之國名也。先儒舊説皆云，炎帝號神農氏，一曰大庭氏。服虔云：「在黄帝前。」鄭玄《詩譜》云大庭在軒轅之前，亦以大庭爲炎帝也。對文則藏馬曰廏，藏車曰庫。《曲禮》云：「在府言府，在庫言庫。」鄭玄云：「府謂寶藏貨賄之處，庫謂車馬兵甲之處。」又《大學》云：「未有府庫財非其財者。」則庫亦藏財貨，非獨車馬甲兵也。古之大庭嘗都於魯，其虚在魯城内，魯於其處作庫，而其地高顯，故梓慎登之以望氣。梓慎往年言「其將火」，今更望氣，參驗近占，以審己前年之言信也。梓慎所望，望天氣耳，非能望見火也，而何休難云：「宋、衛、陳、鄭，去魯皆數千里，爲登高以見其火，豈實事哉？」劉炫云：「案《左傳》不言望火，何以言見其火？玄卿以爲孔子登泰山，見吴門之白馬，離婁覩千里之毫末，梓慎既非常人，何知不見數百里之煙火？孔子在陳，知桓僖災者，豈復望見之乎？若見火知災，則人皆知之矣，何所貴乎梓慎，《左氏傳》而編記之哉？且四國去魯纔數百里，而何休云數千里，雖意欲其遠，亦虚妄之極。梓慎所望，自當有以知之，不知見何氣知其災也。」服虔云：「四國次有火氣也。梓慎不言夜望，安知望次？陳獨無次，何所望哉？」今以爲服解義或然也。　「將有大祥」。　正義曰：祥者，善惡之徵。《中庸》云「國家將興，必有禎祥」，祥則吉祥也。「國家將亡，必有妖孽」，孽則凶祥也。則祥是善事，而里析以民

❶「注東北至之始」，阮本以下正義十四節分疏於傳文各節下。

動國亡爲大祥者，彼對文言耳。《書序》云：「亳有祥，桑穀共生于朝。」《五行傳》云：時有青眚、青祥、白眚、白祥之類。皆以惡徵爲祥。是祥有善有惡，故杜云「祥，變異之氣」。「弗良及也」。正義曰：良是語辭。史傳多云「良所未悟」，「良有以也」，是古今共有此語也。而服虔云：「弗良及也，不能及也。良，能也。」「能」非「良」之訓，妄言耳。

注「晉人」至「前也」。正義曰：下云「出新客，禁舊客勿出於宫」，此辭于東門，明是晉人新來，未入，故辭之，不使前也。此新來蓋聘使也。晉人往因麗姬之難，詛無畜羣公子，故文、襄之世，公子皆出在他國。自成公更立公族，國内始有公子，故使之來聘也。自晉適鄭，當入西門，而辭之東門者，鄭城西臨洧水，其西無門，蓋從東門入爲便，故辭于東門。

注「二子」至「之位」。正義曰：子寬，游吉之子。《世族譜》子寬與游速渾罕爲一人。駟帶字子上，六年死矣。此别有子上，非駟帶也。《世族譜》雜人内有子上，無子寬，明子寬與渾罕爲一人也。《楚語》説事神之禮云：「使名姓之後，能知犧牲之物，彝器之量，屏攝之位，壇場之所，而心率舊典者，爲之宗。」知屏攝是祭祀之位也。鄭衆云：「攝，攝束茅以爲屏蔽。」其事或當然。

注「祐廟」至「救護」。正義曰：每廟木主，皆以石函盛之。當祭，則出之。事畢，則納於函，藏於廟之北壁之内，所以辟火災也。文二年傳云「鄭祖厲王」，故知鄭之周廟是厲王廟也。既有火災，皆須防守，故合羣主，就於祖王廟，易救護也。衛次仲云：「右主八寸，左主七寸，廣厚三寸，穿中央，達四方也。」范甯云：「天子主長尺二寸，諸侯主長一尺也。」《白虎通》云：「納之西壁。」「使府」至「其事」。正義曰：《曲禮》云：「在府言府，在庫言庫。」皆是藏財賄之處，故使其人各自儆守以防火也。《周官》有大府、内府、外府、天府、玉府、泉府，而無掌庫之官，蓋府庫通言，庫亦謂之府也。諸侯國異政殊，故府庫並言。❶

❶「言」下，京都本、文淵閣本、阮本有「也」字。

「行火」至「登城」。　正義曰：此承司馬、司寇之下，亦是二官使之，行火所炙，欲令人救之也。言城下之人，爲部伍行列以登城，亦是司馬、司寇之人備姦寇也。　注「司野」至「之人」。❶　正義曰：傳言野司寇，則司寇之官在野。《周禮》司寇屬官有縣士，「掌野」，司寇是縣士也。❷鄭玄「縣士」注云：「地距王城二百里以外至三百里曰野，三百里以外至四百里曰縣，四百里以外至五百里曰都。都、縣、野之地，其邑非王子弟、公卿大夫之采地，則皆公邑也。謂之縣，縣士掌其獄焉。言掌野者，郊外曰野，大摠言之也。獄居近野之縣獄，在二百里上。縣之縣獄，在三百里上。都之縣獄，在四百里上。」如鄭此言，采邑之民有獄，則采地之官長各自斷之。若公邑之民有獄，則縣士斷之。縣士，司寇屬官，所掌在野，故此傳謂之野司寇也。縣士職曰：「各掌其縣之民數，而聽其獄訟。若邦有大役，聚衆庶，則各掌其縣之禁令。」則諸侯縣士亦當然也。縣士分在四方，不聞火，火之明日四方乃聞有災，故戒使各保其所應受徵役之人，皆令具備，以待上命，慮有所須當徵之。　注「郊人」至「國北」。　正義曰：《周禮》鄉在郊内，遂在郊外，諸侯亦當然。郊人當謂郊内鄉之人也，祝史掌祭祀之宮也。使此鄉人助祝史除地，在城之北作壇埸，爲祭處也。就國北者，南爲陽，北爲陰，就大陰禳火也。　注「玄冥」至「火神」。　正義曰：《月令》冬云「其神玄冥」，知玄冥水神也。《周語》云：「夏之亡也，回禄信於黔隧。」❸先儒注《左傳》及《國語》者，皆云回禄火神，或當有所見也。二十九年傳「脩及熙爲玄冥」，則玄冥祭脩、熙，不知回禄祭何人。楚之先吳回爲祝

---

❶「司野」，京都本、阮本作「野司」，當是。

❷「司」上，正宗寺本、京都本、文淵閣本、阮本有「知野」二字，當是。

❸「黔」，《國語・周語上》作「聆」。

融，或云回禄即吴回也。祭水神，欲令水抑火。祭火神，欲令火自止。禳其餘災，慮更火也。「陳許之先亡也」。正義曰：哀十七年楚滅陳也。定六年「鄭游速帥師滅許」，其後復立許悼公之孫成，是爲元公。其子結元年，獲麟之歲也。當戰國首爲楚所滅。

六月，鄅人藉稻。鄅，妘姓國也。其君自出藉稻，蓋履行之。**邾人襲鄅，鄅人將閉門，邾人羊羅攝其首焉，**斬得閉門者頭。**遂入之，盡俘以歸。鄅子曰：「余無歸矣。」從帑於邾。邾莊公反鄅夫人，而舍其女。**爲明年宋伐邾起。【疏】注「鄅妘」至「行之」。❶ 正義曰：鄅爲妘姓，《世本》文也。周之六月，夏之四月，種稻之時，其君自出觀行之。藉猶藉蹈，藉，踐履之義，故爲履行之。服虔云：「藉，耕種於藉田也。」「攝其首焉」。正義曰：攝訓爲持也，斬得閉門者首而持其頭。「而舍其女」。正義曰：言止舍其女而留之。

秋，葬曹平公。往者見周原伯魯焉，原伯魯，周大夫。**與之語，不説學。歸以語閔子馬。閔子馬曰：「周其亂乎？夫必多有是説，而後及其大人。**國亂俗壞，言者適多，漸以及大人。大人，在位者。**大人患失而惑，又曰可以無學，無學不害。**患有學而失道者以惑其意。**不害而不學，則苟而可。**以爲無害，遂不學，則皆懷苟且。**於是乎下陵上替，能無亂乎？夫學，殖也，不學將落，原氏其亡乎？」**殖，生長也。言學之進德，如農之殖苗，日新日益。【疏】「周其」至「亡乎」。正義曰：周

---

❶「注鄅妘至行之」，阮本以下正義三節分疏於傳文各節下。

室其將亂乎？夫其國内之人，必多有是不説學問之説也。國内多有此言，而後流傳及其在位之大人。大人謂公卿大夫也。大人患其國内有多學而失其道者，而疑惑於此言，謂此言有道理也。大人於是又爲言曰，其實可以無學，無學不爲害也。以爲無害而遂不學，則苟且而可也。一國之人，皆懷苟且，不識上下之序，不知尊卑之義，於是在下者陵侮其上，在上者替廢其位，上下失分，能無亂乎？夫學如殖草木也，令人日長日進，猶草木之生枝葉也。不學，則才知日退，將如草木之隊落枝葉也，原氏其亡滅乎？

七月，鄭子産爲火故，大爲社，爲，治也。**祓禳於四方，振除火災，禮也。**振，棄也。**乃簡兵大蒐，將爲蒐除。**治兵於廟。城内地迫，故除廣之。子大叔之廟在道南，其寢在道北，其庭小。庭，蒐場也。**過期三日，**處小不得一時畢。**使除徒陳於道南廟北，曰：「子産過女而命速除，乃毀於而向。」**而，女也。毀女所向。**子産朝，**朝君。**過而怒之，**怒不毀。**除者南毀。子産及衝，使從者止之曰：「毀於北方。」**言子産仁，不忍毀人廟。

火之作也，子産授兵登陴。子大叔曰：「晉無乃討乎？」辭晉公子、公孫而授兵，似若叛晉。**子産曰：「吾聞之，小國忘守則危，況有災乎？國之不可小，有備故也。」既，晉之邊吏讓鄭曰：「鄭國有災，晉君、大夫不敢寧居，卜筮走望，不愛牲玉。鄭之有災，寡君之憂也。今執事撊然授兵登陴，**❶**撊**

❶ 「撊」，阮校：「錢大昕云：『撊』當爲『僩』字之譌。《説文》：『僩，武貌。』《荀子·榮辱篇》『陋者俄且僩』，楊倞注：『僩與憪同，猛也。《方言》：晉魏之間謂猛爲僩。』今本《方言》亦從手旁。」

然，勁忿貌。**將以誰罪？邊人恐懼，不敢不告。」子產對曰：「若吾子之言，敝邑之災，君之憂也。敝邑失政，天降之災，又懼讒慝之間謀之，以啓貪人，荐爲敝邑不利，**荐，重也。**以重君之憂。幸而不亡，猶可說也。**說，解也。**不幸而亡，君雖憂之，亦無及也。鄭有他竟，望走在晉。**言鄭雖與他國爲竟，每瞻望晉歸赴之。**既事晉矣，其敢有二心？」**傳言子產有備。【疏】「大爲」至「禮也」。❶　正義曰：祭社有常，而云「大爲社」者，此非常祭之月，而爲火特祭。　蓋君臣肅共，禮物備具，大於常祭，故稱大也。《周禮·女巫》：「掌祓除釁浴。」祓、禳皆除凶之祭，徧於四方之神，如《尚書》「咸秩無文」，苟可祭者，悉皆祭之，所以振訊除去火災，禮也。　嫌多祭非禮，故禮之。　「子大」至「道北」。　正義曰：鄭簡公之卒，將爲葬除，亦欲毁游氏之廟，則游吉宅近大路，故數將徹毁也。　其廟當在宅内，以其處居狹隘，❷故廟在道南，寢在道北也。　寢即游吉所居宅也。　「過期三日」。　正義曰：此量其庭之大小而豫計之。以庭小之故，當過期三日，欲除道使闊，望及期得了，亦不知本期當幾日也。　「卜筮」至「牲玉」。　正義曰：言爲鄭卜筮，何故有災，宜禱何神，奔走而望祭之。　祭山川，故爲望也。　莊二十五年傳云「天災有幣無牲」，而云「不愛牲玉」者，天之見異，非求人飲食，隨時告請，則有幣無牲，若祭求弭災者，則當有牲。《雲漢》之詩，美宣王爲旱禱神，云：「靡愛斯牲，圭璧既卒。」亦是用牲玉也。　注「撊然勁忿貌」。　正義曰：服虔云：「撊然，猛貌也。」《方言》云：「撊，猛也。晉、魏之間曰撊。」杜

---

❶「大爲至禮也」，阮本以下正義八節分疏於傳文各節下。

❷「處居」，正宗寺本、京都本、文淵閣本、阮本作「居處」。

言勁忿貌，亦是猛也。但述晉人責鄭之意，故以勁忿解之。「將以誰罪」。正義曰：將以誰爲罪，而欲授兵？疑其畏晉襲之，欲禦晉擊之。「望走在晉」。正義曰：其所瞻望奔走而歸之者，唯在晉耳。注「傳言子產有備」。正義曰：國有火災，懼被人襲，登陴固守，是有備也。

楚左尹王子勝言於楚子曰：「許於鄭，仇敵也，而居楚地，以不禮於鄭。十三年，平王復遷邑，許自夷還居葉，恃楚而不事鄭。**晉、鄭方睦，鄭若伐許而晉助之，楚喪地矣。君盍遷許？許不專於楚，**自以舊國，不專心事楚。**鄭方有令政，許曰『余舊國也』，**許先鄭封。**鄭曰『余俘邑也』，**隱十一年鄭滅許而復存之，故曰「我俘邑」。**葉在楚國，方城外之蔽也。**爲方城外之蔽障。**土不可易，**易，輕也。**國不可小，**謂鄭。**許不可俘，讎不可啓。君其圖之！」楚子説。冬，楚子使王子勝遷許於析，**❶**實白羽。**於傳時白羽改爲析。【疏】「而居楚地」。❷ 正義曰：當時許都於葉。《釋例・土地名》葉在楚界。許本偪於鄭，請遷近楚。楚以葉與之，故爲居楚地。注「十三」至「居葉」。正義曰：案十三年云：「楚之滅蔡也，靈王遷許、胡、沈、道、房、申於荆。」則許從夷還向荆也。平王復之，當從荆却向夷，自夷向葉。注不言自荆還葉者，蓋以許遷于夷見經，故據以爲言，其實自荆還也。注「自以」至「事楚」。正義曰：劉炫云：「當時許之於楚，更無異望，非敢恃舊國不事楚，當以畏鄭之故，外設備禦，不得專心事楚耳。」今杜必以爲「舊國不專

❶「析」，阮校：「案，《水經注・丹水篇》引作『淅』。」

❷「而居楚地」，阮本以下正義三節分疏於傳文各節下。

心事楚」者，以此傳許謂鄭人云「余舊國」。許畏於鄭，尚以舊國不肯事鄭，明以舊國亦不專心事楚。劉以爲畏鄭，不專心事楚，苟背傳文而規杜氏，非也。

【經】十有九年，春，宋公伐邾。爲鄅。

夏，五月，戊辰，許世子止弑其君買。加弑者，責止不舍藥物。【疏】注「加弑」至「藥物」。 正義曰：案傳許君飲止之藥而卒耳，實非止弑也。言「書曰『弑其君』」，則仲尼新意書弑也。實非弑而加弑者，責止事父不舍其藥物。言藥當信醫，不須己自爲也。《釋例》曰：「醫非三世，不服其藥，古之慎戒也。人子之孝，當盡心嘗禱而已，藥物之齊，非所習也。許止身爲國嗣，國非無醫，而輕果進藥，故罪同於弑。雖原其本心，而《春秋》不赦其罪，蓋爲教之遠防也。」

己卯，地震。無傳。

秋，齊高發帥師伐莒。

冬，葬許悼公。無傳。

【傳】十九年，春，楚工尹赤遷陰于下陰，陰縣，今屬南鄉郡。令尹子瑕城郟。叔孫昭子曰：「楚不在諸侯矣！其僅自完也，以持其世而已。」遷陰城郟，皆欲以自完守。

楚子之在蔡也，蓋爲大夫時往聘蔡。**郥陽封人之女奔之，**❶**生大子建。**郥陽，蔡邑。**及即位，使伍奢爲之師，**伍奢，伍舉之子，伍員之父。**費無極爲少師，無寵焉，欲譖諸王，曰：「建可室矣。」**室，妻也。**王爲之聘於秦，無極與逆，勸王取之。正月，楚夫人嬴氏至自秦。**王自取之，故稱夫人至，爲下拜夫人起。【疏】注「蓋爲」至「聘蔡」。❷ 正義曰：賈逵云：「楚子在蔡爲蔡公時也。」杜以楚子十一年爲蔡公，十三年而即位。若在蔡生子，唯一二歲耳，未堪立師傅也。至今七年，未得云「建可室矣」，故疑爲大夫時聘蔡也。

鄅夫人，宋向戌之女也，故向寧請師。寧，向戌子也，請於宋公伐郳。**二月，宋公伐郳，圍蟲。三月，取之。**蟲，郳邑。不書圍取，不以告。**乃盡歸鄅俘。**【疏】注「蟲郳」至「以告」。❸ 正義曰：隱四年「莒人伐杞，取牟婁」，僖二十三年「齊侯伐宋圍緡」，伐國而圍邑取邑皆書於經，知此不書圍取，不以告也。

夏，許悼公瘧。五月，戊辰，飲大子止之藥，卒。止獨進藥，不由醫。**大子奔晉。書曰：「弒其君。」君子曰：「盡心力以事君，舍藥物可也。」**藥物有毒，當由醫，非凡人所知。譏止不舍藥物，所以

---

❶ 「郥」，京都本、文淵閣本作「郥」，阮本改作「郹」。此本或作「郥」，或作「郥」，亦作「郹」。今案：當作「郹」。凡此，不另出校。

❷ 「注蓋爲至聘蔡」，阮本此節正義在「楚子之在蔡也」句注下。

❸ 「注蟲郳至以告」，阮本此節正義在「三月取之」句注下。

加弑君之名。【疏】注「止獨」至「由醫」。❶ 正義曰：言飲大子止之藥，專以止爲藥主，是止獨進藥，不由醫也。「君子」至「可也」。正義曰：此君子論止之罪也。言爲人臣子，盡心盡力以事君父，如《禮記·文王世子》之爲，即自足矣。如此則舍去藥物，已不干知，於禮可也。此許世子不舍藥物，致令君死，是違人子之道，故《春秋》書其弑君，解經書弑君之意也。

邾人、郳人、徐人會宋公。乙亥，同盟于蟲。終宋公伐邾事。

楚子爲舟師以伐濮。濮，南夷也。**費無極言於楚子曰：「晉之伯也，邇於諸夏，而楚辟陋，故弗能與爭。若大城城父，而寘大子焉，**城父，❷今襄城城父縣。**以通北方，王收南方，是得天下也。」王説，從之。故大子建居于城父。**【疏】「楚子」至「伐濮」。❸ 正義曰：費無極因此生意，令王收南方，使大子居城父，舉此爲發端。

令尹子瑕聘于秦，拜夫人也。爲明年譖大子張本。改以爲夫人，遣謝秦。

秋，齊高發帥師伐莒，莒不事齊故。**莒子奔紀鄣。**紀鄣，莒邑也。東海贛榆縣東北有紀城。

---

❶ 「注止獨至由醫」，阮本以下正義二節分疏於傳文各節下。

❷ 「城父」，阮校：「段玉裁校本作『父城縣』，云：《元和郡縣志》引《左傳》『大城父城，使太子建居之』，是李吉甫所據《左傳》文作『父城』也。惟《左氏》本作『父城』，故《漢·地理志》有潁川父城縣。淺人但知有『城父』，不知有『父城』，則將《史記》、《漢書》、《説文》之『父城』字皆倒之，是當正者也。」

❸ 「楚子至伐濮」，阮本此節正義在「楚子爲舟師以伐濮」句注下。

使孫書伐之。孫書，陳無宇之子子占也。**初，莒有婦人，莒子殺其夫，已爲嫠婦。**寡婦爲嫠。**及老，託於紀鄣，紡焉以度而去之。**因紡纑，連所紡，以度城而藏之，以待外攻者，欲以報讎。❶**及師至，則投諸外。**投繩城外，隨之而出。**或獻諸子占。子占使師夜縋而登，**縁繩登城。**登者六十人，縋絶，師鼓譟，城上之人亦譟。莒共公懼，啓西門而出。七月，丙子，齊師入紀。**傳言怨不在大。

【疏】「及老」至「去之」。❷　正義曰：紡謂紡麻作纑也。此婦人以麻纑度城高下，令長與城等，而去藏之。「去」即藏也。字書「去」作「弆」，羌莒反。謂掌物也。今關西仍呼爲弆。東人輕言爲去，音莒。劉炫云：「紡謂紡麻作纑爲布。作纑之法，有小繩紀其升縷。纑既爲布，繩無所用。婦人不肯棄之，積而留之，以此小繩度城而去之。」

注「因紡」至「報讎」。　正義曰：連所紡者，謂連所紡之纑以爲繩，故下云「投繩城外」。或解以爲連紀纑之繩，❸然紀纑之繩，其物細小而短，何可以度城？婦人意欲報讎，故藏纑以爲繩。故杜云「連所紡」。所紡，即纑也。

注「投繩」至「而出」。　正義曰：傳言投諸外者，當是繫繩城上，而投其所垂於外，婦人則隨之而出。劉炫云：「唯投繩城外，婦人不出。」今知不然者，婦人既託於紀鄣，則是愛惜身命。若投繩不去，身則交死。若唯繫繩城上，則身不離城，何得言「獻諸子占」？明知將此婦人而獻之。子占師則因繩在城，而夜縋登焉。劉以爲唯投

---

❶「以」，《四部叢刊》本、京都本、文淵閣本、阮本無此字。
❷「及老至去之」，阮本以下正義四節分疏於傳文各節下。
❸「爲」，京都本、文淵閣本、阮本無此字。

繩城外，而規杜氏，非也。「入紀」。正義曰：此紀即上紀郚也。《釋例·土地名》於莒地有「紀郚、紀二名。東海贛餘縣東北有紀城」。❶

是歲也，鄭駟偃卒。子游娶於晉大夫，生絲，弱。子游，駟偃也。弱，幼少。**其父兄立子瑕。**子瑕，子游叔父駟乞。**子産憎其爲人也，**憎子瑕。**且以爲不順，**舍子立叔，不順禮也。**弗許，亦弗止。**許之爲違禮，止之爲違衆，故中立。**駟氏聳。**❷聳，懼也。**他日，絲以告其舅。冬，晉人使以幣如鄭，問駟乞之立故。駟氏懼，駟乞欲逃，子産弗遣。請龜以卜，亦弗予。大夫謀對。子産不待而對客曰：「鄭國不天，**不獲天福。**寡君之二三臣札瘥夭昏。**大死曰札，小疫曰瘥，短折曰夭，未名曰昏。**今又喪我先大夫偃，其子幼弱，其一二父兄懼隊宗主，私族於謀，而立長親。**於私族之謀，宜立親之長者。**寡君與其二三老曰：『抑天實剥亂是，吾何知焉？』**言天自欲亂駟氏，非國所知。**諺曰：『無過亂門。』**民有兵亂，猶憚過之，**而況敢知天之所亂？今大夫將問其故，抑寡君實不敢知，其誰實知之？平丘之會，**在十三年。**君尋舊盟，曰：『無或失職。』若寡君之二三臣，其即世者，晉大夫而專制其位，是晉之縣鄙也，何國之爲？」辭客幣而報其使。晉人舍之。**遣人報晉使。【疏】注

❶「餘」，京都本、文淵閣本、阮本作「榆」，當是。

❷「聳」，阮校：「《説文》『愯』字注引傳作『愯』，張載注《魏都賦》引同。段玉裁云：作『聳』，後人所易也。」

「子瑕子游叔父」。❶　正義曰：案《世本》，子游、子瑕並公孫夏之子。杜云「叔父」，未詳。　注「聳懼也」。　正義曰：《釋詁》云：「竦，懼也。」竦與聳音義同。　注「大死」至「曰昏」。　正義曰：此皆賈逵言也。《周禮・大司樂》云：大札，「令弛縣」。鄭玄云：「札，疫癘也。」是札，大疫死也。《爾雅》云：「瘥，病也。」以此説死事，而與札相對，故解爲小疫也。成二年傳説鄭靈公早死云「夭子蠻」，是夭爲少死也。《尚書》六極，一曰凶短折。孔安國云：「短未六十，折未三十。」是短折爲早死之名，故爲夭也。子生三月，父名之。未名之曰昏，謂未三月而死也。未名不得爲臣，摠説諸死，連言之耳。　「懼隊宗主」。　正義曰：大夫繼世，爲一宗之主，恐隊失之也。服虔云：「祏主藏於宗廟，故曰宗主。」少牢饋食，大夫禮也，大夫無主，何所隊乎？　「二三老」。　正義曰：二三老者，鄭之卿大夫也。服虔云：「二三老，駟偃家臣。」上言「私族於謀而立長親」，豈得家臣不知也？

楚人城州來。沈尹戌曰：「楚人必敗。十三年，吴縣州來，今就城而取之。戌，莊王曾孫葉公諸梁父也。**昔吴滅州來，**在十三年。**子旗請伐之。**王曰：**『吾未撫吾民。』今亦如之，而城州來以挑吴，能無敗乎？」侍者曰：「王施舍不倦，息民五年，可謂撫之矣。」**戌曰：**「吾聞撫民者，節用於內，而樹德於外，民樂其性，而無寇讎。今宫室無量，民人日駭，勞罷死轉，**轉，遷徙也。**忘寢與食，非撫之也。」**傳言平王所以不能霸。【疏】「息民五年」。❷　正義曰：平王以十三年五月始即位，其年兵亂未息。

❶「注子瑕子游叔父」，阮本以下正義五節分疏於傳文各節下。

❷「息民五年」，阮本以下正義二節分疏於傳文各節下。

今歲又役民城州來，其間唯有五年。「民樂其性」。正義曰：性，生也。兵革並起，則民不樂生，國家和平乃樂生。❶

鄭大水，龍鬭于時門之外洧淵。時門，鄭城門也。洧水出滎陽密縣，❷東南至潁川長平入潁。**國人請爲禜焉，子産弗許，曰：「我鬭，龍不我覿也。**覿，見也。**龍鬭，我獨何覿焉？禳之，則彼其室也。**淵，龍之室。**吾無求於龍，龍亦無求於我。」乃止也。**傳言子産之知。【疏】「禜焉」。❸正義曰：禜，祭名。元年傳曰：「山川之神，則水旱癘疫之不時，於是乎禜之也。」❹「禳之」至「止也」。正義曰：言禳之，則彼淵是其室也。其室既近，禳之不難，但吾無求於龍，龍亦無求於我，乃止也。言其不復祭。

令尹子瑕言蹶由於楚子，蹶由，吴王弟。五年，靈王執以歸。**曰：「彼何罪？諺所謂『室於怒，市於色』者，楚之謂矣。**言靈王怒吴子，而執其弟，猶人忿於室家，而作色於市人。**舍前之忿，可也。」乃歸蹶由。**言楚子能用善言。【疏】「室於怒市於色」。❺正義曰：室内於自家相瞋怒，市於他人作色忿。

---

❶「乃」，京都本、文淵閣本、阮本作「則」。

❷「滎」，《四部叢刊》本、京都本、阮本作「熒」，當是。

❸「禜焉」，阮本以下正義二節分疏於傳文各節下。

❹「也」，正宗寺本、京都本、文淵閣本、阮本無此字。

❺「室於怒市於色」，阮本此節正義在注「而作色於市人」下。

【經】二十年，春，王正月。

夏，曹公孫會自鄸出奔宋。無傳。嘗有玉帛之使來告，故書。鄸，曹邑。【疏】注「嘗有」至「曹邑」。　正義曰：宣十年傳例曰：「凡諸侯之大夫違，告於諸侯曰：『某氏之守臣某，失守宗廟，敢告。』所有玉帛之使者則告，不然則否。」注云：「玉帛之使謂聘。恩好不接，故不告。」如杜之意，此爲奔者之身，嘗有玉帛之使於彼國，已經相接則告，若奔者未嘗往聘，恩好不接，則不告，唯告奔者嘗聘之國，餘不告也。曹會曾來聘魯，故云「嘗有玉帛之使來告，故書」也。此與二十二年「宋華亥、向寧、華定自宋南里出奔楚」其文正同。彼華亥等入南里以叛，又從南里出奔，則此亦應然。賈逵云：「前此以鄸叛也，叛便從鄸而出，叛不告，故不書。」是言既以鄸叛，又從鄸而出也。南里繫宋，此鄸不繫曹者，鄸是大都，得以名通。南里是宋都之里，非別邑，故繫於宋。此鄸及定十一年蕭皆是別邑，故不繫國也。曹是小國，其臣書名者少，此會書名，蓋備於禮，成爲卿也。《釋例》曰：小國之卿，「或命而禮儀不備，或未加命數，故不書之。邾卑我之等，其奔亡亦多，所書唯數人而已，知其合制者少也」。杜言數人，謂此公孫會與邾快邾卑我也。是杜意以會備禮成卿，故書名也。劉炫云：「《春秋》未嘗書曹人來聘，非徒會不見經。炫謂玉帛之使，謂國家所有交好皆告之，非奔者之身嘗聘也。」今贊又云：❶所以華亥、向寧、射姑等不見有玉帛來聘者，以其時未爲卿也。

❶「贊」，足利學本同，京都本、文淵閣本、阮本作「賈」。

秋，盜殺衛侯之兄縶。齊豹作而不義，故書曰盜，所謂求名而不得。【疏】注「齊豹」至「不得」。正義曰：襄十年鄭尉止、司臣等殺子駟、子國，書曰「盜殺鄭公子騑公子發」，尉止之徒皆士，書之爲「盜」。釋例曰：「士殺大夫，則書曰『盜』。」則此書「盜」，貶之使同於士也。三十一年傳説《春秋》褒貶之義云：「或求名而不得，或欲蓋而名章，懲不義也。齊豹爲衛司寇，守嗣大夫，作而不義，其書爲『盜』。」又曰：「《春秋》書齊豹曰『盜』，懲不義也。」宣十七年傳例曰：「凡稱弟，皆母弟。」《公羊傳》曰：「母兄稱兄。」此縶與衛侯同母，故稱兄。

冬，十月，宋華亥、向寧、華定出奔陳。與君爭而出，皆書名惡之。

十有一月，辛卯，蔡侯廬卒。❶無傳。未同盟而赴以名。

【傳】**二十年，春，王二月，己丑，日南至。**是歲朔旦，冬至之歲也。當言「正月己丑朔，日南至」。時史失閏，閏更在二月後，故經因史而書正月，傳更具於二月記南至日，以正歷也。**梓慎望氛，**氛，氣也。時魯侯不行登臺之禮，使梓慎望氣。**曰：「今兹宋有亂，國幾亡，三年而後弭。蔡有大喪。」**爲宋華向出奔、蔡侯卒傳。**叔孫昭子曰：「然則戴、桓也。**戴族，華氏。桓族，向氏。**汏侈，無禮已甚，亂所在也。」**傳言妖由人興。【疏】注「是歲」至「歷也」。❷　正義曰：歷法，十九年爲一章，章首

❶「廬」，足利學本、京都本、文淵閣本、阮本作「盧」。阮校：「《釋文》亦作『盧』，云：『本又作盧。』」

❷「注是歲至歷也」，阮本此節正義在注「以正歷也」下。

之歲，必周之正月朔旦冬至。僖五年正月辛亥朔，日南至，是章首之歲年也。計僖五年至往年合一百三十三年，是爲七章。今年復爲章首，故云「是歲朔旦冬至之歲也」。朔旦冬至，謂正月之朔，當言正月己丑朔，日南至。今傳乃云「二月，己丑，日南至」，是錯名正月爲二月也。歷之正法，往年十二月後宜置閏月，即此年正月當是往年閏月，此年二月乃是正月，故朔日己丑，日南至也。時史失閏，往年錯不置閏，閏更在二月之後，傳於八月之下，乃云：「閏月，戊辰，殺宣姜。」是閏在二月後也。不言在八月後，而云在二月後者，以正月之前當置閏，二月之後即不可，故據二月言之。時史謂閏月爲正月，故經因史而書正月，從其誤而書之。傳以經之正月實非正月，更具於二月記南至之日，以正歷之失也。日南至者，謂冬至也。冬至者，周之正月之中氣。歷法閏月無中氣，中氣必在前月之内。時史誤以閏月爲正月，而置冬至於二月之朔，既不曉歷數，故閏月之與冬至悉皆錯也。杜下注云「時魯侯不行登臺之禮，使梓慎望氣」，是杜意以爲當時魯之君臣知此己丑是冬至之日，但不知其不合在二月耳。服虔云：「梓慎知失閏，二月冬至，故獨以二月望氣。」則服意以爲當時魯人置冬至於正月之内，獨梓慎知二月己丑是真冬至耳。其義或當然也。

費無極言於楚子曰：「建與伍奢將以方城之外叛，❶**自以爲猶宋、鄭也。齊、晉又交輔之，將以害楚，其事集矣。」王信之，問伍奢。伍奢對曰：「君一過多矣，**一過，納建妻。**何信於讒？」王執伍奢。**忿奢切言。**使城父司馬奮揚殺大子。未至，而使遣之。**知大子冤，故遣令去。**三月，大子建**

❶ 「伍」，阮校：「『伍奢』，《廣韻》引作『五奢』，《吕覽·孟冬紀》『伍員』作『五員』，是也。」

奔宋。王召奮揚，奮揚使城父人執己以至。王曰：「言出於余口，入於爾耳，誰告建也？」對曰：「臣告之。君王命臣曰：『事建如事余。』臣不佞，佞，才也。不能苟貳。奉初以還，奉初命以周旋。不忍後命，故遣之。既而悔之，亦無及已。」王曰：「而敢來，何也？」對曰：「使而失命，召而不來，是再奸也。奸，犯也。逃無所入。」王曰：「歸，從政如他日。」善其言，舍使還。無極曰：「奢之子材，若在吳，必憂楚國。盍以免其父召之，彼仁，必來。不然，將爲患。」王使召之，曰：「來，吾免而父。」棠君尚謂其弟員棠君，奢之長子尚也，爲棠邑大夫。員，尚弟子胥。曰：「爾適吳，我將歸死。吾知不逮，自以知不及員。我能死，爾能報。聞免父之命，不可以莫之奔也。親戚爲戮，不可以莫之報也。奔死免父，孝也。度功而行，仁也。仁者貴成功。擇任而往，知也。員任報讎。知死不辟，勇也。尚爲勇。父不可棄，俱去爲棄父。名不可廢，俱死爲廢名。爾其勉之！相從爲愈。」愈，差也。伍尚歸。奢聞員不來，曰：「楚君、大夫其旰食乎？」將有吳憂，不得早食。楚人皆殺之。

員如吳，言伐楚之利於州于。州于，吳子僚。❶公子光曰：「是宗爲戮，而欲反其讎，不可從也。」光，吳公子闔廬也。反，復也。員曰：「彼將有他志，光欲弑僚，不利員用事，故破其議，而員亦

---

❶「僚」下，阮校：「《釋文》『僚』下有『也』字，諸本脱。」

知之。**余姑爲之求士，而鄙以待之。**」計未得用，故進勇士以求入於光，退居邊鄙。**乃見鱄設諸焉，**❶鱄諸，勇士。**而耕於鄙。**爲二十七年吳弑僚傳。【疏】「城父人」。❷　正義曰：服虔云：「城父人，城父大夫也。」　「爾其」至「爲愈」。　正義曰：勉謂努力，「爾其勉之」，令勉力報讎，比於相從俱死爲愈也。病差謂之愈。言其勝共死也。服虔云「相從愈於共死」，則服意相從，使員從其言也。語法，兩人交互乃得稱相，獨使員從己，語不得爲相從也。　「乃見鱄設諸焉」。　正義曰：見謂爲之紹介，使之見光。下文齊豹見宗魯於公孟亦然，猶《論語》云「門人見之」也。❸

宋元公無信多私，而惡華、向。華定、華亥與向寧謀曰：「亡愈於死，先諸？」恐元公殺己，欲先作亂。**華亥僞有疾，以誘羣公子。公子問之，則執之。夏，六月，丙申，殺公子寅、公子御戎、公子朱、公子固、公孫援、公孫丁，拘向勝、向行於其廩。**八子皆公黨。**公如華氏請焉，弗許，遂劫之。**劫公。**癸卯，取大子欒與母弟辰、公子地以爲質。**欒，景公也。辰及地皆元公弟。❹**公亦取華亥之子**

---

❶「鱄設諸」，阮校：「《公羊》、《史記》、《吳越春秋》、《賈子》作『專諸』。《索隱》又云：『專或作剸。』《漢書》、《文選》司馬相如《子虛賦》並作『剸諸』。」

❷「城父人」，阮本以下正義三節分疏於傳文各節下。

❸「門人」，阮校：「浦鏜云：『門人』當作『從者』。」

❹「元公弟」，阮校：「《釋文》云：『案，公子辰是景公之母弟，地是辰兄，皆當爲元公之子，今注皆作元公弟，誤耳。』案，正義引《世族譜》云：辰、地皆云『元公子』，此及諸本云『元公弟』，當是轉寫誤耳。」

無慼、向寧之子羅、華定之子啓，與華氏盟，以爲質。爲此冬華、向出奔傳。【疏】「公如華氏請焉」。❶正義曰：公未知諸人已死，故猶往請之。 注「欒景」至「公弟」。 正義曰：定十年經書「宋公之弟辰」，時當景公之世，辰及地不得爲元公弟也。《世族譜》辰、地皆云「元公子」，此諸本皆云「元公弟」，當時轉寫誤耳。❷

衛公孟縶狎齊豹，公孟，靈公兄也。齊豹，齊惡之子，爲衛司寇。狎，輕也。**奪之司寇與鄄。**鄄，豹邑。**有役則反之，無則取之。**縶足不良，故有役則以官邑還豹使行。**公孟惡北宮喜、褚師圃，欲去之。**喜，貞子。**公子朝通于襄夫人宣姜，**宣姜，靈公嫡母。**懼，而欲以作亂。故齊豹、北宮喜、褚師圃、公子朝作亂。初，齊豹見宗魯於公孟，**薦達也。**爲驂乘焉。**爲公孟驂乘。**將作亂，而謂之曰：「公孟之不善，子所知也，勿與乘，吾將殺之。」對曰：「吾由子事公孟，子假吾名焉，故不吾遠也。**言子借我以善名，故公孟親近我。**雖其不善，吾亦知之。抑以利故，不能去，是吾過也。今聞難而逃，是僭子也。**使子言不信也。**子行事乎，吾將死之，以周事子。**周猶終竟也。**而歸死於公孟，其可也。」**

丙辰，衛侯在平壽。平壽，衛下邑。**公孟有事於蓋獲之門外，**有事，祭也。蓋獲，衛郭門。**齊子氏帷於門外，而伏甲焉。**齊豹之家。**使祝鼃寘戈於車薪以當門，**要其前也。**使一乘從公孟以出。**

---

❶ 「公如華氏請焉」，阮本以下正義二節分疏於傳文各節下。

❷ 「當時轉寫」，阮校：「段玉裁校『當時』作『當是』，閩本、監本、毛本『轉』作『傳』。」

亦如前車寘戈於薪，尋其後。使華齊御公孟，宗魯驂乘。及閎中，閎，曲門中。齊氏用戈擊公孟，宗魯以背蔽之，斷肱，以中公孟之肩。皆殺之。

公聞亂，乘驅自閱門入，慶比御公，公南楚驂乘，使華寅乘貳車。公副車。及公宫，鴻駵魋駟乘于公。❶鴻駵魋復就公乘，一車四人。公載寶以出。褚師子申遇公于馬路之衢，遂從。從公出。過齊氏，使華寅肉袒執蓋，以當其闕，肉袒，示不敢與齊氏争。執蓋，蔽公而去。闕，空也。以蓋當侍從空闕之處。齊氏射公，中南楚之背，公遂出。寅閉郭門，不欲令追者出。踰而從公。踰郭出。公如死鳥。死鳥，衛地。析朱鉏宵從竇出，徒行從公。朱鉏，成子黑背孫。

齊侯使公孫青聘于衛。青，頃公之孫。既出，聞衛亂，使請所聘。公曰：「猶在竟内，則衛君也。」乃將事焉，將事，行聘事。遂從諸死鳥。請將事。辭曰：「亡人不佞，失守社稷，越在草莽，吾子無所辱君命。」賓曰：「寡君命下臣於朝曰：『阿下執事。』阿，比也。命己使比衛臣下。臣不敢貳。」貳，違命也。主人曰：「君若惠顧先君之好，照臨敝邑，鎮撫其社稷，則有宗祧在。」言受聘當在宗廟也。乃止。止，不行聘事。衛侯固請見之。欲與青相見。不獲命，以其良馬見，以爲相見之禮。爲未致使故也。未致使，故不敢以客禮見。衛侯以爲乘馬。喜其敬己，故貴其物。賓將掫，掫，行夜。主人辭曰：「亡人之憂，不可以及吾子。草莽之中，不足以辱從者。敢辭。」賓曰：「寡君

❶「駵」，阮校云：「石經、宋本、岳本作『聊』，注同，與《釋文》合。」

之下臣，君之牧圉也。若不獲扞外役，是不有寡君也。有，相親有。臣懼不免於戾，請以除死。」親執鐸，終夕與於燎。❶設火燎以備守。

齊氏之宰渠子召北宮子。北宮喜也。北宮氏之宰不與聞謀，殺渠子，遂伐齊氏，滅之。丁巳，晦，公入，與北宮喜盟于彭水之上。喜本與齊氏同謀，故公先與喜盟。秋，七月，戊午，朔，遂盟國人。八月，辛亥，公子朝、褚師圃、子玉霄、子高魴出奔晉。皆齊氏黨。閏月，戊辰，殺宣姜。與公子朝通謀故。衛侯賜北宮喜謚曰貞子，滅齊氏故。賜析朱鉏謚曰成子，霄從公故。而以齊氏之墓予之。皆死而賜謚及墓田，傳終言之。❷

衛侯告寧于齊，且言子石。子石，公孫青，言其有禮。齊侯將飲酒，徧賜大夫，曰：「二三子之教也。」喜青敬衛侯。苑何忌辭曰：❸「與於青之賞，必及於其罰。何忌，齊大夫。言青若有罪，亦當并受其罰。在《康誥》曰，父子兄弟，罪不相及，《尚書·康誥》。況在群臣？臣敢貪君賜以干先

❶「於」，阮校：「《釋文》無『於』字，云：一本作『終夕與於燎』。惠棟云：古本無『於』字，杜子春注《周禮》可據也。按，見《夏官·掌固》。」

❷「終」下，《四部叢刊》本、京都本、文淵閣本、阮本有「而」字。

❸「苑何忌」，阮校：「案，《廣韻》二十阮『苑』字注云：『《左傳》齊大夫苑何忌。』賈氏《羣經音辨》云：苑，姓也，於阮反，《春秋傳》有苑何忌。」

王？」言受賜，則犯《康誥》之義。

琴張聞宗魯死，琴張，孔子弟子，字子開，名牢。**將往弔之。仲尼曰：「齊豹之盜，而孟縶之賊，女何弔焉？**言齊豹所以爲盜，孟縶所以見賊，皆由宗魯。**君子不食姦，**知公孟不善而受其禄，是食姦也。**不受亂，**許豹行事，是受亂也。**不爲利疚於回，**疚，病。回，邪也。以利故不能去，是病身於邪。**不以回待人，**知難不告，是以邪待人。**不蓋不義，**以周事豹，是蓋不義。**不犯非禮。」**以二心事縶，是非禮。【疏】注「周猶終竟也」。❶　正義曰：杜意終不泄子言，是終事子，即謂殺公孟之言。　「使華齊御公孟」。　正義曰：諸本皆「華」上有「使」字，計華齊是公孟之臣，自爲公孟之御，非齊氏所當使，必不得有「使」字。學者以上文有「使祝鼃」、「使一乘」，下有「使華寅乘貳車」，「使華寅執蓋」，以此妄加「使」字。今定本有「使」，非也。　「乘驅自閲門」。　正義曰：乘驅者，乘車而疾驅也。閲門者，衛城門，蓋偏側之門，其路遠齊氏。　注「未致」至「禮見」。　正義曰：客禮見者，若已致君命，則享有庭實，復有私覿私面之禮。今爲未致使，故但以良馬見也。　注「掫行夜」。　正義曰：下云「終夕與於燎」，❷故知掫是行夜也。《説文》云：「掫，夜戒有所擊也。從手，取聲。」　「丁巳晦」。　正義曰：丙辰、丁巳乃是頻日，其事既多，不應二日之中并爲此事。今杜不云日誤者，以誤在可知，故杜不言。且宣二年「壬申，朝于武宮」，注云：「壬申，十月五日。既有日而無月，冬又在壬

---

❶「注周猶終竟也」，阮本以下正義十節分疏於傳文各節下。

❷「云」，閩本、監本、毛本、文淵閣本作「文」。

申下，明傳文無較例。」又注哀十二年傳云：「此事，經在『十二月螽』上，今倒在下，❶更具列其月以爲別者，丘明本不以爲義例，故不皆齊同。」如杜此言，或傳因簡牘之辭，不復具顯其日月。劉炫以爲日誤而規杜氏，非也。「貞子」。正義曰：《謚法》：「外內用情曰貞。」注「子石公孫青」。正義曰：案《世本》，傾公生子夏勝，勝生子石青是也。「在康」至「相及」。正義曰：此非《康誥》之全文，引其意而言之。其本文云：「子弗祗服厥父事，大傷厥考心。于父不能字厥子，乃疾厥子。于弟弗念天顯，乃弗克恭厥兄。兄亦不念鞠子哀，大不友于弟。惟弔茲，不于我政人得罪。」孔安國云：「至此不孝不慈弗友不恭，不於我執政之人得罪乎？道教不至所致。」又曰：「文王作罰，刑茲無赦。」言刑此不孝不慈之人無赦也。刑不慈者，不可刑其父又刑其子。刑不孝者，不可刑其子又刑其父。是爲父子兄弟，罪不相及。注「琴張」至「名牢」。正義曰：《家語》云「孔子弟子琴張與宗魯友」，《七十子篇》云「琴牢，衛人，字子開，一字張」，❷則以字配姓爲琴張，即「牢曰子云」是也。賈逵、鄭衆皆以爲子張即顓孫師。服虔云：「案《七十子傳》云，子張少孔子四十餘歲，孔子是時四十一，未有子張。」鄭、賈之説，不知所出。

宋華、向之亂，公子城、平公子。**公孫忌、樂舍、**舍，樂喜孫。**司馬彊、向宜、向鄭、**宜、鄭皆向戌子。**楚建、**楚平王之亡大子。**郳甲**小邾穆公子。**出奔鄭。**八子，宋大夫。皆公黨，辟難出。**其徒與華氏戰于鬼閻，**八子之徒衆也。潁川長平縣西北有閻亭。**敗子城，子城適晉。**子城爲華氏所

❶「倒」，原作「例」，據正宗寺本、京都本、文淵閣本、阮本及哀公十二年傳杜注改。
❷「字」，阮校：「浦鏜《正誤》『字』下有『子』字。」

敗，别走至晉。爲明年子城以晉師至起本。

華亥與其妻必盥而食所質公子者而後食。公與夫人每日必適華氏，食公子而後歸。華亥患之，欲歸公子。向寧曰：「唯不信，故質其子。若又歸之，死無日矣。」公請於華費遂，將攻華氏。費遂，大司馬，華氏族。對曰：「臣不敢愛死，無乃求去憂而滋長乎？恐殺大子，憂益長。臣是以懼，敢不聽命？」公曰：「子死亡有命，余不忍其訽。」❶訽，恥也。冬，十月，公殺華、向之質而攻之。戊辰，華、向奔陳，華登奔吴。登，費遂之子，黨華、向者。向寧欲殺大子。華亥曰：「干君而出，又殺其子，其誰納我？且歸之有庸。」可以爲功善。使少司寇牼以歸，以三公子歸公也。牼，華亥庶兄。曰：「子之齒長矣，不能事人。以三公子爲質，必免。」質，信也。送公子歸，可以自明不叛之信。公子既入，華牼將自門行。從公門去。公遽見之，執其手，曰：「余知而無罪也，入復而所。」而，女也。所，所居官。【疏】「子城適晉」。❷ 正義曰：上云八子奔鄭，而此又云適晉者，子城本意與七子同心奔鄭，故上云奔鄭。及其敗後，遂率意適晉以請師。 「子死」至「其訽」。 正義曰：言我子死亡，自有天命，天命欲盡，非人所免。我不忍其恥，欲喪子以伐之。 「不能事人」。 正義曰：言年齒既長，不能他國事人爲臣。

---

❶ 「訽」，阮校：「《釋文》云：『本或作詬，同。』李善注《文選·報任少卿書》引傳作『詬』。」

❷ 「子城適晉」，阮本以下正義三節分疏於傳文各節下。

齊侯疥，遂痁，痁，瘧疾。期而不瘳。諸侯之賓問疾者多在。多在齊。梁丘據與裔款二子，齊嬖大夫。言於公曰：「吾事鬼神豐，於先君有加矣。今君疾病，爲諸侯憂，是祝、史之罪也。諸侯不知，其謂我不敬，君盍誅於祝固、史嚚以辭賓？」欲殺嚚、固以辭謝來問疾之賓。公説，告晏子。晏子曰：「日宋之盟，日，往日也。宋盟在襄二十七年。屈建問范會之德於趙武。趙武曰：『夫子之家事治，言於晉國竭情無私，其祝、史祭祀陳信不愧，其家事無猜，其祝、史不祈。』家無猜疑之事，故祝史無求於鬼神。建以語康王。楚王。康王曰：『神人無怨，宜夫子之光輔五君以爲諸侯主也。』」五君，文、襄、靈、成、景。公曰：「據與款謂寡人能事鬼神，故欲誅於祝、史，子稱是語，何故？」對曰：「若有德之君，外内不廢，無廢事。上下無怨，動無違事，其祝、史薦信，無愧心矣。君有功德，祝史陳説之，無所愧。是以鬼神用饗，國受其福，祝、史與焉。與受國福。其所以蕃祉老壽者，爲信君使也，其言忠信於鬼神。其適遇淫君，外内頗邪，上下怨疾，動作辟違，從欲厭私，使私情厭足。高臺深池，撞鐘舞女。斬刈民力，輸掠其聚，掠，奪取也。以成其違，不恤後人。暴虐淫從，肆行非度，無所還忌，還猶顧也。不思謗讟，不憚鬼神。神怒民痛，無悛於心。其祝、史薦信，是言罪也。以實白神，是爲言君之罪。其蓋失數美，是矯誣也。蓋，掩也。進退無辭，則虛以求媚。作虛辭以求媚於神。是以鬼神不饗其國以禍之，祝、史與焉。所以夭昏孤疾者，爲暴君使也，其言僭嫚於鬼神。」公曰：「然則若之何？」對曰：「不可爲也。言非誅祝、史所能治。山林

之木，衡鹿守之。❶**澤之萑蒲，**❷**舟鮫守之。藪之薪蒸，虞候守之。海之鹽蜃，祈望守之。**衡鹿、舟鮫、虞候、祈望，皆官名也。言公專守山澤之利，不與民共。**縣鄙之人，入從其政；偪介之關，暴征其私；**介，隔也，迫近國都之關。言邊鄙既入服政役，又爲近關所征税枉暴，奪其私物。**承嗣大夫，强易其賄。**承嗣大夫，世位者。**布常無藝，**藝，法制也。言布政無法制。**徵斂無度，宫室日更，淫樂不違。**違，去也。**内寵之妾，肆奪於市，**肆，放也。**外寵之臣，僭令於鄙。**詐爲教令於邊鄙。**私欲養求，不給則應。**養，長也。所求不給則應之以罪。**民人苦病，夫婦皆詛。祝有益也，詛亦有損。聊、攝以東，**聊、攝，齊西界也。平原聊城縣東北有攝城。**姑、尤以西，**姑、尤，齊東界也。姑水、尤水皆在城陽郡東南入海。**其爲人也多矣。雖其善祝，豈能勝億兆人之詛？**萬萬曰億，萬億曰兆。**君若欲誅於祝、史，脩德而後可。」公説，使有司寬政，毁關，去禁，薄斂，已責。**除逋責。【疏】「齊侯疥遂痁」。❸正義曰：後魏之世，嘗使李繪聘梁。梁人袁狎與繪言及《春秋》，説此事云，疥當爲痎，痎是小瘧，痁是大瘧。疥患積久，以小致大，非疥也。狎之所言，梁主之説也。案《説文》「疥，搔也」，「瘧，熱寒休作」，「痁，有熱瘧」，「痎，二日一發瘧」。今人瘧有二日一發，亦有頻日發者，俗人仍呼二日一發久不差者爲痎瘧，則梁

❶「鹿」，孫校：「《周禮·大司徒》賈疏引作『麓』。」
❷「萑蒲」，阮校：「案，陳樹華云：《風俗通義》引作『莞蒲』。」
❸「齊侯疥遂痁」，阮本以下正義十五節分疏於傳文各節下。

主之言信而有徵也。是齊侯之瘧，初二日一發，後遂頻日熱發，故曰「疥，遂痁」。以此久不差，故諸侯之賓問疾者多在齊也。若其不然，疥搔小患，與瘧不類，何云「疥，遂痁」乎？徐仙民音作疥，是先儒舊説皆爲「疥，遂痁」，初疥後瘧耳。今定本亦作「疥」。「期而」。正義曰：期，三百有六旬又六日，法天數三百六十五度四分度之一。帝言問從全數，故言三百六十又六日，合三百六十五日又四分度之一分，欠三分不成六日。大月却還天朞十度，小月不盡置閏。注「欲殺嚚固」。正義曰：服虔云：「祝固，齊大祝。史嚚，大史也。謂祝、史之固陋嚚闇，❶不能盡禮薦美，至於鬼神怒也。」其意以爲請誅祝史之嚚闇固陋者，「嚚」、「固」非人名也。案，莊三十二年「神降于莘。虢公使祝應、宗區、史嚚享焉」，彼是人名，則此亦名也。《世族譜》齊雜人内有祝固、史嚚。此云欲殺嚚、固，是杜必以爲人名也。「晏子曰」至「不祈」。正義曰：彼傳趙武對曰：「夫子之家事治，言於晉國無隱情，其祝、史陳信於鬼神無愧辭。」此晏子言之，其辭微多於彼，其意亦不異也。「光輔五君」。正義曰：文公爲戎右，襄、靈爲大夫，成公爲卿，景公爲大傅。「上下無怨」。正義曰：此猶如《孝經》「上下無怨」也，言人臣及民，上下無相怨耳。服虔云：「上下謂人神無怨。」即如服言，下云「上下怨疾」，復是人與神相怨疾也。「輸掠其聚」。正義曰：輸，墮也，故爲墮毁奪其所聚之物。「肆行非度」。正義曰：肆，縱恣也。恣意行非法度之事也。「不思謗讟」。正義曰：俗本作「畏」，定本作「思」。「其蓋」至「誣也」。❷正義曰：掩蓋愆失，妄數美善，是矯詐誣罔也。注「衡鹿」至「民共」。正義曰：《周禮》司徒之屬有林衡之官，掌巡林麓之禁。

❶「謂」，阮校：「段玉裁云：『謂』字上當有『一曰』二字。」

❷「至」，原作「正」，據正宗寺本、京都本、阮本改。

鄭玄云：「衡，平也。平林麓之大小及所生者。竹木生平地曰林，山足曰麓。」此置衡鹿之官，守山林之木，是其宜也。舟是行水之器，鮫是大魚之名。澤中有水有魚，故以舟鮫爲官名也。《周禮》山澤之官皆名爲虞，「每大澤大藪，中士四人」。鄭玄云「虞，度也。度知山之大小及所生者」，「澤，水所鍾也，水希曰藪」，則藪是少水之澤，立官使之候望，故以虞候爲名也。海是水之大神，有時祈望祭之，因以祈望爲主海之官也。此皆齊自立名，故與《周禮》不同。山澤之利當與民共之，言公立此官，使之守掌，專山澤之利，不與民共，故鬼神怒而加病也。　注「介隔」至「私物」。　正義曰：《聘禮》：「及竟，謁關人。」鄭玄云：「古者竟上爲關。」又《周禮·司關》注云：「關，界上之門。」然則禮之正法，國之竟界之上乃有關耳，自竟至國更無關也。齊於竟内更復置關，不與常禮同，以隔外内，故注介爲隔也。迫近國都爲關，以隔邊鄙之人。縣鄙之人入從國之政役，近關又征税，奪其私物，而使民困也。　「布常無藝」。　正義曰：布其尋常之政，無準藝。　「私欲」至「則應」。　正義曰：言此嬖寵之臣，私有所欲，長養其情，求物共之。民不共給，則應之以罪。　「聊攝」至「以西」。　正義曰：聊、攝、姑、尤皆是邑也。管仲夸楚，言其竟界所至，故遠舉河海也。晏子言其人多，故唯舉屬邑言之也。

十二月，齊侯田于沛，言疾愈行獵。沛，澤名。**招虞人以弓，不進。**虞人，掌山澤之官。**公使執之。辭曰：「昔我先君之田也，旃以招大夫，弓以招士，皮冠以招虞人。臣不見皮冠，故不敢進。」乃舍之。仲尼曰：「守道不如守官，**君招當往，道之常也。非物不進，官之制也。**君子韙之。」**韙，是也。

齊侯至自田，晏子侍于遄臺，子猶馳而造焉。子猶，梁丘據。**公曰：「唯據與我和夫！」晏子對**

曰：「**據亦同也，焉得爲和？」公曰：「和與同異乎？」對曰：「異。和如羹焉，水、火、醯、醢、鹽、梅以烹魚肉，燀之以薪，**燀，炊也。**宰夫和之，齊之以味，濟其不及，以洩其過。**濟，益也。洩，減也。**君子食之，以平其心。君臣亦然。**亦如羹。**君所謂可而有否焉，**否，不可也。**臣獻其否，以成其可。**獻君之否，以成君可。**君所謂否而有可焉，臣獻其可，以去其否。是以政平而不干，民無争心。故《詩》曰：『亦有和羹，既戒既平。**《詩》頌殷中宗，言中宗能與賢者和齊可否，其政如羹，敬戒且平。和羹備五味，異於大羹。**鬷嘏無言，時靡有争。』**鬷，總也。嘏，大也。言總大政能使上下皆如和羹。**先王之濟五味，**濟，成也。**和五聲也，以平其心，成其政也。聲亦如味，一氣，**須氣以動。**二體，**舞者有文武。**三類，**《風》、《雅》、《頌》。**四物，**雜用四方之物以成器。**五聲，**宮、商、角、徵、羽。**六律，**黄鐘、大簇、❶姑洗、蕤賓、夷則、無射也。陽聲爲律，陰聲爲吕。此十二月氣。**七音，**周武王伐紂，自午及子凡七日。王因此以數合之，以聲昭之，故以七同其數，以律和其聲，謂之七音。**八風，**八方之風。**九歌，**九功之德，皆可歌也。六府、三事謂之九功。**以相成也。**言此九者合，然後相成爲和樂。**清濁小大，短長疾徐，哀樂剛柔，遲速高下，出入周疏，以相濟也。**周，密也。**君子聽之，以平其心。心平德和，故《詩》曰『德音不瑕』。**《詩·豳風》也。義取心平則德音無瑕闕。**今據不然。**

❶「簇」，阮本作「蔟」。阮校：「《釋文》亦作『蔟』，是也。作『簇』，非。」今案：此本正義作「蔟」，正宗寺本同。

君所謂可，據亦曰可，君所謂否，據亦曰否。若以水濟水，誰能食之？若琴瑟之專壹，誰能聽之？同之不可也如是。」

飲酒樂。公曰：「古而無死，其樂若何？」晏子對曰：「古而無死，則古之樂也，君何得焉？昔爽鳩氏始居此地，爽鳩氏，少皞氏之司寇也。季萴因之，季萴，虞夏諸侯，代爽鳩氏者。有逢伯陵因之，逢伯陵，殷諸侯，姜姓。❶蒲姑氏因之，蒲姑氏，殷周之間代逢公者。而後大公因之。古若無死，爽鳩氏之樂，非君所願也。」齊侯甘於所樂，志於不死。晏子稱古，以節其情願。【疏】「旃以」至「虞人」。❷ 正義曰：《周禮》「孤卿建旃」，大夫尊，故摩旃以招之也。❸逸《詩》：「翹翹車乘，招我以弓。」古者聘士以弓，故弓以招士也。諸侯服皮冠以田，虞人掌田獵，故皮冠以招虞人也。 「醯醢鹽梅」。 正義曰：醯，酢也。醢，肉醬也。梅，果實似杏而醋。《禮記·內則》炮豚之法云「調之以醯醢」，《尚書·說命》云「若作和羹，爾惟鹽梅」，是古人調鼎用梅醢也。此說和羹而不言豉，古人未有豉也。《禮記·內則》、《楚辭·招魂》備論飲食而言不及豉。史游《急就篇》乃有蕪荑鹽豉，❹蓋秦漢以來始爲之耳。 「齊之」至「其過」。 正義曰：齊之者，使酸鹹適中，濟益其味，不足者，泄減其味大過者。 「詩曰」至「有爭」。 正義曰：《詩》言殷王中宗非徒身自賢

---

❶「姜」，原作「安」，據《四部叢刊》本、京都本、文淵閣本、阮本改。

❷「旃以至虞人」，阮本以下正義十九節分疏於傳文各節下。

❸「摩」，正宗寺本、京都本、文淵閣本、阮本作「麾」。阮校：「作『摩』，非。若依《說文》，則當作『摩』。」

❹「史」，原作「半」，據正宗寺本、京都本、文淵閣本、阮本改。

明，亦有和羹之臣，臣與其君可否相濟，如宰夫之和齊羹也。此臣既敬戒其事矣，既志性和平矣，中宗總齊大政，自上及下無怨恨之言，時民無有相争鬬訟者也，言其上下悉如和羹。　注「詩頌」至「大羹」。　正義曰：《詩·商頌·列祖》之篇，祀中宗之詩也。中宗，殷王大戊，湯之玄孫也。有桑穀之異，懼而脩德，殷道復興，故表顯之號爲中宗。殷人祭其廟，述其德，而歌此詩也。言「亦有」者，臣能諫君，君能改悔。亦者，兩相須之意也。言中宗能與臣之賢者和齊可否，其爲政教，如宰夫和齊羹之味也。敬戒既平，❶言此賢臣之性行也。《樂記》云「大羹不和」，鄭玄云：「大羹肉湆，不調以鹽菜。」桓二年傳云「大羹不致」，注云：「大羹，肉汁，不致五味。」和羹備五味，異於大羹也。　注「鬷總」至「和羹」。　正義曰：「鬷，總。嘏，大」，《詩》毛傳文也。言中宗爲天子，總大政，能使上下皆如和羹焉。傳引此詩，證民無争心，則以時靡有争，謂時無有争也。　「一氣」。　正義曰：服虔云：「歌氣也。」杜言「須氣以動」，則一氣不主爲歌吹。人以氣生，動皆由氣，彈絲、擊石莫不用氣，氣是作樂之主，故先言之。人作諸樂皆須氣以動，則與服不異。　「二體」。　正義曰：樂之動身體者，唯有舞耳。文舞執羽籥，武舞執干戚，舞者有文武之二體。　「三類」。　正義曰：樂以歌詩爲主，《詩》有《風》、《雅》、《頌》，其類各别，知三類是《風》、《雅》、《頌》也。一國之事諸侯之詩爲《風》，天下之事天子之詩爲《雅》，成功告神爲《頌》，是三者類别各不同。　「四物」。　正義曰：樂之所用八音之器金、石、絲、竹、匏、土、革、木，其物非一處能備，故雜用四方之物以成器。　「五聲」。　正義曰：《漢書·律歷志》云：五聲者，「宫、商、角、徵、羽也。所以作樂者，諧八音，蕩滌人

❶「既」，正宗寺本、京都本、文淵閣本、阮本作「且」。

之邪志，❶令其正性，移風易俗也。五聲和，八音諧，而樂成。商之爲言章也，物成熟可章度也。角，觸也，物觸地而出，戴芒角也。宫，中也，居中央，暢四方，唱始生，❷爲四聲綱也。徵，祉也，物盛大而蕃祉也。羽，宇也，物聚宇而覆之也。夫聲者，中於宫，觸於角，祉於徵，章於商，宇於羽，故四聲爲宫紀也」。是五聲之名義也。聲之清濁，凡有五品，自然之理也。聖人配於五方，宫居其中，商、角、徵、羽分配四方。四時之物，春生，夏長，秋成，冬聚，取其事而爲之名也。《志》又云：「五聲之本，生黄鐘之律。九寸爲宫，或益或損，以定商、角、徵、羽。九六相生，陰陽之應也。」《樂記》云：「宫爲君，商爲臣，角爲民，徵爲事，羽爲物。」《月令》：「春其音角，夏其音徵，中央土其音宫，秋其音商，冬其音羽。」鄭玄云：「聲始於宫，宫數八十一，屬土，以其最濁，君之象也。三分宫去一以生徵，徵數五十四，屬火，以其徵清，事之象也。三分徵益一以生商，商數七十二，屬金，以其濁次宫，臣之象也。三分商去一以生羽，羽數四十八，屬水，以爲最清，物之象也。三分羽益一以生角，角數六十四，屬木，以其清濁中，民之象也。」《志》言或損或益者，下生三分損一，上生三分益一。九六相生者，以九生六，是三損一也。以六生九，是三益一也。損益之數，清濁之差，無可以相準，況以黄鐘九寸自乘爲九九八十一，定之爲宫數，因宫而損益以定商、角、徵、羽之差，言其相校如此數也，唯相準況耳，非言實有此數可用之也。「六律」。正義曰：《周禮·大師》：「掌六律六吕，以合陰陽之聲。陽聲：黄鐘、大蔟、沽洗、蕤賓、夷則、無射。❸陰聲：大吕、應鐘、南

❶「志令」，阮校：「浦鏜《正誤》云：今《漢書·律曆志》『志』作『意』，『令』作『全』。」

❷「生」上，阮校：「浦鏜云：案《漢志》『生』上有『施』字。」

❸「沽」，文淵閣本、阮本作「姑」。今案：傳作「姑」，與《周禮·大師》合。

呂、林鐘、小呂、夾鐘。」《月令》以小呂爲仲呂。《律歷志》云：「律有十二，陽六爲律，陰六爲呂，黃帝之所作也。黃帝使伶倫自大夏之西，崑崙之陰，取竹之竅厚均者，斷兩節間而吹之，以爲黃鐘之宫。制十二筩，以聽鳳皇之鳴，其雄鳴爲六，雌鳴亦六，以比黃鐘之宫，是爲律本。黃鐘，黃者中之色也，鐘者種也。天之中數五，五爲聲，聲上宫，五聲莫大焉。地之中數六，六爲律。律有形有色，色上黃，五色莫盛焉。故陽氣施種於黃泉，滋萌萬物，爲六氣元也。以黃色名元氣律者，著宫聲也。始於子，在十一月。大呂，呂，旅也，言陰大，旅助黃鐘宣氣而牙物也。位於丑，在十二月。大蔟，蔟，奏也，言陽氣大，奏地而達物也。位於寅，在正月。夾鐘，言陰氣夾助大蔟，宣四方之氣，而出種物也。位於卯，在二月。沽洗，洗，絜也，言陽氣洗物辜絜之也。」彼注云：「辜，必也。」「位於辰，在三月。仲呂，言微陰始起未成，著於其中，旅助沽洗宣氣齊物也。位於巳，在四月。蕤賓，蕤，繼也。賓，道也。言陽氣始道陰氣，使繼養物也。位於午，在五月。林鐘，林，君也，言陰氣受任，助蕤賓君主種物使長大茂盛也。位於未，在六月。夷則，則，法也，言陽氣正法度而使陰氣夷當傷之位也。位於申，在七月。南呂，南，任也，言陰氣旅助夷則任成萬物也。位於酉，在八月。無射，射，厭也，言陽氣究物而使陰氣畢剥落之，終而復始，無厭已也。位於戌，在九月。應鐘，言陰氣應無射，該藏萬物而雜陽閡種也。」彼注云：「外閉曰閡。」「位於亥，在十月」。是解六律六呂之名義也。如《志》之言，初爲律者，以竹爲之，吹其聲也，其後則用銅爲之，以候氣。《後漢書》章帝時，零陵文學奚景於陰冷道舜祠下得白玉管，❶是古人或以玉爲管也。《續漢書》云：「候氣之法，爲土室三重，户閉，塗釁必周，密布緹縵。於室中以木爲案。每律各一，内庳外高，從其方位，加律其上，以葭莩灰實其端，案歷而候

❶「冷」，文淵閣本作「泠」。今案：《後漢書·律曆志上》注引《漢書》注作「泠」。

之。其月氣至，則灰飛而管通。」蓋音聲之道與天地之氣通，故取律以候氣。《月令》正月「律中大蔟」，鄭玄云：「律者，候氣之管，以竹爲之。中猶應也。正月氣至，則大蔟之律應。應謂吹灰也。」是其舊説然也。其律吕相生，鄭注《周禮・大師》職云：「黄鐘之初九，下生林鐘之初六，林鐘又上生大蔟之九二，大蔟又下生南吕之六二，南吕又上生沽洗之九三，沽洗又下生應鐘之六三，應鐘又上生蕤賓之九四，蕤賓又上生大吕之六四，大吕又下生夷則之九五，夷則又上生夾鐘之六五，夾鐘又下生無射之上九，無射又上生中吕之上六。同位者象夫妻，異位者象子母，所謂律取妻而吕生子也。」子午以東爲上生，子午以西爲下生，五下六上，乃一終矣。鄭玄云：「同位象夫妻者，黄鐘初九、林鐘初六及大蔟九二、南吕六二之類，同在初二之位，故象夫妻。異位象子母者，謂林鐘初六生大蔟九二，『初』之與『二』其數不同，故爲異位，象子母。律生於吕，是爲同位，故云律取妻。吕生於律，則爲異位，故云吕生子。言五下者，謂林鐘、夷則、南吕、無射、應鐘皆是子午以東之管下而生之，故云下生。六上者，謂大吕、大蔟、夾鐘、沽洗、仲吕、蕤賓，皆是子午以西之管上而生之，故云上生。黄鐘爲律之首，不是餘管所生，不入其數。上生者三分益一，下生者三分減一，皆左旋隔八而相生。」

「七音」。正義曰：聲之清濁，數不過五，而得有七音者，終五以外更變爲之也。賈逵注《周語》云：「周有七音，謂七律謂七器音也，❶黄鍾爲宫，大蔟爲商，沽洗爲角，林鐘爲徵，南吕爲羽，應鐘爲變宫，蕤賓爲變徵。」是五聲以外，更加變宫、變徵爲七音也。《周語》云：「景王將鑄無射，問律於伶州鳩。對曰：『律所以立均出度也。古之神瞽，考中聲而量之以制，度律均鐘，百

---

❶「謂七律謂七器音」，阮校：「段玉裁校本無上『謂』字，『器音』作『音器』。」孫校據《國語》韋注改「謂七器音」之「謂」字爲「爲」，又曰：「《周禮・小胥》賈疏引服注云『七律爲七器音』，則『器音』二字不必乙。」

官軌儀，故先王貴之。』王曰：『七律者何？』對曰：『昔武王伐殷，歲在鶉火，月在天駟，日在析木之津，辰在斗柄，星在天黿。星與辰之位，❶皆在北維。我姬氏出自天黿，則我皇妣大姜之姪逢公之所馮神也。歲之所在，則我周之分野也。月之所在，辰馬農祥，我大祖后稷之所經緯也。王欲合是五位三所而用之，自鶉及駟七列也，南北之揆七月也，❷凡神人以數合之，❸以聲昭之，數合聲和，然後可同也。故以七同其數，而以律和其聲，於是乎有七律也。』」是言周樂有七音之意也。五位者，歲、月、日、辰、星之位也。三所者，星與日、辰之位是一所也，歲之所在是二所也，月之所在是三所也。劉歆三統之術筭此五位所在，武王以殷之十二月二十八日戊午發師，其年歲星在鶉火之次也，其日月合宿於房五度。房即天駟之星也。日在箕七度，箕於次分在析木之津也。日月之會謂之辰。斗柄，斗前也。戊午後三日得周二月辛酉朔，日月合宿於箕十度，在斗前一度，是爲辰在斗柄也。星在天黿者，星於五星爲水星，辰星是也。天黿即玄枵次之別名也。於是辰星在婺女之宿，其分在天黿之宿次也。鶉是張星也，駟是房星也。天宿以右旋爲次，張、翼、軫、角、亢、氐、房凡七宿，是自鶉火至駟爲七列，❹列宿有七

---

❶「星與辰」，阮校：「案，《國語·周語》『星』下有『日』字。」按，《國語·周語》作「星與日辰」。

❷「月」，文淵閣本、阮本作「同」，當是。今案：《國語·周語下》作「同」。

❸「神人」，《周語》作「人神」。

❹「列」，正宗寺本、京都本、文淵閣本、阮本無此字，當是。

也。鶉火在午，天黿在子，斗柄所建，月移一次，是自午至子爲南北之揆七月也。❶揆，度也。度量星之有七月也。❷武王既見天時如此，因此以數比合之，其數有七也。以聲昭明之，聲亦宜有七也，故以七同其數，五聲之外加以變宫、變徵也。此二變者，舊樂無之，聲或不會，而以律和其聲，調和其聲使與五音諧會，謂之七音，由此也。武王始加二變，周樂有七音耳，以前未有七。杜言武王伐紂，自午及子凡七日者，《尚書·泰誓》云：「戊午，❸王次于河朔。」又《牧誓》云：「時甲子昧爽，王朝至于商郊牧野，乃誓。」又《武成》云：「戊午，師逾孟津。癸亥，陳于商郊。甲子，受率其旅若林，前徒倒戈，攻于後以北，血流漂杵，一戎衣，天下大定。」是自戊午至甲子七日也。劉炫云：「杜既取《國語》之文以七同其數，以律和其聲，何爲又云自午及子凡七日乎？是杜意以武王爲七日之故，而作樂用七音也。違《國語》之文，是杜説謬。」今知不然者，以《尚書》、《國語》俱有七義，事得兩通，故杜兼而取之。劉以爲杜背《國語》之文而規杜過，非也。「八風」。正義曰：《易緯通卦驗》云：「立春，調風至。春分，明庶風至。立夏，清明風至。夏至，景風至。立秋，涼風至。秋分，閶闔風至。立冬，不周風至。冬至，廣莫風至。」調風一名融風。十八年傳云「是謂融風」，是調、融同也。此八方之風，以八節而至，但八方風氣寒暑不同，樂能調陰陽和節氣。隱五年傳曰「舞所以節八音而行八風」，故樂以八風相成也。八節之風，亦與八卦、八音相配。賈逵云：「兑爲金，爲閶闔風也。乾爲石，爲不周風也。坎爲革，爲廣莫風也。艮爲匏，爲融風也。

❶「月」，文淵閣本、阮本作「同」，當是。

❷「月」，文淵閣本、阮本作「同」，當是。

❸「戊」，原作「武」，據正宗寺本、京都本、文淵閣本、阮本改。

震爲竹，爲明庶風也。巽爲木，爲清明風也。離爲絲，爲景風也。坤爲土，爲涼風也。」是先儒依《易緯》配八風也。　「九歌」。　正義曰：九歌之事，《尚書·大禹謨》與文七年傳具有其文。　「清濁」至「周疏」。　正義曰：周疏以上凡十事，皆兩字相對，其義相反，乃言樂聲如此相反以成音曲，猶羹之水火相反，人之和而不同也。杜訓周爲密，則疏爲希，亦相反也。俗本「疏」作「流」。《易·繫辭》云：「周流六虚。」《仲尼燕居》云：「周流無不徧也。」涉彼文而誤耳。杜既以周爲密，則流當爲「疏」。今定本作「流」，非也。　「詩曰德音不瑕」。　正義曰：《詩·豳風·狼跋》：「美周公攝政，遠則四國流言，近則成王不知。周大夫美其不失其聖也。」云：「公孫碩膚，德音不瑕。」鄭玄云：「不瑕，言不可疵瑕也。」　注「季萴」至「氏者」。　正義曰：此相傳説也。以逢伯是殷之諸侯，此在逢伯之前，故以爲虞夏時也。爽鳩在少皞之世，至虞夏歷代多矣，未必其間更無他姓。據晏子之言，云代爽鳩氏耳。❶　「古若」至「願也」。　正義曰：自古若其無死，爽鳩至今猶存，則此齊地是爽鳩氏得而樂也，君不得爲齊君不死之事，此樂爽鳩氏之有，非君所願樂也。晏子以爽鳩氏爲始，故言爽鳩之樂，計爽鳩以前處齊地者，猶應大有人矣。❷

鄭子産有疾，謂子大叔曰：「我死，子必爲政。唯有德者能以寬服民，其次莫如猛。夫火烈，民望而畏之，故鮮死焉。水懦弱，民狎而翫之，狎，輕也。**則多死焉，故寬難。」**難以治。**疾數月而卒。大叔爲政，不忍猛而寬。鄭國多盜，取人於萑苻之澤。**萑苻，澤名。於澤中劫人。**大叔悔之，曰：**

❶ 「耳」，京都本、文淵閣本、阮本無此字。
❷ 「大」，監本、文淵閣本、阮本作「代」。阮校：「作『代』，是也。」

「吾早從夫子，不及此。」興徒兵以攻萑苻之盜，盡殺之。❶**盜少止。仲尼曰：「善哉！政寬則民慢，慢則糾之以猛。**糾猶攝也。**猛則民殘，殘則施之以寬。寬以濟猛，猛以濟寬，政是以和。《詩》曰『民亦勞止，汔可小康。惠此中國，以綏四方』，施之以寬也。**《詩》，《大雅》。汔，其也。❷康、綏皆安也。周厲王暴虐，民勞於苛政，故詩人刺之，欲其施之以寬。**『毋從詭隨，**詭人隨人，無正心，不可從。**以謹無良。**謹，勑慎也。**式遏寇虐，憯不畏明』，糾之以猛也。**式，用也。遏，止也。憯，曾也。言爲寇虐，曾不畏明法者，亦當用猛政糾治之。**『柔遠能邇，以定我王』，平之以和也。**柔，安也。邇，近也。遠者懷附，近者各以能進，則王室定。**又曰『不競不絿，不剛不柔，**《詩》，《殷頌》。言湯政得中和。競，强也。絿，急也。**布政優優，百祿是遒』，**優優，和也。遒，聚也。**和之至也。」及子產卒，仲尼聞之，出涕曰：「古之遺愛也。」**子產見愛，有古人之遺風。【疏】「盡殺之盜少止」。❸

---

❶「殺」，阮校：「《釋文》無『殺』字，云：『本或作盡殺之，殺，衍字。』案臧琳云：正義曰『既言盡殺之，復云盜少止者，「盡」謂盡萑苻之内盜也，「少止」謂鄭國餘處之盜由此少止』，知孔本亦作『盡之』，無『殺』字，與陸本同。『既言盡殺之』當作『既言盡之』，標起至『盡殺之盜少止』當作『盡之盜少止』，此二『殺』字皆後人所增。」

❷「其」，阮校：「《詩・大雅・民勞》正義、《爾雅・釋詁》疏引並作『期』。」

❸「盡殺之盜少止」，阮本以下正義五節分疏於傳文各節下。

正義曰：既言盡殺之，復云盜少止者，蓋謂盡萑苻之内盜也。❶盜少止，❷謂鄭國餘處之盜由此少止。

「詩曰」至「和也」。正義曰：此《詩·大雅·民勞》之篇，刺厲王之詩也。其下十句，詩之文也。仲尼分爲三段，每以一句釋之。汔，其也。康、綏皆安也。止，辭也。於是厲王以苛政勞民，故言當今之民亦大疲勞止，其可以小息之。中國，京師也。四方，諸夏也。施惠於此京師中國，以綏彼諸夏之民。此四句者，欲其施之以寬也。詭、隨謂詭人爲善，隨人小惡。此雖惡之小者，其事不可舍從也，毋得從此詭隨之人，以謹勑彼無善之人。無善之惡，大於詭隨，詭隨不從，則無善息止，是謹勑之也。寇虐之惡人又大於無善。式，用也。遏，止也。憯，曾也。王當嚴爲刑威，用止臣民之間有爲寇盜苛虐，曾不畏明白之刑者。此四句者，欲其糾之以猛也。柔，安也。邇，近也。能，謂材能也。王者當以寬政安慰遠人，使之懷附，則各以材能自進者，是近人也。遠者懷德而歸，近者以能自進，用此以定我爲王之功。此二句者，言平之以和也。

注「詩大雅」至「以寬」。正義曰：《釋詁》云：「汔，幾也。」杜以幾、其同聲，故以汔爲其也。康、綏皆安，及下注「遏，止」，皆《釋詁》文也。「式，用」，「憯，曾」，《釋言》文也。

「又曰」至「至也」。正義曰：《詩·商頌·長發》之篇，述成湯之德也。湯之爲政，不大强，不大急，不大剛，不大柔，布行政教，優優然和綏，百種福禄於是聚而歸之，言其和之至也。「競，强」，《釋言》文也。「絿，急」，「遒，聚」，毛傳文也。

「及子」至「聞之」。正義曰：案上子大叔悔後已云「仲尼曰善哉」，今方言「及子産卒聞之」者，上所云先美子大叔之善法政，用子産生時法也，此出涕，重美子産身之賢，故傳云「及子産卒」，欲顯仲尼美之

❶「蓋」，正宗寺本、京都本、文淵閣本作「盡」，當是。

❷「盜」，京都本、文淵閣本、阮本無此字。

意也。

【經】二十有一年，春，王三月，葬蔡平公。

夏，晉侯使士鞅來聘。晉頃公即位，通嗣君。

宋華亥、向寧、華定自陳入于宋南里以叛。自外至，故曰入。披其邑，故曰叛。南里，宋城內里名。【疏】注「自外」至「里名」。　正義曰：賈逵云：「書入，華貙兄弟作亂，召而逆之。」是賈以此入從國逆之例也。《釋例》曰：「《春秋》稱『入』，其例有二：施於師旅，則曰弗地；在於復歸，❶則曰國逆。國逆又以立爲例，逆而不立，則非例所及。諸在例外稱入，直自外入內，記事常辭，義無所取，而賈氏皆以爲例，如此甚多。」是杜意以賈氏逆之爲非，故云「自外至故曰入」，以顯異之也。五年傳叔孫昭子數豎牛之罪云「又披其邑，將以赦罪」，彼注云：「披，析也。」此分析君邑以自屬己，故曰叛也。傳稱「華氏居盧門，以南里叛宋，城舊墉及桑林之門守之」，知此南里是宋城之內里名。

秋，七月，壬午，朔，日有食之。

八月，乙亥，叔輒卒。叔弓之子伯張。

冬，蔡侯朱出奔楚。朱爲大子則失位，遂微弱，爲國人所逐，故以自出爲文。

❶「復歸」，阮校：「段玉裁校改作『歸復』。」

公如晉，至河乃復。晉人辭公，故還。

【傳】二十一年，春，天王將鑄無射，周景王也。無射，鐘名，律中無射。泠州鳩曰：「王其以心疾死乎？泠，❶樂官。州鳩，其名也。夫樂，天子之職也。職，所主也。夫音，樂之輿也，樂因音而行。而鍾，音之器也。音由器以發。天子省風以作樂，省風俗作樂以移之。器以鍾之，鍾，聚也。以器聚音。輿以行之。樂須音而行。小者不窕，窕，細不滿。大者不槬，槬，橫大不入。則和於物，物和則嘉成。嘉樂成也。故和聲入於耳而藏於心，心億則樂。億，安也。窕則不咸，不充滿人心。槬則不容，心不堪容。心是以感，感實生疾。今鐘槬矣，王心弗堪，其能久乎？」爲明年天王崩傳。【疏】注「周景」至「無射」。❷　正義曰：《周語》云，景王二十一年，鑄大錢。❸二十三年，將鑄無射。單穆公曰：「不可。作重幣以絶民資，又鑄大鐘，以鮮其繼。三年之中，而有離民之器二焉，國其危哉！」王不聽。❹問之伶州鳩，州鳩對，王又弗聽，卒鑄大鐘。二十四年鐘成，二十五年王崩。孔晁於二十四年注云：「昭二十一年。」

❶「泠」，阮本作「伶」。《經典釋文》云：「字或作『伶』，樂官也。或作『泠』字，非。」
❷「注周景至無射」，阮本以下正義四節分疏於傳文各節下。
❸「鑄」上，文淵閣本有「將」字。阮校：「監本、毛本有『將』字，與《國語》合。」
❹「不」，文淵閣本作「弗」。阮校：「監本、毛本作『弗』，與《國語》合。」

如彼文，則此年鑄鐘成之年，而傳云「將鑄無射」者，此爲州鳩之言張本。州鳩以未成之時爲此言，故此年發傳而言將也。州鳩此下之言與《周語》州鳩之言全不同者，彼是對王之問，此是自言其事，異時別言，故不同也。《周語》及此皆論鐘事，故云「無射，鐘名」，其聲於律應無射之管，故以律名名鐘。襄十九年，季武子作林鐘，亦是鐘聲應林鐘之律也。此無射之鐘，在王城鑄之，敬王居洛陽蓋移就之也。秦滅周，其鐘徙於長安，歷漢、魏、晉，常在長安。及劉裕滅姚泓，又移於江東，歷宋、齊、梁、陳，其鐘猶在。❶ 東魏使魏收聘梁，收作《聘遊賦》，云「珍是淫器，無射高縣」，❷是也。及開皇九年平陳，又遷於西京，置大常寺，時人悉共見之。❸ 至十五年敕毁之。注「省風」至「移之」。正義曰：《漢書·地理志》曰：「凡民函五常之性，而有剛柔緩急，音聲不同，繫水土之風氣，故謂之風。好惡取舍，動静無常，隨君上之情欲，故謂之俗。」是解風俗之名。但風俗盛衰，隨時隆替，國之將滅，風敝俗煩。❹ 天子新受命者，省此風俗之敝，乃作樂以移之。《孝經》曰：「移風易俗，莫善於樂。」孔安國云：「風，化也。俗，常也。移太平之化，易衰敝之常也。」《地里志》以風爲本，❺俗爲末。「言聖王在上，統理人倫，必移其本，而易其末，此混同天下，一之乎中和，然後王教成」，是説作樂移風之事也。「器以」至「行之」。正義

❶「其」，京都本、文淵閣本、阮本作「時」。
❷「高」，監本、毛本、文淵閣本作「在」。
❸「共」，監本、毛本、文淵閣本作「得」。
❹「敝」，京都本、阮本作「散」。
❺「里」，正宗寺本、京都本、文淵閣本、阮本作「理」。

曰：爲上言「鐘，音之器也」，故此云「器以鍾之」，言器以鍾聚其音。又上言「音，樂之輿也」，故此云「輿以行之」。承上語不倫者，❶亦猶《易·繫辭》云：「天尊地卑，乾坤定矣。卑高以陳，貴賤位矣。」隨文便而言耳。「小者」至「不槬」。　正義曰：言小不至窕，則窕是細之意也。大不至槬，則槬是大之義也。《説文》云：「窕，深肆極也。」由細，故能極於深，是窕爲細。不滿，謂不能充滿心也。槬聲近横，故爲横大。心所不容，故不入心也。下「窕則不咸」，咸如字，本或作「感」。户暗反。

三月，葬蔡平公。蔡大子朱失位，位在卑。不在適子位，以長幼齒。**大夫送葬者歸，見昭子。昭子問蔡故，以告。昭子歎曰：「蔡其亡乎？若不亡，是君也必不終。《詩》曰：『不解于位，民之攸塈。』**《詩·大雅》。塈，息也。**今蔡侯始即位，而適卑，身將從之。」**爲蔡侯朱出奔傳。【疏】注「不在」至「幼齒」。❷　正義曰：《喪大記》記國君初死之禮云：「既正尸，子坐于東方，卿大夫、父兄、子姓立于東方，有司、庶士哭于堂下北面。」鄭玄云：「正尸者，謂遷尸牖下南首也。子姓，謂衆子孫也。姓之言生也。其男子立於主人後。」彼言子坐東方，謂大子，即鄭所謂主人也。彼初死之時，即別適庶，況其至葬君道成矣？大子失其位，明其不在適子位也。位在卑，是以長幼爲齒，蓋處其庶兄之下。

夏，晉士鞅來聘，叔孫爲政。叔孫昭子以三命爲國政。**季孫欲惡諸晉，**憎叔孫在己上位，欲使

---

❶「倫」，正宗寺本作「論」。

❷「注不在至幼齒」，阮本此節正義在注「不在適子位以長幼齒」下。

得罪於晉。使有司以齊鮑國歸費之禮爲士鞅。鮑國歸費在十四年。牢禮各如其命數，魯人失禮，故爲鮑國七牢。**士鞅怒，曰：「鮑國之位下，其國小，而使鞅從其牢禮，是卑敝邑也，將復諸寡君。」魯人恐，加四牢焉，爲十一牢。**言魯不能以禮事大國，且爲哀七年吴徵百牢起。【疏】注「鮑國」至「七牢」。❶ 正義曰：十四年傳曰：「司徒老祁、慮癸來歸費，齊侯使鮑文子致之。」是鮑國歸費之事也。杜以《周禮·掌客》云「上公饔餼九牢，侯伯七牢，子男五牢」，以諸侯牢禮各以其命數，卿大夫來者亦當牢禮如其命數。計鮑國齊卿，不過三命，於法當三牢，而魯人失禮爲鮑國七牢也。下云「加四爲十一」，知本七也。劉炫云：「案《聘禮》，使卿，主國待之饔餼五牢，則臣之牢禮不依命數。鮑國禮當五牢加二牢耳。」今知非者，杜以《掌客》諸侯牢禮各依命數，以卿大夫無文，故杜據諸侯言之，不謂卿大夫以下亦依命數。而劉以鄭注《掌客》爵卿五牢、爵大夫三牢、爵士大牢而規杜，非也。　「士鞅怒」。　正義曰：七牢於禮厚矣，而鞅怒者，但陳設爲鞅，鞅必不怒，其時魯人報云「鮑國之禮」，鞅遂怒其輕己。

宋華費遂生華貙、華多僚、華登。貙爲少司馬，多僚爲御士，公御士。**與貙相惡，乃譖諸公曰：「貙將納亡人。」**亡人，華亥等。**亟言之。公曰：「司馬以吾故，亡其良子。**司馬謂費遂，爲大司馬。良子，謂華登。**死亡有命，吾不可以再亡之。」對曰：「君若愛司馬，則如亡。**言若愛大司馬，則當亡走失國。**死如可逃，何遠之有？」**言亡可以逃死，勿慮其遠，以恐動公。**公懼，使侍人召司馬之侍**

❶「注鮑國至七牢」，阮本以下正義二節分疏於傳文各節下。

人宜僚，飲之酒，而使告司馬。告司馬使逐貙。司馬歎曰：「必多僚也。吾有讒子，而弗能殺，吾又不死。抑君有命，可若何？」乃與公謀逐華貙，將使田孟諸而遣之。

公飲之酒，厚酬之。酬酒幣。賜及從者。司馬亦如之。亦如公賜。張匄尤之，張匄，華貙臣。尤，怪賜之厚。曰：「必有故。」使子皮承宜僚以劍而訊之。子皮，華貙。訊，問也。宜僚盡以告。告欲因田以遣之。張匄欲殺多僚，子皮曰：「司馬老矣，登之謂甚，言登亡，傷司馬心已甚。吾又重之，不如亡也。」五月，丙申，子皮將見司馬而行，則遇多僚御司馬而朝。張匄不勝其怒，遂與子皮、臼任、鄭翩殺多僚，任、翩亦貙家臣。劫司馬以叛，而召亡人。壬寅，華、向入。樂大心、豐愆、華牼禦諸横。梁國睢陽縣南有横亭。華氏居盧門，以南里叛。盧門，宋東城南門。六月，庚午，宋城舊鄘及桑林之門而守之。舊鄘，故城也。桑林，城門名。【疏】「亟言之」。❶ 正義曰：服虔云：「亟，疾也。疾言之欲使信。」則服虔讀爲亟也。或當爲亟，亟，數也，數言之。「抑君有命可若何」。正義曰：抑，語助。若，如也。言吾有讒子，謂多僚也。雖知其讒，既不能殺多僚，華貙雖枉，爲君有逐貙之命，可如何？言無如之何，遂謀逐之。

秋，七月，壬午，朔，日有食之。公問於梓慎曰：「是何物也？禍福何爲？」物，事也。對曰：「二至二分，二至，冬至、夏至。二分，春分、秋分。日有食之，不爲災。日月之行也，分，同道也；

❶「亟言之」，阮本以下正義二節分疏於傳文各節下。

至，相過也。二分日夜等，故言同道。二至長短極，故相過。**其他月則爲災，陽不克也，故常爲水。」**陰侵陽，是陽不勝陰。**於是叔輒哭日食。**意在於憂災。**昭子曰：「子叔將死，非所哭也。」八月，叔輒卒。**【疏】「分同」至「過也」。❶ 正義曰：日月之行，交則相食，自然之理。但日爲君象，月爲臣象，陰既侵陽，如臣掩君，聖人因之設教，制爲輕重。以夏之四月純陽之月，時陽極盛，陰氣未作，正當陽盛之時，不宜爲弱陰所侵，以爲大忌，此月日食災最重也。餘非陽盛之月，爲災稍輕。至於分至之月，日食即不爲災。又解不爲災之意，以二分晝夜等似，其同一道，二至長短極，並行則相過，以爲理必相侵，故言不爲災。劉炫云：「此皆假其事以爲等差，其實災之大小不如此也。且《詩》云：『十月之交，朔月辛卯，日有食之，亦孔之醜。』先儒以爲周之十月夏之八月，秋分之月也，而甚可醜惡。七年四月甲辰朔日食，春分之月也，而云『魯、衛惡之，衛大魯小』，安在乎二分之食不爲災？足明此是先賢寓言，非實事也。」注「二分」至「相過」。正義曰：日之行天，一歲一周。❷ 月之行天，二十九日有餘已得一周。日月異道，互相交錯。月之一周必半在日道裏，從外而入内也。半在日道表，從内而出外也。或六入七出，或七入六出，凡十三出入而與日一會，歷家謂之交道。通而計之，一百七十三日有餘而有一交。交在望前，朔則日食，望則月食。交在望後，望則月食，後月朔則日食，此自然之常數也。交數滿則相過，非二至乃相過也。傳之所言以二分日夜等者，春分之時，朔則日在婁，望則月在角。秋分之時，朔則日在角，望則月在婁。婁角是天之中道，日月俱從中道，故晝夜等似，有體敵之理，月可敵日。冬至之

❶「分同至過也」，阮本以下正義三節分疏於傳文各節下。

❷「歲」，文淵閣本、阮本作「日」。

時，朔則日在斗，望則月在井。夏至之時，朔則日在井，望則月在斗。斗、井南北，晝夜長短之極，似若月之極長，可以掩日然，故云「至相過」，謂絶相縣殊也。此至唯冬至耳，言二至者，全句以成文，此皆假託以爲言也。以日者，天之大明，人君之象，不可虧損，故於正陽之月示法爲重，於分至之月其害爲輕，於餘月之食其災爲水。假之以垂訓，非實事也。　「其他」至「爲水」。　正義曰：其他月，非分至之月則爲災。日食是陰侵陽，是陽不勝也，故日食常爲水災。莊二十五年六月日食，秋大水。此二十四年五月日食，梓慎曰「將水」，昭子曰「旱也」，其年「八月，大雩，旱也」，則亦不是常爲水也。又七年四月甲辰朔日食，春分之月，而云「魯衛惡之」。常水之言，既無其驗，足知是賢聖假託日食以爲戒耳。

冬，十月，華登以吴師救華氏。登前年奔吴。齊烏枝鳴戍宋，烏枝鳴，齊大夫。廚人濮曰：濮，宋廚邑大夫。「軍志有之：『先人有奪人之心，後人有待其衰。』盍及其勞且未定也伐諸？若入而固，則華氏衆矣，悔無及也。」從之。丙寅，齊師、宋師敗吴師于鴻口，梁國睢陽縣東有鴻口亭。獲其二帥公子苦雂、偃州員。二帥，吴大夫。華登帥其餘，吴餘師。❶以敗宋師。公欲出，出奔。廚人濮曰：「吾小人，可藉死，可借使死難。而不能送亡君，請待之。」請君待復戰，決勝負。乃徇曰：「揚徽者，公徒也。」徽，識也。衆從之。公自揚門見之，見國人皆揚徽。睢陽正東門名揚門。下而巡之，曰：「國亡君死，二三子之恥也，豈專孤之罪也？」齊烏枝鳴曰：「用少莫如齊致死，齊致死莫

❶「師」，原作「帥」，據《四部叢刊》本、京都本、文淵閣本、阮本改。

如去備。備，長兵也。彼多兵矣，請皆用劍。」從之。華氏北，復即之。北敗走。廚人濮以裳裹首，而荷以走，曰：「得華登矣！」遂敗華氏于新里。新里，華氏所取邑。

翟僂新居于新里，既戰，説甲于公而歸。居華氏地而助公戰。華姓居于公里，亦如之。姓，華氏族，故助華氏，亦如僂新説甲歸。傳言古之爲軍，不呰小忿。❶

十一月，癸未，公子城以晉師至。城以前年奔晉，今還救宋。曹翰胡曹大夫。會晉荀吴、中行穆子。齊苑何忌、齊大夫。衛公子朝前年出奔晉，今還衛。救宋。丙戌，與華氏戰于赭丘。赭丘，宋地。鄭翩願爲鸛，其御願爲鵞。鄭翩，華氏黨。鸛、鵝皆陳名。子禄御公子城，莊堇爲右。子禄，向宜。干犨御吕封人華豹，❷張匄爲右。吕封人華豹，華氏黨。相遇，城還。華豹曰：「城也！」城怒而反之。怒其呼己，反還戰。將注，豹則關矣。注，傅矢。關，引弓。曰：「平公之靈，尚輔相余！」平公，公子城之父。豹射，出其閒。出子城、子禄之閒。將注，則又關矣。曰：「不狎，鄙。」狎，更也。抽矢，豹止不射。城射之，殪。豹死。張匄抽殳而下，殳長丈二，在車邊。射之，折

---

❶「呰」，阮校：「淳熙本、纂圖本作『呰』，《釋文》同，云：『本又作呰。』」

❷「吕封人華豹」，阮校：「臧琳云：據正義，知今本有『華』者，從唐定本誤衍也。傳文本云『吕封人豹』，故杜云『吕封人豹，華氏黨』，明『豹』即華豹也。今注作『吕封人華豹』，『華』亦衍文。王肅、董遇並云『吕封人華豹』，則王、董本正文有『華』字可知。」

股。扶伏而擊之，❶折軫。折城車軫。又射之，死。勾死。干犨請一矢，求死。城曰：「余言女於君。」欲活之。對曰：「不死伍乘，軍之大刑也。同乘共伍當皆死。干刑而從子，君焉用之？子速諸！」乃射之，殪。犨又死。

大敗華氏，圍諸南里。華亥搏膺而呼，見華貙曰：「吾爲欒氏矣！」晉欒盈還入，作亂而死，事在襄二十三年。貙曰：「子無我迋，不幸而後亡。」迋，恐也。使華登如楚乞師，華貙以車十五乘、徒七十人犯師而出，犯公師出送華登。食於睢上，哭而送之，乃復入。入南里。

楚薳越帥師將逆華氏，大宰犯諫曰：「諸侯唯宋事其君，今又爭國，釋君而臣是助，無乃不可乎？」王曰：「而告我也後，既許之矣。」爲明年華、向出奔楚傳。【疏】「而不能送亡君」。❷正義曰：服虔以「君」上屬，孫毓以「君」下屬。杜注不明，亦似上屬。注「徽識也」。正義曰：《禮記·大傳》云：「聖人南面而治天下，必改正朔，殊徽號。」鄭玄云：「徽號，旌旗之名也。」《周禮·大司馬》云：「中夏教茇舍，辨號名之用。帥以門名，縣鄙各以其名，家以號名，鄉以州名，野以邑名，百官各象其事，以辨軍之夜事。」鄭玄云：「號名者，徽識所以相別也。鄉遂之屬謂之名，家之屬謂之號，百官之屬謂之事。在國以表朝位，在軍又象其制而爲之，被之以備死事。帥謂軍將及師帥、旅帥至伍長也。以門名者，所被徽識如其在門所樹者。凡此言以也，象也，皆謂其

---

❶「扶伏」，阮校：「《釋文》云『本或作匍匐，同』。」

❷「而不能送亡君」，阮本以下正義七節分疏於傳文各節下。

制同耳。縣鄙謂縣正、鄙師至鄰長也，家謂食采地者之臣也，鄉以州名，亦謂州長至比長也，野謂公邑大夫。百官，以其職從王者。此六者，皆書其官與名氏焉。夜事，戒夜守之事也。草止者，慎於夜，於是主別其部職。」如鄭此言，則徽識制如旌旗，書其所任之官與姓名於上，被之於背，以備其死，知是誰之尸也。《士喪禮》云：「爲銘各以其物，亡則以緇長半幅，赬末，長終幅，廣三寸。書銘于末曰：『某氏某之柩。』」今之銘旌旗旛也。此生之徽識，如死之銘旌，其制之大小，❶蓋亦如銘旌也。書其官名，即今之軍記。令其各自揚徽，欲知其助公多少。如《漢書》絳侯之令軍人云：「爲劉氏者左袒。」　「吕封人華豹」。　正義曰：吕邑封人，官名，「豹」即下文華豹是也。本或「豹」上有「華」。王肅、董遇並云「吕封人華豹」。《釋例·譜》：「一人再見，名字不同，皆兩載之。」宋雜人内有吕封人豹、華豹，爲一人，知此本無「華」也。今定本有「華」。　「關矣」　正義曰：關，烏環反。本又作「彎」。　「不狎鄙」。　正義曰：服虔云：「狎，更也。子城謂華豹曰：『不更射爲鄙。』」一曰城言：『我不狎習，故鄙。』」然則豹已關矣，何慮不射？公子城何當屬之云「不更射爲鄙」？城方與豹相射，此非謙讓之所，又何須自言「不習爲鄙」？服之二說皆非。杜亦訓狎爲更，言更遞也。城謂豹：「女頻射我，不使我得更遞，是爲鄙也。」豹服此言，故抽矢而止。此豹亦不達軍之戰禮也。「諸侯唯宋事其君」。　正義曰：言諸侯之内，唯宋之臣民善事其君，言以前未嘗有叛逆者也。俗本或無「其」字，若無「其」字，則是唯宋事楚，檢於時宋國不屬楚也。　「王曰而告我也後」。　正

❶「其」，原作「某」，據正宗寺本、京都本、文淵閣本、阮本改。

義曰：謂大宰犯諫，在華登出師之後。

蔡侯朱出奔楚。費無極取貨於東國，東國，隱太子之子，平侯廬之弟，朱叔父也。而謂蔡人曰：「朱不用命於楚，君王將立東國。若不先從王欲，楚必圍蔡。」蔡人懼，出朱而立東國。朱愬于楚，楚子將討蔡，無極曰：「平侯與楚有盟，故封。盟于鄧，依陳、蔡人以國。其子有二心，故廢之。子謂朱也。靈王殺隱大子，其子與君同惡，德君必甚，又使立之，不亦可乎？且廢置在君，蔡無他矣。」言權在楚，則蔡無他心。【疏】「德君必甚」。❶正義曰：荷恩謂之德，言荷君恩必甚也。

公如晉，及河。鼓叛晉，叛晉屬鮮虞。晉將伐鮮虞，故辭公。將有軍事，無暇於待賓，且懼洩軍謀。

【經】二十有二年，春，齊侯伐莒。

宋華亥、向寧、華定自宋南里出奔楚。言自南里，別從國去。

大蒐于昌間。無傳。

夏，四月，乙丑，天王崩。

---

❶「德君必甚」，阮本此節正義在「德君必甚」句下。

六月，叔鞅如京師，葬景王。叔鞅，叔弓子。三月而葬，亂故速也。❶

王室亂。承叔鞅言而書之，未知誰是，故但曰亂。

劉子、單子以王猛居于皇。河南鞏縣西南有黄亭。辟子朝難出居皇。王猛書名，未即位。

秋，劉子、單子以王猛入于王城。王城，郟鄏，今河南縣。晉助猛，故得還王都。

冬，十月，王子猛卒。未即位，故不言崩。❷【疏】注「承叔」至「曰亂」。❸ 正義曰：傳曰：「叔鞅至自京師，言王室之亂。」是魯史承叔鞅之言而書之也。閔馬父聞叔鞅之言，乃遥度其事，云「子朝必不克」。是未知誰是誰非也。故史但書曰「亂」，不言某人某人爲亂。魯史書事，必待告乃書，傳聞行言不書之。此承叔鞅之言即書策者，魯是周之宗國，既聞王室之亂，義當釋位救之。魯聞周亂，所憂在己，承言即書，見魯之憂王室也。《公羊傳》曰：「何言乎王室亂？言不及外也。」其意言兄弟争位，室内自亂。其亂不及外國，故指言王室也。注「辟子」至「即位」。正義曰：傳曰「鞏簡公敗績于京，甘平公亦敗焉。單子欲告急於晉，以王如平時，遂如圃車，次于皇」，是辟子朝之難出居皇也。王人以在皇告，故書皇也。景王既葬，猛當成君，仍書名者，王室大亂，未得以禮即位故也。如莒展弑君而立，未會諸侯，元年書「莒展輿出奔吴」。鄭忽嗣父而立，鄭人賤之，不以爲君，桓十一年書「鄭忽出奔衛」。然則未成君者，法當書名。此王猛雖未即位，異於諸侯，故稱王而以名繫之。劉炫

❶「也」，《四部叢刊》本、京都本、文淵閣本、阮本無此字。

❷「言」，阮校：「足利本作『書』。」

❸「注承叔至曰亂」，阮本以下正義三節分疏於傳文各節下。

云：「以王當國，亦如莒展以名繫國也。」　注「未即」至「言崩」。　正義曰：未即位，不成爲王，故不言崩也。　書「王子猛卒」者，未成爲君，繫父言之，故稱子，猶魯之子般、子野卒。

十有二月，癸酉，朔，日有食之。 無傳。此月有庚戌，又以《長歷》推校前後，當爲癸卯朔，書癸酉，誤。【疏】注「此月」云云。　正義曰：案傳十二月庚戌，晉籍談云云，庚戌上去癸酉三十七日，若此月癸酉朔，其月不得有庚戌也。❶又傳十二月下有閏月，晉箕遺云云，又云辛丑伐京。辛丑是壬寅之前日也。二十三年傳曰：「正月，壬寅，朔，二師圍郊。」則辛丑是閏月之晦日也。又計明年正月之朔與今年十二月朔，中有一閏，相去當爲五十九日，此年十二月當爲癸卯朔，經書癸酉，明是誤也。故言《長歷》推校，十一月小，甲戌朔，傳有乙酉十二日也，又有己丑十六日也。十二月大，癸卯朔，傳有庚戌八日也。閏月小，癸酉朔，傳有閏月，辛丑二十九日也，明年正月壬寅朔，則上下符合矣。

【傳】**二十二年，春，王二月，甲子，齊北郭啓帥師伐莒。** 啓，齊大夫。北郭佐之後。**莒子將戰，苑羊牧之諫，** 牧之，莒大夫。**曰：「齊帥賤，其求不多，不如下之。大國不可怒也。」弗聽，敗齊師于壽餘。** 莒地。**齊侯伐莒，** 怒敗。**莒子行成。司馬竈如莒涖盟。** 竈，齊大夫。**莒子如齊涖盟，盟于稷門之外。** 稷門，齊城門也。**莒於是乎大惡其君。** 爲明年莒子來奔傳。

---

❶「月」，京都本、阮本無此字。

楚薳越使告于宋曰：「寡君聞君有不令之臣爲君憂，無寧以爲宗羞，無寧，寧也。言華氏爲宋宗廟之羞恥。**寡君請受而戮之。」對曰：「孤不佞，不能媚於父兄，**華、向，公族也，故稱父兄。**以爲君憂，拜命之辱。抑君臣日戰，君曰『余必臣是助』，亦唯命。**人有言曰：『唯亂門之無過。』**君若惠保敝邑，無亢不衷，以奬亂人，孤之望也。唯君圖之！」楚人患之。**患宋以義距之。**諸侯之戍謀曰：「若華氏知困而致死，楚恥無功而疾戰，非吾利也。不如出之，以爲楚功，其亦無能爲也已。**言華氏不能復爲宋患。**救宋而除其害，又何求？」乃固請出之，宋人從之。己巳，宋華亥、向寧、華定、華貙、華登、皇奄傷、省臧、士平出奔楚。**華貙已下五子不書，非卿。

宋公使公孫忌爲大司馬，代華費遂。**邊卬爲大司徒，**卬，平公曾孫，代華定。**樂祁爲司城，**祁，子罕孫樂祁犁。**仲幾爲左師，**幾，仲江孫，代向寧。**樂大心爲右師，**代華亥。**樂輓爲大司寇，**輓，子罕孫。**以靖國人。**終梓慎之言，三年而後弭。【疏】「無亢」至「亂」。❶ 正義曰：亢，高也。衷，善也。奬，勸也。無高貴不善之事，以勸亂人爲惡也。《易》曰「亢龍有悔」，言其位高也。「若華」至「也已」。正義曰：若華氏知困而致死戰，或敗諸侯之師也。楚恥無功而疾戰，戰勝則楚獨有功。二者並非吾諸侯之利也。聞楚師將至，華氏即出，亦是楚之功也，不如出之以爲楚功。其此華氏亦無所能爲也已，言雖放令出，亦不復能爲宋害。言宋人慮更爲害，決欲取殺之，故諸侯之戍固請出之，宋人乃從之。

---

❶「無亢至亂」，「亂」下，正宗寺本、京都本、阮本有「人」字，是。阮本以下正義二節分疏於傳文各節下。

王子朝、賓起有寵於景王，子朝，景王之長庶子。賓起，子朝之傅。**王與賓孟説之，欲立之。**賓孟即起也。王語賓孟，欲立子朝爲大子。**劉獻公之庶子伯蚠事單穆公，**獻公，劉摯。伯蚠，劉狄。穆公，單旗。**惡賓孟之爲人也，願殺之。又惡王子朝之言以爲亂，願去之。**子朝有欲位之言，❶故劉蚠惡之。

賓孟適郊，見雄雞自斷其尾。問之，侍者曰：「自憚其犧也。」畏其爲犧牲奉宗廟，故自殘毀。**遽歸，告王，且曰：「雞其憚爲人用乎，人異於是。**雞犧雖見寵飾，然卒當見殺。若人見寵飾，則當貴盛，故言異於雞。**犧者實用人，人犧實難，己犧何害？」**言設使寵人如寵犧，則不宜假人以招禍難。使犧在己，則無患害。己喻子朝，欲使王早寵異之。**王弗應。**十五年大子壽卒，王立子猛。後復欲立子朝而未定，賓孟感雞，盛稱子朝，王心許之，故不應。**夏，四月，王田北山，使公卿皆從，將殺單子、劉子。**北山，洛北芒也。王知單、劉不欲立子朝，欲因田獵先殺之。**王有心疾，乙丑，崩于榮錡氏。**四月十九日。河南鞏縣西有榮錡澗。**戊辰，劉子摯卒，**二十二日。**無子，單子立劉蚠。**蚠事單子故。**五月，庚辰，見王，**見王猛。**遂攻賓起，殺之。**黨子朝故。**盟羣王子于單氏。**王子猛次正，故單、劉立之。懼諸王子或黨子朝，故盟之。【疏】「王子」至「立之」。❷　正義曰：賈逵云：「賓孟，

---

❶ 「位」，阮校：「《釋文》云：『一本位作立。』岳本作『立』。陸粲附注云：作『立』是也。」

❷ 「王子至立之」，阮本以下正義九節分疏於傳文各節下。

子朝之傅也。王愛子朝，因愛其傅，故朝、起並有寵於景王也。王與賓孟並談説之，欲立朝爲大子。」《周語》云「景王欲殺下門子」，❶乃云「賓孟適郊，見雄雞」。賈逵云：「下門子，周大夫，王猛之傅也。景王欲立朝，故先殺猛傅。」然則王與賓孟言説，既欲立朝，乃殺猛傅，議久不決，故賓孟假雄雞斷尾以勸之。注「子朝」至「之傅」。

正義曰：二十六年傳子朝使告于諸侯云單、劉贊私立少，知朝年長於猛也。賓孟欲立子朝，明是子朝之傅。「劉獻」至「去之」。正義曰：伯蚠是果決有知謀者也，願得殺賓孟，去子朝，所以彊單子之心，故劉子亦與同志，❷共立子猛也。於賓孟云「願殺之」，於子朝云「願去之」者，朝是王之寵子，王在，不可專殺，願逐去而已。獻，《謚法》：「知質有聖曰獻。」「賓孟」至「何害」。正義曰：《説文》云：「犧，宗廟之牲也。」《曲禮》云「天子以犧牛」，鄭玄云：「犧，純毛也。」《周禮・牧人》：「掌牧六牲，以共祭祀之牲牷。」鄭玄云：「六牲，謂牛、馬、羊、豕、犬、雞。牷，體完具也。」又曰：「祭祀共犧牲，以授充人繫之。」鄭玄云：「犧牲，毛羽完具也。授充人者，當殊養之。」然則祭祀之牲，選其毛羽完具者養之，以爲犧。犧者，寵養祭牲之名。賓孟感雞以毛羽牷具，恐其被養爲犧，故自斷其尾，殘毀其形。賓孟怪而問之，侍者曰「自憚其犧」，言此雞難畏其被寵養也。賓孟因此感悟疾歸，以雞事告王。且又言曰，雞其憚畏爲人用乎，人則異於是雞矣！雞被寵飾，終當見殺。人被寵飾，則當貴盛。此其所以異於雞也。犧者，寵牲之名，因以犧喻寵子，即名寵子爲犧。言寵愛爲犧者，依法用牲。今寵愛爲犧者，乃實用人。言犧當用純德之人，猶如祭犧當用純色之牲也。他人之有純德，寵之如犧，後實招禍難矣。己子

❶「欲」，阮校：「案：《國語・周語》作『既』。」

❷「劉子」，阮校：「齊召南云：以文義推之，『劉子』應作『單子』，言單穆公與劉蚠同志也。」」

之有純德，寵之如犧，有何害也？但人有親疎，若疎人被寵愛爲犧，實爲禍難。若己家親屬寵愛如犧，有何患害？他人謂子猛，親屬謂子朝也。「犧者實用人」，上人是對牲爲稱，普據凡人也。「人犧實難」，此下人據疎外之人，人字雖同，上下人意異。注「雞犧雖見寵飾」。正義曰：犧者，繫養之名耳。言寵飾者，當養之時，必爲之服飾以異之，如今之繫五采也。《史記》稱楚王欲以莊周爲國相，謂使者曰：「郊祭犧牛，養之數歲，衣以文繡，牽入大廟。是時欲爲狐豚，豈可得乎？」是亦飾之事。注「言設」至「異之」。正義曰：賓孟言「人犧實難」，假疎人以爲説。人爲疎姓之人，寵養疎人，擅權害主，故言設使寵人如寵犧，則不宜假人以招禍難，假借他人以權，或將反來害己。子猛雖亦王子，不得王寵，與他人無異。使犧在己家，則無患害，己喻子朝。子朝是己之子，欲使王早寵異之，如寵犧也。注「十五」至「不應」。正義曰：賈逵以爲大子壽卒，景王不立適子。鄭衆以爲壽卒，王命猛代之，後欲廢猛立朝耳。服虔以賈爲然。杜今從鄭説者，二十六年傳閔子馬云「子朝干景之命」，則景有命矣。若不命猛，更命誰乎？若子朝、子猛並未有命，俱是庶子，朝年又長，於次當立，自求爲嗣宜矣，劉蚠何以惡其爲亂而欲去之？若俱未被立，王意不偏，羣臣無黨，王命爲嗣，則莫敢不從，何須將殺單、劉以立朝也？杜以此知大子壽卒，王立子猛爲適，其後復欲立子朝，而王意未定，賓孟感雞自毁，因此盛稱子朝之美。王心許賓孟，故不應，慮其泄言也。注「四月十九日」。正義曰：此於乙丑之下言四月十九日，戊辰之下言二十二日，顯言此二日者，此年之傳其日最多，經之與傳又時月多錯，故此顯言二日，欲令自此以下依次推之易驗耳。注「王子猛次正」。正義曰：猛、朝俱是王子，單、劉必欲立猛，明猛是次正當立故也。《公羊》多有次正之語，杜取爲説。猛爲次正，不知其本蓋是大子壽之母弟，或是穆后姪娣之子，或母貴也。

晉之取鼓也，在十五年。**既獻而反鼓子焉。**獻於廟。**又叛於鮮虞。**叛晉屬鮮虞。**六月，荀吴**

略東陽，略，行也。東陽，晉之山東邑，魏郡廣平以北。使師僞糴者負甲以息於昔陽之門外，昔陽，故肥子所都。遂襲鼓，滅之，以鼓子鳶鞮歸，使涉佗守之。守鼓之地。涉佗，晉大夫。

丁巳，葬景王。王子朝因舊官、百工之喪職秩者與靈、景之族以作亂。百工，百官也。靈王、景王之子孫。帥郊、要、餞之甲，三邑，周地。以逐劉子。逐伯蚠。壬戌，劉子奔揚。揚，周邑。單子逆悼王于莊宮以歸。悼王，子猛也。王子還夜取王以如莊宮。王子還，子朝黨也。不欲使單子得王猛，故取之。癸亥，單子出。失王，故出奔。王子還與召莊公謀，莊公，召伯奐，子朝黨也。曰：「不殺單旗，不捷。旗，單子也。與之重盟，必來。背盟而克者多矣。」從之。從還謀也。樊頃子曰：「非言也，必不克。」頃子，樊齊，單、劉黨。遂奉王以追單子，王子還奉王。及領，大盟而復。領，周地。欲重盟，令單子、劉子復歸。殺摯荒以說。委罪於荒。劉子如劉，歸其采邑。單子亡。乙丑，奔于平畤。平畤，周地。知王子還欲背盟，故亡走。羣王子追之，單子殺還、姑、發、弱、鬷、延、定、稠，八子，靈、景之族，因戰而殺之。子朝奔京。其黨死故。丙寅，伐之。單子伐京。京人奔山。劉子入于王城。子朝奔京，故得入。辛未，鞏簡公敗績于京。乙亥，甘平公亦敗焉。甘、鞏二公，周卿士，皆爲子朝所敗。

叔鞅至自京師，葬景王還。言王室之亂也，經所以書。閔馬父曰：「子朝必不克。其所與者，天所廢也。」閔馬父，閔子馬，魯大夫。天所廢，謂羣喪職秩者。

單子欲告急於晉。秋，七月，戊寅，以王如平時，遂如圃車，次于皇。出次以示急。戊寅，七月三日，經書六月，誤。❶劉子如劉，單子使王子處守于王城，王子處，子猛黨。守王城，距子朝。盟百工于平宮。平宮，平王廟。辛卯，鄩肸伐皇。鄩肸，子朝黨。大敗，獲鄩肸。壬辰，焚諸王城之市。焚鄩肸。八月，辛酉，司徒醜以王師敗績于前城。醜，悼王司徒。前城，子朝所得邑。百工叛。司徒醜敗故。己巳，伐單氏之宮，敗焉。百工伐單氏，爲單氏所敗。庚午，反伐之。單氏反伐百工。辛未，伐東圉。百工所在。洛陽東南有圉鄉。

冬，十月，丁巳，晉籍談、荀躒帥九州之戎九州戎，陸渾戎，十七年滅，屬晉。州，鄉屬也，五州爲鄉。及焦、瑕、温、原之師，焦、瑕、温、原，晉四邑。以納王于王城。丁巳在十月，經書秋誤。庚申，單子、劉盆以王師敗績于郊，爲子朝之黨所敗。前城人敗陸渾于社。前城，❷子朝衆。社，周地。十一月，乙酉，王子猛卒。乙酉在十一月，經書十月，誤。雖未即位，周人謚曰悼王。不成喪也。釋所以不稱王崩。己丑，敬王即位。敬王，王子猛母弟王子匄。館于子旅氏。子旅，周大夫。十二月，庚戌，晉籍談、荀躒、賈辛、司馬督司馬烏。帥師軍于陰，籍談所軍。于侯氏，荀躒所軍。于谿泉，賈辛所軍。鞏縣西南有明谿泉。次于社。司馬督所次。王師軍于氾，于解，次于任人。王

---

❶「誤」下，京都本、文淵閣本、阮本有「也」字。

❷「城」，阮校：「陳樹華云：案『城』下當有『人』字。」

師分在三邑。洛陽西南有大解小解。**閏月，晉箕遺、樂徵、右行詭濟師取前城，**三子，晉大夫。濟師，渡伊、洛。**軍其東南。王師軍于京楚。辛丑，伐京，毀其西南。**京楚，❶子朝所在。【疏】注「頃子」至「劉黨」。❷ 正義曰：此下二十三年「單子、劉子、樊齊以王如劉」，故知是單、劉黨也。 「及領」至「平時」。 正義曰：此上言「子還夜取王以如莊宮」，遂與召莊謀殺單旗，與之重盟，必來，來而殺之。王子還遂奉王追單子及領，遂與重盟而還。殺摯荒者，爲前取王如莊宮，令單子失王而出奔，更殺摯荒以解説此事。單子覺還欲背，又奔平時。 注「八子靈景之族」。 正義曰：以上言「王子還」，此八人還居其首，還既稱王子，明八子皆王子也，故知靈、景之族。 「簡公平公」。 正義曰：《謚法》：「一意不懈曰簡。❸布綱持紀曰平。」 注「皆爲子朝所敗」。 正義曰：知爲子朝所敗者，以傳云「敗績于京」，故知是敬王黨，❹爲子朝所敗也。 注「戊寅」至「月誤」。 正義曰：傳言「七月戊寅」，杜以《長歷》推校之，戊寅是七月三日，明傳是也。經書「王猛居皇」乃在六月下，知經六月誤也。 注「百工」至「所敗」。 正義曰：知單氏所敗者，以上云「伐單氏」，下云「反伐之」，是單氏反伐百工也。若單氏被敗，焉能反伐百工？ 注「丁巳」至「秋誤」。 正義曰：傳言「冬十月丁巳」，杜以《長歷》推之，丁巳是十月十四日。經書此事在秋，其下乃有冬，知經誤。 注「乙酉」至「悼王」。 正義曰：傳言「十一

❶「楚」，阮校：「段玉裁云：『楚』字衍文。次年晉人圍郊，正義引此注云『京，子朝所在』，無『楚』字。」
❷「注頃子至劉黨」，阮本以下正義十節分疏於傳文各節下。
❸「一意」，阮校：「案，《逸周書・謚法解》『一意』作『壹德』。」
❹「敬」，監本、毛本、文淵閣本作「悼」。今案：當作「悼」，時爲悼王。

月乙酉」，杜以《長歷》推校之，乙酉是十一月十二日，知經書十月誤也。上云「單子逆悼王于莊宫」，悼王即猛也。經書爲卒，傳言其謚，故解之，雖未即位，周人謚曰悼王。敬王，猛之母弟，敬王位定，乃追謚之。注「敬王」至「子匄」。正義曰：敬王名匄，《本紀》文也。《本紀》不言敬王是猛之母弟，先儒相傳説耳。《謚法》：「夙夜共事曰敬。」

春秋左傳正義卷第三十一　昭公

國子祭酒上護軍曲阜縣
開國子臣孔穎達等奉勑撰

【經】二十有三年，春，王正月，叔孫婼如晉。謝取邾師。

癸丑，叔鞅卒。無傳。

晉人執我行人叔孫婼。稱行人，譏晉執使人。

晉人圍郊。討子朝也。郊，周邑。圍郊，在叔鞅卒前，經書後，從赴。

夏，六月，蔡侯東國卒于楚。無傳。未同盟而赴以名。

秋，七月，莒子庚輿來奔。

戊辰，吴敗頓、胡、沈、蔡、陳、許之師于雞父。不書楚，楚不戰也。雞父，楚地。安豐縣南有雞備亭。胡子髡、沈子逞滅，國雖存，君死曰滅。獲陳夏齧。大夫死生通曰獲。夏齧，徵舒玄孫。

天王居于狄泉。敬王，辟子朝也。狄泉，今洛陽城内大倉西南池水也。時在城外。

尹氏立王子朝。尹氏，周世卿也。書尹氏立子朝，明非周人所欲立。

八月，乙未，地震。

冬，公如晉，至河，有疾，乃復。【疏】注「稱行」至「使人」。❶　正義曰：傳説魯取邾師，則是魯有罪矣。而譏晉執者，凡諸侯有罪，盟主當以師討之，不宜執其使人，❷故譏之。　注「討子」至「從赴」。　正義曰：往年傳閏月辛丑，晉師、王師伐京，毁其西南。注云：「京，子朝所在。」此年傳：「正月，壬寅，朔，二師圍郊。」計辛丑、壬寅頻日耳，蓋京城既毁，郊是子朝之邑，故二師圍之，故云「討子朝」也。郊不繫周者，大都以名通也。傳稱朔日圍郊，至癸丑乃叔鞅卒，癸丑，正月十二日也，是圍郊在叔鞅卒前也。晉人來告圍郊，不以圍郊日告之，告在叔鞅卒後，故經書在後，是從赴也。圍郊在朔，或亦在叔孫婼如晉之前，但行無日，未必不以朔行，據鞅卒有日而言之。　「吴敗」至「雞父」。　正義曰：此戰獲胡、沈之君，是胡、沈君自將也。頓序於上，頓亦君自將也。獲陳大夫，陳是大夫將，則蔡、許亦大夫將也。故云頓、胡、沈、蔡、陳、許，君在臣上，各自以大小序耳。桓十三年經書「齊師、宋師、衛師、燕師敗績」，此不每國書師，而揔云師者，傳無其説，杜不爲注，是史略文，非義例也。賈逵云：「不國國書師，惡其同役而不同心。」案，隱十年，「宋人、蔡人、衛人伐戴，鄭伯伐取之」。傳曰：「宋、衛既入鄭，而以伐戴召蔡人，蔡人怒，故不和而敗。」亦是同役而不同心。彼既不變其文，此何當變文以見義乎？賈之妄也。注「不書楚楚不戰」。　正義曰：杜知楚不戰者，以傳云：「戰于雞父。吴子以罪人先犯胡、沈與陳，三國敗，舍

---

❶「注稱行至使人」，阮本以下正義八節分疏於傳文各節下。

❷「宜」，文淵閣本作「得」。阮校：「宋本、監本、毛本作『得』。」

胡、沈之囚，使奔許與蔡、頓，師譟而從之，三國奔。」是戰於雞父之時，先犯胡、沈、陳，後破許、蔡、頓也。六國既陳，戰敗而奔，下傳始云「楚師大奔」，是六國敗後，楚師怖懼，不得成陳，望風而奔。故傳云：「不言戰，楚未陳。」杜云：「不書楚，楚不戰。」劉炫用服虔義云：「不書楚，楚諱敗不告。」然則必其楚人來告，容或諱敗，若吴人來告，豈代楚諱乎？劉違背傳文而規杜，非也。注「國雖」至「曰滅」。正義曰：《公羊傳》曰：「君死于位曰滅。」其意言本國雖存，其君見殺，與滅國相類，據君身言之謂之滅。注「大夫」至「玄孫」。正義曰：宣二年，鄭人獲華元，生獲也。哀十一年，獲齊國書，死獲也。故云「大夫死生通曰獲」。案《世本》：「宣公生子夏，夏生御叔，叔生徵舒，舒生惠子晉，晉生御寇，寇生悼子齧。」齧是徵舒曾孫，杜云玄孫，未詳。注「敬王」至「城外」。正義曰：此事傳無其文。不言無傳者，傳稱「六月，庚寅，單子、劉子、樊齊以王如劉」，當從劉而居狄泉，不是全無其事，故不云無傳也。狄泉，今洛陽城内大倉西南池水是也。若在城内，宜云王居成周，知此時在城外也。今在城内者，《土地名》云：「或曰：定元年城成周，乃遶之入城内也。」注「尹氏」至「欲立」。正義曰：宣王之世，有尹吉甫。春秋以來數有尹子見經，是其食采於尹，世爲周卿士也。以其世爲卿士，宗族彊盛，故能專意立朝。不言尹子而言尹氏者，見其氏族彊，故能立之也。敬王是單、劉所立，不書單子立者，敬王，猛之母弟，兄死次正當立，立之是常。❶朝不應立，立庶以亂國。書尹氏立朝，所以惡尹氏也。隱四年「衛人立晉」，善其得衆，書「衛人」，言舉國共立之。此書尹氏立朝，明非周人所欲立，獨尹氏立之耳。

❶「常」，京都本、文淵閣本、阮本作「當」。

【傳】二十三年，春，王正月，壬寅，朔，二師圍郊。二師，王師、❶晉師也。王師不書，❷不以告。**癸卯，郊、鄩潰。**河南鞏縣西南有地名鄩中。郊、鄩二邑，皆子朝所得。**丁未，**❸**晉師在平陰，王師在澤邑。**平陰，今河陰縣。**王使告問，**❹子朝敗故。**庚戌，還。**晉師還。

邾人城翼，翼，邾邑。**還，將自離姑。**離姑，邾邑。從離姑則道徑魯之武城。**公孫鉏曰：「魯將御我。」**鉏，邾大夫。**欲自武城還，循山而南。**至武城而還，依山南行，❺不欲過武城。**徐鉏、丘弱、茅地**三子，邾大夫。**曰：「道下，遇雨，將不出，是不歸也。」**謂此山道下濕。**遂自離姑。**遂過武城。**武城人塞其前，**以兵塞其前道。❻**斷其後之木而弗殊，邾師過之，乃推而蹷之，遂取邾師，獲鉏、弱、地。**取邾師不書，非公命。

邾人愬于晉，晉人來討。叔孫婼如晉，晉人執之。書曰「晉人執我行人叔孫婼」，言使人也。嫌外内異，故重發傳。**晉人使與邾大夫坐，**坐訟曲直。**叔孫曰：「列國之卿，當小國之君，固周制也。**

---

❶「王」，原作「正」，據《四部叢刊》本、京都本、文淵閣本、阮本改。
❷「書」，原作「善」，據《四部叢刊》本、京都本、文淵閣本、阮本改。
❸「丁」，原爲空格，據《四部叢刊》本、京都本、文淵閣本、阮本補。
❹「問」，《四部叢刊》本、京都本、文淵閣本、阮本作「間」，當是。
❺「依」，《四部叢刊》本、京都本、文淵閣本、阮本作「依」。
❻「其」，原爲空格，據《四部叢刊》本、京都本、文淵閣本、阮本補。

在禮，卿得會伯、子、男，故曰當小國之君。邾又夷也。邾雜有東夷之風。寡君之命介子服回在，子服回，魯大夫，爲叔孫之介副。請使當之，不敢廢周制故也。」乃不果坐。

韓宣子使邾人聚其衆，將以叔孫與之。與邾使執之。叔孫聞之，去衆與兵而朝。示欲以身死。士彌牟謂韓宣子彌牟，士景伯。曰：「子弗良圖，而以叔孫與其讎，叔孫必死之。魯亡叔孫，必亡邾。邾君亡國，將焉歸？時邾君在晉，若亡國，無所歸，將益晉憂。子雖悔之，何及？所謂盟主，討違命也。若皆相執，焉用盟主？」聽邾衆取叔孫，是爲諸侯皆得輒相執。乃弗與。使各居一館。分別叔孫、子服回。士伯聽其辭，而愬諸宣子，乃皆執之。二子辭不屈，故士伯愬而執之。

士伯御叔孫，從者四人，過邾館以如吏。欲使邾人見叔孫之屈辱。先歸邾子。士伯曰：「以芻蕘之難，從者之病，將館子於都。」都，別都，謂箕也。叔孫旦而立，期焉。立，待命也。從旦至旦爲期。乃館諸箕。舍子服昭伯於他邑。別囚之。

范獻子求貨於叔孫，使請冠焉。以求冠爲辭。取其冠法，而與之兩冠，曰：「盡矣。」既送作冠模法，又進二冠以與之，僞若不解其意。爲叔孫故，申豐以貨如晉。欲行貨以免叔孫。叔孫曰：「見我，吾告女所行貨。」見而不出。留申豐不使得出，不欲以貨免。吏人之與叔孫居於箕者，請其吠狗，弗與。及將歸，殺而與之食之。示不愛。叔孫所館者，雖一日，必葺其牆屋，葺，補治之。❶去之如始至。不以當去而有所毀壞。【疏】注「離姑」至「武城」。❷　正義曰：邾、魯接連，竟界相錯。邾人從翼邑還邾，先經魯之武城，然後始至離姑，而後至邾，故舉離姑爲道次。　「武城人塞其前」。正義曰：此所塞之處，必有隘道，當是已過武城之邑，未出武城之竟，故得塞其前，斷其後，而攻取之。　注「取邾」至「公命」。　正義曰：傳言「武城人」，則是武城之大夫自專爲此謀也。既取邾師，邾始愬晉。晉人來討，乃令叔孫往謝。叔孫以年初即行，則魯取邾師事在往年，因叔孫婼如晉追言之。　注「坐訟曲直」。　正義曰：《周禮・小司寇》云：「命夫命婦，不躬坐獄訟。」凡斷獄者，皆令競者坐而受其辭，故使並坐訟曲直。　注「在禮」至「之君」。　正義曰：僖二十九年傳曰：「在禮，卿不會公、侯，會伯、子、男可也。」於禮得與相會，故當小國之君。　注「分別」至「服回」。　正義曰：賈逵云：「使邾、魯大夫各居一館。」鄭衆云：「使叔孫、子服回各居一館。」邾、魯大夫本不同館，無爲復言使各居一館也。欲分別叔孫與子服回不得相見，各聽其辭耳。服虔並載兩説，仍云賈氏近之。案傳文「各居一館」之下，即云：「士伯聽其辭，而愬諸宣子，乃皆執之。」則皆執各居一館者也。若是邾、魯別館，豈執邾大夫乎？且下云「館叔孫於箕，舍子服回於他邑」，明此各居一館，是分別子服與叔孫，恐其相教示。　注「二子」至「執之」。　正義曰：魯人實取邾師，二子辭不屈者，蓋以朝聘、征伐過他國，必假道乃行。邾人不假魯道，是邾亦合責。不假道，小過也。取其師，大罪也。蹊田奪牛，爲報已甚，故士伯愬而執之，久囚其使，足以謝邾，故晉以明年釋之。　「士伯」至「如吏」。　正義曰：御謂進引也。引叔孫詣於獄也。叔孫從者唯

---

❶「之」，《四部叢刊》本、京都本、文淵閣本、阮本作「也」。

❷「注離姑至武城」，阮本以下正義九節分疏於傳文各節下。

有四人，先過於邾君之館，然後以之如吏，故杜云：「欲使邾人見叔孫之屈辱。」「請其吠狗」。正義曰：狗有吠守者，有主獵者。主獵者貴，吠守者賤，吏人請叔孫乞其吠守之狗。

夏，四月，乙酉，單子取訾，劉子取牆人、直人。三邑屬子朝者。訾在河南鞏縣西南。六月，壬午，王子朝入于尹。自京入尹氏之邑。癸未，尹圉誘劉佗殺之。尹圉，尹文公也。劉佗，劉蚠族，敬王黨。丙戌，單子從阪道、劉子從尹道伐尹。單子先至而敗，劉子還。單子敗故。己丑，召伯奂、南宮極以成周人戍尹。二子，周卿士，子朝黨。奂，召莊公。庚寅，單子、劉子、樊齊以王如劉。辟子朝，出居劉子邑。甲午，王子朝入于王城，次于左巷。近東城。

秋，七月，戊申，鄩羅納諸莊宮。鄩羅，周大夫鄩肸之子。尹辛敗劉師于唐。尹辛，尹氏族。唐，周地。丙辰，又敗諸鄩。甲子，尹辛取西闈。西闈，周地。丙寅，攻蒯，蒯潰。河南縣西南蒯鄉是也。於是敬王居狄泉，尹氏立子朝。【疏】注「自京」至「之邑」。❶ 正義曰：知自京入尹者，以前年子朝在京，王師雖毀其西南，不言克京。又今年二師圍郊，不言子朝在郊，故云「自京入尹」。劉炫以爲前年王師已克京，子朝從京入郊，郊潰，不知子朝所在，而規杜，非也。

莒子庚輿虐而好劍。苟鑄劍，必試諸人。國人患之，又將叛齊。烏存帥國人以逐之。烏存，莒大夫。庚輿將出，聞烏存執殳而立於道左，懼，將止死。殳長丈二而無刃。苑羊牧之曰：「君過

---

❶「注自京至之邑」，阮本此節正義在「王子朝入于尹」句注下。

之！牧之亦莒大夫。烏存以力聞可矣，何必以弒君成名？」遂來奔。齊人納郊公。郊公，著丘公之子，十四年奔齊。【疏】注「殳長」至「無刃」。❶ 正義曰：《詩》毛傳文也。《考工記》云：「殳長尋有四尺。」八尺曰尋，是其長丈二也。又《考工記》：「戈戟皆有刃。」殳不言刃，是無刃也。

吴人伐州來，楚薳越帥師令尹以疾從戎，故薳越攝其事。及諸侯之師奔命救州來。吴人禦諸鍾離。子瑕卒，楚師熸。子瑕即令尹，不起所疾也。吴、楚之間謂火滅爲熸。軍之重主喪亡，故其軍人無復氣勢。吴公子光曰：「諸侯從於楚者衆，而皆小國也，畏楚而不獲已，是以來。吾聞之曰：『作事威克其愛，雖小，必濟。』克，勝也。軍事尚威。胡、沈之君幼而狂，性無常。陳大夫齧壯而頑，頓與許、蔡疾楚政。楚令尹死，其師熸。帥賤、多寵，政令不壹。帥賤，薳越非正卿也。軍多寵人，政令不壹於越。七國同役而不同心，七國，楚、頓、胡、沈、蔡、陳、許。帥賤而不能整，無大威命，楚可敗也。若分師先以犯胡、沈與陳，必先奔。三國敗，諸侯之師乃搖心矣。諸侯乖亂，楚必大奔。請先者去備薄威，示之以不整以誘之。後者敦陳整旅。」敦，厚也。吴子從之。戊辰，晦，戰于雞父。七月二十九日，遣兵忌晦戰，❷擊楚所不意。吴子以罪人三千先犯胡、沈與陳，因徒不習戰，以示不整。三國爭之。吴爲三軍以繫於後，中軍從王，從吴王。光帥右，掩餘帥左。掩餘，吴王壽

---

❶「注殳長至無刃」，阮本此節正義在注「殳長丈二而無刃」下。

❷「遣」，文淵閣本、阮本作「違」。

夢子。吴之罪人或奔或止，三國亂，吴師擊之，三國敗，獲胡、沈之君及陳大夫。舍胡、沈之囚，使奔許與蔡、頓，曰：「吾君死矣！」師譟而從之，三國奔。三國，許、蔡、頓。楚師大奔。書曰「胡子髡、沈子逞滅，獲陳夏齧」，君臣之辭也。國君，社稷之主，與宗廟共其存亡者，故稱滅。大夫輕，故曰獲。獲，得也。不言戰，楚未陳也。嫌與陳例相涉，故重發之。【疏】「威克」至「必濟」。❶ 正義曰：《尚書·胤征》云：「威克厥愛允濟，愛克厥威允罔功。」是古有此言。注「七月」至「不意」。正義曰：成十六年傳，郤至曰：「陳不違晦，以犯天忌，我必克之。」注云：「晦，月終，陰之盡。」故兵家以爲忌。楚以兵之忌日，不意吴來擊之，必不設備。吴人故違兵忌，以晦出兵而戰，擊楚所不意也。僖二十二年泓之戰，書「己巳朔」，成十六年鄢陵之戰，書「甲午晦」，此書「戊辰」而不言晦者，《釋例》曰：「經傳之見晦朔，此時史隨其日而存之，無義例也。賈氏云：『泓之戰譏宋襄，故書朔。鄢陵之戰譏楚子，故書晦。雞父之戰夷之，故不書晦。』《左氏》既無此說。案雞父之戰，經傳備詳其例，非夷之，實晦戰，而經不書晦，明經不以晦示褒貶。」注「國君」至「得也」。正義曰：傳言「舍胡、沈之囚，使曰『吾君死矣』」，是胡、沈之君死稱滅也。《釋例》曰：「國君者，社稷之主，百姓之望，當與社稷宗廟共其存亡者也，而見獲於敵國，雖存若亡，死之與生皆與滅同，故曰『胡子髡、沈子逞滅』。諸以戰傷死，雖敗績而不見擒，故經皆不曰滅。」則杜意國君生見獲亦書爲滅也。劉炫謂此胡、沈之君戰死，故言滅也。《春秋》君戰生見獲者皆言以歸，不書滅，何得言雖存若亡皆爲滅？《公羊傳》曰：「其言滅、獲何？別君臣也。

---

❶「威克至必濟」，阮本以下正義三節分疏於傳文各節下。

君死于位曰滅，生得曰獲。大夫生死皆曰獲。」以爲君死曰滅，生曰以歸。韓戰貶晉侯，從大夫例，故書獲。以規杜失。今知非者，莊十年「齊師滅譚。譚子奔莒」。定六年「鄭游速滅許，以許男斯歸」。是君存稱滅。劉炫以爲生獲於敵但言以歸，不得稱滅，規杜，非也。但君存國滅，則滅文在上，滅譚、滅許是也。國存君死，則滅文在下，胡子、沈子是也。

八月，丁酉，南宮極震。經書乙未地動，魯地也。丁酉，南宮極震，周地亦震也，爲屋所壓而死。**萇弘謂劉文公曰：「君其勉之！先君之力可濟也。**文公，劉蚠也。先君，謂蚠之父獻公也。獻公亦欲立子猛，未及而卒。**周之亡也，其三川震。**謂幽王時也。三川，涇、渭、洛水也。地動，川岸崩。**今西王之大臣亦震，天棄之矣。**子朝在王城，❶故謂西王。**東王必大克。」**敬王居狄泉，在王城之東，故曰東王。【疏】注「經書」至「而死」。❷　正義曰：經書「乙未地震」，謂魯國之地動也。「丁酉南宮極震」，則周地亦震。周魯相去千里，故震日不同，以震而死，明爲屋所壓。　注「謂幽」至「岸崩」。　正義曰：《周語》云：「幽王二年，西周三川皆震。伯陽父曰：『周將亡矣！陽伏而不能出，陰迫而不能烝，於是有地震。今三川實震，是陽失其所而鎮陰也。陽失而在陰，原必塞。原塞，國必亡。夫水土演而民用也，土無所演，民乏財用，不亡何待？昔伊、洛竭而夏亡，河竭而商亡。今周德若二代之季矣，其川原又塞，塞必竭。夫國必依山

---

❶ 「城」下，阮校：「足利本有『西』字。」

❷ 「注經書至而死」，阮本以下正義二節分疏於傳文各節下。

川，山崩川竭，亡之徵也。川竭，山必崩。若亡，不過十年，數之紀也。夫天之所棄，不過其紀。』是歲也，三川竭，岐山崩。十一年，幽王乃滅。」注《國語》者亦云：「三川，涇、渭、洛也。」西周在雍州之域。《周禮·職方氏》：「正西曰雍州。其川涇、汭，其浸渭、洛。」鄭玄云：「浸，可以爲灌溉者。」

楚大子建之母在郥。郥，郥陽也。平王娶秦女，廢大子建，故母歸其家。**召吳人而啓之。冬，十月，甲申，吳大子諸樊入郥，**諸樊，吳王僚之大子。**取楚夫人與其寶器以歸。楚司馬薳越追之，不及。將死，衆曰：「請遂伐吳以徼之。」**徼，要其勝負。**薳越曰：「再敗君師，死且有罪。**此年秋敗於雞父，設往復敗爲再敗。**亡君夫人，不可以莫之死也。」乃縊於薳澨。**薳澨，楚地。【疏】「大子」至「追之」。❶ 正義曰：《土地名》郥是蔡地。蔡在楚之東北，❷故建母在郥，得召吳人也。於是蔡常從楚，❸且失夫人，故薳越追之。 注「諸樊」至「大子」。 正義曰：吳子諸樊，吳王僚之伯父也。僚子又名諸樊，乃與伯祖同名。吳人雖是東夷，理亦不應然也。此久遠之書，又字經篆隸，或誤耳。

公爲叔孫故如晉，及河，有疾而復。此年春，晉爲邾人執叔孫，故公如晉謝之。

楚囊瓦爲令尹，囊瓦，子囊之孫子常也，代陽匄。**城郢。**楚用子囊遺言，已築郢城矣。今畏

---

❶ 「大子至追之」，阮本以下正義二節分疏於傳文各節下。

❷ 「在」，原作「有」，據正宗寺本、京都本、文淵閣本、阮本改。

❸ 「是」，正宗寺本、京都本、文淵閣本、阮本作「時」，當是。

吳，復增修以自固。沈尹戌曰：「子常必亡郢。苟不能衛，城無益也。古者天子守在四夷，德及遠。天子卑，守在諸侯。政卑損。諸侯守在四鄰，鄰國爲之守。諸侯卑，守在四竟。裁自完。慎其四竟，結其四援，結四鄰之國爲援助。❶民狎其野，狎，安習也。三務成功。春、夏、秋三時之務。民無内憂，而又無外懼，國焉用城？今吳是懼，而城於郢，守已小矣。卑之不獲，能無亡乎？不獲守四竟。昔梁伯溝其公宫而民潰，在僖十八年。民棄其上，不亡何待？夫正其疆埸，脩其土田，險其走集，走集，邊竟之壘壁。親其民人，明其伍候，使民有部伍，相爲候望。信其鄰國，慎其官守，守其交禮，交接之禮。不僭不貪，不懦不耆，懦，弱也。耆，强也。完其守備，以待不虞，又何畏矣？《詩》曰：『無念爾祖，聿脩厥德。』《詩・大雅》。無念，念也。聿，述也。義取念祖考，則述治其德以顯之。無亦監乎若敖、蚡冒，至于武、文，四君皆楚先君之賢者。土不過同，方百里爲一同，言未滿一圻。慎其四竟，猶不城郢。今土數圻，方千里爲圻。而郢是城，不亦難乎？」言守若是，難以爲安也。爲定四年吳入楚傳。【疏】注「楚用」至「自固」。❷ 正義曰：襄十四年，子囊「將死，遺言謂子庚：『必城郢。』君子謂子囊忠，將死不忘衛社稷，可不謂忠乎」。彼子囊城郢，君子謂之爲忠，此囊瓦城郢，沈尹戌謂之必亡。事不同者，國而無城，不可以治。楚自文王都郢，城郭未固，子囊心欲城之，其事未暇，將死而令城郢，故可

---

❶「援」，《四部叢刊》本、京都本、文淵閣本、阮本無此字。

❷「注楚用至自固」，阮本以下正義八節分疏於傳文各節下。

謂之爲忠。今郢既固矣，足以爲治，而囊瓦畏吴侵偪，恐其寇入國都，更復以脩其城，❶以求自固，不能遠撫邊竟，唯欲近守城郭。沈尹謂之必亡，❷爲其事異故也。注「在僖十八年」。正義曰：事在十九年，諸本皆然，當是轉寫誤。「明其伍候」。正義曰：賈、服、王、董皆作「五候」。賈、服云：「五候，五方之候也，敬授民時，四方中央之候。」王云：「五候，山候，林候，澤候，川候，平地候也。」董云：「五候，候四方及國中之姦謀也。」杜作「伍候」，故云「使民有部伍，相爲候望」。彼諸本蓋以上多云「四」，故誤爲「五」也。「不僭」至「不耆」。正義曰：不僭，守信也。不貪，廉正也。不懦，不受辱也。不彊，不陵人也。此皆論守竟之事，不僭不貪不耆，謂不往侵鄰國也。不懦，謂不使人侵己也。「詩曰」至「厥德」。正義曰：《詩·大雅·文王》篇也。無念，念也。聿，述也。言王者念女先祖之法，則還當述治其先祖之德以顯之。注「四君」至「賢者」。正義曰：《楚世家》云：周成王始封熊繹於楚，以子男之田居丹陽，歷十四君至於熊儀，是爲若敖。若敖生霄敖，霄敖生蚡冒。❸蚡冒卒，弟熊達立，是爲武王。武王生文王，始都郢。杜注文十六年云「蚡冒，楚武王父」，雖不從《世家》以蚡冒爲武王兄，要沈尹以四君爲賢，故特言之。「土不過同」。正義曰：言土雖至九百里，猶止名同，故云「不過同」，非謂百里以下也。知者以楚是子爵，土方二百里，明非百里也。「猶不城郢」。正義曰：如《楚世家》云，武王以上未都於郢，據當時都郢，故以郢言之，謂不築其國都也。

---

❶「以」，正宗寺本、京都本、文淵閣本、阮本作「增」。今案：此釋注「復增修以自固」語，當作「增」。

❷「尹」下，阮校：「浦鏜《正誤》有『戌』字。」

❸「生」，原作「三」，據正宗寺本、京都本、文淵閣本、阮本改。

【經】二十有四年，春，王二月，❶丙戌，仲孫貜卒。無傳。孟僖子也。

婼至自晉。喜得赦歸，故書至。

夏，五月，乙未，朔，日有食之。

秋，八月，大雩。

丁酉，杞伯郁釐卒。無傳。未同盟而赴以名。丁酉，九月五日。有日無月。【疏】注「丁酉」至「無月」。　正義曰：此年五月乙未朔，一大一小，七月當甲午朔，九月癸巳朔，五日得丁酉。文在八月之下，是有日而無月也。

冬，吳滅巢。楚邑也，書滅，用大師。【疏】注「楚邑」至「大師」。　正義曰：大都以名通，故不繫楚也。襄十三年傳例曰：「用大師焉曰滅。」

葬杞平公。無傳。

【傳】二十四年，春，王正月，辛丑，召簡公、南宮嚚以甘桓公見王子朝。簡公，召莊公之子召伯盈也。嚚，南宮極之子。桓公，甘平公之子。劉子謂萇弘曰：「甘氏又往矣。」對曰：「何害？同德

---

❶「二」，阮本作「三」。

度義。度，謀也。言唯同心同德，則能謀義。子朝不能，於我無害。**《大誓》曰：『紂有億兆夷人，亦有離德。**言紂衆億兆，兼有四夷，不能同德，終敗亡。**余有亂臣十人，同心同德。』**武王言我有治臣十人，雖少，同心也。今《大誓》無此語。**此周所以興也。君其務德，無患無人。」戊午，王子朝入于鄔。**緱氏西南有鄔聚，言子朝稍强。【疏】注「度謀」至「無害」。❶　正義曰：「同德度義」，《尚書·泰誓》文也。劉炫云：「案孔安國云：『德鈞則秉義者彊。』萇弘此言取彼爲説。必其與彼德同，乃度義之勝負。但使德勝，不畏彼彊，故則引《泰誓》而勸其務德。❷杜爲不見古文，故致有此謬。」今知非者，彼《尚書》之文，論兩敵對戰，揆度有義者彊。此論甘氏又往，既不能同德，何能度義？屬意有異，與《書》義不同，且引《詩》斷章，其類多矣。劉以爲杜違《尚書》之文而規其過，非也。　注「四夷」。　正義曰：孔安國云：「夷人謂平人。」杜爲夷狄之人者，案四年傳曰：「商紂爲黎之蒐，東夷叛之。」孔、杜各自爲義，其意俱通。劉炫以杜爲過，而規其短，非也。

晉士彌牟逆叔孫于箕。將禮而歸之。**叔孫使梁其踁待于門内，**踁，叔孫家臣。**曰：「余左顧而欬，乃殺之。**疑士伯來殺己，故謀殺之。**右顧而笑，乃止。」叔孫見士伯。士伯曰：「寡君以爲盟主之故，是以久子。**久執子以謝邾。**不腆敝邑之禮，將致諸從者，使彌牟逆吾子。」叔孫受禮而歸。二月，婼至自晉，尊晉也。**貶婼族，所以尊晉。婼，行人，故不言罪己。【疏】注「貶婼」至「罪己」。　正義

❶「注度謀至無害」，阮本以下正義二節分疏於傳文各節下。
❷「則」，正宗寺本、京都本、文淵閣本、阮本作「即」。

曰：卿當備書名氏，去氏則爲貶責。貶婼之族，喜於得免，所以尊晉而自屈也。《釋例》曰：「意如至自晉，傳言尊晉罪己。婼至自晉，傳復重發，但言尊晉者，意如以罪見執，宜在罪己。婼本使人，不應見執，故尊晉而已。內大夫行還皆不書至，異於公也。今此二人執而見釋，更以書至見義也。」杜言見義者，見其喜得釋，特告廟而書至也。

三月，庚戌，晉侯使士景伯涖問周故。涖，臨也。就問子朝、敬王，知誰曲直。**士伯立于乾祭，而問於介衆。**乾祭，王城北門。介，大也。**晉人乃辭王子朝，不納其使。**衆言子朝曲故。【疏】「晉侯」至「周故」。❶ 正義曰：晉助敬王久矣，今使景伯如周問曲直者，以子朝更彊，久競未決，晉人恐敬王不成，更審其事，故疑而使察之也。晉人於此乃辭王子朝，不納其使，則以前猶與往來，其心兩望，至此始絶耳。

夏，五月，乙未，朔，日有食之。梓慎曰：「將水。」陰勝陽，故曰將水。**昭子曰：「旱也。日過分而陽猶不克，克必甚，能無旱乎？**過春分，陽氣盛時，而不勝陰，陽將猥出，故爲旱。**陽不克莫，將積聚也。」**陽氣莫然不動，乃將積聚。

六月，壬申，王子朝之師攻瑕及杏，皆潰。瑕、杏，敬王邑。

鄭伯如晉，子大叔相，見范獻子。獻子曰：「若王室何？」對曰：「老夫其國家不能恤，敢及王室？抑人亦有言曰：『嫠不恤其緯，嫠，寡婦也。織者常苦緯少，寡婦所宜憂。**而憂宗周之隕，爲**

❶「晉侯至周故」，阮本此節正義在注「知誰曲直」下。

將及焉。』恐禍及己。今王室實蠢蠢焉，蠢蠢，動擾貌。吾小國懼矣，然大國之憂也，吾儕何知焉？吾子其早圖之！《詩》曰：『缾之罄矣，惟罍之耻。』《詩·小雅》。罍，大器。缾，小器。常稟於罍者，而所受罄盡，則罍爲無餘，故耻之。王室之不寧，晉之耻也。」獻子懼，而與宣子圖之。宣子，韓起。乃徵會於諸侯，期以明年。爲明年會黄父傳。【疏】注「詩小」至「耻之」。❶ 正義曰：此《詩·小雅·蓼莪》，刺幽王之詩也。或曰缾是器，罍大缾小，實由罍所資。缾是小器，常稟受於罍。今缾罄盡，罍更無物以共缾，惟是罍之耻也。缾喻周，罍喻晉，言周之微弱，恒依恃於晉。今王室亂矣，晉無力以助之，是晉之耻也。《詩》注云：「缾小而盡，罍大而盈。刺王不使富分貧，衆恤寡。」

秋，八月，大雩，旱也。終如叔孫之言。

冬，十月，癸酉，王子朝用成周之寶珪于河。❷禱河求福。甲戌，津人得諸河上。珪自出水。陰不佞以温人南侵，不佞，敬王大夫。晉以温兵助敬王南侵子朝。拘得玉者，取其玉。將賣之，則爲石。王定而獻之，❸不佞獻王。❹與之東訾。喜得玉，故與之邑。鞏縣西南訾城是也。

---

❶「注詩小至耻之」，阮本此節正義在注「則罍爲無餘故耻之」下。

❷「于河」，阮校：「《釋文》云：『本或作沈于河。』陳樹華云：《史記·周本紀》引傳云『子朝用成周之寶珪沈於河』，《漢書·五行志》引作『王子鼂目成周之寶圭湛于河』。古文『沈』作『湛』。」

❸「王定」，阮校：「《釋文》云：『本或作王定之。』」

❹「王」，京都本、文淵閣本、阮本作「玉」。

楚子爲舟師以略吳疆，略，行也。行吳界，將侵之。沈尹戌曰：「此行也，楚必亡邑。不撫民而勞之，吳不動而速之，速，召也。吳踵楚，❶躡楚踵跡。而疆埸無備，邑能無亡乎？」越大夫胥犴勞王於豫章之汭，汭，水曲。越公子倉歸王乘舟。歸，遺也。倉及壽夢帥師從王，壽夢，越大夫。王及圉陽而還。圉陽，楚地。吳人踵楚，而邊人不備，遂滅巢及鍾離而還。鍾離不書，告敗略。沈尹戌曰：「亡郢之始，於此在矣！王壹動而亡二姓之帥，二姓之帥，守巢、鍾離大夫。幾如是而不及郢？《詩》曰：『誰生厲階？至今爲梗。』《詩·大雅》。厲，惡。階，道。梗，病也。其王之謂乎？」爲定四年吳入郢傳。【疏】「王及圉陽而還」。❷正義曰：王歸，行及圉陽，倉與壽夢而還歸於越也。注「詩大雅」。正義曰：此《詩·大雅·桑柔》，刺厲王之詩也。

【經】二十有五年，春，叔孫婼如宋。

夏，叔詣會晉趙鞅、宋樂大心、衛北宮喜、鄭游吉、曹人、邾人、滕人、薛人、小邾人于黄父。

有鸜鵒來巢。❸此鳥穴居，不在魯界，故曰來巢。非常，故書。【疏】注「此鳥」至「故書」。正義

❶「踵」，阮校：「惠棟云：依《説文》當作『𨔝』。𨔝，相迹也。」

❷「王及圉陽而還」，阮本以下正義二節分疏於傳文各節下。

❸「鸜」，阮校：「《釋文》云：『鸜，本又作鴝。』陳樹華云：高誘注《淮南子·原道訓》作『鴝』。」

曰：此鳥穴居，今驗猶然。《考工記》云：「鸜鵒不踰濟。」《禹貢》：「導沇水，東流爲濟，入于河，溢爲滎，❶東出于陶丘北，又東至于荷，又東北會于汶，又北東入于海。」濟經齊魯之界，魯在汶水之南，鸜鵒北方之鳥，南不踰濟，舊不在魯界，今來魯而不穴，又巢居，故曰來巢。傳曰「書所無也」，是非常故書也。《公羊傳》曰：「何以書？記異也。何異爾？非中國之禽也。宜穴又巢。」《穀梁》亦然。案，今大河以北皆有鸜鵒，不得云非中國之禽也。宜穴又巢，信然。

秋，七月，上辛，大雩。季辛，又雩。季辛，下旬之辛也。言又，重上事。【疏】注「季辛」至「上事」。正義曰：月有三辛，上辛，上旬之辛也。季辛，下旬之辛也。《長歷》推校此年七月己丑朔，上辛，月三日，下辛，❷二十三日也。不書其日之辰空言辛者，本見旱甚，欲知二雩相去遠近耳，無取於辰，故空書辛也。「季辛，又雩」，不言「大」者，言「又」，見其重上事。上辛是大雩，明季辛亦大雩也。《春秋》旱則脩雩，雩而得雨，則書雩，喜雩有益。雩而不得雨，則書旱，以明災成。此書二雩者，上辛雩而得雨，雨少，尋即爲旱，故季辛又雩。傳曰：「秋，書再雩，旱甚也。」是言前雩少得雨旱甚而復雩，故賈云「上辛不注」是也。《公羊傳》曰：「又雩者何？又雩者，非雩也，聚衆以逐季氏也。」公以九月始孫，豈七月已與季氏戰乎？若使時實不旱，亦不得託雩以聚衆矣。

---

❶「滎」，阮本作「熒」。今案：《禹貢》作「滎」。

❷「下」，監本、毛本、文淵閣本作「季」。今案：當作「季」，此節正義多言「季辛」。

九月，己亥，公孫于齊，次于陽州。 諱奔，故曰孫，若自孫讓而去位者。陽州，齊、魯竟上邑。未敢直前，故次于竟。

齊侯唁公于野井。 濟南祝阿縣東有野井亭。齊侯來唁公，公不敢遠勞，故逆之，往至野井。

冬，十月，戊辰，叔孫婼卒。 公不與小斂而書日者，公在外，非無恩。

十有一月，己亥，宋公佐卒于曲棘。 陳留外黃縣城中有曲棘里，宋地。未同盟而赴以名。

十有二月，齊侯取鄆。 取鄆以居公也。

【傳】二十五年，春，叔孫婼聘于宋，桐門右師見之， 右師，樂大心，居桐門。**語卑宋大夫而賤司城氏。** 司城，樂氏之大宗也。卑，賤，謂其才德薄。**昭子告其人曰：「右師其亡乎？君子貴其身，而後能及人，** 是以有禮。唯禮可以貴身，貴身故尚禮。**今夫子卑其大夫而賤其宗，是賤其身也，賤人，** 人亦賤己。**能有禮乎？無禮，必亡。」** 爲定十年樂大心出奔傳。

宋公享昭子，賦《新宮》。 逸《詩》。**昭子賦《車轄》。** 《詩·小雅》。周人思得賢女以配君子。昭子將爲季孫迎宋公女，故賦之。**明日宴，飲酒樂。宋公使昭子右坐，** 坐宋公右以相近，言改禮坐。**語相泣也。樂祁佐，** 助宴禮。**退而告人曰：「今兹君與叔孫其皆死乎？吾聞之：『哀樂而樂哀，** 可樂而哀。**而樂哀，** 可哀而樂。**皆喪心也。』** 心之精爽，是謂魂魄。**魂魄去之，何以能久？」** 爲此冬叔孫、宋公卒傳。【疏】「君子」至「必亡」。❶　正義曰：楊子《法言》云：「何以動而見敬？曰敬人。何以動而見侮？曰侮人。然則貴人者，人亦貴之，卑人者，人亦卑之。」此言凡人輕賤其身，則不能以尊貴之道及於他人。若君子能自貴其身者，已先貴人，欲其身之貴，是以須有禮，然後能以尊貴之道及於他人。既尊貴他人，是以有禮。

「賦新宫」。　正義曰：《燕禮·記》云：「升歌《鹿鳴》，下管《新宫》。」鄭玄云：「《新宫》，《小雅》逸篇也。」其詩既逸，知是《小雅》篇者，管即笙也，以《燕禮》及《鄉飲酒》升歌笙歌同用《小雅》，知《新宫》必是《小雅》。但其詩辭義皆亡，無以知其意也。　注「詩小」至「賦之」。　正義曰：「周人思得賢女以配君子」，《車舝》詩序也。杜以下云「逆女」，故知將爲季孫迎宋公之女，故賦之。杜必知爲逆女而賦者，以《車舝》之詩論逆女之事。其詩云：「間關車之舝兮，思孌季女逝兮。」言間關然設此車舝，思憶孌然季女，而往迎之。又云：「辰彼碩女，令德來教。」皆論逆女之事。又昭子因聘逆女，已共宋公平論，故於享禮之時而賦《車舝》，猶如季文子如宋致女，還賦《韓奕》之詩，與此正同，又何不可？而劉炫以爲昭子賦《車舝》不爲逆女，又以《新宫》非昏姻之事而規杜過，然《新宫》既亡，焉知非是親好？苟生異見，於義非也。　注「坐宋」至「禮坐」。　正義曰：《燕禮》云：「司宫筵賓于户西東上，小臣設公席于阼階上，西鄉。」是禮坐公西向，賓南向也。宋公使昭子右坐，令在宋公之右，蓋在宋公之北，同西向以相近，言其改禮坐也。

季公若之姊爲小邾夫人，平子庶姑，與公若同母，故曰公若姊。**生宋元夫人，**宋元夫人，平子

❶「君子至必亡」，阮本以下正義四節分疏於傳文各節下。

之外姊。生子，以妻季平子。昭子如宋聘，且逆之。平子人臣，而因卿逆，季氏强横。公若從，從昭子。謂曹氏勿與，魯將逐之。曹氏，宋元夫人。曹氏告公，公告樂祁。樂祁曰：「與之。如是，魯君必出。政在季氏三世矣，文子、武子、平子。魯君喪政四公矣。宣、成、襄、昭。無民而能逞其志者，未之有也，國君是以鎮撫其民。《詩》曰：『人之云亡，心之憂矣。』《詩・大雅》。言無人則憂患至。魯君失民矣，焉得逞其志？靖以待命猶可，動必憂。」爲下公孫傳。【疏】注「平子」至「若姊」。❶正義曰：公若即平子之叔父也。不言平子之姑，而云公若之姊，明公若是平子庶叔，此姑與公若同母，故曰公若姊也。　注「文子武子平子」。　正義曰：武子生悼子，悼子生平子，政在季氏，唯云「三世」，不數悼子者，悼子未爲卿而卒，不執魯政，故不數也。十二年傳曰：「季悼子之卒也，叔孫昭子以再命爲卿。」卿必再命，乃得經書名氏。七年三月經書「叔孫婼如齊涖盟」，其年十一月季孫宿卒，是悼子先武子而卒，平子以孫繼祖也。

夏，會于黄父，謀王室也。王室有子朝亂，謀定之。趙簡子令諸侯之大夫簡子，趙鞅。輸王粟，具成人，曰：「明年將納王。」納王於王城。

子大叔見趙簡子，簡子問揖讓周旋之禮焉，對曰：「是儀也，非禮也。」簡子曰：「敢問何謂禮？」對曰：「吉也聞諸先大夫子産曰：『夫禮，天之經也，經者，道之常。地之義也，義者，利之宜。

❶「注平子至若姊」，阮本以下正義二節分疏於傳文各節下。

民之行也。』行者，人所履。天地之經，而民實則之。則天之明，日月星辰，天之明也。因地之性，高下剛柔，地之性也。生其六氣，謂陰、陽、風、雨、晦、明。用其五行。金、木、水、火、土。氣爲五味，酸、鹹、辛、苦、甘。發爲五色，青、黄、赤、白、黑。發，見也。章爲五聲。宫、商、角、徵、羽。淫則昏亂，民失其性。滋味聲色，過則傷性。是故爲禮以奉之，制禮以奉其性。爲六畜、馬、牛、羊、雞、犬、豕。五牲、麋、鹿、麏、狼、兔。三犧祭天地宗廟三者謂之犧。以奉五味，爲九文、謂山、龍、華、蟲、藻、火、粉米、黼、黻也。華若草華。藻，水草。火，畫火。粉米若白米。黼若斧。黻若兩己相戾。傳曰：「火龍黼黻，昭其文也。」六采、畫繢之事，雜用天地四方之色，青與白，赤與黑，玄與黄，皆相次，謂之六色。五章以奉五色，青與赤謂之文，赤與白謂之章，白與黑謂之黼，黑與青謂之黻，五色備謂之繡。集此五章，以奉成五色之用。爲九歌、八風、七音、六律以奉五聲，解見二十年。爲君臣上下以則地義，君臣有尊卑，法地有高下。爲夫婦外内以經二物，夫治外，婦治内，各治其物。爲父子、兄弟、姑姊、甥舅、昏媾姻亞以象天明，六親和睦，以事嚴父，若衆星之共辰極也。妻父曰昏，重昏曰媾。壻父曰姻，兩壻相謂曰亞。爲政事、庸力、行務以從四時，在君爲政，在臣爲事，民功曰庸，治功曰力，行其德教，務其時要，禮之本也。爲刑罰威獄使民畏忌，以類其震曜殺戮，雷震電曜，天之威也。聖人作刑獄，以象類之。爲温慈惠和以效天之生殖長育。民有好惡、喜怒、哀樂，生于六氣，此六者，皆禀陰陽風雨晦明之氣。是故審則宜類，以制六志。爲禮以制好惡

喜怒哀樂六志，使不過節。哀有哭泣，樂有歌舞，喜有施舍，怒有戰鬬，喜生於好，怒生於惡。是故
審行信令，禍福賞罰，以制死生。生，好物也。死，惡物也。好物，樂也。惡物，哀也。哀樂不失，乃
能協于天地之性，是以長久。」協，和也。簡子曰：「甚哉，禮之大也！」對曰：「禮，上下之紀、天地
之經緯也，經緯，錯居以相成者。民之所以生也，是以先王尚之。故人之能自曲直以赴禮者，謂之
成人。大，不亦宜乎？」曲直以弼其性。簡子曰：「鞅也，請終身守此言也。」鞅能守此言，故終免於
晉陽之難。【疏】「簡子」至「非禮」。❶　正義曰：《樂記》云：「簠簋俎豆，制度文章，禮之器也。升降上下，周旋
裼襲，禮之文也。」又曰：「鋪筵席，陳尊俎，列籩豆，以升降爲禮者，禮之末節也，故有司掌之。」《仲尼燕居》云，子
張問禮，子曰：「師，爾以爲必鋪几筵，升降酌獻酬酢，然後謂之禮乎？言而履之，禮也。」又五年傳云：「公如晉，
自郊勞至于贈賄，禮無違者。」晉侯以爲知禮。女叔齊曰：「是儀也，非禮也。」此問揖讓、周旋之禮，又云：「是儀
也，非禮也。」凡此諸文，皆言禮與儀異。禮之與儀，非爲大異，但所從言之有不同耳。禮是儀之心，儀是禮之貌。
本其心謂之禮，察其貌謂之儀。行禮必爲儀，爲儀未是禮，故云儀非禮也。鄭玄《禮》序云：「禮者，體也，履也。
統之於心曰體，踐而行之曰履。」此訓兩釋，良有以也。鄭謂體爲禮，履爲儀，是其所以禮儀別也。「夫禮」至
「之性」。　正義曰：自「夫禮」至「因地之性」，言禮本法天地也。自「生其六氣」至「民失其性」，言天用氣味、聲色
以養人，不得過其度也。「是故爲禮」以下，言聖王制禮以奉天性，不使過其度也。經，常也。義，宜也。夫禮者，

❶「簡子至非禮」，阮本以下正義廿六節分疏於傳文各節下。

天之常道，地之宜利，民之所行也。天地之有常道，人民實法則之。法則天之明道，因循地之恒性，聖人所以制作此禮也。此傳文於天言常，則地亦常也。於地言義，則天亦義也。覆言「天地之經」，明天地皆有常也，天有常明之義，地有常利之義也。覆云「則天之明」，是天以明爲常，「因地之性」，則地以性爲義。是天以光明爲常義，地以剛柔爲常義。義謂義理，性謂本性，言天地性義有常，可以爲法，故民法之而爲禮也。注「經者道之常義者利之宜」。正義曰：覆而無外，高而在上，運行不息，日月星辰，温涼寒暑，皆是天之道也。訓經爲常，故言道之常也。載而無棄，物無不殖，山川原隰，剛柔高下，皆是地之利也。訓義爲宜，故云利之宜也。杜以今文《孝經》云「用天之道，因地之利」，❶故天以道言之，地以利言之。天無形，言其有道理也。地有質，言其有利益也。民之所行，法象天地，象天而爲之者，皆是天之常也，象地而爲之者，皆是地之宜也，故禮爲天之經，地之義也。《孝經》以孝爲天之經，地之義者，孝是禮之本，禮爲孝之末，本末别名，理實不異，故取法天地，其事同也。注「行者人所履」。正義曰：民謂人也。人稟天地之性而生，動作皆象天地，其所踐履謂之爲行。但人有賢與不肖，行有過與不及，聖人制爲中法，名之曰禮，故禮是民之行也，行者人之所履也。《易》及《爾雅》並訓履爲禮，是禮名由踐履而生也。人之本性自然，法象天地，聖人還復法象天地而制禮教之，是禮由天地而來。故仲尼説孝，子産論禮，皆天、地、民三者並言之。注「日月星辰天之明也高下剛柔地之性也」。正義曰：則天之明，杜以爲日月星辰者，以下傳云「爲父子兄弟，昏媾姻亞，以象天明」，若衆星之共北辰，故知天明，日月星也。杜知高下剛柔，地之性者，以下傳云「爲君臣上下，以則地義」，則君高臣下，臣柔君剛，地義則地之性也。傳文上下，其理

❶「因」，京都本、閩本、監本、毛本、文淵閣本、阮本作「分」。今案：《孝經》作「分」。

分明，人法天地，其事多種。杜以天明地義，舉要而言，故不備顯刑罰威獄，温慈惠和。劉炫責杜不具載其文而規其過，非也。此傳文天言則、地言因者，民見地有宜利，因取而法效之，「因」亦「則」之義也。既言天之經，不可復言地之經，故變文稱義。既言則天之明，不可復言則地之性，故變文言「因」。「因」之與「則」，互相通也，正是變文使相辟耳。

「生其」至「其性」。正義曰：此言天用氣味聲色以養人，不得過其度也。因上則天，之下更復本之於天。傳稱天有六氣，此言生其六氣，謂天生之也。用其五行，謂天用之也。上天用此五行以養人，五行之氣入人之口爲五味，發見於目爲五色，章徹於耳爲五聲。味以養口，色以養目，聲以養耳。此三者，雖復用以養人，人用不得過度，過度則爲昏亂，使人失其恒性，故須爲禮以節之。注「金木水火土」。正義曰：《洪範》云：「五行：一曰水，二曰火，三曰木，四曰金，五曰土。」孔安國云：「皆其生數。」是其以生數爲次也。《大禹謨》説六府云：「水、火、金、木、土、穀。」五行之次，與《洪範》異者，以相刻爲次也。❶此注言金、木、水、火、土者，隨便而言之，不以義爲次也。五物世所行用，故謂之五行。五者各有材能，傳又謂之五材。此傳所説禮意，意在味、色、聲也。但味、色、聲本於五行而來，五行又是六氣所生，故先言六氣、五行，然後至於味、色、聲也。《釋名》「五氣於其方各施行」，《白虎通》云「言爲天行氣，故謂之五行」。注「酸鹹辛苦甘」。正義曰：《洪範》又演五行云：「水曰潤下，火曰炎上，木曰曲直，金曰從革，土爰稼穡。潤下作鹹，炎上作苦，曲直作酸，從革作辛，稼穡作甘。」孔安國云：「鹹，水鹵所生。苦，焦氣之味。酸，木實之性。辛，金之氣味。甘味生於百穀。」是言五行之氣爲五味。水味鹹，火味苦，木味酸，金味辛，土味甘也。五行本性自有此氣，氣至於人乃爲五味，味之爲異，入口乃

❶「刻」，閩本、監本、毛本、文淵閣本作「尅」。

知。言氣爲五味，謂氣入人口，與下章也、發也，皆據人知爲文。❶味爲性所有，色是形之貌，聲是質之響，色可近視，聲可遠聞，自近以及遠，故以口、目、耳所知味、色、聲爲次也。　注「青黄」至「見也」。　正義曰：五色，五行之色也。木色青，火色赤，土色黄，金色白，水色黑也。木生柯葉則青，金被磨礪則白，土黄，火赤，水黑，則本質自然也。發，見也。謂見於人目，有此五色。　注「宫商角徵羽」。　正義曰：聲之清濁，差爲五等。聖人因其有五，分配五行，其本不由五行而來也。但既配五行，即以五者爲五行之聲。土爲宫，金爲商，木爲角，火爲徵，水爲羽。聲之清濁，入耳乃知，章徹於人爲五聲也。此言章爲五聲，元年傳云「徵爲五聲」，章、徵不同者，據聲之至人，是爲章徹；據人之知聲，則爲徵驗。是彼此之異言耳。　注「滋味」至「傷性」。　正義曰：《老子》云：「五味令人口爽，五色令人目盲，五音令人耳聾。」言其過耽耆之，則有此病。是其過則傷本性也。　「是故」至「五味」。　正義曰：口欲嘗味，目欲視色，耳欲聽聲，人之自然之性也。欲之不已，則失其性。聖人慮其失性，是故爲禮以奉養其性，使不失也。牲犧，祭祀所用，非人所食，而以牲犧奉五味者，禮推人道以事神，神之所享，皆是人食，尊鬼神而異其名耳，故亦爲奉五味。　注「馬牛羊雞犬豕」。　正義曰：《爾雅·釋畜》馬、牛、羊、犬、雞五者之名，其豕在《釋獸》之篇。畜，養也。家養謂之畜，野生謂之獸。豕有野豕，故因記之於《釋獸》耳。又《釋畜》之末別釋馬、牛、羊、豕、犬、雞六者之名，其下題曰「六畜」，謂此是也。《周禮·膳夫》云「膳用六牲」，是庖用六牲也。《庖人》「掌共六畜」，鄭玄云「六牲，馬、牛、羊、豕、犬、雞」，「六畜即六牲也。始養之曰畜，將用之曰牲」，是畜、牲一也。　注「麋鹿麐狼兔」。　正義曰：十一年傳曰：「五牲不相爲用。」注云：「五牲，牛、羊、豕、犬、雞。」

❶「皆」，阮本作「者」，屬上讀。

此異彼者，以上文已言六畜，則五牲非六畜，故别解之。《周禮・庖人》「掌共六獸」，鄭衆云：「六獸，麋、鹿、熊、麕、野豕、兔。」鄭玄云：「獸人冬獻狼，夏獻麋。又内則無熊，則六畜當有狼，而熊不屬。」今杜解五牲之名，用鄭玄六獸之説，去野豕而以其餘當之也。傳稱「牛卜日曰牲」，鄭玄云：「將用之曰牲。」此五者實獸也，據其將用祭祀，故名之曰牲。服虔云：「五牲，麕、鹿、熊、狼、野豕。」注「祭天」至「之犧」。正義曰：《尚書・泰誓》武王數紂之罪云：「乃夷居，弗事上帝神祇，遺厥先宗廟弗祀。犧牲粢盛，既于凶盜。」於神祇宗廟之下，揔言犧牲。杜雖不見古文，其言闇與之會。❶是祭天地宗廟之牲謂之犧也。然則犧亦六畜，而别言之者，《周禮・牧人》：「凡祭祀，共其犧牲，以授充人繫之。」鄭玄云：「犧牲，毛羽完具也。授充人者，當殊養之。」然則六畜之内，取其毛羽完具，别養以共祭祀者，乃名爲犧，故與六畜異言之也。服虔云：「三犧，鴈、鶩、雉也。」注「謂山」至「文也」。正義曰：《尚書・益稷》篇云，帝曰：「予欲觀古人之象，日月星辰，山龍華蟲，作會宗彝，藻火粉米，黼黻絺繡，以五采彰施于五色，作服，汝明。」《尚書》之文如此，其解者多有異説。孔安國云：「日、月、星爲三辰。華象草華，蟲，雉也。畫三辰山龍華蟲於衣服旌旗。會，五采也，以五采成此畫焉。宗廟彝樽，亦以山龍華蟲爲飾。藻，水草有文者。火爲火字，粉若粟冰，米若聚米，黼若斧形，黻爲兩『己』相背。葛之精者曰絺，五色備曰繡。」如孔此言，日也，月也，星辰也，山也，龍也，華也，蟲也，七者畫於衣服、旌旗。山、龍、華、蟲四者，亦畫於宗廟彝器。藻也，火也，粉也，米也，黼也，黻也，六者繡之於裳。如此數之，則十三章矣。天之大數不過十二，若爲十三，無所法象。或以爲孔并華蟲爲一，其言「華象草華，蟲雉」者，言象草華之蟲故爲雉也。若華别似草，安知蟲爲雉乎？未知

❶「會」，監本、毛本、文淵閣本作「合」。

孔意必然以否。鄭玄讀會爲繢，謂畫也。絺爲繡，❶謂刺也。宗彝，謂虎蜼也。《周禮》，宗廟彝器有虎彝、蜼彝，故以宗彝名虎蜼也。《周禮》有衮冕、鷩冕、毳冕。其衮、鷩、毳者，各是其服章首所畫，舉其首章以名服耳。衮是衮龍也，衮冕九章，以龍爲首。鷩是華蟲也，鷩冕七章，以華蟲爲首。毳是虎蜼也，毳冕五章，以虎蜼爲首。虎毛淺，蜼毛深，故以毳言之。毳，亂毛也。如鄭此言，則於《尚書》之文其章不次，故於《周禮》之注具分辨之。鄭於《司服》之注，具引《尚書》之文，乃云：「此古天子冕服十二章。絺或作繡，❷字之誤也。王者相變，至周而以日、月、星辰畫於旌旗，所謂三辰旂旗，昭其明也。而冕服九章，登龍於山，登火於宗彝，尊其神明也。九章：初一曰龍，次二曰山，次三曰華蟲，次四曰火，次五曰宗彝，皆畫以爲繢。次六曰藻，次七曰粉米，次八曰黼，次九曰黻，皆絺以爲繡。則衮之衣五章，裳四章，凡九也。鷩畫以雉，謂華蟲也。其衣三章，裳四章，凡七也。毳畫虎蜼，謂宗彝也。其衣三章，裳二章，凡五也。」是鄭玄之説，華蟲爲一，粉米爲一也。杜之此注，亦以日、月、星辰畫於旌旗。九文唯言衣服之文，謂山也，龍也，華也，蟲也，藻也，火也，粉米也，黼也，黻也，以此爲九。杜言華若草華，而不言蟲，則華蟲各爲一也。粉米若白米，是粉米共爲一也。《詩》云「魚在在藻」，是藻爲水草也。孔安國云「火爲火字」，《考工記》畫繢之事「火以圜」，鄭衆云「爲圜形似火」，鄭玄云「形如半環」，然則杜言火畫火，蓋同安國爲火字也。粉米色白，故粉米若白米也。《考工記》曰：「白與黑謂之黼。」孔安國云「黼若斧形」，謂刃白而身黑，故

❶「繡」，阮校：「段玉裁校本作『黹』。」

❷「絺或作繡」，阮校：「段玉裁校本『絺』作『希』，『繡』作『絺』，説詳《尚書撰異》。」今案：《周禮・司服》鄭注作「希讀爲絺，或作黹，字之誤也」。

若斧也。黻爲兩己相戾，今之刺黻猶然也。引桓二年傳曰「火龍黼黻，昭其文也」者，以證此九文是山龍之屬也。《世本》云：「胡曹作冕。」注云：「胡曹，黄帝臣也。」《繫辭》云：「黄帝、堯、舜垂衣裳而天下治，蓋取諸乾坤。」則冕服起於黄帝也。加飾起自唐虞，即《書》云「予欲觀古人之象」云云，是也。所以衣服畫日月星等者，象王者之德照臨天下，如三光之耀也。山體鎮重，象王者之德鎮重安静四方，又能潤益含靈，如山興雲致雨也。龍者水物也，象王者之德流通無壅，如水利蒼生。又龍舒卷，變化無方，象人君有無方之德也。華蟲即鷩雉，雉有文章，表王者有文章之德也。宗彝，彝，常也。宗廟之常器有六彝，今唯取虎蜼者，虎取毛淺而有威，蜼取毛深而有知，以表王者有深淺之知，威猛之德也。藻者，水草，是鮮潔之物，生於清水，能隨短長，象王者之德冰清玉潔，隨機應物，隨民設教，不肅而成也。火者，火性炎上，用表王者之德，能使率土羣黎，向歸上命也。粉米者，米能濟人之命，表王者有濟養之德也。黼，白與黑，形若斧。斧能裁斷，以象王者有裁斷之德也。黻之言戾。戾，背也。黑與青謂之黻，作兩「己」字相背，象王者能綏化兆民，能使向己背惡以從善，故爲黻也。日之質赤，月星之質白。山作獐，《考工記》云「山以獐」也。龍爲騰躍之形，似彌猴而大也。❶章次如此者，王者與天地合其德，日、月、星，天用昭明，日最爲盛，所以居先。月星光劣，其次之也。上以象天，下宜法地。地之形勢莫大於山，故次三光也。龍爲水物，水出於山，故次之也。華蟲象於禮樂文章，以禮樂文章潤於萬物，故以次龍也。宗彝所以次華蟲者，言王者既有禮樂，須威知乃行，無威則民不畏，無知則教不成，故以次也。藻所以次宗彝者，王者威知之德，隨世而應，故以次也。火者，言王者有德必向歸仰之，如火向上，故次之也。米所以次火者，民既歸王，王須濟

---

❶「彌」，正宗寺本、京都本、阮本作「獮」，文淵閣本作「獮」。

活，濟活之理，得米爲生，故次之也。黼所以次米者，言王者能濟活兆民，宜裁斷合理，如斧之斷決，故以次之。黻所以次黼者，王既裁斷得所，善惡各有分宜，人皆背惡從善，故以次之。　注「畫繢」至「六色」。　正義曰：《考工記》云：「畫繢之事，雜五色。東方謂之青，南方謂之赤，西方謂之白，北方謂之黑。天謂之玄，地謂之黄。青與白相次，赤與黑相次，玄與黄相次。」鄭玄云：「此言畫繢六色所象，及布采之第次。」此杜取彼記文省約而爲之辭也。❶　注「青與」至「之用」。　正義曰：「謂之繡」以上，皆《考工記》文也。此刺繡之文，以比方相次。色亦采也。六采謂繢畫，五色謂刺繡，故令色采之文異耳。鄭注《尚書》「性曰采，施曰色」。味、色、聲三事，色居其中，故杜言「集此五章，以奉成五色之用」，明上下二文亦集此所陳，以奉成五味、五聲之用，舉中以明上下也。　「爲君」至「二物」。　正義曰：此更覆上「因地」之義也。「爲父子」以下至「生殖長育」，覆上「則天之明」也。地有高下，聖人制禮爲君臣上下。君在上，臣在下，以法則地之義也。以地有剛柔，爲夫婦外內，夫治外，婦治內，以經紀二物也。物，事也，治理外内之二事也。上云「天之經也，地之義也」，又云「則天之明，因地之性」，再重言之，皆先天後地，但法地事少，則天事多，故上先言法天，後言法地。此先云「爲君臣上下以則地義」，始云「爲父子兄弟以象天明」者，以其則地事少，故先言之，象天事多，欲下就「以從四時」，「類其震曜殺戮」及「生殖長育」，皆是象天之事，欲使文相連接，故後言之也。下云「以象天明」，則此當云「以象地性」，而云「以則地義」者，義之與性一也，因其先言，故遠覆上文地之義也。　注「六親」至「曰亞」。　正義曰：老子云：「六親不和，焉有孝慈。」六親謂父子、兄弟、夫婦也。《孝經》曰：「孝莫大於嚴父。」《論語》云：「北辰居其所，而衆星共之。」六親，父爲尊嚴，

❶「彼」，原重文，據正宗寺本、京都本、文淵閣本、阮本删。

衆星，北辰爲長。六親和睦以事嚴父，若衆星之共北極，是其象天明也。妻父爲昏，壻父爲姻，兩壻相謂曰亞，皆《釋親》文也。重昏曰媾，《爾雅》無文，相傳説耳。《釋親》又曰：「男子先生爲兄，後生爲弟。男子謂女子先生爲姊，後生爲妹。父之姊妹爲姑，母之昆弟爲舅。謂我舅者，吾謂之甥。」此皆世俗常言，杜不解者，爲易知故也。

注「在君」至「本也」。正義曰：《論語》云：「冉子退朝。子曰：『何晏？』對曰：『有政。』子曰：『其事也。如有政，雖不吾以，吾其與聞之。』」於時冉子仕於季氏，稱季氏有政，孔子謂之爲事。是在君爲政，在臣爲事也。此對文別耳。《論語》稱孝友是亦爲政，明其政、事通言也。「民功曰庸，治功曰力」，《周禮・司勳》文也。鄭玄以爲，庸謂「法施於民，若后稷」，力謂「制法成治，若咎繇」。《司勳》又云：「王功曰勳，國功曰功，事功曰勞，戰功曰多。」鄭注云：「王功者，若周公。國功者，若伊尹。事功者，若禹。戰功者，若韓信、陳平。」行其德教，務其時要，使民春耕、夏耘、秋斂、冬藏。聖王之化，先致力於民，是爲禮之本也。注「此六」至「之氣」。正義曰：賈逵云「好生於陽，惡生於陰，喜生於風，怒生於雨，哀生於晦，樂生於明」，謂一氣生於一志，謬矣。杜以元年傳云「天有六氣，降生五味」，謂六氣共生五味，非一氣生一味。此民之六志，亦六氣共生之，非一氣生一志，❶故云「此六者，皆稟陰、陽、風、雨、晦、明之氣」，言共稟六氣而生也。「是故」至「六志」。正義曰：民有六志，其志無限，是故人君爲政，審法時之所宜，事之所類，以制民之六志，使之不過節也。下云「審行信令」，謂人君行之，知此「審則宜類」，亦是人君則之。審者，言其謹慎之意也。此六志，《禮記》謂之六情。在己爲情，情動爲志，情、志一也，所從言之異耳。「天地之經緯」。正義曰：言禮之於天地，猶織之有經緯。得經緯相錯乃成文，如天

❶ 下「一」字，原爲空格，據正宗寺本、京都本、文淵閣本、阮本補。

地得禮始成就。「故人」至「宜乎」。正義曰：劉炫云：「禮有宜曲宜直，不可信情而行，故人之能自曲直以赴於禮者，謂之爲成人，不能赴禮則不成爲人，謂之爲大，不亦宜乎？」赴謂奔走，言弼諧己性，奔走以赴禮也。恐劉義未當。注「曲直以弼其性」。正義曰：性曲者以禮直之，性直者以禮曲之，故云「曲直以弼其性」也。

宋樂大心曰：「我不輸粟。我於周爲客，二王後爲賓客。**若之何使客？」晉士伯曰：「自踐土以來，**踐土在僖二十八年。**宋何役之不會，而何盟之不同？曰『同恤王室』，子焉得辟之？子奉君命，以會大事，而宋背盟，無乃不可乎？」右師不敢對，受牒而退。**右師，樂大心。**士伯告簡子曰：「宋右師必亡！奉君命以使，而欲背盟，以干盟主，無不祥大焉！」**言不善無大此者。爲定十年宋樂大心出奔傳。【疏】「受牒而退」。❶ 正義曰：《說文》云：「簡，牒也」，「牒，札也」。於時號令，輸王粟，具戍人，宋之所出人粟之數，書之於牒。受牒而退，言服從也。

有鸜鵒來巢，書所無也。師己曰：「異哉！吾聞文、成之世，童謡有之，師己，魯大夫。**曰：『鸜之鵒之，公出辱之。**言鸜鵒來，則公出辱也。**鸜鵒之羽，公在外野，往饋之馬。**饋，遺也。**鸜鵒**

❶「受牒而退」，阮本此節正義在注「右師樂大心」下。

跦跦，公在乾侯，跦跦，跳行貌。**徵褰與襦。**褰，袴。❶**鸜鵒之巢，遠哉遥遥，**❷**裯父喪勞，**❸**宋父以驕。**裯父，昭公。死外，故喪勞。宋父，定公。代立，故以驕。**鸜鵒鸜鵒，往歌來哭。』**昭公生出歌，死還哭。**童謡有是。今鸜鵒來巢，其將及乎？」**將及禍也。【疏】「鸜之鵒之」。❹　正義曰：此鳥以兩字爲名，但謡辭必韻，故分言之。　注「褰袴」。　正義曰：《内則》云：「童子不衣襦袴。」是衣有袴也，以可褰行，故以褰爲袴。

秋，書再雩，旱甚也。【疏】「秋書再雩旱甚」。　正義曰：既言旱甚，而經不書旱者，傳言旱甚，解經一月再雩。再雩雖由旱甚，然而後雩得雨，不至成災，故不書旱。

初，季公鳥娶妻於齊鮑文子，生甲。公鳥，季公亥之兄，平子庶叔父。**公鳥死，季公亥與公思展與公鳥之臣申夜姑相其室。**公亥即公若也。展，季氏族。相，治也。**及季姒與饔人檀通，**季姒，

❶「袴」，阮校：「《釋文》『袴』下有『也』字。《説文》作『絝』。」

❷「遠哉遥遥」，阮校：「案，《漢書・五行志》作『遠哉摇摇』，師古曰：『摇摇，不安之貌。』臧琳曰：『遥』爲俗字，當從《漢志》作『摇』。《五經文字序》云：『逍遥之類，《説文》漏略者，今得之於《字林》。』《説文》新附『逍遥』字，臣鉉等案：『《詩》只用消摇，此二字《字林》所加。』可證今《詩・黍離》『中心摇摇』，不作『遥遥』，《白駒》作『於焉逍遥』，非古也。」

❸「裯」，《四部叢刊》本、京都本、文淵閣本、阮本、《經典釋文》作「稠」。

❹「鸜之鵒之」，阮本以下正義二節分疏於傳文各節下。

公鳥妻，鮑文子女。饔人，食官。而懼，乃使其妾抶己，以示秦遄之妻，秦遄，魯大夫。妻，公鳥妹秦姬也。曰：「公若欲使余，余不可，而抶余。」又訴於公甫，公甫，平子弟。曰：「展與夜姑將要余。」要劫我以非禮。秦姬以告公之。公之亦平子弟。公之與公甫告平子，平子拘展於卞，而執夜姑，將殺之。公若泣而哀之，曰：「殺是，是殺余也。」將爲之請。平子使豎勿内，日中，不得請。有司逆命，執夜姑之有司，欲迎受殺生之命。公之使速殺之，故公若怨平子。

季、郈之雞鬭，季平子、郈昭伯二家相近，故雞鬭。季氏介其雞，擣芥子播其羽也。或曰以膠沙播之爲介雞。郈氏爲之金距。平子怒，怒其不下己。益宮於郈氏，侵郈氏室以自益。且讓之。讓，責也。故郈昭伯亦怨平子。

臧昭伯之從弟會昭伯，臧爲子。爲讒於臧氏，而逃於季氏，臧氏執旃，平子怒，拘臧氏老。將禘於襄公，萬者二人，❶其衆萬於季氏。禘，祭也。萬，舞也。於禮，公當三十六人。臧孫曰：「此之謂不能庸先君之廟。」不能用禮也，蓋襄公別立廟。大夫遂怨平子。

公若獻弓於公爲，公爲，昭公子務人。且與之出射於外，而謀去季氏。公爲告公果、公賁。果、賁皆公爲弟。公果、公賁使侍人僚相告公。公寢，將以戈擊之，乃走。公曰：「執之！」亦無命也。

---

❶「人」，阮校：「惠棟云：『吴仁傑曰：《淮南書》云「禱於襄廟，舞者二人」。案傅氏云：「四人爲列，尚不成樂，況二人乎？『人』當作『八』，傳文誤也。」沈彤亦云當作「八」字。』」

獨言執之，無勑命。懼而不出，數月不見。公不怒。又使言，公執戈以懼之，乃走。又使言，公曰：「非小人之所及也。」謂僚柤爲小人。公果自言，公以告臧孫，臧孫以難，言難逐。告郈孫，郈孫以可勸。告子家懿伯，子家羈，莊公之玄孫。懿伯曰：「讒人以君徼幸，事若不克，君受其名，受惡名。不可爲也。舍民數世，以求克事，不可必也。且政在焉，其難圖也。」公退之。退使去。辭曰：「臣與聞命矣，言若洩，臣不獲死。」乃館於公。恐受洩命之罪，故留公宮以自明。

叔孫昭子如闞，闞，魯邑。公居於長府。官府名。❶

九月，戊戌，伐季氏，殺公之于門，遂入之。平子登臺而請曰：「君不察臣之罪，使有司討臣以干戈，臣請待於沂上以察罪。」弗許。魯城南自有沂水，平子欲出城待罪也。大沂水出蓋縣南，至下邳入泗。請囚于費，弗許。請以五乘亡，弗許。子家子曰：「君其許之！政自之出久矣，隱民多取食焉，隱約窮困。爲之徒者衆矣。日入慝作，弗可知也。慝，姦惡也。日冥，姦人將起叛君助季氏，不可知。衆怒不可蓄也，季氏衆。蓄而弗治，將薀。薀，積也。薀蓄，民將生心，生心同求將合，與季氏同求叛君者。君必悔之！」弗聽。郈孫曰：「必殺之。」公使郈孫逆孟懿子。懿子，仲孫何忌。

叔孫氏之司馬鬷戾言於其衆曰：「若之何？」莫對。衆疑所助。又曰：「我，家臣也，不敢知

❶「官府」上，《四部叢刊》本、京都本、文淵閣本、阮本有「長府」二字注文。

國。凡有季氏與無，於我孰利？」皆曰：「無季氏，是無叔孫氏也。」鬷戾曰：「然則救諸！」帥徒以往，陷西北隅以入。陷公圍也。公徒釋甲執冰而踞，言無戰心也。❶冰，櫝丸蓋。或云櫝丸是箭筩，其蓋可以取飲。遂逐之。逐公徒。孟氏使登西北隅，以望季氏，見叔孫氏之旌，以告。孟氏執郈昭伯，殺之于南門之西，遂伐公徒。子家子曰：「諸臣僞劫君者，而負罪以出，君止。使若非君本意者，君自可止不出。意如之事君也，不敢不改。」意如，季平子名。公曰：「余不忍也。」與臧孫如墓謀，辭先君，且謀所奔。遂行。己亥，公孫于齊，次于陽州。

齊侯將唁公于平陰，公先至于野井。齊侯曰：「寡人之罪也。使有司待于平陰，爲近故也。」齊侯自咎，本不勑有司遠詣陽州，而欲近會于平陰，故令魯侯過共，先至野井，遠見迎逆，自咎以謝公。書曰「公孫于齊，次于陽州。齊侯唁公于野井」，禮也。將求於人，則先下之，禮之善物也。物，事也。謂先往至野井。齊侯曰：「自莒疆以西，請致千社，二十五家爲社。千社，二萬五千家，欲以給公。以待君命。待君伐季氏之命。寡人將帥敝賦以從執事，唯命是聽。君之憂，寡人之憂也。」公喜。子家子曰：「天禄不再。天若胙君，不過周公。以魯足矣。失魯而以千社爲臣，誰與之立？爲齊臣。且齊君無信，不如早之晉。」弗從。

臧昭伯率從者將盟，載書曰：「勠力一心，好惡同之。信罪之有無，信，明也。處者有罪，從者

---

❶「心」，原作「公」，據《四部叢刊》本、京都本、文淵閣本、阮本改。

無罪。繾綣從公，無通外內！」繾綣，不離散。**以公命示子家子。子家子曰：「如此，吾不可以盟。羈也不佞，不能與二三子同心，而以爲皆有罪。**從者陷君，留者逐君，皆有罪也。**或欲通外內，且欲去君。**去君，僞負罪出奔，不必繾綣從公。**二三子好亡而惡定，焉可同也？陷君於難，罪孰大焉？通外內而去君，君將速入，弗通何爲？而何守焉？」乃不與盟。**何必守公。

昭子自闞歸，見平子。平子稽顙，曰：「子若我何？」昭子曰：「人誰不死？子以逐君成名，子孫不忘，不亦傷乎？將若子何？」平子曰：「苟使意如得改事君，所謂生死而肉骨也。」

昭子從公于齊，與公言，子家子命適公館者執之。恐從者知叔孫謀。**公與昭子言於幄內，曰：「將安衆而納公。」**昭子請歸安衆。**公徒將殺昭子，伏諸道。**伏兵。**左師展告公，公使昭子自鑄歸。**辟伏兵。**平子有異志。**不欲復納公。

冬，十月，辛酉，昭子齊於其寢，使祝宗祈死。戊辰，卒。恥爲平子所欺，因祈而自殺。**左師展將以公乘馬而歸，公徒執之。**展，魯大夫，欲與公俱輕歸。【疏】注「擣芥」至「介雞」。❶　正義曰：杜此二解，一讀介爲芥，擣芥子爲末，播其雞羽。賈逵云：「擣芥子爲末，播其雞翼，可以坌郈氏雞目。」是此說也。鄭衆云：「介，甲也。爲雞著甲。」高誘注《呂氏春秋》云：「鎧著雞頭。」杜又云「或曰」，不知誰説，以膠沙播之，亦不可解。蓋以膠塗雞之足爪，然後以沙糝之，令其澀，得傷彼雞也。以郈氏爲金距言之，則著甲是也。「將禘」至

❶「注擣芥至介雞」，阮本以下正義十四節分疏於傳文各節下。

「季氏」。　正義曰：季氏私祭家廟，與禘同日，言將禘，是豫部分也。樂人少，季氏先使自足，故於公萬者唯有二人，其衆萬於季氏，輕公重己，故大夫遂怨。　注「禘祭」至「六人」。　正義曰：《釋例》曰：「三年喪畢，致新死之主以進於廟，於是乃大祭於大廟，以審定昭穆，謂之禘。禘於大廟，禮之常也，各於其宫，時之爲也。雖非三年大祭，而書禘，用禘禮也。」《釋天》云：❶「禘，大祭也。」執干戚而舞，謂之萬舞也。隱五年傳説舞佾之差云「諸侯用六」，是於禮法當三十六人也。此以正禮言耳，亦不知當時魯君用六佾以否。《公羊傳》曰：昭公「告子家駒曰：『季氏僭公室，吾欲弑之，何如？』子家駒曰：『諸侯僭天子，大夫僭諸侯，久矣。』公曰：『吾何僭矣哉？』子家駒曰：『設兩觀，乘大路，朱干，玉戚，以舞大夏，八佾以舞大武。此皆天子之禮也。』」如彼傳文，當時或僭八佾，❷不必用六也。　注「蓋襄公别立廟」。　正義曰：杜以襄若以次遞毁，則廟與先公同處，禘於襄公，亦應兼祭餘廟。今特云「禘於襄公」，似與先公異處，故云「蓋襄公别立廟」。　「讒人」至「爲也」。❸　正義曰：讒人謂公若、郈孫之徒讒季氏者，勸君使伐季氏，以君徼天之幸。幸而得勝，則以爲己功，不勝，則推君爲惡。不可從也。　「舍民」至「必也」。　正義曰：克，勝也。言君從上以來，舍民已經數代，今以求勝，此事不可必也。　注「魯城」至「入泗」。　正義曰：《釋例·土地名》：「襄十八年，沂水出東莞蓋縣艾山，南經琅邪東海，至下邳縣入泗。」此沂水出魯國魯縣西南入泗水，是沂水有二也。此注云「魯城南自有沂水」，謂出魯縣者也。又云「大沂水出蓋縣南，

❶「天」，原作「文」，據正宗寺本、京都本、文淵閣本、阮本改。「禘，大祭也」爲《爾雅·釋天》文。

❷「佾」，京都本、文淵閣本、阮本重文。

❸「讒」，原作「護」，據正宗寺本、京都本、阮本改。

至下邳入泗」，謂襄十八年之沂水也。以其有二，故辯明之。「公徒」至「而踞」。正義曰：二十七年傳説此事云：「豈其伐人而説甲執冰以游？」則此踞是游也。《曲禮》云：「遊無倨。」倨是慢也，謂傲慢而遊戲。注「言無」至「取飲」。正義曰：賈逵云：「冰，櫝丸蓋也。」則是相傳爲此言也。《方言》曰：「弓藏謂之鞬，或謂之櫝丸。」如彼文，則櫝丸是盛弓者也。此或説櫝丸是箭箙，其蓋可以取飲。十三年傳云「司鐸射奉壺飲冰」，謂執此也。《詩》云：「抑釋掤忌，抑鬯弓忌。」鬯藏弓，則冰藏矢也。毛傳云：「掤所以覆矢。」掤與冰字雖異，音義同，是一器也。「子家」至「君止」。正義曰：子家子以爲公本意自伐季氏，非是諸臣所劫。今子家意欲得令諸臣等僞作劫君以伐季氏者，令負罪而出，君自可止住。注「二十五家爲社」。正義曰：禮有里社，故《郊特牲》稱：「唯爲社事，單出里。」以二十五家爲里，故知二十五家爲社也。「天禄」至「之立」。正義曰：天之福禄不可再，謂得齊千社，復得魯國也。胙，報也。天若報君，終不得過於周公。周公止封魯，以魯封君足矣。若既得魯國，又得千社，則是過周公矣。周公理不可過，得齊千社，必失魯國也。既失魯國，而以千社爲臣於齊，誰復與之立也？言從君之人，皆將棄君去矣。「公徒將殺昭子」。正義曰：昭子謀歸安衆，而後納公，則獨公得入，從公伐季氏者不得入，故欲殺昭子也。「左師」至「而歸」。正義曰：古者服牛乘馬，馬以駕車，不單騎也。至六國之時，始有單騎，蘇秦所云「車千乘，騎萬匹」是也。《曲禮》云「前有車騎」者，《禮記》漢世書耳，經典無「騎」字也。炫謂此左師展將以公乘馬而歸，欲共公單騎而歸，此騎馬之漸也。

壬申，尹文公涉于鞏，焚東訾，弗克。文公，子朝黨，於鞏縣涉洛水也。東訾，敬王邑。

十一月，宋元公將爲公故如晉，請納公。夢大子欒即位於廟，己與平公服而相之。平公，元公

父。且召六卿。公曰：「寡人不佞，不能事父兄，父兄謂華、向。**以爲二三子憂，寡人之罪也。若以羣子之靈，獲保首領以没，**❶**唯是楄柎所以藉幹者，**楄柎，棺中笭牀也。幹，骸骨也。**請無及先君。」**欲自貶損。**仲幾對曰：「君若以社稷之故，私降昵宴，羣臣弗敢知。**昵，近也。降昵宴，謂損親近聲樂飲食之事。**若夫宋國之法，死生之度，先君有命矣，羣臣以死守之，弗敢失隊。臣之失職，常刑不赦。臣不忍其死，君命衹辱。」**言君命必不行，衹，適也。**宋公遂行，己亥，卒于曲棘。**爲明年梁丘據語起本。【疏】「服而相之」。❷　正義曰：言己與父平公盛服飾而輔相之也。　注「楄柎」至「骨也」。　正義曰：《説文》云：「楄，方木也」，「幹，脅也」。木以藉脅，明是棺中笭牀也。宋元所言藉幹者，舉脅而言耳，非獨爲脅，故云「幹，骸骨也」。

十二月，庚辰，齊侯圍鄆。欲取以居公。不書圍，鄆人自服，不成圍。【疏】注「欲取」至「成圍」。正義曰：經書「取鄆」，而傳言「圍鄆」，故云「鄆人自服，不成圍」。以傳云「書取，言易也」，故賈爲此解，杜從之也。劉炫以爲此時圍鄆而未得，明年方始取之，經即因圍書「取」，傳言實圍之日，非自服也，而規杜氏。今知非者，案二十六年公圍成，亦是圍而不得，而書圍，此若圍鄆不得，何以不書圍？案元年「伐莒，取鄆」，書取不言伐，此圍鄆、取鄆，亦書取不言圍，其義正同，何爲不可？劉何知此年圍鄆未服？鄆若未服，經何得書「取」？

❶「没」，阮校：「依《説文》當作『殁』。」
❷「服而相之」，阮本以下正義二節分疏於傳文各節下。

荀出胷臆而規杜氏，非也。

初，臧昭伯如晉，臧會竊其寶龜僂句，僂句，龜所出地名。**以卜爲信與僭，僭吉。**僭，不信也。**臧氏老將如晉問，**問昭伯起居。**會請往。**代家老行。**昭伯問家故，盡對。**故，事也。**及內子與母弟叔孫，則不對。**內子，昭伯妻。不對，若有他故。**再三問，不對。歸，及郊，會逆。問，又如初。**又不對。**至，次於外而察之，皆無之。執而戮之，逸，奔郈。郈魴假使爲賈正焉。**郈在東平無鹽縣東南。魴假，郈邑大夫。賈正，掌貨物使有常價，若市吏。**計於季氏，**送計簿於季氏。**臧氏使五人以戈楯伏諸桐汝之閭，**桐汝，里名。**會出，逐之，反奔，執諸季氏中門之外。平子怒，曰：「何故以兵入吾門？」拘臧氏老。季、臧有惡。**相怨惡。**及昭伯從公，平子立臧會。**立以爲臧氏後。**會曰：「僂句不余欺也。」**傳言卜筮之驗，善惡由人。【疏】注「僂句」至「地名」。❶　正義曰：《釋魚》云：「一曰神龜，二曰靈龜，三曰攝龜，四曰寶龜，五曰文龜，六曰筮龜，七曰山龜，八曰澤龜，九曰水龜，十曰火龜。」則龜名無僂句，故云所出地之名。臧氏有蔡又有此，蓋所寶非一。　「使爲賈正焉」。　正義曰：賈正，如《周禮》之賈師也，「賈師，二十肆則一人」。其職云：「各掌其次之貨賄之治，辯其物而均平之。禁貴賣者，使有恒賈。」此郈邑大夫使爲賈正，使爲郈市之賈正也。郈在後爲叔孫私邑，此時尚爲公邑，故使賈正通計簿於季氏。❷

---

❶「注僂句至地名」，阮本以下正義二節分疏於傳文各節下。

❷「通」，阮校：「浦鏜《正誤》『通』改『送』。」

楚子使薳射城州屈，復茄人焉。還復茄人於州屈。城丘皇，遷訾人焉。移訾人於丘皇。使熊相禖郭巢，季然郭卷。使二大夫爲巢、卷築郭也。卷城在南陽葉縣南。子大叔聞之，曰：「楚王將死矣。使民不安其土，民必憂，憂將及王，弗能久矣。」爲明年楚子居卒傳。

【經】二十有六年，春，王正月，葬宋元公。三月而葬速。

三月，公至自齊，居于鄆。【疏】「公至自齊」。　正義曰：往年公孫于齊，齊侯唁公于野井。公未必往至齊都，而云「至自齊」者，得與齊侯相見，雖從齊竟而來，亦是至自齊也。《穀梁傳》云：「公次于陽州。其曰『至自齊』何也？以齊侯之見公，可以言至自齊。」是也。公不得歸其國都，而書至者，賈云：「季氏示欲爲臣，故以告廟。」

夏，公圍成。成，孟氏邑。不書齊師，帥賤衆少，重在公。

秋，公會齊侯、莒子、邾子、杞伯，盟于鄟陵。鄟陵，地闕。

公至自會，居于鄆。無傳。

九月，庚申，楚子居卒。未同盟，而赴以名。

冬，十月，天王入于成周。傳云天王入在子朝奔後，❶經在前者，子朝來告晚。【疏】「天王入于成

---

❶「傳云天王入」，阮校：「淳熙本、小字宋本作『傳天王入』。」《四部叢刊》本、京都本、文淵閣本、阮本作「傳言王入」。今案：傳云「癸酉，王入于成周」，不言「天王」，則作「傳言王入」是。

周」。　正義曰：二十三年七月，天王居于狄泉。自爾以來，單子、劉子夾以東西，雖不出王畿，而居無定所，此時始得入于成周，遂以成周爲都來告，故特書之。案傳，子朝奔楚及王入成周皆在十一月，經書王入成周、子朝奔楚皆在十月者，從告也。劉炫云：「杜以朝既奔楚，王始得入，入必在朝奔後。經書王入在前，傳有告于諸侯之語，故以爲王告入在前，朝告奔在後，故先書王入。」炫謂子朝出亦王告，下注與此自違。

尹氏、召伯、毛伯以王子朝奔楚。「召伯」當言「召氏」，經誤也。尹、召族奔，非一人，故言氏。書奔在王入下者，王入乃告諸侯。【疏】注「召伯」至「諸侯」。　正義曰：傳言「召伯盈逐王子朝，朝及召氏之族奔楚。召伯逆王于尸，與王入于成周」，則召氏族出奔，召伯身不奔也。知「召伯」當爲「召氏」，經誤也。宣十年崔氏出奔，書「崔氏」者，「非其罪也」。此尹氏、召氏立庶簒適，並爲有罪，而亦書氏者，彼實崔杼身奔，非是舉族盡出。但於例，諸侯之卿出奔者，有罪則名，無罪則不名。崔杼不合書名，因其來告以族，遂書崔氏，示杼無罪也。此尹氏、召氏舉族悉奔，據實而書，與彼有異，故注云「尹、召族奔，非一人，故言氏」。所謂文同而意異也。子朝奔，王乃得入，書奔在王入下者，王入乃告諸侯也。劉炫云：杜上注云「子朝來告晚」，何爲此注又云「王入乃告諸侯」？以二注不同，將爲杜失。今知不然者，杜意王入乃告，謂王入之後，子朝乃告。杜以傳云「癸酉，王入于成周。癸未，王入于莊宮」，始云「王子朝使告諸侯」，是王入之後，子朝告諸侯也。劉以爲王入乃告，據王告諸侯而規杜失，非也。

【傳】二十六年，春，王正月，庚申，齊侯取鄆。前年已取鄆，至是乃發傳者，爲公處鄆起。【疏】

注「前年」至「鄆起」。　正義曰：杜謂往年已取鄆，此又發傳，言齊侯取鄆者，爲下三月公處鄆以發端也。服虔以爲往年齊侯取鄆，實圍鄆耳。經於「圍」書「取」，傳實其事，故於是言「取」。劉以服言爲是。往年十二月庚辰圍鄆，今年正月庚申取之，凡三十一日。例書「取」言易，此「圍」乃「取」言易者，齊侯取以居公，臣無拒君之義，若魯自與之然，故書「取」以見其易。《穀梁》曰：「以其爲公取之，故易言之。」是也。

葬宋元公，如先君，禮也。善宋人違命以合禮。

三月，公至自齊，處于鄆，言魯地也。入魯竟，故書至。猶在外，故書地。

夏，齊侯將納公，命無受魯貨。申豐從女賈，豐、賈二人，皆季氏家臣。**以幣錦二兩，**二丈爲一端，二端爲一兩，所謂匹也。二兩，二匹。**縛一如瑱，**瑱，充耳。縛，卷也。急卷使如充耳，易懷藏。**適齊師，謂子猶之人高齮：**齮，子猶家臣。子猶，梁丘據。**「能貨子猶，爲高氏後，粟五千庾。」**言若能爲我行貨於子猶，當爲請使得爲高氏後，又當致粟五千庾。庾十六斗，凡八千斛。**高齮以錦示子猶，子猶欲之。齮曰：「魯人買之，百兩一布。**以道之不通，先入幣財。」言魯人買此甚多，布陳之，以百兩爲數。**子猶受之，言於齊侯曰：「羣臣不盡力于魯君者，非不能事君也。**欲行其說，故先示欲盡力納魯君。**然據有異焉：**異猶怪也。**宋元公爲魯君如晉，卒於曲棘。叔孫昭子求納其君，無疾而死。不知天之棄魯邪，抑魯君有罪於鬼神故及此也。君若待于曲棘，使羣臣從魯君以卜焉。**卜知可伐否。**若可，師有濟也，君而繼之，兹無敵矣。若其無成，君無辱焉。」齊侯從之，使公子鉏帥師從公。**鉏，齊大夫。**成大夫公孫朝謂平子曰：「有都以衛國也，請我受師。」許之。**以成邑禦齊師。**請納質，**恐見疑。**弗許，曰：「信女，足矣。」告於齊師曰：「孟氏，魯之敝室也。**敝，壞也。**用成已甚，弗能忍也，請息肩于齊。」**公孫朝詐齊師言欲降，使來取成。**齊師圍成。成人伐齊師之飲馬于淄者，曰：「將以厭衆。」**以厭衆心，不欲使知己降也。淄水出泰山梁父縣西北入汶。**魯成備而後告曰：「不勝衆。」**告齊言衆不欲降，己不能勝。

師及齊師戰于炊鼻。季氏師距公，非公命則不書。炊鼻，魯地。**齊子淵捷從洩聲子，**❶聲子，魯大夫。**射之，中楯瓦，**瓦，楯脊。❷**繇朐汰輈，匕入者三寸。**入楯瓦也。朐，車軛。輈，車轅。繇，過也。汰，矢激。匕，矢鏃也。**聲子射其馬，斬鞅，殪。**殪，死也。**改駕，人以爲騣戾也，而助之。**人，魯人也。騣戾，叔孫氏司馬。**子車曰：「齊人也。」**子車，即淵捷。**將擊子車，子車射之，殪。其御曰：「又之。」**又欲使射餘人。**子車曰：「衆可懼也，而不可怒也。」子囊帶從野洩，叱之。**囊帶，齊大夫。野洩，即聲子。**洩曰：「軍無私怒，報乃私也，將亢子。」**欲以公戰禦之，不欲私報其叱。**又叱之，**子囊復叱之。**亦叱之。**野洩亦叱也。❸言齊無戰心，但相叱。**冉豎射陳武子，中手，**冉豎，季氏臣。**失弓而罵。**武子罵。**以告平子，曰：「有君子白皙，鬒鬚眉，甚口。」**平子曰：「**必子彊也，**

---

❶「洩」，阮校：「釋文作『泄』，是也。」

❷「脊」下，阮校：「《釋文》有『也』字。」

❸「也」，阮校：「淳熙本、纂圖本作『之』。」

無乃亢諸？」子彊，武子字。對曰：「謂之君子，何敢亢之？」僞言不敢違季氏。林雍羞爲顔鳴右，下。皆魯人，羞爲右，故下車戰。苑何忌取其耳。何忌，齊大夫。不欲殺雍，但截其耳以辱之。顔鳴去之。其右見獲，懼而去之。苑子之御曰：「視下顧！」復欲使苑子擊其足。苑子刜林雍，斷其足，鑋而乘於他車以歸。❶鑋，一足行。顔鳴三入齊師，呼曰：「林雍乘！」言魯人皆致力於季氏，不以私怨而相棄。【疏】注「瑱充耳」。❷ 正義曰：《家語》云：「水至清則無魚，人至察則無徒。故人君冕而前旒，所以蔽明；黈纊塞耳，所以蔽聽。」又《詩》云「玉之瑱也」。禮以一條五采横冕上，兩頭下垂，繫黄緜，緜下又懸玉爲瑱以塞耳。 「五千庾」。 正義曰：《聘禮·記》云：「十六斗曰籔，十籔曰秉。」鄭玄云：「秉，十六斛。今江淮之間量名有爲籔者。今文籔爲逾。」杜據《儀禮》今文，故以庾爲十六斗。五千庾凡八千斛。《考工記》：陶人爲庾，「實二觳，厚半寸，脣寸」。其下文《旊人》云：❸「豆實三而成觳。」則觳受斗二升。庾實二觳，則受二斗四升也。彼陶人所作庾，自瓦器，今甕之類，非量器也，與此名同而實異。 「君若待于曲棘」。

❶ 「鑋」，阮校：「惠棟云：《説文》：『鑋，金聲也，從金，輕聲。讀若《春秋傳》「𨇨而乘它車」之「𨇨」。』則傳本作『𨇨』，《五經文字》亦誤作『鑋』。故杜訓爲『一足行』。若從金，輕聲，與斷足無涉，必傳寫之誤，正義失考。又按，足部無『𨇨』字，蓋即『脛』字之異者。」

❷ 「注瑱充耳」，阮本以下正義八節分疏於傳文各節下。

❸ 「旊」，正宗寺本、阮本作「旒」。阮校：「宋本作『旒』，非也。《説文》：旊，從瓦方聲。」今案：《周禮》作「旊」。

正義曰：宋公佐卒于曲棘者，杜云：「曲棘，宋地，陳留外黃縣城中有曲棘里。」今齊侯欲納魯君，當是從齊向魯，必不遠涉宋地。子猶令齊君待于曲棘，必使止於竟內。《土地名》齊地無曲棘。十年傳「桓子召子山而反棘焉」，杜云：「齊國西安縣東有戟里亭。」蓋此即彼棘也，❶本無「曲」字，涉上「卒于曲棘」，誤加「曲」耳。「射之」至「三寸」。正義曰：「射之，中楯瓦」，先言中之之處，更說矢來之狀。繇車轅，矢激從車轅之上，其矢之匕鏃入著楯瓦者猶深三寸，言其弓力多，而矢入深也。注「入楯」至「鏃也」。正義曰：此覆說中楯之事，故知入者，入楯瓦也。《說文》云：「輈，轅下曲者。」襄十四年傳稱「射兩軥而還」，此與彼同。蓋朐、軥字通用耳。繇即由也，訓爲從也。從上而過，故言「繇，過也」。宣四年傳云：「伯棼射王，汏輈。」注云：「汏，過也。」此云「汏，矢激」，謂矢激汏其上而過也。傳言「匕入」，則匕是入楯者也。今人猶謂箭鏃薄而長闊者爲匕。是匕爲矢鏃也。「鬒鬚眉甚口」。正義曰：《說文》云：「鬒，稠髮也。」鬒鬚眉者，言鬚、眉皆稠多也。甚口者，謂大口也。「刜林雍」。正義曰：《說文》云：「刜，擊也。」字從刀，謂以刀擊也。今江南猶謂刀擊爲刜。注「鑋一足行」。正義曰：既斷其足而云鑋，知鑋是一足行也。《說文》云：「鑋，金聲也。」蓋擊金爲聲，亦名鑋。

四月，單子如晉告急。五月，戊午，劉人敗王城之師于尸氏。劉人，劉蚠之屬。王城，子朝之徒。尸氏在鞏縣西南偃師城。**戊辰，王城人、劉人戰于施谷，劉師敗績。**施谷，周地。

---

❶「蓋」，京都本、文淵閣本、阮本無此字。

秋，盟于鄟陵，謀納公也。齊侯謀。

七月，己巳，劉子以王出。師敗，懼而出。**庚午，次于渠。**渠，周地。**王城人焚劉。**燒劉子邑。**丙子，王宿于褚氏。**洛陽縣南有褚氏亭。**丁丑，王次于萑谷。庚辰，王入于胥靡。辛巳，王次于滑。**萑谷、胥靡、滑，皆周邑。❶胥靡、滑本鄭邑。**晉知躒、趙鞅帥師納王，使女寬守闕塞。**女寬，晉大夫。闕塞，洛陽西南伊闕口也。守之，備子朝。【疏】「劉子以王出」。❷正義曰：二十三年傳云：六月，「庚寅，單子、劉子、樊齊以王如劉」，蓋從劉而居狄泉，自狄泉又居於劉。今爲子朝所逐，蓋自劉而出也。服虔云：「出成周也。」案二十三年「天王居于狄泉」，狄泉雖近成周，成周不屬王也。其傳云：「召伯奂、南宮極以成周人戍尹。」二十四年傳云：「王子朝用成周之寶珪于河。」是周常屬子朝之驗也。❸二十五年黄父之會，趙簡子令諸侯之大夫云：「明年將納王。」納王者，欲納之於成周耳。若敬王先在成周，無爲更須納之。知此出者，從劉出耳。王既棄劉而去，故王城人焚劉。注「萑谷」至「鄭邑」。正義曰：王雖未有安居，終亦不出畿内，知此皆周地也。襄十八年楚人伐鄭，傳稱「公子格率鋭師侵費滑、胥靡」，是本爲鄭邑，今爲周邑也。

---

❶「邑」，《四部叢刊》本、京都本、文淵閣本、阮本作「地」。今案：正義作「地」。

❷「劉子以王出」，阮本以下正義二節分疏於傳文各節下。

❸「周」上，疑當有「成」字。

九月，楚平王卒。令尹子常欲立子西，子西，平王之長庶。**曰：「大子壬弱，其母非適也，**壬，❶昭王也。**王子建實聘之。子西長而好善。立長則順，建善則治。王順、國治，可不務乎？」子西怒曰：「是亂國而惡君王也。**言王子建聘之，是章君王之惡。**國有外援，不可瀆也，**外援，秦也。瀆，慢也。❷**王有適嗣，不可亂也。敗親速讎，**不立壬，秦將來討，是速讎也。**亂嗣不祥。我受其名。**受惡名。**賂吾以天下，吾滋不從也，**滋，益也。**楚國何爲？必殺令尹！」令尹懼，乃立昭王。**【疏】「賂吾」至「從也」。❸　正義曰：賂吾以天下，使吾爲天子，吾益不從也。

冬，十月，丙申，王起師于滑。起，發也。**辛丑，在郊，**郊，子朝邑。**遂次于尸。十一月，辛酉，晉師克鞏。**知躒、趙鞅之師。**召伯盈逐王子朝，**伯盈本黨子朝，晉師克鞏，知子朝不成，更逐之而逆敬王。**王子朝及召氏之族、毛伯得、尹氏固、南宮嚚奉周之典籍以奔楚。**尹、召二族皆奔，故稱氏。重見尹固名者，爲後還見殺。**陰忌奔莒以叛。**陰忌，子朝黨。莒，周邑。**召伯逆王于尸，及劉子、單子盟。**召伯新還，故盟。**遂軍圉澤，次于隄上。**圉澤、隄上，皆周地。**癸酉，王入于成周。**成周，

---

❶ 「壬昭王也」，阮校：「陳樹華云：哀六年云『楚子軫卒』，則昭王名軫。疑壬非昭王，或者即位後改名邪？《史記·楚世家》、《十二諸侯年表》並作『軫』，蓋傳寫異文。《伍子胥傳》仍作『軫』。」今案：《史記·楚世家》、《十二諸侯年表》皆作「珍」，阮校誤。

❷ 「慢」，《經典釋文》作「嫚」。京都本、文淵閣本、阮本作「僈」。

❸ 「賂吾至從也」，阮本此節正義在「吾滋不從也」句注下。

今洛陽。甲戌，盟于襄宮。襄王之廟。晉師使成公般戍周而還。般，晉大夫。十二月，癸未，王入于莊宮。莊宮，在王城。

王子朝使告于諸侯曰：「昔武王克殷，成王靖四方，康王息民，並建母弟，以蕃屏周，亦曰：『吾無專享文、武之功。不敢專，故建母弟。且爲後人之迷敗傾覆而溺入于難，則振救之。』至于夷王，王愆于厥身，夷王，厲王父也。愆，惡疾也。諸侯莫不並走其望，以祈王身。至于厲王，王心戾虐，萬民弗忍，居王于彘。不忍害王也。厲王之末，周人流王于彘。諸侯釋位，以間王政。間猶與也。去其位，與治王之政事。宣王有志，而後效官。宣王，厲王子。彘之亂，宣王尚少，召公虎取而長之。效，授也。至于幽王，天不弔周，王昏不若，用愆厥位。幽王，宣王子。若，順也。愆，失也。攜王奸命，諸侯替之，而建王嗣，用遷郟鄏。攜王，幽王少子伯服也。王嗣，宜臼也。幽王后申姜，生大子宜臼。王幸褒姒，生伯服，欲立之，而殺大子，大子奔申。申伯與鄫及西戎伐周，戰于戲。幽王死，諸侯廢伯服而立宜臼，是爲平王，東遷郟鄏。則是兄弟之能用力於王室也。至于惠王，天不靖周，生穨禍心，施于叔帶。惠、襄辟難，越去王都。惠王，平王六世孫。穨，惠王庶叔也。莊十九年作亂，惠王適鄭。襄王，惠王子。叔帶，襄王弟。僖二十四年，叔帶作難，襄王處汜。❶則有晉、鄭，咸黜不端，黜，去也。晉文殺叔帶，鄭厲殺子穨，爲王室去不端直之人。以綏定王家，則是

❶「汜」，文淵閣本、阮本作「氾」。《經典釋文》云「音凡」，則作「氾」是。

兄弟之能率先王之命也。在定王六年，秦人降妖，定王，襄王孫。定王六年，魯宣八年。曰：『周其有頾王，亦克能脩其職，諸侯服享，二世共職。二世，謂靈、景。王室其有間王位，諸侯不圖，而受其亂災。』間王位，謂子朝也。今子朝以爲王猛。受亂災，謂楚也。今子朝以爲晉。至于靈王，生而有頾。靈王，定王孫。王甚神聖，無惡於諸侯，靈王、景王克終其世。景王，靈王子。今王室亂，單旗、劉狄剥亂天下，壹行不若，單旗，穆公也。劉狄，劉蚠也。壹，專也。謂：『先王何常之有？言先王無常法。唯余心所命。』其誰敢討之？帥羣不弔之人，弔，至也。以行亂于王室。侵欲無厭，規求無度，❶貫瀆鬼神，貫，習也。瀆，易也。慢棄刑法，倍奸齊盟，傲很威儀，矯誣先王。晉爲不道，是攝是贊，攝，持也。贊，佐也。先王謂景王。思肆其罔極。肆，放也。茲不穀震盪播越，竄在荆蠻，茲，此也。此不穀，子朝自謂。未有攸底。底，至也。攸，所也。若我一二兄弟甥舅奬順天法，無助狡猾，以從先王之命，毋速天罰，赦圖不穀，赦其憂而圖其難。則所願也。敢盡布其腹心及先王之經，而諸侯實深圖之。昔先王之命曰：『王后無適，則擇立長。年鈞以德，德鈞以卜。』此所謂先王之經。王不立愛，公卿無私，古之制也。穆后及大子壽早夭即世，在十五年。單、劉贊私立少，以間先王。閒錯先王之制。亦唯伯仲叔季圖之！」伯仲叔季，揔謂諸侯。閔馬父聞子朝之辭，

❶「規」，阮校：「段玉裁校本作『玩』。正義云：本或作『規』，謬也。」

曰：「文辭以行禮也，子朝干景之命，遠晉之大，以專其志，無禮甚矣，文辭何爲？」傳終王室亂。

【疏】「昔武王克殷」。❶　正義曰：諸家本皆然。服虔、王肅並注云：「文王受命，武王伐紂，故云文、武克殷。」❷下句云「吾無專享文、武之功」，則合文、武是也。杜無注，諸本悉作「武王克殷」，疑誤也。今定本亦作「武王克殷」。　「夷王」。　正義曰：《謚法》：「安民好静曰夷。」　注「不忍」至「于彘」。　正義曰：《周語》云：「厲王虐，國人謗王。召公告曰：『民不堪命也！』王怒，得衛巫，使監謗者，以告則殺之。國莫敢言，道路以目。三年，乃流王于彘。」劉炫案：「《周本紀》：民『相與叛，襲厲王。厲王出奔于彘』。《周語》又曰：『彘之亂，宣王在召公之宫，國人圍之。召公知之，乃以其子代宣王。』言代王，則國人謂是宣王，《國語》雖不言殺，必殺之矣。國人相與襲王，王既奔免，得王子而殺之，若得厲王亦應不舍。而杜云『不忍害王』，未必然也。當謂不忍者，不能忍王之虐也。」今知不然者，下云「居王于彘」，是以理居處厲王于彘。又云「諸侯釋位，以間王政」，是憂念王政。則不忍者，是不忍害王也。若其必欲殺王，應云「王奔于彘」。劉以爲《周語》云周人欲殺王子，召公以子代之，則周人欲殺王子，何肯不忍害王？❸以爲不忍者，不堪忍王惡。案《周語》但云「求王子」，不云「求殺之」，是益横《周語》之文而規杜過，非也。　注「間猶」至「政事」。　正義曰：《周本紀》云：「彘之亂，宣王在召公之宫。國人圍之，召公以其子代大子，大子竟得脱。周召二公二相行政，號曰『共和元年』。」是其釋位與治王政之事也。　注「宣

---

❶「昔武王克殷」，阮本以下正義十五節分疏於傳文各節下。

❷「武」，原作「王」，據正宗寺本、京都本、文淵閣本、阮本改。

❸「王」，原作「不」，據監本、毛本、文淵閣本改。

王」至「授也」。　正義曰：《周語》云：召公「以其子代宣王，宣王長而立之」。《周本紀》云：「共和十四年，厲王死于彘。大子靖長于召公家，二相乃共立之爲王，是爲宣王。」是召公長之也。共和之年，官之政事皆決於二相，宣王長而有志，堪爲人主，二相乃致其官政於王也。效者，致與之義，故注云「效，授也」。　注「攜王」至「郟鄏」。

正義曰：《鄭語》稱：「夏之衰也，褒人之神化爲二龍，以同於王庭，而言曰：『余，褒之二君也。』夏后卜殺之與去之與止之，莫吉。卜請其漦而藏之，吉。乃布幣焉，而策告之，龍亡而漦在，櫝而藏之，及歷殷、周，莫之發也。及厲王之末，發而觀之，漦流於庭，不可除也。王使婦人不幃而譟之，化爲玄黿，以入於王府。府之童妾未既齔而遭之，既笄而孕，當宣王而生。不夫而育，故懼而棄之。時有童謡曰：『檿弧箕箙，實亡周國。』於是宣王聞之，乃有夫婦鬻是器者，王使執而戮之。夫婦方戮逃在路，哀其夜號也，而取之以逸，逃於褒。褒人有獄，而以入於王，王遂置之，而嬖是女，使至於后，而生伯服。」《周語》云：❶「幽王伐有褒，褒人以褒姒女焉。褒姒有寵，生伯服，於是乎與虢石父比，逐大子宜咎，而立伯服。大子出奔申，申人、繒人召西戎以伐周，周於是亡。」書傳多説其事，此其本也。《詩序》云：「幽王取申女以爲后，後得褒姒，而黜申后。」《周本紀》云：「幽王大子母申侯女也，而爲后。王廢后，并去太子，用褒姒爲后，以其子伯服爲太子。申侯怒，乃與繒、西戎共殺幽王于驪山之下，虜褒姒，盡取周賂而去。於是諸侯乃即申侯共立故幽王大子宜臼，是爲平王，東遷徙於洛邑，辟戎寇也。」《魯語》云：「幽王滅于戲。」戲，驪山之北水名也。皇甫謐云：「今京兆新豐東二十里戲亭是也。」劉炫云：「如《國語》、《史記》之文，幽王止立伯服爲太子耳。既虜褒姒，必廢其子。未立爲王，而得呼爲攜王者，或幽王死後，褒姒之黨立之

---

❶「周」，阮校：「當作『晉』。」

爲王也。」《汲冢書紀年》云：「平王奔西申，而立伯盤以爲大子，與幽王俱死于戲。先是申侯、魯侯及許文公立平王於申，以本太子，故稱天王。幽王既死，而虢公翰又立王子余臣於攜，周二王並立。二十一年，攜王爲晉文公所殺。以本非適，故稱攜王。」束晳云：❶「案《左傳》『攜王奸命』，舊説攜王爲伯服。伯服，古文作伯盤，非攜王。伯服立爲王積年，諸侯始廢之而立平王。」其事或當然。　注「惠王平王六世孫」。　正義曰：《世本》云：「平王生桓王林，林生莊王佗，佗生僖王胡齊，齊生惠王涼。」是六代也。「惠王生襄王鄭，鄭生頃王巨，巨生匡王班及定王瑜，瑜生簡王夷，夷生靈王泄心，心生景王貴，貴生悼王猛及敬王匄」。　「咸黜不端」。　正義曰：諸本「咸」或作「減」。王肅云：「咸，皆也。」傳咸爲《七經詩》，其傳詩有此句。❷王羲之寫亦作「咸」。杜本當然。　「在定」至「亂災」。　正義曰：降者，自上而下之。言當時秦人有此妖語，若似自上而下，神馮之然，故云「降妖」也。然自「受其亂災」以上皆是妖語。「至于靈王」以下，是子朝演説妖言，謂子猛當閒王位耳。服亨，言諸侯服從，獻國之所有。　「規求無度」。　正義曰：俗本作「規」。❸服、王、孫皆注云：「玩，貪也。」元年傳曰「翫歲而愒日」，杜云：「翫、愒皆貪也。」則此言貪求無限度。本或作「規」，謬也。　「倍奸齊盟」。　正義曰：倍即背也，違背奸犯齊同之盟也。案，於時諸侯不有同盟許立子朝，單、劉未嘗與朝結盟而復背之，言單、劉倍奸齊盟，誣之。　注「攝持」至「景王」。　正義曰：是攝言執持之，使不傾危也。是贊謂佐助之，使得存立也。故以攝爲持，贊爲佐

❶「晳」，原作「晢」，據正宗寺本、京都本、文淵閣本、阮本改。
❷「其」下，阮校：「盧文弨校本有『左』字。」
❸「俗」上，阮校：「段玉裁校本有『玩』字，是也。」

也。杜以先王爲景王，則矯誣先王者，當謂矯景之命立猛耳。知先王非先世之王者，以言矯誣，是矯詐誣罔，據其人有語矯誣之，猶今矯稱詔勑。若先世之王，去此久遠，不得有立猛之事，子朝何得稱矯誣之乎？又傳云「干景之命」，故杜以先王謂景王。劉炫以爲先世之王而規杜氏，非也。「毋速天罰」。正義曰：速，召也。子朝以單、劉爲亂，從之必有天殃，故勸諸侯無召天罰。「昔先」至「以卜」。正義曰：先王，先世之王，不斥一人，蓋自古以來共如此也。襄三十一年傳曰：「公薨，立胡女敬歸之子子野。子野卒，立敬歸之娣齊歸之子裯。穆叔曰：『太子死，有母弟則立之，無則立長。年鈞擇賢，義鈞則卜，古之道也。非適嗣，何必娣之子？』」彼言大子死立母弟，則此言擇立長，謂無母弟者也。彼又云子野「非適嗣，何必娣之子」，然則適嗣立而死，當立娣之子也。姪與娣同，蓋王后夫人無姪娣之子，乃於諸妾之子擇立長耳。「年鈞擇賢」，與此「年鈞以德」，皆謂母之貴賤等者。《公羊傳》曰：「立適以長不以賢，立子以貴不以長。」明母貴則先立也。此子朝之母必賤於猛母，故專言立長之義，不言母之貴賤。何休難「年鈞以德」之言云：「人君所賢，下必從之，焉能使王不立愛也？」鄭玄答云：「《周禮·小司寇》：『掌外朝之政，以致萬民而詢焉。』其三曰『詢立君』。『其位，王南鄉，三公及州長百姓北面，羣臣西面，羣吏東面，小司寇以敘進而問焉』。如此，則大衆之口，非君所能掩，是王不得立愛之法也。」「公卿」至「制也」。正義曰：三公、六卿無得私附王之庶子，而妄立之。其意言單、劉有私情，違古制也。何休難云：「大夫不世功，而并爲公卿，通繼嗣，《左氏》爲短。」鄭玄云：「公卿之世有大功德，先王命所不絶者。」何難既非，鄭答亦謬。

齊有彗星，出齊之分野，不書，魯不見。**齊侯使禳之。**祭以禳除之。**晏子曰：「無益也，祇取誣**

焉。誣，欺也。天道不諂，❶諂，疑也。不貳其命，若之何禳之？且天之有彗也，以除穢也，君無穢德，又何禳焉？若德之穢，禳之何損？《詩》曰：『惟此文王，小心翼翼。昭事上帝，聿懷多福。厥德不回，以受方國。』《詩·大雅》。翼翼，共也。聿，惟也。回，違也。言文王德不違天人，故四方之國歸往之。君無違德，❷方國將至，何患於彗？《詩》曰：『我無所監，夏后及商。用亂之故，民卒流亡。』逸《詩》也。言追監夏、商之亡，皆以亂故。若德回亂，民將流亡，祝史之爲，無能補也。」公說，乃止。【疏】注「出齊」至「不見」。❸正義曰：傳言「齊有此星，而齊侯使禳之」，明出齊之分野，出於玄枵之次也。彗即孛也。文十四年「有星孛入于北斗」，十七年「有星孛于大辰」，彼皆書，此不書者，時魯不見，或陰不見。「詩曰」至「方國」。正義曰：《詩·大雅·大明》之篇也。唯此文王，慎小其心，翼翼然共順也。又能明事上天，惟行上天之道，思使自得多福，其德不有回邪，以受四方之國，言四方皆歸之。

齊侯與晏子坐于路寢。公歎曰：「美哉室！其誰有此乎？」景公自知德不能久有國，故歎也。晏子曰：「敢問何謂也？」公曰：「吾以爲在德。」對曰：「如君之言，其陳氏乎？陳氏雖無大德，而有施於民。豆、區、釜、鍾之數，其取之公也薄，謂以公量收。其施之民也厚。謂以私量貸。公厚斂

❶「諂」，《經典釋文》云：「本又作『慆』。」

❷「違德」，阮校：「案，惠棟云：《論衡》引作『回德』。回，邪也，與上文『不回』、下文『回亂』合。」

❸「注出齊至不見」，阮本以下正義二節分疏於傳文各節下。

焉，陳氏厚施焉，民歸之矣。《詩》曰：『雖無德與女，式歌且舞。』《詩·小雅》。義取雖無大德，要有喜説之心，欲歌舞之。式，用也。陳氏之施，民歌舞之矣。後世若少惰，陳氏而不亡，則國其國也已。」公曰：「善哉！是可若何？」對曰：「唯禮可以已之。在禮，家施不及國，民不遷，農不移，工賈不變，守常業。士不濫，不失職。官不滔，滔，慢也。大夫不收公利。」不作福。公曰：「善哉！我不能矣。吾今而後知禮之可以爲國也。」對曰：「禮之可以爲國也久矣，與天地並。有天地則禮義興。君令、臣共，父慈、子孝，兄愛、弟敬，夫和、妻柔，姑慈、婦聽，禮也。君令而不違，臣共而不貳，父慈而教，子孝而箴，箴，諫也。❶兄愛而友，弟敬而順，夫和而義，妻柔而正，姑慈而從，從，不自專。婦聽而婉，婉，順也。禮之善物也。」公曰：「善哉，寡人今而後聞此禮之上也！」對曰：「先王所稟於天地，以爲其民也，是以先王上之。」稟，受也。【疏】「詩曰」至「且舞」。❷正義曰：《詩·小雅·車舝》，刺幽王也。「家施不及國」。正義曰：大夫稱家，家之所施，不得施及國人，言國人是國君之所有，大夫不得妄施遺之，以樹己私惠。陳氏施及國人，是違禮也。「大夫不收公利」。正義曰：《尚書·洪範》曰：「惟辟作福，惟辟作威。臣無有作福作威，臣之有作福作威，其害于而家，凶于而國。」是言作福作威，君之利也，大夫不得聚收公利，自作福也。陳氏作福以招國人之心，施民作福，是收公利也。「禮之」至「地並」。正

❶「諫」，原作「誶」，據《四部叢刊》本、京都本、文淵閣本、阮本改。

❷「詩曰至且舞」，阮本以下正義五節分疏於傳文各節下。

義曰：天地，人民莫知其始，但人稟陰陽之氣，生於天地之間，天地既形，人民必育。《易·序卦》曰：「有天地，然後有萬物。有萬物，然後有男女。有男女，然後有夫婦。有夫婦，然後有父子。有父子，然後有君臣。有君臣，然後有上下。有上下，然後禮義有所錯。」是言有天地即有人民，有人民即有父子、君臣。父子相愛，君臣相敬，敬愛爲禮之本，是與天地並興。❶「先王」至「上之」。正義曰：先古聖王所治理人民者，爲受陰陽之氣，生於天地之中，以有上下之禮，乃可治其天下。又禮與天地同貴，是以先王上之。

❶「是」下，阮校：「盧文弨校本有『禮』字。」

春秋左傳正義卷第三十二　昭公

國子祭酒上護軍曲阜縣
開國子臣孔穎達等奉勑撰

【經】二十有七年，春，公如齊。自鄆行。

公至自齊，居于鄆。

夏，四月，吴弑其君僚。僚亟戰民罷，又伐楚喪，故光乘間而動。稱國以弑，罪在僚。【疏】注「僚亟」至「在僚」。　正義曰：杜數僚之罪，以示無道之驗。僚以十六年即位，十七年與楚戰于長岸，二十三年伐州來，敗楚于雞父，其年又使太子諸樊入郥。二十四年滅巢及鍾離，此年又因楚喪而伐之，是其「亟戰民罷，又伐楚喪，故光得乘間而動。稱國以弑，罪在僚」也。言舉國皆欲弑之，非獨光之罪，故不書光弑。

楚殺其大夫郤宛。無極，楚之讒人，宛所明知，而信近之，以取敗亡，故書名罪宛。【疏】注「無極」至「罪宛」。　正義曰：文七年宋殺其大夫，傳曰：「不稱名，非其罪也。」死者無罪，則不稱其名，是稱名者皆爲有罪矣。此郤宛書名，故杜跡其爲罪之狀，書名所以罪宛也。

秋，晉士鞅、宋樂祁犂、衛北宫喜、曹人、邾人、滕人會于扈。

冬，十月，曹伯午卒。無傳。未同盟而赴以名。

邾快來奔。無傳。快，邾命卿也，故書。【疏】注「快邾」至「故書」。正義曰：邾是小國，其臣見於經者甚少，唯此與襄二十三年「邾畀我來奔」，書者二人而已。《釋例》曰：「魯之叔孫，父兄再命，而書於經，晉之司空亞旅一命，而經不書。推此知諸侯大夫再命以上皆書於經，自一命以下，大夫及士，經皆稱人，名氏不得見。此皆典策之正文也。小國之卿，或命而禮儀不備，或未加命數，故不書之。邾畀我之等，其奔亡亦多，所書唯數人而已，知其合制者少。」杜言數人，謂此快與畀我及曹公孫會也。是言快是邾之命卿，備於禮成爲卿，故書也。快不書氏，蓋未賜族，無可稱也。

公如齊。自鄆行。

公至自齊，居于鄆。無傳。

【傳】二十七年，春，公如齊。公至自齊，處于鄆。言在外也。在外邑，故書地。

吴子欲因楚喪而伐之，前年楚平王卒。使公子掩餘、公子燭庸帥師圍潛，二子，皆王僚母弟。潛，楚邑，在廬江六縣西南。使延州來季子聘于上國，季子本封延陵，後復封州來，故曰延州來。遂聘于晉，以觀諸侯。觀彊弱。

楚莠尹然、工尹麇帥師救潛，❶二尹，楚官。然、麇其名。**左司馬沈尹戌帥都君子與王馬之屬以濟師，**都君子，在都邑之士有復除者。王馬之屬，王之養馬官屬校人也。濟，益也。**與吳師遇于窮，**❷**令尹子常以舟師及沙汭而還。**沙，水名。**左尹郤宛、工尹壽帥師至于潛，吳師不能退。**楚師彊，故吳不得退去。

吳公子光曰：「此時也，弗可失也。」欲因其師徒在外，國不堪役，以弒王。**告鱄設諸曰：「上國有言曰：『不索，何獲？』我，王嗣也，吾欲求之。**光，吳王諸樊子也，故曰「我王嗣」。**事若克，季子雖至，不吾廢也。」**至，謂聘還。**鱄設諸曰：「王可弒也。母老、子弱，是無若我何？」**猶言我無若是何，欲以老弱託光。**光曰：「我，爾身也。」**言我身猶爾身。**夏，四月，光伏甲於堀室而享王。**❸掘地爲室。**王使甲坐於道及其門，**坐道邊至光門。**門、階、户、席皆王親也，夾之以鈹。羞者獻體改服於門外。**羞，進食也。獻體，解衣。**執羞者坐行而入，**坐行，膝行。**執鈹者夾承之，**承執羞者。**及體，**

---

❶「工」，阮校：「纂圖本、閩本、監本、毛本作『王』，與正義本合。孫志祖云：下云别有『工尹壽』，此當作『王尹』。」

❷「窮」，阮校：「惠棟云：《水經注》云『水出安豐縣窮谷』，『窮』音『戎』。唐石經『窮』下有『谷』字，酈道元所引同。正義以有『谷』字爲誤，非也。」

❸「堀」，阮校：「《釋文》亦作『堀』，云：『本又作窟。』陳樹華云：《史記》『夏四月』下有『丙子』二字，『堀』作『窟』，下同。《初學記》引亦作『窟』。按，作『窟』，即《釋文》所謂『又作』之本也。」

以相授也。鈹及進羞者體，以所食授王。光僞足疾，入于堀室。恐難作，王黨殺己，素辟之。鱄設諸寘劍於魚中以進，全魚炙。抽劍刺王，鈹交於胷，交鱄諸胷。遂弑王。闔廬以其子爲卿。闔廬，光也。以鱄諸子爲卿。

季子至，曰：「苟先君無廢祀，民人無廢主，社稷有奉，國家無傾，乃吾君也，吾誰敢怨？哀死事生，以待天命。非我生亂，立者從之，先人之道也。」吳自諸樊以下兄弟相傳，而不立適，是亂由先人起也。季子自知力不能討光，故云爾。復命哭墓，復使命於僚墓。復位而待。復本位待光命。吳公子掩餘奔徐，公子燭庸奔鍾吾。鍾吾，小國。楚師聞吳亂而還。言聞吳亂，明郤宛不取賂而還。

郤宛直而和，國人説之。以直事君，以和接類。鄢將師爲右領，右領，官名。與費無極比而惡之。惡郤宛。令尹子常賄而信讒，無極譖郤宛焉，謂子常曰：「子惡欲飲子酒。」子惡，郤宛。又謂子惡：「令尹欲飲酒於子氏。」子惡曰：「我，賤人也，不足以辱令尹。令尹將必來辱，爲惠已甚，吾無以酬之，若何？」酬，報獻。無極曰：「令尹好甲兵，子出之，吾擇焉。」擇取以進子常。取五甲五兵，曰：「寘諸門。令尹至，必觀之，而從以酬之。」曰，無極辭。及饗日，帷諸門左。張帷，陳甲兵其中。無極謂令尹曰：「吾幾禍子！子惡將爲子不利，甲在門矣。子必無往！且此役也，此春救潛之役。吳可以得志，子惡取賂焉而還，又誤羣帥，使退其師，曰『乘亂不祥』。吳乘我喪，我乘其亂，不亦可乎？」令尹使視郤氏，則有甲焉。不往，召鄢將師而告之。告子惡門有甲兵，將害己。將師退，遂令攻郤氏，且爇之。爇，燒也。子惡聞之，遂自殺也。國人弗爇，令曰：「不爇郤氏，與之同罪。」或取一編菅焉，或取一秉秆焉，編菅，苫也。秉，把也。秆，稾也。國人投之，遂弗爇也。令尹炮之，炮，燔郤宛。盡滅郤氏之族黨，殺陽令終與其弟完及佗，令終，陽匄子。與晉陳及其子弟。晉陳，楚大夫，皆郤氏黨。❶晉陳之族呼於國曰：「鄢氏、費氏自以爲王，專禍楚國，弱寡王室，蒙王與令尹以自利也，蒙，欺也。令尹盡信之矣，國將如何？」令尹病之。爲下殺無極張本。【疏】注「二子」至「母弟」。❷　正義曰：賈逵云：「然當是相傳説耳，未必有正文也。」三十年傳此二公子奔楚。楚子大封，而定其徙。子西諫曰：「吴光新得國，若好吾邊疆，使柔服焉，猶懼其至，吾又彊其讎，以重怒之，無乃不可乎？」謂此二子爲光之讎，或當是僚母弟也。　「聘于上國」。　正義曰：服虔云：「上國，中國也。」蓋以吴辟在東南，地勢卑下，中國在其上流，故謂中國爲上國也。下云「遂聘于晉」，則上國之言不包晉矣，當揔謂宋、衛、陳、鄭之徒爲上國耳。亦不知其時聘幾國也，經不書，未必不至魯。《檀弓》云：「延陵季子適齊。於其反也，其長子死，葬於嬴博之間。」鄭玄云：「魯昭二十七年，吴公子札聘於上國是也。」如鄭之言，此時或聘齊也。　注「季子」至「州

---

❶「氏」下，京都本、文淵閣本、阮本有「之」字。

❷「注二子至母弟」，阮本以下正義十六節分疏於傳文各節下。

來」。　正義曰：襄三十一年注云：「延州來，季札邑。」此又分拆之，❶言本封延陵，後復封州來，故曰延州來。成七年「吳入州來」，注云：「楚邑，淮南下蔡縣是也。」十三年「吳滅州來」，二十三年傳云「吳伐州來，楚薳越救之」。則州來未爲吳有，不可以封札也。《釋例·土地名》：「延州來，闕。」則延陵、州來並闕不知其處。杜意當謂吳地別有州來，非楚邑也。鄭玄云：「季子讓國居延陵，因號焉。」襄二十九年《公羊傳》曰：季子「去之延陵，終身不入吳國」。然則季子雖則讓國，猶尚仕爲吳卿，非自竄於彼地。《吳世家》云：「季札封于延陵，故號曰延陵季子。」杜言封，是也。封謂賜之爲采邑耳。　注「二尹楚官」。　正義曰：楚官多以尹爲名，知二尹是官名耳，其「莠」、「王」之義不可知也。服虔云：「王尹主宮内之政。」「莠」不可解，「王」未必然。定本「王」作「工」。　注「都君」至「校人」。　正義曰：都謂國都，在都君子，明是在都邑之士也。都邑之士以君子爲號，故知是有「復除」者，謂優復其身，除其傜役。賈逵云：「然今之律令猶名放課役者爲復除。」是漢世以來有此言也。此人或别有功勞，或曲蒙恩澤，平常免其傜役，事急乃使之耳。《周禮》校人掌養馬，知王馬之屬是王之養馬之官屬也。《校人》職云：「凡頒良馬而養乘之。乘馬一師四圉，三乘爲皁，皁一趣馬。三皁爲繫，繫一馭夫。六繫爲廄，廄一僕夫。六廄成校，校有左右。駑馬三良馬之數。麗馬一圉，八麗一師，八師一趣馬，八趣馬一馭夫。」諸侯六閑，養馬之人多矣，此唯養馬，不給餘役，今亦事急而徵使之。　「遇于窮」。　正義曰：《土地名》：「窮，闕也。」本或「窮」下有「谷」字者，爲定七年傳「敗尹氏于窮谷」，涉彼而誤耳。　「上國有言」。　正義曰：賈逵云：「上國，中國也。」服虔云：「上國，謂上古之國，賢士所言也。」此猶如上文「聘于上國」，則賈言是也。　注「光吳」至「王嗣」。　正

❶「拆」，正宗寺本、京都本、阮本作「坼」。

義曰：《吴世家》云：「吴王壽夢有子四人，長曰諸樊，次曰餘祭，次曰餘眛，次曰季札。季札賢，而壽夢欲立之，季札讓，不可，乃立諸樊。諸樊卒，有命授弟餘祭，欲傳以次，必致國於札。兄弟皆欲致國，令以漸至焉。餘祭卒，弟餘眛立。餘眛卒，欲授季札。札讓，逃去。於是吴人曰：『先王有命，必致季子。今逃位，則餘眛後立，今卒，其子當代。』乃立餘眛之子僚爲王。公子光者，王諸樊之子也，常以爲吾父兄弟四人，當傳至季子。季子不受，光父先立，若既不傳季子，光當立。遂殺王僚，光代立爲王。」是《史記》以光爲諸樊之子，僚爲夷眛之子也。襄二十九年《公羊傳》曰：「謁也，餘祭也，夷眛也，與季子同母者四。季子弱而才，兄弟皆愛之，同欲立之以爲君。弟兄迭爲君，而致國乎季子。故謁也死，餘祭也立，餘祭也死，夷眛也立，夷眛也死，則國宜之季子者也。季子使而亡焉，僚者長庶也，即之。闔閭曰：『將從先君之命與，則國宜之季子者也。如不從先君之命與，則我宜立者也。僚惡得爲君乎？』於是使專諸刺僚。」《世本》云：「夷眛及僚，夷眛生光。」服虔云：「夷眛生光而廢之，僚者，夷眛之庶兄，夷眛卒，僚代立，故光曰：『我，王嗣也。』」是用《公羊》爲説也。杜言「光，吴王諸樊子」，用《史記》爲説也。班固云「司馬遷采《世本》爲《史記》」，而今之《世本》與遷言不同，《世本》多誤，不足依馮，故杜以《史記》爲正也。光言王嗣者，言己是世適之長孫也。　注「猶言」至「託光」。　正義曰：古人言有顛倒，故杜以爲「是無若我何」猶言「我無若是何」，恐己死之後不能存立，欲以老弱託光也。彭仲博云：「當言『是無我若何』，我母無我，當如何？『我』字當在『若』上。」　「門階」至「親也」。　正義曰：言從門至階，從階至户，從户至席，皆是王之親兵也。「鈹」。　正義曰：《説文》云：「鈹，劍也。」則鈹是劍之别名。　「及體以相授」。　正義曰：鈹之鋒刃及進羞者體也。王之左右必更有人受羞以進王，故言相授也。雖則相授，進羞者得至王所。　注「全魚炙」。　正義曰：《吴世家》云：「鱄諸置匕首於炙魚之中以進食，手匕首刺王僚。」匕首者，劍首如匕匙。手匕首，謂執匕首也。

「取五甲五兵」。　正義曰：《周禮・司右》云：「凡國之勇力之士，能用五兵者，屬焉。」鄭引《司馬法》曰：「弓矢圍，殳矛守，戈戟助。凡五兵，長以衛短，短以救長。」然則弓矢、殳、矛、戈、戟五者，皆名爲兵。此云五兵，當是一種器耳，不知取何兵也。服虔云：「兵，戟也。」　注「編菅」至「稾也」。❶　正義曰：《釋草》云「白華，野菅」，郭璞云：「菅，茅屬。」《釋器》云：「白蓋謂之苫。」李巡曰：「編菅以覆屋曰苫。」郭璞曰：「白茅，苫也。」是編菅爲苫也。秉，把，《詩》毛傳文也。《説文》云「秆，禾莖也」，是爲稾也。或取一片苫，或取一把稾，言民不肯燒之。　「國人」至「炮之」。　正義曰：國人投之，謂投菅秆於地，故遂不燒也。「令尹炮之」一句，是鄢將師令衆之辭。服虔云：「民不肯爇也，鄢將師稱令尹使女燔炮之。」燔、炮、爇，皆是燒也。

秋，會于扈，令戍周，且謀納公也。宋、衛皆利納公，固請之。范獻子取貨於季孫，謂司城子梁與北宮貞子子梁，宋樂祁也。貞子，衛北宮喜。**曰：「季孫未知其罪，而君伐之。請因、請亡，於是乎不獲，君又弗克，而自出也。夫豈無備而能出君乎？季氏之復，天救之也。**復猶安也。**休公徒之怒，**休，息也。**而啓叔孫氏之心。不然，豈其伐人而説甲執冰以游？叔孫氏懼禍之濫，而自同於季氏，天之道也。魯君守齊，三年而無成。季氏甚得其民，淮夷與之，**淮夷，魯東夷。**有十年之備，有齊、楚之援，**公雖在齊，言齊不致力。**有天之贊，有民之助，有堅守之心，有列國之權，而弗敢宣也，**宣，用也。**事君如在國。**書公行，告公至，是也。**故鞅以爲難。二子皆圖國者也，而欲納魯君，**

❶「菅」，原作「管」，據正宗寺本、京都本、阮本改。下「菅」字同。

鞅之願也，請從二子以圍魯。無成，死之。」二子懼，皆辭。乃辭小國，而以難復。以難納白晉君。【疏】「懼禍」至「道也」。❶ 正義曰：言季氏無罪而公濫討之，叔孫氏亦懼禍之濫及於己，而自同心於季氏，俱叛公。此乃天之常道也。

孟懿子、陽虎伐鄆，陽虎，季氏家臣。伐鄆，欲奪公。鄆人將戰，子家子曰：「天命不慆久矣，慆，疑也。言棄君不疑。使君亡者，必此衆也。言君據鄆衆以與魯戰，必敗亡。天既禍之，而自福也，不亦難乎？猶有鬼神，此必敗也。嗚呼，❷爲無望也夫！其死於此乎？」公使子家子如晉。公徒敗于且知。且知，近鄆地。❸【疏】「孟懿」至「伐鄆」。❹ 正義曰：伐鄆欲奪公鄆，使公不得居也。不書者，伐公逆事，不可以告廟，國史無由得書。　「猶有」至「敗也」。　正義曰：言尚有鬼神以助君，此戰必當敗也，況無鬼神乎？

楚郤宛之難，國言未已，進胙者莫不謗令尹。進胙，國中祭祀也。謗，詛也。沈尹戌言於子常曰：「夫左尹與中廄尹莫知其罪，而子殺之，以興謗讟，至于今不已。左尹，郤宛也。中廄尹，陽令終。戌也惑之，仁者殺人以掩謗，猶弗爲也，今吾子殺人以興謗，而弗圖，不亦異乎？夫無極，楚之

---

❶「懼禍至道也」，阮本此節正義在注「淮夷魯東夷」下。
❷「嗚」，阮校：「石經、淳熙本作『烏』，是也。古『烏呼』字不作『嗚』。」
❸「地」下，京都本、文淵閣本、阮本有「也」字。
❹「孟懿至伐鄆」，阮本以下正義二節分疏於傳文各節下。

讒人也，民莫不知。去朝吳，在十五年。出蔡侯朱，在二十一年。喪大子建，殺連尹奢，在二十年。屏王之耳目，使不聰明。不然，平王之温惠共儉，有過成、莊，無不及焉，所以不獲諸侯，邇無極也。邇，近也。今又殺三不辜，以興大謗，三不辜：郤氏、陽氏、晉陳氏。幾及子矣。子而不圖，將焉用之？夫鄢將師矯子之命，以滅三族，國之良也，而不愆位。在位無愆過。吳新有君，光新立也。疆埸日駭，楚國若有大事，子其危哉！知者除讒以自安也，今子愛讒以自危也，甚矣，其惑也！」子常曰：「是瓦之罪，敢不良圖？」九月，己未，子常殺費無極與鄢將師，盡滅其族，以説于國，謗言乃止。

【疏】「鄢將師矯子之命」。❶ 正義曰：令尹召鄢將，師告之以郤宛門有甲耳，不令攻郤宛也，鄢將師退而令衆使攻之，是矯令尹命也。

冬，公如齊，齊侯請饗之。設饗禮。子家子曰：「朝夕立於其朝，又何饗焉？其飲酒也。」乃飲酒，使宰獻而請安。比公於大夫也。禮，君不敵臣，宴大夫使宰爲主。獻，獻爵也。請安，齊侯請自安，不在坐也。子仲之子曰重，爲齊侯夫人，曰：「請使重見。」子仲，魯公子慭也。十二年，謀逐季氏，不能而奔齊。今行飲酒禮，而欲使重見，從宴媟也。子家子乃以君出。辟齊夫人。【疏】「朝

❶「鄢將師矯子之命」，阮本此節正義在注「在位無愆過」下。

夕」至「飲酒」。❶　正義曰：禮，爲諸侯，相爲賓主國待之，有享、食、宴三禮，享爲大。鄭玄云：「亨大牢以飲賓。」❷是爲禮之大者。子家以公雖居鄆，以齊爲主，此年已再如齊，數相見，不爲賓客，故言朝夕立於其朝，又何須設饗禮焉？其飲酒也。勸其用宴禮而飲酒耳。注「比公」至「坐也」。正義曰：燕禮者，公燕大夫之禮也。公雖親在，而別有主人。鄭玄云：「主人，宰夫也。宰夫，大宰之屬，掌賓客之獻飲食者也。君於其臣，雖爲賓，不親獻，以其尊，莫敢伉禮也。」今齊侯與公飲酒，而使宰獻，是比公於大夫也。獻，獻爵者。禮有三酌，獻也，酬也，酢也。獻酬是主人獻賓，唯酢是賓答主人耳。禮，君不敵臣，宴大夫使宰爲主，即燕禮是其事也。杜以「宰獻而請安」，謂齊侯請自安於別室，不在坐也。劉炫云：「案《燕禮》：『司正洗角觶，南面坐奠于中庭，升東楹之東受命。西階上北面，命卿大夫。君曰：「以我安。」卿大夫皆對曰：「諾，敢不安。」』彼是請賓使自安，當如彼使宰請魯侯自安耳。主人請安，謂主人使司正請安于賓。服虔亦然。杜今云『齊侯請自安』，非也。」今知不然者，案《鄉飲酒禮》，賓主相敵，主人亦請安于賓。然則齊侯與公敵禮，安賓乃是常事，何須傳載其文，以見卑公之義？明是齊侯請欲自安，不在其坐，明慢公之甚。劉不審思此理，用《燕禮》請安之義而規杜，非也。

十二月，晉籍秦致諸侯之戍于周，魯人辭以難。經所以不書戍周。籍秦，籍談子。

---

❶「朝夕至飲酒」，阮本以下正義二節分疏於傳文各節下。

❷「亨」，正宗寺本、京都本、文淵閣本、阮本作「享」，其上有「享謂」二字。阮校：「宋本無『享謂』二字，非也。『大』上『享』字作『亨』，與《聘禮》注合。」

【經】二十有八年，春，王三月，葬曹悼公。無傳。六月而葬緩。

公如晉，次于乾侯。乾侯，在魏郡斥丘縣，晉竟内邑。

夏，四月，丙戌，鄭伯寧卒。無傳。未同盟而赴以名。

六月，葬鄭定公。無傳。三月而葬速。

秋，七月，癸巳，滕子寧卒。無傳。未同盟而赴以名。

冬，葬滕悼公。無傳。

【傳】二十八年，春，公如晉，將如乾侯。齊侯卑公，故適晉。子家子曰：「有求於人，而即其安，人孰矜之？其造於竟。」欲使次於竟以待命。弗聽，使請逆於晉。晉人曰：「天禍魯國，君淹恤在外，君亦不使一个，辱在寡人，一个，單使。而即安於甥舅，其亦使逆君？」言自使齊逆君。使公復于竟，而後逆之。逆著乾侯也。言公不能用子家，所以見辱。

晉祁勝與鄔臧通室，二子，祁盈家臣也。通室，易妻。祁盈將執之，盈，祁午之子。訪於司馬叔游。叔游，司馬叔侯之子。叔游曰：「《鄭書》有之：『惡直醜正，實蕃有徒。』❶《鄭書》，古書名也。

❶「實」，阮校：「《詩·周頌·雝》之篇正義引傳作『寔』。」

言害正直者，實多徒衆。無道立矣，子懼不免。言世亂讒勝。《詩》曰：『民之多辟，無自立辟。』《詩·大雅》。姑已，若何？」姑，且也。已，止也。盈曰：「祁氏私有討，國何有焉？」言討家臣，無與國事。遂執之。祁勝賂荀躒，荀躒爲之言於晉侯。晉侯執祁盈。以其專戮。祁盈之臣曰：「鈞將皆死，鈞，同也。慭使吾君聞勝與臧之死也以爲快。」慭，發語之音。乃殺之。夏，六月，晉殺祁盈及楊食我。楊，叔向邑。食我，叔向子伯石也。食我，祁盈之黨也，而助亂，故殺之，遂滅祁氏、羊舌氏。

初，叔向欲娶於申公巫臣氏，夏姬女也。其母欲娶其黨。叔向曰：「吾母多而庶鮮，吾懲舅氏矣。」言父多妾媵，而庶子鮮少。嫌母氏性不曠。其母曰：「子靈之妻殺三夫，子靈，巫臣。妻，夏姬也。三夫，陳御叔、楚襄老及巫臣也。時巫臣已死。一君、陳靈公。一子，夏徵舒。而亡一國、陳也。兩卿矣，孔寧、儀行父。可無懲乎？吾聞之：『甚美必有甚惡。』是鄭穆少妃姚子之子，子貉之妹也。子貉，鄭靈公夷。子貉早死，無後，而天鍾美於是，是，夏姬也。鍾，聚也。子貉死在宣四年。將必以是大有敗也。昔有仍氏生女黰黑，❶有仍，古諸侯也。美髮爲黰。而甚美，光可以鑑，髮膚光色，可以照人。名曰玄妻。以髮黑故。樂正后夔取之，夔，舜典樂之君長。生伯封，實有豕心，貪惏無饜，忿纇無期，謂之封豕。纇，戾也。封，大也。有窮后羿滅之，夔是以不祀。羿，篡夏

❶ 「仍」，阮校：「《漢書·古今人表》作『扔』，師古曰：『扔』音『仍』。」

后者。且三代之亡、共子之廢，皆是物也，夏以末喜，❶殷以妲己，周以褒姒，三代所由亡也。共子，晉申生，以驪姬廢。女何以爲哉？夫有尤物，足以移人。苟非德義，則必有禍。」尤，異也。叔向懼，不敢取。平公彊使取之，生伯石。伯石始生，子容之母走謁諸姑，子容母，叔向嫂，伯華妻也。姑，叔向母。曰：「長叔姒生男。」兄弟之妻相謂姒。姑視之。及堂，聞其聲而還，曰：「是豺狼之聲也，狼子野心。非是，莫喪羊舌氏矣。」遂弗視。【疏】「惡直」至「有徒」。❷　正義曰：以直爲惡，以正爲醜，惡直事，醜正道，如此人者，實蕃多有徒衆。言時世慕善者少，從惡者多。　「詩曰」至「立辟」。　正義曰：《詩·大雅·板》之篇，刺厲王之詩。辟，邪也。辟，法也。民之多有邪辟，❸於此之時，無自謂所立者爲法。是言無道之世，法不可爲。古辟、辟字同音異耳。❹　「鈞將皆死」。　正義曰：鈞，同也。殺勝與臧，盈亦死，不殺，盈亦死。同將皆死，不如殺之，使盈聞而快意。　「吾母多」。　正義曰：言父多妾媵，而謂之母多者，意言庶弟少。據庶弟而發言，故謂父妾爲母耳。　「殺三夫」。　正義曰：三夫皆自命盡而死，其死不由夏姬。而云殺三夫者，婦之配夫，欲其偕老，其夫數死，是妻之薄相，故以爲夏姬之咎。　「一君」至「兩卿」。　正義曰：「一君、

❶「末」，京都本、文淵閣本、阮本作「妹」。

❷「惡直至有徒」，阮本以下正義十七節分疏於傳文各節下。

❸「辟」下，正宗寺本、京都本、文淵閣本、阮本有「者」字。

❹二「辟」字，阮校：「浦鏜云：『辟辟疑作僻辟字。』按：孔本二字皆作『辟』，故如此云，猶前疏云『乞與乞一字也』。」

一子」蒙上「殺」文，「兩卿」亦蒙「亡」文也。以兩卿棄位出奔，身不死，故爲亡也。此事皆宣十年、十一年傳。「甚美必有甚惡」。　正義曰：物忌大盛，善不可常。暑往寒來，晝明夜暗，孰能爲此者？天地。天地尚不能常，況人乎？故甚美必有甚惡也。甚美，謂夏姬之身。甚惡，當在其後。言其種胤當惡，故禁其子取之。「子貉」至「於是」。　正義曰：此因鄭靈早夭，而夏姬美，推之爲此言耳，不是兄早死而妹必美也。猶今俗語云：❶「衰家女未必慧，慧家女未必衰。」「將必」至「敗也」。　正義曰：夏姬淫惑，喪國滅家，叔向之母猶謂未是大敗，❷故言將必以是大有敗也。十四年傳稱「施邢侯」者，或是夏姬之男，此殺楊食我，又是夏姬之外孫，其種類蓋盡矣。「生女黰黑」。　正義曰：黰即鬒也。《詩》云：「鬒髮如雲。」毛傳云：「鬒，黑髮也。如雲，言美長也。」《説文》云：「鬒，稠髮也。」然則鬒者，髮多長而黑美之貌也。此傳「黰」下有「黑」，則「黰」文不兼於「黑」，故賈、杜皆云「美髮爲黰」。　注「髮膚」至「照人」。　正義曰：傳於「黰黑」、「甚美」之下乃云「光可以鑑」，知髮與肌膚二者，光色皆可以照人。　注「夔舜」至「君長」。　正義曰：《尚書·舜典》云：帝曰：「夔，命汝典樂，教胄子。」是夔爲舜之典樂之官也。❸正，長也。后，君也。故云「典樂之君長」。王朝公卿，故以后言之，猶謂稷爲后稷。「生伯」至「封豕」。　正義曰：豕心，言其心似豬，貪而無恥也。《方言》云：「晉魏河内之北謂惏爲殘，楚謂之貪。」則惏

---

❶「云」，正宗寺本、京都本、文淵閣本、阮本重文。
❷「是」，監本、毛本、文淵閣本作「得」。
❸下「之」字，京都本、文淵閣本、阮本無此字。

亦貪也。賈逵云：「惏，耆食也。其人貪耆財利飲食，無知饜足，忿怒很戾，❶無有期度，時人謂之大豬。」注「類戾也封大也」。正義曰：以類、忿共文，則類亦似忿，故以爲戾，言很戾也。定四年傳封豕與長蛇相對，知封爲大也。服虔云：「忿怒其類，❷以饜其私，無期度也。」注「夏以」至「姬廢」。正義曰：《晉語》云：「史蘇曰：『昔夏桀伐有施氏，有施氏以妺喜女焉，❸妺喜有寵，於是與伊尹比而亡夏。殷辛伐有蘇氏，有蘇氏以妲己女焉，妲己有寵，於是與膠革比而亡殷。❹周幽王伐有褒，有褒人以褒姒女焉，褒姒有寵，生伯服，❺於是與虢石甫比，逐大子宜咎而立伯服。大子奔申，申人、鄫人召西戎以伐周，周於是乎亡。』」是三代所由亡之事也。共子之事，具見於傳。「苟非」至「有禍」。正義曰：苟，誠也。誠不以德義自持，則必有禍。注「兄弟」至「謂姒」。正義曰：相謂者，幼者謂長者爲姒也。❻子容是伯華之子，其兄弟伯華最長，叔向次之，其餘諸弟皆小於叔向，❼

---

❶「很」，京都本、文淵閣本、阮本作「狠」，下同。
❷「纇」，正宗寺本、京都本、監本、毛本、文淵閣本、阮本作「類」。阮校：「作『類』，是也。」
❸「喜」，正宗寺本、京都本、文淵閣本、阮本作「嬉」，下同。
❹「革」，監本、毛本、文淵閣本、阮本作「鬲」。阮校：「作『鬲』，與《國語》合。」
❺「生」，原作「主」，據正宗寺本、京都本、文淵閣本、阮本改。
❻「長者」，正宗寺本、京都本、文淵閣本、阮本無「者」字。
❼「向」下，京都本、文淵閣本、阮本有「也」字。

故謂叔向爲長叔。叔向之妻其年長於子容之母，❶故稱長叔姒也。《釋親》云：「女子同出，謂先生爲姒，後生爲娣。」孫炎曰：「同出，俱嫁事一夫也。《公羊傳》曰：『娣者何？弟也。』此其義也。」是言共事一夫者，❷長爲姒，幼爲娣，自以身之長幼生娣姒之名，其娣姒之名不由夫之長幼也。《釋親》又云：「長婦謂稚婦爲娣婦，娣婦謂長婦爲姒婦。」自以身之長稚相謂也。《喪服》「小功章」云：「娣姒婦報。傳曰：『娣姒婦者，弟長也。』」傳言弟長者，雙訓娣姒，言娣是弟，姒是長也。鄭玄云：「娣姒者，兄弟之妻相名也。長婦謂穉婦爲娣婦，娣婦謂長婦爲姒婦。」亦取《爾雅》之文以解弟長之義，是以身之長幼明矣。

秋，晉韓宣子卒，魏獻子爲政，獻子，魏舒。**分祁氏之田以爲七縣，**七縣，鄔、祁、平陵、梗陽、塗水、馬首、盂也。**分羊舌氏之田以爲三縣。**銅鞮、平陽、楊氏。**司馬彌牟爲鄔大夫，**大原鄔縣。**賈辛爲祁大夫，**大原祁縣。**司馬烏爲平陵大夫，魏戊爲梗陽大夫，**戊，魏舒庶子。梗陽，在大原晉陽縣南。**知徐吾爲塗水大夫，**徐吾，知盈孫。塗水，大原榆次縣。**韓固爲馬首大夫，**固，韓起孫。**盂丙爲盂大夫，**❸大原盂縣。**樂霄爲銅鞮大夫，**上黨銅鞮縣。**趙朝爲平陽大夫，**朝，趙勝曾孫。平陽平陽縣。**僚安爲楊氏大夫。**平陽楊氏縣。**謂賈辛、司馬烏爲有力於王室，**二十二年，辛、烏帥師納

---

❶ 下「之」字，京都本、文淵閣本、阮本無此字。

❷ 「共」，原作「其」，據正宗寺本、京都本、文淵閣本、阮本改。

❸ 「盂丙」，阮校：「顧炎武云：今本作『孟丙』者非。《漢書·地理志》云：『盂，晉大夫盂丙邑。』以其爲盂大夫而謂之盂丙，猶魏大夫之爲魏壽餘，閻大夫之爲閻嘉，邯鄲大夫之爲邯鄲午也。」

敬王。**故舉之。謂知徐吾、趙朝、韓固、魏戊，餘子之不失職，能守業者也。**卿之庶子爲餘子。**其四人者，皆受縣而後見於魏子，以賢舉也。**四人，司馬彌牟、孟丙、樂霄、僚安也。受縣而後見，言采衆而舉，不以私也。

魏子謂成鱄：鱄，晉大夫。**「吾與戊也縣，人其以我爲黨乎？」對曰：「何也？戊之爲人也，遠不忘君，**遠，疏遠也。**近不偪同，**不偪同位。**居利思義，**不苟得。**在約思純，**無濫心。**有守心而無淫行，雖與之縣，不亦可乎？昔武王克商，光有天下，**光，大也。**其兄弟之國者十有五人，姬姓之國者四十人，皆舉親也。夫舉無他，唯善所在，親疏一也。《詩》曰：『唯此文王，帝度其心。莫其德音，其德克明。克明克類，克長克君。王此大國，克順克比。比于文王，其德靡悔。既受帝祉，施于孫子。』**《詩》，《大雅》。美文王能王大國，受天福，施及子孫。**心能制義曰度，**帝度其心。**德正應和曰莫，**莫然清静。**照臨四方曰明，勤施無私曰類，**施而無私，物得其所，無失類也。**教誨不倦曰長，**教誨長人之道。**賞慶刑威曰君，**作威作福，❶君之職也。**慈和偏服曰順，**唯順，故天下偏服。**擇善而從之曰比，**比方善事，使相從也。**經緯天地曰文。**經緯相錯，故織成文。**九德不愆，作事無悔，**九德，上「九曰」也。皆無愆過，則動無悔吝。**故襲天禄，子孫賴之。**襲，受也。**主之舉也，近文德矣，所及其遠哉！」**舉魏戊等，勤施無私也。其四人者，擇善而從，故曰近文德，所及遠也。

---

❶「作威作福君之職也」，阮校：「《詩·大雅·皇矣》之篇正義引作『作福作威，君之道也』。」

賈辛將適其縣，見於魏子。魏子曰：「辛來！昔叔向適鄭，鬷蔑惡，惡，貌醜。**欲觀叔向，從使之收器者**從，隨也，隨使人應斂俎豆者。**而往，立於堂下，一言而善。叔向將飲酒，聞之，曰：『必鬷明也！』**素聞其賢，故聞其言而知之。**下，執其手以上，曰：『昔賈大夫惡，**賈國之大夫，惡亦醜也。**娶妻而美，三年不言不笑，御以如皋，**爲妻御之皋澤。**射雉，獲之，其妻始笑而言。賈大夫曰：「才之不可以已。我不能射，女遂不言不笑夫！」今子少不颺，**顏貌不揚顯。**子若無言，吾幾失子矣。言之不可以已也如是！』遂如故知。今女有力於王室，吾是以舉女。**因賈辛有功而後舉之，言人不可無能。**行乎，敬之哉，毋墮乃力！」**墮，損也。

仲尼聞魏子之舉也，以爲義，曰：「近不失親，謂舉魏戊。**遠不失舉，**以賢舉。**可謂義矣。」又聞其命賈辛也，以爲忠：**先賞王室之功，故爲忠。**「《詩》曰『永言配命，自求多福』，忠也。**《詩·大雅》。永，長也。言能長配天命，致多福者，唯忠。**魏子之舉也義，其命也忠，其長有後於晉國乎？」**

【疏】「分祁」至「氏大夫」。❶　正義曰：此祁氏與羊舌氏之田，舊是私家采邑，二族既滅，其田歸公，分爲十縣，爲公邑，故選置大夫也。傳文先祁後羊舌，故依下文選置大夫之次，上七縣爲祁氏之田，下三縣爲羊舌氏之田。且五年傳謂伯石爲揚石，明揚氏是羊舌之田也。《家語》與《史記》皆謂羊舌赤爲銅鞮伯華，是銅鞮亦羊舌邑也。平陽之次在銅鞮、揚氏之間，知亦羊舌邑也。　注「二十」至「敬王」。　正義曰：二十二年傳曰：「晉籍

---

❶「分祁至氏大夫」，阮本以下正義十八節分疏於傳文各節下。

談、荀躒、賈辛、司馬督帥師軍于陰，于侯氏，于谿泉，次于社。」賈辛軍谿泉，司馬督次于社。督即烏也。此衆軍並爲伐子朝，欲納敬王。

注「卿之」至「餘子」。　正義曰：宣二年傳云：宦卿之適，「以爲公族。又宦其餘子，亦爲餘子。其庶子爲公行」。注云：「餘子，適子之母弟也。庶子，妾子也。」彼適庶分爲三等，故餘子與庶子爲異，此無所對，故摠謂庶子爲餘子也。此四人之内，當有妻生、妾生者也。知徐吾、❶韓固是卿之孫也，趙朝，卿之曾孫也。而並稱餘子者，言其父祖是餘子，就餘子子孫之内選其賢者而用之，此四人不失常職，能守其父祖之業者也。

「對曰」至「可乎」。　正義曰：遠不忘君，言職雖疏遠，而心在公室，常忠敬也。近不偪同，言親近有寵，不偪迫同位，常謙共也。居利思義，臨財不苟得，思義可取，乃取之也。在約思純，處貧匱而思純，固無叨濫之心也。有守善之心，而無淫邪之行，雖則親子而與之縣，不亦可乎？

「昔武」至「親也」。　正義曰：由武王克商得封建諸國，歸功於武王耳。此十五國或有在後封者，非武王之時盡得封也。《尚書·康誥》之篇，周公營洛之年始封康叔于衛，《洛誥》之篇，周公致政之年始封伯禽于魯，明知武王之時，兄弟未盡封也。僖二十四年傳稱「周公弔二叔之不咸，故封建親戚，以蕃屏周」，亦以周公爲制禮之主，故歸功於周公耳，非盡周公封也。九年傳曰「文、武、成、康之封建母弟」，則康王之世尚有封國，宣王方始封鄭，非獨武王、周公封諸國也。僖二十四年傳數「文之昭也」有十六國，此言武王兄弟之國十五人者，人異故説異耳，非武王封十五，周公始加一也。以魯、衛驗之，❷知周公所加非唯一耳。

「詩曰」至「孫子」。　正義曰：《詩·大雅·皇矣》之篇，美文王之德也。唯

❶「吾」，原作「吴」，據文淵閣本、阮本及傳文改。
❷「驗」，阮校：「毛本作『言』。」

此文王之身，爲天帝所祐，天帝開度其心，令其有揆度之惠，所度前事莫不皆得其中也。又使之莫然安静，其德教之善音，施之於人，則皆應和之也。又能有監照在下之明，又能有勤施無私之善，又能教誨不倦，有爲人師長之德，又能賞善刑惡，有爲人君上之度。既有人君之德，故爲人君王此周之大邦也。其施教令，能使國人偏服而順之。既爲國人順服，又能擇人之善者，比方其善，乃從而用之。以此文王之德比于上世，有能經緯天地文德之王如堯舜之輩，其此詩人稱比較于文王之九德，其德皆是無爲人所悔吝者，言文王之德堪比，或以爲比于前世文德之王，義亦通也。以此之故，既受天之祉福，施及于後世之子孫，得使長王天下也。此章文次如此者，德皆天之所授，故先言帝度其心，明以下皆蒙帝文也。德由心起，故先言心能度物也。心既能度，然後能施爲政教，故次莫其德音，言變政教清静也。爲君所以施政，故先言政教清静，乃論身内之德，故次能明能善。其明與善，還是德音之事，施之於人，有照臨之明、勤施之善耳。心能施而無私，乃可爲人君長，故次克長克君。長即師也。《學記》曰：「能爲師，然後能爲長。能爲長，然後能爲君。」故先長後君也。既言堪爲人君，即説爲君之事，故言主此大邦也。既爲大邦之君，能使國人順服，故次克順也。民既順服，又須擇善用之，故次克比也。比于文王，其德無所可恨，故言受天之福、澤流後世以結之。此傳言「唯此文王」，《毛詩》作「維此王季」。經涉亂罹，師有異讀，後人因而兩存，不敢追改。今王肅注《毛詩》及《韓詩》亦作「唯此文王」。鄭注《毛詩》作「維此王季」，故解比于文王，言王季之德可以比于文王也。劉炫云：「此作『唯此文王』，不可以文王之德還自比文王，故知比于文王，可以比于上代文德之王也。」

「心能制義曰度」。正義曰：心能制斷時事，使合於義，是爲善揆度也。言預度未來之事皆得中也。

「德正應和曰莫」。正義曰：《毛詩》「莫」作「貊」。《樂記》引此詩亦作「莫」。《釋詁》云：「貉、嘆、安，定也。」郭璞云：「皆静定。」毛傳云：「貊，静也。」其德既正，爲政清静，故有所施，爲民皆應和。

《易・繫辭》曰：「君子居其室，出其言善，則千里之外應之。」即此義也。莫是清靜之意，故杜云「莫然清靜」。注「施而」至「類也」。　正義曰：勤行施惠，情無偏私，物皆得所，是無失類也。鄭玄云：「類，善也。」無失類者，不失善之類也。　「賞慶刑威曰君」。　正義曰：人君執賞罰之柄，以賞慶人，以刑威物，是爲君之道。　「慈和徧服曰順」。　正義曰：人君執慈心以惠下，用和善以接物，則天下徧服而順從之，故爲順也。《易・繫辭》云「天之所助者順」，故杜云「唯順，故天下徧服」。　「經緯天地曰文」。　正義曰：《易》稱聖人「先天而天弗違，後天而奉天時」，言德能順天，隨天所爲，如經緯相錯，織成文章，故爲文也。　注「近文德所及遠」。　正義曰：成鱄引此詩者，唯欲取克類、克比二事，同於文王，故云「近文德矣」。文王以有此德，故得施于子孫。魏子既近文德，亦將所及遠也。　「從使之收器者」。　正義曰：下云「叔向將飲酒」，將欲舉爵而飲。此則飲猶未畢，使者擬收器耳，未即收也。　「一言而善」。　正義曰：舊説云「一言」者，謂「設由上，徹由下」。　「御以如皋」。　正義曰：《詩》云：「鶴鳴于九皋。」是皋爲澤也。如，往也。爲妻御車以往澤也。　「遂如故知」。　正義曰：遂如故舊相知。　「詩曰」至「忠也」。　正義曰：《詩・大雅・文王》之篇也。言王者長自言，我之所爲配上天之命而行之，是自求衆多之福使歸己。此詩之意，言忠則然也。言魏子能忠，必有多福歸之。

冬，梗陽人有獄，魏戊不能斷，以獄上。上魏子。**其大宗賂以女樂，**訟者之大宗。**魏子將受之。魏戊謂閻没、女寬**二人，魏子之屬大夫。**曰：「主以不賄聞於諸侯，若受梗陽人，賄莫甚焉。吾子必諫！」皆許諾。退朝，待於庭。**魏子朝君退，而待於魏子之庭。**饋入，召之。**召二大夫食。**比置，三歎。既食，使坐。**更命之令坐。**魏子曰：「吾聞諸伯叔，諺曰：『唯食忘憂。』吾子置食之間三歎，**

何也？」同辭而對曰：「或賜二小人酒，不夕食。或，他人也。言飢甚。**饋之始至，恐其不足，是以歎。中置，自咎曰：『豈將軍食之而有不足？』是以再歎。**魏子，中軍帥，故謂之將軍。**及饋之畢，願以小人之腹爲君子之心，屬厭而已。」**屬，足也。言小人之腹飽，猶知厭足。君子之心亦宜然。**獻子辭梗陽人。**傳言魏氏所以興。❶【疏】注「魏子」至「將軍」。❷　正義曰：晉使卿爲軍將，謂之將中軍，將上軍。此以魏子將中軍，故呼爲將軍。及六國以來，遂以將軍爲官名，蓋其元起於此。

【經】二十有九年，春，公至自乾侯，居于鄆。以乾侯致，不得見晉侯故。【疏】注「以乾」至「侯故」。❸　正義曰：二十五年，「公孫于齊，齊侯唁公于野井」。二十六年經書「公至自齊」。公雖不至齊都，既入齊竟，得與齊侯相見，故書「公至自齊」。往年公如晉，次于乾侯，雖入晉竟，不得與晉侯相見，故書「至自乾侯」，以乾侯致告於廟者，爲不得見晉侯故。

齊侯使高張來唁公。唁公至晉不見受。高張，高偃子。【疏】注「唁公至晉不見受」。　正義曰：《詩》毛傳曰：「弔失國曰唁。」二十五年公新失國，齊侯唁公可矣。於此復唁公者，公以齊不憂己，棄而適晉，望得

---

❶ 「興」下，《四部叢刊》本、足利學本、京都本、文淵閣本、阮本有「也」字。

❷ 「注魏子至將軍」，阮本此節正義在注「故謂之將軍」下。

❸ 「侯」上，京都本、阮本有「晉」字。

晉人矜之。晉侯不肯見公，齊侯心復恨公，嫌公此舉，故遣唁公，所以嗤笑公也，故云「唁公至晉不見受」。又似更復失國，故唁之。

公如晉，次于乾侯。復不見受，往乾侯。

夏，四月，庚子，叔詣卒。無傳。

秋，七月。

冬，十月，鄆潰。無傳。民逃其上曰潰，潰散叛公。❶【疏】注「民逃」至「叛公」。正義曰：民逃其上曰潰，文三年傳例也。公自二十六年以來常居于鄆，此時公既如晉，必留人守鄆，鄆人潰散而叛公，使公不得更來，當是季氏道之使然。

【傳】**二十九年，春，公至自乾侯，處于鄆。齊侯使高張來唁公，稱主君。**比公於大夫。**子家子曰：「齊卑君矣，君祇辱焉。」**言往事齊，適取辱。**公如乾侯。**爲齊所卑，故復適晉冀見恤。【疏】注「比公於大夫」。❷正義曰：傳稱范宣子撫荀偃云：「事吴，敢不如事主！」醫和謂趙文子曰：「主是謂矣。」如此之類，大夫稱主，傳文多矣。今高張以齊侯之命稱公爲主君，以晉不受公，故輕侮之，比公於大夫也。

---

❶「潰」，原作「渡」，據《四部叢刊》本、京都本、文淵閣本、阮本改。

❷「注比公於大夫」，阮本此節正義在注「比公於大夫」下。

三月，❶己卯，京師殺召伯盈、尹氏固及原伯魯之子。皆子朝黨也。稱伯魯子，終不說學。**尹固之復也，**二十六年，尹固與子朝俱奔楚而道還。**有婦人遇之周郊，尤之，曰：「處則勸人爲禍，行則數日而反，是夫也，其過三歲乎？」**

夏，五月，庚寅，王子趙車入于鄻以叛，陰不佞敗之。趙車，子朝之餘也。見王殺伯盈等，故叛。鄻，周邑。【疏】注「二十」至「道還」。❷ 正義曰：尹固復還之年，傳雖不載，以婦人尤之云「其過三歲乎」，知以二十六年在道而還，至此爲三歲也。

平子每歲賈馬，賈，買也。**具從者之衣屨，而歸之于乾侯。公執歸馬者，賣之，**賣其馬。**乃不歸馬。衛侯來獻其乘馬，曰啓服，**啓服，馬名。**塹而死。**墮塹死也。**公將爲之櫝。**爲作棺也。**子家子曰：「從者病矣，請以食之。」乃以帷裹之。**禮曰，敝帷不棄，爲埋馬也。【疏】注「啓服馬名」。❸ 正義曰：《釋畜》云：「馬前右足白，啓。」郭璞曰：「《左傳》曰啓服。」《詩》云「兩服上襄」，鄭玄云：「兩服，中央夾轅者。」此馬毛色名啓，公用以夾轅，故以啓服爲名也。　注「禮曰」至「馬也」。　正義曰：《檀弓》文也。禮有埋馬

---

❶「三」，《四部叢刊》本作「二」。

❷「注二十至道還」，阮本此節正義在注「尹固與子朝俱奔楚而道還」下。

❸「注啓服馬名」，阮本以下正義二節分疏於傳文各節下。

之法，子家子請以馬肉食從者者，❶以公將爲之櫝，所以深抑之。公感子家子之言，方始依禮以帷裹之。《史記・滑稽傳》云：「楚莊王有所愛馬，衣以文繡，置之華屋之下，席之以路牀，啗之以棗脯。馬病肥死，欲以棺椁大夫禮葬之。優孟者，故楚之樂人也，多辯，常以談笑風諫，於是入門大笑。王驚而問其故。優孟曰：『馬者，王之所愛也，以楚國之大，何求不得，而以大夫禮葬之？薄，請以人君禮葬之。』王曰：『何如？』對曰：『臣請以雕玉爲棺，文梓爲椁，發甲卒爲穿壙，老弱負土，廟食大牢，奉以萬户之邑。諸侯聞之，皆知大王賤人而貴馬也。』王曰：『寡人過一至於此！爲之奈何？』優孟曰：『請大王以六畜葬之。以壠竈爲椁，銅歷爲棺，齊以薑桂，薦以木蘭，祭以粳稻，衣以火光，葬之人腸。』於是王乃使以馬屬大官，無令天下聞之。」彼亦此之類也。

公賜公衍羔裘，使獻龍輔於齊侯，龍輔，玉名。**遂入羔裘。齊侯喜，與之陽穀。**陽穀，齊邑。**公衍、公爲之生也，其母偕出。**出之産舍。**公衍先生。公爲之母曰：「相與偕出，請相與偕告。」**留公衍母，使待己，共白公。**三日，公爲生。其母先以告，公爲爲兄。公私喜於陽穀，而思於魯，曰：「務人爲此禍也。**務人，公爲也。始與公若謀逐季氏。**且後生而爲兄，其誣也久矣。」乃黜之，而以公衍爲大子。**【疏】注「龍輔玉名」。❷正義曰：《周禮》：「使澤國用龍節，皆金也。以英蕩輔之。」杜子春云：「蕩，謂以函器盛此節。」謂鑄金爲龍，以玉爲函，輔盛龍節，謂之龍輔。此獻函不獻節，故直云「獻龍輔」。玄卿

❶「者者」，京都本、文淵閣本、阮本不重文。

❷「注龍輔玉名」，阮本以下正義二節分疏於傳文各節下。

云：「盛龍節之玉函耳。」案《説文》云：「龍，❶禱旱玉也，爲龍文。」又《玉人》云：「上公用龍。」今輔與龍連文，故云「龍輔，玉名」。蓋用此意。注「出之産舍」。正義曰：《内則》云：「妻將生子，及月辰，居側室。夫使人日再問之，作而自問之。妻不敢見，使姆衣服而對。至于子生，夫復使人日再問之。夫齊，則不入側室之門。子生，男子設弧於門左，女子設帨於門右。三日始負子，男射女否。」然則産舍是側室也。

秋，龍見于絳郊。絳，晉國都。魏獻子問於蔡墨蔡墨，晉大史。曰：「吾聞之，蟲莫知於龍，以其不生得也，謂之知，信乎？」對曰：「人實不知，非龍實知。言龍無知，乃人不知之耳。古者畜龍，故國有豢龍氏，有御龍氏。」豢、御，養也。獻子曰：「是二氏者，吾亦聞之，而不知其故，是何謂也？」對曰：「昔有飂叔安，飂，古國也。叔安，其君名。有裔子曰董父，裔，遠也。玄孫之後爲裔。實甚好龍，能求其耆欲以飲食之，龍多歸之，乃擾畜龍，以服事帝舜。帝賜之姓曰董，擾，順也。氏曰豢龍，豢龍，官名。官有世功，則以官氏。封諸鬷川，鬷夷氏其後也。鬷水上夷，皆董姓。故帝舜氏世有畜龍。及有夏孔甲，擾于有帝，孔甲，少康之後九世君也。其德能順於天。帝賜之乘龍，河、漢各二，合爲四。各有雌雄。孔甲不能食，而未獲豢龍氏。有陶唐氏既衰，其後有劉累，陶唐，堯所治地。學擾龍于豢龍氏，以事孔甲，能飲食之。夏后嘉之，賜氏曰御龍，夏后，孔甲。以更豕韋

❶「龍」，阮校：「段玉裁校本作『瓏』，依《説文》改也。」

之後。❶更，代也。以劉累代彭姓之豕韋。累尋遷魯縣。豕韋復國，至商而滅。累之後世，復承其國爲豕韋氏，在襄二十四年。**龍一雌死，潛醢以食夏后。**潛，藏也。藏以爲醢，明龍不知。**夏后饗之，既而使求之。**求致龍也。**懼而遷于魯縣，**不能致龍，故懼。遷魯縣，自貶退也。魯縣，今魯陽也。**范氏其後也。」**晉范氏也。**獻子曰：「今何故無之？」對曰：「夫物，物有其官，官修其方，**方，法術。**朝夕思之。一日失職，則死及之，**失職有罪。**失官不食。**不食禄。**官宿其業，**宿猶安也。**其物乃至。**設水官脩則龍至。**若泯棄之，❷物乃坻伏，**泯，滅也。坻，止也。**鬱湮不育。**鬱，滯也。湮，塞也。育，生也。**故有五行之官，是謂五官，實列受氏姓，封爲上公，**爵上公。**祀爲貴神。社稷五祀，是尊是奉。**五官之君長能脩其業者，死皆配食於五行之神，爲王者所尊奉。**木正曰句芒，**正，官長也。取木生句曲而有芒角也，其祀重焉。**火正曰祝融，**祝融，明貌，其祀犂焉。**金正曰蓐收，**秋物摧蓐而可收也，其祀該焉。**水正曰玄冥，**水陰而幽冥，其祀脩及熙焉。**土正曰后土。**土爲羣物主，故稱后也，其祀句龍焉。在家則祀中霤，在野則爲社。**龍，水物也，水官棄矣，故龍不生**

---

❶「更」，阮校：「惠棟云：《史記・夏本紀》『更』作『受』。《周禮・巾車》云『歲時受讀』，杜子春云：『受』當爲『更』。《儀禮・燕禮》及《大射儀》注皆云『古文「更」爲「受」』，是『更』與『受』古今字也。」

❷「泯」，原作「汦」，據《四部叢刊》本、京都本、文淵閣本、阮本改。阮校：「作『汦』，避所諱。」下注文「泯」字同。

得。棄，廢也。**不然，《周易》有之，**言若不爾，《周易》無緣有龍。**在乾**䷀乾下乾上，乾。**之姤**䷫，巽下乾上，姤。乾初九變。**曰『潛龍勿用』，**《乾》初九爻辭。**其《同人》**䷌離下乾上，同人。乾九二變。**曰『見龍在田』，**《乾》九二爻辭。**其《大有》**䷍乾下離上，大有。乾九五變。**曰『飛龍在天』，**《乾》九五爻辭。**其《夬》**䷪乾下兑上，夬。乾上九變。**曰『亢龍有悔』，**《乾》上九爻辭。**其《坤》**䷁❶坤下坤上，坤。乾六爻皆變。**曰『見羣龍無首，吉』，**《乾》用九爻辭。**坤之剥**䷖坤下艮上，剥。坤上六變。**曰『龍戰于野』。**《坤》上六爻辭。**若不朝夕見，誰能物之？」**物，謂上六卦所稱龍各不同也。今説《易》者，皆以龍喻陽氣，如史墨之言，則爲皆是真龍。**獻子曰：「社稷五祀，誰氏之五官也？」**問五官之長皆是誰。**對曰：「少皥氏有四叔，**少皥，金天氏。**曰重、曰該、曰脩、曰熙，實能金、木及水。**能治其官。**使重爲句芒，**木正。**該爲蓐收，**金正。**脩及熙爲玄冥，**二子相代爲水正。**世不失職，遂濟窮桑，此其三祀也。**窮桑，少皥之號也。四子能治其官，使不失職，濟成少皥之功，死皆爲民所祀。窮桑地在魯北。**顓頊氏有子曰犂，爲祝融。**犂爲火正。**共工氏有子曰句龍，爲后土，**共工在大皥後，神農前，以水名官者。❷其子句龍，能平水土，故死而見祀。**此其二祀也。后土爲社，**方答

---

❶「坤」，阮校：「《釋文》作『巛』，云：『本又作坤。』案，《説文》無『巛』字，即『☷』之變耳。」

❷「者」，京都本、文淵閣本、阮本無此字。

社稷，故明言爲社。**稷，田正也。**掌播殖也。**有烈山氏之子曰柱，**❶**爲稷，**烈山氏，神農世諸侯。**自夏以上祀之。**祀柱。**周棄亦爲稷，**棄，周之始祖，能播百穀。湯既勝夏，廢柱而以棄代之。**自商以來祀之。」**傳言蔡墨之博物。【疏】「人實」至「實知」。❷　正義曰：人以龍不生得而謂之爲知者，此是人實不知，非是龍實能知。言龍可生得，非是不生得也。故說古有養龍之事，以證龍可生得也。以人不知有此事，故今說之。　注「豢御養也」。　正義曰：服虔云：❸「豢，養也，穀食曰豢。御亦養也。」養馬曰圉。禮，養犬、豕曰豢。知其以穀養，蓋龍亦食穀也。御與圉同，言養龍猶養馬，故稱御。　「乃擾畜龍」。　正義曰：擾，順也。順龍之所欲而畜養之。　注「飂水」至「董姓」。　正義曰：《鄭語》云：黎爲高辛氏火正，命之曰祝融，其後八姓，「董姓飂夷、豢龍，則夏滅之矣」，是也。　注「孔甲」至「九世」。　正義曰：《帝王世紀》云：「少康子帝杼，杼子帝芬，芬子帝芒，芒子帝泄，泄子帝不降，不降弟帝扃，扃子帝廑也。至帝孔甲，孔甲，不降子。」　注「合爲四」。正義曰：服虔云：「四頭爲乘，四乘十六頭也。」傳言「賜之乘龍」，賜之一乘之龍也。即云「河、漢各二」，是河、漢共一乘也。又云「各有雌雄」，是河、漢之二，皆一雌一雄也。故杜以「合爲四」。❹　注「更代」至「四年」。　正

❶「烈山」，阮校：「《釋文》云：『《禮記》作厲山。』案，《禮記·郊特牲》正義引作『列山氏』，《國語補音》云『《左傳》作烈山』，是所據本各異也。」

❷「人實至實知」，自此節以下正義至「注棄周至代之」節止，阮本分疏於傳文各節下。

❸「云」，京都本、文淵閣本、阮本作「曰」。

❹「以」下，正宗寺本、京都本、文淵閣本、阮本有「爲」字。

義曰：傳言「以更豕韋之後」，則豕韋是舊國，廢其君以劉累代之。《鄭語》云：祝融之後八姓，「大彭豕韋爲商伯矣」，又云「彭姓彭祖、豕韋，則商滅之矣」。如彼文，豕韋之國至商乃滅，於夏王孔甲之時，彭姓豕韋未全滅也。下文云「劉累懼而遷于魯縣」，明是累遷之後，豕韋復國，至商乃滅耳。襄二十四年傳范宣子自言其祖「在夏爲御龍氏，在商爲豕韋氏」，則劉累子孫復封豕韋。杜跡其事，知累之後世更復其國爲豕韋氏也。舊無此解，杜自爲證，故云在襄二十四年。「夫物」至「不育」。正義曰：此論致龍之事。物謂龍也。夫物物各有其官，當謂如龍之輩，蓋言鳳皇、麒麟、白虎、玄龜之屬，每物各有其官主掌之也。其人居此官者，脩其爲官方術，從朝至夕，終日脩之。若一日失其所掌之職令，其官方不理，則有死罪及之，居官者當死矣。失其官方，則不得食禄，得死罪是不食禄也。居官者安其爲官之業，使職事脩理，則其所掌之物乃自生至，水官脩則龍至，其餘亦當然也。若滅棄所掌之事，令職事不脩，則其物乃止息而潛伏，沈滯壅塞不復生育，以此故不可生而得也。注「宿猶安也」。正義曰：夜宿所以安身，故云「宿猶安也」。謂安心思其職業。服虔云：「宿，思也。今日當預思明日之事，如家人宿火矣。」玄卿以服義大迂曲。注「泯滅也坻止也」。正義曰：《釋詁》文也。上言「官宿其業，其物乃至」，職業不脩，則物不至。物雖不至，尚有物在，若滅棄其官，百事不理，❶則其物止而潛伏，不復生育，乃令無有此物，非徒不至而已。注「鬱滯也湮塞也」。正義曰：賈逵云然，杜用之也，鬱積是沈滯之義，故爲滯也。傳謂塞井爲堙井，是堙爲塞也。言此物沈滯壅塞，不復生也。「實列受氏姓」。正義曰：列謂行列，言五官皆然也。人臣有大功者，天子封爲國君，又賜之以姓。諸侯以國爲氏，言其得封又得姓，兼受之也。注「五官」至

❶「百」，京都本、文淵閣本、阮本作「職」。

「尊奉」。　正義曰：五官之君長死則皆爲貴神主者，❶社稷五祀則尊奉之。如祭，配食於五行之神，即下重、該、脩、熙、犂是也。王者祭木、火、土、金、水之神，而以此人之神配之耳，非專祭此人也。分五行以配四時，故五行之神，句芒、祝融之徒，皆以時物之狀而爲之名。此五者，本爲五行之神作名耳，非與重、該之徒爲名也。《晉語》云：「虢公夢在廟，有神人面白毛虎爪，執鉞行在西河，❷公懼而走。神曰：『無走！帝命曰：「使晉襲于爾門。」』公拜稽首。覺，召史嚚占之，對曰：『如君之言，則蓐收也，天之刑神也。』」如彼文，虢公所夢之狀，必非該之貌，自是金神之形耳。由此言之，知句芒、祝融、玄冥、后土之徒，皆是木火水土之神名，非所配人之神名也。雖本非配人之名，而配者與之同食，亦得取彼神名以爲配者神名。猶社本土神之名，稷本穀神之名，配者亦得稱社稷也。此五行之官，配食五行之神，天子制禮使祀焉，是爲王者所尊奉也。　注「正官」至「重焉」。　正義曰：正訓爲長，❸故爲官長。木官之最長也，其火、金、水、土正亦然。賈逵云：「揔言萬物，句芒非專木生如句。」杜誤耳。木正順春，萬物始生，句而有芒角。杜獨言木者，以木爲其主，故經云「木正」，且木比萬物，芒角爲甚，故舉木而言。劉炫以杜不取賈義而獨舉於木而規杜，非也。　注「祝融」至「犂焉」。　正義曰：杜不解祝，則謂祝融

---

❶「主」，正宗寺本、京都本、文淵閣本、阮本作「王」。阮校：「作『主』，非也。」

❷「行在西河」，京都本、阮本無「在」字，監本、毛本、文淵閣本作「立西阿」。今案：《國語·晉語二》作「立於西阿」。

❸「正訓爲長」至「杜誤耳」，劉文淇《左傳舊疏考證》（《續清經解》本）指出，此段文字乃劉炫《規過》之語，「疏首本有『劉炫云』三字，唐人多所删削。此經削去，遂不可通」。

二字共爲明貌也。賈逵云：「夏陽氣明朗。祝，甚也。融，明也。」亦以夏氣爲之名耳。《鄭語》云：「黎爲高辛氏火正，以焞燿敦大，光明四海，❶故命之曰『祝融』。」如彼文，又似由人生名者。彼以其官掌夏，德又稱之，故以夏氣昭明命之耳。　注「土爲」至「爲社」。　正義曰：后者，君也。羣物皆土所載，故土爲羣物之主，以君言之，故云后土也。賈逵云：「句芒祀於户，祝融祀於竈，蓐收祀於門，玄冥祀於井，后土祀於中霤。」今杜云「在家則祀中霤」，是同賈説也。家謂宫室之内，對野爲文，故稱家，非卿大夫之家也。言在野者，對家爲文，雖在庫門之内，尚無宫室，故稱野，且卿大夫以下，社在野田，故《周禮·大司徒》云：「辨其邦國都鄙之數，制其畿疆而溝封之，設其社稷之壝而樹之田主，各以其野之所宜木，遂以名其社。」鄭玄云：「社稷，后土及田正之神。田主田神，后土田正之所依也。詩人謂之田祖所宜木，謂若松柏栗也。」是在野則祭爲社也。此野田之社，民所共祭，即《月令》「仲春之月，擇元日，命人社」是也。❷劉炫云：「天子以下俱荷地德，皆當祭地，但名位有高下，祭之有等級。天子祭地，祭大地之神也。諸侯不得祭地，使之祭社也。家又不得祭社，使祭中霤也。霤亦地神，所祭小，故變其名。」賈逵以句芒祀於户云云，❸言雖天子之祭五神亦如此耳。杜以別祭五行神，以五官配之，非祀此五神於門、户、井、竈、中霤也。門、户、井、竈直祭門户等神，不祭句芒等也。唯有祭后土者，亦是土神，故特辨之。云「在家則祀中霤，在野則爲社」，言彼社與中霤亦是土神，但祭有大小。《郊特牲》云：「社所以神地之道也。地載萬物，取

---

❶「明」，阮校：「浦鏜《正誤》作『照』，依《國語》改也。」

❷「人」，監本、毛本、文淵閣本作「民」。今案：《禮記·月令》作「民」。作「人」係孔穎達避唐諱而改。

❸「祀」，阮校：「《考文》作『祭』。」

財於地，教民美報焉。家主中霤而國主社，示本也。」是在家則祀中霤也。《大司徒》以下，同此禮也。「龍水」至「生得」。正義曰：漢氏先儒説《左氏》者，皆以爲五靈配五方，龍屬木，鳳屬火，麟屬土，白虎屬金，神龜屬水。其五行之次，木生火，火生土，土生金，金生水，水生木。王者脩其母則致其子，水官脩則龍至，木官脩則鳳至，火官脩則麟至，土官脩則白虎至，金官脩則神龜至，故爲其説云：視明禮脩而麟至，思睿信立而白虎擾，言從文成而神龜在沼，聽聰知正而名川出龍，貌共體仁則鳳皇來儀，皆脩其母而致其子也。解此「龍，水物」者，言龍爲東方之獸，是北方水官之物也。水官廢矣，故龍不生得，言母不脩，故子不至也。杜氏既無其説，未知與舊同否。此下不注，似與舊説異，或當以爲龍是水内生長，故爲水官之物。水官廢矣，故龍不生得，言水官不脩，故無水内之靈獸也。若如此解，則上云「物有其官」，當謂五靈之物，各各自有其官，❶官能脩理，各自致物。龍是水内之物，可令水官致龍，其鳳皇麟虎之輩共在天地之間，不是寢金、食火、木生、土出，未知何官致鳳何官致虎？未測杜旨，不可彊言。是用闕疑，以俟來哲。「在乾」至「于野」。正義曰：傳例上下雖不用筮，但指此卦某爻之義者，即以某爻之變，更別爲卦，即云此卦之某卦，則此乾之姤、宣十二年師之臨是也。劉炫云：「杜以『之』爲『適』。炫謂易之爻變則成一卦，遂以彼卦名爻：乾之初九，姤卦；爻九二，同人；爻九五，大有；爻上九，夬卦。爻用九全變則成坤卦，故謂用九爲坤。蔡墨此意取《易》文耳，非揲蓍求卦，安有之適之義？若以『之』爲『之適』，則其非之適之意，何以言其同人、其大有？此本當言初九，九二，但以爻變成卦，即以彼卦名爻，其意不取於之適。所言其同人、其大有，猶引《詩》言其二章、其三章。先引初九，故言乾卦之姤，爻初九言乾，以下不復須云乾，故

❶「各各」，閩本、監本、毛本、文淵閣本不重文。

言其同人、其大有，就乾卦而『其』之，其此同人爻，其此大有爻。以下文勢悉皆若是也。」　「之姤」。　正義曰：巽下乾上，姤。乾之初九爻變而成姤卦也。其《彖》曰：「姤，遇也。柔遇剛也。」乾爲天，爲剛。巽爲風，爲柔。風行必有所遇，猶女而行遇男，❶故名此卦爲姤也。　注「乾初九爻辭」。　正義曰：蔡墨此言取《易》有龍字而已，無取於《易》之義理，故杜注唯指其辭之所在，不解其辭之意。其說《易》者，自具於此，不復煩言也。　「同人」。　正義曰：離下乾上，同人。乾之九二爻變而成同人之卦也。其《象》曰：「天與火，同人。」天體在上，火性炎上，同于天也，猶君設政教而臣民從之，和同之義，故名此卦爲同人也。服虔云：「天在上，火炎上，同于天，天不可同，故曰『同人』。」　「大有」。　正義曰：乾下離上，大有。乾之九五爻變而成大有之卦也。其《彖》曰：「大有，柔得尊位大中，而上下應之，曰大有。」柔得尊位，謂六五也。五位尊而柔居之，處尊以柔，居中以大，體無二陰，以分其應，上下應之，無所不納，大有之義，故名此卦爲大有。　「夬」。　正義曰：乾下兑上，夬。乾之上九爻變而成夬卦也。其《彖》曰：「夬，決也，剛決柔也。」此卦五陽而決一陰，乾爲天，爲剛，爲健。兑爲澤，爲柔，爲說。以剛正決柔邪，故名此卦爲夬。　注「乾用九爻辭」。　正義曰：乾之六爻皆陽，坤之六爻皆陰，以二卦其爻既純，故別揔其用而爲之辭。故乾有用九，坤有用六，餘卦其爻不純，無揔用也。六爻皆變，乃得揔用。乾之六爻皆變則成坤卦，故謂用九之辭爲其坤也。六爻既變而不用卦下之辭者，《周易》用變，卦下之辭非變，又無龍文，史墨指說於龍，故以用爲語。　「坤之剥」。　正義曰：坤下艮上，剥。坤之上六爻變而成剥卦也。其《彖》曰：「剥，剥也，柔變剛也。」剥卦五陰而一陽，陰漸長而滅陽，猶邪長而剥損正道，故名此卦爲剥也。　「若不」至「物

---

❶「而行」，正宗寺本、京都本、文淵閣本、阮本作「行而」。

之」。　正義曰：蔡墨言，古者，龍可生得，人皆見之，故《周易》之辭以龍爲喻。若使龍不朝夕出見，誰能知其動靜，而得以物名之？《易》言「潛龍」、「飛龍」及「龍戰」之等，明是見其飛、潛，見其戰鬬，而得以物名之。是知龍可生得，古人見龍形也。　「少皞氏有四叔」。　正義曰：少皞氏有四叔，四叔是少皞之子孫，非一時也，未知於少皞遠近也。四叔出於少皞耳，其使重爲句芒，非少皞使之。《世族譜》云：「少皞氏，其官以鳥爲名。」然則此五官皆在高陽之世也。《楚語》云：「少皞氏之衰也，九黎亂德，民神雜擾，不可方物。顓頊受之，乃命木正重司天以屬神，❶命火正黎司地以屬民。」是則重、黎居官，在高陽之世也。又《鄭語》云：「黎爲高辛氏火正，命之曰祝融。」則黎爲祝融，又在高辛氏之世。案《世本》及《楚世家》云：「高陽生稱，稱生卷章，卷章生黎。」如彼文，黎是顓頊之曾孫也。《楚語》云少皞之衰，顓頊受之，即命重黎，似是即位之初，不應即得命曾孫爲火正也。少皞世代不知長短，顓頊初已命黎，至高辛又加命，不應一人之身綿歷兩代。事既久遠，書復散亡，如此參差，難可考校。《世家》云：「共工作亂，帝嚳使黎誅之而不盡。帝誅黎，而以其弟吳回爲黎，復居火正，爲祝融。」即如此言，黎或是國名、官號，不是人之名字。顓頊命黎，高辛命黎，未必共是一人。傳言「世不失職」，二者或是父子，或是祖孫，其事不可知也。由此言之，少皞四叔，未必不有在高辛世者也。此五祀者，居官有功，以功見祀，不是一時之人。脩、熙相代爲水正，即非一時也。且傳言「世不失職」，便是積世能官，其功益大，非是暫時有功，遂得萬世承祀，明是歷選上代，取其中最有功者，使之配食。亦不知初以此人配食，何代聖王爲之，蓋在高辛、唐虞之世耳。　注「窮桑」至「魯北」。　正義曰：窮桑，少皞之號。《帝王世紀》亦然。賈逵云：「處窮桑以登爲帝，故天下號之曰窮桑

❶「木」，文淵閣本作「南」。阮校：「浦鏜云：『木』，《國語》作『南』。」

帝。」賈以濟爲渡也，言四叔子孫世不失職，遂渡少皞之世。杜以少皞之世以鳥名官，不得有木正火正，故以濟爲成。四子能治其官，使不失職，濟成少皞之功。言少皞有王功，子孫能成之，故死皆爲民所祀也。少皞居窮桑，定四年傳稱「封伯禽於少皞之虚」，故云「窮桑地在魯北」。《土地名》：「窮桑，闕。」言在魯北，相傳云耳。注「共工」至「見祀」。正義曰：十七年傳，郯子言前世名官，從下而上，先言炎帝以火名，次言共工以水名，次言大皞以龍名。是共工在大皞後、神農前，以水名官者也。《祭法》曰：「共工氏之霸九州也，其子曰后土，能平九州，故祀以爲社。」能平九州，是能平水土也。言共工有子，謂後世子耳，亦不知句龍之爲后土，在於何代。少皞氏既以鳥名官，此當在顓頊以來耳。注「方答」至「爲社」。正義曰：獻子問社稷五祀，既答五祀，當更答社稷。但句龍既爲后土，又亦配社。❶蔡墨既答五祀，方答社稷，故明言后土爲社也。「稷田正也」。正義曰：《月令》云：「孟春行冬令，則首種不入。」鄭玄云：「首種謂稷也。」《周語》云：「宣王不藉千畝。虢文公諫曰：『民之大事在農，是故稷爲大官。』」然則百穀稷爲其長，遂以稷名爲農官之長。正，長也。稷是田官之長。注「烈山」至「諸侯」。正義曰：《魯語》及《祭法》皆云：「烈山氏之有天下也，其子能殖百穀，故祀以爲稷。」言有天下，則是天子矣，杜注不得爲諸侯也。賈逵、鄭玄皆云：「烈山，炎帝之號。」杜言神農世諸侯者，案《帝王世紀》，神農本起烈山，然則初封烈山爲諸侯，後爲天子，猶帝堯初爲唐侯然也。若然，烈山即神農，而云「神農世爲諸侯」者，案《世紀》，神農爲君，揔有八世，至榆罔而滅，亦稱神農氏，是揔號神農也，故烈山氏得於神農之世爲諸侯，後爲神

❶「亦」，阮本作「以」。

農也。❶劉炫以爲烈山氏即神農非諸侯而規杜，非也。此及《魯語》皆云「其子曰柱」，《祭法》云「農者」，劉炫云：「蓋柱是名，其官曰農，猶呼周棄爲稷。」注「棄周」至「代之」。正義曰：棄爲周之始祖，能播殖百穀，經傳備有其事。以其後世有天下，號國曰周，故以周冠棄，棄時未稱周也。《書序》云：「湯既勝夏，欲遷其社，不可，作夏社。」孔安國云：「湯承堯舜禪代之後，順天應人，逆取順守，而有慙德，政革命創制，❷改正易服，變置社稷，而後世無及句龍者，故不可而止。」是言成湯變置社稷之由也。湯於帝世年代猶近，功之多少傳習可知，故得量其優劣。改易祀典，意欲遷社，而無及句龍。棄功乃過於柱，廢柱以棄爲稷也。其五祀之神，重犂之輩，若更有賢能，亦應遷徙，但其功莫之能先，帝王不敢改易，故得永流萬代，常在祀典，良由後世之臣弱、後王之意謙故也。

冬，晉趙鞅、荀寅帥師城汝濱，趙鞅，趙武孫也。荀寅，中行荀吳之子。汝濱，晉所取陸渾地。**遂賦晉國一鼓鐵，以鑄刑鼎，**令晉國各出功力，共鼓石爲鐵，計令一鼓而足，因軍役而爲之，故言遂。**著范宣子所爲刑書焉。仲尼曰：「晉其亡乎？失其度矣。夫晉國將守唐叔之所受法度，以經緯其民，卿大夫以序守之，**序，位次也。**民是以能尊其貴，貴是以能守其業。貴賤不愆，所謂度也。文公是以作執秩之官，爲被廬之法，**僖二十七年，文公蒐被廬，脩唐叔之法。**以爲盟主。今棄是度**

❶「神農」，文淵閣本作「農神」。阮校：「案，『神農』疑當作『農神』。」

❷「政」，正宗寺本、京都本、文淵閣本、阮本作「故」。今案：《尚書・湯誓》作「故」。當是。

也，而爲刑鼎，民在鼎矣，何以尊貴？棄禮徵書，故不尊貴。**貴何業之守？**民不奉上，則上失業。**貴賤無序，何以爲國？且夫宣子之刑，夷之蒐也，晉國之亂制也，**范宣子所用刑，乃夷蒐之法也。夷蒐在文六年，一蒐而三易中軍帥，賈季、箕鄭之徒遂作亂，故曰亂制。**若之何以爲法？」蔡史墨曰：「范氏、中行氏其亡乎？**蔡史墨即蔡墨。**中行寅爲下卿，而干上令，擅作刑器，以爲國法，是法姦也。又加范氏焉，易之，亡也。**范宣子刑書中既廢矣，今復興之，是成其咎。**其及趙氏，趙孟與焉。然不得已，若德，可以免。」**鑄刑鼎本非趙鞅意，不得已而從之。若能脩德，可以免禍。爲定十三年荀寅、士吉射入朝歌以叛。❶【疏】注「令晉」至「言遂」。❷　正義曰：服虔云：「鼓，量名也。《曲禮》曰：『獻米者操量鼓。』取晉國一鼓鐵以鑄之。」但禮之將命，置重而執輕，鼓可操之以將命，即豆區之類，非大器也，唯用一鼓則不足以成鼎，家賦一鼓而鐵又大多。且金鐵之物，當稱之以權衡，數之以鈞石，寧用量米之器量之哉？故杜以爲賦晉國者，令民各出功力，均賦取其功也。治石爲鐵，❸用槖扇火，❹動槖謂之鼓，今時俗語猶然。令衆人鼓石爲鐵，計令一鼓使足，故云「賦晉國一鼓鐵」也。遂者，因上生下爲辭，因城汝濱，遂鑄刑鼎，故言

---

❶「叛」下，疑有闕文。

❷「注令晉至言遂」，阮本以下正義六節分疏於傳文各節下。

❸「治」，文淵閣本、阮本作「治」。

❹「槖」，正宗寺本、阮本作「橐」。阮校：「按，橐，非也。槖者，吹火韋囊也，或作橐。古書祗用『排』，步拜切。」

遂也。　「著范」至「刑書」。　正義曰：范宣子制作刑書，施於晉國，自使朝廷承用，未嘗宣示下民。今荀寅謂此等宣子之書，可以長爲國法，故鑄鼎而銘之，以示百姓。猶如鄭鑄刑鼎，仲尼譏之，其意亦與叔向譏子産同。

「民是」至「度也」。　正義曰：守其舊法，民不豫知，臨時制宜，輕重難測，民是以能尊其貴，畏其威刑也。官有正法，民常畏威，貴是以能守其業，保禄位也。貴者執其權柄，賤者畏其威嚴，貴賤尊卑不愆，此乃所謂度也。言所謂法度，正如此是也。　「今棄」至「爲國」。　正義曰：今棄是貴賤常度而爲刑書之鼎，民知罪之輕重在於鼎矣，貴者斷獄不敢加增，犯罪者取驗於書，更復何以尊貴？威權在鼎，民不忌上，貴復何業之守？貴之所以爲貴，只爲權勢在焉，勢不足畏，故業無可守，貴無可守則賤不畏威，貴賤既無次序，何以得成爲國？　注「范宣」至「亂制」。　正義曰：於時晉侯將以士縠、梁益耳將中軍。先克曰：「狐、趙之勳，不可廢也。」以狐射姑將中軍，趙盾佐之。陽處父改蒐于董，更以趙盾將中軍，狐射姑佐之。是一蒐而三易中軍帥。三易者，士縠、梁益耳將中軍，是易代前人，是一易也，狐射姑將中軍是二易也，又趙盾將中軍是三易也。致使賈季、箕鄭之徒怨恨而作亂，其事文公之傳具矣。因此蒐而有此亂，故曰「晉國之亂制」。　「又加」至「亡也」。　正義曰：宣子刑書久已廢矣，今復變易興之，以成其滅亡也。劉炫云：「范氏取夷蒐之法以爲國制，雖則爲非，書已廢矣，縱應有禍，亡釁已歇。今荀寅更述其事，又加增范氏之惡焉。范氏已欲免禍，今復改易之而使亡。」

【經】三十年，春，王正月，公在乾侯。釋不朝正于廟。

夏，六月，庚辰，晉侯去疾卒。未同盟而赴以名。**秋，八月，葬晉頃公。**三月而葬速。【疏】「頃公」。　正義曰：《謚法》：「慈仁和民曰頃。」

冬，十有二月，吴滅徐，徐子章羽奔楚。❶徐子稱名，以名告也。

【傳】三十年，春，王正月，公在乾侯。不先書鄆與乾侯，非公，且徵過也。徵，明也。二十七年、二十八年公在鄆，二十九年公在乾侯，而經不釋朝正之禮者，所以非責公之妄，且明過謬猶可掩，故不顯書其所在，使若在國然。自是鄆人潰叛，齊、晉卑公，子家忠謀終不能用，外内棄之，非復過誤所當掩塞，故每歲書公所在。【疏】「春王」至「過也」。正義曰：經書「公在乾侯」者，季氏以此告廟，釋公不得朝正，故國史書之于策也。《釋例》曰：「昭公之孫，每正月必書者，以孫告廟也。公二十五年始出居鄆及乾侯，累歲居外，而仲尼不書于經，故傳曰：『不先書鄆與乾侯，非公，且徵過也。』既以非責公之妄，且明過謬之可掩，故不顯書其在外，使若在國然也。自三十年至於終沒，則皆顯書其所在之地，傳皆隨年而互言其事，明罪之在公，非復過謬也。三代封建，自上及下，降殺以兩。君不亢高，臣不極卑，彊弱相參，衆力相須，賢愚相厠，故雖有昏亂之君，亦有忠賢之輔。我周東遷，晉鄭是依。無知之亂，實獲小白。驪姬之妖，重耳以興。天下雖瓦解，而不土崩，海内雖鼎沸，而不盆溢。天生季氏，以貳魯侯，季氏未有簒奪之惡，公雖失志，亦無抽筋倒懸之急。聽用隷豎僥倖之私，既不能彊，又不能弱，所以身死於外，見貶於《春秋》也。」是言罪在公，書公在之意也。杜言「見貶於《春秋》」者，公當在國治民，每歲書公在外，是其貶責公也。劉炫云：「序云諸言不書，皆仲尼新意，然則前三

❶「羽」，阮校：「岳本作『禹』，從傳文也。」

年魯史皆書公在，仲尼去之。仲尼所以不於此先書公在鄆與乾侯者，所以非公之妄，妄伐季氏，且明過謬猶可掩。此年書者，自是鄆人潰叛云云。此年云『非公，且徵過』，三十一年云『言不能外內』，三十二年云『言不能外內，又不能用其人』，每歲發傳，言公之罪也。」注「徵明」至「所在」。正義曰：不先書鄆與乾侯，一事之中有兩種之意。一者非責公之妄，一者明公過謬猶可掩也。非責公之妄者，以君舉必書，公在乾侯與鄆，臣子當委曲詳録，今輕略不記，似若不足可録，❶所以非責公之妄也。明公過謬猶可掩者，被臣所逐，出居於外，若顯然書之，則恥惡尤甚，故隱而不書，猶若在國，欲明公過謬之失尚可容掩也。此以徵爲明，明公過不可掩也。襄二十八年傳云：「王人來告喪。問崩日，以甲寅告。故書之，以徵過。」徵亦爲明，明告喪者之過也。彼言「徵，審也」，審其事知無他故，以明其過失也。服虔云：「非公，且徵過。昭公無道，久在外，季氏非公，不肯釋言公在某地，《春秋》之義亦以不書徵季氏之過。此年書者，公不得入晉，外內有困辱，季氏閔而釋之，所謂事君如在國。」案明年傳云「言不能外內」，又明年傳云「言不能外內，又不能用其人」，皆是傳説經意，非責昭公，不是季氏非公也。即如服言，往前季氏非公，不肯釋公所在，此年以後，方始閔而釋之，所謂事君如在國，則往前未釋之時不如在國矣，二十七年扈之會，范獻子何以已言季氏「事君如在國」也？季氏奪公鄆邑，與公交戰，行貨齊晉，使不納公，禱于煬宮，求君不入，及其死也，猶欲絶其兆域，加之惡謚，閔公之事復安在乎？

夏六月，晉頃公卒。秋，八月，葬。鄭游吉弔，且送葬。魏獻子使士景伯詰之，曰：「悼公之喪，

❶「録」下，正宗寺本、京都本、文淵閣本、阮本有「然」字。

子西弔，子蟜送葬。在襄十五年。今吾子無貳，何故？」弔、葬共使。對曰：「諸侯所以歸晉君，禮也。禮也者，小事大、大字小之謂。事大在共其時命，隨時共所求。字小在恤其所無。以敝邑居大國之間，共其職貢，與其備御不虞之患，豈忘共命？言不敢忘共命，以所備御者多，不及辨之。❶先王之制，諸侯之喪，士弔，大夫送葬，唯嘉好、聘享、三軍之事於是乎使卿。晉之喪事，敝邑之間，先君有所助執紼矣。紼，輓索也。禮，送葬必執紼。若其不閒，雖士、大夫有所不獲數矣。不得如先王禮數。大國之惠，亦慶其加，慶，善也。謂善其君自行。而不討其乏，明厎其情，厎，致也。取備而已，以爲禮也。靈王之喪，在襄二十九年。我先君簡公在楚，我先大夫印段實往，敝邑之少卿也。少，年少也。王吏不討，恤所無也。今大夫曰：『女盍從舊？』盍，何不也。舊有豐有省，不知所從。從其豐，則寡君幼弱，是以不共。從其省，則吉在此矣。唯大夫圖之！」晉人不能詰。傳言大叔之敏。【疏】注「紼輓」至「執紼」。❷　正義曰：紼，禮或作綍。《禮記·緇衣》云：「王言如絲，其出如綸。王言如綸，其出如綍。」綍是大繩也。《周禮》天子葬用六綍。《喪大記》君葬用四綍，大夫葬用二綍。紼爲葬之所用，是輓索也。案《禮·雜記》，諸侯執綍五百人，大夫三百人。鄭玄云：「天子蓋千人也。天子諸侯之喪殯于西序，而屬綍焉，備火災而輓之也。」《王制》云：「喪三年不祭，唯祭天地社稷，爲越紼而行事。」謂喪在殯，踰紼而行

---

❶「辨」，文淵閣本、阮本作「辨」，與《經典釋文》合。

❷「注紼輓至執紼」，阮本以下正義三節分疏於傳文各節下。

祭也。《周禮・大司徒》云：「大喪，帥六鄉之衆庶，屬其六引。」又《遂人》云：「大喪，帥六遂之役，屬六紼。」鄭玄《喪大記》注云：「在棺曰紼，行道曰引，至壙將窆又曰紼。」是紼、引一物，從所在而異名耳。「禮，送葬而必執紼」，❶《曲禮》文也。鄭玄云：「葬，喪之大事。紼，引車索也。」鄭之先君親送晉侯葬者，傳無其文，游吉今言之，蓋亦嘗有矣。「慶其」至「而已」。正義曰：善其有加，不討其乏，明知鄭國致其情實，取充備而已。「我先君簡公在楚」。正義曰：由簡公在楚，上卿守國，故少卿行耳。鄭玄以爲簡公若在，君當自行。其言非傳旨也。

吴子使徐人執掩餘，使鍾吾人執燭庸，二十七年奔故。**二公子奔楚。楚子大封，而定其徙。**大封與土田，定其所徙之居。**使監馬尹大心逆吴公子，使居養，**二子奔楚，楚使逆之於竟也。養，即所封之邑。**莠尹然、左司馬沈尹戌城之。**城養。**取於城父與胡田以與之，**胡田，故胡子之地。**將以害吴也。子西諫曰：「吴光新得國，而親其民，視民如子，辛苦同之，將用之也。若好吾邊疆，**❷**使柔服焉，猶懼其至。**柔服，謂不與吴構怨。**吾又彊其讎，以重怒之，無乃不可乎？**讎，謂二公子。**吴，周之胄裔也，而棄在海濱，不與姬通。今而始大，比于諸華。光又甚文，將自同於先王。**先王，謂大王、王季，亦自西戎始比諸華。**不知天將以爲虐乎？使翦喪吴國而封大異姓乎？**

❶「送葬而必執紼」，正宗寺本、京都本、文淵閣本、阮本無「而」字。阮校：「按，今《曲禮上》作『助葬必執紼』。」

❷「好吾」，《四部叢刊》本、足利學本、京都本、文淵閣本、阮本作「好吴」。阮校：「《釋文》作『吾好』，云：一本作『若好吾』。」

其抑亦將卒以祚吳乎？其終不遠矣。言其事行可知不久。我盍姑億吾鬼神，億，安也。而寧吾族姓，以待其歸，善惡之歸。將焉用自播揚焉？」播揚猶勞動也。王弗聽。吳子怒。冬，十二月，吳子執鍾吾子。遂伐徐，防山以水之。防壅山，水以灌徐。己卯，滅徐。徐子章禹斷其髮，斷髮自刑，示懼。攜其夫人，以逆吳子。吳子唁而送之，使其邇臣從之，遂奔楚。邇，近也。楚沈尹戌帥師救徐，弗及。遂城夷，使徐子處之。夷，城父也。

吳子問於伍員曰：「初而言伐楚，在二十年。余知其可也，而恐其使余往也，又惡人之有余之功也。今余將自有之矣，伐楚何如？」對曰：「楚執政衆而乖，莫適任患。若爲三師以肄焉，肄猶勞也。一師至，彼必皆出。彼出則歸，彼歸則出，楚必道敝。罷敝於道。亟肄以罷之，亟，數也。多方以誤之。既罷而後，以三軍繼之，必大克之。」闔廬從之，楚於是乎始病。爲定四年吳入楚傳。

【經】三十有一年，春，王正月，公在乾侯。

季孫意如會晉荀躒于適歷。適歷，晉地。

夏，四月，丁巳，薛伯穀卒。襄二十五年盟重丘。【疏】注「襄二」至「重丘」。　正義曰：傳言「同盟故書」。此穀與魯必嘗同盟矣。薛於重丘以前，雖數與魯盟，但薛入春秋以來，卒、葬不見經傳，未知此穀以何年即位，故舉去今近者言之。

晉侯使荀躒唁公于乾侯。將使意如逆公，❶故荀躒來唁。

秋，葬薛獻公。無傳。

冬，黑肱以濫來奔。黑肱，邾大夫。濫，東海昌慮縣。不書邾，史闕文。【疏】注「不書邾史闕文」。正義曰：《公羊》、《穀梁》亦以濫爲邾邑，而傳解其無邾之意，言邾人以濫封此黑肱，使爲別國，故不繫於邾。以非天子所封，故無子男爵號。其言不可通於《左氏》，《左氏》無傳，明是闕文。二傳見其文闕，而妄爲説耳。

十有二月，辛亥，朔，日有食之。

【傳】三十一年，春，王正月，公在乾侯。言不能外内也。公内不容於臣子，外不容於齊、晉，所以久在乾侯。

晉侯將以師納公。范獻子曰：「若召季孫而不來，則信不臣矣，然後伐之，若何？」晉人召季孫。獻子使私焉，曰：「子必來，我受其無咎。」言我爲子受無咎之任。

季孫意如會晉荀躒于適歷。荀躒曰：「寡君使躒謂吾子：『何故出君？有君不事，周有常刑。子其圖之！』」季孫練冠、麻衣、跣行，示憂慼。**伏而對曰：「事君，臣之所不得也，敢逃刑命？**言願

❶「逆」，《四部叢刊》本、京都本、文淵閣本、阮本作「迎」。

事君，君不肯還，不敢辟罪。君若以臣爲有罪，請囚于費，以待君之察也，亦唯君。若以先臣之故，不絶季氏，而賜之死。雖賜以死，不絶其後。若弗殺弗亡，君之惠也，死且不朽。若得從君而歸，則固臣之願也，敢有異心？」君皆謂魯侯也。蓋季孫探言罪己輕重，以答荀躒。

夏，四月，季孫從知伯如乾侯。知伯，荀躒。子家子曰：「君與之歸。一慙之不忍，而終身慙乎？」公曰：「諾。」衆曰：「在一言矣，君必逐之！」言晉既憂君，君一言使晉，晉必逐之。荀躒以晉侯之命唁公，且曰：「寡君使躒以君命討於意如，意如不敢逃死，君其入也！」公曰：「君惠顧先君之好，施及亡人，將使歸糞除宗祧以事君，則不能見夫人。己所能見夫人者，有如河！」夫人，謂季孫也。言若見季孫，己當受禍，明如河以自誓。荀躒掩耳而走，怪公所言，示不忍聽。曰：「寡君其罪之恐，敢與知魯國之難？言恐獲不納君之罪，今納而不入，何敢復知邪。臣請復於寡君。」退而謂季孫：「君怒未怠，子姑歸祭。」歸攝君事。子家子曰：「君以一乘入于魯師，季孫必與君歸。」公欲從之，衆從者脅公，不得歸。傳言君弱，不得復自在。【疏】「我受其無咎」。❶正義曰：言我爲子受其重任，其使子必無咎。受其貨，故保任之。「季孫」至「跣行」。正義曰：練冠，蓋如喪服斬衰既練之後布冠也。麻衣當是布深衣也。《問喪》云：「親始死，徒跣。」跣行不屨，以其不得事君，示己憂戚之深也。「不絶」至

❶「受」，原作「愛」，據本傳及正宗寺本、京都本、阮本改。「我受其無咎」，阮本以下正義三節分疏於傳文各節下。

「之死」。正義曰：此季孫探言罪己之意，不絶季氏之祀，或更立其子弟，直賜其身死而已。服虔云：「言賜不使死，是爲以死賜之。」若賜死即是不殺，下句何須更言「弗殺弗亡」？

薛伯穀卒，同盟，故書。謂書名也。入春秋來，薛始書名，故發傳。經在荀躒唁公上，傳在下者，欲魯事相次。

秋，吴人侵楚，伐夷，侵潛、六。皆楚邑。**楚沈尹戌帥師救潛，吴師還。楚師遷潛於南岡而還。吴師圍弦，左司馬戌、右司馬稽帥師救弦，及豫章，**左司馬，沈尹戌。**吴師還。始用子胥之謀也。**謀在前年。

冬，邾黑肱以濫來奔。賤而書名，重地故也。黑肱非命卿，故曰賤。**君子曰：「名之不可不慎也如是，**是，黑肱也。**夫有所有名而不如其已。**有所，謂有地也。言雖有名，不如無名。已，止也。**以地叛，雖賤，必書。地以名其人，終爲不義，弗可滅已。是故君子動則思禮，行則思義。不爲利回，**回，回正心也。**不爲義疚。**疚，病也。見義則爲之。**或求名而不得，或欲蓋而名章，懲不義也。齊豹爲衛司寇，守嗣大夫，**守先人嗣，言其尊。**作而不義，其書爲『盜』。**求名而不得也。二十年，豹殺衛侯兄，欲求不畏彊禦之名。**邾庶其、**在襄二十一年。**莒牟夷、**在五年。**邾黑肱以土地出，求食而已，不求其名，賤而必書。**《春秋》叛者多，唯取三人來適魯者。三人皆小國大夫，故曰賤。**此二物者，所以懲肆而去貪也。**物，事也。肆，放也。齊豹書盜，懲肆也。三叛人名，去貪也。**若艱難其身，**身爲艱難。**以險危大人，**大人，在位者。**而有名章徹，**謂得勇名。**攻難之士將奔走之。**攻猶作也。奔走猶赴趣也。**若竊邑叛君，以徼大利而無名，**謂不書其人名。**貪冒之民將寘力焉。**盡力爲之，不顧於見書。**是以《春秋》書齊豹曰『盜』，三叛人名，以懲不義，數惡無禮，其善志也。**無禮惡逆，皆數而不忘，記事之善者也。**故曰，《春秋》之稱微而顯，**文微而義著。**婉而辨。**辭婉而旨別。**上之人能使昭明，**上之人，謂在位者。在位者能行其法，非賤人所能。**善人勸焉，淫人懼焉，是以君子貴之。」**【疏】「婉而辨」。❶ 正義曰：此「婉而辨」則與「微而顯」其意一也，故杜云「辭婉而旨別」。辭婉則文微也，旨別則義顯也。上句「微而顯」者，據文雖微隱而義理顯著。下句「婉而辨」者，辭雖婉順相似，而旨意有殊，故重起其文也。此與成十四年「婉而成章」，其事異也。彼謂諱君惡，與此不同也。

十二月，辛亥，朔，日有食之。是夜也，趙簡子夢童子羸而轉以歌。轉，婉轉也。**旦占諸史墨，曰：「吾夢如是，今而日食，何也？」**簡子夢適與日食會，謂咎在己，故問之。**對曰：「六年及此月也，吴其入郢乎？終亦弗克。**史墨知夢非日食之應，故釋日食之咎，而不釋其夢。**入郢必以庚辰，**庚日有變，日在辰尾，故曰「以庚辰」。定四年十一月庚辰，❷吴入郢。日月在辰尾。辰尾，龍尾也。周十二月，今之十月，日月合朔於辰尾而食。**庚午之日，日始有讁。火勝金，故弗克。」**讁，變氣也。庚午，十月十九日，去辛亥朔四十一日。雖食在辛亥，更以始變爲占也。午，南方，楚之

---

❶ 「婉而辨」，阮本此節正義在注「辭婉而旨別」下。

❷ 「辰」字，原無，下「吴」字下空格，據《四部叢刊》本、京都本、文淵閣本、阮本改補。

位也。午，火。庚，金也。日以庚午有變，故災在楚。楚之仇敵唯吳，故知入郢必吳。火勝金者，金爲火妃，食在辛亥，亥，水也。水數六，故六年吳入郢也。【疏】注「庚日」至「入郢」。❶　正義曰：於天文房、心、尾爲大。辰尾是辰後之星也。日在辰尾，自謂在辰星。庚辰入郢，乃謂日是辰日。二辰不同，而以日在辰尾配庚爲庚辰者，二辰實雖不同，而同名曰辰，以其名同，故取以爲占。此則史墨能知，非是人情所測。定四年十一月，「庚辰，吳入郢」，是其言之驗也。此十二月日食，彼十一月入郢，則是未復其月，而云及此月者，《長歷》定四年閏十月，庚辰吳入郢，是十一月二十九日。杜云「昭三十一年傳曰六年十二月庚辰吳入郢」，今十一月者，并閏數也。然則彼是新閏之後，且十一月二十九日又其月垂盡，故得爲及此月也。　注「辰尾」至「而食」。

正義曰：東方七宿：角、亢、氐、房、心、尾、箕，共爲蒼龍之體。南首，北尾，角即龍角，尾即龍尾。《釋天》云：「大辰，房、心、尾也。」是房、心與尾共爲大辰，故言辰星龍尾也。❷　周十二月，今之十月。《月令》：「孟冬之月，日在尾。」是此時日月合朔於辰尾而日食也。　注「讁變」至「年也」。　正義曰：《昏義》云：「陽事不得，適見於天，日爲之食。」讁，譴責也。人有咎責，氣是於天，❸故讁爲變氣也。《長歷》此年十月壬子朔，故庚午是十月十九日也。從庚午下去十二月辛亥朔爲四十一日。雖食在辛亥之日，而更以庚午爲占，舍近而取遠，自是史墨所見，其

---

❶「注庚日至入郢」，阮本以下正義三節分疏於傳文各節下。

❷「星」，正宗寺本、京都本、阮本作「尾」。

❸「是」，正宗寺本、京都本、文淵閣本、阮本作「見」。阮校：「作『是』，非也。」

意不可知也。午爲南方之辰，楚是南方之國，故午爲楚之位也。午是南方辰火也，❶庚是西方之日金也，日以庚午有變，午在南方，必南方之國當其咎，故災在楚。楚之仇敵唯有吴耳，故知入郢必是吴也。其日庚午，庚金午火，五行相刻，❷火勝金，金以畏火之故，金爲火妃。夫妻相得而彊，是楚彊盛之兆。雖被吴入，必不亡國，故知吴入郢，終亦弗克，言其不能滅楚也。食在辛亥之日，亥在北方水位也。北方水數六，故曰六年吴入郢也。

【經】三十有二年，春，王正月，公在乾侯。取闞。無傳。公别居乾侯，遣人誘闞而取之，不用師徒。【疏】注「公别」至「師徒」。 正義曰：《公羊傳》曰：「闞者何？邾婁之邑也。」案傳，定元年將葬昭公，「季孫使役如闞公氏，將溝焉」。則闞是魯公葬地，非是邾邑。《公羊》不可通於《左氏》也。《土地名》「東平須昌縣東南有闞城」，是也。賈逵云：「昭公得闞，季氏奪之，不用師徒。」謂此取闞，❸爲季氏取於公也。案檢經傳，公自出奔以來，唯齊侯取鄆以居公耳，未有公取闞之處，安得取於公也？且若是季氏奪公，無由得告廟書經，故杜以爲公取之也。四年傳例曰：「凡克邑，不用師徒曰取。」知公遣人誘而取之，不用師徒也。

夏，吴伐越。

❶「方」下，正宗寺本、京都本、文淵閣本、阮本有「之」字，當是。

❷「刻」，監本、毛本、文淵閣本作「尅」。

❸「此」，原作「北」，據正宗寺本、京都本、文淵閣本、阮本改。

秋，七月。

冬，仲孫何忌會晉韓不信、齊高張、宋仲幾、衛世叔申、鄭國參、曹人、莒人、薛人、杞人、小邾人城成周。世叔申，世叔儀孫也。國參，子産之子。不書盟，時公在外，未及告公，公已薨。【疏】注「世叔」至「已薨」。　正義曰：傳稱：「晉魏舒合諸侯之大夫于狄泉，❶尋盟，令城成周。」則此時爲盟矣。而不書盟者，賈逵云：「魯有昭公難，故會而不盟。」案傳文無魯人辭盟之事，其城成周又魯人共城之矣，何以言會而不盟也？若以難辭，當辭不會，身既在會，何故辭盟？豈以昭公在外而欲背盟乎？故杜以爲不書盟者，時公在外，未及告公，而公已薨。既不得告公，故不書於經也。案傳「尋盟，令城成周」，則盟在城前，猶得書城而盟不書者，晉合諸侯大夫本以城事召之，孟懿子將從晉命，即以告公，雖會還乃書而已，告公訖，故得書之。其尋盟之事，晉不豫令，諸侯大夫既集，晉始發意尋盟之事。未嘗告公，故行還不得書也。此云「城成周」者，實未城也，晉人始計功庸賦丈數以令諸侯耳。明年傳稱「正月庚寅，裁三旬而畢」，❷是明年始城也。此未城而已書城，知本以城事召集，因集而書城耳。

十有二月，己未，公薨于乾侯。十五日。【疏】注「十五日」。　正義曰：傳言十一月「令城成周」，雖無其日，明年乃始城之，當在月之將末。杜顯言此十五日者，言盟去公薨日近，以明未及告意也。

---

❶「于」，原作「子」，據正宗寺本、京都本、文淵閣本、阮本改。

❷「裁」，原作「栽」，據京都本、文淵閣本、阮本改。阮校：「按，定元年傳作『城三旬而畢』，當依此作『裁』，謂自庚寅裁歷三十日而畢工也。」。

【傳】三十二年，春，王正月，公在乾侯。言不能外内，又不能用其人也。其人，謂子家羈也。言公不能用其人，故於今猶在乾侯。

夏，吴伐越，始用師於越也。自此之前，雖疆事小争，未嘗用大兵。**史墨曰：「不及四十年，越其有吴乎？**存亡之數，不過三紀。歲星三周三十六歲，故曰不及四十年。哀二十二年，越滅吴，至此三十八歲。**越得歲而吴伐之，必受其凶。」**此年歲在星紀。星紀，吴越之分也。歲星所在，其國有福。吴先用兵，故反受其殃。【疏】注「此年」至「其殃」。正義曰：十一年傳稱萇弘對景王云：「歲在豕韋。」言十一年歲星在豕韋也。又曰：「歲在大梁，蔡復，楚凶。」謂十三年歲星在大梁也。十三年距此十九年耳，歲星歲行一次十二年，而行天一周，則二十五年復在大梁。❶從彼而歷數之，則此年始至析木之津，而此年歲在星紀者，歲行一次，舉大數耳。其實一歲之行有餘一次，故劉歆三統之術以爲歲星一百四十四年行天一百四十五次，計一千七百二十八年爲歲星歲數，言數滿此年，剩得行天一周。三統之歷以庚戌爲上元，從上元至襄二十八年，積十四萬二千六百八十六歲。置此歲數，以歲星歲一千七百二十八除之，得積終八十二，去之歲餘九百九十，以一百四十五乘歲餘，得十四萬三千五百五十，以一百四十四除之，得九百九十六爲積次，不盡一百二

---

❶「二」，原作「三」，據正宗寺本、京都本、文淵閣本、阮本改。今案：作「三」誤，當作「二」。上謂「十三年歲星在大梁也」，又云「歲星歲行一次十二年，而行天一周」，故二十五年復在大梁。

十六爲次餘。從襄二十八年至昭十五年，合有一十八年。歲星年行一次，年有一餘，以次加次，得一千一十四，以餘加餘，得一百四十四，餘數滿法又成一次，以從積次，得一千一十五也。以十二去之餘，❶餘次一百四十四，用七个一百四十四年，❷還得剩行天一周也。餘七命起星紀筭外，得鶉火。是昭十五年歲星在鶉火也。計十三年在大梁，十五年當在鶉首，而在鶉火者，由其餘分數滿，剩得一次，猶如閏餘滿而成月也。以十五年歲在鶉火歷而數之，則二十七年復在鶉火，故此年在星紀也。於十二次分野，星紀是吴越之分也。歲星是天之貴神，所在之次，其國有福。今越得歲星，故吴伐之則凶也。吴越同分，而得越福吴凶者，❸以吴先用兵，故反受其殃。賈逵云然，杜從之也。鄭玄云：「天文分野，斗主吴，牽牛主越。此年歲星在牽牛，故吴伐之凶。」案史傳所云，吴越同分，不言於次之内更復分星。姜氏、任氏共守玄枵，復以何星主齊何星主薛也？且據三統之術，星紀之初斗十二度至於牽牛初度，乃爲中耳。十五年餘分始滿，則此年之初，歲星初入。此次伐越在夏，未得已至牽牛。鄭之此說，爲妄之甚也。

秋，八月，王使富辛與石張如晉，請城成周。子朝之亂，其餘黨多在王城，敬王畏之，徙都成周。成周狹小，故請城之。**天子曰：「天降禍于周，俾我兄弟並有亂心，以爲伯父憂。**俾，使也。兄

❶「以十二」至「一周也」，阮校：「李鋭云：此文舛譌不可曉，以意求之，當云：以十二去之餘七，每次有一百四十四分，周七个一百四十四年，還得剩行天七次也。」

❷「用」，京都本、閩本、監本、毛本、文淵閣本、阮本作「周」。

❸「得」，監本、毛本、文淵閣本、阮本作「云」。

弟，謂子朝也。伯父，謂晉侯。我一二親暱甥舅不皇啓處，於今十年。謂二十三年二師圍郊，至于今。勤戍五年。謂二十八年，晉籍秦致諸侯之戍，至于今。余一人無日忘之，念諸侯勞。閔閔焉如農夫之望歲，❶懼以待時。閔閔，憂貌。王憂亂，常閔閔冀望安定，如農夫之憂飢，冀望來歲之將熟。伯父若肆大惠，復二文之業，弛周室之憂，肆，展放也。二文，謂文侯仇、文公重耳也。❷弛猶解也。徼文、武之福，以固盟主，宣昭令名，則余一人有大願矣。昔成王合諸侯城成周，以爲東都，崇文德焉。作成周，遷殷民以爲京師之東都，所以崇文王之德。今我欲徼福假靈于成王，脩成周之城，俾戍人無勤，諸侯用寧，蝥賊遠屏，晉之力也。蝥賊，喻災害。其委諸伯父，使伯父實重圖之，俾我一人無徵怨于百姓，徵，召也。而伯父有榮施，先王庸之。」庸，功也。先王之靈，以爲大功。范獻子謂魏獻子曰：「與其戍周，不如城之。天子實云，云欲罷戍而城。雖有後事，晉勿與知可也。從王命以紓諸侯，晉國無憂，是之不務，而又焉從事？」魏獻子曰：「善。」使伯音對伯音，韓不信。曰：「天子有命，敢不奉承以奔告於諸侯，遲速衰序，衰，差也。序，次也。於是焉在。」在周所命。

冬，十一月，晉魏舒、韓不信如京師，合諸侯之大夫于狄泉，尋盟，且令城成周。尋平丘盟。魏

---

❶「之」，原作「人」，據《四部叢刊》本、京都本、文淵閣本、阮本改。

❷「也」，《四部叢刊》本、京都本、文淵閣本、阮本無此字。

子南面。居君位。衛彪傒曰：❶「魏子必有大咎。干位以令大事，非其任也。彪傒，衛大夫。《詩》曰：『敬天之怒，不敢戲豫。敬天之渝，不敢馳驅。』《詩・大雅》。戒王者言當敬畏天之譴怒，不可遊戲逸豫，馳驅自恣。渝，變也。況敢干位以作大事乎？」己丑，士彌牟營成周，計丈數，計所當城之丈數。❷揣高卑，度高曰揣。度厚薄，仞溝洫，度深曰仞。物土方，議遠邇，物，相也。相取土之方面，遠近之宜。量事期，知事幾時畢。計徒庸，知用幾人功。慮材用，知費幾材用。書餱糧，知用幾糧食。以令役於諸侯。屬役賦丈，付所當城尺丈。書以授帥，帥諸侯之大夫。而效諸劉子。效，致也。韓簡子臨之，以爲成命。臨履其事，以命諸侯。經所以不書魏舒。【疏】注「謂二」至「于今」。❸　正義曰：案二十七年，「十二月，晉籍秦致諸侯之戍于周」，而此杜云二十八年者，以十二月垂盡，去在十二月，至周則在二十八年，故云五年也。　注「作成」至「之德」。　正義曰：杜知作成周爲崇文王之德者，以上傳云「徵文武之福」，即云「成王合諸侯城成周，以崇文德」，故以爲崇文王之德。劉炫以爲崇文德之教而規杜，非也。　注「蝥賊喻災害」。　正義曰：蝥賊，食苗之蟲。《釋蟲》云：「食根蟊，食節賊。」故以蝥賊喻災害也。　注「詩大」至「譴怒」。　正義曰：此《詩・大雅・板》之篇，刺厲王之詩也。《詩》注以天謂厲王，此據上天斷章取意。

---

❶「傒」，《四部叢刊》本、京都本、淳熙本、正德本、閩本、阮本作「徯」，注同。阮校：「作『徯』，與《釋文》合。按，《説文》有『徯』無『傒』。」

❷「數」下，《四部叢刊》本、京都本、文淵閣本、阮本有「也」字。

❸「注謂二至于今」，阮本以下正義六節分疏於傳文各節下。

注「計所」至「丈數」。正義曰：謂周廻遠近之丈數也。知者，下別云「揣高卑，度厚薄」故也。「屬役賦丈」。正義曰：屬役，謂屬聚丁役也。賦丈，謂課付尺丈。上既號令丁役之事，以告諸侯，令諸國國各出若干之役，築若干之丈，故云「屬役賦丈，書以授帥」也。

十二月，公疾，徧賜大夫，從公者。大夫不受。賜子家子雙琥、琥，玉器。一環、一璧、輕服，細好之服。受之。大夫皆受其賜。己未，公薨。子家子反賜於府人，曰：「吾不敢逆君命也。」大夫皆反其賜。書曰「公薨于乾侯」，言失其所也。不薨路寢爲失所。

趙簡子問於史墨曰：「季氏出其君，而民服焉，諸侯與之，君死於外而莫之或罪也。」對曰：「物生有兩、有三、有五、有陪貳。故天有三辰，謂有三。地有五行，謂有五。體有左右，謂有兩。各有妃耦。謂陪貳。王有公，諸侯有卿，皆有貳也。天生季氏，以貳魯侯，爲日久矣，民之服焉，不亦宜乎？魯君世從其失，季氏世脩其勤，民忘君矣。雖死於外，其誰矜之？社稷無常奉，奉之無常人，言唯德也。君臣無常位，自古以然。史墨跡古今以實言。故《詩》曰：『高岸爲谷，深谷爲陵。』《詩·小雅》。言高下有變易。三后之姓，於今爲庶，主所知也。三后，虞、夏、商。在《易》卦，雷乘乾曰大壯䷡，乾下震上，大壯。震在乾上，故曰雷乘乾。天之道也。乾爲天子，震爲諸侯，而在乾上，君臣易位，猶臣大彊壯，若天上有雷。昔成季友，桓之季也，文姜之愛子也。始震而卜，卜人謁之，曰：『生有嘉聞，嘉名聞於世。其名曰友，爲公室輔。』及生，如卜人之言，有文在其手曰『友』，遂以名之。既而有大功於魯，立僖公。受費以爲上卿。至於文子、武子，文子，行父。武子，宿。世

增其業，不廢舊績。魯文公薨，而東門遂殺適立庶，魯君於是乎失國，失國權。**政在季氏，於此君也四公矣。民不知君，何以得國？是以爲君，慎器與名，不可以假人。」**器，車服。名，爵號。【疏】注「琥玉器」。❶ 正義曰：《周禮·大宗伯》云：「以玉作六器，以禮天地四方。白琥禮西方。」鄭玄云：「虎猛象秋嚴。」禮經及記言琥多矣，都不説其狀，蓋刻玉爲虎形也。　「一環一璧」。　正義曰：《釋器》云：「肉倍好，謂之璧。肉好若一，謂之環。」李巡曰：「肉倍好，璧邊肉大，其孔小也。肉好若一，其孔及邊肉大小適等曰環也。」「故詩」至「爲陵」。　正義曰：《詩·小雅·十月之交》，大夫刺幽王也。　注「三后虞夏商」。　正義曰：從周而上，故數此三代。三代子孫，自有爲國君者，言其賤者爲庶人也。　「雷乘乾曰大壯」。　正義曰：乾爲天，爲剛，震爲雷，爲動。天以剛而動，動則爲雷，壯之大者，故曰大壯。　注「乾爲」至「有雷」。　正義曰：《説卦》：「乾爲天，爲君。」君之極尊者是天子也。震「爲長子」，其卦云：「震驚百里。」聲達百里之内，而有震曜之威，是諸侯之象，諸侯而在天子之上，象如君臣易位，是天之道也。　「始震而卜」。　正義曰：震，動也。懷妊始動，知有震娠而即動也。❷　「是以」至「假人」。❸　正義曰：器謂車服也，名謂爵號也。借人名器，則君失位矣，故不可以假人也。言魯君失民，是借季氏以權柄，故令昭公至此出外，因以戒人君使懲創也。

---

❶「注琥玉器」，阮本以下正義八節分疏於傳文各節下。

❷「動」，正宗寺本、阮本、文淵閣本作「卜」。阮校：「作『動』，非也。」

❸「是以」上，原有「注」字，據正宗寺本、京都本、阮本刪。

春秋左傳正義卷第三十三

國子祭酒上護軍曲阜縣
開國子臣孔穎達等奉勅撰

定公【疏】正義曰：《魯世家》：「定公名宋，襄公之子，昭公之弟。」史傳不言其母，不知誰所生也。以敬王十一年即位。《謚法》：「安民大慮曰定。」

【經】元年，春，王。❶公之始年，而不書正月，公即位在六月故。【疏】注「公之」至「月故」。　正義曰：凡新君初立，必於歲首元日朝正於廟，因即改元正位，百官以序，國史因書於策云「元年，春，王正月，公即位」也。其或國有事，故不得行即位之禮，國史亦書「元年，春，王正月」，見此月公應即位，而有故不得。隱、莊、閔、僖四公，元年無事，而空書「春，王正月」，是其義也。此年不書「正月」者，公即位在六月故也。傳稱昭公喪及壞隤，公子宋先入。則正月之時，定公猶從昭公之喪在於乾侯，未入魯竟，國內無君，不是即位闕禮，故不須書正月

❶「王」，疑當與下「三月」連讀。

也。《釋例》曰：「癸亥，公之喪至自乾侯。戊辰，公即位。喪在外，踰年乃入，故因五月改殯之節，❶國史用元年即位之禮，因以此年爲元年也。然則正月之時，未有公矣。公未即位，元必不改。而於春、夏即稱『元年』者，公未即位，必未改元，未改之日，必乘前君之年，於時春、夏當名此年爲昭公三十三年，及六月既改之後，方以元年紀事。及史官定策，須有一統，不可半年從前，半年從後，雖則年初，❷亦統此歲，故入年即稱元年也。漢、魏以來，雖於秋、冬改元，史於春、夏即以元年冠之，是有因於古也。」**三月，晉人執宋仲幾于京師。**晉執人于天子之側，而不以歸京師，故但書其執，不書所歸。【疏】注「晉執」至「所歸」。正義曰：晉執仲幾，傳無日月。據經所書，是三月始執，案傳則不然也。傳稱辛巳合諸侯之大夫于狄泉，《長歷》辛巳是正月七日也。❸既會，而魏舒始卒。庚寅，栽。是正月十六日也。宋仲幾不受功，當於栽時不肯役耳。士彌牟云「晉之從政者新」，是士鞅已代魏舒矣，乃執仲幾以歸。三月，歸諸京師，必是既栽之後，三月以前執以歸晉，至三月乃歸於京師耳。經書三月始執者，晉人初執不告，後知以歸不可，至三月復歸於京師，諱其以歸乃歸王，故以三月初執告也。縱晉執人，諸侯不得相治事，當使歸決於天子。況在天子之側，不以歸於京師，晉人自知不可，不以歸晉告魯，故經但書其執，不書所歸，既不言歸王，亦不言歸晉，是不以所歸告也。

---

❶「月」，正宗寺本、京都本、文淵閣本、阮本作「日」。

❷「則」，阮校：「案，隱元年正義作『非』。」

❸「辛」上，文淵閣本有「推」字。阮校：「齊召南云：『辛』上，當有『推』字。」

夏，六月，癸亥，公之喪至自乾侯。告於廟，故書至。**戊辰，公即位。**定公不得以正月即位，失其時，故詳而日之，記事之宜，無義例。【疏】注「定公」至「義例」。　正義曰：《公羊傳》曰：「即位不日，此何以日？録乎内也。」《穀梁》以爲公喪在外踰年，六月乃得即位，危，故日之。《左氏》無此義，故杜顯而異之。正月即位，正也。定公不得以正月即位，爲失其時，故詳而日之，直記事之宜，書日無義例。

秋，七月，癸巳，葬我君昭公。公在外薨，故八月乃葬。

九月，大雩。無傳，過也。

立煬宮。煬公，伯禽子也。其廟已毁，季氏禱之而立其宮，書以譏之。【疏】注「煬公」至「譏之」。

正義曰：《謚法》：「好内怠政曰煬。」煬公，伯禽子，《世本·世家》文。諸侯之禮，親廟有四，計煬公玄孫既薨，其廟即已毁矣。季氏禱于煬公，以求昭公不入，公死於外，謂禱有益，而更立其宮賽之。於禮不合更立，惡其改變國典，故書以譏之。《公羊》、《穀梁》皆云：「立者，不宜立。立煬宮，非禮也。」

冬，十月，隕霜殺菽。無傳。周十月，今八月。隕霜殺菽，非常之災。【疏】注「周十」至「之災」。

正義曰：《月令》九月霜始降，八月未應霜殺菽。菽者，大豆之苗，❶又是耐霜之穀，今以八月隕霜，霜能殺菽，是非常之災，故書之。僖三十三年「隕霜不殺草」，此云「殺菽」，彼言「不殺草」者，《穀梁傳》曰：「未可以殺而殺，舉重。可殺而不殺，舉輕。其曰菽，舉重也。」

---

❶「大」，原作「人」，據正宗寺本、京都本、文淵閣本、阮本改。

【傳】元年，春，王正月，辛巳，晉魏舒合諸侯之大夫于狄泉，❶將以城成周。魏子涖政。涖，臨也。代天子大夫爲政。衛彪傒衛大夫。曰：「將建天子，立天子之居。而易位以令，非義也。大事奸義，必有大咎，晉不失諸侯，魏子其不免乎？」是行也，魏獻子屬役於韓簡子及原壽過，簡子，韓起孫不信也。原壽過，周大夫。而田於大陸，焚焉。《禹貢》，大陸在鉅鹿北。嫌絶遠，疑此田在汲郡吴澤荒蕪之地。火田，并見燒也。《爾雅》：「廣平曰陸。」還，卒於甯。甯，今脩武縣，近吴澤。范獻子去其柏椁，以其未復命而田也。范獻子代魏子爲政，去其柏椁，示貶之。

孟懿子會城成周。不書，公未即位。庚寅，栽。栽，設板築。宋仲幾不受功，曰：「滕、薛、郳，吾役也。」欲使三國代宋受功役也。郳，小邾。薛宰曰：「宋爲無道，絶我小國於周，以我適楚，故我常從宋。晉文公爲踐土之盟，在僖二十八年。曰：『凡我同盟，各復舊職。』若從踐土，若從宋，亦唯命。」仲幾曰：「踐土固然。」固曰從舊，薛舊爲宋役。薛宰曰：「薛之皇祖奚仲，居薛，以爲夏車正。皇，大也。奚仲爲夏禹掌車服大夫。奚仲遷于邳。邳，下邳縣。仲虺居薛，以爲湯左相。仲虺，奚仲之後。若復舊職，將承王官，何故以役諸侯？」承，奉也。仲幾曰：「三代各異物，薛焉得有舊？

❶「狄」，阮校：「陳樹華云：《漢書·五行志》作『翟』。案，《水經注·穀水篇》引同。僖廿九年亦作『翟』。『翟』、『狄』二字古多通用。」

言居周世，不得以夏、殷爲舊。**爲宋役，亦其職也。」士彌牟曰：「晉之從政者新，**言范獻子新爲政，未習故事。**子姑受功。歸，吾視諸故府。」**求故事。**仲幾曰：「縱子忘之，山川鬼神其忘諸乎？」**山川鬼神，盟所告。**士伯怒，謂韓簡子曰：「薛徵於人，**典籍故事，人所知也。**宋徵於鬼，**取證於鬼神。**宋罪大矣。且己無辭，而抑我以神，誣我也。啓寵納侮，其此之謂矣。**開寵過分，則納受侵侮。**必以仲幾爲戮。」乃執仲幾以歸。三月，歸諸京師。**知以歸不可，故復歸之京師。**城三旬而畢，乃歸諸侯之戍。齊高張後，不從諸侯。**後期不及諸侯之役。**晉女叔寬曰：「周萇弘、齊高張，皆將不免。**叔寬，女寬也。**萇叔違天，高子違人。**天既厭周德，萇弘欲遷都以延其祚，故曰違天。諸侯相帥以崇天子，而高子後期，故曰違人。**天之所壞，不可支也。衆之所爲，不可奸也。」**爲哀三年周人殺萇弘、六年高張來奔起。

【疏】「易位以令」。❶　正義曰：往年傳「魏子南面」，衛彪傒云「干位以令」；此云「魏子涖政」，彪傒云「易位以令」，文不同者，《郊特牲》云：「君之南鄉，答陽之義也。臣之北面，答君也。」然則禮國君乃南面，往年魏子亦南面，是干君之位，故云「干位」。此時諸國爲天子築城，但當爲君各致徒役而已，宜使天子之臣自號令之，而魏子涖政，代天子大夫，改易上下，故爲「易位」。所譏別，故其文異。注「禹貢」至「曰陸」。

正義曰：《禹貢》云：「導河積石，至于大伾，北過降水，至于大陸。」孔安國云：「大陸，澤名。」《釋地》「十藪」云：「晉有大陸。」郭璞曰：「今鉅鹿北廣河澤。」孫炎曰：「廣河猶大陸。」以地名言之，近爲是也。計鉅鹿之城與周相

---

❶「易位以令」，阮本以下正義六節分疏於傳文各節下。

去千有餘里，魏子不應往彼田獵，故嫌絶遠，疑此田當在汲郡吴澤。吴澤在脩武縣北。還，卒於甯，甯即脩武城是也。當是荒蕪之地，❶故亦以大陸名焉。引《爾雅》，以證平地皆名陸也。案《爾雅》：「高平曰陸。」杜言「廣平」者，以吴澤之地，地下寬平，故以「廣平」言之，非是不見《爾雅》。劉君以《爾雅》「高平曰陸」而規杜氏，非也。「去其栢椁」。正義曰：《喪大記》云：「君松椁，大夫栢椁，士雜木椁。」是卿葬於禮用栢椁也。以其未復君命而爲田獵，故獻子去其栢椁，不使用也。注「不書公未即位」。正義曰：懿子往年唯受號令，知所得丈尺人功而已。今復將徒役城之，計當更書之於策，以公未即位，無君可告，故不書。注「言范」至「故事」。正義曰：魏舒以辛巳會諸國，至庚寅相去唯十日耳。魏舒始卒，已得范鞅代者，范鞅本是中軍之佐，於次當代魏舒。蓋晉人聞舒卒，而馳使代之。「啓寵」至「謂矣」。正義曰：《尚書·説命》傅説進戒於主云：「無啓寵納侮。」古有此言，故云「其此之謂矣」。開彼寵人，過其本分，其人不知止足，乃至侵侮在上，據在上受之，故云「納侮」。

夏，叔孫成子逆公之喪于乾侯。成子，叔孫婼之子。**季孫曰：「子家子亟言於我，未嘗不中吾志也。吾欲與之從政，子必止之，且聽命焉。」**衆事皆諮問子家子。**子家子不見叔孫，易幾而哭。**幾，哭會也。不欲見叔孫，故朝夕哭不同會。**叔孫請見子家子，子家子辭曰：「羈未得見，而從君以出。**出時成子未爲卿。**君不命而薨，羈不敢見。」**言未受昭公之命，託辭以距叔孫。**叔孫使告之**

❶「是」，閩本、監本、毛本、文淵閣本作「時」。

曰：「公衍、公爲實使羣臣不得事君。二子始謀逐季氏。若公子宋主社稷，則羣臣之願也。宋，昭公弟定公。凡從君出而可以入者，將唯子是聽。子家氏未有後，季孫願與子從政。此皆季孫之願也，使不敢以告。」不敢，叔孫成子名。對曰：「若立君，則有卿士大夫與守龜在，羈弗敢知。若從君者，則貌而出者，入可也。貌出，謂以義從公，與季氏無實怨。寇而出者，行可也。與季氏爲寇讎者，自可去。若羈也，則君知其出也，君，昭公。而未知其入也，羈將逃也。」喪及壞隤，公子宋先入，從公者皆自壞隤反。出奔。六月，癸亥，公之喪至自乾侯。戊辰，公即位。諸侯薨，五日而殯，殯則嗣子即位。癸亥，昭公喪至，五日殯於宫，定公乃即位。

季孫使役如闞公氏，將溝焉。闞，魯羣公墓所在也。季孫惡昭公，欲溝絶其兆域，不使與先君同。榮駕鵞曰：❶「生不能事，死又離之，以自旌也。駕鵞，魯大夫榮成伯也。旌，章也。縱子忍之，後必或恥之。」乃止。季孫問於榮駕鵞曰：「吾欲爲君謚，使子孫知之。」爲惡謚。對曰：「生弗能事，死又惡之，以自信也。將焉用之？」乃止。秋，七月，癸巳，葬昭公於墓道南。孔子之爲司寇也，溝而合諸墓。明臣無貶君之義。【疏】「季孫」至「命焉」。❷正義曰：言子家子數於公處致言於我，云

❶「駕」，阮校：「石經、淳熙本、岳本作『駕』，與葉抄《釋文》合，下同。案，《説文》無『駕』字。錢大昕云：依正文，當用『鴐』。假借同音，則『駕』亦通也。」

❷「季孫至命焉」，阮本以下正義七節分疏於傳文各節下。

「意如事君，不敢不改」，又言「君以一乘入於魯師，季孫必與君歸」。季孫之意實然，故云「未嘗不中吾志」。「吾欲與之從政」，欲用爲大夫也。公喪歸，則從者散，故令止之。「且聽命」者，一聽子家之所爲，子家欲將歸者，即與之歸。　注「二子」至「季氏」。　正義曰：謀逐季氏，公爲爲之，傳文不言公衍謀也。但以公衍見復爲太子，季氏欲俱廢之，故言此也。　注「諸侯」至「即位」。　正義曰：《王制》云：「天子七日而殯，諸侯五日而殯。」自癸亥至戊辰五日，殯訖則嗣子即位，故定公以此日即位也。《公羊》、《穀梁》皆云：正棺於兩楹之間，然後即位。案正棺兩楹之間，即《禮》所謂「夷於堂」者也。《喪大記》君薨之禮云：「既小斂，男女奉尸夷于堂。」鄭玄云：「諸侯之小斂，於死者俱三日。」此戊辰去癸亥五日，非正棺之日，不得爲正棺即位也。《雜記》云：「諸侯行而死，歸至於廟門，遂入，適所殯。」鄭玄云：「『適所殯』，謂兩楹之間。自外來者，正棺於兩楹之間，尸亦夷之於此，因殯焉。殯必於兩楹之間者，以其死不於室，而自外來，留之於中，不忍遠也。」鄭取二傳之説，言死從外來者，殯在兩楹之間。若謂殯爲正棺，則與杜言合矣。　「闞公氏」。　正義曰：闞是先公葬地。《春秋》言氏，猶如言家，故謂公之墓地爲「公氏」，言是公死之家宅也。玄卿以爲「闞」屬上句，「公氏將溝焉」，猶言將溝公氏焉，古人多倒語。公氏則昭公。　注「爲惡謚」。　正義曰：知者，下云「死又惡之」，所以知也。　「以自信也」。　正義曰：信，明也。以自明己之不臣也。　「溝而」。　正義曰：孔子之爲司寇，在定公十年以後，未知何年溝之。

昭公出故，季平子禱于煬公。九月，立煬宮。平子逐君，懼而請禱於煬公，昭公死於外，自以爲獲福，故立其宮。【疏】「禱于煬公」。　正義曰：既毀其廟，而得禱者，蓋就祧而禱之。

周鞏簡公棄其子弟，而好用遠人。簡公，周卿士。遠人，異族也。爲明年鞏氏賊簡公張本。

【疏】「簡公」。正義曰：《謚法》：「平易不從曰簡。」❶

【經】二年，春，王正月。

夏，五月，壬辰，雉門及兩觀災。無傳。雉門，公宫之南門。兩觀，闕也。天火曰災。【疏】注「雉門」至「曰災」。正義曰：《明堂位》云：「庫門，天子皋門。雉門，天子應門。」是魯之雉門，公宫南門之中門也。《釋宫》云：「觀謂之闕。」郭璞曰：「宫門雙闕。」《周禮·大宰》：「正月之吉，縣治象之法于象魏，使萬民觀治象。」鄭衆云：「象魏，闕也。」劉熙《釋名》云：「闕在門兩旁，中央闕然爲道也。」然則其上縣法象，其狀魏魏然高大，謂之象魏。使人觀之，謂之觀也。是觀與象魏、闕，一物而三名也。觀與雉門俱災，則兩觀在雉門之兩旁矣。《公羊傳》曰：「其言雉門及兩觀災何？兩觀微也。然則曷爲不言雉門災，及兩觀？主災者兩觀也。主災者兩觀，則曷爲後言之？不以微及大也。」《穀梁》亦云：「災自兩觀始，先言雉門，尊尊也。」《公羊》稱子家駒云：「設兩觀，諸侯僭天子。」其意以其奢僭，故天災之。《左氏》無此義。案《禮器》云：「天子、諸侯臺門。」此以高爲貴也。《郊特牲》云：「臺門，大夫之僭禮也。」唯言大夫異於諸侯，不言諸侯異於天子。兩觀爲僭，禮無其文，天之所災，不可意卜。言主災兩觀，以門尊先門，若災先從門起，又將何以爲異？丘明無文，或是災起雉門，而延及兩觀

---

❶「從」，阮校：「案，《逸周書·謚法解》作『訾』。」

也。「天火曰災」，宣十六年傳例。

秋，楚人伐吴。囊瓦稱人，見誘以敗軍。

冬，十月，新作雉門及兩觀。無傳。

【傳】二年，夏，四月，辛酉，鞏氏之羣子弟賊簡公。傳言棄親用踈，所以敗也。**桐叛楚。**桐，小國，廬江舒縣西南有桐鄉。**吴子使舒鳩氏誘楚人，**舒鳩，楚屬國。**曰：「以師臨我，**教舒鳩誘楚，使以師臨吴。**我伐桐，爲我使之無忌。」**吴伐桐也，僞若畏楚師之臨己，而爲伐其叛國以取媚者也。欲使楚不忌吴，所謂多方以誤之。**秋，楚囊瓦伐吴，師于豫章。**從舒鳩言。**吴人見舟于豫章，僞將爲楚伐桐。**而**潛師于巢。**實欲以擊楚。**冬，十月，吴軍楚師于豫章，敗之。**楚不忌故。**遂圍巢，克之，獲楚公子繁。**繁，守巢大夫。【疏】「桐叛」至「無忌」。❶ 正義曰：桐是小國，世屬於楚。桐今叛楚，楚有閒隙，故吴子因是而謀之舒鳩。自是楚之屬國居吴楚之間，亦兩取其意，故吴得使之也。吴子使舒鳩誘楚人，又教舒鳩爲辭曰：「令楚以師臨我。」我，吴自稱我，令楚臨吴也。我當僞若畏楚，爲楚伐桐，女舒鳩當爲我誘楚，我軍楚師。或曰：「囊瓦本出師伐吴，見吴欲伐桐而不設備，遂被吴敗之，又擊楚巢邑，潛師圍而克之，獲其守邑大夫。」「爲我使之無忌」，謂爲我之畏楚形狀，使楚人無復防忌於我也。若楚不忌吴，則師

---

❶「桐叛至無忌」，阮本此節正義在注「所謂多方以誤之」下。

不設備，欲因其無備而掩襲取之耳。下云「吴人見舟于豫章」，僞欲伐桐也。「吴軍楚師于豫章」，掩其不備也。「潛師于巢」，❶吴人詐巢邑人云：「此師將伐桐也。」其實本擬取巢，故下「遂圍巢，克之」。言「潛」者，對豫章之師稱潛。

邾莊公與夷射姑飲酒，私出。射姑，邾大夫。出，辟酒。**閽乞肉焉，奪之杖以敲之。**❷奪閽杖以敲閽頭也。爲明年邾子卒傳。

【經】三年，春，王正月，公如晉，至河乃復。無傳。**【疏】**「公如」至「乃復」。正義曰：三傳皆無其説，不知何故乃復。賈逵云：「剌緩朝見辭，失所不諱，罪己。」賈雖爲此解，於傳無文，不可從，故杜不言。劉炫謂公以六月即位，此年便即往朝，於事未爲緩也，晉人何以辭之？若以緩見退，❸當遣謝罪，❹何由此後更無謝處？空言罪己，經無孫謝，自罪之狀復安在乎？晉若以緩致辭，必當更有譴責，何由明年會次復得依常班序？「乃復」之意，不可縣知。

二月，辛卯，邾子穿卒。再同盟。**【疏】**注「再同盟」。正義曰：穿以昭二年即位，十一年盟于祲祥，二

---

❶「巢」，原作「莫」，據正宗寺本、文淵閣本、阮本改。

❷「敲」，阮校：「葉抄《釋文》作『毃』，『又或作茅，或作刺』。案，《説文》殳部有『毃』，云『擊頭也』。」

❸「退」，京都本、阮本作「遣」，閩本、監本、毛本、文淵閣本作「譴」。

❹「遣」，京都本、閩本、監本、毛本、文淵閣本、阮本作「退」。

十六年于鄟陵，皆魯、邾俱在，是再同盟也。

夏，四月。

秋，葬邾莊公。六月乃葬，緩。

冬，仲孫何忌及邾子盟于拔。拔，地闕。

【傳】**三年，春，二月，辛卯，邾子在門臺，**門上有臺。**臨廷。閽以缾水沃廷。邾子望見之，怒。閽曰：「夷射姑旋焉。」**旋，小便。**命執之。**見其不潔，執射姑。**弗得，滋怒，自投于牀，廢于鑪炭，爛，遂卒。**廢，隋也。**先葬以車五乘，殉五人。**欲藏中之潔，故先内車及殉，別爲便房，蓋其遺命。**莊公卞急而好潔，故及是。**卞，躁疾也。【疏】注「欲藏」至「遺命」。❶　正義曰：以人從葬謂之殉。邾子好潔，以人爲殉，欲備地下埽除。若令與柩同入，恐其污履藏内，欲其藏中之潔，故先内車及殉，別爲便房處之。傳言此事，意在非責邾子，若是葬者自爲，則非莊公之罪，無爲輒説此事，故云「蓋其遺命也」。邾子隊鑪而卒，不應得有遺命，疑其是遺命者，禮，國君即位而爲椑，初立即營死事，當是平素之時先有此命，葬者奉行之。

秋，九月，鮮虞人敗晉師于平中，平中，晉地。**獲晉觀虎，恃其勇也。**爲五年士鞅圍鮮虞張本。

---

❶「注欲藏至遺命」，阮本此節正義在「先葬以車五乘殉五人」句注下。

冬，盟于郯。郯即拔也。脩邾好也。公即位，故脩好。

蔡昭侯爲兩佩與兩裘，佩，佩玉也。以如楚，獻一佩一裘於昭王。昭王服之，以享蔡侯。蔡侯亦服其一。子常欲之，弗與。三年止之。唐成公如楚，有兩肅爽馬，子常欲之，成公，唐惠侯之後。肅爽，駿馬名。弗與，亦三年止之。唐人或相與謀，請代先從者，許之。飲先從者酒，醉之，竊馬而獻之子常。子常歸唐侯。自拘於司敗，竊馬者自拘。曰：「君以弄馬之故，隱君身，隱，憂約也。棄國家。羣臣請相夫人以償馬，必如之。」相，助也。夫人，謂養馬者。唐侯曰：「寡人之過也，二三子無辱。」皆賞之。蔡人聞之，固請而獻佩于子常。子常朝，見蔡侯之徒，命有司曰：「蔡君之久也，官不共也。言楚所以禮遣蔡侯之物，不共備故。明日禮不畢，將死！」遣蔡侯之禮。蔡侯歸，及漢，執玉而沈，曰：「余所有濟漢而南者，有若大川！」自誓言若復渡漢，當受禍，明如大川。蔡侯如晉，以其子元與其大夫之子爲質焉，而請伐楚。爲明年會召陵張本。【疏】注「成公」至「馬名」。❶ 正義曰：宣十二年傳有唐惠侯，故云「唐惠侯之後」也。《釋畜》於馬無肅爽之名，「爽」或作「霜」。賈逵云：「色如霜紈。」馬融説：「肅爽，鴈也。其羽如練，高首而脩頸。馬似之，天下稀有。」故子常欲之。杜以馬名臨時所作，本意不可得知，故直云駿馬名。「請代」至「許之」。正義曰：謂請楚，楚人許之也。❷ 知非請唐侯者，若唐侯許

---

❶「注成公至馬名」，阮本以下正義二節分疏於傳文各節下。

❷「人」，京都本、文淵閣本、阮本無此字。

之，自合養馬，何須言飲先從者竊馬以獻乎？

【經】四年，春，王二月，癸巳，陳侯吳卒。 無傳。未同盟而赴以名。癸巳，正月七日，書二月，從赴。**【疏】**注「癸巳」至「從赴」。　正義曰：杜以《長歷》校之，知癸巳是正月七日，故云「書二月，從赴」也。知非日誤者，以崩薨之事，皆以赴爲文，故平王崩，赴以庚戌，陳侯卒，赴以甲戌己丑。杜依大例而言，故云「從赴」。劉炫以爲，諸侯五月而葬，下云「六月葬陳惠公」，則陳侯卒在二月，以爲日誤，而規杜氏。今知非者，但諸侯雖五月而葬，春秋之時，或緩或速，無復常準。此陳侯之葬，事既無傳，何知必五月而葬？妄以杜爲失，其義非也。

三月，公會劉子、晉侯、宋公、蔡侯、衛侯、陳子、鄭伯、許男、曹伯、莒子、邾子、頓子、胡子、滕子、薛伯、杞伯、小邾子、齊國夏于召陵，侵楚。 於召陵先行會禮，入楚竟，故書侵。**【疏】**注「於召」至「書侵」。　正義曰：先言「于召陵」，後言「侵楚」，是於召陵先行會禮也。《土地名》：「召陵，楚地也。」諸侯既入楚竟，先行會禮，後乃侵之，故經書先會後侵也。

夏，四月，庚辰，蔡公孫姓帥師滅沈，以沈子嘉歸，殺之。

五月，公及諸侯盟于臯鼬。 召陵會劉子、諸侯，揔言之也。繁昌縣東南有城臯亭。復稱公者，會盟異處故。**【疏】**注「召陵」至「處故」。　正義曰：書經之例，諸侯先會而後盟，皆前目而後凡。此共盟者，還是前會之諸侯，前已歷序，故於此揔言之也。劉子雖是王朝之臣，而亦有封爵，故諸侯之文可以兼劉子也。僖二十九年，王子虎與諸侯盟于翟泉，貶之稱「人」。此劉子得與諸侯盟者，楚僭號稱王，不事天子，❶諸侯會而侵楚，將以尊崇王室。傳言「劉文公合諸侯」，是天子勑之使盟也。下文書劉卷卒葬，魯人弔會，依同盟之禮，知劉子亦與盟也。復稱「公」者，由其會、盟異處故也。劉炫規杜云：「會盟異處，故復稱公。案襄二十五年盟重丘，亦是會、盟異處，何以不言公？」今删定知非者，但會、盟異處，理合稱「公」。重丘不書「公」，史官自略耳。以此規杜，非也。

杞伯成卒于會。無傳。【疏】「杞伯成卒于會」。正義曰：成以昭二十五年即位，二十六年盟于鄟陵，三十二年于翟泉，此年于臯鼬，魯、杞俱在，計杜當云「三同盟」。無注者，漏脱耳。諸侯薨于朝會，加一等，此既薨于會，其禮亦當然。

六月，葬陳惠公。無傳。

許遷于容城。無傳。

秋，七月，公至自會。無傳。

劉卷卒。無傳。即劉蚠也。劉子奉命出盟召陵，死則天王爲告同盟，故不具爵。【疏】注「即劉至「具爵」。正義曰：昭二十二年傳曰「單子立劉蚠」，即此是也。《世族譜》伯蚠、劉蚠、劉文公、劉狄、劉卷、劉子爲一人。王朝公卿卒，不赴魯，魯不會葬。文三年書「王子虎卒」，傳曰：「來赴，弔如同盟，禮也。」彼爲同盟于

❶「事」，原作「盡」，據正宗寺本、京都本、文淵閣本、阮本改。

翟泉故也。此亦書卒，明爲同盟故也。畿内之國，不得外交諸侯，必非劉邑之臣來赴，知是天子爲告也。天子告臣，略言名封而已，不言劉子，故書不具爵。

葬杞悼公。無傳。

楚人圍蔡。不服故也。

晉士鞅、衛孔圉帥師伐鮮虞。無傳。孔圉，孔羈孫。士鞅即范鞅。

葬劉文公。無傳。

冬，十有一月，庚午，蔡侯以吴子及楚人戰于柏舉，楚師敗績。師能左右之曰「以」，皆陳曰「戰」，大崩曰「敗績」。吴爲蔡討楚，❶從蔡計謀，故書「蔡侯以吴子」，言能左右之也。囊瓦稱人，貪以致敗，不能死難，罪賤之。柏舉，楚地。昭三十一年傳曰，六年十二月庚辰，吴其入郢。今以十一月者，并數閏。【疏】注「師能」至「數閏」。正義曰：「師能左右之曰『以』」，僖二十六年傳例也。「皆陳曰『戰』，大崩曰『敗績』」，莊十一年傳例也。吴大蔡小，而蔡能「以」吴者，吴子爲蔡討楚，言蔡能左右之也。《釋例》曰：「吴雖大國，順蔡侯之請，自將其衆，唯蔡侯之命，故亦言『以吴子』也。」囊瓦，楚之上卿，當稱名氏，今稱「人」者，貪以致敗，又不能死難，罪賤之也。《釋例》曰：「楚之囊瓦，貪佩馬以致討，稱『人』，罪賤之也。」昭三十一年傳言，六年十二月庚辰吴其入郢，今以十一月，與彼期有差殊者，《長歷》推此年閏十月，庚辰又是十一月二十

❶「討」，原作「計」，據《四部叢刊》本、京都本、文淵閣本、阮本改。

九日，其月垂盡，并數閏得爲十二月也。

楚囊瓦出奔鄭。書名，惡之。【疏】注「書名惡之」。　正義曰：文八年「宋司城來奔」，十四年「宋子哀來奔」，傳皆云：「貴之也。」不稱名爲貴之，是稱名爲惡之。

庚辰，吴入郢。弗地曰入。吴不稱子，史略文。【疏】注「弗地」至「略文」。　正義曰：「弗地曰『入』」，襄十三年傳例也。上文戰稱「吴子」，此言「吴」入楚，不稱「子」，猶成三年鄭伐許，昭十二年晉伐鮮虞，史略文，無義例。《公羊》、《穀梁》以爲，吴於戰稱子，爲其憂中國，故進而稱爵。及其入郢，君舍于君室，大夫舍于大夫室，反爲夷狄之行，故貶而稱「吴」。《左氏》無此義，故杜異而顯之。

【傳】四年，春，三月，劉文公合諸侯于召陵，謀伐楚也。文公，王官伯也。晉人假王命以討楚之久留蔡侯，故曰「文公合諸侯」。

晉荀寅求貨於蔡侯，弗得。言於范獻子曰：「國家方危，諸侯方貳，將以襲敵，不亦難乎？水潦方降，疾瘧方起，中山不服，中山，鮮虞。**棄盟取怨，無損於楚，**晉、楚同盟，伐之爲取怨。**而失中山，不如辭蔡侯。吾自方城以來，楚未可以得志，**晉敗楚，侵方城，在襄十六年。**祇取勤焉。」乃辭蔡侯。**

晉人假羽旄於鄭，鄭人與之。析羽爲旌，王者遊車之所建，鄭私有之，因謂之羽旄，借觀之。**明日，或旆以會。**或，賤者也。繼旐曰旆。令賤人施其旆，執以從會，示卑鄭。**晉於是乎失諸侯。**

傳言晉無禮，所以遂弱。

將會，衛子行敬子言於靈公，子行敬子，衛大夫。曰：「會同難，難得宜。嘖有煩言，莫之治也。嘖，至也。煩言，忿争。其使祝佗從。」❶祝佗，大祝子魚。公曰：「善。」乃使子魚。子魚辭曰：「臣展四體，以率舊職，猶懼不給，而煩刑書。若又共二，共二職。徼大罪也。且夫祝，社稷之常隸也。隸，賤臣也。社稷不動，祝不出竟，官之制也。社稷動，謂國遷。君以軍行，祓社釁鼓，師出，先有事祓禱於社，謂之宜社。於是殺牲，以血塗鼓鼙，爲釁鼓。祝奉以從，奉社主也。於是乎出竟。若嘉好之事，謂朝會。君行師從，二千五百人。卿行旅從，五百人。臣無事焉。」公曰：「行也！」

及皋鼬，將盟。將長蔡於衛。欲令蔡先衛歃。❷衛侯使祝佗私於萇弘曰：「聞諸道路，不知信否？若聞蔡將先衛，信乎？」萇弘曰：「信。蔡叔，康叔之兄也，蔡叔，周公兄。康叔，周公弟。先衛，不亦可乎？」子魚曰：「以先王觀之，則尚德也。昔武王克商，成王定之，選建明德，以蕃屏周。故周公相王室，以尹天下，尹，正也。於周爲睦。睦，親厚也。以盛德見親厚。分魯公以大路、大旂，魯公，伯禽也。此大路，金路，錫同姓諸侯車也。交龍爲旂，《周禮》：「同姓以封。」夏后氏之璜，璜，美玉名。封父之繁弱，封父，古諸侯也。繁弱，大弓名。殷民六族，條氏、徐氏、蕭氏、索氏、

---

❶「佗」，阮校：「《詩・下泉》正義、《書・舜典》正義、《論語》疏引傳並作『鮀』。」

❷「歃」下，阮校：「《釋文》有『也』字。」

長勺氏、尾勺氏，使帥其宗氏，輯其分族，將其類醜，醜，衆也。**以法則周公，用即命于周。**即，就也。使六族就周，受周公之法制。**是使之職事于魯，**共魯公之職事。**以昭周公之明德。**昭，顯也。**分之土田陪敦、**陪，增也。敦，厚也。**祝、宗、卜、史，**大祝、宗人、大卜、大史，凡四官。**備物典策，**典策，春秋之制。**官司彝器。**官司，百官也。彝器，常用器。**因商奄之民，**商奄，國名也。與四國流言，或迸散在魯，皆令即屬魯懷柔之。**命以伯禽，**伯禽，周公世子。時周公唯遣伯禽之國，故皆以付伯禽。**而封於少皞之虚。**少皞虚，曲阜也，在魯城内。**分康叔**康叔，衛之祖。**以大路、少帛、綪茷、**❶**旃旌、**少帛，雜帛也。綪茷，大赤，取染草名也。通帛爲旃，析羽爲旌。**大吕，**鐘名。**殷民七族，陶氏、施氏、繁氏、錡氏、樊氏、饑氏、終葵氏。封畛土略，自武父以南，及圃田之北竟，**畛，塗所徑也。略，界也。武父，衛北界。圃田，鄭藪名。**取於有閻之土，以共王職。**有閻，衛所受朝宿邑，蓋近京畿。**取於相土之東都，以會王之東蒐。**爲湯沐邑，王東巡狩，以助祭泰山。**聃季授土，**聃季，周公弟，司空。**陶叔授民，**陶叔，司徒。**命以《康誥》，而封於殷虚，**《康誥》，《周書》。殷虚，朝歌也。**皆啓以商政，疆以周索。**皆，魯、衛也。啓，開也。居殷故地，因其風俗，開用其政，疆理土地，以周

---

❶ 「綪茷」，阮校：「鄭氏《禮記·雜記》注引作『蒨旆』，《詩·小雅》『白旆央央』，正義云：『茷』與『旆』古今字也。故《左傳》云『蒨茷旃旌』，『茷』亦『旆』也。石經『綪』字似改刻，疑初刻作『蒨』字。按，《説文》云：『綪，赤繒也。』是『綪』爲正字。」

法。索，法也。分唐叔唐叔，晉之祖。以大路、密須之鼓、❶密須，國名。闕鞏、甲名。沽洗，鍾名。懷姓九宗，職官五正。懷姓，唐之餘民。九宗，一姓爲九族。職官五正，五官之長。命以《唐誥》，而封於夏虛，《唐誥》，誥命篇名也。夏虛，大夏，今大原晉陽也。啓以夏政，亦因夏風俗，開用其政。疆以戎索。大原近戎而寒，不與中國同，故自以戎法。三者皆叔也，而有令德，故昭之以分物。不然，文、武、成、康之伯猶多，而不獲是分也，唯不尚年也。管、蔡啓商，惎間王室，惎，毒也。周公攝政，管叔、蔡叔開道紂子禄父，以毒亂王室。王於是乎殺管叔而蔡蔡叔，周公稱王命以討二叔。蔡，放也。以車七乘，徒七十人。與蔡叔車徒而放之。其子蔡仲，改行帥德，周公舉之，以爲己卿士，爲周公臣。見諸王，而命之以蔡。命爲蔡侯。其命書云：『王曰：胡！無若爾考之違王命也！』胡，蔡仲名。若之何其使蔡先衛也？武王之母弟八人，周公爲太宰，康叔爲司寇，聃季爲司空，五叔無官，豈尚年哉？五叔，管叔鮮、蔡叔度、成叔武、霍叔處、毛叔聃也。❷曹，文之昭也。文王子，與周公異母。晉，武之穆也。武王子。曹爲伯甸，非尚年也。以伯爵居甸服，言小。今將尚之，是反先王也。晉文公爲踐土之盟，衛成公不在，夷叔，其母弟也，猶先蔡。踐土、召陵二會，經

---

❶「鼓」，原作「故」，據《四部叢刊》本、京都本、文淵閣本、阮本改。

❷「毛叔聃」，阮校：「陸粲附注云：《逸周書》及《史記》皆云毛叔名鄭，此作『聃』，誤也。且聃季是毛叔之弟，何容乃取兄名爲封國之號？斯必不然矣。《陶淵明集》、《聖賢羣輔録》作『毛叔鄭』。」

書蔡在衛上，霸主以國大小之序也。子魚所言，盟猷之次。**其載書云：『王若曰：晉重、文公。魯申、僖公。衛武、叔武。蔡甲午、莊侯。鄭捷、文公。齊潘、昭公。宋王臣、成公。莒期。』**兹丕公也。齊序鄭下，周之宗盟，異姓爲後。**藏在周府，可覆視也。吾子欲復文、武之略，**略，道也。**而不正其德，將如之何？」萇弘説，告劉子與范獻子謀之，乃長衛侯於盟。**【疏】注「文公」至「諸侯」。❶ 正義曰：劉子是天子大臣，故言「王官伯也」。往年蔡侯如晉，請晉耳，不請天子，今稱「劉文公合諸侯」，知是晉人告王，假王命以討楚。王使劉子會之，故言「劉文公合諸侯」，以示稟於王命，假王威也。 注「析羽」至「觀之」。正義曰：《周禮·司常》：「掌九旗之名物。❷ 全羽爲旞，析羽爲旌。道車載旞，斿車載旌。」鄭玄云：「全羽析羽皆五采，繫之於燧、旌之上，所謂注旄於干首也。凡九旗之帛，皆用絳。道車，象路也，王以朝夕燕出入。斿車，木路也，王以田以鄙。」是其析羽爲旌，王者遊車之所建也。《釋天》云：「注旄首曰旌。」李巡曰：「以旄牛尾著旌首者也。」孫炎曰：「析五采羽注旌上，亦有旒縿。」據彼文言之，則羽毛者，有五色鳥羽，又有旄牛尾也。言全羽、析羽者，蓋有全取其翅，或析取其翮，故有全、析二名也。繫此鳥羽、牛尾於干首，猶自別有絳爲旒縿縣之於干，今之旗䄍猶然。此傳直言羽耳，注不引全羽，而以析羽解之者，以全羽尊於析羽，鄭人所有未必尊貴，故以析羽解之。計羽旄所用，其費無多，晉人自應有之，而襄十四年范宣子假羽毛於齊，此又假羽旄於鄭者，或當制作巧

---

❶「注文公至諸侯」，阮本自此節以下正義，至「不正其德」止，分疏於傳文各節下。

❷「名物」，阮校：「案，《周禮》作『物名』。」

異，故聞而借觀之。　注「或賤」至「卑鄭」。　正義曰：鄭玄注《論語》云：「或云，言有人不顯其名，而略稱爲『或』。」是「或」爲賤者也。「繼旐曰旆」，《釋天》文也。郭璞曰：「帛續旐末爲燕尾者。」然則旐謂旂身，旆謂旂尾。晉令賤人建此羽旄，施其旐旆於下，執之以從其會。本謂其美，而就鄭借觀之。既得其物，令賤人服用之，是示其卑侮鄭也。鄭是列國，而晉卑侮之，諸侯於是知晉輕蔑，心皆怨恨，故晉於是乎失諸侯。　注「嘖至」至「忿争」。　正義曰：「嘖，至」，賈逵云然，是相傳訓也。《易・繫辭》云「聖人有以見天下之賾」，謂見其至深之處，賾亦深之義也。謂至於會時，有煩亂忿争之言，無才辯者，則莫之能治也。　注「社稷動謂國遷」。　正義曰：《周禮・大祝》云：「大師宜于社，造于祖，設軍社。及軍歸，獻于社，則前祝。」天子之祝如此，則諸侯之祝官亦然也。❶然則彼軍行，唯有社無稷。今社稷俱動，故知謂國遷也。國遷唯在竟内，得云「祝不出竟」者，《詩》稱公劉遷豳，大王來岐，及《春秋》杞都陳留而遷緣陵，及許遷于析之屬，並是離棄本國，遠適他土，故有出竟之事。劉以社稷動謂軍行而規杜，非也。　注「師出」至「釁鼓」。　正義曰：《釋天》云：「起大事，動大衆，必先有事乎社，而後出，謂之宜。」是軍師將出，必有祭社之事也。《周禮》：「女巫掌祓除釁浴。」則祓亦祭名，故知祓社即宜社是也。《説文》云：「釁，血祭也。」是殺牲以血塗鼓鼙爲釁鼓，此皆祝官掌之。　注「祝奉以從」。　正義曰：禮，軍行，必以廟主、社主從軍而行。《尚書・甘誓》云：「用命，賞于祖。弗用命，戮于社。」孔安國云：「天子親征，必載遷廟之祖主及社主行。有功，則賞祖主前，示不專也。不用命奔北者，則戮之於社主前。社主陰，陰主殺。親祖嚴社之義也。」是軍行必載社主行，故祝官奉主以從。　注「若嘉」至「事焉」。　正義曰：此會因而侵楚，衛侯當以軍行。

---

❶「官」，阮校：「浦鏜《正誤》作『宜』。」

而云「臣無事」者，晉本以會召諸侯，傳言「將會」，是赴會之時未知將侵伐也。但諸國既集，師衆自多，故因得行侵耳。　注「蔡叔」至「公弟」。　正義曰：《史記·管蔡世家》云：「武王同母兄弟十人。母曰大姒，文王正妃也。其長子曰伯邑考，次曰武王發，次曰管叔鮮，次曰周公旦，次曰蔡叔度，次曰曹叔振鐸，次曰郕叔武，次曰霍叔處，次曰康叔封，次曰聃季載。」如彼文，則蔡叔，周公弟也。今以蔡叔爲周公兄者，以僖二十四年傳富辰言文之昭十六國，❶蔡在魯上，明以長幼爲次。賈逵等皆言蔡叔周公兄，故杜從之。馬遷之言多辟謬，故不用《史記》爲說。

注「魯公」至「以封」。　正義曰：《周禮·巾車》云：「金路，建大旂以賓，同姓以封。」鄭玄云：「金路，以金飾諸末。大旂，九旗之畫交龍者。以賓，以會賓客。同姓以封，謂王子母弟以功德出封，若魯、衛也。」「交龍爲旂」，《司常》文也。　注「璜美玉名」。　正義曰：夏后氏所寶，歷代傳之，知美玉名也。哀十四年傳云：「向魋出於衛地，公文氏攻之，求夏后氏之璜焉。」則璜非一也。《尚書·旅獒》及《魯語》皆云，古者分同姓以珍玉展親。則先王不以玉賜向魋，向魋自規求得之也。鄭玄注《周禮》云：「半璧曰璜。」　注「封父」至「弓名」。　正義曰：鄭玄云：「古者伐國，遷其重器以與同姓。」此繁弱，封父之國爲之，不知何時滅其國而得之也。《孔叢》云：「楚王張繁弱之弓，載忌歸之矢，❷以射蛟於雲夢。」是繁弱爲弓名也。

「使帥」至「明德」。　正義曰：使六族之長，各自帥其當宗同氏。　輯，合也。合其所分枝屬。　族，屬也。將其族類人衆，以法則周公，令其移家居魯，用就受周公之命，是以使之共職事于魯，以昭周公之明德也。　下賜殷民七族，亦是使之法則康叔，令共職事于衛也。　賜唐叔及

---

❶ 「二」，原作「一」，據正宗寺本、京都本、文淵閣本、阮本改。今案：富辰言文之昭十六國在僖二十四年。

❷ 「忌」，監本、毛本、文淵閣本、阮本作「忘」。

懷姓九宗亦然。「陪敦」。正義曰：陪是加增之義。「敦，厚」，《釋詁》文也。言既封爲大國，已方五百里，❶又分以土田，❷更增彼寬厚，爲七百里也。《明堂位》云：「封周公于曲阜，地方七百里。」鄭玄云：「公之地方五百里，❸加魯以四等之附庸方百里者二十四，并五五二十五，積四十九，開方之，得七百里。」鄭玄《周禮・大司徒》注云：「凡諸侯爲牧正帥長及有德者，乃有附庸。公無附庸，侯附庸九同，伯附庸七同，子附庸五同，男附庸三同，進則取焉，退則歸焉。魯於周法不得有附庸，故言錫之也。地方七百里者，包附庸以大言之，附庸二十四，言德兼此四等矣。」是增厚魯國之事也。「祝宗」至「彝器」。正義曰：祝、宗，接神之官，大卜主卜，大史主書，與此四等官人，使之將歸於魯也。服虔云：「備物，國之職物之備也。」當謂國君威儀之物，若今繖扇之屬，備賜魯也。杜不解備物，則與典策爲一也。備物典策，謂史官書策之典，若傳之所云發凡之類，賜之以法，使依法書時事也。官司彝器，謂百官常用之器，蓋罇、罍、俎、豆之屬，其賜魯也。❹注「商奄」至「柔之」。正義曰：《書傳》云：「武王殺紂，繼公子禄父。及管、蔡流言，奄君謂禄父曰：『武王死，成王幼，周公疑。此百世之時，請舉事。』然後禄父及三監叛。」是奄與四國流言也。昭九年傳云「蒲姑、商奄，吾東土也」，此復云「因商奄之民」，則商奄是東方之國，近魯之地也。昭元年傳云：「周有徐、奄。」杜以彼奄與此商奄爲一，故《土地名》奄、商奄二名共爲一國。此

---

❶「已」，京都本、文淵閣本、阮本作「地」。

❷「土」，原作「上」，據正宗寺本、京都本、文淵閣本、阮本改。

❸「公」上，《禮記》鄭注有「上」字。「地」上，鄭注有「封」字。

❹「其」，正宗寺本、京都本、文淵閣本、阮本作「具」，當是。

注言「商奄，國名」，以商奄二字爲國名也。《詩》稱四國流言，毛傳以四國爲管、蔡、商、奄，則商、奄各自爲國。奄則此奄是也，商謂紂子禄父，下云「管、蔡啓商」，是名禄父爲商也。然則毛言商、奄爲二，杜言商奄爲一。杜言「四國流言」，亦謂管、蔡、禄父與商奄爲四也。商奄即四國之一，言「與」者，據民與四國之君流言，故言「與」也。或者據奄君道三國爲亂，故言「與」，揔稱四國，非爲商奄外別有四國也。❶言封魯於少皞之虚，則商奄非魯地也。非魯地而言因其民，是誅商奄之日，民或迸散在魯，皆命使即屬於魯，令魯懷柔之。玄卿以爲三監與商爲四國，奄在外，故言「與四國」。注「伯禽」至「伯禽」。正義曰：《詩·魯頌》説封魯之事云：「王曰：『叔父！建爾元子，俾侯于魯。』」是伯禽爲周公世子也。《魯世家》云：「周公相成王，使其子伯禽代就封于魯。」文十三年《公羊傳》曰：「周公何以稱大廟于魯？封魯公以爲周公也。周公拜乎前，魯公拜乎後，曰：『生以養周公，死以爲周公主。』然則周公之魯乎？曰：不之魯也。封魯公以爲周公，❷則周公曷爲不之魯？欲天下之一乎周也。」其意言周公聖人，若使之魯，則恐天下迴心向之，故不使之魯也。以周公身不適魯，唯遣伯禽之國，故傳皆言分魯公，不言分周公也。傳言「命以伯禽」，於體例「命以《康誥》」、「命以《唐誥》」，則「伯禽」亦似策命篇名。今杜云「唯遣伯禽之國，故皆以付伯禽」，則「伯禽」非是誥誓篇名。若必是誥誓，當云「命以魯誥」。既爲國君，不得與君牙、伯冏同類也。劉炫云：「『伯禽』，猶下『命以《康誥》』，是『伯禽』爲命書。似《書序》『穆王命君牙爲周大司徒，作《君牙》』，即以《君牙》爲篇，與此同也。」注「少皞」至「城内」。正義曰：此注少皞之虚即曲阜是也，曲阜在魯城

---

❶「爲」，阮校：「浦鏜云：『爲』當『謂』字誤。」

❷下「公」字下，《公羊傳》有「主然」二字。

內，則魯之所都，正在少皞虛矣。昭二十九年注：「窮桑，少皞之號。窮桑地在魯北。」與此異者，賈逵云：「少皞居窮桑，登爲帝。」蓋未爲帝居魯北，既爲帝乃居魯也。　注「少帛」至「爲旃」。　正義曰：《周禮·司常》云：「通帛爲旜，雜帛爲物。」鄭玄云：「通帛謂大赤，從周正色，無飾。雜帛者，以帛素飾其側，白，殷之正色。」大赤是通帛，知少帛是雜帛也。《釋草》云：「茹藘，茅蒐。」郭璞曰：「今之蒨也，可以染絳。」則綪是染赤之草。茷即旆也，《爾雅》：「繼旐曰旆。」旐是旂身，旆是旂尾。尾猶用赤，則通身皆赤。知綪茷是大赤，大赤即今之紅旗，取染赤之草爲名也。蓋王以通帛、雜帛並賜衛也。然則大赤即是旃也，於綪茷之下更言旃者，茷言旂尾，旃言旂身，圓其文，故具言耳。若其不然，旌是干之所建，旗皆有旌，少帛、旃旆之後，何須更復言旌？明是圓其文，故重言之。

注「鐘名」。　正義曰：周鑄無射，魯鑄林鐘，皆以律名名鐘。知此大吕、沽洗皆鐘名也。其聲與此律相應，故以律名焉。　注「畛塗」至「藪名」。　正義曰：《周禮·遂人》云：夫間有遂，廣深各二尺，遂上有徑，容車馬也。❶十夫有溝，廣深四尺，溝上有畛，容大車。百夫有洫，廣深八尺，洫上有涂，容乘車一軌。千夫有澮，廣二尋，深二仞，澮上有道，容二軌。萬夫有川，川上有路，容三軌。畛是路，故爲塗所徑也。桓十二年「公會鄭伯，盟于武父」，杜云：「陳留濟陽縣東北有武父城。」彼是鄭地，與此武父非一也。《土地名》云：「傳曰：『封畛土略，自武父以南』，則武父衛之北竟也，非河南武父。」其地闕，無其處，故直云「衛北界」也。《釋地》「十藪」：「鄭有圃田。」郭璞曰：「今滎陽中牟縣西圃田澤是也。」❷衛之南竟至此澤畔。　「取於」至「東蒐」。　正義曰：《土地名》

---

❶「車馬」，孫校：「當依《遂人》注作『牛馬』。」

❷「滎」，正宗寺本、京都本、阮本作「熒」。

「有閻之土」與「相土之東都」其地皆闕，無其處。言「共王職」，猶魯之許田，蓋近京畿也。會王東蒐，則爲從王巡守，助祭泰山，爲湯沐之邑，若鄭之祊田，蓋近泰山也。王巡守者，諸侯爲王守土，天子以時出巡行之。今言「蒐」，則王之巡守，亦因田獵以教習兵士。　注「聃季」至「司空」。　正義曰：富辰言文之昭，聃季在魯下。《史記》大姒十子，聃季最少，是周公弟也。《周禮》司空主土，司徒主民。知「聃季授土」，爲司空也。下「陶叔授民」，爲司徒也。　注「皆魯」至「法也」。　正義曰：《王制》云：「凡居民材，必因天地寒煖燥濕、廣谷大川異制，民生其間者異俗，脩其教不易其俗，齊其政不易其宜。」是言王者布政，當順民俗而施之也。此民習商之政，爲日已久，還因其風俗，開道以舊政也。衛居殷虚，開以商政可矣。魯亦開以商政者，王者所法，不過二代。夏在衛西，魯在衛東，夏政非魯所及，與衛大同。以殷之餘民有六族，將其醜類，以即事于魯，故與衛皆啓以商政也。疆理土地以周法，則三代經界，法皆有異，其異未盡聞也。索之爲法，相傳訓耳。《考工記》量器銘曰：「時文思索，允臻其極。」鄭亦以索爲法。　注「懷姓」至「之長」。　正義曰：懷姓居在晉地，而不言殷民，知是唐之餘民也。言「懷姓九宗」，則皆姓懷矣，知一姓而有九族也。「職官五正」，杜云「五官之長」，則謂五官之長子孫耳。《曲禮》云：「天子之五官，曰司徒、司馬、司空、司士、司寇。」鄭玄云：「此殷時制也。」然則殷時五官，居在唐地，世爲貴族，以賜唐叔，使主領之，所以榮寵唐叔也。殷之五官，不必皆在唐地，但有三官四官，亦得揔五言之。劉炫云：「『職官五正』，職，主也。正，長也。主官事者有五長，分九宗爲五官使主之。此九宗蓋宗有一人，數少者當宗不足立官，并之爲五，使五官領此九宗。或以爲於懷姓之內立五正，使分主九宗，未知誰是，故備言之。或以爲『五官之長』謂如昭二十九年蔡墨所云五行之官長也，是天子之大臣，非唐之遺民。然姓而有五也，并賜唐叔，豈天子得以五行官長賜諸侯哉？」　「文武」至「尚年」。　正義曰：文、武、成、康皆以處長而立，未聞更有兄伯封爲諸侯。❶而云「伯猶多」者，以叔年稚於伯仲，處叔而得分多，明其長者無所得，伯是兄弟之長，故舉伯以爲言。所云「猶多」者，甚言之耳。歷檢書傳，文、武、成、康，未有兄爲諸侯者，幼者分物多，長者無所得，此唯爲不尚年故也。　「管蔡」至「命也」。　正義曰：《書序》云：「蔡叔既没，王命蔡仲踐諸侯位，作《蔡仲之命》。」其經云：「惟周公位冢宰，正百工。羣叔流言，乃致辟管叔于商，囚蔡叔于郭鄰，以車七乘。降霍叔于庶人，三年不齒。蔡仲克庸祗德，周公以爲卿士。叔卒，乃命諸王邦之蔡。王若曰：小子胡！惟爾率德改行，克慎厥猷，肆予命爾侯于東土。往即乃封，敬哉！爾尚蓋前人之愆，惟忠惟孝，率乃祖文王之彝訓，無若爾考之違王命。」傳之此言，皆述《書》意而爲之辭，唯增言「徒七十人」耳。孔安國云：「郭鄰，中國之外地名。」亦不知何方地名也。

注「惎毒也」。　正義曰：「惎，毒」，「間，亂」，賈逵云然，是相傳訓也。道禄父作亂，將以害周，若毒螫然，故云「毒亂王室」也。　注「周公」至「放也」。　正義曰：《蔡仲之命》篇云「周公乃致辟管叔于商，囚蔡叔于郭鄰」，則是周公誅之矣。而此言王者，周公稱王命以討之。《書序》云「成王既伐管叔、蔡叔」，是稱王命之文也。《説文》云：「𥻦，散之也。從米，殺聲。」然則「𥻦」字，殺下米也。𥻦爲放散之義，故訓爲放也。隸書改作，已失字體，「𥻦」字不復可識，寫者全類「蔡」字，至有爲一「蔡」字，重點以讀之者。今定本作「蔡」，非也。　注「爲周公臣」。　正義曰：孔安國云：「明王之法，誅父用子，言至公。周公圻内諸侯，二卿治事。」是爲周公圻内采邑之卿也。　「母弟八人」。　正義曰：上言十人，而此云「八」者，伯邑考已死，不數武王，故八人。　「康叔爲司寇」。　正義曰：《尚書》：「蘇公爲司寇。」此言康叔者，爲蘇公出封爲國，康叔替之。　注「五叔」。　正義曰：《史記》云「聃季

---

❶「聞」，京都本、閩本、監本、毛本、文淵閣本、阮本作「得」。

載」，杜云「毛叔聃」，又不數叔振鐸者，杜以振鐸非周公同母，故不數之。或杜别有所見，不以《管蔡世家》爲說。「曹爲」至「尚年」。　正義曰：於昭穆，曹是晉之叔父也。晉爲大國，多受分物，曹爲伯爵，而在甸服，非是尊尚年長也。桓二年傳云：「晉，甸侯也。」晉亦在甸，唯侯、伯之爵異耳。言爲「伯甸」，連言之耳，於甸無升降也。鄭玄云：曹，今濟陰定陶也。去王城八百里。東都之畿方六百里，半之三百里，侯服五百里。定陶在畿外，故爲在甸服。言其小也。　「藏在周府」。　正義曰：言周家府藏之内，有此載書在也。本或爲「盟府」，由僖五年傳「藏於盟府」，涉彼而誤耳。　「不正其德」。　正義曰：正，長也。謂不長其有德者也。

反自召陵，鄭子大叔未至而卒。晉趙簡子爲之臨，甚哀，曰：「黄父之會，在昭二十五年。**夫子語我九言，曰：『無始亂，無怙富，無恃寵，無違同，無敖禮，無驕能，**以能驕人。**無復怒，**復，重也。**無謀非德，**非所謀也。**無犯非義。』」**傳言簡子能用善言，所以遂興。【疏】「乃長衛侯」。❶　正義曰：《釋例》曰：「周之宗盟，異姓爲後，故踐土之盟載書，齊、宋雖大，降於鄭、衛。斥周而言，❷指謂王官之宰臨盟者也，其餘雜盟未必皆然。踐土、召陵二會，皆蔡在衛上，時國次也。至盟乃正其高下者，敬共明神，本其始也。」是言會以國之大小爲次，至盟乃先同姓。盟之先同姓者，唯謂王官之宰臨盟時耳。踐土則王子虎盟諸侯于王庭，此盟則劉子在焉，故二者先同姓。其餘雜盟，亦以國之大小爲次，故襄二十七年宋之盟，晉、楚争先，若其皆先同姓，則楚不得競也，以此知餘盟不然。　「九言」。　正義曰：古者一字與二字並爲一言。《易》云：伏羲作十言

---

❶「乃長衛侯」，阮本以下正義二節分疏於傳文各節下。

❷「斥」，京都本、阮本作「匠」。

之教，曰：「乾、坤、震、巽、坎、離、艮、兑、消、息。」乾、坤雖是一字，亦一出口，乃得言之，故謂之一言。今則一字爲一言，三字以上爲一句。

沈人不會于召陵，晉人使蔡伐之。夏，蔡滅沈。

秋，楚爲沈故，圍蔡。

伍員爲吴行人以謀楚。楚之殺郤宛也，在昭二十七年。伯氏之族出。郤宛黨。伯州犁之孫嚭爲吴大宰以謀楚。楚自昭王即位，無歲不有吴師，蔡侯因之，以其子乾與其大夫之子爲質於吴。冬，蔡侯、吴子、唐侯伐楚。唐侯不書，兵屬於吴、蔡。舍舟于淮汭，吴乘舟從淮來，過蔡而舍之。自豫章與楚夾漢。豫章，漢東江北地名。左司馬戌謂子常曰：「子沿漢而與之上下，沿，緣也。緣漢上下，遮使勿度。❶我悉方城外以毁其舟，以方城外人毁吴所舍舟。還塞大隧、直轅、冥阨。三者，漢東之隘道。子濟漢而伐之，我自後擊之，必大敗之。」既謀而行。

武城黑謂子常黑，楚武城大夫。曰：「吴用木也，我用革也，用，軍器。不可久也，不如速戰。」史皇謂子常：「楚人惡子而好司馬。史皇，楚大夫。司馬，沈尹戌。若司馬毁吴舟于淮，塞城口而入，城口，三隘道之揔名。是獨克吴也。子必速戰！不然，不免。」乃濟漢而陳，自小別至于大別。《禹貢》：漢水至大別南入江。然則此二別在江夏界。三戰，子常知不可，欲奔。知吴不可勝。史

❶「度」，《四部叢刊》本、京都本、文淵閣本、阮本作「渡」。

皇曰：「安求其事，求知政事。難而逃之，將何所入？子必死之，初罪必盡説。」言致死以克吴，可以免貪賄致寇之罪。

十一月，庚午，二師陳于柏舉。經所以書戰。二師，吴、楚師。闔廬之弟夫槩王晨請於闔廬曰：「楚瓦不仁，瓦，子常名。其臣莫有死志。先伐之，其卒必奔。而後大師繼之，必克。」弗許。夫槩王曰：「所謂『臣義而行，不待命』者，其此之謂也。今日我死，楚可入也。」以其屬五千先擊子常之卒，子常之卒奔，楚師亂，吴師大敗之。子常奔鄭。史皇以其乘廣死。以戰死。吴從楚師，及清發，清發，水名。將擊之，夫槩王曰：「困獸猶鬬，況人乎？若知不免而致死，必敗我。若使先濟者知免，後者慕之，蔑有鬬心矣。半濟而後可擊也。」從之，又敗之。楚人爲食，吴人及之，奔，食而從之，敗諸雍澨。五戰，及郢。奔食，食者走不陳，故不在戰數。

己卯，楚子取其妹季芈、畀我以出，涉雎。雎水，出新城昌魏縣，東南至枝江縣入江，是楚王西走。鍼尹固與王同舟，王使執燧象以奔吴師。燒火燧繫象尾，使赴吴師，驚却之。

庚辰，吴入郢，以班處宫。以尊卑班次處楚王宫室。子山處令尹之宫，子山，吴王子。夫槩王欲攻之，懼而去之，夫槩王入之。入令尹宫也。言吴無禮，所以不能遂克。

左司馬戌及息而還，息，汝南新息也。聞楚敗，故還。敗吴師于雍澨，傷。司馬先敗吴師而身被創。初，司馬臣闔廬，故耻爲禽焉。司馬嘗在吴爲闔廬臣，是以今耻於見禽。謂其臣曰：「誰能免吾首？」吳句卑曰：「臣賤，可乎？」司馬曰：「我實失子，可哉！」失不知子賢。三戰，皆傷，曰：「吾不可用也已。」句卑布裳，剄而裹之，司馬已死，剄取其首。藏其身，而以其首免。傳言司馬之忠壯。

楚子涉雎，濟江，入于雲中。入雲夢澤中，所謂江南之夢。王寢，盜攻之，以戈擊王，王孫由于以背受之，中肩。王奔鄖。鍾建負季芈以從。鍾建，楚大夫。由于徐蘇而從。以背受戈，故當時悶絶。鄖公辛之弟懷將弑王，曰：「平王殺吾父，我殺其子，不亦可乎？」辛，蔓成然之子鬭辛也。昭十四年楚平王殺成然。辛曰：「君討臣，誰敢讎之？君命，天也。若死天命，將誰讎？《詩》曰：『柔亦不茹，剛亦不吐。不侮矜寡，不畏彊禦。』唯仁者能之。《詩·大雅》。言仲山甫不辟彊陵弱。違彊陵弱，非勇也。乘人之約，非仁也。滅宗廢祀，非孝也。弑君罪應滅宗。動無令名，非知也。必犯是，余將殺女。」鬭辛與其弟巢以王奔隨。

吳人從之，謂隨人曰：「周之子孫在漢川者，楚實盡之。天誘其衷，致罰於楚，而君又竄之，竄，匿也。周室何罪？君若顧報周室，施及寡人，以奬天衷，奬，成也。君之惠也。漢陽之田，君實有之。」楚子在公宮之北，隨公宮也。吳人在其南。子期似王，子期，昭王兄公子結也。逃王，而已爲王，曰：「以我與之，王必免。」隨人卜與之，不吉，乃辭吳曰：「以隨之辟小，而密邇於楚，楚實存之。世有盟誓，至于今未改。若難而棄之，何以事君？執事之患，不唯一人。一人，楚王。若鳩楚竟，敢不聽命？」吴人乃退。鳩，安集也。鑪金初宧於子期氏，❶實與隨人要言。要言無以楚王與吴，并欲脱子期。王使見，王喜其意，欲引見之，以比王臣，且欲使盟隨人。辭曰：「不敢以約爲利。」此約謂要言也。此一時之事，非爲德舉，故辭不敢見，亦不肯爲盟主。王割子期之心，以與隨人盟。當心前割取血以盟，示其至心。

初，伍員與申包胥友。包胥，楚大夫。其亡也，謂申包胥曰：「我必復楚國。」復，報也。申包胥曰：「勉之！子能復之，我必能興之。」及昭王在隨，申包胥如秦乞師，曰：「吴爲封豕長蛇，以荐食上國，荐，數也。言吴貪害如蛇豕。虐始於楚。寡君失守社稷，越在草莽，使下臣告急，曰：『夷德無厭，若鄰於君，疆埸之患也。吴有楚，則與秦鄰。逮吴之未定，君其取分焉。與吴共分楚地。若楚之遂亡，君之土也。若以君靈撫之，世以事君。』」撫，存恤也。秦伯使辭焉，曰：「寡人聞命矣。子姑就館，將圖而告。」對曰：「寡君越在草莽，未獲所伏，伏，猶處也。下臣何敢即安？」立依於庭牆而哭，日夜不絶聲，勺飲不入口七日。秦哀公爲之賦《無衣》，《詩·秦風》。取其「王于興師，脩我戈矛，與子同仇，與子偕作，與子偕行」。九頓首而坐。《無衣》三章，章三頓首。秦師乃出。爲明

---

❶「鑪」，阮校：「石經、宋本『鑪』作『鑢』，是也，與《釋文》合。案，《漢書·古今人表》亦作『鑢』字。」「宧」，《四部叢刊》本、足利學本、京都本作「宦」，文淵閣本、阮本作「官」。

年包胥以秦師至張本。【疏】注「豫章」至「地名」。❶　正義曰：《漢書·地理志》：豫章，郡名，在江南。此在江北者，《土地名》云：「定二年，楚人伐吴，師于豫章，吴人見舟于豫章，而潛師于巢，吴軍楚師于豫章。又柏舉之役，吴人舍舟于淮汭，而自豫章與楚師夾漢，此皆在江北淮南。蓋後徙在江南之豫章。」注「禹貢」至「夏界」。　正義曰：《禹貢》云：「嶓冢導漾，東流爲漢，又東爲滄浪之水，過三澨，至于大别，南入于江。」孔安國云：「三澨，水名，入漢。大别，山名。觸山廻南入江。」如彼文，大别在江北，小别當近之，小别當在大别之東也。何則子常從小别與吴戰，退而至大别？明其自東而漸西也。《土地名》小别、大别皆闕，不知所在。或曰，大别在安豐縣西南。傳曰，吴既與楚夾漢，然後楚「乃濟漢而陳，自小别至于大别」，然則二别近漢之名，無緣反在安豐也。「所謂」至「入也」。　正義曰：臣見義則行，不待君命，古有此言，故云「其此之謂也」。今日我致死而戰，楚可入也。　注「奔食」至「戰數」。　正義曰：五戰，謂濟漢而陳，自小别至于大别三戰也，柏舉也，清發也，此已五矣。若復數雍澨，則爲六也。傳例：「皆陳曰戰。」奔食而從之，則食者走不暇爲陳，故不數也。「季芈畀我」。　正義曰：《世族譜》季芊與畀我二人，皆平王女也。服虔云：「季芈許嫁而字。畀我，季芈弟也。」禮，婦人許嫁，笄而稱字。季芈稱字，是許嫁也。蓋遭亂夫死，而改適鍾建耳。　注「睢水」至「西走」。　正義曰：《土地名》：「睢水，出新城昌魏縣南發河山，東南經襄陽，至南郡枝江縣入江。」此水在郢都之西，楚王辟吴而西走。　注「燒火」至「却之」。　正義曰：賈逵云：「燧，火燧也。象，象獸也。以火繫其尾，使奔吴師，驚却其衆，使王得脱。」杜用其説也。《禮》有「金燧」、「木燧」，皆取火之物，故以燧名火也。《説文》云：「象，長牙鼻，南越之大獸也。」《南州

❶「注豫章至地名」，阮本以下正義十五節分疏於傳文各節下。

異物志》云：「象，身倍數牛，而目則如豕目。❶鼻長七八尺，其所食物，皆鼻取之。性馴良，爲人所養，夷人服乘之。」《史記・大宛傳》曰：「身毒國，其民皆乘象以戰。」是象可調馴。楚近南邊，故有此象。王將涉睢，吴師來偪，故使以火繫象尾，令突吴師，使驚却之。言執燧象者，❷既繫火於尾，執而牽向吴師，乃放之。「我實失子可哉」。正義曰：言我比來失子，不知子有賢行，臨難能免吾首，女今可守此言哉！注「司馬已死」。正義曰：言布裳剄之，是司馬傷而自殺，故云「已死」。注「忠壯」。正義曰：謀毁舟敗吴，是忠也。雖傷，猶戰不止，是壯也。注「入雲」至「之夢」。正義曰：《土地名》云：「南郡枝江縣西有雲夢城，江夏安陸縣東南亦有夢城。或曰，南郡華容縣東南有巴丘湖，江南之夢也。」郢都在江北睢東，王走西涉睢，又南濟江，乃入于雲中，知此在江南。昭三年，王與鄭伯田於江南之夢，謂此也。言江南之夢，則江北亦有夢矣。司馬相如《子虛賦》云：「雲夢者，方九百里。」❸則此澤跨江南北。「柔亦」至「彊禦」。正義曰：《詩・大雅・烝民》，美宣王之詩。其章内言仲山甫不茹柔、不吐剛也。《釋言》云：「啜，茹也。」舍人曰：「啜，茹食也。」《檀弓》云：「啜菽飲水。」啜菽，謂食豆藿也。然則茹者，噉食之名。「以王奔隨」。正義曰：桓六年傳曰：「漢東之國，隨爲大。」《土地名》：「隨，義陽隨縣。」其國在楚之東也。《土地名》：「鄖，江夏雲杜縣。」則是楚之西南。吴師猶尚在楚，更東來奔隨國者，蓋爲楚與隨有恩，謂可保守故也。注「荐數也」。正義曰：《釋言》云：「荐，再也。」「再」亦「數」之義也。

---

❶ 下「目」字，文淵閣本、阮本作「其」，屬下讀。阮校：「閩本初刻作『目』，後改『其』，是也。」

❷ 「言」，監本、毛本、文淵閣本無此字。

❸ 「九」，孫校：「『九』上奪『八』字。」

「無衣」。　正義曰：《無衣》，刺用兵也。秦人刺其君好攻戰，亟用兵，而不與民同欲焉。其《詩》云：「豈曰無衣？與子同袍。王于興師，脩我戈矛，與子同仇。」鄭注云：「此責康公之言也。君豈嘗曰『女無衣，我與女同袍』乎？言不與民同欲也。」下注云：「君不與我同欲，而於王興師，則云『脩我戈矛，與子同仇』，往伐之。刺其好攻戰。」又云：「豈曰無衣，與子同澤。王于興師，脩我矛戟，與子偕作。」又云：「豈曰無衣，與子同裳。王于興師，脩我甲兵，與子偕行。」

【經】五年，春，王三月，辛亥，朔，日有食之。無傳。

夏，歸粟于蔡。蔡爲楚所圍，飢乏，故魯歸之粟。**【疏】**注「蔡爲」至「之粟」。　正義曰：《公羊傳》曰：「孰歸之？諸侯歸之。曷爲不言諸侯歸之？離至不可得而序，故言我也。」《穀梁傳》亦然。賈逵取彼爲說，云：「不書所會，後也。」杜以傳文唯言「周亟矜無資」，自解魯歸粟之意，不言諸侯歸之。諸侯或亦歸之，要此經所書，其意不及諸侯，故顯而異之，言魯歸之粟。

於越入吴。於，發聲也。**【疏】**注「於發聲也」。　正義曰：《公羊傳》云：「『於越』者何？『越』者何？『於越』者，未能以其名通也。『越』者，能以其名通也。」其意言「越」與「於越」立文不同，事有褒貶。《左氏》無此義。越是南夷，夷言有此發聲，史官或正其名，或從其俗，「越」與「於越」，史異辭，無義例。

六月，丙申，季孫意如卒。

秋，七月，壬子，叔孫不敢卒。無傳。

冬，晉士鞅帥師圍鮮虞。

【傳】五年，春，王人殺子朝于楚。因楚亂也。終閔馬父之言。

夏，歸粟于蔡，以周亟，矜無資。亟，急也。

越入吳，吳在楚也。

六月，季平子行東野。東野，季氏邑。**還，未至，丙申，卒于房。**❶**陽虎將以璵璠斂，**璵璠，美玉，君所佩。**仲梁懷弗與，**懷亦季氏家臣。**曰：「改步改玉。」**昭公之出，季孫行君事，佩璵璠，祭宗廟。今定公立，復臣位，改君步，則亦當去璵璠。**陽虎欲逐之，告公山不狃。不狃曰：「彼爲君也，子何怨焉？」**不狃，季氏臣費宰子洩也。爲君，不欲使僭。**既葬，桓子行東野，**桓子，意如子季孫

---

❶「房」，阮校：「顧炎武云：『房』疑即『防』字，古『阝』字作『𨸏』，脱其下而爲『方』字。《漢仙人唐公房碑》可證也。《漢書》『汝南郡吳房』，孟康曰：『本房子國。』而《史記·項羽紀》『封揚武爲吳防侯』，字亦作『防』。《漢書·武帝紀》『濟川王明廢，遷防陵』、『常山王勃廢，徙房陵』，一卷之中，字體不同，又『防』、『房』二字相通之一證。陳樹華云：《漢書·溝洫志》『宣防塞兮萬福來』，後云『自塞宣房後』，一篇之中，『防』、『房』互見。又《後漢書·光武紀》『南擊新市、真定、元氏、防子』，注云：『房子屬常山郡，防與房古字通用。』《文選·月賦》『徘徊房露』，李善注：『防露，蓋古曲也。《文賦》曰：寤防露與桑間。』據此，則『房』之爲『防』審矣。」

斯。及費。子洩爲費宰，逆勞於郊，桓子敬之。勞仲梁懷，仲梁懷弗敬。懷時從桓子行，輕慢子洩。**子洩怒，謂陽虎：「子行之乎？」**行，逐懷也。爲下陽虎囚桓子起。【疏】注「璵璠」至「所佩」。❶ 正義曰：案《說文》云：「璵璠，魯之寶玉。」璵璠是一玉名。《說文》又云：「瑜，美玉。」與璵璠異也。昭公出奔之後，平子攝行君事，入宗廟，佩此玉。陽虎以平子嘗佩此玉，故將以斂之。仲梁懷不與，明此玉是君所佩也。君之所佩，故爲美玉也。《玉藻》云：「公侯佩山玄玉。」此當時所佩，未必是山玄也。《玉藻》又云：「古之君子必佩玉，右徵角，左宮羽。」鄭玄云：「徵角在右，事也，民也，可以勞。宮羽在左，君也，物也，宜逸。」「改步改玉」。正義曰：步謂行也。《玉藻》云：「君與尸行接武，大夫繼武，士中武。」鄭玄云：「尊者尚徐，接武，蹈半迹；繼武，迹相及也；中武，迹間容迹。」是君臣步不同也。《玉藻》又云：「公侯佩山玄玉，大夫佩水蒼玉。」是君臣玉不同也。昭公之出，季氏行君事，爲君行，佩君玉。及定公立，季氏復臣位，故步玉皆改矣。「彼爲君」。正義曰：家臣謂季氏爲君，故注云「不欲使僭」。

申包胥以秦師至。秦子蒲、子虎帥車五百乘以救楚。五百乘，三萬七千五百人。**子蒲曰：「吾未知吳道。」**道猶法術。**使楚人先與吳人戰，而自稷會之，大敗夫槩王于沂。**稷、沂皆楚地。**吳人獲薳射於柏舉，**薳射，楚大夫。**其子帥奔徒**奔徒，楚散卒。**以從子西，敗吳師於軍祥。**楚地。

秋，七月，子期、子蒲滅唐。從吳伐楚故。

❶「注璵璠至所佩」，阮本以下正義三節分疏於傳文各節下。

九月，夫槩王歸，自立也，以與王戰而敗，自立爲吳王，號夫槩。❶奔楚，爲堂谿氏。傳終言之。吳師敗楚師于雍澨。秦師又敗吳師。吳師居麇，麇，地名。子期將焚之，子西曰：「父兄親暴骨焉，不能收，又焚之，不可。」前年楚人與吳戰，多死麇中，言不可并焚。子期曰：「國亡矣，死者若有知也，可以歆舊祀，言焚吳復楚，則祭祀不廢。豈憚焚之？」焚之，而又戰，吳師敗。又戰于公壻之谿，楚地名。吳師大敗，吳子乃歸。囚闉輿罷。闉輿罷請先，遂逃歸。輿罷，楚大夫。請先至吳，而逃歸。言吳唯得楚一大夫，復失之，所以不克。葉公諸梁之弟后臧從其母於吳，不待而歸。諸梁，司馬沈尹戌之子葉公子高也。吳入楚，獲后臧之母。楚定，臧棄母而歸。葉公終不正視。不義之。

乙亥，陽虎囚季桓子及公父文伯，文伯，季桓子從父昆弟也。陽虎欲爲亂，恐二子不從，故囚之。而逐仲梁懷。冬，十月，丁亥，殺公何藐。藐，季氏族。己丑，盟桓子于稷門之内。魯南城門。庚寅，大詛。逐公父歜及秦遄，皆奔齊。歜即文伯也。秦遄，平子姑壻也。傳言季氏之亂。

楚子入于郢。吳師已歸。初，鬬辛聞吳人之争宫也，曰：「吾聞之：『不讓則不和，不和，不可以遠征。』吳争於楚，必有亂。有亂，則必歸，焉能定楚？」王之奔隨也，將涉於成臼。江夏竟陵縣西有臼水，出聊屈山，西南入漢。藍尹亹涉其帑，亹，楚大夫。不與王舟。及寧，王欲殺之。寧，安定

---

❶「夫槩」，阮校：「按，《廣韻》、《唐韻》引作『夫溉』，又未韻『既』字下『姓也，吳王夫既之後』，是本又作『既』也。」

也。子西曰：「子常唯思舊怨以敗，君何效焉？」王曰：「善。使復其所，吾以志前惡。」惡，過也。王賞鬭辛、王孫由于、王孫圉、鍾建、鬭巢、申包胥、王孫賈、宋木、鬭懷。九子皆從王有大功者。子西曰：「請舍懷也。」以初謀弑王也。王曰：「大德滅小怨，道也。」終從其兄，免王大難，是大德。申包胥曰：「吾爲君也，非爲身也。君既定矣，又何求？且吾尤子旗，其又爲諸？」子旗，蔓成然也。以有德於平王，求欲無厭，平王殺之。在昭十四年。遂逃賞。王將嫁季芈，季芈辭曰：「所以爲女子，遠丈夫也。鍾建負我矣。」以妻鍾建，以爲樂尹。司樂大夫。

王之在隨也，子西爲王輿服以保路，國于脾洩。脾洩，楚邑也。失王，恐國人潰散，故僞爲王車服，立國脾洩，以保安道路人。聞王所在，而後從王。王使由于城麇，於麇築城。復命，子西問高厚焉，弗知。子西曰：「不能，如辭。言自知不能，當辭勿行。城不知高厚小大，何知？」對曰：「固辭不能，子使余也。人各有能有不能。王遇盜於雲中，余受其戈，其所猶在。」袒而示之背，曰：「此余所能也。脾洩之事，余亦弗能也。」傳言昭王所以復國，有賢臣也。【疏】「王之」至「脾洩」。❶正義曰：王之在隨也，國内無主，子西以民無所依，恐其潰散，故僞爲王之車服，以安道路之人，國于脾洩之地。於時子西蓋假稱王矣。　「問高厚焉弗知」。　正義曰：子西問由于所築麇城高厚幾何，由于不知。董遇云：「問城高厚丈尺也。」本或有「小大」者，涉下文而誤耳。　「不能如辭」。　正義曰：「敢」爲「不敢」，「如」爲「不

---

❶「王之至脾洩」，阮本以下正義四節分疏於傳文各節下。

如」，古人之語然也。僖二十二年傳云：「若愛重傷，則如勿傷。愛其二毛，則如服焉。」經傳之文，此類多矣。「城不」至「何知」。正義曰：王肅斷「小大何知」爲句，注云：「如是，小大何所知也？」張奂《古今人論》云：「子西問城之高厚小大，而弗知也。子西怒曰：『不能則如辭。城之而不知，又何知乎？』」張奂引傳爲文，「小大」上屬。杜雖無注，蓋與張同。

晉士鞅圍鮮虞，報觀虎之敗也。三年鮮虞獲晉觀虎。

【經】**六年，春，王正月，癸亥，鄭游速帥師滅許，以許男斯歸。**游速，大叔子。

二月，公侵鄭。公至自侵鄭。無傳。

夏，季孫斯、仲孫何忌如晉。

秋，晉人執宋行人樂祁犂。稱「行人」，言非其罪。

冬，城中城。無傳。公爲晉侵鄭，故懼而城之。

季孫斯、仲孫忌帥師圍鄆。無傳。「何忌」不言「何」，闕文。鄆貳於齊，故圍之。【疏】「季孫」至「圍鄆」。正義曰：鄆是魯邑，輒曰圍之，必是鄆邑叛也。三傳並無其事，不知何爲而叛。明年齊人歸鄆，是叛屬齊也。

【傳】**六年，春，鄭滅許，因楚敗也。**

二月，公侵鄭，取匡，爲晉討鄭之伐胥靡也。胥靡，周地也。周儋翩因鄭人以作亂，鄭爲之伐胥靡，故晉使魯討之。匡，鄭地。取匡不書，歸之晉。往不假道於衛。及還，陽虎使季、孟自南門入，出自東門，陽虎將逐三桓，欲使得罪於鄰國。舍於豚澤。衛侯怒，使彌子瑕追之。彌子瑕，衛嬖大夫。公叔文子老矣，文子，公叔發。輦而如公，曰：「尤人而效之，非禮也。昭公之難，君將以文之舒鼎、衛文公之鼎。成之昭兆、寶龜。定之鞶鑑，鞶帶而以鏡爲飾也。今西方羌胡猶然，古之遺服。苟可納之，❶擇用一焉。公子與二三臣之子，諸侯苟憂之，將以爲之質。爲質，求納魯昭公。此羣臣之所聞也。今將以小忿蒙舊德，蒙，覆也。無乃不可乎？大姒之子，大姒，文王妃。唯周公、康叔爲相睦也，而效小人以棄之，不亦誣乎？天將多陽虎之罪以斃之，君姑待之，若何？」乃止。止不伐魯師。【疏】「討鄭之伐胥靡」。❷ 正義曰：下注云「鄭伐周六邑，在魯伐鄭取匡前」，而此獨云胥靡者，此時須顯侵鄭之意，故言「討鄭之伐胥靡」，略言之也。但鄭伐周事，須從下文戍周發之，故傳文乃逆指下事爲次也。「尤人」至「非禮」。正義曰：入其國門，非也。追伐其師，❸亦非也。尤其非而復效之，爲非禮

---

❶「可」下，《四部叢刊》本、京都本、文淵閣本、阮本有「以」字。阮校：「無『以』字，非也。」

❷「討鄭之伐胥靡」，阮本以下正義三節分疏於傳文各節下。

❸「伐」，原作「我」，據正宗寺本、京都本、文淵閣本、阮本改。

也。下云「效小人以棄之」，即云「天將多陽虎之罪」，則公叔文子知此出入衛，明是陽虎之計，❶非魯公使然。「尤人」，謂尤陽虎也。　「文之」至「昭兆」。　正義曰：賈逵云：「舒鼎，鼎名。昭兆，寶龜。」杜依用之。蓋衛文公鑄此鼎也。❷其名曰「舒」，不知其故。「成之昭兆」，成公新得此龜，蓋以灼之出兆，兆文分明，故名爲「昭兆」。

夏，季桓子如晉，獻鄭俘也。獻此春取匡之俘。**陽虎强使孟懿子往報夫人之幣。**虎欲困辱三桓，并求媚於晉，故强使正卿報晉夫人之聘。**晉人兼享之。**賤魯，故不復兩設禮，明經所以不備書。**孟孫立于房外，謂范獻子曰：「陽虎若不能居魯，而息肩於晉，所不以爲中軍司馬者，有如先君！」**稱先君以徵其言，若欲使晉必厚待之。**獻子曰：「寡君有官，將使其人，**擇得其人。**鞅何知焉？」獻子謂簡子曰：「魯人患陽虎矣。孟孫知其釁，以爲必適晉，故强爲之請，以取入焉。」**欲令晉人聞虎當逃走，故强設請託之辭，因此言以入晉，令晉素知之。【疏】「陽虎」至「之幣」。❸　正義曰：聘禮者，諸侯使卿聘鄰國之禮也。執圭以致君命，執璧以致享幣。其於夫人，則聘用璋，享用琮。聘君與夫人，一使兼致之，夫人不別使也。傳言「報夫人之幣」，則晉之夫人嘗有聘魯者矣。禮法，夫人不別遣使，則晉之夫人聘者，亦爲晉君來聘也。經無其事，蓋遣大夫來聘，名氏不合見經，故略之也。不言報晉君，唯言「報夫人」者，桓子

❶「計」，原作「討」，據正宗寺本、京都本、文淵閣本、阮本改。
❷「蓋」，原作「鏧」，據正宗寺本、京都本、文淵閣本、阮本改。
❸「陽虎至之幣」，阮本以下正義四節分疏於傳文各節下。

如晉獻鄭俘，即亦報聘晉也。桓子報聘，即亦得報夫人也。但陽虎欲困辱三桓，又欲求媚於晉，既使桓子報聘晉君，又别遣正卿報晉夫人，所以困辱三桓而重晉禮也。　注「賤魯」至「備書」。　正義曰：若桓子特爲獻俘，❶懿子專爲報聘，則經當兩書「如晉」，不合共文。晉人亦當兩設享禮，各待一客。今乃桓子聘晉君，懿子報夫人，則似共爲一使，若賓與介然，❷故晉人兼享之。賤魯，故不復兩爲設禮。傳言此者，明經所以不備書也。「不備書」謂不各自立文，兩書「如晉」也。若然，文十八年「公子遂、叔孫得臣如齊」，❸亦是經不備書，而怪此不備者，彼傳言「惠公立故，且拜葬也」，則是魯並命二卿，今行兩事，雖各有所主，而受命俱行，故宜共文書之。此則桓子獻俘，并亦報聘，一卿足以兼之，懿子不須行矣。陽虎强使之行，乃是從後而去，去時不同受命，宜當别書「如晉」。止爲晉人所賤，故經不復備書。正以傳言强使懿子報夫人之幣，知桓子報晉君矣。傳言「兼享之」，知其不應兼矣，以此明二人不同受命，宜應别書，略而不備書耳。　「孟孫」至「先君」。　正義曰：懿子之意，不爲陽虎求官，欲使晉人知陽虎專權，爲國所患。言若不得居魯而息肩於晉，示已知陽虎必將作亂而出奔也。中軍司馬，晉國大夫之最貴者。爲求此官，似若欲使晉厚待之，然令晉知其情耳。諸言「有如」，皆是誓辭。稱先君以徵其言，似若欲晉必從之。　注「欲令」至「知之」。　正義曰：本意不爲陽虎請官，欲令晉人知陽虎終必逃走，强設託請之辭，因此言辭以取入晉之意，欲令晉人素知陽虎之必逃。

---

❶「若」，原作「君」，據正宗寺本、京都本、文淵閣本、阮本改。
❷「若」，原作「老」，據正宗寺本、京都本、文淵閣本、阮本改。
❸「叔」，原作「淑」，據正宗寺本、京都本、文淵閣本、阮本改。

四月，己丑，吴大子終纍敗楚舟師，終纍，闔廬子，夫差兄。舟師，水戰。獲潘子臣、小惟子二子，❶楚舟師之帥。及大夫七人。楚國大惕，懼亡。子期又以陵師敗于繁楊。❷陵師，陸軍。令尹子西喜曰：「乃今可爲矣。」言知懼而後可治。於是乎遷郢於鄀，而改紀其政，以定楚國。傳言楚賴子西以安。【疏】注「陵師陸軍」。❸　正義曰：上云「舟師，水戰」，此言「陵師，陸軍」，南人謂陸爲陵，此時猶然。《釋地》云：「高平曰陸，大陸曰阜，大阜曰陵。」是陵、陸，小大之異名耳。

周儋翩率王子朝之徒，因鄭人將以作亂于周，儋翩，子朝餘黨。鄭於是乎伐馮、滑、胥靡、負黍、狐人、闕外。鄭伐周六邑，❹在魯伐鄭取匡前。於此見者，爲成周起也。❺陽城縣西南有負黍亭。

六月，晉閻没戍周，且城胥靡。爲下天王出居姑蕕起。❻

---

❶「小惟子」，阮校：「北宋刻《釋文》『惟』作『帷』，云：『本又作惟。』石經此處缺，《吕覽》作『小帷子』，與《釋文》合。」

❷「楊」，京都本、文淵閣本、阮本作「揚」。阮校：「石經『揚』字殘缺。宋本作『楊』，亦非。案，襄四年傳作『繁陽』。」

❸「注陵師陸軍」，阮本此節正義在注「陵師陸軍」下。

❹「邑」，原作「色」，據《四部叢刊》本、京都本、文淵閣本、阮本改。

❺「戍」，原作「成」，據《四部叢刊》本、京都本、文淵閣本、阮本改。

❻「天」，原作「大」，據《四部叢刊》本、京都本、文淵閣本、阮本改。

秋，八月，宋樂祁言於景公曰：「諸侯唯我事晉，今使不往，晉其憾矣。」樂祁告其宰陳寅。以與公言告之。陳寅曰：「必使子往。」他日，公謂樂祁曰：「唯寡人説子之言，子必往。」陳寅曰：「子立後而行，吾室亦不亡，寅知晉政多門，往必有難，故使樂祁立後而行。唯君亦以我爲知難而行也。」見溷而行。溷，樂祁子也。見於君，立以爲後。趙簡子逆而飲之酒於緜上，獻楊楯六十於簡子。楊，木名。陳寅曰：「昔吾主范氏，今子主趙氏，又有納焉，以楊楯賈禍，弗可爲也已。知范氏必怨，將得禍。然子死晉國，子孫必得志於宋。」以其爲國死。范獻子言於晉侯曰：「以君命越疆而使，未致使而私飲酒，不敬二君，不可不討也。」乃執樂祁。獻子怒祁比趙氏，經所以稱行人。

陽虎又盟公及三桓於周社，盟國人于亳社，詛于五父之衢。傳言三桓微，陪臣專政，爲八年陽虎作亂起。

冬，十二月，天王處于姑蕕，姑蕕，周地。辟儋翩之亂也。爲明年單、劉逆王起。

【經】七年，春，王正月。

夏，四月。

秋，齊侯、鄭伯盟于鹹。衛地。

齊人執衛行人北宮結以侵衛。稱「行人」，非使人之罪。

齊侯、衛侯盟于沙。結叛晉也。陽平元城在東南有沙亭。❶

大雩。無傳。過也。

齊國夏帥師伐我西鄙。夏，國佐孫。

九月，大雩。無傳。過也。

冬，十月。【疏】注「過也」。❷ 正義曰：案賈逵云：「旱也。」杜言「過」者，杜以春秋旱雩，傳皆發之言「旱」，以此傳無「旱」文，故謂之「過」。如賈之所言，前既有雩，後又有雩，旱可知，不須發傳。若然，昭二十五年「上辛，大雩。季辛，又雩」，一月兩雩，旱亦可知，何須發傳言「旱甚」也？劉以賈言規杜，非也。蓋時有小旱，故傳不言旱，未應合雩，故杜云「過也」。

【傳】**七年，春，二月，周儋翩入于儀栗以叛。**儀栗，周邑。

齊人歸鄆、陽關，陽虎居之以爲政。鄆、陽關皆魯邑，中貳於齊，齊今歸之。不書，虎專之。

夏，四月，單武公、穆公子。劉桓公文公子。敗尹氏于窮谷。尹氏復黨儋翩，共爲亂也。

秋，齊侯、鄭伯盟于鹹，徵會于衛。徵，召也。**衛侯欲叛晉，**屬齊、鄭也。**諸大夫不可。使北宮**

---

❶ 「在」，《四部叢刊》本、京都本、文淵閣本、阮本作「縣」，當是。阮校：「作『在』，非也。」

❷ 「注過也」，阮本此節正義在「九月大雩」句注下。

結如齊，而私於齊侯曰：「執結以侵我。」欲以齊師懼諸大夫。**齊侯從之，乃盟于瑣。**瑣即沙也。爲明年涉佗捘衛侯手起。

齊國夏伐我。齊叛晉故。**陽虎御季桓子，公斂處父御孟懿子，**處父，孟氏家臣成宰公斂陽。**將宵軍齊師。齊師聞之，墮伏而待之。**墮毁其軍以誘敵，而設伏兵。**處父曰：「虎不圖禍，而必死。」**而，女也。**苫夷曰：**❶**「虎陷二子於難，**苫夷，季氏家臣。二子，季、孟。**不待有司，余必殺女。」虎懼，乃還，不敗。**傳言陪臣强，能自相制，季、孟不敢有心。【疏】「處父」至「必死」。❷ 正義曰：齊人設伏待魯，若入其伏内，是爲禍也。虎不謀此禍，而欲夜掩齊師，女必死。處父欲自殺之。「不待有司」。正義曰：言不待掌刑戮之有司，余必自殺女也。虎見二子以此言懼之，乃還，不敗。

冬，十一月，戊午，單子、劉子逆王于慶氏。慶氏，守姑蕕大夫。**晉籍秦送王。己巳，王入于王城，**己巳，十二月五日，有日無月。**館于公族黨氏，**黨氏，周大夫。**而後朝于莊宫。**莊王廟也。【疏】注「己巳」至「無月」。❸ 正義曰：此年經傳日少，上下無可考驗，杜自以《長歷》校之，己巳爲十二月五日。

❶「夷」，《經典釋文》作「荑」。
❷「處父至必死」，阮本以下正義二節分疏於傳文各節下。
❸「注己巳至無月」，阮本此節正義在「王入于王城」句注下。

春秋左傳正義卷第五十四　定公

國子祭酒上護軍曲阜縣開國子臣孔穎達等奉勅撰

【經】八年，春，王正月，公侵齊。報前年伐我西鄙。

公至自侵齊。無傳。

二月，公侵齊。未得志故。

三月，公至自侵齊。無傳。

曹伯露卒。無傳。四年盟皋鼬。【疏】注「四年盟皋鼬」。正義曰：露以昭二十八年即位，三十二年諸侯之大夫盟于狄泉，魯、曹俱在，時以未告公而公薨，故不書於經。杜蓋以此故不數之。「四年盟皋鼬」，四年二月，陳侯吴卒，其年盟于皋鼬。自爾以來，唯有此盟耳。

夏，齊國夏帥師伐我西鄙。

公會晉師于瓦。瓦，衛地。將來救魯，公逆會之。東郡燕縣東北有瓦亭。

公至自瓦。無傳。

秋，七月，戊辰，陳侯柳卒。無傳。四年盟皋鼬。

晉士鞅帥師侵鄭，遂侵衛。兩事，故曰「遂」。

葬曹靖公。無傳。【疏】「靖公」。正義曰：《謚法》：「共以解信曰靖。」❶

九月，葬陳懷公。無傳。三月而葬速。【疏】「懷公」。正義曰：《謚法》：「慈仁短折曰懷。」

季孫斯、仲孫何忌帥師侵衛。

冬，衛侯、鄭伯盟于曲濮。無傳。結叛晉。曲濮，衛地。

從祀先公。從，順也。先公，閔公、僖公也。將正二公之位次，所順非一。親盡，故通言先公。

【疏】注「從順」至「先公」。正義曰：傳言「順祀」，是「從」爲「順」也。文二年「大事于大廟，躋僖公」，升僖於閔上。閔先爲君，退在僖下，是逆也。今升閔在僖上，依其先後，是順也。廟主失次，唯此二公，故知「從祀先公」，唯閔、僖耳。「躋僖公」指僖言之，此不指言「升閔」者，彼所升者，止升僖公之一神，不得不指言僖公也。今從祀之時，閔、僖俱得正位，且以親盡，故通言先公。此言「從祀」，「躋僖公」不言「逆祀」者，此「從祀」因「躋僖公」之文故得略言「從祀」。至於「躋僖公」，文無所繫，不知逆祀何公，且見是親廟，不可言先公，故指僖言之而言「躋」也，然則此以親盡，故通言先公。下桓宮、僖宮災，彼亦親盡，言桓、僖者，彼據災之所在，須指言其處，與此體例不同。

---

❶「共以解信曰靖」，阮校：「浦鏜《正誤》作『共己鮮言曰靖』，依今本《逸周書·謚法解》改。」

盜竊寶玉大弓。盜，謂陽虎也。家臣賤，名氏不見，故曰「盜」。寶玉，夏后氏之璜。大弓，封父之繁弱。【疏】注「盜謂」至「繁弱」。　正義曰：傳言「陽虎取寶玉大弓以出」，是盜謂陽虎也。《公羊傳》曰：「盜者孰謂？謂陽虎也。陽虎者，曷爲者也？季氏之宰也。季氏之宰，則微者也，惡乎得國寶而竊之？陽虎專季氏，季氏專魯國。」其説將殺季氏，亦與《左傳》大同。《春秋》之例，再命之卿始得名氏書經。陽虎，季氏家臣，以賤，名氏不見，故書曰「盜」。盜者，賤人之稱也。此寶玉大弓必是國之重寶，歷世掌之，故自劉歆以來，説《左氏》者皆以爲夏后氏之璜、封父之繁弱，成王所以分魯公也。《公羊傳》曰：「寶者何？璋判白，弓繡質，龜青純。」彼不知魯有先王分器，謬爲言耳。且所盜無龜，知其並是妄也。

【傳】八年，春，王正月，公侵齊，門于陽州。攻其門。**士皆坐列，**言無鬭志。**曰：「顏高之弓六鈞。」**顏高，魯人。三十斤爲鈞，六鈞，百八十斤。古稱重，故以爲異彊。**皆取而傳觀之。陽州人出，顏高奪人弱弓，籍丘子鉏擊之，與一人俱斃。**子鉏，齊人。斃，仆也。**偃，且射子鉏，中頰，殪。**子鉏死。**顏息射人中眉，**顏息，魯人。**退曰：「我無勇，吾志其目也。」**以自矜。**師退，冉猛僞傷足而先。**猛，魯人，欲先歸。**其兄會乃呼曰：「猛也殿！」**會見師退而猛不在列，乃大呼詐言猛在後爲殿。傳言魯無軍政。【疏】注「顏高」至「異彊」。❶　正義曰：《漢書·律歷志》云：「量者，龠、合、升、斗、斛也。

❶「注顏高至異彊」，阮本以下正義二節分疏於傳文各節下。

本起黃鐘之龠，以子穀秬黍中者千有二百實其龠。合龠爲合，十合爲升，十升爲斗，十斗爲斛，而五量嘉矣。權者，銖、兩、斤、鈞、石也。本起黃鍾之重。一龠容千二百黍，重十二銖，兩之爲兩，十六兩爲斤，三十斤爲鈞，四鈞爲石，而五權謹矣。」由此而言，龠之所容重十二銖，合龠爲合，兩之爲兩，則合重一兩，升重十兩，斗重百兩，斛重千兩。計六鈞有一百八十斤，合爲二千八百八十兩，於量爲重兩斛八斗八升。計今人用弓，此亦未爲彊矣，而魯人傳而觀之，故杜以爲古稱重，故以爲異彊。計古稱亦準黃鍾之重爲之，而得重於今者，權量之起，本自黃鍾，而世俗不同，每有改易。傳稱齊舊四量，陳氏皆加一焉，是其不必常依古也。近世以來，或輕或重。魏齊斗稱，於古二而爲一。周隨斗稱，於古三而爲一，則古時亦當然。杜言古者，謂此顔高之時爲古耳，非言自古稱皆重也。

「俱斃」至「頰殪」。正義曰：《釋言》云：「斃，仆也。」孫炎曰：「前覆曰仆。」《吴越春秋》稱要離謂吴王夫差曰：「臣迎風則偃，背風則仆。」然則仆是前覆，偃是卻倒。此顔高被擊而仆，乃轉而仰。且射子鉏猶死，言其善射之功然也。

二月，己丑，單子伐穀城，劉子伐儀栗。討儋翩之黨。穀城在河南縣西。**辛卯，單子伐簡城，劉子伐盂，以定王室。**傳終王室之亂。

趙鞅言於晉侯曰：「諸侯唯宋事晉，好逆其使，猶懼不至，今又執之，是絶諸侯也。」將歸樂祁，士鞅曰：「三年止之，無故而歸之，宋必叛晉。」執樂祁在六年。**獻子私謂子梁**獻子，范鞅。子梁，樂祁。**曰：「寡君懼不得事宋君，是以止子。子姑使溷代子。」**溷，樂祁子。**子梁以告陳寅。陳寅曰：「宋將叛晉，是棄溷也，不如待之。」**留待，勿以子自代。**樂祁歸，卒于大行。**大行，晉東南山。**士鞅**

曰：「宋必叛，不如止其尸以求成焉。」乃止諸州。州，晉地。爲明年宋公使樂大心如晉張本。**公侵齊，攻廩丘之郛。**郛，郭也。**主人焚衝，**衝，戰車。**或濡馬褐以救之，**馬褐，馬衣。**遂毁之。**毁郛。**主人出，師奔。**攻郛人少，故遣後師走往助之。**陽虎僞不見冉猛者，曰：「猛在此，必敗。」**陽州之役，猛先歸。言若在此，必復敗。**猛逐之，顧而無繼，僞顛。**逐廩丘人。**虎曰：「盡客氣也。」**言皆客氣，非勇。

苫越生子，將待事而名之。苫越，苫夷。**陽州之役獲焉，名之曰陽州。**欲自比僑如。【疏】「主人出師奔」。❶ 正義曰：賈逵以爲，主人出，魯師奔走而郤退，言魯無戰備也。劉炫云：「杜亦不勝舊。」今杜必異於賈，以爲後師奔走往助之者，若如賈言，魯師奔走，則是被敗而還，下傳陽虎何得云「猛在此，必敗」？明其於時不敗，故猛得逐廩丘之人，是賈言非也。

夏，齊國夏、高張伐我西鄙。報上二侵。**晉士鞅、趙鞅、荀寅救我。**救不書，齊師已去，未入竟。**公會晉師于瓦，范獻子執羔，趙簡子、中行文子皆執鴈。魯於是始尚羔。**獻子，士鞅也。簡子，趙鞅也。中行文子，荀寅也。禮，卿執羔，大夫執鴈，魯則同之，今始知執羔之尊也。卿不書，禮不敵公，史略之。【疏】注「救不」至「入竟」。❷ 正義曰：《春秋》諸侯相救，皆書於經，此救亦當書之。不書者，

---

❶ 「主人出師奔」，阮本此節正義在注「故遣後師走往助之」下。

❷ 「注救不至入竟」，阮本以下正義二節分疏於傳文各節下。

齊師聞晉來救，已去魯地，晉師未入魯竟，不成爲救，故不書也。「公會晉師于瓦」，瓦是衛地，公往衛地會晉師，是其未入竟也。

注「禮卿」至「略之」。

正義曰：「禮，卿執羔，大夫執鴈」，《周禮・大宗伯》文也。「魯則同之」，蓋命卿與大夫俱執鴈，今見士鞅執羔，始知執羔之尊，於是方始尚羔，令卿執之。記禮廢之久也。傳言「於是始尚羔」，必往前不執羔矣。但往前所執難知，先儒各以意説。賈逵云：「周禮，公之孤四命執皮帛，卿三命執羔，大夫再命執鴈。魯廢其禮，三命之卿皆執皮帛，至是乃始復禮尚羔。」案《周禮》、《禮記》皆言「卿執羔，大夫執鴈」，並以爵斷，不依命數，賈何以計命高下，妄稱禮乎？傳言「始尚羔」者，當謂舊賤羔而今尊之耳。若本僭孤禮，皆執皮帛，當云「始復用羔」，不得云「尚」也。若改僭從禮，得名爲「尚」，則初獻六羽，何以不言「始尚六佾」也？以「尚」言之，足知魯卿舊執非皮帛矣。鄭衆云：「天子之卿執羔，大夫執鴈。諸侯之卿當天子之大夫，故傳曰『唯卿爲大夫』，當執鴈而執羔，僭天子之卿也。魯人效之，而始尚羔，記禮所從壞。」案禮、傳及記，天子之臣與諸侯之臣所執，無異文也。《周禮・掌客》凡諸侯之禮，上公及侯伯之下皆云「卿相見以羔」，是諸侯之卿執羔不執鴈。又「士相見」者，諸侯之臣相見之禮也，經曰：「下大夫相見以鴈，上大夫相見以羔。」是諸侯之卿必執羔矣，安在於諸侯之卿當天子之大夫乎？是則背明文而用肺腸也。天子諸侯之臣所異者，士相見之禮，羔鴈皆云「飾之以布」，而《曲禮》云：「飾羔鴈者以繢。」鄭玄云：「此爲諸侯之臣與天子之臣異也。」然則天子之臣衣之以布，而又畫之，諸侯之臣則用布不畫，所異唯此而已，其執不爲異也。傳文之乖於禮者，爵是卿也，皆當執羔，趙鞅、荀寅不應執鴈。此是當時之失，失於偪下，以晉卿失於偪下，魯卿不應僭上，益明賈言魯卿舊執皮帛非其義矣。魯人於是始知執羔爲尊，或亦效晉唯上卿一人獨執羔耳，未必即能如禮諸卿皆執羔也。此經言「公會晉師」，不言公會士鞅。僖二十九年傳曰：「在禮，卿不會公侯，會伯子男可也。」故杜云：「卿不書，禮不敵公，史略之。」劉炫云：「案宣元年『會晉師于棐林，伐鄭』，杜云趙盾稱師，取於師會，故稱師。何知此非亦以師會故稱師，而云禮不敵公略稱師乎？」今知不然者，以宣元年諸侯俱在，又文連「伐鄭」，故言「師會」。此則公之獨會晉師，又無征伐之事，故以爲卿不書，禮不敵公，史略之。劉以此與宣元年並取於師會，以規杜氏，非也。

晉師將盟衛侯于鄟澤，自瓦還，就衛地盟。趙簡子曰：「羣臣誰敢盟衛君者？」前年衛叛晉屬齊，簡子意欲摧辱之。涉佗、成何曰：「我能盟之。」二子，晉大夫。衛人請執牛耳。盟禮，尊者涖牛耳，主次盟者。衛侯與晉大夫盟，自以當涖牛耳，故請之。成何曰：「衛，吾溫、原也，焉得視諸侯？」言衛小，可比晉縣，不得從諸侯禮。將歃，涉佗捘衛侯之手，及捥。捘，擠也。血至捥。衛侯怒。王孫賈趨進，賈，衛大夫。曰：「盟以信禮也。信猶明也。有如衛君，其敢不唯禮是事，而受此盟也？」言晉無禮，不欲受其盟。

衛侯欲叛晉，而患諸大夫，王孫賈使次于郊。大夫問故。問不入故。公以晉詬語之，詬，恥也。且曰：「寡人辱社稷，其改卜嗣，寡人從焉。」使改卜他公子以嗣先君，我從大夫所立。大夫曰：「是衛之禍，豈君之過也？」公曰：「又有患焉，謂寡人『必以而子與大夫之子爲質』。」爲質於晉。大夫曰：「苟有益也，公子則往，羣臣之子敢不皆負羈紲以從？」將行，王孫賈曰：「苟衛國有難，工商未嘗不爲患，使皆行而後可。」欲以激怒國人。公以告大夫，乃皆將行之。行有日，有期日。公朝國人，使賈問焉，曰：「若衛叛晉，晉五伐我，病何如矣？」皆曰：「五伐我，猶可以能戰。」賈曰：「然則如叛之，病而後質焉，何遲之有？」乃叛晉。晉人請改盟，弗許。

秋，晉士鞅會成桓公侵鄭，圍蟲牢，報伊闕也。桓公，周卿士。不書，監帥不親侵也。❶六年鄭伐周闕外，晉爲周報之。**遂侵衛。**討叛。【疏】注「盟禮」至「請之」。❷ 正義曰：盟用牛耳，卑者執之，尊者涖之。「請執牛耳」，請使晉大夫執牛耳。《周禮·戎右》云：「盟則贊牛耳。」鄭玄云：「謂尸盟者割牛耳取血助爲之，尸盟者執之。」襄二十七年傳曰：「諸侯盟小國，固必有尸盟者。」是小國主備辦盟具，宜執牛耳。哀十七年傳曰：「公會齊侯盟于蒙。孟武伯問於高柴曰：『諸侯盟，誰執牛耳？』季羔曰：『鄫衍之役，吴公子姑曹。發陽之役，衛石魋。』武伯曰：『然則彘也。』」鄫衍，吴爲盟主，不知盟禮當令小國執牛耳，而自使其臣執之。發陽，宋、魯、衛三國，衛爲小。蒙則齊、魯二國，魯爲小，皆是以小國執牛耳，而尊者涖之，以主次同盟者。今衛侯與晉大夫盟，自以當爲盟主，宜涖牛耳，故請晉大夫使執之。 注「捘擠也」。 正義曰：《説文》云「推，排也」，「排，擠也」，捘是推排之意，故爲擠也。昭十三年傳言「擠于溝壑」，謂被推入坑也。

九月，師侵衛，晉故也。魯爲晉討衛。

季寤、季桓子之弟。**公鉏極、**公彌曾孫，桓子族子。**公山不狃**費宰。**皆不得志於季氏，叔孫輒無寵於叔孫氏，**輒，叔孫氏之庶子。**叔仲志不得志於魯，**志，叔孫帶之孫，皆爲國人所薄。**故五人因陽虎。陽虎欲去三桓，以季寤更季氏，**代桓子。**以叔孫輒更叔孫氏，**代武叔。**己更孟氏。**陽虎自

❶「帥」，阮校：「足利本作『師』。」

❷「注盟禮至請之」，阮本以下正義二節分疏於傳文各節下。

代懿子。

冬，十月，順祀先公而祈焉。將作大事，欲以順祀取媚。辛卯，禘于僖公。辛卯，十月二日。不於大廟者，順祀之義，當退僖公，懼於僖神，故於僖廟行順祀。壬辰，將享季氏于蒲圃而殺之，戒都車曰：「癸巳至。」都邑之兵車也。陽虎欲以壬辰夜殺季孫，明日癸巳，以都車攻二家。成宰公斂處父告孟孫曰：「季氏戒都車，何故？」孟孫曰：「吾弗聞。」處父曰：「然則亂也。必及於子，先備諸。」與孟孫以壬辰爲期。處父期以兵救孟氏。壬辰，先癸巳一日。陽虎前驅，林楚御桓子，虞人以鈹、盾夾之，陽越殿。越，陽虎從弟。將如蒲圃，桓子咋謂林楚，咋，暫也。曰：「而先皆季氏之良也，爾以是繼之。」欲使林楚免己於難，以繼其先人之良。對曰：「臣聞命後。後猶晚也。❶陽虎爲政，魯國服焉，違之徵死，死無益於主。」桓子曰：「何後之有？而能以我適孟氏乎？」對曰：「不敢愛死，懼不免主。」桓子曰：「往也！」言必往。孟氏選圉人之壯者三百人，以爲公期築室於門外。實欲以備難，不欲使人知，故僞築室於門外，因得聚衆。公期，孟氏支子。林楚怒馬，及衢而騁。騁，馳也。陽越射之，不中。築者闔門。季孫既得入，乃閉門。有自門間射陽越，殺之。陽虎劫公與武叔，武叔，叔孫不敢之子州仇也。以伐孟氏。公斂處父帥成人自上東門入，魯東城之北門。與陽氏戰于南門之內，弗勝。又戰于棘下，城內地名。陽氏敗。陽虎說甲如公宮，取寶玉大弓以

❶「也」，京都本、文淵閣本、阮本無此字。

出，舍于五父之衢，寢而爲食。其徒曰：「追其將至。」虎曰：「魯人聞余出，喜於徵死，何暇追余？」徵，召也。陽虎召季氏於蒲圃，將欲殺之，今得脱，必喜，故言喜於召死。**從者曰：「嘻！速駕，公斂陽在。」**嘻，懼聲。**公斂陽請追之，孟孫弗許。**畏陽虎。**陽欲殺桓子，**欲因亂討季氏，以强孟氏。**孟孫懼而歸之。**不敢殺。**子言辨舍爵於季氏之廟而出。**子言，季寤。辨，猶周徧也。徧告廟飲酒，示無懼。**陽虎入于讙、陽關以叛。**叛不書，略家臣。【疏】「禘于僖公」。❶ 正義曰：《釋例》曰：「大祭于大廟，以審定昭穆，謂之禘。禘于大廟，禮之常也。各於其宫，時之爲也。雖非三年大祭而書『禘』，用禘禮也。」然則禘者，審定昭穆之祭也。今爲順祀而禘于僖公，則是并取先公之主，盡入僖廟，而以昭穆祭之，是爲用禘禮也。計禘禮當于大廟，今就僖廟爲禘者，順祀之義，退僖升閔，懼於僖公之神，故於僖廟行禘禮，使先公之神徧知之。禮，祭尊可以及卑，後世之主宜上徙大廟而食，今徙上世之主下入僖廟祀之，當時所爲，非正禮也。昭二十五年禘于襄公，義亦然也。「而先」至「繼之」。正義曰：而，女也。言女先祖以來，皆爲季氏忠良之臣。女今不良，反以是殺我之事繼續之。注「徵召」至「召死」。正義曰：「徵，召也」，《釋言》文。陽虎召季孫欲殺之，今既得脱，魯人歡喜季孫免於召死之事，何暇追我？劉炫云：「陽虎召季孫欲殺之，則召季孫爲召死。季孫得脱，必大喜。魯人聞我出去，喜於召死，言人人皆喜於季孫。」

鄭駟歂嗣子大叔爲政。歂，駟乞子子然也。爲明年殺鄧析張本。

---

❶「禘于僖公」，阮本以下正義三節分疏於傳文各節下。

【經】九年，春，王正月。

夏，四月，戊申，鄭伯蠆卒。無傳。四年盟臯鼬。【疏】注「四年盟臯鼬」。　正義曰：蠆以昭二十九年即位，三十二年大夫盟于狄泉，以未告公而公薨，故不數。

得寶玉大弓。弓、玉，國之分器，得之足以爲榮，失之足以爲辱，故重而書之。

六月，葬鄭獻公。無傳。三月而葬速。【疏】「獻公」。　正義曰：《謚法》：「博聞多能曰獻。」

秋，齊侯、衛侯次于五氏。五氏，晉地。不書伐者，諱伐盟主，以次告。【疏】注「五氏」至「次告」。

正義曰：傳言齊侯伐晉夷儀，乃與衛侯次于五氏。次既告，則伐亦應告，故杜以爲諱伐盟主，直以次告。知非不告伐故不書者，若全不告魯，容可不以伐告，今既以次告魯，何意告次不告伐？明以衛新叛晉人，❶魯與晉親，故耻以伐告，唯告次耳。劉炫以爲不告伐故不書，而規杜氏，非也。

秦伯卒。無傳。不書名，未同盟。

冬，葬秦哀公。無傳。

【傳】九年，春，宋公使樂大心盟于晉，且逆樂祁之尸。辭，僞有疾。乃使向巢如晉盟，且逆子梁

---

❶「人」，正宗寺本、京都本、文淵閣本、阮本作「又」，屬下讀。

之尸。巢，向戌曾孫。**子明謂桐門右師出，**子明，樂祁之子溷也。右師，樂大心，子明族父也。右師往到子明舍，子明逐使出門去。**曰：「吾猶衰絰，而子擊鐘，何也？」**忿其不逆父喪，因責其無同族之恩。**右師曰：「喪不在此故也。」既而告人曰：「己衰絰而生子，余何故舍鐘？」**已，子明也。**子明聞之，怒，言於公曰：「右師將不利戴氏，**樂氏，戴公族。**不肯適晉，將作亂也。不然，無疾。」乃逐桐門右師。**逐之在明年，終叔孫昭子之言。

鄭駟歂殺鄧析，而用其《竹刑》。鄧析，鄭大夫。欲改鄭所鑄舊制，不受君命，而私造刑法，書之於竹簡，故言「竹刑」。❶ **君子謂子然於是不忠：「苟有可以加於國家者，棄其邪可也。**加猶益也。棄不責其邪惡也。**《靜女》之三章，取彤管焉。**《詩·邶風》也。言《靜女》三章之詩，雖說美女，義在彤管。彤管，赤管筆。女史記事規誨之所執。**《竿旄》『何以告之』，取其忠也。**《詩·鄘風》也。録《竿旄》詩者，取其中心願告人以善道也。言此二詩，皆以一善見采，而鄧析不以一善存身。**故用其道，不棄其人。《詩》云：『蔽芾甘棠，勿翦勿伐，召伯所茇。』**《詩·召南》也。召伯決訟於蔽芾小棠之下，詩人思之，不伐其樹。茇，草舍也。**思其人，猶愛其樹，況用其道而不恤其人乎？子然無以勸能矣。」**傳言子然嗣大叔爲政，鄭所以衰弱。【疏】注「鄧析」至「竹刑」。❷　正義曰：

❶「言」，京都本、文淵閣本、阮本作「云」。
❷「注鄧析至竹刑」，阮本以下正義五節分疏於傳文各節下。

昭六年子産鑄刑書於鼎，今鄧析别造《竹刑》，明是改鄭所鑄舊制。若其君命遣造，❶則是國家法制，鄧析不得獨專其名，知其不受君命而私造刑書，書之於竹，謂之《竹刑》。騶歂用其刑書，則其法可取，殺之不爲作此書也。下云「棄其邪可也」，則鄧析不爲私作刑書而殺，蓋别有當死之罪，騶歂不矜免之耳。　「君子」至「可也」。　正義曰：《周禮·小司寇》：「以八辟麗邦法，附刑罰。三曰議賢之辟，四曰議能之辟。」鄭玄云：「賢謂有德行者，能謂有道藝者。《春秋傳》曰：『夫謀而鮮過，惠訓不倦者，叔向有焉，社稷之固也，猶將十世宥之，以勸能者。今壹不免其身，以棄社稷，不亦惑乎？』」是賢能之人，當議其罪狀，可赦則赦之。今鄧析制刑，有益於國，即是有能者。殺有能之人，是不忠之臣，君子謂子然於是爲不忠也。國之臣民，誠有可以加益於國家者，取其善處，棄其邪惡可也，雖知其邪，當棄而不責，所以勸勉人，使學爲善能也。　注「詩邶」至「所執」。　正義曰：《邶風·静女》之篇也。於時衛君無道，夫人無德，衛人欲得貞静之女以配國君，易去無德之夫人也。篇有三章，其一章云：「静女其姝，俟我於城隅。」其二章云：「静女其孌，貽我彤管。」彤管者，筆赤管也。必用赤者，示其以赤心正人也。古者后夫人必有女史執赤管之筆，記妃妾善惡，進御之法，所以規誨人君也。《静女》三章之詩，雖説美女之事，事之常耳，無可特善。彤管記事，乃是婦人之大法，本録《静女》詩者，❷止爲彤管之言可取，❸故全篇取之，不棄上下之二章也。其女史所書之事，毛傳有其略也。毛傳云：「古者后夫人必有女史彤管之法，史不記過，其罪殺

---

❶「其」，京都本、文淵閣本、阮本作「用」。阮校：「作『其』，非也。」

❷「詩」，閩本、監本、毛本、文淵閣本作「云」。

❸「止」，閩本、監本、毛本、文淵閣本作「特」。

之。后妃羣妾，以禮御於君所，女史書其日月，授之以環，以進退之，生子月辰，則以金環退之。當御者，以銀環進之，著於左手，既御，著於右手。事無大小，記以成法。」注「詩鄘」至「存身」。正義曰：《詩・鄘風・干旄》之篇也。於是衛文公之臣子多好善賢者，樂告以善道也。其詩言大夫之好善者，乘駟馬，建干旄，就賢者諮國事焉。云：「孑孑干旄，在浚之郊。素絲紕之，良馬四之。彼姝者子，何以畀之？孑孑干旟，在浚之都。素絲組之，良馬五之。彼姝者子，何以予之？孑孑干旌，在浚之城。素絲祝之，良馬六之。」其末句云：「彼姝者子，何以告之？」姝，順貌也。賢者見其好善，美其共順，言己寡知，復何以告之？自恨無可告之，明其無所吝惜。本録《干旄》詩者，❶取其中心願告人以善道。彼二詩皆以一善見采，而鄧析不以一善存身，故君子引二詩以譏子然也。「詩云」至「所茇」。正義曰：《詩・召南・甘棠》之篇也。蔽芾，小貌。甘棠，杜也。茇，草舍也。召伯之聽獄訟，不重煩勞百姓，止舍小棠之下而聽斷焉。國人被其德，説其化，故愛其樹。彼蔽芾然小者，甘棠之樹也，勿得翦削之，勿得斫伐之，此乃是召伯舍息之處。

夏，陽虎歸寶玉大弓。無益近用，而秖爲名，故歸之。**書曰「得」，器用也。凡獲器用曰「得」，**器用者，謂物之成器可爲人用者也。**得用焉曰「獲」。**謂用器物以有獲，若麟爲田獲，俘爲戰獲。

六月，伐陽關。討陽虎也。**陽虎使焚萊門。**陽關邑門。**師驚，犯之而出。奔齊，請師以伐魯，曰：「三加，必取之。」**三加兵於魯。**齊侯將許之，鮑文子諫曰：「臣嘗爲隸於施氏矣，**施氏，魯大夫。

❶「詩」上，京都本、文淵閣本、阮本有「之」字。

文子，鮑國也。成十七年，齊人召而立之，至今七十四歲，於是文子蓋九十餘矣。魯未可取也。上下猶和，衆庶猶睦，能事大國，大國，晉也。而無天菑，若之何取之？陽虎欲勤齊師也，齊師罷，大臣必多死亡，己於是乎奮其詐謀。夫陽虎有寵於季氏，而將殺季孫，以不利魯國而求容焉。求自容。親富不親仁，君焉用之？君富於季氏，而大於魯國，兹陽虎所欲傾覆也。魯免其疾，而君又收之，無乃害乎？」齊侯執陽虎，將東之。陽虎願東，陽虎欲西奔晉，知齊必反己，故詐以東爲願。乃囚諸西鄙。盡借邑人之車，鍥其軸，麻約而歸之。鍥，刻也。欲絶追者。載葱靈，寢於其中而逃。葱靈，輜車名。追而得之，囚於齊，又以葱靈逃，奔宋，遂奔晉，適趙氏。仲尼曰：「趙氏其世有亂乎？」受亂人故。【疏】「凡獲」至「曰獲」。❶　正義曰：「器用」者，謂器物可爲人用。凡獲此器物之用者，謂之爲得也。「得用」者，謂將此器用以得於物焉，謂之爲獲。劉炫以爲，「得用焉曰獲」，謂得此可用爲器之物，謂之爲獲，若麟之皮角之屬。以杜解爲非。今知不然者，案《春秋》書「獲」，唯有囚俘，囚俘不可以爲器物。除囚俘之外，唯有「獲麟」，麟爲靈獸，帝王所重，不可以鳳羽麟皮以飾器物。劉以麟皮亦堪爲器而規杜氏，非也。　注「葱靈輜車名」。　正義曰：《説文》云：「輜，輧，衣車也，前後有蔽。」賈逵云：「葱靈，衣車也。有葱有靈。」然則此車前後有蔽，兩旁開葱，可以觀望。葱中豎木，謂之靈，今人猶名葱木爲靈子。其内容人臥，故得寢於其中而逃。

「其世有亂乎」。　正義曰：言其當世將有亂也。

---

❶「凡獲至曰獲」，阮本以下正義三節分疏於傳文各節下。

秋，齊侯伐晉夷儀。爲衛討也。敝無存之父將室之，辭，以與其弟，無存，齊人也。室之，爲取婦。曰：「此役也，不死，反，必娶於高、國。」高氏、國氏，齊貴族也。無存欲必有功，還取卿相之女。先登，求自門出，死於霤下。既入城，夷儀人不服，故鬬死於門屋霤下也。東郭書讓登，登城非人所樂，故讓衆使後，而己先登。犂彌從之，曰：「子讓而左，我讓而右，使登者絶而後下。」恐書先下，故又譎以讓之。下，入城也。書左，彌先下。書從彌言左行，彌遂自先下，亦讓也。書與王猛息，戰訖共止息。猛曰：「我先登。」書斂甲曰：「曩者之難，今又難焉。」斂甲起欲擊猛。猛笑曰：「吾從子，如驂之靳。」❶靳，車中馬也。猛不敢與書争，言己從書如驂馬之隨靳也。傳言齊師和，所以能克。

晉車千乘在中牟，救夷儀也。今滎陽有中牟縣，迴遠，疑非也。衛侯將如五氏，齊侯在五氏，將往助之。卜過之，龜焦。衛至五氏，道過中牟，畏晉，故卜。龜焦，兆不成，不可以行事也。衛侯曰：「可也！衛車當其半，寡人當其半，敵矣。」衛侯怒晉甚，不復顧卜，欲以身當五百乘。乃過中牟。中牟人欲伐之，衛褚師圃亡在中牟，曰：「衛雖小，其君在焉，未可勝也。齊師克城而驕，其帥又賤，城，謂夷儀也。帥，謂東郭書。遇，必敗之，不如從齊。」乃伐齊師，敗之。獲齊車五百乘，事見哀十五年。齊侯致禚、媚、杏於衛。三邑皆齊西界，以答謝衛意。

❶「如驂之靳」，阮校：「《詩·小戎》釋文、《説文繫傳》引並作『如驂之有靳』。」

齊侯賞犂彌，犂彌辭曰：「有先登者，臣從之，皙幘而衣貍製。」皙，白也。幘，齒上下相值。製，裘也。**公使視東郭書，曰：「乃夫子也，吾貺子。」**貺，賜也。**公賞東郭書，辭曰：「彼賓旅也。」**言彼與我若賓主相讓。旅，俱進退。**乃賞犂彌。**

齊師之在夷儀也，齊侯謂夷儀人曰：「得敝無存者，以五家免。」給其五家，令常不共役事。**乃得其尸。公三襚之，**襚，衣也。比殯，三加襚，深禮厚之。**與之犀軒與直蓋，**犀軒，卿車。直蓋，高蓋。**而先歸之。坐引者，以師哭之，**停喪車以盡哀也。君方爲位而哭，故挽喪者不敢立。**親推之三。**齊侯自推喪車輪三轉。**【疏】**注「爲衛討也」。❶　正義曰：往年衛侯叛晉，叛晉必當事齊。下文「衛侯會之」，知是爲衛討也。　「使登者絶而後下」。　正義曰：言使登城人絶皆上訖，然後與書下。遂自下，亦讓書而先下。　「如驂之靳」。　正義曰：《詩》云：「兩服齊首，兩驂鴈行。」鄭玄云：「兩服，中央夾轅者。」然則古人車駕四馬，夾轅二馬謂之服，兩首齊。其外二馬謂之驂，首差退。《説文》云：「靳，當膺也。」則靳是當胷之皮也。驂馬之首，當服馬之胷，胷上有靳，故云我之從子，如驂馬當服馬之靳。杜言「靳，車中馬也」，言靳是中馬之駕具，故以靳表中馬。《詩》云：「騏騮是中，騧驪是驂。」是名服馬爲中馬也。　注「今熒」至「非也」。　正義曰：此中牟在晉竟内也。《趙世家》云：「獻侯即位，治中牟。」《漢書·地理志》云：「河南郡有中牟縣，趙獻侯自耿徙此。」又云：「三家分晉，河南之中牟，魏分也。」杜言「今熒陽有中牟縣」，謂此河南之中牟也。晉世分河南爲熒陽

❶「注爲衛討也」，阮本以下正義九節分疏於傳文各節下。

郡，中牟屬焉。此地乃在河南，計非晉竟所及，故云：「迴遠，疑非也。」又三家分晉，中牟屬魏，則非趙得都之。趙獻侯治中牟，亦非河南之中牟也。此言晉車在中牟，哀五年「趙鞅伐衛，圍中牟」，《論語》「佛肸爲中牟宰」，與趙獻侯所都中牟或當是一，必非河南中牟，當於河北别有中牟，但不復知其處耳。有臣瓚者，不知其姓，或云姓傅，作《漢書音義》，云：「臣瓚案：河南中牟，春秋之時在鄭之疆内，及三卿分晉，則爲魏之邦土。趙界自漳水以北，不及此也。《春秋》衛侯如晉，過中牟，案此之中牟非衛適晉之次也。《汲郡古文》曰：『齊師伐趙東鄙，圍中牟。』此中牟不在趙之東也。案中牟當在温水之上。」瓚言河南中牟非此中牟，誠如其語。謂此中牟當在温水之上，不知其所案據也。　注「城謂」至「郭書」。　正義曰：杜見傳言帥賤，則云是東郭書。劉炫云：「案上伐夷儀，乃齊侯親兵。所陳東郭書之事，非是將帥，杜何知帥謂東郭書？若東郭書爲帥，則人無不識，何故云『晳幘而衣貍製』，齊侯使視之，乃知『夫子也』？且書若爲帥，被晉之敗，何故君以爲功而更受賞乎？」今知劉難非者，以此云「克城而驕，其帥又賤」，文既相連，止是一事，「克城」謂克夷儀，「其帥」則克城之帥。上克城之事，郭書先登，故知郭書爲帥，身先士卒也。僖三十三年晉侯親自敗狄，而郤缺爲將，成十六年楚子親戰鄢陵，而子反爲主。今齊侯雖伐夷儀，郭書何妨别爲元帥？戎事上下同服，故逢丑父得與齊侯易位。郭書雖爲元帥，軍衆之内，齊侯容或不辨。齊侯賞其先登之功，不責其後敗之罪，故以爲帥謂東郭書。劉據此諸事，以爲更有别帥，而規杜，非也。

注「晳白」至「裘也」。　正義曰：《詩·君子偕老》之篇，説夫人之美云：「揚且之晳。」晳是面白之名，故爲白也。《説文》云：「齻，齒相值也。」言齒長而白，上下之齒相當也。《説文》云：「製，裁也。」「衣貍製」，謂著貍皮也。裁皮著之，明是裘矣，故以製爲裘也。《月令》：「孟冬，天子始裘。」傳言「秋，齊侯伐夷儀」，周之秋未寒而衣裘者，哀二十七年傳言「陳成子衣製，杖戈」，文在「秋」上，製亦裘也。然則在軍之服，或臨時所須，不可以寒暑常節約之。　注「給其」至「役事」。　正義曰：一人得之，則以五家給所得者，令常不共國家役事。服虔云：「是時齊克夷儀而有之，既爲齊有，故齊得優其傜役也。」❶然夷儀，故邢都也。邢滅入衛，後乃屬晉。自齊而伐夷儀，其入晉竟深矣，不必永爲齊有，當時暫得之耳。　注「襚衣」至「厚之」。　正義曰：送死之禮，衣服曰「襚」，故以襚爲衣也。「公三襚之」，則明三時與衣，自死至殯，有襲與小斂、大斂，比殯，三加衣也。無存舊是賤人，蓋初以士服，次大夫服，次卿服也。下「與之犀軒」，犀軒是卿車，明三襚終以卿服。　注「犀軒」至「高蓋」。　正義曰：《說文》云：「軒，曲輈也。」謂軒車有藩蔽也。下云「齊侯斂諸大夫之軒，郈意茲乘軒」，意茲非卿也。傳稱曹朝乘軒者三百人。《詩》毛傳云：「大夫以上赤芾，乘軒。」大夫亦乘軒矣，指言卿車者，言以貴者賞之也。魚軒以魚皮爲飾，犀軒當以犀皮爲飾也。《考工記》車人爲蓋，不言有曲。此云「直蓋」，或時有曲直，故云「直蓋」。「高蓋」，亦謂車蓋也。

【經】十年，春，王三月，及齊平。平前八年再侵齊之怨。

夏，公會齊侯于夾谷。❷平故。

公至自夾谷。無傳。

晉趙鞅帥師圍衛。

---

❶ 「優」，孫校：「『優』疑『復』之誤。」

❷ 「夾」，《經典釋文》：「二傳作『頰』。」

齊人來歸鄆、讙、龜陰田。❶三邑皆汶陽田也。泰山博縣北有龜山，陰田在其北也。會夾谷，孔子相，齊人服義而歸魯田。【疏】注「三邑」至「魯田」。正義曰：傳言孔丘使兹無還揖對齊，要令反汶陽之田，乃與之盟，齊人爲是歸此三邑，知三邑皆汶陽田也。《土地名》：「汶水，出泰山萊蕪縣西南，經濟北至東平須昌縣入濟。」則汶水發源東北而西南流也。水北曰「陽」，此三邑皆在汶水北，近齊，齊因陽虎出奔，取爲己有，今服義而歸魯也。僖元年，公賜季友汶陽之田。季氏世脩其德，不應失其采邑，則此汶陽之田當爲季氏采地。今復有此三邑者，汶水之北皆名汶陽，其地多矣，蓋季氏私邑之外別有此田也。龜，山名也。山北曰陰，田在龜山北，其邑即以龜陰爲名，故云三邑。

叔孫州仇、仲孫何忌帥師圍郈。郈，叔孫氏邑。

秋，叔孫州仇、仲孫何忌帥師圍郈。

宋樂大心出奔曹。傳在前年春，書名，罪其稱疾不適晉。**宋公子地出奔陳。**貪弄馬以距君命，書名，罪之也。

冬，齊侯、衛侯、鄭游速會于安甫。無傳。安甫，地闕。

叔孫州仇如齊。

---

❶「來歸鄆讙」，阮校：「陳樹華云：《漢書·五行志》引『來』作『倈』，《地理志》引『讙』作『酄』。案，《說文》亦作『酄』。」

宋公之弟辰暨仲佗、石彄出奔陳。暨，與也。宋公寵向魋，不聽辰請，辰忿而將大臣出奔，虚請自忿，稱弟，示首惡也。仲佗、石彄皆爲國卿，不能匡君静難，而爲辰所牽帥出奔，稱名，亦罪之也。【疏】注「暨與」至「之也」。正義曰：「暨，與也」，《釋詁》文。凡大夫出奔，書名，皆是罪惡，故杜迹其爲罪之狀，解其書名之由。地既出奔，辰爲之請，請而不許，是虚其請也。公唯不許而已，未嘗責其妄請，不被迫逐，自忿出奔，是辰之罪也。《釋例》曰：「宋辰率羣卿以背宗國，披大邑以成叛逆，故以首惡稱弟。」是言稱弟示首惡也。杜知是首惡者，以其特云「宋公之弟辰暨仲佗、石彄」，是辰牽率仲佗、石彄，故云「首惡」也。若不爲首惡，當如昭二十二年「宋華亥、向寧、華定出奔楚」，不須「暨」字以間之。

【傳】十年，春，及齊平。

夏，公會齊侯于祝其，實夾谷。夾谷即祝其也。**孔丘相，**相會儀也。**犂彌言於齊侯曰：「孔丘知禮而無勇，若使萊人以兵劫魯侯，必得志焉。」**萊人，齊所滅萊夷也。**齊侯從之。孔丘以公退，曰：「士兵之！**以兵擊萊人。**兩君合好，而裔夷之俘以兵亂之，**裔，遠也。**非齊君所以命諸侯也。裔不謀夏，夷不亂華，俘不干盟，兵不偪好，於神爲不祥，**盟將告神，犯之爲不善。**於德爲愆義，於人爲失禮，君必不然。」齊侯聞之，遽辟之。**辟去萊兵也。**將盟，齊人加於載書曰：「齊師出竟，而不以甲車三百乘從我者，有如此盟！」**如此盟詛之禍。**孔丘使兹無還揖對，**無還，魯大夫。**曰：「而不反我汶陽之田，吾以共命者，亦如之。」**須齊歸汶陽田，乃當共齊命。於是孔子以公退，賤者終其事。

要盟不絜，故略不書。

齊侯將享公，孔丘謂梁丘據曰：「齊、魯之故，吾子何不聞焉？故，舊典。事既成矣，會事成。而又享之，是勤執事也。且犧象不出門，嘉樂不野合。犧象，酒器，犧尊、象尊也。嘉樂，鐘磬也。饗而既具，是棄禮也。若其不具，用秕稗也。❶秕，穀不成者。稗，草之似穀者。言享不具禮，穢薄若秕稗。用秕稗，君辱。棄禮，名惡。子盍圖之？夫享，所以昭德也，不昭，不如其已也。」乃不果享。孔子知齊侯懷詐，故以禮距之。

齊人來歸鄆、讙、龜陰之田。陽虎九年以此奔齊。經文倒者，次魯事。【疏】注「萊人」至「夷也」。❷正義曰：襄六年，齊侯滅萊。萊，東萊黄縣是也。地在東邊，去京師大遠。孔丘謂之「裔夷之俘」，言是遠夷囚俘，知是滅萊所獲，此人是其遺種也。齊不自使齊人，而令萊人刼魯侯者，若使齊人執兵，則魯亦陳兵當之，無由得刼公矣。使此萊夷，望魯人不覺，出其不意，得伺間執之。「裔不」至「亂華」。正義曰：夏，大也。中國有禮儀之大，故稱夏，有服章之美，謂之華。華、夏一也。萊是東夷，其地又遠，「裔不謀夏」，言諸夏近而萊地遠。「夷不亂華」，言萊是夷而魯是華。二句其旨大同，各令文相對耳。注「須齊」至「不書」。正義曰：齊、魯既平，當

---

❶「秕」，阮校：「《釋文》云：《字林》音『匕』，或作『粃』。段玉裁曰：當作『粃』，即《說文》『粊』字，『惡米也』。」

❷「注萊人至夷也」，阮本以下正義五節分疏於傳文各節下。

兩相從意。齊人既令魯以三百乘從，魯不可即拒，故須齊歸汶陽之田，乃當共齊三百乘之命。則得汶陽之田，足當三百乘也。賈逵云：「不書『盟』，諱以三百乘從齊師。」其意以宣七年盟于黑壤，而不書經，傳言「晉侯之立也，公不朝，又不使大夫聘，晉人止公于會」，公不與盟，不書「盟」，諱之也。緣彼有諱，謂此亦諱。案此會孔丘相，反汶陽之田以共齊命，孔丘意也。得其三邑，而以三百乘從之，爲相當矣，於魯不爲負，何以諱其盟？即以三邑田少，不足以當三百乘，孔丘不應唯令反此而已。今令反此共命，必其足以相當，何以諱其從齊也？若三百乘從齊必是可諱，孔丘爲相，義不能拒，則孔丘爲有罪矣，何貴乎聖人也？故杜以爲：「於是孔子以公退，賤者終其事。要盟不絜，故略不書。」《釋例》曰：「夾谷之會，齊侯劫公，孔丘以義叱之，以兵威之。將盟，又使兹無還責侵田，拒齊之享。屈彊國，正典儀，此聖人之大司也。❶徒以二君雖會，而兵刃相要，二國微臣共終盟事，故賤而不書，非所諱也。舊説同於黑壤之辱，爲負仲尼也。」注「犧象」至「磬也」。正義曰：《周禮·司尊彝》云：「春祠、夏禴，祼用雞彝鳥彝，其朝踐用兩獻尊，其再獻用兩象尊。」鄭衆云：「獻讀爲犧，犧尊飾以翡翠，象尊以象鳳皇。」阮諶《三禮圖》犧尊畫牛以飾，象尊畫象以飾，當尊腹上畫牛、象之形。王肅以爲犧尊、象尊爲牛、象之形，背上負尊。魏大和中，青州掘得齊大夫子尾送女器，爲牛形而背上負尊，古器或當然也。《周禮·大司樂》云：「《雲門》之舞，冬日至，於地上之圜丘奏之。若樂六變，則天神皆降，可得而禮矣。《咸池》之舞，夏日至，於澤中之方丘奏之。若樂八變，則地祇皆出，可得而禮矣。」圜丘、方丘皆是野澤，二者並是大祭，必當備設尊俎。而云「嘉樂不野合，犧象不出門」者，彼是禮之大者，自可依禮而行，尊得出門，樂得野合。此言「不出門」、「不野合」者，謂享燕正禮，當設於宮内，

---

❶「大司」，阮校：「『大司』當作『大勇』，各本皆誤。」

不得違禮而行，妄作於野耳，非謂祭祀之大禮也。諸侯相見之禮，享在廟，燕在寢，不得行於野。僖二十八年，晉侯朝王于踐土，王享醴，命之宥。襄十年，宋公享晉侯於楚丘，請以《桑林》。十九年，公享晉六卿于蒲圃。二十七年，鄭伯享趙孟于垂隴。如此之類，《春秋》多矣，或特賞殊功，或畏敬大國，皆權時之事，非正禮也。此時齊、魯敵國，釋怨和平，未有殊異之歡，無假非常之事。孔子知齊懷詐，慮其掩襲，託正禮以拒之，故言「不野合」。注「陽虎」至「魯事」。正義曰：八年陽虎入于讙、陽關以叛，九年伐陽關，陽虎奔齊。其時虎以讙去，鄆與龜陰亦從之，皆爲齊所取，至今始歸之。歸田之經在趙鞅圍衛之後，與傳文倒者，傳次魯事，進此歸田於上，令與盟事相接故也。

晉趙鞅圍衛，報夷儀也。前年齊爲衛伐晉夷儀，故伐衛以爲報。**初，衛侯伐邯鄲午於寒氏，**邯鄲，廣平縣也。午，晉邯鄲大夫。寒氏即五氏也。前年衛人助齊伐五氏。**城其西北而守之，宵熸。**午衆宵散。**及晉圍衛，午以徒七十人門於衛西門，殺人於門中，曰：「請報寒氏之役。」**衛開門與午鬬。**涉佗曰：「夫子則勇矣，然我往，必不敢啓門。」亦以徒七十人，旦門焉，步左右，皆至而立，如植。**至其門下，步行門左右，然後立待，如立木不動，以示整。**日中不啓門，乃退。反役，晉人討衛之叛故，曰：「由涉佗、成何。」**捘衛侯手故。**於是執涉佗以求成於衛，衛人不許。晉人遂殺涉佗，成何奔燕。君子曰：「此之謂棄禮，必不鈞。**言必見殺，不得與人等。**《詩》曰：『人而無禮，胡不遄死？』涉佗亦遄矣哉！」**《詩·鄘風》。遄，速也。【疏】「城其西北而守之」。❶ 正義曰：築城於其西北之

❶「城其西北而守之」，阮本以下正義二節分疏於傳文各節下。

地而守之也。本或「北」下有「隅」。昭二十五年傳云「陷西北隅以入」，❶又云「登西北隅以望」，涉彼而誤耳。今定本有「隅」，誤。　「以徒」至「如植」。正義曰：涉佗以徒七十人旦往門焉，涉佗先至，步行門之左右，然後其徒皆至而立，如植木然。

初，叔孫成子欲立武叔，公若藐固諫曰：「不可。」藐，叔孫氏之族。**成子立之而卒。公南使賊射之，不能殺。**公南，叔孫家臣，武叔之黨。**公南爲馬正，使公若爲郈宰。武叔既定，使郈馬正侯犯殺公若，不能。其圉人曰：**武叔之圉人。「**吾以劍過朝，公若必曰：『誰之劍也？』**吾稱子以告，必觀之。**吾僞固而授之末，則可殺也。**」僞爲固陋不知禮者，以劍鋒末授之。**使如之。公若曰：「爾欲吴王我乎？」**見劍向己，逆呵之。鱄諸殺吴王，亦用劍刺之。**遂殺公若。侯犯以郈叛，**犯以不能副武叔之命，故叛。叛而以圍告廟，故書圍。**武叔、懿子圍郈，弗克。秋，二子及齊師復圍郈，弗克。**

叔孫謂郈工師駟赤工師，掌工匠之官。**曰：「郈非唯叔孫氏之憂，社稷之患也，將若之何？」對曰：「臣之業，在《揚水》卒章之四言矣。」**《揚水》，《詩·唐風》。卒章四言曰「我聞有命」。**叔孫稽首。**謝其受己命。**駟赤謂侯犯曰：「居齊、魯之際而無事，不可矣。**❷無所服事。**子盍求事於齊以臨民？不然，將叛。」侯犯從之。齊使至，駟赤與郈人爲之宣言於郈中，**詐爲齊使言也。**曰：「侯犯**

❶「云」，正宗寺本、京都本、文淵閣本、阮本無此字。

❷「不」上，《四部叢刊》本、京都本、文淵閣本、阮本有「必」字。

將以郈易于齊，齊人將遷郈民。」謂易其民人。衆兇懼。不欲遷。駟赤謂侯犯曰：「衆言異矣。不與始同。子不如易於齊，與其死也，猶是郈也，而得紓焉，何必此？言以郈民易取齊人，與郈無異，勝於守郈爲叛人所殺。齊人欲以此偪魯，必倍與子地。言非徒得民，又將得齊地。且盍多舍甲於子之門，以備不虞？」侯犯曰：「諾。」乃多舍甲焉。侯犯請易於齊，齊有司觀郈。將至，駟赤使周走呼曰：「齊師至矣！」郈人大駭，介侯犯之門甲，以圍侯犯。駟赤將射之，僞爲侯犯射郈人。侯犯止之，曰：「謀免我。」侯犯請行，許之。郈人許之。駟赤先如宿，宿，東平無鹽縣，故宿國。侯犯殿。每出一門，郈人閉之。閉其後門。及郭門，止之，曰：「子以叔孫氏之甲出，有司若誅之，誅，責也。羣臣懼死。」駟赤曰：「叔孫氏之甲有物，吾未敢以出。」物，識也。赤還救侯犯也。犯謂駟赤曰：❶「子止而與之數。」數甲以相付。駟赤止而納魯人。侯犯奔齊，齊人乃致郈。致其名簿也，爲下武叔如齊傳。【疏】注「僞爲」至「授之」。❷　正義曰：《少儀》説以器物授人之禮云：「刀卻刃授穎，削授拊。凡有刺刃者，以授人，則辟刃。」鄭玄云：「穎，鐶也。拊謂把。辟刃，不以正鄉人也。」是禮授刀劍，當以鋒刃自鄉而授其鐶。今圉人僞爲固陋不知禮者，以劍鋒末授之，欲因推而殺之。「使如之」。　正義曰：言使爲如此之計，而欲殺之。注「犯以」至「書圍」。　正義曰：昭十三年南蒯以費叛，注云：「不書，不告廟。」八年陽虎叛，注

❶「犯」上，阮校：「石經有『侯』字。」

❷「注僞爲至授之」，阮本以下正義四節分疏於傳文各節下。

云：「叛不書，略家臣。」此侯犯以郈叛，不書者，亦爲不告廟、略家臣也。不書叛而書「圍」，興動大衆，以「圍」告廟，故書「圍」也。然則九年伐陽關討陽虎亦應書，而不書者，蓋師少，不告廟，故不書。注「揚水」至「有命」。正義曰：《唐詩・揚之水》，刺晉昭公也。昭公分國以封沃，沃彊盛，昭公微弱，國人將叛而歸沃焉。其三章云：「揚之水，白石粼粼。我聞有命，不敢以告人。」注云：「聞曲沃有善政命，不敢以告人。」鄭箋云：「不敢以告人而去者，畏昭公謂己動民心。」

宋公子地嬖蘧富獵，地，宋景公弟，辰之兄也。**十一分其室，而以其五與之。**與富獵也。**公子地有白馬四，公嬖向魋，魋欲之。**向魋，司馬桓魋也。**公取而朱其尾鬣以與之。**與魋也。**地怒，使其徒抶魋而奪之。魋懼，將走，公閉門而泣之，目盡腫。母弟辰曰：「子分室以與獵也，而獨卑魋，亦有頗焉。子爲君禮，**禮，辟君也。**不過出竟，君必止子。」公子地出奔陳，公弗止。辰爲之請，弗聽。辰曰：「是我迋吾兄也。**迋，欺也。**吾以國人出，君誰與處？」冬，母弟辰暨仲佗、石彄出奔陳。**佗，仲幾子。彄，褚師段子，皆宋卿。衆之所望，故言國人。【疏】「朱其尾鬣」。❶ 正義曰：《爾雅》舍人注云：「鬣，鬉也。」

武叔聘于齊。謝致郈也。經書辰奔在聘後者，從告。**齊侯享之，曰：「子叔孫！若使郈在君之他竟，寡人何知焉？屬與敝邑際，故敢助君憂之。」**以致郈德叔孫。**對曰：「非寡君之望也。所**

❶「朱其尾鬣」，阮本此節正義在「公取而朱其尾鬣以與之」句注下。

以事君，封疆社稷是以，以猶爲也。敢以家隸勤君之執事？夫不令之臣，天下之所惡也，君豈以爲寡君賜？」言義在討惡，非所以賜寡君。

【經】十有一年，春，宋公之弟辰及仲佗、石彄、公子地自陳入于蕭以叛。蕭，宋邑。稱弟，例在前年。【疏】注「蕭宋邑」。　正義曰：莊十二年，宋萬弒閔公，蕭叔大心者，宋蕭邑大夫也，平宋亂，立桓公，宋人嘉之，以蕭邑封叔爲附庸。宣十二年楚子滅之，復爲宋邑，故辰等今入之以叛也。

夏，四月。

秋，宋樂大心自曹入于蕭。入蕭從叛人，叛可知，故不書叛。

冬，及鄭平。平六年侵鄭取匡之怨。叔還如鄭涖盟。還，叔詣曾孫。【疏】注「還叔詣曾孫」。正義曰：《世族譜》云：「叔還，叔弓曾孫也。」又《世本》云：「叔弓生定伯閱，閱生西巷敬叔，叔生成子還。」還爲叔弓曾孫，杜云「叔詣曾孫」，轉寫誤耳。❶

【傳】十一年，春，宋公母弟辰暨仲佗、石彄、公子地入于蕭以叛。秋，樂大心從之，大爲宋患，寵向魋故也。惡宋公寵不義以致國患。

❶「轉」，閩本、監本、毛本、文淵閣本作「傳」。

冬，及鄭平，始叛晉也。魯自僖公以來，世服於晉，至今而叛，故曰「始」。

【經】十有二年，春，薛伯定卒。無傳。四年盟皋鼬。【疏】注「四年盟皋鼬」。　正義曰：定以昭三十二年即位，其年大夫盟于狄泉，以未告公而公薨，經無明文，故不數。

夏，葬薛襄公。無傳。

叔孫州仇帥師墮郈。墮，毁也。患其險固，故毁壞其城。【疏】注「墮毁」至「其城」。　正義曰：昭十三年南蒯以費叛，連年伐而不克。十年侯犯以郈叛，一年再圍而不克，良由其城險固，家臣數以背叛。仲由爲季氏宰，進計季孫，防其後患，令墮三都，以是故毁壞其城。慮其拒之，故帥師而往。《公羊傳》曰：「孔子行乎季孫，三月不違，曰：『家無藏甲，❶邑無百雉之城。』於是帥師墮郈，帥師墮費。」《左氏》不言孔子之計，當是仲由自立此謀。但傳稱費人襲魯，而仲尼在焉，是仲尼知其事，謂墮之爲是，故不禁也。《釋例》曰：「三都彊盛，以奪三家之權，陪臣執政，下陵上替，故仲由墮之，而仲尼不禁。帥師登臺，僅不皆克，直隨事而書，以示三家之彊，無義例也。」

衛公孟彄帥師伐曹。彄，孟縶子。【疏】注「彄孟縶子」。　正義曰：《世族譜》云：「孟縶無子，靈公以其子彄爲之後也。」爲後則爲其子，故云「孟縶子」。此實公孫，而不稱公孫者，縶字公孟，故即以公孟爲氏。劉炫

---

❶「無」，阮校：「按，《公羊傳》作『不』。」

謂公孟生得賜族，故彊即以族告。

季孫斯、仲孫何忌帥師墮費。

秋，大雩。無傳。書過。

冬，十月，癸亥，公會齊侯盟于黄。無傳。結叛晉。

十有一月，丙寅，朔，日有食之。無傳。

公至自黄。無傳。

十有二月，公圍成。公至自圍成。無傳。國内而書「至」者，成彊若列國，興動大衆，故出入皆告廟。【疏】注「國内」至「告廟」。　正義曰：成，魯邑。國内用兵，計不應書，而出入皆書者，爲興動大衆，皆告廟也。《釋例》曰：「陪臣執命，大都耦國。仲由建墮三都之計，而成人不從，故公親圍之。雖不越竟，動衆興兵，大其事，故出入皆告於廟。」

【傳】**十二年，夏，衛公孟彄伐曹，克郊。**郊，曹邑。**還，滑羅殿，**羅，衛大夫。**未出，不退於列。**未出曹竟，羅不退在行列之後。**其御曰：「殿而在列，其爲無勇乎？」羅曰：「與其素厲，寧爲無勇。」**素，空也。厲，猛也。言伐小國當如畏者以誘致之。【疏】「與其」至「無勇」。　正義曰：羅以曹國小弱，不敢來追衛師，而在後爲殿，是空設嚴猛。等與其空爲嚴猛，寧爲無勇，示弱誘之，使曹人不憚，以爲後圖。

仲由爲季氏宰，仲由，子路。**將墮三都。**三都，費、郈、成也。彊盛將爲國害，故仲由欲毀之。

於是叔孫氏墮郈。季氏將墮費，公山不狃、叔孫輒帥費人以襲魯。不狃，費宰也。輒不得志於叔孫氏。**公與三子入于季氏之宮，登武子之臺。費人攻之，弗克。入及公側。**至臺下。**仲尼命申句須、樂頎下伐之，**二子，魯大夫。仲尼時爲司寇。**費人北，國人追之，敗諸姑蔑。二子奔齊。**二子，不狃、叔孫輒。**遂墮費。**

將墮成，公斂處父謂孟孫：「墮成，齊人必至于北門。成在魯北竟故。**且成，孟氏之保障也。無成，是無孟氏也。子僞不知，**❶佯不知。❷**我將不墮。」**

冬，十二月，公圍成，弗克。【疏】注「仲尼時爲司寇」。❸正義曰：《史記·孔子世家》云：定公以孔子爲中都宰，一年，四方皆則之。由中都宰爲司空，由司空爲大司寇。十年會于夾谷時已爲司寇矣，十四年孔子由大司寇攝行相事。是此時仲尼爲司寇。

---

❶「僞」，阮校：「《釋文》作『爲』，云『一本作僞』。陳樹華云：成九年『爲將改立君者』，《釋文》曰：『本或作『僞將』也。』昭廿五年傳『臧昭伯之從弟會爲讒於臧氏，而逃於季氏』，《史記》作『僞讒臧氏，匿季氏』，是皆『爲』讀『僞』之證。定八年『以爲公期築室於門外』，杜注云：『不欲使人知，故僞築室於門外。』陸氏雖音『于僞反』，依注似應讀爲『僞』也。此處傳文作『爲』，故杜注云『陽不知』，若本作『僞』，則無煩再注矣。案，陳説是也。」

❷「佯不知」，阮校：「《釋文》『佯』作『陽』，『知』下有『也』字。按，『佯』、『陽』古多通用。」

❸「注仲尼時爲司寇」，阮本此節正義在注「仲尼時爲司寇」下。

【經】十有三年，春，齊侯、衛侯次于垂葭。二君將使師伐晉，次垂葭以爲之援。

夏，築蛇淵囿。無傳。書不時也。

大蒐于比蒲。無傳。夏蒐非時。

衛公孟彄帥師伐曹。無傳。

秋，晉趙鞅入于晉陽以叛。書叛，惡可知。

冬，晉荀寅、士吉射入于朝歌以叛。吉射，士鞅子。

晉趙鞅歸于晉。韓、魏請而復之，故曰「歸」。言韓、魏之彊，猶列國。【疏】注「韓魏」至「列國」。

正義曰：成十八年傳例曰：凡去其國，諸侯納之曰「歸」。此傳稱韓、魏以趙氏爲請，故趙鞅得稱「歸」。韓、魏非諸侯，亦從諸侯納之例者，韓、魏之彊猶列國也。《釋例》曰：「韓、魏有耦國之彊，陳、蔡有復國之端，故晉趙鞅、楚公子比皆稱『歸』，從諸侯納之例，言非晉、楚之所能制也。」

薛弒其君比。無傳。稱君，君無道。

【傳】十三年，春，齊侯、衛侯次于垂葭，實郥氏。❶垂葭，改名郥氏。高平鉅野縣西南有郥亭。

❶「郥」，《四部叢刊》本、京都本、文淵閣本、阮本作「郥」。下同，不另出校。

使師伐晉，將濟河，諸大夫皆曰不可。郱意茲曰：「可。意茲，齊大夫。**銳師伐河內，**今河內汲郡。**傳必數日而後及絳。**傳告晉。**絳不三月，不能出河，則我既濟水矣。」乃伐河內。齊侯皆斂諸大夫之軒，唯郱意茲乘軒。**以其言當。

齊侯欲與衛侯乘，共載。**與之宴，而駕乘廣，載甲焉。使告曰：「晉師至矣。」齊侯曰：「比君之駕也，寡人請攝。」**以己車攝代衛車。**乃介而與之乘，驅之。或告曰：「無晉師。」乃止。**傳言齊侯輕，所以不能成功。【疏】注「垂葭」至「郥亭」。❶　正義曰：《釋例》曰：「經書所改之名，則傳以『實』明之。『許遷于夷，實城父』、『齊侯、衛侯次于垂葭，實郥氏』之比是也。」則是先名郥氏，後名垂葭。而此云「垂葭，改名郥氏」者，杜意以爲垂葭是新改之名，本是郥氏也，故以結之，與《釋例》不違。劉炫以杜注自違《釋例》，以爲地無新舊之異，止是一地二名。若如劉言，案「許遷于夷，實城父」，經書「夷」。「齊侯、衛侯次于垂葭，實郥氏」，經書「垂葭」。「許遷于析，實白羽」，以此準之，經應書「析」，不應書「白羽」。「公會齊侯于祝其，實夾谷」，經應書「祝其」，不應書「夾谷」。杜以文同事異，故以新舊明之。劉不細尋經傳，以規杜過，非也。「齊侯」至「乃止」。正義曰：齊侯輕脱，欲得與衛侯同乘，先與之宴飲，而先駕乘廣於門外，豫於廣車之上而載甲焉。飲未終，而使人告曰：「晉師至矣。」齊侯謂衛侯曰：「比及君之駕至以來，君既未有兵車，寡人請以己車攝代衛車，與君同乘。」齊侯乃著甲而與衛侯共乘，驅之而行。或告「無晉師」，乃止。傳載此者，言齊侯之輕，所以

---

❶「注垂葭至郥亭」，阮本以下正義二節分疏於傳文各節下。

不能成功。

晉趙鞅謂邯鄲午曰：「歸我衛貢五百家，吾舍諸晉陽。」午許諾。十年，趙鞅圍衛，衛人懼，貢五百家。鞅置之邯鄲，今欲徙著晉陽。❶晉陽，趙鞅邑。**歸，告其父兄。父兄皆曰：「不可。衛是以爲邯鄲，**言衛以五百家在邯鄲，常爲是故，與邯鄲親。**而寘諸晉陽，絶衛之道也。不如侵齊而謀之。」**侵齊則齊當來報，欲因懼齊而徙，則衛與邯鄲好不絶。**乃如之，而歸之于晉陽。**欲如是謀而後歸衛貢。**趙孟怒，召午，而囚諸晉陽。**趙鞅不察其謀，謂午不用命，故囚之。**使其從者說劍而入，涉賓不可。**涉賓，午家臣。不肯說劍入，欲謀叛。**乃使告邯鄲人曰：「吾私有討於午也，二三子唯所欲立。」**午，趙鞅同族，別封邯鄲，故使邯鄲人更立午宗親。**遂殺午。趙稷、涉賓以邯鄲叛。**稷，趙午子。

夏，六月，上軍司馬籍秦圍邯鄲。邯鄲午，荀寅之甥也。荀寅，范吉射之姻也，壻父曰姻。荀寅子娶吉射女。**而相與睦，故不與圍邯鄲，將作亂。**作亂，攻趙鞅。**董安于聞之，**安于，趙氏臣。**告趙孟曰：「先備諸？」趙孟曰：「晉國有命，始禍者死，爲後可也。」安于曰：「與其害於民，寧我獨死。**懼見攻，必傷害民。**請以我說。」趙孟不可。**晉國若討，可殺我以自解說。**秋，七月，范氏、中行氏伐趙氏之宮，趙鞅奔晉陽，晉人圍之。**

❶「著」，淳熙本、岳本、纂圖本、監本、毛本、文淵閣本作「置」。

范皐夷無寵於范吉射，而欲爲亂於范氏。皐夷，范氏側室子。**梁嬰父嬖於知文子，**文子，荀躒。**文子欲以爲卿。韓簡子與中行文子相惡，**簡子，韓起孫不信也。中行文子，荀寅也。**魏襄子亦與范昭子相惡。**襄子，魏舒孫曼多也。昭子，士吉射。**故五子謀，**五子：范皐夷、梁嬰父、知文子、韓簡子、魏襄子。**將逐荀寅，而以梁嬰父代之，逐范吉射，而以范皐夷代之。荀躒言於晉侯曰：「君命大臣，始禍者死，載書在河。**爲盟書沈之河。**今三臣始禍，而獨逐鞅，刑已不鈞矣。請皆逐之。」**

冬，十一月，荀躒、韓不信、魏曼多奉公以伐范氏、中行氏，弗克。二子將伐公，齊高彊曰：「三折肱知爲良醫。高彊，齊子尾之子。昭十年奔魯，遂適晉。**唯伐君爲不可，民弗與也。我以伐君在此矣。三家未睦，**三家，知、韓、魏。**可盡克也。克之，君將誰與？若先伐君，是使睦也。」弗聽，遂伐公。國人助公，二子敗，從而伐之。丁未，荀寅、士吉射奔朝歌。韓、魏以趙氏爲請。**經所以書趙鞅歸。**十二月，辛未，趙鞅入于絳，盟于公宮。**傳録晉衰亂。【疏】注「午趙」至「宗親」。❶ 正義曰：《世族譜》，趙衰，趙夙之弟也。衰生盾，盾生朔，朔生武，武生成，成生鞅，其家爲趙氏。夙孫穿，穿生旃，旃生勝，勝生午，其家爲耿氏。計衰至鞅，夙至午皆六代，今俗所謂五從兄弟，是同族也。別封邯鄲，世不絶祀，故使邯鄲人更立午之宗親。注「壻父」至「射女」。正義曰：《釋親》云：「女子子之夫爲壻，壻之父爲姻。」知荀寅子娶

---

❶「注午趙至宗親」，阮本以下正義四節分疏於傳文各節下。

吉射女也。「董安于」。正義曰：《史記》云「安于性緩，常佩弦以自急」者，即此是也。「文子欲以爲卿」。正義曰：既欲以爲卿，則當去范、中行二氏，乃始得立。言此者，明文子欲爲亂以去之。

初，衛公叔文子朝，而請享靈公。欲令公臨其家。**退，見史鰌而告之。**史鰌，史魚。❶**史鰌曰：「子必禍矣！子富而君貪，罪其及子乎？」文子曰：「然，吾不先告子，是吾罪也。君既許我矣，其若之何？」史鰌曰：「無害。子臣，可以免。**言能執臣禮。**富而能臣，必免於難。**上下同之。言尊卑皆然。**戍也驕，其亡乎？**戍，文子之子。**富而不驕者鮮，吾唯子之見。驕而不亡者，未之有也。戍必與焉。」**與禍難。**及文子卒，衛侯始惡於公叔戍，以其富也。公叔戍又將去夫人之黨，**靈公夫人南子黨，宋朝之徒。**夫人愬之曰：「戍將爲亂。」**爲明年戍來奔傳。**【疏】**注「靈公」至「之徒」。❷正義曰：傳於明年始云「衛侯爲夫人南子召宋朝」，此年言「夫人之黨」，杜已云「宋朝之徒」者，靈公之召宋朝，又在前矣。明年爲宋人歌而發端，非明年始召之。

【經】十有四年，春，衛公叔戍來奔。衛趙陽出奔宋。陽，趙黶孫。書名者，親富不親仁。**【疏】**注「陽趙黶孫」。正義曰：案《世本》，懿子兼生昭子舉，舉生趙陽。兼即黶也。

---

❶「魚」下，阮校：「足利本有『也』字。」

❷「注靈公至之徒」，阮本此節正義在「公叔戍又將去夫人之黨」句注下。

二月，辛巳，楚公子結、陳公孫佗人帥師滅頓，以頓子牂歸。

夏，衛北宮結來奔。亦黨公叔戌，皆惡之。

五月，於越敗吴于檇李。於越，越國也。使罪人詐吴亂陳，故從未陳之例書敗也。檇李，吴郡嘉興縣南醉李城。❶【疏】注「於越」至「書敗」。正義曰：於越即越也，夷言發聲謂之「於越」，從彼俗而名之也。傳稱「陳于檇李」，則是皆陳，而從未陳之例云「敗吴」者，越使罪人詐吴，亂吴之陳，使不得用力，故從未陳之例書敗也。《釋例》云：「長勺之役，雖俱陳而鼓音不齊。檇李之役，越人患吴之整，❷以死士亂吴，雖皆已陳，猶以獨克爲文，舉其權詐也。」

吴子光卒。未同盟而赴以名。

公會齊侯、衛侯于牽。魏郡黎陽縣東北有牽城。

公至自會。無傳。

秋，齊侯、宋公會于洮。洮，曹地。

天王使石尚來歸脤。無傳。石尚，天子之士。石，氏。尚，名。脤，祭社之肉，盛以脤器，❸以

❶「南醉李城」，阮校：「陳樹華云：《史記·越世家》正義引注『南』下多『有』字，『醉』作『檇』。」

❷「越人」，京都本、文淵閣本、阮本作「勾踐」。

❸「脤」，文淵閣本作「蜃」。阮校：「閩本、監本作『蜃』，段玉裁校本亦作『蜃』。」下「脤」字同。

賜同姓諸侯，親兄弟之國，與之共福。【疏】注「石尚」至「共福」。　正義曰：杜以天子上士、中士俱稱名氏，石尚必是士矣。但不知爲是上士，爲是中士，故注直云士耳，必非下士。《釋例》曰：「王之公卿皆書爵，大夫書字。元士、中士稱名，劉夏、石尚是也。下士稱人，『公會王人于洮』是也。」杜知然者，《周禮·典命》云：「王之三公八命，其卿六命，大夫四命。」大夫既四命，則士三命也。故鄭玄云：「王之上士三命，中士再命，下士一命。」《曲禮》云：「列國之大夫，入天子之國，曰『某士』。」得不以命數當天子之士，故稱「士」也。襄二十六年，晉韓起聘于周，自稱曰「晉士起」，是諸侯之卿，與天子之士命數同也。以諸侯之卿三命再命皆書名氏，大夫一命則稱「人」，知天子上士、中士稱名氏，下士則稱「人」也。成十三年傳曰：「國之大事，在祀與戎。祀有執膰，戎有受脤。」先儒及杜緣彼傳文，知是定例，故解此云：「祭社之肉，盛以脤器，以賜同姓諸侯。」《周禮·大宗伯》云「以脤膰之禮，親兄弟之國」，《大行人》云「歸脤以交諸侯之福」，是以祭肉賜諸侯，與之共福也。

衛世子蒯聵出奔宋。

衛公孟彄出奔鄭。彄書名，與蒯聵黨，罪之。

宋公之弟辰自蕭來奔。無傳。稱宋公之弟，例在十年。

大蒐于比蒲。

邾子來會公。無傳。會公于比蒲。來而不用朝禮，故曰「會」。【疏】注「會公」至「曰會」。　正義曰：莊二十三年，公及齊侯遇于穀，蕭叔朝公，就遇處行朝禮，故曰「朝」。此就蒐處行會禮，而不用朝禮，故曰「會」也。言「不用朝禮」，辨其與蕭叔文異。

城莒父及霄。無傳。公叛晉助范氏，故懼而城二邑也。此年無冬，史闕。❶【疏】注「公叛」至「史闕」。❷ 正義曰：城邑之由，傳無其說。以傳稱公會齊侯、衛侯，謀救范、中行氏，知爲叛晉之故，懼而城此二邑也。無冬闕文，自是常事，特辨此者，説《公羊》者以此城在冬，故去「冬」字。何休云：「是歲孔子由大司寇攝相事，齊人饋女樂，孔子去。言去『冬』者，貶之也。或説無『冬』者，坐受女樂，令聖人去。冬陰，臣之象，言去『冬』，見無臣也。」杜以此爲妄説，且明城實在秋，是非時而城，故特辨「冬」闕。

【傳】十四年，春，衛侯逐公叔戍與其黨，故趙陽奔宋，戍來奔。終史魚之言。

梁嬰父惡董安于，謂知文子曰：「不殺安于，使終爲政於趙氏，趙氏必得晉國，盍以其先發難也討於趙氏？」文子使告於趙孟曰：「范、中行氏雖信爲亂，安于則發之，是安于與謀亂也。晉國有命，始禍者死。二子既伏其罪矣，敢以告。」告使討安于。趙孟患之。安于曰：「我死而晉國寧、趙氏定，將焉用生？人誰不死，吾死莫矣。」乃縊而死。趙孟尸諸市，而告於知氏曰：「主命戮罪人，安于既伏其罪矣，敢以告。」知伯從趙孟盟，知伯，荀躒。而後趙氏定，祀安于於廟。趙氏廟。【疏】

---

❶「闕」下，《四部叢刊》本、京都本、文淵閣本、阮本有「文」字。阮校：「宋本脱『文』字。」

❷「史闕」，京都本、阮本作「闕文」。

「安于則」至「而死」。❶　正義曰：安于請趙孟先備，趙孟不從其言，則安于其無罪矣。但安于之謀，國人聞之。梁嬰父忌其知謀，❷恐趙氏彊盛，假此事而罪之。趙鞅叛而得還，不敢違命，故安于自縊死耳。「祀安于於廟」。　正義曰：禮，臣有大功，配食於廟。《周禮·司勳》云：「凡有功者，銘書於王之大常，祭于大烝，司勳詔之。」《尚書》盤庚告其卿大夫云：「茲予大享于先王，爾祖其從與享之。」孔安國云：「古者天子録功臣，配食於廟。大享，烝嘗也。」天子既有此禮，諸侯或亦有之。今趙氏祀安于於趙氏之廟，其意亦如此也。

頓子牂欲事晉，背楚而絶陳好。二月，楚滅頓。傳言小不事大，所以亡。

夏，衛北宮結來奔，公叔戌之故也。

吴伐越，報五年越入吴。**越子勾踐禦之，陳于檇李。**勾踐，越王允常子。**勾踐患吴之整也，使死士再禽焉，不動。**使敢死之士往，輒爲吴所禽。欲使吴師亂取之，而吴不動。**使罪人三行，屬劒於頸，**以劒注頸。**而辭曰：「二君有治，**治軍旅。**臣奸旗鼓，**犯軍令。**不敏於君之行前，不敢逃刑，敢歸死。」遂自剄也。師屬之目，越子因而伐之，大敗之。靈姑浮以戈擊闔廬，**姑浮，越大夫。**闔廬傷將指，取其一屨。**其足大指見斬，遂失屨，姑浮取之。**還，卒於陘，去檇李七里。**釋經所以不書滅。**夫差使人立於庭，**夫差，闔廬嗣子。**苟出入，必謂己曰：「夫差，而忘越王之殺而父乎？」則對**

❶「安于則至而死」，阮本此節正義在「知伯從趙孟盟」句注下。

❷「忌」，阮本作「懼」。

曰：「唯，不敢忘！」三年，乃報越。後三年，哀元年。

晉人圍朝歌，公會齊侯、衛侯于脾、上梁之間，脾、上梁間即牽。謀救范、中行氏。❶齊、魯叛晉，故助范、中行也。析成鮒、小王桃甲率狄師以襲晉，二子，晉大夫，范、中行氏之黨。戰于絳中，不克而還。士鮒奔周，小王桃甲入于朝歌。秋，齊侯、宋公會于洮，范氏故也。謀救范氏。

衛侯爲夫人南子召宋朝，南子，宋女也。朝，宋公子，舊通于南子，在宋呼之。會于洮。大子蒯聵獻盂于齊，過宋野。蒯聵，衛靈公大子。盂，邑名也。就會獻之，故自衛行而過宋野。野人歌之曰：「既定爾婁豬，盍歸吾艾豭？」婁豬，求子豬，以喻南子。艾豭，喻宋朝。艾，老也。大子羞之，謂戲陽速曰：「從我而朝少君，速，大子家臣。少君見我，我顧，乃殺之。」速曰：「諾。」乃朝夫人。夫人見大子，大子三顧，速不進。夫人見其色，啼而走，見大子色變，知其欲殺己。曰：「蒯聵將殺余。」公執其手以登臺。大子奔宋，盡逐其黨，故公孟彄出奔鄭，自鄭奔齊。大子告人曰：「戲陽速禍余。」戲陽速告人曰：「大子則禍余。大子無道，使余殺其母。余不許，將戕於余，戕，殘殺也。若殺夫人，將以余說。余是故許而弗爲，以紓余死。諺曰『民保於信』，吾以信義也。」使義可信，不必信言。【疏】「會于」至「艾豭」。❷ 正義曰：此「會于洮」，還是上文「會于洮」也。傳爲野人之歌張本，

❶「氏」下，阮校：「石經有『也』字。」

❷「會于至艾豭」，阮本以下正義三節分疏於傳文各節下。

故追言衛侯爲夫人南子召宋朝，召在遠年，非今始召。欲説過宋野，已隔此語，故又本之云齊、宋會于洮，時大子蒯聵獻盂于齊，過宋野而被譏也。服虔以「會于洮」上屬爲義，言衛侯爲夫人南子召宋朝，故與宋公會于洮，言爲召宋朝爲此會也。然則宋朝是宋之公子，衛侯欲召則召，何須與宋爲會，方始召之？直言「會于洮」，「會」上無國名，知與何國會，而言宋、衛乎？服不達此勢，愚之甚也。注「婁豬」至「老也」。正義曰：《釋獸》云：「豕子豬，牝豝。」牝者謂之豝，則豭是豬之牡，故以喻宋朝也。以婁豬爲求子之豬，相傳爲説耳。《曲禮》「人年五十曰艾」，是艾爲老也。「少君」。正義曰：少君，猶小君也。君爲大君，夫人爲小君。

冬，十二月，晉人敗范、中行氏之師於潞，獲籍秦、高彊。二子，黨范氏者。終景王言籍父無後。**又敗鄭師及范氏之師于百泉。**鄭助范氏，故并敗。

【經】十有五年，春，王正月，邾子來朝。

鼷鼠食郊牛，牛死，改卜牛。無傳。不言所食處，舉死，重也。改卜，禮也。【疏】「鼷鼠食郊牛」。正義曰：《爾雅》云：❶「色黑而小，有毒。」《公羊》以爲：「不言其所食，漫也。」謂所食非一處。《穀梁》注意亦然，非杜意也。

二月，辛丑，楚子滅胡，以胡子豹歸。

---

❶ 「雅」下，阮校：「浦鏜《正誤》云『「雅」下當脱「注」字』，是也。」

夏，五月，辛亥，郊。無傳。書過。

壬申，公薨于高寢。高寢，宫名。不於路寢，失其所。

鄭罕達帥師伐宋。

齊侯、衛侯次于渠蒢。不果救，故書次。

邾子來奔喪。無傳。諸侯奔喪，非禮。【疏】注「諸侯奔喪非禮」。　正義曰：昭三十年傳曰：「諸侯之喪，士弔，大夫送葬。」諸侯親自奔喪、會葬，皆非禮。《公羊》亦云：「奔喪，非禮也。」

秋，七月，壬申，姒氏卒。定公夫人。

八月，庚辰，朔，日有食之。無傳。

九月，滕子來會葬。無傳。諸侯會葬，非禮也。

丁巳，葬我君定公，雨，不克葬。戊午，日下昃，乃克葬。【疏】「雨不克葬」。❶　正義曰：《穀梁》以爲：「葬不爲雨止，禮也。雨不克葬，喪不以制也。」非《左氏》意。

辛巳，葬定姒。辛巳，十月三日。有日無月。【疏】「辛巳葬定姒」。❷　正義曰：《公羊傳》云：「定姒何以書葬？未踰年之君也。有子則廟，廟則書葬。」《公羊》此意以爲定姒是妾，哀公之母，以哀公爲君未踰年，

---

❶ 「雨不克葬」，阮本此節正義在「葬定姒」句注下。

❷ 「辛巳葬定姒」，阮本以下正義二節分疏於傳文各節下。

故書其卒、葬耳。《左氏》以定姒實是夫人，但禮不備，不成喪，是哀母以否，傳無明說。　注「辛巳」至「無月」。

正義曰：此年八月庚辰朔，二日則辛巳，九月不得有辛巳也。更盈一周，則六十二日，月有一大一小，十月己卯朔，三日得辛巳，是有日無月也。

冬，城漆。邾庶其邑。【疏】注「邾庶其邑」。　正義曰：襄二十一年邾庶其以漆、閭丘來奔。莊二十八年傳曰：「凡邑，有宗廟先君之主曰都，無曰邑。邑曰築，都曰城。」此稱「城漆」，漆本邾邑，不得有先君宗廟，而稱城者，《釋例》曰：「若邑有先君宗廟，則雖小曰都，尊其所居以大之也。然則都而無廟，固宜稱城，『城漆』是也。而潁氏唯繫於先君之廟，患漆本非魯邑，因説曰漆有邾之舊廟，是使魯人尊邾之廢廟與先君同，非經、傳意也。」是言漆是大都，自應稱城。言「庶其邑」者，意在排舊説。

【傳】十五年，春，邾隱公來朝。邾子益。**子貢觀焉。❶邾子執玉高，其容仰。公受玉卑，其容俯。**玉，朝者之贄。**子貢曰：「以禮觀之，二君者皆有死亡焉。夫禮，死生存亡之體也，將左右周旋，進退俯仰，於是乎取之。朝、祀、喪、戎，於是乎觀之。今正月相朝，而皆不度，**不合法度。**心已亡矣。嘉事不體，何以能久？**嘉事，朝禮。**高仰，驕也。卑俯，替也。驕近亂，替近疾。君爲主，其**

---

❶「子貢」，阮校：「《漢書·五行志》載古文《左傳》作『子贛』。臧琳云：依《説文》，當爲『贛』，子貢名賜，故字子贛，作『貢』者，字之省借耳。」

先亡乎？」爲此年公薨、哀七年以邾子益歸傳。【疏】注「玉朝者之贄」。❶　正義曰：《曲禮》云「凡摯，天子鬯」，天子尊，無與敵者，故執其鬯酒以對神。「諸侯珪」，是謂玉爲贄也。《周禮·典瑞》云：「公執桓圭，侯執信圭，伯執躬圭，子執穀璧，男執蒲璧，以朝覲宗遇會同于王。諸侯相見，亦如之。」是朝必執玉也。

吴之入楚也，在四年。**胡子盡俘楚邑之近胡者。**俘，取也。**楚既定，胡子豹又不事楚，曰：「存亡有命，事楚何爲？多取費焉。」二月，楚滅胡。**傳言小不事大，所以亡。

夏，五月，壬申，公薨。仲尼曰：「賜不幸言而中，是使賜多言者也。」以微知著，知之難者。子貢言語之士，今言而中，仲尼懼其易言，故抑之。

鄭罕達敗宋師于老丘。罕達，子齹之子。老丘，宋地。宋公子地奔鄭，鄭人爲之伐宋，欲取地以處之，事見哀十二年。

齊侯、衛侯次于蘧挐，謀救宋也。

秋，七月，壬申，姒氏卒。不稱夫人，不赴，且不祔也。赴同、祔姑，夫人之禮。二者皆闕，故不曰夫人。【疏】注「赴同」至「夫人」。　正義曰：夫人初薨，赴於同盟之國，其辭當云夫人某氏薨，是赴則成夫人也。禮，適妻祔於適祖姑，妾祔於妾祖姑，若得祔祖姑，則亦成夫人矣。此赴同、祔姑皆是夫人之禮，二者皆闕，故不曰夫人薨。二者課行一事，則得稱夫人，故此以不赴兼又不祔解不稱夫人也。

---

❶「注玉朝者之贄」，阮本此節正義在注「玉朝者之贄」下。

葬定公，雨，不克襄事，禮也。襄，成也。雨而成事，若汲汲於欲葬。**葬定姒，不稱小君，不成喪也。**公未葬而夫人薨，煩於喪禮，不赴不祔，故不稱小君，臣子怠慢也。反哭於寢，故書葬。【疏】注「公未」至「書葬」。　正義曰：傳直言「不成喪」也，不知闕少何事。但小君者，夫人之號，不稱小君與不稱夫人其事同矣，故知「不成喪」者，即不赴不祔是也。由不赴不祔，夫人之喪禮不成，故不稱小君也。此定姒實是夫人，臣子怠慢不成其禮，故書卒不稱薨，書葬而不稱小君，所以罪臣子也。哀十二年孟子卒，傳曰：「不反哭，故不言葬小君。」是由反哭於寢，故書葬也。

冬，城漆。書，不時告也。實以秋城，冬乃告廟。魯知其不時，故緩告，從而書之以示譏。【疏】「冬城」至「告也」。　正義曰：書「城漆」者，書其城不以時。所書在冬，依其文則得時矣，故傳辨之，云「不時告也」。城實非時，知其不可而以時告廟。

春秋左傳正義卷第三十五

國子祭酒上護軍曲阜縣開國子臣孔穎達等奉勅撰

哀公【疏】正義曰：《魯世家》云：哀公名蔣，定公之子。蓋是夫人定姒所生，以敬王二十六年即位。《謚法》：「共仁短折曰哀。」

【經】**元年，春，王正月，公即位。**無傳。

楚子、陳侯、隨侯、許男圍蔡。隨世服於楚，不通中國。吴之入楚，昭王奔隨，隨人免之，卒復楚國。楚人德之，使列於諸侯，故得見經。定六年，鄭滅許，此復見者，蓋楚封之。【疏】注「隨世」至「封之」。正義曰：僖二十年，楚人伐隨，自爾以來，隨不復見。以隨世服於楚，爲楚私屬，不通於諸侯，征伐盟會不齒於列，故史不得書之。猶如郳、滕爲人私屬，不序於宋盟也。定四年保護昭王，楚得復國，楚人感其恩德，使隨列於諸侯。今楚帥諸侯圍蔡，令隨在其班次，以之告魯，故得見經。定六年，鄭滅許，以許男斯歸，殺之。此時許復見者，以許屬楚，故疑蓋楚封之，當如蔡侯廬、陳侯吴受封於楚也。《世族譜》許男斯之後有元公成、悼公孫，則是楚封元公爲許男也。

鼷鼠食郊牛，改卜牛。

夏，四月，辛巳，郊。 無傳。書過也。不言所食，所食非一處。【疏】注「書過」至「一處」。 正義曰：桓五年傳例云：「凡祀，啓蟄而郊，過則書。」今以四月始郊，已入春分之氣，故書過也。宣三年「郊牛之口傷」，成七年「鼷鼠食郊牛角」，言其傷食之處，此不言所食處者，所食非一處也。

秋，齊侯、衛侯伐晉。

冬，仲孫何忌帥師伐邾。 無傳。

【傳】**元年，春，楚子圍蔡，報柏舉也。** 在定四年。**里而栽，** 栽設版築爲圍壘周帀，去蔡城一里。**廣丈，高倍。** 壘厚一丈，高二丈。**夫屯晝夜九日，**「夫」猶兵也。壘未成，故令人在壘裏屯守蔡。**如子西之素。** 子西本計，爲壘當用九日而成。**蔡人男女以辨，** 辨，别也。男女各别，係纍而出降。**使疆于江、汝之間而還。** 楚欲使蔡徙國在江水之北，汝水之南，求田以自安也。蔡權聽命，故楚師還。**蔡於是乎請遷于吴。** 楚既還，蔡人更叛楚就吴，爲明年蔡遷州來傳。【疏】注「栽設」至「一里」。❶ 正義曰：築牆立版謂之栽。栽者，豎木以約版也。楚慮外人救蔡，則於表裏受敵，故築圍壘周匝，去蔡城一里

❶「注栽設至一里」，阮本以下正義三節分疏於傳文各節下。

以圍之，欲置兵其内以攻蔡，使外人不得救之。　注「夫猶」至「守蔡」。　正義曰：劉炫云：「杜言『夫猶兵也，以壘未成，故令人在壘裏屯守蔡』，然則未築壘前，兵豈遠城乎？　壘成之後，兵復出壘乎？　以圍人夜守常事，何言『晝夜九日』？　以後兵豈散乎？　炫以『夫屯』謂夫役屯聚，晝夜不止，九日而築壘成耳。　夫者，別有城夫，非戰士。」劉炫以爲丁夫築城晝夜九日，杜必以「夫」爲兵屯守九日者，以屯是戍守之名，故《詩序》云「屯戍於母家」，又案傳，晉有軘車，皆是兵之屯守。　經籍未有作役之人，而爲屯守之號者，故杜爲此解。　劉妄規杜失，❶非也。

注「楚欲」至「師還」。　正義曰：服虔云：「蔡使楚進疆於故江國與汝水之間。」其意言蔡割地以賂楚也。　杜不然者，以昭七年傳申無宇云「先君文王，作僕區之法，所以封汝」，哀十七年傳曰「彭仲爽，申俘也，文王以爲令尹，實縣申、息，朝陳、蔡，封畛於汝」，則楚於文王之時，其竟已至汝水，寧於此役蔡始令楚進疆于江、汝之間也？　且汝水、江國不可共文，故杜以爲楚使蔡徙其國都於江北、汝水之南，自擇疆宇。　欲令遷都近楚，爲楚屬國。　蔡人冀令楚去，心雖不肯，權宜許之。　楚還之後，蔡更自議：已與楚惡，不如事吳。　故請遷于吳，以吳爲援。

吳王夫差敗越于夫椒，❷報檇李也。　檇李，在定十四年。　夫椒，吳郡吳縣西南大湖中椒山。　**遂入越。　越子以甲楯五千保于會稽，**上會稽山也。　在會稽山陰縣南。　**使大夫種因吳大宰嚭以行成。　吳子將許之。　伍員曰：「不可。　臣聞之：『樹德莫如滋，去疾莫如盡。』昔有過澆殺斟灌以伐斟鄩，**

---

❶ 「杜」，文淵閣本、阮本作「其」。

❷ 「椒」，阮校：「《釋文》云『又作𣗳』。　陳樹華云：案《史記·伍子胥傳》、《説苑》作『夫湫』，古字通。」

澆，寒浞子，封於過者。二斟，夏同姓諸侯。襄四年傳曰：「澆用師滅斟灌。」**滅夏后相**，夏后相，啓孫也。后相失國，依於二斟，復爲澆所滅。**后緡方娠，逃出自竇**，后緡，相妻。娠，懷身也。**歸于有仍**，后緡，有仍氏女。**生少康焉。爲仍牧正**，牧正，牧官之長。**惎澆能戒之**。惎，毒也。戒，備也。**澆使椒求之**，椒，澆臣。**逃奔有虞，爲之庖正，以除其害**。虞舜後諸侯也。梁國有虞縣。庖正，掌膳羞之官。賴此以得除己害。**虞思於是妻之以二姚**，思，有虞君也。虞思自以二女妻少康。姚，虞姓。**而邑諸綸**。綸，虞邑。**有田一成，有衆一旅**。方十里爲成，五百人爲旅。**能布其德，而兆其謀**，兆，始。**以收夏衆，撫其官職**。襄四年傳曰：「靡自有鬲氏，收二國之燼，以滅浞而立少康。」**使女艾諜澆**，女艾，少康臣。諜，候也。**使季杼誘豷**，豷，澆弟也。季杼，少康子后杼也。**遂滅過、戈，復禹之績**。過，澆國。戈，豷國。**祀夏配天，不失舊物**。物，事也。**今吴不如過，而越大於少康，或將豐之，不亦難乎？**言與越成，是使越豐大，必爲吴難。**句踐能親而務施，施不失人**，所加惠賜，皆得其人。**親不棄勞**。推親愛之誠，則不遺小勞。**與我同壤，而世爲仇讎。於是乎克而弗取，將又存之，違天而長寇讎**，猶言天與不取。**後雖悔之，不可食已**。食，消也。已，止也。**姬之衰也，日可俟也**。姬，吴姓。言可計日而待。**介在蠻夷，而長寇讎，以是求伯，必不行矣。」弗聽。退而告人曰：「越十年生聚，而十年教訓**，生民聚財，富而後教之。**二十年之外，吴其爲沼乎？」**謂吴宫室廢壞，當爲汙池。爲二十二年越入吴起本。**三月，越及吴平**。吴入越不書，吴不告慶，越不告敗也。嫌夷狄不與華同，故復發傳。

【疏】注「夫椒」至「椒山」。❶　正義曰：杜於此注以椒爲山名，《土地名》以夫椒爲地名，以戰必在山旁，以山表地耳。　注「澆寒」至「斟灌」。　正義曰：襄四年傳稱夏之衰也，有窮后羿因夏民以代夏政，而用寒浞。寒浞殺羿，因其室而生澆，處澆于過。是言澆是寒浞之子，封於過也。「二斟，夏同姓諸侯」，《夏本紀》文也。又襄四年傳云「澆用師滅斟灌」，此言「殺斟灌」者，王肅云：「滅，殺也。古者滅殺尊卑同名。」其意言殺其君而滅其國，故二文各言其一也。賈逵云：「夏后相依斟灌而國，故因殺夏后相也。」案下句別言「滅夏后相」，王解是也。　注「夏后」至「所滅」。　正義曰：《夏本紀》云：「禹生啓，啓生大康。大康崩，弟仲康立。仲康崩，子相立。」是相爲仲康之子，啓之孫也。《書序》云：「大康失邦，作《五子之歌》。」其經云：「大康尸位以逸豫，乃畋于有洛之表，十旬弗反。有窮后羿因民弗忍，距于河。」則大康之時羿已權盛，能廢大康矣。《胤征》云：「唯仲康肇位四海。」孔安國云：「羿廢大康，而立其弟仲康爲天子。」仲康，羿之所立也。仲康崩，子相立，蓋亦羿立之矣。傳言羿「因夏民以代夏政」，蓋於相時羿始自立爲天子，相於是失國，依於二斟。及澆滅斟灌，相復爲澆所滅。　注「虞舜」至「己害」。　正義曰：《尚書·堯典》云：「有鰥在下，曰虞舜。」又曰：「釐降二女于嬀汭，嬪于虞。」皇甫謐云：「嬪于虞，因以虞爲氏。虞，今河東大陽縣西山上虞城是也。」然則舜有天下，其代號虞，因本河東大陽之虞。及周之興，封仲雍之後爲虞國，即彼地是也。但舜既禪禹，禹封舜後爲諸侯，雖取虞爲國名，未必封於河東虞地。而梁國有虞縣，其地以虞爲名，疑是夏時虞國。杜於地名言「有」者，皆是疑辭，言「有」以示不審也。　庖正，當《周禮》

---

❶「注夫椒至椒山」，阮本以下正義九節分疏於傳文各節下。

之庖人，謂之爲正，當是食官之長，故爲掌膳羞之官也。賴此以得除己害，得在浞之世不被殺也。　注「方十」至「爲旅」。　正義曰：「方十里爲成」，《司馬法》文也。「五百人爲旅」，《夏官·序》文也。「田一成」、「衆一旅」，言食此一成之地，其内有爲兵者五百人。《周禮·小司徒》云：「乃井牧其田野。」鄭衆云：「井牧者，《春秋傳》所謂『井衍沃』、『牧隰皐』者也。」鄭玄云：「隰皐之地，九夫爲牧，二牧而當一井。今造都鄙，授民田，有不易，有一易，有再易，通率二而當一，是之謂井牧。昔夏少康在虞思，有田一成，有衆一旅。一旅之衆，而田一成，則井牧之法，先古然矣。」杜解「牧隰皐」雖與鄭異，其授民田二而當一，理亦宜然。計方十里爲方一里者百，方一里有九夫之田，則十里容九百夫也。其一百夫授上地不易者，其四百夫授一易二而當一，則得爲五百夫矣。　注「襄四」至「少康」。　正義曰：引此傳者，言少康能布恩惠，以收夏衆，以德撫靡，故得用靡遺民，滅浞而立之。　注「猶言天與不取」。　正義曰：《吴語》云，越滅吴，吴王請行成，越王曰：「昔天以越賜吴，而吴不取。」是也。　「後雖」至「食已」。　正義曰：言悔恨之深，結於心腹，不可如食之消止。　注「生民」至「教之」。　正義曰：服虔云：「令少者無娶老婦，老者無娶少婦。女十七不嫁，男二十不娶，父母有罪也。將生子，以告，與之醫，饋之餼也。死者釋其征，必哭泣葬埋，如其子也。孺子遊者必餔歠之也。非身所種、夫人所織不用，❶十年不收於國。」

夏，四月，齊侯、衛侯救邯鄲，圍五鹿。趙稷以邯鄲叛，范、中行氏之黨也。五鹿，晉邑。

吴之入楚也，在定四年。**使召陳懷公。懷公朝國人而問焉，曰：「欲與楚者右，欲與吴者左。**

❶「身」，文淵閣本、阮本作「手」。

陳人從田，無田從黨。」都邑之人無田者，隨黨而立，不知所與，故直從所居田，在西者居右，在東者居左。逢滑當公而進，當公，不左不右。曰：「臣聞國之興也以福，其亡也以禍。今吴未有福，楚未有禍，楚未可棄，吴未可從。而晉，盟主也，若以晉辭吴，若何？」公曰：「國勝君亡，非禍而何？」楚爲吴所勝。對曰：「國之有是多矣，何必不復？小國猶復，況大國乎？臣聞，國之興也，視民如傷，是其福也。如傷，恐驚動。其亡也，以民爲土芥，是其禍也。芥，草也。楚雖無德，亦不艾殺其民。吴日敝於兵，暴骨如莽，草之生於廣野，莽莽然，故曰草莽。而未見德焉。天其或者正訓楚也，使懼而改過。禍之適吴，其何日之有？」言今至。陳侯從之。及夫差克越，乃脩先君之怨。秋，八月，吴侵陳，脩舊怨也。傳言吴不脩德而脩怨，所以亡。

齊侯、衛侯會于乾侯，救范氏也。師及齊師、衛孔圉、鮮虞人伐晉，取棘蒲。魯師不書，非公命也。孔圉，孔烝鉏曾孫。鮮虞，狄，師賤，故不書。【疏】注「魯師」至「不書」。正義曰：杜以經書齊、衛伐晉，傳言四國伐晉，故唯解魯與鮮虞不書意也。劉炫以齊、衛會乾侯，救范氏者，師相會，因而行伐，二君親行，告伐不告會也。行伐之後，魯與鮮虞會之，齊、衛更遣師與同伐也。但齊將卑師衆，故稱「師」，衛將尊師少，故云「孔圉」。後伐四國，並皆不書，非獨魯與鮮虞不書也。當謂魯師不書非公命，餘者不書皆不告。義出百塗，並得通也。今知劉非者，杜以傳齊侯、衛侯止云「會乾侯」，不言伐晉，即云「師及齊師、衛孔圉、鮮虞人伐晉」，與經齊侯、衛侯伐晉文相次，當以爲一，「鮮虞，狄，帥賤」，故略而不書，猶郯之戰唐侯從楚而不書，平丘之會狄人從晉而不書之類是也。劉以爲孔圉等更別伐晉，魯師不書非公命，餘者不告故不書，而規杜過，非也。

吴師在陳，楚大夫皆懼，曰：「闔廬惟能用其民，以敗我於柏舉。今聞其嗣又甚焉，將若之何？」子西曰：「二三子恤不相睦，無患吴矣。昔闔廬食不二味，居不重席，室不崇壇，平地作室，不起壇也。器不彤鏤，❶彤，丹也。鏤，刻也。宮室不觀，觀，臺榭。舟車不飾，衣服財用，擇不取費。選取堅厚，不尚細靡。在國，天有菑癘，癘，疾疫也。親巡孤寡，而共其乏困。在軍，熟食者分，而後敢食。必須軍士皆分熟食，不敢先食。分猶徧也。其所嘗者，卒乘與焉。所嘗甘珍，非常食。勤恤其民，而與之勞逸，是以民不罷勞，死知不曠。知身死不見曠棄。吾先大夫子常易之，所以敗我也。易猶反也。今聞夫差，次有臺榭陂池焉，積土爲高曰臺，有木曰榭，過再宿曰次。宿有妃嬙嬪御焉。妃嬙，貴者。嬪御，賤者。皆内官。一日之行，所欲必成，玩好必從。珍異是聚，觀樂是務。視民如讎，而用之日新。夫先自敗也已，安能敗我？」爲二十二年越滅吴起。❷【疏】「食不二味」。❸正義曰：謂與在下同其好惡，不别二爲美味也。「在國天有菑癘」。正義曰：「在國」與「在軍」相對，「天有菑癘」與下句相連，言有菑癘之時，親自巡孤寡，共其乏困也。本或「天」作「無」，誤耳。注「必須」至

---

❶「彤」，阮校：「陸粲附注後録云：『彤』當作『彫』，文相近而譌也。惠棟云：『彤』，古『彫』字。」

❷「起」下，京都本、文淵閣本、阮本有「本」字。

❸「食不二味」，阮本以下正義五節分疏於傳文各節下。

「偏也」。　正義曰：《孫武兵書》云：❶「軍井未達，將不言渴。軍竈未炊，將不言飢。」故闔閭在軍，如良將之法，必須軍士皆分執食然後敢食，王不先自食也。服虔云：「以其半分軍士，而後自食其餘，若單醪注流也。」杜以分王半食，不足偏及軍人，且所嘗珍異，乃得卒乘與焉，王所自食不得分軍士也，故顯而異之。分猶偏也，待偏執食，王乃自食也。　注「積土」至「曰次」。　正義曰：《釋宮》云：「闍謂之臺。」郭璞云：「積土四方也。」又云：「有木者謂之榭。」李巡云：「臺上有屋謂之榭。」又曰：「無室曰榭，四方而高曰臺。」莊三年傳例曰：「凡師，一宿爲舍，再宿爲信，過信爲次。」孔安國《尚書傳》云：「澤鄣曰陂，停水曰池。」言夫差所停三日，則役民爲此也。　注「妃嬙」至「内官」。　正義曰：《曲禮》云：「天子之妃曰后。」則妃，上下通名也。《釋詁》云：「妃、合、會，對也。妃，媲也。」是匹對於夫婦，官之最貴者也。嬙在妃下，次於妃也。《周禮》有九嬪、女御。以有四名，分爲二等，故言妃嬙貴者，嬪御賤者，皆婦官之名。《周禮》無嬙，蓋後世爲之名。漢有掖庭王嬙，是因於古也。

冬，十月，❷晉趙鞅伐朝歌。討范、中行氏。

【經】二年，春，王二月，季孫斯、叔孫州仇、仲孫何忌帥師伐邾，取漷東田及沂西田。邾人以賂，取之易也。**癸巳，叔孫州仇、仲孫何忌及邾子盟于句繹。**句繹，邾地。取邑，盟以要之。【疏】注「句

---

❶「書」，阮校：「毛本『書』作『法』。」

❷「十」下，《四部叢刊》本、京都本、阮本有「一」字。

繹」至「要之」。　正義曰：既取其田，慮後悔競，故共盟以要之。伐則三卿，盟唯二卿者，服虔云：「季孫尊卿，敵服先歸，使二子與之盟。」《穀梁傳》曰：「三人伐而二人盟何？各盟其得也。」其意言季孫不得田，故不與盟也。案十四年小邾射以句繹來奔，則句繹，小邾地也。注言「邾地」者，以傳云「伐邾，邾人愛其土，賂以漷、沂之田而受盟」。被伐受盟，則盟在邾地，猶若成二年楚人伐我師于蜀，公及楚公子嬰齊盟于蜀之類是也。邾與小邾，國竟相近，句繹所屬，亦無定準，猶齊、魯汶陽之田，莒、魯争鄆之事，一彼一此，豈有常乎？而劉炫以句繹爲小邾地，而規杜，非也。

夏，四月，丙子，衛侯元卒。定四年盟皐鼬。【疏】注「定四年盟皐鼬」。　正義曰：元以昭八年即位，三十二年大夫盟于狄泉，以未告公而公薨，故不數。

滕子來朝。無傳。

晉趙鞅帥師納衛世子蒯聵于戚。【疏】「衛世子」。　正義曰：世子者，父在之名。蒯聵父既死矣，而稱世子者，晉人納之，以世子告，言是正世子，以示宜爲君也。《春秋》以其本是世子，未得衛國，無可褒貶，故因而書「世子」耳。

秋，八月，甲戌，晉趙鞅帥師及鄭罕達帥師戰于鐵，鄭師敗績。皆陳曰戰，大崩曰敗績。鐵在戚城南。罕達，子皮孫。

冬，十月，葬衛靈公。無傳。七月而葬緩。

十有一月，蔡遷于州來。畏楚而請遷，故以自遷爲文。**蔡殺其大夫公子駟。**懷土而欺大國，故罪而書名。

【傳】二年，春，伐邾，將伐絞。絞，邾邑。邾人愛其土，故賂以漷、沂之田而受盟。

初，衛侯遊于郊，子南僕。子南，靈公子郢也。僕，御也。公曰：「余無子，將立女。」蒯聵奔，無大子。不對。他日，又謂之。對曰：「郢不足以辱社稷，君其改圖。君夫人在堂，三揖在下，三揖，卿、大夫、士。君命祗辱。」言立適當以禮，與外內同之。今君私命，事必不從，適爲辱。夏，衛靈公卒。夫人曰：「命公子郢爲大子，君命也。」對曰：「郢異於他子，言用意不同。且君没於吾手，若有之，郢必聞之。言當以臨没爲正。且亡人之子輒在。」輒，蒯聵之子出公也，靈公適孫。乃立輒。

六月，乙酉，晉趙鞅納衛大子于戚，宵迷，陽虎曰：「右河而南，必至焉。」是時河北流過元城界，戚在河外，晉軍已渡河，故欲出河右而南。使大子絻，絻者，始發喪之服。八人衰絰，僞自衛逆者，欲爲衛人逆，故衰絰成服。告於門，哭而入，遂居之。

秋，八月，齊人輸范氏粟，鄭子姚、子般送之。子姚，罕達。子般，駟弘。士吉射逆之，趙鞅禦之，遇於戚。陽虎曰：「吾車少，以兵車之旆與罕、駟兵車先陳。旆，先驅車也。以先驅車益其兵車以示衆。罕、駟自後隨而從之，彼見吾貌，必有懼心，晉人先陳，鄭人隨之，不知其虚實，見車多必懼。於是乎會之，會，合戰。必大敗之。」從之。卜戰，龜焦。兆不成。樂丁曰：「《詩》曰：『爰始爰謀，爰契我龜。』樂丁，晉大夫。《詩·大雅》。言先人事，後卜筮。謀協以故兆，詢可也。」詢，諮詢也。故兆，始納衛大子，卜得吉兆。言今既謀同，可不須更卜。簡子誓曰：「范氏、中行氏反易天明，不事君也。斬艾百姓，欲擅晉國，而滅其君。寡君恃鄭而保焉。今鄭爲不道，棄君助臣，二三子順天明，從君命，經德義，除詬耻，在此行也。克敵者，上大夫受縣，下大夫受郡，《周書·作雒篇》：「千里百縣，縣有四郡。」士田十萬，十萬畝也。庶人工商遂，得遂進仕。人臣隸圉免。去厮役。志父無罪，君實圖之。志父，趙簡子之一名也。言己事濟，君當圖其賞。若其有罪，絞縊以戮，絞，所以縊人物。桐棺三寸，不設屬辟，❶屬辟，棺之重數。王棺四重，君再重，大夫一重。素車樸馬，以載柩。無入于兆，兆，葬域。下卿之罰也。」爲衆設賞，自設罰，所以能克敵。

甲戌，將戰，郵無恤御簡子，衛大子爲右。郵無恤，王良也。登鐵上，❷鐵，丘名。望見鄭師衆，大子懼，自投于車下。子良授大子綏而乘之，曰：「婦人也。」言其怯。簡子巡列，曰：「畢萬，匹夫也，七戰皆獲，有馬百乘，死於牖下。畢萬，晉獻公卿也。皆獲，有功。死於牖下，言得壽終。羣子勉之，死不在寇。」言有命。繁羽御趙羅，宋勇爲右。三子，晉大夫。羅無勇，麇之。麇，束縛也。吏詰之，御對曰：「痁作而伏。」痁，瘧疾也。衛大子禱曰：「曾孫蒯聵，敢昭告皇祖文王、周文王。

❶「屬辟」，阮校：「鄭注《禮記·喪大記》、賈公彦疏《儀禮·士喪禮》引並作『屬椑』。」

❷「上」，阮校：「案，酈道元注《水經·河水篇》、李善注《文選·長笛賦》引『上』作『丘』。」

皇，大也。**烈祖康叔、**烈，顯也。**文祖襄公：**繼業守文，故曰文祖。蒯聵，襄公之孫。**鄭勝亂從，**勝，鄭聲公名。釋君助臣，爲從於亂。**晉午在難，**午，晉定公名。**不能治亂，使鞅討之。**鞅，簡子名。**蒯聵不敢自佚，備持矛焉。**戎右持矛。**敢告無絶筋，無折骨，無面傷，以集大事，無作三祖羞。**集，成也。**大命不敢請，佩玉不敢愛。」**不敢愛，故以祈禱。

鄭人擊簡子，中肩，斃于車中，斃，踣也。**獲其蠭旗。**蠭旗，旗名。**大子救之以戈。鄭師北，獲温大夫趙羅。**羅無勇，故鄭師雖北，猶獲羅。**大子復伐之，鄭師大敗，獲齊粟千車。趙孟喜曰：「可矣。」**趙孟，簡子也。喜大子前怯，今更勇。**傅傁曰：**❶**「雖克鄭，猶有知在，憂未艾也。」**傅傁，簡子屬也。言知氏將爲難，後竟有晉陽之患。

初，周人與范氏田，公孫尨税焉，尨，范氏臣，爲范氏收周人所與田之税。❷**趙氏得而獻之。**得尨以獻簡子。**吏請殺之，趙孟曰：「爲其主也，何罪？」止而與之田。**還其所税。**及鐵之戰，以徒五百人宵攻鄭師，取蠭旗於子姚之幕下，獻，曰：「請報主德。」**

追鄭師，姚、般、公孫林殿而射，前列多死。晉前列。**趙孟曰：「國無小。」**言雖小國，猶有善射者。

---

❶「傅」，原作「傳」，據京都本、文淵閣本、阮本、《經典釋文》改。

❷「收」，阮校：「淳熙本作『取』。」

既戰，簡子曰：「吾伏弢，嘔血，弢，弓衣。嘔，吐也。**鼓音不衰，今日我上也。」**功爲上。❶**大子曰：「吾救主於車，退敵於下，我，右之上也。」郵良曰：「我兩靷將絶，吾能止之，**止，使不絶。**我，御之上也。」駕而乘材，兩靷皆絶。**材，横木。明細小也。傳言簡子不讓下自伐。【疏】注「三揖卿大夫士」。❷ 正義曰：《周禮·司士》云：「孤卿特揖，大夫以其等旅揖，士旁三揖。」鄭玄云：「特揖，一一揖之。旅，衆也，大夫爵同者，衆揖之。三揖者，士有上、中、下。」鄭衆云：「卿、大夫、士，皆君之所揖禮，《春秋傳》所謂『三揖在下』。」服虔云：「三揖，卿、大夫、士。士揖庶姓，時揖異姓，天揖同姓。」 注「是時」至「而南」。 正義曰：《土地名》云：「河經河内之南界，東北經汲郡、魏郡、頓丘、陽平、平原、樂陵之東南入海。」是言晉時河所經也。春秋之時，河未必然，故云「是時河北流過元城界」，與晉時河道異也。《土地名》又云：「戚，頓丘衛縣西戚城，在枯河東。」是春秋時戚在河東也。從晉而言，河西爲内，東爲外，故云「戚在河外」也。是時晉軍已渡河矣，師人皆迷，不知戚處。陽虎憶其渡處在戚之北，河既北流，據水所向，則東爲右，故欲出河右而南行也。 注「絻者始發喪之服」。 正義曰：《士喪禮》：既小斂，「主人括髮袒，衆主人免于房」。鄭玄云：「括髮者，去笄纚而紒也。衆主人免者，齊衰將袒，以免代冠。冠，服之尤尊，不以袒也。」又《奔喪》之禮：「至於家，入門哭，盡哀，括髮袒。自齊衰以下，入門哭，盡哀，免麻于序東。」如彼禮文，則主人當括髮，齊衰以下乃免。此「大子絻」者，禮，不至喪所不括髮，故以絻代之耳。靈公以四月卒，今以六月而大子絻，故云：絻，始發喪之服也。遠道不臨喪者，不得括髮，

---

❶「功」上，文淵閣本、阮本有「我」字。

❷「注三揖卿大夫士」，阮本以下正義十九節分疏於傳文各節下。

故始發喪服絻也。鄭玄注《士喪禮》云：「免之制未聞，舊説以爲如冠狀，廣一寸。《喪服小記》曰：『斬衰括髮以麻，免而以布。』此用麻布爲之，狀如今之著幓頭矣。自項中而前交於額上，卻繞紒也。」「詩曰」至「我龜」。正義曰：《詩・大雅・緜》之篇，美大王遷岐之事。爰，於也。既見周原之地肥美可居，於是始集豳人從己者，於是與謀議。人謀既從，於是契灼我龜而卜之。言先人謀，後卜筮也。「反易天明」。正義曰：天有尊卑，人有上下。下事上，臣事君，法則天之明道。臣不事君，是反易天之明道也。「經德義」。正義曰：此「經德義」與傳「經國家」、《詩序》「經夫婦」皆意同也。「經」謂經紀營理之。不除君惡，則德義廢矣，宜經紀德義，使不壞也。

「克敵」至「受郡」。正義曰：「上大夫」、「下大夫」，謂於大夫之内分爲上下，其上大夫非卿也。此言先無田禄者，若能克敵，得此賞也。注「周書」至「四郡」。正義曰：《周禮・小司徒》云：「九夫爲井，四井爲邑，四邑爲丘，四丘爲甸，四甸爲縣，四縣爲都。」鄭玄云：「邑方二里，丘方四里，甸方八里，旁加一里，則方十里，爲一成。縣方二十里，都方四十里，四都方八十里，旁加十里，乃得方百里，爲一同也。」如彼文，則縣方二十里耳。《周禮》又無郡，不可用以解此，故引《周書》解之。或曰，《周書》者，孔子删《尚書》之餘。今案其存者，其文非《尚書》之類，其《作雒篇》有此言。方千里者爲方百里者百，千里百縣，則縣方百里。計成方十里，出車一乘，縣方百里，則出車百乘也。昭五年傳云，晉有四十縣，遺守四千乘。是縣别有百乘，與《作雒》之言合也。上大夫受縣，縣則爲百乘之家，言得進爲卿也。縣有四郡，則郡方五十里，下大夫得此方五十里之采邑。注「十萬畝」。正義曰：《王制》云：「方一里者爲田九百畝，方十里者爲方一里者百，爲田九萬畝。」則士田十萬，爲方十里有餘。注「志父」至「其賞」。正義曰：《牧誓》武王誓衆，尚自稱名，況以人臣誓衆，固當自稱名矣，知志父是簡子名也。簡子名鞅，又名志父者，服虔云：「趙鞅入于晉陽以叛，諸侯之策書曰『晉趙鞅以叛』。既復，更名志父。」或當然也。楚公子圍弑君取國，改名曰虔，經即書虔。公子棄疾弑君取國，改名曰居，經即書居。今趙鞅改名志父，經書猶云趙鞅者，彼楚子既爲國君，臣下以所改之名告於鄰國，故得書所改之名。趙鞅人臣，國家不爲之諱，❶仍以趙鞅名告，故書鞅也。鞅言「君實圖之」，言己事濟，君當謀其賞也。簡子言此君當謀其賞者，言君當賞其在下，副上所誓之言，欲使在下信之，非欲自求賞也。　注「屬辟」至「一重」。　正義曰：《禮·喪大記》云：「君大棺八寸，屬六寸，椑四寸。上大夫大棺八寸，屬六寸。下大夫大棺六寸，屬四寸。」是屬辟爲棺之重數也。《大記》之文，從外向内，大棺之内有屬，屬之内有椑。椑，親身之棺。鄭玄云：「椑，堅著之意也。」如記文，大夫無椑。今簡子自言有罪始不設辟者，鄭玄云：「趙簡子云『不設屬椑』，時僭也。」爲時僭日久，自言無罪則僭設，有罪乃不設耳。記言「士棺六寸」，《檀弓》又云：「夫子爲中都宰，制四寸之棺，五寸之椁。」鄭玄云：「爲民作制。」民猶四寸，簡子言三寸者，亦示其罰之重，令制度卑於民也。記有杝棺、梓棺，杝謂椵也，不以桐爲棺。簡子言桐棺者，鄭玄云：「凡棺用能濕之物，梓、椵能溼，故禮法尚之。」桐易腐壞，亦以桐爲罰也。《檀弓》又云：「天子之棺四重。」鄭玄云：「尚深邃也。諸公三重，諸侯再重，大夫一重，士不重。」又云：「水兕革棺被之，其厚三寸，杝棺一，梓棺二，四者皆周。」鄭玄云：「以水牛、兕牛之革以爲棺被，革各厚三寸，合六寸也，此爲一重。」杝棺一，「所謂椑棺也」。梓棺二，「所謂屬與大棺也」。《檀弓》之文，自内向外，水牛之革，一也，兕牛之革，二也，二者相襲乃得爲重，故以此二者爲一重也。又有椑也，屬也，大棺也，此是天子四重。爲數五棺，爲四重也。《喪大記》之文，君有大棺也，椑也，屬也，大夫有大棺也，屬也。鄭玄注《檀弓》「天子之棺四重」，以是差之。上公革棺不被，三重也。諸侯無革棺，

❶「國家」，京都本、阮本作「家國」。

再重也。大夫無椑，一重也。士無屬，不重也。是上公數四棺，爲三重。諸侯數三棺，爲再重。大夫數二棺，爲一重。士以一棺，爲不重也。杜之此注，唯無上公、士耳，其言重數與鄭同也。若然，《禮器》云天子葬五重、諸侯葬三重、大夫葬再重，以多爲貴也。彼重亦當謂棺，而其數皆較一者，鄭玄云：「天子葬五重者，謂杭木與茵也。葬者杭木在上，茵在下。」然則茵以藉棺，杭爲負土，天子及諸侯、大夫皆數彼以增棺數，故皆多較一也。杜言此棺之重數者，以明不設屬辟爲罰也。「素車樸馬」。正義曰：素車，無飾，謂不以翣、柳飾車也。《曲禮》云：「大夫去國，爲位而哭，乘髦馬。」鄭玄云：「髦馬，不鬄落也。」則此樸馬亦謂不鬄落，用此以載柩也。《雜記》稱：「士喪有與天子同者三：其終夜燎，及乘人，專道而行。」然則柩皆人挽，此用車馬載者，禮言乘人設法許之耳，道遠者當用牛馬，且此言亦爲罰也。「無入于兆」。正義曰：《周禮·冢人》云：「凡死于兵者，不入兆域。」鄭玄云：「戰敗無勇，投諸塋外以罰之。」此言不入兆域，亦罰也。注「郵無恤王良也」。正義曰：下云子良授綏，是也。服虔云：「王良也。」《孟子》説王良善御之事。古者車駕四馬，御之爲難，故爲六藝之一。王良之善御，最有名，於書傳多稱之。《楚辭》云：「當世豈無騏驥兮？誠無王良之善御。見執轡者非其人兮，故駒跳而遠去。」「授大子綏」。正義曰：《曲禮》云：「凡僕人之禮，必授人綏。」《論語》稱孔子上車，必正立，執綏而升。綏者，挽以上車之索，故授之使之升也。《少儀》云：「僕者右帶劒，負良綏，申之面，柂諸幦。」鄭玄云：「面，前也。幦，覆苓也。良綏，君綏也。負之由左肩上入右腋下，申之於前覆苓上也。」「有馬」至「牖下」。正義曰：襄二十七年傳曰：「唯卿備百邑。」注云：「一乘之邑也。」《坊記》云：「家富不過百乘。」百乘，卿之極制也。《檀弓》云：「飯於牖下，小斂於户内，大斂於阼，殯於客位，祖於庭，葬於墓，所以即遠也。」則禮之正法死於牖下。「衛大」至「襄公」。正義曰：禮於曾祖以上皆稱曾孫。此雖並告三祖，對文王、康叔稱曾孫也。《晉語》説此事於襄公之下，又有「昭考靈公」。《國語》與傳異者多矣，此下云「無作三祖羞」，是無昭考也。　「大命」至「不敢愛」。　正義曰：上言「無絶筋，無折骨」，謂軍之士衆，無令傷損，以成大事。此云「大命不敢請」者，謂己之身命，不敢私請，苟以求生。「佩玉不敢愛」，❶《尚書·金縢》稱周公植璧秉珪以告大王、王季、文王，是禱請用玉也。在軍無珪璧，故以佩玉。　「兩靷」至「皆絶」。　正義曰：古之駕四馬者，服馬夾轅，其頸負軛，兩驂在旁，挽靷助之，《詩》所謂「陰靷鋈續」是也。《説文》云：「靷，引軸也。」僖二十八年注云：「在胷曰靷。」然則此皮約馬胷而引車軸也。兩靷將絶而能制焉，言其御之和也。「駕而乘材」，材謂横地細小之木也。乘小木而靷絶，示其將絶之驗也。

吴洩庸如蔡納聘，而稍納師。師畢入，衆知之。元年，蔡請遷于吴，中悔，故因聘襲之。**蔡侯告大夫，殺公子駟以説。**殺駟以説吴，言不時遷，駟之爲。**哭而遷墓。**將遷，與先君辭，故哭。**冬，蔡遷于州來。**

【經】三年，春，齊國夏、衛石曼姑帥師圍戚。曼姑爲子圍父，知其不義，故推齊使爲兵首。戚不稱衛，非叛人。【疏】注「曼姑」至「叛人」。　正義曰：春秋行兵征伐，自非霸主之命，諸國共行，皆以主兵爲首。此圍戚實出衛意，引齊使之助己，計應曼姑爲首，而序在齊下者，曼姑爲子圍父，知其不義，推齊使爲兵首，

❶「玉」，原作「王」，據正宗寺本、京都本、文淵閣本、阮本改。下「用玉」、「佩玉」同。

故先書齊也。《穀梁傳》曰：「此衛事也，其先國夏何也？子不圍父也。」是先儒及杜皆同《穀梁》之説也。宋魚石去而復入，據宋之彭城，襄元年經書「圍宋彭城」，傳曰：「非宋地，追書也。於是爲宋討魚石，故稱宋，且不登叛人也。」此蒯聵在戚，齊、衛圍之，與圍宋彭城事類同矣，彭城稱宋，此不稱衛者，蒯聵據戚與輒争國，非是叛人，故不須繫之衛也。《公羊傳》曰：「齊國夏曷爲與衛石曼姑帥師圍戚？伯討也。此其爲伯討奈何？曼姑受命乎靈公而立輒，以曼姑之義，爲固可以距之也。輒者曷爲者也？蒯聵之子也。然則曷爲不立蒯聵而立輒？蒯聵爲無道，靈公逐蒯聵而立輒。然則輒之義可以立乎？曰：可。其可奈何？不以父命辭王父命，以王父命辭父命，是父之行乎子也。不以家事辭王事，以王事辭家事，是上之行乎下也。」其意言靈公廢蒯聵，不用使之得國。輒不以國與蒯聵，是靈公之命行於蒯聵也。立爲國君，是王事也，以國與父，是私事也。不以國與父，是天子之命行於諸侯也。如《公羊》之言，則輒義可以距父，圍戚不爲不義。而杜言曼姑「知其不義」，則輒不合距父，意與《公羊》異者，據《左傳》，公子郢讓國不受，然後立輒。然則輒之立也，以周禮無適子則立適孫，緣是以得立耳，非有靈公之命使立之也。爲輒之義，自可讓而不受。以己是適孫，緣有可立之勢，貪國以距父耳，非有靈公之命、天子之勑，使之距蒯聵也。《論語》説此事云：「冉有曰：『夫子爲衛君乎？』子貢曰：『諾。吾將問之。』入曰：『伯夷、叔齊何人也？』曰：『古之賢人也。』曰：『怨乎？』曰：『求仁而得仁，又何怨乎？』出曰：『夫子不爲也。』」孔子意不助輒，明是輒爲不義，故曼姑自知不義，推齊爲主。

夏，四月，甲午，地震。無傳。

五月，辛卯，桓宫、僖宫災。天火曰災。

季孫斯、叔孫州仇帥師城啓陽。無傳。魯黨范氏，故懼晉，比年四城。啓陽，今琅邪開陽縣。

宋樂髡帥師伐曹。無傳。

秋，七月，丙子，季孫斯卒。

蔡人放其大夫公孫獵于吴。無傳。公子駟之黨。

冬，十月，癸卯，秦伯卒。無傳。不書名，未同盟。

叔孫州仇、仲孫何忌帥師圍邾。無傳。

【傳】三年，春，齊、衛圍戚，求援于中山。中山，鮮虞。

夏，五月，辛卯，司鐸火。司鐸，宫名。火逾公宫，桓、僖災。桓公、僖公廟。救火者皆曰：「顧府。」言常人愛財。南宫敬叔至，命周人出御書，俟於宫，敬叔，孔子弟子南宫閱。周人，司周書典籍之官。御書，進於君者也。使待命於宫。曰：「庀女，而不在，死。」庀，具也。子服景伯至，命宰人出禮書，景伯，子服何也。宰人，冢宰之屬。❶以待命。命不共，有常刑。待求之命。校人乘馬，巾車脂轄，校人掌馬，巾車掌車。乘馬，使四四相從，爲駕之易。百官官備，府庫慎守，官人肅給。國有火災，恐有變難，故慎爲備。濟濡帷幕，鬱攸從之。鬱攸，火氣也。濡物於水，出用爲濟。蒙

❶「冢」，原作「家」，據《四部叢刊》本、京都本、阮本改。

葺公屋，以濡物冒覆公屋。**自大廟始，外内以悛，**悛，次也。先尊後卑，以次救之。**助所不給。有不用命，則有常刑，無赦。公父文伯至，命校人駕乘車。**乘車，公車。**季桓子至，御公立于象魏之外，**象魏，門闕。**命救火者，傷人則止，財可爲也。命藏象魏，**《周禮》，正月縣教令之法于象魏，使萬民觀之，故謂其書爲象魏。**曰：「舊章不可亡也。」富父槐至，曰：「無備而官辦者，猶拾瀋也。」**槐，富父終生之後。瀋，汁也。言不備而責辦，不可得。**於是乎去表之槀，**表，表火道。風所向者，去其槀積。**道還公宮。**開除道，周帀公宮，使火無相連。**孔子在陳，聞火，曰：「其桓、僖乎？」**言桓、僖親盡而廟不毀，宜爲天所災。【疏】注「司鐸宮名」。❶ 正義曰：僖二十年，西宮災，書之。此不書者，西宮，公之西宮，親近偪君，忽被天火，故重而書之。此司鐸雖是公小宮，在公宮之後，非君來往之急，又是人火，所以輕而不書。或可舉廟重以略之。「桓僖災」。正義曰：傳言火，而經書災者，司鐸初被人火，火越宮而至廟。以火踰宮，故以災言之。注「周禮」至「象魏」。正義曰：《周禮·大宰》云：「正月之吉，始和，布治于邦國都鄙，乃縣治象之法于象魏，使萬民觀治象。浹日而斂之。」鄭玄云：「正月，周之正月。吉，謂朔日。大宰以正月朔日布王治之事於天下，至正歲，又書而縣于象魏，使萬民觀焉。凡治有故，言『始和』者，若改造云爾。」鄭衆云：「從甲至甲，謂之浹日，凡十日。」其《地官》、《夏官》、《秋官》皆有此言，《地官》云「布教縣教象」，《夏官》云「布政縣政象」，《秋官》云「布刑縣刑象」，各縣所掌之事爲異，其文悉同。唯《春官》不縣者，以禮法一頒，百

❶「注司鐸宮名」，阮本以下正義四節分疏於傳文各節下。

事皆足，不可又縣，故不縣之。杜揔彼意言「縣教令之法」，彼所縣者皆是教令之事故也。由其縣于象魏，故謂其書爲象魏，命藏其書也。彼言朔日縣之，十日即斂之，則救火之時，其書久已藏矣。而此立象魏之外，方始命藏此書者，象魏是縣書之處，見其處而念及其書，非始就縣處斂藏之。　注「言桓」至「所災」。　正義曰：禮，諸侯親廟四焉，高祖之父即當毀其廟。計桓之於哀，八世祖也，僖，六世祖也，親盡而廟不毀，言其宜爲天所災也。所以不毀者，服虔云：「季氏出桓公，又爲僖公所立，故不毀其廟。」其意或然。《公羊傳》曰：「此皆毀廟也，其言災何？復立也。曷爲不言其復立？《春秋》見者不復見也。何以不言及？敵也。」其意言哀公更立之，不可通於《左氏》，故以爲元不毀耳。服虔又云：「俱在迭毀，故不言及。」杜無説，或當同時災，無先後，故不言及。

　劉氏、范氏世爲昏姻，劉氏，周卿士。范氏，晉大夫。**萇弘事劉文公，**爲之屬大夫。**故周與范氏。趙鞅以爲討。**責周與范氏。**六月，癸卯，周人殺萇弘。**終違天之禍。【疏】「萇弘」至「萇弘」。　正義曰：文公以定四年卒也，爲之屬大夫，謂當昭公之世也。此時文公已卒，萇弘知政。以己先事劉子，劉氏又與范氏親，既握國權，遂與范氏。故周人殺之，以説於晉。

　秋，季孫有疾，命正常曰：「無死！正常，桓子之寵臣，欲付以後事，故勑令勿從己死。**南孺子之子男也，則以告而立之，**南孺子，季桓子之妻。言若生男，告公而立之。**女也，則肥也可。」**肥，康子也。**季孫卒，康子即位。既葬，康子在朝。**在公朝也。**南氏生男，正常載以如朝，告曰：「夫子有遺言，命其圉臣曰：『南氏生男，則以告於君與大夫而立之。』今生矣，男也，敢告。」遂奔衛。康子請**

退。退，辟位也。**公使共劉視之，**共劉，魯大夫。**則或殺之矣。乃討之。**討殺者。**召正常，正常不反。**畏康子也。❶傳備言季氏家事。【疏】「召正常正常不反」。正義曰：服虔云：「召而問兒死意。」然則兒於正常去後始死，死非正常得知，召之復可所問也？❷當欲問不位康子之意，❸故正常畏康子不反。

冬，十月，晉趙鞅圍朝歌，師于其南。范、中行所在。**荀寅伐其郛，**伐其北郭圍。**使其徒自北門入，己犯師而出。**荀寅使在外救己之徒擊趙氏，❹圍之北門，因外内攻得出。**癸丑，奔邯鄲。十一月，趙鞅殺士臯夷，惡范氏也。**惡范氏而殺其族，言遷怒。【疏】「荀寅」至「而出」。❺正義曰：荀寅從内伐其北郭之郛，❻又使其救己之徒自外伐圍郛之北門而入，因外内攻，故得出也。

【經】四年，春，王二月，庚戌，盜殺蔡侯申。賤者故稱盜，不言弒其君，賤盜也。【疏】「蔡侯申」。

---

❶「康」，原作「唐」，據《四部叢刊》本、京都本、文淵閣本、阮本改。
❷「可」，正宗寺本、京都本、文淵閣本、阮本作「何」。
❸「位」，正宗寺本、京都本、文淵閣本、阮本作「立」。阮校：「作『位』，非也。」
❹「救」，原作「教」，據《四部叢刊》本、京都本、文淵閣本、阮本改。
❺「荀寅至而出」，阮本此節正義在「己犯師而出」句注下。
❻「荀」，原作「苟」，據正宗寺本、京都本、文淵閣本、阮本改。「從」，原作「徙」，據正宗寺本、京都本、文淵閣本、阮本改。

正義曰：宣十七年蔡侯申卒，是文侯也。《蔡世家》云：文侯申生景侯固，固生靈侯般，般生隱大子。今昭侯申是隱大子之子。杜《世族譜》亦然。計昭侯是文侯玄孫，乃與高祖同名。周人以諱事神，❶二申必有誤者，俱是經文，未知孰誤。　注「賤者」至「盜也」。❷　正義曰：公孫辰、公孫姓、公孫霍雖並是弑君之黨，而非弑君之首，首是公孫翩。翩賤，故稱盜。不言弑其君者，賤此盜也。盜賤，不得有其君，故以盜爲文，不得言弑其君。

蔡公孫辰出奔吴。弑君賊之黨，故書名。

葬秦惠公。無傳。

宋人執小邾子。無傳。邾子無道於其民，故稱人以執。

夏，蔡殺其大夫公孫姓、公孫霍。皆弑君黨。

晉人執戎蠻子赤歸于楚。晉耻爲楚執諸侯，故稱人以告，若蠻子不道於其民也。赤本屬楚，故言歸。

城西郛。無傳。魯西郭，備晉也。

六月，辛丑，亳社災。無傳。天火也。亳社，殷社，諸侯有之，所以戒亡國。【疏】注「天火」至「亡國」。　正義曰：傳例曰「天火曰災」，知天火也。殷有天下，作都于亳，故知亳社，殷社也。蓋武王伐紂，以其社

❶「事」，原作「字」，據正宗寺本、京都本、文淵閣本、阮本改。

❷「注」，原作「主」，據正宗寺本、京都本、阮本改。

班賜諸侯，使各各立之，所以戒亡國也。其社有屋，故火得焚之。《公羊傳》曰：「蒲社者何？亡國之社也。社者，封也，其言災何？亡國之社蓋揜之，揜其上而柴其下。」《穀梁傳》曰：「亳社者，亳之社也。亳，亡國也。亡國之社以爲廟屏，戒也。其屋亡國之社，不得達上也。」説者以爲立亳社於廟門之外，以爲屏蔽，使人君視之而致戒也。《左傳》稱「間于兩社」，事當爲然。《郊特牲》亦云，喪國之社屋之，不受天陽，故災其屋也。

秋，八月，甲寅，滕子結卒。無傳。同盟於皐鼬。

冬，十有二月，葬蔡昭公。無傳。亂故，是以緩。

葬滕頃公。無傳。

【傳】四年，春，蔡昭侯將如吴，諸大夫恐其又遷也，承，承音懲，蓋楚言。**公孫翩逐而射之，入於家人而卒。**翩，蔡大夫。**以兩矢門之，衆莫敢進。**翩以矢自守其門。**文之鍇後至，**鍇，蔡大夫。**曰：「如牆而進，多而殺二人。」**併行如牆俱進。**鍇執弓而先，翩射之，中肘，鍇遂殺之，故逐公孫辰而殺公孫姓、公孫盱。**盱，即霍也。【疏】注「承音懲蓋楚言」。❶　正義曰：懲創往年之遷，恐其更復遷徙。承、懲音相近，蓋是楚人之言，聲轉而字異耳。「入於家人而卒」。　正義曰：言「將如吴」，已適吴矣，翩在路逐而殺之，遂入于凡人之家。言此者，説其非理之意。

---

❶「注承音懲蓋楚言」，阮本以下正義二節分疏於傳文各節下。

夏，楚人既克夷虎，夷虎，蠻夷叛楚者。乃謀北方。左司馬眅、申公壽餘、葉公諸梁致蔡於負函，三子，楚大夫也。此蔡之故地人民，楚因以爲邑。致之者，會其衆也。致方城之外於繒關。負函、繒關皆楚也。曰：「吴將泝江入郢，逆流曰泝。將奔命焉。」爲一昔之期，襲梁及霍。僞辭當備吴，夜結期，明日便襲梁、霍，使不知之。梁，河南梁縣西南故城也。梁南有霍陽山，皆蠻子之邑也。單浮餘圍蠻氏，蠻氏潰，浮餘，楚大夫。蠻子赤奔晉陰地。陰地，河南山北，自上雒以東至陸渾。司馬起豐、析與狄戎，楚司馬眅也。析縣屬南鄉郡，析南有豐鄉，皆楚邑。發此二邑人及戎狄。以臨上雒。左師軍于菟和，菟和山在上雒東也。右師軍于倉野，❶倉野在上雒縣。❷使謂陰地之命大夫士蔑命大夫，別縣監尹。曰：「晉、楚有盟，好惡同之。若將不廢，寡君之願也。不然，將通於少習以聽命。」少習，商縣武關也。❸將大開武關道以伐晉。士蔑請諸趙孟，趙孟曰：「晉國未寧，安能惡於楚？必速與之！」未寧，時有范、中行之難。士蔑乃致九州之戎，九州戎在晉陰地陸渾者。將裂田以與蠻子而城之，以詐蠻子。且將爲之卜。卜城。蠻子聽卜，遂執之，與其五大夫，以畀楚師于三户。今丹水縣北三户亭。司馬致邑立宗焉，以誘其遺民，楚復詐爲蠻子作邑，立

❶「倉」，阮校：「《郡國志》作『蒼』。」

❷「倉」，京都本、阮本作「蒼」。「縣」下，阮校：「《郡國志》引注有『南』字。」

❸「縣」下，阮校：「《郡國志》引注有『東』字。」

其宗主。而盡俘以歸。【疏】注「命大夫別縣監尹」。　正義曰：陰地者，河南山北，東西横長，其間非一邑也。若是典邑大夫，則當以邑冠之，乃言「陰地之命大夫」，則是特命大夫，使揔監陰地，故以爲別縣監尹也。以其去國遥遠，別爲置監。楚官稱尹，故以尹言之。

秋，七月，齊陳乞、弦施、衛甯跪救范氏。陳乞，僖子。弦施，弦多。**庚午，圍五鹿。**五鹿，晉邑。**九月，趙鞅圍邯鄲。冬，十一月，邯鄲降。荀寅奔鮮虞，趙稷奔臨。**臨，晉邑。**十二月，弦施逆之，遂墮臨。國夏伐晉，取邢、任、欒、鄗、逆時、❶陰人、盂、壺口。**八邑，晉地。欒在趙國平棘縣西北。鄗即高邑縣也。路縣東有壺口關。**會鮮虞，納荀寅于柏人。**晉邑也。今趙國柏人縣也。弦施與鮮虞會也。【疏】「遂墮臨」。❷　正義曰：稷初奔臨，欲據臨距國。今弦施逆稷，欲納之他邑，以臨險固，故毁之。

【經】五年，春，城毗。無傳。備晉也。

夏，齊侯伐宋。無傳。

晉趙鞅帥師伐衛。

---

❶「逆時」，阮校：「案，《水經·濡水》注引作『曲逆』。」

❷「遂墮臨」，阮本此節正義在注「路縣東有壺口關」下。

秋，九月，癸酉，齊侯杵臼卒。再同盟也。【疏】注「再同盟」。正義曰：襄二十五年崔杼弑莊公而立杵臼，昭二十六年盟于鄟陵，定四年于皋鼬，是再同盟也。昭三十二年大夫盟于狄泉，未告公而公薨，故不數也。

冬，叔還如齊。

閏月，葬齊景公。無傳。

【傳】五年，春，晉圍柏人，荀寅、士吉射奔齊。初，范氏之臣王生惡張柳朔，言諸昭子，使爲柏人。爲柏人宰也。昭子，范吉射也。昭子曰：「夫非而讎乎？」對曰：「私讎不及公，公家之事也。好不廢過，惡不去善，義之經也，臣敢違之？」及范氏出，出柏人奔齊。張柳朔謂其子：「爾從主，勉之！我將止死，王生授我矣，授我死節。吾不可以僭之。」遂死於柏人。爲吉射距晉戰死。

夏，趙鞅伐衛，范氏之故也，遂圍中牟。衛助范氏故也。

齊燕姬生子，不成而死。燕姬，景公夫人。不成，未冠也。諸子鬻姒之子荼嬖，諸子，庶公子也。鬻姒，景公妾。荼，安孺子。諸大夫恐其爲大子也，❶言於公曰：「君之齒長矣，未有大子，若之何？」公曰：「二三子間於憂虞，則有疾疢，亦姑謀樂，何憂於無君？」景公意欲立荼而未發，故以

❶「爲大子」，阮校：「案，惠棟云：服虔曰『爲子，爲大子也。荼少，故恐立之』，言君長未有大子，一旦不諱，當若之何？欲齊侯早立也。案，今本『爲子』作『爲大子』，疑後人所增。杜無注，或杜所增也。」

此言塞大夫請。**公疾，使國惠子、高昭子立荼，**惠子，國夏。昭子，高張。**寘羣公子於萊。**萊，齊東鄙邑。**秋，齊景公卒。**

冬，十月，公子嘉、公子駒、公子黔奔衛，公子鉏、公子陽生來奔。皆景公子在萊者。**萊人歌之曰：「景公死乎不與埋，**❶**三軍之事乎不與謀。師乎師乎，何黨之乎？」**師，衆也。黨，所也。之，往也。稱謚，蓋葬後而爲此歌，哀羣公子失所。【疏】「間於」至「無君」。❷　正義曰：公謂群臣云，若間暇於憂虞，謂國無憂虞，事得間暇，則恐有疾疢，不得飲樂。❸今既無憂虞，又無疾疢，亦且謀樂，何憂乎無君？　注「師衆」至「失所」。　正義曰：「師，衆」，「之，往」，《釋詁》文也。《周禮》，五百家爲黨，言其共居一所，故以黨爲名，是黨爲所也。　經書「閏月，葬齊景公」，《長曆》閏十一月，禮，葬乃有謚，此歌稱謚，明是葬後。　傳言「冬十月」者，記公子出奔之月，其萊人之歌在公子出奔之後，杜以文承十月之下，故云「蓋」耳。《公羊》以爲「喪以閏數」，謂通數閏月。《穀梁》云「不正其閏也」，謂喪事不數。《左氏》無傳，未知所從。

鄭駟秦富而侈，嬖大夫也，而常陳卿之車服於其庭，鄭人惡而殺之。子思曰：「《詩》曰：『不解于位，民之攸塈。』子思，子産子國參也。《詩·大雅》。攸，所也。塈，息也。**不守其位而能久者，**

---

❶ 「埋」，原作「塊」，據《四部叢刊》本、京都本、文淵閣本、阮本、《經典釋文》改。

❷ 「間於至無君」，阮本此節正義在注「故以此言塞大夫請」下。

❸ 「飲」，文淵閣本作「歡」。　阮校：「浦鏜《正誤》作『歡』。」

鮮矣。《商頌》曰：『不僭不濫，不敢怠皇，命以多福。』」僭，差也。濫，溢也。皇，暇也。言駟秦違《詩》、《商頌》，故受禍。**【疏】**「詩曰」至「攸塈」。❶ 正義曰：《詩·大雅·嘉樂》之篇也。言在上者不解惰于其位，民之所以得安息。駟秦棄位僭上，是惰于位也。「商頌」至「多福」。正義曰：《商頌·殷武》之篇。歌成湯之德，不僭差，不濫溢，不敢怠惰而自暇，以此之故，上天命以多福也。《詩》於「怠皇」之下，更云：「命于下國，封建厥福。」傳言「命以多福」，不復具引《詩》文，取其意而言之也。杜云：「違《詩》、《商頌》」，上言《詩》，下言《頌》，以駟秦於此二詩皆違，故言違《詩》與《商頌》。

【經】六年，春，城邾瑕。無傳。備晉也。任城亢父縣北有邾婁城。❷

晉趙鞅帥師伐鮮虞。

吳伐陳。

夏，齊國夏及高張來奔。二子阿君，廢長立少。既受命，又不能全，書名，罪之也。

叔還會吳于柤。無傳。

---

❶「詩曰至攸塈」，阮本此節正義在「不解于位民之攸塈」句注下。

❷「亢」，原作「元」，據《四部叢刊》本、京都本、文淵閣本、阮本、《經典釋文》改。「邾婁」，阮本作「瑕婁」。阮校：「《郡國志》引注『邾』作『瑕』，是也。」今案：《後漢書·郡國志三》「亢父」下注曰：「哀六年城邾瑕，杜預曰縣北有邾瑕城。」

秋，七月，庚寅，楚子軫卒。❶未同盟而赴以名。

齊陽生入于齊。爲陳乞所逆，故書「入」。【疏】注「爲陳」至「書入」。　正義曰：成十八年傳例曰：「凡去國，國逆而立之曰入。」此爲陳乞私逆，既入而立之，故依例書「入」也。

齊陳乞弒其君荼。弒荼者，朱毛與陽生也，而書「陳乞」，所以明乞立陽生而荼見弒，則禍由乞始也。楚比劫立，陳乞流涕，子家憚老，皆疑於免罪，故《春秋》明而書之，以爲弒主。【疏】注「弒荼」至「弒主」。　正義曰：實非陳乞弒荼，而書乞弒其君者，以荼死由乞，故書乞弒也。此與楚公子比、鄭公子歸生俱非弒君之首，《春秋》顯而書之，以爲弒君之主，所以惡此三人。《釋例》曰：「諸懷賊亂以爲心者，固不容於誅也。若鄭之歸生、齊之陳乞、楚公子比，雖本無其心，《春秋》之義，亦同大罪。是以君子慎所以立也。」是説罪之之意。

冬，仲孫何忌帥師伐邾。無傳。

宋向巢帥師伐曹。無傳。

【傳】六年，春，晉伐鮮虞，治范氏之亂也。四年，鮮虞納荀寅于柏人。

吳伐陳，復脩舊怨也。元年未得志故也。**楚子曰：「吾先君與陳有盟，不可以不救。」乃救陳，**

❶「軫」，阮校：「《釋文》云：《史記》作『珍』。」

師于城父。陳盟在昭十三年。【疏】注「陳盟在昭十三年」。 正義曰：昭十三年無楚與陳盟之事，於時楚既滅蔡，使棄疾爲蔡公。子干、子晳之入也，傳稱朝吳「奉蔡公，召二子而盟于鄧，依陳、蔡人以國」。是與陳人盟，更許復其國。其年，平王即位，更封陳，是與盟也。

齊陳乞僞事高、國者，高張、國夏受命立荼，陳乞欲害之，故先僞事焉。每朝必驂乘焉。所從必言諸大夫，言其罪過。曰：「彼皆偃蹇，將棄子之命。偃蹇，驕敖。皆曰：『高、國得君，得君寵也。必偪我，盍去諸？』固將謀子，子早圖之。圖之，莫如盡滅之。需，事之下也。」需，疑也。及朝，則曰：「彼虎狼也，見我在子之側，殺我無日矣。請就之位。」欲與諸大夫謀高、國，故求就之。又謂諸大夫曰：「二子者禍矣！恃得君而欲謀二三子，曰：『國之多難，貴寵之由，盡去之而後君定。』既成謀矣，盍及其未作也先諸？作而後悔，亦無及也。」大夫從之。夏，六月，戊辰，陳乞、鮑牧，鮑圉孫。及諸大夫，以甲入于公宮。昭子聞之，與惠子乘，如公，戰于莊，敗。高、國敗也。莊，六軌之道。國人追之，國夏奔莒，遂及高張、晏圉、弦施來奔。圉，晏嬰之子。圉、施不書，非卿。【疏】「需事之下也」。❶ 正義曰：需是懦弱之意。懦弱持疑，不能決斷，是爲事之下者。勸其決斷而盡殺之。

秋，七月，楚子在城父，將救陳，卜戰不吉，卜退不吉。王曰：「然則死也。再敗楚師，不如死。前已敗於柏舉，今若退還，亦是敗。棄盟逃讎，亦不如死。死一也，其死讎乎？」命公子申爲王，不

❶ 「需事之下也」，阮本此節正義在「需事之下也」句注下。

可。則命公子結，亦不可。則命公子啓，申，子西。結，子期。啓，子閭。皆昭王兄。五辭而後許。將戰，王有疾。庚寅，昭王攻大冥，卒于城父。大冥，陳地，吳師所在。子閭退，曰：「君王舍其子而讓羣臣，敢忘君乎？從君之命，順也。從命許立。立君之子，亦順也。二順，不可失也。」與子西、子期謀，潛師閉塗，逆越女之子章，立之而後還。潛師，密發也。閉塗，不通外使也。越女，昭王妾。章，惠王。

是歲也，有雲如衆赤鳥，夾日以飛三日。楚子使問諸周大史。周大史曰：「其當王身乎？日爲人君，妖氣守之，故以爲當王身。雲在楚上，唯楚見之，故禍不及他國。若禜之，可移於令尹、司馬。」禜，禳祭。王曰：「除腹心之疾，而寘諸股肱，何益？不穀不有大過，天其夭諸？有罪受罰，又焉移之？」遂弗禜。初，昭王有疾。卜曰：「河爲祟。」王弗祭。大夫請祭諸郊。王曰：「三代命祀，祭不越望。諸侯望祀竟内山川星辰。江、漢、雎、❶漳，楚之望也。四水在楚界。禍福之至，不是過也。不穀雖不德，河非所獲罪也。」遂弗祭。

孔子曰：「楚昭王知大道矣。其不失國也，宜哉！《夏書》曰：『惟彼陶唐，帥彼天常。逸《書》。言堯循天之常道。有此冀方，今失其行。亂其紀綱，乃滅而亡。』滅亡，謂夏桀也。唐虞及夏同都冀州，不易地而亡，由於不知大道故。又曰：『允出茲在茲。』由己率常可矣。」又逸《書》。言

---

❶「雎」，阮校：「《家語》、《水經注》並引作『沮』，李善注《文選·登樓賦》云：『雎』與『沮』同。」

信出己，則福亦在己。【疏】注「前已」至「是敗」。❶　正義曰：劉炫言：「卜不吉，謂戰當敗。再敗，當謂今伐更敗也，杜言『退還亦是敗』，非也。」以規杜氏。今知劉非者，杜言「退還亦是敗」者，以傳「卜退不吉」，是不得好退，是雖欲退還亦必敗也，故云「退還亦是敗」。但文不委悉，劉以爲退還謂是好退而還，以規杜，非也。　「問諸周大史」。　正義曰：服虔云：「諸侯皆有大史，主周所賜典籍，故曰周大史。一曰是時往問周大史。」杜以問周大史於文自明，故不煩釋。　「不穀」至「移之」。　正義曰：言己若無大罪，天其妄夭之乎？必是身有大罪，天乃下罰，有罪受罰，又焉移之？　注「四水在楚界」。　正義曰：《土地名》：❷江經南郡江夏弋陽安豐。漢經襄陽，至江夏安陸縣入江。雎經襄陽，至南郡枝江縣入江。漳經襄陽，至南郡當陽入江。是四水皆在楚界也。

「夏書」至「而亡」。　正義曰：此《夏書·五子之歌》第三章也。彼云：「惟彼陶唐，有此冀方。今失厥道，亂其紀綱，乃底滅亡。」此多「帥彼天常」一句。又字小異者，❸文經篆隸，師讀不同，故兩存之。賈、服、孫、杜皆不見古文，❹故以爲逸《書》，解爲夏桀之時，唯王肅云「大康時也」。案王肅注《尚書》，其言多是孔傳，疑肅見古文，匿之而不言也。堯治平陽，舜治蒲坂，禹治安邑，三都相去各二百餘里，俱在冀州，統天下四方，故云「有此冀方」也。

八月，齊邴意茲來奔。高、國黨。

---

❶「注前已至是敗」，阮本以下正義五節分疏於傳文各節下。
❷「土」，原作「此」，據正宗寺本、京都本、文淵閣本、阮本改。
❸「字」，原作「宰」，據正宗寺本、京都本、文淵閣本、阮本改。
❹「見」，原作「是」，據正宗寺本、京都本、文淵閣本、阮本改。

陳僖子使召公子陽生。召在七月，今在八月下，記事之次。**陽生駕而見南郭且于，**且于，齊公子鉏，在魯南郭。**曰：「嘗獻馬於季孫，不入於上乘，故又獻此，請與子乘之。」**畏在家人聞其言，故欲二人共載以試馬爲辭。**出萊門而告之故。**魯郭門也。**闞止知之，先待諸外。**闞止，陽生家臣子我也。待外，欲俱去。**公子曰：「事未可知，反，與壬也處。」**壬，陽生子簡公。**戒之，遂行。**戒使無洩言。**逮夜至於齊，國人知之。**故以昏至，不欲令人知也。國人知而不言，言陳氏得衆。**僖子使子士之母養之，**隱於僖子家內。子士母，僖子妾。**與饋者皆入。**陳僖子又令陽生隨饋食之人入處公宮。

冬，十月，丁卯，立之。將盟，盟諸大夫。**鮑子醉而往。其臣差車鮑點**點，鮑牧臣也。差車，主車之官。**曰：「此誰之命也？」陳子曰：「受命于鮑子。」遂誣鮑子曰：「子之命也。」**見其醉，故誣之。**鮑子曰：「女忘君之爲孺子牛而折其齒乎？而背之也！」**孺子，荼也。景公嘗銜繩爲牛，使荼牽之，荼頓地，故折其齒。**悼公稽首，**悼公，陽生。**曰：「吾子，奉義而行者也。若我可，不必亡一大夫。**言己可爲君，必不怨鮑子。**若我不可，不必亡一公子。**公子，自謂也。恐鮑子殺己，故要之。**義則進，否則退，敢不唯子是從？廢興無以亂，則所願也。」鮑子曰：「誰非君之子？」乃受盟。**言陽生亦君之子，固可立。**使胡姬以安孺子如賴，**❶胡姬，景公妾也。賴，齊邑。安，號也。**去鬻姒，**

❶「安孺子」，阮校：「《史記·齊世家》、《田完世家》、《十二諸侯年表》、《漢書·古今人表》並作『晏孺子』，陳樹華云：『安』與『晏』古字通也。」

荼之母。殺王甲，拘江説，囚王豹于句竇之丘。三子，景公嬖臣，荼之黨也。公使朱毛告於陳子，朱毛，齊大夫。曰：「微子則不及此。然君異於器，不可以二。器二不匱，君二多難。敢布諸大夫。」僖子不對而泣，曰：「君舉不信羣臣乎？舉，皆也。以齊國之困，困又有憂。内有飢荒之困，又有兵革之憂。少君不可以訪，是以求長君，庶亦能容羣臣乎？不然，夫孺子何罪？」毛復命，公悔之。悔失言。毛曰：「君大訪於陳子，而圖其小，可也。」大謂國政，小謂殺荼。使毛遷孺子於駘，不至，殺諸野幕之下，葬諸殳冒淳。恐駘人不從，故毛駐於野，張帳而殺之。駘，齊邑。殳冒淳，地名。實以冬殺，經書秋者，史書秋記始事，遂連其死通以冬告魯。【疏】注「召在」至「之次」。❶ 正義曰：經書陽生入齊，文在七月之下，知其召在七月也。今傳在八月下者，欲令下接十月立之，是記事之次也。邴意兹來奔者，自以高、國之黨，八月來奔耳。僖子使召陽生，自以七月之時别使人召之，非遣意兹召也。賈逵以傳文相連，謂遣意兹來召，又怪其日月錯誤，云其説未聞。杜以此故爲注云「高、國黨」以隔之。注「實以」至「告魯」。正義曰：傳言十月立陽生。陽生既立之後，方遣朱毛殺荼，則荼死在冬。經書爲秋殺者，記陽生初事入齊之始，遂連荼死二事通以冬始來告，言陽生秋入，荼以秋死，故並書於秋也。

【經】七年，春，宋皇瑗帥師侵鄭。

---

❶「注召在至之次」，阮本此節正義在「陳僖子使召公子陽生」句注下。

晉魏曼多帥師侵衛。

夏，公會吴于鄫。❶鄫，今琅邪鄫縣。

秋，公伐邾。八月，己酉，入邾，以邾子益來。他國言「歸」，於魯言「來」，❷内外之辭。❸

宋人圍曹。

冬，鄭駟弘帥師救曹。

【傳】七年，春，宋師侵鄭，鄭叛晉故也。定八年，鄭始叛。**晉師侵衛，衛不服也。**五年，晉伐衛，至今未服。

夏，公會吴于鄫。吴欲霸中國。**吴來徵百牢，子服景伯對曰：「先王未之有也。」吴人曰：「宋百牢我，**是時吴過宋得百牢。**魯不可以後宋。且魯牢晉大夫過十，**晉大夫，范鞅也。在昭二十一

---

❶「鄫」，阮校：「《釋文》作『繒』，云『一本作鄫』。陳樹華云：《穀梁》、《史記·吴世家》、《魯世家》、《孔子世家》並作『繒』，是所據本有異也。」

❷「魯」，原爲空格，據《四部叢刊》本、京都本、文淵閣本、阮本補。

❸「内外」，岳本、纂圖本、監本、毛本、文淵閣本作「外内」。

年。❶ **吴王百牢，不亦可乎？」景伯曰：「晉范鞅貪而棄禮，以大國懼敝邑，故敝邑十一牢之。君若以禮命於諸侯，則有數矣。**有常數。❷ **若亦棄禮，則有淫者矣。**淫，過也。**周之王也，制禮，上物不過十二，**上物，天子之牢。**以爲天之大數也。**天有十二次，故制禮象之。**今棄周禮，而曰必百牢，亦唯執事。」吴人弗聽。景伯曰：「吴將亡矣，棄天而背本。**違周爲背本。**不與，必棄疾於我。」**其棄凶疾，❸來伐擊我。**乃與之。**

大宰嚭召季康子，嚭，吴大夫。**康子使子貢辭。大宰嚭曰：「國君道長，**言君長大於道路。❹ **而大夫不出門，此何禮也？」對曰：「豈以爲禮？畏大國也。**畏大國，不敢虚國盡行。**大國不以禮命於諸侯，苟不以禮，豈可量也？寡君既共命焉，其老豈敢棄其國？大伯端委以治周禮，仲雍嗣之，斷髮文身，贏以爲飾，豈禮也哉？有由然也。」**大伯，周大王之長子。仲雍，大伯弟也。大伯、仲雍讓其弟季歷，俱適荆蠻，遂有民衆。大伯卒，無子。仲雍嗣立，不能行禮致化，故效吴俗。言

---

❶「二」，原作「一」，據《四部叢刊》本、京都本、文淵閣本、阮本改。今案：「魯牢晉大夫過十」在昭二十一年。

❷「常」，原作「當」，據《四部叢刊》本、京都本、文淵閣本、阮本改。

❸「其」，《四部叢刊》本、京都本、文淵閣本、阮本作「放」。阮校：「作『其』，非也。」

❹「言」上，《四部叢刊》本、京都本、文淵閣本、阮本有「蓋」字。

其權時制宜，以辟災害，非以爲禮也。端委，禮衣也。反自鄫，以吴爲無能爲也。棄禮，知其不能霸也。【疏】「吴王百牢」。❶　正義曰：《王制》云：❷「君十卿禄。」魯牢晉大夫過十，❸故吴王自謂合得百牢。　注「有常數」。❹　正義曰：《周禮・大行人》云：「上公九牢，侯伯七牢，子男五牢。」是常數也。　注「上物天子之牢」。　正義曰：《周禮・掌客》云：「王合諸侯而饗禮，則具十有二牢。」鄭玄云：「饗諸侯而用王禮之數者，以公侯伯子男盡在，是兼饗之，莫敵用也。」❺以莫敵用，故用王禮。是天子之禮十二牢也。《郊特牲》云：「天子適諸侯，諸侯膳用犢。諸侯適天子，天子賜之禮大牢，貴誠之義也。」如彼記文，諸侯共天子之膳唯一犢耳，而得有十二牢者，若是天子大禮，必以十二爲數，其餘共王之膳食，自用犢爲食耳，非謂獻大禮者唯一犢也。　「棄天而背本」。　正義曰：棄十二之數爲棄天，違周禮是背本。　注「大伯」至「衣也」。　正義曰：《吴世家》云：「大伯及仲雍，皆周大王之子，而王季歷之兄也。季歷賢，而有聖子昌，大王欲立季歷以及昌，於是大伯、仲雍二人乃奔荆蠻，文身斷髮，示不可用。大伯之奔荆蠻，自號句吴。荆蠻義之，從而歸之千餘家，立爲吴大伯。大伯卒，無

---

❶「吴王百牢」，阮本以下正義五節分疏於傳文各節下。

❷「王」，原作「亡」，據正宗寺本、京都本、文淵閣本、阮本改。

❸「夫」，原作「矣」，據正宗寺本、京都本、文淵閣本、阮本改。

❹「常」，原作「當」，據正宗寺本、京都本、文淵閣本、阮本改。

❺「敵」，京都本、文淵閣本、阮本作「適」，下同。阮校：「按，此『適』音『的』，主也，作『敵』者誤。」今案：《周禮・掌客》鄭注、正義均作「敵」。

子，弟仲雍立。」是說大伯、仲雍適吳之由也。魯人不堪吳責，故舉吳之上祖以訐之。二人同時適吳，而大伯端委、仲雍斷髮者，大伯初往，未爲彼君，故服其本服，自治周禮。及仲雍，民歸稍多，既爲彼君，宜從彼俗。《曲禮》云：「君子行禮，不求變俗。」仲雍爲彼人主，不能行周人之禮，致中國之化，故文身斷髮，放效吳俗。言其權時制宜以辟災害，非以爲禮也。《漢書・地理志》云：越人「文身斷髮，以辟蛟龍之害」。應劭曰：「常在水中，故斷其髮，文其身，以象龍子，故不見傷害。」杜言「辟害」，辟此蛟龍之害。大伯之時，未有周禮，言「治周禮」者，謂治其本國岐周之禮，非周公所制禮也。「贏以爲飾」者，贏其身體，以文身爲飾也。「端委禮衣」者，王肅云委貌之冠、玄端之衣也。此傳言大伯端委，仲雍斷髮，《史記》云二人皆文身斷髮，然則文身斷髮，自辟害耳，《史記》以爲「示不可用」，二人亡去，遠適荆蠻，則周人不知其處，何以須示不可用也？皆馬遷繆耳。

季康子欲伐邾，乃饗大夫以謀之。子服景伯曰：「小所以事大，信也。大所以保小，仁也。背大國，不信。大國，吳也。**伐小國，不仁。民保於城，城保於德。失二德者，危將焉保？」**二德，信與仁也。**孟孫曰：「二三子以爲何如？**怪諸大夫不言，故指問之。**惡賢而逆之？」**孟孫賢景伯，欲使大夫不逆其言。惡猶安也。**對曰：「禹合諸侯於塗山，執玉帛者萬國。**諸大夫對也。諸侯執玉，附庸執帛。塗山，在壽春東北。**今其存者，無數十焉，唯大不字小，小不事大也。**言諸侯相伐，古來以然。**知必危，何故不言？」**知伐邾必危，自當言，今不言者，不危故也。大夫以答孟孫所怪，且阿附季孫。**「魯德如邾，而以衆加之，可乎？」**孟孫忿答大夫。今魯德無以勝邾，但欲恃衆，可乎？言不可。**不樂而出。**季、孟意異，佞直不同，故罷饗。

秋，伐邾，及范門，邾郭門也。猶聞鐘聲。邾不禦寇。大夫諫，不聽。茅成子請告於吳，成子，邾大夫茅夷鴻。不許。曰：「魯擊柝聞於邾，言以近。吳二千里，不三月不至，何及於我？且國内豈不足？」言足以距魯。成子以茅叛。高平西南有茅鄉亭。師遂入邾，處其公宫，衆師晝掠。虜掠，取財物也。邾衆保于繹。繹，邾山也。在鄒縣北。師宵掠，以邾子益來，益，邾隱公也。晝夜掠，傳言康子無法。獻于亳社，以其亡國與殷同。囚諸負瑕，負瑕故有繹。負瑕，魯邑。高平南平陽縣西北有瑕丘城。前者魯得邾之繹民使在負瑕，故使相就以辱之。

邾茅夷鴻以束帛乘韋自請救於吳，無君命，故言「自」。曰：「魯弱晉而遠吳，馮恃其衆，馮，依。而背君之盟，辟君之執事，辟，陋。以陵我小國。邾非敢自愛也，懼君威之不立。君威之不立，小國之憂也。若夏盟於鄫衍，鄫衍，即鄫也。鄫盟不書，吳行夷禮，禮儀不典，非所以結信義，故不録。秋而背之，成求而不違，言魯成其所求，無違逆也。四方諸侯其何以事君？且魯賦八百乘，君之貳也。貳，敵也。魯以八百乘之賦貢于吳，言其國大。邾賦六百乘，君之私也。爲私屬。以私奉貳，唯君圖之。」吳子從之。爲明年吳伐我傳。【疏】注「諸侯」至「執帛」。❶ 正義曰：《周禮·大宗伯》云：「以玉作六瑞，以等邦國。公執桓圭，侯執信圭，伯執躬圭，子執穀璧，男執蒲璧。」是諸侯執玉也。《典命》云：「諸侯之適子，未誓於天子，以皮帛繼子男。」是世子執帛也。知附庸執帛者，以世子既繼子男，附庸君亦繼子

❶「注諸侯至執帛」，阮本以下正義三節分疏於傳文各節下。

男。公之孤四命，以皮帛視小國之君。附庸無爵，雖不得同於子男，其位不卑於世子與公之孤也。諸侯世子各稱朝，附庸君亦稱朝，是與世子相似，故知執帛也。且附庸是國，此言「執玉帛者萬國」，國而執帛，唯附庸耳，知附庸執帛也。案《尚書》有三帛，公之孤、諸侯世子、附庸君。此唯言附庸者，以傳云「禹合諸侯」，又云「執玉」，皆據君身言之，故不數世子及孤也。下云「萬國」，故唯據附庸言之。《王制》云：「不能五十里者，不合於天子，附於諸侯，曰附庸。」鄭玄云：「不合，謂不朝會也。小城曰附庸。附庸者，以國事附於大國，未能以其名通也。」如彼云，附庸不得朝會，而禹會萬國有附庸者，附庸不得特達天子耳。禹會諸侯，諸國盡至，附庸從其所附之國，共見天子，故有執帛者。言萬國者，舉盈數耳。鄭玄注《尚書》以爲數正滿萬國。案《益稷》「州十有二師」，鄭以爲每一師領百國，州十有二師，則每州千二百國。畿外八州，揔九千六百國，其餘四百國在畿内。州得有千二百國者，以唐虞土方萬里，九州之内，地方七千里。七七四十九，爲方千里者四十九，其一爲畿内，餘四十八，八州分之，州各有千里之方六，以千里之方二爲方百里之國二百，又以千里之方二爲七十里之國四百，又以千里之方二爲五十里之國八百，揔爲一千四百國。去其方五十里之國二百里，❶是州别千二百國也。鄭玄云：「幾内四百國者，皆謂五十里國也。」杜云「諸侯執玉，❷附庸執帛」，是與鄭異也。《尚書傳》云：百里之方三爲國七有奇，以百

❶ 下「里」字，正宗寺本、京都本、文淵閣本、阮本無此字。今案：此「里」字當衍。

❷ 「玉」，原作「王」，據正宗寺本、京都本、文淵閣本、阮本改。

里之方二爲百里之國一，❶又以百里之方一爲七十里之國二有奇。❷知者，但方百里者爲方十里者百，若方七十里之國唯有七七四十九，是爲七十里之國二，仍有十里之方二在。又以百里之方一爲五十里之國四，是百里之方三爲國七有奇，則千里之方三爲國七百有奇，有百里之方二在。　注「孟孫」至「不可」。　正義曰：傳於異人之言，更應加「曰」，今無「曰」者，❸作傳略之。《論語》之文，此類多矣。雖「魯」上無「曰」，要言與大夫對反，不得爲大夫之辭，故以爲「孟孫忿答大夫」也。服虔以上二句亦爲孟孫之言，謂諸大夫誠知伐邾必危，何故不早言也？杜以上屬爲便，唯以此句爲孟孫言耳。　「魯擊柝聞於邾」。　正義曰：《易·繫辭》云：「重門擊柝，以待暴客。」鄭玄云：「手持兩木以相敵，❹是爲擊柝，守備警戒也。」

宋人圍曹。鄭桓子思曰：「宋人有曹，鄭之患也，不可以不救。」桓，謚。**冬，鄭師救曹，侵宋。**

初，曹人或夢衆君子立于社宮，社宮，社也。**而謀亡曹。曹叔振鐸請待公孫彊，許之。**振鐸，曹始祖。**旦而求之曹，無之。戒其子曰：「我死，爾聞公孫彊爲政，必去之。」及曹伯陽即位，好田弋。曹鄙人公孫彊好弋，獲白鴈，獻之，且言田弋之説，説之。因訪政事，大説之。有寵，使爲司城以聽政。夢者之子乃行。彊言霸説於曹伯，曹伯從之，乃背晉而奸宋。宋人伐之，晉人不救，築五邑於其郊，**

---

❶「二」，當誤，正宗寺本、文淵閣本作「一」，與《禮記·王制》正義引鄭注合。

❷「二」下，阮校：「浦鏜《正誤》『二』下依《王制》正義補『又以百里之方一爲五十里之國四』十四字。」

❸「今」，原作「令」，據京都本、文淵閣本、阮本改。

❹「敵」，阮本作「敲」。阮校：「案，《周禮》正義引鄭注作『敲』，是也。」

曰黍丘、揖丘、大城、鐘、邘。爲明年入曹傳也。梁國下邑縣西南有黍丘亭。【疏】「或夢衆君子」。❶正義曰：曹人夢見多人，不識姓名，故唯云「衆君子」也。服虔云「衆君子，諸國君」，妄耳。「好田弋」。正義曰：《周禮·司弓矢》云：「矰矢，用諸弋射。」鄭玄云：「結繳於矢謂之矰。矰，高也，可以弋飛鳥。」《説文》云：「繳，生絲也。」謂用生絲爲繩繫矢以射鳥也。

【經】八年，春，王正月，宋公入曹，以曹伯陽歸。曹人背晉而奸宋，是以致討。宋公既還，而不忍褚師之詬，怒而反兵，一舉滅曹，滅非本志，故以入告。【疏】注「曹人」至「入告」。正義曰：傳例曰：「不其有地曰入。」案傳宋實滅曹而有之，經書爲「入」，故杜原其事而解之。

吴伐我。

夏，齊人取讙及闡。❷不書伐，兵未加而魯與之邑。闡在東平剛縣北。❸【疏】「取讙及闡」。正

❶「或夢衆君子」，阮本此節正義二節在「曹人或夢衆君子立于社宫」句注下。

❷「讙」，阮校：「《漢書·地里志》引作『鄻』，《説文》亦作『鄻』。」

❸「剛」，阮校：「宋本、淳熙本、岳本、足利本『剛』作『剛』，是也。案，顧景范《方輿紀要》云：應劭曰：剛城，故闡邑也。戰國時爲齊之剛邑，秦昭王卅六年取齊剛壽，即此。漢置剛縣，屬泰山郡。後漢屬濟北國，晉曰剛平。《水經注》云『又西南過岡縣北』是也。後譌『剛』爲『堽』，今有堽城壩。此本（今案：指阮校所據底本）作『剛』，亦形相近而誤。」按，足利學本作「對」。

義曰：《公羊》、《穀梁》以爲賂齊，謂前年魯伐邾，取邾子益，益是齊甥，畏齊，故賂之。非《左氏》意也。

歸邾子益于邾。

秋，七月。

冬，十有二月，癸亥，杞伯過卒。無傳。未同盟而赴以名。❶【疏】「杞伯過卒」。正義曰：《世族譜》云：「僖公過，悼公曾孫。」案悼公祖文公，以昭六年卒，父平公以昭二十四年卒，悼公以定四年卒，未應有曾孫可以授之國也。《杞世家》僖公過是悼公之子。疑《譜》誤。

齊人歸讙及闡。不言來，命歸之，無旨使也。❷【疏】注「不言」至「使也」。正義曰：「定十年，齊人來歸鄆、讙、龜陰田。此不言來，故解之。

【傳】八年，春，宋公伐曹，將還，褚師子肥殿，子肥，宋大夫。**曹人詬之，不行。**詬，詈辱也。不行，殿兵止也。**師待之。公聞之，怒，命反之，遂滅曹。執曹伯及司城彊以歸，❸殺之。**終曹人之夢。

---

❶「未」，原作「來」，據《四部叢刊》本、京都本、文淵閣本、阮本改。

❷「旨」，京都本、文淵閣本、阮本作「官」。阮校：「文十五年正義引作『指』。」

❸「伯」下，阮校：「石經有『陽』字，與李善注《運命論》同。」

吴爲邾故，將伐魯，問於叔孫輒。問可伐不。輒，故魯人。叔孫輒對曰：「魯有名而無情，有大國名，無情實。伐之必得志焉。」退而告公山不狃。不狃，亦故魯人。公山不狃曰：「非禮也。君子違，不適讎國。違，奔亡也。未臣而有伐之，奔命焉，死之可也。未臣所適之國，若有伐本國者，則可還奔命，死其難。所託也則隱。魯所因託，則爲之隱惡。且夫人之行也，不以所惡廢鄉。不以其私怨惡廢棄其鄉黨之好。今子以小惡而欲覆宗國，不亦難乎？輒，魯公族，故謂之「宗國」。若使子率，子必辭，王將使我。」子張病之。子張，輒也。王問於子洩，子洩，不狃。對曰：「魯雖無與立，緩時若無能自立。必有與斃。急則人人知懼，皆將同死戰。諸侯將救之，未可以得志焉。晉與齊、楚輔之，是四讎也。與魯而四。夫魯，齊、晉之脣。脣亡齒寒，君所知也，不救何爲？」

三月，吴伐我。子洩率，故道險，從武城。故由險道，欲使魯成備。初，武城人或有因於吴竟田焉，僑田吴界。拘鄫人之漚菅者，曰：「何故使吾水滋？」❶鄫人亦僑田吴。滋，濁也。及吴師至，拘者道之，以伐武城，克之。鄫人教吴，必可克。王犯嘗爲之宰，澹臺子羽之父好焉，國人懼。王犯，吴大夫，故嘗奔魯，爲武城宰。澹臺子羽，武城人，孔子弟子也。其父與王犯相善，國人懼其爲內應。懿子謂景伯：「若之何？」對曰：「吴師來，斯與之戰，何患焉？且召之而至，又何求焉？」

❶「水滋」，阮校：「《說文》引作『水茲』，葉抄《釋文》同，云：『本亦作滋字。』按，依《說文》，則『滋』乃水名，《左傳》字不從水。」

言犯盟伐邾，所以召吳。吳師克東陽而進，舍於五梧。明日，舍於蠶室。三邑，魯地。公賓庚、公甲叔子與戰于夷，獲叔子與析朱鉏。公賓庚、公甲叔子并析朱鉏爲三人，皆同車。傳互言之。獻於王。王曰：「此同車，必使能，國未可望也。」同車能俱死，是國能使人，故不可望得。明日，舍于庚宗，遂次於泗上。微虎欲宵攻王舍，微虎，魯大夫。私屬徒七百人，三踊於幕庭。於帳前設格，令士試躍之。卒三百人，有若與焉，卒，終也。終得三百人任行。有若，孔子弟子，與在三百人中。及稷門之內。三百人行至稷門。或謂季孫曰：「不足以害吳，而多殺國士，不如已也。」乃止之。吳子聞之，一夕三遷。畏微虎。❶ 吳人行成。求與魯成。

將盟，景伯曰：「楚人圍宋，易子而食，析骸而爨，在宣十五年。猶無城下之盟。我未及虧，而有城下之盟，是棄國也。吳輕而遠，不能久，將歸矣。請少待之。」弗從。景伯負載，造於萊門。以言不見從，故負載書，將欲出盟。乃請釋子服何於吳，吳人許之。以王子姑曹當之，而後止。釋，舍也。魯人不以盟爲了，欲因留景伯爲質於吳。既得吳之許，復求吳王之子以交質。吳人不欲留王子，故遂兩止。吳人盟而還。不書盟，恥吳夷。【疏】「問於叔孫輒」。❷ 正義曰：定十二年，叔孫輒與公山不狃帥費人以襲魯，兵敗，奔齊，於後自齊奔吳。吳子今問之。「君子違不適讎國」。正義曰：謂有故而

---

❶「虎」下，阮校：「淳熙本、岳本、足利本有『也』字。」

❷「問於叔孫輒」，阮本以下正義六節分疏於傳文各節下。

去者也。本國於己無大讎怨，己無報怨之心，則違而不適讎國。武王數紂之罪以告衆云：「撫我則后，虐我則讎。」若父本無罪，而枉被誅殺，如五員之徒，❶志在復讎，適國亦可矣，不得以此言格之也。若父以罪而受誅者，如鬬辛之徒，本自不合怨君，故辛亦不敢怨也。注「未臣」至「其難」。正義曰：既臣之後，則身是新君之臣，性命非復己有，故不復得爲舊君死節也。若未有臣服，則舊君之恩未絶，故可還奔舊君之命，死其難也。言「奔命」，則有命乃奔之。若命不及，亦不當還。「若使子率」。正義曰：率，謂在軍前引道，率領先行，非爲軍之將帥也。故不狃云：子辭，「王將使我」。以其知魯道者唯此二人故也。「及吴」至「人懼」。正義曰：杜意「拘者道之，以伐武城，克之」，謂語吴人云，若伐武城，必可克之。吴人王犯嘗爲武城之宰，與澹臺子羽之父相善，國人懼者，謂武城邑人懼子羽爲吴内應。劉炫以爲實克武城。今知非者，以下傳始云「王犯嘗爲之宰」，「國人懼」。是未得武城，故知此「克之」是鄫人教吴之語。劉以爲伐武城克之者，實克武城。國人懼者，懼其害魯。若然，吴師既來伐魯，是顯然行兵，不須云王犯與子羽之父相善。魯已受害，何須云國人始懼？傳既云「王犯嘗爲之宰」，文繼武城之下，是爲武城之宰，澹臺子羽又是武城之人，皆據武城而言，故知恐爲武城内應。傳載漚菅事者，説來伐武城之由。劉妄生異見而規杜，非也。注「以言」至「出盟」。正義曰：劉炫云：「載書，盟主所制，自當吴人爲之，何由復出魯國？又載書數簡之文耳，何須負之？且諸言載書，未有單稱『載』者。」以爲負載器物，欲往質於吴，以規杜。今杜知「負載」是「負載書」者，以《周禮》司盟掌盟載之事，故傳云士莊子爲載書。此上有「將盟」之文，下即云「負載」之事，故知是載書也。劉以「負載」謂背負器物，然則景伯魯之大夫，親自負物，

❶「五」，正宗寺本、京都本、文淵閣本、阮本作「伍」。

不近人情，而規杜過，非也。

齊悼公之來也，在五年。季康子以其妹妻之，即位而逆之。季魴侯通焉，魴侯，康子叔父。女言其情，弗敢與也。齊侯怒。夏，五月，齊鮑牧帥師伐我，取讙及闡。或譖胡姬於齊侯，胡姬，景公妾。曰：「安孺子之黨也。」六月，齊侯殺胡姬。傳言齊侯無道，所以不終。齊侯使如吳請師，將以伐我，乃歸邾子。齊未得季姬，故請師也。吳前爲邾討魯，懼二國同心，故歸邾子。邾子又無道，吳子使大宰子餘討之，子餘，大宰嚭。囚諸樓臺，栫之以棘。栫，雍也。使諸大夫奉大子革以爲政。革，邾大子桓公也。爲十年邾子來奔傳。

秋，及齊平。

九月，臧賓如如齊涖盟。賓如，臧會子。齊閭丘明來涖盟，明，閭丘嬰之子也。盟不書，諱略之。且逆季姬以歸，嬖。季姬，魴侯所通者。

鮑牧又謂羣公子曰：「使女有馬千乘乎？」有馬千乘，使爲君也。鮑牧本不欲立陽生，故諷動羣公子。公子愬之。公謂鮑子：「或譖子，子姑居於潞以察之。潞，齊邑。若有之，則分室以行。若無之，則反子之所。」出門，使以三分之一行。半道，使以二乘。及潞，麇之以入，遂殺之。麇亦束縛。

冬，十二月，齊人歸讙及闡，季姬嬖故也。【疏】注「明閭」至「略之」。❶ 正義曰：魯以淫女見伐喪

❶「注明閭至略之」，阮本此節正義在注「盟不書諱略之」下。

邑，又屈服求盟，是可恥之事。二盟皆不書者，諱其惡而略之。

【經】九年，春，王二月，葬杞僖公。無傳。三月而葬速。

宋皇瑗帥師取鄭師于雍丘。書「取」，覆而敗之。雍丘縣屬陳留。【疏】注「書取覆而敗之」。正義曰：莊十一年傳例曰：「覆而敗之曰取某師。」《釋例》曰：「覆者，謂威力兼備，若羅網之所掩覆，一軍皆見禽制，故以取爲文，專制之辭也。」案傳，鄭師圍宋雍丘，宋皇瑗復於鄭師之外築壘使合，表裏受敵，無處可逃。子姚救之，又大敗。而宋師乃號令「使有能者無死」，是其合軍盡禽敵人，制其死命，是於例正合書「取」也。

夏，楚人伐陳。

秋，宋公伐鄭。

冬，十月。

【傳】九年，春，齊侯使公孟綽辭師于吴。齊與魯平，故辭吴師。吴子曰：「昔歲寡人聞命，今又革之，不知所從，將進受命於君。」爲十年吴伐齊傳。

鄭武子賸之嬖許瑕求邑，無以與之，賸，罕達也。瑕，武子之屬。請外取，許之，瑕請取於他國。故圍宋雍丘。宋皇瑗圍鄭師，許瑕師。每日遷舍，作壘塹成，輒徙舍合其圍。壘合，鄭師哭。子姚救之，大敗。子姚，武子賸也。二月，甲戌，宋取鄭師于雍丘，使有能者無死，惜其能也。以郟

張與鄭羅歸。鄭之有能者。

夏，楚人伐陳，陳即吴故也。

宋公伐鄭。報雍丘。

秋，吴城邗，溝通江、淮。於邗江築城穿溝，東北通射陽湖，西北至末口入淮，通糧道也。今廣陵韓江是。❶

晉趙鞅卜救鄭，遇水適火，水火之兆。**占諸史趙、史墨、史龜。**皆晉史。**史龜曰：「是謂沈陽，**火陽得水，故沈。**可以興兵。**兵，陰類也，故可以興兵。**利以伐姜，不利子商。**姜，齊姓。子商，謂宋。**伐齊則可，敵宋不吉。」史墨曰：「盈，水名也。子，水位也。**趙鞅姓盈，宋姓子，水盈坎乃行，子姓又得北方水位。**名位敵，不可干也。**二水俱盛，故言「不可干」。**炎帝爲火師，**神農有火瑞，以火名官。**姜姓其後也。水勝火，伐姜則可。」史趙曰：「是謂如川之滿，不可游也。**既盈而得水位，故爲如川之滿，不可馮游，言其波流盛。**鄭方有罪，不可救也。**鄭以嬖寵伐人，故以爲有罪。**救鄭則不吉，不知其他。」**救鄭則當伐宋，故不吉也。**陽虎以《周易》筮之，遇泰䷊**乾下坤上，泰。**之需䷄，**乾下坎上，需。泰六五變。**曰：「宋方吉，不可與也。**不可與戰。《泰》六五曰：「帝乙歸妹，以祉元吉。」帝乙，紂父，五爲天子，故稱帝乙。陰而得中，有似王者嫁妹，得如其願，受福禄而大吉。**微子**

❶「韓」，監本、毛本、文淵閣本作「邗」。

啓，帝乙之元子也。宋、鄭，甥舅也。宋、鄭爲昏姻甥舅之國。宋爲微子之後，今卜得帝乙之卦，故以爲宋吉。**祉，禄也。若帝乙之元子歸妹，而有吉禄，我安得吉焉？」乃止。**吉在彼，則我伐之爲不吉。【疏】「宋公伐鄭」。❶　正義曰：虚舉經文者，爲下趙鞅救鄭起，并以終上取鄭師之事也。「遇水適火」。　正義曰：服虔云：「兆南行適火。卜法横者爲土，立者爲木，邪向經者爲金，背經者爲火，因兆而細曲者爲水。」　注「趙鞅」至「水位」。　正義曰：《秦本紀》：秦，伯翳之後，爲嬴姓也。《趙世家》云：趙氏之先，與秦同祖。其伯翳後世爲盈泄蜚廉，❷有子二人：一曰惡來，其後爲秦；一曰季勝，其後爲趙。今卜趙鞅伐宋，故以嬴子二姓爲占也。　「遇泰之需」。　正義曰：乾下坤上，泰。乾爲天，坤爲地，地在上，天在下。《象》曰：「天地交，泰。」泰者，大也。天地交合，萬物大通，故名此卦爲泰。乾下坎上，需。《象》曰：「需，須也。」言雲在天上，須散而爲雨，故名此卦爲需。　注「不可」至「大吉」。　正義曰：《泰》六五曰：「帝乙歸妹，以祉元吉。」《易》之文也。既引其文，又解其意。帝乙，紂父，《殷本紀》文也。《易》之爻位五，爲天子，故於六五之爻稱帝乙也。其《象》曰：「『以祉元吉』，中以行願。」六是陰爻也，五是上體之中，居天子之位，陰而得中，有似王者嫁妹，得如其願，受福禄而大吉。王弼云：「婦人謂嫁曰歸。泰者，陰陽交通之時也。女處尊位，履中居順，降身應二，感以相與，用中行願，不失其禮。帝乙歸妹，誠合斯義。履順居中，行願以祉，盡夫陰陽交配之宜，故元吉也。」杜説與彼同。案《易》稱「高宗伐鬼方」者，實伐之。「帝乙歸妹」者，實嫁之。其女有賢德，名聞昭著，故得載之《易》象。但

---

❶「宋公伐鄭」，阮本以下正義六節分疏於傳文各節下。
❷「盈泄」，據《史記・趙世家》，當爲衍文。

書典散亡，不知嫁與何人，爲誰之妻。　「宋鄭甥舅」。　正義曰：宋鄭異姓，必嫁娶往來，或可時實有親，故爲甥舅。輒言甥舅者，言其昏姻勢敵，敵則無以相傾，宋有福，鄭必哀，言鄭不可助也。

冬，吴子使來儆師伐齊。前年齊與吴謀伐魯，齊既與魯成而止，故吴恨之，反與魯謀伐齊。

【經】十年，春，王二月，邾子益來奔。

公會吴伐齊。書「會」，從不與謀。【疏】「邾子益來奔」。❶　正義曰：八年「歸邾子益于邾」。傳云：「邾子又無道，❷吴子使大宰子餘討之，囚諸樓臺，栫之以棘。」蓋將歸吴而囚之。今言「來奔」，當是自吴逃而來適魯。傳稱「齊甥也，遂奔齊」，經不復書其奔齊者，凡諸來奔，既至魯而更復奔他國者，已去其位，略賤之，不復書。齊慶封亦是也。　注「書會從不與謀」。　正義曰：往年吴來儆師，是與我謀也。而「從不與謀」者，「與謀」者，謂彼此和同計謀，然後共伐，則是我爲伐主，故言及某同行。「不與謀」者，謂彼心自定，遣來召我，則彼爲伐主，我往會之，故言會某伐某。今吴伐齊之意已定，儆師者來召魯耳，於例止當言「會」，故從不與謀之文。

三月，戊戌，齊侯陽生卒。以疾赴，故不書弑。【疏】注「以疾」至「書弑」。　正義曰：傳稱「齊人弑悼公，赴于師」，則陽生被弑矣。而經書「卒」，是以疾死赴也。襄七年「鄭伯髡頑卒于鄵」，傳稱「子駟使賊夜弑僖

---

❶「邾子益來奔」，阮本此節正義在「邾子益來奔」句下。

❷「又」，原作「人」，據正宗寺本、京都本、文淵閣本、阮本及哀公八年傳改。

公，而以瘧疾赴于諸侯」，知此亦以疾死赴，故不書弒也。八年「臧賓如如齊涖盟」。齊閭丘明來涖盟」，是再同盟，故赴以名。杜不言，略之。

夏，宋人伐鄭。無傳。

晉趙鞅帥師侵齊。

五月，公至自伐齊。無傳。

葬齊悼公。無傳。

衛公孟彄自齊歸于衛。無傳。書「歸」，齊納之。【疏】注「書歸齊納之」。　正義曰：定十四年衛公孟彄出奔鄭，自鄭奔齊，故今自齊歸衛也。成十八年傳例曰：「凡去其國，諸侯納之曰歸。」此書「自齊歸」，知是「齊納之」。

薛伯夷卒。無傳。赴以名，故書。【疏】注「赴以名故書」。　正義曰：定十三年「薛弒其君比」，此夷當代爲君，爾來未同盟，❶而赴以名，故書。

秋，葬薛惠公。無傳。

冬，楚公子結帥師伐陳。吳救陳。季子不書，陳人來告不以名。【疏】注「季子」至「以名」。　正義曰：傳稱「延州來季子救陳」，即是季札也。札以襄二十九年來聘書名，則此亦宜書名。今不書者，陳人來告不以

❶「來」，閩本、監本、毛本、文淵閣本作「夷」。

名也。

【傳】十年，春，邾隱公來奔，齊甥也，故遂奔齊。終子貢之言。公會吴子、邾子、郯子伐齊南鄙，師于鄎。鄎，齊地。邾、郯不書，兵并屬吴，不列於諸侯。齊人弒悼公，赴于師。以説吴。吴子三日哭于軍門之外。徐承帥舟師將自海入齊，齊人敗之，吴師乃還。承，吴大夫。

夏，趙鞅帥師伐齊，經書「侵」，以「侵」告。大夫請卜之。趙孟曰：「吾卜於此起兵，謂往歲卜伐宋不吉，利以伐姜，故今興兵。事不再令，再令，瀆也。卜不襲吉，襲，重也。行也。」於是乎取犂及轅，犂，一名隰。濟南有隰陰縣，祝阿縣西有轅城。毁高唐之郭，侵及賴而還。【疏】注「犂一名隰」。❶正義曰：黎即黎丘也。❷二十三年傳稱齊晉戰于黎丘，知伯親禽顔庚。庚即涿聚也。二十七年傳陳成子「召顔涿聚之子晉，曰隰之役，而父死焉」，是黎一名隰。

秋，吴子使來復儆師。伐齊未得志，故爲明年吴伐齊傳。

---

❶「注犂一名隰」，阮本此節正義在「祝阿縣西有轅城」下。

❷二「黎」字，京都本、文淵閣本、阮本均作「犂」。下同。今案：當作「犂」，本傳與注均作「犂」，《經典釋文》同。

冬，楚子期伐陳。陳即吴故。吴延州來季子救陳，謂子期曰：「二君不務德，二君，吴、楚。而力争諸侯，民何罪焉？我請退，以爲子名，務德而安民。」乃還。季子，吴王壽夢少子也。壽夢以襄十二年卒，至今七十七歲。壽夢卒，季子已能讓國，年當十五六，至今蓋九十餘。【疏】注「季子」至「十餘」。正義曰：襄、昭之傳稱延州來季子者，皆是季札也。此説務德安民是大賢之事，亦當是札，故計跡其年，言雖老猶能將兵也。孫毓以爲季子食邑於州來，世稱「延州來季子」，猶趙氏世稱趙孟，知氏世稱知伯。延州來季子，或是札之子與孫也。

【經】十有一年，春，齊國書帥師伐我。

夏，陳轅頗出奔鄭。書名，貪也。

五月，公會吴伐齊。

甲戌，齊國書帥師及吴戰于艾陵，齊師敗績，獲齊國書。公與伐而不與戰。艾陵，齊地。

秋，七月，辛酉，滕子虞母卒。無傳。赴以名，故書之。【疏】注「赴以名故書之」。正義曰：四年「滕子結卒」。虞母代結爲君，爾來未同盟，來赴，故書也。

冬，十有一月，葬滕隱公。無傳。

衛世叔齊出奔宋。書名，淫也。

【傳】十一年，春，齊爲鄎故，鄎在前年。國書、高無丕帥師伐我，及清。清，齊地。濟北盧縣東有清亭。季孫謂其宰冉求冉求，魯人，孔子弟子。曰：「齊師在清，必魯故也，若之何？」求曰：「一子守，二子從公禦諸竟。」季孫曰：「不能。」自度力不能使二子禦諸竟。求曰：「居封疆之間。」封疆，竟内近郊之地。季孫告二子，二子，叔孫、孟孫也。二子不可。求曰：「若不可，則君無出，一子帥師背城而戰，不屬者，非魯人也。屬，臣屬也。言不戰爲不臣。魯之羣室，衆於齊之兵車，羣室，都邑居家。❶一室敵車，優矣，子何患焉？二子之不欲戰也宜，政在季氏。言二子恨季氏專政，❷故不盡力。當子之身，齊人伐魯而不能戰，子之耻也，大不列於諸侯矣。」季孫使從於朝，使冉求隨己之公朝。俟於黨氏之溝。黨氏溝，朝中地名。武叔呼而問戰焉。問冉求。對曰：「君子有遠慮，小人何知？」懿子强問之，對曰：「小人慮材而言，量力而共者也。」言子所問，非己材力所及，故不能言。武叔曰：「是謂我不成丈夫也。」知冉求非己不欲戰，故不對。退而蒐乘，蒐，閱。孟孺子洩帥右師，孺子，孟懿子之子武伯彘。顔羽御，邴洩爲右。二子，❸孟氏臣。冉求帥左師，管周父御，

---

❶「邑」，原作「色」，據《四部叢刊》本、京都本、文淵閣本、阮本改。

❷「恨」，原作「根」，據《四部叢刊》本、京都本、文淵閣本、阮本改。

❸「二」，原爲空格，據《四部叢刊》本、京都本、文淵閣本、阮本補。

樊遲爲右。樊遲，魯人，孔子弟子樊須。**季孫曰：「須也弱。」有子曰：**❶**「就用命焉。」**雖年少，能用命。有子，冉求也。**季氏之甲七千，冉有以武城人三百爲己徒卒。**步卒，精兵。**老幼守宫，次于雩門之外。**南城門也。**五日，右師從之。**五日乃從，言不欲戰。**公叔務人**務人，公爲，昭公子。**見保者而泣，**保，守城者。**曰：「事充**繇役煩。**政重，**賦税多。**上不能謀，士不能死，何以治民？吾既言之矣，敢不勉乎？」**既言人不能死，己不敢不死。

師及齊師戰于郊，齊師自稷曲，稷曲，郊地名。**師不踰溝。樊遲曰：「非不能也，不信子也。請三刻而踰之。」**與衆三刻約信。**如之，衆從之。**如樊遲言，乃踰溝。**師入齊軍。**冉求之師。**右師奔，齊人從之。**逐右師。**陳瓘、陳莊涉泗。**二陳，齊大夫。**孟之側後入以爲殿，**之側，孟氏族也，字反。**抽矢策其馬，曰：「馬不進也。」**不欲伐善。**林不狃之伍曰：「走乎？」**不狃，魯士。五人爲伍。敗而欲走。**不狃曰：「誰不如？」**我不如誰而欲走。**曰：「然則止乎？」不狃曰：「惡賢？」**言止戰惡足爲賢，皆無戰志。**徐步而死。**徐行而死。言魯非無壯士，但季孫不能使。**師獲甲首八十，**冉求所得。**齊人不能師。**不能整其師。**宵，諜曰：「齊人遁。」**諜，間也。**冉有請從之三，季孫弗許。孟孺子語人曰：「我不如顔羽，而賢於邴洩。**二子與孟孺子同車。**子羽鋭敏，**子羽，顔羽。鋭，精

---

❶「有子」，阮校：「劉原父《春秋權衡》云：案『有子』當作『子有』，『子有』者，冉求字也。仲尼門人字多云子某者，不得云『有子』也。」

也。敏，疾也。言欲戰。**我不欲戰而能默。**心雖不欲，口不言奔。**洩曰：『驅之。』」**言驅馬欲奔。**公爲與其嬖僮汪錡乘，皆死，皆殯。**皆，俱也。**孔子曰：「能執干戈以衛社稷，可無殤也。」**時人疑童子當殤。**冉有用矛於齊師，故能入其軍。孔子曰：「義也。」**言能以義勇。不書戰，不皆陳也。不書敗，勝負不殊。【疏】注「時人疑童子當殤」。❶　正義曰：《喪服》「大功」章云：「子、女子子之長殤、中殤。」傳曰：何以大功？未成人也。年十九至十六爲長殤，十五至十二爲中殤，十一至八歲爲下殤，不滿八歲以下，皆爲無服之殤。」其於服也，長殤、中殤降成人一等，下殤降二等。此汪錡蓋長殤也，時人疑其當降服。又葬殤之禮，亦異成人。《檀弓》云：「周人以殷人之棺椁葬長殤，以夏后氏之塈周葬中殤、下殤，以有虞氏之瓦棺葬無服之殤。」是其異於成人也。

夏，陳轅頗出奔鄭。初，轅頗爲司徒，賦封田以嫁公女。封内之田，悉賦税之。**有餘，以爲己大器。**大器，鐘鼎之屬。**國人逐之，故出。道渴，其族轅咺進稻醴、粱糗、腶脯焉。**糗，乾飯也。**喜曰：「何其給也？」對曰：「器成而具。」**具此醴糗。**曰：「何不吾諫？」對曰：「懼先行。」**恐言不從，先見逐。【疏】「稻醴粱糗腶脯」。❷　正義曰：《周禮・酒正》「辨五齊之名」，「二曰醴齊」，鄭玄云：「醴猶體也。

❶「疑童子」，阮本此節正義在「可無殤也」句注下。

❷「稻醴粱糗腶脯」，阮本此節正義在「其族轅咺進稻醴粱糗腶脯焉」句注下。

成而汁滓相將，如今之恬酒矣。」則醴是濁酒也。《月令》命作酒云：❶「秫稻必齊。」是以稻爲醴也。《釋草》云：「虋，赤苗。芑，白苗。」郭璞曰：「今之赤粱粟、好粱粟，❷皆好穀也。」《内則》鄭玄注云：「腶脩，捶脯施薑桂也。」

爲郊戰故，公會吳子伐齊。欲以報也。**五月，克博。壬申，至于嬴。**博、嬴，齊邑也。二縣皆屬泰山。**中軍從王，**吳中軍。**胥門巢將上軍，王子姑曹將下軍，展如將右軍。**三將，吳大夫。**齊國書將中軍，高無㔻將上軍，宗樓將下軍。陳僖子謂其弟書：「爾死，我必得志。」**書，子占也。欲獲死事之功。**宗子陽與閭丘明相厲也。**相勸厲致死。子陽，宗樓也。**桑掩胥御國子。**國子，國書。**公孫夏曰：「二子必死。」**亦勸勉之。**將戰，公孫夏命其徒歌《虞殯》，**《虞殯》，送葬歌曲。示必死。**陳子行命其徒具含玉。**子行，陳逆也。具含玉，亦示必死。**公孫揮命其徒曰：「人尋約，吳髮短。」**約，繩也。八尺爲尋。吳髮短，欲以繩貫其首。**東郭書曰：「三戰必死，於此三矣。」**三戰，夷儀、五氏與今。**使問弦多以琴，**弦多，齊人也。六年奔魯。問，遺也。**曰：「吾不復見子矣。」**言將死戰。**陳書曰：「此行也，吾聞鼓而已，不聞金矣。」**鼓以進軍，金以退軍。不聞金，言將死也。傳言吳師彊，齊人皆自知將敗。

---

❶「作酒」，阮校：「浦鏜《正誤》云：『作酒』二字疑『大酋』之誤。」今案：《禮記·月令》作「乃命大酋，秫稻必齊」。

❷「好」，正宗寺本、京都本、文淵閣本、阮本作「白」。阮校：「『白』作『好』，非也。」

甲戌，戰于艾陵，展如敗高子，齊上軍敗。國子敗胥門巢。吳上軍亦敗。王卒助之，大敗齊師。獲國書、公孫夏、閭丘明、陳書、東郭書，革車八百乘，甲首三千，以獻于公。公以兵從，故以勞公。將戰，吳子呼叔孫叔孫，武叔州仇。曰：「而事何也？」問何職。對曰：「從司馬。」從吳司馬所命。王賜之甲、劍鈹，曰：「奉爾君事，敬無廢命。」叔孫未能對，衛賜進，賜，子貢，孔子弟子。曰：「州仇奉甲從君。」而拜。拜受之。

公使大史固歸國子之元，歸於齊也。元，首也。吳以獻魯。寘之新篋，褽之以玄纁，褽，薦也。加組帶焉。寘書于其上，曰：「天若不識不衷，何以使下國？」言天識不善，故殺國子。

吳將伐齊，越子率其衆以朝焉，王及列士皆有饋賂。吳人皆喜，唯子胥懼，曰：「是豢吳也夫！」豢，養也。若人養犧牲，非愛之，將殺之。諫曰：「越在，我心腹之疾也。壤地同而有欲於我。欲得吳。夫其柔服，求濟其欲也，不如早從事焉。從事，擊之。得志於齊，猶獲石田也，無所用之。石田不可耕。越不爲沼，吳其泯矣。❶使醫除疾，而曰必遺類焉者，未之有也。《盤庚》之誥曰：『其有顛越不共，則劓殄無遺育，無俾易種于茲邑。』《盤庚》，《商書》也。顛越不共，從横不承命者也。劓，割也。殄，絶也。育，長也。俾，使也。易種，轉生種類。是商所以興也。今君易之，將以求大，不亦難乎？」弗聽。使於齊，屬其子於鮑氏，爲王孫氏。私使人至齊屬其子，改姓爲王孫，欲

❶「泯」，《四部叢刊》本、京都本、阮本作「泯」。阮校：「石經、宋本作『泯』，避所諱。」

以辟吴禍。反役，王聞之，使賜之屬鏤以死。艾陵役也。屬鏤，劒名。**將死，曰：「樹吾墓檟，檟可材也，吴其亡乎？三年，其始弱矣。盈必毁，天之道也。」**越人朝之，伐齊勝之，盈之極也。爲十三年越伐吴起。

秋，季孫命脩守備，曰：「小勝大，禍也。齊至無日矣。」善有備。【疏】「歌虞殯」。❶ 正義曰：賈逵云「《虞殯》，遣殯歌詩」，杜云「送葬歌曲」，並不解「虞殯」之名。禮，啓殯而葬，葬即下棺，反日中而虞。蓋以啓殯將虞之歌，謂之「虞殯」。歌者，樂也。喪者，哀也。送葬得有歌者，蓋挽引之人爲歌聲以助哀，今之挽歌是也。舊説挽歌，漢初田横之臣爲之。據此，挽歌之有久矣。晉初荀顗制禮，以吉凶不雜，送葬不宜有歌，去之。摯虞駮之云：「《詩》云：『君子作歌，惟以告哀。』葬之有歌，不爲害也。」復存之。「使問弦多以琴」。正義曰：禮，以物遺人謂之問。二十六年衛出公「使以弓問子贛」，《論語》云「問人於他邦」，皆是也。注「皷以」至「退軍」。正義曰：《周禮·大司馬》教大閲之禮云：「中軍以鼙令皷，皷人皆三皷，車徒皆作。皷行，鳴鐲，車徒皆行，及表乃止。鳴鐃且卻。」鄭注云：凡進軍退軍皷鐸同。其所異者，廢鐲而鳴鐃耳。如鄭此言，則進退皆有金皷。而杜云「皷以進軍，金以退軍」者，《周禮》是教戰之法，其臨敵之時，欲戰則先擊皷以動之，欲退則先擊金以静之。故長勺之役，公將皷之，是欲戰擊皷也。此傳云「吾聞皷而已，不聞金矣」，是欲退擊金也。「衛賜」。正義曰：子貢，衛人，故稱「衛賜」。注「盤庚」至「種類」。正義曰：彼文云「顛越不恭，暫遇姦宄。我乃劓殄滅之，

❶「歌虞殯」，阮本以下正義六節分疏於傳文各節下。

無遺育，無俾易種于兹新邑」。此傳字少於彼，引之略也。孔安國云：「顛，殞。越，隊也。不恭，不奉上命。」孔言隕隊，謂受上命而隊失之。杜言從横不承命，謂其人性自顛越從横，不肯承命。意小異也。刑名以截鼻爲劓，劓是割也。「殄，絶」，「育，長」，「俾，使」，皆《釋詁》文也。易，謂轉易。無使轉生種類，不令更有惡子孫也。「將死」。正義曰：《吴語》云：子胥將死，曰：「而縣吾目於吴門，❶以見越人之入，吴國之亡也。」遂自殺。王愠曰：「孤不使大夫得有見也。」乃使取申胥之尸，盛之鴟夷，❷而投之於江。賈逵云：「鴟夷，革囊也。」

冬，衛大叔疾出奔宋。疾即齊也。**初，疾娶于宋子朝，**子朝，宋人，仕衛爲大夫。**其娣嬖。**娣，所娶女之娣。**子朝出，**出奔。**孔文子使疾出其妻而妻之。疾使侍人誘其初妻之娣，寘於犂，**犂，衛邑。**而爲之一宫，如二妻。文子怒，欲攻之，仲尼止之。遂奪其妻。或淫于外州，外州人奪之軒以獻。**外州，衛邑。軒，車也，以獻於君。**耻是二者，故出。衛人立遺，使室孔姞。**遺，疾之弟。孔姞，孔文子之女，疾之妻。**疾臣向魋，**爲宋向魋臣。**納美珠焉，與之城鉏。**城鉏，宋邑。**宋公求珠，魋不與，由是得罪。及桓氏出，**出在十四年。**城鉏人攻大叔疾，衛莊公復之。**聽使還。**使處巢，死焉。殯於鄖，葬於少禘。**終言疾之失所也。巢、鄖、少禘皆衛地。

初，晉悼公子慭亡在衛，使其女僕而田。僕，御。田，獵。**大叔懿子止而飲之酒，**懿子，大叔儀

---

❶「吴」，阮校：「《國語·吴語》作『東』。」

❷「之」，文淵閣本作「以」。阮校：「監本、毛本作『以』，與今《國語》同。」

之孫。遂聘之，生悼子。悼子，大叔疾。**悼子即位，故夏戊爲大夫。**夏戊，悼子之甥。**悼子亡，衛人翦夏戊。**翦，削其爵邑。

孔文子之將攻大叔也，訪於仲尼。仲尼曰：「胡簋之事，則嘗學之矣。胡簋，禮器名。夏曰胡，周曰簋。**甲兵之事，未之聞也。」退，命駕而行，曰：「鳥則擇木，木豈能擇鳥？」**以鳥自喻。**文子遽止之，曰：「圉豈敢度其私？訪衛國之難也。」**圉，文子名。度，謀也。**將止，**仲尼止。**魯人以幣召之，乃歸。**於是自衛反魯，樂正，《雅》、《頌》各得其所。【疏】注「胡簋」至「曰簋」。❶　正義曰：胡簋，行禮所用之器，故以胡簋言禮事。《論語》衛靈公問曰「俎豆之事」，意亦同也。《明堂位》説四代之器云：「有虞氏之兩敦，夏后氏之四璉，殷之六瑚，周之八簋。」如記文，則夏器名璉，殷器名瑚。而包咸、鄭玄等注《論語》，賈、服等注此傳，皆云夏曰胡，杜亦同之，或別有所據，或相從而誤。　「甲兵」至「聞也」。　正義曰：對靈公，「軍旅之事，未之學也」，其意亦與此同。軍旅、甲兵，亦治國之具也。此以文子非禮，欲國内用兵，靈公空問軍陳，故並不答，非輕甲兵也。　「魯人」至「乃歸」。　正義曰：《孔子世家》云「季康子使公華、公賓、公林以幣迎孔子，孔子歸」是也。

季孫欲以田賦，丘賦之法，因其田財，通出馬一疋，牛三頭。今欲別其田及家財，各爲一賦，故

❶「注胡簋至曰簋」，阮本以下正義三節分疏於傳文各節下。

言田賦。**使冉有訪諸仲尼。**❶**仲尼曰：「丘不識也。」三發，**三發問。**卒曰：**卒，終也。**「子爲國老，待子而行，若之何子之不言也？」仲尼不對，**不公答。**而私於冉有曰：「君子之行也，**行政事。**度於禮，施取其厚，事舉其中，斂從其薄。如是，則以丘亦足矣。**丘，十六井，出戎馬一匹，牛三頭，是賦之常法。**若不度於禮，而貪冒無厭，則雖以田賦，將又不足。且子季孫若欲行而法，則周公之典在。若欲苟而行，又何訪焉？」弗聽。**爲明年用田賦傳。【疏】注「丘賦」至「田賦」。❷　正義曰：《司馬法》方里爲井，四井爲邑，四邑爲丘。丘出馬一匹，牛三頭。四丘爲甸，甸乃有馬四匹，牛十二頭，是爲革車一乘。今用田賦，必改其舊，但不知若爲用之。❸ 賈逵以爲欲令一井之間出一丘之税，井別出馬一匹，牛三頭。若其如此，則一丘之内有一十六井，其出馬牛乃多於常一十六倍。且直云「用田賦」，何知使井爲丘也？杜以如此，則賦税大多，非民所能給，故改之。舊制，丘賦之法，田之所收及家内資財，并共一馬三牛。今欲別其田及家資各爲一賦，計一丘民之家資令出一馬三牛，又計田之所收，更出一馬三牛，是爲所出倍於常也。舊田與家資同賦，今欲別賦其田，故言「欲以田賦」也。

---

❶「諸」，阮校：「岳本作『於』。」

❷「注丘賦至田賦」，阮本此節正義在「季孫欲以田賦」句注下。

❸「爲」，監本、毛本、文淵閣本作「何」。

春秋左傳正義卷第三十六

哀公

國子祭酒上護軍曲阜縣
開國子臣孔穎達等奉勑撰

【經】十有二年，春，用田賦。直書之者，以示改法重賦。【疏】注「直書」至「重賦」。正義曰：「用田賦」者，用田之所收以爲賦，令之出牛馬也。依實直書之，以示改常法重賦斂。成元年「作丘甲」，甲是造作之物，故言「作」。馬牛，賦税以充之，非造作之物，且譏其賦，不譏其作，故書「用」，言舊不用，而今用之。

夏，五月，甲辰，孟子卒。魯人諱娶同姓，謂之孟子。《春秋》不改，所以順時。【疏】注「魯人」至「順時」。正義曰：《論語》云：「君娶於吴爲同姓，謂之吴孟子。」是魯人常言稱孟子也。《坊記》云：「《魯春秋》去夫人之姓曰吴，其死曰孟子卒。」是舊史書爲「孟子卒」。及仲尼脩《春秋》，以魯人已知其非，諱而不稱姬氏。諱國惡，禮也。因而不改，所以順時世也。「《魯春秋》去夫人之姓曰吴」，《春秋》無此文。《坊記》云然者，禮，夫人初至，必書於策。若娶齊女，則云「夫人姜氏至自齊」。此孟子初至之時，亦當書曰「夫人姬氏至自吴」。同姓不得稱姬，舊史所書蓋直云「夫人至自吴」，是去夫人之姓，直書曰吴而已。仲尼脩《春秋》，以犯禮明著，全去其文，故今經無其事。

公會吴于橐皋。橐皋，在淮南逡遒縣東南。❶

秋，公會衛侯、宋皇瑗于鄖。鄖，發陽也。廣陵海陵縣東南有發繇口。❷【疏】注「鄖發陽也」。正義曰：十七年傳云：「孟武伯問於高柴，曰『諸侯盟，誰執牛耳？』季羔曰：『發陽之役，衛石魋。』」指此會也。知鄖即發陽，一地二名也。

宋向巢帥師伐鄭。

冬，十有二月，螽。周十二月，今十月，是歲應置閏，而失不置。雖書十二月，實今之九月。司歷十一月。❸九月之初尚温，故得有螽。

【傳】十二年，春，王正月，用田賦。終前年事。

夏，五月，昭夫人孟子卒。昭公娶于吴，故不書姓。諱娶同姓，故謂之「孟子」，若宋女。**死不赴，故不稱夫人。**不稱夫人，故不言薨。**不反哭，故不言葬小君。**反哭者，夫人禮也。以同姓故，不成其夫人喪。**孔子與弔，適季氏。季氏不絻，放絰而拜。**孔子始老，故與弔也。絻，喪冠也。孔

❶「逡」，阮校：「《郡國志》作『浚』。」

❷「口」，淳熙本、京都本、文淵閣本、阮本作「亭」。

❸「十」，《四部叢刊》本、京都本、文淵閣本、阮本作「誤」，當是。阮校：「作『十』，非也。」

子以小君禮往弔，季孫不服喪，故去絰，從主節制。【疏】注「諱娶」至「宋女」。❶ 正義曰：諱娶同姓，不得謂之吳女。宋是子姓，長女字孟，故惠公元妃謂之孟子。今亦稱孟子者，全改其本，若言此夫人是宋國之長女也。《釋例》曰：「經書『孟子卒』，傳言『昭公娶于吳，故不書姓』。此爲昭公加諱，不復繫吳，改其姓號，傳因而弗革也。《論語》謂之吳孟子，蓋時人常言，非經傳正文也。而賈氏以爲言孟子，若言吳之長女也。稱吳長女，既不異於同姓，且娶同姓，長之與少，未聞其異，無所爲別也。」 注「反哭」至「人喪」。 正義曰：禮，既葬，日中自墓反，虞於正寢，所謂反哭於寢。反哭者，是夫人之正禮也。季氏以同姓之故，不成其夫人之喪，不爲反哭，故不書葬，所以懲臣子之過也。《釋例》曰：「若昭之孟子者，以同姓爲闕。生革其姓，過而知悔也。然吳之大伯，下及魯昭，於親遠矣，所諱在於名義而已。居夫人之位，籍小君之尊，已三世矣，季氏當國而不爲之服，至令仲尼釋己之絰，國朝不成其喪，以世適夫人不書於策，此季氏之咎也。」杜言不書於策，謂不以夫人之禮書於經也。 注「孔子」至「節制」。 正義曰：杜以「孔子與弔」，明其已去臣位。若在臣位，則服小君之喪，不得云「與弔」而已，故云「孔子始老」。始老者，謂始致事也。劉炫云：「案十六年仲尼卒，哀公誄之，子貢譏云『生不能用』，❷則是哀公不用仲尼爲臣也。又《世家》及諸書無云仲尼仕於哀公，❸杜焉得云『孔子始老』乎？」今知不然者，以上十一年傳稱仲尼在衛，魯人以幣召之，是召之而來，當以任用，故冉有云「子爲國老，待子而行」，後乃致事，故孟子之喪而

---

❶「注諱娶至宋女」，阮本以下正義三節分疏於傳文各節下。
❷「譏」，正宗寺本作「説」。
❸「諸」，原作「語」，據正宗寺本、京都本、文淵閣本、阮本改。

來與弔。若哀公全不能用，何須以幣召之？但哀公不用其言，故云「生不能用」。於傳文上下理甚符同。劉以爲不仕哀朝以規杜過，非也。《喪服》「齊衰三月」章曰：「爲舊君、君之母、妻。傳曰：爲舊君者孰謂也？仕焉而已者也。何以服齊衰三月？言與民同也。君之母、妻，則小君也。」鄭玄云：「仕焉而已者，謂老若有廢疾而致仕者也。❶爲小君服者，恩深於民也。」是其服與民同，不服臣爲小君之服，故與常弔也。禮，齊衰之喪，始死而絻，以至於成服。絻以代吉冠，故以絻爲喪冠也。孔子以季孫當服臣爲小君之禮，故以小君禮往弔季氏。傳言「適季氏」，謂適季氏哭位，故杜言往弔謂就其哭位也。季孫既不服喪，孔子不得服弔服，❷故去絰，從主節制也。大夫之弔，服弁絰。鄭玄云：「弁絰者，如爵弁而素，而加環絰。絰大如緦之絰。」纏而不糾也。❸《曲禮》云：「凡非弔喪，非見國君，無不答拜者。」鄭玄云：「喪賓不答拜，不自賓客也。」禮弔無拜法，而此言孔子放絰而拜者，記言喪賓不答拜，謂喪主既拜賓，賓不答拜耳。其初見主人，或弔者先拜。據此傳文，必有拜法。記無其事，記不具耳。

公會吴于橐皋。吴子使大宰嚭請尋盟，尋鄖盟。**公不欲，使子貢對曰：「盟所以周信也，**周，固。**故心以制之，**制其義。**玉帛以奉之，**奉贄明神。**言以結之，**結其信。**明神以要之。**要以禍福。

❶「廢」，阮校：「當作『癈』。」

❷「孔」，原作「二」，據正宗寺本、京都本、文淵閣本、阮本改。上「服」字，原作「哭」，據正宗寺本、京都本、文淵閣本、阮本改。

❸「糾」，原作「以」，據正宗寺本、京都本、文淵閣本、阮本改。

寡君以爲，苟有盟焉，弗可改也已。若猶可改，日盟何益？今吾子曰『必尋盟』，若可尋也，亦可寒也。」尋，重也。寒，歇也。乃不尋盟。

吴徵會于衛。初，衛人殺吴行人且姚而懼，謀於行人子羽。子羽，衛大夫。❶子羽曰：「吴方無道，無乃辱吾君，不如止也。」子木曰：「吴方無道，子木，衛大夫。國無道，必棄疾於人。吴雖無道，猶足以患衛。爲衛患也。往也！長木之斃，無不摽也。摽，擊。國狗之瘈，無不噬也。瘈，狂也。噬，齧也。而況大國乎？」秋，衛侯會吴于鄖。

公及衛侯、宋皇瑗盟，盟不書，畏吴竊盟。而卒辭吴盟。吴人藩衛侯之舍。藩，籬。子服景伯謂子貢曰：「夫諸侯之會，事既畢矣，侯伯致禮，地主歸餼，侯伯致禮，以禮賓也。地主，所會主人也。餼，生物。以相辭也。各以禮相辭讓。今吴不行禮於衛，而藩其君舍以難之，難，苦困也。子盍見大宰？」❷乃請束錦以行。以賂吴。語及衛故，若本不爲衛請者。大宰嚭曰：「寡君願事衛君，衛君之來也緩，寡君懼，故將止之。」止，執。子貢曰：「衛君之來，必謀於其衆。其衆或欲或否，是以緩來。其欲來者，子之黨也。其不欲來者，子之讐也。若執衛君，是墮黨而崇讐也。墮，毁也。夫墮子者，得其志矣。且合諸侯而執衛君，誰敢不懼？墮黨崇讐，而懼諸侯，或者難以霸乎？」大

❶「夫」下，阮校：「岳本有『也』字。」

❷「宰」下，阮校：「石經有『嚭』字。」

宰嚭説，乃舍衛侯。

衛侯歸，效夷言。子之尚幼，子之，公孫彌牟。曰：「君必不免，其死於夷乎？執焉，而又説其言，從之固矣。」出公輒後卒死於越。【疏】注「尋重也寒歇也」。❶　正義曰：《少牢有司徹》云「乃尋尸俎」，鄭玄云：「尋，温也。」引此「若可尋也，亦可寒也」。則諸言「尋盟」者，皆以前盟已寒，更温之使熱。温舊即是重義，故以尋爲重。傳意言若可重温使熱，亦可歇之使寒，故言寒歇，不訓寒爲歇也。　「長木」至「噬也」。　正義曰：長木，喻吴國大也。狗瘈，喻吴失道也。國狗猶家狗，言家畜狂狗，必齧人也。　注「盟不」至「竊盟」。　正義曰：畏吴竊盟，恐吴知之，故不敢書於策也。成二年公及楚人、秦人云云盟於蜀。傳曰：「卿不書，匱盟也。於是乎畏晉而竊與楚盟，故曰匱盟。」彼以畏晉竊盟，故諸侯之卿皆貶而稱「人」。此亦畏吴竊盟，宜應貶此三國，經遂没而不書者，彼以晉是盟主，諸侯不應背晉，故貶諸侯之卿，以成晉爲霸主。此吴以夷禮自處，不合主諸侯之盟，故與吴盟者悉皆不書，是不與吴爲盟主也。既不與吴，則三國私盟，於義可許，不合貶責。但魯自不書，仲尼亦從而不書之耳。《釋例》曰：「諸侯畏晉而竊與楚盟，而貶其卿，所以成晉爲盟主也。吴之彊大，始於會鄫，終於黄池，凡三會三伐三盟，唯書會伐而不書盟者，吴以盟主自居，而行其夷禮，禮儀不典，則盟神不蠲，非所以結信義、昭明德，故不録其盟，不與其成爲盟主也。既不與吴之爲盟主，則宋魯衛三國私盟可許，故無貶文。」是其説也。杜言三會三伐三盟者，七年會于鄫，十二年會于槖臯，十三年會于黄池，是三會也。

❶「注尋重也寒歇也」，阮本以下正義四節分疏於傳文各節下。

八年吴伐我，十年公會吴伐齊，十一年齊國書及吴戰于艾陵，是三伐也。七年傳云「夏，盟于鄫衍」，八年傳云「吴人盟而還」，十三年傳云「秋，七月，辛丑，盟，吴晉争先」，是三盟也。注「侯伯」至「生物」。正義曰：侯伯，諸侯之長，謂盟主也。侯伯爲主，則諸侯之從己者皆爲賓致禮。禮賓，當謂有以禮之，或設飲食與之宴也。地主，所會之地主人也，當歸生物於賓。禮，牲生曰餼。服虔云：「致賓禮於衛」，衛非地主。」

冬，十二月，螽。季孫問諸仲尼，仲尼曰：「丘聞之，火伏而後蟄者畢。火，心星也。火伏在今十月。**今火猶西流，司歷過也。」**猶西流，言未盡没。知是九月，歷官失一閏。《釋例》論之備。【疏】注「猶西」至「之備」。正義曰：《月令》：季夏之月，昏火星中。《詩》云：「七月流火。」毛傳云：「流，下也。」謂昏而見於西南，漸下流也。《周禮·司爟》云「季秋内火」，是九月之昏火始入，十月之昏則伏矣。猶西流者，言其未盡没，是夏九月也。經書「十二月」，則是夏十月，歷官失一閏，故以九月爲十月。《釋例·長歷》言：「諸儒皆以爲時實周之九月，❶而書十二月，謂之再失閏。若如其言，乃成三失，非但再也。今以《長歷》推《春秋》，此十二月乃夏之九月，實周之十一月也。此年當有閏，而今不置閏，此爲失一閏月耳。十二月不應螽，故季孫怪之。仲尼以斗建在戌，火星尚未盡没，據今猶見，故言『猶西流』，明夏之九月尚可有螽也。季孫雖聞仲尼此言，猶不即改，明年十二月復螽，於是始悟，十四年春乃置閏，欲以補正時歷也。傳於十五年書閏月，蓋置閏正之，欲明十四年

❶「時」，閩本、監本、毛本、文淵閣本作「冬」。

之閒，於法當在十二年也。」

宋鄭之間有隙地焉，隙地，閒田。**曰彌作、頃丘、玉暢、嵒、戈、錫。**❶凡六邑。**子產與宋人爲成，曰：「勿有是。」**俱棄之。**及宋平、元之族自蕭奔鄭，**在定十五年。**鄭人爲之城嵒、戈、錫。**城以處平、元之族。**九月，宋向巢伐鄭，取錫，殺元公之孫，遂圍嵒。十二月，鄭罕達救嵒，丙申，圍宋師。**此事，經在十二月螽上，今倒在下，更具列其月以爲別者，丘明本不以爲義例，故不皆齊同。【疏】注「此事」至「齊同」。　正義曰：杜以此與經別，故言丘明不以爲義例，故使文不齊同。劉炫以爲傳説當時事耳，更倒本隙地之事，載其日月，使與明年相接。今知不然者，案宣二年「壬申，朝于武宮」，是十月五日，下乃云「冬，趙盾爲旄車之族」。彼注云：「壬申是十月五日也。既有日而無月，冬又在壬申下，明傳文無較例。」彼既無倒本其事，與後年相接，足知此亦不爲倒本其事，使九月在十二月之下，明傳因簡牘舊文，或日月前後不以爲例。若以倒敘其事爲後年張本，案傳之上下，凡倒敘事爲後年張本者，唯道事之所由，不具載其日月。劉以此而規杜過，非也。

【經】十有三年，春，鄭罕達帥師取宋師于嵒。書取，覆而敗之。

---

❶「錫」，《經典釋文》同，云：「音羊，一音星歷反。」則或作「鍚」矣。石經、岳本、纂圖本、京都本、閩本、監本、毛本、文淵閣本、阮本作「鍚」。

夏，許男成卒。無傳。

公會晉侯及吴子于黄池。陳留封丘縣南有黄亭，近濟水。夫差欲霸中國，尊天子，自去其僭號而稱子，以告令諸侯，故史承而書之。【疏】注「夫差」至「書之」。正義曰：七年會吴于鄫，十二年會吴于橐皋，皆不稱子。此稱「吴子」，故解之。夫差欲霸中國，尊天子，而自號爲王，則諸侯不服，故去僭號，自稱吴子，以告令諸侯，故諸侯之策承而書曰「吴子」。《吴語》説此事云，晉侯命董褐告吴王曰：「今君奄王東海，以淫名聞於天下，君有短垣，而自踰之，況蠻荆則何有於周室？夫命圭有命，固曰吴伯，不曰吴王。諸侯是以敢辭。夫諸侯無二君，而周無二王。君若無卑天子，而曰吴公，孤敢不順從君命？」吴王許諾。是其去僭號也。於此會去王號耳，其於吴國猶稱王不改也。

楚公子申帥師伐陳。無傳。

於越入吴。

秋，公至自會。無傳。

晉魏曼多帥師侵衛。無傳。

葬許元公。無傳。

九月，螽。無傳。書災。

冬，十有一月，有星孛于東方。無傳。平旦衆星皆没，而孛乃見，故不言所在之次。【疏】注「平旦」至「之次」。正義曰：《公羊傳》曰：「孛者何？彗星也。其言于東方何？見于旦也。」杜用彼説。衆星皆沒，故不言所在之次。

盜殺陳夏區夫。無傳。稱盜，非大夫。

十有二月，螽。無傳。前年季孫雖聞仲尼之言，而不正歷，失閏至此年，故復十二月螽，實十一月。

【傳】十三年，春，宋向魋救其師。救前年圍嵒師。**鄭子賸使徇曰：「得桓魋者，有賞。」魋也逃歸，遂取宋師于嵒，獲成讙、郜延。**二子，宋大夫。**以六邑爲虛。**空虛之，名不有。❶

夏，公會單平公、晉定公、吳夫差于黄池。平公，周卿士也。不書，尊之，不與會也。❷

六月，丙子，越子伐吳，爲二隧。隧，道也。**疇無餘、謳陽自南方，**二子，越大夫。**先及郊。吳大子友、王子地、王孫彌庸、壽於姚自泓上觀之。**觀越師。泓，水名。**彌庸見姑蔑之旗，**姑蔑，越地，今東陽大末縣。**曰：「吾父之旗也。**彌庸父爲越所獲，故姑蔑人得其旌旗。**不可以見讎而弗殺也。」大子曰：「戰而不克，將亡國。請待之。」彌庸不可，屬徒五千，**屬，會也。**王子地助之。乙酉，**

---

❶ 「名」，阮校：「岳本、足利本『名』字作『各』。按，『各』是也。『各不有』者，宋、鄭皆不有之，如子産所約也。」

❷ 「也」，《四部叢刊》本、京都本、文淵閣本、阮本無此字。

戰，彌庸獲疇無餘，地獲謳陽。越子至，王子地守。丙戌，復戰，大敗吴師。獲大子友、王孫彌庸、壽於姚。地守，故不獲。丁亥，入吴。吴人告敗于王，王惡其聞也，惡諸侯聞之。自剄七人於幕下。以絶口。

秋，七月，辛丑，盟，吴晉争先。争歃血先後。吴人曰：「於周室，我爲長。」吴爲大伯後，故爲長。晉人曰：「於姬姓，我爲伯。」爲侯伯。趙鞅呼司馬寅寅，晉大夫。曰：「日旰矣，旰，晚也。大事未成，二臣之罪也。大事，盟也。二臣，鞅與寅。建鼓整列，二臣死之，長幼必可知也。」對曰：「請姑視之。」反曰：「肉食者無墨，墨，氣色下。今吴王有墨，國勝乎？國爲敵所勝。大子死乎？且夷德輕，不忍久，請少待之。」少待，無與争。乃先晉人。盟不書，諸侯耻之，故不録。

吴人將以公見晉侯，子服景伯對使者曰：「王合諸侯，則伯帥侯牧以見於王。伯，王官伯。侯牧，方伯。伯合諸侯，則侯帥子男以見於伯。伯，諸侯長。自王以下，朝聘玉帛不同。故敝邑之職貢於吴，有豐於晉，無不及焉，以爲伯也。今諸侯會，而君將以寡君見晉君，則晉成爲伯矣，敝邑將改職貢。魯賦於吴八百乘，若爲子男，則將半邾以屬於吴，半邾，三百乘。而如邾以事晉。如邾，六百乘。且執事以伯召諸侯，而以侯終之，何利之有焉？」吴人乃止。既而悔之，謂景伯欺之。將囚景伯。景伯曰：「何也立後於魯矣，何，景伯名。將以二乘與六人從，遲速唯命。」遂囚以還。及户牖，户牖，陳留外黄縣西北東昏城是。**謂大宰曰：「魯將以十月上辛有事於上帝先王，❶季辛而畢。何世有職焉，**有職於祭事。**自襄以來，未之改也。**魯襄公。**若不會，祝宗將曰：『吴實然。』**言魯祝宗將告神云：「景伯不會，坐爲吴所囚。」吴人信鬼，故以是恐之。**且謂魯不共，而執其賤者七人，何損焉？」大宰嚭言於王曰：「無損於魯，而祇爲名，**適爲惡名。**不如歸之。」乃歸景伯。**

吴申叔儀乞糧於公孫有山氏。申叔儀，吴大夫。公孫有山，魯大夫，舊相識。**曰：「佩玉縈兮，余無所繫之。**縈然服飾備也，己獨無以繫佩。言吴王不恤下。**旨酒一盛兮，余與褐之父睨之。」**一盛，一器也。睨，視也。褐，寒賤之人。言但得視，不得飲。**對曰：「粱則無矣，麤則有之。若登首山以呼曰，庚癸乎！則諾。」**軍中不得出糧，故爲私隱。庚，西方，主穀。癸，北方，主水。傳言吴子不與士共飢渴，所以亡。

王欲伐宋，殺其丈夫而囚其婦人。以宋不會黄池故。言吴子悖惑。**大宰嚭曰：「可勝也，而弗能居也。」乃歸。冬，吴及越平。**終伍員之言。【疏】「趙鞅」至「知也」。❷正義曰：如此傳文，則趙鞅先欲與吴戰也。《吴語》云：「吴晉爭長未成，邊遽仍至，以越亂告。吴王懼，乃合大夫而謀曰：『無會而歸與會而先

---

❶「先王」，阮校：「正義曰『周之十月，非祭上帝先公之時』，則『先王』似當作『先公』。」孫校：「桓五年疏引此傳亦作『先公』，則『王』是誤字無疑。」

❷「趙鞅至知也」，阮本以下正義十二節分疏於傳文各節下。

晉，孰利？』王孫雄先對曰：『二者莫利，必會而先之。』」乃爲吴王設計布陳，「雞鳴乃定。去晉軍一里。昧明，王乃秉枹」，鳴鼓，三軍皆嘩，聲動天地。於是晉軍大駭，乃令董褐請事。賈逵等皆云：「董褐，司馬寅也。」如彼文，則吴請先戰。《國語》各記其國之事，言有彼此，故其文不同。　注「二臣鞅與寅」。　正義曰：杜以鞅呼寅與語，明其同憂國事，故以二臣爲鞅與寅也。劉炫以爲吴晉二臣。今知不然者，以趙鞅呼司馬寅，自相與語云「建鼓整列，二臣死之」，皆是鞅、寅自謂，故知二臣鞅與寅也。鞅既不共吴臣對論曲直，何得以二臣爲吴晉之臣？劉以爲吴晉之臣而規杜氏，非也。　「建鼓」。　正義曰：建，立也。立鼓，擊之與戰也。《大射禮》云「建鼓在阼階西」，鄭玄云：「建猶樹也。以木貫而載之，樹之跗也。」彼謂立之於地，所謂殷人楹鼓，與此別也。　「反曰」至「死乎」。　正義曰：《吴語》説此事云：「董褐既致命，乃告趙鞅曰：臣觀吴王之色，類有大憂，小則嬖妾、適子死，不然則國有難，大則越入吴，將毒，不可與戰。主其許之。」説與此傳小異。　「乃先晉人」。　正義曰：《吴語》説此事云：「吴公先歃，晉侯亞之。」與此異者，經書「公會晉侯及吴子」，傳稱「公會單平公、晉定公、吴夫差」，吴皆在下，晉實先矣。經據魯史策書，傳采魯之簡牘，魯之所書必是依實。《國語》之書，當國所記，或可曲筆直己，辭有抑揚，故與《左傳》異者多矣。鄭玄云「不可以《國語》亂周公所定法」，傅玄云「《國語》非丘明所作」。凡有共説一事而二文不同，必《國語》虚而《左傳》實，其言相反，不可强合也。　「王合」至「於伯」。　正義曰：《曲禮》云：「五官之長曰伯，是職方也。九州之長，入天子之國曰牧，於外曰侯。」職方者，二伯各主一方。州長者，州牧各主一州。《周禮》所謂「八命作牧、九命作伯」是也。　「王合諸侯，則伯帥侯牧」，當如《康王之誥》大保帥西方諸侯，畢公帥東方諸侯，以見於王也。計當盡帥諸侯，獨言帥侯牧者，舉尊而言，其實盡帥之也。「伯合諸侯，則侯帥子男」，侯謂牧也，牧帥諸國之君見於伯也，亦當盡帥在會諸侯，獨云子男，舉小爲言，其實亦見在會者，盡帥以見伯也。　「故敝」至「伯也」。　正義曰：言共職貢於吴，有豐於晉，無有不及晉時，以吴爲伯故也。　「魯賦」至「事晉」。　正義曰：七年使茅夷鴻請救於吴云：❶「魯賦八百乘，君之貳也。邾賦六百乘，君之私也。」今魯賦八百乘以貢於吴，以吴爲伯故也。吴今帥魯以見於晉，則吴爲州牧，魯爲子男，晉成伯矣。邾是子爵，以六百乘貢吴，邾以吴爲伯故也。魯既以晉爲伯，吴爲牧，牧卑於伯，則將半邾三百乘以屬於吴，而如邾六百乘以事於晉也。

「魯將」至「而畢」。　正義曰：七月，辛丑，盟，囚景伯以還。今景伯稱十月，當謂周之十月。周之十月，非祭上帝先公之時，且祭禮終朝而畢，無上辛盡於季辛之事。景伯以吴信鬼，皆虚言以恐吴耳。　注「一盛」至「得飲」。　正義曰：酒盛於器，故謂一器爲一盛。《説文》云：「睨，邪視也。」《詩》云：「無衣無褐，何以卒歲？」鄭玄云：「褐，毛布也。人之貴者無衣，賤者無褐。」是褐者寒賤人之衣服也。言我與彼褐之父，但得共邪視之，不得飲之。告己之乏食也。　「對曰」至「則諾」。　正義曰：食以稻粱爲貴，故以粱表精。若求粱米之飯則無矣，麤者則有之。若我登首山以叫呼「庚癸乎」，女則諾。軍中不得出粮與人，故作隱語，爲私期也。庚在西方，穀以秋孰，故以庚主穀。癸在北方，居水之位，故以癸主水。言欲致飯并致飲也。《土地名》：「首山，闕。」不知其處。當在吴所營軍之旁。　「吴及越平」。　正義曰：言吴不能報越，求與之平。終伍員所謂「二三年始弱」也。

---

❶「使」，正宗寺本、京都本、文淵閣本、阮本作「傳」。今案：當作「傳」。七年傳云：「邾茅夷鴻以束帛乘韋自請救於吴」，乃自請救，非「使」之。

【經】十有四年，春，西狩獲麟。麟者，仁獸，聖王之嘉瑞也。時無明王，出而遇獲。仲尼傷周道之不興，感嘉瑞之無應，故因魯《春秋》而脩中興之教，絶筆於獲麟之一句，所感而作，固所以爲終也。冬獵曰狩，蓋虞人脩常職，故不書狩者。大野在魯西，故言「西狩」。得用曰獲。【疏】注「麟者」至「曰獲」。正義曰：《公羊傳》曰：「麟者，仁獸也。」何休云：「一角而戴肉，設武備而不爲害，所以爲仁也。」鄭玄《詩》箋云：「麟角之末有肉，示有武而不用。」《釋獸》云：「麐，麕身，牛尾，一角。」李巡曰：「麟，瑞應獸名。」孫炎曰：「靈獸也。」京房《易傳》曰：「麟，麕身牛尾，狼額馬蹄，有五采，腹下黄，高丈二。」《廣雅》云：「麒麟，狼頭肉角，含仁懷義，音中鐘呂，行步中規，折旋中矩。遊必擇土，翔必有處，不履生蟲，不折生草，不羣不旅，不入陷穽，不入羅網，文章斌斌。」《説文》云「麒，仁獸。從鹿，其聲」，「麟，大牝鹿也。從鹿，粦聲」。《公羊傳》曰：「麟，有王者則至，無王者則不至。」《孝經援神契》云：「德至鳥獸，則麒麟臻。」是言麟爲聖王之嘉瑞也。此時無明王，麟出無所應也。出而遇獲，失其所以歸也。夫以靈瑞之物，轗軻若是，聖人見此，能無感乎？所以感者，以聖人之生非其時，道無所施，言無所用，與麟相類，故爲感也。仲尼見此獲麟，於是傷周道之不興，感嘉瑞之無應，故因魯《春秋》文加褒貶而修中興之教。若能用此道，則周室中興，故謂《春秋》爲中興之教也。《春秋》編年之書，不待年終，而絶筆於獲麟之一句者，本以所感而作，故所以用此爲終也。《釋天》云：「冬獵爲狩。」周之春，夏之冬，故稱狩也。桓四年「公狩于郎」，莊四年「公及齊人狩于禚」，禚、郎二者，公親行，皆書公狩，此狩不書公卿者，蓋是虞人賤官，自脩常職，公卿不行，故不書狩者名氏。此狩常事，本不合書，書之，爲獲麟故也。傳稱「狩于大野」，大野之澤在魯國之西，故言「西狩」。「得用曰獲」，定九年傳例也。杜以獲麟之義，唯此而已。先儒穿鑿，妄生異端。《公羊傳》曰：「有以告者，曰：『有麕而角者。』孔子曰：『孰爲來哉？孰爲來哉？』反袂拭面，涕沾袍，曰：『吾道窮矣。』」說《公羊》者云：麟是漢將受命之瑞，周亡天下之異，夫子知其將有六國争彊，秦項交戰，然後劉氏乃立。夫子深閔民之離害，故爲之隕泣。麟者，太平之符，聖人之類。又云：麟得而死，此亦天告夫子將没之徵也。案：此時去漢二百七十有餘年矣。漢氏起於匹夫，先無王迹，前期三百許歲，天已豫見徵兆，其爲靈命，何大遠乎？言既不經，事無所據，苟佞時世，妄爲虚誕，故杜氏序云：「至於反袂拭面，稱吾道窮，亦無取焉。」然賤其虚誣，❶鄙其妖妄，故無所取之也。說《左氏》者云：麟生於火，而遊於土，中央軒轅，大角之獸。孔子作《春秋》，《春秋》者，禮也，脩火德以致其子，故麟來而爲孔子瑞也。奉德侯陳欽說：「麟，西方毛蟲金精也。孔子作《春秋》，有立言，西方兑爲口，故麟來。」許慎稱劉向、尹更始等皆以爲吉凶不並，瑞災不兼。今麟爲周異，不得復爲漢瑞，知麟應孔子而至。鄭玄以爲：「脩母致子，不如立言之說密也。」賈逵、服虔、潁容等皆以爲孔子自衛反魯，❷考正禮樂，脩《春秋》，約以周禮，三年文成致麟，麟感而至，取龍爲水物，故以爲脩母致子之應。若然，龍爲水物，以其育於水耳，麟生於火，豈其産於火乎？孔子之作《春秋》，門徒盡知之矣，丘明親承聖旨，目見獲麟，丘明何以不言？弟子何以不說？子思、孟軻去聖尤近，荀卿著書尊崇孔德，麟若應孔子而來，著書無容不述，何乃經傳群籍了爾不言？以其既妖且妄，故杜悉無所取。

小邾射以句繹來奔。射，小邾大夫。句繹，地名。《春秋》止於獲麟，故射不在三叛人之數。

❶「然」，文淵閣本、阮本作「蓋」。
❷「潁」，正宗寺本、京都本、阮本作「穎」。阮校：「宋本、監本、毛本作『穎』，非。」

自此以下至十六年，皆魯史記之文，弟子欲存孔子卒，故并録以續孔子所脩之經。【疏】注「射小」至「之經」。　正義曰：此文與邾庶其、黑肱、莒牟夷文同，知射是小邾大夫，以句繹之地來奔魯也。　其事既同，其罪亦等。　傳稱庶其等爲三叛人，不通數此爲四叛人者，以《春秋》之經止於獲麟，獲麟以上褒貶是仲尼之意，此雖文與彼同，而事非孔意，故不數也。　若然，魯史書此舊與彼同，則竊地顯名，史先然矣。　而昭三十一年傳盛論書三叛人名，懲不義也，其善志也。　杜言「書曰」、「故書」皆是仲尼新意。　案此類彼，則彼是舊文。　言新意者，仲尼所脩有因有革。　因者雖是仲尼因舊，舊合仲尼之心，因而不改，即是新意。　所以彼傳歸功脩者，謂之「善志」，爲傳所以脩之既定，乃成爲善也。　故《釋例・終篇》杜自問而釋之云：「丘明之爲傳，所以釋仲尼《春秋》。　仲尼《春秋》皆因舊史策書，義之所在，則時加增損，或仍舊史之無，或改舊史之有，雖因舊文，固是仲尼之書也。　丘明所發，固是仲尼之意也。」是其説也。　《公羊》、《穀梁》之經皆至獲麟而盡，《左氏》之經更有此下事者，自此以下至十六年，皆是魯史記事之正文也。　仲尼所脩，脩此記也。　此上仲尼脩記，此下是其本文。　弟子欲存孔子卒，故因經之末并録魯之舊史，❶以續孔子所脩之經，記仲尼卒之月日，示後人使知之耳。　賈逵亦云此下弟子所記，但不言是魯之舊史耳。

夏，四月，齊陳恒執其君，寘于舒州。【疏】「陳恒執其君」。　正義曰：成十七年晉欒書執晉厲公，亦先執後弑，與此事同。　彼不書者，或此告彼不告，❷且此非孔子所脩，不可以爲例也。

❶「末」，原作「宋」，據正宗寺本、京都本、文淵閣本、阮本改。

❷「彼」，原作「被」，據正宗寺本、京都本、文淵閣本、阮本改。

庚戌，叔還卒。無傳。

五月，庚申，朔，日有食之。無傳。

陳宗豎出奔楚。無傳。

宋向魋入于曹以叛。曹，宋邑。

莒子狂卒。無傳。

六月，宋向魋自曹出奔衛。宋向巢來奔。

齊人弑其君壬于舒州。【疏】「齊人弑其君壬」。正義曰：宣四年傳例曰：「凡弑君稱君，君無道也。稱臣，臣之罪也。」發凡言例，是周公舊典。此魯史不書陳恒之名，蓋依凡例以齊君無道故。

秋，晉趙鞅帥師伐衛。無傳。

八月，辛丑，仲孫何忌卒。

冬，陳宗豎自楚復入于陳，陳人殺之。無傳。

陳轅買出奔楚。無傳。

有星孛。無傳。不言所在，史失之。

饑。無傳。

【傳】十四年，春，西狩於大野，叔孫氏之車子鉏商獲麟，大野，在高平鉅野縣東北大澤是也。

車子，微者，鉏商，名。**以爲不祥，以賜虞人。**時所未嘗見，故怪之。虞人，掌山澤之官。**仲尼觀之，曰：「麟也。」然後取之。**言魯史所以得書獲麟。【疏】注「大野」至「商名」。❶　正義曰：巨訓大也。由其旁有大澤，故縣以鉅野爲名。其澤在曲阜之西，故稱西狩。不書地者，得常不書也。賈逵云：「周在西，明夫子道繫周。」服虔云：「言西者，有意於西，明夫子有立言，立言之位在西方，故著於西也。」案：此澤實在魯西，舊史因書西耳。仲尼不改舊史，何以得示己意？若其本實東狩，仲尼不得輒改爲西，以己意之所示，妄改魯之狩處，雖則下愚，知其不可，豈有斯人而爲斯事？以此立説，何妄之甚？杜以「車子」連文爲將車之子，故爲微者，鉏商是其名也。《家語》説此事云：「叔孫氏之車士曰子鉏商。」王肅云：「車士，將車者也。子，姓。鉏商，名。」今傳無「士」字。服虔云：「車，車士，微者也。子，姓。鉏商，名。」以子爲姓，與杜異。　「以爲」至「虞人」。　正義曰：《家語》云：「子鉏商采薪於大野，獲麟焉，折其前左足，載而歸。叔孫以爲不祥，棄之於郭外。使人告於孔子，孔子曰：『麟也。』然後取之。」王肅云：「傳曰狩，此曰采薪，時實狩獵，鉏商非狩者，采薪而獲麟也。」傳曰「以賜虞人」，此云「棄之於郭外」，棄之於郭外，所以賜虞人也。❷　然肅意欲成彼《家語》，令與經、傳符同，故强爲之辭，冀合其説，❸要其文正乖，不可合也。今傳言狩而獲麟，非采薪者也。❹　鉏商不是狩者，麟非狩之所獲，何以

---

❶「注大野至商名」，阮本以下正義三節分疏於傳文各節下。

❷「賜虞人也」，原空四格，據正宗寺本、京都本、文淵閣本、阮本補。

❸「冀合其説」，原空四格，據正宗寺本、京都本、文淵閣本、阮本補。

❹「者也鉏商」，原空四格，據正宗寺本、京都本、文淵閣本、阮本補。

書爲狩乎？以賜虞人，❶虞人當受之矣。棄之郭外，非賜人之辭，不得棄之以爲賜人也。❷《公羊傳》曰：「西狩獲麟，何以書？記異也。何異爾？非中國之獸也。❸然則孰狩之？薪采者也。薪采者則微者也，曷爲以狩言之？大之也。曷爲大之？爲獲麟大之也。」則《公羊》之意，當時實無狩者，爲大麟而稱狩也。《家語》雖出孔家，乃是後世所録，取《公羊》之説節之以成文耳，不可與《左氏》合也。　注「言魯」至「獲麟」。　正義曰：若舉國不識，則無由得書。傳説「仲尼觀之」，言魯史所以得書獲麟由仲尼辨之故也。服虔云：「仲尼名之曰麟，明麟爲仲尼至也。」然則麟非常見，魯人所疑，仲尼聖者，所言必信，故魯從而取之。此則愚民之信聖也。服虔以仲尼名之，即云「爲仲尼至」，然則防風之骨、肅慎之矢、季氏之墳羊、❹楚王之萍實，皆問仲尼而後知，豈爲仲尼至也？

小邾射以句繹來奔，曰：「使季路要我，吾無盟矣。」子路信誠，故欲得與相要誓，而不須盟。孔子弟子既續書魯策以繫於經，丘明亦隨而傳之，終於哀公，以卒前事。其異事則皆略而不傳，故此經無傳者多。**使子路，子路辭。季康子使冉有謂之曰：「千乘之國，不信其盟，而信子之言，子何辱焉？」對曰：「魯有事于小邾，不敢問故，死其城下可也。彼不臣而濟其言，是義之也。由弗能。」**濟，成也。【疏】「使子」至「弗能」。　正義曰：季孫之意，以小邾射不信千乘之國，而信子路之言，是其重子路

❶「人虞人當」，原空四格，據正宗寺本、京都本、文淵閣本、阮本補。
❷「賜人也公」，原空四格，據正宗寺本、京都本、文淵閣本、阮本補。
❸「國之獸也」，原空四格，據正宗寺本、京都本、文淵閣本、阮本補。
❹「墳」，監本、毛本、文淵閣本作「羵」。

過於一國，子路當以爲榮，不宜恥與言約。子路之意，魯伐小邾，非己能禁，將令己言不信，不可與射約也。又射是竊地叛臣，臣之罪惡者也，而子路與之相要，便是以射爲義，恥與不義交好，故辭不能也。❶

齊簡公之在魯也，闞止有寵焉。簡公，悼公陽生子壬也。闞止，子我也。事在六年。**及即位，使爲政。陳成子憚之，驟顧諸朝。**成子，陳常。心不安，故數顧之。**諸御鞅言於公**鞅，齊大夫。**曰：「陳、闞不可並也，君其擇焉。」**擇用一人。**弗聽。子我夕，**夕視事。**陳逆殺人，逢之，**陳逆，子行，陳氏宗也。子我逢之。**遂執以入。**執逆至朝。**陳氏方睦，**欲謀齊國，故宗族和。**使疾而遺之潘沐，備酒肉焉，**使詐病，因内潘沐，并得内酒肉。潘，米汁，可以沐頭。❷**饗守囚者，醉而殺之而逃。子我盟諸陳於陳宗。**失陳逆，懼其反爲患，故盟之。

初，陳豹欲爲子我臣，豹亦陳氏族。**使公孫言己，**言己，介達之。**已有喪而止。既而言之，**既，終喪也。**曰：「有陳豹者，長而上僂，**肩背僂。**望視，**目望陽。**事君子必得志。**得君子意。**欲爲子臣，吾憚其爲人也，**恐多詐。**故緩以告。」子我曰：「何害？是其在我也。」使爲臣。他日，與之言**

❶「辭」下，京都本、文淵閣本、阮本有「而」字。

❷「沐」，原作「沫」，據《四部叢刊》本、京都本、文淵閣本、阮本改。

政，說，遂有寵。❶**謂之曰：「我盡逐陳氏，而立女，若何？」對曰：「我遠於陳氏矣。**❷言己疏遠。**且其違者不過數人，**違，不從也。**何盡逐焉？」遂告陳氏。子行曰：「彼得君，弗先，必禍子。」子行舍於公宮。**子行逃而隱於陳氏，今又隱於公宮。

夏，五月，壬申，成子兄弟四乘如公。成子之兄弟，昭子莊、簡子齒、宣子夷、穆子安、廩丘子意兹、子芒盈、惠子得，❸凡八人，二人共一乘。**子我在幄，**幄，帳也。聽政之處。**出逆之。遂入，閉門。**成子入，反閉門，不納子我。**侍人禦之，**子我侍人。**子行殺侍人。**素在内，故得殺之。**公與婦人飲酒于檀臺，成子遷諸寢。**徙公使居正寢。**公執戈，將擊之。**疑其欲作亂。**大史子餘曰：「非不利也，將除害也。」**言將爲公除害。**成子出舍于庫，**以公怒故。**聞公猶怒，將出，曰：「何所無君？」子行抽劍曰：「需，事之賊也。**言需疑則害事。**誰非陳宗？**言陳氏宗族衆多。**所不殺子者，有如陳宗！」**言子若欲出，我必殺子，明如陳宗。**乃止。**

子我歸，屬徒攻闈與大門，闈，宮中小門。大門，公門也。**皆不勝，乃出。陳氏追之，失道於弇**

---

❶「有寵謂」，原漫漶不清，據《四部叢刊》本、京都本、文淵閣本、阮本補。

❷「我遠」，原漫漶不清，據《四部叢刊》本、京都本、文淵閣本、阮本補。

❸「子芒盈」，纂圖本、毛本、文淵閣本、阮本作「芒子盈」。阮校：「山井鼎云：或作『子芒盈』，非。」今案：此本正義作「芒子盈」。

中，適豐丘。弇中，狹路。豐丘，陳氏邑。**豐丘人執之以告，殺諸郭關。**齊關名。**成子將殺大陸子方，**子方，子我臣。**陳逆請而免之，以公命取車於道，**子方取道中行人車。**及耏，衆知而東之。**知其矯命，奪車逐使東。**出雍門，**齊城門也。**陳豹與之車，弗受，曰：「逆爲余請，豹與余車，余有私焉。事子我而有私於其讎，何以見魯、衛之士？」**傳言陳氏務施。**東郭賈奔衛。**賈，即子方。**庚辰，陳恒執公于舒州。公曰：「吾早從鞅之言，不及此。」**悔不誅陳氏。【疏】「盟諸陳於陳宗」。❶ 正義曰：陳宗，陳氏宗主，謂陳成子也。盡集陳氏宗族，就成子家盟也。 注「成子」至「一乘」。 正義曰：案《世本》，僖子生昭子莊、簡子齒、宣子其夷、穆子安、廩丘子鬻茲、芒子盈、惠子得。 「誰非陳宗」。 正義曰：子行稱國內之人誰非陳宗，言陳氏宗族衆多，力足成事，何爲畏子我欲出奔？ 「所不」至「陳宗」。 正義曰：子行慮其必出，故以殺子懼之。陳宗，謂陳之先人。此稱「有如陳宗」，由定六年孟懿子謂范獻子曰「所不以陽虎爲中軍司馬者，有如先君」，彼注云：「稱先君以徵其言。」此亦然也。 服虔云：「陳宗，先祖鬼神也。」 注「闈宫」至「門也」。 正義曰：《釋宫》云：「宫中之門謂之闈。」孫炎曰：「宫中相通小門也。」成子在公宫内，知大門公門也。討闈在宫内，必是得入大門乃得至闈。今言攻闈與大門皆不勝者，公宫非止一門，蓋從別門而入，兵得至闈，故與大門並攻也。

宋桓魋之寵害於公。恃寵驕盈。**公使夫人驟請享焉，而將討之。**夫人，景公母也。數請享

---

❶「盟諸陳於陳宗」，阮本以下正義五節分疏於傳文各節下。

飲，欲因請討之。未及，魋先謀公，請以鞌易薄。鞌，向魋邑。薄，公邑。欲因易邑，爲公享宴而作亂。公曰：「不可。薄，宗邑也。」宗廟所在。乃益鞌七邑，而請享公焉。僞喜於受賜。以日中爲期，家備盡往。甲兵之備。公知之，告皇野曰：「余長魋也，少長育之。皇野，司馬子仲。今將禍余，請即救。」司馬子仲曰：「有臣不順，神之所惡也，而況人乎？敢不承命？不得左師不可，左師，向魋兄向巢也。請以君命召之。」左師每食擊鍾。聞鍾聲，公曰：「夫子將食。」既食，又奏。奏樂。公曰：「可矣。」以乘車往，曰：「迹人來告主迹禽獸者。曰：『逢澤有介麇焉。』《地理志》言逢澤在滎陽開封縣東北，❶遠，疑非。介，大也。公曰：『雖魋未來，得左師，吾與之田，若何？』」皇野稱公命。君憚告子。難以遊戲煩大臣。野曰：『嘗私焉。』嘗，試也。君欲速，故以乘車逆子。」與之乘，至，公告之故，拜不能起。司馬曰：「君與之言。」使公與要誓。公曰：「所難子者，上有天，下有先君。」言雖誅魋，要不負言，使禍難及子。對曰：「魋之不共，宋之禍也。敢不唯命是聽？」

司馬請瑞焉，瑞，符節，以發兵。以命其徒攻桓氏。桓氏，向魋。其父兄故臣曰：「不可。」司馬故臣與桓魋無怨者。其新臣曰：「從吾君之命。」遂攻之。子頎騁而告桓司馬。子頎，桓魋弟。桓

---

❶「滎陽」，阮校：「齊召南云：『「滎陽」二字似衍文。案，《漢志》本文『開封逢池在東北，或曰宋之逢澤也』。漢時開封屬河南郡，晉始屬滎陽郡，似不得以晉時郡名混入《漢志》也。』」

司馬即魋也。司馬欲入，入攻君。子車止之，車亦魋弟。**曰：「不能事君，而又伐國，民不與也，祇取死焉。」向魋遂入于曹以叛。**哀八年，宋滅曹以爲邑。

六月，使左師巢伐之，欲質大夫以入焉。巢不能克魋，恐公怒，欲得國內大夫爲質，還入國。**不能。亦入于曹，取質。**不能得大夫，故入曹，刼曹人子弟而質之，欲以自固。**魋曰：「不可。既不能事君，又得罪于民，將若之何？」乃舍之。**舍曹子弟。**民遂叛之。向魋奔衛。向巢來奔，宋公使止之，曰：「寡人與子有言矣，不可以絶向氏之祀。」辭曰：「臣之罪大，盡滅桓氏可也。若以先臣之故，而使有後，君之惠也。若臣，則不可以入矣。」**

司馬牛致其邑與珪焉，而適齊。牛，桓魋弟也。珪，守邑符信。**向魋出於衛地，公文氏攻之，**公文氏，衛大夫。**求夏后氏之璜焉。與之他玉，而奔齊，陳成子使爲次卿。司馬牛又致其邑焉，而適吴，**示不與魋同。**吴人惡之而反。趙簡子召之，陳成子亦召之，卒於魯郭門之外，阬氏葬諸丘輿。**阬氏，魯人也。泰山南城縣西北有輿城。録其卒葬所在，愍賢者失所。【疏】注「主迹禽獸者」。❶ 正義曰：《周禮・地官・迹人》：「掌邦田之政，❷凡田獵者受令焉。」鄭玄云：「迹之言跡知禽獸之處也。」 注「地

---

❶「注主迹禽獸者」，阮本以下正義三節分疏於傳文各節下。

❷「之」下，《周禮・地官》有「地」字。

理」至「大也」。　正義曰：《漢書・地理志》云：「開封縣，逢澤在東北，❶或曰宋之逢澤也。」臣瓚案：「《汲郡古文》『梁惠王廢逢忌之藪以賜民』，❷今浚儀縣有逢忌陂是也。」❸《土地名》「宋都睢陽」，計去開封四百餘里，非輕行可到，故杜以「遠，疑非」也。　蓋於宋都之旁別有近地名逢澤也。「介，大也」，《釋詁》文。　案《方言》：「畜無耦曰介。」杜云「大」者，逢澤大處，不應唯有一麇，若迹人止告一麇，不應公喚左師俱獵，故以介爲大。　劉炫以爲一麇而規杜氏，非也。　注「瑞符節以發兵」。　正義曰：《周禮・典瑞》云：「牙璋以起軍旅，以治兵守。」鄭衆云：「牙璋瑑以爲牙，牙齒兵象，故以牙璋發兵，若今時以銅虎符發兵也。」彼用牙璋，天子之法，諸侯於其封内亦自以瑞發兵，其物無文以言之。

甲午，齊陳恒弑其君壬于舒州。壬，簡公也。**孔丘三日齊，而請伐齊三。公曰：「魯爲齊弱久矣，子之伐之，將若之何？」對曰：「陳恒弑其君，民之不與者半。以魯之衆，加齊之半，可克也。」公曰：「子告季孫。」孔子辭。**辭不告。**退而告人曰：「吾以從大夫之後也，故不敢不言。」**嘗爲大夫而去，故言後。【疏】「孔丘」至「告人」。　正義曰：《論語》録此事與此小異。　彼云「沐浴而朝」，此云「齊而請」。彼云「公曰告夫三子」，此云「公曰子告季孫」。　禮，齊必沐浴。　三子，季孫爲長。　各記其一，故不同耳。　彼於「退而告人」之下又云「之三子告」，此無文者，傳是史官所録，記其與君言耳。　退後别告三子，唯弟子知之。　史官不

❶ 「澤」，阮校：「案，《漢書・地理志》作『池』。」
❷ 「廢」，阮校：「案，《漢志》作『發』。」
❸ 「逢忌陂」，阮校：「案，《漢志》作『逢陂忌澤』。」

見其告，故傳無文也。

初，孟孺子洩將圉馬於成，洩，孟懿子之子孟武伯也。圉，畜養也。成，孟氏邑。成宰公孫宿不受，曰：「孟孫爲成之病，不圉馬焉。」病，謂民貧困。孺子怒，襲成。從者不得入，乃反。成有司使，孺子鞭之。恨恚，故鞭成有司之使人。

秋，八月，辛丑，孟懿子卒。成人奔喪，弗内，袒免，哭于衢，聽共，弗許。請聽命共使。懼，不歸。不敢歸成，爲明年成叛傳。

【經】十有五年，春，王正月，成叛。

夏，五月，齊高無丕出奔北燕。無傳。

鄭伯伐宋。無傳。

秋，八月，大雩。無傳。

晉趙鞅帥師伐衛。無傳。

冬，晉侯伐鄭。無傳。

及齊平。魯與齊平。

衛公孟彄出奔齊。無傳。

【傳】十五年，春，成叛于齊。武伯伐成，不克，遂城輸。以偪成。

夏，楚子西、子期伐吴，及桐汭。宣城廣德縣西南有桐水，出白石山西北，入丹陽湖。陳侯使公孫貞子弔焉，弔爲楚所伐。及良而卒。良，吴地。將以尸入，《聘禮》：「若賓死，未將命，則既斂於棺，造於朝，介將命。」吴子使大宰嚭勞，且辭曰：「以水潦之不時，無乃廩然隕大夫之尸，廩然，傾動貌。以重寡君之憂。寡君敢辭上介。」芋尹蓋對蓋，陳大夫，貞子上介。曰：「寡君聞楚爲不道，荐伐吴國，荐，重也。滅厥民人。寡君使蓋備使，弔君之下吏。備猶副也。無禄，使人逢天之慼，大命隕隊，絶世于良，絶世，猶言棄世。廢日共積，廢行道之日，以共具殯斂所積聚之用。一日遷次。一日便遷次，不敢留君命。今君命逆使人曰：『無以尸造于門。』是我寡君之命委于草莽也。且臣聞之曰：『事死如生，❶禮也。』於是乎有朝聘而終，以尸將事之禮，朝聘道死，❷以尸行事。又有朝聘而遭喪之禮。遭所聘之喪。若不以尸將命，是遭喪而還也，無乃不可乎？以禮防民，猶或踰之。今大夫曰『死而棄之』，是棄禮也，其何以爲諸侯主？謂主盟也。先民有言曰：『無穢虐士。』虐士，死者。備使奉尸將命，苟我寡君之命達于君所，雖隕于深淵，則天命也，非君與涉人之過也。」吴人

---

❶「如」下，京都本、文淵閣本、阮本有「事」字。

❷「道死」，阮校：「岳本『道』上有『而』字，『死』下有『則』字。」

内之。傳言芋尹蓋知禮。【疏】注「聘禮」至「將命」。❶ 正義曰：《聘禮》文也。服虔云：「在牀曰尸，在棺曰柩。」禮稱「既斂於棺」，傳言「將以尸入」者，記言對文耳，散則可以通。隱元年傳曰「贈死不及尸」，注云「尸，未葬之通稱也」。案《聘禮》：「賓入竟而死，遂也，主人爲之具而殯，介攝其命。君弔，介爲主人。主人歸禮幣，必以用。介受賓禮，無辭也，不饗食。」此謂入竟未至國都，賓死，其禮如此。《聘禮》又云：「若賓死，未將命，則既斂于棺，造于朝，介將命。」鄭注云：「未將命，謂俟間之後也。」此謂賓已至朝，主人將欲行禮，賓請閒之後，賓死，以柩造朝，以尸將事。今公孫貞子卒於竟内，依禮唯可以尸而入，殯於賓館，不合以柩造朝，以尸將事。今上介芋尹云「以尸將事」者，以吴人不納，故芋尹引禮，深以折之。❷ 杜以傳有「以尸將事」，故引《聘禮》「斂於棺，造於朝，介將命」以釋之。其實貞子當殯於館，不得以尸將事也。「於是」至「之禮」。正義曰：上注所引者，是聘賓終以尸將事之禮。《聘禮》又云：「聘遭喪，入竟則遂也，不郊勞，不筵几，主人畢歸禮，賓唯饔餼之受。」是聘而遭喪之禮也。其朝禮雖亡，賓終及主遭喪，必亦有禮。文六年「季文子聘於晉，求遭喪之禮」是也。

秋，齊陳瓘如楚。瓘，陳恒之兄子玉也。**過衛，仲由見之，**仲由，子路。**曰：「天或者以陳氏爲斧斤，既斲喪公室，而他人有之，不可知也。其使終饗之，亦不可知也。**饗，受也。**若善魯以待時，不亦可乎？何必惡焉？」**仲由事孔子，故爲魯言。**子玉曰：「然，吾受命矣。子使告我弟。」**弟，成

❶「注聘禮至將命」，阮本以下正義二節分疏於傳文各節下。
❷「折」，正宗寺本作「抑」，閩本、監本、毛本、文淵閣本、阮本作「辯」。

子也。

冬，及齊平。子服景伯如齊，子贛爲介，見公孫成，公孫成，成宰公孫宿也。**曰：「人皆臣人，而有背人之心。況齊人雖爲子役，其有不貳乎？**言子叛魯，齊人亦將叛子。**子，周公之孫也，多饗大利，猶思不義，利不可得，而喪宗國，將焉用之？」**喪宗國，謂以邑入齊，使魯有危亡之禍。**成曰：「善哉！吾不早聞命。」**傳言仲尼之徒皆忠於魯國。

陳成子館客，使景伯、子贛就館。**曰：「寡君使恒告曰：『寡人願事君如事衛君。』」**❶言衛與齊同好，而魯未肯。**景伯揖子贛而進之，對曰：「寡君之願也。昔晉人伐衛，**在定八年。**齊爲衛故，伐晉冠氏，喪車五百，**在定九年。冠氏，陽平館陶縣。**因與衛地，自濟以西，禚、媚、杏以南，書社五百。**二十五家爲一社，籍書而致之。**吴人加敝邑以亂，**在八年。**齊因其病，取讙與闡。**亦在八年。**寡君是以寒心。若得視衛君之事君也，則固所願也。」成子病之，乃歸成。**病其言也。**公孫宿以其兵甲入於嬴。**嬴，齊邑。【疏】「曰人」至「不貳乎」。❷正義曰：「人皆臣人」，謂凡人皆臣事於人，當一心事上。今公孫成「而有背人之心」，謂背魯適齊，況他國齊人雖爲子役，豈有不學子而爲叛貳乎？言必效子而爲叛貳，故杜云「言子叛魯，齊人亦將叛子」也。

---

❶「人」，文淵閣本、阮本作「君」。

❷「曰人至不貳乎」，阮本此節正義在注「齊人亦將叛子」下。

衛孔圉取大子蒯聵之姊，生悝。孔圉，孔文子也。蒯聵姊，孔伯姬。孔氏之豎渾良夫長而美，孔文子卒，通於內。通伯姬。大子在戚，孔姬使之焉。使良夫詣大子所。大子與之言曰：「苟使我入獲國，服冕乘軒，三死無與。」冕，大夫服。軒，大夫車。三死，死罪三。與之盟，爲請於伯姬。良夫爲大子請。

閏月，良夫與大子入，舍於孔氏之外圃。圃，園。昏，二人蒙衣而乘，二人，大子與良夫。蒙衣，爲婦人服也。寺人羅御，如孔氏。孔氏之老欒寧問之，稱姻妾以告。自稱昏姻家妾。遂入，適伯姬氏。既食，孔伯姬杖戈而先，大子與五人介，輿豭從之。介，被甲。輿豭豚，欲以盟。迫孔悝於廁，强盟之，孔氏專政，故刧孔悝，欲令逐輒。遂刧以登臺。欒寧將飲酒，炙未熟，聞亂，使告季子。季子，子路也，爲孔氏邑宰。召獲駕乘車，召獲，衛大夫。駕乘車，言不欲戰。行爵食炙，奉衛侯輒來奔。

季子將入，遇子羔將出，子羔，衛大夫高柴，孔子弟子，將出奔。曰：「門已閉矣。」季子曰：「吾姑至焉。」且欲至門。子羔曰：「弗及，不踐其難。」言政不及己，可不須踐其難。季子曰：「食焉，不辟其難。」謂食孔氏祿。子羔遂出。子路入，及門，公孫敢門焉，守門。曰：「無入爲也。」言輒已出，無爲復入。季子曰：「是公孫也，求利焉而逃其難。由不然，利其祿，必救其患。」有使者出，乃入。因門開而入。曰：「大子焉用孔悝？雖殺之，必或繼之。」言己必繼孔悝爲難攻大子。且曰：「大子無勇，若燔臺，半，必舍孔叔。」大子聞之懼，下石乞、盂黶敵子路。二子，蒯聵黨。敵，當也。以戈擊之，斷纓。子路曰：「君子死，冠不免。」不使冠在地。結纓而死。孔子聞衛亂，曰：「柴也其來，由也死矣。」孔悝立莊公。莊公，蒯聵也。莊公害故政，欲盡去之。故政，輒之臣。先謂司徒瞞成曰：「寡人離病於外久矣，子請亦嘗之。」歸告褚師比，欲與之伐公，不果。比，褚師聲子，爲明年瞞成奔起。【疏】「輿豭」。❶　正義曰：豭是豕之牡者。傳稱「諸侯盟，誰執牛耳」，則盟當用牛。此用豕者，鄭玄云：「人君用牛。伯姬迫孔悝以豭，下人君耳。」然則蒯聵自謀取國，寧復降下人君？於時迫促，課得牲耳，牲不備牛，如孟任割臂以盟莊公，楚昭王割子期之心以盟隨人，此及明年大子疾輿豭爲盟，皆臨時偪切，難以禮論也。

注「季子」至「邑宰」。　正義曰：《論語》稱子路爲季路，則字季，故呼爲季子也。使告季子，則季子在外。下云「食焉，不辟其難」，是食孔氏之禄，故知爲孔氏邑宰。　「召獲」至「食炙」。　正義曰：丘明爲傳，雖詳於當時，而此大煩碎，計欒寧飲酒，無可記録。又此句顛倒，辭義不允。若倒此二句，則上下各自相連。當是後來誤耳。

「子羔」至「其難」。❷　正義曰：子羔謂季子將欲救君，故言政不及己，不當踐其難。季子欲救孔悝，故言食其禄焉，不辟其難。

---

❶「輿豭」，阮本以下正義四節分疏於傳文各節下。

❷「其」上，京都本、阮本有「辟」字。

【經】十有六年，春，王正月，己卯，衛世子蒯聵自戚入于衛。衛侯輒來奔。書此春，皆從告。

二月，衛子還成出奔宋。即瞞成。

夏，四月，己丑，孔丘卒。仲尼既告老去位，猶書「卒」者，魯之君臣，宗其聖德，殊而異之。魯襄二十二年生，至今七十三也。四月十八日，乙丑，無己丑。己丑，五月十二日。日月必有誤。

【疏】注「仲尼」至「有誤」。 正義曰：魯臣見爲卿，乃書其卒。致事而卒，猶尚不書，仲尼書「卒」者，魯之君臣，宗其聖德，殊而異之，故特命史官使書其卒耳。《孔子世家》云：「魯襄公二十二年，而孔子生。孔子年七十三，以魯哀公十六年四月己丑卒。」杜自以《長歷》校之，四月十八日有乙丑，無己丑，己丑乃是五月十二日也，日月必有誤者。 劉炫云：「《春秋》之例，卿乃書卒，縱令仲尼不告老，例不合書。而杜云『告老去位，猶書卒』，非也。」今知不然者，案《周禮·典命》云，公侯伯之卿三命，大夫再命。仲尼爲魯大夫，夾谷之會攝相事。十一年傳云「子爲國老」，是大夫尊者，則二命以上，準例合書，故杜爲此注。或可杜爲抑揚之辭，以爲仲尼縱未去位，例不合書，告老去位，猶書卒者，欲明魯之君臣宗其聖德之甚。劉不尋杜旨，以爲例不合書而規杜過，非也。

【傳】十六年，春，瞞成、褚師比出奔宋。欲伐莊公，不果而奔。衛侯使鄢武子告于周，武子，衛大夫肸也。曰：「蒯聵得罪于君父君母，逋竄于晉。晉以王室之故，不棄兄弟，寘諸河上。河上，戚也。天誘其衷，獲嗣守封焉。使下臣肸敢告執事。」王使單平公對曰：「肸以嘉命來告余一人。往

謂叔父，余嘉乃成世，復爾禄次，敬之哉！ 繼父之世，還居君之禄次。**方天之休，**言天方授爾以休。**弗敬弗休，悔其可追！」**傳終蒯聵之事。

夏，四月，己丑，孔丘卒。公誄之曰：「旻天不弔，不憖遺一老。俾屏余一人以在位，仁覆閔下，故稱旻天。弔，至也。憖，且也。俾，使也。屏，蔽也。**煢煢余在疚。**❶**嗚呼哀哉！尼父，無自律。」**疚，病也。律，法也。言喪尼父，無以自爲法。**子贛曰：「君其不没於魯乎？夫子之言曰：『禮失則昏，名失則愆。』**失志爲昏，失所爲愆。**生不能用，死而誄之，非禮也。稱一人，**❷**非名也。**天子稱一人，非諸侯之名。**君兩失之。」**【疏】「公誄」至「自律」。❸ 正義曰：《周禮·大祝》：掌「作六辭以通上下親疏遠近」，「六曰誄」。鄭衆曰：「誄謂積累生時德行，❹以賜之命主爲其辭。」即引此傳，是爲賜命之辭也。鄭玄《禮記》注云：「誄，累也。累列生時行迹，讀之以作謚。」此傳唯説誄辭，不言作謚，傳記羣書皆不載孔子之謚，蓋唯累其美行，示己傷悼之情，而賜之命耳，不爲之謚，故書傳無稱焉。至漢王莽輔政，尊尚儒術，封孔子後爲褒成

---

❶「煢煢余在疚」，阮校：「鄭司農注《周禮·大祝》引作『嬛嬛予在疚』，《説文》引作『嬛嬛在疚』，蓋古字通也。」

❷「稱一人」至「君兩失之」，阮校：「《册府元龜》七百九十六引此篇『稱余一人，非名也，君兩失之，亡國之風』，較多五字。又引服虔注：『天子自謂一人，非諸侯所當名也。』然則其所據乃服本也。」

❸「公誄至自律」，阮本此節正義在「嗚呼哀哉尼父無自律」句注下。

❹「謂」上，原衍「調」字，據正宗寺本、京都本、文淵閣本、阮本及《周禮·大祝》鄭衆注删。

侯，追謚孔子爲褒成宣尼君，明是舊無謚也。鄭玄《禮》注云：「尼父，因且字以爲之謚。」謂謚孔子爲尼父。鄭玄錯讀《左傳》，云以字爲謚，遂復妄爲此解。

六月，衛侯飲孔悝酒於平陽，東郡燕縣東北有平陽亭。**重酬之，大夫皆有納焉。**納財賄也。**醉而送之，夜半而遣之。**夜遣者，慙負孔悝，不欲令人見。**載伯姬於平陽而行。**載其母俱去。**及西門，**平陽門。**使貳車反祏於西圃。**貳，❶副車。還取廟主。西圃，孔氏廟所在。祏，藏主石函。

子伯季子初爲孔氏臣，新登于公。升爲大夫。**請追之，遇載祏者，殺而乘其車。**子伯殺載祏者。**許公爲反祏，**孔悝怪載祏者久不來，使公爲反逆之。**遇之，曰：「與不仁人争，明無不勝。」**不仁人，謂子伯季子也。明無不勝，言必勝。**必使先射，射三發，皆遠許爲。許爲射之，殪。**傳言子伯不仁，所以死也。**或以其車從，**從公爲。**得祏於槖中。孔悝出奔宋。**【疏】注「使副」至「石函」。❷正義曰：《少牢饋食》，大夫之祭禮，其祭無主。鄭玄《祭法》注云：「惟天子諸侯有主禘祫。大夫不禘祫，無主耳。」今孔悝得有主者，當時僭爲之，非禮也。鄭玄《駁異義》云：「大夫無主，孔悝之反祏，所出公之主耳。」案：孔氏，姞姓。春秋時，國唯南燕爲姞姓耳。孔氏仕於衛朝，已歷多世，不知本出何國，安得有所出公之主也？知是僭爲之耳。

❶「貳」，《四部叢刊》本、京都本、文淵閣本、阮本作「使」。阮校：「宋本誤『貳』。」今案：疏引起訖作「使」。

❷「注使副至石函」，阮本此節正義在注「祏藏主石函」下。

楚大子建之遇讒也，自城父奔宋。在昭十九年。又辟華氏之亂於鄭，在昭二十年。鄭人甚善之。又適晉，與晉人謀襲鄭，乃求復焉。鄭人復之如初。晉人使諜於子木，請行而期焉。請行襲鄭之期。子木即建也。子木暴虐於其私邑，邑人訴之。鄭人省之，得晉諜焉，遂殺子木。其子曰勝，在吳。子西欲召之。葉公曰：「吾聞勝也，詐而亂，無乃害乎？」葉公子高，沈諸梁也。子西曰：「吾聞勝也，信而勇，不爲不利。舍諸邊竟，使衛藩焉。」使爲藩屏之衛。葉公曰：「周仁之謂信，周，親也。率義之謂勇。率，行也。吾聞勝也好復言，言之所許，必欲復行之，不顧道理。而求死士，殆有私乎？私謀復讎。復言，非信也。期死，非勇也。期，必也。子必悔之。」弗從。召之，使處吳竟，爲白公。白，楚邑也。汝陰褒信縣西南有白亭。請伐鄭。子西曰：「楚未節也。言楚國新復，政令猶未得節制。不然，吾不忘也。」他日，又請，許之。未起師，晉人伐鄭，楚救之，與之盟。勝怒曰：「鄭人在此，讎不遠矣。」比子西於鄭人。勝自厲劒，子期之子平見之，曰：「王孫何自厲也？」曰：「勝以直聞，不告女，庸爲直乎？將以殺爾父。」平以告子西。子西曰：「勝如卵，余翼而長之。以鳥爲喻。楚國第，用士之次第。我死，令尹、司馬，非勝而誰？」勝聞之，曰：「令尹之狂也，得死，乃非我。」言我必殺之。若得自死，我乃不復成人。子西不悛。勝謂石乞石乞，勝之徒。曰：「王與二卿士，二卿士，子西、子期。皆五百人當之，則可矣。」乞曰：「不可得也。」五百人不可得。曰：「市南有熊宜僚者，若得之，可以當五百人矣。」乃從白公而見之，與之言，説。告之故，辭。告欲作亂，宜僚辭距之。承之以劍，不動。拔劍指其喉。勝曰：「不爲利諂，不爲威惕，不洩人言以求媚者，去之。」

吴人伐慎，白公敗之。汝陰慎縣也。請以戰備獻，與吴戰之所得鎧杖兵器，皆備而獻之，欲因以爲亂。許之。遂作亂。秋，七月，殺子西、子期于朝，而刼惠王。子西以袂掩面而死。慙於葉公。子期曰：「昔者吾以力事君，不可以弗終。」抉豫章以殺人而後死。以效其多力。豫章，大木。石乞曰：「焚庫弒王，不然不濟。」白公曰：「不可。弒王不祥，焚庫無聚，將何以守矣？」乞曰：「有楚國而治其民，以敬事神，可以得祥，且有聚矣，何患？」弗從。

葉公在蔡，蔡還州來，楚并其地。方城之外皆曰：「可以入矣。」子高曰：「吾聞之，以險徼幸者，其求無饜，偏重必離。」險猶惡也。所求無饜，則不安。譬如物，偏重則離敗，欲須其斃而討之。聞其殺齊管脩也，而後入。管脩，楚賢大夫，故齊管仲之後。聞其殺賢，知其可討。

白公欲以子閭爲王，子閭，平王子啓，五辭王者。子閭不可，遂刼以兵。子閭曰：「王孫若安靖楚國，匡正王室，而後庇焉，啓之願也，敢不聽從？若將專利，以傾王室，不顧楚國，有死不能。」不能從。遂殺之，而以王如高府。高府，楚別府。石乞尹門。爲門尹。圉公陽穴宫，負王以如昭夫人之宫。公陽，楚大夫。昭夫人，王母，越女。葉公亦至，及北門，或遇之，曰：「君胡不冑？國人望君，如望慈父母焉。盜賊之矢若傷君，是絶民望也。若之何不冑？」乃冑而進。又遇一人，曰：「君胡胄？國人望君如望歲焉，歲，年穀也。日日以幾。❶冀君來。若見君面，是得艾也。艾，安也。民知不死，其亦夫有奮心，猶將旌君以徇於國。旌，表也。而又掩面，以絶民望，不亦甚乎？」乃免胄而進。言葉公得民心。遇箴尹固帥其屬，將與白公。欲與白公并。子高曰：「微二子者，楚不國矣。二子，子西、子期也。柏舉之敗，二子功多。棄德從賊，其可保乎？」乃從葉公。使與國人以攻白公，❷白公奔山而縊。其徒微之。微，匿也。生拘石乞，而問白公之死焉。對曰：「余知其死所，而長者使余勿言。」長者，謂白公也。曰：「不言將烹。」❸乞曰：「此事，❹克則爲卿，不克則烹，固其所也。何害？」乃烹石乞。王孫燕奔頯黄氏。燕，勝弟。頯黄，吴地。沈諸梁兼二事，二事，令尹、司馬。國寧，寧，安也。乃使寧爲令尹，子西之子子國也。使寬爲司馬，子期之子。而老於葉。傳終言之。【疏】「勝曰」至「去之」。❺正義曰：白公告之，知必許其爵位，而宜僚辭，是不爲利而諂也。承之以劍，欲刺殺之，而宜僚不動，是不爲威而懼也。如此之人，必不是漏泄人言以求媚者也。言其必不泄己

❶「幾」，《經典釋文》：本或作「冀」。

❷「與」，《經典釋文》作「興」。

❸「烹」，阮校：「宋本作『亨』。石經初刊同，後人妄增四點，非是。下同。」

❹「事」，阮校：「岳本『事』下有『也』字，與石經合。錢大昕云：諸本多無『也』字，蜀大字本、興國本、建大字本有，今從之。」

❺「勝曰至去之」，阮本以下正義三節分疏於傳文各節下。

謀，故舍而去之。注「與吴」至「爲亂」。正義曰：服虔云：「欲陳士卒甲兵如與吴戰時所入獻捷。」杜以陳列甲兵士卒以入王宫，人情所不許，豈當時肯聽之？故以爲戰時所得鎧杖兵器，皆備具獻之。所得既多，欲因獻用之以作亂。注「微匿也」。正義曰：《釋詁》云：「匿，微也。」舍人曰：「匿，藏之微也。」郭璞曰：「微謂逃藏也，《左傳》曰『其徒微之』是也。」

衛侯占夢，嬖人以能占夢見愛。求酒於大叔僖子，僖子，大叔遺。**不得，與卜人比而告公曰：「君有大臣在西南隅，弗去，懼害。」**託占卜夢而言。**乃逐大叔遺。遺奔晉。**

衛侯謂渾良夫曰：「吾繼先君，而不得其器，若之何？」國之寶器，輒皆將去。**良夫代執火者而言，**將密謀，屏左右。**曰：「疾與亡君，皆君之子也。召之而擇材焉，可也。**召輒。**若不材，器可得也。」**輒若不材，可廢其身，因得其器。**豎告大子。**大子疾。**大子使五人輿豭從己，刼公而强盟之。**盟求必立己。**且請殺良夫。公曰：「其盟免三死。」**盟在十五年。**曰：「請三之後，有罪殺之。」公曰：「諾哉！」**

【傳】**十七年，春，衛侯爲虎幄於藉圃，**於藉田之圃新造幄幕，皆以虎獸爲飾。**成，求令名者，而與之始食焉。大子請使良夫。**以良夫應爲令名。**良夫乘衷甸兩牡，**❶衷甸，一轅，卿車。**紫衣狐**

---

❶「甸」，阮校：「《釋文》云：『《説文》「甸」作「佃」，云「《春秋》『乘中佃』，一轅車也」。』《玉篇》引傳與《説文》合。」

裘，紫衣，君服。**至，袒裘，不釋劍而食。**食而熱，故偏袒，亦不敬。**大子使牽以退，數之以三罪而殺之。**三罪：紫衣，袒裘，帶劍。【疏】注「衷甸一轅卿車」。❶　正義曰：甸即乘也。四丘爲甸，出車一乘，故以甸爲名。是古者乘、甸同也。衛侯本許良夫服冕乘軒，則衛侯既入，良夫爲大夫矣。傳特言「乘衷甸兩牡」，則良夫不合乘之，故知爲卿車也。兵車一轅，而二馬夾之，其外更有二驂，是爲四馬。今止乘兩牡，而謂之衷乘者，衷，中也。蓋以四馬爲上乘，兩馬爲中乘，大事駕四，小事駕二，爲等差故也。知大事駕四者，《異義》：「古《毛詩》説：『天子之大夫皆駕四，故《詩》云「四牡騑騑，周道倭遲」是也。』」如今乘輿有大駕、中駕、小駕，爲行之等差也。其諸侯大夫士唯駕二無四。二十七年陳成子以「乘車兩馬」賜顔涿聚之子，《士喪禮》云「賵以兩馬」，是唯得駕兩，無上乘也。下文大子數之三罪，衷甸不在其數，而傳言之者，積其奢僭多也。　注「紫衣君服」。　正義曰：賈逵云然，杜從之。紫衣爲君服，禮無明文，要此云「紫衣」，言良夫不合服之。《玉藻》云：「玄冠紫緌，自魯桓公始也。」鄭玄云：「蓋僭宋王者之後服也。」《管子》稱齊桓好服紫衣，齊人尚之，五素而易一紫。孔子云：「惡紫之奪朱。」蓋當時人主好服紫衣，君既服紫，則臣不得僭。今傳言紫衣爲良夫之罪，明紫是君服，良夫僭之，故言「紫衣君服」也。大夫狐裘非僭，言之者，爲袒裘張本。　注「食而」至「不敬」。　正義曰：禮，裘上有衣，謂之裼。《玉藻》云：❷「君衣狐白裘，錦衣以裼之。」如此之類，皆是裘上之裼衣也。裼衣之上，乃有朝祭正服。裘上有兩衣也。如此兩衣，襲則二衣皆重之，裼則袒正服露裼衣。《玉藻》云：「裘之裼也，見美也。」君在則裼，盡飾

❶「注衷甸一轅卿車」，阮本以下正義四節分疏於傳文各節下。
❷「玉」，原作「王」，據正宗寺本、京都本、文淵閣本、阮本改。

也。服之襲也，充美也。」然則在君之所，於法唯有露裼衣耳，無露裘之時，今良夫爲食熱之故，偏袒其裘，則并裘亦袒，是不敬也。劍是害物之器，不得近至尊，故近君則解劍。良夫與君食而不釋劍，亦不敬也。 注「三罪紫衣袒裘帶劍」。 正義曰：三者，皆偪僭於君，故以此爲三罪。衷甸，僭卿耳，比此爲輕，知衷甸非也。

三月，越子伐吳。吳子禦之笠澤，夾水而陳。越子爲左右句卒，句卒，鉤伍相著，別爲左右屯。**使夜或左或右，鼓譟而進。吳師分以御之。**❶**越子以三軍潛涉，當吳中軍而鼓之，吳師大亂，遂敗之。**左右句卒爲聲勢以分吳軍，而三軍精卒并力擊其中軍，故得勝也。

晉趙鞅使告于衛曰：「君之在晉也，志父爲主。請君若大子來，以免志父。不然，寡君其曰志父之爲也。」恐晉君請志父教使不來。❷**衛侯辭以難，大子又使椓之。**椓，訴父，欲速得其處。**夏，六月，趙鞅圍衛。齊國觀、陳瓘救衛，**國觀，國書之子。**得晉人之致師者。子玉使服而見之，**釋囚服，服其本服。**曰：「國子實執齊柄，而命瓘曰：『無辟晉師。』豈敢廢命？**欲必敵晉。**子又何辱？」**言不須來致師，自將往戰。**簡子曰：「我卜伐衛，未卜與齊戰。」乃還。**畏子玉。

---

❶ 「御」，阮校：「岳本、足利本作『禦』，與上文合，一處兩見，不應有異。《釋文》上文『禦』字作『御』，云『下同』，是也。」

❷ 「請」，《四部叢刊》本、纂圖本、足利學本、京都本、文淵閣本、阮本作「爲」，阮校：「岳本、足利本作『謂』，是也。」

楚白公之亂，陳人恃其聚而侵楚。聚，積聚也。楚既寧，將取陳麥。楚子問帥於大師子穀與葉公諸梁。子穀曰：「右領差車與左史老，皆相令尹、司馬以伐陳，其可使也。」言此二人皆嘗輔相子西、子期伐陳，今復可使。子高曰：「率賤，民慢之，懼不用命焉。」右領、左史，皆是賤官。❶子穀曰：「觀丁父，鄀俘也，武王以爲軍率，楚武王。是以克州、蓼，❷服隨、唐，大啓群蠻。彭仲爽，申俘也，文王以爲令尹，實縣申、息，楚文王滅申、息以爲縣。朝陳、蔡，封畛於汝。開封畛北至汝水。唯其任也，何賤之有？」子高曰：「天命不諂。諂，疑也。令尹有憾於陳，十五年，子西伐吴，陳使貞子弔吴，以此爲恨。天若亡之，其必令尹之子是與，君盍舍焉？舍右領與左史。臣懼右領與左史，有二俘之賤，而無其令德也。」王卜之，武城尹吉。武城尹，子西子公孫朝。使帥師取陳麥。陳人御之，敗，遂圍陳。

秋，七月，己卯，楚公孫朝帥師滅陳。終鄭裨竈言，五及鶉火，陳卒亡。王與葉公枚卜子良以爲令尹，枚卜，不斥言所卜以令龜。子良，惠王弟。沈尹朱曰：「吉，過於其志。」志，望也。葉公曰：「王子而相國，過將何爲？」過相，將爲王也。他日，改卜子國，而使爲令尹。子國，寧也。

衛侯夢于北宮，見人登昆吾之觀，衛有觀在古昆吾氏之虛。今濮陽城中。被髮北面而譟曰：

---

❶「是」，《四部叢刊》本、京都本、文淵閣本、阮本作「楚」。

❷「蓼」，《經典釋文》云：「本又作『鄝』。」

「登此昆吾之虛，緜緜生之瓜。緜緜，瓜初生也。良夫言己有以小成大之功，若瓜之生，❶謂使衛侯得國。**余爲渾良夫，叫天無辜。」**本盟當免三死，而并數一時之事爲三罪殺之，故自謂無辜。**公親筮之，胥彌赦占之，**赦，衛筮史。**曰：「不害。」與之邑，寘之，而逃奔宋。**言衛侯無道，卜人不敢以實對，懼難而逃。❷**衛侯貞卜，**正卜夢之吉凶。**其繇曰：「如魚竀尾，**竀，赤也，❸魚勞則尾赤。**衡流而方羊裔焉，**橫流方羊，不能自安。裔，水邊。言衛侯將若此魚。**大國滅之將亡。闔門塞竇，乃自後踰。」**此皆繇辭。【疏】「衛侯」至「而譟」。❹正義曰：北宮，衛侯之別宮，於是衛侯在南宮，夢裏身在北宮，見人登昆吾之觀，被髮北面而譟。北宮在昆吾觀北，故此人北面向君而叫譟也。「其繇」至「後踰」。正義曰：杜以魚勞則尾赤。方羊，不能自安。裔焉，謂魚至水邊。以喻衛侯將如此。是賈逵之説，杜用之也。鄭衆以爲魚勞則尾赤。方羊，遊戲，喻衛侯淫縱。杜不然者，以此魚喻衛侯。《詩》云：「魴魚赬尾，王室如燬。」魚勞則尾赤，以勞苦之魚比喻衛侯，則方羊爲勞苦之狀。若其方羊是縱恣之狀，何得比勞苦之魚也？劉炫以爲「卜繇之辭，文句相韻」，以「裔焉」二字宜向下讀之。知不然者，詩之爲體，文皆韻句，其語助之辭皆在韻句之下，即《齊詩》云「俟我於著乎而，充耳以素乎而」，其《王詩》云「君子陽陽，左執簧，其樂只且」之類是也。此之「方羊」與下

❶「之」下，《四部叢刊》本、京都本、文淵閣本、阮本有「初」字。
❷「逃」下，京都本、文淵閣本、阮本有「也」字。
❸「也」，《四部叢刊》本、京都本、文淵閣本、阮本作「色」。
❹「衛侯至而譟」，阮本此節正義在注「謂使衛侯得國」下。

句「將亡」自相爲韻，「裔焉」二字爲助句之辭。且繇辭之例，未必皆韻。此云「闔門塞竇，乃自後踰」，不與「將亡」爲韻。又「一薰一蕕，十年尚猶有臭」，不與「攘公之羭」爲韻。是或韻或不韻，理無定準。劉以爲「裔焉大國」，謂土地遠焉之大國，近不辭矣。又以方羊爲縱恣之狀，而規杜過，非也。

冬，十月，晉復伐衛，春伐未得志故。入其郛。將入城，簡子曰：「止。叔向有言曰，怙亂滅國者無後。」不欲乘人之衰。衛人出莊公而與晉平。晉立襄公之孫般師而還。

十一月，衛侯自鄄入，❶般師出。辟蒯聵也。初，公登城以望，見戎州。戎州，戎邑。問之，以告。公曰：「我姬姓也，何戎之有焉？」言姬姓國何故有戎邑。翦之。削壞其邑聚。❷公使匠久。久不休息。公欲逐石圃，石圃，衛卿，石惡從子。未及而難作。辛巳，石圃因匠氏攻公，公閉門而請，❸弗許。踰于北方而隊，折股。終如卜言，乃自後踰。戎州人攻之。大子疾、公子青踰從公，青，疾弟。戎州人殺之。公入于戎州己氏。己氏，戎人姓。初，公自城上見己氏之妻髮美，使髡之，以爲吕姜髢。吕姜，莊公夫人。髢，髮也。既入焉，而示之璧，曰：「活我，吾與女璧。」己氏曰：「殺

❶「自」，原作「目」，據《四部叢刊》本、京都本、文淵閣本、阮本改。

❷「削」，阮校：「岳本作『翦』。案，陳樹華云：十一年傳『衛人翦夏戊』注『翦削其爵邑』，此注句法正相似。」

❸「閉」，《四部叢刊》本、纂圖本、京都本、閩本、監本、毛本、文淵閣本、阮本作「闔」。

女，璧其焉往？」遂殺之，而取其璧。衛人復公孫般師而立之。

十二月，齊人伐衛，衛人請平。立公子起，起，靈公子。**執般師以歸，舍諸潞。**潞，齊邑。**公會齊侯，盟于蒙，**齊侯，簡公弟平公敬也。❶蒙在東莞蒙陰縣西，故蒙陰城也。**孟武伯相。齊侯稽首，公拜。齊人怒，武伯曰：「非天子，寡君無所稽首。」武伯問於高柴曰：「諸侯盟，誰執牛耳？」**執牛耳，尸盟者。**季羔曰：「鄫衍之役，吴公子姑曹。**季羔，高柴也。鄫衍在七年。**發陽之役，衛石魋。」**發陽，鄖也。在十二年。石魋，石曼姑之子。**武伯曰：「然則彘也。」**彘，武伯名也。鄫衍則大國執，發陽則小國執。據時執者無常，故武伯自以爲可執。【疏】注「彘武」至「可執」。正義曰：依禮，小國執牛耳。武伯得季羔之言，以鄫衍則大國執，發陽則小國執，小國執之，既合古典，武伯自以魯是小國，故云「然則彘也」。杜以傳有小國大國之執，故云「據時執者無常」。劉炫以爲小國恒執牛耳，何得云「執者無常」？若如劉意，季羔直舉發陽，何須云「鄫衍之役，吴公子姑曹」？横規杜過，非也。

宋皇瑗之子麇，瑗，宋右師。**有友曰田丙，而奪其兄劖般邑以與之。劖般愠而行，告桓司馬之臣子儀克。**克在下邑，不與魋之亂，❷故在。**子儀克適宋，告夫人曰：「麇將納桓氏。」公問諸子仲。**

---

❶「敬」，京都本、文淵閣本、阮本作「敖」。《經典釋文》云：「一本作驁。」阮校：「案，《史記》作『驁』，司馬貞曰：『《世本》及譙周皆作敬。』」

❷「之」，《四部叢刊》本、京都本、文淵閣本、阮本無此字。

子仲，皇野。初，子仲將以杞姒之子非我爲子，爲適子。杞姒，子仲妻。麇曰：「必立伯也，伯，非我兄。是良材。」子仲怒，弗從，故對曰：「右師則老矣，不識麇也。」言右師老，不能爲亂，麇則不可知。公執之。執麇。皇瑗奔晉，召之。召令還。

【傳】十八年，春，宋殺皇瑗。公聞其情，復皇氏之族，使皇緩爲右師。言宋景公無常也。緩，瑗從子。【疏】注「言宋」至「從子」。正義曰：《世族譜》：「瑗，皇父充石八世孫。緩，充石十世孫。」則爲從孫，非從子。二者必有一誤。

巴人伐楚，圍鄾。鄾，楚邑。初，右司馬子國之卜也，觀瞻曰：「如志。」子國未爲令尹時，卜爲右司馬，得吉兆，如其志。觀瞻，楚開卜大夫，觀從之後。故命之。命以爲右司馬。及巴師至，將卜帥。王曰：「寧如志，何卜焉？」寧，子國也。使帥師而行。請承。承，佐。王曰：「寢尹、工尹，勤先君者也。」柏舉之役，寢尹吴由于以背受戈，工尹固執燧象奔吴師，皆爲先君勤勞。三月，楚公孫寧、吴由于、薳固敗巴師于鄾，故封子國於析。君子曰：「惠王知志。知用其意。《夏書》曰：『官占，唯能蔽志，昆命于元龜。』逸《書》也。官占，卜筮之官。蔽，斷也。昆，後也。言當先斷意，後用龜也。其是之謂乎？《志》曰『聖人不煩卜筮』，惠王其有焉。」不疑，故不卜也。【疏】「夏書」至「元龜」。❶

❶「夏書至元龜」，阮本此節正義在「昆命于元龜」句注下。

正義曰：《夏書》，❶《大禹謨》之篇也，唯彼「能」作「先」耳：「唯先蔽志，昆命于元龜。」孔安國云：「帝王立卜占之官，故曰官占。蔽，斷。昆，後也。官占之法，先斷人志，後命於元龜。言志定然後卜也。」杜雖不見古文，其解亦與孔合。《周禮》謂「斷獄」爲「蔽獄」，是蔽爲斷也。「昆，後也」，《釋言》文。

夏，衛石圃逐其君起，起奔齊。齊所立故。**衛侯輒自齊復歸，逐石圃，而復石魋與大叔遺。**皆蒯聵所逐。

【傳】十九年，春，越人侵楚，以誤吳也。誤吳，使不爲備。

夏，楚公子慶、公孫寬追越師，至冥，不及，乃還。冥，越地。

秋，楚沈諸梁伐東夷，報越。**三夷男女及楚師盟于敖。**從越之夷三種。敖，東夷地。

冬，叔青如京師，敬王崩故也。言敬王能終其世，終萇弘言東王必大克。叔青，叔還子。**【疏】**注「言敬」至「大克」。正義曰：自十六年以來，經文已終，傳無所解，當時之事，亦不書記。所記者，爲終竟前事。叔青如周，計不應録，爲終萇弘之言，故録之耳。萇弘言在昭二十三年。此「叔青如京師」，自爲敬王崩，未知敬王何年崩也。《史記·十二諸侯年表》敬王四十一年孔子卒，四十三年敬王崩，則敬王崩在他年也。《周本紀》云，敬王崩，子元王立，八年崩，子定王立。《六國年表》定王元年，《左傳》盡此，則傳以定王元年終矣。杜《世

❶「夏書大禹謨之篇也」，據《尚書正義》，《大禹謨》屬《虞書》。

族譜》云：「敬王三十九年，魯哀公十四年，獲麟之歲也。四十二年而敬王崩，敬王子元王十年，《春秋》之傳終矣。」與《史記》不同者，但《史記》世代年月事多舛錯，故班固以文多牴捂，❶謂此類也。案《世本》：「敬王崩，貞王介立。貞王崩，元王赤立。」宋忠注引《太史公書》云「元王仁生貞王介」，「與《世本》不相應，不知誰是」。則宋忠不能定也。又《帝王世紀》敬王三十九年，《春秋》經終。四十四年敬王崩，子真定王立。真定王崩，子元王立。是《世本》與《史記》參差不同。良以書籍久遠，事多紕繆，故杜違《史記》，亦何怪焉？劉炫以杜與《史記》不同而規其過，未知劉意能定以否。❷

【傳】二十年，春，齊人來徵會。夏，會于廩丘。爲鄭故，謀伐晉。十五年，晉伐鄭。**鄭人辭諸侯。**

秋，師還。終叔向言晉公室卑。

吴公子慶忌驟諫吴子曰：「不改，必亡。」弗聽。吴子弗聽。**出居于艾，**艾，吴邑。豫章有艾縣。**遂適楚。聞越將伐吴，冬，請歸平越，遂歸。欲除不忠者以説于越，吴人殺之。**言其不量力。

十一月，越圍吴，趙孟降於喪食。趙孟，襄子無恤，時有父簡子之喪。**楚隆曰：「三年之喪，親**

---

❶「捂」，京都本、文淵閣本、阮本作「牾」。阮校：「按，當作『抵牾』，『牾』從午，亦或假『梧』字爲之。」

❷「以」，監本、毛本、文淵閣本、阮本作「與」。

暱之極也。主又降之，無乃有故乎？」楚隆，襄子家臣。趙孟曰：「黄池之役，先主與吴王有質，黄池，在十三年。先主，簡子。質，盟信也。曰：『好惡同之。』今越圍吴，嗣子不廢舊業而敵之，嗣子，襄子自謂。欲敵越救吴。非晉之所能及也，吾是以爲降。」楚隆曰：「若使吴王知之，若何？」趙孟曰：「可乎？」隆曰：「請嘗之。」嘗，試也。乃往。先造于越軍，曰：「吴犯間上國多矣，聞君親討焉，諸夏之人莫不欣喜，唯恐君志之不從，請入視之。」許之。告于吴王曰：「寡君之老無恤，使陪臣隆敢展謝其不共。展，陳也。黄池之役，君之先臣志父得承齊盟，曰：『好惡同之。』今君在難，無恤不敢憚勞，非晉國之所能及也，使陪臣敢展布之。」王拜稽首曰：「寡人不佞，不能事越，以爲大夫憂，拜命之辱。」與之一簞珠，簞，小笥。使問趙孟，問，遺也。曰：「勾踐將生憂寡人，寡人死之不得矣。」王曰：「溺人必笑，吾將有問也，以自喻所問不急，猶溺人不知所爲而反笑。史黯何以得爲君子？」晉史黯云：「不及四十年，吴當亡。」吴王感問此也。對曰：「黯也，進不見惡，時行則行。退無謗言。」時止則止。王曰：「宜哉！」【疏】「簞小笥」。❶ 正義曰：鄭玄《曲禮》注云：「簞、笥，盛飯食者。圓曰簞，方曰笥。」宣二年趙盾見餓人，爲之簞食，注云：「簞，笥也。」不言小。此言「小笥」者，以盛珠之器，不宜與盛飯器同，故云「小」耳。

「對曰」至「謗言」。 正義曰：爲時所用，進在朝廷，言行無愆，不見怨惡，言人無惡之者。時所不用，退歸私室，則無誹謗之言，故得君子之名也。杜解進退之由，由時，可行則行，故有進時，可止則

❶「簞小笥」上，京都本、阮本有「注」字，當是。

止，故有退時。《易・艮・彖》曰：「艮，止也。時止則止，時行則行，動静不失其時，其道光明。」言史黯行如此也。

【傳】二十一年，夏，五月，越人始來。越既勝吴，欲霸中國，始遣使適魯。

秋，八月，公及齊侯、邾子盟于顧。齊人責稽首，責十七年齊侯爲公稽首，不見答。顧，齊地。因歌之，曰：「魯人之皋，數年不覺，使我高蹈。皋，緩也。高蹈，猶遠行也。言魯人皋緩，數年不知答齊稽首，故使我高蹈來爲此會。唯其儒書，以爲二國憂。」二國，齊、邾也。言魯據周禮，不肯答稽首，令齊、邾遠至。是行也，公先至于陽穀。先期至也。齊閭丘息曰：「君辱舉玉趾，以在寡君之軍，息，閭丘明之後。羣臣將傳遽以告寡君。比其復也，君無乃勤，爲僕人之未次，次，舍也。請除館於舟道。」舟道，齊地。辭曰：「敢勤僕人？」不敢勤齊僕爲魯除館。【疏】注「皋緩」至「此會」❶。正義曰：《士喪禮》始死復魂之辭云「皋某復」，鄭玄云：「皋，長聲也。」皋者，緩聲而長引之，是皋爲緩也。高蹈，高舉足而蹈地，故言猶遠行也。此「盟于顧」，顧是齊地。行不出竟而言遠者，止爲魯不稽首而爲此會，雖近猶恨，故以遠言之耳。

【傳】二十二年，夏，四月，邾隱公自齊奔越，曰：「吴爲無道，執父立子。」越人歸之，大子革奔

---

❶「注皋緩至此會」，阮本此節正義在注「故使我高蹈來爲此會」下。

越。郳隱公八年爲吴所囚，十年奔齊。【疏】「大子革奔越」。　正義曰：革爲郳君，十餘年矣，仍稱爲大子者，承其父歸之下，故繫父言之。

冬，十一月，丁卯，越滅吴。請使吴王居甬東。甬東，越地，會稽句章縣東海中洲也。辭曰：「孤老矣，焉能事君？」乃縊。越人以歸。以其尸歸，終史墨、子胥之言。❶【疏】「越滅」至「以歸」。正義曰：《吴語》説此事云：「越師入吴國，圍王宫。吴王懼，使人行成。越王曰：『昔天以越賜吴，而吴不受。今天以吴賜越，孤敢不聽天之命而聽君之命乎？』乃不許成。因使告吴王曰：『以民生之不長，王其無死！寡人其達王於甬句東，夫婦三百，唯王所安，以没王年。』夫差辭曰：『孤之身實失宗廟社稷。凡吴土地人民，越既有之，孤何以視於天下？』夫差將死，使人告於子胥曰：『使死者無知則已矣，若有知也，吾其何面目以見員也！』遂自殺。」

【傳】二十三年，春，宋景曹卒。景曹，宋元公夫人，小邾女，季桓子外祖母。季康子使冉有弔，且送葬，曰：「敝邑有社稷之事，使肥與有職競焉，肥，康子名。競，遽也。是以不得助執紼。使求從輿人，求，冉有名。輿，衆也。曰：『以肥之得備彌甥也，彌，遠也。康子父之舅氏，故稱彌甥。有不腆先人之産馬，使求薦諸夫人之宰，薦，進也。其可以稱旌繁乎？』」稱，舉也。繁，馬飾繁纓也。

❶「言」下，《四部叢刊》本、京都本、文淵閣本、阮本有「也」字。

終樂祁之言，政在季氏。【疏】注「景曹」至「祖母」。❶ 正義曰：宋景曹者，宋景公之母，姓曹氏也。昭二十五年傳云：「季公若之姊爲小邾夫人，生宋元夫人，生子以妻季平子。」此曹是平子之妻母，故爲桓子外祖母也。今康子是桓子之子，父之外祖母卒，故「使冉有弔，且送葬」。婦人多以姓繫夫，此以景公見在，遣弔景公，故繫其子，小邾曹姓，故稱「景曹」。　注「彌遠」至「彌甥」。　正義曰：彌者，增益之義，故爲遠也。《釋親》云：「母之昆弟爲舅。謂我舅者，吾謂之甥。」季桓子爲景公之甥，景公爲康子父之舅氏也。桓子於景公爲親甥，故康子致辭於景公，自以爲彌遠之甥。

夏，六月，晉荀瑶伐齊，荀瑶，荀躒之孫知伯襄子。高無㔻帥師御之。知伯視齊師，馬駭，遂驅之，曰：「齊人知余旗，其謂余畏而反也。」及壘而還。將戰，長武子請卜。武子，晉大夫。知伯曰：「君告于天子，而卜之以守龜於宗祧，吉矣，吾又何卜焉？且齊人取我英丘，君命瑶，非敢燿武也，治英丘也。治齊取英丘。以辭伐罪足矣，何必卜？」壬辰，戰于犂丘，犂丘，隰也。齊師敗績，知伯親禽顔庚。顔庚，齊大夫顔涿聚。

秋，八月，叔青如越，始使越也。越諸鞅來聘，報叔青也。

【傳】二十四年，夏，四月，晉侯將伐齊，使來乞師，曰：「昔臧文仲以楚師伐齊，取穀，在僖二十

❶「注景曹至祖母」，阮本以下正義二節分疏於傳文各節下。

六年。宣叔以晉師伐齊，取汶陽。在成二年。寡君欲徼福於周公，願乞靈於臧氏。」以臧氏世勝齊，故欲乞其威靈。臧石帥師會之，取廩丘。石，臧賓如之子。軍吏令繕，❶將進。晉軍吏也。繕，治戰備。萊章曰：「君卑政暴，萊章，齊大夫。往歲克敵，禽顏庚。今又勝都，取廩丘。天奉多矣，又焉能進？是躛言也。躛，過也。役將班矣。」晉師乃還，餼臧石牛。生曰餼。大史謝之，晉大史。曰：「以寡君之在行，在軍行。牢禮不度，不如禮度。敢展謝之。」終臧氏有後於魯。【疏】注「躛過也」。❷正義曰：服虔云：「躛，僞不信也。」杜云「躛，過」，繆言也。俱是不實之義，各自以意訓耳。

邾子又無道，越人執之以歸，終子贛之言。而立公子何。何亦無道。何，大子革弟。

公子荆之母嬖，荆，哀公庶子。將以爲夫人，使宗人釁夏獻其禮。宗人，禮官也。對曰：「無之。」公怒曰：「女爲宗司，立夫人，國之大禮也，何故無之？」對曰：「周公及武公娶於薛，武公，敖也。孝、惠娶於商，孝公，稱。惠公，弗皇。商，宋也。自桓以下娶於齊，桓公始娶文姜。此禮也則有。若以妾爲夫人，則固無其禮也。」公卒立之，而以荆爲大子。❸國人始惡之。惡公。

閏月，公如越，得大子適郢，適郢，越王大子。得相親説也。將妻公，而多與之地。公孫有山

❶「繕」下，阮校：「石經旁有『甲』字。」

❷「注躛過也」，阮本此節正義在「是躛言也」句注下。

❸「而」，阮校：「足利本無『而』字。」

使告于季孫。季孫懼，使因大宰嚭而納賂焉，乃止。嚭，故吳臣也。季孫恐公因越討己，故懼。

【傳】二十五年，夏，五月，庚辰，衛侯出奔宋。衛侯輒也。衛侯爲靈臺于藉圃，與諸大夫飲酒焉。褚師聲子韤而登席。古者見君解韤。公怒。辭曰：「臣有疾，異於人。足有創疾。若見之，君將㱿之，㱿，嘔吐也。是以不敢。」不敢解韤。公愈怒。大夫辭之，不可。共辭謝公，公不可解。褚師出，公戟其手，抵徙手屈肘如戟形。❶曰：「必斷而足！」聞之，褚師與司寇亥乘曰：「今日幸而後亡。」恐死，以得亡爲幸。公之入也，奪南氏邑，南氏，子南之子公孫彌牟。而奪司寇亥政。公使侍人納公文懿子之車于池。懿子，公文要。公有怨，使人投其車于池水中。初，衛人翦夏丁氏，在十一年。以其帑賜彭封彌子。彭封彌子，彌子瑕。彌子飲公酒，納夏戊之女，嬖，以爲夫人。其弟期，大叔疾之從孫甥也，期，夏戊之子。姊妹之孫爲從孫甥，與孫同列。少畜於公，以爲司徒。夫人寵衰，期得罪。公使三匠久。公使優狡盟拳彌，優狡，俳優也。拳彌，衛大夫。使俳優盟之，欲恥辱也。而甚近信之。故褚師比、韤登席者。公孫彌牟、喪邑者。公文要、失車者。司寇亥、奪政者。司徒期因三匠與拳彌以作亂，皆執利兵，無者執斤。斤，工匠所執。使拳彌入于公宮，信近之，故

❶「徙」，閩本、監本、毛本、阮本作「徒」。阮校：「作『徒』，不誤。」

得入。而自大子疾之宮譟以攻公。鄄子士請禦之。鄄子士，衛大夫。彌援其手曰：「子則勇矣，將若君何？❶言不可救。❷不見先君乎？君何所不逞欲？先君，蒯聵也。亂不速奔，故爲戎州所殺。欲令早去。且君嘗在外矣，豈必不反？當今不可，衆怒難犯，休而易間也。」乃出。將適蒲，蒲，近晉邑。彌曰：「晉無信，不可。」將適鄄，鄄，齊晉界上邑。彌詐不知謀，故公信之。彌曰：「齊、晉爭我，不可。」將適泠，泠，近魯邑。彌曰：「魯不足與，❸請適城鉏城鉏，近宋邑。以鉤越，越有君。」宋南近越，轉相鉤牽。乃適城鉏。彌曰：「衛盜不可知也，請速，自我始。」乃載寶以歸。欺衛君，言君以寶自隨，將致衛盜，請速行，己爲先發，而因載寶歸衛也。公爲支離之卒，支離，陳名。因祝史揮以侵衛。揮，衛祝史。衛人病之。懿子知之，知揮爲内間。見子之，子之，公孫彌牟文子也。請逐揮。文子曰：「無罪。」懿子曰：「彼好專利而妄，妄，不法。夫見君之入也，將先道焉。若見君有入勢，必道助之。若逐之，必出於南門而適君所。雖知其爲君間，不審察，私共評之。夫越新得諸侯，將必請師焉。」揮在朝，使吏遣諸其室。難面逐之，先逐其家。揮出，信，弗内。再宿爲

❶「若」，原作「君」，據《四部叢刊》本、京都本、文淵閣本、阮本改。
❷「救」，原作「故」，據《四部叢刊》本、京都本、文淵閣本、阮本改。
❸「不」，原爲空格，據《四部叢刊》本、京都本、文淵閣本、阮本補。

信。五日，乃館諸外里。外里，公所在。遂有寵，使如越請師。請師伐衛，求入。【疏】「衛侯出奔宋」。❶ 正義曰：服虔云：「此下但有『適城鉏以鉤越』，無奔宋之事，其説未聞。」今杜云「城鉏，近宋邑」，蓋衛侯出近宋竟，似欲奔宋，衛人以奔宋告也。 注「期夏」至「同列」。 正義曰：期是夏戊之子，戊是大叔疾之甥，期爲大叔疾姊妹之孫也。姊妹之子爲甥，姊妹之孫與己之孫尊卑同列。男子謂兄弟之孫爲從孫，故謂姊妹之孫爲從孫甥。

六月，公至自越，前年行，今還。季康子、孟武伯逆於五梧。魯南鄙也。郭重僕，爲公僕。見二子，曰：「惡言多矣，君請盡之。」二子不臣之言甚多，欲使公盡極以觀之。公宴於五梧，武伯爲祝，祝，上壽酒。惡郭重，曰：「何肥也？」呰毁其貌。季孫曰：「請飲彘也。飲，罰之。❷ 以魯國之密邇仇讎，臣是以不獲從君，克免於大行，又謂重也肥。」言重隨君遠行劬勞，不宜稱肥。公曰：「是食言多矣，能無肥乎？」以激三桓之數食言。飲酒不樂，公與大夫始有惡。爲二十七年公孫郲起。

【傳】二十六年，夏，五月，叔孫舒帥師會越臯如、后庸、宋樂茷納衛侯，❸ 舒，武叔之子文子也。

---

❶ 「衛侯出奔宋」，阮本以下正義二節分疏於傳文各節下。

❷ 「之」，《四部叢刊》本、京都本、文淵閣本、阮本作「也」。

❸ 「后」，阮校：「石經、宋本作『舌』。廿七年『越子使舌庸來聘』，『舌』字同。段玉裁云：當依《國語》作『舌』。」今案：《士禮居叢書》影宋明道本《國語·吴語》作「后」。沈欽韓《補注》曰：「舌，《吴越春秋》作『曳』，或作『洩』，聲與『舌』近。此作『后』，誤。」

皋如、后庸，越大夫。樂茷，宋司城子潞。衛侯，輒也。文子欲納之。懿子曰：「君愎而虐，少待之，必毒於民，愎，很也。乃睦於子矣。」民睦。師侵外州，大獲。越納輒之師。出禦之，大敗。衛師敗。掘褚師定子之墓，❶焚之于平莊之上。定子，褚師比之父也。平莊，陵名也。文子使王孫齊私於皋如，齊，衛大夫王孫賈之子昭子也。曰：「子將大滅衛乎，抑納君而已乎？」皋如曰：「寡君之命無他，納衛君而已。」文子致衆而問焉，曰：「君以蠻夷伐國，國幾亡矣。請納之。」衆曰：「勿納。」曰：「彌牟亡而有益，請自北門出。」衆曰：「勿出。」重賂越人，申開守陴而納公，申，重也。開重門而嚴設守備，欲以恐公，使不敢入。公不敢入。師還，立悼公，悼公，蒯聵庶弟公子黚也。❷南氏相之。以城鉏與越人。

公曰：「期則爲此。」司徒期也。令苟有怨於夫人者報之。夫人，期姊也。怒期而不得加戮，故勑宮女令苦困期姊。司徒期聘於越，爲悼公聘。公攻而奪之幣。期告王，越王也。王命取之，期以衆取之。公怒，殺期之甥之爲大子者。忿期而及其姊爲夫人者，遂復及夫人之子。遂卒于越。

---

❶「掘」，阮校：「《釋文》云：『本或作搰。』案，《玉篇》『搰』字注引作『搰褚師定子之墓，焚之』，云『本亦作掘』。」

❷「黚」，原作「期」，《四部叢刊》本、京都本、文淵閣本、阮本、《經典釋文》作「黚」。阮校：「宋本『黚』誤『期』。」今案：此本正義亦作「黚」，正宗寺本同。今據改。

終言之也。終效夷言，死于夷。【疏】注「悼公」至「黜也」。❶　正義曰：《衛世家》謂輒爲出公，季父黜殺出公子而自立，是爲悼公。　「以城鉏與越人」。　正義曰：衛侯先居城鉏，以兵侵衛。衛人申開守陴，衛侯不敢入，乃還城鉏。❷衛人得以城鉏與越者，衛人賂遺於越，雖公所在，亦以與之。

宋景公無子，取公孫周之子得與啓畜諸公宫，周，元公孫子高也。得，昭公也。啓，得弟。畜，養也。未有立焉。於是皇緩爲右師，皇非我爲大司馬，皇懷爲司徒，皇懷，非我從昆弟。靈不緩爲左師，不緩，子靈圍龜之後。樂茷爲司城，茷，樂溷之子。樂朱鉏爲大司寇。朱鉏，樂輓之子。六卿三族降聽政，三族，皇、靈、樂也。降，和同也。因大尹以達。大尹，近官有寵者，六卿因之以自通達於君。大尹常不告，而以其欲稱君命以令。不告君也。國人惡之。司城欲去大尹，左師曰：「縱之，使盈其罪。盈，滿也。重而無基，能無敝乎？」言勢重而無德以爲基，必敗也。

冬，十月，公游于空澤。空澤，宋邑。辛巳，卒于連中。連中，館名。大尹興空澤之士千甲，甲士千人。奉公自空桐入，如沃宫。奉公尸也。梁國虞縣東南有地名空桐。沃宫，宋都内宫名。使召六子曰：「聞下有師，君請六子畫。」畫，計策。六子至，以甲劫之，曰：「君有疾病，請二三子盟。」乃盟于少寢之庭，曰：「無爲公室不利。」大尹立啓，奉喪殯于大宫。三日，而後國人知之。司城茷使宣言于

---

❶「注悼公至黜也」，阮本以下正義二節分疏於傳文各節下。

❷「乃」，京都本、文淵閣本、阮本作「退」。

國曰：「大尹惑蠱其君而專其利，今君無疾而死，死又匿之，是無他矣，大尹之罪也。」言大尹所弑。得夢啓北首而寢於盧門之外，盧門，宋東門。北首，死象。在門外，失國也。己爲烏而集於其上，咮加於南門，尾加於桐門。曰：「余夢美，必立。」桐門，北門。

大尹謀曰：「我不在盟，少寢盟但以君命盟六卿，大尹不盟。無乃逐我？復盟之乎！」使祝爲載書。六子在唐盂，地名。將盟之，祝襄以載書告皇非我。襄，祝名。皇非我因子潞、子潞，樂茷。門尹得、樂得。左師謀曰：「民與我，逐之乎？」皆歸授甲，使狥於國曰：「大尹惑蠱其君，以陵虐公室。與我者，救君者也。」衆曰：「與之。」大尹狥曰：「戴氏、皇氏將不利公室，戴氏即樂氏。與我者，無憂不富。」衆曰：「無別。」惡其號令與君無別。戴氏、皇氏欲伐公。公，謂啓。樂得曰：「不可。彼以陵公有罪，我伐公，則甚焉。」使國人施于大尹。施罪於大尹。大尹奉啓以奔楚，乃立得。司城爲上卿，盟曰：「三族共政，無相害也。」【疏】注「周元」至「養也」。❶ 正義曰：《宋世家》云：「景公卒。公子得殺太子而自立，❷是爲昭公。昭公者，元公之曾孫也。昭公父元公孫糾，糾父子禚秦，❸禚秦即元公

❶「注周元至養也」，阮本以下正義二節分疏於傳文各節下。

❷「得」，《史記》作「特」。

❸「子禚秦」，正宗寺本作「公子端秦」，阮本作「公子禚秦」。今案：此本脱「公」字。《史記》作「公子禚秦」，《集解》：「徐廣云：禚音端。」

小子也。❶景公殺昭公父糾，故昭公怨，賊殺太子而自立。」其説昭公得立之所由，與此不合，亦以得爲昭公也。

注「北首死象」。　正義曰：《禮運》云「死者北首，生者南鄉」，故以北首爲死象。

衛出公自城鉏使以弓問子贛，且曰：「吾其入乎？」子贛稽首受弓，對曰：「臣不識也。」私於使者曰：「昔成公孫於陳，僖二十八年，衛成公奔楚，遂適陳。甯武子、孫莊子爲宛濮之盟而君入。盟在僖二十八年。獻公孫於齊，在襄十四年。子鮮、子展爲夷儀之盟而君入。在襄二十六年。今君再在孫矣，謂十五年孫魯，今又孫宋。內不聞獻之親，外不聞成之卿，則賜不識所由入也。《詩》曰：『無競惟人，四方其順之。』《詩》，《周頌》。言無强，惟得人也。若得其人，四方以爲主，爲主，主四方。而國於何有？」【疏】「詩曰」至「順之」。❷　正義曰：《詩·周頌·烈文》之篇也。競，彊也。無彊乎，唯得賢人也。若得賢人，四方諸國皆順從之矣。

【傳】二十七年，春，越子使后庸來聘，❸且言邾田，封于駘上。欲使魯還邾田，封竟至駘上。二月，盟于平陽。西平陽。三子皆從。季康子、叔孫文子、孟武伯，皆從后庸盟。康子病之，耻從蠻

---

❶「小」，正宗寺本作「少」，與《史記》合。

❷「詩曰至順之」，阮本此節正義在「四方其順之」句注下。

❸「后」，阮校：「石經、宋本作『舌』，是也。」

夷盟。言及子贛，思子贛。曰：「若在此，吾不及此夫！」不及與越盟。武伯曰：「然。何不召？」曰：「固將召之。」文子曰：「他日請念。」言季孫不能用子贛，臨難而思之。

夏，四月，己亥，季康子卒。公弔焉，降禮。禮不備也，言公之多妄。【疏】注「西平陽」。❶ 正義曰：宣八年「城平陽」，此云「盟于平陽」。❷《土地名》云：「宣八年平陽，東平陽也，泰山有平陽縣。此年平陽，西平陽也，高平南有平陽縣。」

晉荀瑤帥師伐鄭，次于桐丘。鄭駟弘請救于齊。弘，駟歂子。齊師將興，陳成子屬孤子，三日朝。屬會死事者之子，使朝三日，以禮之。設乘車兩馬，繫五邑焉。乘車兩馬，大夫服，又加之五邑。召顏涿聚之子晉，曰：「隰之役，而父死焉。隰役在二十三年。以國之多難，未女恤也。今君命女以是邑也，服車而朝，毋廢前勞。」乃救鄭。

及留舒，違穀七里，穀人不知。言其整也。留舒，齊地。違，去也。及濮，雨，不涉。濮水，自陳留酸棗縣傍河東北經濟陰至高平入濟。子思曰：「大國在敝邑之宇下，是以告急。今師不行，恐無及也。」子思，國參。成子衣製杖戈，製，雨衣也。立於阪上，馬不出者，助之鞭之。知伯聞之，乃還，畏其得衆心。曰：「我卜伐鄭，不卜敵齊。」使謂成子曰：「大夫陳子，陳之自出，陳之不祀，鄭之

❶「注西平陽」，阮本此節正義在「二月盟于平陽」句注下。
❷「云」，閩本、毛本、文淵閣本作「年」。

罪也，十七年，楚獨滅陳，非鄭之罪。蓋知伯誣陳子，故陳子怒，謂其多陵人。故寡君使瑶察陳衷焉，衷，善也。謂大夫其恤陳乎？若利本之顛，瑶何有焉？」言陳滅於己無傷。成子怒，曰：「多陵人者皆不在，知伯其能久乎？」

中行文子告成子，文子，荀寅，此時奔在齊。曰：「有自晉師告寅者，將爲輕車千乘，以厭齊師之門，則可盡也。」成子曰：「寡君命恒曰：『無及寡，無畏衆。』雖過千乘，敢辟之乎？將以子之命告寡君。」成子疑其有爲晉之心也。文子曰：「吾乃今知所以亡。自恨己無知。君子之謀也，始、衷、終皆舉之，而後入焉。謀一事，則當慮此三變，然後入而行之，所謂君子三思。今我三不知而入之，不亦難乎？」悔其言不可復。【疏】「無及寡」。❶ 正義曰：無陵侮寡少而横及之也。「君子」至「入焉」。正義曰：君子之爲謀也，思其始，思其中，思其終，三者盡無猜嫌，皆可舉而行之，然後設言以入前人焉。

公患三桓之侈也，欲以諸侯去之。欲求諸侯師，以逐三桓。三桓亦患公之妄也，故君臣多間。間，隙也。公游于陵阪，遇孟武伯於孟氏之衢，曰：「請有問於子，余及死乎？」問己可得以壽死不。❷ 對曰：「臣無由知之。」三問，卒辭不對。公欲以越伐魯，而去三桓。秋，八月，甲戌，公如公孫有陘氏，有陘氏，即有山氏。因孫于邾，乃遂如越。國人施公孫有山氏。以公從其家出故也。終

---

❶「無及寡」，阮本以下正義二節分疏於傳文各節下。

❷「問己可得以壽死不」，京都本、文淵閣本、阮本作「問可得壽死否」。

子贛之言，君不没於魯。

悼之四年，晉荀瑶帥師圍鄭。悼公，哀公之子寧也。哀公出孫，魯人立悼公。**未至，鄭駟弘曰：「知伯愎而好勝，早下之，則可行也。」**行，去也。**乃先保南里以待之。**保，守也。南里在城外。**知伯入南里，門于桔柣之門。鄭人俘酅魁壘，**酅魁壘，晉士。**賂之以知政，**欲使反爲鄭。**閉其口而死。將門，**攻鄭門。❶**知伯謂趙孟：「入之。」對曰：「主在此。」**主謂知伯也。言主在此，何不自入。**知伯曰：「惡而無勇，何以爲子？」**惡，貌醜也。簡子廢嫡子伯魯而立襄子，故知伯言其醜且無勇，何故立以爲子。❷**對曰：「以能忍恥，庶無害趙宗乎？」知伯不悛，趙襄子由是惎知伯，**惎，毒也。**遂喪之。知伯貪而愎，故韓、魏反而喪之。**《史記》：晉懿公之四年，魯悼公之十四年，知伯帥韓、魏圍趙襄子於晉陽。韓、魏反與趙氏謀，殺知伯於晉陽之下，在《春秋》後二十七年。**【疏】**注「悼公」至「悼公」。❸ 正義曰：《魯世家》云：哀公奔越，「國人迎哀公復歸，卒於有山氏。子寧立，是爲悼公」。傳稱國人施罪於有山氏，不得復歸而卒於其家也。馬遷妄耳。 注「簡子」至「爲子」。 正義曰：《趙世家》云：孤布子卿見簡子，簡子偏召諸子相之。子卿曰：「無爲將軍者。」簡子召子毋恤，毋恤至，子卿起曰：「此真將軍矣。」簡子

---

❶「攻」上，京都本、文淵閣本、阮本有「將」字。

❷「何故立以」，京都本、文淵閣本、阮本作「何以立」。

❸「注悼公至悼公」，阮本以下正義三節分疏於傳文各節下。

曰：「此其母賤，翟婢也，奚道貴哉？」子卿曰：「天之所授，雖賤必貴。」自是之後，簡子盡召諸子，與語毋恤最賢。乃廢太子伯魯，而以毋恤爲大子。　注「史記」至「七年」。　正義曰：《晉世家》云：「定公三十三年，孔子卒。三十七年，定公卒。」則晉定公以魯哀公二十年卒也。又云：「定公卒，子出公鑿立。十七年，出公奔齊。」則出公之奔，在魯悼公之十年也。又云：出公既奔，「知伯立昭公曾孫驕爲晉君，是爲哀公」。哀公之四年，「趙襄子、韓康子、魏桓子共殺知伯」，是殺知伯當魯悼公之十四年也。又《六國年表》亦云：晉哀公四年，魯悼公十四年，韓、魏、趙敗知伯於晉陽。《戰國策》説此事云，知伯帥韓康子、魏桓子攻趙襄子於晉陽，引汾水以灌之，城不没者三板。知伯行水，魏桓子御車，韓康子爲右。知伯曰：「吾今乃知水可以亡人之國，汾水可以灌安邑，絳水可以灌平陽。」安邑，魏也。平陽，韓也。魏桓子肘韓康子，韓康子躡魏桓子之足。其夜，趙襄子使張孟談私於韓、魏，韓、魏反與趙合，遂殺知伯於晉陽之下，而三分其地。事在《春秋》獲麟之後二十七年。

後序

大康元年三月，吴寇始平，余自江陵還襄陽，解甲休兵，乃申杼舊意，脩成《春秋釋例》及《經傳集解》。始訖，會汲郡汲縣有發其界内舊冢者，大得古書，皆簡編科斗文字。發冢者不以爲意，往往散亂。科斗書久廢，推尋不能盡通。始者藏在祕府，余晚得見之，所記大凡七十五卷，多雜碎怪妄，不可訓知。《周易》及《紀年》最爲分了。《周易》上下篇與今正同，别有《陰陽説》，而無《彖》、《象》、《文言》、《繫辭》。疑于時仲尼造之於魯，尚未播之於遠國也。其《紀年》篇起自夏、殷、周，皆三代王事，無諸國别也。唯特記晉國，起自殤叔，次文侯、昭侯，以至曲沃莊伯。莊伯之十一年十一月，魯隱公之元年正月也。皆用夏正建寅之月爲歲首，編年相次。晉國滅，獨記魏事，下至魏哀王之二十年，蓋魏國之史記也。推挍哀王二十年，太歲在壬戌，是周赧王之十六年，秦昭王之八年，韓襄王之十三年，趙武靈王之二十七年，楚懷王之三十年，燕昭王之十三年，齊湣王之二十五年也。上去孔丘卒百八十一歲，下去今大康三年五百八十一歲。哀王，於《史記》，襄王之子、惠王之孫也。惠王三十六年卒，而襄王立，立十六年卒，而哀王立。古書《紀年》篇惠王三十六年改元，從一年始，至十六年，而稱惠成王卒，即惠王也。疑《史記》誤分惠成之世以爲後王年也。哀王二十三年乃卒，故特不稱謚，謂之今王。其著書文意，大似《春秋》經，推此足見古者國史策書之常也。文稱魯隱公及邾莊公盟于姑蔑，即《春秋》所書「邾儀父未王命，故不書爵。曰儀父，貴之也」。又稱晉獻公會虞師伐虢，滅下陽，即《春秋》所書「虞師、晉師滅下陽。先書虞，賄故也」。又稱周襄王會諸侯于河陽，即《春秋》所書「天王狩于河陽。以臣召君，不可以訓也」。諸若此輩甚多，略舉數條，以明國史皆承告據實而書時事，仲尼脩《春秋》，以義而制異文也。又稱衛懿公及赤翟戰于洞澤，疑「洞」當爲「洞」，即《左傳》所謂熒澤也。「齊國佐來獻玉磬、紀公之甗」，即《左傳》所謂「賓媚人」也。諸所記多與《左傳》符同，異於《公羊》、《穀梁》，知此二書，近世穿鑿，非《春秋》本意，審矣！雖不皆與《史記》、《尚書》同，然參而求之，可以端正學者。又別有一卷，純集疏《左氏傳》卜筮事，上下次第及其文義皆與《左傳》同，名曰《師春》。師春似是抄集者人名也。《紀年》又稱殷仲壬即位，居亳，其卿士伊尹。仲壬崩，伊尹放大甲于桐，乃自立也。伊尹即位，放大甲七年，❶大甲潛出自桐，殺伊尹，乃立其子伊陟、伊奮，命復其父之田宅而中分之。《左氏傳》：「伊尹放大甲而相之，卒無怨色。」然則大甲雖見放，還殺伊尹，而猶以其子爲相也。此爲大與《尚書叙》説大甲事乖異，不知老叟之伏生，或致昏忘，將此古書，亦當時雜記，未足以取審也？爲其粗有益於《左氏》，故略記之，附《集解》之末焉。正義曰：王隱《晉書·武帝紀》：太康元年，諸軍伐吴，三月至江陵縣，而孫皓面縛詣王濬降。杜預先爲荆州刺史，鎮襄陽，督諸軍伐吴，將兵向江陵，因東下伐吴。吴平，又自江陵還襄陽。《東晳傳》云：太康元年，汲郡民盗發魏安

❶「放」，原作「於」，石經、《四部叢刊》本、淳熙本作「放」。阮校：「作『放』，是也。」今據改。

鼇王塚，得竹書漆字科斗之文。科斗文者，周時古文也，其字頭麤尾細，似科斗之蟲，故俗名之焉。大凡七十五卷，《晉書》有其目録，❶其六十八卷皆有名題，其七卷折簡碎雜，不可名題。有《周易》上下經二卷，《紀年》十二卷，《瑣語》十一卷，《周王遊行》五卷，説周穆王遊行天下之事，今謂之《穆天子傳》。此四部差爲整頓。汲郡初得此書，表藏祕府，詔荀勖、和嶠以隸字寫之。勖等於時即已不能盡識其書，今復闕落，又轉寫益誤。《穆天子傳》世間偏多。《史記·魏世家》云：哀王二十三年卒，子昭王立，十九年卒，子安鼇王立。哀王是安鼇王之祖，故安鼇王之塚藏哀王時之書。哀王二十一年是赧王之十七年，并下秦、韓、趙、楚、燕、齊之年，皆《史記·六國年表》文也。《竹書》説伊尹傅之事，❷與《書序》大乖。杜不見古文，唯以《書序》考正，疑伏生昏忘，虚傳此事，又疑竹簡雜記，未足取審。今據古文《尚書》説伊尹之事，與《左氏》符同，明是竹書不可盡信。杜以《紀年》紀事大似《春秋》之經，知古之史官記事如此，爲其有益於《左氏》，令人知《左氏》不妄，故略記之，以附《集解》之末。

經傳正義都計壹伯肆萬壹阡伍伯叁拾字；

經傳叁拾陸萬字；

正義陸拾捌萬壹阡伍伯叁拾字。

---

❶「其」，原作「甚」，據文淵閣本、阮本改。

❷「傅」，原作「傳」，據阮本改。阮校：「宋本、監本『傅』作『傳』，非。」

承奉郎守光禄寺丞臣趙安仁書；
勘官承奉郎守國子禮記博士賜緋魚袋臣李覺；
勘官承奉郎守國子春秋博士賜緋魚袋臣袁逢吉；
都勘官朝請大夫守國子司業柱國賜紫金魚袋臣孔維；
詳勘官登仕郎守高郵軍高郵縣令臣劉若訥；
詳勘官登仕郎守將作監丞臣潘憲；
詳勘官朝請大夫太子右贊善大夫臣陳雅；
詳勘官朝奉郎守大理正臣王炳；
登仕郎守大理評事臣王煥再校；
文林郎守大理寺丞臣邵世隆再校；
中散大夫守國子祭酒兼尚書工部侍郎柱國會稽縣開國男食邑三百户賜紫金魚袋臣孔維都校。
淳化元年庚寅十月　日
推忠佐理功臣金紫光禄大夫行尚書户部侍郎參知政事上柱國太原郡開國侯食邑一千二百户食實封二百户臣沔等進；
推忠佐理功臣金紫光禄大夫行尚書户部侍郎參知政事上柱國隴西郡開國侯食邑一千二百户

食實封二百户臣辛仲甫；

起復推忠協謀佐理功臣光禄大夫中書侍郎兼户部尚書同中書門下平章事監修國史上柱國東平郡開國公食邑二千三百户食實封六百户臣吕蒙正。

沈跋

中賓「中」字，宋本甚模糊，或是「作」字，姑以意定。叨蒙異恩，分閫浙左，仰體聖天子崇尚經學之意，惟恐弗稱，訪諸僚吏，則聞給事中汪公之爲帥也，嘗取國子監《春秋經傳集解》《正義》，參以閩、蜀諸本，俾其屬及里居之彦，相與校讐，毋敢不恪，又自取而覩之，小有訛謬，無不訂正，以故此書純全獨冠他本。不憚廣費，鳩工集事，方殷而遽去。今檢正俞公以提點刑獄兼攝府事，亦嘗加意是書，未畢而又去。中賓竊惟《春秋》一經褒善貶惡，正名定分，萬世之權衡也。筆削淵奥，雖未易測知，然而《左氏傳》、杜氏《集解》、孔氏《義疏》，發揮聖經，功亦不粗。萃爲一書，則得失盛衰之迹，與夫諸儒之説是非異同，昭然具見。此前人雅志，繼其後者庸可已乎？遂卒成之。諸經正義既刊於倉臺，而此書復刊於郡治，合五爲六，炳乎相輝。有補後學，有禆教化，遂爲東州盛事。昔熙、豐大臣疑是經非聖哲之書，不列於學官，識者痛之。中興以來，抑邪詖，尊聖經，乃復大顯，以至於今。世道所闕，不可以無述也。於是乎書。慶元庚申二月既望吴興沈中賓謹題。

欽定四庫全書總目春秋左傳正義六十卷

周左丘明傳，晉杜預注，唐孔穎達疏。自劉向、劉歆、桓譚、班固皆以《春秋傳》出左丘明，左丘明受經於孔子，魏晉以來儒者更無異議。至唐趙匡，始謂左氏非丘明。蓋欲攻傳之不合經，必先攻作傳之人非受經於孔子，與王柏欲攻《毛詩》，先攻《毛詩》不傳於子夏，其智一也。宋元諸儒，相繼竝起。王安石有《春秋解》一卷，證左氏非丘明者十一事。陳振孫《書録解題》謂出依託。今未見其書，不知十一事者何據。其餘辨論，惟朱子謂「虞不臘矣」爲秦人之語，葉夢得謂紀事終於智伯，當爲六國時人，似爲近理。然考《史記・秦本紀》稱惠文君十二年始臘，張守節《正義》稱秦惠文王始效中國爲之，明古有臘祭，秦至是始用，非至是始創。閻若璩《古文尚書疏證》亦駁此説曰：史稱秦文公始有史以記事，秦宣公初志閏月，豈亦中國所無，待秦獨創哉？則臘爲秦禮之説，未可據也。《左傳》載預斷禍福，無不徵驗，蓋不免從後傅合之，惟哀公九年稱趙氏其世有亂，後竟不然，是未見後事之證也。經止獲麟，而弟子續至孔子卒，傳載智伯之亡，殆亦後人所續。《史記・司馬相如傳》中有揚雄之語，不能執是一事，指司馬遷爲後漢人也。則載及智伯之説，不足疑也。今仍定爲左丘明作，以祛衆惑。至其作傳之由，則劉知幾「躬爲國史」之言最爲確論。疏稱大事書於策者，經之所書；小事書於簡者，傳之所載。觀晉史之書趙盾，齊史之書崔杼，及甯殖所謂載在諸侯之籍者，其文體皆與經合。《墨子》稱《周春秋》載杜伯，《燕春秋》載莊子儀，《宋春秋》載祏觀辜，《齊春秋》載王里、國中里，覈其文體，皆與傳合，經、傳同因國史而修，斯爲顯證。知説經去傳，爲舍近而求諸遠矣。《漢志》載《春秋》古經十二篇，經十一卷，注曰：「公羊、穀梁二氏。」則左氏經文，不著於録。然杜預《集解·序》稱分經之年與傳之年相附，比其義類，各隨而解之。陸德明《經典釋文》曰：「舊夫子之經與丘明之傳各異，杜氏合而釋之。」則《左傳》又自有經。考《漢志》之文，既曰古經十二篇矣，不應復云經十一卷。觀公、穀二傳皆十一卷，與經十一卷相配，知十一卷爲二傳之經，故有是注。徐彦《公羊傳疏》曰：「《左氏》先著竹帛，故漢儒謂之古學。」則所謂古經十二篇，即《左傳》之經，故謂之「古」，刻《漢書》者誤連二條爲一耳。今以《左傳》經文與二傳校勘，皆《左氏》義長，知手録之本確於口授之经也。言《左傳》者，孔奇、孔嘉之説久佚不傳，賈逵、服虔之説亦僅偶見他書，今世所傳，惟杜注、孔疏爲最古，杜注多强經以就傳，孔疏亦多左杜而右劉，案劉炫作《規過》以攻杜解，凡所駁正，孔疏皆以爲非。是皆篤信專門之過，不能不謂之一失。然有注、疏而後《左氏》之義明，《左氏》之義明而後二百四十二年内善惡之跡一一有徵，後儒妄作聰明、以私臆談褒貶者，猶得據傳文以知其謬，則漢晉以來，藉《左氏》以知經義；宋元以後，更藉《左氏》以杜臆説矣，傳與注、疏均謂有大功於《春秋》可也。

春秋左傳注疏校勘記序

《春秋左氏傳》，漢初未審獻於何時，《漢書・藝文志》説孔壁事，衹云得古文《尚書》及《禮記》、《論語》、《孝經》，不言《左氏》經傳也。《景十三王傳》亦但云得古文經傳。所謂傳者，即《禮》之《記》及《論語》，亦未言有《左氏》也。《楚元王傳》劉歆讓太常博士，亦以逸《禮》三十有九、《書》十六篇，系之魯恭王所得孔安國所獻，而於《春秋左氏》所修二十餘通，則但云藏於秘府，不言獻自何人。惟《説文解字・序》分別言之，曰：魯恭王壞孔子宅，得《禮記》、《尚書》、《春秋》、《論語》、《孝經》。又北平侯張倉獻《春秋左氏傳》。然後《左氏》經傳所自出，始大白於世。顧許言恭王所得有《春秋》，豈孔壁中有《春秋》經文爲孔子所定者與？北平侯所獻，蓋必有經有傳，度其經，必與孔壁經大同，然則班《志》所云古經十二篇者，指恭王所得與，抑指北平所獻與？《左氏傳》之學，興於賈逵、服虔、董遇、鄭衆、潁容諸家，杜預因之，分經比傳，爲之集解。今諸家全書不可見，而流傳閒見者，往往與杜本乖異。古有吴皇象所書本，宋臧榮緒、梁岑之敬所校本，今皆不可得。蓋傳文異同可考者，亦僅矣。唐人專宗杜注，惟蜀石經兼刻經、傳、杜注文，而蜀石盡亡，世間搨本僅存數百字。後唐詔儒臣田敏等校九經，鏤本於國子監，此亦經、傳、注兼刻者，而今多不存。至於孔穎達等依經、傳、杜注爲正義三十六卷，本自單行，宋淳化元年有刻本。至慶元間，吴興沈中賓分系諸經注本合刻之，其跋云：踵給事中汪公之後，取國子監《春秋經傳集解》《正義》精校，萃爲一書。蓋田敏等所鏤，淳化元年所頒，皆冣爲善本，而畢集於是。後此附以《釋文》之本，未有能及此者。元和陳樹華即以此本遍考諸書，凡與《左氏》經傳文有異同可備參考者，撰成《春秋内傳考證》一書。《考證》所載之同異，雖與《正義》本夐然不同，然亦間有可采者。元更病今日各本之踳駁，思爲諟正，錢塘監生嚴杰熟於經疏，因授以舊日手校本，又慶元間所刻之本，並陳樹華《考證》，及唐石經以下各本，及《釋文》各本，精詳捃摭，共爲校勘記四十二卷。雖班孟堅所謂多古字古言，許叔重所謂述《春秋傳》用古文者，年代緜邈，不可究悉，亦庶幾綱羅放佚，冀成注疏善本，用裨學者矣。阮元記。

引據各本目録

唐石經春秋三十卷　首載杜氏序。每卷篇首題「春秋經傳集解某公第幾」，第二行題「左氏盡某年」。每行十字。有復經勘定處，或九字一行、十一字一行，間有十二字一行者。唐人改刊，多剷磨重鐫，後人即加於本字之上。隱公第一，盡十一年；桓公第二，盡十八年；莊公第三，盡卅二年；閔公第四，盡二年；僖上第五，盡十五年；僖中第六，盡廿六年；僖下第七，盡卅三年；文上第八，盡十年；文下第九，盡十八年；宣上第十，盡十一年；宣下第十一，盡十八年；成上第十二，盡十年；成下第十三，盡十八年；襄元第十四，盡九年；襄二第十五，盡十五年；襄三第十六，盡二十二年；襄四第十七，盡廿五年；襄五第十八，盡廿八年；襄六第十九，盡卅一年；昭元第廿，盡三年；昭二第廿一，盡七年；昭三第廿二，盡十二年；昭四第廿三，盡十七年；昭五第廿四，盡廿二年；昭六第廿五，盡廿六年；昭七第廿六，盡卅二年；定上第廿七，盡七年；定下第廿八，盡十五年；哀上第廿九，盡十三年；哀下第卅，盡廿七年。末載後序。宣公上下，俱經後梁重刻，上卷原刻尚存五六行，下卷僅三之一。僖公篇亦有數段出自後人重刊，然字迹遠勝後梁所鐫。崑山顧炎武標舉誤字，此經獨多，皆非唐人之舊也。

不全宋刻春秋經傳集解三册　分卷與唐石經同。上册題襄五第十八，闕二十二、二十三兩頁；中册題昭三第二十二，闕三至八六頁，又闕十三一頁及二十一、二十二兩頁；昭四第二十三，闕一頁；下册題昭五第二十四，闕二十二、二十三、二十四三頁。每半頁十行，注文雙行，每行字數不一。卷末載經注若干字。無附釋音。

宋刻經注本之最善者。書内構字闕筆，此避宋高宗諱。錢塘何元錫云板心有直學王某等字，亦南渡官名也。

不全北宋刻小字本春秋經傳集解二卷　此本惟廿四、廿五兩卷。每半板十一行，行廿三、四、五字不一。注文雙行，約多幾字。卷末無附釋音。惜不知何人所刊也。

淳熙小字本春秋經傳集解三十卷　分卷與唐石經同。每半頁十行，行十八字。注文雙行，行廿二字。附釋音。此宋時坊刻，有訛字、俗體，大致不失其爲善本。卷末題淳熙柔兆涒灘中夏初吉閩山阮仲猷種德堂刊。柔兆涒灘乃宋孝宗淳熙三年丙申也。末附《春秋名號歸一圖》二卷，蜀馮繼先所作。

南宋相臺岳氏春秋經傳集解三十卷　宋岳珂刊，分卷與唐石經同。缺十九、二十兩卷。每半頁八行，行十七字。注文雙行。附釋音。每卷之後，皆有木刻亞形相臺岳氏刻梓荆溪家塾印，大小篆、隸文、楷書不一。每頁之末，上刻篇識，如隱某年、桓某年等。明代以來，翻刻有四，皆不若此本之精審。末附《春秋年表》一卷，《春秋名號歸一圖》二卷。《年表》不著撰人名氏。

宋纂圖本春秋經傳集解三十卷　每半頁十行，注文雙行，每行字數不一。注後附音釋，音釋後有似句、互注、重言等條。此宋時坊刻所加。

足利本春秋經傳集解　見《七經孟子考文》。案山井鼎云：《左傳考文》稱足利本者，宋板經傳集解本也。今以活字板驗之，是爲其原本也。

宋本春秋正義三十六卷　宋慶元間吴興沈中賓所刊。案，《新唐書·經籍志》載《春秋正義》三十六卷，與此合；宋王堯臣《崇文摠目》、晁公武《郡齋讀書志》、陳振孫《書録解題》並同。分卷、行款與俗本亦異：卷一，序；卷二，隱元年；卷三，隱二年至五年；卷四，隱六年至十一年；卷五，桓元年、二年；卷六，桓三年至六年；卷七，桓七年至十八年；卷八，莊元年至十五年；卷九，莊十六年至三十二年；卷十，閔元年、二年；卷十一，僖元年至十五年；卷十二，僖十六年至二十六年；卷十三，僖二十七年至三十三年；卷十四，文元年至十年；卷十五，文十一年至十八年；卷十六，宣元年至十一年；卷十七，宣十二年至十八年；卷十八，成元年至十年；卷十九，成十一年至十八年；卷二十，襄元年至八年；卷二十一，襄九年至十二年；卷二十二，襄十三年至二十二年；卷二十三，襄二十三年至二十五年；卷二十四，襄二十六年至二十八年；卷二十五，襄二十九年至三十一年；卷二十六，昭元年至三年；卷二十七，昭四年至七年；卷二十八，昭八年至十二年；卷二十九，昭十三年至十七年；卷三十，昭十八年至二十二年；卷三十一，昭二十三年至二十六年；卷三十二，昭二十七年至三十二年；卷三十三，定元年至七年；卷三十四，定八年至十五年；卷三十五，哀元年至十一年；卷三十六，哀十二年至二十七年。又會於夷儀之歲云云，在襄二十六年之首，與唐石經合。無附釋音。字無俗體，是宋刻正義中之第一善本。每半頁八行，經傳每行十六字，注及正義每格雙行，行廿二字。經傳下載注不標注字，正義摠歸篇末，真舊式也。今校勘記依此分卷。

附釋音春秋左傳注疏六十卷　此本雕板南宋遞有修補，下至明末，其板猶存。在注疏中，六十卷本之冣善者。卷一，序；卷二，隱元年盡二年；卷三，隱三年盡五年；卷四，隱六年盡十一年；卷五，桓元年盡二年；卷六，桓三年盡六年；卷七，桓七年盡十八年；卷八，莊元年盡十年；卷九，莊十一年盡二十二年；卷十，莊二十三年盡三十二年；卷十一，閔元年盡二年；卷十二，僖元年盡五年；卷十三，僖六年盡十四年；卷十四，僖十五年盡廿一年；卷十五，僖二十二年盡二十四年；卷十六，僖二十五年盡二十八年；卷十七，僖二十九年盡三十三年；卷十八，文元年盡四年；卷十九上，文五年盡十年；卷十九下，文十一年盡十五年；卷二十，文十六年盡十八年；卷二十一，宣元年盡四年；卷二十二，宣五年盡十一年；卷二十三，宣十二年；卷二十四，宣十三年盡十八年；卷二十五，成元年盡二年；卷二十六，成三年盡十年；卷二十七，成十一年盡十五年；卷二十八，成十六年盡十八年；卷二十九，襄元年盡四年；卷三十，襄五年盡九年；卷三十一，襄十年盡十二年；卷三十二，襄十三年盡十五年；卷三十三，襄十六年盡十八年；卷三十四，襄十九年盡二十一年；卷三十五，襄二十二年盡二十四年；卷三十六，襄二十五年；卷三十七，襄二十六年；卷三十八，襄二十七年盡二十八年；卷三十九，襄二十九年；卷四十，襄三十年盡三十一年；卷四十一，昭元年；卷四十二，昭二年盡四年；卷四十三，昭五年盡六年；卷四十四，昭七年盡八年；卷四十五，昭九年盡十二年；卷四十六，昭十三年；卷四十七，昭十四年盡十六年；卷四十八，昭十七年盡十九年；卷四十九，昭二十年；卷五十，昭二十一年盡二十三年；卷五十一，昭二十四年盡二十五年；卷五十二，昭二十六年盡二十八年；卷五十三，昭二十九年盡三十二年；卷五十四，定元年盡四年；卷五十五，定五年盡九年；卷五十六，定十年盡十五年；卷五十七，哀元年盡五年；卷五十八，哀六年盡十一年；卷五十九，哀十二年至十五年；卷六十，哀十六年至二十七年。每半頁十行，每行十七字。注、疏每格雙行，行二十三字。經傳下載注不標注字，正義冠大疏字於上。今校正義，以此本爲據也。又案，《〈七經孟子考文〉補遺》云：《毛詩》、《春秋》編入陸德明《經典釋文》，共題曰「附釋音」。蓋與正德刊本略似矣，其實一也。《考文》所謂正德本，即指此本修板處而言。

閩本春秋左傳注疏六十卷　明嘉靖閩中御史李元陽、僉事江以達校刊。分卷與附釋音本同。每半頁九行，行二十一字。傳、注、正義低一格，每行二十字。正義雙行。以注文改作中號字，冠注字於上，始於李氏，非宋板舊式。其佳處多與附釋音本相合，有監本、毛本脱、錯而此本不誤，較監、毛爲優云。

監本春秋左傳注疏六十卷　明萬曆十九年刊。每卷第二、三行題皇明朝列大夫國子監祭酒盛訥等奉勑重校刊，勑字提行。分卷與附釋音本同，行款與閩本合，惟注文用小字，空左。卷末載後序。錯字較少，非毛本可及也。

重修監本春秋左傳注疏六十卷　此本惟每卷第三行擠刊皇明朝列大夫國子監祭酒吴士元、承德郎司業仍加俸一級臣黄錦等奉旨重修，將盛訥銜改列第二行。譌字較原本爲多。記中所引，凡與原本同者，則摠稱監本，其異者，則稱重修監本。

毛本春秋左傳注疏六十卷　明崇禎戊寅常熟汲古閣毛晉所刊。分卷與附釋音本同，行款與閩本合。此本世所通行，而亥豕之譌，觸處皆是。

「《儒藏》精華編選刊」選目

經部

周易鄭注
漢魏二十一家易注
周易注
周易正義
周易口義（與《洪範口義》合册）*
温公易説（與《司馬氏書儀》《孝經注解》《家範》合册）
漢上易傳
誠齋先生易傳
易學啓蒙
周易本義
楊氏易傳
易學啓蒙通釋
周易本義附録纂注
周易啓蒙翼傳
易纂言
周易本義通釋
易經蒙引
周易述
周易述補（江藩）（與李林松《周易述補》合册）
周易述補（李林松）
易漢學
御纂周易折中
周易虞氏義
雕菰樓易學
周易集解纂疏
周易姚氏學
尚書正義（全二册）
鄭氏古文尚書
洪範口義
書傳（與《書疑》《尚書表注》合册）
書疑
尚書表注
書纂言
尚書全解（全二册）
尚書要義

讀書叢說

書傳大全（全二册）

古文尚書攷（與《九經古義》合册）

尚書集注音疏（全二册）

尚書後案

毛詩注疏

詩本義

呂氏家塾讀詩記

慈湖詩傳

詩經世本古義（全四册）

毛詩稽古編

毛詩說

毛詩後箋（全二册）

詩毛氏傳疏（全三册）

詩三家義集疏（全三册）

儀禮注疏

儀禮集釋（全二册）

儀禮圖

儀禮鄭註句讀

儀禮章句

儀禮正義（全六册）

禮記正義

禮記集說（衛湜）

禮記集說（陳澔）（全二册）

禮記集解

禮書

五禮通考

禮經釋例

禮經學

司馬氏書儀

春秋左傳正義（全五册）

左氏傳說

左氏傳續說

左傳杜解補正

春秋左氏傳賈服注輯述

春秋左氏傳舊注疏證（全四册）

春秋左傳讀（全二册）

公羊義疏

春秋穀梁傳注疏

春秋集傳纂例

春秋權衡（與《七經小傳》合册）

春秋集注

春秋經解

春秋胡氏傳

春秋尊王發微（與《孫明復先生小集》合册）

春秋本義

春秋集傳

春秋集傳大全（全三册）
孝經注解
孝經大全
白虎通德論
七經小傳
九經古義
經典釋文
群經平議（全二册）
新學僞經考
論語集解（正平版）
論語義疏
論語注疏
論語全解
論語學案
孟子注疏
孟子正義（全二册）

四書集編（全二册）
四書纂疏（全三册）
四書集註大全（全三册）
四書蒙引（全二册）
四書近指
四書訓義
四書賸言
四書改錯
四書説
廣雅疏證（全三册）
説文解字注

史部

逸周書
國語正義（全二册）
貞觀政要

歷代名臣奏議
御選明臣奏議（全二册）
孔子編年
孟子編年
陳文節公年譜
慈湖先生年譜
宋名臣言行録
伊洛淵源録
道命録
考亭淵源録
道南源委
聖學宗傳
元儒考略
理學宗傳
明儒學案
宋元學案

四先生年譜
洛學編
儒林宗派
程子年譜
學統
伊洛淵源續録
豫章先賢九家年譜
閩中理學淵源考（全三册）
清儒學案
經義考
文史通義

子部

孔子家語（與《曾子注釋》合册）
曾子注釋
孔叢子
新書
鹽鐵論
新序
説苑
太玄經
論衡
昌言
傅子
大學衍義
大學衍義補
朱子語類
龜山先生語録
胡子知言（與《五峰集》合册）
木鐘集
西山先生真文忠公讀書記
性理大全書（全四册）
居業録
困知記
思辨録輯要
家範
小學集註
曾文正公家訓
勸學篇
仁學
習學記言序目
日知録集釋（全三册）

集部

蔡中郎集
李文公集
孫明復先生小集
直講李先生文集

歐陽脩全集
伊川擊壤集
元公周先生濂溪集
張載全集
温國文正公文集
公是集（全二册）
游定夫先生集
和靖尹先生文集
豫章羅先生文集
梁溪先生文集
斐然集（全二册）
五峰集
文定集
渭南文集
誠齋集（全四册）
晦庵先生朱文公文集

東萊吕太史集
止齋先生文集
攻媿先生文集
象山先生全集（全二册）
陳亮集（全二册）
絜齋集
文山先生文集（全二册）
勉齋先生黄文肅公文集
北溪先生大全文集（全二册）
西山先生真文忠公文集
鶴山先生大全文集
閑閑老人滏水文集
郝文忠公陵川文集
仁山金先生文集
静修劉先生文集
雲峰胡先生文集

許白雲先生文集
吴文正集（全三册）
道園學古録　道園遺稿
師山先生文集
曹月川先生遺書
康齋先生文集
敬齋集
涇野先生文集（全三册）
重鐫心齋王先生全集
雙江聶先生文集
歐陽南野先生文集（全二册）
念菴羅先生文集（全二册）
正學堂稿
敬和堂集
涇皋藏稿
馮少墟集

高子遺書
劉蕺山先生集(全二册)
霜紅龕集(全二册)
南雷文定
桴亭先生文集
西河文集(全六册)
曝書亭集
三魚堂文集外集
紀文達公遺集
考槃集文録
復初齋文集
述學
揅經室集(全三册)
劉禮部集
籀廎述林
左盦集

出土文獻

郭店楚墓竹簡十二種校釋
上海博物館藏楚竹書十九種校釋(全二册)
秦漢簡帛木牘十種校釋
武威漢簡儀禮校釋

*合册及分册信息僅限已出版文獻。